DICTIONNAIRE

DE

L'AMEUBLEMENT

ET DE

LA DÉCORATION

PAR

HENI

OUVRAGE COURONNÉ I

ET HONOI

DU MINISTÈRE DE L'INSTRUCTION PUBLIQUE, DE L'ADMINISTRATION DES BEAUX-ARTS,

DU MINISTÈRE DU COMMERCE ET DE LA VILLE DE PARIS

Les renvois mentionnés dans le texte font parfois référence à des planches en pleine page qui n'ont pas été reproduites ici.

Éditions Vial

d'un dictionnaire fait avec soin, entrant dans les développements indispensables, et de la bienveillance qu'un pareil livre ne manquerait pas de rencontrer.

Il y aurait ingratitude à ne pas reconnaître que, sous ce dernier rapport, nous avons été récompensé au delà de nos espérances. L'accueil exceptionnellement flatteur que la presse et le public ont fait à notre travail et, comme conséquence de cet accueil, l'épuisement en moins de cinq années de notre première édition tirée à cinq mille exemplaires, nous ont permis, lors de sa réimpression, de reprendre et d'améliorer ce dictionnaire. En même temps la haute récompense dont l'Académie des beaux-arts a bien voulu nous honorer, ainsi que les souscriptions des Ministères de l'Instruction publique et du Commerce, de la Direction des beaux-arts, de la ville de Paris, sont venues attester que le plan adopté par nous répondait à toutes les exigences des chercheurs et du public.

Ce plan, nous avons hâte de le reconnaître, nous était imposé par la nature même des services que nous prétendions rendre. La forme du dictionnaire présentant par ordre alphabétique une suite de monographies détachées permet seule au lecteur de trouver, de suite et sans hésitation, l'article qui l'intéresse. Elle est la seule, en outre, qui ne l'oblige pas à prendre connaissance d'une foule de renseignements, parfois fort curieux, mais le plus souvent étrangers au sujet qui le préoccupe; et, du reste, Furetière a constaté avec beaucoup de raison que « le public est assez convaincu qu'il n'y a point de livres qui rendent de plus grands services, ni plus promptement ni à plus de gens, que ceux-là ». Mais un dictionnaire spécial, qui limite volontairement ses recherches et ses explications à un genre particulier de connaissances, n'est pas dans la condition facile des compilations ordinaires, qui peuvent se découper, en quelque sorte, par tranches, et se fabriquer par morceaux successifs. Dans une œuvre pareille, tout se tient, tout se déduit et s'enchaîne. Les articles, alphabétiquement les plus éloignés, ont entre eux des rapports intimes qu'il n'est pas permis de négliger, et, pour ne pas sortir de notre spécialité, l'auteur qui s'aviserait de traiter le mot CHAISE, sans avoir élucidé les mots FAUTEUIL, SIÈGE, TABOURET, exposerait le lecteur à des redites fatigantes et s'exposerait lui-même à de dangereux mécomptes.

Un dictionnaire spécial, et c'est en cela qu'il se distingue des autres, doit donc être mis en train dans toutes ses parties à la fois, et conduit à son but par un travail général et d'ensemble. Faut-il ajouter que cette mise en train ne peut elle-même être entreprise que lorsque les matériaux nécessaires ont été pour ainsi dire amenés à pied-d'œuvre, c'est-à-dire recueillis, condensés, distribués méthodiquement et classés par ordre chronologique ? C'est alors seulement que la critique peut s'exercer avec sagacité, comparer les textes, rapprocher les termes mal définis, contrôler les expressions, rectifier les erreurs, et, faisant naître la lumière de rapprochements le plus souvent inattendus, retracer, d'une façon à peu près certaine, l'histoire d'un objet en marquant ses transformations successives. Enfin, cette récolte de matériaux, cette distribution, ce classement ne peuvent à leur tour être entrepris avec quelque succès que si l'on a pris soin tout d'abord de limiter exactement l'étendue de son champ d'études.

Dans le principe, l'auteur avait pensé pouvoir restreindre son travail à une période de quatre cents ans, et, commençant à l'aurore du XVe siècle, s'arrêter à la fin de l'Ancien Régime. Mais il n'a pas tardé à s'apercevoir qu'il fallait, pour que son œuvre fût complète, remonter, d'une part, à cent ans plus haut et, d'autre part, empiéter considérablement sur le siècle où nous vivons.

Une des raisons qui l'avaient engagé à ne pas remonter au delà de l'an 1400, c'est qu'un de nos écrivains les plus compétents, M. Viollet-le-Duc, a, dans un *Dictionnaire* justement apprécié, traité du mobilier pendant le Moyen Age. Malheureusement, à l'époque où M. Viollet-le-Duc publiait son beau livre, une foule de sources, qui nous ont été révélées depuis, faisaient encore défaut. En outre, personne n'ignore que l'éminent architecte s'était bien moins proposé d'accomplir un travail de critique, — nous pourrions presque dire d'exégèse, — que de procéder à une reconstitution. Sa féconde imagination, admirablement servie par un crayon merveilleusement habile, s'était appliquée surtout à nous faire voir l'ameublement du Moyen Age, sinon tel qu'il était, du moins tel qu'il devait être. Il avait, en outre, concentré son attention sur un petit nombre de points. Son ouvrage ne comprend guère plus de trois cents articles relatifs au mobilier, le nôtre en embrasse plus de six mille. Nous avons donc cru qu'il était de notre devoir, tout en admirant beaucoup M. Viollet-le-Duc, de le compléter parfois et de le rectifier quand il était besoin, persuadé que le public érudit auquel nous nous adressons préférera toujours une bonne explication, s'appuyant sur des documents certains, à des suppositions, quelque brillantes et quelque ingénieuses qu'elles puissent être.

Une autre raison, qui nous a également obligé à remonter jusqu'à l'an 1300, c'est qu'au XIVe siècle le mobilier français commence à revêtir des formes précises et, disons-le, nationales. Jusque-là, son caractère était demeuré quelque peu incertain. Sa fabrication sans règles bien fixes, ses façons rudimentaires n'avaient rien de définitif ni de bien particulier. La fin du XIIIe siècle voit éclore, au contraire, un art mobilier nouveau, qui ne cherche plus seulement à être somptueux et brillant, mais qui se préoccupe aussi d'être pratique. Remarquons enfin que le XIVe siècle, quoique bien troublé, est toutefois singulièrement plus calme que le siècle suivant. Comme conséquence, il est infiniment plus riche en beaux ameublements, en tentures de prix, en orfèvreries admirables. La seconde partie de la guerre de Cent ans ne laissera, en effet, presque rien subsister de ce luxe merveilleux. Fallait-il, pour que notre lecteur en connût les splendeurs, le renvoyer à un autre ouvrage ?

De même pour notre XIXe siècle. Chaque période de vingt-cinq années voit naître et disparaître un certain nombre de meubles nouveaux, que la génération précédente ignorait, que la génération suivante ne connaîtra plus, et sur lesquels l'absence de documents ne manquera pas dans la suite d'embarrasser considérablement les curieux et les archéologues. Faut-il en citer quelque preuve ? Au troisième acte de *la Mère coupable,* de Beaumarchais, nous avons tous entendu la comtesse demander un brasier pour détruire les lettres de Chérubin, et Suzanne lui répondre : « Si c'est pour brûler des papiers, la lampe de nuit allumée est encore là dans l'*athénienne.* » Qui de nous sait au juste, aujourd'hui, en quoi consiste une athénienne ? Bien peu de personnes seraient en état de dire quel est ce meuble, dont Littré lui-même a oublié de relever le nom. Mieux que cela ! Au second acte du *Fils de famille,* Armand, le héros de la pièce, s'assied dans une *bohémienne* et s'y trouve fort bien. Qu'est-ce qu'une bohémienne ? On le sait si peu qu'à la récente reprise de la pièce à l'Odéon, on était dans un grand embarras. Aucun tapissier ne put fournir d'explication, les fils des deux auteurs avouaient leur égale ignorance, et M. Lafontaine lui-même avait perdu tout souvenir du siège en question. Ne pouvant faire figurer sur la scène le meuble exact, fallait-il couper la phrase ou changer le nom ? Pour d'autres problèmes plus anciens, l'embarras est au moins aussi grand, et chacun se souvient de la terrible querelle que suscita, lors des premières représentations de *Théodora,* l'usage de la fourchette. Des obscurités analogues se reproduiraient forcément dans cinquante ans, si l'on ne prenait soin aujourd'hui de fixer, par une ligne, par un mot, la forme et la destination d'objets que la destinée condamne fatalement à une existence éphémère. On peut citer plus de vingt couleurs d'un usage courant au XVIIe siècle, dont les noms sont aujourd'hui pour nous sans aucune signification. Il en sera vraisemblablement de même dans cent ans pour mille objets d'un usage aujourd'hui général. Le but d'un ouvrage aussi considérable que celui-ci ne peut pas, ne doit pas être uniquement de renseigner la génération présente. Il doit aussi pouvoir être de quelque utilité pour les générations à venir.

Des premières années du XIVe siècle à ce jour, l'espace de temps était assez vaste et la période assez fournie pour donner lieu à une abondante récolte. Mais, là encore, nous avons soigneusement évité de glaner à l'aventure. Nous avons tenu à procéder méthodiquement. C'est donc à la Littérature, tout d'abord, que nous avons demandé nos informations ; et cela parce que la Littérature nous montre les meubles et les ustensiles mêlés à l'action humaine, parce qu'elle les place dans leurs rapports directs avec leurs possesseurs, et nous donne ainsi une idée relativement très précise de leur importance, de leur taille, de leur valeur et de l'usage auquel on les faisait servir. Partant de ce point, nous avons dépouillé page à page, et pour quelques-uns ligne à ligne, tous les ouvrages qui pouvaient faire la lumière sur quelque détail du mobilier.

Les auteurs (trop souvent anonymes) des chansons de geste et des romans de chevalerie : Philippe Mouskes, Christine de Pisan, Aliénor de Poitiers, Villon, Eustache Deschamps, et toute la série des poètes de ce temps ; les historiens et les chroniqueurs, comme Joinville, Jean d'Outremeuse, Froissart, Monstrelet, Jean Chartier, Lefèvre de Saint-Rémy, Olivier de la Marche, Chastellain, Philippe de Comines ; les écrivains oubliés auxquels nous devons la *Chronique du bon duc de Loys de Bourbon,* la *Chronique normande,* la *Chronique de Tournai,* les *Mémoires de Duguesclin,* ceux du *Maréchal de Boucicaut,* le *Journal de Paris sous Charles VI et Charles VII ;* les écrivains plus intimes, Jean de Troyes et sa *Chronique scandaleuse,* Antoine de la Sale, l'auteur de *Jehan de Saintré,* Guillebert de Metz, le descripteur de Paris, l'auteur anonyme du *Ménagier,* celui des *Cent nouvelles,* et dans un ordre plus spécial, Étienne Boileau et le maître d'école de Bruges, auteur du *Livre des métiers,* ont été mis à large contribution et nous ont fourni, sur le XIVe et le XVe siècle, une foule de renseignements intéressants et variés.

Au siècle suivant, la *Joyeuse et plaisante histoire du chevalier sans peur et sans reproche,* les *Mémoires* de Louise de Savoie, de Montluc, de Guillaume de Villeneuve, de Louis de la Trémouille, du maréchal de Vieilleville, de Mergey, de La Noue, ceux de Marguerite de Valois, les lettres de cette princesse, les *Mémoires de Martin et Guillaume du Bellay,* la *Chronologie* de Palma Cayet, la correspondance d'Henri IV, le *Journal* de Pierre de l'Estoile, et parmi les auteurs aussi illustres, mais moins sévères, la reine de Navarre, Rabelais, Clément Marot, Ronsard, Jean de la Taille, Régnier, Guy de Tours, Amadis Jamyn, J.-A. de Baïf, Brantôme, Jean Louveau, le traducteur des *Nuits* de Straparole, et les très nombreux manuels qu'on désigne sous le nom de *Civilités* nous ont procuré, eux aussi, une ample gerbe de documents précieux. — Au XVIIe siècle, la moisson ne pouvait manquer d'être encore plus riche. Le *Journal* d'Héroard, les *Historiettes* de Tallemant, la *Muze historique* de Loret et la *Gazette de France,* renforcés d'un millier de volumes fournis par le *Mercure galant,* permettent, en effet, de suivre jour par jour l'histoire de la société de cette époque si brillante, alors que les virulents pamphlets qui, commençant avec l'*Isle des hermaphrodites,* se continuent avec les innombrables *Mazarinades,* l'*Histoire amoureuse des Gaules,* le *Grand Alcandre frustré,* les *Vieilles amoureuses,* le *Divorce royal,* la *France devenue italienne,* etc., nous initient aux secrètes habitudes d'un monde somptueux en apparence, mais extraordinairement corrompu. A ces éléments d'information, il convient d'ajouter les indiscrétions des épistoliers et des épistolières, comme Bussy-Rabutin, Saint-Évremond, Guy-Patin, Boursault, Mme de Sévigné, Mme de Maintenon, Ninon de Lenclos et Mme de Montmorency ; puis la foule de détails consignés par les auteurs de *Mémoires,* tels que Sully, Bassompierre, le cardinal de Retz, Jolly, la grande Mademoiselle, Mme de Motteville, Fléchier, Dangeau, Saint-Simon, source précieuse, que viennent compléter les romanciers et les romancières, comme Scarron, Hamilton, Furetière, Mme de La Fayette, les faiseurs et les faiseuses de contes, comme le sieur d'Ouville, La Fontaine, Perrault et Mme d'Aulnoye, tous si prodigues de révélations qui nous intéressent. Enfin les collections de documents parisiens réunis par Félibien, les descriptions de Dubreuil et de Sauval, et le répertoire oublié de cette grande école des mœurs qui a nom le Théâtre, ont achevé de nous fournir des éclaircissements sur une foule de détails mobiliers, mal compris jusque-là ou demeurés obscurs.

Au XVIIIe siècle, le *Journal* de Barbier, les *Mémoires* du duc de Luynes, de d'Argenson, ceux du duc de Lévis, de Casanova, de Mme du Hausset, de Mme Campan, de Dufort de Cheverny, de Mme de Genlis, pour ne citer que les plus importants ; les *Lettres* de Mme du Deffand, du commissaire Du Buisson, de Mme d'Épinay, de Grimm ; la *Correspondance secrète* de Métra ; les *Mémoires secrets* de Bachaumont, corroborés par les journaux du temps, par la *Gazette,* par le *Mercure,* par le *Journal de Paris,* par le *Journal de Verdun,* par l'*Almanach sous verre* et les *Affiches ;* les nombreuses descriptions de Paris, par Germain Brice, Nemeitz, Piganiol de la Force, Dargenville, Mercier, etc., et les ouvrages didactiques spéciaux, comme le *Dictionnaire de commerce* de Savary des Bruslons ; l'*Encyclopédie,* le *Dictionnaire de Trévoux,* le *Livre journal* de Lazare Duvaux, l'*Art du tapissier* de Bimont, la *Broderie* de Saint-Aubin ; l'*Art du menuisier* de Roubo fils ; les catalogues de ventes et les procès-verbaux de l'Académie des sciences, constituent une source inépuisable d'informations. Enfin, en notre siècle, outre les *Mémoires* assez nombreux, les romans de Balzac, de George Sand, de Flaubert, parfois si instructifs ; les *correspondances* et le théâtre ont été mis à forte contribution.

On peut juger, par cet aperçu très sommaire et forcément très incomplet, du nombre et de la qualité des ouvrages qui ont été dépouillés par nos soins, nous ne craignons pas de le dire, avec une patience et une attention inexorables. Et, par le chiffre des volumes dépouillés, on peut se faire une idée de la quantité de documents et de renseignements de tout genre qu'il nous a été donné de réunir, de mettre en présence et de comparer. Ajoutons que cette première source d'information ne nous a pas seulement révélé l'ameublement d'une foule de personnages illustres, et appris la nature et l'usage de certains meubles peu connus : elle nous a rendu encore ce service de nous faire pénétrer les mœurs, les habitudes, les traditions des diverses classes qui se sont succédé à la tête de notre pays, et de découvrir dans ces mœurs, dans ces traditions, dans ces habitudes, les motifs de transformations logiques subies par notre mobilier, et qu'on avait crues jusqu'à ce jour purement accidentelles.

C'est ainsi que nous voyons, par exemple, des innovations dans la toilette régir, par contre-coup, les formes essentielles de certains meubles, et l'adoption des vertugadins faire disparaître les bras de la chaise, alors que le développement de la perruque força brusquement le fauteuil à raccourcir son dossier. De même il nous est permis de constater que nous sommes redevables à l'ampleur excessive des cols raides et des fraises godronnées, de l'usage journalier des fourchettes. D'autres fois, c'est l'origine ou la tenue d'un personnage illustre qui nous vaut une innovation. N'est-il pas curieux de constater que la malpropreté du chancelier Séguier fut le point de départ de l'usage des couteaux arrondis, et que le cardinal de Mazarin importa d'Italie les assiettes creuses ?

Mais si la solution de ces petits problèmes intéresse le lecteur, ce n'est là qu'un des côtés de la question, et la Littérature, quelque instructive qu'elle soit, ne constitue qu'une des sources auxquelles il nous était permis de puiser nos informations. A côté des cinq mille volumes que nous venons de citer, il nous fallait passer en revue la longue suite des Inventaires laissés par vingt générations disparues, et, là encore, nous étions certain de rencontrer une multitude d'indications qui, groupées pour la première fois, ne pouvaient manquer d'être fertiles en révélations inattendues.

L'inventaire de la comtesse Mahaut d'Artois (1313), celui de Clémence de Hongrie, femme du roi Louis le Hutin (1328), celui du château de Quatremares, dressé en 1334, après l'arrestation de Jeanne de Valois; l'inventaire du duc de Normandie (1360), celui si complet et si remarquable du duc Louis Ier d'Anjou (1368), l'exécution du testament de Jeanne d'Évreux (1372), l'admirable inventaire de Charles V (1380), les divers inventaires des meubles royaux, dressés entre 1381 et 1399, sous le règne de Charles VI, projettent sur le XIVe siècle, si peu connu jusqu'à ce jour, une lumière intense et soudaine. Pour le siècle suivant, les inventaires de la reine Isabeau de Bavière, ceux du château de Vincennes, de l'hôtel Saint-Pol, de la Bastille Saint-Antoine et du Louvre, ainsi que les inventaires des châteaux d'Angers, de Reculée et de la Ménitrée, ayant appartenu au roi René; l'inventaire de Charlotte de Savoie; les nombreux inventaires d'Anne de Bretagne ne sont pas moins riches. Alors que les inventaires du XVIe siècle, ceux du prince de Bourbon, de Charlotte d'Albret, duchesse de Valentinois, de Claude Gouffier, du prince de Condé, de Catherine de Médicis, de Gabrielle d'Estrées, de Louise de Vaudemont, veuve d'Henri III, des châteaux de Blois, Nérac, Pau ; puis, au siècle suivant, l'inventaire du château de Turenne, les deux inventaires du cardinal de Mazarin, ceux du maréchal de la Meilleraye, de Henri de Béthune, du maréchal d'Humières, de Mme de Fronsac, etc., auxquels il faut ajouter la suite des inventaires si nombreux et si détaillés des meubles de la Couronne, ne laissent dans l'ombre aucune particularité du mobilier de ce temps.

Pour le XVIIIe siècle, les sources sont tout aussi nombreuses et peut-être encore plus variées; car ce qui constitue une des nouveautés les plus intéressantes du travail que nous offrons aujourd'hui au public, c'est que nous ne nous sommes pas borné, comme nos devanciers, à étudier les inventaires magnifiques des princes et des rois. Nous avons fouillé aussi ceux des petites gens, des bourgeois, des artisans, des misérables, et dans ces documents souvent bien sommaires, parfois d'une brièveté lugubre, nous avons retrouvé la mention d'une foule d'ustensiles, de menus objets, dédaignés par les scribes officiels dans les inventaires somptueux, ou désignés par eux en termes choisis et très différents du langage vulgaire.

Faut-il ajouter que ce n'est pas seulement à Paris et dans l'Ile-de-France que nous nous sommes livré à ces exhumations? Nous avons parcouru nos anciennes provinces et mis à large contribution nos archives départementales. Celles du Rhône, de la Gironde, de l'Ille-et-Vilaine, de la Charente, des Bouches-du-Rhône, de Vaucluse, de la Haute-Garonne, des Basses-Pyrénées, de la Somme, etc., ont été consultées par nous. Les archives d'un certain nombre de grandes villes, Lyon, Marseille, Toulouse, Amiens notamment, nous ont également fourni des matériaux de premier ordre. De ce chef, plus de soixante mille dossiers nous ont passé par les mains, et cette enquête sans précédent n'est pas restée stérile.

Grâce à cette multiplicité d'informations, puisées à tant de sources différentes, nous avons pu retrouver le point de départ et de formation de certains mots, dont Littré lui-même a ignoré l'étymologie. Nous avons pu, résultat plus précieux encore, découvrir le lieu de naissance d'un grand nombre de meubles, en signaler la première apparition dans certaines localités, les suivre pas à pas dans leur course à travers la France et, de cette façon, constater l'influence dominante que certaines provinces exercèrent à des époques différentes sur nos modes et sur nos usages. Pour ne citer qu'un seul exemple, le nombre de meubles et de termes gascons, qui passent brusquement dans le langage et dans le mobilier parisien, à la suite de l'avènement d'Henri IV, établit, avec une évidence absolue, la transformation qui s'opéra dans nos mœurs nationales, quand la petite cour de Nérac devint la cour de France.

Une troisième source d'informations, à laquelle nous avons également puisé une quantité considérable de renseignements, ce sont les anciens Comptes. Ceux de l'*Argenterie des rois de France,* qui commencent en 1316, pour se continuer presque jusqu'à la fin de l'Ancien Régime, les *Comptes de l'hostel* de certains grands princes, les *Comptes* des villes, les *Comptes des bâtiments royaux,* renferment non seulement les devis d'exécution d'une multitude d'objets d'art ou d'ameublement, mais encore les noms d'un grand nombre d'artistes, et abondent en détails d'un prix inestimable. Tous ces Comptes ont été mis à large contribution et complétés par une suite importante d'actes notariés, relatant des marchés, des contrats d'apprentissage, ainsi que par une étude approfondie des statuts des corporations, jetant un jour précieux sur la marche et le rôle de nos vieilles Communautés industrielles et marchandes.

De ce dépouillement systématique est résultée la possession d'une suite de renseignements sans précédent comme nombre et comme importance. Une fois ces documents réunis et montant à plus de deux cent vingt mille, il a fallu les grouper, les classer, les ranger, puis les comparer, les mettre parfois en contradiction les uns avec les autres ; en élaguer plus de la moitié, qui étaient devenus inutiles ou qui faisaient double emploi, et de ceux que nous conservions, additionnés à tout ce qu'ont dit avant nous les auteurs spéciaux, il nous a été permis de former la trame de notre Dictionnaire. C'est alors seulement que la rédaction de notre travail est devenue possible, et qu'on pouvait la commencer utilement.

Pour cette rédaction, deux systèmes étaient en présence, offrant l'un et l'autre certains avantages. Le premier consistait à partager notre sujet en un nombre restreint d'articles ayant chacun un caractère général et à grouper, sous une rubrique en quelque sorte fondamentale, tous les meubles d'une même sorte et leurs dérivés ainsi que les parties accessoires qui les complètent; en un mot, à diviser le sujet, si l'on peut dire ainsi, par familles. En agissant de la sorte, le travail devait forcément présenter un aspect d'ensemble permettant à l'auteur de prendre les questions de plus haut, d'en faire jaillir des dissertations intéressantes et de bien conserver aux évolutions accomplies leur importance comme reflet des mœurs et des traditions sociales. Mais ce système avait aussi le grand défaut de compliquer la tâche du lecteur et de le forcer à rechercher lui-même, au milieu d'une foule de faits connexes, le détail précis qu'il souhaitait de connaître ou d'élucider.

L'autre système, plus terre à terre, moins brillant et ne prêtant pas aux dissertations éloquentes, consistait à prendre chaque mot individuellement, à expliquer la nature de l'objet qu'il désigne, à en retracer l'histoire et les transformations, à décrire les exemplaires célèbres, ceux surtout ayant un caractère historique dont le souvenir nous a été conservé; à grouper, en un mot, sous chaque article et dans la forme la plus rapide, tout l'ensemble des renseignements qu'on a pu réunir. Ce second système, moins littéraire, mais plus concret, a l'avantage de fournir immédiatement au lecteur les explications qu'il cherche. C'est à celui-là que nous nous sommes arrêté.

Une fois ce parti pris, nous avons, si l'on peut dire ainsi, ouvert un compte à chaque mot ; nous l'avons défini avec soin et nous avons de notre mieux refait son histoire. Nous avons pris, en outre, la précaution, lorsque, par suite d'une prononciation différente, d'abréviations, ou encore de variations d'orthographe très accentuées, ce mot se présentait — suivant les pays ou suivant le temps — sous un aspect propre à dérouter le lecteur, de remettre immédiatement celui-ci, à l'aide de renvois, sur le chemin des explications qu'il désire. Ce travail considérable, fait et remanié à plusieurs reprises, sagement expurgé de toute vaine littérature, c'est-à-dire exempt d'incidences dont le charme et l'élégance eussent fait le principal mérite, s'est trouvé finalement réduit à environ 260,000 lignes de copie, qui, traduites en lignes imprimées, emplissent plus de 5,000 colonnes et représenteraient, mises bout à bout, une longueur d'environ vingt kilomètres. On se rend compte, par ce seul chiffre, de la quantité de matière que renferme une pareille étude, et de la quantité de volumes ordinaires qu'elle aurait pu fournir. Toutefois, nous avons pensé que c'était encore un moyen de faciliter les recherches que de ne point multiplier le nombre de ces volumes, et nous avons tenu à les restreindre au chiffre de quatre, adopté par un grand nombre de publications similaires, et par la plus connue de toutes, par le *Dictionnaire* de Littré. Cette division en quatre volumes est en effet la plus commode. Elle est facile à retenir, et, après un très court usage, le lecteur est familiarisé avec les bornes imposées à chacune des grandes divisions. C'est cette limitation volontaire qui a entraîné subsidiairement le choix du format et des caractères, ainsi que la division de notre texte en deux colonnes ; si bien qu'on peut dire qu'aucune de ces conditions, accessoires en apparence, mais très importantes au fond, — car elles facilitent l'étude et le maniement de l'ouvrage, — n'a été abandonnée au hasard.

Pour les illustrations, nous avons procédé comme pour le texte, suivi la même marche, pris les mêmes précautions. Nous sommes remonté aux meilleures sources, et nous avons choisi avec soin, dans le nombre, ceux d'entre les documents qui pouvaient offrir au lecteur un renseignement précis, donnant la préférence aux objets ayant un caractère historique ou qui se recommandaient par la beauté de la forme et de l'exécution. Autant qu'il nous a été possible, nous avons évité d'avoir recours à ce qu'on est convenu d'appeler des « restitutions », considérant que c'est un devoir, pour celui qui entreprend un ouvrage de ce genre, de laisser peu de place à l'arbitraire et de rester dans le domaine étroit de l'exactitude et de la vérité. C'est ce qui nous a fait, dans un grand nombre de cas, préférer des documents graphiques aux rares spécimens d'ameublement provenant trop souvent de sources mal connues. Il nous a paru que, par ce temps de sophistication et de contrefaçon à outrance, une miniature, un vieux tableau, une estampe ancienne, pouvaient, dans nombre de cas, offrir un renseignement moins douteux que la reproduction de certains meubles refaits ou contrefaits, et dont les parties originales sont à peine reconnaissables. Les miniatures, en outre, et les estampes ont le même privilège que les livres, celui de nous montrer les meubles mêlés à l'action de la vie et de nous révéler, avec la place qu'ils occupaient, l'usage précis auquel on les faisait servir.

Tels sont, indiqués à grands traits, l'esprit et la méthode qui ont présidé à la confection de ce Dictionnaire. Nous n'avons assurément pas la prétention d'avoir atteint du premier coup à la perfection. Le terrain était trop vaste et l'œuvre trop nouvelle pour que nous puissions nous flatter de n'avoir commis aucune erreur de critique ni aucune omission. Mais, tout imparfait qu'il puisse être dans quelques-unes de ses parties, nous croyons que le *Dictionnaire de l'Ameublement et de la Décoration* est appelé à rendre de très grands services à tous ceux que notre mobilier intéresse, soit au point de vue pratique, soit au point de vue de la pure érudition. Les uns, grâce à cet ouvrage, connaîtront en quelques minutes ce que nous avons mis de longs mois, des années à apprendre, et trouveront dans notre travail la solution de nombreux problèmes qui ont tourmenté les historiens. Les autres, en contrôlant les transformations successives subies par notre mobilier, en constatant qu'il s'est toujours harmonisé avec les mœurs, les usages, les tendances des générations qu'il a servies, et dont il porte en quelque sorte la livrée, démêleront facilement les principes qui doivent présider à la confection de l'ameublement contemporain.

Si ce double but, que nous avons poursuivi avec une infatigable persévérance, pouvait être atteint, nous serions largement récompensé de nos peines. En tout cas, nous prions le lecteur de vouloir bien se souvenir que ce livre contient plus de quinze années de patientes recherches et de travail incessant. C'est là, nous semble-t-il, un titre à l'indulgence de ceux mêmes pour qui la sévérité semble être une sorte de devoir.

Fig. 1. — Initiale d'Anne de Bretagne.
(Château de Blois.)

Abaisse, *s. f.* — Locution normande. Table basse, tablette d'un buffet. Ce mot, usité jadis en basse Normandie, est presque oublié de nos jours.

Abaque, *s. m.* — Tablette qui forme la partie supérieure ou le couronnement du chapiteau. L'abaque, dont le nom vient du grec ἄβαξ, « damier, comptoir, etc. », est carré au Toscan, au Dorique, à l'Ionique. Il est échancré sur ses faces aux chapiteaux corinthien et composite. Dans ces deux derniers ordres, les angles s'appellent *cornes,* le milieu *balai,* la courbure *arc.* Le milieu de l'arc est généralement orné d'un fleuron. L'abaque est également nommé Tailloir. (Voir ce mot.) Ce terme toutefois s'emploie plus spécialement quand il s'agit de chapiteaux cubiques appartenant à l'époque romane. A l'époque ogivale, les architectes ont parfois donné à l'abaque une forme circulaire ; mais cette disposition doit être considérée comme exceptionnelle. On la rencontre cependant à Bayeux, à Coutances et au Mont-Saint-Michel.

Abat-jour, *s. m.* — Daviler écrit *abajour,* et c'est l'orthographe qu'après lui adoptent Savary des Bruslons et l'*Encyclopédie.* Furetière, toutefois, et le *Dictionnaire de Trévoux* écrivent *abat-jour,* et cette orthographe, qui a prévalu, est aujourd'hui la seule en usage. Ce mot a différentes significations.

Pour les architectes, c'est une fenêtre dont l'ébrasement de l'appui est en talus, en sorte que le jour vient d'en haut. La plupart de nos caves sont éclairées par des abat-jour, auxquels on donne communément aujourd'hui le nom de soupirail. « Ledit vestibule prend jour par un larmier de pierre de taille fait en abat-jour, d'environ deux pieds carrés. » (*Invent. de l'Archevêché de Lyon,* 1731.) Pour les étages supérieurs, les architectes pratiquent des abat-jour, soit lorsqu'ils veulent, comme l'a fait Lemercier au dôme de la Sorbonne, raccorder l'architecture extérieure d'un monument avec son architecture intérieure ; soit encore, quand ils se proposent d'empêcher toute communication entre l'intérieur d'une pièce et le dehors. Dans ce second cas, et lorsque la fenêtre dont on veut modifier la prise de jour existe déjà, on a le plus souvent recours à une sorte de petit coffre évasé à son sommet, qui s'applique extérieurement et ne laisse pénétrer la lumière que par en haut. Ces appareils, très simples et d'une forme élémentaire, qui portent également le nom d'abat-jour, sont plus spécialement en usage pour les prisons et pour les écoles.

Au siècle dernier et surtout au xvie et au xviie siècle, les marchands se servaient d'appareils du même genre pour diminuer l'intensité de la lumière pénétrant dans leur magasin. « La plûpart des marchands se procurent des faux jours, qui puissent être favorables à leurs étoffes, écrit Savary. (*Dict. univ. de commerce,* 1742, à l'article Faux-jour.) Pour cela, ils couvrent les fenêtres de leurs magasins ou le haut de leurs boutiques, de machines de bois qui se haussent ou qui se baissent à leur gré, suivant qu'ils ont besoin de plus ou moins de lumière, pour faire valoir leurs marchandises. — Ces machines s'appellent Abatans, parce qu'elles s'abattent à la volonté du maître ; et Abat-jour, parce qu'elles abattent et diminuent le jour. — On n'a que faire d'ajoûter que ces abat-jour sont avantageux au vendeur, et très désavantageux à l'acheteur. L'usage que les marchands en ont introduit est une preuve de l'un et de l'autre. » La dimension de ces sortes d'abat-jour et leur avancement sur la voie publique furent réglés par une *Déclaration du Roy,* édictée en 1693. Il faut croire que, malgré cela, l'usage de ces appareils entraînait des abus considérables, car Mercier, dans son *Tableau de Paris* (t. V, p. 15), n'hésite pas à en flétrir l'emploi : « Que des frippiers, écrit-il, ayent des ressources mensongères pour en imposer à la crédulité du passant, qui entre et se laisse tromper par un *abat-jour* inventé pour cacher les défauts de l'habit qu'il marchande, on doit s'y attendre... Mais que des marchands, futurs échevins, sous prétexte d'avoir un jour plus vrai, se servent de ces moyens trompeurs ; qu'en penser et qu'en dire ? » Aujourd'hui nos commerçants, mieux inspirés, en encombrant de marchandises le bas de leurs devantures, et en ne laissant pénétrer le jour que par la partie supérieure de leurs vitrages, obtiennent le même résultat sans alarmer le public, et sans provoquer les censures des philosophes.

Fig. 2. — Abat-jour, d'après une estampe de Larmessin.

Enfin, on donne encore le nom d'Abat-jour à un réflecteur qui s'adapte à une bougie, à une lampe, à un bec de gaz, pour en rabattre la lumière. Ces petits appareils sont d'invention relativement récente et Moreau le Jeune commit assurément un gros anachronisme en faisant travailler Héloïse et Abélard à l'ombre d'un abat-jour. Ceux-ci n'ont pas, en effet, plus de deux cents ans d'existence. Au commencement de ce siècle, on les appelait encore des *Garde-vue.* « Depuis que les lampes sont à la mode, écrit Mme de Genlis (*Dict. des étiquettes de la cour,* t. Ier, p. 310), ce sont les jeunes gens qui portent des lunettes et l'on ne trouve plus de bons yeux que parmi les vieillards, qui ont conservé l'habitude de lire et d'écrire avec une bougie voilée par un garde-vue. » Ajoutons que, même sous ce nom de garde-vue, les abat-jour ne sont mentionnés ni par Furetière, ni par Savary, ni par le *Dictionnaire de Trévoux.* La première description que nous en trouvions remonte à 1750. Elle figure dans le *Livre journal* de Lazare Duvaux, comprise dans la fourniture à la comtesse de Bissy, d'un « grand chandelier à trois bobèches, avec un garde-vue en entonnoir ». C'est bien là l'abat-jour, tel que nous l'employons encore aujourd'hui. Toutefois, il faut croire qu'il mit du temps à se faire connaître et à se répandre, car, à la date du 25 février 1762, nous relevons la réclame suivante, insérée dans les *Annonces, affiches et avis divers :* « Le Sr *Maunoury,* ferblantier sous la porte du Palais, du côté de la place Dauphine, fait de nouveaux Chandeliers a garde-vue, *très commodes et peu coûteux.* Le pied et la tige de ces Chandeliers sont de bois et proprement faits. 2 boëtes de fer-blanc coulent le long de la tige et s'arrêtent où l'on veut, ensemble ou séparément : l'une porte la Bougie ou Chandelle et l'autre le Garde-vue, qui est léger et suffisamment solide, quoiqu'il ne soit composé que de trois feuilles de papier, blanc en dedans, pour réfléchir la lumière sur l'ouvrage, et vert en dehors, pour ne pas fatiguer la vue. » Si cette description fidèle est suffisamment détaillée, pour montrer que l'objet était encore dans toute sa nouveauté, il n'en faudrait pas conclure, cependant, que Maunoury en fût l'inventeur. Deux ans avant

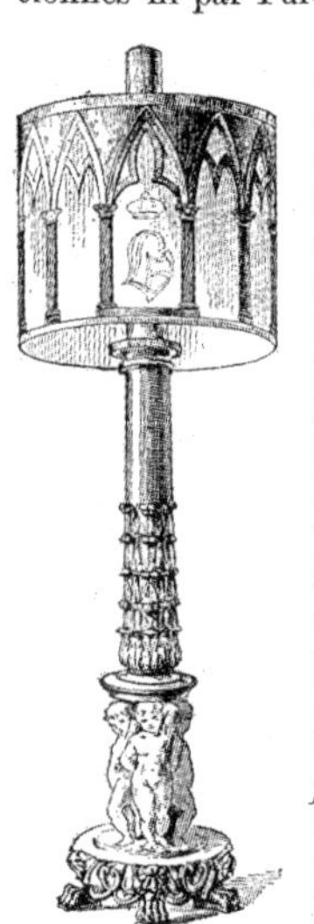

Fig. 3. Lampe et abat-jour de la reine Hortense.

lui, nous trouvons dans le même journal (n° du 31 juillet 1760) une autre annonce d'un Sr Marigner, informant le public qu'il vend des lampes économiques, en forme de bougie, montées sur métal blanc et auxquelles on peut adapter un garde-vue. En outre, en feuilletant le *Journal* de Lazare Duvaux, que nous citions à l'instant, nous trouvons : 1° à la date du 25 janvier 1758, la vente à la princesse de Trivulce, d'un « garde-vue de porcelaine de Saxe, garni de branchages dorés d'or moulu, orné de fleurs de porcelaine », coté 192 livres ; 2° à la date du 9 mars 1750, la vente à Mme la vicomtesse de Rochechouart, « d'un garde-vue de bronze doré d'or moulu, sur une figure de Saxe et fleurs de Vincennes », coté 156 livres ; 3° à la date du 15 septembre 1749, la vente pour 18 livres, à M. Boulogne de Préninville, de « deux gardes vue (*sic*) argentés ». On voit que, dès le principe, on avait employé à peu près toutes les matières usitées aujourd'hui, papier, métal, porcelaine ou verrerie opaque, imitant cette dernière. Enfin dans le costume du *Ferblanquier,* publié

Fig. 4. — Abat-jour en guipure exécuté par M. Lefébure.

par Nicolas de Larmessin, nous découvrons un appareil que nous reproduisons ici (fig. 2). Cet appareil constitue assurément une sorte d'abat-jour et prouve non seulement que l'invention de ceux-ci remonte à la fin du XVIIe siècle, mais encore que leur forme ne s'éloignait pas beaucoup alors de celle usitée de nos jours. Cette constatation n'est pas pour nous surprendre. La forme conique, en effet, est commandée par la nature même de l'objet et par l'usage auquel il est destiné. Le plus ou moins d'inclinaison des parois peut seul en modifier l'aspect. Par la lampe de la reine Hortense, dont nous donnons ci-contre la reproduction, d'après un tableau conservé au musée d'Ajaccio, on voit que parfois cette inclinaison s'est trouvée presque nulle. Dans ce cas, l'abat-jour méritait bien son nom primitif de garde-vue.

Pour soutenir l'abat-jour, un support a toujours été nécessaire. Jadis ce support consistait soit dans un appareil indépendant, se mouvant sur une tige spéciale, soit dans une carcasse en fil de laiton, qui enveloppait le luminaire. Pour les bougies et pour les lampes, quand il s'agit d'abat-jour pesant, — métal, verre coloré, lithophanie, etc., — ces divers supports sont encore en usage. Mais quand l'abat-jour est en papier ou en tissu, on le fixe au verre même de la lampe par une petite armature munie de pinces. Depuis quelque temps, on a construit des armatures de ce genre, mobiles à leur sommet, ce qui permet de les incliner comme on veut, de faire ainsi pivoter l'abat-jour et de s'en servir aussi comme réflecteur. Les plus riches abat-jour qu'on fabrique actuellement sont en tissus de soie, couverts de dentelles ou de guipures.

Abattant, *s. m.* — On donne ce nom à toute partie de menuiserie mobile, disposée de façon à pouvoir être levée ou abattue à volonté. Nous venons de voir (au mot ABAT-JOUR) que ce terme servait aussi à désigner certains châssis employés par les marchands du vieux temps, pour modérer ou modifier la lumière, qui pénétrait dans leurs boutiques primitives. Depuis le XVIIIe siècle, il n'est presque plus usité que dans l'ébénisterie, et s'applique surtout aux parties mobiles des tables, secrétaires et bureaux, qui s'abaissent, ou pour mieux dire qui s'abattent. Les documents anciens fournissent quelques exemples de ces sortes d'abattants. On remarque dans l'*Inventaire général des meubles de la Couronne* de 1760 : « Un secrétaire à armoire de bois violet et rose à placages, à dessus de marbre... le devant fermant à clef s'abat et forme une table à écrire, couverte de maroquin noir, etc. — Un secrétaire en bureau de divers bois des Indes à placcages et abattant à cylindre fermant tous les tiroirs, etc. » On rencontre également de ces meubles dans les ventes célèbres du siècle dernier. « Un autre secrétaire aussi en armoire... à abattant et porte, le corps à angles coupés. » (*Catal. Randon de Boisset,* 1777.) La signification du mot et ses applications n'ont pas varié depuis cette époque.

Littré, qui semble avoir ignoré l'adaptation de l'abattant à l'ébénisterie, écrit *abatant,* sans que cette orthographe soit légitimée par l'étymologie, par les précédents ou par l'usage.

Abattue, *s. f.* — Voir RETOMBÉE.

Abat-vent, *s. m.* — Ce mot, qui, en terme de charpenterie, sert à désigner les pièces de bois disposées, dans les ouvertures des clochers, de façon à rabattre le son, a été employé au siècle dernier dans certaines provinces, et notamment en Bretagne, comme synonyme de paravent. C'est ainsi que nous remarquons dans l'*Inventaire du marquis de Piré* (Rennes, septembre 1733) : « Douze feuilles dabavent (*sic*), couvertes de drap vert, prisé dix-huit livres »; et dans l'*Inventaire du château de Bienassis* (24 novembre 1766) : « Un vieux abavent de quatre feuilles, couvert de damas de Cault et sarge fleuri, prisé douze livres... »

Abeuvron, *s. m.;* **Abeuvrouer**, *s. m.* — Verre, tasse, gobelet servant à boire, du bas-latin *abevragium,* qui a la même signification : « Icellui Jehan print un des abeuvrons a quoy ilz beuvoient et getta au visaige d'icellui Robinet du vin qui estoit dedenz. » (*Lettre de rémission,* 1396.) « Disant le suppliant qu'il lui rueroit ung abeuvrouer ou verre à la teste... » (*Ibid.,* 1457.)

Abîme, *s. m.* — Terme de métier. Il servait autrefois à désigner une auge triangulaire de bois, dans laquelle les chandeliers mettaient leur suif fondu et où ils trempaient les mèches pour fabriquer la chandelle. Au siècle dernier, on écrivait universellement ABYME et même ABYSME.

Ablouque, *s. f.* — Locution picarde. Boucle. Ablouque est usitée surtout dans les environs de Saint-Quentin.

Abouement, *s. m.* — Terme de menuiserie. (Voir ARASEMENT.)

About, *s. m.;* **Abouter**, *v. a.;* **Aboutement**, *s. m.* — Terme de menuiserie. On appelle ABOUT l'extrémité par laquelle un morceau de bois est assemblé avec un autre. ABOUTER, c'est assembler deux morceaux de bois bout à bout, et l'ABOUTEMENT est l'action d'abouter.

Aboutissement, *s. m.* — Terme de couture. « C'est, dit Furetière, une pièce d'étoffe que l'on coud avec une autre, qui n'est pas assez longue pour aller jusqu'où on désire. » Cette expression est inusitée aujourd'hui.

Abricotine, *s. f.* — On donne ce nom à une variété de marbre compris parmi ceux qui sont désignés sous le nom de BRÈCHE VIOLETTE. (Voir BRÈCHE et MARBRE.)

Absconse, *s. f.* — Lanterne sourde (ou mieux *cæca lanterna,* comme dit Du Cange), vient du latin *absconcia :* « A Jehan Aubert, ymagier d'yvoire pour la vente d'une absconse d'yvoire achetée de lui pour mettre la chandelle quand la Royne dit ses Heures, baillée à Katherine de Villers, pour ce à lui paié par vertu desdiz roulle et mandement et par quittance de lui donnée le VIe jour de

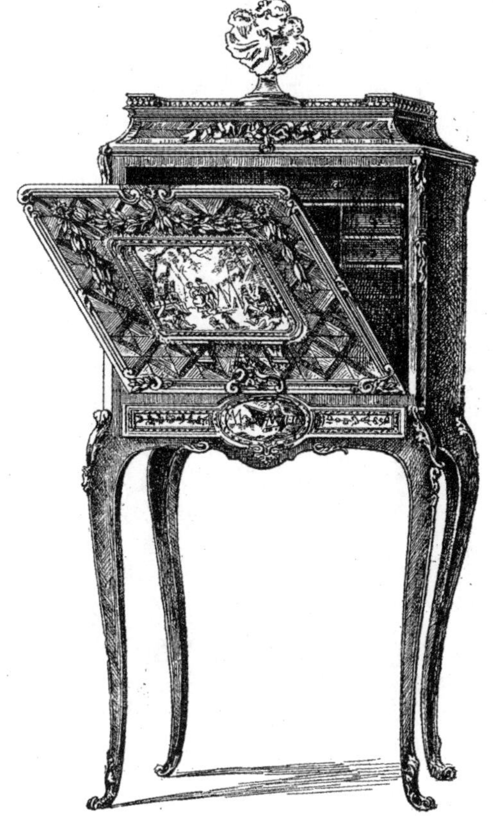

Fig. 5. — Petit cabinet à abattant.

mars (1394)... XXXII sols parisis. » (*Comptes de l'argenterie de la Reine,* 1392-1401.) Grâce à cette citation, voici le nom, la nature et l'emploi de ce petit meuble, parfaitement déterminés. Dès le XIVe siècle, absconse était devenu par corruption et par contraction ESCONSE. (Voir ce mot.) On trouve dans un *Inventaire de la Sainte-Chapelle* du XVIe siècle la mention : *Item una absconcia argenti deaurata operis hachiati,* ce qui, dès cette époque, était traduit dans une copie de ce même *Inventaire* par : « *Item,* une Esconse d'argent doré, hachié. » Le continuateur de Du Cange cite également une *Lettre de rémission* de 1451, où on lit : « Lesquelz compaignons alumèrent la chandeile et la mirent dedens une esconce ou lanterne. » A l'année 1467, nous voyons figurer dans les *Comptes des ducs de Bourgogne :* « Deux esconces en manière de lanternes d'argent et poysent y compris le bois V marcs VI onces. » Enfin, il semble qu'en remontant vers le nord, l'abréviation se soit encore accentuée. Le *Livre des mestiers* (*Dialogues français-flamands composés au* XVe *siècle*, etc.) nous parle de SCONSETTES : « Xpriestiens (Cyprien) des Mares — Bourgeois de Bruges — nous doit de nos denrées ; — ch'est à savoir : de féraille — de lanternes et de sconsettes — près de XX livres de Parisis... »

M. Léon de Laborde semble croire (*Glossaire et répertoire*, p. 269) que l'esconse était un bougeoir, muni d'un long manche, qu'on tenait à la main, particularité qui la distinguait de la lanterne, qu'on portait plus généralement suspendue à une chaîne. Il faut bien reconnaître cependant

Fig. 6. — Petite armoire en acajou, ornée de cannelures en cuivre (XVIIIe siècle).

que ni l'origine du mot, ni l'usage qu'on pouvait faire de la chose ne légitiment cette opinion. Comme le dit très bien Lacurne de Sainte-Palaye : « On nommoit *absconse* une lanterne sourde, dans laquelle la lumière étoit cachée. » Or une lanterne sourde n'est pas objet qu'on porte à grande distance; on doit, au contraire, l'avoir fort près de soi. L'attention même que prennent certains écrivains anciens de signaler quelquefois la présence d'un manche semble indiquer que ce petit meuble n'en comportait généralement pas. La vérité est que l'absconse consistait beaucoup moins dans le flambeau lui-même que dans la cagette protectrice de la lumière qui, elle, s'adaptait à toutes sortes de flambeaux. C'est ce qu'on trouvera plus loin, clairement démontré, au mot ESCONSE, et l'on verra qu'à partir du XVe siècle, la différence typique existant entre les lanternes et les petits ustensiles dont nous nous occupons, c'est que les premières étaient « verrées », et par conséquent laissaient voir la lumière, tandis que les autres, garnies de feuilles d'ivoire, de corne et même de métal, la dissimulaient quand elles étaient closes.

Acacia (faux), *s. m.* — Voir FAUX ACACIA.

Acaja, *s. m.* — Bois de placage exotique, employé au siècle dernier dans l'ébénisterie et la marqueterie, mais très peu usité de nos jours. Il provient de l'île de Ceylan. Sa couleur est rouge, sa qualité tendre. Roubo fils le comprend parmi les essences en usage de son temps. Toutefois, les manuels et précis relatifs à l'ébénisterie n'en font généralement pas mention.

Acajou, *s. m.* — Bois exotique, de couleur rougeâtre et susceptible d'un beau poli. C'est un des plus employés par l'ébénisterie contemporaine. On s'en sert surtout en placages. Autrefois, il venait du Malabar. On le tire maintenant d'Haïti, de Cuba, du Honduras et du Yucatan. L'acajou d'Haïti est le plus recherché ; il provient de la côte de Saint-Domingue et du quartier des Gonaïves. Ses teintes sont vives, son tissu est fin et serré. Celui de Cuba est plus lourd, mais il a la fibre plus grosse. L'acajou du Honduras et du Yucatan est considéré comme étant de qualité inférieure. L'un et l'autre ont le tissu relativement lâche et la fibre épaisse ; ils sont légers, poreux, et leur couleur d'un rouge pâle, tirant parfois sur le jaune, ne prend point avec le temps cette chaude et généreuse patine, qui donne à leur congénère d'Haïti un si riche et si magnifique aspect.

L'acajou est importé en énormes billes. Dans le commerce, ces billes sont classées, non seulement suivant leur origine et d'après leurs qualités intrinsèques, mais aussi d'après les dessins plus ou moins riches que forme la disposition de leurs veines ; et leur valeur marchande varie suivant la richesse de ces dessins. On distingue de la sorte l'*acajou uni*, l'*acajou veiné*, l'*acajou flambé*, l'*acajou moiré*, l'*acajou moucheté*, *chenillé* ou *tigré* et l'*acajou ronceux*. Ajoutons que la complication des dessins ne résulte pas uniquement de la provenance, elle dépend aussi de la partie de l'arbre dans laquelle est taillée la bille qu'on veut mettre en œuvre. Ces billes, dont la dimension et le poids varient toujours un peu, suivant l'âge et la taille de l'arbre qui les a fournies, sont divisées en deux espèces principales, l'une appelée le *bois canon*, qui provient du tronc et des grosses branches, et le *bois fourche*, qui est pris au sommet du tronc, à l'endroit où celui-ci se bifurque en plusieurs rameaux. On comprend aisément que l'aspect du bois canon et celui du bois fourche diffèrent. Dans le premier, les veines, uniformément allongées, se développent presque parallèlement et ne s'enchevêtrent guère. Dans le bois fourche, au contraire, les veines, se divisant pour prendre des chemins divers, produisent ce qu'on appelle la *ronce*. Quand la fourche est composée de plus de deux branches, la ronce est sujette à être *fleurie ;* elle gagne alors en beauté et en prix.

Le bois d'acajou a été introduit en Europe vers le milieu du siècle dernier, ou, du moins, c'est à cette époque qu'il y a été importé en assez grande quantité, pour pouvoir être employé dans l'ébénisterie d'une manière courante. Depuis ce temps, on l'utilise de deux façons : en massif pour les meubles de prix, et surtout en placage pour les ouvrages de moindre valeur. Le plus souvent, les deux procédés sont usités conjointement, le massif étant réservé pour les montants du bâti et pour les moulures, le placage pour les traverses et les panneaux. Au mot PLACAGE, on trouvera quelques détails relatifs à la mise en œuvre de ce bois précieux.

Nous avons dit que c'est au milieu du XVIIIe siècle que l'acajou se répandit en France, on peut ajouter qu'il devint pour ainsi dire de suite à la mode. Le *Livre jour-*

nal, si curieux et si intéressant du fameux Lazare Duvaux, ne nous laisse aucun doute à cet égard. Il suffit de le feuilleter pour s'assurer que, dès 1750, l'acajou était fort recherché par le monde élégant. Prenons au hasard quelques-uns de ses principaux articles : « 7 septembre 1751 — à M. Brochant l'aîné : une petite tablette en bois d'acajou très propre, avec trois cartons... 72 livres. » « 20 septembre 1753 — à Mme de Pompadour : envoyé à Crécy six commodes de bois d'acajou massif, garnies de boutons, entrées et chaussons dorés d'or moulu, avec leurs marbres de Flandre, à 128 livres pièce, 768 livres. » « 21 mai 1755 — au duc de la Vallière : un tric-trac de bois d'acajou massif, couvert de maroquin, garni de pieds et boutons en cuivre, avec les dames, chandeliers et cornets. » « 1er juin 1756 — à M. le comte du Luc : un secrétaire en bois d'acajou massif, garni en ferrures dorées d'or moulu, le marbre d'Antin, 192 livres, etc. » (Voir *Livre journal,* t. II, p. 96, 171, 243, 283.) Nous pourrions multiplier ces extraits.

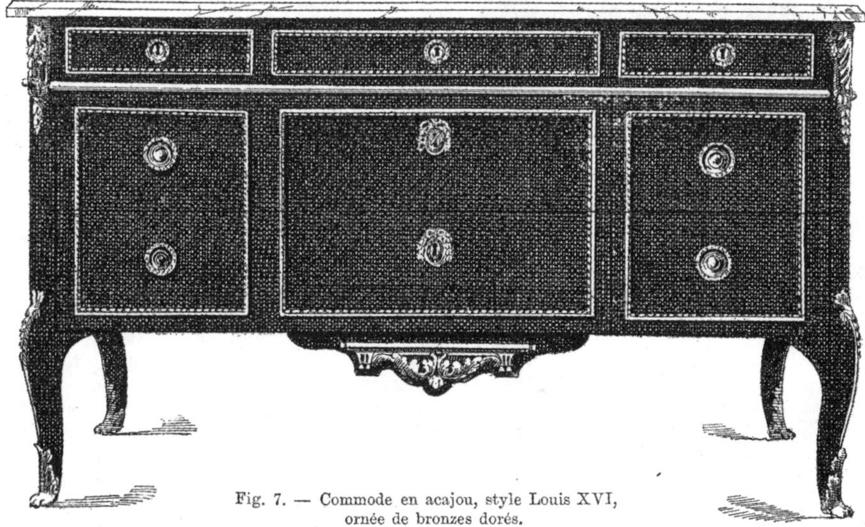

Fig. 7. — Commode en acajou, style Louis XVI, ornée de bronzes dorés.

Conséquence naturelle de l'extrême faveur avec laquelle l'acajou était accueilli par ceux qui comptaient dans le grand monde d'alors, on lui voit bientôt faire son apparition dans les réclames des journaux. Les *Annonces, affiches et avis divers* du 18 janvier 1759 informent le public de la vente aux enchères « d'un secrétaire de bois d'acajou de 4 pieds de long, garni d'argent, chez le sieur Fermé, ébéniste, rue de Seine-Saint-Germain ». Puis viennent les ventes célèbres; celle de Randon de Boisset, par exemple, dans laquelle figure « une petite table de bois d'acajou, à quatre pieds ronds, forme de gaine et à un tiroir sur la face ». On le retrouve jusque dans les testaments, notamment dans celui de la sympathique Mme d'Épinay (1783), où nous lisons : « Je donne et lègue à Mme Sedaine une table ronde et une table ployante d'acajou. Je la prie de se rappeler quelquefois combien elle m'étoit chère. » Dufort de Cheverny, d'autre part, nous apprend (*Mém.,* t. Ier, p. 419) qu'au château de Chanteloup, chez le duc de Choiseul, dans les appartements réservés au duc d'Orléans et à la comtesse de Brionne : « tous les meubles étaient de bois d'acajou, les plus commodes et de la meilleure forme ». Enfin, en 1785, il avait pénétré dans le palais de Versailles. Le salon de la princesse de Lamballe comptait vingt-quatre chaises d'acajou en forme de lyre. (*Invent. général des meubles de la Couronne.*)

On voit que si l'acajou est un bois éminemment exotique, les personnages qui lui ont donné le droit de cité chez nous, et qui se sont faits en quelque sorte ses parrains, sont assez recommandables pour expliquer la place qu'il a prise dans notre ameublement. Ajoutons que l'habileté et le goût des ébénistes du siècle dernier, en associant le bronze sous forme, non seulement de frises, de poignées, d'entrées, mais encore de cannelures et de filets, aux tons chauds de l'acajou, en tirant de celui-ci, grâce à l'habile disposition de son veinage, des effets très pittoresques, composèrent des meubles charmants ; et cependant, l'emploi de ce bois étranger a suscité de bien grandes et bien vives colères. Mme de Genlis, qui n'aimait pas l'acajou, mais qui aimait encore moins les Anglais, tente de rendre ces derniers responsables de l'introduction chez nous du bois coupable. « Ils ont fait passer la mode de la dorure par leurs bois des Indes, écrit cette vénérable dame, en parlant des fils de la perfide Albion. Ces bois unis ont aussi rendu gothiques parmi nous les sculptures en bois, art dans lequel nous excellions. » (*Dict. des étiquettes de la cour,* t. Ier, p. 357.) Un moraliste, contemporain de Mme de Genlis, l'estimable Caillot, cherche autre part la cause de cette invasion. Il s'en prend, non pas à nos voisins d'outre-Manche, mais aux beautés faciles du Directoire. « Mlle Dervieux, écrit-il (*Vie publique des Français,* t. II, p. 100), et les autres nymphes des divers spectacles donnèrent le ton du boudoir aux jeunes femmes de qualité et aux bourgeoises des étages supérieurs (*sic*)... C'est par leur efficace influence, que l'acajou et plusieurs autres bois moins précieux sont travaillés et façonnés en une infinité de manières aussi agréables à la vue que favorables à tous les besoins et même à tous les caprices. »

Il y a certainement du vrai dans les propos de Mme de Genlis aussi bien que dans ceux d'Antoine Caillot ; mais ce qui rendit l'emploi de l'acajou général en France, ce fut surtout l'abondance de sa production et l'importation considérable qu'on en fit à partir de la fin du siècle dernier. Les Cédrélas-Mahagoni, ou bois d'acajou, sont, en effet, doués d'une croissance très rapide, et leur exploitation est des plus faciles. Aux Antilles et dans le Honduras, ils atteignent une taille colossale et forment sur les terrains rocheux des forêts d'une immense étendue. Qu'on ajoute à leur solidité et à leur beauté une qualité plus rare encore, l'inaltérabilité, et l'on s'expliquera le développement rapide pris par le commerce de ce bois précieux. Nous lisons, en effet, dans le *Journal de Paris* du 10 février 1790 l'annonce suivante, qui se passe de commentaires : « GRAND MAGASIN DE BEAU BOIS D'ACAJOU, ÉTABLI RUE CHANTEREINE, PRÈS CELLE SAINT-GEORGES. Les personnes qui voudront s'en procurer pourront s'adresser chez le sieur Belin, propriétaire, menuisier de la Reine, rue Neuve-des-Mathurins, n° 45, lequel fait faire, par le moyen d'un moulin qu'il a établi chez lui, des panneaux de 3, 4, 6, 8 et 10 lignes d'épaisseur, sur 24 et 31 pouces de large, et enfin les fera

Fig. 8. — Petite commode en marqueterie d'acajou, style Louis XVI.

refendre au gré des acquéreurs. » Du reste, déjà depuis dix ans, on employait ce bois précieux dans la construction, et Bachaumont, en 1782, parle avec admiration de l'escalier de Bagatelle, entièrement en acajou. (*Mém. secrets,* t. XV, p. 188.)

Mais ce qui, bien plus que sa croissance rapide et sa facilité d'exportation, généralisa l'emploi du mahogoni en Europe, ce fut l'avènement à la fortune d'une classe nouvelle, encore trop neuve aux choses du vrai luxe pour apprécier les beautés d'une main-d'œuvre coûteuse, et avide cependant de posséder des objets représentant une certaine valeur vénale. Le bois exotique, employé par grandes masses, ou utilisé dans des marqueteries compliquées, formait des ouvrages dispendieux. On voulut donc avoir des meubles en bois exotiques, parce qu'ils avaient la réputation de coûter très cher ; mais en même temps on ne voulut les payer que le meilleur marché possible, et pour atteindre à ce double *desideratum,* les ébénistes durent réduire leurs profils, simplifier leurs coupes, et s'arranger, dans leurs placages, pour procéder par grandes surfaces toujours planes, en sorte que le mobilier revêtit peu à peu cet air raide et guindé, que nous lui avons connu. Aujourd'hui, grâce à ces façons qui n'ont rien à démêler avec l'art, l'acajou a pu trouver place dans les mobiliers les plus vulgaires, et l'on rencontre, dans le commerce, des meubles de ce bois qui rivalisent, comme bas prix, avec nos essences indigènes.

Ce même besoin de faux luxe a amené les ébénistes à chercher, en usant de subterfuges plus ou moins ingénieux, à imiter l'acajou en donnant à des essences françaises l'aspect et la couleur de ce bois exotique. Les moyens pour imiter l'acajou sont nombreux. On se sert, le plus généralement, de décoctions de bois de campêche et de garance, additionnées de liquides pénétrants ou corrosifs. Parmi les procédés dont les manuels spéciaux fournissent la nomenclature, on cite plus particulièrement ceux à la colle, à l'esprit-de-vin, à la gomme adragante, à l'eau-forte, à l'oxyde de titane, etc. Les bois qu'on colore à l'aide de ces préparations sont le merisier, le hêtre, le charme, le tilleul, le platane, le peuplier, le tremble.

Acanthe, *s. f.* La feuille d'acanthe a fourni aux architectes et aux décorateurs un des ornements les plus riches et les plus nobles qu'ils emploient. On sait que c'est d'après elle que le sculpteur athénien Callimaque a composé le chapiteau corinthien, et personne n'ignore la façon poétique dont Vitruve (*Archit.,* liv. IV) raconte cette ingénieuse découverte.

La nature produit douze variétés d'acanthe. Trois ont été utilisées par les architectes de l'Antiquité : l'acanthe épineuse, l'acanthe molle, l'acanthe frisée. Ce beau feuillage, si riche, si élégant, fut prodigué par eux dans les corniches, les chapiteaux et les frises de leurs monuments. A Pompéi, à Rome, à Tivoli, à Saint-Remy, à Nîmes, on en peut voir des spécimens de la plus grande beauté. Le Moyen Age paraît avoir dédaigné l'acanthe, ou du moins il en modifia la structure et l'abâtardit si bien, que certains archéologues, M. Berty entre autres, ont pu prétendre que les architectes de cette période n'en avaient pas fait usage. La Renaissance lui rendit tout son prestige, et le XVIIIe siècle, admirateur passionné de sa souplesse, n'hésita pas à l'adapter comme ornementation aux formes flexibles et contournées de son mobilier.

Accolade, *s. f.* L'arc en accolade est un arc à la fois concave et convexe, qui doit son nom à la forme qu'il affecte. On le nomme également ARC EN TALON, parce que chacune de ses moitiés représente assez bien la courbure du *profil* qui porte ce nom. L'arc en accolade termine parfois une baie. Plus ordinairement il constitue un motif de décoration. Dans ce cas il forme, autour des arcs en anse de panier, un ornement saillant et protecteur, qui communique à ces arcs une certaine élégance. L'accolade est un de ces enjolivements tardifs, dont le style ogival se montra prodigue à son déclin. Il naquit avec le XVe siècle et disparut aux environs de 1550. On en peut voir, à Paris, des échantillons fort gracieux à l'hôtel de Cluny, à l'église Saint-Leu. En province, l'église de Nogent-le-Rotrou en offre plusieurs exemples. Mais la ville où il paraît avoir été le plus apprécié, c'est Dijon.

Accolé, *part.* et *adj.* En architecture, ce terme a d'abord exprimé les révolutions exécutées autour d'une colonne par une branche de laurier ou de vigne, comme cela existe aux colonnes de l'autel du Val-de-Grâce, par exemple. Plus tard, on a élargi sa signification, et cet adjectif a désigné une décoration ornant une colonne, alors même que cette décoration est posée verticalement sur le fût.

Au XIVe siècle, le mot accolé, appliqué à des tissus, servit à désigner des draps qu'on a appelés depuis mi-partis, c'est-à-dire partagés dans leur largeur en deux couleurs ou nuances différentes. On disait alors un drap accolé, comme on disait un drap rayé, marbré, etc. On lit dans les *Comptes d'Estienne de la Fontaine, argentier du roi* (1352) : « Godefroy Miltin, pour deux draps lones de Bruxelles, l'un accolé, l'autre marbré violet, à L escuz la pièce, valent tout LXX livres. »

Accompagnement, *s. m.* Se disait autrefois des ob-

Fig. 9. Tabouret à accotoirs, d'après De Lafosse.

jets nécessaires pour l'ornement, la décoration, la symétrie d'une pièce. « Cette chambre est belle, mais elle n'a pas ses accompagnemens. » (*Trévoux.*)

Accote-pot, *s. m.;* **Acoste-pot**, *s. m.;* **Accodepot**, *s. m.* Petite pièce de fer, courbée en demi-cercle, qu'on mettait au pied des pots ou marmites plantés dans la cendre, pour les empêcher de tomber. Rabelais écrit *accodepot;* Furetière, *acoste-pot;* Trévoux donne *accote-pot,* suivant en cela l'exemple de Nicot et Cotgrave. Cette dernière orthographe est la seule qui ait survécu.

L'accote-pot était au XVIe siècle un ustensile de ménage en quelque sorte indispensable. Gilles Corrozet, dans son *Blason de la cuisine,* le comprend dans l'attirail de toute bonne cheminée :

En la cuysine à point bien ordonnée,
Est de besoing avoir la cheminée
Pleine de feu et garnie de chenetz
D'acoste potz et de grilz assez netz...

A la fin du XVIe siècle, à Paris, on disait également un APPUIE-POT. (Voir ce mot.) Aujourd'hui ce petit ustensile n'est plus guère usité qu'en Bretagne et en Normandie, où il a conservé son nom. Pour le reste de la France, l'objet a disparu de nos cuisines, et le mot de notre langue. Littré ne le mentionne même pas.

Accotoir, *s. m.;* **Acostoir**, *s. m.;* **Accotoüer**, *s. m.* Se dit de tout ce qui sert à s'appuyer de côté et plus spécialement du bras d'un fauteuil. « Deux dessus de fauteuils de commodité de tapisserie, fonds de soye, coulleur de pail et à artichaux en fleurs, avec leurs acostoirs, prisés XX livres. » (*Invent. du maréchal d'Humières;* Paris, à l'Arsenal, 31 août 1694.) « Quatre fauteuils de canne et bois de hêtre vernis, à dossiers ceintréz et sculptéz... les accostoirs aussi sculptés. » (*Mobilier de la Couronne, — Invent. du château de Versailles,* 1729.) L'accotoir est généralement supporté par une console la partie qui s'avance sur le devant est appelée *tête d'accotoir;* le centre, quand il est rembourré et garni d'étoffe, prend le nom de *manchette;* l'accotoir est relié au dossier par un tenon.

Bernard Palissy écrit *Accotouer,* Furetière, *Acostoir,* et Richelet nous apprend que de son temps on ne prononçait pas l'R final.

Accoudoir, *s. m.;* **Accoudouer**, *s. m.;* **Acoudouer**, *s. m.;* **Acoutouer**, *s. m.* L'accoudoir, qu'on confond souvent avec l'accotoir, en diffère, en ce qu'il désigne non pas un objet sur lequel on peut s'appuyer de côté, mais un objet sur lequel on doit pouvoir poser les coudes de face, ou qu'on met sous ses coudes pour pouvoir s'appuyer en avant. C'est ainsi qu'en architecture il est devenu le synonyme de balustrade, de mur à hauteur d'appui, et qu'il s'applique au couronnement d'une grille de balcon. « L'accoudoir d'une fenestre doit aller seulement à la hauteur de la ceinture », dit Furetière. Le scribe du roi René a donc eu raison d'écrire : « Et derrière la petite chapelle, ledit charpentier mectra troys soliveaux, pour une alée à aller de ladite galerie en icelle chapelle, avec un acoudouer du cousté devers le jardin. » (*Comptes et mémoriaux du roi René.* Édifices d'Angers, 26 septembre 1465.) Et Bernard Palissy, par contre, a eu tort d'écrire : « Sur le jardin je feray une muraille qui sera platte par dessus, pour servir d'accotoüer à ceux qui se promèneront sur ladite allée haute. »

Dans le mobilier, l'accoudoir peut être un coussin, une garniture rembourrée, qu'on applique sur une grille, sur une balustrade, ou sur le dossier de certains sièges. Les petites chaises, jadis appelées *voyeuses,* celles qu'on désigne aujourd'hui sous le nom de *fumeuses* et sur lesquelles les hommes s'asseyent à cheval sont dans ce cas. Autrefois on donnait ce nom, dans les cérémonies du culte, aux tabourets recouverts de coussins et disposés en manière de PRIE-DIEU. (Voir ce mot.) « Au devant d'icelluy grand autel... avoit un grand drap d'or estandu sur terre et un acoulldouer couvert de mesme, avec deux grands carreaux pour agenouiller la dicte dame au quel lieu elle fut couronnée. » (*L'ordre observé au couronnement de la Royne Claude,* 1517.) « Les deux montées pour aller au dict Throsne... feurent parées, c'est à sçavoir le bas sur quoy l'on marchoit de velours cramoisi... et les acoulldouers, barrières et appuis de satin bleu azuré, semés de liz de gaufreure de filz d'or. » (*L'ordre observé au couronnement de Henri II,* 1547.) « En mesme temps, Simon de Marquemond, archevesque de Lyon, partit de sa place pour se mettre au milieu de la salle en un accoudoir à cet effet préparé, et fit le remerciement pour l'Église... » (*Relation de ce qui s'est passé aux États généraux convoqués en* 1614.)

Fig. 10. — Chaise à accoudoir, style Louis XVI.

Enfin Dangeau, décrivant les funérailles du prince de Condé, nous montre le prince de Conti en grand costume de deuil, suivi de M. de Pompadour, qui portait la queue de sa robe traînante, pénétrant dans la chambre du défunt, où « il se met à genoux sur un prie-Dieu avec un accoudoir ». (*Journal,* t. XII, p. 384, avril 1709.)

Par une confusion assez explicable, les tapissiers et certains fabricants de meubles nomment communément accoudoirs les Accotoirs. (Voir ce mot.) Cette confusion est fort ancienne. Dans le troisième *Compte de Loys Ruzé, argentier de la Reine* (1485), nous relevons un payement de 25 sols, « à Pierre Siméon, serrurier, demeurant à Tours... pour avoir fait le grand siège, garny de sangles, de feutres et accoudouers », d'une chaise qui fut portée d'Amboise à Tours. A des époques plus récentes, nous notons dans l'*Inventaire de Guillaume des Champs* (Villefranche, 1663), « une chaise à coudoir garnie de bazane rouge » ; et dans l'*Inventaire de Jeanne Langlois* (*id.*, 1667), « une grande chieze bois noyer à l'anticque, fermant à clef accoudoire ». On remarquera qu'ici le mot accoudoire semble pris adjectivement. Enfin dans le *Procès-verbal du séquestre du domaine de Lespinel-Rangueil* (Toulouse, 1793), figure « une inquiétude foncée en paille avec carreau et accoudoir ». Toutes ces locutions sont vicieuses.

Accouplement, *s. m.;* **Accoupler**, *v. a.;* **Accouplé**, *part.* — Accoupler, c'est disposer par couples. « Avoir

Fig. 11. — Petit coffre en acier ajouré (xve siècle).

semé en plusieurs lieux sur lesdictz chariotz et littières deux lettres accouplées d'un lasset blanc. » (*IIIe Compte de Jean de Visen, receveur des finances de Bourgogne,* 1439.) Accoupler des colonnes, c'est les disposer deux à deux et les placer assez près l'une de l'autre, pour que leurs bases et leurs chapiteaux se touchent presque. La célèbre colonnade du Louvre offre, en architecture, un majestueux exemple de colonnes accouplées. On emploie parfois les colonnes accouplées, dans la construction de meubles qui ont des prétentions architecturales. Leur présence a pour but d'alléger le dessin du meuble, qui, sans cette précaution, risquerait de se trouver alourdi par les dimensions trop robustes que devrait forcément affecter une colonne unique.

On nomme accouplement l'action d'accoupler et l'assemblage par couples. Parfois on emploie l'adjectif Couplé pour accouplé. (Voir Piganiol de la Force, *Description de Paris,* t. IX, p. 271.)

Accoutrer, *v. a.;* **Acoustrer**, *v. a.* — On trouve ce verbe, au xve et au xvie siècle, appliqué à l'ameublement, dans le sens de tendre, de garnir. Le *Vergier d'honneur* (1495) décrit : « Ung grant eschaffault orné, garny et acoustré de riches tapisseries, de courtines de soye et aultres richesses. » Le récit du couronnement d'Anne de Foix, épouse de Ladislas VI, roi de Bohême (29 septembre 1502), nous apprend que le chœur de cette église « fut bien paré et acoustré ». Dans l'*Inventaire du chanoine Nicolas Merille* (Rouen, 1584), il est fait mention de « chaires de noyer accoustrées de cuir », etc. Ce verbe, aujourd'hui, n'est plus employé que pour la parure et l'ajustement du corps humain.

Ache, *s. f.* — Plante ombellifère, dont la feuille à trois lobes recoupés a été employée au xve siècle comme ornementation d'architecture et de meubles. C'est de feuilles d'ache que sont ornées encore, à l'heure actuelle, les couronnes des ducs et celles des marquis.

Aché, *adj.* — Orthographe arbitraire du mot haché, pris dans le sens de gravé de hachures. « Deux gérendoles et un feu complet argent aché. » (*Invent. du duc de Villars,* 1770.) — « Une paire de flambeaux argent aché. » (*Invent. de Louis Léonardet;* Marseille, 1791.) Cette orthographe défectueuse est souvent usitée dans les documents anciens. (Voir Haché.)

Achière, *s. f.* — Augmentation arbitraire de Chière, Chère, Chaire, Chaise. (Voir ce dernier mot.) Le mot achière se rencontre en Gascogne dans quelques documents du xvie siècle. « Plus deux achières plégadisses (qui se ploient). — Plus deux achières courailh. — Autre petite achière de femme de courailh, etc. » (*Invent. de Pierre David, 1er chanoine de Saint-Sernin;* Toulouse, 1548.)

Achodour, *s. m.* — Locution limousine. Ustensile de cuisine. Hachoir, couteau à hacher.

Acier, *s. m.* — Ce métal, qui passe avec juste raison pour le plus dur et le plus résistant, n'est autre chose que du fer combiné avec une minime quantité de carbone, variant de 1 à 2 pour 100. Cette combinaison peut s'obtenir de trois façons différentes : soit en traitant le minerai de fer au milieu de charbons; soit en affinant le fer au feu de forge; soit en chauffant des barres de fer à une très haute température dans des caisses remplies de poudre de charbon. Ces trois préparations produisent trois sortes d'acier. Le premier prend le nom d'*acier naturel,* le second s'appelle *acier de fonte* ou *d'affinage,* le dernier est connu sous la désignation d'*acier de cémentation.*

Ainsi modifié, cet alliage nouveau diffère essentiellement du fer proprement dit. Il cesse d'être ductile, malléable et tenace, pour devenir dur et fragile. En outre, alors que le fer une fois corroyé ne fond plus qu'avec une extrême difficulté, l'acier, au contraire, reste facilement fusible. Cette dernière qualité devient même un moyen d'amélioration de l'acier, car le meilleur procédé pour rendre son tissu homogène et sa densité uniforme, c'est de le fondre dans des creusets, à l'abri du contact de l'air. De cette façon, la masse entière se sature également, et alors le métal peut acquérir, par la trempe, une dureté assez grande pour qu'on en fabrique des burins et des cisailles capables de graver et de couper les autres métaux.

La Bible prétend que l'acier fut inventé par Tubalcain. Le fait est difficile à vérifier; mais le certain, c'est que pendant tout le Moyen Age, l'acier de Damas passa en Europe pour le premier du monde. Au xvie et au xviie siècle, les aciers d'Allemagne, de Piémont, de Hongrie, furent particulièrement réputés. Au xviiie, l'acier de Suède et celui d'Angleterre prirent le dessus, quoique le plus recherché et le plus vanté continuât d'être l'*acier de Carme* (ainsi nommé de la ville de Kerneut, en Allemagne). La première mention que l'on trouve de la fabrication de l'acier en France figure dans les *Archives communales* de Lyon. (Série BB, reg. 145.) C'est la permission accordée, en 1609, à un industriel dont le nom est demeuré en blanc, d'établir, à Vaise-lèz-Lyon, une usine pour la fabrication de l'acier, d'après une méthode nouvelle, à condition que les produits de cette manufacture seraient marqués aux armes de la ville. Plus tard, on fabriqua de l'acier à Soret, à Clamecy, dans le Limousin, etc. Mais ces produits étaient qualifiés « petit acier ou acier commun » et n'étaient tenus qu'en très médiocre estime, lorsqu'en 1722 Réaumur publia un travail important sur la composition et la fabrication de l'acier, travail qui permit aux industriels de notre pays d'améliorer singulièrement leur production. « Cet habile académicien, écrit Savary des Bruslons, a étudié et découvert si exactement et si à fond la nature de l'acier et la manière la plus parfaite de le fabriquer, que les François ne peuvent plus regretter aucun acier étranger, et sont en état de mettre le leur en parallèle avec ceux qui jusqu'ici ont été le plus estiméz. »

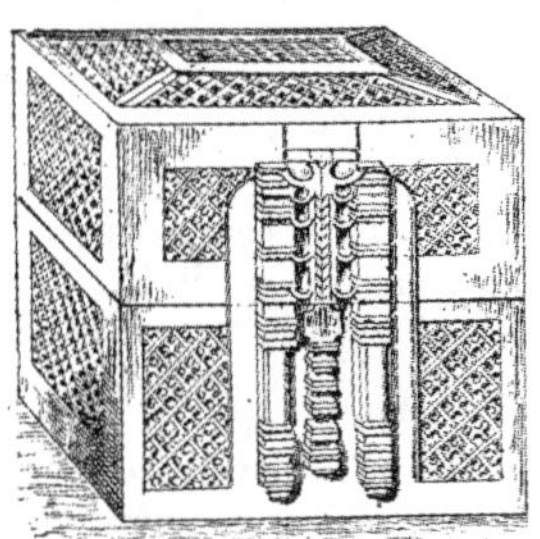
Fig. 12. — Coffret en acier ajouré (XVe siècle).

Vers la même époque, une société se monta sous le nom de *Manufacture royale d'Orléans, pour convertir le fer en acier et pour faire des ouvrages de fer et d'acier fondu*. Ses ateliers étaient situés à Cosne et son but, révélé par un prospectus publié par le *Journal de Verdun* (janvier 1727), était de « faire des ouvrages de fer et d'acier fondu sur les principes de M. Réaumur ». Nous avons la liste de tous les articles que fabriquait cette manufacture. C'étaient des grilles, des serrures, des boutons de porte, des bras pour mettre les bougies, des lustres de toute grandeur « ayant la blancheur et l'éclat des lustres de cristal, et des formes qu'on ne sauroit donner à ces derniers » ; des flambeaux, des *pierres à papier*, des vases, etc. Pour augmenter encore les avantages attachés à cette fabrication, Réaumur livra à la Compagnie le secret d'un vernis pouvant « être étendu sur l'acier poli, sans en altérer la couleur ni le brillant, et capable de résister aux mêmes épreuves que le vernis de la Chine ». Grâce à cette préparation, on n'avait plus à redouter la rouille.

Malgré ces avantages, il ne paraît pas cependant que la fabrique d'Orléans ait donné tous les résultats qu'on en attendait. D'autres manufactures, au reste, ne tardèrent pas à s'établir sur divers points du territoire et à lui faire concurrence. Il nous faut citer notamment la manufacture de Dambach, près de Strasbourg, qui obtint un privilège du roi ; celle d'Amboise, qui institua des concours et des prix. Ajoutons qu'entre temps des inventions nouvelles s'étaient produites, comme celle de M. Parent de Matigné, président des trésoriers de France de la généralité d'Alençon, qui permettait de convertir, à peu de frais, le fer en acier ; et comme aucune législation ne protégeait la fabrication de l'acier, dans beaucoup de forges, on fit usage de son procédé. C'était, du reste, chose naturelle et normale ; car, ainsi que le portait le *Livre des mestiers*, « Aciers est de la meisme coustume et de la meisme droiture que fer ». Sa fabrication et sa mise en œuvre ne pouvaient donc être limitées. Constatons encore que, dès le XIIIe siècle, on importait en France des quantités assez considérables d'acier, puisqu'on trouve ce métal mentionné dans les tarifs de douane de la ville de Lyon, datés de 1295.

Cet acier était employé à la fabrication de toutes sortes d'objets mobiliers et d'ustensiles. Les citations suivantes vont nous en fournir la preuve. On en faisait des bouteilles : « Martin le Charretier, pour unes bouteilles d'acier couvertes de cuir, achetés à lui pour porter vin avecques le Roy, quant il va au deduit... » (*Compte de l'hostel du roi Charles VI,* 1383.) Des coffrets : « Un coffret long, tout de fin acier et fermé d'une petite clef d'acier. » (Froissart, *Chroniques,* III, IV, 23.) « A maistre Laurens Volvic — c'est assavoir un petit coffre d'acier bruny et les bois doréz pour mectre le sceau de secret dudit Seigneur. » (*Compte de la chambre de Louis XI,* 1481.) Des ustensiles de cuisine : « Troys poiles d'acier, quatre poiles à queheue d'airaing ; *item,* deux lechefretz et une poile d'acier sans queheue. » (*Invent. du duc de Bourbon,* 1507.) Puis, à des époques plus récentes, des flambeaux : « On trouve chez le sieur Grandchez, bijoutier de la Reine, des petits flambeaux de cabinet en acier doublé d'or... » (*Mercure,* juillet 1774.) Des sièges : « Le sieur Languigneux... vend un siège en acier, très solide, formant un triangle, qui se renferme tout entier dans une canne... » (*Ibid.,* novembre 1764.) Des statues : en 1725, au dire de Germain Brice (*Description de Paris,* t. II, p. 268), on voyait chez Mme Titon, rue de Montreuil, « le roi à cheval sur un piédestal élevé de quatre piés... l'ouvrage est d'acier fondu, terminé avec un très grand soin et doré avec dépense », etc. Enfin, sans entrer dans l'énumération de tous les menus objets de toilette, couteaux, ciseaux, rasoirs, il nous faut encore mentionner les miroirs, ces fameux miroirs d'acier, qui jouirent jadis d'une si grande célébrité et d'une vogue sans égale : « Ung grant myroer d'acier ouvré et doré par les bors et à orbevoyes — deux myroers d'assier, l'ung grant, qui est environné de cuivre et de brodeure par derrière, et l'autre assiz en boys. » (*Invent. du roi Charles V,* 1380.) « Ung grant miroir d'achier, faict à l'anticque... fermant à deux clouans. » (*Invent. de l'empereur Charles-Quint,* 1536.) — « *Item,* un grand mirouer d'acier, que ledit sieur de Beringhen a dit avoir esté aporté à Monceaulx, du cabinet de Fontainebleau. » (*Invent. de Gabrielle d'Estrées,* 1599.) — « Ung grand mirouer d'acier enchassé, estimé quatre livres dix solz... » (*Invent. de Louise de Vaudemont,* 1603.) Etc. Puis quand les glaces eurent remplacé le métal pour les miroirs, nous retrouvons l'acier utilisé dans les bordures. « Un grand miroir à trois glaces, dans une bordure d'acier poly, enrichie d'un ornement d'argent blanc et vermeil doré. » (*Invent. du mobilier de la Couronne,* 1681.) Ces exemples suffisent, croyons-nous, à démontrer la place considérable que l'acier a occupée dans notre mobilier. Aujourd'hui, ce métal, facilement oxydable, n'est plus guère employé que dans la fabrication des coffrets, des garnitures de foyer et de certains instruments tranchants, ciseaux, couteaux, grattoirs, rasoirs, etc.

Fig. 13. — Coffret en acier gravé et damasquiné (XVIIe siècle).

Aclinouer, *s. m.* — Lit de repos. Voir le continuateur de Du Cange sous *Acclinatorium.*

Acostoir, *s. m.;* **Acostouer**, *s. m.;* **Acoutouer**, *s. m.* — Orthographes anciennes des mots accoudoir et accotoir. Le 12 janvier 1508, Guillaume Manville, maçon, fait marché avec M. de Genlis « de faire les apuyz et acoutouers du long des fossêz depuis le viel portail jusques au logis que a faict Pierre de Lorme, etc. » (*Comptes du château de Gaillon.*)

Acrotère, *s. m.* — Terme d'architecture. Se dit des petits piédestaux qu'on place au sommet et aux extrémités des rampants qui composent un fronton. Par extension, le mot s'est appliqué aux statues qui surmontent ces piédestaux. Enfin on appelle encore de ce nom les dés en pierre engagés de distance en distance dans les balustrades qui couronnent certains édifices, et qui servent à dissimuler les chéneaux. Ajoutons que, comme beaucoup de meubles du XVIe et du XVIIe siècle affectent des formes architecturales et se terminent par des frontons, le mot acrotère a aussi son emploi dans le mobilier.

Acube, *s. f.* — Voir ALCÔVE.

Adatis, *s. m.* — Toile de coton importée des Indes et employée dans l'ameublement.

Adent, *s. m.* — Assemblage qui s'emboîte en manière de dents. Les assemblages en *queue d'aronde* et en *grain d'orge* sont dits en adent.

Adornement, *s. m.*; **Aournement,** *s. m.* — Forme ancienne d'ORNEMENT. « Et seront lesdiz religieux tenuz de livrer pour ladicte messe tous les adornemens qui y sont nécessaires. » (*Statuts de confréries,* 1376.)

Adouber, *v. a.* — On rencontre ce verbe au XIVe et au XVe siècle, avec la signification de garnir, meubler, etc. Guillebert de Metz, décrivant « l'ostel de Maistre Jacques Duchié » (1399), nous apprend qu'en cet hôtel se trouvaient plusieurs chambres « richement adoubéz de lits, de tables engigneusement entailliés et parés de riches draps et tapis à orfrais ». (*Description de la ville de Paris,* p. 67.)

Adoucir, *v. a.*; **Adouci,** *s. m.* — Les fabricants de glaces désignent par ces deux mots la première façon qu'on donne aux glaces brutes. Dans la cristallerie, c'est également le premier travail qu'on fait subir au cristal seulement ébauché par la taille. En terme d'orfèvrerie, c'est l'action de rendre l'or plus facile à la mise en œuvre, en l'épurant des matières étrangères qui le rendent aigre et cassant. En marbrerie, l'opération de l'adouci succède à l'égrisage et au rabat. On adoucit le marbre en le mouillant, puis en le frottant à la pierre ponce, et ensuite avec un tampon de chiffons imprégnés de boue provenant du polissage des glaces ou de la taille de pierres dures.

Adoucissage, *s. m.* — C'est une sorte de poli que l'on donne aux métaux à l'aide de poudres minérales. En terme de doreur, c'est une opération préparatoire qui consiste à mouiller les couches de blanc qu'on a préalablement appliquées et à les frotter légèrement avec une pierre ponce convenablement profilée. Pour les parties finement sculptées, on emploie, au lieu de pierre ponce, une plante semi-aquatique nommée la prêle. Après quoi, pour rendre tout à fait lisse la surface à dorer, on passe sur elle, à diverses fois, un linge qui achève de la polir.

Advantage, *s. m.* — Voir AVANTAGE.

Aérer, *v. a.*; **Aération,** *s. f.*; **Airier,** *v. a.* — Renouveler l'air. Au XVIIe siècle, on écrivait airier, ce qui, étant donnée la formation du mot, était plus logique. « Il faut estendre ces habits dans la cour pour les *airier*... Il faut brûler des bois odorants dans les chambres pour les *airier*... On *airie* avec grand soin les maisons où il y a eu la peste. » (Furetière.) « Comment il faut se servir des Parfums pour airier et parfumer les personnes, les hardes, les maisons et les meubles. » (Delamare, *Traité de la police,* liv. IV, tit. XIII, ch. XI.)

Aes, *s. m.*; **Aesier,** *v. a.* — Orthographe ancienne du substantif AIS et du verbe AISIER. (Voir ces deux mots.)

Affiloir, *s. m.*; **Affiloire,** *s. f.* — Pierre à affiler. Ce mot est donné avec cette signification générale par Cotgrave et Lacurne de Sainte-Palaye. Littré le spécialise. Au féminin, il le met au pluriel et l'explique : « Terme de menuiserie. Pierres à aiguiser assorties et fixées dans du bois. » Puis il donne affiloir, *s. m.,* avec la signification : « Instrument d'acier qui sert à affiler. »

Affinage, *s. m.*; **Affiner,** *v. a.* — Action de purifier l'or, l'argent, etc., en les débarrassant des autres métaux qui sont alliés avec eux.

Affiquet, *s. m.* — Sorte d'étui creux, généralement en bois, où les femmes portaient leurs aiguilles à tricoter.

Affleurer, *v. a.* — Terme de menuisier. Mettre de niveau deux corps contigus, de façon qu'ils ne fassent point saillie l'un sur l'autre.

Affût, *s. m.*; **Affust,** *s. m.* — Cotgrave donne à ce mot la signification de toile de batiste, et Lacurne de Sainte-Palaye se demande s'il ne faut pas voir en lui la forme première du mot FUTAINE. Affût signifie aussi la monture d'un outil; on dit l'affût d'un ciseau, d'un bouvet, d'un rabot, etc.

Africaine, *s. f.* — Nom donné, au siècle dernier, à certains tissus d'ameublement faits de soie et de fil, et imitant l'Impériale. La manufacture royale d'étoffes de soie pour meubles, établie à Lavaur, fabriquait « des Damas façon de Gênes, de largeur ordinaire, des Impériales en trois couleurs, des Afriquaines (*sic*) soie et fil et soie et fleuret, etc. » Ces étoffes coûtaient depuis 3 jusqu'à 16 livres l'aune. (*Annonces, affiches et avis divers,* 6 février 1760.)

Agalloche, *s. m.*; **Bois d'aigle, Bois d'aloès, Bois de Calembac.** — Tous ces bois, qui étaient employés au siècle dernier dans l'ébénisterie et que Roubo fils classe dans la liste des bois exotiques en usage à son époque, appartiennent, quoique de provenances et de qualités différentes, à cette grande famille des essences qu'on a qualifiée bois d'aloès, non parce qu'ils ont le moindre rapport avec la plante de ce nom, mais parce que, comme elle, ils présentent au goût une saveur amère. Quoique l'ébénisterie contemporaine ait à peu près renoncé à se servir de ces bois, nous dirons cependant quelques mots de leurs lieux d'origine et de leurs qualités distinctives.

Les bois d'aloès, très mal connus de nos ancêtres, ont joui pendant tout le Moyen Age d'une réputation singulièrement exagérée. La venue des ambassadeurs siamois en France, en 1686, mit fin en partie aux récits fabuleux dont ils étaient l'objet ; mais elle ne parvint pas toutefois à beaucoup mieux fixer la nature de la plante et son lieu de provenance, car, au commencement du XVIIIe siècle, Savary croyait encore, avec la généralité des naturalistes de son temps, que l'Agalloche, le bois d'Aigle, le Calembac étaient produits par un seul et même arbre, et qu'ils constituaient les couches successives et de couleur différente, dont se composait un seul et unique tronc. Les voyages d'exploration, qui eurent lieu dans le milieu du XVIIIe siècle, et le commerce qui s'établit alors d'une façon presque régulière avec l'extrême Orient, permirent aux écrivains de se mieux renseigner, et Roubo fils, dans la nomenclature que nous citions à l'instant, établit une division, basée sur la différence de provenances et sur des qualités distinctives, division qui s'éloigne peu du reste de celle adoptée encore aujourd'hui.

Comme conclusion, il ne faut pas se préoccuper beaucoup des désignations antérieures au siècle dernier, concernant les divers emplois de ce bois très apprécié, mais fort mal connu. Lorsque l'*Inventaire de Charles V* (1380) mentionne « ung petit baston de lignum aloes garny d'or aux armes de la royne Jehanne de Bourbon », et plus loin, « ung aultre petit coffret de lignum alloes ferré d'argent doré » ; lorsque l'*Inventaire du duc de Berry* (1416) nous signale « un hanap de linon alloez couvert garny d'or » ; lorsque, dans l'*Inventaire de la Bastille* (1418), nous relevons « une paire de cousteaulx dont les manches sont de lignon allouez à un escuçon de France » ; lorsque Rabelais parle d'une « breusse (brosse) de odorant agalloche (vous l'appelez bois d'aloës) porfilé d'or de cypre » ; lorsque Béroalde de Verville se permet sur la forme latine du mot agalloche un de ces jeux de mots de goût douteux qui sont dans ses habitudes, il demeure entendu qu'il s'agit d'un bois fabuleux, qui dénonçait les poisons, parfumait les vêtements, purifiait l'air, et qui n'avait peut-être aucun rapport avec les espèces plus réelles dont nous allons parler maintenant.

La première de ces espèces, l'AGALLOCHE, est fournie par un arbre de la famille des Aquilarinées. Il croît en Chine, en Cochinchine, au Japon et dans la presqu'île de Malacca. C'est un bois dur, pesant, compact, d'une couleur brune assez inégale, qu'on rencontre rarement en France, et qui arrive par petits morceaux.

Le BOIS D'AIGLE est de la même famille, mais il croît dans l'océan Indien et dans l'Inde ; c'est un bois dur, pesant, d'un brun inégal et contenant un sûc d'une telle âcreté qu'il peut causer la perte de la vue pour peu qu'il en pénètre quelques gouttes dans les yeux ; de là son surnom d'*Agalloche des aveugles*. Quant à son nom, il lui a été donné par les Portugais, parce que la disposition de ses teintes présente une certaine analogie avec le plumage de l'aigle. Ce bois est, lui aussi, rare et nous arrive en petits fragments.

Enfin le CALEMBAC, qui appartient aussi à la même famille et qu'on désigne sous le nom d'*Aloès mexicain,* parce qu'il est originaire du Mexique, ressemble beaucoup à l'agalloche et au bois d'aigle, et, comme eux, est d'un emploi très restreint. Le calembac ou calemba servit toutefois au XVIIe siècle à faire des bois de lit. « On a vu chez la reine une couche de bois de calemba d'un très grand prix », écrivent les rédacteurs du *Dictionnaire de Trévoux* au mot COUCHE.

Agate, *s. f.* — Pierre fine quartzeuse, très dure et en partie transparente, dont le nom vient du fleuve *Achates,* en Sicile (aujourd'hui le Drillo), près duquel on trouvait jadis cette pierre en très grande abondance. Au siècle dernier, on divisait les agates en deux classes : les agates orientales et les agates occidentales, qu'on appelait aussi agates d'Allemagne. De nos jours, on les distingue par leur couleur et par la disposition des bandes ondulées ou concentriques qui les divisent. Quand ces bandes sont peu nombreuses et bien tranchées, l'agate s'appelle *onyx.* Lorsque la pierre est rouge cerise, unie et presque transparente, on la nomme *cornaline ;* si elle est rouge orangé, c'est une *sardoine;* bleu de ciel, c'est une *saphirine;* vert pomme, on la nomme *chrysoprase;* vert foncé, *héliotrope ;* et lorsqu'elle est d'un blanc laiteux légèrement bleuâtre, on lui donne le nom de *calcédoine.* Voilà pour les couleurs. On appelle, en outre, *agate œillée,* celle dont les couches sont circulaires ; *agate jaspée,* celle qui est mêlée avec du jaspe, et *agate herborisée* ou *arborisée,* celle qui offre dans l'intérieur de sa pâte des représentations d'herbes ou de mousse figurant tant bien que mal des arbres ou de petits paysages. Ces dernières furent particulièrement recherchées au siècle dernier, pour faire des bijoux, des boîtes, des tabatières. Nous relevons dans le *Livre journal* de Lazare Duvaux la vente à Mme de Pompadour d'une « plaque d'agathe arborisée pour un dessus de tabatière, 840 livres ».

Pour les autres sortes, on les employa dès le XIVe siècle à faire des vases à boire, des hanaps, des coupes, des salières, des coffrets, etc. Dans l'*Exécution du testament de Jeanne de Bourgogne* (1353) on remarque un « hanap d'une acathe assiz sur un entablement » de métal précieux. L'*Inventaire de Charles V* (1380) mentionne une « salière de cassydoine ». Si nous nous rapprochons davantage des temps modernes, Comines nous apprendra que, parmi les trésors de Pierre de Médicis, si malheureusement pillés et dispersés, figuraient « plusieurs beaux pots d'agatte ». Nous verrons également par les *Acquits au comptant de François Ier* que ce prince acheta, en 1534, au prix de 2,000 livres, à Matteo dal Nassaro, graveur de Vérone, « deux escriptoires bordées d'agattes orientales » ; dans l'*Inventaire des joyaulx et des pierreries du Cabinet du roy de Navarre* (1583), nous noterons « une petite salière

Fig. 14. — Vase en agate, monté en argent doré et émaillé (XVIe siècle).

d'agate avec son couvercle et pied, là où sont enchâssées plusieurs grosses perles barrocques », et dans l'*Inventaire de Gabrielle d'Estrées* (1599), « un grand vaze d'agathe faict à l'anticque taillé, que les jurés priseurs estiment 200 escus d'or ».

Aucun prince, toutefois, n'eut des agates en plus grand nombre et plus belles que Louis XIV, de fastueuse mémoire. Dans les divers inventaires dressés sous le règne de ce roi magnifique, on ne relève pas moins de 63 vases en agate de diverses sortes : 19 sont en agate d'Allemagne, 21 en agate aunis (onyx), 21 en agate orientale, 2 en agate sardoine. Parmi ces vases figurent des aiguières, des gondoles, des coquilles, des gantières, des verres à boire, des coupes, des burettes, des urnes, des coquemards et jusqu'à un bassin. Ce dernier, fait « d'une seule agathe d'Allemagne, avec son bord d'or esmaillé de blanc et de noir, enrichy de seize médailles, aussy d'agathes d'Allemagne, et de quatre-vingtz petits rubis », donne par sa magnificence une idée de la richesse de tous ces objets. Certains autres de ces joyaux sont désignés simplement sous la mention générique de vases. Nous citerons dans le nombre « un grand vase d'une belle agathe aunis travaillé par dehors de six oves rentrans, avec son anse d'une figure de syrène appuyée par derrière sur un feüillage en forme de cartouche, et son biberon d'une teste d'aigle, le tout d'or esmaillé de plusieurs couleurs, porté sur son pied à balustre d'or esmaillé, ledit balustre composé de six petites agathes lisses en formes d'oves ». Cette belle pièce avait près de neuf pouces de haut. A côté de ces objets d'utilité apparente figurent de menus objets d'art, tels que bustes, figurines, bas-reliefs, etc. Le XVIIe siècle fut au reste particulièrement admirateur des agates. C'est lui qui, le premier, les appliqua en cabochons, sur de grands meubles, et plus particulièrement sur ces jolis cabinets dont quelques-uns nous ont été conservés. Le siècle suivant, entendant autrement la magnificence, les relégua parmi les petits joyaux. Quelques dames surtout les collectionnèrent. Nous avons tracé plus haut, à propos des agates arborisées, le nom de Mme de Pompadour. Les numéros des *Annonces, affiches et avis divers* des 9 et 10 décembre 1761, où se trouve annoncée la vente de la duchesse de Ruffec, nous apprennent que cette dame possédait une « quantité de bijoux, comme boëtes de laque, d'agate, de sardoine, de

Fig. 15. — Atelier d'agréministes, d'après une estampe du XVIIIe siècle.

lapis ». Dans l'*Inventaire de la collection de Marie-Antoinette,* dressé en 1789, figurent « un coffre carré, composé de six plaques d'agate orientale rubannée, œillée et chamarrée », etc., et « deux coupes méplates d'agate orientale surmontées sur trépied à têtes de bélier et girandoles en or ». Aujourd'hui, les agates, injustement délaissées, ne figurent plus que chez les curieux, où elles ont leur place marquée parmi les objets de vitrine.

La plupart des camées anciens ayant été taillés dans des agates (cornalines, onyx, sardoines), on prit, au XVIe et au XVIIe siècle, l'habitude de désigner sous le nom d'agates les pierres dures gravées, camées et intailles antiques ou de la Renaissance, et c'est ainsi qu'il faut comprendre les mentions analogues à celle-ci, que nous empruntons aux *Comptes des bastimens du roi :* « (20 septembre 1673) à M. de Harlay, procureur général du Parlement pour plusieurs belles agates qu'il a vendues au Roy, 14,000 livres. » Un siècle auparavant, Ronsard écrivait :

> De tels vers fut son épître achevée,
> Puis la scella d'une agathe engravée.

Au XVIIe et au XVIIIe siècle, on grava et on tailla beaucoup d'agates en France. Elles provenaient pour la plupart d'Auvergne. On en trouvait aussi à l'entrée de la forêt d'Orléans, aux environs du village de Semoi. (Voir l'*Almanach sous verre* de 1786, notice n° 66, col. 372.) Au XVIe siècle, Jean de la Taille écrivit en vers le blason de l'agate.

Agenda, *s. m.* — Livre sur lequel on inscrit les actions qu'on doit faire et le nom des personnes dont on veut se souvenir. Ce mot se rencontre pour la première fois dans les *Historiettes* de Tallemant des Réaux. (T. II, p. 176, article Bois-Robert.)

Agenouilloir, *s. m.* — Petit escabeau légèrement incliné, sur lequel on s'agenouillait autrefois. « *Item,* pour toile vermeille, achatté pour doubler une couverture de siège où le roy se agenoille... » (*Comptes de l'argenterie de Charles VI,* 1387.) « Plus un agenouilloir de sapin se mettant au pied du prie-Dieu. » (*Invent. de Henry de Béthune, archevêque de Bordeaux,* 1680.) Parfois on désignait aussi sous ce nom le coussin et même le tapis placé devant un prie-Dieu.

Aget, *s. m.;* **Aguet,** *s. m.* — Locution normande. Petite plaque en bois, glissant entre deux rainures, qui sert à fermer un guichet pratiqué dans une porte, de façon à pouvoir, en la levant, dévisager les personnes qui se présentent.

Agiau, *s. m.* — Sorte de pupitre, sur lequel le doreur place le livret qui contient les feuilles d'or.

Agobilles, *s. f. pl.* — Locution provinciale. Ustensiles de peu de valeur. Ce mot n'est plus guère usité. Au siècle dernier, on disait encore en Normandie RAGOBILLES et dans le Languedoc ESCOUBILLES. (Voir Cotgrave, Ménage, *Dict. étym.,* Lacurne de Sainte-Palaye, etc.)

Agrafe, *s. f.* — En architecture, on donne ce nom et, mieux encore, celui de crampon à un morceau de métal, fer ou bronze, recourbé aux extrémités, et qui sert à retenir les pierres entre elles. Dans la construction des cheminées, les chambranles sont reliés aux jambages par des agrafes. — En serrurerie, c'est un crochet à patte qui sert à fermer les volets ou les croisées d'appartement, et qui s'engage soit dans un panneton, soit dans une gâche. On se servait autrefois d'agrafes du même genre pour soutenir les tentures de tapisseries. « A Robin Brisebarre, cloutier pour ung cent de crochets à talon, deux milliers de crochets bastards et deux cens agraffes achettées de luy pour tendre les chambres, salles et retraits de mon dict Seig^r le samedi v^e jour d'avril (1421), XXII liv. VIII s. » (*Compte de la Chambre aux deniers du Dauphin.*)

Agrément, *s. m.* — Nom générique de la passementerie. On appelle indifféremment de ce nom tous les ouvrages du passementier. « Trois cordons de lanterne à deux houppes et trois cordons de sonnette à un gland, en soie de grenade, assortis aux étoffes et ornés d'agrémens sur les houppes et glands, 150 livres », fourniture faite par Lazare Duvaux à Mme de Pompadour (29 novembre 1753).

Agréministe, *s. m.* et *f.* — Nom qu'on donnait au siècle dernier aux ouvrières passementières qui fabriquaient des agréments. Il est longuement question des agréministes dans Restif de la Bretonne.

Agreslir, *v. a.* — Amincir, rétrécir, rendre plus grêle ou plus étroit. « Ung grant pot lonc que l'on appelle, en France, une quenne.... ledit pot large vers le pié et va en agreslissant devers le haut. » (*Invent. de Louis Ier, duc d'Anjou,* 1368.)

Agreyeur, *s. m.* — Terme de tireur de fer. Nom donné à l'ouvrier qui fait passer le fil de fer par la filière.

Ague, *s. f.* — Sorte de volet, ainsi nommé parce qu'il garantissait de la pluie (*aqua,* eau). « Warlain vint demander à icellui Sohier pour combien il lui vouldroit quitter ung contre-avant, qui est à dire ung ague. » (*Lettre de rémission,* 1444.)

Aguillier, *s. m.* — Voir Aiguillier.

Aigle, *s. m.;* **Aiglier,** *s. m.* — Lutrin, pupitre d'église, en forme d'aigle. (Voir Lectrin.)

Aigle, Bois d'Aigle. — Voir Agalloche.

Aigledon, *s. m.* — Locution populaire et incorrecte. Corruption du mot Édredon. (Voir ce mot.) « Le Sr Lecolant a trouvé le secret de dégraisser le *duvet* et l'*aigledon* pour les lits de plume... » (*Annonces, affiches et avis divers,* 13 décembre 1769.) Aigledon est en usage surtout en Picardie, à Valenciennes et dans le nord.

Aiglon (Pied d'), *s. m.* — Nom donné aux pieds de gros meubles ayant la forme d'une serre d'aigle s'appuyant sur une boule. « Deux guéridons à trois pieds d'aiglon feints de bronze, de bois doré, etc.; prisés quatre-vingts livres. » (*Invent. de Molière,* 1673.)

Aigre, *adj.* — On dit du fer qu'il est aigre quand il se rompt facilement à froid, et qu'un outil est aigre quand sa trempe est trop dure et par conséquent sujette à casser. L'expression est ancienne. Palissy écrit : « Aigres sont choses qui se cassent aisément avec un marteau. » Amyot, de son côté, ajoute : « Lors le fer devenoit si aigre et si esclatant que l'on ne pouvoit plus battre ne forger. »

Aigrette, *s. f.* — Plumes en faisceau qui servaient à l'ornement des dais et des lits. « Les quatre pommes de mesme velours brodé servant à mettre au haut des colonnes avec leurs bouquets de plumes blanches, composéz de cinquante grandes plumes, vingt-deux moyennes et vingt-trois petites avec quatre aigrettes. » (*Invent. du cardinal de Mazarin,* 1653.) « Un grand tour de lict de velour vert, garny de quatre rideaux... quatre pomes couvertes aussy de velour vert et passement or et argent et quatre bouquets de plume blanche avec leurs égrettes. » (*Invent. du maréchal de la Meilleraye à l'Arsenal,* 1664.) « Le lit de mesme Etofe (velours cramoisi) est entouré d'une grande Campane d'or en relief et doublé d'or plein. Quatre Pommes blanches et couleur de feu, garnies de grandes Aigrettes blanches, sont au-dessus des piliers. » (*Description de la chambre du lit à Versailles. Mercure,* décembre 1682.) Au XVIIe siècle, les aigrettes, qui étaient d'un usage fréquent — on a pu le voir par les citations précédentes — se plaçaient aux angles du lit, juste au-dessus des colonnes. Plus tard, quand les lits d'ange, à la duchesse, à la polonaise, se substituèrent aux lits à piliers, les aigrettes se firent plus rares. Cependant on en rencontre encore accompagnant ces diverses sortes de lit. Comme preuve nous citerons le « lit à la polonoise, de Perse et de toile d'Angleterre, avec bois doré et aigrettes de plumes », qui figure dans la *Vente du sieur Castagnier, ancien directeur de la Compagnie des Indes* (2 juillet 1760).

Aiguière, *s. f.;* **Aiguier,** *s. m.;* **Esguière,** *s. f.;* **Eiguedière,** *s. f.* — Pot à l'eau, vase très en usage pendant toute la durée du Moyen Age et de la Renaissance. Son nom vient du mot *aigue.* « Pour exemple, écrit Henry Estienne dans la *Précellence du langage françois,* nous savons que *aigue* en quelques pays signifie *eau* (d'où vient le nom d'Aigues-Mortes), et le bon françois garde son dérivé *aiguière.* » Estienne aurait pu citer encore Aigues-Vives, Aigue-Perse, Chaudes-Aigues, etc. Dans les usages domestiques on rencontre aussi le mot aigue. « E nostre Sires apela li sirvenz si lor dist : — Emplez, fait-il, ces ydres d'aigue. » (*Sermon de Maurice de Sully, évêque de Paris, sur les noces de Cana,* Ms. du XIIIe siècle, Bibliothèque de Poitiers.) « Guys de Namure demandat I cueve et le fist emplir d'aighe. » (*Le Myreur des histors,* 1302.) « *Item...* plusieurs amoles plaines d'aigues... » (*Invent. du château des Baux,* 1426.) Dans les patois forésien et lyonnais, le mot aigue a conservé sa signification, et l'on appelle les ruisseaux *aiguettes.* L'aiguière était donc, par excellence, le vase destiné à recevoir l'eau. A ce titre, elle avait sa place marquée sur les buffets et dressoirs, et même parfois sur les tables. Nous en trouvons la preuve dans le *Ménagier de Paris :* « Herbe vert à mettre sur table, aiguières et hanaps à pié, deux dragouers (drageoirs), salières d'argent... », tel était le service de nos ancêtres. Parlant d'un buveur endurci, Bonaventure Desperriers dit, de son côté, dans ses *Nouvelles récréations :* « Quelquefois il s'advisoit de mettre de l'eau en son vin ; mais c'estoit avec la poincte

Fig. 16. — Aiguière à deux biberons, d'après le tableau de l'*Annonciation,* au Louvre (XVe siècle).

d'un cousteau, lequel il mouilloit dedans l'aiguière et laissoit tomber une goutte en son voirre et non plus. » Enfin Sully, dans ses *Mémoires,* raconte la jolie anecdocte que voici : « J'avois d'excellent vin blanc et aussi clair qu'eau de roche ; j'en fis remplir les aiguières et, lorsqu'elles (les filles de la reine) demandoient de l'eau pour tremper le vin de Bourgogne, ce fut cette liqueur qu'on leur présenta. Le roy, les voyant de si bonne humeur, se douta que je leur avois joué pièce. » Ces citations suffisent, croyons-nous, à établir le rôle de l'aiguière pendant une période de trois cents ans.

Mais si le nom indiquait la destination d'une façon en quelque sorte inflexible, il s'en fallait de beaucoup qu'il déterminât la forme, et l'on peut dire que celle-ci, au moins dans le principe, variait à l'infini. Les plus anciennes aiguières dont les *Mémoires* et *Inventaires* nous aient gardé le souvenir présentent, en effet, des apparences singulières, assez inattendues. Un grand nombre revêtent l'aspect d'animaux. L'*Exécution du testament de Jeanne de Bourgogne* (1353) nous apprend que cette princesse possédait des aiguières en forme d' « un homme assis sur un coq », de « martinet assis sur un buisson », de « géline », de « lyon couronné ». L'*Inventaire de Louis, duc d'An-*

jou (1368), n'est pas moins riche en objets de cette sorte. Dans le nombre nous en retiendrons deux, pour montrer avec quelle somptuosité on embellissait ces vases d'un usage constant et journalier. C'est d'abord : « Un coc, faisant une aiguière, duquel le corps et la queue est de perles, et le col, les elles et la teste est d'argent esmaillié de jaune, de vert et d'azur, et dessus son doz a un renard qui le vient prendre par la creste. Et ses piez sont sur un pié esmaillié d'azur à enfans qui jouent à plusieurs gieux. Et poise en tout IIII mars III onces. » Ensuite vient : « Un lyon, d'argent doré, faisant aiguière émantelé d'un mantel esmaillié de vert par quartiers, et a un petite couronne, a pelles et a grène. Et siet sur un pié, fait en manière d'un perron, esmaillié d'azur, à bestes sauvages et arbrisseaux, et le bort du pié est à souages et une orbevoie. Et poise III marcs VII onces. » L'*Inventaire de Charles V* (1380), si riche en belles orfèvreries, en décrit plusieurs non moins extraordinaires. Ajoutons que ces formes, légèrement excentriques, se continuèrent jusqu'à une époque assez rapprochée de nous, car le musée du Louvre possède deux aiguières, l'une en argent, dorée en partie, et l'autre en bronze, qui prouvent qu'au XVIIe siècle on n'avait point encore renoncé à ces adaptations étranges.

Fig. 17. — Aiguière en émail de Limoges (XVIe siècle).

La première de ces deux aiguières, celle d'argent, est cataloguée sous le n° 868 et représente un centaure enlevant une femme. Le centaure, qui se cabre et tend ses bras vers la Déjanire placée sur son dos, possède une chevelure mobile retenue par une charnière et formant couvercle. C'est par cet orifice que le vase s'emplissait d'eau. La seconde aiguière, celle de bronze, inscrite au catalogue du musée Sauvageot sous le n° 513, offre la figure d'un lion. L'anse part du dos et va s'agrafer au sommet de la tête ; c'est par un orifice, disposé près du point d'attachement de cette anse, qu'on introduisait le liquide, qui se déversait par un goulot ou biberon placé dans la gueule.

Quand l'aiguière se contentait de revêtir la forme d'un vase, sa panse n'était pas pour cela forcément ronde. Parfois elle était ovale, et même on en fabriquait de carrées. « Une aiguière carrée, d'argent doré, esmaillée à veneurs et à bestes sauvaiges. » (*Invent. de Charles V,* 1380.) On en rencontrait aussi d'hexagones, « une aiguière, taillée, dorée, à six carrées et à troys tuyaulx ou biberon, et est cizellée à bendes et à arbreceaulx. » (*Ibid.*) Le plus grand nombre, toutefois, étaient rondes. Plus tard même, cette rondeur finit par constituer un caractère distinctif de l'aiguière ; et un auteur du XVIIe siècle, Furetière, écrit, en parlant de l'aiguière : « Il faut que son corps soit cylindrique, car s'il est plus enflé en un endroit qu'en un autre, on l'appelle alors pot à eau. » Mais ce dernier mot nous fait entrer dans un nouvel ordre de faits et nous amène à parler d'une seconde adaptation de l'aiguière. Ce genre de vase ne servait pas, en effet, uniquement à mettre l'eau pour boire, il était encore utilisé pour la toilette et renfermait l'eau parfumée destinée au lavage des mains.

A ce titre, avec son fidèle compagnon le bassin, il jouait un rôle très important, au commencement et à la fin de tous les repas. Un peu avant que l'on se mît à table, un page ou un laquais vous tendait le « bassin à laver » et un autre inclinait l'aiguière. Au moment de quitter la table, la même cérémonie recommençait, opération indispensable en un temps où, comme les héros d'Homère, les plus nobles personnages mangeaient avec leurs doigts. Parfois, et c'était le plus souvent un témoignage de confiance ou une marque d'honneur, on se lavait plusieurs ensemble et en même temps. (On trouvera la preuve historique de cette coutume aux mots BASSIN, LAVABO, LAVER, etc.) C'est même de là que vint l'usage des aiguières à plusieurs goulots (biberons ou tuyaux) qu'on rencontre dans nombre d'inventaires et qui figurent dans certains tableaux du XVe siècle. Nous citerons comme exemple de ce genre de vases « quatre aiguières d'argent dorées, cizellées à doubles biberons entaillèz de fleurs de lys » et « une aiguière d'or à ung biberon à troys tuyaulx » mentionnées dans l'*Inventaire de Charles V.*

Les emplois variés auxquels l'aiguière s'adaptait tendaient, cela se conçoit, à en multiplier la quantité. Dans l'*Inventaire du mobilier de la Couronne,* dressé en 1353, on en rencontre près de 50 ; celui du duc d'Anjou (1368) n'en décrit pas moins de 125, toutes en métal précieux :

Fig. 18. — Aiguière en étain (XVIe siècle). Modèle de Briot.

or, argent, vermeil, le plus souvent enrichies de ciselures et d'ornements en relief, parfois d'émaux et même de pierreries. Dans l'*Inventaire de Charles V* (1380), il s'en trouve une centaine en argent et un nombre presque égal en or. Ce luxe excessif, dans un objet aussi utile, se continua pendant près de trois siècles. L'*Inventaire de Marguerite d'Autriche,* dressé en 1524, ne mentionne pas moins de treize de ces vases en or, en argent émaillé, en vermeil, etc.; et, comme façon, les aiguières que Briot a signées montrent à quelle perfection de travail était poussée en France, au XVIe siècle, la confection de ces sortes d'ustensiles. Enfin, n'oublions pas les deux aiguières en argent doré, qu'on voit au Louvre, cataloguées sous les n°s 970 et 971, et qui furent commandées, par Henri III, pour la chapelle de l'ordre du Saint-Esprit.

Mais ces dernières pièces appartiennent à une catégorie spéciale. Elles faisaient partie du mobilier religieux. L'aiguière, en effet, figurait dans certaines cérémonies sacrées et notamment dans tous les baptêmes. On sait même que Ronsard faillit être tué par une de ces aiguières qu'une femme imprudente laissa tomber sur son front pendant qu'on le baptisait. Dans les cérémonies princières, l'aiguière comptait au nombre des HONNEURS (voir ce mot) et, comme telle, était tenue par un grand dignitaire de la Couronne. La *Briesve narration de ce qui s'est passé au baptesme de Monseigneur le Dauphin et de Mes Dames ses sœurs, le 14 septembre 1606,* nous apprend qu'à ce baptême l'aiguière était portée par M. de Lavardin.

Au XVIIe siècle, notre vase jouissait encore de toutes ses prérogatives. A Versailles, les aiguières abondaient. Celles que Verbeeck et Ballin façonnèrent aux Gobelins, pour le Grand Roi, affectaient même un aspect si monumental qu'on doit les reléguer parmi les pièces de décoration pure. Le *Mercure* de février 1670 constate la présence d'aiguières presque aussi vastes sur le buffet de l'évêque de Strasbourg, lors des fêtes données par ce prélat au Dauphin. Enfin, une pièce manuscrite insérée à la suite des *Gazettes* de 1685 (exemplaire conservé à la bibliothèque du château de Versailles) nous informe que le doge de Gênes, parmi les présents qu'il crut devoir lui offrir, remit au Grand Roi deux bassins et une aiguière d'or. C'était, assurément, faire beaucoup d'honneur à ces vases, et cependant le doge ne faisait, en cela, que se conformer à une illustre coutume. On garde en effet, dans le trésor de l'abbaye de Saint-Maurice, une aiguière d'or enrichie d'émaux et de saphirs que, suivant une tradition accréditée, un calife envoya en hommage à l'empereur Charlemagne. En 1400, Charles VI commanda à Regnault Pisdoé un hanap et une aiguière d'or qu'il « fit bailler et présenter de par luy à l'empereur de Cotentinoble (*sic*) ». Nous savons même, par les *Comptes de l'argentier Ch. Poupart,* que ce bel objet fut payé 466 liv. 17 s. 6 d., somme considérable pour l'époque. Enfin parmi les *Joyaux d'Isabelle de France, réclamés à la Couronne d'Angleterre,* figurait une aiguière d'or offerte à cette princesse « le jour de ses nosses, par le comte de Huditon ». On pourrait multiplier ces exemples.

Ajoutons, pour en revenir au XVIIe siècle, que ce n'est pas seulement à la Cour et chez les prélats que l'aiguière continua d'être en usage à cette époque. On la trouvait aussi chez de simples particuliers. Dans les ménages bourgeois, on s'en servait couramment. Chrysale, entendant gourmander sa servante, s'écrie tout d'abord :

> Est-ce qu'elle a laissé, d'un esprit négligent,
> Dérober quelque aiguière ou quelque plat d'argent ?

Bien mieux, même au commencement du XVIIIe siècle, elle tenait encore sa place dans la vie privée et conservait une importance au moins décorative. En 1715, les magistrats de Lyon offrirent à Mlle Ravat, le jour de son mariage avec M. de La Garde, président au parlement de Paris, deux aiguières de vermeil du prix de 3,423 liv. 15 s., « en considération des services importants que M. Ravat (père de l'épousée) a rendus comme prévôt des marchands de la ville de Lyon, depuis sept années qu'il occupe cette place ». Ce n'est point là, au surplus, un fait unique, et, s'il en fallait faire la preuve, nous invoquerions la belle gravure de C. Dupuis, représentant le portrait de Marie Perdrigeon, épouse d'Étienne Boucher. Cette estampe nous montre, au premier plan, une aiguière superbe, ayant encore conservé toute la noblesse de sa forme et l'élégance de son décor. Cette gravure est de 1736.

C'est cependant vers ce temps que notre vase va abdiquer une partie de ses emplois et perdre le nom qu'il avait porté jusque-là. Le moment est venu, en effet, où la carafe remplacera sur toutes les tables l'aiguière, que l'on ne tar-

Fig. 19. — Modèle d'aiguière, d'après Du Cerceau.

dera pas à oublier. Si Dangeau nous rapporte, en 1691, qu'on « a fait emprisonner un frotteur savoyard qu'on soupçonne d'avoir mis du poison dans une aiguière qui étoit dans la chambre de M. Louvois », Saint-Simon, par contre, racontera, en 1716, que d'Effiat jeta adroitement du poison « dans un *pot à eau* » qui était destiné à la célèbre Madame, première duchesse d'Orléans. Ce changement de terme marque toute une petite révolution dans le langage de la Cour. Le mot aiguière, toutefois, continuera d'être usité encore pendant quelques années dans le grand public. En 1728, on verra dans le prospectus des ouvrages de cristal fabriqués et vendus à la manufacture royale de Bayel les aiguières associées aux bouteilles et aux pots à l'eau. (Voir *Journal de Verdun,* mars 1728, p. 322.) Mais à ce moment l'aiguière aura cessé d'être cet objet en métal précieux dont parle Chrysale. Si à Bayel on la fabrique en verre, à Rouen, à Lille, à Nevers, on la fait en faïence. Ce n'est pas, toutefois, que le XVIIIe siècle puisse réclamer pour lui l'honneur de ces innovations. On rencontre, en effet, des aiguières en cristal et même en verre dès le XIVe siècle. Dans l'*Inventaire de Charles V* figure « une aiguière de cristal à carres, garnye d'argent doré ». Dans les *Inventaires du Louvre,* nous notons, en 1418, « une aiguière de voirre blanc garnye d'argent doré », et, en 1420, « une aiguière de voirre avec le couvescle, garnie de XXIV troches de perles ». L'*Inventaire du château d'Angers* (1471) nous apprend que le roi René possédait « deux longues esguières de verre cristallin à pié et à couvercle — une autre esguière à pié de verre cristallin sans couvercle, etc. » Dans l'*Inventaire de la duchesse de Valentinois* (1513) on remarque « une esguière de cristallin couverte ». L'*Inventaire de Marguerite d'Autriche* (1524) ne décrit pas moins de quatre aiguières de ce même cristallin. Mais il ne faut pas perdre devue que le cristal et même le verre, à cette époque, étaient considérés comme aussi précieux que l'argent et peut-être davantage. Tous ces vases étaient donc des objets de grande valeur comme, du reste, les onze aiguières de cristal de roche « taillées de grandes feuilles, gravées en rinceaux, enrichies de godrons, festons, masques et autres ornemens », etc., qui figurent dans les divers *Inventaires* de Louis XIV.

Ce que le XVIIe et le XVIIIe siècle fabriquèrent surtout, c'est l'aiguière bon marché, c'est l'aiguière commune, à bas prix, qui remplaça, chez les particuliers, ces belles aiguières d'argent qu'une *Ordonnance* royale obligeait les orfèvres à faire marquer et contremarquer avec le poinçon royal au couvercle, au corps et au collet du pied, avec le poinçon du maître à l'anse et au bec ; qu'un autre *Édit* (mars 1700) défendit de faire d'un poids supérieur à sept marcs, et qui, d'ordonnances en édits, finirent, aux jours néfastes, par prendre le chemin de la Monnaie et par être fondues.

Fig. 20. — Aiguière casquée en faïence de Rouen (XVIIe siècle).

Ce n'est pas, toutefois, que les aiguières de cristal et de faïence, fabriquées au XVIIIe siècle, pour être d'un prix modeste, fussent dépourvues de beauté. On savait alors mettre de l'art dans tout, même dans les choses communes. C'était le temps, au reste, où la fabrication rouennaise inaugurait ces belles formes *casquées* avec des anses en crosses, qui allaient devenir classiques. Les aiguières de Nevers étaient presque aussi nobles d'aspect. Ce qui ne les empêcha pas, cependant, de servir de cible aux poètes. Témoin cette épigramme de Sénecé :

> Après avoir bien roulé
> Les boutiques de la foire,
> Après avoir désolé
> Maître Alain, maître Magloire,
> Le commissaire René...
> S'est enfin déterminé.
> Les cabinets de la Chine
> Lui paroissoient trop petits ;
> La porcelaine peu fine,
> Les lustres mal assortis.
> . . . .
> Que prit-il ? Il fit emplette
> D'une aiguière de Nevers.

Les faïences de Rouen, de Lille, de Strasbourg, de Nevers furent la dernière incarnation (qu'on nous permette le mot) du vase qui nous occupe. Elles marquèrent le chant du cygne de l'aiguière. Celle-ci acheva de disparaître des usages journaliers quand, l'habitude de manger avec une fourchette s'étant répandue, on cessa de se laver les mains en se mettant à table.

Nous avons vu, au cours de cet article, que le mot aiguière s'était écrit de différentes façons, d'abord *aiguière,* seule orthographe logique, puis *éguière* (voir ce mot), et l'on rencontre parfois ces deux orthographes à quelques lignes de distance dans un même document, témoin les *Comptes des ducs de Bourgogne,* où nous relevons (année 1467) : « une aiguière d'or, à pié d'estrangue façon... » et « une autre esguière d'argent doré, à guise de pot... » En Provence, en 1480, on prononçait *eiguedière;* du moins ce mot se trouve ainsi orthographié dans certains comptes. Enfin, Eustache Deschamps, dans le *Miroir du mariage,* écrit *aiguier.* Mais ce dernier mot semble avoir eu plus spécialement pour objet de signifier un réservoir, un égout ; car dans une *Lettre de rémission* de 1412, on lit : « De laquelle galerie icellui Sicart chut embas à terre en un aiguier pavé de carreaulx ou pierres. » Du reste, dans l'Angoumois, *aiguière* a longtemps possédé une signification analogue et exprimé l'idée de conduit ou de gargouille. On en trouve la preuve dans l'article suivant emprunté aux *Règlements de police faits par la ville, faubourgs, banlieue et duché pairie de La Rochefoucauld :* « XXV. — Toutes personnes qui ont des aiguières sortissant dans les rues feront fermer dans huitaine les conduits desdites aiguières avec des pierres ou tables, en sorte que les passants n'en puissent recevoir aucune incommodité, à paine de 10 livres d'amande et de plus grande, s'il y eschoit. » (*Bul. arch. de la Charente,* 5e série, t. Ier.)

Aiguille, *s.f.;* **Éguille,** *s.f.* — Nom donné à certains obélisques. C'est ainsi qu'on appelle l'*Aiguille de Saint-Pierre* et l'*Aiguille de Cléopâtre* deux obélisques antiques que l'on voit à Rome et à Londres. Dans le curieux récit de l'*Ordre qui a été tenu à la nouvelle et très joyeuse entrée du roy Henri deuxième à Paris* (16 juin 1549), il est dit que « devant l'Église du Sépulchre qui est en la rue Sainct-Denys, y avoit une merveilleuse aiguille trigonale, portant soixante-dix piéz de hault depuis son rez de chaussée, non comprins l'empiétement qui estoit dedans terre ». On trouvera la représentation de cette très remarquable aiguille au mot OBÉLISQUE.

Par analogie, on a appelé de ce même nom les clochers très pointus, en forme de flèches ; c'est ainsi que l'on dit l'aiguille de la Sainte-Chapelle, l'aiguille de Notre-Dame.

AIGUILLE. — Ce mot sert à désigner les bras mobiles des horloges qui, s'avançant sur un cadran, indiquent les heures et les minutes. Il y a aussi des aiguilles à seconde. Jusqu'au XVIIe siècle, les cadrans ne possédèrent qu'une seule aiguille.

AIGUILLE. — Ces différentes acceptions procèdent toutes, au surplus, de la signification première du mot aiguille, petite verge d'acier pointue, percée à l'une de ses extrémités pour recevoir un fil. Les aiguilles sont extrêmement anciennes ; on les fit d'abord en os, puis ensuite en métal. Au Moyen Age, on les annonçait par le cri suivant:

> J'ay un cri qui est bien duisant,
> Il est pour moi bien utile,
> Amoureux et très plaisant,
> Qu'il me fait vendre mes éguilles.

Nous n'avons pas l'intention de passer ici en revue les différentes sortes d'aiguilles employées par les dames à leurs menus travaux. Mais il nous est difficile de ne pas dire un mot des aiguilles à broder au tambour, dont on fit grand usage au siècle dernier. Ces aiguilles, en effet, n'étaient pas faites comme celles dont on se sert pour les communs ouvrages. Elles n'étaient pas percées à leur sommet pour qu'on pût y passer un fil; elles consistaient dans un petit crochet très fin, monté sur un manche qui, parfois, était fort orné. C'est ainsi que dans le *Livre journal* de Lazare Duvaux, nous relevons la fourniture à Mme de Pompadour de « deux aiguilles à tambour, à manche d'ivoire garni d'or »; et que dans l'*Inventaire de Marie Josèphe de Saxe, dauphine de France,* figure « une aiguille à broder au tambour, de cristal de roche, garnie en or, dans un étui de galucha ».

Fig. 21. Aiguillier en ivoire (XVe siècle).

Aiguillier, *s. m.;* **Aguillier**, *s. m.;* **Esguillier**, *s. m.* — Étui à mettre les aiguilles : « Un Aguillier de drap de laine, à couches de soye et à menues pierres indes. » (*Lettre de rémission,* 1391.) « *Item,* i autre massepan en quoi a i esguillier d'argent, i manche de coutiau garni d'argent, etc. » (*Invent. du château des Baux,* 14 octobre 1426.) On lit dans le *Roman de la Rose :*

Lors trait un aguille d'argent
D'un aguillier mingnot et gent.

Enfin nous notons dans l'*Inventaire des joyaulx et pierreries du cabinet du Roy de Navarre* (1583) : « Un coffre de jaspe, dans lequel y a trois aiguilliers garnis de rubis. » A partir de cette époque, l'aiguillier est remplacé par l'ÉTUI, dont il avait, du reste, la forme. Les citations précédentes nous apprennent qu'on faisait de ces aiguilliers en argent et qu'on les enrichissait de pierreries. Il en existait également en bois, en os, en ivoire, ayant l'apparence de petites statuettes.

Aile, *s. f.* — On donne ce nom aux côtés ou retours d'une maison et, par analogie, aux côtés d'un meuble, quand ils sont symétriques. Les fabricants de vitraux appellent également AILES ou AILERONS les petites bandes de plomb, qui servent à engager les losanges du verre dans les panneaux des vitres et à les y tenir solidement.

Aileron, *s. m.* — C'est une sorte de console renversée dont on orne les côtés d'une lucarne, et qui sert en même temps de contrefort. Certains cabinets en marqueterie sont ornés d'ailerons, qui les font ressembler aux monuments qu'on appelle de *style jésuite.* C'est aussi un terme de vitrier. (Voir l'article précédent.)

Airain, *s. m.;* **Arain**, *s. m.;* **Erain**, *s. m.;* **Hérain**, *s. m.* — Alliage de cuivre et d'étain et parfois de zinc. Synonyme de bronze, assez souvent employé du XVe au XVIIe siècle, pour signifier le cuivre et ses divers alliages; aujourd'hui à peu près inusité. « A Guillaume de Laigny, pour appareiller d'arain et ferrer de neuf une grant chaudière à cuir char, ii belles bouches, iii chauderons à potager..., etc. » (*Comptes de l'hostel des rois de France,* 1386.) « Le suppliant par manière d'esbatement, vestu d'un surpliz ou roquet de toile, prinst un pot d'arain, en quoy il y avoit de l'eaue et un vipillon (goupillon), dont il enrosoit en alant par le chemin les gens qu'il trouvoit. » (*Lettre de rémission,* 1416.) « Deux grosses chauldières de cuyvre — quatre grandes pailes et deux petites d'airing. » (*Invent. du duc de Bourbonnays;* Aigueperse, 1507.) « Une chauffette d'arrain — viij sols... — une poisle d'erain — viij liv. vi s. » (*Vente de Gillette Bachelot;* Greffe de Saint-Malo, 1609.) « Ung chauldron garny de son anse en fer avec ung coullouer et passouer darein, deulx bassins darain, le tout prizé ensemble sept livres. » (*Invent. de Jean Ficquel;* Juridiction du bois de Miniac, 4 novembre 1609.) On trouve encore le mot airain mentionné dans la *Subvention générale du vingtième sur les marchandises entrant en France* (1641). « Batterie d'airin, le cent pesant, estimé dix livres : 5 sols. — Batterie de cuivre, le cent pesant, estimé vingt livres : 10 sols. » Ces chiffres sont à retenir, parce qu'ils montrent qu'au XVIIe siècle, ce qu'on appelait l'airain n'était plus qu'un bas alliage du cuivre.

Airche, *s. f.;* **Aire**, *s. f.* — Pour ARCHE (voir ce mot) (*archia*), coffre, malle, bahut.

Aire, *s. f.* — Se dit généralement de toute surface plane et horizontale. Dans le langage mobilier aire est synonyme de sol. « A Andrieu de le Porte et Jehan Vignereux, pour leur salaire, paine et labeur davoir fait, convoié, sechié, batu et ordonné les deux aires des maisons des gardes de Saint-Fremin et de Longue-Maison; par marqué faict, a esté paié la some de VII sols parisis. » (*Comptes de la ville d'Amiens,* année 1416.) « Pour l'astre de la chemynée de la chambre de la Royne qui a esté refaict de neuf et rehaulcé au dessus de l'aire du plancher pour obvier au danger du feu, LXXV livres. » (*Ouvraiges de maçonnerie à Saint-Germain-en-Laye,* 1548-1550.) « Il y a deux fenestres, assavoir une fenestre bastarde... de trois piedz trois quartz de hault, depuis l'aire de ladicte salle jusques à l'enseulement d'icelle fenestre. » (*Concession par Ambroise Paré à Jeanne Paré, sa nièce, des ouvertures d'une maison, sise rue de l'Hirondelle,* 1577.)

Ais, *s. m.;* **Aes**, *s. m.;* **Aisseau**, *s. m.;* **Aissielle**, *s. f.;* **Aisselette**, *s. f.;* **Aissi**, *s. m.* — Morceau de bois de sciage, long et peu épais, qui reçoit, en menuiserie, un nombre considérable d'adaptations. Dès le XIVe siècle, les ais figurent dans les comptes de charpenterie et de construction. « Pour une douzaine d'aes de Faloise, mis et emploiéz illec et ailleurs, là où ils failloient, achetéz [de] Thomas le Gringnetel XII sols. » (*Travaux faits au château et à la geôle de Caen,* 1345.) « Pour bois affère ledit pont et les autres euvres dudit manoir, excepté certaines quantitéz des aes desquiex ont esté fais huis et fenestres... » (*Travaux faits au château de la Robertière,* 1346.) « A Jehan Le Comte, pour L piés d'ais de tremble mises en œuvre au besffroy à planquier la cambre du cheppier et à faire ii huis à ii tours sur le fortresche, etc. » (*Comptes de la ville d'Amiens,* 1401.) Indépendamment des planchers, des fenêtres et des portes, les ais étaient encore à cette époque employés à planchéier et à lambrisser (ou chambriller) les appartements. « A Guillaume Chalourit, varlet de

Fig. 22. — Aiguillier du XVIe siècle, d'après René Boyvin.

Fourrière, C LXVI liv. I s. XI d., pour le fait du logeiz dudit seigneur (le roi Louis XI). C'est assavoir en IIII C L ais à faire plancher et chambriller les chambres, huis, fenestes ; IIII XX d'autres boys à faire des ostevens..., etc. » (*Compte de la chambre du roi Louis XI,* 1478 à 1481.) Au XVIe siècle, on en faisait aussi des cloisons ; dans la seconde nouvelle de la première journée de son *Heptaméron,* où elle met aux prises une muletière d'Amboise et son trop amoureux valet, la reine de Navarre nous montre ce valet « rompant ung ais qui estoit entre la chambre où il couchoit et celle de sa maîtresse ». Mais, ajoute la princesse, « à cause que le rideau, tant du lict de son maistre et d'elle que des serviteurs de l'autre cousté couvroyt les murailles, ne fuct poinct sa malice apparceue ». Plus tard, nous trouvons l'ais transformé en lit :

Apprends maintenant la structure
De nos misérables grabats ;
Deux ais servent de matelas,
Un tapis sert de couverture.

Ainsi s'exprime Chapelle, vantant les délices de Saint-Lazare. Ensuite il sert de table :

La table, où l'on servit le champêtre repas,
Fut d'ais non façonnés à l'aide du compas,

écrit La Fontaine, dans l'inventaire qu'il dresse du modeste ménage de Philémon et Baucis. A la même époque, La Bruyère parlait d'un « long ais de menuiserie que porte un ouvrier », et Boileau, dans ses *Embarras de Paris,* s'écriait :

Il me heurte d'un ais, dont je suis tout froissé.

S'ils vivaient de nos jours, tous ces écrivains emploieraient le substantif planche. Le mot ais, en effet, n'est plus guère usité que dans deux cas spéciaux. On nomme *ais de boutique* les volets ou panneaux de chêne servant à la fermeture des magasins, et les peintres en bâtiment appellent des *ais,* les planches dont ils font usage pour étendre les papiers de tenture et les enduire de colle.

Les diminutifs de notre mot sont nombreux. On trouve d'abord AISSEAU, qui désigne une réunion de petits ais ou planchettes de bois destinés à couvrir les toits. On voit encore des toits couverts d'aisseaux en Normandie et notamment au Mont-Saint-Michel. On note ensuite AISSI qui, selon Furetière, a le même sens, mais qui semble n'avoir guère été usité qu'au XVIIe siècle.

AISSELLE. — Autre diminutif, signifie simplement un ais de peu de largeur et d'épaisseur. On s'en servait pour garnir des châssis de croisées : « Pour iii aisselles neuves pour faire fenestres oudit hostel, VI sols. » (*Comptes des recettes et dépenses des Prieuses de l'Hôtel-Dieu,* 1367.) On les employait à faire des barrières. Décrivant les noces de Philippe le Bon (1429) : « A chascun costé de la salle, écrit Le Fèvre de Saint-Remy, estoit ung dreschoir, et estoient sur deux pas de hault, et estoient très bien enclos d'aisselles de iiij piet de hault. » En Picardie, encore aujourd'hui, aisselle a la signification de planchette, de rayon d'étagère, sur lequel on range la batterie de cuisine, les plats d'étain et de faïence, les vierges et les oiseaux de plâtre que les paysans gagnent à la foire. Enfin dans les *Comptes de Guillaume Brunel,* argentier de Charles VI (1387), il est question d'AISSELETTES. C'étaient de petites planchettes dont on se servait pour calandrer le linge de la reine et du roi.

Le mot AIS a encore possédé une dernière signification ; il a longtemps désigné les plats de la reliure des livres.

A ces mots, il saisit un vieil *infortiat...,*
Inutile ramas de gothique écriture,
Dont quatre ais mal unis formoient la couverture.

Ce nom venait de ce que, dans le principe et même jusqu'au XVIIe siècle, pour les grands et lourds volumes, ces plats étaient faits en bois. Pour les petits volumes, on substitua de bonne heure le métal aux planchettes, puis ensuite le carton ; mais le mot ais demeura en usage, et dès le XIVe siècle, nous le voyons employé pour désigner les reliures les plus diverses. Ainsi, dans le seul *Inventaire de Charles V* (1380), nous relevons « unes très petites heuretes qui ont des aiz d'or esmaillées de France et de Navarre et de l'Annonciacion — ung aiz d'ung livre garniz d'or semé de pierreries — ung Evangelier et ung Epistolier dont les aiz sont d'argent doréz — ung livre dont les aiz sont de brodeure aux armes de la royne Jehanne de Bourbon ». Dans ce même sens, on trouve également le diminutif AISSELLE : « Unes heures, les esselles d'or, couvertes de dyamans, pierres et perles. » (*Joyaux réclamés à la Couronne d'Angleterre,* 1400.)

Aisances, *s. f. pl.* — Ce mot se trouve, au XVIe siècle, usité avec la signification de lieux d'aisances. « Ils avoient tué ledict Prost, pensant qu'il eust de l'argent et l'avoient jetté dans les aisances du logis. » (Palmat Cayet, *Chronique septennaire,* dans les *Mém. relatifs à l'histoire de France,* t. LXX, p. 7.)

Aisé, *adj.* — Au XIVe et au XVe siècle, on rencontre cet adjectif accompagnant le mot chaire ou le mot selle, et leur donnant la signification de siège percé.

Aisements, *s. m. pl.* — Durant tout le Moyen Age, ce mot servit à désigner les meubles d'un usage journalier, les petits ustensiles de toilette, ainsi que les coupes, coffrets et autres objets que l'on emportait en voyage. Dans les *Comptes de Geoffroi de Fleury,* parmi les dépenses du couronnement de Philippe le Long (1316), nous voyons figurer quatre « bouges » (valises) « à mectre les aisemenz le Roy ». La pauvre femme chez laquelle se réfugie, en 1382, le comte de Flandres dit aux Brugeois qui poursuivent le prince : « Je ne le saurois où mucier (cacher), vous véez là tous les aisemens de céans ; véez là mon lit et là sus gissent mes enfants. » (Froissart, *Chroniques,* t. VIII, p. 207.) Plus tard, ce mot changea de signification. « On appelle aussi *commoditéz,* dans une maison, ou *aisements,* les lieux où on va se descharger le ventre », écrivait Furetière. (*Dict. univ.,* au mot COMMODITÉ.)

Aises, *s. f. pl.* — Dans le dialecte forézien, on donne ce nom à toutes sortes d'ustensiles et de vases qui sont nécessaires dans un ménage. (Voir l'article précédent.)

Aisié, *adj.*; **Aysié,** *adj.* — Garni d'ais, c'est-à-dire lambrissé. « Pour plâtrer une chambre aisiée, qui est derrière la chambre dessus dite, et pour trouver plastre et pierre et toute aultre matière a ce nécessaire, pour tout VIII liv. V s. » (*Travaux exécutés au château de Caen,* 1338.) « *Item,* en l'uys de la chambre aysiée au chastellain..., etc. » (*Travaux exécutés au château de Breteuil,* 1332.) Ce terme ne fut guère usité qu'en Normandie et au XIVe siècle.

Aisseau, *s. m.*; **Aisselle,** *s. f.*; **Aisselette,** *s. f.*; **Aissi,** *s. m.* — Diminutifs de AIS. (Voir ce mot.)

Aistre, *s. m.*; **Estre,** *s. m.* — Est la forme première du mot âtre, foyer. Du Cange cite l'exemple suivant :

Qui n'a ses enfans dont repaistre
Dont il a sept ou huit à l'aistre.

On lit, en outre, dans une *Lettre de rémission,* datée de 1455 : « Le suppliant trouva en ung viel aistre, où il y avoit ung four, du seigle nouveau. » D'où Furetière conclut qu'il faudrait dire « connoître les aistres de la maison ». Cette première signification dérive du latin *astrum.*

Il en est une seconde qui dérive du mot *estra,* fenestre, et qui, en Bretagne, sous la forme d'*estre* ou *aistre,* a été indifféremment employée pour signifier porte ou compartiment. C'est ainsi, du moins, que nous comprenons et expliquons les mentions suivantes : « Un banc à coffre à deux estres sans cleffs, et y a une claveure, prizé quarante solz tournois. » (*Invent. de Jullienne Andrée, femme Gaignet;* juridiction et paroisse de Miniac, 11 décembre 1605.) « Une maye (met) à faire paste à deux aistres, garnie de son couvercle, prisée dix soulz. » (*Invent. de Pierre Gaultier de la Lauer;* juridiction du Plessis-Botherel, 3 février 1631.) « Un banc coffre à deux aistres, prisé cinq livres. » (*Invent. de Pierre de la Haye;* juridiction et vicomté d'Artois, 23 décembre 1701.) Etc. Cette explication nous semble d'autant plus plausible qu'au XVe siècle nous trouvons en Anjou le mot fenestre employé avec cette même signification. Dans l'*Inventaire du château de Chanzé* (1471), nous relevons en effet : « En la chambre du concierge, unes armaires à quatre fenestres », et, dans la chambre du roi René, « unes armaires à deux fenestres fermans à clef ».

Ajour, *s. m.;* **Ajouré,** *part.* et *adj.* — On donne le nom d'ajour aux vides qu'on pratique soit au travers d'un objet mobilier, soit au travers d'un membre d'architecture. D'un escalier, d'une balustrade où il y a des ajours, on dit qu'ils sont ajourés. En terme de blason, l'adjectif ajouré s'emploie également pour désigner les pièces percées à jour. Littré n'admet que cette dernière signification, mais les deux premières sont cependant depuis longtemps en usage. L'origine du mot ajour est facile à découvrir, » un voirre d'argent ouvré à jour, et est de cristail par dedans ». (*Invent. du château de Vincennes,* 1418.) « *Item,* un grand dragouer d'argent doré tout taillé à jour, à six escussons de France. » (*Invent. du château du Louvre,* 1420.)

Ajustage, *s. m.;* **Ajuster,** *v. a.* — Ajustage est l'action d'ajuster. Ajuster, c'est réunir ensemble différentes pièces, de façon qu'elles s'adaptent exactement les unes dans les autres et coïncident parfaitement dans toutes les parties qui doivent se joindre. Ajuster, c'est encore disposer avec soin divers objets, de façon qu'ils composent un ensemble agréable à l'œil.

Alabastrite, *s. m.* — L'alabastrite, ou faux albâtre, est une matière gypseuse (sulfate de chaux hydraté), d'une blancheur remarquable, mais excessivement tendre et qui s'entame au moindre frottement. La grande facilité qu'on a de le tailler l'a fait rechercher par la petite industrie, pour la confection d'une foule de menus objets de décoration, tels que coupes, vases, cendriers. On en fait également des garnitures de cheminée et de bureau. Enfin pendant la première moitié de ce siècle, on en a fabriqué couramment des pendules prétentieuses, qui ne se recommandaient ni par la pureté des formes ni par la richesse du décor. La France a fort heureusement renoncé à l'emploi de l'alabastrite, et les rares spécimens qu'on en rencontre encore chez nous viennent presque tous d'Italie, où cette matière continue d'être en vogue. Cette persistance s'explique par le goût très relatif qui distingue la foule cosmopolite, dont chaque année la péninsule est envahie, et aussi par la présence à Voltera (Toscane) de très vastes carrières d'alabastrite. Il en existe aussi en France, notamment à Lagny. L'alabastrite est, du reste, une matière si délicate que, convertie en vases, en pendules, etc., elle doit être protégée par un globe contre les chocs et les frottements extérieurs. Cependant nos ancêtres du XVIe siècle n'hésitèrent pas à l'employer sous forme de placage pour la décoration de certains meubles.

Alaise, *s. f.;* **Alèse,** *s. f.;* **Alèze,** *s. f.* — Ce mot a deux significations très différentes. En termes de charpentier et de menuisier, c'est une pièce de bois étroite, rapportée et embrevée le long d'une pièce de bois de plus grande largeur. Ouvrez une bibliothèque, considérez-en les tablettes. L'extrémité visible de ces tablettes est bordée par une petite bande de bois précieux, chêne, acajou, palissandre, alors que tout le reste est en bois plus commun : chêne ordinaire, peuplier, hêtre, sapin. Eh bien, cette petite bande est une alaise. Lorsqu'on construit un casier, les alaises ont pour but de créer une certaine illusion et de faire croire que ce casier a été exécuté tout entier en bois de prix. Littré, dans son *Dictionnaire,* renvoie au mot ALÈZE ; mais les charpentiers et les menuisiers s'obstinent à écrire alaise, et cette orthographe semble devoir être préférée. Au XVIIIe siècle, ce mot avait encore dans cette profession un autre sens : « C'est, dit Daviler, dans une porte collée et emboîtée ou dans un panneau d'assemblage, la planche la plus étroite qui achève de la remplir. » (Voir *Explication des termes d'architecture,* p. 369.)

La seconde signification du mot ALAISE, ALÈSE ou ALÈZE est thérapeutique. C'est un linge d'une certaine étendue dont on enveloppe un malade, soit pour le réchauffer, soit pour garantir le lit du sang, du pus, etc., qui pourraient le tacher. Ambroise Paré recommande d' « envelopper les fébricitants dans de bonnes alaises chaudes ». Aujourd'hui, on fait généralement les alaises avec un drap plié en quatre ; jadis elles avaient leur place marquée dans le trousseau féminin. L'*Inventaire de Marie Cricquet, femme de Pierre Croiset, avocat au Parlement* (Paris, 1625), mentionne « sept à laizes de thoille de chanvre, prisées ensemble LVI sols »; et le duc de Luynes constate (*Mém.,* t. XII, p. 379) qu'en 1750, parmi « le linge en renouvellement de la chambre de la reine », il se trouvait « 18 grandes alaises ».

Certains étymologistes prétendent que ce dernier mot vient de la réunion des vocables *à l'aise,* parce que le malade se sent plus à l'aise quand il est préservé de la sorte. D'autres (notamment Furetière et les rédacteurs du *Dictionnaire de Trévoux*) affirment que l'alaise a été ainsi nommée, parce que sa largeur était généralement d'un lé de toile. Dans ce dernier cas, il faudrait écrire alèse ou alèze. Ajoutons que Littré, tout en admettant la première explication, se rallie à l'orthographe alèze. Du temps de Richelet, nombre de personnes prononçaient ELAISE ; cette prononciation n'a pas prévalu.

Alambastre, *s. m.* — Voir ALBÂTRE.

Alambic, *s. m.* — Vaisseau de métal ou de verre dont on se sert pour distiller. Jadis on rencontrait fréquemment de ces sortes d'appareils dans les demeures aristocratiques ou bourgeoises. Nous remarquons dans la *Remise faite par Marie de Foix-Candalle au duc d'Épernon des objets mobiliers ayant appartenu aux frères de Foix-Candale* (1598), « quatre allambis (*sic*) d'argent servant à faire l'eau magystrale dud. feu Seigneur ». Nous relevons également dans l'*Inventaire de Molière* (1673), « un grand alambic et un moyen, tous deux de cuivre rouge, avec leurs deux fourneaux de fer ».

Alaque, *s. m.* — Terme d'architecture. Membre carré et plat qui fait le fondement de la base des colonnes. Le terme a vieilli ; on dit aujourd'hui une PLINTHE. (Voir ce mot.)

Albâtre, *s. m.;* **Alabastre,** *s. m.;* **Alambastre,** *s. m.;* **Allebastre,** *s. m.* — Espèce de marbre plus tendre et plus facile à tailler, mais de beaucoup moins de durée que le marbre ordinaire. L'albâtre est parfois blanc et alors son éclat est en quelque sorte proverbial. On dit d'une jolie femme que sa figure et ses mains sont aussi blancs que l'albâtre :

Elle a très bien cette gorge d'albastre,
Ce doux parler, ce cler taint, ces beaux yeux.....

Ainsi s'exprime Clément Marot et après lui Amadis Jamyn. Avant Marot et Jamyn on avait, dans ce même sens, créé les adjectifs *alebastrin, albastrin,* et l'on disait poétiquement : « Une gorge et des dents *albastrines.* » (Voir Lacurne de Sainte-Palaye.) D'autres fois, et c'est même le plus souvent, l'albâtre présente soit des veines colorées, ondulées ou continues, soit des traits rompus et confus qui le

Fig. 23. — Statuette en albâtre (XVIe siècle).

font ressembler aux sortes de marbres que l'on nomme des *brèches.* Dans le premier cas, on le nomme *albâtre rubané,* ou, s'il est presque transparent, *albâtre onyx* — ce que nous appelons *marbre onyx* n'est qu'une variété calcaire de ce genre d'albâtre — et dans le second cas, *albâtre fleuri.* Au point de vue de la valeur et du prix, on divise l'albâtre en deux catégories, qui sont l'*albâtre oriental* et l'*albâtre commun.* L'albâtre oriental est d'une pâte plus fine, plus nette, plus pure. Il est plus dur aussi, et quand il est coloré, ses nuances sont plus vives. On le tire généralement de l'Asie Mineure. Il en existe également dans différentes autres contrées de l'Asie. Un voyageur du siècle dernier, Corneille Le Bruyn (*Voyage du Levant,* t. V, p. 284), donne la description de carrières d'albâtre, qu'il a visitées aux environs d'Arkhangel. L'albâtre européen ou commun n'est pas rare. En France, on en trouve dans le Mâconnais, aux environs de Cluny, en Franche-Comté, en Lorraine. On en tire pareillement d'Allemagne, surtout des environs de Coblentz, et la campagne romaine en fournit, elle aussi, d'assez grandes quantités.

L'albâtre est peu employé de nos jours. Au siècle dernier, il était plus à la mode ; on en faisait des tables, des cheminées, des colonnettes, des socles, etc. Sous le règne de Louis XVI, on en fit des pendules à personnages. Associée au bronze doré, sa blancheur éclatante produisait une agréable impression ; néanmoins il ne tarda pas à être remplacé par le biscuit. Au Moyen Age, il fut appliqué à des ouvrages beaucoup plus vastes. On en lambrissa des appartements ; cela semble du moins résulter des vers suivants empruntés au *Roman de la Guerre de Troyes :*

En celle chambre noit noienz
De chaux, d'areine, de cimenz
Enduit, ni moellerons, ni emplaistre
Tot entiere fu d'alambastre.

Au XIVe et au XVe siècle, à une époque où le marbre était rare, l'albâtre fut également employé pour faire des statues et pour décorer des tombeaux. Le *Testament d'Isabelle de Bourbon* (27 janvier 1379) invite formellement ses héritiers à lui faire élever un monument d'albâtre : « Nous eslisons, dit cette princesse, la sépulture d'icellui nostre corps en l'esglise des frères meneurs de Paris, en la fosse et soubz la tumbe ou sépulture de marbre, où le corps de feu notre chère Dame et Mère..... gît, sus laquelle tumbe nous voulons et ordenons un ymage d'alabastre fait à notre semblance estre mis et acheté de noz propres biens. » Les *Comptes des ducs de Bourgogne,* à l'année 1433, mentionnent une indication de même sorte : « Pour l'achat de six grans pièces de pierres d'allebastre, que Monseigneur fist prendre et achetter pour mettre et emploier en la sepulture qu'il fait faire... » Rabelais, moins funèbre dans ses adaptations, le réserve pour un plus aimable usage dans sa fameuse abbaye de Thélème. Il en fait une fontaine : « Au myllieu de la basse-court, écrit-il, estoyt une fontaine magnifique de bel alabastre. Au-dessus, les troys Grâces, avecques cornes d'abundance, jectoyent l'eaue par les mammelles, bouches, aureilles, yeulx et autres ouvertures du corps. » Enfin, l'auteur anonyme de l'*Isle des hermaphrodites,* décrivant le beau palais de l'Homme-femme, nous y fait voir « douzes statues d'albastre, représentées au naturel et quasi comme revivifiées par une transmigration, toutes assises en des sièges faicts en forme de chaise curule ». Constatons vite que les divers ouvrages que nous venons d'énumérer, revêtements de salles, fontaines, monuments funèbres ou statues, peuvent, à bon droit, passer pour exceptionnels. Non pas que les blocs d'albâtre d'où on les devait tirer aient été particulièrement rares. Piganiol de la Force nous apprend que, dans certaines carrières de Franche-Comté, encore exploitées de son temps, on en trouvait des fragments considérables, et il ajoute qu'aux environs de Salins « on tiroit des albatres jaspés, dont les blocs sont si grands qu'on en peut faire des colonnes de douze à quinze pieds de long ». Néanmoins, soit que ces vastes ouvrages aient paru trop fragiles, soit que les sculpteurs se soient méfiés d'une matière si délicate et si fine, c'est plutôt par la confection de statuettes, de petits groupes et de menus objets d'utilité, que se signale l'emploi de l'albâtre au Moyen Age, que par la mise en œuvre de grandes masses.

Parmi ces objets, de format réduit, nous citerons les deux beaux flacons qui figurent dans l'*Inventaire de Louis Ier d'Anjou* (1368). « Deux boutailles d'alebastre, à deux ances, de la pierre mesmes. Et est chascune boutaille liée de quatre bandes semées d'esmaux aux armes de France toutes plaines. Et siet chascune sur quatre piez dont chascun est en manière d'une fueille. Et dont les courroies d'icelles de tessuz vers, [sont] semez de petites rozettes dorées. » Nous relèverons également dans l'*Inventaire de Charles V* (1380) « ung ymage de Nostre-Dame d'allebastre blanc, qui se siet et a une couronne d'or à très menues perles — ung pot d'allebastre blanc garny d'argent à lozanges esmaillées — deux grans barilz d'allebastre sans nulle garnison », etc.; dans l'*Inventaire du Louvre* (1418), « une teste d'alebastre blanche en façon d'une seraine assise sur une pièce de marbre noir, bordé de laton doré et semble estre un camahieu »; dans l'*Inventaire du château de Pau* (1517), « une esguière d'alebastre garnie d'or avecques son couvercle, le tout garni de saphis et de perles »; dans l'*Inventaire de Catherine de Médicis* (1589), « ung bassin et ung vase d'allebastre ». Ce même inventaire nous révèle l'adaptation de l'albâtre à un usage spécial et curieux. Débité en lames extrêmement fines, il remplaçait, dans les lanternes, le cristal, encore rare à cette époque, et communiquait à la lumière des reflets assoupis et laiteux. C'est ainsi que Catherine de Médicis possédait « une grande lanterne d'albastre assize sur ung pillier tourné et sa base de mesme estoffe enrichie d'or par endroictz ». Nous voyons pareillement figurer dans l'*Estimation des biens de feue Madame, sœur unique du Roy* (1606) : « Une lanterne d'albastre de six pieds de haulteur ou environ, dont le pied est de marbre blanc. »

Quant aux œuvres d'art, les statuettes et les groupes assez nombreux de vierges et de saints que nous a laissés le Moyen Age, cette délicieuse statuette d'Othon Henri qui, après avoir été une des perles de la collection Sauvageot, est devenue un des joyaux de notre Louvre (fig. 23), le joli bas-relief représentant Adam et Ève que l'on voit au musée de Cluny (fig. 24) ; tous ces ouvrages charmants montrent que les artistes du premier mérite n'hésitaient pas à cette époque à travailler l'albâtre.

Le XVIIe siècle paraît avoir été moins épris de cette matière que ceux qui l'avaient précédé. Le marbre, devenu plus abondant, remplaça l'albâtre dans la faveur publique. Cependant nous savons par les *Comptes des Bastimens du Roy* qu'en 1670 le sieur Vuiot vendit à Louis XIV sept bustes d'albâtre représentant Jules César, Auguste, Tibère, Caligula, Homère, Cicéron et Quintus Herennius, qui furent placés dans son cabinet. Les divers inventaires dressés sous son règne nous apprennent aussi que le Grand Roi comptait parmi ses objets précieux six vases d'albâtre garnis d'argent ou de vermeil et deux petites « figures d'albâtre habillées à l'antique », avec les pieds, la tête et les bras d'argent. Au siècle suivant, on rencontre encore cette matière dans les cabinets d'amateurs, soit employée en tablettes, pour dessus de meubles, comme dans les « deux encoignures de lacq avec les marbres d'albâtre d'Orient » que Lazare Duvaux livrait à M. de Gaigny en 1756 ; soit sous forme de statuettes, de coupes et autres menus objets importés d'Orient, comme la « collection d'ouvrages en sculpture d'albâtre d'Égypte » que le *Mercure* de juillet 1765 annonce devoir être mise en vente « rue de Cléry, dans la maison du menuisier, les lundis, mercredis et samedis, depuis 4 heures jusqu'à 7 »; soit enfin sous forme de ces « vases ou cuves rondes », ou de ces « vasques en albâtre rubané » que les connaisseurs admiraient dans le cabinet de M. Le Brun, et qui furent vendus avec la collection de cet amateur célèbre (11 avril 1791).

Le goût, qui fit considérer à la fin du siècle dernier les albâtres rubanés et fleuris comme une sorte de pierre précieuse, devait exciter la verve des contrefacteurs ; aussi voyons-nous, dès l'année 1781, le sieur Tumberg, « ingénieur au service de S. M. Suédoise » — c'est du moins le titre qu'il se donne — annoncer (voir *Almanach sous verre* de 1781, col. 152, n° 149) qu'il a trouvé l'art de colorier l'albâtre en rouge, en violet, en vert, etc. Il ajoute que les matières colorantes qu'il emploie pénétrant dans toute l'épaisseur de la pierre, l'illusion est complète et qu'on peut tailler et polir ces albâtres teints autant de fois que l'on veut sans les altérer. Les amateurs qui seraient tentés de payer des prix très élevés des albâtres colorés, jaspés, rubanés ou fleuris, feront bien de méditer cette singulière annonce.

Pour en finir avec l'albâtre, il nous reste à mentionner quelques peintures anciennes exécutées sur cette matière. La sorte employée pour ce genre de travail était de l'albâtre

Fig. 24. — Bas-relief en albâtre (XVIe siècle).

oriental richement veiné et dont les veines étaient utilisées pour rendre les nuages. C'étaient généralement des sujets religieux qui étaient ainsi représentés. Le peintre Jacques Stella peignit de cette manière *Jésus recevant la Vierge dans le ciel.*

Aujourd'hui, l'albâtre proprement dit a presque disparu de nos ameublements contemporains. Toutefois, le marbre-onyx, qui n'est autre chose — comme nous l'avons expliqué plus haut — qu'une variété d'albâtre, est redevenu depuis quelques années à la mode. On l'emploie dans le mobilier et dans l'architecture.

Albâtrer, *v. a.* — Imiter l'albâtre par la peinture. « Premièrement il s'est submis et obligé de peindre et albastrer... les deux cheminées de ladite salle. » (*Marché de Michel Blutte avec la ville de Cambrai*, 1635.)

Album, *s. m.* — « On fait en Allemagne des livres de souvenirs (albums) depuis plus d'un siècle, écrit Mme de Genlis dans son *Dictionnaire des étiquettes de la cour* (t. II, p. 266), et c'est l'auteur de cet ouvrage qui a fait connoître en France cet usage, et qui l'a mis en vogue parmi nous. Ce n'est pas pour nous vanter que nous rappelons ce fait, ajoute-t-elle ; au contraire, car nous avons reconnu depuis que ces livres ne sont pas sans quelque inconvénient pour les jeunes personnes. Il est, au vrai, très ridicule d'acheter un livre blanc pour le faire remplir de complimens et d'éloges, et de s'accoutumer ainsi à la flatterie dès l'âge de quatorze ou quinze ans. Quand on demande à quelqu'un d'écrire quelques lignes dans son livre de souvenirs, on est bien sûr qu'on va recueillir une louange, ce qui rend ces recueils de la fadeur la plus insipide..... Nos ancêtres avoient des *Livres de souvenirs* bien supérieurs aux modernes ; c'étoient des registres de famille, dans lesquels les pères et les grands-pères consignoient la naissance de leurs enfans, en ajoutant à cette inscription quelque sentence pieuse ou l'expression de leurs vœux pour le bonheur futur de ces enfans..... On conservoit précieusement dans les familles ces touchantes archives domestiques, qui perpétuoient d'âge en âge la tradition des sentimens religieux et le souvenir des affections paternelles. »

Grâce à cet aveu de Mme de Genlis, nous savons désormais qui nous devons rendre responsable de l'introduction en France de cette mode des albums, mode singulière, importune, qui a sévi pendant toute la première moitié de ce siècle et qui, fort heureusement pour la présente génération, a disparu de nos demeures. La plupart de nos contemporains ne se doutent pas, en effet, de l'odieuse tyrannie qu'exerçait sur tous ceux qui possédaient un nom connu, un talent apprécié, une célébrité constatée, ce joli livre aux pages blanches, luxueusement relié, qui trônait indiscrètement au milieu de tout salon « comme il faut ». D'abord, l'album avait manifesté des allures, aimables intimes et point trop tracassières. Antoine Caillot, dans sa *Vie publique des Français*, nous le montre, en 1824, encore hésitant et timide. Nous dépeignant une soirée d'artistes : « Ne croyez pas qu'on y joue, écrit-il, fi donc ! on y dessine à la lampe, on y cause, on y rit, on y taquine à plaisir la convoitise de certains albums. » Puis, de ces réunions intelligentes, le livre fatal était passé dans les aristocratiques demeures : « Naguère, écrit Guichardet, avec un vif sentiment de regret, naguère l'Album, cet objet de luxe, ne se rencontrait que dans les hautes régions, dans les salons du monde élégant, sur la console de la femme à la mode. » — Mais, ajoute Balzac : « Depuis deux ans, beaucoup de jeunes personnes ont des albums sur lesquels elles font écrire des phrases plus ou moins grotesques par leurs amis et connaissances. » Et comme conséquence, dit encore un autre écrivain : « Les célébrités dans tous les genres doivent se tenir vraiment malheureuses, et les albums doivent faire leur désespoir, car elles sont traquées, poursuivies par un essaim de femmes à la mode, qui sollicitent et obtiennent presque toujours une esquisse des peintres, quelques hémistiches des poètes, une romance des musiciens. » La corvée à laquelle on soumettait impitoyablement tout ce qui avait un nom était, en effet, odieuse. On s'y pliait cependant de peur de se singulariser jusqu'au jour où quelques esprits d'élite finirent par protester et alors on s'empressa de suivre leur exemple. On sait comment Victor Hugo se vengea, un jour, d'un certain M. Guillot, indiscret et tenace, qui prétendait l'obliger à « tracer une pensée » sur son fatal album. Le grand poète prit la plume, réfléchit un instant, puis écrivit, le plus sérieusement du monde, le distique suivant :

..... Il eût volontiers écrit sur son *chapum* :
C'est moi qui suis Guillot, berger de cet album.

Heureusement pour nos célébrités contemporaines, ce supplice leur est désormais épargné. L'album a cessé ses ravages. Il n'existe plus, à Paris du moins, qu'à l'état de souvenir.

En terme de mobilier, on appelle également ALBUM des recueils de dessins et de plans, représentant des meubles, des tentures, des étoffes, etc., permettant au tapissier et à sa clientèle de se tenir au courant de la mode. Ces albums commencèrent à voir le jour à la fin du XVIe siècle, avec les recueils d'Étienne Delaune pour les orfèvres, de Vredeman de Vries et Du Cerceau pour les ébénistes, et ils se continuèrent au XVIIe et au XVIIIe siècle, par les planches magnifiques de Collot, Ab. Bosse, Bérain, Lepautre, Meissonnier, Germain, Ch. Delafosse, Lalonde, Cuvilliès, Salembier, Ranson, etc. A la fin du siècle dernier, l'envoi en province de ces albums se généralisa, et nous reproduisons le prospectus suivant, répandu dans le public par le nommé Watin, peintre-doreur, auteur d'un livre sur la matière, et domicilié à Paris, rue Sainte-Apolline. Ce document est à retenir, parce qu'il fait bien connaître le but qu'on se proposait en mettant ces précieux recueils à la disposition du public, et en les morcelant même, pour en faciliter la connaissance.

L'art du Peintre, Doreur, Vernisseur, écrit le Sr Watin, ayant pour objet principal de procurer aux personnes éloignées des Capitales, et par conséquent privées d'ouvriers, de marchandises et d'instructions, le moyen de se passer des uns et de se procurer les autres, Watin, pour ajouter encore à l'intérêt de son ouvrage, a donné dans toutes les éditions un catalogue des meilleures Gravures, représentant toutes sortes de Décorations d'Églises, d'Appartements et de Meubles, Chaires, Retables, Orgues, etc., Lambris, Alcôves, Cheminées, etc., Lits, Bergères, Fauteuils, Écrans, Commodes, Secrétaires, même des gravures d'Orfèvrerie, d'Ébénisterie, Joaillerie, Bijouterie, d'Arabesques, Fleurs, Ornements, Chiffres, Équipages. — A l'aide de ces gravures, faites sur les dessins des meilleurs maîtres, on peut fixer son choix et donner ses ordres. Watin en a le premier facilité l'exportation par la Poste, à raison de 4 sols 6 den. la feuille ; aussi ont-elles répandu partout le goût de l'embellissement et de la décoration. — Mais le goût se perfectionne. Il en est résulté de nouveaux dessins aussi élégants que simples, dus au talent du sieur Delalonde. Ils ont sur les autres l'avantage de pouvoir guider les ouvriers de Province et des pays étrangers dans l'exécution : à la suite de la Gravure du Meuble, on trouve sur des feuilles distinctes les détails les plus exacts du plan, de la mesure, de la coupe des bois et de ses contours, de la sculpture, d'où résulte l'ensemble d'un meuble parfaitement fini. — Ainsi le menuisier qui prépare le bois d'une chaise longue, par exemple ; le sculpteur qui l'enrichit, le tapissier qui la couvre, l'amateur même qui l'ordonne, trouveront les règles les plus sûres pour se guider dans l'exécution, et on ne pourrait s'en écarter que volontairement. — Cette suite, qui se grave actuellement sous la direction du sieur Chéreau, paraîtra au mois de Juillet prochain. Watin en procurera le catalogue et en fera parvenir les cahiers de six feuilles, à raison de 27 sols, *francs de port* pour la Poste.

Cette réclame, un peu longue peut-être, mais très instructive, car elle nous explique la façon dont on procédait au siècle dernier pour se procurer de bons modèles, peut se passer de commentaires.

Alcarazas, *s. m.* — C'est le nom que les Espagnols donnent à certains vases employés exclusivement chez eux pour rafraîchir l'eau, et qui se sont acclimatés chez nous en conservant leur nom et leur emploi. Ces vases sont fabriqués en terre poreuse laissant suinter l'eau qu'ils renferment. Ce suintement et l'évaporation qui se produit à la suite amènent le refroidissement progressif du liquide et de l'appareil. Il est démontré, en effet, que tout corps passant de l'état liquide à l'état gazeux ne peut opérer sa transformation qu'en enlevant aux corps voisins une partie de la chaleur qui leur est propre. L'évaporation de l'eau, en arrivant à la surface extérieure de l'alcarazas, ne peut donc manquer de produire un abaissement de température dont celui-ci profite. Voilà pourquoi on a soin de placer les alcarazas dans des courants d'air très actifs, afin de faciliter et d'activer l'évaporation.

C'est à la fin du siècle dernier que les alcarazas firent leur première apparition en France, où, vers, la même époque, on essaya d'en acclimater la fabrication. L'*Almanach sous verre* de l'an VII offre à nos potiers la recette pour conserver à ces vases utiles le caractère poreux qui leur est indispensable. Après avoir fait sécher convenablement la terre, dit en substance l'auteur de la notice, on la divise en petits morceaux gros comme une noix qu'on jette dans un cuvier. Puis on la recouvre d'eau et on la laisse détremper pendant douze heures. On la pétrit ensuite, on l'étale en couches de l'épaisseur de six doigts sur un emplacement sec et uni, et recouvert d'un peu de cendre tamisée. Cela fait, on la porte dans un lieu carrelé et on la mêle avec la vingtième partie de son poids de sel marin si les vases doivent être vastes, avec la quarantième seulement, s'ils sont d'une plus petite capacité. On pétrit de nouveau. A l'aide du tour on donne à la masse sa forme définitive, et on la met au four où on ne lui fait subir qu'une demi-cuisson. C'est à cette demi-cuisson et au sel marin qu'on mélange à l'argile dont ils sont faits, que les alcarazas doivent leur porosité. L'auteur de la notice ajoute, comme preuve de son assertion, que ces mêmes fabriques produisent d'autres poteries pour lesquelles on ne prend pas cette double précaution, et qui ne diffèrent en rien des poteries ordinaires.

Alcôve, *s. f.* Suivant Ménage (*Observations sur la langue françoise,* p. 122), le mot alcôve vient de l'espagnol *alcoba,* qui lui-même devrait son origine à l'arabe *al Koba,* signifiant « la tente, le lieu où l'on dort, où l'on repose ». Dans le français du XIIe siècle, nous trouvons le mot acube avec la même signification :

> La fit le reis d'Escoce tendre ses paveillons,
> Ses trefs, e ses acubes.....
> Faites le feu esprendre, ces loges alumer,
> Vos trefs et vos acubes cuillir e pleier.
>
> (*Chronique de Jordan Fantosme,* 1174.)

Alcôve a donc des ancêtres fort anciens dans notre langue. En même temps qu'il nous indique l'étymologie du mot, Ménage nous en donne le genre : « M. d'Ablancourt, écrit-il, l'a fait féminin, et c'est de ce genre qu'il est sans contestation ; les Italiens disent de mesme *una alcova,* les Espagnols *una alcoba.* » Mais ce que Ménage oublie de nous dire, c'est la personne à laquelle nous sommes redevables de cette moderne importation. Heureusement, Tallemant des Réaux répare cette omission. Suivant l'auteur des *Historiettes* (voir t. II, p. 229), la célèbre marquise de Rambouillet peut revendiquer cet honneur. « La nécessité, écrit-il, lui fit emprunter des Espagnols l'invention des alcôves, qui sont aujourd'hui si fort en vogue à Paris. »

L'hôtel de Rambouillet, on le sait, donnait alors le ton.

Fig. 25. — Alcôve à deux lits, d'après Daniel Marot.

L'exemple de la marquise fut promptement suivi, même par les plus nobles. Dubuisson-Aubenay (*Journal des guerres civiles,* t. II, p. 20) nous apprend que, le 16 février 1651, les princes retour de captivité firent visite à la reine qui les reçut « étant sur son lit dans son alcôve ». En outre, lorsque, après les troubles de la Fronde, la grande Mademoiselle se réfugia dans son château de Saint-Fargeau, son premier soin fut de se conformer au goût du moment. « Dès ce même jour, écrit-elle dans ses *Mémoires,* je voulus changer les cheminées et les portes et faire une alcôve ; je m'informai s'il n'y avoit point d'architecte dans le pays ; qui fut une grande faute que je fis. » Même par les plus riches, car à la même époque on remarquait au château de Vaux, chez le surintendant Fouquet, plusieurs « chambres en alcôve ». Si la mode des alcôves trouva des adeptes parmi les plus hauts personnages, à plus forte raison se mit-elle à sévir parmi ceux qu'inspirait directement Mme de Rambouillet. Les Précieuses furent les premières à l'adopter. Bientôt l'alcôve remplaça la ruelle, et, disons-le vite, la remplaça avec avantage, si bien que les coureurs de ruelles, pour se mettre au goût du jour, prirent le nom plus coquet d'alcôvistes. (Voir à ce sujet Somaize, *Grand Dict. des Précieuses.*)

Il faudrait bien se garder de considérer, toutefois, les alcôves de cette somptueuse époque comme les analogues de celles de nos jours. Elle n'avaient, en effet, ni cette forme étriquée qui les fait aujourd'hui ressembler à une incommode armoire, ni ce peu d'étendue parcimonieusement mesuré à la largeur du lit et calculé sur ses dimensions. Ce qu'on appelait alcôve au XVIIe siècle, et ce qui portait encore ce nom au commencement du XVIIIe, c'était une partie de la chambre, séparée du reste de cette chambre par une estrade, par quelques colonnes ou ornements d'architecture et le plus souvent par une balustrade. Chez certains personnages, cette séparation était même singulièrement mieux encore de faire une promenade dans le Paris du siècle dernier. Commençons par le Palais-Royal. Nous sommes dans la chambre du Régent : « Les glaces et la disposition de l'alcôve font de cette chambre une pièce toute charmante, dit l'auteur des *Curiosités de Paris*. L'alcôve, qui renferme un lit superbe, est soutenue de deux colonnes d'ordre composite et fermée d'une balustrade de même goût. La beauté de la cheminée répond à tout le reste..., etc. » Après le Palais-Royal, voici l'hôtel de Soissons, qu'habite le beau-frère du Régent, le comte de Toulouse, grand amiral de France. « La chambre est ornée avec tant de goût que, quoique l'or y soit, pour ainsi dire,

Fig. 26. — Alcôve à balustre (coupe latérale), d'après Lepautre.

magnifique, et dans l'*État du mobilier de la Couronne,* dressé en 1684, nous voyons figurer « une balustrade d'alcôve, d'argent cizelé », pesant plus de 4,000 marcs, et représentant par conséquent près de 500,000 francs de notre monnaie.

L'alcôve, on le voit, constituait en quelque sorte une petite chambre dans la grande, « où l'on plaçoit d'ordinaire, écrit Furetière, le lit et des sièges pour la compagnie ». Le *Mercure galant* de 1673 nous apprend comme une grave nouvelle qu'on vient de bannir les tapis de pied des alcôves et qu'on fait parqueter celles-ci de bois de rapport. Ne soyons donc pas surpris de rencontrer tout d'abord, dans quelques-uns de ces réduits, un luxe vraiment princier; et, en second lieu, de retrouver ces mêmes alcôves dans des cabinets et des boudoirs, c'est-à-dire dans des pièces qui ne comportent pas de lit.

Pour se convaincre de leur beauté et de leur richesse, il n'est besoin que de jeter un coup d'œil sur les estampes de J. Marot et de Lepautre, qui nous montrent trente de ces alcôves aux proportions monumentales, ou prodigué, les ornemens sont néanmoins d'une légèreté surprenante, écrit Piganiol de la Force..... Dans une alcôve parfaitement bien prise, on remarque un lit qui est un ouvrage en tableaux de tapisserie à petits points compartis par une broderie d'or, qui est proportionnée à la délicatesse des figures qui y sont représentées. » Passons maintenant chez un simple maître des requêtes, chez Amelot de Biseul : « Les meubles y sont, au dire de Germain Brice, de velours brodé d'or et d'argent et la pièce de tapisserie du fond de l'alcôve est estimée vingt-cinq mille écus. » Chez le président Lambert de Thorigny, nous trouvons un cabinet fameux, couvert des peintures de l'immortel Le Sueur : « L'alcôve de ce cabinet est enrichie de tableaux du même maître, où les neuf Muses sont représentées d'une manière noble et gracieuse et d'une correction toute particulière. » Dès le XVIIe siècle, chez les financiers et même chez les simples particuliers, les alcôves étaient déjà magnifiquement parées. Chez Fouquet, nous en remarquons une tendue de satin cramoisi, relevé de broderies d'or. Chez la présidente Tubeuf, la tenture de l'alcôve est ornée de bandes de velours noir, alternant avec des bandes de tapisserie de point d'Angleterre. L'alcôve dans laquelle reposait Molière était tendue de taffetas rouge, garni de franges et mollet de soie aurore, etc., etc. Nous pourrions multiplier les citations, mais à quoi bon ? L'habitude qu'on avait encore au XVIIe siècle — les femmes surtout — de recevoir les visites au lit devait transformer ces alcôves en de véritables sanctuaires. Les alcôves, en outre, étant donnée l'immensité des chambres d'alors, avaient leur utilité. Elles en limitaient l'étendue et créaient, nous l'avons dit, une petite pièce dans la grande. Pendant que les balustrades, qui en marquaient l'entrée, tenaient

Fig. 27. — Alcôve du Palais-Royal, d'après Blondel.

à distance les importuns et les gens de petit état, les amis, les égaux, les intimes, venaient, à droite et à gauche, s'asseoir autour du lit paré et constituaient une petite cour de privilégiés. L'alcôve avec son balustre avait sa place marquée dans une société où tout était rang, prérogative, étiquette.

Avec la seconde moitié du XVIIIe siècle, les pièces se réduisent d'étendue, les chambres se font plus confortables et par conséquent plus petites. L'alcôve se modèle sur ce nouvel exemple ; elle cesse d'être, comme au grand siècle, un lieu de réception. Ses fonctions deviennent plus mystérieuses et les poètes légers, témoins de cette transformation, s'empressent d'en faire l'inévitable « asile des amours ».

> Dans une alcôve parfumée,
> Impénétrable au dieu du jour,
> La Pudeur, sans être alarmée,
> Dort sur les genoux de l'Amour.

Ainsi chante l'abbé de Bernis, futur ambassadeur, futur cardinal, futur ministre par la grâce toute-puissante du petit dieu qu'il célèbre en ses vers faciles. Il n'est pas, au demeurant, le seul poète de ce temps qui s'occupe de l'alcôve. Gresset, dans *Vert-Vert,* parle avec componction de la simple alcôve des novices proprettes. Mme de Genlis et M. de Balincourt échangent des rondeaux dont l'alcôve fait les frais. Mieux que cela, Voltaire n'hésite pas à nous montrer Agnès Sorel

> Dans le réduit obscur d'une alcôve enfoncée,
> Point trop obscure et point trop éclairée,
> Entre deux draps que la Frise a tissus... ;

et ce curieux anachronisme ne prouve-t-il pas, mieux qu'une longue dissertation, que l'alcôve était alors devenue le refuge, en quelque sorte obligé, de toutes les belles pécheresses ? Grandes et petites, en effet, en faisaient le lieu de leurs exploits ; et ces demoiselles ne se contentaient pas d'en exiger de leurs propriétaires, elles en faisaient faire à leur goût, qui demeuraient leur propriété et qui changeaient de logis avec elles. Nous avons de cet usage curieux des preuves certaines. En 1751, la demoiselle Vaugnancour, danseuse de l'Opéra, introduisait une plainte contre le sieur Duval, son propriétaire, qu'elle accusait de lui avoir craché sur la tête, et cela « parce qu'elle lui avoit demandé de l'argent qu'il lui devoit pour raison d'une alcôve, et de plusieurs planches qu'elle lui avoit anciennement vendues ». En 1767, parmi les meubles que le comte de Bourdeilles réclame à Mlle Hugues, autre danseuse du même Opéra, se trouve mentionnée « une alcôve avec ses deux cabinets garnis de portes vitrées, dont l'une ferme à clef et l'autre n'a qu'un bouton ».

Mais cette alcôve avec ses deux cabinets vitrés, c'est un *être* presque contemporain, que nous avons tous connu et qui fut pendant cinquante ans à peu près classique. Nous retrouvons, en effet, ce réduit malsain dans la plupart des vieilles maisons, comme aussi son successeur immédiat le cabinet-alcôve, avec ses deux grandes portes formant placard, lequel constitue une disposition datant de la Restauration. Il n'est donc pas besoin de nous étendre longuement sur cette installation étroite et peu saine, qui n'offre plus rien de commun avec les antiques et majestueuses alcôves, et qui, grâce à une meilleure entente de l'hygiène, tend heureusement, de nos jours, à disparaître de nos habitations.

Pour en terminer avec l'alcôve, il nous faut encore dire un mot de celles qu'à partir du XVIIIe siècle on trouva

Fig. 28. — Alcôve de style rocaille, par Cuvilliés.

dans tous les boudoirs. Cet élégant petit réduit, le plus souvent garni de glaces, presque toujours protégé contre l'excès du jour par un rideau agréablement drapé, n'avait plus pour mobilier un lit, mais bien un sopha, confident nécessaire des entretiens aimables, auxquels cette pièce, de moralité douteuse, était réservée. En outre, l'alcôve ainsi transformée abdiquait parfois son nom et s'appelait une niche, quoiqu'un pareil refuge n'eût rien à démêler avec la fidélité. Moreau le Jeune, dans plusieurs de ses belles estampes (voir BOUDOIR), nous montre de ces niches charmantes. On a connu, restituées par M. Double, les alcôves qui avaient orné les boudoirs de Mme de Pompadour et de Mlle Duthé. On se souvient de l'exquise élégance et de l'aimable décoration de ces réduits intimes. Le palais de Versailles et le château Borelli, à Marseille, en possèdent encore aujourd'hui qui ne laissent pas d'évoquer de tendres souvenirs.

Alemelle, *s. f.;* **Allemelle,** *s. f.;* **Allumelle,** *s. f.;* **Alumelle,** *s. f.* — Se disait autrefois de tout instrument de fer tranchant et plus spécialement, parmi les objets mobiliers, de la lame du couteau. Au XIVe siècle, l'industrie des couteliers était divisée en deux confréries distinctes, les fabricants de manches et les fabricants d'alemelles, c'est-à-dire de lames. En 1364, nous voyons le roi Charles V accorder à Évrard de Boissay, « marchant de coustaux », la propriété héréditaire du *seing,* c'est-à-dire de la marque de la Corne de cerf, qui avait précédemment appartenu à Jean de Saint-Denis, « forgeur d'allemeles à cousteaux », lequel était mort sans laisser d'héritiers. Pendant tout le XIVe siècle, on rencontre assez fréquemment le mot alemelle employé dans le sens de lame. Nous notons, dans l'*Inventaire du duc de Normandie* (1363), « une gayne d'argent esmailliée où il y a une alemelle sans manche ». Dans l'*Inventaire de Charles V* (1380), nous relevons « ung coutel à une allemelle camuse, qui a le manche d'esmaulx de plite ». Froissart nous montre le comte de Foix, visitant son fils prisonnier (1388) et tenant « l'alemelle de son coutel par la pointe et si près de la pointe qu'il n'en avoit point hors de ses doigts la longueur de l'épaisseur d'un gros tournois », etc. Au XVe siècle, le mot alemelle conservait encore cette signification : « Quand le Prince est servy d'oublies, écrit O. de la Marche, l'escuyer tranchant doit rassembler les cousteaux et les envelopper et couvrir l'allumelle de sa serviette. » Ainsi, jusqu'à cette époque, le sens du mot était demeuré en accord parfait avec son étymologie, car Ménage (*Dict. étymologique,* voir *infra* le mot LEMELLE) pense, non sans apparence de raison, que l'alemelle est un composé de l'article *la* incorporé au mot *lemelle,* diminutif du latin *lamina* (lame).

Plus tard, c'est-à-dire au XVIIe siècle, alemelle arriva, par une confusion toute naturelle, à signifier le couteau tout entier ; et Loret pouvait écrire :

Six pages de Sa Majesté
Ayans eu la témérité
De décider une querelle
A coups de sanglante allumelle;
Encore que la plus part blesséz
Ont esté bannis et chasséz.

Après 1650, alemelle cesse d'être usitée à Paris dans le langage courant. Au siècle dernier, les diverses formes, alemelle, allemelle, allumelle, ne servaient plus à désigner qu'un outil, assez semblable à une lame de couteau, en usage chez les fabricants de peignes et de tabletterie pour gratter le buis, l'ivoire, la corne et les autres matières premières mises en œuvre chez eux.

Aujourd'hui, ce mot n'est plus guère employé que dans les patois normand et picard, et sa signification, vieillie comme lui, n'indique plus qu'une lame de couteau, ébréchée, rouillée et presque hors d'usage.

Alençon (point d'). — C'est le nom d'une des plus belles dentelles qui existent. Elle doit son importation en France et sa juste célébrité à Colbert. Jusqu'au milieu du XVIIe siècle, en effet, la France était demeurée, pour les dentelles, tributaire de l'étranger. En 1665, Colbert appela des ouvriers vénitiens, les installa d'abord dans une de ses propriétés et, dix ans plus tard, à Alençon, les gratifia de privilèges qui devaient, pensait-il, assurer la prospérité de l'entreprise. Mais, en dépit de ces privilèges, la fabrication du « Point de France » (c'est ainsi qu'on appelait alors la dentelle d'Alençon) restait languissante à cause de la concurrence étrangère. Alors, le ministre établit, par *Arrêt* du 14 août 1688, des droits protecteurs sur les « dentelles de fil, point coupé ou passement de fil d'Anvers, Bruxelles, Malines et autres pays étrangers ». Un droit de 40 francs par livre et surtout les vexations auxquelles la perception de ce droit donnèrent lieu rendirent les dentelles de fil assez rares sur le marché, pour que l'industrie du point d'Alençon pût prendre un essor rapide. Cette prospérité, toutefois, ne fut pas de très longue durée. Elle diminua singulièrement sous Louis XV et acheva de péricliter sous Louis XVI, pour renaître sous le premier Empire et se perpétuer avec des fortunes diverses jusqu'à nos jours. Le point d'Alençon est peu employé dans l'ameublement, il est plus spécialement réservé pour la toilette. Cependant certaines de nos élégantes l'ont fait parfois servir pour encadrer des draps de batiste, des stores, des rideaux de mousseline et surtout des taies d'oreiller. (Voir DENTELLE et POINT.)

Alep (Brèche ou Marbre d'). — Sorte de marbre de la nature des BRÈCHES (voir ce mot), employé dans l'ameublement pour faire des tables et des dessus de commodes, consoles, etc. « 23 février 1756. — Vendu à M. Douet le fils : un pied de table en console, sculpté et doré, avec son marbre d'Alep de 28 pouces, 80 livres. » (*Livre journal* de Lazare Duvaux, t. II, p. 273.)

Alèse, *s. f.;* **Alèze,** *s. f.* — Voir ALAISE.

Alexandrin, *adj.;* **Alixandre,** *n. p.* — On donnait, au XIVe siècle, le nom d'alexandrin aux objets provenant d'Alexandrie, comme celui de CAIRIN (voir ce mot) aux objets importés du Caire. Les mots « d'Alixandre » avaient la même signification : « Une grant esguière garnye d'esmeraudes de perles et de rubiz d'alixandre..... » (*Invent. de Charles V,* 1380.) « A Robert Thierry, mercier, pour quatre aulnes de veloux azur alexandrain sans destaindre, pour couvrir le siège d'une chaïère de retrait pour la dicte Dame (Isabeau de Bavière) ; pour ce..... XXIV sols parisis. — A lui pour demie aulne de veloux azur alexandrain..... pour faire et garnir le siège d'un chaière à pigner le chef du Roy, nostre dit Seigneur ;..... XL sols parisis. » (*Comptes de l'Argenterie,* 1387.) « Ung laz de soye, ront aux deux bouts et plat ou millieu, et sur le plat à deux rosettes où sont six perles et rubiz d'Alixandre. » (*Invent. des joyaux du Louvre,* 1418.)

Alfénide, *s. f.* — Composition métallique formée de cuivre, zinc, nickel et fer, analogue par conséquent au maillechort. Cet alliage, qui offre avec l'argent une certaine ressemblance, et dont on fait des couverts et autres pièces de service de table, fut découvert, en 1850, par MM. Halphen qui lui donnèrent leur nom.

Algamasse, *s. m.* — Sorte de ciment composé de pierres molles pilées et liées avec du plâtre, de l'huile et du blanc d'œuf. On s'en servait pour faire des carrelages. (Voir *Almanach sous verre,* 1784, col. 259, n° 147 *bis.*)

Algérienne, *s. f.* — Étoffe d'ameublement en laine, assez épaisse, qui se fabriquait à Alger et dans les environs. Ses couleurs sont vives et variées ; son dessin consiste généralement en raies de tonalités un peu tapageuses, alternant dans le sens de la hauteur. L'algérienne est employée à couvrir les divans, les sophas, mais surtout à faire des portières, rideaux et tentures. L'importance de sa consommation a amené les fabriques de Tourcoing, Roubaix, Aubusson à contrefaire l'algérienne, et presque toute celle qui se consomme aujourd'hui en France provient de ces localités.

Alibout, *s. m.* — Sorte de trictrac. Les *Archives du Nord* (série B, n° 1813) conservent une *Lettre de rémission* accordée à Pierre Desruelles, qui avait tué un homme après avoir joué « au jeu appelé allybout ou grand trictrac ».

Alisier, *s. m.;* **Alier,** *s. m.* — L'alisier est un bois blanc jaunâtre, dur et compact, que Roubo fils classait, dès le siècle dernier, parmi les bois indigènes propres à l'ébénisterie. On l'emploie aussi avec succès pour les objets faits au tour, la tabletterie, la lutherie, etc. Son grain fin et serré est susceptible d'un beau poli, et, quand il est habilement travaillé, il ressemble suffisamment au buis, pour pouvoir lui être substitué dans maintes circonstances. La réputation de l'alisier est, au reste, des plus anciennes. Au XIIIe siècle, on le nommait ALIER, et Étienne Boileau nous apprend que, de son temps, les barilliers ne pouvaient se servir que de quatre sortes de bois : « c'est à savoir de fin cuer de chaisne sanz aube, de périer, d'alier et d'érable ». (Voir *Livre des mestiers,* tit. XLVI, art. III.)

Allaier, *v. a.* — Donner aux métaux précieux l'aloi requis par les ordonnances. (Voir ALLIAGE et ALOI.)

Allée, *s. f.;* **Alloir,** *s. m.;* **Aloir,** *s. m.* — C'est un passage étroit qui conduit de la rue dans la cour intérieure en passant sous toute la maison : « J'entre dans une allée pour échapper aux spectateurs », écrit J.-J. Rousseau (*Nouvelle Héloïse,* I, p. 21). Dans les quartiers populeux de Paris, la plupart des anciennes habitations possèdent encore des allées. Autrefois, ces allées étaient dans un état révoltant de saleté. Les passants y pénétraient pour faire leurs déjections (voir Tallemant, *Historiettes,* t. I, p. 363), et personne n'osait protester contre cette ignoble habitude. Toutefois, le besoin de propreté augmentant, par mesure de précaution, un grand nombre de ces allées furent closes ; et c'est là l'origine de ces demi-portes à claire-voie qu'on voit encore à l'entrée de certaines allées.

Au XVIIe siècle, le mot allée avait une signification plus générale que de nos jours. Il était presque synonyme de corridor. « La salle étoit fermée, on l'a fait attendre dans l'allée », écrit Furetière ; et nous lisons dans l'*Inventaire de Jeanne de Girardin* (1670) : « dans une petite allée à costé de ladicte chambre ». Aux XIVe et XVe siècles, on employait déjà couramment ce mot dans le sens que nous indiquons. L'*Inventaire de l'hôtel de Quatremares,* dressé à la suite de l'arrestation de Jeanne de Valois (1334), nous apprend que les personnes chargées de l'inventaire ont parcouru toutes les « chambres et chambretez, gardes-robez, nourriceries, alées de haut, de bas, les caves, les seliers », etc. Dans *les travaux faits au manoir de la Robertière,* nous notons : « Pour gons et vertevèles de fer, mis par Jehan ès huis de l'alée de la chambre aux effans [de] Mgr d'Alençon, II s. VI d. »

A cette époque, le mot allée était pris encore dans quelques autres acceptions. Monet, faisant allusion à la *Chronique de Nangis,* lui reconnaît la valeur de galerie, portique, etc. Dans les *Honneurs de la Cour,* il exprime l'idée que nous attachons au mot ruelle, dans le sens de la ruelle d'un lit : « Au bout de l'allée, emprèz le chevet des deux licts estoit une grande chaire. » Enfin, Froissart (*Chroniques,* t. IX, p. 287) lui donne la signification d'escalier : « Il partit de la salle et s'en vint sur une gallerie, où il y a à monter, par une large allée, XXIV degrés. »

Au XIVe siècle, on semble aussi s'être servi dans le même sens de la forme ALLOIR ou ALOIR, traduction du latin *allorium :* « Ledit Jehan fut pris en un aloir de ladite maison qui est bien obscur. » (*Lettre de rémission* de 1369.)

Allège, *s. f.* — On nomme ainsi les petits murs d'appui qui, construits entre le sol et la partie où s'ouvre une fenêtre, ont une épaisseur moins grande que celle des murs latéraux, ou pieds-droits, qui encadrent cette fenêtre.

Allégorie, *s. f.* — C'est un signe naturel, un objet, une image qu'on substitue, pour la rendre plus facilement intelligible, à la chose que l'on entend désigner. C'est encore le moyen d'exprimer, à l'aide de formes visibles et tangibles, des idées abstraites, et de représenter matériellement des conceptions purement morales. L'allégorie existe dans le langage, où elle est d'un usage constant. Dire, comme Malherbe, que la Mort se bouche les oreilles et nous laisse crier, c'est avoir recours à l'allégorie; c'est aussi employer une allégorie que de comparer, avec Haller, la durée de notre vie à une goutte d'eau perdue dans l'Océan. Les arts plastiques, c'est-à-dire la peinture et la sculpture, dont les moyens expressifs sont infiniment plus limités que ceux de la littérature, peuvent, à plus forte raison, avoir recours à l'allégorie ; mais celle-ci, dans ce cas, doit, plus encore que dans la littérature, remplir certaines conditions essentielles. Il lui faut être, tout d'abord, d'une extrême clarté.

Fig. 29. — Allégorie de la Force. Statue du tombeau de François II. (Cathédrale de Nantes.)

Toute allégorie obscure, pénible à démêler, difficile à comprendre, qui exige une trop longue réflexion ou un sérieux effort d'intelligence, doit être sévèrement bannie ; car le rôle de cette fiction délicate est de faire saisir la pensée, de la rendre facilement intelligible et non d'embarrasser l'esprit. L'image que l'allégorie offre à nos regards doit encore être, autant que possible, agréable, aimable, gracieuse. Elle doit présenter l'idée qu'elle se propose d'exprimer sous sa face la plus avantageuse. Elle doit de plus être simple, c'est-à-dire sans mélange d'objets inutiles, sans stérile complication. L'usage, en outre, doit en être sagement limité. L'abus de l'allégorie est une faute. Il est nécessaire, en effet, de lui conserver son caractère d'exception et de ne s'en servir qu'avec modération et prudence. Réduite à ce rôle limité, l'allégorie peut rendre aux arts décoratifs les plus éminents services.

Il existe cependant, dans le monde de la critique et des arts, une école intolérante et nombreuse, qui condamne l'emploi de l'allégorie et qui s'efforce de la proscrire. Cette école ne date pas d'hier. Elle prit naissance en Occident, dans les premières années du XVIe siècle, et son apparition coïncida, en Europe, avec les premiers succès de la Réforme. Ses adeptes ont pour théorie que l'artiste ne doit représenter que ce qu'il voit et que, dans le domaine de l'art, la limite imposée à ses sens ne doit point être franchie par son talent. Le champ de la nature est, disent-ils, assez vaste pour que l'invention des artistes n'ait point à s'égarer dans des parages purement imaginaires. Penser ainsi, c'est restreindre singulièrement la portée des arts plastiques. C'est amoindrir leur force et paralyser leur éloquence. C'est traiter la peinture et la sculpture en genres secondaires et en arts inférieurs ; car limiter leur action à la représentation des spectacles qui frappent nos yeux, c'est leur refuser de sentir, et surtout d'exprimer et de rendre ce qui survit aux générations, c'est-à-dire les vertus et les passions, qui, depuis qu'il existe, ont toujours gouverné le monde.

Du reste, un argument plus fort que toutes les déductions philosophiques, c'est celui que la peinture et la sculpture se chargent elles-mêmes de fournir. La plupart des chefs-d'œuvre enfantés par les arts plastiques sont des allégories. Qu'est-ce que la *Dispute du Saint-Sacrement,* sinon une allégorie ? L'*École d'Athènes* en est une autre, le *Jugement dernier,* de Michel-Ange, encore une allégorie ; les *Noces de Cana,* de Paul Véronèse ; l'*Assomption,* de Murillo ; et, pour ne remonter ni si haut ni si loin, la *Cruche cassée,* de Greuze ; la *Justice poursuivant le Crime,* de Prud'hon ; l'*Hémicycle* des beaux-arts, de Paul Delaroche ; le *Triomphe d'Homère,* de M. Ingres ; la *Liberté sur les barricades,* d'Eugène Delacroix ; le *Pilori,* de M. Glaize, sont autant d'ingénieuses ou de magnifiques allégories. Vouloir refaire l'histoire de l'allégorie, ce serait donc prétendre refaire l'histoire de l'art lui-même, surtout celle des arts de décoration. A Fontainebleau, elle s'épanouit dans des fresques admirables ; à Versailles, elle déborde, en quelque sorte ; à Paris, c'est elle qui décore le foyer de l'Opéra, le palais Bourbon et le Louvre. Partout elle prend possession des plafonds, orne les tympans, embellit les écoinçons, se développe en litres et en frises, sans qu'on puisse espérer de pouvoir la remplacer jamais par quelque chose de plus rationnel et de mieux approprié ; car, à la place qu'elle occupe, toute représentation d'un

Fig. 30. — L'*Air,* panneau allégorique, par D. Marot.

spectacle naturel serait plus invraisemblable que la moins vraisemblable allégorie.

Du reste, tant qu'on n'aura pas trouvé des formules

Fig. 31. — La *Justice*, médaille allégorique par Dupré.

nouvelles pour exprimer la Force, la Beauté, la Grandeur, la Générosité, l'Envie, la Guerre, la Paix, tant qu'on n'aura pas inventé des images spéciales pour représenter les Villes, les Nations, les Peuples, on sera obligé d'avoir recours à des allégories; et alors même que ces formules nouvelles et ces nouvelles images existeraient, en admettant qu'elles ne soient point elles-mêmes des allégories, il est douteux qu'elles puissent remplacer avec avantage celles dont l'usage est pour ainsi dire consacré. « Jamais les modernes, a dit avec raison Voltaire, ne trouveront d'allégories plus vraies, plus agréables, plus ingénieuses que celles des neuf Muses, de Vénus, des Grâces, de l'Amour, qui seront les délices et l'instruction de tous les siècles. » La mythologie antique est, en effet, la plus riche source d'allégories qu'on puisse souhaiter et la plus charmante.

La seule excuse capable de légitimer l'appréhension que certains esprits prévenus montrent à l'égard de l'allégorie, c'est l'abus qu'on en fit au siècle dernier. A cette époque, elle était tellement entrée dans les mœurs qu'elle envahissait tout. Les artistes ne se contentaient pas de l'accommoder à toutes sauces; pour ceux qui étaient incapables d'invention, on vendait des recueils et des albums remplis de motifs allégoriques. Tout était sujet à recevoir une décoration de ce genre, même les plus petits objets et les plus familiers. L'annonce suivante, que nous relevons dans le *Mercure* de mars 1775, fera comprendre à quels excès on était arrivé dans ce genre : « La Faye, marchand, rue Platrière, à Paris, a présenté à Sa Majesté, le 17 janvier, une boîte allégorique du vrai bonheur des François. C'est le *Temps* qui découvre la *Vérité* et terrasse l'*Envie*, la *Fourberie* et la *Discorde*. La *Vérité* parvient au Roi, qui la soutient avec bonté d'une main et de l'autre désigne la *Justice* qu'il fait rendre à tous ses sujets. » On pourrait citer d'autres exemples de cet abus singulier. Mais celui-ci, croyons-nous, suffit à montrer dans quels excès on était tombé.

Il faut distinguer avec soin l'allégorie proprement dite des symboles, qui sont des figures désignant toute autre chose et des emblèmes. Ces derniers servent à caractériser les allégories et à souligner l'ensemble des qualités morales et le rôle de chaque figure allégorique.

Allemagne. — La mention du mot Allemagne se rencontre souvent, à la suite d'objets mobiliers très divers. Elle indique la provenance de ces objets et signifie qu'ils étaient tirés d'Allemagne, ou faits à la façon et sur le modèle des ouvrages allemands. C'est ainsi que dans les États de la *Cour des comptes de Provence* nous trouvons, parmi les dépenses du roi René (1471-1475), deux chandeliers de fer-blanc « à l'œuvre d'Allemaigne », estimés 3 fl. 6 gr. Dans l'*Inventaire de Catherine de Médicis* (1589), nous relevons également « deux chandeliers de cuivre façon d'Allemaigne à chascun desquels y a six mesches ». Mais ce sont surtout les cabinets et les meubles d'ébénisterie qui portent cette désignation. Dans l'*Inventaire de Gabrielle d'Estrées* (1599) nous notons « deux cabinets d'Allemagne..... et une petite table d'Allemagne, etc., prisés la somme de XII escus sol. » Dans l'*Inventaire du peintre Jérôme Franck* (1610) figure « ung cabinet d'Allemaigne, couvert de cuir, garny de deux pieds à balustre, prisé X livres ». Dans l'*Inventaire de Jean Chaudot, valet de chambre du Roy* (1628), nous relevons « ung cabinet d'Allemagne de boys de chesne, à serrures fermant à clef »; enfin dans celui de Molière (1673), « une armoire de bois d'Allemagne à deux guichetz », etc.

Le jaspe d'Allemagne, les agates d'Allemagne (voir ces différents articles) jouent aussi un rôle important dans le mobilier ancien. Mais parmi les matières premières, la désignation qu'on rencontre le plus souvent est celle d'ar-

Fig. 32. — La *Céramique*, tapisserie allégorique exécutée aux Gobelins.

gent d'Allemagne. Dans les *Inventaires des meubles de la Couronne* (état de 1673) nous remarquons « un coffre d'argent d'Allemagne à huit angles, cizelé sur les costéz; — une grande corbeille ovale, argent blanc d'Allemagne », etc. Dans l'*Inventaire de Le Nôtre*, on note « quatre gobelletz couverts et deux pommes et poires à feuillages d'argent d'Allemagne, vermeil doré, poisans ensemble six marcs et deux ou trois onces, à raison de 25 livres le marc... 171 liv. 17 s. 6 d. » Ajoutons que cette désignation a une importance particulière. L'argent et l'or employés en Allemagne ont été, de tout temps, d'un aloi sensiblement inférieur à ceux usités en France. « Le poinçon de Paris, écrit Savary, est plus estimé que celui des païs étrangers ; surtout on n'en fait nulle comparaison, pour le titre et la beauté, avec le poinçon d'Allemagne, qui est toujours d'un titre bien au-dessous. » On voit qu'il était important pour nos ancêtres d'établir la provenance des objets d'orfèvrerie.

Alliage, *s. m.;* **Allier,** *v. a.;* **Allaier,** *v. a.* — On donne le nom d'alliage à tout mélange de divers métaux, que ce mélange soit fait directement, ou qu'il soit obtenu par la fusion de diverses portions d'un même métal à différents titres. Les alliages jouent un rôle considérable dans la mise en œuvre des métaux et surtout des métaux précieux, aussi les anciens *Règlements* de la Communauté des orfèvres ordonnaient-ils que « nul ne pourra estre receu maistre audit mestier d'orfebvre..... qu'il ne scache lire et escrire et entendre les alléages tant d'or que d'argent ». A toute époque de notre histoire, l'alliage de l'or et de l'argent a été réglé par des ordonnances royales. « Faire l'alliage suivant la loy, est ne mêler pas plus de métal étranger dans l'or et l'argeant, que la liaison prescrite par la loi du prince ». (Monet, *Dict.*) De là l'expression Allaier pour donner à l'or et à l'argent le titre ou l'Aloi requis. (Voir ce mot.) Pendant bien des siècles et presque jusqu'à la Révolution, les orfèvres, tireurs et batteurs d'or furent obligés de n'employer que les alliages supérieurs comme titre à celui de la monnaie. Quand l'alliage était autre, on avait bien soin de le signaler, soit en indiquant la provenance, ce qu'on ne manquait jamais de faire pour l'argent d'Allemagne notamment, soit par toute autre mention spéciale. Citons comme exemple : « Une petite clochette d'argent où est escript par en hault : ceste clochecte est allayée du ve. » (*Invent. de l'hôtel Saint-Pol,* 1420.) Aujourd'hui, ces prescriptions ont cessé d'avoir force de loi ; la monnaie d'or est titrée à 900 millièmes de fin, les pièces de cinq francs sont du même titre, alors que les monnaies divisionnaires ne sont titrées qu'à 835 millièmes, et que les métaux précieux employés par les orfèvres et les joailliers varient entre 50 et 200 millièmes d'alliage. Ces alliages sont ceux usités en France. En Allemagne, la proportion de cuivre est beaucoup plus considérable ; aussi les objets provenant de ce pays sont-ils réputés de *bas aloi.*

Comme les orfèvres, les bronziers ont, eux aussi, leurs alliages qui diffèrent suivant qu'il s'agit de fondre des statues, des ustensiles de ménage, des cloches ou des canons. Les potiers d'étain emploient également des alliages et mêlent du cuivre rouge à leur matière première pour lui donner plus de solidité. Tous les métaux ne s'allient pas l'un à l'autre : ainsi le fer est rebelle à tout alliage avec l'or. En parlant des métaux usités dans l'ameublement, nous aurons occasion de dire quelques mots de leurs principaux alliages.

Allicates, *s. f. p.* — Locution forézienne. Petites tenailles.

Alloge, *s. f.;* **Allogeur,** *s. m.* — Prononciation défectueuse usitée au XVe siècle des mots Horloge et Horloger.

Allonge, *s. f.* — Se dit des pièces qu'on ajoute à un meuble ou à une étoffe pour l'allonger. (Voir Rallonge.)

Allumette, *s. f.* — « Petit baston de bois sec ou de roseau, trempé dans du soulfre, qui sert à allumer la chandelle..... Une femme avare veut qu'on fasse servir les allumettes par les deux bouts. » Telle est la définition que Furetière donne de l'allumette, et par elle nous pouvons juger que ce petit objet, aujourd'hui si répandu et si commode, était encore, de son temps, dans la première période de ses multiples transformations. Les allumettes, cependant, comptaient déjà plus de cent années d'existence, car Rabelais (*Pantagruel,* liv. II, ch. XX) assigne à Darius exilé aux enfers la profession d'*allumettier,* et la *Lettre du général des crocheteurs,* imprimée en 1612, signale leur présence sur le pont Neuf. Aux environs de 1635, le marchand d'allumettes succède au marchand de Fusils et de Briquets (voir ces deux mots) et figure dans la série des *Cris de Paris,* de N. Bonnart, avec le quatrain suivant en guise de légende :

> Je suis un fort petit marchand,
> Personne de cela ne doute,
> Et mon négoce est trop méchant,
> Pour faire bonne banqueroute.

A la fin du XVIIe siècle, l'usage des allumettes s'était suffisamment répandu pour que le *Mercure* (novembre 1699) les jugeât dignes d'être offertes en énigme à ses nombreux lecteurs. Pour la curiosité du fait, voici ce petit morceau de faible poésie :

> Nous sommes d'un grand usage,
> Dedans un petit ménage.
> On nous vend sans nous compter,
> A qui veut nous acheter ;
> Tous les jours, dessus la brune,
> De nous il périt quelqu'une,
> Qui laisse en finissant son sort,
> Quelque odeur après sa mort.

Fig. 33.
Le marchand d'allumettes, d'après Bonnart.

Faut-il ajouter que ce ne sont point là les seuls vers auxquels l'allumette ait donné naissance. Près d'un siècle plus tard, Mme de Genlis fit, à propos d'allumettes, et sur l'air *Pour la Baronne,* un prétentieux impromptu. Les personnes curieuses pourront trouver cette petite pièce à la page 361 de ses *Mémoires.* Mais ces rimes, plus ou moins faciles, n'avancèrent point la solution du problème posé, et, en 1809, l'allumette était encore presque aussi primitive qu'à l'époque de Furetière. Elle ne donnait pas de feu par elle-même, et pour en obtenir il fallait la mettre en contact avec un corps en ignition.

C'est en 1809 qu'on vit apparaître les premières allumettes dites *chimiques.* Elles se composaient, comme les précédentes, de bûchettes soufrées ; mais après le soufrage on imprégnait leurs extrémités d'un mélange de chlorate de potasse, de lycopode et d'eau gommée, et pour les enflammer il fallait les plonger dans une petite bouteille contenant de l'acide sulfurique. C'est seulement en 1832 qu'apparurent les allumettes à friction ou *congrèves,* dont la pâte, composée de chlorate de potasse et de sulfure d'antimoine, prenait feu quand on la frottait sur un papier de verre. Puis vinrent, en 1835, les allumettes *phosphoriques, chimiques, allemandes,* que nous avons tous connues, produit dangereux, vénéneux, incendiaire, dont les émanations étaient on ne peut plus désagréables, et qui n'a pas encore complètement disparu de la circulation, quoiqu'il ait été remplacé avec avantage par les *allumettes bougies* et les *allumettes amorphes* dites suédoises. Aujourd'hui (1887), l'exploitation du monopole des allumettes est basée sur une consommation annuelle de 40 milliards d'unités, et rapporte à l'État français plus de dix-sept millions. Il y a quelque vingt ans, on trouvait encore sur certaines cheminées des allumettes en papier roulé et terminées par une petite frisure. Ces petits objets, généralement fabriqués par les dames âgées, étaient la dernière incarnation de l'allumette primitive décrite par Furetière.

Allumière, *s. f.* — Boîte aux allumettes (Boiste).

Allybout, *s. m.* — Voir Alibout.

Almaire, Aumaire, *s. f.* — Voir Armoire.

Almanach, *s. m.* — Les seuls almanachs ou calendriers dont il doive être question ici sont ceux qui, formant une sorte de tableau, peuvent devenir dans un intérieur un objet de décoration plus ou moins remarquable. Les premiers almanachs de ce genre remontent au xvie siècle, et Nostradamus passe pour être leur inventeur. Ce n'est pas qu'on n'en rencontre au siècle précédent, mais ils étaient renfermés dans des livres et ne servaient qu'exceptionnellement à la décoration de l'habitation. C'est surtout à partir du xviie siècle que ces sortes d'almanachs devinrent à la mode. On en imprima sur de vastes feuilles de papier avec des vignettes représentant les grands événements de l'année, c'est-à-dire les faits spéciaux qui, dans les 365 jours écoulés, avaient particulièrement intéressé la famille royale. Un grand nombre de ces almanachs formant tableau nous ont été conservés, et la Bibliothèque Nationale, ainsi que celle de la Ville de Paris, en possèdent des suites très curieuses et très instructives. C'était là, s'il faut en croire les contemporains, un meuble singulièrement utile, car non seulement il indiquait le temps, mais encore il aidait à prévoir l'avenir.

On croyait, en effet, à cette époque, aux almanachs comme aux astres. Dans l'*Inventaire des meubles et joyaux d'Anne de Bretagne* (1499), figurent « deux tableaux fermans en fasson d'un livre qui sont paints dedans et dehors servans à astrologie et à coignoistre le cours de la lune et du temps ». Catherine de Médicis et son fils Henri III n'avaient pas à leur cour de conseillers plus écoutés que les almanachs, et quand, le 31 juillet 1602, le chancelier, accompagné du premier président et d'une suite nombreuse, pénétra dans la prison du maréchal de Biron pour lui annoncer qu'il fallait mourir, il le trouva, nous dit Pierre de l'Estoile, « occupé à conférer trois ou quatre almanachs, considérant la lune, le jour, les signes et autres choses appartenant à la judiciaire ». Pour qu'un homme de guerre de la valeur de Biron s'amusât à interroger les almanachs, il fallait assurément que ceux-ci jouissent d'une réputation singulière.

Cette réputation s'explique, au reste, par la célébrité des savants qui les composaient. Ils avaient pour auteurs Nostradamus, Balthazar de Montfort et David Orignan, plus tard le curé Jean Belot. Après cela, comment n'avoir pas confiance dans leurs révélations plus ou moins véridiques?

Avec le règne de Louis XIV, la « judiciaire » perdit de son prestige, et les almanachs de leur autorité. Mais, en même temps que diminuait leur influence, on vit s'accroître le luxe de leur typographie et la beauté de leur ornementation. En 1652, ils devinrent la spécialité d'un libraire de la rue Saint-Jacques, nommé Regnasson, qui obtint le privilège de leur publication. Le célèbre graveur Chauveau prêta, dès cette première année, le secours de son burin à cet éditeur, qui, en homme prudent et en marchand habile, consacra ses soins et le talent de ses collaborateurs à célébrer la gloire du Grand Roi. C'est ainsi que l'almanach de 1661 relate le mariage du jeune monarque; celui de 1662, la naissance du dauphin; celui de 1663, le carrousel de l'année précédente; celui de 1664, le renouvellement de l'alliance avec les Suisses, etc. Conjointement avec Chauveau, l'illustre Lepautre prêta aux faiseurs d'almanachs le secours de son habileté supérieure. Nous n'avons pas compté dans son œuvre moins de 35 de ces grands et curieux almanachs. Dans le nombre, on peut citer le *Voyage de la cour de Flandre* (1680), le *Roi et son Conseil arbitres de la paix et de la guerre* (1682), *Gênes foudroyée* (1685), la *Prise de Mons* (1692), etc., et, dans un ordre moins relevé, les *Étrennes du Dauphin,* le *Malade imaginaire,* la *Flandre dépouillée par l'Espagne,* etc. Puis, peu à peu, le public y prenant goût, les almanachs se mirent à la portée d'un plus nombreux public et perdirent de leur solennité. Bientôt ils se multiplièrent à tel point, que Scaramouche et les comédiens de l'hôtel de Bourgogne remplacèrent le roi et les princes dans la composition des vignettes et que de simples particuliers furent « mis dans les almanachs ».

Fig. 34. — Page d'almanach (fin du xve siècle).

On se souvient de la réplique de *Cidalise* à *Angélique,* dans les deux *Coquettes* de Dancourt : « Fort bien, et l'on fera peut-être un tableau d'almanach de tes aventures ». On connaît également le joli mot de Mme Cornuel comparant le maréchal de Duras aux almanachs « parce qu'il disoit tant de choses, qu'il falloit bien qu'il rencontrât quelquefois la vérité ».

La fin du règne de Louis XIV peut être considérée comme le plus beau temps des almanachs-tableaux. Le règne de Louis XV leur fut moins favorable. Il vit se ralentir la production des calendriers illustrés; par contre, la mode se développa des almanachs savants. Dès 1688, Lepautre avait gravé un calendrier pour seize ans; en 1690, il en publia un autre « pour la fin du siècle ». Mais c'est seulement en 1743 que le libraire Roubert de Corbeville annonça, dans le *Mercure* d'avril, le premier calendrier dit « perpétuel », où l'on trouvait pour « chaque année, depuis 1741 jusqu'en 2244 de Jésus-Christ, l'ordre du temps avec la plus grande exactitude ». En outre, on était devenu plus sévère sur la parure du logis et les progrès du luxe ne permettaient plus, comme au siècle précédent, d'attacher simplement une estampe à la tapisserie. Un peu plus de mise en scène semblait nécessaire. Aussi La Martinière, « émailleur et pensionnaire du roi », exécutait-il ces quatre beaux tableaux formant calendrier qui figurent dans la collection Richard Wallace, et le propriétaire du *Petit Dunkerque* offrait à son aristocratique clientèle des « almanachs et thermomètres garnis en bronze doré ». (*Mercure,* janvier 1775.) Avec la Révolution, les almanachs artistiques disparurent. Le dernier connu, qui mérite une mention, est celui de Debucourt, représentant en couleur une marchande de journaux qui distribue ses feuilles. Il est de l'année 1791.

Depuis lors, l'almanach n'a pas cessé de décorer les murailles de certaines de nos pièces, où il a sa place marquée par la nécessité; mais il a généralement abdiqué, sinon tout luxe d'exécution, du moins tout caractère artistique. Il se borne désormais à rendre des services. On a essayé toutefois, dans ces dernières années, de lui trouver une forme plus élégante. On a inventé les calendriers dont les feuilles se déchirent et fabriqué des tableaux ajourés doués d'un mécanisme enfantin qui permet de leur faire dire le jour, le quantième et le mois. Quelques éditeurs, quelques imprimeurs se sont même efforcés depuis quelque temps de nous rendre les splendeurs de l'almanach d'autrefois. Mais le public n'a pas accueilli avec tous les égards qu'elle méritait cette tentative généreuse. On peut dire que désormais les beaux jours de l'almanach sont passés, et s'il garde encore quelque valeur à nos yeux, ce n'est plus guère, comme l'almanach dont parle Mürger, que par les souvenirs qu'il évoque.....

> Et pendant toute la journée,
> Pensif je suis resté devant
> Le vieil almanach de l'année
> Où nous nous sommes aimés tant.

Aloès, *s. m.* — Voir AGALLOCHE.

Aloi, *s. m.* — Titre légal que doivent avoir l'or et l'argent. Ce mot ne s'emploie guère aujourd'hui que pour les monnaies. Quand les métaux précieux sont mis en œuvre par l'industrie, on se sert plus ordinairement des mots TITRE et FIN. Suivant les étymologistes, le mot aloi était dans son principe synonyme d'alliage et viendrait du mot *alloyer,* variation d'orthographe du mot allier. Desperriers, dans ses *Contes,* parle « de pièces antiques de monnoye les unes d'argent, les autres d'aloy ». C'est bien là le sens d'alliage. De son côté, Monet écrit : « Faire l'alliage des monnoies suivant la loy, est ne mêler pas plus de métal étranger dans l'or et l'argeant, que la liaison prescrite par la loi du prince. » De là, les expressions de « bon ou droit aloi » et celle de « bas aloi », qui se sont étendues des métaux à toutes sortes de marchandises, pour signifier qu'elles sont de bonne ou mauvaise qualité. Par un *Édit* de 1554, Henri II fixa l'aloi de l'argent dans le commerce. L'article VII de cet édit interdisait aux orfèvres de travailler l'argent « soit en grosserie ou menuiserie », à un titre inférieur à 11 deniers 12 grains de fin et 2 grains de remède. L'argent à ce titre se nommait *Argent le Roi.*

Aloir, *s. m.* — Passage, corridor. (Voir ALLÉE.)

Alude, *s. f.;* **Alue,** *s. f.* — Basane colorée dont on se sert dans la reliure, et qui était employée autrefois à couvrir des coffrets et à fabriquer des bourses. Au XVe siècle, on écrivait ALUE.

Alumelle, *s. f.* — Voir ALEMELLE.

Aluminium, *s. m.* — Métal qui est la base de l'alumine. On fait en aluminium un certain nombre d'objets mobiliers.

Amaire, *s. f.* — Du Cange (au mot *Armaria,* 3) cite amaire avec la signification de bibliothèque. C'est, du reste, la seule qui semble lui convenir dans le passage suivant, emprunté au roman d'*Alexandre :*

> Cele estoire trouvons escrite,
> Que vous vueil raconter et ratraire,
> En un des livres de l'Amaire,
> Monseigneur S. Père à Beauvès,
> De là fu cist livres retrais.

Toutefois, amaire pourrait bien n'être ici qu'une corruption d'armoire. Les multiples usages de ce meuble s'étendirent en effet jusqu'à la conservation des livres.

Amalgame, *s. m.;* **Amalgamer,** *v. a.* — C'est une opération chimique par laquelle on incorpore l'or, l'argent, l'étain au mercure, de façon à former un composé qu'on emploie à divers ouvrages. Les amalgames d'or et d'argent servent à dorer et à argenter les autres métaux. Un amalgame d'étain est employé pour mettre le tain aux glaces. Les amalgames sont très fusibles à la chaleur. Celle-ci les décompose et, le mercure s'évaporant, les métaux qui étaient amalgamés avec lui restent fixés sur l'objet où on avait déposé l'amalgame. De là le nom de dorure et d'argenture au mercure, si souvent employé.

Aman, *s. m.* — Sorte de toile de coton que l'on tirait du Levant et qu'on employait à faire des rideaux. « Deux rideaux d'amant aux fenêtres..... deux rideaux amant blanc..... » (*Invent. du duc de Villars,* 1770.)

Amande, *s. f.* — Ornement architectural dont le nom indique la forme. L'amande a sa place marquée dans les baguettes et les chapelets. Les lapidaires et les miroitiers accordent aussi ce nom à des morceaux de cristal de roche ou de cristal fondu, taillés au rouet et auxquels on donne une forme analogue à celle de l'amande. On se sert de ces amandes de cristal dans la monture des lustres ; on en fait des pendants qu'on mêle avec les boules.

Amandier, *s. m.* — Bois indigène très compact et très dur. On s'en sert à faire des manches d'outil. Les ébénistes ne l'emploient guère que sous forme de feuilles de placage. On le passe à l'acide sulfurique, ce qui lui communique une certaine ressemblance avec le bois de rose.

Amarante, *s. m.* et *adj.* — C'est une des nuances du rouge. Elle tire sur le pourpre. On l'appelle ainsi parce qu'elle imite assez fidèlement la couleur d'une fleur qui porte le même nom. La couleur amarante a été fort à la mode au XVIIe siècle. On en peignait les bois des meubles, les chaises à porteurs, les carrosses. Personne n'a oublié l'épigramme célèbre de Trissotin (*Femmes savantes,* acte III, scène II). Aujourd'hui, cette couleur est encore employée ; mais son nom a peu à peu cessé d'être usité.

On appelle BOIS D'AMARANTE un bois exotique, utilisé dans l'ébénisterie et la marqueterie. Il est de couleur rouge vineux tirant sur le violet, et de qualité dure. Le bois d'amarante est importé de la Guyane. Longtemps on a cru qu'il provenait d'une espèce particulière. On sait aujourd'hui qu'il est fourni par une variété du Mahagoni ; c'est donc un véritable acajou, et dans le commerce on l'appelle *acajou de Cayenne.* L'industrie distingue deux variétés d'amarante : l'amarante dur et le tendre. Tous deux cependant ont à peu près les mêmes caractères, les mêmes qualités, la même coloration, sauf que pour le tendre le cœur est d'un rouge vineux, alors que l'aubier est d'un jaune pâle veiné de noir.

L'amarante fit son apparition dans l'ébénisterie au siècle dernier. Ce fut Cressent, ébéniste du Régent, qui le mit à la mode. Il exécuta avec ce bois, en placage encadré de bois de violette, des bibliothèques, des commodes, des bas d'armoire. Leur aspect un peu sévère était égayé par des applications d'ornements en bronze doré, largement chantournés, dont la chaude patine s'exaltait sur un pareil repoussoir. Après lui, Lazare Duvaux fabriqua ou fit fabriquer dans le même genre une quantité de meubles charmants, et nous relevons sur son *Livre journal* les mentions suivantes attestant la faveur que l'amarante rencontrait dans sa riche clientèle : « 4 novembre 1748 — Vendu à M. de Boulogne : un écran en bois d'amaranthe garni de satin : 24 livres. » « Du 17 décembre 1750 — A M. le duc de Rohan : un secrétaire plaqué en bois d'amaranthe, contourné en tous sens avec les ornements dorés d'or moulu : 240 livres. » « Du 16 juillet 1751 — A M. de Preninville : une bibliothèque plaquée en bois d'amaranthe, de six pieds de long sur cinq de haut, garnie de moulures, en trées et pieds dorés d'or moulu, les portes en laiton et taffetas cramoisi : 360 livres », etc. Quelques-uns de ces très beaux meubles sont parvenus jusqu'à nous, et plusieurs font partie de notre Mobilier national. Le palais de Fontainebleau notamment possède une commode exécutée par Riesener et un bureau plat en bois d'amarante dont les coins sont ornés de têtes de femmes, qui semblent dessinées par Lancret ou Fragonard. Au palais de Versailles, on peut voir un bas d'armoire un peu plus ancien, de ce même bois, avec de robustes ornements de cuivre qui rappellent le style du Grand Roi. Enfin, au Cabinet des antiques de la Bibliothèque nationale, on admire une commode et deux encoignures, toujours de ce même bois d'amarante. Tous deux ont servi comme médailliers à Louis XV.

Ainsi qu'on a pu le voir par l'extrait de son journal, Duvaux écrivait *amaranthe*. Cette orthographe était générale à son époque, et si générale même que le *Mercure* crut devoir protester contre elle. « La plupart de nos plus célèbres auteurs de la langue françoise, lit-on dans le numéro de décembre 1749, écrivent amaranthe : en quoi ils ne sont pas à imiter. »

Amassette, *s. f.* — Petite palette dont les peintres se servent pour amasser leurs couleurs broyées.

Amatir, *v. a.* — En terme d'orfèvre, c'est ôter le poli du métal, le rendre mat. Ce mot, toutefois, ne s'emploie guère que pour l'or. Pour l'argent, on se sert plus généralement du verbe blanchir. Faire passer le métal du mat au poli s'appelle, au contraire, le brunir.

Amatirste, *s. f.* — Voir Améthyste.

Amboine (Bois d'), *s. m.* — Ce bois, employé dans l'ébénisterie et la marqueterie, provient d'Asie. Il est d'un grain très fin, et son veinage offre des dessins capricieux dont les teintes varient du blanc rose au jaune brun. Anciennement, son prix dépassait 4,000 francs les 100 kilogrammes ; aujourd'hui, on le paye encore 1,000 à 1,200 francs, aussi ne l'emploie-t-on qu'en placages très minces, et en filets pour ornements ou incrustations de meubles de luxe.

Ambolle, *s. f.* — Voir Ampoule.

L. Lehouis del.

Fig. 35. — Commode en bois d'amarante. — Mobilier national.

Amboutir, *v. a.* ; **Amboutissement**, *s. m.* — Voir Emboutir, Emboutissement.

Ambre, *s. m.* — C'est le nom de deux substances qui n'ont de commun que d'être l'une et l'autre agréablement aromatiques. L'ambre gris est une matière grasse qu'on croit provenir de certains cachalots, et qui paraît être une concrétion formée dans l'estomac ou les intestins de ces cétacés. Cette opinion fort ancienne, puisqu'on la trouve dans Marco Polo (1298), n'a point été réfutée ni même contredite par la science moderne. On rencontre cette précieuse substance sur la côte de Coromandel, du Japon, des îles Moluques et aux environs de Madagascar. On a prétendu récemment que l'ambre gris n'avait jamais été employé à la fabrication d'objets d'art et de curiosité. C'est une erreur. Les anciens inventaires décrivent parfois des objets d'art sculptés en ambre gris ou blanc. Nous citerons comme exemple : « Une petite ymage de Nostre-Dame d'ambre blanc. » (*Invent. du duc de Berry,* 1416.) On verra du reste, plus loin, que les beaux ouvrages dont Louis XIV fit présent aux ambassadeurs de Siam étaient exécutés en ambre de « diverses sortes ».

L'ambre jaune ou succin est, il est vrai, plus généralement employé. On le taille, on le sculpte, on le fouille et on en fait de petits ouvrages précieux. Mais le soin que les anciens auteurs mettent à le désigner par sa couleur prouve qu'il n'était pas le seul dont on se servît pour exécuter ces menues fantaisies. Cette seconde espèce d'ambre est formée d'une sorte de colophane fossile, jaune, diaphane, homogène, et susceptible de recevoir un beau poli. Elle existe en assez grande quantité dans les dunes sablonneuses qui bordent la Baltique. On prétend qu'elle provient d'une sorte de conifères fossiles.

Fig. 36. — Coupe en ambre jaune transparent. Musée de Cluny.

L'ambre, qu'il soit gris ou jaune, ne se recueille que par fragments de peu d'étendue. Aussi Savary parle-t-il avec une grande admiration d'un morceau d'ambre qu'il vit à Amsterdam, en 1697, morceau qui avait plus de deux pieds de diamètre et ne pesait pas moins de 182 livres. Toujours suivant Savary, le duc de Toscane en avait offert cinquante mille écus. De son côté, Furetière dit que, de son temps, on « a veu à Paris un morceau d'ambre jaune d'un pied et demy de haut, taillé en crucifix, avec les figures de la Vierge et de saint Jean ». Peut-être cette pièce unique en son genre est-elle celle-là même qui fut donnée, en avril 1687, à M. Constance par Colbert, marquis de Croissy, et que le *Mercure* de mai suivant mentionne en ces termes : « Un grand crucifix d'ambre très curieux. » Quoi qu'il en soit, et malgré l'exiguïté de ses fragments, on peut dire que l'ambre fut toujours recherché et payé relativement fort cher. Un extrait des *Comptes royaux* nous apprend qu'en 1391 il était taxé vingt-six écus l'once. En 1599, l'once valait encore dix écus; et, dans la plupart des grands inventaires, nous le voyons compris parmi les pierres précieuses et les joyaux de prix. C'est ainsi que nous notons dans l'*Inventaire de Charles V* (1380) : « Ung ymage d'ambre de sainct Jehan-Baptiste. » Nous relevons également dans l'*Inventaire des joyaux du Louvre* (1418) : « Un cruxfilz d'ambre »; dans l'*Inventaire de Charlotte de Savoye* (1483) : « Ung petit coffre d'embre »; dans un *Inventaire d'Anne de Bretagne* (1498) : « Ung tableau ouquel a une véronique d'ambre enchassée en argent doré »; dans celui de Gabrielle d'Estrées (1599) : « Un gros morceau d'ambre dedans une boete de plomb. » En outre, par le *Journal* d'Héroard, nous savons que le jeune Louis XIII reçut, le 25 mai 1613, de M. de Champvallon, un présent offert de la part de M. et Mme de Lorraine, consistant en « un échicquier d'ambre jaune », qui provenait du cabinet du duc de Juilliers.

Mais, de tous les objets précieux dont nous avons pu retrouver la mention ou la description, il n'en est pas qui paraissent avoir égalé en splendeur ceux remis par Louis XIV aux ambassadeurs siamois, qui vinrent le visiter en 1687. Parmi ces ouvrages superbes se trouvaient : « Deux miroirs à la bordure d'ambre, avec des glaces des plus grandes qui se puissent faire »; et le *Mercure* d'avril 1687, qui mentionne ce présent royal, dit, au sujet de ces deux cadres : « On ne peut rien ajouter à la beauté des bordures, qui sont très larges. On y voit une infinité de Bas-reliefs et de Figures différentes, aussi bien que divers ornemens convenant à l'ambre sur lequel ils sont cizeléz, car il y en a de diverses sortes. C'est le travail de plusieurs années. » Avec ces deux miroirs, on comptait : « Plusieurs petits Cabinets d'ambre avec des Bas-reliefs très délicatement travaillez, et des Figures de mesme matière, qui en font le couronnement », et « un grand Vase d'ambre gravé de reliefs avec sa garniture d'or », qui était destiné au roi de Siam. On voit que Louis XIV faisait bien les choses. Ajoutons que ce prince possédait parmi ses joyaux un certain nombre de pièces de cette précieuse matière. Nous citerons, entre autres, « un grand vase en forme de gondolle d'ambre jaune orangé, taillé de deux dauphins de relief en dedans, porté par deux dragons dont l'un est à cheval sur l'autre »; et « un grand vaze d'ambre jaune, en forme de nef, travaillé autour du corps de plusieurs bacanales d'enfans, festons, fleurs et fruits, et sur la pouppe est une figure de Neptune sur trois chevaux marins d'ambre blanc », etc.

Avec le XVIIIe siècle, l'ambre perdit singulièrement de son prestige. De nos jours, on n'en fait plus guère que des porte-cigare et des chapelets.

POMMES D'AMBRE. — Il est très souvent question de ces sortes d'objets dans les anciens inventaires. Celui de Charles V mentionne : « Une pomme d'or pleine d'ambre, garnye de pierreries, — Une pomme d'ambre garnye d'or, lozengée de menues perles, — Une grosse pomme d'ambre garnye de six pampes d'or qui sont à serpentelles, à menues pierreries de perles de grenatz, d'émeraudes. » Ces objets luxueux, qu'on retrouve en nombre dans les *Inventaires* d'Alix de Frolois, abbesse de Jouarre (1369), de Charles VI (1418-1420), de Charlotte de Savoie (1483), d'Anne de Bretagne, etc., faisaient partie des pommes de senteur que les plus hauts personnages portaient alors sur

Fig. 37. — Coffret en ambre, offert par Louis XIV au roi de Siam.

eux pour se parfumer et pour prévenir certaines maladies. On regardait l'ambre, en effet, comme un préservatif énergique du mauvais air. Olivier de La Haye, dans son poème de *la Grande peste* de 1348, lui prête « la haulte propriété de resjouir et conforter le cueur », et Jean de La Taille (1574) écrit :

> Poyson ne peult à qui l'a nuire;
> Rien n'est si beau ni de tel prix
> Pour l'œil ébattre et noz esprits.

Nous parlons plus loin avec quelque détail de ces joyaux. (Voir le mot POMME.)

Ambré, *adj.* — Se disait autrefois uniquement de l'odeur de l'ambre, car l'ambre était alors au moins aussi célèbre comme parfum que comme matière plastique, et

Ménage, tout pénétré de sa suavité discutable, n'hésitait pas à faire dériver ambre d'*ambroisie*. On disait donc des gants ambrés, un mouchoir ambré, pour signifier que ces gants et ce mouchoir fleuraient l'ambre, et Voltaire s'écriait :

Un gigot tout à l'ail, un seigneur tout à l'ambre.

Aujourd'hui, ambré s'emploie plus particulièrement pour exprimer un ton jaunâtre qui rappelle la couleur de l'ambre, et dans ce sens on dit « une peinture ambrée », etc.

Ambulaire, *s. m.* — Promenoir. Ce terme spécial à la Flandre figure dans une *Lettre de rémission* accordée en 1644. (*Archives du Nord,* S. B., 1818.)

Ame, *s. f.* — Terme d'architecture. Pièce de fer ronde ou carrée dont on arme l'intérieur d'une colonne creuse, pour en augmenter la solidité. L'âme d'une poutre en bois est une barre de fer disposée à l'intérieur de la poutre pour lui donner plus de résistance. L'âme d'une poutre en fer est la partie verticale sur laquelle sont montées les cornières.

Chez les sculpteurs et les fondeurs, on donne le nom d'âme au Noyau autour duquel est coulée la matière, et à l'ébauche en plâtre sur laquelle on applique le stuc.

Ame est aussi une sorte de mandrin en bois, placé à l'intérieur des pièces d'orfèvrerie de peur qu'elles ne se bossellent. « Quatre gobelets en or, ronds avec une âme en bois dedans. » (*Invent. des meubles de la Couronne,* 1697.)

Les passementiers appellent âme d'un câblé les fils de coton sur lesquels ils enroulent la soie ; et l'âme d'un soufflet est la soupape de cuir par laquelle l'air pénètre dans l'intérieur.

Ame, enfin, est encore employé avec le sens de Devise. (Voir ce mot.)

Amesnagis, *s. m. pl.* — Locution provençale. Objets, ustensiles servant au ménage. « Premièrement, un coffre..., dans lequel est trouvé plusieurs amesnagis de peu de valleur. » (*Invent. de Georges Drumenoir ;* Marseille, 1583.)

Améthyste, *s. f.;* **Amatirste,** *s. f.* — Pierre précieuse de couleur violette, formée de quartz transparent coloré par l'oxyde de manganèse. On distingue les améthystes orientales, qui viennent de Ceylan et de la Sibérie, des améthystes occidentales qu'on trouve en Espagne, en France, en Allemagne, etc. Les premières sont de beaucoup les plus recherchées. L'améthyste a été employée jadis à la confection d'objets d'art, de coupes et de vases. On la rencontre mentionnée assez souvent dans les textes anciens sous les noms de *matiste, amatisse, amatiste* ou *amatirste.* Exemples : « Une grant escuelle d'amatiste ronde et deux autres petites en façon de cuvettes. » (*Invent. du duc de Berry,* 1416.) « Pour avoir poly une pierre de matiste en façon d'une petite nef. » (*Comptes royaux,* 1454.) « Ung grand mirouer de cristal de roche garny d'ébène, avec quatre amatirstes et quatre camayeux (camées). » (*Invent. du roi ;* Fontainebleau, 1560.) « Une grande coupe de caillou d'amatiste taillé à gaudrons. — Une salière d'amatiste en ovale taillée à godron, etc. » (*Invent. des joyaulx et pierreries du Roy de Navarre,* 1583.) L'améthyste était à cette époque d'autant plus recherchée qu'on lui croyait la vertu d'empêcher l'ivresse. C'est ce qui faisait dire à Bouchet (*Serées,* liv. III, p. 208), faisant allusion à la bague d'améthyste que les évêques ont au doigt : « Les gens d'Église portent l'amethissen pour ce qu'elle rend sobre celui qui la porte, comme elle en a le nom. »

Au XVIIe siècle, l'améthyste servit à la décoration des meubles précieux : « Ung cabinet d'esbene fileté d'argent à la mode d'Italie, garni de jaspe et colonnes d'amatiste, etc. » (*Invent. de Catherine de Sainte-Maure,* 1648.)

Ameublement, *s. m.* — Il est trois mots dans notre langue qui sont presque synonymes et qu'on emploie fréquemment l'un pour l'autre ; ce sont les mots Ameublement, Meuble et Mobilier. Littré les définit tous trois de la façon suivante : « Ameublement. Tous les meubles qui garnissent un appartement, une pièce. — Meuble. Tout ce qui sert à garnir, à orner une maison sans en faire partie. — Mobilier. Ensemble des meubles, de ce qui sert à garnir, à orner une maison sans en faire partie. » On voit que ces trois définitions se ressemblent beaucoup. Hâtons-nous d'ajouter qu'elles ne sont ni très correctes ni très exactes. L'ameublement, en effet, ne se résume pas uniquement dans l'ensemble des meubles qui garnissent ou décorent une pièce, un appartement, une habitation. Pour que cet ensemble constitue un ameublement, il faut qu'il y ait une évidente corrélation entre tous les membres qui le composent. Il faut que les meubles soient du même temps, de même nature, de même bois, couverts de même étoffe. Si cette corrélation n'existe pas, l'ensemble de tous ces meubles forme un mobilier, non un ameublement. On remarquera, en outre, que le mobilier ne comprend pas les tentures. Elles font partie de l'ameublement. Il y a donc entre ce mot et le mot mobilier une différence bien nette et que, selon nous, Littré n'a pas assez accentuée. Pour nous résumer, l'ameublement constitue toujours un ensemble de meubles de même famille, de même ordre. Le mobilier, au contraire, est la réunion, accidentelle ou préméditée, de meubles sans origine commune, sans lien, sans unité. Quant au mot meuble, il sert, pris dans son acception la plus générale, à désigner toutes les pièces et chacune des pièces qui composent, soit l'ameublement, soit le mobilier ; alors que, pris dans une acception plus spéciale, il a aussi une signification collective, qui le rapproche du mot ameublement. On dit un meuble de salon, un meuble de cabinet, de salle à manger, etc., pour signifier l'ensemble des meubles meublants qui garnissent chacune de ces pièces. Mais dans cet ensemble ne sont pas compris les meubles purement décoratifs, comme les tableaux, les pendules, les candélabres, qui font cependant partie de l'ameublement. En outre, le mot meuble, qui marque une corrélation bien plus étroite, ne s'applique qu'à une pièce à la fois. On dit l'ameublement d'une maison. L'expression « le meuble d'une maison » serait sans signification précise.

Ainsi (ne craignons pas de le redire) le mobilier, expression la plus large, désigne l'ensemble des meubles de toutes sortes qui garnissent une pièce, un appartement, un hôtel, une maison, sans qu'il soit nécessaire qu'aucun autre lien que l'usage les rattache les uns aux autres. L'ameublement est la réunion des meubles qui garnissent une pièce, un appartement, une maison, à la condition qu'il existe entre eux une unité d'origine, une corrélation qui en fassent un tout logique et coordonné. Le meuble, pris dans son acception collective, est seulement la réunion des meubles meublants qui, garnissant une pièce, ont été fabriqués spécialement en vue d'une destination prévue.

De ces trois termes, le plus récent dans notre langue semble être le mot ameublement. La première fois qu'on le rencontre, c'est en 1575, dans le *Testament de Claude de France,* duchesse de Lorraine. Cette princesse lègue à Mme de Mouchy, sa dame d'honneur, « sa chambre et l'ameublement d'icelle ». Cette apparition tardive n'est pas, d'ailleurs, pour nous surprendre. L'ensemble d'objets dont ce mot est l'expression synthétique, leur réunion normale, leur groupement logique ne remontent pas à une époque très éloignée. Pour que cette réunion, ce groupement pussent avoir lieu, il fallait, en effet, que le mobilier fût doué d'une certaine stabilité ; or nous verrons au mot

MEUBLE que, presque jusqu'au milieu du XVIIe siècle, le mobilier, associé à la fortune de ses possesseurs, à leurs coutumes vagabondes, attaché en quelque sorte à la personne de ses propriétaires, les suivait en tous lieux.

La première forme du mot ameublement semble avoir été EMMEUBLEMENT, et cette manière d'écrire paraît au moins aussi bonne que celle qui a prévalu depuis. Emmeublement fut en usage pendant tout le XVIIe siècle. C'est ainsi qu'on peut lire, dans le curieux pamphlet intitulé l'*Isle des hermaphrodites :* « Ils parloient de leur emmeublement magnifique, de leurs accoustremens superbes et de leur despence superflue. » Un demi-siècle plus tard, nous notons dans l'*Inventaire du cardinal de Mazarin* (1653) : « Un emmeublement de tapisseries de laine à petit point rehaussé de soie faite à panaches de diverses couleurs. » Loret emploie également cette orthographe, lorsqu'il raconte, dans sa *Muze historique,* la visite que le cardinal Chigi fit à Saint-Cloud, en juin 1664 :

Son Éminence fut ravie,
Autant qu'en nul jour de sa vie,
Par les pompeux emmeublemens,
Peintures, planchers, ornemens,
Dont cette Maizon fortunée
Est somptueusement ornée.....

Enfin, pour ne pas multiplier ces citations, nous terminerons en mentionnant l' « Emmeublement de taillure d'or et d'argent....., appelé anciennement l'Emmeublement de Pan, consistant en un lit complet, un tapis, un dais », etc., que Louis XIV donna en cadeau à Mlle de La Vallière.

A la fin du XVIIe siècle, la forme ameublement, qu'on rencontre dès 1633 dans le *Recueil des gazettes,* avait prévalu. C'est l'orthographe adoptée par Richelet, sanctionnée par l'Académie, et Furetière constate que, seuls, quelques retardataires continuent de se servir de la forme primitive. En 1690, parlant de la proscription que Louis XIV vient d'édicter contre les meubles d'argent, le *Mercure* mentionne

Les précieux ameublemens
Dont l'art surpassoit la matière.

Quelques années plus tard, décrivant l'hôtel de Bretonvilliers, le même *Mercure* s'extasie sur « la magnificence d'un superbe lit de parade qui, aussi bien que le reste de l'ameublement, est d'une étofe à fond d'or garnie d'une frange de même ». Mme du Deffand, dans une de ses lettres à Horace Walpole, écrit : « Mlle Sanadon s'occupe de son ameublement », et Piganiol de La Force, parlant du château de Bellevue : « Tous les ameublemens sont en Pékin de divers couleurs. »

Ajoutons que le XVIIIe siècle, durant lequel notre mot s'acclimata définitivement dans la langue française, est aussi l'époque où l'on vit apparaître chez nous les plus gracieux ameublements. Les tapissiers n'eurent plus, comme par le passé, la haute main sur la parure intérieure du logis et sur son mobilier. Ce dernier ne consista plus dans la réunion, parfois accidentelle et souvent disparate, de meubles fort riches assurément, mais n'ayant entre eux que des rapports éloignés et appelés à des destinations diverses. Des architectes, des décorateurs du plus haut mérite composèrent des ensembles délicats, combinèrent des intérieurs exquis, associant, dans d'heureuses proportions, la forme des meubles à celle du cadre qui les enveloppait, et assortissant les étoffes au caractère général des meubles et de la pièce. Comme toujours, quand le goût des belles choses domine, on le porte à l'excès. Le luxe délicat des ameublements du XVIIIe siècle est demeuré proverbial; aussi ne doit-on pas être surpris qu'en un temps où les philosophes élevaient fort la voix, ils aient tonné contre ce débordement de somptuosité mobilière. « Il faut assister à quelque encan, écrit un de ces sévères censeurs, pour connoître combien le moindre mobilier est considérable. C'est un amas de mille superfluités qui prouve que la philosophie moderne n'est pas celle des anciens. » Et plus loin, il ajoute : « Tout ce qui sert aux besoins et à la décoration d'une maison est ce qui est maintenant le plus grand objet de luxe et de dépense. On ne peut plus dormir que dans des lits superbes, et habiter un appartement s'il n'est magnifiquement boisé, avec un vernis et des baguettes en or, ou s'il n'est tapissé de quelques damas à trois couleurs. Je passe devant l'hôtel de *Myrtal* qu'on démeuble en entier, et, à l'aspect des tapisseries et des tableaux qui en sortent, je demande si *Myrtal* est donc mort, ou s'il change de quartier, et l'on me dit que quoiqu'il eût des meubles d'un grand prix, il ne les trouve pas encore assez précieux, et qu'il renvoie tout ce qui paroit son hôtel, comme des chiffons propres à le déshonorer, pour se procurer tout ce que l'élégance a imaginé de plus beau. Je réponds que *Myrtal,* n'ayant son mérite qu'en or, fait très bien de l'étaler, et je continue mon chemin. » (*Dict. critique, pittoresque,* etc., Lyon, 1768, aux mots MEUBLE et MOBILIER.) Mercier, dans son *Tableau de Paris* (t. Ier, p. 166), n'est pas moins sévère : « On a donné aux ameublements, écrit-il, une magnificence surabondante et déplacée. Un lit superbe qui a l'air d'un trône, une salle à manger ciselée, des chenets travaillés comme un bijou, une toilette d'or et de dentelles, sont assurément d'une ostentation puérile. Je sais qu'un palais où l'on ne voit que glaces, or et azur m'attriste puissamment. »

Depuis lors, il est vrai, tout a bien changé. La tourmente révolutionnaire, si elle n'emporta pas l'amour du luxe, de l'ostentation, de la dépense, — il est des passions inhérentes à la nature humaine et que rien ne saurait détruire — atténua singulièrement le goût délicat et l'esprit charmant des ameublements du XVIIIe siècle. L'Empire chercha encore à sauvegarder ces ensembles, à maintenir une certaine harmonie et une artistique subordination entre les diverses pièces composant l'ameublement, mais la grâce lui fut inconnue. Quant aux époques suivantes, elles ne respectèrent ni l'harmonie ni la subordination.

Aujourd'hui, l'ameublement semble être redevenu une des préoccupations intelligentes de notre temps. On commence à comprendre de nouveau, dans toutes les classes de la société, qu'il ne suffit pas de dépenser beaucoup pour être meublé avec goût. On paraît se rendre compte qu'un ameublement doit être en harmonie avec l'âge, les habitudes, la situation, la fortune de celui qui le possède, de façon à constituer bien exactement le cadre qui lui convient. On commence à penser qu'il n'est vraiment artistique qu'à condition de n'y admettre que des objets de bonne forme et de bonne qualité, d'éviter le clinquant, de se garder de ces associations de nuances discordantes qui fatiguent l'œil et contrarient l'esprit. Bientôt, sans doute, on estimera que tout ce qui sent le fouillis, tout ce qui affecte des airs d'étalage doit être banni, et que, simple ou somptueux, gai ou sévère, notre ameublement doit se garder de tout ce qui pourrait être pris pour une vaine ostentation. Ajoutons encore que si l'ameublement se rattache par des liens très étroits à notre personne, d'autre part, il n'est pas non plus absolument indépendant de la structure générale de la pièce que l'on prétend meubler. Des glaces indiscrètement posées, des tapisseries maladroitement attachées peuvent, dans bien des cas, simuler des vides où il faudrait des pleins, et des pleins où l'architecte a placé des vides. Or il ne faut pas oublier que la construction joue dans les édifices le même rôle que l'ossature dans le corps humain. On doit, par conséquent, l'embellir sans la masquer entièrement.

Fig. 38.
Ampoule du XIVe siècle.
Musée de Caen.

On peut deviner après cela quels problèmes complexes comporte l'ameublement rationnel d'une maison, d'un hôtel et même d'un salon ou d'une chambre. Aussi des écrivains spéciaux n'ont-ils pas jugé indigne d'eux de s'occuper de la solution de ces questions si intéressantes, et dans ce but nous avons publié une *Grammaire de l'ameublement*, et, sous le titre *les Arts de l'ameublement*, une série de monographies que nous recommandons à ceux que ces problèmes préoccupent.

Amole, *s. f.* — C'est une fiole, une bouteille. Carpentier (sup. Du Cange) cite un passage latin qui donne ce sens au mot *amola*, d'où vient certainement le français amole : *Syndicus communis teneatur fieri facere unam pintam de vitro, factam in forma unius amolæ*... Dans l'*Inventaire du château des Baux*, dressé le 14 octobre 1426, nous relevons : « Uns grans armaire où a plusieurs megans (tablettes) et dedens yceulx plusieurs choses d'apothecarie, plusieurs amoles plaines d'aigues, etc. » Ce mot, du reste, n'est guère plus fréquemment employé que son congénère ARMIOLE (voir plus loin), qui semble avoir eu exactement le même sens, témoin l'extrait suivant d'une *Lettre de rémission*, datée de 1381 : « Henriet saicha une dague..... et la geta à ladite femme par tele manière que se icelle dague n'eust encontré une armiole plaine de vin, tenant trois quartes ou environ..., etc. » (Voir, à la colonne suivante, le mot AMPOULE.)

Amorce, *s. f.* — C'est une partie saillante de maçonnerie ou de charpente, qu'on a ménagée sur un mur pour servir à rattacher une construction ultérieure. Les HARPES (voir ce mot) sont des amorces. Dans les restitutions, les ARRACHEMENTS servent d'amorce pour reconstituer les parties détruites.

Les charpentiers, les menuisiers, les serruriers emploient aussi le substantif amorce pour signifier le trou commencé avec l'amorçoir, et qui sera terminé avec la tarière et le laceret. Enfin, ce mot sert encore à désigner l'extrémité, préparée dans ce but, d'une pièce qu'on veut souder, et la pointe d'une mèche ou d'une vrille.

Amortissement, *s. m.* — En termes d'architecture et de décoration, on nomme amortissement tout ouvrage couronnant un bâtiment ou une fraction de bâtiment. Ainsi un fronton, un pignon, un attique, une terrasse, un épi, une balustrade, un couronnement crénelé sont des amortissements. Ce mot est passé de l'architecture dans le mobilier et sert souvent à désigner les ornements qui décorent la partie supérieure des meubles à bâtis et à panneaux : « Six caisses carrées d'argent blanc, ciselées au chiffre du Roy... ayant pour amortissement quatre flames (*six*) aux quatre angles. » (*Invent. des meubles de la Couronne*, 1673.)

Amourette (Bois d'), *s. m.* — Bois de placage employé dans l'ébénisterie et la marqueterie. Il est d'un brun rouge, de qualité dure, et provient des Antilles.

Amphithéâtre, *s. m.* — Partie d'une salle garnie de gradins étagés, de façon à permettre à un grand nombre de spectateurs de voir ce qui se passe au milieu ou à l'une des extrémités de la salle. Ce mot ne paraît pas antérieur, chez nous, au XVIIe siècle. La première mention que nous en ayons rencontrée figure dans le *Paris burlesque* de Claude Le Petit (1654). Loret, en 1659, et le *Mercure*, en 1673, s'en servent également. Le *Mercure* de février 1700, dans sa narration du grand bal donné à Versailles par M. le Prince, en l'honneur de Mme la duchesse de Bourgogne, dit : « La principale salle du bal estoit éclairée par un grand nombre de lustres et de girandoles. On avoit construit une tribune au-dessus de la porte, et on y avoit placé les violons et les hautbois. Plusieurs Termes soutenoient cette tribune, sous laquelle commençoient à régner des amphithéâtres qui tournoient tout autour de la salle, à la réserve de l'endroit où estoit Mme la duchesse de Bourgogne. »

Aujourd'hui, amphithéâtre est surtout employé pour désigner, dans les théâtres, la partie de la salle plus élevée que l'orchestre et qui fait face à la scène, et dans les établissements universitaires, la salle garnie de gradins où certains professeurs font leur cours.

Ampoule, *s. f.*; **Ampoulette**, *s. f.*; **Ampollette**, *s. f.*; **Ambolle**, *s. f.*; **Embolle**, *s. f.*; **Emboule**, *s. f.* — Sorte de flacon ou de bouteille. Littré prétend que ce terme est seulement usité dans la locution de *Sainte Ampoule*, signifiant la fiole contenant l'huile sainte qui servait à l'onction des rois de France. C'est une erreur qu'il importe de rectifier, car on rencontre assez fréquemment ce mot dans les textes anciens. Nous relevons, en effet, dans l'*Inventaire de Charles V* (1380) « quatre empoulles d'or torses et en chascune, à ung esmail ; sont sur le couvercle des armes de France » ; dans l'*Inventaire du château de Vincennes* (1418), « deux ampolles d'argent doré à une longue tige cizelée à vignettes..... — Trois autres ampolles plus petites d'argent verées pour mettre eaue rose cisellées en façon de Damas ». De son côté, Le Fèvre de Saint-Remy, dans sa *Chronique*, dit, à propos des noces du duc de Bourgogne et d'Isabelle de Portugal (1429) : « Il y avoit pareillement faicte une licorne bien grande et richement ouvrée, qui par une petitte ampollette, qu'elle tenoit en sa patte devant elle, rendoit fine eaue rose chéant devant luy, comme dit est, en ung bachin, là où se povoient tous ceulx et celles rafreschir, qui là danssèrent ou servirent. » (Ch. CLXIII, t. II, p. 159.) On pourrait citer encore la *Chronique rimée* de Ph. Mouskes (t. Ier, p. 19, le *Vergier d'honneur* (édit. Cimber, 1re série, t. Ier, p. 353), etc., etc.

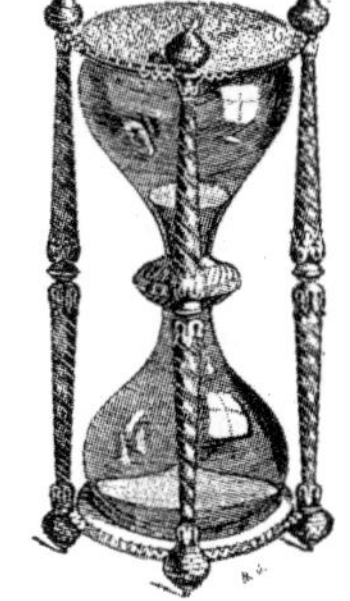

Fig. 39.
Ampoulettes
(XVIe siècle).

Dans le Midi, on écrivait AMBOLLE ou EMBOLLE, ou EMBOULE. « Une grand enbolle de voirre, — une grande emboule avec agras ou vinagre dedans. » (*Invent. de la succession Galossa*; Rabastens d'Albigeois, 1565.) « Ung buffect noyer ouvré de menuzerie dans lequel ne y a rien esté treuvé que quelques petites ambolles verre. » (*Invent. de Pierre Bonafous, conseiller au Parlement*; Toulouse, 1568.) — (Voir, à la colonne précédente, le mot AMOLE, qui présente avec celui-ci des analogies singulières.)

Ampoulettes, *s. . pl.* — Jusqu'au XVIIIe siècle, on a appelé de ce nom ces petites bouteilles doubles remplies de poudre très fine que nous nommons aujourd'hui sabliers. Les ampoulettes sont mentionnées par l'*Encyclopédie* comme étant encore, en 1760, d'un usage courant sur les vaisseaux marchands, pour mesurer les heures de quart.

Amusoir, *s. m.* — Petite bouteille destinée à prendre les mouches. « Leurs meubles des champs estoient pareils, une grosse couche, un gros banc..., un amusoir à mouches. » (*La Chasse au vieil grognard,* dans Cimber et Danjou, 2e série, t. II, p. 383.)

Anaou, *s. m.* — Locution provençale. Échaudoir.

Ancastre, *s. m.* — Voir Encastre.

Ancette, *s. f.* — Petite anse. (Voir Ansette.)

Anchans, *s. f. pl.* — Locution forézienne. Montants, jambages d'une fenêtre, d'une porte.

Anche, *s. f.;* **Anchi**, *s. m.* — Anche est un vieux mot français qui désignait le conduit de bois par où la farine tombe dans la huche. Anchi est une locution lyonnaise également usitée dans l'ancien Beaujolais, qui signifie robinet, cannelle. « Un anchi de tonnai. » (Chapelon,

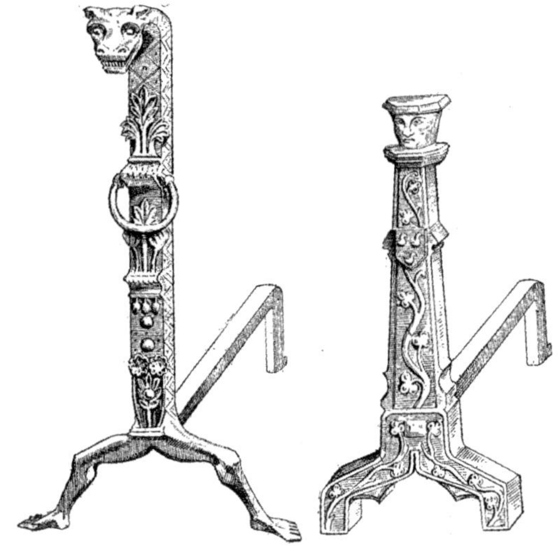

Fig. 40 et 41. — Andiers de salle (XVe siècle).

Testament de Bellemine, p. 180.) Ces deux substantifs ont vraisemblablement la même origine.

Ancien, *adj.* et *s. m.* — Ce mot se trouve employé généralement en qualité d'adjectif. Sa signification comme tel est connue. Il a sa place marquée entre *antique* et *vieux;* car longtemps avant que l'ingénieux auteur des *Synonymes françois* eût prouvé « qu'antique enchérit sur ancien et celui-ci au-dessus de vieux », Béroalde de Verville, dans le *Moyen de parvenir,* avait observé que « pour estre antique il falloit qu'il y eût mille ans, ancien deux cens, vieil plus de cent ans » ; ces distinctions s'appliquant naturellement à la désignation des objets inanimés.

Au siècle dernier, ancien a été également employé substantivement et dans une acception toute spéciale. Racontant le voyage que Louis XV fit, en novembre 1739, à Ivry, chez M. le Premier, le duc de Luynes constate qu'il y avait « une quantité immense de porcelaine ancienne dans la maison, et entre autres un service d'assiettes blanches de porcelaine de l'*ancien*..... » (*Mém.,* t. III, p. 77.) Par cette désignation, il faut entendre des porcelaines de la Chine de la catégorie de celles dites d'*ancien blanc,* qui, à cette époque, étaient déjà rares, fort recherchées par les amateurs, et qui n'ont pas cessé depuis lors d'être d'un prix très élevé.

Ancillements, *s. m. pl.* — Terme ancien qui désigne d'une façon générale tous les ustensiles de ménage. « Escuelles, plaz, lits, cœstes, couvertures et autres ancillemens et aisemens d'hostel. » (*Chronique de la Pucelle,* p. 476.)

Ancrage, *s. m.;* **Ancre**, *s. f.* — On appelle ancre une pièce de fer introduite dans l'œil d'un *tirant* qui sert à maintenir l'écartement de deux murailles légères. Les ancres peuvent être apparentes ou cachées. Quand elles sont visibles, elles peuvent être simples ou revêtir des formes artistiques et devenir un motif de décoration. Dans les provinces du Nord, on rencontre beaucoup de ces ancres ornées. Celles qui remontent au XVe et au XVIe siècle figurent le plus souvent une tige se terminant par une demi-fleur de lis. Celles du XVIIe siècle représentent ordinairement des caractères, des lettres ou des chiffres. Un certain nombre sont groupées de façon à donner la date de la construction. Le système d'attache au moyen d'ancres s'appelle Ancrage.

Ancrier, *s. m.* — Voir Encrier.

Andier, *s. m.;* **Andei**, *s. m.;* **Ander**, *s. m.* — L'*Inventaire de la Sainte-Chapelle,* dressé en 1376, porte : *Duo cheneti sive anderii ferri,* ce qu'une autre leçon de ce même inventaire traduit en français : « Deux chenez de fer. » D. Carpentier cite la mention suivante : « Une payelle, un andier, chacune pièce doit ung denier. » En outre, dans l'*Inventaire du château de Condé* (1569), nous notons : « Deux andiers fer fondu, l'un rompu. — Deux andiers fer fondu, non semblables. » Enfin, dans les *Actes consulaires de la ville de Lyon,* aux années 1552-1554, figure le payement à Jacques Gimbre, de 20 écus d'or au soleil pour « deux chenets ou andiers remis en l'ostel commun et en la salle du bureau pour la décoration d'icelle ». On est donc fondé, après cela, à considérer andier comme la forme primitive de landier. Nicot prétend, au reste, que ce dernier mot vient de l'anglais *endiron,* composé de *end,* qui veut dire bout, et de *iron,* qui signifie fer, auxquels on aurait juxtaposé l'article. On remarquera également que notre vieux langage possède le mot *andein,* qui signifie à la fois le chenet, et l'espace compris entre l'écartement des jambes. Enfin, dans le Forez, Ander est encore usité pour chenet, et dans le Limousin, Andei est le trépied sur lequel on place la cuve à lessive.

Andrinople, *s. m.* — Voir Rouge.

Aneau, *s. m.;* **Anet**, *s. m.;* **Anelet**, *s. m.;* **Anet**, *s. m.* — Orthographes anciennes d'Anneau. (Voir ce mot.)

Anémomètre, *s. m.* — Instrument qui sert à mesurer la force du vent. On lit dans le *Mercure galant* de septembre 1749 : « C'est une machine inventée par M. l'abbé Aubert, de Verdun-sur-Meuse, perpétuelle, sans poids ni roue, et sans qu'on ait jamais besoin d'y toucher, laquelle pronostique, par une musique divertissante, les divers temps qu'il doit faire, les différentes sortes de vent, la pluye, le beau temps, le froid, le chaud, bien plus sûrement que le baromètre. Cet instrument amuse agréablement dans une chambre, parce qu'il forme une musique continuelle et en accord suivant les différens airs qui distinguent les temps, et on se donne ainsi un concert pendant un repas, ou avant de s'endormir, ou à son lever, la machine jouant toujours d'elle-même, à moins qu'on ne suspende pour un temps ses petits carillons. »

Angar, *s. m.* — Ancienne orthographe de Hangar. (Voir ce mot.) Richelet, Furetière et, après eux, l'*Encyclopédie* et le *Dictionnaire de Trévoux* donnent cette orthographe aujourd'hui abandonnée.

Ange (Lit d'). — Le lit d'ange, tel que nous le trouvons au XVIIe siècle, sans qu'il nous soit permis de connaître l'étymologie de son nom ni l'époque exacte où il commença de prendre place dans le mobilier français, ressemble beaucoup à ce que les tapissiers de nos jours appellent moins poétiquement le « lit vu de pieds ». « On nomme un *lit d'ange* celui qui n'a point de quenouilles ou piliers et dont les rideaux se retroussent. » Ainsi s'exprime le *Dictionnaire de Trévoux*. Il aurait pu dire encore, pour être tout à fait exact, que le ciel, tout en étant de la même largeur que le lit, doit être moins long, sans quoi le lit prendrait le nom de *lit à la duchesse,* et qu'il doit être entouré d'une galerie chantournée, car si la galerie venait à manquer (comme le fait remarquer M. J. Deville dans son *Dictionnaire du tapissier*), notre lit serait simplement un *lit à pavillon.* Enfin, nous ajouterons que le lit d'ange se différencie encore du « lit vu de pieds » en usage de nos jours, non pas par la forme de son ciel ou dais, non plus que par les rideaux, pentes ou lambrequins qui restent à peu près les mêmes, mais par le pied du lit, qui, au lieu d'être simplement couvert par la courtepointe tombant comme le montre notre figure 42, est généralement protégé par un panneau plein, qui fait pendant au chevet et rappelle, avec une élévation moins grande, sa forme, et, s'il y a lieu, sa garniture (voir fig. 43).

Le premier lit d'ange dont nous ayons trouvé la description figure dans l'*Inventaire du cardinal de Mazarin* (1653). Voici en quels termes se trouve décrit ce meuble magnifique : « Un lict d'ange de gaze de la Chine, fonds de soie et couleur de feu, avec fleurons et syrènes d'or, composé de six rideaux et une courtepointe garnis à l'entour d'une petite dent d'or, deux desdits rideaux larges de quatre laiz, deux de trois laiz, deux de deux laiz, lesdits rideaux ayant deux aunes moins deux tiers de haut. » Les *États du mobilier de la Couronne,* dressés en 1673 et 1681, mentionnent un certain nombre de lits d'ange, dont quelques-uns sont de toute beauté. (Voir LIT.)

Angik (Bois d'), *s. m.* — Le bois d'Angik ou d'Angika est employé d'une façon restreinte et tout exceptionnelle dans l'ébénisterie. Il est originaire de Chine. On en tire aussi du Brésil, mais par petites quantités. Il présente un fond rougeâtre analogue à celui de l'acajou nouveau. Il est dur et compact, et susceptible d'un beau poli.

Anglaise, *s. f.* — On désigne sous ce nom un certain nombre d'objets mobiliers, mais surtout une sorte de GARDE-ROBE dont la forme est connue, et qui paraît avoir été adoptée chez nous, dans les habitations élégantes, vers le milieu du siècle dernier. Barbier (*Journal,* 7e série, p. 247) en signale la présence chez la belle Mlle Deschamps. Après avoir décrit la chambre de la célèbre danseuse, de chaque côté, dit-il, « sont deux cabinets, l'un de toilette, l'autre de lieux à l'angloise, le tout orné de glaces ». Dufort de Cheverny rapporte dans ses *Mémoires* que la maison qu'il se fit construire en 1760, au coin de la rue Joquelet et de la rue Notre-Dame-des-Victoires, possédait « une garde-robe à l'angloise ». Vers la même époque, on commence à rencontrer ce genre de commodités dans les avis de location : « A louer grand APPARTEMENT au 1er, vis-à-vis la porte du Pont aux Choux. Il y a Antichambre, Salle de compagnie, Chambre à coucher et cabinet sur le devant, Garderobbe, Cabinets et Commodités à l'angloise en aile...., etc. » (*Annonces, affiches et avis divers,* n° du 8 octobre 1759.) — « Jolie maison de quatre étages, où il y a, au premier, antichambre, salle à manger, salon, chambre à coucher, cabinet de toilette, garde-robe, boudoir et lieux à l'anglaise....., etc. Présentement à louer, rue Neuve-des-Mathurins, 19. » (*Journal de Paris,* n° du 8 novembre 1789). — « Deux appartemens pour mari, femme et enfant....., 1re et 2e antichambre, salon ovale donnant sur la rue de Martigny ; à droite, chambre à coucher avec les dégagements pour communiquer à un grand cabinet de toilette et anglaise..., etc. » (*Ibid.,* n° du 18 octobre 1790.) Ajoutons que le XVIIIe siècle, si luxueux dans toutes les parties du mobilier, ne laissa pas les lieux à l'anglaise sans décoration et sans parure. Nous n'en voulons pour preuve que la mention suivante, recueillie dans les *Annonces, affiches et avis divers* du 22 mars 1762 : « Beaux lieux à l'anglaise dont toutes les pièces sont en marbre avec fontes dorées d'or moulu, tuyaux et cuvettes de plomb et coffre en bois de chesne. » (Voir GARDE-ROBE et LIEUX.)

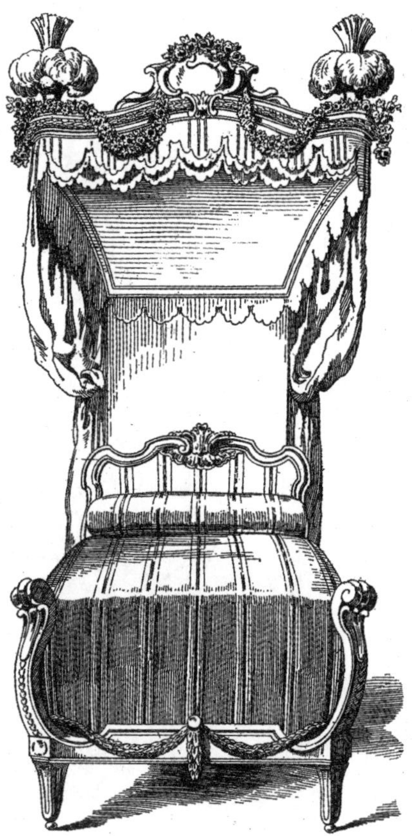

Fig. 42. — Lit d'ange, vu en profondeur, d'après Delafosse.

Anglet, *s. m.;* **Onglet,** *s. m.* — Petit angle ; était aussi employé, au XVe siècle, dans le sens de coin, avec la même signification que nous donnons aujourd'hui à ces mots : « l'angle d'un mur » ou « l'angle d'une pièce ». On lit dans le *Roumans de Berte aus grans piés :*

En un anglet m'alai toute seule acouter
Pour pardire mes heures.....

Et Froissart écrit : « Adonc me trait-il à une part en un anglet dans la chapelle du chastel d'Ortais, et puis commença à faire son conte. » Du mot anglet, on avait même fait le verbe ANGLER, qui voulait dire « se cacher ».

De nos jours, anglet est employé en architecture pour désigner de petites cavités fouillées en angle droit, comme celles qui séparent les bossages ou pierres de refend. En menuiserie, il signifie « petit angle ». L'assemblage « en anglet » est généralement usité. (Voir l'article ASSEMBLAGE.) On trouve ce mot orthographié ONGLET et même UNGLET. Anglet est la seule façon correcte d'écrire.

Angleterre (Point d'). — On a donné le nom de *point d'Angleterre* à une sorte de dentelle qui se fabrique à Bruxelles. Au XVIIe siècle, l'importation des dentelles de fil ayant été prohibée sur la frontière flamande, les négociants anglais imaginèrent d'introduire en France certaines de ces dentelles, comme un produit du Royaume-Uni; de là leur nom usurpé de point d'Angleterre.

Angleterre (Toiles d'). — Ou simplement ANGLETERRE, nom donné à des indiennes peintes fabriquées dans le Royaume-Uni. Ces étoffes étaient fort à la mode au siècle dernier pour les ameublements d'été. Dans la vente après décès du sieur Castagnier, ancien directeur de la Compagnie des Indes (*Annonces, affiches et avis divers,* numéro du 2 juillet 1760), on voit figurer des « lits à la polonoise de Perse et de toile d'Angleterre ». A la vente du comte de La Luzerne (*Ibid.,* 12 août 1762), on remarque « quantité de pièces de toile de coton » de cette même provenance. L'importation de ces tissus était, au reste, tellement abondante à cette époque, que, dès 1759, on s'était préoccupé d'en interdire l'entrée, à cause du tort qu'ils faisaient à notre industrie. A ce propos, l'*Année littéraire* (1759, t. IV, p. 153) fait remarquer combien les abus sont difficiles à corriger : « Nos ministres eux-mêmes, dit-elle, violent les règlemens, et ils délibèrent sur la question présente dans des appartemens meublés de Perse et d'Angleterre. »

Fig. 43. — Lit d'ange, vu de pieds, palais de Trianon.

Ajoutons que le besoin de donner aux produits manufacturés en France une apparence exotique, pour les faire croire meilleurs et pour les vendre plus cher, poussa nos fabricants de tissus à indiquer l'Angleterre comme lieu de provenance de certaines étoffes, telles que les serges fortes, flanelles, finettes, droguets, ratines, etc. La plupart de ces tissus cependant étaient fabriqués en France, et l'on peut voir, dans le *Journal de Verdun* (avril 1735, p. 316), que Louis XV lui-même se rendit complice de cette petite supercherie en favorisant à Seignelay, en Bourgogne, la fabrication d'étoffes qui n'avaient d'anglais que le nom.

Anis (Bois d'), *s. m.* — C'est un bois de placage exotique, qu'on appelle aussi BOIS DE BADIANE, parce qu'il est fourni par l'arbre de ce nom. La désignation sous laquelle il est le plus connu et qu'il partage, du reste, avec plusieurs autres essences, lui vient de l'odeur d'anisette qu'il exhale. Le bois d'anis est originaire de la Chine; on en trouve dans l'Inde, en Cochinchine, aux Philippines, dans la Malaisie. Il est d'un rouge cannelle et d'un grain serré. On l'emploie surtout dans la marqueterie.

Anneau, *s. m.;* **Aneau,** *s. m.;* **Anel,** *s. m.;* **Anélo,** *s. m.;* **Anet,** *s. m.;* **Annelet,** *s. m.;* **Annelha,** *s. m.;* **Esneau,** *s. m.* — Cercle généralement de métal, parfois de bois, d'ivoire, de verre ou d'os, dont les emplois sont très nombreux. Dans l'habitation, on connaît : 1° les anneaux de porte qui servent à tirer la porte; 2° ceux de tiroirs qui remplissent un office analogue; 3° les anneaux de sonnette dans lesquels on passe son doigt pour sonner; 4° les anneaux de tirage qui permettent aux rideaux de courir sur les tringles; 5° les anneaux de fosse ou de trappe qui servent à lever; 6° l'anneau de mangeoire à l'aide duquel on tient le cheval attaché; 7° les anneaux de descente auxquels on amarre les pièces de vin, et 8° les anneaux de suspension auxquels on accroche les lustres et les lampes.

Les serruriers confectionnent en outre l'anneau étamé du loqueteau qui sert à ouvrir celui-ci, et les anneaux brisés destinés à réunir plusieurs clefs, de façon à en former un trousseau. Enfin, la partie supérieure de la clef, celle qu'on prend dans la main, s'appelle un anneau.

En architecture, on donne ce nom à une ou plusieurs moulures, qui ceignent le fût d'une colonne. L'anneau peut se composer d'un seul tore, ou bien être plus riche et consister dans le groupement de plusieurs profils, portant ou non des ornements. On appelle de même les listels ou filets placés sous l'échine du chapiteau dorique grec, et dont le nombre peut varier de trois à cinq. Ces listels portent également le nom d'ANNELETS. — Enfin, dans l'ancien langage, on donne encore le nom d'anneau ou plus particulièrement celui d'*aneau de retrait* au siège d'un privé ou d'une chaise percée. Dans ce cas, il est employé comme synonyme de lunette. Brantôme, Tabourot des Accords, et la reine Marguerite de Navarre lui accordent ce sens. Pour ne citer que cette dernière princesse, on se souvient de la curieuse aventure de Mme de Roncex, qui, se trouvant chez les Cordeliers, et prise d'un certain besoin, « entra toute seule en un retraict assez obscur, lequel estoit commung à tous les Cordeliers, qui avoient si bien rendu compte en ce lieu de toutes leurs viandes, que tout le retrait, l'aneau et la place estoient tout couverts de moust de Bacchus et de la déesse Cérès, passé par le ventre desdits Cordeliers ». Fait à noter, la plupart des auteurs qui donnent au mot dont nous parlons cette signification spéciale écrivent *anel* ou *aneau* avec un seul N.

Cette orthographe, jugée aujourd'hui défectueuse, était admise au XIIIe et au XIVe siècle par les auteurs de fabliaux pour les anneaux de cheminée et pour ceux des landiers :

En l'astre ot un petit andier,
O il avoit un anelet
Que l'on oste sovent et met.

Étienne Boileau, au titre XIV du *Livre des mestiers,* l'emploie également et range les « anelés d'estain » parmi

Fig. 44. — Anneau de porte (XVIIIe siècle).

les ouvrages réservés aux « ovriers d'estain ». On la rencontre aussi dans les *Comptes* de cette époque : « *Item,* pour II aneaus et II vertevelles mises aux trapes, X sols. » (*Travaux exécutés au château de Breteuil,* 1332.)

En provençal, le substantif ANÉLO, qui signifie anneau de fer ou de laiton, s'écrit encore avec un seul N. En Gascogne, au XVe siècle, on écrit également ANET. « Certana quantidad de anetz de plom per cortinas. — *Item,* 1 pes de fer ab (avec) son anet. » (*Invent. de Ramond de Cussac, chanoine de Saint-André;* Bordeaux, 1442.) Par contre, dès la fin du XIVe siècle, nous trouvons, dans l'Ile-de-France, les mots anneau, annel, annelet, quand ils sont pris dans des acceptions purement mobilières, écrits régulièrement et avec les deux N usités aujourd'hui. Pour ne citer que quelques exemples, nous transcrirons la mention suivante, recueillie dans les *Comptes de l'argenterie d'Isabeau de Bavière* (1387) : « A Martin Didèle, coustepointier..... pour avoir appareillé et mis à point une chambre de satin blanc..... et mis les anneaulx et franges. » Dans l'*État des objets achetés à Paris par Marguerite de Flandre, duchesse de Bourgogne, pour la chambre à coucher de la comtesse de Rethel, sa belle-fille* (janvier 1403), nous relevons également : « A Jacques Dourdin, marchant tappicier, pour cordes, rubans, anneaulx, nécessaires pour lesdictes chambres, dix francs. » Citons encore ce passage du livre d'Aliénor de Poictiers (1485) : « Et estoient lesdictes courtines à annelets pour courre, touttes deux joindans ensemble quand on vouloit. » — Ces divers textes rentrent bien, au reste, dans le cadre de notre travail, puisqu'ils montrent à quelle époque lointaine remonte l'agencement des rideaux de lit attachés sur une tringle de métal, et courant à l'aide d'anneaux enfilés dans cette tringle. La disposition analogue pour les portières semble être beaucoup plus moderne. Elle ne paraît pas antérieure aux dernières années du XVIe siècle. La première mention que nous en ayons relevée appartient à l'*Inventaire du cardinal de Mazarin :* « Une portière de damas vert de Naples, à grands vases et fleurs, garnie autour d'un petit mollet d'or, large de cinq laiz, haute de trois aunes, doublée de toille, avec ses anneaux. »

L'apparition des anneaux de tiroir coïncide avec l'application des tiroirs à coulisses et date du XVIe siècle. Ils restèrent en usage jusqu'au commencement du XVIIIe, et nous relevons dans l'*Inventaire du château de Versailles* (1708) : « Une commode de bois de noyer à trois grands tiroirs et anneaux de fer. » Plus tard, les anneaux furent remplacés par des poignées. Les anneaux de sonnette sont encore d'introduction plus récente. Nous ne les rencontrons qu'au siècle dernier, et la première mention en figure dans le *Journal* de Lazare Duvaux, du 25 mai 1751 : « Mme de Briolley — six anneaux de sonnette dorés, 9 livres. » Les anneaux de porte sont, par contre, d'une vénérable antiquité et constituent parfois des chefs-d'œuvre de fonte ou de serrurerie. Sous le nom d'*annel* ou *anneau d'huis,* on en relève dès le XIIIe siècle, et au XVe on les trouve mentionnés dans les *Mémoires* d'Olivier de la Marche.

Des anneaux de porte aux anneaux de clef, la transition est naturelle, et bien que nous nous réservions de parler de ceux-ci au mot CLEF, ils ont fourni prétexte à des ouvrages si charmants, que nous ne pouvons résister au plaisir d'en reproduire deux, l'un et l'autre empruntés à l'album de M. Jousse. Enfin nous avons encore mentionné, en tête de cet article, les formes ANNELHA et ESNEAU. ANNELHA est une forme gasconne que nous rencontrons au XVe siècle avec la signification d'anneau d'écuelle et peut-être d'oreille : « *Item,* VIII scudelas an annelhas. » (*Invent. de l'hôpital Notre-Dame du Puy;* Toulouse, 1473.) Quant à ESNEAU, cette dernière manière d'écrire est rare; néanmoins on la trouve parfois, ainsi que le prouve l'extrait suivant de l'*Inventaire de la duchesse de Valentinois* (1514) : « Ung grant drajouer, au pied duquel a... deux eschardons autour des deux esneaulx, en chascun esneau, une grosse poincte d'estain et six personnages esmaillez de esmail sur esmail. »

Annelure, *s. f.* — Décoration de fûts de colonnes consistant en anneaux répartis dans le sens de la hauteur.

Fig. 45 et 46. — Anneaux de clef (XVIIe siècle), d'après Mathurin Jousse.

Annulaire, *adj.* — On donne ce nom aux voûtes en berceau ou en tiers-point, qui portent sur des murs ou des arcades circulaires concentriques. Telles sont les voûtes qui, dans les églises, entourent le chœur et s'arrondissant en abside. Dans les monuments civils, il existait encore, il y a quelques années, à l'ancien hôtel Colbert et surtout à la Halle au blé, des voûtes annulaires qui pouvaient être prises pour modèles.

Anse, *s. f.* ; **Ansa**, *s. f.* — Partie saillante et recourbée

Fig. 47. — Détail d'une anse d'aiguière, d'après Du Cerceau.

de certains ustensiles qui sert à les saisir ou aide à les porter. On dit une anse d'aiguière, une anse de panier, une anse de chaudron : « Une aiguière ronde, dorée et esmaillée, dont l'ance est esmaillée des armes de France et de Navarre. » (*Invent. du duc de Normandie, Dauphin,* 1363.) « Ung chauldron garny de son anse en fer, avecq ung coullouer et passouer darein. » (*Invent. de Jean Ficquel;* juridiction du Bois de Miniac, 4 novembre 1609.) Les anses des vases ont souvent donné lieu à des motifs de décoration remarquables. Le Moyen Age et la Renaissance utilisèrent les dragons et les monstres de toutes sortes, pour former le motif de ces anses. Au XVIIe siècle, les serpents n'avaient pas cessé d'être à la mode, car nous voyons figu-

Fig. 48. — Coupe à deux anses en cornes d'abondance.

rer dans l'*Inventaire des meubles de la Couronne* (1673) : « Deux petites burettes dont le corps est chacun d'une seule agathe, avec les anses d'un serpent d'or esmaillé de vert bleuastre et enrichi de petits rubis. » A cette époque, l'anse en crosse était fort en honneur dans la confection des aiguières.

En serrurerie, on donne le nom d'ANSE DE PANIER à un ornement cintré et à double volute qui figure assez couramment dans la composition des frises de balcon, des grilles et des panneaux d'ornementation en fer forgé. On lit dans les *Comptes des bastimens de Fontainebleau* (1639-1642) : « A esté fourny cinquante-six ances de panier et vingt-quatre fleurons pour lesdicts vantaux. »

En architecture, on appelle de même un arc ou une voûte surbaissés. Les arcades qui entourent l'ancienne place Royale, les arcs du pont de Neuilly, le vestibule de l'Opéra, etc., sont voûtés en anse de panier. Cet arc ne commença guère d'être usité en France qu'à la Renaissance ; mais, dès le XVIe siècle, il était assez à la mode, pour que Rabelais, dans sa description de la fameuse abbaye de Thélème, ait songé à nous dire que « le second estaige estoyt voulté à la forme d'une anse de penier ». Cette disposition, médiocrement gracieuse, fut alors appliquée même à l'orfèvrerie, et nous relevons dans le *Récollement des ornements et joyaulx de la basse thrésorerie de Notre-Dame d'Amiens* (1667) : « Un reliquaire d'argent vermeil doré, faict en ance de pannier, lequel est tout de perles autour. »

En Gascogne et dans le Bordelais, on écrivait au XIVe et au XVe siècle ANSA : « Una caudeyrana (chaudière) ab sa ansa. » (*Invent. de Ramond de Cussac;* Bordeaux, 1442.) « Ung peyrolet de coyvre an la ansa de fer. » (*Invent. de l'hôpital Notre-Dame du Puy;* Toulouse, 1473.)

Ansette, *s. f.* — Diminutif du précédent. Petite anse : « Les orfèvres, écrit Richelet, appellent ansette l'anse d'une tasse. — Quand on boit, ajoute-t-il, on prend la tasse par les ansettes. » Au XVIe siècle, on écrivait ancette : « Un petit panier en manière d'une mande à deux ancettes — une cassolette en manière de chaudron, avec sa ancette. » (*Invent. de Marguerite d'Autriche,* 1524.)

Ante, *s. m.* — On donne ce nom, en architecture, aux pilastres d'angle ou *pilastres corniers*. Dans le principe, l'ante classique ne devait être employé qu'avec l'ordre toscan ; mais, ainsi que le remarque fort bien Daviler, on a depuis appliqué les antes à tous les ordres, et avec le même succès. On appelle aussi de ce nom les pilastres qui accompagnent les jambages des portes.

Antebois, *s. m.* — Terme de menuisier. Tringle mise sur le parquet d'une chambre, le long du mur, afin d'empêcher le frottement des meubles contre la paroi. Littré, qui nous fournit cette définition, ne cite aucun exemple ancien de l'emploi de ce mot. Antebois est donc d'usage récent; ce qui le ferait supposer, c'est la citation suivante, empruntée à l'*Inventaire de l'appartement occupé par Mlle Hugues,* danseuse à l'Opéra (1766) : « Dans la salle de compagnie : une tenture de damas vert toute doublée, composée de cinquante aunes à dessins, dont on a fait six fauteuils à la reine et six cabriolets, avec les baguettes dorées et les bois qui empêchent les fauteuils de toucher à la tenture. » C'est, au reste, la première mention que nous ayons rencontrée de ces utiles objets.

Anticabinet, *s. m.* — Les auteurs du siècle dernier définissent l'anticabinet : « Grande pièce entre le salon et le cabinet, appelée communément salle d'assemblée. » Daviler, dans le plan de l'hôtel type qu'il offre à l'étude de ses contemporains (*Cours d'architecture,* Paris, 1691, t. Ier, p. 176 et suiv.), semble s'éloigner un peu de cette adaptation et assigner à cette pièce un autre rôle. Il en fait une sorte d'antichambre de même taille que celle placée en avant de la chambre de parade, c'est-à-dire vaste et bien aérée, et qui servait de lieu d'attente à ceux qui avaient à parler au maître de la maison. Quoique l'utilité d'une semblable pièce soit hors de contestation, l'anticabinet a disparu non seulement de notre langue, mais même de nos installations, et les hommes d'affaires, les médecins, les avocats consultants, qui reçoivent de nombreux visiteurs, et à qui une semblable pièce rendrait des services sans nombre, en sont réduits à faire patienter leur clientèle dans leur salon et quelquefois dans leur salle à manger.

Anticaille, *s. f.* — Voir ANTIQUAILLE.

Antichambre, *s. f.* — Nous donnons généralement ce nom à une sorte de vestibule intérieur qui livre accès à tout l'appartement. Jadis il n'en était pas ainsi. C'était la pièce qui précédait directement la chambre de parade ou les chambres à coucher, et qui était exclusivement réservée à leur usage. L'antichambre constituait donc une pièce tout à fait intérieure, dont les services étaient assurément fort nombreux, mais qui conservait par sa situation même un caractère singulièrement plus honorable que l'antichambre de nos jours. Lorsque le maître du logis recevait dans sa chambre de parade, c'est là que s'arrêtaient respectueusement ceux qui faisaient cortège au dignitaire en visite chez lui. C'est là que les amis attendaient qu'on pût les recevoir. C'est là que Mme Dangeau se retire lorsque Mme de Maintenon accorde quelque audience secrète. (Voir *Lettres de Mme de Maintenon,* t. VII, p. 129.) C'est là que l'orgueilleuse Mme Patin, condamnée à aller faire amende honorable à la Marquise insultée par ses gens, devra se tenir jusqu'à ce qu'on veuille bien la recevoir. « Et pendant que ledit laquais ira avertir sa maîtresse que vous êtes dans l'antichambre, vous y demeurerez debout et sans murmurer jusqu'à ce qu'il plaise à Mme la marquise de vous faire entrer..... » (Voir *le Chevalier à la mode,* par Dancourt, acte IV, scène IV.)

Une fois sa place et son importance restituées à l'antichambre primitive, nous voici bien plus à l'aise pour retracer son histoire relativement brillante. L'antichambre n'apparaît officiellement chez nous qu'avec le XVIe siècle, c'est-à-dire au moment où les demeures parisiennes se transforment, non pas encore pour devenir confortables, mais pour devenir au moins habitables, et presque commodes. Le Louvre, en partie rebâti par Henri II, achevé dans une de ses ailes par Henri IV, possède des antichambres. Les courtisans les peuplent, les solliciteurs les encombrent. Brantôme, dans ses *Dames illustres,* nous apprend que Catherine de Médicis « avoit ordinairement de fort belles et honorables filles avec lesquelles tous les jours en son antechambre on discouroit ». L'*Ordre observé au mariage du roi Charles IX* (1570), nous montre le jeune roi prenant Élisabeth d'Autriche « à la main droicte », et la menant « en son antichambre qui estoit fort richement meublée ». Deux ans plus tôt, en 1568, Jean Tacet, « tailleur en bois », avait touché une somme de 50 livres « pour avoir vendu quatre chandelliers..... avec ornemens antiques pour estre pendus à l'antichambre [du roy] et à celle de la Reyne audict bastiment du Louvre ». En 1617, Anne d'Autriche, dans toute la splendeur de sa jeunesse et de sa beauté, étale ses grâces dans l'antichambre de Marie de Médicis. « La jeune reine infante, qui l'année précédente dansa un assez chétif ballet espagnol au caresme prenant à Tours, raconte Bassompierre, en voulut danser un avec des Françoises, ce qu'elle fit en l'antichambre de la reine sa belle-mère. » Si l'antichambre de Marie de Médicis se transformait en salle de bal, celle de Louis XIII (voir le *Journal d'Héroard,* t. II, p. 226) devenait salle de billard, et nous savons que, le 30 juin 1618, le roi y fit sa partie. Quant à celles de Louis XIV, elles servaient de salles à manger. « Auparavant que d'entrer dans les Chambres du Roy, écrit Besongne, l'historiographe des usages de la Cour (*État de la France,* t. Ier, p. 168), il y a l'Antichambre où l'Huissier ne laisse entrer que ceux dont il a ordre ou qui y ont affaire..... C'est en cette Antichambre, quant le Roy mange chés lui en public, où l'on dresse la table de Sa Majesté, et où on le sert à dîner et à souper en cérémonie. » Ce repas, on peut bien s'en douter, ne s'accomplis-

Fig. 49. — Paroi d'une antichambre de l'hôtel d'Évreux, d'après Blondel.

sait pas sans une certaine solennité. L'ordre et la marche, pour arriver à cette antichambre, étaient réglés par la plus sévère étiquette, et le marquis de Sourches nous apprend (*Mém.*, t. II, p. 199) qu'en 1686 le roi, ayant le nonce à dîner, mit un tel temps et « compassa si bien sa marche », pour se rendre de son cabinet à cette antichambre, « que M. le nonce eut le temps de s'habiller et de le rejoindre, comme il alloit entrer dans le lieu où il devoit dîner ». Mais même lorsque le roi dînait seul, son repas avait lieu avec un apparat singulier. Quatorze gardes du corps formaient la haie. Un autre garde était en faction auprès de la nef, pièce d'orfèvrerie où était serrée, entre des coussins de senteur, la serviette royale. Aux deux côtés du fauteuil du roi, deux gardes de la manche, vêtus de leur hocqueton ruisselant d'or, se tenaient debout. Derrière le fauteuil apparaissait le capitaine des gardes, puis, à distance, le cercle des plus hauts dignitaires de l'État, et, sur la gauche, l'aumônier prêt à découvrir la nef lorsque le roi réclamerait sa serviette. Cette serviette lui était toujours présentée par un prince, et c'était un honneur envié que de donner la serviette au roi. Pour le reste, il était servi à genoux par les gentilshommes en titre. Voilà de quelle fastueuse représentation était, presque chaque jour, témoin l'antichambre de Versailles.

Ajoutons que, pendant tout le règne de Louis XV et presque jusqu'à la fin de la monarchie, dans toutes les résidences royales, l'antichambre conserva son glorieux privilège. C'est ainsi que le duc de Luynes nous montre, à Versailles, « le Roi, la Reine, M. le Dauphin et Mesdames à table au grand couvert, dans l'antichambre, entre la salle des gardes et la salle du trône ». (*Mém.*, t. VI, p. 143, novembre 1744.) De même en 1747, et bien que la Cour fût en deuil de la reine de Pologne, nous retrouvons encore la famille royale soupant « au grand couvert comme à l'ordinaire, dans l'antichambre de la reine ». « Quoique cette antichambre soit tendue de noir, et que les premières six semaines du deuil ne soient pas finies, ajoute le duc de Luynes. Les vingt-quatre violons jouèrent pendant le souper. Cette musique n'alloit pas trop avec la tenture. » (*Mém.*, t. VIII, p. 204, mai 1747.) Constatons enfin que, trente ans plus tard, à la veille de la tourmente qui va tout emporter, ces habitudes s'étaient conservées intactes, et l'exacte Mme Campan, en parlant de l'antichambre de Versailles, nous apprend que, lorsque le roi et la reine mangeaient en public, c'est là que se tenait le Grand Couvert. Elle ajoute même que, dans ces occasions, les huissiers faisaient entrer tous les gens proprement mis, car « ce spectacle, coutume fatigante pour les princes, faisoit le bonheur des provinciaux ; à l'heure des dîners, on ne rencontroit dans les escaliers que des braves gens qui, après avoir vu le dauphin manger sa soupe, alloient voir les princes manger leur bouilli, et qui couroient ensuite, à perte d'haleine, pour aller voir Mesdames manger leur dessert ».

Avec moins de faste, ces mêmes habitudes étaient devenues la règle générale des habitations distinguées, et Saint-Simon, racontant le séjour que fit chez lui le cardinal de Rohan, au château de la Ferté, écrit : « Il couchoit dans ma chambre, mangeoit avec deux ou trois de ses gens dans mon antichambre....., etc. » (*Mém.*, t. VI, p. 218.) En 1757, quand on construisit cette délicieuse habitation, qui prit le nom de Bagatelle, c'était encore l'antichambre qui servait de salle à manger.

On aura remarqué le passage des *Mémoires* du duc de Luynes relatif aux violons de la chambre qui jouaient pendant le dîner dans l'antichambre royale. Au XVIIe siècle, il n'était pas besoin du Grand Couvert, pour que les plus doux accords se fissent entendre dans celle de Mme de Maintenon. « A six heures et demie, écrit la duchesse d'Orléans (*Correspondance*, t. Ier, p. 321), le roi me fit venir dans l'antichambre de Mme de Maintenon, où étoit la musique. C'en est une toute nouvelle, une ode que l'abbé Genest a faite à la louange du roi : la bataille navale n'y est pas oubliée. La musique fut si belle que le roi la fit recommencer. » Et ce n'était pas là un fait de hasard, car Dangeau (*Journal*, t. XIV, p. 432) écrit de son côté : « Il y a tous les soirs musique dans l'antichambre de Mme de Maintenon, où les courtisans entrent, et le roi et les dames entendent la musique de la chambre. » Cette pièce, au reste, était suffisamment vaste et assez somptueusement meublée pour servir de salle de concert. A Versailles, la sombre maîtresse du Grand Roi avait deux antichambres : la première, tendue en damas rouge coupé de bandes de brocatelles de Venise, était meublée de douze chaises couvertes de moquette, d'un « banc à lit » garni d'un tapis de moquette pareille à celle des chaises, et d'une table couverte d'un tapis de drap vert. A la fenêtre, le jour était adouci par un rideau de toile de coton blanc. La seconde antichambre, celle où avaient lieu les concerts, était encore mieux meublée. La tapisserie était également de damas rouge, mais une pente de ce même damas encadrait la fenêtre, pendant que les portes disparaissaient sous des portières de semblable étoffe. On trouvait, comme dans la précédente pièce, une table et un « banc à lit » ; mais ces meubles étaient garnis de damas rouge à franges d'or, ainsi que les sièges — deux fauteuils et huit pliants — dont les bois peints en rouge étaient rehaussés de filets d'or. (*Invent. général des meubles de la Couronne;* château de Versailles, année 1708.) Certes, étant donnée la gravité de la dame, cette double antichambre pouvait passer pour quelque peu somptueuse ; cependant elle était fort au-dessous, comme luxe, de ce qu'on voyait alors dans d'autres résidences.

Lorsqu'en 1679, à l'occasion du mariage de Mademoiselle avec le roi d'Espagne, on meubla pour cette princesse un appartement au Palais-Royal : « Il y avoit, dit le *Mercure,* dans une Antichambre une tapisserie de satin blanc de très grand prix remplie de quantités de figures de la Chine travaillées toutes avec de l'or, de l'argent et de la soye. » Celle qui précédait l'appartement que Monsieur fit préparer en 1681 pour recevoir à Saint-Cloud son auguste belle-sœur, la reine Marie-Thérèse, n'était pas moins somptueuse : « Les meubles en estoient de brocard d'or et de velours violet. La tapisserie, très riche et toute rehaussée d'or, étoit faite sur les dessins de Nocret, valet de chambre de Monsieur et son premier peintre, et les Amadis de Gaule en avoient fourny le sujet. » (*Mercure,* n° d'avril 1681.) A Paris, chez le fils naturel du Grand Roi et de Mme de Montespan, chez le comte de Toulouse, grand amiral de France, l'antichambre était double, comme chez Mme de Maintenon : « On arrive sur le pallier, écrit Piganiol de la Force (*Descr. de Paris,* t. III, p. 259), et l'on entre dans la première antichambre du grand appartement. En hyver, elle est ornée d'une magnifique tapisserie à personnages, qui représente quelques-unes des conquêtes de Louis le Grand : ce riche morceau est de Behagle. Sur la porte, par laquelle on entre dans cette pièce, l'on voit une bacchanale d'enfans qui a été peinte par Nicolo. Le grand tableau qui est sur la cheminée est un des plus beaux qu'ait faits le Guide et nous fait voir le jeune David tenant la tête gigantesque de Goliath. La pièce qui suit sert de seconde antichambre et est superbement meublée. On y voit une tapisserie de velours cramoisi ornée de colonnes torses en grosse broderie d'argent, lesquelles font symétrie avec l'architecture de la corniche. Tous les sièges de cette pièce sont de la même magnificence. La cheminée est décorée d'un goût qui donne du prix au marbre, aux glaces, aux ciselures en bronze et aux autres ornemens qu'on y a employés. » Enfin, après avoir accordé un regard aux antichambres célèbres des hôtels d'Évreux et de Roquelaure, dont Blondel nous a conservé l'image, après avoir cité celles des hôtels de Soubise et de Rohan qui existent encore, nous mentionnerons, pour terminer, l'antichambre de M. Titon, mort en 1711, secrétaire du roi, qui était assez bien décorée et meublée pour avoir frappé l'attention de Germain Brice. « A l'extrémité de la galerie, dit cet auteur (*Descr. de Paris,* 1725, t. II, p. 270), on entre dans une antichambre garnie de quatre grands tableaux de fleurs peints par Fontenay, et d'autant de canapées (*sic*) de velours verd, rehausséz d'ouvrages à petits points sur des fonds d'or. » Après cela, quand nous lirons dans Dangeau des phrases comme celles-ci : « Il y a plus de dames à ce voyage-ci qu'à l'ordinaire. Plusieurs de ces dames couchent dans les antichambres des princesses, parce qu'il n'y auroit pas assez de logements pour les mettre séparément », nous serons moins tentés de nous apitoyer sur le sort de ces belles et nobles créatures, obligées de reposer dans de semblables pièces.

Après avoir accompli de si brillantes destinées et revêtu une parure si magnifique, l'antichambre, au commencement de ce siècle, faillit disparaître brusquement de nos maisons, distribuées désormais en tranches, et converties en appartements exigus, où toute pièce devait justifier sa présence par des services effectifs. Et quand, par une nouvelle et meilleure appropriation de ce qu'on devait appeler dans la suite les *maisons de rapport,* l'antichambre reparut, elle avait dépouillé son ancien caractère. Son existence n'était plus liée à la chambre qui lui avait donné son nom et dont elle était quasiment le préambule. Elle était devenue une sorte de vestibule fermé chargé de desservir tout l'appartement. On ne peut nier que, dans ces nouvelles conditions, l'antichambre n'ait rendu encore de signalés services. Lorsque les appartements bourgeois en étaient réduits, ainsi que le remarque M. Bosc (*Dict. d'archit.,* t. Ier, p. 89), à offrir, dès la porte d'entrée, leur salle à manger comme première pièce, sur laquelle les autres prenaient leurs dégagements, les habitants pouvaient bien se figurer qu'ils continuaient les traditions du Grand Roi en dînant dans leur antichambre; mais cette situation n'en était pas moins fort incommode et fertile en désagréments. Faut-il ajouter que cette coutume fut un instant générale? Le *Journal de Paris* du 18 avril 1790, dans l'annonce suivante, l'indique clairement : « Deux appartemens à louer, rue du Faubourg-Saint-Honoré, place de l'hôtel Beauvau, n° 46, pour le terme de Saint-Jean. Ces 2 appartemens, ornés de glaces et repeints à neuf, sont composés et distribués comme il suit : 1re et 2e antichambre servant de salle à manger, salon ovale; à droite, chambre à coucher, etc. » On voit que c'était alors l'habitude de dîner dans son antichambre ou de faire servir cette pièce de salle à manger, ce qui revient au même.

Fig. 50. — Paroi d'antichambre à l'hôtel de Roquelaure, d'après Blondel.

Aujourd'hui, il n'est appartement si modeste qui n'ait son antichambre. Dans certains grands hôtels et chez quelques hauts personnages, cette antichambre se complique d'un Salon d'attente ou d'un Parloir, pièces qui rappellent l'antichambre ancienne, mais dont la dénomination est moins désagréable pour ceux qui doivent y séjourner. « Faire antichambre » est devenu, en effet, une locution déplaisante, et « propos d'antichambre » signifie, de nos jours, une conversation de laquais. Nous n'avons toutefois à nous occuper ici ni du salon d'attente, ni du parloir, dont il sera question plus loin. La seule pièce que nous ayons en vue, c'est le vestibule fermé, sorte d'avertissement, de préambule placé à l'entrée de l'appartement, comme l'avant-propos qui, mis en tête d'un livre, doit familiariser le lecteur avec le sujet que l'auteur se propose de traiter

Notre étude sur l'antichambre, toutefois, ne serait pas complète si nous omettions de constater que cette pièce a préoccupé maintes fois les disciples des Muses et les Œdipes du siècle dernier. Le *Mercure* de juillet 1751 proposait, en effet, à ses lecteurs, l'énigme suivante :

Double dans les palais des rois,
Vue avec moins d'éclat dans les hôtels bourgeois,
Je suis en tous les temps foulée
Également par gens de tout état.
Chacun attend chez moi : le pauvre, la livrée,
Le riche, le marchand, le duc, le magistrat.
Le valet doit sans doute à coup sûr me connaître,
Je précède le lieu où repose mon maître.

Si la poésie de cette énigme est un peu faible, le mot, par contre, en est aisé à deviner. Cette pièce, encombrée de personnages de toutes sortes, est bien celle où la maréchale de Mirepoix attendit deux heures dans la société de commis et de domestiques ; ce qui lui faisait dire au duc de Nivernais, surpris de la voir en si douteuse compagnie : « Je ne crains point ces messieurs, tant qu'ils sont encore laquais. » Aussi nous bornerons-nous à remarquer que, parmi les lecteurs perspicaces qui résolurent cette facile devinette, figurent deux Méridionaux qui répondirent à la question du *Mercure* par le mot AVANT-CHAMBRE. C'est une occasion pour nous de constater que, jusqu'à la fin du XVIIIe siècle, ce dernier terme fut usité dans tout le Midi. Ainsi nous rencontrons, dans l'*Inventaire du cardinal de Belzunce*, dressé à Marseille en 1745, à la suite de la mort de ce prélat, la mention suivante : « Dans l'avant-chambre nous avons trouvé deux secrétaires bois noyer vuides. » Ç'avait été, du reste, la première forme d'antichambre. (Voir E. Pasquier, *Recherches*, liv. VIII, p. 662, et plus loin, le mot AVANT-CHAMBRE.)

Antimoine, *s. m.* — Métal d'un blanc bleuâtre, brillant, lamelleux, qui conquit au XVIIe siècle une réputation universelle comme médicament, et souleva dans le monde médical de terribles disputes. Dans l'industrie, on a demandé pendant longtemps à l'antimoine l'émail jaune de la faïence. C'est également avec un composé de plomb et d'antimoine qu'on fabrique les caractères d'imprimerie. Il est à croire que les deux « flambeaux d'antimoine » que l'huissier de l'Académie de peinture fut chargé d'acheter à la date du 3 novembre 1657 étaient fabriqués de ce même alliage (voir *Procès-verbaux de l'Académie de peinture*), car l'antimoine à l'état naturel ne paraît guère propre à un pareil usage.

Antin (Marbre d'). — C'est le nom qu'on donnait, au XVIIIe siècle, à l'espèce de marbre qu'on appelle aujourd'hui le SARANCOLIN. Le marbre d'Antin était fort recherché. Formé de coulées rouges, jaunes, grises et violacées, il était considéré, sinon comme des plus précieux, du moins comme un des plus décoratifs. On l'employait dans le mobilier, soit comme tables, soit comme tablettes de secrétaires, de commodes, etc. Le *Livre journal* de Duvaux en fournit des exemples : « 27 octobre 1749. A M. Camuset, fermier général : une armoire d'encoignure de vernis la Chine, avec son marbre d'antin de 112 livres. » (T. II, p. 32.) Dans l'*Apposition des scellés chez Germain Soufflot* (1780), nous relevons également « une commode de bois de roze à dessus de marbre d'antin ».

Antiquaille, *s. f.;* **Antique,** *s. f.;* **Antiquité,** *s. f.* — Nous avons vu au mot ANCIEN l'ingénieuse distinction qu'on faisait, au temps de Béroalde de Verville, entre ce mot et l'adjectif antique : « Pour estre antique, disait l'auteur du *Moyen de parvenir*, il faut qu'il y ait mille ans, ancien deux cens, viel plus de cent ans. » La qualification d'antique s'appliquait donc, dès le XVIe siècle, aux objets qui remontaient à l'époque grecque ou romaine, et le mot antiquaille, dont nous verrons plus tard le sens se modifier, était alors le substantif chargé d'exprimer la même idée. A ce moment, en effet, ce dernier terme, non seulement ne portait avec lui aucune espèce de défaveur, mais servait à désigner les statues les plus réputées, les bustes et les bas-reliefs les plus célèbres.

Pour en avoir la preuve, il suffit d'ouvrir les *Comptes du château de Gaillon* (1497-1509). Ils signalent l'orfèvre Jacques, de Longchamps, comme ayant travaillé « aux roleaux des antiquailles ». Les *Comptes des bastimens du Roi*, aux années 1540-1550, portent un payement de 20 livres : « A Jacques Veignolles, paintre, et Francisque Rybon, fondeur, pour avoir vacqué à faire des mosles de plastre et terre, pour servir à jetter en fonte les anticailles que l'on a amenées de Rome pour le Roy. » Quinze ans plus tard, à propos de travaux récemment exécutés à Fontainebleau, nous lisons la mention suivante : « A Fremyn Roussel, sculpteur, la somme de XV livres, pour avoir, en diligence, racoustré les figures estans au jardin de la Reyne, aussy avoir aydé à remuer les anticailles estans sous le cabinet des armes du Roy. » Ce même terme était également employé pour désigner les médailles et monnaies antiques. Les *Actes consulaires* (1523-1524) de la ville de Lyon nous apprennent qu'à son passage en cette ville, l'amiral Bonnivet reçut des magistrats « une belle grande esguière et un plat d'argent, le tout à personnages et anticailles doréz », c'est-à-dire décoré de médailles antiques. Gilles Corrozet, du reste, dans son *Blason du Cabinet*, publié en 1539, écrit :

Cabinet paré de médailles
Et curieuses antiquailles.

Et J.-A. de Baïf, dans ses *Mimes* (1597), ajoute :

Carcasset est fou qui s'endette,
Afin d'avoir dont il achette
Cent mille anticailles qu'il veut.

Au milieu du XVIIe siècle, antiquaille n'avait encore rien perdu de sa signification honorable, et Loret, dans sa *Muze historique* (mars 1652), n'hésite pas à s'en servir pour désigner les richesses archéologiques que le comte de Béthune avait amassées à grands frais.

L'illustre Reine de Süede
. . . .
Ayant apris des fois plus d'une,
Que le Sieur Comte de Bethune,
Dans son cabinet de Paris,
Avoit d'excellents manuscrits,
Comme aussi plusieurs antiquailles,
Sçavoir quantité de médailles,
Reliefs, portraits, crayons, tableaux,
Des plus rares et des plus beaux,
A fait propozer audit Comte
Une somme d'or qui se monte,
Tant en justes qu'en quarts d'écus,
Justement à cent mille écus.....

On sait que le comte refusa ces trois cent mille livres, somme énorme pour l'époque, et préféra conserver ses richesses à la France. Pour en revenir au mot antiquaille, il nous faut constater qu'il était pris encore dans une autre acception. Gilles Corrozet, que nous citions à l'instant, parle fort respectueusement d'une

Maison de pris, bien paincte à l'antiquaille.

Que faut-il entendre par là ? Suivant l'opinion des érudits, l'antiquaille ne signifie pas ici peint à la façon antique, mais bien décoré de peintures représentant des scènes ou des sujets tirés de l'histoire ancienne ou de la mythologie. Il y avait, en effet, à Paris même, au temps de Gilles Corrozet, un certain nombre de ces maisons « painctes à l'antiquaille ». Sauval, dans ses *Antiquités de Paris* (t. II, p. 187 et 227), cite l'*Hôtel d'Hercule,* qui faisait le coin de la rue des Augustins et « qu'on nommoit ainsi à cause des travaux d'Hercule qui y étoient représentés, peints à la fresque tant sur les murailles extérieures que sur les murs et portiques de la cour et des vestibules ». Cet hôtel, qui, plus tard, fut acquis par la Couronne et changea de nom, était fort célèbre alors, et le père Jacques du Breul, « Parisien », comme il aime à s'appeler, lui consacre une mention dans son livre imprimé en 1639. (*Théâtre des antiquités de Paris,* liv. II, p. 576) : « Au coin de la ruë des Augustins, écrit-il, du costé qui tend au pont Sainct-Michel, il y a une grande maison appellée vulgairement l'Hostel ou maison d'Hercules : pource que par les salles et chambres et aussi extérieurement le long des murailles d'icelle, les prouesses de cet ancien héros y sont dépeintes. » Plus tard, Claude le Petit célébrait en vers le pont Notre-Dame, sur lequel on avait peint de la même façon la série des rois de France; et en plein XVIIe siècle, le peintre Jacques Rousseau acquit une réputation méritée par des peintures de même nature, dont notre atmosphère peu clémente devait amener, hélas ! la rapide destruction. On peut voir par là que le mot antiquaille garda assez longtemps une signification toute différente de celle qu'il devait prendre à la fin du XVIIe siècle, et qui s'est transmise jusqu'à nous, signification que le *Dictionnaire de Trévoux* définit ainsi : « Terme de mépris qui se dit des pièces antiques ou vieux meubles qui sont de peu de valeur. »

Fig. 51. — Galerie des Antiques, au Louvre.

Le substantif qui succéda à antiquaille dans le vocabulaire des arts est ANTIQUE. Il était déjà en circulation au XVIe siècle, car nous voyons, en 1538, François Ier acquérir de Georges Vezeler, marchand orfèvre à Anvers, « ung voirre de cristal avec son couvercle d'argent et le pied de mesme dorée et cyzellée à l'anticque... » et Belleforest, parlant de l'entrée de Charles-Quint à Paris (1539), nous apprend qu'il passa sous « deux arcs triomphaux érigés à l'antique ». Ajoutons que dans le langage des amateurs du XVIe et du XVIIe siècle, antique signifie également médaille, buste, bas-relief, etc. « Le mercredi 9e (décembre 1592), écrit Pierre de L'Estoile : au sortir de mon disner,..... m'estant retiré en ma chambre du milieu, le plancher s'esboula sous moi, et [je] tumbai dans le trou qui s'en fist..... et le lendemain, dans la mesme chambre, m'estant laissé tumber au mesme trou, je perdis une antique d'argent de Marius, que j'aimois fort, et que je tenois en ma main; laquelle depuis n'ai jamais veu ni sceu recouvrir, quelque diligence que j'en aie faite, non plus que si elle fust fondue en abisme. » L'année suivante (janvier 1593), L'Estoile, qui jouait de malheur, manqua d'avoir la tête écrasée par une autre antique : mais cette fois ce n'est plus d'une médaille, c'est d'un buste qu'il s'agit : « Ravodant en mon estude, écrit-il, et estant monté sur le haut de mon eschelle, je faillis d'estre tué d'une antique de marbre, qui estoit sur la tablette haute qui est au-dessus de la porte de mon estude, qui se décimenta de son pied et me cuida jeter à terre. » (*Ibid.,* t. V, p. 213.) Dans ce sens spécial, le mot antique conserva sa valeur au XVIIe siècle. Daviler, qui écrivait en 1690, le définit ainsi : « Ce mot se dit d'une figure faite du tems que les Arts étoient dans leur plus grande perfection chez les Grecs et les Romains » ; et dans l'article où il traite des *Bastimens de Michel-Ange,* nous parlant de la première visite que le grand sculpteur fit à Rome, il ajoute : « La beauté des plus parfaits Antiques conservés dans les jardins de Belvédère l'étonna de telle sorte, que, reconnoissant qu'il étoit encore bien éloigné de la perfection de son Art, il se mit à étudier tout de nouveau, et s'efforça de joindre à la connoissance de la nature la belle manière de l'Antique. » (*Cours d'archit.,* Paris, 1691, t. II, p. 262.) L'*Encyclopédie* et le *Dictionnaire de Trévoux,* ces deux grandes autorités du siècle dernier, attestent que, pendant le XVIIIe siècle, le terme ne cessa d'être usité et, à leur défaut, l'usage que Voltaire en fait dans son *Siècle de Louis XIV,* et Jean-Jacques Rousseau dans son *Émile,* auraient suffi à lui assurer un passeport jusqu'à nous. Il nous est du reste parvenu sans atténuation, et une des galeries du Louvre montre, au-dessus de sa porte, l'inscription : « Galerie des Antiques. »

En ce siècle, on a même quelque peu discuté pour savoir de quel genre devait être cet adjectif devenu substantif par la force des choses. Nous avons vu que Daviler l'avait fait masculin, Furetière, l'*Académie,* l'*Encyclopédie, Trévoux,* le font au contraire féminin, mais sans en dire la raison. Domergue, qui se charge de ce soin (voir *Manuel de l'étranger*), explique la chose de la façon suivante : « *Antique* étant un pur adjectif doit prendre le genre du mot sous-entendu. *Antique* paraît devoir le genre féminin au mot féminin *statue,* que l'esprit a d'abord considéré. A l'aspect de l'Apollon du Belvédère et de la Vénus de Médicis, on s'est écrié : Voilà de *belles statues antiques,* et puis, pour abréger une impression que l'admiration mettait sans cesse dans la bouche, on a dit : Voilà de belles antiques. Tel est l'usage et la raison de l'usage. » Fort bien ; mais s'il s'agit d'un buste, d'un bas-relief ou d'un vase? Eh bien, l'usage prévaut, et Littré ne donne au mot dont nous nous occupons, pris dans son acception spéciale, qu'un seul genre, le genre féminin. Au reste, pour nous mettre à l'aise, depuis cinquante ans, à côté du mot antique, trouvé sans doute un peu solennel et dont l'acception pouvait sembler étroite, on a adopté le mot Antiquité. On ne dit plus un *amateur d'antiques,* un *cabinet d'antiques,* mais un *amateur,* un *cabinet d'antiquités,* et ce néologisme s'étend bénévolement à tout ce qui, dans le commerce de la curiosité, date d'un siècle et de plus. On voit que les amateurs de notre temps n'observent plus guère l'ingénieuse distinction imaginée par les contemporains de Béroalde de Verville. Les marchands, faut-il l'ajouter, l'observent encore moins. Il n'est pas besoin, en effet, d'avoir beaucoup fréquenté l'Hôtel des ventes, pour s'apercevoir qu'on applique généreusement cette dénomination à des objets qui ont à peine dix années d'existence.

Bien que l'emploi du mot antiquité, dans l'acception que nous venons de signaler, soit relativement contemporain, ce mot, toutefois, fut couramment usité, au XVIe siècle, pour signifier des ouvrages alors très modernes, mais qui, dans leur forme ou dans leur style, présentaient une analogie même assez vague avec les ouvrages anciens. C'est ainsi qu'une quittance fort curieuse au point de vue des usages du temps, publiée dans les *Archives de l'art français* (2e série, t. II, p. 136), attribue au nommé « Jacques Laboureur, demeurant à Paris, rue Montmorancy », le titre de « tailleur d'antiquités », et ce titre, la quittance en question le justifie par l'exécution de « plusieurs trophées, comme canons, boulets, casques, picz et toutes sortes d'armes », que ledit Laboureur avait sculptés tant à la barrière qu'au centre de la porte neuve de l'Arsenal à Paris.

Personne n'ignore combien, à partir du XVIe siècle, le goût de ce que nous appelons aujourd'hui des antiquités fut répandu en France et devint à la mode chez les plus grands et les plus puissants seigneurs. Les anciens *Comptes* nous apprennent à quelles transactions et à quels voyages donnait lieu la recherche de ces curiosités précieuses. On peut y voir le cardinal d'Amboise équiper de véritables convois pour transporter à son château de Gaillon les objets d'art qu'il a pu ramasser en Italie. Sous le règne de François Ier (1540), on assiste à l'arrivée à Fontainebleau de Jean Le Fèvre avec 123 « quesses, esquelles estoient toutes les médalles, figures de marbre antique », que le Primatice avait été choisir à Rome. On peut encore constater que pendant toute la durée du règne de Herri II, de Charles IX, de Henri III, ce mouvement d'importation se continua non seulement pour le compte du souverain, mais pour celui des grands personnages. Nous n'en voulons pour preuve que les envois signalés par le cardinal d'Armagnac au connétable de Montmorency (1554-1556). En 1630, c'est Étienne Quarteron et Claude Vignon, qui expédient à Gaston d'Orléans des cargaisons de statues et de bustes; puis, en 1633, c'est le tour de Richelieu, et, en 1647, celui de Mazarin — *Monseigneur l'archevêque Mazzarini* — comme portent les étiquettes des caisses. Enfin apparaît le Grand Roi, et voilà Guillaume Boschetto, Charles Errard, Girardon, le duc d'Estrées et vingt autres à la besogne. En 1679, une seule expédition comprend cinquante-trois grandes caisses. En 1682, cent soixante-dix-sept statues prennent le chemin de Paris, et l'arrivée de ces trésors d'art fait une telle sensation, que le *Mercure* (voir le n° de juillet 1682) signale l'entrée de ces fameux colis dans la cour du Louvre comme un événement public du plus haut intérêt.

Des exemples aussi augustes devaient, on le comprend, être pieusement suivis. Il semble donc que le mot antique aurait dû participer de la vénération générale dont les antiques étaient devenues l'objet. Pendant tout le XVIe et le XVIIe siècle, il est vrai, les meubles décorés d'attributs anciens furent déclarés « faits à l'antique », et cette qualification était un éloge. Les *Comptes des Bastimens* à l'année 1568 parlent de chandeliers « enrichis de vazes, avec gauderons, feuillages, masques, guillochis et ornemens antiques ». L'*Inventaire des meubles de la Couronne* (1673) mentionne des « vazes d'agathe de forme antique », d'autres « vazes couverts de lapis, de rapport de forme antique ». Toutefois, par une de ces contradictions assez fréquentes en notre pays, dès le XVIe siècle, la société française, amoureuse de changement et de nouveauté, avait commencé à assigner à ce mot une signification peu gracieuse. « Il est vray, écrivait Robert Estienne, que *faict à l'antique* se dit aucunes fois sans mespris, selon la chose de laquelle on parle ; mais plus communément, par ceste façon de parler..... nous voulons donner à entendre une chose estre faicte un peu lourdement et avec peu d'art. » (*Apol. pour Hérodote,* p. 425 et 426.) Ce n'est plus, en effet, les objets vieux de mille ans que le mot antique va signifier désormais dans la conversation et les écrits de cette foule brillante et légère ; c'est tout ce qui a passé de mode, tout ce qui n'est plus dans le goût du moment. Pour Tallemant des Réaux, le château de Rambouillet où trône la célèbre marquise « n'est qu'un bâtiment à l'antique ». (*Historiettes,* t. II. p. 219.) La belle châtelaine chez laquelle Bussy-Rabutin passe, en 1640, de si doux instants, a « des meubles à l'antique, mais si conservés d'ailleurs qu'on n'en reconnoissoit l'ancienneté qu'à la richesse des étoffes ». (*Mém.,* t. Ier, p. 95.) Après cela, nous ne serons pas surpris d'entendre Mlle de Montpensier trouver qu'à Chenonceaux « les appartements, quoique d'un antique dessin, sont néanmoins assez beaux ». (*Mém.,* t. Ier, p. 31.) Un siècle plus tard, ce n'est plus le style de la Renaissance qui paraîtra antique et sera qualifié tel, c'est le style Louis XIV. En octobre 1747, parlant des transformations que Louis XV vient de faire subir à l'appartement de la reine, « ces augmentations d'ornements, dit le duc de Luynes, sont faites dans le goût antique, étant nécessaire qu'ils assortissent au reste ; mais cet antique est exécuté si agréablement, que l'on ne peut presque y rien désirer ». (*Mém.,* t. VIII, p. 310.) Dès qu'une forme a vieilli, dès qu'un meuble est démodé, ils sont qualifiés d'antiques, même dans les inventaires : « Un vieux bas de buffet à l'antique,..... des fauteuils à l'antique. » (*Invent. de la veuve Molé de Villy;* Angoulême, 1758.) Et la spirituelle petite-fille de Mme de Sévigné écrit gaiement : « Nous sommes des gens qui donnons dans la mode et qui ne voulons point de vieilleries ; c'est bien assez d'être soi-même une antique sans en orner sa poche. » (*Lettre de Mme de Simiane* dans le recueil des *Lettres de Mme de Sévigné,* t. X, p. 115.)

En dépit de ces qualifications malsonnantes et de ces boutades, les Antiques n'en ont pas moins joué un rôle considérable dans l'histoire de l'art français. La Renaissance, en Italie, s'était directement inspirée des chefs-d'œuvre de l'Antiquité retrouvés et compris. La France, en s'inspirant de la Renaissance italienne, s'en imprégna en quelque sorte de seconde main. L'influence que les artistes et les modèles venus d'au delà des Alpes exercèrent sur notre goût national n'est pas discutable. Grâce à eux, une transformation complète s'opéra dans nos idées en même temps que dans notre idéal, et l'art français sortit brusquement — trop brusquement peut-être — des voies qu'il avait si longtemps suivies, pour marcher à grands pas vers un but nouveau. On sait quelles glorieuses étapes marquent cette féconde période de notre histoire artistique. Grâce à la vitalité du génie national, nos architectes, pas plus que nos peintres et nos sculpteurs, ne devinrent de plats copistes. Philibert de Lorme, Pierre Lescot, Jean Goujon, Jean Bullant, surent rester profondément originaux ; et si Poussin, Le Brun, Claude Lorrain, Pierre Mignard et cent autres allèrent à Rome allumer leur génie au flambeau de l'Antiquité, ils n'en demeurèrent pas moins Français par leur talent et dans leurs ouvrages. L'Antiquité leur donna le sentiment de la forme et de la mesure, mais elle n'entama pas leur individualité, et de même que les chefs-d'œuvre d'Eschyle, de Sophocle et de Térence avaient inspiré à Corneille, à Racine, à Molière d'impérissables chefs-d'œuvre, sans qu'ils cessassent d'être de leur pays et de leur temps ; on peut dire de même que Puget, Coustou, Coysevox, aussi bien que Mansart et Perrault, sont demeurés la vivante expression du XVIIe siècle français.

Au siècle suivant, le goût s'éloigna pendant quelques années des modèles grandioses qui avaient si fort ému les artistes de la période précédente. Pendant plus de soixante ans, la passion du joli, du gracieux, domina tout le reste. Mais la découverte d'Herculanum et de Pompéi, la réaction commencée par Vien et accomplie par David, coïncident avec un redoublement d'ardeur chez les collectionneurs à réunir les antiques et à leur donner dans leurs galeries une place d'honneur. Le catalogue de l'expert Le Brun, dont la vente eut lieu en 1791, c'est-à-dire à l'époque où la toute-puissance de David commençait à s'affirmer, est le reflet fidèle de ces préoccupations dominantes. On y rencontre près de trois cents objets antiques, vases, colonnes, bustes, statues, provenant de l'Égypte, de la Grèce ou de Rome.

Antiquer, *v. a.* — C'est, en terme d'ancienne reliure, pratiquer avec des fers chauds, sur la tranche dorée ou non dorée d'un livre, des ornements à ramages ou autres. Cette façon, fort en usage au XVIe siècle, est sortie des habitudes de nos relieurs et n'est plus usitée que très exceptionnellement.

Antonnoir, *s. m.* — Voir ENTONNOIR.

Aornement, *s. m.;* **Aorner**, *v. a.* — Voir ORNEMENT et ORNER.

Apas, *s. m.* — Locution flamande. Pas, marche, pierre sur laquelle on monte. « Ledit Anthonne pour mieux parler au peuple, ala monter supz le plus hault apas de la halle des doïens. » (*Chronique de Tournai,* à l'année 1421.)

Apiècement, *s. m.* — On nomme ainsi le morceau d'étoffe qui sert à élargir sur le côté la couverture d'un siège, fauteuil ou chaise meublante. Quand le meuble est couvert en tapisserie faite exprès, on n'a pas besoin d'apiècement, parce que la couverture prend exactement la forme du siège. Par contre, l'apiècement devient indispensable lorsqu'on emploie de l'étoffe en pièce, laquelle est toujours trop étroite.

Aplomb, *s. m.* — Se dit de toute ligne ou de toute surface exactement verticale, c'est-à-dire parfaitement perpendiculaire à l'horizon. Ce mot vient de ce qu'on se sert du *fil à plomb* pour déterminer la verticalité. En terme de tapissier, donner l'aplomb à un meuble, c'est le caler, ou rejeter à l'aide de cales sa masse contre la muraille, et l'empêcher ainsi de tomber en avant.

Apovette, *s. f.* — Locution picarde. Appui, accoudoir.

Appa, *s. m.* — Locution forézienne. Crampon de fer.

Appare, *s. f.;* **Apparoi**, *s. m.* — Ces deux substantifs ont été employés, aux XIVe et XVe siècles, dans le sens de muraille, lambris ou cloison. D. Carpentier croit y découvrir deux adaptations françaises du latin *paries,* et l'on peut y chercher la première forme du mot PAROI. Les exemples suivants font connaître l'emploi de ces deux mots, et le sens dans lequel ils étaient usités : « Il convint abatre les apparoiz de la chambre où se tenoit le Roy. » (Joinville, p. 113.) « [Il] getta le voirre contre le mur ou apparoy de la maison. » (*Lettre de grâce,* 1454.) « [Il]

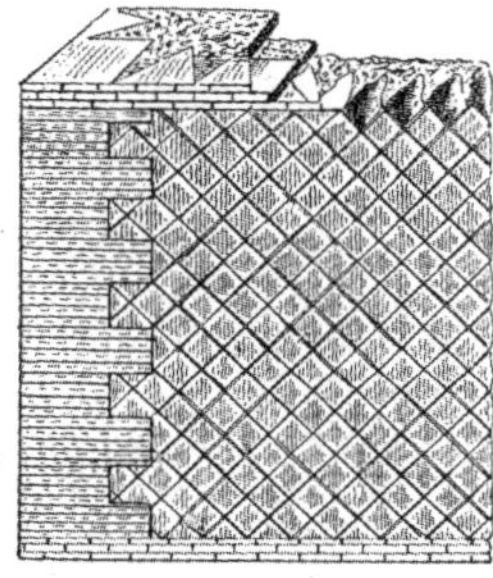

Appareil réticulé.

Appareil obliqué.

Fig. 52 et 53. — Appareils de maçonnerie.

se tenoit mussé..... contre le torchis ou apparoy de son hostel. » (*Lettre de rémission,* 1468). « De si grant force getta l'escuelle en quoy ils buvoient, que elle rompy en plusieurs pièces encontre une appare ou elle féry. » (*Lettre de rémission,* 1409.) On pourrait citer d'autres exemples.

Appareil, *s. m.* — En terme d'architecture, ce mot sert à désigner : 1° la taille des matériaux employés ; ainsi on dit qu'une construction est de *grand appareil* quand ces matériaux ont de vastes dimensions ; de *petit appareil* quand ce sont, au contraire, des matériaux de dimensions médiocres. Au XVIIe siècle, on employait les mots *haut* et *bas appareil* en leur donnant la même signification (voir Daviler, *Explication des termes d'architecture,* Paris, 1691, t. II, p. 375). — 2° Le soin et l'habileté avec lesquels les matériaux sont disposés ; ainsi on dit d'un bâtiment bien construit, et dont les assises de pierre sont bien égales, qu'il est d'un *bel appareil.* — 3° La disposition et l'ajustement de ces mêmes matériaux.

Pour la première désignation, quoiqu'il soit assez difficile de déterminer la dimension que doivent présenter les matériaux de haut et bas appareil, on peut admettre cependant que les pierres de *grand appareil* ne doivent pas avoir moins de 0^{m},45 à 0^{m},50 de haut sur 0^{m},75 de longueur, que celles de *moyen appareil* sont comprises entre 0^{m},30 et 0^{m},45, et qu'au-dessous de 0^{m},30 on tombe dans le *petit appareil,* étant donné que la longueur reste toujours à peu près proportionnelle.

La seconde désignation n'a pas besoin d'être davantage expliquée. Quant à la troisième, les divers appareils employés dans la construction sont si nombreux, qu'il nous est impossible de les énumérer tous. Nous nous bornerons donc à noter ici ceux qui sont le plus souvent usités.

L'appareil d'une construction peut être régulier ou irrégulier. On dit qu'il est régulier, quand les matériaux sont de même taille, disposés par assises horizontales, et de façon que les joints verticaux se contrarient. On dit qu'il est irrégulier, quand il n'a de régulièrement appareillé que ses angles saillants ou rentrants, et que le reste de la maçonnerie est formé par une espèce de blocage noyé dans du mortier (dans ce cas, il s'appelle aussi *appareil incertain, opus incertum*), ou encore lorsqu'il est formé de blocs d'une forme polygonale irrégulière, mais dont les côtés coïncident les uns avec les autres. Dans ce deuxième cas, il prend également le nom d'*appareil polygonal.*

On désigne, en outre, sous le nom d'*appareil réticulé* (*opus reticulatum*) la disposition des pierres en losange, de façon que la muraille ait l'air d'être couverte par les mailles d'un vaste filet (*reticulum*), et sous le nom d'*appareil oblique* (*opus spicatum*) l'arrangement de matériaux oblongs placés sur champ, de manière qu'ils figurent une sorte de « point de Hongrie ».

Les appareils réguliers, avec assises horizontales, convenablement jointoyés, sont les seuls qui conviennent à une muraille destinée à porter une charge importante. Les autres trouvent leur application dans les murs qui ont à supporter une poussée latérale.

L'action de tailler les pierres d'un édifice, de façon qu'elles s'adaptent convenablement les unes aux autres, et ensuite de les poser à la place qui leur convient, se nomme APPAREILLER, et l'on appelle APPAREILLEUR l'ouvrier ou le maître compagnon qui dirige ce travail. L'appareilleur doit être en état de tracer les épures à grandeur d'exécution et les développements de chacune des pierres à employer. Il doit, en outre, surveiller la coupe de la pierre et sa mise en place une fois taillée. C'est une chance heureuse pour un architecte que d'avoir affaire à de bons appareilleurs.

Appareiller, *v. a.* — Outre le sens que nous venons d'indiquer à l'article précédent, ce verbe avait autrefois plusieurs significations ; il s'employait dans le sens d'ASSORTIR (voir ce mot) : « Appareiller des laines, des soyes, une doublure ; ce terme, dit Savary, est fort commun dans le commerce de la mercerie. »

Du XIVe au XVIe siècle, appareiller a encore signifié raccommoder, réparer. C'est avec ce sens qu'il figure dans les anciens *Comptes :* « A Martin Didèle, coustepoinctier, demourant à Paris..... pour sa peine et sallaire d'avoir appareillié et mis à point le bancquier de drap d'or de Madame la Royne (Isabeau de Bavière) : c'est assavoir, y avoir reffait plusieurs trouz qui estoient despecéz et recousu en plusieurs lieux, pour ce VIII sols parisis. » (*Comptes de l'argenterie,* 1387.) A la même époque, on disait encore : « Appareiller un lit », et « appareiller une table, un dîner », dans le sens de mettre le couvert et de servir. On lit dans *li Roumans de Berte aus grans piés,* p. 67 :

> A cel conseil se tiennent, ainsi fu establis
> Et lors fu moult trestot apareilliéz li lis
> Et la serve se couche...

Racontant le séjour que fit le roi d'Angleterre à Valenciennes (1339), Froissart écrit : « Assez tost après fut le souper appareillé, qui fut grant, bel et bien ordenné. » Plus loin, à propos du mariage de Charles VI et d'Isabeau de Bavière (1385), il ajoute : « Après la haute messe et les solemnités faites qui, au mariage, appartenoient à faire, on se retraist (retira) au palais de l'évêque où le Roi étoit logé, et là fut le dîner des dames appareillé, et du Roi et des seigneurs à part eux. » (*Chron.,* t. Ier, p. 231.)

Apparoi, *s. m.* — Voir APPARE.

Appartement, *s. m.* — C'est, au dire de Littré, « un logement composé de plusieurs pièces » ; encore faut-il ajouter, se faisant suite, de plain-pied, dépendantes et combinées de façon à former un ensemble, sans quoi elles ne constitueraient pas un appartement. Ainsi, pour prendre un exemple, nous savons que Charles V occupait dans le palais de la Cité deux salles, dont l'une servait de salle des gardes et l'autre de garde-robe, une chambre de parade, une autre chambre à coucher, qu'on appelait « la chambre ou gist le roy », et une troisième chambre dite « chambre aux nappes », une chapelle basse, un « cabinet de retrait » et une « estude ». Voilà bien « un logement composé de plusieurs pièces » ; néanmoins, il ne nous viendra pas à l'esprit de dire que ces pièces situées à des étages différents, séparées par des paliers, des couloirs et des escaliers, constituaient un appartement. Il leur aurait fallu pour cela un lien qui leur manquait. Ce lien fut ignoré de tout le Moyen Age, et même, sous ce rapport, il ne paraît pas que le XVIe siècle ait été plus heureux, au moins dans son commencement. La Renaissance, en effet, ne semble pas avoir connu, elle non plus, les appartements, tels du moins que nous les comprenons aujourd'hui, et cela s'explique. Un tableau saisissant de ce qu'était encore, il y a deux cents ans, la vie un peu primitive de nos ancêtres, tableau tracé par un jeune praticien du siècle dernier, qui s'occupa spécialement des habitations de nos pères, fera comprendre qu'il n'en pouvait être autrement : « Les personnes, et les plus distinguées par leur rang et par leur maison, nous dit-il, vivoient en famille, de façon que le maître, la maîtresse, les enfants et les domestiques se trouvoient réunis dans une même chambre, qui servoit à la fois de cabinet d'étude, de chambre à recevoir, de chambre à coucher, de salle à manger et même de cuisine. » (*Mém. par lequel on cherche à déterminer quelle influence les mœurs des François ont sur leur santé,* par A. Maret. Amiens, 1762, p. 106.) Nous verrons bientôt, au mot CHAMBRE, qu'il n'y a rien d'exagéré dans cette curieuse peinture. Du reste, les écrivains les plus autorisés confirment ce que dit Maret. Nous savons par eux dans quelle promiscuité vivaient les plus grands personnages de ce XVIe siècle qui nous paraît si majestueux. François de Montholon, garde des sceaux de François Ier, habitait « avec toute sa famille au coin de la rue Saint-André-des-Arcs et de la rue Gît-le-Cœur, dans une maison où il n'y avoit qu'une salle et une cuisine au rez-de-chaussée, deux chambres au premier étage, deux au second et un grenier au troisième ». (*Essais historiques sur Paris,* dans les œuvres de Saint-Foix, t. IV, p. 194.) On doit penser que cette salle unique était abondamment peuplée. « Il n'y a pas longtemps, écrit de son côté Montaigne (*Essais,* liv. III, ch. XIII), que je rencontray l'un des plus sçavans hommes de France, entre ceux de non médiocre fortune, étudiant au coin d'une salle qu'on luy avoit rembarrée de tapisserie ; et autour de lui un tabut de ses valets plein de licence. Il me dit, et Senèque quasy autant de soy, qu'il faisoit son profit de ce tintamarre..... » Certes il y a loin de ce mélange d'attributions à la séparation judicieuse que nous avons introduite, depuis lors, entre les diverses pièces de notre habitation.

Par le *Journal de Pierre de l'Estoile* et par un autre livre curieux, qui date de la même époque (*Journal du siège de Paris en 1590,* introduction, p. 110), nous voyons en outre qu'au temps de la Ligue, les choses n'avaient pas sensiblement changé d'aspect ; mais la Ligue nous conduit presque à l'aurore du XVIIe siècle. Littré a donc bien fait de ne pas rechercher ses exemples et ses citations au delà de cette époque. Avant elle, à proprement parler, l'appartement n'existait pas.

Ce fut une femme d'infiniment d'esprit et très instruite, très entendue à toutes les choses de l'art, qui, aux environs de 1625, présida en quelque sorte à la constitution des appartements, par une réforme intelligente, et dont on ne soupçonna pas alors toutes les heureuses conséquences. Jusqu'à ce temps, l'escalier avait toujours été placé au centre des édifices par les architectes amoureux de la symétrie (voir fig. 55). Mme de Rambouillet, car c'est d'elle qu'il s'agit, Mme de Rambouillet, qui aimait beaucoup à bâtir et à diriger elle-même les artisans qu'elle employait, eut l'ingénieuse idée de reporter l'escalier à une des extrémités de son hôtel, et, dès lors, le groupement des pièces devint possible. L'appartement était né. Toutefois, ce mot était loin, au XVIIe siècle, d'avoir une acception aussi complète qu'aujourd'hui. Le plus compétent, parmi ceux qu'il nous est permis d'interroger, Daviler, dont l'opinion a fait longtemps autorité en ces matières, écrit, dans son *Cours d'architecture* : « Le moindre Appartement pour estre complet doit avoir quatre pièces ; sçavoir une Antichambre, une Chambre, un Cabinet et une Garde-robe qui doit être toujours dégagée par un petit escalier. » Eh ! quoi, pas de salon, pas de salle à manger, pas de cuisine ! Mais cet « appartement complet », c'est ce qu'on nomme dédaigneusement aujourd'hui un « logement de garçon ». Ajoutons que cette définition de l'appartement restera de mise jusqu'au milieu du XVIIIe siècle. C'est ainsi que le duc de Luynes — qui, bon calculateur, compte jusqu'à trente « appartemens de maître » dans le château d'Anet, agrandi, transformé et finalement mutilé par le duc de Vendôme — visitant en 1749 la petite maison que Mme de Pompadour s'est fait construire à Fontainebleau, accorde ce nom d'appartement à des logements dont Daviler lui-même aurait certainement critiqué l'exiguïté. « En haut, nous dit-il (c'est-à-dire au premier étage), une antichambre éclairée par le toit et échauffée par un poêle. Elle est commune à deux appartemens : à droite, celui de Mme de Pompadour, composé d'une antichambre à une croisée ; à droite, une garde-robe pour une femme de chambre ; à gauche, un cabinet, sur le double duquel est une garde-robe de commodité. De cette même antichambre, on entre dans une autre chambre de Mme d'Estrades, où il n'y a point de cabinet ; la garde-robe de la femme de chambre est de l'autre côté de l'antichambre. C'est là ce qui compose toute la maison. » Ces appartements étaient des plus coquets, nous n'en doutons pas ; mais ils se résumaient, somme toute, chacun en deux pièces, ce qui donne à notre mot une signification singulièrement limitée. C'est, au reste, dans le même sens qu'il faut comprendre le passage suivant de la correspondance de Mme du Deffand : « Je soupai mardi chez la grand'maman (Mme de Choiseul), dans un petit appartement au premier, qu'elle a fait accommoder pour l'hiver. Elle n'y peut recevoir que fort peu de monde » ; et cet autre passage où il est question de sa dame de compagnie, Mlle Sanadon, et de son ameublement : « L'appartement est fort joli ; elle est comblée de joie. » Notons enfin que Piganiol renchérit encore là-dessus et finit par accorder le titre d'appartement à une seule pièce. Cela semble du moins résulter de la description suivante, donnée par lui de la maison que l'abbé Bignon s'est fait construire à Meulan. « Chaque appartement a son nom particulier, qu'il a pris du sujet qui est représenté dans ses peintures ; la Justice, la Tempérance, la Force, la Prudence, les Muses, l'Éloquence, l'Histoire, la Poésie, la Fable, etc., sont les noms d'autant d'appartemens. Dans celui de la Force, on voit Samson et Hercule qui terrassent des lions ; Judith qui coupe la tête à Holopherne ; Milon Crotoniate qui porte un taureau sur ses épaules, etc. » L'usage de donner des noms aux divers appartements d'une même résidence était du reste assez usité au XVIIe siècle, car nous savons par Mme de Maintenon (1687) que l'appartement du jeu était appelé à Versailles : *l'Afrique,* celui du roi *l'Europe,* celui de Madame *l'Asie,* et celui de Mme de Maintenon *l'Amérique.*

Fig. 54. — Coupe d'appartements anciens, d'après Meissonnier.

Ainsi, ne craignons pas d'insister sur ce point : au XVIIe et même au XVIIIe siècle, si le mot appartement était couramment usité, il n'avait pas la signification spéciale qu'il comporte de nos jours. L'appartement n'était pas la réunion normale d'un nombre d'emplacements exactement définis. Il ne composait pas un ensemble, en quelque sorte irréductible, de toutes les pièces indispensables aux divers services de l'intérieur et aux nécessités complexes de la vie. Il n'était le plus souvent que l'endroit où l'on habitait personnellement, où l'on couchait, où l'on reposait. De là l'expression qui s'est continuée jusqu'à nous : « Se retirer dans son appartement. » De là également, dans *Britannicus,* l'invitation d'Albine à sa farouche maîtresse — un peu singulière assurément dans la bouche d'une suivante romaine — mais toute naturelle sous la plume de Racine :

Madame, retournez dans votre appartement.

Si le mot qui nous occupe avait alors une signification moins précise et une portée moins complexe, hâtons-nous de constater, cependant, que le luxe et l'ampleur des habitations n'avaient point à souffrir de ce que nous serions presque tentés de considérer comme une usurpation de titre. L'appartement pris individuellement était, comparé au nôtre, moins complet ; mais l'ensemble du logis n'en était pas moins vaste. Bien au contraire, ce dernier en était quitte pour renfermer plusieurs appartements, nous dirons même plusieurs sortes d'appartements, et Daviler, avec sa bonne grâce habituelle, nous énumère tous ceux qui étaient en usage de son temps.

Il y avait d'abord l'APPARTEMENT DE PARADE, correspondant à ce que nous appellerions aujourd'hui l'APPARTEMENT DE RÉCEPTION, qui comprenait les plus belles et les plus vastes pièces du logis; puis l'APPARTEMENT DE COMMODITÉ, de moyenne grandeur et qui servait à l'habitation constante des maîtres. Dans certains hôtels, ces appartements de commodité étaient doubles et se divisaient en APPARTEMENTS D'ÉTÉ et APPARTEMENTS D'HIVER, les premiers exposés au Nord, les autres au Midi. Enfin, dans quelques châteaux ou palais, il y avait un APPARTEMENT DES BAINS, qui consistait en « une suite de pièces ordinairement au rez-de-chaussée, comprenant les Salles, Chambres, Garde-robes, Salles de bains et Étuves : le tout décoré et enrichi de marbre, de stuc, avec des compartimens de pavé fort riches ». La distinction entre ces diverses sortes d'appartements est très clairement établie, du reste, dans la description que Piganiol de la Force (*Descr. de Paris,* t. VIII, p. 176) donne du célèbre palais Bourbon : « Les appartemens, écrit-il, sont grands, commodes et ornés avec une magnificence convenable aux usages auxquels ils sont destinés. Un spacieux vestibule conduit à une grande antichambre ; la salle à manger vient ensuite, puis un sallon, la chambre de parade, un grand cabinet, une grande galerie, l'appartement des bains, deux appartemens complets composés de vestibule, d'antichambre, de chambre à coucher, de cabinet, d'arrière-cabinet, de garde-robe, etc. »

Nous n'avons point à nous occuper ici des « appartements de bains », dont nous parlons plus loin (voir SALLE DE BAINS) et qui, du reste, ne figurent dans les travaux d'architecture de ce temps que comme une exception royale ou princière. Pour les autres, un auteur qui fait, lui aussi, autorité en la matière, Blondel, se chargera de compléter la nomenclature de Daviler, par quelques indications, qui feront saisir l'importance et l'utilité de ces divers appartements ainsi que leur disposition. Ces indications sont, d'ailleurs, bonnes à retenir, car elles nous font bien comprendre l'installation des anciennes habitations et la destination comme le rôle de leurs divisions principales. Ainsi, à l'égard des appartements de parade, Blondel recommande qu'ils soient « spacieux et exposés au levant, autant qu'il est possible, aussi bien que placés du côté des jardins quand il peut y en avoir. Il faut surtout, ajoute-t-il, que les enfilades règnent d'une extrémité du bâtiment à l'autre, de manière que l'appartement de droite et celui de gauche s'alignent par l'axe de leurs portes et croisées, et s'unissent avec symétrie avec la pièce du milieu, pour ne composer qu'un tout sans interruption, qui annonce d'un seul coup d'œil la grandeur intérieure de tout l'édifice. » Pour les appartements de commodité, Blondel n'est pas moins explicite. Comme Daviler, il les veut doubles pour l'été et l'hiver, et cela n'est pas pour nous surprendre. Dès le XVIIe siècle, ces appartements doubles, si logiques, si bien compris, étaient d'un usage assez répandu, pour que La Bruyère pût dire (*Caractères,* ch. II) : « Celui qui, logé chez soi dans un palais avec deux appartemens pour les deux saisons, vient coucher au Louvre dans un entresol, n'en use pas ainsi par modestie. » Blondel réclame en outre pour ces appartements des communications faciles avec les appartements de parade, « afin que les maîtres, dit-il, puissent passer de ceux-ci dans les autres, sans risquer l'hyver de prendre l'air froid du dehors. » Il s'efforce d'éviter les vestibules « et autres lieux où se tient la livrée ». Il exige qu'on lui indique ceux qui sont destinés à l'usage des dames, pour en augmenter les dépendances et pour les doter de cabinets de toilette plus vastes ; et enfin il éloigne avec soin leurs chambres à coucher de tout bruit importun et de tout regard indiscret. Est-ce tout et en avons-nous fini avec l'Ancien Régime ? Non pas. — A ces appartements doubles, si ingénieusement conçus pour combattre les ardeurs de l'été et les rigueurs de l'hiver, vinrent s'ajouter les appartements séparés pour le mari et pour la femme. Cette séparation, adoptée dès le XVIe siècle par les plus hauts personnages, devint en quelque sorte générale avec le XVIIIe. « Ici comme parmi nous, écrit Saint-Foix dans ses *Lettres turques,* le mari et la femme ont leurs appartements séparés. C'est dans l'appartement de Madame que l'on reçoit la compagnie, que l'on joue, que l'on rit, qu'on s'amuse. Dans celui du pacifique époux, on presse les fermiers; on dispute avec les créanciers, on emprunte à usure, et l'on intrigue et s'agite pour tâcher de continuer toujours de vivre avec le même faste. »

Cette multiplicité d'appartements ne pouvait guère se produire, toutefois, sans provoquer d'amères censures. Les philosophes enflèrent la voix, et nous voyons le plus acerbe d'entre eux, le fameux marquis de Mirabeau, s'écrier : « A-t-on un palais ? Il faut y trouver appartemens d'hiver, appartemens d'été, appartemens de bains, entre-sols, cabinets, garde-robes, boudoirs, cabinets de livres, communications, escaliers dérobés... et l'architecte, désorienté, obligé d'opter entre le public et le particulier qui le paye, abandonne Vitruve et prend Dédale pour son maître. » (L'*Ami des hommes,* éd. de 1759, p. 331 et 332.) Les philosophes ne furent pas seuls, au reste, à protester. Les architectes s'en mêlèrent aussi, et l'on peut lire, à ce sujet, de très curieuses lamentations dans une brochure que Patte, architecte à Paris, publia en 1754, chez Quillaut et Prau, ses libraires. Patte gémit sur la décadence de l'architecture, occupée jadis à construire des palais, et dont le bel art ne consiste plus désormais « qu'à distribuer avec grâce des petits appartemens, et à décorer de menuiserie une salle de compagnie ou un cabinet ».

Si nous approuvons quelque peu le marquis de Mirabeau, n'imitons pas au moins la mauvaise humeur de Patte. Souvenons-nous plutôt que ces distributions ingénieuses marquent l'introduction du confortable dans nos habitations bourgeoises, et c'est de ces dernières que nous allons parler maintenant, car, jusqu'à présent, les appartements dont il a été question faisaient partie presque exclusivement des demeures riches, des hôtels seigneuriaux ou princiers. Si nous quittons ces riches demeures, ce n'est pas, toutefois, que le sujet soit épuisé. A Paris, à Fontainebleau, à Versailles, nous pourrions essayer de restituer maints appartements historiques, qui nous édifieraient sur le goût et l'amour du luxe grandiose dont nos ancêtres étaient coutumiers. Nous pourrions retrouver au Val-de-Grâce l'appartement de deuil qu'Anne d'Autriche s'était fait préparer, et où elle passa, depuis le commencement de sa régence jusqu'au jour de sa mort, cent quarante-six nuits, entourée des dames de sa cour. Nous pourrions, avec le fidèle Dangeau, admirer tout à l'aise les appartements « d'une magnificence, d'un agrément, d'une commodité sans pareils », que le Grand Roi se fit accommoder à Versailles. Nous pourrions restituer à Fontainebleau ceux qu'il remania, embellit, décora jusqu'aux derniers jours de sa vie, ou encore à Marly ceux dont il renouvelait les meubles presque à la veille de sa mort (24 janvier 1715). Avec le *Mercure*, il nous serait facile d'assister aux noces du

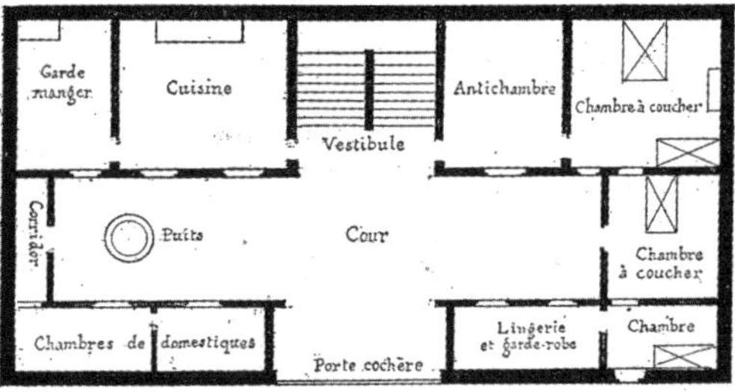

Fig. 55. — Plan d'appartement au XVIIe siècle.

duc de Saint-Simon, et d'examiner à loisir les splendeurs de cet hôtel de Lorges, dont les appartements se terminaient par un cabinet de glaces justement célèbre. Enfin, avec G. Brice et Piganiol, nous pourrions passer en revue les hôtels célèbres qui, de leur temps, ornaient la capitale. Mais la société s'est transformée, les appartements bourgeois, c'est-à-dire plus modestes, nous réclament. Il nous faut quitter les palais pour ce qu'on appellera désormais les « maisons de rapport ».

Quand nous écrivons le mot « modeste », il demeure bien entendu que c'est là une expression purement relative. Dans certaines maisons de rapport, en effet, il se trouvait alors, et il se trouve encore aujourd'hui, des appartements d'une ampleur et d'une somptuosité singulières. De ce nombre était celui que la belle Mlle Deschamps, « fille de l'Opéra et danseuse dans les chœurs », comme la qualifie Barbier (*Journal*, VIIe série, p. 244), et ci-devant maîtresse du duc d'Orléans et du fermier général Brissart, occupait rue Saint-Nicaise. C'était « un appartement de dix pièces de plain-pied, distribué en salle à manger, antichambre, pièce de compagnie, et de l'autre en appartement à coucher, avec les garde-robes ». « Ce salon, nous dit Barbier, qui eut la curiosité d'assister à la vente — laquelle eut lieu le 11 avril 1760 — ce salon de compagnie est à trois croisées : il est de toute beauté et étonne par sa magnificence. Il n'y en a point de pareil à Paris. C'est un damas fond cramoisi à trois couleurs, et tout le meuble en canapés et fauteuils de même; des baguettes dorées d'un grand goût. Il y a sept glaces ou trumeaux de très grande hauteur ; les bras et le feu de la cheminée sont de la dernière magnificence. Il n'y en a point de plus beaux ni d'un plus grand volume chez les princes... » Une seconde pièce de compagnie moins grande, destinée pour l'hiver, et tendue « d'un péquin d'un grand goût », un petit cabinet de bibliothèque, un « petit cabinet de société » et la chambre à coucher, garnie « d'un lit de damas cramoisi à la polonoise, et le meuble pareil, avec deux cabinets, l'un de toilette, l'autre de lieux à l'angloise, *le tout orné de glaces* », complétaient ce magnifique appartement.

Il va sans dire que cette somptuosité n'était pas ordinaire, même chez les beautés faciles de l'Opéra. Le fermier général Brissart, qui faisait bien les choses, avait dépensé cinq cent mille livres pour aider à meubler ce joli nid. Mais si le mobilier en était incomparable comme richesse et comme goût, l'appartement, comme dimensions, n'excédait pas de beaucoup ceux qu'on rencontrait à cette époque. Pour s'en convaincre, il suff t de jeter un coup d'œil sur les *Petites Affiches* du temps. C'est en 1760, avons-nous dit, qu'eut lieu la vente de Mlle Deschamps, et nous trouvons justement un appartement aussi vaste que le sien à louer durant la même année : « APPARTEMENT, disent les *Affiches, annonces et avis divers* (21 janvier 1760), TRÈS BIEN MEUBLÉ et orné de glaces, de tableaux et de boiserie dorée. Sçavoir 8 pièces au 1er, 5 en entresol et au 2^d. Cuisine, office et garde-manger au rez-de-chaussée, caves, greniers, 2 remises, écuries pour 10 chevaux. — Chez M. Titon, conseiller à la Grand'Chambre, rue Poissonnière, à la barrière Sainte-Anne. Il y a un très beau jardin. Le prix est de 1,600 livres. On donnera un louis au jardinier et 2 au portier. » Si celui-ci paraît trop vaste ou trop cher, en voici un autre moins important. C'est un « APPARTEMENT au 1er, en partie boisé, lambrissé et orné de glaces et de tableaux, ayant antichambre, salle, chambre à coucher, cabinet et 2 garde-robbes, 3 chambres au 3e, cuisine, four et office par bas, 2 remises, écurie pour 4 chevaux, 3 caves, 3 greniers, etc. Présentement. Prix : 700 livres. Rue de la Cerisaie, chez M. Angran, correcteur des comptes. » Préfère-t-on quelque chose qui soit plus au centre de Paris ? Voici « 2 APPARTEMENTS de 7 Pièces au 2^d, Antichambre, Chambre à coucher, Cabinet de toilette, Garderobbe, autre petite Chambre à coucher, salle et petite antichambre ; et autre aussi de 7 Pièces ; au 3e, Antichambre, Salle, Chambre à coucher, Cabinet de toilette, et 3 petites Chambres, toutes ces pièces boisées et vernies... Rue des Filles-Saint-Thomas, la 1re porte cochère à droite en entrant par la rue Richelieu » ; ou, si le voisinage de la Seine attire, on peut louer un « GRAND ET BEL APPARTEMENT boisé, parqueté et orné de glaces, de chambranles de marbre et verres de Bohême aux croisées, avec grande salle à manger boisée par bas, Entresols, Écurie pour 4 chevaux, Remises, Caves et Grenier ; rue de l'Arbre-Sec, près la rue des Fossés-Saint-Germain-l'Auxerrois... Il y a des eaux d'Arcueil dans la maison. » Nous n'avons pas les prix de ces derniers appartements ; mais ce que nous savons des premiers doit nous rassurer sur les exigences des propriétaires. Aussi, quand nous lisons que Théodore Tarade, violon de l'Opéra, payait en 1771 la somme de 250 livres pour l'appartement qu'il occupait dans la maison du sieur Cocatrix Dazor, rue Mouffetard, nous sommes dépourvus de toute inquiétude sur son sort. A plus forte raison, sommes-nous bien tranquilles au sujet de Mlle Charlotte Courtstz, dite Dubois, danseuse à l'Opéra (1777), dont l'appartement, rue Royale, butte et paroisse Saint-Roch, était loué 1,500 livres ; de Mlle Brida, dite Dorival, qui, en 1786, versait annuellement à son propriétaire, rue de Cléry, au coin de la rue du Gros-Chenet, la somme alors respectable de 936 livres ; comme aussi de la chevalière d'Éon, dont l'appartement coûtait 24 livres par semaine. (Voir la lettre de la Chevalière à M. de Maupas, 8 février 1778, dans *Bachaumont,* t. XV, p. 5.) Cependant, dès cette époque, on se plaignait du prix élevé des locations. Les propriétaires gémissaient, eux aussi, sur la crise continuelle qui sévissait sur les loyers; ce qui, du reste, n'empêchait pas de construire. Parlant du Théâtre-Italien, aujourd'hui l'Opéra-Comique, qui venait d'être achevé, et des rues qui l'entourent : « Cette salle, écrit le nouvelliste Metra (*Corresp. secrète,* t. XIV, p. 44), est environnée de rues nouvelles un peu étroites, mais formées de beaux édifices. Qui les habitera? On l'ignore. Il y a trente-deux mille appartemens à louer dans Paris, et dans tous les quartiers on élève des maisons. » Ces plaintes, nous les retrouverons, du reste, dans les *Recherches sur la consommation de Paris,* de Benoiston de Châteauneuf (1817); dans la *Vie publique des Français,* de Caillot (1827), qui nous trace un tableau fidèle des embarras qu'éprouvaient les locataires de son temps; dans la *Petite Revue* (1er trimestre de 1864) et enfin dans tous les journaux de nos jours.

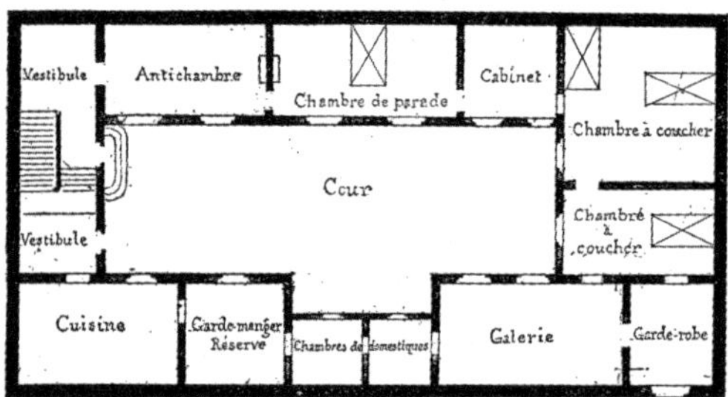

Fig. 56. — Plan d'appartement dans une maison de rapport (XVIIIe siècle).

Le passage du livre de Caillot, toutefois, est presque entièrement à citer, parce qu'il caractérise une des évolutions qui marquèrent, au commencement de ce siècle, les destinées de l'appartement se hiérarchisant suivant sa distance du sol : « Les premier et second étages, et même le troisième des nouvelles maisons, nous dit-il, sont occupés par des gens d'affaires, par des commis de banquiers, par des agioteurs, par des capitalistes, par des employés des ministères, par des actrices, par des femmes entretenues, par des médecins ou par des particuliers qui, pour réussir dans leur profession, doivent se loger dans les maisons qui ont une belle apparence et dans les quartiers habités par des hommes à argent et les étrangers. Comme les pièces de ces appartements sont peu étendues, qu'elles sont parquetées et décorées de glaces et de tentures dans le goût le plus moderne, elles n'exigent pas des locataires des frais considérables pour leur ameublement; mais, en revanche, le loyer de ces espèces de bonbonnières est, en général, d'un prix très élevé. Tel appartement de cinq pièces, situé au quatrième étage, ne se loue pas au-dessous de six cents francs. Comme on pense bien que des logements si chers ne conviennent point à cette portion de la population qui ne vit que de son travail journalier, ou qui ne jouit que d'un modique revenu, il en faut conclure que les propriétaires s'attendent à n'avoir chez eux que de riches locataires, depuis la cave jusqu'au grenier. » Cinq pièces pour six cents francs! Nous sommes loin de ces conditions; et cependant six ans plus tard, lorsque George Sand vint chercher à Paris la fortune et la gloire, elle se contenta de beaucoup moins. Ce fut dans un quartier modeste, sur le quai Saint-Michel, et dans une vieille maison, qu'elle alla se loger. « Je suis enfin installée tout à fait chez moi, écrit-elle à son fils Maurice, le 16 juillet 1831. J'ai trois jolies petites chambres sur la rivière, avec une vue magnifique et un balcon. Quand tu viendras, tu t'amuseras à voir défiler les troupes et à regarder les pompiers sous les armes... Tu verras aussi les tours de Notre-Dame, qui sont toutes couvertes d'hirondelles. » C'étaient là des temps relativement primitifs. Ils sont bien loin de nous, et l'article de la *Petite Revue,* auquel nous faisions allusion à l'instant, se rapproche davantage de nos préoccupations actuelles.

« Diminution des loyers! s'écriait l'auteur de cet article, prenant sans doute pour une réalité ses folles illusions. Diminution des loyers! On constate un certain temps d'arrêt dans la location des grands appartements parisiens. Un certain nombre sont en ce moment inoccupés, même dans les quartiers du centre, et tout en lâchant les chiffres de quatre, cinq ou dix mille francs, les concierges commencent à faire mystérieusement observer qu'il y aurait peut-être moyen de s'entendre avec le propriétaire. » Que de fois, depuis lors, nous avons entendu les mêmes lamentations se produire, sans avoir vu jamais la diminution promise se réaliser! Elles ne sont pas nouvelles, en effet, les plaintes que nous enregistrons ici. Elles apparaissent déjà dans les lettres écrites de Paris, en 1590, au gouvernement de Venise : « Il n'est si pauvre chambrette garnie, qui ne coûte deux ou trois écus par mois. Les maisons sans meubles coûtent moins cher ; mais il faut prendre la peine d'acheter des meubles, puis on est forcé ensuite de perdre sur la vente... » (Voir *Relations des ambassadeurs vénitiens,* t. II, p. 609.)

Nous n'avons pas à insister sur les dispositions qu'affectent les appartements de nos jours. Si les pièces se recommandent surtout par leur exiguïté, une heureuse combinaison, généralement adoptée par les architectes, en établit l'indépendance et leur permet de ne point se commander. Tous les appartements construits dans ces dernières années sont invariablement composés d'une antichambre, d'un ou de plusieurs salons, d'une salle à manger et d'un nombre variable de chambres et de cabinets. L'antichambre donne généralement accès dans le salon et dans la salle à manger, et souvent dans une des chambres à coucher. Les pièces de service, cuisine, cabinet, office, ouvrent également leurs portes sur l'antichambre. Quand l'appartement est d'un prix élevé, il compte deux salons, un grand et un petit. Le quartier, l'étage, le nombre et la dimension des chambres en font varier le prix. Dans les appartements qui prennent le jour sur la rue, le salon, placé entre deux chambres à coucher, occupe le plus souvent avec celles-ci toute la façade. Les portes, qui mettent ces trois pièces en communication, ouvrent près des fenêtres, et de la sorte, les jours de réception, on peut s'offrir une parodie de ces *enfilades* que Blondel recommandait comme un élément de grandeur et de beauté. Les salles à manger, cabinets de toilette, cuisine, antichambre, office, prennent, par contre, jour sur la cour ; c'est constater qu'ils sont généralement obscurs.

Nous en aurions fini avec le mot appartement, s'il ne nous restait pas à signaler trois acceptions, aujourd'hui oubliées ou démodées, dans lesquelles ce mot était pris au XVIIe et au XVIIIe siècle.

On disait alors le premier, le second appartement, pour dire le premier, le second étage. Cette expression est disparue de nos usages, et Littré la déclare vicieuse. On trouve aussi le mot appartement employé pour signifier une réunion de pièces en menuiserie qui se démontaient et pouvaient se charger sur un chariot. Une lettre citée dans le *Cabinet historique* (t. IX, p. 60) nous apprend que le roi de Pologne ayant résolu, en 1647, d'aller chasser dans la forêt de Grodno, fit « faire pour ce voyage un appartement de bois pour lui et un autre pour la reine, son épouse, chacun de quatre chambres, avec une galerie qui les joint, le tout si bien travaillé et si peu encombrant, que ces deux appartements, dont la couverture est de toile cirée, se portent sur deux chariots ». Enfin, à la même époque, on prit aussi l'habitude de dire : « Il y a appartement à la Cour. »

Tout le monde a pu lire dans les *Mémoires du marquis de Sourches* ou dans ceux de Saint-Simon l'explication de ce terme : « On avoit donné, écrit le premier, le nom d'*Appartement* aux jours auxquels le Roi donnoit quelque divertissement chez lui, c'est-à-dire lorsqu'il jouoit au billard en public, qu'il y avoit bal et musique, et liberté à tout le monde de jouer à tel jeu que l'on vouloit, et on disoit : Il y a aujourd'hui appartement. » — « Ce qu'on appelait *appartement,* dit le second, était le concours de toute la cour, depuis sept heures du soir jusqu'à dix. » *L'État de France,* plus explicite, entre dans plus de détails : « Tous les soirs. en hiver, dit-il, il y a comédie ou apartement pour le divertissement de la Cour, c'est-à-dire un jour apartement, le lendemain comédie italienne, le troisième comédie françoise, et ainsi de suite. Le Roy ne va pas à la comédie ou presque point. Pour ce qui est des apartemens, Sa Majesté s'y trouve le plus souvent. Les apartemens sont éclairés d'une infinité de lumières, de lustres de cristal, de girandoles, de flambeaux d'argent. Il y a plusieurs sortes de jeux sur différentes tables, les cartes, les dés, les trictracs, les échets, le billart, le trou-madame. Au commencement des apartemens, les chantres de la musique de Sa Majesté récitent et chantent, sans habits de théâtre, partie de quelque opéra. Le Roy joue volontiers au billart. » Voilà ce qu'était « l'appartement » sous le règne de Louis XIV. Il paraît, toutefois, que ce terme eut quelque difficulté à prendre, car l'auteur anonyme d'un curieux petit livre, intitulé *Des mots à la mode* (1692), se donne la peine de faire expliquer par une belle dame la valeur de ce terme. « Les gens de très bon goût, dit-elle, ont trouvé que *il y a appartement* est une façon de parler fort significative, et fort bien inventée pour exprimer en peu de mots ce bel assemblage de divertissemens qui se trouvent dans le grand et magnifique appartement de Versailles. »

Sous le règne de Louis XV, plus ami de ses aises que de la représentation, et surtout avide de distractions intimes, les « Appartemens » cessèrent d'être périodiques et n'eurent plus lieu qu'à des époques espacées, ou à l'occasion de quelque fait important. Aussi Mme de Genlis, dans son *Dictionnaire des Étiquettes de la cour* (t. Ier, p. 38), ne signale-t-elle plus les « Appartemens » que comme « une assemblée solennelle et générale de toute la famille royale, des princes du sang et de toute la Cour, à l'occasion d'un événement mémorable, comme, par exemple, d'un traité de paix ou de la naissance ou du mariage d'un prince de la famille royale. Cette cérémonie, ajoute Mme de Genlis, se réduisoit à faire sa cour au roi, établi à une table de jeu, dans un immense salon ou dans une galerie. Toutes les personnes présentées y étoient admises ; on jouoit, et les femmes qui ne jouoient pas faisoient leur cour assises sur des plians. » Une note insérée dans le *Journal de Paris* (9 janvier 1782) confirme l'explication de Mme de Genlis. Cette note annonce qu'on « distribuera des billets d'appartement aux personnes qui se feront inscrire à commencer du jeudi 10 janvier, à Paris, à l'hôtel des Menus, et à Versailles, rue des Réservoirs ». Il s'agissait de la naissance du Dauphin.

Enfin, pour terminer ce long article, et puisque le nom de Mme de Genlis s'est trouvé sous notre plume, nous donnerons encore un passage de ces mêmes *Étiquettes de la cour,* citées plus haut, où cette vénérable dame traite la question de savoir si l'on doit se servir du mot appartement au pluriel ou au singulier, et dire le roi rentre dans *ses* appartements. « Depuis la Révolution, écrit à ce sujet Mme de Genlis, quelques journalistes paraissent croire qu'il est plus noble et plus respectueux de mettre toujours au pluriel l'appartement du souverain et des princes. Ainsi ils disent que le roi sort de *ses appartemens,* qu'il rentre dans *ses appartemens,* ce qui ne s'est jamais dit avant la Révolution, parce qu'alors on parlait bien. Le plus grand monarque de l'univers n'occupera jamais qu'un seul palais dans une de ses villes ; et dans l'un de ses palais, il ne loge que dans l'appartement qu'il s'est réservé. Le mot appartement signifie l'assemblage de plusieurs pièces réunies pour former un seul logement. On a quelquefois la magnificence d'en avoir deux, l'un d'hiver, l'autre d'été ; mais on n'en occupe qu'un à la fois. Ainsi, dire que le roi entre dans *ses appartemens,* c'est à

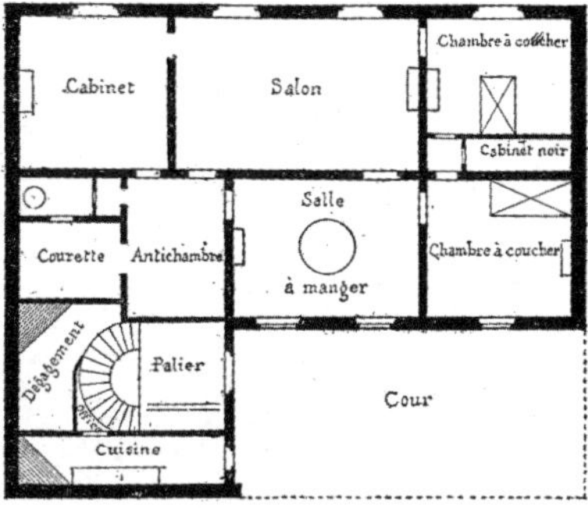

Fig. 57. — Appartement moderne.

peu près comme si l'on disoit qu'il entre dans *ses palais,* pour aller se reposer dans *ses chambres à coucher*. L'intention de ces manières de parler pourroit être fort respectueuse, mais les phrases n'en seroient pas moins ridicules, et celle que nous critiquons est tout aussi étrange. » Il faut reconnaître aux arguments de Mme de Genlis une grande apparence de raison, et nous croyons qu'il est bon d'en tenir compte.

Appeau, *s. m.* — Nom donné à l'étain en feuilles, dont on se servait pour imiter l'argenture et pour enjoliver les ouvrages de cire. (Savary, t. III, col. 304.)

Appel, *s. m.* — On nomme CHEMINÉES D'APPEL celles qui servent à appeler l'air dans une pièce ou dans un appartement à l'aide de la ventilation renversée, ou encore celles qui sont utilisées pour expulser l'air vicié qui se trouve dans une pièce. On nomme CORDONS D'APPEL des cordons munis d'un anneau, qui, à la moindre traction, mettent en mouvement un appareil d'alarme ; et, SONNETTES D'APPEL, des timbres rattachés à un appareil électrique, qui se mettent à vibrer, lorsqu'à l'ouverture ou à la fermeture d'une porte ou d'une fenêtre, un *contact,* habilement ménagé, permet au courant de s'établir.

Appendance, *s. f.* — Littré définit ce mot, depuis longtemps hors d'usage : « chose qui est appendue, qui tient à..... » Il avait jadis encore une autre signification : celle de DÉPENDANCE, dans le sens de parties annexes ou dépendantes d'un logis, d'une habitation. Les citations suivantes ne laissent aucun doute à cet égard : « Laquelle maison dessus dicte, si comme elle se comporte, a toutes ses apartenances et appendances. »

(*Donation faite aux Religieux hospitaliers de la Charité-Nôtre-Dame, par Jean Arrode, pannetier du Roy,* 1302.) « Lequel hostel, les jardins et toutes leurs appartenances et appendances quelconques, en quelque estat qu'ils soyent... » (*Édit de Charles V ordonnant la réunion de l'hôtel Saint-Pol au domaine,* 1364.) A la Haye (Hollande), les écuries du stathouder étaient séparées de leurs dépendances naturelles (remises, sellerie, greniers à fourrage, etc.) par une rue qui prit, au XVIe siècle, le nom de rue de l'Appendance. Par suite d'une corruption de sens amusante, ce nom s'est transformé en *Appen-danz-straat* ou rue de la Danse-des-Singes.

Appentis, *s. m.* — Petit bâtiment provisoire, adossé à un autre plus élevé, et dont le comble n'a qu'une pente.

Fig. 58. — Rideau en application.

D. Carpentier donne à entendre que la première forme du mot a dû être APPENDIS, à cause du latin *appendix*. Cependant, dès le XIVe siècle, l'orthographe actuelle avait cours. Nous lisons, en effet, dans une *Lettre de rémission* de 1399, où il est question de la violation d'une abbaye : « Et quand ils furent là, ils drécièrent ladicte échièle et montèrent par ycelle..... et dudict mur descendirent sur un appentiz joignant à ycelui mur. » Froissart, racontant comment Philippe de Valois partit pour combattre les Anglais (1346), écrit « ..... Adonc, s'émeut le Roy Philippe et fit battre tous les appentiz de Paris, pour chevaucher plus aisément parmi Paris. » (*Chron.,* t. II, p. 324.) Les appentis dont il est question ici étaient sans doute les constructions légères qui, adossées aux maisons, empiétaient sur la voie publique et gênaient la circulation. On lit dans la *Chronique scandaleuse* (au 29 août 1475) : « Dessus le pont de Piquigny le roy avoit fait dresser deux appentis de bois. » Enfin, nous notons dans les *Comptes des bastimens du Roy* (1548) et sous la rubrique *Ouvraiges de couverture à Saint-Germain-en-Laye :* « *Item,* pour avoir couvert de neuf ung appentis estant près et joignant ladicte cuysine de bouche du Roy..... IX liv. VII s. » On voit que le sens du mot appentis s'est conservé très intact, et qu'il a toujours signifié une de ces constructions annexes, un de ces bâtiments provisoires dont nous parlions en commençant.

Appigner, *v. a.* — Élever, rehausser un mur, mot à mot construire un pignon. Signalé par Lacurne de Sainte-Palaye, ce terme fut employé avec le sens que nous indiquons par les rédacteurs du *Nouveau Coutumier général ;* mais il est peu usité.

Application, *s. f.* — En terme d'architecture, on nomme Application ou APPLIQUE (voir ce mot) les matières précieuses, le marbre, les métaux qu'on ajoute à une surface pour la décorer. Les serruriers nomment application ou applique les rosaces et les fleurons en tôle ou en cuivre repoussé dont ils ornent les grilles et les balcons. Les ébénistes appellent « bois d'application » les bois de placage employés pour les mosaïques et la marqueterie. Enfin, on désigne sous le nom d'application toutes les étoffes dont le décor est formé, en tout ou en partie, par l'adjonction de tissus nouveaux sur le fond primitif.

Les étoffes d'application usitées dans l'ameublement sont très nombreuses. Jadis, ce mode de décoration, qu'on appela tour à tour ENTRETAILLURE, TAILLURE et RETAILLE (voir ces divers mots), à cause de la taille ou découpage que subissaient les tissus appliqués, donnait lieu à des travaux d'une importance inouïe. On trouvera également au mot BRODERIE plusieurs exemples qui feront juger de la complication de ces travaux. Qu'il nous suffise de dire qu'à l'époque de la Renaissance les tentures exécutées de cette façon avaient pris un tel développement, qu'elles se substituèrent presque partout à la tapisserie de haute lice et amenèrent la décadence de cette belle industrie. Au XVIIe siècle, ces tentures continuèrent d'être en honneur. Elles figurent en nombre dans les *Inventaires du cardinal de Mazarin* et dans ceux du mobilier de la Couronne. Même chez les particuliers, elles étaient d'un usage si répandu que le fameux *Édit* de 1700, « pour le retranchement du luxe des meubles, etc. », défendit d'employer à leur confection des étoffes d'or et d'argent, si ce n'est celles « provenant des découpures, qui auront servi pour des habits d'hommes et de femmes ».

Aujourd'hui, un pareil édit serait sans raison. Les travaux d'application, en effet, ne comportent plus guère d'ouvrages de cette importance et de cette qualité artistique. Par contre, ils continuent de se recommander par leur variété. On comprendra que nous nous bornions ici à énumérer les diverses sortes d'application, sans entrer dans le détail de leur manutention souvent très compliquée. Les principales sont : les applications pour rideaux transparents, qui se font en tissus de crochet ou en mousseline, ou encore en tulle, rapportés sur l'étoffe de fond, qui est généralement de la mousseline, et sont attachés à cette étoffe par un point de chaînette qui les entoure ; — les applications de laine ou de guipure métallique qu'on appelle aussi *broderie en couchure,* exécutées, avec l'étoffe de champ, tendue sur un métier, à l'aide d'une aiguille et d'un fil de soie d'attache; — les applications de tapissier qui se font en cousant un canevas portant le dessin, sur l'étoffe de champ ; quand l'ouvrage est terminé, on coupe le canevas à une certaine distance du motif, et on retire tous les fils l'un après l'autre ; — les applications en chenilles, ganses, cordonnets, galons, rubans, qui se fixent au tissu de champ par un seul rang de points quand ils sont étroits, par deux rangs piqués aux deux extrémités, et parfois même par des points espacés au milieu de la bande, lorsque celle-ci est large.

Enfin, on appelle DENTELLE D'APPLICATION une dentelle dont les fleurs sont faites à part et puis appliquées, c'est-à-dire cousues sur le fond. On dit *application de Bruxelles, application de Binche,* pour désigner des dentelles exécutées par ce procédé et dans ces villes. C'est, en effet, à Bruxelles, à Binche, à Alost et dans les villages environnants, que se confectionnent ces admirables tissus. Quinze mille ouvrières sont occupées à ces délicats travaux, et Paris est le principal débouché de cette artistique industrie.

Applique, *s. f.* — En architecture, on donne ce nom aux pièces accessoires qu'on ajoute à une surface pour l'orner, ainsi qu'aux matières précieuses, comme marbres, stucs, métaux, mosaïques, etc., qui sont appliquées sur les murailles. En serrurerie, on appelle de même les rosaces, les fleurons, etc., en tôle ou en cuivre repoussé dont on orne les grilles, les balcons, etc. En menuiserie, au XVIe siècle, on réservait ce nom aux sculptures rapportées, qui n'étaient

Fig. 59. — Flambeau applique, style Louis XIV.

point prises dans la masse. Exemple : « Trois coffres de boys de chesne, l'un taillé à rozettes où est figuré des escuz de France, l'autre taillé à paneaux d'applique, et l'autre à panneaux plains, fermans à clefs. » (*Invent. de Nicolle Lefebvre, femme de Gilles Roger, tissutier rubannier;* Paris, 1592.) Enfin, dans le mobilier, cette qualification est attribuée à presque tous les objets qui s'appliquent contre la muraille et y demeurent suspendus. Il y a de la sorte des BÉNITIERS-APPLIQUES, des MIROIRS-APPLIQUES, et, prononcé seul, ce mot sert plus spécialement à désigner les CANDÉLABRES-APPLIQUES ou flambeaux accrochés contre la muraille.

L'usage de ces flambeaux remonte à une date éloignée. Dans l'*Inventaire du château d'Angers* (1471), nous remarquons dans la chambre du roi René « deux lanternes en faczon de chandellier qui sont de feilles de léton à créneaux, et sont pour pendre contre ung mur ». Ce sont bien là des appliques telles que nous les concevons aujourd'hui. Au siècle suivant, elles devinrent plus communes, et au XVIIIe siècle, ces sortes de flambeaux furent tout à fait en vogue. Mais, pas plus au XVIe siècle que postérieurement, on ne leur donna le nom qu'ils portent actuellement. On les appelait alors des BRAS (voir ce mot), à cause de leur figure primitive, qui était un bras tendu paraissant sortir de la muraille et tenant la lumière dans son poing fermé. Lorsque ce bras se rattachait à une applique de métal ou de glace, pour le décrire, on disait qu'il était en forme de plaque, ou simplement on lui donnait ce nom de PLAQUE. (Voir ce mot.) C'est ainsi que, dans l'*Inventaire*

Fig. 60. — Candélabre applique, style Louis XVI.

de Gabrielle d'Estrées (1599), nous lisons : « *Item,* cinq plaques garnies de leurs bobèches aussy d'argent, prisées... 228 escus. » Quatre-vingts ans plus tard, on s'exprimera encore de même. Décrivant le mobilier dont on vient d'enrichir l'appartement de Mademoiselle au Palais-Royal, à

Fig. 61. — Candélabre applique, style Louis XVI.

l'occasion de son mariage avec le roi d'Espagne, le *Mercure galant* de septembre 1679 parlera d'un « grand miroir d'argent, avec des bras tout autour en forme de plaques, aussi d'argent », etc. On peut voir, par des gravures anciennes, des tableaux et par certaines tapisseries appartenant à la suite de l'*Histoire du Roy,* quelle était la splendeur de ces appareils.

Au XVIIIe siècle, ces belles plaques cessèrent d'être en usage ; elles furent remplacées par ces bras magnifiques, d'abord en forme de rocaille, puis en forme de gaines et de balustres, qui ont porté si haut la réputation de Meissonnier, de Germain, de Gouthières et des ciseleurs de ce temps. Toutefois, pas plus au XVIIIe siècle qu'au XVIIe, le mot applique ne fut usité pour désigner ces flambeaux. Le *Dictionnaire de Trévoux* dit : « On appelle bras, les chandeliers qu'on applique contre les murailles. » Il importe même de remarquer que le mot applique, employé dans ce sens, est si récent dans le langage de la décoration, que Littré ne lui reconnaît pas cette signification.

Disons encore, et pour terminer, que les orfèvres appellent *pièces d'applique* toutes celles qui s'assemblent au corps principal de l'ouvrage par charnières, coulisses, goupilles, vis, écrous, agrafes, crampons, etc.

Appoiée, *s. f.;* **Appoiement,** *s. m.* — Appui, accotoir, bras d'un siège. (Voir ACCOTOIR et APPUI.)

Apprêt, *s. m.* — Ce sont les façons que l'on donne aux étoffes de laine après le foulage, afin de les rendre plus unies, d'une meilleure qualité et d'un plus agréable aspect. Pour les étoffes de soie, et principalement pour les satins, c'est l'ensemble d'opérations qui leur communiquent l'éclat, le lustre et la consistance nécessaires.

Approcher, *v. a.* — Approcher à la pointe, à la double pointe, à la gradine, sont des termes employés par les sculpteurs et les marbriers, pour exprimer les phases par lesquelles passe successivement un ouvrage de sculpture ébauché d'abord à la masse et à la pointe affûtée de court.

Appui, *s. m.* — D'une façon générale, on donne le nom d'appui à toute surface horizontale sur laquelle on peut s'appuyer. Racontant l'exécution du connétable de Saint-Pol (1475), Jehan de Troyes écrit dans sa *Chronique scandaleuse* (*Mém. relatif à l'Histoire de France,* t. XIII, p. 319) : « Incontinent après, la teste fust prise par les cheveux par icelluy petit Jehan et mise à laver en un seau d'eau estant près d'illec et puis mise sur les appuys dudit petit eschaffaut et montrée aux regardans. » *L'ordre observé au couronnement du roy Henry II* (1547) porte : « Entre la chaize dudict Seigneur (le roi) et celle de mondict sieur de Rheims y avoit un appui d'oratoire, couvert d'un autre grand drap de pied. » Enfin on lit dans le *Mercure galant* (1673, t. II, p. 156) : « A Liège..., il y a des sieges aux deux costés des portes, avec des appuis de fer si poly qu'ils paroissent aussi luisants que l'acier. » Plus spécialement, notre mot sert à désigner la partie d'une fenêtre ou d'une balustrade sur laquelle on s'appuie. Parlant de l'hôtel Amelot de Biseul, rue Vieille-du-Temple, Germain Brice écrit (*Descr. de Paris,* 1725, t. II, p. 102) : « Les choses ausquelles on prend moins garde ailleurs ont ici leur beauté particulière, comme les appuis de fenêtres, qui sont de bois de cèdre, rapportéz d'ébène et d'yvoire. » L'appui d'une fenêtre est dit *évidé* quand il est décoré de balustres, d'entrelacs, etc. La barre qui le couronne s'appelle *barre d'appui.*

Dans la décoration murale, toutes les saillies placées entre 0^m,90 et un mètre du sol sont dites *à hauteur d'appui.* Si la saillie est de niveau et horizontale, on dit que l'appui est *droit.* Si, comme dans les escaliers, elle est en pente, on lui donne le nom d'*appui rampant.* Les *lambris d'appui* sont ceux qui garnissent le bas de la muraille, ne s'élevant qu'à hauteur d'appui. On appelle *meubles d'appui,* les buffets, bas d'armoires, etc., dont la hauteur ne dépasse pas celle du lambris d'appui : « Un beau meuble d'appui de forme cintrée en vernis Martin. » (*Vente de Mlle Gabrielle Elluini,* mars 1883.) Enfin on donne le nom de *corde-appui* à la corde qui, dans les anciens escaliers à vis, remplaçait la rampe, et sur laquelle on tirait pour s'aider à monter.

Appui-main, *s. m.* — Baguette, sur laquelle les peintres appuient la main qui tient le pinceau.

Appuie-pot, *s. m.* — « Ustencile de cuisine fait de fer en demi-cercle, qui sert à appuyer un pot ou coquemar, de peur qu'on ne les renverse », écrit Furetière. On rencontre fréquemment l'appuie-pot dans le mobilier parisien du XVIe siècle. « Ung appuy pot tout de fer, avec une pincette. » (*Invent. de Maurice Ménier, imprimeur;* Paris, 1566.) « Ung apuie-pot, ung soufflet. » (*Invent. de Claude Millet, sommellier de la paneterie de la duchesse d'Uzès ;* Paris, 1575.) « Ung apuye pot et une cremillière, le tout de fer. » (*Invent. de Nicolle Lefebvre ;* Paris, 1592.) Au XVIIe siècle, l'appuie-pot disparaît peu à peu de la capitale et se réfugie en province, où on le rencontre sous le nom d'ACCOTE-POT. (Voir ce mot.)

Aquaire, *s. m.* — Archal. Au XVe siècle, on disait fil d'aquaire pour fil d'ARCHAL. (Voir ce dernier mot.)

Aquatinte, *s. f.* — Gravure à l'eau-forte imitant le lavis. (Voir GRAVURE.)

Arabesque, *s. f.* — « On appelle *grotesques, moresques* et *arabesques* les peintures ou ornemens où il n'y a pas de figures humaines. » Cette définition que donne Furetière, quoique inexacte, est à retenir. Elle énonce un fait matériellement faux, puisque les grotesques les plus belles de la Renaissance et celles du règne de Louis XIV comportent parfaitement des figures humaines ; mais elle établit, d'autre part, qu'à la fin du XVIIe siècle on ne faisait aucune différence entre trois termes qui n'ont plus aujourd'hui la même signification. En outre, elle ne semble logique que pour l'arabesque et la moresque, car l'art arabe ou more n'admettant pas la représentation de la figure humaine, il est naturel de donner l'un de ces deux noms, ou « ornement à l'arabe », à un genre de décoration qui ne comporte pas l'emploi de personnages.

Ainsi pour être exact, on a bien fait de donner le nom de GROTESQUE (voir ce mot) aux décorations faites de rinceaux, d'enroulements, de fleurs, de branchages, de palmes, de lambrequins, mêlés d'animaux, de personnages et de fragments d'architecture, telles, en un mot, que la Renaissance en a reçu la tradition de l'Antiquité, et il faut réserver les noms de moresques et d'arabesques pour ces mêmes enroulements, fleurs, branchages, etc., quand la figure humaine en est absente, et cela, alors même qu'ils ne rappellent en aucune façon, par leurs formes et leurs combinaisons, l'art arabe et ses dérivés. Mais il ne faut pas oublier que ce sont là des distinctions toutes modernes, et qu'au XVIIe siècle, le mot arabesque désignait toutes sortes d'ornements. C'est ainsi qu'on dit les *Arabesques de Raphaël* pour parler de ces délicieuses compositions dans le goût antique dont l'immortel peintre d'Urbino orna les loges du Vatican. De même, on dit aussi les *Arabesques de Fontainebleau* pour signifier cette délicate ornementation dont le Rosso et le Primatice rapportèrent d'Italie les modèles, et que Jacques Patin, Camille Labatty et Rogier de Rugieri exécutèrent sous leur inspiration. On cite encore les arabesques du château d'Anet, celles d'Ancy-le-Franc, celles surtout du Louvre, ouvrage de Jacques Douet, et celles de Meudon, composées par Claude Audran, considéré de son temps « comme un des premiers dessinateurs qui aient jamais paru, surtout pour les arabesques et pour les ornemens grotesques dans le goût du fameux Raphaël ». (Germain Brice, t, III, p. 347.)

Des décors muraux, cette désignation passa aux tissus. Parmi les ameublements donnés par Louis XIV à Mlle de La Vallière, nous voyons figurer un « meuble de cabinet de riche broderie fond d'or, manière de velours arabesque rouge cramoisy », qui vraisemblablement, conçu dans le goût de Bérain, devait bien comporter quelques figures.

Plus logiques, nous réservons pour le mot GROTESQUE (voir t. II, col. 1093) l'étude de ces jolies décorations à personnages dont Claude Gillot et Salambier ont laissé de si parfaits modèles, et nous ne donnons ici que des exemples rentrant dans la condition des arabesques, c'est-à-dire exempts de représentations vivantes, comme sont les arabesques du château de Blois.

Araignées, *s. f. pl.* — Nom qu'on donne aux deux faisceaux de cordelettes qui terminent de chaque côté un hamac et servent à le suspendre en l'air.

Arain, *s. m.* — Orthographe arbitraire d'AIRAIN. (Voir ce mot.) On appelait aussi arain des armoisins ou taffetas de Chine, qui étaient rayés ou à carreaux. (Voir ARMOISIN.)

Aramie, *s. f.* — Meuble dans lequel on serrait les armes et les objets précieux. Ce mot, qui n'est plus usité aujourd'hui, n'a guère été employé autrefois que dans les provinces normandes.

Arasement, *s. m.;* **Araser**, *v. a.* — L'arasement est l'action d'araser. En architecture, araser, c'est élever des murailles à une même hauteur et en conduire horizontalement les assises. En menuiserie, c'est mettre des panneaux ou pièces de bois de niveau, de façon qu'ils ne se débordent pas réciproquement. Il faut chercher l'origine de ces deux mots dans l'ancien français « arraser », qui signifiait raser au niveau du sol : « Lors fut-il commandé à abattre et arraser [le chastel], et le fut tellement que encore sont là les pierres en un mont. » (Froissart, I, III, 24.)

Arbalétrier, *s. m.* — En charpente et en serrurerie, c'est la pièce qui forme la moitié d'une ferme de comble. Incliné suivant la pente du comble, l'arbalétrier s'assemble à sa partie supérieure dans le poinçon, à sa partie inférieure dans l'entrait, et supporte les pannes.

Arborisé, *adj.* — Nom donné à certaines pierres qui portent en elles des dessins naturels figurant des rameaux d'arbre. « Une plaque d'agathe arborisée pour dessus de tabatière, 840 livres. » (*Livre journal* de Lazare Duvaux, II, 261.) « Une coupe orientale (d'agathe-onyx) et la souscoupe de même qualité, mais arborisée..... » (*Vente Randon de Boisset,* 1777.) (Voir AGATE.)

Arbout, *s. m.* — Voir ARC-BOUTANT.

Arbre, *s. m.* — Par analogie, on a donné ce nom aux branches de corail entières, qui ont la forme et l'apparence d'un arbre dépouillé de ses feuilles : « Un arbre de corail noir, hault de 2 pieds 4 pouces, auprès duquel est un saint Sébastien d'argent..... — Un autre arbre de corail noir brut à plusieurs branches, etc. » (*Invent. des meubles de la Couronne,* 1673.) Dans le langage mécanique, ce mot sert à désigner l'axe d'une roue.

Arbutan, *s. m.* — Corruption provençale du mot arc-boutant. L'arbutan est la barre de fer ou PIED-DE-BICHE que l'on fixe en travers de l'un des vantaux d'une porte pour la tenir fermée.

Arc, *s. m.* — Se dit généralement de tout objet dont la forme est recourbée, et, en termes d'architecture et de décoration, de toute construction qui est limitée en dessous par une surface courbe. Les principaux arcs employés dans la décoration et dans l'architecture sont : l'*arc en plein cintre,* l'*arc en tiers-point* ou *arc ogive*, l'*arc en anse de panier,* l'*arc rampant,* l'*arc polylobé,* l'*arc en accolade,* l'*arc outrepassé* ou *en fer à cheval.* La forme de tous ces arcs est connue. On en trouvera, du reste, la description succincte aux différents termes qui les distinguent. L'importance des arcs dans la construction est considérable. Dans la décoration, leur rôle n'est pas moins important, et souvent ils décident de ce qu'on est convenu d'appeler le style.

Au XIVe et au XVe siècle, le mot arc, pris dans un sens spécial, a servi à désigner des enfoncements produits dans la muraille, et dont le sommet avait une forme recourbée. Par extension, on le trouve, dans certains textes, tantôt avec la signification de cheminée, tantôt avec celle d'armoire ou de placard. Dans ce dernier cas,

Fig. 62. — Arc triomphant élevé pour l'Entrée de Charles IX à Paris (1571).

il est généralement accompagné du mot voûté, pour bien spécifier l'enfoncement. Ainsi nous lisons dans *Perceforet:* « La muraille d'icelle tour avoit bien quatorze pieds d'espesseur..... et l'abbé, qui tenoit le conte par la main dextre, le mena vers ung arc voulté qui estoit par dedans le mur, moytié en terre et moytié dehors, et puis luy dist : Sire conte, vous povez veoir ceste armairie qui est dedans ce mur. » Lacurne de Sainte-Palaye relève, dans la *Coutume de Blois,* la mention suivante : « Si aucun veut faire cheminées ou arcs en un mur commun et moytoien, il ne pourra prendre que la tierce partie dudit mur. » (*Coutumes génér.,* t. II, p. 264.)

Dans le langage de la décoration, on emploie encore le mot arc pour désigner une porte triomphale. A Rome, on admire l'Arc de Titus, celui de Septime Sévère et celui de Constantin. A Ancône, l'arc de Trajan n'est guère moins célèbre. En France, les arcs d'Orange, de Saint-Rémy, de Reims, de Besançon, d'Autun, etc., appartiennent à l'Antiquité. Les temps modernes peuvent réclamer, à Paris, l'arc du Carrousel, celui de l'Étoile et les portes Saint-Denis et Saint-Martin, qui sont de véritables arcs de triomphe.

Bien qu'aucun arc TRIOMPHAL (voir ce mot) remontant à la Renaissance ne soit parvenu jusqu'à nous, — car on ne peut donner ce nom à des portes fortifiées — il ne nous est pas permis de passer sous silence ceux qui furent élevés pour l'entrée de Charles IX à Paris et dont Olivier Codoré nous a transmis l'image. (Voir fig. 62.) Non plus que celui dont Rabelais nous a conservé la description (*Pantagruel,* liv. LV, ch. XXXIV), et qui donnait accès au fameux oracle de la Bouteille : « Au bout du vignoble, écrit-il, passasmes dessoubz ung arc anticque onquel estoyt le trophée dung beuveur bien mignonnement insculpé : sçavoir est, en ung bien long ordre de flaccons, bourraches, bouteilles, fiolles, barrilz, barreaulx, potz, pinthes, cymaises anticques, pendentes d'une treille umbrageuse. »

Fig. 63. — Chaise à arcatures (XVIIe siècle).

Arcade, *s. f.* — C'est, en principe, une baie pratiquée dans une maçonnerie et composée d'un arc porté, soit sur des colonnes, soit sur des pieds-droits. Au XIVe et au XVe siècle, l'arc était en ogive ou en anse de panier. Depuis la Renaissance, les arcs d'arcade sont plus généralement en plein cintre. Les arcades peuvent être *géminées, ternées, quaternées,* suivant qu'elles sont elles-mêmes divisées à l'intérieur par des arcs plus petits, en deux, trois ou quatre petites arcades. Elles peuvent être *aveugles,* c'est-à-dire feintes et appliquées contre un mur, soit pour jouer le rôle d'arcs de décharge, soit pour concourir à la décoration. Un grand nombre de galeries, construites au XVIe et au XVIIe siècle, sont éclairées par des fenêtres en arcades, et sur la muraille qui fait vis-à-vis aux fenêtres, des arcades feintes répètent cette disposition architectonique. On peut voir des exemples de ce genre de décoration à Fontainebleau, à Versailles et à Paris, notamment à l'hôtel de Soubise. L'hôtel de Lorges offrait jadis cette même particularité. Ses fenêtres, ouvrant sur les jardins, étaient en arcades, et cette disposition se trouvait reproduite sur la muraille par des arcades garnies de glace. « Du milieu du platfond pend un lustre de cristal très magnifique, et qui semble vouloir réparer la perte que la nuit apporte en ce charmant lieu, en se répétant plusieurs fois avec ses lumières aux quatre costez, dans quatre grandes arcades de glace. » (*Mercure,* avril 1695.)

Dans la serrurerie, on appelle arcades les pièces de fer en forme d'arc qui sont employées pour l'ornementation des rampes et des balcons. Dans l'ébénisterie, ce mot sert à désigner les dispositions de lignes, qui ont un rapport avec les arcades en architecture : « Un bufet de salle à quatre grandes colonnes faites en arcade. » (*Invent. de Gabrielle d'Estrées,* 1599.) « Ung grand chevet de lict à balustre et arcades, garny et orné de grands fleurons de cuivre doré. » (*Invent. du cardinal de Mazarin,* 1653.) On appelle actuellement chaises à arcades celles dont le dossier est composé de montants se raccordant par des traverses courbées en forme d'arc.

Arcaleyt, *s. m.* — Voir ARCHELIT.

Arcature, *s. f.* — C'est une suite d'arcades, généralement de petites dimensions, figurées en relief sur le nu du mur, ou parfois simplement peintes, et qui sont plutôt employées pour garnir les parties lisses de la muraille que pour répondre à une nécessité de la construction. L'architecture ogivale a fait un très large emploi des arcatures. On dit de celles-ci qu'elles sont *ouvertes* ou *aveugles,* suivant qu'elles sont à claire-voie ou simplement appliquées sur la paroi. Le plus souvent elles sont supportées par des colonnettes ou de petits pilastres, parfois aussi par des consoles ou des corbeaux. Pendant tout le XVIe et la première moitié du XVIIe siècle, les arcatures furent fort employées par les menuisiers, pour les portes, lambris, bancs d'œuvre, et, réduites à une taille minuscule, pour la décoration de certains meubles, les dossiers de chaise, notamment, les chevets de lit, etc. Dans l'ouest de la France, elles sont encore assez usitées.

Arc-boutant, *s. m.* — En architecture, on appelle arc-boutant des constructions légères, en forme d'arc, qui viennent buter contre un mur et lui servent d'étais. Dans l'aménagement des habitations, on donne ce même nom à toute pièce de bois ou de fer employée pour soutenir une partie de mur, de lambris, de cloison, de grille, de balcon, etc., dont l'équilibre a besoin d'être assuré ou dont la solidité est insuffisante, et plus spécialement à la barre qui maintient l'un des vantaux de certaines portes un peu vastes. Dans ce dernier cas, l'arc-boutant prend plus ordinairement le nom d'ARBOUT ou de PIED-DE-BICHE. (Voir ces mots.)

Arceau, *s. m.* — Diminutif d'ARC. Se dit des baies, des portes, des fenêtres dont la partie supérieure est recourbée en forme d'arc.

Archal, *s. m.;* **Aquaire,** *s. m.* — Synonyme de laiton, et traduction française du latin *aurichalcum,* qui a la même signification. Ne s'emploie guère que précédé du mot fil. Le fil d'archal est un fil de laiton passé par la filière; on en fait des treillis de fenêtre, des garnitures pour les portes de bibliothèque, des cordes de piano, des élastiques, etc. « Le sot peuple, écrit Furetière, dit du *fil de Richard* », et Colletet, dans son *Paris burlesque,* ne manque pas de s'écrier :

..... Le peuple sot admire
Cent figures faites de cire
Dont les pieds et les mains, par art
Branlent sur un fil de richart.

Quelques lexicographes ont profité de cette singulière altération de langage, pour imaginer un ouvrier anglais du nom de Richard qui aurait le premier, au XVIe siècle, inventé de fabriquer du fil d'archal. Malheureusement pour ce Richard et pour ses parrains, cette sorte de fils existait longtemps avant l'époque qu'on assigne à son apparition dans le Royaume-Uni. Le *Livre des mestiers* d'Étienne Boileau traite, en effet, dans un de ses chapitres (titre XXIV) de la profession des « Traifiliers d'archal à Paris »; le fil d'archal, comme fabrication et comme emploi, remonte donc au moins au XIIIe siècle. Il est, en outre, très souvent question de lui dans les documents du siècle suivant. Nous lisons dans les *Comptes de l'argenterie de la Reine,* à la date du 24 avril 1394 après Pasques : « A Pierre Baloches, paintre, pour avoir paint tout en neuf la caige au papegaut de la Royne, et en icelle avoir fait un grant guichet tout neuf et livré trois gobeletz d'estain, trois batonnéz de feutrez, fil d'areschal et autres choses, LX sols parisis ». Nous notons également dans les registres de la *Cour des comptes de Provence,* à l'année 1478 : « A ung chapellain de Pymont (Piémont), pour deux rossignolz en deux caiges de fil d'archal, qu'il a donnés au Roi XXX livres tourn. »; dans les *Comptes de la chambre de Louis XI,* à l'année 1481 : « A Jehan Ferry, menuisier, pour une vollière à oyseaulx en façon de caige ronde..., toute de fil d'areschal, XXIV livres tournois. »

Ces exemples, croyons-nous, suffisent amplement pour réduire à sa juste valeur l'ingénieuse supposition des partisans du problématique Richard. Il est à remarquer, en outre, que presque tous les comptes du XVe siècle mentionnent des objets fabriqués en fil de fer. Le fil d'archal, quoiqu'il ait été confondu plus tard avec ce dernier, qui souvent prit son nom, en était alors absolument distinct. — Carpentier (*Sup.* à Du Cange, au mot *Auriculatum*) indique FIL D'AQUAIRE comme synonyme de fil d'archal.

Indépendamment des « Traifiliers d'archal », on comptait encore, au temps d'Étienne Boileau, un certain nombre d'autres professions qui mettaient ce métal en œuvre. Nous citerons notamment : les batteurs d'archal, qui réduisaient le laiton en feuilles; les boucliers d'archal, qui en faisaient des boucles; les patenostriers, qui en faisaient des croix, des chapelets; les boutonniers et les déciers, qui en faisaient des dés à coudre et des boutons, etc. On voit que l'archal était, dès cette époque, employé à de nombreux usages.

Arche, *s. f.;* **Archi**, *s. f.;* **Archon**, *s. m.* — Coffre généralement à couvercle bombé, en forme d'arc par conséquent, — d'où la dénomination d'arche, — très usité pendant quatre siècles et dont le nom a disparu, bien que l'objet soit encore en usage. « Les coffres ou arches, écrivait Sobry au siècle dernier, sont vulgairement nommés commodes. Les uns sont à couvercles, les autres à tiroirs, etc. » C'est surtout du XIVe au XVIIe siècle que le mot arche fut couramment employé. « Faire une huche pour la chastelaine, toute neuve, et une arche pour Robin de Seneschal, escuier du chastelain. » (*Travaux exécutés au château de Cherbourg,* 1348.) « *Item,* une grande arche vielle de nouguier (noyer) ou a XV tabliers de chenève (chanvre) et VIII longières. » (*Invent. du château des Baux,* 14 octobre 1426.) « Plus dans une arche de sappin, trois pièces de toille fetes à treillis pour ung ciel et dolciel et ruelle, etc. » (*Invent. du duc de Bourbon;* Aigueperse, 1507.) « Un banc qui sert d'arche et buffet fermant à clef. » (*Invent. de Jean Charmalat, vicaire au Mayet;* Lyon, 1521.) « Une petite mé (met) à faire paste prisée avec une petite vielle arche, vingt soulz tournois. » (*Invent. de feu Michel Guillon;* Jurid. du Plessis-Botherel, 7 mai 1588.) Etc.

Fig. 64. — Arche en bois de noyer sculpté (XVIe siècle).

L'*arche de mariage* était le coffre dans lequel on mettait les présents du futur époux, coffre que nous appelons aujourd'hui la CORBEILLE, et l'*arche de marine,* ou *arche marine,* une caisse consolidée d'armatures en cuivre ou en fer propre aux voyages lointains. « Une arche marine de nouguier (noyer) en quoi madicte Dame soloit tenir ses meilleurs lettres et son trésor, etc. » (*Invent. des Baux,* 1426.)

L'emploi que faisait la gracieuse châtelaine des Baux de son *arche marine* nous révèle l'étymologie d'un mot bien usité aujourd'hui. Nous voulons parler d'ARCHIVES. « Les arches à garder des titres et des papiers, des trésors, des pierreries, des habits et autres choses qu'on vouloit mettre en sûreté, étoient des coffres, des *archives* », dit avec beaucoup d'ingéniosité Lacurne de Sainte-Palaye, s'appuyant, du reste, sur l'autorité de Nicot et de Monet. Cette étymologie offre, en effet, tout autant de certitude que les dérivés grecs et latins, desquels on prétend tirer ce mot.

Dans le langage populaire du Lyonnais et du Forez, l'Arche ou Archi est encore le coffre par excellence ; c'est là que les paysans serrent leur linge, leur argent, etc. Dans l'écurie, on rencontre l'arche à l'avoine, dans le garde-manger l'arche aux fromages, l'arche au bacon ou lard salé, etc. En limousin, l'Archon désigne la huche où l'on pétrit le pain, ainsi que le coffre aux provisions.

Archebanc, et par corruption **Archibanc**, *s. m.* — C'est le banc à Arche (voir ce mot), c'est-à-dire monté sur un coffre. Ce terme se rencontre assez fréquemment dans les *inventaires* du XVIe et du XVIIe siècle, provenant du Comtat, de la Provence et de la Gascogne. En voici quelques exemples : « Une table carrée de courailh avec son archibanc, base et marchepied de mesme boys. » (*Invent. de Pierre David, chanoine de l'église abbatiale de Saint-Sernin;* Toulouse, 1548.) « Ung archibanc long de deux cannes avec deux armoyres et son marchepied. » (*Invent. de Pierre Bonafous, conseiller au Parlement;* Toulouse, 1568.) « Ung archibanc de noyer rompu. » (*Invent. d'Amédée Chalamont;* cour de Bollène, 1571.) « Ung archeban de noyer ja vieulx avec son dossier de longueur de sept ou huit pans. » (*Invent. de Jacques de la Lande;* Marseille, 1571.) « Dans l'Estude, une table de bois blanc garnie avec ses deux tiroires fermans à clef, avec son tapis drap verd, deux archibancs adhossiers, bois blanc fermans à clef. » (*Invent. de la Demoiselle de Carranres;* Marseille, 1586.) « Un archebanc de noyer façonné. » (*Invent. de Pierre Solle;* Marseille, 1623.) « Ung grand banc à coucher, en forme d'archibanc, bois noguier, garny de couette, cuissin, rempli de plumes, couverte blanche, etc. » (*Invent. de Jacques Mover;* Toulouse, 1635.) Etc.

Il ne semble pas que le mot archebanc ait été en usage dans d'autres provinces. Dans le nord et dans le centre de la France, en effet, l'archebanc est désigné, soit sous le nom « de coffre servant de banc » (*Invent. du château de Chanzé,* 1471), soit de « banc ouquel ont esté trouvéz certains abillemens de femmes » (*Invent. de la duchesse de Valentinois,* 1514), soit encore de « comptoir long fait en forme de banc » (*Invent. du château de Lanmary,* 1595), ou de « banc à coffre » (*Invent. de Jullienne Andrée;* juridiction de Miniac, 1605), etc. Au mot Banc, nous aurons, du reste, occasion de parler de ces différentes sortes de meubles. En tout cas, on voit, par les exemples ci-dessus, que c'est commettre une erreur que de prendre l'archebanc ou archibanc pour « un banc à dossier servant de siège d'honneur », comme l'ont fait certains auteurs et notamment M. Bosc. (*Dict. d'archit.,* t. Ier, 134.)

Archelette, *s. f.;* **Archette,** *s. f.* — Diminutif d'Arche. (Voir ce mot.) L'archelette est une petite caisse, un coffret. Cotgrave, qui cite le mot, lui donne cette signification. On trouve également, au XIVe siècle, archette prise dans le même sens.

Archelit, *s. m.;* **Arcaleyt,** *s. m.;* **Archaleyt,** *s. m.* — Lit en forme d'arche ou d'armoire, ou simplement bois de lit. Nous n'avons guère rencontré ce terme que dans le midi de la France. « Un arcaleit, un cochino (coussin) de pluma petit. » (*Invent. de Ramond de Cussac, chanoine de Saint-André;* Bordeaux, 1442.) « *Item,* ung arcaleyt d'avet (de sapin) tal qual de long x palms. — *Item,* ung autre arcaleyt d'avet en quâ doas flassadas blancas..... » (*Invent. de l'hôpital Notre-Dame du Puy;* Toulouse, 1473.) « Ung archelit de couchette foncé de postes. » (*Invent. de la succession Galossa;* Rabastens-d'Albigeois, 1565.) « Ung archelict garny de coitte, coussin, flessade, mathalas et son courtenaige toille blanche. » (*Invent. de Pierre Bonafous, conseiller au Parlement;* Toulouse, 1568.) « Ung archelit de fay (bois de hêtre). » (*Invent d'Antoine Banides;* Toulouse, 1572.) « Archelict de bois de faye. » (*Invent. de Jacques Fermailh;* Auterive, 1583.) « Un archellit bois noguier d'environ sept pans de largeur avecq pailhasse, coitte, cuissin garny de plume. » (*Invent de Geffroy de Naves;* Toulouse, 1668.) — Après ces citations, il semble qu'aucune confusion, ni même aucune autre interprétation du mot archelit ne soient possibles. Cependant, un document, émanant presque du même pays, paraîtrait, si l'on n'y prenait garde, donner au mot qui nous occupe une signification différente. Voici ce document : « Ung leyt garnit ab son capsey (traversin) ab dos linsous (draps) ab una cuberta blanqua, ab son archaleyt. » (*Invent. d'Aymeric de Caumont, chanoine;* Bordeaux, 1436.) Mais il est

Fig. 65. — Arche de mariage en bois incrusté (XVIe siècle).

clair que, malgré sa mise hors de place, encore dans ce cas, l'archaleyt est bien le bois de lit.

Archet, *s. m.* — Ce mot a, dans le langage mobilier, de nombreuses significations. C'est d'abord et par ordre de date le diminutif d'ARCHE, et par conséquent un coffret, une cassette : « Ouvrir l'archet de sa riche aumaire. » C'était, en style poétique du XVIe siècle, ouvrir les trésors de son esprit. C'est ainsi que le poète Crétin a pu dire :

Abbé d'Auton et maistre Jehan Le Maire.....
Ouvrez l'archet de votre riche aumaire,
Et composez quelque plainte sommaire, etc.

L'ARCHET est, en outre, la baguette garnie de crin tendu qui sert à jouer du violon, de l'alto, du violoncelle, en un mot de tous les instruments à cordes. A propos de l'arrestation bruyante d'un soldat aux gardes, qui avait menacé le musicien Francœur, on fit, au siècle dernier, l'épigramme suivante :

Admirez combien l'on estime
Le coup d'archet plus que la rime :
Que Voltaire soit assommé,
Thémis s'en tait, la cour s'en joue !
Que Francœur ne soit qu'alarmé,
Ce seul complot mène à la roue.
(Barbier, *Journal*, mai 1731, t. II, p. 159.)

L'ARCHET est encore un cerceau que l'on place au-dessus des berceaux d'enfant. Dans l'*Inventaire du château de Trianon* (1685), comprenant la description du berceau destiné pour servir, à Saint-Germain, au prince de Galles, nous lisons : « Un berceau tout garni de satin cramoisy, avec son archet garny de satin tant en dedans que pardessus, avec un gallon or et argent sur le tour du berceau par dehors, et un molet autour de l'archet. » Et dans l'*Inventaire général des meubles de la Couronne*, nous trouvons, relativement au berceau du Dauphin, fils de Louis XV, le détail suivant : « Avoir garni le berceau de 4 pieds 8 pouces de long, sur 28 pouces de large, le dedans matelassé de laine, l'arché (*sic*) et le dossier matelassé — *idem*, couvert de damas vert orné de galon d'or à clouer et cloux dorés, etc. »

Fig. 66. — Archebanc à dossier (XVIe siècle).

Enfin, l'ARCHET est un instrument dont se servent les ouvriers qui travaillent le bois, la pierre ou les métaux. Il est employé par eux pour percer les trous. On nomme aussi cet instrument ARÇON.

Archier, *s. m.*; **Archerie**, *s. f.* — L'archier était un charpentier de la petite cognée ou menuisier, dont la spécialité était de faire des arches ou coffres. Dans les minutes de Jehan Le Bon, coadjuteur du tabellionage de Dijon, on relève un engagement de Jehan Cochery, qui se met en service pendant six ans chez Guillaume Fauconnet, « archier », lequel devra « l'instruire ès science et en l'art d'archerie » (1404-1405). Douze ans plus tard, une autre minute nous signale deux « archiers » de Dijon faisant marché avec Monin d'Échenon, bourgeois, pour la fourniture d'un dressoir, de deux bancs-tournis, de trois tables et quatre paires de tréteaux, le tout pour 12 francs d'or. Ce second document a une grande importance, en ce qu'il nous apprend que les archiers faisaient toutes sortes de meubles. Ce nom d'archier paraît, toutefois, avoir été spécial à la Bourgogne. Dans l'Ile-de-France, on nommait ces artisans des CHARPENTIERS ou des HUCHIERS, dans le nord des ESCRAINIERS. Plus tard, ces diverses dénominations furent remplacées par celle de MENUISIER.

Archière, *s. f.* — Meurtrières par lesquelles les archers tiraient leurs flèches et carreaux sur les assaillants. « Cil de la Ville regardoient par archières et par les hourdeis la contenance de l'Ost. » (*Guillaume de Tyr*, liv. IV, ch. XIII.) Nous relevons dans le *Roman du renard :*

Les archières. . . . .
Par où ils traient les quarriaux
A domager les gens du Roi.

L'étymologie doit être cherchée dans le mot archer, dont la forme ancienne archier explique, sans grand effort, le terme archière.

Architrave, *s. f.* — C'est la partie de l'entablement qui porte immédiatement sur les chapiteaux des colonnes. L'architrave, en son principe, était monolithe, c'est-à-dire formée par un seul bloc de pierre. Les matériaux de grand appareil faisant fréquemment défaut, les Romains, ces constructeurs émérites, imaginèrent de poser dans l'axe de chaque colonne un sommier et d'appareiller l'architrave, comme aujourd'hui nous appareillons les plates-bandes. Ce procédé de construction, malgré les armatures en fer qui servent à le consolider, est infiniment moins résistant que l'autre; cependant, au XVIIe et au XVIIIe siècle, il a été employé avec plein succès par Perrault pour la colonnade du Louvre, par Soufflot au Panthéon, par Gabriel au Garde-Meuble, etc. La forme et la décoration de l'architrave varient suivant les ordres d'architecture dont ils relèvent.

Les menuisiers emploient aussi ce terme et désignent sous le nom d'architrave la partie placée sous la corniche d'un lambris ou d'un meuble.

Archivolte, *s. f.* — En architecture, c'est une moulure qui contourne l'extra-dos d'un arc et concourt à sa décoration. L'archivolte est parfois meublée de billettes, de rosaces, de fleurons, de guirlandes. Généralement, elle vient buter à la naissance de l'arc sur les colonnettes ou pieds-droits qui soutiennent celui-ci et se termine en cet endroit. D'autres fois, elle continue horizontalement, formant un bandeau. — En menuiserie, on nomme archivolte le revêtement extérieur d'une arcade en plein cintre.

Arçon, *s. m.* — Instrument dont se servent les ouvriers qui travaillent le bois et les métaux pour percer leurs ouvrages. Il se compose d'un petit arc de fer ou de baleine faisant ressort et qui se bande avec une cordelette passant autour de la mèche ou foret qu'il s'agit de mettre en mouvement, ce qui s'opère à l'aide d'un va-et-vient. L'arçon est le plus souvent nommé archet par ceux qui l'emploient.

Ardent, *adj.* — Nom donné au XIVe et au XVe siècle à la couleur rouge. « [A] Édouard Thadelin, pour ung quartier de veluyau asuré, II onces d'or de Chippre et II onces de soie ardant, le tout baillié à Thomas de Chaalons pour broder, faire et estoffer la bourse au seel du secré du roy, V escus trois quars. — [A] Prince Guillaume, pour..... VI onces de soie ardant, etc. » (*Comptes d'Estienne de la Fontaine, argentier du roi Jean,* 1352.)

Ardent (miroir). — On a nommé ainsi, au Moyen Age et jusqu'au XVIIe siècle, « un miroir concave, sphérique ou parabolique, qui ramasse tous les rayons de soleil en un point, qu'on appelle foyer, où la chaleur devient si grande qu'elle brusle ». S'il faut en croire Rabelais (*Pantagruel,* liv. II, ch. XVI), ces miroirs servaient aux mauvais plaisants à faire « enraiger aulcunes fois les hommes et les femmes » et à leur faire « perdre contenance à l'ecclise ». Par la suite, l'expression, comme cela arrive souvent, s'étant généralisée, ce nom fut appliqué à toutes sortes de miroirs concaves. C'est ce qui explique comment on rencontre si fréquemment ces sortes d'objets dans les inventaires féminins. Comme exemples, nous citerons : « Deux mirouers ardens, ung grant et ung petit, l'un bordé d'argent, estimés IIII escuz ». (*Invent. de la reine Charlotte de Savoie,* 1483.) « Ung estuy de la sourte dessus dicte, ouquel a esté trouvé un miroir ardant, un pigne d'yvère, ung de bois et ung espinglier party de velloux cramoisy et de satin broché verd, la serrure doré. » (*Invent. de la duchesse de Valentinois,* 1514.) « Un mirouer ardent, garny d'yvoire avec de la marqueture. » (*Invent. de Gabrielle d'Estrées,* 1599.) Au XVIe siècle, ces espèces d'ustensiles étaient suffisamment répandus dans toutes les habitations riches, pour que Gilles Corrozet, dans ses *Blasons domestiques,* comprît parmi les objets mobiliers en usage de son temps le

Miroir ardent de grant splendeur.

Au siècle suivant, on paraît être revenu à une distinction plus rationnelle. C'est ainsi que, d'une part, nous trouvons dans l'*Inventaire du cardinal de Mazarin* (1653) : « Un petit miroir concave servant à grossir les objets, de huit pouces de diamètre, dans une corniche de bois noir » ; — et, d'autre part, le *Mercure* d'octobre 1685 entre en de longs développements sur la construction d'un miroir ardent, « le plus grand qui ait jamais esté fait », nous dit-il, et qui fut acquis par le roi pour l'Académie, celle-ci ayant déclaré qu'un « ouvrage si considérable luy estoit absolument nécessaire pour arriver à une connoissance parfaite des effets que peut produire la réflexion des rayons du soleil sur le miroir ardent ». Ce miroir, qui était de métal, avait été construit par M. de la Garouste, gentilhomme habitant la ville de Saint-Céré, dans la vicomté de Turenne. Enfin, parmi les cadeaux remis aux ambassadeurs de Siam, nous remarquons : « Plusieurs miroirs ardens d'une construction nouvelle et qui, bien qu'ils n'ayent qu'un pied de diamètre, font autant d'effet et ont autant d'activité que tous ceux qu'on a veus jusqu'à présent. » (*Mercure* d'avril 1687.) A partir de ce moment, le miroir ardent, instrument de physique, cesse d'être confondu avec le miroir concave, appartenant au mobilier, objet de curiosité ou de toilette.

Ardoise, *s. f.* — Furetière la définit ainsi : « Pierre bleue et fossile, qui est tendre au sortir de la carrière et qu'on coupe en feuilles déliées pour faire des couvertures, au lieu de tuiles. On en fait aussi des tables et d'autres ouvrages espais. Les ardoises d'Angers sont les plus fameuses ; celles de Mézières sont plus tendres et s'écaillent. La rousse noire est la plus estimée. Les beaux bâtiments sont toujours couverts en ardoises. » Cette définition, vieille de deux cents ans, est encore de nos jours d'une exactitude suffisante. Nous ajouterons que si les Anciens semblent avoir ignoré l'usage de l'ardoise en tant que couverture, ils l'employèrent en blocs dans la construction. Aux XIe et XIIe siècles, ces mêmes blocs furent mis en œuvre par les architectes, pour figurer les mosaïques murales, dont on était coutumier à cette époque. Comme couverture, l'ardoise fut employée, en France, dès le XIVe siècle. Dans les *Travaux faits au château et à la geôle de Caen* (1345), nous relevons la fourniture suivante : « Pour millier et demy de pierre d'adoise, mis et employéz illec achetéz de Jehan Boit l'eaue (*sic*), pour tout XXII s. VI d. » Les *Comptes des Chartreux* de Dijon (1389) nous apprennent que leur église était couverte d'écailles d'ardoises. Au XVIe siècle, celles-ci étaient recherchées pour les plus belles habitations. Les *Comptes du château de Gaillon* (1504) mentionnent le payement « à Masse Mouchet, pour cent dix-huit milliers de ardoise fine, à LXX sols pour millier : IIII C XIII livres ». L'ardoise est encore fort estimée pour cet usage. Sa légèreté, sa propreté, sa couleur sombre, sa nature lisse la font préférer pour tous les grands édifices. Elle s'attache simplement sur un *voligeage,* avec deux ou trois clous de fer galvanisé. Quand on veut éviter la monotonie, on peut donner à son extrémité visible diverses formes et la disposer de différentes façons, de manière à composer un dessin plus ou moins élégant. Les principales de ces dispositions sont en losange ou quinconce ; en écailles rondes ; en écailles allemandes, c'est-à-dire posées diagonalement ; en écailles pointues ; en écailles carrées ; en écailles à cinq faces, etc.

La propreté de l'ardoise et la facilité de l'obtenir en lames unies l'ont encore fait rechercher de nos jours pour d'autres usages. On l'utilise pour les dallages, les carreaux de pavement, les revêtements de baignoires, d'urinoirs, etc. On en fait aussi d'excellentes tables de billard, et des tableaux pour les écoles. On s'en sert comme plaque pour prendre des notes, et cet emploi est même fort ancien, car nous relevons dans l'*Inventaire de Charles V* (1380) : « Une ardoise en ung estuy de cuivre. — *Item,* deux ardoises enchâssées en deux ais d'argent », qui vraisemblablement étaient destinées à cet usage. Du reste, encore aujourd'hui, la plupart des enfants apprennent à écrire sur des ardoises montées dans des châssis de bois. En fait de meubles, au siècle dernier, on en fit des tables. L'inventaire dressé après l'incendie qui dévora les ateliers de l'ébéniste Boulle (1720) mentionne « une table d'ardoise sur un pied », et dans l'*Inventaire de Martial de Mosnier,* conseiller au Parlement (Toulouse, 1723), figure « une table de bois de noyer à pièces raportées, dans le milieu de laquelle il y a une ardoize ». Jadis, les peintres broyaient leurs couleurs sur l'ardoise. Parlant du jeune Louis XIII, Héroard écrit, à la date du 30 octobre 1614 : « Remis au lit après dîner, il envoie chercher des couleurs chez son peintre Bunel, s'amuse à les faire sur l'ardoise et à peindre. » (*Journal,* t. II, p. 164.) A la fin du siècle dernier, un sieur Gardeur eut l'étrange idée de fabriquer des ardoises artificielles. Ces ardoises étaient formées, comme une sorte de carton, des filaments de plusieurs plantes telles que le tournesol, la grande ortie, etc., consolidées par une espèce de ciment où le mâchefer jouait le principal rôle. Une huile siccative achevait de les rendre imperméables. (*Almanach sous verre,* an IV, col. 792, n° 125.) Malgré diverses expériences, l'idée du sieur Gardeur ne paraît pas avoir eu de suites.

Arengne, *s. f.* — Nom donné au XIVe siècle aux dentelles, à cause de leur ressemblance avec la toile d'araignée. On trouve dans les Archives de la Côte-d'Or (voir *Invent. sommaire,* série E, t. V, p. 22) la mention de la « vendue d'une arengne de Malines ».

Arête, *s. f.* — Angle vif d'une pièce de bois, d'une pierre taillée, etc. C'est aussi l'extrémité intérieure d'une assiette du côté du fond (LITTRÉ).

Arêtier, *s. m.* — C'est à la fois la pièce de charpente qui forme les arêtes ou angles saillants de la toiture, et la partie de couverture (en tuiles, en plomb, en zinc) qui revêt cette pièce de bois.

Argent, *s. m.* — Métal précieux, qui joue un grand rôle dans l'habitation et qui, après le cuivre et le fer, y tient la plus large place. Il justifie, du reste, son emploi par ses éminentes qualités. Il est, après l'or, le plus inaltérable des métaux ; il en est, en outre, le plus ductile. On peut le réduire en feuilles si minces, que huit mille d'entre elles ne surpassent pas en épaisseur deux centimètres et demi, et le tirer en fil si ténu qu'un seul gramme peut en fournir plus de deux mille mètres. A tous ces mérites, l'argent ajoute encore celui d'être un métal sain, ne s'oxydant point à l'air ni au contact de l'eau, et ne présentant jamais de danger pour la santé lorsqu'il s'oxyde au contact d'un gaz. C'est du reste ce qui explique comment, avec l'or et l'étain, il figure au nombre des métaux dont les conciles autorisent l'emploi pour la fabrication des calices et des patènes. (Voir Dom Quarti, *Rubrica missalis,* in-4°, Rome, 1674, p. 172.) C'est aussi pour cette raison que, de tout temps, il a été particulièrement recherché pour la confection de la vaisselle de table, des objets de toilette et de tous les ustensiles que nous sommes appelés à manier journellement.

L'argent se travaille comme l'or, le cuivre et le bronze. On le sculpte dans la masse, on le fond et on le repousse ; pour l'achèvement des reliefs, on emploie le ciselet. Enfin, on le grave avec le burin. La similitude, comme traitement, entre ces divers métaux est si parfaite qu'aujourd'hui, les mêmes artisans sont capables de les mettre tous trois en œuvre, et la seule différence sérieuse qu'on découvre entre les ouvriers qui traitent l'argent et ceux qui traitent le bronze, c'est que les premiers sont obligés de ménager davantage la matière à cause de son prix très élevé. Ajoutons que ce prix a fait rechercher de tout temps l'argent comme un bien enviable, c'est lui qui l'a fait employer comme marque et représentation des échanges, et qui a rendu sa possession synonyme de fortune et de richesse. Les Latins avaient fait dériver le substantif *pecunia,* qui avait chez eux ce dernier sens, du mot *pecus* (troupeau), parce que, chez les peuples primitifs, la grande source de richesse était la possession et l'élève du bétail. Dans la France du Moyen Age et de la Renaissance, c'est à l'argent qu'appartient exclusivement cette signification. On comprend qu'avec de pareilles prérogatives l'argent ait fait beaucoup parler de lui dans un pays qui a toujours passé pour un des plus riches du globe. Il faudrait presque un volume pour recueillir tout ce qui a été écrit sur ce précieux métal.

Depuis Jehan du Pontalais, dont on a maintes fois réimprimé le charmant rondeau, jusqu'à Furetière, qui, dans son *Dictionnaire,* donne plus de vingt proverbes où l'argent tient la place d'honneur, c'est par centaines, en effet, qu'on peut compter les poètes et prosateurs qui ont célébré ce que les philosophes, avec un peu d'exagération, ont appelé « le vil métal ». Pour ne citer que les plus connus, nous mentionnerons Roger de Collerye, le maréchal de Trivulce, Béroalde de Verville, et Pierre de l'Estoile, qui ne se contente pas de donner son couplet personnel, mais enregistre encore cet amusant pamphlet intitulé : *l'Épitaphe du grand diable d'argent en Avignon* (1574). Au XVIIe siècle, c'est d'Aceilly, Racine, La Fontaine, qui l'appellent le « maître du monde », et Boileau qui prétend que sans lui tout est stérile. Mais disons vite que chez eux il est surtout question de l'argent monnayé. A une époque, où les placements mobiliers étaient très incertains et fort peu dans les usages courants, cet argent monnayé tenait au logis une place importante. Ainsi au château de Josselin, appartenant au connétable de Clisson, on trouva, en 1397,

Fig. 67. — Argent. — Grand bassin du XVIe siècle.

en « espèces sonnantes », 109,053 francs, 11,857 écus, 9,539 moutons, 999 guyennois, 866 florins, 611 nobles, 404 réaux, 17 pavillons. Par ces chiffres, on peut juger quelle provision de métal les seigneurs et châtelains amoncelaient dans leurs forteresses. A des époques infiniment plus récentes, on est surpris de rencontrer chez de petits bourgeois, chez de simples artistes, des sommes relativement considérables. En 1774, à la mort de Philippe Caffieri, on ramassa dans ses tiroirs 2,057 livres ; chez Dumont, dit le Romain, on réunit (1781), en deniers comptants, 4,140 liv. 12 s. ; chez Pierre Roger, peintre de la reine (1787), la somme énorme de 57,708 livres, savoir : 18,432 livres en louis d'or et 39,276 livres en argent blanc. Enfin, par le duc de Luynes, nous savons que, quand M. d'Ons en Braye mourut, on trouva dans ses coffres 130,000 livres de vieilles espèces. Mais ce n'est pas d'argent monnayé qu'il doit être surtout question dans cet article, c'est d'argent travaillé et mis en œuvre.

La mise en œuvre de l'argent est le fait des orfèvres. Au mot ORFÈVRERIE on trouvera le détail des opérations par lesquelles passe le précieux métal pour prendre les formes séduisantes que nous connaissons. Quand il est employé et quand il a revêtu les apparences multiples que l'orfèvre s'ingénie à lui donner, l'argent reçoit le nom d'ARGENTErie. (Voir ce mot.) Nous nous bornerons ici à parler des alliages auxquels il est généralement soumis et à expliquer quelques termes spéciaux qu'on rencontre souvent dans les textes anciens, et dont plusieurs ont cessé d'être intelligibles pour la grande masse des lecteurs.

Pour les alliages, l'argent, tout en étant plus dur que l'or, est par contre moins résistant que le cuivre, en sorte que les orfèvres ont été naturellement amenés à mélanger l'argent qu'ils emploient, avec une fraction de ce dernier métal; ce qui permet à la vaisselle, aux vases, à tous les ustensiles, en un mot, qu'on fabrique de la sorte, de mieux conserver leurs contours et de se déformer moins facilement. Les proportions de cet alliage varient suivant les emplois auxquels on le destine, et aussi suivant les pays. En France, ces proportions ont toujours été sévèrement réglées. Depuis le xiiie siècle, les registres de la *Chambre des comptes* et le recueil des *Ordonnances royales* marquent une préoccupation constante de tenir l'argent employé par l'industrie légèrement au-dessus, comme titre, de l'argent monnayé, afin d'éviter aux orfèvres la tentation de fondre ce dernier et de l'appliquer à leurs besoins. Les *Ordonnances* de Philippe le Bel en 1313, celles de Philippe de Valois en 1329 ne laissent aucun doute à cet égard. En même temps qu'elles règlent le taux du monnayage, elles fixent le titre de l'Argent en plate, c'est-à-dire en barre, et de l'Argent en mace et billon, c'est-à-dire en lingots provenant de refonte. (Voir à ce sujet l'ingénieuse explication que Lacurne de Sainte-Palaye donne du mot Billon.)

Fig. 68.
Hanap en argent verré (xvie siècle).

Lorsque le pouvoir royal fut mieux assis, la loi mieux observée, la surveillance plus facile, les rois se bornèrent à édicter des peines sévères contre ceux qui se rendaient coupables de la refonte des monnaies, et cessèrent d'user de pratiques qui assignaient une sorte de défaveur à leurs monnaies. L'*Ordonnance* de Louis XII, de novembre 1506; celle de François Ier, du 21 septembre 1543; les *Lettres patentes* de Henri II, du 14 janvier 1549, et l'*Édit* de ce même prince, du mois de mars 1554 (art. 18) défendent expressément à toutes sortes de personnes d'acheter de l'argent monnayé « au coin de France ou autres, pour le fondre, difformer, resouder ou recharger, sous peine de confiscation et d'amende, même de punition corporelle ». Ce dernier *Édit* (art. 7) obligea les orfèvres à ne se servir d'argent « soit en grosserie ou menuiserie qu'au titre de 11 deniers 12 grains fin, à 2 grains de remède ». L'argent, dans ces conditions, était qualifié Argent le roi, et ce titre fut, avec très peu de variations, conservé pendant toute la durée de l'ancienne monarchie. Aujourd'hui encore, le degré de *fin* dans l'argent employé par les orfèvres est réglé par une loi. La proportion du cuivre dans les travaux d'orfèvrerie varie entre 50 et 200 millièmes.

Aux siècles derniers, l'argent importé en France venait presque exclusivement d'Espagne. L'importation se faisait par barre de 200 marcs pour l'argent fin, c'est-à-dire de 11 deniers 19 à 20 grains, qui était dit Argent de toute loi. L'argent à moins haut titre s'importait par barres de 100 à 150 marcs. L'argent de toute loi était payé sur le pied de huit écus trois quarts le marc. Ces barres étaient refondues en France et converties soit en Argent fin, c'est-à-dire à 12 deniers; soit en Argent de coupelle, qui comptait 11 deniers 23 grains; soit en Argent le roi, à 11 deniers 12 grains. Le métal ainsi importé recevait diverses façons et son nom variait suivant leur nature. Ainsi on appelait Argent trait l'argent tiré à travers les trous d'une filière et réduit en fil d'une extrême minceur; Argent en lame, l'argent trait aplati entre deux rouleaux d'acier poli; Argent de Chypre et, plus tard, Argent filé ou Fil d'argent, un fil de soie couvert d'une légère lame d'argent enroulée dessus; Argent en feuille ou Argent battu, celui que les batteurs réduisent en feuille et qui sert aux doreurs; Argent en coquille, des feuilles ou des déchets réduits en poudre, et dont on fait usage pour peindre et argenter, et Argent fin fumé ou Argent a la mode, l'argent trait battu ou filé que l'on soumettait à l'action de la fumée jusqu'à ce qu'il eût pris une couleur jaune permettant de le vendre pour argent fin doré. Ce dernier argent fut pendant longtemps sévèrement proscrit du commerce. Les *Statuts et règlemens des maîtres tireurs et escacheurs d'or de la ville de Lyon* (1656) interdisaient (art. 6) de « mettre en œuvre aucun argent fin, à qui on a donné le fumé pour le faire passer pour argent doré ». Cinq arrêts ou déclarations de la Cour des monnaies et du Conseil d'État des 9 août 1672, 23 octobre 1680, 24 octobre 1681, 25 octobre 1689 et 10 novembre 1691 vinrent étendre ces prohibitions à toute la France. Le dernier de ces arrêts, qui résume tous les autres, défend aux tireurs, escacheurs et fileurs d'or et d'argent « d'employer aucun parfum ou fumage, tant sur lames que sur trait et filé d'argent en quelque sorte et manière que ce puisse être, pour leur donner l'éclat et la couleur de l'or », et aux marchands de vendre ces ouvrages, sous les peines les plus sévères.

On nommait encore au xive, au xve, au xvie et même au xviie siècle, Argent blanc, l'argent mat, pour le distinguer de l'argent doré, ainsi que de l'argent poli ou Argent bruni. Cette définition est à retenir, car il est souvent question d'argent blanc dans les documents anciens. Dans l'*Inventaire du duc d'Anjou* (1368), par exemple, il est fait mention d' « un pot d'argent doré par dehors et blanc dedens, dont le pié et les bors de la bouche et du couvercle sont à souages ». Dans l'*Inventaire de Charles V* (1380), nous relevons également « quatre petites escuelles d'argent blanc à seignier », et l'*Inventaire de Jeanne de Bourdeille* (1595) décrit : « Ung petit etuy noyr avec sizeaulx, couteau, pinsette, formez lettre (*sic*), tout blanc. »

Nous ne donnons pas l'explication des mots Argent bruni et Argent vermeil doré, ces termes sont encore en usage et on connaît leur signification. Dans les *Inventaires* et *Comptes* anciens, il est également question d'Argent verré : « Deux barils d'argent vairré. » (*Invent. de Clémence de Hongrie,* 1328.) « Un hanap d'argent veré par dedans, à ymages et pilliers enlevés et ou fons, une beste sauvaige dorée. » (*Invent. de Charles V,* 1380.) La définition de ce terme qui a induit en erreur bien des étymologistes, et notamment Lacurne de Sainte-Palaye, nous est fournie par Étienne Binet, dans son livre intitulé *les Merveilles de la nature* (Paris, 1600) : « Ouvrage et besongne vermeille dorée, écrit-il, c'est-à-dire dorée partout, mais dorée verée, c'est quand elle est dorée au bord, ou bien par cy par là, tantost laissant le fond tout net et dorant le parensus et la bosse; tantost ne touchant le relief et le rehaussement, mais dorant seulement le fond, les ouvertures et le plat pays. » Nous croyons cette explication suffisante pour qu'aucun doute ne persiste.

Fig. 69. — Buire en argent ciselé, attribuée à Benvenuto Cellini.

Il nous reste encore à expliquer les termes : ARGENT DE PARIS et ARGENT D'ALLEMAGNE souvent employés dans les anciens inventaires. C'est ainsi, pour ne citer qu'un ou deux exemples, que nous notons dans celui de Louis d'Anjou : « Six plas d'argent à larges bors, de la façon de Paris....., six plas d'argent de la façon de Paris....., etc. »; et, dans celui du peintre Lemoyne : « Plus un estuy couvert de cuir bouilly, garny d'un gobelet, une poivrière et, une cuilière, fourchette et cousteau à manche et deux petits chandeliers démontés à pieds en triangle, le tout d'argent d'Allemagne. » On désignait sous le nom d'ARGENT DE PARIS ou *argent poinçon de Paris* tout ce qui sortait des ateliers de l'orfèvrerie parisienne, dont les ouvrages étaient supérieurs, comme titre, à l'argenterie de province, et, sous le nom d'ARGENT D'ALLEMAGNE, l'argenterie étrangère, qui était d'un aloi très inférieur. C'est ainsi que la *Proclamation du Roi* du 12 octobre 1789, qui détermine le taux auquel l'argenterie peut être reçue par la monnaie, fixe la reprise du marc *façon* ou *poinçon de Paris* à 55 livres; celle du marc *poinçon de province,* à 53 liv. 10 s., et celle de la *fabrication étrangère, dite d'Allemagne,* à 44 liv. 10 s. le marc. (Voir le mot ALLEMAGNE.) Il est encore question, dans quelques documents anciens et notamment dans l'*Inventaire du cardinal de Mazarin* (1653), d'ARGENT D'ITALIE ; mais cette mention est tout exceptionnelle.

Enfin on nomme, de nos jours, VIEIL ARGENT, un métal argenté dont on fait des coffrets, des vide-poches, et auquel on est parvenu à communiquer, par des fumigations sulfurées ou par l'application d'une composition, l'apparence de l'argent ancien. On donne la même qualification à certains bijoux ou ustensiles d'argent, quand, par des moyens analogues, on les a revêtus d'une patine qui les fait paraître vieux au moins d'un demi-siècle.

Argentella, *s. f.* — On nommait ainsi de la guipure de Gênes faite en fil d'argent.

Argenter, *v. a.* — Voir ARGENTURE.

Argenterie, *s. f.* — L'argenterie comprend la vaisselle d'argent et tous les objets ou ustensiles de métal qui trouvent leur place dans l'ameublement. Au mot ARGENT, nous avons expliqué le rôle de tout premier ordre que ce métal a joué à toutes les époques de notre histoire, et l'importance exceptionnelle que l'on a attachée de tout temps à sa possession. Aux jours sombres, il était le nerf de la guerre, le prix de la corruption, et devenait parfois la rançon du seigneur. Aux jours heureux, le maître, fier de son opulence et jaloux d'étaler son faste, lui faisait revêtir une foule de formes somptueuses. Entre les mains des habiles orfèvres, il se transformait en dieux, en tables, cuvettes, chandeliers, plats énormes, cadenas, coffrets, salières monumentales, aiguières, gobelets, vaisseaux de toutes sortes, et boîtes gigantesques pour serrer les épices. De là un déploiement d'argenterie dont nous n'avons plus aucune idée. L'*Inventaire du prince Louis d'Anjou,* par exemple, dont, grâce à M. de Laborde, nous connaissons le détail et qui ne comprenait pas moins de 790 numéros, comportait 8,036 marcs d'argent blanc « au marc de Troyes », soit, en valeur brute, et sans compter les façons, plus de 500,000 fr., somme hors de proportion avec ce qu'on voit de nos jours; et dans cette somme ne figurent ni la vaisselle d'or ni celle de vermeil. L'argenterie de Charles V, telle qu'elle ressort de son *Inventaire,* dressé en 1380, pesait 3,879 marcs d'or, 6,184 marcs d'argent doré ou verré, 6,127 marcs d'argent blanc. On peut imaginer ce que représentait cette profusion de pièces d'orfèvrerie en tenant compte de ce fait, que le « pouvoir » de l'argent, à cette époque, était près de six fois plus fort qu'aujourd'hui. La vaisselle d'argent faisait non seulement partie du faste royal ; elle en était pour ainsi dire l'indice, la marque distinctive. Dans la supplication que le duc de Bourgogne et ses deux frères « baillèrent et présentèrent » au roi Charles VI, en 1405, il est dit expressément : « Et autre point, n'avez vestemens, joyaulx, ni vaisselle comme il appartient à vostre état royal. » (Monstrelet, *Chron.,* liv. I, ch. XXV.) Elle était aussi l'élément essentiel des cadeaux. Comines, racontant comment Louis XI se ménageait le bon vouloir des principaux officiers du roi d'Angleterre, nous initie au rôle que l'argenterie jouait dans ces achats de consciences: « A tous, nous dit-il, il (le roi) avoit fait des dons, outre leurs pensions; et suis sûr qu'à ce Mgr de Havart, outre sa pension, il luy donna en moins de deux ans, en argent et vaisselle, vingt et quatre mille escus; et au chambellan, seigneur de Hastings, donna pour un coup mille marcs d'argent en vaisselle, et de tous ces personnages ici, se trouvent les quittances en la Chambre des comptes, à Paris. » (*Mém.,* liv. VI, ch. II.) Charles VIII et Louis XII suivirent ces errements. François Ier y mit plus de discrétion et apporta dans ces cadeaux le goût qui le distinguait. En 1533, nous voyons payer par son ordre 5,491 liv. 1 s. 6 d. à « Jehan Houtman, orfebvre à Paris, pour vesselles d'or et d'argent par lui livrées, et dont le roy a fait don au duc de Norforf (*sic*), au sieur de Rochefort, au controlleur, et à Abron,

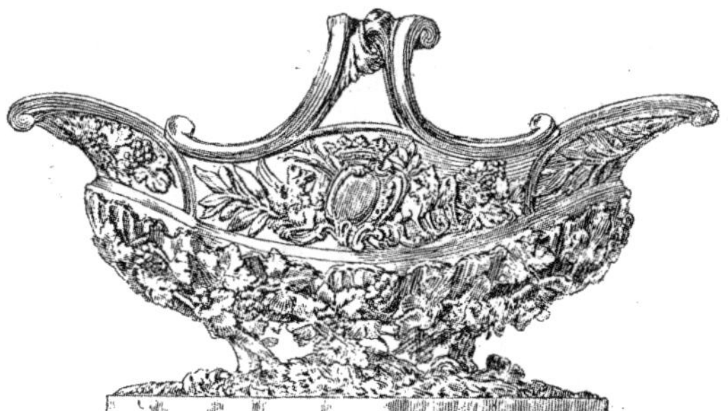

Fig. 70. — Saucière en argent repoussé et ciselé.

gentilhomme du Roy d'Angleterre, en faveur des services et d'un voiaige qu'ilz sont naguère venuz faire devers ledit Seigneur ès villes de Ryon, Yssoire et Montpellier ». En 1537, c'est le cardinal de Carpi, ambassadeur du Saint-Père, qui profite des générosités royales, et la facture qui le concerne s'élève à 4,344 livres, « pour plusieurs espèces de vaisselle dorée ». En 1538, c'est le tour de l'évêque de Mirepoix, ambassadeur du roi d'Écosse, qui emporte 72 marcs 6 onces de « vaisselle d'argent vermeille dorée », dont la fourniture monte à 1,383 liv. 7 s. 6 d. L'argenterie, au

Fig. 71. — Cafetière en argent (XVIIe siècle).

reste, était en quelque sorte la monnaie courante du temps. Cinquante ans plus tard, quand, maître de la Bastille, l'honnête Bussy-Leclerc rançonnera les Parisiens, c'est avec des présents « de vaisselle d'argent » que ses captifs pourront obtenir leur mise en liberté. (Pierre de l'Estoile, *Journal,* t. III, p. 237.) Et pour attendrir le cœur de sa belle Gabrielle, le galant Béarnais ne connaîtra pas, lui non plus, d'argument plus topique : « J'ay trouvé il n'y a qu'une heure un moien de faire achever vostre vaisselle, écrira-t-il à son idole ; voilà comme je suis songneus de vous, cependant que la moindre chose m'eclypse de vostre mémoire. » Il ne paraît pas, toutefois, que Henri IV se soit montré dans cette occasion d'une générosité excessive, car cette argenterie, à la mort de Gabrielle, ne fut estimée, par l'orfèvre Delahaye, que 1,930 écus, soit à peine 11,600 livres. Ce n'est point, au reste, le seul exemple qu'on ait de l'amour et de l'argenterie chevauchant de compagnie. S'il faut en croire Tallemant (*Historiettes,* t. III, p. 142), la vaisselle plate ou montée était aussi la monnaie dont on payait Marion Delorme. Malheureusement, n'ayant pas l'inventaire de cette beauté facile, nous ignorons si le public surpassait le roi de France en générosité.

Louis XIII enfant paraît avoir eu, non pour les autres, mais pour lui-même, la passion de l'argenterie. Du moins, Héroard nous a soigneusement conservé la date du jour où il se rendit à l'Arsenal pour recevoir, des mains de M. de Rosny, la vaisselle d'argent doré qu'on lui avait fait faire ; — c'était le 22 octobre 1604, — date bénie, car nuls cadeaux ne lui allaient plus au cœur ; témoin le petit panier d'argent que Mme de Monglat, sa gouvernante, lui donna pour ses étrennes (1605), ou encore le « petit navire d'argent doré, sur roues, allant au vent à la hollandoise », que lui envoya la reine Marguerite, et dont il la remercia par écrit. Enfin, nous savons qu'il s'emportait contre sa gouvernante à la seule pensée que celle-ci, à sa majorité, garderait, comme récompense de ses services, la vaisselle d'argent dont il s'était servi pendant son enfance. (Voir *Journal d'Héroard,* t. Ier, p. 94, 113, 317, 373, et suiv.) Remarquons, par parenthèse, que ce dernier usage se continua jusqu'à la fin de la monarchie. Le *Mercure* de février 1717 nous rapporte que, le 17 de ce mois, « on porta chez Mme la duchesse de Ventadour la vaisselle de feu Monseigneur le Dauphin et de Madame la Dauphine ». Louis XV venait de passer des mains des femmes dans celles des hommes, et Mme de Ventadour, sa gouvernante, prenait possession d'un tribut qui lui était dû, à savoir l'argenterie du duc et de la duchesse de Bourgogne, qui pesait 400 marcs.

Toutefois, il ne paraît pas, pour en revenir à Louis XIII, que son goût pour l'argenterie se soit jamais traduit par des ouvrages aussi considérables que ceux dont son successeur allait donner tant de somptueux et magnifiques exemples, ni même par rien d'approchant. Louis XIV, en effet, pendant toute la durée de son règne, prodigua, lui aussi, les cadeaux d'argenterie, dont la valeur se proportionnait à la qualité du personnage qu'il voulait récompenser. Les moindres étaient des services de vaisselle valant 2,285 livres, comme celui dont il fit présent, en 1671, à M. d'Oliani, envoyé du duc de Savoie ; les plus considérables s'élevaient à 24,208 livres, comme celui dont il gratifia le marquis de Béthune, ambassadeur de Pologne. Mais, en vertu de cette maxime que charité bien ordonnée commence par soi-même, c'est surtout pour lui que le Grand Roi fit confectionner des quantités de chefs-d'œuvre d'argenterie. Nous avons eu la curiosité de relever, dans les *Inventaires du mobilier de la Couronne,* allant de 1673 à 1715, toutes les pièces que Louis XIV fit confectionner pour son usage. Le total s'en élève à près de 90,000 marcs. Ce chiffre se passe de tout commentaire.

Ce serait une erreur, toutefois, de penser que Louis XIV fut le premier, en France, même dans les temps modernes, à orner ses palais de meubles en argent. Si nous en croyons les *Mémoires de Sully,* parlant du contrôleur général Castille, « les meubles qui, dans toutes les autres maisons, ne sont que de fer et de bois, étoient d'argent dans la sienne ». Au temps de sa minorité, le Grand Roi avait eu, en outre, sous les yeux, chez le cardinal de Mazarin et chez la reine sa mère, nombre de meubles en métal précieux. Mme de Motteville, racontant la réconciliation du jeune roi avec Mme de Navailles (*Mém.,* ch. LVI), dit que, lorsque Louis XIV lui tendit la main, cette dame était « dans la chambre de la reine mère, appuyée sur son balustre d'argent ». Plus loin, quand elle nous fait assister à la mort d'Anne d'Autriche, elle nous montre le jeune roi et Marie-Thérèse « dans la chambre de la reine, leur mère, jusques à près de minuit, appuyés contre la table d'argent qui étoit en ce lieu ». Enfin, dans les *Inventaires* de Louis XIV, il est fait mention de plusieurs meubles d'argent (notamment d'un guéridon), marqués aux armes de la reine Anne d'Autriche. Quant à l'argenterie du cardinal de Mazarin, elle comprenait 579 objets, tels que flambeaux, torchères, cassolettes, brasiers, bassinoires, etc., et pesait 3,882 marcs, alors que sa vaisselle de vermeil comprenait 144 objets et s'élevait, comme poids, à 1,828 marcs. Bien mieux, nous savons que, par dérogation spéciale aux lois somptuaires alors en cours, l'orfèvre François Lescot fut, en 1645, autorisé, par *Ordonnance royale,* à faire pour le cardinal de Mazarin une cuvette de soixante-dix marcs. Les meubles d'argent n'étaient donc pas, avant le Grand Roi, inconnus à la cour de France. Mais toutes les somptuosités antérieures allaient bientôt être dépassées par ce prince qui prenait modestement le soleil pour emblème, et par l'entourage direct, qui s'inspirait pieusement de ses exemples.

Il est difficile aujourd'hui de se représenter, même approximativement, ce débordement de métal précieux, et quand nous feuilletons les récits de ce temps fastueux, nous sommes pris de véritables éblouissements. Ainsi, dans le cabinet d'audience qui fut installé au Palais-Royal pour Mademoiselle, à la suite du mariage de cette princesse avec le roi d'Espagne (1679), on voyait (c'est le *Mercure* qui parle) : « Un miroir orné de grandes figures d'argent d'un prix extraordinaire..... Il y avoit douze grands bras en forme de plaques, un grand lustre à double rang, quatre miroirs moins grands que celuy dont je viens de parler, plusieurs guéridons avec girandoles, tout cela d'argent..... Ce qui est ordinairement de bois aux sièges en estoit aussi..... Ainsi on peut dire qu'on ne voyoit qu'or et argent dans ce cabinet. » Dix-huit mois plus tard, le *Mercure,* nous conduisant à Saint-Cloud, où Monsieur attend le roi son frère, nous ouvrira la salle d'audience, qu'on vient d'achever. « Ce n'estoient qu'ouvrages d'argenterie de toutes manières. Ce qui est ordinairement de bois aux sièges, tables et fauteuils, estoit d'argent. » Eh bien, toutes ces richesses n'approchent pas du spectacle que nous offre Versailles. Suivons le guide complaisant qui nous a déjà montré le Palais-Royal et Saint-Cloud. Pénétrons avec lui (décembre 1682) dans la galerie des jeux, où le Grand Roi, à l'apogée de sa gloire, tient son appartement : « Huit Brancards d'argent, portant des girandoles, sont entre quatre Quaisses d'Orangers d'argent, portéz sur des bazes de mesme métal, et garnissent l'entre-deux des fenestres, et huit Vazes d'argent accompagnent les brancards qui sont aux costéz des Portes. Quatre Torchères dorées portent dans les angles de grands Chandeliers d'argent. Huit Girandoles d'argent sont sur des Guéridons doréz, poséz au milieu des Fenestres de glace ; aux deux bouts pendent deux Lustres d'argent à huit branches, etc. » Dans le salon qui suit la galerie, le *Mercure* nous montre : « Huit grands Brancards d'argent portant des Chandeliers de deux pieds, deux Vazes de mesme hauteur accompagnant chaque Brancard. » Dans les angles de la pièce, on voit : « Des Vazes d'argent poséz sur quatre guéridons or et azur. Un grand Chandelier d'argent à huit branches pend au milieu de ce Sallon, et au dessous il y a un Foyer d'argent de deux pieds de haut sur trois et demy de diamètre. » Dans la chambre du Trône, « la Table, les Guéridons, la Garniture de Cheminée et le Lustre sont d'argent..... Un Trône d'argent de huit pieds de haut est au milieu..... Aux deux costés du Trône, sur l'Estrade, deux scabelons d'argent portent deux Carreaux de velours..... Quatre Girandoles, portées par des Guéridons d'argent de six pieds de haut, parent les quatre coins de la chambre », etc. Les autres pièces sont à l'avenant. Dans la chambre du lit : « Une Balustrade d'argent de deux pieds et demy de haut, sur laquelle posent huit Chandeliers de mesme matière et hauts de deux pieds chacun », entoure l'estrade ; dans les angles sont des scabellons d'argent portant des cassolettes de cinq pieds de hauteur; des bassins de trois pieds de diamètre soutiennent des vases proportionnés.

Dans la chambre de Mercure, destinée aux joueurs, la profusion est aussi grande. On y voit des cuvettes d'argent de quatre pieds de haut sur six de large, des seaux de même hauteur et des buires de six pieds de haut. Dans la salle de Diane, dans celle de Vénus, dans le salon où sont dressés les buffets, ce ne sont que guéridons, lustres, candélabres, brancards, vases, cassolettes et caisses d'oranger en argent. Jamais prodigalité ne fut poussée plus loin, et le *Mercure* ajoute : « Il n'y a point de morceau d'argenterie qui ne soit historié. Des Chandeliers représentent les douze Mois de l'Année. On a fait les Saisons sur d'autres, et les Travaux d'Hercule en composent une autre douzaine. Il en est de mesme du reste de l'Argenterie; tout a été fait aux Gobelins et exécuté sur les desseins de M. Le Brun. » Au surplus, on trouvera plus loin, sous leurs rubriques spéciales, la description détaillée d'un certain nombre de ces beaux meubles.

L'exemple d'un aussi grand roi n'était pas de ceux qu'on dédaigne. On peut penser si toute cette noblesse, qui n'avait d'yeux et d'oreilles que pour ce monarque, auquel tout était permis et dont elle attendait tout, copia, dans la mesure de ses moyens, cette somptuosité sans pareille. Pour être juste, toutefois, il faut dire que les puissants et les riches n'avaient pas attendu jusqu'au XVIIe siècle pour se pourvoir d'argenterie. Dès 1539, Gilles Corrozet recommandait aux bourgeois ses contemporains d'avoir

..... Ung buffet à mettre vaisselle
Qui est destain et de cuyvre ; car celle
Qui est d'argent et d'or, en garderobe
La fault serrer de peur qu'on la dérobe.

L'or et l'argent étaient donc, de son temps, déjà fort répandus, puisqu'on avait dans chaque ménage un meuble pour les serrer. Nous savons, du reste, que l'argenterie du chancelier Duprat, confisquée en 1536, représentait une somme de 33,848 liv. 13 s. 3 d., et que celle de Philippe Babou de la Bourdaisière fut estimée 11,449 liv. 13 s. 6 d. Au XVIe siècle, l'argenterie était, on le voit, relativement abondante. Les écrivains du temps, d'ailleurs, le constatent : « Chacun a aujourd'hui, écrit Du Haillon, contemporain de la Ligue, de la vaisselle d'argent ; la plus part ont des couppes, assiettes, esguières, bassins et autres menus meubles, au lieu que nos pères n'avoient pour le plus, j'entends les plus riches, que une ou deux tasses d'argent.» (*Discours sur les causes de la cherté,* etc., p. 41.) Avec le XVIIe siècle, cette passion s'augmente, et nous ne sommes pas loin du moment où une simple présidente, la célèbre Mme Tambonneau, ne voudra boire que dans une écuelle d'or, sous le prétexte que l'argent n'est pas propre. (Tallemant, *Historiettes,* t. V, p. 29.) Mais c'est seulement, il ne faut pas craindre de le répéter, au temps du Grand Roi qu'apparurent d'une façon courante, dans les intérieurs, les meubles en argent. C'est,

Fig. 72. — Guéridon en argent (XVIIe siècle).

en effet, en 1677, aux noces de M. de Beringhen avec Mlle d'Aumont, que nous voyons pour la première fois donner à une jeune mariée l'ameublement d'une chambre à coucher tout en argent, et Mme de Sévigné nous apprendra que, vers la même époque, M. de Lavardin, à propos de son mariage, a reçu de Mme de Mouci « tous les chenets, plaques, chandeliers, tables et guéridons d'argent qu'on peut souhaiter ». Par Mme de Sévigné, nous saurons également que Mme du Lude possédait pour 27,000 écus de meubles d'argent, et que la duchesse de Chaulnes avait, de ce même métal, une table et deux guéridons, ainsi qu'une toilette de vermeil.

Fig. 73. — Argenterie. Moutardier du XVIIIe siècle.

Malheureusement, toute médaille, quelque brillante qu'elle puisse être, a son revers. Ce qui fit en tout temps le prix de l'argent a été aussi la cause de sa perte. Immobilisé aux jours prospères dans d'admirables ouvrages, il lui faut, dès que le ciel s'assombrit, dépouiller ces formes somptueuses et rentrer dans la circulation. C'est en 1682 que le *Mercure galant* nous a montré Versailles dans toute sa splendeur. Huit ans ne se seront pas écoulés que toutes ces merveilles auront cessé d'exister ; car, fatalité inéluctable, c'est le sort de l'argenterie de disparaître périodiquement. Ce n'est pas, en effet, le règne de Louis XIV qui inaugure cette destruction douloureuse. On peut dire qu'elle fut de tous les temps. Froissart nous montre, en 1367, le prince de Galles faisant « rompre et briser les deux parts de toute sa vaisselle d'or et d'argent » et en faisant « faire et forger monnoie pour donner et départir à ses compaignons ». Un très curieux document, publié récemment, établit que c'est avec un lot d'argenterie prêté par la cour de France, que Louis d'Anjou entreprit la conquête du royaume de Naples. Depuis lors, combien de fois l'argenterie de nos rois et de nos princes fut-elle *réalisée?* En 1506, Louis XII, le père du peuple, ne se borna pas à faire fondre la sienne. Il s'attaqua à celle des particuliers et limita le champ d'action des orfèvres, leur interdisant de fabriquer de grosse vaisselle sans son congé et permission. Après la bataille de Pavie, on dut fondre la nef royale, et les *Acquits au comptant de François Ier* nous montrent quelle hâte le roi-chevalier avait de faire rentrer dans la circulation la vaisselle d'argent qui provenait de ses chers sujets, par suite de saisies, impôts, confiscations, vente des domaines, etc. Malgré cela, les ressources ordinaires demeurant toujours insuffisantes, en 1554, si nous en croyons Félibien, Henri II emprunta aux Parisiens toute leur argenterie « pour la convertir en monnoie ». On estima, cette argenterie, 350,000 livres, et le roi promit d'en payer l'intérêt à douze pour cent. En 1562, ce fut l'argenterie des églises qui partit. On en fit une fonte considérable pour le soutien de la vraie foi. Puis vinrent, avec les guerres de religion, les pillages des cathédrales, des chapelles et des couvents, auxquels se joignirent les sacrifices plus ou moins volontaires. Pendant la Ligue et le siège de Paris, la plupart des églises mirent leurs ornements en gage. Les autres se virent dépouillées, et on ne leur laissa, dit un auteur de ce temps, que les objets indispensables au culte. On alla même jusqu'à entamer le trésor de Saint-Denis, qui avait été transféré à Paris, et le légat lui-même vendit sa vaisselle. « Le vendredy 29e juing 1590, jour de saint Pierre, Monsieur le Légat, écrit Pierre de l'Estoile, traitta à Paris quelques particuliers des Seize..... Ils disoient qu'il les avoit traittés fort frugalement, et qu'ils n'y avoient veu aucune vaisselle d'argent que des culiers, aiant vendu tout le reste pour subvenir à la nécessité de Paris. » Ajoutez à cela les saisies et confiscations, celle faite chez Molan, trésorier de l'Epargne, par exemple, et aussi les prêts, les besoins personnels, les créances, les gages, etc.

De tout temps, en effet, l'argenterie fut donnée en garantie ou en prêt. En 1350, Guillaume d'Aigremont réclamait à Otho d'Eguilly, chevalier : 20 hanaps, 18 écuelles et 4 plateaux d'argent qu'il lui avait prêtés. (Archives de la Côte-d'Or, *Cour des comptes de Bourgogne,* série B, t. IV.) Plus souvent encore, l'argenterie des grands seigneurs était disséminée chez leurs fournisseurs, où elle répondait de dettes anciennes ou d'avances faites. En 1588, quand, à la suite de la mort suspecte du prince de Condé, le roi de Navarre prescrivit l'arrestation de la princesse et l'inventaire des biens laissés par son cousin, nous trouvons toute une série de pièces d'argenterie aux mains de certains créanciers auxquels elles ont été remises en gage. Il y en a chez La Mare, orfèvre, « pour la fasson d'une boîte d'argent à mettre des poudres cordialles »; chez Jean Collier, dit La Touche, « pour du pain que ledict Collier a respondu pour la despense de la Maison »; chez Gilles Dubye, « pourvoyeur de la despense de quatre journées »; chez Pierre Perrin, sommelier, « pour du vin qu'il a fourny », etc. Et comme toutes les pièces ne se retrouvent pas, René de Cumont, seigneur de Fiefbrun, qui a été chargé de l'inventaire, fait publier à son de trompe que tous ceux qui ont encore reçu de l'argenterie et détiennent des pièces en gage aient à se présenter. « Et avons ordonné que ceulx qui ont de la vesselle d'argent ou autre chose des meubles dudict feu Seigneur viendront dans le jour d'huy, une heure après midy, pour le déclarer, à peine de perdre leur debte et randre les gages, et à ces fins le trompette de la présente ville fera la proclamation. » A cet appel se rendent Simon Allenet, boucher ; Jehenne Allenet, veuve de Pierre Boursoreille ; Jacquette Duval, femme de Denis Coullon, etc., qui ont reçu des plats d'argent ou des bijoux. (Voir *Revue des sociétés savantes,* VIe série, t. Ier, p. 138 et suivantes.) A une époque encore plus récente (16 septembre 1646), nous voyons Vladislas, roi de Pologne, affecter son argenterie comme caution du douaire de la reine Louise-Marie de Gonzague.

On peut juger par quelques-unes de ces citations que le siècle de Louis XIV ne dut point hériter de grandes quantités d'argenterie des siècles qui l'avaient précédé. On s'explique aussi par le dénuement constant du Trésor ces édits contre le luxe, sans cesse renouvelés, limitant le travail des orfèvres et leur interdisant d'immobiliser dans de grands ouvrages un métal qui était devenu si rare, et qu'on reconnaissait si précieux. S'il faut en croire P. de l'Estoile, ces édits n'étaient pas toujours fidèlement observés. (Voir son *Journal* à la date du 15 janvier 1607, t. VIII, p. 270.) Toutefois, ce fut seulement sous le règne de Louis XIII et par *Arrêt royal* du 6 mars 1638, que les orfèvres eurent permission officielle de fabriquer des « bassins, des éguières couvertes, et de grands plats potagers dont les particuliers pourroient avoir besoin, nonobstant qu'ils excedassent le poids de quatre marcs ». (Delamare, *Traité de la police,* liv. III, tit. I, chap. V.) Mais cet édit fut promptement rapporté, et nous avons vu plus haut qu'une *Ordonnance royale* spéciale avait été nécessaire pour que le cardinal de Mazarin pût se faire faire par l'orfèvre Lescot une cuvette de dimensions insolites. Ce qu'on croirait plus difficilement encore, c'est que, sous le long règne de Louis XIV, on ne compte pas moins de vingt édits pour refréner le luxe, parmi lesquels ceux des 31 mai et 12 décembre 1644, 26 octobre 1656, 27 novembre 1660, 17 mai 1661, 29 décembre 1664, 17 novembre 1667, 13 avril et 9 juillet 1669, 7 janvier et 29 novembre 1673, 7 mai 1675, 18 juin 1683, et surtout ceux des 26 avril 1672, 10 février et 6 mai 1687, 14 novembre 1689, 22 mai 1691 et mars 1700, visent plus spécialement l'orfèvrerie et les matières d'or et d'argent.

Il semble, à lire ces documents, que ce monarque fastueux par excellence ait voulu réserver tout l'argent pour lui. Nous avons vu plus haut que, malgré sa toute-puissance, Louis XIV ne put empêcher ses sujets de suivre son exemple, et il eut presque à se louer de leur désobéissance, car lorsqu'en 1689 il lui fallut se procurer de l'argent par tous les moyens possibles, l'argenterie de ces mêmes sujets devint pour lui une ressource considérable. Pour que Dangeau (*Journal,* III, 58) pût écrire, à la date du 24 janvier 1690 : « On porte tant d'argenterie à la Monnoie que l'on n'a pas pu, dans le mois de janvier, faire fondre tout ce qu'on y portoit », il faut, en effet, que l'argent ait été, chez les particuliers, en bien grande abondance. Cette quantité de vaisselle et d'ustensiles d'argent privés (qu'on nous permette cette expression) n'est pas, au reste, pour nous surprendre. L'*Ordonnance* du 14 novembre 1689, qui enjoint au public de porter son argenterie à la fonte, nous fournit la curieuse nomenclature de tous les objets mobiliers que le luxe d'alors faisait fabriquer en argent. C'étaient les balustres, bois de chaises, cabinets, tables, bureaux, guéridons, chenets, grilles, garnitures de feu et de cheminées, chandeliers à branches, torchères, girandoles, bras, plaques, cassolettes, corbeilles, paniers, caisses d'oranger, pots à fleurs, urnes, vases, carrés de toilette, pelotes, buires, seaux, cuvettes, carafons, tourtières, casseroles. Certes, après cela, on s'étonne moins de l'abondance excessive de la vaisselle envoyée à la Monnaie. Abondance qui, toutefois, n'empêcha pas le roi de s'adresser, dès le mois de février 1690, à son « cousin » l'archevêque de Paris pour lui demander de faire envoyer, lui aussi, à la refonte toute l'argenterie existant « dans les églises au delà de celle qui est nécessaire ».

S'il faut en croire un des illustres historiens de ce règne, le roi éprouva de grands déboires à cette refonte. Il s'étonna, nous dit Voltaire, que les six millions employés à meubler Versailles ne lui rendissent que la moitié de cette somme. Le procès-verbal des opérations de fonte, qui eurent lieu sous les yeux et par les soins de M. du Metz et durèrent du 9 décembre 1689 au 19 mai 1690, nous a été conservé. Il figure aux Archives nationales sous la cote K, 121, nº 13, et mentionne un produit en poids de 82,322 marcs 5 onces 9 gros, équivalant à 2,505,637 liv. 4 s. 9 d. Le roi n'avait pas compté sur l'anéantissement des façons. C'est, en effet, là ce qui rendit à tous égards cette mesure désastreuse. Le monde artistique eut à déplorer « la perte et le dommage inestimables de toutes ces admirables moulures, gravures, ciselures, de ces reliefs et de tant d'ornemens achevés, dont le luxe avoit chargé la vaisselle de tous les gens riches et de ceux du bel air ». (*Saint-Simon,* t. VIII, p. 310.) Louis XIV déplora surtout le prix qu'avait coûté tout ce travail disparu. La flatterie malgré cela ne perdit pas ses droits. Elle signala ce désastre comme un bienfait. Le roi fut censé avoir fait un sacrifice pour le bonheur de ses peuples, et le *Mercure* de février 1690, sous le titre du *Luxe détruit,* osa montrer le roi chassant lui-même ces meubles précieux et renonçant volontairement à ces superfluités :

. . . .
A ces mots, guéridons, tables, miroirs, chenets,
Vases, balustres, feux, urnes et cabinets,
Furent jetés par la fenestre.
Et de ses grands appartemens
Quel prodige ! on vit disparoître
Ces précieux ameublemens,
Dont l'art ingénieux surpassoit la matière.

En dépit des regrets, comme aussi en dépit des flatteries, l'épreuve douloureuse par laquelle l'argenterie française avait passé en 1690 se renouvela vingt ans plus tard. Le Grand Roi, au déclin de sa sombre carrière, réclama une fois encore de ses sujets le sacrifice de leur vaisselle. L'exemple, cette fois, fut donné par le duc de Grammont et promptement imité par les ducs de la Rochefoucauld, de Beauvilliers et par le duc de la Feuillade, qui, si nous en croyons Mme d'Huxelles, passait pour avoir la plus belle vaisselle qu'on pût imaginer. Après cela, ce fut le tour du maréchal de Boufflers, qui en avait une fort nombreuse, car au camp de Compiègne, en 1698, le maréchal étalait pour son service « quatrevingts douzaines d'assiettes d'argent, six douzaines de vermeil, des plats et des corbeilles d'argent pour le fruit, et le reste à proportion ». (*Mercure,* nº de septembre 1698.) Le duc de Villeroy vint ensuite, puis la maréchale de Noailles, le duc de Lauzun. Enfin, toute la Cour y passa, et la mode s'étendit aux artistes et aux bourgeois ; car dans le *Mercure* de juillet et d'août 1709 qui publie l'état des personnes ayant envoyé leur argenterie à la Monnaie, nous trouvons les noms du sculpteur Girardon, de l'architecte Gabriel, du médecin Fagon, etc. Cette fois encore, l'abondance du métal fourni fut considérable, et le *Journal de Verdun* (août 1709, p. 116) constate que les bureaux de la Monnaie ne pouvant contenir la moitié de ce que le public y avait fait porter, on a été contraint d'ériger d'autres bureaux dans le Louvre, et qu'on y établit plusieurs fourneaux pour pouvoir activer la fonte de cette argenterie.

Après ce double désastre, on pourrait croire que l'aristocratie française se trouva pour longtemps privée du plaisir de manger dans de la vaisselle plate ou montée. Il n'en fut rien. D'abord, il y eut ceux qui, comme Saint-Simon, « se mirent à l'arrière-garde » et n'envoyèrent à la Monnaie qu'une contribution insignifiante. Il y eut surtout ceux qui, après la bourrasque passée, se hâtèrent de reconstituer cette

Fig. 74. — Soupière en argent (XVIIIe siècle).

coûteuse partie de leur richesse mobilière. Pour s'en convaincre, il suffit de comparer quelques *Inventaires* de grands seigneurs du XVIIe et du XVIIIe siècle, c'est-à-dire choisis avant et après chacune de ces crises. Le maréchal de la

Fig. 75. — Cafetière en argent (XVIIIe siècle).

Meilleraye meurt en 1664, c'est-à-dire vingt-cinq ans avant la première refonte. On appose chez lui les scellés, le 18 février. Sa vaisselle de cuisine monte à 5,801 liv. 12 s. 6 d., sa vaisselle de table à 10,537 liv 17 s. 6 d., celle de vermeil à 2,418 livres. On trouve en outre, en réserve dans le garde-meuble, pour 3,681 livres de pièces ne servant qu'aux grands jours, soit au total, 22,258 liv 10 s. Le 31 août 1694, cinq ans par conséquent après l'édit de 1689, le célèbre Delaunay fait la prisée de l'argenterie du maréchal d'Humières, mort quelques semaines plus tôt à l'Arsenal. Cette prisée monte à 30,925 livres. En 1698, l'abbé d'Effiat meurt. « Jacques Pijart, marchand joyaillier, demeurant à Paris, sur le quay des Orfèvres », est chargé de l'inventaire et estimation de l'argenterie du défunt (6 novembre). Celle-ci monte à 27,364 liv. 3 s. 6 d. ce qui, pour un célibataire, est une assez belle somme. Il est vrai que chez l'abbé, on ne mangeait que dans du vermeil. Le 24 septembre 1700, on dresse l'inventaire d'André Le Nôtre, et chez cet illustre artiste, on trouve pour près de 13,500 livres d'argenterie. Ainsi, avant la première refonte, comme après, l'argenterie d'un grand personnage valait de vingt à trente mille livres, celle d'un riche bourgeois ou d'un grand artiste, dix mille livres de moins.

Six ou sept ans après le grand holocauste, les ustensiles d'argent avaient, du reste, reparu, non seulement sur les tables, mais jusque dans la plupart des cuisines, et Saint-Simon ne nous cache pas que le Régent donnait lui-même l'exemple : « La chère exquise, nous dit-il, s'apprêtoit dans des endroits faits exprès, de plain-pied, dont tous les ustensiles étoient d'argent. » (*Mém.*, t. XIV, p. 40.) En 1738, le cardinal de Polignac, à l'occasion du mariage de son neveu avec Mlle Mancini, fait dresser un inventaire de ses meubles, et son argenterie personnelle monte à 18,750 livres. En 1744, on ouvre le testament du cardinal de Gesvres et l'on trouve qu'il laisse au comte de Tresmes sa vaisselle d'argent, qui vaut 120,000 livres, et à la comtesse sa vaisselle de vermeil, évaluée à 7,000 écus. En 1752, le comte d'Évreux meurt et le duc de Luynes constate qu'il ne laisse que 20,000 écus de vaisselle. En 1755, Mme de Mazarin s'éteint presque dans la misère, et sa vaisselle plate représente la somme de 25,000 livres. Enfin, nous savons que l'argenterie de Mme de Pompadour avait coûté 687,000 livres. Il ne paraît donc pas que la double refonte opérée par Louis XIV en 1689 et 1710 ait amoindri considérablement le goût pour l'argenterie, que professaient les princes, les seigneurs et jusqu'aux simples bourgeois d'alors. Il n'en fut pas de même des refontes ordonnées par Louis XV Tout d'abord il convient de remarquer que ces refontes ne furent pas moins destructives que celles opérées par l'illustre aïeul. Le *Mercure* de janvier 1760 en fait foi. Mais une révolution allait se produire. Cette fois, une nouvelle matière se manifestait, agréable, séduisante, recherchée. On était, en outre, fatigué de ces dépouillements périodiques. A partir de 1760, la porcelaine prit, dans beaucoup de maisons très aristocratiques, la place qui jusque-là avait été exclusivement réservée à l'argenterie. (Voir dans le *Journal de l'avocat Barbier*, t. VII, p. 200, le mouvement qui se produisit alors.)

La marquise de Pompadour, le maréchal de Belle-Isle, le duc de Choiseul, qui avaient été les premiers à faire preuve de dévouement en cette circonstance, furent aussi les premiers à servir leurs convives dans cette admirable pâte de Sèvres qui avait déjà, sur les cheminées et sur les étagères, remplacé les vases et les flambeaux en métal précieux. Bientôt elle fût tellement à la mode, qu'en 1768, Rochon de Chabannes, dans une amusante comédie : *les Valets maîtres de maison* (scène V), fait répondre par un de ses personnages, au maître d'hôtel qui offre de servir « le dessert en porcelaine » : « Non, l'argenterie fera plus d'effet, nous donnons à dîner à des provinciaux. » Cette substitution, toutefois, ne s'opéra que pour la vaisselle plate. L'argenterie de service, flambeaux, plats, couverts, salières, etc., resta abondante, même chez les simples particuliers, même chez de modestes artistes. Nous connaissons, par l'apposition des scellés, celle de Claude Mollet,

Fig. 76. — Vase de parade en argent

architecte et contrôleur du roi (1742); celle de la veuve de Nicolas Dezègre (1744) ; celle de Mlle Desmares (1746) ; celle de Largillière (1756) ; celle de Michel-Ange Slodtz (1764), etc. Toutes ces argenteries étaient nombreuses et bien assorties. A la fin du XVIIIe siècle, la quantité d'argent ainsi répandue dans le public se trouvait, du reste, encore tellement considérable, que les philosophes n'hésitaient pas à signaler cette ressource à l'attention du législateur. « Au milieu de cet incroyable manque de signes, écrivait Mercier (*Tableau de Paris,* t. Ier, p. 27), ce que Paris renferme en meubles d'or et d'argent, en bijoux, en vaisselle plate, est immense. Cette richesse, néanmoins, est nulle et oisive. Ajoutez ce que les églises contiennent d'argenterie : ce sont des monceaux de métal. Dans les maisons des particuliers, vous voyez des pyramides de vaisselle plate. On se plaint de la disette des espèces monnoyées, et voilà que nous avons dénaturé nos richesses pour les métamorphoser en meubles. » Cet appel ne pouvait manquer d'être entendu. Le 20 septembre 1789, un *Arrêt du Conseil d'État* autorisait les directeurs des Monnaies à recevoir la vaisselle des particuliers. Le 6 octobre suivant, l'Assemblée nationale rendait un décret dont les articles XXI et XXII concernaient la refonte « des vaisselles », et la Royauté faisait une fois encore appel au dévouement et à la générosité de la Nation. (Voir la *Proclamation du Roi* du 12 octobre.) Par le *Journal de Paris,* nous possédons l'*État des bijoux et vaisselle d'or et d'argent portés à la Monnaie de Paris, du 22 septembre 1789 au 31 juillet 1790 inclusivement.* Cet état, qui ne compte pas moins de 48 pages, offre un total de 219,428 marcs 5 onces 15 deniers d'argenterie et de 739 marcs 2 onces 5 deniers 23 grains de matière d'or. Sans tenir compte de ces derniers qui sortent du cadre de cet article, si l'on veut remarquer que les 219,500 marcs d'argent étaient repris au taux de 55 livres le marc, on verra que, malgré la place qu'occupaient alors la porcelaine et la faïence, la société parisienne était encore bien fournie en argenterie.

Après ces épreuves déjà désastreuses, la tourmente révolutionnaire, avec les confiscations qu'elle fit craindre et les besoins qu'elle fit naître, acheva d'amener la destruction de toute l'orfèvrerie ancienne. L'Empire, la Restauration et les régimes qui leur succédèrent virent reparaître l'argenterie. Celle-ci abonda de nouveau sur les tables aristocratiques et bourgeoises. En 1830 et en 1848, quelques pièces, il est vrai, reprirent le chemin de la Monnaie ; mais ces refontes n'ont rien à démêler avec les hécatombes de 1689, 1709 et 1760. En outre, à ces deux époques, on ne porta à la Monnaie que des pièces d'argenterie moderne. De l'ancienne, bien avant la Révolution, il n'en existait presque plus. C'est, au reste, cette extrême rareté qui fait monter, dans les ventes, l'argenterie des siècles précédents à des prix invraisemblables. On a vu payer des chefs-d'œuvre de certains ciseleurs du siècle dernier, jusqu'à 10 francs le gramme, et les prix obtenus aux ventes San-Donato, baron Pichon, Paul Eudel, etc., montrent quelle importance les amateurs attachent à la possession de ces pièces devenues d'une insigne rareté.

Aujourd'hui, malgré l'introduction, dans les intérieurs modestes, du plaqué et du ruolz ; malgré l'usage, devenu général, de la porcelaine et de la faïence, l'argenterie immobilise encore en France un chiffre très considérable de métal précieux. Toutefois, elle n'entre plus que pour une faible part dans la richesse mobilière des familles. Quelques plats, plusieurs douzaines de couverts, des salières, des cafetières, un ou deux plateaux, c'est à cela que se borne le luxe de l'argenterie bourgeoise. Chez les plus puissants personnages on trouverait à peine vingt maisons où la vaisselle plate soit demeurée en usage, et c'est fort exceptionnellement que nos grands établissements d'orfèvrerie ont à exécuter de ces belles pièces qui, au XVIIe et même au XVIIIe siècle, rentraient en quelque sorte dans la production journalière.

Argenterie du Roy. — On nommait « Argenterie du Roi ou argenterie chez le Roy, un fonds qu'on faisoit tous les ans, pour quelques despenses extraordinaires et broderies pour les habits des balets et autres festes ». Cette définition, que donne Furetière, s'accorde avec ce que nous savons des *Comptes de l'Argenterie.* Ceux-ci, surtout depuis le règne de Charles V, comportent exclusivement la dépense de la garde-robe du roi et de sa famille, les achats de pierres précieuses, de diamants, de bijoux ; et cet office royal continua d'exister jusqu'à la fin de la monarchie. Tout ce qui concerne les travaux d'orfèvrerie se trouve englobé dans les *Comptes des bastimens.* Une fois la vaisselle d'argent acquise ou fabriquée, elle entrait dans la charge du Garde-meuble ; pour celle qui était en réserve, et pour celle en usage, elle était placée sous la surveillance du contrôleur général en semestre, qui avait sous ses ordres directs les Garde-vaisselle et autres officiers spéciaux. (Voir *État de France,* t. Ier, p. 89.) Quant au département de l'Argenterie avec les attributions mentionnées plus haut, il était soumis

Fig. 77. — Atelier d'argenture au XVIIIe siècle, d'après une ancienne estampe.

à deux contrôleurs et deux intendants ou trésoriers qu'on appelait *Officiers de l'argenterie.* Chez les princes, il en était de même. L'*Ordonnance au sujet des finances du duc de Bourbon* (1374) porte : « L'argentier tiendra entièrement le compte de tous les draps de laine, soye, linge de chanvre, parures, fourrures..., harnois de guerre, etc., qu'il baillera et livrera selon l'ordonnance et exprès commandement dudit Seigneur et en fera registre. »

Argenton, *s. m.* — Alliage de cuivre, de nickel et d'étain dont, au commencement de ce siècle, on a fait des flambeaux et autres objets mobiliers. L'argenton a été quelquefois aussi appelé *métal anglais.*

Argenture, *s. f.;* **Argenter,** *v. a.;* **Argenteur,** *s. m.* — On nomme argenture une couche mince d'argent appliquée sur un objet. Argenter, c'est recouvrir de cette couche un objet quelconque. On argente surtout le bois et les métaux. Jadis l'argenture des bois employés dans le mobilier était assez répandue. Dans les *Dépenses faites pour l'entrée de Claude de France à Nancy* (1549), nous relevons le payement suivant : « Aultres trente-cinq frans pour avoir argentéz vingt-huict chandelliers de salles. » Il s'agit ici de torchères en bois qui devaient imiter l'argent. « Quant aux meubles de bois, écrit l'auteur anonyme de l'*Isle des hermaphrodites,* nous voulons qu'ils soient tout doréz, argentéz et marquetéz. » Cette mode d'argenter les bois de meubles se conserva jusqu'au XVIIIe siècle. Le siège le plus solennel qu'ait possédé Louis XIV était « un grand fauteuil de bois taillé de plusieurs ornements et argenté, pour servir de trosne au roi lorsqu'il donne ses audiences aux ambassadeurs ». (*État* du 20 février 1673.) Dans l'*Inventaire général des meubles de* *la Couronne* (1730), nous relevons : « Deux fauteuils couverts de brocart, garnis de franges, molet et galon d'argent....., les bois sculptés et argentés très riches », etc., et « six pliants couverts du même brocart, garnis de franges d'argent, les bois sculptés et argentés dans le goût des fauteuils..... » Du reste, dans les divers édits rendus depuis trois cents ans pour le retranchement du luxe, l'argenture et la dorure sont traitées à peu près sur le même pied. Par sa *Déclaration du 7 septembre 1577,* Henri III défend « très expressément à toutes personnes de dorer ou argenter sur du bois, du plâtre, du cuir, du plomb, du cuivre, du fer ou de l'acier, si ce n'est pour les princes, sous peine, pour les ouvriers, d'amende arbitraire ». Louis XIV, dans son *Arrêt du* 22 *may* 1691, ne s'exprime pas dans d'autres termes : « Sa Majesté étant informée qu'au préjudice desdites défenses, les particuliers de toutes sortes de conditions se sont donné la liberté de faire faire des chandeliers à branches, des girandoles, des bras, chenets, grilles, braziers, bordures de miroirs et autres ouvrages de cette nature de cuivre ou de fer doré ou argenté, et des balustres, bois de chaises, cabinets, tables, bureaux, guéridons, bordures de miroirs et autres ouvrages de bois doré ou argenté....., ce qui consomme une quantité considérable d'or et d'argent en choses superflües et défendües, etc. »

Fig. 78. — Jeton des maîtres doreurs et argenteurs de la ville de Paris.

L'argenture sur bois s'appliquait, comme la dorure, à l'aide de métal en feuilles, et demeura, nous l'avons dit, en vogue jusqu'à la fin du siècle dernier, car, en 1772, le sieur Watin, dans son livre *l'Art du vernisseur,* enseignait encore la manière d'argenter en détrempe et de faire des fonds d'argent glacés. (Voir *Journal de Verdun,* juillet 1772, p. 27 et 28.) Depuis lors, elle a presque complètement disparu de nos usages. Il n'en est pas de même de l'argenture des métaux, qui a pris depuis quelques années un développement énorme. Pour ces derniers, les principaux procédés d'argenture sont : 1° l'*Argenture à la feuille,* façon très ancienne, fort primitive, et qui consiste à appliquer des feuilles d'argent sur une pièce de cuivre bien décapée, chauffée ensuite à 150 degrés, et à faire adhérer ces feuilles par une longue et forte pression ou par un énergique frottement du brunissoir ; 2° l'*Argenture au mercure,* qui consiste à appliquer un amalgame de mercure et d'argent sur la pièce qu'on veut argenter, et à chauffer ensuite cette pièce jusqu'à ce que, l'amalgame étant décomposé et le mercure évaporé, l'argent demeure fixé sur le métal — procédé très dangereux, les vapeurs mercurielles étant éminemment toxiques ; — 3° le *Plaqué,* qui consiste à appliquer une barre d'argent sur une barre d'autre métal et à les laminer jusqu'à ce que l'adhérence soit complète ; 4° le *Doublé,* dans lequel l'argent est fixé sur le cuivre au moyen d'une soudure opérée avec un métal fusible ; et enfin, 5° les *Procédés galvaniques,* qui aujourd'hui sont presque les seuls employés, et dont nous donnons l'analyse sommaire au mot Galvanoplastie.

Jadis, les argenteurs et les doreurs formaient une corporation qui avait ses *statuts* spéciaux. Grâce au *Tableau de la ville de Paris* de 1670 et au *Livre commode* de 1691, nous savons que : « Les argenteurs et doreurs qui vendoient les chenets, foyers, vaisselles et autres ouvrages de fer et de léton doréz et argentéz avoient leurs boutiques rue Dauphine et rue de la Verrerie. » En 1777, le titre de *Doreur-argenteur* était encore pris par certains industriels. Aujourd'hui, celui de doreur est presque seul en usage.

Argile, *s. f.;* **Argile-marbre,** *s. f.* — Terre grasse, molle, ductile, composée essentiellement de silice et d'alumine, souvent mélangée de matières étrangères et particulièrement propre à la céramique. Au siècle dernier, un sieur Racle, architecte, inventa une sorte de stuc qu'il baptisa du nom d'Argile-marbre et dont les journaux du temps célébrèrent les vertus : « On revêt les édifices que l'on veut décorer de cette argile-marbre, dit l'*Almanach sous verre* (notice de 1782, col. 185, n° 174). Il est admirable par son éclat, sa solidité et le peu de frais qu'entraîne ce nouveau genre de luxe. Le mausolée de Voltaire, élevé à Ferney par M. le marquis de Villette, en est entièrement revêtu. » Malgré ce beau précédent et des réclames nombreuses, l'argile-marbre ne paraît pas avoir eu un durable succès.

Argue, *s. f.* — Sorte de filière à l'usage des tireurs d'or et d'argent. On a vu pendant longtemps, dans différentes villes de France, l'*Argue royale.* C'était un établissement où les orfèvres et tireurs d'or étaient tenus de faire dégrossir leurs lingots. Il leur était défendu d'*arguer* leurs métaux chez eux. C'était une précaution que le fisc prenait pour conserver ses droits de marque.

Argyroïde, *s. m.* — « C'est le nom d'un métal inaltérable, nouvellement découvert, où il n'entre aucune partie de cuivre, et imitant l'argent dont il tire son nom. Il n'est point sujet au vert-de-gris ni à se tacher avec les parties grasses ni avec les acides ; il ne tache point non plus le linge dont on le frotte, et se nettoie comme l'argent. On en fait de très beaux couverts et autres ouvrages utiles pour la table, qui se vendent chez le sieur Moreau, marchand, rue Saint-Martin. » (*Almanach sous verre,* notice de 1783, col. 207, n° 41.)

Armadi, *s. f.;* **Armaille,** *s. f.;* **Armaire,** *s. f.;* **Armari,** *s. f.* — Formes diverses du mot armoire. Le substantif Armari est encore usité dans certains départements du Midi, et surtout dans l'ancienne Provence et dans le Limousin, pour désigner le meuble classique dans lequel on renferme la vaisselle et le linge de table. Armadi se rencontre dans le dialecte bordelais du xve siècle : « Una plega de fust fecte a maneyra d'armadi — un coffre de bois fait en façon d'armoire. » (*Invent. de Ramond de Cussac, chanoine de Saint-André;* Bordeaux, 1442.) Armaille est demeurée en usage dans le dialecte forézien. Les belles « armailles » à panneaux sculptés avec des fiches et entrées de serrures de cuivre découpé constituent la principale parure du logis. Ce meuble monumental est toujours compris dans la dot d'une fille. Armaire et Armare appartiennent plus particulièrement à la Bourgogne et à la Picardie ; l'*Inventaire du trésor de la cathédrale d'Amiens* (1535) mentionne les « armaires de ladicte thrésaurerie », etc. (Voir Armoire.)

Armature, *s. f.* — C'est tout assemblage de barres ou de liens de fer, servant à soutenir ou à contenir les parties d'un ouvrage de maçonnerie ou de charpente, d'un modèle de sculpture en terre, d'une statue ou d'un vase en plâtre, etc.

Arme, *s. f.* — Au singulier, le mot arme signifie un instrument d'attaque ou de défense, quel qu'il soit. Les armes défensives sont le casque, le bouclier, la cuirasse, le brassard, le cuissard, les genouillères, etc. Les armes offensives se divisaient autrefois en « armes de main », qui étaient l'épée, le poignard, la dague, la hache, la lance, la pique, le sabre, etc., et « armes de jet », qui consistaient dans les frondes, flèches, javelots, arcs, arbalètes, etc. De nos jours, on ne distingue plus que les armes de guerre et les armes de chasse, les armes blanches et les armes à feu. Les fabriques d'armes les plus renommées durant le Moyen Age et la Renaissance étaient celles de Damas, Tolède, Crémone et Milan. Les manufactures les plus importantes que nous possédons aujourd'hui en France sont situées à Paris, Saint-Étienne, Charleville, Tulle, Amboise, Châtellerault et Rouen. On compte quatre manufactures d'armes du gouvernement.

Au pluriel, le mot Armes signifiait autrefois l'ensemble des armes défensives. Parlant du jeune Louis XIII, encore tout enfant, Héroard écrit : « 26 janvier 1603. — M. de Pardaillans-Panjas arrive, lui portant, de la part de Mme la duchesse de Bar, sa tante, des armes complètes de la hauteur d'un demi-pied ; il y prend plaisir. » (*Journal,* t. Ier, p. 42.) De nos jours, ce pluriel n'est plus guère employé que comme synonyme d'Armoiries. (Voir ce mot.)

Armes. — On appelle encore de ce nom l'exercice du fleuret, de l'épée et du sabre. Cet exercice, encore très en honneur, a lieu généralement dans un local spécial qui prend le nom de Salle d'armes. (Voir Salle.)

Armine, *s. f.* — Voir Hermine.

Armiole, *s. f.* — Sorte de bouteille, vase propre à mettre le vin : « Henriet saicha une dague..... et la geta à laditte femme par tele manière que se icelle dague n'eust encontré une armiole plaine de vin, tenant trois quartes ou environ..... » (*Lettre de rémission,* an 1381.) « En la petite chambre dessus la saulcerie a plusieurs armiolles de verre, garde-mangers de terre, plas de porcelaine et autres choses de verre dont y a plusieurs rompuz et casséz. » (*Invent. du château de Chanzé,* 1471.) (Voir Amole.)

Armoier, *v. a.;* **Armoieur,** *s. m.* — Voir Armoyer.

Armoire, *s. f.;* **Armoailles,** *s. f.;* **Armoirie,** *s. f.;* **Aulmare,** *s. f.;* **Aulmoire,** *s. f.;* **Aumaire,** *s. f.;* **Ermoire,** *s. f.;* **Ormoire,** *s. f.* — C'est, dans ses formes variées, un des mots les plus anciens qui figurent dans le vocabulaire de l'ameublement, et un des plus vieux meubles et des plus importants dont nous ayons à nous occuper.

L'armoire, en effet, apparaît presque dès l'origine dans notre mobilier. Elle en est le complément indispensable. Après le lit destiné au repos, le banc et la table, compagnons obligés des repas, on dut confectionner un meuble chargé de recevoir et de garder les vêtements de rechange, les effets précieux, les armes, la vaisselle, les bijoux, les papiers et les livres. Ce meuble, c'est l'armoire. Mais si le nom est ancien, il s'en faut de beaucoup que, dans son voyage à travers les siècles, il ait conservé une forme immuable. Les diverses variantes que nous donnons en tête de cet article et celles qui figurent à la colonne précédente montrent par quelles transformations il a passé, et le curieux, c'est que ces transformations ne sont pas successives. Dès le XVe siècle on trouve armoire écrit à peu près comme aujourd'hui, et, au XVIIIe siècle, nous rencontrerons encore des variantes singulières de ce mot, qui se heurtent parfois dans un même document. Pour ne citer qu'un exemple, nous noterons dans une *Lettre de rémission* de 1405 : « Les *aulmares,* dedens lesquelles estoient lesdites tasses, estoient entrouvertes et en icelles *aumaires* print icelles quatre tasses d'argent, etc. » Enfin, particularité non moins curieuse, on a été pendant longtemps en désaccord sur le genre de ce substantif : « Les Gascons le font masculin, écrit Ménage. Dans le Nord, il est féminin. Le Père Chiflet, Jésuite, dans son essai d'une parfaite grammaire françoise, l'aime mieux masculin. Je le tiens aussi masculin et féminin. » (*Observ. sur la langue françoise,* p. 123.) Aujourd'hui il n'y a plus de contestation à cet égard. Voilà pour le mot.

Mais ce n'est pas seulement le nom qui a varié à l'infini, c'est aussi la forme même du meuble ainsi que ses adaptations. Au siècle dernier, on distinguait les armoires à linge, les armoires à vaisselle, les armoires à vêtements, les armoires vitrées, les armoires-bibliothèques. De nos jours, on a encore ajouté à ces emplois variés quelques destinations nouvelles, que nous aurons occasion de passer en revue, et chacune de ces applications a modifié non seulement les proportions du meuble, mais sa forme et son aspect. C'est ainsi que nous avons des armoires à un ou deux corps, à une ou deux ou quatre portes ou vantaux, avec ou sans tiroirs et disposées, à l'intérieur, d'une façon toute différente, suivant l'usage auquel chacune d'elles est plus spécialement destinée.

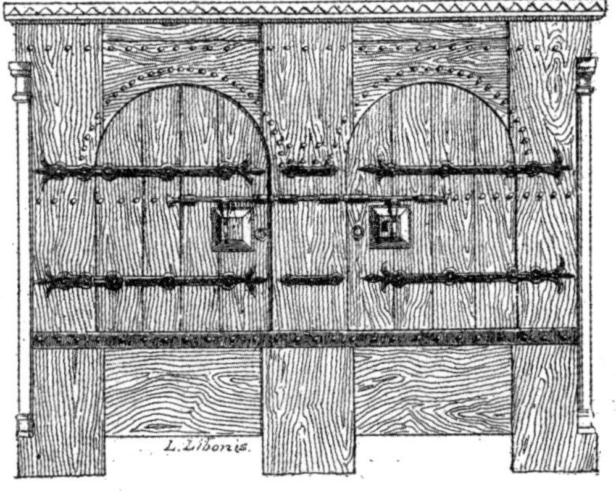

Fig. 79. — Armoire d'Obasine (dernières années du XIIIe siècle).

L'armoire paraît même, jusqu'à un temps assez rapproché, avoir quelquefois consisté dans ce que nous appelons aujourd'hui plus particulièrement un placard, c'est-à-dire dans un enfoncement pratiqué dans la muraille et clos par une porte. Monet, dans son *Dictionnaire,* la définit « meuble ou *lieu* propre à serrer toute autre chose que des armes ; *réservoir pratiqué* en une muraille, à serrer ou garder toute chose » ; et la *Coutume de Normandie* (*Cout. gén.*, t. Ier, p. 1031) dit : « Relais ou armaires ne font marque de propriété du costé dont elles sont faites, si elles ne sont accompagnées de pierres de taille traversant tout mur. » On lit dans le roman de *Perceforet :* « La muraille d'icelle tour avoit bien quatorze pieds d'espesseur..... et l'abbé, qui tenoit le Conte par la main dextre, le mena vers un arc voulté qui estoit par dedans le mur, moytié en terre et moytié dehors, et puys luy dist : — Sire Conte, vous povez voeir ceste armairie qui est dedans ce mur....., etc. » Les *Comptes de la ville d'Amiens,* à l'année 1401, mentionnent la fourniture, par le serrurier Willame Allevié, de clefs pour les « aumailles qui sont dedens 1 mur en ladicte maison ». L'armoire où le mari jaloux, dont parle la reine Marguerite (*Heptaméron,* nouvelle XXXII), avait réuni tous les ossements de l'amant de sa femme, « tenduz comme choze prétieuze en ung cabinet », était très probablement du même genre. La grande armoire vitrée dans laquelle les soldats du connétable de Bourbon enfermèrent le corps de leur général après son exhumation, armoire « où, dit Saint-Foix, on le voyoit encore en 1660, bien conservé, debout, botté, appuyé sur un bâton de commandement et vêtu de sa casaque de velours verd, chamarré de grands galons d'or », était vraisemblablement d'une structure analogue. Enfin, dans l'appartement de Mme de Maintenon, nous trouvons « la garniture en taffetas cramoisy d'un enfoncement d'armoire de 7 pieds 9 pouces de haut, sur 5 pieds de large et 3 pieds 2 pouces de profondeur », qui nous paraît appartenir à la même famille. De ces exemples on peut conclure que, pendant quatre siècles, ce que nous appelons armoires et placards n'a fait qu'un. Ajoutons encore que certaines de ces armoires étaient sans portes et se fermaient avec un simple rideau. C'est ainsi que nous trouvons, en 1741, au château d'Angers, dans le « petit retrait » du roi René : « Au devant des armoires où se mect le hernoys du Roy, ung rideau d'estamine blanche pareil d'iceluy de la couchette. » On n'a pas oublié, en outre, que le gentilhomme chez lequel s'arrête le sieur de Bernaige, le conduisant dans la chambre de sa femme, « tire ung rideau qui estoyt devant une grande armoyre, où il veid penduz tous les os d'un homme mort ».

Après ces armoires pratiquées dans la muraille, il nous faut dire un mot de celles qui, bien qu'en menuiserie, étaient attachées au mur et devenaient, de la sorte, immeubles par destination. Dans les résidences royales et dans les abbayes, ces sortes d'armoires abondaient. Au Moyen Age, elles servaient, le plus souvent, à serrer les vêtements, le linge et les objets précieux. Une chambre spéciale leur était souvent réservée. Elles en faisaient alors le tour, numérotées, ou mieux *signées* par des lettres. En 1418, à la « Bastide Saint-Anthoine », le « grand estage », c'est-à-dire le premier et principal étage, ne renfermait pas moins de dix « grans aulmaires », *signées* depuis A jusqu'à K inclusivement. Ceci sans porter préjudice aux « petites aumoires à trois estages », qui se trouvaient dans le haut de la tour. Au château de Vincennes, à la même époque, dans la tour située « emprès la grande chambre du roy, en allant à l'Estude », on rencontrait également une suite d'armoires « encontre le mur », qui étaient *signées* de A à P inclus. Cette disposition si commode continua d'être en usage tant que l'emplacement ne fit pas défaut dans les anciennes habitations. Un devis d'*ouvrages de fusterie* que la municipalité de Toulouse fit exécuter, en 1528, par M. Jacques Perelle, menuisier de cette ville, porte : « *Item,* du cousté devers le jardrin de la maison communes aura des armoires, lesquelles seront de longueur du canton de lade chambre jusques à la fenestre respondant sur le jardrin, et seront lesdictes armoires de dix pans de haut, etc. » Dans l'*Inventaire du trésor de la cathédrale d'Amiens* (1535), nous lisons : « Aux armaires de ladicte thrésaurerie sont les joiaulx et reliquaires qui suivent, etc. » Dans l'*Estimation des meubles de feue Madame, sœur du roi* (Pau, 1604), on note la phrase suivante : « En ung cabinet joignant lade gallerie, appelé le cabinet aux aulmoires, a esté trouvé ce qui ensuit. » Il existe encore de ces armoires, immobilisées par leur structure même ou par leur destination ; celles de la cathédrale de Bayeux et du trésor de Saint-Germain-l'Auxerrois sont à citer et peuvent servir d'exemples.

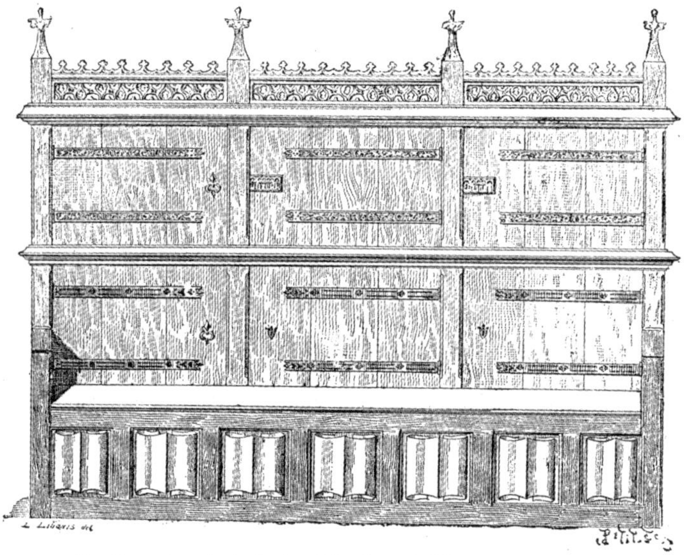

Dans les demeures royales, au XIIIe et au XIVe siècle, les clefs de ces armoires étaient confiées spécialement aux argentiers du roi. Une *Ordonnance de l'hôtel* de 1285 dit expressément : « Gentiens achètera tous les dras et pannes pour le Roy et pour Madame, et gardera les clés des aumaires où li dras seront. » Une autre ordonnance de 1323, qui charge Pierre de Toussac « de toute l'office de l'argenterie », décide que les draps d'or, d'argent, de soie, cendaux, fourrures, etc., « seront gardés au Louvre par ledit Pierre en unes aumoires ». On peut juger par ce seul fait du rôle important joué par ces sortes de meubles.

Fig. 80. — Armoire de l'église Saint-Germain-l'Auxerrois (XVe siècle).

Nous n'avons point toutefois à nous occuper autrement de ces adaptations quelque peu exceptionnelles. Le meuble qui doit nous retenir, c'est l'armoire en bois à un ou à plusieurs vantaux, solidement construite et garnie de serrures permettant de loger en sûreté les choses précieuses, réceptacle indispensable, car, comme le dit le *Livre des mestiers :*

Encore vous falent en vo maison
Lezons, buffés, aumaires.

Ce meuble consista, jusqu'au XIVe siècle, en un coffre massif, carré, un peu brutal dans ses profils, trapu dans sa forme, sans grâce, dont les diverses parties étaient assemblées carrément, sans même qu'on prît la peine de dissimuler les chevilles, et dont les portes, formées de planches réunies par une longue penture historiée, donnent une idée assez peu favorable de la menuiserie française à cette époque. Telle est du moins l'armoire de l'église d'Obasine (Corrèze), un des très rares spécimens des meubles de ce genre et de ce temps, qui soient parvenus jusqu'à nous. Pour déguiser ce qu'une construction aussi sommaire avait de grossier et d'imparfait, on recouvrait assez souvent ces armoires de peintures. L'armoire de la cathédrale de Noyon est un exemple très curieux de cette sorte de travail. Elle est en forme d'édicule, avec un toit, une fausse lucarne et des arêtiers ornés. Ses quatre vantaux, montés sur des pentures de fer étamé, se brisent et se replient sur eux-mêmes. Le peintre, qui sans doute se défiait de la sécheresse du bois employé par le menuisier, a marouflé sur le corps du meuble une toile assez forte, sur laquelle il a exécuté sa peinture. Cette armoire a été décrite d'une façon détaillée par M. Didron, dans ses *Annales archéologiques* (t. IV, p. 369), et M. Viollet-le-Duc en a donné une reproduction dans son *Dictionnaire du mobilier*. Nous la reproduisons à notre tour aux mots CRÉNEAU et MOBILIER.

De ce meuble curieux, il n'est pas sans intérêt de rapprocher la quittance d'une armoire de même genre, exécutée pour le compte d'Isabeau de Bavière par un peintre parisien nommé Colart de Laon. Voici la teneur de ce document : « A Colart de Laon, paintre demourant à Paris, pour avoir paint unes aulmoires par dedens et par dehors, où la Royne met ses reliquaires, c'est assavoir, par dedens ycelles aulmoires en l'une des fenêtres, le Crucifix, Nostre-Dame et saint Jehan l'évangéliste, dedens le tabernacle de fines couleurs ; et en l'autre fenestre, une Trinité, le Père et le Fils et le Saint-Esprit ; et au dehors d'icelles aulmoires, les quatre Euvangélistes et le *Agnus Dei;* lesqueles choses il a faictes par le commandement et ordonnance de la Royne dès le mois de décembre derrenier passé (1397), pour ce VIII livres parisis. » (*Comptes de l'argenterie de la reine.*) Cette coutume de peindre les armoires se continua d'ailleurs pendant tout le XVe siècle et presque jusqu'au milieu du siècle suivant. En 1682, les archives de la Cour des comptes, aides et finances de Provence étaient encore renfermées dans des armoires peintes de fleurs de lis par le dehors, qui remontaient au commencement du XVIe siècle. Nous trouvons, en outre, dans les *Comptes des bastimens du roi* (1540-1550) la mention de plusieurs travaux de cette sorte exécutés par ordre de François Ier au château de Fontainebleau : « A Batiste Baigne-Caval, paintre, la somme de LXIV livres pour les ouvrages de painture à huille de deux huissets servans à la fermeture de l'une des aulmoires dudit cabinet, en l'un desquels huissets est la figure représentant le duc d'Ulizes, grec, et autres enrichissemens, et en l'autre huisset est la figure d'une femme représentant la vertu de Prudence et autres enrichissemens. » Nous pourrions également citer de pareils travaux confiés par François Ier à Barthélemy di Miniato, à Germain Musnier, à Michel Rogetel, etc. On voit que cette coutume de peindre les armoires était encore à cette époque dans toute sa vigueur.

Cependant, à la fin du XIVe siècle, une révolution s'était opérée dans la menuiserie, qui tendait à substituer à ce décor un peu bruyant, tiré de moyens accessoires, une décoration plus rationnelle, ressortant de la construction même du meuble et découlant de la matière dont il est exécuté. A cette époque, en effet, les menuisiers, plus habiles et mieux dirigés, remplacèrent les parois massives, brutalement assemblées, par des bâtis formant cadre, et dans lesquels les panneaux se trouvèrent simplement *embrevés*. Les armoires n'y perdirent rien en solidité, mais elles gagnèrent infiniment en grâce. En outre, par la diversité des plans qu'amenait forcément cette manière nouvelle de bâtir le meuble, celui-ci devait désormais chercher sa valeur artistique, non plus dans un décor surajouté, mais dans sa construction même, et sa beauté allait ressortir de la pureté et de l'élégance de ses formes, complétées et soulignées par une ornementation faisant corps avec lui. La division du meuble en panneaux embrevés dans des bâtis allait amener l'emploi, pour ces derniers, de moulures plus ou moins riches, et le panneau lui-même allait se couvrir de sculptures, simples d'abord, consistant dans le principe en l'imitation d'une de ces feuilles de parchemin repliée, dont le XVe siècle fit, comme décor, un si fréquent usage, puis ensuite en arabesques et en grotesques sculptées en très bas reliefs, pour aboutir à des représentations historiques, avec personnages et animaux se mouvant au milieu de paysages ou d'architectures classiques.

La richesse des armoires, la beauté de leur décoration, ainsi que leurs formes et leurs dimensions, dépendaient, comme de raison, des usages auxquels ces meubles étaient destinés ; et à ce propos, peut-être serait-il bon de passer en revue, siècle par siècle, les différentes adaptations subies par l'armoire. Constatons tout d'abord que si le mot armoire dérive du latin *armarium*, il serait au moins imprudent d'en conclure, comme ont fait certains étymologistes, que l'armoire servait, en son principe, uniquement à serrer les armes. Nous savons en effet que le latin *arma* n'a pas un sens exclusivement guerrier, mais qu'il possède au contraire

Fig. 81. — Armoire allemande (fin du XVe siècle).

une signification beaucoup plus générale. (Voir Lacurne de Sainte-Palaye, au mot *armoire*.) Nous avons vu plus haut, il est vrai, une armoire du roi René destinée à recevoir « son harnois » ; mais, comme preuve d'adaptations différentes, nous pouvons, sans sortir du XVe siècle, mentionner une armoire chez la gracieuse châtelaine des Baux (1426), qui, adaptée à de plus délicats usages, renfermait divers joyaux, ses jeux d'échecs, ses damiers, etc. Quant au roi René, dont nous parlions à l'instant et qui paraît avoir eu un goût spécial pour ce genre de meubles, puisqu'il possédait deux armoires à son château de Chanzé, et qu'on en comptait trois dans son palais d'Angers, il fit faire, en septembre 1457, par Jean Duperray, menuisier, et Jehan Chollet, serrurier, une armoire « fermant à huit claveures » (serrures), pour y loger « plusieurs adveuz et remanbrances des ressors du pays d'Anjou ». Nous savons, en outre, que pendant le XVe siècle une partie des Archives royales d'Aix en Provence était conservée *in armario novo sistenti in sede archiviorum*. Certes, voilà l'armoire singulièrement montée en grade, puisqu'on lui confie non seulement les joyaux et bijoux, mais les archives des provinces et les titres de propriété des familles princières.

Notons que cet usage se continue au siècle suivant. Ainsi, lorsqu'on dresse l'*Inventaire de la duchesse de Valentinois,* on trouve dans une armoire une « cédulle dactée du treizième jour de décembre l'an mil cinq cens et sept, par laquelle noble seigneur messire Loys de Bourbon, chevalier de l'ordre, prinsse de la Roche-sur-Yon, confesse devoir à feu madicte dame la duchesse de Valentynois, la somme de unze cens escuz d'or au soleilh ». Mais ici se place une question curieuse. L'*Inventaire* de Jeanne d'Albret, du-

Fig. 82. — Armoire à deux corps (XVIe siècle).

chesse de Valentinois, date de 1514, c'est-à-dire du XVIe siècle. Or c'est une opinion assez généralement admise que le XVIe siècle n'a pas connu l'armoire. Certains auteurs dont la compétence est regardée comme indiscutable, M. du Sommerard entre autres, la font disparaître brusquement des ameublements français pendant environ cent cinquante ans. C'est là, faut-il le dire, une exclusion toute fantaisiste, et contre laquelle viennent s'inscrire en faux non seulement plusieurs des citations déjà produites, mais une foule d'autres documents non moins décisifs. Si nous fouillons, en effet, les archives des notaires parisiens, nous trouverons dans l'*Inventaire de Maurice Menier,* imprimeur (Paris, 1566), « une armoire à mettre vaisselle à quatre estages » ; dans l'*Acte de cession du mobilier d'Adam Musnier, doreur sur cuyr, à Jean Hamant, marchand frippier* (Paris, 1571), « une paire d'aulmoires de bois de chesnes à quatre estages » ; dans l'*Inventaire d'Antoinette Crocoison* (Paris, 1580), « une paire d'armoires à deux guichetz ». De son côté, l'*Inventaire de Catherine de Médicis* (Paris, 1589) décrit deux armoires de vastes dimensions ; celui de *Jacques Millet* (Paris, 1591) parle d'une « paire d'aulmoires de bois de noyer », et l'*Inventaire de Gabrielle d'Estrées* (1599) mentionne « une paire d'armoires, à quatre grands guichetz, de bois de chesne, servans à mettre habiz, garnies de leurs serreures fermans à clef ».

On voit qu'au XVIe siècle les armoires abondaient dans toutes les classes de la société. Il en était de même dans les églises, où elles servaient à serrer les objets du culte. Une gravure du temps de la Ligue, ayant pour titre les *Inquisitions nocturnez par les maisons,* porte pour légende : « Ils rompent les armoires, coffres et caisses, et non seulement se ruent avidement sur les calices, livres, croix et choses d'église, mais aussy, comme larrons publics, dérobent et emportent l'or, l'argent et toute monoye que ilz trouvent en passant. » Une vieille chanson huguenote, datant à peu près du même temps, dit :

> Ces hérétiques meschans
> Qui nous vouloient faire croire
> Qu'ils faisoient par leurs faulx chants
> Descendre Dieu en l'armoire.
> Hau, hau, Papegots !
> Faites place aux huguenots.

Nous pourrions multiplier ces exemples. L'armoire, en effet, apparaît un peu partout au XVIe siècle. On la trouvait chez les financiers parisiens, puisque le mercredi 8 mars 1589, dans une saisie pratiquée chez le trésorier de l'Épargne Molan, on s'empara, « dans les armoires du cabinet..... de soixante-sept mille escus en or ». On la rencontrait également en province, chez les officiers du roi puisque l'*Inventaire du baron d'Ornezan de Saint-Blancard,* capitaine des galères de Sa Majesté (Marseille, 1556), mentionne « un buffet *sive* armoire grand de boys blanc » ; chez les négociants, car nous trouvons chez J.-B. Munitian, commissionnaire à Marseille, « une petite table de bois blanc appuyée sur un petit armoire à caisse de peu de valleur » ; chez de simples bourgeoises comme Marguerite Desbordes (Bordeaux, 1569), où nous remarquons « unes grands armoyres fermans à troys clefs ayans troys estaiges » ; enfin chez d'honnêtes et pieuses rentières comme la Demoiselle de Fontenay, tante par alliance de Pierre de l'Estoile. « Ce jour, Mlle de Fontenay, tante de ma femme, estant allée au festin de la nopce de son fils de Richebourg, fust volée, en sa maison, par son fils de Fontenay, lequel, aiant espié ceste occasion et sachant qu'il n'y avoit au logis que la servante seule, y estant entré avec un sien compagnon de soldat, par lequel il fist saisir ladite servante à la gorge, et la menassa, l'espée dessous, de la tuer au cas qu'elle dist un mot, monta en haut et aiant rompu ses armoires, lui prist, tant en argent qu'en bagues, la valeur de deux cens cinquante escus ou environ. » (P. de l'Estoile, *Journal,* t. IX, p. 252.)

Mais l'acte criminel qui signale ce dernier meuble à notre attention date du mois d'avril 1609. Il appartient au XVIIe siècle et sort, par conséquent, quelque peu de notre démonstration ; car la connaissance de l'armoire n'est pas aussi péremptoirement refusée à nos compatriotes de ce temps qu'aux contemporains de la Renaissance. Tous les lettrés, en effet, savent par cœur l'amusante boutade de Chapelle à son arrivée à Saint-Lazare :

> Ma chambre ou plutôt une armoire,
> Qu'on a faite pour me serrer,
> D'abord qu'on me la vint montrer
> Me fit rire ; et j'eus peine à croire
> Que j'y puisse jamais entrer.

On a pu lire aussi dans le *Journal* de Jean Héroard que, en 1605, le Dauphin faisait doubler de bleu l'armoire destinée à receler ses armes. On sait par l'*Inventaire de Fouquet* (1661) que les armoires de Vaux étaient assez larges pour contenir « paillasse, matelas, couvertures et traversin pour coucher un valet »; et par l'*École des Femmes* (acte IV, sc. VI), qu'elles étaient assez hautes pour qu'on y pût cacher un galant. Enfin, l'*Inventaire de Molière* (1673), où ne figurent pas moins de cinq armoires, nous apprend que ces meubles, particulièrement vastes, n'étaient pas de purs accessoires de comédie. Le doute n'est donc pas possible. Il est même d'autant moins admissible que nous touchons à une des périodes les plus brillantes de l'histoire de l'armoire. Nous arrivons en effet au moment où l'influence de Boulle va se faire sentir, et où ce meuble utile qui, depuis deux cents ans, doit le plus clair de la faveur dont il jouit à ses formes élégantes et aux sculptures qui le décorent, va se couvrir d'incrustations, de marqueteries superbes et de bronzes ciselés, qui relèveront singulièrement son éclat. Mais avant d'aborder cette transformation somptueuse, accordons encore un coup d'œil à cette armoire du XVIe siècle dont, quoi qu'on ait dit, l'existence est aussi clairement constatée par les documents que nous venons d'analyser, que par les spécimens assez nombreux qui nous restent.

En passant par les appartements de la société raffinée qui, durant ces cent années, donna une impulsion si précieuse aux arts de l'ameublement, l'armoire a abdiqué ses formes carrées et ses allures massives. Ce n'est plus une énorme caisse dressée contre la muraille, dont les vantaux sont armés de pentures qui les font ressembler à des portes de cathédrale, et dont l'entrée est défendue par des « claveures et vertevelles » qui rappellent les fermetures de prison. Toutes ces ferrures rébarbatives ont disparu. Elles sont maintenant dissimulées à l'intérieur. Le meuble, en outre, s'est fait coquet. Il s'est divisé en deux corps, celui d'en bas, large et d'apparence robuste ; celui d'en haut, plus étroit, élégant et svelte ; tous deux avec un faux air d'édicule. Des colonnettes ou des pilastres règnent aux angles, des niches dans l'entre-colonnement, une architrave, une frise au-dessus, et le plus souvent, pour terminer dignement cette double façade superposée, un fronton tronqué domine le tout, encadrant une gentille statuette posée sur son petit piédestal. Ajoutez que les panneaux, embrevés dans de délicates moulures, sont chargés de gracieux bas-reliefs, que la frise est garnie de draperies ou de guirlandes d'une exécution irréprochable, et que le fronton est porté par de fins denticules. Ils sont si ravissants, ces petits meubles, que les archéologues mal renseignés n'ont pu se décider à leur conserver leur nom d'armoires. Ils leur ont donné le plus souvent celui immérité de cabinets, sans se souvenir, ou peut-être sans savoir que le cabinet, au XVIe siècle, était une sorte de coffret ou de petit pupitre, et que, même au siècle suivant, il ne consista jamais dans un meuble à quatre vantaux et à deux tiroirs.

Ce qui a pu amener cette confusion, et ce qui l'excuse dans une certaine mesure, c'est l'espèce de disparate qui existe entre cette mignonne armoire de la Renaissance et celle infiniment plus vaste, plus massive, qui la précède ou la suit. Avec le XVIIe siècle, en effet, l'armoire commence à reprendre ses larges proportions. Elle redevient un meuble de dimensions considérables, d'un seul corps, et par conséquent d'une seule venue, que les ébénistes surmontent parfois d'un couronnement héroïque, mais qui a perdu la sveltesse et la grâce dont il faisait montre quelques années plus tôt.

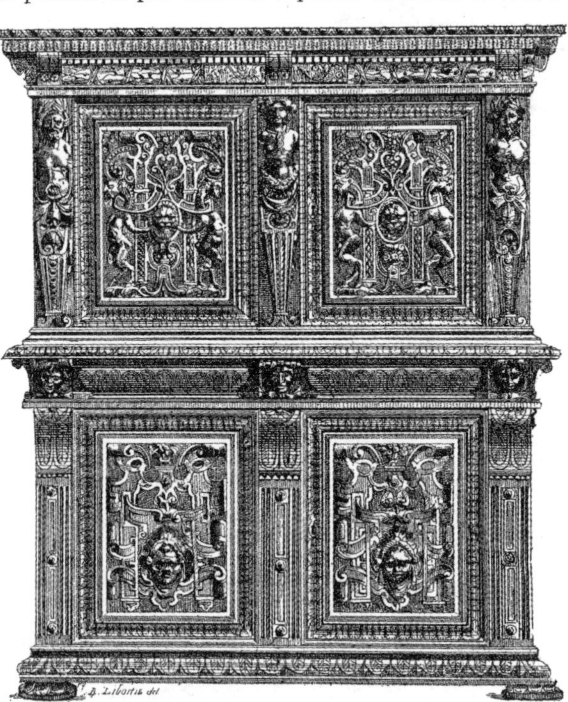

Fig. 83. — Armoire à deux corps (fin du XVIe siècle).

Ce qu'elle perdit en élégance, l'armoire, nous l'avons dit plus haut, le rattrapa largement en opulence. Les magnifiques spécimens que conserve notre Mobilier national montrent de quel degré de richesse ce genre de meuble est susceptible. On peut contempler au Louvre (actuellement dans la salle de la collection Timbal) une de ces armoires somptueuses, et il est difficile de n'être pas ébloui par sa magnificence. Du reste, à défaut de ces spécimens incomparables, les *Comptes des bastimens du Roy* sont là pour nous dire à quelles dépenses entraînait la confection de ces somptueux ouvrages. En 1669, par exemple, le roi fait faire une grande armoire « pour mettre partie des agathes, cristaux et autres curiositez du cabinet de Sa Majesté au palais des Thuilleries », et on délivre aux artistes (nous n'osons dire aux ouvriers) qui ont construit le corps du meuble un mandat de payement de 7,180 liv. 8 s. 1 d., auxquels viennent s'ajouter 1,181 livres versées à Philippe Caffieri pour les bronzes, et 1,400 livres à Domenico Cucci pour la ferrure. Soit en tout près de 10,000 livres ! Qu'on triple, qu'on quadruple même cette somme pour mettre la main-d'œuvre au cours de notre temps, et qu'on imagine ce qu'on pouvait attendre d'artistes émérites pour un prix pareil.

Notons, en outre, que cette armoire n'était pas une pièce unique en son genre. Les appartements de Versailles, ceux de Marly regorgeaient de meubles aussi somptueux. Nous n'en avons pas relevé moins de quarante-deux, dans les divers inventaires de ce temps, donnant l'état des meubles de la Couronne. Même pour les appartements de service, pour les chambres intérieures, pour le garde-meuble, les armoires étaient d'un prix suffisamment élevé pour que nous soyons édifiés sur le soin et la recherche qui avaient présidé à leur fabrication. Comme preuve, à l'année 1670, nous trouvons un versement du garde du trésor de 6,708 livres, pour quatre grandes armoires

Fig. 84. — Bas d'armoire, style Louis XIV.

ornées de sculptures et garnies de leurs serrures, fournies pour le Garde-meuble de la Couronne. Sur cette somme, l'ébéniste Foache avait droit à 3,400 livres, le sculpteur Barde à 2,508 livres, et les serrures étaient payées 800 livres à Bontemps. A partir de mars 1700, la fabrication et même l'achat des meubles de grand prix furent interdits par décision royale. L'*Ordonnance de police qui nomme six commissaires pour l'exécution de l'Édit pour le Retranchement du Luxe des meubles,* etc., porte « qu'il est défendu à toutes personnes d'acheter à l'avenir des tables, bureaux, armoires, boëtes de pendules..... etc., avec des figures et ornemens de bronze doré, et à tous ouvriers d'en faire de cette manière ». Une pareille décision dut rendre plus général encore l'usage des armoires simples et modestes. Toutefois, c'est le propre de ces lois somptuaires de tomber promptement en désuétude. Boulle, mieux que personne, à cette époque, put en faire l'expérience, et il suffit de feuilleter le *Livre journal* de Duvaux pour se convaincre que le XVIIIe siècle tint assez peu de compte des décisions du Grand Roi. Nous y lisons en effet : « 27 octobre 1749. — M. Camuset, fermier général : une armoire d'encoignure de vernis de la Chine, avec son marbre d'Antin. » « 18 février 1750. — M. de Villaumont : une armoire plaquée en bois satiné à fleurs, garnie de bronzes dorés d'or moulu : 1,100 livres. » « 24 décembre 1753. — Marquis de Voyer : deux armoires de Boulle de 36 pouces de haut sur 5 pieds 9 pouces de long, à trois portes ; très belles : 2,400 livres. » « 15 juin 1754. — Mme la Dauphine (livré à Mme de Brancas) : une armoire de 5 pieds de haut, plaquée, les portes en vernis à relief, garnie en bronze doré d'or moulu : 660 livres. » Cette armoire est presque historique. Elle fut acquise, en effet, pour remplacer l'armoire, très suspecte, dans laquelle la Dauphine enfermait son argent sous double clef, précaution qui n'empêchait pas du reste cet argent de disparaître. (Voir plus loin le mot CASSETTE, et *Mém. du duc de Luynes,* t. XIII, p. 216.) Enfin, citons encore : « 11 mars 1757. — Mme Geoffrin : deux armoires d'encoignure bâties en chêne, plaquées en ancien lacq, ornées de bronze doré d'or moulu, 550 livres », etc.

Empressons-nous d'ajouter qu'à côté de ces meubles coûteux, l'armoire ordinaire continuait ses modestes, mais précieux services. S'il était besoin de preuves de leur existence, nous pourrions invoquer les cinq armoires dont nous parlions à l'instant comme figurant dans l'*Inventaire de Molière,* ou encore la mention suivante, copiée dans l'*Inventaire du maréchal de la Meilleraye* (1664) : « Une grande paire d'ormoires (*sic*) fermant à deux vollets, une serrure fermante à clef, prisée XXIV livres » ; ou bien celle-ci, relevée dans l'*Inventaire de Pierre Mignard :* « Une grande armoire de bois de haistre à quatre guichets, vallant cinquante livres. »

Le XVIIe et le XVIIIe siècle, au surplus, furent le temps par excellence de ces sortes de meubles, moins encore à cause de leur somptuosité que de leur nombre et de la générosité de leurs formes. A cette époque, en effet, l'armoire se répandit partout et bientôt il ne fut intérieur si humble, qui ne possédât la sienne. Dans les demeures bourgeoises, sans rien abdiquer de cette amplitude, qui la rend aujourd'hui singulièrement encombrante pour nos logements exigus, tout en conservant une hauteur, une largeur, une profondeur telles qu'on y pouvait loger des vivants et même y cacher des morts (voir Barbier, *Journal,* 1re série, p. 86), l'armoire sut cependant se faire assez élégante pour que, dans nos ventes contemporaines, ce mastodonte de l'ameublement soit encore recherché par les amateurs, comme un modèle de correction, de logique et de saine ornementation. On a vu, en effet, à la vente Pecquereau, notamment, des armoires du XVIIIe siècle, payées 2,000 francs, 2,200 francs, 2,400 francs et 2,500 francs pièce.

Mais l'excès même de ces proportions devait amener une transformation nécessaire. Ne pouvant la loger partout à cause de sa hauteur formidable, on prit le parti de la couper en deux. De là ces « bas d'armoire » que nous voyons prendre place, dès la fin du règne de Louis XIV, dans notre mobilier. Déjà on a pu remarquer que les deux armoires de Boulle, vendues au marquis de Voyer par Lazare Duvaux, étaient des « bas d'armoire », puisqu'ils n'avaient guère plus d'un mètre de hauteur. A Versailles, dans la chambre de Mlle d'Aumale, nous trouvons, dès 1708, « un bas d'armoire à deux battants, de bois de haître », couvert d'un tapis. En 1750, le maréchal de la Fare achetait « une commode en bas d'armoire, plaquée de bois satiné à fleur ». A la *Vente Randon de Boisset* (1777) figurait un admirable « bas d'armoire en ancien laque du Japon », et dans le cabinet de M. Le Brun,

Fig. 85. — Bas d'armoire, style Louis XVI.

(1791) « deux jolis bas d'armoire en marqueterie de Boule ». Dans l'ordre purement ménager, la *Pourvoyeuse* de Chardin nous montre un de ces meubles plus commodes que brillants, dont on rencontre encore quelques spécimens dans les cuisines de campagne et dans les offices de province. C'était sans doute dans un bas d'armoire de ce genre que se trouvait serrée l'argenterie du peintre Corneille van Clève, lors de l'apposition des scellés après son décès (1732). « Dans la salle du rez-de-chaussée par bas sur la rue, en un bas d'armoire, se sont trouvées sept cuillères, sept fourchettes, une poivrière, une tasse, une écuelle, une cuillère à café, le tout en argent. » Quant à ceux de ces meubles qui étaient de grand luxe, on n'en peut guère offrir de spécimen plus brillant que celui-ci, décrit par *l'Inventaire des meubles de la Couronne,* dressé en 1760 : « Un grand bas d'armoire, en forme de bibliothèque, de bois violet, à placages en mosaïque, de sept pieds et demi de long sur vingt-six pouces de profondeur et quatre pieds de haut, le dedans séparé en trois compartimens et une tablette de longueur, couverte de tabis cramoisi. Sur le devant sont trois portes fermans à clef, celle du milieu enrichie d'un grand médaillon, fond de lapis peint, représentant une Minerve tenant dans sa main droite un compas, avec lequel elle mesure un globe, le tout de bronze doré d'or moulu, les portes des côtés chargées des cartouches de différentes plantes chinoises, aussi de bronze doré d'or moulu ; la bibliothèque est ornée d'agrafes et moulures aussy de bronze doré, portée sur six pieds, dont les quatre de devant sont quarrés et ceux de derrière ronds. »

De nos jours, le bas d'armoire a perdu son nom. Il a pris celui de buffet, et c'est le seul sous lequel il soit connu désormais de nos ébénistes et de nos marchands de meubles. L'armoire, elle, a persisté dans son intégrité. Elle s'est vue toutefois, par suite du rapetissement de nos appartements, obligée d'affecter des dimensions plus réduites. Bannie des pièces de réception, confinée dans les chambres, lingeries et garde-robes, elle a également renoncé aux formes chantournées et aux nobles profils qu'elle montrait au siècle dernier ; mais ses membres et sa construction sont restés identiquement les mêmes. Aujourd'hui, comme il y a cent ans, l'armoire classique se compose de huit parties principales : deux portes, deux côtés, le derrière, la corniche et deux fonds, l'un pour le haut, l'autre pour le bas. La réunion de ces huit parties s'opère à l'aide d'une carcasse, formée de quatre montants ou pieds, unis en haut par quatre traverses, qui sont de niveau avec eux, et en bas par quatre traverses qui s'assemblent à 5 ou 6 centimètres au-dessus du sol. Cette carcasse est surmontée d'une couverture qu'on appelle *chapeau,* et qui doit rester indépendante, c'est-à-dire qu'on doit pouvoir la mettre ou l'enlever sans nuire à la solidité du meuble. Quant aux diverses faces, elles sont remplies par des portes ou par un panneautage plus ou moins compliqué. Enfin, à l'intérieur, on dispose, suivant les besoins, des tablettes, des porte-manteaux, des tiroirs. Ces derniers sont ordinairement pratiqués, soit en bas du meuble, soit au milieu, c'est-à-dire à hauteur de la main. Quand cette armoire, que l'on appelle en ébénisterie l'*Armoire commune,* est de dimensions un peu grandes, on a soin que les pieds et les traverses, qui forment la carcasse, soient assemblés à tenons et mortaises, mais sans intervention de colle. On emploie simplement des chevilles qu'on enfonce de telle sorte qu'il soit facile de les faire ressortir à l'aide du repoussoir, et que le meuble puisse ainsi se démonter et passer par les portes étroites.

Fig. 86. — Grande armoire de la prise de la Bastille. (Musée Carnavalet.)

Si leurs grandes surfaces, généralement nues, et leurs vastes proportions ont fait exiler la plupart de nos armoires dans des pièces de service, l'incontestable utilité de ce meuble, le besoin qu'on éprouve de l'avoir constamment sous la main, l'ont fait rentrer dans la chambre à coucher, à l'aide d'une adaptation qui le rend en quelque sorte indispensable, et qui double les services qu'on peut exiger de lui.

Il s'est uni, au commencement de ce siècle, avec la Psyché, alors fort à la mode, et de ce mariage de raison est résultée l'armoire à glace, que nous voyons aujourd'hui dans tous les appartements. Quand nous parlons du commencement de ce siècle, nous devons reconnaître qu'au siècle dernier, on avait déjà eu l'idée de ce meuble si répandu de nos jours, et que les ébénistes du temps avaient non seulement connu le principe de l'armoire à glace, mais qu'ils en avaient même fabriqué. Dès 1748, en effet, nous découvrons un de ces meubles dans l'appartement de la belle Mme de la Popelinière, non pas, hélas! employé à serrer des bijoux ni de précieux chiffons, mais bien à dissimuler une porte de communication secrète établie entre la chambre à coucher de l'adorable fermière générale, et l'hôtel de l'irrésistible maréchal de Richelieu. Lorsque le mari trompé eut connaissance de son infortune, il dépêcha un commissaire et deux notaires pour procéder à la vérification de l'état des lieux. On constata que, du côté du maréchal, le passage aboutissait en une

Fig. 87. — Armoire à glace en bois de rose.

cheminée : « La plaque en étoit accommodée avec des gonds bien effacés, de manière qu'elle s'ouvroit avec un secret par l'autre maison, du côté de laquelle l'ouverture et cette plaque étoient cachées dans une armoire apparente, qui étoit de glace. » Barbier, à qui nous devons ces détails (voir *Journal,* t. IV, p. 327-329), ajoute que Mme de la Popelinière « avoit coutume, le soir, de fermer les verrous, sous prétexte de craindre les voleurs, et de cette façon, l'on passoit de la maison voisine dans ledit appartement ». Voilà, il faut bien l'avouer, des débuts terriblement galants pour l'armoire à glace. Peut-être est-ce à ces commencements quelque peu scandaleux qu'il faut attribuer les diatribes lancées contre ce meuble inoffensif, et l'anathème que prononçait, il y a quelques années, un de nos plus modernes poètes : « Un monstre s'est trouvé, a dit Théodore de Banville (voir le *Gil Blas,* n° du 20 janvier 1884), pour imaginer, exécuter et répandre à foison sur la surface de la terre, le plus platement hideux, le plus grossièrement bête, le plus ignoblement canaille de tous les meubles : l'armoire à glace. Eh bien! si riches que nous ait laissés le Moyen Age en supplices de tous les genres, aucun des supplices connus n'a été appliqué à ce grand coupable..... » Il est vrai qu'attaqué par un poète, le meuble qui nous occupe avait antérieurement trouvé, dans un de nos plus ardents prosateurs, sinon un défenseur énergique, du moins un appréciateur sincère, presque ému. « L'armoire à glace, disait, il y a vingt-cinq ans, M. Barbey d'Aurevilly, j'ai la faiblesse, je l'avoue, d'aimer cette vilaine chose. Pour moi, ce n'est pas un meuble, c'est comme un grand lac au bout de ma chambre où je vois flotter mes idées avec mon image..... » (*Petite Revue,* 1866, 10e livr., p. 105.)

Fidèle historien, nous nous bornerons à constater qu'après avoir été le rêve de toutes les jeunes filles, l'armoire à glace est devenue la parure de tous les logis, car l'industrieuse ébénisterie est arrivée à en fabriquer de tous les bois, et par conséquent de tous les prix, depuis le sapin et l'acajou, jusqu'au bois d'ébène, sans oublier en chemin les bois laqués et la marqueterie garnie de bronzes. Ajoutons encore que, dans ces derniers temps, on s'est efforcé de donner aux armoires à glace des formes moins nues et moins sèches que celles des meubles si cruellement flétris par Théodore de Banville. On en a également confectionné à plusieurs portes, dont le développement permet de contempler une toilette sous toutes ses faces, et pour ces nouveaux meubles, on s'est rapproché de la disposition et de l'aspect de cette belle armoire du XVIIIe siècle, qu'on appelle vulgairement « armoire normande », meuble éminemment français, en quelque sorte classique, et qui, tout en n'affectant point d'autres lignes que celles nécessitées par sa construction même, n'en présente pas moins une forme suffisamment élégante et très agréable à l'œil.

Nous en aurions fini avec l'ARMOIRE, si nous n'avions encore à mentionner une signification particulière qui fut donnée à son nom pendant près de trois siècles, sur des territoires fort différents, et qui s'éloigne du sens unique que nous lui avons jusqu'à présent attribué. En Provence, dans le Comtat, en Anjou, dans l'Angoumois et la Bretagne, nous avons souvent rencontré le mot armoire signifiant une cavité fermée par une porte ; si bien qu'un meuble quelconque pouvait comporter plusieurs armoires. C'est un exemple assez rare du tout pris pour la partie. Quelques citations feront saisir l'importance de cette particularité : « Un grand viel buffet avec armoires. » (*Invent. du château des Baux,* 1426.) « *Item,* ung dressouer de parement à ciel et armoires, à deux guichez fermans à clef. » (*Invent. du château d'Angers,* 1471.) « Plus ung buffet sans cornisses avec ses deux armoires et deux tiroyrs peu de valleur. » (*Invent. de Jean Lauze, négociant;* Avignon, 1583.) « Ung petit buffet avec ses armoyres fermentz à serrure et clef..... » (*Invent. de P. de la Setta;* Marseille, 1587.) « Ung grand viel buffet ayant deulx armoailles, l'un d'iceulx rompu sans cleff, etc. » (*Invent. des meubles du Plessis-Gueriff,* 1598.) « Un buffet de boys garny de quatre armoires, et deux tirettes garnyes de claveures sans cleffs... » (*Invent. de la femme Gaignet;* paroisse de Miniac, 1605.) « I cabinet à IV ormoires..... » (*Invent. du domaine du Chatelard,* 1672.) — Depuis cette époque, nous n'avons plus rencontré le mot armoire pris dans ce sens singulièrement restrictif.

Armoiries, *s. f. pl.* — Emblèmes de noblesse ou de dignité. Comme on est arrivé, dès le Moyen Age, à donner aux armoiries une forme particulièrement décorative et qu'elles ont joué un rôle assez considérable dans l'ornementation des demeures princières ou simplement seigneuriales, nous croyons devoir leur consacrer quelques lignes. On distingue huit sortes d'armoiries : 1° celles de *Domaine,* qui symbolisent les empires, royaumes, fiefs, etc.;

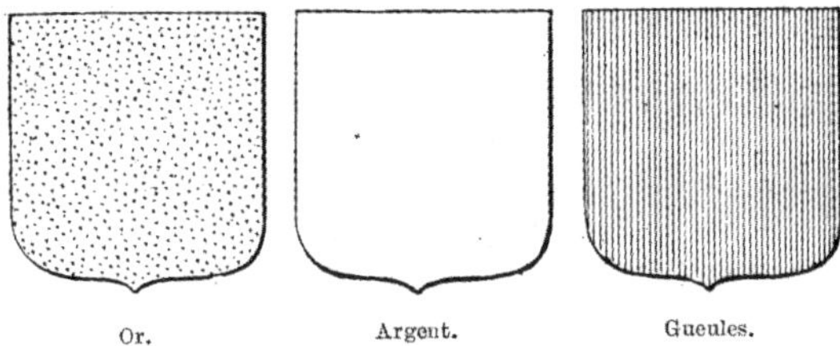
Or. Argent. Gueules.

Fig. 88 à 90. — Armoiries ; métaux et émaux.

2° celles de *Dignités,* qui, indépendamment des armes personnelles, symbolisent certaines fonctions; 3° les armoiries de *Concession,* qui contiennent quelques pièces ou signes empruntés aux armes d'un souverain et concédés par lui comme marque d'honneur ; 4° les armoiries de *Ville,* adoptées par celles-ci lors de leur affranchissement ; 5° celles de *Patronage,* qui réunissent les armes de la ville à celles du prince qui l'a prise sous sa protection ; 6° les armoiries de *Prétention,* indiquant que celui qui les porte prétend à certains domaines ; 7° les armoiries de *Corporation,* et enfin 8° les armoiries de *Famille.* Dans ces dernières, on distingue les armes *pures* ou *plaines* qu'on oppose aux armes *brisées.* Les premières sont l'apanage des aînés : « L'aîné des frères, écrit Monet, a droit et prérogatives d'armes plaines et pures, au regard de ses puînés, qui n'ont droit que des brisées. »

Les diverses pièces des armoiries sont revêtues de couleurs différentes. Ces couleurs sont divisées en deux métaux, l'*or* (jaune) et l'*argent* (blanc), et en cinq émaux, l'*azur* (bleu), les *gueules* (rouge), le *pourpre* (violet), le *sinople* (vert) et le *sable* (noir) ; à ces sept couleurs, on ajoute deux fourrures, l'hermine et le vair. Quand on représente les armoiries en camaïeu, on figure l'argent en laissant le fond blanc, l'or avec un pointillé, les gueules par des traits verticaux, l'azur par des traits horizontaux, le pourpre et le sinople par des traits obliques allant pour le premier de la *dextre* à la *sénestre* de l'écu, c'est-à-dire de droite à gauche, et pour le second de la *sénestre* à la *dextre.* Le sable s'indique par des lignes verticales et horizontales

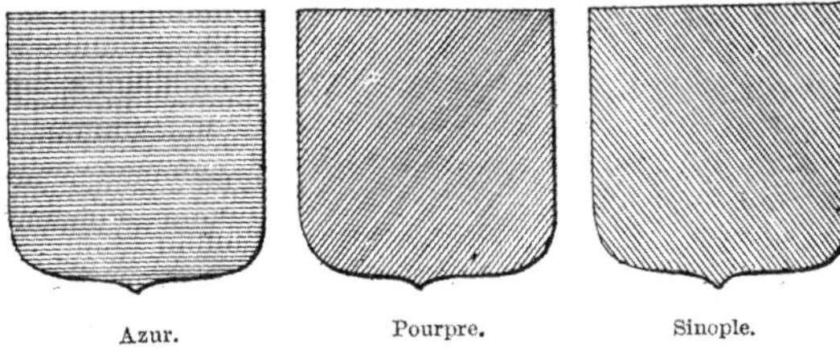
Azur. Pourpre. Sinople.

Fig. 91 à 93. — Armoiries ; émaux.

croisées, l'hermine par des mouchetures noires sur champ blanc, et le vair par des cloches d'azur et d'argent contrariées.

Les armes sont réputées *vraies,* quand on ne trouve dans les pièces principales aucun métal posé sur un métal, ni aucun émail posé directement sur un autre émail ; autrement, elles sont réputées *fausses.* Cependant, il arrive parfois que des armes présentent cette incorrection sans cesser d'être vraies. C'est lorsque cette dérogation a un motif glorieux. Alors on appelle les armes ainsi composées *armes à enquerre,* parce que celui qui les contemple éprouve la curiosité de s'enquérir des raisons qui ont motivé cette irrégularité. La connaissance et l'explication des armoiries constituent une science, qui s'appelle la science du blason. Autrefois elle était cultivée avec un soin tout spécial et son enseignement faisait partie de toute bonne et sérieuse éducation. « C'est un usage fort ancien que celuyla des armes pour faire la distinction des Familles et des Maisons, écrit Fabrice Campani (*la Vie civile,* p. 419), néantmoins autrefois on s'en servoit grossièrement sans observer les règles..., mais aujourd'huy cette science est venue à telle perfection qu'il n'y a personne, pour grossier qu'il soit, qui n'en sache la force et la distinction des couleurs, et que les mesmes couleurs ont un sens différent aux devises et aux livrées, comme la diverse posture du cimier est marque de plus grande ou moindre noblesse, et comme il faut que le cimier soit de figures vives, sensibles et non point raisonnables. » Notre but n'est pas d'entreprendre ici l'étude de cette science. Nous n'avons à nous occuper que des armoiries dans leur rapport avec le mobilier. Aux mots ÉCU, ÉCUSSON, on trouvera quelques détails relatifs

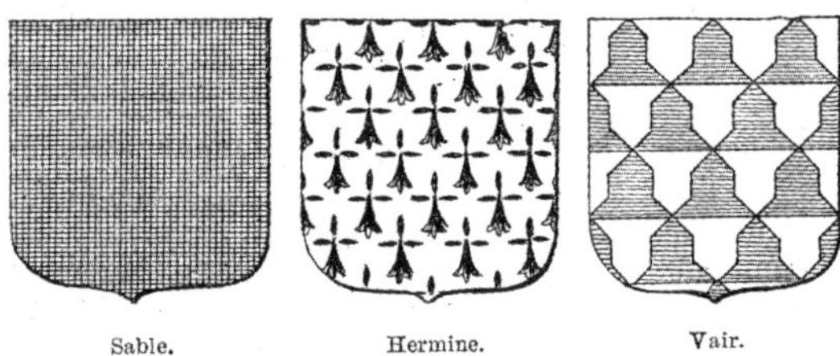
Sable. Hermine. Vair.

Fig. 94 à 96. — Armoiries ; émaux et fourrures.

aux combinaisons ornementales employées pour donner aux armoiries plus d'éclat et de caractère.

Nous avons dit, en commençant, qu'au Moyen Age, les armoiries avaient revêtu une forme très décorative, et qu'on en avait fait dans l'ornementation un usage considérable. Cet usage à cette époque avait sa raison d'être ; il n'était pas légitimé uniquement, comme de nos jours, par une simple satisfaction d'amour-propre. Il marquait une sorte de prise de possession. Il constituait pour les matières inertes une espèce de livrée. Lors de l'entrevue du duc de Lancastre et du roi de Portugal (1386), Froissart remarque, « qu'étoient en l'hotel du duc, chambres et salles toutes parées de l'armoirie, et des draps de haute lice et de broderie du duc aussi richement et aussi largement que s'il fut à Londres, à Hartfort, à Leicester, ou en l'une de ses maisons en Angleterre » ; et Froissart ajoute que les *Portingalais* « prisèrent grandement cet estat ». Ainsi tous les objets qui approchaient les personnes royales ou princières étaient couverts d'armoiries. On verra, d'ailleurs, au mot ARMOYER que les grands personnages en faisaient broder les tapis, coussins, tentures à leur usage.

Les meubles sculptés, les pièces d'argenterie en étaient également décorés. On en appliquait jusque sur les cierges que le prince tenait à l'église. Un *Compte de l'hôtel,* de 1380, mentionne le payement au nommé Gillet d'une somme de 40 sols, « pour faire armoyer » des « cierges chascun aux armes du Roy (Charles VI) ». Un autre compte nous apprend qu'Isabeau de Bavière fit payer à Guillaume Testart, « espicier », pour « VIII livres de cire blanche pour faire cierges pour la Royne, Nosseigneurs et Dames dessudiz : XLVIII sols parisis; et pour avoir paint et armoié les diz cierges aux armes de la Royne et de Nosseigneurs et Dames dessus diz : XIV sols parisis. » Dans toutes les cérémonies funèbres, on faisait, en outre,

Fig. 97. — Armoiries de dignité. — Armoiries du grand prévôt.

suspendre des armoiries aux murs des églises. Le *Journal d'un bourgeois de Paris sous les règnes de Charles VI et de Charles VII* (p. 58), rendant compte des cérémonies funèbres célébrées à Paris à l'occasion de la mort de Jean sans Peur, nous apprend que tous les moustiers « estoyent encourtinés de noir et... estoyens mis par tous les armes au bon duc trespassé et du sire de Nouailles qui fut mort avec lui ». Lors des funérailles du Dauphin, fils de Henri II, nous voyons payer à Mathieu Chevrier, « painctre, demourant à Lyon, la somme de VIII XX (160) livres tournoys, à lui ordonnée et payée comptant pour son payement de cinq cens escussons, qu'il a faictz aux armoiries de feu M. le Dauphin, assavoir, deux cens assez grands qui ont esté mis et distribuéz par les églises estant sur le chemin dudict Tournon à Paris..... et trois cens autres petitz escussons, qui ont esté distribuéz aux pauvres ». Les bourgeois eux-mêmes sacrifiaient à cet usage. Le relevé des frais de funérailles de Jean Laforcade, fils d'Arnaud Laforcade, marchand à Toulouse (1549), contient l'article suivant : « Payé pour XXIV armoieries pour mettre aux dictes torchies et à la porte de la maison à I liv. IV sols pièce..., etc. » C'était là un usage si parfaitement admis que Brantôme, dans son testament, réclamant des funérailles aussi modestes que possible, écrivait : « Je ne veux surtout qu'en mon enterrement ne se fassent aucunes pompes et magnificences et surtout ny festins, ny mangeailles, ny convoy..., sinon d'une vingtaine de pauvres avec les écussons de mes armoiries. » Pour les baptêmes et les mariages, il en allait de même. En 1569, la ville de Lyon faisait payer 15 livres tournois à Nicolas Durant « pour plusieurs armoyries, tant de la ville que autres », qu'il avait pointes « pour servir au baptesme de la fille de M. de Mandelot, gouverneur de cette ville de Lyon ».

L'emploi des armoiries avait encore une autre signification et une autre raison d'être. Parfois, elles indiquaient la provenance d'un objet précieux, comme ce « grant carreau de veluyau vert brodé aux armes d'Évreux et de Boulongne », que nous relevons dans l'*Inventaire de Charles V* (1380), et qui était un legs de la reine Jeanne d'Évreux, seconde femme du roi Jean, ou encore ce « grant gobelet... garny d'or, aux armes du pape Clément, derrenièrement trespassé », qui figure dans l'*Inventaire du Louvre* (1418), et qui était un cadeau de ce pontife au roi Charles VI. En 1561, « haulte et puissante dame Renée d'Amboise », rédigeant ses dernières volontés, enlève aux religieuses, ses donataires universelles, « les tapisseries et linge marquéz aux armes d'Amboise, que ladite Dame veult estre et demeurer à ses héritiers », trouvant, sans doute, que ce serait profaner ces signes vénérables que de les laisser entre des mains étrangères. D'autres fois, les armoiries prenaient une véritable importance généalogique, comme, par exemple, celles qu'on voyait au château de Richelieu sur la cheminée d'une salle d'armes, et qui, malgré les remaniements que subit le château, furent pieusement conservées, parce qu'elles y avaient été mises du vivant du père du cardinal. Celui-ci avait « voulu qu'on les y laissât, écrit la grande Mademoiselle (*Mém.,* t. Ier, p. 25), à cause qu'il y a un collier de Saint-Esprit, afin de prouver à ceux qui sont accoutumés à médire de la naissance des favoris qu'il étoit gentilhomme de bonne maison ».

Telles sont les raisons qui peuvent expliquer comment les armoiries, signe évident de la possession, empreinte posée par le maître pour indiquer son droit de propriété, figuraient autrefois en si grande abondance dans les décorations murales et aussi comment elles avaient envahi tous les objets mobiliers. Pour avoir la preuve de ce double envahissement, nous n'avons qu'à jeter un coup d'œil sur nos édifices privés du Moyen Age, ou simplement à faire une visite au musée de Cluny ; nous y trouverons : (n° 1979) des verrières peintes aux armes d'Henri II et à sa devise ; (n° 4096) des carrelages aux armes de Marie de la Tour, duchesse de la Trémouille ; (n°s 260 et 265) des heurtoirs aux armes de Catherine de Médicis et du connétable de Montmorency ; (n°s 1395 et 1396) des coffrets aux armes de Bertin de Crillon et de Marie Martelière ; (n° 3147) une fontaine aux armes de Montmorency-Luxembourg. A parcourir les anciens inventaires et les vieux comptes, nous ferions une récolte plus abondante encore. Un *Compte de*

Fig. 98. — Armoiries de dignité. — Armoiries du grand chambellan.

Guy Guilbaut, gouverneur général de la dépense du duc de Bourgogne, daté du 31 décembre 1428, porte l'achat à « Jehan Vallois, marchant tapissier, de deux petis tapis armoyés aux armes de Monseigneur, l'un pour parer par terre l'oratoire, l'autre pour mettre au pied de l'autel ». Le *XIVe compte de Simon Longin, receveur des finances de*

Philippe le Beau (1505), mentionne la commande à Mathieu Le Grant, tapissier, demeurant à Béthune, de « deux grans tapiz et ung bancquier de drap sur chacune desquelles pièces sont les armes du Roy des Romains ». L'*In-*

Fig. 99. — Armoiries de la ville de Paris.

ventaire de Marguerite d'Autriche (1524) décrit : « Quatre pièces de belles et exquises tapisseries... armoyées des armes de la généalogie et descente de ma dicte Dame. » Nous relevons à la *Vente des meubles de Claude Gouffier, duc de Roannès, grand écuyer de France* (1572), une suite de « tapisseries du bancquet armoyées des armoiries dudict deffunt ». La *Liste des meubles portés de Pau à Nérac par ordre du roi de Navarre* (1578) comprend « huict pièces de tappisserie de broderies faictes sur satin cramoisy... aux quatre coins les armoyries des deffuncts Roy et Royne ». L'*Inventaire de l'abbé d'Effiat* (1698) mentionne : « Une portière de velours rouge cramoisy en broderie, aux armes de feu M. le mareschal d'Effiat. » Etc. On pourrait multiplier ces exemples. Au XVIIIe siècle, les armoiries tenaient encore une place si considérable dans la décoration mobilière, qu'en 1709, lorsque le roi décida la grande refonte de l'argenterie, il ordonna « de garder un morceau de l'argenterie de chaque famille avec leurs armes, afin qu'on pût dans le tems convenable leur rendre la même quantité de vaisselle pareillement façonnée ». (Voir *Journal de Verdun,* août 1709, p. 116.)

Mais c'est le propre de l'humaine nature d'abuser de tout, et, lorsque l'amour-propre est en jeu, on peut dire que les abus ne connaissent guère de bornes. Il ne faut donc pas s'étonner que non seulement ceux qui avaient droit à des armoiries les aient prodiguées sur leurs maisons et sur leurs meubles, comme cet évêque de Noyon et ce M. de Montgivrault, dont Saint-Simon se moque si plaisamment dans ses *Mémoires;* mais encore que bien des gens n'ayant aucun titre à s'en attribuer aient suivi ce singulier exemple. « Tout aussi tost qu'un homme s'est un peu acquis de moyens, écrivait Ch. Platet en 1613, il se forge incontinent de belles armoiries, il les illustre de cimiers et si la honte ne le retenoit, il se serviroit de couronnes. » De là le nombre considérable d'*Ordonnances royales* destinées d'abord à refréner cette passion et ensuite à en tirer parti. Nous n'avons pas l'intention de passer en revue toute la législation chargée de réprimer les excès de la vanité. La dernière de ces *Ordonnances* date de 1760. Voici en quels termes l'avocat Barbier en parle dans son curieux *Journal :* « Elle impose d'abord, nous dit-il, une taxe de trente livres à tous ceux qui ont des armes et le droit de porter des armoiries, à commencer par les princes du sang, pour l'enregistrement desdites armoiries dans un nouveau dépôt général établi par le Roi ; ensuite, outre cette taxe, elle en édicte une autre de cent vingt livres pour ceux qui, quoique ayant des armes, n'ont point eu de jugement et règlement sur icelles depuis 1700, quoique ayant la noblesse ; et pareil droit de cent cinquante livres, pour ceux qui n'en ont pas et qui voudront en avoir, avec défenses de porter des armoiries faute d'avoir satisfait à ces formalités dans six mois. » Bien qu'enregistrée le 5 août dans les Registres du secrétariat du Tribunal des Maréchaux, cette *Ordonnance* eut le sort de celles qui l'avaient précédée, et trente ans plus tard un philosophe pouvait écrire : « Sur cent lettres, dont le cachet est gravé en armoiries, quatre-vingt-dix-neuf portent un cachet imposteur. » (Mercier, *Tableau de Paris,* t. VI, p. 32.) De là, cette phrase proverbiale : « Il n'y a point de plus belles armoiries que celles d'un vilain. Il prend ce qu'il veut. »

On sait que les armoiries de famille furent abolies par l'Assemblée nationale, le 20 juin 1790. Dufort de Cheverny donne, dans ses *Mémoires* (t. II, p. 255), de curieux détails sur l'ardeur qu'on mit en province à confisquer toutes les tapisseries, les livres, les estampes, etc., ornés de couronnes ou d'armes. Celles-ci furent rétablies en 1804 par Napoléon Ier, qui, créant une nouvelle noblesse, lui donna des armoiries nouvelles. Depuis lors, elles n'ont pas cessé d'être usitées, et l'abus, qui avait marqué les derniers temps de la monarchie, a reparu presque aussi violent qu'autrefois. Comme aux plus beaux jours de l'Ancien Régime, elles s'étalent de nouveau partout, et leurs multiples combinaisons fournissent au décorateur de nombreux motifs d'une ornementation à la fois riche et capricieuse.

Armoiseur, *s. m.* — C'est le nom qu'on donnait, au XVe siècle, aux fabricants et marchands d'ARMOISIN ou taffetas.

Armoisin, *s. m.* — On n'est pas d'accord sur l'étymologie de ce mot. « On a dit, écrit Lacurne de Sainte-Palaye, que l'espèce de taffetas désignée par ce mot armoisin fut ainsi nommée à cause de la toile armoriée dans laquelle on l'enveloppoit pour faire les envois. » De son côté, Huet

Bordeaux. Rouen.

Fig. 100 et 101. — Armoiries de villes.

(*Dict. étym.*) croyait y reconnaître une corruption d'*ormoisin*, sorte de taffetas provenant de l'île d'Ormus. L'opinion admise aujourd'hui, c'est qu'armoisin vient d'*ermusinus,* qui, dans la latinité du Moyen Age, signifiait étoffe de soie légère. Quoi qu'il en soit, l'armoisin était un drap de soie ou taffetas, qui se fabriquait communément à

Lyon ou se tirait d'Italie. Le *demi-armoisin,* de moindre qualité et de moindre valeur, se fabriquait à Avignon et dans le Comtat. Il y avait aussi l'*armoisin des Indes,* qui

Fig. 102. — Portière aux armes de France exécutée aux Gobelins.

était encore plus faible et, par conséquent, moins apprécié. Ce dernier, souvent teint dans des couleurs fausses, n'avait ni le lustre ni le brillant des armoisins de Florence ou de Lyon. L'importation en était toutefois considérable, car le *Mercure* de septembre 1701 signale l'entrée de 2,291 pièces introduites en une expédition. On distinguait deux sortes d'armoisins des Indes : les ARANIS, qui étaient rayés ou à carreaux, et les DAMARAS, qui étaient à fleurs. (Voir Savary, *Dict. de commerce, Dict. de Trévoux, Histoire des établissements et du commerce des Européens dans les deux Indes,* par l'abbé Raynal, t. Ier, p. 407, et F. Michel, *Essai sur le commerce et la fabrication des étoffes de soie,* t. II, p. 239.)

L'armoisin s'employait dans l'ameublement pour les tentures, rideaux, portières, etc. Comme exemple, nous citerons : « Une tenture de tapisserie de deux laiz de taffetas, d'un armoisin rouge cramoisy, et l'autre de la Chine, avec la frize partagée de mesme, composée de trante-quatre laiz et haute de deux aunes deux tiers. » (*Invent. du cardinal de Mazarin,* 1653.) Quant à l'armoisin de seconde qualité, fabriqué dans le Comtat, il était souvent désigné sous le nom de *taffetas d'Avignon,* de *tapisserie d'Avignon,* et même, par corruption, de *cramoisin.* Dans l'*Inventaire d'Alexandre de Peltofy, seigneur de Granville, maréchal de camp* (1656), nous relevons la mention suivante : « La garniture dudit lit et housse et la tapisserye de ladite chambre étant de tapisserye d'Avignon. » Dans l'*Inventaire du maréchal de la Meilleraye* (1664) figurent « cinq rideaux de fenestres de taffetas d'Avignon rayé de plusieurs couleurs ». Enfin, dans l'*Inventaire de Timoléon de la Baulme de Suze, seigneur de Plézian* (1676), nous remarquons des « rideaux de lict de taffetas cramoisin d'Avignon violet, amarante et jaulne ».

Armorier, *v. a.* — Décorer d'armoiries. (Voir ARMOYER.)

Armoyer, *v. a.;* **Armoyeur**, *s. m.* — Armoyer, c'était décorer d'armoiries, et armoyeur était le nom sous lequel on désignait les peintres et brodeurs d'armoiries. « Noble chose fust à veoir la Chevalerie...; car trop plus noblement estoyent paréz que par avant n'avoient esté, pour les armoyeurs qui estoient venus à la feste pour gaigner. » (*Roman de Perceforet.*) On peut voir à l'article ARMOIRIE quel usage étendu le Moyen Age fit de ce genre de signes, et quelle importance il avait alors. On armoyait les écus, les costumes, les armes, les vitraux, les meubles et jusqu'aux cierges et bougies. Quelques nouveaux exemples feront juger de la fréquence de ce genre de décoration : « Jehan du Tremblay, tappissier, pour IV tapis vers armoiéz aus cornes (angles), aux armes de Mgr le duc d'Orliens..., XXII liv. VIII sols parisis. » (*Comptes d'Étienne de la Fontaine, argentier du roi Jean,* 1352.) « A Jacquet aux Connins, boteiller, demourant à Paris..., pour deux grans estuys de cuir bouilly, poinçonnéz et armoiéz des armes de France... » (*Compte de Guillaume Brunel, argentier de Charles VI,* 1387.) « Deux coquemars d'argent blanc, armoyés sur les couvescles et aux ances aus armes de monseigneur le Dauphin... » (*Invent. de l'hôtel Saint-Pol,* 1420.) « Ung drap rouge armoié des armes de Villars et des Baux. » (*Invent. du château des Baux,* 1426.) « Sy estoit par dessus le siège du duc, ung tableau armoyéz de ses armes. » (*Première fête de l'ordre de la Toison d'or,* 1431.) « Deux grans bacins vermoilz doréz, armoyéz au fons. « (*Pièces d'argenterie offertes par la ville de Nantes à la reine Anne de Bretagne,* 1497.) « Douze autres tasses..., armoyées au fond. » (*Invent. de la duchesse de Valentinois,* 1514.) On voit que le verbe armoyer fut usité pendant au moins trois ou quatre siècles. Ajoutons qu'au XVIIe siècle il était encore exceptionnellement en usage : « Une paire de chenets d'argent armoié des armes en relief du deffunt Seigneur et de ladite Dame sa veuve. » (*Invent. du maréchal de la Meilleraye,* 1664.) Aujourd'hui on dit ARMORIER.

Armoyerie, *s. f.* — Nom donné, au XIVe et au XVe siècle, à ce qu'on a appelé plus tard, dans les habitations seigneuriales, la salle d'armes ou salle des gardes. « Le duc fist prendre arbalestes en l'armoierie de son hostel de Behaigne et mener au chastel de Coucy, 1402. » (*Curiosités des anciennes justices,* p. 57.) « *Item,* à l'encontre de la viz de l'armoyrie du Louvre estoient pendues XVI espées de diverses marques et façons. » (*Invent. du château du Louvre,* 1420.)

Armure, *s. f.* — Ce mot désigne d'une façon générale l'ensemble des armes, et surtout des armes défensives, chargées de garantir le corps. L'armure complète se compose du casque ou armet, du gorgerin, du corselet ou cuirasse qui couvre la poitrine, de la pansière, retenue au corselet par deux vis et qui préserve l'estomac, puis de la braconnière, des tassettes, des cuissots qui protègent le bassin, le basventre et les cuisses, des genouillères, des grèves et des sollerets. Les épaules sont recouvertes par les épaulières et les bras par les cubitières et les canons. Outre l'armure du XVe siècle, qui est celle dont nous venons d'énumérer les pièces, et qu'on peut en quelque sorte qualifier d'armure classique, les amateurs recherchent les armures en cottes de mailles et les armures orientales. Toutes, du reste, n'ont plus aujourd'hui qu'un seul but : concourir à la décoration de nos intérieurs. Au mot PANOPLIE, on trouvera l'énumération des combinaisons et des arrangements auxquels donne lieu l'emploi des armes comme élément décoratif.

En matière de tissus, le mot ARMURE a une autre signification : il désigne le grain de l'étoffe. Les armures constituent la base fondamentale de tous les tissus. Ce sont elles qui donnent au fond de chacun d'eux son apparence plus ou moins compliquée. Cette apparence est obtenue par les multiples croisements des fils, et les variétés de combinaisons de ces croisements sont réglées par l'armure. Les armures peuvent être simples ou composées. Les armures simples ou primitives sont au nombre de trois : le taffetas, le sergé, le satin, et c'est de ces trois bases que dérivent les autres. Ces dernières résultent généralement de l'association plus ou moins ingénieuse des armures primitives. De cette association naissent une infinité de transformations que règlent le goût du jour et les variations de la mode. Les principales produisent des dessins de fond qu'on désigne sous les noms de : *flotté, contredit, damassé, chevron, ondulé, serpentine, zébré, losange, bricolé, basiné,* etc., etc.

Il est à remarquer que le mot armure, employé dans ce sens, quoique très répandu et fort en usage dans le monde industriel (et bien qu'il soit relativement ancien et mentionné par l'*Encyclopédie*), n'est pas admis, même à titre de néologisme, dans le *Dictionnaire* de Littré.

Aronde, *s. f.* — C'est l'ancien nom de l'hirondelle. On appelle assemblage en *queue d'aronde,* un assemblage à tenon et mortaise de forme spéciale, et dans lequel le tenon, qui va en s'élargissant, rappelle vaguement la queue de l'hirondelle. (Voir ASSEMBLAGE.)

Arras, *s. m.;* **Arrazzo,** *s. m.* — On désigna longtemps sous le nom d'*Arrazzi* les tapisseries d'Arras qui, chronologiquement, sont des premières qui aient été faites en Occident. Puis, peu à peu, ce nom s'étendit à toutes sortes de tapisseries. Aujourd'hui encore, en Italie, il est synonyme de tenture. Presque tous les grands inventaires du XIVe siècle mentionnent des tapisseries façon d'Arras. Ces tapisseries, dont la qualité et la valeur paraissent avoir été fort variables, étaient tantôt de fil, tantôt de laine, tantôt enfin mêlées d'or et de soie. C'est ainsi que, dans l'*Inventaire de la Bastille* dressé en 1420, nous trouvons « une couverture de lit de tapicerie sur champ noir du fille d'Arras », et plus loin, « un tapiz de salle à personnages d'amour, de tapicerie d'Arras sur laine », et nombre de « tapicerie d'Arras à or et soye ». Il semble, du reste, qu'Arras, à cette époque, ait produit pour l'ameublement certaines étoffes autres que les tapisseries de haute lice. Nous lisons, en effet, dans les *Comptes de Sœur Jehanne La Thiaise, prieuse de l'Hôtel-Dieu de Paris* (1395) : « Pour la vente d'une chambre de sarge blanche de la façon d'Arras, à demi-ciel, un banquier tout blanc.... Ces choses vendues à Madame la Royne Blanche la somme de L francs, valent XL livres. » Il faut remarquer, toutefois, que ce qu'on appelle au XIVe siècle DRAP D'ARRAS n'est autre chose qu'une tapisserie de haute lice. C'est bien d'un tissu de cette sorte qu'il est question dans la mention suivante empruntée à l'*Inventaire de Charles V* (1380) : « Ung grand drap de l'euvre d'Arras ystorié des faiz et batailles de Judas Macabeus et d'Anthoqus, et contient de l'un des pignons de la gallerie de Beaulté jusques après le pignon de l'aultre bout d'icelle. » Nous citions à l'instant l'*Inventaire de la Bastille.* Ce document, qui semble avoir été dressé par un personnage très compétent, est un de ceux où nous avons rencontré le plus grand nombre de ces tapisseries d'Arras. Les pièces inventoriées ne s'élèvent pas à moins d'une vingtaine, parmi lesquelles les plus importantes nous ont paru : « Un tapiz d'Arras, de batailles de Lyon, de Bourges, contenant XX aulnes. — *Item,* une table d'autel de tappicerie d'Arras à or et soye, où il a un cruxifiement contenant une aulne trois quartiers. — *Item,* une autre table d'autel de tapicerie d'Arras à or et soye où il a [le] Jugement, contenant une aulne trois quartiers. — *Item,* une autre table d'autel de tapicerie d'Arras à soye et or, où il a un Saint Sauveur à deux espées, contenant une aulne et trois quartiers. — *Item,* un tapis de sale de tapicerie d'Arras sur laine de plaisance, à personnages à cheval, contenant XIIII aulnes un quartier », etc.

On a conservé les noms de quelques-uns des artistes auxquels nos ancêtres furent redevables de ces beaux ouvrages. Nous citerons entre autres : Vincent Bourselle (1367), Huwart Wallois (1378), Jehan de Croisètes (1389), Robert Pousson (1398), Simon Lamoury (1401), Jehan Lamoury (1404), Colard des Grès (1406), Jehan de Ransart (1407) ; ces cinq derniers émigrèrent à Lille.

Si, au XIVe siècle, Arras était par excellence le lieu de production des tapisseries de haute lice, sa grande renommée, par malheur, ne devait pas survivre au siècle suivant. Sa fabrication se trouva ruinée par le siège que Louis XI lui fit subir, et par la façon cruelle dont le roi de France traita ensuite cette malheureuse cité. Ces désastres furent suivis de l'émigration en masse des ouvriers et des artistes tapissiers. La Flandre profita de cet exode, et l'on peut dire qu'à partir du XVIe siècle la tapisserie d'Arras avait vécu.

Arrêt, *s. m.* — Dans les serrures et verrous, les arrêts servent à régler la course du pêne. Les poseurs de sonnettes appellent arrêt, et mieux encore *pointe d'arrêt,* un petit clou qui limite la course des mouvements et des bascules. Les ébénistes emploient également les *arrêts de tiroirs* qui empêchent ceux-ci de sortir du meuble, et les menuisiers en bâtiment fixent les persiennes au mur avec des arrêts.

Fig. 103. — Tapisserie d'Arras représentant l'*Adoration des rois mages.*

Arrière-Cabinet, *s. m.* — Pièce de dégagement, qui se trouvait derrière les cabinets de réception ou de travail, et qui remplissait à leur égard l'office de garde-robe. Chez les hommes d'État, l'arrière-cabinet, inaccessible aux profanes, servait à abriter les dossiers et titres importants dont les personnes admises dans le cabinet ne devaient pas connaître l'existence. (Voir CABINET.)

Arrière-Chambre, *s. f.* — Pièce de dégagement, sorte de garde-robe en usage au XVIᵉ siècle, mais qui prend avec le XVIIᵉ une destination plus fixe et mieux déterminée. Jusqu'à l'époque de la Renaissance, la chambre, étant demeurée par excellence le lieu de réception, se compliquait forcément d'une arrière-chambre, contre-partie naturelle de l'antichambre. Dans sa fameuse abbaye de Thélème, Rabelais ne compte pas moins de « neuf mille trois cens trente et deux chambres, chascune guarnye de arrière-chambre, cabinet, guarderobe ». (*Gargantua,* liv. I, ch. LIII et LV.)

Arrosoir, *s. m.* — « Vaisseau dont se servent les jardiniers pour arroser les arbres et les fleurs. » Telle était la définition que Furetière donnait, en 1688, de l'arrosoir, oubliant une de ses plus délicates adaptations, celle de l'arrosoir d'appartement, qui servait à répandre sur le sol des eaux parfumées. Tel est celui que l'*Inventaire de la duchesse de Valentinois* (1514) décrit : « Ung arrosouer à gecter eau rouze (eau de rose), à ung clocher dessus et ung pied dessous... et y a plusieurs personnages de femmes, esmaillé de esmail sur esmail, tout vermeil doré, poysant deux mars et demy. » Près de soixante ans auparavant (1455), la duchesse d'Orléans, dans sa douleur de veuve, avait pris pour emblème une CHANTEPLEURE ou arrosoir, et il y aurait irrévérence à penser que cet emblème pouvait être autre chose qu'un arrosoir à parfums. L'usage de ces petits meubles se continua jusqu'au milieu du siècle dernier. Le musée de Cluny possède un arrosoir en cuivre repoussé doré et couvert d'écussons et d'armoiries, qui n'a certes jamais été manié par de rustiques mains (fig. 104), et nous trouvons dans le *Livre journal* de Duvaux (t. II, p. 263 et 266) la mention d'arrosoirs en porcelaine de Vincennes vendus à Mᵐᵉ Berryer, à Mᵐᵉ de Pompadour et au marquis de Gontaut, qui ne pouvaient être destinés à un autre usage. Cependant, au XVIIᵉ siècle, l'arrosoir avait failli être remplacé par un autre appareil moins poétique. Nous relevons, en effet, dans l'*Inventaire du mobilier de la Couronne* (1673), « une seringue avec son manche d'ébenne garny d'argent pour jeter des eaues de senteurs ». Aujourd'hui, le vaporisateur a pris la place de l'arrosoir et de la seringue. (Voir CHANTEPLEURE.)

Fig. 104. Arrosoir de chambre en cuivre repoussé (XVIIᵉ siècle).

Pour les arrosoirs de jardin, dont la forme est connue, ils étaient, au siècle dernier, de cuivre, de fer-blanc ou de terre. Ces derniers, ouvrage des potiers, ont complètement disparu. Les arrosoirs de cuivre sont devenus rares. Aujourd'hui, on les fait en fer-blanc ou en zinc.

Arte-Bois, *s. m.*; **Artibois**, *s. m.*; **Atibois**, *s. m.* — Noms donnés aux barres de bois qu'on disposait au fond des châlits pour porter le châssis sanglé sur lequel posait à son tour la paillasse. « A Nicolas Hurtault..... pour avoir couvert les conoilles et artiboys du lict de Madame, L sols. » (*Comptes de G. Galland, argentier de la reine de Navarre,* 1571.) « Un lict de velours noir brodé de perles, semé de croissans et soleils ; un fond, ung dossier, neuf pentes, quatre quenouilles, trois artibois, le tout de même velours et broderie de perles seméz de soleils et croissans, hormis lesdictz trois artibois, esquelz il n'y a que de la canetille d'argent au lieu de perles. » (*Invent. de Catherine de Médicis,* 1589.) « Un bois de lit complet, les quatre pilliers et les trois atiboys couvertz de velours cramoisy rouge. » (*Invent. de Gabrielle d'Estrées,* 1599.) « Ung bois de lict fermant à viz, avecques troys atibois garnys....., etc. » (*Invent. de Louise de Vaudemont,* 1603.) « Trois arte bois garnis de velours rouge par dehors et de satin cramoisy par dedans..... » (*Invent. du château de Trianon,* 1685.) Aujourd'hui, les artebois se nomment des GOBERGES.

Artref, *s. m.* — Partie centrale du manteau de la cheminée. « Premièrement, pour redrécier la cheminée de la chambre as soupechonneux (aux prévenus) et rassembler l'artref et les corbeaux et mettre un sommier tout neuf..... pour reffaire le tuiau de la queminée de la salle aus soupechonneux qui est cheüe depuis l'artref jusques au feste de la dite salle, etc. » (*Œuvres de charpenterie et de fer et de plasterie faites en la gueole (geole) du chastel de Rouen,* 1344.) Ce terme est, du reste, peu usité.

Artumas, *s. m. pl.* — Locution gasconne et béarnaise. Verres à boire.

Arvol, *s. m.* — Arcade, enfoncement, embrasure.

Quant vint à la chambre manière
Par mi l'arvol de la verrière
Le lit a tost aperceu.
(*Floire et Blanceflor,* v. 2323.)

Hé Diex je voi nostre méson
Les fenestres et les arvols.
(De Cortois d'Arras, v. 648.)

Ascenseur, *s. m.* — Appareil mû par un mécanisme et qui sert à monter et à descendre les personnes ou les fardeaux. On croit généralement les ascenseurs d'invention récente ; c'est une erreur. Ils sont employés dans l'intérieur des maisons depuis plus de deux siècles. En 1660, quand la Grande Mademoiselle envoya Brays à la cour de Savoie, les ascenseurs y étaient déjà en usage. L'envoyé de la princesse en informa sa maîtresse, et celle-ci eut soin de consigner, dans ses *Mémoires,* le souvenir que son messager avait gardé de cette invention, encore dans toute sa fraîcheur. Voici en quels termes Mˡˡᵉ de Montpensier s'exprime : « Madame Royale l'envoya à la Comédie, un jour où étoit Monsieur de Savoie auprès de Mˡˡᵉ de Treseson. En sortant, il lui dit : « Venez demain dîner avec moi. » Il y fut ; il le fit monter dans un cabinet, par une maschine à ressort, où il y avoit cinq ou six personnes dont j'ai oublié les noms. » Quelques années plus tard, nous voyons les ascenseurs fonctionner à Paris, à Versailles, à Chantilly, sous le nom de CHAISES VOLANTES.

Saint-Simon attribue à M. de Villayer, « bonhomme plein d'inventions et de beaucoup d'esprit », l'importation en France de ces appareils. « C'est lui, écrit-il, qui a inventé ces chaises volantes qui, par des contrepoids, montent et descendent seules entre deux murs à l'étage qu'on veut, en s'asseyant dedans, par le seul poids du corps, et s'arrêtant où l'on veut. M. le Prince s'en est fort servi à Paris et à Chantilly. Mᵐᵉ la duchesse, sa belle-fille et fille du roi, en voulut avoir une de même pour son entresol, à Versailles, et voulant y monter un soir, la machine manqua et s'arrêta à mi-chemin, en sorte qu'avant qu'on pût l'entendre et la secourir en rompant le mur, elle y demeura bien trois bonnes heures engagée. Cette aventure la corrigea de la voiture, et en a fait passer la mode. » (*Journal de Dangeau,* t. III, p. 295. — Note de Saint-Simon.) Saint-Simon se trompe, car Tallemant (*His-*

toriettes, t. IV, p. 340) nous apprend que la chaise de Villayer était faite sur le modèle de celle du cardinal de Mazarin. Cet usage a repris de nos jours et n'est plus comme autrefois justifié par la mollesse et l'indolence, mais par la hauteur et le nombre de nos étages, peu compatibles avec les charges de l'âge et certaines affections du cœur.

Aspergeoir, *s. m.;* **Aspergès,** *s. m.;* **Aspersoir,** *s. m.* — Sorte de goupillon qui servait soit à asperger les fidèles dans les cérémonies du culte, soit, étant trempé dans de l'eau parfumée, à asperger les meubles et les habits. « *Item,* deux esparjouers dorés à gicter eaue rose, pesant II mars X esterlins. » (*Invent. de Clémence de Hongrie,* 1328.) Ce petit ustensile demeura en usage jusqu'à la fin du XVIIIe siècle, car Louis XIV fit, en 1680, présent à la Dauphine d'une garniture de toilette en vermeil, du prix de 6,800 livres, où figure un aspergès; et, d'autre part, Louis XVI envoya au sultan « des cassolettes et un aspersoir qu'on remplit d'eau de senteur ». (*Mém. secrets,* t. XXVI, p. 92.) Voilà pour l'usage profane.

Pour l'autre, les exemples ne manquent pas non plus : « Pour refaire l'aspergès d'un eaubenoistier d'argent baillé à Guillemin Cabuel... XII sols. » (*Comptes d'Étienne de la Fontaine,* 1352.) « Un eaue benoistier avec l'aspergès d'argent blanc. » (*Invent. de Charles V,* 1380.) « *Item,* un eaubenoistier et un aspergeoir d'argent pesant I marc VII onces. » (*Trousseau de Marie de Bourgogne, comtesse de Clèves,* 1415.) « Ung eaubenoistier avec deux aspergès, les manches d'argent, l'ung garny de poil. » (*Invent. de Marguerite d'Autriche,* 1524.) « Ung benystier avec son aspergès d'argent. » (*Invent. du mobilier du château de Pau,* 1533.) « Un benitier d'argent cizelé avec son aspergès d'argent. » (*Invent. du trésor de l'église de Lyon,* 1724.)

Asphalate, *s. m.,* ou bois de Rhodes ou de Chypre. Appartient à la catégorie des bois dits *de rose.* Il a été jadis employé dans l'ébénisterie comme bois de placage.

Asseau, *s. m.;* **Assette,** *s. f.* — Marteau à l'usage des couvreurs. Petite hachette dont se servaient autrefois les charpentiers. « Le suppliant d'un asseau à charpentier..... leva la serrure d'une huche fermée à clef. » (*Lettre de rémission* de 1406.)

Asselle, *s. f.* — Forme flamande d'aisselle. « La quelle gallerie on couvri de asselles. » (*Chronique de Tournai,* t. III, p. 529.)

Assemblage, *s. m.;* **Assembler,** *v. a.* — En menuiserie, on appelle assembler l'action de réunir plusieurs morceaux de bois et de les ajuster ensemble, de façon qu'ils ne fassent qu'un tout. L'assemblage, quand il est bien fait, ajoute au bon aspect de l'ouvrage, et c'est en lui que réside en grande partie sa solidité. Les assemblages de menuiserie varient suivant la mission à laquelle on les destine. Leur but primordial est de réunir les diverses extrémités des pièces composant les bâtis ou encadrements ; on les emploie aussi pour unir, sur toute leur longueur, deux planches de même épaisseur, et composer ainsi un panneau.

On compte près de quarante sortes d'assemblages. Les plus usités sont au nombre de sept et s'appellent : 1° l'assemblage carré à moitié bois, le plus ancien et le plus primitif de tous ; 2° l'assemblage en *anglet* ou *onglet* à moitié bois, qui est plus spécialement employé pour les encadrements des lambris ; 3° l'assemblage à tenon et mortaise, qui est préféré pour les sièges, tables, etc.; 4° l'assemblage par enfourchement d'une grande solidité et qui est usité pour les armoires et autres meubles à panneaux ; 5° l'assemblage à tourillons ; 6° l'assemblage à emboîture, qui, composé d'une languette et d'une rainure, réunit deux pièces de bois sur toute leur longueur ; 7° l'assemblage à queue d'aronde (voir ce dernier mot), qu'on n'emploie guère que pour les tiroirs.

Comme les assemblages à tenon et à mortaise et ceux en emboîture présentent toujours une certaine difficulté, on remplace, autant qu'on le peut, les premiers, par l'assemblage à tourillons qui substitue une simple cheville au te-

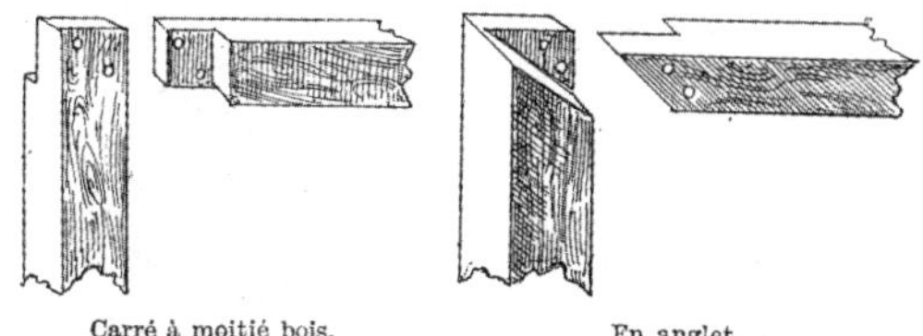
Carré à moitié bois. En anglet.

Fig. 105 et 106. — Assemblages.

non pris dans la masse, et les seconds, par les assemblages en feuillures ou à pattes, qui coûtent moins cher et réclament moins de temps. L'assemblage le plus employé pour les cadres des lambris est, nous l'avons dit, celui à anglet ou onglet. Une fois les cadres formés, on *embrève* les panneaux, c'est-à-dire qu'on introduit leurs bords dans une

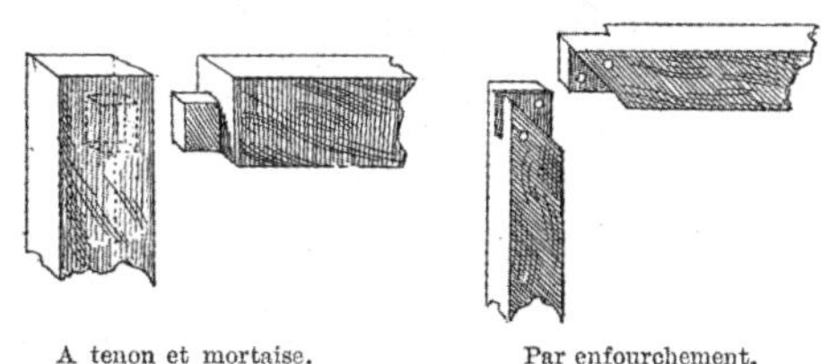
A tenon et mortaise. Par enfourchement.

Fig. 107 et 108. — Assemblages.

rainure pratiquée sous la moulure qui termine intérieurement le cadre ; puis on ferme le cadre en plaçant la traverse supérieure, et en laissant le panneau libre de façon qu'il puisse jouer.

En serrurerie, les assemblages, qui remplissent le même rôle que dans les travaux de menuiserie, se divisent : 1° en assemblage à tenon et à mortaise ; 2° en assemblage

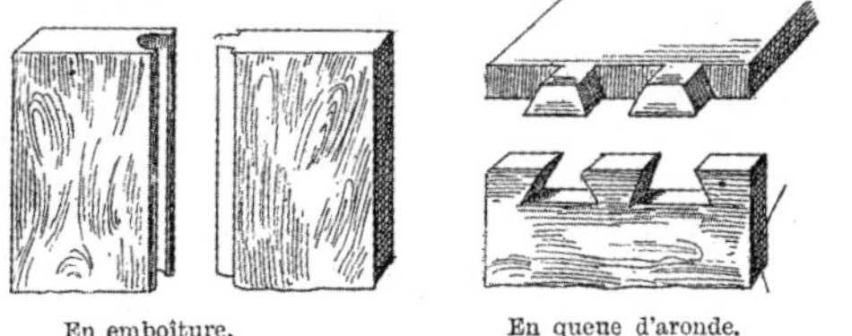
En emboîture. En queue d'aronde.

Fig. 109 et 110. — Assemblages.

à mi-fer ou par moitié ; 3° en assemblage à queue d'aronde ; 4° en assemblage à sifflet ; 5° en assemblage à onglet, et 6° en assemblage par prisonnier.

Assemblée, *s. f.* — Jusqu'au siècle dernier on nomma pièce ou salon d'assemblée, les pièces dans lesquelles on avait l'habitude de se réunir, et que nous appelons aujourd'hui pièces de réception : « La maison de Bagatelle est fort petite, à droite en entrant est une pièce d'assemblée assez grande..... Plus loin un autre cabinet d'assemblée, etc. » (*Mém. du duc de Luynes,* t. XVI, p. 161, note.)

Assiette, *s. f.* — C'est seulement au XVIe siècle que le mot assiette a pris la signification que nous lui donnons aujourd'hui dans le service de la table.

Avant ce temps, l'assiette, à bien prendre, n'existait pas. Pour les aliments liquides, elle était remplacée par l'Écuelle, et pour les aliments solides, par le Tranchoir ou Tailloir (voir ces divers mots), tablettes carrées ou rondes, de bois ou de métal, sur lesquelles on mettait une

Fig. 111. — Assiette en émail de Limoges (xvie siècle).

ou plusieurs tranches de pain rassis taillées à cet effet, et qui avaient pour mission de boire le jus de la pièce découpée.

Ce n'est pas qu'avant cette époque le mot assiette n'existât pas dans notre langue. Depuis le xive siècle, il était au contraire d'un usage courant, mais employé dans des acceptions très différentes, et aujourd'hui à peu près oubliées.

Dans la joaillerie, par exemple, il désignait une plaque. C'est ainsi que nous lisons dans l'*Inventaire du château des Baux* : « Ung collier dor à x assietes, la première garnye de vi troches (bouquets), de perles, etc. *Item,* six autres assietes garnies pareillement comme les quatre ci-dessus, etc. »

Dans le langage de la table, c'était la place que le convive devait occuper, l'ordre observé pour la distribution des places, et aussi l'action de s'asseoir. Froissart, décrivant la fête donnée au Palais, à Paris, pour l'Entrée solennelle d'Isabeau de Bavière (1389), dit : « L'on s'assit à table; et fut l'assiette telle. Pour la haute table du roi, l'évêque de Noyon faisoit le chef, et puis l'évêque de Langres, et puis de lèz le roi l'archevêque de Rouen. » Le Fèvre de Saint-Remy, parlant du repas solennel offert par Philippe le Bon, à propos de la paix d'Arras, s'exprime de même : « L'assiette de la grande table fut : l'archevesque de York, le cardinal de Vincestre, le Duc, le duc de Gueldres, etc. » De son côté, Comines (*Mém.,* liv. I, ch. ix) rapporte que, lorsque Charles le Téméraire assiégeait Paris avec les autres princes de la Ligue du bien public, chaque fois qu'il recevait ces derniers : « Se mettoient les ducs de Berry et de Bretagne au banc, le comte de Charolois et le duc de Calabre au devant : et portoit ledit Comte honneur à tous, les conviant à l'assiette. Aussi le devoit bien faire à d'aucuns et à tous, puisque c'estoit chez luy. » Plus tard, au mariage de ce même Charles le Téméraire, devenu duc de Bourgogne, avec Marguerite d'York : « Les tables, dit Olivier de la Marche (*Mém.,* liv. Ier, p. 529), furent noblement couvertes et aprestées pour disner : et tantost Mme de Bourgongne la mère amena la noble épouse sa belle-fille..... et l'assiette fut faicte telle que cy après ensuyt. L'espouse fut assise au milieu de la table, et auprès d'elle à la main dextre estoit madicte dame et au bout de la table, etc. »

Au commencement du xvie siècle, le mot avait encore conservé sa signification primitive, car nous lisons dans le récit du couronnement d'Anne de Foix, comme épouse de Ladislas VI, roi de Bohême (29 septembre 1502) : « Pour venir à l'assiette du digner, la table fut longue et n'y eut assiette que d'ung costé et aux deulx boutz. »

C'est aussi dans ce sens qu'il faut entendre l'*Ordonnance* de Louis XII permettant à « trente taverniers tenans assiette à boire et à manger » de suivre la Cour en qualité de marchands privilégiés. (Delamare, *Traité de la police,* t. Ier, p. 144.) Au siècle dernier, on disait encore *vendre du vin à l'assiette* pour dire que le marchand avait la permission de laisser asseoir son client, et que celui-ci pouvait consommer sur place. *Vendre du vin au pot,* c'était obliger le client à emporter son vin pour le consommer chez lui. (Savary, *Dict. de commerce.*)

Cette constatation était indispensable pour éviter toute confusion ultérieure. Ajoutons que jusqu'à la même époque, toujours dans le langage de la table, le mot assiette signifia aussi ce que nous nommons aujourd'hui « service », parce que tous les plats composant ce service étaient *assis* en même temps sur la table. C'est ainsi que certains menus consignés dans le *Ménagier de Paris* portent des mentions comme celle-ci : « Disners à iour de char (jour gras), servi de trente un mes (mets) à six assiettes..... Autre disner de char, de vingt quatre mes à six assiettes..... Première assiette; pastés de veel (veau), menu déhaché à gresse et mouelle de bœuf — pastés de pimparnaux — boudins, saucisses — pipefarce — et pastés norrois *de quibus*. Seconde assiette, etc. » Par Christine de Pisan, nous savons qu'en 1377, quand l'empereur d'Allemagne vint à Paris, le grand banquet qui eut lieu au Palais, à la table de marbre, avait été ordonné par Charles V de « quatre assietes de

Fig. 112. — Assiette en étain (xviie siècle).

quarante mais ». Du reste, jusqu'à la fin du xvie siècle, on continua de dire « asseoir un plat ». Ainsi, l'auteur des *Cent nouvelles nouvelles* écrit (nouvelle xlixe) : « Quant le premier mèz fut assis, l'hoste qui avoit secrètement fait faire une robe à sa femme, etc. » De même, Bonaventure Desperriers dit en parlant de l'abbé de Saint-Ambroyse :

« Estant à table, un maistre d'hostel en assoyant les platz lui respandit un potage sur une saye de velours qu'il portoit. » (*Nouvelles récréations,* XLVII.) C'est, d'ailleurs, de cette double fonction de marquer à table la place que devaient occuper les convives, et d'indiquer la position des

Fig. 113. — Assiette en porcelaine de Sèvres (première période).

plats principaux, que l'ustensile si généralement employé aujourd'hui prit son nom d'assiette.

Il nous faut attendre, toutefois, au commencement du XVIe siècle, sous le règne de François Ier, pour voir apparaître les premières assiettes. En 1538, ce galant monarque achète de Georges Vezeler, célèbre marchand orfèvre d'Anvers, « une douzaine d'assiettes poinçonnées par les bords et meilleu à ouvraige anticque ». Douze ans plus tard, le non moins galant Henri II fait payer à « Paul Romain et Ascaigne Desmarry la somme de six vingt dix neuf livres seize sols six deniers tournois, à eux ordonnés par le Roy pour argent blanc et or par eulx employé, tant en deux couppes d'argent dorées..... que pour une assiete à cadenatz », etc. Leur usage, du reste, se généralisa assez vite. Les délicieuses assiettes émaillées qui datent de cette époque le prouvent surabondamment, et les auteurs du temps l'attestent dans leurs écrits. En 1539, Gilles Corrozet, dans son *Blason de la cuisine,* les mentionne au milieu de la vaisselle ordinaire :

> En la cuisine on voit pintes voller,
> Quartes et brocs et vaisselle rouller,
> Comme grands platz, escuelles et assiettes.....

Rabelais, de son côté, les énumère parmi les cadeaux que le sieur Basché fait à ses gens (*Pantagruel,* liv. IV, chap. XIII). Enfin, on les voit apparaître dans les inventaires même modestes. Ainsi dans l'*Inventaire de Pierre David, chanoine de l'église abbatiale de Saint-Sernin* (Toulouse, 1548), nous relevons « neuf acietes » ; dans celui de Claude Millet, sommelier de la duchesse d'Uzès (Paris, 1585), figurent « vingt quatre assietes (d'étain) »; dans celui de J.-P. de la Setta (Marseille, 1587), on note « quarante deux assietes » de même métal. L'*Inventaire de Marguerite Bordes* (Bordeaux, 1589) mentionne « une douzaine et demie de platz d'estaing, deux douzaines d'assiettes », etc. Celui de Pierre de Capdeville (Bordeaux, 1591) compte « trente six assiettes rondes », et dans l'*Inventaire de Gabrielle d'Estrées* (1599), nous trouvons « trente cinq assietes d'argent tout blanc, poisant ensemble trente deux marcs » et « six assietes d'argent vermeil doré plain, poisant ensemble six marcs cinq onces six gros », soit en tout 41 assiettes. Nous ne sommes pas encore très loin de la demi-douzaine acquise par François Ier. Mais, avec le XVIIe siècle, cela change, et cependant le *Discours sur les causes de l'extrême cherté qui est aujourd'huy en France* (1754) les comprend parmi les causes de ruine de la noblesse.

Elles abondent, en effet, dans l'argenterie du cardinal de Mazarin et dans celle du Grand Roi. En 1679, on pouvait admirer, au banquet offert par l'évêque de Strasbourg au Dauphin, « sur un seul buffet, quinze douzaines d'assiettes de vermeil doré » (*Mercure* de février 1679), et, en 1698, le service du maréchal de Boufflers, au camp de Compiègne, se composait de « quatre vingts douzaines d'assiettes d'argent et six douzaines de vermeil ». (*Ibid.,* septembre 1698.) Ajoutons que l'assiette, dès cette époque, avait sa place marquée dans le cérémonial fastueux de la Cour. Elle jouait son rôle dans cette sorte de solennité pompeuse, qu'on appelait le Grand et le Petit Couvert du roi. Quand Louis XIV mangeait en public, « les assiettes d'or nécessaires pour changer » étaient placées devant lui sur la table en une ou plusieurs piles, suivant leur nombre ; et lorsque, avant de se mettre à table, le roi recevait la serviette mouillée avec laquelle il se rafraîchissait les doigts, elle lui était apportée entre deux assiettes. (Voir *État de France,* t. Ier, p. 102.) Malgré cela, ce fut ce roi, amoureux passionné de l'étiquette, esclave servile de la représentation, qui, le premier, songea à limiter le poids des assiettes d'argent : « Défendons pareillement auxdits orfèvres et ouvriers de fabriquer, exposer ou vendre aucuns bassins d'argent excédans le poids de douze marcs, des plats excédans le poids de huit marcs, des assiettes excédans le poids de cinq mars chacune, etc. » (Voir l'*Édit* de 1700.) Mais bientôt la misère générale, et ensuite la mode plus puissante que les

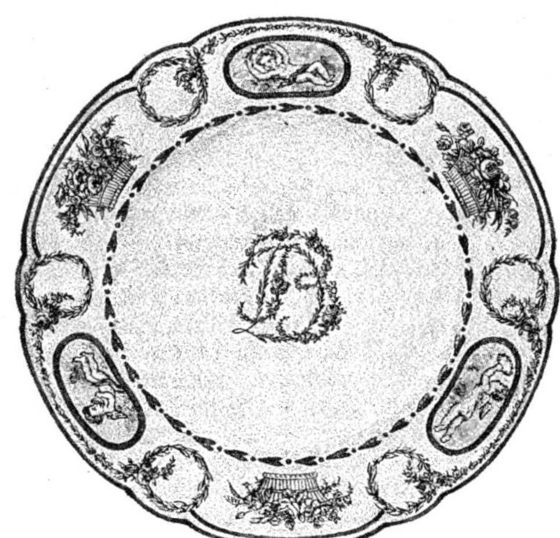

Fig. 114. — Assiette en porcelaine de Sèvres, au chiffre de Mme Du Barry.

édits, allaient faire disparaître l'argenterie des tables et obliger les grands et les petits à renoncer, pour leur vaisselle plate, aux métaux précieux. Nous sommes très près, en effet, du moment où la faïence et la porcelaine vont obtenir définitivement le privilège de fournir nos assiettes.

La céramique, il est vrai, avait fait, dès le XVIe siècle, son apparition sur les tables françaises. Dans l'*Inventaire de Catherine de Médicis* (1589), on remarque « une douzaine et huit assiettes de terre, façon de jaspe, — seize assiettes de terre blanche », etc. Nous savons, en outre, par

Fig. 115. — Assiette en faïence moderne.

Félibien, qu'en 1620, lorsque Louis XIII vint à l'Hôtel de Ville pour voir allumer le feu de la Saint-Jean, on cassa un nombre considérable d'assiettes de faïence qui venaient de servir au festin royal ; mais ce sont là des exceptions. Jusqu'au XVIIIe siècle, on n'avait guère connu, dans les classes aisées, que l'or, l'argent, le cuivre émaillé et l'étain. L'or chez le roi, l'argent et l'émail chez les puissants et les riches, et à l'état d'exception chez les bourgeois, l'étain répandu dans toute la classe moyenne ; l'argent, chez don Juan, offrant à souper à la statue du Commandeur ; l'étain à ce festin ridicule que Boileau a immortalisé, où l'on finit par se jeter les assiettes au visage. (Voir *Satire* III.)

Les assiettes de cristal de roche dans lesquelles le duc d'Albe régala, en 1704, ses nombreux invités (voir *Mercure*, juin 1704), ou encore celles de porcelaine que Lazare Duvaux vendait à son aristocratique clientèle, se seraient mal prêtées à de pareilles évolutions. Ces dernières, au reste, étaient d'un prix assez élevé pour qu'on les ménageât. Le *Livre journal* de l'illustre marchand (voir t. II, p. 18, 190, 295) en fait foi : « 9 avril 1749 — à M. de Genssin, deux douzaines d'assiettes de Saxe peintes à oiseaux, les bords tressés : 480 livres. » — « 23 janvier 1754 — à Mme de Pompadour, huit assiettes de Vincennes peintes à figures et guirlandes, camayeux pourpres, à 30 livres : 240 livres. » — « 20 septembre 1756 — mylord Bolingbroke, quarante-huit assiettes à contours en bleu céleste, à cartouches de fleurs et oiseaux variés, à 48 livres pièce. » Il est vrai qu'à côté de ces porcelaines de luxe, le *Mercure* de décembre 1760 annonce des assiettes blanches en faïence à 3 livres la douzaine. Ajoutons qu'on fabriquait aussi des assiettes décorées à bas prix. Aujourd'hui, c'est presque exclusivement dans des assiettes de porcelaine ou de faïence que les Français prennent leurs repas. L'étain a complètement disparu de nos tables, et les assiettes d'argent ne constituent plus, comme service, qu'une très rare et coûteuse exception.

Toutes les assiettes que nous venons de passer en revue appartiennent à la catégorie des assiettes plates. Ajoutons que l'assiette, dès son apparition, avait presque la même forme que de nos jours. Elle était ronde et se composait d'un fond, d'un marli et d'un bord. Cependant, il arrivait parfois qu'on lui donnait un autre aspect. Ainsi, dans l'*Inventaire de Claude Gouffier* (1572), nous rencontrons : « Une assiette en ovalle, façon de cadenat », et « deulx d'argent carrées vermeilles dorées, etc. » Dans l'*Inventaire de Marie Stuart* (1586), il est également fait mention d'une « assiette quarrée d'argent doré » ; mais ce sont là des exceptions. La seule différence qu'on puisse relever entre les assiettes anciennes et celles de nos jours consiste, pour certaines, dans l'absence de bord — l'assiette ayant, dans ce cas, la forme d'une grande coupe — ou dans un développement exagéré de ce bord et dans un marli d'une largeur excessive.

Les assiettes creuses, à potage, ne firent leur apparition que longtemps après les assiettes plates. Jusqu'aux environs de 1650, l'habitude ayant persisté de manger la soupe dans des écuelles, l'assiette plate est la seule qui figure dans les inventaires. Les premières assiettes creuses que l'on rencontre, et qui sont baptisées « assiettes à l'italienne », figurent dans l'*Inventaire de Mazarin* (1653) : « Quinze assiettes creuses à l'italienne, vieilles, marquées depuis le n° 1 jusques et y compris le n° 15. — Quinze autres assiettes creuses à l'italienne, neufves, marquées depuis le n° 16 jusques et y compris le n° 30. » C'est donc à ce ministre que nous sommes redevables de cette innovation. La preuve, d'ailleurs, que Mazarin fut l'importateur chez nous des assiettes creuses, dites à l'italienne, c'est que ces mêmes assiettes, en province, plus d'un siècle après la mort du cardinal, portaient encore son nom. Ainsi, nous relevons dans l'*Inventaire d'Henry de Béthune, archevêque de Bordeaux* (1680) : « Dix assiettes à la mazarine. » Dans l'*Inventaire du Sr Angely, au bourg et paroisse d'Allou* (1777) : « Un plat, six mazarines, une assiette persée, trente neuf autres assiettes, etc. » A Paris, où le cardinal était moins populaire, ces mêmes assiettes portaient le nom de POTAGÈRES. (Voir ce mot.)

Fig. 116. — Assiette en faïence moderne.

Enfin, pour terminer avec les assiettes, il nous reste

à rappeler que ce mot a servi à désigner, au XVIIe et au XVIIIe siècle, le petit plateau sur lequel on plaçait les mouchettes. Dans l'*Inventaire du mobilier de la Couronne* (1673) figurent « deux assietes à mouchettes vermeil doré ». Dans l'*Inventaire de Claudine Bouzonnet-Stella* (1693), nous relevons « une mouchette enchaisnée sur son assiette, — tous deux en cuivre jaune », et dans l'*Inventaire de l'abbé d'Effiat* (1698), « une assiette à mouchette, la mouchette et sa chesne (en vermeil) », etc.

Assortir, *v. a.* C'est appareiller deux tissus, deux couleurs, de façon que leurs nuances s'harmonisent. On assortit dans un rideau la doublure à l'étoffe. « Dix chaises à bras antiques rembourrées de crin et couvertes de satinade de diverses couleurs et non assorties. » (*Invent. de demoiselle Catherine Poujard;* Marseille, 1760.) On dit aussi d'un marchand de meubles, d'un bronzier, d'un marchand de porcelaines, qu'ils sont bien assortis, pour dire qu'ils ont une grande variété de marchandises ou de modèles.

Assortissant, *part. prés.* du verbe ASSORTIR. Se dit des étoffes et des nuances dont la couleur s'harmonise. « Un drap de velours canelle, avec deux coussins de même étofe garnis de franges de soye et d'houpes assortissantes. » (*Invent. du trésor de l'église de Lyon,* 1724.)

Assouage, *s. m.* Voir SOUAGE.

Assure, *s. m.* Terme de métier. Dans une tapisserie de haute lice, c'est le fil de laine, de soie, d'argent, d'or, dont on couvre la chaîne de la tapisserie ; ce qu'on appelle trame pour les étoffes ordinaires.

Aste, *s. m.;* **Astier**, *s. m.;* **Atou**, *s. m.;* **Astey**, *s. m.* Encore aujourd'hui, en provençal, l'aste, c'est la broche qui sert à faire cuire la viande. On trouve dans le vieux français, AST avec la signification de manche de lance, et HASTE, pris dans le même sens que l'aste des Provençaux. C'est ainsi qu'on lit dans le roman de *Guillaume au faucon :*

Et les tables basses assises,
Et les blanches napes sus mises,
Et après les mez aportéz,
Pain et vin, et hastes tornéz.....

Dans l'*Inventaire de l'hôpital Notre-Dame du Puy* (Toulouse, 1473), nous notons : « Ung calleilh, une escrassadouère et ung petit ast sept sols. » Dans les provinces du centre et du midi, on rencontre ast et haste usités dans le sens de broche, jusqu'à la fin du XVIe siècle. « Deux chauffettes de lothon, cinq brosches ou hastes. » (*Invent. de Pierre Comte, marchand;* Lyon, 1545.) « Une pouelle castagnère fer, ung ast, deux astes fer. » (*Invent. de la succession Massiot-Gautier;* Toulouse, 1578.) « Plus ung petit aste de fer. » (*Invent. de Marguerite des Bordes;* Bordeaux, 1589.) Dans le patois lyonnais et forézien, la forme ATOU a conservé la même signification :

Qua tu nou vau qu'a virie l'atou
Et en carou de cussin
Garda de ruma le tupin.

(Car tu n'es bon qu'à tourner la broche, et sur le carreau de la cuisine garder le pot de brûler. *Ballet forézien*). — (Voir d'autres exemples, au mot HASTE.)

Pour porter les broches, on imagina, dès le XIIIe siècle, de grands chenets munis de crochets sur lesquels on pouvait placer les hastes et les faire tourner librement. Ces grands chenets prirent le nom d'ASTIER, HASTIER et CONTRE-HASTIER. (Voir ces divers mots.) On lit dans le roman de *Parise la Duchesse :*

Si un porte un paon rosti en un astier.

Nous relevons en outre dans l'*Inventaire de Pierre Bonafous, conseiller au Parlement* (Toulouse, 1568) : « Une père d'astiers grandz de cuizine. » En dialecte bordelais, ASTEY a la même signification. L'*Inventaire de Ramond de Cussac* (Bordeaux, 1442) mentionne : « Un astey de fer de pauca balor. » (Voir HATIER.)

Astragale, *s. m.* En architecture, petite moulure ornant une colonne ou un pilastre et créant une séparation entre le fût et le chapiteau. Dans certains ordres, on remarque également un astragale à la base de la colonne. Dans la serrurerie, ce sont des anneaux en cuivre ou en fonte malléable qui entourent les barres ou verges de fer. Les ébénistes donnent ce nom à des moulures placées sous le corps d'un meuble. On connaît le vers célèbre de Scudéri reproduit par Boileau dans son *Art poétique* (chant Ier) :

Ce ne sont que festons, ce ne sont qu'astragales,

qui semble assigner à ce modeste ornement une place à laquelle il ne saurait honnêtement prétendre.

Astrale, *adj.* *Lampe astrale.* (Voir LAMPE.)

Astre, *s. m.* Forme ancienne d'ATRE. (Voir ce mot.)

Asur, *s. m.;* **Aseur**, *s. m.* Pierre d'asur ou d'azur. « Tout paint à or et à asur. » (*Floire et Blanceflor,* p. 91.) « Ung tableau d'or bruny et de aseur, sur boys. » (*Invent. d'Anne de Bretagne,* 1498.) C'est le LAPIS-LAZULI. (Voir ce mot. Voir aussi AZUR.)

Atelas, *s. f.* — Nom de tissu. (Voir ATTLAS.)

Atelier, *s. m.* On a désigné sous ce nom pendant près de trois siècles, non seulement des locaux clos ou couverts spécialement aménagés pour que les artistes ou les artisans appartenant à certaines industries pussent y exercer leur profession, mais encore tout endroit couvert ou non, dans lequel un certain nombre d'artistes ou d'ouvriers étaient réunis pour exécuter un travail. Ainsi Bussy-Rabutin était parfaitement fondé à écrire (*Lettres,* t. III, p. 279) : « Vous saurez donc, madame, que je me lève assez matin, que j'écris aussitôt que je suis habillé, soit pour mes affaires domestiques, soit pour mes affaires de la cour. Après cela, je me promène ; je vais d'atelier en atelier ; car j'ai des peintres et des maçons, et des menuisiers, et des manœuvres, et puis je dîne à midi. » Aujourd'hui, on se servirait du mot CHANTIER pour désigner ces divers emplacements. De même, on appelle magasin ou boutique, les ateliers où non seulement on fabrique de menus objets, mais encore où on les vend.

Des différentes professions qui touchent à l'ameublement, il n'en est presque pas dont les artisans ne travaillent dans des ateliers. Les ébénistes, les menuisiers en meubles, les tapissiers, les orfèvres, les serruriers, etc., en ont de spéciaux munis d'un matériel et d'un outillage particulier. Nous aurons occasion de reparler plus loin de ces différents ateliers, lorsqu'il sera question des corporations qui les occupent. Les seuls que nous ayons à étudier ici sont ceux des artistes peintres et sculpteurs. Il ne paraît pas que jusqu'au siècle dernier, ces pièces aient été luxueusement installées. Bien mieux, il n'y a point de trace que les peintres du Moyen Age aient possédé d'ateliers, au sens propre du mot, et qu'ils aient exécuté les chefs-d'œuvre que nous admirons, dans des locaux aménagés spécialement pour leurs travaux. Ils peignaient dans des chambres ordinaires, et l'étroitesse de leurs demeures les obligeait souvent à prendre leur repas et à coucher dans la pièce même où ils travaillaient. Il est de notoriété publique, par contre, que les rois et les grands seigneurs du XVIe siècle se montrèrent particulièrement hospitaliers pour les artistes illustres de leur temps. Mais, là encore, nous manquons de renseignements précis. On a peu de détails sur l'étendue des locaux qui étaient affectés à ces artistes, dans certains palais, et l'on ne sait presque rien relativement à la parure mobilière de ces locaux. Un compte de travaux de serrurerie exécutés à Saint-Germain, en 1548, parle d'un « grant galtas au dessus des chambres où besongnent les painctres », ce qui donnerait à entendre que les artistes logés à Saint-Germain n'avaient d'autre atelier que leurs chambres respectives. Plus tard, quand Henri IV distribua les galeries du Louvre en ateliers, ceux-ci se trouvèrent assurément assez vastes ; mais rien ne nous indique qu'ils fussent décorés avec un certain soin. On connaît, par les quatrains de l'abbé de Marolles, les noms des principaux

Fig. 117. — Atelier de peintre, par Abraham Bosse.

peintres établis, au XVIIe siècle, dans ce palais privilégié :

> Les bons peintres logéz dans l'enceinte du Louvre,
> Jacob Bunel, Picou, Bernier, Jacques Stella,
> Les enfans de sa sœur, vertueux en cela,
> Du Moutier père et fils, où Boladone s'ouvre.
>
> Simon Vouet, Nocret, Bourgeois, Erard, Boursone,
> Mellan, Bimbis, Gessé, Dorigni, les Martins :
> Du Pré, le bon sculpteur, et les deux Sarrasins :
> L'Asne, avec Séjourné, pour décorer le trosne.

Les *Archives de l'art français* ont publié, en outre, les brevets d'admission d'un nombre considérable d'autres artistes de ce temps et des époques suivantes ; mais aucun détail concernant leur installation n'est parvenu jusqu'à nous, sauf pour un d'entre eux, pour Du Moustier, auquel Tallemant a consacré une de ses *historiettes* (t. III, p. 98). Mais, là encore, il n'est question que du « cabinet » de curiosités et de livres que possédait l'artiste et qui « attiroit, dit Tallemant, plus de gens que ses ouvrages ». Quant à la pièce où l'habile artiste exécuta ses merveilleux dessins, il n'en est pas question. Le curieux, c'est que ce manque de renseignements se continue jusqu'à la dernière heure, c'est-à-dire jusqu'à la révolution de Février, qui mit dehors du Louvre : Larivière, Gudin, Couder, Granet, Alaux et Siméon Fort, les derniers d'entre nos artistes qui aient eu leurs ateliers dans ce palais. Avant eux, nos pères se souvenaient d'y avoir vu David, Gérard, Moitte, Van Spaendonck, Regnauld, Prud'hon, Sauvage, Greuze, etc. Horace Vernet y était né dans l'appartement même où Joseph Vernet, son grand-père, était mort. L'apposition des scellés, qui eut lieu après le décès de ce dernier artiste, nous livre la description suivante, la seule de ce genre que nous ayons pu retrouver : « Dans une chambre au troisième étage, ayant vue sur le quay, une chiffonnière à entrée de cuivre doré, à cinq tiroirs remplis de couleurs et instrumens propres à la peinture, un baromètre de bois sculpté, doré, vingt-quatre tableaux de différentes grandeurs dans leurs cadres de bois doré, un chevalet. » Il faut reconnaître, après cela, qu'à cette époque les plus illustres peintres, logés par le roi, avaient des ateliers meublés avec une singulière modestie. Hâtons-nous de constater que ceux qui demeuraient en ville n'étaient guère plus somptueusement installés. Abr. Bosse nous a laissé la représentation très flattée de ce qu'étaient, au XVIIe siècle, un atelier de peintre et un atelier de sculpteur. Tout luxe mobilier est banni de ce double sanctuaire.

Celui où peignait P. Mignard, tel que cela résulte du *Bref estat et inventaire des biens dudit sieur Mignard*, n'était autre que sa chambre à coucher. Voici, au reste, la mention du mobilier de cette pièce : « *Item,* dans la première chambre un lit à haults pilliers, fermant à vice (*sic*), garny de son enfonçure, mathelas, traversins, deux couvertures de laine, les rideaux de serge grise garnis de franges de fil et soye vallant cent cinquante livres tournois. — *Item,* deux chevallets, trois chaises de paille vallant trente-six sols tournois. — *Item,* une escaile servant à breyer les coulleurs vallant dix livres tournois », et c'est tout. Au décès de Louis de Namur, peintre ordinaire du roi (1693), on conduisit le commissaire chargé de l'apposition des scellés « au quatrième estage, dans un grenier lambrissé de bois dans lequel ledit seigneur de Namur travailloit et faisoit son attelier ». Un peintre justement célèbre, Noël-Nicolas Coypel, avait, au moment de son décès (1734), pour tout meuble dans son atelier un chevalet, un mannequin, dix-huit toiles, dont six encore blanches, vingt-deux esquisses et une bordure dorée. Chez Pater, le peintre à la mode (1736), l'atelier, qui consiste en une chambre donnant sur la cour, n'a d'autre parure qu'un chevalet et dix-sept tableaux plus ou moins achevés. Chez François Lemoyne, premier peintre du roi (1737), l'atelier est plus vaste. Il est composé de deux pièces : « S'est trouvé dans l'une, dit l'*Inventaire*, une petite couche avec sa garniture, sa housse de serge, des chevalets, deux chaises; dans l'autre, des tableaux d'étude sans bordure, un miroir carré dans sa bordure de bois de noyer. » Chez Parrocel (1752), les deux principaux meubles de l'atelier sont : « deux grandes caisses de bois blanc non fermantes, remplies de dessins, estampes, et autres ouvrages ». Il ne paraît pas que les divers ateliers que Greuze habita rue Thibotodé, rue Notre-Dame-des-Victoires, rue Basse, près la porte Saint-Denis, et, plus tard, au Louvre, aient été plus somptueux. Lui-même, du reste, a écrit : « J'entrai en ménage avec trente-six livres, le lendemain de mes noces. » Un pareil capital éloigne toute idée de somptuosité. Faut-il ajouter que les peintres d'une époque beaucoup plus récente ont fait également preuve d'une grande modestie de goûts? L'atelier de David, à la place de la Sorbonne; celui de Gérard, au palais Mazarin et, plus tard, rue Bonaparte; celui d'Horace Vernet, 11, rue des Martyrs; celui de Delacroix, rue de Furstenberg; celui de Gleyre, rue du Bac, étaient de la plus grande simplicité. Chez les statuaires, il en était de même. Chez Edme Bouchardon, on ne trouve à relever, au moment de son décès (1762), que « deux poêles de terre blanche; plusieurs échelles de bibliothèque; nombre de trétaux en bois, avec plusieurs ustancíles de sculpture, et quinze vases de fayence à mettre dans les jardins ». Et chez N.-S. Adam, sculpteur du roi, l'officier chargé d'apposer les scellés (1778) ne rencontre qu'une « douzaine de mauvaises testes en plastre et une figure de Prométhée aussi en partie mutilée ».

Fig. 118. — Atelier de peinture (leçon d'académie), par Cochin.

Il semble donc établi, après cette énumération, que, jusqu'à une époque très récente, tous les ateliers de sculpteurs et presque tous ceux de peintres, même les plus illustres, ont été fort simplement meublés. Les seules exceptions que nous ayons pu relever pour ces derniers concernent : 1° Le Brun, qui, dans sa maison de la rue des Fossés-Saint-Victor, réunit une galerie « de tableaux fort excellents » (*Curiosités de Paris,* 1723), où il peignait parfois; 2° Nicolas Largillière, dont Germain Brice écrit (*Description de Paris,* t. II, p. 68) : « Il a fait construire, rue Langevin, une maison commodément disposée, où les amateurs de la peinture vont voir des ouvrages qui leur donnent une extrême satisfaction »; 3° et Hyacinthe Rigault, dont l'appartement de la rue Louis-le-Grand regorgeait de tableaux et de porcelaines rares. Encore faut-il remarquer qu'il ne s'agit point, dans ces divers cas, de l'atelier proprement dit du peintre. Du reste, qu'aurait-on fait alors d'installations pittoresques et somptueuses, comme celles où se complaisent les artistes de nos jours? On les venait peu voir. Les peintres — détail peu connu — ne recevaient même pas, dans leur atelier, les personnes dont ils exécutaient les portraits. Ils se rendaient à domicile. Nous savons, par Héroard, que les divers portraits qu'on fit de Louis XIII enfant furent exécutés à Saint-Germain dans la chambre du jeune prince. La Grande Mademoiselle rapporte, dans ses *Mémoires* (t. II, p. 171), une visite que lui fit, en 1652, le prince de Condé au palais du Luxembourg, alors nommé palais d'Orléans : « Je me faisois peindre, écrit-elle. Il y avoit beaucoup de monde chez moi. Il m'envoya prier d'aller parler à lui à la porte. » A propos du cardinal de Bouillon, Saint-Simon nous apprend que ce prélat se faisait peindre « et beaucoup plus jeune qu'il n'étoit », chez lui, dans son palais, à Rouen. « Il y avoit beaucoup de monde dans sa chambre, lorsqu'il dit au peintre qu'il falloit ajouter le cordon bleu à son portrait, parce qu'il le peignoit dans un âge où il le portoit encore. » Ces habitudes, qui sont attestées par le joli tableau de Craesbeeck au Louvre, ne doivent pas nous surprendre, car à cette époque la question de l'éclairage, qui préoccupe aujourd'hui si fort les peintres, était considérée comme très secondaire. L'exposition au nord ne paraissait pas indispensable, et l'atelier de Philippe de Champagne, situé rue Langevin, était tout aussi mal exposé que la galerie d'Apollon, qui servit longtemps d'atelier aux élèves de l'Académie protégés par le roi. Ajoutons que celui de M. Ingres, prenant jour dans la cour de l'Institut, était presque aussi obscur que celui de Delacroix était inondé de lumière. Les ateliers du Louvre, si recherchés cependant, recevaient eux-mêmes un jour si fâcheux qu'en 1754 Restout refusa de quitter, « à cause du bon jour dont il jouissoit », l'ancien atelier de Boucher qu'il occupait à la Bibliothèque pour venir en ocuper un au Louvre. A notre époque, il n'en est plus ainsi. Les ateliers des artistes à la mode sont non seulement vastes, situés au nord, largement éclairés, mais encore décorés avec un luxe et une profusion d'objets d'art inconnus de nos pères.

Constatons, en terminant, que les graveurs étaient jadis aussi peu luxueusement installés que les peintres; parfois même, plus sommairement. L'atelier de l'illustre R. Nanteuil, graveur du roi (1678), était formé par un « retranchement » pratiqué à l'aide de paravents dans un coin de sa chambre. — Voir sa description au mot LABORATOIRE, nom qu'on donnait alors aux ateliers de graveurs.

Athénienne, *s. f.* — A l'acte III, scène v, de la *Mère coupable* de Beaumarchais, la Comtesse, tenant le coffre aux diamants où est cachée sa correspondance avec Chérubin, dit à Suzanne : « Apporte-nous du feu dans le brasero du boudoir »; et celle-ci répond : « Si c'est pour brûler des papiers, la lampe de nuit est encore là dans l'athénienne. » De son côté, Boiste définit l'athénienne : « Meuble servant de cassolette, de console, de vase à fleurs. » L'*Avant-Coureur* du 27 septembre 1772 (p. 608 et suiv.) contient une longue description de ce meuble alors dans toute sa nouveauté, et que vendait le sieur Watin, peintre et doreur. Les *Annonces, affiches et avis divers* du 27 février 1775 et du 29 avril 1779 nous apprennent qu'on en trouvait également chez le doreur Feuchère, rue Saint-Martin. On en adjugea une « en bois sculpté et doré, servant à parfumer », à l'hôtel Bullion, le 13 février 1786. Enfin, on connaît, grâce aux dessins du XVIIIe siècle, le modèle de plusieurs meubles de ce genre. (Voir fig. 119.)

Fig. 119. — Athénienne, d'après un dessin appartenant à l'École des beaux-arts.

Atibois, *s. m.* — Voir ARTEBOIS.

Atlante, *s. m.* — Figure ou demi-figure d'homme soutenant un entablement. (Voir CARIATIDE.)

Ato. *s. m.;* **Atou,** *s. m.* — Locution du Lyonnais, du Forez et du Limousin. Broche pour faire rôtir la viande, paraît être une variante d'ASTE. (Voir ce mot.)

Atour, *s. m.;* **Attour,** *s. m.;* **Attourner,** *v.* et *s. m.* — Du XIVe au XVIe siècle, atour demeura synonyme de parure. Rabelais, dans la *Schiomachie,* ou récit des « festins faictz à Romme, au palays du cardinal de Bellay » (1549), parle de salles « bien tapissées et atournées ». Un siècle plus tôt, l'on disait l' « attourner ou l'atour de la Royne » pour dire la toilette de la reine. L'atour nécessitait alors certains meubles spéciaux. On fabriquait des chaires, des miroirs et des damoiselles *à attourner*. Ces dernières étaient des têtes en bois sur lesquelles on préparait les coiffures. (Voir DEMOISELLE.) On lit dans les *Comptes royaux* (1401-1403) : « A Girart de Blammeteau..... pour deux autres chayères, qu'il a pareillement paintes pour la Royne d'Angleterre, l'une de sale et l'autre pour actourner; pour ce IV livres parisis. » Ces chaises à attourner se distinguaient des autres en ce qu'elles étaient à bas dossiers, ce qui permettait aux serviteurs de faire le tour de la personne assise, et d'accommoder sa parure par derrière aussi bien que sur les côtés.

Les étoffes d'atour étaient des étoffes de prix, dont on enveloppait les objets qu'on offrait en présent. L'*Hystoire du Petit Jehan de Saintré* (1459) porte : « D'aultre part à la royne fist présenter cent aulnes de la plus belle toile d'atour. » En 1453, la ville d'Angers, voulant faire hommage d'un coffret d'argent émaillé à Madeleine de France, acheta « à Huguet Landery..., une aulne de toyle d'atour pour couvrir ledit coffre ». Au XVIe siècle, les mots atour et attourner cessent d'être employés dans le langage mobilier.

Atrailler, *v. a.* — Garnir d'un treillis. « Deux fenestres atraillées de ruban. » (*Quittance de Jean Clouet,* 1475.)

Atre, *s. m.* — C'est le sol de la cheminée. Il est généralement garni de pierres, de carreaux, de briques ou de fer. La première forme du mot âtre fut AISTRE (voir ce mot), dérivant du latin *astrum.* La bonne constitution de l'âtre, sa construction soignée, en matériaux de choix, sont de la plus haute importance à cause des incendies qui peuvent résulter d'une mauvaise installation. Aussi cette confection est-elle toujours mentionnée avec détails dans les anciens comptes. « *Item,* pour la cheminée qui sera faite en la méson d'emprèz la porte pour faire le contrecuere et l'astre de tuilles si haut comme il appartient, etc. » (*Travaux exécutés au château de Quatremares,* 1336.) « *Item,* la maçonnerye faicte à l'astre, soulz astre et contrecueur de la chemynée de la chambre du pédagogue de Monseigneur le Dauphin, XLI s. VIII d. — L'astre de la chemynée de la chambre de la Royne, qui a esté refaict de neuf pour obvier au danger du feu, LXXV livres. » (*Ouvraiges faicts au château de Saint-Germain, 1548.*) Au milieu du XVIIe siècle on fabriqua des âtres en fer. La première mention qu'on en rencontre est la suivante : « 11 février, à de Bray, pour âtres et grilles de fer qu'il a fourny..... 115 liv. 17 s. 9 d. » (*Comptes des Bastimens;* Versailles, 1674.)

Attache, *s. f.* — En terme de fabricant de vitraux, ce sont les petits morceaux de plomb qu'on soude sur les panneaux des vitres pour fixer les verges de fer qui les tiennent en place. Chez les restaurateurs de faïence et de porcelaine, petit fil de fer qui retient les deux parties d'un vase ou d'un plat brisé. Enfin, les artistes donnent ce nom à la place où un membre se relie au corps, où un muscle se fixe à un os.

Attelet, *s. m.* — Petite brochette en argent ou en fer dont les cuisiniers se servent pour enfiler les petits oiseaux, les éperlans, etc. On écrit aussi HATELET.

Attelier, *s. m.* — A été employé dans le sens de râtelier à mettre les armes. « A la reveue de leur royaume, l'on garnissoit les rues d'atteliers garnis d'armes et d'espées. » (Savaron, *Traité de l'épée françoise,* p. 22.)

Attente, *s. f.* — Les PIERRES D'ATTENTE sont celles qu'on fait saillir en bâtissant un mur, pour faire la liaison avec le mur qu'on pourra bâtir ensuite. La TABLE D'ATTENTE est une plaque de marbre qu'on laisse nue et qui est appelée à recevoir plus tard des inscriptions. Dans certains établissements publics, il y a des SALLES D'ATTENTE.

Attintelé, *adj.* — Orné, paré. « Trois beaux bains richement et honnestement attintelèz. » (*Mém. de Jean de Troyes,* 24 septembre 1467.)

Attique, *s. m.* — « C'étoit autrefois un Bâtiment fait à la manière athénienne, où il ne paroissoit point de toit;

et c'est aujourd'hui l'exhaussement d'un petit étage décoré de pilastres, et même sans pilastres, qu'on élève au-dessus des pavillons angulaires et sur le milieu d'un bâtiment. »

Fig. 120. — Attributs de la sculpture.

Ainsi s'exprimait, en 1691, Daviler, qui faisait alors autorité en la matière. (Voir *Explication des termes d'architecture,* t. II, p. 394.) De nos jours, on a élargi la signification du mot, et l'on appelle attiques les corniches placées au-dessus des portes et des fenêtres, tant à l'intérieur qu'à l'extérieur des habitations.

L'ATTIQUE CONTINU est celui qui contourne sans interruption un bâtiment et suit les corps, avant-corps et retours des pavillons.

L'ATTIQUE DE CHEMINÉE est un revêtement de marbre ou de menuiserie qui s'élève au-dessus de la tablette de la cheminée, jusqu'à une certaine hauteur. Ces attiques, généralement usités à une époque où les glaces étaient rares, recommencent à être en honneur de nos jours.

Attisoir, *s. m.;* **Attisonnoir,** *s. m.;* **Attiseur,** *s. m.*— Outil crochu, dont on se sert dans quelques industries pour attiser le feu. Autrefois, on disait attiseur. Une *Lettre de rémission,* datée de 1470, porte : « Jehannet Le Maistre frappa icellui Raveilly d'un fourgon ou attiseur de four qu'il tenoit. »

Attlas, *s. f.* — C'était un satin de soie fabriqué aux Indes. On en vendait d'uni, de rayé et à fleurs d'or. Il y en avait de toutes sortes de couleurs. Cette étoffe possédait un aspect à la fois original et superbe, surtout quand elle était à fleurs d'or ou de soie; mais quoiqu'elle ne pût être imitée par les ouvriers européens, elle était loin cependant d'avoir l'éclat que possédaient certaines étoffes de luxe fabriquées en France.

Attribut, *s. m.* — En sculpture et en peinture, on donne ce nom aux objets symboliques qui marquent le caractère des figures et leur assignent leurs qualités essentielles et leur personnalité. La massue, par exemple, est l'attribut d'Hercule; la palme, l'attribut de la Victoire; la roue, celui de la Fortune; la foudre, celui de Jupiter. Le XVIIIe siècle a fait un usage immodéré des attributs; ceux-ci toutefois, quand ils sont heureusement groupés ou associés à des armoiries, finissent par devenir de véritables hiéroglyphes dont le sens est assez facilement compris. On donne encore le nom d'attributs à des faisceaux ou à des groupements d'objets symbolisant une occupation ou un art. Tels sont les attributs de l'architecture, de la peinture, de la pêche, de la chasse, qui consistent dans la réunion ingénieusement combinée des ustensiles servant à l'exercice des professions de peintre, d'architecte, de pêcheur, etc.

Aubenoissier, *s. m.;* **Aubenoitier,** *s. m.* — Orthographe défectueuse d'EAUBENOITIER, voulant dire BÉNITIER ou vase pour mettre de l'eau bénite. Cette orthographe, tout arbitraire, est assez fréquente au XIVe et au XVe siècle : « Ung aubenoittier d'argent et l'espergès d'argent pesant II marcs II onces. » (*Invent. des biens de Richard, archevêque de Reims,* 1389.) « Un aubenoissier que ledit Regnault Doriac a faict faire, lequel est doré et poinçonné au mot du roy JAMAIS. » (*Invent. de l'hôtel Saint-Pol,* 1420.)

Aubier, *s. m.* — C'est la partie molle et spongieuse qui se trouve entre le bois parfait et le *liber* ou partie intérieure de l'écorce. L'aubier est d'autant plus épais que les arbres ont plus de vigueur et poussent plus rapidement. Tels sont, par exemple, le peuplier et le tremble, qu'on qualifie *bois blancs* et qu'on devrait appeler *bois mous.* L'aubier, à cause de son peu de solidité et de dureté, doit être banni des ouvrages destinés à un long et constant service, et desquels on exige quelque résistance.

Dans le midi de la France, le mot aubier est employé pour désigner le saule ou tout autre bois blanc : « Plus quatre fauteuils et six chèses d'aubier garnies de paille. » (*Invent. de la dame Martiny, veuve de la Caussade;* Bordeaux, 1735.)

Fig. 121. Attributs de la pêche.

Aubusson (Tapisseries d'). — Les manufactures de tapisserie d'Aubusson se perdent, comme origine, dans la nuit du Moyen Age, et, depuis le XVe siècle, jouissent, auprès des historiens, d'une notoriété relativement considérable. (Voir Piganiol de la Force, *Descr. de la France,* t. V, p. 381; Lamartinière, *Grand Dict. de géographie,* t. Ier, p. 251; Pérathon, *Notice sur les manufactures de tapisserie d'Aubusson, de Felletin et Bellegarde,* p. 66; E. Müntz, *Histoire de la tapisserie,* p. 286, 335, etc.; Guiffrey, *Histoire de la tapisserie,* p. 97, 98, 140, 148, etc.) On a attribué aux ateliers d'Aubusson l'admirable tapisserie de l'histoire de *la Dame à la Licorne,* conservée, jusqu'à ces dernières années, au château de Boussac, et actuellement au musée de Cluny; et cette attribution, si elle se vérifiait, ferait le plus grand honneur aux vieux ateliers de cette ville. La vérité, toutefois, est qu'on sait peu de choses de leurs produits antérieurs au XVIIe siècle, et que le nom d'Aubusson n'est mentionné ni dans l'*Édit* de 1542, ni dans les *lettres patentes* de 1581, qui concernent cependant les manufactures de tapisserie de la Marche. C'est seulement à partir du règne de Louis XIII qu'on peut se rendre compte de l'activité des fabriques de cette contrée. M. Guiffrey cite une suite de la *Vie de Jésus-Christ,* datée d'Aubusson, 1619. Un marché de la même année, passé entre Symon Marsillac et Joseph Le Vefve, marchands tapissiers à Aubusson, et « puissante dame Marie Hurault, veufve de feu hault et puissant messire Phelipes Eschalard, vivant chevalier seigneur de la Boulaye » (publié dans les *Archives de l'art français*), nous apprend que ces fabricants avaient entrepris de faire, à raison de « seize livres dix solz tournois pour chascune aulne en carré », une suite de cinq pièces, représentant l'*Histoire d'Esther et d'Assuérus.* Un contrat, relevé par nous dans les archives de la Charente, relate, à la date du 17 mars 1625, la commande faite par Gabriel de la Charlonnie, sieur de la Nouère et de la Vergne, à Jacques Troussevache, tapissier d'Aubusson, d'une « pièce de tapisserie bien et dheuement faite de layne retorsse, rehaussée de fleurs de soie, de haulteur et largeur de la cheminée de la grande salle du logis dudit Sieur juge-prévost (*sic*), et contiendra, ladite pièce de tapisserie, la représentation des trois pellerins allans en Emau (à Emmaüs), sçavoir Notre-Seigneur au millieu ; avec des rayons sur son chef, au millieu desdicts pellerins, et le surplus, en bergerie, paysage et chasse de lièvre, moyennant le prix de 150 livres ». Un autre acte du 10 février 1627, provenant de la même source, mentionne le marché par lequel Léonard Derolle et Pierre Matyron, successeurs de Jean Matyron, marchands tapissiers à Aubusson, s'engagent à livrer, moyennant la somme de 550 livres, deux tentures de tapisserie à François de Langallerie. Ces diverses transactions indiquent assurément une certaine activité industrielle ; mais en même temps les prix payés démontrent qu'il s'agit d'ouvrages, sinon grossiers, du moins très communs ; et l'on serait amené à donner raison aux historiens prétendant que, jusqu'au XVIIIe siècle, Aubusson n'a pas produit de tapisseries fines et précieuses, si l'on ne savait qu'en 1666 Jacques Bertrand, « tapissier de la ville d'Aubusson », fournit à Louis XIV une pièce de tapisserie relevée d'or, et si plusieurs pièces de cette même provenance ne figuraient dans les *Inventaires du mobilier de la Couronne,* dressés sous le règne de ce monarque. D'ailleurs, dès 1665, Louis XIV autorisait la fabrique d'Aubusson à prendre le titre de *Manufacture royale* et décidait qu'un peintre de mérite et un chef teinturier seraient envoyés de Paris pour diriger la fabrication.

Cette sage disposition resta, toutefois, à l'état de lettre morte. Colbert oublia ses promesses, et bientôt la révocation de l'édit de Nantes vint porter un coup décisif à cette industrie, qu'un titre sonore n'avait pu relever. Ce fut seulement en 1731, après des demandes sans cesse renouvelées, que le gouvernement expédia enfin Jean-Joseph du Mons, qui approvisionna la manufacture de modèles. Les peintres Juliard, Ranson, Huet, eurent également part à ce relèvement. Une lettre de l'intendant Fagon, datant de 1732, nous apprend qu'en cette année on comptait à Aubusson près de quatre mille ouvriers. Du reste, même à la fin du XVIIe siècle, c'est-à-dire au moment où la fabrication de la Marche fut le plus éprouvée, elle continua d'exporter des tapisseries jusque dans le Nord, et le *Livre commode* de 1691 informe le public que « les marchands qui négocient les tapisseries d'Aubusson sont rue de la Huchette ou aux environs ». Au siècle suivant, quand on eut infusé du sang nouveau à cette industrie moribonde, un dépôt de la manufacture royale fut établi, par les sieurs Chassaigne père et fils, rue Saint-Martin, en face de la rue aux Ours. En même temps, une annonce insérée dans *les Affiches de basse Normandie,* du 28 mai 1786, nous montre le sieur Fourrier, directeur de la fabrique de tapisserie d'Aubusson, courant la province pour récolter des commandes, alors qu'une autre annonce du même journal (23 décembre 1787) nous présente le sieur Sallendrouze (*sic*) de la Mornaix, « entrepreneur des manufactures royales

Fig. 122. — Tapisserie d'Aubusson.
Grand panneau décoratif (fin du XVIIIe siècle).

d'Aubusson et Felletin », faisant en Normandie des déballages. Trois ans plus tard, le *Journal de Paris* (28 octobre 1790), en nous apprenant que Salandrouze de la Mornaix a établi son entrepôt rue Française, 6, nous dira qu'on peut trouver dans ce dépôt « toute sorte de tapis de pied, veloutés et raz, de toute qualité et de toutes grandeurs, tapisseries, fauteuils, caparaçons », etc., et qu'on exécute « en sa fabrique, à Aubusson, toutes les commissions sur les plans, mesures et dessins que l'on désire ».

Les produits d'Aubusson, à cette époque, paraissent, au reste, avoir été goûtés par les artistes et quelques grands seigneurs, ce qui est une recommandation. Nous en rencontrons, en effet, en 1749, chez le peintre François Jouvenet et chez Mathieu Monmerqué, entrepreneur des Gobelins ; en 1768, chez Cressent, le fameux ébéniste du duc d'Orléans ; en 1771, chez le peintre François Boucher ; en 1777, à l'hôtel de Choiseul ; en 1784, chez la duchesse de Brancas ; en 1786, chez le bailli de Breteuil ; en 1787, chez la comtesse de Château-Chinon, etc. Enfin, une lettre du 20 janvier 1770, adressée aux États de Bretagne, qui voulaient renouveler leur mobilier, nous informe que les tapisseries d'Aubusson valaient alors seulement 60 livres l'aune, tandis que celles de la Savonnerie en coûtaient 350 et plus. A la qualité et à la beauté, Aubusson joignait donc l'avantage de prix abordables.

Aujourd'hui, la fabrication d'Aubusson, qui a conservé son vieux renom, produit trois sortes de tapisseries. Elle s'efforce tout d'abord de rappeler le genre de la Savonnerie et celui des Gobelins, puis elle exécute une espèce de broderie qui est spéciale aux ouvriers de la contrée et que l'on a comparée à l'ancienne broderie sarrasine. Dans les deux premières sortes, elle aborde avec succès tous les sujets : verdures, ornements, personnages mêmes sont traités par ses tapissiers d'une façon remarquable, pourvu que l'acquéreur consente à y mettre le prix.

On compte à Aubusson douze manufactures de tapisserie à la main, sur lesquelles trois seulement sont importantes. Ces douze établissements occupent, en ce moment (1874), 380 ouvriers, 135 ouvrières, 15 apprentis et 16 jeunes filles. Nous sommes loin, par conséquent, des 4,000 ouvriers dont parle le rapport de Fagon.

Les tapisseries d'Aubusson se sont, au XVIIe et au XVIIIe siècle, vendues sous le nom de tapisseries d'AUVERGNE. (Voir ce mot.)

Audenarde (Tapisseries d'). — Audenarde fut célèbre au XVIe et au XVIIe siècle par sa fabrication de tapisseries. On trouve mentionnées les tapisseries d'Audenarde ou d'Oudenarde dans nombre d'inventaires. Le plus souvent elles sont désignées sous le nom de tapisseries de Flandre. A l'article TAPISSERIE on trouvera quelques détails sur l'industrie des tapissiers d'Audenarde.

Auge, *s. f.* — Espèce de caisse en bois dans laquelle les maçons gâchent leur plâtre, et où les serruriers éteignent leurs fers au sortir de la forge.

Auget, *s. m.* — Sorte de petit vase en porcelaine, en faïence ou en étain, dans lequel on donne à manger aux oiseaux. Les statuts des oiseliers, qui remontent à 1600, leur permettaient de fondre les augets en étain. L'auget est également un vase long contenant du plâtre, que les plombiers ont toujours avec eux lorsqu'ils posent des tuyaux ; et les menuisiers donnent ce nom à une petite cavité ménagée sous le parquet, entre les lambourdes. Au XVIe et au XVIIe siècle, on trouve auget avec la signification d'AUGE. (Voir les *Tromperies de Pierre Larivey,* acte V, scène I.)

Aulmoire, *s. f.* — Voir ARMOIRE.

Aulne, *s. m.* — Bois indigène, léger, tendre, et qui reçoit bien les moulures. On l'emploie depuis des siècles à faire des écuelles, des chaises d'église et des chaises communes. « Trois chaises de bois d'aulne foncées de paille. » (*Invent. de Pierre Laurent, marchand de vin ;* Paris, 1718.) Les ébénistes utilisent la loupe de l'aulne.

Aulnisse, *s. m.* — Voir ONYX.

Auloge, *s. f.* — Orthographe arbitraire d'HORLOGE.

Aumaille, *s. f.* — Voir ARMOIRE.

Aumale. — La ville d'Aumale est célèbre dans l'histoire de l'ameublement par les serges qu'on y fabriquait, et qui étaient employées pour façonner des rideaux et des housses. Ces serges, que Lamartinière déclare être encore de son temps « très estimées dans le commerce » (*Grand Dict. géographique,* Paris, 1768), étaient, pour leurs dimensions réglementaires, assimilées à celles de Grandvilliers et de Feuquières, et le *Règlement général des manufactures* du mois d'août 1669 établissait qu'elles devaient avoir : « Demi-aune et demi-quart de large et 38 à 40 aunes de long. » Quelques citations tirées d'inventaires célèbres prouveront la faveur dont jouissait, au XVIIe siècle, cette étoffe modeste : « La housse du lict de serge d'Aumalle verte, consistante en trois rideaux, deux bonnes grâces et trois petites pantes garnies de franges et mollet de soye de diverses couleurs. » (*Invent. de Mazarin,* 1553.) « Ung grand lict de damas rouge cramoisy..... garny d'un tour de serge d'Aumale rouge. » (*Invent. du surintendant Fouquet,* 1661.) « Dans la grande salle, dix-huit chaises à dos couvertes de brocatelle de Lion (*sic*) à fond aurore..... garnies de franges et mollets avec leurs housses de serge d'Aumale verte, etc. » (*Invent. de l'abbé d'Effiat;* Paris, 1698.) Enfin, ce qui assure à jamais la célébrité de cette étoffe, c'est d'avoir été mentionnée par Molière, dans l'*Avare* (acte II, scène I) : « Plus un pavillon à queue d'une bonne serge d'Aumale rose sèche, avec le mollet et les franges de soie. »

Fig. 123. — Montant en tapisserie d'Aubusson.

Aumône (Pot ou Plat à). — On nommait « pot à Aumosne » le vase dans lequel on recueillait, après le repas, les croûtes et tranches de pain imbibées de jus qui restaient sur la table. Ces croûtes et tranches de pain étaient ensuite distribuées aux pauvres par les soins du chapelain. Quelques-uns de ces vases étaient d'une taille considérable. Les *Comptes d'Étienne de la Fontaine, argentier du roi Jean* (1352), en mentionnent un pesant 25 marcs. Un autre, qui figure dans l'*Inventaire de l'hôtel Saint-Pol* (1420), pesait plus du double (52 marcs). Il s'en trouvait aussi d'une richesse extrême ; témoin celui dont on va lire la description et qui faisait partie de l'*Inventaire de Louis Ier d'Anjou*

(1368) : « Un pot d'or pour aumosne qui est à costes par le pié et par la gueule et comme palé à demi-pales. Et ou groz du ventre se afferment les pales une contre l'autre, et par le col a un groz souaige grenetè dessuz et dessous, et par les bors du pié et de la gueule est garni de souages grenetéz et à II anses cizellées. Et poise XII marcs III onces XXI den. » La forme de ces récipients paraît, au reste, n'avoir jamais eu rien de bien fixe. L'*Inventaire de Charles V* (1380) mentionne « la grant corbeille d'aumosne d'argent blanc, avec le baston, ladicte corbeille cizellée des armes de France », qui figurait sur la table du roi. Dans l'*Inventaire de la Bastille* (1420) on remarque un plat à aumônes qui peut passer aussi pour un meuble historique. Le Fèvre de Saint-Remy, racontant les noces de Philippe le Bon et d'Isabelle de Portugal (1429), nous apprend que « sus ladicte table où dîna cette princesse, avoit trois riches nefs d'or et d'argent pour mectre aumosnes : l'une servoit devant lad. Dame, l'autre devant la Régente et la tierce devant l'infant don Ferande ». A la cour de Bourgogne, c'était l'écuyer tranchant qui avait la charge de garnir ces nefs de l'aumône. Parlant de cet officier, Olivier de la Marche dit : « [Il] doit mettre en la nef pièces de bouillis et de rostis, affin que les varlets d'aulmosne ne facent leurs prouffits, mais les donnent aux pauvres comme il appartient. » Cette coutume généreuse et touchante existait seulement chez les princes et chez les très grands personnages. Le *Ménagier de Paris* dit positivement, en effet, que chez les bourgeois on utilisait la desserte pour les besoins du ménage. « Getteront (deux maistres d'ostel) le relief ès corbeilles, les sausses et brouets ès seilles ou cuviers, et retrairont et apporteront la desserte des mets aux escuiers de cuisine ou autres, qui sont ordonnés à la sauver, et ne porteront riens ailleurs. »

Aumosnière, *s. f.* — Au XIVe et au XVe siècle, on semble avoir employé ce mot dans le sens de PLAT ou POT A AUMÔNES. (Voir l'art. précédent.) Parmi la vaisselle d'argent de Charles V (1380) figure en effet « un grand godet appellé aumosnière, de vieille façon, pesant quatre marcs », et les *Comptes de l'argenterie d'Anne de Bretagne* (1494) mentionnent l'exécution, par R. Porchier, orfèvre, demeurant à Tours, de six couvercles d'argent « pris ou nombre de XIII marcs ung once [d'argent] arrachéz et ostéz de la mestre aumosnière d'icelle Dame, qui est trop grosse et pesante ». Avant cela, Philippe Mouske avait écrit :

Et mist sa main a s'aumosnière
Si en a trait [du] pain beney...

Aune, *s. f.* — Mesure de longueur. On s'en servait pour les étoffes, toiles, rubans, galons, etc. Sa dimension variait suivant les localités. L'aune de Paris comptait 3 pieds 7 pouces 8 lignes. Bordeaux, Rouen, la Rochelle avaient spontanément adopté cette même longueur. Dès l'année 1321, si nous en croyons la *Chronique de Saint-Denis* (t. V, p. 251), Philippe le Long aurait décidé « de ordener que par tout son royaume n'auroit que une mesure et une aune ; mais maladie le prist ; si ne se pot accomplir ». Ce fut seulement le 24 juin 1687 qu'un arrêt du Conseil rendit cette uniformité obligatoire dans les provinces de Languedoc et de Dauphiné. L'aune de Lyon continua d'être légèrement plus courte que celle de Paris ; par contre, l'aune de Bretagne mesurait 4 pieds 2 pouces 11 lignes, tandis que celle de Troyes comptait seulement 2 pieds 5 pouces 1 ligne. De sorte qu'il fallait 30 aunes de Troyes pour en faire 21 de Paris et 7 aunes de Paris pour en faire 6 de Bretagne. L'étalon de l'aune de Paris était déposé dans le Bureau des merciers. Il avait été établi en 1554 et consistait en une règle de fer. Une *Ordonnance* de 1673 obligea tous les marchands à faire *étalonner* leurs aunes sous peine de 150 livres d'amende. On appelait *aune étalonnée* celle qui, après avoir été confrontée avec l'étalon, était reconnue correcte.

Il est peu de mots qui aient prêté autant que l'aune aux proverbes et dictons. Cette particularité, pour curieuse qu'elle puisse être, sortant de notre cadre, nous ne nous en occuperons pas. Par contre, il nous faut mentionner plusieurs termes commerciaux qui ont leur importance, car ils se rencontrent parfois dans les marchés, prisées ou inventaires. Ainsi on nommait *aune de cours*, la mesure prise seulement dans la longueur, sans tenir compte de la largeur plus ou moins grande de l'étoffe. Quand un marchand offrait de vendre ou vendait à la *petite aune*, cela voulait dire qu'il prenait pour unité de longueur l'aune d'Amsterdam ou l'aune de Flandre, qui étaient toutes deux beaucoup plus courtes que celle de Paris. Enfin, *auner bois à bois* ou *auner pince à pince*, c'était mesurer juste et ne pas donner « la bonne mesure ».

L'aune fut abolie à l'époque de la Révolution, quand le système métrique fut appliqué en France. Mais la force de l'habitude est telle qu'en 1812, pour faciliter la transition, on dut créer une aune métrique, mesurant exactement 1^m,20. La loi du 4 juillet 1834 proscrivit l'emploi de cette dernière et rétablit le système métrique dans toute sa rigueur.

Aureiller, *s. m.* — Orthographe vicieuse d'OREILLER. « Plus trois carreaux *sive* aureliers de tapisserie, pour s'asseoir dessus. » (*Invent. Déoliere;* Marseille, 1583.)

Aurevellier, *s. m.* — Vieux mot provençal. Traduction du bas-latin *Aurivellerius,* signifiant orfèvre.

Aurichalque, *s. m.* — Voir ARCHAL.

Auripeau, *s. m.* — Faux or dont on faisait des cordonnets, galons, etc. (Voir ORIPEAU.)

Aurore, *adj.* — Nom de la couleur orangé clair. La couleur aurore a été fort à la mode dans le mobilier au XVIIe siècle. Au château de Vaux, chez le surintendant Fouquet (1661), nous relevons : « Une tenture de tapisserye de brocatelle aurore et vert. » L'*État des meubles de la Couronne* de 1672 mentionne : « Une tenture de tapisserie de damas aurore et vert. » Dans l'*Inventaire de Molière* (1673), figure « une tenture de tapisserie de satin à fond blanc et à fleurs aurores ». Le salon de l'abbé d'Effiat, à l'Arsenal (1798), était garni de sièges « couverts de brocatelle de Lyon à fond aurore et fleurs rouges ». Le cabinet du roi, au château du Val (1700), était meublé de « banquettes couvertes de brocatelle fonds aurore », etc.

Autoclave, *adj.* — Marmite autoclave, marmite où les aliments cuisent sans évaporation.

Automate, *s. m.* — On donne ce nom à une machine qui exécute certains mouvements en possédant en elle-même la cause déterminante de ces mouvements. De ce nombre sont toutes les machines qu'on remonte à l'aide de ressorts ou de poids. Ainsi, au sens exact du mot, une horloge est un automate, un tournebroche pareillement. Toutefois, on réserve plus spécialement ce nom pour l'appliquer à des machines sans utilité immédiate, qui représentent des personnages ou des animaux. La première idée des automates remonte à l'antiquité. Le Moyen Age en produisit un grand nombre : la clepsydre envoyée à Charlemagne par le calife Aroun-al-Raschid, les horloges fameuses de Strasbourg, de Prague, de Lubeck peuvent être regardées comme de vrais automates. A Dijon et à Cambrai, on en voit deux qui jouissent d'une réelle célébrité, et l'hôtel de ville de Compiègne possède également dans son clocher ses *Piquentins* non moins connus. Les automates portatifs semblent de fabrication plus récente. On ne les rencontre qu'à la fin du XVe siècle et encore les indications exactes font-elles souvent défaut. On peut considérer cependant comme un automate cette fontaine où « il y avoit personnages et morisques mouvans moult bien et soubtivement faits », dont Olivier de la Marche parle, à propos du mariage du duc de Bourgogne et de Marguerite d'York (1458). Toutefois, le premier automate dont nous trouvions dans un livre la description détaillée ne remonte pas au delà de 1608. Cette année-là, le 16 mai, sur la demande du Dauphin qui se trouvait à Fontainebleau : « M. Birat va au bourg, fait venir un Marseillois qui avoit un instrument fait à Nuremberg, en forme de cabinet, où il y avoit grand nombre de personnages faisant diverses actions, par le mouvement du sable au lieu de l'eau. L'instrument arrivé, il [le Dauphin] se y amuse et incontinent comprend les moyens pour faire jouer le sable et le faire arrêter, en parle en mêmes termes qu'il avoit ouï nommer au Marseillois, comme contrepès, pour contrepoids. M. de Ventadour et M. de Montespan font tout ce qu'ils peuvent pour le persuader de l'envoyer montrer au roi et le supplier de le lui donner. Il ne leur répond rien, d'autant qu'il avoit entendu que ce pauvre homme en gagnoit sa vie. » (*Journal de Jean Héroard,* t. Ier, p. 339.) Ce curieux passage était à citer. Il nous donne, en effet, une date certaine relativement aux automates mis en mouvement par le sable, et il nous apprend à quelle époque ils succédèrent à ceux que l'eau faisait mouvoir. Si Louis XIII enfant fut séduit par un automate, son fils Louis XIV, au déclin même de sa carrière, ne paraît pas avoir été insensible à leurs charmes. Nous lisons, en effet, dans une lettre adressée, à la date du 26 janvier 1710, par la duchesse d'Orléans à la Raugrave Louise : « On invente de bien jolies choses, à présent. C'est ainsi qu'un Carme a fait voir un tableau mouvant au roi. On l'appelle le Père Sébastien. Eh bien, c'est lui qui a fait ce tableau, où se meuvent plus de cent pièces. » Le vieux monarque, du reste, possédait déjà plusieurs automates, et dans les divers *Inventaires des meubles de la Couronne* dressés sous son règne, nous relevons un certain nombre de pièces curieuses, qui n'avaient pas encore été signalées spécialement. C'était d'abord une figure de cerf « mouvant sur lequel est assise une Diane qui mène en laisse avec une petite chaisne un grand lévrier d'argent blanc et un limier d'argent vermeil doré posée sur un pied d'estail dans lequel est le mouvement ». (On en trouvera ci-dessus l'image.) Puis c'est toute une série de petits automates chinois et japonais, consistant en « deux dames chinoises, chacune sur un paon, portant entre leurs mains une petite tasse d'argent ; le tout partie d'argent et émaillées ; lesdits paons pouvant par ressort marcher sur une table de la manière qu'on les dispose ». Ce sont aussi « deux cavaliers chinois portant en mains deux petites coupes, qui marchent par ressort ; le tout d'argent, à la façon de la Chine ».

Fig. 124. — Automate ayant appartenu à Louis XIV.

Ajoutons que le roi de Siam, connaissant sans doute le goût de la cour de France, avait envoyé au Dauphin « deux dames du Japon qui portent chacune dans leurs mains un petit plat et une tasse d'argent ; et quand la tasse est pleine d'un cordial, les dames vont à la promenade » ; et à la Dauphine : « Deux dames du Japon, d'argent doré et émaillé, qui portent chacune une petite tasse à la main et vont par ressort. » On peut se figurer la distraction que causèrent ces ingénieux bijoux dans cette cour ennuyeuse et ennuyée de Versailles. Mais c'est surtout avec le XVIIIe siècle que la passion des automates se développe. On en rencontre alors un peu partout, à la foire Saint-Germain, où se trouve, en 1750, une forteresse avec son personnel agissant et fonctionnant ; chez le sieur Pelletier, fabricant, où sont exposées une « roche chinoise », avec 250 figures ; une « machine de Marly », etc. ; à la *vente de Mme du Chastellet,* dans l'*Inventaire du comte d'Évreux,* dans celui de l'abbé David, où figurait une « Amazone de vingt et un pouces, marchant et jouant du tambour de basque » ; à la *vente du duc Charles de Lorraine,* où l'on adjugea une petite *birouche* à deux chevaux de porcelaine qui avançait seule à l'aide d'un ressort ; chez Mme Richard, directrice des postes à Lunéville, et surtout chez le comte de Saint-Florentin, à Paris, où les amateurs se rendent en foule pour admirer « un ouvrage méchanique composé d'une table de marbre, large d'environ quatre pieds, sur deux de profondeur. Cette table est soutenue par une console et surmontée d'une glace d'environ six pieds de haut, dont un palmier forme l'encadrement ; le tout est terminé par une pendule à secondes, principe de la détermination du jeu régulier de la méchanique. Au bas de la glace, il y a une terrasse qui tient à la table ; c'est sur cette terrasse qu'est posé debout le principal acteur de la machine, c'est-à-dire une figure qui joue plusieurs airs de flûte avec une précision et un goût qui flattent les oreilles

les plus délicates. Le flûteur est accompagné de deux oiseaux automates, perchés sur les branches de l'encadrement ; ces oiseaux exécutent leurs parties avec un mouvement de bec si parfait, qu'on distingue facilement les tons pleins et les demi-tons. Ce qu'il y a de singulier — ajoute d'Argenville, auquel nous devons ces détails — c'est que toute la méchanique d'une machine aussi composée et aussi variée est renfermée dans l'épaisseur d'environ huit pouces qu'a la table de la console ; et que, par le moyen de quatre boutons, on fait jouer les différentes parties seules ou ensemble, en duo, ou en trio. » Mais de quelque réputation qu'ait joui le flûteur du comte de Saint-Florentin (qui avait été fabriqué, au reste, par le célèbre ingénieur Richard, auteur de ce *Concert mécanique au clavecin* dont Eisen nous a laissé une si curieuse image), encore faut-il bien reconnaître qu'il se trouva complètement éclipsé par les admirables automates de Vaucanson, par son *Flûteur,*

Fig. 125. — La charmante Catin, petit automate du XVIIIe siècle.

qui causa en 1738 une émotion si vive (voir le *Mercure* d'avril 1738) ; par son *Tambourinaire,* sa *Vielleuse* et son fameux *Canard,* qui trompa l'Académie, et dont la supercherie fut constatée seulement de nos jours par le célèbre Robert Houdin. Ces automates ont été tant de fois décrits (notamment dans l'*Encyclopédie,* aux mots *Androide* et *Automate*) ; ils sont si connus que nous n'en parlerons que pour rappeler leurs infortunes. En 1753, Vaucanson, partant pour la Russie, dut les mettre en gage à Nuremberg, où ils étaient encore en 1787, empaquetés dans le comptoir de la maison Pfluger frères, et à la disposition de qui les voulait pour 3,000 florins. (Voir *Mém. secrets,* t. XXXIV, p. 205.) Acquis par un spéculateur qui les exploita, après avoir été promenés dans toute l'Allemagne, ils allèrent s'échouer dans un grenier de Berlin.

Le grand succès de Vaucanson lui créa des émules. Nous avons déjà nommé le sieur Pelletier et l'ingénieur Richard, dont la veuve, directrice des postes à Lunéville, vendit, après la mort de son mari, nombre de pièces curieuses. Les automates, au reste, étaient si à la mode, à cette époque, qu'on les menait en soirée, et Nicolas Cochin nous a conservé l'image de *la charmante Catin* qu'on montrait en 1742 pour quelques sous, et qui, mue par un ressort, allait, venait, faisant la joie des enfants et celle des grandes personnes.

Sans badiner, malgré ce que nous sommes,
Tel est souvent notre destin.
Les grands, quand il leur plaît, font à peu près des hommes
Ce qu'un ressort caché fait ici de Catin.

Louis XV, aussi curieux que son aïeul, se fit apporter à Versailles une tête qui articulait un certain nombre de phrases. Le roi voulut qu'on lui expliquât le mécanisme de l'invention et récompensa l'inventeur de cet automate. La description de cette tête nous a été conservée par les *Annonces, affiches et avis divers* du 8 mai 1754. Vingt-quatre ans plus tard, l'abbé Mical, qui s'était fait connaître par des automates musiciens, exposa à Paris une tête qui prononçait distinctement : « Le Roi fait le bonheur de ses peuples, et le bonheur de ses peuples fait celui du roi. » (*Mercure* de mai 1778.) L'abbé Mical soumit son automate à l'Académie, et Vicq d'Azir fut chargé du rapport, qui n'était pas exempt d'une certaine sévérité. Metra, au reste, s'étend longuement sur les mérites assez curieux de cette tête, qui semble avoir présenté quelque analogie avec le phonographe de nos jours. (Voir *Corresp. secrète,* t. XVI, p. 339.) C'est vers la même époque que se place l'amusante anecdote de ce Marseillais qui prétendait avoir construit un cheval automate, et demandait aux Parisiens une souscription anticipée pour venir le montrer dans la capitale. (*Ibid.,* t. XVIII, p. 201.) Mais bientôt à Saint-Pétersbourg, où l'on avait déjà signalé une jolie claveciniste (*Mercure* de février 1778), allait apparaître le fameux *Joueur d'échecs,* qui, construit en Russie, en 1776, par le baron de Kempelen, devait absorber l'attention générale et stupéfier tous ceux qui accouraient pour le voir.

Lorsque le *Joueur d'échecs* arriva à Paris, en 1783, il n'était déjà plus entre les mains de celui à qui il devait le jour. C'était un sieur Anthon ou d'Anthon qui était devenu son propriétaire et qui le montrait. (Bachaumont, *Mém. secrets,* t. XXII, p. 249.) Il fut battu par un sieur Bernard, joueur renommé (*Ibid., id.,* p. 305), mais conserva cependant la réputation qu'il devait à ses premiers succès ; car on sait qu'en 1809 Napoléon Ier voulut se mesurer avec lui, et que la partie fut nulle. Notre siècle, moins amoureux du merveilleux et plus familiarisé avec les problèmes de la mécanique, ne devait point s'enthousiasmer au même degré pour les automates. Cependant, on en a construit de très remarquables. Le *Joueur de gobelets,* le *Danseur de corde,* l'*Écrivain dessinateur,* etc., exécutés par Robert Houdin, auraient fait pâmer d'aise nos arrière-grands-parents. Les *Oiseaux chanteurs,* les seuls automates qu'on produise d'une façon courante, sont, eux aussi, très remarquables. Il semble qu'avec l'électricité on pourrait singulièrement perfectionner ces délicats ouvrages. Mais le goût n'est plus là, et les inventeurs ne semblent pas disposés, comme par le passé, à dépenser beaucoup d'argent, de temps, d'ingéniosité, de patience pour un résultat problématique. Il n'est donc pas étonnant que nos mécaniciens tournent leur esprit vers d'autres problèmes, moins curieux peut-être, mais d'une utilité plus immédiate.

Furetière nous apprend que, de son temps, on prononçait ASTOMATE.

Auvent, *s. m.;* **Avaulx-vens,** *s. m. pl.* — Petit toit fait de planches qu'on met au-dessus d'une ouverture, et plus spécialement de certaines boutiques, pour garantir de la pluie et du soleil. L'origine du mot paraît avoir été OTEVENT. Nous trouvons, à la date du 2 janvier 1445, dans les *Comptes et mémoriaux du roi René* (*Édifices d'Angers,* p. 10), un marché de menuiserie et de serrurerie pour le portail du château, dans lequel il est parlé de la fourniture de « XV croesées, XV huys, deux hostevans à l'entrée des deux chambres sur le portail », etc. Les auvents, au XIVe et au XVe siècle, prirent un tel développement, qu'ils entravaient la circulation ; aussi, en temps de guerre ou de troubles, était-on obligé de les faire abattre pour assurer le libre passage aux troupes. P. Cochon, dans sa *Chronique normande,* raconte qu'en 1405, quand Antoine de Bourgogne entra dans Paris, « les rues (furent) fermées de bonnes liches et caynes et les auvenz des maisons abatus ». Plus tard, on jugea utile de les faire enlever même en temps de paix. Félibien rapporte le texte de « Lettres patentes du Roy Charles IX pour faire abattre les saillies et ostevens des maisons de la ville de Paris ». Ces lettres, datées de 1564, s'appuient non seulement sur le mauvais effet que ces saillies produisaient au point de vue de la décoration des rues, mais principalement sur les dangers qu'elles faisaient courir aux passants. Ajoutons que Charles IX n'est pas le premier qui se soit occupé de cette réglementation. Le registre des *Actes consulaires* de Lyon, allant de 1508 à 1511, mentionne l'ordre aux marchands de cette ville de remplacer les auvents de leurs boutiques par « des chassis de belle toyle noyre ou cirée ». Toutefois, il ne paraît pas que ces prudentes ordonnances aient été suivies d'exécution, car nous lisons dans Pierre de l'Estoile : « Contre les ovants des boucheries de la porte de Paris où il n'y avoit que frire..., on trouva ce mesme jour (6 août 1590) escrit en grosse lettre ce qui s'en suit, etc. » ; et Tallemant des Réaux (*Historiettes,* t. II, p. 89) nous apprend que Gaston d'Orléans, qui aimait à faire le fou dans sa jeunesse, brûla la nuit « plus d'un auvent de savetier ». A l'époque où, le verre étant rare, les boutiques n'étaient pas vitrées, il était, au reste, naturel qu'on fît grand usage des auvents. En 1607 et en 1635, leurs dimensions furent de nouveau réglées par édit royal. Leur taille, en effet, était redevenue telle que, étant donnée l'étroitesse des rues, la circulation s'en trouvait gênée. Aujourd'hui, dans les grandes villes au moins, les auvents sont à peu près inconnus. Les devantures en glace les ont rendus inutiles. En Flandre et dans le Tournaisis, au XVe siècle, on a écrit AVAL-VENT et au pluriel AVAULX-VENS. (Voir *Chronique de Tournai,* dans le *Recueil des chroniques de Flandre,* t. III, p. 484.)

Auvergne (Tapisseries d'). — On désignait autrefois sous le nom de tapisseries d'Auvergne des tapisseries fabriquées dans la Marche, à Aubusson, à Felletin, à Bellegarde, et qui étaient l'objet d'un commerce considérable, car on les rencontrait en abondance dans tout l'ouest et le centre de la France. Il en venait jusqu'à Paris. La plus ancienne mention que nous ayons relevée de ces tapisseries remonte à 1545. Elle figure dans l'*Inventaire des meubles de Pierre Comte, marchand de Lyon,* et concerne : « Deux couvertes de tapisserye d'Aulvergne. » En 1566, nous trouvons également dans l'*Inventaire de Maurice Ménier, imprimeur à Paris,* « une couverture de tapisserie façon d'Auvergne ». L'*Inventaire de Charlotte Fachon, épouse de Charles de l'Hôpital* (1625), mentionne, d'autre part, une « tanture d'Auvergne à personnages vallant trois cens livres » ; ce qui prouve que, dès cette époque, on exécutait dans cette contrée des ouvrages importants. Dans l'*Inventaire du conseiller Lenormand de Beaumont* (1628), nous relevons pareillement « trois pièces de tapisseries d'Auvergne ». Dans l'*Inventaire d'Hilaire de la Chaussée* (1632) figurent « dix pièces de tapisserye, façon d'Auvergne ». Dans celui d'Alexandre de Petolfy, seigneur de Granville, maréchal de camp (1656), on remarque « cinq pièces de tapisserye d'Auvergne, à grands personnages et verdures, prisez ensemble la somme de cent livres ». Dans l'*Inventaire du maréchal de la Meilleraye* (Paris, 1664), nous notons : « Un dais de tapisserie d'Auvergne doublé de thoisle verte, où sont représentées les armes dudict deffunt Seigneur, duc de la Meilleraye et de la Dame sa veuve..... C livres. — *Item,* une tenture de tapisserie de verdure fabricque d'Auvergne armoriée des armes dudict Deffunt et de la Dame sa veuve, de huict pièces de deux aulnes trois quarts de hault sur vingt une aulnes de cours, prisée... VI C livres. » L'*Inventaire du maréchal d'Humières* (1694) décrit : « Six pièces de tapisserie d'Auvergne représentant les armes d'Humières, avec des trophées pour bordures contenant quatorze aunes de cours sur trois aunes de haut ou environ, prisées 200 livres. » Dans l'*Inventaire du marquis de Piré* (Rennes, 1733) figurent : « Six pièces de tapisserie, y compris celle qui est dans la chambre précédante, d'Auvergne, prisées ensemble six cents livres..... » Enfin nous trouvons à Paris, chez le peintre J.-B. Pater (1736) : « la tapisserie de la chambre d'Autelisse (*sic*) d'Auvergne » ; à Angoulême, chez M. Tomassin, docteur en Sorbonne (1751), « une tapisserie verdure d'Auvergne à grands personnages » ; au château de Bienassis (1766) : « trois pièces de tapisserie d'Auvergne à petits personnages ». Ces exemples suffisent pour montrer combien les tapisseries de cette provenance étaient répandues.

Avalement, *s. m.* — Terme ancien, employé dans l'orfèvrerie pour indiquer de petits renfoncements évidés. « Un coffre carré long, parcé d'avalemens, et sont les fons desdis avalemens, de voirre, pains à ymaiges. (*Invent. de la Bastille Saint-Antoine,* 1418.) (Voir l'article suivant.)

Avaler, *v. a.* — En vieux langage français signifie descendre. C'est ainsi qu'on disait : « Avalez la lampe, avalez ce crochet à la viande, et à un escolier qu'on veut fouëtter, avalez vos chausses. » (FURETIÈRE.) On disait également d'un tonnelier descendant du vin à la cave qu'il l'avalait, et la ville de Rouen a longtemps vu figurer parmi ses corporations marchandes celle des *avaleurs* de vin.

Avantage, *s. m.* — Locution ancienne. Rallonge. Pièce rajoutée. « D'adventure on trouva une large et vieille gouttière, mais il en failloit de troys piedz qu'elle fust assez longue et tantost un charpentier y mist un advantage à fortes chevilles. » (Cousinot de Montreuil, *Chronique de la Pucelle,* p. 294.)

Avant-chambre, *s. f.* — C'est la dénomination très rationnelle, sous laquelle on désigna, jusqu'au commencement du XVIIe siècle, l'ANTICHAMBRE. (Voir ce mot.) Ce n'est que bien postérieurement à 1606 que ce dernier composé, dérivé de l'italien *anticamera,* devint d'un usage courant. Nicot, en effet, ne l'admet pas, et il faut attendre le dictionnaire de Monet, venu trente ans après celui de Nicot, pour qu'il prenne place dans le langage accepté. Encore n'est-ce pas sans protestation, car Estienne Pasquier, qui assista à cette transformation, croit « qu'il y avoit plus de raison de dire avant-chambre que ce que nous disons antichambre ». Par une étrange singularité, ce sont les pays les plus voisins de l'Italie qui ont conservé le plus longtemps le mot régulier avant-chambre. Aussi nous lisons dans l'*Inventaire du cardinal de Belzunce,* dressé à Marseille en 1745 : « Dans l'avant-chambre avons trouvé deux secrétaires bois noyer, etc. »

Avant-corps, *s. m.* — En architecture, on donne ce nom à toute construction faisant saillie sur la masse du bâtiment ; dans la décoration, aux pilastres, colonnes engagées, montants, etc. ; en un mot, à toutes les parties saillantes ; alors que les parties en recul sont nommées ARRIÈRE-CORPS. Les serruriers appellent avant-corps les pièces qui avancent sur le *nu* des ouvrages.

Aventurine, *s. f.* — Pierre artificielle parsemée de paillettes brillantes, qui n'est que du verre fondu auquel on a mêlé, pendant la fusion, des limailles de cuivre. Ce nom a été étendu d'abord à une pierre naturelle, variété de quartz hyalin qui contient des lamelles de mica jaune d'or, et ensuite à une sorte de laque ou vernis parsemé de ces mêmes paillettes, et qui donne au bois sur lequel il est appliqué une lointaine ressemblance avec l'aventurine. Ce laque fut très apprécié au siècle dernier, et l'on en rencontre d'assez nombreuses applications. Nous citerons entre autres : « Une chaise d'affaires, fond de vernis noir et aventurine du Japon, à paysages et oiseaux de relief dorés et de couleurs, etc. » (*Invent. général des meubles de la Couronne.*) « Du 16 mai 1750, — à Mme de Pompadour : Trois petites tables vernies en aventurine, dont les dessus sont de vernis des Indes à 60 livres..... » « 17 décembre 1753, — S. M. le Roy, un cabinet d'ancien lacq fond aventurine et ouvragé en or avec une très belle pagode de lacq : 2,200 livres. » (*Livre journal* de Lazare Duvaux, t. II, p. 50 et 182.) « Un petit vase d'aventurine sur son pied, etc. » (*Invent. d'Edm. Bouchardon, sculpteur du Roi;* Paris, 1762.) « Six boîtes de laque en aventurine. » (*Vente du duc Charles de Lorraine;* Bruxelles, 1781.)

Avet, *s. m.* — Un des noms vulgaires du sapin. Nous ne l'avons rencontré, employé dans le langage mobilier, que dans les alentours de Toulouse, et seulement au XVe et au XVIe siècle. « *Item,* una taula (table) de auet stan al coriedor deld. hospital. — *Item,* ung arcaleyt (bois de lit) dauet (*sic*) tal qual. — *Item,* una cassa dauet..... » (*Invent. de l'hôpital Notre-Dame du Puy;* Toulouse, 1473.) « Plus une table dauet longue de douze pans. » (*Invent. de Pierre Bonafous, conseiller au parlement;* Toulouse, 1568.) « Un carnier (charnier) d'avet vieulx. » (*Invent. de J. de la Cassagne;* Toulouse, 1572.) « Une cadière d'avet. » (*Invent. d'Antoine Barides, avocat;* Toulouse, 1572.)

Aveugle, *adj.* — On appelle baie aveugle, une ouverture simulée. Les arcatures appliquées contre un mur sont des baies aveugles.

Avignon (TAFFETAS d') ou demi-armoisin. — (Voir ARMOISIN.) — Au XIVe siècle, il est également question d'ARGENT d'AVIGNON. On appelait ainsi l'argent au titre du Comtat, qui était inférieur, comme aloi, à celui de Paris. « Pour faire et forger un grant bacin à barbier qui fu fait de deux autres viex de l'argent d'Avignon, etc. » (*Comptes d'Estienne de la Fontaine, argentier du roi Jean,* 1352.)

Avivoir, *s. m.* — Outil de doreur pour étendre l'or et le brunir.

Ayguadière, *s. f.;* **Ayguesier**, *s. m.* — Locutions toulousaines. Adaptations locales du mot aiguière. Vase de métal pour mettre de l'eau. « Deux ayguadières. » (*Invent. de Guillaume Arnaud de Montesguiere;* Toulouse, 1567.) « Ung ayguessier. » (*Invent. de Massiot-Gautier, maître maçon;* Toulouse, 1578.)

Azur, *s. m.* — Couleur bleue. On dit l'azur du ciel, une tapisserie, un velours couleur d'azur. « A Robert Thierry, mercier, pour quatre aulnes de veloux azur alexandrain sans destaindre, pour couvrir le siège d'une chaière de retrait pour ladite Dame (la Reine), pour ce : XXIV sols parisis. » (*Comptes de l'argenterie de Charles VI,* 1387.)

Ce mot, sous ses formes primitives ASUR, ASEUR, désignait aussi, dans le principe, la pierre bleue plus connue aujourd'hui sous le nom de LAPIS-LAZULI. (Voir ce mot.) Les orfèvres, les lapidaires, les marqueteurs, ont beaucoup employé l'azur pour les coffrets, vases, coupes, et pour les petits meubles appelés cabinets. Mais il fut surtout utilisé pour fabriquer ce bleu si estimé des peintres, et vendu si cher par les épiciers, qu'on nomma plus tard l'OUTREMER. « Le champ de derrière sera de bon fin azur d'Almagne semé de fleurs de lis d'or fin. » (*Comptes et mémoriaux du roi René,* à l'année 1472.) Le prix très élevé du bleu d'azur amena les marchands à le contrefaire, et dès le XVIe siècle, on introduisit dans le commerce un azur factice obtenu avec de l'indigo ou du suc de violette mélangé à de la craie broyée. Ensuite, on en fabriqua avec du soufre, du mercure et de l'ammoniaque.

Fig. 126. — Pendule automate, à personnages et à musique (fin du XVIIe siècle).

Fig. 127. — Lettre composée par Théodore de Bry.

Babiole, *s. f.;* **Babiolerie,** *s. f.* — Jouet d'enfant, petit meuble de peu d'importance. « Les babioleries des merciers des quelles il y a une infinité de pauvres artisans qui vivent. » (*Discours sur les causes de l'extrême cherté,* etc., 1574.)

> Vois-tu déjà ces babioles
> Et mille sottises frivoles
> Qu'on invente pour les enfants.
>
> (*Les Tracas de Paris,* par Colletet.)

Bac, *s. m.;* **Bachassi,** *s. f.;* **Bachassola,** *s. f.;* **Bachasson,** *s. m.;* **Bachat,** *s. m.* — Synonymes de baquet. Dans le dialecte picard on trouve bac couramment employé dans le sens d'auge, de mangeoire, d'Oiseau. (Voir ce mot.) « A Lyonnel Bosquet, cailier, demourant à Amiens..... pour VI bacs à porter pierres et moilons, etc. » (*Comptes de la ville d'Amiens,* 1430.) Il signifie aussi cuve à laver et Bacauder veut dire : faire la lessive. En patois forézien, bachassola, bachasson et bachat ont la signification d'auge. La bachassola, dans le Beaujolais et dans certaines localités du Forez, est aussi un grand vase de bois, généralement de hêtre, qui sert aux grosses préparations du ménage. Quant à la bachassi, c'est plus particulièrement le pétrin. « La Bachassi et le Dressoir, écrit M. P. Gras dans son *Dictionnaire forézien,* sont les principaux meubles d'une ferme et sont toujours frottés et cirés avec le plus grand soin. » On raconte, en plaisantant, qu'une brave vieille femme, dont la vache était malade, s'adressait en ces termes au bon saint de bois de son église, lequel saint avait été fabriqué avec le même bois que son pétrin :

> *San Barthomio, frare de noutra bachassi,*
> *Guarissi noutra vachi.*

Bachoe, *s. f.;* **Baioue,** *s. f.;* **Bajoue,** *s. f.;* **Baschoue,** *s. f.* — Espèce de panier à mettre le pain. Dans le *Livre des mestiers* d'Estienne Boileau, on lit : « Talmelier puent (peuvent), au diemenche, porter leur pain en leur corbeillon ou en leurs bajoues, et porter leur estal ou buffez ou tables. » Dans les *Comptes de l'hôtel de Charles VI,* il est souvent question de bachoes : « A Guillaume Champion pour deux paires bachoes neufves, II flossoies neufves, I baz garny neuf, et pour cordes achetés par lui, pour porter le pain en l'office de la panneterie du Roy, IV liv. par. » Et autre part : « Pour deux paires de bachoues à apporter le pain pour le Roy, etc. » La bachoe servait aussi de mesure ; cela semble du moins résulter du document suivant daté de 1366, et cité par D. Carpentier (*Sup.* à Du Cange, sous *Bachalota*) : « *Item,* la charretée de pain, IIj deniers. La bachoe de pain IIj oboles. Le sac de pain, I denier. » Nous ne connaissons pas exactement la forme ni l'aspect de la bachoe, mais il faut croire qu'elle n'était point très svelte et qu'elle était d'assez vastes dimensions, car on lit dans un fabliau cité par Lacurne :

> Elle est plus noire qu'une choe
> Et plus grosse qu'une bachoe.

Dans le Limousin, bachou est restée, en patois, le synonyme de baquet.

Bacin, *s. m.;* **Bacine,** *s. f.;* **Bachin,** *s. m.* — Voir Bassin.

Badelaire, *s. m.;* **Baselaire,** *s. m.;* **Bazelaire,** *s. m.* — Coutelas. Froissart, parlant du maire de Londres (1381), raconte qu'il tira « un grand badelaire que il portoit » et frappa un nommé Thuillier d'un tel « horion sur la teste que il l'abattit au pied de son cheval ». Les lettres de grâce et de rémission mentionnent aussi fréquemment ce mot. « Guillaume de Cravant, chevalier, avoit féru ledit Guillaume sur la teste d'un coutel appelé badelaire. » (*Lettre de rémission,* année 1390.) « Et lors il sacha un bazelaire, et en fery si grant coup sur la teste de laditte femme, qu'il le rompi en deux pièces. » (*Ibid.,* année 1415.) Il est également question de cet instrument dans les *Comptes royaux :* dans les *Comptes de l'hôtel de Charles VI* (notamment aux années 1380 et 1383) : « [A] Pierre Villequin, coustellier, demourant à Paris, pour II bazelaires garnis d'argent et de gueynes achetées de lui pour le Roy et Mons de Valoys; illec argent, LXIV sols. » — « [A] Hennequin de la Leue, sommelier des armeures du Roy, pour lances et baselaires achetéz par lui à plusieurs fois. » Le mot badelaire a été conservé dans la langue du blason, où il s'applique à un coutelas large et recourbé, dans le genre des sabres turcs.

Badier, *s. m.* — Sorte de bois dont on faisait des meubles. Nous n'avons rencontré ce mot que dans l'ouest de la France. « Un grand coffre de bois de badier ouvragé, fermé à cleff. » (*Invent. de Françoise Couessant,* 1689.) « Un grand coffre de bois de badier prisé dix livres. » (*Invent. de Julien de Graslan;* juridiction et vicomté d'Artois, 1692.)

Badigeon, *s. m.* — Couleur en détrempe, généralement jaunâtre, qu'on emploie pour donner aux maisons ravalées en plâtre l'aspect de la pierre de taille, et pour rajeunir les façades des vieux édifices. Le badigeon a pour base un lait de chaux additionné d'alun, qu'on teinte avec de la pierre tendre réduite en poudre. Quand on veut l'obtenir plus foncé, on y ajoute de l'ocre. Dans la pratique, on emploie des badigeons spéciaux, composés d'après des formules particulières. Tels sont le *Badigeon Lessaigne,* le *Badigeon Bachelier,* le *Badigeon américain.*

Les sculpteurs donnent le nom de badigeon à un mélange de plâtre et de pierre pulvérisée dont on se sert pour boucher les trous des figures et réparer leurs défauts.

Badigeonner, *v. a.* — C'est couvrir de badigeon. Ce terme est relativement récent. Richelet et Furetière ne l'ont

Fig. 128. — Baguier, d'après un dessin de Le Brun.

pas connu. On lit dans les *Mémoires du duc de Luynes* (t. VI, p. 147) : « Du lundi 16 novembre 1744. — Le roi alla dîner hier à l'hôtel de ville. Le bâtiment de cette grande maison, qui étoit fort noir, a été réparé à neuf pour l'arrivée du roi ; c'est ce qu'on appelle badigeonner, en terme d'architecture. »

Badinoux, *s. m.* — Petit rouet. Terme vieilli, usité seulement en Normandie.

Bafetas, *s. m.;* **Baffetas,** *s. m.;* **Baftas,** *s. m.* — Toile de coton importée des Indes orientales et dont, au siècle dernier, on faisait des doublures et des tentures d'appartement. L'*Inventaire du mobilier de la Couronne,* dressé en 1681, mentionne « une pièce de toille de cotton blanche rayée or et argent appellée baftas » et « cinq pièces de baftas-bouteda de soye et coton rayées à fleurs d'or ». Il se faisait une importante consommation de cet article, car le *Mercure* de septembre 1701 mentionne, parmi les tissus récemment reçus des Indes, 5,550 pièces de bafetas.

Bagnon, *s. m.;* **Bagnou,** *s. m.* — Locution du Forez. Cuvier où l'on fait la lessive.

Bague, *s. f.* — Jusqu'au XVIIe siècle, indépendamment de sa signification d'anneau qu'il a conservée, bague exprimait, d'une façon générale, le linge, les habits, les garnitures de meubles, les joyaux, les bijoux. Du Cange fait dériver ce mot du bas-latin *baga,* qu'il définit : « *Arca,* coffre; *unde vox,* bague et bagages. » C'est, au reste, le sens que lui donnent tous les auteurs du XVe et du XVIe siècle. Monstrelet raconte qu'en 1411 le seigneur d'Heilly « fut, au point du jour, assailli des gens du duc de Berri, et la plus grande partie de ses gens détroussés de leurs chevaux et autres bagues ». Plus loin, il nous apprend que, lors de la reddition de Rouen au roi d'Angleterre (1419), les soldats de la garnison furent « tastés et épluchés tous, et leur fut osté or, argent, vaisselle, joyaux et autres bagues ». La *Cédule de vente des biens de Jacques Cœur* porte : « Tant draps d'or, d'argent, de soye, pelleteries, joyaux, vaisselle, toilles, tixus et autres bagues. » Comines, racontant la défaite de Charles le Téméraire à Granson, écrit : « Rien ne se sauva que les personnes et furent perdues toutes les grandes bagues du duc. » Dans la trente-deuxième des *Cent nouvelles nouvelles,* où les vieilles dames, forcées d'expliquer à leurs maris comment elles payent la dîme aux moines, s'écrient : « Nous composons, par traité fait avecques eulx, la disme que nous devons en toile, en draps, en coussins, en bancquiers, en orilliers et en aultres telles bagues. » Enfin Pierre de l'Estoile écrit (t. VIII, p. 164) : « Le samedi 28e (août 1604), fust pendu à Paris, devant la maison du chevalier du guet, un jeune garcon aagé de dix-sept ans, pour avoir crocheté deux cabinets où il y avoit tout plain de bagues. » Ces exemples suffisent, croyons-nous, à fixer le sens ancien du mot qui nous occupe.

Les chaisiers appellent BAGUE une petite pièce de cuivre généralement ronde, qui, placée au pied du siège, sert à maintenir la roulette et empêche le bois de se fendre. En serrurerie, ce nom désigne les astragales des rampes, les ornements circulaires disposés sur les tiges des pincettes. Enfin, les architectes donnent parfois ce nom aux larges anneaux qui entourent le fût des colonnes. Mais les mots bandes, bracelets, annelures, etc., sont plus usités.

Baguer, *v. a.* — Emballer, mettre dans des coffres. « Le roy Édouard... fist trousser et baguer tout son bagage et s'en retourna à Calais. » (*Mém. de Jean de Troyes,* à l'année 1475.)

Baguette, *s. f.* — En architecture, c'est une petite moulure, arrondie, moindre que le tore, mais de même nature et qui fait partie d'une corniche, d'une architrave, d'un bandeau. Les baguettes sont unies ou ornées. Leur ornementation consiste en perles, en olives, en feuilles de chêne, en graines de laurier, etc. En menuiserie, on donne ce nom à de petites tringles de bois, qui servent généralement à encadrer un panneau. Les décorateurs les utilisent comme bordure pour cacher les raccords des étoffes et du papier peint. On vend, pour cet usage, des baguettes teintées, laquées noir, dorées, etc. Fabriquées à la machine, ces baguettes se débitent au mètre. Jadis elles étaient faites à la main et conservaient dans l'ensemble de la décoration une importance qu'elles n'ont plus. Barbier, dans la description qu'il nous donne de l'appartement de Mlle Deschamps, mentionne « des baguettes dorées d'un grand goût ». (*Journal,* t. VII, p. 247.) Dans les *Annonces, affiches et avis divers* du 29 janvier 1759, annonçant la vente des meubles du sieur Barle, gouverneur de la Bastille, il est question de « tentures avec baguettes dorées ». Dufort de Cheverny, dans ses *Mémoires,* parlant de la belle maison de M. Moracin, à Bayonne, vante sa « chambre à coucher en damas cramoisi avec baguettes dorées », etc.

Baguier, *s. m.* — « Petit coffre ou escrain où l'on serre les bagues et les pierreries. Il est divisé en plusieurs petites rayes ou sillons, où l'on fourre l'anneau, en sorte qu'il ne paroist dehors que la pierre précieuse. » Cette définition, que donne Furetière, est celle qui convient encore de nos jours aux baguiers des joailliers. Au XVIe siècle, le mot baguier paraît avoir été usité dans un sens plus large et avoir désigné de véritables coffrets à bijoux; du moins le passage suivant de l'*Isle des hermaphrodites* le donne à entendre :

« Il se fit aussi apporter un baguier ou petit estuy dans lequel il y avoit quelques bagues d'où on prit deux pendans qu'on luy pendit aux oreilles et une petite chaisne de perles entremeslées de quelques chiffres qu'on luy mist au bras. » Du reste, à cette époque, BAGUE (voir ce mot) avait une signification plus étendue que de nos jours. Il n'est donc pas extraordinaire qu'il en ait été de même de baguier. Cependant la mention suivante, empruntée à l'*Inventaire des joyaux et pierreries du cabinet du roi de Navarre* (1583), semble se rapporter à un écrin dans le genre de ceux décrits par Furetière. « Un petit cabinet de velours noir..... dans lequel y a plusieurs pierreries non garnies et, entre autres choses, il y a un baguier garny de dix bagues. » Aujourd'hui, ce nom désigne plus généralement une sorte de coupe dans laquelle, le soir, les dames déposent leurs bagues et bijoux avant de les enfermer dans leurs écrins respectifs. Ne possédant plus, en effet, les joyaux à profusion, nous n'avons plus guère besoin de meubles spéciaux pour les serrer suivant leur espèce.

Quoique la description de baguiers anciens soit assez rare, deux exemples, choisis à un siècle et demi d'intervalle, montreront l'importance qu'ils avaient autrefois. Voici d'abord la description du baguier de Jeanne de Bourdeille, telle que nous la fournit son *Inventaire*, dressé en 1595 : « Plus ung baguyé garny dedans et dehors de vellous vert, lequel ferme à clef ; il y a dedans une bague où il y a un diamant taillé en poincte, plus ung autre bague faicte en roze où il y a neuf diamants ; plus une aultre où il y a sept diamants et tous fins ; plus ung où il y a une petite.... (?); plus ung austre roze où il y a huit rubis et une émeraude au millieu ; plus une bague où il a ung grand safi et deux aultres où il y a deux pettits safis ; une où il y a ung pettit ruby, et une pettite où il y a une petite turqueze, une petite foy d'or (*sic*), et une où il y a troys aupalles an triangle. » Notre second exemple est tiré des *Mélanges* de Bois-Jourdain (voir *Bulletin de l'art français*, juillet 1876, p. 41) : « Le même jour (au moment où elle venoit de recevoir les derniers sacrements), la duchesse de Berry fit retirer tout le monde, à l'exception de la duchesse de Mouchy ; lui ordonna d'apporter son baguier, qui valoit plus de deux cent mille écus et lui en fit présent. La marquise l'ayant reçu sans témoins, et craignant qu'on ne l'accusât de l'avoir volé, jugea à propos de le déclarer pendant que la princesse vivoit encore et alla en rendre compte au Régent. Ce prince, pour toute réponse, demanda le baguier, le prit, examina s'il n'y manquoit rien, le mit dans un tiroir et la congédia. » Mentionnons enfin le superbe baguier contenant seize bagues, qui figura à la *Vente du duc Charles de Lorraine* (Bruxelles, 1781).

Bahut, *s. m.;* **Bahu**, *s. m.;* **Baut**, *s. m.;* **Baeu**, *s. m.;* **Beheut**, *s. m.* — Depuis quelques années, on donne fort improprement ce nom à toutes sortes de meubles, buffets, armoires, etc., pourvu qu'ils soient en bois sculpté et d'apparence ancienne. Cette adaptation fantaisiste du mot bahut ne saurait remonter à plus de soixante ans, car Boiste définit encore ce substantif : « coffre à couvercle rond, voûté, recouvert de cuir et de clous », et cette définition est en parfait accord avec celles données par les lexicographes du XVIIe et du XVIIIe siècle. Pour Richelet, le bahut est un « cofre couvert, orné de petits clous rangés agréablement ». Pour Furetière, c'est un « coffre couvert de cuir, dont le couvercle est arrondi ». Pour l'Académie (1696), c'est « une sorte de coffre couvert, ordinairement de cuir, dont le couvercle est en rond ». Savary donne, lui aussi, une définition analogue. Aucune erreur n'est donc possible sur la forme et l'usage du bahut, jusqu'au moment où il a plu à quelques auteurs d'appliquer, sans motifs bien plausibles, et d'une façon en quelque sorte générique, ce nom à une foule de meubles meublants, qui s'en seraient d'autant mieux passés, que le caractère essentiel du bahut est d'être avant tout mobile et facilement transportable.

Ce caractère, au reste, est attesté dès le XIVe siècle par des documents aussi nombreux qu'irréfutables. Dans les *Comptes d'Étienne de la Fontaine*, argentier de Philippe de Valois (1348), les bahuts sont compris sous la même rubrique que les « coffres, malles et autres choses achetées de ce mestier ». Les *Chroniques de Le Fèvre de Saint-Remy* (chap. LXIX), racontant la bataille d'Azincourt (1415), rapportent que la veille de cette défaite célèbre, on pouvait voir les seigneurs français « ployer leurs bannières et pennons autour des lances et devestir cottes d'armes, destrosser malles et bahus, et chascuns seigneurs envoier aux

Fig. 129. — Femme serrant des effets dans un bahut, d'après Abraham Bosse.

villages prochains quérir pailles et estrains pour mectre dessoubz leurs piés ». Nous lisons en outre, dans l'*Histoire de Jehan de Saintré* (1469), que ce jeune et vaillant chevalier « si ordonna que le bien matin, ses coursiers et son bahu et la plus grant partie de ses gens s'en vinsent, et ne demourassent que dix ou douze de ses gens, et ainsi fut fait ». On voit même, par cette dernière citation, que, le contenu prenant le nom du contenant, bahut devient à peu près synonyme de bagage. Si nous nous reportons à des époques plus récentes, Pierre de l'Estoile nous apprendra qu'en mai 1588 « le mardy, dernier jour de may, par les bourgeois de Paris, gardans la porte Saint-Jacques furent arrestés treize mulets portans chacun deux bahus plains (comme on disoit) de la vaisselle d'argent et autres principaux meubles du duc d'Esparnon ». Enfin dans l'*Inventaire des meubles, tiltres et pappiers de Léonor de Pisseleu, seigneur d'Heilly* (1614), nous trouverons « cincq bahuts servans à porter à cheval en forme de valizes tant grands que petits ». La démonstration sur ce premier point semblera sans doute suffisante.

Nous venons de voir que l'usage du bahut était fort ancien. Les *Comptes de Geoffroi de Fleuri*, argentier de Philippe le Long, pour l'année 1316, en font foi. On en rencontre fréquemment dans les comptes qui suivent; mais presque toujours ils accompagnent des coffres ou des malles et leur servent de complément, si bien qu'il paraît résulter, de l'examen attentif de documents très nombreux, cette autre constatation non moins importante, que le bahut, en son principe, n'était pas à proprement parler un coffre ou une malle, mais seulement un compartiment de bois ou d'osier recouvert de cuir, plat en dessous, bombé en dessus, que l'on attachait sur la malle au moyen de courroies et lorsqu'elle était déjà chargée. L'utilité de ce compartiment est, au reste, facile à comprendre. Renfermant les objets les plus usuels, ceux dont on pouvait avoir un besoin immédiat, il se détachait aisément du bât du *sommier,* et permettait ainsi de prendre ce qu'on désirait, sans avoir à décharger et à fouiller de lourdes malles. Parfois même, soit qu'on manquât de bahuts, soit pour toute autre raison, on se contentait de ficeler les effets de rechange sur la malle, et alors, pour que ces effets n'eussent pas à souffrir des intempéries, on recouvrait le tout d'une grande housse, le plus ordinairement faite d'un morceau de tapisserie ou d'étoffe brodée. Cette housse était ainsi destinée, suivant l'expression du temps, « à faire bahut ». Et voilà comment, dans les *Comptes d'Étienne de la Fontaine,* argentier du roi Jean (1352), nous relevons une fourniture faite par le tapissier Jehan du Tremblay, de « II tapiz à champ d'asur seméz de fleurs de lys d'or, contenant XII aunes quarrées, pour faire bahus à couvrir les deux sommiers du corps du Roy ». Parmi les *Dépenses du mariage de Blanche de Bourbon avec le roi de Castille Pierre le Cruel,* nous remarquons également l'achat de trois tapis « contenans sur tout XVIII aunes quarrées, c'est assavoir chascun III aunes de lonc et II de lé, à faire bahus et couvrir les sommiers de ladicte Dame ». Enfin, à une époque plus récente, dans l'*Inventaire de la duchesse de Valentinois* (1514), nous rencontrons encore « une couverture de coffres à bahut » et « quatre couvertures à bahut noyres, aux armes de madicte feue dame ».

Pour les bahuts proprement dits, nous venons de l'expliquer, ils accompagnaient presque toujours d'autres coffres. Ainsi, dans la *Dépense du couronnement de Philippe le Long* (1316), nous voyons payer à Richart d'Arragon, « coffrier », « pour II paniers à espices bailliez à messire Adam Héron, IV livres. — Pour un bahu à mectre sur les dis penniers bailliéz audit messire Adam, XXXII sous. » Les *Comptes d'Étienne de la Fontaine* (1352) relatent pareillement deux payements effectués à Guillaume Le Bon, coffrier, lui aussi : « Pour IV paires de coffres garniz de quatre bahuz livrés en la chappelle le Roy, XXXVI livres. — Pour IV malles et IV bahuz bailléz et délivréz à Thomas de Chaalons, contrepointier le Roy, pour charger dedens la contrepointerie et tapisserie des chambres du Roy et Nosseigneurs, et porter hors de Paris aus termes de Pasques et de Toussains, L sols pièce vallent X livres parisis. » Cinquante ans plus tard, nous lisons dans le premier *Compte de l'échansonnerie du roi Charles VI* (1380) : « [A] Perrin du Fou, coffrier, pour II coffres et IIII coffineaux garniz de II bahuz, achetés de lui pour mettre les vaisseaux et tasses d'argent de l'Eschançonnerie », et dans le second et le troisième *Compte de l'argenterie,* concernant la reine Isabeau de Bavière et le duc de Touraine, son fils (aux années 1386 et 1387) : « A Pierre du Fou, coffrier, demourant à Paris, pour une grant male de cuir fauve, garnie de toille par dedens, de courroies et de bloques, ainsi qu'il appartient, atout [c'est-à-dire avec] un grant bahu à mettre par dessus ycelle malle achattée de lui le XVe jour de mars CCC IIII XX et VI pour mettre et porter le lit de Madame la Royne, pour ce VIII livres parisis. » — « A Pierre du Fou....., pour une grant male de cuir fauve, atout le bahu, achattée de lui le XXVIIIe jour de may CCC IIII XX et VII pour mettre et porter sur un sommier les robes et chambres de Monseigneur le duc de Thouraine, pour ce VI liv. VIII sols parisis. » Si le moindre doute pouvait exister, le caractère essentiellement mobile et transportable du bahut serait, au reste, encore confirmé 1° par les *Comptes du roi René :* « 24 mars 1449, Audit Bretault (sellier d'Aix), ledit jour, II florins pour six courroies de bahuz et pour radouber trois bahuz de la garderobbe » ; 2° par ce passage un peu léger de la dixhuitième des *Cent nouvelles nouvelles,* où, parlant d'une servante qui fait traverser à son galant la chambre de ses maîtres, l'auteur dit : « Comme à tout ce fardeau, le plus souef qu'elle oncques peust, le courtois gentilhomme elle portoit, tenant lieu de bahu sur le dos de celle, qui sur son ventre l'avoit soustenu..., etc. »; 3° par les lignes qui suivent et qui sont empruntées au fameux roman de *Jehan de Paris :* « Tant parlèrent que les XXV chariotz passèrent, fors ung auquel le Roy demanda : — Dictes, mon amy, qu'y a il en ces chariotz couverts de cramoisy ? — Sire, dist-il, c'est la vaisselle et bahus de Jehan de Paris » ; enfin, par ces deux vers du *Vergier d'honneur :*

Fig. 130. — Bahut en cuir doré, aux armes de France et de Navarre.

Semblablement on fist devant mener
Tous les bahuz, cheriotz et bagaiges.

Ainsi, jusqu'à la fin du XVe siècle, le bahut n'était qu'une sorte de malle, et même un compartiment bombé qu'on attachait avec des courroies sur le sommet d'une malle.

Cette constatation était d'autant plus nécessaire qu'un archéologue émérite, M. Viollet-le-Duc, a prétendu, sans, du reste, fournir aucun texte et aucune preuve à l'appui de son dire, que dès le XIVe siècle et même bien avant, le bahut était devenu meuble meublant, qu'il lui était poussé des pieds, que ses parois s'étaient couvertes de sculptures, que de riches pentures armaient son couvercle, etc. C'est là une erreur contre laquelle il importe de protester avec d'autant plus de force, qu'elle emprunte une importance considérable à la qualité de celui qui s'est fait son parrain. Non seulement jusqu'à la fin du XVe siècle, mais encore jusqu'à celle du siècle suivant, le bahut resta distinct du coffre, et quand il se confondit avec lui, ce ne fut pas pour se transformer en meuble, mais pour demeurer malle comme auparavant. C'est ce que nous allons démontrer par une longue suite de citations, où nous verrons reparaître constamment les mots *coffre à bahut,* ce qui serait un

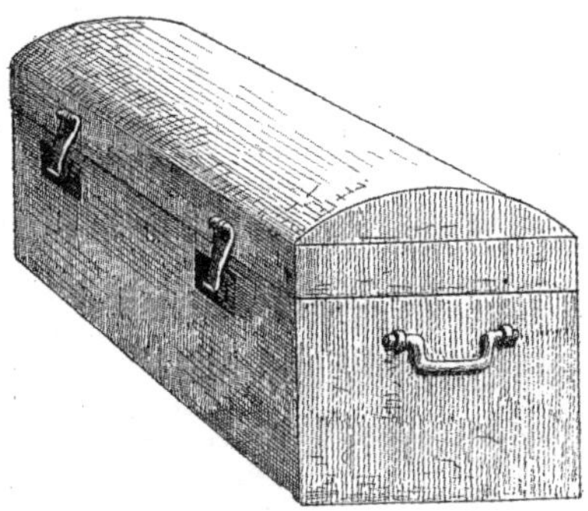

Fig. 131. — Bahut ordinaire, d'après l'*Encyclopédie.*

pléonasme et une superfétation si le coffre et le bahut ne formaient qu'un seul et même objet, comme l'a prétendu M. Viollet-le-Duc. En outre, quand nous rencontrerons le bahut seul, sa forme ronde et sa garniture de cuir seront assez explicitement décrites pour que toute confusion demeure impossible :

« En ladicte garderobbe a esté trouvé ung coffre à bahu ouquel y a certaines pièces de drap rouge, vert et jaulne. » (*Invent. de la duchesse de Valentinois,* 1514.) « Un coffre à bahut dans lequel s'est trouvé le garnyment d'un lict de satin rouge broché de cramoyssin..... » (*Invent. du baron de Saint-Blancard;* Marseille, 1556.) « Cinq bahus couverts de cuir noir. » (*Invent. de Jean le Berton, avocat;* Bordeaux, 1570.) « Avons trouvé un coffre abahut (*sic*) couvert de cuyr noyr, fermant avec sa serrure et clef dans lequel, etc. » (*Invent. Deolières;* Marseille, 1583.) « Premièrement un coffre habaut de peu de valleur..... » (*Invent. des biens trouvés dans la maison de George Drumenoir;* Marseille, 1583.) « Ung coffre habaut couvert de cuir noir, fermant à serrure et clef. » (*Invent. de Jean de Boniffαce,* 1585.) « Plus il y a en ladicte chambre ung bahut couvert de cuyr rouge et ung grand banc..... servant de deux coffres. » (*Invent. de Pierre de Capdeville;* Bordeaux, 1591.) « Trois coffres à bahuz dont un plat et deux ronds, garnis de serrures fermans à clef, dans lesquels ont été trouvés les habits à l'usage de ladite défunte dame. » (*Invent. de Gabrielle d'Estrées,* 1599.)

Quelques autres textes vont achever cette démonstration. Nous lisons dans les *Mémoires du maréchal de Vieilleville* (*Mém. relat. à l'hist. de France,* t. XXIX, p. 129) : « Je veux bien dire qu'il y a dans ce logis dedans ung cavereau que j'ay faict murer, trente-cinq tant coffres de bois que bahus, que plusieurs gentilshommes qui ne se veulent pas fier en leurs maisons et à d'aultres m'ont faict apporter. » Palma Cayet, dans sa *Chronologie novennaire* (*Ibid.,* t. LV, p. 258), racontant comment le Balafré fut assassiné, écrit : « Le duc de Guise, voyant que le Conseil n'estoit encore commencé, voulut aller à la chambre du Roy, et ayant passé le long de l'allée qui y conduisoit, entrant en la chambre de Sa Majesté, il aperçut le sieur de Longnac qui estoit assis sur un coffre de bahu les bras croiséz sans se bouger. » Enfin le sieur Berthod, dans sa description burlesque de Paris, écrit :

Et je veux bien qu'un mal de ventre
Me fasse courir quinze jours,
Que je sois velu comme un ours,
Que le farcin avec la galle
Fassent ma peau comme une malle
Ou comme le cuir d'un bahu.

On remarquera que, là encore, il n'y a pas trace d'armoire en bois sculpté, orné de riches peintures.

Mais avec Berthod, nous pénétrons dans le XVIIe siècle. Eh bien, nous allons voir que, malgré le temps qui s'écoule, la condition du bahut, à Paris aussi bien qu'en province, demeure la même. « Deux coffres à bahut, ronds, à une serrure fermant à clef. » (*Invent. de Marguerite Desloges, épouse de Pierre de Beaufort,* notaire ; Paris, 1628.) « Deux coffres bahu carrés de deux pieds de long chacun. » (*Invent. de Françoise Ledoux, femme Pasdeloup;* Paris, 1629.) « Ung bahu rond à une serrure fermant à clef. » (*Invent. de Jean Thomas;* Paris, 1631.) « *Item,* un coffre de bahu rond à une serrure. » (*Invent. de Claude Bisson;* Paris, 1632.) « Un grand coffre de bahut carré, à une serrure fermant à clef, couvert de tapisserie à l'aiguille, à fleurs, garni de son châssis et pied de bois de noyer. » (*Invent. de Marie Cressé, épouse de Jehan Poquelin* — mère de Molière, — 1633.) « *Item,* un grand coffre à bahu fermant à clef, couvert de cuir noir avec cloudz; assis sur deux petits sièges bois noyer. » (*Invent. de dame Benoîte Gillet;* Villefranche, 1654.) « *Item,* un grand bahud couvert de cuir noir, garny de bandes de fer. » (*Invent. de Catherine de Neufville;* Paris, 1657.) « Un coffre bahut rond d'environ cinq pans de longueur. » (*Invent. de Geoffroy de Naves;* Toulouse, 1668.) « Un coffre de bahu rond couvert de cuir noir. » (*Invent. de Ch. de Foresta;* Paris, 1670.) « Trois bahuts ronds couverts de peau et barrés. » (*Invent. de Molière;* Paris, 1673.) « Un coffre de bahud carré, couvert de cuir de Roussy, garny de serrure à clef, posé sur son pied. » (*Invent. de Marie de Bourbonne;* Paris, 1677.) « Sur un coffre bahue fermé d'une serrure y avons apposé trois scelléz. — *Item,* dans la mesme chambre s'est trouvé un grand coffre bahue sans fermeture. » (*Apposition des scellés après le décès de Robert Nanteuil, graveur du Roi;* Paris, 1678.) « Un béhut rond, fermant à clef, rempli de divers sacs, liasses, etc. — Plus un autre béhut de cuir noir, etc. » (*Invent. d'Henri de Béthune;* Bordeaux, 1680.) On nous pardonnera ces très nombreuses citations ; mais il importait de détruire, une fois pour toutes, un préjugé fort enraciné, et que certains érudits ont corroboré par leur adhésion quelque peu téméraire.

Qu'on se soit parfois assis sur le bahut, comme le pré-

Fig. 132. — Bahut comparti.

tend M. Viollet-le-Duc, la chose n'est pas douteuse. Nous venons de le voir, au surplus, par la citation de Palma Cayet, relative à l'assassinat du duc de Guise. Héroard, en outre, nous a conservé le récit d'une scène assez curieuse, dont les principaux personnages sont Louis XIII et M. de Souvré, et dans laquelle le bahut joue son rôle en tant que siège. (Voir *Journal de Jean Héroard,* t. II, p. 75.) A une époque où ces derniers étaient d'une telle rareté, qu'on en était réduit souvent à s'asseoir sur le plancher, on était parfois heureux de trouver une malle pour se reposer. Ces choses-là arrivent encore de nos jours ! Mais la preuve que ce nom de bahut ne servit pas plus au XVe qu'au XVIe, ni même au XVIIe siècle, à désigner ces meubles pesants compris sous le nom générique de meubles meublants, mais bien un coffre affectant une forme ou une disposition spéciale, cetté preuve résulte de ce fait qu'on rencontre dans les anciens inventaires des coffrets et même de véritables cassettes désignés sous le nom de bahut. Tels sont : « Ung petit couffret faict à bahut, couvert de velours noir et garny de petites platines de cuiyvre, lequel est plain de relicques enveloppées dans des papiers, taffetas, etc. » (*Invent. des meubles du château de Nérac,* 1555), et un « petit coffre bahu de velours noir, couvert de broderies », qui figure dans l'*Inventaire des joyaulx et pierreries du cabinet du Roy de Navarre* (1583). Quant à la nature bombée du bahut, s'il existait un doute à son sujet, il nous suffirait, après avoir

Fig. 133. — Atelier de bahutier, d'après une estampe du XVIIIe siècle.

rappelé les définitions de Richelet, de Furetière, de l'Académie, de Savary des Bruslons, etc., de faire remarquer que les architectes donnent encore aujourd'hui le nom de bahut à la pierre bombée qui forme le chaperon d'un mur ou le dessus d'un parapet, et qu'on dit d'une allée de jardin qu'elle est « en bahut » quand elle est, suivant l'expression vulgaire, « en dos d'âne ».

Au XVIIIe siècle, bahut cessa d'être usité. Déjà, en 1680, Richelet écrivait : « Bahut est vieux, on dit cofre. » Le mot bahutier persista plus longtemps, mais ne tarda pas lui-même à être démodé, et le *Dictionnaire de Trévoux* dit à ce mot : « Bahutier commence à vieillir. Plusieurs aiment mieux dire mallier et même coffretier que bahutier. » C'est cette désuétude, cet oubli, dans lequel tombèrent ces deux mots, qui expliquent comment à sa réapparition, il y a trente ans, le substantif bahut put être pris dans une acception si différente de son sens primitif.

BAHUT DE FLANDRE. — C'est le nom donné, au XVIe et au XVIIe siècle, à des coffres importés de Flandre qui, au lieu d'être garnis de cuir avec des petits clous, étaient solidement ferrés. « Plus s'est trouvé ung bahut de Flandres barré de bandes de fer et garny de deux serrures. » (*Invent. de Marguerite des Bordes ;* Bordeaux, 1589.) « Plus ung bahut moyen de Flandres, bandé de fer, fermant à une clef. » (*Invent. d'Anthoine Delort;* Bordeaux, 1590.) Dans le *Tarif général des droicts des sorties et entrées du Royaume* (1664), on lit : « Les coffres de cyprès ou autres coffres et bahuts vuides de Flandres et autres pays, la pièce payera vingt-cinq solz. »

Bahutier, *s. m.* — Richelet définit le bahutier : « Ouvrier qui vend et fait de toutes sortes de cofres, valises, malles, cantines, le tout couvert de cuir de veau, de vache, de roussi, de porc, et de toutes sortes de cuir à la réserve du chagrin. » Les bahutiers, en effet, faisaient partie de la corporation des coffretiers, qui elle-même se divisait en deux branches : les *Coffretiers malletiers* et les *Coffretiers bahutiers.* C'est seulement en 1596 que les coffretiers furent érigés en Communauté, et qu'on leur accorda des *Statuts.* Un article de ces *Statuts* leur interdisait de commencer leur travail avant cinq heures du matin et de le poursuivre après huit heures du soir, pour ne pas trop incommoder le voisinage par le tapage inhérent à leur profession. Les bahutiers, dignes précurseurs des emballeurs de nos jours, ont toujours eu, en effet, la réputation d'être des personnages fort bruyants. « On dit proverbialement, écrit Furetière, qu'un homme fait comme les bahutiers, qu'il fait plus de bruit que de besogne quand il parle beaucoup et qu'il travaille peu, car, en effet, les bahutiers, après avoir cogné un clou, donnent plusieurs coups de marteau inutiles avant que d'en donner un autre. » Ce dicton, au temps de Furetière, était déjà ancien, car on le trouve dans la *Comédie des Proverbes,* représentée pour la première fois en 1616.

Baie, *s. f.;* **Baée,** *s. f.;* **Bée,** *s. f.* — Toute ouverture pratiquée dans une muraille, une cloison, un pan de bois. Les côtés d'une baie prennent le nom de *jambages* ou *pieds-droits,* le haut s'appelle *voussure* ou *sommet,* le bas *seuil* s'il s'agit d'une porte, *appui* s'il s'agit d'une fenêtre. L'origine du mot baie est dans les verbes *baier* ou *béer* dont nous avons conservé l'expression *bouche bée* et son analogue *bée gueule,* et aussi le participe béant, dont nous avons fait un adjectif. Il est donc naturel de trouver dans les vieux écrits le substantif BÉE employé pour baie, dans le sens de porte ou de fenêtre. « Ledit Guiennois ouvrit sa fenestre et parmi la bée d'icelle fut assené d'une pierre au visage. » (*Lettre de rémission,* 1380.) « Faire aussy et ériger ausdits murs les bées et fenestres de pierre de taille qu'il appartient pour donner jour et clarté. » (*Comptes des bâtiments royaux,* 1550.) Nous rencontrons ce mot plusieurs fois répété dans la *Concession* faite par le célèbre Ambroise Paré à Jeanne Paré, sa nièce, des ouvertures pratiquées dans une maison sise rue de l'Hirondelle, et qui donnaient sur la maison habitée par lui, Ambroise Paré (19 décembre 1577). « Fut présent en sa personne noble homme, Me Ambroise Paré, premier chirurgien du roy, lequel, de son bon gré et volunté, a dict et déclaré que son intention et voulloir a tousjours esté et est encores que les veues, bées et ouvertures, qui sont et se trouvent de présent en une maison assize en ceste ville de Paris, à la descente du pont Sainct-Michel, du costé des Augustins, qui fut et appartint audict Paré..... lesquelles veues, bées et ouvertures tendent et regardent sur une autre maison et court où pend pour enseigne : « la Vache » assiz rue de l'Erondelle, appartenant audict Paré, demeurent à tousjours lesdictes veues, bées et ouvertures au proffict de ladicte Paré, sadicte nièpce, et des siens en l'estat et ainsy qu'elles sont à présent. » (*Ambroise Paré d'après des documents nouveaux,* par le docteur Le Paulmier, p. 260.)

Baigneuse, *s. f.* — Nom qu'on a donné, durant la première moitié de ce siècle, à une espèce de chaise longue, arrondie à ses extrémités, qui a été remplacée par des sièges de même nature, offrant comme confortable un avantage marqué. (Voir fig. 134.)

Baignoire, *s. f. ;* **Bagnoire,** *s. f. ;* **Baingnoère,** *s. f. ;* **Baignoère,** *s. f.* — Cuve pour prendre des bains. Bien que Littré ne mentionne pas d'exemples de baignoires avant le XIVe siècle, ce mot est certainement plus ancien. La preuve en est fournie par un manuscrit de la Bibliothèque de

Poitiers, le *Sermon de Maurice de Sully,* datant du XIIIe siècle. Ce sermon, qui traite des noces de Cana, s'exprime dans les termes suivants : « En icel lui (lieu) aveit VI ydres de peire qui esteint apelées baigneoires, où li Jue (Juifs) se baignoient e lavoient por estre neptes et por

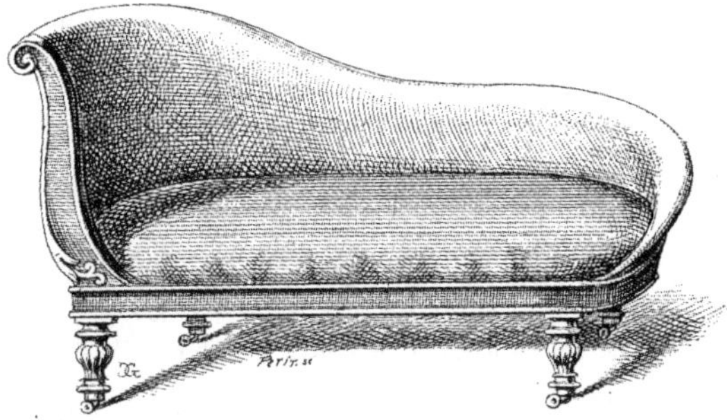

Fig. 134. — Baigneuse (XIXe siècle).

religion, si cum costume estoit en icel temps. » Cette dernière réflexion nous donne à entendre que les bains et les baignoires ne devaient point être d'un usage général à l'époque du bon Maurice de Sully. Ne soyons donc pas surpris de ne trouver qu'une seule mention de la baignoire dans tout le XIVe siècle, et encore ne s'agit-il que d'un « cuvier ou baignoire » pour saler la venaison. (Voir le *Ménagier de Paris,* t. II, p. 5.) Par contre, on rencontre les mots *baingneoeres* et *baignoeres* pris dans le sens de linge ou de manteau dont on s'enveloppait au sortir du bain. « *Item,* neuf draps de deux lèz à baingneoeres, VI sols pour pièce : LIV sols parisis. » (*Invent. de Clémence de Hongrie,* 1328.) « Pour XVI aunes et demie de toile pour faire baignoeres pour le Roy, XII deniers l'aune, valent XVI sols VI den. » (*Journal de la dépense du roi Jean en Angleterre,* 1359.) C'est de ces *baignoirs* que, par corruption, sont sortis les peignoirs dont on se sert à l'heure actuelle. Durant le XVe siècle, nous sommes plus heureux avec la baignoire meuble. Si nous rencontrons rarement le nom, nous découvrons, par contre, assez souvent la chose. Tout d'abord, c'est un double achat figurant parmi les *Objets mobiliers acquis à Paris par Marguerite de Flandre pour les couches de la comtesse de Rethel, sa belle-fille* (janvier 1403). La princesse achète : « A Jacques Dourdin, marchant tappissier, soixante-quatre aulnes de toille bourgoise, pour faire deux chappelles et deux fons de cuves à baigner, au priz de cinq solz parisis chascune aulne » ; et : « A Jehan de Neauvillé, drapier, demourant à Paris, six aulnes de drap vermeil de Malines, mises à faire la couverture de la cuve à baignier pour madite damoiselle, l'aulne au pris de trois francs. » Si nous consultons maintenant l'*Inventaire du château des Baux* (14 octobre 1426), nous lisons : « *Item,* au celier premier à l'entrée estroite une tine descargadoire et une tine baignadoire. » Toutefois, ne nous hâtons pas de triompher. Cette *tine baignadoire* pourrait bien n'être autre chose qu'un cuvier à lessive. Il n'en est pas de même pour les « deux grandes cuves baignouaires, l'une entière, l'autre par pièces », qui figurent dans l'*Inventaire du château d'Angers* (1471); celles-là sont situées « en la chambre des estuves ». Le bon roi René prenait donc des bains. Louis XI pareillement, car dans les *Comptes de la Chambre du Roi* (1478-1481), nous trouvons la mention : « A Jaquet Cadot, menuysier, et Loys Boutart, paslier (poëlier)..... une cuve à baigner ledit Seigneur (le roi) XXX sols tourn..... deux grans paelles d'airain et deux moïennes à faire chauffer les baings dudit Seigneur IX livres XI sols VIII deniers tournois. » Et plus loin : « A Louis Boutart, poeslier..... pour deux chauderons, contenant sept seilles pour chauffer l'eau pour le baigner (ledit Seigneur, c'est-à-dire le Roi), VII livres tournois. » Louis XI, au surplus, avait si bien l'habitude de se baigner presque journellement, que son panetier Denis Hesselin, ayant eu l'honneur de recevoir ce prince en son hôtel (24 septembre 1467), « le Roy y trouva trois beaux bains richement et honnestement attinteléz, cuidant que le Roy dust illec prendre son plaisir et se baigner ». (*Chronique scandaleuse* dans *Mém. relat. à l'hist. de France,* t. XIII, p. 153.) Dans les *Comptes de l'argenterie d'Anne de Bretagne* (1492), parmi les dépenses nécessitées par ses couches, nous lisons : « Audict Jehan Chassenay, pour II grans cuves baignoires à couvercle par dessus, par luy livrées pour servir et baigner ladicte Dame au feur de XXX sols tournois la pièce valent la somme de LX sols tournois. » Ces ablutions étaient donc d'un usage assez répandu dans les hautes classes, au moins pour les malades, les femmes en couches et les petits enfants. Les poètes, du reste, en témoignent. Eustache Deschamps, dans sa *Ballade des nouveaulz mariéz,* écrit :

Il vous fault pour vostre mesnage
Entre vous mesnagers nouveaulx.....
Chaudière, baingnoire et cuviaux.....

La *Complaincte du nouveau marié,* datant de la même époque, indique parmi les choses nécessaires aux époux la « cuve baigneresse »; et le curé Lemoigne, dans ses *Nouelz nouveaux,* écrit :

Marie faisoit
Une bersouère,
Joseph chapusoit
Une baignouère.....

Quant aux célibataires, ils allaient aux ÉTUVES (voir ce mot); et Philippe de Comines, gardien sévère des bonnes mœurs, flétrit « les baignoiries et autres festoyemens avec

Fig. 135. — Cuve baignoire du XVe siècle, d'après le *Tableau de la civilisation.*

femmes, grands et désordonnéz et à peu de honte », auxquels on s'abandonnait à la cour de Philippe le Bon. La pudeur, du reste, était rarement conviée à ces petites fêtes de propreté. La troisième des *Cent nouvelles nouvelles* nous montre la belle châtelaine sur laquelle le meunier trompé veut prendre sa revanche, recevant dans son bain la visite de cet entreprenant voisin, « et entretant que ma dame au musnier devisoit, il apperceut sur le bord de la cuve ung très beau dyamant qu'elle avoit osté de son doy, doubtant de l'eau le gaster ». Le meunier, on s'en souvient, s'empare du diamant, et l' « on cherche hault et bas dedans la cuve, sur la cuve ; mais rien n'y vault, on ne le sçait trouver ». Ces détails étaient à retenir. Ils prouvent, avec la facture du menuisier Cadot et le *chapusement* du bon Joseph, que toutes les baignoires de ce temps, qu'on désignait du reste uniformément sous le nom de cuves, étaient, comme ce nom l'indique, faites de bois. Nombre de vignettes anciennes (voir t. Ier, 135... et IV, 540 et 541) le prouvent aussi. Celles dont usaient François Ier et sa cour étaient de même genre ; cela résulte des *Comptes des bastimens du Roi* (Fontainebleau, 1537) : « A Claude Regnault, tonnellier, la somme de 264 livres pour douze cuves baisgnoires et jasles pour le Roy. » Celle du jeune Louis XIII paraît n'avoir point différé de ce modèle primitif. C'est encore une cuve de bois, si nous en croyons le *Journal de Jean Héroard* (t. II, p. 70). C'est dans une cuve de même sorte que se baigne Valentin, le mari trompé du roman de *Francion ;* et c'est également une cuve de bois, qui reçoit Anne d'Autriche ; Mme de Motteville l'affirme du moins. Enfin, il n'est pas jusqu'à l'élégante *Dame au bain* que nous montre Pater, qui ne fasse usage d'un cuvier grossier et assez vilain de forme.

Fig. 136. — Baignoire dite « en sopha », d'après De Lafosse.

Quoique Louis XIV, suivant le dire de ses médecins (voir *Journal de la santé du roy*, p. 92 et 105), ne prît de bains que par ordonnance, il ne pouvait toutefois baigner sa majesté dans une simple cuve de bois. Un récipient si modeste était indigne de recevoir l'incarnation vivante du soleil. Son père, au reste, aux derniers temps de sa vie, avait fait construire pour Versailles une grande cuve de marbre. C'était un trop auguste exemple pour ne point s'y conformer. Aussi les *Comptes des bastimens* portent-ils trace d'acquisitions et de travaux qui nous intéressent. Nous trouvons, en effet, à l'année 1677, une dépense de 6,000 l., à l'année suivante, une autre somme de 5,000 l. « pour les deux cuves des bains de l'appartement, et pour le marbre et les ornemens de bronze » ; à l'année 1679, encore une dépense de 2,400 l., payées à Misson et Derbais, marbriers, « pour les deux cuves de l'appartement des bains ». On peut juger, par ces chiffres, de la magnificence de ces baignoires. Ceux, au surplus, qui furent admis à les contempler leur rendent pleine justice. « La baignoire qui est dans le cabinet de marbre est parfaitement belle », écrit Piganiol de la Force ; on ne peut rien dire de plus. Mais ces baignoires de marbre, toutes superbes qu'elles puissent avoir été, ne laissaient pas que d'être difficiles à échauffer. Pour combattre le froid du marbre, il fallait les garnir de linge. C'est ce qu'on ne manquait pas de faire, chaque fois que l'illustre monarque jugeait à propos de baigner sa majestueuse personne, et l'*Inventaire des meubles de la Couronne* nous a conservé la liste de la lingerie consacrée à ce service. On en trouvera plus loin le détail à l'article SALLE DE BAINS. Il nous suffira de constater ici que les tours de baignoires étaient de basin blanc garni de dentelles, et qu'au fond de la baignoire on plaçait un tabouret également couvert de basin. Cette garniture luxueuse constituait ce qu'on appelait un « équipage de bain », et nous savons par Dangeau que Mme de Maintenon en donna un à Mme de Chevreuse, garni de point de France et fort magnifique.

Ce fut cette froideur incommode du marbre qui, lorsque l'usage des bains commença à se généraliser, amena l'adaptation du métal à la baignoire. On conserva encore pendant longtemps les baignoires de marbre, témoin « la grande cuve de marbre en baignoire » qui figurait à la *Vente de la duchesse d'Orléans* (28 avril 1749) ; et la baignoire de marbre noir antique qui fut adjugée à la *Vente de l'abbé de Bourbon* (24 octobre 1783). On conserva aussi les baignoires de bois, « par *œconomie* », dit l'*Encyclopédie,* qui nous apprend que ces dernières étaient portées « en ville chez les particuliers, lorsqu'ils sont obligés pendant l'hiver de prendre des bains par indisposition ou autrement ». Cependant, la baignoire en métal n'était pas inconnue, et, dès l'année 1680, on voyait figurer dans l'*Inventaire d'Henri de Béthune, archevêque de Bordeaux :* « Une baignoire de cuivre estamée par le dedans avec son pied et sa couverture de bois, et son entonnoir et son bassin, le tout aussi de cuivre rouge ». Ajoutons que c'était là une exception luxueuse. Plus souvent le plomb s'alliait au bois, comme dans ces « 2 baignoires de bois doublé de plomb, avec réservoir et tuyaux de plomb et double robinet de cuivre », que les amateurs du temps trouvaient à vendre chez le sieur Durocher. Il faut, d'ailleurs, attendre la seconde moitié du XVIIIe siècle pour que, dans les intérieurs galants et confortables, la baignoire de métal apparaisse d'une façon régulière. C'est elle que nous rencontrons dans la *Vente de Mlle Guéant, de la Comédie italienne* (26 février 1759), où l'on adjugea : « Une baignoire de cuivre avec ses réservoir, réchaux et fourneaux » ; à la *Vente de M. de Pontnoyer* (26 février 1760) : « Une baignoire de cuivre rouge en forme de sopha » ; à celle de Mlle de Menant (23 mars 1762) ; à celle du maréchal de Lautrec (10 mai de la même année) ; de la présidente de Murart (1779) ; et lorsque Mlle Devise, de l'Opéra, déménage clandestinement de l'appartement qu'elle occupe rue de Bourbon (mars 1778), le seul meuble qu'elle laisse est « une baignoire de cuivre rouge montée en canne avec son cylindre de cuivre rouge également ». (Campardon, l'*Opéra au XVIIIe siècle,* t. Ier, p. 254.)

Le grand fournisseur de ce monde élégant était le sieur Houel, marchand chaudronnier. Il vendait et louait les baignoires avec le cylindre pour chauffer l'eau. (Voir le *Mercure* de janvier 1760.) Mais les baignoires de Houel, à l'inconvénient d'être de dimensions énormes, joignaient celui de ne point s'adapter aux formes du corps. Ce fut Level, maître chaudronnier, domicilié rue des Mauvais-Garçons, qui le premier eut l'idée de construire une baignoire où « la personne qui prend le bain est assise et contenue de toutes parts comme dans un fauteuil »; et, en homme pratique, il fit approuver son idée par l'Académie. (*Mercure* de juillet 1768.) C'est, du reste, le modèle qui s'est transmis jusqu'à nous, remplaçant avantageusement la cuve de bois ou de marbre de forme ronde, et par conséquent incommode, ainsi que la « baignoire en sopha » inventée par De Lafosse, et dont nous avons vu un spécimen figurer à la vente de M. de Pontnoyer. Les premières baignoires de Level se chauffaient au moyen d'un réchaud à esprit-de-vin, ce qui ne laissait pas que d'être assez dispendieux. Aussi l'inventeur s'appliqua-t-il à substituer le charbon ou la braise à l'alcool, et, en septembre 1768, il mettait en vente de nouvelles baignoires auxquelles était adaptée « une machine pour y faire brûler de la braise, sans que la vapeur du charbon pût incommoder » le baigneur. La dépense du bain, grâce à cet appareil, ne s'élevait pas au-dessus de dix à douze sols. (*Mercure* de septembre 1768.) Il ne restait plus après cela que l'acquisition de la baignoire de cuivre, qui demeurait encore fort coûteuse. Le sieur Clément, maître peintre, dont la manufacture était à la Petite-Pologne, inventa, en 1770, un vernis qui, appliqué sur la tôle, lui permit de confectionner des baignoires bon marché. Aujourd'hui on a remplacé la tôle vernie par la tôle émaillée et par le zinc. Toutefois, c'est la baignoire en cuivre étamé qui est demeurée la plus répandue. Quant aux retours au bois et au marbre, ils peuvent être regardés comme exceptionnels. On n'en trouve guère d'exemples que chez certaines beautés aimables et célèbres. A la vente de Mlle Caroline Letessier, on a pu voir adjuger au prix de 1,200 francs une baignoire en bois sculpté. La salle de bains de Mlle Elluini renfermait une baignoire en bois sculpté, style Renaissance, garnie à l'intérieur en cuivre argenté, et nous avons admiré chez M. Parfonry une baignoire en marbre onyx, destinée à Mlle Gabrielle Moisset, de l'Opéra-Comique.

Nous en aurions fini avec la baignoire, s'il ne nous restait à dire quelques mots d'une invention assez curieuse, qui ne semble pas avoir eu cependant un grand succès. Nous voulons parler de la baignoire mécanique inventée par le comte de Milly, de l'Académie des sciences, et dont on put, en 1776, expérimenter les effets chez Le Clerc, baigneur, rue Pierre-Sarrazin. Au moyen d'un appareil assez compliqué, l'eau entrait en mouvement, et le « bain domestique » se rapprochait ainsi du bain de rivière. (*Mercure* de juillet 1776.)

Enfin, il nous faut parler encore des baignoires en porcelaine, qui foisonnent dans les comptes de Lazare Duvaux et des marchands ses confrères : « 27 octobre 1753 — à la comtesse de Maurepas : une petite baignoire de Vincennes en blanc à filets d'or, 3 livres »; « 2 avril 1754 — à Mme la marquise de Castries : une baignoire de Vincennes, 6 livres »; « 2 août 1756 — à M. de Presles : trois baignoires de Vincennes, 18 livres »; « 24 décembre 1756 — à Madame Louise : une baignoire verte, 6 livres, etc. » (*Livre journal,* t. II, p. 175, 195, 291, 304 et suiv.) Il s'agit ici, le lecteur l'aura deviné, de petites baignoires pour les yeux.

Baile, *s. f.;* **Baille,** *s. f.;* **Baillé,** *adj.* — Du Cange, au mot *Ballium;* D. Carpentier, sous *Bailleium,* donnent plusieurs exemples de baile ou baille, employées pour signifier palissade extérieure, barrière, défense d'un enclos fortifié. C'est avec ce sens qu'on trouve ce mot dans les vers suivants du *Chevalier au cygne* (t. III, p. 359) :

> As bailles est venu, a haute voie s'escrie :
> « Ouvrés, dist-il, ouvrés ! et ne me laissies mie,
> A l'Amulaire faut que nouvelle je die. »

De même, dans le passage de la *Chronique normande* (p. 10) relatif au siège de Lille. Plus tard il s'appliqua à toutes sortes de barrières. Parlant de la fête donnée au Palais à l'occasion de l'entrée d'Isabeau de Bavière à Paris

Fig. 137. — Bethsabée au bain, d'après un manuscrit de la bibliothèque de Rennes.

(1389), Froissart écrit : « Devant la table du roy tout au long descendant avoit une bailles de gros merrien..... à trois entrées, et là estoient sergents d'armes, huissiers du roy et massiers moult grand foison qui les entrées gardoient, à la fin que nul n'y entrât s'il n'étoit ordonné pour servir à table. » Le passage suivant, emprunté à Olivier de la Marche (*Estat de la maison du Duc,* p. 659), prouve que baille était encore usitée pour signifier barrière intérieure, séparation, balustrade. Il s'agit de la façon dont se donnait l'audience du duc de Bourgogne : « Et incontinent la forme de l'audience passée, la salle est close d'un grand parquet tout baillié, et clos de bancs et bailles, et tout couvert de tapisseries aux armes du Duc; et sont au costé sénestre escuyers trenchants, escuyers d'escurye debout à pied; aux bailles, et au costé dextre les panetiers eschanssons et escuyers du Duc. Et devant icelles bailles sont bancs à l'entour du parquet où séent les chevaliers, chambellans et estrangiers qui surviennent et aussi les Maistres d'hostel. »

Bain, *s. m.* Voir BAIGNOIRE et SALLE DE BAINS.

Bain de pied, *s. m.* On donne ce nom à un vase de moyennes dimensions, de forme ovale, ayant l'apparence d'un petit baquet, qui sert exclusivement à l'usage que son nom indique. Jadis, on se lavait les pieds dans des auges de

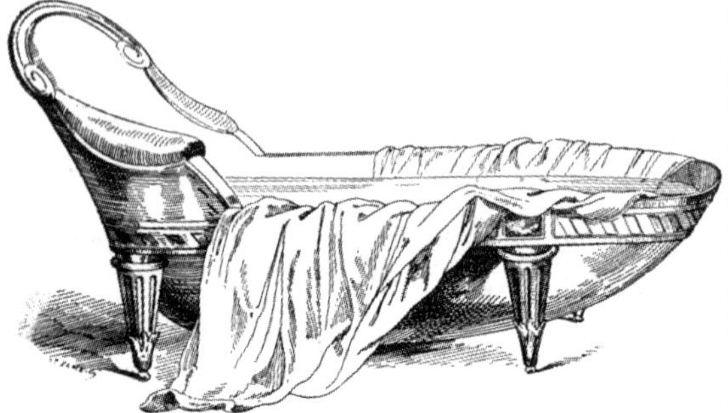

Fig. 138. Demi-bain, d'après une estampe de Freudenberg.

pierre, dont on retrouve encore des traces dans les anciens couvents. C'est dans une auge de cette nature que se lave la belle Bethsabée de notre vignette. (Voir fig. 137 Plus tard, on recourut à un grand bassin creux, rond et à rebords : « 3 octobre 1606, à huit heures trois quarts, dévêtu (le Dauphin) ; on lui a lavé les jambes dans de l'eau tiède, au bassin de la reine; c'est la première fois. » (*Journal de Jean Héroard,* t. Ier, p. 219.) Pour la première fois, c'était un peu tard, le Dauphin avait alors six ans révolus.

Bain de siège, *s. m.;* **Demi-bain**, *s. m.* On donne le nom de bain de siège à une cuve généralement en zinc, avec un dossier et deux ailes ou poignées. Jadis, on l'appelait DEMI-BAIGNOIRE ou DEMI-BAIN : « Un demi-bain est une petite baignoire où l'on ne met que la moitié du corps. » (FURETIÈRE.) Un meuble de ce genre figurait à la *Vente après décès de M de Boliard, gouverneur et bailli de Meaux.* (*Affiches de Paris,* 2 juillet 1760.) On sait, en outre, que Marat était dans une demi-baignoire (voir SABOTIÈRE) quand il reçut la visite de Charlotte Corday Enfin, Lazare Duvaux vendit, le 12 avril 1755, pour 80 livres, au comte

Fig. 139. Bain de siège, d'après Boucher fils.

du Luc, « un fauteuil, avec une cuvette en demi-bain, couvert de maroquin », qui paraît être le véritable ancêtre de nos bains de siège.

Bain-marie, *s. m.* On donne ce nom à un grand vase en forme de seau, toujours en métal, parfois en argent, dans lequel une armature, également en métal, permet de suspendre un autre vase. On a pu voir dans la collection Paul Eudel un bain-marie de cette sorte en argent, remontant au siècle dernier.

Baischère, *s. f* Locution gasconne et béarnaise. Synonyme de vaisselle.

Bajoe, *s. f* Espèce de panier à mettre le pain. (Voir BACHOE.)

Balai, *s. m.;* **Balay**, *s. m.;* **Ballay**, *s. m.* Ustensile de ménage garni de bouleau, de chiendent ou de crin, et monté sur un long manche. Du Cange fait dériver le mot balai du bas-latin *baleys,* ou encore de *balaium,* qui avaient la même signification ; c'est dire son ancienneté. A toutes les époques, d'ailleurs, on a fait grand usage du balai. Il est fort question de lui dans le *Ménagier de Paris.* « Et premièrement commandez aux chamberières que les entrées de vostre hostel soyent au bien matin balleyés et tenus

Fig. 140. Marchande de balais, d'après la vignette de Brebiette.

nettement. » Henri III en personne daigna s'occuper de son fonctionnement. « Cependant, Sa Majesté veult que tous les matins, avant qu'elle soit éveillée, l'on face balier et oster les ordures, tant à la cour que sur les degréz et aux salles haultes et basses du logis. » Après cela, il ne faut pas s'étonner que le marchand de balais soit un des plus anciens et des plus fidèles habitués du pavé parisien. On voit apparaître sa physionomie dès le XVe siècle dans les *Cris de Paris,* et la marchande qui lui succède tient une place importante dans les vignettes dessinées par Brebiette, peintre du roi, au commencement du XVIIe siècle, dans la curieuse série des *Cris* de Bonnard, dans les suites crayonnées par Bouchardon et par Boucher. La plupart d'entre nous ont, au reste, connu ces modestes industriels, et s'ils ont déserté Paris, on les retrouve encore dans nos lointaines campagnes. Au bas de son estampe, Brebiette, à la fois peintre et poète, avait cru devoir tracer le quatrain explicatif suivant, qui marque plus de bonne volonté que de souffle poétique :

Quiconque veut se garantir
De l'amende, du commissaire,
De mes balets doit se garnir :
On ne sçauroit jamais mieux faire.

Ce n'est pas, au surplus, la seule fois que le balai se vit fêté par les Muses. Si nous en croyons Bachaumont (*Mém. secrets,* t. Ier, p. 93), le mois de mai 1762 vit éclore « un poëme héroï-comique en dix-huit chants », qui portait ce nom.

« Cet ouvrage, dont on ignore l'auteur, ajoute Bachaumont, est calqué sur la *Pucelle;* il y a de la facilité dans la versification et même quelques images voluptueuses. Mais on sent combien d'inutilités, de longueurs, de pillages il doit y avoir dans un poème de dix-huit chants sur un manche à balai. »

Fig. 141 et 142. Grilles de balcon (XVIIe siècle).

Le XVIIIe siècle ne devait pas seulement chanter l'utile ustensile dont nous nous occupons, il devait aussi l'embellir. En réduisant la taille des cheminées, il permit l'emploi des petits balais élégants dont se chargèrent des mains délicates. C'est ainsi que nous trouvons dans le *Livre journal* de Lazare Duvaux : « 28 décembre 1751. Sa Majesté le Roy : Trois balais et trois soufflets à deux vents, 24 livres. » « Le 5 février 1755. Mme de Pompadour : Trois soufflets de bois noir à deux vents et trois ballets emmanchés tournés et polis, 22 livres. » « 4 mai 1758. Le duc de Bourgogne : Six balais d'âtre en crin noir et manche tourné. » Ces petits balais d'appartement sont depuis lors demeurés d'un usage courant.

BALAIS. On a longtemps désigné sous ce nom certains rubis. Dans les *Comptes royaux,* à l'année 1414, il est question d' « ung gros balay quarré appellé le balay de David » mis en gage pour la somme de 7,913 liv 10 sols. Parlant du pillage qui suivit la bataille de Granson, « les Suisses, dit Comines, gagnèrent trois balais pareils, appellez les trois frères ; un autre grand balais, appelé la Hatte ; un autre appellé la Balle de Flandres qui estoient les plus grandes et les plus belles pierreries que l'on eut sceu trouver ». (*Mém.,* liv V, ch. II.) Dans les *Comptes et mémoriaux du roi René,* il est question d'un tableau d'or « garny de perles, balais, saphirs et émeraudes » que le galant roi de Sicile offre à la reine pour son jour de l'an. Enfin dans l'*Inventaire des meubles et effets précieux du château de Pau* (1517), nous notons encore « ung septer de Cassidoine garny d'argent doré, là où il y a huict gros balaiz et tout plein de mesnues perles », etc. Lacurne pense que balais signifiait « qui est de couleur claire », et qu'on appliquait cette qualification au rubis quand il était pâle, c'est-à-dire rose. Cette explication est aujourd'hui généralement admise.

Fig. 143. — Grille de balcon, d'après Lepautre.

Le mot BALLESSEAU, qu'on voit figurer dans l'*Inventaire de Charles V* (1380), semble avoir été employé comme diminutif de rubis balais. « *Item,* une croix d'or tout plaine par devant et hachée par derrière, à feuillages, sur laquelle sont six saphirs, douze ballesseaulx, dix esmeraudes, etc. — *Item,* une autre petite pomme d'or, plaine d'ambre, en façon de lozanges, et garnye de petiz ballesseaulx et de perles, pesant une once quinze estellins, etc. »

Balance, *s. f* Instrument qui sert à trouver le poids d'un objet. Au Moyen Age, les villes possédaient des balances publiques. « Quant che vint à l'issir hors, le roy vist le grande balanche, il luy prist volonté de savoir combien il pesoit au poids de Tournai. » (*Chronique de Tournai,* à l'année 1368.) On en trouvait également dans les châteaux. « *Item,* une balance et les mars. » (*Invent. de l'hostel de Quatremares,* 1334.) Chez le roi, on en rencontrait en métal précieux : « Unes balances à bassin d'argent, dont les verges sont de fer. — *Item,* unes petites autres balances d'argent en un estuy de boys. » (*Invent. du Louvre,* 1420.) Enfin il en existait chez tous les marchands : « Plus jay en laditte bouticque ung paire de ballances moyennes pour poizer jusqu'envyron demy quintal. » (*Invent. de Pierre Capdeville, marchand à Bordeaux,* 1591.) Etc.

Balancier, *s. m.;* **Balencier,** *s. m.* Artisan qui fabrique des balances. « Lorin le balencier, demourant à Paris, pour unes balances nuefves..., XXIV s. » (*Comptes de l'hostel de Charles VI,* 1383.)

Balandran, *s. m.* Locution provençale. Meuble lourd, embarrassant, vieillerie qui tient beaucoup de place.

Balasse, *s. f* Matelas rembourré de balle d'avoine. Dans le Limousin, on appelle BALASSO un petit matelas d'enfant. (Voir BALLE.)

Balayette, *s. f.;* **Baliette,** *s. f* Petit balai servant aux menus travaux de propreté du ménage.

Balcon, *s. m.* Avance en pierre, bois ou métal, supportée par des colonnes, des consoles ou des cariatides, faisant saillie sur une façade et enfermée par une balustrade de pierre, de fer ou de bois. On accède généralement au balcon par une porte-fenêtre, et sa surface s'étend le plus souvent au niveau d'un étage ; parfois, au contraire, on y parvient en gravissant une ou deux marches. On fait des balcons étroits ; on en fait aussi de larges. Il y a des balcons qui occupent seulement la largeur d'une baie. Il en est qui font le tour de la maison. « Un grand balcon de fer, qui a quatre pieds de saillie, règne sur toute la largeur de la façade. » (Piganiol de la Force, *Descr de Paris,* t. VII, p. 205.) Quand le balcon est intérieur, il se nomme LANTERNE ou TRIBUNE.

Baldaquin, *s. m.* — Ç'a d'abord été un dais porté sur le Saint-Sacrement, et son nom vient, au dire de Borel, de *Baldechinum,* qui signifie le plus riche tissu de soie brodée d'or. « On tient, ajoute Furetière, qu'il (ce tissu) est ainsi nommé à cause qu'il venait de Baldac ou Babylone,

Fig. 144. — Baldaquin, style empire.

en Perse. » Certains auteurs du XIVe siècle font de baldaquin le synonyme de poêle. (Voir la *Chronique de Jean d'Outremeuse* dans le *Corps des chroniques liégeoises*, t. VI, p. 30.) Le baldaquin s'établit plus tard à demeure sur l'autel. Il devint alors un ouvrage d'architecture porté par des colonnes, et dans lequel le métal remplaça le tissu. Le baldaquin du Val-de-Grâce est célèbre. Celui de Saint-Pierre de Rome est le plus vaste baldaquin connu.

Dans l'ameublement, le baldaquin n'apparaît guère qu'au milieu du siècle dernier, et ce n'est pas avant cette époque que nous relevons ce nom dans le vocabulaire du décorateur et du tapissier. Il fut donné aux dais et aux ciels de lit qui ne se présentaient pas par leur petit côté, comme dans le lit vu de pied, mais par leur plus large face. Le premier que nous rencontrons est « un lit dont l'impériale est faite en baldaquin couvert de perse garnie de franges ». (*État des meubles de Charlotte Desmares, comédienne du roi,* 1746). Ensuite vient « un lit en baldaquin d'étoffe de la porte, à rayes vertes et blanches, etc. » (*Mém. des meubles faits de neuf au Garde-Meuble de Versailles,* 1751.) « Un lit en forme de baldaquin de toile de coton à fleurs. » (*Invent. de Ch. Parrocel, peintre du roi,* 1752.) « Dans la chambre du Trône, on a mis un trône neuf dessous un dais en baldaquin, qui est riche et de bon goût. » (*Mém. du duc de Luynes,* t. V, p. 24.) Etc. Aujourd'hui baldaquin est encore en usage; il désigne fautivement les draperies qui entourent et accompagnent le ciel de toutes sortes de lits, et souvent, par extension, ce ciel lui-même. (Voir LIT.)

Baleine, *s. f.* — La baleine est employée dans la marqueterie de bois. Pour la travailler, on la fait bouillir dans l'eau pendant vingt-quatre heures, et quand elle est bien ramollie, on la débite dans le sens de la longueur. Ainsi réduite en petites tiges, elle est utilisée par les marqueteurs pour faire des filets d'un très beau noir, que l'on fixe au moyen de colle forte dans des rainures préparées d'avance. La flexibilité de la baleine la fait préférer à certains bois qui produiraient le même effet, mais qui sont plus cassants.

Balen, *s. f.;* **Balinge**, *s. m.* — Couverture de laine pour un lit; couches pour un enfant. Très ancien et peu usité.

Balendrier, *s. m.* — Garde-fou. « Nous passions sur le pont d'Anne, et le balendrier, *id est* garde-fou, estoit osté. » (*Moyen de parvenir,* p. 363.)

Balet, *s. m.* — Locution bordelaise. Auvent, hangar, porche.

Balle, *s. f.;* **Ballière**, *s. f.* — « Jacquette, sur sa couette de balle et bien à son aise, regardoit tout ce mystère. » (*Les contes et discours d'Eutrapel,* 1585, p. 358.) « Une couchette bois de chesne, avec une couette de pleume, un traversier et orillier de balle, etc. » (*Invent. de la dame de la Chesnais,* Archives d'Ille-et-Vilaine, 1698.) Il s'agit ici de balle d'avoine dont on remplissait les oreillers et les traversins. En Normandie et en Bretagne, on appelait jadis BALLIÈRES les paillasses garnies de ces déchets.

BALLE DE SENTEUR. — Voir POMME.

BALLE A CAFÉ. — Nom donné à une toile très grossière, de couleur écrue, qui sert de canevas pour exécuter certaines tapisseries.

Ballesseau, *s. m.* — Voir BALAIS.

Ballon, *s. m.* — Jeu d'enfants importé d'Italie au commencement du XVIe siècle. (Voir *Mém. relatifs à l'Histoire de France,* t. XVI, p. 8.) Fut à la mode au XVIIe siècle. « Une de ses plus belles qualités étoit de bien jouer au ballon. Il étoit gentilhomme. » (Tallemant, *Historiettes,* t. IV, p. 51.)

Balustrade, *s. f.;* **Balustre**, *s. m.* — On donne le nom de balustre à un petit pilastre ou mieux à une petite colonne généralement renflée vers son milieu, qui sert à supporter un appui ou une tablette. Le balustre se compose de quatre parties : le *piédouche,* qui sert de base; la *panse* ou *poire,* nom qu'on donne à la partie renflée; le *col,* partie au-dessus de la poire, et qui va généralement en se rétrécissant, et le *chapiteau,* qui couronne le tout.

Le balustre semble être une invention de la Renaissance. On ne trouve rien dans l'antiquité ni dans l'architecture ogivale qui lui ressemble. Mais, malgré sa relative jeunesse, il a revêtu les formes les plus variées; c'est ainsi qu'en architecture on distingue les balustres *toscan, dorique, ionique, corinthien, composite, en piédouche, cannelé, à double poire, à ceinture, à pans, rustique, en urne, à retour, en vase,* etc. Ces formes sont celles qu'on peut qualifier de classiques; mais les architectes et

Fig. 145. — Baldaquin du lit de Napoléon Ier.

les décorateurs ne manquent pas d'en inventer, chaque fois que l'occasion s'en présente, des variétés nouvelles.

Le balustre forme à lui seul un tout. Il constitue une unité. On dit : « Il faut tant de balustres pour tel ouvrage. » C'est ainsi que s'expriment les projets et devis. On fait des balustres de bois, de pierre, de marbre, de fer, de bronze ; on en a fait d'argent, etc. Le balustre s'emploie rarement seul. La réunion de plusieurs balustres se nomme balustrade. Néanmoins, pendant tout le XVIIe et le XVIIIe siècle, on appela également balustre la balustrade qui, dans les cham-

Fig. 146 à 150. — Modèles divers de balustres, d'après Daviler.

bres de parade des princes et des rois, fermait l'alcôve et tenait les visiteurs à distance. A quelle époque l'usage de ces sortes de balustres fut-il introduit en France ? Probablement à la fin du XVIe siècle, car Héroard (à la date du 21 mai 1602) nous signale la présence d'une de ces séparations dans la chambre du futur Louis XIII. Il nous apprend, en outre, que le Dauphin avait un second balustre devant sa cheminée, et qu'en été, lorsqu'il jouait au soldat avec les petits de Vendôme, de Verneuil et de Frontenac, ce balustre devenait une sorte de forteresse. La chambre dite d'Anne d'Autriche, au Louvre, et celle de Louis XIV, à Versailles, nous montrent ce qu'étaient les balustres royaux au XVIIe siècle. Toutefois, si nous en croyons les récits de Mme de Motteville, le balustre de la reine, au Palais-Royal, était singulièrement plus magnifique, puisqu'il était d'argent. (*Mém.*, ch. LVI.)

Le Roi Soleil ne devait pas, comme bien l'on pense, se montrer, en fait de prodigalités, inférieur à son auguste mère. Le *Mercure* de décembre 1682, qui nous fait pénétrer dans sa chambre, à Versailles, nous décrit le lit placé sur une estrade qu'entoure un balustre d'argent « de deux pieds et demy de haut, sur lequel posent huit chandeliers de même matière hauts de deux pieds chacun » ; et les *Inventaires des meubles de la Couronne* mentionnent deux balustrades d'alcôve, l'une composée de 20 balustres et 11 pilastres, le tout d'argent ciselé pesant 3,109 marcs (*État* du 30 janvier 1681) ; l'autre de 28 balustres, 20 demi-balustres et 17 pi-

Fig. 151 à 155. — Modèles divers de balustres, d'après Daviler.

lastres et demi-pilastres pesant 4,076 marcs. (*État* du 20 mars 1684.) Une si coûteuse barrière devait, cela se comprend, jouer son rôle dans le cérémonial d'une cour où les plus petites actions étaient réglées par l'étiquette. Le balustre, en effet, était gardé pendant tout le jour par un valet de chambre, et ce valet avait pour mission d'empêcher que personne ne s'approchât trop près de cette royale séparation. Franchir ce fameux balustre et pénétrer dans l'intérieur était une faveur qui marquait dans la vie d'un courtisan. En 1698, lorsque milord Portland visita Fontainebleau, « quoiqu'il eût pris congé, nous dit Saint-Simon, il alla faire sa cour au roi, qui prenoit médecine. Le roi le fit entrer après l'avoir prise, ce qui étoit une distinction fort grande, et pour le combler il le fit entrer dans le balustre de son lit, où jamais étranger, de quelque rang et de quelque caractère qu'il fût, n'étoit entré, à l'exception de l'audience de cérémonie des ambassadeurs. » (*Mém.*, t. II, p. 106.) Au ton de Saint-Simon, on voit ce qu'une pareille gracieuseté signifiait à la cour du Grand Roi, et la tapisserie représentant l'*Audience du Légat* nous fait assister à ce cérémonial. Hélas ! ces superbes balustres d'argent, il fallut bientôt s'en défaire. En 1689 et en 1709, ils prirent le chemin de la Monnaie avec tous les meubles merveilleux que le roi avait fait faire, et ils furent transformés en écus.

Le Grand Roi ne se borna malheureusement point là. Ayant exigé que ses fidèles sujets suivissent son exemple, par sa *Déclaration* du 14 décembre 1689, il interdit aux orfèvres de faire à l'avenir « aucuns balustres d'argent » ; et comme si cela ne suffisait pas, « après avoir établi cette

Fig. 156 à 160. — Modèles divers de balustres, d'après Daviler.

discipline dans l'orfèvrerie », il défendit aux maîtres doreurs ou argenteurs de dorer ou d'argenter à l'avenir aucuns balustres. (*Arrêt* en date du 22 mai 1691.)

Le roi n'était pas le seul, en effet, qui entourât son lit d'un semblable ornement. Les ducs, les princes, les grands seigneurs avaient droit, eux aussi, au dais et au balustre ; de là le nom de « seigneurs à balustres » qu'on donnait aux jeunes princes et aux ducs héréditaires :

Pour les autres, danseurs illustres,
La pluspart Seigneurs à balustres,
Ou du moins dignes d'en avoir...,

écrit Loret. (*Muze historique,* février 1655.) Un historien rapporte que le grand Condé fut envoyé à Bourges, à l'école, avec les autres enfants de son âge ; mais il avait une chaise spéciale entourée d'un balustre. Tallemant raconte que le S^{r} Du Dognon fit faire un balustre dans le chœur de l'église du Brouage, pour y entendre la messe tout seul. (*Historiettes,* t. II, p. 51.)

Nous avons dit que l'on nommait balustrade la réunion de plusieurs balustres. Les balustrades peuvent être de matériaux très différents. Les balustrades de balcons et de terrasses sont généralement en pierre ou en fer. « Le roi a fait mettre ici (à Marly), à l'entour des terrasses du château, une balustrade de fer superbement belle », écrit Dangeau. (*Journal,* t. VIII, p. 88.) Pour les escaliers, elles sont en bois, en fer ou en marbre. Louis XIV en fit exécuter, pour le grand escalier de Versailles, une en bronze doré qui est demeurée justement célèbre. Les *Comptes des Bastimens du Roi* nous révèlent le nom de l'artiste qui fut chargé de ce chef-d'œuvre et le prix que coûta son exécution. Le 26 février 1676, Domenico Cucci reçut un premier acompte de 500 livres; le 29 décembre 1677, un second acompte de 2,700 livres; le 24 décembre 1678, un troisième acompte de 16,000 livres; et enfin, le 16 juillet 1679, « pour parfait payement de 31,200 livres pour la balustrade de bronze doré du grand escalier de Versailles..... 7,400 livres », auxquelles il convient d'ajouter 2,800 livres pour les ornements des piédestaux et consoles.

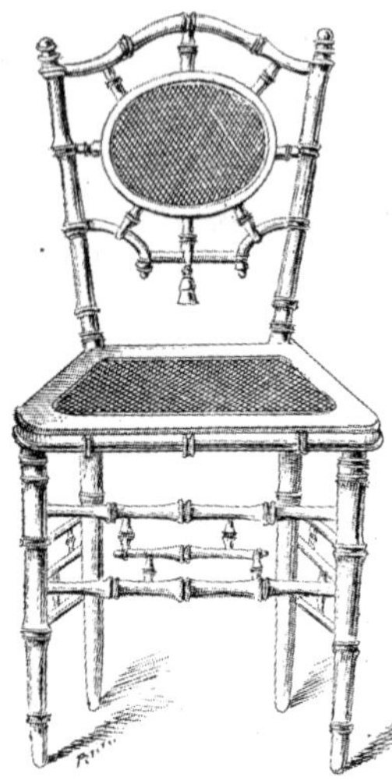
Fig. 161. — Chaise en bambou.

Les balustrades jouèrent un grand rôle pendant le XVIIe et le XVIIIe siècle. Elles étaient considérées avec beaucoup de raison comme un élément de beauté pour la construction. Il en est souvent question dans les lettres de l'époque : « Vous montez dans ces grands bâtiments par un grand degré orné d'une belle balustrade de fer doré », écrit Bussy-Rabutin. (*Lettres,* t. IV, p. 81.) Le *Mercure* prend également soin de les signaler. On lit dans la description du château de Bellefond (n° de septembre 1700) :

. . . . . Une belle et riche balustrade,
Du costé de la cour relève la façade...

Aujourd'hui, on applique le nom de balustrade à toutes sortes de clôtures en pierre ajourées, qu'elles aient ou n'aient pas le balustre pour principe, et, faisant remonter à cette désignation le cours des âges, on donne ce nom à toutes les barrières ou clôtures ajourées qui ont un caractère architectural suffisant, alors même qu'elles appartiennent au Moyen Age. C'est ainsi qu'on parle de balustrades trilobées, de balustrades à chiffres, à entrelacs, à culots, etc.

De même, le mot balustre a été détourné de sa signification primitive pour recevoir, dans les arts de l'ameublement, une foule d'adaptations ne rappelant que de loin sa forme et son usage. Ainsi les orfèvres nomment balustres les parties de leurs ouvrages qui sont façonnées en manière de balustres, comme le pilier d'un guéridon, la tige d'un flambeau. « Une manière de coquille ou cuvette ovale de jaspe d'Orient, portée sur un pied à balustre.... — Une petite coupe ovale portée sur son pied à balustre. — Un verre gravé de feuillages à trois godrons sur un pied à balustre, etc. » (*Invent. des meubles de la Couronne,* 1673-1701.) Les ébénistes, eux aussi, font usage de ce terme pour désigner les pieds des sièges, les fûts des colonnes, etc. L'*Inventaire du cardinal de Mazarin* (1653) décrit : « Un bois de lict de la Chine, composé de quatre colonnes à balustres... », et celui du *Maréchal de la Meilleraye* (1664) : « Deux fauteuils et huict chaises de bois de noyer tournés à balustre. » De nos jours enfin, on applique ce nom même à la céramique. Exemple : « Deux jolis flacons, forme balustre, à six pans, ancienne porcelaine de Chine. » (*Catal. de la vente du baron d'Ivry,* mai 1884.)

Bamboche, *s. m.* et *f.* — Le *Mercure galant* de janvier 1697 donne de ce mot la définition suivante : « Bamboche est le nom d'un fameux peintre, qui ne faisoit que de petites figures que les curieux appelloient des bamboches, et il fut donné depuis indifféremment à toutes les petites figures, de quelque peintre qu'elles fussent. »

Bambou, *s. m.* — Espèce de gros roseau qui atteint, dans l'extrême Orient, un diamètre considérable. Dans son pays d'origine, le bambou est employé à une foule d'usages, surtout comme bois de construction et pour la fabrication des meubles. Les premières tiges de bambou importées en France furent utilisées à faire des cannes légères qu'on appela *bamboches.* Plus tard, on s'en servit pour la fabrication des sièges de jardin. La couleur jaune clair du bambou, son étonnante propreté, ses nœuds régulièrement espacés et qui enlèvent à sa tige toute monotonie, le firent ensuite employer comme baguettes d'ornement, soit pour encadrer les tapisseries, soit pour relever, dans la fabrication de certains meubles de sapin, de citronnier, de frêne, par une saillie pittoresque, la monotonie du fond. Dès le siècle dernier on en faisait des toilettes. « Toilette de bois de bambou rougi, et vernis de la Chine. » (*Journal général de France,* 28 avril 1787.) Aujourd'hui on le dore, et ainsi il trouve accès dans les salons. « Paravent de cheminée en bambou doré garni de soie. » (*Vente de Mlle Elluini;* Paris, 1883.) Par amour du bon marché, on fabrique en bois blanc tourné et teinté, de faux bambou pour orner les mobiliers de campagne. — Autrefois, on écrivait *Bambouc.*

Banaste, *s. f.* — Locution gasconne. Corbeille. « Une banaste avecq quelques pièces dedans de boys ; — une banaste avecq quelques retailhes de cuyr. » (*Invent. de Jehan Berthelin;* Toulouse, 1572.) « Une banaste d'osier dans laquelle s'y est treuvé..., etc. » (*Invent. de Jehan Verrier;*

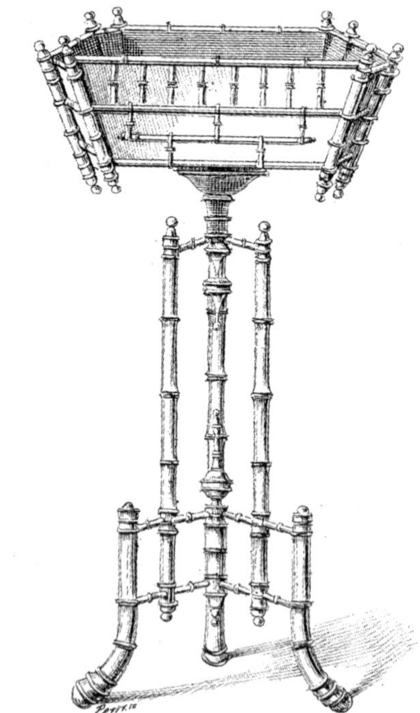
Fig. 162. — Jardinière en bambou.

Bordeaux, 1590.) Le vannier en Guyenne se nomme un BANASTAYRE.

Banc, *s. m.;* **Banque,** *s. f.;* **Bancal,** *s. m.;* **Banchier,** *s. m.;* **Banqual,** *s. m.;* **Banquier,** *s. m.;* **Banquet,** *s. m.;* **Banquette,** *s. f.;* **Bancelle,** *s. f.* — « Le BANC, dit Sobry dans son *Architecture,* est un siège long, propre à asseoir plusieurs personnes. » Ajoutons que c'est un siège des plus anciens, dont l'origine se perd presque dans la nuit des siècles. Mais si c'est là un fait que personne ne discute, on est moins d'accord, par contre, sur l'étymologie du mot. Ménage le dérive du latin. Littré le croit plutôt allemand. Le fait importe peu, au reste, et nous nous bornerons à constater que ce meuble utile était depuis longtemps en usage à l'époque où commencent nos études. On peut même dire qu'au XIVe siècle, il est parvenu à l'apogée de sa gloire.

D'abord simple planche montée sur quatre pieds à peine équarris, il s'est peu à peu compliqué d'un coffre à sa base et il est devenu l'ARCHEBANC (voir ce mot); puis de chaque côté se sont dressés des accotoirs ; ensuite, son fier dossier s'est élevé par derrière ; enfin, un dais s'est greffé sur ce dossier, et voilà ce banc, si modeste à son origine, devenu sinon une sorte de trône, du moins de siège d'honneur. Ajoutons à cela la parure obligée des sculptures fines et ingénieuses, des peintures brillantes, des dorures et des étoffes de prix, et, pour terminer, surélevons ce meuble luxueux en le plaçant sur une estrade, comme le banc que le roi René fit établir, en 1471, dans la « Grant Salle » du château d'Angers, « un grant banc à reille, jouste lequel a deux marchepiez en manière de deux degrés ». Nous aurons ainsi un siège assurément digne de recevoir les plus hauts personnages, qui n'ont garde, au demeurant, de le dédaigner ; car c'est lui que choisissent les plus puissants seigneurs, dès qu'ils veulent honorer un parent ou un ami en le faisant asseoir à leurs côtés.

En 1420, quand le duc de Bourgogne fit demander à Charles VI justice et réparation pour l'assassinat de Jean sans Peur, « pour icelle complaincte, rapporte Le Fèvre de Saint-Remy, sey le Roy comme juge en son hostel Saint-Pol en la basse salle ; et là estoient assis sur le mesme bancq où séoit le Roy, le roy d'Angleterre ». En 1438, Philippe le Bon ayant à juger le différend survenu entre Jacques de Chabannes et le seigneur de Pesnes, gentilhomme attaché au duc de Bourbon, appelle ce dernier à ses côtés ; « et furent assis les deux ducs de Bourgogne et Bourbon, comme frêres et bons amis, sur un banc et l'un après l'autre, et certes combien que le duc de Bourgogne fust per de France et si puissant qu'il est assez sceu et notoire, toutefois il fit en son hostel et en ses pays, au duc de Bourbon, son beau-frère, autant et plus d'honneur qu'il n'en voult prendre et recevoir. » (Olivier de la Marche, *Mém.,* liv. Ier, p. 158.) En 1465, quand la Ligue du bien public assiège Paris, le comte de Charolais fait mieux encore. Offrant à dîner aux ducs de Berry et de Bretagne, il leur fait l'honneur du banc, pendant que lui et le duc de Calabre, placés vis-à-vis, sont assis sur des escabeaux. « Et se mettoient les ducs de Berry et de Bretagne au banc, le comte de Charolois et le duc de Calabre au devant : et portoit ledit comte honneur à tous, les conviant à l'assiette. Aussi le devoit bien faire à d'aucuns, et à tous, puisque c'estoit chez luy. » (Philippe de Comines, *Mém.,* liv. Ier, ch. IX.) Plus tard, quand il dut à son tour tenir l'audience du duc de Bourgogne, ce même comte de Charolais, devenu le duc Charles le Téméraire, occupait, il est vrai, un siège séparé, à une seule place; mais des bancs, savamment hiérarchisés, recevaient tous les hauts personnages qui, par leurs emplois ou par leur naissance, avaient le droit de figurer à la cérémonie. « Et sont les bancs, dit Olivier de la Marche, chascun ordonné par ordre à l'encontre du pas, et pour seoir les princes du sang, les ambassadeurs, les chevaliers de l'ordre et les grands pensionnaires par ordre et sçait chascun où il doibt aller. » (*Estat de la maison du duc,* p. 658.)

Dans les habitations seigneuriales et bourgeoises, le banc, cela se comprend, avait une moins haute destinée qu'à la cour ; mais ses fonctions, pour être plus modestes, n'en étaient pas moins fort appréciées, et tous les écrivains qui, du XIVe au XVIIe siècle, se mêlent de légiférer sur l'intérieur des maisons et sur leur ameublement, lui assignent un rang honorable et l'indiquent comme un meuble nécessaire. C'est ainsi que l'auteur anonyme du *Livre des mestiers* exige la présence de plusieurs bancs dans toute chambre à coucher « bien ordenée ».

> Desous vo lit vous faut
> Un calit, et dalès (près de) le lit,
> Une cayère et plusieurs
> Bancs et sielles.

Eustache Deschamps, dans son *Miroir de mariage,* écrit, lui aussi :

> Et si fault.....
> Belles chaières et beaux bans,
> Tables, trétiaulx, fourmes, escrans,
> Dréçoirs, etc.

Gilles Corrozet, dans son *Blason de la Chambre,* réclame également sa présence :

> Chambre garnie d'ung buffect
> Et d'aultre mesnage parfaict,
> Comme de lict, de banc, de table.....

Plus loin, Corrozet fait mieux encore. Il trace, avec une complaisance marquée, le blason de ce meuble, blason qu'il nous faut transcrire, car il est trop important dans l'histoire du banc, pour qu'il nous soit permis de l'omettre :

> Ainsi que la femme prudente
> Est au mary obédiente,
> Tout ainsi la table se jecte
> Vers le banc, comme à lui subjecte,
> Et luy faict cette honnesteté
> Qu'il est premier en dignité,
> Et pour ceste grande raison
> Mérite avoir le sien blason.
> Or donc, plaisant banc de noyer,
> Banc qui fais les genoulx ployer
> Et asseoir le corps haultement ;
> Banc tourné si très proprement,
> Banc à dossier pour le repos,
> Qui soustiens les rains et le dos;
> Banc plus luysant que blanc albastre,
> Banc assis vis à vis de l'astre,
> Banc faict à petitz marmousetz,
> Banc du plus beau bois des forestz,
> Qui donnes ung labeur nuysant
> Pour te faire bien reluysant,
> Et es froté en si grand peine
> Que les gens en sont hors d'alaine;
> O banc qui repares la salle,
> Qui n'es jamais croté ne salle,
> Je désire qu'en froid hyver
> Près du feu te puisse trouver.

Le banc, en effet, pendant tout le XVe et le XVIe siècle, resta à demeure devant le foyer. Toutes les images du temps lui assignent cette place d'honneur. (Voir fig. 163.) Mais ce qu'il nous faut surtout retenir du blason de Corrozet, c'est la domination que notre meuble exerçait sur la table. Le banc devenu coffre, et complété par un dossier massif, était un meuble trop pesant pour être facilement remué. Il fallait des circonstances graves pour qu'on le changeât de place et, dans les cas difficiles, grâce à sa pesanteur, il devenait même un obstacle, voire une arme de guerre dangereuse. Froissart raconte qu'au siège de Honnecourt (1339), les assiégés jetaient « pierres et bancs et pots pleins de chaux, pour plus essonnier les assaillants ». Il nous apprend aussi qu'à la prise de Caen par les Anglais

(1346), les habitants montés sur leurs toits faisaient pleuvoir « pierres, bancs et mortiers » sur l'envahisseur, et qu'ils blessèrent et tuèrent ainsi le premier jour plus de cinq cents hommes. Straparole, d'autre part, dans la fable III de la 8e de ses *Facétieuses nuits,* lorsqu'il nous montre le duc François Sforce se barricadant pour échapper aux assassins qui veulent le dépouiller, ne manque pas de faire intervenir les bancs comme le meilleur rempart auquel il puisse recourir. La reine de Navarre, quand elle fait surprendre, par un mari jaloux, une noble et honnête dame assise à table avec un galant gentilhomme, au lieu de lui faire enjamber le banc lui fait franchir la table. (*Heptaméron,* 2e journée, XVe nouvelle.) Le banc alors, comme le dit fort bien Corrozet, était « premier en dignité »; la table lui était « obédiente et subjecte ». C'est-à-dire que le banc, avec son coffre souvent rempli d'effets très pesants, demeurait à poste fixe placé devant le foyer, ou adossé à la muraille, et que la table, montée sur deux légers tréteaux, était dressée devant lui un instant avant le repas, et enlevée sitôt que celui-ci était achevé. C'est, au reste, sa position habituelle devant le foyer qui fait tout le sel de cette amusante repartie, citée par Bonaventure Desperriers. (*Les Nouvelles récréations,* Ire nouvelle.) Il s'agit d'un pauvre farceur, surnommé *le Plaisantin,* qui est à l'article de la mort. « On lui avoyt mis son lict au long du feu, raconte Desperriers, sur le plâtre du foyer pour estre plus chaudement, et quand on lui demandoit : « Or çà, mon ami, où vous tient-il? » il respondoit tout faiblement, n'ayant plus que le cœur et la langue : « Il me tient entre le banc et le feu! » qui estoit à dire qu'il se portoit mal de toute sa personne. »

Fig. 163. — Banc à sa place devant le foyer, d'après une miniature du XVe siècle.

Cette place occupée par le banc et la difficulté de le remuer donnèrent même naissance à une disposition ingénieuse. On confectionna des bancs à dossier mobile et qui, se renversant selon les besoins, permettaient de s'asseoir tantôt sur une face, tantôt sur l'autre. Entre les repas, on avait la figure tournée vers le foyer. L'heure du dîner venue, on repoussait le dossier, et on avait le dos au feu et le ventre à table. C'est ce qu'on appelait des BANCS TOURNIS ou TOURNÉS. On rencontre fréquemment de ces bancs dans les inventaires, surtout dans ceux du XVIe siècle. Nous en citerons quelques-uns : « Huict bans tournis dont il y en a ung qui est faict pour servir de couchette. » (*Invent. du duc de Bourbon;* Aigueperse, 1507.) « Une table, deux tréteaux, un banc tourné, cinq bancs à pieds. » (*Mobilier de l'hôtel de ville de Cognac,* 1527.) « *Item,* un banc torny de chesne devant la cheminée..... avec la table de noyer..... ensemble les tarteaux, etc. » (*Recueil des contrats de la ville de Toulouse,* 1528.) « Plus une table quarrée avecq ses tréteaux, ung banc tournis avec sa barre. » (*Invent. des meubles de Pierre de Capdeville;* Bordeaux, 1591.) Ajoutons que cette habitude de subordonner la table au banc, qui nous paraît aujourd'hui singulière, se perpétua jusqu'au XVIIe siècle, et que le banc décidant ainsi de la structure de la table, cette dernière demeura rectangulaire jusqu'à ce qu'on substituât aux bancs des chaises ou des fauteuils; et voilà pourquoi l'*Inventaire de Gabrielle d'Estrées* (1599) comporte des tables carrées, alors que dans celui du cardinal de Mazarin (1653) on en rencontre de rondes.

Le banc, néanmoins, conserva encore pendant tout le XVIIe siècle une solide réputation et des prérogatives honorifiques. L'inventaire très soigné et très complet qui fut dressé, le 21 juillet 1615, au château de Turenne, et qui établit entre les meubles une sorte de hiérarchie, consacre à chaque sorte de sièges un chapitre spécial et mentionne d'abord les chaises, puis les bancs. Les escabeaux, tabourets, placets et carreaux ne viennent qu'à la suite. Les bancs, au reste, continuèrent d'avoir place à la Cour, au Conseil du roi, dans le Parlement et même au théâtre. Racontant sa curieuse entrevue à Fontainebleau avec la reine de Suède, la grande Mademoiselle écrit : « Elle me donna la main pour passer par-dessus le banc et me dit : « Vous avez assez de disposition pour sauter. » (*Mém. de Mlle de Montpensier,* t. II, p. 458.) Ceci se passait en 1656. En 1674, nous trouvons dans les *Comptes des Bastimens* un payement de 216 livres « à Lavier, pour six bancs qu'il a faicts pour la salle du Conseil »; et en 1714, Saint-Simon nous initie à toutes les questions d'étiquette que souleva de son temps le banc rembourré des présidents qui, dans les séances du Parlement, les faisait asseoir à « plus d'un pied d'élévation de toute la séance », alors que les pauvres ducs, dont était Saint-Simon, s'asseyaient sur des bancs moins bien rembourrés qui les ravalaient à la hauteur des simples conseillers. (Voir *Journal de Dangeau,* t. XV, p. 294, note de Saint-Simon.)

Quant au théâtre, ce fut seulement en 1759 que les bancs en furent bannis. Nous ne parlons pas, cela va sans dire, des bancs de la salle, mais bien de ceux qui se prélassaient alors sur la scène. Voici, au reste, comment un auteur contemporain raconte cette importante réforme : « De tout temps il y a eu sur le théâtre de la comédie, de chaque côté, quatre rangées de bancs, un peu en amphithéâtre, jusqu'à la hauteur des loges, renfermés dans une balustrade et grille de fer doré, pour placer les spectateurs. Dans les grandes représentations, on ajoutoit encore le long de la balustrade une rangée de banquettes, et, outre cela, il y avoit encore plus de cinquante personnes debout et sans places au fond du théâtre, qui formoient un cercle; en sorte que le théâtre étoit rétréci pour l'action des acteurs. Pour entrer un acteur sur la scène, il falloit faire faire place au fond du théâtre pour son passage. Il n'étoit pas même vraisemblable qu'un roi, parlant à son confident ou tenant un conseil d'État, ou un prince avec sa maîtresse parlant en secret, fussent entourés de plus de deux cents personnes. Cela est changé, continue Barbier, à qui nous empruntons ces détails ; dans la quinzaine de Pâques qu'il y a relâche au théâtre pour trois semaines. On a travaillé et l'on a supprimé toutes ces places sur le théâtre. »

Mais si, à l'exception de ses privilèges dramatiques, le banc avait conservé la plupart de ses prérogatives, il avait, par contre, abdiqué ses formes majestueuses. Tout d'abord le coffre, qui avait longtemps constitué sa base, s'était éclipsé. Le dossier, qui s'était abaissé, non seulement ne portait plus de dais, mais avait lui-même fini par disparaître peu à peu, si bien qu'au courant du XVIIIe siècle, le banc était devenu presque méconnaissable. C'est alors que son diminutif la banquette, avec ses pieds en balustre, sa garniture d'étoffe et ses franges coquettes, se confondant avec la FORME (voir ce mot), prit place dans les salons, pendant que lui, le banc des anciens jours, était relégué dans les antichambres, où nous le retrouvons aujourd'hui. — Ceci dit pour les habitations bourgeoises, car, à l'église et à l'école, il a continué de tenir sa place. — Très varié de forme, parfois couvert de sculptures, d'autres fois d'une simplicité presque rudimentaire, il se prête toujours obligeamment à tous les services ; mais ce n'est qu'accidentellement qu'il en est récompensé, car le plus souvent on professe à son endroit un dédain qui contraste singulièrement avec sa gloire passée.

Comme meuble de jardin, le banc est demeuré également en usage et affecte dans certains cas quelques prétentions architecturales. Cela arrive surtout lorsqu'il est en pierre ou en marbre, à l'instar de ces robustes bancs de Versailles et de Trianon, aujourd'hui détruits, et que Marie-Antoinette, si nous en croyons les *Mémoires secrets* (t. XXVII, p. 226), préférait parfois aux plus beaux sièges. Quant aux bancs en bois peints en vert, bien que contemporains comme origine du plus fastueux de nos rois, car on trouve dans les comptes des travaux exécutés à Meudon en 1700 : « Quatre bancs de menuiserie peints en verd, faits dans le jardin, par ordre de Monseigneur », facturés 300 livres, ils sont médiocrement plastiques ; et pour les bancs de fer — quoique infiniment plus anciens que nous ne pensons généralement, puisque l'on remarque dans un inventaire du XVIe siècle (*Invent. d'Amédée Chalamont;* cour de Bollène, 1571) la mention d' « ung banc de fer pour s'asseoir » — ils ne sont pas non plus d'une élégance ni d'une exécution bien supérieures.

Peut-être cette dernière mention, « banc pour s'asseoir », paraîtra-t-elle un peu naïve. Elle le serait assurément, si le banc n'avait été combiné avec une foule d'autres meubles, en sorte que parfois sa qualité de siège a pu être considérée comme presque secondaire. Au XVe siècle, en effet, nous relevons dans les comptes de l'Hôtel-Dieu de Paris le payement de 4 écus d'or « à Estienne Le Vavasseur, menuissier, pour avoir faict deux bancs à dossier servans de coffres et de chairez à confesser ». (*Comptes de sœur Jehanne Lasseline, prieuse de l'Hôtel-Dieu,* 1494-1495.) Au siècle suivant, le banc fut disposé, en outre, de manière à servir de lit, et l'*Inventaire de Ph. Rigaud, prévost de Saint-Martin* (Marseille, 1592), mentionne « deux petitz bancz servanz de lictz avec le fonds d'iceulx ». Au XVIIe siècle, l'usage s'en continue. Nous relevons dans l'*Inventaire de Charles Le Normand de Beaumont, conseiller au Parlement* (Paris, 1628) : « Un banc à coucher en forme d'armoire de bois de chesne », et dans l'*Inventaire de Pierre Thomas* (Paris, 1676) : « Un banc de lit garny de son enfonsure et paillasse de coutil remply de plumes, deux traversiers aussi remply de plumes, un matelas, deux couvertures de laine blanche, etc. » Enfin, nous trouvons dans l'antichambre de Mme de Maintenon : « Un banc à lit de bois de chesne », garni de damas cramoisi. (*Invent. du château de Versailles,* 1708.) Bien mieux, il semble même qu'on crée à cette époque un néologisme, le BANLIT, dont on trouve quelques mentions : « *Item,* un banlit de bois de chesne dans lequel il y a un matelas..., un grand tapis de Turquie servant de dessus audit banlit. » (*Invent. du maréchal d'Humières,* 1694.) Au XVIIIe, nous rencontrons de ces bancs-lits chez le cardinal de Polignac (1738), chez le cardinal de Belzunce (1755). Enfin, en 1794, un sieur Lardé, menuisier, établi rue de Sèvres, inventait un banc, qui pouvait former tour à tour un lit de repos, un canapé et un coffre. (*Almanach sous verre,* 1794, an II, n° 153, col. 714.)

Fig. 164. — La châtelaine sur son banc, d'après une miniature du XVe siècle.

Comme coffre, nous avons, au mot ARCHEBANC, indiqué quels services le banc pouvait rendre. Ces services étaient tels que, là encore, les fonctions de siège étaient parfois reléguées au second plan. C'est ainsi que l'*Inventaire du château de Chanzé* (1471) nous signale, dans la chambre du roi, « deux coffres servans de bancs, fermans à clef et claveure », et que, dans la salle du trésor de Saint-Germain-l'Auxerrois, on voit un banc-armoire du XVe siècle (fig. 80) où le banc est bien certainement la partie accessoire du meuble. Dans un inventaire de 1583, nous trouvons « ung banc petit, noyer, servant pour table ». (*Invent. des biens de Jean Lauze;* Avignon, 1583.) Dans l'*Inventaire du château de Lanmary* (1595), les notaires constatent qu'en leur présence « a esté faicte ouverture d'un comptoir long, faict en forme de banc....., dans lequel a esté trouvée une bourse de sattin violette, etc. » Mais cette nouvelle adaptation nous amène naturellement à ces bancs si célèbres au Moyen Age et dont est sortie une des plus puissantes institutions modernes. Nous voulons parler de la banque.

Comme dit très bien Étienne Pasquier : « On fera remarquer l'origine du mot *banquier*. Il venoit de *banc,* qui désignoit la boutique des gens de cette profession. » Nicot écrit « un banc d'argentier », et jusqu'au XVIIe siècle on rencontre constamment ce mot, soit avec la signification que Pasquier et Nicot lui attribuent, soit avec celle d'étal ou de comptoir. Froissart (1338) nous montre le roi d'Angleterre proclamé à Herck, vicaire de l'Empire et assis au milieu de la halle, « la couronne d'or moult riche et moult noble sur son chef, plus hault cinq pieds que nul des autres, sur un banc d'un boucher là où il tailloit et vendoit sa chair ». Près d'un siècle et demi plus tard (1477), nous voyons le bon roi René acheter à « Michel Diny, facteur du banc de Médicis », trois coupes et un plat de cristal de Venise. Lorsque le patron de ce Michel Diny, Pierre de Médicis, vit son palais saccagé à Florence, Comines raconte que l'on s'empara de « vingt mille ducats qu'il avoit à son banc ». On sait, en outre, par les *Registres de Nantes* (année 1478), qu'Anne de Bretagne avait engagé « à ceulx du banc de Saune (*sic*), à Lyon », une « grosse poincte de

Fig. 165. — Lombard à son banc, d'après un bas-relief de la cathédrale d'Amiens.

dyamant » pour 2,530 écus et demi d'or. Enfin quand, le 14 avril 1594, le Parlement de Tours fit son entrée à Paris, Pierre de l'Estoile nous montre le peuple « espandu par les rues, comme si c'eust esté une entrée du roy ; les dames et damoiselles aux fenestres, les fenestres tapissées, les bancs et ouvroirs plains de tables ». (*Mém.*, t. VI, p. 205.) La confusion, au reste, s'établit si bien entre les deux choses que nous trouvons, au XVIe et au XVIIe siècle, le mot BANQUE employé pour signifier un siège. « Plus une petite banque de bois de chesne planière avec quatre chaires planières. — Plus une autre table quarrée, faicte en fasson de contouer, avec une bancque longue, le tout de boys de noyer aussi faict en boys de menuzerie. » (*Invent. de Pierre de Capdeville, marchand;* Bordeaux, 1591.) « Plus une petite table de noyer avecq deulx petites banques fort uzées. » (*Invent. de Grégoire Beaunom, marchand;* Bordeaux, 1607.) « Plus une banque couverte de drap vert uzé. » (*Invent. d'Anthoine Fraytet, rec^r^ des décimes du diocèse de Bordeaux,* 1615.)

Autre curiosité de notre langage, ce mot BANQUIER, qui nous est si familier aujourd'hui, est assurément fort ancien ; mais, au XIVe et au XVe siècle, il avait une tout autre signification. Il désignait le tapis avec lequel on recouvrait le banc, la housse dont on l'habillait. Les exemples abondent de cette adaptation : « A Martin Didèle, coustepointier, demourant à Paris, pour deniers à li paiéz, pour sa peine et sailaire d'avoir appareillé et mis à point le bancquier de drap d'or de Madame la Royne. » (*Comptes de l'argenterie,* 1387.) Vers le même temps, le *Ménagier de Paris* adresse aux maîtresses de maison l'adjuration suivante : « Et premièrement commander aux chamberières que les entrées de l'hostel soyent au bien matin balleyés et tenus nettement, et les marchepiés, banquiers et fourmiers, qui ellec sont sur les fourmes, despoudrés et escoués. » (T. II, p. 61.) Si après cela, nous feuilletons quelques inventaires, nous verrons que celui de la Bastille (1420) mentionne « deux banquiers de tappicerie d'Arras à champ herbeux à personnaiges » ; celui du château des Baux (1426) : « Deux banchiers vers, armoyés des armes de Genève et d'Olivier » ; celui du château de Reculée (1479) : « Troys bancs formes et un long escabeau de troys piéz de long, le tout couvert de banchiers qui sont uséz » ; celui de la duchesse de Valentinois (1514) : « Neuf bancquiers aussi à feuillage, etc. » On pourrait multiplier ces exemples. Constatons, avant d'en finir avec le banquier, qu'en Gascogne, au XVe siècle, le parement du banc s'appelle BANCAL ou BANQUAU. « Des (deux) betz (beaux) banquauz de tappisserie à psonatges (personnages). — *Item,* ung banquau ableon (avec des lions) de pauca valor. — *Item,* ung petit banquau [ab] auzelat (avec des oiseaux). » (*Invent. d'Aymeric de Caumont;* Bordeaux, 1436.) « *Item,* ung bancal vert an quatre vetas (raies) rogas (rouges) de petita valor. — *Item,* [ung] bancal vert au diversas senhals (signes, ornements). » (*Invent. de l'hôpital Notre-Dame du Puy ;* Toulouse, 1473.)

Comme cela était naturel, le banc, meuble assez considérable, parfois lourd, massif, difficile à remuer, devait donner naissance à un diminutif, sorte de copie réduite. Cette copie prit, au XVe siècle, le nom de BANQUET. « Une chayère ou petit banquet à oïr la messe de demie canne de long..... » (*Invent. du château des Baux,* 1426.) « Plus ung petit banquet [de] fay. » (*Invent. de Pierre David, premier chanoine de l'église abbatiale de Saint-Sernin;* Toulouse, 1548.) De banquet est naturellement dérivé le mot BANQUETTE, « banc de peu de conséquence qu'on met dans les antichambres, les vestibules, etc. », dit le *Dictionnaire de Trévoux.* Toutefois, la dérivation a été longue, car ce dernier terme est relativement récent, si récent que ni Furetière ni l'Académie (1696) ne l'ont connu. Cependant, il figure dans les *Inventaires du mobilier de la Couronne,* qui marquent la fin du XVIIe siècle. « Quatre banquettes couvertes de brocatelle de Venise fond aurore à ramages verts. » (*Invent. du château du Val,* 1681.) « Deux fauteuils, douze tabourets et une banquette couverte de velours bleu. » (*Invent. général des meubles de la Couronne,* 1697.) Au XVIIIe siècle, il devient d'un usage courant. Ici, c'est le duc de Luynes nous indiquant la position des « banquettes » pour la célébration de la Cène. (*Mém.,* t. VIII, p. 167.) Là, c'est Barbier nous annonçant que le Garde-Meuble a fourni les tapis, « banquettes », dais, fauteuils, etc., pour le lit de justice. (*Journal,* t. VI, p. 407; décembre 1756.) En province même, le mot s'est acclimaté ; témoin l'*Inventaire du château d'Amilly,* où nous trouvons « quatre fauteuils et deux banquettes de damas verd garnis de faux argent ». (Décembre 1765.) Enfin, il était donné à notre siècle de connaître la banquette de velours rouge à frange en or faux, comparse obligée des distributions de prix, des bals par souscription, des concerts improvisés, et même des fêtes bourgeoises, qu'elle a désertés dans ces dernières années pour faire place à la petite chaise volante, sans qu'aucun regret sérieux se soit manifesté lors de sa disparition.

Un autre diminutif de banc est la BANCELLE. La bancelle, au siècle dernier, a été assez mal traitée. Les auteurs de dictionnaires nous la représentent comme un siège de peu d'étendue, sans valeur, sans beauté qu'on rencontrait dans les mauvais lieux. N'en déplaise à ces rigoristes, la bancelle a un passé plus glorieux. Il n'est besoin que de parcourir l'*Inventaire de Gabrielle d'Estrées* (1599) pour s'en convaincre. Nous y trouvons, en effet, « six banselles couvertes, asçavoir deux de velours verd, deux autres de velours verd le fondz d'argent, les deux autres, l'une de velours verd, le fondz de satin blanc, et l'autre de velours incarnat à fondz de satin ». Ce ne sont point là, quoi qu'on en dise, des meubles de cabaret. Loret signale leur présence dans les plus riches palais. Décrivant une fête du palais Biron, à laquelle assistaient Louis XIV, Monsieur son frère, Gaston d'Orléans, le prince de Condé et maints autres princes, il dit :

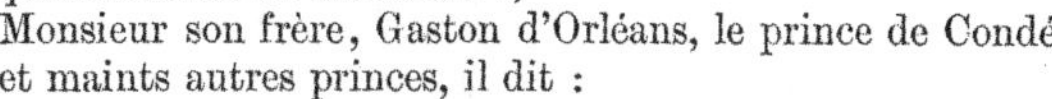

Fig. 166. — Banquette style Louis XIV. Palais du Louvre.

> Ayant fait ranger les banselles,
> Tables, tabourets, escabelles,
> Par un domestique ou valet,
> Le Roy recorda son balet.

Et, quelques années plus tard :

> Deux jouvenceaux, deux jouvencelles,
> Tous quatre assis sur des banselles,
> Firent entr'eux la Saint-Martin.

Enfin, voilà qui achèvera cette réhabilitation. Dans l'*Inventaire des meubles de la Couronne* (*État* du 22 avril 1697), nous relevons « une grande bancelle d'argent, à dossier et bras, ornée de frises campanes et autres ornements d'argent, portée sur son pied à huit pilliers, pesant le tout ensemble 1,025 marcs 5 onces », et « trois grandes bancelles d'argent à dossier et bras....., etc., pesant 2,614 marcs 4 onces 4 grains ». Il est vrai que certaines mentions dans le goût de celles-ci : « Une table et quatre bancelles de boys de noyer » (*Invent. de Gillette Prévot;* greffe de Saint-Malo, 1642) ; « Une table de cuisine, deux bancelles, etc. » (*Invent. de Gratien Ménardeau, conseiller de la Grand'-Chambre;* Paris, 1657); « Trois tables, quatre bancelles, le tout de bois de hêtre et sapin... » (*Invent. du maréchal de la Meilleraye;* Paris, à l'Arsenal, 1664); « Une table de seize pieds de long, avec deux bancelles prisées ensemble dix-huit livres » (*Invent. du château de Bienassis,* 1766), viennent donner quelque peu raison aux contempteurs de la bancelle et montrer que, pour elle, tout n'était pas or et soie.

Bancelle est encore usitée en Normandie. Ce mot signifie petit banc pour mettre les pieds.

Banc à dégrossir, *s. m.;* **Banc à tirer,** *s. m.* — En terme de tireur d'or, ce sont des machines dont on se sert pour réduire d'abord les lingots d'or, d'argent et de cuivre, etc., et ensuite pour tirer à la filière les fils d'or et d'argent. Quelques-uns de ces bancs ont été décorés avec beaucoup d'art. (Voir notre fig. 167.)

Banc à profiler, *s. m.* — On appelle, en terme de décorateur, les moulures des *profils.* Le banc à profiler est celui sur lequel le menuisier *pousse* ses moulures.

Bancal, *s. m.;* **Bancau,** *s. m.* — Prononciation gasconne de BANQUIER. Housse pour mettre sur un BANC. (Voir ce mot.)

Banchier, *s. m.* — Orthographe arbitraire de BANQUIER. (Voir BANC.)

Bancloque, *s. f.;* **Bancloche,** *s. f.* — Cloche municipale, littéralement cloche pour sonner les bans. « Eussi qu'ilh estoit à la messe ilh ot la bancloque soneir. » (*Le Myreur des Histors,* 1302.) « Le comte de Saint-Pol vint en la ville et fist sonner la bancloche et la gent assembler pour aler combatre. » (*Chronique normande,* 1358.) « De là revinrent-ils tout escauffés ou bieffroit pour sonner le bancloqque pour le quemune armer. » (*Chronique de Tournai,* 1364.)

Bande, *s. f.* — On appelle bande un membre d'architecture de peu de saillie, qui sert à rompre la monotonie des grandes surfaces. La bande doit être beaucoup plus longue que large. Lorsqu'une façade est divisée en assises horizontales de briques et de pierres alternant, on dit qu'elle est construite à *bandes de pierres et de briques.* Dans les carrelages, on nomme bandes les encadrements. On dit enfin une bande d'étoffe, une bande de tapisserie. « Plus quatre bandes de tapis de soye à gros poinct, à fond d'or. » (*Invent. de Louise de Vaudemont,* 1603.) « Plus huict pièces de tapisserie de Beauvais avec les bandes blanc et vert. » (*Invent. du château de Turenne,* 1615.)

Bandeau, *s. m.* — On nomme ainsi en architecture une bande horizontale plus ou moins saillante, unie, moulurée ou ornementée, qui sert à la décoration des façades ou grandes surfaces nues. En menuiserie, le bandeau est une planche étroite et mince qui couronne un lambris de hauteur. Pour les tapissiers, c'est une bande d'étoffe plus longue que haute, disposée au sommet d'une porte ou d'une fenêtre, et qui tient à la galerie ou la recouvre. Ces sortes de bandeaux sont généralement enrichis de franges.

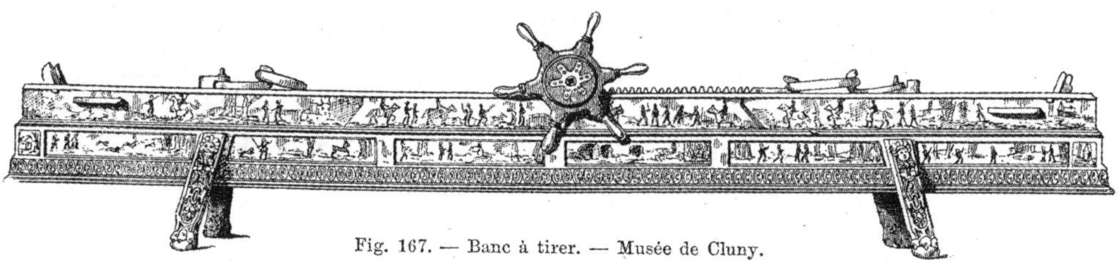

Fig. 167. — Banc à tirer. — Musée de Cluny.

Bandège, *s. m.* — Espèce de grand plateau double, de bois laqué, à rebords, avec ou sans pied, sur lequel on plaçait des porcelaines. A une loterie organisée en juin 1689 par Monsieur, et tirée à Saint-Cloud, Mme de Mecklembourg gagna : « Un Bandège garny d'une Porcelaine violette et bleue »; Mademoiselle de Mennetout : « Un Bandège garny de deux Tasses et deux Soucoupes. » (*Mercure* de juillet 1689.) Au bal donné à Mme la duchesse de Bourgogne, à la Chancellerie, le 8 février 1700, on voyait dans la salle de collation : « Quantité de corbeilles magnifiques, de vases de cristal, d'argent et de vermeil doré, des jattes, des bandèges avec des porcelaines, etc. » (*Ibid.,* février 1700.) Parfois, ces sortes de plateaux atteignaient des dimensions considérables. Au bal offert par M. le prince à Mme la duchesse de Bourgogne (12 février 1700) : « On apporta du café et du chocolat sur de grands cabarets appelés *bandèges* en chinois. Il falloit deux hommes pour en porter une et

Fig. 168. — Bandège (fin du XVIIe siècle).

ils la portoient sur les épaules. » Les bandèges furent surtout mis à la mode par l'envoi fait à Louis XIV au nom du roi de Siam. On n'en comptait pas moins de trente et un dans cet envoi et vingt-cinq dans le présent offert au Dauphin. Le *Mercure* de septembre 1701 mentionne, parmi les articles récemment importés des Indes, 76 bandèges.

Bander, *v. a.* — Consolider avec des bandes de fer ou d'acier. On trouve ce verbe employé surtout au participe passé. « Plus un hahut moyen de Flandres bandé de fer. » (*Invent. d'Antoine Delort;* Bordeaux, 1590.) « Ung coffre fort de bois de chaisne bandé de bandes de fer. » (*Invent. de G. Ménardeau;* Paris, 1657.) C'est aussi décorer de bandes d'étoffe. « Ung rideau de estamine blanche bandé de soye bleue. » (*Invent. du château d'Angers,* 1471.)

Banderole, *s. f.* — Sorte de flamme longue et étroite qu'on suspendait au sommet d'une lance. Les banderoles, au XVe siècle, étaient employées comme ornements. En architecture, elles portaient des devises ou des indications. Dans les tapisseries et les peintures, on les utilisait, soit pour tracer les noms des personnages, soit pour relater les détails de l'action.

Banerette, *s. f.;* **Bannerette**, *s. f.* — Petite bannière, cartouche chargé d'armoiries. « Parmy les fenestres, portes et aultres lieux des Maisons avoit banerettes ou escussons semés de fleurs de lys. » (Le *Vergier d'honneur,* 1495.)

Banke, *s. f.* — Locution picarde. Poutre.

Banlin, *s. m.* — En vieux langage de l'Aunis et de la Saintonge, c'est un drap de lit. Ce mot paraît formé de la contraction du bas-latin *pannus lineus,* « drap de lin ».

Banlit, *s. m.* — Voir col. 242.

Banne, *s. f.* — 1° Corbeille, panier d'osier. (Voir BENNE.) — 2° Store de boutique ou de magasin, généralement en coutil ou en toile, qui empêche le soleil et la pluie de gâter les marchandises. La banne a remplacé l'auvent. — 3° Rideau chargé de garantir les tableaux, peintures murales, etc. « Année 1675, 19 mars : à Louise Simon, lingère, pour six grandes bannes qu'elle a fourny pour conserver les tableaux du cabinet du roy, 220 livres. » (*Comptes des bastimens du Roi.*) — 4° Enfin, dans le Béarn et la Gascogne, on a désigné longtemps sous ce nom une draperie servant de courtepointe au lit. « Une banne de taffata noir courtepointée, — plus deux autres bannes obre (œuvre) morisque. » (*Invent. des meubles restés au château de Pau,* 1519.) « Un garniment de lit de sarge verte avec la banne garny de frange de soie verte. » (*Invent. de Bernard de Peleprac;* Toulouse, 1654.)

Banneton, *s. m.* — Petit panier long doublé de toile dans lequel les boulangers mettent la pâte avant de la porter au four.

Bannette, *s. f.* — Petit panier fait de menus brins de châtaignier fendus en deux. Les bannettes servent surtout à mettre les fruits. Les faïenciers de Rouen se sont inspirés, au XVIIe et au XVIIIe siècle, de la forme de ces bannettes et ont fait en céramique des petites cuves, qui portent le même nom. Le musée de Cluny en possède plusieurs. Décrivant la réception de Mme Bovary au château de la Vaubeyssard, G. Flaubert écrit : « Il y eut peu de monde à déjeuner. Le repas dura dix minutes ; on ne servit aucune liqueur, ce qui étonna le médecin. Ensuite Mlle d'Andervilliers ramassa des morceaux de brioche dans une bannette, pour les porter aux cygnes sur la pièce d'eau. »

Banquau, *s. m.* — Housse pour les bancs. (Voir BANC.)

Banque, *s. f.* — Diminutif du BANC. (Voir ce mot.)

Banquet, *s. m.;* **Banquette**, *s. f.* — La banquette apparaît d'abord en notre langue avec la signification d'une selle de cheval. (Voir Du Cange sous *Banqus.*) Puis, au XVIIe siècle, elle devient un banc léger, facilement transportable, dont nous donnons l'histoire succincte au mot BANC. Dès le XVe siècle, du reste, on trouve dans le Bordelais le mot BANQUET usité dans ce sens : « Un petit banquet de born. » (*Invent. de Ramond de Cussac, chanoine de Saint-André;* Bordeaux, 1442.)

Banquetto, *s. m.* — Expression provençale. Chaufferette.

Banquier, *s. m.* — Sorte de tapis ou de housse qui se plaçait sur le BANC. (Voir ce dernier mot.)

Banse, *s. f.* — Grande manne carrée faite de menus morceaux de bois de châtaignier entrelacés, établie pour être facilement chargée sur le bât d'un cheval ou d'un mulet, et qui servait à faire voyager diverses marchandises, surtout, dit Savary, les objets de chaudronnerie.

Banselle, *s. f.* — Petit BANC. (Voir ce mot.)

Baquet, *s. m.* — Petit cuvier souvent rond, quelquefois ovale, fait avec des douves et relié avec des cerceaux. Le baquet, qui joue un grand rôle dans la profession des ton-

Fig. 169. — Bannette en faïence.

neliers et marchands de vin, avait autrefois droit d'entrée dans les salles à manger.

> En ce lieu seul nous bûmes frais,
> Car il a trouvé des merveilles
> Sur la glace et sur les baquets,
> Et pour empêcher les bouteilles
> D'être à la merci des laquais.

Ainsi s'expriment Chapelle et Bachaumont parlant du dîner qui leur fut offert à Blois par M. Colomb. Depuis lors, le baquet a été remplacé par le SEAU A RAFRAICHIR.

Dans les cuisines du Moyen Age, on rencontre fréquemment le baquet. L'*Inventaire de la cuisine de Clémence de Hongrie* (1328) mentionne : « Un baquet à quatre anneaus prisié IV livres. — *Item,* un autre baquet plus petit prisié XL sols. » Le prix de ces deux récipients semble

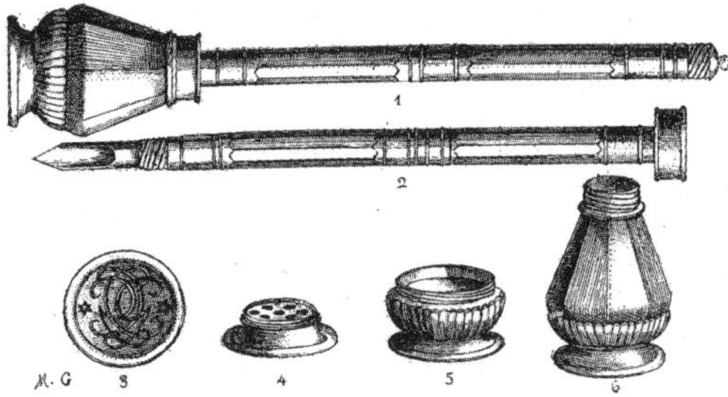

Fig. 170 à 175. — Baradelle en argent.

1, la Baradelle. — 2, Plume. — 3, Cachet. — 4, Poudrier. 5, Boîte à pains à cacheter. — 6, Encrier.

indiquer qu'ils étaient en cuivre. On trouve en effet, dès cette époque, nombre de vases en métal, même en or et en argent, ayant la forme du baquet et qui en prennent le nom. Nous citerons comme exemple : « Une nef [d'argent] en manière de bacquet, assis sur quatre roes et deux aneletz au bout », et « ung grand bacquet d'or, lequel est soustenu par quatre seraines ». (*Inventaire de Charles V,* 1380.)

Baracan, *s. m.;* **Baragan,** *s. m.* — Voir BOURACAN.

Baracano, *adj.* — Voir BARIOLAGE.

Baradel ou **Baradelle,** *s. m.* — Petit ustensile en or, argent ou cuivre, parfois recouvert de peau, ayant la forme d'un étui renflé à sa base et renfermant ce qu'il faut pour écrire. Le renflement de la partie inférieure contenait l'encrier ; la tige renfermait les plumes, le porte-plume, le porte-crayon, etc. Son nom lui vint de son inventeur, le sieur Baradelle, fabricant d'instruments de précision. « 22 juillet 1756, — à M. Hébert : un baradel d'or avec ses plumes, dans un étui de roussette, 220 livres. » « 16 août 1757, — à M. de Montferrières : un cornet en baradel de cuivre doré d'or moulu, pour une écritoire plaquée, 18 livres. » (*Livre journal* de Lazare Duvaux.)

Barament, *s. m.;* **Baraduy,** *s. f.;* **Baroul,** *s. m.* — Locutions gasconnes. Le barament ou barrament est la fermeture en général. La baraduy est le fermoir. « Ung breviary de lusatge de Roma cubert de tela ab deux baraduys d'argent. » (*Invent. d'Aymeric de Caumont;* Bordeaux, 1436.) Le baroul est un verrou.

Baraque, *s. f.* — Petite armoire en bois blanc que possèdent les collégiens, et dans laquelle ils serrent leurs effets et leurs livres. George Sand écrit à son fils Maurice (la Châtre, 3 janvier 1836) : « Aie donc soin de laisser mes lettres dans ta baraque au collège. » (*Corresp. de George Sand,* t. Ier, p. 337.)

Baratte, *s. f.* — Baril pour battre le beurre. « Une barattre bois de coural. » (*Invent. d'A. Maynieu;* Toulouse, 1617.)

Barbacane, *s. f.* — Ouverture étroite et longue, pratiquée dans les murs pour donner du jour et de l'air. En terme de brodeur, certains ornements dont on décorait les étoffes destinées aux housses de chevaux, parements de lits, de sièges, etc. « Saillit, le chevalier de l'Arbre-d'Or, son cheval couvert de velours tanné à grandes barbacannes de fil d'or en brodure et lettres de mesme. » (Olivier de la Marche, *Mém.,* t. Ier, p. 548.)

Barbarie, *s. f.* — Synonyme de Turquie, ou pays d'Orient. « Ung tapis de Barbarye lisse de plusieurs couleurs. » (*Invent. d'Anthoine Causamilhe;* Marseille, 1569.)

Barbequener, *v. a.* — Percer de barbacanes. « Quant il fust devant la ditte barrière qui estoit faitte à crenaulx et bien barbequenée... » (*Journal de Paris sous le règne de Charles VI et Charles VII,* p. 288.)

Barbotine, *s. f.* — Pâte céramique à l'état presque liquide. Dans la fabrication de la faïence, on s'en sert pour coller les parties appliquées sur la masse principale. On dit qu'on peint à la barbotine, quand on mélange un peu de cette pâte liquide avec des émaux colorants. Les décors en barbotine sont généralement faits en pâte sur pâte. C'est également sous la forme de barbotine qu'on emploie la pâte dans le procédé dit de coulage.

Barcelonnette, *s. f.* — Berceau suspendu.

Bard, *s. m.;* **Bardat,** *s. m.* — En Provence et dans le Comtat, on nomme bard les dalles de pierre dure qui servent à carreler les lieux de grand passage ; et bardat, les pièces de l'habitation, carrelées de ces dalles, c'est-à-dire les vestibules, corridors. « Au vestibule *sive* bardat de ladite maison. » (*Invent. de Joseph-Bernard de Saint-Andéol;* cour de Mazan, 1728.)

Bardeau, *s. m.* — Petit ais dont on se servait pour couvrir les maisons. « La plupart des maisons en ce pays-là (*Châteaudun*) ne sont couvertes que de bardeau ou de cheaume. » (*Chronologie novennaire,* 1590.) « La flamme s'étant élevée au faîte de la maison couverte de bardeaux l'embrasa bientôt. » (*Mercure galant,* mai 1777.)

Baril, *s. m.;* **Barillet,** *s. m.* — Petit tonneau généralement de bois, qui sert dans les ménages à mettre la moutarde, le vinaigre et les conserves. On y renfermait aussi le vin et les liqueurs. Quand, en 1380, les Anglais quittèrent le Gâtinais qu'ils avaient envahi, ils en emportèrent tout le vin « sur leurs charriaux en tonneaux et à grands flecons et barrils, dont ils se tenoient tout aises ». (Froissart, *Chron.*) Au XIVe et au XVe siècle, c'était aussi le récipient dans lequel on mettait l'eau destinée à « la bouche du prince ». Les gardiens des barils portaient le titre de barilliers. « Le Duc a deux barilliers, lesquels doivent livrer l'eaue au sommelier pour la bouche du prince, et avoir le soing des barils que l'on porte en la salle pour la grande despence. » (Olivier de la Marche, *Estat de la maison du Duc,* p. 681.) Il ne faut donc pas s'étonner de trouver

Fig. 176. — Plat décoré en barbotine.

dans les inventaires princiers des barils en métal précieux. Froissart rapporte que, lorsque le comte de Douglas s'en fut porter le cœur du roi Robert d'Écosse au Saint-Sépulcre (1328), il avait dans son équipage « toute vaisselle d'or et d'argent, pots, bassins, écuelles, hanaps, bouteilles, barils et autres ». Nous relevons, à la même date, dans l'*Inventaire de Clémence de Hongrie :* « Deux barils d'argent vairré, pesant x mars et demi. » Dans l'*Inventaire de Charles V* (1380), nous remarquons également « deux bariz d'argent doréz à ung esmail en chascun fons, à courroye de soye azurée, pesans dix-neuf marcs troys onces et demye », et « deux bariz d'or seméz d'esmaux de plite et de perles, et ont les tissus de soie ynde, pesant seize marcs ». Les comptes royaux en mentionnent aussi : « A Jacquet aux Connins, boteiller, pour deux grans estuys de cuir bouilly, poinçonnéz et armoiéz des armes de France, pour mettre et porter les deux grans barils d'argent à porter l'eaue en l'eschançonnerie du Roy nostre sire. » (*Comptes de l'argenterie,* 1387.) Enfin, l'article suivant prouve que l'usage de ces barils portatifs était encore en vigueur à la fin du XVe siècle : « Deux barriz d'agent blanc armoyéz aux

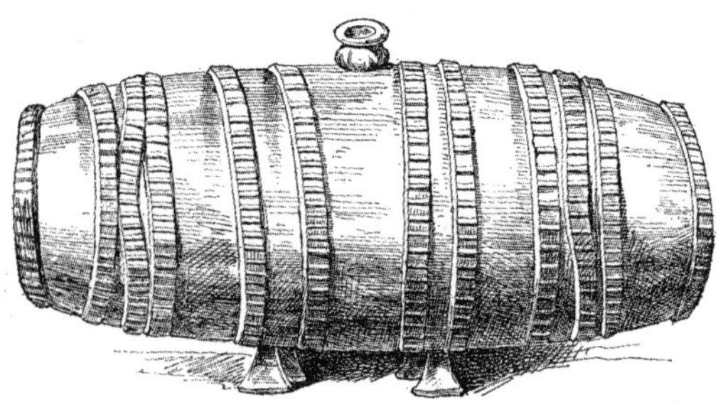

Fig. 177. — Barillet de table en verre (XVIIe siècle).

armes du roi, le souage de deux lisars (lézards), qui tiennent les chesnes et le reliaige de cercles doréz, pesant ensemblement LI marcs III onces. » (*Invent. d'Anne de Bretagne,* 1490.)

Indépendamment de ces grands barils d'or ou d'argent à mettre l'eau, on en faisait en même métal qui figuraient sur les tables et renfermaient la moutarde et les sauces. « Deux barilz d'argent blanc, à mestre saulse fermans à clef. — *Item,* deux barilz d'argent blanc, à moustarde, fermans à clef et a en chascun un escusson, etc. » (*Invent. de Charles V,* 1380.) Ces barils demeurèrent fort longtemps en usage, car nous en retrouvons dans les *Inventaires des meubles de la Couronne* dressés sous Louis XIV. D'aucuns sont montés sur des trépieds et garnis de flambeaux.

Au Moyen Age, on faisait encore des barils plus petits, qu'on nommait BARILLETS et qui servaient à loger les eaux de senteur, les remèdes, l'eau bénite, etc. « Deux petis barillés d'argent à mettre eaue rose, pesant 1 marc 2 onces 12 estellins. » (*Invent. de Clémence de Hongrie,* 1328.) « Ung plat de terre où il y a six petiz barilz de eaue rose esmailléz par le fons des douze moys de l'an. — *Item,* ung petit barillet d'or à mectre triacle, que le Roy fait porter avec lui continuellement. — *Item,* ung barillet d'argent blanc véré à mectre eaue benoiste, etc. » (*Invent. de Charles V,* 1380.) C'est sans doute dans la classe de ces barillets qu'il faut ranger les « deux petits barils à pans de lacq noir uni » que L. Duvaux vendit à M. de Jullienne. (Voir *Livre journal,* t. II, p. 292.)

Enfin, au XVe et au XVIe siècle, le mot baril semble avoir encore eu la signification d'écuelle ou de vase à boire. C'est, du moins, le sens qu'on doit attribuer au baril dont se servaient les lépreux et qui, avec la cliquette, faisait partie des insignes distinctifs que ces malheureux devaient porter constamment sur eux. C'est probablement encore dans cette catégorie qu'il faut ranger « un petit barillet de cristail, garni d'argent doré à quatre piéz, en façon de piéz de lyons », qui figure dans l'*Inventaire de la Bastille* (1418) ; « deux barils d'alebastre blanc » et « un autre barillet de marbre noir » empruntés à l'*Inventaire du Louvre* (1420) ; le « baril de jaspe garny d'argent doré » que nous relevons dans l'*Inventaire d'Anne de Bretagné* (1490) ; « un petit baril de jaspe avec un petit bout de crystal, garny d'argent doré », que mentionne l'*Inventaire des joyaulx et pierreries du Roy de Navarre* (1583) et les nombreux barillets en cristal de roche, en agate, etc., qui figurent dans les divers *Inventaires des meubles de la Couronne...*, à moins que tous ces petits vases n'aient été de pur ornement. Aujourd'hui, lorsque la forme du barillet apparaît sur nos tables, c'est le moutardier qui la revêt.

Bariolage, *s. m.;* **Barioler,** *v. a.* — Le bariolage est un assemblage de diverses couleurs, non réglé par la symétrie, et dans lequel l'harmonie préméditée ne joue aucun rôle. Barioler un objet, c'est le barbouiller de couleurs diverses. On disait dans le principe RIOLER. (Voir ce mot.) Ambroise Paré parle de « taches séparées les unes des autres, riolées, piolées, c'est-à-dire de diverses couleurs, comme un tapis velu ». Le *Dictionnaire de Trévoux* dit que jadis on faisait des chandelles bariolées pour la fête des Rois. En provençal, BARACANO a la même signification ; on dit : « un velours baracano », pour un velours bariolé.

Barisiau, *s. m.* — Petit baril. « III barisiaus de ciprès au pris de XL sol. » (*Invent. de Mahaut d'Artois,* 1313.)

Barlotière, *s. f.* — Terme de vitrier. Petites traverses de fer qui, dans un vitrail, maintiennent le châssis.

Baromètre, *s. m.* — Instrument de physique servant à indiquer les variations qu'éprouve la pression de l'atmosphère. Inventé en 1643 par Torricelli, le baromètre devint, aux environs de 1680, un objet d'ornementation pour les intérieurs. En 1691, le fameux Thuret obtint la permission d'établir une loterie dont le gros lot consistait en une pendule à répétition, montée « sur son pied en manière de scabelon, dans lequel y avoit un baromètre marquant les différents changements de temps sur un cadran, le tout enrichy de bronze doré ». (*Mercure,* février 1691.) A la même époque, Paris comptait deux autres fabricants de baromètres, justement réputés, le sieur Hubin, demeurant rue Saint-Martin, en face de la rue aux Ours, et le sieur Do, rue de Harlay. (*Livre commode,* an. 1691.) Au siècle suivant, nous relevons dans l'*Inventaire de Claude de Beauregard* (Paris, 1720) : « Un baromettre et un termomettre sur carte dans leur bordure de bois doré. » Puis, nous voyons l'infant don Philippe acquérir : « Un baromètre de forme plate et ornemens de Dandré Bardon pour 550 livres. » (18 octobre 1754.) L'année suivante (27 décembre 1755), Mme Rouillé achète : « Deux baromètres de marqueterie pour 144 livres. » Deux ans plus tard (14 décembre 1757), Lazare Duvaux livre à M. de Marigny : « Une pendule et baromètre tenant ensemble de marquetterie de Boulle, garnis en bronze doré d'or moulu pour 840 livres. » Enfin, en 1791, nous voyons figurer dans le cabinet de l'expert Le Brun : « Un baromètre et un thermomètre par Lange, en marqueterie, à plaques émaillées, enrichis de bordures en bronze, avec guirlandes de feuilles de chêne, couronnement en bronze, terminés par le bas d'un rinceau d'ornement. » Ces deux beaux objets provenaient de la vente du bailli de Breteuil. Depuis cette époque, on a continué de fabriquer des baromètres ayant un aspect décoratif, mais non plus avec cette richesse et avec ce goût. En 1847, M. Vidi, en inventant les baromètres anéroïdes, perfectionnés depuis par M. Bourdon, a changé les proportions de l'instrument de Torricelli et permis de transformer cet appareil, de dimensions jadis assez considérables, en un petit meuble d'étagère.

Baronne, *s. f.* — Euphémisme. On désigna, à la fin du siècle dernier, sous cette appellation, les chaises percées. Métra, dans sa *Correspondance secrète* (à la date du 5 octobre 1775), se charge de nous expliquer l'origine de ce nom singulier : « Dans le mois de juillet dernier, mesdames la duchesse de Fitz-James et la princesse de Chimay se trouvèrent dans la nécessité fâcheuse de sortir fort souvent de l'appartement de la reine, pour satisfaire à un besoin très incommode. Pour empêcher qu'on ne s'aperçût du véritable motif de leurs absences, elles étoient convenues de se dire chacune à son tour : « Je m'en vais voir la baronne. » La reine, l'ayant remarqué, voulut savoir ce que c'était que la baronne, et M. de Montesquiou se chargea d'expliquer le mot de l'énigme dans la chanson suivante :

LA BARONNE

Chanson énigmatique sur l'air du vaudeville d'Épicure.

A la longue, être douce et bonne
Vaut mieux qu'esprit et que beauté;
Voilà pourquoi notre baronne
A beaucoup de célébrité.
Sa figure est un peu quarrée,
Son visage est un peu blafard,
Et pourtant elle est préférée
A tous les chefs-d'œuvre de l'art.

Mais aussi de son caractère
Qui ne serait pas enchanté?
Aucun événement n'altère
Son obligeante égalité.
A-t-on quelque peine secrette,
La dépose-t-on dans son sein,
On s'en va l'âme satisfaite
Et le visage plus serein.

De quels pays sont les baronnes?
Demanderont les curieux.
Où voit-on ces dames si bonnes?
Où peut-on rencontrer leurs yeux?
Messieurs, la nature féconde
En fit pourtant son ornement;
Mais c'est derrière tout le monde
Qu'elles se tiennent humblement.

Cette chanson n'a pas moins de huit couplets. Nous ne croyons devoir donner ici que le 1er, le 2e et le 8e. On trouvera les autres dans la *Correspondance secrète* (t. II, p. 160).

Baroque, *s. f.* et *m., adj.* — Comme substantif féminin, baroque est un terme de joaillier. C'est le nom des perles de forme bizarre, non sphérique, mais allongée et contournée. « Une grande couppe avec son couvercle cyzellé à l'anticque, enrichie de grenatz, amatistes, saphirs, perles barocques, pendants, etc. » (*Achats au comptant de François Ier*, 1533.) « Un vaze de jaspe sanguin, en forme de tasse, porté sur un pied composé de deux lutteurs dont les corps sont de perles baroques. » (*Invent. des meubles de la Couronne,* 1701.)

Comme adjectif, il signifie irrégulier, exempt de symétrie, contourné. Il est le qualificatif par excellence du style qu'on nomme *rocaille.* « Le goût du vrai beau n'étoit pas perdu en France, écrit Dufort de Cheverny, parlant de l'époque où ce style florissait (*Mém.,* t. Ier, p. 117) ; mais la mode l'avoit changé. Tous les ornemens étoient baroques, rien n'étoit d'aplomb, pas même les armes gravées, soit sur la vaisselle, soit sur les cachets et les voitures. » C'est dans ce même sens qu'il faut comprendre l'article suivant, emprunté au *Livre journal* de Lazare Duvaux : « 24 avril 1749. A M. de Villaumont : une terrasse baroque en bronze doré d'or moulu, garnie de branchages et fleurs de Vincennes, 175 livres. » De même, quand il est employé comme substantif masculin. Parlant d'un surtout exécuté pour le marquis de la Ensenada, le *Mercure* (juin 1751) dit : « La baze est de forme ovale, contournée sur un baroque agréable et renferme dans son pourtour une mer agitée par les flots. » Vers la même époque, on trouve notre mot dans certains inventaires : « Deux lits jumeaux de différentes étoffes, ouvragés de rubans et découpures barocques, grandes et petites, de satin raié..... » (*Invent. du château de Bienassis,* 1766.)

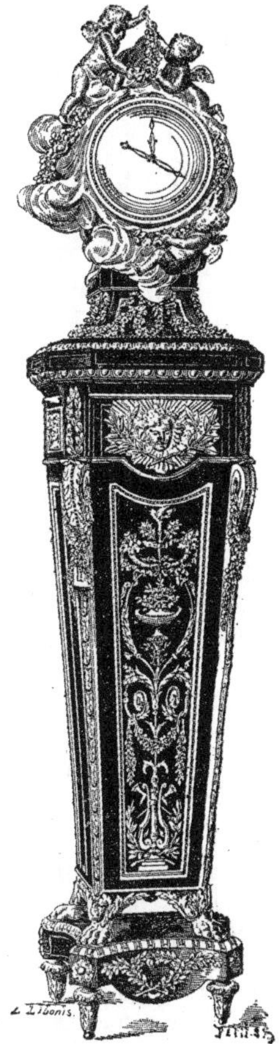

Fig. 178.
Baromètre monté sur une gaine, par Boulle.

Baroueste, *s. f.* — Voir Brouette.

Barquerolle, *s. f.;* **Barquette,** *s. f.* — Armoire pour la pâtisserie. (Boiste.)

Barracano, *adj.* — Bariolé. (Voir Bariolage.)

Barraduy, *s. f.;* **Barrament,** *s. m.* — Voir Baraduy, Barament.

Barrault, *s. m.* — Mot employé, au xvie siècle, pour signifier baril, tonnelet, petit tonneau. On lit dans les *Nouelz nouveaux de Lucas Le Moigne, curé du diocesze de Poytou,* imprimés à Paris en 1520 et réimprimés par le baron Jérôme Pichon (1859, p. 14) :

Il y vint ung bon bouteiller,
Qui ne cessa onc de verser,
Tant que ung barault il aseicha.
In sempiterna secula.
Amen
Nouel.

D'autre part, parmi la vaisselle vendue au roi, en 1533, par Georges Vezeler, marchand orfèvre à Anvers, on voit figurer : « Un grand barrault à deux ances, faictes à l'antique, attachés au canon dudit barrault, et tout le demourant d'icelle barrault cyselle de fleurs à l'anticque poisant LIII marcs III onces et demye. » Enfin parmi les devises et bannières des navires qui accompagnent Pantagruel dans son voyage vers l'oracle de Balbec, figure un de ces vases. « La douziesme, écrit Rabelais [avoit] ung barrault d'or terny, couvert d'une vignette de grosses perles indicques. » La forme Barrau, du reste, est demeurée, en dialecte breton et en provençal, synonyme de baril. On lit dans la chanson provençale *Lou flasquet de meste Miqueu :*

Es tout cubert d'un vièsti d'aufo,
Tèn pèr lou mens un mie-barrau;
D'un vin d'elèi que vous rescaufo.....

Barre, *s. f.;* **Barreau,** *s. m.* — On appelle barre toute pièce de bois ou de métal, ronde, méplate ou carrée, de forme étroite et allongée, et plus spécialement : Barre d'arc-boutant, ou simplement barre, la tige de fer terminée en crochet qui sert à fixer le vantail d'une porte cochère; BARRE DE CROISÉE ou BARRE DE FERMETURE, celle employée à maintenir les croisées et volets; BARRE DE CONTRECŒUR, celle qui retient les plaques de fonte verticales qui garnissent les foyers. Au XVIe siècle, on donnait le nom de barre au dossier du banc quand il était simple : « Ung banc tournis avec sa barre. » (*Invent. de Pierre de Capdeville;* Bordeaux, 1591.) Au siècle dernier, on appelait de même les traverses qui relient les pieds des chaises. Parlant de Mme la maréchale de Luxembourg, Mme du Deffant écrit : « Elle est dans l'habitude de demander toujours en arrivant une chaise de paille pour poser son sac à ouvrage et mettre les pieds sur les barres. » (*Lettres à M. Walpole,* no CLXXXII, 1er janvier 1774.) On dit aujourd'hui plus volontiers barreau. Ce dernier mot sert aussi à désigner les barres de fer des rampes, grilles et balcons, les barres verticales scellées dans la baie d'une croisée et servant de clôture, les montants de remplissage des dossiers de sièges et de lits.

Fig. 179. — Base ou piédestal.

Barregan, *s. m.* — Locution béarnaise. Souille de matelas ou de paillasse. « Ung barregan de toille de coutey blanc d'Espaigne. — Ung barregan de soie rouge..... » (*Invent. du château de Nérac,* 1555.)

Bårrer, *v. a.* — Renforcer avec des barres ou plaques de fer. « Et avoit trois paires de forts huis barrés et ferrés devant. » (Froissart, *Chroniques,* t. XII, p. 274.) « Plus s'est trouvé ung bahut de Flandres barré de bandes de fer et garni de serrures. » (*Invent. de Marguerite des Bordes;* Bordeaux, 1589.) On rencontre également barré avec la signification de rayé. « Une couverture de piéz, où il y a II leez barrés rouge. » (*Invent. de l'archevêque de Reims,* 1389.) « Une couette avec son couetel barré. » (*Invent. d'André Barbedor,* 1706.)

Barrique, *s. f.;* **Barriquot,** *s. m.* — Futaille. Barriquot est un diminutif girondin. « Ung petit bariquot. » (*Invent. de Ramond de Cussac;* Bordeaux, 1442.)

Barssuel, *s. m.* — Berceau. « Un chariot pour charier le barssuel de la fille du Roy qui estoit lors nouvellement trespassée, VIII sols. » (*Comptes de seur Jehanne La Thiaise, prieuse de l'Ostel-Dieu de Paris,* 1389.) (Voir BERCEAU.)

Barta, *s. f.;* **Bartau,** *s. m.;* **Barton,** *s. m.* — Locutions foréziennes. Pot à l'eau ou vase de forme analogue.

Bartevelle, *s. f.* — Prononciation gasconne du mot VERTEVELLE (verrou). « Huyt bartavelas grandas et petitas. » (*Invent. de Ramond de Cussac;* Bordeaux, 1442.) « Trois bartevelles de fer. » (*Invent. des biens de Minjon de Guillaumes;* Bordeaux, 1525.)

Basague, *s. f.* — Paillasse. (Voir BASSAGUE.)

Basalte, *s. m.* — Roche noire, très dure, difficile à tailler, employée cependant quelquefois par les sculpteurs. (Le Cabinet des médailles possède un buste antique de Scipion sculpté en basalte.) On en fait des pilons, des mortiers et des enclumes pour les batteurs d'or.

Basane, *s. f.;* **Bazenne,** *s. f.* — Peau de mouton, de bélier ou de brebis. Apprêtée avec soin, gaufrée, estampée, dorée, la basane sert à faire des garnitures de chaises, de fauteuils, de tabourets, de banquettes et des tentures de cuir repoussé. « Une caissette en forme de coffret, couverte de basane noire, fermant à clef. » (*Invent. de dame Benoîte Gillet;* Villefranche, 1654.)

Les basanes sont divisées : 1° en basanes tannées ou de couche, qui sont celles qu'on emploie plus spécialement pour faire des tapisseries de cuir repoussé et doré ; 2° en basanes chippées et en basanes passées au méquis, dont on se sert pour les petits ouvrages de maroquinerie, boîtes, coffrets, et aussi pour la couverture de certains sièges ; 3° les basanes aludes, réservées pour la reliure. Au XVe siècle, on écrivait bazenne. « Deux douzaines de peaulx de bazenne. » (*Comptes de l'hôtel de Louis XI,* 1478.) Au siècle dernier, on trouve souvent bazanne. « Douze chaises de forme quarrée couvertes de bazanne jaune, les bois peints en blanc. » (Dans l'antichambre de la princesse de Lamballe, à Versailles ; *Invent. général des meubles de la Couronne,* 1785.)

Bas d'armoire, *s. m.* — Voir ARMOIRE.

Bascule, *s. f.* — Terme de serrurier. Pièce qui fait ouvrir à la fois deux verrous. « L'armoire de bois de noyer fermant à bascule. » (*Invent. de Charles Parrocel, peintre du roi,* 1752.)

Base, *s. f.* — C'est en toutes choses le soubassement, le pied, la partie inférieure qui supporte les autres. En architecture, c'est plus spécialement cette sorte de coussin qu'on voit sous le fût des colonnes, et qui sert à donner une plus large assiette. La base des colonnes varie suivant les ORDRES d'architecture. (Voir ce mot.) On les divise en base *toscane, dorique, ionique, corinthienne, composite, attique* ou *atticurge.* On appelle *base rudentée* celle dont les tores sont taillés en manière de câbles, *base continue* l'espèce de retraite ornée d'une moulure qui, se conformant, comme hauteur, à la base d'un pilastre, sert de ceinture au pied d'un bâtiment ou d'un étage, et *base mutilée* celle qui n'est profilée que par les côtés d'un pilastre et n'a de face que par devant. En menuiserie, la base est une grosse moulure placée au bas d'une porte et qui en marque le pied. En serrurerie, c'est une moulure rapportée au bas d'un barreau de balcon ou de rampe. En ébénisterie et en orfèvrerie, c'est, soit le pied même de l'objet, soit une sorte de piédestal sur lequel cet objet est posé. « 16 juin 1680, à Baptiste Tuby, sur les bazes de bronze doré qu'il fait pour les colonnes et pillastres de la grande gallerie, 1,000 livres. » (*Comptes des bastimens du Roi.*) « Huit brancards d'argent portant des girandoles sont entre quatre quaisses d'orangers, d'argent, portées sur des bazes de mesme métal. » (*Mercure,* décembre 1682.) « 2 mai 1756, à M. de Jullienne, une base de marquetterie de Boule, 72 livres. » (*Livre journal* de Lazare Duvaux.)

Baselaire, *s. m.;* **Bazelaire,** *s. m.* — Voir BADELAIRE.

Basin, *s. m.;* **Bombasin,** *s. m.;* **Bonboizin,** *s. m.* — Étoffe de coton croisée, employée depuis plus de deux siècles dans l'ameublement, pour faire des doublures et des housses. « Un tour de lict consistant en deux grandissimes rideaux, deux bonnes graces, trois soubassements.... le tout doublé de basin blanc. » (*Invent. de Jacques Quiquebeuf, conseil-*

ler au Parlement; Paris, 1720.) Il y a des basins larges et étroits, fins, moyens ou gros, brochés, cannelés, cordelés, les uns unis avec du poil d'un côté, les autres à grandes ou à petites raies, mais sans poils. La première manufacture de basin établie en France fut fondée à Lyon en 1580. En 1669, les sieurs Beguin et Barat, entrepreneurs d'une « fabrique des bazins, bombazins et futaines manière de Flandre, Hollande et Angleterre », reçurent un subside de 6,000 livres « pour l'établissement de 40 mestiers servant à ladite manufacture ». On fabriqua un peu plus tard du basin à Rouen, puis à Troyes. Cette dernière manufacture devint insensiblement la plus importante; si importante même que les autres prirent modèle sur elle, et que le *Règlement* de janvier 1701, qui détermina les conditions de la production du basin sur toute l'étendue du territoire, fut fait spécialement en vue de la fabrication de Troyes. Au siècle dernier, malgré l'abondance de la production française, on tirait encore du basin de Hollande et de Bruges. Les basins de Hollande étaient recherchés à cause de leur finesse. Ceux de Bruges étaient plus spécialement connus sous le nom de BOMBASINS, que dans le Bordelais on orthographiait : BONBOIZINE. (Voir *Invent. de Grégoire Beaunom;* Bordeaux, 1607.)

Indépendamment des doublures et des housses, le basin était aussi utilisé à faire des rideaux : « A Henry, tapissier, pour son payement de rideaux de bazin, qu'il a fournis pour mettre à la porte et aux croisées de la grotte de Versailles, 45 livres. » (*Comptes des bastimens,* 1677.) « Un rideau de bazin entouré d'indienne rouge et blanche, — deux rideaux de bazin des Indes, etc. » (*Meubles donnés par Mlle Desmares à Mlle Damours;* Saint-Germain, 1746.) Dans cette même donation, on trouve le bazin employé comme nappes et serviettes. On faisait encore avec ce tissu ce qu'on appelait des *équipages de bain,* c'est-à-dire les fonds de bain, garnitures et tours de baignoires, pavillons, etc. L'équipage de bain de Louis XIV était de « bazin blanc, rayé, garni de grande dentelle d'Angleterre. » (*Invent. des meubles de la Couronne,* 1700.) Enfin, une annonce curieuse, insérée dans le *Livre commode* de l'année 1692, nous apprend que « les tapisseries peintes sur bazin, façon hautelisse », se vendaient à cette époque, dans un magasin situé près des Quinze-Vingts.

BASIN était aussi le nom d'une grandeur de bordure pour encadrer les estampes, mesurant 9 p. 4 l. sur 7 p. 4 l.

Bas-relief, *s. m.;* **Basse-taille,** *s. f.* — Morceau de sculpture d'une saillie plus ou moins accentuée, mais qui demeure adhérent au fond sur lequel il a été exécuté. Suivant que la saillie des bas-reliefs est plus ou moins prononcée, on dit de ces morceaux qu'ils sont en *plein* ou *haut-relief,* en *demi-relief* ou en *bas-relief* proprement dit. Essayer de retracer ici l'histoire, même sommaire, du bas-relief, ce serait tenter d'écrire un des chapitres les plus importants de l'histoire de la sculpture française, ce qui sortirait de notre cadre. Cependant, on peut constater que le Moyen Age n'a presque jamais fait usage, au moins dans les compositions traitant de personnages, que de reliefs très accentués. Les chemins de la croix qui enveloppent le chœur de nos vieilles cathédrales, les scènes pieuses qui garnissent les retables, sont presque tous enlevés en plein relief. Ceux de la Renaissance, au contraire, sont généralement beaucoup moins saillants et indiquent une préoccupation marquée de donner le plus de modelé et de perspective possible avec le moins d'épaisseur. Sous ce rapport, les bas-reliefs des tombeaux de Louis XII et de François Ier, à Saint-Denis, sont de purs chefs-d'œuvre. Les nymphes de Jean Goujon, qui ornent la Fontaine des Innocents, sont aussi remarquables. De la même époque, on peut encore citer les portes de Saint-Maclou, à Rouen, celles de la cathédrale de Beauvais, les belles figures de l'hôtel Carnavalet, celles de l'hôtel de Bourgtheroulde, etc., qui méritent d'être étudiées avec un soin spécial. Au XVIIe siècle, les figures, s'accusant généralement avec plus de saillie, offrent au premier plan des personnages presque de plein relief, alors que ceux des arrière-plans sont traités en très bas-relief. L'*Alexandre et Diogène* de Pierre Puget, qu'on voit au Louvre, en fournit l'exemple. Quant à notre école contemporaine, elle semble se rapprocher des préoccupations de la Renaissance. Cependant on trouve, dans certains ouvrages de notre temps, un mélange analogue à celui pratiqué au XVIIe siècle. Le beau bas-relief de M. Dalou, représentant la scène historique qui met en présence Mirabeau et M. de Dreux-Brézé, en est la preuve.

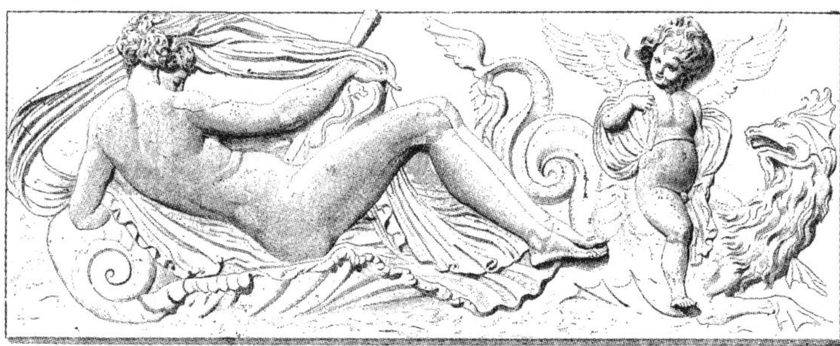

Fig. 180 et 181. — Bas-reliefs de la Fontaine des Innocents.

Le bas-relief est un des ornements les plus relevés et les plus artistiques qu'on puisse employer dans la décoration. On en peut trouver de plus brillant, ayant plus d'éclat; il n'en est pas de plus distingué, ni d'un goût plus fin. Son seul inconvénient est qu'il ne souffre point la médiocrité. Il figure avec bonheur au-dessus d'une porte, sur le manteau d'une cheminée. D'admirables artistes comme Clodion ont en outre prouvé qu'il pouvait, par sa grâce et son élégance, trouver place jusque dans les salles à manger, les salons, les boudoirs. Dans ce dernier genre, on a conservé le souvenir des « figures fort immodestes en bas-relief » qui ornaient la petite maison du maréchal de Richelieu, et que la vieille duchesse de Brancas considérait avec ses lunettes et « une bouche pincée », pendant que M. de Richelieu « tenoit la bougie et les lui expliquoit ». (Voir *Mém. de d'Argenson,* t. II, p. 199.) Ajoutons encore que les meubles n'ont pas de parure plus délicate et qu'à partir du XVe siècle jusqu'au XVIIe, ils sont couverts de bas-reliefs d'une finesse charmante et d'un goût parfait. Traduit en bronze ou en argent, ou taillé dans une matière rare, le bas-relief peut, en outre, jouer un rôle important dans l'ornementation des meubles précieux. Le *Mercure* d'avril 1687 cite dans ce genre « plusieurs cabinets d'ambre, avec des bas-reliefs très délicatement travaillés », que Louis XIV offrit au roi de Siam. L'*Inventaire des meubles de la Couronne* (*État* de 1681) mentionne « un bas-relief de bronze doré représentant le triomphe de Selène (*sic*) sur un fond de lapis » et « un bas-relief de bronze représentant la Vierge et le petit Jésus », qui semblent avoir eu également une destination mobilière.

Fig. 182. — Bas-relief en bois sculpté (XVIe siècle).

Au XVIIe et au XVIIIe siècle, les bas-reliefs ont été contrefaits, avec une habileté rare, par un certain nombre de peintres. Un artiste hollandais, E. de Witt, a surtout excellé dans ce genre de reproduction.

Le mot bas-relief est relativement récent. Ce n'est guère qu'au milieu du XVIIe siècle qu'il a été généralement adopté; jusque-là on disait BASSE-TAILLE. Comme exemples de l'emploi de ce terme, aujourd'hui tombé en désuétude. Nous citerons d'abord un payement de 50 livres « à Charles Padouan, mouleur en bassetail (*sic*), pour plusieurs moules de testes, de feuillages, de corniches et figures de bassetail de papier pillé couvert de poiraisine et d'autres étoffes ». (*Comptes des bastimens,* 1562.) Un autre document, celui-là singulièrement important, et par l'artiste qui s'y trouve mentionné et par l'admirable monument auquel il se rapporte, est ainsi conçu : « A Germain Pillon, sculpteur, pour ouvrages de sculpture qu'il a entrepris faire pour la sépulture du feu Roy Henry, dernier décéddé, assavoir : tant pour deux figures qu'il doit faire de bronze, que pour un gisant, pour quelques basses tailles et masques, qu'il fait en marbre blanc, à luy ordonnée par ledit sieur abbé de Saint-Martin, la somme de V^c^ livres. » Nous avons dit que ce terme de basse-taille persistait jusque très avant dans le XVIIe siècle. La quittance suivante le prouve. Elle fut signée le 22 janvier 1624 par François Bordoni, pour ce qui lui revenait relativement à la « continuation des ouvraiges de bronze, figures et basses tailles, qui se font pour l'ornement et enrichissement du pied d'estail où est posé la figure à cheval de bronze du feu roy Henry le Grand, estant au milieu du Pont Neuf de cette ville de Paris, etc. » (*Quitances du règne de Louis XIII.*)

Bassague, *s.f.* — Locution provençale. Paillasse remplie le plus souvent de paille de maïs. Ce mot n'est plus guère en usage depuis le XVIe siècle. « Ung petit chariot pour coucher, en frêne, aveq une bassague plaine de paille. » (*Invent. d'Antoine Vacquier, docteur en médecine;* Marseille, 1574.) « Ung lict de bancs garny d'une bassague couverte de layne blanche, vieille; — une bassague remplie de paille, vieille..... » (*Invent. de Jacques Prat;* Marseille, 1585.) Etc.

Basse-étoffe, *s. f.* — Terme de potier d'étain. Mélange d'étain et de plomb qu'on emploie pour les soudures.

Basset, *s. m.;* **Passet,** *s. m.* — Sorte de petite table très basse en forme d'escabeau, dont on se servait, soit pour écrire, soit pour placer les *tabliers* des jeux de dames ou d'échecs, quand on jouait à l'un de ces jeux. Ce petit meuble était assez répandu au XVe et au XVIe siècle. « Ung petit basset en forme d'escabeau sur lequel escript Barthélemy. » (*Invent. du château d'Angers,* 1471.) « *Item,* ung basset à escripre, en faczon d'escabeau. » (*Ibid.*) « *Item,* ung basset sur lequel on joue aux eschecqs. » (*Ibid.*) « *Item,* hungs bassetz de fer an tres pes. » (*Invent. de l'hôpital Notre-Dame du Puy;* Toulouse, 1473.) Parfois, le basset, au lieu de reposer sur trois ou quatre pieds, se compliquait à sa base d'un petit coffre. « En l'escripture (cabinet de travail) du hault, a ung basset à deux armaires fermans à clef. » (*Invent. du château de Chanzé.*) L'*Inventaire des meubles laissés par Charles-Quint à Lille* (1549) mentionne « II neufz passets » et « III vielz passets ». Le basset disparaît des châteaux au milieu du XVIe siècle, et ce n'est qu'en Normandie, en Bretagne et dans les intérieurs les plus modestes qu'on le retrouve aux siècles suivants. Des bassets couverts de tapisserie figurent dans l'*Inventaire du chanoine Gombault.* (Rouen, 1560.) Nous relevons également : « Un basset prisé trente sols. » (*Invent. de René Goulet;* aux Rochers, 1725.) « Un basset bois de chesne, estimé quatre livres. » (*Invent. de Jean Robin;* aux Rochers, 1725.)

Basset, *adj.* — Bas sur pied. « Deux petits chandeliers d'argent blanc bassez. » (*Argenterie réclamée aux héritiers de Louis Ier d'Anjou,* 1385.)

Basse-taille, *s. f.* — Voir BAS-RELIEF.

Bassin, *s. m.;* **Bacin,** *s. m.;* **Bachin,** *s. m.,* etc. — « Espèce de très grand plat, qui a peu de profondeur et qui sert à laver les mains, à parer un buffet et à servir sur table des pyramides de viandes ou de fruits. » Telle est la définition qu'un auteur du siècle dernier donne du mot bassin. On voit qu'il était peu d'ustensiles dans un ménage, rendant plus de services et de plus variés, que cet objet utile, jugé alors indispensable et aujourd'hui disparu de nos intérieurs. Ajoutons que Savary, auquel nous empruntons cette définition, n'a pas détaillé tous les usages auxquels se prêtait le bassin. Nous allons les passer tour à tour en revue, en commençant par les plus importants. Avant d'entrer en matière, toutefois, remarquons que le

Fig. 183. — Bas-relief en bois sculpté (XVIe siècle).

mot qui nous occupe s'est longtemps orthographié *bacin* et même *bachin*. C'est écrit de cette façon qu'on le rencontre dans l'*Inventaire de Charles V :* « Ung bacin d'argent avec la chaîne, etc. »; et par Olivier de la Marche : « Le maistre d'hostel appelle l'Eschanson, abandonne la table et va au buffet et treuve les bacins couverts, etc. » (*État de la maison du Duc,* p. 678.) Cette remarque était indispensable, à cause des différentes orthographes de notre mot, qui se présenteront au cours de cette monographie.

Bassin a laver. — C'était le plus répandu et le mieux utilisé. Pendant le Moyen Age, la Renaissance et jusqu'à la fin du xviie siècle, toute personne qui se respectait avait l'habitude de se faire jeter de l'eau sur les mains avant et après le repas ; et cette habitude était si ancrée dans les mœurs, que Fénelon n'hésite pas à écrire dans *Télémaque :* « Une belle esclave verse de l'eau d'une aiguière d'or sur un bassin d'argent, et donne à laver à Ulysse. » Au Moyen Age, cette coutume s'expliquait d'autant mieux qu'il était d'usage constant de manger avec ses doigts, et souvent dans des écuelles communes à deux personnes. Parfois même, tous les assistants puisaient dans des plats qui servaient à toute la compagnie, ce qui rendait la propreté des mains indispensable, « pour les autres avant le dîner, pour soi-même après », comme le remarque finement M. de Laborde. On ne saurait donc manquer d'approuver les sages recommandations de l'auteur des *Contenances de la table :*

Enfant d'honneur, lave tes mains
A ton lever et au dîner,
Et puis au souper sans finer.
Ce sont trois fois à tout le moins...

Et l'on comprend l'exclamation de Montaigne : « Et me passerois autant mal aisément de mes gants que de ma chemise; et de me laver à l'issue de table et à mon lever. » Cette action si naturelle se nommait Laver. (Voir ce mot.) Inviter ses convives à procéder à cette toilette sommaire, c'était « faire laver ». Présenter le bassin et l'aiguière ou les faire présenter à quelqu'un, c'était « donner à laver ». Parlant du roi d'Angleterre (1350), Froissart écrit : « Quand le souper fut appareillé, le roi lava et fit laver tous ses chevaliers, si s'assit à table et les fit seoir de lèz luy moult honorablement. » Racontant comment la reine Quinte-Essence était servie à souper, Rabelais dit : « Ces motz achevéz se retira avec part de ses damoiselles quelque peu de temps, et nous fut dict que cestoyt pour soy baigner, comme estoyt la coustume des anciens au tant usitée, comme est entre nous de présent laver les mains avant le repas. » On note dans la pièce intitulée *la Vie du maulvais riche :*

Dame venez à ce bassin
Voz mains laver, sans retarder,
Affin que nous aillons disner.

Dans son amusant conte d'*Une jeune demoiselle nouvellement mariée,* le sieur d'Ouville écrit : « On sert à souper, on lave les mains et semblent tous n'avoir d'autre soin que de se bien réjouir »; et plus loin, dans un autre conte : « Il fait donner de l'eau à laver, fait les honneurs de la maison, fait asseoir son hôte, etc. » Enfin, nous lisons dans l'*Isle des hermaphrodites :* « Après qu'on eust tout osté, on apporta à ceux qui estoient demeuréz à table un grand bassin d'argent doré, avec un vase de mesme estoffe, et dedans de l'eau, où avoit trempé de l'Iris, avec laquelle ils lavèrent leurs mains, ceux du haut bout séparément et ceux qui estoient au-dessous ensemblement. »

De cette dernière citation, il nous faut retenir deux choses : d'abord l'usage des eaux parfumées employées pour se laver les mains; ensuite l'habitude de laver à deux. L'emploi des eaux parfumées remonte assurément fort loin, puisque le *Ménagier de Paris,* écrit au xive siècle, contient des recettes « pour faire eaue à laver mains sur table ». Quant à l'habitude de se laver à deux, et même à trois ou quatre dans le même bassin, elle était imposée par la quantité de serviteurs, d'aiguières et de bassins qu'aurait nécessités la prétention de chaque invité de se laver seul. Comme conséquence, l'action d'associer quelqu'un à cet acte de propreté devint un honneur, ou tout au moins une politesse, en même temps qu'une marque d'amitié. C'est ce qu'indique fort bien ce passage de l'*Heptaméron* (xxxiie nouvelle): « Après que le gentil homme eut lavé avec le seigneur de Bernaige, l'on porta l'eaue à ceste dame qui lava et s'alla seoir au bout de la table..... » Cette façon de faire

Fig. 184. — Bassin à laver en argent repoussé et ciselé (xvie siècle).

si contraire aux convenances, deux hommes « lavant ensemble » devant et avant une femme, indiquait le mépris que témoignait à cette infortunée le maître et seigneur du lieu. Tallemant, dans l'*historiette* qu'il consacre à M. du Bellay, nous montre la femme de ce personnage refusant de laver avec une certaine Mme de la Troche, et faisant « signe à une parente qu'elle avoit avec elle, nommée Mlle de Rieux, de faire en sorte que cette dame ne lavât point avec elle ». A souper, la grande Mademoiselle fait les mêmes difficultés pour laver avec le roi d'abord et ensuite avec Monsieur, mais c'est par respect : « Le roi, écrit-elle (voir *Mém.,* t. III, p. 123), me voulut faire laver avec lui ; on croira bien aisément que je m'en défendis. La reine lui dit : « Vous avez beau faire, ma nièce ne le fera pas. » Je fis même beaucoup de façons pour Monsieur; mais, à la fin, la reine me dit de n'en point faire. » Cet usage se perdit sous Louis XIV. Ce monarque, qui n'aimait pas beaucoup l'eau, prit l'habitude de se faire simplement présenter, au commencement et à la fin du repas, une serviette mouillée entre deux assiettes d'or. (Voir *État de France,* t. Ier, p. 84.) Saint-Simon nous apprend que, vers le même temps, les dames qui avaient l'honneur de dîner avec le roi commencèrent d'aller se rincer les mains et la bouche dans une sorte d'office ou d'antichambre et La Beaumelle, dans ses *Mémoires de Mme de Maintenon,* t. IV, p. 215, rapporte qu'il en était de même chez cette dame. Toutefois, cet acte de propreté officielle se conserva quelque temps encore dans la bourgeoisie. L'*Inventaire de Claudine Bouzonnet-Stella* (1697) en fait foi. Les aiguières et bassins de faïence de Rouen l'attestent également, et la belle gravure de C. Dupuis représentant le portrait de Marie Perdrigeon montre qu'en 1736 le bassin et l'aiguière avaient encore conservé l'élégance de la forme et la noblesse du décor.

Malgré l'habitude qu'on avait prise, dès le XVIe siècle, de « laver » à plusieurs et simultanément, on comprend que, dans les maisons princières, le nombre des bassins ne laissait pas que d'être encore considérable. L'*Inventaire du duc d'Anjou* (1368) n'en décrit pas moins de 60, pesant pour la plupart de cinq à sept marcs, tous « doréz, esmailléz, ou d'argent blanc », et pour quelques-uns d'une richesse étonnante. Dans l'*Inventaire de Charles V* (1380), on en compte plus de 70 en argent et 24 en or. Les divers inventaires dressés sous le règne de Charles VI en mentionnent qui sont « néelléz dedans »; d'autres sont « tailléz sur les bords et poinçonnéz dedans au mot du Roy qui dit *Jamais* ». Leur forme était généralement ronde; mais on en trouvait aussi d'ovales ou de barlongs; leur décor, en outre, était extraordinairement varié. Voici, du reste, la description de quelques-unes de ces magnifiques et coûteuses pièces d'orfèvrerie figurant dans divers inventaires. « IV Bacins d'argent à laver ou pris de C livres. » (*Invent. de Mahault d'Artois,* 1313.) « Deux bacins à laver d'argent, pesant XII marcs. » (*Invent. de Clémence de Hongrie,* 1328.) « Une paire de bassins d'or à laver, dont l'un est à biberon et l'autre sanz biberon, desquels bacins les bors sont semés de fleurs de lis enlevées, et ou fons desdiz bacins a un grant compas semé de feuillages, en manière de pampes de rozes, et sont lesdites pampes semées de fleurs de liz enlevées. Et ou milleu dudit compas a un esmail de nos armes fait en manière de rose et poise cellui à biberon XX marcs IIII onces et XII deniers, et l'autre sanz biberon poise XIX marcs IIII onces. » (*Invent. du duc Louis d'Anjou,* 1368.) « ij Bacins d'argent blanc à laver mains, à un escusson où sont les armes de ladicte Dame, et sont les bors esmailléz. — ij bacins d'argent doréz à esmaus dedans de Sanson Fortin, etc. » (*Exécution du testament de Jehanne d'Évreux,* 1372.) « Deux bassins [d'or] à laver à ung esmail de roze ou fons, esmailléz de France et seméz de petiz escussons de France sur les bors, pesans dix-neuf marcs d'or. » (*Invent. de Charles V,* 1380.) » Deux grans bacins à laver tous esmailliéz dedans, en chascun un roy qui fait un juigement de plusieurs ymages de divers estaz, pesant XXIII marcs V onces. » (*Argenterie réclamée par la Couronne aux héritiers de Louis d'Anjou,* 1385.) « Deux grans bassins d'or au souleil et plusieurs autres d'argent. » (*Joyaux d'Isabelle de France réclamés à la Couronne d'Angleterre,* 1400.) « Deux bacins [d'argent] plains, vérez au fond, armoyéz aux armes du Roy, en l'un des quieulx a ung biberon pour donner à laver ; pesans ensemble vingt marcs trois onces d'argent. » (*Invent. de la reine Anne de Bretagne,* 1500.) « Un grant bassin à laver mains, le fondz a ung esmail au millieu, où il y a des armes, six gauldrons sizelléz de feulles alentour, gauldronné ung gauldron blanc et ung doré, taillé de feulle d'espargne et le reste d'alentour sizellé et enlevé de plusieurs feulles, poysant huit marcs deux onces deux gros. » (*Invent. de la duchesse de Valentinois,* 1514.) « Ung grant bassin d'argent goderonné, à ung escusson au milieu, aux armes de Madame, avec son biberon pesant XI marcs I once II est. » (*Invent. de Marguerite d'Autriche,* 1524.) « A Paul Romain et Ascaigne Desmariz, orfeuvres italiens, besongnans de leur dict mestier pour le service du Roy, en son hostel de Nesle, la somme de trois cens quinze livres deux sols neuf deniers tournois à eulx ordonnée par le Roy, pour l'or et l'argent par eulx fourny et employé : en ung bassin d'argent doré, dedans lequel y a une nef figurée de laquelle sort toutes sortes de poissons ; en ung vaze ; en une couppe plaine, avec l'essay, et en une autre couppe platte ouvrée, le tout livré audict seigneur. » (*Ouvraiges d'orfavrerye faictz et livrés au Roy,* 1552.) « Ung grand plat bassin d'argent à laver les mains, au mylieu duquel sont les armoyries de la feue da-

Fig. 185. — Bassin ovale surmoulé sur un bassin de Briot.

moyselle de Bernardière, ledict plat ayant le milieu doré, ayant son estuy, etc. » (*Invent. du château de Lanmary,* 1595.) Du reste, alors que ces descriptions nous feraient défaut, les admirables spécimens des bassins anciens parvenus jusqu'à nous ; ceux de Briot, merveilles d'élégance et de goût ; ceux que possède le Louvre suffiraient à nous édifier sur l'art et le luxe que déployaient nos ancêtres dans la confection de cet appareil alors indispensable.

Mais ces dernières pièces évoquent le souvenir de la chapelle du Saint-Esprit, et nous entraînent dans un nouvel ordre d'idées, celui des cérémonies religieuses, où le bassin jouait son rôle. Pas de baptême, pas de mariage, en effet, sans que le bassin intervînt. Au baptême du fils aîné de Charles VIII (1492), « M. l'Infant oncle de la Royne » portait le bassin ; à celui des enfants d'Henri IV (1606) : « L'aiguière étoit portée par M. de Lavardin, le bassin par le mareschal de La Châtre, le coussin par M. de Suilly...., etc. » (*Briefve narration de ce qui s'est passé au Baptesme de Monseigneur le Dauphin et de Mesdames ses Sœurs ;* Paris, 14 septembre 1606.) On juge de ce que devaient être ces morceaux d'orfèvrerie, comme aussi l'on se fait une vague idée de la magnificence du buffet « composé de 24 grands bassins, chacun avec son vase » que Louis XIV trouva dans la cour des Gobelins quand, le 15 octobre 1667, il vint visiter cet établissement célèbre.

Fig. 186. — Bassin à figures en terre vernissée, par Bernard Palissy.

Nous avons vu plus haut (au mot ARGENTERIE) quelle destinée néfaste était réservée à ces incomparables merveilles, si intéressantes au double point de vue de l'art et de l'histoire. Les bassins de pierres rares, de jaspe, d'agate taillée, de jade, d'albâtre, de cristal de roche, qui faisaient partie du trésor royal n'eurent pas un meilleur sort. Ils disparurent, eux aussi, dans la tourmente pour faire place, quand la Cour se mit « en faïence », à ces beaux bassins de Rouen et de Nevers qui, s'ils n'attestent pas la magnificence de cette époque exceptionnelle, témoignent du moins de son sens décoratif et de son goût.

La substitution de la céramique aux métaux précieux marque toutefois une transformation pénible dans l'histoire du bassin. Un moment, il est vrai, la fantaisie d'une reine avait donné à la faïence une place d'honneur sur les buffets et les dressoirs. L'*Inventaire de Catherine de Médicis* (1589) mentionne, avec autant de complaisance que s'ils eussent été en métal précieux, « quatre bassins façon de jaspe, — deux bassins ronds de terre blanche, — ung autre bleu ». Mais ce serait commettre une erreur que de voir dans les ouvrages de Bernard Palissy ou de ses imitateurs, des bassins à laver. Les poissons, les crustacés, les reptiles disposés au fond de ces belles céramiques, éloignent l'idée d'un pareil emploi, car l'eau, en tombant de l'aiguière sur cette surface accidentée, aurait rejailli en différents sens et éclaboussé ceux qui en eussent fait usage. Ces magnifiques spécimens de poterie faisaient partie des bassins de parement dont nous aurons bientôt occasion de nous occuper. Aussi peut-on dire que c'est seulement au XVIIe siècle, que le bassin à laver en faïence fit son apparition dans notre mobilier usuel, et cette apparition n'eut malheureusement pas pour unique résultat de bannir l'usage des bassins en métal précieux. La faïence se substitua aussi aux métaux plus ordinaires, et, en même temps que les bassins d'or et d'argent, on vit disparaître de la circulation la plupart de ces pittoresques bassins à laver en cuivre et en étain qui, depuis le Moyen Age, ornaient les demeures bourgeoises.

Tous les bassins dont nous venons de parler, tous ceux dont nous avons donné la description, sont, nous l'avons dit, des bassins exclusivement réservés pour laver les mains. Outre cela, il en existait d'autres, pour le service de la toilette, qui étaient consacrés à des usages différents. D'abord, c'étaient les bassins pour se débarbouiller : « *Item,* deux bacins à laver chief, pesans XX mars. » (*Invent. de Clémence de Hongrie,* 1328.) « Pour j bacin à laver testes, pesant X marcs une once, achatez audit Jehan Arrode, à VII escuz le marc, LXX escus. » (*Dépense faite pour le mariage de Jeanne de France avec le roi de Navarre,* 1532.) « Un bacin à laver teste d'argent tout blanc, pesant X marcs II onces. » (*Invent. du duc Louis d'Anjou,* 1368.) « Ung bassin d'argent blanc à laver teste, à bouillons sur les bors, pesant X marcs quatre onces. » (*Invent. de Charles V,* 1380.) « A Thierry Lalemant, chauderonnier, pour deux bacins à barbier de fin laiton, délivrés à Denisot de Poissy, fourrier de Madame la duchesse de Tourraine, pour servir à laver les chiefs de ladite Dame et des dames et damoiselles de sa compaignie. » (*Comptes de l'argenterie,* 1400.) « Grand bassin d'argent à laver la teste. » (*Invent. de Marie Stuart,* 1586.) On remarquera que ces bassins à laver *chiefs* ou *testes* sont infiniment moins beaux que ceux à laver les mains. Affaire de mise en scène. On se lavait les mains en public et avec ostentation, et l'on se débarbouillait en cachette. De même

Fig. 187. — Le fabricant de bassins, d'après J. Amman.

pour d'autres soins de propreté. « Le « bassin ou vaisseau à laver piez » du roi Charles V est en argent, mais il a « les deux ansces rompues ». Celui de Charles VI, que nous trouvons dans l'*Inventaire de l'hôtel Saint-Pol* (1420), est plus beau. C'est « un grant bassin d'argent à laver les piez du Roy, à deux ances, entaillé à huict escussons de France ». Mais il n'approche pas des bassins d'or et de vermeil, que nous avons décrits plus haut.

Les bassins fabriqués par Thierry Lalemant, et dont il est question à la colonne précédente, nous amènent à parler du bassin de barbier, à bord échancré, qu'on rencontre dans presque tous les anciens inventaires et dans tous les anciens comptes. « Pour faire et forger un grant bacin à barbier qui fu fait de deux autres viex, etc. » (*Comptes d'Étienne de la Fontaine, argentier du roi Jean,* 1352.) « *Item,* un bacin à barbier d'argent blanc à boillons sur le bort, pesant X mars IIII onces. » (*Argenterie réclamée par la Couronne aux héritiers de Louis I*er *d'Anjou,* 1385.) « Un bassin d'argent à barbier pesant VII mars II onces. » (*Invent. de l'archevêque Richard;* Reims, 1389.) « Un petit bacin d'argent, à façon de bacin à barbier. » (*Invent. de l'hôtel Saint-Pol,* 1420.) « Ung bassin à barbier, ayant unes armes au fond, le bourc doré. » (*Invent. de la duchesse de Valentinois,* 1514.) « Ung bassin à barbier de cuivre avec un coullouer d'arain, prisés ensemble trente soldz. » (*Invent. de Nicholle Denoval;* juridiction du Bois de Miniac, 1607.) « Un bassin à faire le poil, tout uny, marqué aux armes du Roy, pesant V marcs IV onces. » (*Invent. des meubles de la Couronne,* 1673.) « Un bassin à barbe, deux boîtes à savon et deux gobelets, le tout gravé aux armes dudit sieur de Torsac. » (*Invent. du chevalier de Torsac;* Angoulême, 1754.) Et, pour être complet, il nous faut mentionner encore le fameux bassin du duc de Vendôme, qui, sortant tout chaud de la chaise percée et à peine lavé, « lui servoit de suite de bassin à barbe. » (*Journal de Dangeau,* t. XIV, p. 169 ; addition de Saint-Simon); mais de celui-là et de ses pareils, nous parlerons plus loin. Un article spécial leur est consacré à l'article GARDE-ROBE. (Voir ce mot.) Enfin, pour en terminer avec le bassin dans ses applications intimes et domestiques, nous devons encore accorder un coup d'œil aux bassins dans lesquels on baignait les jeunes enfants ; car, comme écrit Eustache Deschamps :

> Pour enfans, fault bers et drapiaux,
> Nourice, chaufete et bacin.

C'était aussi l'avis de Marguerite de Flandre, duchesse de Bourgogne; car dans les acquisitions qu'elle fait à Paris, en janvier 1403, à l'occasion des couches de la comtesse de Rethel, sa belle-fille, nous trouvons : « ...Un bacin porfont (profond) pour laver icellui enffant devant le feu. » Marie de Médicis semble avoir été moins prudente, car lorsque, le 3 octobre 1606, Jean Héroard fit laver pour la première fois les jambes du futur Louis XIII, elle dut prêter son bassin. C'est du moins ce qui paraît résulter de la mention suivante : « A huit heures trois quarts, devêtu (le dauphin), on lui a lavé les jambes dans de l'eau tiède, au bassin de la reine ; c'est la première fois. » (*Journal de Jean Héroard,* t. Ier, p. 219.)

Après avoir étudié le bassin dans ses emplois intimes, familiers et domestiques, nous allons le voir maintenant briller dans la splendeur de la vie officielle. Un de ses rôles, en effet, et non le moins superbe, est de paraître sur les tables royales ou princières, et d'y mériter la définition que donne le *Dictionnaire de Trévoux :* « Grand plat à mettre sur la table pour y servir des viandes ou des fruits en pyramide, et plusieurs assiettes de divers mets. » C'est dans ce noble emploi, qui ne semble pas, au reste, être très antérieur au XVIIe siècle, que nous le rencontrons aux noces du comte de Beringhen et de Mlle d'Aumont, où « le Fruit et tout ce qu'il y a de plus délicat et de plus délicieux pour composer le plus superbe Dessert estoit servy au milieu de toute la longueur de la Table, dans des Bassins de vermeil cizelé de différentes formes ». (*Mercure,* octobre 1677.) Au Palais-Royal, il tient aussi sa place dans les fêtes données par Monsieur, frère unique du roi : « Il y avoit dans la galerie, qui est la dernière pièce de l'appartement, vingt-quatre bassins de tout ce qu'on peut servir de plus rare et de plus exquis en pareille occasion. » (*Ibid.,* janvier 1682.) Quant au surintendant Bullion, il lui fait jouer un rôle peut-être moins noble, mais encore plus troublant, et qui montre sous un jour spécial le très grand monde de cette curieuse époque. « Lorsqu'il fit faire les premiers louis d'or, écrit Saint-Simon en parlant de ce financier célèbre, il pria cinq ou six hommes de ses amis à dîner : le maréchal de Gramont, le maréchal de Villeroy, les commandeurs de Jars et de Souvré, le marquis d'Hauterive et quelqu'autre encore s'y trouva. Au fruit, il fit servir cinq ou six bassins remplis de cette nouvelle monnoie, et leur dit d'en remplir leurs poches et leurs chausses, leurs chapeaux même s'ils vouloient, et que tout ce qu'ils pourroient en emporter eux-mêmes étoit à eux. Pas un de la compagnie ne se fit prier, et tous s'en fourrèrent tant qu'ils purent, s'en allèrent à grand'peine gagner leurs carrosses, et trouvèrent n'avoir fait jamais si bonne chère. » (*Journal de Dangeau,* t. XIII, p. 208; addition de Saint-Simon.) Après celle-là, il faut tirer l'échelle.

Le bassin, dans ces nouvelles fonctions, prit bientôt une telle importance que, dans les repas somptueux, on compta par bassins, comme nous comptons aujourd'hui par services. C'est ainsi que, parlant du divertissement offert à Ath par le chevalier du Terrier à la belle Mlle de Nancré, le *Mercure* dit : « La collation fut de cinq grands bassins, où toutes choses se trouvèrent à profusion. » (*Mercure,* juin 1678.) Besongne, rendant compte du *fruit* qu'on sert au Grand Couvert du roi, ne s'exprime pas autrement : « Ce fruit, nous dit-il, est composé de deux grands bassins de fruit crud dans des porcelaines, de deux autres plats de toutes sortes de confitures sèches. » (*État de France,* t. Ier, p. 103.) Près de quarante ans, au reste, avant cette époque, Mlle de Montpensier donnait au mot bassin un sens presque analogue. Faisant allusion à son séjour à Chenonceaux, en 1637 : « M. de Beaufort, écrit-elle, nous donna un souper de huit services de douze bassins chacun, si bien servi que ç'auroit été à Paris, l'on nauroit pu rien faire de mieux ni de plus magnifique. » Enfin, il n'est pas jusqu'à la comédie qui ne réserve une mention à l'indispensable ustensile qui nous occupe :

Merlin, voilà ma bourse, et je connois ton zèle.
Donne-m'en, je t'en prie, une preuve nouvelle.
Deux ou trois confiseurs sont mes proches voisins;
De ce qu'ils ont de bon, fais remplir deux bassins.

Ainsi s'exprime Oronte dans le *Mercure galant* de Boursault, 1679 (acte II, scène VIII).

La place considérable que le bassin tenait dans le luxe des buffets et dans le service de la table devait forcément amener les grands personnages de cette somptueuse époque à gratifier ce meuble utile de toute la décoration dont il était susceptible et à exagérer ses dimensions. Comme splendeur de décor, on ne pouvait guère dépasser ce qu'on avait fait au Moyen Age et à l'époque de la Renaissance ; mais, comme dimensions, il n'était pas de limites, et aux Gobelins on fabriqua pour le roi des bassins de telle taille qu'il fallait un brancard pour les porter.

Par les divers *Inventaires des meubles de la Couronne* dressés sous le règne de Louis XIV, nous avons la description d'un grand nombre de ces bassins, et leur énumération produit une sorte d'éblouissement, tant leur magnificence dépasse tout ce que nous sommes habitués à rencontrer dans l'orfèvrerie contemporaine. Ces pièces, incomparables ouvrages de du Tel, de Verbeck, de Viaucourt, de Merlin, de Cousinet, de Loyr, c'est-à-dire des premiers artistes de ce temps, sont d'une richesse et d'une variété d'ornementation vraiment extraordinaires. On y voit figurés les Planètes faisant cortège à Apollon, la Richesse, la Renommée, les Arts, la Paix, des Trophées alternant avec les Armes du roi, des Tritons, des monstres marins, les quatre Éléments, les quatre Saisons, des griffons, les attributs d'Apollon accompagnés de six figures de femmes représentant les Vertus, des chasses, la Bataille de Constantin, des grotesques, etc., etc. Mais la suite la plus importante, assurément, était celle qui représentait l'*Histoire du roi.* Ici, il nous faut céder la parole à l'*Inventaire :* « Un grand bassin ovalle, fait par Merlin, ciselé dans le fonds de la figure du Roy debout accompagné de ses officiers d'armée, qui considère un cavalier renversé d'un coup de canon près de Sa Majesté au siège de Douay, et sur le bord de diverses actions de guerre, dans quatre cartouches des armes du Roy et de plusieurs figures, long de 3 pieds 7 pouces, large de 2 pieds 8 pouces. Pesant 117 marcs 3 onces 0 grain. » « Un autre bassin, dont la longueur, largeur et les bordures sont semblables à celles du précédent, ciselé dans le milieu, de l'entrée du Roy dans la ville de Tournay, où l'on veoit sur le devant la figure de Sa Majesté à cheval, et dans l'enfoncement la ville de Tournay. Pesant 116 marcs 2 onces 0 grain. » « Un autre bassin ovalle, de mesme grandeur que le précédent, ciselé dans le fond du magistrat de la ville de Douay à genoux devant le carrosse de la Reyne pour lui présenter les clefs de leur ville, et sur les bords, des armes, des chiffres et de la devise de Sa Majesté, sur huit globes, couronnéz, accompagnéz de figures d'hommes et d'enfans assis, pesant 126 marcs 3 onces. » D'autres représentaient la prise de Dunkerque, celle de Dôle, celle de Marshal, le mariage de roi, le renouvellement de l'alliance avec les Cantons suisses, l'audience donnée par le roi à l'ambassadeur d'Espagne, le sacre du roi, etc., etc..

En un temps où le monarque absorbait tous les regards, et servait à tous de modèle, on comprend à quel débordement de luxe devaient se livrer les fidèles sujets du Grand Roi ; aussi, pour refréner leur ardeur, Louis XIV signa-t-il, le 26 avril 1672, une *Déclaration portant règlement pour les ouvrages d'orfèvrerie* qui défendait « de fabriquer, exposer ni vendre ancuns bassins d'argent excédant le poids de 12 marcs ». Il faut croire, toutefois, que la déclaration de 1672 n'eut pas tout l'effet qu'on en attendait, car il fallut la renouveler le 14 décembre 1689 et en mars 1700. Mais nous voici parvenu au temps où toute cette argenterie magnifique devait prendre le chemin de la Monnaie. Le Grand Roi avait fatigué la fortune, et le luxe de ses sujets allait payer les fautes de son gouvernement. C'est de ce moment que le bassin de parade commence à disparaître des habitations. Autant, en effet, le XVIIe siècle est fécond en détails somptueux sur le bassin, autant le XVIIIe siècle est réservé à son égard, et, à partir de 1750, lorsqu'il est parfois question de lui, c'est presque uniquement dans les factures des marchands. Alors son nom signifie seulement cette petite coupe en métal ou en cristal qui se trouve placée dans les chandeliers, lustres, girandoles, qui acccompagne le *binet* portant la lumière. « 29 avril 1752, au duc de la Vallière : une paire de girandoles à deux branches vernies, garnies de fleurs sur des oiseaux bleus de Vincennes, les terrasses, bobèches et bassins argentés, 150 livres. — 3 juin 1752, à Mme la marquise de Pompadour : un petit lustre de cristal de roche à quatre branches garni de vases, bobèches et bassins de cristal, 1,230 livres. — 21 avril 1755, à M. Jacquemin : une paire de bras à double branche, vernis, garnis en fleurs, les bobèches, bassins et binets dorés d'or moulu, etc., etc. » — Aujourd'hui, cette minuscule acception du bassin est la seule qui ait survécu dans le langage du mobilier usuel. Les fontaines sont encore, il est vrai, munies de bassins ;

Fig. 188. — Bassin en argent repoussé et ciselé (XIXe siècle).

mais, pour les ablutions, celui-ci a fait place à la cuvette, et dans le service de la table il a été remplacé par le plat.

Bassine, *s. f.* — Poêle ou cuve de cuivre rouge ou jaune, non étamée, possédant soit une grande anse en fer, soit deux mains de chaque côté, pour qu'on puisse la mouvoir. « Plus deux petites bassines de cuivre jaulne demy usées. » (*Invent. de Grégoire de Beaunom ;* Bordeaux, 1607.) « Deux grandes bassines de cuivre jaune, l'une grande, l'autre moyenne. » (*Invent. de Claudine Bouzonnet-Stella;* Paris, 1693-1697.)

Bassinoire, *s. f.;* **Bassinoelle,** *s. f.* — Ce meuble utile, que le *Dictionnaire de Trévoux* définit : « Ustensile fait de cuivre *ou d'argent,* qui sert à chauffer le lit », est fort an-

Fig. 189. — Jeunes filles faisant cuire des fruits dans une bassine, d'après Chauveau.

cien dans notre mobilier, et dans un temps où le chauffage des appartements était encore dans son enfance, il constituait un meuble en quelque sorte indispensable et appelé à rendre à nos ancêtres d'inappréciables services. A quelle époque faut-il faire remonter l'origine de la bassinoire? Il serait assez difficile de le dire exactement; mais, au XVe siècle, elle avait déjà pris sa place dans tous les mobiliers d'importance. Nous savons, en effet, par les *Comptes de l'hôtel des rois de France,* que Louis XI possédait une « bassinoelle pour bassiner le lit », acquise de Loys Boutard, « poeslier », pour la somme de 30 sols tournois (1481). Le roi René, quoique habitant l'hiver des climats plus doux, avait aussi recours à ce précieux ustensile, et quand, en 1471, on dressa l'*Inventaire du château d'Angers,* on trouva une bassinoire « d'airain » dans les basses armoires de sa garde-robe. Dès la fin du XVe siècle, au reste, la bassinoire était si répandue qu'on la voit intervenir dans une foule de récits et, au XVIe, elle inspire les Muses. Pierre Delarivey, le poète champenois, dans les énigmes graveleuses dont il a enrichi sa traduction des *Nuits de Straparole,* lui consacre un sonnet (voir édit. Jouaust, t. III, p. 87), et quoique ce sonnet soit de médiocre qualité et de goût douteux, encore nous faut-il le rapporter ici, parce qu'il nous donne une description de la bassinoire de ce temps, qui ressemblait déjà singulièrement à celle de nos jours :

Je suis gros, bien poly et de bonne rondeur;
J'ay des yeux assez grands, et si je ne voy goutte,
Toujours la gayeté me suit où je me boutte
Et les dames souvent désirent ma faveur.

Quand je suis plus gaillard et bouillant de chaleur,
Et qu'à mon premier feu nouveau feu on adjouste,
Entre deux choses blancz dans une noire voulte,
On me met à tous coups pour dompter ma fureur.

Là, par le prompt effort de ma puissance royde,
Tous les plus morfondus et de nature froyde,
J'eschauffe tellement qu'enfin j'en refroidy.

Aussi, de çà de là, si souvent on m'agite,
Que d'ardant que j'estois, j'en reste moins hardy,
Tant ma puissance adonc devient foible et petite.

Le XVIe siècle, qui avait chanté la bassinoire en vers alexandrins, devait, dans la réalité mobilière, se montrer également prodigue pour elle. C'est à cette époque, en effet, que nous voyons apparaître les premiers échantillons de bassinoires en métal précieux. Un *Mandement* de Charles-Quint, daté de 1532, décrit « ung bassin à réchauffer le lict » en or. Le trésorier de France, Babou de la Bourdaisière, fut un des premiers en France à posséder une bassinoire d'argent. Dans l'*Inventaire de Catherine de Médicis* (1589), nous relevons : « Une bassinoire toute blanche qui poise huict marcs et deux gros d'argent. » L'*Inventaire de Gabrielle d'Estrées* (1599) en mentionne une aussi « d'argent tout blanc ». A la cour de Louis XIII, ses pareilles abondèrent certainement ; quant à celle dont les valets de chambre de Louis XIV faisaient usage pour réchauffer le lit du Grand Roi, elle était, nous dit un inventaire, « percée à jour de plusieurs fleurs de lis et les armes du Roy au milieu ». Ce même document nous apprend que le roi en possédait neuf autres, également d'argent, pesant toutes ensemble plus de 81 marcs. Ajoutons que, du temps de ce fastueux prince, les artistes eux-mêmes se servaient de bassinoires d'argent. On en rencontre une, en effet, dans l'*Inventaire de Le Nôtre.* Mignard, toutefois, moins bien partagé, faisait chauffer son lit avec une modeste bassinoire de cuivre prisée cent dix sous. Molière possédait « deux bassinoires de cuivre rouge prisées VI livres », et les trois bassinoires qu'on trouva, après sa mort, chez Claudine Bouzonnet-Stella étaient également toutes trois de cuivre rouge. Il est vrai qu'à ce moment (1697), les jours sombres étaient venus et que toute la vaisselle d'argent avait dû être envoyée à la Monnaie.

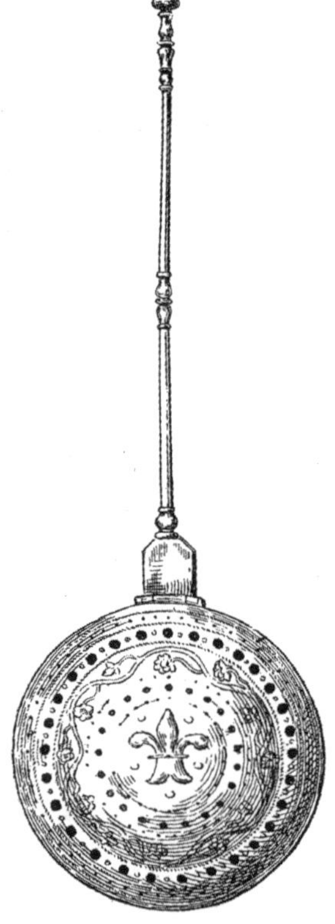

Fig. 190.
Bassinoire du XVIIe siècle.
Musée de Cluny.

Le XVIIIe siècle est, au surplus, le siècle par excellence de la bassinoire. L'amour du confortable, qui commence à se généraliser, la fait apparaître partout. Il n'est presque pas d'inventaires, même dans l'extrême Midi, où elle ne se manifeste. La rondeur de ses formes, l'ampleur de ses contours, la beauté de ses découpures, composant de riches dessins, nous sont connues, car les échantillons parvenus jusqu'à nous sont non seulement nombreux, mais encore pour la plupart très décoratifs. La belle bassinoire du musée de Cluny (no 6274), avec son couvercle repoussé et repercé à jour et son manche de corne, suffirait, à défaut d'autres, à nous édifier sur les qualités plastiques des ustensiles de ce temps. Et cependant ces utiles objets, dont la possession est pour nos collectionneurs un sujet d'orgueil, ne satisfaisaient pas absolument nos douillets ancêtres. En 1770, le sieur Granchez importa chez nous la bassinoire anglaise. « Cette bassinoire, écrivait-il au *Mercure galant,* reçoit la chaleur de l'eau chaude qu'elle contient ; elle est fermée hermétiquement et n'est, par conséquent, point sujette à laisser dans le lit aucune impression de moiteur. Sa chaleur se conserve plus longtemps et peut ainsi servir pour plusieurs lits. » (Voir le *Mercure* de février 1770.) Avantages de toutes sortes et par-dessus le marché économie, on voit que le sieur Granchez s'entendait à faire de la réclame. Sa bassinoire anglaise toutefois se vendait 24 livres, « y compris le chevalet, l'entonnoir et le manche ». C'était encore cher ; mais ce nouveau système, inventé en Angleterre, où la braise et le charbon de bois faisaient défaut, prévenait les incendies ; c'est ce qui le fit préférer, et voilà comment la BOULE prit chez nous la place de la bassinoire.

Nous avons dit tout à l'heure que ces sortes de meubles abondaient dans les inventaires méridionaux ; ajoutons qu'ils y sont généralement mentionnés sous le nom de CHAUFFE-LIT, ESCHAUFFELIT ou ESCAUFELIT ; et citons quelques exemples. La bassinoire du roi René, à laquelle nous avons fait allusion plus haut, est qualifiée : « Ung chauffelit d'arain ». Dans l'*Inventaire des biens de Jean Lauze, négociant à Avignon* (1588), nous lisons : « Plus un escaufelict louton (laiton) peu de valeur. » Dans l'*Inventaire du sieur Chamboux, drapier à Villefranche* (1667), nous relevons « deux bassinoires ou chauffelit [d'] ayrain rouge », et dans l'*Inventaire de Nicolas Lallemagne, docteur en médecine, à Bollène* (1668) : « Un bassinoir *sive* eschauffelit médiocrement bon. » Cette dernière citation nous amène à remarquer que, dans le Bordelais et la Gascogne, bassinoire fut longtemps écrite sans l'E final et gratifiée du genre masculin : « Ung bassinoir petit, cuivre, — deux autres bassinoirs grands. » (*Invent. de Jacques Mover;* Toulouse, 1635.) « Un grand bassinoir. » (*Invent. de Marguerite de Pessoles;* Toulouse, 1642.) « Plus un bassinoir de cuivre rouge. » (*Invent. de Henri de Béthune, archevêque de Bordeaux,* 1690.)

Baste, *s. f.* — Terme d'orfèvrerie et de brodeur. On appelait ainsi des anneaux ou enchâssures qu'on soudait aux pièces d'orfèvrerie, émaux, etc., pour pouvoir les coudre sur les étoffes de prix. L'article XV des *Statuts des orfèvres* (1355) veut que « toutes pièces qui auront bastes soudées, soit pour mectre sur soye ou ailleurs, ne puissent estre clouées, mais soient cousues à l'aiguille ». En 1351, Édouard Tadelin fournit pour les funérailles de Godefroy de Valennes, chambellan du roi, des « cendaux de plusieurs couleurs pour faire la bordure et [les] bastes du poële, qui fut semé de XXX escussons des armes dudit chevalier. » (*Compte d'Étienne de la Fontaine, argentier du roi,* 1351-1352.)

Bâtard, *adj.;* **Bastard,** *adj.* — Qui est de moyenne grandeur. « Porte bâtarde, porte de maison qui n'est ni petite porte, ni porte cochère », écrit Littré. Au XVIe siècle, on disait également fenêtre bâtarde : « En la chambre du second estaige, une fenestre bastarde qui a depuis le dessus du plancher trois piedz dix poulces jusques à l'enseuillement..., etc. » (*Concession, par Ambroise Paré, à sa nièce Jeanne Paré, des jours et ouvertures d'une maison sise rue de l'Hirondelle,* 1577.) Avant cela, au XIVe siècle, on donnait cette qualification aux ustensiles de cuisine de taille moyenne et aux objets de grosseur intermédiaire. Dans les *Comptes de l'argenterie,* il est fréquemment fait mention de « crochets bastards », et nous voyons figurer des « chauderons bastards » dans les *Comptes de l'hôtel de Charles VI* (1380). Au XVIe et au XVIIe siècle, on appelait encore ainsi un lit de moyenne grandeur. Exemple : « Une couche bâtarde de boys de chesne à hault dossier, à pilliers. » (*Invent.*

Fig. 191. — Femme de chambre bassinant un lit, d'après Freudenberg.

de Nicolle Lefebvre, épouse de Gilles Roger; Paris, 1592.) « *Item,* un petit lit bastard de bois de noyer garny de son enfonçure. » (*Invent. de Marguerite Regnault, femme Desloges;* Paris, 1627.) « *Item,* une petite couche bastarde, fermant à visse (*sic*), garnye de sa paillasse, lict, traversin, etc. » (*Invent. de Marguerite Gudin, femme de Remy Levesque, docteur en médecine;* Paris, 1629.) Dans l'*Inventaire du sculpteur Michel-Ange Slodtz* (Paris, 1764), on relève « deux cullières bâtardes ». On désignait ainsi des cuillers de taille intermédiaire entre les cuillers à potage et celles à café ; celles que nous appelons aujourd'hui des cuillers d'entremets.

Bateau, *s. m.* — LIT EN BATEAU. (Voir le mot LIT.) On désigne aussi sous le nom de bateau des soucoupes de faïence, de porcelaine ou de verre de forme allongée qui, de nos jours, servent généralement à contenir les hors-d'œuvre. Le nom de bateau fut donné à ces ustensiles, parce que, dans le principe, ils simulaient un petit bateau avec son batelier à l'arrière. Le spécimen que nous donnons ici (fig. 192) appartient au musée de la Manufacture de Sèvres. C'est au milieu du siècle dernier que nous voyons apparaître les premiers bateaux de porcelaine. Ils sont parfois garnis de petits récipients destinés à recevoir du sel, du poivre ou des épices. « 16 décembre 1751 — A Mme de Briolley : un bateau de Vincennes et deux tinettes, 84 livres. » « 28 décembre 1751 — A M. de Boulogne : deux bateauxde Vincennes avec deux tinettes couvertes dans chacun, 168 liv. » (*Livre journal* de Lazare Duvaux, t. II, p. 106 et 109.)

Fig. 192. — Bateau en faïence de Strasbourg.

Bateure, *s. f.;* **Batu,** *part. pas.* — Voir BATTEURE et BATTRE.

Bâti, *s. m.* — On nomme ainsi les pièces assemblées qui constituent l'armature ou la carcasse d'un édifice, d'un meuble ou d'un lambris ou encore d'une fraction d'édifice, de meuble ou de lambris ; et, plus spécialement, on appelle BATI D'ENCADREMENT les montants et traverses formant le cadre d'un panneau; BATI DORMANT, les cadres ajustés à demeure dans une partie de baie, qu'achève de remplir, soit une porte, soit le châssis d'une fenêtre; BATI DE TENTURE, le cadre sur lequel on cloue de la grosse toile avant de poser du papier de tenture; BATI DE REMPLISSAGE, les montants et traverses subdivisant un lambris en plusieurs compartiments. Enfin on donne encore, en ébénisterie, le nom de bâti, aux carcasses des meubles construits en bois commun, et qui sont destinées à être recouvertes de bois de placage.

Batiste, *s. f.* — Toile très fine, de lin ou de chanvre, qui doit son nom à son inventeur, Baptiste Chambray ou de Cambrai (sa statue est dans cette ville). La batiste a été, depuis le XIIIe siècle, fabriquée dans les provinces du nord de la France, à Cambrai, Arras, Valenciennes, Bapaume, Vervins, Noyon, Péronne, Saint-Quentin, etc. Dans cette dernière ville, au siècle dernier, on ne fabriquait pas moins de 60,000 pièces de batiste par an (la pièce était de 12 à 15 aunes), qui prenaient le chemin de Paris, Rouen, Bordeaux, Bayonne et Gand, pour passer ensuite en Angleterre, en Italie et en Espagne. (Voir Savary, *Dict. de commerce,* t. Ier, p. 355, et Piganiol de la Force, *Nouvelle description de la France,* t. III, p. 185.)

Deux arrêts du conseil d'État, l'un du 12 décembre 1730, l'autre du 2 décembre 1737, réglèrent la fabrication de la batiste dans les généralités de Paris et de Soissons, sans toutefois que cette fabrication ait pu s'implanter d'une façon durable dans les localités visées par ce double arrêt du Conseil. (*Journal de Verdun,* mai 1731 et janvier 1738.) Aujourd'hui, elle est encore cantonnée dans nos départements du Nord. A Paris, au siècle dernier, c'était la Communauté des maîtresses toilières et lingères qui, par ses statuts approuvés en 1644, avait le droit exclusif de vendre la batiste.

On distingue trois sortes de batiste, la fine, la demi-fine et la batiste hollandée. Cette dernière, la plus grosse des trois, est ainsi appelée parce qu'elle se rapproche de la toile de Hollande. On nomme, en outre, toile d'ortie, une batiste écrue faite avec un lin grisâtre. La batiste sert surtout pour le costume; on en confectionne des cravates, des mouchoirs, des fichus. On en fait parfois usage dans l'ameublement. Dès la fin du XVIe siècle, on en fabriquait des garnitures de lit. Dans l'*Inventaire de Jehan Verryer, seigneur du Boscq et scytoien* (sic) *de Bordeaux* (1590), figure « une garniture de lit, troys pantes de batiste, les troys courtines, courtinon et docier de toille de Bretaigne ». On l'employait aussi comme draps, taies d'oreiller, etc. Anne d'Autriche ne pouvait coucher que dans des draps de batiste. « Il étoit difficile, écrit Mme de Motteville (*Mém.,* ch. LIX), de lui trouver de la toile de batiste assez fine pour lui faire des draps et des chemises, et avant qu'elle pût s'en servir, il falloit la mouiller plusieurs fois pour la rendre plus douce. » Le cardinal de Mazarin aimait à la taquiner sur cette recherche excessive. Au moment de sa mort, les menaces du cardinal lui revinrent sans doute à l'esprit; car Mme de Motteville raconte que la comtesse d'Ille s'étant approchée d'elle quelques instants avant qu'elle entrât en agonie, la pauvre reine, lui parlant des douleurs qu'elle ressentait et de l'infecte odeur qui s'exhalait de son sein (elle se mourait d'un cancer) : « Elle lui dit touchant son drap : *Ha! condessa, savanas de batista! Condessa, savanas de batista!* (Ah ! comtesse, des draps de batiste ! comtesse, des draps de batiste !) Elle vouloit, ajoute Mme de Motteville, lui faire marquer par ces paroles, et en lui montrant ses draps, qu'elle se reprochoit alors les délicatesses trop grandes qu'elle avoit eues pour sa personne quand, étant en santé, elle ne pouvoit souffrir que des draps extraordinairement fins. » (*Mém. de Mme de Motteville,* ch. LX.) Ajoutons qu'Anne d'Autriche ne fut pas la première à se servir de batiste pour ses draps. Dans l'*Inventaire de Léonor de Pisseleu, seigneur d'Heilly,* dressé en 1614, nous relevons « trois draps de thoille batiste viels et uzés ». Ces draps avaient servi sans doute à Marie de Gondi, femme du défunt. Elle ne fut pas la dernière non plus, et les remords *in extremis* de sa mère ne paraissent pas avoir eu une influence décisive sur les habitudes de Louis XIV. Dans les dépenses de ce prince, nous trouvons, en effet, à la date du 7 octobre 1674, le payement de 2,783 liv. 5 sols « à Gilbert, marchand, pour 1,237 aunes de batiste ». Ce qui remet cette batiste à envi-

Fig. 193. — Servante dressant un lit au bâton, d'après Abraham Bosse.

ron 2 liv. et 5 sols l'aune. Il faut croire qu'elle était assez commune ou qu'elle avait beaucoup baissé de prix depuis le commencement du siècle, car l'*Inventaire de Grégoire Beaunom*, marchand (Bordeaux, 1607), ne mentionne pas moins de neuf sortes de batiste, dont les prix varient de 3 liv. 10 s. à 8 liv. 15 s. l'aune. Jusqu'à la fin du XVIIIe siècle, la batiste fut aussi employée à couvrir et à décorer les tables de toilette. Ajoutons, pour terminer, qu'elle était en possession de ce privilège depuis le XVIe siècle. Nous en avons la preuve par la *Vente aux enchères du mobilier du sieur Beaujeu, à Josaphat, près Chartres* (30 mai 1591) : « Une toilette de damas verd, garnie de franges de soye verd, une tavayolle de toille baptiste, ung estuy de velours verd, etc. »

Batoir, *s. m.* — Voir Battoir.

Bâton, *s. m.;* **Baston,** *s. m.* — En architecture, le bâton est une grosse moulure ronde, utilisée dans la base des colonnes, et qui porte plus généralement le nom de tore. On appelle Baton rompu un tore brisé régulièrement de distance en distance. Au XVIe et au XVIIe siècle, le *bâton rompu* formait un ornement de brodeur alors très à la mode. L'*Isle des hermaphrodites* décrit un lit couvert d'une « grande housse, chamarrée de clinquant à bastons rompus, qui estoit un secret hiéroglifique du pays ». Dans l'*Inventaire de Gabrielle d'Estrées* (1599) figure « un lit couleur de feuille morte....., doublé de serge à bastons rompus ». Dans l'*Inventaire de Balthazar de Montauban, sieur de Sainte-Croix* (Toulouse, 1620), nous relevons « ung garniment de lict de taffetas de Tours, à bastons rompus orangé vert »; dans l'*Inventaire du surintendant Fouquet* (1661), « un lict, avec des bandes de tapisserye à bastons rompus ».

Dans le langage des tapissiers, on appelle Croisée a baton celle dont les rideaux à anneaux apparents sont enfilés sur un bâton. Ces Batons de croisée sont généralement cannelés et terminés par une pomme en bois ou par une crosse en cuivre. Autrefois, on appelait Baton de lit celui dont on usait pour tendre les draps et régulariser les plis des couvertures et courtepointes. « Aucassin, trouvant derrière le lit un bâton, le prit, se retourna et rossa le Roy. » (*Aucassin et Nicolette,* p. 53.) « Il prend le baston avec quoy on faisoit le lit qu'il trouva à la ruelle. » (*Élite des contes du sieur d'Ouville,* t. Ier, p. 164.) Ce mot servait aussi à désigner les barres de bois recouvertes d'étoffe qui servaient à faire tenir raide la housse du lit. « Huit bastons dudit lit couverts de drap d'or pour le tour dudit lit. » (*Invent. d'Anne de Bretagne,* 1498.) « Un lit dont les bastons et soubassemens sont vestuz de damas blanc. » (*Invent. du cardinal d'Amboise,* 1550.)

Bâtonné, *adj.* — Terme de lingère et de blanchisseur, employé au XVIIe siècle, pour désigner un linge plié d'une certaine façon. « Par-dessus est la serviette du roy bâtonnée, c'est-à-dire proprement pliée à gaudrons et petits carreaux. » (*État de France,* t. Ier, p. 77.)

Battage, *s. m.;* **Battelaige,** *s. m.* — Action de battre périodiquement ; on procède au battage des tapis. Autrefois, on disait battelage : « Tant pour le restouppement et nectoyement des dictes tapisseries que pour le battelaige d'icelles. » (*IXe Compte de Christophe Godin, receveur des finances de Philippe II,* 1587.)

Battant, *s. m.* — On donne ce nom à chaque vantail d'une porte à deux vantaux. Jadis l'ouverture d'un ou deux battants à une porte, quand un personnage de caractère officiel s'y présentait, donnait souvent lieu à des discussions assez vives et soulevait des questions d'étiquette parfois très délicates. On en trouvera la preuve et l'explication au mot Porte. Le mot battant s'applique encore aux portes des armoires. « Une crédance à deux battans avec son tiroir au-dessus. » (*Invent. de la dame Quantin;* Fougères, 1717.) « Une armoire de bois de chesne en deux corps, à quatre battans et deux tiroirs. » (*Invent. du cardinal de Polignac;* Paris, 1738.) Autrefois, quand les cheminées étaient fermées par des portes de fer, on appelait celles-ci « les battants de la Cheminée ». (Voir ce dernier mot.) Enfin on donne encore le nom de battant au marteau intérieur suspendu dans toute cloche ou sonnette, et à la pièce principale du loquet fonctionnant dans le crampon.

Battelaige, *s. m.* — Voir Battage.

Battement, *s. m.* — En terme de menuiserie, c'est la moulure qui cache l'endroit où les vantaux d'une porte se joignent.

Fig. 194. — Battant de porte d'armoire (XVIe siècle).

Batterie, *s. f.* — Batterie de cuisine. Terme collectif, qui se dit de tous les ustensiles de cuivre ou de fer servant à la cuisine, comme casseroles, chaudrons, marmites, tourtières, poêles, bouilloires, etc. Ce mot est fort ancien dans notre langue. Dès 1295, nous le rencontrons dans le tarif des droits perçus sur les marchandises entrant à Lyon. « Tota bateri de couvro per quintal paiera II gros. » Il figure également dans le *Dit du Lendit :*

M'en ving par la Feronnerie
Après trouve la Batterie...

Indépendamment des objets que nous venons d'énumérer et qui tous, de nos jours, sont en métal vulgaire, les cuisines d'autrefois renfermaient encore nombre d'ustensiles en argent. Ils étaient même si nombreux, que Louis XII crut devoir rendre, en 1506, une *Ordonnance* interdisant de fabriquer aucune « vaisselle de cuisine » dans ce métal. A partir de cette époque et jusqu'au milieu du siècle dernier, le cuivre tint une place prépondérante dans la batte-

Fig. 195. — Batterie de cuisine (ustensiles du XVIIe siècle).

rie de cuisine. Pour les riches maisons comme pour les petits ménages, les ustensiles de ce métal constituaient à la fois une coûteuse nécessité et un objet d'orgueil. Du reste, la *Subvention du vingtième sur les marchandises entrant en France,* perçue en 1641, ne paraît connaître que deux sortes de batteries, la « batterie d'airin », estimée le cent pesant 10 livres, et la « batterie de cuivre », estimée le double. Un siècle plus tard, le sieur Prémery, domicilié à Paris, rue Basfroi, près Sainte-Marguerite, obtint un privilège du roi pour une « nouvelle batterie de cuisine de fer forgé, battu à froid et blanchi à la façon du Levant ». (Voir *Journal de Verdun,* juin 1747, p. 474.) Les avantages de cette batterie consistaient dans son bon marché d'abord, ensuite dans l'absence de danger de vert-de-gris. Avec elle le rôle du fer battu commençait ; le cuivre, désormais, allait devenir l'apanage des personnes aisées. Quelques années après avoir obtenu son privilège, Prémery mourut, et son gendre, J.-F. Bavard, obtint la confirmation de ce privilège. (*Annonces, affiches et avis divers,* 10 juillet 1754.) Puis, en 1768, ce fut le tour de la veuve Delaistre, domiciliée rue du Bout-du-Monde, à Paris, d'exploiter « un privilège du roi pour l'établissement d'une manufacture de toutes sortes d'ustensiles de batterie de cuisine en fer battu, étamé dehors et dedans ». (*Mercure,* août 1768.) Enfin, en 1771, cette fabrication passa entre les mains d'une compagnie alsacienne, qui avait son dépôt à Paris, rue Quincampoix, vis-à-vis de l'hôtel de Beaufort. (*Mercure,* mars 1771.) Aujourd'hui, non seulement le fer battu continue de partager avec le cuivre l'honneur de nous fournir nos batteries de cuisine, mais on fait encore nombre d'ustensiles de ce genre en fonte émaillée.

Batteur, *s. m.* — Nom donné aux artisans qui battent le métal et le réduisent en feuilles. Au XIIIe siècle, on distinguait à Paris, dans cette profession, cinq corps de métier différents : les *Batteurs d'archal* ou de cuivre, les *Batteurs d'étain,* les *Batteurs d'argent,* les *Batteurs d'or à filer* et les *Batteurs d'or en feuilles.* Ces cinq Communautés avaient chacune leurs statuts particuliers, qui sont consignés dans le *Livre des mestiers* d'Étienne Boileau, et ne se distinguent par aucune particularité digne d'être relevée. Les batteurs d'archal furent les premiers à disparaître. Les batteurs d'or à filer prirent, aux environs de 1500, les noms de TIREURS D'OR et d'ÉCACHEURS, sous lesquels nous les retrouverons plus tard. Les batteurs d'argent se confondirent avec les batteurs d'or en feuilles, et ceux-ci formèrent avec les batteurs d'étain les deux seules professions qui continuèrent de porter le titre de batteurs.

Ajoutons que les batteurs d'or et d'argent — qui furent rattachés aux orfèvres et qui du reste, dès le XIIIe siècle, prétendaient faire partie de cette corporation — prirent, commercialement parlant, une importance considérable, lorsqu'on commença de dorer les meubles meublants. Les batteurs d'étain, de leur côté, virent aussi se développer singulièrement leur industrie, quand on fabriqua des miroirs en verre par l'apposition de feuilles d'étain fixées à l'aide du mercure. Bientôt même, la production des batteurs d'étain étant en quelque sorte accaparée par cette industrie nouvelle, leur corps de métier fut à son tour absorbé par les miroitiers et se confondit avec eux.

Batteure, *s. f.;* **Batture,** *s. f.;* **Bature,** *s. f.* — On donne le nom de batteure, batture ou bature : 1° à un mordant, qui sert aux doreurs à faire des hachures dans les parties rehaussées d'or ; 2° à une couleur faite de miel détrempé dans de l'eau, de colle et de vinaigre, qui, servant à faire les rehauts dans les tableaux peints en détrempe, imite assez bien l'or, et tient lieu de ce que les peintres à l'huile appellent *or couleur ;* 3° enfin, ce mot était autrefois employé dans le sens d'étoffe sur laquelle avaient été appliqués par la pression des dessins obtenus dans des feuilles de métal battu (voir BATTRE), ainsi qu'à l'opération elle-même qu'on faisait subir à ces tissus. Voici quelques exemples de l'emploi du mot batteure pris dans cette dernière acception : « VIII pièces de cendaux azuréz, pour les semer de fleurs de lys d'or de bateure, à parer et mettre sur le daiz du roy, — pour faire et ouvrer de bateure III grans nües d'argent et dedans chascun nüe une estoile. » (*Comptes relatifs à l'institution de l'ordre militaire de l'Étoile,* 1351.) « Édouart Tadelin, pour une bote de cendaux de plusieurs couleurs..... pour faire la bordeure et bateure dudit poelle, laquelle fut semée de XXX petis escussons des armes dudit chevalier. » (*Obsèques de Geoffroi de Valennes,* 1352.) « De l'Inventoire de G. de Monstereul, pour un eschéquier de bateur et de cristal. » (*Exécution du testament de Jeanne de Bourgogne,* 1353.) « Un estendart de bateure de la devise dudit Seigneur. » (*Invent. du Louvre,* 1420.)

Battoir, *s. m.;* **Batouer,** *s. m.* — Ustensile qui sert à battre le linge quand on fait la lessive. La *Complainte du nouveau marié* dit :

> En mesnaige fault...
> Quenouille, fuseau et batouer
> Pour battre la buée.

On trouve aussi battoir pris dans le sens de pilon. « Ung mortier de métail et son batoir. » (*Invent. du duc de Bourbon,* 1507.)

Fig. 196.
Armoiries corporatives des batteurs d'or.

Battre, *v. a.* — Ce verbe a un grand nombre d'applications dans les diverses professions qui relèvent de l'ameublement. La plus importante est celle qui regarde les corps de métiers chargés de battre les métaux et de les réduire en feuilles. Au XIIIe et au XIVe siècle, ces corps de métiers étaient, à Paris, au nombre de cinq ; on en trouvera la liste et l'histoire succincte au mot BATTEUR. A cette même époque, le verbe battre avait, dans le langage de l'ameublement, une autre signification. Battre un tissu, c'était imprimer sur ce tissu, à l'aide d'une forte pression opérant sur une feuille d'or, un dessin, un emblème, un chiffre, un ornement quelconque. Dans le *Compte de la dépense* *des obsèques de Louis X* (1316), nous voyons figurer un payement de 18 liv. 8 sols au sellier Gautier de Laon « pour batre XIV aunes de cendal des armes de nostre sire le Roy ». Les tissus qui avaient subi cette opération étaient dits *battus*. Ce terme figure très souvent dans les anciens comptes : « XXXI aunes de cendal batu pour la bordeure de la chapelle. » (*Obsèques du roi Jean Ier*.) « III pièces de chambre de cendal batues à armes de Valois et de Constentinoble. » (*Invent. des biens trouvés en l'hôtel de Quatremares après l'arrestation de Jeanne de Valois*, 1334.) Les chambres exécutées avec ces tissus étaient appelées chambres de BATTEURE. (Voir ce mot.)

Bauc, *s. m.* — Sorte de tablette pour conserver les fromages. Mot fort ancien et rarement usité.

Bauche, *s. f.*; **Bauge,** *s. f.* — Demeure, habitation, boutique. Les verbes embaucher et débaucher, selon Borel et Lacurne de Sainte-Palaye, viendraient de là. Bauge se disait aussi, au XVIIe siècle, d'un mélange de terre glaise et de paille analogue au *pisé*. « Presque toutes les cabanes de paysans n'ont que des murs de bauge. » (FURETIÈRE.)

BAUGE. — On appelait également de ce nom un droguet grossier, moitié fil et moitié laine, fabriqué en Bourgogne.

Baudais, *s. m.*; **Baudet,** *s. m.* — Nous lisons dans l'*Inventaire du cardinal de Mazarin* (1653) : « Plus le bois de trois baudais ; il y en a un garny de toile qui est rompu. » Ce qu'il faut entendre par baudais ou baudet, un passage emprunté aux *Mémoires du duc de Luynes* va nous le dire : « Anciennement, le guet des gardes du corps ne couchoit que sur des paillasses que le roi fournissoit ; on leur a permis de se donner des matelas, et actuellement ils ont des lits de sangles ; pour les Cent-Suisses, ils n'ont encore que fort peu de lits de sangles ; c'est ce qu'on appelle des baudets. » (*Mém.*, t. XIV, p. 349.)

Baudequin, *s. m.*; **Baudekin,** *s. m.*; **Baldekin,** *s. m.* — Tissu de soie de grand prix, le même dont il est question à l'article BALDAQUIN. « Pour une piece de Baudequin de Damas contenant IV dras pour chambre, LXXX escus. » (*Comptes de la dépense du roi Jean en Angleterre*, 1360.) « Un char couvert de Baudequin tout noir. » (Froissart, *Chroniques*, liv. IV, ch. LXXXII.) « Un baudequin vermeil broché d'or de Chippre. » (*Comptes de Bourgogne*, 1408.)

Baudrier, *s. m.* — Sorte de valise de drap où l'on enfermait les aliments destinés aux collations royales ou princières. Un passage de l'*État de France* (t. Ier, p. 111) donne la description du baudrier de Louis XIV : « Les coureurs de vin sont pour porter, à la chasse et partout où le roi va, la collation de Sa Majesté. Cette collation est renfermée dans un baudrier ou valise de drap rouge (qui est la livrée de la Chambre), galoné d'or et aux deux bouts les armes du Roy, où il y a des sierviètes, du pain, des biscuits, du fruit et des confitures sèches, du vin et de l'eau dans deux flacons d'argent et un essay. »

Bavette, *s. f.* — Bande de plomb ou de zinc, qui sert au recouvrement d'un arêtier, d'une lucarne, d'une fenêtre à tabatière, etc., et empêche l'eau de pénétrer.

Fig. 197. — Tapisserie de Beauvais (XVIIe siècle).

Bavure, *s. f.* — Arête saillante que laisse sur un objet moulé une coulure défectueuse. Saillies irrégulières qu'on remarque sur les bords des tables de plomb.

Bayart, *s. m.* — Sorte de civière. « *Item*, 1 escale (échelle), 1 bayart ou chivière, 1 petit peyrol. » (*Invent. des Baux*, 1426.)

Bayette, *s. f.* — Locution du Lyonnais et du Forez. Lucarne pratiquée dans un toit. C'est aussi le nom d'une couverture moelleuse qu'on place sur une table à manger, sous la nappe.

Bayonnais (couteau), *s. m.* — Espèce de poignard dont le manche, légèrement conique et sans pommeau, pouvait se placer dans le canon d'une arme à feu. « Mais le baron ayant saisi un grand couteau bayonnois, qui pendoit lez la braguette de Colineau, le porte aux gorges des refusans. » (*Les Aventures du baron de Fœneste*; édition Janet, p. 212.) C'est le couteau bayonnais qui donna naissance à notre baïonnette.

Bayssel, *s. m.*; **Baisset,** *s. m.*; **Bayssela,** *s. f.*; **Baysera,** *s. f.* — Les deux premiers mots signifient un vase de terre ou de métal ; ils figurent la prononciation et l'orthographe gasconnes et béarnaises du mot VAISSEL, VAISSEAU. Les deux derniers, usités dans les mêmes pays, signifient VAISSELLE.

Bazin, *s. m.* — Voir BASIN.

Beauboys. — Orthographe et prononciation gasconnes de BEAUVAIS. (Voir l'article suivant.)

Beauvais. — TAPISSERIES DE BEAUVAIS. Avant l'installation de la Manufacture royale de Beauvais, cette ville était déjà célèbre par la fabrication des serges et petites étoffes de laine employées par les tapissiers du XVIe et du XVIIe siècle à la tenture des appartements. C'était, en outre, à Beauvais que se centralisait le commerce de ces étoffes manufacturées dans la contrée, et cette ville était, à cause de cela, le lieu de résidence d'un inspecteur des Manufactures, dont la juridiction s'étendait sur Mouy, Méru, Courcelles, Méry, Vaux, Frétoy, Orvilliers, Halluin, Glatigny, Crèvecœur, Blicourt, Puchy, Pisselieu et Senlis. La serge de Beauvais était, au XVIIe siècle, assez connue pour que, dans son *Virgile travesti* (livre VIII), Scarron crût pouvoir citer au nombre des présents qu'Énée offre au roi latin :

... De Priam le sceptre et le dais
De fine serge de Beauvais.

On rencontre aussi la serge de Beauvais dans les inventaires du temps. « Cent trente une aulnes sarge de Beauboys noire et de couleurs à cinq livres cinq soulz l'aulne. » (*Invent. de Grégoire Beaunom;* Bordeaux, 1607.) « Ung lict de bois de noyer... garny de son tour de lict de serge de Beauvais bleu... » (*Invent. du peintre Jérôme Franck;* Paris, 1610.) Dans ce même inventaire, nous trouvons « une tanture de tapisserie fasson de Beauvais contenant six pièces ». Le prix de l'estimation, qui n'est que de 10 livres, nous fait supposer que cette tenture pourrait bien être de serge, comme le tour de lit. De même pour « huit pièces de tapisserie de Beauvais, verte et noire, avec les bandes blanc et vert, garny de toille par hault, étant de la hauteur de trois aulnes ». (*Invent. du château de Turenne,* 1615.) De même encore pour « une tenture de tapisserie de Beauvais tirant quinze aunes de cours ou environ prisée XII livres ». (*Invent. de Gratien Ménardeau, conseiller de la grand'-Chambre;* Paris, 1657.) Il convient toutefois de remarquer que des ateliers de tapisserie ont fonctionné à Beauvais dès le XVIe siècle. M. Guiffrey cite un certain Robert Lestelier qui, en 1519, tissait dans cette ville une tenture historiée. Mais c'est seulement à partir de 1664 que cette fabrication devint régulière par l'institution d'une Manufacture royale. Cette Manufacture, qui eut pour premier directeur le sieur Louis Hinard, travaillait à basse lice et vendait ses produits au public, car le *Livre commode* de 1691, au chapitre qui concerne le commerce des tapisseries, et entre les deux paragraphes qui parlent des tapisseries de Flandres et de celles d'Aubusson, nous apprend que « le magasin de tapisseries de Beauvais est au milieu de la rue de Richelieu ».

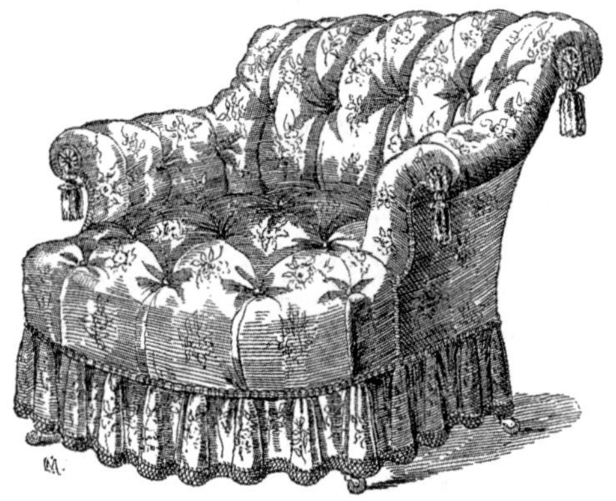

Fig. 198. — Fauteuil bébé (XIXe siècle).

On trouvera à l'article MANUFACTURE quelques détails sur l'histoire de la manufacture royale de Beauvais.

Bébé, *s. m.* — Siège confortable, c'est-à-dire à bâti en bois de hêtre entièrement recouvert d'étoffe, capitonné, à dossier bas et à siège étroit, se rapprochant du crapaud.

Bec, *s. m.;* **Bec-de-cane**, *s. m.;* **Bec-de-corbin**, *s. m.* — On donne le nom de bec à tout ce qui, dans les arts de l'architecture, rappelle la forme d'un bec d'oiseau. Ainsi, le petit filet qui borde le canal du larmier d'une corniche ou d'un entablement est un BEC. L'extrémité du goulot d'un vase est également qualifiée bec : « Un petit pot à lait à bec dans sa jatte. » (*Catalogue de la vente de Mme de Pompadour,* 1766.) On dit de même un bec de lampe, un bec de gaz. On donne le nom de BEC-DE-CANE à une serrure qui s'ouvre et se ferme sans clef, à l'aide d'un anneau ou d'un bouton, parce qu'anciennement la poignée affectait la forme d'un col de cygne ou d'un bec de canard. Quant à BEC-DE-CORBIN, c'est la désignation d'une moulure très saillante, dont la courbe accentuée rappelle de fort loin le bec du corbeau. (Voir CORBIN.)

Bec-d'asne, *s. m.;* **Bédasne**, *s. m.;* **Bédane**, *s. m.* — Nom donné à des vases à large goulot, à peu près dans la forme de nos pots à l'eau, et qui servaient pour porter l'eau nécessaire à la toilette et aux ablutions. Le nom de bec-d'asne fut d'abord attribué au goulot du vase : « Ung pot à ance, à becdasne, et a ou couvescle ung escusson taillié des armes de France, pesant VI marcs VII onces. » (*Invent. de Charles V,* 1380.) Puis de la partie il passa au tout. « Deux besdasnes d'arain, pour servir à porter l'eaue des bains de Mme la duchesse de Tourraine. » (*Comptes de l'argenterie du roi,* 1400.) « A Thierry Lalemant, chauderonnier, demourant à Paris..... deux coquemars, deux bedasne, ung bacin à barbier, etc. » (*État des objets achetés par Marguerite de Flandre pour les couches de la comtesse de Rethel,* 1403.)

De nos jours, on appelle BÉDANE un ciseau dont les menuisiers et les charpentiers se servent pour faire des mortaises. C'est une contraction de BEC-D'ANE.

Béchon, *s. m.* — Locution limousine. Perche armée d'un crochet dont on se sert pour descendre les seaux dans les puits.

Bédière, *s. f.* — En patois normand, lit, couche. Rapprocher ce mot de l'anglais *bed.*

Bedon, *s. m.* — Instrument de musique, sorte de cornemuse.

A chascun mèz ont assez flajolé
Et de musète, de fleuste et de bedon.
(*Le Banquet du boys.*)

Bée, *s. f.* — Ouverture pratiquée dans une muraille. (Voir BAIE.)

Bégaut, *s. m.* — Chandelier de bois avec un ressort et une bobèche en fer. Cet ustensile primitif, jadis usité en Normandie, n'est plus guère connu de la génération actuelle.

Beheu, *s. m.;* **Beheut**, *s. m.* — « Trois petitz beheutz noirs. » (*Invent. de Grégoire Beaunom;* Bordeaux, 1607.) « Un grand beheu vieux et antien ferré de fer-blanc, fasson de Flandres. » (*Vente consentie par le sieur de Romefort à sa mère;* Angoulême, 1623.) Prononciation et orthographe arbitraires du mot BAHUT. (Voir cet article.)

Beige, *adj.* — De couleur légèrement roussâtre, analogue à ce qu'on appelle écru. Ce mot, qui dérive de l'italien *bigio,* est fort ancien dans notre langue. D. Carpentier cite, à l'appui de son ancienneté, les deux vers suivants :

Lors ferai moines blans ou noirs,
Grivelés, bruns, ou bis, ou bèges.

Au siècle dernier, on donnait aussi le nom de BEIGE à une serge fabriquée dans le Poitou, et qu'on livrait au commerce sans aucune teinture, dans sa nuance naturelle.

Bélière, *s. f.* — Anneau qui supporte le battant d'une cloche. On a appelé aussi de ce nom l'anneau auquel sont suspendues certaines lampes.

Bélinguière, *s. f.;* **Bibenguière**, *s. f.* — Locution toulousaine. Vase à boire, biberon. Le 13 juillet 1611, « Pélegrin, potier de vaysseaux de terre », livre au trésorier des pauvres de l'hôpital Saint-Jacques, à Toulouse, « neuf bélinguières basses ». Dans un autre compte du même jour, le même Pélegrin nomme ces vases des « bibenguières », orthographe et prononciation qui semblent plus régulièrement dérivées du verbe *bibere.* « 16 bibenguières grandes, — 2 bibenguières basses, — 9 bibenguières basses, etc. » (*Comptes de l'hospital Saint-Jacques du bout du Pont,* Toulouse.)

Fig. 199. — Bénitier portatif (xve siècle).

Belle-Bouche, *s. f.* — Instrument de cuisine. (Voir Bouche.)

Bélonc, *adj.;* **Bélong**, *adj.*— Oblong. « Un très petit reliquaire d'or bellonc. » (*Invent. du château de Vincennes,* 1418.) « Un ymaige de saint Michiel, d'argent doré, d'environ deux piez de long comprins l'entablement, lequel est belonc. » (*Invent. du Louvre,* 1420.)

Belvédère, *s. m.* — Terrasse, pavillon, d'où l'on jouit d'une belle vue. On donne aussi ce nom à une sorte de petit kiosque ou de lanterne, placé au sommet d'une maison et d'où l'on peut découvrir les environs. « Par dessus tout l'ostel estoit une chambre carrée, où estoient fenestres de tous costés pour regarder par dessus la ville. » (Guillebert de Metz, *Description de Paris,* 1422, p. 68.)

Bena, *s. f.;* **Benna**, *s. f.* — Cuvier de bois qui sert dans le Forez à faire la vendange. (Voir Benne.)

Bénard, *adj.* — Terme de serrurerie. Se dit : 1° des serrures qui s'ouvrent et se ferment des deux côtés avec la même clef ; 2° des serrures dont la clef n'est pas forée ; 3° des clefs dont la tige est pleine. Ménage croit qu'il faut écrire Bernard, et le continuateur de Du Cange cite un document de 1442 ainsi conçu : « Icelle Maryon s'en coury à l'uis qui fermoit à serrure bernarde et l'ouvry. »

Benaut, *s. m.* — Baquet cerclé, muni de deux mains de bois.

Bénitier, *s. m.;* **Benoistier**, *s. m.;* **Benaistier**, *s. m.;* **Bénedictier**, *s. m.;* **Bénesquier**, *s. m.* — Il est peu de mots qui, dans notre langue, aient été écrits de façons plus différentes. Il est à présumer qu'on commença par dire un Eau-benoistier, c'est-à-dire un vase destiné à recevoir l'*eau benoiste* ou *bénite.* On trouve ce terme, fort ancien, usité jusque dans le xviie siècle ; mais dès l'époque où commencent nos études, c'est-à-dire dès le xive siècle, on écrivait Benoistier, tout court, et Benastier, Bénictier, Bénedictier, Bénesquier, pour écrire plus tard Bénestier, Bénetier ou Bénistier. Au xviie siècle, l'indécision existait encore pour savoir quelle orthographe devait prévaloir, et Ménage, en présence d'une solution à trouver, demeurait quelque peu perplexe : « Plusieurs à Paris, écrit-il, disent *bénitier* à cause qu'on dit de l'eau bénite. Nos anciens disaient *benoistier.* Marot, dans son temple de Cupidon :

> Le benoistier fut fait en un grand plain.

C'est aussi de la sorte que Nicot a écrit ce mot. Depuis, on a dit benaistier, et on le dit encore dans toutes les provinces de France ; c'est, selon moi, comme il faut parler. » (*Observations de Ménage sur la langue française,* p. 18.) Toutefois, malgré l'avis de Ménage, Furetière donne la préférence à Bénetier, et en ce siècle c'est Bénitier qui a fini par triompher et demeurer seul en usage.

Si l'orthographe du mot a beaucoup varié, on peut dire que la forme de l'objet et la matière dans laquelle on l'exécuta ont pareillement varié d'une façon singulière. Ajoutons que la constatation de ces transformations est d'autant plus facile, qu'il n'est presque pas d'inventaire un peu ancien où l'on ne rencontre des bénitiers, et cela se comprend. Il n'était pas, dans les siècles de foi, de maison, riche ou pauvre, où il n'eût sa place marquée. Il avait remplacé dans les habitations catholiques l'autel des dieux lares chers à l'Antiquité. Sa forme la plus ancienne, toutefois, paraît avoir été un vase à anse, qui se plaçait, soit sur la table, soit sur une chaise, au chevet du lit. C'est du moins ainsi qu'il nous apparaît dans les plus lointains documents. Citons quelques exemples : « Un benastier d'argent tout blanc, de très ancienne façon, et a ou pié un souage d'argent doré et un ance, et dessuz lequel a un anelet. Et poise iiii marcs..... — Un autre benictier d'argent tout blanc, lié de iii souages d'argent doré et est l'ance d'icelui par les deux boux de ii testes d'omme, et en face a une petite chesne, et ou bout a un anelet ront. » (*Invent. de Louis Ier, duc d'Anjou,* 1368.) « Un eaue-benoistier gouderonné a deux serpentelles sur l'ense, pesant xiii marcs iii onces xv esterlins. » (*Argenterie réclamée par la Couronne de France aux héritiers de Louis Ier, duc d'Anjou,* 1385.) — « A Michault de Lallier, pour un eau-benoittier couvert et ung espergès (goupillon) d'argent veréz..... » (*État des objets achetés à Paris par Marguerite de Flandre,* 1403.) « *Item,* un eau-benoistier et un aspergeoir d'argent. » (*Trousseau de Marie de Bourgogne,* 1415.) « *Item,* un benoistier d'argent veré à tout le guépillon, et ou fons par dehors un escu entaillé à trois fleurs de lis. » (*Invent. de l'hôtel Saint-Pol,* 1420.) On remarquera que ces trois derniers bénitiers étaient munis de leurs goupillons ; ce détail intéressant est en quelque sorte typique. A une époque où la propreté n'était pas encore considérée comme une demi-vertu, on ne plongeait pas la main, ni même le bout des doigts, dans l'eau sainte. On se contentait de toucher l'extrémité d'un objet qui y avait trempé. Faut-il ajouter que l'aspergès se retrouvait jusque dans les bénitiers de chevet, dont l'usage cependant était tout intime ? Disons encore que ces derniers, même lorsqu'ils étaient suspendus au plafond ou accrochés à la muraille, ne modifiaient pas leur forme. On leur adjoignait simplement des chaînes pour les pendre, comme le prouve le passage suivant emprunté à l'*Inventaire de Charles V* (1380) : « Ung eauebenoistier et son aspergès d'or, que l'on mect au chevet du Roy, de nuyt, tout ront, cizellé par dehors

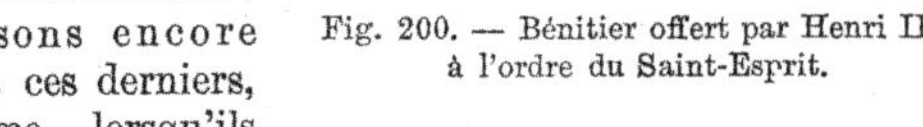

Fig. 200. — Bénitier offert par Henri III à l'ordre du Saint-Esprit.

à lozanges et fleurs de liz, pendant à une chaisne d'or. »

Tous les bénitiers que nous venons de passer en revue étaient en métal coûteux. Les documents suivants prouvent qu'on en faisait aussi en cristal de roche et enrichis

Fig. 201. — Bénitier applique en céramique aux armes des Médicis (fin du XVIe siècle).

de pierres précieuses : « Ung benoistier et le guipillon de cristal garny d'argent doré. » (*Invent. de Charles V*, 1380.) « Un benoistier de Cassidoine à deux ances de mesmes, et dessus à une ance d'argent doré de deux serpens entortilléz l'une en l'autre. » (*Invent. du duc de Berry*, 1416.) « A Conrad de Coulongne, pour quatre onces d'or d'escuz au soleil, qu'il a mis et emploié à mectre en œuvre sept dyamans, sept rubis et dix grosses parles qui devoient estre mises sur ung benoistier, pour servir à la couche de la dicte Dame (la reine), etc. » (*Comptes de l'argenterie d'Anne de Bretagne*, 1492.) Au Louvre, on peut voir un admirable bénitier formé d'une agate d'Allemagne. Mais ce joli vase, soigneusement taillé à godrons et de forme circulaire et basse, appartient au XVIe siècle, et avant cela, pour clore le XVe siècle, il nous faut encore citer la dépense suivante. Elle nous apprendra que les hauts seigneurs de ce temps ne consentaient point volontiers à se séparer de ces précieux ustensiles et emportaient leurs bénitiers avec eux dans leurs voyages. « 27 juillet. A Julien Turlot, gainier, II florins pour ung estuy de cuir, pour porter par paÿs le benaistier de la chambre du dit Seigneur. » (*Comptes et mémoriaux du roi René*, 1448.)

Le XVIe siècle, s'il vit se produire un ralentissement dans la foi, n'amena point, par contre, d'amoindrissement dans le luxe. Les bénitiers ne furent ni moins beaux ni moins précieux qu'au siècle précédent. On peut citer comme exemples : « Ung benoistier d'argent doré et esmaillé, pesant IV marcs et III onces », qui figure dans l'*Inventaire du cardinal Georges Ier d'Amboise* (1510) ; « ung benoistier d'agacte de demy pied en largeur et demy pied en longueur, le dessus et le dessoulz garny d'argent doré, avecq quatre bandes et l'ance garny d'argent doré, estimé et apprécié à huit mil escuz d'or. » (*Invent. de la duchesse de Valentinois*, 1514.) « Ung benedictier d'argent. » (*Invent. d'Andron de Lansac, abbé de Bourg*; Bordeaux, 1523.) « Ung grant benoistier d'argent, le pied, le milieu et le dessus doré, ayant son aspergès, pesant ensemble XII marcs VI onces VII est. » (*Invent. de Marguerite d'Autriche*, 1524.) « Ung benystier avec son aspergès d'argent. » (*Invent. du château de Pau*, 1533.) « Ung benestier de cristail, taillé à feuillaiges, garny d'or esmaillé, ayant son goupillon d'argent doré seulement. » (*Invent. du château de Fontainebleau*, 1560.) Quant à la forme, elle avait suivi les transformations du goût. Cependant le bénitier était toujours ce vase à anse, que nous venons de décrire. On peut le conclure du moins de la contemplation des tableaux et gravures de ce temps et surtout de ce beau bénitier en agate, qui fut offert par Henri III à la chapelle du Saint-Esprit (voir fig. 200), ainsi que du passage de la *Vie des dames galantes* (1er discours) où Brantôme nous montre deux « belles et honnestes dames » en deuil de leurs amants, et portant « leurs habits bruns pleins d'eau-benistiers, d'aspergès d'or engravés, pleins de testes de morts », etc. Au commencement du XVIIe siècle, il est encore tel. Il n'en faut pour preuve que l'amusant récit d'Héroard. Le vieux médecin nous présente le jeune Louis XIII « allant en la chambre de Mlle de Vendôme, où Madame lui donne son petit bénitier d'argent. Il y fait mettre de l'eau bénite, ajoute Héroard, et va en

Fig. 202. — Bénitier applique en bronze (XVIIe siècle).

donnant à chacun. Je lui demande : Monsieur, est-ce de l'eau bénite de cour ? — Non, Mousseu Héroua, c'est de la bonne. » (*Journal*, t. Ier, p. 315, 8 février 1608.) Le bénitier applique, si fort en usage de nos jours, était sans doute connu, mais pas encore généralement employé.

Les premiers que nous rencontrions affectant cette forme remontent au milieu du XVIIe siècle ; et, par la description minutieuse que donne d'un de ces petits meubles l'*Inventaire du maréchal de la Meilleraye,* il semble qu'ils constituaient encore à cette époque une sorte de nouveauté : « *Item,* une placque d'argent sizelé au hault de laquelle est une coquille à soleil servant d'eau-benistier et chandellier pesant 8 marcs 3 onces, prisée 226 livres. » Le « petit benistier d'argent cizelé dans le milieu d'une Assomption à costé (*sic*) de deux anges et au-dessus d'un Dieu le père », comme le « benistier d'argent au milieu duquel est un tableau mignature d'une Vierge », que décrit l'*Inventaire des meubles de la Couronne* (1673), appartiennent à cette espèce nouvelle. De même le « grand bénitier en brodure avec une Vierge au milieu », qui figure dans l'*Inventaire d'Henry de Béthune* (1680). Il est également vraisemblable que le « bénitier de cristal de roche, garny d'argent », offert à M. Constance par le marquis de Seignelay (voir *le Mercure,* mai 1687), était de forme identique. Avec ceux que nous trouvons chez Claudine Bouzonnet-Stella (1693), point d'erreur ; ils marquent le point de départ des bénitiers appliques en forme de crucifix : « Premièrement trois benetiers fins, les corps et la croix d'ébène, le reste d'argent. » C'est ce même modèle que nous allons rencontrer un peu partout désormais, et pour ne citer qu'un exemple, nous choisirons le château de La Rochefoucauld, où nous trouvons « un bénitier avec crucifix sur une croix en bois d'ébène, garni d'argent ». (*Invent. des châteaux de La Rochefoucauld, Verteuil et la Terne.*) C'est bien, du reste, la forme de bénitier qui convient à cette époque de piété inquiète, qui coïncide avec l'apogée de la puissance de Mme de Maintenon.

Fig. 203.
Bénitier applique en orfèvrerie (XVIIIe siècle).

Avec le XVIIIe siècle, tout s'égaye. Plus d'austère crucifix, plus de sombre ébène, le précieux cristal de roche, le joyeux corail, la fine porcelaine remplacent la sensation de demi-deuil produite par le contraste de l'argent et du bois noir. « Je laisse à ma sœur d'Esclavelles mon bénitier de cristal de roche, avec ma petite Vierge de Carrache », écrit le comte de Preux dans son testament. (Voir *Jeunesse de Mme d'Épinay,* p. 216.) Lorsque Mme de Pompadour se met en veine de piété, c'est également « un bénitier de cristal de roche garni d'or » qu'elle achète chez Lazare Duvaux, ou encore « un bénitier de Vincennes dans une gloire ornée de chérubins, le tout peint et doré », et payé 720 livres. Vers le même temps, tout Paris court chez l'orfèvre Viaucourt, place Dauphine, pour contempler un « très beau bénitier d'or émaillé et de vermeil, de 20 pouces de haut, représentant un temple au fond duquel est une crèche, dont toutes les figures sont de corail, avec des bas-reliefs et autres ornemens, aussi de corail, et la boëte d'ébène, garnie de 3 glaces ». (*Ann., aff. et avis divers ;* février 1759.)

Avec notre siècle, la piété est redevenue à la fois plus discrète et plus austère. Le bénitier, quelque précieux qu'il puisse être, n'occupe plus désormais une place en vedette, qui s'impose aux regards. Réduit à l'état d'applique, surmonté d'une croix ou d'un groupe de chérubins, il s'abrite dans les replis de l'alcôve, ou domine un prie-Dieu ; et la branche de buis, qui traverse son anneau, tire l'œil au moins autant que ses contours réservés et ses nuances peu voyantes.

Benne, *s. f.;* **Banne,** *s. f.;* **Banneau,** *s. m.;* **Bena,** *s. f.;* **Bennot,** *s. m.* — Savary définit la benne : « Petit vaisseau qui sert à charger les bêtes de somme, pour porter des grains, de la chaux et autres choses. En quelques endroits, ajoute-t-il, on dit BANNE ; en d'autres, BANNEAU. » C'est, en effet, le même mot ; seulement la forme benne est plus vieille et surtout usitée dans le Midi. « Une benne ou cornude de fuste (bois) plaine de pièces de peleterie, tant de gris comme de vairs, tant noves comme vielles. » (*Invent. du château des Baux,* 1426.) A Lyon, la benne servait encore, il y a quelques années, de mesure pour la vente du charbon. Cette mesure était d'un usage fort ancien, car dans les *Comptes de l'hôtel du duc de Berry* (1391) nous relevons, pour une banne « de charbon, IV sols tournois ». Toutefois, il semble que c'était là une mesure un peu variable, car en 1632 les juges de police de Lyon, pour mettre un terme aux fraudes des marchands de charbon, firent confectionner une vingtaine de bennes « eschantillées à la matricule » de la « dite ville et reliées de cercles de fer, afin qu'elles ne puissent être retranchées ». Ces bennes, dont la contenance

Fig. 204.
Modèle de berceau de parade
(Crèche de Noël)
montée sur sa bersouère.
(Musée de Munich.)

était de sept décalitres, devaient servir d'étalons. (Voir Archives communales de Lyon, *Actes consulaires,* série BB, reg. 181.) Dans le Forez, on donne plus particulièrement le nom de BENA ou BENNA au cuvier qui sert à recueillir la vendange, et l'on dit plaisamment d'une femme enceinte :

Qu'ait lou ventrou plein aussi gro qu'una bena. Le Benot ou Bennot est un récipient de même espèce, mais de taille moindre.

Benonnette, *s. f.* — Locution lyonnaise. Petite benne, sorte de vaisseau en bois. « Une corbeille d'ozier et un

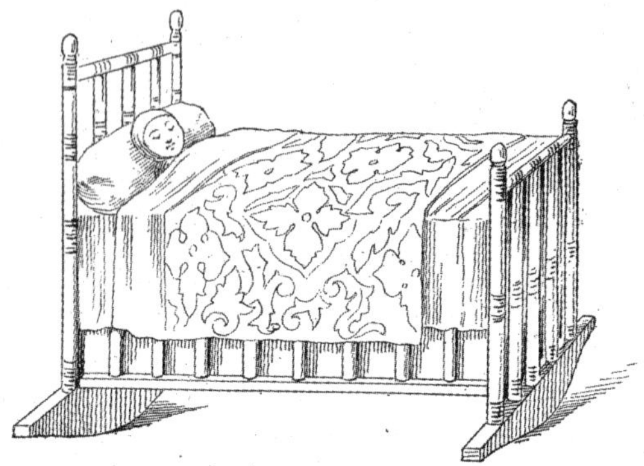

Fig. 205. — Berceau commun, d'après une miniature du XVe siècle.

paillat, deux petites benonnettes. » (*Invent. de Françoise Bonnemy;* Villefranche, 1664.)

Benot, *s. m.;* **Benou,** *s. m.* — Petit cuvier de bois employé dans le Lyonnais et le Forez. (Voir Benne.)

Béquet, *s. m.* — Ornement placé à l'extrémité d'un pan de lit, et qui s'applique contre le pied.

Béquettes, *s. f. pl.* — Petites tenailles, ou pinces, en usage dans plusieurs professions. Les épingliers, les serruriers se servent de béquettes.

Béquille, *s. f.* — Pièce coudée qui remplace le bouton d'une serrure, lorsque ce dernier ne peut être placé sans danger pour les doigts. On fait des béquilles en bois, en ivoire, en fer et en cuivre, à anneau, à volute, à boules, etc.

Berams, *s. m.* — Grosse toile de coton qu'on tirait, au siècle dernier, des Indes orientales et principalement de Surate. Parmi les étoffes nouvellement importées des Indes,

Fig. 206. — Berceau et bersouère (XVIe siècle).

le Mercure de septembre 1701 mentionne 780 pièces de bérams ; la consommation en était donc abondante.

Berceau, *s. m.;* **Bercelle,** *s. f.;* **Barcelonnette,** *s. f.;* **Bers,** *s. m.;* **Berseil,** *s. m.;* **Berseulx,** *s. m.;* **Bersouère,** *s. f.* — Toutes ces variantes n'ont qu'une seule et même signification. Elles désignent un petit lit d'enfant, monté sur un pied cintré qui permet de le balancer. Dans le principe, c'est-à-dire au XIVe et au XVe siècle, le berceau était formé de deux parties distinctes : le Bers ou Berseil, qui était le lit proprement dit de l'enfant, espèce de petit cadre, fait en bois peint et parfois doré (voir fig. 204), et la Bersouère, qui consistait en une sorte de châssis monté sur deux longs pieds qui permettait de mettre le berceau en branle à la moindre impulsion. Comme preuve de cette séparation en deux membres distincts, on peut produire des textes nombreux ; il nous suffira de citer les suivants : « A Jehan le huchier, pour un berseil de bois d'Illande (d'Irlande) avec bersouère, faicts par lui et livrés... pour bercier Madame Jehanne de France, fille de Madame la Reine. » (*Comptes royaux,* 1388.) « A Girart de Blommeteau, paintre, demourant à Paris, pour sa paine et salaire d'avoir paint de fin or bruny, un berceul et une bersouère pour Madame Katherine de France, pour ce XX liv. parisis. » (*Comptes de l'argenterie d'Isabeau de Bavière,* 1402.) « A Raoulet du Gué, huchier, demourant à Paris, pour avoir fait un berceul tout de bort d'Irlande, où il a un escren au chevet, et une bersouère bordée, avec un autre berseul et une grant bersouère pour

Fig. 207. — Berceau en bois sculpté (XVIIe siècle).

l'enfant, XII liv. XVI sols parisis. » (*Ibid.,* 1403.) « A maistre Jehan de Liège, charpentier, demourant à Paris, pour l'achat de deux bers, l'un de parement et l'autre pour bercer et nourrir ledit enffant, pour deux berseulx servant à yceulx bers..., etc., trente-six francs. » (*État des objets achetés par Marguerite de Flandre, duchesse de Bourgogne, pour les couches de la comtesse de Rethel, sa belle-fille;* Paris, 1403.)

Ce dernier document est à retenir pour plusieurs raisons. Il nous montre tout d'abord que la terminologie des mots Berseil et Bersouère n'était pas parfaitement établie au XVe siècle, et qu'on les confondait parfois. En second lieu, nous voyons qu'en grand'mère prévoyante, Marguerite de Flandre achetait pour sa progéniture à venir deux berceaux, l'un somptueux, d'apparat, désigné sous le nom de berceau de parement ; l'autre, destiné à un constant usage. C'était en effet l'habitude en ces époques lointains d'avoir pour les grandes personnes deux couches bien distinctes : un lit de parade, dont on ne se servait que dans les occasions solennelles, et un *lit à gésir,* où l'on se reposait en temps ordinaire. Il semblait naturel que, pour les jeunes princes, ces mêmes usages se trouvassent établis dès leur venue en ce monde. Là est l'origine et la raison de ces nombreux *berceaux de parement* qu'on voit mentionnés dans les comptes royaux et dans les inventaires. On nous saura gré de reproduire ici deux ou trois de ces mentions.

On en pourrait facilement donner d'autres : « A Guillaume Gallande, marchant de toilles, demourant à Paris, pour IIII aulnes de grosse toille achattée de li le XIIIIe jour de mars CCC IIII XX et VI pour envoleper (*sic*) un berceil à parer, qui avoit esté peint et ordenné pour feu Monseigneur le Dalphin, et lequel est mis en garde et garnison au Louvre, en la chambre aux joieaulx, pour ce au pris de II fr. VI den. parisis l'aulne, valent X s. VIII den. parisis. » (*Comptes de l'argenterie,* 1387.) « A Perrin Balloche, paintre, demourant à Paris, pour sa paine et salaire d'avoir repaint tout de neuf le berceul pour l'enfant, et y avoir mis tout de neuf un dossier pour le chevet dudit enfant, par marchié à lui fait le XXe jour de décembre (1396)..., à lui payé par vertu desdits mandements et roulle, et quictance dudit paintre donnée..., etc., XVI livres parisis. » (*Argenterie de la reine,* 1396.) Ces deux mentions sont curieuses. La première nous montre, par la qualité de l'emballage, le cas qu'on faisait de ces jolis meubles, et par le lieu où on les serrait, le prix qu'on attachait à leur conservation ; la seconde, le soin qu'on mettait à les décorer. Mais elles sont incomplètes, et il nous faut revenir aux acquisitions faites par Marguerite de Flandre pour avoir une idée exacte de ce qui, à l'aurore du XVe siècle, composait le berceau de parement d'un prince. Nous avons vu que la carcasse en bois de ce petit meuble avait été faite par maître Jehan de Liège et coûtait environ 20 francs. La décoration en fut confiée à Christofle Besain, peintre et valet de chambre du duc de Bourgogne, auquel on paya 50 livres « pour avoir paint et doré de fin or bruny, aux armes de mon dit Seigneur de Rethel et de ma ditte Damoiselle (la comtesse sa femme), le grand bers de parement pour ledit Enffant, et une tablette à mettre derrier la teste d'icellui Enffant, où est l'image de Nostre Dame ». Pour garnir ce berceau, on s'adressa d'abord à Jehan de Néauvillé, drapier à Paris, qui fournit de l' « escarlatte vermeille de Bruxelles » au prix de sept francs l'aune, dont on fit « un couvertoir pour le bers de l'Enffant » ; ensuite à Colin Vaubrisset, fourreur, demeurant lui aussi à Paris, qui expédia « douze cens d'ermines », lesquels furent « emploiéz entièrement en la fourrure du grant bers à parer ». Le cent d'hermines valait 30 francs ; c'était de ce chef 360 francs de dépense. Enfin, Jacques Dourdin et Claux du Tret, le premier tapissier, le second brodeur, tous deux établis à Paris, complétèrent la toilette de ce berceau de parement, le premier en fournissant « ung saint de bers », c'est-à-dire un tour de berceau, orné de dix croix d'or ; le second en brodant sur « ung çaint de velluau cramoisi », autrement dit sur un tour de berceau en velours rouge, cinq écussons aux armes du comte de Rethel. Un pareil lit était assurément digne de recevoir un petit prince et devait ajouter singulièrement, par sa magnificence et son luxe, au prestige du nouveau-né. Cependant, il s'en faisait encore de bien plus beaux, car parmi les *Joyaux réclamés à la Couronne d'Angleterre comme ayant appartenu à Isabelle de France* (1400), nous relevons « un bersel d'or » et « un bersel d'argent bel et gracieux ».

Fig. 208. — Berceau du duc de Bordeaux, exécuté par Denière et Matelin.

L'usage des berceaux de parement (ou de parade, comme on a dit depuis) s'est prolongé pour les princes presque jusqu'à nos jours. Celui d'Henri IV, que l'on montre à Pau, avait pour fond une grande écaille de tortue. On sait, en outre (*Mémoire-appendice au journal d'Henri IV,* par Pierre de l'Estoile, t. VII, p. 400), qu'en août 1601, quand la grossesse de Marie de Médicis fut officiellement proclamée, « la grande duchesse de Florence fit partir un de ses gentilshommes, pour conduire un berceau magnifique, désirant qu'il pût servir bien-tost pour un beau Dauphin de France ». Est-ce de ce berceau que se plaignait, trois ans plus tard, celui qui devait être le sombre Louis XIII, quand il écrivait au roi son père (27 mai 1604), en parlant de « Moucheu de Oni » (M. de Rosny) : « I m'a pomi un beau gan li pou couché, ie ne suis pu peti enfan, iay ben chau dans mon bechau. » (*Journal de Jean Héroard,* t. Ier, p. 67.) Cela semble peu probable.

Nous avons peu de renseignements sur les berceaux du XVIIe siècle, surtout sur ceux de ces berceaux qu'on peut qualifier d'historiques. Nous savons toutefois que celui qui fut porté, en 1685, de Trianon à Saint-Germain, pour servir au prince de Galles, — et qui, avant cela, avait, sans doute, abrité le grand Dauphin, fils de Louis XIV, — était garni de satin cramoisi avec galons d'or et d'argent. (*Invent. du château de Trianon,* 1685.) On sait également que le berceau du Dauphin, fils de Louis XV, était couvert de damas vert et orné de galons d'or. (*Invent. général des meubles de la Couronne.*) Mais si nous connaissons les dimensions de ce dernier, il ne nous est rien dit de sa forme. On nous apprend seulement qu'il mesurait 4 pieds 8 pouces de long sur 28 pouces de large, le dedans matelassé de laine; qu'il était placé entre le lit de Mme de Talard, la gouvernante, et celui de la sous-gouvernante, et qu'il était entouré d'un paravent. C'est tout. Par contre, nous savons mieux à quelles misères étaient soumis les hôtes princiers de ces berceaux magnifiques. « J'ai appris, écrit à ce sujet l'avocat Barbier, que tout se fait par forme à la Cour, suivant un protocole des médecins ; en sorte que c'est un miracle d'élever un prince ou une princesse. La nourrice n'a d'autre fonction que de donner à téter à l'enfant quand on le lui apporte, mais elle ne peut pas lui toucher (*sic*). Il y a des remueuses et femmes préposées pour cela, qui n'ont point d'ordre à recevoir de la nourrice.

Il y a des heures marquées pour remuer l'enfant trois ou quatre fois dans la journée ; quand l'heure sonne, si l'enfant dort, on le réveille pour le remuer. Si, après avoir été changé, il fait dans ses langes, il reste trois ou quatre heures ainsi dans son ordure. Si une épingle le pique, la nourrice ne doit pas l'ôter ; il faut chercher et attendre une autre femme ; l'enfant crie dans tous ces cas, il se tourmente et s'échauffe ; en sorte que c'est une vraie misère que toutes ces cérémonies. » Ainsi se trouve expliquée en partie l'étonnante mortalité qui frappait alors les enfants des princes et des rois.

Le mal dont se plaint Barbier ne datait pas, au reste, de son temps. A toutes les époques, la magnificence que nous avons signalée plus haut s'alliait avec un manque absolu de confortable et surtout d'hygiène. Un *Compte de Simon Longin, receveur des finances de Philippe d'Autriche* (1501), décrit le splendide berceau qui fut offert lors de son baptême au petit duc Charles de Luxembourg et se termine par l'achat d'un « sacq de paille d'avaine » pour le garnir. Les *Mémoires du maréchal de Vieilleville* (*Mém. relat. à l'Hist. de France,* t. XXIX, p. 161) nous apprennent que cet homme de guerre sauva la vie au petit duc de la Roche-sur-Yon, qui était « comme estouffé » sous « les ciels, poisles, daix, rideaux et tour de lict » qui entouraient son berceau et couvraient sa mignonne personne.

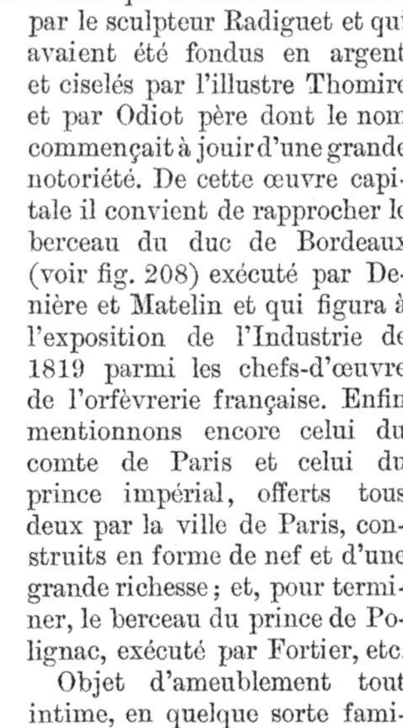
Fig. 209. — Barcelonnette (XIXe siècle).

Pour en revenir à Barbier, c'est à son époque (c'est-à-dire vers le milieu du XVIIIe siècle) que le berceau abandonna définitivement son aspect de petit lit monté sur deux patins arqués pour prendre la forme qu'il affecte aujourd'hui de préférence, celle d'une sorte de petit navire suspendu à ses deux extrémités sur deux pieds élevés, et garanti par un léger rideau. Ce n'est pas toutefois qu'on n'ait quelques exemples de berceaux suspendus d'après ce principe et infiniment antérieurs. Nos figures 204 et 206 donnent l'image de deux de ces petits meubles remontant au XVe et au XVIe siècle. Mais, construits en bois et d'une lourdeur excessive, ils n'ont de commun que l'idée première avec ces gracieux et légers berceaux, auxquels on a, de nos jours, donné le nom, lui aussi gracieux et léger, de Barcelonnettes.

Fig. 210. — Berceau de treillage, d'après Daniel Marot (XVIIe siècle).

La plupart des berceaux historiques exécutés en ce siècle affectent cette forme. Dans le nombre il en est un qui mérite une mention toute particulière, nous voulons parler du berceau du roi de Rome, offert à l'impératrice Marie-Louise par la ville de Paris. Dessiné par Prud'hon, alors peintre de l'impératrice, il comportait, ainsi que le montre notre planche XVIII, un certain nombre de figures en ronde bosse et de bas-reliefs qui avaient été modelés par le sculpteur Radiguet et qui avaient été fondus en argent et ciselés par l'illustre Thomire et par Odiot père dont le nom commençait à jouir d'une grande notoriété. De cette œuvre capitale il convient de rapprocher le berceau du duc de Bordeaux (voir fig. 208) exécuté par Denière et Matelin et qui figura à l'exposition de l'Industrie de 1819 parmi les chefs-d'œuvre de l'orfèvrerie française. Enfin mentionnons encore celui du comte de Paris et celui du prince impérial, offerts tous deux par la ville de Paris, construits en forme de nef et d'une grande richesse ; et, pour terminer, le berceau du prince de Polignac, exécuté par Fortier, etc.

Objet d'ameublement tout intime, en quelque sorte familial, le berceau a joué, lui aussi, son rôle dans certaines solennités et a été chanté par les poètes. En 1468, aux noces de Charles le Téméraire et de Marguerite d'York, un des entremets les plus admirés fut celui de la jeunesse d'Hercule : « Premièrement fut veu Herculès en son bers ; et au plus près, le bers de son frère jumeau et sa nourrice (qui le tenoit et portoit au feu) luy donnoit le tétin et l'emmaillotoit, et après le remit en son bers et commença à bercer et le rendormir. » (Olivier de la Marche, *Mémoires,* liv. II, p. 544.) Quant à la poésie, la *Complaincte des nouveaux mariez,* qui remonte au XVe siècle et énumère tous les articles indispensables en un ménage, nous dénonce le berceau comme un objet de première nécessité :

En mesnage fault des berceaulx
Et petits poillons et langeaulx,
Des nattes et du feurre...

En outre, si nous en croyons le brave curé Lucas Le Moigne, l'auteur des *Noëlz nouveaulx,* les mains les plus augustes, les plus saintes ne dédaignèrent pas de le parer :

Marie faisoit
Une bersouère,
Joseph chapusoit
Une baignouère...

Enfin, il nous faut encore citer un sonnet-énigme, genre de poésie fort à la mode au XVIIIe siècle, et qui parut dans *le Mercure galant* de novembre 1706 :

Des plus foibles humains sûr et charmant mobile,
Lorsque l'on me confie à quelqu'un de bon sens,
Qui, pour me balancer, m'agite en certain sens,
Je fixe par mon bransle ou je calme leur bile.

Si je sers à la cour, en province, à la ville,
Chez ducs, comtes, marquis, princes les plus puissans,
Artisans, villageois, bourgeois et partisans,
Je n'ai pas le renom d'être une âme servile.

C'est à mes mouvements qu'est dû le doux repos,
Qui très souvent modère et réprime à propos
Les cris réitérez de la plus tendre enfance.

Cet excès si commun, contraire à la santé,
Avec assez de soin ne peut être évité,
Dès l'instant qu'un mortel a reçu la naissance.

Le mot BERCEAU, détourné de son sens primitif, a été appliqué à d'autres objets et comporte ainsi des significations différentes. Par exemple, en architecture, on appelle VOUTES EN BERCEAU les voûtes rondes, en plein cintre, qui semblent composées d'une portion de cylindre. « Nous sommes entrés par ladite porte dans une despense ou garde-manger voûté en berceau... » (*Descr. du palais archiépiscopal de Lyon,* 1731.) Les jardiniers appellent BERCEAU une voûte en treillage garnie de verdure. Les berceaux de Versailles, de Chantilly, de Sceaux, de Trianon, ont été justement fameux. Les berceaux de feuillage ont maintes fois servi de décoration. Une *attestation* datée de 1430 et conservée aux *Archives du Nord* (série B, n° 1485) nous apprend que les arbalétriers de Hesdin construisirent vingt berceaux de ce genre au château de cette ville. De Thou, en ses *Mémoires* (*Mém. relat. à l'hist. de France,* t. LIII, p. 169), parle avec admiration des « berceaux de feuillage d'une hauteur surprenante » élevés à Pau pour recevoir le roi de Navarre et sa mère (1582); et Palme Cayet décrit avec complaisance « le grand berceau de verdure » qui couvrait le pont de la Saône quand, en 1600, Marie de Médicis fit son entrée à Lyon. On a fait aussi des BERCEAUX EN FER servant de volières. Dufort de Cheverny (*Mém.,* t. Ier, p. 118) parle d'un berceau de ce genre, qui avait été offert à Louis XV par le sultan. Enfin, pour les graveurs, un BERCEAU est un outil dont on se sert pour faire ce qu'on appelle le grainage.

Bercelle, *s. f.* — Terme d'orfèvre et d'émailleur. Petit instrument se terminant d'un côté avec des pinces, de l'autre par une petite pelle, et dont on se sert dans ces deux professions.

Berceuse, *s. f.* — Chaise montée sur des traverses arrondies, qui permettent de lui imprimer un mouvement de balancement. (Voir fig. 211.)

Bergaigne (droit de). — Droit établi à Arras pour obtenir du magistrat la permission de poser une enseigne.

Bergame, *s. f.* — Tapisserie grossière, manufacturée sur le métier, faite de toutes sortes de matières filées, telles que soie, laine, coton, chanvre, poil de chèvre, de bœuf et de vache, qui fut d'abord fabriquée à Bergame, mais dont plus tard la fabrication fut transportée en France.

Il est probable que c'est vers la fin du XVIe siècle que ce tissu, alors importé d'Italie, commença d'être goûté chez nous. Du moins, la bergame apparaît pour la première fois dans les documents en 1596. Cette année, à propos de la tenue des Grands Jours, le Corps Consulaire de la ville de Lyon acheta au sieur Girardo Basso « vingt-cinq aulnes de tapisserie de Bergame », dont il fit présent au président Forget. Ces vingt-cinq aunes furent payées 50 écus soleil, prix assez élevé pour le temps. La même année, les mêmes magistrats donnèrent l'ordre d'acheter de la tapisserie de Bergame pour deux chambres et un cabinet, pour en faire présent à la marquise de Montceaux. Ce sont sans doute ces mêmes tapisseries que nous retrouvons dans l'*Inventaire de Gabrielle d'Estrées* (1599) : « Deux petis tapiz de deux couleurs de Bergame, d'environ cinq quartiers de long, prisé la somme de X escuz. » Et autre part : « *Item,* une tapisserie *telle quelle* de Bergame prisée la somme de XV escuz soleil. » Ce double présent nous montre qu'à cette époque la bergame était tenue pour une étoffe estimable.

C'est en 1622, et aussi à Lyon, que s'établit la première fabrique de ce tissu. Cette année-là, un sieur Barthélemy, de Bergame, sollicita et obtint la permission d'habiter à Lyon pour y établir « sa manufacture de tapisseries qui se font en Bergame ». Toutefois, cette tentative ne paraît pas avoir donné tous les résultats qu'on en attendait, et c'est à Rouen et à Elbeuf que la fabrication de l'étoffe nouvelle prit le plus de développement. Celle d'Elbeuf passa longtemps pour la meilleure, mais celle de Rouen fut la plus

Fig. 211. — Berceuse (XIXe siècle).

connue. Si bien que cette dernière ville n'occupa pas moins de soixante métiers à la fabrication de ce genre de tapisserie et finit par lui donner son nom. (Voir Piganiol de la Force, *Nouvelle descr. de la France,* t. V, p. 338, et Furetière, *Grand Dict.,* au mot BERGAME.) Voilà pourquoi, en bien des circonstances, le nom de TAPISSERIES DE ROUEN doit être considéré comme synonyme de bergame. Des bergames fabriquées à Rouen, les unes étaient en point de Hongrie, les autres à grandes barres chargées de fleurs et d'oiseaux, d'autres à grandes barres unies, d'autres encore étaient appelées *Chine* et *Écaille,* parce qu'elles imitaient le point de Chine ou les écailles de poisson. Enfin, une dernière sorte portait le nom de *Tortin,* parce que la laine employée à sa fabrication était préalablement tordue. Indépendamment de Rouen et d'Elbeuf, on fabriqua encore des bergames à Strasbourg et à Toulouse ; mais elles étaient moins recherchées. A Paris, le dépôt de ces *petites étoffes* d'ameublement était établi dans la rue Saint-Denis, près de la porte de Paris. (*Livre commode,* édit. de 1691, p. 35 et 36.) C'est de là que leur vint également cet autre nom, plus singulier encore, de TAPISSERIES DE LA RUE SAINT-DENIS, ou encore de la PORTE DE PARIS, sous lequel on les trouve désignées dans certains documents.

Malgré ces différentes appellations, le nom de bergame persista cependant jusqu'à la fin du siècle dernier, et l'on peut dire qu'il n'est pas de contrée en France où l'on ne voie, pendant deux cents ans, la bergame figurer dans les ameublements. C'est d'abord le château de Turenne, où nous trouvons : « Une pièce de bergame pour faire une tapisserie de salle, contenant cent aulnes tant en longueur qu'en largeur. » (*Invent. du château de Turenne,* 1615.) C'est, en second lieu, la demeure de Christophe Pillet,

Fig. 212. — Modèle de bergère, d'après De Lafosse (XVIIIe siècle).

cocher des gardes du duc d'Orléans (Paris, 1632), où l'on remarque « une tenture de tapisserie à portique, façon de bergame, contenant sept pièces prisées XXIIII livres ». C'est encore le logis de messire André du Guéz, seigneur de Balzac (Angoulême, 1655), que décorent « six pentes de tapisserie façon bergame, prisées 60 livres ». Puis c'est la confortable maison du docteur Lallemagne (Bollène, 1660), qui renferme « un tapis de table de bregamon presque usé ». Ensuite vient l'*Inventaire de Charles de Foresta, seigneur de Belleville, conseiller-secrétaire du roi* (Paris, 1670), où on relève « six aulnes de tapisserie de bergame faisant le tour de sa chambre ». Notons également le palais d'Henry de Béthune, archevêque de Bordeaux (1680), où se trouvent « huit pièces, tant grandes que petites, de tapisserie de vergame (*sic*) de Rouen, doublées de toille ». C'est enfin le mobilier de la Couronne, où l'on ne rencontre pas moins de cent soixante-douze pièces de ce tissu. Au XVIIIe siècle, nous voyons la bergame tenir encore son rang dans la *Déclaration des meubles apportés à la communauté par Mlle Dubois de la Vergne, épouse de Mre Henri Polquaire* (Angoulême, 1714) ; dans l'*Inventaire du sieur des Bernards de Saint-Andéol* (cour de Mazan, 1728), au château d'Amilly (1765). Elle eut aussi sa place marquée chez les artistes et figure dans les inventaires des peintres François et Denis Delaporte (1678), Pierre Faubert (1691), Louis de Namur (1691), Jean Sevestre (1737), du sculpteur Pierre Lepautre (1744) et de Pierre-Simon Dequoy, peintre du roi, aux Gobelins (1764), etc. ; mais partout la bergame conserve son caractère d'étoffe vulgaire et bon marché. Les poètes eux-mêmes, qui embellissent tout, ne songent pas à lui donner plus d'importance que les inventaires ne lui en concèdent.

... Pour bien goinfrer et coucher en beau lit,
Et pour changer bergame en haute lisse...,

écrit un pamphlétaire contemporain du cardinal de Mazarin (voir la *Ballade burlesque des partisans*), alors que Sénecé (*Épigrammes,* liv. II, XXXVII) nous la présente comme la parure ordinaire des refuges hospitaliers.

On mit Maurice à l'hôpital,
Habillé de droguet et vêtu de bergame...

Enfin, dans une de ses lettres à Mme d'Esclavelles, sa mère, lettre datée de Genève, Mme d'Épinay, parlant de son fils, dit : « Une des choses qui l'ont le plus frappé est la visite qu'il a faite pour moi à un des premiers magistrats de la ville. Il l'a trouvé logé au troisième étage, vis-à-vis de son bureau, éclairé de deux lampes, son cabinet meublé de livres et son salon de bergame. » (*Dernières années de Mme d'Épinay,* p. 57.) L'étonnement du jeune d'Épinay s'explique aisément quand on a sous les yeux cette phrase de Savary : « Il y a peu d'artisans ou gens de basse condition (de Paris) qui ne se fassent un point d'honneur, en s'établissant, d'avoir dans sa chambre une tapisserie de Bergame. » Depuis Savary et Mme d'Épinay, la bergame a été remplacée par le papier peint.

Bergamote, *s.f.* — Petite boîte-bonbonnière, qui tirait son nom de l'écorce d'orange dont elle était doublée et qui la parfumait. Métra, dans sa *Correspondance secrète* (t. XI, p. 189), rapporte le couplet suivant, adressé à une jeune fille qui venait de renoncer à se faire religieuse :

Enfin tous vos nœuds sont rompus
Avec la gent dévote,
Vous troquez la boîte aux *agnus*
Pour une bergamote.

En 1759, le sieur Chevrain, prétendant que la doublure en bergamote communiquait aux dragées une certaine amertume, imagina de remplacer cette doublure par des fonds en paille de Chine ingénieusement travaillés. (Voir *Année littéraire,* VII, 149 et 152.) Peu après, les bergamotes commencèrent à passer de mode.

Berge. — « Une paire de grands ciseaux de Berge dans leur gaine de roussette, garnis d'argent. » (Acquisition faite, en 1758, par Mme de Pompadour, chez Lazare Duvaux.) Berge était un coutelier célèbre, justement réputé pour ses lames de couteau et outils tranchants.

Fig. 213. — Modèle de bergère, d'après Radel.

Bergère, *s. f.* — Sorte de long fauteuil en gondole, c'est-à-dire ayant le dos arrondi, avec un dossier rembourré, des joues, des manchettes et le siège garni d'un carreau ou petit matelas en plume, fait de forte toile ou de coutil, mais dont les parties apparentes sont assorties, comme étoffe, au reste du meuble. Les bergères firent leur apparition vers 1725, lorsque les sièges, devenus moins solennels et plus confortables, consentirent à quitter la muraille pour venir se grouper autour du foyer. Renseignement précieux, nous trouvons, dans un docu-

Fig. 214. — Bergère confessionnal (XVIIIe siècle).

ment presque contemporain de leur naissance, et conservé aux *Archives nationales,* le détail complet de la façon d'un de ces meubles douillets. « Façon de deux bergères ; les bois peints en blanc ; les dossiers garnis en plein ; les bourlets de la plate-forme piqués à l'angloise ; avec leurs carreaux en coutil et plume, couverts de damas vert, ornés de galon d'or à clouer ; cloux dorés sur les moulures des bois ; galons de nervure en soye verte à carreaux. » Parfois, le fond ou plate-forme de la bergère, au lieu d'être sanglé et garni en toile, était paillé. Dans le *Mémoire des meubles faits de neuf au garde-meuble de Versailles, pendant les premiers mois de 1751,* nous trouvons : « Une bergère de paille garnie de deux carreaux de cuir, couverts d'étoffe de la Porte à rayes vertes et blanches, dont un pour le dossier et l'autre pour le fond, pour servir à la nourrice de Monseigneur le duc de Bourgogne. »

Très à la mode à la Cour, la bergère ne tarda pas à prendre place dans tous les intérieurs luxueux. Le premier spécimen que nous en découvrons à la ville se trouve chez un artiste de grand talent, François Lemoyne, premier peintre du roi (1737). Dans le *Procès-verbal de l'apposition des scellés* qui suivit le tragique décès de cet homme éminent, figure « un fauteuil demy-bergère, foncé de paille, garny de son coussin et dossier couvert de toille en couleur ». A partir de cette époque, nous en rencontrons chez la belle Mlle Desmares, chez la duchesse de Mortemart, au château d'Amilly, chez le comte de Caylus, chez l'armateur Jean Salva, chez Mme du Deffand, où les coussins de ce meuble confortable servent d'asile discret à la tabatière d'Horace Walpole, et chez Madame Victoire, fille de Louis XV, que la bergère sauve du couvent. (Voir *Mém. de Mme Campan,* p. 55.) Citons encore la marquise de la Roche Saint-André, la duchesse de Mazarin, la duchesse de Saint-Aignan, le commandeur Boscheron, vicaire général de l'ordre de Malte, l'abbé et académicien Arnaud, Mme Lorimier d'Étoges, le médecin Morand, etc., etc., aux ventes desquels figure notre meuble. Avec le règne de Louis XVI, les bergères, qui continuent à s'assortir au reste des sièges, prennent des formes plus carrées, mais conservent l'ampleur de leurs dimensions et l'élasticité de leurs garnitures. Avec le Directoire, ces formes commencent à s'étriquer, pour faire, sous la Restauration, de cette bergère si vantée au XVIIIe siècle, un simple fauteuil à joues et à manchettes, garni d'un matelas indépendant, rembourré de plume ou de crin. C'est au reste l'agonie de la bergère ; les ressorts élastiques vont apparaître. Dès lors, matelas et coussins auront vécu.

Bergerie, *s. f.;* **Bergerade,** *s. f.* — On désigne sous ce nom des scènes galantes où de coquets bergers et d'aimables bergères remplissent les principaux rôles, et par extension les tentures, tapisseries, peintures, etc., qui représentent de ces scènes. L'intervention des bergers dans les tapisseries est fort ancienne. Dans le *Compte de la sœur Jehane la Paige, prieuse de l'Hôtel-Dieu* (1432), on trouve indiquée « la vendication d'une chambre faitte à bergiers et brebis ». Les *Comptes des ducs de Bourgogne* (1420) et ceux de Louise de Savoie décrivent également des « histoires de bergerye ». (Voir BRODERIE.) Un *Compte de Jean Micault, trésorier de Charles-Quint* (1522), mentionne une tapisserie « à bergiers et bergerettes ». Enfin l'*Ordre du couronnement d'Éléonor d'Autriche* (1530) nous apprend que « devant l'église de la Trinité, y avoit une bergerie moralisée ». Parmi celles dont le souvenir graphique nous a été conservé, la très curieuse suite de tapisseries des *Noces de Gombault et Macé,* dont M. Jules Guiffrey a retracé l'histoire, semble être une des productions de ce genre les plus complètes. Au commencement du XVIIe siècle, le goût de la littérature pastorale s'étant développé outre mesure, les bergeries se manifestèrent avec un redoublement d'intensité. C'est aussi vers ce temps que le mot s'acclimate définitivement dans notre langue, avec la signi-

Fig. 215. — Bergère en gondole (style Empire).

fication que nous lui donnons plus haut ; témoin le passage suivant du *Journal d'Héroard :* « Arrivé (Louis XIII) à huit heures et demie, il va chez la reine à la Comédie françoise ; ramené dans sa chambre, il prend la bougie et s'amuse à lire les billets qui étoient en une bergerie en tapisserie, que l'on avoit sur le jour tendue en sa chambre; il étoit si gai qu'il ne se pouvoit coucher. » Le goût des bergeries semble avoir quelque peu sommeillé sous le règne du Grand Roi, quoique Molière, dans le *Bourgeois gentilhomme,* prétende que, de son temps, il fallait bien que, « pour la vraisemblance », on donnât dans la bergerie ; et quoiqu'on trouve à Versailles (1708), dans la chambre même du roi, un « emmeublement de deux brocarts, l'un fond d'argent trait à figure de berger et bergères, et l'autre à fond vert ciselé d'or à fleurs ». Mais, au XVIIIe siècle, ce goût se réveille et devient une sorte de passion. Il envahit tout, s'empare des dessus de porte, des panneaux, des dossiers de fauteuil, occupe la cheminée et les guéridons, sous forme de porcelaines délicates ou de bronzes exquis, et suffit à fournir de motifs charmants les ateliers des Gobelins, de Sèvres et de presque toutes les manufactures de France. Il est vrai que son principal interprète se nomme Boucher. Un pareil nom est presque une excuse.

Avec David et sa rébarbative école, les bergeries nous ont dit adieu, et depuis lors, si l'on a vu réapparaître de loin en loin quelque pasteur en quête de sa bergère, la présence de ces infortunés était purement accidentelle, sans conséquence et sans durée.

Plusieurs auteurs, M. Jacquemart notamment, pour désigner ces scènes gracieuses et légères, ont employé le mot BERGERADE. Ce substantif n'est pas français.

Berg-op-Zoom, *s. m.* — Nom d'un tissu servant à faire des housses : « Une excellente harpe, avec étui et couverture de Berg-op-Zoom. » (*Ann., aff. et avis divers,* 11 août 1777.)

Béricle, *s. m.* et *f.;* **Bésicle,** *s. m.* et *f.* — Béricle, qu'il faut bien se garder de confondre avec BERYL, n'était pas, comme le remarque le continuateur de Du Cange (sous *Bericlus, Suppl.*), une pierre précieuse, mais bien du verre ou cristal. Les étymologistes voient dans ce mot une modification de VÉRICLE et la forme première de BÉSICLE. Les exemples suivants viennent confirmer cette opinion et montrer à quels usages tout spéciaux le ou la béricle était employé au XIVe et au XVe siècle. « Une béricle garnie de cuivre à tout (avec) un estuy de cuir. » (*Invent. de Clémence de Hongrie,* 1328.) « Une pièce de cristail, un dragier d'argent a tout (avec) le pié, deux pommes d'ambre et deux de béric. » (*Invent. des biens-meubles d'Alix de Frolois, abbesse de Jouarre,* 1369.) « Un véricle encerné en manière de lunette, XX s. » (*Compte de l'exécution du testament de Jehanne d'Évreux,* 1372.) Ce même véricle se retrouve dans l'*Inventaire de Charles V* (1380), où figurent aussi « deux béricles dont l'un a le manche de bois ; ung béricle ront, plat environné de corne noire » et « ung grant escrin de béricle garny d'argent », etc. Mentionnons encore « une croix d'argent doré, et un béricle ou pié pour mettre reliques ». (*Invent. de* 1403, cité par Du Cange.) « Un béricle ront, plat, enhanté en une queue d'or longue, esmaillié des armes de la royne Jehanne d'Évreux, et a sur le manche une dame, et a un fretelet d'un bouton ynde et une perle d'Escosse dessus. » (*Invent. du château de Vincennes,* 1418.) « Ung hault gobelet de cristal ou de bérique en manière de coupe. » (*Invent. des joyaux du duc de Bourgogne,* 1420.) « Demanda icellui Vincent quelle pierre c'estoit..... et le suppliant dist que c'estoit cristail ou béricle. » (*Lettre de rémission,* 1449.) « Une béricle garnie le manche d'argent, et au-dessus dudit manche ung petit lion douré, pour lyre sur un livre ; — Ung tableau de Mgr sainct Anthoine tenant ung livre et une béricle en sa main. » (*Invent. de Marguerite d'Autriche,* 1523-1524.)

Berlinguette, *s. f.* — Petite sonnette. Expression normande, qui n'est plus guère employée.

Berlonde, *s. f.* — Nom qu'au siècle dernier on donnait, en Normandie, aux longues cuillers de bois, qui servent à tourner la soupe dans la marmite.

Berne, *s. f.* — Littré définit berne : « Tour que l'on joue à quelqu'un en le faisant sauter en l'air sur une couverture. » Il semble, après cela, que l'on devrait chercher l'origine de l'action décrite par Littré, dans l'instrument lui-même, et que berne devrait signifier couverture. Point du tout. Après avoir tiré de l'espagnol le mot *bernia,* « étoffe de laine grossière » ; après avoir supposé, avec les étymologistes antérieurs, que ce mot pouvait bien provenir d'*Hibernia,* parce que c'était probablement en Irlande que ces étoffes avaient été fabriquées tout d'abord, Littré s'égare et finit par écrire : « La *berne* était l'étoffe, le manteau, sur lequel on bernait; en latin *sagum.* »

Nous allons voir qu'il n'était pas besoin de ce long détour pour trouver une explication au verbe berner, car dans tout l'ouest de la France, pendant le XVIIe et le XVIIIe siècle et probablement aussi dans les siècles antérieurs, le mot berne a signifié couverture. Comme il s'agit de réfuter une opinion s'appuyant sur un très haut témoignage, on nous pardonnera de multiplier nos citations. Nous ferons remarquer encore que ces diverses mentions ne laissent aucun doute sur la signification du mot. Les bernes dont il est question sont, en effet, toutes comprises dans la partie de l'inventaire concernant la literie, et comptées au nombre des pièces qui garnissent le lit. « Une berne de fil estant racoustrée en divers endroits, prisée saize sols. » (*Invent. de Pierre Bellier;* juridiction du bois de Miniac, 1644.) « Un charlit de bois de chesne garny de tour de toille rouge, d'une couete de pleume d'oye, une berne de fil, deux linceux de brin et reparon, et un coussin ou oreiller. » (*Invent. de Benoist Picquet;* juridiction de la vicomté d'Artois, 1688.) « Une couchette de bois de chesne avec une couette de lit, deux orilliers, le tout garny de pléumes, une couverture de berne, prizé le tout ensemble 12 livres. » (*Vente des meubles de Jeanne Bagoux;* juridiction de la Chapelle-Erbrée, 1691.) « Un charlit... et deux bernes, sçavoir une bonne et une méchante, etc. » (*Invent. de Bertrand Gernigon;* juridiction et vicomté d'Artois, 1702.) « Un charlit... deux linceulx... et une berne, estimés douze livres. » (*Invent. de Jan Jouan, ibid.,* 1709.) « Un charlit de bois de chesne... deux linceulx de toille de brin et reparon, une berne de fil et une garniture de toile peinte. » (*Invent. de Pierre Gougeon, ibid.,* 1714.) « Une vieille couchette garnie... de deux draps de caneval et d'une vieille couverture de berne, etc. » (*Invent. des biens de J.-F. Lemonnier;* bourg et paroisse de Balaze, 1727.) « Une couchette garnie d'une couette... deux draps, une couverture de berne, le tout prisé..., etc. » (*Invent. de Jean Gilbert;* juridiction de Balazé, 1740.) Ces exemples paraîtront sans doute suffisants pour établir : 1° l'existence du mot berne, et 2° sa signification.

Bernigaut, *s. m.* — Sorte de vase remplissant le rôle d'aiguière. (*Comptes de l'argenterie des ducs de Bourgogne,* 1420.)

Bers, *s. m.;* **Berseulx,** *s. m.;* **Bersouère,** *s. f.* — Voir BERCEAU.

Bersollier, *s. m.* — Grand berceau, lit d'enfant. Locution bordelaise. « Plus un autre petit lit appelé berssollier, garny de pailhasse, de mathelas, ung coyssin et une couverte de layne blanche. » (*Invent. de Pierre Essenault, conseiller au Parlement de Bordeaux,* 1626.)

Berzi, *s. m.* — Locution normande et picarde. Bois de brésil. On dit encore dans ces deux provinces, en manière de dicton : « Sec comme berzi. »

Beslong, *adj.* — Oblong. Cet adjectif est surtout usité au XIVe et au XVe siècle. — « Un camahieu noir beslong ou dedens est taillée l'ymage Nostre-Dame. » (*Invent. de Charles V*, 1380.) « *Item*, une cuiller de bois à façon de beslonc, à la manière de Sarrasins. » (*Invent. du Louvre*, 1418.) (Voir Bélonc.)

Fig. 216 et 217.
Petit beurrier en porcelaine de Saxe (XVIIIe siècle).

Besogne, *s.f.*; **Besongne**, *s. f.* — Ce mot s'employait autrefois dans le sens d'œuvre, de travail. François Ier écrivant à Michel-Ange (Saint-Germain, 8 février 1546) lui dit : « Pour ce que jay grant desir davoir quelques besongnes de votre ouvraige, jay donné charge à labbé de Saint-Martin de Troyes (Philibert de Lorme), p^nt^ porteur...vous priant, si vous avez quelques choses excellentes faictes à son arrivée, les luy voulloir bailler, etc. » Le mot besognes au pluriel signifiait aussi de menus objets, des hardes peu encombrantes, ce que nous désignons aujourd'hui sous le nom de bibelots. « Vous savez que gens de guerre ne sont pas volontiers chargéz de belles besongnes pour présenter aux dames. » (*La très joyeuse et plaisante histoire du bon Chevalier sans peur et sans reproche*, 1527.) « Il vient un mercier qui portoit des besognes d'ambre jaune. — Il va chez la reine qui lui veut donner des petites besognes, comme des *Agnus Dei* garnis de diamants. — Mené à la Galerie et à la boutique d'un marchand, qui avoit des besognes de la Chine. — Mené à la verrerie, il fait faire de petites besognes. — Mené au Palais où il achète quantité de besognes d'argent. » (*Journal d'Héroard*, t. Ier, p. 364, et t. II, p. 22, 39, 95 et suiv.) « Un petit coffre couvert de velours vert, servant à mettre besongnes de nuit. » (*Invent. de Marguerite Gudin, femme de Remy Levesque*; Paris, 1629.) Ces diverses citations indiquent suffisamment les multiples acceptions dans lesquelles était pris le mot besogne.

Bétille, *s. f.* — Sorte de mousseline fabriquée aux Indes qu'on divisait en trois espèces ou qualités : la *bétille simple*, la *bétille organdy* et la *bétille tarlatane*. (Voir *Histoire du commerce des Européens dans les deux Indes*, t. Ier, p. 380.) Dans le public on appelait également de ce nom toutes les indiennes peintes et même les toiles de coton importées pour être peintes en France.

Beurrier, *s. m.*; **Beusrier**, *s. m.*; **Garde-Beurrier**, *s. m.* — Vase de faïence, de porcelaine, de verre ou de grès, dont on se sert pour conserver le beurre ou pour le présenter sur la table. Les premiers beurriers dont on trouve trace en France figurent dans une *Lettre de rémission* de 1460, où il est fait mention d' « ung beurré pesant dix à douze livres ». Dans *Pantagruel*, il est à deux reprises question de « pots beurriers » ; la première fois, au chapitre XVII du livre III ; la seconde fois, dans le nouveau prologue du livre IV. Mais c'est à la Bretagne, ce pays du beurre par excellence, qu'il faut s'adresser pour rencontrer les beurriers en nombre dans les anciens inventaires. « Un garde beurre d'estain, prisé VI sols. » (*Invent. de Julien André*; juridiction du bois de Miniac, 1596.) « Une perre de beusriers, deux pintes, demie chopine, etc. » (*Invent. des biens meubles du sieur Lesaulnier*; greffe de Saint-Malo, 1605.) Etc. Il faut croire que ces beurriers étaient singulièrement nombreux dans certaines demeures, car nous trouvons parmi les meubles de Jeanne Fillaud, domiciliée au Plessis-Botherel, « un garde-beurier » prisé 30 sols tournois (1656). A la fin du XVIIe siècle, cependant, les beurriers étaient encore inconnus à Paris, et Furetière, mort en 1688, a ignoré leur existence. Ce n'est qu'au milieu du XVIIIe siècle que nous les voyons apparaître dans le commerce parisien, au temps où l'usage de la porcelaine se généralise. « 27 novembre 1749 — à M. de Belhombre : un beurrier de Saxe, 60 livres. » « 13 août 1750 — à M. Pallu, conseiller d'État : deux beurriers de Saxe dans leurs jattes à contours, 120 livres. » (*Livre journal* de Lazare Duvaux, t. II. p. 36 et 58.) Il est probable que ces premiers beurriers de Saxe, qui avaient la forme d'un petit baquet à couvercle, étaient copiés sur les modèles hollandais fabriqués à Delft, où le commerce du beurre fut de tout temps considérable. On rencontre aussi fréquemment à cette époque des « bateaux de Vincennes à deux tinettes », qui semblent être une variété de ces mêmes beurriers. Ceux qu'on emploie de nos jours ont, au reste, conservé cet aspect caractéristique. Enfin on en a fabriqué, dans ces années dernières, qui, sans s'éloigner extérieurement de la forme admise, se renversent à l'intérieur et tiennent le beurre constamment plongé dans l'eau.

Beyre, *s. m.* — Prononciation et orthographe gasconnes de Verre. (Voir ce mot.)

Bezans, *s. m. pl.* — Toiles de coton qui, au siècle dernier, se tiraient du Bengale.

Biais, *adj.* et *s. m.* — Se dit de tout ce qui est oblique, et non coupé ou taillé à angles droits. On dit d'une étoffe qu'elle est coupée en biais, pour dire qu'elle n'est pas en droit fil. On dit aussi d'une maison ou d'une façade, qu'elle

Fig. 218. — Pot à biberon en faïence de Nevers.

est en biais, quand elle ne se raccorde pas à l'alignement. On appelle voûte biaise celle dont les pieds-droits ne sont pas d'équerre avec le parement de face. Enfin, en terme de passementier, on nomme *biais croisé* et *biais natté* des passementeries qu'on emploie généralement pour la garniture des sièges et dont les guipures sont disposées d'une façon oblique.

Bibelot, *s. m.* — Voir BIMBELOT.

Bibenguière, *s. f.* — Vase à boire. Sorte de biberon employé pour faire boire les malades. Ce mot semble avoir été une locution exclusivement toulousaine. (Voir BÉLINGUIÈRE.)

Biberon, *s. m.* — Dans les anciennes descriptions de pièces d'orfèvrerie, le mot biberon a la signification de GOULOT. Exemples : « Une petite aiguière d'argent dorée, cizelée à feuillages, dont le pié est à souages et le biberon ist (sort) de la gueule d'un serpent... » (*Invent. du duc*

Fig. 219. — Petite bibliothèque en chêne sculpté (époque de la Régence).

d'Anjou, 1368.) — « Trois petiz coquemars à biberon paraux, et ou couvescle sont les armes de Monseigneur le Dauphin... — *Item,* un long pot à biberon d'ancienne façon... » (*Argenterie réclamée par la Couronne aux héritiers de Louis Ier d'Anjou,* 1385.) « Une longue aiguière de voirre garnie d'argent doré, et a le biberon d'un homme qui baille. » (*Invent. du Louvre,* 1418.) « C'est assavoir : une buye à eaue ayant un souleil auprès du biberon... » (*Invent. de la duchesse de Valentinois,* 1514.) « Un vase en forme de gondolle, d'une seule agathe d'Allemagne, à l'un des bouts de laquelle est un masque dont la gueule sert de biberon. » (*Invent. des meubles de la Couronne,* 1673.)

Plus tard, on donna le nom de biberon à une sorte de vase en faïence ou en porcelaine « par où on peut boire avec aspiration ». C'est dans ce sens qu'il faut entendre les citations suivantes : « Deux petits biberons de porcelaine grise, garnys de cuivre doré, prisez 50 livres. — *Item,* deux biberons de porcelaine bleu et blanc, garnys de cuivre doré, prisez ensemble 20 livres. » (*Invent. d'André Le Nôtre,* 1700.) L'*Encyclopédie* donne dans ses planches des modèles de ces sortes de vases. Aujourd'hui, le mot biberon ne s'applique plus guère couramment qu'à un petit appareil destiné à faire boire les jeunes enfants, et qui remplace le sein maternel. Exceptionnellement il désigne encore des vases à goulots, dont on se sert pour faire boire les malades qui ne peuvent se placer sur leur séant.

Bibliothèque, *s. f.* — On peut entendre plusieurs choses fort distinctes par ce mot. D'abord la réunion, le groupement des livres appartenant à un particulier, à une corporation, à une ville, à un État.— C'est ainsi qu'on dit la bibliothèque du prince de Conti, la bibliothèque des Augustins, la bibliothèque de la ville de Paris, etc. — En second lieu, un ensemble de livres concernant un même sujet, ou publiés par un même éditeur. — En troisième lieu, l'emplacement disposé pour recevoir des livres ; et enfin, les meubles ou armoires qui doivent les contenir. Au point de vue du mobilier, ce sont seulement ces deux dernières acceptions qui nous intéressent.

La bibliothèque — chambre, salle, ou réunion de chambres ou de salles spécialement destinées à recevoir des livres — paraît avoir été, chez nous, de beaucoup antérieure à la bibliothèque meuble ou armoire. Il est certain que lorsque Charles V transporta à la tour du Louvre les volumes qu'il avait reçus comme héritage et ceux infiniment plus nombreux qu'il avait recueillis ou fait exécuter, il y installa, il y créa une bibliothèque. Mais cette bibliothèque fort sommaire portait, comme toutes celles de son temps, le nom de LIBRAIRIE, et c'est à ce mot que nous nous proposons de retracer l'historique des bibliothèques, en tant que salles ou chambres destinées à recevoir des livres.

Comme meuble, la bibliothèque commença par être un coffre plus ou moins grand dans lequel on enfermait les quelques volumes que l'on possédait, ce qui permettait de les emporter avec soi et, remède contre l'ennui, de ne pas voyager sans sa bibliothèque. C'est ainsi que, au château d'Angers, nous trouvons dans « la chambre du haut retrait du Roy » : « Ung grant coffre de boys fermant à clef ouquel est partie de la librairie du Roy. » On sait que Charles le Téméraire ne procédait pas autrement. Ses livres le suivaient jusque dans ses expéditions, et, aux batailles de Morat et de Granson, ses incomparables manuscrits devinrent le butin du vainqueur. On s'explique d'autant mieux cette façon d'agir que, sauf chez un petit nombre de princes, les livres étaient à cette époque d'une assez grande rareté. On pourrait citer certaines princesses du plus haut mérite, comme Catherine de Rohan, comtesse d'Angoulême, qui, en plein XVe siècle, ne possédaient pour toute bibliothèque qu'un seul volume, admirable, il est vrai, enrichi de miniatures exquises, jugé digne en notre temps de faire partie de la collection Sauvageot et d'être décrit par Potier ; mais ce volume était unique. Beaucoup de princes n'étaient pas sensiblement mieux lotis. Les plus lettrés, les plus soucieux de leur intelligence, en avaient quelques douzaines et c'était tout. Quand ils étaient à demeure dans un château, on les serrait dans une armoire, comme l'indique le titre suivant : « Inventaire des livres trouvés en l'armoire de feu monseigneur Jean d'Orléans, le premier jour de juing de l'an mil III C LXVII. » Puis ensuite on les remettait dans un coffre, pour les transporter dans une autre résidence.

En 1496, l'imprimerie commençant à répandre ses productions, le nombre des volumes s'augmenta. L'armoire alors devint cabinet, et, à la mort de Charles d'Orléans, les scribes officiels tracent les mots suivants : « Et premièrement, nous transportâmes en la chambre de librayrie dud. feu Mr le comte, et en laquelle ont esté trouvéz les libvres et volumes qui s'ensuivent. » Le catalogue cependant ne contient que 75 numéros. Pour les bibliothèques un peu étendues du XVIe siècle, et pour celles des couvents, qui, dès cette époque, sont de beaucoup les plus complètes, il n'est non plus question d'armoires. Les livres sont disposés sur des pupitres doubles et enchaînés. Qui veut les consulter doit aller d'une table à l'autre ; quand ils sont trop nombreux pour l'espace, on les entasse par liasses dans des coffres, parfois même dans des coins. Cela dura ainsi jusqu'aux premières années du XVIIe siècle. En 1607, la librairie de Pierre de l'Estoile, qui jouissait cependant d'une certaine réputation, puisque les étrangers la venaient visiter, n'était pas autrement ordonnée. « J'ai rangé mes pacquets, dit-il à propos d'un remaniement qu'il vient de faire subir à ses livres..., remectant tout en ordre le mieux que j'ay peu et pour le service et pour la mémoire ; reduisant mes pacquets à quarante-trois qui estoient en nombre cinquante-six ; car ils alloient jusques au K du troisième alphabet, et maintenant à l'U seulement du second alphabet. »

A partir de 1650, tout change. Quelques illustres amateurs avaient bien donné, dans ce XVIe siècle si finement artiste, l'exemple d'un goût prononcé pour les livres, associé à une saine et généreuse érudition ; et les noms de ces bibliophiles de la première heure sont sur toutes les lèvres. Mais le public, toujours difficile à émouvoir, était resté insensible à cette admirable passion. Au XVIIe siècle, au contraire, le cercle s'élargit brusquement, ce ne sont plus seulement quelques princes ou de rares curieux qui aiment les beaux volumes et collectionnent les bons ouvrages. L'instruction se répand ; la connaissance de la littérature se généralise. Les grands ministres qui se succèdent à la tête des affaires sont d'ardents bibliophiles, et les Précieuses aidant à la diffusion des livres, la possession d'une bibliothèque devient une marque de bonne éducation et, par suite, de bon ton. Pour d'autres, elle est une nécessité de profession ou un besoin d'étude. A la fin de ce XVIIe siècle, nous trouverons chez une simple artiste de second plan, comme Claudine Bouzonnet-Stella, une réunion de plus de 200 ouvrages se rapportant à son art, et chez le peintre Lemoyne, un nombre de volumes triple. Avec le goût des livres, celui des belles reliures se développe. On l'avait vu se manifester déjà au temps où les charmes de Diane de Poitiers balançaient l'astucieuse influence de Catherine de Médicis, mais il était demeuré confiné dans un cercle étroit. Le voilà maintenant qui devient général. Pour abriter ces chefs-d'œuvre dorés au petit fer, il faut des meubles dignes de pareilles richesses. Les armoires vitrées de Boulle apparaissent, mais ce ne sont toujours que des armoires, et Furetière va mourir sans connaître la bibliothèque-meuble devenue si commune de nos jours.

C'est en 1720, dans l'inventaire dressé après l'incendie de Boulle, qu'on rencontre ce meuble pour la première fois ; encore son nom est-il toujours accompagné du substantif armoire : « Une armoire de quatre pieds de haut, en forme de bibliothèque. — Trois armoires en bibliothèques avec des glaces devant les portes servant à mettre des livres », etc. En 1727, le conseiller Nemeitz, qui dresse à l'usage des jeunes étrangers un très frappant tableau des curiosités de Paris, ne trouve pas encore le mot suffisamment implanté dans la langue pour l'employer seul. Il se sert, lui aussi, du substantif armoire. « Les armoires où les livres sont rangéz, écrit cet observateur consciencieux en parlant de la bibliothèque de l'abbaye royale de Sainte-Geneviève ; ces armoires sont d'une menuiserie très artiste, fermées avec du fil d'acier entortillé, entre lesquelles on a rangé à égales distances des bustes de plâtre... » (*Séjour de Paris,* t. Ier, p. 257.) La bibliothèque-meuble existe en réalité ; néanmoins ce ne sera que quelques années plus tard, lorsque le goût des « petits formats » aura transformé la taille et l'aspect du livre (voir ce que Mercier dit des petits formats, *Tableau de Paris,* t. IV, p. 47), lorsque les

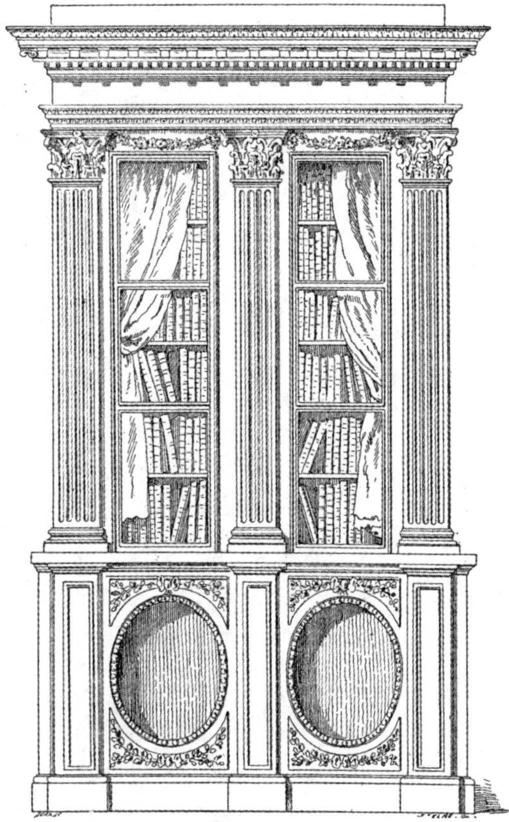

Fig. 220. — Bibliothèque Louis XVI, d'après Lalonde.

volumes seront devenus maniables pour les mains délicates, que nous verrons la bibliothèque adopter son nom définitif en même temps que ces formes coquettes et charmantes qui n'ont pas été surpassées depuis. Le mot armoire persista toutefois en province : « Une armoire grillée en fil de fer servant à bibliothèque, doublée en dedans de rideaux en taffetas jaune... », etc. (*Invent. du château de Bienassis,* 1766) ; et il n'est pas jusqu'au duc de Metternich, qui, décrivant sa bibliothèque, ne parle de « belles armoires en acajou sans vitres », dans lesquelles étaient enfermés ses livres. (*Mém.,* t. III, p. 333.) Mais à Paris il n'est plus question de cela. L'*État des meubles donnés à Mlle Damours par Mlle Desmares* (1746) nous y décrit « une bibliothèque de bois de palissandre garnie de cuivre — et une petite bibliothèque de marqueterie ». Le *Livre journal* de Lazare Duvaux mentionne chez le financier de Boulogne la présence de deux bibliothèques en bois de citron, garnies de taffetas vert ; chez Mme de Préninville, celle d'une bibliothèque de même bois « faite en cul-de-lampe », et garnie de satin ; chez son mari, celle d'une bibliothèque en bois d'amarante, ornée de bronzes dorés et garnie de taffetas cramoisi ; chez le marquis de Gontaut, d'une bibliothèque en bois de rose avec un dessus de marbre ; chez M. de la Live de Jully, d'un « corps de bibliothèque, en marqueterie de Boulle, composé d'armoires et pilastres très ornés, en bronze doré d'or moulu de 12,000 livres » ; chez

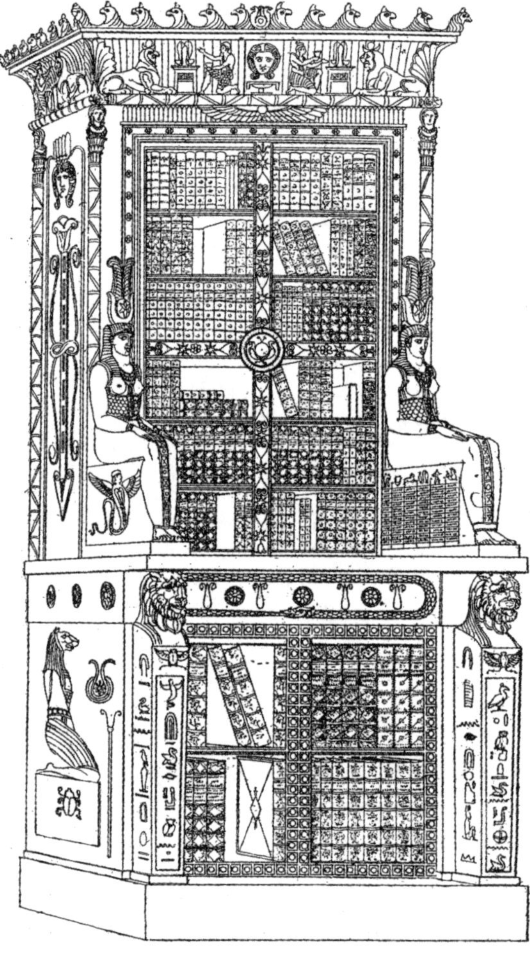

Fig. 221. — Bibliothèque (style égyptien), d'après Percier.

le duc de Bourgogne, d'un corps de bibliothèque à quatre portes, plaqué en bois de rose et autres bois des Indes, le tout orné de bronze doré d'or moulu, etc. En consultant les *Petites Affiches* du temps, nous trouverons également de ces meubles exquis en bois d'amarante, en bois des Indes, en bois de rose, en acajou massif, chez la maréchale de Nangis, le vicomte de Sabran, la princesse de Guéménée, le célèbre Vaucauson, le marquis de Ménars, le comte de Tournon, etc., etc. A l'hôtel Dupleix, on en rencontre même une « avec les glaces incrustées en ivoire, les garnitures et les clefs d'argent », etc. C'est, pendant cinquante ans, un meuble tellement à la mode, qu'on va jusqu'à le contrefaire, et un menuisier, le sieur Dufresne, domicilié rue Saint-Honoré, offre à sa clientèle des lits en forme de bibliothèque, « qui débarrassent extrêmement les appartements et les antichambres ». (*Mercure* de décembre 1750.) Les livres simulés en ces sortes de meubles étaient, au reste, presque aussi utiles à leurs propriétaires, que ceux plus véritables, dont Voltaire pouvait dire :

Sacrés ils sont, car personne n'y touche.

Aujourd'hui ces simulations ne sont plus de mise. La bibliothèque est devenue une nécessité. Il n'est pas d'homme intelligent, instruit, qui n'en possède, dans son appartement, une plus ou moins luxueuse, plus ou moins bien construite, simple ou ornée et d'aspect plus ou moins riche. La construction de la bibliothèque réclame cependant des soins spéciaux. Son but parfaitement défini, le rôle qu'elle doit jouer, les fonctions qui lui incombent, imposent à ce genre de meuble une structure spéciale et jusqu'à l'emploi de matériaux particuliers.

Il faut, en effet, pour qu'une bibliothèque puisse préserver des insectes les richesses qu'elle renferme, qu'elle soit construite en bois de choix : cèdre, cyprès, ébène, bois de sandal, ou si les essences aromatiques semblent d'un prix trop élevé, en chêne bien sec et bien compact. Il faut que son armature soit assez robuste pour pouvoir supporter un poids constamment lourd, sans jouer ni se déjeter ; il faut qu'elle soit assez profonde pour pouvoir donner asile à deux rangées de livres, et que ses tablettes soient assez espacées pour permettre aux volumes d'être enlevés et replacés, sans un frottement qui abîmerait les reliures. Une bonne bibliothèque, en outre, doit être de médiocre hauteur, de manière qu'on puisse, de la main, saisir l'ouvrage qu'on souhaite ; elle doit encore être organisée de façon que les volumes d'un poids considérable soient situés assez bas pour qu'on n'ait point à redouter d'accident en voulant déplacer les in-folio pesants ; gymnastique parfois dangereuse, car jadis l'abbé Boileau paya de sa vie un effort qu'il fit en prenant un lourd volume trop haut placé. (Saint-Simon, IV, p. 182.)

Pour remédier à ce dernier inconvénient, on a souvent divisé la bibliothèque en deux corps. L'un, celui du haut, à vitres ou à grillages ; l'autre, celui du bas, à vantaux pleins. Telle était la bibliothèque du conseiller Nau, qui consistait en « un corps de bibliothèque de bois de chêne, haut de neuf pieds, avec bas d'armoire en forme de lambris fermant à clef ». D'autres ont pensé mieux faire en établissant des bibliothèques basses, sortes de commodes vitrées dont on ne peut consulter le contenu qu'en étant à genoux. Enfin un maître en la matière, Émile de Girardin, semble avoir trouvé dans un système intermédiaire la disposition la plus commode. « Ce n'est pas lui, écrivait-on, il y a vingt ans, qui se cassera jamais les reins ou seulement un bras à tomber du haut d'une échelle, étant à la recherche d'un livre, comme cela arrive à tant de travailleurs. Ses livres sont tous à la portée de sa main. Ses corps de bibliothèque, qui s'étalent à leur aise dans la vaste galerie que le propriétaire de l'hôtel Pauquet leur a ménagée, ne sont pas plus élevés que la tête d'un homme de taille ordinaire ; il n'est ni besoin de se mettre sur la pointe des pieds, ni de s'accroupir sur les talons pour atteindre au rayon le plus élevé ou au rayon le plus bas de cette bibliothèque. » (*Petite Revue*, 1866.) Mais cette disposition d'ensemble rentre dans la catégorie des bibliothèques considérées en tant que pièces, salles, cabinets, etc., et nous ramène à l'ordre d'idées qui, au mot LIBRAIRIE, reçoit son développement normal.

Biche, *s. f.*; **Biché**, *s. m.*; **Bichon**, *s. m.* — Locution du Lyonnais et du Forez. Pot de terre de forme ronde. Le bichon est plus petit que la biche. A Saint-Étienne, il sert à faire cuire la soupe et à la manger. Le biché en Languedoc est un petit broc. Rapprocher ces mots de BICHET et aussi de PICHÉ, PICHIÉ, PICHET.

Bichet, *s. m.;* **Bicher**, *s. m.* — Mesure pour le grain. (Voir PICHET.) « A cause de la rebellion, le bled est monté à Lyon à XXXV solz le bichet. » (*La rebellion de Lyon,* 1529.) « Un bicher à mesurer bled et un demi-bicher. » (*Invent. du sieur Chamboux, drapier;* 1667.) Selon Furetière, bichet serait synonyme de BOISSEAU, mesure usitée au XVe siècle aussi pour les liquides. (Voir D. Carpentier, *Sup.* à Du Cange, sous *Boissellus.*)

Bidet, *s. m.* — Petit meuble de garde-robe, dans lequel est insérée une cuvette de forme allongée et sur lequel on peut se mettre à cheval. Le bidet semble n'avoir vu le jour qu'aux environs de 1710. Le marquis d'Argenson raconte (*Mém.,* t. Ier, p. 205) que Mme de Prie lui donna audience sur ce meuble utile et qu'il en profita modestement. C'est la première mention que les écrits du temps fassent du bidet. En 1739, Perverie, maître tourneur, demeurant rue aux Ours, à l'enseigne de *la Belle Teste,* fabriquait, ainsi que le révèle sa carte d'adresse, des « bidets, doubles bidets et chaises à deux dos ». En 1762, le sieur Dulin, menuisier ébéniste, domicilié au Pont-aux-Choux, informait le public qu'il fabriquait ce genre de meubles à l'usage de l'armée et « à l'épreuve des plus fortes secousses ». (Voir le *Mercure* de février 1762.) Enfin, en 1783, le sieur Cochois, ébéniste, rue Saint-Honoré, près l'Oratoire, confectionnait une chiffonnière qui se transformait à volonté en table de nuit, chaise d'aisance et bidet. (*Almanach sous verre,* 1783, col. 226.) Telles sont les étapes techniques parcourues par ce meuble utile et discret. Ses étapes artistiques ne sont pas moins curieuses.

Nous avons pu retrouver la description des bidets de Madame Adélaïde, fille de Louis XV, de Mme de Pompadour, de la princesse d'Enrichemont, de la princesse de Rohan, de la princesse de Talmont, de la veuve de Lancret, de Mlle Jeanne Olivier, de Mme Gabrielle Elluini, etc. Nous en donnons la description à l'article GARDE-ROBE où nous avons réuni ce qui concerne la toilette intime et les soins secrets de propreté. Enfin, dans l'*État des effets fournis par le tapissier Lasserre, pour loger le duc de Fitz-James* (Toulouse, 1763), figure la location d'un bidet de faïence fine à 20 sols par mois.

Bidon, *s. m.* — Récipient en métal ou en faïence qui sert à plusieurs usages et dont la forme varie suivant les adaptations. On appelle bidon, notamment, la petite bouteille dans laquelle les militaires portent l'eau ou le vin qu'on leur distribue, et des vaisseaux en fer-blanc, qui servent à loger l'huile à brûler. Le musée de Cluny, possède un bidon en faïence de Nevers orné des portraits du marquis et de la marquise de Seignelay. (Voir fig. 222.)

Bielle, *s. f.* — Tige de fer rigide qui sert à transmettre le mouvement entre deux pièces écartées. Au XVIe siècle, on trouve à Paris des « chenets à bielle et contrerotier ». La bielle servait ici vraisemblablement à transmettre le mouvement du tourne-broche. « Premièrement une paire de chenets à bielle et contrerostier, garnye de leurs escuelles à coquille..... » (*Invent. de Maurice Menier, imprimeur;* Paris, 1566.)

Bigarrer, *v. a.;* **Bigarrail**, *adj.* — Bigarrer une étoffe, un tissu, c'est la teinter de nuances tranchantes. Ce verbe ne s'emploie guère, dans l'ameublement, qu'au participe passé : « Deux litz garnis de coystres, cousins et troys couvertes, l'une blanche de Cathelongne, et l'autre verte semée d'oyseaulx, et une autre peinte bigarrée. » (*Invent. de Jean Charmalat, vicaire;* au Mayet, 1521.) Dans la Provence, au XVIe siècle, on rencontre le mot bigarrail avec la même signification : « Ung cortinage à l'imperialle de toille bigarrail, avec ung rideaulx vielx. » (*Invent. de Jean de Bonifface;* Marseille, 1582.)

Bigarrure, *s. f.;* **Bigarrerie**, *s. f.* — Assemblage irrégulier de couleurs tranchantes ou d'ornements dénués de symétrie. Autrefois on disait bigarrerie :

> Jamais aux Rois une chandelle
> N'eut une bigarrerie plus belle...
> (*L'Inventaire de la fripperie.*)

Billard, *s. m.;* **Billouer**, *s. m.* — En tant que meuble, c'est la table sur laquelle on pousse les billes au « noble jeu » de billard. Cette table se compose de trois parties principales, la table proprement dite, le pied et les bandes. Le pied est généralement formé par un bâti composé de plusieurs montants réunis ensemble par des traverses. Pour

Fig. 222. — Bidon en faïence de Nevers.
Musée de Cluny.

être bien fait, ce bâti doit être parfaitement solide. Il faut que rien ne puisse l'ébranler, ce qu'on obtient en faisant les assemblages avec une extrême précision. Il faut aussi que, malgré son absolue solidité, le billard puisse être facilement et promptement démonté. Le dessus du billard, formé par la table proprement dite, consiste en une espèce de parquet composé de traverses assemblées à tenons et mortaises et de panneaux qui s'emboîtent au milieu, de façon que, panneaux et traverses se trouvant exactement de niveau, le tout constitue une surface parfaitement plane. Comme cette dernière condition est essentielle et que la moindre saillie ou la moindre dépression suffirait pour fausser la table et empêcher le jeu, on a, dans ces dernières années, essayé de remplacer le parquet ancien par une table de marbre, d'ardoise ou de glace ; néanmoins, la plupart des tables des billards continuent à être façonnées en parquet. Chaque table est entourée de quatre bandes qui doivent être également fort solides. Ces bandes ont leurs extrémités taillées en anglet et assemblées à queue d'aronde perdue, précaution indispensable pour qu'elles ne se dérangent pas. On fortifie même chaque assemblage avec une vis horizontale, parce que la rectitude des bandes n'est pas moins indispensable pour la correction du jeu que la parfaite planitude de la table. Jadis la bande était simplement rembourrée. Plus tard on l'a faite à élastique. On fabrique, depuis quelque vingt ans, des bandes en caoutchouc. Tous ces systèmes présentent certains inconvénients, et l'habileté du fabricant consiste à les éviter autant que possible. Le rembourrage, qu'il soit fait en crin, en bourre, en laine, est rarement égal. Dès lors les bandes ne rendent pas d'une façon régulière et normale sur toute leur étendue. La bande élastique est fragile et le plus souvent a trop d'expansion. La bande en caoutchouc, excellente dans les pays chauds, se durcit dans les longs hivers, et perd son élasticité; toutefois on pare à cet inconvénient, en la montant sur un liteau mobile qui permet de la détacher et de l'approcher du feu lorsqu'elle est devenue trop dure. Des précautions nombreuses sont donc à prendre, pour assurer aux bandes du billard, suivant la place que celui-ci doit occuper, le degré d'élasticité justement désirable.

Une fois ces parties essentielles convenablement construites, on couvre la table avec un drap vert qu'on nomme Tapis — le tapis doit être tendu de façon à ne pas faire un seul pli — et l'on monte le billard. C'est en vain qu'on aurait donné tous ses soins à ce que les diverses parties du billard fussent irréprochables, si le billard ensuite n'était pas d'aplomb. Le moindre fléchissement, ne fût-il que de quelques millimètres, suffirait, en effet, pour faire dévier les billes et empêcher la plupart des effets. Jadis, pour remédier à cet inconvénient, on scellait les pieds dans le plancher, de façon que la partie supérieure se trouvât parfaitement horizontale. Encore, avec ce moyen un peu barbare, n'était-on complètement sûr du résultat que lorsqu'on opérait au rez-de-chaussée. Aux étages supérieurs, le parquet étant exposé à s'affaisser irrégulièrement par suite du tassement général, il pouvait se produire de nombreuses déviations. Aujourd'hui on remédie à cet inconvénient, au moyen de vis de rappel analogues à celles qui servent à caler les instruments de physique et d'astronomie ou de boulons qui permettent d'allonger ou de raccourcir légèrement la longueur de chaque pied. — Telles sont, réduites à leur plus simple exposé, les diverses opérations par lesquelles passe, de nos jours, la construction d'un bon billard.

Au siècle dernier, cette construction, encore un peu dans son enfance, différait sur beaucoup de points. Roubo fils nous initie, avec son soin habituel, aux plus minutieux détails de cette construction telle qu'elle était pratiquée à son époque. Les curieux pourront trouver là tous les renseignements souhaitables. Depuis Roubo un certain nombre d'ébénistes ont attaché leur nom à plusieurs perfectionnements apportés au billard. Tels sont Jean, Fourneret, Cosson, Sollier, Pernot, Gabet, Blondel, etc. Ce dernier, toutefois, mérite une mention spéciale ; il eut l'idée d'un *billard monopode,* c'est-à-dire monté sur un pied central. Cette idée était ingénieuse, car les pieds, qu'ils soient au nombre de quatre ou de six, gênent parfois les joueurs. Son invention cependant n'eut aucun succès. On a aussi, dans ces derniers temps, essayé quelques adaptations plus ou moins intelligentes, qui ne semblent pas appelées à une meilleure réussite. Telles sont les combinaisons qui transforment un billard en table à manger, en table à écrire, etc. Les conditions de ces divers meubles sont trop différentes, pour qu'ils puissent gagner beaucoup à être réunis. Le billard, en outre, est un instrument trop susceptible pour qu'on puisse, sans le fausser, le faire servir à de profanes usages. A l'article Salle on trouvera quelques détails sur les pièces où l'on joue au billard et sur leur installation.

Le mot billard est fort ancien dans notre langue. D. Carpentier, dans son supplément au *Glossaire* de Du Cange, cite deux *Lettres de rémission,* l'une datée de 1353, l'autre de 1389, dans lesquelles il est question du billard ou Billouer ; mais, dans l'une comme dans l'autre, il s'agit d'une sorte de crosse avec laquelle on poussait les billes, *Cùm dictus Jaquetus billam cum quodam billardo percutere vellet,* etc., dit la première de ces lettres, et l'autre : « Et ainsi comme il estendit son bras cuidant férir sa bille, ledit billouer ou quinque lui eschapa et encontra ledit Picard par la teste, près de la temple. » Ces deux textes sont des plus clairs. En outre, dans le *Glossaire* du *Roman de la Rose,* on trouve *billart* signifiant vieillard réduit à s'appuyer sur un bâton. Une pièce très égrillarde, *la Vie et trépassement de Caillette,* se permet des allusions piquantes à ce bâton. Ménage, dans son *Dictionnaire étymologique,* donne au mot *billart* la signification de « crosse à crosser », et l'*Encyclopédie* écrit à billard : « Se dit encore de la masse ou bâton recourbé avec laquelle on pousse les billes. » L'origine du mot est donc à chercher dans le bâton, qui de nos jours est devenu la queue. De cet instrument, le nom passa au jeu, et du jeu à la table sur laquelle, pour plus de commodité, les joueurs transportèrent leurs parties. A quelle époque cette transmission s'opéra-t-elle ? Il est assez difficile de le préciser. Toutefois, en suivant pas à pas les quelques traces laissées par le billard, dans les vieux comptes et dans les inventaires, on peut arriver à fixer une date presque certaine. Dans le *Journal d'un bourgeois de Paris sous Charles VII,* nous lisons qu'à la suite d'un sermon prononcé en 1429 à Boulogne, le jour de saint Marc, par le frère Richart, en moins de trois heures, on alluma plus de cent foyers, « en quoy les hommes ardoient tables, tabliers, cartes, billes et billars ». En parcourant l'*Inventaire du château d'Angers* (1471), nous trouvons dans les armoires de la garderobe du roi, « trois billars antéz de boys, deux cuisnes et deux billes ». Dans ces deux documents, il s'agit évidemment de crosses ou de petits maillets. De même dans une quittance, par laquelle Louis XI solde, en 1481 « à Robert Gaultier, tapissier», le prix de « deux jeux de billes, garniz de billars, pour servir au Plesseis dudit Seig[r] ». De même encore lorsque, dans l'*Inventaire de Charlotte de Savoie* (1483), nous notons « ung mestier d'yvyère, auquel a des billars, billes et jonchetz tous d'yvière ». Mais il n'en est plus ainsi avec l'*Inventaire de Charlotte d'Albret, duchesse de Valentinois* (1514), où nous relevons : « Une grant table à jeu de billes couverte de drap vert », et avec ce passage de la *Vie des dames illustres* de Brantôme relatif à la mort de Marie Stuart : « Le corps fut porté en une chambre joignante celle de ses serviteurs, bien fermée, de peur qu'ils n'y entrassent, pour luy faire aucun pie et bon office ; ce qui leur augmenta et doubla leur ennuy, car ils la voyoient par un trou au travers, à demy couverte d'un morceau de drap de bure qu'on avoit arraché de la table du jeu de son billard. » Ainsi, c'est aux environs de 1510, que le billard, en tant que meuble, a fait vraisemblablement son apparition dans notre mobilier. Toutefois, le mot billard employé seul conserva encore longtemps sa signification de bâton et de crosse, car dans l'*Inventaire des meubles du château de Nérac* (1598), nous notons : « Un petit billard d'ivoyre d'ung pied de long », qui rentre dans cette dernière catégorie.

Fixé sur ce premier point, il nous faut rechercher maintenant à quelle époque le billard devint en vogue et pénétra dans la haute société française. Tous les auteurs s'accordent à indiquer le règne de Louis XIV comme le moment où ce jeu prit un caractère général. Sans contester que l'exemple du Grand Roi a sans doute beaucoup aidé à généraliser le goût du billard, il n'est pas difficile de démontrer toutefois que si Louis XIV professa pour lui une affection très vive, son père, le placide Louis XIII, ne l'aima guère moins. Cette passion semble même avoir été encore plus précoce chez le père que chez le fils. On a lu, dans l'*Histoire tragique du maréchal d'Ancre et de sa femme,* que le favori de Marie de Médicis eut l'audace « de mettre son chapeau sur sa tête en jouant au billard avec lui ». Nous savons, en outre, par le *Journal d'Héroard,* que le futur époux d'Anne d'Autriche s'adonnait à ce plaisir à peine âgé de onze ans. (Voir *Journal de Jean Héroard,* t. II, p. 91, 92, 99, 162, 165, 226 et suiv.) Bien mieux, non content de jouer, le jeune roi aidait les menuisiers à monter et à démonter son billard qu'il emportait avec lui. « 3 décembre 1611 : Il va à la galerie, dit Héroard, où il travaille lui-même à un jeu de billard que l'on dressoit. — 5 décembre : Il va à la galerie, joue au billard. — 29 février 1612 : Levé bon visage, gai, étudie, puis il va chez la reine, joue ensuite au billard. — 15 octobre 1614 : Il descend à la galerie, s'amuse lui-même à travailler avec le menuisier à dresser le jeu de billard. — 30 octobre : A quatre heures, levé en robe, il fait porter dans sa chambre le billard qui étoit en la galerie, et joue au billard. — 30 juin 1618 : Il va jouer en son antichambre au billard », etc., etc. Louis XIII avait seulement vingt-huit ans quand Héroard mourut ; mais, à défaut du *Journal* du médecin ordinaire du roi, interrompu par sa mort, un fait historique au premier chef nous apprend qu'en avançant en âge, ce prince ne renonça pas à sa passion pour le noble jeu. On sait que Fontrailles se rendit en 1642 en Espagne, où, le 13 mars, il signa, au nom de Gaston d'Orléans, un traité qui tendait à bouleverser l'État et à perdre Richelieu. Cinq-Mars était nommé dans ce traité ; aussi Fontrailles, en arrivant de Madrid, descendit-il chez M. le Grand (c'est ainsi qu'on nommait Cinq-Mars). Pendant qu'ils étaient ensemble, on vint avertir le favori que le roi le demandait pour jouer au billard. Fontrailles, bien qu'il eût le traité dans sa poche, se laissa persuader d'aller dans la galerie où le roi jouait, afin de ne pas éveiller les soupçons. Mais là, Cinq-Mars, plaisantant sa figure qui n'était rien moins que séduisante, dit au roi : « Sire, Votre Majesté ne croiroit pas que Fontrailles fût un homme qui eût des affaires réglées; il n'y a peut-être personne à votre cour qui reçoive autant de lettres de galanterie, et je parierois qu'il a actuellement vingt lettres de femmes dans sa poche, il n'y a qu'à le fouiller. » (*Mém. du duc de Luynes,* t. IX, p. 249.) On sait le reste. Le roi voulut, toujours en plaisantant, s'assurer du dire de son favori, et c'est à grand'peine que Fontrailles put s'échapper et sauver sa tête. Cette anecdote, un peu longue peut-être, n'aura pas été inutile toutefois, car elle nous montre que, même à la fin de sa vie, Louis XIII n'avait pas renoncé à son goût pour le billard, et elle vient conformer ce passage que nous relevons dans Piganiol de la Force (*Description de Paris,* t. IX, p. 222), relatif au palais de Fontainebleau : « La salle du billard se présente ensuite; les chiffres de Louis XIII et d'Anne d'Autriche font connoître qu'elle a été décorée sous leur règne. »

Cette durable passion de Louis XIII pour le billard

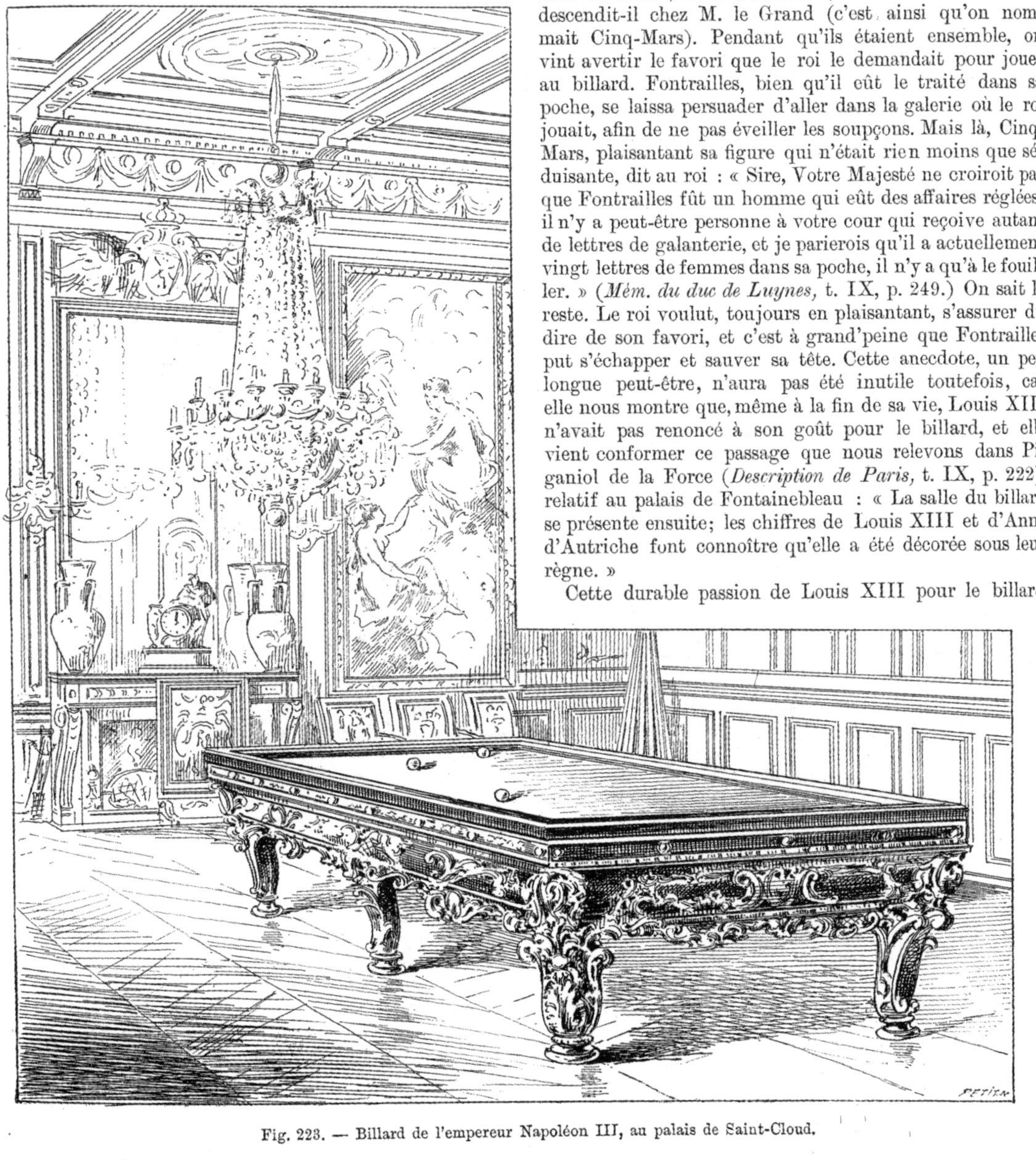

Fig. 223. — Billard de l'empereur Napoléon III, au palais de Saint-Cloud.

devait naturellement être partagée par les dignitaires du royaume, désireux, cela se conçoit, de s'associer aux plaisirs du roi. A l'image de la Cour, elle se répandit bientôt dans le public, et dès 1626, elle y faisait de tels ravages que nous trouvons dans les *Actes consulaires* de la ville de Lyon (série BB, reg. 170) la mention d'une plainte portée par les jésuites de la Trinité contre Barthélemi et Guillaume Bario, père et fils, qui tenaient « ung jeu de billart » proche du collège des bons Pères, lequel jeu était, paraît-il, « une occasion de desbauche aux escoliers », car « plusieurs desquels » y allaient « pour jouer et perdre le temps, au lieu de vacquer à leurs estudes ». Mais le curieux, c'est que le goût de ce jeu d'adresse sévit aussi sur les femmes de cette romanesque époque, et au premier rang sur la propre nièce de Louis XIII, sur la grande Mademoiselle. Celle-ci, forcée de quitter la Cour et de se réfugier à Saint-Fargeau, y fit tout d'abord établir un billard, et la raison qu'elle en donne dans ses *Mémoires* (voir t. II, p. 284), c'est qu'elle aimait « les jeux d'exercice ». Trois ans plus tard, revenue à la Cour et recevant le marquis de Mancini, cette illustre princesse

> ... Le fit, avant son départ,
> Joüer avec elle au billart ;
> Où la belle, ce dit l'histoire,
> Remporta sur lui la victoire.

Du reste, quand, à vingt ans de là, cette même princesse construira le château de Choisy, elle aura encore soin de faire établir une salle de billard, qu'elle ornera des portraits de son illustre famille, comme si elle voulait prendre ses parents à témoin de son adresse et de ses succès. (*Mém.*, t. IV, p. 432.)

Nous venons de tracer le nom du marquis de Mancini. Son oncle, le cardinal de Mazarin, était, lui aussi, un joueur de billard habile. Dans l'*Inventaire* de ses meubles, qui fut dressé en 1653, figure : « Un billard couvert de drap du seau vert, avec le bord garni de même drap, etc. » On sait, en outre, qu'il fut admis à faire la partie de Louis XIII, et qu'en secret il prenait des leçons de La Renouillère, joueur célèbre de ce temps, qui succomba au champ d'honneur, car « il mourut subitement comme il jouoit au billard, et en disant : — Je m'en vais faire un beau coup, il tomba mort. » (Tallemant des Réaux, *Historiettes,* t. V, p. 257.)

Ces exemples suffisent, croyons-nous, pour démontrer que Louis XIV, s'il eut la passion du billard, ne fut pas l'inventeur du noble jeu, ni même son introducteur à la Cour. Ajoutons que ce goût, hérité de son père, il l'eut, lui aussi, de bonne heure. Bussy-Rabutin, au commencement de son *Histoire amoureuse des Gaules,* raconte que « le Roi, après avoir passé les étés sur les frontières, revenoit d'ordinaire à Paris l'hiver, et que tous les divertissemens du monde occupoient tour à tour son esprit, le billard, la paume, la chasse, la comédie ». Ainsi, dès cette époque, le billard figurait en première ligne parmi les distractions royales. Plus tard, il trôna même dans la grande galerie des jeux. « Les appartemens, écrit un auteur de ce temps (voir *l'État de France,* t. Ier, p. 309), sont éclairés d'une infinité de lumières, de lustres de cristal, de girandoles et de flambeaux d'argent. Il y a plusieurs sortes de jeux sur différentes tables, les cartes, les dés, les trictracs, le billart, etc. » Et P. Besongne ajoute : « Le Roy joue volontiers au billart. » Le *Mercure* de l'époque met encore plus d'éloquence à nous dépeindre ces splendeurs : « Vingt-six lustres de cristal et seize chandeliers d'argent portéz par des guéridons doréz éclairent cet endroit. On y voit un billard accompagné de vingt-quatre formes de velours vert à franges d'or. » (Décembre 1682.) Enfin, il n'est pas jusqu'à l'*Inventaire des meubles de la Couronne* (*État* du 30 janvier 1681) qui ne décrive les grands billards de 11 pieds 8 pouces de long et de 6 pieds de large, ainsi que le petit billard de 8 pieds, sur lesquels jouait d'ordinaire le roi, et l'ameublement de « riche brocat à fond d'or broché d'argent », qui garnissait la pièce où Louis XIV déployait son adresse. Quand le roi ne jouait pas, ces divers meubles demeuraient couverts d'une housse de maroquin rouge. « Les jours d'appartement, à ce que nous apprend Dangeau, on entroit dans l'appartement à sept heures ; le roi jouoit au billard jusqu'à neuf. » (*Journal,* t. Ier, p. 88.) Plus tard, quand la vieillesse commença à faire sentir ses atteintes, le billard royal quitta la grande galerie des jeux, pour s'établir dans la pièce connue aujourd'hui sous le nom de *Salon de Diane,* et qui était alors décorée de remarquables peintures et du buste du roi par le cavalier Bernin. Les joueurs, toutefois, restèrent à peu près les mêmes : c'étaient le duc de Vendôme, M. le Grand, le duc de Grammont, parfois Lacan et Mauléon, presque toujours Chamillart. (Dangeau, t. Ier, p. 88 et 240.) Ces hauts personnages, et quelques autres que Trouvain nous montre dans sa belle estampe (voir pl. XX), se faisaient un devoir d'entretenir leur faveur, en sachant perdre à propos. Il est vrai que, par l'entre-temps, ils essayaient de se rattraper sur des partenaires moins illustres. L'évêque de Langres fut une de leurs victimes.

On sait comment cet excellent prélat, qu'on appelait « le bon Langres » (il était fils de M. de Gordes, premier capitaine des gardes du corps, et appartenait à la famille de Simiane), se vengea des défaites qu'il avait dû subir. « M. de Vendôme, M. le Grand et quelques autres de cette volée lui attrapèrent gros deux ou trois fois au billard, écrit Saint-Simon. Il ne dit mot et s'en alla à Langres, où il se mit à étudier les adresses du billard, et s'enfermoit bien pour cela de peur qu'on le sût. De retour à Paris, voilà ces messieurs à le presser de jouer au billard, et lui à s'en défendre comme un homme déjà battu et qui, depuis six mois de séjour à Langres, n'avoit vu que des chanoines et des curés. Quand il se fut bien fait importuner, il céda enfin. Il joua d'abord médiocrement, puis mieux, et fit grossir la partie. Enfin, il les gagna tous de suite, puis se moqua d'eux après avoir regagné beaucoup plus qu'il n'avoit perdu. » (Saint-Simon, *Mém.,* t. Ier, p. 324.) Ajoutons vite que, quelle que fût l'adresse de l'évêque de Langres, elle n'était pas comparable, toutefois, à celle de Chamillart, qui, grâce au « noble jeu », parvint à s'élever aux plus hauts emplois. En dépit de sa chute finale et malgré l'épitaphe moqueuse que dicta la malveillance publique :

> Ci-gît le fameux Chamillart,
> De son roy le protonotaire,
> Qui fut un héros au billard,
> Et un zéro au ministère...,

Chamillart, en effet, peut être considéré comme le personnage le plus puissant, dont la fortune ait pris naissance entre les quatre bandes d'un billard. Disons encore que ce quatrain médiocre n'est pas la seule épigramme dont le billard ait fait les frais. « Il y a ici de grandes clameurs contre le contrôleur général, écrit, en 1770, Mme du Deffand. Un nommé Billard, caissier des fermes des postes, fit, il y a trois semaines ou un mois, une banqueroute de quatre à cinq millions ; on a mis au-dessus de la porte de l'abbé Terray : *Ici on joue au noble jeu de billard.* » (*Lettres à Horace Walpole;* lettre LXXIX. — Voir aussi Bachaumont, *Mém. secrets,* t. V, p. 106.)

Louis XIV, qui avait hérité de la passion de son père pour le billard, devait naturellement transmettre cette passion à ses enfants, à ses petits-enfants, et même à ses arrière-petits-enfants. Dangeau, nous apprend que Monseigneur (le grand Dauphin) faisait tous les soirs sa partie chez la princesse de Conti. (*Mém.*, t. XI, p. 233.) Par lui, nous savons également que le duc de Bourgogne jouait au billard « presque tous les jours », et il ajoute : « Mme la duchesse de Bourgogne, qui ne cherche qu'à lui plaire, s'est mise de ce jeu, et y fait jouer quelques-unes de ses dames, et ce jeu-là dure au moins trois heures. » (*Ibid.*, p. 320.) Nous lisons enfin dans *le Mercure* (février 1717) que lorsque Mme de Ventadour quitta Louis XV, une partie de billard consola ce roi de sept ans du départ de sa gouvernante.

Après d'aussi majestueux exemples, comment s'étonner qu'au XVIIIe siècle le billard soit devenu un meuble en quelque sorte indispensable? Comment être surpris que les écrivains du temps nous signalent sa présence dans tous les châteaux, dans tous les palais et jusque dans de bourgeoises habitations? Meudon, Chantilly, Pierrefitte, Vanves, Bagatelle, Veret, le château d'Azay, celui d'Humières, celui de Piré, toutes les maisons royales, princières, ducales, renferment à cette époque des salles de billard. (Voir Piganiol de la Force, *Description, de Paris* t. IX, p. 79, 329, 461; *Description de la France,* t. VII, p. 53; *Invent. du maréchal d'Humières,* 1694; *Invent. du marquis de Piré,* 1733.) Il n'était pas jusqu'au château de Gaillon, cette perle de la Renaissance, où l'archevêque de Rouen n'en eût fait installer un. (*Mém. du duc de Luynes,* t. VII, p. 35.) Dans la capitale, ils n'étaient pas moins nombreux. Une lettre de Mme du Deffand nous apprend que, de son temps, la salle de billard la plus commode de Paris était celle du conseiller Titon, la plus gaie, celle de l'hôtel de Choiseul; et Dufort de Cheverny (*Mém.*, t. Ier, p. 91) parle de celle du château de Chanteloup : « C'étoit alors, dit-il, la fureur du billard, et la princesse de Poix y jouoit toute la matinée. » Nous connaissons, en outre, par l'inventaire qui en fut fait en 1794, le mobilier de cette pièce. (Voir *Arch. de l'art français,* 2e série, t. Ier, p. 187.) Quant au vulgaire, il s'exerçait dans les endroits publics. Dès 1610, en effet, les *billardiers-paulmiers* avaient obtenu le privilège de tenir « billard public ». Et il faut croire qu'ils n'avaient pas perdu de temps, car un pamphlet de ce temps, la *Réjouissance des femmes sur la deffence des tavernes et cabarets* (1613), se plaignait déjà de voir les maris « aux jeus de boulle et billars despenser en un jour ce qui suffiroit à leur mesnage en un mois ». En 1666, on comptait à Paris cinquante-sept maîtres paumiers qui donnaient à jouer au billard. Le *Livre commode* de 1691 annonce qu'on joue « aux cartes et au billard dans presque tous les jeux de paume, qui sont en plus grand nombre au faubourg Saint-Germain qu'ailleurs ». Enfin le conseiller Nemeitz écrit en 1727 : « Le nombre des jeux des billards n'est pas moindre que celui des cafféz. » (*Séjour de Paris,* t. Ier, p. 114.)

Fig. 224. — La partie de billard, d'après une ancienne *Règle du jeu de billard* (1852).

Si on joue à la Ville, on continue de jouer aussi à la Cour. Jusqu'à la fin de la monarchie, le billard demeure le jeu noble par excellence. On sait qu'à Versailles la salle de billard de Louis XVI était située au premier étage (aujourd'hui salle XXXII). On sait également par Bachaumont (*Mém. secrets,* t. VIII, p. 271) que le comte d'Artois, « auguste époux, toujours aimable et folâtre », se piquait de briller au « noble jeu », et se faisait battre par le duc de Chartres, qui, paraît-il, était « le plus fort ». Nous savons encore que le père Corbin, précepteur de Louis XVII, faisait entrer le billard dans ses moyens d'éducation, et enseignait l'histoire au Dauphin, tout en faisant avec lui sa partie. (*Ibid.*, t. XXXV, p. 299.) Enfin Mme Campan nous apprend que Marie-Antoinette avait une queue faite d'une seule dent d'éléphant, garnie d'or, travaillée avec infiniment de goût, et dont la valeur représentait une fortune. Cette queue, à laquelle la reine tenait à ce point qu'elle l'enfermait elle-même dans un étui dont la clef ne la quittait jamais, fut brisée par M. de Vaudreuil dans un moment d'impatience. (Voir *Mém. de Mme Campan,* p. 206.) Quelle forme avait ce joyau? C'est ce qu'il serait assez difficile de déterminer. La queue, longue et droite, telle, en un mot, que nous la voyons aujourd'hui, est postérieure à 1789, et le *procédé* qui la termine ne remonte pas au delà de la Restauration. Il faut ajouter, en outre, que cette dernière invention a complètement révolutionné le jeu de billard. En donnant la faculté de varier à l'infini les coups, et de faire une foule d'*effets* jusque-là jugés impossibles, elle a permis aux joueurs de concentrer leur habileté dans l'exécution des carambolages et de débarrasser la table du billard, non seulement des blouses qui garnissaient ses angles, mais encore de tout l'attirail qui la surmontait. Les tables des billards anciens n'étaient pas, en effet, nues et libres comme celles de nos jours. Le billard qui figure dans l'*Inventaire du cardinal de Mazarin* est non seulement couvert de drap vert, avec les bandes pareilles, il est en outre « garni d'une *passe* de fer et des sonnettes ». Cette passe consistait en une tige de métal à deux branches, dont les extrémités pénétraient dans la table du billard et qu'on plaçait au milieu du tapis, vers le haut de la table. Son but était d'obliger le joueur de *jouer en bricole,* c'est-à-dire de faire un détour et de toucher la bande, quand le fer se trouvait sur la ligne qui va d'une bille à l'autre. De là cette « défense de tenir les fers en jouant son coup, soit à pleine main, ni entre ses doigts, à peine de perdre un point », qu'on voit figurer dans les anciennes *Règles du jeu de billard,* et qui est devenue inintelligible pour la plupart de nos joueurs modernes. Le billard sur lequel jouait Louis XIV était également muni d'une passe de ce genre. La description de ce meuble curieux en fait foi : « Un billard couvert de drap verd, long de 11 pieds 4 pouces, sur 6 pieds de large avec sa passe, son but garni de 3 grelots d'argent, et dix chandeliers de fer, brisés, avec bobèches et bassins de cuivre ; la housse de cuir doublée de serge verte. » (*Invent. du château de Versailles,* 1708.) Ce curieux billard était sans doute l'œuvre d'Ollivier, « tabletier du roi », qui avait renouvelé le matériel des palais royaux en 1678. (Voir *Comptes des bastimens,* col. 1035.) Cette passe, d'ailleurs, demeura en place jusqu'au commencement de notre siècle, et jusqu'à la même époque la queue demeura probablement courbée, d'où cette recommandation de toujours frapper la bille avec l'extrémité de la queue et non avec le côté, qui, au premier abord, ne semble guère avoir plus de sens que l'article mentionné plus haut, mais qui s'explique cependant par la forme infléchie de la queue ancienne.

Peu de jeux, au reste, ont été soumis à des réglementations plus variées et plus nombreuses que le jeu de billard. Pour ne parler que des plus récentes, il faut citer les ordonnances, lois ou décrets des 8 novembre 1780, 28 juin 1786, 22 juillet 1791, 6 novembre 1812, 3 août 1819, 7 mars 1838, etc., qui obligeaient les personnes tenant des « jeux de billard » à afficher la *Règle* du jeu dans leur établissement. Dans le principe, la partie se jouait en seize points et se payait deux sous et six deniers au jour, cinq sous à la chandelle. Ce dernier mot doit faire sourire ; cependant, nous venons de voir à l'instant que, en 1708, le billard du Roi-Soleil était lui-même éclairé par des chandeliers. Ce fut seulement cinquante ans plus tard qu'on eut l'idée d'éclairer les billards avec des lampes. « On voit tous les soirs, dit *le Mercure* de juin 1757, rue Saint-Jacques, vis-à-vis les filles Sainte-Marie, un billard éclairé de deux seules lampes optiques, qui forment un jour brillant sans interruption pour moucher, ce qui est fort gracieux pour les joueurs. On a ajouté aux lampes un fil de fer qui fixe le niveau des mèches et soulage l'attention des domestiques, en rendant l'effet plus beau. » Aujourd'hui, nous sommes blasés par l'usage du gaz et par les promesses de la lumière électrique. Le moindre billard de la moindre de nos sous-préfectures est, en effet, mieux éclairé que celui de Louis XIV, et le plus humble des citoyens français peut s'exercer sur un meuble autrement commode et autrement confortable que celui du Grand Roi.

On doit constater en effet que, depuis un demi-siècle, le billard s'est multiplié partout. Dans les grandes villes, on voit des établissements qui comptent jusqu'à trente et quarante billards; dans les moindres bourgs, il n'est pas de café qui ne possède le sien, et une statistique récente, quoique assurément fort incomplète, fait monter leur chiffre en France à 88,927. Disons en terminant que le jeu de billard, bien qu'il soit aujourd'hui répandu sur toute la surface du globe, est demeuré surtout un jeu français. Nos champions, joueurs de première force, les Paysan, les Berger, les Romain, les Barthélemy, les Vignault, ont été rarement battus par leurs rivaux étrangers. On a gardé le souvenir de célèbres parties dont les enjeux furent parfois considérables. A côté de ces maîtres, pour lesquels la culture du billard est devenue une véritable profession, nous pourrions placer d'autres joueurs, illustres eux aussi, mais à d'autres titres. Nous nous bornerons à rappeler que l'abbé Jacques Delille consacra au billard un poème diversement apprécié, et qu'à son exemple M. Lalanne, greffier, écrivit un poème sur le « noble jeu ». N'oublions pas non plus que G. Coriolis publia une *Théorie mathématique des effets du jeu de billard,* et empruntons, pour terminer, le passage qui suit à la correspondance de George Sand : « Nous cultivons aussi le billard, écrivait-elle à M. Charles Duvernet ; j'en ai un joli petit, que je loue vingt francs par mois, dans mon salon, et grâce à la bonne amitié, nous nous rapprochons, autant que faire se peut, dans ce triste Paris, de la vie de Nohant. » (*Correspondance de George Sand,* t. II, p. 240 ; 1842.)

Bille, *s. f.;* **Biller,** *v. a.* — On donne le nom de bille à une petite sphère en ivoire, en céramique, en agate, qui sert pour divers jeux. Les enfants jouent aux billes de différentes manières, qui portent les noms de *bloquette,* de *triangle,* etc.; les billes d'ivoire sont surtout usitées pour le jeu de billard. C'est de ce genre de billes qu'il est question dans la *Responce de la Dame au jeune filz de Paris.*

De ma part je vous ay monstré,
Si vous avé bonne mémoire,
Notre jeu de billes d'yvoire...

Noël du Fail, dans ses *Propos rustiques et facétieux* (p. 37), traite les « jeux de bille », c'est-à-dire les endroits où on se livrait à ces jeux, de « lieux débauchés ».

Du substantif bille, on avait, dès le XVe siècle, fait le verbe biller, qui signifiait jouer aux billes, et l'expression « billes à biller » qui s'appliquait aux billes avec lesquelles on jouait. « Et le jour de S. Paul ensuyvant gresla si terriblement qu'il fust trouvé gresle qui avoit XVI poulces de tour, l'aultre comme bille à biller. »

Billette, *s. f.* — Petit ornement, employé surtout dans l'architecture romane.

Billot, *s. m.* — Gros tronçon de bois, monté sur trois pieds et aplani à sa partie supérieure, dont on se servait autrefois dans les ménages pour couper et hacher la viande. « Plus deux billots ou tranchelard estimés vingt sols. » (*Invent. de Nicolas-Alexandre de Ségur ;* Bordeaux, 1757.) A cette époque, si nous en croyons l'*Encyclopédie,* le billot était un des meubles de fondation des cuisines françaises. Aujourd'hui il en a presque disparu, et c'est à peine si on le retrouve chez les bouchers ou charcutiers de province.

Bimbelot, *s. m.* — Jadis « petit jouet d'enfant, comme poupée, moulinet, carrosse ou autre petite machine de carte ou de bois, qui est propre à réjouir les enfants, ou autres colifichets de plomb ou d'étain, comme assiettes, aiguières, encensoirs, calices, etc. » (*Dict. de Trévoux.*) On voit que le bimbelot d'autrefois se rapprochait singulièrement de ce que nous appelons aujourd'hui l'*article de Paris.* Les marchands et fabricants de bimbelots, ainsi que les fondeurs et mouleurs de petites images en plomb, s'appelaient des bimbelotiers. Corporativement ils étaient réunis aux miroitiers. (Sauval, *Histoire de Paris,* t. III.) Nous avons encore des bimbelotiers, mais il n'est plus guère question de bimbelots. Ce mot a été remplacé dans notre langage par le substantif BIBELOT, employé aujourd'hui pour désigner les objets d'étagère, les menues curiosités et les antiquités ayant un caractère peu sévère. Ce dernier mot, toutefois, est ancien dans notre langue, et D. Carpentier cite deux exemples, l'un de 1454, l'autre de 1469, où bibelot est pris dans le sens d'un certain

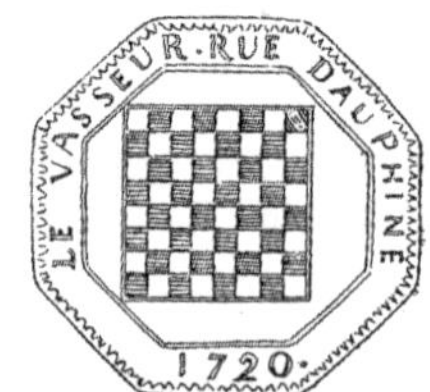

Fig. 225.
Jeton adresse de bimbelotier
(XVIIIe siècle).

jeu. On disait à cette époque jouer aux bibelots, comme nous disons jouer aux dames ou aux cartes. Noël du Faïl traite même « les jeux de bibelots » de « lieux débauchés ».

Binche. — Ville flamande qui a donné son nom à un point de dentelle. « Le 2 janvier, entre 4 et 5 heures, on a perdu... une garniture de Binche. » (*Ann., aff. et avis divers* du 14 janvier 1765.)

Binet, *s. m.* — Petit appareil rond légèrement concave, percé par le milieu et soudé à une douille dans laquelle est engagée la base de la chandelle ou de la bougie, et qui forme la partie supérieure d'un flambeau. Comme, dans le principe, le binet se mouvait dans la tige du chandelier, il permettait ainsi de faire consommer entièrement la chandelle. De là l'expression « faire binet », qui voulait dire brûler la chandelle jusqu'au bout, et qui, appliquée à quelqu'un, devenait le synonyme d'avarice. La spirituelle Mme Cornuel disait que « Sanguin, le médecin, faisoit binet de M. le duc d'Elbœuf, parce qu'il le faisoit vivre par miracle après son apoplexie ». (Tallemant des Réaux, *Historiettes.*) Plus tard, c'est-à-dire au XVIIIe siècle, le binet, devenu fixe, conserva son nom. Aujourd'hui il fait partie intégrante du flambeau et s'est substitué à la bobèche, qui a complètement changé de rôle. Il est souvent question de binets dans les documents du siècle dernier. « Deux bobèches et binets de cuivre argenté. » (*Invent. général des meubles de la Couronne.*) « 4 octobre 1749 — M. de Betz : six binets argentés pour un lustre, 9 livres. » — « 26 janvier 1755 — M. le comte de Sade : une paire de bras à double branche, en cuivre verni, avec les binets. » (*Livre journal* de Lazare Duvaux, t. II, p. 31 et 232.) « Deux flambeaux d'argent, un petit binet aussy. » (*Invent. de J.-B. Oudry, peintre du roi,* 1755.)

Biradoire, *s. f.* — Tournebroche. « Plus une biradoire laton. » (*Invent. de Guillaume Cathala;* Toulouse, 1635.) Ce mot dérive de Bire. (Voir l'article suivant.)

Bire, *s. m.* et *f.* — Au féminin, bire, dans le dialecte breton, signifie broche. Au masculin, on le rencontre dans certains documents anciens avec la signification de buire. « A Simonnet le Bec, orfèvre..., pour avoir appareillées et mises à point deux quartes d'argent, un bire et une aiguière... avoir refait, ressoudé et rassis les ances et couvescles desdictes quartes, bires et aiguières, etc. » (*Compte de G. Brunel, argentier de Charles VI,* 1387.)

Birloire, *s. m.* — Tourniquet servant à retenir le châssis d'une fenêtre.

Bisaigue, *s. f.* — Outil de fer acéré à ses deux bouts et monté sur un manche, qui sert aux charpentiers à faire des mortaises et des tenons.

Biscolore, *adj.* — Qui est de deux couleurs. Nous avons relevé ce qualificatif dans le *Rousier des dames.*

Biscuit, *s. m.* — En céramique, on nomme biscuit la pâte qui a déjà subi une première cuisson, soit de *dégourdi,* soit de cuisson définitive, et qui est généralement appelée à en recevoir une seconde après avoir été recouverte de vernis, d'engobe, d'émail ou de glaçure. Dans l'ameublement, on désigne plus spécialement sous ce nom des groupes, des bustes ou des figurines en pâte de porcelaine blanche sans glaçure. On fabrique de ces biscuits dans la plupart des manufactures de porcelaine. Leur introduction dans le mobilier coïncide avec l'établissement de ces fabriques en Europe. Les biscuits, tels que nous les entendons ici, sont donc un produit tout moderne. Ceux qui, au XVIIIe siècle, furent le plus répandus dans les intérieurs parisiens, provenaient de Vincennes, de Sèvres, de Saxe. Ce sont encore de beaucoup les plus recherchés.

C'est vers le milieu du siècle dernier que le biscuit obtint sa plus grande vogue. Le *Livre journal* de Lazare Duvaux mentionne de nombreuses ventes de ces délicates et charmantes figurines, à Mme de la Live, à la duchesse de la Vallière, à Mme de Pompadour, à la duchesse de Lauraguais, à la comtesse d'Egmont, au prince des Deux-Ponts, à MM. de la Live, de la Reynière, etc. Dans le principe (1753), les statuettes en biscuit valaient uniformément 48 livres la pièce; plus tard, elles ne furent cotées que 42 livres. Aujourd'hui, leur prix a presque décuplé. Lorsque la manufacture de Vincennes fut transportée à Sèvres, le goût des biscuits, bien loin de s'affaiblir, ne fit que se développer. La nouvelle Manufacture de porcelaine de France, du reste, porta ces petits ouvrages à la perfection. Elle eut pour cela recours à l'admirable talent de Falconnet, de Pajou, de Clodion, de Boizot, de La Rue, et ces artistes d'un si rare mérite ne dédaignèrent pas de modeler

Fig. 226. — Groupe en biscuit de Sèvres (XVIIIe siècle).

les délicieuses figurines que nous admirons aujourd'hui. Elle alla même jusqu'à demander des modèles à Boucher, le grand maître d'alors, le dispensateur de la mode. Nous lisons, en effet, dans le *Livre journal* de Lazare Duvaux (t. II, p. 351) : « 21 février 1758. — A Mgr l'évêque de Laon, ambassadeur de France à Rome : un groupe de plusieurs figures d'après Boucher, de porcelaine de France en biscuit, avec un vase, 312 livres. » Quelques-uns des groupes exécutés à cette époque offraient, par leur complication et le nombre des personnages, des difficultés extrêmes d'exécution. Dans la *Vente du mobilier de Versailles,* pendant la Terreur, nous remarquons quatre « groupes en biscuit de la manufacture de Sèvres ». — Celui du milieu représente « une conversation espagnole en cinq figures, dans le genre de l'estampe de Beauvarlet »; les autres représentent des chasseurs et des chiens, ou des musiciens, etc. En même temps qu'elle exécutait ces groupes compliqués, la manufacture de Sèvres commençait la série des bustes, qui allaient constituer pour l'histoire une suite de si précieux documents. L'un des premiers qu'elle produisit fut celui du roi. Inutile de dire qu'on le rencontra bientôt dans toutes les demeures princières. Dès 1765, Piganiol de la Force signalait sa présence au château de Croix-Fontaine : « Sur l'angle en symétrie, écrit-il, se voit un buste sous glace de porcelaine matte et sans vernis de la manufacture royale; c'est celui du roi : il est très ressemblant. » (*Descr. de Paris,* t. IX, p. 192.)

Un pareil succès devait naturellement provoquer la concurrence. En 1775, le sieur Granchez, bijoutier de la reine, annonçait qu'il tenait à la disposition des amateurs, des figures en biscuit de la fabrique de l'île Saint-Denis et de celle de Clignancourt. (*Mercure* d'avril et d'août.) Depuis on a fabriqué des biscuits un peu partout, mais sans pouvoir atteindre à la perfection et à la réputation de Sèvres.

Bise, *s. f.* — Bise de Paris, étoffe de laine claire.

Biseau, *s. m.* — Bord taillé obliquement d'un objet quelconque. Par extension, on appelle de ce nom un outil

Fig. 227. — Buste de Mirabeau (biscuit de Sèvres).

dont le tranchant est en biseau. Dans l'ameublement, il est souvent question de cadres à biseau, de glaces taillées en biseau, etc.

Biseauter, *v. a.* — Tailler en biseau.

Bisette, *s. f.* — Dentelle primitive et grossière. Telle est du moins la signification de ce mot depuis trois siècles; mais il semble qu'aux environs de 1350, il désignait un ornement plus relevé, car dans les *Comptes d'Étienne de la Fontaine, argentier du roi* (1352), il est question de « bisete d'or » employée dans la confection d'orfrois.

Bismark. — Nom donné, aux environs de 1865, à la couleur nommée, au XVIIIe siècle, CACA-DAUPHIN.

Bissac, *s. m.* — Sacoche double. « C'est comme si l'on disoit qui a deux sacs », écrit Richelet. Ce mot est ancien dans notre langue. Les *Comptes de l'argenterie d'Anne de Bretagne* (1492) portent : « A Briant, pour deux estuiz de cuir de vache, faiz en façon d'un bissac... pour servir à mectre et porter quatre des flacons de la dicte eschançonnerie. »

Bistoquet, *s. m.* — Sorte de masse avec laquelle on jouait au billard, pour éviter de billarder.

Bistre, *s. m.* — Couleur neutre, obtenue jadis avec de la suie cuite mélangée avec de l'eau.

Bitra, *s. f.* — Locution gasconne et béarnaise. Vitre.

Blaireau, *s. m.* — On donne le nom de blaireau à de grosses brosses molles et à de gros pinceaux employés par divers corps de métier, et qui sont garnis de poils de blaireau. On appelle aussi de ce nom, et pour les mêmes raisons, les pinceaux dont on se sert pour savonner la barbe.

Blanc, *adj.* et *s. m.* — La réunion de toutes les couleurs du spectre forme le blanc. Le blanc n'est donc pas, à proprement parler, une couleur, mais la somme de toutes les couleurs. Sa puissance lumineuse l'a toujours fait considérer comme la plus gaie des nuances. « Le blanc doncques signifie joye, soulas et lyesse, et non à tort le signifie, mais à bon droict et iuste tiltre », écrit Rabelais. Amadis Jamyn a fait des vers à sa louange. On accorde, en outre, au blanc d'être l'emblème de la pureté. Dans les arts du mobilier, le mot blanc, soit comme substantif, soit comme adjectif, est pris dans des acceptions très diverses. Nous allons passer en revue les principales.

En terme d'orfèvre, le qualificatif BLANC est employé très souvent, surtout au XIVe et au XVe siècle, comme l'équivalent d'argent blanc, c'est-à-dire sans dorure, sans nielles, etc. C'est ainsi qu'il faut comprendre la mention : « Une autre nef blanche, assise sur un pié doré. » (*Invent. du duc d'Anjou,* 1368.) Voir, du reste, le mot ARGENT.

Le FER-BLANC est une tôle battue, réduite en feuilles carrées très minces, qu'on blanchit avec de l'eau forte et de l'étain. Nous en parlons au mot FER.

Le BLANC D'ESPAGNE ou de MEUDON est une craie, c'est-à-dire un carbonate de chaux, qu'on pulvérise, qu'on réduit en pâte avec de l'eau, et qui est ensuite utilisé pour nettoyer certains métaux.

Le BLANC DE ROUEN, de même nature, et qui présente les plus grandes analogies avec le blanc d'Espagne, était, au siècle dernier, employé pour la peinture à la détrempe.

Le BLANC DE PLOMB ou de CÉRUSE, qui est un sous-carbonate de plomb, est très usité dans la peinture à l'huile. Ce blanc, qui a joué un rôle considérable dans la décoration, à partir du milieu du XVIIe siècle, c'est-à-dire de l'époque où l'on commença à lambrisser les appartements, présente de grands inconvénients. Il brunit au contact des émanations sulfureuses; de plus, il est éminemment toxique, et les empoisonnements qu'il cause sont connus sous le nom de « coliques de plomb ». Pour remédier à ces défauts, on importa en France, au XVIIe siècle, des blancs dits DE HAMBOURG, DE HOLLANDE, DE VENISE, qu'on prétendait exempts de tout danger; mais l'expérience démontra qu'ils n'étaient, eux aussi, qu'une combinaison plombifère, et c'est ce qui, pendant un siècle, assura la vogue du BLANC DES CARMES.

Les Carmes passaient alors pour des chimistes et des physiciens distingués. Le Père Truchet, une des lumières de leur ordre, s'était fait un nom parmi les savants du temps. Germain Brice (*Description de Paris,* 1725, t. II, p. 461) nous a laissé de son laboratoire la description suivante : « Son cabinet, ou plutôt sa galerie, est remplie d'un nombre infini de machines de toutes les espèces, dont l'invention marque évidemment son profond savoir dans les méchaniques, et l'application assidue qu'il donne au travail. Il a fourni plusieurs desseins très utiles, qui ont heureusement réussi en diverses occasions. » Les Carmes profitèrent de la réputation qui leur était acquise, pour introduire dans le commerce un blanc de leur façon, auquel ils donnèrent leur nom, dont la formule devait demeurer secrète et qu'ils allaient appliquer eux-mêmes à domicile. En 1671, le Grand Roi eut recours à leur habileté, et les *Comptes des bastimens* ont gardé la trace du travail qui leur fut confié : « 13 octobre : au procureur des Pères

Carmes deschausséz de Charenton, sçavoir : 300 livres par gratification de ce qu'ils ont envoyé un de leurs frères pour faire blanchir un pavillon de Trianon, et 33 livres pour les ouvriers qu'il a conduits... 333 livres. » Il n'en fallait pas plus pour que le blanc des Carmes fût à la mode ; ce que constate le *Mercure galant* d'avril 1673. Ne soyons donc pas surpris si Piganiol de la Force, inspectant la bibliothèque du couvent des Augustins, note dans son livre que le plafond en anse de panier est « blanchi de blanc des Carmes » (*Desc. de Paris,* t. III, p. 115), et si Barbier, visitant le château de Bellevue, s'extasie devant « les boiseries du dedans, sculptées dans la dernière perfection et peintes d'un très beau blanc des Carmes », etc., etc. (*Journal,* t. IV, p. 474.) Quelle était la nature de ce fameux blanc ? Diderot (*Encyclopédie,* t. II, p. 270) prétend que la préparation consistait dans de la chaux de Senlis fort blanche et passée dans un tamis très fin, qu'on appliquait par cinq ou six couches successives, en ayant soin de n'appliquer une couche nouvelle que quand la précédente était parfaitement sèche, et qu'ensuite on polissait avec une brosse, ou avec le creux de la main. Quoi qu'il en soit, le blanc des Carmes, qui avait vaincu le blanc de plomb, ne put supporter la concurrence que lui fit le Blanc de zinc. Celui-ci, découvert en 1780, par M. de Morveau, avocat général au parlement de Dijon, reçut la haute approbation par l'Académie des sciences de cette ville (voir *Journal de Paris,* 4 mai 1782), et le sieur Courtois, attaché au laboratoire de l'Académie, se chargea de l'établir commercialement au prix de 4 livres 10 sous et 4 livres, la livre, suivant la qualité. Un dépôt en fut installé à Paris, rue de Ménard, faubourg Saint-Honoré, et les journaux du temps célébrèrent à l'envi les qualités du nouveau blanc de zinc. (Voir notamment l'*Almanach sous verre* de 1783, col. 217, n° 140.) Le blanc des Carmes avait vécu. Du reste, on commençait à cette époque à se fatiguer, dans la décoration, de cette couleur blanche dont on avait pendant cent quarante ans fait un si grand abus. Les femmes se plaignaient amèrement de cette teinte blafarde rendue moins nécessaire par un éclairage plus vigoureux, et c'est de cette même année que datent les premières transformations qu'on fit subir, dans cet esprit, aux salles de spectacle. (Bachaumont, t. XXII, p. 360.) Cela n'empêcha pas, toutefois, le blanc de zinc de parvenir jusqu'à nous et d'être employé encore de nos jours, dans la peinture en bâtiment, de préférence au blanc de céruse.

Pour en finir avec le mot Blanc, nous ajouterons : 1° que les doreurs sur bois donnent ce nom au plâtre bien battu et soigneusement tamisé, qu'on applique sur le bois destiné à être doré ; 2° que les tapissiers entendent par *chaise en blanc, canapé en blanc,* des meubles garnis, mais non couverts ; 3° et que, généralement, le mot Blanc désigne dans l'ameublement tout ce qui, étant blanc, est sujet à se laver : les rideaux de vitrage, les grands rideaux de mousseline, les housses de basin et de guipure, etc.

Blancard, *s. m.* — Toile de lin fabriquée avec des fils à demi blanchis et manufacturée en Normandie.

Blanchet, *s. m.;* **Blanquet,** *s. m.* — Étoffe de lin ou de chanvre employée pour faire des draps de lit. D. Carpentier cite l'exemple suivant : « Le lit garny de couette et de paille, traversier et orillier de plume, et blanchet pour linceulx. » On en faisait aussi des couvre-pieds et des couvertures. « Ung couvertouer de blanchet à grand bort de veloux noir. » (*Invent. de Charlotte de Savoie,* 1483.) « A Thibault Tardif, pour la façon d'avoir fait et taillé de v aulnes blanchet, une couverte pour servir à couvrir le lict où couche ladicte Dame ; pour ce x solz tournoys. » (*Comptes de l'argenterie d'Anne de Bretagne,* 1492.) Parfois même on rencontre simplement le mot blanchet employé avec le sens de couverture : « Ung blanchet contenant iii aulnes et iii cartiers de long, et large de iii aulnes, servant au lit de Madame. » (*Invent. de Marguerite d'Autriche,* 1524.) En dialecte bordelais et gascon, au xve siècle, on prononçait Blanquet : « Una perpunta de pauca balor, un blanquet de frison. » (*Invent. de Ramond de Cussac;* Bordeaux, 1442.)

Blanchir, *v. a.* — Verbe pris dans des acceptions très diverses. En maçonnerie, c'est donner une ou plusieurs couches de blanc à la colle sur un mur. En menuiserie, c'est raboter les planches dont on veut se servir. En serrurerie, c'est enlever à la grosse lime les premiers traits de la forge. En terme d'orfèvrerie, c'est passer une pièce à l'eau seconde pour faire disparaître les saletés qui empêcheraient de lui donner tout l'éclat dont le métal est susceptible. On blanchit, en outre, la toile quand on lui fait perdre la couleur jaune, sale ou grise qu'elle a au sortir des mains du tisserand, et le linge en le passant à la lessive.

Blason, *s. m.* — Le blason est la science des Armoiries. (Voir ce mot.) Dans les anciens textes, blason est usité parfois dans le sens d'écusson. « *Item,* estoit tendu le grand chœur tout de veloux noir où estoyent attachéz des escussons ou blasons de toise en toise. » (*L'Ordre observé à l'enterrement de Pierre II, duc de Bourbon,* 1503.) En terme de chaisier, on appelle également de ce nom la traverse tournée ou sculptée qui, dans une chaise ou un fauteuil, est placée un peu au-dessous du siège, et relie entre eux les pieds de devant.

Fig. 228 à 230. — Blasons de chaises.

Bled, *s. m.* — Locution provençale. Mèche d'une lampe, d'une bougie, d'une chandelle.

Bleu, *adj.* et *s. m.* — Couleur. On distingue, dans le commerce et dans les arts, plusieurs sortes de bleus. Le *bleu d'azur,* le *bleu de cobalt,* le *bleu de composition* ou *de Saxe,* le *bleu de montagne,* le *bleu d'outremer,* le *bleu de Prusse,* le *bleu de Thénard,* etc. Le bleu était considéré jadis comme une couleur céleste. « Et diray, en ung mot, que le bleu signifie certainement le ciel et choses célestes, par mesmes symboles que le blanc signifie ioye et plaisir. » (*Gargantua.*) On désigne sous le nom de Bleu fleuri d'Italie un marbre gris bleu, veiné de noir, avec des veines très écrites et une infinité de petites lignes brisées, et sous celui de Bleu turquin, un marbre gris bleu, ondé avec des stries blanches et noires.

Blicourt, *s. m.* — Sorte de serge qu'on fabriqua d'abord à Blicourt, ensuite à Feuquières (voir *Journal de Verdun,* octobre 1734, p. 313), et dont la condition était établie par le *Règlement général des manufactures du mois d'août* 1669. On faisait des étoffes de même genre, plus légères, qui portaient le nom de *Petit-Blicourt.* Ces serges, que Bimont mentionne dans son *Art du tapissier* (p. 101) sous le nom de Bricourt, étaient employées en toutes couleurs, et se vendaient à raison de 30 sols l'aune.

Bloque, *s. f.;* **Blouque,** *s. f.;* **Blouquette,** *s. f.* — Boucle. « A Pierre du Fou, coffrier.... pour une grant male de cuir fauve garnie de toille par dedens, de courroies et de bloques....., etc. » (*Comptes de l'argenterie des rois de France,* 1387.) On disait, au xve siècle, des

« solers fais à blouquètes », pour des souliers à boucles.

Bloqueau, *s. m.* — On rencontre parfois ce mot avec le sens de TIRELIRE. (Voir ce mot.) « Le suppliant emporta ledit bloqueau en son hostel, et le rompi et trouva qu'il y avoit oudit bloqueau la somme de trente-sept escus d'or et trois moutons. » (*Lettre de rémission,* 1409.)

Blouke, *s. f.* — Locution picarde. Boucle. (Voir ce mot.)

Bobèche, *s. f.;* **Bobesque,** *s. f.* — La bobèche consiste aujourd'hui en un petit cercle, souvent de verre ou de cristal, plus rarement de métal, légèrement concave, évidé au milieu, et qui, placé au sommet d'un flambeau, est chargé de recevoir la cire de la bougie et de l'arrêter dans sa course. Jadis, ce mot, qui est fort ancien puisqu'il remonte au XIVe siècle — « Pour VI bobèches a chandelliers XII deniers » (*Œuvres de serrurerie, faittes au chastel de Conches,* 1335), — désignait la petite cavité du chandelier qui sert à maintenir la partie inférieure de la chandelle ou de la bougie. En sorte que, dire d'un appareil d'éclairage qu'il avait deux, trois ou quatre bobèches, c'était dire qu'il comptait autant de branches et pouvait recevoir autant de luminaires. C'est ainsi qu'il faut comprendre les mentions suivantes : « Deux chandeliers de léton panduz à la cheminée, chascun à deux bobèches. (*Invent. du château d'Angers,* 1471.) « Douze chandeliers de fer-blanc qui se attachent contre les murailles dont les aucuns ont trois bobèches et les autres n'en ont que deux. » (*Invent. du château de la Ménitré,* 1471.) « Cinq placques garnies de leurs bobèches aussy d'argent. » (*Invent. de Gabrielle d'Estrées,* 1599.) « Vous remarquerés en passant qu'il n'y a que le Roy seul qui ait un bougeoir à deux bobèches et par conséquent à deux bougies; les bougeoirs pour la reine, quand il y en a une, pour Monseigneur le Dauphin et autres, n'ont qu'une bobèche et qu'une bougie. » (*État de France,* t. Ier, p. 313.) Chez Claudine Bouzonnet-Stella (1697) nous trouvons une bobèche d'un nouveau genre : « un petit chandelier de fer dont la baubeche sert de mouchette ». Quelle pouvait être la forme de ce petit appareil? Dans l'*Inventaire de Lemoyne* (1717) nous rencontrons : « Un chandelier de cabinet et deux bobesches... le tout d'argent. » Ici il semble que ce qu'on désigne par le mot bobèches ce soient ces deux bras qui se fixent à volonté sur le sommet du chandelier et transforment, suivant les besoins, un flambeau à une seule lumière en un petit candélabre à deux branches; combinaison fort usitée, du reste, au courant du siècle dernier. — En 1742, le Sr Julien Deslandes, marchand cirier à Versailles, avertit le public qu'il a inventé « une bobèche qui est plus commode que les bougeoirs dont on s'est servi jusqu'à présent ». (*Mercure* d'octobre 1742.) Voilà du coup la partie prise pour le tout; mais ce sont là des incorrections de langage, et le *Journal* de Lazare Duvaux, si précis, continue à se servir du mot bobèche dans l'acception que nous avons indiquée plus haut. « Avril 1754. — A Mme de Pompadour : un chandelier de lanterne à cinq bobèches. » « 13 février 1756. — [encore] A Mme de Pompadour : une bobèche et binet doré d'or moulu pour un bougeoir de porcelaine. » « 31 décembre 1757. — A M. de la Live : un bougeoir de porcelaine de France et sa bobèche en bronze doré d'or moulu, etc. » C'est aussi sur ce même *Livre journal* que nous voyons apparaître les premières bobèches de cristal : « 3 juin 1752. — Mme la marquise de Pompadour (pour le château de Crécy); un petit lustre de cristal de roche à quatre branches, garni de vases, bobèches et bassins de cristal, 1,230 livres. » « 9 décembre 1752. — A Mme de Pompadour : une bobèche de cristal de roche pour remplacer une qui estoit cassée au grand lustre, avec le binet et garniture. » En 1762, le *procès-verbal d'apposition des scellés après le décès d'Edme Bouchardon, sculpteur du roi,* mentionne « deux bras de cheminée à une bobèche de verre »; mais ces bobèches de verre et de cristal sont-elles bien ce petit bassin évidé dont nous parlions en commençant? On en peut douter, car pour s'assurer que Mme de Pompadour ne connaissait pas l'ustensile que nous désignons aujourd'hui sous ce nom, il suffit de jeter un coup d'œil sur son portrait, peint par Boucher. Le petit flambeau d'argent placé sur la table à sa gauche en est, en effet, totalement dépourvu. Et cependant, le *Mercure* de décembre 1754 publiait des « Conseils d'un artiste pour faire observer certaines règles simples sur l'art de la décoration », où figurent les lignes suivantes : « Qu'on veuille bien se souvenir aussi qu'une bobèche doit être concave pour recevoir la cire qui coule et non pas convexe pour la faire tomber en nape sur le chandelier. » Nous voici bien proches, il faut le reconnaître, de la bobèche de nos jours.

Fig. 231. — Chandelier à bobèche (XIVe siècle).

A une époque où la verve poétique était plus facile à exciter que maintenant, la bobèche — qui le croirait? — a inspiré des poètes. Comme preuve, nous citerons, entre autres, le quatrain suivant, envoyé à Mlle Bingant avec deux chandeliers à bobèches, quatrain que Métra a recueilli dans sa *Correspondance secrète* (IX, p. 416) :

Fig. 232. — Chandelier à deux bobèches (XVIIIe siècle).

Aujourd'hui, sur l'autel d'un petit dieu malin,
Je viens modestement déposer ma bobèche :
Toi, prêtre de ce lieu, songe, chaque matin,
D'y mettre la chandelle et d'allumer la mèche.

Au XVe siècle, on écrivait BOBESQUE. On lit dans la *Complaincte du commun peuple :*

La chambrière au corps bel et gent
Sa bobesque et chandelle allume...

Bobéchon, *s. m.* — Petite bobèche de fer, montée sur une pointe également en fer, qu'on peut planter dans la muraille ou dans le bois. Les tonneliers font usage du bobéchon, quand ils mettent le vin en bouteilles.

Bobine, *s. f.* — Instrument employé par tous les ouvriers qui ourdissent, et par plusieurs autres tels que passementiers, rubaniers, tireurs d'or, tréfileurs, etc. C'est aussi une petite rondelle de bois sur laquelle on enroule le fil, la soie, le cordonnet, etc., dont on veut se servir.

Bobinette, *s. f.* — Loquet, cheville fermant une porte.

Bocage, *s. m.* — C'est le nom qu'au siècle dernier on donnait généralement à toutes les espèces de linge ouvré qui se fabriquaient en basse Normandie, et particulièrement aux environs de Caen. C'est aussi le nom sous lequel on désignait certaines tapisseries à feuillages connues uniquement aujourd'hui sous le nom de VERDURES. « Neuf pièces de tapisserie de bocaige. » (*Invent. de Léonor de Pisseleu, seigneur d'Heilly*, 1614.) « Plus quatre pièces de tapisserie bocage Oudenarde, tirans IX aunes et demies (*sic*), estimées XXIV livres. » (*Invent. de Messire Nicolas de Ségur;* Bordeaux, 1757.)

Fig. 233.
Bobéchon de tonnelier.

Bocal, *s. m.* — Si l'on en croit Fabrice Campani (la *Vie civile;* Paris, 1613), ce mot viendrait de *Bacales,* nom sous lequel on désignait les vases à boire qui servaient aux fêtes de Bacchus; il s'applique aujourd'hui à un vase de verre en forme cylindrique ayant une ouverture très large et un col très court. Au XVIIe siècle, selon Furetière, le bocal avait le col étroit. En outre, Scarron, dans son *Virgile travesti,* parle de bocaux en porcelaine. On donna également, au siècle dernier, le nom de bocal à un grand verre à boire d'origine allemande. Les ouvriers qui se servent d'un globe rempli d'eau, pour concentrer la lumière sur un seul point, appellent ce globe un bocal. Enfin, dans l'*Inventaire de Philippe Le Bas, graveur du cabinet du roi* (1783), on trouve le mot bocal employé dans le sens de globe préservatif. « Un Henry quatre et un Sully sous un bocal de verre. »

Bochemain, *s. m.* — Locution gasconne. Essuie-main. « Ung boche-main. » (*Invent. de P. Berle;* Bordeaux, 1531.)

Boellon, *s. m.;* **Boillon**, *s. m.;* **Boueillon**, *s. m.* — Ornement d'orfèvrerie en relief, dans le genre des GODRONS. (Voir ce mot.) « Ung bassin à barbier, d'argent blanc à boillons sur le bort. » (*Invent. de Charles V,* 1380.) « Ung hanap de madre à boellon d'argent... » (*Lettre de rémission,* 1394.) « Un bacin à barbier d'argent blanc à boillons sur le bort. » (*Argenterie réclamée par la Couronne aux héritiers de Louis Ier d'Anjou,* 1385.) « Une tasse faicte à deux petits boullons à la façon d'Espaigne. » (*Invent. de la duchesse de Valentinois,* 1514.)

Boessel, *s. m.;* **Bouessel**, *s. m.* — Voir BOISSEAU.

Boëte, *s. f.* — Voir BOITE.

Bohême. — CRISTAL ou VERRE DE BOHÊME. « Un lustre de Bohême à six branches... » (*Livre journal* de Lazare Duvaux.) (Voir CRISTAL.) « Grand et bel appartement... verres de Bohême aux croisées. » (*Ann., aff. et avis divers,* 30 août 1763.) (Voir GLACE et VERRE.)

Bohémienne, *s. f.* — Sorte de siège confortable, dont il est parlé au deuxième acte du *Fils de famille,* mais dont la forme n'est pas exactement connue.

Bois, *s. m.* — Des divers matériaux utilisés dans l'ameublement et la décoration de l'habitation humaine, il n'en est pas, parmi ceux qu'on peut qualifier de résistants, qui soit d'un emploi plus général et plus fréquent que le bois. Son abondance, sa légèreté spécifique, sa résistance, sa souplesse, son élasticité, l'étonnante variété de formes et d'aspects qu'il peut revêtir, les multiples ressources décoratives qu'offrent son grain, sa fibre, sa couleur, suivant l'essence qu'on met en œuvre et la façon qu'elle reçoit, sont autant de précieuses qualités qui le recommandent d'une manière toute spéciale. A ces avantages, que lui seul possède au même point, il faut ajouter un toucher agréable et qui, par le poli, peut devenir d'une extrême douceur. Ses profils et ses contours, en outre, ne présentent jamais la rigidité et la dureté du métal, et sa température paraît, au contact, se rapprocher en tout temps de celle du corps humain. Ce dernier phénomène est le résultat de son peu de conductibilité.

Toutes ces qualités si variées, si nombreuses, précieuses à tant de titres, devaient faire rechercher le bois pour les applications et les usages les plus divers. Dans l'habitation humaine, non seulement il peuple nos pièces préférées, mais encore il les enveloppe, en quelque sorte. Il apparaît à nos pieds sous forme de *parquet;* nous le retrouvons sur nos têtes sous forme de *plafond.* Pour les lambris qui habillent la muraille et pour tous les meubles qui garnissent la pièce, depuis la chaise jusqu'au lit, depuis l'armoire jusqu'à la table, c'est encore à lui qu'on a recours. Ces divers ouvrages rentrent dans la spécialité des menuisiers, ainsi nommés parce qu'ils emploient de menus bois, comparés à ceux que le charpentier met en œuvre.

Le bois parvient chez le menuisier à l'état de *grume,* c'est-à-dire coupé, mais non équarri, et ayant encore son écorce. Le menuisier le débite lui-même à la scie, le tranchant dans le sens de sa longueur en planches ou plateaux d'épaisseurs diverses. Il arrive souvent, de nos jours, que le bois est reçu tout débité par le menuisier. Ce mode de livraisons, qui économise une certaine main-d'œuvre, présente de grands inconvénients, car le menuisier n'a plus que des garanties illusoires sur la sécheresse et la qualité. Aussi pour les ouvrages de valeur, l'ouvrier soigneux, voulant éviter que son bois ne joue, a-t-il soin de le débiter lui-même, et, dans ce travail, il tient compte de sa maille et le coupe par quartiers, employant pour le trancher le procédé qui s'applique le mieux à l'essence qu'il traite et à l'usage auquel le bois est destiné. Cette façon de débiter le bois par quartiers se nomme la *méthode hollandaise.* Tous les bois se débitent ainsi, sauf l'érable, dont le cœur est mauvais. Pour parer à cet inconvénient, on commence par couper la grume en quartiers que l'on tranche ensuite diagonalement, afin d'obtenir des plateaux plus régulièrement larges. Ajoutons que l'on est arrivé à *dérouler* l'érable et un certain nombre de bois de placage.

Les divers bois, employés par le menuisier pour ses travaux habituels, portent le nom de bois d'œuvre, et le rôle important que joue leur prix d'acquisition, dans le prix de revient des meubles et des lambris, engage le menuisier à les rechercher parmi les essences indigènes. Toutefois, les menuisiers des villes, ignorant les ressources que pourrait leur offrir notre pays, limitent volontairement le nombre des essences employées, et parfois même ont recours, pour certains travaux, à des bois importés très inférieurs à ceux que produisent nos campagnes.

Les essences indigènes dont on se sert le plus ordinairement sont le chêne, le peuplier ou *grisard,* l'orme, le frêne, le noyer, dont la finesse de grain convient bien au sculpteur; le poirier, qui se travaille admirablement, et qui, lorsqu'il est noirci, remplace l'ébène dans une certaine mesure;

le hêtre, l'érable et le tilleul, qui se laque supérieurement. Quant à l'acacia, au merisier, à l'aulne, au bouleau, au châtaignier, injustement négligés, ils sont accaparés par des industries spéciales, par les tourneurs, les charpentiers, les ébénistes, les charrons. Enfin, il nous faut mentionner encore le pin, le sapin et le mélèze, qui sont plus spécialement employés dans la menuiserie commune.

De tous les bois que nous venons d'énumérer, soit qu'on exige d'eux de l'élasticité et de la résistance ou qu'on recherche plutôt de la durée et de la ténacité, le chêne est, à tous égards, le plus précieux. C'est lui qui convient le mieux aux travaux de menuiserie, à cause de la variété de son grain, de la finesse et de la solidité de ses fibres, de sa dureté, de sa durée et de son homogénéité. Le peuplier, appelé aussi bois blanc ou *grisard,* et le sapin sont également beaucoup employés, mais presque exclusivement pour les remplissages, et pour la confection des parties non apparentes. Le noyer, dont la finesse de grain convient si bien aux travaux de sculpture ; le poirier, qui, nous l'avons dit, se noircit admirablement, offrent aussi à l'ouvrier des ressources précieuses. L'inventaire dressé chez Boulle, après l'incendie qui dévora son magasin et ses ateliers, en 1720, mentionne « tous les bois de sapin, de chesne, de noyer, de panneau ou mairin, amassés et conservés depuis longtemps pour la bonté et qualité des ouvrages ». Vingt ans plus tard, cette liste se serait enrichie d'une foule d'autres bois exotiques. Voici, du reste, disposés en deux tableaux, la liste des bois indigènes et celle des bois étrangers employés couramment dans la menuiserie et l'ébénisterie depuis un siècle.

TABLE ALPHABÉTIQUE DES BOIS FRANÇAIS

Qui sont ou ont été employés dans la menuiserie et l'ébénisterie.

NOMS.	COULEURS.	QUALITÉS.
Abricotier	Jaunâtre.	Dur et compact.
Acacia faux	Jaune et verdâtre rayé.	Dur.
Alisier	Blanc.	Dur.
Amandier	Jaune.	Dur et compact.
Aulne	Rougeâtre.	Tendre.
Bouleau	Blanc.	Tendre.
Buis	Jaune.	Très dur.
Cerisier	Roussâtre veiné.	Plein.
Charme	Blanc.	Très dur.
Chataignier	Jaune blanc.	Dur.
Chêne	Jaune blanc.	Dur et compact.
Cormier	Rougeâtre.	Très dur.
Cyprès	Rouge pâle veiné de brun.	Dur et compact.
Cytise ou Ébénier des Alpes	Verdâtre.	Très dur.
Épine-vinette	Jaune.	Plein.
Érable	Roussâtre veiné et ondé.	Plein.
Frêne	Blanc et jaune rayé.	Plein.
Fusain	Jaune pâle.	Dur.
Hêtre	Blanc.	Demi-dur.
Houx	Blanc.	Dur.
If	Rougeâtre.	Dur.
Marronnier	Blanc.	Peu consistant.
Mélèze	Jaune rougeâtre.	Dur.
Merisier	Rougeâtre rayé.	Ferme.
Murier	Blanc et jaune.	Tendre.
Noyer	Noir veiné.	Plein.
Olivier	Jaune brun rayé.	Dur.
Oranger	Jaune et blanc.	Plein.
Orme	Brun.	Ferme et plein.
Peuplier	Blanc.	Léger et spongieux.
Pin blanc	Blanc.	Tendre.
Platane	Brun.	Tendre.
Poirier	Rougeâtre.	Très plein.
Pommier	Blanc.	Plein.
Prunier	Blanc, roux et rougeâtre veiné.	Plein.
Sainte-Lucie	Gris rougeâtre.	Plein.
Sapin	Blanc.	Élastique et solide.
Sauvageon	Blanchâtre.	Dur.
Sureau	Jaune.	Dur.
Tilleul	Jaune pâle.	Léger et tendre.

TABLE ALPHABÉTIQUE DES BOIS ÉTRANGERS

Connus sous le nom de bois des Indes et des Iles, propres à l'ébénisterie ainsi qu'à la marqueterie.

NOMS.	PAYS D'ORIGINE.	COULEURS.	QUALITÉS.
Acaja	*Ile de Ceylan.*	Rouge.	Tendre.
Acajou	*Malabar.*	Roussâtre.	Tendre et dur.
Ailante ou Angika	*Chine-Japon.*	Rougeâtre et veiné.	Dur compact.
Aloès ou Agalloche	*Cochinchine.*	Couleurs diverses.	Tendre.
Aloès ou Bois d'aigle	*Cambodge et Sumatra.*	Roux.	Plein.
Aloès ou Calembourg	*Iles de Solor et de Timor.*	Verdâtre.	Tendre.
Amarante	*Guyane.*	Violet brun.	Dur.
Amboise	*Moluques.*	Blanc rosé et jaune brun.	Très dur.
Amourette	*Antilles.*	Rouge brun.	Dur.
Anis	*Chine.*	Gris.	Dur.
Asphalate ou Bois de Rhodes	*Rhodes, Chypre ou Jamaïque.*	Blanc.	Plein.
Brésil ou Sapan	*Pernambouc, Antilles, Jamaïque.*	Rouge.	Plein.
Cactus	*Mexique et Algérie.*	Blanc mat.	Souple.
Caïlcidra	*Afrique.*	Rouge vineux.	Dur et lourd.
Calambac	*Mexique.*	Brun.	Dur et pesant.
Caliatour	*Indes orientales.*	Rouge vif.	Très dur et lourd.
Camagon	*Iles Philippines.*	Noir ou brun veiné.	Dur.
Cannelle ou Sassafras	*Ceylan.*	Blanc.	Dur.
Cayenne	*Ile de Cayenne.*	Jaune rouge veiné.	Plein.
Cèdre	*Syrie et Amérique.*	Rougeâtre veiné.	Plein incorruptible.
Cèdre	*Asie et Sibérie.*	Blanc roux.	Mou.
Chine	*Chine, Guyane.*	Rouge brun tacheté de noir.	Dur.
Citron	*Iles d'Amérique.*	Jaune roux.	Ferme.
Citronnier	*Asie, midi de l'Europe.*	Blanc veiné.	Ferme et incorruptible.
Copaïba	*Brésil.*	Rouge tacheté.	Plein.
Corail	*Iles du Vent.*	Rouge vif veiné.	Poreux.
Courbaril	*Asie et Amérique.*	Rouge pâle veiné.	Dur solide.
Cyprès	*Asie.*	Jaunâtre rayé.	Dur incorruptible.
Ébène	*Madagascar.*	Noir.	Très dur.
Ébène de Portugal	*Indes orientales.*	Noir et blanc tacheté.	Dur.
Ébène rouge ou Grenadille	*Madagascar.*	Brun rougeâtre rayé de noir.	Dur.
Ébène verte	*Madagascar, Antilles.*	Brun olive rayé de vert.	Dur.
Ébène blanche	*Iles Moluques.*	Blanc.	Dur.
Épi de blé	*Chine.*	Brun et rougeâtre rayé	Poreux.
Fer	*Iles d'Amérique.*	Fauve, brun noir.	Très dur.
Fusée	*Jamaïque.*	Jaune veiné.	Tendre.
Gayac	*Ile Saint-Domingue*	Vert et noir rayé.	Très dur.
Gommier	*Guadeloupe.*	Blanc veiné de noir.	Dur.
Inde ou Campêche ou Laurier aromatique	*Campêche, la Martinique, Indes occidentales.*	Rouge glacé de jaune.	Dur et lourd.
Jacaranda	*Indes orientales.*	Blanc et noir marbré.	Dur.
Jaune Clairembourg ou Satiné jaune	*Antilles.*	Jaune couleur d'or et veiné ou ondé.	Plein.
Lapiré	*Indes occidentales.*	Rouge et jonquille.	Moelleux.
Muscadier	*Indes orientales.*	Rouge et jonquille.	Moelleux.
Œil de perdrix	*Indes orientales.*	Gris brun.	Très dur.
Palissandre	*Brésil, Guyane.*	Brun violacé.	Dur, sec, compact.
Perdrix	*Cayenne, Antilles.*	Gris brun.	Dur.
Picaut	*Le Cap.*	Ondé.	Plein.
Platane	*Asie et Amérique.*	Blanc.	Plein.
Rose ou Bois marbré	*Amérique, Antilles*	Jaune et rouge rayé.	Plein.
Rouge de sang	*Nicaragua.*	Rouge foncé.	Dur.
Santal citrin	*Chine, Siam.*	Jaune clair.	Dur.
Santal blanc	*Chine, Siam.*	Blanc roux.	Plein.
Santal rouge	*Coromandel.*	Rouge mêlé de jaune.	Dur.
Satiné rouge	*Antilles.*	Rouge veiné de jaune.	Plein.
Thuya	*Afrique du Nord.*	Brun tigré.	Fin et dur.
Violet	*Indes orientales.*	Blanc vineux et violet rayé.	Plein.
Violet ou Palissandre	*Indes occidentales.*	Gris brun veiné.	Poreux.

Le bois, si généralement usité dans nos habitations contemporaines, l'était encore bien davantage autrefois. On confectionnait avec lui une foule d'ustensiles de ménage qu'aujourd'hui on fabrique en métal ou en céramique. Tels étaient les tailloirs ou tranchoirs, ces assiettes du Moyen Age, sur lesquelles on tranchait la viande et découpait les volailles. Les écuelles, qui tenaient lieu d'assiettes creuses, les louches ou grandes cuillers, les gobelets, etc., étaient également en bois. Dans sa nomenclature des objets indispensables à un ménage, le soigneux auteur du *Livre des mestiers* écrit :

> Or faut-il avoir
> Louches de bos et potlouches,
> Et un escuellier pour mettre
> Louches et escuelles de bos.

Fig. 234. — Bois de canapé.

Et ce n'était pas seulement le commun de la nation qui mangeait dans du bois. On trouve la trace de ces ustensiles primitifs jusque chez des princes du sang, dans les châteaux et les palais des rois. Les *Comptes de l'hostel du duc Jean de Berri* (1398) mentionnent, en effet, la dépense suivante : « A André, l'esculier, pour reste de plaz et escuelles de bois, IV liv XV sols tournois. Pour trois jales de bois, VI sols tournois. A Jehan, l'esculier, III C escuelles de bois, XXX sols tournois, etc. » Dans l'*Inventaire du château d'Angers* (1471) nous trouvons « ung petit estuy de boys à couvescle, ouquel a six petits gobelletz de boys », et cet usage resta en vigueur jusqu'à la fin du XVIe siècle, car dans l'*Inventaire de Catherine de Médicis* (1589) nous notons « ung plat de boys peint à la façon de Turquie deux petits paniers de bois peint et trois petites escuelles de même ». Les *Comptes du duc Jean de Berri,* que nous citions à l'instant, nous révèlent, en outre, qu'en ces temps troublés où les fermetures robustes étaient cependant indispensables, on faisait des serrures de bois. Nous y voyons, en effet : « A Jehan, le sarrurier, pour une sarruze de boys, II s. VI d. tournois. »

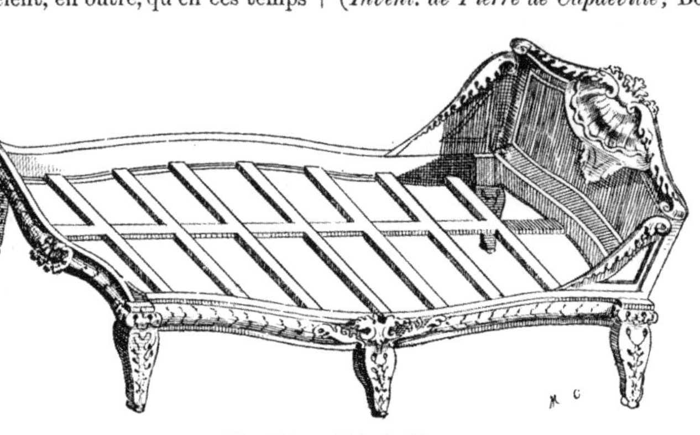

Fig. 235. — Bois de lit.

Le bois ayant de tout temps servi à la construction de la plupart des sièges, il ne faut pas être étonné qu'on ait pris l'habitude d'en désigner la carcasse, sous le nom de Bois. C'est dans ce sens qu'on dit communément un Bois de fauteuil, un Bois de chaise. L'expression est vieille, au reste, d'au moins deux siècles. Ainsi nous lisons dans l'*Inventaire du cardinal de Mazarin* (1653): « Trois garnitures de fauteuils, composées chacune de onze pièces, couvertes de Broderies à plain, deux d'icelles servans de fonds et dossier et les autres servans à couvrir tout le bois du fauteuil. » Ce mot bois, au XVIIe siècle, avait même si bien pénétré dans notre langue, il exprimait si bien le sens que nous lui reconnaissons ici, que dans la *Déclaration portant règlement sur les ouvrages et vaisselles d'or et d'argent,* en date du 14 décembre 1689 (voir *Traité de police,* liv III, tit. Ier, ch. VI, p. 385), il est défendu aux orfèvres et ouvriers travaillant tant en or qu'en argent, de « fabriquer, vendre ou exposer en vente, aucuns balustres, bois de chaise, cabinets », etc. Ainsi un bois de chaise pouvait être en métal. Cette constatation est intéressante. Ajoutons que le mot bois, pris dans cette acception, a remplacé dans le langage courant le substantif Fut, qui eut pendant de longs siècles la même signification. A ce mot on en trouvera la preuve.

Il en est de même pour le mot Bois de lit, qui a pris, dans le langage courant, la place de Chalit et qui remonte au moins au XVIe siècle, puisque nous trouvons dans l'*Inventaire des meubles portés de Pau à Nérac par le roi de Navarre* (1578) : « Deux bois de lictz à coulonnes couvertes de velloux cramoisy », et dans l'*Inventaire du château de Turenne* (1615) : « Premièrement le bois complet qui sert au lict de velours cramoisy... Plus autre boys tout complet pour le pavillon de damas cramoisy... Autre boys complaict, qui sert au lict de velours violet », etc. Remarquons encore que le mot bois a été, à partir du XVIe siècle, régulièrement employé dans le Midi, surtout pour signifier un support fait en bois, à quelque usage, du reste, que ce support fût employé. Comme exemple, nous citerons : « Un boys de lavemains à tenir bassin et longière... de boys de noyer faict en menuizerie. » (*Invent. de Pierre de Capdeville;* Bordeaux, 1591.)

Les bois employés à la confection des meubles furent d'abord revêtus de peintures. Ces peintures, exécutées par des artistes d'un réel mérite, souvent même par le peintre ordinaire du prince ou du roi auquel les sièges étaient destinés, étaient généralement riches, délicates et compliquées.

Avec le XVe siècle, on renonça en partie à l'habitude de peindre les bois de siège. On les sculpta, puis au XVIe et au XVIIe siècle on les habilla ; c'est ce que nous appelons aujourd'hui meubles à Bois couvert, par opposition à ceux dont le bâti est demeuré visible, et qui portent le nom de meubles à Bois apparent. L'exemple fourni dans la précédente colonne et provenant du mobilier du cardinal de Mazarin est un spécimen de ces bois couverts, dont l'usage fut général au temps de Louis XIV. Nous en pourrions citer d'autres : « Quatorze sièges, sçavoir deux fauteuils et chaires à dossier... le bois des fauteuils tout couvert de velours cloué sur ledit bois. » « Deux fauteuils de velours... le bois tout couvert de velours et garny de dentelles, etc., etc. » Toutefois, comme ces façons coûtaient cher, on recommença à peindre les bois, non plus en les couvrant de dessins variés, de chiffres, d'emblèmes et même de figures, mais en les revêtant simplement d'une teinte uniforme, parure économique, imitant l'étoffe qui aurait pu habiller le fût. « Six chaises à vertugadin de bois peint, couvert de tappisseries à gros points, rehaussée de soye. » (*Invent. de Lenormand de Beaumont, conseiller au Parlement;* Paris, 1628.) « Quatre banquettes... les bois peints de rouge avec des fillets d'or. » (*Invent. général des meubles de la Couronne,* 1675-1700.) Plus tard, quand la vue des laques de Chine eut familiarisé l'œil des amateurs du XVIIIe siècle avec ces belles colorations lisses de l'extrême Orient, on laqua les meubles à panneaux, et on peignit les bois des sièges à plusieurs couches, qu'on recouvrit d'un vernis très brillant, en s'efforçant de leur donner une teinte en harmonie avec les boiseries de la pièce ou avec l'étoffe qui devait les recouvrir. C'est ainsi, par exemple, que nous trouvons chez Mme de Pompadour, au château de Saint-Hubert (1762), deux fauteuils et six chaises avec des bois « sculptéz et à moulures réchampis vert et blanc », dont la peinture se raccordait avec « les

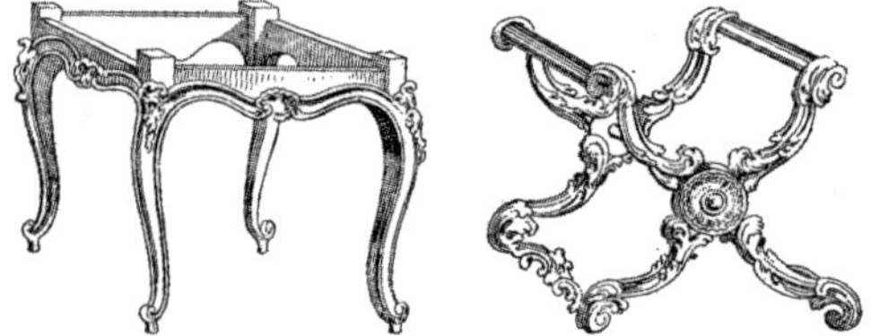

Fig. 236 et 237. — Bois de tabouret et de pliant, d'après Roubo (XVIIIe siècle).

housses de siamoise de mosaïque vert et blanc » dont ils étaient recouverts; et dans le salon de la princesse de Lamballe (1785) : « 20 chaises couvertes de panne cramoisi... les bois à moulure peints en jaune. »

La grande importation qui s'est faite depuis un siècle de bois exotiques et précieux fit renoncer, pour les sièges, à la peinture et pour les meubles à panneaux au laquage. L'acajou, le palissandre ont, pendant soixante-quinze ans, remplacé, pour les chaises et fauteuils, les colorations variées appliquées au pinceau et même la dorure. Cette dernière, qui avait pris naissance au XVIe siècle, avait été bannie du mobilier par *Ordonnance* du 22 avril 1561, confirmée par la *Déclaration* du 7 septembre 1577. Mais, sous le règne du Grand Roi, elle avait reparu avec une intensité auparavant inconnue, pour se voir de nouveau proscrite par l'*Arrêt* du 22 mai 1691 et l'*Édit* de mars 1700, sans que le XVIIIe siècle se soit cependant privé de l'employer à profusion. De nos jours, elle est redevenue fort à la mode. C'est, au reste, l'habillement le plus somptueux qu'on puisse donner aux bois des sièges, des lits, des écrans. Quant aux peintures de couleur, ce n'est plus qu'exceptionnellement qu'on a recours à elles.

On trouve encore souvent, dans les nomenclatures mobilières, le mot bois associé à d'autres substantifs ou à certains adjectifs, indiquant soit un lieu de provenance, soit une qualité particulière ou une transformation spéciale. C'est ainsi qu'on dit BOIS DE RHODES (voyez ASPHALATE); BOIS DE BRÉSIL (voyez BRÉSIL); BOIS DE ROSE (voyez ROSE); BOIS DES INDES (voyez INDES), etc.; BOIS DE FER (voyez FER), pour désigner certaines sortes de bois employées dans la menuiserie, l'ébénisterie et la marqueterie.

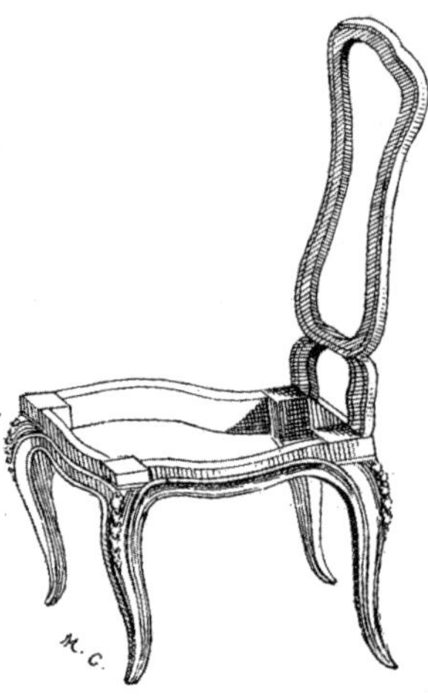

Fig. 238. — Bois de chaise.

Le BOIS NOIRCI ou BOIS NOIR (généralement du poirier) qu'on trouve, dès le XVIIe siècle, chargé de simuler l'ébène : « *Item,* un miroir garny de sa bordure de poirier noircy, prisé XL sols » (*Invent. de la dame F. Vallet;* Paris, 1657), fut admis, au commencement du XVIIIe siècle, dans les plus aristocratiques demeures — témoin le *Livre journal* de Lazare Duvaux, où nous lisons : « A Mme de Pompadour : une table de travail en bois noirci et poli. — Au président Lamoignon : un bureau de travail en bois noir, orné de moulures, chutes et pieds, 250 livres, » etc. Ce bois a continué d'être très apprécié et de figurer avec honneur dans les ameublements de luxe.

Quant aux BOIS DE PLACAGE ou DE RAPPORT, ces deux noms désignent des bois exotiques, divisés en feuilles minces, rapportées et plaquées, avec cette différence que le second est plus spécialement employé pour indiquer les petits fragments combinés de façon à former ces dessins compliqués qu'on nomme MOSAÏQUES, alors que le premier s'applique plus volontiers aux grandes surfaces.

Enfin, on nomme BOIS COMPRIMÉS des bois qui, attendris par un séjour plus ou moins long dans l'eau, sont refoulés par une presse hydraulique dans des moules en fonte ou en acier gravé, et contraints d'épouser les formes creusées dans ces moules. Nous lisons dans le *Journal de la princesse Mélanie* (voir *Mém. de Metternich,* t. VI, p. 530), à la date du 1er septembre 1841 : « Un menuisier de Boppard nous a apporté des meubles en bois comprimé, travaillé sans le secours du rabot et du ciseau. » Cette mention fixe l'époque à peu près précise à laquelle ce genre de produit fut introduit dans la menuiserie européenne.

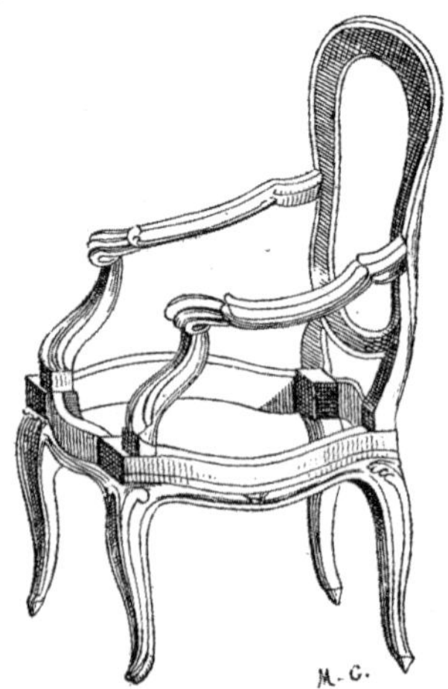

Fig. 239. — Bois de fauteuil.

Bois de cerf. — Voir CERF (BOIS DE).

Boise, *s. f.* — Locution picarde et normande. Grosse pièce de bois, poutre. C'est le synonyme de BANKE. (Voir plus haut.)

Boiser, *v. a.;* **Boiserie**, *s. f.;* **Boisage**, *s. m.;* **Boisement**, *s. m.;* **Boisure**, *s. f.* — Boiser une chambre, un appartement, c'est garnir ses parois d'un revêtement de bois ; on dit d'une pièce, d'un appartement ainsi revêtu qu'ils sont boisés. Parlant du palais de Compiègne, aménagé par Louis XV, le marquis d'Argenson écrit (24 juillet 1740) : « Les hôtels de ses ministres sont suffisans et commodes; ils sont près du château, tout y est boisé; que faut-il autre chose ? » (*Mém.,* t. II, p. 187.) On lit vers la même époque dans les *Annonces, affiches et avis divers* (10 mai et 13 septembre 1762) : « Deux appartemens, l'un de sept pièces au 2^{d}. Antichambre, chambre à coucher, cabinet de toilette, garde-robbe... toutes ces pièces boisées. — Appartement au 1er, en partie boisé, lambrissé et orné de glaces... » Cette expression, aujourd'hui vieillie et peu employée, était si usitée au siècle dernier, que Métra, dans son projet burlesque d'une académie de modes (*Corresp. secrète,* IV, 135), prétend que le local de cette académie devra être « plafonné, *boisé* et planchéié de glaces ».

Boiseries est le terme général sous lequel on désigne les revêtements de bois qui garnissent une pièce, un appartement, etc. Parlant du château de Bellevue, Barbier écrit : « Les boiseries du dedans sont sculptées dans la dernière perfection et peintes d'un très beau blanc des carmes. » (*Journal de l'avocat Barbier,* t. IV, p. 474.) On lit dans les *Annonces, affiches,* etc. (21 janvier 1760) : « Appartement très bien meublé et orné de glaces, de tableaux et de boiseries dorées... » Les boiseries d'appartement ont pour objet d'isoler les murailles, de conserver la chaleur ou la fraîcheur suivant la saison, et d'empêcher l'humidité de pénétrer à l'intérieur du logis. Celles qui garnissent les murailles se nomment Lambris, celles qui recouvrent le sol Parquet, et l'on donne le nom de Plafond à celles qui règnent sur nos têtes. (Voir ces différents mots.) Les bois employés pour les boiseries sont le chêne, le poirier, le noyer, le sapin. Le premier et le dernier de ces quatre bois sont plus généralement usités. Les boiseries, dans nos demeures françaises, ont d'abord fait leur apparition sous forme de plafond, puis sous forme de lambris. Le parquet n'est venu qu'en troisième lieu et son usage ne s'est généralisé dans les intérieurs bourgeois que depuis un siècle.

Boisage. — Dans quelques provinces, notamment dans le Lyonnais, on s'est longtemps servi de ce mot pour signifier boiserie. En 1675, le corps consulaire de Lyon fit payer aux héritiers de Charles Grolier une somme de 150 livres pour « la valeur des tableaux... lesquels il avoit fait mettre dans les boisages que le Consulat avoit fait faire dans les salles et chambres du nouvel hôtel de ville ». Dans le Bordelais, on employait, au siècle dernier, le mot Boisement dans le même sens. On lit dans l'*Inventaire de Martial de Mosnier, conseiller au Parlement* (Bordeaux, 1723) : « Étant entré dans ledit cabinet... nous n'y avons rien trouvé qu'une petite bordure d'un cadis vert... estendu le long des murs au-dessus du boisement dudit cabinet. » Enfin, en Bretagne, on s'est servi, au XVIIe et au XVIIIe siècle, du mot Boisure. « Le surplus de laditte chambre boisée avec deux tableaux attachés à laditte boisure. » (*Invent. du marquis de Piré;* Rennes, 1733.) Ces dernières formes ne doivent guère être considérées que comme des expressions provinciales.

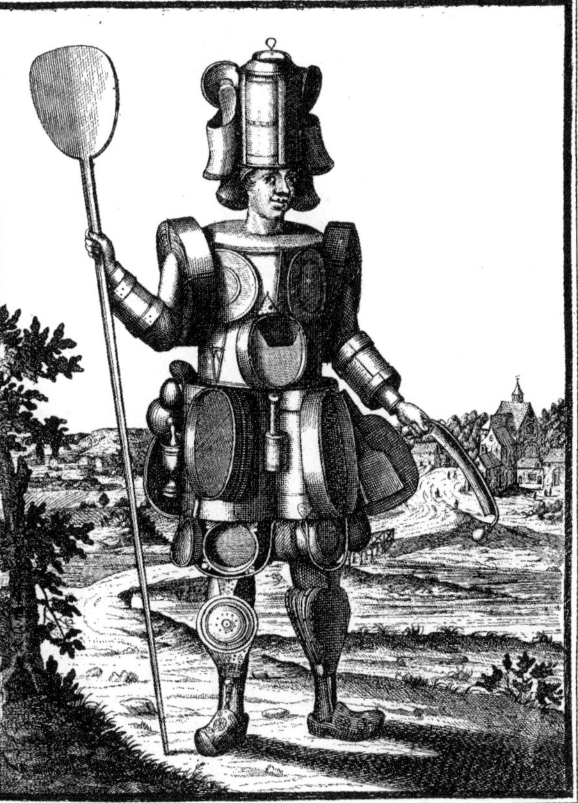

Fig. 240. — Le boisselier, d'après Larmessin.

Boisseau, *s. m.;* **Boiceau**, *s. m.;* **Boesseau**, *s. m.;* **Bouesseau**, *s. m.;* **Boisselier**, *s. m.* — Le boisseau est une mesure pour le grain et les légumes secs. Une *Ordonnance* de 1669 fixa, pour Paris, les dimensions officielles du boisseau. Il devait avoir huit pouces deux lignes et demie de haut, sur dix pouces de large ou de diamètre. Suivant les provinces, ces chiffres variaient. Dès le XVIe siècle, le boisseau comportait trois subdivisions. Nous lisons dans l'*Inventaire de Pierre de Capdeville, bourgeois et marchand de Bordeaux* (1591) : « Plus, en ladicte maison où je demeure, j'ay les mesures ferrées pour mesurer du bled, sçavoir est : ung boysseau, demy boisseau, ung quart et demy quart, le tout de gauge (*sic*) merchéz de la merche de la ville. » Au XIVe et au XVe siècle, on écrivait Boissel, Boessel, Bouessel. « En cest an à Paris fu si grant chierté de sel que..... le boissel en fu vendu dix sols et plus. » (*Grandes chroniques de Saint-Denis* à l'année 1316, t. V, p. 226.) « *Item,* en ce temps on avoit bons pois pour dix deniers le boessel. » (*Journal de Paris sous Charles VII* à l'année 1428, p. 117.) A la même époque, le boisseau paraît avoir été aussi une mesure pour les liquides. (Voir D. Carpentier, *Supp.* à Du Cange, sous *Boissellus.*) Dans certaines provinces, le boisseau se nommait Bichet. (Voir ce mot.)

Le boisseau a donné leur nom aux Boisseliers, qui fabriquent non seulement des mesures de capacité en bois, mais encore des seaux, des tamis, des pelles, des lanternes, des pilons, des soufflets, et du reste tous les ustensiles réunis dans le joli dessin que nous reproduisons ci-contre, et dont Larmessin a composé sa figure du boisselier.

Boisselle, *s.f.;* **Boistelette,** *s.f.;* **Boistette,** *s.f.* — Le Moyen Age avait une affection particulière pour les diminutifs. On en cite trois pour le mot boîte : 1° Boisselle, relevée par le continuateur de Du Cange, dans un manuscrit de 1403 : « Mettant ycelle chandelle à leur estal en petitz boisselles ». — 2° Boistelette, qu'on trouve plus fréquemment, notamment dans Monstrelet, à l'endroit où, racontant les dernières amours du roi Lancelot, il dit que le médecin de ce prince, avant de lui livrer sa fille, bailla à celle-ci : « Une petite boistelette pleine d'oignement. » Dans l'*Inventaire de Charles V* (1380), nous notons également : « Une très petite boistelecte noire pleine de poudre. » — 3° Et enfin Boistette, que nous rencontrons dans l'*Inventaire du château des Baux* (1426) : « *Item,* une boistette d'argent en quoy a de musquet. » (Voir l'article suivant.)

Fig. 241. — Couvercle de boîte en ivoire (fin du XVe siècle).

Boîte, *s.f.;* **Boeste,** *s.f.;* **Boëte,** *s.f.;* **Bouëtte,** *s.f.* — Il est peu de mots, dans le langage mobilier, qui désignent une plus grande variété d'objets, tous procédant d'un principe unique; car la boîte est toujours un récipient à couvercle, mais dont les formes et les dimensions changent et se transforment, comme du reste la matière dont elle est formée. Il y a des boîtes rondes; il y en a de carrées; il y en a de grandes et de petites; il y en a de belles, de magnifiques, d'admirables, comme la boîte que Louis XIV envoya, en 1698, à milord Portland, et qu'on estimait 4,000 pistoles. Il y en a de modestes, comme les boîtes de mathématiques; de simplement utiles, comme les boîtes à chapeaux, la boîte au lait, ou la boîte au sel; de répugnantes, comme les boîtes aux ordures.

Le curieux, c'est que, dès le principe, la BOUETTE, BOESTE, BOETTE, revêtit ces formes multiples et se plia à tous ces usages, en quelque sorte contradictoires. A presque toutes les époques on la rencontre, affectant toutes sortes d'aspect, se prêtant à toutes les convenances, et se modifiant, se transformant, suivant les temps. Aussi quelques-unes de ces variétés de boîtes ont-elles disparu, alors que d'autres surgissaient. Pour ne citer qu'un exemple, nous mentionnerons la *boîte aux lettres,* fort répandue de nos jours et radicalement inconnue des Français du XVe siècle. Mais ceux-ci avaient la *boîte à message* ou *à messager,* qui a cessé depuis longtemps d'être en usage. Cette boîte était toujours en métal, parfois en métal précieux, car l'*Inventaire des biens meubles d'Alix de Frolois, abbesse de Jouarre* (1369), mentionne « une boîte d'argent à Messaiger ». Une serrure ou un cadenas à chaînette la fermait, deux clefs ouvraient la serrure ou le cadenas, et restaient chacune entre les mains d'un des correspondants. C'est de cette manière que se trouvait assuré le secret des lettres. (Voir *Chroniques de Saint-Denis,* t. V, p. 57, à l'année 1277.) De même, si nous avons les troncs dans les mairies, dans les églises, nos ancêtres avaient la *boëste des pauvres* ou la *boëste des prisonniers,* et les aumônes destinées aux pauvres huguenots étaient jetées dans la fameuse *boëste à Perrette,* qui fit tant parler d'elle. La *boëste de cuyr,* frappé et doré au petit fer, pour loger les horloges portatives, les boîtes à reliques qu'on emportait en voyage, comme la « boistelette atout le couvescle de cristal..... plaine de relicques », qui figure dans l'*Inventaire de Charles V* (1380), ou encore comme la « petite boîte longuette d'ivoire où sont les escourges de fer de monseigneur S. Loys, dont il se battoit », décrite par l'*Inventaire de la bastille Saint-Antoine* (1418), etc., etc., constituent autant de sortes de boîtes qui ont disparu de la circulation, et dont l'énumération, si l'on voulait tout citer, serait trop longue.

Fig. 242. — Couvercle de boîte en argent niellé (XVIe siècle).

Pour mettre un peu d'ordre dans cette nomenclature, nous nous occuperons d'abord des boîtes de grand prix. Celles-ci remontent à une époque lointaine, et même elles étaient jadis assez communes, puisque les chirurgiens ont eu, de tout temps, dans leurs armoiries trois boîtes d'or, avec les mots *Consilio manuque* pour devise. Dès le XIVe siècle, elles se pliaient, en outre, aux usages les plus divers. Comme ces usages sont souvent indiqués avec la description de l'objet, on pourra se rendre compte, par les exemples suivants, de l'étonnante variété d'emplois qu'on en fit alors : « Une boiste de cristal garnye d'argent à mettre pain à chanter. » (*Invent. du garde-meuble de l'argenterie,* 1353.) « Une boiste de cristal garnye d'argent, aux armes d'Évreux. — Une boiste d'or à façon de poire pour mectre pouldre, au-dessus est ung petit lys ou fruitelet. — Une boiste de cristal garnye d'argent, dorée et grenetée, à troys piez de troys lyons et troys oiseaulx dessus le couvescle. » (*Invent. de Charles V,* 1380.) « Une boueste ronde de bois paincte. » (*Invent. de Charlotte de Savoye,* 1483.) « Six bouetes avecques leurs couvescles, toutes vermeilles dorées dedans et dehors, à mettre confitures. » (*Invent. d'Anne de Bretagne,* 1490.) « Une boîte d'argent toute blanche, gouderonnée avec sa couverte, en laquelle se met la pouldre cordiale de Madame. — Une boîte de barbier assez haultelette, à six entredeulx dedans. — Une petitte boitte d'or faicte à façon de petite cuvelle, pour y mettre la pouldre cordiale que Madame prend à l'yssue de ses digné (*sic*) et souppéz. » (*Invent. de Marguerite d'Autriche,* 1524.) « Une petite boiste de verre pleine de pouldre de Chippre. » (*Invent. des meubles du prince de Condé,* 1588.) « Une petite boeste d'yvoire, en laquelle y a de la civatte. — Une boeste couverte de cuir du levant noir, avec des devises de chiffres, etc. » (*Invent. de Catherine de Médicis,* 1589.) On a pu voir, par quelques-unes de ces citations, que les boîtes jouaient, dès ces lointaines époques, un rôle important dans les combinaisons de la toilette. Le pamphlet l'*Isle des hermaphrodites* entre à ce sujet dans des détails assez curieux. Décrivant la garde-robe d'un de ses héros, l'auteur écrit : « En un lieu [se trouvoient] la toilette et les peignes, et dedans de certaines petites boettes que je n'avois point

Fig. 243. — Boîte à poudre de senteur en argent (XVIIe siècle).

encore veues, cela me fit demander de quoy cela pouvoit servir; on me dit que quelquefois le Seigneur-Dame en mettoit dans sa poche pour s'en servir en temps et lieu ; cela me fit en prendre une pour voir ce qui estoit dedans, et j'y trouvay du vermillon tout préparé qu'il s'appliquoit sur les joües, quand celuy qu'on luy avoit mis le matin estoit effacé. » Et plus loin : « Il y avoit aussi force boettes et petites bouteilles..... dans lesquelles il y avoit plusieurs sortes d'eaux, tant de senteurs que pour les fards, avec tout plein de boettelettes et de petites escuelles peintes de rouge. » Quant aux boîtes employées à cette époque pour d'autres soins, nous ne rappellerons que pour mémoire celle de cette « honneste dame », citée par Brantôme (*Dames galantes,* VIIe disc.), laquelle mutila le cadavre de son mari, pour conserver un souvenir de lui, et puis, « enchâssa » ce souvenir dans une boëte d'argent doré « qu'elle garda pieusement comme chose très prétieuse », et ce passage des *Historiettes* de Tallemant, relatif à la reine Margot : « Elle portoit un grand vertugadin qui avoit des pochettes tout autour en chacune desquelles elle mettoit une boete où étoit le cœur d'un de ses amants trépassés. » Enfin si nous citons la « bouette d'argent », dont parle Pierre de l'Estoile, boîte que sa fille Loyse lui céda « pour fournir à l'entretien de la coustume des estrennes, qui n'est qu'une vieillesse d'erreur préjudiciable à la bourse », c'est qu'elle nous apprend que la boîte constituait alors un cadeau de jour de l'an.

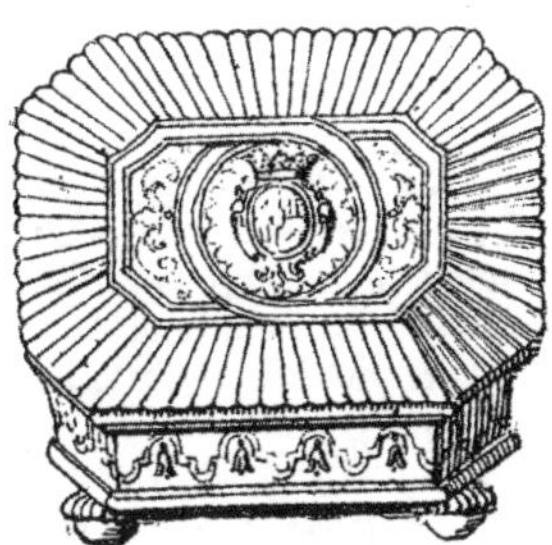

Fig. 244. — Boîte à mouches, d'après D. Marot.

Le XVIIe siècle, au point de vue de la toilette, ne pouvait manquer de suivre ces traces brillantes. Les *boîtes de senteur* se trouvent alors non seulement sur toutes les tables, mais dans toutes les poches. Coûteuse habitude, car l'inventaire d'un marchand de Bordeaux, Grégoire Beaunom (1607), nous apprend que les plus ordinaires se vendaient sept livres dix sols. On se servait aussi couramment de boîtes pour loger tout l'arsenal des pinces, des brosses, etc. Elles étaient, dans ce cas, le plus souvent en métal précieux. Parmi la vaisselle de chambre du Dauphin, fils de Louis XIV, nous remarquons « deux boîtes à éponges » et « deux boîtes à savonnette » en or. Quant au Grand Roi, il n'employait pas moins de dix-huit boîtes de porcelaine pour loger les onguents variés dont il faisait usage, et indépendamment de ces dix-huit boîtes, nous remarquons dans sa garde-robe des boîtes de vermeil, qui lui servaient à mettre de l'anis et des racines, et qu'il mâchait toujours, même à la guerre, à cause de certaines odeurs un peu trop vivement critiquées par Mme de Montespan.

Parmi les boîtes dont le Grand Roi faisait encore usage figurent une *boîte à cure-dents,* avec son couvercle percé à jour aux quatre coins, et gravé au milieu des armes du roi ; des boîtes en or pour mettre de la poudre, des cuillers, du *bolus ;* des boîtes en argent d'Allemagne, en cristal de roche, etc. Il n'est guère que les *boîtes à tabac* et les *boîtes à mouches* qui manquent dans cette collection. Pour les premières, dont nous aurons occasion de reparler, on sait que le Grand Roi eut toujours une si grande répulsion pour l'action de priser, qu'à Versailles on se cachait pour le faire. Quant aux boîtes à mouches, une autre raison le dispensait d'en avoir.

Cette raison n'existait pas pour le personnel féminin de la Cour. Aussi l'usage des boîtes à mouches se généralisa-t-il au XVIIe siècle. La grande Mademoiselle, prise de dévotion et dans le dessein de se faire religieuse, écrit, comme marque de sa conversion (1647) : « Je n'allois point au cours, je ne mettois point de mouches, ni de

Fig. 245. — Boîte à éponges en argent (XVIIIe siècle).

poudre sur mes cheveux. » (*Mém.,* t. Ier, p. 152.) Une pièce conservée parmi les manuscrits de Conrart (1656) (Bibliothèque de l'Arsenal, in-folio, t. XI, p. 313-315), et qui fait parler la bonne faiseuse, s'exprime ainsi :

. . . .
J'en ai de toutes les façons,
Pour radoucir les yeux, pour parer le visage ;
Et pourvu qu'une adroite main
Les sache bien mettre en usage,
On ne les met jamais en vain.

Cependant, on connaît relativement peu de boîtes à mouches au XVIIe siècle, et les documents qui en font mention ne sont point très nombreux. On lit dans les *Mémoires* de la grande Mademoiselle (III, 456) qu'il s'en trouvait dans la corbeille dont le prince de Créqui fut chargé, en 1660, d'aller faire hommage à la future reine de France. Par le *Mercure* de mars 1679, nous savons également qu'il s'en rencontrait plusieurs dans la cassette, que M. de Béchameil envoya la veille de son mariage à sa fiancée, Mlle Le Ragois de Bretonvilliers. La description de la garniture de toilette offerte, en 1680, par Louis XIV à la Dauphine

Fig. 246. — Boîte à brosses (XVIIIe siècle).

mentionne trois boîtes à mouches en vermeil. Berain et Marot en dessinèrentun certain nombre. Parfois, ces sortes de boîtes affectaient la forme d'un quadruple louis évidé à l'intérieur. Cette dernière révélation nous est faite par le *Mercure galant* de Boursault (acte Ier, scène II). Enfin des boîtes à mouches, il convient de rapprocher les *boîtes à vapeurs* (voir le pamphlet intitulé : *Des mots à la mode.* Paris, 1692, p. 176); ces boîtes contenaient des pastilles qui permettaient de combattre ces légers malaises presque aussi répandus au XVIIe siècle que les mouches et le tabac.

Au XVIIIe siècle, les boîtes continuèrent d'abonder sur les toilettes. Boîtes à mouches, boîtes à poudre, boîtes à savonnette, sont d'une richesse peu ordinaire. Parmi les bijoux envoyés en 1714 à la reine d'Espagne figurent trois

Fig. 247. — Boîte de toilette (XVIIIe siècle).

boîtes à mouches payées 1,040 francs. Dans la corbeille de la Dauphine (1745) se trouvent une boîte de laque de 340 livres et une autre de 600. Lors du second mariage du Dauphin (1747), la nouvelle Dauphine reçut quatre boîtes à mouches d'une valeur de 3,880 livres. Presque toutes les ventes de ce temps, les inventaires, les états de meubles font mention de ces boîtes, aussi bien en province qu'à Paris. Nous citerons, entre autres, l'*Inventaire de la dame Sibon* (Marseille, 1755), la *Vente de la comtesse de Grammont* (Paris, 1759), celle de la princesse d'Anhalt (Paris, 1761), l'*Inventaire du château d'Amilly,* dressé en 1765, la *Vente du duc Charles de Lorraine* (Bruxelles, 1781), etc. Par le *Livre journal* de Lazare Duvaux, nous savons, en outre, que Mme de Pompadour avait sur sa toilette « un cygne émaillé formant une boëte à mouches », et qu'elle avait payé ce bijou 575 livres.

Détail à noter, l'*Édit* de 1700, si sévère pour tous les meubles et ustensiles d'or et d'argent, fait une exception en faveur des boîtes. Il permet à ceux qui en possèdent en métal précieux « de les garder si bon leur semble ». Cette tolérance explique leur abondance au XVIIIe siècle. Nous venons de voir que les boîtes de toilette se rencontraient en nombre dans la plupart des inventaires de ce temps. Pour les autres boîtes, on peut dire qu'elles foisonnent. Ici, c'est la *Vente de la comtesse de Ruffec,* à laquelle les amateurs se disputent « quantité de bijoux, comme boetes de laque, d'agate, de sardoine, de lapis, de jaspe sanguin et de crystal de roche, doublées d'or ». (Voir les *Annonces, affiches et avis divers,* 9 et 10 décembre 1661.) C'est l'*Inventaire de Marie-Josèphe de Saxe,* où nous trouvons quantité de ces boîtes, les unes émaillées avec le portrait du Dauphin, celui de Madame Adélaïde ou celui de Madame Victoire, d'autres enrichies de diamants, d'autres en cristal de roche, d'autres avec le médaillon du roi ou celui de la reine, d'autres couvertes « de petits tableaux ». Ajoutons qu'on en rencontre encore à cette époque en vernis Martin, en ivoire teint, en fer ciselé, en mosaïque, incrustées de burgau, avec des miniatures ou des émaux, qui portent les signatures de Petitot, de Degault, de Larue, de Hall, de Van Blarenberghe, d'Augustin, etc. Enfin, elles constituent parfois tout un assortiment, et cette mode s'est conservée, au reste, jusqu'en ce siècle, car à la vente de Robert de Saint-Victor (1822), nous ne trouvons pas moins de soixante-quinze boîtes en or, en écaille, en argent, en buis, ornées de peintures, de miniatures, de fixés, de camées, d'émaux, de pierres fines.

Cette profusion, dont nous avons déjà indiqué une des causes, comporte encore d'autres explications. La boîte fut, pendant tout le XVIIIe siècle, le présent par excellence : celui qu'on envoyait à un poète en guise de remerciement. — Témoin l'envoi fait au poète Roy par l'archevêque de Cologne. (Voir *Mercure,* mai 1750.) C'était le cadeau qu'on adressait à sa commère à l'occasion d'un baptême. — Témoin le baptême du jeune Lévêque, qui fut tenu sur les fonts par Madame Adélaïde et par le Dauphin. (*Ibid.,* septembre 1755.) La boîte était, en outre, la compagne de tous les hommes de bon ton. On mesurait le luxe d'un seigneur au nombre et à la richesse de ses boîtes, et comme témoignage de sa fortune inespérée, Saint-Simon nous dit que M. de Rion était « plein d'argent, de boîtes, de joyaux et de pierres ». C'est qu'indépendamment des emplois que nous avons déjà énumérés, la boîte servait à la fois de parure et de contenance. On en avait quatre, cinq dans ses poches, avec lesquelles on jouait gracieusement et qu'on faisait évoluer dans ses doigts. D'abord récipient à recevoir des odeurs exquises et parfois détestables (voir dans les *Aventures du baron de Fœneste,* édit. Janet, p. 127, l'histoire de la boîte de Mlle Caboche, et dans le *Journal* de Dangeau, t. XIII, p. 298, l'histoire curieuse et dégoûtante du surintendant Bullion, etc.), la boîte s'était, en dépit des rigueurs du Grand Roi, transformée en tabatière et était devenue, pour les priseurs, une marque de luxe, en même temps qu'un objet de nécessité.

Si nous en croyons Mme de Genlis, ce fut Louvois qui posséda la première tabatière d'une grande richesse. Son exemple fut suivi, surtout lorsque Louis XIV ne fut plus là pour imposer son *veto.* Presque toutes les boîtes qui nous sont restées de ce temps sont, au reste, des objets d'une rare valeur. Nous avons parlé, en commençant, de la boîte magnifique que milord Portland reçut de Louis XIV. Une autre figure dans l'*Inventaire du maréchal de la Meilleraye* (1664), qui ne paraît pas avoir été moins riche ni moins belle. C'était « une boiste de portraict contenant vingt six diamans, sçavoir : un grand diamant taillé en fassette de forme de cœur, un grand diamant à table à demy fond, huict autres diamans taillés à fassette et seize petitz aussi taillés à fassette, le tout prisé la somme de trente mil livres ». Cette boîte cependant n'approche pas de celle qu'en 1679 le roi d'Espagne envoya, en présent de noces, à Mademoiselle, et qui valait, si l'on en croit les récits du temps, vingt fois davantage. Elle était « de diamans, dit le *Mercure* de septembre 1679, faite en lozange, soutenue d'un nœud de diamans, qui a sept ou huit branches, avec le portrait du roi ». Elle était estimée « deux cens mille écus », un million et demi de notre monnaie.

Ces boîtes, toutefois, dont nous aurons occasion de reparler (voir TABATIÈRE), ne doivent pas nous faire perdre de

Fig. 248. — Boîte à mouches (XVIIIe siècle).

vue nombre d'autres boîtes infiniment plus modestes, mais également utiles, qui ont droit, elles aussi, à quelques mots. Telles sont les boîtes à bouquets, dans lesquelles on serrait, au XVIIe siècle, les bouquets de plumes dont on ornait les lits : « Plus deulx boittes à boucquetz avec une penache » (*Invent. de Grégoire Beaunom ;* Bordeaux, 1607);

les boîtes à perruques, faites souvent en bois parfumé, et qui apparaissent au milieu du XVIIe siècle : « Une boîte à perruque en bois de senteur, prisée LX sols » (*Invent. de Molière,* 1673) ; « Deux boetes à perruques de bois blanc avec deux vieilles perruques, prisées IIII livres » (*Invent.*

Fig. 249. — Boîte à tabac (XVIIIe siècle).

de Claude de Beauregard, 1720) ; les boîtes de couleurs et les boîtes de mathématiques, anciennes comme usage, car elles remontent au XVIe siècle, et quelquefois luxueuses, comme le prouvent les exemples suivants : « Ung petit coffre couvert de cuir rouge garny de chiffres, là où il y a sept corps d'argent parfaicts servant aux mathématiques » (*Remise au duc d'Épernon du mobilier des frères de Foix-Candalle,* 1598) ; « Un étui garni d'un compas et d'un porte-crayon d'argent » (*Apposition de scellés chez L. Daviler, architecte,* 1764) ; et enfin la « boete à dessiner d'ancien lacq noir à deux étages », que Lazare Duvaux vendit au prince de Turenne pour 1,080 livres.

Parmi les boîtes utiles, il nous faut encore citer la *boîte à caffé,* que nous rencontrons en 1755 chez Oudry, peintre du roi, ustensile d'argent qui a cessé d'être en usage ; la *boîte à thé,* également en argent ou en vermeil, qui figure à la *Vente de Mme de Pompadour* (1766), à celle du duc Charles de Lorraine (1781) et dans l'*Inventaire du graveur Philippe Le Bas* (1783) ; les *boîtes à jeux,* remplies de marques et de fiches, de formes et de valeur très variables ; les *boîtes à quadrille* « à charnières d'or avec fiches et jetons d'ambre » (*Vente du duc Charles de Lorraine*) ; les *boîtes à ouvrage ;* les *boîtes à parfiler,* avec serrures et charnières d'or, étuis de galuchat ou de cuir de Russie (*Ibid.*), etc. Toutes ces variétés de boîtes étaient non seulement d'une grande richesse, mais elles suivaient les fluctuations de la mode. Et comme celle-ci changeait presque chaque année, pour que le public pût se conformer à ses arrêts, les marchands s'appliquaient à des contrefaçons ingénieuses. C'est ainsi qu'en 1765 le célèbre Compigné inventa les boîtes en écaille blonde et or, « faisant l'effet de boetes d'or à diverses couleurs ». (*Avant-coureur,* 1er juillet 1765.) L'année suivante, un autre bijoutier en renom mettait dans le commerce des boîtes en imitation dites GASCONNES (voir ce mot) que la police dut proscrire.

Bien mieux, les boîtes en ce temps se chargeaient même d'interpréter les événements du jour. En 1774, Granchez, le bijoutier de Marie-Antoinette, créait, à propos de la mort de Louis XV, des boîtes en chagrin noir « avec le portrait du roi et de la reine incrusté dessus, qu'il nomma la *Consolation dans le chagrin,* et d'autres en petit deuil renfermant en dedans le couvercle le premier édit du roi et dessus le même portrait, qu'il nomma le *surcroît de Consolation* ». (*Mercure* de juillet 1774.)

Puis à côté de la coquetterie il faut placer la gourmandise, et ne pas oublier les fameuses *boîtes de Cotignac,* célèbres dès le XVIe siècle (voir *la Vefve* de Pierre de Larivey, acte II, scène VI) ; il ne faut pas omettre non plus toutes ces boîtes, de destinations très diverses, dont il est parlé dans le *Tarif des droicts des sorties et entrées du royaume de 1664 :* « Boettes ferrées et bougettes..... Boettes de sapin, de Foucine et autres lieux..... Boettes de sapin peintes et cabinets d'Allemagne, etc. » Toutes ces boîtes, au XVIIe siècle, se trouvaient à Paris chez la veuve Poisson, « marchande à la pierre au Lart », qui tenait « magasin de toutes sortes de boettes d'Allemagne, de sapin, de bois blanc, peintes et non peintes ». Aujourd'hui, on les rencontre chez tous les layetiers et boisseliers, et leurs formes, comme leurs usages, étant sans nombre, il nous est impossible d'entrer en des détails plus précis.

Enfin, pour être complet, il nous faudrait parler des boîtes d'HORLOGE et de pendule ; mais il en est question, au premier de ces deux mots.

Boîtier, *s. m.* — Ce mot a trois significations. La plus ancienne est celle de serrurier. Le *Livre des mestiers,* d'Étienne Boileau, mentionne les statuts des « Boitiers ou feseeurs de serreures à boites ». La plus moderne signifie tantôt la boîte à instruments que les chirurgiens emportent avec eux pour leurs opérations, tantôt la boîte à onguents où les pharmaciens placent un assortiment de leurs drogues. Enfin on trouve boîtier pris dans le sens de LAYETIER. (Voir la *Doctrine de la nouvelle dévotion cabalistique ;* Paris, 1656.)

Bol, *s. m.* — Sorte de vase hémisphérique en forme de coupe, fait de porcelaine, pour prendre le lait, ou de métal pour préparer le punch. L'objet est ancien dans nos usages. Sous le nom de jatte, il fut de tout temps usité chez nous, et l'on dit encore une JATTE de lait. Le mot bol, par contre, est récent dans notre langue. Il est une adaptation de l'anglais *bowl,* qui a la même signification. C'est à la fin du siècle dernier, au moment où l'anglomanie commençait à sévir chez nous, que le bol s'introduisit dans notre langage, en même temps que le punch, les jockeys, les tilburys, etc. La première mention que nous en ayons rencontrée figure dans l'*Inventaire du mobilier de la Couronne* dressé en 1792. « Une grande corbeille en or servant de bol à punch. » Ce bol sans pareil est estimé 34,906 liv. 5 sols. La valeur du métal était de 14,906 liv. 5 sols. Depuis lors, le bol a pris place un peu partout, dans les ménages les plus humbles comme sur les tables les plus riches, dans les cabarets les plus modestes comme dans les plus somptueux restaurants, dans les récits d'Eugène Sue comme dans les aphorismes de Brillat-Savarin ; mais nulle part avec cette magnificence, et il faut l'imagination poétique d'Alfred de Musset pour voir, même en rêve, un

..... Bol où le punch rit sur son trépied d'or.

Boleto, *s. m.* — Locution limousine. Petit panier plat,

Fig. 250. — Boîte à tabac (XVIIIe siècle).

sur lequel on sert les châtaignes blanchies, les crêpes, etc.

Bolsas, *s. m.;* **Bolzas,** *s. m.* — Espèce de coutil importé des Indes et employé, au XVIIIe siècle, à faire des housses de meubles et des rideaux communs. Parmi les étoffes récemment importées par la Compagnie des Indes, le *Mercure* de septembre 1701 mentionne 18 pièces de bolsas.

Bolse, *s. f.* — Prononciation gasconne et béarnaise de Bourse. (Voir ce mot.)

Bombasen, *s. m.* — Voir Basin.

Bombé, *part. passé* du verbe Bomber. — Se dit des meubles et des surfaces arrondies et de forme convexe. « Une commode de bois de palissante (*sic*) bombée par

Fig. 251. — Grande bonbonnière (xviiie siècle).

devant, etc. » (*Invent. général des meubles de la Couronne.*) A la fin du xviie siècle il s'établit, au faubourg Saint-Antoine, une manufacture pour bomber le verre à vitre.

Bonaparte, *s. m.* — Fauteuil Bonaparte, siège de bureau. (Voir Fauteuil.) Ce nom singulier a été donné à ce genre de sièges, à cause de son dossier cintré au milieu et légèrement retroussé à ses extrémités, qui offre une vague et lointaine ressemblance avec certain chapeau légendaire.

Bonato, *s. m.* — Locution limousine. Panière, grande corbeille.

Bonbasin, *s. m.;* **Bonboizin,** *s. m.;* **Bonboizine,** *s. f.* — Voir Basin.

Bonbonne, *s. f.* — Vase en forme de grosse bouteille, à goulot très court, en verre ou en grès, souvent enveloppé d'osier, qui sert au transport des huiles et essences.

Bonbonnière, *s. f.* — Le mot bonbonnière ne remonte pas au delà du siècle dernier. Lorsque l'usage du tabac devint général en France, on éprouva le besoin de désigner sous un nom spécial celles d'entre ces boîtes si variées, si délicates, si charmantes dont nous avons constaté plus haut la magnificence (voir le mot Boîte), qui continuèrent à renfermer des pâtes, des sucreries, des dragées, des pastilles, en un mot, ce qu'on nommait, depuis un siècle déjà, des bonbons.

Jusque-là, on avait appelé les bonbonnières des Drageoirs ou simplement des Boîtes. C'est seulement à partir de 1770, que l'usage de ce mot nouveau se généralisa et qu'on vit apparaître la bonbonnière dans les réclames des marchands. En 1772, le sieur Compigné, tabletier du roi, demeurant rue Grenéta, à l'enseigne du *Roi David,* informait sa clientèle qu'on trouvait chez lui « des bonbonnières en écaille garnies ou non garnies ». (*Mercure,* septembre.) En 1775, le propriétaire du fameux magasin du *Petit Dunkerque* prévenait, à son tour, le public qu'il mettait en vente « des bonbonnières en stuc très légères, et d'autres en écaille blonde incrustée en or, depuis les plus bas jusqu'aux plus hauts prix, etc. » (*Ibid.,* janvier.) A partir de ce jour le néologisme eut ses grandes entrées dans le langage courant.

Par une extension aimable, on applique aussi le nom de bonbonnière à une pièce, à un appartement, à un hôtel, à un théâtre, coquettement décorés ou douillettement meublés. Bonbonnière, pris dans cette acception, remonte également au siècle dernier ; Métra, dans sa *Correspondance secrète* (t. XIII, p. 141), cite une chanson sur les *Événements actuels,* où nous lisons :

..... La troupe de Molière
Quitte le Louvre à grands frais,
Pour essuyer nos sifflets
Dans la vaste bonbonnière...

Bonde, *s. f.* — Ouverture pratiquée sur la panse d'une futaille, et par où on introduit le liquide à l'intérieur. « Tout homme avoit sa bouteille remplie, pourveu qu'il apportoit bouteille d'eau pour mettre par la bonde. » (*Mém. du comte de Richemont,* 1442.)

Bonette, *s. f.* — Voir Bonnette.

Bonheur du jour, *s. m.* — Ce meuble est, comme son nom l'indique, une production de la mode. La grande faveur dont il jouit au moment de son apparition, c'est-à-dire aux environs de 1760, le fit appeler ainsi. C'est, au reste, avant tout, un meuble de dame, qui tient lieu de bureau et de secrétaire. Parfois, le bas est à deux vantaux et constitue une petite armoire. Le milieu est alors formé d'un tiroir recouvert par une tablette garnie de basane, sur laquelle on peut écrire, mais qu'on peut aussi repousser au fond du meuble quand on a besoin de prendre quelque chose dans le tiroir. Le haut, fermé par un parquet de glace ou par un vitrage, peut, suivant le cas, remplacer en partie l'armoire à glace, ou servir à abriter de menus bibelots. Le premier inventaire où figure un de ces meubles est celui du duc de Villars (Marseille, 1770) ; il porte : « Un secrétaire dit bonheur du jour avec son dessus de marbre. » Dans l'*Inventaire du mobilier du château de Versailles pendant la Terreur,* on lit : « Une chiffonnière..... appelée bonheur du jour avec petit secrétaire en bois satiné moucheté, le dessus couvert d'une plaque de marbre blanc. » Cette double mention indique les divers services que rendait ce meuble suffisamment complexe.

Quoique le bonheur du jour ne compte qu'une existence fort courte, cependant il a subi, durant sa rapide carrière, quelques modifications. Ainsi on en a fabriqué beaucoup

Fig. 252 et 253. — Petites bonbonnières (xviiie siècle).

d'évidés dans leur partie inférieure et portés simplement par des pieds, permettant à la personne qui veut écrire d'étendre ses jambes sous le meuble. Dans d'autres, le tiroir, au lieu d'être recouvert à sa partie supérieure d'une tablette mobile, est muni d'un abattant qui forme tout à fait bureau. Mais le bonheur du jour demeure, en tout cas, un meuble essentiellement féminin et comme tel il est toujours coquettement traité, le plus souvent marqueté de bois exotiques, rehaussé de mosaïques de bois précieux, orné de bronzes ciselés avec goût et dorés. Sa place est dans le salon, et mieux, dans la chambre à coucher ; son rôle est celui d'un secrétaire de dame.

Bonne grâce, *s. f.* — Rideau étroit qui, descendant le long des quenouilles, dans le lit à piliers, ou se relevant de chaque côté, dans le lit à la duchesse, sert plus à parer le lit qu'à garantir de l'air. Les bonnes grâces apparaissent dans le mobilier au XVIe siècle. « Un lit de velours noir figuré, à doubles pantes, garny de son dossier, franges et crespines... quatre bonnes grâces de velours noir. » (*Invent. de Catherine de Médicis,* 1589.) « Un lit de damars fanné (c'est-à-dire couleur rose fanée) à double pente, le fondz, le dossier et soubassement, trois rideaux, deux bonnes grâces, deux quenouilles, le tout de damars fanné. » (*Invent. de Gabrielle d'Estrées,* 1599.) « Un tour de lict à housse, de damas cramoisy à ramages... composé de fonds, trois rideaux, deux bonnes grâces, deux cantonnières, etc. » (*Invent. du cardinal de Mazarin,* 1653.) « Un lict de velour rouge en broderye d'or et d'argent, garny de son fonds, dossier..., quantonnière, bonnes grâces et courte poincte brocart à fleurs. » (*Invent. du surintendant Fouquet,* 1661.) « Un lit à hauts piliers, garny de son enfonçure..., quatre rideaux de brocart d'or et argent et vert par bandes, deux bonnes grâces, deux cantonnières, etc. » (*Invent. du maréchal d'Humières,* 1694, château d'Humières, chambre de la dauphine.) « Un lit à la duchesse, garni d'une moyre violette, avec bande de tapisserie, sa courtepointe, ses soubassements et dossiers, deux bonnes grâces, etc. » (*Invent. du château d'Amilly,* 1765, appartement de Madame.) — On a, depuis, appliqué également les bonnes grâces à la décoration des fenêtres.

Fig. 254.
Grand bonheur du jour orné de bronzes ciselés et dorés.

Bonnet, *s. m.* — On donne ce nom à la partie supérieure de l'encensoir, ainsi qu'aux petites fermetures en argent, qui se fixent à l'aide d'un pas de vis sur le goulot d'un flacon. « 7 avril 1758. — A S. M. le Roy... : un coffre de noyer... contenant quatre flacons de cristal taillés à vis, avec les bonnets d'argent aussi à vis. » « 8 juin 1758. — A Mme de Pompadour : un flacon de cristal bouché d'un bonnet d'argent monté à vis... » (*Livre journal* de Lazare Duvaux, t. II, p. 359 et 366.)

Bonnette, *s. f.*; — **Bonette**, *s. f.* — Petite valise. « Le suppliant print sa bonete qui estoit à l'arçon de sa selle, dans laquelle il recueilly les corps qu'icellui chevaucheur gettoit sur lui. » Le continuateur de Du Cange, à qui nous empruntons cette citation tirée d'un document de 1482, en produit une autre : *Omnes mercatores... portantes bonetas seu maletas super equis, vel alio modo... teneantur dictas bonetas sive maletas aperire,* etc.

Bordat, *s. m.*; **Borde**, *s. f.* — Étoffe analogue au boucassin, dont on se servait soit pour couvrir des meubles, soit pour rideaux de lit. Dans l'*Inventaire de la Sainte-Chapelle* (1376), on lit : « iiij carreaux de plume couvers de borde jadis, et depuis couvers de bouquacin vermeil de nouvel. » Dans les dépenses faites en 1449 pour l'ameublement du Jardin d'Aix, résidence favorite du roi René, on trouve : « A Bonafous, juif d'Aix, pour XII cordes et deux cannes de bordat, pour deux cortines aux deux liez (lits). » (*Comptes et mémoriaux du roi René,* p. 132.)

BORDE, au XIVe siècle, a encore signifié ferme, métairie : « ses gens ardirent villaiges, bordes et maisons. » (*Chron. du bon duc Loys de Bourbon,* p. 203.)

Bordé, *s. m.* — Petit galon d'or ou d'argent dont on se sert pour fixer les étoffes employées en application. « N'entendons empêcher que l'on ne fasse des meubles avec des découpures d'étoffe d'or et d'argent, qui auront servi pour les habits d'hommes et de femmes, pourvu que l'on n'y mette aucunes franges, mollets, broderies, galons d'or et d'argent ; mais seulement un petit galon d'or ou d'argent appelé ordinairement un bordé tout autour... » (*Édit pour le retranchement du luxe,* 1700.)

Border, *v. a.* — C'est garnir le bord d'une étoffe avec un ruban ou un galon. Border un lit, c'est replier le bord de la couverture sous le premier matelas.

Bordoyer, *v. a.* — Terme de peinture et de gravure. Border, entourer. Les émailleurs et les céramistes emploient ce mot pour signifier qu'ils couchent l'émail à plat sur une plaque de métal bordée. On dit aussi d'un émail qu'il bordoie quand il devient louche, ou lorsqu'il se forme autour un trait noir, produit par l'oxydation ou la fumée.

Bordure, *s. f.*; **Bordeure**, *s. f.*; **Bourdure**, *s. f.* — Se dit de tout ce qui borde un objet ou une surface. La bande d'étoffe qui encadre un coussin, un oreiller, un matelas est une bordure. « Trois bordeures de mattelas en broderie avec des perles, où est représentée l'histoire de David. »

(*Invent. de Gabrielle d'Estrées,* 1599.) La bande qui encadre les panneaux de papier peint prend également ce nom, etc. Dès le XIVe siècle, on trouve ce terme appliqué aussi aux pièces d'orfèvrerie, et aux décors qui bordent les céramiques. « Un voirre dont la coupe est de cristal et les bords sont d'argent doréz... et le couvercle est de cristal et la bordure est à orbevoies et souages. » (*Invent. du duc d'Anjou,* 1368.) Mais c'est surtout quand il s'agit de bordures de tapisseries et de cadres de miroirs ou de tableaux, que bordure est d'un emploi courant dans le langage mobilier.

Fig. 255. — Tapisserie française du XVIe siècle, entourée de sa bordure.

Les bordures de tapisseries sont presque aussi anciennes que les magnifiques tissus qu'elles accompagnent. Dès le XVe siècle, elles jouent dans l'ordonnance générale de ces belles décorations un rôle en quelque sorte capital. Souvent même, à cette époque, ornées d'inscriptions, elles servent de légendes au sujet représenté dans la partie centrale, et sont chargées d'expliquer les événements qu'elles enveloppent. Au XVIe et au XVIIe siècle, les bordures de tapisserie augmentent encore en ampleur et en beauté. On en possède de merveilleuses de cette dernière époque. Celles de l'*Histoire du roi* notamment, exécutées aux Gobelins, peuvent compter parmi les plus belles. Ce qui distingue aussi les bordures du XVIe et du XVIIe siècle, c'est, outre la présence de trophées guerriers, l'abondance des chiffres et des armoiries placés dans les angles ou répartis au milieu des bandes. Dans ce genre, nous citerons, indépendamment des suites fabriquées aux Gobelins, la bordure de la curieuse tapisserie exécutée à Paris, par Pierre Desmoulins, pour les États de Bretagne ; celle dont le fameux Morice Dubout entoura l'histoire de saint Vincent qu'il tissa, en 1598, pour l'église Saint-Vincent de Rouen, et dans laquelle furent « inserrées les armaries du sieur Richer, trésaurier de la paroisse » ; et enfin la commission donnée, en 1661, à Roman Thomé, échevin de Lyon, de faire venir d'Anvers « une tapisserie dans laquelle sera représentée l'histoire de Salomon avec la broderie [des armes] du Roy à la bordure au-dessus, et celles de la ville à celle de dessoubz », etc.

Ajoutons que ce déploiement d'armoiries, de chiffres, de devises, qui prête à des effets si décoratifs, ne se rencontre pas seulement dans les bordures de tapisserie de haute ou basse lice, mais aussi dans celles faites d'étoffes plus ou moins riches et même de cuir doré. Comme exemple, nous citerons : « Dix-huict pièces de tapisserie de cuir doré... [avec] toutes les bordures d'entre-deux et de hault et bas à champ orangé et d'argent avec deux chiffres de H et double C », qui figurent dans l'*Estimation faite par le marquis de Rohan des meubles de feu Madame sœur unique du roi* (1604). Quant aux bordures de miroirs et de tableaux, nous en parlons au mot CADRE, qui sert aujourd'hui plus particulièrement à les désigner, quoique ce dernier terme paraisse d'une application moins exacte.

On rencontre parfois, dans les manuscrits anciens, le mot BORDURE ou BORDEURE employé pour BRODURE. On trouvera, à l'article BRODERIE, plusieurs exemples de cette orthographe défectueuse.

Fig. 256. — Bordure de tapisserie exécutée aux Gobelins (XVIIe siècle).

Born, *s. m.;* **Bort**, *s. m.* — Born dans le Bordelais, et bort dans l'Ile-de-France sont employés fréquemment avec la signification de BOIS. Généralement bort est accompagné des mots d'Irlande ou d'*Illande,* indiquant l'origine septentrionale de la matière mise en œuvre. « A Raoulet du Gué, huchier, demourant à Paris, pour avoir fait un berceul tout de bort d'Irlande, etc. » (*Dépenses pour les couches d'Isabeau de Bavière,* 1403.) « S'ensuit la mise et despense pour une fermeure de bort d'Illande appelée communément ung porche de chambre... » (*Compte de la sœur Jeanne la Paige, prieuse de l'Hôtel-Dieu;* Paris, 1432.) « Una taula (table) plegadissa ab sous estennetz (tréteaux) de born obrats. — Un petit banquet de born, etc. » (*Invent. de Ramond de Cussac, chanoine de Saint-André;* Bordeaux, 1442.)

Borne, *s. f.* — Siège circulaire d'environ deux mètres de diamètre avec dossier au centre, qui se place au milieu d'un salon. Ce meuble est d'origine très récente. La première mention que nous en ayons trouvée figure dans les *Mémoires de Metternich* (t. III, p. 333) où il est désigné sous le nom de canapé rond. Il ne convient qu'à des pièces d'une vaste étendue. (Voir fig. 257.) On donne aussi le nom de borne à un siège volant de forme cylindrique, dont la carcasse tout en hêtre disparaît sous la garniture, et plus généralement appelé POUF.

Borra, *s. m.;* **Bourra**, *s. m.;* **Bourras**, *s. m.* — Nom donné dans le midi de la France au linge de chanvre, fort et grossier. « Le suppliant prist une touaille ou borras de toile. » (*Lettre de rémission,* 1392.) « En la segonda ucha, detz et sept linsous que de borra, que de lin, que integra, que darramatz. » (*Invent. de Ramond de Cussac;* Bordeaux, 1442). « Deux charrier borras estiméz vingt solz. (*Invent. de D^me Benoîte Gillet;* Lyon, 1654.) « Un buffet, dans lequel il y a une douzaine de torchemains de bourras. » (*Invent. de Françoise Bonnemy;* Villefranche, 1664.)

Savary, au mot BOURRAS (voir *Dictionnaire universel de commerce*), écrit : « On appelloit autrefois de ce nom une sorte de grosse étoffe de laine, qui ne servoit que pour habiller les pauvres et les paysans. » Savary se trompe ; les exemples ci-dessus montrent suffisamment qu'il s'agit de toile grossière de chanvre, et non d'un tissu de laine.

Borroche, *s. f.;* **Bourroiche**, *s. f.;* **Bourriche**, *s. f.* — Panier de forme oblongue, dont on se sert pour mettre des fruits, du poisson, du gibier. On écrivit d'abord borroche : « Une borroche de jonc plaine de poupées de lin. » (*Lettre de rémission,* 1415.) « Le suppliant print une plaine borroche de prunes. » (*Lettre de rémission,* 1459.) Aujourd'hui la forme bourriche est seule employée.

Borse, *s. f.;* **Borssa**, *s. f.* — Orthographe béarnaise de BOURSE. « Une borse d'or faicte à huit quartiers à fiel de grame (filigrane). » (*Invent. des meubles et effets précieux du château de Pau,* 1517.) Dans le Bordelais et la Gascogne au XVe siècle, on écrivait borssa. « Un sac de cur et tres borssas que se tenen. » (*Invent. de Ramond de Cussac, chanoine de Saint-André;* Bordeaux, 1442.)

Bortrole, *s. m.* — Branche ou tige de chandelier. « Un chandellier de cuivre à deux thuyaux ou bortroles. » (*Lettre de rémission,* 1409.)

Bos, *s. m.;* **Bosc**, *s. m.* — Bos est l'ancienne prononciation et l'ancienne orthographe picardes de BOIS.

« A Lynard du Coquet, marquant de bos, pour XVI quesnes à lui acatés, etc. » (*Comptes de la ville d'Amiens,* 1401.) En Normandie, au XIVe siècle, on écrivait Bosc. « Pour deux coulombes (colonnes) mises en l'uiserie [de la] maison à

Fig. 257. — Borne capitonnée (XIXe siècle).

l'artilleur, pour bosc et pour paine, v sols. — Pour deux fenestres, en la chambre le roy, pour bosc, pour clou, etc. » (*Travaux exécutés à Rouen,* 1334.)

Boscheria, *s. f.* — Locution gasconne. Bûcher.

Bosquaille, *s. f.* — Terme de tapissier. Synonyme de Verdure. « Une chambre de tapisserie toute remplye de bosquailles et de verdure avecques personnaiges. » (*Mandement de Philippe le Bon,* 1459.)

Bossage, *s. m.* — Saillie façonnée qui excède le nu d'un mur, d'une arcade et même d'une colonne. L'architecture à bossages fut très à la mode au XVIe et au XVIIe siècle. Le Luxembourg,

A bossage formé d'une sculpture pleine,

le Louvre, la porte Saint-Martin, montrent de beaux exemples de bossages. Leur emploi ajoute à la solidité apparente de l'édifice et fait paraître la construction plus robuste. Leur abus alourdit, au contraire, et épaissit les lignes. On compte plusieurs sortes de bossages. Les plus employés en architecture sont les bossages à Chanfrein, à Pointe de diamant, à Griffe ; les bossages Vermiculés, Rustiques, etc.

Bosse, *s. f.* — Terme de sculpteur, qui signifie relief. Surface sculptée en Demi-bosse, c'est-à-dire en saillie sur le fond de la moitié de son épaisseur. « Ung coffre d'ivoire faict à personnaiges à demye-bosse. » (*Invent. d'Anne de Bretagne,* 1498.) La Ronde bosse est une sculpture qu'on peut voir de tous côtés. On dit communément travailler d'après la Bosse, pour indiquer qu'on copie un ouvrage exécuté en ronde bosse, que les sculpteurs, par abréviation, appellent simplement bosse. « Alentour de ladicte salle sont tous les roys de France mis en bosse. » (*L'Ordre observé au sacre de la reine Claude,* 1517.) « Dans le cabinet des élèves, une selle à modeler, une chaise de paille et dix bosses en plâtre. » (*Apposition des scellés après le décès du sculpteur Michel-Ange Slodtz,* 1764.)

En terme d'orfèvre, on appelle Vaisselle en bosse celle qui affecte des formes rondes ou renflées, comme les aiguières, les flacons, etc. On dit, en outre, de plats, de bassins qu'ils sont Relevés en bosse, quand ils présentent des figures ou des dessins en relief. « Un tableau d'argent de la nativité de Nostre Seigneur.... où qu'il y a Nostre Dame et sainct Jehan en bosse. » (*Invent. d'Anne de Bretagne,* 1498.) « Ung sainct Hyerosme fait de cuyvre esmaillé, faict en bosse. » (*Invent. des meubles du château de Nérac,* 1555.) « Premièrement, une grande nef dorée, avec son couvercle sizelé en bosse... Plus ung cadenat d'argent doré sizelé en bosse..., etc. » (*Invent. des meubles du prince de Condé,* 1588.) On n'a pas oublié non plus le sonnet de Trissotin, dans les *Femmes savantes :*

Et quand tu vois ce beau carrosse,
Où tant d'or se relève en bosse...

Les serruriers appellent Serrures en bosse celles qui s'attachent par le dehors avec des clous ; et les verriers donnaient autrefois le nom de bosse au ballon qui, gonflé avec la felle, était ensuite coupé au milieu et étendu pour faire des vitres.

Bossetier, *s. m.* — Qualité que prenaient jadis dans leurs statuts corporatifs les fondeurs parisiens, pour bien établir leur droit exclusif de fondre les boucles, les anneaux, ainsi que les statues, statuettes et autres ouvrages en ronde bosse. Ils se faisaient appeler, à cet effet : « Maîtres Fondeurs, Mouleurs en terre et en sable, Bossetiers, Sonnetiers, etc. » Dans la *Dépense des Vêtements et Équipages de Charles VIII* (1494. — Expédition de Naples), on remarque l'article suivant : « A Guillemin Maillefer, bossetier dudict seigneur, la somme de onze livres quatre solz tournoys ; pour doze boucles et mordans doréz, dont il a garny ung harnoys couvert de satin blanc. »

Dans les manufactures de verrerie, on donnait aussi ce nom à l'ouvrier qui soufflait la Bosse. (Voir ce mot.)

Bote, *s. m.;* **Botel,** *s. f.;* **Botelha,** *s. f.;* **Botelhon,** *s. m.;* **Botet,** *s. m.* — Locutions gasconnes. Corbeille, mannequin, bouteille. « Tres botets de terra ; — *Item,* un botet de terra per tenir binagre ; — *Item,* un botelhon ab quatre feudaduys de binne. » (*Invent. de Ramond de Cussac;* Bordeaux, 1442.) « Deux botels de terre. » (*Invent. de la succession Galossa;* Rabastens d'Albigeois, 1565.)

Botellerie, *s. f.* — Échansonnerie. (Voir Bouteillerie.)

Botequin, *s. m.* — Petit baquet. « Pour la pareure d'icelles tables, avoit à l'entour de chascune nef, quatre botequins chargés de fructuailles et espiceries, moult richement estoféz. » (*Mém. d'Olivier de la Marche,* liv. Ier, p. 538.) Botequin est un diminutif de Botte. (Voir ce mot.)

Boteron, *s. m.;* **Bouteron,** *s. m.* — Baquet commun. « Ung boteron ouquel avoit du poisson. » (*Lettre de rémission,* 1590.) « André Guerreau qui avoit des eufz en un bouteron..... » (*Lettre de rémission,* 1464.) Ces mots semblent, comme les précédents, être des diminutifs de Botte.

Botet, *s. m.* — Voir Botel.

Botte, *s. f.;* **Bote,** *s. f.;* **Boute,** *s. f.* — Ces mots ont plusieurs significations. C'est d'abord une sorte de paquet formé d'un nombre fixe d'objets de même nature. On a dit une botte de plumes, une botte de soie, une botte de fil, une botte de parchemin, etc. La botte de parchemin était autrefois de 36 peaux. Celle d'étoffes de soie se composait de six pièces. « [A] Édouard Tadelin, pour une botte de cendaux de plusieurs couleurs..... » (*Comptes d'Étienne de la Fontaine, argentier du roi Jean,* 1352.) « Des dictes garnisons de l'argenterie : pour XII pièces de cendal vermeil en graine qui font II botes..... » (*Invent. du garde-meuble de l'argenterie,* 1353.) Jadis les marchands donnaient, en outre, le nom de bottes à des rouleaux d'environ un pied de long, couverts d'étoffe, de ruban ou de papier de diverses couleurs, qu'ils suspendaient à la devanture de leur boutique, pour attirer l'attention des acheteurs et leur servir d'enseigne.

Enfin, ce nom servait encore à désigner certains tonneaux de bois, dans lesquels on faisait voyager le vin et l'huile. « Deux botes de Grenache, trois botes de Malevesie, dont l'une fu mise en six barilz, deux botes de vins grecx, etc. » (*Quittance de l'Échanson du duc de Bourgogne,* 1388-1389.) La botte-futaille (dont le nom vient de l'italien *bottaio,* tonnelier) était de contenance variable, suivant les lieux de provenance. Elle était surtout en usage dans le Midi.

Boucassin, *s. m.;* **Boucassiné,** *adj.* — C'est le nom de toiles gommées dont jadis on se servait le plus souvent comme doublures, pour donner du corps et de la solidité aux tentures et aux étoffes d'ameublement. Quelquefois, cependant, le boucassin formait le tissu principal. « Deux coultes pointes blanches de boucassin doublées de toile, ouvrées menuement à l'endroit. » (*Invent. de Charles V,* 1380.) « A Michiel de Passy, le XVIIe jour dudit moys d'octobre (1447), la somme de cent XIX florins IX gros et demi, pour ung ciel pour la table du Roy, ouquel y a LXXVII palmes de damas gris, blanc et noir (c'étaient les couleurs du roi René) à raison de XIIII gros la palme ; XII cannes et demye de boucassin à V gros la canne ; deux livres III onces et demye de soye pour les franges d'icelluy, etc. » (*Comptes et mémoriaux du roi René,* p. 294.) « Plus deux cielz de boucassin de toille blanche, obraige de Ytalie. » (*Invent. des meubles restés au pouvoir du maître d'hôtel du château de Pau,* 1519.) « Plus vingt-cinq pièces boucazin de couleur à six livres cinq soulz pièce. » (*Invent. de Grégoire Beaunom, marchand;* Bordeaux, 1607.) « Un parement de chaize gros de Naples à fleurs de soye nacaract..... doublé de boucassin rouge. » (*Invent. des joyaux et argenterie de la cathédrale de Dol de Bretagne,* 1660.) « Plus, au plancher dudit garde-meuble, est suspendu un petit lustre de cristal enveloppé de boucassin rouge. » (*Invent. du surintendant Fouquet,* 1661.) « Six chaises bois de noyer à la dauphine garnies de boucassin rouge. » (*Invent. de Louis Cordeau;* Marseille, 1760.) Le boucassin dont il est question dans ces divers articles était sans doute du BOUCASSIN DE SMYRNE, c'est-à-dire une de ces toiles de coton fortement apprêtées et empesées qui, expédiées à Marseille, y étaient imprimées ou, pour nous servir de l'expression alors en cours, « peintes à l'indienne ».

On appelait TOILES BOUCASSINÉES les toiles indigènes qui étaient apprêtées et empesées dans le genre des boucassins de Smyrne. « Deux chaires à perroquet de damas rouge cramoisy..... Le tout doublé de toille boucassinée rouge. » (*Invent. du cardinal de Mazarin,* 1653.)

Boucharde, *s. f.;* **Boucharder,** *v. a.* — On nomme boucharde : 1° le marteau à pointe des maçons ; 2° un instrument garni d'acier en pointes de diamant, qui sert aux sculpteurs pour percer des trous dans la pierre ou le marbre ; 3° une sorte de roulette, dont les cimentiers se servent pour boucharder le ciment, c'est-à-dire pour lui donner, après coup, le grain et l'apparence de la pierre.

Bouche, *s. f.;* **Belle-Bouche,** *s. f.* — Bouche est employée, comme terme générique, pour exprimer toutes sortes d'ouvertures. En fumisterie, la bouche d'un poêle est le trou par lequel on introduit le combustible dans ce poêle. Les bouches de chaleur sont celles par où l'air chauffé se répand dans l'appartement. Autrefois, on appelait bouche l'ouverture d'un vase. « Un pot d'argent doré par dehors et blanc dedens, dont le pié et les bors de la bouche et du couvercle sont à souages. » (*Invent. de Louis duc d'Anjou,* 1368.) Nos ancêtres du XVe siècle nommaient BELLE-BOUCHE, une sorte de grand chaudron de cuivre, dont on se servait pour la cuisine. « A Guillaume de Lagny, pour appareiller d'arain IIII paelles à boux, II chauderons à potager, II belles bouches et plusieurs autres vesseaux de cuisine..... » (*Comptes de Charles VI, — Cuisine,* — 1380.) « Pour rappareiller la grant chaudière à cuire char, la belle-bouche, XIII paelle à boux, etc. » (*Ibid.,* 1381.)

Enfin, jusqu'à la suppression de la monarchie, on désigna sous le nom de BOUCHE tout ce qui concernait l'alimentation solide ou liquide du roi et des princes. Le lieu où l'on préparait leurs aliments, et les officiers chargés de ce service, portaient le même nom.

Bouchiaux, *s. m. pl.* — Petites outres, faites de peaux de bouc, dans lesquelles on conservait le vin. Lorsque l'évêque d'Amiens allait à l'armée, la confrérie des tanneurs lui donnait deux paires de bouchiaux. (*Hist. de Picardie,* citée par Corblet dans son *Glossaire du patois picard.*)

Bouchon, *s. m.* — Ce qui sert à boucher un carafon, un flacon, une bouteille. Bouchon de liège, bouchon de verre, bouchon de cristal. « Une bouteille de jaspe d'Allemagne, à six pans, avec des filets d'or et un bouchon à visses d'or dessus, haulte de 5 pouces et de diamètre 2 pouces 9 lignes. » (*Invent. du mobilier de la Couronne,* 1684.) En ébénisterie, on donne également ce nom à la partie renflée, qui termine l'extrémité inférieure du pied d'un siège ou d'une table.

Boucle, *s. f.* — Anneau de métal qui sert à divers usages. Se dit surtout des anneaux de fer qu'on met aux portes pour les tirer ou pour heurter ; de ceux qui remplacent, dans la serrurerie, les boutons de porte, lorsque ceux-ci pourraient gêner, et encore de ceux dont sont garnis les cordons de sonnette placés à l'extérieur, et qui en permettent le tirage. On a donné aussi parfois le nom de boucle aux anneaux. « *Item,* troys rideaulx de damas cramoisy, garny de rubans et boucles coulans, ayant chacun six lez, etc. » (*Invent. d'Anne de Bretagne;* chambre de la reine, 1498.)

Boucquetterie, *s. f.* — Voir BOUQUETERIE.

Fig. 258. — Petite boudeuse (XIXe siècle).

Boudeuse, *s. f.* — Siège de salon, double et à dossier commun, disposé de façon que les personnes assises se tournent le dos. Ces sortes de sièges, très modernes, se font généralement à bois couverts. (Voir fig. 258.)

Boudin, *s. m.* — Moulure de forme cylindrique, que l'on appelle aussi tore. On donne le nom de RESSORT A BOUDIN à une lame d'acier contournée en spirale autour d'un axe. Les ressorts à boudin sont employés dans la confection des serrures et dans la pose des sonnettes. Le nom de boudin a été aussi donné à un petit portemanteau très mince, et de forme ronde.

Boudine, *s.f.* — Terme de verrerie. Sorte de nœud ou de bosse qui se trouvait jadis au milieu du plat des vitres. Les vitriers et ouvriers en verre blanc se servaient de *mouloirs* pour atténuer les boudines. Aujourd'hui, on pousse la manie des contrefaçons anciennes jusqu'à imiter cette défectuosité de la vieille fabrication.

Boudoir, *s. m.* — Petite pièce essentiellement à l'usage des femmes, innovation toute moderne, dont cependant on ne connaît pas très exactement l'origine, et dont le nom ne laisse pas que d'étonner. Le mot boudoir, en effet, suivant les

Fig. 259. — Boudoir (XVIIIe siècle), d'après une estampe de Moreau le Jeune.

étymologistes, dérive du verbe bouder, et Littré le définit : « Ainsi dit, parce que les dames se retirent dans leur boudoir, quand elles veulent être seules. » Mais si bouder est une action peu gracieuse, c'est, par contre, une action fort pudique, et alors, comment expliquer cette petite légende amoureuse, presque pornographique, qui s'est édifiée autour du boudoir ? Dès son apparition, en effet, les romanciers ne se sont pas gênés pour le transformer en une sorte de champ de bataille, où les vertus chancelantes se faisaient un devoir de succomber. Marmontel ne s'est point privé d'en faire indirectement une critique acerbe. Le fils Crébillon a osé y installer son trop fameux sopha, et avant eux, Mercier de Compiègne avait poussé le cynisme jusqu'à publier un *Manuel des boudoirs, ou Essais érotiques sur les demoiselles d'Athènes.* (4 vol. in-18, figures, publié à *Cythère,* s. d. — Paris, 1727.) Les poètes, toujours plus tendres, ne sont guère cependant plus discrets, ni plus réservés. Ici, c'est Sylvain Maréchal qui, traçant le *Plan de la maison d'un philosophe aimable,* réclame pour la réconfortante purée septembrale, un accès dans ce mystérieux et charmant réduit :

> Au-dessous du boudoir, ménage
> Un petit caveau pour mes vins ;
> Il faut, pour faire bon ménage,
> Qu'Amour et Bacchus soient voisins.

C'est Beaumarchais qui, parlant des *Dames du jour* (voir *Corresp. secrète,* t. XIII, p. 43), ne se gêne pas pour écrire :

> Les femmes sur leur contenance
> Ont le plus absolu pouvoir,
> Portant au cercle une décence
> Qu'elles quittent en leur boudoir.

Puis vient l'auteur du *Tableau de Paris,* qui se montre presque licencieux lorsqu'il décrit

> Ce temple fastueux que l'on nomme un boudoir...
> Au dedans on respire une molle richesse,
> Glaces, tableaux, sofas, tout parle de tendresse,
> Tout peint la volupté, tout invite au plaisir.

Et pour ne pas multiplier ces citations, terminons en rappelant que Gentil Bernard avait tracé sur la porte de son boudoir les quatre vers qui suivent :

> Habitons ce petit espace,
> Assez grand pour tous nos souhaits ;
> Le bonheur tient si peu de place,
> Et ce Dieu n'en change jamais.

Ces allusions fleuries et peu voilées nous entraînent bien loin de ce verbe bouder, et l'étymologie devient embarrassante. Si, de là, nous passons à l'origine directe, à la descendance de cette petite pièce aimable, l'embarras n'est pas moins grand. On croit savoir, il est vrai, qu'au Moyen Age, les princesses et châtelaines en quête d'isolement se retiraient dans leur oratoire pour y chercher la solitude et le recueillement. Certes, voilà qui se rapproche de notre verbe original bouder, et cependant, ce n'est point là qu'il faut chercher l'origine des boudoirs. Balzac a donc eu grand tort de s'évertuer, dans un de ses plus admirables romans (voir *la Peau de chagrin,* p. 119), à nous décrire un « boudoir gothique ». Au XVe siècle, dernière étape du style ogival, le boudoir n'existait pas. Toutefois, la description de ce boudoir est curieuse à lire, car elle montre de quelles absurdités un homme d'infiniment d'esprit est capable, quand il s'abandonne à la manie de l'archaïsme en matière de mobilier.

Au XVIe siècle, les princesses avaient, à côté de leur chambre, des petits cabinets. Nous savons, par les *Comptes des bastimens du Roy,* qu'au château de Saint-Germain, pour ne citer que celui-là, la reine avait un cabinet au premier étage ; que Madame Marguerite, sœur unique du roi, en possédait un également, mais plus petit, et que celui de Mme la duchesse de Valentinois, placé juste sous le cabinet de la reine, était en forme de triangle. Mais rien ne laisse supposer que, par leur décoration intérieure ou leur destination, ces cabinets se soient rapprochés de la pièce qui nous occupe. Bien mieux, le seul des cabinets de ce temps dont nous connaissions le mobilier, celui de la sympathique Louise de Vaudemont, est entièrement tendu de velours noir ; son meuble le plus en vue est un prie-Dieu, et son principal ornement consiste en tableaux de famille. (Voir dans l'*Inventaire de Louise de Vaudemont,* dressé à Chenonceaux le 5 janvier 1603, la pièce désignée « cabinet de ladicte deffuncte royne Loyse, dernière douairière ».) Une pièce meublée de la sorte n'est assurément pas un boudoir.

Au XVIIe siècle, le cabinet abonde et se rencontre dans toutes les habitations de haut style. Versailles, dont nous connaissons à fond la topographie, et qui donnait l'exemple au monde entier, Versailles était farci de cabinets. Nous trouvons dans la résidence royale, le cabinet des livres, celui des agates, celui des médailles, celui des perruques, etc., mais pas l'ombre d'un boudoir. Dans les lettres si pleines de détails attachants, que Mme de Sévigné adresse à sa fille, le mot cabinet revient aussi constamment. Par l'*Inventaire du marquis de Frontenac,* nous savons que le cabinet de sa femme, Anne de la Grange-Trianon, cette « précieuse » insigne, était rempli de tableaux d'une moralité non douteuse. Les *Mémoires* de Mlle de Montpensier nous apprennent que les peintures et les miroirs étaient également la parure de son cabinet. Par Tallemant des Réaux, nous connaissons le cabinet bleu de la célèbre Julie d'Angennes. Mais tous ces cabinets, asiles des beaux esprits, avaient à cette époque plus l'air de petits salons que de boudoirs.

Les délicieux cabinets, offerts à Mlle de la Vallière par Louis XIV, dans toute la nouveauté de sa brûlante passion, et qui étaient garnis « de riche broderie à fond d'or, manière de velours arabesque », et celui que la princesse de Conti dut également à la gracieuseté du Grand Roi, fleurent, il est vrai, un parfum de galanterie tendre et capiteuse. Mais les cabinets des grands seigneurs de ce temps n'étaient guère moins fastueux, et il ne viendrait à l'idée de personne d'appeler ces cabinets masculins des boudoirs. Le boudoir est donc une invention du XVIIIe siècle, une innovation de cette époque gracieuse, coquette, charmante et corrompue, qu'on nomme la Régence, innovation qui fit promptement la tache d'huile et se généralisa avec rapidité ; car, en 1759, le marquis de Mirabeau, ce farouche « ami des hommes », considérait déjà le boudoir comme un des accessoires obligé de l'habitation moderne. « A-t-on un palais ? s'écriait-il, il faut y trouver appartement d'hiver, appartement d'été, appartement de bains, entresols, cabinets, garde-robes, boudoirs !.... » (Voir *l'Ami des hommes,* édit. de 1759, p. 331.) Maintenant, si nous passons en revue quelques-uns de ces boudoirs, leur description achèvera de fixer le caractère de la pièce et sa destination.

A tout seigneur, tout honneur ; commençons par cette femme aussi gracieuse que coupable, qui a donné son nom à une des plus brillantes périodes de ce siècle galant. Nous voici à Bellevue, chez Mme de Pompadour. « On passe, nous dit Piganiol de la Force (*Descr. de Paris,* t. IX, p. 43), dans un joli boudoir, meublé en perse brodée en or. M. Boucher y a peint en dessus de porte deux vues chinoises, avec les grâces qui caractérisent tout ce qui sort du pinceau de ce grand maître. » Ce boudoir, semble-t-il, était fort décent. Celui de l'hôtel Lambert était encore plus modeste. « De plain-pied, écrit Dargenville (*Voyage pittoresque de Paris,* p. 226), on entre dans un boudoir au plafond duquel Le Sueur a peint la lune dans son char, sous la figure de Diane précédée de Lucifer, qui marque le point du jour. » Quant à celui du château de Chanteloup, résidence de M. de Choiseul, nous savons seulement qu'il était éclairé en lanterne. Jusque-là, comme on voit, rien de bien compromettant. Avec le boudoir de M. de Ménars, les choses changent d'aspect. C'est lui qui écrivait à Natoire que, comme cette pièce devant être « fort petite et fort chaude », il n'y voulait que des nudités. Avec celui du château de Bagatelle, le tableau se corse encore davantage. « Le boudoir, dit Bachaumont (*Mém. secrets,* t. XV, p. 187), offre toutes sortes de peintures voluptueuses de nos maîtres modernes, Greuze, Fragonard, Lagrenée, etc. Un lit de roses, et des glaces qui répètent de tous côtés les attitudes des amants, ne présentent cependant que ce qu'on voit dans d'autres châteaux, au Pavillon du roi, par exemple. » Le pavillon dont il est question ici est celui de Croix-Fontaine, construit par le fermier général Bouret pour Louis XV. Ce pavillon contenait un *cabinet de glaces,* qui n'était, à proprement parler, qu'un boudoir peu discret. (On en trouvera la description au mot CABINET, parce que c'est le nom sous lequel il est désigné par Piganiol de la Force.) Pénétrons maintenant chez une belle impure. « En 1788, écrit Antoine Caillot (*Vie publ. des Français,* t. II, p. 99), ce ne fut pas sans la plus vive admiration, que nous visitâmes la petite maison de Mlle Dervieux, située rue Chantereine..... Les côtés, le plafond et le parquet du boudoir étoient garnis de glaces, entre lesquelles il n'existoit aucun intervalle. Sur les glaces du parquet de ce petit temple de Vénus, étoient étendus des oreillers, qui servoient aux combats amoureux. Ainsi deux amans pouvoient, dans leurs embrassemens voluptueux, se considérer dans toutes leurs attitudes. Le concierge qui nous guidoit, ajoute l'indiscret Caillot, nous apprit qu'un seigneur de la plus haute qualité se rendoit souvent dans ce sanctuaire, pour y prendre ses ébats avec l'actrice. » Ce boudoir d'Annette d'Hervieux (c'est l'orthographe élégante de son nom) était, au reste, célèbre. Métra en parle. (*Corresp. secrète,* t. IX, p. 29.) Les amours qui formaient les groupes les plus *ingénieux* « achevèrent, nous dit-il, de lever mes doutes sur l'objet, à qui leur zèle venoit de bâtir ce monument ».

Fig. 260. — Panneau de boudoir de Mlle Adeline, d'après Krafft.

Après ce passage, quelque peu amphigourique, on comprend mieux le vers de La Harpe :

Mes boudoirs sont d'un art que l'on ne peut décrire.

Faut-il ajouter encore que les dates sont à retenir ? La description de Bagatelle est de 1780; la visite de Métra chez Mlle d'Hervieux est de 1779 ; celle de Caillot date de 1788. C'est, en effet, non pas de la Régence, ni même du règne de Louis XV, que datent les arrangements lascifs de ces réduits amoureux : c'est du règne du vertueux Louis XVI, du roi forgeron. Caillot ajoute que « Mlle Dervieux et les autres nymphes des divers spectacles donnèrent le ton du boudoir aux jeunes femmes de qualité et aux bourgeoises des étages supérieurs » (*sic*). Cela était vraiment bien inutile. Les plus austères habitations, les plus anciennes, les plus respectables s'étaient vues gratifier de cette amoureuse retraite. On sait le mot naïf de Mme de la Reynière, disant au peintre qui voulait figurer un amour pour soutenir le lustre de son boudoir : « Arrangez-vous comme vous voudrez, mais ne me faites pas d'enfant »; propos fort honnête au fond, mais de forme ambiguë, qui fournit au chevalier de Boufflers l'occasion de couplets égrillards. Parlant de l'habitation que le trésorier de Saint-James s'était fait construire au bois de Boulogne, Bachaumont écrit encore : « Le boudoir de Mme sa femme, peint sur glace, coûte plus, à lui seul, que la salle à manger, qu'on évalue à 5,000 louis. » Le château d'Amboise (qui le croirait ?) fut doté, lui aussi, d'un boudoir. En 1792, quand on fit le récolement des objets d'art renfermés dans les châteaux royaux, la commission chargée de l'inventaire du château d'Amboise constata la présence, dans le réduit en question, de six paysages peints par Hubert Robert qui lui parurent dignes d'être conservés. Le vieux palais de François Ier, Fontainebleau, ne fut pas davantage épargné. En 1786, on remania les appartements, pour tailler un boudoir à Marie-Antoinette, et ce boudoir était tellement sujet à caution que Mlle Contat, s'étant « amusée d'y commettre des indiscrétions et de tenir des propos, qui auroient dû la faire punir plus rigoureusement », l'accès de ce voluptueux asile fut interdit au public, et la reine prit l'habitude d'en porter la clef sur elle. Ainsi, quand Mme de Genlis (*Dict. des étiquettes de la Cour,* t. Ier, p. 210) s'étonne d'entendre les femmes de la Restauration « appeler leur cabinet un boudoir, car ce mot bizarre, nous dit-elle, n'étoit employé jadis que par les courtisanes », Mme de Genlis prouve simplement qu'elle connaissait mal ce qui se passait à Versailles, à Trianon et surtout à Fontainebleau.

Nous irons même plus loin. Nous ajouterons que certaines impures de l'Ancien Régime possédaient des boudoirs infiniment plus corrects, comme décoration, que ceux auxquels nous venons d'accorder un rapide coup d'œil, et surtout que celui de Chantilly, où l'on voyait figurées les amours peu voilées de Louis XV et de Mme de Pompadour, sous les figures de guenons et de singes, et que celui du Palais-Royal, orné de représentations « mobiles et infâmes » que Mme de Genlis, cependant, connaissait bien. (Voir *Mém. de Mme de Genlis,* p. 118.) Beaucoup de demoiselles de l'Opéra, même parmi les mieux cotées, n'avaient pas de boudoirs. On peut lire la longue description que Barbier (*Journal,* VIIe série, p. 247) donne de l'appartement de la belle Mlle Deschamps ; on n'en trouvera pas trace. Quant à celui de Mlle Duthé, décoré de panneaux gris blanc, sur lesquels Van Spaendonck, le célèbre miniaturiste, avait disposé des guirlandes de roses et de myosotis, des torches enflammées, des flèches entrelacées, des carquois et des arcs, il eût été d'une correction parfaite sans l'alcôve toute tapissée, non plus d'oiseaux ni de fleurs, mais de glaces, dont on pouvait soupçonner la coupable indiscrétion. Le boudoir de Mlle Adeline, dont grâce à Krafft nous possédons l'image (voir *Plans, coupes et élévations des plus belles maisons et hôtels construits à Paris et dans les environs,* par Krafft et Ransonnette), était dans un autre style, tout aussi réservé. Celui de Mlle Chéneaux, décoré par l'architecte Brunaux et dont la représentation nous a été également conservée, ne laissait, lui non plus, rien à reprendre. Nous savons, d'autre part, que celui de la princesse de Courlande avait la forme d'une tente. Les *Annonces, affiches et avis divers* nous apprennent, en outre, que le boudoir de la comtesse de Rivray était tendu de lampas bleu et blanc, celui de la comtesse de Montauban de cannelé broché, celui de la princesse de Marsan de damas bleu et blanc, celui de la marquise de Ménars de tapisseries à treillages et celui de la jolie Mlle Dubois de lampas vert et blanc. Enfin, celui de Mlle Guimard, tendu de taffetas vert, meublé de deux canapés, deux bergères et deux chaises en tapisserie au petit point, ne laissait rien soupçonner de son amoureuse destination (*Invent.* publié par M. Campardon); non plus, du reste, que le boudoir de la princesse de Lamballe, à Versailles, qui, garni d'un meuble de gros de Tours broché à fond blanc, avec tenture et rideaux pareils, renfermait un canapé, six fauteuils, une bergère, une niche, un écran, etc. (*Invent. général des meubles de la Couronne,* 1785.)

Fig. 261. — Boudoir de Mlle Chéneaux.

Aujourd'hui, le boudoir, si fort à la mode au siècle dernier, n'est plus guère qu'une exception. Il est remplacé par le petit salon, qui, avec plus de décence et moins de sous-entendus, remplit fort gracieusement les fonctions de boudoir. Cependant, cette petite pièce un peu folâtre apparaît encore de loin en loin, dans quelques intérieurs plus coquets que rigides, comme si elle tenait à se rappeler au souvenir de ceux qui ont conservé pour le XVIIIe siècle une tendresse spéciale. Il y a juste vingt ans, on parlait beaucoup, dans Paris, du boudoir du comte Mnischek, et un journaliste d'alors en traçait une description fort piquante : « Petit boudoir rococo, chef-d'œuvre du genre, entièrement tapissé de glaces, le long desquelles se jouent des arabesques d'or formant consoles, et supportant une collection de porcelaines de Saxe, dont la répercussion double encore le magique effet. Une pendule et des candélabres de Saxe complètent cette collection de grande valeur. Le plafond même est en harmonie avec l'ensemble, et tous les types populaires de la comédie italienne y luttent de fraîcheur et de gaieté avec leurs frères en céramique. » (*Petite Revue,* 1864; 1er trimestre, p. 9.) A une époque encore plus rapprochée, le boudoir de Mme de la Panouse (Virginie Heilbronn) a joui aussi d'une certaine réputation. Il étonnait également les visiteurs par l'abondance des porcelaines. Lustres, pendules, guéridons, miroirs, tout était en Saxe. Malgré ces deux exemples, le boudoir, ne craignons pas de le répéter, est devenu de nos jours d'une grande rareté, chez les femmes du monde tout au moins. Ajoutons que, création essentiellement française et restée absolument française, le boudoir n'eut jamais d'équivalent à l'étranger.

Boue de Paris, *s. f.* — Nom donné, au XVIIIe siècle, à une couleur grise tirant sur le roux.

Bouement, *s. m.* — Les assemblages à bouement sont ceux qui sont faits carrément à tenon et mortaise. « Les lambris de menuiserie à bouement faits dans les appartemens et galetas au-dessus de l'appartement de Mme la princesse de Conti, dans le pavillon neuf, ont coûté par estimation 1,800 livres. » (*Travaux exécutés à Meudon,* 1700.)

Bouëte, *s. f.;* **Bouëtte,** *s. f.* — Voir BOÎTE.

Bouffet, *s. m.;* **Bouffette,** *s. f.* — BOUFFET est le nom qu'on donne en Provence au soufflet pour allumer le feu. Dans le Forez et le Lyonnais, on dit BOUFFETTE.

Bouffis, *s. m.* — Draperies bouffantes et plissées, tendues sur une étoffe de fond, qu'elles laissent voir par transparence. « Les meubles sont en damas bleu ornés de grands bouffis de mousseline, qui sont eux-mêmes galonnés d'or et d'argent et bordés de vert et de rouge. » (*Mém. de Metternich,* t. III, p. 348.)

Bouge, *s. m.* et *f.;* **Bougette,** *s. f.* — Bouge a plusieurs significations. Il veut dire : « Petite chambre ou garderobbe qui accompagne une plus grande, écrit Furetière. Les chambres des maisons garnies sont accompagnées d'une bouge pour coucher un valet. » Parlant du séjour que fit, en 1631, Louis XIII à Château-Thierry et de l'affluence d'étrangers, qui accoururent dans cette ville pour voir le roi, la *Gazette de France* dit : « Tel se promettoit chambre, bouge et cabinet, à qui il a fallu disputer sa part en un galetas. » Comme exemples de cette acception, nous pouvons citer encore les textes suivants : « Dans ung petit boulge a esté trouvée une table de boys de chesne, etc. » (*Invent. de Catherine Brunet, épouse de Symon Laffilé, procureur au Chastelet;* Paris, 1591.) « Dans ung bouge attenant la chambre cy dessus, s'est trouvé, etc. » (*Invent. de Claudine Tardif, épouse de Jacques Bersonnier, tailleur;* Paris, 1632.) « A VENDRE : deux maisons vers l'hostel de Nemours, l'une consistante en... grande salle, quatre chambres, bouges, cabinets. » (XVe *feuille* du Bureau d'adresse, 1er septembre 1633.) « Dans le bouge estant à costé de ladite chambre, s'est trouvé une petitte table... » (*Invent. de Julien Le Bret, intendant du duc de Longueville;* Paris, 1657.) « *Item,* dans un bouge attenant ladite chambre, une couchette, etc. » (*Invent. de Jacqueline de Regnauldie;* Paris, 1725.) « Et ce fait, avons fait fermer la porte d'une bouge qui se trouve à cotté du lave-main, sur la porte de laquelle nous avons aposé un scellé, etc. » (*Apposition des scellés après le décès du cardinal de Belzunce;* Marseille, 1745.) « De là passés dans une bouge à cotté de la porte d'entrée, nous y avons trouvé, etc. » (*Invent. de Pierre Ogereau;* Marseille, 1779.) On remarquera que de ces diverses citations, empruntées, les unes à Paris, les autres à notre extrême midi, les premières donnent bouge au masculin, les secondes disent *la* bouge. Notre mot, demeuré féminin dans le midi, y a conservé sa signification. C'est encore, en Provence, un cabinet noir, si noir, que lorsqu'il prend jour sur le dehors, on l'appelle « bouge éclairée ». Dans le nord, au contraire, le mot bouge, à l'heure actuelle, n'est plus pris qu'en mauvaise part. C'est le synonyme de taudis. Dans sa première acception, de pièce de débarras, bouge, quel que soit son genre, dérive, suivant Du Cange, de *Bugia,* qui, dans la basse latinité, veut dire maison fort petite. D. Carpentier (au mot *Bougius*) cite deux documents, l'un de 1390, l'autre de 1409, où notre substantif semble désigner soit une cuisine, soit une salle où l'on donne à manger. Ce serait là une autre acception, s'il était bien établi que ce n'est point simplement une façon exceptionnelle et irrégulière de s'exprimer. Voici, au reste, ces deux documents : « En la maison Drouin... il y avoit gens qui beuvoient en une chambre derrière et au bouge devant on faisoit la cuisine. » Et « lesdiz foulons disnèrent tous ensemble ou bouge ou salle de l'hostel ».

Le second sens, dans lequel BOUGE a été employé autrefois, est celui de valise, de sac en cuir, destiné à recevoir et à transporter des effets et surtout à porter de l'argent. Les exemples suivants feront juger des usages variés auxquels se pliait *le* ou *la* bouge. Dans les *Comptes de Geoffroi de Fleuri,* argentier de Philippe le Long (1316), figurent « IV bouges desquelles il y en a II fermanz à clef », destinés à la reine, et « IV bouges à mectre les aisementz le Roy ». Dans les *Comptes d'Étienne de la Fontaine,* argentier du roi Jean (1352), nous relevons : « Pour une bouge, II malles de chambre, une grant malle à matheraz, etc., valent XXVIII livres parisis »; dans les *Comptes du roi Charles VI* (1383) : « A Martin Piet, cler d'écurie, pour unes bouges de cuir neufves, achetées par lui à Rouen pour porter argent par le pais... XII sols parisis. » Les *Mémoires du chevalier Bayard* (1527) nous montrent « le thrésorier » des Espagnols et son commis, « lesquels en bouge derrière leurs chevaulx avoient leur argent ». On s'en servait aussi pour transporter les meubles. « A Pierre du Fou, coffrier demourant à Paris... pour une bouges de cuir fauve, garnie de grosse toille par dedens et de courroies, pour mettre et porter une chaière pour le Roi nostre sire. » (*Comptes de l'argenterie,* 1387.) Dans les lettres patentes octroyées, en 1407, par Charles VI à son secrétaire Salmon, pour lui servir de sauf-conduit, nous lisons également : « Prions et requerrons à vous nos amis, aliéz et bien veillants, que nostre dict secrétaire, lui quatrième en sa compaignie, à cheval ou à pié, tant par mer comme par terre, avec leur or, argent, vaisselle, robes, joyaulx, males, bouges... vous laissiez aler, venir, passer et repasser, demourer et séjourner, etc. » Nous lisons dans le *Journal de Paris sous Charles VI,* à propos du meurtre de Jean sans Peur (1419) : « Les gens de feu mondit Seig^r s'enfuirent et laissèrent malles, bahus, bouges et tous leurs biens. » Enfin mentionnons encore : « Un grand sac en façon de boulges, faict de deux peaulx de cuir de vache... » (*Comptes de l'hôtel du roi,* 1487.) Pris dans cette seconde acception, le mot bouge dérive de *Baga* ou *Bauga,* qui fut traduit aussi par BAGUE. (Voir ce mot.)

Toutes les bouges n'avaient pas les dimensions de celles que nous venons de passer en revue. Il y en avait de beaucoup moindres, exemple : « *Item,* I arche... en laquelle ne s'est trouvé que lettres, et I petit coffret de cuir, comme bouge tout vuyt (vide) et ouvert, dedens lequel ma dicte Dame tenoit son or. » (*Invent. du château des Baux,* 1426.) Quand elle affectait ces proportions réduites, la bouge devenait BOUGETTE. « A Charlot, etc., pour l'accat de deux bougettes de cuir, à mettre cleux et quevilles à porter d'ouvrage à autre. » (*Comptes de la ville d'Amiens,* 1416.) Parlant d'un héraut que Louis XI envoya aux Anglais, Philippe de Comines écrit (*Mém.,* liv. IV, ch. VII) : « Et luy fut amené son cheval, et mis dessus sans que personne en sceust rien; et luy mit on une belle bougette à l'arson de la selle, pour mettre sa cotte d'armes. » Les inventaires mentionnent aussi fréquemment des bougettes : « Une bougette de femme. » (*Invent. de Mathieu Marcelin;* Toulouse, 1572.) « Une petite bougete de corne avec figures dessus. » (*Invent. des joyaux et pierreries du roi de Navarre;* Paris, 1585.) « Une petite bougette bandée de fer, fermant à clef, etc. » (*Invent. de Marguerite des Bordes;* Bordeaux, 1589.) Ces bougettes bandées de fer étaient des manières de petits coffres. Nous trouvons, du reste, la bougette jouant ce rôle dans Béroalde de Verville : « Et comme il couroit, il y avoit un pauvre homme qui avoit trouvé la bougette d'un autre, qui avoit passé et l'avoit laissé choir. Cet homme, pensant que ce fust cet élu qui avoit perdu sa malette, lui crioit : Monsieur, arrêtez-vous; tenez, voici votre malette. » (*Moyen de parvenir,* p. 238.) Dans les *Sonnets œnigmatiques* (*Journal* de Pierre de l'Estoile, t. Ier, p. 135), on lui conserve également ce sens :

Fig. 262. — Bougeoir en bronze (XVe siècle).

Ils dérobbent l'argent de l'endormi Caillette,
Qui, resveillé, trouvant faute de sa bougette,
N'eust que le seul recours de dire tels propos...

Un document plus récent, la *Subvention générale du vingtième sur les marchandises entrant en France* (1641), porte : « Malles, mallettes et bougettes, le cent pesant estimé douze livres : 6 sols. » Jusqu'au XVIIIe siècle, du reste, la bougette garda ses attributions et son nom, témoin ce fragment poétique cueilli dans le *Mercure* de 1717 (janvier, p. 127) :

Aussi pour l'avenir je me fais une loy
De porter toujours avec moy
Des pincettes dans mes bougettes.

Ajoutons que les bouges, elles aussi, étaient encore en usage au siècle dernier, car les *Statuts* des coffretiers-emballeurs portent qu'elles doivent être faites de bon cuir de vache, garnies et renforcées de bon cuir de bœuf, cousues à deux chefs, avec des loquets, platines et chaînes bien serrées et bien rivées. Leur emploi, à peu près exclusif à cette époque, était de servir au transport de la vaisselle. Elles furent détrônées par les écrins à compartiments, où une place distincte est réservée à chaque pièce d'argenterie.

Enfin, pour terminer, constatons que le mot BOUGE a encore désigné une partie du chandelier — celle qui commence à la poignée et qui descend sur le pied en s'évasant — et une sorte d'étamine blanche, plus employée, d'ailleurs, dans le vêtement que dans le mobilier.

Bougeoir, *s. m.* — « Petit chandelier sans pied, qui a un manche, une queue ou un anneau pour le porter à la main, et où l'on met une bougie. » Cette définition, que nous empruntons au *Dictionnaire de Trévoux,* montre qu'au siècle dernier le bougeoir avait déjà revêtu à peu près la forme qu'il affecte présentement. Toutefois, il n'en faudrait pas conclure que cette forme lui ait toujours été acquise, et en refaisant l'histoire de cet ustensile à la fois utile et commode, nous verrons qu'il en changea plusieurs fois.

Les premiers bougeoirs dont nous trouvions la trace ne portent pas encore leur nom, mais la description qui nous en a été conservée montre qu'on se servait, dès le XIVe siècle, de petits flambeaux dont la forme et l'usage se rapprochaient des bougeoirs employés aujourd'hui. Nous citerons dans le nombre : « Une palette d'or à tenir chandelle; — ung chandelier d'or à une oreille tout plain. — *Item,* deux petits chandeliers d'argent basséz (bassets) à broche », compris dans l'*Inventaire de Charles V* (1380). Nous relevons également dans l'*Argenterie réclamée par la Couronne de France aux héritiers de Louis Ier d'Anjou* (1385) : « Deux petits chandeliers d'argent blanc basséz (bassets) pesant un marc. » Puis nous arrivons à l'*Inventaire du duc de Berry* (1416) où figure « un petit serpent volant d'or, qui sert pour tenir chandeille, assis sur un petit entablement aux armes de France » ; et à l'*Inventaire du Louvre* (1418) où nous rencontrons : « Une palette d'ibenus à mectre chandelle, et est le chandellier d'or. » Voilà bien, semble-t-il, l'objet que nous qualifions bougeoir; mais, comme on le voit, le nom n'existe pas encore, et, pour le rencontrer, il nous faut franchir un siècle et demi et arriver à l'*Inventaire de Marie Stuart* (1586) qui décrit « un bougeoir d'argent doré ». A partir de là, nous allons voir se succéder assez régulièrement diverses sortes de bougeoirs, mais très différentes du type primitif. Ainsi dans l'*Inventaire de Gabrielle d'Estrées* (1599), nous relevons : « Un bougeoir d'argent, vermeil doré, pour *attacher au chevet du lit,* où y a une casonnette et *trois* petits chandeliers à mettre bougie, garni de flambe d'or, esmaillé de rouge, et aux pieds des chiffres tout émaillés de doubles G. Le derrière dudit bougeoir est fait en forme de ferrière avec une petite chesne et un antonnoir (éteignoir), prisés ensemble C escus. » On remarquera que cet ustensile singulièrement compliqué n'est pas portatif, puisqu'il est à demeure au chevet du lit; il n'est pas non plus à une seule lumière, puisqu'il comporte « trois chandeliers à mettre bougie ». Ces particularités sont à retenir. Le mot bougeoir ne viendrait donc pas, comme le suppose Littré, du verbe bouger, mais bien plutôt du substantif bougie. Ce qui justifie cette dernière étymologie, c'est qu'on rencontre continuellement dans les inventaires anciens des chandeliers spécialement désignés pour recevoir la bougie, et cette désignation si régulièrement répétée indique forcément une construction particulière. Ainsi, dans l'*Inventaire de la reine Charlotte* (1483), nous relevons : « Ung chandelier d'argent à mectre bougye. » Dans l'*Inventaire des meubles et effets précieux du château de Pau* (1517) : « Ung chandellier faict à fiel de grame pour tenir la bogie. » Dans l'*Inventaire de Marguerite d'Autriche* (1524) : « Trois petiz chandelliers aussi à mectre bougies, royéz à la mode d'Espaigne. » Dans l'*Inventaire de Philippe Babou* (1536) :

Fig. 263. — Bougeoir en argent (XVIe siècle).

« Deux chandeliers à bougies et une ceringue. » Dans l'*Inventaire de Catherine de Médicis* (1589) : « Trois chandeliers à mestre bougie. » En outre, toutes les fois que ces chandeliers à bougies affectent la forme indiquée en tête de cette monographie, c'est-à-dire la forme d'un chandelier portatif et à manche, on a bien soin de l'indiquer. Ainsi dans l'*Inventaire de Charlotte de Savoie* figure : « Ung petit chandelier à queue en cristal. » Dans l'*Inventaire de Marguerite d'Autriche :* « Deux chandelliers à longue queheue, ouvréz à la mode d'Espaigne, pour mectre bougies. » Dans l'*Inventaire de Gabrielle d'Estrées :* « Un bougeoir à queue. » On en peut donc conclure que le nom était indépendant des dimensions, et qu'il s'appliquait à toutes sortes de chandeliers, spécialement construits pour recevoir des bougies. Bien mieux, en plein XVIIIe siècle, nous rencontrons encore des bougeoirs de lit, comme celui de la belle Gabrielle. Ainsi, on relève sur le *Livre journal* de Lazare Duvaux : « 8 juin 1752 [Pour] Mme la marquise de Pompadour : refait la garniture d'un bougeoir de lit et une bobèche à deux bougies. » Une autre fois, sur un autre bougeoir également destiné à Mme de Pompadour, nous constatons la présence « d'une plaque d'acier violet, garnie en bronze doré, pour brûler des odeurs ». Nous voilà revenu aux *casonnettes* de la duchesse de Beaufort. Ce bougeoir, en outre, est à deux bougies et il est accompagné d'un cordon. Il est donc bien de ceux qu'on suspend. Mais voici qui est encore plus surprenant : « 28 octobre 1758 à M. de Boulogne fils : un grand panneau de vernis du Japon pour un bougeoir de lit ; avoir démonté ledit bougeoir et ajusté une garniture de cuivre poli dans la plaque dudit bougeoir » On voit, par ces quelques exemples, combien la forme de l'ustensile qui nous occupe a été longue à se préciser.

Fig. 264. — Bougeoir en argent (XVIIIe siècle).

Mais remontons un peu en arrière. Après avoir donné un coup d'œil à l'admirable bougeoir applique de la reine Marie de Médicis, enrichi de camées et précieusement conservé parmi les trésors de la galerie d'Apollon, arrivons au bougeoir de Louis XIV qui joua, dans le cérémonial de la Cour, un rôle relativement important. Tout d'abord, il nous faut constater que le roi seul avait droit « à un bougeoir à deux bobèches et par conséquent à deux bougies, les bougeoirs pour la reine, pour monseigneur le Dauphin et autres, n'ayant qu'une bobèche et une bougie ». (*L'État de France,* par Besongne, t. Ier, p. 312 et 316. L'*Inventaire des meubles de la Couronne* de 1673 nous décrit comme suit cet ustensile officiel : « Un bougeoir à deux bobesches, avec son manche sur lequel sont gravées les armes du roy, en argent vermeil. » Au Grand Coucher, c'était l'aumônier de service qui tenait le bougeoir, pendant tout le temps que le prince faisait sa prière. Puis, la prière achevée, « l'huissier de chambre fait faire place au Roy jusqu'à son fauteuil, et au moment que Sa Majesté y arrive, le grand chambelan ou le premier gentil-homme de la chambre demande au roy, à qui il veut doner le bougeoir et Sa Majesté, aïant parcouru des yeux l'assemblée, nome celui à qui il veut faire cet honneur. Le roy le fait doner plus ordinairement aux princes et seigneurs étrangers, quand il s'en rencontre. » Tenir le bougeoir était considéré, en effet, comme une faveur singulière. Chez le roi, être désigné pour cet office subalterne était une distinction si recherchée, que les historiographes de la cour s'empressaient de consigner le fait sur leurs tablettes. Parlant de milord Portland, ambassadeur d'Angleterre : « Le roi, dit Saint-Simon, lui donna un soir le bougeoir à son coucher, qui est une faveur qui ne se fait qu'aux gens les plus considérables. » Le Dauphin, fils de Louis XIV, dans la seule campagne qu'il fit en Flandre, ayant appris que le marquis de Passe, aide de camp de l'électeur de Bavière, avait été fait prisonnier (1694), se le fit présenter, « le fit souper avec lui, et à son coucher lui fit donner le bougeoir ». (*Journal de Dangeau,* t. V, p. 79.) En 1703, le duc de Bourgogne agit de même avec M. de Marsilly. (*Ibid.,* t. IX, p. 293.) Chez les princes du sang, certaines fonctions donnaient droit à cet honneur. Ainsi au mariage des princes, et quand on mettait au lit les jeunes époux, c'était le mari de la dame d'honneur qui s'acquittait de cette mission. (Voir *Mém. du duc de Saint-Simon,* t. VIII, p. 365.) Un flambeau porté avec tant de solennité devait être forcément de grande taille. Par conséquent, ne craignons pas de le redire, le mot bougeoir, pendant la meilleure partie du XVIIe siècle, désigna un chandelier à mettre bougie, bien plus qu'un petit chandelier à queue, et ce n'est qu'à la fin de ce siècle que Richelet le définira : « Manière de petit martinet. » C'est, en effet, sous le nom de MARTINET que les chandeliers à manche avaient été connus jusque-là, à cause de leur ressemblance avec cet oiseau à longue queue.

Si le bougeoir fut à la cour du Grand Roi un « meuble honorable », au siècle suivant, complètement transformé, il eut sa place marquée sur les toilettes des plus élégantes et des plus belles, et l'on sait si la toilette joua un rôle important dans cette société futile et charmante. Chez Mme de Pompadour, on admire des bougeoirs d'ancien laque, et surtout de porcelaine de France, de porcelaine de Saxe. A côté de ces bougeoirs de porcelaine, on peut placer les bougeoirs de cristal, que la manufacture royale de Bayel fabriqua couramment à partir de 1728 (voir *Journal de Verdun,* n° de mars, p. 322), et aussi les bougeoirs d'acier alors très répandus. Mme de Brancas possédait « un bougeoir d'acier à pointes ». Notons encore chez la duchesse de Chaulnes « deux petits bougeoirs montés sur des cygnes » ; chez la

Fig. 265. Petit bougeoir en argent (XVIIIe siècle).

duchesse de Mazarin, « un bougeoir en porcelaine de Vincennes » ; chez Mme de Maupeou, « des bougeoirs dorés d'or moulu, avec figures et fleurs de porcelaine et d'émail » ; chez la belle Mlle Desmares, « un bougeoir de bronze cizelé et doré d'or moulu ». Les simples particuliers, à cette époque, en possédaient aussi ; on trouvait des bougeoirs même chez les artistes. L'*Inventaire du peintre Ch. Parrocel* (1752) et celui de la veuve de Largillière (1756) en font foi. Enfin il n'est pas jusque sur les toilettes des provinciales, où il ne tienne sa place. Témoin l'*Inventaire de demoiselle Marie Rousset, veuve d'Estienne Sibon* (Marseille, 1751).

Aujourd'hui, le bougeoir est surtout un instrument utile. On en fait parfois d'élégants pour les toilettes, les bureaux, etc.; on en fait aussi de riches, quelques-uns sont en argent; mais la grande masse est des plus simples, et on cherche souvent la commodité aux dépens de la forme.

Bougier, *v. a.* — Terme de tapissier. C'est coller, avec la cire d'une bougie, les fils d'une étoffe coupée pour empêcher que le tissu ne s'effile.

Bougon, *s. m.* — Sorte de verge de fer servant à fermer les coffres. D. Carpentier (sous *Bolzonius*) cite l'exemple

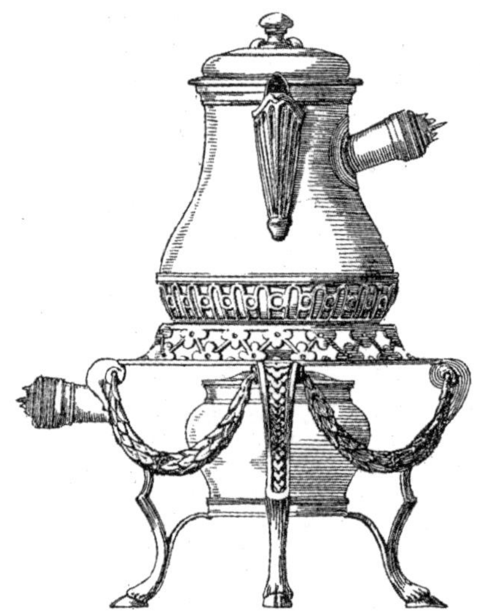

Fig. 266. — Bouilloire d'argent avec son réchaud (XVIIIe siècle).

suivant tiré d'un inventaire de 1511 : « Deux grands sabloirs à couverçaulx dont l'un se ferme à la clef, à deux bougons ou verges de fer. »

Bougrain, *s. m.* — Sorte d'abat-jour en usage chez les marchands, « qui finement pour donner lumière à leurs draps avancent un bougrain sur leurs boutiques ». (Les *Contes et discours d'Eutrapel,* p. 336.) (Voir ABAT-JOUR.)

Bougran, *s. m.;* **Bougheran,** *s. m.;* **Bouqueran,** *s. m.;* **Bougarassin,** *s. m.* — Toile de chanvre gommée et calandrée dont on se sert pour doublures, afin de donner de la consistance et de la raideur aux étoffes de dessus. C'est le bougran qui maintient les embrasses des rideaux, et les gros plis de ce qu'on appelle les *têtes flamandes.* Réduit aujourd'hui à un rôle singulièrement modeste, le bougran semble avoir eu jadis de plus hautes destinées. Par les *Comptes de l'argenterie,* nous savons que la reine Clémence de Hongrie (1328) possédait une chambre de « bouqueran blanc » qui se composait de « courtepointe, ciel, cheveciel, courtines ». Dans l'*Inventaire de l'hôtel de Quatre-Mares* (1334) nous remarquons : « Une courtepointe de bouqueran armoié à chevaux couvers d'armes, etc. » Dans l'*Inventaire de Charles V* (1380), figure « une coultepointe de bougran blanche, pointée bien menuement et à plusieurs bestes de poincture de mesme ». Le *Vergier d'honneur* (1495) mentionne notre tissu parmi les étoffes de valeur conservées à Naples au Château neuf. Enfin nous savons par les *Comptes des bastimens* (1534) que le bougran trouva sa place dans une « grant pièce riche de tapisserie, en laquelle est figurée l'histoire de la Scène (*sic*), et dont le Roy (François Ier) a fait don à nostre Sainct Père ». Mais ici le bougran pouvait bien servir de doublure. C'est, en tout cas, le rôle qu'il joue dans les articles suivants : « Ung ciel parfaict et fourny de vellours cramoisy appellé le ciel des Karolus... doublé de bougran. » (*Invent. du château de Blois,* 1533.) « Une pièce de tapisserie, où est la figure du feu Roy Françoys premier de ce nom, doublée de boucqueran noir. » (*Invent. des tapisseries portées du chasteau de Nérac au chasteau de Pau,* 1569.) « Ung aultre pesle, dont le fond de taffetas blanc, [est] doublé de bougrain blanc, etc. » (*Vente des meubles de Claude Gouffier, grand écuyer de France,* 1572.) « Plus cent cinquante quatre bandes de diverses grandeurs, avec une pante de bougran rouge, sur laquelle pante sont applicquées deux aultres grandes bandes et huict petites, etc. » (*Invent. de Louise de Vaudemont,* 1603.)

On voit par ces exemples que le bougran, tissu modeste, s'est trouvé parfois en brillante société. Au XVIIe siècle et au siècle dernier, on en fabriquait à Paris et en Normandie, notamment à Rouen, Caen, Alençon. Dans la *Subvention générale du vingtième sur les marchandises entrant en France,* établie en 1641, les bougrans « viel et neuf » sont estimés le cent pesant 30 livres.

Bouhot, *s. m.* — Tuyau, conduit. C'est du moins la signification qu'a ce mot, dans le passage suivant, emprunté à la 40e des *Cent nouvelles :* « Ceste eschielle mise à point comme elle la voulut avoir, si monta jusques à la cheminée, à l'entour de laquelle elle lia très bien une moyenne corde qu'elle trouva d'aventure. Et cela fait, elle se bouta dedans le bouhot de ladicte cheminée, et se commença à descendre et un peu avaler. » (Voir BUHOT.)

Bouillon, *s. m.* — Terme de passementier et de brodeur. On donne ce nom à la cannetille plate et luisante, quand elle a été aplatie entre deux roues d'acier. Les *Statuts* octroyés à la Communauté des Brodeurs, en 1704, portent, article XXIII, que « lesdits maîtres seront tenus de guiper le clinquant à la moitié l'un sur l'autre et à l'égard des guipures et canetilles, bouillons et frisures... de fort peu tirer les étoffes ».

On trouve aussi bouillon au XIVe siècle avec le sens de godron : « XXX hanaps d'argent blanc d'une sorte, à bouillons d'argent, des armes de madicte Dame. » (*Exécution du testament de Jeanne d'Évreux,* 1372.) « Ung bassin d'argent blanc à laver testes, à bouillons sur les bors. » (*Invent. de Charles V,* 1380.) (Voir BOELLON.)

Bouilloire, *s. f.;* **Bouillotte,** *s. f.;* **Bouilly,** *s. m.;* **Boulouer,** *s. f.* — Vase à couvercle, à large panse, à col plus étroit, avec une anse, qu'on emploie à faire bouillir l'eau. Bizarrerie des usages, cet objet si utile, si répandu, si commun de nos jours, semble être très récent, sinon comme invention, du moins comme adaptation, comme nom et comme forme. Nous rencontrons, il est vrai, dans l'*Inventaire de l'hôtel Saint-Pol* (1420) la mention d'une « aiguière d'argent toute desdorée, appellée boulouer, à trois fleurs de lys frappées sur le couvescle »; mais cet exemple, à peu près unique, est une exception qui confirme la règle. En outre, la forme de cette bouilloire, qui devait être suspendue à une crémaillère, différait de celle de la bouilloire contemporaine, par la position de l'anse, par l'absence de col. Elle se rapprochait ainsi du COQUEMARD et de l'HOPITAL, dont nous parlons plus loin; et la première mention que nous rencontrons de la vraie bouilloire figure dans la liste des présents offerts à Louis XIV, en 1686, par le Sr Constance, qui accompagnait, en qualité d'interprète, l'ambassade siamoise. La rédaction même de la note du *Mercure* de juillet 1686, signalant ce présent à notre attention, montre assez que l'objet en question était à cette époque d'une nouveauté grande : « Un BOUILLY d'argent, qui sert à chauffer

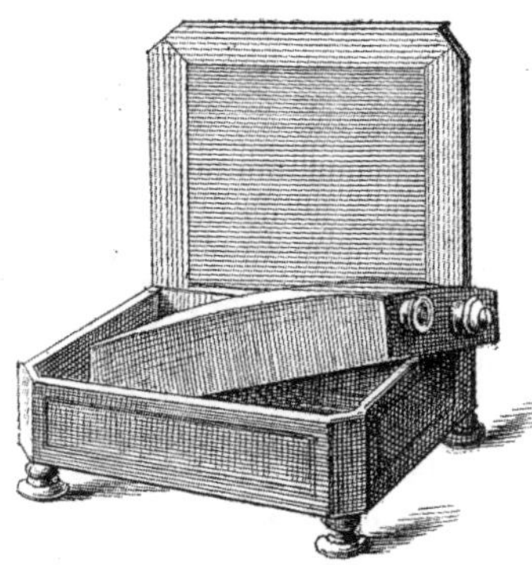

Fig. 267. — Bouillotte pour les pieds.

l'eau pour le Thé et à cuire le Jancam, deux autres extraordinaires pleins de Thé et dont se sert le Roy de la Chine, et un autre plus petit et encore plus extraordinaire. » Ainsi, l'introduction de la bouilloire en France coïncide avec l'apparition du thé. Il est probable que la même coïncidence se produisit en Angleterre, mais le thé s'étant acclimaté plus rapidement et plus complètement de l'autre côté de la Manche que chez nous, les bouilloires, elles aussi, revêtirent des formes plus commodes, une apparence plus agréable. C'est pourquoi, au XVIIIe siècle, quand l'habitude de prendre le thé s'introduisit dans le grand monde, nos maîtresses de maison empruntèrent à l'Angleterre celles qui figuraient dans leurs chambres et dans leurs boudoirs. « Le lendemain, jour de jeudi saint, écrit Mme du Deffand à Horace Walpole, je reçus vos deux petites caisses, je les ouvris avec grand empressement ; la bouilloire fut trouvée charmante. Sur-le-champ je la plaçoi au milieu de ma table, les porcelaines furent rangées autour ; il manquoit une jatte pour le parfait assortiment et vite, vite, j'en envoyoi chercher chez Mme Poirier. Mme de Mirepois, qui étoit prévenue de l'arrivée de la bouilloire, arriva sur les six heures me demander du thé ; depuis ce jour-là je tiens thé ouvert, et tout le monde admire la bouilloire. » (*Lettre de Mme du Deffand à M. Walpole,* lettre CXXXV.) Vers la même époque, du reste, Lazare Duvaux, le marchand à la mode, mettait en vente des bouilloires anglaises, ou de forme anglaise. C'est ainsi que nous relevons sur son *Livre journal :* « 23 janvier 1754 — à Mme de Pompadour : Une bouilloire des Indes, forme anglaise, 9 livres. » « 27 avril 1757 — à M. Roussel, fermier général : Une bouilloire forme anglaise, 12 livres. » Avant cela, nous trouvons chez ce même fournisseur un certain nombre de « bouilloires de cuivre des Indes » qui attestent bien l'origine orientale de la bouilloire. (Voir le *Livre journal,* t. II, p. 56, 82, 190, 314.)

Un ustensile si commode, si utile, ne pouvait manquer de subir presque immédiatement de nombreuses adaptations. Dès 1758 nous voyons la bouilloire pénétrer dans la garde-robe de Mme de Pompadour, et non pas à l'état isolé, mais en nombre, car c'est « douze bouilloires de garde-robe, en cuivre étamé, de différentes grandeurs » qu'on lui livre d'un coup. (*Livre journal,* t. II, p. 359.) Vingt ans plus tard, nous la rencontrerons dans les modestes intérieurs de Chardin et dans la *Savonneuse,* cette délicieuse peinture de Greuze, que possède aujourd'hui Mme de la Ferronays.

BOUILLOTTE, dit Littré, est synonyme de bouilloire. Les deux mots sont également contemporains. Nous relevons à la *Vente de Mme de Pompadour* (28 avril 1766) : « Un réchaud à l'esprit de vin avec sa bouillotte d'un très joli modèle, le tout en vermeil. » Dès cette époque, on en fabriquait également en céramique, car le *Mercure* de décembre 1760 informe le public du prix des bouillottes en faïence blanche. Celles-ci valaient alors depuis 6 sols jusqu'à 1 livre 2 sols. De nos jours, on a aussi donné le nom de bouillottes à des récipients bien clos, en forme de tabourets qui, dans les lits, les chambres et les voitures, servent à chauffer les pieds.

Bouis, *s. m.* — Voyez BUIS.

Boule, *s. f.* — Se dit généralement de tous les corps affectant une forme ronde, et notamment de tout objet de bois tourné qui sert à soutenir quelque meuble, de certains ornements de remplissage employés par les serruriers, pour la décoration des balcons, etc. Plus spécialement on appelle BOULES DE RAMPE celles qui surmontent les *départs* d'escalier (ces boules sont ordinairement en métal, en porcelaine ou en cristal), et BOULES D'AMORTISSEMENT les ornements qui surmontent une grille de clôture, un pilier, une lanterne, quoique très souvent ces ornements n'affectent pas une forme sphérique. Enfin les boules de bois ont fourni matière à un jeu qui, après avoir été extrêmement goûté de nos pères, est encore usité en province.

Au XVe et au XVIe siècle, on fabriquait des boules creuses qu'on remplissait de charbons incandescents ou d'eau chaude, pour se chauffer les mains en hiver. Pendant les grands froids on plaçait ces boules sur l'autel pour permettre au prêtre qui officiait de se dégourdir les doigts. L'usage s'en continua jusqu'à la fin du siècle dernier, car nous relevons dans l'*Inventaire du trésor de l'église de Lyon* (1724) : « Une boule d'argent pour servir à l'autel en hiver, marquée aux armes du chapitre, pezant un marc juste. » (Voir CHAUFFERETTE et POMME.) Aujourd'hui, on appelle encore ainsi des récipients de formes diverses, qu'on emplit d'eau bouillante, et qui servent à tenir les pieds chauds. Ces sortes de boules furent inventées au siècle dernier par le Sr Noireaux, fontainier du roi, demeurant rue Thibautodé. (Voir *Journal général de France,* 17 janvier 1780.)

Boulle (meuble de). — On donne ce nom à des meubles de marqueterie d'écaille et de cuivre doré ou d'étain, qui

Fig. 268. — Boule chaufferette.

furent extrêmement à la mode sous le règne de Louis XIV, et dont André-Charles Boulle passe pour avoir été l'inventeur. Ces meubles, d'une magnificence rare, ont joui et jouissent encore d'une juste célébrité. Nous parlons au mot MARQUETERIE de ces beaux ouvrages et de l'ébéniste illustre dont ils portent le nom.

Boullonner, *v. a.;* **Boulogner,** *v. a.;* **Bouellionner,** *v. a.* — C'était, au XVe siècle, décorer une pièce d'orfèvrerie de BOELLONS, BOILLONS ou BOUILLONS. (Voir ces mots.)

« Une coupe d'argent, dorée, tortinée et boullongnée. » (*Comptes des ducs de Bourgogne,* 1467.) « Une double couppe d'argent, dorée, boullonnée. » (*Décharge donnée par Charles-Quint,* 1532.)

Boulon, *s. m.;* **Boulonner,** *v. a.* — Le boulon est une tige de fer terminée à l'une de ses extrémités par une large

Fig. 269. — Bouquets de plumes (lit de Louis XIV).

tête, et à l'autre par un pas de vis recevant un écrou, et permettant ainsi de serrer entre eux des fragments de bois ou de métal. BOULONNER, c'est consolider avec des boulons. Au XIVe et au XVe siècle, on donnait également le nom de boulons aux gros clous saillants, qui préservaient les reliures des manuscrits, et qui étaient dorés, ciselés ou gravés. Plus tard, ce nom passa aux clous garnissant les sièges. Il fut toujours peu usité.

Boulot, *s. m.* — Petite boule obtenue par l'assemblage d'un grand nombre de fils de laine, de coton ou de soie, ligaturés et coupés. On fait des franges à boulot.

Bouloüaire, *s. f.* — Nom donné au jeu de boules. « Hiérosme Tronquet a perdu son manteau en joüant à la bouloüaire. » (*Les Grands jours tenus à Paris par M. Muet,* 1622.)

Boulouer, *s. f.* — Voir BOUILLOIRE.

Bouqueran, *s. m.* — Voir BOUGRAN.

Bouquet, *s. m.* — Faisceau de certaines choses liées ensemble à la base. Dans l'ameublement, se dit plus spécialement des fleurs groupées et attachées par un ruban. Mais on dit aussi un BOUQUET DE PLUMES. Au XVIe et au XVIIe siècle, ces derniers bouquets jouèrent un rôle assez important dans la parure du lit. Ils en surmontaient les quatre piliers et ajoutaient ainsi à sa majesté. Le passage suivant de l'*Inventaire du cardinal de Mazarin* (1653) nous fait connaître le détail des plumes dont se composaient ces bouquets, qu'on nommait aussi BOUQUETS DE DAIS. « Quatre pommes de mesme velours brodé servant à mettre en haut des colonnes, avec leurs bouquets de plumes blanches fines, démontéz et composéz de cinquante grandes plumes, vingt-deux moyennes et vingt-trois petites, avec quatre aigrettes. » Dans l'*Inventaire du surintendant Fouquet,* on note : « Quatre bouquetz de plumes en leurs étuys de carton. — Plus quatre bouquetz de plumes avec des aigrettes », qui servaient au même usage. Chez le maréchal de la Meilleraye, nous trouvons également : « Un grand tour de lict de velour vert garny de quatre boucquets de plume blanche avec leurs égrettes. » Ce lit était estimé 14,400 livres. (Voir *Invent. du maréchal de la Meilleraye,* 1664.) Dans l'*Inventaire du maréchal d'Humières* (1694), nous relevons encore : « Un lit à hauts piliers..... deux cantonnières d'un drap d'or et argent à fleurs..... les quatre pommes de mesme étoffe, leurs bouquets de plumes vertes, jaunes et blanches, etc. » Parfois les bouquets de plumes étaient remplacés par des bouquets de fleurs en métal précieux, mais cela était relativement rare. « Quatre vazes couverts de velours brodé... servans à mettre en haut des colonnes, lesdits vazes portant chacun un grand bouquet de fleurs d'argent massif, inventoriéz avec l'argenterie. » (*Invent. du cardinal de Mazarin.*)

Avec la transformation des lits à colonnes en lits à la duchesse, ces sortes de bouquets disparurent. Ceux dont il est surtout question au XVIIIe siècle sont des bouquets de fleurs en porcelaine. On en trouvera la description au mot FLEURS. Quant à ces délicieux bouquets qu'on rencontre sur tant d'étoffes précieuses, ils font partie de la contexture même de l'étoffe, et l'on s'occupera d'eux plus loin. Toutefois, il nous faut rappeler qu'au siècle dernier un sieur d'Argoti trouva le moyen de confectionner des *Bouquets de fleurs* imprimés sur velours de coton ou tissus de soie et qui, découpés et appliqués sur un fond, pouvaient produire, à distance et sans grands frais, un aspect suffisamment décoratif. (Voir *Almanach sous verre,* 1782, col. 192, n° 217.)

BOUQUET. — Au XVe siècle, ce mot aurait encore signifié chenet en Normandie. Du moins sous *Bouquetus,* le continuateur de Du Cange cite la mention suivante empruntée à une *Lettre de rémission,* datée de 1463 : « Ung chenet que on appelle bouquet au pays (de Normandie). »

Bouqueterie, *s. f.;* **Bouquetterie,** *s. f.;* **Boucquetterie,** *s. f.* — Terme de tapissier. Sorte de franges que nous appelons « franges perses » et qui furent en grande vogue au XVIIe siècle. « Un riche emmeublement de brocat d'or et d'argent, pour les couches de Mme la Dauphine, garny de grande et moyenne campanne, de bouqueterie d'or et d'argent. » (*Invent. des meubles de la Couronne,* 1682.) « Deux grands fauteuils couverts de brocat fonds d'or... garnis de campanes, mollet et gallon des bouqueterie or et argent trait. » (*Ibid.,* 1697.) « Un grand lit... garni de campane, de bouquetterie, frange, etc., pour la chambre de Mme la duchesse de Bourgogne. » (*Ibid.,* 1699.)

Bouquetier, *s. m.* — Ce mot est pris dans deux acceptions distinctes. Il désigne un vase où l'on met des fleurs coupées. Pour cette signification, qui est relativement moderne, car on la rencontre, pour la première fois dans le *Journal de Verdun* de mars 1728, nous renvoyons le lecteur au mot PORTE-BOUQUET. Bouquetier désignait, en outre, au siècle dernier, une qualité que prenaient les plumassiers. « Les Maîtres Plumassiers de Paris, dit Savary, se qualifient aussi, dans leurs Statuts, Marchands Maîtres Plumassiers, Panachers, Bouquetiers et Enjoliveurs, parce que, par le 6e article de ces mêmes Statuts, il leur est permis privativement à tous autres Marchands ou Ouvriers de faire toutes sortes de bouquets de plumes peintes, ou naturelles, même enrichies et enjolivées d'or et d'argent. » (*Dict. de commerce,* t. Ier, col. 509.)

Boura, *s. m.* — Voir BORRA.

Bouracan, *s. m.;* **Barracan**, *s. m.* — Sorte de gros camelot, fabriqué, au siècle dernier, à Valenciennes, Lille, Abbeville, Amiens et Rouen. Les bouracans de Valenciennes étaient les plus estimés, ceux de Rouen les moindres de tous. La condition de ces tissus était fixée par l'article XIXe du *Règlement général des manufactures* du mois d'août 1669 et par l'*Arrêt du Conseil* du 19 février 1671. En 1667, Colbert attira en France un nommé Jean l'Allemant (*sic*), qui fut chargé de fonder une manufacture royale de barracan à la Ferté-sous-Jouarre, et qui reçut, à cet effet, une première somme de 20,000 livres. (*Comptes des bastimens,* 1667, col. 221.) Deux ans plus tard, ce même L'Allemant obtint cette fois, sous forme de prêt, une nouvelle somme de 20,000 livres. Toutefois, il ne semble pas que sa manufacture ait réussi, ni même qu'elle ait eu quelque durée. Nous avons la preuve, par l'*Inventaire des meubles du château de Pau,* dressé en 1599, et par l'*Inventaire de Louise de Vaudemont* (1603), qu'à la fin du XVIe siècle certaines sortes de bouracans, importées de l'étranger, étaient très recherchées. L'*Inventaire du château de Pau* mentionne, en effet : « Ung tappis barracan de Turquie pour couvrir une table »; et celui de la veuve de Henri III : « Sept pièces de tapisserie de bouragan façon de Bruxelles estimées six cent livres »; prix considérable pour le temps.

Quant aux tissus fabriqués en France, les curieux pourront voir, aux archives du département de la Somme, des échantillons de bouracan « superfin, de couleur, commun et façon d'Angleterre », manufacturés à Abbeville, au siècle dernier, et des échantillons de bouracan « blanc trois fils, mêlé et de couleur », fabriqués à Amiens, en 1720 et 1762. En Picardie, on écrivait BARRACAN.

Bouralisse, *s. f.* — Voir BOURRE LANISSE.

Bourdaloue, *s. m.* — On donnait, au siècle dernier, ce nom à une sorte de linge ouvré qui se fabriquait en basse Normandie, et particulièrement dans les environs de Caen. On a désigné aussi, sous ce même nom, un petit vase de faïence de forme oblongue, dont l'usage, assez facile à deviner, est moins aisé à décrire. On prétend que ce vase doit son origine, sa forme et son nom à l'habitude que les dames avaient prise, à la fin du XVIIe siècle, d'aller s'installer dans les églises où devait prêcher Bourdaloue, plusieurs heures avant l'instant où le célèbre prédicateur avait décidé de prendre la parole. Ce petit vase qu'on glissait dans un manchon permettait (à ce qu'on a prétendu), lorsqu'un certain besoin devenait trop pressant, de ne pas quitter une place, qui ne serait certes pas demeurée vacante. Certains de ces petits vases étaient décorés avec soin. « Bourdalou en faïence de Castelli, décor à figures et paysage avec armoiries dessous et la date 1705. » (*Vente de Mlle Elluini,* 1883.) A la vente de Mlle L. Dekern (1885), on en adjugea un en porcelaine de Saxe.

Bourg, *s. m.;* **Bourc**, *s. m.* — Bord, extrémité extérieure d'un vase, d'un plat, etc. « Six saulcières plaines, à bourg doré..... — Une tasse faicte à deux petits bouillons... le tour du fondz et le bourc doréz. » (*Invent. de la duchesse de Valentinois,* 1514.)

Bourgeois, *adj.* — Appliqué aux tissus, indique qu'ils sont de qualité ordinaire. « Soixante quatre aulnes de toille bourgeoise. » (*Objets achetés par Marguerite de Flandre pour les couches de sa belle-fille,* 1403.)

Bourgne, *s. m.* — Locution angoumoisine. Sorte de gros panier, de forme presque sphérique, très épais, dont on se sert pour conserver les fruits et légumes secs.

Bourgogne, *s. f* — Terme de tapissier. Façon donnée aux galons de certains sièges. « Meuble de velours bleu galonné à la Bourgogne. » (*Vente des meubles du duc d'Orléans,* 1786.)

Bourlabaquin, *s. m.;* **Bourrabaquin**, *s. m.* — Espèce de vase à boire, en forme de canon. (Voir Oudin, Ménage, Lacurne de Sainte-Palaye, etc.) Rabelais, parmi les devises et bannières dont sont ornés les navires de Pantagruel, allant consulter l'oracle de Bacbuc, mentionne « ung bourrabaquin monachal », comme enseigne et drapeau de la septième embarcation. (*Pantagruel,* liv. IV, ch. Ier.)

Bourrache, *s. f.* — Sorte de vase à boire. Rabelais, dépeignant l'arrivée à l'oracle fameux de la Bouteille, écrit (*Pantagruel,* liv. V, ch. XXXIV) : « Ou bout du vignoble, passasmes dessoubz un arc anticque, ouquel estoyt le trophée d'ung beuveur, bien mignonnement insculpé : sçavoir est, en ung bien long ordre de flaccons, bourraches, bouteilles, fiolles, etc., pendantes d'une treille ombrageuse. »

Bourras, *s. m.* — Voir BORRA.

Bourre, *s. f.;* **Bourrette**, *s. f.* — On désigna d'abord sous ce nom le poil de plusieurs animaux, tels que vaches, veaux, buffles, chevaux, etc., détaché du cuir au moyen de la chaux; ensuite, les déchets de laine provenant de la fabrication du drap, la soie de rebut, etc. Ces diverses sortes de bourres sont employées à différents usages. La bourre de poil sert à garnir, mélangée avec du crin, les tabourets, banquettes, etc. La bourre de laine ou BOURRE LANISSE (voir l'art. suivant) était utilisée au siècle dernier dans la fabrication des matelas. La bourre TONTISSE (voir ce dernier mot) ou *Tonture de drap* trouve son emploi dans la fabrication des tapisseries et des papiers veloutés. On fabriquait également des tapisseries avec du poil ou BOURRE DE BŒUF. Voici quelques exemples de l'adaptation de ces diverses sortes de bourre aux usages qu'elles comportent. « Pour la façon de celle coustepointe et pour bourre qui y entra, XV livres. » (*Compte de Geoffroi de Fleuri, argentier de Philippe le Long,* 1316.) « Lits de plume pour les riches — sus dormir et reposer — lits de bourre pour les povres. » (*Livre des mestiers,* 1400.) « Un bois de lict à haults pilliers garny de son enfonsure, paillasse, deux mattelas remplys de bourg et couverts de thoisle, etc. » (*Invent. du maréchal de la Meilleraye,* 1664.) « Une tapisserie à feuillages en bourre de

Fig. 270. — Bourgne.

bœuf prisée 60 livres. » (*Invent. d'André du Guez, seigneur de Balzac,* 1692.) « *Item,* une banquette de bois de noyer, garnye de boure couverte de moquette usée. » (*Invent. de Pierre Jarosson, procureur au Parlement;* Paris, 1718.)

On désignait, en outre, sous le nom de BOURRE DE MARSEILLE, ou BOURRETTE, une étoffe moirée, dont la chaîne était toute de soie et la trame entièrement de bourre de soie. Cette étoffe fut tissée plus tard à Nîmes, Montpellier, Avignon, Lyon et Paris. Enfin, en 1757, le sieur Reboul, « fabricant de toutes sortes d'étoffes pour meubles », établit une manufacture à Lavaur, qui prit le nom de *Manufacture royale,* et où l'on fabriqua de ces bourrettes avec un certain succès. (*Ann., aff. et avis divers* du 30 novembre 1757.) Ajoutons que les bourres de Marseille n'étaient elles-mêmes que l'imitation d'une étoffe du Levant. Ces bourres ou bourrettes furent assez employées pendant tout le siècle dernier, dans le midi de la France, soit comme tentures, soit comme rideaux ou portières, soit même pour garnir certains meubles. « Une tapisserie de bourrette rayée vert sombre et jaune, à fleurs rouge et blanc, composée de trois pièces contenant vingt-huit lez. » (*Invent. de Jean Salva*; Marseille, 1710.) « Une table à cadrille de bois de noyer garnie de bourrette. » (*Invent. du cardinal de Belzunce*; Marseille, 1745.) « Deux portières de bourrette avec une tringle de fer. » (*Invent. de la demoiselle Catherine Poujard;* Marseille, 1760.) « Dans un autre sallon..., avons trouvé une tapisserie de bourrette usée — deux portières de même avec tringles de fer — un canapé à trois places, bois blanc, fort usé, couvert de même avec un coussin aussi couvert de bourrette. » (*Invent. de L.-J. de Corbeil, courtier royal;* Marseille, 1764.) « Dans la chambre de Mlles de Lafayette, 2 lits à coquille garnis de rideaux de bourrette verte. » (*Invent. des meubles du château de Chavaniac,* 1792.)

La bourrette avait disparu aux premières années de ce siècle. Elle nous est revenue sous forme de tissu broché à ramages, dont le fond est en coton et les dessins en bourre de soie. Le nom de bourrette étant un peu simple, on baptise le plus souvent ces étoffes des noms plus retentissants de Sultane, de Persane, d'Orientale, etc. Ces tissus, employés comme tenture, font assez généralement un bon effet. Par contre, ils sont d'un usage déplorable comme sièges.

On désigne encore sous le nom de Bourre de soie une étoffe de coton pelucheuse, qui reçoit une impression analogue à celle des cretonnes, et sert pour les tentures.

Bourre Lanisse, *s. f.;* **Bourlanisse,** *s. f.;* **Bouralisse,** *s. f.;* **Bourre nalisse,** *s. f.* — C'est la laine que les fabricants de tissus tirent de dessus les draps, les ratines et autres étoffes quand on les prépare avec le chardon avant de les tondre. Cette laine était autrefois recherchée pour la confection des matelas. C'est elle que la *Subvention du vingtième sur les marchandises entrant en France,* établie en 1641, désigne sous le nom de « bourre à faire lits ». On trouve de nombreux exemples de son emploi au XVIIe siècle, et jusque dans les plus fameux inventaires. Son nom est généralement fort incorrectement écrit. « Trois mattelas de bourlanisse couverts de futaine des deux costéz... — Deux mattelas de bourlanisse, couverts de futaine dessus et dessous. » (*Invent. de Mazarin,* 1653.) « Une couche à haults pilliers de bois de noyer, garny de son enfonsure, paillasse, matelas de futaine remply de bourlanisse. » (*Invent. de Charles de Ruhion du Laurier, conseiller du Roy;* Paris, 1670.) « Une couche à hauts piliers garnie de son enfonçure, un matelas de bouralisse couvert de toile rayée, etc. » (*Invent. du maréchal d'Humières,* 1694.) « Une couche à colonnes torces... garnie de son enfonçure, d'une paillasse, deux matelas, un de bourelanisse, l'autre de laine, etc. » (*Invent. de dame Marie Pasquet;* Paris, 1720.) Détail curieux, ce produit de la fabrication du drap faisait partie, au siècle dernier, du commerce des marchands de fer.

Bourrelet, *s. m.* — Le mot bourrelet fut, dans le principe, synonyme de collier, et c'est de là que les bourreliers tirent le nom de leur profession. Aujourd'hui, dans le langage de l'ameublement, on donne particulièrement ce nom à de petits boudins d'étoupe, enfermés dans un fourreau de toile qui, cloués au bas des portes ou des châssis de fenêtres, empêchent les vents coulis de passer. Autrefois, les bourrelets étaient faits à la main ; aujourd'hui, ils sont fabriqués à la mécanique. On en fait de toutes grosseurs et de toutes couleurs, de façon à les assortir à la couleur des boiseries, et même d'invisibles qui se placent dans les feuillures des fenêtres. Une des farces en honneur chez MM. les tapissiers, c'est d'envoyer, le 1er avril, un naïf apprenti poser des bourrelets à la porte cochère de M. Un tel...

En langage de passementier, c'est un ornement consistant en un petit moule de bois rond, recouvert de soie et entouré d'un travail de guipure qu'on place au coin d'un oreiller ou à la crosse de l'accotoir d'un siège.

Au siècle dernier, on appelait bourrelets les rampes ou manchettes qui courent le long des balcons de théâtre, et qu'on nomme encore parfois des Bourrelets d'appui, et une autre sorte de coussin d'un usage assez particulier, pour que nous laissions à Furetière le soin de nous dire son emploi. « C'est aussi, écrit-il à l'article Bourrelet, ce qui sert à mettre sur un bassin de chambre, pour aller à ses nécessitéz, et qui est plein et garni de bourre pour y être plus mollement. » Ce dernier genre de bourrelet se rencontre fréquemment dans les anciens inventaires. On en trouve même qui sont habillés d'une façon luxueuse. « Une chaise d'affaire couverte de velours rouge cramoisy, avec son bourrelet aussi de velours rouge cramoisy. » (*Invent. général des meubles de la Couronne,* 1675-1700.)

Un pareil objet, étant donnée l'humeur joyeuse de nos pères, prêtait à nombre de facéties. Il ne faut donc pas s'étonner de trouver, à l'époque de la Ligue, le bourrelet jouant son rôle dans les vers satiriques. Ceux qu'on publia à cette époque contre Mlle du Tillet (voir le *Journal de l'Estoile,* t. XI, p. 260) feront connaître ce qu'était ce genre de plaisanterie.

> .... On te faira, visage de marote,
> Accomoder, pour bain, un tombereau de crotte;
> Plongée là dedans, jusqu'au col seulement,
> Et deux de tes démons, la manche renversée,
> Te laveront du jus d'une chaize percée,
> Et puis du bourrelet coifferont prestement.

Bourriche, *s. f.;* **Bourroiche,** *s. f.* — Voir Borroche.

Bourse, *s. f.;* **Borse,** *s. f.;* **Bolse,** *s. f.;* **Boursette,** *s. f.* — Petit sac qui s'ouvre et se ferme, soit à l'aide d'un cordon, soit à l'aide d'un ressort. Dans le midi, on écrivait au XVe siècle Bolse, et Borse au XVIe. Les bourses ayant servi, du XIVe au XVIIe siècle, à serrer les jetons, les sceaux, les cachets, les chapelets ou patenôtres, les reliques, etc., rentraient alors dans les objets d'ameublement. Ajoutons qu'un grand nombre de ces bourses étaient d'une réelle somptuosité. La *Remonstrance aux femmes et filles de la France* leur reproche leurs

> Bourses et espingliers flambans de pierreries.

Les *Comptes de Geoffroi de Fleuri* (1316) mentionnent une bourse de velours suspendue à une chaîne d'argent, « pour le seel du secré (secret) » du roi. Les *Comptes d'Étienne de la Fontaine* (1352) relatent l'achat de trois quartiers de velours, « pour faire broder les bourses aux sceaux de secret de Monseigneur le Dauphin, du duc d'Orliens et du conte d'Anjou ». Dans l'*Inventaire de Charles V* (1380), nous relevons « une bourse de cuir blanc et rouge, faicte à cul de villain, à troys boutons de perles, ou dedens a unes patenostres d'or ». L'*Inventaire du château de Vincennes* (1418) mentionne « une bourse de satanin Ynde, à un Y entre deux papegeaux, et est plaine de reliques ». Cette variété de destination explique comment le nombre de bourses se trouvait parfois considérable. Dans le seul *Inventaire de Charlotte de Savoie* (1483), on n'en rencontre pas moins de vingt-trois, toutes plus ou moins remplies ; les unes sont en cuir blanc ou rouge, les autres en velours cramoisi, en satin, en camelot. Dans une, se trouvaient 275 pièces d'argent de monnaie sarrasine ; dans une autre, 13 écus d'or à la couronne ; dans une troisième, on note : « Une petite Notre-Dame de Pityé d'or, une petite croix au-dessus ; une petite paix d'or où y a un camahieu empraint en une Notre-Dame de Pityé, et ung tableau ouquel est saincte Barbe ; une petite Notre-Dame de Pityé d'or, etc. » Dans une bourse en taffetas changeant, qui figure dans l'*Inventaire d'Anne de Bretagne* (1498), on rencontre les pièces d'un échiquier ; dans une autre de velours cramoisi se trouvent : « Une langue de serpent, une crapaudine, un cordon d'argent doré, etc. » Certains de ces petits sacs, car ils en avaient la dimension, étaient qualifiés BOURSES DE MARIAGE. On s'en servait pour renfermer les pièces d'or que tout bon époux devait offrir, au moment solennel, à celle qui allait porter son nom. Le plus souvent, elles étaient enrichies de broderies ou d'émaux, et ces broderies et ces émaux représentaient le portrait des deux fiancés ; d'autre fois, elles portaient des chiffres entrelacés. Dans l'*Inventaire du château de Vincennes* (1418), nous rencontrons une de ces bourses de mariage faite de broderie garnie de perles, « armoyée de chascun costé des armes de France et de Bourgogne, et ou millieu les armes de Bréban ». On trouve dans l'*Inventaire de Gabrielle d'Estrées* (1599) « une bourse d'esmail de coulombin où est la peinture de Madame, sœur du roy », etc. Ce genre de bourse resta en usage jusqu'à la fin du XVIIe siècle.

Fig. 271. — Fauteuil avec son bout de pied (XVIIIe siècle).

La BOURSETTE était une petite bourse qu'au lieu de porter extérieurement, on tenait cachée dans la poche. Rapportant le cadeau que le roi de Navarre fit à son neveu, le fils du comte de Foix, Froissart écrit qu'il lui donna « une moult belle boursette pleine de poudre de telle condition, que il n'étoit chose vivante, que si la poudre elle touchoit ou mangeoit, que tantost ne le convenist mourir sans nul remède », et Froissart ajoute que l'enfant cacha la boursette dans son sein. Christine de Pisan, racontant sa visite au prieuré de Poissy (1400), nous apprend qu'avant de partir, les personnes qui l'accompagnaient achetèrent aux religieuses

> . . . . . Non fermelles, n'aneaux,
> Mais boursettes ouvrées à oiseaulx
> D'or et soyes...

Lorsque Bayard quitta sa mère, « la bonne dame tira hors de sa manche une petite boursette en laquelle avoit seulement six escus en or et un en monnoye ». (*Mém. du chevalier Bayard,* 1527.)

Enfin, la boursette figure aussi dans les inventaires de ce temps. Témoin l'*Inventaire de Charles V* (1380), où nous notons « une petite boursecte à cul de villain, à deux escuz de France, garnye de perles », et l'*Inventaire du château de Vincennes* (1420) qui décrit « une petite boursette à une losange de France d'un costé, et d'autre costé de Monseigneur le Dauphin ».

Bourseau, *s. m.* — Terme de charpentier et de plombier. Nom donné à l'enfaîtement de plomb des toits d'ardoise, et à un outil pour arrondir les tables de plomb.

Boursillon, *s. m.* — Petite bourse.

> Deux compagnons couroyent de ville en ville
> En exerçant nul autre train ou stille
> Que de couper bourses et boursillons.
>
> (*Le plaisant boute hors d'oysiveté.*)

Boursier, *s. m.* — Les bourses et boursettes étaient fabriquées par les boursiers, qui se qualifiaient à Paris « Maîtres Boursiers, Colletiers, Pochetiers, Calçonniers, Faiseurs de Brayes, Gibecières, Mascarines et Escarcelles de drap d'or et d'argent, buffle, maroquin, cuir noir et blanc et autres étoffes généralement quelconques ». Les boursiers sont mentionnés dans le *Livre des mestiers* d'Étienne Boileau, mais sans détail particulier. Leurs *statuts* définitifs leur furent donnés par Philippe de Valois (1342) et confirmés par Charles VI (1414), Louis XII (1514), Charles IX (1574) et Louis XIV (1653). L'apprentissage était de cinq années, et le chef-d'œuvre consistait en cinq pièces : 1° une bourse de cuir ; 2° une bourse de velours ; 3° une gibecière de maroquin ; 4° une autre gibecière à ressort cambré, et 5° un maroquin ou sac pour mettre sous les genoux.

Bouscatière, *s. f.*; **Bousquetière,** *s. f.* — Locution provençale. Cellier, lieu où l'on met le bois. « Passés dans la bousquetière, au fonds, avons trouvé bois à brûler, peu, etc. » (*Invent. de Melchior Danjou ;* Marseille, 1791.)

Boussette, *s. f.* — Petit paquet de soie servant, dans la confection des sièges, à cacher le point de capitonnage.

Bousso, *s. m.* — Locution limousine. Panier grossier dans lequel on conserve diverses denrées. Corbeilles où l'on fait chauffer le linge des malades.

Bout, *s. m.* — C'est l'extrémité d'une chose. Ce mot entre dans la formation d'un certain nombre de pièces de l'ameublement, telles que BOUT DE BUREAU, BOUT DE PIED, BOUT DE TABLE. (Voir ces mots.) On dit, en terme de serrurerie, BOUT DE CLEF pour indiquer la partie de la tige qui excède le panneton, et chez les tireurs d'or ou d'argent, BOUT D'OR ou BOUT D'ARGENT pour désigner le bâton de métal fin, qui va être passé dans la filière. Enfin, au XVIIe siècle, bout était quelquefois synonyme de bouton : « Petites bouteilles de verre garnies de leur bout d'argent. » (*Invent. de Claudine Bouzonnet-Stella,* 1693.)

Bout de bureau, *s. m.* — Voir SERRE-PAPIERS.

Bout de pied, *s. m.* — Sorte de petit siège représentant assez bien une bergère très basse, et qui, rapproché d'un fauteuil, transforme celui-ci en chaise longue.

Bout de table, *s. m.* — Petit flambeau à deux ou trois branches qu'on place aux extrémités d'une table à manger, quand celle-ci est d'une certaine étendue. On donne aussi ce nom à des salières doubles de forme monumentale, et

Fig. 272. — Bout de table en argent, d'après Meissonnier.

qui sont reléguées également aux bouts de la table, pour faire équilibre au surtout qui occupe le milieu.

BOUT DE LA TABLE, HAUT-BOUT, BAS-BOUT. (Voir TABLE.)

Bouteille, *s. f.* — Récipient à goulot étroit qui sert à renfermer des liquides, principalement du vin. Les bouteilles étaient, au XIVe et au XVe siècle, le plus souvent en métal, parfois en métal précieux, et dans ce dernier cas artistement décorées ; on en trouvait même qui étaient ornées de pierres fines. Froissart nous apprend que le comte de Douglas, portant le cœur du roi Robert d'Écosse (1328) au Saint-Sépulcre, n'avait dans son bagage que des bouteilles d'or. Dans l'*Inventaire de la reine Clémence de Hongrie* (1328), nous trouvons « deux bouteilles d'argent esmaillées » ; dans celui de Charles V (1380), « deux bouteilles d'argent esmaillées à tissu d'argent », et « une bouteille de jaspre rouge garnye d'argent doré à ance ». En 1411, Jean sans Peur faisait payer 200 livres à Gauvain Trente pour une paire de bouteilles en argent offertes au prévôt des marchands de Paris. L'*Inventaire de Charlotte de Savoie* (1483) décrit : « Une petite bouteille couverte de geme avec l'ambouchouer d'argent ; — une bouteille couverte de velloux cramoisy dont le pyé et l'embouchouer sont garnys d'argent. » Mentionnons encore les bouteilles d'argent doré aux armes de Henri III, que possède le Louvre. (Voir fig. 274.)

Pour les longs voyages, on confectionnait les bouteilles en fer ou en acier, et on les habillait de cuir. « A Martin le charretier, pour unes bouteilles d'acier couvertes de cuir, achetés de lui, pour porter vin avecques le Roy quant il va en deduit... — (à) Guillaume Tireverge pour unes autres bouteilles d'acier et unes petites à mettre eaue », etc. (*Comptes de Charles VI,* 1383.) Le *Livre des mestiers* indique les différentes sortes de bouteilles alors en usage.

. . . . . Mais bouteilles
D'estain, de bos, de quir,
Trueve on de toutes mesures,
Et aussi les nomme on flaskes.

Ces dernières, nous entendons les bouteilles de cuir, étaient portées comme les gourdes de nos jours. On les rencontre assez souvent dans les anciens documents. « Pour ij bouteilles de cuir achetées à Londres pr M. S. Philippe, IX sols VIIj deniers. » (*Journal de la dépense du roi Jean en Angleterre,* 1360.) « A Jehan Petit Fay, marchant suivant la court, la somme de soixante solz tournois... pour quatre bouteilles de cuir... pour porter l'eaue et le vin dudict Seigneur (le Roy) quant il va aux champs. » (*Comptes de l'argenterie,* 1469.) Etc. Ces sortes de bouteilles étaient l'œuvre des gainiers. Les plus renommées étaient importées d'outre-Manche, et les bouteilles anglaises jouissaient d'une telle réputation que le roi d'Angleterre en envoya à Louis XI en retour de joyaux d'or et d'argent que celui-ci lui avait fait remettre par le comte de Warwick. (*Chronique scandaleuse,* 1467.) Celles fabriquées en France étaient « faictes à la mode d'Angleterre ». (Voir *Comptes de l'Hôtel,* 1487.)

Jusqu'au XVIe siècle, les rares bouteilles de verre qu'on rencontre sont rangées avec les objets précieux. L'*Exécution du testament de Jehanne de Bourgogne* (1352) mentionne : « II petites bouteilles de voirre grinellé, garnies d'argent. » L'*Inventaire de Charles V* (1380) : « Deux bouteilles de voirre riollé garnyes d'argent. » Ce sont là des pièces de grand prix. A partir du XVIe siècle, ces récipients s'introduisent peu à peu dans les intérieurs aisés, et le mot bouteille commence de prendre le sens bachique qu'il conservera désormais. Le *Grand testament de Taste-Vin, roy des Pions,* la *Chanson des aventuriers au service de France* (1515), les *Nouelz nouveaulx,* de Lucas Le Moigne, curé du diocèse de Poitou (1520), suffiraient à nous édifier sur cette transformation, alors même que nous

Fig. 273. — Armoiries d'André de Gironde, grand bouteillier de France.

ne saurions pas que ces bouteilles si chantées fournirent au cardinal de Guise son curieux sobriquet : « On apeloit ce bon prélat le *cardinal des bouteilles,* écrit Pierre de l'Estoile (*Journal,* t. Ier, p. 238), pource qu'il les aimoit fort et ne se mesloit guères d'autres affaires, que de celles de la cuisine, où il se cognoissoit fort bien, et les entendoit mieux que celles de la Religion et de l'Estat. »

Les bouteilles de verre du XVIe siècle devaient contenir juste une pinte. Mais, en dépit des règlements qui les obligeaient à ne vendre le vin que dans des mesures d'étain contrôlées par des mesureurs jurés, les marchands ayant pris l'habitude de vendre le liquide en bouteilles, celles-ci, par un phénomène facilement explicable, se rapetissèrent insensiblement, au point que l'autorité dut intervenir à plusieurs reprises et ordonner la destruction, chez les fabricants, de ces récipients de capacité réduite. C'est alors que les marchands, toujours ingénieux, ne pouvant plus faire fabriquer en France de bouteilles assez exiguës, s'adressèrent à la production étrangère. Mais un arrêt du Conseil d'État du 23 août 1753, défendant l'introduction dans le royaume de bouteilles et de carafons de verre ne rentrant pas dans les conditions de jauge prescrites par la *Déclaration* du 8 mars 1735, mit fin pour quelque temps à cette fraude.

Les bouteilles de verre ne servaient pas qu'à loger du vin. Les inventaires du XVIIe siècle nous en fournissent la preuve. On peut citer comme exemple : « Trois petite boutaille de verre à tenir tabact, garnie de leur bout d'argent. » (*Invent. de Claudine Bouzonnet-Stella,* 1693.) Toutefois, les bouteilles de porcelaine furent de préférence employées à cet usage. Dans l'*Inventaire des meubles de la Couronne* du 30 janvier 1681, nous n'en rencontrons pas moins de 14. Les unes sont rondes, les autres carrées, d'autres allongées « en fuseau ». Il y en a de décorées de figures, de fleurs, de dragons, etc. Au siècle suivant, ces bouteilles de porcelaine, devenues extrêmement à la mode, se rencontrent chez tous les personnages marquants ; chez Mlle Desmares, qui donne à Mlle Damours « deux grandes bouteilles de porcelaine », faisant partie de son mobilier; chez Mme de Pompadour, qui en achète une verte et une autre céladon, toutes deux montées en bronze doré et dont l'inventaire en décrit de fort belles ; chez le comte d'Argenson, chez Randon de Boisset, etc.

Si la bouteille de porcelaine trouvait accès chez les riches, les personnages de plus modeste condition se contentaient de bouteilles de faïence, pendant qu'à l'office et à la cave, la bouteille de verre continuait à régner. Dans la cave de Mlle Desmares, dont nous parlions à l'instant, nous ne rencontrons pas moins de « onze cent quatre bouteilles, tant grandes que petites, armoriées et non armoriées ». Car c'était alors la coutume d'avoir son cachet ou ses armes sur la panse de ses bouteilles. En outre, c'est vers cette même époque que les bouteilles firent leur apparition sur la table royale. « Il est certain, écrit Barbier (octobre 1760), que le roi a eu la bonté de servir du vin plusieurs fois à M. l'Archevêque de Paris, parce que les bouteilles étoient sur la table, ce qui se pratique soit aux maisons de campagne, soit aux petits soupers particuliers du Roi à Versailles, où le Roi mange avec la famille royale. » Ce royal exemple me paraît toutefois avoir été suivi de suite par la haute société, car, vingt ans plus tard, Mercier s'écriait encore : « Riches, mettez carafons et bouteilles sur la table, ou souffrez que j'aille asseoir mon appétit à une table, où il est permis de dîner. » Aujourd'hui, seuls les vins fins sont servis par les domestiques. La bouteille de verre, grâce à cette coutume, trouve place sur toutes les tables. Celles de faïence et de porcelaine, par contre, ont à peu près disparu, et celles de grès portent désormais le nom de cruchons.

Bouteillerie, *s. f.* — Échansonnerie ; lieu où les vins étaient serrés et mis en bouteilles. « Au chief du cloistre estoient les cuisines, les bouteilleries, les paneteries, etc. » (*Mém. relatifs à l'histoire de France,* t. II, p. 326.) « *Item,* celuy jour, cerchames en toutes les autres chambres et chambretez, gardes-robez, nourriceries, alées de haut, de bas, les caves, les séliers, le fournil, la cuisine, la paneterie, la bouteillerie, etc. » (*Invent. des biens trouvés en l'hôtel de Quatremares,* 1334.) « *Item,* en la botellerie s'est trouvé sept barriques de breuvages tel quel. » (*Invent. d'Andron de Lansac, abbé de Bourg ;* Bordeaux, 1523.)

Bouteillette, *s. f. ;* **Boutillette,** *s. f.* — Petite bouteille. « Deux petites bouteillettes d'argent, esmaillées de France, pesans une once dix estellins. — *Item,* une petite bouteillette, en façon d'une poire, d'argent veré, à mestre pouldre ; pesant cinq onces et demye. » (*Invent. de Charles V,* 1380.) « Une boutillette de cuir, tenant environ une chopine. » (*Lettre de rémission,* 1406.) On trouve, dans

Fig. 274. — Bouteille d'argent doré offerte, par Henri III à l'ordre du Saint-Esprit.

les *Inventaires des meubles de la Couronne* (1673), de petites bouteillettes rondes, en cristal de roche, de 2 pouces et demi. Aujourd'hui, les bouteillettes se nomment des flacons.

Bouterolle, *s. f.* — Terme de serrurier. C'est une des garnitures de la serrure. Il y a des bouterolles à faucillon, à crochet, etc. Chez les orfèvres, c'est un instrument de fer se terminant par une tête ronde et qui sert à donner au métal une forme concave. Au XVe siècle, bouterolle semble avoir aussi désigné un ornement : « Deux cousteaulx en une gayne, les virolles et les bouterolles d'argent esmaillé de France. » (*Invent. de Charles V,* 1380.)

Bouteron, *s. m.* — Panier commun. (Voir BOTERON.)

Boutique, *s. f. ;* **Bouticle,** *s. f.* — Ce mot a plusieurs significations. C'est d'abord une sorte de boîte pour conserver le poisson. « A Colin Robert, pour une bouticle neufve, achetée de lui par Colet Paridot, poissonnier, pour mettre les poissons des garnisons du Roy à Paris. Argent XVI livres par. » (*Comptes de l'hôtel de Charles VI,* 1380.) « A Maistre Henry de Savoisi, pour une bouticle nueuve pour mectre les poissons, achetéz de lui, amenéz de Chaalons à Paris, VII livres IV sols par. » (*Comptes de la reine Isabeau de Bavière,* 1401.)

C'est ensuite le magasin d'un marchand. Ajoutons que ce mot, au XVIIe siècle, avait une signification plus générale et moins méprisante que de nos jours. Loret l'applique au cabinet de curiosités du comte de Béthune, et nous apprend que la reine Christine fit proposer à cet amateur

Cent mille écus
S'il vouloit vendre sa boutique

La « marchande du Palais », qui figure dans les *Caquets de l'accouchée* (1622), parle avec complaisance de sa boutique, et Fléchier, dans ses *Grands jours d'Auvergne* (1675), raconte que les religieuses de l'Hôpital-Dieu de Clermont avaient « une boutique aussi bien fournie qu'aucune boutique d'apothicaire de Paris », etc. Bien mieux, ces primitifs magasins, ont, à plusieurs reprises, constitué un élément curieux de décoration pour les fêtes du XVIIe et du XVIIIe siècle. Au grand bal offert à Mme la duchesse de Bourgogne par le Chancelier de France : « La comédie finie, Mme la Chancelière mena Mme la duchesse de Bourgogne dans une autre salle, où il y avoit une superbe collation, disposée d'une manière ingénieuse. On avoit construit, dans l'un des bouts de cette salle, cinq boutiques qui formoient un demi-cercle. Dans ces cinq boutiques, il y avoit cinq marchands chantant, représentés, savoir : un pâtissier françois, par le sieur de Puvigné; un provençal, marchand d'oranges et de citrons, par le sieur Fouquet; une limonadière italienne, par le sieur Favally; un confiturier, par le sieur Courcier, et un arménien, vendeur de café, de thé et de chocolat, chantant en langue franque, par le sieur Bastaron, tous de la musique du roi. La menuiserie en étoit peinte et dorée, et l'on voyoit alternativement, dans les panneaux du bas des boutiques, les armes et les chiffres de Mme la duchesse de Bourgogne. Au-dessus de ces boutiques étoient écrits, en grosses lettres d'or, les noms de Procope, de Le Coq, de Benachi et quelques autres, et sur tout le haut on avoit peint toutes les choses convenables, à ce que chaque boutique devoit représenter. » Aujourd'hui, dans les fêtes de bienfaisance, on fait encore usage de petites boutiques élégantes, où des actrices et des femmes du monde souvent un peu pêle-mêle — procèdent à des ventes dites « de charité ».

Fig. 275. Les boutiques du Palais, d'après Abraham Bosse.

Boutisse, *s. f* Terme d'appareilleur. Pierre dont la plus grande longueur est dans le corps du mur.

Bouton, *s. m.* — C'est une sorte de petite boule aplatie couverte d'un tissu ou de métal qui, s'emboîtant dans une boutonnière, sert à joindre deux morceaux d'étoffe. Le bouton n'est plus guère employé, dans l'ameublement, que pour les capitons. Jadis les tapis et housses de lit, de tables, de chaises se boutonnaient. « Une couverture de parade de damas violet... avec quarante-quatre boutons et boutonnières à queue de soye violete, et tout le long desdicts boutons une petite frange de soye violete. » (*Invent. du château de Turenne,* 1615.) « Deux tapis de table à quatre pantes, brodés sur les pantes et garnis de gros boutons... » (*Invent. du cardinal de Mazarin,* 1653.)

On appelle également BOUTON la partie saisissable d'une serrure, qui, sous la pression de la main, fait mouvoir les pièces de fermeture. Les boutons ne se placent guère qu'à l'intérieur des appartements. Il y en a en olive, à perles, à balustre, à l'antique, en cuivre ciselé, en cristal, en porcelaine, en ivoire, en palissandre, en acajou, etc. Les verrous et targettes ont aussi des boutons, ainsi que les crémaillères, crémones et poignées d'espagnolette.

On nomme encore BOUTONS DE PORTE des pièces saillantes placées extérieurement, et qui permettent de tirer une porte à soi pour la fermer. Les tiroirs de commodes portent parfois des boutons dont la destination est identique. « Deux commodes à trois tiroirs, plaquées en bois des Indes, garnies de boutons et pieds dorés, etc. » (*Livre journal* de Lazare Duvaux, t. II, p. 369.) Enfin le mot BOUTON sert encore à désigner la petite pomme ronde qui surmonte le couvercle de certains vases. « Une petite salière de cristal garnye d'or et a ung bouton de rouge cler sur le couvescle. » (*Invent. de Charles V,* 1380.) « Deux terrines octogones... les boutons de ces terrines sont à jour. » (*Vente du duc Charles de Lorraine,* 1781.)

Boutonnet, *s. m.* Petit BOUTON. (Voir ce mot.) « Une aiguière d'or à façon de goubelet et sur le fruitelet [est] ung lys où il y a ung petit boutonnet vert esmaillé. » (*Invent. de Charles V,* 1380.) Ce terme n'est plus usité.

Bouture, *s. f* — Eau dont se servent les orfèvres pour blanchir l'argent.

Bouvement, *s. m.* Ce mot désigne : 1° une sorte de rabot qui sert à pousser les moulures; 2° la rainure pratiquée dans un morceau de bois par l'action du BOUVET.

Bouvet, *s. m.* Outil employé par le menuisier et le parqueteur. Il y a plusieurs sortes de bouvets : les bouvets à rainure, les bouvets à languette, ceux à fourchement. Le bouvet qui fait des rainures se nomme *bouvet mâle,* celui qui forme la languette *bouvet femelle.*

Bove, *s. f* — Vieux mot normand et picard, qui signifie lieu souterrain, cellier, cave. « Pour euvres de fer faites et mises en la bove du chastel de Breteuil. » (*Travaux exécutés au château de Breteuil,* 1332.) « Pour une penture en un huis de la bove XII deniers. Pour une clef en ladicte bove, XV deniers. » (*Œuvres de serrurerie faites au châtel de Conches,* 1335.) « Comme Robert Fuscien eust d'aventure treuvé une bove ou cave ouverte. » (*Lettre de rémission,* 1380.)

Bragiero, *s. m.;* **Brogiero**, *s. m.* Locution limousine. Sorte de four de campagne avec feu dessus et dessous.

Braisière, *s. f* — Grand étouffoir pour éteindre la braise. C'est aussi, selon Littré, un « vaisseau dans lequel on fait cuire certaines viandes à la braise ». La définition n'est pas très exacte. La braisière jouait le même rôle que le four de campagne. Nous remarquons dans l'*Inventaire de Jean-Baptiste Pigalle, sculpteur du roi* (1785) : « Vingt casserolles étamées, cinq marmittes, une braisière, etc. »

Fig. 276 et 277. Modèles de boutons de porte, d'après Lalonde.

Brancard, *s. m.* On donne ce nom à de grandes civières à pieds et à bras, sur lesquelles les ouvriers et les crocheteurs transportent les choses fragiles. Les brancards servent aussi à porter des personnes, et Loret (*Muze historique,* t. II, p. 542) rapporte qu'en 1658 le maréchal de Schulemberg, étant malade, se fit transporter à Arras

Dans un brancard, ou chaize à bras.

Mais, destiné au transport des meubles ou des personnes, le brancard reste un ustensile bien modeste, un appareil bien simple ; aussi est-on quelque peu surpris de rencontrer des brancards dans les salons de Versailles. Il est vrai que ce sont des « brancards d'argent portant des girandoles », ainsi que de « grands brancards d'argent portant des chandeliers de deux pieds ». (Voir *Mercure,* décembre 1682.) Ces monuments d'orfèvrerie faisaient partie de cette argenterie merveilleuse que Louis XIV, dans son faste sans précédent, avait fait fabriquer par les plus habiles artistes de son époque. Ils étaient au nombre de vingt-quatre. Douze étaient l'ouvrage de Ballin, quatre avaient été faits par Du Tel, quatre par Viaucourt, quatre par Merlin, etc. L'*Inventaire des meubles de la Couronne* nous apprend qu'ils pesaient ensemble plus de 7,600 marcs. Ce que coûtaient ces brancards précieux, nous en avons une idée par les *Comptes des bastimens :* « 3 mai 1664 au 4 juin 1665 au Sr Ballin, marchand orphèvre à Paris : à compte des grands ouvrages d'argenterie, bassins, vases et brancarts, qu'il fait pour le service du Roy..., 75,760 livres. » « Décembre 1666 à Claude Ballin : à compte des brancarts et vases d'argent blanc qu'il fait pour le Roy..., 60,000 livres. » « A Viaucourt : à compte des quatre brancarts et orangers qu'il faict pour le Roy, 18,000 livres », etc., etc. C'est en 1667 que ces beaux ouvrages furent achevés; le 15 octobre de cette année, Louis XIV les vint contempler aux Gobelins. On avait, pour cette solennelle visite, tendu la grande cour de superbes tapisseries et élevé un buffet de douze degrés « sur lesquels étaient disposés, d'une manière aussi ingénieuse que magnifique, les riches ouvrages d'orfèvrerie » fabriqués sous la direction de Le Brun. Toutes ces somptuosités devaient, on le sait, prendre, en 1689, le chemin de la Monnaie, et terminer leur glorieuse, mais éphémère existence dans le creuset du fondeur.

Branchage, *s. m.* — Nom donné à des ornements en forme de branches. « 16 mai 1754 M. de Gessin : les branchages en laiton verni, garnis de porcelaine de Vincennes pour deux seaux d'argent : 1,390 livres. » (*Livre journal* de Lazare Duvaux, t. II, p. 200.) (Voir l'article suivant.)

Branche, *s. f* Se dit par analogie des divers bras de lumière qui semblent sortir du corps principal d'un lustre ou d'un candélabre. Les exemples suivants nous apprennent l'époque à laquelle ce mot a passé du vocabulaire de l'histoire naturelle dans le langage de l'ameublement : « Trente-deux branches d'argent touttes unies en consoles à deux bobesches chascune. » (*Invent. des meubles de la Couronne,* 1684.) « Un lustre de cristaux de roche, à dix branches de fonte doré », présent de Louis XIV au deuxième ambassadeur de Siam. (*Mercure* de mai 1687) « 21 octobre 1754 à M. le prince de Soubise : Une paire de bras à double branche, en cuivre verni, composés de branchages imitant la nature, ornés de très belles fleurs de Vincennes, 740 livres. » « 17 janvier 1755 à Mme Calabre : Trois branches de jacinthe en fleurs de Vincennes, montées sur des tiges, 66 livres. » (*Livre journal* de Lazare Duvaux, t. II, p. 220 et 232.) Cette désignation est demeurée d'un usage général.

Brandon, *s. m.* Terme ancien. Sorte de fanal, de lanterne. On lit dans le *Chevalier au Cygne* (t. III, p. 17) :

Ils sont issus as camp ; mais il faisoit bruine ;
Falos, cierges, brandons et feux les illumine.

Nous relevons dans le roman de *Floire et Blancheflor* (p. 65) :

Par nuit obscure à tel clarté
Que il n'estuet à nul garcon
Porter lanterne ou brandon.

Enfin, la *Légende joyeuse de Pierre Faifeu* porte (p. 36) :

Quant Faifeu veit le brandon à la porte,
En cest endroit il veult qu'on se transporte.

Brandy, *s. m.* Lit suspendu, sorte de BRANLE. (Voir ce mot.) « Un lit brandy avecq son foureau de sarge

Fig. 278. Applique à quatre branches, d'après Bérain.

rouge », etc. (*Invent. du chevalier de Piré;* Rennes, 25 novembre 1719.)

Branle, *s. m.* Nom qu'on donnait au XVIIe et au XVIIIe siècle aux lits suspendus, en forme de hamacs, et placés dans l'entrepont des vaisseaux. Au XVIIIe siècle, quand l'usage des hamacs devint à la mode en France, on appela les lits des marins « branle à la matelote », pour les distinguer de ceux qui étaient en usage sur le sol ferme.

Depuis lors les branles ont été remplacés par les cadres.

Bras, *s. m.* — Dans les arts de l'ameublement, on donne le nom de bras aux objets ou fractions d'objets qui, de près ou de loin, rappellent la forme du bras ou offrent quelque

Fig. 279. — Bras en bois sculpté et doré (XVIIe siècle).

ressemblance avec ce membre humain. Jusqu'au XVIIIe siècle, la plupart des chaises ont eu des bras. La grande Mademoiselle nous apprend (*Mém.,* t. II, p. 460) que la reine Christine de Suède à Fontainebleau « jetoit ses jambes d'un costé, d'un autre, les passoit sur les bras de sa chaise », prenant des postures invraisemblables, et qu'aurait à peine hasardées Trivelin. Dangeau écrit, d'autre part (*Journal,* t. IX, p. 42) : « Monseigneur le duc de Bourgogne se mit à table et Mme la duchesse de Bourgogne mangea assise sur le bras de sa chaise. » Les chaises perdirent définitivement leurs bras à la fin du XVIIe siècle. Quant aux fauteuils, s'ils en avaient déjà du temps de Mazarin, comme le prouve la mention suivante, empruntée à l'inventaire de ce cardinal : « Deux fauteuils et six chaises plians, les fauteuils composéz de leur fond, dossier, bras et petit bras, etc. », plus heureux que les chaises, ils les ont conservés. Cependant, ces bras de fauteuils ne laissèrent pas que de subir quelques vicissitudes. Au commencement du siècle dernier, quand les paniers firent leur apparition, ils furent jugés grandement incommodes et menacés de disparaître. Pour les sauver, il fallut les rejeter en arrière, et c'est de là que vinrent les « fauteuils à bras reculés ». — « Les deux fauteuils couverts dudit brocart, garnis de frange, molet et galon d'argent, les dosiers cintrés, les bras reculés et à manchettes, etc. » (*Invent. général des meubles de la Couronne,* 1730.)

Après avoir vu des chaises et des fauteuils à bras, nous ne serons pas surpris de voir des guéridons munis de ce même appendice. « Deux guéridons à bras qui s'allongent et s'accourcissent, sur lesquels se doivent mettre des platines et bobèches d'argent, qui ont été inventoriés. » (*Invent. de Mazarin,* 1653.) Ces guéridons nous amènent tout naturellement à parler des BRAS DE LUMIÈRE, l'acception la plus large et la plus usitée, dans laquelle soit pris de nos jours le mot bras. Les bras appliques, comme usage, sont fort anciens. Nous trouvons, au temps du bon roi René, dans son château de la Ménitré (1741) : « Douze chandeliers de fer-blanc qui se attachent contre les murailles, dont les aucuns ont trois bobèches et l'autres n'en ont que deux. » Ces chandeliers sont bien des bras tels que nous les entendons aujourd'hui. Ce sont aussi de vrais bras que ce bougeoir de lit de Gabrielle d'Estrées, que nous avons décrit plus haut (au mot BOUGEOIR), et ces « plaques garnies de leurs bobèches », que mentionne son inventaire. « Cinq plaques garnies de leurs bobèches, aussi d'argent, prisées ensemble... 228 escus. » (*Invent. de Gabrielle d'Estrées,* 1599.) Toutefois, pour que cet appareil d'éclairage prenne le nom qu'il porte aujourd'hui, il faudra qu'un artiste, plus ou moins heureusement inspiré, ait l'audacieuse idée de faire tenir le flambeau par un poing attaché à un bras, saillant lui-même de la muraille. On peut voir, au Louvre et au musée de Cluny, quelques bras de cette sorte. Plusieurs sont en faïence et attribués avec plus ou moins de raison à Bernard Palissy. Ces mêmes objets abondent dans l'*Inventaire du cardinal de Mazarin.* Dans son appartement, au Louvre, nous ne rencontrons pas moins de « dix bras en carton doréz avec leurs bobesches de fer blanc », et dans sa garde-robe, « deux bras de bois peints en blanc et bleu, avec leurs bobesches de cuivre doré, attachéz au devant de l'alcôve ; — six grands bras de bois doréz sortans d'une nue, ayant chacun à leur costé deux testes de chérubins, avec leurs bobesches de fer blanc ; — six autres bras doréz sortans de la teste d'un lyon, avec leurs bobesches de fer blanc ». On voit que le cardinal en possédait tout un assortiment de formes variées. Une fois le branle donné, le goût des bras se répandit promptement, et le nom demeura à toutes les lumières accrochées à la muraille, ou apposées de chaque côté de la cheminée, qu'elles eussent ou non la forme d'un bras. C'est ainsi que, dans l'*Inventaire du surintendant Fouquet* (1661), nous trouvons : « Deux petits bras de fer doré attachez aux lambris. » Dans l'*Inventaire de Timoléon de la Baulme de Suze, seigneur de Plezian* (1676) : « Six bras de bois doré, servant de chandeliers à la grande salle. » Nous remarquons également « douze grands bras d'argent en forme de plaque », dans le cabinet d'audience où Mademoiselle recevait, au Palais-Royal, les compliments sur son mariage avec le roi d'Espagne ; et dans la chambre qu'elle occupait, figurent « des bras tout autour, en forme de plaques, aussi d'argent ». (*Mercure,* septembre 1679.) Les *Inventaires des meubles de la Couronne,* dressés sous le règne du Grand Roi, décrivent ces appareils d'éclairage, en les nombrant par douzaines : « Douze bras d'argent, façon de Robertet, ciselez chacun d'un grand cartouche avec grains et fueuillages renversez, d'où sort un therme de maure

Fig. 280. — Bras en faïence (XVIIe siècle).

d'ebeine qui porte la bobesche... ; — douze autres sortans d'une rose cizelée de fueuillages, environnéz d'un feston de fueuilles et au delà d'un feston de cartouches, et autres ornements marquéz aux armes du roy, etc. » L'usage de ces bras en métal précieux passa de la Cour chez les parti-

Fig. 281. — Bras applique en bronze doré (style rocaille).

culiers et devint même si général, que Louis XIV, par sa *Déclaration* de décembre 1689 et son édit de mars 1700, en défendit la fabrication, l'exposition et la vente sur toute l'étendue du royaume. Cependant, en dépit de ces édits et déclarations, le XVIIIe siècle n'en demeure pas moins l'époque par excellence de ce genre de flambeaux.

Leur efflorescence, toutefois, comporte deux périodes distinctes. Pendant la première moitié de ce siècle charmant, les bras font corps avec la cheminée. Le manteau de celle-ci est trop étroit pour supporter une garniture ; la glace est encore trop nouvelle pour qu'on ose la cacher. Le rôle du bras est de rattacher le foyer à la partie qui le surmonte, d'accompagner la glace et de tenir lieu du candélabre qui n'a pas encore fait son apparition. C'est alors un véritable monument, qui s'assortit au FEU, le complète, et qui, dessiné par l'architecte ou le décorateur de la pièce, prend dans l'ornementation générale une importance considérable. C'est lui qui frappe les yeux tout d'abord, et que l'amateur remarque en entrant. Barbier pénètre chez la belle Mlle Deschamps, et vite il écrit : « Les bras et les feux de la cheminée sont de la dernière magnificence. Il n'y en a point de plus beaux ni d'un plus grand volume chez les princes. » (*Journal,* série VII, p. 416.) Lorsque Piganiol de la Force visite le pavillon royal de Croix-Fontaine, ce sont les bras qui attirent surtout ses regards : « Aux côtés de la glace de la cheminée, sont de grands panneaux à ravalement, qui n'ont de décoration que des bras à trois branches, formées de trois cors de chasse, dont les pavillons servent de bobèches. Ils sont liés avec des peaux de renard en bronze bruni, etc. » (*Description de Paris,* t. IX, p. 195.) En 1749, Lazare Duvaux est chargé d'orner le cabinet de la Dauphine, et il s'empresse de poser « à la cheminée une paire de bras à trois branches, composés de branchages vernis, imitant la nature, avec les fleurs de Vincennes assorties à chaque plante ». Lis, tulipes, jonquilles, narcisses, jacinthes, roses, anémones, boutons-d'or et oreilles-d'ours marient leurs couleurs dans ce parterre d'un nouveau genre. Le bras, ainsi compris, joue un rôle exceptionnel dans la parure d'un intérieur somptueux. Plus tard, le sieur Obled, un marchand célèbre de ce temps, remplaça les fleurs par des personnages de porcelaine. (*Avant-Coureur* du 16 août 1762.)

Avec la seconde moitié du XVIIIe siècle, les bras perdent de leur importance comme volume, mais rattrapent largement en élégance, en délicatesse, en finesse d'exécution, ce qu'ils abandonnent comme taille. C'est aussi le temps où leur nombre se multiplie. A la fête donnée par le consul de France à Cadix, pour la naissance du duc de Bourgogne, on ne comptait pas moins de « 120 bras, dont 72 de cristal et les autres en fer contourné ». (*Mercure* de janvier 1752.) En même temps qu'ils deviennent plus mobiles, les bras deviennent aussi plus gracieux. C'est l'époque de ces beaux bras tordus, chantournés, tarabiscotés, rocailleux, où s'épanouissent la verve de Meissonnier, le grand goût de Germain, et auxquels vont succéder bientôt ces autres bras, plus contenus de formes, plus classiques de style, composés et ciselés par Gouthières, modèles d'élégance que de longtemps on ne se lassera pas d'imiter.

Peut-être conviendrait-il, avant de terminer, de dire un mot des bras tout en porcelaine de France, qui apparurent à cette époque, et dont on pouvait voir un joli spécimen dans l'appartement du comte de Caylus (1765), des bras en cristal dont on ne trouve pas moins de seize échantillons dans l'*Inventaire de Nicolas-Alexandre de Ségur* (Bordeaux, 1757), ou encore de ces bras en fer forgé, en acier, en fer fondu, etc., dont parle le *Journal de Verdun* (janvier 1727). Mais le grand luxe du XVIIIe siècle, ne craignons pas de le redire, réside dans ces beaux bras en bronze ciselé et doré, dont cette incomparable époque a laissé des spécimens particulièrement remarquables. Le *Catalogue de la vente Randon de Boisset,* notamment, et les nombreux *Inventaires des meubles de la Couronne* comportent des descriptions de certains de ces bras, qui peuvent être considérés à l'égal de véritables ouvrages d'orfèvrerie.

Ces superbes objets sont, au reste, recherchés de nos jours avec passion par les amateurs, et payés des prix extrêmement élevés. On a pu en voir, à la *Vente de San-Donato,* qui provenaient du grand Trianon, monter jusqu'à 14,800 fr. la paire. Ceux qu'on fabrique aujourd'hui sont presque tous copiés sur les modèles de cette grande époque, beaucoup même sont simplement surmoulés.

Fig. 282.
Bras applique en bronze doré (style Louis XVI).

Braser, *v. a.* — Souder deux morceaux de fer ou d'acier au moyen d'un alliage, dont la fusion se produit à une température relativement peu élevée.

Brasero, *s. m.;* **Brazero,** *s. m.;* **Brasier,** *s. m.* — C'est, dit Furetière, « un vaisseau large et plat, où on met de la braise pour échauffer une chambre. Chez les Grands il y a d'amples brasiers d'argent. » Cet appareil de chauffage, très primitif, est connu chez nous depuis le XIIIe siècle au moins.

« Au commencement du XIVe siècle, on ne connoissoit pas encore l'usage des cheminées; chaque famille se rassembloit en hyver autour d'un brazier. » (*Gazette littéraire de l'Europe,* 1764, t. II, p. 14.) Villon, dans une de ses mordantes

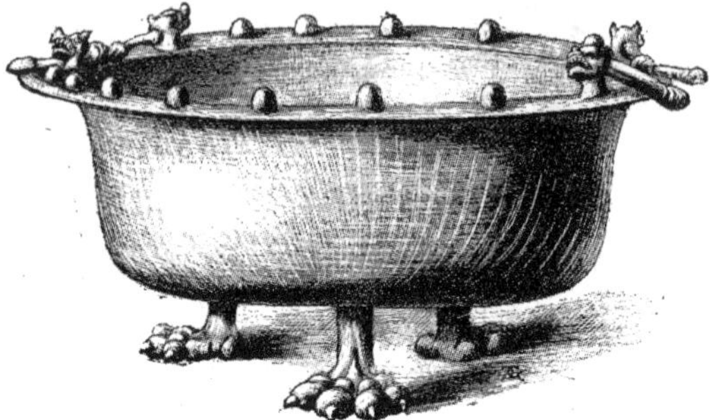

Fig. 283. — Brasier en cuivre (XIVe siècle).

ballades, le *Contredit de Franc Gontier,* nous signale la présence de ce meuble utile chez les religieux de son temps.

Sur mol duvet assis gros chanoine,
Lez un brasier en chambre bien nattée...

A cette époque, le brasier, encore plus rudimentaire qu'à l'époque de Furetière, consistait dans une sorte de grand récipient de fer forgé, ou de cuivre, monté sur des pieds parfois indépendants. Il était généralement désigné sous le nom peu poétique de poêle. Les *Comptes de l'hôtel* du roi Louis XI en font souvent mention. Au XVIe siècle, il paraît avoir été médiocrement en honneur et fut remplacé par des méthodes de chauffage plus hygiéniques. Plusieurs asphyxies, motivées par la présence de brasiers mal allumés, dans des chambres trop bien closes ou trop peu vastes (voir le *Journal de Pierre de l'Estoile,* t. VII, p. 176, et la *Muze historique* de Loret, janvier 1654), étaient de nature à provoquer cette utile réforme. Ce sont ces accidents, sans doute, qui portèrent Tallemant à reprocher si amèrement à Mme de Neuillan de n'avoir toléré pour tout feu, dans la chambre de la future Mme de Maintenon, qu'un brasier, autour duquel la société prenait place. (Voir *Historiettes,* t. V, p. 259.) Mais avec la régence d'Anne d'Autriche, et surtout avec l'arrivée en France de Marie-Thérèse, le brasier, fort à la mode en Espagne, se répandit de nouveau à Paris. Les *Inventaires royaux* (*État* de 1673) mentionnent « douze braziers de fer poly avec leurs bassins de cuivre », qui servaient dans les cabinet et garde-robes de la reine. Ce n'est pas, toutefois, qu'au delà des Pyrénées le brasier n'eût fait aussi des siennes. On sait l'histoire fameuse de Philippe III, « qui mourut d'un brasier qui étoit dans sa chambre, et que ni lui ni personne ne put faire ôter par l'absence du sommelier de corps qui étoit à la ville ». « C'est mourir à bon marché », ajoute Saint-Simon, à qui nous empruntons cette instructive anecdote. (Note de Saint-Simon dans le *Journal de Dangeau,* t. XII, p. 323.) Mais en dépit de ces accidents, relativement fréquents, le brasier, nous venons de le dire, redevint à la mode vers le milieu du XVIIe siècle ; et on le voit figurer dans nombre d'inventaires, dans celui de Molière notamment (1673); dans celui de Madeleine Tubeuf, femme du conseiller de ce nom (1676); dans l'*Inventaire de Jacques Quiquebeuf, conseiller secrétaire du roi* (1677), etc.

A la Cour et chez les grands, suivant la coutume du temps, on en fit faire en métal précieux. Bussy-Rabutin, parlant d'une loterie qui fut tirée chez Mme d'Olonne, nous apprend que « le prince de Marsillac y eut le plus gros lot, qui étoit un brasier d'argent ». Mme de Sévigné, rendant compte à sa fille d'une fête donnée par Mme de Louvois, lui écrit : « Magnificence, illumination ; toute la France, habits, rebattus et rebrochés d'or, pierreries, brasiers de feu et de fleurs, etc. » Les *Inventaires des meubles de la Couronne,* dressés sous le Grand Roi, n'en mentionnent pas moins de huit, tous en argent. La plupart sont ciselés à « gros godrons », avec des anses sur les côtés. Les uns sont décorés de festons, de masques, de feuillages ; les autres, d'armoiries du roi ou de la reine. Ils sont portés par des boules, des dragons, des griffons, etc. Cinq sont qualifiés « braziers d'argent d'Espagne », mention qui indique leur origine. En 1676, Louis XIV en envoyait un « à douze branches » en argent ciselé à la reine de Pologne, ce qui n'empêchait pas que, par ses déclarations d'avril 1672, de février 1687 et son ordonnance de novembre 1689, le Grand Roi n'interdît « à tous orfèvres et ouvriers de fabriquer, exposer et vendre » des brasiers d'argent.

Cette prohibition semble avoir été funeste au brasier. Ne pouvant plus être un coûteux ornement, il n'avait plus guère de raison d'être dans des appartements, où le chauffage allait chaque jour se perfectionnant. A partir de 1715, on ne rencontre plus guère le brasier que dans les églises et dans quelques localités du Midi, où il conserva encore longtemps son prestige et son nom provençal de BRAZIERO. A Paris, la seule mention qu'on en découvre dans la seconde moitié du XVIIIe siècle figure dans *la Mère coupable,* de Beaumarchais (acte III, scène V). La comtesse demande à Suzanne son brasero pour détruire une correspondance compromettante. Encore faut-il se souvenir que les personnages de la pièce sont originaires d'au delà des Pyrénées.

Brèche, *s. f.* — On donne ce nom à certains marbres à structure fragmentaire, dont les fragments anguleux, à bords aigus, de diverses couleurs, sont réunis par une pâte

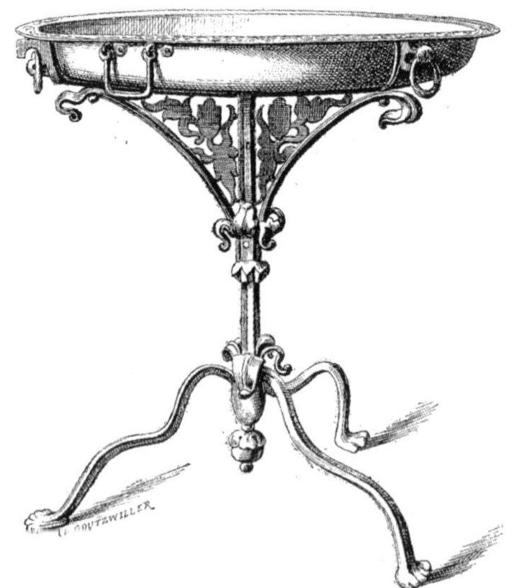

Fig. 284. — Brasier avec son support (XVe siècle).

calcaire de couleur différente. Il y a plusieurs sortes de brèches. Les plus estimées dans l'ameublement sont les BRÈCHES D'ALEP, formées par un amas de fragments gris, bruns, noirâtres, mais où le jaune domine ; et la BRÈCHE VIOLETTE où les fragments gris, blancs et rouge sombre sont reliés par une pâte violacée, tirant légèrement sur la lie de vin. Les brèches furent particulièrement recherchées, au siècle dernier, pour faire des dessus de cheminée, des tablettes de commodes, de secrétaires, de consoles, etc. Dans l'*Inventaire du palais archiépiscopal de Lyon,* dressé en 1731, on lit : « Dans ledit cabinet est une cheminée de marbre apellé brèche violet de cinq pieds et demy de longueur. » Dans l'*Inventaire de Mlle Desmares* (1746), nous remarquons : « Une table de marbre de brèche grise ; — une table de marbre brèche violette, etc. » Parmi les fournitures de Lazare Duvaux, le marchand à la mode, les meubles garnis de brèche abondent. Il en fournit à Mme Rouillé, au maréchal de la Fare, à la comtesse d'Egmont, etc.

Brechet, *s. m.;* **Brichet,** *s. m.* — Ce mot se rencontre avec deux significations. Dans l'Auxerrois, c'est une espèce de cruche de terre qui a un petit goulot au-dessous de sa principale ouverture. Dans l'Anjou, au XVe siècle, c'est une manière de support en forme de tréteau. « Une grant table de cuisine sur ses brechetz. » (*Invent. du château de Reculée,* 1470.) « Deux dressouers, deux brichez, une huche. » (*Invent. du château de Chanzé,* 1471.) (Voir BRUCHET.)

Brechodour, *s. m.;* **Bressadour,** *s. m.* — Locution limousine. Couvercle.

Bregandine, *s.f.* — Voir BRIGANTIN.

Breingal, *s. m.* — Pièce d'argenterie, probablement plateau servant de support, car, bien que se rencontrant dans un compte du roi René, le mot breingal paraît provenir de l'allemand *bringen,* porter. « Septembre [1447]. A Maistre Ligier, orfèvre, demourant à Avignon..... pour VI tasses et un breingal d'or, pesans XXIII marcs ou environ..., etc. » (*Comptes et mémoriaux du roi René,* p. 204.)

Brès, *s. m.;* **Bresseau,** *s. m.;* **Bresser,** *s. m.;* **Bressoir,** *s. m.;* **Bressolet,** *s. m.* — Brès, en provençal et en languedocien, a la même signification que BERS dans notre ancien langage. C'est une abréviation de berceau. Dans Rabelais, on trouve bresser pris dans le même sens, et le continuateur de Du Cange cite le mot bressolet employé dans une *Lettre de rémission* de 1457 : « Une petite fille qui berçoit ung petit enfant d'un an ou environ, au bressolet, auprès du foyer. » Dans l'*Inventaire du duc de Bourbon* (Aigueperse, 1507), nous remarquons : « Une contrepointe de taffetas verd pour servir à ung bresseau. » Dans l'*Inventaire d'Honoré Tresson, magistrat* (Toulouse, 1572) : « Ung bressoir faict en couchette de noguier. » Dans l'*Inventaire du Sr du Lac-Vivier* (Toulouse, 1572) : « Ung brès branlant de courailh. » Encore aujourd'hui, dans les environs de Toulouse, la forme bress continue d'être usitée.

Remarque curieuse, les formes bresoire, bressoire, se rencontrent dans l'*Inventaire de Marguerite d'Autriche,* dressé à Malines en 1524.

Brésil, *s. m.;* **Brésillet,** *s. m.* — Ou bois de brésil ; bois rouge, dur et qui prend bien le poli. On s'en est servi longtemps dans l'ébénisterie. Il a été également employé par les teinturiers; mais à diverses époques l'usage leur en a été interdit parce que la couleur du brésil, manquant de solidité, déteignait facilement, et que, pour la fixer, on était obligé d'employer des mordants nuisibles à la qualité et à la durée de l'étoffe. On trouve, du XIVe au XVIIe siècle, quelques ustensiles et un petit nombre de meubles en bois de brésil. « Troys cousteaulx, dont l'un a le manche et la gayne de brésil garny d'argent doré. » (*Invent. de Charles V,* 1380.) « Un cabinet de bois de brésil à compartimens profilés d'ivoire. » (*Invent. général des meubles de la Couronne.*)

On a longtemps cru que le bois de brésil tirait son nom de son pays d'origine; mais l'*Inventaire de Charles V,* que nous venons de citer, des documents datés de 1193, 1208 et 1395, produits par Du Cange et par son continuateur ; enfin, sa mention dans le *Livre des mestiers* d'Estienne Boileau, prouvent que cette sorte de bois était connue bien longtemps avant la découverte du Nouveau Monde. Par contre, il est fort probable que, après la découverte de l'Amérique méridionale, en 1500, par le capitaine Pedro Alvarez Capralis, le nom de Brésil fut donné par les commerçants au pays qui produisait ce bois en très grande abondance. L'importation de ce bois était si considérable au XVIIe siècle, qu'elle rapportait 11,000 écus de rente à Calderon, qui avait obtenu du roi d'Espagne « le droict du bois du Brésil qui vient à Lisbonne ». (*Histoire admirable d'un favory;* Paris, 1622.) On appelle aussi ce bois BRÉSILLET.

Brésiller, *v. a.* — Terme de teinture. Teindre avec du bois de brésil. Il est question, au XVIe et au XVIIe siècle, de drap brésillé, de toile brésillée.

Bresseau, *s. m.* — Voir le mot BRÈS.

Bressiero, *s. f.* — Locution provençale. Table à bercer. Espèce de banc sur lequel on place le berceau pour

Fig. 285. — Bretagne en fonte de fer (XVe siècle).

pouvoir le balancer. Berceau de bois monté sur des pieds, et construit de façon à pouvoir être facilement mis en branle.

Bressoir, *s. m.;* **Bressolet,** *s. m.* — Voir BRÈS.

Bressolière, *s.f.* — Petit lit d'enfant. « Une petite mauvoise table ronde à pliant avec une bresollière et un chatelet en bois de chaine (*sic*), estimés 2 liv. 5 s. » (*Invent. du sieur Angely,* au bourg et paroisse d'Allou, 1777.)

Bretagne, *s. f.* — Nom donné à deux sortes d'objets tout à fait différents. Dans le Lyonnais, on appelle ainsi les plaques ou contre-cœurs qui garnissent à l'intérieur le fond des cheminées. « Pour avoir faict un fourneau de la haulteur de deux estages, fourny la taille, les jambages et deux bretagnes, etc. » (*Comptes de la ville de Lyon,* 1638.) Il est probable que ce nom a été donné à ces plaques, à cause de leur lieu d'origine. On sait, en effet, qu'on a toujours fabriqué beaucoup d'ustensiles de fonte dans certaines localités de la Bretagne, notamment à Villedieu-les-Poêles.

BRETAGNE a aussi servi à désigner des toiles qui se fabriquaient à Morlaix et dans les environs. Ces toiles se vendaient écrues ou peintes en bleu. On les brodait parfois, témoin la « tenture de tapisserie de bretagne, fondz bleu mourant », brodée d'argent, qui figure dans l'*Inventaire du cardinal de Mazarin* (1661).

Breteche, *s.f.;* **Breteque,** *s.f.;* **Bretesque,** *s.f.* — Tour élevée pour la défense d'une place ; ouvrage en bois garni de créneaux disposé au sommet d'une tour.

> ... li dus Guillaume asist (assiégea)
> Donfront et bretesques i fist.
>
> (Philippe Mouskes, *Chronique rimée,* t. II, p. 170.)

« Quant chela fut fet, ledit gouverneur prit III bannière

atout les armes du roy et en fist mettre l'une au bieffroit, l'autre à la bretecque et la tierche fasoit il porter devant luy. » (*Chronique de Tournai,* 1364.)

> Et par devant le pont dont je vous ai parlé,
> Furent faites defences, breteches ou terré.
>
> (*Chronique de Bertrand Du Guesclin,* vers 19, 525 et suiv.)

Brétecher, *v. a.;* **Brétequer,** *v. a;* **Brétesquier,** *v. a.* — Garnir de BRETÈCHES.

> N'avoit sy forte tour jusques en Tabarie ;
> Car forte fu de murs et bien edefie,
> Et ly fosset parfont III lances et demie
> S'estoit la tour David noblement bretesquie.
>
> (Le *Roman de Godefroid de Bouillon,* t. III, p. 74.)

« Un chastel grand et haut, de longs mesrins si bien bretesché qu'on ne l'eust pu grever. » (Froissart, *Chron.,* CXLIV.)

Breusse, *s. f.* — Grande tasse, vase à boire. Parmi les « devises et bannières » des navires de Pantagruel figure « une breusse de odorant agalloche ». (*Pantag.,* liv. IV, ch. Ier.)

Brichet, *s. m.* — Voir BRECHET.

Bricourt, — Serges de Bricourt. — (Voir BLICOURT.)

Brigantin, *s. m.;* **Brigantine,** *s. f.;* **Bregandine,** *s. f.* — Sorte de lit de camp, très portatif, dont on se servait à la campagne et en voyage. « Plus deux petites brégandines couvertes de satin cramoisi à clous dorés. » (*Invent. des meubles restés au château de Pau,* 1519.) Le brigantin, encore en usage dans la première moitié de ce siècle, a été remplacé par les petits lits de fer, en forme de canapé qui se déploient.

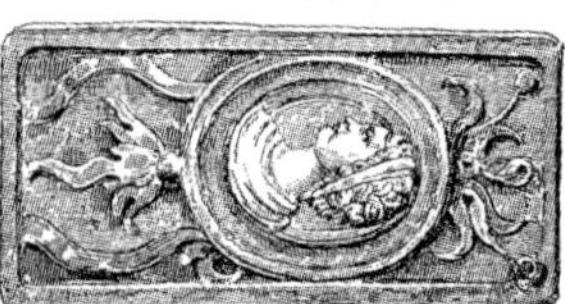

Fig. 286 et 287.

1. Brique vernissée (Beauvais, XVe siècle).
2. Brique de revêtement, non émaillée (XVIe siècle).

Brin, *s. m.* — On nommait autrefois de la sorte le chanvre le plus long et le meilleur, c'est-à-dire celui qu'on tire de la principale tige de la plante, et par assimilation on donnait ce même nom à la toile faite avec cette partie du chanvre. Dans l'*Inventaire du château de la Ménitré* (1471), nous rencontrons : « Trente draps qui sont de brin et de reparon, chascun de deux toiles » ; dans l'*Inventaire de Marguerite des Bordes* (Bordeaux, 1580) : « Une longière de toille de brin vieille » ; dans l'*Inventaire d'Anthoine Delort* (Bordeaux, 1590) : « Troys nappes de toille de brin..... plus deux longières de toille de brin »; dans l'*Estimation des biens meubles du sieur Lesaulnier* (greffe de Saint-Malo, 1605) : « Quatorze pièze fil brin et reparon, sçavoir unze brin et troys reparon » ; dans l'*Inventaire de Raoul Regnier* (juridiction et vicomté d'Artois, 1706) : « Un charlict de bois de chesne, garny d'une couette de plumes d'oye, deux linceulx de toille de brin et reparon..., etc. » Comme on le voit, c'est surtout dans l'ouest et le sud-ouest de la France qu'on rencontre ces draps, toiles et *linceulx* de brin. Il se fabriquait à Dinan et aux environs de cette ville beaucoup de toiles qu'on appelait *grands* ou *haut-brins.* Le règlement du 1er février 1724, pour les toiles tissées dans l'évêché de Rennes, parle aussi de brin. On produisait également en Champagne des toiles connues dans le commerce sous ce même nom.

Brincquynes, *s. f. pl.* — Au XVe et au XVIe siècle, on désigna par ce mot les menus ustensiles qui constituent la garniture de nos toilettes. « Plusieurs brincquynes faictes d'or, que sont pièces venant de feu Mme Marguerite, servanz à cabinetz, assavoir douze pièces tant flaccons, pots, barilz, botteilles, esguières que autres, tous en ouvraige esmaillé. » (*Invent. de Charles-Quint,* 1536.) On suppose que ce mot est une adaptation de l'espagnol *Brinco, Brinquino* (joyau).

Brinde, *s. f.* — On trouve ce mot dans Rabelais, avec la signification de vase à boire. « Brinde de fin or brizé. »

Brindille, *s. f.* — Terme de tapissier. Ornement fait sur papier de même fond. (LITTRÉ.)

Brin perlé, *s. m.* — Terme de passementerie. Genre de torsade qui se pose sur les franges, et qui leur donne un effet de relief et de brillant.

Briot, *s. m.* — Locution lyonnaise. Cellier, cuvier.

Brique, *s. f.* — Sorte de pierre factice, de couleur rougeâtre, composée d'une argile grasse, pétrie, mise dans un moule et cuite au four, où elle acquiert une consistance étonnante. Qualificativement, on désigne aussi sous ce nom des objets qui ont la couleur rouge de la brique ordinaire. On fait des briques blanches, des briques noires, et en mélangeant ces diverses nuances de briques, on arrive à construire des murailles, dont les façades présentent des dessins souvent fort agréables à l'œil. On fabrique également, dans le même but, des briques vernissées ou recouvertes en partie d'un émail de couleur vive. Au XVIe siècle, les façades de maisons et les intérieurs de cheminée étaient garnis de briques portant des reliefs parfois très artistiques.

Briquet, *s. m.* — Sorte de charnière, généralement en cuivre, qui sert à la ferrure des abattants. On désigne aussi sous ce nom un petit appareil destiné à procurer du feu. On en trouvera la description et l'histoire au mot FUSIL.

Briquetage, *s. m.;* **Briqueteur,** *s. m.* — Le briquetage est l'emploi des briques et la manière de les mettre en œuvre. L'ouvrier chargé de ce travail se nomme briqueteur. Au siècle dernier, on désignait plus spécialement sous le nom de briquetage les imitations plus ou moins fidèles de la brique faites sur les façades à l'aide de plâtre et d'ocre rouge. Ces imitations assez décoratives furent beaucoup employées, dans le dernier quart du XVIIIe siècle, pour ce qu'on appelait des *fabriques,* sortes de constructions pittoresques dont on aimait à parer les jardins anglais, alors dans toute leur nouveauté. Briquetage sert encore à désigner l'enduit dont on recouvre les façades sur lesquelles on veut produire ces imitations de briques.

Briser (se), *v. réfl.* — Se dit, dans l'ameublement, des diverses parties d'un meuble qui se plient l'une sur l'autre. On dit de volets qu'ils se brisent pour indiquer qu'ils se replient. Le verbe briser est surtout employé au participe passé. « Une chaize brisée garnie de son estrier. » (*Invent. de Catherine de Médicis,* 1589.) « Les trois premiers s'assirent dans des chaires de velours, faictes d'une façon qu'ils appellent brisées. » (*Isle des hermaphrodites,* p. 103.) « Un bureau de marqueterie de cuivre et d'étain sur fond d'écaille tortue, le dessus brisé. » (*Invent. du château de Versailles,* 1708.)

Brisure, *s. f.* — C'est la partie brisée de certains ouvrages, l'endroit où ces ouvrages se plient au moyen de charnières ou d'autres ferrures. « Premièrement, dans la salle à manger, au premier étage, s'est trouvé un bureau de bois de violette, garny de neuf tiroirs compris celuy de brisure. » (*Apposition des scellés chez Jean Bérain, dessinateur de la chambre et cabinet du Roi,* 1711.)

Broc, *s. m.* — Grand vase à anse dont les marchands se servent pour tirer le vin, le monter de la cave, et le répartir ensuite dans d'autres vases de moindre contenance. Les brocs, autrefois, servaient de mesure; ils tenaient deux pintes, mesure de Paris. Ils étaient généralement en bois, cerclés de fer et fabriqués par les tonneliers. Mais on prit de bonne heure l'habitude d'appeler brocs des récipients de toutes grandeurs et de toute espèce de matière, du moment qu'ils affectaient la forme allongée, plus ou moins analogue à celle d'une poire. C'est ainsi que dans l'*Inventaire de Charles V* (1380), nous relevons : « Ung pot à manière de broc à moustarde, à douves et à serceaulx d'argent doré; — un brocq d'argent doré, esmaillé par le bout d'en haut, des armes de France et d'Estampes; — deux brocz [d'argent] hachiéz, etc. » Dans le Midi, au XVe siècle, les brocs servaient aux usages les plus divers. L'*Inventaire de Ramond de Cussac, chanoine de Saint-André* (Bordeaux, 1442), mentionne « un broc per tenir oli »; et plus loin, « un aultre broc per tenir notz confidas ». Dans les *Dépenses de la reine de Sicile* (1480), figure « un broc à boire ». L'*Inventaire du duc de Bourbon* (Aigueperse, 1507) relate « trois pichiers et deux petitz brocs d'estaing »; et nous trouvons dans un *Acte de partage entre les frères Boissot* (sénéchaussée d'Angoulême), daté de 1660 : « Un grand brot d'estain contenant un seau. » Le *Livre journal* de Lazare Duvaux porte, à la date du 3 juin 1752, mention de la vente à Mme de Pompadour, pour le château de Crécy, d' « un petit broc de Vincennes, sur lequel on a taillé un couvercle garni en argent »; à la date du 14 mars 1753, la vente au duc de Luxembourg d' « un broc de porcelaine de Vincennes couvert, à charnières de vermeil ». Ces petits brocs-là étaient vraisemblablement des objets d'étagère. Dès le XVIIe siècle, on confectionna des brocs de grès, témoin la singulière plaisanterie de Bautru. (Voir Tallemant, *Historiettes,* t. II, p. 113.) Mais c'est seulement vers 1750 qu'on commença à fabriquer des grands brocs en faïence pour les garde-robes et la toilette. Lazare Duvaux fournit, en 1758, au duc de Bourgogne « trois brocs de garde-robe en fayence blanche pour 12 livres ». Un avis inséré au *Mercure* deux ans plus tard (décembre 1760) nous apprend qu'on fabriquait de ces brocs depuis 10 sols jusqu'à 6 livres. L'usage des brocs de faïence de forme allongée, droite et non plus renflée, comme celle des brocs en bois, s'est transmis jusqu'à nous. Toutefois, depuis l'adaptation du zinc aux ustensiles de ménage, la plus grande partie des brocs de garde-robe et de toilette est faite de ce métal, que l'on prend soin, pour éviter l'oxydation, de peindre de différentes nuances.

Fig. 288. — Broc en grès (XVIe siècle).

Dans quelques vieux écrits, Broc est parfois employé pour signifier broche.

Brocadel, *s. m.* — Voir Brocatelle.

Brocart, *s. m.;* **Brocard,** *s. m.;* **Brocat,** *s. m.* — C'est une des étoffes les plus riches et les plus somptueuses employées dans l'ameublement. Dans le principe, on donna ce nom à des tissus tout d'or ou d'argent, tant en chaîne qu'en trame. Le brocart rentrait alors dans la catégorie des *Draps d'or ou d'argent,* et les ouvriers, pour devenir maîtres dans cette branche de tissus, devaient faire un de leurs quatre chefs-d'œuvre en brocart. Au XVIIe siècle, on broda des fleurs sur les brocarts. Le « lict complet de brocard d'argent à fleurs et compartimens blancs et rouge cramoisy » que nous trouvons dans l'*Inventaire du cardinal de Mazarin* (1653) appartient à ce genre. Vers le même temps, on décora ces beaux tissus de pièces d'étoffes taillées et rapportées, qui permettaient de composer de véritables « histoires ». Les « deux pièces de tapisserie de brocard d'or de Florence tout uny, représentant l'histoire de Débora, dessin de Pierre de Cortone et de Romanely, [avec] la peinture de clair-obscur illuminée d'or, la freize d'un feston de broderie d'or entaillée à l'entour »; et la « tenture de tapisserie de brocard d'argent avec figures de chasseurs d'animaux, oyseaulx et rivières et fontaines de soye de diverses couleurs », décrites dans ce même inventaire, rentrent dans cette seconde catégorie.

Si Mazarin nourrit pour le brocart d'or une tendresse particulière, celle de Louis XIV pour cette somptueuse étoffe ne fut pas moins grande. En 1660, Mme Scarron dépeignait, dans une lettre à M. de Villarceaux (*Lettres de Mme de Maintenon,* t. Ier, p. 30), les splendeurs de l'Entrée du roi à Paris, et dans cette lettre le mot brocart revient presque à toutes les lignes. Les *Comptes des bastimens* confirment, au surplus, cette lettre. En 1665, nous relevons les articles suivants : « Au S[r] Le Duc, marchand de soye, p. 195 aunes de brocat d'or broché d'argent qu'il a livré pour le Roy, 14,527 liv. 10 sols. — A Jacques Remy, brodeur, à compte d'un brocat en broderie qu'il fait pour le Roy, 4,000 livres », etc. De 1665 à 1672, d'ailleurs, les achats de brocart, pour les besoins du roi, ne montent pas à moins de 207,734 livres, et dans cet amas de fournitures, l'année 1669 en embrasse, à elle seule,

Fig. 289. — Brocart de soie (XVIe siècle).

pour près de 150,000 livres. Il faut dire qu'entre temps, une révolution s'était produite dans le commerce de ce beau tissu. La fabrication, localisée d'abord en Italie, à Gênes, à Lucques, à Florence, à Venise, avait été introduite en France par Colbert ; et en 1667, elle était déjà assez considérable pour que le grand ministre la dotât d'un *Règlement.* C'est à Lyon surtout que furent établies es premières fabriques de brocart, et les principaux fournisseurs du Roi furent, dans le principe, Sylvio et Bernardin Reynon, Le Duc, dont nous venons de tracer le nom, et Marsolier. Plus tard, quand le sieur Charlier eut installé à Saint-Maur une manufacture royale de brocarts, ce fut lui qui obtint la fourniture du mobilier de la Couronne. C'est vers le même temps que, selon toute apparence, on commença à transformer le fond d'or ou d'argent du brocart en un fond de soie.

Fig. 290. — Brocart d'or (XVIIe siècle).

Ces derniers brocarts devaient être assurément d'un moindre prix que ceux dont la chaîne et la trame étaient en fils couverts de métal précieux ; c'est ainsi que, dans ces mêmes comptes, nous voyons, en 1668, des brocarts d'or payés 120 livres l'aune ; des brocarts d'or à fleurs d'argent 170 livres ; en 1669, des brocarts d'or et d'argent à 130 livres 10 sols, et des brocarts d'or et d'argent, relevés de ponceau et de vert, payés 133 livres 5 sols ; alors qu'en 1670 des brocarts à fond violet brochés d'or et d'argent, de la manufacture de Lyon, ne sont plus cotés qu'à 66 livres l'aune, et que d'autres brocarts sont achetés entre 78 et 80. Sous ces deux formes, au surplus, le brocart ne tarda pas à prendre une large place dans le mobilier.

Dans l'appartement qu'on prépara, au Palais-Royal, pour recevoir Mademoiselle, devenue reine d'Espagne, la chambre à coucher, dit le *Mercure* de septembre 1679, « estoit meublée d'un brocard d'or ». Le cabinet des audiences « estoit meublé de brocard d'or et d'argent à fond blanc, les fleurs fort relevées ». Le dais « estoit de la mesme étofe, à la réserve qu'entre les lez du brocard, il y avoit des bandes de brocard tout or ». A Saint-Cloud, même somptuosité et même abondance du tissu préféré. Quand, en 1681, la reine vint visiter son peu auguste beau-frère, « les meubles estoient de brocard d'or et de velours violet » ; et la tapisserie, exécutée sur les dessins de Nocret, premier peintre et valet de chambre de ce prince, était d'*entretaillures* sur un fond de brocart d'or. En 1688, le roi, à son tour, sacrifia dans toutes ses résidences à l'étoffe nouvelle. « On trouva, écrit Dangeau le 18 février de cette année, les quatre appartemens principaux de Marly meublés à neuf. Ils n'étoient que de damas ; ils sont présentement de velours et de brocart. » Le roi avait, du reste, une ample provision de ces tissus. Les différents *Inventaires des meubles de la Couronne* nous apprennent que Louis XIV posséda jusqu'à 175 pièces de brocart d'or, 51 de brocart or et argent, 11 de brocart d'argent, 387 de brocart de Lyon, 132 de brocart de Paris, 16 de brocart de Tours, 66 de brocart de Venise, 42 de brocart de Florence, et 3 de brocart des Indes. La plupart de ces étoffes étaient de la plus grande beauté. On en voit à fond d'or ciselé, à fond d'or trait, à fond d'or filé mat ; elles sont ornées de palmes et rinceaux d'or et d'argent, de fleurons, de guillochis, de grandes arabesques, avec personnages. On remarque, entre autres, « deux pièces de riche *brocat* de Paris, fabrique de Charlier, fonds d'or figuré de lyres d'or et d'argent, des chiffres du roy d'or frizé, profiléz de soie brune », etc., etc. Deux ans avant la transformation du mobilier de Marly, quand les ambassadeurs siamois vinrent à Paris et visitèrent le Garde-Meuble, on leur montra près « de cent pièces de Brocards d'or et d'argent faites sur des dessins nouveaux, et ausquels on n'a rien veu encore de pareil. Il y en a surtout d'une telle hauteur, qu'ils passent tous ceux qu'on a faits jusqu'à présent en quelque lieu du monde que ce soit, et mesme ceux du Levant. Ils sont de la Manufacture que le Roy a fait établir à Saint-Maur par M. Charlier. » (*Supplément au Mercure* de 1686.) Il est à croire que les ambassadeurs goûtèrent d'une façon particulière la beauté de ces tissus, car l'année suivante, quand ils durent repartir, les brocarts d'or de la manufacture du sieur Charlier figuraient parmi les cadeaux que le Grand Roi envoyait à son frère le roi de Siam. (*Mercure* de mai 1667.)

Nous parlions tout à l'heure de Marly ; à Versailles, la chambre à coucher de Louis XIV était également tendue de deux brocarts, l'un à fond d'argent, sur lequel se détachaient des figures de bergères et de bergers ; l'autre à fond vert ciselé d'or, avec des fleurs d'or et d'argent, lisérées de ponceau. Dans le salon de l'Œil-de-Bœuf, les portières étaient de « brocat fond d'or à fleurs d'argent » et « de brocat fond de satin rouge cramoisy à fleurs or et argent ». (*Invent. des meubles de la Couronne,* 1708.) Louis XV continua, au surplus, à cette belle étoffe la haute bienveillance dont son aïeul l'avait honorée, et l'*Inventaire général des meubles de la Couronne,* dressé en 1730, décrit un ameublement de chambre à coucher « de brocart de Lyon fond jonquille à fleurs d'argent, dessein de Lallié », et un ameublement de cabinet « miparty de brocat fond d'argent à rainceaux d'or profilés de musc », qui, pour n'avoir pas la sérieuse majesté des ameublements de Louis XIV, n'en montrent pas moins que le roi avait alors pour le brocart un goût tout spécial. Ajoutons, au reste, que ce goût fut partagé par toute la nation, car, dès 1676, nous trouvons le brocart installé à la Cour et à la Ville, chez les riches seigneurs, chez les financiers et jusque chez les conseillers au Parlement, et Saint-Simon raconte que certains maris faillirent être ruinés par la passion de leurs femmes pour le brocart. (*Journal de Dan-*

geau, t. VI, p. 469 ; note de Saint-Simon.) Ce goût, au reste, s'est transmis intact jusqu'à nous. Le brocart de nos jours, sorte de lampas fort riche, dans lequel l'or et l'argent n'entrent plus, est encore, par la valeur des matières employées et par la difficulté de la façon, une des étoffes les plus somptueuses qui soient en usage.

Brocart signifie aussi parfois une sorte de petit broc. Le continuateur de Du Cange cite une *Lettre de rémission* de 1420, où est mentionné « un bassin avec le brocart à main laver ». Nous avons relevé, dans l'*Inventaire du sieur Angely, au bourg et paroisse d'Allou* (1777), « trois petits brocquarts dont deux de verre et un de fayance, adjugés 12 sols ». Ce terme ne fut jamais d'un usage fréquent.

Brocatelle, *s. f.;* **Brocadel,** *s. m.;* **Brocatille,** *s. f.* — Ce mot semble avoir désigné successivement trois étoffes assez dissemblables et qui n'ont eu ensemble que des rapports éloignés. Brocadel ou Brocardelle, qui est la forme la plus ancienne du mot, paraît avoir, dans le principe, signifié une étoffe précieuse, une sorte de drap d'or. C'est ainsi que Montaigne (*Essais,* t. III, p. 286), parlant de l'amour de la courtisane Flora pour les gens de haut rang, écrit : « Certes les perles et le brocadel y confèrent quelque chose et les tiltres et le train. » Dans l'*Inventaire de Charlotte Fachon, épouse de Charles de l'Hôpital* (1625), nous relevons : « Une tenture de chambre de brocatille d'or, incarnat et bleu, avec les sièges pareils, et forme et tapis de table vallant xii cens livres. — Plus une tenture de brocatille de soie incarnat blanc et vert vallant mil livres. » Enfin nous lisons dans le récit, tracé par un contemporain anonyme, de l'incendie qui détruisit une partie du Louvre en 1661 : « Il (le cardinal de Mazarin) faisoit préparer au Louvre, dans la galerie des portraits des rois, un superbe ballet, dont la décoration devoit estre de brocatille d'or à fond vert et rouge découpé à Milan. » Voilà donc l'existence de cette première brocardelle ou brocatille constatée.

En second lieu, nous nous trouvons en face de la brocatelle de Flandre, étoffe de fil et de laine, dit Richelet, « dont on fait des housses de lit, dont on couvre des chaises et tapisse des cabinets »; et Richelet ajoute que l'on appelle aussi ce tissu *Étoffe de la porte de Paris*. Savary, d'autre part, rapporte que les marchands le nommaient, dans leur langage technique, Ligature ou Mezeline. (Voir ces mots.) Mais les tissus désignés sous ces deux noms n'étaient rien moins que recherchés par les acheteurs. Nous voilà donc en présence d'une brocatelle assez commune et peu ornée. C'est elle que nous rencontrons dès 1628, chez Lenormand de Beaumont, conseiller au Parlement : « Six chaises de boys de noyer à vertugadin couvertes de brocatel prisées ensemble xv livres »; et plus tard au garde-meuble royal : « Dix-huit formes, six escabeaux, trois fauteuils et deux carreaux de brocatelle de Flandre rouge, aurore et blanc qui servoient à Saint-Germain. — Une tenture de tapisserie de brocatelle de Flandre, fonds rouge à fleurons de laine aurore et blanc, etc. » (*Invent. général des meubles de la Couronne,* 1675), et enfin au château du Gage où nous relevons en 1766 : « Deux lits jumeaux de brocatelle verte et blanche, garnis de rubans verts, grandes pentes et bonnes grâces, etc., prisés ensemble 330 livres. »

Après ces deux premières espèces, arrive la troisième : la brocatelle, étoffe de soie à ramages, qui s'importait d'Italie ou se fabriquait en France. Des brocatelles italiennes, celle de Venise était la plus estimée. Elle fut tellement à la mode au xviie siècle, que l'*Inventaire des meubles de la Couronne* dressé en 1673 ne mentionne pas moins de six tentures de cette belle étoffe (2 à fond blanc, 2 à fond aurore, 1 à fond vert, et 1 à fond jaune et rouge) et cinq « emmeublements » complets de ce précieux tissu. Louis XIV l'employa jusque dans ce qu'on serait en droit d'appeler son mobilier maritime. Lorsqu'en 1680 le Grand Roi visita à Calais le navire *l'Entreprenant :* « Il y avoit vingt-deux sièges plians et deux fauteuils dans la chambre du Roy, le tout d'une brocatelle à fond blanc nuée de toutes couleurs. » (*Mercure,* septembre 1680.) Elle figurait déjà dans l'*Inventaire du cardinal de Mazarin* (1653), sous la forme « d'une pièce de tapisserie de brocatelle de Venise, fonds aurore à ramages bleu..., un dessus de cheminée de la mesme brocatelle..., dix-neuf tabourets de la mesme brocatelle, etc. » On la retrouve chez Molière (1673), où nous remarquons : « Douze carreaux de brocatelle de Venise » ; chez le savant Costar « qui se mettoit dans une chaise de brocatel qu'il avoit fait faire pour lui servir dans ses maladies, car il étoit bien aise de se montrer en toutes choses propre, ajuste et opulent » (*Vie de M. Costar,* à la suite des *Historiettes,* t. V I, p. 324) ; dans l'*Inventaire du maréchal d'Humières* (Lille, 1694) : « Une tapisserie de brocatelle de Venise..., un fauteuil avec une housse de brocatelle »; chez l'abbé d'Effiat, à l'Arsenal (1698) : « Une tanture de tapisserie de brocatelle de Venise de sept aulnes de cours sur une aulne et demy de hault..., ladicte brocatelle nuée à fond bleu pasle », etc., etc. Quant aux brocatelles françaises, elles furent fabriquées à Lyon d'abord, plus tard à Saint-Maur, où le Sr Charlier établit une Manufacture royale, puis finalement à Paris, à Tours, etc. Ces brocatelles françaises jouirent, elles aussi, d'un grand renom. On les rencontre également dans les inventaires célèbres. Ajoutons que ce sont les seules qui soient en usage de nos jours.

Cette étoffe, qui présente de nombreux rapports avec le lampas et le brocart, qui, comme eux, est brochée de fleurs ou de figures, mais beaucoup moins saillantes, offre cet avantage que son *coup de fond* étant de fil de lin, sa fabrication emploie beaucoup moins de soie que celle du lampas. Elle est donc moins coûteuse et cependant la brocatelle, tissu compris d'une façon très intelligente, n'est inférieure ni en qualité ni en aspect à ses deux rivaux, et peut rendre dans l'ameublement d'inappréciables services. De même que le lampas, la brocatelle se fabrique en ton sur ton ou à plusieurs couleurs tissées ou lancées. L'industrie contemporaine a su porter la brocatelle à son point de perfection, et l'on en rencontre qui, de loin, rappelle par son éclat les plus beaux velours de Gênes.

Brocatelle. — On donne ce même nom à une sorte de marbre que l'on tire surtout de Tortose (Espagne), et qui est presque entièrement composé de coquilles broyées. La brocatelle est, depuis le xviie siècle, employée à la décoration des édifices. Parlant de la salle de comédie de Fontainebleau, Piganiol écrit : « La cheminée... est décorée de quatre grosses colonnes corinthiennes de marbre brocatelle. » (*Description de la France,* t. II, p. 260.) On lit dans l'*Inventaire de messire Nicolas-Alexandre de Ségur* (Bordeaux, 1757) : « Dans la salle de compaignie, avons trouvé une table de marbre de brocataille avec son pied doré, estimée la somme de cent cinquante livres. » La brocatelle est un marbre très décoratif. Sa couleur est d'un rouge vineux, jaspé d'une multitude de petites taches jaunes, gris jaunâtre et blanc cristallin.

Broceron, *s. m.;* **Brosseron,** *s. m.;* **Brosseronné,** *adj.* — Tuyau, robinet, sorte de goulot par où l'on verse le liquide contenu dans une écuelle ou dans un vase. « Un pot lavoir d'argent, à une fuellie desus le couvercle, semeis d'escuchons et de compas esleveis à une beste passant entre lecol et le broceron. » (*Invent. des joyaux d'Édouard Ier, roi* *d'Angleterre,* 1297.) « III pots dargent à brosseron à mettre sausse. » (*Compte de l'exécution du testament de Jehanne d'Évreux,* 1372.) « Les suppliant et Perrenet Mourin, estans en l'église de Saint-Quentin, virent..., un pot d'estain à broceron. » (*Lettre de rémission,* 1451.) Ce mot, peu employé, du reste, semble être tombé en désuétude dès le XVIe siècle.

Dans l'*Inventaire de Charles V* (1380), il est question d'une « croix d'or brosseronnée, où il a ung camahieu qui fait une Pitié, pendant à une chesnette d'or ». Nous n'avons pu découvrir la signification de ce terme.

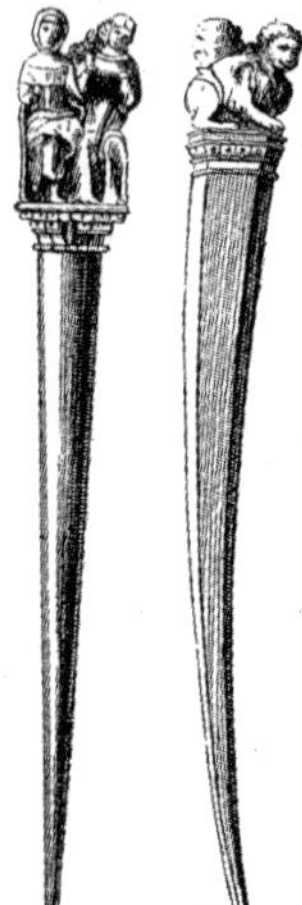

Fig. 291 et 292. Broches de toilette (XVe siècle).

Broche, *s. f.;* **Brochette,** *s. f.;* **Brocque,** *s. f.;* **Broquet,** *s. m.* — Le mot broche est pris dans des sens fort variés. Le plus usité dans le langage du mobilier désigne la tige de fer longue, pointue à son extrémité, carrée au milieu, que le rôtisseur emploie pour embrocher les pièces de viande et les faire rôtir. Sous ce premier aspect, la broche devient presque là un ustensile sacré et dont il faudrait parler avec respect, s'il n'avait servi parfois à embrocher des victimes humaines. Froissart, en effet, dans le passage où il traite de la Jacquerie (1358), s'exprime comme suit : « Je n'oserois écrire ni raconter les horribles faits et inconvenables que ils faisoient aux dames. Mais entre les autres ordonnances et vilains faits, ils tuèrent un chevalier et le boutèrent en une broche, et le tournèrent au feu et le rôtirent devant la dame et ses enfants. » (*Chroniques,* t. III, p. 294.)

Malgré ce précédent fâcheux, la broche tient une place d'honneur dans ce sanctuaire de tous les temps, qu'on nomme la cuisine. Au XIVe siècle, on poussa le luxe jusqu'à en faire en argent. Dans l'*Inventaire de Charles V* (1380), nous remarquons, en effet, « une broche à rostir » faite de métal précieux. Chez les moindres seigneurs et chez les simples particuliers, elle était en fer, et toujours en nombre. Au château d'Aigueperse (1507), nous ne trouvons pas moins de « huit grans broches et cincq rompues ». C'est un des premiers ustensiles, si nous en croyons Colletet. (*Paris burlesque,* p. 205), que la bonne ménagère cherche à se procurer. Dans toutes les maisons confortables, elle tourne majestueusement devant le grand feu clair, muet par les « happelopins » ou par un animal domestique, un chien, par exemple. Du reste, alors même qu'elle est en métal vulgaire, grands et petits lui font fête. Elle exerce sur tous une sorte de fascination.

> Combien en as-tu vu, je dis des plus huppés,
> A souffler dans leurs doigts dans ma cour occupés,
> Le manteau sur le nez ou la main dans la poche,
> Enfin, pour se chauffer, venir tourner ma broche !

Un si utile instrument, si précieux, ne pouvait manquer de préoccuper l'esprit des inventeurs. Cependant il semble que dès la première heure sa forme peu compliquée soit parvenue à son point de perfection, car je ne vois guère à citer, parmi ceux qui ont essayé de l'améliorer, que le Sr Lefèvre, serrurier à Valliquerville, près Yvetot, qui, en 1766, construisit une broche nouvelle, à laquelle la viande était seulement attachée « sans être traversée par le fer, de sorte qu'elle cuit très proprement et ne perd pas son suc ». (*Annonces, affiches et avis divers,* 1766, n° 23, p. 92.) La broche du sieur Lefèvre, cependant, ne paraît pas avoir triomphé de l'habitude. Après avoir été injustement dédaignée, plus tard, elle reparut en France sous le nom de *broche anglaise,* et, comme telle, fut adoptée par certains restaurateurs spéciaux pour cuire les grosses pièces de bœuf. Toutefois elle n'a pas trouvé accès dans la généralité des cuisines bourgeoises, et non seulement rôtisseurs et cuisinières ont continué d'embrocher les pièces de viande dans leur longueur, mais encore ils les retiennent et les consolident, à l'aide d'une autre broche plus petite. Dans le nord et le centre de la France, on nomme cet autre ustensile BROCHETTE. Dans l'ouest, on le nommait, au siècle dernier, un BROQUET. « Un grisle et un petit brocquet de fer prisés ensemble vingt sols. » (*Invent. d'Ollivier Rouillon;* aux Rochers, 8 février 1725.) Ajoutons que l'usage de ces brochettes remonte au moins au XVIe siècle, car Rabelais baptise « Carême prenant » « le plus industrieux faiseur de lardouères et brochettes qui soyt en quarante royaulmes ». Au siècle dernier on les faisait en argent, et dans l'*Argenterie du sieur Garnier d'Isle, contrôleur des bastimens du roi* (1755), nous relevons : « Une demi-douzaine de brochettes pour côtelettes. » Aujourd'hui, pour la cuisine, elles sont en fer étamé, et en argent ou argentées seulement quand il s'agit de dresser un plat compliqué.

Au XVe siècle, la BROCHE a, en outre, été un ustensile de toilette. Elle servait à partager les cheveux pour tracer la raie, et faisait partie de la trousse ou du nécessaire. « A Henry des Grès, pignier, demourant à Paris, pour un estuy de cuir bouilly poinçonné et armoié des armes de Mons. le duc de Thouraine, pendant à un gros las de soie, garny de trois pignes, une broche et un miroir, pour pignier le chef dudit seigneur. » (*Comptes de l'argenterie,* 1387.) Comme ce genre de broches était naturellement de petites dimensions, on lui donnait aussi le nom de brochette ou broquette. « Pour ij pingnes, ij miroirs, ij broquettes, achetés à Paris par Jaquet le barbier. » (*Comptes des ducs de Bourgogne,* 1319.) « A Philippe Daniel, pignier tabletier, demourant à Paris, pour une pignière garnie de deux pignes, deux brochettes et ung mirouer, etc. » (*Ibid.,* 1483.)

Le mot BROCHE a encore servi à désigner la pointe saillante des chandeliers anciens, pointe sur laquelle on plantait la bougie et la chandelle. « Un chandelier d'argent... et dessus a une longue broche roonde à mettre un cierge, etc. » (*Invent. du duc d'Anjou,* 1368.) « Ung chandelier à troys broches par manière de lys. — *Item,* deux autres chandeliers à broche, etc. » (*Invent. de Charles V,* 1380.)

On appelait également BROCHE la cannelle qu'on met à un tonneau pour tirer le vin. De là l'expression de « vendre le vin à broche, ou en broche », en usage dès le XIIIe siècle. « Quiconques est crieur à Paris, il puet aler en laquele taverne que il voudra, et crier vin portant qu'il y ait vin à broche. » (*Livre des mestiers* d'Étienne Boileau, 1260.)

> Lieu n'ont trouvé où y eust vin en broche,

Cette expression s'est conservée jusqu'au commencement du siècle dernier, et signifiait « vendre du vin au détail ». (Savary, *Dict. de commerce.*) écrit l'auteur de la *Légende joyeuse de Pierre Faifeu.* A Lyon, au XIVe siècle, on écrivait et on prononçait BROICHE. (Voir Arch. communales, série BB, reg. 368.)

En terme de serrurier, la BROCHE est la tige de fer qui pénètre à l'intérieur de la clef forée. C'est aussi la cheville de fer qui tient ensemble les gonds d'une armoire, et la vis de rappel qui sert à assembler les divers membres des meubles à châssis et panneaux. Cette acception est fort ancienne. « Pour VI jours de Gieffroy Helluis, qui appareilla plusieurs trestes (tréteaux) et fourmes, et mist les brocques esdits rasteliers, etc., VI sols fors. » (*Œuvres de charpenterie au chastel de Rouen,* 1344.) « Bahuts, coffres, chalits, dressoirs, bancs, tables..., et autres semblables paremens tenant à broches, qui se peuvent désassembler. » (*Nouveau coutumier général,* t. II, p. 430.)

Les tricoteuses ont aussi nommé BROCHES leurs aiguilles, les tapissiers-hauteliciers l'instrument de buis qui, entre leurs mains, remplace la navette, et les brodeurs, l'outil sur lequel on met les soies retorses et propres à broder. On n'en finirait pas, au surplus, si l'on voulait énumérer toutes les adaptations de ce mot.

Brocher, *v. a.;* **Brochure,** *s. f.* — En terme de manufacture, brocher une étoffe, c'est ajouter au fond de cette étoffe des dessins, fleurs, ramages ou rinceaux de soie, d'or ou d'argent qui l'embellissent et en relèvent la beauté. La brochure se fait au cours de la fabrication de l'étoffe, au moyen de petites navettes qui se nomment *espolins.* Il est question de tissus brochés dès le XVe siècle. L'*Histoire du petit Jehan de Saintré* fait mention de velours brochés d'or et d'argent; et le *Livre du faulcon* de « beaulx tappis... brochiéz d'or d'argent et de soye ». *Parmi les acoustremens d'or et de soye* qui servirent à l'Entrée d'Anne de Bretagne à Lyon, figure « la couverture d'une litière de veloux cramoisy broché à l'éguille ». Dans l'*Inventaire de Charlotte d'Albret* (1514), on remarque « ung ciel de lict de can, de satin broché viollet, frangé de fil d'or ». Le satin broché est compris parmi les étoffes de prix que Panurge offre généreusement à la « haute dame de Paris » qu'il essaye de séduire. La brochure dont il est question dans ces divers documents s'exécutait à la main, et l'on employait du clinquant, de la chenille, de la cannetille, des fils d'or et d'argent, qui, distribués avec art, variaient singulièrement l'aspect de l'étoffe. Aujourd'hui, elle s'exécute à la mécanique, et la soie et la laine sont les deux seules matières couramment employées. On broche en camaïeu, c'est-à-dire dans la même couleur et dans le même ton que le fond, le dessin formant le brillant et le fond le mat, ou inversement. On broche également en autant de couleurs que l'on veut, et la seule limite qui soit imposée au fabricant l'est par l'épaisseur de l'étoffe et le prix des matières employées. C'est au XVIIe siècle que, selon toute vraisemblance, on commença de brocher à la mécanique. En 1605, les consuls de Lyon firent payer à Claude Dangon 200 livres d'indemnité, en considération des frais extraordinaires faits par lui pour introduire en France la fabrication de « vellours turques en fondz de satin, taffetas fonds ris et supreris de deux, trois et quatre coleurs, et aultres estoffes non encore mises en œuvre ». Il semble bien qu'il s'agisse là de velours et de taffetas brochés. Dangon fut envoyé à Paris, où Henri IV prit « plaisir de veoir les premiers essais desdictes estoffes». Toutefois, c'est seulement cinquante ans plus tard que l'on produisit de beaux tissus brochés. On rencontre souvent dans les comptes royaux de ce temps la mention de brocarts et de damas brochés. « Au sieur Le Duc, marchand de Soye, pour 195 aunes de brocat d'or, broché d'argent, qu'il a livré pour le Roy, à raison de 74 liv. 10 s. l'aune, 14,527 liv. 10 s. — Aux sieurs Duc et Marsollier, marchands, pour 148 aunes et demie de brocat fond violet, broché d'or et d'argent, manufacture de Lyon, à raison de 66 francs l'aune, 3,135. » (*Comptes des bastimens,* de 1664 à 1680.) — « Un meuble de cabinet de damas cramoisy, broché d'or à cornets d'abondance, etc. » (*Invent. général des meubles de la Couronne,* 1730.) Aujourd'hui, on broche toutes les étoffes, même les plus communes, le damas de laine, le reps, et pour les garnitures de vitrages, on fait grand usage de la mousseline brochée.

Fig. 293. — Broderie sur toile dite « Tapisserie de Bayeux ».

Brochier, *s. m.* — Sorte d'aiguière. Vase à goulot (brocheron) dont on se servait pour se laver les mains. « Un brochier à laver mains où il fault un pié, prisié V sols. — Un brochier à II brocherons, prisié IIII sols.» (*Invent. de Richard, archevêque de Reims,* 1389.)

Brode, *s. f.* — Parlant de POINT ou de dentelle brodée, on ne se sert pas du mot broderie, on dit de la brode.

Broderie, *s. f.* — Charles-Germain de Saint-Aubin, dans le préambule de son *Art du Brodeur,* se plaît à constater que les Grecs et, avant eux, les Phrygiens, ont pratiqué avec le plus grand succès l'art de la broderie. Sans remonter ni si haut ni si loin, il nous sera permis d'établir que ce bel art compta au nombre de ceux qui, pendant tout le Moyen Age et jusqu'à la fin de l'Ancien Régime, furent les plus appréciés par la société française. Bien mieux, les dames du plus haut rang ne craignirent pas de le pratiquer. On sait, en effet, que Judith de Bavière, mère de Charles le Chauve, était une brodeuse émérite, et qu'au XIe siècle, la reine Mathilde exécuta avec ses femmes cette fameuse broderie de 210 pieds 11 pouces de long, qui nous a été conservée sous le nom de *Tapisserie de Bayeux,* et sur laquelle une aiguille naïve a retracé les principaux épisodes de la conquête de l'Angleterre. D'autres spécimens de broderie, d'une antiquité aussi respectable, la broderie provenant du Tombeau de Gunter, évêque de Bamberg, la toile de lin brodée par la comtesse Ghisia, femme de Guifried de Cerdagne, appartenant au musée de Cluny; les vêtements sacerdotaux de Thomas Becket, archevêque de Cantorbéry, conservés à la cathédrale de Sens, prouvent non seulement l'habileté des châtelaines de ce temps, mais encore l'importance des travaux qu'elles osaient entreprendre et qu'elles savaient mener à bonne fin. Ajoutons que cette passion pour le bel art de la broderie était alors générale. Le *Livre des mestiers* nous apprend que

La soie dont on faict
Ouvraige de broudoure

comptait dans les approvisionnements de toute bonne maison, et n'est-il pas intéressant — lorsqu'on contemple à la Bibliothèque nationale le livre d'heures d'Isabeau de Bavière, dont la couverture en canevas brodé représente le Sauveur sur la croix, ayant à ses pieds les saintes femmes, et, d'autre part, la Cène, surmontée de deux compartiments ornés — de se souvenir qu'on lit dans les *Comptes de Guillaume Brunel,* argentier de Charles VI, à l'année 1387, les deux articles suivants : « A Robert Thierry, mercier, pour demie aulne de samit azur, et baillée à Jehan Saudubois, varlet de garderobe de ladicte Dame [la reine], pour porter devers ycelle Dame, pour faire ouvrer de broderies dessus. Pour ce VIII sols parisis. »

La vie sédentaire des châteaux au Moyen Age suffit à expliquer, du reste, l'importance que les ouvrages de broderie

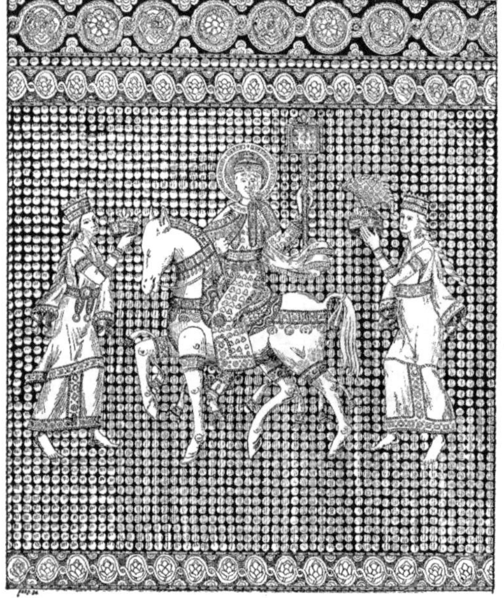

Fig. 294. — Broderie byzantine provenant du tombeau de Gunter, évêque de Bamberg.

avaient prise. Il faut voir les chefs-d'œuvre que l'auteur du *Roman de Berthe aux grans piés* fait exécuter à sa royale héroïne :

N'avoit meillour ouvrière de Tours jusk'à Cambrai,

dit-il. Il faut lire les instructions si spéciales que la « dame des Belles Cousines » prodigue au petit Jehan de Saintré, et que celui-ci transmet à François de Nantes, brodeur du roi, pour être persuadé de l'importance qu'avaient en ces temps lointains, et dans la plus haute société, ces beaux travaux d'aiguille. Ajoutons que les peintres, à cette époque, ne connaissaient pas de travail plus relevé, plus distingué, que d'exécuter des cartons que les brodeuses transformaient ensuite en longues bandes. Aussi M. de Laborde a-t-il eu grandement raison d'écrire : « Je ne sais pas de plus grand service à rendre aux arts que de tracer une histoire de la broderie. Ce serait, non pas le complément, mais l'introduction et l'accompagnement obligé d'une véritable histoire de la peinture. »

Au XVIe siècle, l'estime des plus hautes dames de France pour la broderie ne diminua en rien. Gabrielle de Bourbon — si nous en croyons les *Mémoires de Louis de la Trémoille* — « s'employoit une partie de la journée en broderies et aultres menus ouvraiges appartenans a telles dames et y occupoit ses demoyselles dont avoit bonne quantité et de grosses riches et illustres maisons ». Jamais à aucune autre époque, cet « art de Pallas », comme on l'appelait alors, ne fut plus apprécié. Il fut même chanté par les poètes, et par Ronsard, notamment, dans son *Ode à la royne de Navarre,* et surtout dans sa *Troisième Églogue* dédiée à Claude de France, fille d'Henri II, à laquelle il adresse ce compliment flatteur :

Nulle mieux sur la gaze un dessein ne compose
De fil d'or et de soye, et nulle ne sçait mieux
Conduire de Pallas les arts ingénieux.

La mère de cette princesse, la sombre Catherine de Médicis, quoique la politique ne paraisse pas lui avoir laissé de grands loisirs, se livrait aussi, avec le galant escadron qui lui faisait escorte, à de grands travaux de broderie. Parlant de cette reine, trois fois régente, Brantôme écrit : « Elle passoit ses après-disnées à besongner après ses ouvraiges de soye, où elle estoit tant parfaite qu'il étoit possible. » Pour l'approvisionner de modèles, au reste, elle avait auprès d'elle un Vénitien de grand renom, Frédéric de Vinciolo, dessinateur des plus renommés pour broderie. Ajoutons que Vinciolo comptait, dans sa patrie même, un certain nombre de concurrents de premier mérite. Il faut citer parmi eux Parri Spinelli, qui avait fait pour sa sœur, brodeuse appréciée, une suite de vingt dessins; Perino del Vaga et d'autres encore, car, en 1544, on publiait à Cologne (chez Peter Quentel), UNG NOUVEAU LIVRE AVEC PLUSIEURS SCIENCES ET PATRONS [de broderie] QUI N'ONT POINCT ESTÉ ENCORE IMPRIMÉS.

Au siècle suivant, le sceptre de ces gracieuses compositions passa entre les mains des artistes français et nous valut — aurait-on pu le penser ? — la création d'établissements nationaux, qui devaient aider singulièrement au développement de la botanique et à celui de l'horticulture.

Dès le Moyen Age, les brodeurs avaient demandé des inspirations à la flore indigène, et les miniaturistes, leur venant en aide, avaient reproduit à leur intention une foule de fleurs de toutes sortes, groupées de la façon la plus variée. Le bréviaire du cardinal Grimani, si justement célèbre, offre un curieux exemple de ces recherches botaniques, et le livre des heures d'Anne de Bretagne est l'herbier le plus remarquable qu'on puisse rencontrer. Il contient près de trois cents plantes différentes, la plupart très reconnaissables, et dont quelques-unes ne seraient certainement pas rendues, aujourd'hui, avec plus d'exactitude, de finesse et de goût. A la fin du XVIe siècle, les brodeurs et les miniaturistes, fatigués de toujours tourner dans le même cercle et de s'inspirer des mêmes modèles, souhaitèrent de posséder des fleurs nouvelles, capables de renouveler leur fond d'inspiration. C'est alors qu'un horticulteur renommé, Jehan Robin, poussé dans cette voie et soutenu par un artiste de mérite, Pierre Vallet, brodeur du roi, fonda notre premier Jardin des plantes, et reçut d'Henri IV le titre d'« Herboriste du Roy ». Ce jardin était petit, car Guy de la Brosse en parle avec un dédain non déguisé et dit de lui : « Tout le monde sçait qu'il ne contient pas un quartier de terre. » Toutefois, il reçut assez fréquemment la visite de la reine et des dames de la Cour, avides de motifs nouveaux à traduire en broderie. Vallet se fit leur guide respectueux et leur professeur dévoué. Il aida de tout son pouvoir la laborieux Robin à se procurer des espèces exotiques pour servir de modèles à ses illustres écolières. Ajoutons qu'il ne se borna pas à de vagues conseils. Dans un recueil, le plus élégant qu'on eût produit jusque-là en France, il réunit 75 planches à l'eau-forte, où l'on retrouve le dessin exact d'une centaine de plantes rares à cette époque et acclimatées aujourd'hui. Ce livre, intitulé *le Jardin du roi très chrétien Henri IV,* parut en 1608, avec une dédicace à Marie de Médicis, et fut promptement épuisé. Il fut réimprimé en 1650, sous le titre : *Hortus regius,* avec des pièces de vers à la louange de Pierre Vallet et de Jehan Robin. Le succès du livre de Vallet devait naturellement encourager d'autres dessinateurs à se mettre sur les rangs. Quelques années plus tard, Théodore de Bry gravait, pour les brodeurs, de très exactes et très charmantes planches de fleurs ; Nicolas de la Fage, qui travailla pour Anne d'Autriche et que Louis XIII avait fait venir d'Italie comme brodeur, encadrait de sa pointe délicate une figure de Vierge dans une délicieuse couronne de roses, d'une vérité et d'une observation remarquables. Constatons, en outre, qu'un grand nombre de brodeurs de cette époque maniaient supérieurement le burin. Berthod, dans son *Paris ridicule et burlesque,* fait dire à un marchand d'estampes : « J'ay

Trois figures à demy corps
Faites par un certain Du Cors.
C'estoit un brodeur d'importance... »

Fig. 295. — La *Danse du veau d'or.* — Broderie de soie du XVIe siècle. — Musée de Cluny.

Mais le plus beau travail qui ait été exécuté en vue de fournir des modèles aux brodeurs, c'est l'admirable collection de miniatures commencée par Robert, brodeur et peintre ordinaire de Gaston d'Orléans, qui, en digne fils de Henri IV, avait installé à Blois un jardin de plantes rares et qui, le premier, eut un artiste à ses gages pour les reproduire. Cet ouvrage, on le sait, fut continué par Joubert, Aubier et Mlle Basseporte, peintres du roi au Jardin des plantes ; et Dargenville n'hésite pas à faire à l'art qui nous occupe, les honneurs de cette réunion incomparable de plus de 6,000 miniatures. « C'est à l'usage de la broderie de fleurs, écrit-il dans son *Voyage pittoresque de Paris,* usage qui, sous Henri IV et Louis XIII, étoit très à la mode dans les meubles et les habits, qu'on doit le commencement de cet ouvrage. La nécessité d'avoir des modèles de belles fleurs, pour les peindre en soie de diverses couleurs, avoit fait naître la curiosité de rechercher et de cultiver les plantes rares, sur les desseins desquelles les brodeurs de ce tems-là pussent travailler. » Empressons-nous d'ajouter qu'en 1727, de Jussieu, reprenant, avec une bonne grâce charmante, ce même thème devant l'Académie des sciences, n'hésitait pas, lui non plus, à attribuer à la broderie l'origine de ce magnifique travail. On lira, au reste, avec plaisir cette ingénieuse dissertation. Elle a été publiée dans le *Recueil de l'Académie des sciences* (t. XXVII, p. 131).

Fig. 296. — Frise en broderie de laine et de soie emboutie (XVIIe siècle).

Constatons encore que l'hommage rendu par de Jussieu à la broderie s'explique d'autant mieux que ce bel art au XVIIIe siècle, pas plus qu'au XVIIe, n'avait cessé d'être tenu en très haute estime par les personnages les plus considérables de l'État. Pendant tout le XVIIe siècle, on trouve des traces en quelque sorte augustes de cette estime singulière. En 1601, à l'occasion de la naissance du dauphin, le pape adresse « à la reine très chrétienne » Marie de Médicis une pièce de broderie, exécutée par le brodeur Francesco Barro, et payée 400 écus d'or. En 1639, même gracieuseté de Sa Sainteté, qui envoie au futur Louis XIV des broderies, dont la *Gazette de France* nous a conservé la description. On remarquait entre autres, dans cet envoi, « deux bandes de toile d'argent en broderie d'or, l'une avec les armes et chiffres de Sa Sainteté et de Sa Majesté, l'autre avec de la canetille d'or parsemée de fleurs au naturel » et « une bande de lames d'argent en broderie d'or, où sont les portraits des saincts Urbain, pape, et Louys, roy de France, faits à l'esguille, de point de broderie de soye ». Après la mort de Charles Ier, qui fut, lui aussi, grand amateur de broderies, le cardinal Mazarin envoya des émissaires à Londres, pour acheter quelques-uns des plus beaux ouvrages qu'avait possédés le roi d'Angleterre. On a même une lettre de lui, adressée à M. de Bordeaux et datée « de Châlons, 17 novembre 1653 », par conséquent de ce moment de crise terrible pour lui, où ses meubles étaient saisis, ses collections sous séquestre et sa personne mise à prix; et, dans cette lettre, le cardinal écrit: « Je me remets à vous d'achepter les quatres pièces en broderie que vous dites estre si vieilles, et la pièce neuve que vous dites estre si belle ; vous pouvez en concerter avec des experts de la fidélité desquels vous ayez desjà fait espreuve, et je trouveray bon ce que vous ferez là-dessus. » Ainsi, les plus cruelles vicissitudes n'étaient pas capables de faire oublier à Mazarin son amour pour la broderie. Louis XIV partagea, au reste, le goût de son premier ministre et le fit partager à la reine Marie-Thérèse, sa femme. On lit dans le *Mercure* d'août 1683 la phrase suivante, concernant cette princesse : « Pendant une partie de la journée, elle estoit en retraite dans son cabinet. Elle y prioit ou travailloit à quelques ouvrages pour les autels. » Nous n'avons plus idée, au reste, de la beauté des broderies exécutées alors dans les plus aristocratiques salons. La *Gazette de France* de 1647 rapporte que, le 16 avril de cette année, la reine, accompagnée des princesses, se rendit à la place Royale chez la princesse de Chaulnes où elle admira un ameublement à fond d'or rehaussé de toutes sortes de fleurs, « l'ouvrage de huit années de cette dame et de ses filles ». En 1692, Mlle de Charolais donna à Mme la Princesse, à l'occasion de son mariage avec le duc du Maine, une toilette de velours cramoisi « brodée à plein », qui était son œuvre personnelle. « Trois desseins différens, dit le *Mercure,* qui se mesloient les uns dans les autres, formoient cette broderie, et ce qui en faisoit la beauté, c'est que, malgré mille tours qui les entrelassoient, on ne laissoit pas de les distinguer parfaitement. » Toutes les dames, au surplus, à cette époque, se piquaient d'émulation, dans l'exécution de ces beaux ouvrages. Dangeau rapporte (*Journal,* t. VI, p. 472) que le duc de Bourgogne fit à la duchesse sa femme « le présent très galant et très agréable d'une cassette de Chine, dans laquelle il y a tout ce qui peut servir aux personnes qui aiment à travailler en tapisserie et en broderie ». « On voit encore parmi les meubles de la Couronne, écrit Mme de Genlis (*Mme de Maintenon,* t. II, p. 266), un superbe lit, travaillé en soie, en or, en petites perles fines et pierreries, fait par Mme de Maintenon pour Louis XIV. » On sait, du reste, que cette femme d'État installa à Saint-Cyr un atelier de broderie, où fut créé le point qui porte encore le nom de cette célèbre maison. En 1679, Mme de Courcelles, détenue à la Conciergerie, « avoit entrepris de se broder en argent une robe de damas..., ouvrage dans lequel elle étoit secondée par sa femme de chambre et des ouvrières qu'elle faisoit venir de la ville ». (*Mém. de Mme de Courcelles,* p. 124.) Au XVIIIe siècle, même enthousiasme pour ces délicats travaux. « Il y a quelques jours, écrit le duc de Luynes, à la date du 24 mai 1746, que la reine fit présent à Mme de Luynes d'un meuble de tapisserie avec de l'or, qui est en partie son ouvrage. » (*Mém.,* t. VII, p. 321.) Nous savons par Mme Campan (*Mém.,* p. 49) que les quatre filles de Louis XV, à l'image de leur mère, n'avaient pas d'occupation plus chère que de travailler à des ouvrages de broderie. Le 7 septembre 1753, Lazare Duvaux fournit à Mme de Pompadour « cinq paires de ciseaux faits exprès pour découper la tapisserie ». Et le 29 mai 1757, la belle marquise écrit à Mme de Lutzelbourg : « Envoyez-moi vite la robe, j'ai des projets de broderie à y ajouter. » (*Corresp. de Mme de Pompadour,* p. 112.) A Bellevue comme à Versailles, ces gracieux travaux étaient à la mode. A Trianon, sous le règne de Marie-Antoinette, ils jouissaient même de prérogatives spéciales, et la reine « entrait dans le salon sans que les métiers fussent laissés par les dames ». Bien mieux, sous la Révolution, on vit pendant longtemps chez une célèbre marchande, Mlle Dubuquois, « un tapis de pied fait par la reine et Madame Élisabeth, pour la seconde pièce de son appartement au rez-de-chaussée des Tuileries ». (*Mém. de Mme Campan,* p. 173 et 260.) Mais le plus curieux, c'est qu'au XVIIIe siècle, cette passion sévit sur les hommes presque avec autant d'intensité que sur les femmes. A l'acte II, scène X, des *Dehors trompeurs,* pièce représentée en 1740, Boissy place dans la bouche d'un de ses personnages cette satire des futiles occupations d'un homme à la mode :

Fig. 297. — *Ecce Homo,* broderie de soie. Musée des tissus de Lyon.

> Conduire à l'opéra la duchesse indolente,
> Médire ou bien broder avec la présidente;
> Avec le commandeur parler chasse et chevaux,
> Chez le petit marquis découper des oiseaux...

Dans *le Cercle,* de Poinsinet, représenté en 1764, on voit un marquis-colonel qui, s'approchant de Cidalise occupée à broder, lui dérobe « son tambour et déjà d'une main légère achève le contour de la fleur à peine commencée ». Ces critiques de Boissy et de Poinsinet sont de véritables traits de mœurs. Dans une addition au *Journal de Dangeau* (t. XVIII, p. 197), Saint-Simon parle d'un certain abbé d'Entragues, qui « affectoit toutes les manières des femmes, travailloit en tapisserie, portoit un éventail », etc., et l'on sent au portrait tracé par lui, qu'il s'agit là d'un original et d'un être à part. Mais il n'en est plus de même avec le portrait de Dupin de Francueil, tracé par Mme d'Épinay d'une plume singulièrement alerte. « Il avoit le don de savoir toujours s'occuper d'une manière agréable pour les autres autant que pour lui-même... il brodoit à merveille ! » En moins de quarante ans, ce qui constituait une excentricité était devenu une occupation à la mode. Sous le règne de Louis XVI, la broderie était si bien entrée dans les mœurs masculines, qu'on brodait jusque dans les casernes. Soldats et sous-officiers amélioraient leur ordinaire, alors bien maigre, en confectionnant sur le métier de ces travaux délicats et charmants.

Il ne fallut rien moins que l'avènement d'un régime nouveau pour mettre fin à ces habitudes singulières. L'esprit philosophique devait triompher de ces futiles occupations. Déjà, en 1777, l'enthousiasme commençait à faiblir et Mme de Genlis, parlant d'un ouvrage qu'elle rêvait d'entreprendre, s'écriait : « Cet ouvrage sera pour moi ce que sont ordinairement, pour nous autres femmes, de grands projets de broderie ou de tapisserie : le choix du dessin nous amuse, l'exécution nous occupe quelque temps, nous y travaillons peu, nous nous en ennuyons et nous ne le finissons pas. » (*Corresp. secrète,* t. V, p. 311.) Vingt ans plus tard, il ne devait plus être question de tout cela. Les femmes tricotaient dans les tribunes de la Convention et personne ne se souciait plus de broderie.

Mais quelque remarquables, quelque soignés, quelque importants qu'aient pu être les ouvrages de broderie entrepris par les belles dames du Moyen Age, de la Renaissance et des règnes de Louis XIII, Louis XIV, Louis XV et Louis XVI ; quelle qu'ait été, d'autre part, l'habileté des beaux messieurs du XVIIIe siècle dans ce genre de travaux, il s'en faut de beaucoup que leurs œuvres aient ap-

Fig. 298. — *Combat d'un ours contre des chiens,* broderie de soie du XVIe siècle.

proché, comme dimensions et surtout comme complication, de celles exécutées par les brodeurs de profession. Dès le XIVe siècle nous voyons, en effet, ceux-ci entreprendre et mener à bien des ouvrages considérables. En 1316, à l'occasion du sacre de Philippe le Long, Gautier de Poullegny brode, pour « Madame la Royne », la « chambre broudée » qui servira à cette princesse, « à son couronnement à Rains », et le décompte de son travail est curieux. Tout d'abord il touche, pour 1,321 « papegaut faiz de broudeure amantelés des armes de nostre sire le Roy, pour la façon de ces pappegaus, pour or, pour soye de quoy ils furent faiz, et pour paine d'ouvriers », 396 liv. 6 s., puis pour 661 « pappeillon faiz de broudeure, les helles des armes le conte de Bourgogne, pour l'or de quoy furent brodéz, etc. », 214 liv. 16 s. 6 d. Ensuite, pour 7,000 « de treffles fais d'argent » dont la courtepointe, le ciel, le chevet, les goutières du lit sont ornés et qu'on a semés entre les papillons et les perroquets, 116 liv. 13 s. 4 d. Au total, Gautier de Poullegny toucha, pour l'exécution de ce travail, 902 liv. 7 s. 8 d., somme considérable pour le temps, et que justifie du reste le chiffre de 9,000 motifs de broderie, dont il orna les diverses pièces de cette chambre. La somme de 850 livres qui fut payée à Nicolas Waquier pour avoir brodé la « chambre de fleurs de lis de broudure », dans laquelle couchait le roi Jean, fait connaître de quelle importance était cet autre ouvrage. On en peut dire autant de la chambre de « brouderie de veluel vert à compas (compartiments) de veluel vermeil », estimée à 500 francs d'or, qui figure dans le testament de Jehanne d'Évreux. Dans l'*Inventaire de Charles V,* on relève la description de plus de vingt chambres tout aussi belles, tout aussi riches, les unes semées de fleurs de lis, d'autres à « compas » brodés des armes de France et du Dauphin, ou des armes de France et de Navarre, ou encore de celles de Bohême. Une autre est d'un camocas vermeil, « ouvré à oyseaulx, tout d'une soye gouté d'or ». Une autre encore est « à grans euvres rouges et blanches, à rozettes blanches au mylieu ». Mais la plus curieuse, peut-être, est ainsi inventoriée : « la chambre où est pourtrait maistre Jehan le fol ». Cette dernière nous révèle l'introduction des représentations humaines dans ces beaux et grands travaux de broderie. A partir de cette époque, en effet, ce ne sont plus seulement les fleurs, les armoiries, les devises parlantes, les emblèmes qui, disposés en semis ou alternés, vont fournir des motifs aux brodeurs. Ces habiles artistes exécuteront des scènes complètes, des « histoires », des « images », comme on disait alors, qui pourront lutter, comme complication et comme ampleur, avec les plus beaux travaux des tapissiers d'Arras. C'est ainsi que dans le *Trousseau de Marie de Bourgogne,* comtesse de Clèves (1415), nous relevons une « chambre de sandal vermeil, brodée d'ymaiges et de wasons » ; dans les *Comptes des ducs de Bourgogne* (1420), « une chambre de veluel vermeil, brodée de bergiers et de brebis, et de herbages » ; dans l'*Inventaire du château des Baux* (1426), une « chambre de serge rouge brodée à une dame qui est dans un jardin », etc. C'est à Pierre Bonté, « paintre de Lyon », que le cardinal d'Amboise demandera, à la fin du XVe siècle, les cartons des broderies qu'il fait exécuter pour le château de Gaillon, et la reine Louise de

Savoie s'adressera « au painctre Barthélemy Guyeti », pour avoir le plan général d'une suite de quatre-vingt-douze histoires « de bergerye, prinses sur les buquoliques de Virgille » que le peintre Mathieu Luazar traduira en cartons, et dont le brodeur Étienne Bernart composera ensuite une tenture qui coûtera 9,265 livres, somme énorme pour le temps. Le compte détaillé de cette fourniture exceptionnelle nous a été conservé. Il serait digne d'être intégralement reproduit à cette place, car il nous révèle, par des détails d'un intérêt extrême, la façon dont ces grands travaux étaient exécutés. Il faut croire, du reste, que le sujet traité dans ces quatre-vingt-douze histoires était plein d'attraits pour Louise de Savoie, car nous retrouvons dans un de ses *Comptes* l'article suivant, où il est encore question de ces mêmes bucoliques : « A Estienne Boutet, marchant, la somme de treize cens livres tournois pour deux cens huict aulnes velours vert, achapté de luy, et livré à Cyprien Fulchin, brodeur, pour faire huict pièces, chacune de sept lez dudit velours et III aulnes quarrées de hault pour le tour et garniture d'une chambre, ledit velours enrichy d'entretailleures de thoille d'or fillé en façon de branches et feuilles de lyerre, liées de petiz neufz (*sic*), et en chacune desdites pièces cinq histoires faictes d'entretailleures de toille d'or et d'argent à points de brodeur, rehaussé de fil d'or et d'argent, et diverses couleurs de soye, et au dessoubz de chacune histoyre ung épitaphe de thoille d'argent à lectres et escripteaux de broderie, lesdites hystoires contenant les faitz des bucolicques de Virgille. » Faut-il ajouter que François Ier, non moins luxueux que sa mère, ne se contenta pas d'acquérir, en Italie, les plus beaux spécimens de broderie qu'on pût alors trouver ? Il fit exécuter, à Paris, une tapisserie de velours découpé sur fond de satin, décorée de salamandres, de devises et d'écussons, qui fut longtemps appelée : *Tapisserie de la reine Claude;* et c'est à lui qu'on doit également cet ameublement incomparable, connu sous le nom de « meuble du sacre », tout en broderie, d'après les dessins de Raphaël, qu'on montrait encore au Garde-meuble, en 1775, comme un des ouvrages les plus parfaits qui aient jamais été produits. (Bachaumont, *Mém. secrets,* t. VIII, p. 88.)

Ajoutons que le XVIe siècle est peut-être le temps où l'on exécuta, dans ce genre, les œuvres les plus considérables, et cela non seulement en France, mais dans toute l'Europe. Marguerite de Valois, lors de son voyage à Liège, en 1577, fut reçue à Namur par don Juan d'Autriche, l'illustre vainqueur de Lépante. « La maison où il me logea, écrit cette princesse (*Mém.,* p. 104), estoit accommodée pour me recevoir; et l'on avoit trouvé moien d'y faire une belle et grande salle, et un appartement pour moy, de chambres et de cabinets, le tout tendu des plus beaux, riches et superbes meubles que je pense jamais avoir veus; estants toutes les tapisseries de velours ou de satin, avec des grosses colonnes faictes de toile d'argent couvertes de broderies, de gros cordons et de godrons de broderie d'or, relevéz de la plus riche et belle façon qui se peut voir; et au milieu de ces colonnes, de grands personnages habilléz à l'antique et faicts de la mesme broderie. » Le cardinal de Lenoncourt, « qui avoit l'esprit curieux et délicat », continue la princesse, demanda au duc d'Arscot comment le prince, qui était encore à marier, possédait des tentures aussi magnifiques, et le duc d'Arscot répondit qu'elles avaient été faites « de fortune et non de prévoiance et d'abondance », les étoffes lui en ayant été envoyées en présent par un pacha dont, à Lépante, il avait fait prisonniers les enfants. « Le seigneur Don Juan luy ayant faict courtoisie de les luy renvoier sans rançon, le bascha, pour revenge, luy fist présent d'un grand nombre d'estoffes de soye, d'or et d'argent, qui luy arrivant, estant à Milan, où l'on approprie au mieux telle chose, il en fist faire les tapisseries que vous voyez : et pour la souvenance de la glorieuse façon de quoy il les avoit acquises, il fist faire le lict et la tente de la chambre de la Royne, en broderie des batailles navalles, représentans la glorieuse victoire de la bataille qu'il avoit gaignée sur les Turcs. »

Sans avoir reçu de pareils présents, les autres grands princes de l'Europe ne se faisaient point faute de posséder d'aussi belles tentures. Au château de Taillebourg, propriété du prince de Condé, dont l'inventaire fut dressé en 1588, après la mort si rapide de ce prince, on trouve plus de cent pièces de drap d'or ou d'argent, de satin, de damas, de velours, couvertes de broderies. Ici c'est « une pièce de satin viollet, couverte de fleurs de lis, de fil d'or »; là « un bergier d'or, d'argent et soye sur toille »; autre part « deuz petites pièces de satin blanc couvertes de figures, de testes, bras et jambes »; plus loin, « une figure de deuz bergiers et brebis en parc, de toille d'or, d'argent et soye de diverses coulleurs ». Lions, ours, moutons, griffons, et quantité d'autres animaux forment le sujet de ces curieuses broderies. Dans le palais merveilleux que décrit l'auteur anonyme de l'*Isle des hermaphrodites,* on admire dans certaines pièces des tentures « de satin incarnadin, tout de broderie de nuances, où estoient dépeintes les amours d'Adrian et d'Antinoüs ». Quant à la tapisserie de la chambre, elle « représentoit fort au long la mesme histoire en plus grands personnages ». Ces sortes de représentations, au surplus, se retrouvaient dans tous les palais de ce temps. Dans l'*Inventaire des meubles et joyaux du roi de Navarre* (1578), nous relevons, entre autres tentures, douze pièces de « tappisserye de broderies faicts sur velours vert, à rond, et au meilleu une hystoire, et aux quatre coings des armoyries différentes. — *Item,* neuf pièces de tappisserye de broderye où sont figuréz les neuf preux, sur vellours cramoisy, seméz de flambes de feu. — *Item,* douze autres pièces de tappisseries de drap d'or et satin blancq, faictes en broderie à sphères et coulonnes, etc. » Dans l'*Inventaire,* plus riche encore, de Catherine de Médicis (1589), dans l'*Inventaire de Gabrielle d'Estrées* (1599), dans l'*Inventaire de Louise de Vaudemont* (1603), on admire des ameublements entiers d'une magnificence aussi grande. Un seul exemple fera juger de cette somptuosité. Un lit ayant appartenu à Gabrielle d'Estrées, lit « de tafetas blanc et broderies d'or et d'argent, semé d'oyseaulx, bestions, fleurs et autres grotesques », fut estimé 3,000 écus. Dans ce lit « les bordeures de matelas » étaient « en broderie avec des perles » et représentaient « l'histoyre de David ». Au XVIIe siècle, le zèle des amateurs de broderie ne se ralentit pas même chez les simples particuliers. S'il en fallait des exemples, nous citerions l'*Inventaire de Charlotte Fachon, épouse de Charles de l'Hôpital* (1625), qui décrit « ung lict de broderie d'or et d'argent, avecq la garniture de la chambre pareille, vallant la somme de quatre mil livres »; nous parlerions aussi de l'hôtel d'Amelot de Biseul, où les « meubles magnifiques » étaient « en broderie sur velours de couleur rose », et encore « de velours, brodé d'or et d'argent ». On pourrait mentionner l'hôtel de Rohan, regorgeant de « meubles en broderie sur des fonds de velours où l'or et l'argent, dit Germain Brice, n'ont pas esté assez ménagéz ». Comment en eût-il pu être autrement ? Celui qui donne le ton pendant une partie de ce siècle, le cardinal de Mazarin, nous venons de le voir, se montra plus qu'aucun autre épris de ces tentures luxueuses. Il en possédait, au moment de sa mort, une véritable profusion, et presque toutes de la plus grande beauté. Ce ministre dormait dans un lit de velours vert en broderie d'or et d'argent, dont la parure ne comportait pas moins de 65 aunes de broderie. Son cabinet était décoré d'une « tenture de tapisserie de toille d'argent, broderie d'or et d'argent, composée de sept pièces, chacune brodée d'une treille en berceau couverte de fruicts, portée par huict thermes : en trois des dictes pièces, par des thermes d'hommes, et dedans les quatre autres par des thermes de femmes en perspective, entre chacun desquelz est une cippe et au milieu un vaze de fleurs de soye au naturel ». Dans son garde-meuble, nous relevons : « Une tenture de tapisserie de Milan rozin cramoisy à grotesques, dessin de Raphaël en broderie d'or et d'argent, rapporté sur ledict velours, composé de neuf pièces, dans le milieu de chacune desquelles est une grande médaille, où sont représentées les actions de la vie de François Ier. » Cette tenture, à son décès, fut estimée 16,000 livres. (*Invent.* de 1661.) On se figure de quelle magnificence pouvait être une tapisserie semblable. Eh bien, les splendeurs du palais Mazarin disparaissaient à côté de celles du Garde-meuble royal. En 1686, quand les ambassadeurs de Siam visitèrent Paris, on leur montra toutes ces richesses, et eux, qui venaient pourtant du pays de la broderie, demeurèrent émerveillés : « Il y a, dit un contemporain, le lit du sacre, à deux envers de broderie, estimé six cens mille livres; le lit de l'histoire de Proserpine, et le lit appelé de la Reyne Marguerite. Il y en a de petits points, que ceux qui les voyent à quatre pas prennent pour de la peinture, d'autres sur des fonds d'or et d'argent, d'autres brodés sur des velours de toutes couleurs. » (*Suppl. au Mercure* de 1686.) Plus explicites que le *Mercure,* les *Inventaires des meubles de la Couronne,* dressés à cette époque, nous donnent la description détaillée de ces broderies merveilleuses, dont un certain nombre avaient été exécutées aux Gobelins. Ici c'est une tenture « de broderie d'or et de soye » composée de huit pièces, dans chacune desquelles on voit neuf cartouches de forme octogone, portant les armes de France et de Navarre, et où sont représentées des « histoires de l'Ancien Testament ». Là c'est « un lit imparfait de très riche broderie d'or lizérée de noir, relevée et emboutie, orné de tableaux de point satiné de broderie d'or, argent et soye platte, représentant diverses histoires, enrichy de perles et de bouquets de fleurs et fruits au naturel le tout sur un fond de broderie à grain d'orge »; autre

Fig. 299. — Modèle de broderie, dessiné par J. Marot (XVIIe siècle).

part, « un meuble de cabinet consistant en quatre fauteuils et six plians de broderie, enrichis de tableaux de point satiné, rehaussé d'or et d'argent, représentant les Élémens, Saisons et autres sujets, par des figures et enfans dans des bordures rondes et ovales, de broderie d'or et argent relevée, le reste desdits sièges remply d'ornemens de broderie de point satiné bleu rehaussé d'argent, manière de porcelaine sur fond de toille d'or trait ». Après cela faut-il mentionner le meuble de cabinet « de riche broderie fonds d'or, manière de velours arabesque rouge cramoisy », que Louis XIV, au temps de ses jeunes amours, offrit à Mlle de la Vallière? Faut-il également citer « le meuble de cabinet de velours bleu brodé d'or », que Mme de Montespan fit exécuter pour le Dauphin, dans le couvent de Saint-Joseph, et les tentures plus merveilleuses encore (s'il est possible), confectionnées sur les dessins de Behagle, que cette favorite laissa à son fils le comte de Toulouse, et qui, avec son « riche lit de parade, en broderie d'or sur velours », signalé par Brice, Piganiol et Dargenville, comptèrent, pendant plus de cinquante ans, parmi les curiosités de Paris? Nous ne pouvons, toutefois, terminer cette nomenclature sans dire un mot de la tenture et de l'ameublement de la salle du trône, à Versailles, ameublement de riche broderie « consistant en une tapisserie, dix-huit pilastres, quatre portières, deux fauteuils, douze sièges plians, un dais et un tapis pour l'estrade du trône ». Notons, en outre, que la tenture, faite « de riche broderie de relief », comprenait « huit pièces, au milieu de chacune desquelles étoit un pavillon de broderie d'or, sous lequel apparaissoient différentes figures des suites de la Paix, dont les draperies étoient de broderie or et argent et chenille, et les testes, bras et pieds, d'argent mat, appliqués ». Autour de chacune de ces pièces, régnait « un ornement de branchages de broderie d'or et chenille, et au bas des trophées d'armes, auxquels des petits amours d'argent mat semblaient mettre le feu, le tout sur un fond de broderie d'argent à grains d'orge ». Ce que l'*Inventaire de Versailles* de 1708, auquel nous empruntons ces détails, ne nous dit pas, c'est que, de chaque côté du trône, se trouvaient des cariatides de quinze pieds de haut, brodées en *ronde bosse* et que le trône était couronné d'ornements également en broderie, de *ronde bosse,* dont Saint-Aubin a écrit, qu'ils étaient « des modèles et des chefs-d'œuvres (*sic*) au-dessus des détails que l'on en pourroit

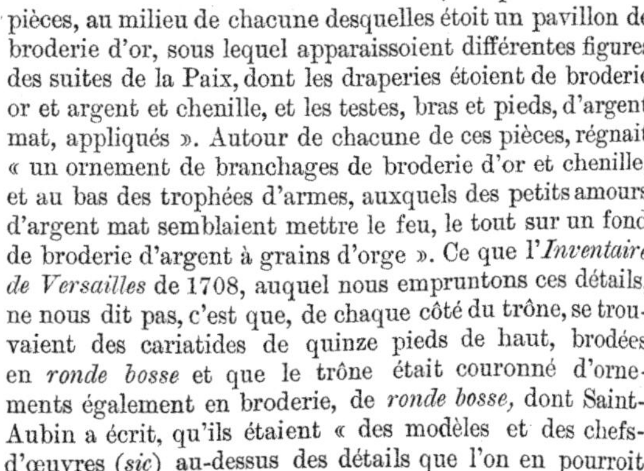

dire ». L'imagination la mieux trempée est troublée par ce débordement de somptuosité, ou plutôt, nous n'avons plus aucune idée de ce que pouvait être un luxe pareil. Ainsi, quand nous lisons dans Pierre de l'Estoile (*Journal,* t. II, p. 22) qu'en 1581, aux noces du duc de Joyeuse, « tel

Fig. 300. — Dessin de broderie de G. de Saint-Aubin (XVIIIe siècle).

accoustrement y avoit, qui coustoit dix mil escus de façon », et que les « habillements du Roy et des mariés estoient tout couvers de broderie, perles et pierreries, qu'il estoit impossible de les estimer », il semble qu'on nous fasse des contes. De même quand, plus loin, L'Estoile dit encore (*Journal,* t. VI, p. 243) que, le 12 novembre 1594, on lui fit voir « un mouchoir qu'un brodeur de Paris venoit d'achever pour Mme de Liancour, laquelle le devoit porter le lendemain, à un ballet, et en avoit arresté le prix avec lui, à dix-neuf cens escus et qu'elle lui devoit payer comptant », il nous est impossible de nous figurer ce qu'était une semblable merveille. Faut-il ajouter que nous sommes tout aussi déroutés, quand nous voyons dans Bachaumont (*Mém. secrets,* t. XIV, p. 9) le brodeur Rocher livrer, en 1779, pour la cérémonie de réception des chevaliers du Saint-Esprit, un trône dont « tous les ornemens sont exécutés en broderies et la dépense de 300,000 livres » ? La cassette à bijoux offerte à Marie-Antoinette, à l'occasion de son mariage, était couverte en partie de velours brodé, et la broderie en avait coûté 8,000 livres. Pour la cérémonie du sacre de Louis XVI, on donna à l'abbé de Saint-Rémy, qui portait la sainte ampoule, une housse pour revêtir sa mule, et cette housse était si merveilleusement brodée, que Mlle Le Blanc, sur les dessins de M. Bernard, maître brodeur de Reims, et sous la surveillance des trésoriers de Saint-Rémy, la convertit, plus tard, en un dais qui existe encore, et qui fait l'admiration des amateurs. Et ce n'était point là un fait unique. Le dais qui, en 1723, servait à Saint-Nicolas-des-Champs pour la Fête-Dieu, et qui était « d'une richesse et d'un travail immense de broderie », provenait d'un lit exécuté « pour le feu Roy Louis XIV ». (*Curiosités de Paris,* t. Ier, p. 219.) Deux cent soixante et dix années plus tôt, pareille transformation s'était déjà produite. Le comte de Foix faisant, en 1453, son entrée à Bayonne, à la tête des gens du roi, alla faire ses dévotions à la cathédrale, et puis « envoya la couverture de son cheval, qui estoit de drap d'or et prisée IIII c. escus d'or, devant Notre-Dame de Bayonne, pour lui faire des cappes ». (Duclercq, *Mém.,* liv. I, ch. X.)

En répétant qu'il nous était impossible de nous faire, aujourd'hui, une idée bien exacte de ce que pouvaient être ces magnifiques travaux de broderie, nous disions d'autant plus vrai, que non seulement le sort s'est montré inflexible pour ces beaux ouvrages, et que tous, ou presque tous, ont été détruits, mais encore que les procédés mêmes qu'on employait d'une façon courante pour exécuter ces grandes et belles suites sont, pour quelques-uns, complètement oubliés et, pour la plupart, ne sont plus guère en usage. « On brode, écrit Saint-Aubin, en ronde bosse, en bas-relief, en or nué, en passé, en passé épargné, en guipure, en broderie de rapport, en couchure, en gaufrure, en satiné, en paillettes, en taillure, en jais, en soie, en chenille, en laine, en tapisserie, en chaînette, en broderie de Marseille, en nœuds et en blanc. » Il n'est pas nécessaire d'être très au courant des termes employés par les brodeurs pour démêler que, dans cette énumération, un certain nombre de désignations s'appliquent surtout à la matière employée pour exécuter le travail — telles sont : les broderies en paillettes, en jais, en soie, en chenille, en laine, etc., — alors que d'autres, au contraire, concernent les procédés auxquels le brodeur a recours. Nous ne nous occuperons que de ces derniers, et encore ne parlerons-nous que des principaux d'entre eux, car un volume serait presque nécessaire pour donner de chacun une étude détaillée.

Celui de tous ces procédés que les brodeurs de l'ancien temps ont employé le plus, pour leurs travaux les plus vastes et les plus artistiques, est la broderie qu'on appelle aujourd'hui d'application, qu'on nommait au siècle dernier, BRODERIE DE RAPPORT, ou BRODERIE DE TAILLURE, et qui, au XVe et au XVIe siècle, porta le nom d'ENTRETAILLURE. Ce genre de broderie consiste à rapporter, sur un fond plus ou moins riche, un certain nombre de pièces brodées séparément, au petit métier, et à les disposer de façon qu'elles produisent un dessin régulier et d'ensemble. C'est par ce moyen que fut exécutée cette fameuse chambre à perroquets et papillons, qui servit à la femme de Philippe de Valois, lors de son couronnement à Reims. Ce procédé est donc fort ancien, en même temps qu'un moyen commode de mener à bien des ouvrages de grandes proportions. Pour donner plus de variété à ces travaux de rapport, on eut, au XIVe siècle, l'idée de varier le champ des broderies, soit en faisant alterner des losanges de différentes couleurs, empruntés à diverses étoffes, soit en superposant sur le fond, des écus, des cartouches, ou ce qu'alors on nommait des « tables d'attente », qui, plus tard, recevaient des dessins ou des inscriptions. Cette disposition nouvelle donna naissance à des tableaux représentant des bocages, des combats d'animaux, ou des scènes de roman, en un mot, ce qu'on appelait à cette époque des « histoires ». Ces broderies de taillure ou d'entretaillure s'exécutaient de la façon suivante. On commençait par faire dessiner par un peintre un carton de la scène à représenter. Puis on assortissait les étoffes dont on avait besoin pour figurer les nuances de la composition. Le fond de la tapisserie consistait le plus souvent en un drap d'or ou d'argent, ou encore en un satin *inde,* c'est-à-dire bleu ciel quand on voulait simuler l'atmosphère. Nous en avons vu également sur taffetas blanc. Le satin vert était généralement réservé pour les feuillages, le velours vert pour le gazon. Les personnages étaient vêtus de tissus appropriés à leur condition, le velours blanc égratigné servait pour les brebis, qu'on figurait quelquefois avec des peaux d'agneau encore revêtues de leur toison frisée, et les carnations étaient obtenues à l'aide de taffetas rose tendre, sur lequel on nuançait au pinceau le modelé des visages, les ombres, etc. Une fois les étoffes bien assorties, on faisait un calque du carton, puis on découpait ce calque en autant de morceaux qu'il y avait de couleurs variées ou d'étoffes différentes. Après avoir numéroté soigneusement chacun de ces morceaux, on en piquait les contours, et ensuite on les ponçait sur l'étoffe dont on devait se servir. Les dessins étant poncés, on taillait une à une toutes ces pièces, en les laissant de trois ou quatre lignes plus longues aux endroits qui devaient être recouverts par les pièces voisines, puis on les numérotait à leur tour. Cette première opération se nommait *faire l'épargne*. Quand l'épargne était faite, on passait à l'application sur le fond. Cette application, qui ressemblait un peu au travail des enfants se livrant à ce qu'on appelle le « jeu de patience », se faisait à l'aide d'empois et de colle. L'empois avait pour but de donner à l'étoffe appliquée une certaine raideur, et la colle de la fixer sur le fond. Lorsque l'empois était jugé insuffisant pour donner au tissu la rigidité nécessaire, on collait préalablement celui-ci sur une feuille de papier, ce qui empêchait en outre les étoffes découpées de s'effiler sur les bords. Une fois cette opération accomplie, et, tout étant bien sec, les brodeurs *liseraient* tous les contours, nervures, revers, etc., avec un cordonnet appelé *milanaise;* puis avec de la laine ou de la soie, suivant la nature de l'étoffe qu'on voulait ombrer, on exprimait le modelé et les ombres avec de longs points et cette opération se nommait *harper* ou *hachebacher*. Dans certains cas, quand on souhaitait que la broderie présentât du relief, on introduisait, entre le fond et les tissus appliqués, des morceaux de drap, de serge, quelquefois même du coton ou de la laine, et on disait que la broderie était *emboutie*. Au XVIe siècle, lorsque le bel art du brodeur atteignit son apogée, au lieu d'appliquer simplement des morceaux d'étoffe unie, on plaqua sur le fond des petites pièces de broderie nuancées avec soin; et plus tard, quand le brochage des étoffes eut atteint sa perfection, on découpa des fleurs brochées, et on les appliqua de la même manière sur des champs unis. Ce procédé avait le double avantage de permettre aux brodeurs d'exécuter rapidement et à peu de frais des ouvrages considérables, et qui eussent demandé un temps relativement beaucoup plus long, pour être fabriqués dans les manufactures d'étoffes. Il fut, en outre, assez employé au siècle dernier, pour qu'on ait tissé et broché certaines étoffes, chargées de fleurs et de feuillages « sans ordre », spécialement en vue de ces adaptations.

Malgré l'énorme dépense qu'exigeaient les broderies de taillure et d'application, surtout quand elles affectaient des dimensions qu'on peut qualifier de monumentales, il faut reconnaître qu'elles n'étaient pas, à beaucoup près, les plus coûteuses. Le procédé employé était assez expéditif, pour que la main-d'œuvre ne dépassât pas certaines limites de prix; en outre, les étoffes, quelque riches qu'elles pussent être, coûtaient toujours moins cher que la même surface recouverte par les brodeurs de fil d'or ou d'argent. Les BRODERIES dites EN OR PLEIN, surtout quand elles étaient en relief, étaient assurément de beaucoup les plus dispendieuses. Parmi ces dernières, c'étaient celles en RONDE BOSSE qui présentaient le plus de difficulté d'exécution et atteignaient le plus haut prix. On se représente difficilement aujourd'hui ce qu'étaient de véritables statues, confectionnées entièrement en broderie; cependant, au siècle dernier, à Versailles (nous venons de le dire), on voyait dans l'appartement du roi des cariatides de quinze pieds de haut, qui étaient exclusivement l'ouvrage des brodeurs. L'exécution de ces ouvrages, que Saint-Aubin qualifie de « fort rares et de la plus grande magnificence », était extraordinairement compliquée. Il fallait d'abord demander à un sculpteur de talent de fournir un modèle; puis on reproduisait ce modèle, par parties détachées, avec des morceaux de drap blanc convenablement découpés et superposés de façon à obtenir les différentes saillies des draperies et des muscles. L'objet ayant pris sa forme, on le recouvrait de carte collée avec soin, et par-dessus la carte de taffetas blanc ou jaune, bien collé aussi et bien étalé; et là-dessus on commençait à appliquer le fil d'or, qu'on cousait avec de la soie bien cirée, en suivant le sens des muscles ou des draperies, et en imprimant aux points de soie une marche régulière, qui donnait à l'or, ainsi cousu, l'aspect d'un travail d'osier. On conçoit qu'un pareil ouvrage exigeait infiniment de temps, de soin et de patience. Les brodeurs appelaient ce genre de travail le *relief satiné*. Quand l'artiste avait à reproduire des accessoires plus ou moins compliqués, pour varier sa facture, il avait recours à des façons différentes. Les plumes des casques, les branchages des fleurs, les pistils, les graines, etc., étaient faits par lui en *lame, frisure* ou *paillettes*.

La BRODERIE EN BAS-RELIEF, plus spécialement destinée aux frises, représentant des rinceaux d'ornements, des mascarons, des guirlandes, des fruits, etc., était, elle aussi, fort compliquée. On travaillait d'après un modèle en cire ou en plâtre, dont on commençait par imiter les principales saillies, en les exagérant même un peu. Puis, sur le métier, on exécutait un à un tous les détails, donnant à chacun d'eux, par la superposition de gros fils de Bretagne écrus et cirés, un modelé plus ou moins accentué, et tel qu'il était convenable. Ensuite, on découpait tous ces motifs séparés et on les rapportait les uns auprès des autres, recouvrant de cette façon les reliefs qu'on avait préparés. Ces deux procédés étaient peu employés, hâtons-nous de le dire. On les réservait pour quelques décorations très solennelles, et d'un prix qu'on peut qualifier d'excessif. Pour les meubles, on brodait généralement les tissus en *passé,* en *passé épargné* et en *or nué*.

Les procédés du PASSÉ et du PASSÉ ÉPARGNÉ sont bien connus et n'ont besoin que d'être indiqués ici très sommairement. Le passé consiste à garnir d'un fil d'or les deux surfaces extérieure et intérieure d'un tissu, en limitant la longueur de chaque trait d'aiguille de façon que le point n'ait pas trop d'étendue et présente toute la solidité nécessaire. Le passé épargné, qui s'exécute avec un fil d'or plus petit, ne garnit que la partie extérieure de l'étoffe, et devient ainsi beaucoup moins coûteux. Quant à la broderie en OR NUÉ ou nuancé, pour l'exécuter, on commence par couvrir toute la surface du tissu par des grains de gros or lamés et arrêtés seulement aux deux extrémités, de façon que les brins d'or se touchent, et que l'ouvrier, pour apercevoir les contours du dessin qu'il a préalablement tracé sur son tissu, est obligé d'écarter ses brins. Cela fait, embrassant deux fils à la fois avec son aiguille chargée de soie de couleur convenable, il copie le modèle peint, dont le trait a été dessiné préala-

Fig. 301. — Broderie sur velours (époque Louis XVI).

blement sur son étoffe, et qu'il doit avoir constamment devant les yeux. Dans les endroits sombres, les points de soie doivent se toucher, de façon qu'on ne puisse apercevoir l'or; dans les demi-teintes, on laisse voir l'or entre chaque point, et on va ainsi, dégradant les nuances et faisant transparaître plus d'or à mesure que les nuances s'éclaircissent, jusqu'à ce qu'enfin l'or ne soit plus arrêté que de loin en loin, par des soies très fines et très claires. Dès le Moyen Age, on exécuta par ce procédé des ouvrages admirables et qui constituaient, on peut le dire, de véritables tableaux. Dans l'*Inventaire de Charles V* (1380), nous relevons « ung ymage de saincte Agnès de brodeure, en ung estuy couvert de veluiau ynde »; et plus loin, « ung ymage de saint George de brodeure, en ung estuy couvert de satanin ynde ». Ces deux pièces appartiennent à ce genre de « peinture à l'aiguille », et d'ORFROIS dont quelques vêtements sacerdotaux peuvent nous donner une idée.

Un très curieux marché passé, le 8 janvier 1534, entre Cardin de Sainct-Remy, « brodeur, demourant à Chartres », et le chapitre de la cathédrale, nous initie aux précautions que prenaient alors les clients soupçonneux, pour n'être trompés ni sur la qualité du travail, ni sur la valeur des matières employées. Il s'agissait d'une housse de châsse, sur laquelle devait être représentée « ung ymaige de Notre Dame tenant son enfant, et au dessoubz de ses piedz (ajoute le texte que nous citons) sera ung croissant, et tout à l'entour dudit ymaige, ung soleil à réons, et au dessus de la Notre Dame y aura une couronne de broderie, semée de perles ». Les perles devaient être fournies par le chapitre. Quant aux autres matières, le tout devait être « faict de fin or et fine soye, et le tout aussi bien faict, comme l'arbre Jessé, qui est sur la chappelle des Trespassés », et conforme, en tant que dessin, aux patrons que ledit Cardin avait montrés à MM. du Chapitre.

Le plus souvent, on employait, dans les ouvrages d'ameublement, les divers genres de broderie que nous venons d'énumérer, et quelques autres encore. Telles étaient la BRODERIE EN GAUFRURE, c'est-à-dire ondulée par la présence sous l'or de gros fils espacés de deux lignes; la BRODERIE EN COUCHURE, faite avec de gros fils roulés sur une broche à deux ou trois brins ensemble et cousus à plat les uns à côté des autres; ou encore la BRODERIE EN SATINÉ, qui se rapprochait comme façon de la broderie en gaufrure, mais en différait en ce que ses points étaient contrariés. Tous ces procédés habilement associés se faisaient valoir.

Les broderies d'or sur or, ou d'or sur argent, étaient, et cela se comprend, considérées comme les plus magnifiques. Quand la Belle au bois dormant se perce les doigts avec un fuseau et tombe en léthargie, on la place « dans le plus bel appartement du palais, sur un lit en broderie d'or et d'argent ». Au Palais-Royal, dans la chambre de la duchesse de Chartres, « le lit, les fauteuils, les plians, dit le *Mercure* de mars 1692, estoient de broderie d'or plein sans fond ». Au XVIIe siècle, le mobilier de la Couronne possédait encore un lit historique, déjà ancien à cette époque et appelé « le lit de Melluzine, à cause qu'elle est dépeinte dans une fontaine de broderie sur le dossier ». Ce lit constituait un exemple fameux de ce mélange de travaux coûteux. Il était « de velours rouge cramoisy brun, semé de feuillages de houx de broderie d'or, avec figures de broderie relevée et amboutie, et escussons des armes de Bourbons ». On se figure la magnificence d'un meuble pareil. Même chez de simples particuliers, on trouvait de ces précieux ouvrages. Nous lisons dans le *Testament de Claudine Bouzonnet-Stella* (1693) : « Je donne et lègue au sieur Desmoulins un tableau d'une Vierge en broderie d'or sur une trame d'or verte (*sic*). »

La quantité d'or employée dans les broderies de ce genre était, du reste, si considérable, qu'à différentes reprises le législateur dut s'occuper de cette immobilisation d'un métal éminemment précieux, et toujours trop rare dans la circulation. De nombreux *Édits,* dont nous parlons plus loin (voir BRODEUR), essayèrent de refréner ce luxe, sans toujours y parvenir. Il ne fallut rien moins que les désastres dont fut marquée la fin du règne de Louis XIV, pour amener non seulement la suppression de ces travaux dispendieux, mais encore la destruction d'une très grande quantité de ces broderies existant depuis nombre d'années. Au siècle suivant, la mode du PARFILAGE (voir ce mot) ne leur fut pas moins funeste. Mais si les ouvrages de broderie perdirent de leur valeur intrinsèque, ils ne diminuèrent point en perfection. La BRODERIE NUÉE, c'est-à-dire nuancée à l'aiguille, dans des couleurs variées imitant la peinture, produisit des chefs-d'œuvre de tout premier ordre, et c'est même à cette époque que le mot « peindre à l'aiguille » devint rigoureusement exact. Déjà, au XVIIe siècle, de véritables tableaux en broderie nuancée, encadrés dans des bordures, ornaient la muraille comme des peintures l'eussent pu faire. Dans l'*Inventaire de l'intendant du maréchal de l'Hôpital* (1656), nous relevons « deux tableaux de broderye sur taffetas où sont représentez des pots à bouquetz ». L'*Inventaire de Henry de Béthune* (1680) mentionne également « une Annonciation faite à l'aiguille en broderie », encadrée dans « une corniche dorée ». Nous savons, en outre, que Louis XIV fit exécuter par les peintres Bailly et Bonnemer des modèles de broderie. (Voir *Comptes des bastimens.*) Mais, au XVIIIe siècle, ces chefs-d'œuvre de goût et de patience descendirent des murailles, se mêlèrent au mobilier, pour garnir les chaises, les canapés, les coussins, et en même temps se compliquèrent de travaux nouveaux, donnant naissance à des façons jusque-là inconnues. Telles furent la BRODERIE EN JAIS et la BRODERIE EN CHENILLE. Celle-ci, très délicate et de peu de durée, fut surtout à la mode aux environs de 1750. Le duc de Luynes (*Mém.,* t. VII, p. 129) raconte qu'en 1745, la chambre de la reine, à Choisy, fut meublée « d'un satin blanc brodé de chenille et entourée de broderie d'or ». Quant aux broderies de jais, leur exécution procédait des mêmes principes que la broderie de perles, en honneur depuis plus de trois siècles, et aujourd'hui encore pratiquée.

Il nous reste, pour terminer cette monographie de la broderie, à dire un mot de ce qu'on désigne sous le nom de *broderie de chaînette,* de *broderie de Marseille,* de *broderie à nœuds,* de *broderie au point de marque,* de *broderie en tapisserie sur canevas.* Nous aurons occasion de reparler de cette dernière au mot TAPISSERIE. Pour la BRODERIE EN POINT DE MARQUE, qui sert à marquer le linge, elle est fort ancienne. Les *Comptes de l'hôtel de Charles VI* (1421-22) mentionnent, dans la dépense de la paneterie, un payement effectué à « Jehanne la Lorraine, pour la façon de IIII XX IIII (84) fleurs de liz, par elle faites de fil noir ou dit linge (nappes et touailles) », à raison de 1 denier la pièce. Il ne paraît pas que, depuis cette époque si reculée, ce point de broderie ait varié. La BRODERIE A NŒUDS consistait à piquer les uns à côté des autres, sur un fond, de ces petits ornements que les dames façonnent au crochet et à en composer des sujets. La BRODERIE DE MARSEILLE n'était autre chose qu'une broderie emboutie exécutée sur mousseline; quant au POINT DE CHAÎNETTE, encore très usité aujourd'hui, les brodeuses, après l'avoir longtemps fait à la main et à l'aiguille à coudre, l'exécutèrent ensuite au tambour et au crochet, procédé importé de Chine, et qui permet d'aller beaucoup plus vite, mais qui a été cependant abandonné depuis.

Ces dernières broderies rentraient dans la classe de celles qu'on est convenu d'appeler BRODERIES EN BLANC, et dont le nom s'explique par la nature même du tissu employé. Aujourd'hui, les broderies en blanc s'exécutent à la brodeuse mécanique, et elles sont à peu près les seules qui fassent l'objet d'un commerce un peu considérable. La broderie, en effet, a presque disparu du costume des hommes. Les militaires continuent seuls d'en porter, et les uniformes qu'elle distingue se font de plus en plus rares. La toilette de la femme l'a presque proscrite. Dans l'ameublement, on a vu se produire quelques tentatives très capables de prouver que la main-d'œuvre n'est pas complètement perdue, mais ces tentatives sont demeurées à l'état isolé. Nous sommes, en effet, bien loin du temps où Saint-Aubin pouvait écrire : « Les fabricants d'étoffes de Lyon enrichissent leurs belles nuances de compartiments de paillettes et paillons qu'ils font broder dans leurs fabriques. Ils marient avec beaucoup d'intelligence les chefs-d'œuvres de la navette à ceux de l'aiguille. Ils viennent de faire des étoffes à six cens francs l'aune pour habits d'hommes, et l'on n'est plus effrayé de ce prix excessif. »

Brodeur, *s. m.;* **Brodeuse**, *s. f.* — L'auteur du très curieux livre intitulé *l'Art du Brodeur* écrit : « Le corps des brodeurs, qui n'étoit d'abord qu'une confrairie sous l'invocation de saint-Clair, fut réuni en Communauté en l'an 1272, par Étienne Boileau, prévôt de Paris, sous les noms de *Brodeurs, découpeurs, égratigneurs, chasubliers.* » En s'exprimant ainsi, Saint-Aubin commet une double erreur. En premier lieu, il convient de remarquer que le *Livre des mestiers* d'Étienne Boileau ne contient pas un mot qui soit applicable aux brodeurs. Qu'il en ait existé à cette époque, le fait n'est pas douteux, et nous l'avons, du reste, établi au mot BRODERIE ; mais il semble que leurs travaux très coûteux, et qui n'avaient guère d'acheteurs que parmi les plus hauts personnages du royaume, aient été pendant longtemps accaparés par ceux-ci, et que ces habiles artistes aient été, presque jusqu'à la fin du XIVe siècle, retenus et domestiqués par les grands seigneurs, qui les attachaient à leur personne. C'est ainsi que, dès l'année 1352, nous relevons dans les *Comptes royaux* les noms de Thomas de Chaalons, brodeur du roi Jean ; d'Estienne Castel, brodeur du Dauphin son fils ; de Nicolas Waquier, brodeur de Blanche de Bourbon, etc. La présence des brodeurs en charge d'emploi, dans la domesticité, était si bien à cette époque une marque distinctive de la puissance royale, du pouvoir souverain, qu'une des objections présentées par le chambellan et le confesseur du roi Richard II, à ce que la reine, femme de ce monarque, demeurât sous la conduite de la dame de Coucy, était que cette dame, disaient-ils, tenait à son service « cinq ou six ouvriers de brodeure, aussi bien comme vous ou la Royne », particularité qui, aux yeux de ces sages conseillers, était la marque d'un luxe tout à fait royal. (*Chronique de Richard II* à l'année 1398.) Cet usage, du reste, se continua jusqu'à la fin du XVIe siècle. En 1587, lorsque Amyas Paulet, le geôlier de Marie Stuart, la sépara brusquement de ses gens, parmi les serviteurs qu'il éloigna figurait son brodeur, Charles Plouvart. (*Journal de Bourgoing,* p. 483.) Nous verrons, du reste, tout à l'heure que, pour ne jamais manquer de ces habiles artistes, les rois de France instituèrent un certain nombre de charges de brodeurs « suivant la cour ». Bien mieux, dans les instants de presse, quand il y avait des travaux urgents à exécuter pour le service de la Couronne, l'autorité ne se gênait pas pour faire enlever par des « hocquetons », c'est-à-dire par la force armée, les ouvriers qui travaillaient en ville, et dont le concours leur était nécessaire. Sauval nous apprend qu'à propos de l'Entrée de la reine Éléonore à Paris, un certain nombre de brodeurs furent ainsi enlevés et renfermés au Châtelet. Ce qu'il importe pour le moment, c'est de constater que l'existence de la corporation des brodeurs remonte seulement à 1295. Cette année-là, 93 personnes, appartenant au métier, vinrent demander à Guillaume de Hangest, prévôt de Paris, de vouloir bien homologuer les *Statuts* qu'elles s'étaient donnés. (Voir Depping, *Ordonnances relatives aux métiers,* et A. Franklin, les *Corporations ouvrières de Paris.*) En outre, cette première Communauté prit le titre de « Brodeurs armeuriers » ou de « Brodeurs

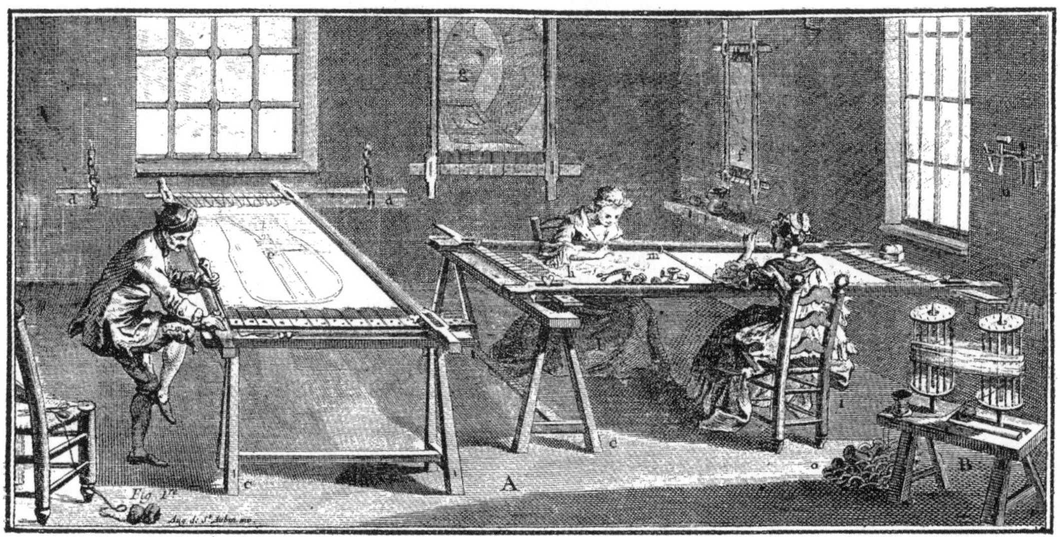

Fig. 302. — Atelier de brodeur au XVIIIe siècle (fac-similé d'une estampe de Saint-Aubin).

armoyeurs », c'est-à-dire de brodeur, faiseur d'armoiries, qu'elle portait encore au siècle suivant. C'est la qualité dont se pare Nicolas Waquier, qualifié « armurier du roy et broudeur » par les *Comptes d'Étienne de la Fontaine* (1352), et qui, dans les *Dépenses du mariage de Blanche de Bourbon avec Pierre le Cruel,* toucha 158 liv. 10 s., « pour sa peine à faire en grant haste jour et nuit ouvrer de broudeure aux armes » de cette princesse. C'est également le titre d'Estienne Castel, « brodeur et armeurier de Mons. le Dauphin », etc. C'est seulement en 1566, lorsque leurs *Statuts* furent renouvelés par le roi Charles IX, que les brodeurs se virent réunis aux chasubliers, ce qui leur permit de travailler aux ornements sacrés et aux vêtements ecclésiastiques. Ce surcroît de compétence, si l'on peut dire ainsi, dut leur être des plus agréables et des plus utiles, quoique la seconde moitié du XVe siècle et tout le XVIe soient regardés cependant comme les époques les plus florissantes de leur industrie. La ruine d'Arras par Louis XI et la disparition de la belle et féconde industrie des tapisseries de haute lice leur valurent, en effet, un redoublement d'occupation. Dès le XIVe siècle (on l'a pu voir à l'article précédent), ils étaient chargés d'exécuter des travaux considérables. L'*Inventaire de Charles V,* ceux du Louvre, de la Bastille, de l'hôtel Saint-Pol, dressés sous Charles VI, ainsi que les *Comptes de Geoffroi de Fleuri,* d'Étienne de la Fontaine, de Gauchier de Vanves, de Guillaume Brunel, mentionnent des ameublements complets en broderie d'entretaillure et de rapport, exécutés par ces habiles artistes, et par les descriptions qui nous en ont été conservées, nous pouvons nous faire une idée de la magnificence de ces beaux travaux.

Fig. 303. — Brodeuse en blanc, d'après Michel Lasne.

Au XVIe siècle, la participation des brodeurs à l'ameublement continua d'être considérable, si considérable même qu'en 1606, lorsque Henri IV eut augmenté le nombre des « marchands privilégiés suivant la Cour », quatre brodeurs, découpeurs, égratigneurs, furent adjoints aux artisans nouvellement appelés à jouir du privilège. Bien mieux, le Béarnais, ayant institué au Louvre des logements pour les artistes les plus distingués, comprit les brodeurs parmi les privilégiés appelés à bénéficier de cette faveur insigne. Au siècle suivant, parmi les artistes logés au Luxembourg, nous relevons le nom de la veuve Deshayes, brodeuse de la feue reine. Nous avons démontré, du reste, au mot BRODERIE, que les brodeurs de cette époque étaient non seulement, dans leur métier, des artisans d'un grand mérite, mais encore des décorateurs de premier ordre et d'une ingéniosité rare. Il ne faut donc pas être surpris si, jusqu'au milieu du XVIIe siècle, les princes et les rois tinrent à s'assurer leur concours exclusif, en les gratifiant de distinctions. A partir du règne de Louis XIV, toutefois, leur nombre tendit à diminuer. Peu de temps après la fondation, aux Gobelins, de la Manufacture des meubles du Roi, fondation qui donna à la tapisserie de haute lice une importance toute particulière, les brodeurs de la Couronne se virent réduits à quatre, puis, vers 1700, à deux seulement. Au commencement du XVIIIe siècle, ils disparurent progressivement de la liste des artistes attachés à la Maison du roi et à celles des princes. Quant aux maîtres brodeurs de Paris, ils continuèrent d'être nombreux et, en 1648, ils constituaient une Communauté assez importante pour qu'on éprouvât le besoin de réduire le chiffre des maîtres et de refondre les *Statuts*.

Ces *Statuts,* qui restèrent en vigueur jusqu'à la fin de l'Ancien Régime, furent divisés en 58 articles. Un d'eux limitait à 200 le nombre des maîtres ; chaque maître ne pouvait avoir qu'un apprenti à la fois, et l'apprentissage devait durer six années. Pour être admis à l'apprentissage, il fallait être fils de maître ou de compagnon. De cette façon, la Communauté des brodeurs devenait une corporation fermée. Tout aspirant à la maîtrise devait, en outre, au moment de réclamer le chef-d'œuvre, établir qu'après ses six années d'apprentissage, il avait encore servi un maître pendant au moins trois années. Les maîtres étaient divisés en trois classes, qui portaient les noms de *jeunes,* de *modernes* et d'*anciens*. Les anciens étaient ceux qui exerçaient depuis trente années, les modernes depuis vingt et les jeunes depuis dix. Il fallait que dix maîtres de chacune de ces classes, avec les jurés, fissent acte de présence quand on donnait le chef-d'œuvre à l'aspirant. On voit que l'admission ne laissait pas que de présenter des complications singulières. Malgré ces restrictions, en 1704, les maîtres brodeurs se trouvaient de nouveau si nombreux à Paris, qu'ils firent introduire dans leurs *Statuts,* revisés cette année-là, un article ainsi conçu : « Nul maître brodeur, chasublier, tant de la ville que des fauxbourgs de Paris, ne pourra prendre n'y obliger aucun apprentif que le nombre des maistres dudit métier de brodeur, chasublier, ne soit réduit au nombre de 200 maîtres, tant en la ville qu'ès fauxbourgs de Paris. » En outre, il était stipulé par l'article VI que les fils de maîtres, pour se faire recevoir dans la corporation, devraient acquitter un droit de 135 livres, et les étrangers un droit de 300 livres, réduit à 200 quand ils avaient épousé la fille d'un maître. L'article VIII ajoutait que les enfants de la veuve d'un maître, au cas où cette veuve « n'auroit pas été dudit métier », n'étaient pas dispensés du chef-d'œuvre. Enfin par l'article XV, défenses étaient faites « à toutes sortes de personnes, n'ayant aucun titre ni qualité pour travailler dudit métier, d'entreprendre sur iceluy, ni de faire fabriquer ou broder aucuns ouvrages qui en dépendent, à peine de confiscation des ouvrages et métiers, et de dix livres d'amende envers le Roy ; sans préjudice de la liberté des bourgeois, qui pourront toujours faire travailler chez eux par telles personnes que bon leur semblera, pourvu que ce soit pour leur usage, et qu'ils fournissent les étoffes et les outils ».

Ces préoccupations, au surplus, se trouvaient justifiées non seulement par la dureté des temps, mais encore par les actes restritifs du pouvoir suprême. A partir de 1613 jusqu'à 1700, en effet, on ne voit pas moins de six arrêts, édits ou ordonnances contre le luxe, qui viennent frapper les brodeurs et entraver l'exercice de leur industrie. En 1613, on faisait signer à Louis XIII, encore enfant, une *Ordonnance* défendant de fabriquer « tous ouvrages de broderie d'or, d'argent et de soye... à peine de mille livres d'amende ». Un autre *Édit* de janvier 1629 vint confirmer et étendre ces restrictions. Le 16 avril 1634, une *Déclaration* interdit « toutes broderies, piqueures, emboutissemens, chamarures de passemens, boutons, houpes, tortis, canetilles, chaînettes, arrière-points, cordons, nœuds et autres choses semblables ». Le 31 mai 1644, rappel de cette *Déclaration*. Le 26 octobre 1660, nouvelle *Déclaration* tout aussi sévère ; enfin nous arrivons au fameux *Edit* de mars 1700, le premier qui ait eu un effet rétroactif. On y lit : « ... Que il est défendu, de faire et de faire faire à l'avenir aucuns lits, tapisseries, chaises ni autres meubles d'étoffe à fond ni même à fleur d'or ni d'argent, ni sur les léz, ni demi-léz avec lesdites broderies, ni avec des galons, ni passemens, et de mettre autre chose qu'un seul galon et frange ou crépine autour des pantes, rideaux et autres pièces, qui sont nécessaires pour les lits et les sièges seulement, le tout sous les peines portées par ledit Édit, portant aussi que tous ceux qui ont présentement des meubles de cette sorte seront tenus, à peine de confiscation, en faire leurs déclarations dans un mois. »

Malgré ces mesures restrictives, la corporation des brodeurs parisiens comptait encore 265 maîtres en 1725, et 262 en 1779. Toutefois, une concurrence dangereuse à tous les points de vue venait de naître. On commençait non seulement à importer des Indes des tissus de soie couverts de broderies éclatantes et d'un remarquable bon marché ; mais, ainsi que le rapporte l'abbé Raynal (*Hist. des établ. de commerce des Européens dans les Indes,* t. Ier, p. 411), on expédiait d'Europe dans l'extrême Orient des dessins au goût de Paris pour les faire broder à vil prix. A la date du 22 septembre 1749, on voit annoncée, dans les journaux, une vente faite par la Compagnie des Indes, de 2,785 pièces de broderies diverses de Daka, et de 399 pièces de broderie de Parna. Le 15 décembre 1749, le sieur Paul, tapissier, rue de la Monnaye, près le Pont-Neuf, offrait à sa clientèle un « beau meuble bleu complet, brodé aux Indes, en or et en argent, pour chambre et sallon, à vendre à l'amiable, en totalité ou séparément ». Dix ans plus tard, à la *Vente après décès du prince de Grimberghen,* nous voyons figurer un « ameublement de satin blanc avec une broderie des Indes, or et soie ». A la *Vente de la marquise de Vassé,* on remarque « un beau meuble de bazin, broderie Turquie, frais et bien conditionné ». On pourrait multiplier ces exemples. Cette concurrence eut des effets faciles à prévoir. En 1785, le nombre des brodeurs parisiens était réduit à 18, et à 11 en 1789.

A Lyon, où les brodeurs avaient toujours été infiniment plus nombreux qu'à Paris, on comptait encore en 1782 près de 6,000 individus occupés à ce genre d'ouvrages. En 1791, cette population industrieuse avait déjà diminué de moitié. En l'an IX, ce travail artistique n'occupait plus que 600 personnes. (Verminac, *Descr. du département du Rhône.*) Du reste, dès 1750, d'Argenson, dans ses *Mémoires* (t. Ier, p. 137) constatait un ralentissement dans le goût des broderies et, en 1777, Charles-Germain de Saint-Aubin écrivait : « La mode de la broderie et de mon petit talent se ralentit. » En notre siècle, cette belle industrie a presque cessé. Le brochage des étoffes a remplacé, dans beaucoup de cas, les travaux exquis de l'aiguille. La broderie elle-même, par l'emploi de moyens mécaniques, a sensiblement baissé de valeur, et quoique nos brodeurs exécutent encore, pour l'ameublement, des pièces remarquables, on peut dire cependant que la broderie n'a plus, dans notre mobilier, qu'une importance tout à fait secondaire.

Brodeuse en blanc. — Nom donné, au siècle dernier, aux ouvrières qui, chez les marchands de mercerie et de lingerie, brodaient la mousseline, la gaze, la toile, etc. La présence de ces ouvrières chez les lingères fournit matière à plusieurs procès. Les brodeurs voyaient là un empiétement sur leurs privilèges. Toutefois, les lingères finirent par triompher. Leurs ouvrières furent considérées comme filles de boutique, aidant leurs maîtres à enjoliver la marchandise, ce qui de tout temps avait été permis aux merciers et aux lingères.

Brodeuse mécanique. — On désigne sous ce nom des machines à broder, utilisées surtout pour broder la mousseline et les rideaux de vitrage. La brodeuse mécanique fit son apparition en 1821. Elle doit le jour à un mécanicien français dont l'histoire n'a pas enregistré le nom. Quatre ans plus tard, le sieur Thimonnier d'Amplepuis imagina un autre appareil du même genre ; mais c'est seulement en 1829 que Josué Heilmann produisit la première brodeuse qui fût vraiment pratique. Exposée en 1834, cette machine obtint de hautes récompenses et bientôt fut employée dans nombre d'établissements de France, d'Angleterre et d'Allemagne. Depuis, elle a été simplifiée et améliorée, et en 1855, à l'Exposition universelle, M. Schmitz, de Nancy, voyait se renouveler, au profit d'un de ses appareils perfectionnés, l'enthousiasme que l'invention de Heilmann

Fig. 304. — Jeune dame noble, brodant au métier, d'après Freudenberg.

avait provoqué vingt et un ans plus tôt. C'est à l'aide de la brodeuse Schmitz qu'aujourd'hui on brode la plupart des rideaux de vitrage.

Brodeure, *s. f.*; **Brodure**, *s. f.* — Locution ancienne, employée très fréquemment au XIVe et au XVe siècle pour signifier Broderie. « Ung tableau de brodeure à ung chapiteau de perles, où sont Nostre Dame, saincte Élisabeth et saincte Agnès. — *Item,* le grant ymage de saint George de brodeure, en ung estuy de veluiau vermeil. » (*Invent. de Charles V,* 1380.) — « Un estuy de brodure où sont deux CC couronnéz, où est un bouton d'or plain de mugliaz. » (*Invent. de la Bastille Saint-Antoine,* 1418.) « Et se logea le Duc ès cordeliers, et fit préparer pour le Roy au palais de l'Archevesque, moult honorablement, de riches chambres, de soye, de brodure et de tapisserie. » (*Mém. d'Olivier de la Marche,* p. 165.) (Voir Broderie.)

Broiche, *s. f.* — Voir Broche.

Broisseron, *s. m.*; **Broissette**, *s. f.* — Goulot, robinet et, par analogie, vase muni d'un goulot. (Voir Broceron.) On semble s'être servi surtout du broisseron ou de la broissette pour se laver les mains. « En laquelle cour estoit lors le suppliant, qui lavoit ses mains à ung lavoir ou broisseron qui y estoit. » (*Lettre de rémission,* 1397.) Et dans une autre *Lettre,* datée de 1406 : « Et prindrent en icellui hostel une broissette à laver de cuivre. »

Bronze, *s. m.* — On donne ce nom au précieux alliage que les anciens nommaient airain, et que nous employons pour les statues, les bustes, les candélabres, les garnitures de foyer, les chenets, etc. Cet alliage est formé de cuivre, d'étain et de zinc. Dans le mobilier, le cuivre, à l'état pur ou presque pur, est surtout employé à la fabrication de cette multitude d'objets qu'on groupe sous le nom de

Fig. 305. Chenet en bronze (Renaissance).

quincaillerie et de batterie de cuisine. Uni à un tiers de zinc environ, il forme un métal plus clair nommé le laiton, dont l'élasticité trouve son emploi dans la confection de certains meubles. Combiné enfin, comme nous venons de le dire, avec l'étain et le zinc, il constitue le bronze qu'on réserve surtout pour les travaux de choix. Le bronze, en effet, convient particulièrement aux ouvrages d'art. Sa flexibilité lui permet de prendre toutes les formes. Sa contexture serrée le rend susceptible d'une grande finesse de travail. Sa ténacité permet, en outre, à l'artiste de ne donner à son œuvre que les points d'appui absolument indispensables. Enfin sa durée est fort grande, son prix n'a rien d'exagéré, et son poids, ou, pour mieux dire, sa densité n'a rien d'excessif. Il prend admirablement la dorure, l'argenture, et, par divers procédés d'oxydation ou par l'application de vernis, on arrive à lui donner des patines qui varient à l'infini sa couleur et son aspect. Telles sont les qualités qui, de tout temps, ont fait rechercher le bronze dans la décoration mobilière et dans la confection de certains objets d'ameublement.

Il y a quatre manières de travailler le bronze : la *prise dans la masse,* le *repoussé,* l'*étampage* et la *fonte.* La prise dans la masse est rarement usitée, parce que le bronze se fond avec trop de facilité, pour qu'on n'ait pas un grand avantage à lui donner, au moins *grosso modo,* par la fusion, la forme qu'il doit revêtir d'une façon définitive. Le repoussé et l'étampage sont plus généralement employés. C'est à eux qu'on a recours pour la confection d'un grand nombre de vases. Ils ont même constitué, du XIIIe au XVIIe siècle, une branche d'industrie importante connue sous le nom de DINANDERIE. (Voir ce mot. Toutefois, il est à remarquer que c'est principalement le cuivre, à l'état pur, ou le laiton qui ont été mis en œuvre par les DINANTS ; le bronze est généralement réservé pour la fonte. Cette FONTE, dont les opérations sont décrites dans un article spécial, se fait soit à cire perdue, soit par le procédé dit à pièces rapportées. Ce dernier procédé est le plus usité de nos jours. Au Moyen Age, au contraire, s'il faut en croire les écrits du temps, c'était la fonte à cire perdue qui était préférée des artistes. Cette seconde méthode exige des soins et une habileté que ne réclame pas au même degré la fonte à pièces rapportées. Cependant le moine Théophile, dans son *Essai sur divers arts,* écrit au XIIe siècle, ne recommande pas d'autre procédé. Toutefois, par le détail des précautions qu'il indique, il est facile de voir que cette opération était jugée, de son temps, aussi délicate, aussi difficile, aussi dangereuse même que de nos jours.

Quoiqu'il n'y ait point à douter de la grande habileté des fondeurs du XIVe et du XVe siècle, cependant on est assez mal renseigné sur leurs travaux, et les noms de la plupart de ces industrieux artistes ne sont pas parvenus jusqu'à nous. Leurs ouvrages, eux aussi, n'ont que très exceptionnellement traversé la suite de siècles qui nous séparent, et cela se comprend. Les œuvres de métal portent avec elles et en elles des chances spéciales de destruction, et la qualité du métal de pouvoir se fondre indéfiniment, de se transformer en quelque sorte à volonté, jointe à sa valeur relativement élevée, entraîne les fondeurs à s'emparer des ouvrages anciens, pour leur donner une forme nouvelle. Aux moments de crise, en outre, le métal constitue une ressource dont on ne se fait pas faute d'user. Nous avons dit à quelle destruction étaient voués fatalement les objets d'or et d'argent. Ceux de bronze ne sont guère plus respectés. Combien de statues ont été impitoyablement fondues pour être transformées en espèces ou encore en canons. « Le vendredi XII novembre [1589], écrit P. de l'Estoile, on envoya par les maisons de Paris chercher les vieils pots de fer et de cuivre, pour faire (à ce qu'on disoit) les boulets pour l'artillerie. » Au XVIe et au XVIIe siècle, il était dans les lois de la guerre que, lorsqu'une ville se rendait à l'ennemi, tout le cuivre, le laiton ou bronze qu'on y pouvait trouver, appartenaient de droit à l'artillerie assiégeante. Le plus souvent, la ville composait avec le vainqueur, et rachetait, par un tribut en espèces, cet impôt spécial. Mais parfois les assiégés, réduits aux extrémités les plus dures, étaient obligés de s'exécuter et de livrer tous les objets de métal que les particuliers possédaient. A l'époque de la Révolution, les exigences d'une situation unique dans notre histoire amenèrent la refonte, non seulement de certaines statues ayant un caractère politique accentué, mais encore d'une quantité étonnante de bronzes d'ameublement. L'*État sommaire des matières propres à être converties en monnoye, qui se trouvent dans la Maison ci-devant royale et dépendance de Fontainebleau,* dressé le 17 septembre 1792, renferme un article ainsi conçu : « Feux et bras qui sont dans les différents appartements livrés, en bronze doré 4,805 liv 3 marcs 4 onces. » Après cela, il faut presque s'étonner que quelques mortiers, des chandeliers du XVe siècle, et un certain nombre de vases, coupes, candélabres, pendules d'époques plus récentes, soient parvenus jusqu'à nous.

Si l'on peut regretter que de rares, trop rares échantillons de ces précieux ouvrages nous aient été seulement conservés, il faut regretter presque autant que les noms des bronziers du Moyen Age nous soient trop généralement inconnus. C'est à peine si nous pouvons citer une vingtaine de noms pour le XIVe et le XVe siècle, et encore la plupart de ces artistes appartiennent-ils aux anciennes provinces du Nord, à la Flandre surtout. C'est au XIVe siècle : Jean de Dinant, que nous trouvons établi à Louvain, en 1322 ; Lambert de Dinant qui travaille, en 1377 et 1378, pour l'hôtel de ville de Malines ; Jean Josés, dont, en 1381, la cathédrale de Tongres utilisait le talent ; Nicolas Joseph, qui fondit, en 1386, les canons de Philippe le Hardi ; Henri Hubert, employé, en 1435, par l'abbaye de Saint-Vaast, à Arras ; Thomas Huppyn, qui fournit, en 1431, un lutrin à l'église Saint-Donat, à Bruges ; Willaume Le Fèvre de Tournay, qui fondit, en 1446, les fonts baptismaux de Saint-Martin de Hall ; Reynier van Thienen, installé à Bruxelles, en 1485 ; Laurent Worms, que Louis XI employa à fondre les bronzes de son propre mausolée ; Conrad Meyt, qui travailla pour Philippe le Bon et Charles le Téméraire ; les Van Ghein, établis à Malines depuis 1490 (dont les descendants travaillaient encore en 1573 et 1574, comme le prouvent deux sonnettes, signées *Petrus Gheinus me fecit,* qu'on peut voir au musée de Cluny) ; Arenet de Maestricht (1492) et quelques autres encore, dont les noms nous sont moins connus.

Au XVIe siècle, les provinces flamandes nous fournissent : Gilles van den Eynde, établi à Malines, en 1527 ; Henri van der Beken (1547) ; Hugues de Horst (1566), gens de mérite assurément, mais dont le talent, comme fondeurs, n'est certes pas comparable à celui de Jean Le Roux, dit Picard, qui fondit pour Fontainebleau la statue de Vulcain ; de Pierre Bontemps, qui fut chargé de la fonte de Laocoon ; de Francisque Rybon, qui jeta en fonte les « antiquailles » que l'on avait amenées de Rome pour le roi ; de Pierre Beauchesne et de Benoist le Bouchet, qui « vacquèrent à la fonderie des figures antiques », dont les moules avaient été exécutés à Rome par ordre et pour le compte de François Ier, etc.

A cette époque, au reste, indépendamment des ateliers établis dans la tour de Nesle, et où se trouvaient réunis les artistes attirés de l'étranger et entrés au service royal, on comptait deux ateliers de fonderie établis à l'Arsenal et où, alternativement, on fondait des canons et des statues. Toutefois, le XVIe siècle est, au point de vue de la fonte des grandes pièces, encore bien inférieur au siècle suivant. Celui-ci commence avec les Dupré, qui jetèrent en fonte, en 1605, la statue du jeune Louis XIII. Il se continue avec Hubert Le Sueur, qui fut attaché aux bâtiments royaux comme « ayant faict preuve de jecter excellemment en bronze toutes sortes de figures » (1618) ; avec Sauteray et Vanier, qui fondirent les ornements de bronze des colonnes du Val-de-Grâce (1666) ; avec Prévost, auteur des beaux vases de Versailles ; avec Picard ; avec Ambroise Duval, auquel on doit une grande partie des groupes et des statues de Versailles et de Saint-Germain ; Edme La Grande, Collot, Hémonnet, Jean Breton, Chauvin, Henry Étienne, Pierre Ladoireau, Faubin, Ausanne, Caillot, qui tous travaillèrent le bronze avec une remarquable habileté. On peut dire, au surplus, qu'à cette époque il n'est presque pas de grand sculpteur, de statuaire émérite, qui n'ait sinon fondu lui-même comme faisait Benvenuto Cellini du moins surveillé de très près la fonte de ses statues et mis bien souvent la main à l'œuvre. Un très curieux document, publié pour la première fois il y quelques années, nous apprend que l'illustre Coysevox réclamait, en 1688, une somme de 1,600 livres au prince de Conti « pour avoir fait le modèle et fourny la cire, fait mousler, pour touttes les ustensiles et avoir fondu en bronze, rendu, posé, fait et parfait en la place qui lui a esté ordonnée », l'admirable buste du prince de Condé. Mais quelle que soit la renommée de Coysevox comme fondeur, elle n'approche pas, à beaucoup près, de celle des Keller. Ces frères fameux, amenés de Suisse à Paris, entrèrent au service royal en 1683 et passèrent avec Louvois un traité par lequel ils s'engageaient « de jetter en bronze à cire perdue toutes les statues qui seront ordonnées par le Roy », au prix « de 1,200 livres pour chacune figure de la hauteur d'entre six et huit pieds, et de 300 livres d'augmentation pour celles qui iroient au-dessus de huit pieds, et de 300 livres de diminution pour celles qui iroient au-dessous de cinq pieds et demi ». On sait quels chefs-d'œuvre sortirent de leurs ateliers, et comment ils mirent le sceau à leur réputation par cette fameuse statue de Louis XIV, dont un poète du temps, Bellocq, écrivait :

> A mes yeux il respire, il agit, il ordonne ;
> Et le bronze, amolli par un art qui m'étonne,
> Dispute avec la vérité.

Enfin nous avons gardé pour la fin de ce grand siècle Domenico Cucci, fondeur, ciseleur, ornemaniste et bronzier, d'un mérite rare, qui toucha, à Versailles, 31,200 livres rien que pour la balustrade de bronze doré du grand escalier ; auquel on paya une somme presque aussi considérable pour ses garnitures de fenêtres et de portes, et qui travailla en outre à Saint-Germain, au Louvre et aux Tuileries, où il exécuta des chefs-d'œuvre de bronzes décoratifs et d'ameublement. Si nous avons gardé D. Cucci pour la fin du XVIIe siècle, ce n'est pas qu'il soit le dernier par ordre de date, ni qu'il surpasse tous les autres en mérite, mais il nous fournit une transition naturelle pour arriver à parler des bronziers du XVIIIe siècle.

Fig. 306.
Bronze (règne de Louis XIV)

Le siècle dernier, en effet, peut être considéré comme le siècle par excellence du bronze adapté à l'ameublement. A cette époque, il devient dans le mobilier proprement dit le complément rationnel des bois exotiques dont son éclat relève les couleurs variées. Il n'est pas de commodes, de secrétaires, d'armoires où il ne joue un rôle important sous forme de poignées, anneaux, entrées de serrure, rinceaux, moulures, etc. Dans les tables, c'est lui qui encadre les tiroirs de ses fines baguettes et enjolive les pieds de ses chutes finement ciselées. C'est également en ce siècle qu'il prend possession de la tablette de la cheminée. Sous forme de pendules et de candélabres, il se mire dans la glace qui vient d'occuper la place même où nous la voyons encore aujourd'hui. Une annonce insérée au *Mercure* de janvier 1767 par un des bronziers de ce temps énumère, au surplus, les principaux articles qui étaient alors à la mode : « Le sieur Hubert, sculpteur, annonce au public qu'il a beaucoup de bronzes à vendre pour servir à la décoration des appartements, soit en girandoles, en bras de cheminées, feux et flambeaux de toute espèce et de toute grandeur, ornés avec des figures, le tout sur des modèles nouveaux, et des boîtes de pendules toutes prêtes à recevoir des mouvements ; il fournit les Ambassadeurs pour la partie des bronzes, et

Fig. 307. — Chenet en bronze ciselé et doré (XVIIIe siècle).

décore les appartements dans le dernier goût. » Si nous feuilletons le *Livre journal* de Lazare Duvaux, nous relèverons encore une quantité d'autres articles qui étaient alors d'une vente courante et il nous faudrait une dizaine de pages, rien que pour énumérer les objets de bronze, ou les meubles garnis de bronze « doré d'or moulu », alors recherchés par les gens du bel air. Devons-nous ajouter encore que c'est le moment où tous ces objets, peut-être secondaires au point de vue de l'art pur, mais d'une importance toute particulière au point de vue de l'ameublement, ont été traités avec le plus de goût ? Jamais le bronze appliqué aux usages mobiliers ne fut ciselé d'une façon plus exquise, jamais l'éclat et la finesse de la dorure ne furent poussés plus loin, jamais le soin et la grâce n'ont plus approché de la perfection, et les bronziers et les fondeurs de ce temps peuvent compter, dans leur genre, parmi les grands artistes que notre pays a produits.

Ceux dont on a surtout retenu les noms sont les Caffieri, qui travaillèrent aux Tuileries, à l'hôtel des Ambassadeurs, aux châteaux de Choisy, de Saint-Hubert et de la Muette ; Étienne Sauvage, qui fut appelé, en 1716, en Russie, par le czar ; Auguste, dont les ouvrages sont encore aujourd'hui particulièrement recherchés ; Gallien, auquel le roi demanda la superbe pendule du cabinet du Conseil, à Versailles, pendule qui fut payée 6,500 livres et fit si grande sensation que le duc de Luynes consigna son apparition dans ses *Mémoires;* Desprez, qui travailla également pour Louis XV ; Dauthiau, dont le chef-d'œuvre, qui fit aussi sensation, est encore à Versailles ; Leblanc, qui concourut à la décoration de Compiègne et de Choisy ; les Varin père et fils, qui fondirent une quantité de vases, de bas-reliefs et de figures pour le roi ; Lucas et Martin, qui furent occupés à Fontainebleau ; Saint-Germain, dont le Mobilier National possède une pendule représentant l'*Enlèvement d'Europe ;* Vion, qui travailla avec Lepaute ; Vasson, auquel Blondel de Gagny faisait monter ses vases ; Duplessis, qui cisela les candélabres célèbres qu'on voyait chez M. de la Reynière et qui, en collaboration avec Winant et Hervieux, exécuta les bronzes de l'admirable bureau du roi que l'on peut voir au Louvre ; Forestier et Charbonnier, les collaborateurs habituels d'Oeben et de Riesener ; enfin Martincourt, qui jouit d'une grande réputation, et qui peut revendiquer l'honneur d'avoir compté Gouthière parmi ses élèves.

Gouthière, qui clôt le XVIIIe siècle, car on est habitué généralement à considérer Thomire et Ravrio comme appartenant au XIXe, est le plus illustre et le plus étonnant de ces incomparables artistes. Né vraisemblablement à Troyes, vers 1740, il commença à travailler en 1770 pour la Couronne. A la même époque, il exécuta, pour le duc d'Aumont, pour la duchesse de Mazarin et pour M. de Bondy, des merveilles d'une délicatesse telle, que Mme du Barry voulut se l'attacher. Elle le fit travailler à Luciennes et fut la cause de sa ruine, car, en 1793, l'ancienne favorite devait à son bronzier plus de 750,000 livres qui furent perdues pour lui. Un certain nombre d'ouvrages de Gouthière sont parvenus jusqu'à nous. Le Mobilier National possède deux des vases qu'il monta pour le duc d'Aumont ; à Trianon, on peut voir une grande lanterne qui passe pour être un de ses chefs-d'œuvre ; à Fontainebleau, on admire deux candélabres de sa main ; deux autres candélabres à griffons, avec vase central de forme antique, sont au palais de l'Élysée.

Le XIXe siècle, dans sa première moitié, a vu se perdre l'art du bronzier, que la seconde moitié a cherché à remettre en honneur. Mais les prix élevés que coûtent les belles et fines ciselures ont empêché ce noble art de retrouver son ancienne perfection ; et c'est très exceptionnellement qu'on voit sortir des ateliers de nos grands fabricants des objets mobiliers supportant la comparaison avec les ouvrages courants de Duplessis, de Vion et de Gouthière. Cependant, en ce qui concerne la fonte et la ciselure des statuettes et des bustes, des progrès considérables ont été réalisés dans ces trente dernières années. Grâce aux nouveaux procédés de réduction inventés par M. Collas, on a

Fig. 308. — Chenet en bronze ciselé et doré (XVIIIe siècle).

publié toute une suite de modèles charmants, reproductions de chefs-d'œuvre consacrés, qui ont fait pénétrer dans la plupart de nos intérieurs des ouvrages d'art d'une valeur exceptionnelle. Sous ce rapport, nous sommes donc en progrès sur nos devanciers de tous les temps. Il est fâcheux que les prix actuels de la main-d'œuvre ne puissent permettre aux objets d'ameublement de recouvrer l'étonnante finesse qui distingue les productions du siècle dernier.

Bronze, *s. m.* — On désigne également sous ce nom les sculptures, statuettes, bustes, vases et objets de petites dimensions faits en bronze. Pris dans cette acception, le mot bronze ne paraît pas très ancien, et bien qu'on rencontre dans les inventaires du Grand Roi plus de 180 de ces bronzes ornant les appartements de Marly et de Versailles, ce n'est guère qu'à la fin du XVIIe siècle qu'il se trouve couramment employé. Germain Brice, dans sa *Description de Paris,* s'en sert à plusieurs reprises. Parlant du Palais-Royal, il y signale une profusion de raretés précieuses, « comme des bronzes de première perfection, copiés la plupart sur les belles antiques ». Dans sa description de l'hôtel de Charles Renouard, il dit encore : « L'on y voyoit aussi des tableaux exquis, des bronzes, des porcelaines rares, etc. » Dans l'*Apposition des scellés chez la veuve d'Antoine Coysevox* (1726), nous lisons : « Sur un bureau de bois de raport à fleurs, deux bronzes de la *Renommée,* en regard, chacune sur un cheval ailé. » En 1750, le terme était passé dans le vocabulaire des commerçants. Nous lisons, en effet, dans le *Livre journal* de Lazare Duvaux : « 17 février 1755 — à M. le Premier : quatre petits bronzes représentant les Saisons sur des pieds dorés d'or moulu... — Un bronze de deux enfans couchés, etc. » Au commencement de notre siècle, les bronzes de Ravrio étaient fort à la mode. « Des meubles de Jacob, des bronzes de Ravrio..., voilà, écrit Antoine Caillot, ce qui constitue un salon de la bonne compagnie dans le quartier de la chaussée d'Antin. » (*Vie publique des Français,* t. II, p. 170.) Aujourd'hui, ceux de Barbedienne sont surtout recherchés des amateurs. Ajoutons que quelques sculpteurs ont pris, eux aussi, le soin de fondre et de ciseler leurs œuvres. Barye en est un exemple justement célèbre, et ses bronzes sont actuellement payés de très hauts prix.

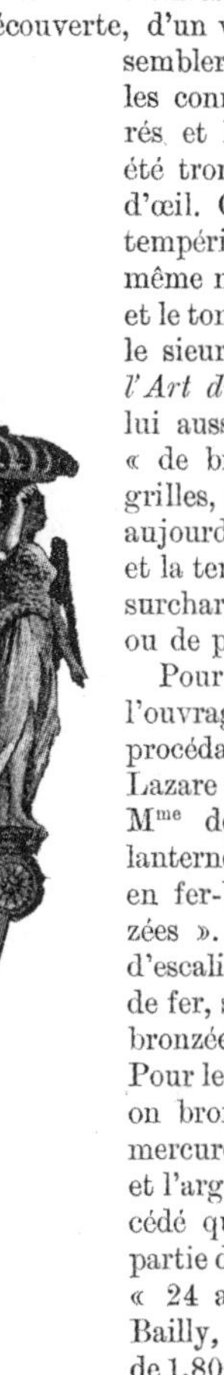

Fig. 309. — Vase monté en bronze doré (fin du XVIIIe siècle).

Bronzer, *v. a.;* **Bronzure,** *s. f.* — Bronzer, c'est donner à un objet en bois, en plâtre, ou encore en un métal commun, l'aspect du bronze. Il ne paraît pas qu'on ait songé à bronzer le bois ou le plâtre avant le XVIIIe siècle. La première mention que nous ayons rencontrée de cette opération figure dans l'*Inventaire de François Courtois, conseiller du roy* (Paris, 1719); elle concerne « une grande table de marbre sur son pied de bois bronzé, prisé soixante livres ». On bronzait, dès cette époque, le bois et le plâtre en appliquant dessus deux ou trois couches de rouge brun d'Angleterre, et en frottant ensuite les parties saillantes avec du chlorure d'antimoine ou de la limaille de bronze.

En 1761, un peintre doreur et vernisseur, le sieur Dandrillon, perfectionna ce procédé un peu primitif. « Il enduit les plâtres, les terres cuites, dit l'*Année littéraire,* qui rapporte sa découverte, d'un vernis qui les fait ressembler au métal, si bien que les connoisseurs les plus éclairés et les plus exercés y ont été trompés au premier coup d'œil. Ce vernis résiste à l'intempérie de l'air, et le tems même ne peut en altérer le poli et le ton de couleur. » En 1772, le sieur Watin, dans son livre *l'Art du vernisseur,* indiqua, lui aussi, une façon nouvelle « de bronzer des cartels, des grilles, des fers, des balcons »; aujourd'hui, on bronze le plâtre et la terre cuite avec des vernis surchargés d'or d'Allemagne ou de poudre de cuivre.

Pour les métaux, quand l'ouvrage était ordinaire, on procédait de même. En 1756, Lazare Duvaux fournit à Mme de Pompadour « deux lanternes demi-rondes, montées en fer-blanc, vernies et bronzées ». Les grilles de clôture, d'escalier, de balcon en fonte de fer, sont encore de nos jours bronzées de cette même façon. Pour les ouvrages plus soignés, on bronzait à la feuille et au mercure, comme pour la dorure et l'argenture. C'est par ce procédé qu'ont été bronzées une partie des statues de Versailles. « 24 août [1671], au sieur Bailly, pour parfait payement de 1,800 livres, à quoy monte la dorure et bronzure de la fontaine en pyramide, 400 livres. — A compte de la bronzure de quatre Tritons et quatre baleynes de la fontaine d'Apollon, 800 liv. » (*Comptes des bastimens,* col. 527.)

Aujourd'hui, on a recours à la galvanoplastie. C'est par ce procédé qu'on habille d'une feuille de bronze les pièces les plus vastes. Les fontaines de la place de la Concorde, les candélabres qui éclairent nos places et nos rues sont bronzés au moyen de bains galvaniques. (Voir Galvanoplastie.)

Bronzer. — Terme de mégissier. C'est teindre le maroquin en noir, et le préparer de façon qu'il ne soit pas grenu.

Bronzier, *s. m.* — Artisan qui fabrique des objets en Bronze. (Voir ce mot.)

Broquette, *s. f.* — Petit clou, propre à clouer des garnitures, à tendre des tapisseries. — On appelle aujourd'hui ces petits clous à tête plate, de la Semence. — On divisait autrefois la broquette en deux sortes, la broquette *emboutie,* qui était la plus grosse, et la broquette proprement dite, qui était de moindre taille. « Le bois de lit ci-dessus complet avec les pièces nécessaires pour le monter et trois tringles couvertes de lames d'argent, avec broquettes dorées. » (*Invent. du cardinal de Mazarin,* 1653.)

Broquette a également signifié petite Broche. (Voir ce mot.)

Brosse, *s. f.;* **Broisse,** *s. f.* — Ustensile de ménage qui sert à nettoyer soit la personne, soit le vêtement, soit les meubles, soit les objets de métal. La forme des brosses est aussi variée que le sont leurs différentes applications. Autrefois, on écrivait broisse. « A Jehan Lande, pour une broisse neufve et deux équipillons pour nettoier les hanaps du roy. » (*Comptes de l'hôtel de Charles VI,* 1380.) Dans

Fig. 310. — Brouette, d'après un vitrail du XVe siècle. (Cathédrale de Tournai.)

les *Inventaires des meubles de la Couronne* dressés sous Louis XIV figurent des brosses de toilette montées en or.

Brosseron, *s. m.* — Voir Broceron.

Broudure, *s. f.;* **Broudeur,** *s. m.* — Forme ancienne de Broderie et Brodeur. (Voir ces deux mots.)

Brouette, *s. f.;* **Broette,** *s. f.;* **Broete,** *s. f.;* **Brouettier,** *s. m.;* **Broetier,** *s. m.;* **Brotier,** *s. m.* — Petit véhicule à une roue et à deux brancards. On construit des brouettes de dimensions et de formes variées. Toutefois, elles se divisent en deux sortes principales : la brouette à claire-voie et la brouette à parois pleines. Cette dernière sert à divers corps de métier pour transporter les matières friables, le sable, le mortier, les minerais; l'autre, pour voiturer de gros objets, tels que sacs, tonneaux, malles, colis de toute espèce. Certains auteurs ont écrit que la brouette avait été inventée par Pascal, d'autres ont fait honneur de son invention à un sieur Dupin (1669). M. Viollet-le-Duc, dans son excellent *Dictionnaire* (t. II, p. 41), s'indigne de cette double attribution, en se fondant sur ce fait que les anciens manuscrits portent, dans leurs curieuses miniatures, un certain nombre de brouettes à peu près semblables à celles dont se servent les artisans de nos jours. Il aurait pu citer en outre, et s'il les eût connus, de nombreux textes à l'appui de son affirmation, notamment un article emprunté aux *Comptes de la ville d'Amiens* (1401) : « A Jehan et Remy Caron, pour avoir refait par ij fois la brouette à huche, qui sert aux paveurs, à lequel il fist le cavech (chevet), le fons, les barres et une grant def en bos. » Ou encore, citer *la Vie et trépassement de Caillette* et les *Massacres de Meaux en Brie* (1572), où l'on voit les ligueurs placer le corps de Josse Lamiral sur une brouette et, la roulant par les rues, crier : « Vinaigre et moustarde à vendre ». Car c'était alors l'usage des marchands vinaigriers de promener leurs produits par la ville sur des brouettes. Mais ce qui rend la querelle amusante, c'est qu'elle repose sur une confusion. La brouette qu'inventa Pascal ou Dupin n'a rien à démêler avec le Moyen Age. C'était une chaise à porteurs, montée sur deux roues, munie de deux brancards, et dans laquelle prenaient place les personnes qui voulaient sortir sans s'exposer à la fatigue, à la pluie et à la boue. Ces brouettes du sieur Dupin, que le *Mercure* de juillet 1768 signale comme étant usitées « depuis cent ans environ » et qui sont restées en usage dans nos départements du nord jusqu'aux environs de 1850, sous le nom de Vinaigrettes, constituaient une concurrence aux chaises à porteurs et aux fiacres. L'indignation de M. Viollet-le-Duc était donc mal fondée.

La brouette, connue depuis le XIIIe siècle, avait une forme assez particulière et même assez pittoresque, pour que les orfèvres ne dédaignassent pas de la copier. De là ces petits Brouettiers ou conducteurs de brouettes, que l'on rencontre parmi les pièces d'orfèvrerie du Moyen Age. Entre les plus curieux de ces objets, nous citerons : « Un broetier d'argent où il a escrin en la broete, pesant V mars, [à] VI liv. X s. le marc » (*Inventaire de Clémence de Hongrie,* 1328); « Un brouète séant sur un pié cizelé à fueilles de vigne et siet sur IIII lyonceaux, et y a, à un des bouz, un homme qui maine ladite bouète..., et devant a une femme qui en sa main destre tient la brouète et en la sénestre tient une hache danoise... et sur ladite bouète, a un tonnel, lié de plusieurs souages et les deux fons sont esmailliez de vert et d'azur à plusieurs bestelettes, et le fons de la bouète et le siège du gobelet sont de cestui mesmes esmail, sans différence..... » (*Invent. du duc d'Anjou,* 1368.) Cette description, très détaillée, indique assez qu'il s'agit ici d'une pièce capitale. Dans l'*Inventaire de Charles V* (1380), on rencontre également un hanap à couvercle, dont le bouton est fait « d'un brotier qui mène une broète où est ung homme malade ». On pourrait citer d'autres exemples.

Broussoun, *s. m.* — Terme provençal. Sorte de goulot adhérent à un vase ou à une écuelle. (Voir Broceron.)

Brucelles, *s. f. pl.* — Sorte de petites pinces à ressort, servant à prendre des objets de très petites dimensions.

Bruchet, *s. m.* — Espèce de tréteau lourd et pesant, sur lequel on posait les tables grossières. « Trois grosses tables à hacher viande chascune sur deux bruchéz. » (*Invent. du château d'Angers,* 1471 ; cuisine.) « Ung fagly (failli) petict bruchet ij sols. » (*Vente de Gillette Bachelot;* greffe de Saint-Malo, 1609.) Ce mot semble n'avoir été usité que dans l'ouest de la France. (Voir Brechet.)

Bruges. — Ville justement célèbre et autrefois très industrieuse et très commerçante. Elle a droit à une mention dans l'histoire du mobilier, à cause de différentes étoffes qui, fabriquées dans ses murs, ont porté son nom. Dans l'*Inventaire de Jean Le Breton, avocat au Parlement* (Bordeaux, 1570), nous relevons : « Une garniture de grand lit de Bruges, en broderie, et les courtines en taphetas. » L'*Inventaire de Gabrielle d'Estrées* (1599) mentionne « une chambre de tapisserie de haulte lisse à grotesques, façon de Bruges ». L'*Inventaire de messire Léonor de Pisseleu, seigneur d'Heilly* (Amiens, 1614), porte également « cincq pièces d'aultres tapisseries de satin de Bruges, poursemées de bouquiets de nuances des tapisseries », et l'*Inventaire des meubles de la Couronne* (dressé en 1675) nous apprend que le château du Val a possédé « un petit meuble de satin de Bruges à la chinoise, composé d'une tapisserie, un tapis et six sièges plians ». Enfin, grâce au *Livre commode* de 1691, nous savons que le satin de Bruges, étoffe tissée de laine et de soie, se vendait, à la même époque, « dans plusieurs magasins près la porte de Paris ».

Brûle-parfums, *s. m.* — Voir Cassolette.

Brûle-tout, *s. m.* — Petit appareil qui sert à faire brûler la bougie tout entière.

Brun, *adj.* et *s. m.* — Qualification qu'on donne aux couleurs sombres. On dit un rouge brun, un gris brun, un vert brun, etc., pour indiquer que ces couleurs sont mélangées de noir. Brun, pris substantivement, signifie, au XIVe et au XVe siècle, un drap brun. On disait dans ce sens : « Cinq aunes, dix aunes de brun. »

Brunes, *s.f.pl.* — On donnait ce nom, au siècle dernier, à une sorte de toile fabriquée à Rouen et dans les environs.

Brunette, *s.f.* — Étoffe de soie légère, de couleur foncée. Dans le *Roman de la Rose,* nous voyons que la brunette servait à faire des vêtements.

Aussy bien sont amourettes
Soubz bureaux que sous brunettes.

Les *Comptes de Geoffroi de Fleuri, argentier de Philippe le Long,* et l'*Inventaire de Charles V* nous apprennent qu'on l'employait aussi dans l'ameublement. On lit, en effet, dans le premier de ces documents, à l'année 1316, « pour II aunes de brunette noire, pour les selles aisées XXIV sols » ; et à l'année 1320, « pour une aulne de brunette baillée à Jehan du Louvre pour couvrir le faudisteuil du Roy » ; et on note, dans le second (1380) : « *Item,* ung couvertoer de brunette soutannée, fourré de menu vair. »

Brunir, *v. a.;* **Brunissage**, *s. m.;* **Brunisseur**, *s. m.;* **Brunissoir**, *s. m.* — Brunir, c'est rendre brun, noircir. « Ung petit coffre d'acier bruny les bords dorés. » (*Comptes et dépenses de Louis XI,* 1481.) En termes d'orfèvre et de doreur, brunir un vase, un plat, une surface, c'est les polir et les rendre brillants, non pas en usant le métal, mais en rabattant les petites éminences qui sont à sa surface. On appelle Brunissoir l'outil dont l'ouvrier se sert ; celui-ci se nomme un Brunisseur, et l'opération qu'il mène à bien est appelée Brunissage. On dit *or* ou *argent bruni,* par opposition à *or* ou *argent mat.* « A Christofle Besan, paintre, pour avoir paint et doré de fin or bruny..... le grant bers de parement..... (*État des objets achetés à Paris par Marguerite de Flandre,* 1403.) « A Jehan Latour..... pour avoir bruny les deux tasses de l'essay de ladicte Dame. » (*Comptes de l'argenterie d'Anne de Bretagne,* 1494.)

Bruxelles. — La ville de Bruxelles a attaché son nom à un point de dentelle célèbre, et qui serait encore plus connu si l'on ne l'eût appelé, pour le besoin de certain commerce, *point d'Angleterre* ou *application d'Angleterre.* (Voir *supra,* Angleterre, et *infra,* Dentelle.) Au XVe siècle et au XVIe, les tapisseries de Bruxelles jouirent, elles aussi, d'une célébrité méritée (voir Tapisserie), et ses draps écarlates étaient recherchés pour les garnitures de lit. (Voir Écarlate.)

Buander, *v. a.;* **Buanderie**, *s. f.* — Buander, c'est laver, nettoyer. «... Pour faire buander la tappicerie d'icellui Seigneur. » (*Comptes du roi René,* 5 avril 1454.) La buanderie est la pièce où l'on lave, où l'on fait la lessive.

Buberon, *s. m.* — Dans l'*Inventaire des meubles de la Couronne* (1673), on note « un vaze à anse et à buberon, couvert, gravé sur le corps de deux compartiments à la manière de Siam ». « C'est, dit Richelet (au mot *buberon*), un petit vase de grès, de faïance ou de métal qui a un petit goulot par où l'on donne à boire aux enfans qui sont à la mamelle. » Aujourd'hui, on dit un biberon. Toutefois, il est à croire que le buberon avait encore d'autres emplois, car nous trouvons dans le *Livre journal* de Lazare Duvaux : « 2 mars 1757. — A Mme de Pompadour : six buberons d'étain à becs et à couvercles, 12 livres. » Quel usage la belle marquise pouvait-elle faire de ces buberons ?

Buce, *s. f.;* **Buse**, *s.f.* — Boîte de bois léger. Dans le laissez-passer accordé, en 1473, par les gens du conseil d'État du roi de Sicile à Guillemin Cessault, tapissier et valet de chambre du roi René, il est fait mention de « certains livres enfoncéz en deux tonneaux, et une buce et une autre buce et troys coffres, où sont plusieurs ornemens de chappelle et autres menues choses », etc. Nous notons également dans les *Comptes des ducs de Bourgogne* (1467) : « Une buse de bois plainne de paternostres de Jherusalem. » Ce mot, qui dérive du latin *buxis,* est encore usité en Flandre et en Hollande, sous la forme *buis.*

Bûcher, *s. m.;* **Buschier**, *s. m.;* **Buscherie**, *s. f.* — Lieu où l'on serre le bois destiné au chauffage. Autrefois, on écrivait Buschier, et parfois Buscherie. « Pour une serreure en la buscherie, XII deniers. » (*Œuvres de serrurerie faittes au chastel de Conches,* 1335.) « II gonz, II penturez, une clenque pour l'uis du buschier de la garnison. » (*Travaux exécutez au chasteau de Cherbourg,* 1348.) « Ledit jour fut mis le feu... en une bucherie. » (*Discours du siège de Beauvais,* 1472.)

Bucoliques, *s. f. pl.* — « Plusieurs hardes, menuës choses ou papiers qu'une personne a apportéz pour faire voir à quelqu'un. Je ne veux point acheter tout ce fatras, remportez toutes vos bucoliques. » Cette définition de Furetière nous a paru bonne à consigner, car peu de personnes savent que le mot bucoliques, pris dans ce sens, est aussi ancien. On le rencontre, en outre, pris dans une acception différente. Exemple : « A maître Mathieu de Luazar, paintre, la somme de neuf vingts quatre livres tournois pour les pourtraicts de quatre vingt douze histoires de bergerye, prinses sur les buquoliques de Virgille à X livres la pièce. » (*Comptes de Louise de Savoie,* 1525.)

Bucrane, *s. m.* — Ornement d'architecture simulant une tête de bœuf décharnée.

Bue, *s. f.* — Buire. Vase à col allongé. « Une grande bue d'or couverte, à hances de cordelières. » (*Invent. de la vaisselle d'or d'Anne de Bretagne,* 1505.) « Plus une bue pour pourter de leau, poise treze marcs deux onces. » (*Invent. des meubles restés au pouvoir du maistre d'hôtel à Pau,* 1519.) (Voir Buire.)

Bufe, *s. m.;* **Bufle**, *s. m.* — Locution gasconne et limousine. Soufflet de cuisine. « Plus ung bufle à la cheminée, rompu en deux pièces. » (*Invent. de Guillaume Cathala, marchand;* Toulouse, 1635.) On se sert encore, dans certaines provinces, du mot buffer pour dire souffler.

Buffet, *s. m.* — Indépendamment de quelques acceptions toutes spéciales, dont nous donnerons la liste à la fin de cet article, le mot buffet a servi à désigner, d'une façon courante, des objets fort différents d'origine et d'usage, mais présentant cependant entre eux un lien facile à saisir. Tout d'abord, le buffet est un meuble fixe, du même genre que l'armoire, et qui semble, aux auteurs du XIVe siècle, indispensable à toute installation confortable.

Encor vous falent en vo maison
Lizons, buffés, aumaires,

dit le *Livre des mestiers*. Mais, si l'on est d'accord sur son utilité, sa forme, par contre, est moins facile à déterminer. Parfois, il se compose simplement de tablettes superposées, soutenues par des colonnes surmontées d'une sorte de dais ; alors, il a presque l'aspect d'un dressoir et se confond avec lui. On lit dans la *Légende joyeuse* de Pierre Faifeu :

Mais pour montrer qu'il tenseroit plus hault
Qu'ilz ne feroient, il s'encrucha en hault
Sur ung buffet, ou sur ung dressouer...

Et dans les contes et discours d'Eutrapel, nous relevons la phrase suivante : « Sur le dressouer ou buffet à deux étages, la sainte bible, les quatre fils Aimon, Ogier le danois... » Ici le dressoir est devenu bibliothèque. D'autres fois, on lui adjoint un coffre qui, porté sur des colonnettes, sert lui-même de base aux étages successifs qui, se dressant

Fig. 311. — Buffet à armoires et à pans coupés (XVIe siècle).

en pyramide, sont destinés à l'étalage de la vaisselle de prix. C'est ce qu'on appelle, dans le langage du temps, un buffet avec armoires, terme très fréquemment employé dans les anciens inventaires. Ainsi, dans la grand'salle du château des Baux (1426), nous trouvons « un grant vieil buffet avec armoires »; dans l'*Inventaire du baron d'Ornezan de Saint-Blancard, capitaine des galères du Roy* (Marseille, 1556), « un buffet *sive* armoire grand de boys blanc ». Dans l'*Inventaire des biens de Jean Lauze* (Avignon, 1583), nous relevons : « Plus ung buffet sans cornisses, avec ses deux armares et deux tiroyrs »; dans celui de G. Evesque (Marseille, 1587) : « Plus ung buffect, fet de menuyzerie, ayant deux armoyres fermans à chascun une clef, et deux tirettes, avec son doussier hault ayans les pilliers cannelléz, le tout de boys de noyer. » L'*Inventaire de Marguerite des Bordes* (Bordeaux, 1589) fournit « ung petit buffet de noyer avec deux armoires fermant à clef, dans lequel ne s'est rien trouvé ». Dans l'*Inventaire des meubles du Plessis-Gueriff* (1598) on remarque : « Un grand viel buffet ayant deulx armoailles, l'un d'iceulx rompu, etc. »; dans l'*Inventaire de Gilles Lecourtier* (greffe de Saint-Malo, 1642) : « Un buffet de boys aussi de noyer avecq ses armoires garny de ses cleffs et claveures ». On voit que, dans l'ouest de la France, ce genre de désignation continua d'être usité jusqu'au milieu du XVIIe siècle. A Paris, à la même époque, on disait guichet, ce qui était assurément plus correct : « Un bufet de bois noyer ayant deux guichets fermans à clef. » (*Invent. de Marguerite Regnault, femme Desloges;* Paris, 1627.)

Si le buffet avait été seulement admis dans la pièce réservée aux repas, nous nous trouverions, grâce à ces descriptions, en présence d'un type de meuble stable et facile à définir. Au bas, un plancher reposant sur quatre pieds ou boules ; au premier étage, un corps d'armoire ouvrant à un ou plusieurs guichets; enfin, au-dessus de l'armoire, soit une tablette sur laquelle on peut placer les flacons, plats, etc., soit une étagère à plusieurs degrés. C'est là un meuble dont nous avons tous vu des échantillons dans les musées et les collections particulières. Mais au XVe, pas plus qu'au XVIe siècle, il n'y avait, dans les habitations les plus distinguées, de salle à manger proprement dite. Les bourgeois mangeaient dans la cuisine. La plupart des seigneurs, et même les plus hauts personnages, prenaient leurs repas dans la chambre où ils reposaient. Et la présence du buffet dans les chambres à coucher de cette époque entraînait son adaptation à des usages assez éloignés de la table et de son service. Nous venons de voir un buffet servant à poser des livres ; Philippe de Comines nous apprend que, lorsque Louis XI sentit la mort venir, il fit demander à Reims qu'on lui envoyât la sainte ampoule, et que cette relique « luy fust apportée jusques en sa chambre au Plessis, et estoit sur son buffet à l'heure de sa mort ». L'auteur des *Mémoires d'un favory du duc d'Orléans* (1608-1630) nous montre ce prince en campagne, logé en une chambre où « il y avoit divers buffetz. Sur les uns il y avoit bien cent chandeliers de cuivre, sur les autres trente ou quarante oreillers, sur un autre quarante ou cinquante réchauts », etc.

Ajoutons que, le plus souvent, le buffet de chambre avait une parure plus en harmonie avec sa destination première. Dans la 35e des *Cent nouvelles nouvelles,* le chevalier étranger, après avoir souhaité la bonne nuit à son hôte, s'en vient « à sa chambre, qui estoit belle à bon escient, bien mise à point, et estoit le beau buffet garny d'espices, de confitures et de bon vin de plusieurs façons ». Ainsi la présence du buffet dans la chambre à coucher était un fait normal. Gilles Corrozet, du reste, bien qu'il exige à la cuisine, où tout bon ménage bourgeois doit prendre le repas, la présence d'un

. . . . Buffet à mettre la vaisselle,

réclame aussi ce meuble pour la chambre à coucher.

Chambre garnye d'ung beau buffect
En d'aultre mesnage parfaict
Comme de lict, de banc, de table...

Conséquence naturelle de son admission dans cette pièce, le buffet dut se plier à de nouveaux services et prendre une forme plus compliquée. Il multiplia les « layettes » ou tiroirs, comme ce beau buffet de chambre « à la mode d'Italie, bien ouvré, garny de XVI liettes, que grandes que petites », décrit par l'*Inventaire de Marguerite d'Autriche* (1524) ; ou encore il se couvrit de sculptures gracieuses ou fantasques, « buffet remply de marmousets », comme dit *la Chasse au vieil grognart de l'antiquité,* et finalement revêtit cette forme qui, à travers des vicissitudes assez nombreuses, est parvenue presque intacte jusqu'à nos jours. Mais, il ne faut pas l'oublier, le caractère essentiel du buffet, au XVIe et au XVIIe siècle, ce qui le distingua toujours des autres armoires, et ce qui doit le distinguer encore, c'est qu'il participe plus ou moins directement du dressoir. « Un buffet *sive* dressoir » est une locution que nous rencontrons dans un certain nombre d'inventaires, et notamment dans l'*Inventaire de Jean-Baptiste Munitian* (Marseille, 1585).

Au siècle dernier, le buffet subit une éclipse passagère. Pendant un temps assez court, il disparut des intérieurs parisiens. On avait fabriqué des Bas de buffet dont la forme était à peu près identique à celle des bas d'armoire, également en vogue. Un écrivain de cette époque, Sobry, dans son livre *De l'Architecture,* constate, dans les termes qui suivent, cette révolution momentanée : « Les buffets sont des meubles de réfectoire, où l'on étale des vases riches propres aux festins. L'usage de ce meuble commence à cesser en France, quoique tous les peuples étrangers le gardent. Peut-être y reviendrons-nous. En attendant, nous nous servons de buffets à hauteur d'appui, couverts de tables de marbre où l'on entrepose les plats. » Réduit à ces dimensions modestes, le buffet avait trouvé asile même chez les plus élégantes. L'*Inventaire de Mlle Desmares* (1746) décrit « un buffet de bois de chesne avec le dessus en marbre campan ».

On en avait fabriqué, au reste, de très luxueux, et nous voyons Lazare Duvaux en fournir à son aristocratique clientèle. On en confectionna aussi de bien modestes, car on en trouvait alors chez les plus pauvres. Sa place, en effet, est marquée dans les humbles demeures reproduites par Chardin, et jusque chez ce procureur trop avare qui laissait, pendant qu'il goinfrait au dehors, ses clercs mourir de faim dans son étude. « Il avoit, raconte Métra, emporté la clef du buffet où les clercs savoient qu'il se trouvoit des provisions. Le forcer eût été trop audacieux, et périr d'inanition auprès, c'étoit bien dur. Mes jeunes gens appellent un portefaix, placent le buffet sur son dos, et l'introduisent dans la joyeuse assemblée, où le procureur se repaissoit pour quatre. Là, on l'invite fort poliment à procéder à l'ouverture du meuble sacré et à en tirer de quoi nourrir la troupe affamée. On se fait une idée du plaisir de cette jeunesse bruyante, qui jouissoit doublement en satisfaisant son appétit et en pensant à l'humiliation du vieil avare, auquel la rage avoit fait perdre le sien. »

Fig. 312. — Buffet dressoir en noyer sculpté (XVIe siècle).

Aujourd'hui, le bas de buffet, à son tour, a presque disparu de notre mobilier moderne, et, suivant la prédiction de Sobry, notre meuble affecte de nouveau la disposition qui le rapprochait de l'ancien dressoir. Soit qu'il surmonte son corps inférieur d'une étagère ornée de trois ou quatre tablettes, soit qu'il se complète par un corps supérieur presque toujours vitré, laissant voir la vaisselle plate ou montée, disposée en bel ordre, sa destination première est redevenue bien apparente. Enfin, dans ces derniers temps, on a eu l'idée de séparer le corps du bas de celui du haut par un espace libre, dans lequel on peut introduire les plats et les bouteilles. Cet espace libre, qui aide beaucoup au service de la table, et qui se nomme Cave, constitue une innovation d'autant plus heureuse que, les salles à manger de nos jours étant fort étroites, les buffets sont forcément tenus par les ébénistes aussi plats que possible.

Nous en aurions fini avec le buffet-meuble, si nous n'avions à dire un mot de deux inventions, qui eurent un certain retentissement au siècle dernier, sans comporter, du reste, aucune suite sérieuse. Nous voulons parler du Buffet mouvant qu'Arnoult exécuta pour les petits appartements de Versailles, et qui, disparaissant par une trappe, remontait quelques instants après, complètement recouvert de mets nouveaux, et du Buffet-lit que combina le sieur Dufresne, menuisier, rue du Four-Saint-Honoré. (Voir *Mercure,* décembre 1750.)

Les dimensions forcément limitées qu'affectaient les buffets que nous venons de décrire obligèrent parfois les princes et seigneurs qui célébraient des fêtes, ou procédaient à de grandes réceptions, à construire pour la circonstance des buffets spéciaux. On comprend qu'un meuble de chambre ou de salle, d'un usage journalier, ne pouvait, quelle que fût du reste son étendue, suffire pour placer en bel ordre toute la vaisselle d'or et d'argent, que renfermait le trésor d'un prince comme le duc d'Anjou, le duc de Berry ou le duc de Bourgogne. Aux grands jours donc on construisait un échafaudage, qu'on recouvrait de tapis et d'étoffes de prix, et sur lequel on plaçait la vaisselle dont on pouvait disposer : vases, aiguières, bassins, vaisseaux et plats de toute sorte. Ces échafaudages s'appelaient des buffets. Le plus souvent, ils occupaient le milieu de la salle où avait lieu le banquet. Dans ce cas, ils étaient généralement ronds ou octogones ; on en faisait cependant de quadrangulaires. Olivier de la Marche nous a conservé la description de celui qui fut élevé à Bruges, à l'occasion des noces de Charles le Téméraire avec Marguerite d'York (1474) : « Au milieu de ladite salle, nous dit-il, avoit un hault et riche buffet, faict à manière d'une lozange. Le dessouz dudict buffet estoit clos à manière d'une lice et tout tapicé et tendu des armes de monsieur le duc, et de là en avant commençoyent marches et dégréz chargés de vaisselle, dont par le plus bas estoit la plus grosse et par le plus haut estoit la plus riche et la plus mignote ; c'est assavoir par le bas la grosse vaisselle d'argent dorée et par l'amont estoit la vaisselle d'or, garnie de pierrerie, dont il y avoit un très grand nombre. Au-dessus dudict buffet avoit une riche coupe garnie de pierrerie, et par les quarrés dudit buffet avoit grandes cornes de licornes toutes entières, moult grandes et moult belles. » (*Mém.,* p. 528.) On se figure qu'elle pouvait être la splendeur d'un pareil amas d'argenterie. En voici un autre qui n'était certes pas moins riche :

« Au milieu de la salle avoit ung buffet qui fut donné au Roy, où y avoit linge non pareil de dégré en dégré, et y estoient les richesses d'or et d'argent qui appartiennent au buffet du Roy : aiguières, bassins d'or, escuelles, platz, pintes, potz, flacons, grans navires, coupes d'or chargées de pierreries, grilles, broches, landiés, palettes, tenailles, soufflés, lanternes, tranchoirs, salières, cousteaux, chaudrons, chendeliers, tous d'or et d'argent. » (*Entrée et couronnement de Charles VIII à Naples,* 1495.) Une lettre écrite par Simon Renard, ambassadeur d'Espagne, à l'occasion du baptême de Claude de France (1549), mérite qu'on en détache le passage suivant : « Le cardinal de Bourbon feit le festin à ses despens et prépara un buffet en la salle, où le Roy, Royne, Princes et aultres accoustuméz souppèrent, de grande beaulté et richesse, sans qu'il y eust pièces sinon exquises et singulières de cabinetz enrichiz de pierreries, de pièces toutes d'or et embellies de quadrans, d'ouvraiges rares, de flaccons, couppes d'or, d'argent dorées, de christal et autres semblables pièces. » Le buffet que décrit le *Grand et magnifique triumphe faict au mariage de François de Vallois, fils de Henri II,* ne le cède en rien à celui du cardinal : « Et, après, quand le buffet royal fut ouvert et dressé, il y eut bien plus grand'cause d'admiration, car en iceluy avoit huict ou dix dégréz chargés de toutes sortes de vaisseaux d'or, faits à l'antique et autrement, de valeur et façon inestimable ; entre lesquelz estoient au bas de grandes baignoires et petites tinnettes d'or. » Il offre même un intérêt spécial en ce qu'il nous apprend le nombre de degrés de ce buffet. Or ce nombre n'était pas indifférent. Comme pour le Dressoir, il se proportionnait au rang du maître.

Fig. 313. — Buffet de marbre de l'hôtel Thévenin, d'après Blondel.

A la fin du XVIe siècle, ces étalages superbes devinrent extrêmement fréquents. Les parvenus enrichis par les caprices de Henri III, et la tourbe des Italiens, groupés autour de Catherine, se firent un devoir d'afficher journellement un luxe, autrefois exceptionnel et réservé pour les grands jours. Les pamphlétaires du temps ne manquèrent pas de signaler cet excès d'apparat, qui jurait avec la misère générale. « Au bout d'en bas, dit l'un d'eux, décrivant une salle de festin, il y avoit une fort longue table et assez large, dessus laquelle il y avoit un grand linge estendu, traisnant iusques en terre : dessus ceste table on avoit mis un petit escalier de bois de quatre ou cinq dégrez seulement, qui contenoit toute la longueur de la table, et sur lequel escalier on avoit estendu un autre linge, qui couvroit chacune de ses marches. J'estois estonné à quoy pouvoit servir cette cérémonie ; mais aussi tost on vint arranger dessus plusieurs sortes de vaisselles d'argent : comme plats, escuelles, assiettes, bassins, vases, esguières, et tout cela disposé en fort bel ordre, de sorte que cela avoit quelque ressemblance avec ces reposoirs qu'on faict en ce pays, le iour de la feste Dieu. On souloit, disoit mon conducteur, nommer celà autresfois le buffet..., on le nommoit alors crédance. »

Ainsi le buffet d'apparat était devenu une table sur laquelle on dressait des gradins. En temps ordinaire, on recouvrait simplement la table d'une nappe et l'on y disposait les pièces de vaisselle qui devaient servir. Les jours de réception, on y procédait à la pompeuse exhibition de toute l'argenterie qu'on possédait. C'est un meuble de cette sorte que décrit l'*Inventaire de Gabrielle d'Estrées :* « Un bufet de salle à quatre grandes colonnes faites en arcades, de bois de noyer. « C'est également un de ces mêmes buffets que Gaston d'Orléans faisait garnir de beau linge et de toute espèce de vaisselle d'argent, buffet si bien ordonné qu'on ne pouvait, nous dit Tallemant des Réaux, en troubler l'arrangement « sans lui faire beaucoup de peine ». C'est encore à un pareil buffet que l'orgueilleuse fille de ce même Gaston faisait, à chaque repas, prendre le couvert de son mari pour le placer à côté du sien, obligeant ainsi son époux à se souvenir de la distance qui existait entre eux, en dépit même de leur mariage. (Voir Saint-Simon, *Mémoires,* t. Ier, p. 348.)

Mais tous ces buffets sont de bien peu d'importance à côté de ceux qui nous restent à contempler et qui marquent les principales étapes du règne de Louis XIV. Que pourrait-on comparer, en effet, à ce superbe buffet de neuf toises de long et élevé de douze degrés, qu'on disposa dans la cour des Gobelins, quand, le 16 octobre 1667, le Grand Roi vint faire une solennelle visite aux ateliers des meubles de la Couronne ? Vingt-quatre énormes bassins, autant de vases gigantesques, des brancards d'argent, des cuvettes de six pieds de diamètre, des guéridons, des aiguières, se groupaient d'une façon superbe. Il serait injuste de passer sous silence certains autres buffets, qui ont laissé des traces dans l'histoire de cette brillante époque. Il nous faut citer notamment ceux de vermeil et d'argent qui furent dressés le 19 novembre 1663, dans les salons de l'Hôtel de Ville, à l'occasion du renouvellement dé l'alliance avec les Suisses, et dont la *Gazette de France* constate la splendeur ; celui des noces de M. de Beringhen et de Mlle d'Aumont (1677), dont la richesse, au dire du *Mercure,* « surpassoit l'imagination », tant était grande « la quantité des vazes cizelés » ; et le buffet élevé, en 1678, par M. de Matignon, à Caen, dans le salon où il reçut la grande-duchesse de Toscane : « Ce buffet, dit le *Mercure,* estoit garny d'une infinité de Bassins, de Lustres, de Flambeaux et de Vases de vermeil doré. » « Quoyqu'ils fussent d'une pesanteur incroyable, ajoute un contemporain, le travail en surpassoit encor la richesse, tant ils estoient cizelés délicatement. » Mentionnons encore, d'après le *Mercure,* le buffet qui ornait, en 1679, la salle du banquet offert par l'évêque de Strasbourg au Dauphin de France ; celui que toute la cour admira au mariage du président de Mesmes, et surtout celui qui fit une si vive sensation au grand bal donné à Versailles, en 1700, par le prince de Condé à la duchesse de Bourgogne. « Buffet à cinq étages, dit Dangeau, et tout garni de glaces qui multiplioient à l'infini les pièces d'orfèvrerie. » Et pour finir, disons un mot du buffet à trois étages, « garni de tout ce que l'orfèvrerie peut avoir de plus beau en argent et en vermeil doré », qui distinguait le souper offert, en 1704, au prince de Mantoue, par le baron de Breteuil, dans sa maison de Charonne. Celui-là sera le dernier. Nous touchons, en effet, à l'époque où la belle argenterie va se raréfier en France. Déjà, en 1689, les pièces qui garnissaient le beau buffet des Gobelins avaient pris le chemin de la Monnaie, et, le 12 août 1704, quand Louis XIV reçut le roi et la reine d'Angleterre, la collation qu'il leur offrit était servie « avec des buffets nouveaux de porcelaine et de cristal ». Bientôt, lorsque les courtisans se seront conformés à l'exemple du Grand Roi, ceux-là mêmes qui — en dépit des édits de 1687, 1689 et 1700, défendant aux orfèvres « de fabriquer, exposer et vendre des buires, seaux, cuvettes et autres vases d'argent servant d'ornement de buffet », et ordonnant aux particuliers de porter leur argenterie à la Monnaie — auront conservé par devers eux une orfèvrerie abondante, n'oseront plus la montrer. Au lieu de l'étaler pompeusement, ils la confineront dans une pièce séparée. Le buffet, à ce moment, cessera d'être un meuble somptueusement garni, pour devenir une petite pièce discrète, annexe de la salle à manger. Son existence, sous cette forme, sera du reste éphémère, et l'office ne tardera pas à l'absorber.

Fig. 314. — Buffet du festin dans le parc de Versailles, d'après Lepautre.

En annonçant que le cristal et la porcelaine allaient prendre la place des métaux précieux sur les buffets du XVIIIe siècle, nous n'avons pas entendu prétendre que ce fût là un événement essentiellement nouveau. Déjà le fait s'était produit au XVIe siècle. Il est clair que l'œuvre de Bernard Palissy, aussi bien que celui de ses très nombreux continuateurs ou imitateurs, est purement décoratif. La place de ces belles céramiques est exclusivement marquée sur les buffets de leur temps. La forme et l'ornementation de tous ces plats singuliers bannissent, en effet, toute idée d'usage. Néanmoins, on était, à cette époque, tellement habitué à considérer l'orfèvrerie comme la parure normale d'un buffet, que l'on avait pris l'habitude de désigner sous ce nom l'ensemble des pièces d'argenterie qui, groupées, constituaient l'ornementation d'un de ces meubles. Déjà, au XVe siècle, cette expression nouvelle se dessine, et Olivier de la Marche, parlant du pas d'armes qui eut lieu près de Dijon, en 1443, et des repas qui l'accompagnèrent, distingue entre la « vaisselle de buffet », toute d'apparat, et celle « de cuisine », qui servait pendant le repas. Plus tard, en 1531, lorsque la ville de Paris voulut faire un présent à la reine Éléonore, on délibéra longuement pour savoir si les six mille livres, montant de ce présent, seraient employées à l'acquisition de deux candélabres ou « d'un buffet entier ». C'est de buffets semblables que parle l'auteur des *Mémoires du maréchal de Vieilleville*, quand, racontant le désordre qui suivit le duel de Jarnac et de la Châtaigneraie, il décrit le pillage de « riches buffets empruntéz de sept ou huit maisons de la Cour, dissipéz, ravis et voléz avec la plus grande confusion du monde ».

En quoi consistaient ces sortes de buffets ? Si l'on ne craignait pas de tomber dans l'hyperbole, on pourrait consulter le « parement de buffet » que Gargantua distribua à ses soldats vainqueurs. (Voir *Gargantua*, ch. LI.) Mais mieux vaut s'en rapporter à la remise faite « aux sieurs Nicolas da Ponte et Bernard Navaguerra, ambassadeurs de la Seigneurie de Venize, envoyés devers le Roy N.-S., un chacun, d'ung buffet de vaisselle d'argent plaine, vermeille dorée ». Nous apprendrons ainsi que « chacun desdits deux buffets se composait d' « ung bassin, deux flacons, trois chandelliers à flambeaux, quatre couppes couvertes et une esguière couverte, avec douze estuyts à chacun buffet, pour metre lesdites pièces ». Ajoutons que le nombre et le poids des pièces variaient naturellement, dans la composition de ces buffets, suivant le prix qu'on y mettait. Ainsi il est clair que le buffet offert à l'envoyé d'Angleterre, à l'occasion du baptême de François II, et qui était « en valeur de cinq à six mil escuz », se trouvait autrement composé, que celui donné en 1594 à Sully par la ville de Rouen et qui ne valait que la moitié de cette somme. De même, celui apporté le 13 octobre 1602 à Mme de Monglat par les députés du Dauphiné, à l'occasion du baptême du jeune Louis XIII, et qui était d'une valeur de trois cents écus, devait être moins complet et moins beau que celui dont Henri IV gratifia, en 1609, l'ambassadeur d'Angleterre retournant à Londres, lequel était de vaisselle « d'argent doré de deux cens marcs, à quatorze escus le marc » ; ou encore que celui offert, en cette même année, par Mme de Malemaison, au chancelier de France, lequel buffet était estimé à quinze cents écus. De même il est clair que les buffets présentés au nom du roi, par le sieur Bautru, à l'ambassadeur Contarini, le 30 avril 1632, et au cardinal Richi le 12 août 1634, bien que la *Gazette de France* nous apprenne qu'ils étaient « de vermeil doré cizelé de fort grand prix », n'avaient rien à démêler avec le buffet d'argent ciselé, pesant trois mille marcs, que le cardinal de Richelieu laissa, par testament, au roi Louis XIII. Et au point de vue de l'art, aucun de ces buffets n'aurait pu, sans doute, être comparé avec celui dont l'*Inventaire de Gabrielle d'Estrées* nous fournit le détail, et qui se composait d'une grande fontaine de deux flacons, d'une grande buire, d'une « nef, avec son couvercle », pour mettre le linge, d'une grande salière, de six petites « vaisselles fruitières » et de deux drageoirs ; le tout en argent doré, semé de médailles antiques. En 1686, lors de la visite des ambassadeurs siamois, ce buffet, conservé au Garde-Meuble, sous le nom de *Service des médailles,* fut fort admiré par les hauts personnages admis à le contempler. (Voir *Suppl.* au *Mercure* de 1686.) A la même époque, on voyait également au Garde-Meuble le buffet de François Ier, « composé, dit Germain Brice, de quelques pièces de vermeil doré, d'un travail où le beau dessein se fait déjà sentir. » (*Descr. de Paris,* t. Ier, p. 126.) Dans certaines circonstances, le buffet donné en présent n'était que la valeur représentative d'un cadeau en espèces, et, dans nombre de cas, ceci remplaçait cela. C'est ainsi qu'en avril 1673, le roi fit compter au comte de Tot, ambassadeur de Suède, 30,000 livres « en échange d'un buffet de vaisselle d'argent », et au sieur Stratmann, envoyé de Brandebourg, 6,000 livres, « au lieu d'un buffet d'argent », qui avaient été attribués d'abord à ces deux diplomates.

Toutes ces orfèvreries magnifiques n'étaient pas, on le devine, posées directement sur le bois du buffet. On tendait sur ces meubles des tapis ou des nappes. Le *Rôle de l'argenterie de Jeanne de Navarre* mentionne, en 1571, le payement à Nicolas Hurtault, son tapissier, de trente sols « pour la fasson d'un tappis de buffect ». Nous relevons dans l'*Inventaire des meubles portés de Pau à Nérac, par ordre du roi de Navarre* (1578) : « Deux tappis, ung de table et l'autre de buffect. » On voit figurer des « tapis de Turquie », destinés au même usage, dans l'*Inventaire de Gabrielle d'Estrées* et dans celui du *château de Turenne* (1615). Dans ce dernier inventaire, il s'en trouve aussi de velours cramoisi, doublé de taffetas de même couleur avec frange d'or, qui servaient dans les grandes occasions. Dans l'*Inventaire du château de Nérac* (1598), figure pareillement « un tapis de buffet de velours rouge, doublé de taffetas rouge ». Chez des simples particuliers, on rencontre des « longières de buffet de sattin reyé vert » ou de « toyle d'olande, bordée d'un petit frangeon ». (*Invent. d'Anthoine Fraytet;* Bordeaux, 1615.) On trouve également des tapis de buffet en tapisserie de Rouen. (*Invent. de Gabriel Caquetier;* Paris, 1628.) Parfois ces tapis sont remplacés par des nappes. « Deux petites nappes estroittes servant à buffet. » (*Partage entre les frères Boissot;* Angoulême, 1660.) Ajoutons que ce n'était pas la seule toilette qu'on fît à ces meubles. Les buffets des princes et des cardinaux étaient abrités par un dais, et les maîtres plumassiers de Paris se qualifiaient dans leurs *Statuts* de « Maîtres plumassiers, panachers, bouquetiers et enjoliveurs », parce que, par le VIe article de ces mêmes statuts, « il leur était permis, dit Savary, privativement à tous autres marchands ou ouvriers, de faire toutes sortes de bouquets et de plumes, peintes ou naturelles, même enrichies et enjolivées d'or et d'argent, pour les autels des églises et les buffets des maisons ».

BUFFET. — Nous avons dit en commençant que ce mot était pris dans un certain nombre d'acceptions spéciales, dont nous avons promis la liste. Tout le monde sait ce qu'on appelle un BUFFET D'ORGUE. On sait également qu'un BUFFET D'EAU est une fontaine appliquée contre un mur, et qui, à l'instar du buffet d'autrefois, présente une série de gradins ou de vasques d'où l'eau déborde dans le réservoir inférieur. Le nom de BUFFET a encore été donné au soufflet dont on se sert pour activer le feu, et dans certaines localités de Normandie, cette signification est si bien demeurée en vigueur que, dans le département du Calvados, par exemple, lorsqu'il s'agit de désigner le meuble utile dont nous avons si longuement parlé, on dit toujours un BUFFET DE SERVICE et non pas simplement un buffet. (Dans un grand nombre de villages normands et bretons, le verbe *buffer* est encore employé pour signifier souffler.) Enfin, le continuateur de Du Cange cite divers textes, desquels il semble résulter que le substantif BUFFET a pu être employé dans le sens de chambre ou de bureau. Et dans un *Compte de la vicomté de Rouen,* daté de 1432, il est fait mention de « buffetz de change séant devant la Madelayne », que l'on peut considérer comme analogues aux BANCS DE CHANGEURS (voir ce mot), dont nous parlons plus haut ; mais ces dernières acceptions sortent un peu du cadre de nos études.

Bugadey, *s. m.;* **Bugeoir**, *s. m.;* **Bugey**, *s. m.;* **Bugaderie**, *s. f.* — En Gascogne, le bugadey ou bugeoir est la cuve à faire la lessive; le bugey est le lieu où l'on procède à cette opération. « Ung bugadey per far bugada. » (*Invent. d'Aymeric de Caumont;* Bordeaux, 1436.) « Ung bugadey de pierre. » (*Invent. de Jehan Dorni, tanneur;* Bordeaux, 1570.) « Plus un bugeoir de terre avec son trépied de bois. » (*Invent. de Johan Fau;* Bordeaux, 1588.) « Plus trois grandz bugeouers de terre avec leurs treppiez de boys. » (*Invent. de Pierre de Capdeville, marchand;* Bordeaux, 1591.) Ces divers termes sont encore usités dans la Gascogne et le Béarn. BUGADERIE est une locution bretonne, qui signifie blanchisserie.

Buhot, *s. m.;* **Buise**, *s. f.;* **Busine**, *s. f.* — Le premier de ces mots signifie tuyau. « A Guillaume Arode pour avoir faict et forgié IIj buhos d'argent, pour mectre à IIj soufflez de bouys. » (*Comptes de l'hôtel de Charles VI,* 1391.) « Icellui Jehannin monta sur la maison et par le buhot de la chemynée getta grant quantité de neige. » (*Lettre de rémission,* 1418.) Buise et busine désignent plus spécialement un tuyau de gouttière, et ne sont plus guère employées que dans le patois picard.

Buire, *s. f.;* **Bure**, *s. f.;* **Burette**, *s. f.;* **Buye**, *s. f.* — Les buires, dit Sobry, sont une sorte « de vases élevés sur un pied bas, qui ont un ventre, une gorge, une panse, un bec et une anse ». Dans le principe, ce genre de vases fut de dimensions assez vastes. Le passage suivant de Froissart, reproduisant le récit que lui fit le Bâtard de Mauléon, de la surprise du château de Thurit, en Albigeois, le prouve :

« Chevauchâmes tout un jour par bois et par bruyères, écrit-il, et la nuit ensuivant, environ mie-nuit, je mis une embûche assez près de Thurit, et moi sixième, tant seulement en habit de femmes et buires en nos mains, vînmes en une prairie assez près de la ville, et nous muçâmes en une meule de foin... Quand l'heure fut venue, que la porte fut ouverte et que les femmes commençoient à venir à la fontaine, chacun de nous prit sa buire, et les emplîmes, puis nous mîmes au retour vers la ville, nos visages enveloppés de couvre-chefs. » (*Chroniques*, t. IX, p. 351.) Une mention de l'*Inventaire d'Anne de Bretagne* (1498) confirme le passage de Froissart : « Une buye à eaue, semée de fleurs de lys, à armines et dauphins pesans XVIIJ marcs II onces d'argent. » Un pareil poids indique un ustensile relativement considérable. De même, dans l'*Inventaire de Charlotte d'Albret* (1514), nous trouvons « une buye à plain ouvraige, garnie des armes de ma dicte feue Dame (la duchesse de Valentinois) », pesant XV marcs VI onces, et « une buye à eaue ayant un souleil auprès du biberon, poysant XVI marcs II onces ». Noël du Fail, dans ses *Contes d'Eutrapel* (p. 359), parle d'un homme qu'il rencontra, « ayant une buie ou cruche sur sa teste ». Enfin, nous relevons encore dans l'*Inventaire de Léonor de Pisseleu, seigneur d'Heilly* (1614), « une buire, autrement appelée cruche », et dans l'*Inventaire du château de Turenne* (1644), « un flacon à mettre vinaigre, une grande buire d'estain à porter l'eau », etc.

Fig. 315.
Buire en cristal taillé.

Avec la seconde moitié du XVIIe siècle, la buire, remplacée par l'aiguière, perd son caractère d'utilité, mais non ses proportions magistrales. L'*Inventaire des meubles de la Couronne* dressé en 1673 mentionne « deux grandes buires d'argent, faites par de Villers, dont les corps sont cizelés par le milieu, des armes du roy et de plusieurs tritons et figures marines » (hautes de quatre pieds dix pouces), et deux autres buires de même taille, ouvrage de Du Tel. Aux fêtes offertes, par l'évêque de Strasbourg, au dauphin, fils de Louis XIV, on voit sur le premier buffet ornant la salle du repas, « huit grands Bures de vermeil », et le correspondant du *Mercure*, qui décrit ces merveilles, signale : « Plus bas, sur la Nape, plusieurs Figures avec de grands Bures et de grandes Coupes couvertes de pierreries. » (*Mercure*, février 1679.) On remarquera en passant que le narrateur de ces fêtes n'écrit plus buire, ni buye, mais BURE, d'où dérive BURETTE, petite bure, ou mieux, petite buire, que Brantôme orthographie BURELLE (*Dames galantes, Ier discours*), et qui, dans ses dimensions exiguës, conserve soigneusement la forme de sa grande sœur.

La burette, toutefois, qui s'est transmise jusqu'à nous comme objet nécessaire à la célébration du culte et comme parure de nos tables, possède, avec sa petite taille et son nom en diminutif, un passé très respectable. Nous trouvons, en effet, dans l'*Inventaire du duc d'Anjou* (1368), la description d'« une burete d'or pour chapelle » qui est d'une richesse peu commune. Dans l'*Inventaire de Charles V* (1380), on en remarque de plus belles encore ; telles sont « deux burectes d'or, garnies de pierreries et sont les couvescles, en façon de mictres ». Ces deux pièces étaient décorées de quatorze rubis, quatorze saphirs, cent vingt-huit grosses perles. Le même inventaire mentionne deux autres « grans burectes d'or, qui servent à la chappelle du grant autel », et qui sont émaillées des armes de France. Dans l'*Inventaire du Louvre* (1418), on remarque deux burettes de cristal de roche, avec pied et couvercle en vermeil et les anses formées par des « serpentelles en argent doré », etc. Plus tard, nous voyons figurer dans les *Dépenses secrètes de François Ier* (octobre 1532) l'achat à Guillaume Hottemer de « deux burettes de cristal, garnies d'or et de pierreryes ». L'*Inventaire du trésor de la cathédrale d'Amiens* (1535) mentionne « deux buirettes d'argent dorées » ; l'*Inventaire des meubles de la Couronne* (1673), des burettes en cristal de roche, en agate d'Allemagne, en or émaillé, etc. Aujourd'hui nous sommes moins luxueux. On se borne à fabriquer des burettes d'argent, de verre ou de cristal.

Quant aux buires, elles ont perdu leurs vastes dimensions, pour devenir de simples objets d'étagère. Dès 1689, leur fabrication en métal précieux fut interdite par Édit royal (voir la *Déclaration* du 14 décembre 1689 et l'*Édit* de mars 1700), et à partir du XVIIIe siècle on n'en trouve plus guère de traces, si ce n'est chez les marchands d'objets d'art et dans les ventes de grands cabinets. A ce titre, le *Livre journal* de Lazare Duvaux est à consulter. Il porte, en 1749, la fourniture à M. de Thiers, de « deux buires de porcelaine bleue, garnies de bronze doré », du prix de 288 livres ; en 1750, la vente au roi Louis XV, de « deux buires de porcelaine bleu céleste, garnies en bronze doré », cotées 600 livres ; en 1751, l'achat par Mme de Pompadour, de « deux buires de porcelaine verte, garnies en bronze », cédées à 360 livres ; en 1758, celui de « deux buires de porcelaine bleu céleste, de 600 livres », destinées à la collection de M. de Jullienne, etc. On voit que les buires en porcelaine étaient fort à la mode en ce temps, tellement à la mode que l'on en fabriquait avec des vases qui, dans le principe, n'étaient pas destinés à revêtir cette forme, témoin l'article suivant : « 15 juillet 1750 — M. le chevalier de Genssin : La garniture en bronze doré d'or moulu de deux vases de la Chine, de quoi on a fait deux buires, 288 livres. » Par contre, les buires en métal étaient

Fig. 316. — Buire en argent.

devenues rares. C'est à peine si l'on en rencontre quelques-unes dans les inventaires, et c'est un peu par hasard qu'on en trouve dans les collections. C'est ce qui nous engage à terminer cet article par la description de deux vases de cette sorte, qui figuraient dans le cabinet célèbre du Sr Le Brun, vendu le 11 avril 1791. « Deux buires en bronze, à anses de chiens s'appuyant sur le bord de la gorge, terminés par un mascaron ; le corps à frise et médaillons, piédouches à feuilles d'eau et gaudrons, avec piédestal en petit antique. — Hauteur : 14 pouces 9 lignes. Ils viennent de la vente de M. Coclers. »

Fig. 317. — Petite table en buis sculpté.

Buis, *s. m.;* **Bouis**, *s. m.* — Bois français employé dans la menuiserie. Il est jaune et très dur ; sa fibre, qui est cassante, le rend très difficile à sculpter. Malgré cela, on a exécuté en buis divers ouvrages, et notamment des bas-reliefs, d'une finesse surprenante. Ces bas-reliefs furent surtout utilisés au XVe siècle pour la décoration des reliquaires, et au XVIIIe pour celle des boîtes. Cette industrie gracieuse s'est complètement perdue. Le buis, bien qu'il se tourne admirablement, n'est employé que pour de menus ouvrages. On en fait des couverts à salade, et autrefois des cuillers et des fourchettes à ragoût. (Voir *Mém. de Cheverny,* t. Ier, p. 8.) C'est très accidentellement que l'on façonne, en cette matière rebelle, de grands meubles comme des tables, des guéridons, etc. Jusqu'au XVIIIe siècle, on écrivait et on prononçait BOUIS. Ménage écrit même à ce propos : « On dit buis dans les provinces, et Ronsard parle toujours de la sorte. Mais à Paris et à la Cour, on dit *bouis.* C'est donc comme il faut parler. » (*Observations sur la langue française,* p. 171.) En dépit de Ménage et de la Cour, la forme BUIS est restée seule en usage.

Buise, *s. f.;* **Buisine**, *s. f.* — Tuyau de gouttière. (Voir BUHOT.)

Bura, *s. m.;* **Burat**, *s. m.;* **Boura**, *s. m.* — Étoffe, soie et laine, qu'on appelait aussi MONCAHIARD ou MOCAYAR, et qui se fabriquait à Lille, Roubaix, Tourcoing, Anvers, etc. Le bura était surtout employé pour les robes des gens d'église et des magistrats. On en faisait aussi quelques rideaux et des garnitures de lit : « Plus quatre pavillions oranges, de buratz d'Auvernhe garnys de petite frange de laine orange... Plus autres quatre pavillions gris, de buratz d'Auvernhe garnys d'une petite frange, etc. » (*Invent. du château de Turenne,* 1615.) L'*Inventaire de Grégoire Beaunom, marchand* (Bordeaux, 1607), nous apprend que les burats d'Auvergne se vendaient à cette époque 10 sols l'aune. Les tissus, dont il est question ici, étaient fabriqués surtout à Ambert. En 1736, ils furent, par décision du Conseil d'État, exemptés de l'exécution de l'arrêt du 5 avril 1735. (*Journal de Verdun,* mars 1736, p. 236 et 237.) Indépendamment des burats d'Auvergne, l'*Inventaire de Grégoire Beaunom,* que nous venons de citer, mentionne des burats rayés, gris et violets, vendus 30 sols l'aulne, et des burats de Milhau, à 32 sols.

Burail, *s. m.* — Étoffe légère qu'on nommait aussi FERRANDINE et qui présente tous les caractères d'une petite moire ou poult de soie. La condition des burails était établie, sous l'Ancien Régime, par le *Règlement* de 1667. On distinguait un certain nombre de burails : le *burail à contre-poil,* qui se fabriquait à Amiens ; le *burail crépon,* manufacturé à Zurich ; les *burails lisses,* les *burails croisés,* les *burails d'étoupes* et les *burails de Flandre.* Les *Actes consulaires* de la ville de Lyon nous apprennent qu'en 1683, Jean Cuyper, Hollandais, obtint la permission d'établir à Lyon une fabrique de burails, façon de Zurich et de Bergame. Ces diverses étoffes n'étaient employées qu'exceptionnellement dans l'ameublement.

Fig. 318. — Grande table-bureau (style Louis XIV).

Buratin, *s. m.* — On nommait, au XVIe et au XVIIe siècle, buratin ou buratine, une sorte de popeline ayant la chaîne de soie fort déliée, et la trame de grosse laine. Dès le milieu du XVIIe siècle, cette étoffe avait cessé d'être en usage, et il n'est question d'elle ni dans le *Tarif* de 1664, ni dans les *Statuts et règlements* de 1667, ni dans le *Règlement général des manufactures,* d'août 1669.

Bureau, *s. m.;* **Bure,** *s. f.;* **Burette,** *s. f.* — La bure était une étoffe de laine très brute et très grossière, qui se fabriquait à bas prix. Le bureau était primitivement une bure renforcée, plus fine de tissu, meilleure de qualité que la bure ordinaire. La burette était, sans doute, une petite bure plus légère ; à vrai dire, on est mal renseigné sur son compte. Le *Tarif* de 1664 la mentionne ; mais déjà, à cette époque, elle n'était plus en grand usage, et on allait bientôt perdre complètement, avec sa trace, la notion de ses caractères distinctifs.

Le bureau, le seul de ces trois tissus dont nous ayons à nous occuper, était fabriqué, dans le principe, à Bernay et « bureax de Bernay » fut longtemps cité comme un dicton populaire. Le bureau eut pendant longtemps le privilège — si c'en est un — d'habiller les gens du commun. Ce fait est attesté par une foule de textes, notamment par le *Roman de la Rose :*

Aussy bien sont amourettes
Soubz bureaux, que sous brunettes,

par le *Grand Testament,* de François Villon (§ 36) :

Mieux vault vivre soubz gros bureaux
Pauvre, qu'avoir esté seigneur
Et pourrir soubz riches tumbeaux ;

et ensuite par Froissart, racontant que l'homme inconnu, dont l'apparition subite, dans la forêt du Mans, détermina la démence de Charles VI, était « vêtu d'une pauvre cotte de burel blanc, et montroit mieux que il fut fol que sage » ; puis par l'indiscret auteur des *Cent nouvelles nouvelles,* nous présentant (*Nouvelle* XLIXe) un facétieux mari, « qui avoit secrètement fait faire une robe pour sa femme, de gros bureau de gris, et à l'endroit du derrière avoit fait mettre une bonne pièce d'escarlate » ; par Rabelais, nous rapportant que Panurge « print quatre aulnes de bureau et s'en accoustra comme d'une robe longue » ; par Henry Estienne, qui, dans *la Précellence du langage françois,* reprend à son compte le distique du *Roman de la Rose,* et le transforme en dicton ; par cet autre dicton du même temps : « Bureau vaut bien escarlate », signifiant que les pauvres gens ne sont point trop inférieurs aux riches ; et enfin par deux vers de Boileau attestant qu'au XVIIe siècle, le bureau n'avait pas cessé d'être employé dans le costume. Il est, en effet, question dans ces vers d'un certain Damon,

. . . Qui, n'étant vêtu que de simple bureau,
Passe l'été sans linge, et l'hyver sans manteau.

Ajoutons encore que le bureau fut parfois employé pour tenture. L'*Estimation des meubles de feu Madame, sœur unique du roi* (1604), mentionne « neuf pièces de tappisseries de gros bureau, semées de fleurs de grosse tappisserie ». Comment le nom de cette étoffe grossière est-il devenu celui d'un meuble d'abord, ensuite celui d'une pièce ayant une destination spéciale, pour prendre enfin une signification administrative étonnamment vaste ? C'est ce que nous allons essayer d'expliquer.

La coutume d'écrire sur parchemin tendu sur châssis ; le besoin de préserver les reliures des livres qui, parfois, étaient d'une grande richesse ; l'habitude où l'on était de compter avec des jetons, firent souhaiter à ceux qui, dans les maisons souveraines ou princières, étaient chargés des écritures et des comptes, d'avoir toujours sur leurs tables un tapis d'étoffe commune et suffisamment épaisse, pour empêcher le parchemin ou les reliures de s'abîmer et les jetons de rebondir. Ce tapis fut fait en grosse bure ou bureau, et bientôt, le nom de l'étoffe employée passant au tapis lui-même, on prit l'habitude de nommer ce tapis un bureau ; et voilà comment nous rencontrons, dans les comptes du XIVe siècle, ce mot mêlé à ceux de toutes sortes d'autres objets constituant ce que nous appellerions aujourd'hui de la fourniture de bureau : « A Jehannin Bietris, clerc de panneterie, pour 1 papier neufs achetté par lui pour l'office de panneterie, VIII sols parisis ; II douzaines de parchemin, XIV sols la douzaine ; une escriptouere neufve, garnie de cornet, canivet et laz de soye, XXIV sols parisis ; un bureau, XII sols parisis ; un cent gestouers, IV sols parisis, pour gester et enregistrer, etc. » (*Comptes de l'hôtel du roi Charles VI,* 1380.) En quoi consistaient ces bureaux ? Comment étaient-ils façonnés ? Un autre compte de la

Fig. 319. — Bureau du roi Louis XV.

même année va nous le dire. « A Nycholas le Flament, pour II draps de pers, de Louviers, achetés de lui pour faire bureaux en ladicte chambre, contenant XXXI aulnes à mouiller et à tondre, XXVIII liv. XVI sols parisis. — Jehan de Beauvèz, tondeur, pour tondre, mouiller et retondre les diz bureaux : XXX sols parisis. — Jehan Bernier, pour la façon de IIII bureaux oullés (ourlés) tout entour : XVI deniers parisis. » (*Ibid., Chambre aux deniers,* 1380.) On remarquera que, destinés à la Chambre aux deniers, c'est-à-dire à la trésorerie royale, ces derniers bureaux, mouillés, tondus, retondus et ourlés, ne sont plus faits de bure renforcée, mais de drap de Louviers de couleur perse, c'est-à-dire bleue. Au siècle suivant, on continuera à se servir de drap, mais on changera la couleur. On adoptera le vert foncé comme plus favorable à la vue, et c'est la nuance qui se conservera et se transmettra jusqu'à nous. « A Robin le Masle, drapier, demourant à Tours, pour six aulnes de vert à faire deux bureaux pour le maistre et pour le conterolleur, au prix de XXVII s. VI d. tournois l'aulne, valent argent VIII liv. V s. tournois. » (*XXIe compte de l'hostel du roi Charles VII,* 1450.) « A Jehan le Sellier, marchant drappier, demourant à Paris... IV livres parisis, pour quatre aulnes iii quartiers de drap vert, pour servir aux deux bureaux de la chambre de la Huchecte. »

(*Compte de Jean de la Saunerie, procureur et recepveur de l'Ostel-Dieu de Paris,* 1505-1506.) Enfin, dans l'*Inventaire de Marguerite d'Autriche* (1524), nous notons encore « ung petit bureau de drap vert ». A cette époque, au reste, le meuble, recouvert de son tapis, avait déjà pris lui-même le nom de bureau. L'*Acte d'acquisition de l'hôtel Saint-Pol* (Paris, 1361) se termine par ces mots : « Ce fut faict en la dicte chambre des comptes, au burel, presens maistres..., etc. » Dans un *Acte de fondation d'une chapellenie en l'église du Saint-Sépulcre* (Paris, 1381), il est dit que les rentes « par an admorties » seront payées « chascun an également de mois en mois, par portion, au buriau ou comptoir d'ycelle église ». Ainsi, dès le XIVe siècle, l'assimilation était presque faite. Au siècle suivant, elle est si bien admise qu'on appelle par analogie *sièges de bureau* les escabeaux placés devant la table ainsi recouverte. Parlant de la cérémonie de la Toison d'Or, qui eut lieu en 1445, Olivier de la Marche écrit : « Et par un mardy, le sixiesme jour de novembre, s'assemblèrent tous les Chevaliers au chasteau de Gand, environ deux heures après midy, et saillirent tous en ordre hors de la chambre de conseil, qui pour eux estoit préparée de sièges de bureau, à rendre compte non pas d'argent ou de dispence d'avoir, ou de richesse, mais de leur honneur, si besoing faisoit, et aussi pour leurs affaires et pour leurs élections. » (*Mém.,* liv. Ier, p. 256.) Pour la même cause, on disait tenir bureau, comme on dit aujourd'hui tenir audience. « Le Duc a un premier maistre d'hostel et quatre austres maistres d'hostels, lesquels avec le premier ont le regard à la police de la maison..... et à la despence du Prince, tiennent le bureau une fois le jour pour compter la despence du jour précédent, et pour faire justice à un chascun. Deux huissiers de salle sont les sergeans de bureau, qui adjournent les parties aux requestes d'autres parties. » (*État de la maison du duc de Bourgogne.*) Enfin, la mention finale du texte original de la paix d'Arras (1435) : *Lecta anti burellum in camera comptorum Domini nostri Regis,* achève de prouver l'adaptation, dès le XVe siècle, du mot bureau à un ensemble d'objets assez complexe. Cependant, ce n'est guère qu'à la fin du XVIe siècle que la table et le tapis qui la couvre firent corps ensemble, et que le bureau, en tant que meuble, à destination et à forme précises, commença d'exister.

Jusque-là, à bien prendre, c'était le tapis qui constituait le bureau. Ce tapis pouvait recouvrir une table, un banc, un coffre ; le coffre, la table, le banc, par le seul fait de l'adjonction du tapis, devenaient bureau. A partir de 1600, il n'en est plus ainsi. Le tapis de drap ou de basane cesse d'envelopper la base qui le porte ; il se fixe à demeure sur une table de forme spéciale, montée sur un châssis portant lui-même un certain nombre de tiroirs et reposant sur des colonnes, des pieds ou des balustres, et c'est cette table ainsi couverte, qui devient le bureau. Sully écrit (*Mém.,* t. VII, p. 189), en parlant de Henri IV : « Il voulut que je lui fisse construire une espèce de cabinet ou grand bureau proprement travaillé et entièrement garni de tiroirs, de layettes, de caissetins tous fermans à clef, doublés de satin cramoisi. » On le voit, la confusion, à ce moment, est complète. Circonstance à noter, cette adaptation coïncide avec le grand mouvement littéraire qui marque l'aurore du XVIIe siècle, avec l'éclosion du beau langage, avec l'apparition des « précieux » et des « précieuses ». Dès lors, il ne faut point s'étonner si le bureau s'embellit et si ses contours, devenus visibles, cherchent à se faire élégants. Bientôt rien ne sera trop beau pour sa parure. Les bois précieux vont s'allier aux métaux brillants, et Boulle va créer ces meubles superbes, dignes, par leur surprenante richesse, du plus fastueux des rois. « J'ai été à Trianon pour voir le second bureau de Boulle ; il est aussi beau que l'autre et sied à merveille à cette chambre », écrit le duc d'Antin à Louis XIV ; et le Grand Roi trace en marge le mot « bon ».

Fig. 320. — Petit bureau de dame (fin du XVIIe siècle).

La description de quelques-uns de ces bureaux incomparables, enfantés par le génie de notre illustre ébéniste, prouve, au reste, que l'approbation concise du Roi-Soleil était largement méritée. Mentionnons d'abord « un bureau de marqueterie de cuivre sur fond d'étain, brisé par-dessus en deux endroits, aiant six tiroirs par devant, un grand et cinq petits, orné autour d'une petite moulure à feuillages de bronze doré, le bord du quarré de dessus et bordure des angles faits de nacre de perle sur fond d'ébène, porté sur huit thermes d'enfants en consolles de bois doré et argenté ; long de deux pieds neuf pouces, sur vingt un pouces de large et vingt-neuf de haut ». Ce beau meuble figure dans l'*Inventaire général des meubles de la Couronne.* C'est ensuite « un superbe bureau de Boulle première partie, à trois tiroirs et à quatre pieds de biche, avec entrejambes ceintrées de chaque côté, sortant des pieds, se réunissant à un pilier carré rentrant en dessous et servant de support ; il est garni de carderon, de fortes chûtes à tête de femme, forts mascarons, cadres, de pieds à griffes de lion et accessoires en bronze doré ; longueur, 6 pieds 6 pouces, sur 36 de large ». Ce second bureau faisait partie du fameux cabinet de M. Randon de Boisset. Citons encore le bureau de six pieds de long, couvert en maroquin, destiné au Dauphin, et cet autre bureau de marqueterie de bois de rapport, couvert de velours vert et garni de trente-neuf tiroirs, qui disparurent tous deux dans l'incendie des ateliers de Boulle. Puis, pour passer des documents écrits aux spécimens encore visibles, c'est le charmant bureau en écaille, à nombreux tiroirs, conservé au Garde-Meuble, ou encore le bureau monumental, avec pieds et tiroirs décorés d'appliques et de chutes en bronze doré, que le fameux ébéniste exécuta pour Colbert, et qui orne aujourd'hui le ministère de la marine.

A partir de ce temps, du reste, l'élan est donné, les beaux bureaux, les bureaux de prix ont leur place marquée dans tous les intérieurs luxueux. Le Grand Roi en offre en cadeau aux ambassadeurs du roi de Siam. Ils se répandent partout, jusque chez les simples particuliers. Le luxe devient même si grand que Louis XIV est obligé d'interdire qu'on en fasse en argent massif. Mais ceux de bois exotiques, ou revêtus d'écaille, de bronze et d'étain, persistent à être d'une richesse rare et d'une abondance singulière. C'est ainsi que chez un simple procureur au Parlement, Me Pierre Jarosson (1718), nous rencontrons un bureau de palissandre, bois alors très rare. Chez un modeste conseiller au Châtelet, Me François Courtois (1719), on remarque « un grand bureau d'écaille marquetée de cuyvre garny de tiroirs fermant à clef ». Bien mieux, voici chez un vulgaire marchand de vin (*Invent. de Jean Monin,* 1720) : « Un bureau de chambre, d'écaille et de marqueterie, garny de seize tiroirs et de deux guichetz avec quatre cartouches représentant des masques de cuivre bronzé ». Comment s'étonner après cela que Germain Brice signale la présence de bureaux splendides, dans les intérieurs élégants qu'il décrit, au milieu « des tableaux exquis, des bronzes, des porcelaines rares, des tables et des cabinets portatifs de prix » ? Les documents, au reste, sont assez nombreux sur cette époque. Profitons-en pour passer en revue quelques-uns de ces beaux meubles ayant un caractère historique. Notons d'abord le bureau sur lequel le futur Régent écrivait à Versailles, en 1708. Il était de marqueterie de cuivre et d'étain sur fond d'écaille de tortue, le dessus était brisé et portait au milieu le chiffre du prince, avec une couronne fermée, s'enlevant sur un champ fleurdelisé. Nous avons déjà parlé du bureau de Colbert, celui du maréchal de Créquy était également de marqueterie incrustée de cuivre et d'étain sur fond d'écaille. Il se composait d'une table formant bureau, et supportant le corps principal, garni de tiroirs et de vantaux aux armes du maréchal. (Ce beau meuble est actuellement au musée de Cluny.) Celui du maréchal d'Humières était de marqueterie avec un gradin à volets. Le bureau du président Lamoignon était en bois noir, orné de moulures, chutes et pieds de bronze. Celui de M. de Jullienne était plaqué en bois de rose, avec ornements et quarts de rond dorés. Le duc de Bouillon possédait aussi un bureau plaqué de bois de rose et de bois violet à fleurs et coquilles, et garni en bronze doré. Celui de M. de Belhombre était en acajou massif, couvert de maroquin, garni de bronzes dorés avec des tiroirs et un petit serre-papiers tenant au bureau. Celui du fermier général Camuset était en marqueterie de Boulle, avec serre-papiers et pendule ; il avait coûté 1,400 livres. Le manutentionnaire général Delisle possédait également un « beau bureau de Boule ». Le duc de Luynes écrivait sur un bureau d'ébène. Celui du marquis de Piré était de « bois d'écailles » (*sic*), marqueté de cuivre avec huit tiroirs. Celui de l'illustre Bérain, « dessinateur de la chambre et cabinet du roi », était de bois de violette, garni de neuf tiroirs. Celui du peintre Coypel était « à l'antique » en marqueterie d'écaille avec tiroirs et guichet. Le bureau de M. du Jonquoi de Monville était, si nous en croyons Dufort de Cheverny (*Mém.,* t. Ier, p. 306), « de porcelaine le plus beau et le plus agréable possible », et celui du fermier général d'Épinay était en laque. Enfin, par la gravure, nous connaissons les bureaux de Samuel Bernard, de M. de Vergennes, du poète Collé et de vingt autres personnages de ce temps. Inutile donc de nous étendre davantage sur les bureaux masculins.

Fig. 321. — Bureau à serre-papiers (fin du XVIIIe siècle).

« J'ai été la première femme qui ait eu un bureau, ce que l'on critiqua beaucoup d'abord, et ensuite presque toutes les femmes en eurent », dit Mme de Genlis, dans ses *Mémoires,* et poussée par son désir de se singulariser, cette vénérable dame nous raconte que son frère fit, à ce sujet, une couple d'assez mauvais vers. Cette affirmation passe les bornes de la vraisemblance. Au musée de Cluny on conserve, en effet, un petit bureau en bois des îles, orné de rinceaux incrustés d'étain, monté sur huit balustres à chapiteaux, qui passe pour avoir appartenu à Marie de Médicis, et qui est certainement un ouvrage de marqueterie du XVIIe siècle. Si l'attribution de ce bureau n'a rien d'absolument certain, il convient de remarquer que, dès 1629, on rencontre dans l'inventaire d'une bourgeoise parisienne, de Marguerite Gudin, en son vivant épouse de Rémy Levesque, docteur en médecine : « Un petit bureau façon de table garny de plusieurs tirouers de bois noyer. » Il n'est pas probable, en outre, que les « précieuses » comme la belle Julie d'Angennes, et les femmes-auteurs du XVIIe siècle, comme Mlle de Scudéry, Mme d'Aulnoy, Mme de La Fayette se soient privées de « tables à écrire », c'est-à-dire de bureaux. S'imagine-t-on Mme de Sévigné sans ce meuble indispensable, alors surtout que la Dauphine en possédait un ? « Elle laisse, écrit le *Mercure* d'avril 1690, à l'occasion de la mort de cette princesse, Elle laisse à Mlle Bessola qui est venue avec Elle de Bavière, et qu'Elle a toujours considérée, son prie-Dieu et son bureau. » Mme de Frontenac, cette *Divine,* faisait mieux ; elle en avait deux dans sa chambre, l'un « de bois de noyer ciselé, garny de tiroirs, sur huit colonnes de bois », et un second, « en poirier, plus petit et plus simple ». Il existait, en outre, chez la maréchale d'Humières, « un bureau de bois de marqueterie, avec deux pilastres aux deux costés »; il était placé devant une croisée. Chez Mlle d'Aumale on trouvait un bureau à compartiments, de marqueterie de bois de merisier, avec rinceaux d'ébène verte; chez Mlle Gaudry, un bureau de chêne à trois grands tiroirs. N'oublions pas que *Turcaret* disait en 1709 à la baronne : « Je viens, Madame, de vous acheter pour dix mille francs de glaces, de porcelaines, de bureaux »; et souvenons-nous que Mme de Maintenon entrait en colère, quand la duchesse de Bourgogne se permettait de toucher aux papiers placés sur son bureau. (Voir Saint-Simon, *Mémoires,* t. V, p. 354.) Mieux que cela, nous avons, par l'*Inventaire de Versailles,* dressé en 1708, la description des deux petits bureaux, qui ornaient la chambre de cette sévère dame. Ils étaient « de marqueterie d'étain sur fond de bois de noyer, à quatre tiroirs et un guichet par devant, le dessus brisé avec trois tiroirs en dedans, portés sur huit pilliers en guaine de même ouvrage, et bois argenté aux chapiteau et base». Ils mesuraient, l'un et l'autre, deux pieds neuf pouces de long sur un pied neuf pouces de large; ce sont bien les dimensions d'un bureau de femme. Si, de la favorite de Louis XIV nous passons à la favorite de Louis XV, le tableau change et s'égaye d'une façon singulière. A Crécy, Mme de Pompadour possédait un bureau plaqué en bois de rose et en bois d'amarante, avec deux pupitres et six tiroirs, les pieds, chutes et quarts de rond de bronze doré d'or moulu. A Bellevue, elle écrivait sur un petit bureau de chêne plaqué de bois de rose et de bois satiné, garni de maroquin, toujours orné de bronze doré, et au château de Saint-Hubert sur « une table à écrire, en bois de rose et fleurs de bois de violette, ayant, par devant, une tablette à coulisse couverte de maroquin noir, à droite un tiroir à clef garni d'encrier, poudrier et boëte à éponge ». C'est cette délicieuse petite table que l'on voit reproduite dans le grand portrait que Boucher nous a laissé de la belle marquise. Après la description de ces trois meubles charmants, il importe peu, semble-t-il, de savoir que Mme de Beaumont ait possédé un petit bureau de bois de rose à mosaïque; Mlle Duclos, un bureau de palissandre; que Mme de la Reynière ait eu un « bureau de travail de quatre pieds en poirrier noirci », et qu'on en trouve un autre dans le mobilier de Mme Hourdeau. En voilà plus qu'il n'en faut pour démontrer quelle étrange illusion se faisait Mme de Genlis.

Comme cela était naturel, le bureau, en devenant un meuble à la mode, et d'un usage courant pour les gens du monde, devait non seulement chercher à varier, à embellir ses formes et à s'enrichir d'ornements brillants, mais il était également tenu de se faire plus prévenant, plus confortable et plus commode. Nous avons vu que, dans ce but, il s'était adjoint, presque dès le principe, un certain nombre de tiroirs, d'une indiscutable utilité. Bientôt, nous l'avons vu également, il se compliqua d'un GRADIN disposé en casier, où l'on put mettre et classer ses papiers. Ce gradin, à son tour, se transforma en SERRE-PAPIERS, lorsque les tiroirs se furent substitués aux cases toujours ouvertes. De cette façon, correspondance, notes, mémoires se trouvèrent à l'abri des mains indiscrètes. Mais les secrets n'étaient vraiment en sûreté qu'à la condition d'avoir le soin de les ranger. Or les gens du monde sont peu rangeurs par nature, c'est pourquoi on imagina un bureau qui, se refermant tout d'une pièce, pût abriter en un instant tous les papiers épars. C'est ainsi que le BUREAU A CYLINDRE vit le jour.

Fig. 322. — Bureau à cylindre, fermeture compliquée (fin du XVIIIe siècle).

Le gradin avait fait son apparition dès le milieu du XVIIe siècle; à la fin de ce même siècle, le serre-papiers s'était substitué à lui. Vingt ans plus tard, le serre-papiers, qui d'abord avait été un petit meuble indépendant, simplement superposé à la table à écrire, faisait corps avec elle; et en 1750, le bureau à cylindre était inventé. La première description, que nous rencontrons de ce meuble si commode est ainsi conçue : « Un secrétaire en bureau de divers bois des Indes, à placages, et abattant à cylindre fermant tous les tiroirs, le dessus en platte-forme, orné d'une balustrade à oves de bois d'amarante et filets blancs et noirs. » Cette description, il est vrai, date de 1760; mais elle est empruntée à un *Inventaire des meubles de la Couronne,* et il n'y a aucune témérité à prétendre que ce genre de meuble existait déjà depuis une dizaine d'années. C'est parmi les bureaux à cylindre que nous trouvons les deux bureaux du XVIIIe siècle les plus parfaits qui soient parvenus jusqu'à nous. L'un, l'admirable bureau construit par Riesener, pour Louis XV, et qu'on admire au Louvre, peut passer avec justice pour l'un des chefs-d'œuvre de l'ébénisterie moderne; l'autre, conservé au Mobilier national, est une merveille de grâce, d'élégance et de distinction.

La construction du bureau à cylindre fut toujours coûteuse. Elle exige, pour que le cylindre et la tablette à écrire continuent de fonctionner sans effort, l'emploi de bois de première qualité, parfaitement secs, ainsi qu'une exactitude en quelque sorte mathématique dans le tracé et l'exécution des rainures. Aussi le prix de la main-d'œuvre a-t-il fait délaisser, il y a quarante ans, la fabrication de ces meubles compliqués, et on leur a substitué un nouveau mode de fermeture, non plus cylindrique, mais à angle droit, produit par l'abattant de la table à écrire qui se relève, et vient se joindre à une tablette horizontale, qui s'avance au moment où l'on refoule la table pliée à l'intérieur du caisson. Comme ce nouveau bureau, lorsqu'il est fermé, offre une vague ressemblance avec un piano droit carré, on lui a donné le nom de cet instrument. On l'appelle le BUREAU-PIANO. Une autre sorte de bureau auquel on a donné la qualification sonore de BUREAU-MINISTRE est, depuis quelques années, en grande faveur. Ces bureaux sont clos jusqu'à terre, sur les deux côtés, par une superposition de tiroirs remplaçant les antiques gradins et le vieux serre-papiers, et au fond par un panneau qui tient les jambes à l'abri des courants d'air. Mais le bureau-ministre, comme le bureau-piano, sont rarement plastiques. Ils se prêtent mal, en outre, à une décoration compliquée ; en sorte que les personnes éprises des beaux meubles sont obligées de revenir aux anciennes tables à écrire, qu'on recouvre d'une basane ou d'un maroquin vert, indiquant la destination du meuble et remplaçant le primitif bureau.

Le mot BUREAU, nous l'avons dit en commençant, désigne aussi parfois une pièce de l'habitation ; on trouvera tout ce qui concerne cette pièce au mot ÉTUDE.

Burelle, *s. f.;* **Burette**, *s. f.* — Diminutif de BUIRE. (Voir ce mot.) Tissu commun. (Voir l'article précédent.)

Burgau, *s. m.;* **Burgaudine**, *s. f.;* **Burgos**, *s. m.* — Sorte de nacre estimée. La nacre de burgau ou burgaudine est produite par un coquillage très épais, tourné en spirale et recouvert d'une couche rugueuse. Cette nacre vient du Levant. Elle est très recherchée à cause de la vivacité de son éclat et de ses teintes. Son iris est rouge, bleu et violet. On emploie le burgau à la fabrication des manches de couteaux, des poignées d'épées, mais surtout à la décoration de coffrets. Dans la *Collection de Marie-Antoinette* (1789), figurait un coffret à « fond aventurine moucheté en or, terrasse avec plantes, fleurs et fruits en relief, en argent, burgau et corail ». Parfois on trouve ce mot écrit burgos : « Quatre médaillons or et fond noir de la Chine, ayant chacun un vaze imitant le japon en bas-relief remply de fleurs en nacre de perles, burgos. » (*Invent. d'Antoine Vincent, peintre;* Paris, 1772.) « A VENDRE une bonne guitare d'yvoire garnie de burgos. » (*Ann., aff. et avis divers,* 23 mars 1765.)

Burgauté, *adj.* — Garni de Burgos. « Candélabres formes de vases chinois en ivoire sculpté, laqué et burgauté. » (*Vente de Mlle Humberta;* Paris, juin 1887.)

Burieu, *s. m.* — Locution picarde. Petite armoire.

Burin, *s. m.* — Pointe d'acier dont on se sert pour entailler les métaux et pour graver. Le burin est façonné à double biseau et doit être fortement trempé. On en fait de toutes tailles. Le burin est par excellence l'outil du graveur. « Dans un cabinet à droite, à côté de ladite pièce d'entrée, qui servoit de laboratoire audit deffunt : un étably et sur iceluy différents burins et autres outils de la profession du deffunt. » (*Apposition des scellés chez L.-F. Scotin, graveur en taille-douce;* Paris, 1769.)

Buscherie, *s. f.* — BUCHER.

Buse, *s. f.* — Locution flamande. Conduite, tuyau. « Ils ostèrent les buses de la fontaine de Mons qui estoient de plomb et se expandoient soubz terre environ deux lieues loin de ladite ville. » (*Chronique de Tournai,* 1424.)

Bussard, *s. m.;* **Busse**, *s. f.* — Futaille de la contenance de la moitié d'une pipe. « C'est, dit Savary, une des neuf espèces de vaisseaux ou futailles régulières, dont on se sert en France, particulièrement en Anjou et Poitou, pour mettre les vins et autres liqueurs. » Il est souvent question de bussards dans l'œuvre de Rabelais. « Nazdecabre feut mandé, écrit-il, et ou lendemain arriva ; Panurge, à son arrivée, luy donna ung veau gras, ung demy pourceau, deux bussars de vin..., etc. » (*Pantagruel,* liv. III, ch. XX.) Et plus loin : « Et feut en ycelluy conseil beu plus de soixante et dix huict bussars de nectar. » (Liv. IV, nouveau prologue.) Aujourd'hui, en Anjou, on emploie de préférence le mot BUSSE.

Bustail, *s. m.* — Bois de lit. Terme ancien et peu usité.

Buste, *s. m.* — C'est un ouvrage de sculpture qui représente la tête et la partie supérieure du corps d'une personne sans les bras. Les bustes, considérés comme portraits, ou employés simplement pour la décoration, remontent à l'Antiquité. Leur histoire appartient à la Statuaire ; nous n'avons donc pas l'intention de la retracer ici, même à grands traits. Nous nous bornerons à constater que le goût des bustes demeura à peu près inconnu en France jusqu'au XVe siècle. Dans tous les inventaires antérieurs à l'année 1500, que nous avons pu consulter, nous n'avons rencontré, en effet, que la mention suivante, qui pût donner l'idée d'un buste : « Une teste d'alebastre blanche, en façon d'une seraine assise sur une pièce de marbre noir. » (*Invent. des joyaux du Louvre,* 1418.) Et peut-être, ne s'agit-il que d'un médaillon. Encore peu appréciés chez nous au XVIe siècle, quand, à la même époque, les beaux bustes abondaient déjà en Italie, leur goût prit au siècle suivant un essor considérable, grâce aux importations faites par les amateurs, de bustes antiques destinés à orner leurs collections. Les galeries des cardinaux de Richelieu et Mazarin étaient surtout riches en bustes, et comme ces ministres donnaient le ton, bientôt tout le monde distingué se piqua d'en avoir. La galerie du premier ne comptait pas moins de cent bustes ou têtes, et l'on peut ajouter que, chez le second, la préoccupation d'en acquérir tournait à la passion. Sa correspondance, au moment même où ses affaires semblaient le plus compromises (1653), les recherches que ses agents faisaient à Londres pour lui, montrent que pas un instant il n'oublia, même dans les plus fortes crises, de s'en procurer quand cela était possible. Louis XIV, fidèle disciple de Mazarin, ne manqua pas de suivre l'exemple de son ancien mentor. Les inventaires de 1681 et 1684 nous apprennent que le Grand Roi ne possédait pas, à Versailles, moins de 45 bustes et 33 têtes antiques. Mais, détail curieux, ce monarque ne se

Fig. 323.
Buste en faïence de Rouen (XVIIe siècle).

bornait pas à acheter à Vinot, à Blanchard, à Lucas, des bustes par douzaines. « Au sieur Vinot, pour sept bustes d'albastre représentant Jules César, Auguste, Tibère, Caligula, Homère, Cicéron et Quintus Heremius, et sept testes de marbre de Mithridate, Apollon, Faustine, Junon, etc., 8,100 livres. — A Blanchard, pour treize bustes de marbre qu'il a vendus au Roy et livrez en magazin, 3,500 livres. » (*Comptes des bastimens, dépenses diverses,* année 1670, col. 480.) Il entretenait encore à Versailles un sculpteur du nom de Guyot, qui employait son talent à refaire des épaules aux têtes anciennes et à reconstituer ainsi des bustes plus ou moins corrects. Des comptes existent qui prouvent ces audacieuses restaurations : « Année 1670, 5 may-9 juillet, à Guyot, sculpteur, à compte de six bustes qu'il fait à six testes antiques... 600 livres », et autre part, « à Guiot, à compte de six bustes qu'il fait à six testes antiques pour Versailles... 300 livres ». (*Comptes des bastimens.*) Le goût des bustes anciens devait amener naturellement celui des bustes modernes. Déjà, au XVIe siècle, Jean Goujon avait exécuté celui de Henri II ; Germain Pilon, ceux de Charles IX et de Henri III, qu'on voit au Louvre. Au siècle suivant, B. Prieur avait fait le buste de Henri IV, et Varin celui de Louis XIII. Louis XIV fit faire par Lerambert ceux du cardinal de Mazarin et du duc de la Meilleraye. Il confia à Coysevox le soin de faire le sien, destiné au grand escalier de Versailles, celui de la reine Marie-Thérèse et celui du Dauphin. Les bustes du grand Condé, de Michel Le Tellier, de Colbert, de Mignard, montrent, au reste, combien cet éminent sculpteur était digne de la confiance de son prince. Plus tard, celui-ci fit le même honneur à l'illustre Bernin. Mais l'artiste qui dans ce genre obtint les plus fortes commandes, ce fut Girardon.

Sous le règne suivant, Lemoyne eut l'honneur d'exécuter le buste du roi. Il en fit même, en 1747, deux exemplaires, l'un pour le cardinal de Rohan, l'autre pour Mme de Pompadour. Il fit également, en 1767, celui de Madame Adélaïde et celui de la Dauphine en 1772. Pajou s'immortalisa avec le buste de Mme du Barry, Caffiéri avec celui de Piron. Mais l'artiste du XVIIIe siècle dont les bustes furent le plus fêtés à leur apparition est assurément Houdon. Son buste de Molière, destiné à la Comédie française, et aussi celui de Voltaire, provoquèrent, lorsque le public fut admis à les voir, des manifestations enthousiastes, dont Bachaumont et Métra nous ont conservé le souvenir. D'Alembert offrit le buste de Voltaire à l'Académie (1778), et la foule se rendit chez l'artiste pour admirer ceux de J.-J. Rousseau, de d'Alembert et de Franklin. (*Corresp. secrète,* t. VII, p. 117.) A côté de ces chefs-d'œuvre, le buste en carton de Marie-Antoinette, exécuté par un nommé Gardeur, ceux du roi et de Necker, modelés par le sieur Martin, en plâtre, en terre cuite, en porcelaine, suffisent à montrer qu'en matière artistique les plus puissants ne sont pas toujours les mieux servis.

C'est vers le même temps que fleurit le goût des petits bustes en porcelaine de Sèvres. Le buste, au reste, à cette époque si favorisée au point de vue de l'art, était devenu une des formes familières du portrait. Il n'était presque pas de personne en vue qui n'eût le sien, qu'on retrouvait chez ses amis ou chez ses admirateurs. Mme d'Épinay écrit dans son testament : « Je donne et lègue à ma chère belle-sœur, la comtesse d'Houdetot, le buste du docteur Tronchin, terre cuite sculptée par M. Houdon ; je la prie de l'accepter, comme une légère marque de l'amitié que nous avons toujours eue l'une pour l'autre, depuis notre enfance. » Le buste de cet homme illustre était, à ses yeux, le plus tendre souvenir qu'elle pût laisser à sa meilleure amie. En 1777 — cinq ans plus tôt par conséquent — à la vente du cabinet de M. Randon de Boisset, quand le buste de Mlle Clairon fut présenté aux enchères, Sophie Arnould doubla du premier coup la mise à prix, et personne n'ayant osé enchérir sur elle, le buste lui fut adjugé aux applaudissements de l'assistance. (*Journal de Paris,* 19 mars 1777.) Le lendemain, quand Sophie Arnould reçut ce fameux buste, il était accompagné du quatrain suivant, tracé par une main demeurée inconnue :

> Lorsqu'en t'applaudissant, déesse de la scène,
> Tout Paris t'a cédé le buste de Clairon,
> Il a connu les droits d'une sœur d'Apollon
> Sur le buste de Melpomène.

Le buste, au surplus, est demeuré une des spécialités de la statuaire contemporaine. Il n'a pas cessé d'être très en vogue dans un certain monde, et il fournit leur pain quotidien à un grand nombre de sculpteurs qui en encombrent notre Salon annuel.

Employé aussi à la décoration des façades, il produit un heureux effet, — on en peut voir la preuve au palais de la Légion d'honneur, et le château de Bellevue, ainsi que celui de Cheverny, en offraient, paraît-il, des exemples encore plus frappants. — Cependant les architectes le dédaignent, et son asile unique est désormais dans nos musées. Avant de lui dire adieu, rappelons que nos grammairiens ont eu jadis à se préoccuper de son orthographe. Ménage recommande qu'on ne confonde point le *busque* et le *buste.* Cette recommandation, qui nous fait aujourd'hui sourire, n'était pas autrefois sans utilité. Nous n'en voulons pour preuve que la mention suivante : « Un busque anticque de marbre représentant Auguste, estimé deux cens livres, y compris un autre busque, cy II C livres. » (*Invent. de Paul de Chantelou, chevalier, intendant de la maison de M. le duc d'Anjou, frère unique du roy;* Paris, 1657.) Dans les registres des *Actes consulaires* de la ville de Lyon, nous voyons également mentionné, à l'année 1675, le payement à Antoine Coysevox de 2,100 livres pour « la despense qu'il a faite pour les deux busqs de bronze et douze de plastre de Mgr l'archevêque de Lyon ».

Buvard, *s. m.* — Sorte d'album, fait de feuilles de papier non collé et reliées plus ou moins richement, dont on se sert comme de sous-main, et pour éponger l'encre de l'écriture. On fait des buvards de grand luxe, reliés en maroquin du Levant, en velours, en peau de serpent ou de crocodile, avec coins et garniture d'argent. Autrefois, on appelait les buvards des CARTONS. (Voir ce mot.)

Buvette, *s. f.* — Petit cabaret où l'on boit debout. Au XVIIe siècle, la buvette du Palais était célèbre. Berthod, promenant son lecteur dans cet édifice, ne manque pas de dire :

> Nous entrerons dans la Buvette.

Dubuisson-Aubenay, dans son *Journal des guerres civiles* (t. II, p. 12), nous apprend que, le 4 février 1651, « Mgr le duc d'Orléans, étant allé au Parlement, a dîné dans la Buvette ».

Buyon, *s. m.* — Petite BUYE ou BUIRE. (Voir col. 461.) Le continuateur de Du Cange cite, sous *Buheterius,* une *Lettre de rémission,* datée de 1407, portant ces mots : « Tout ce estant en un buion de terre. » On lit, en outre, dans *la Remise faite par Marie de Foix-Candalle, d'objets mobiliers provenant des frères de Foix-Candalle* (1598), la mention d' « un buyon d'or avec son couvercle ».

Fig. 324. — Chiffre de Claude de France.

Cabagetis ou **Cabajitis,** *s. m.* — Locution normande. Petite pièce de débarras, sorte de bouge.

Cabal, *s. m.* — Terme toulousain. Réunion de tous les objets qui composent un ameublement ou un commerce. Rapprocher cette locution de CABAS.

Cabanne, *s. f.* — On désignait sous ce nom, au XVIIe siècle, une manière de cage pour loger les oiseaux. « On a mis depuis quelques jours des canaries loger dans cette cabanne. » (Richelet, *Dictionnaire.*)

Cabaret, *s. m.* — Sorte de petite table ou de plateau sur lesquels on place des tasses, des soucoupes, un sucrier, un pot au lait, une théière, etc., en un mot tout ce qui est nécessaire pour prendre le thé ou le café. Le cabaret qui, dans le principe, consistait uniquement dans le plateau ou la table, est aujourd'hui formé par l'ensemble de la garniture jointe à la table ou au plateau, et parfois même par la superposition de deux plateaux. (Voir fig. 325.) L'usage des cabarets nous vient de l'extrême Orient. Les premiers furent connus sous le nom de BANDÈGES. (Voir ce mot.) Au siècle dernier on les tirait encore de leur pays d'origine. « Les plus beaux des cabarets viennent de la Chine et du Japon, et sont enduits de ces vernis admirables que les Européens n'ont jamais pû bien imiter. » (*Dictionnaire de commerce.*) Savary nous apprend également que, de son temps, ces petits meubles se vendaient, à Paris, chez les merciers, qui avaient l'habitude d'étaler au Palais et aux foires Saint-Germain et Saint-Laurent. Quant aux cabarets fabriqués en France, soit en marqueterie, soit en métal, la vente en était permise à ceux qui les fabriquaient.

C'est seulement à la fin du XVIIe siècle que le mot cabaret pénétra dans la langue française, avec le sens qui lui est attribué ici. Furetière, mort en 1688, ne paraît pas avoir connu ce meuble nouveau. Le *Livre commode* de 1691 et de 1692 n'en fait pas non plus mention. Cependant il en est déjà question dans le *Mercure* de 1689. Au mois de juin de cette année, le duc d'Orléans organisa une loterie à Saint-Cloud. A cette loterie Mademoiselle gagna « un cabaret garny de sept porcelaines et d'un éventail », et Mme la maréchale de Grancé « un cabaret de la Chine garny de dix pièces de porcelaine ». (*Mercure* de juillet 1689.) Quelques années plus tard nous rencontrons chez l'abbé d'Effiat, à l'Arsenal (1698) : « Un cabaret de bois d'ébeine sur quatre colonnes dorées aux extrémités »; et, l'année suivante, le Dauphin, nous dit Dangeau, fit présent à la duchesse de Bourgogne « d'un cabaret à thé, fort magnifique et parfaitement beau et bien travaillé ». Enfin, c'est en 1704 que nous voyons apparaître le premier cabaret de métal. Parmi les présents que Louis XIV fait à la duchesse de Bourgogne, figuraient — à ce que rapporte encore Dangeau — « deux cabarets, un d'or et l'autre d'argent, travaillés à la perfection ». Il ne paraît pas, toutefois, que l'exemple du Grand Roi ait été suivi et que les cabarets de métal précieux aient jamais été très répandus.

Au XVIIIe siècle, on rencontre de ces meubles un peu partout, à la *Vente du duc de Gesvres* notamment, où l'on remarque « quantité de belles porcelaines anciennes, partie montées en or, en argent, cabarets avec leurs plateaux, etc. »; à la *Vente du maréchal de Belle-Isle,* où l'on trouve plusieurs « tables en cabaret ». On en découvre jusqu'en Bretagne, témoin les « deux cabarets à caffé avec leurs porselinnes et gobletz », qui figurent dans l'*Inventaire du chevalier de Piré* (Rennes, 1719). Puis apparaissent des cabarets de l'extrême Orient, comme celui que possédait le sieur Louis Hanique, conseiller de l'hôtel de ville (1720), ou encore des « tables de cabaret du Japon à pieds de biche » et des « tables de cabaret de Chine, montées en guéridon », semblables à ceux décrits dans l'*Inventaire* de la belle Mlle Desmares (1746). Ce sont surtout des cabarets en porcelaine, comme celui composé de « six tasses et soucoupes, boëtes à sucre et théière céladon à figures, avec le plateau à rebord » qu'on admirait chez François Boucher ou celui « en feuille de porcelaine de Saxe » que Lazare Duvaux vendit à la duchesse de Boufflers ; ou encore « le cabaret en gondole avec deux gobelets à contours et soucoupe de Saxe peints à oiseaux », que possédait Mme Rouillé. Ajoutons qu'on en faisait également en *vernis* rouge, celui du comte d'Egmont en est la preuve ; en *vernis* vert poli, comme celui de Mme la Dauphine ; en laque rouge en dedans et noir en dehors, semblable à celui du président Lamoignon, et enfin en *vernis Martin,* dans le genre des six cabarets de

Fig. 325. — Cabaret à double plateau.

M. Jacquemin. Lorsque le métal apparaît, c'est uniquement sous forme de garniture. Témoin le cabaret que Mme de Ventadour offrit à Louis XV. « Il y a quelques années qu'elle fit présent au roi d'un cabaret de porcelaine garni d'or. » (*Mém. du duc de Luynes,* t. VI, p. 185.) Mais le cabaret en porcelaine demeure jusqu'à la fin le plus coquet, le plus galant, et quand Faublas veut envoyer à la belle Coralie un présent digne d'elle, c'est un « beau cabaret de porcelaine » qu'il choisit chez le marchand à la mode.

Si la matière était variée, la forme n'était pas moins variable. Le plus souvent on la tenait carrée. Parfois elle était ovale avec les bords relevés aux extrémités ; c'est ce qu'on appelait en gondole (comme le cabaret de Mme Rouillé). D'autres fois, le contour du plateau suivait le plan du meuble sur lequel il devait être posé. On sait, par exemple, que Lazare Duvaux exécuta pour la Dauphine un cabaret dont les contours accompagnaient ceux de la commode qui le portait. Enfin on en faisait de triangulaires. Aujourd'hui on est revenu à des formes plus simples.

Cabas, *s. m.;* **Cabat,** *s. m.* — Panier de jonc dont on se servait dans le principe pour mettre et faire voyager les figues. « Ung autre coffre couvert de cuyr viel ou quel a esté trouvé ung cabas de figues et de pruneaulx. » (*Invent. de Charlotte d'Albret,* 1514.) Dans la *Déclaration du roi Henri IV sur la modération des droits d'entrée à Paris* (1594), il est également question du « cabat des figues d'Espagne ». Plus tard, par extension, le nom de cabas a passé à une sorte de panier mou, que les femmes âgées portaient avec elles.

Cabas est aussi une locution normande, qui signifie vieux meubles ou meubles grossiers.

Cabelot, *s. m.* — Locution lyonnaise. Petit tabouret. C'est sans doute un diminutif du mot Escabelle.

Cabès, *s. m.* — Locution provençale. Chevet, oreiller ; usité seulement en poésie, n'est presque plus en usage.

Cabin, *s. m.* — Petit cabinet, débarras. (Voir Cabas.)

Cabinet, *s. m.* — Le mot cabinet, en matière d'ameublement, signifie deux choses fort distinctes : un meuble justement celèbre, et une pièce de nos appartements. Nous allons d'abord nous occuper du meuble. Le cabinet-meuble paraît dater, en France, des premières années du XVIe siècle ; il était probablement originaire d'Italie. Toutefois, Gilles Corrozet, dans ses *Blasons domestiques,* en fait un éloge si pompeux, si détaillé, si convaincu, qu'on en doit conclure qu'en 1536, époque à laquelle Corrozet écrivait, le cabinet avait déjà reçu chez nous ses lettres de grande naturalisation. Grâce au même Corrozet, qui a bien voulu illustrer son livre de quelques vignettes, nous connaissons la forme de ce cabinet primitif. Elle est singulièrement différente de celle que nous retrouverons plus tard. C'est, en effet, seulement vers 1570 que le cabinet devint un petit meuble plus ou moins portatif, avec ou sans pied, posé parfois sur un buffet, une chaise, une table, mais toujours carré de forme, et présentant derrière ses vantaux une infinité de menus tiroirs. Chez Corrozet, le cabinet se manifeste sous l'apparence d'un petit pupitre muni de cases successives, assez analogue, en un mot, à ce que les enfants de nos jours nomment une *papeterie.* Cela n'empêche pas ce premier type du cabinet d'être rempli, bondé d'objets précieux. Il était le réceptacle préféré des joyaux, bijoux, papiers de prix que possédait la maîtresse du logis. Ce fait est attesté par Gilles Corrozet lui-même, qui détaille avec une certaine prolixité les merveilles auxquelles le cabinet, en son temps, servait d'asile :

Cabinet remply de richesses,
Soit pour roynes ou pour duchesses,
Cabinet sur tous bien choisi,
Paré de veloux cramoisi,
De drap d'or et de taffetas,
Où sont les joyaulx à grandz tas
Et les bagues très gracieuses
Pleines de pierres précieuses...

Puis vient l'énumération de tous les objets de prix qu'au XVIe siècle on serrait dans ces cabinets : escarboucles, saphirs, rubis, émeraudes, perles, médailles, fers, chaînes,

Fig. 326. — Petit cabinet portatif (XVIe siècle).

mancherons, bracelets, gorgerins, gants, parfums, savons, cosmétiques, chapelets, ciseaux, forcettes, miroirs, etc.

Bref, en ce beau et petit lieu,
Sont tant d'aultres choses ensemble,
Qu'impossible le dire il semble.

Cette mission, toute de confiance, le cabinet, il faut se hâter de le dire, la conserva longtemps. Pour nous en convaincre, nous n'avons qu'à parcourir la littérature du

XVIe siècle ; les preuves abondent. C'est dans un cabinet que nous verrons la fidèle Ysabeau, l'héroïne d'une des *Nuits* de Straparole, serrer avec soin le précieux manteau et le carcan « qui établiront plus tard son innocence et sa fidélité ». Quand le sieur de Bernaige rendra visite au terrible et vindicatif mari, dont il est question dans le récit de la reine de Navarre (*Heptaméron,* nouvelle XXXII), celui-ci lui montrera le squelette de l'amant de sa femme en disant : « Ie luy ay mis dans une armoyre tous les os de son amy, tenduz comme choze prétieuse en ung cabinet. » Bien mieux, cette gracieuse princesse (j'entends la reine de Navarre) nous apprendra que les femmes les plus hautement nées de son temps ne laissaient à personne le soin de garnir leur cabinet. Grâce à elle, nous verrons une princesse, qu'on croit être Louise de Savoie, se faisant aider dans cette aimable occupation par tous ses enfants réunis autour d'elle, et ces derniers prendront un goût si vif à ce petit travail de famille, que l'un d'eux, l'aîné, très amoureux cependant, en oubliera son rendez-vous. « Mais Dieu voulut que, ce iour la, sa mère accoustroit ung cabinet, le plus beau du monde, et pour luy aider avoit avecq elle tous ses enfans. Et là s'amusa ce jeune prince jusques à ce que l'heure promise fut passée. » (Nouvelle XLII.) L'*Inventaire de Charles-Quint* (1536) décrit « plusieurs brincquygnies faictes d'or, servants à cabinetz ». L'*Inventaire des joyaux et pierreries du roi de Navarre* (1583) constate la présence d'un « petit cabinet de velours noir garny d'argent faict en tour, dans lequel y a plusieurs pierreries non garnies, et, entre autres choses, un baguier garny de deux bagues ». Dans l'*Inventaire de Catherine de Médicis* (1589), on rencontre un cabinet de « boys peint et doré » tout rempli de portraits. Ajoutons que cette reine possédait sept autres cabinets en ébène ou en marqueterie, dont un était « faict en théâtre » avec des « figures d'empereur à l'entour ». Si nous continuons nos investigations, nous constaterons qu'Amadis Jamyn ne put trouver un plus bel éloge à faire d'un recueil de ses sonnets, que d'affirmer hautement que « le Roy en fist cas, et le serra lui-mesmes en son cabinet ». Pierre de l'Estoile nous révélera qu'à la mort de la belle Gabrielle, Henri IV se trouva naturellement « fort attristé et mélancolique », mais que son désespoir ne lui fit pas « perdre la souvenance du cabinet de ladite femme, pour la conservation duquel, et de ce qu'il y avoit dedans de précieux, il donna ordre incontinent ». Cinq ans plus tard, à la mort de sa sœur unique, la duchesse de Bar, l'honnête Béarnais, non moins contristé, prendra encore des précautions analogues. « Pour passer sa fascherie », il s'en ira à Saint-Germain, mais seulement « après avoir donné ordre aux bagues du cabinet de ladite Dame ». Même à la fin du XVIIe siècle, c'était encore dans ce meuble que les femmes serraient leurs bijoux et joyaux. L'*Inventaire de Claudine Bouzonnet-Stella* (1697) l'atteste. Il semble enfin que cette habitude se soit transmise au XVIIIe siècle, quoique les cabinets eussent alors perdu singulièrement de leur importance et de leur autorité, car le *Dictionnaire de Trévoux* définit notre meuble : « un buffet où il y a plusieurs volets et tiroirs, pour y enfermer les choses les plus précieuses ». Et, à l'article JOYAU, les rédacteurs de ce même *Dictionnaire* écrivent encore : « Ornement précieux, d'or, d'argent, de perles, de pierreries qu'on garde dans un cabinet. »

Fig. 327. — Modèle de cabinet, d'après Du Cerceau (XVIe siècle).

Ce premier point établi, étudions la parure de ce meuble. Le plus ancien cabinet dont nous ayons la description figure dans les *Comptes de l'argenterie* de François Ier (1528). Il fut acheté à Pierre Robert, libraire, demeurant à Paris, et payé 51 liv. 5 sols : « Il étoit de cuir doré à ouvrages moresques. » Au dedans se trouvaient « trois entrelatz, un petit oratoire et deux layettes », et il était fermé par quatre charnières, quatre serrures et deux verrous. C'est bien là le petit cabinet, sorte de vaste baguier dont Gilles Corrozet nous a conservé l'image. Au commencement de ce siècle, à la vente du cabinet Saint-Victor figurait « un meuble de la renaissance des arts, appelé cabinet ». « On sait, par tradition, ajoutait le *Catalogue,* qu'il a été exécuté pour François Ier ; envoyé en Pologne sous le règne de Henri III, et rapporté en France... » Ce cabinet était tout simplement de la fin du XVIe siècle et n'avait rien à démêler, par conséquent, avec le vainqueur de

Fig. 328. — Modèle de cabinet, d'après Du Cerceau (XVIe siècle).

Marignan. Le second de ces meubles, que nous rencontrons dans les documents authentiques, est plus jeune de cinquante ans, et diffère singulièrement comme forme et comme taille. Il s'agit, cette fois, d' « ung cabinet de boys de noyer à marqueterie de six pieds de hault, à quatre guichetz fermans à clef, enrichi de moresque blanche, doublé par dedans, par hault, de vellours cramoisy brun et d'ung ruban de soye argenté ». (*Vente des meubles de Claude Gouffier, duc de Roannès,* 1572.) Puis viennent un cabinet de velours noir en forme de tour, appartenant au roi de Navarre, et dont nous avons tout à l'heure révélé le contenu; ensuite « ung petit cabynet faict en façon d'aumoires prisé iiij escus » (*Invent. des objets envoyés au château de Verneuil,* 1585); et les sept cabinets de Catherine de Médicis, différents de taille et de formes. Dans l'inventaire de cette dernière princesse et dans celui de Gabrielle d'Estrées (1599), figurent un certain nombre de Cabinets d'Allemagne. En quoi ces cabinets se distinguaient-ils des autres? C'étaient très vraisemblablement de petits meubles s'ouvrant soit à l'aide d'un abattant, soit avec des vantaux, et surmontés d'un couvercle se levant et s'abaissant. Du moins cela semble résulter d'un passage du *Journal de Jean Héroard* où, parlant du Dauphin, il dit : « Il se joue à un petit cabinet d'Allemagne fait d'ébène, baisse et rebaisse le couvercle, l'ouvre et le ferme à clef. » Un autre document nous ferait croire qu'ils devaient être en bois peint, imitant l'ébène. Dans la *Subvention générale du vingtième sur les marchandises entrant en France* (1641), il est fait une distinction entre les « cabinets d'esbeine, enrichis d'or, argent, cuivre doré, peintures, broderies, tant grands que petits », lesquels étaient estimés, les grands 150 livres, les moyens 100 livres, les petits 60 livres, et les « cabinets d'autres bois peints venans d'Allemagne et autres lieux », qui n'étaient estimés le cent pesant que 30 livres. Si nous avons ouvert une parenthèse à propos de ces petits meubles, c'est que, à cette époque, les cabinets d'Allemagne, ou façon d'Allemagne, étaient nombreux à Paris. Nous en trouvons un, chez le peintre Jérôme Franck (1610), « couvert de cuir » et monté sur un double pied. D'autre part, nous rencontrons chez Jacques Roger (Paris, 1628) « un cabinet de boys de noyer, façon d'Allemagne à deux guichetz, fermans à clef, avec deux liettes »; chez Jean Chandot, valet de chambre du roi (1628), « ung cabinet d'Allemagne de boys de chesne, à serrure, fermant à clef, avec liettes à coulisses ». Enfin il semble que, même en 1664, la renommée de ces cabinets allemands était encore suffisamment établie, puisque nous voyons le duc de Chevreuse, visitant Augsbourg, acheter « différentes babioles », entre autres « une puce enchaînée », et s'en aller « chez les faiseurs de cabinets, où il en marchanda un d'ébène, fait en dôme à six faces, dont on vouloit trois cens escuz, bien qu'il n'eust pas plus de trois pieds ou environ de haut, et un pied et demy de diamètre ». (*Voyage de Balthazar de Monconys,* p. 324.)

Mais les cabinets de Gabrielle d'Estrées, quelque beaux qu'ils aient pu être, ne sauraient nous faire passer sous silence celui que posséda son royal amant, et qui figura longtemps, comme un précieux souvenir, au Garde-Meuble de la Couronne; et les sombres cabinets allemands ne doivent pas nous faire négliger ces magnifiques *stipi* ou cabinets gemmés, c'est-à-dire enrichis de pierres fines, qu'on voit apparaître à la cour de France avec Marie de Médicis. Le cabinet de Henri IV avait une façade tout à fait monumentale. Il était « de bois de cèdre, orné de huit colonnes de mesme bois d'ordre de Corinthe, avec les bazes et chapiteaux doréz ». Au milieu, dans une niche, apparaissait la figure équestre du roi, foulant aux pieds ses ennemis, et sur l'attique on voyait quatre figures élégantes, deux trophées et deux anges soutenant les armes du Béarnais. Ce meuble, qui comptait six pieds huit pouces de haut, sur quatre pieds et demi de large et dont la description est empruntée à l'*Inventaire des tableaux et des autres curiosités qui se trouvoient au Louvre en 1603,* publié par M. Ludovic Lalanne, était, au XVIIIe siècle, déjà « fort vieux, mangé des vers en plusieurs endroits, et privé de plusieurs moulures, et des ornements et serrures de ses tiroirs ». Celui de la veuve de Henri III, qui, après l'assassinat de son mari, vécut dans une si austère retraite, semble quelque peu détonner sur la sévérité de mœurs que l'histoire attribue à cette pieuse princesse. C'était un de ces cabinets gemmés dont nous parlions à l'instant. Il était de « lapis et d'agate couvert de velours incarnadin en broderie d'argent, avecques les chiffres de ladicte dame Royne ». A la mort de cette princesse, il fut estimé 900 livres, chiffre considérable pour le temps. Celui de Louis XIII, d'aspect plus sévère, « étoit de bois de brésil, à compartimens profilés d'yvoire, aiant vingt un tiroirs, enfermés par deux battans ornés de six pilastres d'ébène cannelés » décorés de fleurs de lis et du chiffre du Roi. Quant à la reine Anne d'Autriche, l'*Histoire du voyage du Roy* (1622) nous apprend que les Lyonnais lui offrirent « un très riche cabinet garny de pierreries et autres richesses ». Les cabinets magnifiques n'étaient pas rares, au reste, à cette époque. On en peut voir un échantillon au musée de Cluny, sous

Fig. 329. — Cabinet de Boulle (XVIIe siècle).

forme d'un joli meuble à trois étages entièrement plaqué d'écaille, décoré de mosaïques de pierres dures de Florence, représentant des oiseaux et des paysages, enrichi de pilastres en lapis-lazuli, de cornalines, de plaques en argent repoussé et couronné de statues de même métal. Ce magnifique cabinet nous est revenu de Pologne, où il avait été porté lors du mariage de Jean-Casimir avec Marie de Gonzague. Quant aux cabinets d'ébène ou façon d'ébène, on en trouvait chez la plupart des nobles dames. Citons un peu au hasard : « Ung cabinet d'ébeyne, montant à la somme de six cens livres. » (*Invent. de Charlotte Fachon, épouse de Charles de l'Hôpital,* 1625.) « Ung cabinet d'esbeine, fileté d'argent à la mode d'Italie, garny de jaspe corniolle, colonnes d'amatiste, de deux pieds de long sur environ quinze pouces de haut. » (*Invent. de Catherine de Sainte-Maure, dame de Brassac,* 1648.) Et rappelons que la marquise de Courcelles, en ses *Mémoires* (p. 203), se plaint de ce qu'on « faisoit rompre » ses cabinets pour se saisir de ses lettres. On rencontrait de ces meubles, du reste, même chez de simples bourgeoises, chez les artistes et les magistrats. « Un cabinet de bois de noyer marbré, à quatre guichetz fermant à clef. » (*Invent. de Marie Cressé,* 1633.) « Ung cabinet desbeyne à plusieurs tiroires et deux guichetz fermans à clef. » (*Invent. de Gratien Menardeau, conseiller à la grande chambre;* Paris, 1657.) « Un grand cabinet d'ébène, avec plusieurs figures. » (*Invent. de Madeleine Béjard,* 1672.) » Un cabinet d'ébène, à deux guichetz fermant à clef, garny par dedans de douze tiroirs à huit colonnes tournées, prisé IIII XX (80) livres. » (*Invent. de Molière,* 1673.) Enfin Colletet, dans ses *Tracas de Paris,* vante « les cabinets précieux » qui ornaient le logis du peintre Le Brun. Comment, au surplus, aurait-il pu en être autrement, quand ceux qui donnaient le ton se faisaient une sorte de gloire de compter ces beaux meubles par douzaines ?

Fig. 330. — Cabinet de la Chine (XVIIe siècle).

A ce titre, le cardinal de Mazarin mérite une mention particulière. Les « cabinets d'ébène et autres » forment un article spécial dans l'*Inventaire* de ce somptueux ministre, et par leur magnificence aussi bien que par leur nombre, ils méritent cette distinction. On en compte, en effet, dix-sept d'ébène et quatre d'écaille, tous agrémentés de niches, de colonnes, de pilastres, de frises, de bas-reliefs, d'incrustations d'ivoire, d'étain ou de « cuivre vermeil doré ». Quelques-uns sont même enrichis de miniatures, plusieurs de pierreries et de métaux précieux. Parmi ces derniers, nous citerons : « Un cabinet d'ébène ayant une petite moulure sur les costéz, tout uny par le dehors, dont la face est divisée en trois arcades, au milieu desquelles sont six niches, et dans quatre d'icelles, dans le rang d'en bas, sont quatre vazes d'ébeine portant des bouquets d'argent, lesdites portes ornées de huit colonnes de lapis marbrin, les bazes et chapiteaux d'argent d'ordre composite, le devant des portes et le reste du cabinet ornés de divers pièces rapportées, etc. »

Un autre cabinet non moins riche est celui qui figure le dix-septième dans cette splendide énumération. Il est gravé sur les côtés ; la façade, ornée de festons et de fruits, de fleurs et de pots à bouquets, de pierres rapportées, est partagée en dix-sept tiroirs et trois portes, sur chacune desquelles est un pot de fleurs formé de diverses pierres, « sçavoir : lapis, cornaline, calcédoine, jaspe et marbre jaune. Sur tous les tiroirs sont des fleurs et oyseaulx des mêmes pierres que ci-dessus, enchâssées dans l'ébeine. » Parfois l'écaille remplace les pierres précieuses et prélude aux savantes combinaisons auxquelles Boulle attachera bientôt son nom. Tel est un « cabinet d'ébeine orné de diverses moulures à ondes et à compartimens sur la face et les costéz remplis de quarréz, losanges, triangles et ovalles d'escaille de tortue ». Enfin, en voici encore un « d'ébeine ». Il est « d'ordre ionique, orné de six pilastres de lapis avec ses bazes et chapiteaux de cuivre doré. Dans le soubassement, il y a trois tableaux de mignature représentant trois parties du monde. Dans le premier ordre, sont deux niches avec deux figures de cuivre doré, l'une représentant la Force et l'autre la Tempérance, et au milieu est un tableau de mignature où est dépeinte Rome triomphante ; l'ordre supérieur est composé de trois tableaux de mesme mignature qui représentent trois histoires romaines..., ledit ordre, orné de deux satyrs de cuivre doré, portans sur leurs testes des corbeilles de fruits, servans de pillastres. Le frontispice, orné de deux grands cartouches et corniches d'ébeine avec des pierres de lapis rapportées, entre lesquelles est dépeint un cadran en mignature, au milieu duquel il y a une Vénus qui tient un cœur dans sa main droite et devant elle est un Cupidon. Le tout profilé de cuivre doré, et tous lesdits tableaux entourez d'un petit feston aussy de cuivre doré. »

Certes, il est difficile de rêver une collection plus magnifique de meubles à la fois plus riches et plus coûteux. Eh bien, il faut reconnaître cependant que, sous ce rapport, le cardinal de Mazarin resta sensiblement inférieur à son illustre élève, et que le Grand Roi surpassa son ministre de plus de cent coudées. Pour se rendre compte de la somptuosité des cabinets exécutés sous le règne de Louis XIV, il suffit, en effet, de donner un coup d'œil à ses *Comptes des bastimens*. Nous y trouverons : en 1667, le payement à Domenico Cucci, de 30,500 livres, pour deux grands cabinets représentant « le temple de la Gloire et celui de la Vertu ». En 1673, nous relèverons un nouveau payement au même artiste de 27,568 livres « pour deux grands cabinets d'ébène enrichis de divers ornemens ». Le 7 juin 1678, nous verrons l'ébéniste Gole toucher 2,800 livres pour le parfait payement de 25,800, montant de « deux grands cabinets de bois de chesne couverts d'ébeine », etc.

Par l'importance de ces dépenses, dont le chiffre devrait être aujourd'hui au moins quadruplé, on peut juger de la splendeur de ces meubles. Au reste, on s'en rendra mieux compte encore par la description d'un des chefs-d'œuvre exécutés par Domenico Cucci : « Un cabinet d'ébène avec filets d'étain, appelé le *Cabinet de la Paix,* tout couvert de jaspe, lapis et agattes, enrichy sur le devant de quatre figures de héros de bronze doré, sur un fond de lapis; au milieu est un portique soutenu de deux colonnes de lapis, avec bazes et chapiteaux de bronze doré, aiant sur le frontispice les armes de France couronnées sur fond de lapis, suportées par deux anges, le tout de bronze doré; dans l'enfoncement du portique est la statue de Louis XIV, assise, tenant de sa main gauche un bouclier ciselé de la devise de Sa Majesté, aiant sous ses pieds un tapis et un carreau, le tout de bronze doré; le corps d'en haut est orné d'une petite niche dans laquelle est la figure de la Paix : le cabinet porté sur un pied de bois doré, soutenu par devant de deux pilastres fond d'azur, et de quatre figures qui représentent les quatre principaux fleuves du monde : haut de huit pieds, sur cinq pieds trois pouces de large et dix-neuf de profondeur. »

Ce cabinet est sans doute celui-là même qui figure dans la tapisserie de l'*Histoire du roi,* représentant la visite de Louis XIV aux Gobelins. On peut difficilement imaginer un plus beau meuble, mieux combiné pour la décoration et plus riche. Celui qu'on voyait à la même époque dans l'appartement de la duchesse d'Orléans n'est guère moins remarquable ; c'était : « Un grand cabinet à deux corps, trois battans et trois tiroirs de marqueterie de cuivre et d'étain sur fond d'ébène enrichy de colonnes, pilastres quarrés, bandes et piramides de lapis ; sur les milieux des trois battans de marqueterie et quarrés fond de lapis, sont des masques d'hommes et femmes de cuivre doré, portans sur leurs testes un panier de fleurs et fruits aussy de cuivre. » Ce meuble magnifique, « long de 5 pieds 1 pouce sur 18 pouces de profondeur et 4 pieds 3 pouces de haut », reposait sur « un pied de bois peint façon de marqueterie de cuivre, composé de quatre consolles, sur les deux du milieu étoient posés deux enfans de bois doré, et sur le bas du marchepied, un autre petit enfant tenant un écusson bleu dans un cartouche de bois doré ». Enfin mentionnons encore le cabinet qui ornait la chambre de Mme de Maintenon. Il était de marqueterie de bois, à fleurs de diverses couleurs sur fond d'ébène, avec ses ferrures et entrées de clef en bronze doré. Dans toutes les résidences royales, ces superbes cabinets abondaient, du reste. A Versailles, à Marly, à Fontainebleau, on les rencontrait à profusion. Au Palais-Royal, dans l'appartement préparé, en 1679, pour recevoir la reine d'Espagne, « il y avoit quatre cabinets garnis de vermeil doré avec des miniatures, tous chargéz d'argenterie » ; et plus loin, les deux galeries « estoient ornées de quinze ou seize cabinets très riches et remplis de miniatures ». (Voir *Mercure* de septembre 1679.) Les *Inventaires de la Couronne* mentionnent encore, à cette époque, parmi les meubles les plus précieux, huit cabinets de filigrane d'argent ; un cabinet de glaces ovales, avec seize colonnes de formes diverses ; un cabinet de cuivre doré rehaussé de bas-reliefs d'argent ciselé ; un cabinet d'ébène, avec une grande niche d'argent occupée par un Neptune et entouré de nombreuses figures, parmi lesquelles celle de Louis XIII à cheval, etc. En 1686, quand les ambassadeurs siamois, de passage à Paris, vinrent visiter le Garde-Meuble, ce qui les frappa le plus après les broderies et les tissus, ce fut « un cabinet assez grand et tout d'acier » qu'on conservait avec un soin spécial. (Supplément au *Mercure* de 1686.) Ces personnages exotiques devaient, en outre, emporter dans leur pays plusieurs de ces petits meubles, comme souvenir de leur séjour en France, et notamment : « Trois Cabinets de Cristal de roche taillé à facettes, un peu plus grands que des cassettes ordinaires, mais beaucoup plus élevéz... entouréz de Colonnes de Vermeil doré, de divers ordres d'Architecture et de plusieurs autres ornemens. » Le roi leur offrit encore : « Plusieurs petits Cabinets d'Ambre, avec des Bas-reliefs très délicatement travailléz et des Figures de mesme matière », et pour leur roi ils reçurent « un grand cabinet de cristal de roche, les garnitures travaillées à fleurs de vermeil ». (*Mercure* d'avril et de mai 1687.)

Et ce n'était pas exclusivement aux ambassadeurs étrangers que Louis XIV faisait cadeau de cabinets de prix. L'anecdote suivante, rapportée par Dangeau, le prouve : « En arrivant [à Marly], nous dit ce fidèle narrateur, il (le Roi) mena les dames à son appartement, où il y avoit un cabinet magnifique avec trente tiroirs pleins chacun d'un bijou d'or et de diamants. Il fit jouer toutes les dames à la rafle et chacune eut son lot. Le cabinet vide fut pour la trente et unième dame. Dans chaque lot, il y avoit un secret, et dans chaque secret des pierreries qui augmentoient fort la valeur du lot. Il n'y a pas eu une dame qui n'ait été très contente, car tous les lots sont considérables, et la loterie coûte bien au roi 3,000 pistoles. » Le Grand Roi faisait galamment les choses. Ajoutons que ce n'était pas seulement sous forme de galanterie que le cabinet apparaissait dans ce monde, à la fois pieux et frivole. Il s'y manifestait aussi sous une forme plus dévote. Le même Dangeau nous rapporte qu'en 1689 Louis XIV offrit à la reine d'Angleterre : « Un cabinet qui en s'ouvrant devient prie-Dieu » ; et « puis, ajoute Dangeau, on en fait un autel, et tout ce qui peut servir à une chapelle y est en petit ». Inutile de dire que l'infortunée reine fut ravie de cette délicate attention. Les cabinets étaient, au surplus, un genre de présent fort estimé et fort recherché. La première parole que le duc d'Orléans adressa à la Grande Mademoiselle, lorsqu'il apprit le retour de sa sœur (1685), fut pour lui demander si elle apportait des cabinets de Florence. « Je lui dis que je n'en savois rien », écrit Mlle de Montpensier. (*Mémoires,* t. IV, p. 521.) « Si elle en a, elle nous en donnera », répondit le frère unique de Louis XIV. Autre part, cette princesse, peu confiante, et pour cause, dans la générosité de sa famille et de ses amis, nous apprend qu'elle s'approvisionnait de ces petits meubles à la foire Saint-Laurent. « J'y gagnoi, écrit-elle, quantité de cabinets et de miroirs, qui m'étoient nécessaires pour parer mon logis. »

On ne peut nier, après cela, que le XVIIe siècle ne soit l'époque par excellence des cabinets ; on en trouve partout, en province comme à Paris, dans des maisons d'humble apparence comme dans les hôtels les plus somptueux. (Voir notamment les *Inventaires de François Constans,* à Marseille, 1628 ; *de Philippe Charpentier,* à Paris, 1677 ; *de Joseph Descartes,* à la Barillière, 1693 ; *du maréchal d'Humières,* Paris, 1694; *de l'abbé d'Effiat,* 1698.) On ne peut invoquer, au reste, un témoignage plus convaincant de leur abondance que la mention particulière qu'en fait le Législateur de cette époque, en les comprenant au nombre des meubles qu'on doit spécialement désinfecter en temps d'épidémie. (Voir *Traité de la police* de Delamare, t. II, p. 555.)

Parmi ceux de ces cabinets qui présentaient un caractère essentiellement artistique, il en est qui se distinguent par les délicates peintures dont ils sont ornés. Nous en avons déjà vu au Palais-Royal plusieurs de cette sorte, que des artistes de mérite avaient décorés de fines miniatures. Parlant de ces cabinets du Palais-Royal, un auteur du siècle dernier attribue la paternité de leurs peintures à Mignard, « qui y a copié, nous dit-il, les sujets de peinture de la galerie Farnèse à Rome ». (*Les Curiosités de Paris,* 1723, t. Ier, p. 143.) D'autres, du même genre, figuraient à l'Arsenal, chez l'abbé d'Effiat. C'étaient : « Premièrement, un cabinet d'esbeine garny de mignatures, bronzes dorés et lapis. — *Item,* un cabinet d'esbeine garny de mignatures lapis et bronze..... » Etc. Que sont devenus ces meubles doublement précieux ? Ils furent détruits sans doute, comme les « vingt cabinets anciens, à plusieurs tiroirs », disparus dans l'incendie qui, en 1720, réduisit en cendres l'atelier de Boulle; ou encore comme ces cabinets d'argent, qu'un médiocre poète nous montre sacrifiés par Louis XIV au bonheur de ses peuples. (*Le Luxe détruit,* dans le *Mercure* de février 1690.)

... A ces mots, guéridons, tables, miroirs, chenets,
Vases, balustres, feux, urnes et cabinets
Furent jetés par la fenestre.

Fig. 331. — Armoire à bijoux, dit Cabinet de Marie-Antoinette.

Les cabinets en argent furent, en outre, proscrits par la *Déclaration* du 14 décembre 1689 et par l'*Édit* du mois de mars 1700. Quant aux cabinets à incrustations, ornés de pierres de rapport et de métaux précieux, ils ne tardèrent pas, eux aussi, à disparaître. La raison qu'on en donne est à retenir : « Ces cabinets étoient fort en usage dans le dernier siècle ; mais, comme ils ne laissoient pas que d'occuper un espace assez considérable dans l'intérieur des appartemens, on les a supprimés. » Qui dit cela ? Un architecte et un architecte éminent, le célèbre Blondel. Ainsi c'est aux architectes que ce meuble aimable et précieux doit d'avoir été banni de nos intérieurs. Le plus curieux, c'est qu'en même temps qu'il se faisait plus rare, le cabinet abdiquait peu à peu son nom. Plusieurs le qualifient de *Cabinet portatif,* comme fait Germain Brice ; de « cabinet à l'ancienne mode » ou de « demy cabinet à deux portières », comme écrit le rédacteur de l'*Inventaire du sieur d'Angely* (1777) ; et Sobry, dans son *Architecture,* parle avec dédain des « armoires dites de cabinet ». Seuls les cabinets de Chine résistèrent à cette douloureuse décadence.

A quelle époque ce genre de meubles exotiques commença-t-il d'être en vogue ? Probablement dans les premières années du XVIIe siècle, car Héroard nous montre le jeune Louis XIII se rendant, le 1er décembre 1614, « en la galerie [du Palais] chez le marchand de la Chine où il a acheté des étoffes et des meubles ». Il est au moins probable que parmi ces acquisitions se trouvaient quelques cabinets. Le certain, c'est qu'en 1658, le cardinal de Mazarin installa, dans une galerie de son palais, toute une exposition d'objets orientaux, qui furent ensuite tirés en loterie, et que parmi ces objets figuraient des cabinets de la Chine. (*Mém. de Mlle de Montpensier,* t. III, p. 234.) Le certain encore, c'est que nous rencontrons, en 1673, « un petit cabinet de vernis de la Chine », dans l'*Inventaire de Molière;* en 1677, « un petit cabinet de la Chine, posé sur un pied de même bois », dans l'*Inventaire de Philippe Charpentier, doyen du grand Conseil;* en 1694, « deux cabinets de la Chine, à deux volets, posés sur leurs pieds sculptés et dorés », dans l'*Inventaire du maréchal d'Humières.* En 1700, un cabinet de même sorte, sinon de même importance, figure dans l'*Inventaire de Le Nostre,* etc.; et les magnifiques spécimens qui sont un des ornements de la galerie d'Apollon nous prouvent que le goût de ces admirables laques, montés en cabinets, était partagé par le maître lui-même.

Ne craignons donc pas de répéter que, seuls ou à peu près, ces cabinets de la Chine trouvèrent, au XVIIIe siècle, grâce aux yeux des gens du monde. Passé 1740, en effet, on en rencontre encore chez Mlle Desmares, où l'on admire « un cabinet de la Chine à neuf tiroirs, sur sa table, à pieds dorés » ; chez Lazare Duvaux, à qui le duc de Rohan en achète un à pagodes et tiroirs, au prix de 600 livres ; chez le sieur Raux fils, domicilié rue du Petit-Lion, qui « vend des cabinets de carton, à la façon des cabinets de la Chine, renfermant des personnages d'émail, des hommes, des femmes, des joueurs, des musiciens, etc. »; chez le célèbre marchand de la rue du Roule dont il est question dans l'histoire d'*Angola;* enfin, dans la collection fameuse de M. Randon de Boisset (1777).

Ces prémisses établies, il nous faut maintenant dire quelques mots d'autres cabinets, également qualifiés CABINETS DE LA CHINE ou CABINETS DES INDES, qui diffèrent singulièrement de ceux dont nous avons parlé jusque-là.

« Le 16 août 1605, écrit Héroard, Mme la princesse de Chatillon, fille de feu M. l'amiral de Chatillon, revenant de Flandre, lui apporte [au Dauphin] des ouvrages de la Chine, à savoir : Un parquet de bois peint et doré par dedans, peint de feuillages, arbres, fruits et oiseaux du pays, sur de la toile qui lioit les ais de demi-pied ; l'on s'en servoit comme de cabinet... » (*Journal*, t. Ier, p. 147.) A la page suivante, Héroard écrit, toujours en parlant du Dauphin : « Il fait apporter son petit cabinet de la Chine, se met dedans. » Nous voilà donc en face d'un meuble qui ressemble beaucoup plus à un paravent qu'à un cabinet à tiroirs. Plus tard, nous lirons dans le *Livre journal* de Duvaux quantité de mentions comme celles-ci : « 20 décembre 1748 — M. Brochant l'aîné : trois panneaux formant un cabinet en papier des Indes. » « Le 6 mai 1749 — Mgr le duc de Bouillon : les toiles, façon, collage et raccordage de deux *cabinets* ou *passages,* faits en papier des Indes. » « 5 mars 1751 — M. le comte du Luc : trois panneaux formant un petit cabinet en papier des Indes. » « 30 juillet 1753 — Mme la duchesse de Mortemart : un cabinet de papier des Indes fond blanc, à fleurs et oiseaux, composé de neuf panneaux. » Etc. Cette fois, il n'est pas de confusion possible. Il s'agit bien là des panneaux tendus en papier, et le cabinet ainsi conçu doit être regardé comme la tenture nécessaire à la décoration d'un cabinet. Cette adaptation, qu'on n'a jamais songé à signaler, nous amène naturellement à l'acception plus vaste que le mot cabinet comporte, autrement dit au cabinet considéré comme pièce d'appartement.

Sous cette nouvelle forme, le CABINET semble avoir pris place dans nos habitations à peu près à la même époque que son homonyme, le petit meuble dont nous venons de retracer l'histoire. C'est, en effet, en 1505 que nous rencontrons ce mot pour la première fois. L'*Inventaire de la vaisselle d'or d'Anne de Bretagne,* « baillée et mise entre les mains de Jehan de Paris, varlet de chambre du roy... a esté mise, et est de présent ou cabinet dudit Seigneur (Louis XII), au chasteau de Bloys ». En 1507, dans l'*Inventaire du duc de Bourbon* (Aigueperse), il est fait mention « d'un petit ciel de cabinet » en serge tannée et violette, qui marche avec une tenture de même étoffe. C'est donc à l'aurore du XVIe siècle qu'il faut placer l'apparition du cabinet. Jusqu'à la Renaissance, en effet, la difficulté du chauffage, l'absence de confortable, avaient fait simplifier d'une façon singulière le nombre des pièces et leur distribution. Avec le XVIe siècle, les habitudes changent, les habitations se transforment. La part plus active que les femmes prennent à la vie sociale, leur influence qui se fait, chaque jour, davantage sentir, provoquent une modification radicale dans l'aménagement intérieur des hôtels et des palais. On commence à créer de petits réduits, où le maître et la maîtresse du logis peuvent momentanément dérober leur personne aux regards indiscrets et aux promiscuités gênantes. En 1509, le « marquetier » Michellet Guesnon décore, à Gaillon, le cabinet du cardinal d'Amboise. Les *Ouvraiges de maçonnerye faicts au chasteau de Saint-Germain-en-Laye depuys le mois de décembre* [1548] révèlent l'aménagement d'un cabinet pour la reine, d'un autre petit cabinet pour « Madame Marguerite, seur unique du Roy », d'un troisième « petit cabinet triangle » pour Mme la duchesse de Valentinois. Les *Dépenses pour l'entrée de Claude de France à Nancy* (1549) nous apprennent que cette princesse avait « prochain sa chambre » un cabinet de verre, c'est-à-dire à parois vitrées. Tel est le point de départ du cabinet et de son adaptation aux besoins de la nouvelle société française. Catherine de Médicis n'était pas femme à se priver d'une si utile innovation. Les *Mémoires du chancelier de Cheverny,* l'*Histoire de l'État de France de Regnier de la Planche,* les *Mémoires de Henri, duc de Bouillon,* etc., parlent du cabinet que Catherine possédait au Louvre. Durant ses voyages, elle faisait pratiquer dans de grandes pièces de petits réduits, qui lui tenaient lieu de cabinet. Nous savons par sa fille, Marguerite de Valois (*Mém.,* p. 48), qu'à Lyon (1574), son cabinet, ainsi improvisé, « n'estoit fait que d'une cloison de bois, de sorte que l'on pouvoit aisément entendre de la chambre tout ce qui s'y disoit ». Cette dernière princesse, c'est-à-dire Marguerite, avait, elle aussi, son cabinet au Louvre; et c'est là qu'elle offrit un asile au vicomte de Léran, blessé dans la nuit de la Saint-Barthélemy : « Je le feis coucher, écrit-elle (*Mém.,* p. 34), et panser dans mon cabinet à tant qu'il fust du tout guary. » La tenture du cabinet de Gabrielle d'Estrées, qui était de réseau brodé avec des montants recouverts de feuillages de fil et de carrés de toile unie, aussi bien que la description de ce que Louise de Vaudemont appelait son cabinet, démontrent que, jusqu'à la fin du XVIe siècle, cette pièce demeura un réduit intime où l'on avait coutume de se retirer, loin des importuns et des profanes.

Mais c'est surtout à l'avènement des « Précieuses », que le cabinet prit tout à coup une importance inattendue. Jusque-là, on s'était réuni dans les chambres, où les « ruelles » jouaient un grand rôle. Des beautés aussi pudiques, dont la tendresse était en quelque sorte quintessenciée, pouvaient-elles supporter la vue d'un meuble vulgaire comme le lit, odieux asile des amours brutales ? Le cabinet devint donc une nécessité pour ces beautés éprises de l'Idéal. Jusque dans la vie champêtre, que se plaisent à rêver les plus ingénues d'entre elles, le cabinet s'impose comme un indispensable asile. « Je voudrois que dans toutes les petites maisons (écrit Mme de Motteville, traçant le projet d'une de ces bergeries invraisemblables), il y eût des chambres lambrissées de bois tout uni, et que chacun de nous eût un cabinet qui, selon vos ordres, belle Amelinte (la lettre est adressée à la Grande Mademoiselle), fût rempli de livres, et dans lesquels les hommes savants produiroient des ouvrages dignes d'éterniser notre champêtre république. » (Voir *Lettres de Mlle de Montpensier,* etc., p. 20.) Plus pratique, toutefois, la belle Amelinte ne se contentait pas de cette rustique et primitive simplicité. Forcée, en 1653, de se retirer dans sa terre de Saint-Fargeau : « J'ajustai mon cabinet avec force tableaux et miroirs, écrit-elle. J'étois ravie et croyois avoir fait la plus belle chose du monde. » (*Mém. de Mlle de Montpensier,* t. II, p. 284.) C'était la mode, au reste, à cette époque, parmi les « Précieuses », de disposer et d'arranger soi-même son intérieur. Mme de Rambouillet, qui donnait l'exemple, excellait en ce genre de travaux, et Tallemant nous a conservé le souvenir d'une improvisation bien surprenante, qui montre à quel degré d'habileté et de compétence elle était parvenue en ces matières. Alors que tout le monde croyait son hôtel achevé, « elle fit faire un grand cabinet avec trois grandes croisées, à trois faces différentes, qui répondoient sur le jardin des Quinze-Vingts, sur le jardin de l'hôtel de Chevreuse et sur le jardin de l'hôtel de Rambouillet », et le plus curieux, c'est qu' « elle le fit bâtir, peindre et meubler — c'est Tallemant qui l'affirme — sans que personne de cette grande foule de gens qui alloient chez elle s'en fût aperçu ». On sait, au surplus, la haute réputation dont jouissaient le cabinet de Mme de Rambouillet et celui de la belle Julie d'Angennes, son incomparable fille. Et quand nous lisons dans une lettre de Mme de Sévigné : « Mme de La Fayette me mande comme elle se fait brave pour la noce de son fils. Elle a mis sa petite chambre en cabinet », nous pensons que cette dame fit bien de se conformer à la mode. Une « Précieuse » sans cabinet eût été un être incomplet. Il fallait en avoir un, alors même qu'on ne l'eût utilisé, comme les « Précieuses » de Molière, que pour y faire de « la pommade pour les lèvres ». (*Précieuses ridicules,* scène III.)

Avant de quitter ce monde galant, pénétrons pour finir dans le cabinet de la célèbre marquise de Frontenac, qu'avec son amie Mlle d'Outrelaise, on appelait *les Divines.* La première chose qui nous frappe en entrant, ce sont les tableaux. Voici treize portraits de famille intéressant plus, sans doute, la personne de son mari que la sienne, car la belle marquise (Anne de la Grange-Trianon, de son nom de fille) était, par sa naissance, d'une famille fort modeste. Viennent ensuite douze paysages dont « un effet de nuit », un tableau de fruits, un tableau de sainteté, tout cela, au dire des experts, d'assez mince valeur; quelques porcelaines fines, des rideaux de taffetas blanc, plusieurs chaises. Certes, il était besoin de beaucoup d'esprit, pour faire paraître un pareil cabinet brillant et somptueux. (*Invent. du marquis de Frontenac,* à l'Arsenal; Paris, 6 mai 1699.)

Il appartenait à Louis XIV de relever singulièrement la richesse de ces sortes de réduits. Les *Inventaires des meubles de la Couronne* dressés sous son règne ne mentionnent pas moins de soixante-seize ameublements de cabinet, se composant de lits de repos, fauteuils, chaises, tabourets et même banquettes, en nombre variable, de paravents, d'écrans, de portières, de rideaux, de tables, de tapis, de tentures, etc. Les uns sont en brocart de Florence, de Milan, de Lyon, de Venise, d'autres en damas de Gênes, en satin de couleur, en brocatelle de Venise, en velours bleu ou rouge, le tout enrichi de broderies d'argent et d'or. Et ce n'était pas pour lui seul que Louis XIV aimait les cabinets richement meublés. On sait que ce galant monarque offrit, au temps de ses premières amours, à Mlle de la Vallière, l'ameublement de deux cabinets, le premier « de riche broderie fond d'or, manière de velours à arabesques, rouge cramoisy, consistant en six fauteuils, six chaises, six plians et une grande tapisserie »; le second, de velours rouge et brocart lamé d'or, se composait de deux fauteuils, deux chaises et six pliants, et une grande tapisserie, le tout garni de franges d'or et d'argent et monté sur des bois dorés. Le cabinet offert par Louis XIV à la princesse de Conti n'était guère moins brillant, au reste. Il comprenait un lit de repos à dossier chantourné, deux chaises et deux tabourets, garnis de brocart d'or et d'argent, à fond de satin vert, avec deux rideaux de fenêtre, l'un de taffetas vert et l'autre de taffetas blanc. Enfin, il n'est pas jusqu'à celui de Mme de Maintenon — ce cabinet qui tient une place si grande dans la correspondance de cette femme célèbre (voir *Lettres de Mme de Maintenon,* édit. de 1789, t. V, p. 4, 8, 94, 100, 103 et suiv.) et dans lequel se rencontrèrent jusqu'à trois rois — qui n'ait participé à la somptuosité dont était coutumier le Roi-Soleil. Il était tapissé de brocart d'or à fleurs d'or frisé, meublé d'un fauteuil et de huit tabourets de velours rouge, de deux fauteuils et de dix-huit pliants de damas ou taffetas cramoisi, d'un canapé à double dossier, garni de velours rouge, et aux fenêtres de rideaux de taffetas de même couleur, le tout relevé de galons d'or et de broderies. Qu'on ajoute encore cinq à six tables de jeu, de formes différentes, deux guéridons, deux bureaux et un cabinet de marqueterie de fleurs, de bois de diverses couleurs sur fond d'ébène, et l'on aura une idée de cette pièce somptueuse, singulièrement vaste, et qui se rapproche beaucoup de ce que nous appelons aujourd'hui un salon.

Fig. 332. — Le cabinet de Mme de Scudéry (1646), d'après une estampe de Chauveau.

C'est en effet ce dernier nom qui convient à la multitude de cabinets qu'on rencontre dans les palais royaux de cette époque. Sans sortir de Versailles nous parcourons le cabinet des Livres, celui des Médailles, le cabinet de la Chine, où Louis XIV, le visage baigné de larmes, fit ses adieux au petit duc d'Anjou devenu roi d'Espagne (voir les *Mémoires du baron de Breteuil*); le cabinet des Agates, celui des Chiens, celui des Antiques et des Bijoux, de « figure octogone et éclairé par une voûte en forme de dôme », le fameux cabinet des Perruques, où Louis XV chargera plus tard M. de Maurepas de négocier son raccommodement avec Mme de Châteauroux, le non moins célèbre cabinet des Parfums, supprimé à l'époque des hauts faits de la Brinvilliers, et enfin « le cabinet dit de Sa Majesté » ou cabinet du Conseil, dont la tenue et l'entrée étaient réglées par une étiquette rigoureuse.

A ces nombreux cabinets il convient d'ajouter celui du Dauphin qui les surpassait assurément en magnificence. « Ce cabinet, dit Félibien, a de tous côtés et dans le plafond, des glaces, des miroirs avec des compartiments et des bordures dorées sur un fond de marqueterie d'ébène. Le parquet est aussi fait de bois de rapport, et embelli de divers ornemens, entre autres des chiffres de Monseigneur et de Mme la Dauphine. » Et Piganiol ajoute : « C'est le chef-d'œuvre de Boulle et celui de son art. » A Fontainebleau, le grand *Cabinet en ovale* étonnait les étrangers par de la Chine que le peintre Jean Lemoyne décora à Saint-Cloud, ou encore dans le cabinet des audiences, qui fut disposé, en 1679, au Palais-Royal, pour que les grands dignitaires de la Cour pussent venir présenter leurs hommages à Mademoiselle, devenue reine d'Espagne. « Il étoit impossible de rien voir de plus magnifique. » Quelques années plus tard, lorsqu'à l'occasion du mariage du duc de Chartres avec sa fille adultérine, Louis XIV visitera le Palais-Royal, il sera surpris par la vue d'un cabinet aussi somptueux, tout de menuiserie, mais plein de figures sculptées et dorées d'or bruni, qu'on aura préparé en son honneur.

Fig. 333. — Cabinet d'amateur (XVIIIe siècle), d'après un dessin conservé au Louvre.

sa splendeur. C'était là que Louis XIV dînait en revenant de la chasse. (Dangeau, *Journal,* t. III, p. 398.) Cette habitude de dîner dans un cabinet était, du reste, ancienne. Parlant d'Anne d'Autriche, Mme de Motteville écrit : « La reine ne dînoit pas souvent en public, servie par ses officiers, mais presque toujours dans son petit cabinet, servie par ses femmes. » (*Mém.,* t. Ier, p. 172.) Elle se continua sous Louis XV. (Voir De Luynes, *Mém.,* t. VII, p. 87, 88 et suiv.) Au château du Val, on voyait aussi un cabinet en ovale, tout tendu et meublé en brocatelle de Venise. Celui de Marly, plus magnifique encore, était digne à tous égards du faste du grand roi qui l'avait fait décorer pour son usage personnel.

Ce luxe devait, cela se comprend, exercer une influence directe sur l'entourage du roi et principalement sur le faste des princes. Chez ces derniers, les cabinets étaient également vastes, somptueux, et des plus variés comme destination. Pour s'en convaincre, il suffit de pénétrer dans le cabinet

Si, des princes royaux, nous passons à des personnages moins en évidence, il nous faudra accorder un regard au *Cabinet des Illustres,* que Sully avait établi à Villebon, et qui prenait son nom des personnages (papes, rois, princes, cardinaux), dont les portraits couvraient les murailles. Nous admirerons le cabinet du comte de Toulouse, situé au centre même de son hôtel, décoré d'une cheminée justement célèbre, et de cette incomparable tapisserie, que Mme de Montespan avait fait exécuter par Béhagle, sur les dessins du célèbre Bérain; celui de l'hôtel de Lorge, fameux par sa vue, et d'où l'on découvrait la montagne de Montmartre, la plaine Saint-Denis et le village des Porcherons, qui se reflétaient dans une série de glaces; celui de l'hôtel de Bouillon, où Ch. Le Brun avait représenté Apollon sur le Parnasse, accompagné des arts et des sciences ; les deux cabinets de l'hôtel Lambert, celui du rez-de-chaussée nommé *Cabinet de l'Amour,* décoré de paysages d'Herman et de Patel, de grands tableaux allégoriques peints par Perrier et Romanelli et d'attributs et de figures d'amour composés par Le Sueur; l'autre, celui du premier étage, appelé *cabinet des Muses,* entièrement de la main même de Le Sueur. On citait encore à cette époque le cabinet de Crozat le jeune, disposé en octogone, éclairé par en haut, et orné de figures en ronde bosse exécutées par le sculpteur Pierre Le Gros. Enfin pour montrer qu'à la suite de tous ces nobles exemples le luxe des cabinets avait pénétré partout, même où on s'attendait le moins à le rencontrer, nous constaterons que celui de M. Baile, gouverneur de la Bastille, était tendu de damas de Gênes gros bleu, avec dix fauteuils et six chaises à la reine de même étoffe à bois doré, deux bergères de velours ciselé d'Utrecht, des portières de damas, des rideaux de gros de Tours.

Mais cette dernière description nous conduit au milieu du XVIIIe siècle, où le cabinet, en se multipliant, se spécialise. Il n'est plus, comme au siècle précédent, à la fois salon, salle à manger, lieu de travail ou de repos. On commence à distinguer le CABINET D'ASSEMBLÉE, qui deviendra bientôt le SALON; le CABINET DE TRAVAIL, dont nous parlons plus loin au mot ÉTUDE; le CABINET DES LIVRES, qui aura sa place marquée à la rubrique LIBRAIRIE; le CABINET DE CURIOSITÉS, dont il sera dit quelques mots à l'article GALERIE; le CABINET DE TOILETTE, qui trouvera sa description à ce dernier mot; le CABINET DE GLACE, ancêtre du boudoir, « cabinet dont le principal ornement, dit un écrivain du temps, consiste en un lambris de revêtement fait de miroirs, pour donner plus d'apparence de grandeur au lieu, et pour réfléchir et multiplier les objets »; nous nous en occupons au mot GLACE; les CABINETS DE ROCAILLE, comme s'en firent construire Mlle de la Vallière, Mme de Montespan et la duchesse de Valentinois, et dont nous parlons également plus loin; et enfin les CABINETS DE JARDIN ou de VERDURE, « petits bâtimens isolés en forme de pavillons, que l'on place à l'extrémité de quelque grande allée, sur une terrasse ou sur un lieu éminent, presque toujours de forme sphérique, elliptique ou à pans coupés, etc. » Tels étaient ceux que le duc d'Antin éleva à Fontainebleau dans le jardin de Diane, ceux que la duchesse d'Orléans fit construire à Chaillot, et aussi ceux mentionnés par Colletet dans ses *Tracas de Paris,* et par Mme d'Aulnoy dans son livre sur *la Cour et la Ville de Madrid;* cabinets dont les premiers échantillons remontent au XVIe siècle, car Sully rapporte qu'au parc de Montceau, il fit reposer le duc de Mayenne dans un de ces cabinets de verdure; et l'auteur du *Discours sur l'extrême cherté qui est en France* les comprend parmi les dépenses de luxe qui ruinent la noblesse de son temps.

A partir de cette époque, en effet, le cabinet se prête à tous les services. On le rencontre partout. Il envahit même la littérature et s'empare du théâtre. Lisez *la Mère coquette* de Quinault, *le Chevalier à la mode* de Dancourt, *le Jaloux désabusé* de Campistron, *le Méchant* de Gresset, *le Tambour nocturne* de Néricault-Destouches et vingt autres pièces du même temps; dans toutes, le cabinet tient sa place. Mais s'il se multiplie, il perd sa grandeur, sa noblesse, sa somptuosité. Ce n'est plus, en effet, qu'exceptionnellement qu'on voit un artiste comme Meissonnier, dessiner, combiner et faire exécuter sous ses yeux un chef-d'œuvre de richesse et de goût comme ce cabinet du comte Bielinski, dont tout Paris alla aux Tuileries admirer la magnifique élégance, avant qu'il prît le chemin de Varsovie. Comparés à cette merveille, les autres cabinets dont il nous reste quelques mots à dire, celui du Régent, par exemple, avec son lit de damas rouge à ramages, ses quatre fauteuils et quatre pliants, vêtus de même étoffe, son bureau de Boulle, à son chiffre couronné, nous semblent froids et relativement simples. Quant au cabinet de damas jaune, chamarré de galons d'argent, qu'on exécuta en 1718 pour le jeune Louis XV; au petit cabinet « d'étoffe de Constantinople avec beaucoup de broderies », meublé en 1745 pour la jeune Dauphine (son prix fut évalué par M. de Fontanieu à 45,000 livres); et enfin au grand cabinet de damas jaune, que le tapissier Salior installa pour Mme Henriette au château de Marly, ils devaient être d'une élégance raffinée; mais ils n'avaient certes plus les allures magistrales des cabinets du grand règne. En se pliant à tant d'usages, le cabinet avait perdu sa majesté.

Câblé, *s. m.* — Terme de passementier et de tapissier.

Fig. 334. — Cabriolet couvert de tapisserie.

Grosses cordes de laine, de coton ou de soie, dont on forme les embrasses de rideaux, et dont on se sert pour garnir les meubles ou encadrer les tentures, etc. En architecture, on donne ce nom à des cannelures, qui sont relevées et contournées en forme de câble.

Cabochon, *s. m.;* **Cabochi**, *s. m.* — On appelle cabochon une pierre fine, polie sur toutes ses surfaces, mais sans avoir reçu par la taille une figure spéciale. On nomme cabochons chevés ceux qui sont évidés par-dessous. Le chevage ajoute une certaine transparence à la pierre. Beaucoup d'objets d'orfèvrerie au XVe siècle, quelques cabinets au XVIe étaient décorés de cabochons. « A Pierre Chetald, marchant, demourant à Nantes, la somme de XIV cens livres tournoys pour un rubis cabochon. » (*Comptes de l'argenterie d'Anne de Bretagne,* 1492.) « Une escritoire de cristal garnie d'or, là où est enchâssé deux rubis cabochons. » (*Invent. des joyaulx et pierreries du cabinet du roy de Navarre,* 1583.)

Par analogie, sans doute, on donne, dans le Forez, le nom de CABOCHI aux clous qui présentent une large tête.

Cabriolet, *s. m.* — L'origine de ce mot, qui est *cabriole,* peut paraître au moins singulière, le nom étant appliqué à un siège. Ce qu'étaient ces sièges, Bachaumont se chargera de nous l'apprendre. « On a déjà dit, écrit-il, qu'on avoit transformé les antiques fauteuils, auxquels l'Académie étoit si fort attachée, en fauteuils moins volumineux. Par une nouvelle métamorphose, on les a changés en *cabriolets,* petits sièges de boudoir qu'on trouve d'ordinaire dans les appartements des filles. Les membres graves de la Compagnie, et surtout les vieillards, en ont gémi. » (*Mém. secrets,* t. XXX, p. 238.) Bachaumont connaissait bien Paris. Les cabriolets étaient, en effet, très en honneur chez ces demoiselles. Nous en rencontrons chez la jolie Mlle Hugues, dans son appartement de la rue des Gravilliers, meublé par le comte de Bourdeilles. Ils sont couverts de damas vert à dessin. On en compte six chez la célèbre Mlle Guimard, qui sont couverts de velours cramoisi et blanc. Mais nous en trouvons également trois dans la chambre du duc de Villars, garnis de damas jaune à galon d'argent et de maroquin rouge, dix chez la marquise de la Roche Saint-André ; et Sallandrouze de la Mornaix, qui parcourt la France en quête de commandes pour ses manufactures de tapisserie d'Aubusson et de Felletin, offre aux nobles et bourgeois de Caen de faire « exécuter, suivant les plans et dessins que l'on désire », des « fauteuils, cabriolets, ottomanes, bergères de toutes qualités et de tout prix ». (*Affiches de basse Normandie,* n° du 23 décembre 1787.) Le cabriolet avait donc également pénétré dans les demeures les plus sérieuses et jusque dans les intérieurs provinciaux.

Fig. 335.
Cachet en forme de flacon
(XVIIIe siècle).

A quelle époque le cabriolet fit-il son apparition dans le mobilier français ? Ceci est une question non encore résolue. La première mention que nous en ayons rencontrée figure dans l'annonce d'une « vente de meubles neufs, sçavoir lit à la polonoise, 4 grands rideaux, 6 coussins de fauteuils, et 2 cabriolets, le tout de la même étoffe », qui eut lieu le 12 juin 1759, au couvent des Vieux-Augustins. (*Annonces, affiches et avis divers.*) Nous remarquons d'autres « fauteuils en cabriolet de velours ciselé couleur de feu » à la *Vente de Mme de Maupeou d'Ablaiges* (1762). On peut, semble-t-il, conclure de ces deux mentions que le fauteuil en cabriolet est antérieur d'une dizaine d'années à cette dernière date. Les premiers échantillons qu'on en fabriqua suivirent, sans doute, de près l'apparition de cette gracieuse et légère voiture, dont le nom se trouva justifié par le balancement que lui imprimaient les pavés d'alors. C'est, en effet, à leur légèreté et à la facilité avec laquelle on les pouvait mouvoir, que ces sièges nouveaux durent leur nom. Ils étaient, relativement aux anciens fauteuils meublants, ce que le cabriolet était à l'antique carrosse, et c'est à cette analogie qu'ils furent vraisemblablement redevables de leur état civil.

Le nom de CABRIOLET servit aussi à désigner un certain jeu qu'on jouait avec des cartes, des dés et un plateau analogue au damier. En janvier 1757, Lazare Duvaux raccommoda « un cabriolet émaillé » pour M. de la Vallière.

Cabuceau, *s. m.;* **Cabucélo,** *s. m.;* **Cabussélle,** *s. f.* — Couvercle. Ce mot, sous ces trois formes, n'est guère usité qu'en Provence Du Cange mentionne la première. La seconde figure dans le vocabulaire provençal. On rencontre la troisième dans certains inventaires. « Cinq cabusselles, tant grandes que petites, d'hérain. » (*Invent. des biens treuvés dans la maison de George Drumenoir;* Marseille, 1583.)

Caca-Dauphin, *s. m.;* **Caca d'oie,** *s. m.* — Non donné, au XVIIIe siècle, à une couleur d'un jaune caractéristique.

Cache-entrée, *s. m.* — Petite pièce de fer, presque toujours circulaire, qui cache l'entrée d'une serrure et qui a surtout pour but d'empêcher l'air et la poussière de pénétrer à l'intérieur. C'est aussi une sorte de secret, qui permet aux seules personnes initiées d'introduire leur clef dans une serrure.

Cache-pot, *s. m.* — Vase généralement de forme cylindrique, parfois de métal, le plus souvent de porcelaine ou de faïence, qui sert à dissimuler le pot de forme grossière dans lequel sont plantés les arbustes ou les fleurs employés à la décoration des appartements. Les cache-pots de faïence ont été, de nos jours, portés à un haut degré de richesse décorative. Les cache-pots en porcelaine orientale et ceux en vieille porcelaine française sont plus spécialement recherchés par les amateurs. On a vu récemment deux cache-pots côtelés, avec des anses rocaille, en ancienne porcelaine de Chantilly, pâte tendre, payés en vente publique 1,250 francs. (*Vente du baron d'Ivry,* mai 1884.)

Cachet, *s. m.* — Petit sceau, composé généralement d'une table en métal gravé, surmontée d'un manche ou d'un anneau. On applique le cachet sur la cire et on s'en sert, soit pour clore les lettres, soit pour donner à une pièce un caractère d'authenticité. La première mention que nous ayons trouvée du mot cachet ne remonte pas au delà du XVIe siècle. Elle figure dans les *Comptes royaux* à la date de 1555. « Pour ung cachet d'argent à manche d'yvoire pour servir à M. de Nevers à cachetter lettres de la Royne. » La seconde se trouve dans l'*Inventaire des meubles du prince de Condé,* dressé le 1er avril 1588. Elle est ainsi conçue : « Trois petits cachets d'or, où il y a deux agathes et une turquoise, etc. » Au XVIIe siècle, les cachets deviennent d'un plus fréquent usage ; quelques-uns sont magnifiques. « Un cachet de pierres fines, façon d'émeraude, esmaillé d'or avec de petitz diamantz autour. » (*Invent. du surintendant Fouquet,* 1661.) D'autres demeurent très simples : « Un cachet de fer où sont les armes de la dite dame, pour marquer l'estain. » (*Invent. de la baronne de Castelmauron,* 1668.)

Jusqu'au XVIe siècle, on s'était servi des mots SECRET, SIGNET et surtout du mot SCEAU, pour désigner les cachets dont on faisait usage pour clore les lettres, et c'est à ce dernier article que nous renvoyons pour plus amples détails.

Fig. 336 à 338. — Modèles de cachets, d'après D. Marot.

Les cachets sont généralement marqués d'initiales ou d'armoiries. On a, de tout temps, beaucoup abusé de ces dernières. Au siècle précédent, on gravait encore les cachets de devises. Cette mode se continua en ce siècle, et Mme de Genlis nous apprend qu'une devise qui fit fureur en 1821 consistait en une harpe ou une lyre, avec ces mots : « Je réponds à qui me touche. » Mme de Genlis condamne cette devise, qui, dit-elle, « donne lieu à des interprétations ridicules ». Nous n'aurons garde de protester contre cette condamnation.

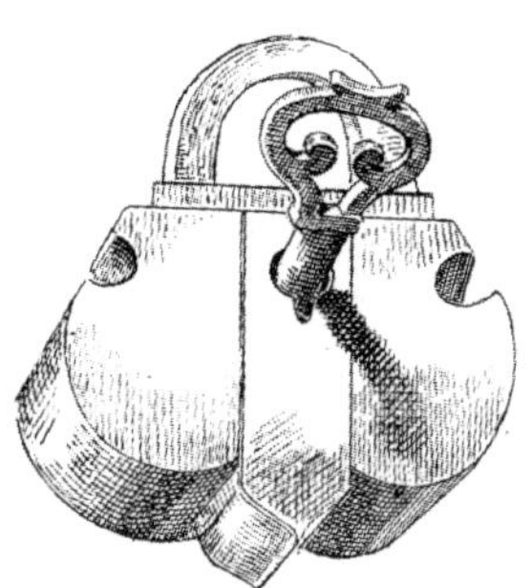

Fig. 339.
Petit cadenas en fer (XVe siècle).
Musée de Cluny.

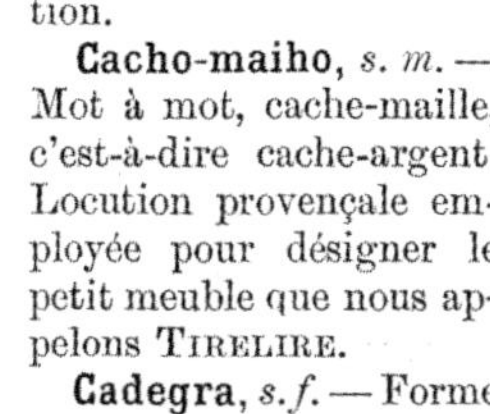

Cacho-maiho, *s. m.* — Mot à mot, cache-maille, c'est-à-dire cache-argent. Locution provençale employée pour désigner le petit meuble que nous appelons TIRELIRE.

Cadegra, *s. f.* — Forme gasconne et béarnaise de *cathedra*, chaise, siège. « Una cadegra, — una cadegra de cambra. » (*Invent. de Ramond de Cussac chanoine de Saint-André ;* Bordeaux, 1442.) (Voir le provençal CADIERO.)

Cadena, *s. f.;* **Cadène**, *s. f.;* **Cadenetta**, *s. f.* — Locution gasconne, bordelaise et béarnaise. CADENA veut dire chaîne et CADÈNE est son équivalent francisé. Quant à CADENETTA, c'est un diminutif qui signifie petite chaîne ou chaînette. « Una petita cadeneta de fer. » (*Invent. de Ramond de Cussac;* Bordeaux, 1442.) « Ung ferat al potz (seau pour le puits) an dus palms de cadena de fer. » (*Invent. de l'hôpital Notre-Dame du Puy;* Toulouse, 1743.) « Quand les Sarrazins tenoient la mer en subjection, les chrétiens n'y osoient aller, s'ils ne vouloyent se mettre en danger d'estre mis à la cadène. » (*Discours sur les causes de la cherté.*) C'était aussi le nom d'une sorte de tapisserie. (Voir *infra* l'article CADÈNE.)

Cadenas, *s. m.* — Ce mot a longtemps servi à désigner deux objets fort différents. Tout d'abord, une petite serrure mobile, qu'on accroche à une porte, une fenêtre, un meuble, et qui, passée dans un double piton, sert à les fermer. Ce genre de cadenas est très ancien. Il remonte à l'Antiquité, et l'on peut voir au musée de Cluny deux de ces petits appareils, de forme différente, trouvés, le premier, dans les travaux du pont au Change, le second, dans la Seine, à Melun, qui datent au moins du XVe siècle. Il est à croire que ces cadenas, dès une époque relativement lointaine, ont été d'un usage assez général, et malgré cela il est rarement question d'eux dans les textes datant du Moyen Age ou de la Renaissance. Cela tient, sans doute, à leur peu de valeur. Cependant, il s'en trouvait parfois d'assez importants, soit comme taille, soit comme décoration, pour occuper la plume des scribes officiels. Exemple : « Pour avoir faict un gros cadenatz à deux fermetures, garny d'une grosse chesne carrée et de deux gros vérains pour attacher à l'huys de la chapelle de la Royne, pour enfermer les coffres du Roy, pour ce VII livres. » (*Ouvraiges de serrurerye à Saint-Germain-en-Laye,* 1547.) Voilà, semble-t-il, le type du cadenas solide. Les « gros cadenats à trois clefs », dont Sully fit renforcer les serrures des appartements où furent enfermées, à Rouen, les quinze cent mille livres, qu'il avait obtenues des receveurs généraux (1596), étaient de même nature. (*Mém.,* III, 80.) « Un cadenas viel, d'argent doré, marqué aux armes de Madame » (*Invent. de Gabrielle d'Estrées,* 1599), fournit le type du cadenas précieux, comme aussi le cadenas microscopique qu'on peut voir au Louvre, dans la collection Sauvageot, et qui, monté en or, appartient à la même époque. Au XVIIe siècle, les comptes et les inventaires sont muets ; mais les poètes les remplacent. Boileau nous apprend que, dans le Paris de son temps,

> . . . . Du soir les ombres pacifiques
> A double cadenas font fermer les boutiques.

La Fontaine nous présente son *Florentin* jaloux, dont la porte

> . . . . Outre un nombre infini de ferrures,
> Sous différents ressorts, a quatre ou cinq serrures,
> Huit ou dix cadenas et quinze ou vingt verrous.

Tous ces cadenas, comme ceux dont nous avons parlé auparavant, étaient à clef. Cependant, à cette époque, les cadenas à lettres et les cadenas à secret existaient déjà. Un petit coffret recouvert de velours rouge, serti par des bordures de cuivre ciselé et doré, qu'on peut voir au Louvre, et qui remonte à la fin du XVIe siècle, offre cette particularité que sa serrure est composée d'un cadenas fixe à combinaisons alphabétiques. Notons en outre ce passage du *Journal* de Pierre de l'Estoile, daté du mercredi 6 septembre 1606 : « M. D. L. m'a donné ung petit cadenas, qui ne se peut ouvrir ni fermer, que par quatre lettres, qui sont A. M. O. R., qui font *amor,* lesquelles sont gravées avec plusieurs autres audit cadenas. » (Voir *Mém.,* t. VIII, p. 240.) Relevons encore un passage du *Journal de Jean Héroard* (t. Ier, p. 164), relatif au jeune Dauphin, daté du 16 décembre 1605 : « Il s'amuse à ouvrir et à refermer un cadenas à lettres. » C'était Héroard lui-même qui avait donné ce cadenas au futur Louis XIII. Le mot en était *Diogène.* Depuis ces temps lointains, la fabrication des cadenas, on le voit, n'a pas fait d'énormes progrès.

L'autre sorte de cadenas était un meuble beaucoup plus noble, plus précieux, mais d'un usage infiniment moins répandu. Son origine ne se perd pas dans la nuit des temps, car le premier document où nous le rencontrons ne remonte pas au delà du règne de Henri II. La description qu'on en donne va d'ailleurs nous faire connaître sa forme et son usage : « A Paul Romain et Ascaigne Desmarry, la somme de six vingt et dix-neuf livres seize sols et six deniers tournois..... pour argent blanc et or par eux employés, tant en deux couppes d'argent doré..... que pour une assiette à cadenatz garnie de cuiller, cousteau et fourchette avec ung petit coffre au-dessus, servant de sallière sur lequel est couchée une Diane. » (*Payement des ouvriers orfèvres logeans et besognans en l'hostel de Nesles,* 1549-1556.) Ainsi, cette nouvelle sorte de cadenas était un meuble de table ; non pas un coffret fermé, comme la nef dans laquelle on serrait la serviette royale, mais une sorte d'assiette, de plateau découvert, sur lequel on disposait le couteau et la cuiller du prince, son pain, son sel, etc. Jadis, ces mêmes objets, que portait le cadenas, avaient trouvé place dans la nef, et celle-ci, munie de ces accessoires, était apparue sur les tables royales dès le milieu du XIVe siècle. Mais c'est justement cette substitution, qui fit la

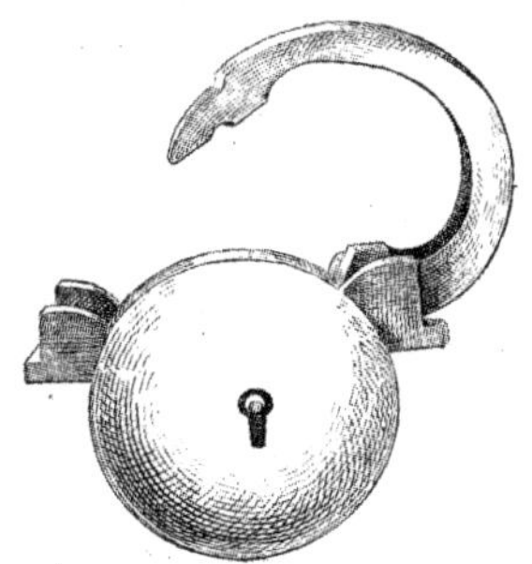

Fig. 340.
Cadenas en fer (XVe siècle).
Musée de Cluny.

nouveauté du cadenas, à l'époque où nous le voyons apparaître pour la première fois, nouveauté qui se trouve constatée par un curieux pamphlet datant, lui aussi, du XVIe siècle : « Je vis des sortes d'assiettes non de la forme des autres, dit l'auteur de l'*Isle des hermaphrodites,* car il y

Fig. 341. — Coffre de fer fermé à cadenas, d'après une gravure du XVIe siècle. (Cabinet des Estampes.)

avoit un petit enclos en long en façon d'un chetton d'un coffre, où on pouvoit mettre le cousteau, la fourchette et la cueiller ; sur le reste qui estoit vuide, on y mettoit le pain ; je prenois cela au commencement pour une escritoire, car j'en avois veu de pareilles aux practiciens de nostre pays : mais on me dict qu'en ceste isle-là on le nommoit un cadenas. » L'usage du cadenas, d'abord exclusivement réservé aux tables royales, s'était, en effet, quelque peu répandu. En 1572, un certain temps, par conséquent, avant l'époque où écrivait l'auteur anonyme de l'*Isle des hermaphrodites,* nous trouvons, parmi les meubles de Claude Gouffier, « une assiette d'argent en ovalle, façon de cadenat, poisant I marc III onces III gros ». Quelques années plus tard, dans l'*Inventaire du prince de Condé* (1588), figure : « Ung cadenat d'argent doré, sizelé en bosse, avec une cueillière et une fourchette dorée, poisant quatre marcs une onze et demye. » Dans la *Remise au duc d'Épernon des objets mobiliers provenant des frères de Foix-Candalle* (1598), on relève : « Ung quadenat avec sa cuilher et fourchette, le tout d'or, de mesme que le bassin. » Enfin, dans l'*Inventaire de Gabrielle d'Estrées* (1599) : « Un cadenatz d'argent vermeil doré plain, poisant six marcz, cinq onces, six gros. »

Au siècle suivant, l'usage du cadenas se généralise encore. On le retrouve toujours sur la table royale et même sur celle du Dauphin, qui, lorsqu'il doit s'appeler Louis XIII, s'en sert comme d'un tambour qu'il s'amuse à battre avec le manche de son couteau et la queue de sa cuiller. (*Journal de Jean Héroard,* t. II, p. 40.) On le rencontre dans l'argenterie des princes de Lorraine sous la forme de « trois assiettes à cadenat vermeil doré poinçon de Paris » (*Comptes des ducs de Lorraine,* 1633); chez le maréchal de la Meilleraye 1664), où l'on en compte quatre : un « d'argent vermeil doré, armorié des armes du deffunt Seigneur duc de la Melleraye (*sic*) et de la dite Dame sa veuve » ; les trois autres de formes variées, « l'un carré longuet, un petit carré et un à six pants ». On en découvre jusque dans les contes des fées. « Le couvert étoit mis ; il y en avoit deux, chacun garni de son cadenas d'or. » Ainsi s'exprime l'ingénieux auteur de *la Chatte blanche.* Cette abondance s'explique, au surplus. Tout duc et pair avait droit indéniable au cadenas, privilège fort recherché, et qui faisait écrire à Loret, en parlant des jeunes filles de la Cour, qu'on savait ambitionner le titre de duchesse :

Alors que l'on prend le repas,
Voir près de soy le cadenas
Et l'hermine autour de ses armes,
Ce ne sont pas de petits charmes.

Toutefois, un si beau privilège ne pouvait guère manquer de produire de grandes contestations. Les princes du sang avaient-ils le droit de prendre les cadenas, quand ils étaient à table avec les ducs, tout en empêchant ceux-ci de s'en servir ? Grave question, que Saint-Simon n'hésite pas à trancher par la négative : « La vérité, écrit-il, est que jamais les princes du sang n'ont pris des cadenas à table avec les ducs, qu'ils ne leur en aient donné et pareillement des soucoupes. » Ajoutons que, dès 1681, l'évêque de Noyon (Clermont-Tonnerre) avait tranché la question dans le même sens que Saint-Simon. Le cardinal d'Estrées, offrant un repas de gala aux trois princes du sang et aux pairs, qui s'étaient trouvés à la réception de son neveu au parlement (en qualité d'évêque de Laon) : « L'évêque de Noyon apperçut trois cadenats, que les princes avoient fait apporter et les fist ôter, en disant : — Il est plus aisé d'en ôter trois que d'en trouver sur le champ le nombre qu'il en faudroit pour tout ce que nous sommes ici de pairs. » « Les princes prirent le parti de rire », ajoute le narrateur de l'anecdote. (*Pièces intéressantes,* etc., t. II, p. 101.) On trouvera, sans doute, qu'ils firent bien. Cependant la prétention persista et, au siècle suivant, ces mêmes contestations ne laissèrent pas que de se reproduire. On en trouve la preuve dans les *Mémoires de Dufort de Cheverny* (t. Ier, p. 261).

Mais c'est surtout à la table royale que le cadenas remplissait un rôle important. C'était, comme le dit bien P. Besongne dans son *État de France* (t. Ier, p. 135), la « pièce d'honneur » du service. Aussi les gentilshommes servants le portaient-ils et le dressaient-ils avec un respect tout spécial ; et lorsque le roi dînait avec un autre monarque, le plus grand honneur qu'il pût lui faire, c'était de lui prêter son cadenas. La chose eut lieu ainsi à Fontainebleau, lors du mariage de Marie-Louise d'Orléans avec le roi d'Espagne ; mais, moins courtois avec le roi et la reine d'Angleterre, Louis XIV se bornait à tolérer qu'ils fussent, comme lui, servis sur un cadenas. Les divers *Inventaires des meubles de la Couronne* mentionnent un certain

Fig. 342. — Armoiries du duc de Cossé-Brissac, grand panetier, accompagnées du cadenas et de la nef.

nombre de ces petits meubles. Par l'état du 20 février 1673, nous savons que le cadenas d'Anne d'Autriche était « d'or garny de sa cuiller, fourchette et cousteau, émaillé dans le milieu des armes de la feue reine, et de quatre fleurons aux quatre coins, et tout à l'entour d'un feston de laurier ayant deux bouttons en forme de petits vases sur les deux bouts, long de X pouces sur VIII de large ». L'état du 20 mars

1684 en signale un fort curieux. C'est « une manière de cadenat de cristal de roche en forme de plan de fortifications », composé de cinq morceaux de cristal enchâssés dans du vermeil doré avec quatre petites urnes aux angles.

Malgré ces descriptions, il serait assez difficile de décider quelle était exactement la forme du cadenas royal, car les représentations en sont excessivement rares, si le Cabinet des Estampes ne possédait, parmi les modèles d'orfèvrerie provenant du cabinet de l'architecte Robert de Cotte, un certain nombre de dessins représentant le service de la reine et du roi. On y remarque le cadenas que Nicolas Delaunay composa pour la reine Marie-Thérèse en 1678, puis celui composé pour Louis XIV par Ch. Le Brun, et exécuté par Jean Gravet sur le modèle que le sculpteur Laurent Magnier fit en bois et en cire. Pour achever de se renseigner, on peut encore contempler le cadenas qui figure dans quelques recueils héraldiques, accompagnant les armoiries du grand panetier, car le cadenas était compris parmi les attributs de sa charge.

Enfin, grâce au *Mercure* d'avril 1680, nous savons exactement la place assignée au cadenas dans les solennités officielles. Le 9 avril de cette année, le roi, la reine, le Dauphin et la Dauphine visitèrent pour la première fois Saint-Cloud, et le plan de la table fut relevé et publié par le *Mercure*. L'usage du cadenas dura jusqu'à la fin de la monarchie. Le roi « nourrit sous le dais, entre le cadenat et la navire (nef) », suivant l'expression du sieur de Bellemaure (voir *le Pourtrait du Roy;* Paris, 1618), ne renonça point à cette prérogative; et Mme de Genlis en parle, comme une personne qui l'a connue : « A table, dit-elle, dans les jours de cérémonie, on servoit devant le prince ce qu'on appeloit un *cadenas*. C'étoit un petit plateau sur lequel étoient des salières, un huilier, etc. » (*Dict. des étiquettes de la cour,* t. Ier, p. 191.) La façon dont s'exprime Mme de Genlis prouve, en outre, que cette institution ne survécut pas à la tourmente révolutionnaire.

Cadène, *s. m.* — Sorte de tapis d'Orient, qu'on importait en Europe par la voie de Smyrne. « Ils sont les moindres de tous, écrit Savary, et se vendent à la pièce depuis une jusqu'à 2 piastres le tapis. » Ce mot signifiait aussi chaîne. (Voir CADENA.)

Cadeno, *s.f.* — Locution provençale. Chaîne, anneaux entrelacés. (Voir CADENA.)

Cadette, *s.f.;* **Cadettage,** *s. m.;* **Cadetter,** *v. a.* — Le mot cadette a deux significations distinctes. La première, usitée surtout dans le Lyonnais, est celle de dalle de moyenne dimension, servant à paver les rues, et, dans les maisons, les couloirs, allées et pièces de service. On trouve dans les *Actes consulaires* de la ville de Lyon (série BB, reg. 190), à l'année 1636, une décision portant qu'à l'avenir, lorsqu'on délivrera des mesures et alignements pour bâtir, il sera inséré dans les actes dressés à ce sujet que les intéressés ne pourront placer, sur le front de leurs constructions, des cadettes sur rue, que de la largeur d'un pied et demy et à fleur de pavé ». Dans la *Description du palais archiépiscopal de Lyon,* dressé à la suite du trépas de l'archevêque de Villeroi (1731), on lit : « Nous sommes entrés par ladite porte dans une dépense, ou garde-manger, voûtée en berceau, et pavée en cadettes de pierre grise » ; et plus loin, on trouve décrite une pièce éclairée « par une ouverture en carré long, qui a été pratiquée dans la voûte et laquelle ouverture est couverte d'une cadette persée de plusieurs trous ronds ». De cadette on a fait CADETTER : « Ledit vestibule est voûté en berceau de maçonnerie, et cadetté en pierres grises » (*ibid.*); et de cadetter est venu CADETTAGE : « Nous avons observé que le cadettage de ladite cour est en mauvais état, y ayant beaucoup de cadettes dérangées et hors de leurs places. » (*Ibid.*) A Villefranche, un lieu pavé de cadettes se nomme une CALADE. (Voir ce mot.)

CADETTE est aussi un terme du jeu de billard. C'est la moins longue des deux grandes queues, qui servent à atteindre, sur un billard, les billes trop éloignées.

Cadiéra, *s. f.;* **Cadière,** *s. f.;* **Cadiero,** *s. f.;* **Cadieireto,** *s. f.* — Chaise. (Voir ce mot.) Locution proven-

A

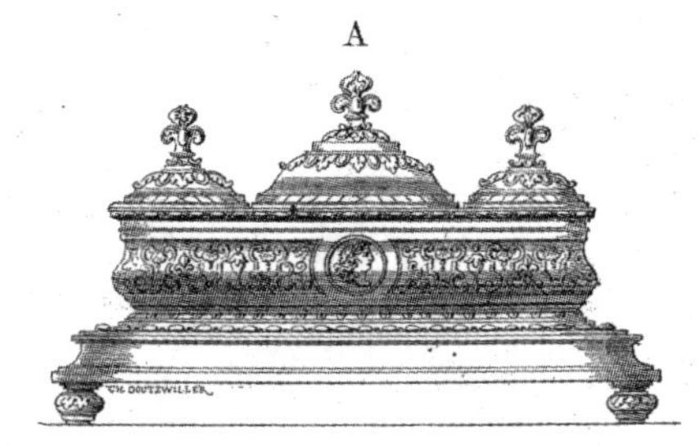

B

C

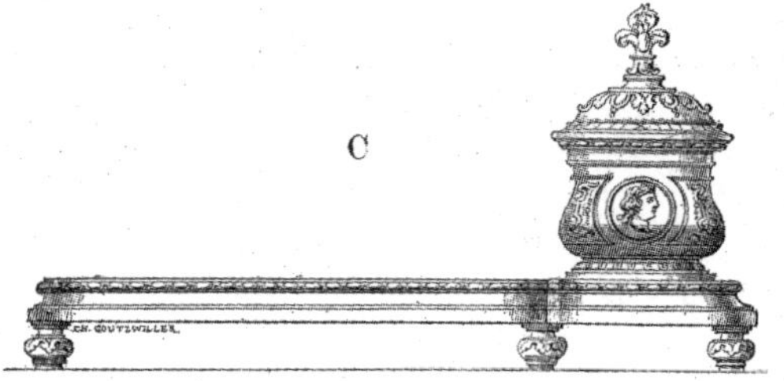

Fig. 343 à 345. — Cadenas en or du roi Louis XIV, d'après un dessin de la Bibliothèque nationale.

A. Élévation du cadenas. — B. Plan. — C. Profil.

çale et gasconne. CADIERA est la forme gasconne du mot. « Per j sargua (serge) per parar la cadiera. » (*Dépenses faites pour l'hôpital Notre-Dame du Puy;* Toulouse, 1473.) CADIÈRE est sa traduction en français. C'est elle qu'on rencontre, au XVIe siècle, dans les documents ayant un caractère officiel, dans les actes notariés. « Une cadière rompue de courailh quatorze sols ; — une cadière courailh vingt sols. » (*Invent. de Jehan de la Cassagne;* Toulouse, 1572.) « Une cadière d'avet. » (*Invent. d'Antoine Barrides, avocat au parlement;* Toulouse, 1572.) « Une cadière à la Saumaise (?) de bois blanc. » (*Invent. de M. Ph. Rigaud, prévost de Sainct-Martin ;* Marseille, 1592.) CADIERO en est la forme provençale, et le diminutif Cadieireto veut dire petite chaise, chaise d'enfant, ou chaise très basse. Enfin Cadiero courrerello signifie chaise roulante, et désigne ces sortes de petits appareils carrés montés sur des roulettes, où l'on place les jeunes enfants pour leur apprendre à marcher.

Cadis, *s. m.* — Petite étoffe de laine croisée, de très bas prix, qu'on teignait exceptionnellement avec du bois de brésil, à cause de son peu de valeur. La condition des cadis était fixée par les *Règlements généraux des manufactures* de 1669, tempérés par un *Arrêt du conseil* du 14 octobre 1673, et par un autre *Arrêt du conseil* du 7 octobre 1692, qui exemptait cette sorte d'étoffe de la visite et marque des gardes-jurés des marchands de draps. Les cadis se fabriquaient surtout en Languedoc. Ils étaient l'objet d'un grand commerce d'exportation, qui avait Lyon pour centre. Dans l'ameublement, on s'en servait principalement comme de garniture de lit. « Plus, en une chambre s'est treuvé ung grand chalit de noyer, garny de... trois courtines ung courtinon et un doucier de cadis viel. » (*Invent. de Jehan Verrier, seigneur du Bosq;* Bordeaux, 1590.) « Un lict de bois noyer, garni de cadis vert, sa couverte, deux matelas, etc. » (*Invent. du sieur Bellon, pharmacien;* Bédarrides, 1649.) « Un garniment de lit de sarge verte..... avec le surciel de cadis vert. » (*Invent. de Bernard de Peleprac;* Toulouse, 1654.) « 2 lits garnis de cadis rouge, l'un bordé de vert, l'autre de ruban citron. » (*Déclaration des meubles apportés par la demoiselle de Montbron, lors de son mariage avec Henri du Vignaud;* Angoulême, 1714.) « Étant entré dans le cabinet..... nous n'y avons rien trouvé qu'une petite bordure d'un cadis vert, d'environ deux tiers d'aune de large, estendue le long des murs au-dessus du boisement dudit cabinet. » (*Invent. de Martial de Mosnier, conseiller au parlement;* Bordeaux, 1723.) « Un lit à tombeau garni d'un cadis vert..... » (*Invent. de Nicolas-Alexandre de Ségur;* Bordeaux, 1755.)

Fig. 346. — Cadran solaire de la Sorbonne (XVIIe siècle).

Le mot cadis est ancien dans notre langue. On le trouve dans Froissart (*poésies*); mais il serait imprudent d'affirmer que l'étoffe du XVe siècle était semblable à celle du XVIIe.

Cadole, *s. f.;* **Cadaoulo**, *s. f.;* **Cadaouro**, *s. f.;* **Cadoula**, *s. f.;* **Catolla**, *s. f.* — Terme de serrurerie. Loquet, espèce de pêne, qui se soulève avec un bouton. Les mots Cadaoulo et Cadaouro, qui sont la forme provençale de cadole, signifient encore, au figuré, un outil ou un meuble brisé, démantibulé. Dans le Forez et le Lyonnais, on prononce et on écrit Cadoula ou Catolla. En dialecte lyonnais, la Cadolle est une cabane, un abri en planches qu'on met dans les champs.

Cadot, *s. m.* — Locution picarde. Petit fauteuil, chaise à bras pour les enfants. On lit dans les *Aveux du Franc Picard :*

J'ai pour meubl's ein lit, ene kielle,
En' table, ein crachet, ein cadot...

Cadran, *s. m.;* **Quadrant**, *s. m.* — « C'est une description sur un plan, sur une muraille ou quelque autre surface, de certaines lignes sur lesquelles l'ombre d'un stile marque les heures et quelquefois les signes du Zodiaque. » Cette définition, que nous empruntons à Richelet, donne une idée assez exacte des appareils horaires qui rendirent à nos ancêtres des services d'autant plus précieux que les horloges mécaniques étaient sinon inconnues, du moins extrêmement rares et coûteuses. La connaissance et l'usage des cadrans solaires remontent à une haute antiquité. Il en est question dans la Bible. (*Isaïe,* ch. XXXVIII, v. 8.) Plutarque, dans la *Vie de Dion,* parle d'un appareil de ce genre qui existait à Syracuse du temps de Denis le Tyran. Enfin, Vitruve (*Architecture,* liv. IX) n'en mentionne pas moins de dix variétés dont il cite les noms et dont il indique les inventeurs. C'est ainsi qu'il attribue à Aristarque de Samos la construction du *scaphé* et du *disque,* à Eudoxe de Cnide le cadran appelé *arachné,* à Scopas de Syracuse, à Parmenion, à Théodore, à Patrocle, à Dyonisidore, à Appollonius, la découverte de la *Plinthe,* du *Prostaistoroumena,* du *Pros-panclima,* du *Pelecinon,* du *Carquois,* etc., toutes sortes de cadrans dont la forme ne nous est pas bien connue, mais qui paraissent avoir été, dès cette lointaine époque, d'un usage général.

Au Moyen Age, les savants arabes écrivirent une grande quantité de traités de gnomonique demeurés manuscrits. Enfin, en Europe, un certain nombre de savants mathématiciens, Jean Schoner (1520), Élie Vinet (1525), Munster (1531), Oronce Fula (1532), Vico Mercati (1550), Salomon de Caus (1624), le père Kircher (1646), et plus récemment le père Alexandre, La Hire, Ozanam, Lalande, ont publié sur cette science des travaux du plus haut intérêt. Malheureusement, par suite d'impéritie ou de négligence, la plupart des cadrans solaires construits par ces hommes éminents ou sur leurs indications ont été détruits; et c'est à peine s'il en reste quelques-uns pour attester l'ingéniosité décorative qui, dans la construction de ces utiles appareils, se trouvait associée à des connaissances astronomiques de premier ordre.

Un des plus remarquables assurément, et peut-être le plus curieux, c'est celui de la cathédrale de Chartres, qui, remontant au XIIe siècle, fut restauré en 1563. La reproduction que nous en donnons dans notre second volume, au mot Gnomon, nous dispense de le décrire à cette place. Celui de la Sorbonne, qui date de la première moitié du XVIIe siècle, quoique conçu dans un tout autre esprit, est aussi, au point de vue décoratif, extrêmement remarquable. (Voir fig. 346.) L'Institut possède également un cadran du XVIIe siècle. Malheureusement, celui du Palais-Royal sur lequel, si nous en croyons Casanova (*Mém.*, t. III, p. 189), le tout-Paris du XVIIIe siècle allait régler sa montre, a disparu.

Vers le milieu du siècle dernier, un inventeur, le sieur Rousseau, essaya de rendre à ces appareils une partie de la faveur dont ils avaient joui précédemment. Il construisit des cadrans solaires sur glace qu'il nomma *parlants* (voir *Mercure* de juillet 1777); mais il ne paraît pas que son invention ait obtenu le succès sur lequel il comptait. En tout cas, il ne parvint pas à remettre à la mode un instrument que la multiplication des horloges avait rendu d'une utilité très relative. En ce siècle, la construction des cadrans solaires a été complètement délaissée; et c'est à peine si depuis cinquante ans on en a établi dans Paris deux ou trois qui méritent d'être signalés, et un seul, celui sculpté dans une façade de la rue de Rivoli, par le statuaire Gruyère, présente une réelle valeur artistique.

Après avoir résumé l'histoire des cadrans solaires publics, il convient de dire un mot de ces autres petits cadrans portatifs d'appartement et même de poche qu'on rencontre, au Moyen Age, en grand nombre, et que l'invention des horloges et des montres devait faire disparaître assez brusquement de nos habitations. Ajoutons que ces cadrans, à partir du XIVe siècle, étaient le plus souvent en métal précieux, et décorés avec une grande richesse. Quelques exemples feront juger du luxe de ces décorations. « Ung cadran d'argent blanc, aux armes de M. le comte d'Estampes, pesant VI onces et demye. » (*Compte de l'exécution du testament de la Royne Jehanne d'Évreux,* 1372.) « Ung cadran d'or, en ung estuy de brodeure à fleurs de lys et deux boutons de perles. — *Item,* ung cadran d'or, aux armes de Monseigneur le Daulphin, environné de vingt huit perles et deux grosses qui font les pertuys, pesant deux onces douze estellins et maille d'or. » (*Invent. de Charles V,* 1380.) « Un cadran d'or, où il a un grant camahieu, ouquel il a un homme, une femme et un arbre ou millieu, et aux deux coings dudit cadran et par embas, un saphir et un balay, chascun environné de trois perles, et deux perles à l'un des costéz, pesant quatre onces, cinq esterlins. » (*Invent. du château de Vincennes,* 1418.) « Un cadran d'argent ront, esmaillé en un estuy de cuir bien ouvré d'ymaiges. » (*Invent. du Louvre,* 1418.) Ces exemples suffisent à montrer combien riches et beaux étaient les cadrans dont se servaient les princes. Dans les inventaires des princesses, on en rencontre souvent en ivoire. Un cadran de ce genre figure dans l'*Inventaire des meubles et effets de François de Bretagne* (1481). Dans l'*Inventaire de Marguerite d'Autriche* (1524), on remarque « deux cadrans d'ivoire, l'ung rond et l'aultre carré, sur ung pillier de mesmes yvoire ». Dans l'*Inventaire de Catherine de Médicis,* on note également un cadran d'ivoire. Mais, en 1589, ces petits meubles commençaient déjà à se faire rares et ne servaient plus guère que pour les évocations magiques. Tels étaient sans doute le « quadrant de bronze doré en forme de soleil », mentionné dans ce même inventaire, et les deux cadrans ayant appartenu aux frères de Foix-Candalle, qui furent remis par la vicomtesse de Ribérac au duc d'Épernon. Ces deux derniers objets sont décrits comme suit : « Plus ung grand cadrant d'argent, où sont les armoiries de laditte maison, le tout dans ung étuy de cuir; plus ung autre petict cadran d'argent, faict de la main de feu hault et puissant seigneur messire Françoys Monsieur de Foix de Candalle..... estant dans un étuy couvert de velours cramoisy. »

Dès les premières années du XVIe siècle, nous l'avons dit, les horloges commencèrent à remplacer les cadrans; mais, par analogie, on conserva le nom de cadran à la surface ronde, sur laquelle se meuvent les aiguilles et qui sert à lire l'heure. Ajoutons que ces nouveaux cadrans n'héritèrent pas seulement du nom de leurs devanciers, mais aussi du luxe de décoration de ceux-ci. Dans l'*Inventaire de Marguerite d'Autriche* (1524), on trouve toute une série d'horloges dont les cadrans sont émaillés en bleu, avec une marguerite accostée de deux pensées, ou simplement avec « une pensée de bleu esmail » au milieu, ou encore avec « ung sainct Philippe esmaillé », ou encore avec « XII raiz de soleil et au milieu le nom de Jhésus esmaillé ». Les cadrans des grandes horloges, dont on gratifia alors un certain nombre de monuments, n'étaient pas moins magnifiques. Il nous reste plusieurs spécimens admirables de ces

Fig. 347. — Cadran de l'horloge du Palais.

cadrans luxueusement décorés. Nous citerons, entre autres, le beau cadran de Chartres, et surtout l'horloge du Palais de Justice de Paris, si heureusement restituée par M. Duc. Pierre de l'Estoile, contemporain de l'inauguration de ce beau cadran, nous a conservé le souvenir des impressions que son apparition produisit. « Le quadran de l'horloge du Palais, à Paris, écrit-il à la date du 18 novembre 1585, fut achevé, qui est un beau et excellent ouvrage et qui sert à la décoration de la ville, fait par Pilon, sculpteur du Roy, homme singulier en son art. » (*Journal,* t. II, p. 217.)

Depuis lors, nous avons beaucoup simplifié l'ornementation des cadrans d'horloge, et il ne faut pas s'en plaindre, car leur premier devoir étant d'indiquer l'heure aussi clairement que possible, les cadrans doivent être débarrassés de tout ce qui peut empêcher de distinguer les chiffres et de suivre le cours des aiguilles. De nos jours, on a construit un certain nombre de cadrans remarquables et qui font honneur à nos horlogers contemporains. Nous citerons au premier rang ceux du Crédit lyonnais, du ministère de la guerre, de l'Hôtel de Ville, et le cadran noir à lettres d'or de l'Institut.

Cadran. — Ce nom a été également porté par un jeu, qui, au XVIIe siècle, fut en honneur à la Cour. Nous lisons dans le *Journal de Dangeau* (II, 372) : « Le roi, après son dîner, fit la revue de son régiment des gardes suisses et puis alla tirer. Monseigneur s'alla promener à Trianon avec Mme la princesse de Conti ; il y joua au cadran et aux portiques. » Les auteurs du temps ne nous donnent pas de détails précis sur la nature de ce jeu, qui consistait vraisemblablement en une sorte de tourniquet ou de roulette.

Cadre, *s. m.* — Dans le langage de l'ameublement et de la décoration, le mot cadre possède un certain nombre de significations diverses. Les architectes et les charpentiers donnent ce nom à la réunion de quatre poutres ou pièces de bois, assemblées à angles droits, et les menuisiers aux montants et aux traverses généralement moulurés, assemblés carrément, et dans lesquels sont embrevés les panneaux de menuiserie et les lambris des portes. Les bordures carrées, renfermant un bas-relief ou une peinture appliquée sur la muraille, sont également nommés des cadres.

Fig. 348. — Cadre en bois sculpté (fin du XVIe siècle).

De cette dernière adaptation, vient l'habitude que nous avons aujourd'hui de donner ce même nom à toutes les bordures de miroir ou de tableau, quelle que soit leur forme, et quoique fort souvent l'usage de ce mot présente une sorte de contresens. Cadre, en effet, dérive étymologiquement de carré, et c'est si bien là son origine, que, dans certaines provinces, en Bretagne par exemple, le cadre s'est appelé, jusqu'au milieu du siècle dernier, une Carrée. « Plus un tableau sans carrée, de grosse painture. » (*Invent. de Pierre Chahier;* greffe de Saint-Malo, 1642.) « Deux tableaux à carrée dorée, estiméz quattre livres. » (*Invent. du chevalier de Piré;* Rennes, 1719.) Cependant, et en dépit de cette étymologie si claire, on dit un cadre rond, un cadre ovale, etc. Plus logiques et mieux inspirés, nos ancêtres appelaient tous les cadres des bordures, et cette façon de parler est demeurée en usage pendant tout le XVIIe siècle et durant une bonne partie du XVIIIe. Nous relevons, en effet, dans l'*Inventaire de Molière* (1673) : « Un grand miroir de trente pouces de glace, avec une bordure entièrement garnie de cuivre » ; dans l'*Inventaire de l'abbé d'Effiat* (1698) : « Un crucifix de bronze doré, avec sa bordure d'ébeisne, garny d'argent doré. » Le *Journal* de Dangeau nous apprend (t. XII, p. 416) que Louis XIV a envoyé à la duchesse de Mantoue « son portrait en grand, dont la bordure est toute des plus belles ». Enfin, pour ne pas multiplier les exemples, notons encore dans l'*Inventaire du peintre Guillaume Ledoux* (1781) : « Dix tableaux peints sur toille représentans des portraits, et différents sujets, dans leur bordure de bois doré, etc. »

C'est en 1626, à Lyon, que nous trouvons pour la première fois le mot cadre employé dans le sens que nous lui donnons aujourd'hui. Les *Actes consulaires* de cette année mentionnent le payement de 150 livres à Horace Le Blanc, peintre de la Ville, « pour un grand tableau et le cadre ou corniche d'icelluy, contenant le portraict du Roy, etc. » Toutefois ce n'est qu'au milieu du XVIIIe siècle que, dans les livres de Lazare Duvaux, nous voyons le terme se généraliser. Cet habile marchand fournit à M. Duflot (1750) « le cadre d'un miroir, vernis par Martin, en or et aventurine » ; à Mme de Pompadour (1751) : « Deux cadres de bois de cèdre avec des verres blancs pour deux dessins. — Un cadre de cuivre à moulures doré d'or moulu pour un tableau en émail (1753). — Un cadre de miniature en or à contours (1755), etc. » Le temps n'était pas loin, au reste, où, dans sa *Satire du Salon* (1777), le marquis de Villette allait écrire :

> Narcisse, épais et subalterne,
> Vient, dans un beau cadre doré,
> Nous montrer l'homme qui gouverne.

Quelle raison peut-on donner de cette substitution du mot cadre, si souvent inexact, au mot bordure, plus logique et mieux approprié ? Probablement le trop grand nombre d'applications auxquelles se prête le mot bordure, ce qui pouvait amener des confusions. Quoi qu'il en soit, et bien que bordure soit encore en usage dans le langage des peintres et des encadreurs, c'est le mot cadre qui, de nos jours, est le plus employé ; ce qui va nous permettre de retracer ici même, aussi succinctement que possible, l'histoire des cadres ou bordures de miroirs, tableaux, etc.

Les cadres semblent être d'invention, ou tout au moins d'emploi relativement moderne. Pendant la longue période du Moyen Age, les tableaux portatifs, encastrés dans des fermetures à volets, ne possédaient pas, à proprement parler, de cadres, et les miroirs de glace étaient inconnus. C'est seulement quand les habitudes furent devenues plus sédentaires que l'usage prévalut de laisser les tableaux à demeure sur la muraille ; et c'est surtout après que les glaces eurent fait leur apparition, qu'on peut placer l'emploi courant des cadres ou bordures. On est donc fondé à les faire remonter au XVIe siècle. Cent ans plus tard, ils sont dans tout leur épanouissement.

Ceux qu'on rencontre en plus grand nombre dans la première moitié de ce siècle sont les cadres en ébène. On les fait unis, ou ondés, avec de riches moulures ; quelquefois, mais plus rarement, avec des sculptures en très bas-relief, comme la « bordure d'ébaine noir à personnage de relief prisée II C livres », qui figure dans l'*Inventaire du maréchal de la Meilleraye*. Parfois aussi, — principalement quand il s'agit d'un miroir — comme l'ébène eût paru trop sombre, on l'égaye avec des garnitures ajourées de cuivre doré. Tels sont le miroir de glace de Venise de 26 pouces sur 14, « garny de sa bordure de bois d'esbeine... garnye de placques de bordure de cuivre doré, prisé la somme de iiij xx livres », qui figure dans l'*Inventaire de*

Fig. 349. Cadre de miroir en fer forgé (XVIIe siècle).

Jean Lesaige, conseiller au Parlement (Paris, 1670) ; et le « grand miroir de trente pouces de glace avec une bordure entièrement garnie de cuivre doré, prisé six vingt livres », que nous relevons dans l'*Inventaire de Molière* (1673).

A la même date, apparaissent également les cadres de miroirs en glace et ceux en écaille ; les premiers gravés de fleurs, de personnages, d'armoiries, de rinceaux ; les derniers généralement assez simples, mais aussi parfois rehaussés de cuivre doré, de moulures et même de camées, comme celui dont nous copions la description, dans un *Inventaire des meubles de la Couronne :* « Un miroir à bordure d'écaille de tortue, entre deux moulures de cuivre doré d'or moulu, ornée de vingt camayeux d'agatte, ceux des coins et milieux sont dans des cartouches de cuivre doré ; le chapiteau est un camayeu d'agathe représentant l'Abondance dans un cartouche chantourné, soutenu de deux amours de cuivre doré ; la glace de trente un pouces de haut sur vingt-deux de large. » C'est, du reste, le moment où l'on fait, en matières précieuses, les cadres les plus riches qu'on puisse imaginer. Parmi les présents offerts par Louis XIV, en 1687, aux ambassadeurs du roi de Siam, figurent « cinq miroirs de cristal de roche, dont les bordures sont très artistement travaillées et garnies de pierreries », ainsi que deux autres miroirs avec des cadres d'ambre, sur lesquels le *Mercure* d'avril 1687 s'exprime dans les termes suivants : « Deux Miroirs à la bordure d'ambre, avec des Glaces des plus grandes qui se puissent faire. On ne peut rien ajouter à la beauté des bordures, qui sont très larges. On y voit une infinité de Bas-Reliefs et de figures différentes, aussi bien que divers ornemens, convenant à l'Ambre sur lesquels ils sont cizelés ; car il y en a de diverses sortes. C'est le travail de plusieurs années. »

Hâtons-nous d'ajouter que ces admirables bordures n'étaient ni les plus belles ni les plus riches que le Grand Roi eût fait faire. L'*Inventaire général des meubles de la Couronne,* dressé le 20 mars 1684, ne mentionne pas moins de 17 cadres en argent massif, pesant ensemble 5,069 marcs. Ces cadres, œuvre de Cousinet, de Débonnaire, de Claude de Villers, etc., étaient pour la plupart enrichis de palmes, de feuillages, de fleurs, de cartouches, de médaillons, de carquois entrelacés et surmontés des armes de France et de Navarre, soutenues par des personnages emblématiques, par des génies ou par des anges. Ces beaux ouvrages disparurent, hélas ! lors des refontes successives de tous les meubles d'or et d'argent. Nous pouvons toutefois juger de ce que pouvaient être ces cadres admirables, par d'autres bordures de matière plus modeste, mais de travail non moins précieux, qui nous restent de cette époque. Nous voulons parler des cadres en bois sculpté et doré, qui commencèrent à être à la mode vers le même temps. Les *Comptes des bastimens du roi* nous apprennent, au reste, que ces belles bordures avaient pour auteurs les ébénistes Nicolas Massé, Legendre et Jacques Bernard. Nous savons également par ces *Comptes* que Philippe Caffieri et Lespagnandel sculptèrent un grand nombre d'entre elles, et qu'elles furent dorées ensuite par le célèbre La Baronnière, peintre et doreur justement renommé.

Au siècle suivant, nous rencontrons des artistes tout aussi illustres occupés à ces mêmes travaux. Dargenville, dans son *Voyage pittoresque de Paris,* loue sans restriction le cadre couronné par deux anges supportant les armes des d'Orléans, qu'on voyait, de son temps, au Palais-Royal, sur la cheminée de la galerie, et « dont le dessin, nous dit-il, est du fameux Oppenord ». Les bordures des glaces de Chantilly, « d'un travail singulier », écrit Piganiol, n'étaient guère moins célèbres. Par le *Livre journal* de Lazare Duvaux, nous savons que Mme de Pompadour faisait exécuter ses cadres d'estampe par le fameux Œben, qui les incrus-

Fig. 350. Cadre de tableau en bois sculpté et doré (XVIIe siècle).

tait de fleurs. Jean Guesnon travaillait également pour elle. A cette époque, les sculpteurs en bois Cayeux et Guibert (ce dernier, beau-frère de Joseph Vernet) étaient aussi fort estimés, et parmi les fournisseurs attitrés du roi et de la Cour, on comptait Robinot, Liot, Beaumont, Francastel et Poulet, artistes dont le mérite était apprécié par toute la clientèle aristocratique. Jamais, au surplus, le commerce des cadres en bois sculpté et doré ne fut plus actif qu'à cette époque. L'*Inventaire d'André Tramblin* (1742), qui s'intitulait professeur de l'Académie de Saint-Luc et n'était cependant qu'un simple encadreur, demeurant sur le quai de Gesvres, à l'enseigne du *Coq-Hardi,* cet inventaire nous permet de constater chez ce seul marchand la présence de : « Treize bordures dorées à tringles, d'hazart et neuves pour toilles de 30 et 40; deux bordures de Christ ; vingt bordures de bois doré, de toille de 8 et de 6, de différens profils; huit bordures dorées de différentes mesures, et trois en bois de fausse mesure ; huit bordures dorées, toille de 6 ; vingt-une bordures dorées, toille de 25 ; sept autres bordures dorées, toille de 20; neuf bordures dorées, toille de 15; huit autres bordures dorées, toille de 12 ; neuf autres bordures dorées, toille

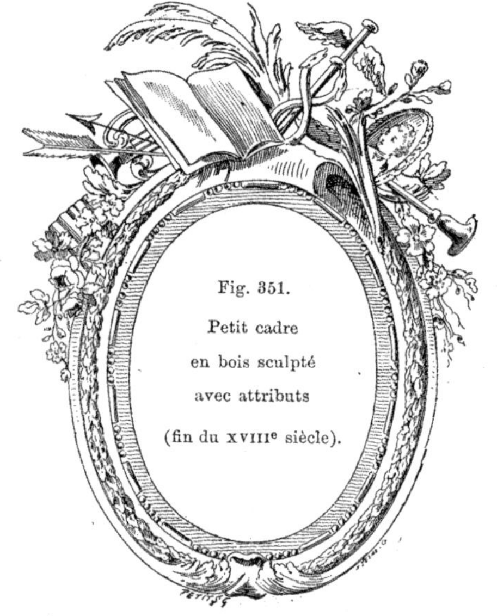
Fig. 351. Petit cadre en bois sculpté avec attributs (fin du XVIIIe siècle).

de 10 ; plusieurs petites bordures en bois de différentes grandeurs. — Dans le comptoir : à gauche, 12 paquets de petites bordures, d'une douzaine chacun, de différentes grandeurs; dans une petite armoire, à droite, six douzaines de petites bordures de différentes grandeurs, tant dorées qu'en bois, etc. » L'*Inventaire du sculpteur Jean Janet* (1778) n'est ni moins détaillé, ni moins instructif. Dans sa boutique, le commissaire Antoine-Charles Crespy fait le récolement de vingt-six douzaines de cadres de miroirs sculptés, et dans un hangar il note douze membrures de bois de tilleul, dix-sept paquets de moulures de bois sculptées, et quatre douzaines et demie de bordures de miroirs sculptées. Enfin, par Savary des Bruslons, nous avons la nomenclature détaillée de tous les cadres usités au XVIIIe siècle, aussi bien pour les peintures que pour les estampes, et les noms que ces cadres portaient, avec l'indication de leur forme générale et de leur ornementation.

« Les bordures à tableaux, écrit-il, se divisent en bordures dorées unies, en bordures à la romaine, bordures à cordons, bordures à cartouches ou ornemens, bordures à coins simples, bordures à coins et milieu, enfin en bordures à ornemens en dedans. Les noms des bordures à estampes sont les Modes, les Basins, les Grecs, les Pécouls ou petits Basins, les Passions, les Têtes de mort, les grands Vélins, les Vélins bâtards et les petits Vélins. Ces noms viennent, ou de quelques graveurs dont les ouvrages ont été recherchés, comme les Basins et les Pécouls, ou de certaines estampes qui ont été en vogue, comme les Modes, ou enfin d'autres estampes dont les grandeurs sont toujours certaines, comme les Vélins, c'est-à-dire les images imprimées sur du vélin. Toutes ces bordures, tant celles à tableaux que celles à estampes, ont des hauteurs et des largeurs déterminées ; ces dernières, par le volume des estampes, et les autres, par la grandeur des toiles ordinaires, sur lesquelles les peintres ont coutume de peindre leurs tableaux, qui est toujours la même. Il est vrai qu'il se trouve quelquefois des tableaux, plus grands ou plus petits que les mesures déterminées, mais ceux-ci s'appellent fausses mesures, et il en faut commander les bordures exprès. » Nous nous garderons de rien ajouter à cet article si complet. Nous nous bornerons à rappeler que ces jolis cadres sculptés du XVIIIe siècle sont, de nos jours, recherchés à l'égal de véritables œuvres d'art.

Aujourd'hui, nos encadreurs fabriquent des bordures de tous les styles et de toutes les sortes, mais sans que, le plus souvent, ces cadres présentent une valeur artistique réelle, ni même une grande valeur d'exécution. Au XVIIIe siècle, on avait, par économie, commencé à faire des cadres en pâte, qu'on appelait « bordures de composition ». Cette industrie, peu appréciée, et qui n'occupait alors que deux fabricants, a pris depuis une extension considérable, et si ses produits moulés peuvent présenter parfois un galbe assez satisfaisant, par contre, leurs profils n'offrent, comme finesse de travail, aucun des mérites de ces belles bordures qu'on rencontre au siècle précédent. Le cadre, du reste, qui jadis représentait, comme achat, une somme relativement importante dans le prix d'ensemble du tableau ou du miroir, n'est plus aujourd'hui considéré que comme un accessoire. Ajoutons même qu'on n'observe pas toujours les règles, qui devraient présider à son choix et à sa confection. La nature de la bordure, sa forme, sa plus ou moins grande richesse, ne sont pas choses indifférentes, surtout quand il s'agit de peintures. Le cadre, dans ce cas, doit s'harmoniser avec le tableau, proportionnant sa sévérité à celle du sujet et aux tonalités plus ou moins vives du coloris. En outre, il est à remarquer que, comme ornementation, le cadre doit être d'autant plus chargé, que la peinture est traitée d'une façon plus simple et moins tapageuse. Le cadre obéit, dans cette circonstance, à cette loi de la décoration, qui veut que chaque surface tourmentée se trouve en contact direct avec un *repos*. Suivant le cas, c'est la peinture ou le cadre qui doit former le repos.

Cadrille, *s. m.* — « Une table à cadrille, bois noyer, garnie de bourrette. » (*Invent. du cardinal de Belzunce;* Marseille, 1745.) (Voir QUADRILLE.)

Caen (Serge de). — Les serges de Caen étaient fort renommées au XIVe et au XVe siècle. Froissart, racontant le pillage de cette ville par les Anglais (1346), constate la quantité de drap et de serge dont les envahisseurs s'emparèrent et qu'ils dirigèrent ensuite sur l'Angleterre. (*Chroniques,* t. II, p. 320.) Lorsqu'en 1403, Marguerite de Flandre, duchesse de Bourgogne, fit acheter à Paris tous les objets nécessaires aux couches de la comtesse de Réthel, sa belle-fille, elle commanda à Jacques Dourdin, marchand parisien : « Quatre serges de Caen vermeilles de la grant mesure, pour les liz des dames et femmes » chargées de garder l'accouchée et son enfant. Dans la chambre de Marie de Bourgogne, comtesse de Clèves, nous trouvons, douze ans plus tard : « Six tapis à tendre la ditte chambre, et trois courtines de sarge de Caen verdes. » (*Trousseau de*

Marie de Bourgogne, comtesse de Clèves, 1415.) Enfin l'*Inventaire de la Bastille,* dressé en 1420, mentionne toute une suite de tentures en serges de Caen, de différentes couleurs.

Cette réputation méritée ne survécut pas, toutefois, au

Fig. 352. — Cafetière en argent (fin du XVIIe siècle).

XVIe siècle, et le *Règlement général des manufactures* de 1669 confond les serges rases de Caen avec celles de Saint-Lô, de Condé, de Falaise, et ne leur accorde aucune mention spéciale.

Café au lait. — Nom donné par analogie à une couleur tirant sur le marron clair. « Une paire de girandoles à trois branches, avec trois figures chinoises groupées, de porcelaine du Japon couleur de café au lait. » (*Invent. de Marie-Antoinette,* 1789.)

Cafetière, *s. f.* — Vase employé pour faire ou servir le café. Ce dernier fut introduit en Europe aux environs de 1653. L'invention de la cafetière est donc postérieure à cette date ; d'autant plus que le café, en tant que boisson, n'entra pas de suite dans les mœurs. Tout le monde connaît l'opinion que Mme de Sévigné avait de Racine et du café. Elle pensait que l'un et l'autre étaient affaire d'engouement. On sait également que la duchesse d'Orléans (princesse palatine) comparait l'odeur du café à l'haleine de l'archevêque de Paris, ce qui sous sa plume ne saurait être pris pour un éloge. Néanmoins, le café, considéré d'abord comme un médicament — le père Malebranche vantait ses qualités, pris en lavement, — commença, vers 1680, de s'acclimater dans la haute société française. En 1684, Girin et Rivière publièrent, à Lyon, un *Traité nouveau et curieux du café, du thé et du chocolat* (voir le *Mercure* d'octobre 1684), qui aida à la vulgarisation de ces breuvages. En 1692, les amateurs de café étaient assez nombreux à Versailles pour que, contrairement à l'avis de D'Aquin, son médecin ordinaire, Louis XIV se laissât persuader d'en prendre. Si nous en croyons le *Journal de la santé du roi* (p. 204), le monarque se trouva assez mal de cet acte de complaisance. Il eut « des nuits très mauvoises, beaucoup plus d'inquiétudes et des vapeurs plus grossières et plus difficiles, qui lui firent connoître que ce remède mettoit trop son sang et ses humeurs en mouvement et le déterminèrent à le quitter comme un remède qui ne lui convenoit pas ». Quatre ans plus tard, sur les instances de Fagon qui avait succédé à D'Aquin, Louis XIV renouvela l'expérience ; cette fois elle réussit mieux. « Cette prise de café, écrit Fagon (*ibid.,* p. 233), apaisoit ses aigreurs et, bien loin de lui inquiéter l'estomac et de lui donner des insomnies, paraissoit lui faire du bien. » Il est à remarquer qu'en cette même année 1696, le *Mercure* donna un « Éloge et utilité du café », qui ne comptait pas moins de trente-six pages, et, grâce à cette propagande, et à son exemple personnel, en 1705, l'usage du café était déjà assez général, pour que le Grand Roi, à court d'argent, crût pouvoir réaliser une sérieuse économie en le supprimant à ses invités de Marly. (*Lettre de la marquise d'Huxelles,* 13 décembre 1705.) On voit par ces quelques dates que si le long et lumineux mémoire, publié en 1713 par M. de Jussieu, aida beaucoup à la vulgarisation de ce qui devait bientôt s'appeler « la demi-tasse », on a eu tort cependant de faire à cet excellent travail l'honneur d'un usage qui existait déjà depuis nombre d'années. Pour s'en convaincre, au surplus, il suffit de consulter les écrits du temps. Nous relevons dans la *Critique agréable de Paris,* petit pamphlet publié en 1700, l'anecdote suivante : « Le chocolat, le thé et le caffé sont extrêmement à la mode ; mais le caffé est préféré aux deux autres, comme un remède qu'on dit être souverain contre la tristesse ; aussi, dernièrement, une dame apprenant que son mari avoit été tué dans une bataille : — Ah ! malheureuse que je suis ! dit-elle; vite qu'on m'apporte du caffé ! — et elle fut aussitôt consolée. » Les *Amusements comiques et sérieux* de Rivière du Frény (*Œuvres complètes,* t. V, p. 61), qui datent du même temps, nous montrent les cafés regorgeant de monde. On pourrait citer d'autres textes.

Mais toute tasse de café absorbée indique la présence d'une cafetière. Quelle forme revêtirent les plus primitifs de ces appareils ? C'est ce que nous ne saurions dire, car la première mention industrielle qu'on en rencontre nous les montre déjà suffisamment compliqués. Il s'agit, en effet, des cafetières « portatives, qui n'occupent à peine qu'une seule poche, et qui ne laissent pas de contenir tout ce qu'il faut de caffé et de sucre, pour faire trois prises de cette boisson ». La lampe, le fourneau, l'esprit-de-vin, les gobelets, les soucoupes, les cuillers, rien n'est oublié dans cette curieuse réclame, insérée au *Livre commode* de 1691 (p. 17), rien, si ce n'est cependant la forme de l'appareil.

Fig. 353.
Cafetière en argent repoussé, style Louis XVI.

Le XVIIIe siècle, plus généreux, nous a laissé d'assez nombreux modèles en argent des cafetières à servir ; mais celles employées à fabriquer le café ne nous sont guère connues. Nous savons qu'en 1763, L'Aîné, potier d'étain, demeurant rue Saint-Denis, « entre la fontaine du Ponceau et le Grand-Cerf », composa d'étain, de bismuth et de Malac, un métal dont il fabriqua des cafetières appelées *Diligences*, où le café se faisait par infusion (*Mercure*, n° d'octobre 1763) ; que, dans cette même année, le sieur Dommartin, ferblantier, demeurant au carrefour Saint-Benoît, inventa une nouvelle cafetière dont l'intérieur était « rempli par un sac de flanelle fine assujetti dans sa capacité » et que, par le moyen d'un petit robinet ajusté au bas de la panse, on en tirait « le caffé très clair jusqu'à la dernière goutte ». (*Annonces, affiches et avis divers*, n° du 25 mai 1763.) Nous savons enfin que le sieur Borely, ferblantier, rue d'Argenteuil, à l'entrée du passage Saint-Roch, fabriquait, en 1787, « des vases garnis d'un robinet, propres à faire le café à la chauffe, d'une manière plus commode qu'aucune de celles qu'on a employées jusqu'ici ». (*Journal de Paris*, n° du 17 avril 1787 Mais aucun de ces procédés, il faut l'avouer, ne nous semble bien satisfaisant.

Fig. 354. Cafetière en faïence de Strasbourg (XVIIIe siècle).

Cependant, dès 1727, le nombre des cafés était devenu si considérable, qu'on en trouvait « quelquefois dix, douze et plus dans la même rue », et le goût de cet agréable breuvage était si répandu, qu'un étranger, le sieur Nemeitz, pouvait écrire : « C'est une mode presque générale à Paris que de prendre une tasse de caffé après le dîné... l'on estime que le caffé est un bon remède pour chasser la mélancholie. » (*Séjour de Paris*, t. Ier, p. 111.) On sait, en outre, que

Cette liqueur si chère
Qui manquait à Virgile et qu'adora Voltaire

eut pour appréciateurs les personnages les plus illustres du royaume. Si Louis XIV, par économie, l'avait banni de la Cour, le café n'avait pas tardé à y reparaître. Louis XV ne dédaigna pas de faire son café lui-même. Le mot célèbre que Mme du Barry adressa à son peu auguste amant est dans toutes les mémoires, et cependant, s'il faut en croire le duc de Luynes, le soin que Louis XV apportait à cette opération était extrême. Il commençait à fabriquer son précieux breuvage avant le souper, et le terminait à table. (*Mém.*, t. IX, p. 43.) On pense si l'entourage du roi devait se modeler sur son exemple. Aussi, en 1757, quand Stanislas visita le château de Bagatelle, on ne crut pas pouvoir lui offrir de divertissement de meilleur goût, que d'improviser pour lui un café copié sur ceux de Paris, et qui fut décoré du titre de *Grand Café de Bagatelle*.

On peut deviner le luxe des cafetières en usage dans de pareils milieux. Du 20 mars 1754 au 16 avril 1755, Louis XV n'acheta pas moins de trois cafetières à Lazare Duvaux. Toutes trois étaient d'or, à branchages ciselés, munies de réchauds d'acier bruni et d'une lampe à esprit-de-vin. La première coûtait 1,950 livres, la seconde 1,536, la troisième 2,400. Dans l'*Inventaire de Marie-Josèphe de Saxe, dauphine de France*, nous remarquons également « une cafetière d'or de deux tasses, avec son réchaux à l'esprit-de-vin, renfermée dans un étui de chagrin ». Ce qu'étaient ces vases coûteux et charmants, on s'en fait une idée par les spécimens qui nous restent, par les dessins et les gravures qui nous ont été conservés. Cafetières à manche, cafetières à anses, cafetières à robinet, toutes celles que cette époque a produites sont, en effet, exquises de formes et d'une rare élégance. Les cafetières en faïence participent elles-mêmes de ces qualités plastiques.

Depuis lors, il faut le reconnaître, nous avons fait de grands progrès dans l'art de préparer le café. La *Cafetière à la Dubelloy*, la plus répandue de toutes et la plus commode, les cafetières à vapeur, à sifflet, à ballons superposés, à double circulation, celles auxquelles Morize, Lemare, Capy, ont donné leurs noms ; la *Cafetière à filtre et à pression* de Grandin et Crépaux, la *Cafetière à filtre et à vapeur* de M. Gandais, la *Cafetière russe*, etc., constituent, quant à la préparation, une amélioration certaine ; mais quand nous voulons servir sur nos tables une cafetière de métal, qui soit d'une forme élégante et d'un beau dessin, c'est encore aux modèles de l'autre siècle qu'il nous faut recourir.

Caffa, *s. f* Sorte de toiles de coton peintes de diverses couleurs, fabriquées au Bengale et importées en Europe. La première mention de ce tissu que nous ayons rencontrée figure dans l'*Inventaire de Philippe II* (1568). Au XVIIe siècle, on l'employa pour les garnitures de lit et les tentures d'appartement. « Dans le cabinet de Madame, la tapisserie de caffas à flammes, 15 florins. » (*Invent. du maréchal d'Humières ;* Lille, 1694.)

Caffart, *adj.* DAMAS CAFFART, étoffe moitié soie et moitié fil employée, au XVIIe siècle, dans l'ameublement. CAFFART DE CAMPAGNE, étoffe de même genre, mais plus grossière. (Voir pour ces deux tissus le mot DAMAS.)

Caffuoc, *s. m.* Sorte de bassinoire. L'origine de ce mot doit être cherchée dans le verbe *calefacere*, dont on trouve les dérivés *caufer* chauffer) dans certains *Fabliaux*, et *cauffoire* dans l'*Inventaire des joyaux de Charles V* C'est dans l'*Inventaire du château des Baux*, dressé en 1426, que nous rencontrons ce mot, d'un emploi qui semble bien rare. « *Item*, 11 Caffuocs de fer, 1 courtepointe blanche, etc. »

Cage, *s. f.;* **Caige**, *s. f ;* **Cagette**, *s. f.;* **Caigeolier**, *s. m.* Logette portative, à claire-voie, pour garder et nourrir les oiseaux. Le goût des oiseaux exotiques ayant été de tout temps fort répandu dans les hautes classes de la société française, les documents abondent, qui parlent des cages et de leur fabrication. Nous allons en citer quelques-uns : « A Pierre Baloches, paintre, pour avoir paint tout de neuf la caige au papegaut de la Royne, et en icelle avoir fait un grand guichet tout neuf, et livré gobelets d'estain, trois batonnéz feutréz, fil d'areschal et autres choses à ce nécessaires. » (*Comptes de l'argenterie de la reine Isabeau de Bavière*, 1394.) « Ce dit jour, iii février, à Spinola de Spinolis, eschançon dudit Seigneur, VIII florins II gros, pour les parties cy-après déclairées : c'est assavoir, pour fil de fer par luy fait achatter à

Aix, pour faire une caige d'oiseaux en sa chambre ou palais d'Aix, par le commandement dudit Seigneur. » (*Comptes et mémoriaux du roi René,* 1448.) « A ung chapellain de Pymont pour deux rossignolz en deux caiges de fil d'archal. »

Fig. 355. — Petite cage de la fin du XVe siècle, d'après le *Tableau de la civilisation*.

(*Cour des comptes de Provence,* 1477.) « A Anthoine Caigeollier, pour une petite caige à mectre les oiseaulx de la petite Françoize, 1 g. 4 patacs. » (*Ibid., Dépenses de la reine de Sicile,* 1479-1480.) « A Guillaume du Yardin, pour avoir fait porter de Montargis et de Nemours jusques à la Mothe d'Esgry, huit caiges à mectre petiz oiseaulx, — LX sols tournois. » (*Comptes de la chambre du roi Louis XI,* 1479.) « A Jehan Vendenhart, pour une caige double, couverte de toille, à mectre cailles, six huissetz pour les grandes caiges et une autre caige ronde de fil de fer, — XXX sols tournois. » (*Ibid.,* 1481.) « Au dit Jehan Georget, pour un tiers drap vert gay, acheté de luy le Xe jour de juillet, et livré à Jehan Chauffenay, pour couvrir la caige d'une petite linocte, chantant en la chambre de ladite Dame. » (*Comptes de l'argenterie d'Anne de Bretagne,* 1492.)

On remarquera que tous les documents par nous cités écrivent CAIGE. En outre, toutes les cages que nous venons de passer en revue sont de fil de fer ou de fil d'archal. Ce n'est pas qu'on ne connût alors les cages en métaux précieux. Une pareille ignorance eût mal cadré avec le faste extraordinaire de l'époque. On relève dans l'*Inventaire de Charles V* (1380) : « Une caige d'or carrée à broches ou dedens, sur la perche sont deux oyseaulx, laquelle est garnye de perles, d'émeraudes, balaiz et saphirs » ; et aussi : « Une autre caige d'or ronde, ou dedens est une cigoigne, garnye de perles, ballaiz, saphirs et dyamans. » Mais ces cages, qui étaient de fort petite taille, se retrouvent dans l'*Inventaire du château de Vincennes* (1418), avec leurs mêmes oiseaux, et l'on est amené à conclure de là que ces oiseaux étaient, eux aussi, en métal précieux, garnis à l'intérieur de parfums. Cette particularité, au surplus, est clairement indiquée dans la description d'une « cagecte d'argent doré à mettre oysellés de Chippre », qui figure dans l'*Inventaire de l'hôtel Saint-Pol* (1420), et par d'autres mentions de même nature qu'on rencontre dans l'*Inventaire de Charlotte de Savoie* (1483), ainsi que dans celui de la duchesse de Valentinois (1514). C'était, en effet, l'habitude, à cette époque, de suspendre dans les chambres de parement de ces petites cages, avec des oiseaux simulés, remplis de poudre parfumée de Chypre.

Pour les cages ordinaires, qui étaient de moindre prix, elles étaient fabriquées par des ouvriers spéciaux, que l'on appelait des CAIGEOLIERS. A partir de la fin du XVIe siècle, toutefois, cette fabrication changea de mains. En 1600, les oiseliers furent groupés en corporation, reçurent des *Statuts,* et avec ces *Statuts* le privilège de confectionner eux-mêmes toutes les cages en laiton et en fil de fer, alors qu'on laissait aux vanniers la spécialité de celles en osier, comme les cages à sansonnets, à pies, à poules, etc. En outre, les oiseliers, toujours par ces mêmes *Statuts,* étaient tenus de fabriquer deux sortes de cages : des cages hautes, dites *cages chanteresses,* et des cages basses, dites *cages muettes,* ou encore ÉGRAINOIRES ; et lorsqu'ils exposaient des oiseaux en vente, ils devaient, pour éviter toute confusion préjudiciable à l'acheteur, tenir les mâles dans les cages chanteresses, et les femelles dans les cages muettes.

En changeant de mains, l'industrie des cages paraît avoir pris un grand développement. Au XVIIe siècle, les cages de vastes dimensions abondent. Le plus fameux des marchands de cages du règne de Louis XIV fut le célèbre l'Oiselier, qui joignit bientôt à son industrie première la bijouterie et la curiosité. Voici en quels termes le *Mercure galant* de novembre 1683 s'exprime sur le compte de cet habile industriel : « Je ne vous dis point, Madame, ce que c'est que l'Oyselier. Vous sçavez, sans doute, que c'est un Marchand qui vend non seulement toutes sortes de Bijoux comme les joualiers, mais encore tout ce qu'on peut s'imaginer de plus curieux. Comme il a commencé sa fortune en vendant des Cages de prix et des Oyseaux, le nom de l'Oyselier lui est demeuré. »

Les successeurs de l'Oiselier paraissent, toutefois, avoir encore perfectionné son industrie. Au milieu du XVIIIe siècle, on vit apparaître la cage en forme de lustre, qui semble être le dernier mot du genre et qui prend place chez les femmes les plus élégantes et les mieux titrées. A la vente de la célèbre marquise du Châtelet figurait : « Une cage en forme de lustre, dans laquelle il y a un serin qui siffle six différents airs. » (*Affiches de Paris,* n° du 11 décembre 1749.) Chez la princesse de Turenne, on admirait également : « Une très grande cage formant un lustre à douze bougies, garnie en bronze doré d'or moulu, ornée de plantes imitant la nature, et de fleurs de toutes espèces ; et dedans ladite cage est un cataquois de porcelaine de France. » Cette cage n'avait pas coûté moins de 2,600 livres, etc.

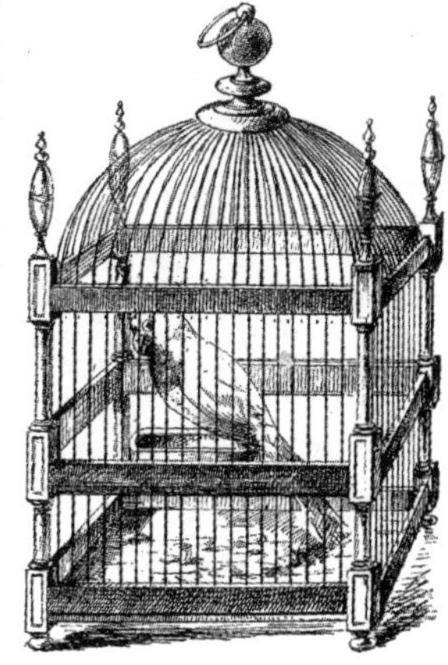

Fig. 356. — Cage à perroquet, d'après Abraham Bosse (XVIIe siècle).

A ces cages d'une forme si particulière, il faut ajouter les cages en dôme, dont nous trouvons deux échantillons chez Mme de Pompadour, et un spécimen de toute beauté parmi les meubles de la Couronne. Cette dernière est ainsi décrite dans un *Inventaire :* « Une fort belle cage à perroquet, dont le dôme est soutenu par des colonnes d'ébène à bazes et chapiteaux de cuivre doré ; les mangeoires sont d'argent ; elle est haute de deux pieds et demy, avec sa housse de tabis verd. » Mentionnons aussi les cages en baldaquin dont les *Annonces, affiches et avis divers* du 7 juin 1759 signalaient la présence chez le sieur Bias Aubry, architecte, rue Saint-Martin. Enfin, n'oublions pas les cages en faïence et en porcelaine qui furent également très à la mode au XVIIIe siècle. Aujourd'hui, le goût de ces meubles de grand prix a singulièrement diminué. Les cages monumentales sont rares. Celles qui ont un cachet artistique et une forme décorative sont à peu près impossibles à rencontrer.

Les petites cages s'appelaient autrefois des CAGETTES. « A Raoulet le Gay... pour un estuy de cuir bouilly, pour mettre et porter une cagette d'argent à mettre oyselés de Chippre, XII sols parisis. » (*Comptes de l'argenterie,* 1387.)

Les cages n'ont pas seulement servi à loger des oiseaux au Moyen Age ; on en construisit également pour enfermer des êtres humains. L'auteur de la *Chronique du bon duc Loys de Bourbon* raconte (p. 110) qu'en l'année 1376, le duc Loys ayant visité, en compagnie du roi Henri, le château de Ségovie : « Le roi mena le duc monstrer (voir) les enfants du roi Dom Pietro, lesquels il tenoit en une caige de fer, et y furent mis en l'eaige de huict ans et à celle heure jà y orent esté bien vingt huict ans. » Un siècle plus tard, Louis XI acheva de se faire une réputation sinistre en infligeant un traitement pareil au cardinal La Ballue. Dans les *Comptes et dépenses* de ce monarque, on relève à la date du 2 février 1469 la dépense suivante : « A Guion de Broc, escuier, seigneur du Var, maistre d'hostel du Roy notre sire, la somme de LX livres tournois à lui ordonnée et baillée comptant pour icelle estre par lui emploiée à faire faire une caige de fer au chasteau Douzain, laquelle ledit Seigneur a ordonné y estre faite pour la seureté et garde de la personne du cardinal d'Angiers. » Des cages semblables existaient à Loches, à Chinon, à Plessis-lès-Tours, à la Bastille, au palais des Tournelles, au Mont-Saint-Michel. Le dernier prisonnier qui fut enfermé dans un de ces appareils fut l'infortuné Dubourg, mort le 26 août 1746. Celles de ces cages où l'on pouvait se tenir debout mesuraient de sept à huit pieds. Elles étaient faites en bois revêtu de lames de fer épaisses d'un doigt; les barreaux en étaient serrés l'un à l'autre à ne pouvoir y passer que la main; seulement, dans le milieu « il y avoit place à y passer un plat, et au-dessus des portes, de quoi passer un bassin pour les autres besoins ».

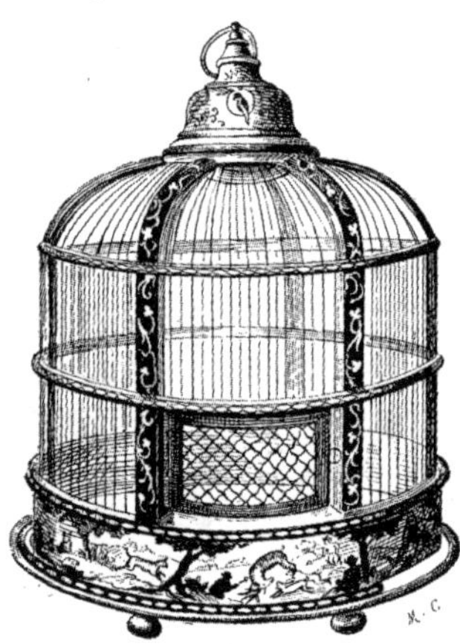

Fig. 357. — Cage en faïence (XVIIIe siècle).

En 1777, lors de sa visite au Mont-Saint-Michel, M. le comte d'Artois (plus tard Charles X) fut péniblement affecté par la vue de la cage de fer et en ordonna la destruction, qui n'eut lieu que quelques mois plus tard, au moment de la visite à l'abbaye du jeune duc de Chartres.

Le nom de CAGE a été encore pris dans quelques acceptions différentes. C'est sous ce nom que les orfèvres des siècles précédents désignaient les placards grillagés, dans lesquels ils serraient leurs ouvrages terminés et prêts à être livrés à la vente. Dans le même sens, on lit dans l'*Ordre tenu au sacre et couronnement de la reine Élizabeth* (1571) : « Les fenestres estoyent bouchées de caiges d'ozier et tapissées de riches tapisseries. » Dans l'ouest de la France, on a nommé CAGES A PAIN des petits meubles à claire-voie où l'on conservait la provision de pain. « Une cage à pain, prisée 3 livres. » (*Invent. de Pierre Dagnel;* juridiction et vicomté d'Artois, 1701.) Les globes de verre sous lesquels on mettait les pendules portèrent aussi ce nom. « Deux vases garnis de fleurs artificielles accompagnés de plusieurs minéraux, le tout sous cage de verre. » (*Vente du cabinet de Le Brun,* 1792.) « Une pendule en forme de lyre..... une cage de verre d'une seule pièce la couvre. » (*Vente du mobilier de Versailles pendant la Terreur,* etc.) Enfin, les architectes appellent également CAGE l'espace compris entre les murs droits ou courbes qui enveloppent un escalier.

LIT-CAGE, nom donné à des lits en fer qui se replient, et renferment leur literie et couvertures. (Voir LIT.)

Cagnard, *s. m.;* **Caignard,** *s. m.* — Sorte de réchaud en fonte, analogue à ces petits réchauds en terre que les femmes plaçaient sous leurs jupons, et qu'on appelait des GUEUX. (Voir ce mot.) C'était aussi le nom donné jadis aux bouges, aux taudis servant de retraite aux mendiants. Dans le *Testament et épitaphe de maistre Levrault,* on lit :

> S'alla coucher Jehanne ou Pernelle
> Sans linge, clarté ni chandelle,
> Au caignard sur le beau fumier;

et dans l'*Ancien Théâtre français* (t. IV, p. 315) :

> Sepulchre à punaises, pendart
> Demourant de tout le cagnart...

Cahière, *s. f.;* **Cahielle,** *s. f.* — Forme picarde du mot CHAYÈRE (chaise).

Cahute, *s. f.;* **Cahuette,** *s. f.* — Loge, petite maison, cabane. Au XVIIe siècle, on trouve le diminutif cahuette.

> Nous entrerons dans la buvette.
> Tu verras une cahuette
> Où tous ces messieurs vont manger.
>
> (*La Ville de Paris,* par Berthod.)

Cailerie, *s. f.;* **Cailier,** *s. m.* — Voir l'article suivant.

Cailler, *s. m.;* **Caier,** *s. m.;* **Quailler,** *s. m.* — Ce mot, qu'on rencontre parfois seul, mais beaucoup plus souvent associé au mot HANAP, est employé dans le sens de tasse, de gobelet, de vase à boire, et plus spécialement de gobelet ou tasse en bois. Dans l'*Inventaire de Mahault d'Artois* (1313) figurent « III henaps cailliers ou pris de C sols ». Dans les *Comptes de Geoffroi de Fleuri,* argentier de Philippe le Long (1316), on note : « Ce sunt les parties de Thiébaut l'espissier : Pour XII henaps calliers qui furent donnés aus mestres des comptes dont les noms suivent, etc. » Les *Comptes d'Estienne de la Fontaine,* argentier de Philippe de Valois (1348), renferment un chapitre intitulé : « Madres et cailliers à boire vins nouveaux, au terme de Toussains, pour le Roy, pour Monseigneur le Dauphin et ceulx de sa compagnie... » Une *Lettre de rémission,* datée de 1374, parle de prisonniers qui mirent en gage « une sainture d'argent et certains caillers ou hanaps ». Dans les *Comptes de l'hôtel de Charles VI* (1380), nous lisons : « A Richart de Suzay, demourant à Paris, pour XIII hanaps caillers, achetés de lui pour ledit office. — Geoffroy Le Vannier, pour un estuy d'osier blanc, acheté de lui pour mettre caillers... » — Enfin, une *Lettre de rémission* de 1383 parle de « quatre hanaps de cailler ou de petit madré ». On pourrait multiplier ces exemples.

Les auteurs ne sont pas d'accord sur la nature de bois dont étaient faits ces caillers. La dernière de nos citations cependant nous paraît propre à lever tous les doutes. Le nom de bois madré ayant toujours désigné les racines d'olivier, de noyer et autres bois recherchés par les tourneurs à cause de leurs veines et de leurs couleurs variées, le petit madré ou cailler devait être un bois de même nature, mais de moindre valeur, et qui, au lieu d'être poli, était peint avec plus ou moins de luxe. Un passage très curieux des *Comptes de la ville d'Amiens* (1430) parle d'achats de CAILERIE à des industriels nommés eux-mêmes CAILIERS. Or ces achats consistent en pièces de bois et surtout en tilleul. On y relève l'achat, « à Nicaise Mourin, cailier, demourant à Amiens..., de iiii perrées et demie de thille de fauchel..., de iiij c lattes de thilloeul..., de xvij thilloeuls rons ». A la même date, on achète « à Lyonnel Bosquet, cailier, demourant à Amiens..., xij thinetes..., vi bacs à porter pierres et moilons à la main..., vij thilloeuls fendus », et on paye « à Jean Bertangle, cailier, pour avoir fait et livrer trois douzannes de tampons dourmel (d'ormeau) et de caule (saule) de son bos, pour plusieurs des cambres et canons à pierre appartenant à ladite ville ». Après cela, il semble que le hanap cailler doive être un gobelet en bois de tilleul ou d'orme. Ces sortes de vases, du reste, demeurèrent en usage jusqu'à la fin du XVIe siècle, puisque nous trouvons dans l'*Inventaire de Catherine de Médicis* (1589) « quatorze escuelles et tasses de boys peint à la mode de Turquie ». En outre, il faut admettre que ces tasses avaient, dans le principe, une forme spéciale, et que le mot cailler, par la suite, finit par désigner cette forme, car on trouve des caillers de métal, tout comme on trouve des *verres* d'or et d'argent. C'est ainsi que, dans le Compte fourni par Regnauld de Douai et relatif aux obsèques de Charles VI, figurent : « Deux caillers d'or, l'une grant, l'autre petit, dont l'un a ung biberon. » Ces deux caillers, qui furent « baillés » au duc de Bedford, pesaient 2 onces 10 estellins. Ils étaient donc de très petite taille.

Caillou, *s. m.;* **Cailloutè**, *adj.* — Au siècle dernier, on appelait cailloux toutes les pierres dures, qui n'avaient pas de nom particulier. On faisait avec ces cailloux des boîtes et des tabatières. On s'en servait également dans les ouvrages de pierres de rapport. « A VENDRE 2 cabinets curieux... de bois d'ébène garnis de cailloux, marbre, agathe, lapis et porphir. » (*Ann., aff. et avis divers,* 11 février 1765.) Les plus beaux, toutefois, qu'on tirait des environs de Strasbourg, étaient exclusivement employés à faire des boîtes que les collectionneurs et les amateurs recherchaient. L'*Inventaire de Marie-Josèphe de Saxe, dauphine de France,* renferme un chapitre intitulé : « Boëtes de cailloux et autres pierres. » Dans l'*Inventaire de J.-B. Oudry, peintre du roi* (1755), on remarque « une tabatière en caillou montée en argent doré ». La mode des tabatières en caillou, qui régna durant tout le XVIIIe siècle, donna aux fabricants de porcelaine l'idée d'imiter les veines de ces pierres, dans les couleurs qu'ils donnaient à leurs vases. On appela ces porcelaines CAILLOUTÉES. Nous trouvons dans les comptes de Lazare Duvaux : « 24 décembre 1756. — Madame Adélaïde : Deux vases gros bleu caillouté, 384 livres. » « 1er janvier 1757. — Mme de Pompadour : Deux caisses de Vincennes en gros bleu caillouté peintes à fleurs, 432 livres. » C'est là, semble-t-il, qu'il faut chercher l'origine du goût de ces *flambés,* dont les céramistes de nos jours poursuivent la reproduction avec un acharnement louable.

CAILLOU D'AMÉTHYSTE. — On rencontre parfois ce terme dans les inventaires du XVIe siècle. On croit qu'il désignait des cabochons d'améthyste contrefaite. Comme exemple, nous citerons : « Un tableau d'un grand caillou d'amatiste où est figuré Jésus-Christ garny d'argent doré. — Une grande coupe de caillou d'amatiste, taillée à goudrons, le couvercle et garniture d'argent doré, au-dessus un Bacchus d'or esmaillé blanc. » Ces deux pièces figurent dans l'*Inventaire des joyaulx et pierreries du cabinet du roi de Navarre, au château de Navarrens* (19 mai 1583).

Cairin, *s. m.;* **Kerrein**, *s. m.;* **Quérin**, *s. m.* — Ce mot, que l'on trouve orthographié de façons fort différentes, apparaît pour la première fois vers la fin du XVIe siècle.

Il figure en plusieurs endroits dans la satire intitulée l'*Isle des hermaphrodites :* « D'autant que la terre n'est pas digne de porter chose si prétieuse, dit le législateur de cette île dépravée, nous ordonnons qu'on estendra sous lesdicts licts quelques riches cairains, ou autres tentures de soye. » Et plus loin : « Après cela, on osta ces deux nappes et puis on estendit un grand cairin traînant iusques à terre; car ils vouloient iouer au reversis. » Dans l'*Inventaire de Catherine de Médicis* (1589), il est fait mention de 28 « tapis quérins », c'est cairin qu'il faut lire. Ainsi le cairin ou quérin était à la fois un tapis de pied et un tapis de table. Son nom signifiait simplement : « tapis provenant du Caire ». Dans l'*Inventaire de Gabrielle d'Estrées* (1599), les tapis « quereins », qui sont au nombre de cinq, sont mentionnés dans le lot des tapis d'Orient, avec trois tapis persiens et dix tapis de Turquie : « Un grand tapiz querein de cinq aulnes de tiers de long et de trois aulnes de large... Un autre tapiz querein, etc. » Ces tapis sont cotés 50, 60 et jusqu'à 80 écus, prix élevé pour l'époque. Dans l'*Inventaire du maréchal de la Meilleraye,* dressé, le 23 février 1664, à l'Arsenal, où le maréchal était logé en qualité de grand-maître de l'artillerie, nous notons : « Un vieil tapis kerrein, de trois aulnes de long, sur cinq quarts de large, XXII livres. — *Item,* un autre vieil tapis roddien, prisé X livres. » Et quand nous rencontrons, dans l'*Inventaire du curé d'Effiat* (Paris, 1698) : « Un tapis de Turquie quérin, de deux aulnes de large sur quatre aulnes ou environ de long », nous assistons à une transformation dans la désignation de ces tissus exotiques; car, à partir de cette époque, les tapis égyptiens sont uniformément désignés sous le nom de tapis de Turquie.

Caisse, *s. f.;* **Quesse**, *s. f.;* **Caisso**, *s. f.* — Nom donné à des coffres de grandeurs et de formes diverses, généralement en bois, parfois recouverts de cuir ou d'étoffe. « A Mathé d'Alnassar, de Véronne, pour son paiement de deux quesses de cuyr, ouvrées à la damasquine, etc. » (*Acquits au comptant du règne de François Ier,* 1534.) « Une quaisse noyer grande à l'anthique, faicte à personnaiges dedans et dehors, fermant à serrure et à clef, dans laquelle a esté treuvé, etc. — Une aultre quaisse [de] ciprès, enrichie de personnaiges, dorée... — Une aultre caisse à la façon de pupictre dans laquelle, etc. » (*Invent. de Jehan Reynier, consul de Tripoli;* Marseille, 1597.) Les présents envoyés par le pape au jeune Dauphin, fils de Louis XIII, à l'occasion du premier anniversaire de sa naissance, étaient enfermés dans « deux caisses de velours rouge brodé d'un galon d'argent ». (*Gazette de France,* 15 juillet 1639.) A partir du XVIIe siècle, l'orthographe du mot CAISSE est définitivement fixée. Les façons antérieures d'écrire que nous venons de relever n'étaient pas cependant purement arbitraires. Elles étaient autorisées par les grammairiens et les auteurs de lexiques. Borel et Nicot, dans leurs premières éditions, écrivent QUESSE; Nicot, plus tard, et Richelet écrivent QUAISSE, et ce dernier (Richelet), dans la seconde édition de son *Dictionnaire* (1693), dit : « Prononcez *kesse;* quelques-uns écrivent *quaisse,* mais l'usage est d'écrire *caisse,* etc. »

Au XVIIe siècle, sans renoncer à ses acceptions variées, notre mot, toutefois, est surtout employé pour désigner les caisses destinées à recevoir des plantes ou des arbustes. Un des premiers documents où les caisses à fleurs apparaissent est la défense faite, en 1637, aux habitants de Lyon, de placer sur leurs fenêtres de la rue « des quaisses de fleurs et autres jardinages..., dont peuvent arriver grands inconvéniens advenant de la cheute desdites quaisses »; un autre, c'est le payement de 3,110 livres : « 9 mars-5 novembre [1676], à Coutan, menuisier, à compte de ses ouvrages et caisses à l'orangerie ». (*Comptes des bastimens,* col. 915.)

Louis XIV, qui porta l'exagération du luxe en tout, fit faire, pour les salons de Versailles, « quatre grandes caisses à six angles [en argent blanc] pour mettre les orangers, touttes cizellées sur deux faces aux armes du Roy, sur deux autres des chiffres de Sa Majesté, et sur les deux autres de deux soleils, le tout couronné, portées sur six pattes de lion ayant au-dessus six pommes à costes de melon ». Indépendamment de ces caisses à orangers, on trouvait à Versailles 18 caisses en argent « pour servir à mettre sous les flambeaux », 16 caisses servant pour les jeux d'échecs et de trictrac, des caisses à bouteilles, à fioles, également en argent, et nombre de caisses à fleurs, toutes en métal précieux.

Le XVIIIe siècle, non moins élégant que son prédécesseur, mais moins prodigue, ayant donné aux plantes rares droit de cité dans les appartements, on fabriqua pour elles des caisses en *vernis* et en porcelaine : « 8 novembre 1751. — Mme de Villemur : Une caisse en losange vernie, garnie en bronze doré d'or moulu, avec des branchages de cuivre verni ornés de fleurs de Vincennes assorties, 260 livres. » « 24 décembre 1754. — A S. A. S. Mlle de Sens : Deux caisses de porcelaine de Vincennes gros bleu, peintes à oiseaux, 288 livres », etc. (*Livre journal* de L. Duvaux, t. II, p. 101 et 227.)

Aujourd'hui, le mot caisse désigne plus spécialement les coffres de fer, dans lesquels on serre l'argent et les effets précieux, et qu'au siècle précédent on appelait COFFRE-FORT. (Voir ce mot.) C'est dans un sens presque analogue qu'il faut entendre le nom de BUREAU A CAISSE, donné à des bureaux munis d'un tiroir à compartiments disposés pour recevoir les billets, l'or et la monnaie. Enfin, en architecture, le mot caisse a longtemps signifié ce que nous entendons aujourd'hui par CAISSON. (Voir ce mot.) En provençal, pour ces diverses sortes de caisse, on se sert de CAISSO.

Caissetin, *s. m.* — Petite caisse de sapin, plus longue que large, qu'on fabriquait à Marseille et en Provence, et dans laquelle on expédiait les figues sèches, les raisins, etc. Par analogie, on a donné ce nom aux tiroirs de bureau très allongés. On lit dans les *Mémoires de Sully* (t. VII, p. 189) : « Il (le roi) voulut que je lui fisse construire une espèce de cabinet ou grand bureau proprement travaillé et entièrement garni de tiroirs, de layettes et de cassetins, tous fermans à clef, etc. »

Caissette, *s. f.*; **Cayssette**, *s. f.* — Voir CASSETTE.

Caisson, *s. m.* — C'était, dans le principe, une petite caisse, solidement construite, bardée de fer et qu'on pouvait charger à dos de mulet. On s'en servait pour transporter les vivres, l'argenterie, les objets précieux. « Deux caissons de noyer demy-vieux, lesquels ladite dame de Thibaud a dict lui appartenir, et lui avoir esté donnés par feu son mary. » (*Invent. des biens meubles de Pierre Solle,* 1623.) « Un petit caisson forme de tiroir en bois d'ébène, garni sur le bord d'une moulure unie en bronze doré. » (*Catalogue Randon de Boisset,* 1777.) En terme d'ébénisterie, caisson signifie encore la partie creuse de certains meubles. On dit, dans ce sens, le caisson d'un bureau. « Un bureau de quatre pieds, à contours, plaqué en bois d'amaranthe et satiné à fleurs, avec son quart de rond et ornemens dorés d'or moulu ; le caisson et serre-papiers en mêmes bois et ornemens, 1,000 livres — vendu à M. de Villaumont, 8 février 1749. » (*Livre journal* de Lazare Duvaux, t. II, p. 13.)

En terme d'architecture, on appelle caisson les compartiments creux qui constituent la décoration de certains plafonds. Les caissons de cette sorte peuvent être carrés, disposés en losanges, hexagones, octogones, circulaires, etc.

Fig. 358. — Caisse à fleurs en argent, d'après Daniel Marot.

Toutefois, comme c'est une disposition de la charpente du plancher qui a donné naissance au caisson, toute décoration rappelant l'assemblage des solives doit être préférée par l'architecte et le décorateur. Jadis les caissons se nommaient des caisses. (Voir Daviler, *Explication des termes d'architecture,* t. II, p. 433.) Ajoutons que l'emploi des caissons est fort ancien. L'Antiquité en a fait un brillant usage. Le Moyen Age les a délaissés. Les constructeurs de ce temps, laissant la charpente visible, n'eurent pas recours à ces combinaisons qui leur semblaient inutiles. Mais la Renaissance reprit à son compte la tradition antique, et nous lui devons quantité de plafonds à caissons que les architectes eux-mêmes déclarent admirables. (Voir le *Dictionnaire d'architecture* de M. Bosc, t. Ier, p. 321.) Depuis lors, la verve des décorateurs paraît s'être appauvrie, et les caissons des plafonds modernes semblent, pour la plupart, copiés sur les modèles anciens, notamment sur les caissons à rosaces du temple de Mars vengeur. (Voir PLAFOND.)

Caladaris, *s. m.* — On désignait, au siècle dernier, sous le nom de caladaris, des toiles de coton rayées, fabriquées dans les Indes orientales et expédiées en Europe. Le *Mercure* de septembre 1701 cite, parmi les tissus du Bengale importés récemment en France, sept cent cinquante-cinq pièces de caladaris.

Calade, *s. f.* — Locution lyonnaise. Lieu pavé de Cadettes. (Voir ce mot.) On donne encore aujourd'hui aux habitants de Villefranche le nom de Caladois, parce que leur rendez-vous favori a été pendant longtemps sur la Calade située devant l'église.

Calamandre, *s. m.* — Voir Calmandre.

Calambac, *s. m.* — Bois de calambac. (Voir Agalloche.)

Calambour, *s. m.;* **Calembour**, *s. m.* — Bois de placage tendre, de couleur verdâtre et d'une odeur agréable (s'il faut en croire Savary, les barbiers et les étuvistes en faisaient bouillir dans de l'eau pour la parfumer). On l'employait beaucoup au XVIIe siècle dans l'ébénisterie et la marqueterie. On le tirait des Indes, sous forme de longues et grosses bûches, et il était estimé à l'égal des matières les plus précieuses. La preuve nous en est fournie par le passage suivant de Loret :

> Et toutes les susdites chozes
> Étoient fort joliment enclozes
> Dans un beau coffre fait exprès,
> Non de cèdre ni de cyprès,
> Ny de calembour, ny d'ivoire,
> Ny d'ébène luisante et noire,
> Mais d'un resplendissant cristal.

Les « susdites chozes » dont parle Loret étaient des éventails, des parfums, des bijoux, de l'argent ; et c'était l'usage de serrer ces objets de valeur dans des coffres de calambour. Parlant des premiers présents que Louis XIV fit à Marie-Thérèse (1660) : « Nous accommodâmes, écrit la grande Mademoiselle, une cassette que M. de Créqui devoit porter à la jeune reine de la part du roi. C'étoit un assez grand coffre de calembour, garni d'or, où il y avoit tout ce que l'on peut imaginer de bijoux d'or et de diamants, comme des montres, des heures, des gants, des miroirs, des boîtes à mouches, [des boîtes] à mettre des pastilles ; petits flacons de toutes sortes, etc. » (*Mém. de Mlle de Montpensier,* t. III, p. 456.) Quelques années plus tard (1670), Louis XIV fit un cadeau pareil à sa jeune belle-sœur, la sympathique Henriette d'Angleterre. « Le roi envoya un présent à Madame, le plus joli du monde, écrit encore Mlle de Montpensier ; un coffre de calambour garni d'or, où il y avoit toutes sortes de bijoux, de gants garnis, que Mme de Montespan avoit pris plaisir à garnir. » (*Ibid.,* t. IV, p. 89.) A la loterie organisée en 1689 par Monsieur, et tirée à Saint-Cloud, Mme de Beauvais gagna : « Un coffre de calambourg garny d'argent, plusieurs paires de gants et un éventail. » (*Mercure,* n° de juillet 1689.) Enfin, il n'est pas jusqu'aux contes de fées où l'on ne voie figurer ce bois, alors si prisé, aujourd'hui presque inconnu. Nous faisant assister à l'arrivée des marraines, qui viennent doter de qualités incomparables la jeune princesse de la *Biche au bois,* « chacune avoit son chariot de différente matière, écrit Mme d'Aulnoy : l'un étoit d'ébène, tiré par des pigeons blancs, d'autres d'ivoire, que de petits corbeaux traînoient, d'autres encore de cèdre et de canambourg (*sic*) ».

Calandre, *s. f.;* **Calandrer**, *v. a.;* **Calandreur**, *s. m.* — Appareil dont on se sert dans les manufactures pour presser certaines étoffes de soie ou de laine et leur donner du brillant, et dans les blanchisseries pour communiquer au linge damassé un lustre suffisant pour faire ressortir les dessins brochés. Colbert fit construire à Paris une calandre, qui passa pour la plus belle et la plus puissante qu'on eût vue. Jusqu'à la fin des corporations, les teinturiers furent seuls autorisés à posséder chez eux des calandres. Se servir de cet appareil s'appelle Calandrer, et Calandreur est le nom de l'ouvrier qui calandre.

Calathe, *s. f.* — Pièce de vaisselle en métal, dont la forme ne nous est pas connue. « Candélabres, calathes, nacelles, drageouers et aultre telle vaisselle. » (Rabelais, *Gargantua,* ch. LI.)

Calcédoine, *s. f.;* **Cassidoine**, *s. f.;* **Cassydoine**, *s. f.* — Sorte d'agate, d'un aspect laiteux mêlé de tons jaunes, qui, taillée en cabochon, a été souvent employée à la décoration des cabinets dits *gemmés* et des pièces d'orfèvrerie. Nous relevons dans l'*Inventaire de la Bastille Saint-Antoine* (1418) : « Une salière de cassidoine d'or, en laquelle a un pié sur quatre roues toutes plaines, et sur le fretelet a un petit paon esmaillé de blanc, pesant tout ensemble six onces, cinq esterlins »; dans l'*Inventaire de Charlotte de Savoie* (1483) : « Une petite boueste de cassydoine garnye d'or, par-dessus et par dessoubz, et en laquelle a plusieurs reliques. » Enfin l'*Inventaire du château de Versailles* (1708) décrit « une table de pierre de parangon sur laquelle dans les quatre coins sont des escussons... le tout de lapis, calcédoine, cornalines, etc. »

Cale, *s. f.;* **Caler**, *v. a.* — La cale est un petit morceau de bois ou de métal, qu'on place sous un objet quelconque, et plus spécialement sous un meuble, pour lui donner son aplomb. En terme d'ébénisterie, c'est un assemblage de voliges en peuplier, qu'on emploie pour fixer un placage. La cale doit être de mêmes dimensions que la partie à plaquer, et être chauffée à une température assez élevée, avant d'être serrée sur le placage au moyen de vis de pression.

Caler un objet, c'est le mettre d'aplomb en se servant de cales.

Calebasse, *s. f.* — C'est le nom d'un fruit, sorte de cucurbitacée qu'on fit sécher, qu'on vida et dont on se servit comme de récipient pour loger de liquides. Les pèlerins ne voyageaient jamais sans calebasse. Nous lisons dans les *Bacchanales et chansons* imprimées en 1616 :

> Boyvons, desja je me lasse
> Un chacun sa calebasse,
> Un chacun sa calebasse
> Remplira par les chemins,
> En disant : « Donnez, de grâce !
> A boire à ces pellerins. »

Plus tard, on appela de ce nom certaines bouteilles en verre, de même forme que les calebasses naturelles et couvertes de rotin tressé. Enfin, on finit par nommer calebasses toutes sortes de bouteilles, garnies ou non, dont les contours arrondis se rapprochaient du cucurbitacée primitif. Les *Inventaires des meubles de la Couronne* sous Louis XIV font mention de plus de trente calebasses, la plupart en porcelaine, les unes de Perse, les autres du Japon. On y trouve aussi une « calebasse d'or de Perse, enrichie et parsemée de rubis et turquoises, avec des compartiments à la persienne, fondz d'or et de petites fleurs cizelées ». Notons encore : « Une urne, deux rouleaux, deux bouteilles, une callebasse de terre sizelée (*sic*). » (*Invent. du S^r d'Aunières, garde provincial de l'Arsenal,* 1694.) « Deux calles basses garnyes de cuivre doré, pareillement de porcelaine, dont l'une cassée. » (*Invent. d'André Le Nostre,* 1700.) « Porcelaine du Japon. — Une bouteille forme de calebasse à mosaïque, cartouches à fleurs, garnie de son couvercle, avec trois anses contournées et pied à cul-de-lampe, en bronze doré. » (*Vente Randon de Boisset,* 1777.)

Caleil, *s. m.* — Voir Chaleil.

Calemar, *s. m.;* **Callemart**, *s. m.;* **Galimart**, *s. m.* — C'est un « mot hors d'usage, écrit Richelet, dont Sarazin s'est servi en riant. Il veut dire cornet d'écritoire et l'écritoire mesme. » Beaucoup d'autres auteurs ont employé ce

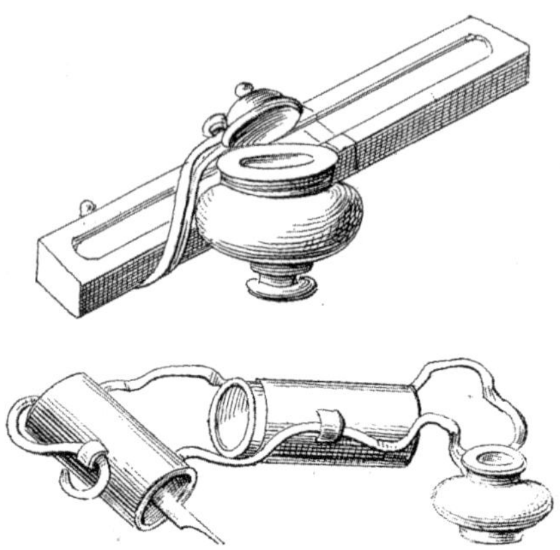

Fig. 359 et 360. — Calemars et encriers, d'après deux gravures du XVIe siècle (Cabinet des Estampes).

même mot sans rire. Dans l'*Inventaire du cardinal de Mazarin* (1653), nous trouvons, en effet, « une cassette quarrée d'ébeine servant d'escritoire, ayant par dedans le calmare et poudrier », etc. Le mot cependant avait déjà bien vieilli ; car Brantôme, près d'un siècle plus tôt, parlant d'un de ces ustensiles, constatait la caducité de son nom : « Gallemart, que l'on appeloit jadis ainsi, écrit-il, et encore aujourd'huy aucuns l'appellent telle à la vieille françoise. » (*La vie des grands capitaines françois,* Louis XI.) Quant à Bonaventure Desperriers, qui raconte la même aventure que Brantôme, pour lui, callemart a continué d'être en usage. « Un jour, entre autres, qu'il falloit signer quelques lettres et qu'il n'y avoit point de secrétaire présent, le roy, dit-il en parlant de Louis XI, le commanda à un jeune homme de finances qui estoit là, lequel, en ouvrant son escriptoire pour signer, laissa tumber deux detz sur la table, qui estoient dans le callemart. » (*Nouvelles récréations,* nouvelle LI.) Enfin, dans l'*Inventaire du château d'Angers* (1471), nous trouvons dans le petit retrait du roi René « ung grant calemart d'escritoire de cuir noir », qui est là tout à fait de son temps et à sa place.

On croit que calemart vient de *calamus,* étymologie des plus rationnelles, car le calemart, ainsi que le montrent nos gravures (fig. 359, 360 et 361), était l'étui attenant à l'encrier, dans lequel on serrait les plumes.

Calen, *s. m.* — Locution provençale. Ce mot désigne à la fois une lampe primitive à plusieurs becs, que l'on suspend à l'aide d'un crochet, et une sorte de lèchefrite en fer-blanc, qu'on emploie dans le Midi pour la confection de certains mets.

Calendrier, *s. m.* — Voir ALMANACH.

Calepin, *s. m.* — Petit registre à prendre des notes, couvert en peau. « Ce n'est pas un vieux boucquin, comme ces vieux calepins, c'est un livret. » (*Menipée de Francion ;* Paris, 1627.) « Seigneur, excusez le bonhomme, il a laissé son calepin à Rome. » (*Lettre de Chaulieu à Malézieux.*)

Calfeutrer, *v. a. ;* **Galefeustrer**, *v. a.* — Boucher les ouvertures et les fentes des portes, des fenêtres, avec des bourrelets, des chiffons, des étoupes ou du papier collé. C'est aussi fermer hermétiquement. « Ce ne furent que des vapeurs qui le tourmentèrent dans son lit un quart d'heure, jusqu'à ce que j'eusse fait ouvrir la fenestre de sa chambre qui étoit encore calfeutrée. » (*Journal de la santé du roi Louis XIV,* 1709, p. 315.) Au XVe siècle, on écrivait galefeustrer. « A Coppin Sauvage, sellier..., pour galefeustrer tous les huys, fenestres et croisées d'une maison de boys, que ledit Seigneur (Louis XI) a fait faire au Plessis du Parc. » (*Comptes de l'hôtel du roi,* 1478.)

Caliatour, *s. m.* — Le bois de caliatour est à la fois un bois de teinture et un bois de travail. Il est rouge vif à l'intérieur, à l'extérieur rouge vineux. Il est très dur, très lourd, d'un grain fin et serré, et prend un beau poli ; mais ses pores très apparents ne permettent pas qu'on l'emploie en placage.

Calibre, *s. m.* — Petits appareils de formes différentes, qui servent de guide et de mesure, pour exécuter certains ouvrages de menuiserie. — C'est également un profil de bois ferré, dont les maçons se servent pour *traîner* leurs moulures. — Calibre se dit aussi en architecture de la dimension des colonnes, en prenant leur diamètre pour base de l'appréciation.

Calice, *s. m.* — Sorte de coupe servant aux cérémonies du culte. On en a fait de toutes sortes de matières, en or, en argent, en étain, en ivoire, en cristal, etc. La *Chronique du bon duc Loys de Bourbon* rapporte (page 317) que ce prince à sa mort (1410) fut « ensepveli et tumullé » dans l'abbaye de Souvigny, « que en son vivant il avoit fondée et douhée richement de rentes, d'aournemens sacerdotaulx, de calices, etc. » On trouve de nombreux calices et magnifiquement beaux dans les anciens inventaires. Ceux qui figurent dans l'*Inventaire de Charles V* (1380) sont particulièrement superbes. Les plus riches sont en or émaillé, enrichis de pierreries. Mais ces belles pièces appartenant au mobilier religieux échappent par conséquent à nos études. Nous nous bornerons donc à rappeler que le plus remarquable calice confectionné dans les temps modernes est celui que Germain exécuta pour l'électeur de Cologne. « Germain, orfèvre du roi, écrit le duc de Luynes,

Fig. 361. — Personnage de comédie ayant un calemar à la ceinture, d'après une ancienne estampe.

fit voir au roi, à Fontainebleau, le 22 ou le 23 [octobre 1751], un calice d'or qu'il vient de finir pour l'électeur de Cologne. Il avoit été commencé par feu son père ; c'est un ouvrage fort cher, qui fait honneur à l'un et à l'autre. Il est orné de plusieurs médaillons qui représentent différentes circonstances de la Passion de Notre-Seigneur. Il n'y a d'or que pour 15,000 livres, mais la façon monte à 35,000 livres. » (*Mém.*, t. XI, p. 264.)

En architecture, on donne ce nom à toute forme qui rappelle, de près ou même de loin, celle d'un calice.

Calicot, *s. m.* — Ce mot, qui ne figure ni dans le *Dictionnaire de commerce* de Savary, ni dans l'*Encyclopédie,* est par conséquent de formation et d'adaptation récentes. On sait que le calicot est une toile de coton fort répandue, qu'on fabrique en Europe et que son nom lui vient de Calicut, ville où, dans l'origine, on a tissé ce genre de toiles. Très employé à la fin du siècle dernier et au commencement de celui-ci, pour faire des rideaux, le calicot a été remplacé, sans grands avantages, par les perses et les cretonnes à bon marché. Il faut se souvenir, en effet, que, teint en rouge, en jaune, ou simplement blanc et relevé par une bordure de couleur voyante, le calicot se lavait facilement, s'apprêtait bien et par sa propreté constituait un des luxes de nos grand'mères.

Calict, *s. m.* — Voir CHALIT.

Calin, *s. m.* — Ce mot a deux significations. Dans l'Angoumois et la Saintonge, il désigne une petite casserole de fer battu, de forme ovale, montée sur trois pieds et terminée, à ses deux extrémités, par deux anses assez fortes. Le calin sert à faire cuire de petites pièces de viande, telles que pigeons, côtelettes, etc.

On a désigné aussi, au siècle dernier, sous le nom de calin un alliage métallique, composé de plomb, d'étain et d'une petite quantité de cuivre. « Les boëtes à thé qui viennent de la Chine, écrit Savary, sont faites de calin. On en fait aussi des caffettières qu'on appporte même en Europe. »

Calipienne, *s. f.* — Nom donné au siècle dernier à une serrure de sûreté, inventée par le sieur Calipe, serruriermécanicien, demeurant rue Dauphine. Les calipiennes furent présentées par leur auteur à l'Académie des sciences, qui voulut bien les approuver. (*Almanach Dauphin,* 1777.)

Calit, *s. m.* — Prononciation picarde. (Voir CHALIT.)

Calmandre, *s. f.* — La calmandre, qu'on nomme parfois CALAMANDE ou CALAMANDRE, était une étoffe entièrement de laine, « analogue, dit Savary, à ce qu'on appelloit autrefois le *raz d'Utrecht* ». Elle se fabriquait à Anvers, Lille, Tourcoing, Roubaix, Tournay, etc. On en faisait de toutes les couleurs ; tantôt pleines et unies, tantôt à bandes, à fleurs, à raies, à ondes. C'est surtout dans le Nord que la calmandre était employée ; cependant on en rencontrait parfois des ameublements dans le centre de la France. L'*Inventaire de Mlle Desmares* (Paris, 1746) mentionne une chaise à porteurs peinte en brun « doublée de calemande bleue ». « Dans une autre chambre du même corridor, avons trouvé un lit à coquille à rideaux de calamandre rayés bleu et blanc... Dans la grande salle nous avons trouvé un sopha en tapisserie, un paravent garni en calamandre, deux tables à manger, etc. » (*Invent. des meubles du château de Chavagniac,* 1792.) On peut voir aux archives de la Somme des échantillons de calmandre fabriquée à Abbeville au siècle dernier.

Calorifère, *s. m.* — Voir CHEMINÉE et POÊLE.

Calotte, *s. f.* — En architecture, c'est la partie supérieure d'une voûte hémisphérique. Nous lisons dans le *Procès-verbal de l'apposition des scellés chez le peintre Charles Le Brun* (1690) : « Trente-six morceaux de cartons de la calotte de la chapelle de Sceaux, demies-figures draperies et partie des pieds et mains. » Il s'agit des cartons qui avaient servi à décorer cette calotte.

Pour les serruriers, c'est un comble, vitré ou non, mais qui a la forme d'une voûte hémisphérique et, par extension, ce nom se donne aux lanternes vitrées, qu'elle qu'en soit la forme.

Camagon, *s. m.,* ou ébène de Manille. — Bois exotique employé dans l'ébénisterie. Il a le grain et la dureté de l'ébène. Il est de couleur jaune, rayé de veines très noires.

Camaïeu, *s. m ;* **Camée**, *s. m. ;* **Camahu**, *s. m. ;* **Camayol**, *s. m.* — On nomme camée une pierre fine gravée en relief. Le plus souvent taillés sur onyx ou sardoine, les camées sont employés pour la décoration des bijoux et des joyaux de prix, tels que coupes, aiguières, ciboires en or, reliures en argent, miroirs, etc. Si nous avons réuni le mot camée au mot camaïeu, c'est que, jusqu'à une époque très récente, on désigna, sous ce dernier nom, tous les camées de pierre dure. Au siècle dernier, le mot camée n'était pas encore en usage, et l'*Encyclopédie,* qui l'ignore, définit CAMAYEU : « Une pierre sur laquelle se trouvent plusieurs figures ou représentations de paysages et autres choses... On le dit aussi de ces pierres précieuses, comme onices, sardoines et agates, sur lesquelles les graveurs en pierres

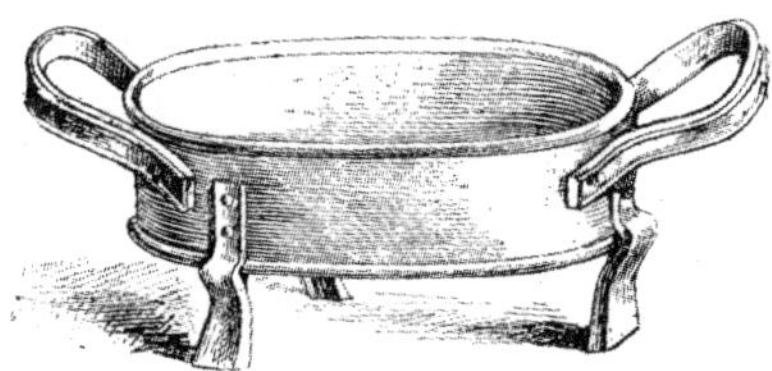

Fig. 362. — Calin angoumois.

employent leur art pour rendre les productions de la nature plus recommandables : alors les têtes ou les basreliefs dont ces pierres sont ornées prennent le nom de camayeu. »

Pendant tout le Moyen Age, les camées ou camaïeux furent très recherchés. On s'en servait non seulement pour la décoration d'objets mobiliers (nous venons de le dire), mais aussi comme de cachets, et on les collectionnait à l'égal des pierres précieuses. Dans l'*Inventaire de Charles V* (1380), nous avons relevé près de 200 camées. Dans l'*Inventaire de la Bastille Saint-Antoine* (1418), en un seul écrin, on trouve « quarante camahieux de plusieurs et diverses façons, et taillez comme griffons, testes d'enfants et autres manières ». Dans l'*Inventaire du château de Vincennes,* dressé la même année, figurent « quatre vins camahieux, que grans que petis, sans garnison », c'est-à-dire non montés, et contenus dans une gibecière. Quant aux camées montés, on peut imaginer s'ils étaient en nombre par la seule description d'un coffret d'argent « ou quel sont quarante-huit camahieux, que grans que petis, enchassillez en or ». (*Invent. de la Bastille* déjà cité.) Un grand nombre de ces camées étaient antiques ; cependant il s'en trouvait dans la quantité quelques-uns modernes. Le sujet gravé révèle assez cette modernité relative. C'est ainsi que, dans l'*Exécution du testament de Jehanne d'Évreux* (1372), nous remarquons un camée représentant « une Annonciation N. D. » Dans l'*Inventaire de Charles V* (1380), on note « une croix d'or brosseronnée, où il y a ung camahieu ou mylieu qui fait une Pitié ». Dans l'*Inventaire du Louvre* (1418), on relève également « un camahieu où nostre Sire est tenant un livre ». En 1492, Anne de Bretagne faisait payer à son joaillier, Symonnet Barbe-d'Or, 105 livres « pour ung grant kamayeul à la façon d'une véronicle », etc. Mais, antiques ou plus récents, jusqu'à la fin du XVe siècle les camées comptèrent parmi les objets les plus précieux. Comines, racontant le pillage de la maison et des trésors de Pierre de Médicis, « la Seigneurie, nous dit-il, eut partie des plus riches bagues et vingt mille ducats comptans, et tant de beaux camayeux bien tailléz que merveilles, qu'autrefois j'avois veus ».

Fig. 363. — Camée antique monté pour le roi Charles V.

Le siècle suivant, excellent appréciateur de chefs-d'œuvre en tout genre, et très amateur d'ouvrages antiques, ne pouvait pas tenir les camées en moindre estime. Aussi les voyons-nous figurer dans tous les illustres inventaires. Ici, c'est « ung beau camaheu d'un chief blancq d'homme sur fond de couleur jacinthe, mis en un cercle d'or ». (*Invent. de Charles-Quint,* 1532.) Là, c'est « ung grand mirouer de cristallin garny d'argent doré, où il y a un camayeux anticque et plusieurs autres pierres ». (*Invent. du Roy à Fontainebleau,* 1560.) Puis, ce sont des pendants faits de « camajeux d'agate, où est entaillée la figure de César ». (*Invent. des joyaux et pierreries du roi de Navarre,* 1583.) « Une paire de bracelets, en camayeux enchasséz d'or. » (*Invent. de Marie Stuart,* 1586.) « Un vase de Nacques de perles, garny d'argent doré avec des jacintes, des petits safirs, des perles, des camayeux d'agates. » (*Invent. de Gabrielle d'Estrées,* 1599.) Etc. Comme preuve, du reste, de l'estime où le XVIe siècle tint les camées, on peut citer la haute protection dont Charles IX entoura Olivier Codoré, « son bien-aimé tailleur et graveur de pierres précieuses ». Il témoigna à cet artiste une tendresse et une générosité spéciales. (Voir les lettres de privilège accordées à Olivier Codoré par Charles IX, en 1571, *Archives de l'art français,* t. V, p. 40.) Henri IV ne se montra ni moins généreux, ni moins affectionné à l'endroit de Jullien de Fontenay, son « graveur en pierres précieuses et vallet de chambre », auquel, en 1608, il donna un logement au Louvre. Quant à Marie de Médicis, elle tenait de ses ancêtres, à l'endroit des camaïeux, un goût particulier. Son bougeoir et son miroir, qu'on peut voir au Louvre, en font foi. Enfin, parmi les amateurs de ce temps, il ne faut pas oublier le sieur de la Bourdaizière, qui laissa en mourant « une bouette qu'il avoit plaine d'agathes gravées excellentes, belles, et disoit (le président de Thou) que de toutes ses curiosités, il n'eût désiré hériter que de celle-là ». On voit, par ces dernières citations, que le XVIIe siècle, dès ses commencements, ne fut pas moins épris de ces beaux ouvrages que l'époque précédente.

On sait que Gaston d'Orléans eut comme sa mère la passion des pierres gravées, et que sa collection forma la base du fameux Cabinet du roi. Celui-ci se grossit de nombreuses acquisitions, notamment « des divers agastes, onix, cornalines et autres pièces gravées » du sieur Oursel (1670), et plus tard du fameux camée de la Sainte-Chapelle, qui est, aujourd'hui encore, un des objets les plus précieux que renferme notre Cabinet des Médailles. Ce camée était catalogué, en 1480, dans l'*Inventaire de la Sainte-Chapelle :* « Unus pulcher camahieu, magnus, situatus super unam tabulam. » En 1653, quand la reine Christine de Suède vint à Paris, ce fut un des premiers objets qu'elle souhaita de voir. « Elle disputa, écrit Mme de Motteville, contre quelques-uns, qu'il y avoit dans la Sainte-Chapelle une agate de grand prix, qu'elle voulut voir et qui enfin se trouva à Saint-Denis. » (*Mém.,* ch. XLIX.) Au XVIIIe siècle, le goût de ces belles pierres persista. Le duc d'Orléans, fils du régent, en forma un cabinet justement célèbre, qu'il laissa au chapitre de Sainte-Geneviève. Il n'attendit même pas sa dernière heure pour mettre les bons Pères, chez lesquels il était venu chercher asile, en possession de ces richesse (voir *Mém. du duc de Luynes,* t. XI, p. 394), et Piganiol nous apprend que, deux ans après sa mort, le public était admis à les voir « dans une belle galerie décorée d'armoires grillées », dont la sculpture faisait l'admiration des amateurs. Pendant ce temps, les deux Maurice, J.-B. Certain et François Barrier, continuaient d'inciser des intailles et camées, et Mme de Pompadour faisait graver par Gay, sur pierres dures, l'histoire de son illustre amant dessinée par Bouchardon.

Mais à mesure que les camées antiques ou modernes étaient considérés comme des pièces de collection, les menus meubles et les joyaux auxquels on les adaptait, au Moyen Age et à l'époque de la Renaissance, se voyaient dépouillés de ceux qui les avaient ornés jusque-là, et le prix extrême qu'atteignaient certaines de ces pierres gravées, l'importance historique qu'on leur reconnaissait, les firent employer exclusivement pour la parure. C'était le temps où le *Neveu de Rameau* indiquait comme une marque de richesse et de goût d'avoir « l'*Aristote* ou le *Platon* au doigt ». C'est donc presque une rareté que de voir, à la fin du XVIIIe siècle, un objet mobilier orné de ces précieuses agathes ; et les seuls exemples peut-être qu'on en pourrait citer sont le plateau ovale, entouré de trois rangs de camées représentant les princes de la maison d'Autriche, et deux grands vases de bois pétrifié garnis « de camées formant la suite des portraits des empereurs, et une autre suite de camées où sont leurs armes et devises », qui figuraient dans la *Collection de Marie-Antoinette* (1789). Ajoutons que la description de cette dernière pièce, dans l'inventaire dressé par ordre des autorités révolutionnaires, était accompagnée de la mention suivante : « Cet objet, très curieux pour le successeur des soi-disant empereurs romains, est aussi une chronologie des tyrans de l'empire qu'on pourra troquer contre quelque chose de plus précieux pour l'instruction, supposé que l'Allemagne ne se lasse pas d'être asservie. » De pareilles réserves expliquent que cet objet ait disparu sans laisser de traces. Un autre meuble de ce genre qui nous a été conservé, c'est la pendule, présent de Pie VII à Napoléon, qu'on voit à Fontainebleau dans la chambre à coucher de l'empereur.

Tous les camées dont nous venons de parler sont des camées de pierre dure. On fabriquait aussi des camées de moindre valeur, pris dans certaines coquilles. Les camées de coquilles sont vraisemblablement assez anciens. Le premier dont nous ayons trouvé la trace figure dans l'*Inventaire des joyaux et pierreries du roy de Navarre* (1583). On y trouve : « Une liete de bois dans laquelle y a un camaieu de porceline garni d'or. » Constatons, toutefois, que les camées de coquille, à cause de leur relative fragilité, ne jouèrent jamais qu'un rôle restreint dans la décoration des meubles.

La ressemblance qu'elles présentaient avec les onyx gravés en relief firent donner de bonne heure aux peintures en ton sur ton le nom de CAMAIEUX. L'expression est fort ancienne. En 1477, le roi René payait « à Georges l'enlumineur, pour deux camaïeux, XVII florins ». (*Cour des comptes de Provence.*) Au XVIe siècle, l'amour de la couleur fit quelque peu dédaigner le camaïeu. A cette époque, on n'en rencontre guère que dans les émaux, où, par contre, ils jouent un rôle si considérable, qu'en Bretagne le mot CAMAHU fut longtemps employé pour signifier émail. Au XVIIe siècle, ils apparaissent dans les étoffes. « Un riche emmeublement, tout de broderie fonds d'or à grains d'orge, avec cartouches et camayeux, relevés d'or, représentant l'histoire de Moyse. » (*Invent. général des meubles de la Couronne et des maisons royales,* 1675.) « Trois soubassemens dans chacun desquels sont III camayeux de broderie d'or représentant des figures de femmes. » (*Invent. du château de Trianon,* 1685.) Dans la décoration de la salle de billard, à Versailles, on voyait, nous dit Piganiol, « six tableaux en camaïeu ». Mais c'est surtout au XVIIIe siècle que les camaïeux furent à la mode. Dessus de porte, dessus de cheminée, paravents, trumeaux, on en mit partout, jusque sur les bijoux, jusque sur les menues porcelaines. Vincennes et Sèvres sacrifièrent, dans toutes les couleurs de l'arc-en-ciel, au culte du camaïeu. « Une écuelle couverte sur son plateau, avec sujets d'enfants en camaïeu rouge. » (*Vente de Mme de Pompadour,* 1766.) « Quatre tasses à café avec leurs soucoupes fond blanc, lisérées d'or; les cartouches, peints en miniature, sont en camaïeu. » (*Vente du duc Charles de Lorraine;* Bruxelles, 1781.)

Cambayes, *s. f.* — Nom donné à certaines toiles de coton importées de Madras, et employées accidentellement à la confection de rideaux et de tours de lit.

Cambray, *s. m.;* **Cambrasine**, *s. f.;* **Cambré**, *s. f.;* **Cambrésine**, *s. f.* — On nommait, au siècle dernier, cambray et cambrésine une sorte de toile blanche claire et fine, faite de lin, supérieure à celle de Bretagne et très recherchée pour la confection des draps de lit. Son nom lui venait de la ville de Cambrai ou du Cambrésis, où elle avait été fabriquée tout d'abord. A Paris, le commerce de ces articles était assez considérable, pour qu'ils fussent spécialement mentionnés dans les *Statuts* des « Maîtresses Toilières, Lingères », etc., de la capitale. Ces marchandes, en effet, par leurs règlements corporatifs, homologués en 1644, avaient seules le droit de vendre dans Paris les « toiles de lin, chanvre, Batiste, Linon, Cambray, Hollande », etc. La toile de Cambrai était, au reste, célèbre dès le XVIe siècle. Dans l'*Inventaire du duc de Bourbon* (Aigueperse, 1507), nous notons : « Quatre linceulx de quatre toilles, de toille de Cambray »; et plus loin : « Trouvé en ung petit coffre ung linceul de toille de Cambray. » Un siècle plus tard, nous remarquons dans l'*Inventaire de Grégoire Beaunom, marchand* (Bordeaux, 1607) : « Un assortiment de huit qualités de *toille de Cambré* (*sic*) variant de 55 à 116 sols l'aune. » Enfin parmi les présents envoyés en 1639 par le pape au jeune Dauphin, fils de Louis XIII, la *Gazette de France* mentionne : « Quatre linceuls de Cambray garnis tout autour de dentelle de Flandre. »

Par analogie, on donna le nom de CAMBRASINE à des toiles fines, fabriquées en Égypte et importées en France par Marseille, qui ressemblaient à la toile fine de Cambrai et du Cambrésis.

Cambre, *s. f.* — Prononciation ancienne de CHAMBRE. (Voir ce mot.)

> En une riche cambre, dont li huis fu sierés,
> Fu Matabrune enclose et des dames assés.
>
> (*Le Chevalier au cygne,* t. Ier, p. 96.)

> Moradin les a mis en un lieu bel et gent,
> En une riche cambre peinte moult noblement.
>
> (*Godefroid de Bouillon,* t. III, p. 10.)

« Un jour qu'ils estoient tout ensamble en une cambre, pour avoir advis et conseil sur leurs besoingnes..... » (*Chroniques de Froissart,* t. VI, p. 162.) On dit encore cambre en Picardie et en Bretagne.

Cambré (Toile de), Cambrésine, *s. f.* — Toile fabriquée à CAMBRAI. (Voir CAMBRAY.)

Camée, *s. m.* — Voir CAMAYEU.

Camelin, *s. m.;* **Kamelin**, *s. m.;* **Quamelin**, *s. m.* — Étoffe commune fabriquée, au Moyen Age, non pas avec du poil de chameau, comme on l'a maintes fois écrit malgré le peu de vraisemblance, mais en poils de chèvre. Etienne Boileau, au titre L de son *Livre des mestiers,* écrit : « Nus tisserans ne puet tistre (tisser) camelins naïfs à Paris, à mains de XVI c. la laine plaine et de VII quartiers de lé. » Dans les *Comptes de Goeffroi de*

Fig. 364. — Drageoir enrichi de camées (XVIe siècle). Galerie d'Apollon.

Fleuri (1316) il est question de « camelin blanc », de « quamelin de Chastiau-Landon », à 12 s. 16 d. l'aune et « d'autre kamelin », à 11 sols. Les *Comptes d'Étienne de la Fontaine* en font également mention. On a souvent confondu les camelins avec les camelots; c'est une confusion qu'il ne faut pas commettre.

Camelot, *s. m.;* **Camelotin**, *s. m.;* **Camelotine**, *s. f.* — Le camelot était dans le principe fait avec du poil de chameau. Il était importé d'Orient, d'où son nom de « Camelos d'outre-mer », passé en dicton. (Voir Crapelet, *Proverbes et dictons populaires* du XIIIe siècle, p. 93.) Joinville raconte en ses *Mémoires* (t. II, p. 117) qu'étant en terre sainte, Louis IX le chargea « d'achepter pour cent livres de camelotz de diverses couleurs, [disant] qu'il les voloit donner aux cordeliers, quant nous serions retornéz en France ». Cette origine exotique rendait ce tissu d'un prix élevé. Un édit de Charles V (1367) interdit aux femmes de basse condition de porter des vêtements « de drap d'or, de soie ou de camelot. — *Item, quod nulla ipsarum mulierum audeat portare vestes vel caputia panni aurei, vel cirici, aut camelotorum.* » Plus tard, on a donné le nom de camelot à une étoffe à tissu non croisé, comme le satin de laine, composée de laine et de poil de chèvre, parfois avec adjonction de soie. Le camelot, bien que Bimont ne le mentionne pas dans son *Manuel du tapissier* (1766) parmi les étoffes d'ameublement, fut employé, dès le XIVe siècle, à doubler des couvre-pieds, exemple : « Ung couvertouer de menu vair, attaché à ung camelot violet » (*Invent. de Charles V,* 1380) ; et plus tard, à tendre les murailles et à garnir les lits. Eustache Deschamps, dans son *Miroir du mariage,* écrit :

Chambre bien ordonnée
De blanc camelot, et brodée,
Et les courtines ensément.

En 1507, dans l'*Inventaire du château d'Aigueperse,* nous relevons « deux rideaulx de camelot verd de soye ». Les *Actes consulaires* de la ville de Lyon, aux années 1539-1542, mentionnent la commande à Florimond Pécoud, brodeur, d'un poêle « de camelot d'or violet », pour servir au cardinal de Ferrare. Dans l'*Inventaire de Catherine de Médicis* (1589), figurent deux escabeaux « garnys de camelot de soye blanche, de franges et crespines d'or » et « Trois rideaux de camelot vert et or, garnys de passement d'or ». Dans celui de Jean Verrier, s^r du Bosq (Bordeaux, 1590), on trouve un « lit à l'impérialle » avec « une couverte blanche, ung pavilhon et troys courtines et ung courtinon, le tout de camelot rayé ». Et dans les *Tromperies* de Pierre de Larivey, il est question (acte II, scène VII) de « camelot de Turquie ». Au XVIIe siècle, le camelot ne cesse pas d'être en usage, non plus qu'au XVIIIe. Exemples : « Une tenture de tapisserie de camelot, façon de la Chine. » (*Invent. de Molière,* 1673.) « Deux rideaux de porte de brocatelle, doublés de toille rouge ; deux méchants rideaux de camelot rouge, prisés ensemble iiii livres. » (*Invent. de Jacques Quiquebeuf, conseiller secrétaire du Roy;* Paris, 1677.) « ... Tapisserie de camelot citron... tapisserie et fauteuils de camelot *gauflés* (*sic*). » (Vente annoncée par les *Affiches de Paris,* n^o du 21 mai 1750.) « Une tenture de camelot bleu goffrée très uzée. » (*Apposition des scellés chez Pierre Laure, docteur en médecine;* Lyon, 1768.) « Lit et tenture de camelot cramoisi et jaune. » (*Vente de Mme de Gramond,* 7 octobre 1782.) « Lit, tenture et rideaux de camelot. » (*Vente de l'abbé de Fontenailles,* 26 août 1784.) « Dans la salle à manger, avons trouvé quinze chaises garnies en camelot, une table, etc. » (*Invent. des meubles du château de Chavagniac,* 1792.)

Au siècle dernier, on employait dans l'ameublement des camelots fabriqués en France et aussi des camelots importés. En France, on en fabriquait à Lille, à Arras, à Amiens, à la Neuville, près Lyon, et dans quelques villes et villages d'Auvergne. Ceux qu'on tirait de l'étranger venaient de Bruxelles, de Hollande et d'Angleterre. Ceux de Bruxelles, désignés d'une façon générale sous le nom de camelots de Flandre et dont il est question dans l'*advis au Roy* publié en 1614, étaient les plus recherchés. On les copiait avec assez de bonheur à Arras et à la Neuville, et les articles de ces deux provenances se vendaient, dans le commerce, sous le nom de *camelots de Bruxelles.* La dernière de ces deux manufactures, nous entendons celle de la Neuville, fondée par les frères Claude et Joseph Verdun, jouit pendant près d'un siècle d'une réputation toute spéciale. On tissa longtemps, à Amiens, des camelots à carreaux ou ondés, qui portaient le nom de *bangmers,* et des camelots façon de Bruxelles, petit Bruxelles, façon de Hollande, façon d'Angleterre, façon d'Irlande, des camelots-quinette, rayés, unis, gros grain, dont on peut encore voir de curieux échantillons aux archives de la Somme. A Lille, on fabriqua une quantité prodigieuse de petits camelots légers et étroits, qui, destinés à l'exportation, prenaient les noms originaux de *Nompareille, Polomitte, Picotte, Gueuse, Quinette,* etc., et qu'on désignait, à cause de leur peu d'épaisseur, sous le nom générique de CAMELOTINS.

Quant à la CAMELOTINE, c'était une petite étoffe tissée à la manière des camelots, et mêlée de poil et de fleuret. On en faisait des tours de lit. Dans l'*Inventaire du surintendant Fouquet* (1661), figure « un entoure le lict de petite camelotine ». Mais cette étoffe, dont la fabrication fut, en 1699, réservée aux manufactures de soie, n'eut qu'un instant de vogue et tomba promptement dans l'oubli. (Voir le *Règlement pour les manufactures de soye,* 1699.)

Comme aspect général du tissu, on distinguait parmi les camelots : les unis, les ondés, les rayés, les gaufrés, etc. Quant à certaines autres étoffes, où la soie jouait le rôle principal, et qui, tirées de Venise, de Florence, de Milan ou de Naples, étaient introduites en France teintes en rouge, en cramoisi, en violet, et désignées sous le nom de camelot, c'étaient des taffetas ou des tabis qu'on déguisait sous un nom d'emprunt, pour faciliter leur introduction en France.

Caminade, *s. f.* — Chambre où se trouve une cheminée. Cette expression, relevée par D. Carpentier dans un document de 1454, paraît avoir été fort peu usitée.

Caminau, *s. m.* — Chenet, landier. « En la codina prumeyrament trorberon des grans caminaux de fer. » (*Invent. d'Aymeric de Caumont;* Bordeaux, 1436.) « *Item,* en la chemineya 1 par de caminaux belz et grans. — *Item,* dos caminaus de fer. » (*Invent. de Ramond de Cussac, chanoine de l'église Saint-André;* Bordeaux, 1442.) Cette locution est particulière au Languedoc. Dans le nord, on écrivait et on prononçait CHEMINEAU. (Voir ce mot.)

Camocas, *s. m.;* **Camoquoys**, *s. m.* — Étoffe de soie fine et brillante, employée surtout pour le costume ; on en faisait aussi des tentures d'appartement. Dans les *Comptes d'Étienne de la Fontaine, argentier du Roi,* il est question, pour le terme de Noël 1352, d'une « chambre à parer, pallée de drap d'or et de camocas ». Étienne de la Fontaine mentionne dans le même compte des « Camocas d'outremer ». C'est ainsi qu'on désignait les camocas orientaux, dont le prix n'était pas sensiblement inférieur à celui des draps d'or. Ces camocas étaient très à la mode au XIVe siècle en Angleterre, et les paysans, si nous en croyons Froissart, reprochaient aux seigneurs anglais d'être « vestus de velouz et de camocas fourrés de vair et de gris ». Ce seul reproche aurait dû empêcher les commentateurs de cet historien de prétendre que le camocas était une étoffe « faite de poil de chameau ou de chèvre sauvage », et qui, par conséquent, n'aurait pas été particulièrement luxueuse.

S'il fallait d'autres preuves de son prix élevé, elles ne nous feraient pas défaut. L'auteur du *Myreur des historis*, racontant la mort à Liège de Pinars de Hanut, rapporte que la Communauté des brasseurs posa sur son cercueil la bannière de la corporation « qui estoit de camocas mult bien ovreis ». L'article suivant, extrait d'un *Compte d'Édouard Tadelin de Lucques, mercier du Roi* (1342), qui détaille les « parties des cendaulz, soye, veluyaux, draps d'or, perles et toutes autres choses de mercerie qu'il a livrées », montre que cette étoffe était employée à la confection de menus objets d'ameublement. « Pour demie-aune de fin camoquoys d'outre-mer, pour estofer lesdictes tacètes. » Ces tassettes étaient la bourse dans laquelle on serrait les sceaux du roi. Mais c'est surtout dans l'*Inventaire de Charles V* (1380) qu'il est question de camocas. Nous y relevons entre autres articles : « Une couverture pour le siège du Roi, qui est de camocas d'oultre-mer, royé au long, brodé de veluiau azuré à dix escussons de France. — *Item*, une chappelle blanche, appelée la chappelle de Pasques, laquelle est de camocas blanc d'oultre-mer, brodée à ymages de plusieurs ystoires, et sont les orfroyes pourfillez de menues perles garnies de frontier et dossier. — Une couverture de drap de soye cendré, bordé de camocas ynde. » Etc. On faisait du camocas blanc, noir, semé de gouttes blanches, bleu, vert, rouge, violet, rayé, blondet, cendré, plombé, couleur fleur de pêche, vermeil avec de petits besants jaunes. Il y en avait aussi de rayés d'or et d'argent. (Voir Francisque Michel, *Recherches sur la fabrication et le commerce des étoffes de soie*, t. II, p. 171 et suiv.)

Camoicé, *adj.;* **Camoisie**, *adj.* — Voir CHAMOISÉ.

Camp, *s. m.* **(Lits, Chaises, Mobilier de).** — On donnait, à l'époque de la Renaissance, le nom de mobilier de camp à un certain nombre de meubles légers de dimensions réduites, que l'on emportait avec soi dans les déplacements rapides. C'est au XVe siècle que l'on voit apparaître ces sortes de meubles. On lit dans les *Comptes de l'argenterie d'Anne de Bretagne* (1492) : « A Jehan Dubois, menuysier, demourant audict Lyon, la somme de XIV liv. X sols tournois, pour deux chaslicts de camp, par luy faiz et délivrés, pour servir la dicte Dame durant le temps de sa dernière grossesse » ; et dans un inventaire de 1498, concernant la même princesse, « un lict de camp, le ciel et le doussier, les pantes et la couverte de velloux gris », etc. Dans l'*Inventaire du duc de Bourbon* (Aigueperse, 1507) figure « ung ciel et dociel pour ung lict de camp, faict de damas bleu semé de fleurs de lis d'or ». Dans l'*Inventaire de Marie de Médicis*, grande voyageuse comme chacun sait (1589), on relève sept bois de lit de camp, sept tables de camp, douze escabeaux de camp, etc. Dans l'*Inventaire de Gabrielle d'Estrées* (1599), nous trouvons « une couchette à bas pilliers de bois de noyer, façon de camp, fermant à quatre vis, qui se ploye et ferme ». Les meubles de cette nature abondent encore dans l'*Inventaire du cardinal de Mazarin* (1653).

De tout ce mobilier, nous n'avons conservé que le lit de camp. On en connaît les dimensions et la forme. Quant à l'escabeau de camp, c'était un petit siège de bois léger, sans bras ni dossier, un tabouret, par conséquent ; et les tables de camp étaient montées sur des tréteaux se repliant de façon à ne pas tenir de place. C'est ce que les inventaires du temps nomment une « table de camp brisée », ou encore « posée sur un pied brizé ». Quelques-uns de ces meubles ne laissaient pas que d'être d'une grande richesse. Dans l'*Inventaire de Catherine de Médicis*, on en trouve qui sont couverts « de lames d'argent dessus et dessoubz entièrement ».

Campan, *s. m.* — Marbre des Pyrénées, qui tire son nom de la vallée de Campan, où on le rencontre en abondance. On distingue deux sortes de marbre qui portent ce nom : le VERT CAMPAN, qui est vert clair, avec des marbrures de vert foncé coupées de traits gris, et le CAMPAN MÉLANGÉ, à fond rose, avec de grosses veines rouges et comme un réseau de petites mailles d'un beau vert tendre. Aujourd'hui on emploie surtout les marbres Campan à la fabrication des cheminées. Autrefois, on les recherchait pour faire des tables, des tablettes de commodes, de secrétaires, etc. « Du 3 juin 1758. — Mme d'Haussy : deux encoignures à pieds de biche en lacq rouge, garnies de cartouches et ornements dorés d'or moulu, les marbres Campan, 600 livres. » (*Livre journal* de Lazare Duvaux, t. II, p. 364.) Le même ouvrage nous apprend que M. de Julienne possédait deux commodes « couvertes de marbre de vert Campan panaché », et, dans l'*Inventaire de Jacques Verbeckt, sculpteur du Roi* (1771), figure pareillement « une table de marbre de vert Campan, sur son pié doré ».

Campane, *s. f.;* **Campanetto**, *s. f.;* **Campano**, *s. f.;* **Campana**, *s. f.;* **Campanelle**, *s. f.* — Cloche. On lit dans Froissart : « Le lendemain, on sonna la campanne du concitoire. » Dans l'*Inventaire des meubles du jardin du Roy [René], sis hors des murs d'Aix* (1460), on remarque : « Une petite campane *sive* esquilette sur l'entrée de ladicte sale. » On lit dans l'*Hystoyre du Petit Jehan de Saintré :* « Lors tous vrays chrestiens incontinent coururent aux églises, à grans sons de campanes notre Seigneur remercier » ; et dans les *Mémoires de Robert de la Marck, seigneur de Fleuranges :* « Avoit gens devant avec des campanes, lesquelles sonnoient, et crioient : Le bon roy Louis, père du peuple, est mort. » Aujourd'hui encore, en dialecte provençal, CAMPANO signifie cloche, et son diminutif, CAMPANETTO, petite cloche à main ou sonnette. Dans le Lyonnais et le Forez, CAMPANA a eu longtemps la même signification. Dans les précieux livres qui portent le nom de *Syndicats*, et qui renferment les procès-verbaux et règlements de la magistrature consulaire de Lyon, un règlement, daté de 1255, porte que « li pueblos de la universita de Lyon » s'assemblent en l'église de Saint-Nizier « ab son de la grossa campanna, en la maneri acostuma, per espublier, nomar et establir los conseillours ». On trouve, du reste, le diminutif CAMPANELLE dans Rabelais, qui habita Lyon. Racontant la visite de Chicquanous au manoir du seigneur Basché, Panurge dit : « Le portier luy feut courtoys, l'introduict honnestement, ioyeusement sonne la campanelle. » (*Pantagruel*, liv. IV, ch. XII.) Le mot campane, au surplus, demeura en usage presque jusqu'à la fin du XVIIe siècle, puisque dans le *Tarif général* de 1664, connu sous le nom de *Douane de Lyon*, on lit : « Houlles de cuivre, campannes, grilles et autre métail de fonte en œuvre, le cent pesant payera, comme batterie de cuivre, quarante sols. »

Dès le XVe siècle, par extension, campane servit à désigner les grelots d'or et d'argent dont on aimait alors à orner les harnais des chevaux, ce qui faisait dire à J.-D. de Baïf, en ses *Mimes* (p. 51).

> La campane dessus la queüe
> Du cheval qui mord et qui rue
> Avertist de s'en détourner.

Puis, par analogie, on l'appliqua à tout ornement en forme de cloche, qu'il fût en métal repoussé, en passementerie ou simplement brodé. C'est ainsi qu'Olivier de la Marche écrit (*Mémoires*, t. II, p. 557) : « Venoit le chevalier sur un cheval couvert d'une courte couverte, en manière de harnacheure de satin cramoisi, frangé de franges, et fut la dicte couverte toute chargée de grosses campanes d'argent, à façon de campanes de vache » ; et autre part : « Son cheval étoit couvert de satin cramoisi à grandes lettres de broderie en bordure ; et par dessus la couverte avoit semé plusieurs grosses campanes d'argent à manière de poires. » Jehan de Troyes, dans sa *Chronique scandaleuse,* dit en parlant du fameux Sallezart : « Il estoit monté dessus un beau coursier à une moult belle houssure, toute couverte de tranchouers d'argent, dessus chacun desquels y avoit une grosse campane d'argent doré. » Ici la copie est flagrante. Dans le document suivant, l'imitation est déjà plus lointaine. Nous sommes en présence d'un marché, passé par Jehan Soulas (maistre ymager), pour la livraison de quatre bas-reliefs destinés à la cathédrale de Chartres (2 janvier 1519). Un de ces bas-reliefs représente la naissance de la Vierge, avec sainte Anne couchée dans son lit, d'argent ». (*Invent. des meubles de la Couronne et des maisons royalles,* 1673-1700.) Dans la chambre que le maréchal d'Humières avait fait préparer dans son château d'Humières, pour recevoir la Dauphine (1698), tout l'ameublement était d'un drap d'or et d'argent, « garny de grande et petite campane en broderie ». Enfin, dans la chambre du palais de l'Arsenal, où mourut l'abbé d'Effiat, on constatait la présence d'un « rideau de fenestre de velours violet, doublé de taffetas jaune, de quatre léz sur trois aulnes ou environ de hault, garny d'une campane en broderie ». Ajoutons qu'à la même époque, on désignait encore sous le nom de campane une petite dentelle de fil ou de soie ; mais c'était là un ornement plus en usage pour le costume que pour l'ameublement.

Parmi les autres significations attribuées dans la décoration au mot campane, il faut citer ces fleurs renversées, qui, mêlées aux pendeloques et aux boules, jouent un rôle

Fig. 365. — Canapé style Louis XIV, couvert en damas de soie.

et il est stipulé que le lit doit être « à pilliers et du linge à l'entour des pilliers, en façon de rideaulx du lict, et audessus ung ciel où il y a des campanes pendantes le long du lict ». Dans l'*Inventaire de Catherine de Médicis* (1589), nous remarquons un lit de velours incarnadin, dont les pentes sont « à campanes garnyes de bouquetz ». Aussi dès cette époque, la campane était devenue un simple ornement de passementerie, « manière de crépine ou de frange faite de fil d'or, d'argent ou de soye, qui se termine en bas par des petites houpes, qui ressemblent à de petites cloches ». Au XVIIe siècle, nous trouvons les maîtres Passementiers-Boutonniers en possession du droit de faire « les houpes et campanes coulantes, ou arrêtées, montées sur moules et bourrelets, nouées et à l'aiguille pour garnir toutes sortes d'ouvrages ». Ce privilège résulte de l'article 23 de leurs *Statuts* homologués en 1653, et il dut alors être assez fructueux, car les tapissiers employaient les campanes dans la plupart des riches ameublements. Le *Mercure* de novembre 1688 constate « qu'on voit beaucoup de campanes dans les desseins des étofes et travaillées avec l'étofe ». Et dans ce même recueil au mois de décembre 1682, où se trouve décrite la chambre du roi, dite « chambre du lit », à Versailles, on relève la phrase suivante : « Le lict, de mesme étofe (velours cramoisi) et de mesme parure, est entouré d'une grande campane d'or en relief, et doublé d'or plein. » Les descriptions du mobilier de la Couronne dressés au XVIIe siècle regorgent, au reste, de fauteuils, de sièges plians, de carreaux garnis de « campanes d'or et assez important dans l'ordonnance des lustres de cristal. « Un lustre de cristal de roche à dix branches..., le dessous garni de campanes, de boules et pièces de cristaux de Milan. » (*Présents de Louis XIV au second ambassadeur de Siam,* 1687.) Enfin, en architecture, les ornements de plomb ou de zinc chantournés, qu'on place au bas du faîte, et d'ailleurs la plupart des ornements qui affectent la forme d'une clochette, portent également le nom de campane.

Campanile, *s. m.* — Terme d'architecture. Tour ouverte et légère; petit clocher à jour, formant la partie supérieure d'un dôme. Ce mot, d'origine italienne, ne se rencontre guère dans notre langue avant la fin du siècle dernier. (Voir CAMPANE.)

Campêche, *s. m.* — Bois de placage, rouge glacé de jaune, d'un grain dur, provenant de l'Amérique, usité au XVIIIe siècle, à peu près délaissé aujourd'hui, et seulement employé pour la teinture.

Canabas, *s. m.;* **Canebas,** *s. m.;* **Canabasserie,** *s. f.* — Canevas, toile grossière. Prononciation et orthographe usitées dans tout le Bordelais, la Gascogne, le Béarn, etc. On appelle encore aujourd'hui, dans ces provinces, CANABASSERA la marchande de canevas. Au XVe siècle, on rencontre le canabas employé dans la garniture des lits. « Tres pessas de cortinas de tela de canabas. — *Item,* dos linsous de canabat. » (*Invent. de Ramond de Cussac;* Bordeaux, 1442.) On possède également aux archives de la ville de Lyon (BB, reg. 164) un règlement pour la canabasserie (fabrique de toile de chanvre) des provinces du Lyonnais et du Beaujolais.

Cependant au XVIIe siècle, soit qu'on ait conservé le nom de canabas aux broderies exécutées sur canevas, soit qu'au contraire, comme la Canabassette, le canabas ait constitué une étoffe spéciale, on rencontre fréquemment le canabas ou canebas dans l'ameublement, surtout employé à couvrir des sièges. En voici quelques exemples : « Un morceau de canabas faict à esses, rempli d'or et de soye bleue à gros point. » (*État des meubles du château de Pau, transportés à Paris,* 1602-1603.) « Six chezes canebas fort vielhes à l'antienne, — un banc couvert de canebas vieux. » (*Invent. de Hérard de Chastannes, conseiller au Parlement;* Toulouse, 1637.) « Douze chaises noyer garnies de canabas, avec la frange de laine. » (*Invent. de Bernard Peleprac;* Toulouse, 1654.) « Huit chères à bras, bois noguier, garnies de canebas à fleurs et à fruict. » (*Invent. de Marie de Mengaine;* Toulouse, 1668.) (Voir Chanevacerie.)

Canabassette, *s. f.* — Étoffe sur la nature de laquelle on est assez mal renseigné. On sait seulement qu'elle se trouve comprise dans le *Tarif de la douane de Lyon* de 1632, et qu'à cette époque on connaissait deux sortes de canabassettes : l'une sans mélange de soie, l'autre rayée de soie.

Canadaris, *s. f.* — Espèce de toile des Indes mentionnée dans le *Mercure* de juin 1775 et dans le *Journal général de France* du 7 août 1786, sur la nature et la provenance de laquelle on manque de renseignements.

Canapé, *s. m.* — C'est, dit Furetière, une « sorte de chaise à dos fort large, où il peut s'asseoir deux personnes fort à l'aise », et il ajoute : « Ce mot est nouveau dans la langue, et quelques-uns l'appellent sopha. » Cette confusion entre le canapé et le sopha dura au moins jusqu'en 1767 ; car le livre de Sobry (*De l'Architecture*), édité en cette année, s'exprime ainsi : « Le sophas ou canapé, meuble turc que nous avons adopté sans aucun changement, etc. »

Si le nom était nouveau, à l'époque où écrivait Furetière, le meuble ne l'était pas ; car, avec son dossier, son siège, ses deux bras, le canapé, tel qu'il apparaît alors et tel qu'il est parvenu jusqu'à nous, n'est, à bien prendre, qu'un banc de petite dimension, allégé, comme bois, de tout ce qui n'est pas indispensable à sa structure, rembourré avec soin et couvert en étoffe. Toutefois, il semble que le canapé, à son apparition, fut plutôt considéré comme un meuble sur lequel on pouvait s'étendre et même coucher au besoin, que comme un siège destiné à plusieurs personnes. C'est ainsi que Regnard, dans son *Distrait,* acte III, scène II, fait dire au chevalier :

. . . . Un fauteuil m'embarrasse,
Un homme là dedans est tout enveloppé.
Je ne me trouve bien que dans un canapé.
Fais-m'en approcher un, pour m'étendre à mon aise.

De son côté, Mme d'Aulnoy, dans son joli conte de la *Biche au bois,* nous montre l'infortuné prince Souci demeurant « des jours entiers couché sur son canapé, dans son cabinet, à regarder le portrait de sa princesse ». De même, la mère du Régent écrit à la duchesse de Hanovre : « Ici (Marly, 2 août 1705), au Salon et à Trianon, dans la galerie, tous les hommes sont assis devant M. le Dauphin et Mme la duchesse de Bourgogne, quelques-uns même sont étendus tout de leur long sur des canapés. » (*Correspondance de Madame,* t. Ier, p. 340.) De même encore, la marquise d'Huxelles nous apprend que, en 1709, le maréchal de Villars, blessé, reçut la visite de Louis XIV, étendu « sur un canapé, en robe de chambre » ; et Saint-Simon nous avoue, dans son langage imagé, que la duchesse d'Orléans « croupit de longues années sur son canapé ». Si on devait en croire Voltaire, à l'époque de Mme de Pompadour, on continuait encore de s'étendre sur ce genre de sièges ; le dialogue suivant, du moins, le donne très clairement à entendre :

Fig. 366. — Canapé style Louis XV, couvert en tapisserie d'Aubusson.

Mme de Pompadour. — Ah ! madame, faites-moi l'honneur de vous asseoir. Un fauteuil à Mme Tullia.

Tullia. — Qui ? moi, madame, que je m'asseye sur cette espèce de petit trône incommode, pour que mes jambes pendent à terre et deviennent toutes rouges ?

Mme de Pompadour. — Comment vous asseyez-vous donc, madame ?

Tullia. — Sur un bon lit, madame.

Mme de Pompadour. — Ah ! j'entends, vous voulez dire sur un bon canapé. En voilà un sur lequel vous pouvez vous étendre fort à votre aise.

(*La toilette de Mme de Pompadour,* dans les *Œuvres de Voltaire,* t. XIV, p. 325.)

Enfin, par Grimm, nous savons que la grande Catherine donnait ses audiences étendue sur un vaste canapé, et par Mme de Genlis, que Mme de Custine, à l'agonie, était veillée par ses amies étendues sur deux canapés placés dans un salon. (*Mém.,* II, 150.) Que conclure de ces différents textes ? que le canapé, à son origine, dérive bien plutôt du lit de repos, très commun au XVIe et au XVIIe siècle, dont il a pris la suite et dont il continua le service, que du banc dont, par sa forme, il semble cependant aujourd'hui se rapprocher davantage. Du reste, dans les premiers inventaires de cette époque, on rencontre parfois les mots : « un lit de repos en canapé ». Nous relevons cette phrase notamment dans un *Inventaire du mobilier de la Couronne,* où figure la description de seize canapés : « Un lit de repos en canapé, composé de deux matelas, deux traversins, deux carreaux et la housse du lit, où sont attachés trois soubassements, le tout de brocart or et argent à fleurs naturelles, fond d'argent trait, garny de franges, etc. » Ne croirait-on pas lire la description d'un lit véritable ?

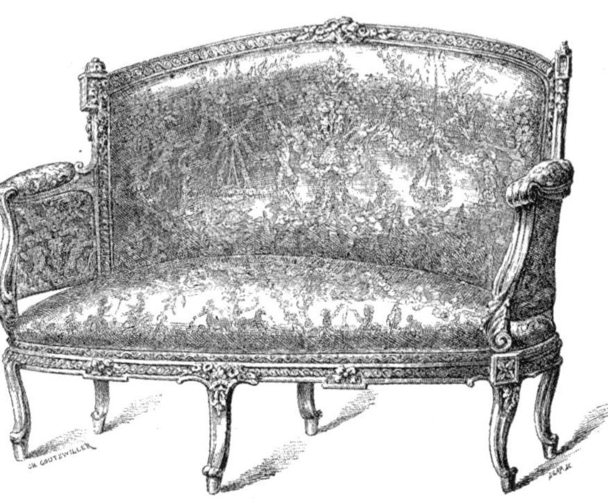

Fig. 367. — Petit canapé à joues (style Louis XVI).

Ajoutons que ce qui augmente encore la ressemblance du canapé primitif avec le lit, c'est la présence du matelas, qui est générale pendant le XVIIe et le XVIIIe siècle. « Un canapé, le bois garni de matelat, et un matelat de laine, deux oreillers carrés de toile peinte. » (*Invent. du château d'Amilly,* 1565.)

Quoi qu'il en soit, dès la fin du XVIIe siècle, les canapés, bien que d'adoption récente, se rencontrent en abondance dans la plupart des mobiliers. L'*Inventaire de M. de Frontenac* (à l'Arsenal, 1699) nous dénonce « trois canapés de bois de noyer, couverts de tapisserie à petits points faits à l'éguille, à fond de soye, or et argent, garnys de franges de soye et gallons d'or faux ». Dans l'hôtel de M. Titon, situé rue de Montreuil, nous trouvons (1711) « une antichambre garnie de quatre grands tableaux de fleurs peints par Fontenay, et d'autant de canapées (*sic*) de velours verd rehaussez d'ouvrages à petits points sur des fonds d'or ». (Germain Brice, *Descr. de Paris,* t. II, p. 270.) Mais l'époque la plus brillante pour ce meuble confortable, c'est le règne de Louis XV. Les bois des sièges, qui alors se mouvementent, se contournent, se chantournent, deviennent, dans le canapé, d'une élégance extrême. Oppenord et Messonnier en composent d'un dessin surprenant, dont les contours, d'une hardiesse et d'une richesse incomparables, s'harmonisent avec l'ornementation des lambris et ont l'air de faire corps avec la décoration fixe de la pièce. C'est, en outre, à ce moment qu'on voit apparaître ces gracieuses variétés, qui portent le nom de CANAPÉ A MÉDAILLON, EN GONDOLE, EN CORBEILLE. De cette même époque date encore le CANAPÉ A JOUES, dont les bras sont garnis de deux petits panneaux rembourrés qui se raccordent avec le siège. On trouve des exemples de ces canapés

Fig. 368. — Canapé Louis XVI, couvert en tapisserie de Beauvais.

traversin de plumes au-dessus couvert de damas caffart. » (*Invent. du maréchal d'Humières ;* Lille, 1694.) « Plus un canapé avec son matelas et son coissin couvert de damas à fleurs. » (*Invent. de Nicolas-Alexandre de Ségur ;* Bordeaux, 1755.) « Un canapé garni de son matelas et de à joues, dès 1732, dans l'*Inventaire des meubles de la Couronne*. Du même temps date également le CANAPÉ CONFIDENT, dont les deux extrémités sont garnies de deux petits sièges triangulaires, sortes de rallonges placées en retour, qui permettent à deux nouvelles personnes de s'asseoir.

Quant au canapé à double dossier, il est antérieur de quelques années. Pour ce dernier, le dossier était souvent à crémaillère ; alors, il se rabattait sur l'un des deux sièges et formait ainsi un lit commode et suffisamment large. *L'Inventaire du château de Versailles* de 1708 décrit un meuble de cette sorte : « Un canapé à crémaillères à deux dossiers chantournés à bois doré, garni de velours, frange, molet et galon d'or des deux costés, composé de son bois sanglé, de 7 pieds 2 pouces de long sur 2 pieds et demi de large, garny de deux matelas de velours cramoisy, etc. »

Ainsi le canapé-lit, dont nous nous croyons les inventeurs, a pour le moins cent quatre-vingts ans d'existence. D'autres canapés de ce genre avaient leurs doubles dossiers fixes et formaient des meubles de milieu très confortables ; tel est, par exemple, le « canapé à deux dossiers, garni de peluche et de tapisserie à petits points, avec deux traversins aussi à petits points, deux matelas, le premier garni comme le canapé, le segond sur les bords de pluche », etc., que nous trouvons dans la grande salle du château d'Amilly, et qui figure dans l'*Inventaire* dressé en 1765 par Perceval, tapissier à Nogent-le-Rotrou.

Cette disposition centrale du canapé double, étant jugée fort commode, et des plus convenables pour les longues galeries, on prit l'habitude de suppléer au canapé à deux dossiers par l'adossement de deux canapés de dimensions égales. Puis, naturellement, on fut amené à cintrer le dos de ces canapés, et la BORNE se trouva inventée. La première disposition de ce genre que nous ayons relevée se rencontre chez le prince de Metternich, en 1820. Parlant de sa bibliothèque, il écrit : « Au milieu de la salle est la belle Vénus de Canova, dont le piédestal est entouré d'un canapé rond. » (*Mém. de Metternich,* t. III, p. 333.) Mais cette innovation, qui devait nous conduire, par un détour naturel, au *canapé confortable,* sans bois voyant, dans la fabrication duquel Jeanselme et Sellier excellèrent, nous fait franchir d'un bond un espace un peu long.

Entre le règne de Louis XV et la Restauration, le canapé avait abdiqué ses formes contournées, ondulées, chantournées, pour se faire plus sec et plus raide. On fabriquait bien encore de ces meubles d'une magnificence rare. Les ventes après décès de la duchesse de Saint-Aignan (8 août 1784), de la duchesse de Mazarin (9 août 1784), du commandeur Boscheron, vicaire général de l'ordre de Malte (22 novembre même année), où l'on trouve des canapés couverts de damas de deux couleurs, de satin brodé d'or, de taffetas flambé, etc., en fournissent la preuve. Il faut surtout se garder d'oublier le superbe canapé de Marie-Antoinette, qui, couvert de brocart et de galon d'or, avait coûté 10,600 livres ; mais, dès 1780, les formes carrées avaient prévalu. Sous le Consulat et sous l'Empire, Percier et Fontaine composèrent ces canapés, dont la forme *en bateau* rappelle les lits de l'époque. Vers le même temps, Pommier imagina le canapé à bas dossier (revenant en avant et remplaçant les accotoirs), auquel il donna son nom, et Marcus le canapé à dossier et à joues cambrés, qui prit également le nom de son inventeur. Enfin arriva, avec Sellier, le canapé confortable dont nous parlions à l'instant. Mais pour les ameublements de luxe, aucun de ces sièges ne pouvait être accepté, et l'on a dû toujours revenir aux beaux canapés de style Louis XIV, Louis XV et Louis XVI, qui, en dépit de toutes les innovations, sont demeurés classiques.

Canastei, *s. m.* — Locution lyonnaise. Petit panier. Rapprocher cette locution, employée dans le Lyonnais et le Forez, de BANASTE, usitée dans le Bordelais et la Gascogne, et le CANESTOUN, encore en usage dans la Provence et le Comtat-Venaissin.

Candaley, *s. m.* — Voir CANDELEY, CHANDELIER.

Candélabre, *s. m.;* **Chandelabre**, *s. m.* — Appareil d'éclairage, destiné à recevoir et à porter des lumières, jadis des chandelles, d'où son nom. On écrivit en effet, dans le principe, CHANDELABRE ; telle est du moins la plus ancienne leçon que Littré donne de ce mot, et qui est empruntée à la *Chronique* de Rutebeuf. Cette forme semble avoir, d'ailleurs, persisté dans certaines provinces jusqu'à la fin du XVIe siècle. On la rencontre notamment à Marseille en 1587. « Six chandelabres, deux bas et deux haultz, léton. » (*Invent. de J.-P. de la Setta.*) Mais si le doute n'est pas permis sur l'origine du mot, par contre, on est moins bien renseigné sur la forme exacte du candélabre aux diverses phases de son histoire. Sans même remonter à une époque très éloignée, on le trouve défini de façons fort diverses. Richelet le qualifie « grand chandelier de salle qui a plusieurs branches ». Furetière en donne une définition presque analogue ; mais, au XVIIIe siècle, ce qu'on entendait par un chandelier de salle, comme, du reste, par un chandelier de cristal, c'était un lustre. C'est bien ainsi que le comprennent les rédacteurs du *Dictionnaire de Trévoux,* qui écrivent : « CANDÉLABRE, grand chandelier à plusieurs branches, que l'on pend au milieu d'une salle. » D'autre part, Sobry, qui est contemporain de cette définition, enseigne, dans son *Architecture,* que « le candélabre s'élève sur une seule tige au-dessus de la hauteur moyenne d'un homme, et sert à porter des grouppes de flambeaux » ; puis il ajoute : « On met sur le candélabre des lustres garnis de lames de crystal, qui réfléchissent et multiplient la lumière. » Mais alors ce que Sobry qualifie candélabre, nous le nommons torchère. Ce n'est point tout ; au XIVe siècle, le candélabre semble avoir revêtu encore une autre forme et comporté des dimensions moindres. Le continuateur de Du Cange, cite, en effet, une *Lettre de rémission* datée de 1380, où il est dit : « Quant le suppliant fu relevé, il print pour soy revenchier un candélabre. » Voilà donc le candélabre réduit aux proportions d'un chandelier ordinaire. D'autre part, nous lisons dans Olivier de la Marche (*Mém.,* t. II, p. 527) que, lors du mariage de Charles le Téméraire avec

Fig. 369.
Candélabre style Louis XIV.

Marguerite d'York (1468), on construisit une grande salle de réception, que « ladicte sale fut aidée (*sic*) de candélabres de bois, peints de blanc et de bleu », et que, « ès deux bouts de ladicte salle pendoient deux chandeliers moult soubtivement faicts ». Nous revoilà donc en face du candélabre-torchère, opposé au chandelier-lustre. Mais l'*Inventaire du trésor de la cathédrale d'Amiens* (1535) porte la mention qu'on va lire, digne, elle aussi, d'être méditée : « *Item,* dedans le chœur y a trois grandz candélabres, au millieu desquelz sont des ymages d'anges. — *Item,* au chœur sont quatre moiens candélabres et deux candeliers de cuivre, lesquels on mect aucunefois sus le grant autel. » Cette fois, le candélabre se rapproche singulièrement de ce que nous désignons aujourd'hui sous ce même nom. Il en est de même pour la dépense suivante, comprise dans les *Funérailles de Claude de France* (1575) : « A François Petit et Giles Collesson, menuisiers, la somme de soixante francs, pour leurs peines et salaires d'avoir dressé et assemblé deux grands candélabres, èz église des Cordeliers et de Sainct-Georges, pour servir aux funérailles et enterrement de feue Madame. » Toutefois ne nous hâtons pas de triompher. Le pamphlet intitulé *les Amours de La Vallière,* en nous apprenant que Louis XIV offrit à son amie préférée un candélabre de cristal, nous fournit la preuve que, au XVIIe siècle, le mot qui nous occupe n'avait pas, à Paris, la signification que nous lui trouvons à Amiens et à Nancy au XVIe. Enfin, dans l'*Ordonnance* du 14 novembre 1689, qui énumère tous les ustensiles dont la fabrication en argent est et demeure interdite, il est question de « chandeliers à branches, torchères, girandoles, bras, plaques », etc. (*Mercure,* n° de décembre 1689.) Les candélabres ne sont pas nommés.

Fig. 370.
Candélabre style Louis XVI.

On voit, par ces quelques citations, que le mot candélabre s'est appliqué, suivant les époques, à des appareils d'éclairage de formes très diverses. On fera donc bien, à moins d'explications bien nettes, de ne point lui attribuer, dans la lecture des vieux textes, une signification trop précise, et si par hasard on l'emploie dans le sens archaïque, de n'en faire qu'un usage prudent et restreint.

Ce que nous nommons aujourd'hui candélabre est un chandelier de hautes dimensions, muni de plusieurs branches. Quand le candélabre est agrémenté de cristaux taillés et qu'il affecte une forme pyramidale, on l'appelle plus généralement girandole. Lorsqu'il est bas sur pied et ne comporte que deux branches, on le désigne plus spécialement sous le nom de double flambeau ou de bout de table. La place le plus habituellement réservée aux candélabres, c'est la tablette de la cheminée. Les candélabres marchent par paires, occupent les deux extrémités de cette tablette, ayant la pendule entre eux. Ces trois pièces, la pendule et les deux candélabres, constituent ce qu'on appelle la garniture de cheminée. Les amateurs recherchent avec passion les candélabres du siècle dernier et les payent fort cher. On a vu, à la vente San-Donato, une paire de candélabres composés par Clodion et ciselés par Gouthières, vendue 37,000 francs. Une autre paire, en forme de vase ovoïde, avec têtes de satyres, fut adjugée à 22,000.

Ces prix, au surplus, ne sont pas aussi exagérés qu'on pourrait le croire. Nous savons, en effet, que parmi les présents envoyés, en 1742, par Louis XV au sultan, figuraient huit candélabres en forme de palmiers et de lauriers à quatre branches, qui, exécutés par Claude Ballin, n'avaient pas coûté moins de 46,321 livres. Il est vrai que ces beaux objets étaient en argent. Les personnes qui, sans tenir à posséder des bronzes véritablement anciens, se piquent cependant d'avoir des appartements artistement meublés, demandent simplement à leurs bronziers de leur fournir des candélabres de style Louis XV ou Louis XVI, et ceux-ci leur en livrent qui, pour être des simples copies, n'en sont pas moins fort gracieux et charmants. Dans ces

Fig. 371. — Candélabre Louis XVI. — Mobilier national.

derniers temps, on en a reconstitué qui se raccordent au mobilier du temps de Louis XIV. On n'est pas remonté plus haut et pour cause.

Candeley, *s. m.;* **Candelier**, *s. m.;* **Candier**, *s. m.* — Voir CHANDELIER. Candelier est plus particulièrement normand. Candier est picard. Candeley ou Candaley est bordelais et gascon. « Dos candaleys ab personatges. — *Item,* dos candaleys de laton ab dos ulhs cascun. » (*Invent. d'Aymeric de Caumont;* Bordeaux, 1436.) « Un candeley de Sala ab quatre huhls ab son garniment. — *Item,* un autre candeley de metau ab un ulh, etc. » (*Invent. de Ramond de Cussac, chanoine de Saint-André ;* Bordeaux, 1442.)

Fig. 372.
Cane en argent repoussé et doré (XVIe siècle).

Cane, *s. f.;* **Canette**, *s. f.;* **Quenne**, *s. f.;* **Quennette**, *s. f.* — L'origine de cane et canette doit être cherchée dans le bas-latin *quenna.* D. Carpentier cite plusieurs documents datés de 1382, 1404 et 1450, où *quenna* est employée pour signifier une mesure de vin. Dès le XIVe siècle, le mot quenne, traduction évidente du latin, était usité dans les inventaires et les pièces officielles. Nous lisons, en effet, dans l'*Inventaire du duc d'Anjou* (1368) : « Un grant pot lonc, que l'on appelle en France une quenne... et est ledit pot large par le pié et va en agreslissant devers le haut, et y a un grant anse esmaillié par dehors et cizelé par dessouz, et vient du col jusques près du pié. » Au XVIe siècle, les substantifs cane et canette, qui s'étaient substitués à quenne, avaient à peu près la signification qu'ils devaient conserver jusqu'à nos jours, celle d'une mesure à vin ou à bière, de la capacité d'un litre pour la cane et de 75 centilitres pour la canette. En Normandie, canette était synonyme de « petite mesure » ; de même en Flandre et en Picardie. (Voir *Coutume d'Ypres,* dans le *Nouveau Coutumier général,* t. Ier, p. 844, et Corblet, *Glossaire du patois picard.*) Au dire de Savary, on fabriquait des canettes ou CAVETTES — car il donne ces deux formes comme étant également usitées de son temps — en grès et en étain ; les premières étaient surtout importées de Hollande.

Dans le Midi de la France, du XVe au XVIIe siècle, la cane (ou cana) et la canette, qu'il ne faut pas confondre avec le CANET (voir ce mot), semblent avoir été des récipients d'argent, de cuivre ou d'autre métal, qu'on employait à des usages variés. On lit, en effet, dans l'*Inventaire de Ramond de Cussac, chanoine de Saint-André* (Bordeaux, 1442) : « Una granda cana d'argent sobre daurata, ab esmaus assur sus lo cubercle, que fodeit que pessava sept marcs sinsq onses et tres quarts. » Et plus loin : « *Item,* una caneta daurada, ab duas glans au cubercle, que fodeit que pesava tres marcs ments un gros. » Dans l'*Inventaire de Massiot-Gautier* (Toulouse, 1578) figure : « Une payrolle de cuivre, une cane de cuivre, une canette de laton. » En outre, la forme et la contenance de ces vases étaient très variables, car nous relevons dans l'*Inventaire de Pierre de Capdeville, bourgeois et marchand* (Bordeaux, 1591) : « Trois grosses cannettes, trois cannettes de quatre, deux cannettes de cinq, une de six, une de huit, deux eyguyères, etc. » Et dans l'*Inventaire de Grégoire Beaunom* (Bordeaux, 1607) : « Plus six pintes, assavoir : ung cartz, demy-pot feuilhette, demy-pot, grosse canette, quanette de quatre et canette de cinq, etc. »

Enfin, d'un passage de l'*Heptaméron* on pourrait encore conclure qu'au XVIe siècle, le mot canette était, dans le service de la messe, communément employé pour désigner le petit vase que nous nommons burette. Cela, du moins, semble résulter du passage suivant, emprunté à la *Nouvelle* XIX (deuxième journée) : « Son pauvre serviteur, qui encore n'avoit parfaict l'an de sa probation, servoit d'acolite et portoit les deux canettes en ses deux mains. »

Canephore, *s. f.* — Terme d'architecture. Statue de jeune femme portant sur sa tête une corbeille pleine de fleurs ou de fruits. Ces sortes de statues sont généralement employées comme cariatides, et la corbeille forme alors chapiteau. Au XVIe siècle, les canephores ont figuré dans la décoration de quelques ouvrages d'architecture. On en peut voir à Rouen, au tombeau de Dreux-Brézé, et à Nantouillet, à celui du chancelier Duprat.

Canepin, *s. m.* — Épiderme de la peau d'agneau ou de mouton, préparée par les mégissiers, et dont on faisait des éventails. Cette peau, très agréable au toucher, était, à cause de cette douceur même, passée en dicton :

Chaire doulce comme ung canepin,

écrit l'auteur de la farce de *Folle Bombance.* (*Ancien Théâtre français,* t. II, p. 274.)

Canestoun, *s. f.* — Locution provençale. Petite corbeille, corbillon. Rapprocher ce mot de CANASTEI, employé dans le Forez et le Lyonnais pour désigner le même objet, et de BANASTE, encore usité dans le Bordelais et la Gascogne.

Canet, *s. m.* — Le continuateur de Du Cange croit trouver dans une *Lettre de rémission,* datée de 1392, que canet, à cette époque, était synonyme de banc ; mais l'exemple qu'il cite n'est rien moins que probant. Par contre, dans le Bordelais et la Gascogne, on rencontre ce mot tantôt avec la signification de vase monté sur trois pieds servant à faire bouillir de l'eau, tantôt avec celle de petite fontaine mobile, employée pour laver les mains. « Ung canet de métau per cauffar aygue. » (*Invent. d'Aymeric de Caumont;* Bordeaux, 1436.) « Ung gran canet de métau ab tres pes. » (*Invent. de Ramond de Cussac,* 1442.) « Ung plat bassin de léton aussi pour laver mains fasson de Flandres, avecq ung cannet ou fontaine, aultremens lavemains d'estaing, de belle fasson, tenant envyron un quarton et demy. » (*Invent. de Pierre de Capdeville;* Bordeaux, 1591.) (Voir CANE.)

Fig. 373.
Canette en faïence de Rouen (XVIIIe siècle).

Canetille, *s.f.;* **Cannetille**, *s.f.* — C'est un fil d'or ou d'argent, vrai ou faux, tortillé en forme de tire-bouchon, mais très menu, qu'on emploie dans la broderie, pour la fabrication des crépines, etc. « Sur le dict lit y avoit un grand et riche ciel de tapisserie d'or... et les pentes du dict ciel faictes de riche canetille d'or, avec grand quantité de grosses perles. » (*L'Ordre observé aux obsèques de François Ier*, 1547.) « Ung petit panier rond, faict de canetille d'or et d'argent, ouvraigé de reliques. » (*Invent. des meubles du château de Nérac,* 1555.) « Ung ciel de vellours cramoisy, enrichy de grosse canetille. » (*Invent. des meubles portés de Pau à Nérac par ordre du roi de Navarre,* 1578.) « Ung Dèz (dais) de velours noir, brodé de canetille d'argent. » (*Invent. de Catherine de Médicis,* 1589.) La *Subvention générale du vingtième sur les marchandises entrant en France* (1641) distingue plusieurs sortes de canetilles : « Celles d'or, celles d'argent, celles assises sur des draps de soye et enrichies de perles, celles assises sans être enrichies. » Ajoutons que lorsque la canetille, avant d'être employée, est aplatie entre deux roues d'acier qui la rendent plate et luisante, on l'appelle du Bouillon.

Les bouquetières, au siècle dernier, employaient de la canetille pour serrer leurs bouquets. Il semble, d'autre part, que l'on s'en soit servi pour imiter certaines plantes ou fleurs artificielles, car nous lisons dans le *Livre journal* de Lazare Duvaux : « 21 novembre 1750, — à Mme la marquise de Pompadour : quatre-vingt-huit plantes de cannetille de différentes grandeurs, garnies de fleurs de Vincennes assorties à chaque plante. » « 13 décembre 1751, — au duc de Chevreuse : un vase de Vincennes bleu et or avec un bouquet en cannetille, garni de fleurs de Vincennes, 670 livres. » (*Livre journal,* t. II, p. 66 et 106.)

Les fabricants de tissus donnent aussi le nom de canetille à certaines armures.

Canetiller, *v. a.* — Garnir de canetille. « Plus un autre lit avec ses trois pentes... avec des montants de velours noir en bordure, canetillé d'or et d'argent et de clinquant. » (*Invent. du château de Turenne,* 1615.)

Canevas, *s. m.;* **Caneval**, *s. m.* — Ce mot, dont la forme primitive est Chenevas (toile de chanvre), sert à désigner plusieurs tissus différents comme emploi, mais qui, au point de vue de la fabrication, présentent des analogies. C'est d'abord une très grosse toile de chanvre qui sert à faire des doublures et des emballages. Lorsqu'en 1447, le duc de Bretagne vint incognito à Tarascon, on s'empressa d'emprunter à Avignon de quoi garnir le château, et nous trouvons dans les *Comptes du roi René* une dépense de 5 florins 3 gros « pour cordes, canevas et tapisserie, empruntéz de plusieurs d'Avignon, pour la venue de Mgr d'Orléans ».

Le mot canevas a également servi à désigner une grosse toile, toujours de chanvre, dont on faisait des enveloppes de paillasse, des torchons et même, en Bretagne, des draps de lit. Cette toile se nommait dans le Midi Canabas. (Voir ce mot.) S'il faut en croire le poète tourangeau Brodeau, mort en 1540, auteur du *Bon vieux temps* (Voir *Poètes français,* t. Ier, p. 23), les dames auraient aussi porté des chemises ou des robes de canevas.

Dames aux huis n'avoient clefs ni loquets ;
Leur garderobe étoit petits paquets
De canevas ou de grosse étamine.

En admettant que ce ne soit point là une pure licence poétique, on peut considérer toutefois le fait comme exceptionnel ; car le canevas ne fut jamais regardé que comme une étoffe épaisse, rude, grossière ; témoin ces deux vers empruntés à la *Vie et trépassement de Caillette :*

Item, je laisse au bon Guillot
Ma besace de canevas.

Enfin Palma Cayet nous apprend que de son temps (1591) on en faisait des voiles de navire. (*Mém. relat. à l'hist. de France,* t. LVIII, p. 326.)

Dans l'ameublement, par contre, l'emploi du canevas fut, à toutes les époques, régulier et général. En voici quelques exemples : « Un petit lit bastard de bois de noyer, garny de son enfonçure, paillasse de canevas, lit, traversin, etc. » (*Invent. de Marguerite Regnault, femme Desloges;* Paris, 1627.) « Une grande couchette à quenouilles, bois de chesne, garnie d'une couette de pleume, un traversier, un orillier aussi de pleume, deux draps de toille de canevats..., etc. » (*Invent. de la dame de la Chesnais ;* paroisse de la Chapelle d'Erbrée, 1698.) « Une vieille couchette de bois de chêne, garnie d'une vieille couette de pleume... de deux draps de caneval..., etc. » (*Invent. de J.-F. Lemonnier;* au bourg et paroisse de Balaze, 1727.) C'est encore, sans doute, de la toile de ce genre, que nous voyons figurer dans les articles suivants : « 4 août-30 septembre, — à la dame Burry, lingère, pour parfait payement de 4,170 livres pour fournitures de canevas pour les illuminations. » (*Compte des bastimens du roy,* année 1676.) « Une pièce de canevas cru (écru) contenant soixante-six aulnes, à raison de dix-huit sols l'aune. » (*Invent. du château d'Amilly,* dressé par Perceval, tapissier à Nogent-le-Rotrou, 1785.)

Enfin le canevas nous apparaît sous forme d'une toile très claire, dont on se sert pour la confection des ouvrages en tapisserie à l'aiguille. « Plus ung austre tour de lict de caneval, fait à légulhe au poin d'Ongrye... plus deulx couvertures de ban, sur le caneval faict à légulhe de lène. » (*Invent. de Jeanne de Bourdeille,* 1595.) « Douze pièces de brodeuries de soye rehaulsées d'or et d'argent au gros point sur le canevaz, faictes pour servir à broder troys petitz tapis... — Plus quatre aultres bandes de soye, diverses couleurs, au gros point sur le canevas, faictes pour servir à ung grand tapis, etc. » (*Invent. de Louise de Vaudemont,* 1603.) « Six pantes, pour faire deux tours de lyt, ouvragées de layne sur canevat au gros point, quy n'a encore esté mis en œuvre. — Deux grandes chaires aussi garnies d'un ouvrage de canevat fort uzé. » (*Partage des frères Boissot;* sénéchaussée d'Angoulême, 1660.) « Au vestibule s'est trouvé dix-huit grandes chaises bois noyer, garnies partie de canevas et partie d'épeluche cizelée. » (*Invent. de Joseph des Bernards de Saint-Andéol*; Cour de Mazan, 1728.) On voit, par ces dernières citations, que le mot canevas s'est trouvé, dans certains pays et durant un temps assez long, usité avec la signification de broderie ou tapisserie à l'aiguille. Le fait est à retenir.

Le commerce du canevas, sous ses trois formes, était assez important au xviie siècle, pour que les lingères aient compris, à cette époque, le titre de *canevassière* parmi ceux qui étaient mentionnés en leurs privilèges. On le voit relaté en effet, dans le document intitulé : *Statuts, ordonnances et articles que les Marchandes, Maîtresses, Toilières, Lingères, Canevassières et de fil, Jurées et Gardes de la marchandise de Toilerie et Lingerie de cette ville de Paris requièrent être augmentés, confirmés et approuvés par le Roy,* (Paris, 1645). A Lyon, on appelait celles qui vendaient cet article des *canabassières ;* en Gascogne, *canabassera* avait le même sens. (Voir Canabas.)

Canif, *s. m.;* **Canivet**, *s. m.* — Petite lame d'acier pourvue d'un manche, dont on se servait pour tailler les plumes d'oie. On disait autrefois un canivet. Eustache

Deschamps qualifie malicieusement les écrivains de son temps du titre singulier de *poursuivans du canivet.* Le canivet faisait partie de ce que nous appelons aujourd'hui la fourniture de bureau, et entrait dans la composition de ce qu'on nommait alors l'*écritoire.* « A Jehannin Bietris, clerc de la panneterie, pour I papier neufs acheté par lui, pour l'office de Panneterie, VIII sols parisis... une escriptouère neufve, garnie de cornet, canivet et laz de soye. XXIV sols parisis, etc. » (*Comptes de l'hostel du roi Charles VI,* 1380.) Quelques-uns de ces ustensiles étaient en métal précieux et ornés d'émaux et de pierres fines ; témoin celui dont se servait le roi Charles V, et qui figure dans l'*Inventaire* de ce prince : « Une escriptoire d'or atout (avec) le cornet et le canivet esmailléz de perles par dehors, aux armes de France... pesant ung marc cinq onces six estellins. » Dans l'*Inventaire du château de Vincennes* (1418) nous remarquons un « coustel et un canivet en une

Fig. 374. — Modèles de canifs pour tailler les plumes, d'après l'*Encyclopédie.*

gayne, dont les manches sont en or ». L'écritoire de Marguerite d'Autriche (1523) était enrichie d' « ung petit canyvet » à manche d'argent, et le *Mercure* de janvier 1679 décrit une écritoire, où les manches du canif et du poinçon sont de vermeil. On voit que le luxe des canifs n'a pas été éphémère. Quoique marchant généralement avec l'écritoire, le canif cependant était, comme fabrication et comme vente, de la compétence exclusive des couteliers. Un des comptes que nous citons nous dénonce le payement de vingt-quatre sols à « Verzi, coustellier demourant en la Cossonnerie, pour le reste des canivés de la livrée (livraison) derrenièrement passée et oubliée à compter ». Ajoutons que ce petit instrument servait également à d'autres usages qu'à tailler des plumes. Nous lisons, en effet, dans les *Mémoires de Du Clercq* (liv. IV, chap. II) : « L'Abbé de peu de sens, aussytôt qu'il fut mis ès prison, pour doubte qu'il ne confessât chose qui ne pust lui nuire, se couppa la langue d'un canivet », et les deux vers suivants consignés par Richelet :

Si vous manquez à moi chétif,
Je m'ouvrirai les veines d'un canif,

prouvent que l'aventure de l' « Abbé de peu de sens » n'a pas dû être un fait unique dans l'histoire de l'utile objet qui nous occupe. On sait, du reste, par les papiers de Conrart, qu'en 1616 un sieur Baraton, arrêté par ordre de M. de Nevers, « se tua d'un coup de canif dans le cœur », et nul n'ignore que c'est avec un canif que Damiens attenta aux jours de Louis XV. « Ce misérable, écrit à ce propos Voltaire (voir *Œuvres complètes,* édit. Verdière, t. Ier, p. 247), avait été cuistre dans un collège de Jésuites, collège où j'ai vu quelquefois les écoliers donner des coups de canif et les cuistres leur en rendre. »

Canifas, *s. m.* — Grosse toile qui servait à doubler les tapisseries. « Huit pièces de tapisserie à bocage d'Audenaerde..... et cinquante aulnes de canifas pour le garniment d'icelles. » (*XVIe Compte de Christophe Godin, receveur des finances de Philippe II,* 1594.) Rapprocher ce mot de CANEVAS.

Canne, *s. f.;* **Canner**, *v. a.;* **Cannage**, *s. m.* — On nomme canne un rotin importé des Indes, et l'écorce de ce rotin dépecée en petites bandes, et employée sous forme de treillis à la garniture des sièges. C'est au XVIIe siècle seulement qu'on commença à canner les chaises, fauteuils et tabourets. Cette garniture nouvelle, plus propre, plus élégante surtout que la paille, ne tarda pas à être très généralement usitée. Remarque curieuse, ni dans le *Dictionnaire de Trévoux,* ni chez Savary, il n'est question de l'emploi de la canne dans le mobilier. Les mentions qu'on en rencontre remontent cependant à 1722 et s'appliquent à des meubles d'une fabrication très antérieure. « Trois fauteuils de bois de noyer verny et bois de canne, à dossiers chantournés, les pieds en consolles sculptés de quelques ornements, — douze chaises à dos de bois de merisier verny et bois de canne, etc. » (*Invent. des meubles du château de Versailles.*) Dix ans plus tard, les meubles ainsi garnis étaient très répandus, même en province. « Douze fauteuils de bois de serizier (*sic*), foncés de cane, prisés ensemble 136 livres. » (*Invent. du marquis de Piré;* Rennes, 1733.) C'est d'ailleurs vers ce temps qu'on prit le soin de dorer la canne, et nous allons, grâce à cette toilette, voir les sièges cannés pénétrer dans les intérieurs les plus coquets. « Deux petites chaises de canne dorées, les dossiers ceintrés, les bois sculptéz légèrement et doréz. » (*Château de Versailles,* 1737.) « 10 janvier 1749. — M. de Preninville : deux fauteuils de canne, les dossiers arrondis, avec les coussins en maroquin, 100 livres. » « 22 mai 1756. — M. Boucher : un petit fauteuil de canne très bien sculpté, etc. » « 28 juillet 1756. — Mme de Pompadour : un petit fauteuil à contours, sculpté, garni en canne fine. » (*Livre journal* de Lazare Duvaux.) Enfin, au château de Saint-Hubert, nous trouvons encore : « Un fauteuil de toilette de hêtre et canne, avec carreau et dossier de damas », spécialement destiné à Mme de Pompadour.

Les meubles, foncés et garnis de canne, sont dits CANNÉS ; l'opération qu'on leur fait subir s'appelle CANNAGE ; mais ces deux mots, employés dans ce sens, ne sont pas français, paraît-il ; car ils ne sont mentionnés ni dans le *Dictionnaire* de Littré, ni dans celui de l'Académie.

CANNE. — On trouve aussi ce mot couramment employé pour signifier canne à pêche.

Ils reposoyent sur les feuillars séchéz,
Tous leurs labeurs près d'eux estoyent couchéz.
Tous les outils de leur mestier humide,
Tout ce qui sert dessus l'onde liquide :
Cannes, paniers, lignes, nasses, filets...

(*Œuvres poétiques d'Amadis Jamyn,* t. II, p. 246.)

CANNE, *s. f.;* CANO, *s. f.;* CANNAGE, *s. m.* — Mesure linéaire usitée dans la Provence et le Languedoc. Les cannes de Provence et du bas Languedoc étaient de huit pans et mesuraient six pieds deux lignes. Celles d'Avignon et de Nîmes étaient d'un pouce environ plus courtes. La canne de Toulouse contenait juste une aune et demie, mesure de Paris. Il en était à peu près de même de celles du haut Languedoc et de la haute Guyenne. Au XVe et au XVIe siècle, on ne comptait dans le midi et dans l'ouest de la France que par cannes. C'est ainsi que nous lisons dans les *Comptes et mémoriaux du roi René,* à la date du 11 mai 1447 : « A Jehannin, le chaussetier, la somme de sept florins six gros, pour quatre canes une paulme de drap vert... »; et nous relevons en mars 1449 l'achat : « A Ozias pour LXXXII cannes de toilles de hénault pour faire linseulz, etc. »

Le substantif CANO, demeuré en usage, est la traduction

Fig. 375. — Fauteuil canné (style Louis XIV).

provençale de Canne. On a, en outre, appelé CANNAGE l'action de mesurer avec une canne.

CANNE. — On donne également ce nom au tube dont on se sert dans les verreries pour souffler les ballons, bouteilles, etc.

Cannelé, *s. m.* et *adj.;* **Canneler,** *v. a.;* **Cannelure,** *s. f.* — Canneler, c'est pratiquer des cannelures. Les cannelures sont des sillons creusés verticalement ou en hélice le long d'une colonne, d'un pilier, etc. « Une couche de boys de noyer à hault dossier, à pilliers canelèz goudronnéz. » (*Invent. de Mathieu Dabancourt;* Paris, 1562.) « *Item,* ung bois de lict de camp, de noyer, les piliers canelléz doréz. » (*Invent. du duc de Roannès,* 1572.) « On ne sçavoit que c'estoit que faire tant de frises, de cornices..., de soubassements, de caneleures, de mouleures et de colonnes. » (*Discours sur les causes de l'extrême cherté, etc.,* 1574.) « Plus ung challit de boys de noyer... ayant les piliers cannelés. » (*Invent. d'Antoine Delort;* Bordeaux, 1590.) On a fait aussi des pilastres cannelés. Pour ces derniers les cannelures sont toujours verticales. « Un cabinet de bois du Brésil à compartimens, aïant vingt tiroirs enfermés par deux battans, ornés de six pilastres cannelés. » (*Invent. des meubles de la Couronne.*) Les cannelures peuvent être de profondeur plus ou moins accentuée. Il y en a de presque plates, d'autres revêtent la forme d'un demicercle. Elles peuvent être simples ou ornées, et les motifs dont on les garnit sont fort variés. Palmettes, entrelacs, coquilles, tigettes, feuilles d'acanthe, olives, cordelettes, etc., sont les principaux ornements dont on se sert de préférence.

Par analogie, on dit des objets à côtes qu'ils sont cannelés, et quoique cette manière de s'exprimer soit vicieuse, on la rencontre sous la plume de professionnels. « 24 décembre 1754, — au marquis de Voyer : Deux bouteilles de porcelaine céladon cannelées, etc. » (*Journal* de Lazare Duvaux.) « Une très grande théière de terre cuite de la Chine cannelée et travaillée à jour à l'intérieur. » (*Vente de S. A. R. le prince Charles de Lorraine;* Bruxelles, 1781.)

CANNELÉ ou CANELÉ a aussi désigné une étoffe de soie à côtes fort à la mode au milieu du XVIIIe siècle, analogue au gros de Tours, et dans le tissage de laquelle il entrait parfois de l'argent et de l'or. L'*Encyclopédie,* au mot CARRELÉ, donne des détails sur la fabrication de ce tissu d'ameublement. Nous voyons figurer à la *Vente après décès de M. le chevalier de Broglie en son hôtel rue Saint-Dominique* (11 mai 1750) : « Un lit de damas des Indes, avec son étui de canelé de soye cramoisi galonné » ; à la *Vente de la comtesse de Montauban* (24 juin 1782) : « Un meuble de boudoir de cannelé broché » ; à la *Vente de M. Hervé de Boinville* (2 décembre 1784) : « Des rideaux et sièges de cannelé jaune. » Enfin l'*Avant-Coureur* du 20 mars 1769, parlant de la « manufacture royale de velours de Sens », nous apprend que « depuis dix-huit mois on y a inventé une nouvelle espèce de velours qui tient le milieu entre le velours plein et le cannelé, et que l'on nomme nouveau velours anglais ».

Cannelle, *s. f.;* **Canelle,** *s. f.* — C'est le nom d'un bois de placage exotique, employé au XVIIIe siècle dans l'ébénisterie et la marqueterie. Il provient de l'île de Ceylan, il est blanc et de qualité dure. On le nomme également SASSAFRAS.

CANNELLE. — On donne aussi ce nom à un robinet de bois ou de métal, qui sert à tirer le vin des pièces et des tonneaux. Jusqu'aux environs de 1765, toutes les cannelles de métal étaient fabriquées en cuivre ou en plomb, ce qui ne laissait pas que de présenter des dangers. En 1768, Préaux, marchand potier d'étain, domicilié « à Saint-Denis en France », eut l'idée d'en confectionner de complètement inoffensives, et, dans le *Mercure* de cette même année, il annonçait au public qu'il était le seul à fabriquer « des canelles à vin d'un métal composé, qui ne porte aucun verd de gris ». (*Mercure* de juillet 1768.) Ces cannelles furent approuvées par l'Académie des sciences.

On désigna aussi sous le nom de CANNELLE une couleur d'un marron verdâtre, fort à la mode au siècle dernier, dans l'ameublement et dans le costume. « Dans la chambre où est décédé ledit sieur Parrocel, ayant vue sur le fossé de la rivière des Gobelins, un lit à tombeau avec sa housse de serge couleur de canelle. » (*Apposition des scellés après le décès de Charles Parrocel, peintre du roi;* Paris, 1752.) Le *Mercure* du siècle dernier, comme le commissaire qui apposa les scellés chez Parrocel, écrivait canelle; c'est aussi l'orthographe adoptée par Ambroise Paré, Olivier de Serres et par la plupart des auteurs du XVIe siècle.

Cannequin, *s. m.* — Toile de coton blanche, importée des Indes.

Canon, *s. m.* — En terme de serrurerie, c'est le petit conduit cylindrique dans lequel s'engage toute clef non forée, qui pénètre dans une serrure bénarde. En terme de faïencerie, le canon était un de ces pots un peu longs et

Fig. 376. — Petite armoire Renaissance, décorée de colonnes cannelées.

ronds, qu'on voyait rangés en belle ordonnance dans les boutiques des apothicaires, et dans lesquels ces praticiens logeaient leurs électuaires.

CANON a encore signifié un tube en fer-blanc, analogue à ceux dans lesquels les militaires enferment leurs feuilles de route, et destiné à mettre des toiles démontées de leurs châssis. C'est ainsi que Claudine Bouzonnet-Stella conservait les tableaux qu'elle avait du Poussin. « Et à l'esgard de la prisée desdits tableaux, marquée à un chacun, il ne faut pas les donner à moins si on peut, et surtout ceux du Poussin. Il les faut rouler dans leurs canons de fer-blanc et les emporter. Leur valleur reviendra toujours. » (*Testament de Claudine Bouzonnet-Stella,* 1693.)

Enfin on appelait encore ainsi des cadres ou portefeuilles, destinés à être dressés sur l'autel ou accrochés à la muraille, et portant certaines paroles sacramentelles ou des passages de l'Écriture. C'est à ces derniers canons que se rapporte l'annonce suivante, insérée dans le *Mercure* de décembre 1752 (IIe volume) :

Fig. 377. — Cantine en fer (XIVe siècle).

Le sieur Jacob, graveur, rue du Petit-Pont, vis-à-vis la rue de la Huchette, vient de graver un assortiment de canons des plus complets, de différentes grandeurs, dont trois des plus beaux ont deux pieds de long sur seize pouces de haut, et varient dans leurs cartouches du milieu de trois sujets différents : 1° un Crucifix; 2° une Adoration dans le ciel; 3° une Adoration dans le temple; avec tous les attributs tant de l'ancienne que de la nouvelle alliance, joints à des cartouches et bordures d'un goût et d'une forme toute nouvelle, valant en feuille chacun 4 livres. — Outre ces trois, il en a une quantité d'autres qu'il peut orner plus ou moins, au choix des particuliers; soit en fleurs, en rocailles, soit en mosaïques jusqu'au filet, qui sont au prix de quinze sols. On avertit aussi que le caractère, qui est parfaitement beau, est le même dans tous les canons.

Canter, *s. m.* — Vase à embouchure étroite et à large panse. Son nom, peu usité du reste, semble venir de l'espagnol *cantaro,* qui lui-même n'est peut-être qu'une traduction de la canthare antique. « Ung petit canter à mectre eaue, avec une hance aussi esmaillée. » (*Inv. de Charles-Quint,* 1536.)

Cantimplore, *s. f.* — Mot dérivé de l'italien. La cantimplore était un vase à rafraîchir. On rencontre un certain nombre de cantimplores dans l'*Inventaire du cardinal de Mazarin* (1653). Nous en remarquons une, avec son anse unie, qui pèse onze marcs et demi; une autre, qualifiée « moyenne », pèse un peu plus de dix marcs. La taille des cantimplores se calculait sur le nombre de flacons qu'elles pouvaient contenir. On en trouve à deux, à trois et à quatre flacons. Ces flacons avaient une forme spéciale. Flacons et cantimplores, relevés dans l'*Inventaire du cardinal de Mazarin,* sont en argent d'Italie, sans ciselure et sans dorure.

Cantine, *s. f.* — C'est une sorte de coffre divisé en compartiments où l'on met le liquide et les aliments, qu'on veut emporter en voyage ou à l'armée. Autrefois les bahutiers avaient le privilège de fabriquer et de vendre les cantines. Au XVIIe siècle, le roi avait toujours dans sa chambre une cantine garnie. C'est ce que certains auteurs ont appelé son *en cas :* « Tous les jours avant le lever de Sa Majesté, écrit Besongne, deux chefs du Goblet, l'un de Paneterie-bouche, l'autre d'Échançonnerie-bouche, portent au cabinet du Roy, un pain, deux bouteilles de vin, deux bouteilles d'eau, deux serviètes et de la glace, dont ils garnissent la cantine de Sa Majesté, qui reste dans le cabinet du Roy, en cas que Sa Majesté demandât promptement à boire. Ces officiers du Goblet font, devant le premier valet de chambre, l'essay de ce qu'ils apportent. » (*État de France,* t. Ier, p. 99.) Dans la *Collection de la reine Marie-Antoinette* (1789) nous

Fig. 378. — Cantine jumelle (XVIIIe siècle).

remarquons : « Une cantine d'ancien laque, fond aventurine, fruits, fleurs et papillons en relief. » Cette cantine était de forme oblongue et se composait de sept compartiments. On faisait aussi des cantines en métal. Le musée de Cluny en possède une très curieuse et fort ancienne, dont

Fig. 379. — Cantine de camp (XVIIIe siècle).

nous donnons ici une reproduction. En 1685, parmi les présents offerts par le doge de Gênes au roi Louis XIV, figuraient deux cantines d'or.

Cantonnière, *s. f.*; **Quantonnière**, *s. f.*— C'était, dans le principe, une pièce de la tenture du lit à quenouilles. Formée d'une bande étroite, la cantonnière descendait le long des colonnes du lit, en dehors, par-dessus les rideaux, et servait à fermer l'angle et à empêcher l'air de pénétrer par l'ouverture que laissaient forcément entre eux les grands rideaux.

L'apparition des cantonnières dans notre mobilier suit naturellement de quelques années l'adoption des lits à colonnes. Cet ornement utile date par conséquent du milieu du XVIe siècle. Il fut en vogue surtout à partir du règne de Henri III. Louise de Vaudemont, épouse de ce monarque, avait des cantonnières à son lit. Nous remarquons, en effet, dans l'inventaire de cette princesse « un lict de velours cramoisy brun, garny de sept pantes, fond et doulcier, quatre quantonnières semblables, troys rideaulx de damaz », etc. (*Invent. de Louise de Vaudemont;* Chenonceaux, 1603.) Au XVIIe siècle, les cantonnières tiennent leur place dans les parements de lits luxueux. Elles abondent chez le cardinal de Mazarin. Ici c'est un « tour de lict à housse de damas cramoisy à ramages..... composé d'un fonds, trois rideaux, deux bonnes grâces, deux cantonnières, un dossier, etc. » ; plus loin, pour un autre lit, voici « trois rideaux et quatre cantonnières, garnis par le bas d'une crespine moyenne, et par les costéz de gros boutons à queue or et argent ». (*Invent. du cardinal de Mazarin,* 1653.) Chez Catherine de Neufville nous trouvons (1657) : « Un lict de gaze doublée de taffetas blanc, sçavoir : trois rideaux et quatre cantonnières, un dossier, une couverture de parade, etc. » Le lit du maréchal de la Meilleraye était garni, lorsqu'il mourut (1664), « de trois rideaux, deux bonnes grâces, deux quantonnier (*sic*), le tout de dabis, à fleurs, doublé de taffetas pareils, etc. ».

Au milieu du XVIIIe siècle on commença à fabriquer des cantonnières en tapisserie, et aussi à appliquer ces ornements à la décoration des fenêtres. En 1789 et 1790, les sieurs Chassaigne père et fils faisaient fabriquer, à Aubusson, des cantonnières pour fenêtres et en tenaient magasin à Paris, rue Saint-Martin, 107. (*Journal de Paris,* n^os des 22 novembre 1789 et 22 janvier 1790.) En 1792, quand on dressa l'*Inventaire des meubles du château de Versailles,* on constata dans la chambre de la reine la présence, à l'entour des fenêtres, de quatre cantonnières faites d'un lé de brocart, doublées de gros de Tours et bordées de mollet. Il est à croire que le brocart en était bien beau, car chacune de ces cantonnières fut prisée 4,600 livres. Celles de la chambre de Louis XVI étaient également de brocart et ornées d'un frangeon d'or. On les estima 3,750 livres chacune.

Aujourd'hui c'est surtout à la décoration des fenêtres et des portes qu'on emploie les cantonnières. Elles sont presque toujours en tapisserie, se tendent à plat au sommet de la baie formée par la croisée, comme un lambrequin, mais se distinguent de celui-ci par deux pentes ou longues queues tombant de chaque côté, encadrant ainsi les rideaux de dessous, et parfois même relevées avec eux par des embrasses.

CANTONNIÈRE. — On trouve également, au XVIIe siècle, ce mot employé comme terme de reliure. En 1615, on présenta au Consulat de Lyon le livre des portraits des prévôts et échevins de la ville. Ce livre était « relié et couvert de velours violet, avec huict quantonnières, les armoiries de la Ville au milieu des dictes quantonnières et fermetures, le tout d'argent ». (*Actes consulaires de la Ville de Lyon,* série BB, reg. 151.)

Cantuaire, *s. m.* — Terme picard. Lutrin.

Cantuler, *s. m.* — Locution bretonne. Chandelier.

Capaïba, *s. m.* — Bois de placage exotique, employé dans l'ébénisterie et la marqueterie, provient du Brésil. Sa couleur est rouge tacheté, sa qualité pleine.

Capicier, *s. m.* — Tapis à poser par terre servant de MARCHEPIED. (Voir ce mot.) « III pièces pour capiciers ou marche-piedz de laine verd armoiéz de France et de Bretaigne. » (*Invent. des biens trouvés à l'hôtel de Quatremares après l'arrestation de Jeanne de Valois,* 1334.)

Capiton, *s. m.*; **Capitonner**, *v. a.* — Bourre de soie commune. Le capiton servit longtemps pour des ouvrages ordinaires. L'*Ordonnance royale* du 20 juillet 1607, par laquelle Henri IV « commet et depppute Marc de Coomans et François de la Planche » à l'établissement de la Manufacture royale des tapisseries, indique que ces tapisseries seront faites « de layne, soye, et capiton, enrichies d'or et d'argent ». La *Subvention du vingtième sur les marchandises entrant en France* (1641) comprend sous la même rubrique le « capiton à faire lassis et la bourre de soye ». Mais le capiton fut employé surtout à rembourrer les meubles, qu'on voulait rendre particulièrement douillets. Pour fixer cette matière soyeuse, on prit l'habitude de matelasser la partie capitonnée, et d'arrêter le fil à l'aide d'un petit tampon de capiton.

Plus tard, ce petit tampon fut remplacé par un bouton et le capiton par de la laine ; mais l'expression était acquise et nous continuons à nous asseoir sur des sièges capitonnés. « Un gros dossier matelassé de laine, couvert d'un côté du dit damas piqué de nœuds de capiton, et de toille de l'autre côté. » (*Invent. du château de Versailles,* 1708.) Telle est la plus ancienne mention que nous ayons trouvée du mot capiton, pris dans son acception contemporaine.

Capnobatie, *s. f.* — On lit dans le *Journal général de France* du 9 février 1782 : « Un particulier qui demeure chez le sieur Oudou, fabricant de bas, rue François, faub. S. Marcel, ayant découvert, après un travail de 15 ans, la CAPNOBATIE ou l'*Art de faire monter la fumée,* offre d'en donner des leçons aux architectes, maçons, physiciens et autres, quand il aura été dédommagé des frais qu'il s'est vu obligé de faire, des fatigues qu'il a endurées et des risques qu'il a courus dans des régions glacées et malsaines. Il est prêt, en attendant, de travailler dès-à-présent pour ceux qui voudront l'employer, pourvu qu'ils déposent les honoraires chez M. Maupas, not., rue de la Verrerie. »

Capsey, *s. m.* — Locution gasconne. Traversin. « Ung leyt garnit, ab (avec) son capsey, ab dos linsons, ab una cuberta, etc. » (*Invent. d'Aymeric de Caumont;* Bordeaux, 1436.) « Tot prumeyrament, une petite coste de pluma ab son capsey et archaleyt. » (*Invent. de Ramond de Cussac,* chanoine de Saint-André ; Bordeaux, 1442.)

Capucine, *s. f.* — Au XVIIe siècle, on nommait ainsi une écuelle de terre émaillée, à longue queue, destinée à faire la cuisine. S'il faut en croire Richelet, ce nom avait été donné à ce petit vase, parce que les capucins s'en servaient assez généralement pour préparer leurs repas.

On désignait aussi sous ce nom une étoffe de laine commune. « On a établi depuis quelque temps dans cette ville, écrit Piganiol, en parlant de Châlons-sur-Marne, une manufacture de raz, pinchinats, espagnolettes, capucines et autres étoffes de laine, dont il se fait un grand débit dans le Royaume et dans les païs étrangers. » (*Nouvelle description de la France,* t. III, p. 324.)

En terme de serrurerie, on appelle encore capucine le petit bouton très peu saillant du verrou dit « à la capucine ».

Mais l'emploi le plus général de ce mot, de la fin du XVIIe siècle à celle du XVIIIe, concerne des meubles, des sièges, dont le fût, en bois de noyer, est appelé A LA CAPUCINE. On trouve dans la chambre du maréchal d'Humières (1698) de « grands fauteuils de commodité de bois de noyer à la capucine, couverts de tapisserie de point à la turque », et des « fauteuils de bois de noyer à la capucine ». Au XVIIIe siècle, on rencontre des mentions analogues dans les inventaires de Pierre Jarosson, procureur au parlement (Paris, 1718) ; de Pierre Le Comte, chanoine de l'église Saint-Honoré (Paris, 1718); de François Lemoyne, premier peintre du roi (Paris, 1737) ; du prince de Polignac (Paris, 1738); du cardinal de Belzunce (Marseille, 1745) ; du peintre Oudry (Paris, 1755), etc. Les « chaises à la capucine » ne sont pas plus rares que les fauteuils. Nous en voyons figurer dans l'*Inventaire de Marie-Thérèse Guérin, femme d'Antoine-Florent Olivier, épicier* (Paris, 1718) ; dans celui de Pierre Le Comte, déjà nommé ; dans celui de Barthélemy Salade (Marseille, 1779). Des tabourets et des placets « à la capucine » se rencontrent dans ce dernier inventaire, et dans celui du chanoine Le Comte, nous trouvons un lit de repos, toujours à la capucine ; alors que l'apposition des scellés chez Nicolas Desègre nous dénonce, chez cet artiste, la présence d'un « petit sopha de bois à la capucine, couvert de tapisserie de point à la turque ».

Que signifie cette expression ? Le *Dictionnaire de Trévoux* nous apprend qu'au siècle dernier, on disait « d'une chambre mal meublée, qui n'a qu'un mauvais lit, une table, deux chaises de paille, qu'elle est meublée *à la capucine* ». Faut-il en conclure que les sièges que nous venons de passer en revue sont des sièges de paille ? L'hypothèse serait peut-être audacieuse, si nous ne lisions dans l'*Encyclopédie* (au mot CHAISE) : « Les tourneurs font les bois des chaises de paille, autrement appelés à la capucine, et les menuisiers ceux des chaises plus précieuses. » Voilà qui semble péremptoire. Mais, d'autre part, nombre de sièges que nous venons d'énumérer sont couverts de tapisserie. En outre, nous voyons un lit de repos de ce genre. Le surnom du siège ne tenait donc pas à la paille qui le couvrait, mais plus vraisemblablement au bois qui, au lieu d'être débité suivant un calibre, taillé et mouluré, était simplement tourné. De cette façon s'expliquent l'intervention et le privilège du tourneur, signalés par l'*Encyclopédie.*

Ce premier point éclairci, l'obscurité persiste sur un autre. L'*Almanach sous verre* de 1782 (col. 192, n° 208 *bis*) parle d'un nouvel assemblage de parquets. « Ce nouveau parquet, dit-il, en substance, est composé de treize panneaux en quarré ; huit de ces panneaux forment le point de Hongrie, de capucine ou de fougère. » Ici, le tourneur n'a plus rien à voir, et le nom de capucine semble provenir de la disposition affectée par les sièges des chaises, fauteuils, etc., couverts en paille, et qui paraissent être formés par la réunion de quatre triangles. Si cette hypothèse était admise, on en pourrait conclure que le nom de capucine était donné à l'étoffe dont nous parlons au second paragraphe de cet article, à cause d'une disposition analogue dans l'armure ou dans le dessin du tissu.

Enfin, on nommait encore, au siècle dernier, « chambranle à la Capucine » ou simplement « capucine », un chambranle droit et sans ornement. Ici, c'est la pauvreté de formes, la simplicité de contours qui seules, sans doute, ont valu son nom à cette disposition, reconnue à la fois la plus modeste et la moins coûteuse.

Caque, *s. f.* et *m.;* **Caquin**, *s. m.;* **Coquet**, *s. m.* — Sorte de tonneau. On y met généralement du poisson ; mais on y logeait autrefois du vin, de l'huile, de la cervoise. Dans l'*État des dépenses faites à Sedan à l'occasion du voyage de Pierre le Grand en France* (1717) (*Cabinet historique,* t. VI, p. 212 et suiv.), nous lisons : « Reçu de M. Monnier la somme de quatre-vingts livres, pour le prix d'*un* caque de vin fin que j'ai vendu et livré à MM. les officiers de l'hostel de ville de Sedan, pour l'arrivée du czar de Moscovie » ; et plus loin : « Payé pour l'entrée *du* caque de vin au bureau de traite, octroy et courtage, etc. » On remarquera que, dans ce double document, le mot caque est du genre masculin.

Le continuateur de Du Cange cite, sous *caquus,* les substantifs CAQUIN et COQUET, employés au XIVe et au XVe siècle, comme désignant des caques de taille réduite.

Caquerolle, *s. f.* — Petit vase de cuivre à trois pieds, muni d'une longue queue, qui permet d'approcher la caquerolle du feu et, sans se brûler, d'en agiter le contenu, pendant que celui-ci est en train de cuire.

Fig. 380. — Caquerolle en cuivre et à longue queue.

Rabelais parle d'Eschylus, qui « non obstant, par ruine feut tué de la cheute d'une caquerolle de tortue, laquelle, dentre les gryphes dune aigle haulte en laer tumbant sus sa teste, luy fendit la cervelle ». (*Pantagruel,* liv. IV, ch. XVII.) Caquerolle était donc, au XVIe siècle, prise aussi dans le sens d'écaille.

Caquetoire, *s. f.* — « Petit fauteuil qui sert à se mettre auprès du feu, et où on caquette à son aise. » Cette définition, que Furetière donne de la caquetoire, est encore celle qui convient de nos jours à la CAUSEUSE. On trouvera, à ce mot, les quelques renseignements que nous avons pu réunir sur la caquetoire.

Fig. 381. — Carafe à anse en verre commun.

Caqueux, *s. m.* — Locution exclusivement normande. C'est un couteau de forme spéciale, dont on se sert pour ouvrir les huîtres.

Caquin, *s. m.* — Voir CAQUE.

Carafe, *s. f.*; **Carafon,** *s. m.* — La carafe est une sorte de bouteille, de flacon de verre ou de cristal, dans lequel on sert généralement l'eau à boire, et parfois aussi le vin. La forme des carafes varie ainsi que leur décoration. Il y en a d'unies, de taillées, de gravées, d'élancées, de trapues ; mais toutes présentent une base large surmontée d'un goulot plus ou moins allongé, assez étroit pour permettre de saisir la carafe et de l'incliner pour servir le liquide qu'elle contient. Les premières carafes apparurent, en France, à l'époque où la verrerie se perfectionna, c'est-à-dire vers le milieu du XVIIe siècle. Louis XIV buvait de l'eau rougie. On lui présentait l'eau et le vin dans deux carafes. Les *Inventaires du mobilier de la Couronne* dressés sous son règne nous apprennent que ces carafes étaient en cristal de roche, « rondes, gravées sur le corps d'enfans, rinseaux, oyseaux et animaux, avec leurs couvercles terminéz par une petite pointe ». — Au siècle dernier, on se montra moins luxueux, et les carafes les plus recherchées étaient en cristal de Bohême. Elles valaient environ six livres, plus ou moins. (*Livre journal* de Lazare Duvaux, t. II, p. 314.) On ne posait pas alors les carafes sur la table ; on les présentait au dîneur sur une *soucoupe,* c'est-à-dire sur un plateau, et c'est ce qui explique comment Richelet, Furetière, Savary, etc., en un mot, tous les faiseurs de dictionnaires du XVIIe et du XVIIIe siècle, définissent la carafe : un flacon « qui se sert ou se présente sur une soucoupe ». En cela, la Ville se conformait aux usages de la Cour. « Toutes les fois que le Roy veut boire, écrit Besongne, le grand chambelan égoute le vin dans un essay de vermeil doré, y verse un peu de vin et d'eau des caraffes, puis aïant fait faire l'essay à l'officier du Goblet, il présente à Sa Majesté, sur une soucoupe d'or, le verre rincé que le Roy prend, et Sa Majesté y verse de l'eau et du vin des deux caraffes qui sont sur la même soucoupe. » (*État de France,* t. Ier, p. 277.) A la fin du siècle dernier, cette habitude était encore générale dans la haute société, et Mercier s'écrie dans son *Tableau de Paris* : « Riches, mettez caraffes et bouteilles à table, ou souffrez que j'aille asseoir mon appétit à une table, où il est permis de dîner. »

Les carafes ont toujours été de dimensions très variables. Leur contenance, par conséquent, n'a jamais été fixe. Les seules qui, au siècle dernier, étaient soumises à une taxation de capacité étaient des carafes coniques, dont se servaient les limonadiers, et qui devaient contenir « un demi-septier bourgeois de Paris ». Par contre, dans le service de la table, on désignait sous le nom de carafe les plus petits récipients. Lazare Duvaux, par exemple, vendait « à Mgr le Dauphin : la garniture en argent ciselé et doré d'un huilier de porcelaine avec ses caraffes de cristal doré »; à M. de Saint-Martin, « un huilier de Saxe avec ses caraffes de cristal », etc. Aujourd'hui, nous appellerions ces carafes des burettes, ou tout au moins des carafons.

Cette dernière expression, toutefois, envisagée historiquement, est impropre. Le carafon, en effet, au lieu d'être, dans le principe, un diminutif, était au contraire un « amplificatif ». Sa première signification a été celle de seau, dans lequel on mettait de la glace, pour faire rafraîchir les bouteilles et les carafes. Au XVIIe siècle, le carafon était en métal, parfois même en métal précieux, et à ce titre, il est compris au nombre des ouvrages qu'il était interdit, par la *Déclaration* du 14 décembre 1689, « à tous orfèvres et ouvriers travaillant tant en or qu'en argent, de fabriquer, exposer ou vendre ». Plus tard, le carafon se transforma en grosse bouteille à long col, fermée par un bouchon de liège, d'étain ou d'argent, et dont on se servait spécialement pour faire rafraîchir les vins et liqueurs avant le repas. Il faut se souvenir que ces liquides n'étaient que rarement mis préalablement en bouteille, et qu'ils étaient le plus souvent tirés directement au tonneau.

Par une singularité digne d'être notée, si la contenance de la carafe n'était pas réglementée, celle du carafon, au contraire, l'était sévèrement. Des *Arrêts du Conseil* des 14 août 1688, 6 novembre 1701, 8 mars 1735 et 23 août 1753 établissaient la contenance des diverses tailles de carafons et interdisaient l'entrée du royaume à ceux « qui n'étoient pas de jauge ». (*Journal de Verdun,* novembre 1753, p. 412.) Les plus grands contenaient jusqu'à quatre pintes, mesure de Paris; les plus petits, deux pintes. Au-dessous de cette taille, les carafons perdaient leur nom ; ils devenaient des bouteilles.

Aujourd'hui, c'est tout le contraire. Le carafon est une très petite carafe, une bouteille microscopique qui contient de trois à cinq décilitres, et qui sert à débiter le vin dans les buffets de chemin de fer, ou, dans les ménages, à conserver les liqueurs.

CARAFES A FLEURS, CARAFES EN PORCELAINE. Au XVIIIe siècle, la Manufacture de Sèvres fabriqua des carafes de porcelaine. A la *Vente de Mme de Pompadour* (28 avril 1766) on adjugea « cinq plateaux, deux pots pourris, trois carafes à mettre des fleurs, le tout en porcelaine de Sèvres ». Voici en quels termes l'*Avant-Coureur* du 22 avril 1764 parle de ces sortes de carafes :

Fig. 382. Carafon en cristal gravé.

Les caraffes qui portent les oignons dont on aime à voir le developement successif sur une cheminée ont été remplacées par des vases de porcelaine qui font ornement, mais qui dérobent la pousse inférieure de la plante dont on est bien aise de voir aussi les progrès. Pour obvier à cet inconvénient, on a fait des caraffes ornées et revêtues en partie de guirlandes, de fleurs artificielles arrangées avec goût, qui ne dérobent aucune partie de la végétation et font un coup d'œil et un embellissement sur une cheminée ou une commode. Rien n'est plus riant que ces vases de fleurs où la nature et l'art brillent ensemble.

Caraque, *s. f.* — (Porcelaine caraque.) Nom donné à la plus fine porcelaine vendue par les Hollandais, parce que les premières, qui sont venues des Indes en Europe, y furent apportées par des caraques portugaises.

Carat, *s. m.* — Le carat était autrefois la vingt-quatrième partie du marc. Aujourd'hui, c'est une mesure conventionnelle qui exprime la bonté des métaux précieux. Pour évaluer la pureté de l'or, on suppose que tout objet, quel que soit son poids ou son volume, est composé de vingt-quatre carats. En admettant, par exemple, qu'il y ait dans cet objet onze parties d'or pur et une d'alliage, on dira que l'or dont il est formé est à vingt-deux carats. Le carat, qui n'est plus en usage, car on ne compte plus, dans le commerce des métaux, que par millièmes, se décomposait en huitièmes, seizièmes et trente-deuxièmes de carat. Les marchands orfèvres ne pouvaient autrefois travailler l'or que lorsqu'il était à vingt-trois carats, excepté, toutefois, quand ils travaillaient à façon.

Pour les pierres précieuses, on comptait aussi par carat. Ajoutons que l'on a continué de compter de la sorte ; mais, dans ce second cas, le carat est un poids qu'on peut évaluer à environ 20 centigrammes. L'usage du mot carat, employé pour les pierres précieuses, est fort ancien, car on le rencontre dans l'*Inventaire du château de Vincennes* dressé en 1418. On note également dans l'*Hystoyre du petit Jehan de Saintré* (p. 75) : « Ung bracelet d'or esmaillé à noz devises, brodé de six bons diamans, de six bons rubis... de quatre à cinq caras. »

Fig. 383. — Cabinet en ébène porté par des cariatides (XVIIe siècle).

Carcasse, *s. f.* — En architecture, la carcasse d'un bâtiment est l'ensemble de la construction non terminée. En ébénisterie, la carcasse d'un meuble, c'est le bâti avant qu'on l'ait complété par l'adjonction des panneaux. On donne encore ce nom à une foule d'objets mobiliers très différents, à la monture qui soutient un abat-jour, au châssis d'une feuille de parquet, au support d'un huilier. « 30 novembre 1758. — A S. M. le Roy : Un huilier de porcelaine de France, vert, garni de ses carcasses et porte-bouchon en or ciselé, avec les caraffes en cristal, 1,140 livres. » (*Livre journal* de L. Duvaux, t. II, p. 380.)

Carde, *s. f.*; **Cardasse**, *s. f.*; **Cardeur**, *s. m.*; **Cardier**, *s. m.* — La carde est un instrument en forme de raquette, armé d'un nombre considérable de dents en fer, dont on se sert pour carder, c'est-à-dire pour peigner la laine, la démêler et la rendre propre à être filée, ou employé dans les objets d'ameublement ou de literie. La cardasse est une sorte de peigne et de carde usitée plus spécialement pour démêler la bourre de soie. Les cardes et cardasses les plus réputées au siècle dernier étaient celles de Paris. Cependant, ces cardes n'étaient pas entièrement fabriquées dans la capitale ; les *fûts,* ou bois, sur lesquels on les montait étaient préparés à Troyes et expédiés de cette ville à Paris, où on se bornait à les monter. On en faisait néanmoins une grande exportation, et leur réputation s'étendait jusqu'au sud de l'Italie, car, en 1771, l'abbé Galiani avait recours à l'obligeance de Mme d'Épinay, pour s'en procurer, afin de pouvoir faire carder ses matelas.

Les fabricants de cardes se nomment des CARDIERS, ceux qui s'en servent des CARDEURS. Les cardeurs de Paris formaient une des plus anciennes corporations de la capitale. Leurs *Statuts,* qui furent confirmés une première fois par Louis XI (24 juin 1467) et une seconde fois par Louis XIV (septembre 1688), les qualifiaient « Maîtres Cardeurs, Peigneurs, Arçonneurs de laine et de coton, Drapiers drapans, Coupeurs de poils, Fileurs de lumignons et Cardiers ».

Les cardeurs, aujourd'hui, font les matelas. Sous l'Ancien Régime, ce droit appartenait aux seuls courtepointiers. Parmi les *Actes consulaires* de la ville de Lyon figure (série BB, portefeuille 353) une requête des courtepointiers de la ville, au sujet des cardeurs de coton et autres, qui « n'ont jamais faict apprentissage de contrepointiers, lesquelz néantmoins s'ingèrent de faire des materas qu'ilz remplissent de poil de chien et autres sales et vilaines estoffes, couvertes de quelque peu de laine ou de coton, et les exposent en vente ou les vendent à des fripiers, desquelz le menu peuple, les estrangiers et aultres forains fréquentant les foyres, les acheptent, pour ce qu'ilz en ont meilleur marché, que de ceux que les dits exposans font ».

• **Cariatide**, *s. f.* — Statues complètes ou à mi-corps et engagées dans une gaine, employées à la place de colonnes ou de piliers, pour soutenir une partie d'architecture. Toutefois, on donne plus correctement ce nom aux statues de femmes drapées, celles d'hommes se nommant ATLANTES ou TÉLAMONS. Les cariatides, fort en honneur dans l'Antiquité, ne furent point utilisées par les architectes du Moyen Age. Ceux de la Renaissance, par contre, en ont tiré un excellent parti. Elles furent même, à la fin du XVIe siècle, extrêmement à la mode, et dans la description du palais de l'*Isle des hermaphrodites,* l'auteur nous apprend que le péristyle était formé « de colonnes caryatides, lesquelles avoient pour chapiteau la teste d'une femme ». Au Louvre, il existe une salle dite des Cariatides, et l'on en peut voir, dans la partie extérieure, qui sont de Jean Goujon et de Jacques Sarrazin, et font honneur à notre art national.

Les atlantes ou cariatides de Pierre Puget, à l'hôtel de ville de Toulon, ne sont pas moins célèbres.

Les cariatides ont été également employées dans l'architecture mobilière. Pour n'en citer qu'un ou deux

Fig. 384. — Miroir orné de cariatides (XVIe siècle).

exemples, on remarque au musée de Cluny un cabinet (n° 1416 du Catalogue) portant sur des pieds en cariatides, et au Louvre, un miroir qui en est pareillement orné.

Carillon, *s. m.* — Nom donné à une réunion de timbres de différentes grosseurs ou de petites cloches mises en mouvement à l'aide d'un clavier que frappe le carillonneur, ou d'un mécanisme analogue à celui des orgues de Barbarie. Il est peu de villes dans le Nord qui ne possèdent des carillons. Ceux de Dunkerque, de Bruges, de Delft, d'Amsterdam sont particulièrement célèbres. Paris, au XVIIe siècle, en comptait deux qui jouirent également d'une grande notoriété : celui de la *Samaritaine* établi sur le Pont-Neuf et celui du marché de la Boucherie (près la tour Saint-Jacques) dont un contemporain nous a laissé la description suivante : « Joignant la Boucherie est un petit horloge artificiel, qui, par le moyen de certaines petites sonnettes, joue quelques hymnes et autres airs. Sept ou huit personnages de relief passent, à mesure que les clochettes sonnent et le dernier ferme la porte. Deux autres figures, qui sont aux deux côtés du petit timbre, frappent les heures avec un marteau. Les badauds s'arrêtent souvent pour entendre la sonnerie. » Cette curieuse horloge inspira à Claude le Petit (voir la *Chronique scandaleuse* ou *Paris ridicule,* p. 45) quelques vers qui méritent d'être transcrits à cette place.

C'est un petit diable d'enfer,
Qui fait sur des timbres de fer
Sonner les heures en musique.
Ha ! la plaisante invention !
. . . .
L'un bat, pour imiter le More,
Sur la clef de G. Re Sol Ut ;
Roulant les yeux en chatte en rut,
Fait plus laide grimace encore :
L'autre l'admire en racourcy ;
Celuy-là dessus celuy-cy
S'allonge et ricane en Satire :
Cet autre avance un pied de nez,
Et fait un muffle à faire rire
Une douzaine de damnéz.

Les carillons ont été diversement jugés par les mélomanes. « C'est une sotte musique que celle des cloches », écrit J.-J. Rousseau dans son *Dictionnaire de musique* à l'article Carillon. M. Fetis, au contraire, s'est efforcé de mettre en relief les qualités toutes particulières qu'exige la profession de carillonneur.

A la fin du XVIIe siècle, en Hollande, on construisit un grand nombre d'horloges d'appartement, à carillon. Cette mode passa en France au milieu du XVIIIe et un certain nombre d'artistes et de mécaniciens s'appliquèrent à perfectionner ces pendules à musique. L'*Almanach Dauphin* de 1772 signale d'une façon spéciale l'horloger Courtois, demeurant rue Saint-Jacques, en face le collège du Plessis, qui s'était acquis dans ce genre de production une réputation méritée. Douze ans plus tôt, l'*Avant-Coureur* (n° du 26 mai 1760) avait fait connaître aux amateurs le nom du Sr Arnould, horloger à Nancy, qui avait construit une pendule à carillon extrêmement remarquable. « Ce carillon, dont les timbres étoient garnis d'écarlate, comme les sautereaux d'un clavecin, donnoit des airs à deux parties continues, de longues cadences, beaucoup d'étendue et ne se remontoit qu'une fois par mois. » Ces pièces curieuses, d'un prix considérable, devinrent rapidement à la mode. En 1763, M. d'Épinay en possédait une qui, fabriquée par Thiout, horloger justement célèbre, carillonnait douze airs différents. La même année, on en trouvait à vendre une aussi compliquée, chez l'horloger Bigan, à l'entrée de la place Dauphine, et Lenoir, horloger, quai des Orfèvres, en offrait une au public « sonnant l'heure et la demie, et dix airs à chaque heure, qu'elle répète ou qu'elle change à volonté ». (*Ann., aff. et avis divers.*) Enfin, le 5 mai 1766, dans une *vente d'effets* qui eut lieu rue Sainte-Croix-de-la-Bretonnerie, on adjugea une « pendule à carillon jouant 28 airs, garnie d'un orgue et à répétition ». Mais cet engouement devait rencontrer quelques contradicteurs. Le *Mercure,* dans son numéro de novembre 1766, proteste avec énergie contre ces mélodieuses horloges et leur prédit que la préoccupation causée par la répétition de leur airs médiocrement exécutés fatiguera les oreilles et les fera promptement délaisser du public. On sait que la prédiction du *Mercure* s'est complètement réalisée.

Carisel, *s. m.* — Grosse toile blanche analogue au canevas et dont on se servait pour broder.

Cariset, *s. m.;* **Creseau**, *s. m.* — Le cariset ou creseau, qu'il ne faut pas confondre avec le tissu mentionné dans le précédent article, était une sorte de grosse étoffe de laine, croisée dans le genre de la serge, mais velue des deux côtés, dont on se servait pour faire des housses de lit. « Plus ung lict à housse de carizé vert, fons et dossier chamarré de passement de soye verte... Ung lict en housse de carizé violet, fons et dossier garny de petite frange... Plus un lict faict en housse de carizé fané, etc. » (*Invent. du château de Turenne,* 1615.) Les beaux carisets se tiraient d'Angleterre.

Caritalle, *s. f.* — Nom donné au Moyen Age à de petites statuettes représentant des grâces (ou des charités, χάρις) servant de support. L'*Exécution du testament de Jehanne de Bourgogne* (1353) décrit une fontaine portée par trois caritalles et ornée de cristal de roche et de perles fines.

Carme. — Blanc des carmes. — Voir Blanc.

Carmélite, *s. f.* — Couleur carmélite, couleur très sombre, presque noire, tirant sur le rouge violacé.

Carnation, *s. f.* — Terme de peinture. Nom sous lequel on désigne les chairs peintes, et par extension les parties d'un personnage qui ne sont ni habillées ni drapées. « Un Moyse assis, dont les carnations, la barbe et les cheveux sont dorez d'or moulu. » (*Invent. des meubles de la Couronne,* 20 mars 1684.) En terme de blason, le mot carnation s'applique à toute partie du corps humain représentée au naturel.

Carneau, *s. m.* — Orthographe et prononciation de Créneau, fort employées en Normandie du XIVe au XVIe siècle. « Pour mètre pendans ès aes des carneaux et faire en de touz neufs. » (*Travaux exécutèz au château de Cherbourg,* 1348.) « Ladicte lanterne à carneaux par le haut et à petiz fenestrages esmaillez d'azur... » (*Invent. du duc Louis d'Anjou,* 1360.) « Troys gobelets faictz en forme de carneaux. » (*Invent. du cardinal d'Amboise;* Gaillon, 1550.)

Carney, *s. m.;* **Carnier**, *s. m.* — Expression bordelaise et gasconne. Charnier, saloir. « Ung carney de fust per salar carn. » (*Invent. d'Aymeric de Caumont;* Bordeaux, 1436.) «Un carney sarrant (fermant) ab clau. » (*Invent. de Ramond de Cussac, chanoine de Saint-André;* Bordeaux, 1442.) « Ung carnier d'avet vieulx. (*Invent. de Jehan de la Cassagne;* Toulouse, 1572.)

Carnière, *s. f.* — Prononciation et orthographe picardes. Charnière. « A lui (Williame Allevié) pour avoir rapointé les carnières de ung autre robinet. » (*Comptes de la ville d'Amiens* pour l'année 1401.)

Carou, *s. m.* — Locution forézienne. Coin, foyer, cheminée.

Carpente, *s. f.;* **Carpenter**, *v. a.* — Orthographe ancienne de Charpente et Charpenter. (Voir ces deux mots.)

Carpette, *s. f.;* **Carpitre**, *s. f.* — La carpette est un tapis de dimension moyenne, qu'on place au milieu d'une pièce, mais sans le fixer. On dispose souvent des carpettes dans les salles à manger sous la table. C'est un tapis intermédiaire, comme dimensions, entre ceux qu'on appelle devants de foyer ou descentes de lit, et le grand tapis qui recouvre tout le plancher de la pièce.

Au Moyen Age, on rencontre carpitre avec la même signification. La *Chronique de Saint-Denis* dit : « Quand furent assemblés prélat et autres personnes, et furent revestus des aornemenz de sainte Église, et tapiz et carpites furent estendus. » L'*Inventaire des biens meubles et immeubles de la comtesse Mahault d'Artois pillés par l'armée de son neveu* (1313) décrit : « Une carpitre verde, semée d'escuz des armes d'Artois et de Bourgogne. » La carpette de ces temps lointains servait aussi, paraît-il, de couvrepied et de dossier, car nous trouvons dans ce même inventaire : « III carpitres à couvrir liz », etc., et « II pièces de carpitres à dossiers, viéz et uséz, l'une à escuz de Bretaigne et d'Artois, l'autre de Vendosme et Bretaigne ».

Au XVIIe siècle, la carpette, au dire de Savary, était devenue une sorte de gros drap rayé, qu'on nommait aussi « tapis d'emballage ». Dans la *Subvention générale du vingtième sur les marchandises entrant en France* (1641), il est parlé de « carpettes, autrement tapis à emballer, le cent pesant, estimées dix livres ». Notre époque, moins dédaigneuse, a rendu à ce mot un peu de son lustre passé.

Carre, *s. f.* — On appelle ainsi, dans les meubles, l'angle ou arête extérieure que font les garnitures. On dit la carre d'un fauteuil, la carre d'une chaise, pour indiquer l'endroit où se rencontrent les surfaces horizontales et verticales que forme la garniture de ces sièges. Autrefois, ce mot était employé dans l'orfèvrerie pour désigner les angles ou sommets des côtés. Nous relevons dans l'*Inventaire de Charles V* (1380) : « Une aiguière torse, dorée, à huit carres, dont les quatre sont taillées et les quatre toutes plaines ; pesant deux marcs, sept onces et demye. — Une fiolle de cristal à plusieurs carres, à ung petit souage par dessoubz, d'argent doré, et est l'estouppail d'argent doré, et ung coulon volant dessus. » On pourrait citer d'autres exemples.

Carré, *s. m.;* **Carrée**, *s. f.;* **Quarré**, *s. m.* — Ce mot, dans le langage de l'ameublement, comporte des significations nombreuses. Tout d'abord carré a servi et sert encore à désigner un morceau d'étoffe de forme carrée. On dit couramment un carré de drap, un carré de tapisserie, un carré de dentelle. Au XVIe siècle, on ne s'exprimait pas d'une façon différente. « Dix-sept carréz thoile de Hollande, en broderie d'or et d'argent faict à deux endroicts... » (*Invent. de Gabrielle d'Estrées,* 1599.) « Quinze carréz de soye de diverses couleurs, aussy sur canevaz, etc. » (*Invent. du château de Chenonceaux,* 1603.) Dans les ouvrages de guipure, filet, réseau, etc., on donne également le nom de carré aux morceaux de tissu ajouré et de tissu plein,

Fig. 385. — Le carillon de *la Samaritaine,* d'après la gravure de Perelle.

qui alternent ensemble. L'*Inventaire de Gabrielle d'Estrées,* que nous citions à l'instant, en fournit la preuve. Cette locution est aussi fort ancienne. « Une autre tenture de cabinet de carré de rézeau, brodures (*sic*) et montans recouverts de feuillages de fil, avec des carréz de thoile plaine. » — Voici pour le tapissier.

L'orfèvre, de son côté, appelle carré le pied ou la base de toutes sortes d'objets par lui fabriqués, tels que flambeaux, aiguières, etc., alors même que cette base ou ce pied sont de toute autre forme, ronds, octogones, etc. Il suffit que la partie serve de pied, pour qu'elle porte ce nom.

Au XVIIe siècle et au siècle dernier, les belles dames donnaient encore le nom de carrés à de petits récipients dans lesquels elles plaçaient leurs pommades à lèvres, les fards dont elles coloraient leurs joues, etc.

. . . . . Carrés, brosses, pinceaux,
Fers à friser, miroirs égaux.

(*La Toilette de l'âge d'or*, par le poète Lainez.)

Ces sortes de carrés avaient leur place marquée sur toutes les toilettes à la mode. Ils figurent dans toutes les ventes élégantes de ce temps. En 1759, nous les voyons apparaître à celle de la comtesse de Grammont : « Dessus de toilette en damas cramoisi, galonné d'or fin, quarrés en bois de la Chine, boëtes à poudre... » (*Annonces, affiches et avis divers*, n° du 27 juin 1759.) En 1760, l'inventaire de la jolie Mlle Dalise dite Chevrier, une des beautés de l'Académie royale de musique, nous montre, sur sa toilette, « sept carrés ou boîtes vernies en camaïeu rose ». En 1761, à la vente de la princesse d'Anhalt, on annonce : « Toilette de dentelle d'Angleterre, dessus de drap d'or, quarrés et boëtes de vermeil d'Allemagne », etc. L'*Avant-Coureur* du 9 décembre 1765, décrivant la toilette que l'illustre Germain vient d'achever pour la princesse des Asturies, mentionne les « flambeaux, carrés, miroirs, boëtes », etc. Les hommes eux-mêmes ne dédaignaient pas alors ces précieux ustensiles, témoin ce passage de la *Toilette critiquée :*

Et pour me conserver, j'ai bien d'autres secrets ;
Par exemple, dit-il, pour avoir le teint frais,
Voici, dans mes carrés, dix sortes de pommades.

Dès le XVIIe siècle, au reste, le sexe fort se servait de carrés, car, en 1679, le brodeur Fayet toucha une somme de 220 livres, « pour fourniture et façon de deux carréz faicts pour le service de S. M. », c'est-à-dire de Louis XIV. L'*Inventaire des meubles de la Couronne* nous apprend, en outre, que ce prince possédait dans sa garniture de toilette « un carré (d'or) à mettre peignes, à deux couvercles, pesant 3 marcs 4 onces ». L'usage des carrés en métal précieux était, au surplus, si répandu, que l'*Ordonnance* du 14 novembre 1689, pour le retranchement du luxe, en interdit la fabrication. Ces récipients étaient de taille fort variable. Dans l'*Inventaire du château d'Amilly* (décembre 1765), nous trouvons dans la chambre de la châtelaine « une toilette composée d'un miroir, de deux grands carrés, deux boëtes à poudre octogosnes, un autre petit carré servant de pelotte, etc. » Ces deux grands carrés devaient être deux coffrets chargés de contenir la collection des menus récipients dont nous parlons plus haut, car, au XVIIe comme au XVIIIe siècle, on donnait également ce nom à des « manières de petits cofres ou de petites cassettes, où l'on mettoit les peignes et autres petites choses qui servent au déshabillé d'une dame ». (Voir Richelet, au mot QUARRÉ.) C'est de cette même façon qu'il faut entendre l'article suivant du *Livre journal* de Lazare Duvaux (voir t. II, p. 47) : « Mme la princesse de Turenne : Avoir raccommodé un carré de toilette de lacq et fourni les vis, 6 livres. » Il convient également de constater que les carrés, grands et petits, faisaient, au siècle dernier, partie de cet ensemble de jolis présents offerts à la fiancée à la veille du mariage, et qu'ils figuraient dans la corbeille. C'étaient les miroitiers qui fournissaient ces carrés, avec le miroir et les boîtes qui garnissaient la toilette.

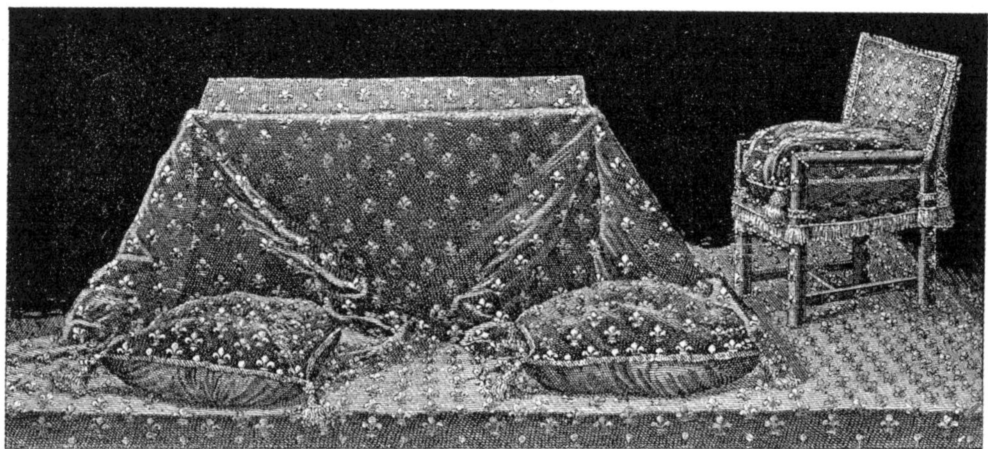

Fig. 386. — Carreaux de Louis XIV et de Marie-Thérèse, d'après une tapisserie de l'*Histoire du Roy*.

Enfin en Bretagne, pendant toute la durée du XVIIe et du XVIIIe siècle, on a appelé carré, ou carrée, les cadres des tableaux, glaces, etc., et aussi les cadres entourant et soutenant les ciels de lit. « Plus quattre tableaux à l'huille, avecq leurs carrées, tant grands que petits, etc. » (*Invent. de Gillette Prévost ;* greffe de Saint-Malo, 1642.) « Deux tableaux à carrée dorée, estimés quattre livres. » (*Invent. du chevalier de Piré ;* Rennes, 1719.) « Un tableau sans carée, représentant une verdure, prisé dix livres. » (*Invent. du marquis de Piré ;* Rennes, 1733.) « Un trumeau de glace, avec sa quarrée dorée achetté chez le sieur Frémy. » (*Invent. des meubles qui appartiennent aux États* de Bretagne ; Rennes, 1770.)

Voilà pour les cadres de tableaux et de glaces, passons maintenant à la literie. « Un lit entier avecq ses soubassements..., ses vergettes et sa carrée, etc. » (*Invent. du chevalier de Piré ;* Rennes, 1719.) « Un bois de lit avec sa carrée, dossiers et plafond de toille peinte, etc. » (*Invent. du marquis de Piré ;* Rennes, 1733.) Etc.

Carré est aussi un terme de construction. Les maçons et les entrepreneurs ont longtemps appelé de ce nom le palier d'un étage, et cette locution est encore usitée dans les classes moyennes et inférieures de la population. On dit dans certaines maisons : « Nous logeons sur le même carré. »

Carreau, *s. m.;* **Quarreau,** *s. m.;* **Quarrel,** *s. m.* — Dans le langage du mobilier, ce mot est pris dans des acceptions très diverses. Il désigne des objets absolument différents, et qui n'ont entre eux qu'un seul lien, leur forme originelle, lien fragile, car la plupart de ces carreaux finissent, avec le temps, par devenir barlongs, octogones et même ronds. Pour procéder avec méthode, nous allons nous occuper successivement de chacune des sortes d'objets désignés par ce mot, en commençant par la plus luxueuse, par celle qui, dans l'ameublement, joue le rôle le plus considérable. Nous voulons parler des carreaux ou coussins, qu'on trouve en abondance dans tous les appartements de l'Ancien Régime.

Ces sortes de carreaux sont fort anciens dans notre mobilier. Ils existent depuis longtemps à l'époque où commence notre étude, et ils ont déjà revêtu la somptueuse livrée qu'ils garderont jusqu'à la fin. Les *Comptes d'Étienne de la Fontaine, argentier du roi Jean* (1352), renferment de nombreuses mentions d'achat de duvet et de velours, pour la confection de carreaux de ce genre, destinés à l'oratoire ou à la chambre du roi et de la reine. Ces mêmes *Comptes* nous fournissent la description des trois carreaux, qui servirent au roi pour la « feste des chevaliers de l'Estoile ». L'un était destiné aux nappes, le second à l'oratoire, le troisième à supporter la couronne. Ces trois carreaux étaient « de veluyau vermeil en graine... garnis de IV gros botons de perles ». Dans le *Compte de l'exécution du testament de Jehanne d'Évreux* (1372), nous relevons « V carriaux de drap d'or ». Mais c'est surtout dans l'*Inventaire de Charles V* (1380) qu'on les voit figurer en masse. On n'en compte pas moins de 157, et tous d'une magnificence rare.

Pour avoir quelques renseignements sur la façon dont ces carreaux étaient confectionnés et garnis, il nous faut consulter quelques autres documents. Le XVIIe *Compte de Guillaume Brunel, trésorier et argentier du roi* (1387), porte « [A Robert Thierry, mercier] pour quatre aulnes de satin vermeil, achattés de lui, le xvij^e^ jour dudit mois de may, pour couvrir deux grands quarreaulx plains de duvet, l'un pour le Roy nostre Sire, et l'autre pour ladicte madame la Royne, au pris de XXII sols parisis l'aulne, valent VI liv. 8 sols parisis. » Dans l'*État des objets mobiliers achetés à Paris par Marguerite de Flandre, duchesse de Bourgogne, pour les couches de la comtesse de Rethel, sa belle-fille* (1403), nous relevons la mention suivante : « A Jacques Dourdin, marchant tappicier, demourant à Paris, pour la façon de douze quarreaulx de cendail, quatre grans et VIII petis pour les liz de la ditte chambre (celle de la comtesse de Rethel), quatre francs..., à lui pour soixante-dix-neuf livres de duvet, mises entièrement à emplir lesdiz douze quarreaulx ; la livre cinq solz quatre deniers parisis, vallent vint six frans six solz huit deniers tournois. » Les étoffes qui recouvrent ces coussins étaient des plus variées. Ceux que nous venons de mentionner étaient habillés de satin et de cendal ; en voici de tapisserie : « Deux pièces de carreaulx de tapicerie d'Arras, sur champ vermeil, armoiés, contenant III aulnes. » (*Invent. de la Bastille,* 1420.) D'autres étaient vêtus de drap et de cuir. « Ung oratoire de fuste en quoy madame oyoit la messe, lequel elle appeloit clostret, ouquel a ung quarrel verd de drap de soie à tarentes (les tarentes sont de petits lézards très communs en Provence. Ils étaient l'emblème de la châtelaine des Baux)..., deux petis tapis vieulx et trois quarriaux de cuir. » (*Invent. du château des Baux,* 1426.) Les carreaux couverts de cuir, au reste, figuraient déjà dans l'*Inventaire de Charles V,* où nous remarquons : « Six carreaulx de cuir aux armes d'Aragon » et « six carreaulx de cuir tanné, ouvré à or ». Ceux qui suivent sont brodés aux initiales et devises de leurs possesseurs. « Six carreaulx couvers de blanc, à la devise du roi : une R, un J et un laz d'amour. » (Initiales du roi René et de Jeanne de Laval, sa femme.) « ... *Item,* quatre carreaulx longs couverts de cuyr aux armes de la feue royne Ysabelle. » (*Invent. du château de Chanzé, chambre du roi,* 1471.)

Mais ce dernier article place sous nos yeux des carreaux qui ne sont pas carrés. Ces sortes de coussins abondent dans une autre résidence du roi René. Nous trouvons, en effet, dans les basses armoires de la garde-robe du roi : « Troys carreaux ronx de cuyr rouge, faits à la morisque aux armes de la feue Royne de Sicile » ; puis « quatorze carreaux longs de cuir de Turquie » ; ensuite « troys autres carreaux ronds doréz et ouvréz à la morisque », et enfin dans la chapelle, « deux carreaux longuetz de cuir de Turquie, ung autre carreau ront à la faczon de Turquie, aux armes de la feue Royne », etc. (*Invent. du château d'Angers,* 1471.) Si les carreaux de formes variées abondaient au château d'Angers, ils n'étaient pas moins nombreux au château de Cognac. Dans l'*Inventaire de Catherine de Rohan, comtesse d'Angoulême* (1497), on les compte par douzaines, les uns en velours bleu, les autres en velours cramoisi ; six sont « en tapicerie de fleurs de liz », deux en « tapicerie de verdure ». Au château d'Aigueperse (1507), leur chiffre s'élevait à plus de cinquante, tous de velours cramoisi, de drap d'or frisé, à figures ouvrées de fil d'or, à lettres, etc. Chez Marguerite d'Autriche (1524), ils sont en nombre et au moins aussi beaux. Enfin dans l'*Inventaire de Catherine de Médicis* (1589) ils foisonnent. On les y rencontre par centaines.

Fig. 387.
Dame de la cour assise sur un carreau, d'après Trouvain.

Cette profusion s'explique non seulement parce qu'on en recouvrait les sièges, mais surtout par ce fait qu'ils en tenaient lieu, car, ainsi que nous aurons occasion de l'établir tout à l'heure, au XVe siècle, comme du reste au XVIe et même au XVIIe, le carreau a été surtout un siège. Cela est certifié non seulement par certaines mentions très explicites, et cependant un peu étranges — comme celles que nous rencontrons dans l'*Inventaire du sieur Deolières* (Marseille, 1583) : « Plus trois carreaux *sive* aureliers de tapisserie, doublés de cuir rouge, pour s'asseoir dessus », — mais encore par une foule de textes qui ne laissent place à aucun doute sur ce sujet. (Voir le mot Siège.) Pour ne citer que les plus probants, les *Mémoires de Comines*

(*Mém. relat. à l'hist. de France,* t. X, p. 277. *Preuves*) rapportent que « la princesse de Piedmont, fille au roy Charles deffunct (Charles IX), ne fut oncques assize en banc, ains seule et à part elle estoit assize en bas, sur un quarreau de drap d'or aux pieds de la Reine ». Sully nous informe que c'est à genoux sur un carreau qu'il écoute Henri IV son maître et lui raconte ce que l'on dit de lui. Mme de Motteville nous apprend que sa mère, lorsqu'elle aperçut Anne d'Autriche pour la première fois, vit cette princesse « assise sur des carreaux à la mode d'Espagne, au milieu de ses dames, dont elle avoit un grand nombre habillées à l'espagnole ». Nous savons, en outre, qu'au lit de justice tenu en 1645, le duc de Joyeuse, grand chambellan du roi, était assis au pied du jeune monarque, et « comme couché sur un carreau ». En 1660, Mlle de Montpensier se rend à Fontarabie pour assister *incognito* à la messe du mariage royal, et constate que « quand la messe fut finie, le roi se mit sur sa chaise et l'infante s'assit sur son carreau ». Quelques instants après, elle est introduite auprès de Marie-Thérèse. La reine, écrit-elle, « étoit assise sur des carreaux; on m'en apporta un. Elle me fit signe de m'y mettre. » Mme de Motteville, qui raconte la même entrevue, dit de son côté : « Elle la fit entrer dans sa chambre, où il y avoit deux carreaux. Elle lui en fit donner un, et la traita de *vos* comme étant reine. » Mme d'Aulnoy, dans son ouvrage sur *la Cour et la Ville de Madrid,* nous montre (p. 139) « le roi, selon la coutume d'Espagne, assis dans un fauteuil et les deux reines sur des carreaux », et plus loin (p. 162), la reine seule dans sa chambre « sur un carreau proche de la fenêtre » et travaillant à un « ouvrage de lacis d'or mêlé de soie bleue ». On peut voir au surplus, par une note de Saint-Simon ajoutée au *Journal* de Dangeau (t. VII, p. 425), qu'à la cour d'Espagne, le carreau était considéré comme un siège extrêmement honorable. Pour revenir en France, quelques heures avant qu'une mort foudroyante vînt frapper Henriette d'Angleterre, Olivier d'Ormesson constate dans son *Journal* que cette jeune et sympathique princesse, « étant allée se promener dans des jardins, et commençant à se trouver mal, se seroit endormie sur des carreaux ». Tallemant des Réaux (*Historiettes,* t. V, p. 264) nous montre la future Mme de Maintenon couchée « sur des carreaux dans sa ruelle du lit avec un peu de colique ». Lorsque M. de Louvois pénètre dans la chambre de Mme de Courcelles, il la trouve « les yeux noyés, assise sur des carreaux ». (*Mém. de la M^se^ de Courcelles,* p. 194.) Par Mme de Villedieu nous savons que « Mme la duchesse de Valentinois avoit un cabinet de rocaille, qui touchoit son appartement d'été, et qui sans doute étoit le plus agréable lieu du monde. Il n'étoit meublé que de piles de carreaux de drap d'or. » Enfin, à cette même époque, on rencontre, chez certains particuliers, un meuble de forme spéciale, pour loger ces indispensables coussins. « Un porte-carreau de bois de chesne, avec huict careaux remplis de plumes, couverts de diverses étoffes de soye de diverses couleurs. » (*Invent. de Jacques Quiquebeuf, conseiller, secrétaire du roi;* Paris, 1677.)

Fig. 388. — Carreau en broderie d'or (XVIe siècle).

Si le carreau jouait un rôle important comme siège, ce rôle était encore bien autrement considérable quand il se transformait à l'église en agenouilloir. Lorsque la reine voulait faire sa prière, c'était la première de ses femmes de chambre qui lui présentait « le carreau à s'agenouiller ». (Dubuisson-Aubenay, *Journal des guerres civiles,* t. II, p. 51.) Aux cérémonies religieuses, les duchesses avaient derrière le roi leur carreau, comme au cercle de la reine, elles avaient leur tabouret. Les femmes des maréchaux prétendant aux mêmes honneurs, il en naquit des contestations sans nombre. (Voir *Dangeau,* t. VI, p. 44, note de Saint-Simon, et *Mém. du duc de Luynes,* t. Ier, p. 436.) Les femmes des maréchaux avaient, en outre, droit au carreau lors des audiences et à la toilette des princesses. Il en était de même pour les dames d'atour, mais c'était une prérogative dont elles usaient rarement. Elles préféraient, dit Saint-Simon, « être debout à s'asseoir si bas, quand les duchesses et princesses étoient assises sur des ployants ou des tabourets ». A la Ville, pour être moins tranchées qu'à la Cour, ces différences n'en étaient pas moins observées. Le carreau que toute femme riche emportait à la messe faisait en quelque sorte partie de sa toilette. A l'époque du mariage, le futur le fournissait avec le reste de la corbeille, et les marchands miroitiers le vendaient avec le miroir, les boîtes et les carrés que tout prétendu bien élevé ne manquait pas d'envoyer à sa fiancée. Mais les carreaux des dames nobles et ceux des femmes de la Cour différaient de ceux des femmes de robe et des simples bourgeoises. Alors que les premiers étaient soutachés de galons d'or, les autres ne devaient porter que de la soie. Au XVIIIe siècle, les bourgeoises usurpèrent les galons de métal; mais il demeura toujours une différence dans l'étendue du velours qui restait visible au milieu du carreau.

Pour revenir aux cérémonies officielles, la possession des carreaux dans les solennités était réglée pour les hommes par une étiquette peut-être encore plus sévère que pour les femmes. Malgré cela, les deux derniers siècles sont pleins, à ce sujet, de discussions véhémentes, qui nous paraissent aujourd'hui singulièrement puériles. Ceux qui voudraient se rendre compte des tempêtes que soulevait la possession de ce petit coussin n'ont qu'à parcourir dans Saint-Simon les interminables réflexions que suggère à cet esprit susceptible la distribution des carreaux aux funérailles de la duchesse de Bourgogne. (*Mém.,* t. X, p. 221.) Ajoutons qu'il ne fut pas seul à se passionner pour cette grave question. Toutes les correspondances du temps sont surchargés

Fig. 389. — Carreau en terre vernissée provenant de l'ancien château de Beauté (XIVe siècle).

de ces débats. Ici, c'est Mme de Montmorency qui signale à Bussy-Rabutin la prétention de M. de Guise, demandant la permission d'avoir un carreau à la messe du roi, et s'appuyant sur ce fait, que ses père et mère en avaient un. Là, c'est Mme de Dangeau écrivant à Mme de Maintenon, que l'évêque de Metz en réclame un, lui aussi, « devant le roi comme les cardinaux, à cause de sa duché ». En 1717, à la célébration de l'anniversaire de la mort de Louis XIV, tous les évêques sortent en corps de la basilique de Saint-Denis, parce qu'on refuse de leur donner un carreau comme au cardinal de Polignac.

Et ce n'était pas seulement à l'église que les ducs, pairs et prélats avaient droit au carreau. Sur l'échafaud même ce meuble d'honneur leur était attribué. Jehan de Troyes, racontant l'exécution du comte de Saint-Pol (1475), nous apprend qu'il « s'en ala mettre à deux genoux dessus un petit carreau de laine, qu'il mist à point et remua de l'un de ses pieds ». Ce même détail se trouve consigné dans la plupart des narrations de ce genre, notamment dans les récits de l'exécution du maréchal de Marillac et du duc de Montmorency.

Le carreau, s'il souleva dans le monde officiel de bruyantes contestations, joua, par contre, dans la vie de famille un rôle à la fois plus modeste et singulièrement plus profitable. Dans ce milieu plus calme, il se confond, en effet, avec le coussin, meuble indispensable en un temps où les sièges étaient rudes au corps, et avec l'oreiller, compagnon des longues nuits et complice du repos. Ses services sous cette double forme sont sans nombre, et nous avons vu, par la toilette dont on l'habille, en quelle estime on le tient, et comme on sait reconnaître ses bienfaits. Cette toilette soignée fait, il est vrai, parfois gémir le mari. Les femmes, sur ce point, étaient exigeantes, et si nous en croyons l'auteur des *Maulx du mariage* (1480), l'époux

> ..... N'eût-il que trois naveaulx
> Vaillant, il lui faut des carreaulx
> De veloux et menue verdure.
> Tant que c'est une grant ordure.

Ils étaient, par suite, si nombreux, même chez les simples particuliers, qu'on en avait de rechange pour les grands jours; et ces carreaux, en temps ordinaire, étaient vidés de leurs plumes et enfermés dans des coffres parfumés. Comme oreillers, on les prodiguait également. Tallemant nous montre Mme de Montandre « sur son lit dans les hôtelleries », entourée de « plus de vingt carreaux »; et Mlle de Congis, qui s'est enivrée chez Mme de Gondran, « mise au lit avec bien des singeries », et vomissant « si bien qu'elle gâta draps, couvertures, carreaux et tapis d'alcôve ». Enfin, leur utilité, pour adoucir la rudesse des anciens sièges de bois, les rendait indispensables. Il suffit, pour s'en convaincre, de lire dans Tallemant la singulière *historiette* consacrée à Mme de Maintenon (Françoise-Julie de Rochefort, mariée à Charles d'Angenne, marquis de Maintenon, voir t. III, p. 297), ou de relever dans l'*Inventaire de la veuve du peintre Nicolas Lancret* la mention du « fauteuil de paille couvert de satin avec ses rondins et carreaux », qui constituait un des ornements de la modeste demeure de ce grand artiste.

Aujourd'hui, le carreau n'a pas cessé d'être en usage dans nos intérieurs. Il a simplement changé de nom, il s'appelle COUSSIN. (Voir ce mot.)

CARREAU. — C'est, encore de nos jours, un petit coussin que les dentellières mettent sur leurs genoux. Ce nom est fort ancien. Eustache Deschamps, dans la *Ballade des nouveaulx mariéz,* écrit :

> Il vous fault pour vostre mesnage,
> Entre vous, mesnagers nouveaulx...
> . . . . Carreaux d'ouvrage,
> Quenoilles, hasples et fusiaux.

Dans la *Fille mal gardée,* de Favart (1758), il est également question de ce genre de carreaux. Le magister dit à Mme Bobinette : « Allez lui chercher son carreau de dentelle, qu'elle s'occupe jusqu'à mon retour; la jeunesse ne se perd que par le désœuvrement. »

CARREAU DE SENTEUR. — On donnait ce nom, au XVIIe siècle, à ce que nous appelons aujourd'hui des sachets. Nous trouvons dans l'*Inventaire des meubles de la Couronne* (1673) la description de plusieurs de ces car-

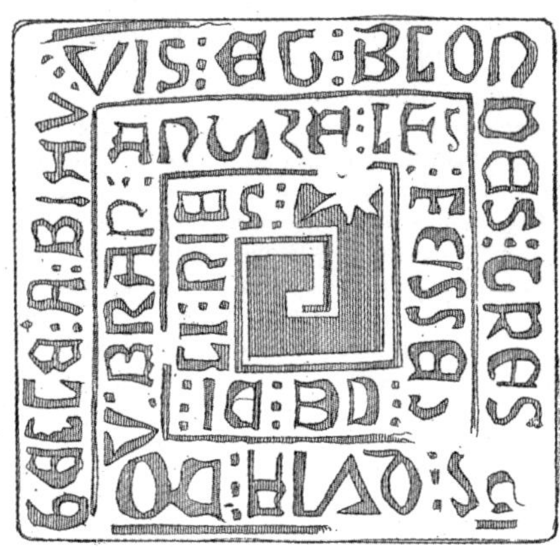

Fig. 390. — Carreau en terre vernissée provenant de l'ancien château de Beauté.

reaux : « Six carreaux de différents brocats d'un costé, et de taffetas de l'autre, remplis de senteurs, garnis autour de grosse dentelle d'or et d'argent. — Deux carreaux de senteurs de satin couleur de serize, brodés d'un costé d'une légère broderie de cordonnet d'argent et soye verte, garnie d'une grande dentelle d'argent. »

Carreau. — Ce mot sert encore à désigner, dans nos appartements, des objets de formes et de nature très différentes. D'abord on appelle ou mieux on appelait de ce nom les vitres des fenêtres quand, serties dans un châssis de bois divisé en compartiments égaux, elles présentaient

Fig. 391. — Carrelage incrusté (XIVe siècle).

une surface à peu près carrée. Le terme est ancien, car Moreau de Villefranche, dans son récit de la *Prinse et délivrance du Roy* (1525-1530), parlant de la reine Éléonore, écrit : « Ladite Dame estoit aux carraulx d'icelluy Pallays, mussée derrière une jalousie », et plus loin : « Touttes ses dames et demoyselles estoient aux autres carreaulx où il n'y avoit point de jalousie. » Au XVIIIe siècle, les carreaux furent remplacés par des glaces; ce qui faisait dire à *Babet,* dans la *Fausse Agnès* de Destouches (acte Ier, sc. VI) : « Les glaces en sont vitrées à petits carreaux comme les fenêtres de ma chambre. » Aujourd'hui, nous dédaignons ces carreaux, qui semblèrent à nos aïeux du XVIe siècle réaliser un progrès magnifique. La *glace* a désormais remplacé le carreau, et celui-ci, éclos au commencement du XVIIe siècle, ne verra pas probablement la fin du siècle qui s'achève.

On nomme encore Carreau, en terme de parqueteur, l'ais carré qui sert à remplir une feuille de parquet.

Mettre au carreau est un terme qu'emploient les décorateurs, les sculpteurs et les peintres, pour exprimer une des opérations qui leur permettent de transporter d'une surface sur une autre un dessin, un ornement, un sujet, en l'augmentant ou en le diminuant, suivant les dimensions qu'ils veulent donner à l'œuvre définitive.

Carreau. — Enfin on se sert de ce mot pour désigner les petites tuiles, peu épaisses, plates, carrées, hexagones ou octogones, dont on fait usage pour couvrir les planchers, ou pour revêtir les murailles des cuisines, des passages ou des salles de bains.

Autrefois, le mot carreau, employé dans ce sens, avait même une signification plus étendue que de nos jours. Il s'appliquait indistinctement à toutes les matières servant au pavement. Les carreaux pouvaient être de marbre, d'ardoise ou de terre cuite, de faïence et même de grès. Les dalles et les pavés étaient qualifiés carreaux. Dans les *Comptes de la ville d'Amiens* (1401), nous notons « j cent de vielz quarriaux de grès, accaté pour le prix de XVI sous. » Gilles Corrozet écrit : « Court de carreaux marbrins pavée. » Dans le *Compte des constructions de l'Ostel de la Cherité près Paris* (25 octobre 1520) nous trouvons la fourniture de « quatre-vingt-six charriotz et demy de carreaulx doubles, au prix de XVII sols VI deniers tournois chascun charriot ». Ces carreaux n'étaient autre chose que des pavés. Dans le compte des *Ouvraiges de maçonnerye* exécutés, de 1548 à 1550, par Guillaume Guillain, maître des œuvres de maçonnerie de la ville de Paris, nous voyons figurer « le pavement de pierres de liaiz de Nostre-Dame-des-Champs lès Paris, faict en façon de carreaulx carréz assis en façon de losanges », etc. Ceux-ci se rapprochent de ce que nous appellerions aujourd'hui des dalles. De là proviennent du reste ces expressions : « coucher quelqu'un sur le carreau », pour tuer quelqu'un; « mettre les meubles de quelqu'un sur le carreau », pour les mettre dehors de la maison. On lit dans le *Journal d'un bourgeois de Paris sous le règne de Charles VI et de Charles VII,* au 21 août 1418 : « Aucuns furent tuéz et mis à mort sur les carreaulx tout nuds », et à l'année 1421 : « Ils s'en alloient par desconfort vendre leurs biens sur les carreaulx, et se partoient de Paris comme gens désespéréz. » Nous disons encore le « carreau des halles », pour le pavé des halles.

Au siècle dernier, les maîtres paveurs, dans leurs *Statuts,* ne parlaient que par carreaux. Aujourd'hui, les carreaux de grès sont devenus des Pavés; ceux de pierre, de marbre et d'ardoise sont devenus des Dalles, et c'est seulement aux pavements et aux revêtements céramiques qu'on applique, ordinairement et d'une façon courante, le nom de carreau et celui de Carrelage. On trouvera, à ce dernier mot, tout ce qui concerne cette branche fort intéressante de la décoration intérieure de nos habitations.

Carrelage, *s. m.;* **Carreler,** *v. a.;* **Carreleur,** *s. m.* — Le mot carrelage exprime non seulement l'action de disposer sur le sol une suite de carreaux ou de pièces céramiques s'emboîtant les unes dans les autres, mais encore l'ensemble, le groupement de ces pièces céramiques, et la surface qu'elles recouvrent.

A quelle époque remontent les premiers carrelages appliqués en France à la protection et à la décoration du sol? Vraisemblablement au VIIIe ou au IXe siècle. Si nous en croyons les découvertes de l'archéologie, ce genre de pavement semble avoir succédé, dans nos constructions, aux mosaïques antiques. N'ayant pas à leur disposition les matériaux variés dont leurs prédécesseurs s'étaient servis, les architectes de cette époque les remplacèrent par de petits carreaux, ou mieux par des morceaux de terre cuite de couleurs différentes, fabriqués dans des moules et combinés de telle manière, que les pièces réunies formaient des dessins d'un intérêt indiscutable et souvent d'une rare beauté.

Les carrelages de la chapelle de la Vierge et ceux de la chapelle de Saint-Cucuphas, dans l'église abbatiale de Saint-Denis, donnent une très haute idée des beaux dessins qu'on pouvait obtenir de la sorte, et montrent que jusqu'à la fin du XIIe siècle, on employa avec succès ce

Fig. 392. — Carrelage incrusté (XIVe siècle).

genre de pavements. Au siècle suivant, peut-être même avant, une innovation ingénieuse se produisit dans la fabrication de ces carrelages. On ménagea dans des carreaux assez grands des vides de toute la profondeur du carreau, et ces vides furent remplis ensuite par de petites pièces s'y adaptant exactement, mais d'une autre couleur. De cette façon, non seulement on obtint des carreaux plus vastes, et par conséquent moins fragiles, portant un dessin plus ou moins compliqué d'une couleur différente; mais on fut amené tout naturellement à remplacer les carrelages mosaïques par des carreaux incrustés d'ornements.

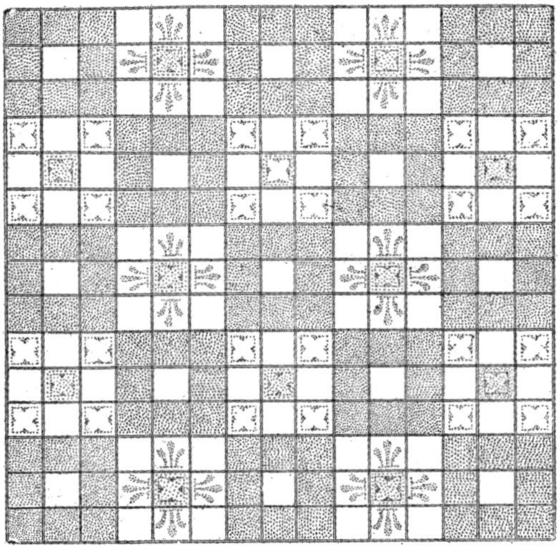

Fig. 393. — Carrelage vernissé (XVe siècle).

Un carrelage extrêmement curieux, celui de l'église Saint-Pierre-sur-Dive, reproduit, avec une scrupuleuse exactitude, dans les *Annales archéologiques,* fournit un exemple très remarquable des ensembles décoratifs obtenus de cette façon. Cette sorte de carrelages, qui demeura en vogue pendant tout le XIVe siècle et presque tout le siècle suivant, fut également appliquée aux habitations particulières. Pour cette adaptation, le procédé demeura le même, c'est-à-dire qu'on se servit de carreaux dont la surface supérieure, d'abord estampée, était ensuite remplie, dans les dessins de l'estampage, de terre colorée d'une autre façon, le tout revêtu d'un vernis plombifère. Mais ces carreaux, au lieu de se prêter à de grandes compositions, constituant les décorations d'ensemble (comme cela avait lieu pour les édifices publics), portaient des motifs isolés, se répétant symétriquement ou formant des dessins par quatre ou par huit, comme à l'abbaye de Vézelay, ou par quinze, comme le carrelage sexagonal de l'abbaye du Paraclet-des-Champs ; ou encore par seize, comme le beau carrelage de l'hôpital de Tonnerre ou celui de l'église de Vincelles. Ces fragments, disposés avec intelligence, permettaient encore des combinaisons nombreuses et variées. Les carrelages du château de Coucy, ceux de la cathédrale de Laon, les portions de carrelages provenant du château des abbés de Vézelay, de la commanderie de Sacy (Yonne), de l'ancien château de Beauté, édifié par Charles V, de l'hôtel de Louise de Clermont-Tonnerre (à Tonnerre), de l'ancien hôtel d'Albret, à Paris, montrent à quelle richesse et à quelle ampleur de dessin on pouvait atteindre, avec ces moyens en réalité très simples.

On possède une assez grande quantité de ces carrelages, conservés aux musées du Louvre, de Cluny, de Troyes, de Grenoble, d'Auxerre, au musée Carnavalet, pour se rendre compte de leur nature et des procédés de fabrication. Les miniatures du XIVe et du XVe siècle nous renseignent, en outre, de la façon la plus complète sur l'emploi de ces pavements si remarquables. Seuls les renseignements écrits sont assez rares. On ne trouve ces carreaux mentionnés que dans quelques comptes extrêmement sommaires, comme celui des *Travaux du château de Breteuil* (1329), qui constate le payement de 4 sols 6 d. « pour III quarterons de quarrel » pour réparer les salles et chambres, ou comme celui des *Travaux exécutés à Rouen* (1334), où il est question de l'achat « de IIIC milliers de quarreaux » à 8 sols le millier, etc., sans, du reste, qu'on ait d'autres détails.

Remarque curieuse, les chroniqueurs de ce temps sont encore plus réservés à l'égard de ces beaux carrelages, et il faut un fait de guerre d'assez grande importance pour que Froissart nous apprenne qu'Espagnolet, le capitaine chargé de la garde et défense du château de Crémale, « fit une croute [mine] en terre qui vuidoit hors aux champs et entroit en la salle, et quand elle fut faite, par dessus il mit les quarriaux et ne sembloit pas qu'il y eût allée dedans terre ». (*Chroniques,* IX, 442.) Sans cette particularité, le chroniqueur ne songerait pas à en dire un mot.

Les carreaux incrustés demeurèrent en usage pendant tout le XIVe et une partie du XVe siècle, et quoique les derniers fabriqués fassent montre d'une élégance, d'une délicatesse de dessin qu'on ne rencontre pas au même point chez ceux confectionnés précédemment, cependant il est assez difficile de leur assigner une époque certaine, car les potiers chargés de leur exécution continuèrent, jusque pendant le XVIe siècle, à se servir de moules et d'estampes qui remontaient à cent ou deux cents ans, comme dessin et comme combinaisons. Toutefois, le moment n'était pas éloigné où les carreaux incrustés allaient complètement disparaître pour faire place aux carreaux peints.

À quelle époque ces derniers virent-ils le jour ? Le point est fort controversé. On a produit, il y a quelques années, une suite de documents, qui ne tendraient à rien moins qu'à faire remonter à la fin du XIVe siècle la fabrication de cette pseudo-faïence. Un acte de 1391 constate que Philippe le Hardi, duc de Bourgogne, fit un accord avec Jehan de Moustiers, d'Ypres, et Jehan le Voleur, « ouvriers de quarriaus pains et jolis, pour le servir dudit ouvrage ».

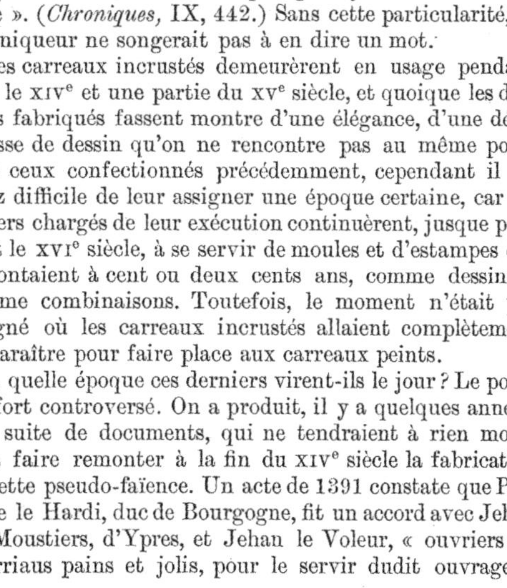

Fig. 394. — Carrelage en faïence exécuté à Rouen en 1542.

L'accord n'ayant pu durer entre les associés, Jehan le Voleur fut chargé seul de l'exécution et prit l'engagement de livrer, en la ville de Hesdin, autant dudit ouvrage qu'il en pourrait faire : « C'est assavoir desdits quarreaux, qui seront faits et ouvrés de grandeur, et pains dudit Voleur des paintures que les voulions avoir; tant ceux qui seront pains à ymaiges et chiponnés, comme ceux qui seront pains à devises de plaines couleurs. » Ces carreaux devaient être payés à raison d'un franc d'or les quatre pieds et demi

Fig. 395. — Carrelage du château de Saint-Roch (style du XVIe siècle).

(carrés). En 1393, Jehan le Voleur en avait livré sept cent treize pieds et demi.

L'expression, plusieurs fois répétée, de carreaux peints donne bien à penser qu'il s'agit là, sinon de faïence, du moins de terre peinte et vernissée. Mais le doute cependant est permis. Il en est de même pour le document suivant, datant de 1427 : « A Jehan le Courtilleur, potier et faiseur de quariaux, demeurant à Espinoy, pour six cens de quariaux gaunes (jaunes) et noirs, et armoiés les aulcuns, des armes de Saint-Morand, de France et d'Artois, painctures, pour paver le cuer de l'église, par marchiet fait à lui au pris de XXVII frans (XXVIII sols pour franc). » Avec le XVIe siècle, l'hésitation n'existe plus, non seulement parce que les documents se font plus nombreux et sont plus explicites, mais parce que les preuves céramiques viennent à l'appui des pièces d'archives. Par les carreaux émaillés de l'oratoire du château d'Oiron, portant la devise des Gouffier et le chiffre de Henri II, par les carrelages du château de Saint-Roch et par la suite des carreaux émaillés aux chiffre et devise du connétable de Montmorency, provenant du château d'Écouen, carreaux qui furent fabriqués, aux environs de 1553, par un potier rouennais nommé Masséot-Abaquesne, on a, en effet, une idée précise des carrelages de ce temps. Ceux de la chambre de Marie de la Tour, duchesse de la Trémouille, au château de Thouars, qu'on voit au musée de Cluny, détachant leur tour d'argent sur un fond d'azur, peuvent également nous édifier sur l'art des fabricants de carrelages de cette époque, alors que des documents variés nous permettent de grouper quelques détails de fabrication, relativement à ces « carreaux plombés », comme on les appelait alors.

Mais à propos de ce dernier nom, il nous faut ouvrir une parenthèse. Au XVIe siècle, on appelait CARREAUX PLOMMÉS, PLOMMÉS ou PLOMBÉS, tous les carreaux de terre recouverts d'un émail plombifère. Ce sont ces carreaux lisses et brillants, que Brantôme, dans son sixième discours des *Dames galantes,* nous montre « fort subjects à faire glisser ». Au siècle dernier, ce nom de carreau plombé était encore donné aux carreaux de faïence qu'on posait dans les écuries, pour empêcher les chevaux de lécher la muraille. Il s'agit donc bien là de carreaux céramiques et non pas de carreaux de plomb, comme Littré a paru le croire. Ceci dit, reprenons notre étude.

Parmi les premiers documents en date, figurent les *Comptes du château de Gaillon* (1497-1509), qui nous livrent les noms de sept *potiers carreleurs,* désignation qui distingua ces artisans jusqu'à la fin du XVIIIe siècle. Ces potiers étaient Jehan Behier, Jehan Foursin, Guillaume Jehan Morin, Regnault, Geoffroy et Guillaume Tourouble, et Guillaume Thibault. Les carreaux plombés ou *plommés* livrés par eux coûtaient de 2 livres 10 sols à 3 livres 10 sols le mille ; les carreaux non plombés, 30 sols le millier.

Les *Comptes des bastiments* nous offrent ensuite, aux environs de 1550, un nombre assez considérable de devis et d'exécution de pavements en carrelages céramiques. Nous citerons notamment, à Saint-Germain, celui du « petit cabinet de Madame Marguerite, seur unique du roy » ; celui du « carreau de la grande gallerye du Jeu de paulme », mesurant 23 toises 3 pieds de long sur 8 pieds de large, et payé 78 livres 12 sols 2 d., somme assez considérable pour le temps; alors que le « pavement de carreau de la petite gallerye du bout dudict jeu » coûtait seulement 20 livres 18 sols 10 deniers.

A Paris, à l'hôtel de Soissons (1581), nous rencontrons deux maîtres carreleurs, « Guillaume du Mayne, maistre potier de terre et paveur de carreaux de terre cuite, demourant faulxbourg Saint-Jacques » ; et Jehan Perigois, également « maistre potier et paveur de carreaux de terre cuite », qui livrent pour plus de 227 écus de leurs produits à la reine Catherine de Médicis. Ajoutons que l'un de ces deux potiers, Jehan Périgois, faisait un commerce considérable de carrelages; car nous avons retrouvé dans l'étude de Me Albert Yver un acte notarié du 28 juillet 1584, par lequel il s'engage à une livraison importante. Cet acte, qui donne une idée des mœurs commerciales du temps, nous paraît mériter d'être reproduit intégralement.

Jehan Périgoy, maistre potier de terre à Paris et y demourant en la grande rue Saincte-Genevieſve-du-Mont, paroisse Sainct-Étienne dudit Mont, confesse avoir vendu à Pierre Chappoint, maistre maçon à Paris et y demourant rue au Mer, paroisse Sainct-Nicolas-des-Champs, à ce présent achepteur, la quantité de vingt-quatre milliers, ung millier plus ou millier moings, de petis careaux servant à paver salles et chambres de trois à quatre poulces en quarré, à compter dix

Fig. 396 et 397. — Carrelage en grès cérame (XIXe siècle).

écus pour millier bon carreau loyal et marchand, que ledit Périgoy a promis par ces présentes, sera tenu, promet et gaige rendre, fournir et livrer à son propre compte et despens en la ville de Lagny-sur-Marne audit Chappoint ou au porteur, lequel sera tenu prendre iceulx en la maison de Claude Périgoy, aussi maistre potier de terre, demourant audit Lagny, sçavoir six milliers dedans d'huy en quinze jours, prochainement venant, aussi six milliers le vingt-quatriesme jour d'aoust, tout le reste dedans le dernier jour dudit mois d'aoust..., à raison de deux escuz sol. et dix solz tournois par chacun millier, etc.

Un autre acte, passé en 1588, nous montre ce même Périgois ou Périgoy, vendant à Guillaume Poulain 2 milliers de « grands carreaux à paver jeu de paulme », à 11 écus 1/2 le millier. D'autres actes du même temps (1572-1580) nous révèlent les noms de Pierre et Robert Moreau, établis au faubourg Saint-Marcel, et celui de George Tranaille, maître potier, demeurant « rue des Coypeaulx », qui fait marché avec Joseph Foulon, abbé de Sainte-Geneviève (septembre 1589), de « paver de bout en bout le réfectouer de ladite abbaye de bon carreau loyal et marchant, de six poulces de carré, et faire les bandes et parquets de carreaux verts, etc. » Le tout à raison d'un « écu d'or soleil la toise ».

Au XVIIe siècle, les carrelages céramiques furent usités un peu partout, et nous trouvons de nombreuses traces de leur emploi dans les comptes du temps. Ici, c'est le maçon Lestruve, qui pose sous la sacristie de Versailles des carreaux fournis par le potier de terre Montallier (1666). Là, c'est Léonard Mangot, qui carrelle les appartements de Chambord (1668). Un peu plus tard, c'est le carreleur Bremier, qui répare les carrelages de Versailles (1677). Mais à mesure que l'emploi des carrelages se généralise et pénètre dans les demeures les plus modestes, le carreau perd toute importance artistique et abdique toute prétention décorative. Les tapis devenus moins rares, et les parquets dont l'usage commençait à se répandre, firent peu à peu reléguer les carreaux dans les lieux de passage, dans les pièces de service et dans les chambres de domestiques. Cependant, au XVIIIe siècle, on semble s'être fortement préoccupé, sinon pratiquement, du moins théoriquement, de tirer de la combinaison des carrelages de terre cuite un décor agréable à l'œil. En 1704, le père Sébastien Truchet, religieux carme de la province de Toulouse, soumit à l'Académie une méthode exacte et facile, pour obtenir, à l'aide de carreaux de deux couleurs, mi-partis par une ligne diagonale, une infinité de combinaisons différentes. (Voir *Journal de Verdun*, mars 1722.) Plus tard,

Fig. 398. — Grand carrelage de revêtement exécuté par M. Deck. — Exposition de 1878.

les combinaisons imaginées par le père Truchet furent réunies en un volume publié par la librairie Étienne Ganeau, et Diderot crut devoir consacrer cinq énormes colonnes de l'*Encyclopédie* à démontrer que les combinaisons

Fig. 399. — Pendule en cartel (XVIIIe siècle).

du père Truchet étaient moins nombreuses et surtout moins neuves que ne le supposait leur auteur.

Les fabricants de carrelages du XVIIIe siècle ne paraissent pas, toutefois, avoir beaucoup cherché à se servir des recherches ingénieuses de ce savant religieux. Le principal d'entre eux, le sieur Annotin, établi à la Sablonnière, près de Vaugirard, et recommandé par l'architecte Blondel, se borne à vanter la bonne qualité d'argile, la cuisson parfaite et la fabrication soignée de ses carreaux. (Voir l'*Année littéraire,* 1768, t. IV, p. 141, et le *Mercure* de juillet 1768.) Quant aux nouveaux carreaux de terre cuite du sieur Gardet, dont le dépôt était situé rue Regrattière (île Saint-Louis), ils ont plus de prétentions artistiques. « Les planchers, nous dit leur auteur, sont, au moyen de ces carreaux, embellis par différens dessins, variés par des couleurs plus agréables les unes que les autres. » Ces dessins, ajoute-t-il, réunissent tout à la fois la beauté, la propreté, la solidité. (*Almanach sous verre,* notice de 1789, col. 503, n° 129.) Enfin, dans le centre de l'est de la France, les carreaux de Verdun (en Bourgogne), qui étaient spécialement appréciés, paraissent avoir été d'une simplicité absolue.

Pour en terminer avec la partie historique, ou tout au moins rétrospective de cette notice, nous ne pouvons mieux faire, semble-t-il, que de mentionner l'adresse d'un carreleur poète, dont l'enseigne se lisait, au commencement de ce siècle, rue Coppeau, faubourg Saint-Victor,

> De Goblet fils, c'est ici la fabrique.
> Venez choisir des planchés, des boisseaux,
> Des pots à fleurs, des tuyaux, de la brique.
> A tout venant, *Le Cœur* vend des carreaux.
>
> (*L'Ami des femmes,* lettre XI, p. 125, note.)

Si le XVIIe et le XVIIIe siècle laissèrent péricliter la fabrication artistique des carrelages, notre époque, plus heureuse, a vu renaître cette belle et intéressante industrie. Depuis quelques années, on a recommencé à en fabriquer de fort remarquables. On en a fait en terre cuite peinte, incrustée, en grès cérame et en ciment recuit, qui, par la richesse du dessin et l'éclat des couleurs, atteignent et dépassent tout ce qu'on avait fait jusqu'à ce jour. On en peut dire autant des carrelages de revêtement. Faïence et porcelaine luttent, sur ce nouveau terrain, avec un rare bonheur. Nous disons nouveau, et en effet, ce qui nous reste et ce que nous savons des carrelages de revêtement anciens ne nous laisse pas supposer que ce mode de décoration ait jamais été très en honneur dans notre pays. A l'époque de la Renaissance, toutefois, des travaux considérables furent exécutés dans ce genre. Les *Comptes royaux* portent des traces nombreuses des sommes payées par François Ier aux Della Robbia pour leurs « ouvrages d'émail » destinés au château de Madrid. Par Piganiol de la Force, nous savons qu'au pourtour du rez-de-chaussée et du premier étage de ce château, régnait une galerie formée d'arcades soutenues par des colonnes. « Ces arcades, ajoute Piganiol, ont un ornement assez singulier : c'est une espèce de faïance qui, lorsque le soleil y donne, jette beaucoup d'éclat. » (*Descr. de Paris,* t. IX, p. 271.) Mais, des termes mêmes de Piganiol, il résulte clairement que ce mode de décoration était un fait sinon unique, du moins très exceptionnel. Dans un ordre d'applications moins relevé, nous savons également qu'on importait en France quantité de carreaux de faïence hollandaise pour revêtement. On en trouve la preuve jusque dans les *Comptes des bastimens :* « 11 décembre [1678] — à Branlard, marchand : pour 2,000 carreaux de Hollande, 620 livres, etc. » Les carreaux hollandais, d'après le tarif de 1664, payaient 15 sols à l'entrée en France par millier. Mais c'étaient là des céramiques relativement modestes, et l'on peut affirmer que les intérieurs de cheminée garnis avec ces carreaux, non plus que les cabinets de bain, cuisines, etc., du siècle dernier n'avaient rien à démêler avec les admirables carrelages que Deck, Boullanger, Loebnitz, etc., exposèrent en 1878 au Champ de Mars.

Carrelé, *s. m.* — Étoffe de soie, qu'on fabriquait au siècle dernier, de même nature que le CANNELÉ et présentant des analogies avec le gros de Tours. « On a fait des carrelés dont le poil était composé d'un fil d'or ou d'argent : ces étoffes ne diffèrent du carrelé de soie, qu'en ce qu'on ne met sur chaque lisse de poil qu'autant de fils que l'on veut pour en faire la figure du carrelé. » (Voir l'article suivant.)

Carrelet, *s. m.;* **Carrelette**, *s. f.* — On donne le nom de carrelets à de longues aiguilles employées par les tapissiers dans la garniture des sièges. La forme de ces aiguilles et leur longueur varient suivant l'usage spécial auquel elles sont destinées. Ainsi on distingue le *carrelet droit,* usité pour les piqûres de fond ; le *carrelet courbe,* pour piquer simplement, et le *carrelet à deux pointes,* pour le capitonnage.

Les serruriers nomment carrelet une petite lime carrée, et carrelette, une petite lime douce de même forme.

Enfin le mot CARRELET sert encore à désigner une étoffe de laine, légère et de qualité médiocre. Quelques auteurs écrivent CARLET et même CARTELET. (Voir Savary, *Dict. de commerce.*) Peut-être cette étoffe est-elle la même que le carrelé dont il est question au précédent article.

Carret, *s. m.* — Qu'on écrit aussi quelquefois CARET, est l'écaille de tortue, dont les tabletiers et les marqueteurs se servent pour leurs ouvrages.

Carreure, *s. f.* — Voir CARRURE.

Carron, *s. m.;* **Carronner**, *v. a.* — Locutions lyonnaises. Carron est usité à Lyon avec le sens de carreau de céramique, et carronner avec celui de carreler. Nous lisons dans les *Comptes de la ville de Lyon,* à l'année 1595 (venue de Henri IV dans cette ville) : « A Jehan Charmetton, masson, pour avoir caronné la chambre du logis du sieur de la Liegue, pour loger Mme la marquise de Montceaulx, et pour avoir massonné et démassonné les degréz, après avoir fourny chaulx, sable, carrons, bricques et journées, le tout comprins la somme de IX escuz XL sols... — Audit Charmetton, la somme de dix escuz vingt solz, pour avoir recaronné les chambres de ladite dame marquise, etc. » Dans ces mêmes *Comptes,* à l'année 1638, on lit encore : « Pour avoir faict un fourneau de la hauteur de deux estages, fourny la taille, les jambages et deux bretagnes avec les panières, carronné le foyer et le tripot, etc. »

Carsonnier, *s. m.;* **Carsonnière**, *s. f.* — Locutions exclusivement bretonnes. Sorte de baquet servant de mesure pour le blé, le seigle, les pommes, etc. « Ung carsonnier de boys, une mezure de bled, un sau, etc. » (*Invent. de Jean Fiquel;* juridiction du bois de Miniac, 1609.) « Une carsonnière empiettée sur troys bouts de boys, V sols IIIj deniers. » (*Vente de Gillette Bachelot;* greffe de Saint-Malo, 1609.) « Un carsonnier de boys, mesure à pommes, prisé la somme de douze sols. — Un autre carsonnier de bois, mesure de bled noir, prisé aultre pareille somme. » (*Invent. de Jules Thomas;* juridiction du Plessis-Botherel, 1663.)

Cartable, *s. m.* — Voir CARTON.

Carte, *s. f.* — Les cartes géographiques ou topographiques, non pas gravées, imprimées ou lithographiées, comme celles qu'on voit de nos jours, mais peintes avec soin par d'habiles artistes, formaient jadis une belle décoration pour les antichambres, ou pour des salles d'attente, et même pour des pièces d'un ordre plus relevé. On sait qu'Anne de Bretagne eut toujours un goût marqué pour la géographie. Aussi rencontre-t-on dans un de ses inventaires (5 juillet 1499) : « Une carte ytalienne paincte sur toille blanche », et « huit aultres cartes aulcunes de pays, les autres marines, dont y en a sept en parchemin [et] une en papier ». Au XVIe siècle, les cartes peintes continuèrent d'orner les murailles et Amadis Jamyn, s'adressant à sa dame, pouvait écrire :

Dans les cartes ainsi ie voy les mondes peints.
Et ie voy quel païs te tire à ses desseins,
Puis ie baise et rebaise en ces cartes la place
Qui de te posséder ha l'honneur et la grâce.

Mais c'est surtout au XVIIe siècle que les cartes revêtirent des allures décoratives. Lorsque le maréchal d'Humières était gouverneur de la Flandre française (1690), le principal ornement de son grand salon, dans son palais de Lille, consistait en « quinze cartes, tant petites que grandes », qui garnissaient les murailles. Piganiol de la Force, décrivant le château de Rambouillet, nous montre, dans la grande salle, « une grande carte du duché de Rambouillet, peinte sur toile et ornée d'une belle bordure ». Cette carte, qui couvrait un espace de vingt-sept pieds de long sur douze de large, avait coûté dix mille écus. « C'est, ajoute Piganiol, un morceau magnifique dans son genre. » On peut encore voir de pareilles cartes au palais de Compiègne et au palais de Fontainebleau. L'*Inventaire des meubles de la Couronne* de 1675 mentionne une carte non moins précieuse en broderie de retaille sur satin bleu.

En 1761, l'*Avant-Coureur* signalait au public les travaux du sieur Desnos, ingénieur-géographe, qui exécutait des cartes « élégamment » enluminées et qui, accompagnées d'ornements appropriés, pouvaient décorer agréablement les cabinets et bibliothèques. Depuis cette époque, on semble s'être borné à faire des cartes purement utiles, sans se préoccuper du rôle ornemental qu'elles pourraient remplir.

CARTE, *s. f.* — Orthographe arbitraire de QUARTE. (Voir ce mot.)

Cartel, *s. m.* — Dans le principe, le cartel était l'écu. Plus tard, on donna le nom de cartel à des objets, tableaux, cartouches, etc., dont la surface se terminait en pointe.

Fig. 400. — Petit cartel style rocaille.

C'est ainsi que nous voyons figurer dans la *Vente des biens de Claude Gouffier, duc de Roannès, grand écuyer de France* (1572) : « Soixante tableaux painctz en huile, faisant partie de soixante huict tableaux garnis de leurs moulures dorées, l'une ung cartel de la figure du feu sieur duc de Guise et les autres..., etc. » Toujours par analogie, au XVIIe siècle (Richelet et Furetière ont ignoré cette acception du mot cartel), on donna ce nom à un genre d'horloge s'accrochant à la muraille, ou placée sur une console,

Fig. 401. — Cartel style rocaille.

dont l'extrémité inférieure, dessinée en pointe, rappelait très vaguement le cartel primitif. On disait d'abord *pendules à cartel* ou *en cartel,* ce qui était mieux. « 10 juillet. — S. M. le Roy : Une pendule à cartel et répétition pour la chambre de Sa Majesté, 432 livres. » (*Livre journal* de Lazare Duvaux, II, 370.) « Pendules à vibrations et autres, en cartel de bronze doré d'or moulu. » (*Vente du prince de Grimberghen,*1759.) « Une pendule faite par Delépée dans un cartel de plomb, représentant les attributs de l'architecture. » (*Apposition des scellés chez Claude-Louis Daviler, architecte,* 1764.) « Une pendule en cartel de cuivre. » (*Invent. de Jean-Baptiste Pigalle, sculpteur du roi,* 1785.) Plus tard, on prit l'habitude de dire simplement un cartel. Quelques-unes de ces horloges constituaient des œuvres d'art de premier mérite. On a vu, à la vente San-Donato, un de ces cartels, œuvre de Philippe (II) Caffieri, monter à plus de 10,000 francs.

On nommait, en outre, CARTELS DE CHEVET de très petites horloges de même forme, mais de taille très réduite, et qui, munies d'une griffe ou d'une boucle, pouvaient s'accrocher dans la tenture du lit ou se suspendre à un clou. Un mouvement de montre, placé à l'intérieur, donnait l'heure.

Cartelet, *s. m.* — Étoffe de laine légère et de qualité médiocre. (Voir CARRELET.)

Cartisane, *s. f.* — Terme de passementerie. Petite bande très étroite de papier, de carte ou de parchemin, recouverte de soie perpendiculairement à sa longueur. La cartisane joue son rôle dans la composition de quelques guipures, de broderies, etc. On s'en servait au siècle dernier, surtout pour les encadrements de tentures de soie et pour orner les corniches des appartements. « Grand dais d'ambassadeur, de velours cramoisi brodé, et à cartisannes d'or relevé en bosses, et fauteuil pareil. » (*Vente après décès du prince de Grimberghen;* Paris, 1759.)

Cartoche, *s. m.* — Voir CARTOUCHE.

Carton, *s. m.* — On donne ce nom, dans le langage des arts, à de grands dessins exécutés par les artistes sur du papier très fort, et qui servent de modèles pour les tapisseries, vitraux et peintures murales. On découpe les cartons quand il est besoin. — En 1690, quand on apposa les scellés chez Charles Le Brun, on y trouva une quantité considérable de ces cartons. 76 cartons étaient relatifs à l'escalier de Versailles, 60 cartons provenaient de la Galerie, 36 de la Chapelle, 15 avaient servi pour la décoration du pavillon de l'Aurore, à Sceaux, etc., etc. Le document qui les mentionne mérite doublement notre attention, car il est le premier où nous rencontrons le mot carton avec cette signification. Jusque-là, on avait employé dans ce sens les mots PATRON ou DESSEIN. « A Pierre Bonté, peintre de Lyon, pour le patron d'une broderie, XV sols. » (*Comptes du château de Gaillon,* 1498.) — « A Dume (Guillaume), peintre ordonné pour faire les patrons des tapisseries, etc. » (*Comptes des bastimens,* 1618.) Ou encore : « A Errard (Charles), peintre, retenu pour faire les desseins des tapisseries de Sa Majesté. — A François Francart, pour son payement de 17 aulnes carrées de desseins de tapis pour le service de Sa Majesté, etc. » (*Ibid.,* 1667.)

Le nom de carton donné à ces grands dessins leur est

Fig. 402. — Cartonnier ordinaire de bureau.

venu de la matière sur laquelle ils étaient tracés. Cette même matière a également donné son nom aux boîtes faites en cartes, dans lesquelles les mercières, lingères et modistes serrent les articles qu'elles façonnent ou qu'elles vendent, et aux boîtes enfermées dans des casiers où les hommes d'affaires distribuent leurs papiers à conserver. Ces derniers cartons devinrent en usage au siècle dernier, et nous relevons parmi les fournitures de ce temps : « 7 septembre 1751. — A M. Brochant l'aîné : Une petite tablette à plusieurs

Fig. 403. Cartouche, par Abr. Bosse.

étages en bois d'acajou, avec trois cartons faits pour les places, 72 livres. » « 5 mai 1756. — M. Coquinot : Sept cartons en maroquin vert faits pour son serre-papiers, 72 livres. » (Lazare Duvaux, *Livre journal.*)

A la même époque, on appelait aussi carton ce que nous nommons aujourd'hui Cartable ou Buvard. Mme de Pompadour aimait beaucoup les cartons de cette sorte et s'en faisait faire de magnifiques par ses fournisseurs. Rien que dans l'année 1755, nous lui en voyons acheter trois, couverts de velours brodé d'or, avec des attributs et écussons, du prix de 420 livres chacun. En 1758, la belle marquise en offrait un au baron de Bernstorff, également en velours brodé de paillettes, à ses armes (celles du baron), du prix de 400 livres. Enfin, dans l'ameublement, le carton a encore joué un certain rôle comme matière propre aux travaux de décoration. Sous le nom de Carton-pierre ou Carton-pâte, on fait une composition formée de pâte de carton, de gélatine ou colle forte et de craie qui, fraîche, se prête très bien au moulage et acquiert en séchant une grande résistance et une suffisante solidité. L'emploi du carton-pâte comme matière décorative est ancien. Dans les *Comptes royaux* de 1562, sous la rubrique « Fontainebleau », nous relevons la dépense suivante : « A Charles Padouan, mouleur en bassetail (bas-relief), la somme de L livres, pour plusieurs moules de testes, de feuillages, de corniches et figures de bassetail de papier pillé couvert de poiraisine et d'autres estoffes. » Il ne faut pas un grand effort pour découvrir dans ce papier pilé, mélangé de poix-résine, l'ancêtre du carton-pierre de nos jours.

Ce carton-pierre, nous le retrouvons, du reste, au siècle suivant, dans les *Comptes de Fontainebleau* (1639-1642), sous forme de « trente-six bras de moullures de carton, dorez d'or brun, chacun de deux piedz de longueur ou environ, compris les retours, pour mettre contre les murailles du logement du roy et autres lieux de son chasteau, et servir de chandeliers à porter des flambeaux », et dans le palais même de Mazarin (1653), sous la forme de « dix bras en carton doréz avec leurs bobèches de fer blanc ». Enfin, au XVIIIe siècle, on l'employa non seulement pour l'exécution de toutes sortes d'ornements que « la modicité de leur prix comparé avec celui des mêmes ornements exécutés en bois » recommandait à l'attention des personnes économes, mais encore à faire des bustes et des portraits. C'est un M. Gardeur qui se fit le promoteur de cette adaptation. S'il faut en croire Métra (*Correspond. secrète,* t. VI, p. 29), ces portraits étaient d'une extraordinaire ressemblance. Un des ouvrages les plus remarqués du sieur Gardeur fut le buste de Marie-Antoinette. Ce buste souleva des discussions assez vives dont on peut retrouver la trace dans les journaux de l'époque. (Voir notamment la *Gazette de France* du 29 juin 1778 et le *Journal de Paris,* n° du 2 septembre, même année.)

Carton. — Locution bordelaise. Mesure de capacité pour les liquides. (Voir Quarton.)

Cartonnier, *s. m.* — Meuble de forme très variable, agencé pour recevoir des cartons. Parfois, le cartonnier n'est que l'accessoire d'un autre meuble, bibliothèque, table, bureau. D'autres fois, il est indépendant et forme un meuble séparé. Dans le premier cas, ne constituant qu'un accessoire, il se plie aux exigences du corps principal dont il dépend. Dans le second, il se modèle comme dimensions et comme dispositions sur les convenances de celui qui le commande. On fait des cartonniers disposés verticalement, d'autres horizontalement. On en fait de surmontés par un

Fig. 404. — Cartouche, par D. Marot.

pupitre et qui servent à écrire debout. Le cartonnier est avant tout un meuble utile. Sa décoration est généralement sommaire et même négligée.

Cartouche, *s. m.;* **Cartoche,** *s. m.* et *f.* — En sculpture ou en peinture, c'est un ornement, ayant affecté d'abord la forme d'une carte à demi déroulée, ou contournée sur les bords (d'où son nom), puis ensuite ayant revêtu tout autre aspect, mais contenant au milieu un champ libre, ménagé pour recevoir une inscription, des armoiries ou des emblèmes. Les cartouches ne remontent pas, chez nous, au delà de la Renaissance. Ils remplacèrent alors les « tables » et les banderoles qui, dans les motifs d'architecture du XVe siècle, portaient des inscriptions ou des sentences, et, dans les tapisseries, relataient les noms des principaux personnages ou les détails de l'action. On écrivit d'abord CARTOCHE. « Sur un des costés du piédestail se présentoit une cartoche enrichie de ce quatrain couché de noir sur blanc esmail. » (*Entrée solennelle de Henri II et de Catherine de Médicis à Rouen,* 1551.) « Deux çolonnes faites de sculptures, frizées, canelées... aornées de leurs bases et chapiteaux feinctz, enrichies de feuillages, cartoches et rosaces. » (*Bref et sommaire recueil de ce qui a été faict à l'entrée de Charles IX à Paris,* 1572.) Au commencement du XVIIe siècle, en même temps que l'usage des cartouches se généralisait dans nos arts décoratifs, notre mot commença de revêtir sa forme définitive. Dans l'*Inventaire du cardinal de Mazarin,* le mot cartouche revient à plusieurs reprises : « Une table quarrée de pierre noire de Parangon sur laquelle sont, dans les quatre coins, des escussons de lapis, ornéz de cartouches d'amétistes. — Une table de pierre de Parangon noire..., le dessus divisé en plusieurs compartimens profiléz de marbre jaune à cartouches, dans lesquels sont des bouquets de fleurs et des oiseaux. » Et autre part, toujours dans le même inventaire : « Un grand tapis de Savonnerie à fond noir, dans le milieu duquel il y a *une* cartouche en ovalle remplie de fleurs et de fruits... » On remarquera dans cette dernière mention l'emploi du féminin *une*. Ce changement de genre que, du reste, nous avons déjà constaté, n'est pas un fait unique, même au XVIIe siècle. Dans le *Mercure* de juillet 1681, nous lisons : « *La première* cartouche étale l'âge d'or dans sa pleine liberté... *La seconde* cartouche représente l'âge d'argent. » De là, il semblerait résulter que, dans le principe, on disait indifféremment *une* ou *un* cartouche ; à partir du XVIIIe siècle, le genre masculin demeure le seul en usage.

Fig. 405. — Porte décorée de cartouches. — Palais de Fontainebleau.

Le XVIIIe siècle, au surplus, fut par excellence le siècle des cartouches. On en mit un peu partout. Grâce à Lazare Duvaux, nous savons qu'il s'en trouvait sur les tasses et soucoupes du duc de Beauvilliers, sur le pot à l'eau de Mme Geoffrin, sur la commode de M. de Voigny, sur les assiettes de milord Bolingbroke, et jusque sur le pot pourri du roi. L'*Inventaire de la Dauphine* nous apprend que les *boëtes* de Marie-Josèphe de Saxe en étaient couvertes. L'*Inventaire des meubles de la Couronne* (1732) nous signale la présence « de cartouches de différens taffetas verds, découpés, lizérés de cordonnet et ombrés de couleur », dans certains ameublements. A la fête donnée par M. Julien, consul de France à Nice, à l'occasion de la naissance du duc de Bourgogne, nous voyons apparaître « des génies qui soutenoient des cartouches, sur lesquels on lisoit ces mots : *Exultat Gallia, lætantur quoque amici.* (*Mercure* de janvier 1752.) L'*Avant-Coureur* du 1er juillet 1765 nous apprend, en outre, que le sieur Compigné décorait de cartouches ses boîtes d'écaille noire ou blonde. Le *Journal général de France* du 9 août 1779 annonce qu'à la *Vente de la baronne d'Opède,* on adjugea des ottomanes et fauteuils « à broderie » ornés de « cartouches d'or et d'argent », et le *Catalogue de la vente du duc Charles de Lorraine* (Bruxelles, 1781) énumère une quantité de porcelaines enrichies de cartouches.

Le XIXe siècle a, lui aussi, fait usage de ces sortes d'ornements. Certains de nos monuments en sont abondamment pourvus. Toutefois, nous ne sommes pas tombés dans l'excès qui marqua l'épanouissement du style rocaille.

On trouve dans nos musées de petits cartouches placés au sommet ou à la base des cadres, sur le socle des statues, etc. Ces cartouches, quelle que soit, du reste, la richesse de leur encadrement, se nomment aussi des CARTELS.

Cartre, *s. f.* — Voir CHARTRE.

Cascaveou, *s. m.* — Locution provençale. Sorte de grelot ou de sonnette.

Case, *s. f.*; **Caze**, *s. f.* — Compartiment en menuiserie que l'on pratique dans les armoires, les tiroirs et les

Fig. 406. — Casier à musique en palissandre.

caisses. Au siècle dernier, on donnait aussi ce nom aux enveloppes de verre chargées de protéger les objets précieux. « On en fait (de glace) des *crystaux de pendule* et de *cartels,* des *cazes* pour couvrir des bouquets et des figures. » (*Ann., aff. et avis divers* du 4 février 1765.) (Voir GLACE.)

Casier, *s. m.* — Du XIVe au XVIIe siècle, le casier a été une armoire assez vaste, dans laquelle, à la campagne, on serrait les œufs, le beurre et le fromage. D. Carpentier produit une *Lettre de rémission* de 1397, dans laquelle on lit : « Le suppliant prit furtivement en un casier, en la maison de Guillaume de Moulin... un fromage dur. » (Supplément au *Gloss.* de Du Cange, sous *Casiatum.*) Un passage de la soixante-treizième des *Cent nouvelles nouvelles* nous fournit une description de ce genre de meubles : « Si vint heurter (le mari) à sa porte et huchier sa femme, qui se treuva bien esbahye quand elle ouyt sa voix ; mais tant ne le fut, qu'elle ne print bien le loisir de musser son amoureux le curé, en ung casier qui estoit en la chambre. Et, pour vous donner à entendre quelle chose c'est que ung casier, c'est un garde mangier en la façon d'une huche, long et estroit par raison et assez parfont. Et, après que le curé fut mussé où l'on musse les œufz et le beurre, le formaige et autres telles vitailles, la vaillante mesnagière, comme moitié dormant, moitié veillant, se présenta devant son mary à l'huys, et lui dist... » Nous avons rapporté le passage entier, parce qu'il indique de quelle taille étaient ces casiers, où l'on pouvait cacher un homme. Monet et Nicot écrivent CHASIER ; mais il nous semble, par l'étymologie du mot et par ces deux exemples, que casier est bien la véritable orthographe.

Aujourd'hui, on appelle CASIER tout meuble divisé en cases superposées ou parallèles et verticales, disposées pour recevoir des registres ou des papiers, et plus spécialement CASIER A MUSIQUE, une sorte de caisse carrée à claire-voie, montée sur quatre pieds, et divisée verticalement, à l'intérieur, en plusieurs cases, par des cloisons également à claire-voie.

Casine, *s. f.*; **Cassine**, *s. f.*; **Cazin**, *s. m.* — Synonyme de maison de campagne. Palma Cayet (*Mém. relat. à l'hist. de France*, t. LVII, p. 177) écrit : « Le XX (septembre 1591) le roy logie a trois lieuës de Mezières, et le lendemain à la Cassine, maison forte appartenant à Monsieur de Nevers, où il estoit lors, et assiegeoit le fort chasteau de Haumont, lequel luy appartenoit, distant d'une lieuë de la Cassine et de quatre de Sedan. » On lit dans une lettre adressée à Henri IV (1606) par Marguerite de Valois, et relative au château de Madrid : « J'ay donné l'estat de Gruier à un honneste homme, cousin de M. Paquier ; il tiendra la casine meublée et propre, et la porte ouverte quand il plaira à Votre Majesté d'y aller. » (*Mém. et corresp. de Marguerite de Valois,* p. 417.) Avant elle, Rabelais (*Pantagruel,* liv. II, ch. XXXII) avait vanté la beauté d'une « infinité de cassines à la mode italicque ». Au XVIIe siècle, ce mot, importé d'Italie et adaptation française du mot *casino,* se retrouve sous la plume de Mme de Sévigné ; au XVIIIe siècle, sous celle de Mme de Genlis, qui écrit CAZIN. Cette orthographe, dont la prononciation se rapproche davantage de l'italien originel, est rarement usité.

En Picardie, cassine est prise en mauvaise part et signifie généralement une petite maison mal meublée ou mal entretenue.

Casqué, *adj.* — Se dit des objets en forme de casque, et surtout des aiguières fabriquées du XVIe au XVIIIe siècle. Les aiguières casquées sont nombreuses dans la faïence de Rouen, de Nevers, etc.

Cassa, *s. f.* — « Les Provençaux se servent assez souvent de ce mot pour signifier caisse ou coffre-fort, dans lequel les Marchands, Négocians, Banquiers et Gens d'affaires ont coutume d'enfermer leur argent comptant,

Fig. 407. — Modèle d'aiguière casquée, par Du Cerceau.

pierreries, papiers de conséquence et leurs autres effets précieux. » (Savary, *Dict. de commerce.*) En Gascogne, ce mot signifie simplement caisse. « Una cassa d'avet longa una cana ses pes. » (*Invent. de l'hôpital Notre-Dame du Puy ;* Toulouse, 1473.)

Casse, *s. f.*; **Cassi**, *s. m.*; **Casseto**, *s. f.* — Peu usité de nos jours, le mot casse a eu jadis des significations nombreuses et fort différentes, suivant les pays et les temps. Au XIVe siècle, casse est employée pour caisse. Dans les *Armes envoyées par les Rouennais aux garnisons françaises des îles du Cotentin* (1338) figurent « vingt casses de carreaux à un pié, ferrés et empanés ; — douze casses de viretons toutz pretz pour arbalestes », etc. Dans le Bordelais, l'Anjou, la Bourgogne et le Lyonnais, casse désignait une sorte de poêlon à longue queue, servant à faire la lessive. « Una casse ab coba per far bugada. » (*Invent. de Ramond de Cussac, chanoine de Saint-André*; Bordeaux, 1442.) Son diminutif, dans ce cas, était cassette, alors que CASSE FRISSOIRE signifiait poêle à frire. « Une cassette hairin blanc ; — plus six cassettes hairin blanc fort vieilles ; — trois casses frissoires de peu de valeur. » (*Invent. de Jeanne Langlois*; Villefranche, 1667.)

Fig. 408.
Casse-noix en buis
(XVIe siècle).

Dans l'Angoumois, la Guyenne et la Normandie, CASSE A ROT, ou simplement casse, signifiait lèchefrite. Le continuateur de Du Cange cite un document de 1543 où on lit : « Olles, chauderons, casses de cuivre. » On note dans l'*Inventaire du chanoine Georges du Perier* (Bordeaux, 1611) : « Une casse ou lèchefrite délivrée à Johan du Fau pour XX sols » ; dans l'*Inventaire de Henry de Béthune, archevêque* (Bordeaux, 1680) : « Deux casses servant à mettre sous la broche. » Enfin, dans l'*Inventaire du domaine de Châtelars* (1672), nous trouvons (art. 59) : « Une grille, une poisle à queue, deux broches, une casse de fer, un crochet à peser, estimés 4 livres 10 sols. »

Dans le Forez, la casse ou *cassi* est un grand poêlon à long manche pour faire la bouillie ; et la CASSI RÉSOLIURE est notre poêle à frire. Il y a, à Lyon, une rue Casse-Froide où, selon toute probabilité, la cuisine n'a jamais allumé de grands feux.

En Picardie et en Poitou, la casse était une sorte de casserole de terre. Béroalde de Verville, dans son *Moyen de parvenir,* parle d'un mulet qui, « s'adressant vers la Poterie, passa pardessus pots, buies, casses, chaufferettes, qu'il brisa, cassa, rompit et gâta ». Dans ses *Nouelz nouveaulx,* le curé Lucas Lemoigne écrit :

Qu'estou que tu clavasses,
Tu n'as pas beu aux casses
Toujours ne au godet....

A Paris, au XVIIe siècle, le mot casse a signifié la partie de l'écritoire de poche où l'on serrait les plumes. A Marseille et dans la Provence, on a le CASSETO, qui est un poêlon ; mais la casse est généralement une caisse. (Voir CASSA.) Enfin, en Bretagne, casse est usitée, au XVIIe et au XVIIIe siècle, dans le sens de tiroir. « Deux tables à casse et ung escabeau, avecq aultre petite table qui se ploye. » (*Invent. des biens meubles du sieur Lesaulnier*; greffe de Saint-Malo, 1605.) « Une petite table à casse, sans cleff ni claveure, CXIJ sols. » (*Invent de Gillette Bachelot*; greffe de Saint-Malo, 1609.) « Une table à casse, estimée trois livres. » (*Invent. de la dame Quantin*; Fougères, 1717.)

CASSE, *s. f.* — C'est encore le nom d'une étoffe importée des Indes, vraisemblablement une sorte d'indienne, sur la nature de laquelle on est mal renseigné. « Toiles peintes imprimées en pièces et en coupons, savoir : Siamoises, Guinées, Bassetas, Casses, etc. » (*Ann., aff. et avis divers* du 7 octobre 1786.) « Guinées, Garat, Mousselines des Indes et autres. Casses, Suisses, etc. » (*Ibid.,* 10 décembre 1786.) On trouve quelquefois la mention de *Casses-Patna*. Patna, on le sait, est une ville de l'Indoustan située à 450 kilomètres nord-ouest de Calcutta.

Casse-fer, *s. m.* — Outil coupant, qui sert à casser le fer à froid.

Casselette, *s. f.* — Diminutif de CASSETTE qui, à son tour, est un diminutif de CASSA, caisse, coffre où l'on serre les effets précieux. « Une petite casselette d'argent neslé, poisant ung marc, une once, un gros. » (*Invent. des meubles de Claude Gouffier, duc de Roannès, grand écuyer de France,* 1572.) Ce diminutif est peu usité.

Casse-noix, *s. m.*; **Casse-noisette**, *s. m.* — Petit instrument de table, destiné, comme son nom l'indique, à casser des noisettes ou des noix. Dans le principe, on l'appela TRUQUAISE, TRUQUOISE ou TRIQUOISE (voir ces mots), c'est-à-dire tenaille, et ce nom nous explique la forme que le casse-noix affectait à cette époque. Plus tard, on fabriqua des casse-noisettes en métal, qui se composaient d'une petite sellette dans laquelle on plaçait la noix, et d'une vis de pression qu'on tournait et qui brisait la coque. Dans l'*Inventaire du Louvre* (1420) il est fait mention d'un « petit estuy de cuir » renfermant « une petite turquoyses d'argent doré, à quasser noysectes, pesant III onces ». Dans son *Pàris burlesque,* le poète Berthod, inventoriant l'étalage d'un marchand de bric-à-brac, y remarque « une visse à casser les noix ». Mais, soit sous forme de vis, soit sous forme de tenaille, le casse-noix était généralement construit en bois et le plus souvent en buis. Richelet le définit : « Petit instrument de bouïs pour casser des noisettes. » Et Furetière : « Petit instrument de bois, en forme de tenailles, qui sert à casser des noix ou des noisettes, qu'on servoit autrefois sur table. »

Aujourd'hui les casse-noix se font en fer. Ils ont la forme d'une pince et non d'une tenaille ou d'une vis de pression.

Casse-pierre, *s. m.* — Outil en fer dont se servent les tapissiers pour faire des trous dans les murs, afin de pouvoir y établir des ferrures.

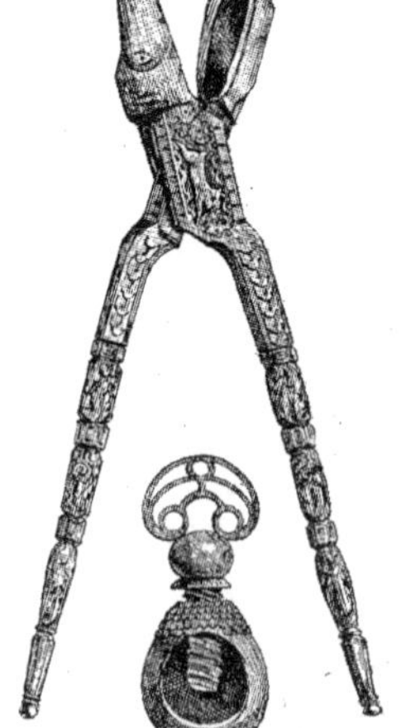

Fig. 409 et 410.
Casse-noisette en bois
et en fer
(XVIe siècle).

Casserole, *s. f.*; **Casseron**, *s. m.*; **Cassolo**, *s. f.*; **Cassolle**, *s. f.*; **Cassotte**, *s. f.* — Récipient à fond plat, à bords cylindriques, en cuivre étamé ou en fer battu, muni d'une longue queue en fer, dont on se sert pour faire les fricassées et les ragoûts. « Je ne sais ce qu'ont coûté les fêtes pour la naissance du Dauphin de France, écrit Mercier ; mais on s'imaginera aisément le reste de la dépense, lorsqu'on saura qu'à la fête de la Ville, pour le jour du repas, on avait loué des casseroles, dont le compte pour le loyer fut porté à dix-huit mille livres. » Par analogie, on donna aussi le nom de casseroles à des récipients en terre vernissée, en faïence ou en porcelaine, d'une forme à peu près identique et servant aux mêmes usages. Une réclame insérée au *Mercure* de décembre 1760 informe le public du prix des casseroles en faïence blanche. Ce prix variait entre 8 sols et 2 livres. L'*Avant-Coureur* du 11 avril (même

Fig. 411. — Cassette du roi saint Louis. — Galerie d'Apollon.

année) recommande à ses lecteurs celles du sieur Descarrières, fabricant rue de la Roquette, dont « la douzaine de toute grandeur n'est que de neuf livres ». On a aussi fabriqué des casseroles en métal précieux. A la *Vente du Sr Redmond, lieutenant-général des armées du roi* (16 novembre 1778), on adjugea des « casseroles doublées en argent ». On en faisait également qui étaient entièrement en argent, et cela dès le XVIIe siècle, car nous les trouvons mentionnées parmi les articles dont la fabrication est interdite aux orfèvres par la *Déclaration* du 14 novembre 1689. Ces casseroles, toutefois, pouvaient bien être employées non seulement pour accommoder certains légumes ou ragoûts, mais aussi pour servir ceux-ci sur la table. De là le nom de *casseroles à légumes* conservé de nos jours par certains récipients en forme de petite soupière, et qui n'ont que des points de ressemblance fort éloignés avec la casserole primitive.

Le mot casserole ne semble pas très ancien dans notre langue. Furetière ne le donne pas. Cependant on rencontre dans Rabelais le mot CASSERON pris dans le même sens. En parlant des poires : « Si on les cuisoit, dit-il, en casserons, par quartier, avec un peu de vin, je pense que ce seroit viande très salutaire. » En provençal, CASSOLO a une signification analogue. En Gascogne et dans le Bordelais, on écrit CASSOLLE et CASSOTTE. (Voir ce dernier mot.)

Casseto, *s. m.* — Locution provençale. Petit poêlon, ordinairement de cuivre jaune, et plus profond que la poêle à frire ordinaire. (Voir CASSE.)

Cassette, *s. f.*; **Caisette,** *s. f.* — Petit coffre, généralement employé à serrer des papiers ou des objets précieux. Cassette est un diminutif de caisse. Il semble même que CAISSETTE, forme régulière de ce diminutif, ait été tout d'abord en usage. Nous relevons, en effet, dans l'*Inventaire du château des Baux* (1426) : « Ung coffre qui s'appelle *des joyaux,* ront ferré ouquel a une petite cayssette, en laquelle a ung estuyl de cuir rouge et en ycelui a ung fermail d'or garni de dix perles, etc. » Il est, du reste, à remarquer que dans les provinces du Midi et dans le Lyonnais, on continua d'écrire caissette presque jusqu'au XVIIIe siècle. « Une caissette en forme de coffret couverte de basane noire fermant à clef. » (*Invent. de dame Benoîte Gillet;* Villefranche, 1654.) Et cela était d'autant plus raisonnable, qu'en ces mêmes pays cassette, diminutif de CASSE, avait une signification très différente. (Voir la fin de l'article.)

Par la nomenclature des bijoux renfermés dans la cassette de la châtelaine des Baux, nous voyons que, dès le XVe siècle, la destination de ces menus coffres était de donner asile aux objets de valeur. On peut dire que ce privilège, la cassette le conserva jusqu'à la fin de l'Ancien Régime, et même jusqu'à nos jours. Elle est par excellence le réceptacle des orfèvreries précieuses, de l'or monnayé, des papiers compromettants ; et c'est à cela qu'elle doit de jouer un rôle aussi considérable dans la littérature et dans l'histoire. Personne n'a oublié de quelle importance décisive est la cassette d'Harpagon dans l'*Avare* de Molière. C'est dans une cassette que la femme de l'intendant, du *Double veuvage* de Dufrény, tient en réserve l'habit de veuve, qu'elle entend prendre quand son époux aura rendu l'esprit. Lorsque *Barbe-Bleue* quitte sa femme trop curieuse : « Voilà les clefs des deux grands garde-meubles, lui dit-il, voilà celles de la vaisselle d'or et d'argent qui ne sert pas tous les jours, voilà celle de mes coffres-forts où est mon or et mon argent, celles de mes cassettes où sont mes pierreries. » Si nous lisons les *Mémoires de la vie du comte de Grammont,* nous voyons (chap. IX) que c'est dans une cassette que le beau Dongan avait serré tous les amoureux souvenirs qu'il tenait de la jolie Mlle Price, si bien que l'ouverture de cette fameuse cassette coûta à cette dernière sa place de fille d'honneur de la duchesse d'York. Si, d'autre part, nous interrogeons Mme de la Fayette (*Histoire d'Henriette d'Angleterre*), elle nous apprendra que : « On trouva dans les cassettes de M. Fouquet plus de lettres de galanterie que de papiers d'importance, et, ajoute-t-elle, comme il s'y en rencontra de quelques femmes qu'on n'avoit jamais soupçonnées d'avoir du commerce avec lui, ce fondement donna lieu de dire qu'il y en avoit de toutes les plus honnêtes femmes de France. » Aux indiscrétions de cette malencontreuse cassette on préfèrera peut-être l'enseignement qui jaillit de l'aventure de Gourville, telle que Voltaire l'a racontée : « Lorsque M. de Gourville, qui fut nommé vingt-quatre heures pour succéder à M. Colbert, et que nous avons vu mourir l'un des hommes de France le plus considéré ; lors, dis-je, que ce M. de Gourville, craignant d'être pendu en personne, comme il le fut en effigie, s'enfuit de France en 1661, il laissa deux cassettes pleines d'argent, l'une à Mlle de Lenclos, l'autre à un dévot. A son retour il trouva chez Ninon sa cassette en fort bon état ; il y avoit même plus d'argent qu'il n'en avoit laissé, parce que les espèces avoient augmenté depuis ce temps-là. Il prétendit qu'au moins le surplus appartenoit

Fig. 412. — Petite cassette en bois renforcé de ferrures (XVe siècle).

de droit à la dépositaire ; elle ne lui répondit qu'en le menaçant de jeter la cassette par la fenêtre. Le dévot s'y prit d'une autre façon ; il dit qu'il avoit employé son dépôt en œuvres pies, et qu'il avoit préparé le salut de l'âme de Gourville avec un argent qui sûrement l'auroit damné. » Voilà qui réhabilite singulièrement les femmes du XVIIe siècle. Faut-il ajouter que, si nous en croyons Mlle de Montpensier (*Mém.,* t. Ier, p. 41), la cassette de Louis XIII, ouverte après sa mort, donna aussi une haute idée des dames de la Cour de ce temps-là ? On y trouva, nous dit-elle, « de grands procès-verbaux de tous les démê-

Fig. 413. — Cassette de toilette peinte (XVIe siècle).

lés qu'il avoit eus avec ses maîtresses, à la louange desquelles l'on peut dire, aussi bien qu'à la sienne, qu'il n'en a jamais aimé que de très vertueuses ». Reste à savoir ce que signifiait exactement le mot « vertueux » en l'an de grâce 1643.

Quelles que soient, au surplus, les révélations des cassettes de Louis XIII et même de Fouquet, elles ne sauraient approcher, au point de vue dramatique, de celles que fournit la cassette de Sainte-Foix. On sait, en effet, que c'est dans un de ces petits coffres que le hideux amant de la Brinvilliers avait serré, avec ses poisons, le récit détaillé de ses crimes, et que ce fut la saisie d'abord, et ensuite l'ouverture de cette terrible cassette, qui amena l'arrestation de la célèbre empoisonneuse, son procès et sa mort. (Voir *la Marquise de Brinvilliers. Récit de ses derniers moments,* t. Ier.) Le XVIIe et le XVIIIe siècle sont, du reste, remplis par l'histoire de cassettes perdues, volées, ouvertes de force, inventoriées après la mort de leurs propriétaires, ou de leur vivant, et d'où les trésors et les secrets s'envolent à profusion. Le *Journal de M. le cardinal de Richelieu* (p. 303), parlant de l'arrestation de Saint-Preuil, ne manque pas de signaler le soin que celui-ci prit de faire porter sa cassette, « où il y avoit bien vingt-deux mille livres, chez le médecin du Mollin ». Un des principaux griefs que la marquise de Courcelles invoque en ses *Mémoires* (p. 203) contre Rostaing, c'est qu'il violait le secret de ses cassettes. En 1701, le connétable de Castille se plaint à grand fracas qu'on lui ait volé la cassette dans laquelle il serrait ses pierreries. (Dangeau, *Journal,* t. VIII, p. 5.) En 1709, c'est celle de M. de Mercy qui est saisie parmi les bagages de l'ennemi, et dans laquelle on trouve une correspondance compromettante pour une foule de personnages de la Cour. (Saint-Simon, *Mémoires,* t. VII, p. 369.) A la mort du duc de Bourgogne, le Grand Roi se fait apporter la cassette de son petit-fils, et Saint-Simon tremble que son contenu ne trahisse les relations qu'il avait avec ce prince. Sentant sa dernière heure approcher, Louis XIV mande le chancelier près de lui et lui fait ouvrir un certain nombre de cassettes pleines de papiers, dont on brûle la majeure partie. (Dangeau, t. XIV, p. 113.) En 1723, on arrête Pomereu, agent secret de M. d'Argenson. On saisit chez lui une cassette renfermant des papiers compromettants, qui concernent l'administration de son chef, et celui-ci, pour ravoir ses papiers, restitue au Régent une cassette où se trouvaient contenues les preuves de ses agissements en Espagne, et de la conspiration qu'il avait ourdie pour monter sur le trône de ce pays. (Barbier, *Journal,* t. Ier, p. 309.) En 1735, c'est la cassette de M. de Vaulgrenant qu'on vole à l'Escurial, et qui fournit matière à de diplomatiques négociations. (Duc de Luynes, *Mémoires,* t. XIII, p. 151.) Après l'exécution de Lally-Tollendal, c'est Mlle Dillon qui remet sa cassette au roi. (Bachaumont, *Mémoires secrets,* t. XXXIII, p. 101.) On pourrait multiplier ces exemples.

On voit qu'il n'est presque pas d'événements considérables et surtout d'événements lugubres, dans tout le XVIIIe siècle, auxquels la cassette ne se trouve mêlée. Parfois elle joue son rôle dans les aventures les plus terribles. « Averti que Mme de Montespan, sa mère, se meurt aux bains de Bourbon, le marquis d'Antin arrive en poste, et sans descendre de sa chaise, sans s'informer comment sa mère se porte, il demande la *Cassette.* On la lui donne, on lui dit que Mme de Montespan n'en confie la clef à personne et la porte toujours sur elle. Il monte vite dans son appartement, cherche la clef dans le sein de sa mère agonizante, vuide la *Cassette,* la referme, et part sans donner aucun ordre, sans témoigner ni curiosité, ni surprise, ni regret, ni pitié. Quelques heures après, Mme de Montespan expira. » (*Mémoires de Mme de Maintenon,* par de la Beaumelle, t. IV, p. 296.)

Heureusement que d'autres fois, et sans doute pour faire compensation, le contenu de certaines cassettes est si appétissant, qu'il provoque les plus agréables surprises. « Plus dans ledit coffre s'est trouvée une cassette de cuir rouge, et dans icelle s'est trouvé la somme de treze mil quarante six livres en louis d'or de vingt-deux livres, et simples de unze livres, etc. » (*Invent. de Henry de Béthune, archevêque de Bordeaux,* 1680.) « Le roi me disoit hier que M. Brissart avoit trouvé, à la mort de son frère l'abbé, 40,000 louis dans sa cassette. » (*Mém. du duc de Luynes,* t. XII, p. 406, avril 1753.) C'était, sans doute, au moins autant pour ces sortes de dépôts que pour les papiers compromettants qu'on avait inventé ces cassettes en fer fermant avec serrures à combinaison, dont il est question dans le *Mercure* de novembre 1699. Peut-être les cassettes à secret, comme celle dont parle Mme de Genlis (*Mém.,* t. II, p. 239), avaient-elles une raison d'être identique. En tout cas, ces précautions n'étaient pas suffisantes pour prévenir les détournements, puisque le duc de Luynes rapporte qu'en 1753, la Dauphine, s'apercevant qu'elle était volée

Fig. 414. — Cassette de nuit couverte en broderie (XVIIe siècle).

de temps en temps, avait enfermé sa cassette dans une armoire de son cabinet, que la clef de cette armoire était dans un secrétaire et la clef du secrétaire dans la bourse de la Dauphine, et que malgré ce luxe de précautions la cassette se trouva un beau jour enlevée de l'armoire, sans qu'il y ait eu fracture et sans que celle-ci ait été ouverte. (*Mém.*, t. XIII, p. 216.)

Après avoir considéré la cassette comme réceptacle secret de pièces compromettantes, de bijoux précieux et d'espèces sonnantes, il nous faut l'étudier sous forme de coffret élégant, servant à renfermer les objets d'un usage intime ou les futilités employées pour la toilette. Ce rôle est pareillement fort ancien. La cassette de saint Louis, que l'on conserve au Louvre, et qui est couverte de curieux émaux, en fournit la preuve (fig. 411). Nous rencontrons également dans l'*Inventaire de Charles V* (1380) : « Une petite cassette de cuir ferrée de deux fleurs de lys et deux daulphins, et ou mylieu une fleur de lys et ung daulphin et une couronne dessus », qui rentre dans cette catégorie. Telle était aussi la cassette que nous trouvons au château de Nérac (1555) et dans laquelle « y a huict mouchores, les quatre de toile clare fort grosse, faicte à ouvraige de turquin, ouvrés de fil d'or et de soie de coleurs, les ungs et les aultres de soie brodés d'ung petit cordon de fil d'or autour, les autres quatre de toile de couton », etc. C'est encore une cassette de ce genre que la Dauphine offre en présent à la reine de Siam. « Cassette de marqueterie et de bois de rapport des plus précieux avec son pied, toutes les garnitures dorées et d'un très beau travail. » (*Mercure*, mai 1687.) Mais les plus belles que nous rencontrions à cette époque figurent dans l'*Inventaire des meubles de la Couronne*. Nous citerons entre autres : « Deux cassettes d'argent de 18 pouces de long sur un pied de hault, avec deux anses aux costéz, attachéez à des masques, enrichis d'ornements rapportés. » Ces deux beaux meubles, montés sur deux pieds également d'argent massif, ne pesaient pas moins de 564 marcs. Parfois ces cassettes de luxe prennent, grâce aux circonstances, les apparences d'une corbeille de noces. « Nous accommodâmes, écrit la grande Mademoiselle, parlant du mariage de Louis XIV (1660), nous accommodâmes une cassette, que M. de Créqui devoit porter à la jeune reine de la part du roi. C'étoit un assez grand coffre de calembour, garni d'or, où il y avoit tout ce que l'on peut imaginer de bijoux d'or et de diamants, comme des montres, des heures, des gants, des miroirs, des boîtes à mouches, à mettre des pastilles, petits flacons de toutes sortes, d'étuis à mettre des ciseaux, couteaux, cure-dents, de petits tableaux de miniature à mettre dans un lit, des croix, des chapelets garnis de lignes (?). » (*Mém. de M*[lle] *de Montpensier*, t. III, p. 456.) M. de Béchameil épouse en mars 1679 Mlle Le Rageois de Bretonvilliers. La veille du mariage, il adresse à cette demoiselle une cassette magnifique renfermant un manchon de prix, quatre bourses de cinq cents louis chacune, et dans une cinquième « estoient des Attaches de Manches et de Poches, une Busquière et deux douzaines de Boutons, le tout de très beaux diamans; avec quantité d'autres Bijoux comme Boëtes à Mouches, Estuys, Flacons, Montres, etc., d'un travail qui disputoit de beauté à la matière ». L'auteur à qui nous devons ce détail ajoute : « Le dessus aussi bien que le fond de cette cassette estoit remply de Gands, de Rubans, de Bas de soye, de Jartières, de Coussins de senteur et de plusieurs autres galanteries de cette nature. » (*Mercure*, mars 1679.) En 1697, Mme de Maintenon envoie à la future duchesse de Bourgogne, à propos de son mariage avec le petit-fils de Louis XIV, une jolie cassette pleine de bijoux, au fond de laquelle se trouve, dans une petite boîte, le portrait de son futur mari. (Dangeau, *Journal*, t. VI, p. 238.) L'année suivante, le duc de Bourgogne fait présent à la duchesse d'une cassette de la Chine, « dans laquelle il y a tout ce qui peut servir aux personnes qui aiment à travailler en tapisserie, et au milieu de la cassette une boîte d'or avec des diamants, au revers de laquelle il y a un portrait du roi ». (Dangeau, *Journal*, t. VI, p. 472.)

Fig. 415. — Cassette de mariage exécutée par Boulle.

C'est dans la même catégorie de présents gracieux et magnifiques qu'il faut ranger la cassette de laque garnie d'or que la reine acheta, en 1758, chez Lazare Duvaux. La cassette plaquée en bois violet, avec un tiroir pour les éventails, et des compartiments garnis en velours pour les bijoux, que ce même marchand vendit à la marquise de Beuvron, et celle de bois satiné, plaquée à fleurs, garnie de ferrures d'argent et de glaces à l'intérieur, acquise par le comte des Alleurs, appartenaient à ce même genre de cassettes ; ainsi, d'ailleurs, que celle offerte par le duc de Luynes à la reine, et dont Marie Leczinska écrivait : « Inutile de dire que la cassette est charmante, d'un goût nouveau ; enfin, rien de si joli dans le monde, on sait tout cela. » Lettre de la reine au duc de Luynes, 1er janvier 1751. (*Mém. du duc de Luynes*, t. XI, p. 22.) Mais peut-être ce dernier petit meuble n'était-il, à bien prendre, qu'une cassette de nuit.

Au XVIIe et au XVIIIe siècle, on appelait CASSETTES DE NUIT des petits coffrets dont le couvercle était doublé, à l'intérieur, d'un miroir, et dans lesquels, avec les peignes, brosses, etc., on serrait les menus objets nécessaires à la toilette nocturne. C'est de ce genre de cassette qu'il est question dans l'amusante comédie de la *Femme juge et partie* (acte IV, scène III).

> Mais, en sortant du lit, il lui falloit des eaux,
> Des pommades, du blanc, du vermillon, des peaux ;
> Elle avoit, malgré moi, dedans une cassette,
> Poudre, pâte, tours blonds, gommes, mouches, pincettes,
> Racines, opiat, essences et parfums,
> De l'eau d'ange, du lait virginal, de l'alun,
> Et mille ingrédients, à peu près de la sorte,
> Que le diable a sans doute inventés...

L'habitude de serrer les objets nécessaires à sa toilette, dans un coffret ou dans une cassette spéciale, paraît remonter au moins au XVe siècle. L'*Inventaire de Charlotte de Savoie* (1483) parle d'un petit coffre d'un pied de long ouvré, « menuisé et marqueté d'os ou d'ivoire », et muni de plusieurs « lyettes » ou tiroirs, « auquel coffre a esté trouvée une broesse d'embre, à laquelle tient ung mirouer et un lopin de binjoyn, et des oysellés de Chippre et une petite boueste de boys ». Voilà bien, semble-t-il, un coffret de toilette. L'*Inventaire des joyaux du roi de Navarre* (1583) mentionne également « un petit coffre couvert d'esmail semé de marguerites, dans lequel y a un petit miroir d'acier garny d'or et un petit espinglier d'or esmaillé ». C'est bien là encore un coffret de même nature. Toutefois, ce n'est qu'en 1589, dans l'*Inventaire de Catherine de Médicis,* qu'apparaît pour la première fois le nom de coffre ou cassette de nuit. Cet inventaire ne mentionne pas moins de quatre de ces coffres ou cassettes. Un est en broderie d'or, d'argent et de soie, un autre est couvert de satin rouge, le troisième est habillé de velours gris bordé de passement d'or, enfin celui dont elle paraît s'être plus particulièrement servi est décrit : « Ung coffre de nuit couvert de velours noir, avec de la broderie blanche aux devises de la feue royne. » Au XVIIe siècle, l'usage des cassettes de nuit se répand et se généralise à la Cour. « A cinq heures, nous raconte Héroard parlant du Dauphin qui, trois ans plus tard, allait prendre le nom de Louis XIII, à cinq heures, il descend chez Mlle de Vendôme, dit qu'il veut coucher avec elle, envoie quérir ses flambeaux, sa cassette, son cabinet, sa chaise percée. » (*Journal de Jean Héroard,* t. Ier, p. 293, 30 octobre 1607.) On conserve, au Louvre, la cassette de nuit si richement décorée qui servit à Anne d'Autriche. Celles dont fit usage le roi, son fils, étaient aussi belles. L'*État du mobilier de la Couronne,* dressé en 1673, n'en mentionne pas moins de six, toutes couvertes en satin rehaussé de « broderies, de rinceaux d'or et d'argent », de la plus grande richesse.

Ajoutons que ce n'était pas seulement à la Cour que la cassette de nuit était alors en honneur. On constatait sa présence à la Ville jusque dans les habitations bourgeoises. Nous remarquons dans l'*Inventaire de Marguerite Desloges, épouse de Pierre de Beaufort, notaire au Châtelet de Paris* (1628) : « Un coffre de nuit, de velours cramoisy rouge, garny d'une thoilette de mesme velours, d'un bonnet de nuit, aussi de velours, avec l'estuy à peignes, miroir et autres ustansiles »; dans l'*Inventaire de Marguerite Gudin, épouse de Remy Levesque, docteur en médecine* (Paris, 1629) : « Un petit coffre couvert de velours vert, servant à mettre les besongnes de nuit, garni de son pied de bois de noyer »; dans l'*Inventaire de Marguerite Oudet, veuve de Pierre Garnier,* pelletier et valet de chambre du roi (Paris, 1657) : « Un petit coffre de nuict, couvert de velours rouge, avec une serrure fermant à clef »; dans l'*Inventaire de Charles de Foresta, seigneur de Belleville* (Paris, 1670) : « Une petite cassette de nuit, couverte de velours couleur de noisette »; dans l'*Inventaire de Jean Le Saige, conseiller au parlement* (Paris, 1670) : « Une cassette de nuict, de bois des Indes, à pièces rapportées ». Enfin, un siècle plus tard, ce genre de cassettes était encore à la mode, car nous voyons Lazare Duvaux livrer au roi un coffre à compartiments, doublé en tabis bleu, « contenant quatre flacons de cristal taillé, un gobelet de cristal, un pot à pâte, un pot à mettre les éponges, les gratte-langue en écaille et éponges pour les dents »; et dans une annonce insérée au *Mercure* (octobre 1763), une dame réclame « une cassette d'un pied et demi en quarré, et demi-pied de hauteur, qui contient toutes les choses nécessaires à la toilette d'une femme ».

Ajoutons, pour être exact, qu'à cette époque le nom de cassette était un peu prodigué et donné à des meubles très variés, sinon de formes, du moins comme adaptations. Ainsi, au siècle dernier, les tailleurs appelaient cassettes des petites boîtes divisées en quatre cases, où ils serraient leur fil en pelotes, leurs dés, etc. De même, Lazare Duvaux qualifie cassettes, un coffre de laque couleur aventurine, contenant une cafetière, une lampe et deux cuillers d'or, deux tasses et soucoupes, pots à sucre et théière de porcelaine de Vincennes, destiné au roi, et un coffret d'ancien laque, doublé de satin cerise, qui contient douze bouteilles et douze verres de Bohême, livré par lui à Mme de Pompadour ; cependant l'un et l'autre sont, à proprement parler, des cantines. Avant Duvaux, le nom de cassette avait été donné, par l'*Inventaire des meubles de la Couronne,* à une autre cantine où Louis XIV renfermait une chocolatière, quatre gobelets, quatre salières, six cuillers, deux salves, deux bouteilles, une boîte longue, etc., le tout en or. Il n'est pas jusqu'aux artistes qui n'aient attribué ce nom aux coffres dans lesquels ils serrent leurs dessins. C'est ainsi que chez Van der Meulen (1690), nous rencontrons : « Une grande cassette contenant cent vingt-neuf desseins de veues de villes, pour la suite des actions du Roy » ; chez Louis de Namur, peintre ordinaire du roi (1693) : « Une petite cassette couverte de tapisserie, peinte à la turque... » ; et chez Pierre Mignard (1695) : « Une cassette de cuir, clouée et bandée ».

Enfin, dans le *Catalogue de la vente du duc Charles de Lorraine* (Bruxelles, 1781), le nom de cassette est donné à des gaines, à des étuis. « Une boîte à parfiler de très beau laque à gorge et charnière d'or, dans sa cassette de cuir noir. »

Aujourd'hui le mot cassette a perdu ces significations multiples. Il est un peu sorti des habitudes du langage courant. Il semble prétentieux et ne s'emploie plus guère que dans le sens abstrait de trésor particulier d'un prince ou d'un roi.

CASSETTE est aussi dans le Lyonnais un diminutif de CASSE, pris dans le sens de lèchefrite. « Une cassette hairin blanc, — plus six cassettes hairin blanc, fort vieilles, — plus trois casses frissoires de peu de valeur. » (*Invent. des meubles de Jeanne Langlois,* 1667.) « Sept poisles ou cassettes ayrin jaulne. » (*Invent. du sieur Chamboux, drapier;* Villefranche, 1667.) (Voir CASSETO et CASSE.)

Cassi, *s. m.* — Locution forézienne. Casse, poêle à frire. (Voir CASSE.)

Cassidoine, *s. f.;* **Cassydoine,** *s. f.* — Orthographe ancienne de CALCÉDOINE. (Voir ce mot.) « Doze patenostres de cassydoines et jaspes enfillées en ung cordon. » (*Invent. d'Anne de Bretagne,* 1498.) « Plus un septer de cassidoine garny d'argent doré. » (*Invent. des meubles du château de Pau,* 1517.)

Cassine, *s. f.* — Petite maison. (Voir CASINE.)

Cassis, *s. m.* — Qu'il ne faut pas confondre avec CASSI, mentionné plus haut, est la prononciation et l'orthographe picardes et flamandes de CHASSIS. « A josse Aert... pour avoir regrandi et faict de nouveau le cassis de unes fenestres. » (*Comptes de François du Bourg, bourgmestre du Franc de Bruges,* 1554.)

Cassolette, *s. f.;* **Cassolle,** *s. f.;* **Cassouleto,** *s. f.* — Sorte de brasier, de réchaud, qui sert à brûler des pastilles aromatiques. On construit aussi des cassolettes qui, munies d'une lampe à esprit-de-vin, font évaporer des eaux de senteur. L'origine de ce mot doit être cherchée, sans doute, dans Cassolle, dont il est le diminutif. En Provence, on nomme encore cassouleto le brasier, le foyer mobile, qui se place dans une chaufferette, et cassolle, jusque dans ces derniers temps, a été employée dans les papeteries, pour signifier un réchaud où l'on fait chauffer la colle. Ajoutons qu'à une date relativement très récente, la cassolette présentait encore l'aspect et le caractère du brasero. C'est ainsi que Sobry écrivait, au siècle dernier, dans son *Architecture :* « Les cassolettes sont des vases de métal, élevés d'une coudée et quelquefois à hauteur d'appui, sur des pieds richement sculptés. On y met des braziers pour entretenir la chaleur dans les sallons et dans les galleries, et *on y brûle quelquefois des parfums.* »

Fig. 416. — Cassolette en argent, d'après un dessin de Du Cerceau.

Les *Inventaires du mobilier de la Couronne,* dressés sous le règne de Louis XIV, ne décrivent pas moins de 27 cassolettes, pesant ensemble plus de 1,690 marcs ; et, par le poids qu'ils assignent à certains de ces objets, ils confirment le dire de Sobry. Nous remarquons, entre autres, une cassolette de Roberdet, « ornée de fueuilles de Buglose et Laurier à jour avec grains », dont le poids est de 124 marcs 6 onces 4 grains. Une autre, exécutée par le fameux Ballin, est ainsi décrite : « Une grande cassolette d'argent, avec son pied séparé, aussy d'argent, la dite cassolette ciselée, par le milieu du corps, de grandes fueüilles d'eau et fueüilles d'accante ; par le bas, de godrons, et par le hault, d'un guillochis à jour, ayant au-dessus un petit dôme ciselé d'un ornement de rosettes et fleurs de lis à jour, soustenu par les queues de deux serpens de relief ; le tout porté sur quatre consolles, au-dessus desquelles il y a quatre mufles de lion et quatre portans, et pardessus quatre pattes de lion, haultes de 2 pieds 4 pouces sur 1 pied 1/2 de diamètre. » Cette pièce magistrale pesait 223 marcs. Peut-être ces deux cassolettes monumentales figuraient-elles auprès du trône de Louis XIV quand il reçut, à Versailles, la visite des ambassadeurs siamois. « Sur les dégrés on avoit placé de grandes torchères et de grands guéridons d'argent ; au bas du trône, à droite et à gauche, on avait mis d'espace en espace de grandes cassolettes d'argent chargées de vases..... » (*Réception des ambassadeurs de Siam,* 1686.) Ajoutons qu'à côté de ces géants, on rencontre des pygmées, telles sont : « Deux petittes cassolettes ovalles, ciselées de godrons et de festons, avec des petits chaudrons d'argent et leurs couvercles ciselez à jour, portez sur quatre pieds à cartouches », qui ne pèsent à elles deux que 6 marcs. Ces écarts de poids viennent confirmer ce que nous savons des emplois variés auxquels s'adaptaient ces sortes de meubles.

Les seules cassolettes dont nous ayons à nous occuper pour le moment sont celles qui servent à brûler des parfums. L'existence des vases brûle-parfums se perd dans la nuit des temps. Le Moyen Age, très épris des odeurs, en fit un abondant usage. Dans l'*Inventaire de Charles V* (1380), on rencontre des palettes « à faire fumée », et d'autres « pour mectre fumigacions », qui sont les ancêtres de nos cassolettes. Celles-ci, toutefois, n'apparaissent avec leur nom, et dans leur forme définitive, qu'au XVIe siècle, et les premières dont nous constatons la présence figurent dans l'*Inventaire de Marguerite d'Autriche* (1524), où elles sont au nombre de sept. Nous nous bornerons à reproduire ici la description de la plus importante. « Une grande belle cassolette bien ouvrée à jour, à mectre sancteurs, nouvellement fête, à deux petiz chauderons à ancettes, estans dedans, à sept pilliers à la mode d'Italie, sur chascun d'iceulx, ung petit ainge, et en chief du couvècle ung agneau avec les armes de Madame, au fond, en dehors. » Une autre de ces cassolettes « à mectre sancteurs » est en « manière de lenterne, le dessus persé à jour... et se deffait ladite couverte à vis, avec ung petit chauderon dedans ».

L'usage de cassolettes suspendues « en manière de lanterne » demeura en usage jusqu'à la fin du XVIe siècle, car nous lisons dans l'*Isle des hermaphrodites :* « Dès que j'eus mis le pied dans la chambre, je senty la plus suave odeur qu'il estoit possible d'imaginer, et aussitost je vy un petit vase faict en forme d'encensoir pendu à la mosaïque, duquel sortoit la vapeur qui remplissoit tout le lieu. » Les deux cassolettes, « dont l'une est garnye de ses chaînes », qui figurent dans l'*Inventaire de Catherine de Médicis* (1589) semblent avoir été de même forme ; mais nous manquons de détails sur les « deux petites cassolettes » d'argent, ayant appartenu à Gabrielle d'Estrées, dont l'*Inventaire* (1599) clôture le XVIe siècle.

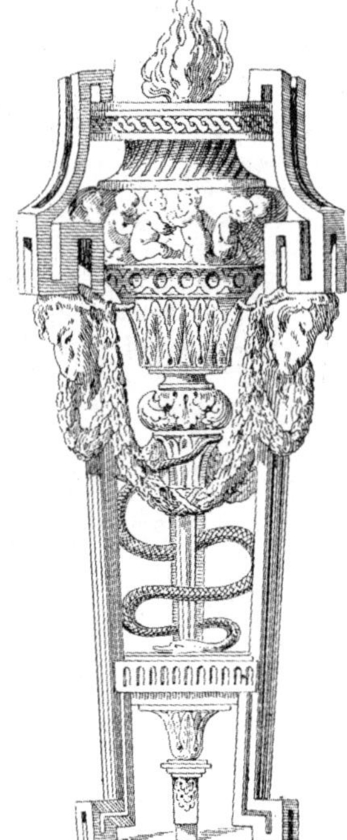

Fig. 417. — Cassolette en argent, d'après un dessin de de La Fosse.

Nous venons de parler des magnifiques cassolettes qui, au siècle suivant, ornaient le palais de Versailles. Aux indications relevées plus haut, dans les *Inventaires des meubles de la Couronne,* nous pouvons ajouter une description également intéressante empruntée au *Mercure* de décembre 1682. Ce recueil, cette année-là, faisant visiter en détail à ses lecteurs le palais de Versailles, nous montre dans la chambre du roi « deux scabelons portant dans les angles deux cassolettes de cinq pieds », et dans la salle de billard, « une grande cassolette, quatre grands vases et quatre plus petits », formant en quelque sorte la garniture de la cheminée. On sait qu'en 1689 tous les meubles en métal précieux qui garnissaient le palais de Versailles furent portés à la Monnaie. En outre, l'*Édit* du 14 décembre de cette année interdit, à l'avenir, aux orfèvres d'en fabriquer en argent, « de quelque poids que ce puisse être ». Cette proscription, toutefois, n'entraîna pas la suppression des cassolettes. Elle eut, au contraire, pour effet de provoquer de nom-

Fig. 418. — Cassolette en porcelaine de Sèvres.

breux perfectionnements. Deux ans plus tard, nous assistons, en effet, à l'apparition des *cassolettes royales*.

Grâce à ces cassolettes, dit une réclame du temps, « on réduit très agréablement et très utilement en vapeurs les eaux d'ange, de roses, de cordoues, de fleurs d'oranges et d'amaranthe, pour parfumer et désinfecter les chambres, sans fumée et à très peu de frais, au moyen d'une lampe à esprit-de-vin, au-dessus de laquelle on place, sur deux petites consoles de cuivre, un globule de cristal ayant un bec alongé, par lequel ces liqueurs sont attirées au dedans du globule dès qu'on lui fait ressentir quelque chaleur que ce soit, et par lequel elles sont ensuite exalées en vapeurs presque imperceptibles, par la flamme de la lampe, qui les fait bouillir jusqu'à leur entière consommation, sans casser le globule, ce qui est d'un effet fort plaisant. » (*Livre commode,* édit. de 1691, p. 17.) Ces cassolettes royales furent remplacées, dès l'année suivante, par les *cassolettes philosophiques,* basées sur le même système et qui se vendaient sur le quai de Nesle, à l'*Apoticairerie royale.* (*Ibid.,* 1692, p. 69.)

Mais c'est surtout au XVIIIe siècle que ces appareils jouirent d'une grande vogue. On connaît la jolie lettre, quelque peu outrée, que lady Montaigu écrivait à Mme du Deffand en lui envoyant une paire de cassolettes : « Il ne me reste qu'une ressource, écrivait cette dame, c'est de vous traiter comme une Divinité et de vous offrir simplement de l'encens : c'est le culte le plus pur et le moins téméraire. Je vous prie, madame, de me permettre de vous offrir deux cassolettes, où j'ai mis des aromatiques. Les ignorants et les barbares se servent de signes et de symboles au défaut de paroles ; l'encens que je vous présente puisse-t-il vous faire entendre tout le respect, l'attachement et la reconnoissance avec lesquels j'ai l'honneur d'être, etc. » S'il faut en croire Mme du Deffand, ces deux cassolettes furent estimées par son orfèvre de vingt à vingt-cinq louis. (*Lettre à Horace Walpole,* CCXCVIII.) En faisant cet envoi, lady Montaigu, au reste, ne faisait qu'obéir à la mode ; car jamais les cassolettes, nous venons de le dire, ne furent plus recherchées et jamais on n'en fabriqua de plus variées comme formes et comme matière.

Chez Mme de Pompadour, on en rencontre en porcelaine de Chine, du Japon et de Sèvres. (Voir *Catalogue de la vente,* 28 avril 1766.) On en admire surtout deux en argent, l'une montée sur une terrasse dorée d'or moulu, l'autre ornée de branchages de lierre et de ceps de vigne, avec une couronne et un médaillon en fleurs d'argent rempli d'un chiffre. Chez la Dauphine, il s'en trouve une aussi d'argent, en forme de vase contenant des fleurs. Celle qu'on remarque chez M. de la Reynière figure une tour et porte une figure de Saxe. La cassolette de Mme de Mirepoix a l'aspect d'une maison flamande, ornée d'attributs, de figures, d'animaux. Cette dernière paraîtra sans doute quelque peu étrange, et cependant on en faisait de plus extraordinaires encore. Nous citerons, entre autres, la grande cassolette que le sieur Mondon acheva en 1765, et qui fut exposée à l'admiration des Parisiens, chez Drais, marchand bijoutier, place Dauphine. Cette pièce, unique dans son genre, « conçue dans le goût chinois », représentait le Fils du Ciel assis sur son trône et entouré de sa cour. Mondon avait prodigué dans son ouvrage, non seulement les métaux précieux, mais encore les pierres fines et, au dire des connaisseurs du temps, « tout ce travail, d'un goût léger, riche, étoit rempli de détails ayant exigé un temps considérable et une patience unique ». (*Mercure* de janvier 1765.) Enfin mentionnons pour terminer deux cassolettes, en quelque sorte historiques, puisqu'elles faisaient partie de la *Collection de Marie-Antoinette* (1789). La première était en agate orientale, posée sur quatre petites consoles, et portée sur un socle carré, orné de plaques de jaspe et de camées. La seconde était en jaspe fleuri, montée sur un trépied et terminée par une corbeille ajourée.

Dès leur apparition, les cassolettes fournirent aux peintres, aux sculpteurs et aux ornemanistes un motif de décoration. On les représenta en peinture, dans des cartouches, avec une belle fumée bleue s'échappant de leur couvercle ; on les figura aussi en sculpture, toujours avec des flammes simulées et on les utilisa en architecture comme *amortissements.* Ainsi nous trouvons, parmi les quittances d'artistes du règne de Louis XIV, un reçu de 1,080 livres, signé d'Éloi et Jacques Legrand, sculpteurs ordinaires des Bâtiments du roi, pour payement de la sculpture « de douze cassolètes avecq des testes de belier, qu'ils ont faites pour le dessus des combles de Trianon ». Enfin, par une tendance en quelque sorte naturelle, on finit par donner le nom de cassolette à des vases de prix dont la forme se rapprochait de ces cassolettes décoratives employées un peu partout. C'est ainsi, du moins, que nous expliquons le nom de cassolette donné à ces deux beaux vases de porphyre vert, luxueusement montés en bronze doré, qui figuraient, en 1791, à la *Vente de l'expert Le Brun* et dans lesquelles vraisemblablement on ne brûla de parfums d'aucune sorte.

Cassolle, *s. f.* ; **Cassolo,** *s. f.* — Casserole. En Provence, on dit cassolo. En Gascogne, cassolle ou CASSOTTE. (Voir ce dernier mot.)

Cassot, *s. m.* — Locution normande. Stalle en bois, dans laquelle s'agenouillent les laveuses.

Cassotte, *s. f.*; **Cossolle**, *s. f.* — Ustensile de ménage usité dans le Limousin et l'Angoumois, et qui consiste en un récipient en forme de casserole, muni d'un long tuyau légèrement recourbé servant de manche. On utilise la cassotte pour puiser de l'eau, qui s'écoule ensuite doucement par le tuyau.

Dans le Bordelais et la Gascogne, cassotte est simplement synonyme de casserole, poêlon. « Une cassote à queue. » (*Invent. de messire Estienne Baillarger, chanoine de Saint-André;* Bordeaux, 1523.) « Ung ferrat de cuyvre, une cossolle (*sic*), deux broches de fer, etc. » (*Invent. de Pierre Bonafous, conseiller au Parlement;* Toulouse, 1568.) « Une cassotte, une padène. » (*Invent. de Me G. de la Cassaigne, docteur en droit;* Toulouse, 1572.) « Plus une grande cassote aussi de fer. » (*Invent. de Marguerite des Bordes;* Bordeaux, 1589.) « Plus trois cassottes de fer, deux grandes, une petite. » (*Invent. d'Anthoine Delort;* Bordeaux, 1590.) « Plus une cassotte à cinquante soulz ; — plus une petite cassotte de fer. » (*Invent. de Grégoire Beaunom;* Bordeaux, 1607.)

Castagnère, *adj.*; **Castanière**, *adj.* et *s. f.* — Appareil propre à faire cuire des châtaignes ou des marrons. Locution usitée dans la Gascogne et en Provence, où l'on trouve les deux orthographes. « Une pouelle castagnère fer. » (*Invent. de la succession de Massiot-Gautier;* Toulouse, 1578.) « Une grilhe *sive* castanière. » (*Invent. de Pierre Galy, chandelier;* Toulouse, 1637.)

Castelogne, *s. f.*; **Catheloigne**, *s. f.*; **Castelongne**, *s. f.*; **Castellonne**, *s. f.*; **Cotheloignie**, *s. f.*; **Catellonne**, *s. f.*; **Catologne**, *s. f.* — Furetière, qui écrit Castelogne, définit ce mot : « Couverture de laine très fine. » Ménage croit que castelogne dérive de Catalogne, parce que c'est de ce pays que, tout d'abord, on les tira. Furetière, au contraire, et d'autres après lui, prétendent que ce nom vient de *casta-lana,* qui signifie « toison d'agneau ». Mais, dès le XVIIe siècle, les maîtres couverturiers avaient donné raison à Ménage et reconnu que ces couvertures, dont les meilleures se fabriquaient alors à Montpellier, et qui toutes provenaient du Midi de la France, n'étaient qu'une imitation de couvertures de même genre, précédemment fabriquées à Barcelone et dans certaines villes de la Catalogne. Bonaventure Desperriers semble, au reste, avoir été de cet avis quand il écrit, dans son amusant conte du *Faiseur d'oreilles* : « Il fut contraint de s'apaiser pour une couverte *de* Cataloigne que lui donna le sire André, etc. » (*Nouvelles récréations,* nouvelle IX.) Ajoutons qu'on trouve cette même façon d'écrire dans un document plus ancien, les *Comptes de voyage de la baronne de Pont-l'Abbé, à la cour de Blois* (1508) : « Ung lict de caam, garny de coettes, traversiers, une couverture de Cataloigne. »

Quoi qu'il en soit, la castelogne apparaît dès le XVIe siècle dans le mobilier français et son nom persiste jusqu'au XVIIIe, mais en modifiant son orthographe de la façon la plus bizarre et la moins explicable. En voici quelques exemples : « Catelongnes de plusieurs couleurs, pour servir èz lictz de la court. » (*Dépenses de l'entrée de Claude de France à Nancy,* 1549.) « Ung mathelas avec son traversier et une catheloigne rouge. » (*Invent. des meubles du prince de Condé,* 1588.) « A Dominique Dufour, la somme de quarante ung escuz sol. et quarante six solz... pour l'estoffe d'une couverte de Cateloigne, qu'on a fait faire pour mettre au logis de M. Vozy, conseiller à la court des Grands Jours. » (*Comptes de la ville de Lyon,* 1596.) « Il s'est trouvé, par ledit inventaire représenté par ladite garde-meubles, la quantité de cinquante-six castelongnes tant grandes, moyennes que petites. » (*Invent. de Gabrielle d'Estrées,* 1599.) « Quatre castellonnes blanches, estiméez à raison de cent solz pièce, vingt livres. » (*Invent. de Louise de Vaudemont,* 1603.) « Un lict de bois de noyer... garny de... une couverture de Castelongne verte. — *Item,* une petite couchette... garny de... couverture de Castelongne rouge. » (*Invent. du peintre Jérôme Franck;* Paris, 1610.) « Premièrement une cotheloignie blanche, rayée aux deux boutz de jaune, rouge et bleu ; sert au lit de velours cramoisy... Plus autre cotheloignie verte... — Plus autre cotheloignie blanche rayée aux deux bouts, etc. » (*Invent. du château de Turenne,* 1615.) « Un petit lit bastard... Une couverture de Castelogne rouge... » (*Invent. de Marguerite Regnault, femme Desloges;* Paris, 1627.) « Une castellonne blanche, environ my usée, servante au lict proche de la cheminée, prisée quarante sols tournoys. » (*Invent. de Guillaume Guillard;* juridiction du Plessis-Botherel, 1639.) « Une grande couchette... Une couverture catologne et rideaux de sarge. » (*Invent. de la dame de la Chesnais;* paroisse de la Chapelle d'Esbrée, 1698.) Ajoutons, pour terminer, que la *Subvention du vingtième* de 1641 mentionne les « Castelognes ou Mantes », et le *Tarif général des droits de sorties et entrées* de 1664, les « Castalognes, couvertures et mantes de laine ».

Catefut, *s. m.* — Locution normande. Souricière.

Catenas, *s. m.*; **Catenat**, *s. m.* — Orthographe ancienne de CADENAS. (Voir ce mot.) « La messe parachevée Homenaz tyra d'ung coffre, près le grand aultel, ung gros faratz de clefs, desquelles il ouvrit, à trente-deux claveures et quatorze catenatz, une fenestre de fer bien barrée, au-dessus dudict aultel. » (*Pantagruel,* liv. IV, ch. L.)

Cathière, *s. f.* — Locution forézienne et lyonnaise. Chaise, chaire. Dans le Forez, la cathière est plus particulièrement le grand fauteuil placé au coin de la cheminée et réservé au chef de la famille.

Catolla, *s. f.* — Loquet. (Voir CADOLE.)

Cauderon, *s. m.*; **Cauderette**, *s. m.* — Chaudron. Orthographe vieillie. L'*Édit royal* de 1408, qui fixe les privilèges et statuts de la corporation des Dinants et Chaudronniers, ordonne qu' « aucun dudit mestier ne face cauderons, cauderettes ou pos d'arain, de vielle estoffe sans reffondre ». En Picardie, on écrit encore et on prononce CAUDRON.

Caudeyre, *s. f.*; **Caudière**, *s. f.*; **Caudeyrana**, *s. f.*; **Caudire**, *s. f.* — Chaudière. La première orthographe est particulière au Béarn, à la Gascogne, à la Guyenne ; la seconde, à la Picardie. Caudeyrana est un diminutif, l'analogue de notre chaudron. « Una caudeyrana ab sa ansa meyanseyra. » (*Invent. de Ramond de Cussac, chanoine*

Fig. 419. — Cassotte à queue en cuivre.

de Saint-André; Bordeaux, 1442.) Quant à la forme Caudire, elle est particulière aux provinces du Nord. (Voir notamment le *Roman de Godefroid de Bouillon,* t. III, p. 137.)

Caudron, *s. m.* — Prononciation et orthographe picardes. Chaudron. (Voyez CAUDERON.)

Caufaduy, *s. m.* — Locution gasconne. Brasier, chaufferette. « I caufaduy de métau ab (avec) tres pes (pieds). » (*Invent. de Ramond de Cussac, chanoine de Saint-André;* Bordeaux, 1442.)

Causeuse, *s. f.;* **Caquetoire,** *s. f.;* **Cacquetière,** *s. f.* — On disait autrefois une caquetoire. A propos des femmes de son temps, Henry Estienne écrit assez irrespectueusement : « Il n'y a pas d'apparence qu'elles aient le bec gelé, pour le moins j'en répons pour celles de Paris, qui ne se sont pu tenir d'apeler des cacquetoires, leurs sièges. » (*Apologie pour Hérodote,* p. 64.) Bien mieux, dans

Fig. 420. — Caquetoire à haut dossier.

une farce de date sensiblement antérieure intitulée le *Chevalier qui donne sa femme au dyable,* le héros de la pièce traite son épouse de « caquetoire » qui, pris ainsi adjectivement, semble avoir eu la signification de bavarde. A quelle date précise les chaises caquetoires firent-elles leur apparition dans notre mobilier ? Au XVIe siècle sûrement. Il est facile de voir, par la première de nos citations, que ce petit meuble était encore dans toute sa nouveauté au moment où écrivait l'auteur de l'*Apologie.* En outre, nous n'en avons rencontré dans aucun inventaire avant 1570. Cela ne veut pas dire, toutefois, que l'on ne caquetait pas avant cette époque ; mais la chaise légère qu'on pouvait mouvoir et approcher du feu n'existait pas. On prenait simplement un placet ou un escabeau, et les langues pour cela ne perdaient rien de leurs privilèges.

Quelle était la forme exacte de la caquetoire ? Furetière et Richelet la baptisent fauteuil. Le rédacteur du *Dictionnaire de Trévoux* écrit chaise. Les deux mots étaient alors moins éloignés, comme signification, que de nos jours, puisque les chaises avaient des bras. Les citations suivantes vont nous fournir les éléments d'appréciation qui nous manquent. « Un caquetoir couvert de tapisserie, XXXVI sols. » (*Vente des meubles de Jean Nagerel, archidiacre;* Rouen, 1570.) « Plus une petite chaire basse, autrement dicte caquetoire, de boys de noyer. » (*Invent. de Marguerite des Bordes;* Bordeaux, 1589.) « Plus six petites chayres, autrement dit caquetoyres, couvertes de velours jaune et rouge fort vieulx. » (*Invent. de Jehan Verrier, seigneur du Boscq;* Bordeaux, 1590.) « Troys aultres chaises caquetoires », dit l'*Inventaire de Louise de Vaudemont* (1603), en ayant soin d'ajouter : « semblables aux troys chaises cy-dessus ». Or ces trois chaises ci-dessus « sont à bras toutes garnyes de velourz noir, passementiéz de passementz d'or et d'argent ». « *Item,* quatre chaises cacquetières garnies de serge et mijolin, prisées ensemble IIII livres. » (*Invent. du peintre Jérôme Franck;* Paris, 1610.) « Plus six caquetoires garnies de drap vert. » (*Invent. d'Anthoine Fraytet, receveur des décimes du diocèse;* Bordeaux, 1615.) « *Item,* une petitte chaise quaquetoire couverte de tapisserie. » (*Invent. de Marie Cricquet, femme de Pierre Croiset, avocat au parlement de Paris,* 1625.) « Plus deux chaises cacquetoires de serge rouge, une autre garnye de petite estoffe de la porte de Paris, et une autre qui n'est point garnye. » (*Invent. du surintendant Fouquet,* 1661.) « *Item,* six chaises caquetoires de bois de la Chine, avec leurs housses de brocatelle de Lyon à fond blanc et fleurs violettes..., prisées XXX livres. » (*Invent. du maréchal d'Humières,* 1694.) « *Item,* un sopha, trois fauteuils et trois caquetoires de bois de noyer canneléz, garnyes de cuir, couvertes d'un petit velours cramoisy, prisés ensemble la somme de CL livres. » (*Invent. de Pierre Jarosson, procureur au parlement;* Paris, 1718.) « Trois caquetoires de tapisserie, deux rayées, et une à fleurs, à fond noir, une caquetoire d'étoffe de soye rayée de vert, etc. » (*Apposition des scellés chez Antoine Aubry, graveur du roy;* Paris, 1722.) « Huit caquettoirs bois de noyer, couverts de peaux de moutons noircies. » (*Invent. de Martial de Mosnier, conseiller au parlement;* Bordeaux, 1723.) « Plus le couvert d'une caquetoire d'un ouvrage fait à l'aiguille. » (*Invent. de la dame de la Caussade;* Bordeaux, 1735.)

On le voit, pendant près de deux siècles, la caquetoire fut en usage courant dans les habitations françaises. Elle revêtit, durant ce temps, toutes sortes de livrées, tapisserie, serge, brocatelle, étoffe de la porte, velours de toutes couleurs, cuir noirci, etc. Tissus somptueux ou modestes, tout était bon pour la décorer. Mais, si sa parure fut variée, par contre, elle conserva son caractère de chaise, légère et facile à déplacer. Cependant la forme d'un siège aussi intime, aussi familier, se serait modifiée, suivant des convenances momentanées ou locales, que nous n'aurions pas lieu d'en être surpris. Nous trouvons, d'ailleurs, la preuve de ces adaptations dans les deux extraits suivants, où il est question de DEMI-CAQUETOIRES. « Deux chères bois de meuriers, demy-caquetoires, délivrées pour vingt-huit solz, cy 2 liv. 8 sols. » (*Vente des biens d'Antoine Brumel;* Bollène, 1667.) « Six grandes chères caquetoires — plus une chère à bras, à haut dorsier, le tout bois noyer moyenne valleur — plus quatre demy-cacquetoires bois noyer médiocrement bonnes. » (*Invent. du Dr Lallemagne, médecin à Bollène,* 1668.)

De nos jours, la causeuse ne ressemble que médiocrement à la caquetoire sa devancière. Elle s'est faite plus large, et par conséquent plus hospitalière. Elle s'est faite

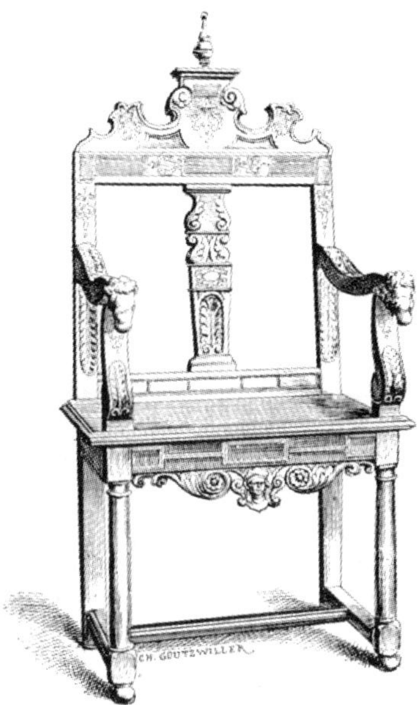

Fig. 421. — Caquetoire à dossier à claire-voie.

aussi plus confortable; car si on la trouve parfois à bois voyant, le plus souvent elle est à bois couvert et douillettement capitonnée. Elle est, en outre, à deux places, avec un dossier bas, de façon à ne pas dépasser les épaules. Lorsque Mme Bovary est reçue au château de la Vaubeyssard, la marquise « la fait asseoir près d'elle sur une causeuse, où elle se met à lui parler amicalement comme si elle la connaissait depuis longtemps ». C'est, en effet, sur la causeuse, auprès du foyer, que la maîtresse de maison reçoit, auprès d'elle, son amie en visite... à moins que, comme la belle Juliette Récamier, elle ne la transforme en une sorte de trône, et ne se montre à ses visiteurs « à demi cachée sous un flot de mousseline, assise, presque étendue sur une causeuse de damas bleu de ciel, de forme empire, à col de cygne doré ». (*André Marie et J.-J Ampère, correspondances et souvenirs,* t. Ier, p. 190.

La première mention que nous ayons rencontrée de la causeuse remonte à 1783; à la vente des meubles et effets de Mlle de Pruloy, qui eut lieu le 12 mai de cette année, figuraient « deux causeuses de Lampasse bleu et blanc très frais ».

Cavagnole, *s. m.;* **Cavayole**, *s. m.* — Jeu à la mode sous le règne de Louis XV Il se jouait sur un tableau spécial à l'aide de billes. Une description de ce jeu, tracée par le duc de Luynes à son apparition (juin 1737 ; *Mém.,* t. Ier, p. 272), en fait connaître la marche et les péripéties. « Depuis quelque temps, il y a un jeu qui paroît s'établir ici que l'on appelle cavayole (ou cavagnole). On dit qu'il vient d'Italie ; c'est une espèce de biribi dont le tableau est partagé en six, huit et même dix tableaux de douze cases chacun, et autant de boules que de chiffres On ne peut mettre que vingt-deux jetons en plein. Lorsque le chiffre sur lequel sont les vingt-deux jetons arrive, tous les autres joueurs payent chacun vingt-deux jetons, et un par delà. Si l'on a mis une partie des vingt-deux jetons sur un chiffre, et le reste sur d'autres, on paye la quantité de jetons qui se trouve sur le chiffre et toujours un de plus. Enfin, s'il arrive un chiffre où il n'y ait pas de jetons, on paye toujours un jeton pour ce chiffre. Chaque tableau tire six boules. On joint à cela des paris de tableau à tableau, aux coins et aux milieux, etc. Ce jeu est d'assez de mouvement sans être vif ; mais il amuse beaucoup de personnes en même temps, dont les uns peuvent jouer plus petit jeu, et les autres plus gros par les pariers. Le roi y a joué assez gros jeu à Rambouillet, et l'on commence à y jouer beaucoup ici. »

Cave, *s. f.;* **Cavette**, *s. f* Pièce souterraine où l'on loge le vin destiné à la consommation de la maison ou du ménage. La cave, bien qu'elle ait trouvé place dans les ouvrages de nombreux poètes, bien que La Fontaine, Vergier, Désaugiers, Béranger et nombre d'autres n'aient pas dédaigné de louer ses mérites ; bien que Pierre Dupont l'ait célébrée dans des couplets émus,

> Dans la cave, il fait bon chanter.
> Sa voûte résonne...,

bien que Pathelin, en son *Grand Testament,* et après lui le fameux Maître Adam, aient demandé à y être enterrés après leur mort,

> MESSIRE JEAN.
> Au nom de sainct Pierre l'Apostre,
> Dictes où vous voulez que vostre
> Corps soit bouté en sepulture ?
>
> PATHELIN.
> En une cave, à l'adventure,
> Dessoubz ung muid de vin de Beaulne.. ,

malgré cela, la cave nous échappe. Il y aurait cependant bien des réflexions à faire, bien des observations à présenter sur la façon dont elle doit être située, aérée, éclairée, ventilée ; sur l'ordonnance qui doit y régner, sur la disposition des fûts et des bouteilles, toutes choses qui

Fig. 422. Caquetoire à pivot.

déjà préoccupaient nos ancêtres du XVIe siècle, car nous lisons dans les *Blasons domestiques* de Gilles Corrozet (1539) :

Cave ténébreuse et obscure,
. . . .
Cave bien proprement voultée
Ayant assez large montée ;
Cave faicte de dure pierre
Dans les entrailles de la terre ;
Cave pleine d'humidité,
Chaulde en yver, froide en esté.
Cave où sont les vins savoureux...

La cave, toutefois, à proprement parler, ne comprend pas d'ameublement, et sa décoration jusqu'à présent a été à peu près nulle. Mais si, en tant que pièce de l'habitation, elle se dérobe à nous, par contre, la cave a donné son nom à un petit meuble sur lequel nous pouvons tout à loisir exercer notre contrôle.

A l'époque où le confortable commença de s'établir dans les armées, les guerriers de marque prirent l'habitude d'emporter avec eux leur provision de vin. Ce vin, mis en bouteilles et soigneusement cacheté, fut logé dans de grands coffres disposés en compartiments, bardés de fer, scrupuleusement fermés de serrures et de cadenas, et qui, par une analogie toute naturelle, prirent le nom de la cavité absente, dont ils tenaient lieu momentanément. Plus tard, l'usage de ces coffres passa de l'armée dans la vie civile. D'abord ils revêtirent la forme de grandes caisses de cuivre ou de fer-blanc, ressemblant à des « braisières », mais divisées à l'intérieur en compartiments étanches. On plaçait sur leur couvercle de la glace pilée, et à l'intérieur, on logeait les fruits, les gâteaux glacés et les vins fins, en attendant le moment de servir. Puis, quand le goût des liqueurs fines pénétra dans les mœurs de la haute société, on enferma ces liqueurs dans de petites caves dont la maîtresse de maison conserva précieusement la clef. Après les liqueurs, ce meuble particulier renferma des essences et des parfums, et comme, dès lors, la cave eut sa place marquée sur la toilette des princesses et des femmes à la mode, elle ne tarda pas à prendre l'aspect et les allures des coffrets du plus haut prix. A une loterie organisée à Saint-Cloud par le duc d'Orléans, en juin 1689, nous voyons Mme de Grancé gagner « une cave en cristal de roche garnie d'or ».

Fig. 423. — Cave à liqueurs fermée.

A la même loterie, Mlle Soucelle gagna « une grande cave en argent, garnie de plusieurs pièces d'argent ». (*Mercure,* juillet 1689.) Deux ans plus tôt, M. de Croissy, pour témoigner sa reconnaissance à M. Constance qui avait amené en France les ambassadeurs siamois, lui avait offert, entre autres présents : « Une cave couverte de satin vert, ornée de galons et de clous d'argent, contenant douze flacons de cristal couverts d'argent, remplis d'essence et de différentes bonnes odeurs. » (*Mercure,* mai 1687.) Nous voyons figurer dans l'*Inventaire du mobilier de la Couronne* du 22 avril 1697 : « Une cave à six pans en dehors [d'argent] avec deux couvercles, dont un à visses (*sic*), avec un portant dessus, le dedans à compartimens garny de quatre bouteilles rondes aussy d'argent, à doubles bouchons, chacune avec leurs chaînes, pesant ladite cave et les bouteilles ensemble 39 marcs 4 onces. » Dans l'*Inventaire de l'abbé d'Effiat* (1698), on remarque également : « Une petite cave, où il y a deux petites fiolles de cristal, garnies de bouchons d'argent doré ; la cave façon chagrin... » ; et dans celui plus modeste de Louis Hanique, « conseiller de l'hostel de ville » (1720) : « Une petite cave couverte de chagrin noir, doublée de satin cramoisy, le couvercle garny d'une glace en dedans, garnie de cinq petits flacons de cristal à bouchons et chaisnes de vermeil, un petit gobelet, une souscoupe et un entonnoir aussy de vermeil, ladite cave fermant à clef. »

Au XVIIIe siècle, le goût des japonneries et des chinoiseries si fort répandu devait naturellement exercer son influence sur la confection des caves. Aussi voyons-nous apparaître et se généraliser l'emploi des laques précieux dans leur confection. On connaît le madrigal de Sénecé relatif à certaine *Cave de vernis de la Chine garnie d'or* qui fut offerte à la duchesse de Bourgogne. On peut consulter également Dangeau (*Journal,* t. X, p. 90) sur la cave donnée, le 7 août 1704, par Louis XIV à la femme de son petit-fils. Par Lazare Duvaux, nous savons que Louis XV posséda « une cave d'ancien lacq noir, garnie de portes à charnières et entrées de bronze doré d'or moulu, et en dedans de compartimens de satin blanc bordé d'or », enfermée dans un étui de maroquin rouge ; que chez M. Duflot, on remarquait « deux caves de vernis en relief, dans le goût des Indes, garnies de quatre flacons montés en vermeil, les pièces aussi en vermeil » ; et chez la duchesse de Mazarin, « une cave d'ancien lacq, garnie de deux pots à tabac en porcelaine de France ». Car l'habitude de priser s'étant répandue, on s'était empressé de fabriquer des « caves à tabac ».

Était-ce un petit meuble de ce genre qui, parmi les objets précieux de Marie-Josèphe de Saxe, fut catalogué : « Une cave de lacq garnie de quatre flacons, d'un goblet et de sa soucoupe de cristal de roche, d'un antonnoir d'or, les bouchons des flacons de même métal ? » La description de ce bel objet laisse planer quelques doutes sur sa destination. Mais il n'en saurait exister relativement à la « petite cave à tabac en marbre blanc doré », qui figure parmi les meubles légués, en 1746, par Mlle Desmares à Mlle Damours ; non plus que sur la « cave à tabac de bois violet, garnie de ses ferrures dorées », avec « deux pots à tabac de Saxe, garniture et cuiller en vermeil, doublure de velours, » que le comte de Lutzelbourg acquit, en 1755, de Lazare Duvaux moyennant 216 livres. Du reste, à la mort de ce dernier, nous voyons figurer, dans la vente « d'effets précieux composant le fond du magasin du sieur Duvaux, marchand ordinaire du roi » (*Annonces, affiches et avis divers,* n° du 2 janvier 1760), au milieu de caves « dont les flacons sont de crystal de roche garni d'or », un certain nombre de caves à tabac. Ceci sans préjudice, bien entendu, des caves à liqueurs et surtout des caves à parfums ; car, en 1772, le sieur Ravoise, marchand, rue des Lombards, informait le public qu'on trouvait dans son magasin « de très jolies corbeilles de bonbons pour les toilettes, et des caves garnies de pommades de l'odeur d'Italie ». (*Mer-*

cure, janvier 1772.) La cave à liqueurs et la cave à parfums se sont, au surplus, transmises à peu près exactement jusqu'à nous dans leur forme première.

Il n'en est pas de même d'autres caves qui ont laissé peu de traces, dont la durée fut en quelque sorte éphémère, mais que Richelet a connues et qu'il définit : « Manière

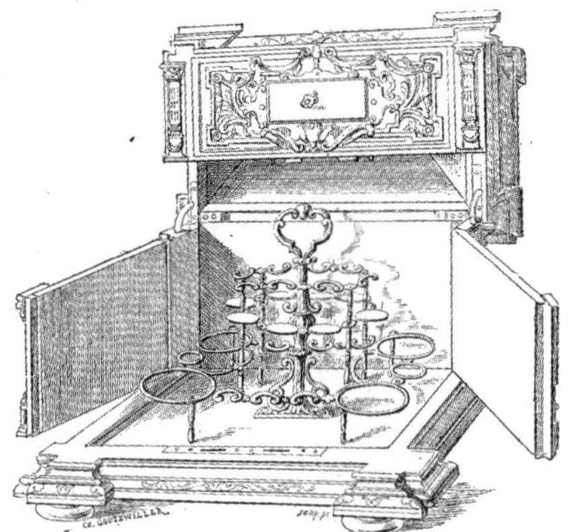

Fig. 424. — Cave à liqueurs ouverte.

de bouteille d'argent ou de vermeil doré, qu'on met sur la toilette des dames, et où il y a de l'eau de fleurs d'orange et autres. » On trouve de ces bouteilles dans les *Inventaires des meubles de la Couronne* sous Louis XIV : « Deux fort grandes buires en forme de caves, godrons ondéz, blanc et vermeil, avec leurs anses, haultes de 2 pieds et 1/2 » ; et c'est aussi d'elles, sans doute, qu'il s'agit dans l'article suivant : « Un petit coffre d'or, garny de vases, en forme de cave, aussi d'or, le tout gravé et garny de diamans. » (*Présent de la Dauphine à la reine de Siam. — Mercure* de mai 1687.) Quel était l'aspect de ces flacons ? Nous n'avons là-dessus que des indications bien vagues. La forme et la nature de ces caves, dont les Cavettes, mentionnées par Savary, sont un diminutif, ne nous sont pas exactement connues.

Enfin, dans l'ébénisterie, on donne le nom de caves aux cavités qui sont ménagées dans la construction des buffets entre le corps inférieur et le corps supérieur, ce dernier demeurant suspendu en l'air, et portant sur des piliers, des colonnettes ou des consoles. La hauteur de ces caves est de cinquante centimètres au maximum, mais on la conserve toujours suffisante pour que les carafes et bouteilles puissent trouver place sous le corps supérieur du buffet.

Caveau, *s. m.* — Petite cave, compartiment isolé dans une cave, et, par analogie, lieu souterrain et voûté où l'on se réunit. « Monseigneur, écrit Dangeau en parlant du grand Dauphin, a joué ce soir dans son caveau » (10 février 1692), et plus loin, à propos du duc de Bourgogne, devenu Dauphin par la mort de son père : « M. le Dauphin est présentement dans l'appartement de feu Monseigneur, et du caveau où Monseigneur couchoit, il en fait une bibliothèque. » (30 septembre 1711.)

A la fin du siècle dernier et au commencement de ce siècle, un certain nombre de cafés furent établis dans des caveaux. *Le Café des aveugles,* que notre génération a connu, était de ce nombre. Le plus célèbre, toutefois, fut le cabaret de Landel, situé au carrefour de Buci, et qui, connu sous le nom de *Caveau,* servit de parrain à une société, justement fameuse, qui eut pour fondateurs Panard, Piron et Collé, et qui aujourd'hui encore demeure fidèle à ses anciennes traditions poétiques.

Cavech, *s. m.;* **Cavecheul**, *s. m.;* **Cavechuel**, *s. m.;* **Cevechel**, *s. m.;* **Ceveciel**, *s. m.;* **Cheveciel**, *s. m.* — Le cavech, c'est le chevet du lit. Le cavecheul, c'est le traversin, toujours placé au chevet du lit. On note dans un fabliau cité par Lacurne :

> A tant vers le cavech se trait,
> Son chief mist sur le cavechuel,
> Puis traist arière le linchuel...

D'autre part, dans le *Livre des métiers,* si plein de renseignements sur les intérieurs du XIVe et du XVe siècle, nous lisons l'invitation suivante :

> Vos kemises mettés
> Sous le cavecheul du lit,
> Vos braies sous le lit...

Constatons encore que, dans l'*Inventaire de Clémence de Hongrie* (1328), on remarque : « Une chambre de cendal ynde, où il a coutepointe, ciel et ceveciel », et que le continuateur de Du Cange cite (sous *capitacium*) une *Lettre de rémission* de 1376, où on lit : « En laquelle prison avoit un lit et un chevecel et certains draps à lit pour eulx coucher. » Enfin un *Inventaire de l'Hôtel-Dieu* porte la mention suivante : « Cinq licts telz quelz, cinq coultres telles quelles, quatre chevesseux. » Ces diverses expressions ont donc également signifié chevet ou traversin et doivent être considérées comme des variantes de cavech ou de cavecheul.

On rencontre également cheveciel, avec la signification de pièce d'étoffe suspendue au chevet du lit et garnissant la muraille. On en trouvera des exemples au mot Chevet.

En Picardie, on dit encore Cavet pour chevet.

Cavereau, *s. m.* — Paraît avoir été la forme première de Caveau. « Je vous veux bien dire qu'il y a en ce logis dedans ung cavereau que j'ay faict murer, trente et cinq tant coffres de bois que bahus, que plusieurs gentilshommes m'ont fait apporter nuitamment. » (*Mém. du maréchal de Vieilleville,* dans *Mém. relat. à l'hist. de France,* t. XXIX, p. 129.)

Cavet, *s. m.* — Profil ou moulure concave, formée par un quart de cercle. Le cavet peut être droit ou renversé.

Cavet, en patois picard, signifie encore Chevet. (Voir Cavech.)

Cavette, *s. f.* — Bouteille de dimensions un peu moindres que la Canette. (Voir Cane.) Ce terme est surtout employé dans le midi. « Attenant le sallon à manger, en un office, nous avons trouvé... deux cavettes, dont l'une avec son panier. » (*Inventaire des meubles du ci-devant château du citoyen Las Bordes;* Toulouse, 1793.) (Voir le mot Cave.)

Cayenne (Bois de). — Bois de placage exotique, employé dans l'ébénisterie et la marqueterie. Son nom indique sa provenance. Il est de couleur jaune ou rouge veiné, et de qualité pleine.

Cayère, *s. f.* — Forme ancienne de chaire, Chaise. (Voir ce mot.) « Cayères à dos et aultres edeffices néchéssaires pour la Salle. » (*Travaux exécutés au château de Lens,* 1416.)

Cayne, *s. f.* — Forme ancienne de Chaine. (Voir ce mot.) « Les rues de Paris feurent fermées de bonnes liches et caynes. » (*Chronique normande de P. Cochon* à l'année 1405.)

Cayrado, *adj.* — Locution gasconne. Carré. « *Item,* duas justas de stanien cayradas, de tres quartz tals quals.

— *Item,* un autra justa destanien, redonda tal qual. » (*Invent. de l'hôpital de Notre-Dame du Puy;* Toulouse, 1473.)

Caze, *s. f.* — Orthographe arbitraire de CASE. (Voir ce mot.)

Cazin, *s. m.* — « A Venise, écrit Mme de Genlis en 1776, chaque ambassadrice avoit, outre son logement, ce qu'on appelle un cazin. C'est un joli petit appartement au rez-de-chaussée sur la place Saint-Marc. » (*Mémoires,* t. III, p. 35.) Le mot cazin, traduction ou adaptation française de l'italien *casino,* essaya de s'acclimater en France au commencement de ce siècle. On peut voir dans le *Recueil d'architecture civile,* de Krafft, *contenant les plans, etc., des châteaux, maisons de campagne, habitations rurales, etc., situés aux environs de Paris* (Paris, Bance aîné, éd., 1829), la description d'une *Maison appelée Cazin de Terlinden,* construite par Lequeu, architecte, pour la douairière Meulenaer.

Cé ou **C,** *s. m.* — Machine à percer le fer ou le bois, ayant la forme de cette lettre.

Ceau, *s. m.* — Orthographe arbitraire de SEAU. (Voir ce mot.)

Pour nous venir donner l'assault,
Premierement aura sa grant' pancarte,
Qui ne tiendra pour pinte, pot ou carte,
Mais un grand ceau juste et bien mesuré.

Cédas, *s. m.* — Locution toulousaine. Tamis. « Ung cedas, ung brosseau de menaige. » (*Invent. des biens de la succession Galossa;* Rabastens d'Albigeois, 17 juin 1565.)

Céderie, *s. f.* — Soierie. Au XVe siècle, on disait : « le mestier de marchant de mercerie, céderie et drapperie ». (Voir Du Cange, *Supplément au Glossaire,* sous le mot *cederia.*)

Cèdre, *s. m.* — Bois exotique, employé dans l'ébénisterie et la marqueterie. Il est de couleur rougeâtre, veiné, de qualité pleine et aromatique. Le bois de cèdre, à cause de son incorruptibilité proverbiale, a toujours été recherché dans la fabrication des intérieurs de meubles, pour laquelle il est mis en œuvre en massif. On ne le débite en placages que pour les travaux de marqueterie. Dès le XIVe siècle il était employé d'une façon courante à faire des coffrets. « Ung coffre de cèdre..., environ lequel sont dix pilliers d'or et une serrure. » (*Invent. de Charles V,* 1380.) Au XVIe siècle, on s'en servait pour les sièges. « Autres deniers payés par ledit Picart, depuis janvier 1535 jusques au XIIe d'aoust 1535, pour achapt de tables et chaizes de bois de cèdre et autres, pour servir audit emmesnagement dudit chateau. » (*Comptes des bastimens;* Fontainebleau, 1537.) On en faisait aussi des bois de lit. Nous voulons, écrit l'auteur de l'*Isle des hermaphrodites,* que les « chalits soient, si faire se peut, de bois de cèdre et rose et autres bois odorants ». Nous savons, en outre, que le cabinet de Henri IV était de ce même bois. L'*Inventaire des tableaux et autres curiosités qui sont au Louvre* (1603) nous donne la description de ce beau meuble, « tout de cèdre, enrichi de statues de bronze modernes, entre autres la statue du roy au naturel, combatant à cheval deux ennemis, dont l'un est terrassé à ses pieds ». Au XVIIe siècle, on employa le cèdre surtout pour les travaux de marqueterie. « Les choses auxquelles on prend le moins garde ailleurs, écrit Germain Brice, en parlant de l'hôtel d'Amelot de Biseul, ont ici leur beauté particulière, comme les appuis de fenêtre, qui sont de bois de cèdre, rapportéz d'ébène et d'yvoire. » Au XVIIIe siècle, on en faisait des armoires : « 18 septembre 1750. — S. A. Mademoiselle : Deux petites armoires à pied de biche, en bois de cèdre, avec des filets d'ébène avec leur marbre de Flandre » ; des tables : « 21 avril 1756. — Mme de Brancas (pour Mme la Dauphine): Une table plaquée en bois de rose, les dedans en cèdre, etc. », et aussi des soufflets : « 20 février 1754. — Mme de Pompadour : Deux soufflets en bois de cèdre, pour le petit appartement. » « 30 décembre 1754. — M. le duc de Luxembourg : Deux soufflets de cèdre, garnis en galon argenté. » (*Livre journal* de Lazare Duvaux.) Aujourd'hui, on s'en sert surtout pour l'intérieur des armoires, usage auquel il convient par sa couleur, son veinage et surtout par son odeur forte et pénétrante, qui éloigne les insectes.

Cédrel, *s. m.* — Bois exotique, employé dans l'ébénisterie. C'est une variété de l'acajou.

Ceinture, *s. f.* — En architecture, ce mot désigne l'anneau qui ourle le haut ou le bas d'une colonne, et par extension, il s'applique aux bagues disposées sur le fût d'une colonne. En ébénisterie, il signifie la partie de la table dans laquelle les pieds sont ajustés, et qui elle-même supporte le plateau supérieur. La ceinture d'un fauteuil ou d'une chaise, c'est la partie apparente du siège proprement dit. Lorsque cette ceinture comporte des moulures, on dit qu'elle est *à repaississement.*

Fig. 425. — Grand vase de porcelaine céladon, monté en bronze doré.

Au XVe siècle, on rencontre ce même mot avec la signification de bande d'étoffe formant frise, litre, encadrement. « Plus sera la dicte salle tenduë de tafetas noir, par haut autour de la dicte salle y aura une ceincture de veloux noir, semée d'escussons aux armes de France. » (*L'Ordre tenu à l'enterrement de Charles VIII,* par Me Pierre d'Urfé, 1498.)

Céladon, *s. m.* et *adj.* — Couleur verdâtre tirant sur le blanc. On ne rencontre pas ce terme avant le XVIIe siècle, et cela s'explique par l'étymologie même de Céladon, qui est le nom d'un des personnages de l'*Astrée,* amoureux d'une douceur fade, et dont on fit le parrain de la couleur également fade et légèrement blafarde qui nous occupe.

Le céladon était compris par les statuts des teinturiers

(art. 50) parmi ce qu'on appelait « les verts gais ». Les articles 21 et 44 de ces mêmes statuts réglaient la façon dont devaient être teintes les « soyes céladones ». A partir de 1650 jusqu'à 1680, cette couleur fut très à la mode. On la rencontre dans les plus beaux mobiliers. « Une pièce entière de panne à deux faces, d'un costé raze, couleur de céladon, de l'autre costé à grands poils, couleur d'eau, contenant sept aunes trois quarts. » (*Invent. du cardinal de Mazarin,* 1653.)

Au XVIIIe siècle, céladon s'applique plus généralement à la porcelaine et sert à désigner à la fois une nuance et une sorte d'émail. « 16 février 1749 — à M. Boucher, peintre : un cabaret à six tasses et soucoupes, boëte à sucre et théière céladon à figures. » « 29 septembre 1751 — à S. A. S. Mademoiselle : une jatte à contours, sur son plateau aussi à contours, de porcelaine céladon. » « 20 février 1755 — à S. A. S. M^r le duc d'Orléans : deux vases en forme de feuilles de porcelaine céladon, etc. » (*Livre journal* de Lazare Duvaux.) « Aiguière et vase de céladon jaspé. » (*Vente de meubles et effets du maréchal duc de Fitz-James,* 16 septembre 1787.) Aujourd'hui, hors du domaine de la céramique, le mot céladon est peu employé.

Celle, *s. f.* — Voir Selle.

Cellier, *s. m.;* **Celier,** *s. m.;* **Chelier,** *s. m.* — Lieu clos pour serrer le vin et les autres provisions. Le cellier diffère actuellement de la cave, en ce qu'il est ordinairement au rez-de-chaussée, en non pas en contre-bas du sol. De là le grand inconvénient de ces vins gelés par les grands froids, dont parle l'auteur des *J'ay veu :*

Pour racompter hystoires bien nouvelles,
Lisez ici, les verrez non pareilles :
Mil quatre centz avecques quatre vingts,
Lors ès celliers gelèrent moult de vins.

Cependant le cellier, en son principe, paraît avoir consisté parfois en une cave peu profonde. On lit, en effet, dans le *Journal d'un bourgeois de Paris sous le règne de Charles VI,* à l'année 1417 : « En ce temps firent les bouchiers de Saint-Germain-des-Prez leur boucherie en une ruë qui est entre les Cordeliers et la porte Saint-Germain, en ung lieu en manière de celier, où on descendoit à degréz qui avoient dix marches. » Le même *Journal,* l'année suivante, racontant le pillage de Paris par les Bourguignons, porte : « Tout joyeux estoit qui ce povoit mucer en cave ou en celier ou en quelque destour. » Et Olivier de la Marche, en ses *Mémoires* (année 1451), écrit : « Plusieurs Gandois estoient misséz soulz les licts ès chambres, planchers et celliers, chascun qui mieux mieux, pour garantir sa vie. »

Le mot cellier, on le voit, est fort ancien dans notre langue et a toujours conservé sa signification. On le rencontre dès le XIIe siècle. Joinville, qui, dans ses *Mémoires,* compare les celliers de saint Louis en terre sainte à de « grans maisons de tonneaux de vin » ; l'auteur des *Grandes chroniques de Saint-Denis,* et Cousinot, dans ses *Gestes des nobles,* s'en servent à maintes reprises. Froissart en fait un si abondant usage qu'il nous en faut conclure qu'au XIVe et au XVe siècle les celliers étaient très nombreux. Racontant la prise de Carcassonne par les Anglais (1356) : « Si trouvoient Anglois et Gascons, dit-il, ces celliers pleins de vins, si prirent desquels qu'ils voulurent, des plus forts et des meilleurs ; des petits ne faisoient-ils compte », et plus tard, parlant de la prise de Dam par les Gantois (1385) : « Ainsi conquirent, ce dimanche au matin, les Gantois, la bonne ville de Dam et grant avoir dedans, et par spécial de vins de Malvoisie et de Grenache, les celliers tout pleins. » Le mot se rencontre aussi fréquemment dans les inventaires et les comptes du même temps. « Pour faire traire hors de la nef et charger en charetes et amener au ceylier du roy III pipes et I tonneau de venoisons, XXVIII d. » (*Journal de la dépense du roi Jean en Angleterre,* 1359-60.) « *Item,* au celier premier, à l'entrée estroite, a une tine descargadoire, etc. » (*Invent. du château des Baux,* 1426.) L'*État des officiers et domestiques de Philippe le Bon* nous apprend qu'à la cour de Bourgogne, il y avait un « maistre ou gouverneur des celliers ». Enfin, n'oublions pas que le cellier, comme la cave, fut chanté par les poètes. Jean Le Houx, dans ses *Vaux de Vire,* lance cette *Sommation bachique :*

Nostre hoste, s'il est vray que vous soit agreable
Ceste troupe d'amis qui sont à vostre table,
Donnez-nous du meilleur qu'ayez dans le cellier,
Et beuvez le premier ;

et Joachim du Bellay fait consister le vrai bonheur à avoir

Bon vin en son celier,
Beau feu, nuict sans souci,
Un ami familier
Et une belle aussi.

Cellule, *s. f.* — C'est aujourd'hui une petite chambre isolée et bien close, et ordinairement le mot n'est employé, au sens propre, que pour les chambres des religieux ou pour celles des prisonniers, car c'est par simple analogie qu'on appelle sa chambre une cellule, et qu'on dit qu'il faut embellir sa cellule. Il semble, toutefois, qu'au siècle dernier ce mot comportait une adaptation plus large. Germain Brice, parlant du couvent des chartreux, écrit : « Chaque cellule est composée de quatre ou cinq chambres de plain pié, boisées partout et simplement meublées » ; et il ajoute : « Chez quelques-uns de ces pères, il y a des bibliothèques assez curieuses ; chez Dom Prieur, il y en a une estimée par le nombre et la qualité des livres qui la composent. » La présence de ces bibliothèques nombreuses jure singulièrement, il faut le reconnaître, avec la signification étroite qu'on attribue de nos jours à la cellule.

Au XVIIe et au XVIIIe siècle, le mot cellule servait également à désigner les compartiments d'une boîte ou d'un coffre. Ainsi on disait d'une cave à liqueurs ou à odeurs, qu'elle était à quatre ou six cellules.

Cémenter, *v. a.* — Cémenter le fer, c'est le convertir en acier par l'adjonction de carbone.

Cenas, *s. m.;* **Chenas,** *s. m.* — Locution normande. Lit malpropre, défait, avec des draps sales.

Cendal, *s. m.;* **Cendail,** *s. m.;* **Sendail,** *s. m.* — C'était une étoffe de soie analogue au taffetas ; c'est du moins l'opinion de M. Francisque Michel (voir *Recherches sur les étoffes de soie,* t. Ier, p. 209), qui s'appuie sur le témoignage de Du Cange et de Sandoval. Le cendal était fort recherché au XIVe et au XVe siècle. L'oriflamme de Saint-Denis et la bannière royale étaient faites de ce tissu. Guillaume Guiare, racontant les efforts que firent les gens d'armes du roi pour s'emparer de Saint-Jean-d'Acre, écrit :

Près de l'une est ja la banière
D'azur fin sur cendal parfaite,
Et à fleur de lys pourtraite.

(La *Branche des royaux lignages,* v. 1423.)

On importait parfois le cendal d'Orient. Philippe Mouskes, dans sa *Chronique rimée,* nous montre Charlemagne ramenant d'Espagne et de terre sainte :

. . . Samis, cendaus, orfrois,
Rubis, esmeraudes, safirs...

On en fabriquait également en Europe et principalement à Ardres et à Lucques, d'où les expressions *Cendal d'Ardre* et *Cendal de Lucques,* qui, au xve siècle, étaient, en quelque sorte, passées en proverbe. (Voir *Proverbes et Dictons populaires au* XIIIe *siècle,* par G.-A. Crapelet, et le *Dict. des Pays,* dans les *Poésies françaises des* XVe *et* XVIe *siècles,* t. V, p. 113.) Cette seconde provenance semble même avoir été particulièrement appréciée, car nous savons par les *Comptes royaux* que Philippe de Valois se fournissait de ces étoffes chez Edouard Tadelin, originaire de Lucques, lequel portait le titre de « mercier du Roy Nostre Sire », et tirait naturellement beaucoup de tissus de son pays.

Fig. 426. — Céramique : le tourneur.

Le compte fourni par ce marchand en 1342 comprend les « parties de cendaulz, soye, veluyaux, draps d'or », etc., qu'il a livrés au roi. Par la nature même des étoffes qui lui font compagnie, nous devons présumer que le cendal était un tissu renommé et de grande valeur. Par ce même compte, nous savons que le cendal servait à couvrir les matelas de la reine, qu'il se vendait à l'once, et par un calcul assez facile nous arrivons à établir son prix à l'aune. Cette dernière valait un peu plus d'une livre, prix alors fort élevé. Le cendal se vendait aussi à la pièce et à la *botte,* qui contenait six pièces. En général, on disait un cendal, un demi-cendal, pour signifier une pièce ou une demi-pièce de cendal.

On trouve dans les *Comptes de Geoffroi de Fleuri* (1316) des cendaux noirs, verts, indes (c'est-à-dire bleu de ciel), vermeils (c'est-à-dire rouges). On en faisait donc de toutes les couleurs. Les rouges, toutefois, étaient les plus recherchés, et les noirs étaient ceux qui coûtaient le moins cher. Ajoutons encore que le cendal se prêtait aux adaptations les plus variées. Froissart nous apprend qu'après la bataille de Rosebecque (1382), « quand le roi de France fut retraiz en son logis », et qu'on eut « tendu son pavillon de vermeil cendal, moult noble et moult riche..., ses oncles et plusieurs barons de France le vinrent voir et conjouer ». Les *Grandes Chroniques de Saint-Denis* rapportent qu'en 1275 pour l'entrée du roi, les habitants de Paris « encourtinèrent la ville de riches dras de diverses couleurs, de pasles et cendaux ». Dans l'*Inventaire de Mahault d'Artois* (Hesdin, 1313) figure « une coutepointe de vert cendal ». Dans l'*Inventaire de Clémence de Hongrie* (1328), on relève « une coutepointe de cendal ynde ». Dans l'*Inventaire du garde-meuble de l'argenterie* (1353), on note « v pièces de custode de cendal de grainne pour l'oratoire du roy, pour la feste de l'Estoile ». Les *Comptes du roi Charles V* (1371) mentionnent l'achat à Bernard Belenati d'une pièce de « cendal large, vermeil, pour couvrir la bible qui fut à Mr Saint Loys, jadiz roy de France, et plusieurz autres livres ». A cette époque, au surplus, on rencontre le cendal dans tous les intérieurs princiers. Mais, ainsi que nous le constatons plus haut, c'est toujours aux marchands de Lucques que l'on donne la préférence ; exemple : « A Guillaume Semane de Lucques, marchant, demourant à Paris, pour la vendue de cent quarante-huit pièces de cendaulx vermeils renforciéz, employéz à faire ung grant esprevier, une grante courtine pour tendre au milieu de la chambre, en laquelle accouchera ma ditte Damoiselle... » (*État des objets achetés à Paris par la duchesse de Bourgogne pour les couches de la comtesse de Rethel, sa belle-fille;* Paris, 1403.) « II pièces de cendal verd de Luque, listé d'or, une de rouge, etc. » (*Invent. du château des Baux,* 1426.)

A partir du milieu du xve siècle, le cendal commence à disparaître peu à peu des ameublements. Au XVIe siècle, il n'est plus question de cette étoffe.

Cendrier, *s. m.* — C'est la partie inférieure du fourneau où tombent les cendres. C'est aussi le nom de tout vase dans lequel on met de la cendre froide ou chaude. En Flandre, le cendrier se place sur la table pour allumer les longues pipes. Dans d'autres pays, il se place dessous et sert de crachoir.

Céramique, *s. f.* — On comprend sous le nom de céramique toutes les productions relevant de l'art du potier. La céramique tient une place considérable dans l'ameublement et dans la décoration de l'habitation humaine. Elle garnit le sol de dallages variés, habille la muraille de carrelages polychromes, et se prête admirablement à la confection de mille objets d'art ou d'utilité, tels que vases, coupes, statuettes, etc. La céramique ayant eu, à toutes les époques, le privilège de passionner les amateurs et le public, chercher à reconstituer son histoire serait assurément un travail des plus attrayants, mais qui sortirait du cadre étroit dans lequel nous sommes obligé de nous maintenir. Cette histoire, du reste, a déjà été écrite bien des fois, soit dans son ensemble, soit partiellement, et des spécialistes nombreux ont acquis une juste notoriété par leurs recherches et leurs découvertes.

Nous sommes, pour le moment, contraint de renvoyer le lecteur avide de détails à ces belles et solides études, et cet article n'a d'autre but que d'indiquer, d'une façon très sommaire, les diverses sortes de produits céramiques qui ont trouvé leur place dans l'habitation française, depuis le XIIIe siècle jusqu'à nos jours. Nous nous réservons de revenir sur chacune de ces sortes et d'en retracer aussi rapidement que possible l'histoire et les transformations dans l'article qui lui sera spécialement consacré.

Les poteries simples de terre opaque et grossière ont existé en notre pays de toute antiquité. Elles précédèrent l'occupation romaine. On peut donc leur donner la qualification de préhistoriques. Ces poteries sont faites d'une pâte composée d'argile, de marne et de sable. Façonnée d'abord à la main, ensuite au tour ou au moule, cuite après cela au four, cette pâte prend, par la cuisson, une couleur rouge très caractéristique, lorsque le fer s'y trouve en abondance. Parfois aussi elle devient noire, jaune ou blanche, suivant la composition naturelle de l'argile employée.

Cette première sorte de poterie présente l'inconvénient d'être poreuse. Pour la rendre imperméable, nos ancêtres eurent l'idée de la recouvrir d'un vernis transparent à base de plomb, et ils obtinrent, de la sorte, ce qu'on a appelé depuis des TERRES ou POTERIES VERNISSÉES. La plupart de nos ustensiles de cuisine, marmites, casseroles, etc., sont encore faits de cette façon. Mais ce vernis étant par lui-même peu décoratif, on s'ingénia à colorer diversement soit la terre qu'on employait, soit le vernis qu'on appliquait sur cette terre. Ces deux modes de transformation permirent d'exécuter les beaux pavements dont nous avons parlé à l'article CARRELAGE. Plus tard, avant d'appliquer le vernis, on revêtit la pièce à décorer d'une légère couche d'argile blanchâtre ; c'est ce qu'on appela l'*engobe* et l'on put ainsi varier l'aspect de ces ouvrages, encore un peu primitifs comme fabrication. Puis, à l'aide d'une sorte de *pastillage*, on décora les poteries d'ornements en relief, armoiries, écussons, chiffres, etc., estampés dans des moules de bois ou de plâtre, et l'on arriva de cette manière, avec des procédés encore très imparfaits et une matière sans finesse, à créer des œuvres d'art ayant un certain caractère et une relative beauté.

L'emploi de ces divers procédés amena les céramistes à la découverte de la faïence. La matière première de ce nouveau produit est la même que celle de la poterie vernissée. La seule différence consiste en ce qu'elle est traitée avec un peu plus de soin. La terre, bien nettoyée, massée, tamisée, lavée, est façonnée au tour, à la main ou dans des moules, séchée et soumise à une première cuisson. Une fois cuite, elle constitue ce qu'on est convenu d'appeler le BISCUIT. (Voir ce mot.) On la recouvre alors soit par immersion, soit par application au pinceau, soit par tout autre moyen, d'un émail liquide composé de plomb, d'étain, de sable et de sel marin. Cet émail s'appelle *stannifère*, à cause de l'étain qui lui donne sa qualité principale, une blancheur opaque d'un agréable aspect. Sur cette couverte blanche, le décorateur dessine et peint ; puis la pièce est remise au four, et une seconde cuisson, amalgamant la terre, l'émail et le décor, produit ces beaux aspects variés et brillants, qui communiquent à la faïence son caractère éminemment décoratif. Toutefois, comme cette seconde cuisson ne peut s'obtenir qu'en soumettant la pièce à une température fort élevée, il en résulte que, pour décorer les faïences *sur le cru*, suivant le terme consacré, on doit faire usage de couleurs résistant à cette haute température et ne se volatilisant pas sous l'action d'une chaleur très intense.

C'est ce qui explique comment, pendant longtemps, le nombre de ces couleurs fut limité, et comment la palette des décorateurs se trouva assez pauvre.

Pour remédier à cet inconvénient, on eut l'idée de soumettre la pièce à trois cuissons au lieu de deux. La première pour obtenir le biscuit, la seconde pour fixer l'émail et une partie du décor obtenu avec des couleurs résistant à une haute température. Puis, après cette double opération, on acheva de décorer la pièce avec des couleurs plus délicates, plus sensibles, et le décor ainsi complété fut soumis à un petit feu, ou feu de moufle, qui, faisant fondre légèrement l'émail, incorpore le nouveau décor superposé à la pièce, sans volatiliser les couleurs délicates appliquées après coup.

Ce dernier procédé fut surtout employé en Hollande à la fin du XVIIe siècle, et au XVIIIe en France et en Allemagne, quand la faïence essaya de lutter avec la porcelaine comme finesse de décor. De nos jours, les progrès de la chimie ont considérablement accru les ressources des céramistes. Leur palette de grand feu est devenue suffisamment riche pour rendre l'emploi du feu de moufle assez rare. Dans la décoration des pièces un peu vastes, on s'est même avisé de mélanger les couleurs à un peu de pâte liquide, ce qui produit des empâtements d'un effet large et puissant. Ce mélange se nomme BARBOTINE. (Voir ce mot.)

La pâte des poteries de GRÈS diffère essentiellement de celle des poteries vernissées et des faïences. Elle est formée d'une argile siliceuse mélangée de sable fin qui, soumise à un feu très intense, fournit une substance opaque, sonore et surtout extrêmement dure. On décore les grès d'ornements en relief généralement estampés dans des moules en plâtre ou en bois, et on les rend imperméables à l'aide d'une glaçure, ordinairement obtenue à l'aide de l'évaporation du sel marin.

Les diverses poteries que nous venons d'énumérer sont des poteries opaques, c'est-à-dire que leur pâte ne laisse point passer la lumière. Les porcelaines, au contraire, sont des poteries translucides. On connaît deux sortes principales de porcelaines : la porcelaine tendre, dont la composition assez variable renferme de la marne, de la craie, du sable, des substances nitreuses mêlées à de l'oxyde de sodium, et la porcelaine dure, dans laquelle n'entrent que du kaolin et du feldspath.

La pâte tendre est d'un aspect fin et charmant, d'une blancheur laiteuse, et l'émail dont on la couvre, formé de

Fig. 427. — Céramique : les sculpteurs.

sable, de silex, de litharge et de sous-carbonate de potasse et de soude, entrant en fusion à une température assez basse, se laisse pénétrer par toute une gamme d'oxydes colorants, qui ne résisteraient pas à une cuisson intense. Mais si cette qualité permet au décorateur de varier sa palette et de produire des dessins d'une charmante douceur et d'une transparence captivante, l'émail, par contre, ne présente pas une grande résistance et se laisse facilement entamer par la pointe du couteau. La pâte dure n'offre pas cet inconvénient. Cuite à blanc et émaillée à un très grand feu, sa résistance est incomparablement supérieure et, comme matière de service, lui assure une supériorité indiscutable. Par contre, cette haute température de cuisson est une cause d'appauvrissement pour la palette de ses décorateurs, et pour lui donner une variété de tons suffisante, on est obligé — comme autrefois pour la faïence — d'avoir recours à une cuisson supplémentaire au petit feu.

Fig. 428. — Céramique : le peintre.

Ce défaut a fait rechercher une porcelaine intermédiaire, ayant, comme résistance et comme dureté, des qualités voisines de la porcelaine dure, et pouvant cuire à une température assez limitée pour éviter la volatilisation des oxydes de cuivre, les plus riches en couleurs délicates et variées. Ce problème difficile a été récemment résolu ; et une des dernières expositions de l'*Union centrale* (1884) a montré, dans les vitrines de la Manufacture de Sèvres, toute une suite de porcelaines remarquables réunissant le double *desideratum* qu'on s'était proposé d'obtenir. Depuis lors, cette nouvelle porcelaine, à laquelle MM. Lauth et Salvetat ont donné leur nom, a fourni des résultats fort appréciés et a permis de doter l'industrie céramique d'une matière nouvelle.

Cerceau, *s. m.* — Ce mot désigne plusieurs objets mobiliers. C'est d'abord un cercle de bois ou de fer, qui sert à lier les tonneaux ; ensuite un cercle de bois que les enfants font courir ; puis une double branche arquée dont les porteurs d'eau faisaient usage pour tenir leurs seaux écartés ; enfin l'on paraît, au XVe siècle, avoir donné ce nom à un coussin de forme circulaire. L'*Ordre tenu à l'Enterrement du roi Charles VIII* (1498) porte : « Sur lequel drap et corps sera mis un cerceau de drap d'or à l'entour de la teste où sera la couronne, le sceptre et la main de justice. »

Cercle, *s. m.* — Cerceau, bande de métal disposée autour d'un objet arrondi, et servant à le maintenir. Les tonneaux sont maintenus par des cercles, d'où le nom de « vin en cercles » donné au vin renfermé dans des fûts, pour le distinguer du vin en bouteilles. Les cercles ont souvent concouru à la décoration des objets de prix. Dans l'*Inventaire des meubles de la Couronne* dressé le 20 février 1673, on remarque : « Un petit vase, de lapis plat, garny d'un cercle d'or d'environ un pouce de haulteur, percé à jour, esmaillé de vert et blanc, enrichy de huit ovalles de lapis, taillé à godrons et de vingt-quatre petits rubis. » Dans l'inventaire dressé le 20 mars 1684, nous notons également : « Un petit vaze de lapis *lazze*, à godrons autour du corps, sur un pied d'or ; et au gouleau il y a un cercle de quinze diamans, et un petit bouton d'or au-dessus. »

Cerf (Bois, Ramure de). — Les bois de cerfs ont été de tout temps recherchés comme ornement de l'habitation, moins à cause de leurs qualités décoratives que parce qu'ils impliquaient chez leur possesseur le droit de chasse, qui était un droit féodal. En Flandre et dans l'Alsace, on utilisa ces bois comme lustres et comme torchères. On peut juger par la vignette ci-dessous du résultat obtenu par ce genre d'adaptations. Dans le centre de la France, on se contenta de suspendre ces ramures aux murailles, comme des trophées cynégétiques. L'*Inventaire de Marguerite d'Autriche* (1524) nous apprend que cette princesse possédait dans sa Librairie « une teste de cerf, avec ramure, estant au milieu du manteau de la chemynée, à ung crucifix en chief ».

Nombre de châteaux en France contenaient une salle spéciale, où l'on disposait ces bois en bel ordre. En 1575, le corps de Claude de France, duchesse de Lorraine, fut exposé au château de Nancy dans la galerie des Cerfs ; et deux menuisiers, Nicolas Lantecque et Nicolas de Mirecourt, furent chargés « d'oster et remectre les testes des cerfz en la gallerie pour tendre en partie ladicte gallerie de drap noir ». « La galerie des Cerfs, écrit, d'autre part, Piganiol en parlant de Fontainebleau, a pris son nom de quarante-trois têtes de cerfs qu'on y voit. Cette galerie a cent pas de long et est embellie de peintures qui représentent toutes les maisons royales de France, leurs forêts et le plan de leurs environs avec une exactitude particulière. » Les mues de cerf elles-mêmes étaient autrefois soigneusement recueillies et conservées par les gardes des chasses, dans des pavillons spéciaux. On lit dans les *Comptes des ouvrages de serrurerie exécutés à Saint-Germain* (1548) : « *Item,* a esté ferré l'huis fort, qui ferme la chambre où l'on mect les mues de cerf en la basse-court, près le logis du cappitaine. » Ces pavillons prirent, par la suite, le nom de MUETTE (voir ce mot), que portent encore certains d'entre eux.

Plus tard, les cornes ayant été malicieusement considérées comme l'emblème des malheurs conjugaux, les ramures de cerf perdirent beaucoup de leur valeur décorative. On peut lire dans Saint-Simon (*Mém.*, t. II, p. 419) l'amusante aventure arrivée à M. de Luxembourg, à propos d'un bois de cerf dont il para sa tête. Un curieux volume, publié en 1800 (*Mémoires historiques et anecdotes de la cour de France pendant la faveur de Mme de Pompadour*), raconte également que « Louis XV, chassant dans la forêt de Sennar, entra, un jour d'orage, au château d'Étioles, et offrit au seigneur les bois d'un cerf qu'il ve-

Fig. 429. — Bois de cerf formant lustre (XVIe siècle).

noit de tuer. M. d'Étioles les plaça dans son salon, où l'on assure qu'ils sont restés depuis que sa femme a réalisé ce présent du roi ».

Aujourd'hui, quelques chasseurs endurcis ne craignent pas de braver les allusions et font de bois de cerf la parure de leurs cabinets et de leurs salons. Plus prudents, les châtelains avisés relèguent ces paisibles trophées dans les vestibules de leurs châteaux, dans les chenils, ou dans certains pavillons spéciaux exclusivement réservés à la chasse.

Cerise, *s. f.* et *adj.* — Couleur rouge, qui ressemble à celle du fruit dont elle tire son nom.

Cerisier, *s. m.;* **Serizier,** *s. m.* — Bois français employé dans l'ébénisterie et la marqueterie ; il se travaille également au tour. Il est d'un gris rougeâtre, agréablement veiné, tendre, facile à mettre en œuvre, prenant bien le poli et le vernis. En Bretagne, au siècle dernier, on paraît en avoir fait un grand usage. « Un banc à coffre de bois de serizié, prisé 5 livres. — Un banc de bois de serizié, fermant à cleff et claveure prisé quinze livres. » (*Invent. de Joseph Drouin ;* juridiction et vicomté d'Artois, 1702.) « Un charlit de bois de serizier, garny d'une couette de pleume, etc. » (*Invent. de Juliette Bongeart;* juridiction et vicomté d'Artois, 1714.) « Une table à colonnes torses, bois de cerisier. » (*Invent. de François Pichot;* juridiction et marquisat du Châtelet, 1726.) « Un sopha de bois de serisier, embouré de crin, couvert de broderie, etc. » (*Invent. du marquis de Piré;* Rennes, 1733.) On rencontre aussi quelques échantillons de ce bois dans le Bordelais. « Plus un bureau de bois de cerisier, à pièces rapportées à huit tiroirs. » (*Invent. de Martial de Mosnier, conseiller au Parlement;* Bordeaux, 1723.) Il est également mentionné dans le mobilier parisien, mais comme un bois commun et de peu de valeur ; témoin le *Petit ménage,* de Tschoudi (1783) :

Le luxe a-t-il rien qui vaille
Ces six chaises, où l'ouvrier
Entrelaça l'or de la paille
Sur quatre appuis de cerisier...

Cernoir, *s. m.* et *f. ;* **Cernoer,** *s. m.* — Petit couteau à lame recourbée, qui servait à cerner, c'est-à-dire à éplucher les noix. D. Carpentier cite plusieurs *Lettres de rémission* où le cernoir est signalé comme une arme dangereuse. (Voir *Suppl.* à Du Cange, sous *cernea.*) Nous retiendrons ceux-ci : « Le suppliant prit un cernoer qu'il avoit, qui avoit le manche d'un cerjat bien agu, etc. » (1391.) « Le feri un seul cop par le ventre, d'une cernoire à cerner noix. » (1396.) Au XVIe siècle, on disait encore en manière de proverbe : « Faire le manche d'un cernoir de l'arbre d'un pressoir », pour dire faire d'une grande chose une petite.

Céroplastique, *s. f.* — Art de modeler la CIRE. (Voir ce dernier mot.)

Certosine, *s. f.* — Ancienne étoffe d'ameublement. C'est aussi le nom d'une sorte de mosaïque de bois faite de noyer, d'ébène et d'ivoire. Elle tire son nom du couvent de Certosa où, paraît-il, elle fut fabriquée pour la première fois.

Céruse, *s. f.* — Blanc de plomb, jadis très employé dans la peinture en bâtiment, d'un usage dangereux, remplacé le plus souvent aujourd'hui par le blanc de zinc. (Voir BLANC.)

Cerveau, *s. m.* — En terme de fondeur, c'est la partie supérieure d'une cloche, celle qui se recourbe en forme de calotte. On emploie également ce mot pour signifier la capacité d'un appartement, comprise entre le plafond et la hauteur d'une personne debout.

Cervelas, *s. m.* — Nom d'une sorte de marbre. « Une colonne en marbre nommé cervelas, bien profilée, de belle qualité, enrichie de chapiteaux d'ordre corinthien, etc. » (*Cabinet de M. Lebrun,* vendu le 11 avril 1791.)

Césaré, *adj.* — Locution savante. On rencontre cet adjectif au XVIe siècle avec la signification d'IMPÉRIAL. « Et après que l'Empereur eut prins la chaire césarée impériale et faict mectre le dit seigneur ambassadeur en une autre chaire devant lui... » (*La prinse et delivrance du Roy,* par S. Moreau de Villefranche, 1524-1530.)

Ceuillet, *s. m.;* **Cueuillet,** *s. m.* — Cuiller de petite taille. « Trois cueillets d'esteins. » (*Invent. de la demoiselle Jeanne Quinquin;* cour de Mazan, 1764.) Ce mot est encore usité dans certaines localités du Midi. (Voir CUILLER.)

Cevechel, *s. m.;* **Ceveciel,** *s. m.* — Chevet. (Voir CAVECH.)

Chacart, *s. m.* — Espèce de toile de coton à carreaux de différentes couleurs, importée des Indes et ayant servi, au siècle dernier, à faire des housses de sièges et de lits.

Chaferconnées, *s. f. pl.* — Toiles peintes fabriquées dans les États du grand Mogol, et dont l'importation en France fut interdite au siècle dernier.

Chagrin, *s. m.* — Cuir très dur et grenu avec lequel on couvre les coffres de prix, les boîtes, les étuis, les livres, etc. Le chagrin fut fabriqué d'abord en Orient, avec des peaux de chevaux, d'ânes, de mulets, etc. Pour donner à ces peaux le grain qui les distingue, on sème dessus des graines de moutarde, et on les met sous une presse. En Europe, on imite le chagrin avec des peaux de chèvre ou de mouton, auxquelles on fait subir un apprêt au moyen de planches gravées et chauffées, qu'on imprime en les faisant passer sous un rouleau. On contrefait le chagrin depuis au moins deux cents ans, car nous lisons dans l'*Inventaire de l'abbé d'Effiat* (1698) : « Une petite cave... façon de chagrin prisée vingt livres. » Le chagrin fut très recherché au XVIIIe siècle. Le *Livre journal* de Lazare Duvaux porte, à la date du 25 juillet 1751 : « Mme de Brancas : Avoir fait recouvrir un petit coffre en chagrin noir... » Dans l'*Inventaire du duc de Villars* (Marseille, 1770), on remarque « un (*sic*) écritoire en chagrin garni en argent »; dans celui de S. A. R. le duc Charles de Lorraine et de Bar (Bruxelles, 1781) : « Un étui de chagrin noir contenant un petit nécessaire pour les dents. » L'*Almach sous verre* de l'an III (col. 748 et suiv.) donne des recettes pour teindre le chagrin de différentes couleurs. Le rouge a toujours été le plus apprécié.

CHAGRIN. — On a aussi donné ce nom, au siècle dernier, à une étoffe de soie dont le grain imitait celui du cuir chagriné.

Chaière, *s. f.* — Voyez CHAISE.

Chaîne, *s. f.;* **Chayne,** *s. f.;* **Cheyne,** *s. f.;* **Cayne,** *s. f.* — Ce mot a reçu des adaptations diverses. La chaîne proprement dite est un lien de métal, fait avec des anneaux s'emboîtant les uns dans les autres. Au XVIe siècle, on rencontre souvent le mot orthographié avec un E. « Six cheynes usées. » (*Invent. du château d'Aigueperse,* 1507.) Les chaînes de fer ou de laiton sont employées, dans le mobilier, pour les fermetures et les suspensions. On s'en sert aussi pour retenir ensemble les diverses parties de certains ustensiles. — « Deux Theières dont l'une a une chaine et un bec d'or. » (*Vente du duc Charles de Lorraine,* 21 mai 1781.) Au Moyen Age et à l'époque de la Renaissance, les rues des grandes villes étaient, dans les cas graves, tendues de fortes chaînes. « Et le XXIVe jour ensuivant (septembre 1408) fut commandé par tretous les fevrez et maréchaux de Paris et chauderonniers qu'on fit des chaisnes comme autreffois avoient esté, et lesdits ouvriers

Fig. 430. — Grande chaire à coffre (XVe siècle).

de fer commancèrent le lendemain, et ouvrèrent festes et dimenches par nuit et jour. » (*Journal d'un bourgeois de Paris sous le règne de Charles VI*, p. 2.) « Il me falloit traverser toute la ville jusques à la Porte Saint-Martin; l'alarme estoit grande; les chaisnes commenceoient à se tendre. » (*Mém. du Sr de Mergey* à l'année 1562.)

CHAINE est aussi un terme de tisserand. Il se dit des fils tendus sur les deux rouleaux du métier, et entre lesquels passe la trame de l'étoffe. « Le sieur Portal a trouvé le secret de faire sur la même chaîne, au moyen de huit lisses... plusieurs étoffes très différentes. » (L'*Avant-Coureur* du 14 juillet 1766.)

C'est également un terme d'architecture, désignant une jambe ou rangée de pierres de taille, mises l'une sur l'autre, pour fortifier un mur de briques ou de moellons, pour soutenir des poutres, pour réconforter les angles de la construction, etc. On distingue plusieurs sortes de chaînes, les *chaînes à bossages*, les *chaînes à refends*, etc.

Chainet, *s. m.*; **Chaynet**, *s. m.* — Orthographe arbitraire de CHENET, assez usitée au XVIIIe siècle. « Une garniture de cheminée consistant en chainets, paile, mouchettes, etc. » — « Deux petits chainets de fer, une paile, etc. » (*Invent. de Bernard de Saint-Andéol;* cour de Mazan, 1728.) « Une paire de chainets de fer battu. » (*Invent. du sieur Angely,* au bourg et paroisse d'Allou, 1777.)

Chaînette, *s. f.*; **Chaynette**, *s. f.*; **Chesnette**, *s. f.* — Diminutif du précédent. Petite chaîne. « Quatre chandeliers de fer pendant à chesnettes. » (*Comptes du roi Louis XI* à l'année 1481.) « Ung petit pot d'or a couvercle et deux hances pendant à une petite chainette. » (*Invent. de Philippe II;* Bruxelles, 1568.) C'est aussi un terme de brodeur. Le point de chaînette est un point continu ayant la vague apparence d'un petite chaîne.

Chaînon, *s. m.* — Anneau qui concourt à former une chaîne.

Petits chaînons font la grande chaine,
Petit labour porte grand fruit.

(Les *Mimes*, de J. de Baïf, 1597.)

Chair (couleur de). — « On appelle couleur de chair, écrit Savary, une nuance de rouge, c'est-à-dire un rouge mêlé de quelque blanc, qui imite la couleur du teint d'une belle femme un peu animée. Ces sortes de rouges, si ce sont des soyes, doivent être alunés, et faits de pur brésil; si ce sont des fils, ils sont faits avec le brésil de Fernambouc ou quelque autre brésil et le Rocou. » La couleur de chair, nuance très délicate, fut surtout à la mode au XVIIe siècle et au siècle dernier. On l'employa pour les tissus et aussi pour les porcelaines. L'*Inventaire du mobilier de la Couronne* du 22 avril 1697 décrit « quatre lits de satin couleur de chair »; et dans celui du château de Versailles, dressé pendant la Terreur, figurent : « Trois vases de porcelaine de Sèvres, fonds couleur de chair, parsemé de fleurs d'or. »

Chaire, *s. f.* — Voyez CHAISE.

Chaise, *s. f.*; **Chaire**, *s. f.*; **Chayère**, *s. f.*; **Cheyère**, *s. f.*; **Chère**, *s. f.* — Nous voici en présence d'un des meubles qui tiennent une des plus importantes places dans l'histoire du mobilier français, et cela provient non seulement de ce que la modeste chaise, à laquelle nous faisons aujourd'hui si peu d'attention, a été autrefois le siège par excellence de nos pères, le siège honorable et confortable entre tous, celui sur lequel s'asseyaient de préférence les princes et les rois, mais aussi de ce que ce nom de chayère, de cheyère, de chère, de chaire, et finalement de chaise, a servi, du XIVe au XVIIIe siècle, à désigner une foule de sièges de structure fort différente et d'aspects très divers. Pourquoi cette unité de nom pour des meubles si variés? C'est, nous venons de le dire, que la chaire était un siège honorable entre tous, et que, dès lors, les sièges nouveaux venus, pour pénétrer dans les domiciles de nos ancêtres et s'acclimater dans leurs habitudes, s'abritaient volontiers sous son nom.

Le fauteuil, en effet, n'existait point alors ou se trouvait réduit à des emplois subalternes. La chaise remplaçait le trône, ou, pour parler plus exactement, elle se confondait avec lui. De là, du reste, ces qualifications pompeuses qu'on rencontre dans les vieux textes, celle notamment de « quayère réale », relevées dans la *Chronique de Tournai*, de « chaire royale » et de « chaire césarée », mentionnées dans *la Prinse et délivrance du Roy*, de Moreau de Villefranche; de « chaire de Majesté ». (*Bref et sommaire recueil de ce qui a esté faict à l'Entrée de Charles IX à Paris.*) Les exemples suivants vont établir, du reste, que, jusqu'à une époque relativement très récente, ces deux mots, chaire et trône, avaient une signification équivalente. Ainsi, dans l'*Inventaire de Charles V* (1380), nous rencontrons nombre de mentions dans le genre de celle-ci : « Ung saphir taillé à huict carrés, et dedans est taillé ung roy séant en sa chayère »; ou encore : « Ung ymage de Nostre

Dame d'yvire, qui est assiz en une chayère, etc. » Si maintenant nous consultons les chroniqueurs, Froissart, nous faisant assister au couronnement de Charles VI (1380), nous apprendra que « là séoit le jeune roy en habit royal, en une chaire élevée moult hault, parée et vestue de draps d'or, si très riches qu'on ne pouvoit avoir plus ». La *Chronique de Tournai,* à l'année 1394, rapporte qu'un des griefs du roi Richard contre son fils, le duc de Lancastre, c'est qu'il « se estoyt assis en la quayère réale et siège de justice, où quelque ne doibt seir, sinon le droit roi portant la couronne de Engleterre ». L'auteur de la *Chronique de Richard II* (1398), de son côté, nous montre le roi d'Angleterre assis « en la chayère de justice pour la faire à tous ceux qui le requerrent ». Le Fèvre de Saint-Remy raconte que l'archevêque de Bourges, envoyé du roi de France, tint en 1415, au roi d'Angleterre, le discours suivant : « Révérence gardée, que penses-tu voullans débouter injustement le très crestien roy des Françoys, le plus noble et le plus excellent de tous les roys crestiens, de la chayère et trosne de si grant et si puissant royaulme ? » Jean Chartier, dans son récit de l'Entrée de Charles VII à Rouen (1449), écrit : « Ils entrèrent dans la salle où le Roy estoit assis en sa chaière richement adorné et parée de draps d'or. » L'*Ordre observé aux Estats généraux de France à Tours* (1467) porte : « Audit premier parquet estoit assis le Roy en une haute chaire en laquelle falloit monter par trois haults degréz. » Nous lisons dans le *Récit de l'Entrevue de Louis XII et de Ferdinand d'Aragon* (1507) : « La se prindrent les deux roys par les mains, et cheminèrent jusque devant le grand autel où avoit deux chaires parées, desquelles l'une estoyt pour le roy, l'autre pour le roy d'Aragon »; dans l'*Ordre observé au sacre et couronnement de la reine Claude* (1517) : « La grant table de marbre fut parée pour servir de table d'honneur, et au milieu d'icelle fut la chaire préparée pour la royne, couverte de drap d'or frizé »; dans la *Deffianche du roy de Franche* (1532) : « L'Empereur [est] assis en sa chaire préparée selon sa dignité... » En 1548, la municipalité de Lyon commandait à l'orfèvre Jean Delabarre un groupe représentant « ung roi assis en une chaire, au devant duquel sont deux vertuz dressées debout, qui présentent au roy ung Lyon d'or ». Olivier Codoré, dans son *Bref et sommaire recueil de ce qui a esté faict à l'Entrée de Charles IX à Paris* (1572), décrit : « Un hault dais de trois marches couvert de tapisserie de Turquie et dessus un déz tendu de riche velours sous lequel estoit posée la chaire pour seoir Sa Majesté. » Enfin Palma Cayet, rendant compte des États généraux de 1588, écrit : « Toute l'assemblée se leva et demeura teste nüe jusqu'à ce qu'il (le roi) fust assis dans sa chaire. »

On voit que, jusqu'à la fin du règne des Valois, la chaire n'abdiqua aucune de ses prérogatives. François Ier et Henri II la tinrent en honneur, et le *Règlement pour la maison du Roy,* édicté par Henri III (1578), prétend qu'aucun profane ne touche à ce meuble sacré et ne s'appuie sur sa chaire, pendant que le roi est à table. Il n'est fait d'exception que pour « le capitaine des gardes qui sera en quartier, lequel sera appuyé sur le costé droict de ladicte chaire, et un des gentilzhommes de la chambre, qui sera aussy en quartier, sur l'austre costé ». Lorsque lord Shrewsbury vint lui communiquer la sentence qui la frappait, Marie Stuart, qui de son séjour en France avait conservé une partie de nos usages, « se prépara pour le recepvoir en sa chambre, raconte Bourgoing (*Journal,* p. 571), assize dans sa chaire au pyed de son lict ».

Sous les Bourbons, la chaise conserva pendant longtemps les mêmes prérogatives et la même importance. L'*Ordre observé au Couronnement du roy Henry le grand,* (1594), donnant la description du « Throsne royal », porte : « Sur cette plate forme fut posée la chaise du Roy... au-dessus y avoit un dais de veloux violet semé de fleurs de lys d'or ». Quand, en 1598, Henri IV fit son Entrée à Paris, « le portrait du Roy, revêtu de ses habits royaux, avec le sceptre à la main, assis dans une chaire, ayant devant soy les déesses de la Victoire, de la Clémence et de la Paix, avoit esté mis sur la porte de la maison de ville ». (Pierre de l'Estoile, *Appendice au journal de Henri IV,* t. VII, p. 338.) Lorsque, en 1602, on célébra à Saint-Merry la cérémonie en l'honneur des Suisses, « sous un riche dais estoit posée la chaire du roy, et ung petit pulpitre au devant pour poser son bréviaire, tandis qu'on chanteroit la messe ». (*Ibid., Journal,* t. VIII, p. 47 et 48.) La veille, le roi avait reçu ces mêmes ambassadeurs, conduits par le prince de Condé, en son Louvre, en grand costume et « séant en une chaire ». En 1607, l'ambassadeur turc vint visiter le Dauphin, et celui-ci lui donna audience perché sur sa grande chaire. (*Journal d'Héroard,* à l'année 1607.) Ces usages se continuent, au reste, bien au delà du règne du Béarnais. L'*Entrée de Louis XIII à Lyon* (1623) nous apprend que, sur l'échafaud surmonté d'un dôme, spécialement construit pour recevoir la reine et le roi, se trouvaient « les chaises de Leurs Majestéz, couvertes de velours violet, chamarrées de grands passements d'or ». La *Gazette de France* du 16 décembre 1632, racontant que Louis XIII reçut à Saint-Germain le Parlement et la Cour des comptes venant lui renouveler leurs protestations d'éternelle obéissance, a soin de constater que « le roi estoit en sa chambre assis dans sa chaire, ayant à sa droite le garde des sceaux ». Lorsqu'en 1651, Anne d'Autriche fit mander le Parlement pour entendre ses observations, elle lui donna audience dans sa petite galerie. « Le ministre étoit debout près de sa chaise, et le garde des sceaux près de lui. » (*Mém. de Mme de Motteville,* t. III, ch. XLI, p. 283.) L'année suivante, la Grande Mademoiselle arrive à Orléans, et c'est à l'hôtel de ville, « assise dans une grande chaise », qu'au milieu du plus respectueux silence, elle prend la parole pour exciter les magistrats à la résistance. (*Mém. de Mlle de*

Fig. 431. — Le roi « séant en sa chayère » (sceau de Charles V).

Montpensier, t. II, p. 3.) Quelques années plus tard, c'est à la taille de sa chaise, « qui étoit très haute et qui, dit-elle, me parut celle où l'on faisoit des conférences au parloir », que les religieuses de Mons devinèrent l'élévation de son rang. (*Ibid.,* t. IV, p. 295.) Enfin, quand la reine Christine vint en France (1656), le seul siège qu'elle réclama fut une chaise. Faut-il ajouter qu'elle s'y comportait assez mal. « Elle se couchoit dans sa chaise, écrit Mademoiselle, jetoit ses jambes d'un côté, d'un autre, les passoit sur les bras de sa chaise; enfin, elle faisoit des

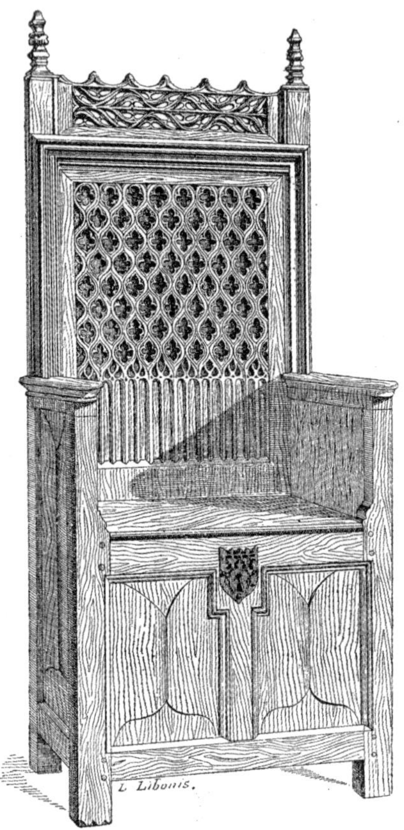

Fig. 432. — Chaire à coffre (XVe siècle).

postures que je n'avois vu faire qu'à Trivelin et à Jodelet. » (*Ibid.*, t. II, p. 460.)

C'est sur ce souvenir un peu gai que nous aimerions à finir cette étude de la chaire ou chaise, considérée au point de vue hiérarchique, politique et social, si nous n'avions encore à rappeler que le marquis de Sourches, en ses *Mémoires,* rapporte, à la date du 15 mai 1685, que lorsque le doge de Gênes fut admis en présence du Grand Roi, celui-ci « étoit assis dans une chaise d'argent en espèce de trône, laquelle étoit sur un marchepied couvert d'un tapis de Perse ». Ainsi, jusqu'au milieu du XVIIe siècle, époque où elle se transforma, la chaise fut, à la Cour et chez les grands, le siège noble et distingué par excellence. Le fauteuil, qui bientôt devait prendre hiérarchiquement sa place, ne commença à acquérir une importance mobilière considérable qu'à partir du dernier tiers du XVIIe siècle, et les *Comptes des bastimens,* à l'année 1678, enregistrent encore la fourniture, par le tapissier A. Boult, de « trente-six chaises de noyer, garnies et couvertes de moquade, pour l'Académie françoise ».

La chaise, ou mieux la chaire, qu'on tenait en si haute estime, et qui remplissait dans l'ameublement un rôle si magistral et si considérable, devait, on le comprend, revêtir une parure en harmonie avec sa destination. Non seulement elle était sculptée avec art, mais encore recouverte de dorures et, pendant le XIVe et le XVe siècle, de peintures si précieuses, que le prix de ces peintures surpassant de beaucoup tout le reste, c'était — particularité assez curieuse — le peintre ordinaire du roi ou du prince, qui demeurait chargé de la fourniture de ces sièges d'honneur. Ainsi, dans les *Comptes d'Étienne de la Fontaine, argentier du roi Jean* (1352), on trouve un certain nombre de versements effectués entre les mains de « maistre Girart d'Orliens », peintre et valet de chambre du roi « pour le fut et façon », non seulement de chaires faites pour le roi, et livrées en sa chambre, « les dictes chaières ouvrées à orbevoies à deux endrois, et paintes », mais encore pour des chaires de même genre livrées pour le Dauphin, le duc d'Orléans, le comte d'Anjou, le duc de Bourbon, etc. Un autre *Compte,* datant de 1399, nous apprend que Perrin Balloches, « paintre, demourant à Paris », fit et livra, « le XXIe jour de may, pour Mgr messire Loys de France, deux chaïeres, c'est assavoir l'une de salle, l'autre de retrait, celle de salle painte de finnes couleurs, couverte de cuir vermeil escorchié, frangiée de franges de soye et garnie ainsi comme il appartient, et celle de rettrait couverte de drap vermeil ». Relevons encore la somme de huit livres, payées à Girard Blommeteau, « pour avoir paint IV chayères de sale, l'une pour Monsr de Guyenne, la IIe pour Monsr de Touraine, la IIIe pour Madame de Bretagne et la IIIje pour Mme Michielle de France ». (Janvier 1401 ?) Enfin, nous savons qu'en l'année 1484, Joannes Bourdichon, « paintre du roy, demourant à Tours », et l'auteur du livre de prières d'Anne de Bretagne, exécuta pour cette reine deux grandes chaires, « par luy painctes, et toutes dorées de fin or ». On voit que l'habitude de ces somptueuses décorations persista jusqu'à l'époque de la Renaissance.

Elle continua même d'être en usage pendant tout le XVIe siècle. Les *Ordonnances* de Henri III sur le retranchement du luxe et divers passages du pamphlet intitulé l'*Isle des hermaphrodites* ne laissent aucun doute à ce sujet, non plus que les vers suivants, empruntés à une de ces croustillantes énigmes, dont Pierre de Larivey a enrichi les *Nuits* de Straparole. Parlant de la « chaire à s'asseoir », il dit :

> Souvent elle se vest d'or, d'argent et de soye,
> Affin de se monstrer plus plaisante et plus gaye,
> Plus belle et plus gentille, aux yeux de ses amans.

Ce que de pareils sièges devaient étaler de magnificence, on le devine assez. L'*Inventaire de Charles V* (1380) décrit les deux chaises dans lesquelles ce sage monarque aimait à s'asseoir. C'étaient « une chayze à teste de Lyon et d'aigles, avec le siège de veluiau azuré à fleurs de lys », et aussi « une grant chayère, haulte, painte à fleurs de liz, avecq le siège et le dossier de veluiau azuré, brodéz à fleurs de liz ».

Cette somptuosité, cet éclat ne suffisaient pas cependant aux besoins luxueux de ce temps. Indépendamment de ces peintures et de ces dorures brillantes, la chaire, aux jours de cérémonie, recevait encore cette parure de drap d'or, dont nous l'avons vue revêtue au sacre de Charles VI, et dont on trouve la mention dans divers documents de ce temps. Dans les *Comptes de Geoffroi de Fleuri,* relatifs au sacre de Philippe le Long (1316), nous relevons la livraison de « XVIII draps de Turquie... desquieus il en ot II de quoy la chaère le Roy et la Royne fust encourtinées en l'église de Rains ». Le *Journal de la dépense du roi Jean en Angleterre* (1359-1360) relate l'achat d'un « drap d'or à couvrir chaières pour le roy ». L'*Inventaire de Charles V,* si riche en toutes sortes de meubles, mentionne 14 « tapis à chayère », des « couvertures de chayère pour prélat », c'est à savoir, dit l'inventaire, « quatre, l'une blanche, l'autre vermeille, l'autre ynde, l'autre noire ». En outre de ces couvertures et de ces tapis, les chayères royales étaient ornées de « petiz dosseréz à chayère, qui se tendent à fers... de drap vermeil, de camocas azuré goté d'or, de camocas vert goté d'or », etc. Citons encore dans ce genre : « Ung drap d'or très riche de siège à chayère, pour le Roy, bordé tout autour de veluiau azur semé de fleurs de lis d'or, doublé de sendal vermeil », mentionné dans l'*Inventaire du Louvre* (1420). Et le passage suivant des *Comptes et mémoriaux du roi René :* « Je Guillemin Lessault, tappicier du roy de Sicile, confesse que aujourd'hui XIXe jour de juillet (1468), j'ai receu de Messeigneurs de la chambre des Comptes, à Angers, le drap pers semé de fleurs de liz d'or, que mesdits seigneurs me ont baillé... pour parer la chaère du conseil dudit Seigneur. » Enfin Olivier de la Marche, dans son *État de la maison du duc de Bourgogne,* nous montre, à l'audience des ducs de Bourgogne, le prince entouré « de la noblesse de son hostel, asçavoir, princes, chancelier, écuyer et autres », assis « en sa chaire richement parée de palle de drap d'or, et précédée d'un marchepied, qui est large et de trois pas de montée, et tout couvert de tapisserie richement ».

On comprend que ces précieuses chaires ne pouvaient manquer d'être l'objet de soins particuliers. Les princes les emportaient avec eux dans leurs déplacements, les considérant comme un des attributs de leur « majesté », et pour qu'elles n'eussent pas à souffrir le long de la route, on les logeait dans d'énormes valises (bouges) ayant la forme d'un écrin. C'est ainsi que nous voyons, en 1387, Pierre du Fou, « coffrier, demourant à Paris », toucher soixante-quatre sols parisis « pour une bouge de cuir fauve, garnie de grosse toille par dedens et de courroies », qu'il a fournie « pour mectre et porter une chaière pour le Roy ». Ainsi, ne craignons pas de le redire, la chaise fut pendant un nombre respectable de siècles le siège par excellence; et, pour bien établir qu'aucune consécration ne lui manqua, nous rappellerons en terminant qu'au Moyen Age on appelait communément *Deniers d'or à la chaise* et *Sols d'or à la chaise* les pièces de monnaie sur lesquelles le roi était représenté assis.

Honorée pendant cinq siècles dans les palais, châteaux, hôtels et manoirs habités par des princes et des rois, la chayère, chaire ou chaise n'eut pas moins à se louer de l'accueil qui lui fut fait, durant le même temps, dans les demeures bourgeoises. Ainsi que le montrent un certain nombre de nos planches (voir planche XLI), elle occupait dans la chambre à coucher, auprès du lit, un poste d'honneur :

Desous vos lit vous faut
Un calit et, dalès (près) le lit,
Une cayrée et plusieurs
Bancs et sielles,

écrit l'auteur anonyme du *Livre des mestiers.* C'était là, en effet, la place qui lui était assignée, non par un de ces accidents dont l'organisation mobilière fourmille en tous les temps, mais grâce à une préméditation bien arrêtée. Ces deux vers de Villon :

S'ils se vantent coucher soubz le rosier,
Ne vault pas mieulx lict costoyé de chaise ?

suffiraient à l'attester, alors même que nous n'aurions pas les vers 12, 13 et 14 du *Blason de la chaire,* tracé par Gilles Corrozet, *Blason* que nous ne pouvons nous dispenser de reproduire intégralement.

Chaire pleine de bons ouvrages,
Chaire enlevée à personnages,
Chaire de pris, chaire polye,
Chaire de façon bien jolye,
Chaire où l'ouvrier par bonne entente
Tailla mainte table d'attente,
Feuillages, vignettes, frizures
Et aultres plaisantes figures ;
Chaire couverte à chapiteaux ;
Chaire garnie d'escripteaux
Dignes de la langue et la bouche ;
Chaire compagne de la couche ;
Chaire près du lict approchée
Pour deviser à l'accouchée ;
Chaire faicte pour reposer,
Pour caqueter et pour causer ;
Chaire de l'homme grand soulas,
Quand il est travaillé et las ;
Chaire bien fermée et bien close,
Où le muscq odorant repose
Avec le linge délyé,
Tant souef, fleurant, tant bien plyé ;
Chaire belle, chaire gentile,
Chaire de façon très sutile,
Tu es propre en toute saison
Pour bien parer une maison.

Cette place d'honneur auprès du lit, la chaire la conservera, non seulement pendant tout le XVIe, mais durant

Fig. 433. — Chaire de Louise de Savoie, d'après une miniature du XVIe siècle.

une bonne partie du XVIIe siècle. Presque tous les inventaires l'attestent. « Une chaire de menuiserie, auprès du chevet du lit. » (*Invent. d'Estienne de Baillargier, chanoine de Saint-André;* Bordeaux, 1523.) « Une chaire au chevet du lit. » (*Invent. de messire Pierre Berle;* Bordeaux, 1531.)

« Une chère de velours verd, à cousté d'ung lict. » (*Invent. de Pierre Solle;* Marseille, 1623.) Etc.

On remarquera, en outre, que, siège d'honneur, la chaire est presque toujours à l'état unique. Le *Livre des mestiers,*

Fig. 434. — Chaire à haut dossier et à coffre (XVIe siècle).

d'accord en cela avec Gilles Corrozet, dit : « Vous faut une cayère et plusieurs bancs ou sielles. » Cette chaire unique, c'est le maître de la maison qui l'occupe. « S'assirent tous au mengier, et le bon mary print sa place en la chaire à doz, assez près de son lit. » (*Cent nouvelles,* nouvelle XXIXe.) Même dans les édifices publics, elle reste rare. En 1529, le mobilier de l'hôtel de ville de Cognac se composait d'une « table, deux tréteaux, un banc tourné, cinq bancs à pied, un escabeau, une grande chaire et une petite ». (*Cartulaire* ou *Livre rouge* de la ville de Cognac.) Partout, même à la cuisine, elle est l'insigne du commandement, le siège privilégié du chef. « Doit le queux, en sa cuisine, commander, ordonner et estre obey, et doit avoir une chaïère entre le buffet et la cheminée, pour seoir et soy reposer si besoing est, et doit être assise icelle chaière en tel lieu qu'il puist veoir et congnoistre tout ce que l'on fait en ladite cuisine. » (Olivier de la Marche, *État de la maison du duc,* p. 686.) Enfin, comme dernière preuve, il nous sera permis de citer l'*Inventaire,* très soigné et très complet, dressé en 1615, des meubles garnissant le château de Turenne. Cet inventaire méticuleux, qui consacre à chaque sorte de meuble un chapitre spécial et qui établit entre eux une hiérarchie sévère, mentionne d'abord les chaires, puis les bancs, les escabeaux, les tabourets, les placets et finalement les carreaux. Voici, semble-t-il, l'importance mobilière de la chaire ou chaise surabondamment établie; passons maintenant à sa structure et à ses adaptations diverses.

La chaise, que nous rencontrons aujourd'hui dans tous nos mobiliers — et nous n'entendons parler ici que des chaises garnies, — se compose de quatre pieds droits ou recourbés, de forme ronde ou carrée, mais plus larges au sommet qu'à la base, et qui portent chacun deux mortaises creusées à angle droit. Dans ces mortaises viennent s'engager les tenons des quatre traverses, qui, tout en unissant les pieds, constituent un châssis sur lequel viendra s'adapter la garniture. Les pieds de derrière, doubles en longueur de ceux de devant ou à peu près, dépassent le siège et, réunis à leur tour par de nouvelles traverses, constituent un dossier. Ainsi, toute chaise, à notre époque, se compose d'un siège proprement dit, supporté par un châssis reposant sur quatre pieds, et d'un dossier. Il faudrait bien se garder de croire qu'il en a toujours été de même. Dans sa marche à travers les âges, la chaise a subi toutes les fluctuations de la mode; elle s'est prêtée à toutes les exigences, à toutes les fantaisies, à tous les caprices des générations, dont elle a été la compagne fidèle et la très honorée servante. Tout d'abord, elle participa d'une qualité qui distingue la plupart des gros meubles du Moyen Age. Elle fut coffre. Entre ses quatre pieds, on installa une espèce de petite armoire, qui était d'autant mieux située que, la chaise étant la voisine du lit, on y pouvait serrer les effets de nuit et de matin, que de la sorte on avait sous la main. C'est ainsi qu'il faut comprendre la

Chaire bien fermée et bien close,
Où le musc odorant repose
Avec le linge delyé,

dont parle le soigneux Corrozet. C'est celle que nous trouvons au château d'Angers, dans le *retrait* ou cabinet du roi René (1471). « Une cherre à coffre et à ciel sur laquelle se siet Berthélemy pour besongner. » C'est elle encore qui figure dans l'*Inventaire du baron de Saint-Blancard* (Marseille, 1556) : « Une chaire à coffre de noyer, dans la caisse de laquelle s'est trouvé quatre pommes de lict dorées »; ainsi que dans l'*Inventaire des meubles existant au château de Plessis-Gueriff* (1565) : « Ung buffet et une chère fermante », etc. Notons encore : « Une grande chère de noyer haute, à pilliers, dedans laquelle y a ung coffre. » (*Invent. de l'avocat Jean Le Berton;* Bordeaux, 1570.) « Une grant'-chaire à dossier, fermant à clef. » (*Invent. de Laurent Gaultier, chapelain;* Darnétal, 1585.) « Une grande chayre à dossier de boys de chesne dans laquelle y a une armoyre fermant à clef. » (*Invent. d'Anthoine Delort,* 1590.) On voit que ce coffre a été désigné de façons bien différentes.

La première de ces diverses mentions appelle, en outre, notre attention sur une particularité. Il s'agit là d'une « chaise à coffre et à ciel ». Ce ciel, qu'on pourrait plus correctement appeler un dais, est encore un des signes distinctifs de la chaire du Moyen Age. Son dossier s'allonge outre mesure, puis il finit par former une sorte de toiture qui recouvre le personnage assis. Ce dais ou ce ciel, comme il plaira de l'appeler, n'est pas toutefois un ornement banal. Ne peut prendre un dais qui veut. C'est le signe, l'emblème d'une dignité. Seul le comte souverain, le baron, qui a le droit de haute et basse justice, peuvent en parer leur siège; c'est ce qui rend les chaises à ciel ou à dais si rares. Ajoutons que leur extrême incommodité contribua beaucoup aussi à les faire disparaître. Dès le XIVe siècle, en effet, on avait, pour les besoins de la toilette, fabriqué des chaises à bas dossier. Les *Comptes de Geoffroi de Fleuri, argentier de Philippe le Long* (1316), mentionnent l'achat de « III chaères, II à laver et une à seoir ». On nommait le plus souvent ces sortes de sièges CHAIRES A PEIGNER ou CHAIRES A ATOURNER, ou encore CHAIRES A BARBAYER, c'est-à-dire à faire la barbe, comme le porte un inventaire du roi René : « *Item,* une chaère basse à barbayer. » (*Invent. du château de Reculée,* 1479 ; — chambre du Roi.) Puis, une fois lancé dans la recherche du bien-être, entraîné par une pente facile, et au lieu d'une planche dure et rébarbative, dont la rude surface était mal déguisée par les carreaux et coussins, on garnit les sièges en cuir ou en étoffe; et, de cette façon, une véritable révolution s'opéra dans la structure et la garniture de la chaise.

La première mention de cette confortable substitution figure dans les *Comptes d'Étienne de la Fontaine* (1352), où nous voyons le mercier Édouard Tadelin livrer une aune de velours à Girart d'Orléans, « pour faire les sièges de II chaières pour le roy ». Les mêmes comptes nous apprennent que ces deux chaises étaient « couvertes de cuir par dessouz ledit veluyau ». Une mention analogue figure dans les *Comptes de Guillaume Brunel, argentier de Charles VI* (1387) : « A Robert Thierry, mercier, demourant à Paris..., à lui pour demie aulne de veloux azur alexandrain, baillée à Jehan de Troies, sellier, pour faire et garnir le siège d'une chaière à pigner le chef du Roy nostre dit Seigneur, pour ce XL sols parisis. » Mais c'est surtout à partir du XVIe siècle que les chaises garnies d'étoffe se font nombreuses. Au château d'Aigueperse (1507), nous relevons des chaises couvertes de drap d'or, de velours noir et de velours figuré; chez la duchesse de Valentinois (1514), des chaises de velours noir et de velours cramoisi; dans l'*Inventaire de Marguerite d'Autriche* (1524), des chaises garnies de satin, de velours vert, de velours rouge; et nous notons dans ce même document : « Un siège de chaière ouvré de fil d'or et d'argent, sur velours rouge et vert, à la mode de Turquie. » L'*Inventaire du château de Gaillon* (1550) mentionne des chaises de drap d'or, de velours vert, de velours violet. Ajoutons que ces garnitures n'étaient pas rembourrées comme celles de nos jours, mais tendues sur un fond de cuir, comme le siège fabriqué par Girart d'Orléans en 1352, ou sur des sangles recouvertes de feutre.

C'est vers le milieu du XVIe siècle qu'il faut placer l'apparition des sièges couverts directement de cuir tendu, qui furent pendant si longtemps à la mode. La *Donation de meubles faite par Henri IV à Robert Rémy* (1582) mentionne « six grandes chères couvertes de cuyr rouge, jaune, orange, garnies de clouz doréz » ; l'*Inventaire de Jean Le Brun, chanoine* (Rouen, 1586) : « Une chaire armée de cuir »; celui de *Jehan Veryer* (Bordeaux, 1590) : « Sept peaux de marroquin, de couleur jaune et verte et rouge, pour couvrir chayères. » Enfin les *Comptes de la ville de Lyon* (1595) relatent le payement à Jehanne Dynet de 12 écus « pour six chaires de cuir rouge, pour mettre à la chambre de Mme la marquise » (la belle Gabrielle). On voit qu'à cette époque les chaises couvertes de cuir étaient d'un usage général.

Quant aux chaises sanglées, leur ancienneté est attestée par le document qu'on va lire : « A Pierre Siméon, serrurier, demourant à Tours, XXV sols pour avoir fait le grand siège garny de sangles, de feutres et accoudouers d'une chaire, laquelle fut portée de cette ville d'Amboise à Tours, chez ledict Johannes Baudichon, paintre du roy pour icelle paindre » (1484). Mais cette curieuse note, extraite du *Compte troisième de maistre Loys Ruzé, argentier et maistre de la chambre aux deniers de la Reyne,* ouvre un champ nouveau à nos observations. Un siège *fait* par un serrurier est assurément un siège de fer. Les chaises en métal, dont à tort l'industrie contemporaine se fait gloire, sont-elles donc bien plus anciennes qu'on ne le pense généralement ? Et assurément, oui ; car indépendamment de la curieuse chaise, attribuée au roi Dagobert, bien qu'elle soit fort postérieure à ce monarque, nous possédons l'image et la trace de nombreuses chaises en métal. Le grand sceau de Charles V représente ce monarque sur une chaise de bronze. Dans l'*Inventaire de Clémence de Hongrie* (1328), on trouve non seulement « une chaère de cuir, garnie de fer et une dossière de fer », mais aussi « une chaère de cuivre, garnie de veluau ». Dans l'*Inventaire du duc de Bourbonnays* (1507) figure pareillement « une chayze de fer, qui estoit garnie de veloux ». On note dans l'*Inventaire du cardinal d'Amboise* (1550) « une chaire de fer, aux armes d'Orléans, garnie de veloux »; dans l'*Inventaire du château de Condé* (1559), « une cherre de fer » ; et dans l'*Inventaire de messire Jean de Boniffacе* (Marseille, 1585), « une chière

Fig. 435. — Chaire à haut dossier, à fronton et à marchepied (XVIe siècle).

de cuyvre, garnie de velours verd, avec pieds de fer assez bonne ». Ainsi, les chaises de métal sont quasiment aussi anciennes, dans notre mobilier, que celles en bois; mais cette constatation, tout incidente, ne doit pas nous faire perdre de vue la marche de notre étude.

Les besoins de la toilette ne sont pas les seuls qui aient influé, chez nous, sur la transformation des chaises. Ceux du ménage et ceux surtout de la conversation y eurent une part au moins égale. Dès le XVIe siècle, en effet, on trouve des chaises basses construites spécialement pour filer. Nous citerons l'*Inventaire de Cl. Gabre* (Marseille, 1583) où figurent : « Deuz tabouretz estanz couvertz de tapysseries vieux, et une chaire petite pour filer », et le dialogue suivant emprunté à la comédie d'*Alizon,* par Jean Guignard (acte II, sc. I).

SILINDE.

Ma sœur, apporte-moy une chaire bien basse.

FLORIANE.

En voilà déjà deux. O Dieux ! que je suis lasse !
Or sus, auparavant que je remonte en haut,
Pour n'y plus retourner, dites ce qu'il vous faut.

CLARISTE.

Dessus nostre buffet est mon poinct de Hongrie.

SILINDE.

Mon métier est auprès de sa tapisserie.
Petite paresseuse, hastez-vous de venir.

Au XVIIe siècle, on en confectionna également de petit format pour les enfants. « Plus troys petites chères boys noyer pour petitz enfans, moyenne valleur. » (*Invent. du docteur Lallemagne;* Bollène, 1668.) En outre, le désir de s'approcher du foyer, de se grouper en hiver autour de la cheminée, donna naissance à une sorte de chaise plus facile à mouvoir, plus maniable que la grande chaise à coffre et à dossier, toujours pesante et qui devait rester clouée à la muraille. Cette chaise relativement petite prit d'abord le nom de CHAISE A FEMME, puis plus tard celui autrement significatif de CAQUETOIRE. (Voir le mot CAUSEUSE.) La première mention que nous trouvions de la chaise à femme remonte à 1514. Elle figure dans l'*Inventaire de la duchesse de Valentinois :* « Quatre chaizes à femme, couvertes, le siège et doucier, de velloux vert frangéz de soye verte. » Dans l'*Inventaire de Charles Evento* (Marseille, 1556), nous relevons également : « Une petite chaise faite de marquetterie à la genevoise. » Dans l'*Inventaire de J.-P. de la Setta* (Marseille, 1587) : « Huit chères de paille, servant à femmes, à la fasson de Pise », etc. Notons en passant que ces *chaises à la genevoise,* ou, ce qui serait mieux, *à la génoise* et *façon de Pise,* qui sont assez communes dans le mobilier méridional de ce temps, sont de bois précieux couvert de marqueterie. Nous avons relevé dans les inventaires marseillais du XVIe et du XVIIe siècle un grand nombre de meubles de ce genre. « Deux petites chières de noyer faictes à la genevoise vieilles. » (*Invent. de Bonifface,* 1585.) « Huict chières à façon de Gennes garnies de tapisseries. (*Invent. de François Constans,* 1624.) « Dix-huict chères noyers, façon de Gênes, garnies de vellours cramoisy. » (*Invent. de Henry de Bernier,* 1635.) Etc., etc. Quant aux chaises caquetoires, dont nous parlons longuement au mot CAUSEUSE, elles apparaissent pour la première fois en 1570 et persistent jusqu'aux environs de 1725. Des très nombreuses traces qu'elles ont laissées dans notre mobilier, nous ne retiendrons que les suivantes, parce qu'elles nous fournissent une indication précieuse sur la forme de ce genre de sièges. « Huit chaires de bois, dont sept caquetoires, et *l'autre à haut dossier et bras* garnis de tapisserie, etc. » (*Invent. de Jacques Ninet;* Paris, 1631) ; et : « Six grandes chères caquetoires — plus une chère à bras à haut dossier, etc. » (*Invent. du docteur Lallemagne ;* Bollène, 1668.) La caquetoire était donc, au XVIIe siècle, une chaise à bas dossier et sans bras. En avait-il toujours été ainsi ? Assurément non, et cette dernière question nous amène à parler d'une révolution assez curieuse, qui s'était produite, quelques années plus tôt, dans la construction de la chaise.

Fig. 436.
Chaire à vertugadin, à la génoise (XVIIe siècle).

Jusqu'en 1580, toutes les chaises avaient eu des bras. Mais à cette époque la mode des vertugadins ayant singulièrement amplifié les jupes des femmes, comme celles-ci ne voulaient pas renoncer à s'asseoir sur la chaise, qui était, nous l'avons dit, le siège honorable par excellence, on prit le parti de supprimer les bras, et la chaise, ainsi transformée, reçut le nom de CHAISE A VERTUGADIN. Le premier document qui mentionne ces sièges nouveaux est l'*Inventaire de Gabrielle d'Estrées.* Pendant les quarante premières années du XVIIe siècle, les chaises à vertugadin foisonnent dans les mobiliers parisiens. En voici quelques exemples d'autant plus intéressants, que presque toujours elles s'y trouvent opposées aux chaises à dossiers et à bras. Nous commençons tout naturellement par l'*Inventaire de Gabrielle d'Estrées* (1599) ; il compte : « Neuf chaises de bois de noyer doré, cinq à vertugadin et quatre à bras, couvertes par le siège et dossier de cuir orangé, garni de clous argentéz. » L'*Inventaire de Lenormand de Beaumont, conseiller au Parlement* (Paris, 1628), décrit : « Six chaises à vertugadin de bois peint, couvertes de tapisseries à gros points », et « trois chaises à bras et à dossier, de bois de noyer, couvertes de tapisserie à gros point ». L'*Inventaire de Marguerite Gudin, femme de Rémy Lévesque, docteur en médecine à Paris* (1629), mentionne : « Quatre chaises à vertugadin, couvertes de tapisserie. » L'*Inventaire de Marie Cressé, épouse de Jehan Poquelin* (1633) : « Six chaises de bois de noyer à haut dossier à vertugadin, couvertes de tapisserie à fleurs, rehaussée de soie. » Dans les *Comptes du palais de Fontainebleau* (1642), on lit : « A Louis Hinart, maistre tapissier à Paris, pour son paiement de douze chaises à vertugadin..., etc. » Enfin, voici chez *M. Hillaire de la Chaussée* (Paris, 1652) : « Six chaises à vertugadin et deux fauteuils, couverts de tapisserie. »

Cette fois le mot fauteuil apparaît, et la différence radicale que nous constatons aujourd'hui entre ce meuble et la chaise — la présence ou l'absence de bras — va se révéler peu à peu et faire de la chaise un meuble absolument différent de ce qu'il était dans son principe.

Cependant l'usage des chaises à bras persiste conjointement avec celui des chaises à vertugadin pendant de longues années, non pas à l'état d'exception, mais à l'état de règle générale. Parcourons le *Journal* de Pierre de l'Estoile, nous y lirons qu'en avril 1603 « le maistre de *La Hure,* qui est ung cabaret en la rue de la Huchette..., s'étant mis *en* une chaire, il eust à peine loisir de s'asseoir qu'il n'eust rendu l'esprit ». L'année suivante (novembre 1604), c'est Gosselin, « gardien de la librairie du Roy, aagé de près de cent ans, homme de bien et grand mathématicien », qu'on trouve « mort *dans* une chaire, près de son feu ». En mai 1609, Mlle de Courlanges, âgée de quatre-vingt-cinq ans, éprouve le même sort que Gosselin : « elle mourut *dans* sa chaise ». Il est clair qu'il s'agit là de chaires ou de chaises à bras et non d'autres. C'est aussi d'une chaire à bras que le fameux Francion « vid sortir tout d'un coup un homme qui se mit à marcher bien fort ». (*Histoire comique de Francion,* 1632, liv. X.) Quant à celle que Loret offre à Mlle de Guerchy, il n'y a pas d'erreur possible :

... Dans Paris quand on le sceut,
A bras ouverts on la receut ;
Mais j'entens les bras d'une chaize...

Si maintenant nous écoutons Tallemant racontant la fin de M. Costar, il nous dira que cet honnête académicien « voulut qu'on le levât *dans* une chaise qui étoit près de son lit ». Si c'est Molière qui parle, il nous montrera Argan se jetant *dans* sa chaise et Béline criant à Toinette (*Malade imaginaire,* acte I, scène VII) : « Ça, donnez-moi son manteau fourré et des oreillers, que je l'accommode *dans* sa chaise. » Si c'est Boileau, il s'écriera :

Alidor assis *dans* sa chaise,
Médisant du ciel à son aise,
Peut bien médire aussi de moi.

C'est également « *dans* une chaise à bras » où tout le monde la voit et où elle essaye de ne pas dormir, que la duchesse d'Orléans écoute le sermon. (*Correspondance de la duchesse d'Orléans,* t. II, p. 218.) Et si nous interrogeons Saint-Simon, il nous montrera le duc d'Orléans se jetant « *dans* sa chaise comme un homme à qui les forces manquent » ; « se renversant *dans* sa chaise » et même couché *dans* sa chaise », et nous apprendrons, par la même occasion, que c'est « *dans* sa chaise » que mourut l'archevêque de Reims, Letellier.

On pourrait multiplier ces citations. Il nous suffira, pour terminer, de remarquer que si le terme « chaire à vertugadin » persista jusque vers la fin du XVIIe siècle — puisqu'on le retrouve dans l'*Inventaire de Henri de Béthune, archevêque de Bordeaux* (1680) — les chaires à bras, de leur côté, furent en usage presque jusqu'à la fin du siècle dernier. Les mentions suivantes le prouvent : « Et dans la première chambre, en entrant, si est trouvé huit chaires bois noyer *à bras,* garnies de damas de Naples. » (*Invent. du cardinal de Belzunce;* Marseille, 1745.) « Dix chaires *à bras,* antiques, rembourrées dec rin et couvertes de satinade. » (*Invent. de Catherine Poujard;* Marseille, 1760.) Ce fait était intéressant à constater, parce qu'il démontre que ce que nous qualifions fauteuil Louis XIII ou Louis XIV n'est le plus souvent, et pour cause, qu'une simple chaise à bras.

La suppression des bras avait été précédée d'une autre transformation pour le moins aussi curieuse, non pas produite par les exigences de la mode, mais par ce besoin de confortable, qui commença à se manifester au XVIe siècle, et que les siècles précédents avaient ignoré. Le désir de prolonger les repas, et pour cela d'y être assis à l'aise, amena les convives à souhaiter un siège qui les soutînt convenablement derrière et sur les côtés, sans pour cela gêner le service. On imagina alors ces chaises en TENAILLES PLOYANTES ou BRISÉES, pour employer un terme du temps, qui sont demeurées, en dépit de tous les progrès réalisés, des sièges relativement commodes. L'auteur anonyme de l'*Isle des hermaphrodites* signale ces chaises à l'indignation de ses contemporains, comme une de ces nou-

Fig. 437. — Chaise de Louis XIV, d'après une tapisserie de l'*Histoire du Roi.*

veautés dangereuses contre lesquelles l'honnêteté proteste. Pénétrant dans une salle à manger de l'île réprouvée et contemplant les convives, il voit « les trois premiers dans des chaires de velours, faictes d'une façon qu'ils appellent brisées, et fort éloignées les unes des autres... » Cette note ne nous fournit pas la date exacte de l'invention de ces sièges commodes ; selon toute vraisemblance, ils étaient beaucoup plus anciens. L'*Inventaire de l'évêque de Langres* (1385) mentionne *unam cathedram rotundam de quercu et operagio parisiensi dicto de Broissure taxatam* XX *sols tournois,* qui semble appartenir à cette espèce de chaises. L'*Inventaire de Catherine de Médicis* (1589) décrit « une chaize brizée, garnye de velours, noire et posée sur un pivot », qui se rapproche de celles que nous venons de voir critiquer. Quatre ou cinq autres d'un genre identique, qu'on rencontre dans ce même inventaire, prouvent que l'usage commença à s'en généraliser sous la régence de cette princesse. Toutefois, au XVIe siècle, les chaises brisées semblent être demeurées le privilège exclusif des personnages admis au haut bout de la table. Les simples convives continuèrent de s'asseoir sur des bancs ou sur des escabeaux. Ce n'est qu'au XVIIe siècle que ces derniers furent remplacés et que les chaises commencèrent à prendre dans le service de la table la place qu'elles ont conservée depuis. Dans l'*Estimation des meubles de feu Madame* (sœur de Henri IV) (1604), elles sont peu nombreuses ; nous en remarquons quatre, pas plus. Elles sont à haut dossier « ploiantes, couvertes de vellours figuré » ou de « vellours incarnat ». Au château de Turenne (1615), elles sont encore rares. Nous en trouvons quatre ou cinq en tout. Elles sont de velours cramoisy, de toile d'or, de cuir rouge et vert ; chacune d'elles marche avec un ameublement différent, et l'on peut donc les considérer comme devant rarement servir ensemble. Les *Comptes des bastiments de Fontainebleau* (1642) mentionnent l'achat de « douze chaises ployantes à dos, garnyes de peaux de mouton rouge et une douzaine d'escabeaux ployans, garnis de mocquade ». Enfin, chez le cardinal de Mazarin (1653), on les compte par douzaines. La révolution s'est accomplie. La table s'est arrondie, les bancs ont disparu, les chaises ployantes se sont multipliées et en même temps elles ont changé de nom. Elles s'appellent PERROQUETS (voir ce mot), et c'est sur ces sièges, si curieusement nommés, que l'on s'assoira à table pendant tout le règne de Louis XIV et pendant la Régence.

Vers l'époque où les chaises brisées firent leur apparition, on vit, grâce à ce même besoin de confortable, se produire une transformation nouvelle dans la structure de la chaise ordinaire. La chaise couverte de paille était à la fois plus légère et moins dure ; aussi s'introduit-elle assez rapidement dans les usages. Le premier inventaire où nous rencontrons ce genre nouveau de chaises est celui de Claude Millet, sommelier de la paneterie de Mme la duchesse d'Uzès (Paris, 1585). On relève dans ce document « une petite cheise de paille » ; ensuite vient celui de P. de la Setta (Marseille, 1587). Ce personnage était d'origine italienne, et cette origine pourrait faire croire que les chaises de paille trouvées chez lui étaient une importation de son pays. Ces

Fig. 438. — Chaire à bras cannée (XVIIe siècle).

sièges, au nombre de neuf, furent inventoriés : « Huit chères de paille, servant à femmes... », et « une petite chière de noyer, garnie de paille ». Importées ou non, et bien que dans le principe elles n'aient pas semblé jouir d'une grande réputation — car Tallemant, parlant de l'illustre Malherbe, écrit : « Il étoit mal meublé et logeoit d'ordinaire en

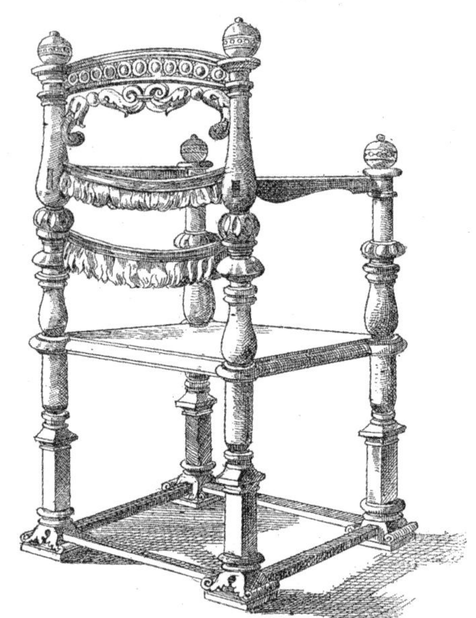

Fig. 439. — Chaise à pieds tournés, dite à *la capucine*.

chambre garnie, où il n'avoit que sept ou huit chaises de paille », néanmoins, grâce à leur légèreté, ces chaises se faufilèrent dans les intérieurs les plus distingués. En 1677, nous trouvons chez le conseiller Quiquebeuf, secrétaire du roi : « Cinq petittes chaises de bois tourné et garni de paille, et chacune de leur orillier et dossier rempli de plume et de crain, couvert de brocatelle. » Mieux que cela, l'*Inventaire des meubles de la Couronne* (état de 1673) mentionne « six petittes chaises de paille façon de verny de la Chine ». Elles avaient donc accès à la Cour. Dès cette époque, elles forment, au surplus, une branche de commerce assez importante pour alimenter une industrie spéciale. « Les tourneurs qui vendent des chaises garnies de jonc et de paille sont, pour la plupart, au marché neuf, rue Grenier-Saint-Lazare et rue Neuve-Saint-Méderic », écrit le rédacteur du *Livre commode* (1691). Enfin, après la mort de Louis XIV et la proclamation de la Régence, les sièges en paille devinrent tout d'un coup à la mode dans les salons les plus aristocratiques, et voici comment. Les princes et princesses du sang, par dépit du rang qu'occupaient Philippe d'Orléans, la duchesse sa femme et sa fille la duchesse de Berry, prirent l'habitude de s'établir sur « de petites chaises à dos, de paille, plus mobiles (à ce qu'on affirmoit) et plus légères et commodes pour travailler et pour jouer » (Saint-Simon, *Mém.*, t. XIV, p. 462), mais qui avaient surtout cet inappréciable avantage de dispenser les maîtres de maison d'offrir des fauteuils aux visiteurs qui pouvaient y prétendre, soit par leur rang ou par leur autorité. Et voilà comment « ces petits sièges de paille introduits sous prétexte de commodité » devinrent « les sièges de tout le monde sans distinction ». (Dangeau, *Journal*, t. XVIII, p. 67.)

Après cela, nous sommes moins surpris de rencontrer des chaises de paille chez Lazare Duvaux, le marchand à la mode, le fournisseur de Mme de Pompadour et de son royal amant, et de voir Mme du Deffand habiller de la plus somptueuse façon la petite chaise de paille sur laquelle la maréchale de Luxembourg, quand elle lui fait visite, pose ses pieds et son ouvrage. (*Lettres à Horace Walpole,* lettres CLXXVIII et CLXXXII.) Constatons encore qu'avant d'avoir

Fig 440. — Chaise en bois sculpté, style Louis XV.

révolutionné les salons et créé une sorte d'égalité relative dans le monde de la Cour, la chaise de paille avait depuis longtemps établi son empire au théâtre. « Il y a, à cette heure, une incommodité épouvantable à la Comédie, écrit Tallemant (*Historiettes,* t. VI, p. 23), c'est que les deux côtés de la scène sont pleins de jeunes gens assis sur des chaises de paille. » Elles commencèrent aussi, vers le même temps, à régner dans nos jardins publics, au Palais-Royal surtout, où elles devaient frapper d'étonnement l'Italien Casanova. (Voir *Mém.,* t. II, p. 302.) Et ce n'est point tout, ces petites révolutionnaires avaient, avant tout cela, bouleversé la construction du siège et, nous venons de le dire, modifié profondément sa structure. La fabrication de la chaise de paille, siège léger s'il en fut, n'exigeant plus des pieds aussi robustes pour la porter, on prit l'habitude, au lieu de tailler les pieds comme on avait fait jusque-là, de les fabriquer au tour, opération qui simplifia singulièrement le travail. C'est là l'explication de ces mots : « à pieds tournés » que nous relevons, dès 1677, dans l'*Inventaire du conseiller Quiquebeuf* et de la profession de *tourneurs de chaises,* que nous révèle le *Livre commode.* Les tourneurs, en effet, avaient le privilège de vendre les chaises de paille, alors que les chaises ordinaires étaient fabriquées et vendues par les menuisiers. En outre, pour le bâti, on n'employa plus l'assemblage à tenons et mortaises, qui aurait été trop lourd pour un pied si fragile. On se contenta d'introduire dans le haut du pied la pointe de la traverse arrondie à son bout ; plus tard, quand on voulut appliquer une garniture sanglée et recouverte d'étoffe à ces carcasses légères, on construisit un châssis indépendant qui s'assembla aux pieds de derrière, à tenon et mortaise, et aux pieds de devant avec de simples tourillons. Ces chaises furent nommées A LA CAPUCINE. (Voir ce mot.) Elles eurent une vogue considérable au siècle dernier et ont continué de faire partie intégrante de notre mobilier élégant, sous le nom de CHAISES DORÉES, CHAISES LAQUÉES, et sous la désignation générale de CHAISES DE FANTAISIE, et de CHAISES VOLANTES.

La chaise à la capucine n'est pas seule dont le nom soit oublié de nos jours. Les CHAISES DE FLANDRE, garnies de cuir, sont dans le même cas ; cependant on les rencontre assez fréquemment dans les inventaires bordelais du XVIIe siècle. « Plus dix petites chaires de Flandres fort uzées. » (*Invent. de Grégoire Beaunom;* Bordeaux, 1607.) « Une petite chayère de Flandres, basse, couverte de cuyr. » (*Invent. d'Anthoine Fraytet, receveur du diocèse de Bordeaux,* 1615.) On ne sait plus guère, non plus, ce que c'était que ces CHAIZES DE FLORENCE, dont on remarque un spécimen au château d'Aigueperse (1507), et qui vraisemblablement étaient décorées de marqueterie, comme celles de Pise et de Gênes, dont nous avons déjà parlé.

Les CHAISES A CORBIN apparaissent aussi dans le Bordelais, à la fin du XVIe siècle. « Plus une cayère de noyer à corbin, couverte de tripe de velours. — Plus seze peaux de marroquin, de couleur jaune, verte et rouge, pour couvrir chayères à corbin. » (*Invent. de Jehan Verrier, seigneur du Boscq ;* Bordeaux, 1590.) « Plus six grandes chaires à courbin, couvertes de cuir noir doré. » (*Invent. de Grégoire Beaunom ;* Bordeaux, 1607.) « Plus une chayère à corbin, etc. » (*Invent de Me Ant. Fraytet ;* Bordeaux, 1615.) Ces chaises sont de belles et grandes chaises à haut dossier, dont les bras à leur extrémité sont recourbés en crosse ou en bec-de-corbin.

Les CHAISES PERSPECTIVES étaient celles dont le dossier ajouré figurait une suite de portiques, allant en diminuant. On les rencontre dans les inventaires marseillais de 1755 et de 1760. (Voir PERSPECTIVE.) LES CHAISES DE RAQUETTE sont du même temps. « Six cheses de racquette

Fig. 441. — Chaise de l'époque du Directoire.

à l'anglèze. » (*Invent. de Nicolas-Alex. de Ségur ;* Bordeaux, 1755.) On nommait ainsi celles dont le siège était fait d'un réseau de cordes, comme celui garnissant une raquette. Les CHAISES A LA REINE étaient basses de siège et à très haut dossier. Nous les trouvons d'abord chez les actrices : « Deux chaises à la reine couvertes de velours rouge et bleu » (*Donation des meubles de M*[lle] *Desmares,* 1746); ensuite dans le cabinet du gouverneur de la Bastille (voir *Annonces, affiches et avis divers,* 29 janvier 1759), et quelques années plus tard chez Pierre Veyrier, négociant à Marseille (1779).

Fig. 442.
Petite chaise volante à arcades.

On donna aussi vers la fin du XVIIIe siècle le nom de CHAISE A L'ANGLAISE à ces chaises d'acajou « recouvertes de crin natté » qu'on rencontre encore de nos jours en province, dans les « chambres d'amis ». Elles eurent, à la fin du siècle dernier, leur instant de grande vogue, car on en voit figurer dans les plus riches mobiliers du temps et notamment à la *Vente du duc d'Orléans* (1786). Citons encore les CHAISES A LA DAUPHINE, dont une anecdote nous révèle la forme et nous explique le nom. « Madame la Dauphine, écrit le duc de Luynes à la date du 28 janvier 1746, s'étant plaint que les pliants sur lesquels elle s'étoit assise lui faisoient mal aux reins, Madame, à qui elle a fait cette confidence, en a parlé et a obtenu pour elle un pliant où il y a un petit dossier fort bas. » (*Mém. du duc de Luynes,* t. VII, p. 203.) La première chaise à la dauphine était donc une chaise pliante, comme le perroquet; mais en passant de la Cour à la Ville, le siège se raidit, et seul le dossier demeuré bas resta la marque distinctive de cette sorte de chaises.

Il nous faut également parler des CHAISES A DOS, qui figuraient au nombre de 450 dans les palais du Grand Roi et qui furent, malgré leur nombre, l'objet de tant de convoitises, le motif de tant de discussions. La forme nous est bien connue, puisque c'est celle de nos chaises de salon. Il n'en est pas de même des CHAISES A BRAS, mais SANS DOS, à l'existence desquelles nous ne croirions guère, si elle ne nous était affirmée par les documents les plus authentiques. L'auteur de la *Relation de ce qui s'est passé aux États généraux convoqués en 1614* nous apprend que « Monsieur le Chancelier estoit sur une chaise sans dossier, vers l'extrémité du marchepied, à la main gauche du roi. » Et parlant du conseil d'État, le duc de Luynes écrit (octobre 1757) : « Les conseillers d'État ordinaires sont dans des fauteuils, et les conseillers d'État de semestre n'ont que des chaises à bras, mais sans dos. » (*Mém.,* t. XVI, p. 208.) Il nous faut encore mentionner les CHAISES A LYRE, qui paraient le salon de la princesse de Lamballe; la CHAISE EN ENCOIGNURE, dont la forme pratique a été abandonnée : « Une chaise à bras garnie..., une chaise faite en encoignure », etc. (*Invent. du château d'Amilly, dressé par Perseval, tapissier à Nogent-le-Rotrou,* 1765), et la CHAISE ANGLAISE dite PELLE A CUL (voir ce mot), en bois tourné avec le siège formé d'une planche percée à son centre, et qui, peinte en vert, avait sa place marquée dans les jardins.

Fig. 443.
Petite chaise volante à médaillon style Louis XVI.

Toutes ces chaises appartiennent à ce XVIIIe siècle, dont on peut dire, avec raison, qu'il est l'époque par excellence des sièges de toutes formes et de tout aspect, depuis les plus riches jusqu'aux plus modestes. « Le luxe a varié ces meubles à l'infini, écrit Diderot en parlant de la chaise. La charpente en est maintenant ceintrée au dossier, bombée par devant, sculptée, peinte, vernie, dorée, à moulures, dorure, cannelures, filets, les piés tournés en piés de biche; les dossiers et sièges rembourrés de crin et couverts de velours, de damas, et autres étoffes précieuses brodées, brochées, ou en tapisseries les plus riches en dessein; les bras assemblés (on voit que la CHAISE A BRAS existait encore à cette époque), d'un bout avec les montans de derrière ou côtés du dossier, et soutenus de l'autre bout sur des pièces, qui vont s'emmortoiser avec les parties de l'assemblage qui forme le quarré du siège, sont aussi en partie rembourrés de crin et couverts, etc. » (*Encyclopédie,* t. III, p. 13.)

Ajoutons que, digne héritier de ce grand siècle, sinon pour la beauté, du moins pour la diversité des formes et des adaptations, notre mobilier compte une variété de chaises au moins aussi considérable.

De toutes les chaises contemporaines, la plus haut placée hiérarchiquement, la plus riche et la plus majestueuse, est, sans contredit, la CHAISE MEUBLANTE ou CHAISE DE SALON. Elle s'assortit au meuble, et grâce à la manie de reconstitution et d'archaïsme qui nous possède, changeant de formes et de proportions, suivant le style de notre ameublement, la chaise meublante peut offrir une demi-douzaine de variétés. Toutefois, ces différents modèles présentent un caractère commun. Chaise Louis XIV, grand ou petit format; chaise Louis XV, plus ou moins rocaille ; chaise Louis XVI, à dossier carré ou à dossier rond; CHAISE GONDOLE, chaise Empire, etc.; toutes ces chaises de salon sont garnies au dossier et au siège.

Ensuite vient, toujours par ordre hiérarchique, la CHAISE DE SALLE A MANGER, peut-être encore plus variée de forme et d'aspect que la chaise de salon. Ici, en effet, nous remontons, dans l'ordre des styles, jusqu'à la Renaissance et parfois jusqu'au style pseudo-ogival. En outre, les chaises de salle à manger peuvent être non seulement garnies et couvertes en étoffe, mais encore paillées, cannées, couvertes en cuir tendu et sans garniture. Elles peuvent aussi avoir le dossier à claire-voie, et rien que de ce chef devenir chaise à ARCADES, à PILASTRES ou à CŒUR. Après les chaises de salle à manger, il nous faut mentionner les CHAISES COURANTES ou VOLANTES, légères et faciles à mouvoir, comme leur nom l'indique, — maintenant un peu hors d'usage, — et qui, assorties aux chaises meublantes, occupaient autrefois le milieu du salon ou encore se prélassaient dans les chambres à coucher. Aujourd'hui, elles sont généralement remplacées, dans le salon, par les chaises de fantaisie, comprenant les CHAISES DORÉES, LAQUÉES, à PALMETTES, à MÉDAILLONS, à CARTOUCHES, à LYRE, etc., sièges légers que tout le monde a pu voir.

Faut-il mentionner maintenant les CHAUFFEUSES, petites chaises basses à dossier, qui, après s'être, aux environs de 1830, inspirées du style gothique, sont revenues à des formes plus modernes et ont pris le nom de CHAISES

VOLTAIRE ou CHAISES ANGLAISES? Faut-il parler des FUMEUSES et des VOYEUSES, dont le siège est en forme de guitare, et dont le dossier se termine par un accoudoir, ce qui permet de s'asseoir à cheval et de s'appuyer par devant; des chaises, dites CONFORTABLES, sans bois voyant; de la CHAISE A LA VIERGE, inspirée par un tableau de Raphaël, et enfin de la CHAISE D'ENFANT, haute sur ses pieds, grâce à laquelle on peut mettre les bébés à table, chaise qui compte déjà trois siècles d'existence, car dans l'*Inventaire des meubles de messire Léonor de Pisseleu, seigneur d'Heilly,* nous notons « une petitte chaize a asseoir des enffans à table, estant de bois de chesne » ?

Toutes ces formes sont connues. Terminons donc notre revue, en citant les CHAISES DE JARDIN, en bois, et celles en fer, qu'on nous présentait, hier encore, comme une invention de ce siècle, et qui remontent au temps de Philippe de Valois.

Peut-être, pour que cette monographie fût complète, devrions-nous essayer de retracer le rôle que la chaise joua dans notre histoire nationale, ou tout au moins mentionner quelques-uns des événements considérables auxquels elle s'est trouvée directement mêlée. Nous avons vu plus haut que nombre de personnages connus sont morts sur ou *dans* leur chaise. D'autres y ont reçu le jour. Nous savons, en effet, que c'est sur une chaise que Marie de Médicis accoucha de Louis XIII. « Et sur ces entrefaites, la reine demanda par deux fois en ces termes : *E maschio ?* A quoi ne lui étant point répondu, se leva en pied de la chaise où elle venoit d'accoucher, pour voir ce qui en étoit. Le roi ne l'en sut empêcher, qui étoit tout debout derrière la chaise, et d'où il n'étoit parti depuis l'heure qu'elle y fut mise. » (*Journal de Jean Héroard,* t. Ier, p. 2.) D'autres encore y vécurent, Scarron, par exemple. Segrais raconte qu'il vit emporter cette chaise haute, sur laquelle le pauvre cul-de-jatte avait tant souffert, et que ce siège fut vendu par sa veuve, avec le reste de son mobilier. Est-ce à ce meuble peu luxueux que l'infortuné Scarron faisait allusion, quand, au livre VI de son *Virgile travesti,* il écrivait :

La chaise mal faite et durette
De trois de ses pieds a disette ;

et plus loin :

La chaise aussi dure que roche
N'a qu'un pied et ce pied-là cloche ;

et plus loin encore :

La chaise, branlante et bien dure,
N'a qu'un pied pour toute monture.
Elle trébuche à tout instant...

Mais cette étude rétrospective de la chaise risquerait de nous entraîner trop loin, et, au point de vue historique, nous nous bornerons à rechercher l'époque de la transformation du mot CHAIRE en CHAISE.

Caière, chayère, chaire, dérivent naturellement de *cathedra.* Par quel mystère l'R se changea-t-elle en S ? C'est ce que personne n'a jamais pu décider d'une façon certaine. Notre langue montre un autre exemple d'une transformation analogue. C'est le mot *béricle* se transformant en *bésicle,* sans qu'on en puisse saisir la raison. Vers quelle année cette modification s'opéra-t-elle ? Sur ce point, on est un peu mieux renseigné. La première mention que nous rencontrions du Z ou de l'S, substitués à l'R, figure sous la date de 1454, dans le livre premier des *Mémoires d'Olivier de la Marche* (à Bruxelles, chez Hubert Antoine, imprimeur de la Court, à l'Aigle d'Or, près du Palais, 1616). Au cours de son récit du duel judiciaire, qui eut lieu à Valenciennes entre Mahuot et Jacotin Plouvier : « Ce champ clos estoit rond, dit-il, et n'y avoit qu'une entrée et tantost ceux de la ville firent apporter deux CHAIZES couvertes de noir, mises et apposées à l'opposite l'une de l'autre, et tantost après entra Mahuot en ladicte lice, et s'alla seoir en sa CHAIZE, et n'arresta guères que Iacotin Plouvier vint de l'autre part, qui semblablement s'asseit en la CHAIZE pour luy préparée. » Ce qui donne une valeur spéciale à ce texte, c'est que l'éditeur prétend avoir imprimé son livre d'après le manuscrit original, et nous le donner « en la mesme pureté de stil et nayveté de parolles, que l'Auteur nous l'a laissé, sans y avoir diminué ou changé ». En outre, ce même éditeur ne se gêne pas, chaque fois qu'un mot l'embarrasse, pour écrire en marge qu'il ne comprend pas ce mot ou qu'il lui paraît singulier. Or, en renvoi, à propos de ce mot chaize trois fois répété en six lignes, notre homme écrit : *Ie doute qu'il ne faille chaire.* Ainsi, c'est bien chaize qui figurait dans le manuscrit original.

Fig. 444.
Petite chaise volante à cartouche style Louis XVI.

Le second document où nous lisons le mot avec sa consonance moderne est emprunté aux *Comptes de la chambre de Louis XI,* publiés dans les *Comptes de l'argenterie* par M. Douet d'Arcq : « A Jacques Cadot, menuysier, pour dix chèzes pour mectre ès chambres, etc. » Le troisième, c'est la vingt-neuvième nouvelle de l'*Heptaméron.* A partir de ce moment, l'orthographe actuelle tend à se généraliser. Dans P. de l'Estoile, on la rencontre à tout instant. Mais le plus curieux, c'est qu'elle sert surtout à désigner la *chaise du prédicateur* ou la *chaise de vérité,* c'est-à-dire précisément celle qui, de nos jours, a seule conservé le nom de chaire. Cette particularité semble si étrange, qu'on ne nous en voudra pas de citer quelques exemples, pour montrer combien ces façons de parler étaient alors générales : « Le mardy 10 août 1593, écrit P. de l'Estoile, le duc de Maienne dit au légat que, s'il ne faisoit taire les prédicateurs qui denigroient de tout le monde en leurs chaises, sans aucun respect et particulierement de luy, de sa mère et de tous ceux de sa maison, il seroit contraint à la fin, d'en faire jetter un couple à la rivière. » Parlant du cardinal de Richelieu, Tallemant raconte que Boisrobert voulut lui faire quelques observations au sujet d'une pièce de théâtre de sa façon. « Le cardinal, qui s'en aperçut, dit : « Apportez une chaise à M. du Bois ; il veut prêcher. » Enfin, citons les quatre vers burlesques que Loret (10 mars 1657) consacrait à celui qui devait être l'honneur de l'épiscopat français au XVIIe siècle :

Fig. 445.
Petite chaise volante à dossier garni.

Monsieur l'abbé de Bossuët,
Qui, sans mentir, n'est pas muët,
Mais que d'ouïr on est bien aize,
Soit hors la chaize, ou dans la chaize.

Cette façon de prononcer se continua, même dans le vocabulaire religieux, jusqu'à la fin du XVIIe siècle. L'*Inventaire des joyaux et argenterie de la cathédrale de Dol* (1660) porte : « Un tapis de fustaine de Hollande... plus que my uzé, et est à presant au dos de la chaize du prédicateur. » Enfin Furetière écrit : « CHAISE signifie le lieu éminent d'où un prédicateur annonce la parole de Dieu au peuple, ou bien d'où les régens et les professeurs enseignent les sciences à leurs escoliers. Le curé monte en *chaise* au milieu de la messe pour lire son prône. » Or Furetière, ne l'oublions pas, était abbé de Chalivoy. Cette confusion est d'autant plus curieuse que, jusqu'au milieu du XVIIIe siècle, le substantif chaire, employé dans le sens de meuble laïque, persiste dans le langage courant et se retrouve constamment sous la plume des scribes officiels.

Fig. 446. — Le *Malade imaginaire* dans sa chaise de commodité, d'après une estampe de Moreau.

CHAISE DE COMMODITÉ. — Jusqu'à présent, nous n'avons considéré la chaise que sous son aspect de siège plus ou moins somptueux, plus ou moins compliqué dans sa forme, plus ou moins riche dans sa parure, mais destiné à des personnes valides. Il nous faut maintenant l'étudier dans ses rapports intimes avec certaines situations de notre corps. Au nombre de ces chaises particulières se trouve comprise la chaise de commodité. « C'est une chaise, dit Furetière, dont le dossier se hausse et s'abaisse par le moyen d'une crémaillère, et sur laquelle on peut dormir commodément. »

A quelle époque ce meuble utile fut-il introduit dans nos habitations ? La date exacte de son apparition est, semble-il, assez malaisée à établir. Si l'on considère comme une chaise de commodité la « chaire de boys de noyer ployant à charnières, à hault daussier, enrichie de clouz dorés, couverte par le siège et dossier de vellours noir », qui figure dans la *Vente des meubles de Claude Gouffier, duc de Roannès* (1572), ce genre de sièges remonterait au XVIe siècle. Cette supposition n'a rien qui nous contrarie. S'il était besoin d'autres preuves de leur existence à cette époque, on les trouverait dans l'*Isle des hermaphrodites :* « Il y avoit là dedans plusieurs chaires brisées, qui s'allongeoient, s'élargissoient, se baissoient, et se haussoient par ressorts ainsi qu'on vouloit. C'estoit une invention *hermaphrodique* nouvellement trouvée en ce pays-là ; car à ce que j'ay appris ils s'estudient quelquefois aux mathématiques ; mais c'est plustot pour apprendre les mouvements terrestres, que les célestes qui leur sont incognus, si ce n'est pour leur en gausser. » Toutefois, pour rencontrer les chaises de commodité en nombre, il faut arriver à la seconde moitié du XVIIe siècle. Alors, elles commencent d'être très répandues. On en trouve une chez Molière (1673), ainsi décrite : « Une grande chaire de repos, à crémaillère par les bras » ; et c'est là un meuble historique, car c'est vraisemblablement sur cette chaise que le grand comique expira. On en remarque également chez les hommes de robe ; chez Hugues Janson, procureur de l'élection de Beaujolais (1674), dans l'inventaire duquel figure « une chère pour servir aux malades » ; chez le conseiller Quiquebeuf (1677) : « *Item,* une petite chaise de commodité couverte de moquette rouge. » A Versailles, on n'en compte pas moins de onze, et l'auteur des *Mots à la mode,* petit pamphlet publié en 1693, reproche aux jeunes gens de les accaparer. « S'il y a de grandes chaises de commodité, ils s'en saisissent et ils auront l'incivilité de ne pas les offrir à une dame. Ils s'y étendent, s'y renversent à demy couchéz et s'y bercent, etc. » Chez les gens de guerre, ces chaises foisonnent. Témoin l'*Inventaire du maréchal d'Humières* (1694) ; mais déjà, à cette époque, le mot fauteuil commençait à désigner la chaise à bras, et c'est sous cette appellation de FAUTEUIL DE COMMODITÉ (voir ce mot) que désormais nous verrons le plus souvent ce meuble figurer dans les inventaires.

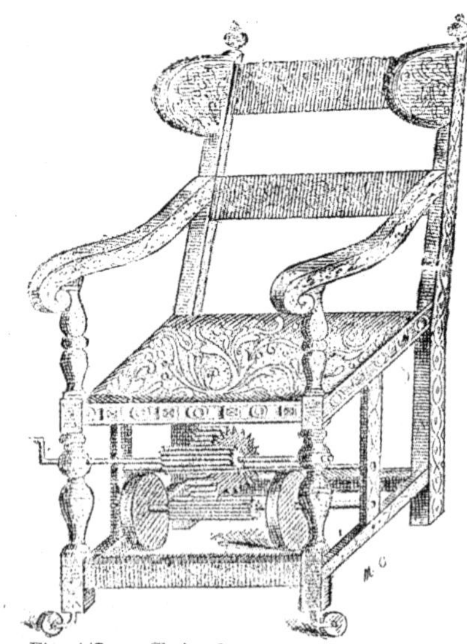

Fig. 447. — Chaise de commodité à crémaillère, d'après Mathurin Jousse (XVIIe siècle).

Par un croquis de Mathurin Jousse nous connaissons assez exactement le mécanisme de ces sortes de meubles, tel qu'il fonctionnait à l'origine. S'il faut en croire un passage d'une lettre de Mme de Maintenon, la chaise de commodité aurait été perfectionnée par l'abbé Testu. Du moins, Mme de Maintenon recommande cette chaise à M. d'Aubigné malade (15 septembre 1679), en ajoutant : « Elle est très commode. » (*Lettres*, t. Ier, p. 173.) De quels perfectionnements l'abbé Testu avait-il gratifié le siège qui nous occupe ? C'est ce que nous n'avons pu découvrir. Ce que nous savons, par exemple, c'est qu'à Marseille, au XVIIIe siècle, on fabriqua des CHAISES DE DEMI-COMMODITÉ. « Une chaise demi-commodité bois blanc garnie de soigne usée. » (*Apposition des scellés chez J.-B. Audier, courtier royal ;* Marseille, 1755.) « Une d° (chaise) à demi commodité garnie de marroquin noir. » (*Invent. de Marie Sibon ;* Marseille, 1755.) Quant aux chaises de commodité entière, elles continuèrent d'être en vogue à Paris, et le *Mercure* de février 1762 signale à l'attention de ses lecteurs le sieur Dulin, menuisier ébéniste, qui s'était fait une spécialité de ces sièges relativement confortables.

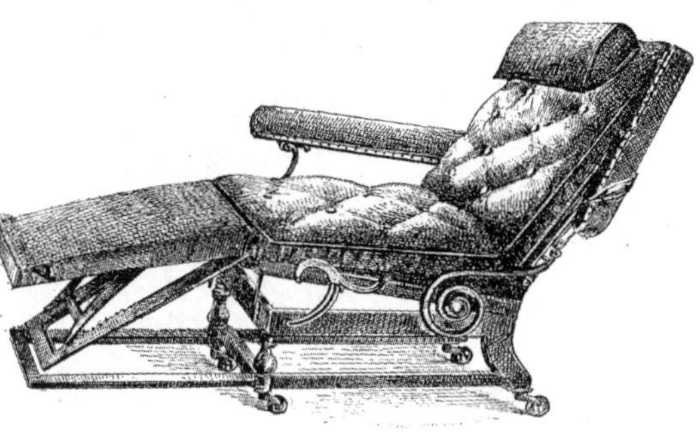

Fig. 448. — Chaise de malade à mécanisme.

En ne faisant remonter la chaise de commodité qu'au XVIe siècle, nous n'avons pas entendu prétendre qu'antérieurement on n'avait pas cherché à construire des meubles commodes du même genre. Les « deux chaières à écrire » qui figurent dans l'*Inventaire de Richard, évêque de Reims* (1389), doivent être rangées au nombre de ces sièges à plusieurs fins. On confectionnait alors des chaises avec tables porte-flambeaux, pupitres, etc., et l'usage s'en conserva longtemps, car nous remarquons dans l'*Inventaire de Guillaume Deschamps* (Villefranche, 1663) : « Une grande chère boys noyer servant de coffre sans serrure, aussy une petite table tombante y attachée. »

Fig. 449. — Chaise longue, dite *Duchesse,* en trois parties (XVIIIe siècle).

CHAISE LONGUE. — On sait en quoi consiste ce genre de sièges. — La chaise longue n'apparaît dans notre mobilier que tout à la fin du XVIIe siècle. Jusque-là, on s'était contenté du lit de repos. Mais les pièces venant à se faire plus étroites, on dut chercher un meuble moins encombrant, et où l'on pût cependant demeurer étendu. Au lieu de renverser le dossier de la chaise, comme cela avait lieu pour la chaise de commodité, on allongea le siège proprement dit, de façon à pouvoir étendre les jambes. C'est dans Saint-Simon qu'à notre connaissance il est fait pour la première fois mention de cette chaise si confortable. Décrivant l'accès de folie de M. de la Châtre, il raconte que « cet accès lui arriva chez M. le prince de Conti, qui avoit la goutte à Paris et qui étoit près de son feu sur sa chaise longue ». (*Mém.,* t. VII, p. 13.) Saint-Simon nous apprend encore que Louis XIV, voulant voir le maréchal de Villars, alors blessé (3 janvier 1710), « comme le maréchal ne pouvoit sortir de dessus sa chaise longue », le roi, faveur extrême, se décida à l'aller trouver (t. XIII, p. 81). C'est aussi sur une chaise longue que Bachaumont nous montre M. de Maurepas « voyant ses parents, ses amis intimes, mais ne pouvant s'occuper beaucoup » (t. VIII, p. 290) ; et par lui nous savons aussi que Dorat, aux derniers jours de sa vie, « étoit si dénué de ressources », qu'il mourut « sur une chaise longue, que lui avoit envoyée Mme de Beauharnais » (t. XV, p. 180). Les relations que la chaise longue eut avec le sexe fort semblent donc avoir été empreintes d'une pénible tristesse.

Avec le beau sexe, heureusement, ce meuble hospitalier prend une contenance moins sombre et des allures plus aimables. C'est sur une chaise longue que les princesses reçoivent pendant trois jours, à la suite de leurs couches, les visites et les félicitations de toutes les personnes présentées ; et les « femmes des particuliers » s'empressent de se modeler sur un si charmant exemple. Mlle Bertin, ce « ministre des modes » de Marie-Antoinette, comme l'appelaient les mauvais plaisants, poussait l'abandon plus loin. Elle recevait en tout temps ses clientes, même les plus titrées, étendue sur sa chaise longue. (Métra, *Corresp. secrète,* t. VI, p. 146.) Nombre de dames au surplus et des plus riches, et des plus titrées, avaient adopté ce meuble confortable et passaient une partie de leurs journées gracieusement étendues. Par leurs ventes après décès, nous savons que la comtesse d'Harcourt possédait une chaise longue de damas broché d'or, la comtesse de Breteuil une chaise longue de satin broché, la marquise de la Roche Saint-André une chaise longue de dauphine à fond blanc ; et Mme de Genlis nous montre Mme de Puisieux « couchée sur sa chaise longue, comme de coutume, travaillant au métier », pendant qu'elle, Mme de Genlis, brodait au tambour. Puisque nous sommes avec Mme de Genlis, apprenons de cette dame que les beautés du siècle dernier, qui s'étendaient si volontiers sur une chaise longue, avaient soin d'avoir toujours sur leurs jambes un riche couvre-pied. « La décence l'exige », ajoute-t-elle. (*Diction. des étiquettes,* t. Ier, p. 101.) Mercier atteste, lui aussi, cet usage, quand il nous montre la Parisienne attendant ses visites sur sa chaise longue, et ayant « tout préparé pour qu'on admire jusqu'à son couvre-pied ». (*Tableau de Paris,* t. VI, p. 28.) Cependant, il ne faudrait pas croire que cette génération, si peu respectueuse des préjugés anciens, ait eu pour la chaise longue une vénération exceptionnelle. « Une duchesse, des bergères, des chaises longues, sembloient tacitement désigner l'usage auquel elles étoient destinées », écrit La Morlière dans sa description du palais de la fée Lumineuse (voir *Angola*). Faublas, au surplus, est là pour nous édifier, et à défaut de Faublas, nous aurions encore l'égrillarde consultation donnée à Mlle Granville, consultation dans laquelle la Faculté, représentée par trois joyeux docteurs, annonce, *urbi et orbi,* « que la nymphe reprendra incessamment ses fonctions sur sa chaise longue, et souffrira les assauts multipliés qu'on voudra lui livrer ». (Bachaumont, t. VI, p. 201.)

Fig. 450. — Mme Récamier sur sa chaise longue, d'après David.

Nous croyons inutile d'insister sur la forme de la chaise longue, qui n'a pas sensiblement varié et qui est suffisamment connue. Cependant, nous rappellerons qu'au siècle dernier, on en fabriqua par la réunion de deux, parfois même de trois sièges qui, se rapprochant, formaient, réunis, une sorte de lit de repos. Telle était la « chaise longue en deux pièces garnie de soye de filozelle jaune », qui figure dans la *Saisie des biens du sieur Daldeguier, prêtre émigré* (Toulouse, 1793).

CHAISE A PORTEURS. — C'est un meuble relativement moderne, quoique, depuis que la chaise ou chaire existe, on s'en soit servi pour porter ceux qui étaient dans l'impossibilité de faire usage de leurs jambes. Toutefois, le plus ancien souvenir que nous ait conservé l'histoire, de personnages portés dans leur chaise, ne remonte pas au delà du XIVe siècle. En 1377, lorsque l'Empereur vint visiter le roi Charles V, comme il avait la goutte et « ne se pouvoit l'empereur soutenir, le roy fit estre preste sur le dit perron (celui du Palais) une chayère couverte de drap d'or, et là fust porté entre bras par les susdits chevaliers, qui en avoient la garde, en ladicte chayère et assis ». (*Le Livre des fais et bonnes meurs du sage Roy Charles,* par Christine de Pisan, t. II, p. 102 et suiv.) La veille, l'Empereur avait visité de la même façon la basilique de Saint-Denis, et c'est également porté dans sa chaise, qu'il se rendit, le jour de l'Épiphanie, en la grande salle du Palais.

Le second exemple qui nous ait été conservé est celui du sieur d'Aubigny : « Lorsqu'il sceut que le roy d'Arragon lui faisoit l'honneur de le venir veoir à son logis, se fit porter en une chaire » à sa rencontre. (*Entrevue de Louis XII et de Ferdinand d'Aragon à Savonne,* 1507.) Nous savons en outre que Charles-Quint, lui aussi, se faisait porter dans une chaise dont nous connaissons la structure et la décoration et que notre figure nous dispense de décrire. Celle dans laquelle, au dire de Pierre de l'Estoile (t. Ier, p. 327), le duc d'Alençon, « faisant semblant de s'être démis une jambe et de ne pouvoir cheminer, se fit porter » au-devant de sa mère, Catherine de Médecis, était-elle de même forme ? Cela est assez probable ; et lorsque, « mal disposée », la reine mère, c'est-à-dire cette même Catherine de Médicis,

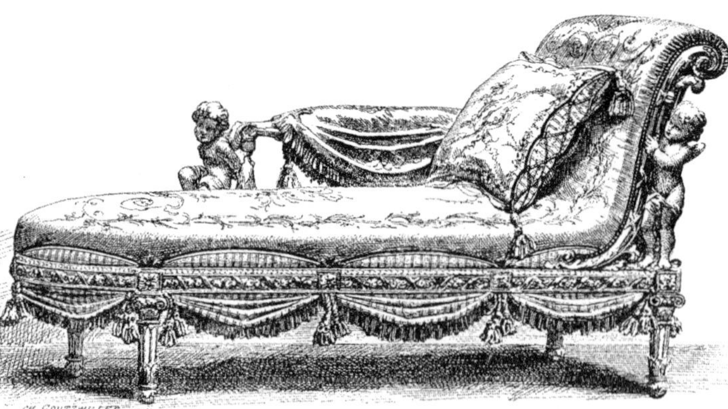

Fig. 451. — Chaise longue de boudoir, exécutée par M. Fourdinois.

« se fit porter dans sa chaise à bras jusques au Louvre, accompagnée du duc de Guise tousjours à son costé » (*Ibid.,* III, 136), il est fort à supposer que, là encore, il ne s'agissait que d'une chaise ordinaire (ou d'un fauteuil, comme nous dirions aujourd'hui) à laquelle deux brancards avaient été ajoutés. Toutefois, l'époque n'était pas loin où la chaise à porteurs allait se compléter par un capuchon et prendre la forme qui devait la rendre à la fois commode et pratique.

On prétend que la reine Margot, femme divorcée de Henri IV, eut, la première, l'idée de cette transformation. Le certain, c'est que dès 1605, Marie de Médicis possédait une chaise de cette sorte. Bassompierre (*Mém.,* t. Ier, p. 139) nous apprend, en effet, que blessé, cette année-là, au tournoi de la cour du Louvre, comme il voulait obstinément s'en retourner à son logis, la reine lui « envoya sa chaire, en laquelle on la portoit, car pour lors elle étoit grosse ». Nous savons même, par le testament de cette reine, le nom d'un de ses porteurs ; car elle laissa 10,000 livres de gratification à Charles Guillier, son « portechaire ». Louis XIII enfant eut également une chaise de ce genre, dans laquelle il se faisait promener sans sortir de ses appartements, et même, si nous en croyons Héroard (*Journal,* t. II, p. 44), il ordonnait à ses porteurs de danser, disant que cela l'empêchait de dormir (1610). Sept ans plus tard, nous le verrons effectuer d'assez longs trajets, dans sa chaise portée par ses Suisses. (*Ibid.,* t. II, p. 311.) Du reste, à quelques années de là, les chaises à porteurs, mises à la mode par le marquis de Montbrun, fils légitimé du duc de Bellegarde, et décidément acclimatées chez nous, allaient se trouver à la disposition de tout le monde ; car une association formée par Jean Doux ou Doucet, fabricant, Jean Regnault d'Ezanville, financier, et Pierre Petit, capitaine des gardes, obtenait, par lettres patentes, le privilège d'établir non seulement à Paris, mais encore dans toutes les autres villes, des « chaises à bras ». Ces lettres patentes, datées du 14 octobre 1617 et vérifiées en Parlement le 11 décembre suivant, furent enregistrées comme suit par la Ville :

Les prévost des marchans et eschevins de la ville de Paris qui ont veu les lettres-patentes du Roy, données à Paris le quatorziesme jour d'Aoust dernier, signées LOUIS et au-dessoubz : Par le Roy, PHILIPPEAULX et scellées de cire jaulne, à nous adressantes, par lesquelles Sa Majesté nous renvoye le placet à elle présenté par Pierre Petit, Jehan Regnault, de Zanville et Jehan Dous, pour la permission par eux demandée de mettre en usage, en ceste ville et autres de ce royaume, des chaises à bras pour porter de rue à aultre les personnes qui désireront se faire porter, sans qu'aucuns se puissent entremettre ; — Sont d'avis, sous le bon plaisir de Sa Majesté et de nos Seigneurs de son Conseil, d'accorder ausdits Petit, Regnault, de Zanville et Dous, le privillége et permission desdites chaises, sans que aultres qu'eulx en puissent jouir ny establir, et sans toutesfois oster la liberté de ceux qui en vouldront avoir en leurs maisons pour leur usage seullement et de leur famille. Faict au bureau de la Ville, le quatriesme jour d'Octobre mil six cens dix sept. (*Extrait des registres de l'Hôtel de Ville.*)

Il faut croire, toutefois, qu'en 1623 elles n'étaient pas encore très nombreuses, car l'auteur du petit pamphlet intitulé la *Réformation de ce Royaume* conseillait de substituer aux carrosses, qui occasionnaient de grosses dépenses, « des *chaises portantes* à la mode d'Italie »; et il ajoutait : « Cela ne cousteroit presque rien et néanmoins il y seroit employé forces personnes, qui se mettent à voller faute de moyens de gagner leur vie. »

Donc il ne paraît pas que cette première entreprise ait réussi. Bien mieux, en 1639, elle était même si bien oubliée, qu'un nommé Souscarrière, homme de beaucoup d'esprit — au dire de Tallemant, — en « apporta l'invention » d'Angleterre. Mme de Cavoie s'intéressa à cette opération nouvelle et en obtint le privilège avec Souscarrière, qui, pour en donner le goût au public, « n'alloit plus autrement ; et durant un an, raconte Tallemant, on ne rencontroit que lui dans les rues, afin qu'on vît que cette voiture étoit commode ». Mme de Cavoie trouva dans cette exploitation le moyen d'élever sa nombreuse famille et de subsister honorablement. (*Historiettes,* t. IV, p. 101.) La même année, Mlle d'Étampes obtint un privilège analogue. Dès lors, on peut dire que la chaise à porteurs était entrée dans les mœurs de notre nation, si bien entrée, au surplus, que Renaudot, si nous en croyons Dubuisson-Aubenay (*Journal des guerres civiles,* t. II, p. 128), laissa à sa femme une rente spéciale « pour entretenir une chaise à la porter en ville »; et que Mme de Gondran (*Historiettes,* t. IV, p. 279) « accoucha dans la sienne en revenant de dîner ».

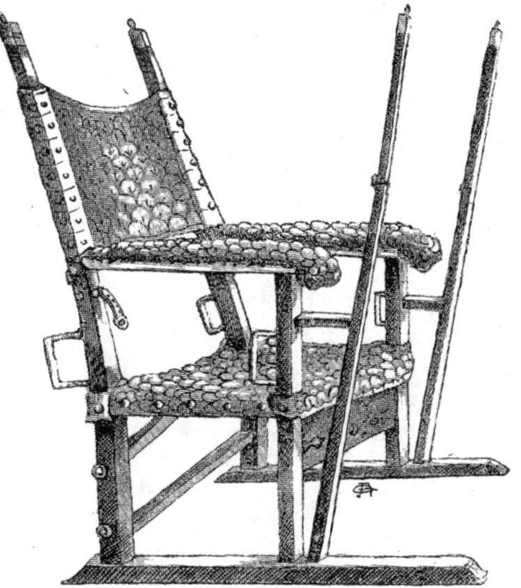

Fig. 452. — Chaise à porteurs de Charles-Quint.

Nous n'avons point à nous occuper ici des chaises de louage. Celles des particuliers, les seules qui nous intéressent, étaient magnifiques. On a conservé la description de la chaise du cardinal de Mazarin. Cette chaise, qualifiée, dans l'*Inventaire* de 1653, « une chaire à porter Son Éminence », était extérieurement de maroquin noir, relevé de galons d'or et de clous dorés de différentes grosseurs. L'intérieur était de damas de Gênes rouge cramoisi, à petits fleurons, avec des galons d'or et des franges à mollet ; de chaque côté, la paroi était à jour et garnie d'un petit vitrail de cristal serti dans du plomb doré. Enfin, les barres et les bricoles étaient couvertes de drap rouge, avec une large frange à mollet. L'*Inventaire du surintendant Fouquet* (1661) mentionne, dans la première salle du château de Vaux, la présence d'une « chaise à porter », mais ne nous donne aucun détail sur sa garniture. Celle du maréchal de la Meilleraye, pour être moins somptueuse que la chaise de Mazarin, présente une particularité à retenir. C'est la première chaise couverte de peintures que nous rencontrions. Elle est ainsi décrite : « Une chaise à porter, peinte, garnie de damas gris avec franges de soye grise. » Il serait intéressant de savoir comment était celle qui renfermait Mme de Maintenon, quand Louis XIV, devant le front de ses troupes, et au grand scandale de la cour et de l'armée, resta pendant une demi-heure découvert à sa portière et causant, par la glace à demi fermée, avec celle qui, à partir de ce jour, devint la favorite déclarée. L'*Inventaire de Molière* (1673) nous apprend que la chaise à porteurs de notre grand comique était doublée de damas rouge, et celui de Henri de Béthune, archevêque de Bordeaux (1680), porte que la chaise de ce prélat était en vernis de la Chine, « ayant au derrière les armes dudit Seigneur Archevesque, et aux panneaux la croix et la crosse dorées passées en sautoir ». Cette belle chaise comptait en outre douze carreaux de vitre et était intérieurement doublée en damas violet. On sait si le XVIIIe siècle raffola de ces chaises peintes et avec quel luxe invraisemblable on les orna.

L'usage à la Ville des chaises à porteurs ne fit pas

Fig. 453. — Chaise à porteurs (XVIIe siècle).

renoncer aux chaises et fauteuils à porter, employés dans les appartements. L'*Inventaire du maréchal de la Meilleraye,* que nous venons de citer, en mentionne deux de cette sorte. Louis XIV, à Versailles, en fit un fréquent usage, surtout lorsque la goutte commença à lui faire sentir ses atteintes douloureuses. Le *Journal de la santé du roy* (p. 99) nous apprend que, le 9 du mois d'août 1690, « la goutte occupa tout à coup le pied gauche et même avec assez de douleur pour l'empêcher de marcher tout le jour, et qu'il fut obligé de se faire porter en chaise ». « Le roi eut un peu de goutte; l'on le porta au sermon dans sa chaise à bras », écrit Dangeau à la date du 9 mars 1701 (t. VIII, p. 52) ; et l'*État de la France* (t. Ier, p. 117) dénonce parmi les serviteurs en titre attachés à la personne du roi, quatre « porte-fauteuil » à 400 livres de gages et 150 livres de gratification. Mais peu après, pour le service même des appartements, on employa de préférence les CHAISES ROULANTES ou ROULETTES. (Voir ce dernier mot.) Les princesses, copiant en tout le monarque, se firent aussi rouler, et l'*Inventaire* de 1708 ne mentionne pas moins de vingt chaises roulantes, toutes de damas cramoisi, sans compter le « petit chariot du roy ». (*Invent. du château de Versailles,* 1708.) On sait, du reste, que c'est sur un petit siège mobile que Louis XIV prit son dernier repas. (*Journal de la maladie et mort de Louis XIV,* p. 33.)

Avant d'en finir avec la véritable chaise à porteurs, avec celle qu'on employa jusqu'à la Révolution comme véhicule de promenade, il nous faut rappeler qu'elle eut à diverses reprises, au XVIIe et au XVIIIe siècle, sa place marquée dans les logis les plus distingués. Un curieux personnage, le docteur de Lorme, mort en 1678, et qui s'intitulait « premier médecin et ordinaire de trois de nos rois », demeura célèbre par les précautions singulières qu'il prenait pour se préserver du froid et de l'humidité (voir *Moyens faciles et éprouvés dont M. de Lorme, premier médecin et ordinaire de trois de nos rois..., s'est servi pour vivre près de cent ans ;* Caen, 1683) ; et parmi ces précautions, figurait au premier rang celle-ci : « Durant l'hiver, il se tenoit dans une chaise à porteurs devant son feu. » Longtemps après de Lorme, la maréchale de Luxembourg en usa de même. Un jour qu'elle avait une fluxion, elle imagina de faire monter sa chaise à porteurs dans son salon, et s'y trouva si bien qu'elle y resta tout l'hiver. (*Mém. du duc de Lévis,* p. 283.) Quant à la duchesse de Nemours, on sait qu'elle aimait tant sa chaise à porteurs, qu'elle s'en allait tous les ans de Paris à Neuchâtel, en Suisse, dans cette bien-aimée chaise. Quarante porteurs, qui se relayaient alternativement, la suivaient montés sur des chariots, et elle arrivait de la sorte à faire douze à treize lieues par jour. (*Tableau de Paris,* t. XI, p. 210.) Cette chaise était sans doute de celles inventées par l'abbé de Hautefeuille, et que le *Mercure* de juillet 1725 signale dans ces termes : « Chaise à porteurs de nouvelle construction, avec laquelle ils (les porteurs) pourront facilement porter une personne de Versailles à Paris, de Paris à Orléans, et faire dix à douze lieues par jour, inventée par l'abbé de Hautefeuille, de l'Académie des sciences. »

Enfin, pour terminer, nous ne croyons pouvoir mieux faire que de donner la description complète d'une chaise, avec tous ses accessoires, telle qu'on en trouvait encore en 1790, c'est-à-dire au moment où ce meuble coquet allait disparaître. Cette description est empruntée à l'*Inventaire de Jean Salva, marchand citoyen de Marseille :* « Une chaise à porteurs peinte en jaune, les montans dorés, garnie en velours d'Utrecht, le coussin de même, son fourreau en toile d'embalage, les deux bâtons de ladite chaise et ses deux fanaux, et le pied de bois blanc pour la reposer et les bretelles. »

CHAISE VOLANTE. — On donna ce nom, au XVIIe siècle, à des sièges qui, à l'aide de contrepoids, montaient et descendaient dans une cage d'escalier ou dans l'épaisseur d'une muraille. « Le bonhomme Villayer », comme l'appelle Saint-Simon, passa pour l'inventeur de ces chaises, dont nous parlons au mot ASCENSEUR.

CHAISES D'AFFAIRES, CHAISES NÉCESSAIRES, CHAISES PERCÉES, CHAISES DE RETRAIT. — Cette dernière sorte de chaises (car ces quatre noms ne désignent qu'une seule et même espèce de sièges) a droit dans notre *Dictionnaire* à une longue notice historique, car elle joue un grand rôle sous l'Ancien Régime. On trouvera cette notice au mot GARDE-ROBE, rubrique sous laquelle nous avons réuni tous les meubles, petits ou grands, remplissant certaines fonctions.

Chaisier, *s. m.* — Menuisier, dont la spécialité est de fabriquer des chaises.

Chaîtron, *s. m.;* **Chaisteron**, *s. m.;* **Chettron**, *s. m.;* **Chetton**, *s. m.* — Petite caisse ou tiroir, qu'on trouve encore dans les très vieux coffres et dans certains meubles anciens, et qui servent à serrer les objets particulièrement précieux. D. Carpentier, dans son *Supplément* au Glossaire de Du Cange, cite sous *chartotesium* plusieurs *Lettres de rémission,* où il est question de ces sortes de caisses.

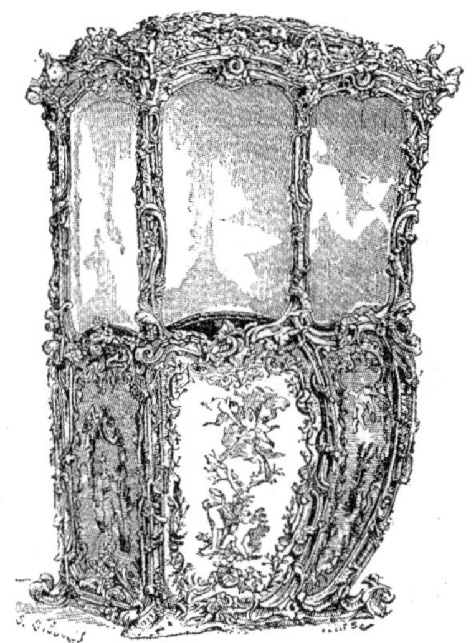

Fig. 454. — Chaise à porteurs (XVIIIe siècle).

Dans la première, datée de 1399, on lit : « Ledit prestre lui dist que son argent et ses escus estoient en un gand ou (au) chaîtron de son coffre... Elle ouvrit ledit coffre, alla ou chaîtron où ledit argent estoit en un gand. » La dernière, datée de 1413, porte : « Dedens lequel coffre avoit un chaisteron, fermé à clef, lequel chaisteron la suppliante ouvry..., etc. » De son côté, dans ses *Blasons domestiques* (1536), Corrozet compare le chaîtron à un cabinet :

> Coffre dont le chaîtron tres net
> Faict l'office d'ung cabinet.

Enfin, décrivant le CADENAS (voir ce mot) que certains seigneurs faisaient placer à table à côté de leur assiette, l'auteur de l'*Isle des hermaphrodites* écrit : « Je vis trois sortes d'assiettes, non de la forme des autres : car il y avoit un petit rond au bout qui estoit eslevé, et un petit enclos en long en façon d'un chetton de coffre. »

La description du chaîtron ou chétron se trouve, du reste, dans Nicot. (*Trésor de la langue françoise, tant ancienne que moderne,* 1606.)

Chaleil, *s. m.;* **Caleil,** *s. m.;* **Chaleuil,** *s. m.;* **Chalot,** *s. m.;* **Chelut,** *s. m.;* **Chaneuil,** *s. m.;* **Chareil,** *s. m.;* **Croissiel,** *s. m.;* **Croisieux,** *s. m.;* **Crucet,** *s. m.;* **Crasset,** *s. m.;* **Graisset,** *s. m.* — Chaleil ou chaleuil en Saintonge et en Aunis, chareil en Orléanais, chalot et chelut dans le Forez, caleil en Languedoc, crasset ou graisset en Normandie, ont une seule et même signification. C'est une sorte de lampe rustique qui, à l'opposé du bec, est munie d'une tige ou crochet mobile qui sert à la suspendre aux tringles de fer, dont sont encore garnis les chambranles de quelques vieilles cheminées de cuisine. Au XIVe siècle, on disait en manière de dicton :

> Ki a croissiel, toute nuit veille.

Une *Lettre de rémission* de 1456 porte : « Après que icelle Marguerite eut alumé ung chareil ou croisieu, etc. », et dans une autre de 1475, on lit : « Le baston à quoy l'on pend le chaleil ou crasset, les soirs pour alumer en la maison. » Dans l'*Inventaire de l'hôpital Notre-Dame du Puy* (Toulouse, 1437), on note « ung calleilh, une escrassadouer et ung petit ast, sept sols ». Dans l'*Inventaire de la succession Galossa* (Rabastens d'Albigeois, 1565), figure « ung caleilh ». De son côté, Rabelais écrit : « Mais quand ilz eurent long chemin parfaict, et estoient jà las comme paoures dyables, et n'y avoit plus d'olif en ly caleil... » (*Pantagruel,* liv. II, ch. XXIII.) Enfin, dans l'*Élite des Contes du sieur d'Ouville,* nous lisons : « Un valet ouvrit la fenêtre de la chambre d'en haut avec un graisset en la main, et une serviette sale et rompue en la teste ». On voit qu'il est peu de mots qui aient revêtu des formes plus nombreuses et des orthographes plus différentes.

Châlit, *s. m.;* **Calit,** *s. m.;* **Chaarlict,** *s. m.;* **Chaslit,** *s. m.* — Nous confondons aujourd'hui fort improprement, sous la désignation générale de lit, la garniture intérieure, qui forme le lit véritable, le bois de lit qui enveloppe ou supporte cette garniture et le ciel, les rideaux, etc., qui en sont la parure. Autrefois il n'en était pas ainsi. Seuls, les paillasses, matelas, sommiers, lits de plumes, draps, couvertures, oreillers et traversins constituaient le lit proprement dit. C'est ce qu'explique fort bien, au XIVe siècle, l'auteur du *Livre des mestiers :*

> Desous vo lit vous faut
> Un calit...

Quant à l'origine de châlit, ce mot était formé, à ce que croit Nicot, par la contraction de ces mots : « châssis de lit ».

Le châlit, dès le XIVe siècle, avait à peu près la forme qu'il a conservée de nos jours. Il se composait d'un grand cadre porté sur quatre pieds et surmonté à sa partie antérieure d'un chevet. Le fond de ce cadre était garni de cordes pour les lits vulgaires, et de sangles pour les lits à destination plus relevée. Les premiers se nommaient des CHÂLITS CORDÉS. « Pour iiii hommes, pour corder les chaaliz aux malades, XL sols. — Pour iiii hommes, pour tirer les chaaliz devant les cordeurs, par les ii jours dessus diz, XXXII sols. » (*Extrait des Comptes de recettes et dépenses des prieuses de l'Hôtel-Dieu,* 1367.) « Deux chaalis cordés, un grant et un petit. » (*Invent. du château de Porte-Mars,* 1389.) « Un charlit de boys cordé, garni de couete et traversier. » (*Invent. du château d'Angers,* 1471 ; garde-robe du roi René.) Les seconds se nommaient CHÂLITS FONCÉS, et quand les sangles en étaient enlevées, on avait soin de le mentionner. « Ung grant charlit qui n'est point foncé, garny de couete, traverlit et lodier. » (*Invent. du château d'Angers,* 1471 ; chambre du roi.)

Fig. 455. — Chaleil (XVe siècle).

Chaque habitation seigneuriale, à cette époque, possédait trois sortes de châlits. Le châlit de parement, sur lequel le prince ou seigneur se plaçait aux grands jours; celui-là était le plus haut, le plus beau, le plus vaste. On en avait naturellement grand soin, et on le recouvrait le plus souvent d'un grillage de bois, pour empêcher les chiens de monter dessus et de l'abîmer. C'est ainsi que, dans la « salle de parement » du château d'Angers, nous trouvons, toujours en cette même année 1471, « ung grand charlit de parement, sur lequel a une grant couete et traversier de grosse plume, et ung grant treillis de bois pour garder que les chiens ne se couchent dessus ». La seconde sorte de châlit était de plus petite dimension et son service était plus effectif. C'était, pour nous servir de l'expression du temps, le châlit où l'on était « accoutumé de gésir », c'est-à-dire où le maître de la maison avait l'habitude de coucher. Celui-ci se proportionnait à la taille et à la corpulence du dormeur. Enfin on possédait encore le CHALIT ROULERET, appelé également CHARIOLE, très bas, très étroit, et dont les pieds étaient munis de roulettes. C'était la couche des valets de chambre et des filles de service. On le roulait dans la chambre du maître le soir, et on l'enlevait le matin. « Ung charlit roulerez garni d'une couete de toylle et demye de sarge blanche. » (*Invent. du château de la Ménitré,* 1471.) D'autres fois, il avait sa place sous le grand lit, et c'était là qu'on le poussait le matin, pour le tirer le soir. « Ung grant charlit et un roullerez dessoubz tous cordéz, sans coete ne autres choses. » (*Invent. du château de Reculée,* 1479.) Parfois, le rouleret était encore désigné sous le nom de COUCHETTE ROULANTE. « Un charlit de boys, etc. — *Item,* soubz ledit charlit a une petite couchette roulante garnie de couete et traversier. » (*Invent. du château d'Angers,* 1471.)

Le rouleret, nous l'avons dit, était réservé aux valets et filles de chambre, c'est-à-dire aux domestiques de choix. Les autres couchaient simplement par terre. Cependant, quand l'humidité du sol était trop grande et que la literie risquait de se gâter, alors on leur octroyait aussi un bois de lit. C'est ce qui arriva, par exemple, en 1390, à l'hôtel Saint-Pol, où le roi logeait. Le menuisier Colin de la Baste fut chargé de faire, pour le garde de l'échansonnerie, un châlit, « pour ce que l'eschançonnerie estoit trop moitte ». (*Comptes de l'hostel des Roys de France,* p. 264.)

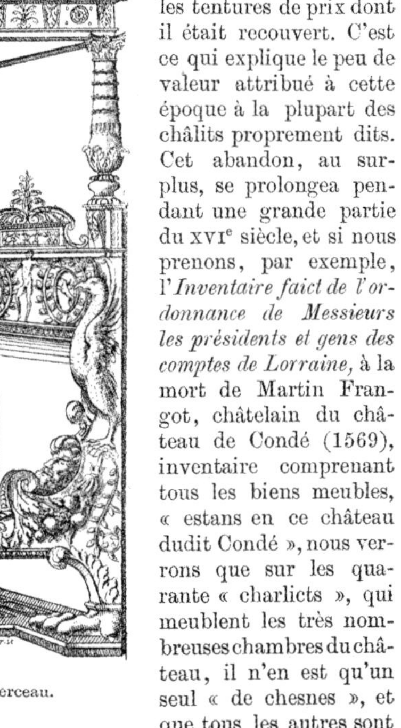

Fig. 456. — Modèle de châlit à colonnes, par Du Cerceau.

Le châlit du maître, cela se comprend, comptait parmi les meubles importants du logis, et nous le voyons figurer toujours en bonne place dans l'énumération du mobilier. « Esquelles maisons avoit gentes salles, chambres, garderobes, chalis, dressouers, bancs, tables, estables et aultres nécessitez. « (*Petit Jehan de Saintré,* p. 163.) Mais étant données la nécessité des déplacements, qui s'imposait au XVe siècle, et l'habitude qu'on avait d'emporter avec soi son mobilier, on doit comprendre que ces grands châssis, d'un poids assez considérable, encombrants et ne pouvant pas, comme la plupart des autres meubles, se transformer en coffres, devaient être singulièrement gênants. Aussi avait-on coutume de les laisser à demeure, mais ils couraient de grands risques, comme le disait amèrement un pamphlet du XVe siècle : *le Passe-temps d'oysiveté de maistre* (1489) où, parlant du roi, l'auteur s'écrie :

> S'il marche avant, dedans Paris,
> Tout y va de croq et de hanche ;
> Il n'y a buffet ne chalis,
> Maison n'église qui soit franche.

Aussi, pour que leur détérioration ou leur destruction, en l'absence du maître, ne causât à celui-ci qu'un mince dommage, on les fit aussi simples que possible. Toutefois, comme cette simplicité eût juré avec le reste de la décoration de la chambre, on eut soin d'habiller le châlit en même temps qu'on tendait la chambre, en sorte que le bois de lit disparaissait entièrement sous les tentures de prix dont il était recouvert. C'est ce qui explique le peu de valeur attribué à cette époque à la plupart des châlits proprement dits. Cet abandon, au surplus, se prolongea pendant une grande partie du XVIe siècle, et si nous prenons, par exemple, l'*Inventaire faict de l'ordonnance de Messieurs les présidents et gens des comptes de Lorraine,* à la mort de Martin Frangot, châtelain du château de Condé (1569), inventaire comprenant tous les biens meubles, « estans en ce château dudit Condé », nous verrons que sur les quarante « charlicts », qui meublent les très nombreuses chambres du château, il n'en est qu'un seul « de chesnes », et que tous les autres sont en sapin, sans du reste aucun ornement qui les distingue.

Le XVIe siècle, toutefois, vit se produire plusieurs révolutions importantes dans la construction et la décoration du châlit. Tout d'abord, au lieu de sangler simplement le fond en clouant les sangles aux *pans* ou *battants* du châlit, on eut l'idée de garnir ce fond avec un grand cadre ou bâti mobile, qui lui-même portait les sangles, et qu'on pouvait enlever à volonté. A quelle époque cette transformation s'opéra-t-elle ? Certainement avant 1510, car nous la voyons réalisée dans l'*Inventaire de la duchesse de Valentinois.* Nous trouvons, en effet, dans le mobilier de cette princesse des châlits des deux modèles : « Ung grant chaslit à batti, — ung autre [châlit] de couchecte non à batti, à sangles. » Cette modification eut pour premier résultat de permettre de démonter plus facilement le châlit. La substitution de vis en fer, au vulgaire assemblage à tenon et mortaise chevillé, acheva de rendre facile cette opération. Ces châlits, devenus plus transportables, prirent le nom de châlits de camp. Le premier qu'on rencontre figure dans un *Compte de l'argenterie d'Anne de Bretagne* (1492) : « A Jehan Duboys, menuysier, demourant à Lyon, la somme de XIV liv. x sols, pour deux chaslies de camp, par lui faiz et délivréz pour servir la dicte Dame (la reine). » Néanmoins, jusque dans le XVIIe siècle, certains inventaires mentionnent encore cette particularité, ce qui semblerait indiquer que, même à cette époque, tous les châlits n'étaient pas construits à la mode nouvelle, exemple : « Le bois du lit complet avec les pièces nécessaires pour le monter... — le bois du lit complet avec les visses pour le monter. » (*Invent. du cardinal de Mazarin,* 1653.)

Le transport des pans ou battants ainsi démontés, s'effectuant désormais avec facilité, on put, dès lors, emporter son châlit avec soi, et, par conséquent, le décorer et lui faire une toilette aussi éclatante qu'aux autres meubles; c'est ce que constatent l'*Inventaire du cardinal d'Amboise* (1550), où nous relevons : « Ung challict en façon de lict de camp, painct d'or et d'azur, garny de ciel, dossier, etc. », et le pamphlet intitulé l'*Isle des hermaphrodites.* « Quant aux meubles de bois, nous voulons qu'ils soient tous doréz, argentéz et marquetéz, et les dicts meubles, principallement les châlits soient, si faire se peut, de bois de cèdre et rose, et autres bois odorans, si quelqu'un n'ayme mieux en faire d'ébeine et d'ivoire ». Mentionnons encore le marché passé, en 1548, par les chanoines de la cathédrale de Chartres avec le peintre Estienne Tonnelier, pour la décoration de la chapelle de la Vierge, où il est stipulé que le « corps du chaslit » de la Vierge, c'est-à-dire le bois de ce châlit, sera peint « de fin or », et la *Déclaration royale* du 15 septembre 1577 qui « défendoit très expressément à toute personne de dorer ou d'argenter sur du bois, du plâtre, du cuir, etc., sur peine contre les ouvriers d'amende arbitraire ». L'autorité avait donc constaté elle-même l'abus de ces décorations coûteuses dans l'ornementation du mobilier. Ajoutons que, pour protéger ces meubles précieux, on inventa et on confectionna des coffres spéciaux, où l'on pût serrer ces bois de lit si bien décorés. Cette habitude se conserva sous les règnes suivants. Au XVIIe siècle, en effet, on fabriquait couramment des coffres de cette nature « Ung coffre quarré avec deux serrures, couvert de cuir noir, pour metre le bois de lit, etc. » (*Garde-robe de M. Mancini.*) « Le bois brizé, pour le dict lit de bois de noier, garni de toutes ses ferrures, estant dans un coffre carré, couvert de cuir noir et barré. » (*Invent. de Mazarin,* 1653.)

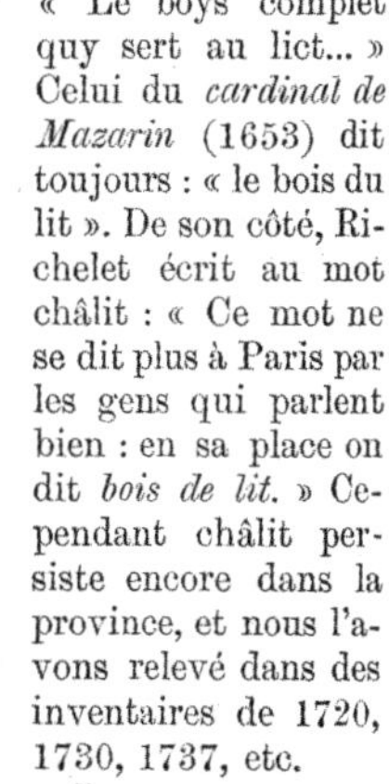
Fig. 457. — Modèle de châlit, par Du Cerceau.

En même temps qu'on trouvait le moyen de rendre le châlit transportable, on en transformait aussi la structure. Jusque-là le ciel ou dais, ou pavillon, comme on voudra l'appeler, avait été indépendant du châlit ; on les réunit alors au moyen de quatre montants verticaux, et de cette combinaison nouvelle naquit le lit à quenouilles, à colonnes ou *acollonnes,* comme on écrivait parfois, notamment dans l'*Inventaire de Jean de Boniface* (1585) : « Un charlit de noyer faict acollonnes, avec deux matelas, traversier, etc. »

Cette forme persista pendant la meilleure partie du XVIIe siècle, et on peut dire que le mobilier français lui est redevable d'une foule de modèles d'une élégance, d'une richesse rares. Tout le monde a présentes à l'esprit les belles estampes où Du Cerceau déploya, pour ses contemporains, toute l'ingéniosité de son talent. Quelques-uns de ces modèles peuvent bien nous sembler étranges ; mais il est difficile de ne pas considérer cette époque comme la plus belle et la plus riche que le châlit ait traversée. Cette période brillante, toutefois, est celle-là même où le châlit perd son nom. Dès 1569, on trouve, en effet, le terme *bois de lit* employé dans le Midi. « Un bois de lict de camp où la reine couchoit, fait en courbe par dessus. » (*Invent. du château de Nérac,* 1569). En 1589, il se rencontre à Paris, dans l'*Inventaire de Catherine de Médicis :* « Sept bois de lict de camp... — Un bois de lict façon d'imperialle, peint en rouge. » L'*Inventaire du château de Turenne* (1615) porte : « Le boys complet quy sert au lict... » Celui du *cardinal de Mazarin* (1653) dit toujours : « le bois du lit ». De son côté, Richelet écrit au mot châlit : « Ce mot ne se dit plus à Paris par les gens qui parlent bien : en sa place on dit *bois de lit.* » Cependant châlit persiste encore dans la province, et nous l'avons relevé dans des inventaires de 1720, 1730, 1737, etc.

La remarque a son importance, car la substitution de *bois de lit* à *châlit* semble coïncider avec l'arrivée à Paris de cette petite cour de Nérac, qui eut sur le langage et les mœurs du XVIIe siècle une si grande influence. En même temps que le nom se transforme, les dorures, les sculptures, les moulures disparaissent. La charpente, entièrement dissimulée par l'étoffe, reprend sa simplicité première. A ce moment, les quenouilles elles-mêmes sont vêtues d'un long fourreau, qui laisse à peine deviner leur forme. « Premièrement, le bois complet, quy sert au lict de velours cramoisy, quy a les quatre quenouilles couvertes de velours cramoisy..., autre boys complaict, quy sert au lict de velours violet ; les quatre quenouilles couvertes de damas violet, etc. » (*Invent. du château de Turenne,* 1615). C'est seulement aux premières années du XVIIIe siècle, que, redevenu de nouveau visible, le châlit retrouvera sa parure et ses façons de prix. A ce moment, les quenouilles ou colonnes auront été reléguées dans le matériel démodé, le ciel et la couchette seront de nouveau indépendants l'un de l'autre. Les lits *d'ange,* à l'*impériale,* à la *dauphine,* à la *duchesse, en tombeau* seront à la mode. Les tentures, toutefois, continueront encore de tenir une place considérable dans la parure du lit, et le bois de lit ne reprendra toute son importance qu'à l'époque où l'acajou commencera à jouer, dans notre mobilier, un rôle prépondérant. Alors apparaîtra le *lit en bateau,* bientôt suivi du *lit en gondole,* dont les battants et les dossiers affecteront des dimensions inusitées jusque-là.

Aujourd'hui, le lit en bateau a cessé à son tour de plaire.

Les bois qu'on fait sont moins lourds. Leurs formes cependant varient presque à l'infini, car, dans la copie du passé, on en arrive à pasticher jusqu'au châlit à colonnes.

Chamarrer, *v. a.;* **Chamarrure**, *s. f.* — Chamarrer un meuble, un tissu, c'est l'orner de passements, de dentelles, de galons, de bandes d'étoffes, d'une façon brillante et voyante. « Ung lict à housse de carize vert, fons et dossier chamarré de passement de soye verte par demy-lais, partout garny d'une petite frange... » (*Invent. du château de Turenne,* 1615.) « Les chaires de Leurs Majestéz, couvertes de velours violet, chamarrées de grands passemens d'or avec leurs franges et crespelines de mesme matière, estoient eslevées de quatre degréz. » (*Entrée du Roy à Lyon,* 1623.) « La galerie est assez longue tapissée de damas ou de velours cramoisi, chamarré fort près, après de larges passements d'or. » (Mme d'Aulnoy, *la Cour et la ville de Madrid,* p. 140.)

Par une Déclaration en date du 16 avril 1634, Louis XIII interdit sur les meubles tous les ornements, « comme passemens de Milan, ensemble toutes broderies, piqueures, emboutissemens, chamarures de passemens, boutons, houpes, etc. » Cet Édit sur le luxe eut le même sort que tous ses devanciers. On n'en tint aucun compte.

La chamarrure se fait *à ondes, en bracelet, à bâtons rompus,* etc.

Fig. 458. — Chambranle de porte en pierre sculptée.

Chambranle, *s. m.* — En termes d'architecture et de menuiserie, c'est l'encadrement de pierre, de marbre ou de bois qui borde une fenêtre, une porte, une cheminée. Le chambranle se compose de deux montants, ou pieds-droits, qui sont réunis à leurs sommets par une traverse. Il peut être uni ou décoré de moulures, d'ornements saillants ou en creux, de bas-reliefs. On dit du chambranle qu'il est simple, quand il se détache du mur par une moulure peu accentuée; on l'appelle A CROSSETTES, quand il se termine à l'encoignure formée par l'extrémité de ses montants, en ressauts ou oreillons. Le chambranle épouse, en outre, la forme de la baie qu'il enveloppe. Il se cintre lorsque celle-ci est cintrée.

Lorsqu'on parle de CHAMBRANLES DE MARBRE, on veut généralement désigner un chambranle de cheminée. C'est au XVIIe siècle que ces sortes de chambranles commencèrent à se répandre dans nos intérieurs. « Nous avons ici plusieurs moulins à scier des planches... On a essayé d'en faire l'application aux pierres pour les tablettes de balcon, chambranles et autres ouvrages semblables. (*L'Avant-Coureur,* 15 juin 1761.) « A VENDRE chez M. le président d'Albert, rue Hautefeuille : un chambranle de marbre de Flandre de quatre pieds..., etc. » (*Ann., aff. et avis divers,* 13 avril 1771.) Par les *Comptes royaux,* on sait que les chambranles de Versailles sont en partie l'ouvrage des marbriers Le Gru et Duchesnoy. (*Comptes des bastimens du roy,* col. 362 et 1292.) Au milieu du XVIIe siècle, la présence de chambranles de marbre dans un hôtel ou dans un appartement était considérée comme lui donnant une plus-value, et dès lors, toujours mentionnée sur les avis de location et les affiches. Exemple : « Maison, rue de Richelieu, à côté du caffé de Foix, donnant sur le Palais-Royal ; avec écurie et remise. Elle est ornée de glaces et chambranles de marbre, et occupée par Mme la marquise d'Aubeterre. » (*Annonces, affiches et avis divers,* 10 mai 1759, 37e feuilleton.)

Chambre, *s. f.* — Pièce d'une maison, principalement où l'on couche. Jadis le mot était pris dans une acception plus générale et servait à compter et à désigner indistinctement toutes les pièces du logis. A l'hôtel Saint-Pol, suivant un historien cité par Germain Brice, on trouvait, à l'époque de Charles VI, la chambre à parer, la chambre au giste, la chambre de l'estude, la chambre des bains et des tourterelles, etc. Au château d'Angers, au temps où l'habitait le roi René, on voyait, outre la chambre du roi, la chambre du retrait, la chambre des étuves, la chambre de la garde-robe, la chambre de la tapisserie, la chambre du cabaret du roi, la chambre du Conseil, etc. Parfois certaines de ces chambres empruntaient leur nom distinctif non pas à leur destination, comme celles que nous venons d'énumérer, mais à leur décoration murale. C'est ainsi qu'au Louvre se trouvaient, au temps de Charles V, la « chambre aux croix », la « chambre aux coulons » (colombes) ; que, dans l'hôtel de Jacques Cœur, à Bourges, existait la « chambre aux galées » (vaisseaux) ; que, dans le château d'Angers dont nous parlions à l'instant, on voyait la chambre des « crochez » ; au château de Chanzé, « la chambre aux pucelles » ; au château de Reculée, « la chambre painte aux chauffertes », la chambre « painte à sèches », la chambre « painte à gougourdes » et la chambre « painte à groiselles rouges ». Les sèches étaient des poissons ; les gougourdes, des courges. Pour les groseilles, on sait ce qu'est ce fruit. Enfin les « chauffertes », qu'il faut lire chaufferettes, étaient l'emblème qu'avait choisi le roi René comme allusion à sa tendresse pour sa première femme. *L'enquête au sujet des biens de Jacques Cœur* parle de la chambre *Nabugotdenozor* (*sic*) et d'une chambre à « angelotes » qui se trouvaient dans son hôtel de Bourges.

Fig. 459. — Chambre à coucher (xve siècle), d'après une tapisserie représentant la *Nativité de la Vierge*, Cathédrale de Reims.

Cette mode de peindre ou de décorer les chambres avec des semis d'objets qui permettaient ensuite de les distinguer entre elles était générale, au surplus. Car nous lisons dans la pièce intitulée *Débat de l'Yver et de l'Esté* :

> J'ay mes chambres parées, paintes à fleurs de lis,
> Il n'est poisson, ne beste, oyseaulx grans ne petis,
> Saint, ne sainte, n'ymage, qui n'y soit par devis.

Ce mode de désignation devait, du reste, persister et traverser les âges. Au XVIIe siècle, la chambre grise d'Anne d'Autriche joua un rôle important dans l'histoire de la Fronde. (Voir *Journal des guerres civiles,* de Dubuisson-Aubenay, t. II, p. 5.) La chambre bleue de la belle Julie d'Angennes était célèbre parmi les habitués de l'hôtel de Rambouillet. Le duc de Luynes nous entretient, à diverses reprises, de la mystérieuse Chambre bleue habitée tour à tour par Mme de Mailly et Mme de Châteauroux. De nos jours, l'usage a continué et souvent, dans les châteaux ou dans les habitations un peu vastes, on désigne encore les chambres par la couleur ou la nature de la tapisserie.

Une étude de la chambre, dans ses multiples adaptations, nous entraînerait donc à passer en revue presque toutes les pièces du logis. Ce qui serait assurément excessif. La seule chambre dont nous nous occuperons ici est « la chambre du lit », celle où, de tout temps, l'on a couché. Toutefois il importe de remarquer que si, jusqu'à la fin du XIIIe siècle, cette chambre apparaît dans les demeures seigneuriales à l'état de pièce unique, à partir de 1310, elle se dédouble. Le besoin de confortable, qui commence à s'introduire dans les mœurs, la difficulté de se chauffer en hiver, font contracter la coutume d'établir, à côté de la grande chambre, une autre chambre plus petite, qu'on nomme dans certaines localités « chambre de retrait » ; dans d'autres, « chambre au giste », et qui se trouve désignée, dans nombre d'inventaires, par cette périphrase : « chambre où Monseigneur souloit gésir », c'est-à-dire où Monseigneur avait coutume de coucher.

Ainsi, dans l'habitation féodale du XIVe siècle et des siècles suivants, nous rencontrons deux sortes de chambres distinctes, quoique toutes deux chambres à lit : 1° une chambre dite de *parement,* qui, plus tard, prendra le nom de chambre de *parade,* chambre vaste, solennelle, très richement décorée, où le Seigneur donne ses audiences, traite ses amis, reçoit les visites, les ambassades, etc., où la châtelaine tient son cercle au milieu de ses dames. « Puis vont en la chambre de parement et elles jouèrent à maints jeux, tant que l'eure fut de souper », écrit Antoine de la Sale (*Hystoire du petit Jehan de Saintré,* p. 104) ; et 2° une chambre plus modeste, réduit plus intime, où l'on va chercher le repos. Les actes ordinaires de la vie s'accomplissent dans le modeste *retrait,* dans la *chambre au giste;* les événements empreints d'une certaine solennité ont pour théâtre la *chambre de parement.* Charles V, malade au château de Beauté, souffre, dans la chambre au giste, étendu sur une couchette étroite, où les soins peuvent lui être facilement prodigués ; mais quand on s'aperçoit que sa dernière heure approche, on le transporte dans la chambre d'apparat, sur le grand lit de parade, pour qu'il puisse expirer avec toute la dignité et dans l'appareil que comporte son rang.

L'importance de la chambre de parement était, au reste, si grande qu'elle a laissé des traces étonnamment persistantes dans notre langage parlementaire et juridique. C'est en effet, une curieuse observation à faire, que de voir ce mot chambre servir, dans la plupart des pays, à désigner les assemblées parlementaires, ainsi que les différentes sections des cours de justice et tribunaux. Pour remonter à l'origine de cette acception si particulière, il importe de rapprocher ce terme du mot *lit* de justice, qui jusqu'à la fin du siècle dernier a persisté, quoique depuis longtemps le roi ne présidât plus, couché, aux réunions plénières du Parlement de Paris. Toutefois, il est d'autant plus nécessaire de ne pas perdre de vue cette particularité que jusqu'à une époque relativement récente le roi recevait ses grands dignitaires couché, et que cette habitude, méconnue par M. Jules Labarte, a entraîné ce savant à commettre une confusion singulière. Dans sa copie de l'*Inventaire de Charles V,* ayant à inscrire (n° 3552) la mention d'une chambre « de sortail à fleurs de lys garnie de ciel, de dossier, de coultepointe pour le grand lit, et une autre petite coultepointe pareille pour le conseil », M. Labarte imagine que le *conseil* était « un meuble dans le genre de celui que l'on nomme aujourd'hui causeuse, où deux personnes seulement peuvent s'asseoir et causer à voix basse ». « Les grandes pièces des châteaux du XIVe siècle, ajoute M. Labarte, étaient mal défendues du froid ; on ne connaissait pas les calorifères, et le *conseil* était accompagné d'une sorte de couverture ou *coultepointe,* que les causeurs étendaient sur leurs genoux. » La supposition est assurément ingénieuse. Mais n'eût-il pas été beaucoup plus simple de se souvenir que le roi présidant son conseil dans sa chambre, le plus souvent étendu sur son lit, il était naturel que ce lit comportât deux courtepointes : l'une pour le temps où le roi était réellement couché et dormait, une autre, plus petite, pour jeter sur ses pieds, quand il était tout habillé et simplement étendu sur son lit de parade ? (Voir *Lit.*)

Cette digression, un peu longue peut-être, n'était pas inutile. Elle explique, en effet, par le rôle que jouait la chambre, l'ampleur de ses proportions et la richesse avec laquelle elle était parée. Pour se rendre compte, au surplus, du luxe de ces « parements » — puisque tel était le mot consacré — il suffit de jeter un coup d'œil sur les dépenses de l'Argenterie et sur les *Inventaires des meubles de la Couronne.* Jamais peut-être la magnificence n'a été poussée plus loin que dans la décoration de ces pièces. Les *Comptes de Geoffroi de Fleuri,* relatifs au couronnement de Philippe le Long (1316-1317), nous donnent la description des superbes chambres de cendal rouge, bleu ciel, jaune, semé de fleurs de lis, de perroquets, de trèfles, d'armoiries, qui servirent au sacre de ce prince. Les *Comptes* d'Étienne de la Fontaine, argentier de Philippe de Valois (1348) et du roi Jean (1352), contiennent des chapitres spéciaux, entièrement consacrés aux tentures diverses, qui servaient à parer les chambres du roi, de la reine, du dauphin, suivant les circonstances, les fêtes, les réjouissances, les réceptions, etc. L'*Inventaire de Charles V* (1380) ne décrit pas moins de cinquante-neuf de ces tentures, plus magnifiques, plus riches, plus splendides les unes que les autres. Dans le nombre, il en est de velours bleu semé de fleurs de lis d'or ; de *satanin* brodé aux armes de France et de Navarre ; de drap d'or orné de croix de velours rouge ; de velours vermeil, à molettes d'or et compartiments brodés de fleurs de lis, etc. Une de ces tentures est en camocas bleu, avec des *oiseaulx* et des *serpenteaulx* brodés en relief. Une autre, offerte au roi par la ville de Paris, est « brodée sur cendal vermeil à fermaulx, à rozes et à perles ». Ajoutons que nombre de ces riches tapisseries sont, en outre, aux armes des personnages dont elles servent plus spécialement à décorer la chambre.

Le plus grand honneur qu'on pût faire alors à un hôte vénéré, c'était de faire préparer, à son intention, une chambre tendue à ses armes et à sa devise. Charles V, recevant la visite de son oncle l'empereur d'Allemagne, lui fait arranger, à Reims, une chambre tapissée de tartaire vert, brodée dans cinq compartiments aux armes de l'Empire. Cette chambre ayant été détruite par le feu, on en prépare une autre « escartelée aux armes de l'Empereur et de Behaigne (Bohême) », et cette chambre sert à Charles IV pendant tout son séjour à Paris. Les *Comptes* de Guillaume Brunel, argentier de Charles VI, et ceux de la maison de Bourgogne contiennent aussi des chapitres spéciaux consacrés à ces tentures, sur lesquelles nous aurons du reste occasion de revenir. Pour le moment, nous nous bornerons à constater que, dans les occasions particulièrement solennelles, quand les chambres de parement existant dans les résidences princières semblaient ne pas devoir suffire pour contenir la foule dont on prévoyait la venue, on en construisait de provisoires en charpente, qu'on décorait avec un luxe non moins grand. Le Fèvre de Saint-Rémy (*Chroniques,* ch. CXIII) nous apprend qu'aux noces de Philippe le Bon et d'Isabelle de Portugal (1429), on édifia « une chambre de parement (faicte pareillement pour abattre), dedens laquelle chambre avoit ung lit qui portoit dix-huit piéz de long et xij de lé ».

Ce n'était pas seulement chez les princes ou les rois que ces chambres de parade revêtaient une aussi somptueuse livrée, mais bien dans tous les châteaux et jusque chez de simples gentilshommes. Froissart, nous racontant les déprédations que les Anglais et les Gascons commirent dans les environs de Toulouse (1356), nous dit que, dans toutes les résidences seigneuriales de la contrée, les pillards trouvaient « les chambres parées de kieutes et de draps ». Les meubles de prix y avaient aussi leur place marquée. Guillebert de Metz, parlant de l'hôtel de Jacques Duchié (*Description de Paris* en 1422, p. 67), dit qu'il renfermait « plusieurs chambres richement adoubéz de lits, de tables engigneusement entaillies et parés de riches draps et tapis a orfrais ». C'est dans les chambres de parement qu'on dressait le buffet, sur lequel on disposait avec art les plus belles argenteries. « Ils se mirent au retour, écrit l'auteur des *Cent nouvelles* (XXXV), et vindrent jusques en la chambre de parement..., qui estoit belle à bon escient, bien mise à point, et estoit le beau buffet garny d'espices, de confitures et de bon vin de plusieurs façons. » Et autre part (*Nouvelle* LIII) : « Quand elle fut arrière en la chambre à parer, qui estoit bien tendue de belle tapisserie, elle vit le beau grant feu, la table couverte... le beau buffet bien fourny de vaisselle, si fut plus esbahye que par avant », etc. L'auteur des *Caquets de l'accouchée,* décrivant une demeure de riche bourgeoise, dit : « Ainsi (avant) qu'on entrast en sa chambre, on passoit par deux aultres chambres moult belles, où il y avoit en chascune ung grand lict bien et richement encourtiné, et en la deuxiesme ung grand dressoir, couvert comme un autel, tout chargé de vaisselle d'argent : et puis de celle-là on entroit en la chambre de la gisante, laquelle estoit grande et belle et toute encourtinée de tapisserie faicte à la devise d'icelle. »

Cependant, au XVIe siècle, la séparation, qui était si marquée au siècle précédent, entre la chambre de parade et la *chambre au giste,* s'était atténuée, à la Cour tout au moins ; et le plus souvent, c'est dans la chambre même où repose le prince, où dort la princesse, qu'ont lieu les réunions, les réceptions, les audiences. Dans le règlement qu'il établit pour arrêter l'ordre de ses plaisirs, Henri III décide qu'après le souper, « si c'est le dimanche ou le jeudy, qui sont les deux jours que le Roy a ordonnéz pour tenir le bal, Leurs Majestés s'en iront à la salle; et les autres jours, fors le vendredy et samedy, [le Roy] ira en la chambre de la Reyne, accompagné de tous les princes, seigneurs et gentilshommes qui y sont ». (*Règlement général de la maison du Roy,* 1578.) Brantôme, de son côté, dit à propos de Marie Stuart : « Sa chambre estoit tout le plaisir de la Cour. » Et ailleurs, parlant de Catherine de Médicis : « Après que ladite comédie fut jouée, le soir, ainsi que nous estions en la chambre de la reine, et que nous discourions de cette comédie, je demandai à une fort belle et honneste dame, etc. » Et, toujours à propos de Catherine, Brantôme ajoute : « Naturellement elle aymoit la musique et en donnoit souvent le plaisir à la Cour dans sa chambre, qui n'estoit nullement fermée aux honnestes dames et honnestes gens, voir à tous et à toutes. » « Je m'endormis hier avec le ballet, ma chambre pleine de tous les galans de la Cour, écrit à son tour Marguerite de Valois au beau Chanvalon, tel divertissement qui ébranleroit toute autre passion, faict en la mienne autant d'effect, que les flots de la mer contre le rocher immuable. » « Je ne luy parlois jamais que dans sa chambre et devant tout le monde », écrit Henri de Bouillon, parlant de Madame, sœur de Henri IV (*Mém. relat. à l'hist. de France,* t. XLVIII, p. 121.) C'est de cette époque, au reste, que datent les désignations : « Musique de la chambre, Gentilshommes de la chambre, Violons de la chambre, Oiseaux de la chambre, Lévriers de la chambre, etc. » (Voir N. Besongne, *État de la France,* t. Ier, p. 200 et suiv.)

Avec la dynastie des Bourbons, l'importance de la chambre royale grandit encore, s'il est possible. En tout cas, son accès, qui devient une faveur suprême, est réglé par une étiquette dont la sévérité s'accentue. C'est dans sa chambre que Louis XIII trompe, par son attitude affectueuse, ceux qu'il veut perdre ou qu'il sacrifie au Cardinal. C'est dans sa chambre qu'Anne d'Autriche reçoit tour à tour le duc de Beaufort, le prince de Condé, le cardinal de Retz, et donne audience aux chefs de la Fronde, aux envoyés du roi d'Espagne et aux émissaires du cardinal de Mazarin. C'est dans la chambre de Louis XIV que le soleil fait homme se lève le matin aux yeux des courtisans éblouis et qu'il disparaît, le soir, derrière d'épaisses courtines de damas cramoisi, brodées d'or. On peut voir, par Saint-Simon, l'étonnante importance que les esprits les plus libres et les mieux équilibrés attachaient à cette royale faveur. Les *Entrées,* qui étaient de trois sortes, se trouvaient réglées par des usages étroits, et « elles ne permettoient point d'entrer, dit Saint-Simon, à d'autres heures qu'en celles qui étoient destinées pour elles ». Malgré cela, elles étaient assez nombreuses pour qu'une des fonctions de l'huissier de service consistât « à faire ranger les personnes qui sont dans la chambre du Roy, soit pour faire faire jour quand Sa Majesté s'habille ou déshabille, soit pour lui faire passage lorsque Sa Majesté va de son fauteuil à son prie-Dieu ». Ces prérogatives curieuses se perpétuèrent au delà du grand règne. Les *entrées* continuèrent d'affluer chez Louis le Bien-Aimé, car celui-ci continua de recevoir dans ce lieu les visites officielles. Et tous ces usages qui nous surprennent étaient alors si bien dans les mœurs, qu'ils étaient réglés par une étiquette sévère. Le duc de Luynes ne se charge pas seulement de nous rappeler que la chambre de Louis XV servait aux audiences

Fig. 460. — Chambre archaïque (commencement du XVIe siècle), d'après V. de Vries.

de cérémonie des ambassadeurs, mais il nous initie encore à la disposition spéciale qu'on donnait aux meubles principaux en ces jours de solennité.

Cette promiscuité si particulière, cette admission de la foule des courtisans à la sortie du lit, chez les princesses et chez les souveraines, devaient amener une transformation dans l'ameublement de la chambre, et surtout dans la garniture du lit. Quel que fût le respect dont elle était animée, cette réunion nombreuse se trouvait parfois, en dépit même de l'étiquette, un peu mêlée. Le chancelier de Cheverny rapporte en ses *Mémoires* que sa femme étant allée à Saint-Maur pour porter à la reine ses condoléances à propos de la mort du duc d'Anjou (1584), « ladite dame de Cheverny, grosse de son dernier enfant, et bien avant en son neufiesme mois, se trouvant en la presse des dames et dans une extresme chaleur qui estoit en la chambre de la reine-mère du roy, en remporta une fièvre qui sembloit au commencement n'estre que tierce, mais en effet elle estoit continuë. » Bassompierre, d'autre part, raconte (*Mém.*, t. Ier, p. 387) que, le 29 janvier 1616, la reine étant à Tours, il vint la voir après le dîner dans sa chambre « où arrivèrent peu après MM. de Guise et d'Espernon et tant d'autres après eux, qu'ils firent enfoncer le plancher de la chambre ». On s'explique après cela la lettre de la marquise d'Huxelles informant ses amis (1709) que le médecin Fagon fut « volé dans la chambre du roi de dix-huit louis qu'il avoit en sa poche ». Et l'on est moins surpris d'apprendre que les huissiers de la chambre royale, en tout temps, étaient chargés de veiller à ce que « persone ne se couvre, ne se pêgne et ne s'asseie dans la chambre, sur les sièges, sur une table ou sur le balustre de l'alcôve ». (*État de la France,* t. Ier, p. 176.) On comprend également que cette multitude de regards curieux ne devaient pas laisser que d'être quelque peu gênants. Aussi, pour se mettre à l'abri de leurs investigations, prit-on l'habitude d'entourer le lit d'une armature de rideaux ou courtines, qui non seulement empêchaient les courants d'air, isolaient le dormeur et aidaient à entretenir autour de lui une température égale, mais encore formaient une sorte de réduit secret, où il lui était permis de se vêtir et de se dévêtir à l'abri des yeux indiscrets. Pour faciliter le service, un espace libre était ménagé, sous la draperie, entre le lit et la muraille. C'était la ruelle, véritable cabinet de toilette, assez vaste pour qu'on pût y procéder à quelques soins indispensables, et même parfois y établir un second lit, et y faire coucher quelqu'un. « Il va seul en la ruelle de la Reine, écrit Héroard en parlant du jeune Louis XIII encore dauphin, y voit Mlle de la Renouillère qui y dormoit, s'en vient doucement à la reine et lui demande : Maman, qui est cette bête-là ? »

Plus tard, quand l'habitude des alcôves eut été importée d'Espagne, la ruelle disparut et la chambre prit, grâce à cette innovation, un aspect nouveau. Nous avons longuement expliqué plus haut (voir ce mot) que l'alcôve, en son principe, n'était pas ce renfoncement étroit que nous avons depuis baptisé de ce nom sonore. L'alcôve consistait dans la présence de colonnes et de balustres, qui divisaient la chambre en deux portions inégales, l'une très vaste, où les indifférents étaient admis; l'autre plus intime, où se trouvaient le lit, le prie-Dieu, certains meubles indispensables, quelques sièges, et où ne pénétraient que les grands officiers de la Couronne, les ambassadeurs et ceux auxquels le roi ou les princes voulaient faire un honneur très marqué. Saint-Simon cite, comme une faveur sans précédent, l'admission de milord Portland dans l'alcôve du roi. « Quoiqu'il eût pris congé, rapporte Saint-Simon, il alla faire sa cour au roi, qui prenoit médecine; le roi le fit entrer après l'avoir prise, ce qui étoit une distinction fort grande; et, pour la combler, il le fit entrer dans le balustre de son lit, où jamais étranger, de quelque rang et de quelque caractère qu'il fût, n'étoit entré, à l'exception de l'audience de cérémonie des ambassadeurs. »

Chez les princes, chez les personnages qualifiés, et jusque chez les simples particuliers, la chambre, à cette époque, jouait, tout comme à la Cour, un rôle considérable. C'était la pièce de réception par excellence. C'est dans sa chambre que la duchesse de Savoie reçoit le cardinal de Lorraine, visiteur peu respectueux, qui devait la traiter d'une façon si singulière. (Voir *Dames galantes,* VIe discours.) C'est dans sa chambre que la marquise de Rambouillet, et, à son imitation, toutes les *Divines* et les *Précieuses* de son temps reçoivent les beaux esprits, les galants et les gens du bel air. Toutes les réceptions aimables, dont Abraham Bosse nous a laissé de si curieux et si frappants tableaux, ont pour théâtre la chambre à coucher. Le chauffage imparfait du XVIIe siècle force même souvent les belles et nobles dames à recevoir leurs visiteurs au lit. Ceux-ci, pour se tenir à l'abri des courants d'air, réclament et obtiennent l'accès de cette ruelle, dont nous parlions tout à l'heure. De là le nom de « coureurs de ruelles » qu'on leur donne, et que plus tard, quand l'alcôve, sous l'impulsion de Mme de Rambouillet, se sera substituée à la ruelle, ils changeront contre celui d'*Alcôvistes.* (Voir le *Dict. des précieuses* de Somaize.) Mais cette transformation n'entraînera pas avec elle l'abandon du lit. On continuera longtemps encore d'habiter, au moins une bonne partie du jour, ce meuble confortable, et ce n'est pas sans étonnement que nous verrons, pendant tout le XVIIe siècle et même une partie du XVIIIe, les dames du plus grand monde — dans certaines circonstances spéciales — recevoir la Ville et la Cour, étant couchées, et donner, dans cette posture un peu négligée, audience aux personnages les plus austères et les plus haut placés de leur époque.

C'est ainsi que Saint-Simon nous montre la duchesse de Lauzun à l'hôtel de Lorge, Mme de Saint-Simon dans l'appartement de Mme d'Arpajon, et Mme de Maintenon dans sa chambre, recevant toute la Cour sur leur lit. A l'occasion du mariage de M. de Thiange, M. de Coulanges écrit que Mme de Montespan ouvrit sa porte au public et reçut, étant couchée, les compliments de tous ceux qui lui voulurent parler. Mme de Fontanges est faite duchesse avec vingt mille écus de pension ; elle en reçoit les compliments sur son lit, et la chose semble si naturelle que, malgré l'origine scabreuse du titre et de la dotation, personne n'y entend malice. Le lit, à cette époque, est si bien lié à la chambre et à son cérémonial, que lorsqu'on meuble spécialement, à Paris, l'hôtel des ambassadeurs étrangers, pour recevoir les envoyés du roi de Siam, on a soin de dresser dans la *chambre d'audience* « un lict de satin rouge brodé d'or, avec médaillon représentant l'histoire de Josué ».

Mais, alors même que le lit est délaissé par la personne qui reçoit, la chambre n'abdique pas pour cela son caractère de pièce de réception. « A Marly, ma chambre est remplie de quinze ou vingt dames qui ne gardent pas le silence », écrit Mme de Maintenon (11 décembre 1700); et autre part : « Pour voir le roi, toutes les dames viennent dans ma chambre. » (16 avril 1712.) Avant elle, Quinault, dans la *Mère coquette* (acte I, sc. II), et Molière, dans les *Précieuses* (sc. VIII), nous avaient familiarisés avec cette idée de la chambre considérée comme pièce de réception. Bien mieux, si des hauts personnages, nous descendons à des individualités plus modestes; si, des châteaux, nous passons aux habitations bourgeoises, nous voyons le rôle de cette chambre nécessaire s'étendre, grandir, se développer. On a eu raison d'écrire, en effet, qu'au XIVe et au XVe siècle, « les personnes les plus riches et les plus distinguées par leur rang et par leur naissance vivaient en famille, de sorte que le maître, la maîtresse, les enfants, les domestiques se trouvaient souvent réunis dans la même chambre, qui servait à la fois de cabinet d'étude, de salon, de chambre à coucher, de salle à manger et même de cuisine ». (*Curiosités de l'archéologie;* édit. Paulin, 1855, p. 42.) Par Tallemant, nous savons que Mme de Verneuil, délaissée par le roi, transforma sa chambre en cuisine (*Historiettes,* t. Ier, à l'article *Henri IV*); et le sieur Douville nous apprend qu'en Normandie, les gens les plus considérés offraient dans leur chambre repas et collations. (*Élite des contes,* t. II, p. 288.) Dans la plupart des habitations, c'est seulement à la fin du XVIIe siècle que le salon apparaît et que les

Fig. 461. — Chambre nattée, d'après une miniature du XVe siècle.

cabinets se multiplient. La salle à manger, le plus souvent, attend la seconde moitié du XVIIIe siècle pour se manifester. Jusque-là, c'était la chambre qui, dans la généralité des provinces et même à Paris, servait de salon et de salle à manger.

Mais plus les services qu'elle rendait étaient nombreux et variés, plus les adaptations auxquelles elle se prêtait étaient diverses, et plus la chambre, naturellement, devait être chère à nos ancêtres et leur sembler un membre précieux du logis. Il ne faut donc pas être surpris de voir, dès une époque très lointaine, tous ceux qui s'occupent de l'habitation, consacrer à la chambre, à son installation, à sa décoration, à son mobilier, leur attention, leurs soins et le résultat de leur expérience. L'honnête maître d'école de Bruges, auquel nous devons le *Livre des mestiers* (*Dialogues français-flamands,* du XVe siècle), énumère méthodiquement tout ce qui est nécessaire à la constitution d'une *cambre* « bien ordenée » : « Or faut-il des lits ; — Lits de plumes pour les riches. — Sus dormir et reposer. — Lits de bourre pour povres. — Sargis (serges) et tarpis et couvertoirs. — Et kieutes pointes aussi. — Pour les lits couvrir. — Lincheux (draps) et orilleirs. — Encore faut-il bankiers — et coussins..... — Desous vo lit vous faut. — Un calit et dalès le lit. — Une cayère et plusieurs — Bancs ou sielles. » L'auteur du *Ménagier de Paris,* contemporain du maître d'école de Bruges, entre dans des recommandations d'un caractère plus intime : « Gardez, nous dit-il, en yver, qu'il y ait bon feu sans fumée..... et en esté, gardez que en vostre chambre, ne en vostre lit, n'ait nulles puces, ce que vos povez faire en six manières, comme j'ay oy dire. » (*Ménagier de Paris,* t. Ier, p. 171.) Eustache Deschamps, dans son *Notable enseignement,* sans être aussi précis, ne ménage pas non plus les conseils.

Et si vous couchiez molement,
En vous faisant si bien couvrir,
Que le vent ne puisse courir,
Ne demourer en vostre chambre ;
Faictes bon feu d'encens et d'ambre
Ou de genèvre faictes fumée,
Par l'air gros en la cheminée ;
Et en esté, tout le contraire,
Pour le soleil vous convient faire.
Avoir haulte chambre et joieuse,
Le may et herbe gracieuse,
L'eaue rose à vous refreschir,
Lit de coton pour vous gésir,
Pou (peu) couvrir, garder des crucelles.

Et autre part, dans son *Mirouer du mariage,* le poète recommande également aux jeunes époux d'avoir

. . . . . Chambres bien ordonnées
Pour les estrangiers recevoir.
Et si leur fault encor avoir
Beaux lits, beaux draps, chambres tendues ;
Et qu'ils mettent leurs entendues
A belles touailles et nappes...

Mais personne, parmi les poètes ou les prosateurs, n'entre dans plus de détails que Gilles Corrozet, dans le *Blason* qu'il trace de la chambre, et qu'il nous faut rapporter ici, au moins dans ses parties essentielles.

Chambre très clère et bien quarrée ;
Chambre au corps humain préparée ;
Chambre bastie d'ung masson
Par très excellente façon ;
Chambre dont les vitres sont telles,
Qu'on n'en vid jamais de plus belles ;
Chambre où, pour faire un doulx marcher,
On a embrissé le plancher ;
Chambre natée en toute place ;
O chambre de tant bonne grâce,
Chambre tapissée si bien,
Qu'on ne sçauroit dire combien ;
Où on void les ruses et tours
D'armes, de chasses et d'amours,
Les boys, les champs et les fontaines,
Les montz et vaulx et vertes plaines ;
Chambre illustrée de tableaulx,
Tant bien faicts, tant riches, tant beaulx ;
. . . .
Chambre où le vent rude et divers
N'entre jamais ès froids hyvers ;
Chambre bien seurement fermée,
Chambre d'herbe verte semée ;
Chambre garnie d'un buffect
Et d'aultre mesnage parfaict,
Comme de lict, de banc, de table,
De coffre et chaire prouffitable,
. . . .
De placet, de selle et scabelle ;
O chambre très gorrière et belle,
Chambre dorée, chambre paincte,
Chambre de riches couleurs taincte,
. . . .
Si tost que la nuyct je verray,
En toy je me retireray.

Après cela, il nous serait, semble-t-il, assez facile de restituer, *documentairement,* l'aspect d'une chambre à coucher à ces époques lointaines, alors même que les tableaux et surtout les très nombreuses miniatures du XIVe et du XVe siècle ne nous fourniraient pas de renseignements bien autrement précis. Pour le XVIe siècle, quelques estampes et un grand nombre de dessins permettent également au curieux de s'édifier sur le mobilier et la décoration de la chambre. Quant au XVIIe siècle, les belles gravures d'Abraham Bosse, celles de Saint-Jean, de D. Marot, d'autres encore viennent nous présenter la chambre à coucher sous ses différents aspects, et dans l'exercice des multiples services qu'on était habitué de réclamer d'elle. Enfin, pour le XVIIIe siècle, les dessins de Meissonnier, d'Oppenord, de Blondel, nous fournissent l'élévation et la coupe des chambres les plus renommées de leur temps, pendant que les écrivains nous détaillent les diverses sortes de chambres en usage à leur époque. Pour ces dernières, qui nous touchent de si près, nous allons toutefois entrer dans quelques détails.

C'étaient d'abord les chambres à estrade, qui jouaient, dans les châteaux et les palais, le rôle qu'aux siècles précédents on concédait aux chambres de parement. On trouve dans les comptes anciens de nombreuses mentions de ces estrades. La plupart étaient de grand prix, notamment celles qui furent exécutées par André-Charles Boulle, ébéniste et marqueteur du roi. « Pour plus de magnificence, écrit un contemporain, on pratique dans ces chambres des estrades, sur lesquelles s'élèvent des colonnes, qui séparent le lieu où est placé le lit d'avec le reste de la pièce. Ces colonnes y sont d'autant mieux placées aujourd'hui, qu'elles en divisent la décoration en deux espèces, c'est-à-dire que le lieu où est placée la cheminée peut être revêtu tout de menuiserie, pendant que celui où est le lit est garni d'étoffe ; ce qui rend cet espace plus du ressort d'une chambre destinée au repos. » Viennent ensuite les conseils sur la disposition générale de la pièce. La forme en doit être plus profonde que large. Les croisées doivent toujours faire face au lit. Les cheminées doivent être placées de façon à marquer le milieu de la muraille, depuis les croisées jusqu'à l'estrade, et situées au côté opposé à la principale entrée. Les portes doivent être disposées en enfilade près des fenêtres, mais à une distance suffisante, toutefois, pour laisser entre les deux ouvertures un écoinçon raisonnable. On voit que, à l'estrade près, cette disposition est la même que celle qualifiée au siècle précédent « chambre à alcôve ».

Au XVIIIe siècle, en effet, ce mot a changé de signification. L'alcôve n'est plus constituée par un simple balustre ou par un système de colonnes coupant la chambre en deux parties inégales. Elle consiste en un rétrécissement du fond de la pièce, obtenu par la présence de deux cloisons de menuiserie qui ménagent, de chaque côté du lit, des cabinets étroits ou de petites garde-robes. Mais le lit doit toujours être isolé sur trois de ses faces et tourner ses pieds à la fenêtre. Quand le lit est placé parallèlement à la muraille et dans un réduit qui ne comporte que sa longueur, on appelle la chambre « chambre en niche ». Ainsi la chambre à alcôve du XVIIe siècle prend au siècle suivant le nom de chambre à estrade, et la chambre en niche du XVIIIe siècle deviendra la chambre à alcôve de notre temps.

Ajoutons que l'adoption des chambres en niche valut à nos pères l'innovation du lit à double chevet, qui a été conservé tel par nos tapissiers, quand, après avoir renoncé à cette disposition, nous avons dû, à cause du peu d'étendue de nos appartements, garder le lit placé parallèlement au mur et adhérent à la muraille. Il est inutile, croyons-nous, de détailler les raisons qui ont fait abandonner la chambre en niche, dite chambre à alcôve. Les fermetures plus régulières de nos portes et de nos fenêtres, les appareils de chauffage perfectionnés, en mettant désormais le dormeur à l'abri des courants d'air et du froid, ont surtout contribué à nous délivrer de cette obligation ancienne de nous confiner dans un coin d'une pièce. Ce qu'on recherche, au contraire, aujourd'hui, c'est l'air. Au lieu de se calfeutrer derrière des courtines épaisses, on adopte de préférence des armatures légères de rideaux, qui peuvent s'écarter, se tirer, et servent plutôt de cadre que d'enveloppe au lit. Les lits à baldaquin, à flèche, à couronne, chers à l'Empire et à la Restauration, témoignent de cette préoccupation. Elle s'est encore accentuée par l'adaptation à nos usages des lits de milieu, lits d'ange, lits à la duchesse, ou lits à encoignure, à la mode depuis quelques années. Enfin, les hygiénistes vont même plus loin et réclament la suppression complète de toute draperie.

Le mobilier, lui aussi, en passant à travers les âges, a subi de décisives transformations. La chaire unique, qui trônait près du lit, « dalès le lit », comme dit le *Livre des mestiers*, a pris place, sous forme de fauteuil très rembourré et confortable, auprès de la cheminée, dont les dimensions se sont réduites, et qui porte maintenant une garniture élégante (pendule, candélabre, vases), dont la silhouette se reflète dans une glace de vastes proportions. Les bancs et les selles ont disparu et sont remplacés par des crapauds, des poufs ou des chaises légères. Enfin le buffet a cédé la place à l'armoire à glace, mieux appropriée, il faut le reconnaître, à la destination du lieu. Ajoutez encore quelques meubles utiles, parfois un secrétaire, souvent une commode et toujours une table de nuit. Quant à la muraille, que nous avons vue tout d'abord tendue de draps ou de tapisseries, et qui, au siècle dernier, fut le plus souvent lambrissée, elle est aujourd'hui généralement recouverte de papier peint.

Mais qu'il nous soit permis d'ouvrir une parenthèse. Il importe, en effet, de remarquer que si les lambris furent particulièrement à la mode au XVIIIe siècle, ils remontent à une époque très antérieure. Les *Comptes des travaux exécutés au château et à la geôle de Caen* (1345) mentionnent la dépense suivante : « Pour lambroissier la chambre où le chastellain gist, en tasche et par rabais, par Robert Erembourc, pour paine XXX sols. » Par Christine de Pisan, nous savons que, lorsque l'Empereur vint visiter, à Paris, le roi Charles V, il fut logé au Palais, dans une chambre lambrissée de bois d'Irlande, dont les fenêtres s'ouvraient sur les jardins et la Sainte-Chapelle. Les *Comptes de l'hôtel des rois de France* nous apprennent, en outre, que Denis Rochereau reçut 17 livres 14 sols 8 deniers tournois, pour « avoir chambrillé de boys toute la chambre » de Louis XI. L'usage des lambris s'explique par la propriété qu'ils ont de prévenir toute humidité. Ajoutons que ce *chambrillage* n'empêchait pas de tendre ensuite des tapisseries. Parfois même, comme la construction des lambris coûtait cher et nécessitait un travail assez long, on se bornait, toujours pour rendre les chambres moins humides, à garnir le sol et les murailles de nattes, qui remplissaient le même office. C'est ainsi qu'en avril 1416 on fit natter, au château de Vincennes, la chambre de la reine, et au mois d'octobre de la même année, sa chambre à l'hôtel Saint-Pol. Les chambres, ainsi tendues, passaient pour être particulièrement chaudes et confortables ; de là ces vers bien connus de François Villon, dans les *Contredits de Franc-Gontier* :

> Sur mol duvet assis ung gros chanoine,
> Léz un brasier, en chambre bien nattée,
> A son costé gisant dame Sydoine
> Blanche, tendre, pollie et attaintée...

La critique de Villon, paraît-il, portait juste. Les ecclésiastiques, en effet, passaient pour avoir un faible particulier à l'endroit de ces chambres exemptes d'humidité malsaine. C'est du moins ce que constate la *Chronique scandaleuse,* racontant une inondation qui dévasta le château de Claye, appartenant à l'évêque de Meaux : « Ladite rivière (la Marne) vint si grande qu'elle emporta... deux belles tours, dedans lesquelles il y avoit de belles chambres bien nattées, voire bien garnies de licts et tapisseries. » De son côté, Antoine de la Sale (1459), dans sa jolie *Hystoire du petit Jehan de Saintré* (édition Guichard, p. 229), nous montre Damp Abbé, conduisant la dame des Belles Cousines en une « chambre de parement très bien tendue, tapissée et natée et les fenestres verrées et très bon feu ». C'est enfin ce qui résulte d'une expression en vogue au XVIe siècle, où l'on donnait le nom de CHAMBRES JACOBINES à ces

Fig. 462. — La chambre d'Anne de Bretagne, d'après un manuscrit de la Bibliothèque nationale.

chambres tapissées de nattes et closes avec soin. « Et se firent bailler une petite chambre jacobine, où ils se couchèrent très bien et très beau et commencèrent à jouer à la ronfle », écrit Bonaventure Desperriers dans son amusante *Nouvelle* de Saint-Chenault et Croisé, « qui chaussèrent les chausses l'un de l'autre ».

Il est, au reste, question de chambres nattées, dans presque tous les conteurs du XVe et du XVIe siècle. La LVIIe des *Cent Nouvelles,* la IVe *Nouvelle* (première journée) de l'*Heptaméron,* l'*Élite des contes du sieur d'Ouville* en font mention. Leur usage se continue jusqu'à une époque relativement très récente, où l'on peut voir (au mot NATTE) que le roi René, en 1456, à Angers ; Henri II, en 1548 et 1557, au Louvre, à Fontainebleau et à Saint-Germain ; Louis XIV, en 1669 et 1675, à Versailles, firent natter des pièces destinées à leur habitation personnelle. Enfin, l'*Inventaire de Claudine Bouzonnet-Stella* (1698) mentionne encore une « petite chambre nattée ».

Avec le XVIIIe siècle, l'emploi des nattes était appelé à disparaître. Ce siècle, si fertile en innovations mobilières, devait nous doter, en outre, d'une nouveauté bien en harmonie avec ce que l'on sait de son caractère galant. Nous voulons parler des glaces qui, dans certaines alcôves, remplacèrent les tentures ou les lambris. Disons vite que ces chambres indiscrètes furent toujours en petit nombre. Il est souvent question des *cabinets de glace* dans les chroniques légères de la Régence et du règne suivant ; les chambres de glace sont plus rares. Nous savons cependant par Mme de Genlis que, dans celle du Régent, « tous les panneaux et l'alcôve de la chambre à coucher étoient en glaces avec des baguettes dorées ». (*Mém.,* t. II, p. 167.) Mme de Genlis nous apprend également que son appartement, au Palais-Royal, contenait pour 18,000 francs de glaces ; il est présumable que la chambre devait en être abondamment pourvue. (*Ibid.,* t. III, p. 94.) Avant cela, un rapport du duc d'Antin au roi nous informe que la princesse de Conti supplia Louis XIV de lui accorder « les glaces qui sont nécessaires à sa chambre de Paris », et que même demande fut faite par la duchesse de Bourbon. Mais là se bornent à peu près les indiscrétions commises.

Jusqu'à présent nous avons parlé de la chambre au point de vue d'un habitant unique. Nous avons bien constaté, dans celles du XIVe et du XVe siècle, la présence de plusieurs lits. Mais le plus souvent, surtout si le personnage est considérable, ces lits qui, dans le jour, se roulent dans les garde-robes voisines ou se dissimulent sous le lit de parement, sont occupés par des femmes de chambre, des pages ou des valets. Nous n'avons encore signalé dans aucune de nos chambres la présence de ces deux lits jumeaux, chargés de recevoir chacun un des époux, et qui aident à constituer cette « chambre à deux lits » dont Balzac s'est fortement préoccupé dans sa *Physiologie du mariage.* Quoique nous parlions au mot LIT de ces meubles appareillés, nous pouvons cependant constater dès maintenant que les multiples problèmes soulevés par leur présence simultanée préoccupent les gens d'esprit depuis plus de quatre siècles. Eustache Deschamps, en effet, dans une de ses *Ballades,* dont le refrain :

Plus aise couche un seul que deux,

dit assez de quel côté il penchait, traite la question à fond et nous apprend qu'en se faisant l'avocat des lits jumeaux, il se borne à prôner « la coutume de Lombardie ». Cette coutume, nous la retrouvons au XVIe siècle, respectée par Henri IV et Marguerite de Valois, aussi bien au Louvre qu'à leur petite cour de Nérac (voir *Mémoires de Marguerite de Valois,* p. 66 et 178), et au XVIIe siècle par Le Nôtre, chez lequel nous rencontrons pour la première fois des lits jumeaux, désignés sous la mention : « deux couches à bas pilliers, conformes l'une à l'autre, chacune garnie d'une paillasse, mattelas », etc. (*Procès-verbal d'apposition des scellés après le décès d'André Le Nôtre,* 1700.) Ceci dit, et après avoir considéré aussi fidèlement qu'il nous était possible la chambre à coucher, la chambre au lit, la chambre au giste, comme on voudra l'appeler, sous ses multiples aspects et aux différentes époques, nous allons nous occuper plus spécialement de sa décoration dans ses rapports avec l'Histoire.

Dans ce but, nous ne croyons pouvoir mieux faire que de reconstituer aussi fidèlement que possible, et d'après les documents authentiques, le mobilier et la disposition des chambres d'un certain nombre de personnages illustres. On comprendra toutefois que, décidé à ne laisser, dans un pareil travail de restitution, aucune place à la fantaisie et à l'imagination nous ne puissions toujours fournir des renseignements aussi complets qu'on le pourrait souhaiter. On nous pardonnera donc de nous borner, parfois, à des indications succinctes. C'est naturellement pour les époques les plus éloignées que nos renseignements sont le moins détaillés. Les *Inventaires*, les *Comptes*, les *Mémoires* où nous pouvons trouver des indications certaines, ne nous font connaître, le plus souvent, que la tenture de la chambre avec la nomenclature des étoffes de prix qui la garnissaient. D'autres fois, cette garniture a été enlevée, la tenture a été décrochée des murailles, et ce sont les meubles seuls que l'inventaire révèle. De là des lacunes assurément regrettables. Nous croyons cependant que, grâce à l'ensemble des documents que nous avons pu grouper, on se fera une idée assez juste de ce qu'a été la chambre à coucher depuis le XIVe siècle jusqu'à nos jours.

Pour introduire un peu d'ordre dans notre travail d'investigations, nous commencerons par décrire les chambres des dames, plus ou moins « honnestes », mais fort illustres, qui ont joué dans notre histoire un rôle prépondérant. Ensuite, nous procéderons à la description de celles d'un certain nombre de princes, de seigneurs et de simples particuliers, personnages appartenant au sexe fort.

La plus ancienne chambre de dame dont la description soit parvenue jusqu'à nous est celle qui servit au sacre de Jeanne de Bourgogne, femme de Philippe le Long (1316). Elle était tendue de cendal vermeil, brodé de perroquets « armoiéz de France », et semé de « papeillons armoiéz de Bourgogne, et entre deux seméz de treffles d'argent ». Aux fenêtres étaient placées des draperies vermeilles bordées de vert.

Ensuite vient la chambre de la reine Clémence de Hongrie, veuve de Louis le Hutin (1328). Cette pièce était tendue de cendal tanné, c'est-à-dire de couleur fauve. Elle était vaste, car sa tenture ne mesurait pas moins de cent vingt aunes. Le lit était garni de *tartaire,* également tanné, et douze carreaux, qui servaient soit à s'asseoir par terre, soit à placer sur les sièges, étaient de cendal de même nuance.

La chambre de la reine Bonne de Luxembourg, femme de Jean Ier, morte en 1349, était tendue de satanin azuré, brodé aux armes de France et de Bohême. Les courtines ou rideaux du lit « atachéz en manière d'esprevier », dit l'inventaire, étaient de tartaire vert rayé d'or, et disposés en forme de tente. La tenture mesurait cinquante aunes de tour, et on comptait huit carreaux pour s'asseoir.

La chambre de la reine Jeanne d'Évreux, troisième femme de Charles le Bel, morte en 1370, était entièrement brodée. Elle était à compartiments de velours vermeil, insérés dans un fond de velours vert, et dans ces compartiments étaient brodées les armes de Navarre. La tenture se composait d'une garniture de lit, ciel, dossier, courtepointe, de huit carreaux et de huit tapis pour garnir les murailles.

Par un compte de Martin Didèle, « coustepointier, demourant à Paris », nous savons que la chambre où reposait la belle Isabeau de Bavière était tendue en satin blanc, semé de roses et d'armoiries. Sur la courtepointe du lit étaient brodés trois grands K, initiale du roi (Karolus VI), et les rideaux du lit étaient en taffetas de même nuance que la tenture.

La chambre dans laquelle accoucha la comtesse de Rethel (1403) était entièrement tendue de cendal vermeil. Elle comportait deux lits placés aux deux côtés de la pièce et séparés par un ample rideau qui tenait toute la largeur de celle-ci. Les lits étaient à pavillons ; douze carreaux, tant grands que petits, servaient soit pour les lits, soit comme sièges, et dans un coin se trouvait un berceau. C'était Jacques Dourdin, « tappicier, demourant à Paris », qui avait taillé et accommodé les étoffes, et Guillaume Sename, de Lucques, marchand, demeurant également à Paris, les avait fournies.

La chambre de Marie de Bourgogne, comtesse de Clèves (1415), était tendue de tapisserie de haute lisse à rehauts d'or, représentant une chasse au cerf. Les couvre-pieds, ciel et dossier de lit étaient également en tapisserie, les courtines ou rideaux en serge de Caen.

La chambre de la puissante dame Élipde des Baux (1426), fille de Raymond, comte d'Avelin et de Jeanne de Beaufort, comportait un lit de couleurs assez mélangées. La courtepointe était *perse,* c'est-à-dire bleue, le ciel rouge, et sur le couvertoir, on voyait une broderie représentant un chevreau blanc, avec une devise. Quant aux rideaux, ils étaient d'étamine rouge, sans doute du même ton que le ciel du lit.

Jusqu'à présent, nous avons passé en revue les étoffes plutôt que les meubles. Avec la chambre que Jeanne de Laval, la seconde épouse du bon roi René, occupait au château d'Angers (1470), ce vont être, au contraire, les étoffes qui nous feront défaut, et nous aurons la description des meubles. Ainsi nous savons que cette pièce contenait un grand lit, avec des marchepieds des deux côtés, et une petite couchette, un grand banc, qui allait du grand lit jusqu'à la porte de la chambre, deux autres bancs plus petits, qui étaient adossés à la couchette, une armoire à deux battants, un petit basset, ou tabouret à pieds, sur lequel était placé un échiquier. Dans la cheminée se trouvaient deux landiers de fer. Devant elle, on voyait un écran, et à côté un torchier de bois, pour l'éclairage de la pièce.

Nous connaissons peu de chose de la chambre de la reine Charlotte de Savoie (1483). Nous savons seulement qu'elle était de serge noire, ce qui n'est pas pour nous surprendre, car, au moment de sa mort, elle était en grand deuil du roi Louis XI, auquel elle ne survécut que six mois. Par les comptes du temps, nous savons encore que cette chambre avait été exécutée par Anthoine Boutel, qui avait reçu pour ce travail 15 livres 13 sols 2 deniers.

Grâce à un manuscrit de la Bibliothèque nationale, nous avons une idée assez exacte de la somptuosité qui régnait dans la chambre d'Anne de Bretagne, au moment où elle accomplit sa première couche. Cette chambre était tendue de velours cramoisi, « à lettres d'or, de broderie de A et K couronnéz ». Le lit était garni de pareille étoffe, avec des rideaux de damas cramoisi, le tout orné de franges d'or et de soie ; et c'était encore en velours qu'étaient les dessus de buffet et les housses de siège. Une autre miniature nous la montre écrivant dans une chambre à tenture plus modeste.

Charlotte d'Albret, duchesse de Valentinois, était en deuil lorsqu'elle mourut (1514). Ne soyons donc pas surpris de trouver dans son garde-meuble « ung ciel de damas noyr, avecques les pendans doublés de toille noyre et les pendans de soye noyre ; des couvertures à bahu noyres, aux armes de ladite feue dame, et deux carreaulx de drap noyr ». Ces tentures complétaient le mobilier de sa chambre, qui se composait de landiers surmontés d'une pomme de cuivre, d'un bois de lit, d'un buffet et d'un petit banc, d'une grande selle, d'une petite « chaise à femme de cuyr courtepoincté », et d'un grand coffre de cuir. Tout cela était assez simple pour la veuve de César Borgia.

Celle de sa fille, Louise Borgia, qui n'était séparée de la précédente que par l'escalier et par une petite garde-robe, était plus somptueusement décorée. Tout d'abord, elle était tendue de tapisseries de Felletin, meublée d'un grand lit et de deux couchettes, dont l'une se roulait sous le grand lit, d'une table, d'un buffet, de trois escabelles et de sept coffres, dont un très grand, un second moindre et cinq petits et d'une cuve à rafraîchir. La garniture du grand lit était *tiers-partie* de drap d'or, de satin cramoisi et de satin blanc frangé d'or, avec une courtepointe de damas d'or broché, semé de roses. Des deux couchettes, l'une était couverte en satin broché violet ; l'autre, en damas rouge, blanc et jaune. Des tapis de Turquie étaient étendus sur le sol. Ajoutons que, dans les grandes occasions, la tenture de Felletin était remplacée par une tapisserie de satin violet, et que pour les lits on avait des rechanges non moins magnifiques.

Ce luxe princier, toutefois, n'approche pas de la somptuosité toute royale que nous rencontrons chez Louise de Savoie (1525). La chambre de cette princesse, ainsi que son lit, étaient tendus et garnis de velours, « enrichy d'entretailleures de thoille d'or fillé, en façon de branches et feuilles de lyerre liées de petits neufz (*sic*) ». Au milieu des cinq panneaux que formait cet encadrement superbe, on pouvait voir « cinq hystoires faictes d'entretailleures de toille d'argent et d'or à points de brodeur, rehausséz de fil d'or et d'argent et [de] diverses couleurs de soye, et au-dessoubz de chacune hystoire, ung épitaphe de toille d'argent à lectres et escripteaux de broderie, lesdictes hystoires contenant les faicts bucoliques de Virgille ». Cette magnifique chambre n'avait pas coûté moins de 8,551 livres tournois de fournitures et de façon ; et le brodeur qui l'avait exécutée, Cyprian Fulchin, avait touché, pour rémunération de son travail, 2,209 livres 15 sols tournois. Les autres fournisseurs étaient Estienne Boutet, à qui on demanda le velours du fond ; Jean Drouyn, Méry, Testu, Gilles Hervault, Gatian Barquin, Michel Cosse et Léonard Spine, qui livrèrent les toiles d'or et d'argent.

La chambre de Claude de France, duchesse de Lorraine (1558), paraît avoir été, elle aussi, fort belle, et quoique nous n'en ayons qu'une description sommaire, on peut juger de sa richesse par ce fait qu'elle était tendue de lés alternés de toile damassée d'or et de velours cramoisi, et que le velours cramoisi était passementé de passements d'or de deux pieds et demi de large.

De Catherine de Médicis (1589), nous connaissons deux chambres. L'une tendue de velours noir, brodé de perles, semé de croissants et de soleils. C'était sa chambre de veuve. Le lit était entièrement orné de sombres draperies. et des housses également magnifiques couvraient les meubles. L'autre chambre était plus gaie. Le lit était garni de pentes et campanes de tapisserie au gros point rehaussée d'or et d'argent, et de rideaux de damas blanc avec figures brodées en or. Au milieu de la pièce, se trouvait une table couverte d'un tapis de même damas, brodé du chiffre de la reine et d'une cordelière. Un siège d'apparat était placé sous un dais enrichi de pentes de tapisserie de soie au gros point, et, pour le reste, de damas blanc figuré d'or.

La chambre de Gabrielle d'Estrées, celle du moins qu'elle occupait avant sa mort, à l'hôtel de Sourdis, n'était pas moins pompeusement meublée. Elle était tendue de velours rouge cramoisi, avec le lit de même étoffe, et les rideaux de damas également cramoisi, « le tout chamarré de passement d'or et d'argent, façon de velouté, de trois doigtz de large, sur les coutures demy lé; et à l'entour des pantes, frangé de grandes franges de soie cramoisi », avec une large crépine d'or et d'argent. Les pentes, les rideaux et la courtepointe étaient garnis de taffetas et garnis de boutons d'or et d'argent ; aux quatre coins du lit se dressaient quatre pommes enrichies de velours, passementées d'or et d'argent et ornées de gros glands d'or. Au milieu de la pièce se trouvait une table garnie d'un tapis cramoisi à quatre franges ; le long des murs, deux grandes chaires,

Fig. 463. — Chambre au XVIIe siècle, fac-similé d'une estampe d'Abraham Bosse.

l'une à bras, l'autre « à vertugadin », c'est-à-dire sans bras, une grande *forme* de cinq pieds de long et six escabeaux ployants. Tous ces meubles étaient garnis en velours cramoisi, passementé de galons d'or et d'argent et ornés de longues franges. Enfin, dans un coin, on apercevait un siège dont la destination était tout à fait intime, « une grande chaire d'afaires », portant la même luxueuse livrée. Dans l'inventaire qui suivit la mort de la favorite, cette superbe chambre fut estimée 1,000 écus. Ajoutons que le garde-meuble de la belle Gabrielle renfermait plusieurs tentures complètes de la plus belle qualité, qui permettaient à la maîtresse du Béarnais de changer, suivant son plaisir, la décoration de son appartement. C'était, notamment, « une chambre de tapisserie de haulte lisse à grotesques, façon de Bruges ». Ensuite venait une tenture de chambre de velours rouge brun, « en broderie de bouquetz », rehaussée de soye et de lisérés d'or et d'argent. — Cette chambre fut estimée 3,500 écus. — C'était enfin une troisième « chambre » de « thoille d'or et viollet », avec des bandes de broderies, prisée 1,500 écus d'or, etc.

On trouvera une certaine différence entre cette fastueuse installation de la maîtresse du trop vert et trop galant Henri IV, et celle de la veuve de Henri III, la dolente et sympathique Louise de Vaudemont, qui mourut au château de Chenonceaux, deux ans après la belle Gabrielle (1601). L'usage voulait que les veuves tendissent leurs chambres en noir. Cet usage, nous l'avons vu, remontait au moins au XVe siècle. La chambre de Louise de Savoie portait, on s'en souvient, cette sombre livrée. Une autre preuve de cette coutume est fournie par l'extrait suivant, emprunté aux comptes d'une dame parisienne sous Louis XI : « Le XXVe jour dudict mois (mars 1462), après pâques mist ladite Damoiselle, qu'elle fist à Jacques Lebret, espicier de Paris, pour certaine quantité de noiz de Galle et de garance, pour taindre une chambre en noir, pour faire le deuil en la chambre de ladite Damoiselle. — *Item,* ledit jour, mist qu'elle paia pour VI livres de limaille de fer, pour taindre certaines vieilles sarges en noir, à VJ deniers la livre, IIJ sols parisis. »

Conformément à cette coutume, la chambre de Louise de Vaudemont était donc des plus sombres. Dans l'angle de la pièce, dont les lambris et le plafond étaient décorés de la devise de la reine, on voyait un lit de velours noir, brodé de ces mêmes devises et frangé de franges et crépines alternativement blanches et noires. Les pentes, les rideaux, les bonnes grâces de ce lit étaient en damas de soie noir, chamarrés de broderies en cordelière. La tenture de la muraille, descendant jusqu'au lambris, était de velours noir pareil à celui du lit, et sur cette lugubre tenture se détachaient quatre tableaux, l'un représentant Henri III, entre sa mère Catherine et sa femme Louise ; le second, le comte de Vaudemont, père de la princesse ; le troisième, le duc de Mercœur, et l'autre, la fille de ce prince, celle-là même que Henri IV, usant de son autorité royale, allait bientôt marier à son bâtard, le jeune duc de Vendôme. Enfin, pour compléter le mobilier de cette pièce si triste, une petite table de noyer, couverte d'un tapis de velours noir, chamarré de broderie blanche en cordelière, et une chaise garnie de sa housse de velours noir pareil.

Mais avec Louise de Vaudemont nous pénétrons dans le XVIIe siècle, et ce ne sont plus seulement les reines et les princesses qui vont absorber notre attention. La Société se constitue sur des bases nouvelles. L'esprit réclame ses droits ; et il nous est agréable d'apprendre que la célèbre « chambre bleue » où Mme de Rambouillet recevait l'élite de la France intellectuelle possédait un ameublement de velours bleu rehaussé d'or et d'argent, et se distinguait par de grandes fenêtres, tenant toute la hauteur de la pièce, ce qui rendait cette dernière très gaie.

Et, puisque nous nous sommes introduits dans la maison des *Précieuses,* ne quittons pas celles-ci sans inventorier avec soin la chambre de cette belle marquise de Frontenac, chez laquelle il fallait avoir été admis pour être bien noté dans ce grand monde du XVIIe siècle, à la fois poli, aimable, distingué et quelque peu pédant.

Les premiers meubles que révèle cet inventaire sont deux bureaux : l'un « de bois de noyer ciselé, garny de tiroirs, sur huit colonnes de bois doré aux extrémités, garny de son gradin » ; le second, en poirier, plus petit et plus simple. Les sièges consistent en huit fauteuils — dont quatre en noyer sculpté, garnis de damas cramoisi à fleurs, avec franges et mollets d'or ; et les quatre autres, également en noyer, couverts de tapisseries à l'aiguille, à fond rouge, bleu et blanc — et en quatre placets du même genre. Les portières et les rideaux sont de damas cramoisi, pareil à celui des fauteuils. Aux murs sont suspendus sept miroirs, trois grands, quatre petits, et une dizaine de tableaux, dont quatre représentent des paysages, et les autres des tableaux de sainteté. Ces peintures sont toutefois de peu de prix ; en tout, elles sont estimées 100 livres. Les miroirs valent mieux. Les deux plus grands sont embordurés de glaces taillées et prisés 200 livres chacun ; le troisième, qui compte trois pieds de haut, et dont la bordure est en glace violette, est estimé cent livres. La cheminée porte une garniture de dix-sept pièces de porcelaine, posées sur des consoles dorées, et sur une petite table se trouve une autre garniture de sept pièces de « pousseline d'Hollande avec leurs plats et deux tasses à caffé ». Enfin, après avoir mentionné une pendule de cuivre doré dans sa boîte d'écaille, et un crucifix de buis monté sur une croix de fer doré, nous arrivons à la pièce de résistance, au lit, qui consiste en « une couchette à bas piliers de bois de noyer, garni de son enfonçure, sommier, etc. », avec « le tour dudit lit, les pantes, rideaux, bonnes grâces, ciel et dossier et champ tourné (*sic*) de damas cramoisi à fleurs... »

Anne d'Autriche porta le deuil de Louis XIII en gris — quant à son mobilier du moins, — et dans les *Mémoires du cardinal de Retz,* comme dans ceux du duc de La Rochefoucauld, il est souvent question de la « petite chambre grise » de la reine. Les *Mémoires de Brienne* nous parlent également de « la chambre du lit » de cette princesse, où fut jouée cette amusante comédie de la pendaison et de la dépendaison presque instantanée du *Sposalizio* du Corrège ; mais ils ne nous disent pas de quelle couleur elle était.

Si de la chambre d'Anne d'Autriche, nous passons à celle que Mme Fouquet occupait au château de Vaux, nous nous trouverons dans une pièce autrement luxueuse. La chambre en question était, en effet, tendue d'une superbe tapisserie de haute lice, représentant « l'histoire de Raphaël ». Le lit était de damas bleu, à bandes de tapisseries, relevé d'une crépine d'or. Six chaises et trois fauteuils garnis de damas bleu étaient rangés autour de la pièce, au centre de laquelle se dressait une table couverte d'un tapis de même étoffe avec frange d'or. A la muraille pendait un petit tableau représentant la Madeleine — on sait que Mme Fouquet se nommait Madeleine de Castille ; — en face se trouvaient un grand miroir garni de feuillages de bronze doré et deux grands guéridons portant des girandoles. Deux lustres étaient accrochés au plafond, et dans la ruelle du lit, on distinguait trois appliques à miroir, toutes trois en bronze doré et munies chacune de deux branches.

La chambre que la maréchale de la Meilleraye occupait à l'Arsenal (1664) était moins sévère peut-être, mais non moins luxueuse. Elle était tendue d'une tapisserie à fond blanc semé de roses. La courtepointe du lit était faite d'une étoffe de Chine, richement brodée, doublée de satin isabelle. Le tour de lit, la courtepointe, les cantonnières, etc., étaient garnis de franges d'argent. Les sièges, qui consistaient en trois fauteuils, trois chaises et six pliants, se rassortissaient au lit. Les quatre rideaux qui défendaient l'alcôve étaient de taffetas rouge, de même que ceux des fenêtres, au nombre de huit, tous garnis d'une frange de soie et d'un mollet d'or. Quant aux gros meubles, ils se résumaient en une table d'écaille enrichie de filet d'argent (estimée 400 livres), un cabinet et un coffre rond de la Chine, un grand miroir de Venise, avec une bordure d'ébène ornée de personnages en relief, et un crucifix d'ivoire sur un fond de velours noir entouré d'un cadre d'ébène. Enfin, dernier détail, les chenets, pelles et pincettes étaient montés en argent.

Une autre maréchale, Mme d'Humières (1694), avait à Lille, où son mari était gouverneur, sa chambre tendue de tapisserie de Bruxelles. Son lit, à pieds dorés, était en forme de lit d'ange, avec les rideaux de damas rouge, le fond, le dossier et la courtepointe, de satin rouge. A la muraille pendait un grand miroir avec bordure en bois sculpté et un tableau représentant la Vierge. Comme sièges, deux grands fauteuils de velours rouge et six fauteuils de paille, avec leurs carreaux et dossiers piqués en satin de Bruges.

Le luxe, du reste, à cette époque, s'était répandu partout. Jusque chez les femmes de magistrats, et même chez de simples bourgeoises, on rencontrait des mobiliers d'une richesse singulière et d'une relative somptuosité. Pour en avoir la preuve, il suffit de pénétrer chez Madeleine Tubeuf, femme d'un simple conseiller au Parlement (1676). Son lit est à hauts piliers, garni de rideaux à bandes de velours noir et de tapisserie de point d'Angleterre. L'alcôve et le tour de la chambre sont tendus de même. Cinq tableaux décorent les murailles; quatre représentent des sujets de sainteté (une Vierge, un Jésus-Christ et deux Madeleine, cette dernière patronne de Mme Tubeuf); le cinquième tableau est une nature morte. Un vaste tapis de Turquie, mesurant quatre aunes de long sur deux de large, s'étend devant l'alcôve. Une table de noyer à colonnes torses, dix fauteuils également à colonnes torses et couverts de drap rouge, et deux autres fauteuils de paille, avec coussins et dossiers de brocart, achèvent de meubler cette belle pièce, que deux rideaux de toile défendent contre un trop grand jour.

Mais laissons ces somptuosités bourgeoises et revenons à la Cour. Aussi bien, nous allons visiter la chambre de Mlle de la Vallière, ou, pour parler le langage du temps, de « Mme la duchesse de la Vallière ». Elle était d'une magnificence rare. Il s'agit, bien entendu, de la chambre que le roi avait donnée à sa première maîtresse, et qui figure avec cette mention sur l'*Inventaire général des meubles de la Couronne et des maisons royalles*. Cette chambre était tendue d'une riche tapisserie « de taillure d'or et d'argent, par carreaux fonds rouge avec des chiffres d'or et octogones », mêlés de devises d'or et d'argent. Le lit, large de cinq pieds, était orné de soubassements, cantonnières, bonnes grâces, etc., « de même étoffe, et doublé, à l'intérieur, de satin vert naissant parsemé de broderies légères, avec des chiffres entrelacés et des bouquets de fleurs ». Le lit était à quenouilles, « lesdites quenouilles surmontées de quatre pommes décorées de galons et de glands d'or ». Raffinement peu ordinaire en ce temps, les matelas étaient habillés de satin rouge. Un grand dais, de même broderie que la tenture, et une table dissimulée par un tapis à quatre pentes complétaient ce mobilier luxueux. L'*Inventaire* ne parle pas des sièges; mais ils devaient vraisemblablement se rassortir à cette somptueuse décoration.

Les splendeurs de cette chambre, qu'on pourrait qualifier d'historique, étaient atteintes et mêmes dépassées par nombre d'autres encore plus luxueuses. Ainsi, lors du mariage de M. de Beringhen avec Mlle d'Aumont, tous les meubles de la chambre de la mariée, qui lui furent donnés

Fig. 464. — Chambre du duc d'Orléans (au Palais-Royal), d'après Blondel.

par son oncle Le Tellier, le célèbre archevêque de Reims, lit, fauteuils, tabourets, étaient entièrement en argent massif. (*Mercure*, n° d'octobre 1677.)

La chambre qu'on disposa au Palais-Royal pour recevoir Mademoiselle, après son mariage avec le roi d'Espagne, contenait également quantité de meubles d'argent. On y voyait : « Un grand miroir d'argent, des bras tout autour en forme de plaques, aussi d'argent, quantité de vases, de bassins de vermeil doré, dans la cheminée, aussi bien que deux cabinets d'une très grande beauté. » (*Mercure* de septembre 1679.) Ajoutons que cette pièce, si richement meublée, était tendue d'un brocart d'or d'une magnificence rare, avec le lit de la même étoffe.

Cette tapisserie et ce lit, toutefois, n'approchaient pas de ceux dont fut ornée la chambre préparée à Saint-Cloud pour recevoir la reine Marie-Thérèse. Cette chambre était tendue d'une admirable tapisserie représentant les victoires d'Alexandre, d'après Le Brun, que les Gobelins venaient d'achever, et qui, ajoute le *Mercure* d'avril 1681, « estoit accompagnée d'un ameublement de brocard d'or à fond violet, dont le lit, auquel Monsieur a fait travailler pendant plusieurs années, est estimé trente-cinq mille escus ».

Fig. 465. — Chambre de parade, d'après Daniel Marot.

Après la chambre de Marie-Thérèse, à Saint-Cloud, on aimera sans doute à connaître celle de Mme de Maintenon à Versailles. Saint-Simon nous a laissé un croquis de cette pièce redoutée. C'était, paraît-il, une grande chambre très profonde. Entre la porte de l'antichambre et la cheminée on voyait le fauteuil du roi, adossé à la muraille ; une table devant lui et deux tabourets de l'autre côté, l'un pour le ministre qui travaillait avec le roi et l'autre pour son sac. Une niche de damas rouge et un fauteuil où se tenait Mme de Maintenon, avec une petite table devant elle. Plus loin, son lit dans un renfoncement. Ce que Saint-Simon omet de nous dire, c'est que la chambre de Mme de Maintenon était tendue de bandes alternées de damas rouge et de damas or et vert. Son lit, large de quatre pieds et demi, haut de neuf, était à colonnes, et les colonnes étaient surmontées de quatre bouquets de plumes blanches avec leurs aigrettes. Les garnitures extérieures du lit, bonnes grâces, cantonnières, soubassements, étaient de damas vert et or. L'intérieur, le fond, le dossier, les rideaux étaient de damas cramoisi. Quant à la courtepointe, le dessus était cramoisi et les pentes tombantes étaient vert et or. Ce lit était placé dans une alcôve encadrée par deux rideaux formés de bandes des damas ci-dessus indiqués. A côté de ce grand lit, se trouvait un lit de repos avec la même garniture, et dans le milieu de la pièce, un autre lit de repos, mais celui-là, plus souvent occupé, enfermé dans une niche, cette fameuse niche, qui frappa si fort Saint-Simon, et dont il est question à diverses reprises dans ses *Mémoires*.

Ce meuble curieux, où la puissante dame passait des journées entières, était fait de bois de chêne, long de cinq pieds dix pouces, haut de huit pieds et demi et profond de deux pieds dix pouces. Il était surmonté de quatre vases de fleurs en bois sculpté, doré et « glacé de rouge ». Sa carcasse, soigneusement capitonnée, était habillée de bandes de damas rouge, alternant avec le damas vert et or de la tenture, et du côté de son ouverture encadrée par une paire de rideaux. Le petit lit, qu'abritait ce singulier monument, était recouvert, le plus souvent, d'une housse de taffetas vert, et la veuve Scarron, quand elle était ainsi étendue, disposait sur ses jambes un couvre-pied de satin rouge cramoisi doublé de satin vert. Trois fauteuils, douze pliants, quatre banquettes à bois vert et or, le tout couvert de damas rouge enfermé dans des bandes de damas vert et or, complétaient l'ensemble des sièges. Deux petits bureaux de marqueterie d'étain sur fond de bois de noyer, une table à écrire de bois violet, deux miroirs, pendus à la muraille, un lustre, et dans un coin obscur, « une chaise d'affaires de velours cramoisy », sur laquelle le roi, paraît-il, ne craignait pas de prendre place (voir dans Saint-Simon, t. XIII, p. 130) ; tel était l'ameublement, relativement coquet et en tout cas fort somptueux, de cette chambre, qu'on se figure généralement plus austère. Encore quelques détails, aussi bien le lieu en vaut-il la peine. Au milieu de la pièce, se dressait une seconde table cachée par un grand tapis de velours rouge. Près de la niche, on apercevait un paravent à cinq feuilles, dont trois de damas or et vert et deux de damas rouge. Les portières et les rideaux des fenêtres étaient pareils à la tenture de la pièce.

Mme de Maintenon avait un culte véritable pour sa chambre, et la plus délicate manière dont le duc d'Antin pût lui faire sa cour, ce fut, lors de son séjour à Petit-Bourg (1707), de lui faire passer l'unique nuit qu'elle coucha chez lui, dans une chambre qui était la reproduction identique de celle de Versailles. « Il gagna les valets de Mme de Maintenon, écrit Saint-Simon, pour entrer chez elle. Il y prit un plan de la disposition de sa chambre, de ses meubles, jusqu'à ses livres, jusqu'à l'inégalité dans laquelle ils se trouvaient rangés ou jetés sur sa table, jusqu'aux endroits des livres qui se trouvèrent marqués. Tout se trouva chez elle à Petit-Bourg, précisément comme à Versailles, et ce raffinement fut fort remarqué. » (*Mém.*, t. VI, p. 45.) Constatons, pour terminer, combien la distance était grande entre cette pièce somptueuse et celle où mourut la mère de Mme de Maintenon. Si nous en croyons Mme de Genlis, cette dernière chambre était, en effet, d'une modestie singulière. « On y voyoit deux petites tables, deux sièges, une chaise de paille et un grand fauteuil, deux lits et un crucifix attaché à la muraille. C'étoit bien de la pauvreté, pour préluder à une fortune aussi inouïe. » (*Mme de Maintenon,* par Mme de Genlis, 1806, p. 57.)

L'*Inventaire du château de Versailles,* qui nous révèle dans ses détails les plus minutieux l'intérieur de Mme de Maintenon, nous fait aussi connaître la chambre de la duchesse d'Orléans, femme du futur Régent. Le lit en était à colonnes, long de 6 pieds 9 pouces, large de 6 pieds, haut de 11 pieds, avec quatre bouquets et quatre aigrettes de plume blanche aux quatre angles. A l'extérieur, sa garniture était mi-partie damas rouge et moire d'or; à l'intérieur, il était uniquement garni de moire d'argent encadrée de crépine, frange, molet et petit galon d'or. Autour de la pièce, on avait rangé quatre fauteuils, quatre chaises et six pliants à bois doré, couverts d'un carré de moire d'or enfermé dans des bandes de satin cramoisi, et douze tabourets, à bois peint en rouge, couverts de tripe rouge avec un galon de soie autour. Au milieu de la pièce se trouvait une table avec un tapis se rassortissant à la garniture du lit; au-dessus de la table pendait un lustre; aux deux angles opposés de la pièce, on voyait deux guéridons, aux fenêtres deux rideaux de damas blanc, et un écran à coulisse était placé devant la cheminée.

Fig. 466. — Chambre de Mme du Deffand, d'après une estampe de Cochin.

Par les *Inventaires des meubles de la Couronne* publiés par M. J. Guiffrey, nous savons encore qu'en 1699 la chambre de la duchesse de Chartres, à Marly, était tendue de damas de Venise rouge garni de crépines, galon et mollet de même nuance, avec « un lit à impériale à la duchesse, fait en lit tournant »; que la chambre préparée pour les couches de la Dauphine était meublée de deux fauteuils, deux carreaux, douze chaises, deux portières, un lit complet et la tapisserie de riche brocart d'or et d'argent; enfin, que la chambre de la princesse de Conti, à Versailles, comprenait un grand lit, quatre fauteuils, quatre carreaux, quatre chaises à dos, un écran, deux portières et une tapisserie de quarante-sept lés de velours rouge à ramages, garni de crépine, frange et mollet d'or.

Si, maintenant, nous passons chez une personne de moindre qualité, chez Mlle d'Aumale, par exemple, l'intérieur va devenir infiniment plus simple. La tapisserie est un modeste point de Hongrie. Le lit à quenouilles, en damas rouge cramoisi, ne comporte plus ni aigrettes, ni panaches, ni broderies. Les fauteuils sont au nombre de deux, l'un à bois peint en vert avec filets d'or et couvert de toile de soie rouge, l'autre en damas cramoisi, avec de grands dessins blancs; une petite chaise et cinq pliants portent la même livrée. Aux fenêtres, deux rideaux de damas blanc tamisent le jour; un bas d'armoire à deux battants et un bureau de marqueterie s'appuient contre la muraille. Au milieu de la chambre, est une petite table avec son tapis, et, garanti par un paravent de velours rouge, un lit de repos de damas cramoisi achève de meubler cette pièce relativement humble, et dont la modestie se manifeste jusque dans la « chaise d'affaires », qui n'a plus l'allure magistrale de celle dont nous constations la présence chez Mme de Maintenon, mais seulement la forme discrète d'un « tabouret de damas rouge et blanc ».

Ces derniers inventaires nous conduisent au XVIIIe siècle, époque charmante, où la grâce remplace la solennité, où l'apparat fait place au confortable. Cependant, à la Cour, on conserve encore, pendant près de cinquante ans, un goût marqué pour les tentures anciennes, pour ces belles tapisseries et ces admirables étoffes de soie, dont la fabrication avait été une des gloires du Grand Règne. Ainsi, en 1745, à Versailles, la tapisserie qui garnissait la chambre de la Dauphine, empruntée au Garde-Meuble, date du beau temps de Le Brun. Le lit était « d'une étoffe cramoisie avec beaucoup de fleurs d'or ». Les fauteuils, tabourets, chaises et écrans étaient pareils. L'étoffe employée pour le lit avait été faite à Lyon, du temps de Colbert, pour le *tendelet* d'un bâtiment du canal de Versailles. « Il y avoit des fleurs de lys brodées dans cette étoffe, écrit le duc de Luynes (*Mém.*, t. VI, p. 341-342), auquel nous empruntons cette description; on les a ôtées, on a mis à la place des dauphins brodés en argent. » Toujours au dire du duc de Luynes, M. de Fontanieu, intendant du Garde-Meuble, estimait l'ameublement de cette chambre et du cabinet attenant à 45,000 livres, « qui n'étoient que pour les bois, la broderie et les façons, puisque l'étoffe étoit au Garde-Meuble ».

Mieux installée encore que sa bru, Marie Leczinska avait vu, dès 1743, complètement renouveler l'ameublement de la chambre qu'elle occupait à Versailles. « L'on commença à tendre hier matin un nouveau meuble dans la chambre de la Reine, écrit le duc de Luynes. C'est un nouveau meuble d'été complet, lit, tapisserie, fauteuils, pliants, portières. Il n'y a que deux fauteuils; l'on n'en met pas davantage dans la chambre de la Reine. Le meuble est de gros de Tours blanc, brodé et peint. Le lit n'est point à quatre quenouilles, comme tous les lits de la reine ont été jusqu'à présent. Il est ce qu'on appelle à la duchesse. Le lit et les portières sont belles (*sic*) et agréables; il y a, dans le milieu de chaque pièce de tapisserie, un grand vase qui fait un fort bel effet; mais les ornemens qui l'accompagnent sont tout de travers, suivant le goût nouveau. »

Deux ans plus tard (1745), la chambre de la reine fut également renouvelée à Choisy, avec une étoffe de fabrication nouvelle. Cette étoffe était « un satin blanc brodé de chenille et entouré de broderie d'or ». Le dessin en était riche et agréable. En 1751, ce fut le tour de Mesdames Victoire, Sophie et Louise de France, auxquelles le tapissier Salior fournit, pour Marly, un ameublement de damas de Tours cramoisi, avec des découpures de satin blanc, encadrées de feuilles d'ornements en relief. Le cramoisi, au reste, à cette époque, était demeuré la couleur la plus à la mode. Nous verrons bientôt qu'au moment où Boursault publia son *Mercure galant,* il faisait fureur. En 1750, son prestige n'était pas encore entamé, et si nous parcourons les *Petites affiches* de ce temps (voir les *Affiches de Paris,* années 1749 et suiv., et les *Annonces, affiches et avis divers,* années 1759 et suiv.), nous constaterons que, jusqu'en 1785, il demeura la couleur préférée des femmes de grand ton. C'est ainsi que la marquise de la Saussaye, la maréchale de Montmorency, la marquise d'Ancezune, Mme de Saint-Paul, Mme de Richebourg, la marquise de Vassé, Mlle de Menant, Mme Chambon, Mme la présidente Dupuis, Mme de Maupeou d'Ableiges, la marquise de Montpéroux, la maréchale de Nangis, Mme de la Live de Jully, Mme Hérault, la marquise de la Poupelinière (*sic*), Mme de Fontanieu, Mme de Salnove, la comtesse de Morville, la marquise d'Ingreville, la duchesse de Villeroy, la comtesse de Serys, Mme de la Forcade, Mlle de Pons de Verdun, la marquise de la Roche-Allard, la comtesse de Pontchartrain, la comtesse de Berulle, la comtesse de Bréhant, Mme de Neuville, la princesse de Guéménée, Mme Tellès d'Acosta, la marquise d'Argenson, Mme de la Vaupierre, Mme de Silly, Mme de Gramont, retirée chez les dames Feuillantines, la marquise du Vigean, la marquise des Tournelles, parmi celles dont il nous a été possible de retrouver les ventes après décès, avaient des chambres tendues de damas cramoisi, et presque toujours avec parements et crépines d'or.

Remarque curieuse, la couleur la plus à la mode après le cramoisi était le vert. Ainsi, la maréchale de Lowendal avait un ameublement de chambre de damas vert, avec un double galon d'or ; Mme de Beaumont une chambre à coucher avec lit à baldaquin, de moire verte. Celle de la duchesse de Caumont, au palais du Luxembourg, était tendue et meublée de damas vert. Celle de la princesse douairière de Chimay était de satin vert brodé. Mme Moncheras de Lompré, la marquise de Chenoise, Mlle d'Henin, la duchesse de Brissac, Mme Lenoir, femme du secrétaire du roi, Mme la présidente de la Michodière, Mme la conseillère Mérault avaient des chambres de damas vert. Quelques brunes intenses possédaient bien des chambres jaunes. La duchesse de Ruffec, Mlle de Flamainville, Mlle Duclos, la comtesse de Chavigny, la comtesse de Breteuil, la marquise de Puysieux, la comtesse de Fontenilles, Mme de Tallange, retirée au couvent des dames de la Roquette, et la comtesse de Montauban, étaient dans ce cas. Enfin, la marquise du Luc avait sa chambre tendue de satin jonquille. Quelques blondes délicates et fraîches n'avaient pu résister au besoin d'encadrer leur beauté dans un bleu sympathique. Ainsi le meuble de chambre de Mme d'Houdetot était couvert en gros de Tours bleu, brodé en or, argent et soie. La comtesse d'Angennes s'était meublée en bleu céleste galonné d'or, la marquise de Saint-Vaudelin en moire bleue et blanche, Mlle Mouslier en moire bleue, Mlle Camus de Pontcarré en damas bleu et blanc ; mais ce n'étaient là, en quelque sorte, que des exceptions. De même pour les ameublements de fantaisie. La marquise d'Hautefeuille possédait une chambre de damas or et argent, galonné en fin. La duchesse d'Uzès était meublée en moire rayée ; la princesse d'Anhalt en damas de deux couleurs ; la duchesse de la Vallière, en damas de trois couleurs, Mlle d'Harcourt de Beuvron en tapisserie à l'aiguille ; Mme de la Vienne en brocatelle à fond cramoisi ; la duchesse de Villequier en satin blanc des Indes ; la duchesse de Blancas en tapisserie de soie encadrée de jais couleur d'or ; la marquise de Ximenès en taffetas chiné. Mais tous ces ameublements, nous le répétons, n'étaient que fantaisie, caprice, exception, et jusqu'en 1785 le damas cramoisi demeura l'étoffe classique.

Ajoutons que parfois ces aimables dérogations revêtaient un caractère de somptuosité exceptionnelle. Nous n'en voulons pour preuve que la description suivante de la chambre que la princesse de Talmont occupait, à cette époque, au château de Saint-Germain. Le lit à la duchesse n'avait pas moins de 12 pieds 1/2 de haut, sur 6 pieds 1/2 de long et 5 pieds 4 pouces de large. Il était garni de « satin blanc de la Chine à figures, fleurs et animaux de broderie de soie ». Deux canapés de six pieds de long, bombés et chantournés, huit fauteuils et deux banquettes, couverts de même étoffe, étaient disposés autour des murailles, que décorait un énorme miroir à bordure sculptée ; deux portières du même satin cachaient les portes ; un paravent et un écran, toujours garnis de même, protégeaient l'un le lit, l'autre la cheminée. Ajoutez encore une table à écrire en bois de rose, deux belles commodes régence en bois de placage. Une troisième commode pareille se trouvait dans un cabinet attenant à la chambre, réduit secret et complément indispensable, où nous apercevons pendant le jour la table de nuit en bois de merisier, à filet de bois d'amarante, un bidet de même bois, trois « chaises d'affaires », deux encoignures surmontées de gradins, des tables et deux miroirs de toilette.

Nous pourrions continuer cette énumération et étendre le champ de nos indiscrétions. Le XVIIIe siècle est, en effet, l'époque où les documents se multiplient avec le plus d'abondance. Nous nous bornerons à rappeler que, par le dessin de Carmontel, dont l'exactitude est vantée dans une lettre d'Horace Walpole (voir *Lettres de Mme du Deffand,* t. Ier, p. 207), et par une gravure que Cochin exécuta en 1746, nous connaissons l'intérieur de Mme du Deffand. Nous rappellerons qu'une jolie gravure de Moreau nous retrace, dans tous ses détails, la chambre que Thérèse occupait avec Jean-Jacques ; et nous terminerons par deux pièces historiques : la description de la chambre de Mme de la Fayette, l'épouse du héros de York-Town, telle qu'elle existait lors de l'inventaire de saisie, qui fut dressé en 1792 ; et la description de la chambre que la reine Marie-Antoinette habitait à Versailles, au moment où la famille royale fut, comme on sait, ramenée de force à Paris.

« Dans la chambre de Mme de la Fayette, écrit le commissaire chargé d'apposer les scellés, avons trouvé un lit composé de 2 matelas, 1 lit de plume, 1 sommier, 1 courtepointe en toile piquée, et 1 courtepointe en satin cramoisi, 1 commode et 4 tiroirs à dessus de marbre, 1 petite bibliothèque en noyer garnie d'à peu près 200 volumes, 8 fauteuils à bras garnis de tapisserie, 2 bergères à coussins, 3 fauteuils en velours, 2 rideaux de fenêtre en toile blanche, 2 cartes, celles de France et celle du département, 1 table de jeu, 1 trictrac, 1 table en bois d'acajou, 1 forte-piano et 1 table en bois de noyer, 1 tableau représentant la démolition de la Bastille, 5 tableaux de famille, 1 trumeau en deux pièces, 1 pendule, 2 bras de cheminée, 2 flambeaux en cuivre argenté. » (*Invent. des meubles du château de Chavagnac,* 1792.)

Quant à la chambre de Marie-Antoinette, il est difficile de rêver quelque chose à la fois de plus riche et de plus élégamment somptueux. Qu'on imagine une immense pièce lambrissée en bas, et décorée au plafond d'admirables boiseries dorées, la muraille garnie d'un splendide brocart à fond rouge, avec de grands cartouches larges d'une aune, de broderie d'or et d'argent, encadrée de pilastres à colonnes torses. Le lit à l'impériale en voussure, qui est drapé de même étoffe, n'a pas moins de quatorze pieds et demi de haut. Il est surmonté d'un couronnement richement sculpté, orné d'une corniche à contours, fleurons et guirlandes, qui porte de jeunes enfants tenant des branches de lis et se couronnant de fleurs. Pour atteindre à cet autel

Fig. 467. — Chambre de Jean-Jacques Rousseau, d'après une estampe de Moreau le jeune.

(style du temps), qui n'est pas estimé, à l'*Inventaire* de 1792, moins de 135,000 livres, la reine gravit un marchepied de deux marches couvert de satin. Un grand canapé, deux grands fauteuils, douze pliants, un paravent et un écran, tous couverts de ce magnifique brocart à cartouches d'or et d'argent, sont disposés en bel ordre autour de cette chambre merveilleuse. Deux lustres de cristal de roche descendent du plafond, soutenus par deux cordons à glands, que l'inventaire estime 3,000 livres. Une pendule rocaille, un feu représentant des sphinx dorés, et de chaque côté de la cheminée, deux paires de bras, ornés de guirlandes de laurier, achèvent la parure de cette pièce somptueuse, dont l'ameublement, sans les lustres, monte, au prix d'estimation de l'*Inventaire* (inférieur certainement au prix d'achat), à plus de 286,000 livres, un demi-million de notre monnaie.

Ceci était la chambre d'hiver; la chambre d'été, pour être moins coûteuse, n'en était pas moins fort belle encore. Cette autre chambre était tendue de gros de Tours broché sur fond blanc, avec dessin formé de fleurs, plumes de paon, rubans nués et encadré de bordures à fond violet, également broché de fleurs. Le lit à la duchesse, tendu de pareille étoffe, était surmonté d'un couronnement fait de guirlandes et festons, avec des coqs et des aigles. Les sièges, tous à bois dorés, se composaient d'un canapé, de deux fauteuils, de douze pliants couverts de même étoffe. L'écran, le paravent, les portières et les rideaux étaient également de ce même gros de Tours. Cette seconde chambre, relativement modeste, ne fut estimée que 135,000 livres.

Cet examen du XVIIIe siècle, le siècle galant par excellence, ne serait pas complet, si nous ne donnions encore la description de quelques chambres à coucher occupées par ces belles et célèbres impures, qui tiennent une place si vaste dans la politique de ces temps corrompus. Il ne nous est pas permis, en effet, d'ignorer comment étaient meublées les chambres à coucher de Mme de Mailly, de Mme de Châteauroux et de Mme de Pompadour.

Pour la première, voici ce qu'en dit le duc de Luynes : « Au premier étage, immédiatement au-dessus de la chambre où le roi couche, est la chambre qu'occupoit Mme de Mailly, et que l'on appelle la chambre bleue, parce que de la soie qu'avoit filée Mme de Mailly, et qu'elle avoit donnée au roi, Sa Majesté en avoit fait faire un lit de moire bleue et blanche, avec la tapisserie et les sièges de même, et que, pour assortir à ce meuble, toute la chambre, jusqu'à la corniche, a été peinte en bleu et en blanc. » (*Mem.*, t. IV, p. 274.) Louis XV ne se piquait pas d'une longue persévérance en amour. A cette époque de sa vie, il changeait plus facilement de favorite que d'ameublement. A peine abandonnée par Mme de Mailly, cette chambre bleue était devenue la chambre de Mme de Châteauroux. (De Luynes, *Mém.*, t. VI, p. 393.) *Sic transit...* Ainsi, tout passe.

Mme de Pompadour, avec plus de ténacité, demeura plus longtemps la maîtresse du trop galant monarque et de sa cour. Elle montra aussi plus d'avidité, plus d'amour du luxe, plus d'instinct de dépense. La description de sa chambre au château de Saint-Hubert en fait foi. La pièce était lambrissée, sculptée et chantournée, et les moulures en étaient réchampies de vert et d'or. Le lit sanglé, « garny

Fig. 468. — Chambre style Empire, d'après un dessin de Percier.

de trois matelas de laine et futaine, profiléz de soie et piquéz de capiton cramoisy », possédant en outre un lit de plume et deux traversins enveloppés de souilles de taffetas blanc, comptait quatre pieds et demi de large, six pieds trois pouces de long et huit pieds de haut. Il était à quatre colonnes portant une « impériale en voûte », c'est-à-dire un ciel en forme de dôme, garni de quatre pommes enrichies de franges de soie. La tenture de ce lit monumental, que la marquise escaladait à l'aide d'un marchepied de bois peint vert et blanc, était de damas des Indes rayé de vert et de blanc, garni d'une crête de soie assortissante. Deux fauteuils et six chaises, à bois sculptés et réchampis de blanc et de vert, garnis de même étoffe que le lit, un fauteuil en confessionnal, un fauteuil de toilette, un tabouret de même bois couvert de même étoffe, une « niche en tabouret » pour deux chiens, et un écran à coulisse achevaient de meubler cette pièce coquette, où la lumière était tamisée par deux rideaux de gros de Tours blanc... Cette chambre communiquait avec un cabinet, son complément indispensable.

Ce cabinet, tendu de la même étoffe que la chambre à coucher, renfermait deux commodes de bois de rose avec mosaïque en placage, une table à écrire de même bois, celle, sans doute, qui est représentée dans le portrait de la marquise, par Boucher ; une table de nuit « de bois de violet et rose », un siège en encoignure avec coussin, une « chaise d'affaires » garnie de basin et couverte de mousseline, et un bidet dont nous donnons autre part la description.

Si de la Cour nous passons à la Ville, il ne sera peut-être pas sans intérêt de savoir que la chambre de Mlle Hugues, danseuse à l'Opéra, était tapissée d'une étoffe de moire jaune, rayée lilas et blanc ; que celle de Mlle Lespinasse, chanteuse au même théâtre, était en taffetas bleu ; que celle de Mlle Conel, de la Comédie française, était en damas jonquille ; que celle de la belle et célèbre Mlle Deschamps, « fille de l'Opéra et danseuse dans les chœurs », comme l'appelle incivilement Barbier dans sa *Chronique de la Régence* (t. VII, p. 244 et suiv.), était « garnie d'un lit de damas cramoisi à la polonaise et le meuble pareil » ; que Mlles Dumegnil et Bloum, dite Dubois, toutes deux *pensionnaires du roi,* et Mlle Vadé, comédienne non moins appréciée du monde galant, possédaient des chambres tendues de damas jaune ; Mlle Quinault cadette et Mlle Grandval, des chambres de damas cramoisi ; que celle de Mlle Guimard comportait un lit à niche, deux banquettes, six fauteuils, quatre cabriolets, le tout couvert en damas de Gênes, un écran en tapisserie, un grand tapis de pied, deux girandoles de cuivre doré et un feu, également doré. Enfin par Antoine Caillot (*Vie publique des Français,* t. II, p. 99), nous avons encore quelques détails sur la chambre que la célèbre Mlle d'Hervieux occupait, en 1788, dans son hôtel de la rue Chantereine : « Le mobilier de cette chambre, écrit-il, avait coûté plus de trente-six mille francs, et le lit seul, le tiers de cette somme. » Elle communiquait avec un boudoir de glaces, fantaisie coûteuse très à la mode à la fin du siècle dernier.

Le XIXe siècle devait, comme somptuosité dans le décor et comme goût dans le choix des meubles, rester de beaucoup en arrière sur le siècle qui l'a précédé. La chambre de Mme Récamier, dont Krafft et Ransonnette nous ont conservé les plan, élévation et coupe, indique une certaine recherche, mais moins de réussite qu'on en pourrait souhaiter. La chambre de Mlle Mars, dont nous donnons plus loin une représentation fidèle, sentait un peu le fouillis. Ceux qui ont visité jadis l'appartement que Rachel occupait à la place Royale se souviennent de sa chambre un peu sombre et très sévère, drapée de bandes de damas bleu, alternant avec des bandes de velours noir, et de son lit à colonnes torses en vieux chêne. Tout cela est bien loin du luxe joyeux et brillant de la Deschamps, de la d'Hervieux ou de la Guimard.

Notre époque, plus amoureuse du pimpant et du clinquant, est revenue, il est vrai, après un long détour, aux traditions luxueuses du siècle dernier. Le mobilier récemment vendu de Mme Heilbronn étalait un débordement de tentures cramoisies, un abus de draperies d'une richesse incontestable. Un lit rouge immense, une peau d'ours blanc à terre, une chaise longue, une profusion de bibelots tapageurs, écran, guéridon, chevalet, vases, paravent, étagères, coussins brodés, venaient encore souligner cet étalage de richesse. De même chez Mlle Letessier, un lit couvert de soie noire, un divan de peluche rouge, des chaises ottomanes en velours vert, une glace encadrée de satin crème, une épaisse portière en satin vert brodé d'or, exécutaient une symphonie de nuances assurément fort brillantes, mais aussi fort tapageuses, ne détonnant pas toujours plus entre elles que certaine *Sainte-Famille* imitée de Raphaël, accrochée à la muraille, et certain prie-Dieu, dissimulé dans un coin, ne juraient avec la destination bien connue de cette chambre trop galante. La chambre de Mlle Lucy Dekern, pour être plus sévère, n'en était pas moins somptueuse : les meubles, en noyer sculpté avec la plus grande finesse, consistaient en un grand lit à baldaquin, en grands fauteuils, chaise longue foncée de canne dorée, armoire à deux vantaux, psyché et vitrines. Les tentures, rideaux et garnitures étaient de moire rose brochée, et au fond du lit — enseigne du lieu — apparaissait un tableau représentant *les Jeux de l'amour*. La chambre de Mlle Humberta était également tendue et garnie en rose. Le lit à colonnes avait été sculpté par Girard. Les sièges, de forme ancienne, alternaient avec la chaise longue traditionnelle, et des crapauds, d'une allure très moderne, des crédences avec un écran Louis XV et certains meubles de toilette, avec un tapis d'autel et un prie-Dieu chargé d'un livre de prières à miniatures. Il est difficile de pousser l'éclectisme plus loin. Enfin, celle de Mlle Elluini était décorée en « vernis de Martin fond or, de forme à rocailles et coquilles fleuronnées style Louis XV ». Le lit de milieu était drapé de « peluche paon ». Deux tables de nuit, une toilette, un bonheur-du-jour, deux consoles, une chaise longue, etc., s'assortissaient au lit et à la décoration générale. On peut, après ces rapides analyses, prétendre à la rigueur que la somptuosité des siècles anciens est ressuscitée ; mais on chercherait vainement au milieu de ces magasins de bibelots, sous cet amoncellement de draperies, le goût délicat, l'élégance logique et raffinée des grandes époques.

On ne saurait raisonnablement prétendre que les chambres habitées par des personnages masculins présentent un attrait aussi piquant que celles ayant servi d'asile discret ou indiscret aux illustres dames, que nous venons de passer en revue. Cependant il n'est pas sans intérêt, pour ceux que le XIVe siècle préoccupe, de savoir que la chambre dans laquelle Philippe le Long dormit la veille de son sacre (1316) était de cendal bleu clair, avec application de fleurs de lis de cendal jaune, et d'armoiries brodées; que dans cette même nuit les princes Jean et Philippe de France, Louis de Bourbon et le comte d'Étampes couchèrent dans des chambres vertes. Peut-être apprendra-t-on également avec plaisir que Charles V, qui comptait dans son garde-meuble jusqu'à cinquante-cinq garnitures de chambres, toutes plus riches les unes que les autres, dormait habituellement dans une chambre tendue de velours bleu, semé de fleurs de lis d'or, avec le lit, les bancs, chaires et carreaux couverts de housses pareilles ; que ce même Charles V fit confectionner, pour recevoir dignement son oncle l'empereur Charles IV, « une chambre, de broderie, escartelée aux armes de France et à daulphins et croisée aux armes de l'empereur et de Behaigne (Bohême) »; que, pour l'été, il donna à son fils le Dauphin une chambre de samit vert ; que ce même Dauphin, devenu Charles VI, habita de préférence dans une chambre de satin vert, brodée de cerfs-volants ; qu'il fit à son tour accommoder pour le prince de Touraine, son fils, une chambre de satin vermeil ; et qu'enfin le duc de Bourgogne, Jean sans Peur, lorsqu'il habitait à Paris, « tenoit son état » en la chambre de Saint-Louis, au Louvre, à moins que, tremblant pour ses jours, il ne se fît faire, « à puissance d'ouvriers, une forte chambre bien taillée, en manière de tour, dedans laquelle il se couchoit par nuit », sans trouver cependant le sommeil qui avait fui ses paupières. (Monstrelet, *Chroniques.*)

De même, pour le siècle suivant, si l'on passe assez volontiers sur les aménagements que Jacques Cadot fit subir à la chambre occupée par Louis XI « en son logiz du Plessis du Parc » ; par contre, la personne du roi René nous est si sympathique, qu'il est bien difficile de ne pas parcourir avec quelque attention l'inventaire sommaire des meubles garnissant la chambre où il couchait au château d'Angers (1471). Cette chambre renfermait un grand lit, deux couchettes, une armoire à deux portes, un petit buffet, un grand banc placé entre l'armoire et la porte, un autre petit banc garni de tapisserie, quatre escabeaux dont un grand et trois de moindre taille, une petite chaire à bras et un *basset* sur lequel était posé un jeu d'échecs. Le long du grand lit étaient placés deux *bancs-forme,* et dans la *venelle* ou ruelle du lit un marchepied. Deux autres marchepieds servaient pour les deux couchettes. Dans la cheminée, deux grands landiers de fonte, deux chandeliers de laiton pendus au manteau de la cheminée, une pelle de fer ; un peu plus loin, un petit « torchier » et deux « lanternes en faczon de chandelier, qui sont de feilles de léton à créneaux, et sont pour pendre contre ung mur », servaient à l'éclairage et au chauffage de la pièce, pendant qu'un « beau tableau paint où est Nostre Seigneur qu'on descend de la croix » et « deux pupitres, l'un de troys pièces couvert de velour verd », l'autre d'une pièce couvert de drap de même couleur, dénonçaient à la fois le goût du roi pour les arts et son amour de l'étude. Enfin, dernier détail, « une petite eschelle de boys à pencer (*sic*) les oiseaulx » vient nous faire souvenir de la passion que le bon roi René eut toujours pour les volatiles rares, et de l'habitude qu'il avait d'en posséder une « cagée » dans sa chambre. (*Invent. du château d'Angers,* 1471.)

De même encore pour le XVIe siècle. Il est certain que la gravure de Torterel et Périssin, qui représente la chambre où Henri II rendit le dernier soupir, offre un intérêt archéologique de premier ordre. Si ce n'est point, en effet, la représentation certaine, exacte de cette chambre historique, c'est au moins la copie vraisemblable d'une chambre royale de ce temps. On en peut dire autant des gravures qui nous ont conservé le souvenir de la funèbre rentrée d'Henri IV, au Louvre. Mais quel que soit l'attrait que présentent ces époques si dignes de notre attention, il nous tarde d'arriver à ces chambres justement célèbres, en quelque sorte classiques, que nous connaissons si bien par les *Mémoires* du XVIIe siècle, surtout à cette fameuse « chambre du roi », à Versailles, où se décidèrent si souvent les destinées de notre pays. Sa splendeur, au surplus, est bien faite pour nous attirer et pour légitimer notre hâte. On en peut juger par la description suivante.

La tapisserie de cette chambre était de velours cramoisi enrichi d'un gros galon d'or. Le lit « de mesme étofe et de mesme parure » était entouré d'une grande campane d'or en relief, doublée d'or plein. Quatre pommes blanches et couleur de feu, garnies de grandes aigrettes blanches, en

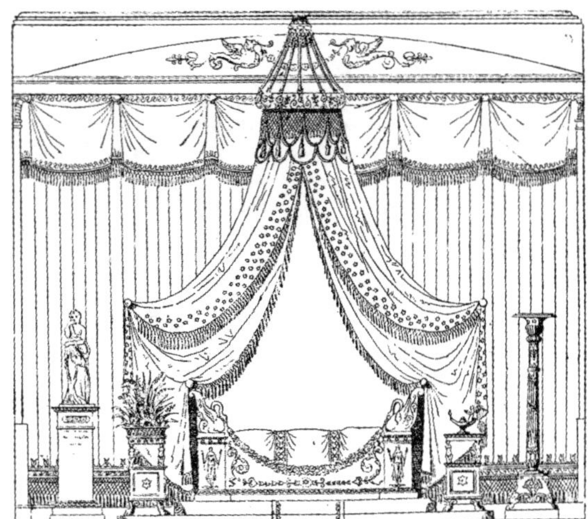

Fig. 469. — Chambre de Mme Récamier, d'après un dessin de Krafft.

surmontaient les piliers. Les fauteuils, les tabourets, les paravents, les portières étaient de velours, comme la tapisserie. Des tableaux d'Annibal Carrache, du Dominiquin, du Titien, de Van Dyck décoraient les murailles. Une balustrade d'argent de deux pieds et demi de haut, sur laquelle posaient huit chandeliers de même matière, et hauts chacun de deux pieds, entourait l'estrade, laquelle était de marqueterie. Deux scabellons d'argent portaient dans les angles deux cassolettes de cinq pieds ; quatre bassins d'argent de trois pieds de diamètre des vases de deux pieds et demi. Les chenets, eux aussi, étaient d'argent et mesuraient quatre pieds de haut. Enfin, un lustre d'argent, garni de dix-huit bougies, complétait cette somptueuse décoration. (*Mercure*, numéro de décembre 1682.) Il est difficile de rien imaginer de plus magnifique.

Eh bien, ce superbe ameublement n'eut pas le don de satisfaire longtemps ce Grand Roi ennuyé, qui avait modestement pris le soleil pour emblème. Un inventaire de 1708 nous apprend que, à cette époque, sa chambre avait été renouvelée de fond en comble. L'ameublement en était fait alors de deux brocarts, l'un à fond d'argent, orné de figures de bergères et de bergers, l'autre à fond vert ciselé d'or, avec des fleurs d'or et d'argent lisérées de ponceau. Le lit à colonnes, et dont les piliers habillés de brocart étaient surmontés de quatre pommes avec bouquets de plumes et aigrettes, était garni de pentes, bonnes grâces, cantonnières et soubassements du brocart à bergers. Les rideaux et le dossier étaient du brocart à fond vert, le tout doublé de brocart or, argent et incarnadin ; enfin la courtepointe était de brocart ponceau. Pour accompagner ce lit somptueux, la chambre comptait deux grands fauteuils et huit pliants à bois doré, garnis du brocart à bergers et deux carreaux de même étoffe. Une table était couverte d'un tapis traînant fait des deux brocarts. Les portes disparaissaient sous quatre portières du brocart à bergers, et ce même tissu, alternant avec des lés de brocart d'or et d'argent, formait la tapisserie. Ajoutez encore un écran à coulisse couvert d'une riche broderie, et une « chaise d'affaires », à layette de velours rouge, chargée de rappeler, même aux plus courtisans, que personne ici-bas ne peut se prétendre exempt de certaines misères.

Faut-il ajouter que les chambres des autres résidences n'étaient pas indignes de supporter la comparaison avec celle de Versailles? A Trianon, par exemple, la chambre du roi était tendue de velours cramoisi, divisé en cinq panneaux. Au milieu de chacun de ces panneaux était figuré en broderie « un grand lion emparqué, tenant dans sa gueule une branche de grenadier ». En haut de cette tapisserie régnait une frise « remplie de petits lions emparqués dans des bordures partie rondes et partie quarrées », entre lesquelles se trouvaient des branches de grenadier et des bouquets de grenade de broderie d'or. Le lit du roi était à quenouilles, lesdites quenouilles habillées de satin cramoisi et surmontées de quatre pommes de velours ornées de galons d'or. Les dimensions de ce lit étaient de 7 pieds et demi de long sur pareille largeur, et de 12 pieds de haut, y compris les pommes de couronnement dont nous venons de parler. La garniture du lit (pentes, bonnes grâces, cantonnières) était de velours rouge semé de petits tableaux de broderie représentant l'histoire de Joseph, avec pilastres, figures de point satiné, etc. A l'intérieur, les pentes représentaient les *Métamorphoses* d'Ovide, et le fond était rempli d'arabesques (sans rapport direct avec les autres pièces) au milieu desquelles étaient brodés ces mots : *Desiderium meum est*. Comme sièges, on comptait deux fauteuils et huit pliants de velours, garnis de franges à molet et de galons d'or.

Au château du Val, la chambre royale était tendue de damas aurore et blanc, avec des montants de brocart bleu à fleurs d'or et d'argent. Le lit, à quenouilles, était de même étoffe et ses rideaux relevés sur le côté. Les quenouilles étaient surmontées de pommes au-dessus desquelles flottaient quatre petites flammes couleur de feu et brodées d'or et d'argent. Ce lit avait 6 pieds 4 pouces de long, sur 5 pieds 8 pouces de large et 9 pieds 10 pouces de haut. Quatre grands « fauteuils de commodité », de même étoffe avec bois dorés, et dix sièges pliants complétaient le mobilier de la pièce.

Après de pareilles descriptions, les amateurs de beaux meubles trouveront sans doute le sort du Grand Roi singulièrement enviable. Eh bien, si nous en croyons un témoin autorisé entre tous, l'existence du Roi-Soleil, au milieu de ces meubles superbes, n'était pas exempte de souffrances et d'ennuis, motivés par son installation même. « Si j'habite encore longtemps la chambre du roi, écrivait Mme de Maintenon au duc de Noailles (27 avril 1705), je deviendrai paralytique. Il n'y a ni porte ni fenêtre qui ferme. On y est battu d'un vent qui me fait souvenir des ouragans de l'Amérique. » (*Lettres*, t. V, p. 49.) Certes, voilà d'étranges révélations et inattendues. La chute est douloureuse.

Après cet étalage de luxe sans confort, de magnificences incommodes, on nous pardonnera de ne donner qu'un coup d'œil à la chambre occupée, à Fontainebleau, par le duc de Bourgogne, qui, du vivant du Grand Roi, fut appelé « le second Dauphin ». C'est à Saint-Simon que nous emprunterons la description de cette pièce : « La chambre du prince, écrit-il, étoit dans cet emplacement (dans l'appartement de plain-pied faisant suite au grand salon) ; le lit avoit les pieds aux fenêtres ; à la ruelle, du côté de la cheminée, étoit la porte de la garde-robe obscure par où j'entrois ; entre la cheminée et une des fenêtres, un petit bureau portatif à travailler ; vis-à-vis la porte ordinaire d'entrée et derrière le siège à travailler et le bureau, la porte d'une autre pièce [donnant] du côté de la Dauphine; entre les deux fenêtres, une commode qui n'étoit que pour des papiers. »

La chambre, ou plutôt les chambres de celui qui porta tour à tour les titres de duc de Chartres et de duc d'Orléans, et auquel l'histoire, sous le nom de Régent, a consacré tant de pages variées, mélangées d'éloges et de blâme, nous retiendront plus longtemps. Commençons par la chambre qu'il habitait au Palais-Royal, alors qu'il n'était encore que duc de Chartres : « Elle estoit, dit le *Mercure* de mars 1692, magnifiquement meublée, et la tapisserie à personnages estoit d'après Jules Romain ; elle représentoit l'*Histoire de Scipion* et estoit rehaussée d'or. L'ameublement estoit de velours couleur de feu, et la broderie qui le faisoit briller, or et argent et par bandes. Les miroirs et les lustres de cette chambre estoient d'une très grande beauté. »

Si, de Paris, nous passons à Versailles, et si, de 1692, nous sautons à 1708, nous trouvons que le duc de Chartres, devenu duc d'Orléans, n'est pas logé moins somptueusement dans le palais du Grand Roi qu'il ne l'était dans celui de son père. Sa chambre, en effet, était tendue d'une tapisserie de velours rouge à ramages, avec des portières pareilles, et aux fenêtres des rideaux de damas blanc. Le lit, à quenouilles, était long et large de 6 pieds et demi avec 10 pieds 10 pouces de hauteur. Sa garniture était comme la tapisserie de velours rouge à ramages, doublé à l'intérieur de moire d'or. Le dossier, également de moire d'or, était chantourné et décoré d'un chiffre entouré de fleurs de lis. Les sièges consistaient en quatre fauteuils, trois chaises à dos et six pliants, couverts de velours à ramages, et en six tabourets couverts de brocart cramoisi « à couronnes », garnis de franges d'or, avec les pieds en bois doré, sculptés en forme de gaine. Au milieu de la pièce, une table avec un tapis; devant la cheminée, un écran garni de ce même velours; contre la muraille, un bureau en forme de commode, fait de bois de noyer; auprès du bureau, un fauteuil de commodité de damas rouge; aux angles de la pièce, deux guéridons de vernis de la Chine, noir; au centre du plafond, un lustre.

Laissons s'éteindre le Grand Roi. Revenons de Versailles au Palais-Royal, pendant la Régence, nous assisterons à une transformation complète. La chambre du Régent, émancipé de toute gêne et de toute surveillance royale, ne ressemble plus guère à celle du duc de Chartres ou du duc d'Orléans. Elle est aussi magnifique, mais infiniment plus gaie. Voici, au surplus, la description qu'un contemporain nous en donne : « On passe ensuite dans la chambre de M. le Régent, qu'on a agrandie et mieux disposée depuis peu. Les ornemens de sculptures et de dorures qui la décorent, les glaces et la disposition élégante de l'alcôve font de cette chambre une pièce toute charmante. L'alcôve, qui renferme un lit superbe, est soutenue de deux colonnes dorées d'ordre composite et fermée d'une balustrade du même goût; la beauté de la cheminée répond à tout le reste. Les portraits placéz sur les portes représentent Philippe II, par le Titien; Marie de Médicis, Senéydre (*sic*) et sa femme, tous trois de Vandeik (*sic*). » (*Les Curiosités de Paris,* 1723, t. Ier, p. 148.)

Louis XV avait été élevé à trop frivole école pour montrer dans son ameublement une grande sévérité. Ne soyons donc pas surpris de trouver sa chambre de Choisy garnie d'un « meuble complet de gros de Tours blanc, avec des découpures et des nœuds d'un dessin fort agréable ». (*Mém. du duc de Luynes,* t. VII, p. 65; 1745.) Quant à celle de Fontainebleau : « Plus on examine cette chambre, écrit le duc de Luynes, plus on la trouve magnifique. Le meuble qu'on y a mis est bleu et or et très beau. Le roi a paru fort content de tout cet ouvrage, excepté des camaïeux qu'on a mis au-dessus des portes; il les a trouvés trop maigres. On mettra, au lieu de ces camaïeux, un portrait du roi et de Louis XIV; mais il y a trois dessus de portes; on a proposé au roi de mettre sa devise pour remplir cette troisième place. Le Roi a approuvé cette idée, mais il a dit qu'il n'a point de devise. On va charger les académies d'y travailler. M. d'Argenson a eu ordre d'écrire. »

Fig. 470. — Chambre de Mlle Mars (règne de Louis-Philippe).

Ces coquettes décorations n'étaient pas, au reste, exclusivement réservées aux demeures royales. Dans le pavillon que le fermier général Bouret fit construire sur la hauteur qui domine Croix-Fontaine, la chambre réservée à Louis XV n'était pas d'un goût moins aimable. « Le lit est placé dans une alcôve, dit Piganiol, dans la description qu'il donne de cette somptueuse demeure. Cette alcôve est décorée sur le devant de deux pilastres et de deux colonnes cannelées, d'ordre corinthien, et le lit est surmonté d'un pavillon avec des ornemens dorés et sculptés. Les angles de cette pièce sont enrichis de deux grandes glaces, au bas desquelles dans l'un est une cheminée de marbre très beau, et dans l'autre une très belle commode de la Chine, sur laquelle est posé un vase de porphyre monté en bronze doré, dont les ornemens sont très recherchés; à ses côtés sont deux très belles porcelaines de la Chine servant de pots-pourris, et dont les ornemens dorés d'or moulu représentent des oiseaux et des jets de fleurs parfaitement travaillés. » (*Descr. historique de la ville de Paris,* 1765, t. IX, p. 189 et suiv.)

Les exemples de Louis le Bien-Aimé ne pouvaient manquer de porter leurs fruits. Grâce à lui, la fantaisie la moins collet monté domina, jusqu'à la fin de la monarchie, dans le mobilier des chambres princières. Seul, le comte d'Artois tenta de réagir contre ces langoureuses préoccupations, en se faisant meubler, au pavillon de Bagatelle, une chambre guerrière. Cette chambre, en effet, dessinée par Bellanger et dont on peut voir au Cabinet des Estampes les esquisses originales, affectait la forme d'une tente d'officier général et tout « y désignoit un appartement militaire ». « Les pilastres, dit un contemporain, sont figurés en faisceaux d'armes surmontés d'un casque ; les jambages du chambranle de cheminée sont deux canons sur leur culasse ; les chenets, figurés en boulets, en bombes, en grenades ; des bras de cheminée en cors de chasse, etc. »

Il est assurément fort heureux que la tentative du comte d'Artois n'ait point fait école. A côté de ce ridicule déploiement d'artillerie en chambre, on est tout surpris de trouver à Versailles la chambre à coucher du modeste Louis XVI, garnie d'un meuble de brocart « or frisé et or filé, lisèré, broché verd sur fond cramoisi, orné de riches franges en cartizannes et torsades, or brillant, et molet *idem* (*sic*), avec tête et paillette, le tout en or fin ». Cette belle parure avait coûté la bagatelle de 238,579 francs. La magnificence du Grand Roi et la coquetterie de Louis le Bien-Aimé s'étaient, on le voit, associées pour décorer et meubler la chambre de leur infortuné successeur.

Les pièces que nous venons de passer en revue sont presque exclusivement des chambres royales. Notre étude ne serait pas complète si nous la bornions à ces princières splendeurs. D'autant mieux que quelques-unes des chambres habitées, soit par de hauts personnages, soit par de simples particuliers, ont joui, dans leur temps, d'une juste renommée.

Telles étaient, au XVIe siècle, la chambre occupée par le duc de Bourbon dans son château d'Aigueperse (1507), laquelle était tendue d'une tapisserie de verdure sur fond jaune, avec des rideaux de soie jaune et noire, et celle du cardinal d'Amboise au château de Gaillon (1508), revêtue en cuir doré, timbrée aux armoiries du cardinal-légat, avec un lit également garni de cuir doré, ayant le ciel de toile d'or, les rideaux de taffetas jaune, une table, une chaise, un dressoir et deux landiers de fer à pommes de cuivre. Ces deux pièces, toutefois, n'approchent pas des chambres célèbres que nous rencontrons au siècle suivant, et surtout au XVIIIe siècle ; celle, par exemple, occupée par le comte de Toulouse, dans son hôtel de la place des Victoires, dont un contemporain écrivait : « Quoi qu'on puisse dire de la chambre du comte de Toulouse, on ne sçauroit exagérer le bon goût qui y règne. L'alcôve est très bien prise : le lit qu'elle renferme est un ouvrage en tableaux de tapisserie à petits points, compartis par une broderie d'or convenable à la délicatesse des figures. La cheminée, d'un goût nouveau, et le reste des meubles sont d'une magnificence achevée ; les dessus des portes sont quatre tableaux du Bassan, etc. » (*Curiosités de Paris,* t. Ier, p. 168.)

L'hôtel de Bretonvilliers, situé à la pointe de l'île Notre-Dame, renfermait, à la même époque, une chambre se recommandant par « la magnificence d'un superbe lit de parade qui, aussi bien que le reste de l'ameublement, étoit d'une étoffe à fonds d'or, garni d'une frange de même ». (*Mercure galant,* janvier 1716, p. 209.)

L'hôtel d'Amelot de Biseul, rue Vieille-du-Temple, contenait également « une chambre de parade dont le plafond et les ornements, écrivait Germain Brice, sont encore plus riches que tout ce que l'on a déjà vu. Il y a sur les portes des bas-reliefs de Sarazin, qui fut bien aise d'exposer de ses ouvrages dans un lieu où il y avoit tant de belles choses. Les meubles sont de velours brodéz d'or et d'argent, et la pièce de tapisserie du fond de l'alcôve est estimée un fort grand prix. Le parquet de l'estrade est de marqueterie, où les armes du maître du logis sont au milieu de divers enroullemens. » (*Descr. de Paris,* 1725, t. II, p. 100.)

Tout le monde, au reste, durant ces deux siècles, rivalisa de luxe dans la parure de cette pièce importante. Les hommes de guerre eux-mêmes sacrifiaient à ces dispendieuses fantaisies. Chez le maréchal de la Meilleraye (1664), nous rencontrons un lit de velours vert chamarré d'or et d'argent et doublé de brocart d'or, avec des pommes aux angles du ciel, et quatre bouquets de plumes blanches munies de leurs aigrettes. La chambre comptait, en outre, « huict fauteuils, six chaises, douze sièges ployans de bois de noyer, peints de vert, garnis de crin et couverts de velours vert », avec tapis, housses, etc., également chamarrés de galons d'or et d'argent, et garnis de crépines d'or, le tout estimé, par les tapissiers Pocquelin et Henri, la somme de 14,400 livres.

Chez le maréchal d'Humières, à Lille (1694), la chambre comprenait un lit garni de damas vert avec des crépines d'or et d'argent. Les fauteuils, au nombre de deux, étaient couverts de velours vert ; et les chaises, au nombre de douze, en tapisserie au petit point. Un bureau, deux guéridons « de bois d'arabe » (érable), un grand miroir dans sa bordure de bois sculpté, un autre miroir plus petit, bordé d'écaille, deux bras de cuivre doré, un grand plan de la ville de Lille, une grille de fer, des pincettes, porte-feu et tenailles à pommes argentées, complétaient ce riche mobilier, où rien ne rappelait ni Mars ni Bellone.

La chambre du maréchal de Boufflers, au camp de Compiègne, n'avait, elle non plus, rien de bien martial. Le lit était à la duchesse, de damas cramoisi tout garni de galons d'or. La tapisserie était pareille au lit, et les trois meubles qui frappaient surtout les yeux étaient un miroir de plus de soixante-dix pouces, un très beau bureau et une riche pendule. (*Mercure,* n^o^ de septembre 1698.)

Celle du duc de Villars, à Marseille (170), comportait un lit de damas jaune galonné d'argent, six fauteuils et deux cabriolets couverts de même étoffe, un cabriolet couvert de maroquin rouge, deux chaises laquées couvertes d'étoffes des Indes, une commode garnie de bronzes dorés, un bonheur-du-jour, des écrans, un feu, des girandoles, et autres menus meubles qui ne laissaient en rien soupçonner les mâles occupations de leur propriétaire.

Ajoutons vite que, sous ce rapport, les hommes d'église ne le cédaient en rien aux disciples de Mars. La description succincte de la chambre qu'occupait, au moment de sa mort, l'archevêque Henri de Béthune dans son palais archiépiscopal de Bordeaux (1680) en fournira la preuve. Cette chambre était tendue d'une tapisserie de verdure composée de six pièces. Le lit, à quenouilles, était garni de damas violet à fleurs. Le sol était couvert d'un tapis de moquette. Deux rideaux de serge de soie violette étaient pendus à la fenêtre. Onze fauteuils garnis de damas violet, deux tables d'ébène, une table de noyer avec un tapis de velours violet, un écran de Damas de même couleur, et un grand dais de velours qu'on suspendait au-dessus d'un crucifix achevaient de meubler cette chambre, que décoraient un grand tableau représentant Judith et Holopherne, et une nature morte où l'on voyait des pêches et des raisins.

Celle que l'abbé d'Effiat (1698) occupait à l'Arsenal n'était pas moins coquettement meublée. Le lit était à colonnes. Il mesurait quatre pieds et demi de large, six pieds de long et huit de haut. Le tour du lit était en velours violet, « en broderie de découpure », ainsi que les cantonnières, pentes et rideaux. A l'intérieur, la garniture était doublée de satin jaune, et la courtepointe ainsi que l'impériale et le chevet étaient de pareil satin jaune, mais ornés de broderie en découpure. La chambre était tendue en velours violet pareil à celui du lit, un rideau de même étoffe doublé de satin jaune ornait la fenêtre. Six grands fauteuils à bois doré, « garnis de même velours et broderie », permettaient au visiteur de s'asseoir ; et cinq « fauteuils de commodité », dont quatre à bois doré, couverts de brocart à fleurs d'or sur fond blanc, et le cinquième en bois de noyer, garni d'un velours rouge cramoisi, chamarré d'un passement d'or cloué, terminaient la parure de cette chambre d'habitation, dans laquelle l'abbé rendit à Dieu son âme.

Celle où mourut, à Marseille, le cardinal de Belzunce (1775) est, elle aussi, d'une coquetterie qui tranche un peu avec ce qu'on sait du dévouement, du courage, de l'abnégation de ce noble et généreux prélat. La tapisserie qui garnissait la muraille était de satinade jaune fleurie. Le lit était à quenouilles, tendu de damas de soie jaune. Les sièges consistaient en cinq chaises à la dauphine, deux autres plus petites et deux fauteuils couverts en damas pareil. Les portières étaient de la même étoffe. Comme gros meubles, seulement une commode. Ajoutez à cela une pendule à répétition, sept grands tableaux, dix petits contenant des reliques, un miroir pendu à la muraille et, dans la cheminée, une paire de chenets à pommes de cuivre.

Nous pourrions encore citer la chambre à coucher de l'archevêque de Rouen, au château de Gaillon, dont parle le duc de Luynes en ses *Mémoires* (t. VII, p. 35) ; celle du cardinal de Polignac (1738), dont le damas cramoisi était brodé et relevé de galons d'or fin ; et celle de l'abbé Terray, dont le lit seul valait, au dire de Bachaumont, 80,000 livres. Mais les exemples ci-dessus suffisent, croyons-nous, à démontrer que le luxe le plus galant avait, au XVIIe et au XVIIIe siècle, trouvé un assez bon accueil chez les prélats et chez les princes de l'Église.

Si nous quittons ces favorisés de la fortune pour les favoris du talent, le tableau change d'une façon singulière. Les artistes dont nous admirons aujourd'hui les mobiliers élégants, pittoresques, somptueux, étaient alors logés à une tout autre enseigne. Certes, nous ne prendrons pas au pied de la lettre la boutade de Chapelle :

Ma chambre, ou plutôt une armoire
Qu'on a faite pour me serrer,
D'abord qu'on me la vint montrer,
Me fit rire ; et j'eus peine à croire
Que j'y pusse jamais entrer.

Lorsque le joyeux rimeur traça ces lignes, il était enfermé, pour quelque méfait intime, au couvent de Saint-Lazare. Mais pénétrons dans la chambre de Gaspard de Marsy, sculpteur ordinaire de Louis XIV (1681), nous la trouverons tendue d'une modeste tapisserie de Rouen, à pièces dépareillées, avec un petit lit garni de serge jaune, et six sièges de formes diverses, couverts d'une moquette usée.

Fig. 471. — Chambre de l'époque de la Restauration.

Celle d'André Le Nôtre (1700) avait meilleure tournure. La muraille était tendue de bandes de tapisserie alternant avec des bandes de soie jaune. On y voyait, en outre, deux couches à bas piliers garnies de satin de la Chine, une table en marqueterie, un cabinet chinois, trois chaises munies de confessionnaux, deux fauteuils, trois chaises et un canapé couverts tant de moquette que de tapisserie à la turque. Un grand miroir bordé de bois noir, rehaussé de cuivre doré, le portrait de la duchesse d'Orléans, une peinture représentant *la Nuit,* et deux petits tableaux de sainteté décoraient la muraille. Enfin une glace en trois morceaux surmontait la cheminée, et de chaque côté de cette glace se trouvaient deux petits bustes d'enfants et deux bras de cuivre.

Certes, voilà qui est mieux que chez le sculpteur de Marsy ; mais il ne faut pas oublier qu'André Le Nôtre, outre qu'il était un artiste d'infiniment de talent, exerçait aussi les fonctions bien rétribuées de contrôleur général des Bâtiments du Roi, ce qui l'obligeait à un certain luxe intérieur.

Noël-Nicolas Coypel (1734) était, lui aussi, un artiste de mérite ; sa chambre cependant était fort modeste. Le lit était garni de serge rouge, orné de galons de soie blanche. Contre la muraille, un petit bureau antique, de marqueterie et écaille, quatre peintures à l'huile représentant un crucifix, une sainte Marguerite, la Samaritaine et la Madeleine ; deux têtes au pastel, l'une figurant le Christ, l'autre la Vierge, et trois estampes. Une table de toilette, un tabouret, une « petite tablette en bibliothèque », sur laquelle se trouvait, au lieu de livres, un service de six tasses à café, complétaient ce mobilier, d'une simplicité assez primitive.

Chez Simon Besançon, peintre de l'académie de Saint-Luc (1735), le luxe n'était guère plus grand. En dehors du lit, son inventaire ne nous signale qu'un christ en bronze sur sa croix de « palessandre » (*sic*), cinq tableaux dans leurs bordures de bois doré, une pendule, une statuette de marbre, une épée de cuivre, un couteau de chasse, une canne-lorgnette, et point d'autres meubles. Si cette chambre était, à vrai dire, peu garnie, la chambre de François Lemoyne, dont on connaît la fin si douloureusement tragique (1737), était mieux meublée. Le lit était à l'impériale, tendu de serge cramoisie. Les sièges consistaient en huit fauteuils de noyer à la capucine, couverts de tapisserie à l'aiguille, et un fauteuil demi-bergère fourré de paille. Comme autres meubles, une table de nuit, une petite tablette-bibliothèque garnie de douze petits livres, un miroir grossissant, un trumeau composé de trois glaces superposées ; deux tableaux mythologiques, quatre estampes, et c'était tout.

La chambre de l'illustre portraitiste Hyacinthe Rigault (1743) contenait deux petits lits jumeaux à bas piliers, garnis de damas vert et de serge moirée, une pendule de Martineau, quatre petites chaises de noyer couvertes de damas vert, un grand fauteuil canné, une commode en bois de violette. La tenture était de damas vert, les rideaux des deux croisées et la portière, de serge également verte ; une console à dessus de marbre s'appuyait contre la muraille, à laquelle étaient suspendus un miroir, un christ et un tableau.

Celle que Charles Parrocel occupait aux Gobelins (1752), en fait de tableaux, ne comptait qu'une peinture représentant la Vierge. Mais les meubles, assez nombreux, consistaient en un lit à tombeau couvert de serge cannelle, en une tapisserie de verdure de Flandre tendue sur la muraille, en trois fauteuils, dont un en confessionnal, en trois chaises, trois tabourets, une pendule de chevet et un porte-montre.

La chambre de Bouchardon (1762) n'était guère bien fournie qu'en œuvres d'art. Un *Ravissement de saint Paul,* un *Saint Antoine dans le désert,* quelques paysages, des portraits d'hommes ou de femmes et quatre ou cinq pastels représentant des *Enfants,* avec un grand christ de noyer sculpté, occupaient la muraille. Un miroir, des bras en bronze, quelques porcelaines, des petits vases en aventurine, une « pendule ancienne » garnissaient la cheminée et achevaient de décorer la pièce. Une des particularités de cette chambre, c'est que la cheminée était pleine de cartons, remplis eux-mêmes d'estampes et de dessins. Il est vrai que lorsque le commissaire François-Séverin Leblanc fut requis d'exercer son lugubre ministère et d'apposer les scellés chez le célèbre artiste, on était au mois de juillet.

Nous pourrions encore pénétrer chez Largillière, inventorier les trois domiciles d'Oudry, etc. ; mais il nous semble que l'opinion du lecteur doit être faite. On trouvera, du reste, au mot Lit, un certain nombre de renseignements complémentaires. Et, pour terminer, après avoir constaté que la chambre de l'infortuné Lally-Tollendal était tendue de satin cramoisi ; celle du duc de Nevers, de velours cramoisi à galons et franges d'or ; que celle du prince de Bauffremont était meublée d'un lit à la polonaise de damas cramoisi se détachant sur une tapisserie à petits personnages ; que celle du comte d'Arcy était tendue de damas jaune des Indes, et celle du maréchal duc de Fitz-James en damas de trois couleurs (voir *Ann., affic. et avis divers* et *Journal général de France* des 21 juillet 1766, 12 décembre 1768, 11 décembre 1769, 17 novembre 1779 et 5 septembre 1787), nous donnerons le procès-verbal de l'apposition des scellés dans la chambre où mourut le comte de Caylus, au palais des Tuileries (le 5 septembre 1765). De cette façon, cette partie de notre tâche se trouvera close par un inventaire concernant à la fois un artiste et un gentilhomme, qu'on peut regarder, quoique Diderot l'ait incivilement appelé « le plus cruel des amateurs », comme un très intelligent adepte des beaux-arts. Le document que nous citons est ainsi conçu :

L'an 1765, le jeudi 5e jour de septembre, neuf heures matin, nous Albert-Laurent Beasse de la Brosse, lieutenant-général civil, etc., nous sommes transporté en l'appartement de M. le comte de Caylus au palais des Thuilleries, cour de l'Orangerie, où étant..., nous avons apposé nos scellés ainsi qu'il suit : Premièrement, dans une chambre au premier étage, ayant vue sur le jardin, pratiqué dans ladite cour de l'Orangerie, où nous avons trouvé le cadavre dudit seigneur comte de Caylus, sur lequel nous avons jetté de l'eau bénite. Après avoir fait nos prières ordinaires, a été procédé à la description sommaire des effets qui se sont trouvés dans ladite chambre, de la manière qu'il suit : deux chenets de fer avec des pommes de cuivre doré ; sur la cheminée, une glace en deux parties d'environ 4 pieds sur 3, deux branches de cheminée de porcelaine, deux oiseaux d'émail, deux vases sur la cheminée, de bronze, sur deux pieds de marbre ; une aigle portée par deux cupidons de bois doré ; quatre autres glaces dans leur bordure de bois doré, toutes en deux parties hautes de 4 pieds sur 2 et demy environ ; cinq consoles de marbre de différentes formes sur leurs pieds de bois sculpté doré ; trois vases aussy de marbre ; huit figures à la Romaine sur leurs pieds ; deux autres bras de cheminée de porcelaine, sur deux coins de bois peint en rouge sur lesquels quatre petites figures ; une petite théière légère, deux tasses, deux petits pots de fleurs, deux petites corbeilles, une autre petite théière légère, deux vases de porcelaine, avec une figure en nudité de bronze ; quatre autres figures aussy de bronze sur leurs pieds de bois ; un canapé, deux bergères, trois chaises couvertes de damas à fleurs avec leurs pieds de bois doré ; un grand fauteuil couvert de siamoise, deux rideaux de fenêtres de taffetas verd ; trois tableaux dans leur bordure de bois doré à différents sujets ; une chaise de lac antique.

Chambre. Dans le langage de l'ameublement, le mot chambre possède une autre signification que celle dont nous venons de nous occuper. Non seulement il caractérise une pièce du logis, et particulièrement celle où l'on couche ; mais, dans les vieux textes, il sert encore à désigner la tenture qui décore cette pièce, et les meubles principaux qui la garnissent. C'est ainsi qu'un grand nombre de *Comptes* mentionnent la commande de « chambres de tapisserie ». Exemples : « A Jehan Vallois (marchant demeurant à Arras) pour une chambre de tapisserie, palée de couleurs de vert et de blanc, semée de roseaux et à plusieurs ymaiges, contenues en plusieurs pièces, est assavoir : sarge, chiel, dossier, gouttière, drap de couche, banquiers, et VI coussins... CV livres. » (*Compte deuxième de Guy Guillebaut, gouverneur général des dépenses du duc de Bourgogne,* 1428.) « A Pierre d'Enghien, marchant tappicier, demourant à Bruxelles, la somme de mil quatre livres, sept solz trois deniers pour une chambre de tappicerie à personnes de bregiers et bregières... qu'il a vendu contenant les pièces que s'en suit : un chiel de lict contenant XXX aulnes ; *item,* un dossiel contenant XXV aulnes ; *item,* un costé dudit lict contenant XXX aulnes ; *item,* la couverture d'icelle contenant XLII aulnes ; *item,* les gouttières contenant XII aulnes ; *item,* un bancquier aussi XII aulnes et six pièces de murailles contenant ensemble huit vins quinze aulnes... » (*Compte de Simon Longin, receveur des finances de Philippe le Beau,* 1497) « A Gilles Warenghien, la somme de six vings douze livres... pour une chambre en tappicerie de *l'histoire de Perseus,* etc., etc. » *Compte de Jean Micault, receveur des finances de Charles-Quint,* 1521. De même, dans certains documents, il est fait mention de la vente de « chambres » du même genre. Les *Comptes de sœur Jehanne La Thiaise, prieuse de l'ostel Dieu de Paris* (1395), par exemple, constatent « la vente d'une chambre de sarge blanche de la façon d'Arras... qui fu laissiéz à l'ostel par feu Mgr le comte de Boulongne ». Ceux de la sœur Jehanne La Paige, également *prieuse de l'ostel Dieu de Paris* (1432), relatent pareillement « la vendicion d'une chambre de sarges vermeilles, écheue en l'inventoire de feu M. le doyen. — La vendicion d'une chambre à bergiers et brebis... — La vendicion d'une chambre de tapisserie verte, ou mellieu de laquelle avoit ung lion d'une part et ung chien d'autre, qui buvoient en une fontaine, etc. »

On remarquera que ces chambres, réalisées par les prieuses de l'Hôtel-Dieu, leur étaient venues par voie d'héritage ou de donation. C'était une coutume fort répandue au XVe siècle que de faire de ces sortes de legs. Le *Testament de Jean Canard, évêque d'Arras* (1405), porte qu'il laisse à son archidiacre, maître Jehan de Thoisy, « une chambre blanche, garnye de courtines palées de vert et blanc, avec le banquier, couche et appartenance, que l'on mettoit à Paris au grand galataz de son hostel » ; et on lit dans le *Testament de Renaud de Trie, amiral de France* (1406) : « Je veuil que Loys de Trye, mon nepveu...., ait quatre chambres fournies, c'est assavoir : une qui est verte à bestes et est de tapisserie à haute lisse, et les autres soient de sarges. » Cette habitude de léguer des chambres à ceux qu'on voulait honorer ou dont on voulait récompenser les services, demeura en vigueur jusqu'à la fin du XVIe siècle. Claude de France, duchesse de Lorraine, par son testament, dressé et signé le 6 février 1575, lègue et « donne à Mme de Mouchi, dame d'honneur, sa chambre et ameublement d'icelle. Et à chacune des autres dames qui sont en son service une bague de la valeur de cens escus. » En 1582, Henri IV faisait encore donation à Robert Rémy, concierge du château de Pau, dont il entendait reconnaître le zèle et la fidélité, d'une « chambre de verdure à fondz jaune faict à carraulx ».

Dans toutes les habitations princières, ces tentures qualifiées « chambres » figuraient en abondance. Elles étaient ordinairement enfermées dans le garde-meuble. On aimait, en effet, à varier les tentures de la pièce dans laquelle on habitait, suivant les époques de l'année. Il y avait, nous l'avons vu, les chambres d'été (*d'estive,* comme on les appelait) et les chambres d'hiver. Il y en avait de spéciales pour telles ou telles grandes fêtes de l'année, d'autres pour certaines cérémonies. On désignait sous des noms particuliers la chambre de la Noël, la chambre de Pâques, celle de la Toussaint. On rencontre dans les anciens comptes nombre de mentions dans ce goût : « A Estienne le Bourguignon, pour la façon des chambres de Mons^{gr} le duc d'Orliens, de Mons^{gr} le comte d'Anjou, de Mess^{grs} messire Jehan et messire Philippe de France, de Mgr Loys de Bourbon et du comte d'Estampes, que il orent au terme de Pasques, et pour la façon de la chambre vermeille de Mons^{gr} Charles d'Artoiz... II C LXXXII livres XIV sols parisis. » (1352.) Les *Mémoires* des tapissiers mentionnant la confection de ces chambres sont des plus intéressants à consulter. On en jugera par celui que nous reproduisons et qui, emprunté aux *Comptes de Geoffroi de Fleuri, argentier du roi* (1316), fut dressé par Gautier de Poulligny, tapissier de Philippe le Long :

Fig. 472. — Chambre à coucher de l'impératrice Eugénie à Saint-Cloud.

Premièrement. Pour la façon d'une chambre toute entière, c'est assavoir, coustepointe, ciel, cheveciel, courtines, VIII quarriaus, qui fu faite de cendaus indes, le plain et le seurtail de cendaus jaunes, dont l'en fist les fleurs, et y entra XX pièces de cendaus, XI indes et IX jaunes pour la façon de la coustepointe, faite des armes de France, et fu traciée de soie follète à I feuillage d'espine, et furent les fueilles fourmées de soie blanche et ardant, et tout le champ rabattu de poins ; pour la façon de celle coustepointe, pour taillier le seurtail et pour bourre qui y entra, XLV livres. — Pour la façon du chevecier, fait d'autelle guise (*sic*), XXVII livres. — Pour le ciel et les goutières, faites d'autelle guise, XXX livres. — Pour la façon de VIII quarriaus pour ladite chambre, XX livres. — Pour VI livres de soie, dont toute ladite chambre fu traciée, le seurtail et le fueillage pourfueillée, et tout le champ fu rabatu de poins, XL sols pour livre, valent XII livres. — Somme pour ceste chambre, CXXXIV livres.

Les *Comptes d'Etienne de la Fontaine, argentier du roi* (1351-52), nous fournissent le détail d'une autre chambre de velours des Indes, brodée de fleurs de lis d'or, qui fut payée au brodeur Waguier 850 livres, somme énorme pour l'époque.

Nous avons vu plus haut que Charles V ne possédait pas moins de 55 de ces tentures de rechange, toutes d'une magnificence rare. En 1382, quand le duc Louis d'Anjou se prépara à passer en Sicile, « si fit, nous dit Froissart, pour son corps et pour ses gens, faire et ordonner et appareiller à Paris le plus grand et le plus bel appareil de tentes, de pavillons, de chambres et de toutes ordonnances qu'à un roi appartient, qui veut aller en lointain pays et voyage ». C'était, en effet, l'usage, à cette époque, d'emporter avec soi la tenture de sa chambre et son ameublement. Quand la Cour voyageait, les fourriers partaient en avant avec cet appareil et préparaient les logis pour la nuit suivante. Après le mariage de Charles VI et d'Isabeau de Bavière (1385) : « Le samedi au matin, écrit Froissart, chambellans et varlets de chambre se départirent pour chevaucher vers Arras, pour prendre les hostels et appareiller les chambres. » Décrivant l'entrevue qui eut lieu, en 1386, entre le duc de Lancastre et le roi de Portugal au « Pont-de-Mer », Froissart écrit encore : « Et vous dis que on y avoit faict le plus beau logis et le plus grand que jamais. Et avoient ce Duc et le Roi leurs chambres tendues de draps, de courtines et de tapis, aussi bien que si le roi fût à Lisbonne et le duc à Londres. » En 1414, le duc de Bourgogne ayant eu l'idée d'aller passer une partie de l'été au milieu d'une forêt, pour se livrer tout à l'aise au plaisir de la chasse, « si fist tendre et ordonner ses tentes et pavillions ou milieu de ladicte forest..., écrit Le Fèvre de Saint-Remy, et y avoit, dedens lesdictes tentes, la salle, la chapelle, chambres à parer et à couchier et tout l'estat du duc, de la ducesse autant que fussent logiéz en l'une de leurs bonnes villes ».

Le déplacement continuel de ces ameublements complets, de ces « chambres », pour nous servir du terme usité, entraînait naturellement la présence, à la suite des grands personnages, de toute une escouade de tapissiers et le concours régulier de domestiques nombreux employés à ces fonctions spéciales. Quand le matériel était trop considérable, ou la hâte trop grande, et que le personnel des tapissiers ordinaires ne suffisait pas, on embauchait des gens sur place.

Dans la *Dépense du sacre de Philippe le Long* (1316), on peut relever l'article suivant : « Pour vallés cousturiers, qui furent pris à Reims pour assembler les chambres, nostre Sire le Roy et Mme la Royne, et pour clou et charpentiers qui firent le dais le Roy... VIII livres. »

On trouve, au surplus, dans ces anciens comptes, de nombreuses traces des dépenses occasionnées par ces déplacements. Nous avons encore tout le détail de la longue cavalcade, qui se rendit de Paris à Reims, pour le sacre dont nous parlions à l'instant. On dut louer, pour porter les chambres royales, quinze chevaux, « lesquiex portèrent III milliers et VIII cens pesant ». On remarque dans les *Comptes de Geoffroi de Fleuri, argentier de Philippe V* (1320), un article ainsi conçu : « *Item,* pour enfardeler la chambre le roy à parer et pour cordes et sarpillières, etc. » Dans le *Journal de la dépense du roi Jean en Angleterre* (1359-60) figure « le louage de V voitures, une pour la chambre du Roy, une pour la chapelle, une pour la chambre de Mons^gr Philippe, une pour maistre Jehan le Fol et une pour la panneterie et la cuisine ». En 1380, dans le premier des *Comptes de Guillaume Perdrier, clerc de la chambre aux deniers de Charles VI,* nous voyons payer 24 sols à « Guillaume Viez Orge, vallet de chambre du Roy, pour despens faiz à aler querre chambres et plusieurs autres choses pour ledit Seigneur de Meleun à Paris ». Le même compte relate une dépense de 8 sols 6 deniers parisis, payés à « Thévenin Troillart, vallet de garde-robe, pour conduire un chariot de Meleun à Paris qui amenoit chambre... » Le quatrième *Compte de l'hôtel de Louis XI* (1478) mentionne le payement de 13 livres 3 sols 4 deniers à Jehan Marion, charretier, pour « avoir conduit et mené le chariot de la fourrière, qui maine les litz et autres choses de la chambre ». Et les *Comptes de l'argenterie de la reine de Navarre* (1510) nous apprennent qu'il ne fallait pas moins de six mulets pour porter « les coffres de la chambre du roi ». Mais le plus curieux, c'est la quantité de crochets qu'on employait pour tendre les chambres royales, aux diverses étapes où le train du roi s'arrêtait. Crochets bastards et crochets à talons destinés à cet usage s'achètent par milliers ; puis ce sont les chevilles de fer, les marteaux de fer à tendre les chambres qui constituent, réunis ensemble, un des articles importants des dépenses royales. Quant aux artisans ou domestiques qui s'occupaient de cette besogne, Froissart nous les représente « ensonniéz (occupés) de descendre draps et de trousser », ne cessant « toute la nuit et le dimanche », et mettant « tout à voiture ».

Les particuliers, sans avoir, naturellement, un assortiment de tapisseries et de tentures pareil à celui des princes et des rois, n'en possédaient pas moins dans leur garde-meuble (pour peu qu'ils fussent aisés, et à plus forte raison lorsqu'ils étaient riches et puissants) un certain nombre de ces chambres de rechange. Eustache Deschamps, dans sa *Ballade pour les nouveaulx mariéz,* recommande avec instance aux jeunes époux de n'en point manquer :

> Il vout fault pour vostre mesnage
> Entre vous, mesnagers nouveaulx,
> . . . .
> Chambres, tapis, carreaux d'ouvrage...

Et l'auteur des *Quinze joyes du mariage* nous montre (p. 14) le mari reprochant à sa femme de l'avoir forcé à acheter de ces tentures au delà de ses moyens : « Quant nous entrasmes en nostre ménage, nous n'avions guères de meubles, et vous a convenu achapter liz, couchez chambres et n'avons plus grant argent à present. »

Comme les rois en voyage, les nobles seigneurs, s'en allant en guerre, emportaient toujours un certain nombre de ces chambres avec eux. Olivier de Mauny, blessé au siège de Rennes, demande l'hospitalité au duc de Lancastre pour pouvoir soigner sa blessure, et celui-ci, raconte Froissart, ordonne « une chambre pour le loger, et commande qu'elle soit tendue et parée moult richement ». Les dames elles-mêmes, lorsqu'elles se préparent à des combats moins meurtriers que celui livré par Olivier de Mauny au sire de Bolleton, choisissent, pour décorer la muraille, des chambres capables de faire valoir leurs avantages naturels et de mettre en relief leur beauté. « Il (le sieur de Bonnivet) veid toute ceste chambre tendue de linge blanc, le pavement et le dessus de mesme, et un lict de toille fort deliée tant bien ouvré de blanc qu'il n'estoit possible de plus ; et la dame, seule dedans avecq son scofion, et la chemise toute couverte de perles et de pierreries. » (*Heptaméron,* 2e journée, nouvelle XIV.) Ainsi, jusqu'à la fin du XVIe siècle, les tentures mobiles et les housses de meubles assorties, dont la réunion portait le nom de chambre, demeurèrent d'un usage général et constant dans toutes les classes aisées de la population, et cela se comprend. La muraille était nue, très exceptionnellement lambrissée et seulement dans les habitations de grand luxe et très rarement peinte aussi. Il fallait donc, pour éviter la froide et désagréable vue de la pierre ou du plâtre crépi, et couvert ensuite d'un badigeon plus ou moins propre, avoir recours à des draperies, qui offraient ce grand avantage de pouvoir se tendre et se détendre à volonté, qu'on pouvait serrer dans le garde-meuble et les armoires, dès que la pièce cessait d'être habitée, et qui devenaient ainsi d'une conservation facile.

Annonçait-on la venue d'un étranger de distinction, d'un personnage considérable, on sortait du garde-meuble un certain nombre de chambres, et l'on en tendait d'une façon plus ou moins somptueuse les pièces réservées à son habitation. Le personnage parti, les pièces étaient détendues et les tissus précieux reprenaient leur place dans les armoires. Ce fait est important à constater, parce qu'il convient de bien établir que la parure des chambres du XIVe, du XVe et même de la première moitié du XVIe siècle n'était pas fixe, comme semblent le croire la plupart des décorateurs ou des peintres qui s'efforcent de restituer des mobiliers de ce temps. Elle était essentiellement mobile.

Parfois même, la hâte qu'on apportait à décorer ces pièces et à les mettre en état causait de singulières méprises. Témoin l'aventure qui arriva à l'un des plus grands ministres que la France ait connus. Chargé de faire voir Saint-Germain-en-Laye au légat du pape, qui en avait témoigné le désir, Sully « fit sçavoir à Momier, concierge de ce château, qu'il tendit les salles et les chambres des plus belles tapisseries de la Couronne. Momier exécutat l'ordre avec tant de ponctualité, mais avec si peu d'esprit, qu'il choisit, pour parer la chambre du légat, une tenture que la reine Jeanne de Navarre avoit fait faire, fort riche à la vérité, mais qui ne représentoit que des emblèmes et des devises contre le pape et la cour romaine, également satyriques et ingénieuses. » (1598.) Sully, heureusement, devança le prélat, vit la bévue du concierge et y fit remédier promptement. (*Mém. de Sully,* t. III, p. 262.)

Avec le XVIe et surtout avec le XVIIe siècle, les conditions de l'ameublement se modifièrent. La vie devint plus sédentaire et les tentures plus fixes. Les riches boiseries habillèrent les murailles. L'usage des fresques, importées d'Italie, remplaça momentanément celui des peintures monochromes rehaussées d'or. Les étoffes de soie, de laine ou de coton, encadrées dans des châssis, furent installées à demeure dans des parois lambrissées. Néanmoins, l'habitude persista, chez le roi et parmi les grands seigneurs, d'avoir des chambres de rechange, de s'en faire accompagner dans leurs déplacements et de les emporter en voyage. Dans le *Journal d'Héroard,* il est question, en dix endroits, de la chambre du jeune Louis XIII, qui le suit dans ses pérégrinations. On connaît le goût de Louis le Juste pour tout ce qui était intérieur et mobilier. Dès l'âge de six ans, Héroard nous le montre aidant à démonter son lit et à plier sa chambre. En 1615, à Libourne, la chambre de sa mère n'étant pas arrivée, il lui cède la sienne, et, en 1622, à Villefranche-de-Lauraguais, cette même chambre se trouvant en retard, il en est réduit à coucher « sur une paillasse qu'on lui avoit apprêtée de paille fraîche ». (*Journal d'Héroard,* t. Ier, p. 177 et 321; t. II, p. 155, 189, 277.) Le 14 octobre 1632, au moment où Louis XIII, parti de Béziers, allait entrer à Narbonne, un orage survint; « dix mulets qui portoient l'une des chambres du roy », traversant un gué, « y demeurèrent noyéz » (*Gazette de France*), et le roi fut privé de son mobilier habituel.

Pareille mésaventure arriva à Anne d'Autriche, quand elle quitta brusquement Paris, aux premiers jours de la Fronde, pour se réfugier au château de Saint-Germain-en-Laye (1648). N'ayant point eu le temps d'emporter leurs chambres de Paris, et leurs bagages ayant été pillés par la populace, la régente et le roi durent emprunter des garnitures de chambres et des meubles au cardinal de Mazarin, qui, plus prudent, avait fait prendre les devants à son attirail de campagne. Quelques années plus tard, dans le voyage que la Cour fit à Bordeaux, ce même désagrément se renouvela. « Un jour que sa première chambre manqua d'arriver, écrit Mme de Motteville, cette grande princesse, avec un accès de fièvre fort violent et la lassitude du voyage, fut contrainte d'attendre quatre heures que son lit fût arrivé, dans une méchante hôtellerie, où pour tout meuble on ne trouva qu'une grande chaise de bois. » (Voir les *Mémoires de Mme de Motteville,* le *Journal de Duplessis-Guénégaud* et les *Mémoires d'Olivier d'Ormesson,* à cette date, ainsi que les *Mémoires de Mlle de Montpensier,* t. Ier, p. 200.) Par l'*Inventaire* de 1653, nous connaissons les deux chambres de voyage de Mazarin. La première était de damas de Naples cramoisi à grands ramages, la seconde de damas de Lucques également cramoisi, avec les lits de pareille étoffe.

Ces mots « première » et « seconde chambre » méritent une explication. C'était, en effet, l'usage, à cette époque, d'avoir toujours en voyage deux chambres de rechange, et le passage suivant, emprunté au livre si curieux de Besongne, indique à la fois l'utilité de ces deux chambres et la façon ingénieuse dont elles fonctionnaient.

> Quand la Cour marche en campagne, dit-il, on fait suivre les meubles de la première et de la seconde chambre, qui sont deux chambres complètes, c'est-à-dire double fourniture de lit et doubles sièges, double tenture de tapisserie, parce qu'une seule chambre ne pourroit pas suffire; et ces meubles de la première chambre et coffres de la garde-robe, étans partis la veille du départ de la Cour, — afin que le Roy, arrivant le lendemain, trouve sa chambre toute tendue; — les meubles de la segonde chambre et autres coffres de la garde-robe marchent le lendemain tout droit au second logement, et ainsi de suite.

Ajoutons que le roi n'était pas seul à avoir un personnel spécialement désigné pour présider à ces déplacements. Dans l'*État de France* de 1694, nous remarquons un portefaix de la chambre dans la maison du Dauphin; c'était alors un nommé Léger qui remplissait ces fonctions. Dans la maison du duc de Bourgogne, le portefaix ou porte-meuble de la chambre se nommait, à cette époque, Henry Marton. Bien mieux, dans les *Comptes de la ville de Lyon,* un siècle auparavant, nous relevons la dépense suivante : « Au porteur de la chambre de M. le connestable, la so^e^ de dix escuz sol. en recognoissance des peines qu'il a eues, pendant le temps que le conseil s'est tenu en son logis avant l'arrivée du Roy. »

Enfin, il nous faut noter que cette habitude de déménagements s'étendait non seulement à tous les voyages que faisait le roi, mais encore à ses changements périodiques de résidence ; et cela dura jusqu'en 1785, c'est-à-dire presque autant que l'Ancien Régime. C'est seulement en 1784 que la fourniture des huit grands coffres servant au transport de la literie et des tentures de la chambre, au lieu d'être annuelle, ne se fit plus que tous les trois ans ; et c'est seulement l'année suivante que Thierri, premier valet de chambre du roi, eut l'idée d'établir, dans les divers palais où la Cour résidait régulièrement, un fond de mobilier pour y rester à demeure. On peut dire qu'à partir de ce moment, le mot *Chambre,* compris dans le sens spécial de tenture et de housses, perdit toute signification. Il était déjà, du reste, à cette époque, sorti depuis longtemps du langage ordinaire.

CHAMBRE D'ATOUR. — Nom donné, au XVe siècle, à la pièce dans laquelle les dames procédaient aux soins de la toilette. C'est le cabinet de toilette de cette époque lointaine. « A ces parolles, ma Dame en sa chambre d'atour bien tendue et tapissée, à très bon feu, entra et damp abbé dévotement la suyt, puis fut la porte close jusques à deux heures. » (*Histoyre du petit Jehan de Saintré*, édition Guichard, p. 236.)

CHAMBRE GARNIE. — Chambre qu'on loue toute meublée. Ce terme est ancien.

Icy y a force escoliers
Que je connoy de nos quartiers ;
Ils sont de bonne compagnie,
Lesquels sont en chambre garnie.

(Jean Godard, *les Desguisés*, acte IV, sc. II.)

(Voir l'adjectif GARNI.)

CHAMBRE (ALLER A LA). — Était pris autrefois dans le sens d'aller à la garde-robe.

Pour les boyaux ventositer,
Il vous convient à chambre aller.

(*Ancien Theatre françois*, t. X, p. 122.)

CHAMBRE CLAIRE. — On donne ce nom à un appareil construit en 1804 par Wollaston et qui sert à copier les images. Cet appareil consiste surtout en un prisme de cristal qui, recevant les rayons reflétés par les objets extérieurs, les réfléchit sur une surface plane de façon que l'œil qui perçoit cette image à travers une lame de verre peut en même temps suivre la pointe du crayon qui en trace le contour.

CHAMBRE NOIRE. — Appareil qui sert à dessiner. « Un physicien napolitain, Jean-Baptiste Porta, reconnut, il y a trois siècles (c'était en 1560), que si l'on perce un très petit trou dans un volet, ou mieux encore, dans une plaque métallique appliquée sur ce volet, tous les objets extérieurs, dont les rayons peuvent atteindre la trace, vont se peindre sur le mur qui lui fait face avec leurs dimensions réduites ou agrandies suivant les distances et avec leurs couleurs naturelles. » Porta eut l'idée d'utiliser sa découverte en la faisant servir pour prendre en quelque sorte le calque des objets qu'il voulait dessiner. Depuis lors son invention a reçu de nombreux perfectionnements. Au siècle dernier, on construisit des chambres noires de petites dimensions à l'usage de l'armée. Voici en quels termes la *Gazette de France* du 6 juillet 1778 rend compte de cette curieuse adaptation :

Inventé une chambre noire portative, en façon de chapeau, pouvant en tenir lieu, et n'étant guère plus lourde, d'usage en tout temps, en ville ainsi qu'à la campagne, n'ayant dans son apparence d'autre singularité qu'un petit turban de soie noire qui entoure la forme : Dans un instant cette couverture de tête fait chambre noire, et représente les objets parfaitement bien, sans être renversés, sur un papier qu'on tient à la main, et sur lequel on peut aisément dessiner tout ce qui vient s'y peindre, prendre des vues de villes et châteaux, lever un plan, ce qui rend cette invention utile même aux militaires : Elle peut également servir aux dames, dans leur déshabillé de campagne ou pour monter à cheval. On ne doit point juger du mérite de cette invention par son prix modique que l'auteur, content du bénéfice le plus léger, a fixé à 24 livres, pour le mettre à la portée d'un plus grand nombre d'acquéreurs.

Depuis lors, la chambre noire a reçu de nombreuses applications, notamment à la lanterne magique, au mégascope et surtout à la photographie qui, du reste, s'est substituée à elle pour la reproduction des objets extérieurs.

Chambrette, *s. f.*: **Chambrillon**, *s. f.*; **Chambrioun**, *s. f.*; **Chambreto**, *s. f.* — Diminutif du précédent. Petite chambre. Ce mot est fort ancien. Dans l'*Inventaire des biens trouvés en l'hôtel de Quatremares après l'arrestation de Jeanne de Valois* (1334), nous notons : « Deux chappes à porter pain, lesquelles furent trouvées en une petite chambrete à l'entrée d'icelle chambre... » Ronsard, dans ses *Amours diverses* (voir *Œuvres complètes*, t. Ier, p. 376), écrit :

Chambrette heureuse, où deux heureux flambeaux,
De deux beaux yeux plus que les astres beaux,
Me font escorte après si longue peine.

Depuis un siècle, toutefois, ce mot appartient plutôt au langage poétique qu'à celui du mobilier.

Chambrillon est employée dans le même sens que chambrette. Chambrioun est la forme provençale de ce dernier mot. En provençal on dit aussi chambreto.

Un vespre, ère dins ma chambreto ;
Venie de souna miejo-niue...

(*Lou flasquet de meste Miqueu.*)

Quelques auteurs, notamment Oudin, La Porte, Richelet et Tallemant des Réaux (voir *Historiettes*, t. Ier, p. 85), donnent également à CHAMBRILLON la signification de « petite servante ».

Chambrière, *s. f.* — « Un trépied à queue appelé chambrière, un gril, une poêle à braise..., etc. » (*Procès-verbal du séquestre du domaine de Lespinel-Rangueil. — Invent. des biens d'Émigrés*; Toulouse, 1793.)

Chambriller, *v. a.* — Ce mot est employé à maintes reprises, dans les *Comptes* du XVe siècle, avec la signification de lambrisser. « A Jehan Villain, pour avoir fait chambrillier de boys une chambre au-dessus du retraict dudit Sieur [le roi], en son logeiz des Forges. » — « A Denis Rochereau, demourant à Thouars, pour avoir fait chambriller de boys toute la chambre dudit Sieur au chasteau de Thouars... » — « CLXVI liv. I sol II den. tournois, pour le fait du logeiz dudit Seigneur à la Curée, en Gastinois. C'est assavoir, en III^{c} L ais à faire plancher et chambriller les chambres, huys, fenestres, etc. » (*Comptes de la chambre de Louis XI,* 1478-81.) « A Machel Thelope, menuysier, demourant à Tours, la somme de six vingts dix livres tournoys... pour avoir chambrillé la haulte chappelle de l'église des Bons-Hommes au Plessis, lès ladicte ville de Tours, et faict des sièges pour entour d'icelles. » (*Comptes de l'argenterie d'Anne de Bretagne,* 1495-96.)

Chaminau, *s. m.* — Locution forézienne. Chenet. (Voir CHEMINAU.)

Chamineya, *s. f.*; **Chamineyo**, *s. f.* — Cheminée, endroit où l'on fait du feu. La seconde forme est provençale ; la première bordelaise et gasconne. « En la chamineya, un par de caminaux belz et granz. » (*Invent. de Ramond de Cussac, chanoine de Saint-André*; Bordeaux, 1442.)

Chamois, *s. m.*; **Chamoisé**, *adj.*; **Chamoiseur**, *s. m.* — La peau de chamois, par sa souplesse et sa douceur, se prête à un certain nombre d'usages, pour lesquels elle est spécialement recherchée. La difficulté de s'en procurer de véritable a fait employer, par les corroyeurs et mégissiers, divers procédés propres à donner aux peaux de mouton et de chèvre l'aspect et la qualité de la peau de chamois. Les cuirs ainsi traités sont dits chamoisés, et les ouvriers qui leur font subir les préparations nécessaires portent le nom de chamoiseurs.

L'usage des cuirs chamoisés dans l'ameublement remonte au moins au XIVe siècle, car nous trouvons dans l'*Inventaire de Charles V* (1380): « Une petite lanterne de cuir noir camoicé, garnye d'argent veré par dehors et par dedens de laton. » On relève également dans l'*Inventaire du château de Vincennes* (1418) la mention d'un « grant coffre camoissié, ferré de laton ». Une *Ordonnance* de Philippe IV, en date du 23 mars 1622 (voir *Archives du Nord,* S. B., 1837), nous apprend qu'en cette année Antoine Kindt, résidant à Anvers, obtint le privilège d'imprimer « toutes sortes de cuirs chamois »; ces cuirs étaient destinés à fabriquer des tentures.

On trouve aussi, au XVe siècle, le mot camoisé indiquant la couleur de chamois. C'est ainsi que, dans les *Comptes de l'argenterie d'Anne de Bretagne* (1493), on note le payement à Arnould de Viviers, orfèvre de Mme de Bourbon, de 180 liv. 20 sols 10 den., pour l'or employé à faire « ung gorgery, ouquel y a trente-deux las double, entrelasséz en échiquier, avec XXXII lettres torses, faictes à façon de AA romains, esmailléz partie de rouge et blanc, et l'autre partie kamoisséz, lesdites lettres bordées par les coustéz de cordellières kamoisséz et esmailléz de noir ».

Champ, *s. m.* — En architecture, c'est la surface plane qui entoure un cadre, un chambranle, un ornement. En menuiserie, c'est la partie lisse et unie qui forme le bâti autour des cadres. En décoration, c'est toute l'étendue de la surface sur laquelle se détachent un objet, un chiffre, un cartouche, un dessin, etc. « A Hector Drouyn, marchant, demourant à Tours, la somme de troys cens soixante-quinze livres tournoys, pour six aulnes deux tiers toille d'or frizée sur champ noir. » (*Dépenses secrètes de François Ier*, 1541.) « Dix-huict pièces de tappisserie de cuir doré, contenant ensemble soixante-six peaux... toutes lesdites peaux à champ vert d'or et d'argent, et les bordures à champ orangé avec les chiffres H et double C. » (*Estimation des meubles de feu Madame, sœur unique du Roi,* 1604.) « Un bureau de marqueterie de cuivre et d'étain sur fond d'écaille de tortue, le dessus brisé, au milieu duquel est un chiffre couronné sur champ fleurdelisé. » (*Invent. du château de Versailles,* 1708). Chez les orfèvres, le champ est également le fond sur lequel sont distribués les ornements.

On a encore l'habitude de dire qu'on pose une brique, une solive SUR CHAMP, quand on la pose sur sa partie la moins large : la placer autrement, c'est la mettre à plat.

Champagne, *s. f.* — Nom que les LAYETIERS (voir ce mot) donnent à une sorte de planches qu'ils emploient.

Champayer, *v. a.;* **Champoyer**, *v. a.* — Terme de décoration hors d'usage. S'employait avec la signification de garnir le champ ou le fond d'une surface quelconque, et aussi dans le sens que nous donnons aujourd'hui à réchampir. « Pour LX grosses perles à champoier ledit champ. » (*Comptes d'Étienne de la Fontaine, argentier du Roi,* 1350.) « *Item,* le ciel du chaslit de fin or, champayé de rouge clerc. » (*Marché consenti par Estienne le Tonnelier, paintre à Chartres, pour la chapelle des Vierges;* cathédrale de Chartres, 1548.)

Champi, *s. m.* — Nom donné au format de papier fabriqué spécialement pour faire les CHASSIS de FENÊTRES. (Voir ces deux mots.)

Champignon, *s. m.* — Sorte de support à tête renflée en forme de champignon, qui sert à poser les chapeaux, bonnets, perruques, etc. L'objet et le nom remontent au XVIIe siècle. « Plus une petite caisse de bois de hêtre, et dans icelle quatre pommes à champignon, couvertes de taffetas couleur de muscq. » (*Invent. de Henry de Béthune, archevêque de Bordeaux,* 1680.)

Champleuse, *s. f.* — Locution picarde. Contraction du mot CHANTEPLEURE, signifiant arrosoir. La champleuse est un robinet.

Champlever, *s. m.* — Terme d'orfèvrerie. C'est *enlever le champ,* c'est-à-dire creuser avec une chape la surface d'une pièce, de façon à pouvoir y introduire une pâte ou un émail. (Voir l'article ÉMAIL.)

Champlict, *s. m.* — Locution lyonnaise. Châlit. (Voir ce mot.) « Premièrement ung lict garny de son champlict, bois noyer à quatre colonnes, etc. » (*Invent. des meubles de D^me Benoîte Gillet;* Villefranche, 1654.) « Premièrement un champlict, bois noyer, à quatre colonnes garny d'une palliasse, une coulte et coussin de plume, une couverte de retaille de plusieurs couleurs, etc. » (*Invent. de Françoise Bonnevy;* Villefranche, 1664.) « Ung champlict à quatre colonnes, bois noyer, garny de sa paillasse. » (*Invent. de Hugues Janson, procureur en l'élection de Beaujolais;* Villefranche, 1674.)

Chancelière, *s. m.* — Sorte de petit sac, monté sur une boule d'eau chaude, ou simplement sur un petit socle de bois, et garni de fourrure à l'intérieur, dans lequel on met les pieds pendant l'hiver, pour se garantir du froid. Inconnue de Richelet et de Furetière, la chancelière ne remonte donc pas au delà du XVIIIe siècle. La plus ancienne dont nous ayons retrouvé la trace fut faite pour Madame Infante, dans les six derniers mois de 1751. Elle était « de bois d'Hollande, chantournée par le haut avec

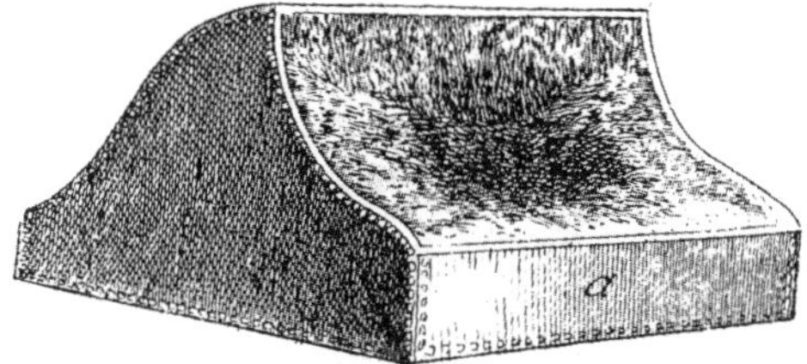

Fig. 473. — Chancelière (XVIIIe siècle), d'après l'*Encyclopédie.*

une séparation dans le milieu, le dedans garni d'une peau d'ours, et le dehors de velours cramoisy, avec un large galon d'or autour ». (*Invent. général des meubles de la Couronne.*)

Chandelabre, *s. m.* — Voir CANDÉLABRE.

Chandelier, *s. m.;* **Candelier**, *s. m.* — Ustensile de ménage que nous nommons aujourd'hui plus généralement flambeau. Le chandelier, qui tire son nom de la chandelle à laquelle il servait jadis de support, joue un rôle important dans le mobilier de nos ancêtres ; et cela s'explique. Dans un temps où la bougie de cire était presque inconnue, et où l'on était encore habitué à la lumière fumeuse des torches de résine, la chandelle constituait un mode d'éclairage fort estimé et jouissait même, chez les princes, d'une considération que nous avons peine à partager aujourd'hui. Bien mieux, quand la cire commença à devenir plus abondante et d'un usage plus journalier, on continua, par la force de l'habitude, à se servir du mot chandelle. On n'hésitait pas à dire communément, une « chandelle de cire ». Le 1er septembre 1715, quand Dangeau consigna dans son journal le décès de Louis XIV, il écrivit : « Le roi est mort ce matin, à huit heures un quart et demi, et il a rendu l'âme sans aucun effort, comme une chandelle qui s'éteint. » Ce fut seulement quelques années plus tard que Lefèvre, en relisant le manuscrit, remplaça le mot de chandelle, qui depuis quelques années avait cessé d'être distingué, par le terme plus noble de bougie. Nous ne nous étonnerons donc pas de rencontrer dans les anciens inventaires et dans les vieux comptes les chandeliers en grand nombre, et en outre de voir qu'en dépit du vieux dicton recueilli par J.-D. de Baïf dans ses *Mimes :*

Au chandelier chandelle est prise,

ce nom de chandelier, qui sonne assez désagréablement à nos oreilles, se trouve appliqué à presque toutes les sortes de flambeaux usités pendant quatre siècles, sans distinction de formes ni d'emploi.

Ce que nous nommons aujourd'hui candélabre, lustre, bras, applique, veilleuse même, tout cela fut, en effet, pendant une période de quatre cents ans, désigné sous la dénomination uniforme de chandelier. Particularité curieuse, on rencontre, même à cette époque, des chandeliers qui avaient pour mission spécifiée de porter autre chose que des chandelles. C'est ainsi qu'un *Mandat de paiement,* daté de 1448 (*Archives du Nord,* série B, 1554), mentionne la

Fig. 474. — Chandelier à broche (XIVe siècle).

commande faite à Jean Jovenel, chaudronnier à Saint-Omer, de « VI grans haulx chandeliers de léton a mettre torches »; que dans les *Comptes de Louis XI* nous relevons, à l'année 1481, « quatre chandeliers de fer pendant à chesnettes pour mettre ès chambres », qui sont de véritables lustres; et dans l'*Inventaire de la reine Charlotte de Savoie* (1483), « ung chandelier d'argent à mectre bougye ». Un *Mandement* de Charles-Quint (1532) mentionne aussi « un chandelier à bousies (sans doute bougies) ». Dans l'*Inventaire de Philippe Babou, trésorier de France* (1536), on remarque : « deux chandeliers à bougies et une ceringue d'argent ». L'*Inventaire de Catherine de Médicis* (1589) comprend : « trois chandeliers à mestre bougie »; et un marché fort curieux, passé entre Raymond de Forgues, mandataire du duc d'Épernon, et Albert Diades, maître émailleur (1605), attribue ce nom de chandelier à des lampes.

Appareil d'éclairage recherché, distingué pendant tout le Moyen Age, toute la Renaissance et même pendant tout le XVIIe siècle, le chandelier se modèle naturellement comme forme, élégance, complication de décor et valeur de matière, non seulement sur les modes d'emploi fort divers auxquels il lui faut se plier, mais encore sur la qualité des personnes qui sont appelées à en faire usage. On le trouve de fer dans la cuisine, en bois dans les grandes salles des châteaux, en bronze, en cuivre, ou mieux encore en laiton dans les intérieurs bourgeois :

> Encore faut-il avoir
> . . . .
> Salières et tailloirs
> Et candeleirs de cuevre,

dit le *Livre des mestiers.* Ce métal souple, ductile, lui permet de revêtir toutes les formes, même les plus étranges, d'alléger ses contours et, grâce à la ciselure et parfois à l'émail, de devenir un objet de valeur. Enfin chez les princes, les rois, les grands seigneurs, l'argent, l'or, l'ivoire. le corail, le cristal de roche, les matières les plus précieuses et les plus recherchées sont employées à sa confection, pendant que les artistes épuisent leur ingéniosité à lui donner l'aspect le moins prévu et parfois le plus extraordinaire. Un rapide coup d'œil accordé à un certain nombre d'inventaires célèbres nous en apprendra plus sur cette première partie de notre étude que de longues dissertations. Comme les documents parlent d'eux-mêmes, nous nous bornons à une simple énumération.

Voici d'abord « un petit chandelier d'or en forme d'un serpent — deux chandeliers bas d'argent doréz, esmailléz, aux armes de France — iij chandeliers d'argent blanc à pié de lyon dorés sur les bors », qui figurent dans l'*Exécution du testament de la Royne Jehanne d'Évreux, femme de Charles le Bel* (1372). Vient ensuite le flambeau de « la Royne Jehanne de Bourbon », qui revêt l'apparence singulière d' « ung mouton blanc sur ung entablement d'argent doré, semé des armes de France, et de la Royne Jehanne », et portant « ung petit chandelier sur son doz ». Cette petite pièce curieuse, en passant, à la mort de la reine Jehanne, dans l'argenterie de Charles V, allait se trouver en brillante compagnie. Dans l'*Inventaire des joyaulx* de ce monarque (dressé en 1380), on ne compte pas moins de cent chandeliers en argent et de vingt en or, tous variés de formes et quelques-uns fort étranges. Tels étaient, par exemple, un « chandelier à troys testes de lyon ensemble et ung liz dessus », dont la base renfermait « des oiselléz de Cypre »; un autre « chandelier d'argent assiz sur ung lyon »; six autres « chandeliers d'argent à manière d'un oliphant portant un chastel, assiz sur une terrasse esmaillée de vert », et enfin « deux chandeliers de cristal garniz d'argent doré », qui figuraient au nombre des objets les plus précieux de ce trésor célèbre. Dans un *Inventaire de Charles VI* (dressé en 1399), on rencontre également deux chandeliers d'argent à « pommeaux de cristal et avec piéz et platines de gest (jais) ». Dans l'*Inventaire du duc de Berry* (1416), nous remarquons un chandelier « d'argent doré qui fu de feu M. S. d'Estampes pour servir à la cage d'un pappegail »; dans l'*Inventaire du château de Vincennes* (1418), un petit chandelier à trois broches, ayant aux deux côtés « deux petiz angeloz assis sur un petit entablement quarré, soustenu de quatre lyonceaux ». Dans ce même inventaire, figurent encore un chandelier d'argent doré, sortant d'un lis, « lequel liz est assis sur un pié en façon d'une terrasse, sur qui sont assiz deux oiseaux emmanteléz de France et de Navarre », et « un lyon d'yvire qui porte un chandellier d'argent doré et tient en sa gueule un demi-noble ». L'*Inventaire de Charlotte de Savoie* (1483) décrit « deux petits chandeliers d'yvière » et des « petiz chandeliers d'argent en façon de cuvètes ». Dans l'*Inventaire de la vaisselle d'Anne de Bretagne* (1505), nous relevons quatre énormes chandeliers d'or « à mettre flambeaux », pesant ensemble 72 marcs et 5 onces; et dans l'*Inventaire des meubles et effets précieux du château de Pau* (1517), « ung chandelier de corail garny d'argent; — plus ung chandellier d'argent faict à fiel de grame (filigrane), pour tenir la bogie ». L'*Inventaire de Marguerite d'Autriche* (1524) ne mentionne pas moins de 25 chandeliers, dont 18 en argent, 4 en vermeil, 2 en albâtre et un en bois peint; on en voit « à feuillaiges de marguerites et foilles de chaisne, — à divers personnaiges, — à mettre bougies, bien œuvré de croix de saint André, avec petites fleurs dedans lesdites croix, — trectéz à ouvraige d'Espaigne, etc. » En 1531, « Messeigneurs de la ville de Paris firent présent à la

Reine, qui venoit de faire son Entrée solennelle dans leur ville, de deux grans chandeliers d'argent, chascun hault de six pieds en pyramides, larges en bas de deux pieds en diamètre, estiméz à la somme de dix mille livres; les dicts chandeliers d'ouvraige à l'antique,

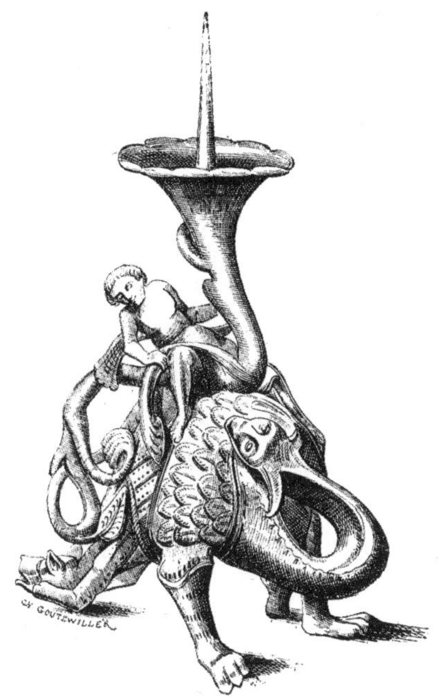

Fig. 475. — Grand chandelier à broche (XIVe siècle).

avec cors d'abondance (*sic*) servans de drageoirs, pleins de triumphes et personages dansans, tailléz à demye-taille, et les autres à taille ronde, avec dictons à la louange de Royne et dévotion des Parisiens envers elle. » (Godefroy, *Cérémonial français*, 1649.) La *Vente des biens de Guillaume Romé* (Rouen, 1563) parle de deux « Sereynes portant chandeliers »; celle de Laurent Gautier, chapelain (Darnétal, 1585), d'un « chandelier de boys à trois mouchettes ». Dans l'*Inventaire de Catherine de Médicis* (1589), on compte des « chandeliers de getz (jais), de verre bleu doré, de verre bleu plan (uni), d'ivoire, d'argent blanc », et enfin « ung chandelier d'argent faict en arbre esmaillé de vert et enluminé ».

Dans l'*Inventaire de Gabrielle d'Estrées* (1599), l'assortiment n'était ni moins grand ni moins varié. On pourrait multiplier les exemples. Ceux-ci suffisent, croyons-nous, à montrer de quelle délirante fantaisie firent preuve les artistes du Moyen Age et ceux de la Renaissance.

Le XVIIe siècle ne fut guère moins ingénieux que ses prédécesseurs, et il suffit, pour se persuader de cette ingéniosité, de consulter les *Inventaires des meubles de la Couronne* dressés sous le règne du Grand Roi. Si la fantaisie se donna un moins libre cours, si les chandeliers de cette époque ne revêtirent pas des apparences aussi invraisemblables qu'au Moyen Age, ils n'en présentèrent pas moins une étonnante variété de formes et d'aspects. Dans ces inventaires successifs, où nous n'avons pas relevé moins de 68 chandeliers en métal précieux, il en est de toutes tailles et de tous poids. On en trouve d'énormes, ouvrage de l'illustre Ballin, qui pesaient plus de 2,000 marcs par paire, et nous notons « quatre petits chandeliers à la financière, portéz sur des piedz à balustres, hauts de cinq pouces, gravéz des armes du Roy », qui pèsent ensemble 7 marcs 6 onces, c'est-à-dire un peu moins de deux marcs la pièce. Deux petits chandeliers de cabinet, également en vermeil, marqués aux armes du roi, sont encore plus mignons, car ils ne pèsent ensemble que 1 marc 6 onces — voilà pour la taille. — Parmi les formes originales et curieuses, nous relevons un peu au hasard « un chandelier à huit bobesches portées par des thermes d'oyseaux, sur le corps desquels il y a huit testes d'enfans ». Un autre est soutenu « par des termes d'enfans cizelés de fueuillages »; un autre encore par un grand dauphin doré. On remarque également un chandelier, œuvre du célèbre Merlin, à huit branches « soutenües par deux thermes de satyre d'hommes et deux thermes de femmes, sur le corps duquel il y a un vase remply de fruits et de fleurs, et quatre cupidons assis autour ». Un autre, exécuté par l'illustre de Launay, compte huit branches en consoles, sortant de « huit testes de lyons, entre chacune desquelles est un escusson aux armes du Roy ». Il en est aussi qui se démontent, et dont les branches « s'attachent sur des testes de vieillards » ou sur des « testes de satyrs, appliquéz au corps dudict chandelier ». On en trouve, dans le nombre, à quatre branches, « avec les chiffres du Roy entre deux et une couronne au-dessus », et dont le principal ornement est une grande fleur de lis entre quatre L couronnées. Parmi ceux qui affectent une forme monumentale, il convient de citer « deux chandeliers de vermeil à piramides portéz chacun sur un pied carré »; un autre chandelier à huit branches, dont « les bobesches sont portées par huit demyes figures de femmes, et au haut duquel est une petite figure d'enfant assize », et quatre chandeliers à six branches d'où sortent des « thermes d'enfans à moresque d'ébeine qui portent les bobesches, etc. »

Fig. 476. — Chandelier à broche (XVe siècle).

Par cette énumération forcément très sommaire, on peut se faire une idée de l'impression que devait produire la vue de ces beaux meubles sur les visiteurs de Versailles, impression dont nous trouvons, au surplus, un écho dans la description que le *Mercure* (n° de décembre 1862) donne de la chambre royale. On sait qu'en 1689 toutes ces richesses durent malheureusement prendre le chemin de la Monnaie et furent inexorablement converties en écus. En outre, la *Déclaration du roi, portant règlement sur les ouvrages et vaisselles d'or et d'argent,* en date du 14 décembre de la même année, interdit aux orfèvres de fabriquer désormais, exposer ni vendre des « garnitures de feu et de cheminées, chandeliers à branches, torchères, girandoles, bras, plaques, etc., » en métal précieux. (Voir le *Mercure* de décembre 1689.) On peut donc dire qu'à partir de cette époque, l'ère des chandeliers de très grand prix se trouve à peu près close.

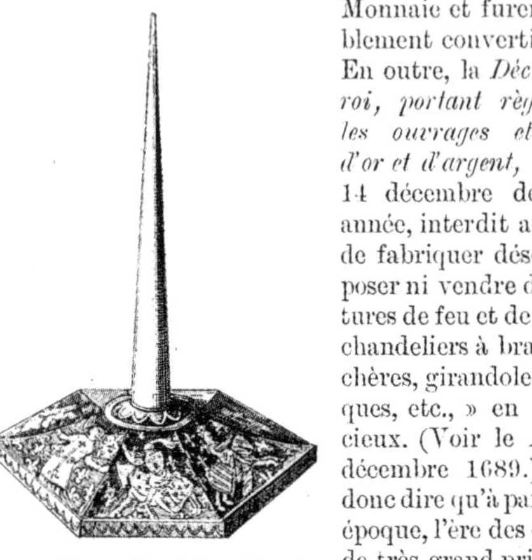

Fig. 477. — Chandelier à broche (fin du XIVe siècle).

Il importe, toutefois, de remarquer que les effets de la terrible Déclaration de 1689 ne s'étendirent pas jusqu'aux chandeliers d'autel et aux objets de métal précieux réservés pour la célébration du culte. Les chandeliers sacrés qu'on rencontre non seulement dans les inventaires d'église et d'abbaye, mais dans la plupart des inventaires princiers, prouvent, d'ailleurs, que de tout temps le service divin fut au moins aussi bien traité que celui des puissants de ce monde. C'est ainsi que nous voyons figurer dans l'*Inventaire du duc d'Anjou* (1368) : « Deus chandeliers de chappelle d'argent blanc, tous plains, et ou melieu de chascun a un gros pommel semé de III esmaux, petiz, ronz, à sez armes. » Ceux dont on se servait à la chapelle du bois de Vincennes, sous Charles V, étaient « deux chandeliers d'or à broche, tous rons, à troys piéz ». Ceux qu'on relève dans l'*Inventaire de Charlotte de Savoye* sont d'argent massif, « poisans douze marcs deux onces et demye ». En 1537, François Ier fait payer à Jehan Hotman, orfèvre de la ville de Paris, 1,818 livres pour « deux grans chandelliers d'argent, poisant ensemble CI marcs, lesquelz chandelliers le roy a ordonné faire délivrer aux doyens et chappitre de l'église de Notre-Dame du Puy ». Dans l'*Inventaire des joyaulx et pierreries du cabinet du Roy de Navarre,* que Jehanne de Foix fait dresser le 19 mai 1583, se trouve un « chandelier de chapelle à cinq branches de bastons de cristal, garny d'argent doré ». Plus magnifiques encore étaient ces chandeliers de cristal ornés de diamants, que Marie de Médicis « avoit fait faire avec tant de soin et de plaisir » (voir *Mémoires de Mlle de Montpensier,* t. IV, p. 27), et dont Anne d'Autriche para son oratoire. C'est les yeux fixés sur ces joyaux que la mère de Louis XIV expira. Ajoutons que cette princesse possédait dans sa chapelle d'autres chandeliers presque aussi riches, et qui sont ainsi décrits dans l'*Inventaire des reliquaires,* dressé après sa mort. « Deux chandeliers de cristal, garnis de plusieurs ornements esmailléz de vert et seméz de rubis, dont le corps est de cuivre et l'ornement d'or, prisés cinq cents livres pièce. — *Item,* deux grands chandeliers de cristal, garnys d'or, esmaillé vert et blanc, avec leurs estuys, prisés chacun trois cens cinquante livres », etc. Puisque nous parlons des reines de France, n'oublions pas les « vingt-quatre grands chandeliers d'argent, garnis chacun d'un double écusson aux armes de France et de la Reine », qui paraient, à Notre-Dame, l'autel devant lequel fut célébré le service funèbre de Marie Leczinska (1768); et pour en terminer avec les flambeaux ecclésiastiques, mentionnons le grand chandelier de cuivre qu'on allait voir, au siècle dernier, dans l'église des Célestins : « Ouvrage très estimé, écrit Piganiol de la Force, qui fut fait à Abbeville, en 1618, par Bernard le Bel et qui coûta 600 livres, suivant un mémoire manuscrit, conservé dans la bibliothèque de cette maison. »

Fig. 478. Chandelier à broche (XVe siècle).

Tous les appareils d'éclairage que nous venons de passer en revue, aussi bien les chandeliers laïques que ceux réservés aux cérémonies du culte, étaient des chandeliers « à mettre à table », comme les qualifie l'*Inventaire de Clémence de Hongrie* (1328), ou des chandeliers « à mettre sur table », comme il est dit dans celui de Jehanne d'Évreux (1372). Nous allons établir maintenant, par quelques exemples, que le mot chandelier a servi, jusqu'à une époque relativement très récente, à désigner ce que nous appelons aujourd'hui des lustres et des suspensions. Déjà, au commencement de cet article, nous avons cité un exemple de cette adaptation ; en voici d'autres. Dans l'*Inventaire de Charles V* (1380) figurent « douze chandeliers d'argent blanc en façon de plaz, à pendre aux chappelles, aux bonnes festes ». Aux noces de Philippe le Bon et d'Isabelle de Portugal (1429), « au milieu de la salle y avoit chandeliers croisiéz de fust, pendans, emplis de torchins de chire, que faisoit moult bel veoir ardoir par nuyt ». (Le Fèvre de Saint-Rémy, *Chroniques,* ch. CLXIII.) Notons en passant que les deux sortes de chandeliers décrites dans ces documents sont les plus employées de toute cette période. Les chandeliers « en façon de plat » consistaient simplement en une cuvette de métal suspendue par des chaînes, et d'où jaillissaient une ou plusieurs broches destinées à recevoir les chandelles, bougies ou torches de cire, qui, fixées sur ces broches, laissaient découler l'excédent de leur cire ou de leur suif dans la grande cuvette placée dessous. Quant aux « chandeliers croisiés », beaucoup plus simples et infiniment moins coûteux, ils consistaient en deux planchettes de bois, clouées en croix, et portant des chandelles ou des bougies à leurs extrémités.

Fig. 479. — Chandelier à bobèche (XVe siècle).

Détail curieux, ce dernier mode de lustres en bois, assez primitifs comme construction, persista fort longtemps. L'usage s'en continua presque jusqu'au milieu du XVIIe siècle, et pendant cette longue période, on peut suivre leur trace assez facilement. Les plus illustres demeures leur donnaient asile. Dans l'*Inventaire du château d'Angers*, habité par le roi René (1471), nous voyons figurer « deux grans chandeliers de boys pendus en la salle à quatre bobesches chascun ». Au château d'Aigueperse (1507), au château de Valenciennes (1549), au château de Nérac (1556), au château de Turenne (1615), nous relevons de ces chandeliers de bois. En février 1626, les prévôt et échevins de la ville de Paris, se préparant à recevoir Louis XIII, avaient « envoyé quérir le menuisier de la Ville pour travailler de son mestier à ce qui sera nécessaire, faire tous lesdits chandeliers et croisiées de bois » utiles à l'illumination, et un témoin oculaire rapporte que « Messieurs de la ville » eurent le soin « de faire changer et renouveller les flambeaux blancs, à mesure qu'ils estoient bruslés ; y ayant dans ladite salle trente-deux croisées de chandeliers, dedans lesquels il y avoit cent vingt-huit

Fig. 480. — Chandelier à triple bobèche (fin du XVe siècle).

flambeaux », soit quatre seulement par chaque lustre. (Voir *Ballet donné au roi*, dans les *Mémoires de Brienne*, t. Ier, p. 328.) Tallemant raconte en ses *Historiettes* (t. II, p. 70) que Louis XIII devint amoureux d'une fille nommée Catin Gau, qui à la fin d'un bal « monta sur un siège pour prendre, non un bout de bougie, mais un bout de chandelle de suif, dans un chandelier de bois ». En 1635, nous relevons dans l'*Inventaire de Guillaume Cathala*, marchand à Toulouse : « Au milieu de la salle, pandu aux chevrons... ung chandellier de boys pour tenir quatre chandelles. » Enfin, nous voyons ces ustensiles primitifs persister pendant encore près de quarante ans, car dans la fête donnée à Caen par M. de Matignon, « trente chandeliers de bois à quatre branches, garnis de verdure, régnoient sous la voûte de la galerie ». (*Mercure* de septembre 1678.)

Disons vite que, si la plupart de ces « croisiés » étaient très simples, certains autres, par contre, étaient assez ornés pour ne pas déparer les plus beaux appartements. Ainsi, les *Comptes des bastimens* nous apprennent qu'en 1568, Jean Tacet, « tailleur en bois », reçut cinquante livres « pour avoir vendu quatre chandelliers de bois de noyer, tout enrichis de vazes, avec gauderons, feuillages, masques et guillochis, et autres ornemens antiques, pour estre pendus à l'antichambre de la Reyne, audit bastiment neuf du Louvre ». Et, selon toute probabilité, le « chandellier de salle, de boys, à ouvrage, pendu au plancher », que nous trouvons, en 1595, au château de Lanmary, chez Jeanne de Bourdeilles, devait être sinon aussi riche, du moins fort orné. Toutefois, pas plus celui de Lanmary que ceux de l'antichambre de la reine, au Louvre, ne pouvaient, comme importance et comme ornementation, être comparés aux chandeliers « moult soubtivement faicts... en manière de chasteaux », qui étonnèrent si fort les personnes invitées au mariage de Charles le Téméraire et de Marguerite d'York (1468). Pour avoir une idée exacte de ce qu'étaient ces singuliers monuments, nous consulterons Olivier de la Marche. Il nous apprendra que, « dedans l'artifice de chacun, pouvoit estre un homme non veu », lequel homme mettait en mouvement toute une collection de « personnages à pied et à cheval, hommes, femmes et bestes », qui évoluaient autour de ces chandeliers uniques dans leur genre.

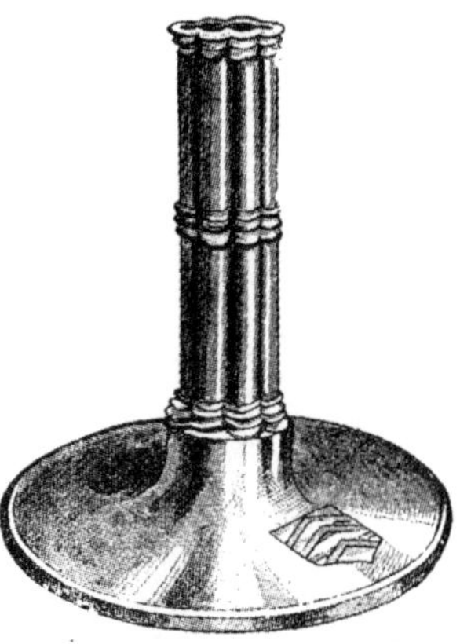

Fig. 481. — Chandelier à douille (fin du XVe siècle).

Quoique les chandeliers de bois, comme nous venons de le voir, soient demeurés en usage jusqu'à une époque relativement récente, les inconvénients qu'ils présentaient étaient assez graves. A la possibilité de prendre feu, ce qui était déjà une cause de suspicion légitime, il faut ajouter, en effet, la difficulté qu'on éprouvait à faire disparaître les coulures de suif, car ces coulures, pénétrant dans les veines du bois, rendaient celui-ci bientôt graisseux et malpropre. Aussi, au XVIe siècle, était-ce une manière de dicton (si nous en croyons l'auteur du *Baron de Fœneste*) que de dire par dérision : « propre comme un chandelier de bois ». Les chandeliers pendants en métal ne comportaient aucun de ces inconvénients. C'est pourquoi, bien que beaucoup plus coûteux, ils finirent par être adoptés dans toutes les demeures seigneuriales et par remplacer complètement les lustres en bois.

Fig. 482. Chandelier de laiton à tige tournée (fin du XVe siècle).

Les premiers chandeliers suspendus faits de métal semblent avoir été fabriqués en fer. Les *Comptes de l'hostel des Roys de France* nous apprennent qu'en 1478, Louis XI fit verser à Pierre Cornier, serrurier, cent sols tournois « pour XXIIII grans chandelliers de fer et XXIIII grans crochets de fer à les pendre... pour mectre ès chambres du Plessis du Parc ». Cependant, dès cette époque on en exécutait également en cuivre. Témoin le « grant chandelier à six bobêches de cuivre, pendu ou meilleu de la haulte salle » du château de la Ménitré (1471). On en faisait même en argent. Nous l'avons vu par l'*Inventaire de Charles V*. Divers autres princes possédaient de ces lustres magnifiques et nous savons par les *Dépenses secrètes de François I*^er^ qu'en 1538, Guillaume Hérondelle, orfèvre à Paris, reçut la somme de 3,992 livres 17 sols 6 deniers, pour « un grand chandellier d'argent blanc ouvré et garny d'une chayne et d'un crochet à le pendre ». Enfin, c'est vers cette même époque, ou tout au moins dans le XVIe siècle, qu'apparaissent ces lustres « ou chandeliers pendans » de CROUTELLE, CROUSTELLE, CROUSTALLE (voir ces mots) sur la nature desquels la critique a longtemps manqué de renseignements précis, et qu'on a supposé pouvoir bien être les ancêtres des chandeliers de cristal, alors qu'ils n'étaient, selon toute apparence, qu'une variété des chandeliers de bois. Quoi qu'il en soit, nous trouvons, en 1588, dans l'*Inventaire des meubles du prince de Condé* « ung chandellier de salle à quatre branches suspandu en la salle..., fasson de croustalle, faict au tour et figuré de plusieurs coulleurs » ; et en 1589, dans l'*Inventaire de Catherine de Médicis,* « unze boëtes dans lesquelles y a en chascune ung chandelier de croutelle ». Quant aux vrais chandeliers de cristal, ils étaient assez nombreux, soixante ans plus tard, pour figurer dans le mobilier d'un simple bourgeois. L'*Inventaire de Gratien Menardeau, conseiller à la grand'chambre* (1657), mentionne, en effet, « ung chandelier de christal ». En 1658, le cardinal de Mazarin offrait aux deux reines et aux princesses de la Cour une loterie « toute pleine... de bijoux, de meubles, d'étoffes, de toutes les jolies choses qui viennent de la Chine, de chandeliers de cristal, de miroirs, etc. » ; et, quelques années plus tard, Bussy-Rabutin donnait à sa cousine, Mme de Sévigné, une fête de nuit dans le jardin du Temple, où figuraient, attachés aux branches des arbres,

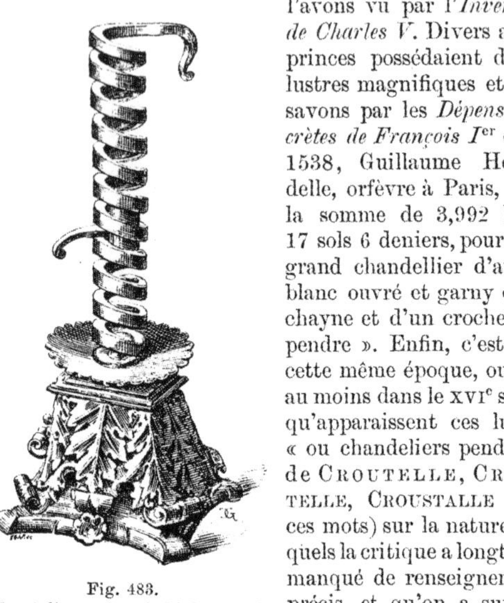

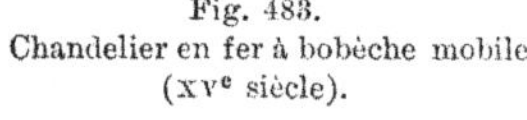

Fig. 483.
Chandelier en fer à bobèche mobile
(XVe siècle).

Fig. 484. — Chandelier en fer à pince
(XVIe siècle).

« cent chandeliers de cristal ». A partir de cette époque, au reste, les lustres ou, pour parler le langage du temps, les chandeliers de cristal abondent dans tous les grands inventaires. Au mot CRISTAL, on en trouvera des preuves nombreuses. Nous nous bornerons pour le moment à rappeler que dans l'*Inventaire de Mazarin* figurent des « cordons d'argent et soie couleur de feu, garnis de boutons d'or et d'argent par les bouts, servant à suspendre des chandeliers », qui laissent deviner, par leur luxe et leur recherche, de quel prix devaient être les objets qu'ils supportaient.

Si le luxe du ministre était grand, il fut toutefois amplement dépassé par celui du maître. L'*État du mobilier de la Couronne* dressé en 1697 mentionne plusieurs lustres en cristal de roche du plus haut prix, et nous savons par le duc de Luynes (*Mémoires,* t. II, p. 167) que Louis XV possédait, en 1738, dans sa chambre, « un chandelier de cristal de roche d'une grande beauté, et que l'on estimait au moins 100,000 livres ». A cette époque, au surplus, les chandeliers de cristal étaient considérés comme des objets assez précieux, pour que, dans les testaments, leur transmission fût constatée par un article spécial. En 1756, la marquise de Seissac lègue en mourant à M. de Grimberghen « son beau chandelier de cristal, avec prière, s'il ne le vend pas, de le laisser à M. de Chevreuse. »

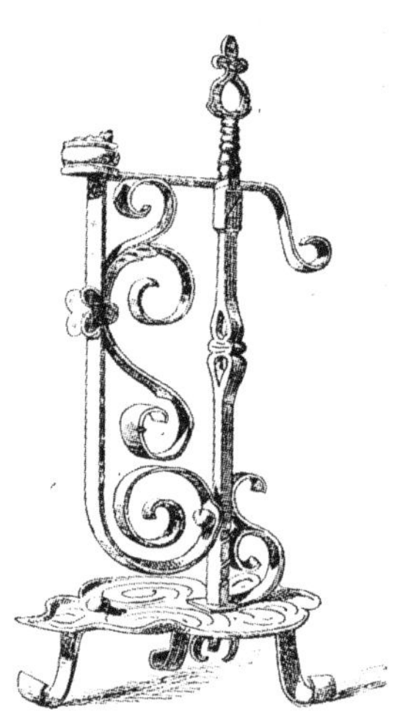

Fig. 485. — Chandelier à pince
(XVIe siècle).

Nous venons de voir que le mot chandelier servit, jusqu'au milieu du siècle dernier, à désigner les luminaires suspendus ; nous allons le rencontrer maintenant employé dans l'acception de candélabre, de bougeoir, d'applique, etc., toutes locutions qui sont très modernes, sinon dans notre langue, du moins dans l'usage journalier et courant. Déjà on a pu s'apercevoir, par nos citations antérieures, de la confusion, volontaire ou non, qui régnait dans ce domaine. D'autres exemples vont la rendre plus sensible encore. Nous notons dans l'*Inventaire du duc d'Anjou* (1368) : « Un chandelier d'argent, tout blanc, séant sur III pates, et est le pié tout roont à plusieurs souages, et dessus à une longue broche roonde à mettre un cierge, et en ladite broche a comme IIII dens à mettre chandoiles de bougie. » Dans l'*Inventaire de Charles V* (1380) figure « ung chandelier d'argent doré, à pié ront, et ung pommeau carré doré ; et y peut on mectre troys chandeilles ».

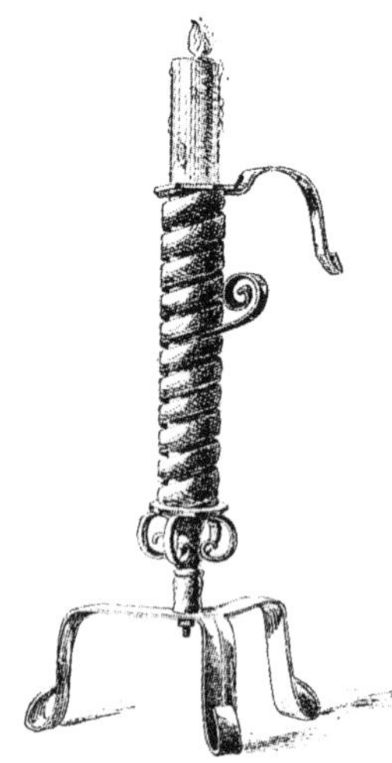

Fig. 486. — Chandelier à spirale
(XVIe siècle).

Mieux que cela, à la grande fête qui accompagna l'institution de l'ordre de la Toison d'or (1431), « au milieu du ceur (*sic*), y avoit ung chandellier de bois peint de noir, sur lequel y avoit XXIIII chierges ardans, pour et ou nom desdis seigneurs de l'ordre, chascun pesant trois livres ». C'est seulement en 1535, dans un *Inventaire du trésor de la cathédrale d'Amiens,* que nous voyons apparaître le candélabre, se distinguant du chandelier à une branche : « Dedans ledit chœur y a troiz grandz candélabres, au millieu desquelz sont des ymages d'anges. — *Item,* au chœur sont quatre moiens candélabres et deux candeliers de cuivre, lesquels ont mect aucune fois sus le grant autel. » Mais la confusion persistera encore longtemps, et l'on continuera pendant plus de deux siècles d'appeler simplement chandeliers les flambeaux à deux ou plusieurs branches.

Fig. 487.
Chandelier en laiton
(XVIe siècle).

... Et portoit chacune d'icelles
Un chandelier à deux chandelles,

écrit Scarron dans son *Virgile travesti.* De même, dans les nombreux *Inventaires du mobilier de la Couronne* que nous avons passés en revue, il est continuellement question de chandeliers à quatre, six ou huit branches. Au XVIIIe siècle, Sobry, dans son *Architecture,* trace la phrase suivante : « Les chandeliers, meubles portatifs de métal, propres à mettre une chandelle de cire ou de suif, sont à une ou plusieurs tiges. » Vers le même temps, nous relevons dans l'*Inventaire de J.-C. Garnier de l'Isle, contrôleur général des Bâtimens* (1755) : « Deux petits chandeliers de porcelaine à deux bobèches chacun » ; et dans l'*Apposition des scellés après le décès de L.-S. Adam, sculpteur du Roi* (1759) : « Deux chandelliers de cabinet, chacun à deux bobêches. »

Fig. 488.
Chandelier en bronze
(XVIe siècle).

Ces derniers, par leur taille réduite, rappellent quelque peu ce que nous nommons un bougeoir. Le bougeoir, bas de tige, à large cuvette et même à manche, est désigné, lui aussi, presque constamment sous le nom de chandelier. Dans le *Compte des travaux exécutés au château de Cherbourg* (1348), on note « 1 chandelier à palette », servant pour inspecter les étables ; dans l'*Inventaire de Charles V,* « ung petit chandelier d'argent à broche et à deux oreilles » ; et dans l'*Inventaire de la reine Charlotte de Savoie,* « ung petit chandelier à queue de cristal garny d'argent doré », qui sont de véritables bougeoirs. Nous avons, en outre, expliqué au mot BOUGEOIR que cette forme de flambeau fut d'abord connue sous le nom de MARTINET. Or, dans les cris de Paris, le martinet et le chandelier se trouvent si étroitement associés, qu'on s'aperçoit facilement du peu de différence que le public faisait alors entre eux :

Les chandeliers et martinets !
Ils servent bien pour la boutique,
A ceux qui ont de la pratique ;
Il les faut toujours tenir nets.

Il en était de même pour ce qu'aujourd'hui nous appelons bras et applique. Dans l'*Inventaire du château de la Ménitré* (1471), nous voyons figurer « douze chandeliers de ferblanc, qui se attachent contre les murailles, dont les aucuns ont trois bobèches et l'autres n'en ont que deux ». Dans l'*Inventaire du château d'Angers,* dressé au cours de la même année, on trouve « ung petit chandelier de liton, à pendre contre ung mur, à deux bobêches ». Ce sont bien là de véritables appliques. Il en est de même pour ce que l'*Inventaire de Gabrielle d'Estrées* (1599) définit « chandelier à tapisserie », avec cette différence, toutefois, que les chandeliers de la Ménitré et d'Angers étaient munis d'un anneau, qui s'adaptait à un clou saillant, tandis que les chandeliers, comme celui de la belle Gabrielle, étaient pourvus de petits crampons pointus, qui s'accrochaient dans les courtines du lit ou à la tapisserie, et tenaient la lumière ainsi suspendue. Les « chandeliers de lit à plateau de lacq », que Lazare Duvaux vendit à MM. de Boulogne, de Préninville et à Mme de la Bauve, aussi bien que les « chandeliers de lit à réverbère », que ce marchand fameux fournit à Mme la duchesse de Bouillon et à Mme de Gacé, étaient de même genre. (Voir *Livre journal,* t. II, p. 30, 187, 263, 348.) On conçoit, au reste, que cette sorte de flambeaux devait être d'une singulière utilité et d'une commodité extrême, à une époque où les tables de nuit étaient rares, et même n'existaient pas. Avant leur invention, le personnage qui voulait, étant couché, faire autre chose que dormir, était obligé, pour voir clair, d'avoir un valet au chevet de son lit pour l'éclairer ; et bien qu'alors on ne se gênât guère devant ses gens, on comprend combien la présence d'un pareil témoin pouvait parfois sembler

Fig. 489.
Chandelier en cuivre émaillé
(XVIe siècle).

Fig. 490. — Chandelier
avec applications d'émaux
(XVIe siècle).

indiscrète et gênante. L'expression « tenir la chandelle », qui du reste dérive de là, en dit assez pour que nous n'insistions pas sur cette délicate matière. Faute de prendre cette précaution, on s'exposait aux accidents les plus graves ; et même en les prenant, on n'en était pas toujours préservé. Colletet, dans ses *Tracas de Paris,* peste contre les chambrières qui, victimes du sommeil, renversent

La chandelle et le chandelier
Peut estre sur un tablier,
Sur un carreau, sur une chaise,
Où le feu prendra tout à l'aise
Et s'attachera vivement
Aux solives du bastiment.

Barbier, de son côté (*Journal,* 1re série, p. 418), rapporte la mort de deux écrivains estimés, survenue à la suite d'une imprudence de ce genre :

Fig. 491.
Chandelier en argent
(XVIIe siècle).

Il est arrivé un grand malheur la nuit du mardi gras. M. Colonna et l'abbé Laurent, deux gens de lettres, savants, âgés de près de quatre-vingts ans, logeoient et travailloient ensemble dans la rue Saint-Anastase au Marais. Ils logeoient au second étage. Ils avoient coutume, comme bien d'autres, de lire dans leur lit avant de s'endormir ; ils avoient par devers eux une longue expérience que cela se pouvoit faire sans malheur : une bonne fois paye pour toutes. L'un des deux qui lisoit s'est apparemment endormi ; le feu a pris à la maison si extraordinairement que ni M. Colonna ni M. Laurent n'ont pas pu sortir chacun de leurs chambres, par la fumée et le feu ; ils y ont été brûlés et consumés entièrement. On a trouvé le reste de leurs corps pas plus grand qu'un enfant qui naît..... La maison, les meubles, les livres, tout a été brûlé. Voilà un avis au lecteur !

Enfin, nous avons vu plus haut qu'il n'est pas jusqu'aux veilleuses qui n'aient porté le nom de chandelier. Au mot MÉTIER, on en trouvera encore la preuve.

Après avoir fait la lumière sur ces différents points, — lumière utile, car il importe de se tenir en garde contre des confusions en quelque sorte fatales, — il nous faut maintenant revenir au chandelier proprement dit, au flambeau à main, et étudier les transformations que cet ustensile a subies dans sa course à travers les âges. Nous avons vu, dès le XIVe siècle, le chandelier revêtir les apparences les plus étranges et les moins pratiques. Tour à tour « en forme d'un serpent » chez Jehanne d'Évreux, « mouton blanc » chez Jehanne de Bourbon, « assis sur ung petit lyon », ou bien « faict en guize de rose », ou bien encore « en manière de lys », en manière « d'un oliphant portant un chastel », ou fait « de deux rengiers (rennes) rampans contre un arbre », chez Charles V, etc., il semble ainsi avoir parcouru la gamme des adaptations les plus invraisemblables ; et cependant, une simple visite dans nos musées et chez quelques-uns de nos principaux amateurs étendrait encore singulièrement le cercle de nos étonnements. Nous verrions le chandelier s'y manifester sous forme de cavalier, d'homme d'armes, de demoiselles plus ou moins excentriques, et ces singularités ne pas se borner au Moyen Age, mais embrasser toute la période de la Renaissance, car pendant ce XVIe siècle si correct, il ne se montre pas seulement « faict en arbre esmaillé de vert », comme chez Catherine de Médicis, mais encore en lansquenet et en Suisse, les bras étendus, et tenant au bout de chacun d'eux une bobèche prête à recevoir son complément indispensable.

Quoique ces derniers flambeaux soient encore, à l'heure présente, relativement abondants, nous les considérerons toutefois comme des singularités, dont l'histoire ne doit s'occuper que d'une façon accessoire. Les chandeliers d'un usage constant furent vraisemblablement d'une figure beaucoup plus simple. La pratique a des exigences dont il faut toujours tenir compte. Les premiers chandeliers « à mettre à table » (voir *Invent. de Clémence de Hongrie,* 1328) consistèrent, selon toute probabilité, en une base plate, de forme ronde ou polygonale, surmontée d'une broche qui s'enfilait dans la partie creuse du « chierge » ou du « torchis » de cire ou de suif. On conserve, au surplus, au musée du Louvre, dans la galerie d'Apollon, un certain nombre de chandeliers de cette sorte. (Voir fig. 477.) Ces chandeliers primitifs étaient encore en usage à la fin du XIVe siècle, nous en trouvons la preuve dans l'*Inventaire de Charles V* (1380). Le « chandelier d'argent plat, à une pointe » qu'il mentionne, était apparemment de cette sorte. Mais ces flambeaux présentaient ce grand inconvénient, que lorsque la chandelle de cire ou de suif approchait de sa fin, se trouvant presque au niveau de la table, elle était tellement basse qu'elle éclairait d'une façon insuffisante les objets et les personnes placés à l'entour. On eut donc l'idée de la surélever, et de là naquit le chandelier que nous rencontrons dans les grands inventaires du XIVe et du XVe siècle, lequel se compose d'un pied, d'une tige et d'un « platelet », ou cuvette, surmonté d'une pointe (fig. 478). La cuvette, qui constitue un grand progrès, joue ici le rôle que plus tard rempliront le bassin, le binet et la bobèche. Elle est chargée d'arrêter les coulures de la cire ou du suif.

Fig. 493.
Chandelier en argent
(XVIIe siècle).

Ainsi compris, le chandelier se rapproche singulièrement de ce qu'il restera dans la suite et de ce qu'il est encore de nos jours. Ajoutons que cette fixité dans la forme n'exclut pas une grande fantaisie. L'ingéniosité du Moyen Age s'applique, en effet, à varier la figure des objets qu'il emploie. Parfois le pied est massif et pose à plat sur la table. D'autre part, il est légèrement surélevé, et ce sont trois griffes de lion, ou encore trois serpents qui le soutiennent. Il arrive encore que la tige porte directement sur les trois griffes ou sur les trois serpents. Tels sont « deux chandeliers doréz, dont un chascun à troys piéz de troys serpentelles », décrits par l'*Inventaire de*

Fig. 492.
Chandelier en argent
(XVIIe siècle).

Charles V. Dans ce dernier cas, les trois pieds étaient souvent mobiles, et montés sur de petites bagues qui permettaient de les faire glisser les uns sous les autres, de façon que le chandelier occupât dans les déplacements une place moins considérable Quant à la tige, elle était généralement pleine, de forme ronde avec un renflement au milieu qui portait le nom de *pommel* ou *pommeau,* et qui permettait à la main de saisir et de retenir le chandelier à hauteur convenable. Ce pommeau avait presque toujours l'apparence d'un gros anneau ou d'une large bague. D'autres fois, il était polygonal, à pans coupés, décoré d'armoiries. Il arrivait aussi que la tige affectait l'apparence d'une petite colonne torse, alors le flambeau s'appelait un « chandelier tors ». Enfin, nous l'avons vu plus haut, la tige représentait parfois un personnage : « Ung petit chandelier de très ancienne façon d'argent doré, et est le pié orné de bestelettes à jour, et a un angelot qui fait le chandelier. »

Le chandelier, ainsi établi, constituait assurément un progrès sensible sur le modèle primitif que nous avons décrit. Il s'en fallait de beaucoup cependant qu'il présentât toutes les commodités désirables. Tout d'abord le problème ne se trouvait qu'à moitié résolu, car si l'on évitait, quand la chandelle touchait à sa fin, de l'avoir trop près de son support, par contre, quand on commençait à l'allumer, elle se trouvait beaucoup trop élevée. On parait, il est vrai, à cet inconvénient en fabriquant des chandeliers de différentes hauteurs. Il y avait les grands ou hauts chandeliers qui trouvaient leur place dans les réceptions, les festins et dans les cérémonies du culte. « Deux haulx chandeliers de chappelle d'argent neelléz tout du long. » — *Item,* deux grans chandeliers d'argent doréz esquelz à esmaulx, etc. » Il y avait ensuite les chandeliers plus petits : « Douze petitz chandeliers à broche d'argent blanc. » Il y en avait enfin dont la tige était particulièrement courte et qu'on nommait Bassets. Tels étaient les « deux chandeliers bas, d'argent doréz, esmailléz aux armes de France », qui faisaient partie de la succession de Jehanne d'Évreux (1372); les « deux petits chandeliers basséz, à broche », mentionnés dans l'*Inventaire de Charles V,* et les « deux petits chandeliers d'argent blanc, basséz », qui figuraient parmi les pièces d'argenterie réclamées par la Couronne aux héritiers de Louis Ier d'Anjou (1385). Mais la solution ne fut complète que lorsqu'on eut substitué à la « poincte » ou broche qui s'introduisait dans le pied de la chandelle, la bobèche dans laquelle, au contraire, on introduisit la base de cette même chandelle.

Fig. 494.
Chandelier en argent
(XVIIIe siècle).

A quelle époque exacte cette intéressante transformation s'opéra-t-elle ? Il serait assez difficile d'en indiquer la date précise. C'est vraisemblablement au XVe siècle, car les inventaires si détaillés de Charles V et du duc d'Anjou ne mentionnent aucun chandelier en bobèche. Il semble même que l'on ait commencé par construire des flambeaux avec un pied évidé en manière de douille, soit de forme ronde ou prismatique ou lobée, dans lequel on introduisait directement la chandelle de cire, à laquelle on conservait, dans toute sa longueur, la forme de la douille. Ensuite, les bobèches vinrent naturellement. On les trouve en abondance dans l'*Inventaire du château d'Angers* (1471), résidence du roi René : « Ung chandelier de verre cristallin, qui a la bobèche de pers dorée. » (*Étude du roi René.*) « Deux chandeliers de léton panduz à la cheminée, chascun à deux bobèches » (*chambre du Roi*), etc. Toutefois, postérieurement à cette époque, les chandeliers à broche, et même les chandeliers primitifs, à base plate et ronde ou en forme de cuvette, continuèrent d'être en usage. C'est ainsi que dans l'*Inventaire de la reine Charlotte de Savoie* (1483) on peut lire l'article suivant : « Troys chandeliers d'argent en façon de cuvettes et deux autres chandeliers à pié, poisant le tout..., etc. » Dans l'*Inventaire d'Anne de Bretagne* (1490), on voit également figurer : « Troys chandeliers, dont l'un est à cuvecte et deux à boubesche » ; et dans l'*Inventaire du chancelier Duprat* (1536) : « Trois chandeliers à flambeaux, trois à verges, quatre chandelliers à cuvettes. »

Fig. 495. — Chandelier en argent (XVIIIe siècle).

Les chandeliers à Flambeaux (voir ce mot) que nous rencontrons pour la première fois étaient des chandeliers de taille relativement considérable ; car on donnait alors le nom de flambeaux à de très grosses chandelles de cire, à plusieurs mèches comme les torches, mais de forme carrée, au lieu d'être arrondies à la main, comme l'étaient les chandelles ordinaires. Les chandeliers à verges sont simplement des chandeliers à broche, et la désignation des autres nous est suffisamment connue. C'est, au reste, la dernière fois que nous trouverons mentionnés les chandeliers à cuvettes. Pour ceux à broche, on rencontre encore dans l'*Inventaire du prince de Condé* (1569) : « Ung petit chandelier de cuyvre à poincte dessus. » On sait en outre qu'ils ont été conservés et sont encore, de nos jours, en usage pour le service du culte. Quant à la désignation « chandelier à flambeaux », nous la voyons apparaître pour la première fois dans l'*Inventaire de Charlotte d'Albret* (1513) : « Deux grans chandeliers à flambeaux en façon de tou-

Fig. 496. — Chandelier en argent (XVIIIe siècle).

relles », et pour la dernière fois, en 1560, dans les comptes royaux. A partir du XVIIe siècle, le mot flambeau, qui jusque-là avait désigné un luminaire de cire de formes et de dimensions particulières, passe à l'appareil qui portait ce luminaire, puis peu à peu prend la signification qu'il a gardée jusqu'à nos jours.

Fig. 497. — Chandelier en argent (XVIIIe siècle).

La substitution de la bobèche à la pointe ou broche ne constitua pas seulement un progrès partiel ; elle amena, comme on pouvait s'y attendre, une révolution dans la forme et dans l'économie du chandelier. N'ayant plus besoin d'être aussi épaisse à sa base, puisqu'au lieu de servir d'enveloppe à la broche elle fut, au contraire, enveloppée par la bobèche, la chandelle put réduire ses dimensions. Celles du chandelier, naturellement, suivirent. C'est alors qu'on vit apparaître cette foule de petits personnages, dont nous parlons plus haut, qui tiennent des bobèches au bout d'une pique ou dans leurs mains écartées, et ces chandeliers plus nombreux encore en cuivre tourné, dont le pied massif rappelle la cuvette primitive, et qui, munis d'une tige ronde et maigre, coupée par deux ou trois anneaux, sont couronnés par une étroite bobèche percée d'une petite fenêtre à sa base, pour laisser échapper le suif ou la cire en fusion. Mais la plus intelligente transformation qu'amena l'application de la bobèche, c'est assurément l'invention de ces chandeliers de constructions très variées, affectant généralement la forme d'une hélice ou d'une pince, grâce auxquelles la chandelle s'élève et descend à volonté, et maintient ainsi sa flamme à une hauteur toujours convenable. On peut voir au musée de Cluny un de ces curieux chandeliers, à deux branches, combiné de la plus heureuse façon. Nous en donnons un autre ici à une seule bobèche (fig. 483), dont la disposition n'est pas moins ingénieuse. Toutes ces innovations appartiennent à la fin du XVe siècle.

Fig. 498. — Chandelier en argent (XVIIIe siècle).

Nous avons vu, par les merveilleux chandeliers en argent, hauts de six pieds et couverts de personnages offerts, en 1536, par la ville de Paris, à la reine, lors de son entrée dans la capitale, de quelle magnificence on était coutumier au XVIe siècle. Les admirables chandeliers dont nous avons constaté la présence dans l'*Inventaire de Catherine de Médicis* et ceux dont Marie de Médicis ornait son oratoire prouvent qu'à la fin de la Renaissance, le luxe mobilier ne le cédait, en somptuosité et en élégance, à aucun des siècles précédents. Cependant, le XVIe siècle et la première moitié du XVIIe sont, au point de vue de la construction du chandelier, moins fertiles en innovations que la période précédente.

Les seules nouveautés que nous rencontrions durant cette période consistent, en premier lieu, dans l'apparition de ce qu'on appela le CHANDELIER A LA ROMAINE. Cette sorte de flambeau, qui affectait la forme d'une colonne, fut à la mode vers la fin du XVIe siècle. On en remarque une paire dans l'*Inventaire de Gabrielle d'Estrees* (1599). Un autre spécimen de ce modèle, alors estimé, figure, en 1628, dans l'*Inventaire de la vaisselle d'argent laissée par Florent de Renard*. Son usage se continua jusqu'aux environs de 1660. C'est ensuite le CHANDELIER A LA FINANCIÈRE, dont on relève jusqu'à dix exemplaires dans l'*Inventaire du cardinal de Mazarin* (1653), et dont on ne trouve pas moins de quinze échantillons dans l'argenterie de Louis XIV. La forme de ce dernier modèle est aussi bien connue. Tout le monde a vu de ces petits flambeaux carrés, à large pied, munis d'une tige creuse, où la coulisse est substituée à l'hélice du XVe siècle, et dans le pied duquel se meut une bobèche, qui fait descendre ou monter la chandelle à volonté.

Fig. 499. Chandelier en argent (XVIIIe siècle).

Mais, si la première moitié du XVIIe siècle ne fut pas fertile en innovations, il n'en est pas de même de la période suivante. C'est, en effet, dans la seconde moitié du XVIIe siècle que les chandeliers adoptèrent cette belle et noble forme, logique et robuste, qu'ils devaient conserver jusqu'à nos jours, — forme qu'on a bien souvent, depuis lors, essayé de modifier, mais à laquelle il a toujours fallu revenir. Les magnifiques modèles sortis des mains des Ballin, des Viaucourt, des Du Tel, empruntent tout d'abord au balustre, alors si fort à la mode dans l'architecture et les arts décoratifs, ses mâles proportions. Puis, cinquante ans plus tard, sous l'ébauchoir de Meissonnier et de ses émules, le chandelier participe à ce grand mouvement, qui entraîne tous les arts de l'ameublement vers les contorsions de la rocaille, pour redevenir, sous Louis XVI, élégant, sobre, relativement modeste, et reconquérir en finesse ce qu'il perd en ampleur. Mais, à travers cette suite d'évolutions que lui impose la mode, le chandelier conserve ses proportions générales, son assiette solide, sa simplicité logique ; et si parfois la fantaisie exagère ses droits, si elle adjoint à la tige du flambeau une décoration accessoire, si elle combine un ensemble ornemental, où les personnages, les enfants surtout, les fleurs, les animaux, semblent tenir une place exagérée, cependant, à aucun moment, elle ne se laisse aller à ces excès d'originalité et à ces excentricités qui distinguent les curieuses élucubrations du Moyen Age et de la Renaissance.

Au surplus, dès que le décorateur s'égare, le bon sens public le remet dans sa voie, et ce n'est pas sans un certain plaisir qu'on lit dans le *Mercure* de décembre 1754, c'est-à-dire du plus beau temps de la rocaille, des objurgations dans le goût de celle-ci : «.... Nous leur serions fort obligés (aux orfèvres) s'ils vouloient bien se souvenir qu'un chandelier doit être perpendiculaire et non tortué, comme si quelqu'un l'avoit forcé. »

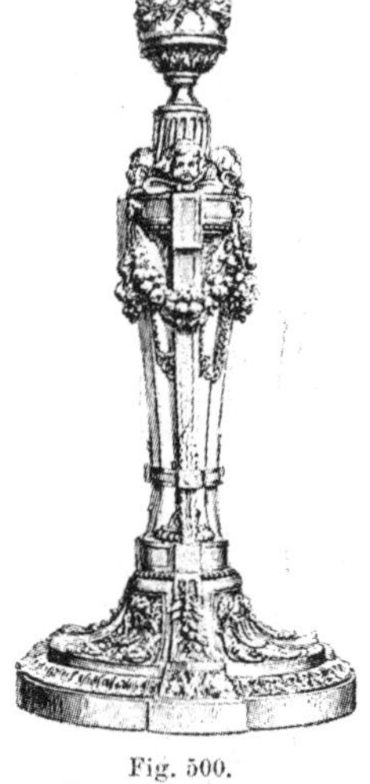

Fig. 500.
Chandelier en argent
(XVIIIe siècle).

Tout en créant ces beaux modèles que nous considérons aujourd'hui comme classiques, l'art mobilier du XVIIe et du XVIIIe siècle visait encore un autre but : il cherchait le confort, et cette recherche devait introduire dans la fabrication du chandelier un certain nombre d'améliorations et de transformations, que nous ne pouvons passer sous silence.

La première, par ordre de date, est l'adaptation à la tige de la bougie de l'écran, protecteur des yeux. Cet écran est tout d'abord fait d'une mince lame d'ivoire ou d'ébène. « Plus un petit chandelier avec son écran d'ébène verd. » (*Invent. du duc de Béthune, archevêque de Bordeaux,* 1680.) Plus tard, il est fabriqué en papier. Puis à l'écran succède le garde-vue, puis l'abat-jour dont nous avons parlé dans un article spécial. Ensuite vient l'adaptation, à la tige du chandelier, d'un ressort qui maintient la bougie toujours à une hauteur égale, progrès dont les avantages furent grandement appréciés ; car nous trouvons de ces chandeliers à ressort parmi les articles que Lazare Duvaux offre à sa clientèle aristocratique. Vers le même temps, le sieur Préaux, maître potier d'étain, établi à Saint-Denis en France, donne avis au public « qu'il débite seul les véritables chandeliers à huile, inventés par feu M. l'abbé de Preigney et approuvés par l'Académie royale des sciences ». (*Annonces, affiches et avis divers,* n° du 15 octobre 1751.) Cette invention, toutefois, était moins récente que ne semblait le croire le sieur Préaux, car ces chandeliers à huile étaient déjà connus au XVe siècle. On les appelait alors « chandeliers façon d'Allemagne », ou « à l'œuvre d'Allemagne ». On voit figurer sur les registres de la Cour des comptes de Provence (1471-1475) deux chandeliers « à l'œuvre d'Allemaigne », qui coûtèrent au roi René 3 fl. 6 gr., et dans l'*Inventaire de Catherine de Médicis* (1589), « deux chandeliers de cuivre, façon d'Allemaigne, a chascun desquelz y a six mèches », qui prouvent que, même à l'époque de la Renaissance, ces flambeaux n'avaient pas cessé d'être en honneur.

Après le chandelier à huile vient le *chandelier œconomique,* du sieur Gacoin, serrurier à Saint-Malo, dont le mécanisme intérieur permettait de faire remonter le fond de la bobèche, de façon à pouvoir brûler la chandelle ou la bougie jusqu'au bout. (*Annonces, affiches et avis divers,* n° du 8 octobre 1760.) Enfin, nos pères connurent le *chandelier à garde-vue* du sieur Maunoury, ferblantier sous la porte du palais, du côté de la place Dauphine, dont on trouvera la description à l'article ABAT-JOUR.

Fig. 501.
Chandelier en faïence de Rouen
(XVIIe siècle).

Mais toutes ces améliorations matérielles, tous ces perfectionnements ne doivent pas nous faire perdre de vue les ingénieuses combinaisons décoratives auxquelles se plie le chandelier en ces époques fécondes. Tout en gardant ses formes nobles, il sait se proportionner aux services qu'on attend de lui. Quand il s'agit de parer une cheminée, de décorer une console, il se montre majestueux comme les « deux chandeliers de bronze ciselé, dorés avec des enfans », que l'on remarquait chez Mme Geoffrin. S'agit-il, par contre, d'orner le bureau de M. de Verdun, ou celui de M. Randon de Boisset, ou encore d'éclairer la toilette de Mme de Blancas ou de Mme de Mazarin, il sait se faire petit, gracieux, coquet, familier. Enfin, quand il lui faut prendre place dans un boudoir, il renonce aux métaux qui lui ont fourni sa constitution première, et la porcelaine lui prête ses plus délicates couleurs. Remarquons, toutefois, que le chandelier céramique est relativement ancien. On le voit figurer parmi ces belles faïences du XVIe siècle qui portent le nom et le chiffre de Henri II. Mais à ces époques lointaines, il n'apparaît qu'exceptionnellement, alors qu'au XVIIIe siècle, le chandelier de porcelaine et celui de faïence jouissent, pendant plus de quarante ans, d'une vogue considérable. La Saxe, Rouen et Moustiers réalisent, dans ce genre fragile, de véritables petits chefs-d'œuvre.

Fig. 502.
Chandelier en faïence de Rouen
(XVIIIe siècle).

Aujourd'hui, le chandelier n'a rien perdu de son importance, ni comme objet de décoration, ni comme ustensile de ménage. Bien que nos lampes perfectionnées lui aient fait une concurrence redoutable, il n'est guère d'intérieur où il n'ait sa place marquée, et il abonde dans les demeures

Fig. 503. — Plateau en faïence de Rouen, à bords chantournés.

riches. L'augmentation du bien-être a fait presque disparaître le chandelier de fer, et l'incommodité de celui d'étain. Le chandelier de cuivre poli a son emploi à la cuisine. Celui de bronze, parfois argenté, plus souvent doré, riche de forme, précieux de ciselure, occupe dans la chambre et dans le salon, sur la cheminée, un poste d'honneur digne du rôle qu'il joue dans l'histoire du mobilier. Dans les maisons aisées, le chandelier d'argent est encore en usage pour le service de la table. Dans celles de fortune médiocre, où l'on se contente d'apparences, et où l'on aime le faux luxe, les chandeliers de simili-bronze ou de « zinc d'art » copient grossièrement le chandelier de bronze doré. Enfin, on fabrique encore des chandeliers de porcelaine, de verre; mais ces derniers n'ont plus rien d'artistique et ne se recommandent que par leur bon marché relatif et leur extrême propreté.

Quant aux chandeliers anciens, qui ont pu nous être conservés, ils sont recherchés avec un empressement extrême. Les beaux modèles se payent des prix considérables et constituent plutôt des objets de vitrine que des objets d'usage. Il y a quelques années, un amateur, M. de la Valette, s'était appliqué à les collectionner. Il en avait réuni, dans son appartement, rue de l'Hirondelle, plus de 200 spécimens de différentes sortes. Cette curieuse collection fournit, en 1864, la matière d'un article dans la *Petite Revue.* C'est la seule de ce genre que nous ayons connue.

Chanette, *s. f.* — Orthographe arbitraire de CANETTE. (Voir cet article.) On trouve dans certains documents du XVe et du XVIe siècle ce mot avec le sens de burette employée aux saints offices. Le continuateur de Du Cange cite le texte suivant : « Dame Henriette de Vienne, l'an 1451, le jour [de] St Valentin, abbesse de ce lieu, a donné au couvent une esguierre d'argent, deux chanettes, une salière d'argent, tout pesant deux mars et demy. » Les *Actes consulaires de la ville de Lyon* (1582) (série BB, reg. 109) relatent le payement à Jean Maignan, peintre, de 6 écus d'or au soleil pour « les portraitz qu'il a faictz, pour la gravure des calices, platines et chanettes, que la dicte ville et communaulté faict faire pour envoyer à Nostre-Dame-de-Lorette ».

Chanevacerie, *s. f.;* **Chanevasserie,** *s. f.;* **Chenevacerie,** *s. f.* — Linge de chanvre. Ce mot figure à différentes reprises dans les comptes du XIVe et du XVe siècle, notamment dans les *Comptes de l'argenterie.* Celui d'Étienne de la Fontaine, argentier de Philippe de Valois, puis du roi Jean (1348), renferme un chapitre complet sous la rubrique : « CHANEVACERIE délivrée en ce terme pour le Roy, pour Monsr le Daulphin et ceuls de sa compaingnie, tant pour le fait de leurs toilleries, comme pour le linge qu'ils ont accoustumé prendre et avoir. » Le *Dix-septième Compte de Guillaume Brunel,* trésorier et argentier de Charles VI (1387), sous le titre de : « CHENEVACERIE pour le Roy nostre sire et pour Monseigneur le duc de Thouraine, baillée et délivrée aux gens et officiers desdiz Seigneurs par le temps de ce compte, en la présence dudit contreroleur », énumère une suite d'acquisitions de draps, nappes, et de serviettes en fine toile de Reims, « pour essuer la vaisselle de la chambre aux joyaulx du Roy ». Ces deux documents suffisent pour indiquer le rôle important que jouait à cette époque la chanevacerie.

Chanevas, *s. m.;* **Chenevaz,** *s. m.* — Linge de chanvre, et par extension : serviette, torchon en toile de chanvre. *Le Dit des marchéans* porte :

Il i a marchéanz de dras
Et de toile et de chenevas.

« A Jehan le Lorrain, pour II aulnes de toille achetées de lui, à faire chenevaz et pour essuier les platelés dudit office. » (*Comptes de l'hôtel du roi Charles VI,* 1380.) « A Robinète la cousturière, pour seigner, et découper LVI nappes, XVI chenevaz et pour seigner IX^XX^ et XIIII touailles en la panneterie, tout à la fleur de liz et à l'espie, III deniers parisis pour pièce. « (*Comptes de l'hôtel du roi Charles VI,* 1387.) « A Colin Marc, pour VIII aulnes de toille pour faire channevatz et sachietz, pour mectre les fruitz de la Royne... à Jehanne la coustière, pour la façon desdiz sachietz, channevatz, ourler deux touailles et signer aux armes de la Royne. » (*Comptes de la royne Isabeau de Bavière,* 1401.) La CHANEVASSERIE comprenait l'ensemble de ces fournitures.

Chanfrein, *s. m.* — Lorsqu'on abat l'arête ou le bout d'une pierre, d'une planche, d'un morceau de fer en biais, on exécute un chanfrein. Le chanfrein est un biseau dont l'angle de base est de 45 degrés. Cette expression est fort ancienne, car dans les *Lettres patentes de Philippe de Valois,* accordant, en 1334, aux religieux des Blancs-Manteaux la permission de pratiquer une porte ou « huisserie » dans le mur d'enceinte, il est dit : « Et auront les rabas de ladite huisserie pié et demi de lé entre le vierre et le chanfraint, jusques au batant de l'huis. »

Chanlatte, *s. f.* — Perche. Racontant la nuit de la Saint-Barthélemy, Jean de Mergey écrit en ses *Mémoires :* « Je le prie mettre contre la fenestre où j'estois, une meschante chanlatte debout, qui estoit par terre, affin par icelle de descendre en la Cour. »

Chanon, *s. m.* — Locution forézienne. Étui. Dérive probablement du vieux mot *chas,* aiguille, ou peut-être n'est-ce qu'une orthographe défectueuse de CANON. (Voir ce mot.)

Chanteau, *s. m.* — Nous relevons ce terme dans l'*Inventaire du Chatelard,* domaine de la famille de La Rochefoucauld (*Archives de la Charente,* 1672) : « Une table à chanteau avec son tréteau..., VI liv. — Une petite table à chanteau, avec le tréteau, et un tapis de serge violette..., V liv. » Nous n'avons pas rencontré ailleurs de tables ainsi désignées, cependant cette mention ne saurait constituer un fait unique. Le chanteau est à proprement parler un segment de cercle. C'est de là que vient au demeurant cette vieille expression provinciale : « couper le chanteau du pain », c'est-à-dire l'entamer (voir *Ancien Théâtre françois,* t. X, p. 124), et cette autre façon de parler : « Il me semble le lay moult estroit. Quand le drap est si estroit, il faut tant de chanteaux et tant de coustures à un manteau. » (*Le Bourgeois poli;* Chartres, 1631.) On est amené à conclure de là que la table à chanteau était une table plus ou moins allongée, mais ayant les deux extrémités cintrées.

Chantepleure, *s. f.* — Arrosoir. L'*Heptaméron,* racontant la façon singulière dont François Ier humecta l'amiral Bonnivet, dit : « Il en arrousa le pauvre amoureux plus que si l'on luy eust jetté un seillau d'eau, car il l'en arrousa en forme de chantepleure de jardin de tous costéz, voire et sur le visage..., etc. » On sait que la duchesse d'Orléans, dans sa douleur de veuve, prit pour emblème une chantepleure avec cette devise : RIEN NE M'EST PLUS (1455). Dès le XIVe siècle, la chantepleure trouva place dans les appartements sous forme de petit arrosoir à répandre des eaux de senteur. On remarque dans l'*Inventaire de Charles V* (1380) : « Une chantepleure d'argent verré esmaillé par la panse, et a au bout ung esmail des armes d'Auffemont. » Dans l'*Inventaire du château de Pau* (1517), nous notons « une chante ploer d'or à fiel de grame ». L' « arrousouer à gecter eau rouze (eau de rose), à ung clocher et ung pied dessoubz », qui figure dans l'*Inventaire de Charlotte d'Albret* (1514), était, lui aussi, une de ces chantepleures; de même, le petit arrosoir de porcelaine que Mme de Pompadour acheta à Lazare Duvaux.

Dès le XVIe siècle, chantepleure, pris dans le sens d'arrosoir, commença à disparaître de notre langage courant. Par contre, le mot continua d'être usité en Normandie, mais dans le sens de robinet. Il figure avec cette signification dans la *Vente des meubles de Gillette Bachelot* (greffe de Saint-Malo, 1609) : « Une escuelle de boys, une tarouette, une égusambe, une chantepleure d'érain. »

Dans certaines de nos provinces, on s'est également servi de ce nom pour désigner les sonneries funèbres et, par extension, la cloche spéciale qu'on sonnait pour les décès. Une *Ordonnance* du cardinal de Sourdis (20 août 1615) « modère le son de la chantepleure » dans son diocèse. Toujours par extension, on donna encore ce nom à une sorte de chapelet qu'on récitait aux messes des morts. Les « chantepleures ou patenostres » sont mentionnées dans la *Subvention générale du vingtième sur les marchandises entrant en France* (1641) et dans le *Tarif général* de 1664.

Chantier, *s. m.* — Dans le langage du mobilier et de la décoration, ce mot comporte trois significations très différentes. En premier lieu, il désigne l'endroit où travaillent un certain nombre d'artisans; les peintres qui décorent une maison, les maçons et les charpentiers qui la construisent forment des chantiers. En second lieu, c'est l'emplacement où les marchands de bois logent leurs marchandises. Enfin, les tonneliers donnent encore ce nom à des pièces de bois sur lesquelles ils placent les futailles qu'ils ont à mettre en bouteilles. « Trente quatre chantiers, diverses longueurs et sept bacquetz, le tout de boys de chesne, prisé LI sols. — *Item,* dix huict chantiers, un antonnouer de fer blanc. » (*Invent. de Mathieu Dabancourt, marchand de vin ;* Paris, 1562.)

Chantilly. — Dentelle de Chantilly. (Voir DENTELLE.)

Chantourner, *v. a.;* **Chantourné**, *s. m.* et *adj;* **Champtourner**, *v. a.* — Termes d'architecture et d'ébénisterie. On dit d'une surface qu'elle est chantournée, quand ses contours, au lieu d'être droits ou régulièrement cintrés, décrivent des courbes tantôt sortantes, tantôt rentrantes. Chez les serruriers, on dit d'une barre de fer qu'elle est chantournée, quand elle est tordue de façon à présenter alternativement le plat et le champ.

C'est à l'époque de Louis XIV que l'on commença à chantourner d'une façon régulière les lambris, les tentures et les meubles, et c'est de cette même époque que date le mot qui nous occupe. Daviler (1691) en donne l'explication, et il faut croire qu'il était alors dans toute sa nouveauté, puisque Furetière, mort en 1688, l'ignora et qu'il ne figure même pas dans la seconde édition de Richelet (1693). Cependant, c'est surtout à la fin du XVIIe siècle et dans la première moitié du XVIIIe qu'on chantourna à outrance. Les contemporains étaient eux-mêmes choqués de cet excès et le duc de Luynes, parlant du nouvel ameublement de la chambre de Marie Leczinska, écrit : « Le lit et les portières sont belles (*sic*) et agréables, il y a dans le milieu de chaque pièce de tapisserie un grand vase qui fait un fort bel effet ; mais

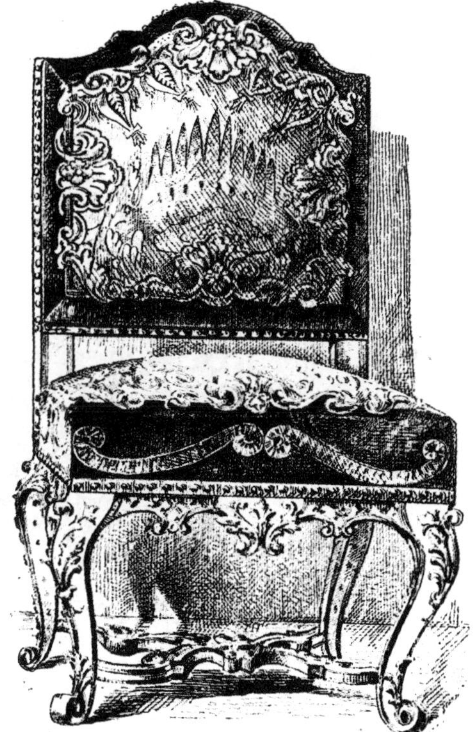

Fig. 504. — Chaise à cintre chantourné.

les ornemens qui l'accompagnent sont tout de travers dans le goût nouveau. » (*Mémoires,* mai 1743, t. V, p. 13.) Quoique le duc de Luynes n'écrive pas le mot chantourner, il avait déjà ses grandes entrées dans la langue française. On le trouve, en effet, depuis de longues années sous la plume des tapissiers à la mode. « Trois fauteuils de bois de noyer verny et bois de canne, à dossiers chantournés. — Douze chaises à dos de bois de merisier verny et bois de canne à jour, à dossier chantourné, etc. » (*Invent. du château de Versailles,* 1722.) « Deux lits à colonnes à pentes de siamoise de Rouen, rayée bleu et blanc, composés chacun de trois pentes de dehors..., grand dossier, dossier chantourné, courtepointe, etc. » (*Fourniture du tapissier Salior pour le château de Marly,* 1751.) « Une table de vernis de Martin sans tiroir, chantournée et couverte de velours. » (*Invent. général des meubles de la Couronne,* 1760.) A la même époque, on le rencontre aussi appliqué à la vaisselle. « Un grand plat à soupe; un plat à bouilly: deux plats d'entrée ronds et deux plats ovales; le tout d'argent et chantourné. » (*Apposition des scellés chez J.-B. Oudry, peintre du roi,* 1755). Depuis lors, il est resté dans le langage courant.

Fig. 505. — Chantourné de lit (XVIIe siècle).

Chantourné. — L'habitude de chantourner les dossiers de lit fit donner le nom de chantourné à la pièce de chevet qui s'élevait contre la muraille, et qui était soit de bois sculpté et doré, ou de bois de rapport, soit simplement de bois uni et recouvert d'étoffe. On disait dans ce sens : « Un beau, un vilain chantourné, un chantourné bien ou mal fait. » Puis, par analogie, on donna ce nom à la chemise d'étoffe ou, pour mieux dire, à la housse dont on habillait ce dossier, et cette housse fut appelée à son tour un chantourné. « Un lit à haut piliers, garny de son enfonçure... [avec] l'impérialle, dossier et champtourné brodé. » (*Invent. du maréchal d'Humières,* 1694.) « Plus le chantourné d'un lit de taffetas bleu piqué fort uzé. » (*Invent. de la dame Martiny, veuve de La Caussade;* Bordeaux, 1735.) « Une couche à bas pilliers avec sa garniture, l'impériale, pentes dedans et dehors, et deux chantournés de satin blanc piqué. » (*Apposition des scellés chez François Lemoyne, premier peintre du roy,* 1737.) « Un lit à baldaquin de damas de Tours cramoisy composé de... deux rideaux, courtepointe, deux chantournéz, trois soubassemens, etc. » (*Mém. des meubles faits de neuf au garde-meuble de Versailles pendant les six premiers mois de 1751.*) « Deux lits jumeaux de damas cramoisi, à la duchesse, composés de leur ciel à grandes et petites bandes, avec dossiers chantournés. » (*Vente de M. Duneuf-Germain, rue de Bourbon,* Paris, 20 juin 1774.)

Fig. 506. — Chantourné de lit (XVIIe siècle).

Chanvre, *s. m.* — C'est la plante dont l'écorce, réduite en filasse, puis transformée en fil, sert à faire la toile. « Sans elle, écrit Rabelais, seroyent les cuisines infames ; les tables détestables, quoyque couvertes fussent de toutes viandes exquises ; les lictz sans délices, quoy que y feust en abondance or, argent, électre, yvoire et porphyre. » (*Pantagruel,* livre III, ch. LI.) Les toiles de chanvre ont toujours joué un grand rôle dans le mobilier. Torchons, serviettes, nappes, draps, auxquels l'auteur de *Pantagruel* fait allusion, lui doivent le jour.

Les tissus de chanvre formaient autrefois un article spécial dans la dépense des rois, et cet article portait le titre de Chanevacerie. (Voir ce mot.) La communauté des Linières, Chanvrières, Filassières de la ville et faubourgs de Paris comptait parmi les plus anciennes de la capitale. Ses statuts, qui remontent à une époque fort lointaine, lui furent renouvelés en 1485 et confirmés par *Lettres patentes* de Henri II (1549). Le chanvre fut toujours, en France, l'objet d'un commerce considérable.

Chape, *s. f.* — Dans le mobilier, c'est le couvercle bombé dont on recouvre les mets pour les empêcher de se refroidir. Le mot est ancien dans cette acception, car dans les statuts qu'il accorda, au mois de mars 1599, à la Communauté des traiteurs-restaurateurs, Henri IV qualifie ces industriels de « maîtres queux, cuisiniers, porte-chapes et traiteurs de la ville et fauxbourgs de Paris ».

En terme de fondeur, la chape est à proprement parler le Moule. (Voir ce dernier mot et l'article Fondeur.)

Chape. — Chez les fabricants d'étoffes, c'est le nom d'une soie légère, dite de fantaisie, avec laquelle, par économie, on fait le fond de certains velours de Gênes de qualité commune.

Enfin, en architecture, on appelle chape une couche d'enduit d'épaisseur variable, dont on recouvre certains membres de la construction ; et, dans le vieux langage, c'est le synonyme de voûte ou de chapelle. « Adonc, écrit Froissart, l'escuyer me tira en un anglet de la chape du chastel d'Ortais. » (*Chroniques,* t. III, ch. XVII.)

Chapeau, *s.m.;* **Chappeau,** *s. m.* — Terme de charpenterie. Poutre transversale qui unit à leur sommet plusieurs montants, quelles que soient du reste la forme de cette poutre et la hauteur des montants.

Dans l'ébénisterie, on donne ce nom à toute pièce qui, de près ou de loin, rappelle la forme ou l'usage d'un chapeau. Ainsi la partie cintrée du dossier d'un lit prend le nom de chapeau, lorsqu'elle est surmontée d'une moulure saillante. Le cintre qui sert d'amortissement au dossier d'une chaise ou d'un fauteuil, la toiture qui termine une armoire s'appellent également chapeau. Dans la serrurerie, ce terme est pareillement appliqué à tout ce qui, même de très loin, présente une analogie quelconque avec la coiffure appelée chapeau.

CHAPEAU DE FLEURS, CHAPEAU DE ROSES. — Au XVe et au XVIe siècle, on désignait sous ce nom les couronnes et, par extension, les guirlandes de FLEURS (voir ce mot) dont on faisait alors une consommation considérable. Guillebert de Metz nous apprend que le marché s'en tenait assez près de l'endroit où existe encore le marché aux fleurs de la Cité. « Entour Chastelet, écrit-il (*Description de la ville de Paris,* p. 70), vendoit on fruits et herbes et aussi y faisoit on tout l'an chappeaulx de diverses fleurs et verdeurs. » Et plus loin il ajoute que l'impôt prélevé sur les « chappeaux de roses et le cresson valoit au roy dix mil livres l'an ». Nous expliquons au mot FLEUR que le principal client des fleuristes de cette époque était le Parlement de Paris. On possède une quittance datée de 1574 (voir *Archives du Nord,* S. B. 2631), signée d'une chapelière de fleurs, nommée Jeanne Prudhomme, ayant fourni en deux mois au Parlement « la quantité de cent six mil quatre cens boutons de rozes... et vingt perches de chappeaulx de rozes à deux douzaines par perche. » Enfin, nous relevons dans un pamphlet de la fin du XVIe siècle, intitulé la *Despense qui se fait par chascun an au dedans de la ville de Paris,* le renseignement suivant :

Item. Il faut, dedans Paris, en chapeaux de fleurs, bouquets et mays verds, tant pour nopces que confrairies, baptesmes, images des églises, audiances de Parlement, Chambre des Comptes, Chanceleries, Generaux des aydes, requestes du Palais, le Tresor, Chastelet, et autres juridictions estant dans l'enclos de Paris, et aussi pour festins et banquets qui se font en l'Université, en faisant les graduéz et autrement, chacun an par quinze mille escus et plus.

Ajoutons que si les chapeaux de fleurs étaient en ces temps lointains le complément obligé des fêtes officielles, ils étaient aussi l'ornement des réjouissances champêtres.

Des roses vermeilles
Nous ferons chappeaux :
Les vignes sont belles
Et tous les bledz beaux,

s'écriait Nicolas Martin dans ses *Noelz et Chansons.* Ils figuraient également parmi les décorations funèbres. Amyot, dans sa traduction de Plutarque, nous montre Cléopâtre « couronnant le tombeau d'Antoine de bouquetz, festons et chappeaux de fleurs », et nous lisons dans les *Mémoires de Marguerite de Valois* (1577) : « Il advise au loin, au milieu d'une grande et triste troupe de personnes en dueil, un drap blanc couvert de chappeaux de fleurs. » Enfin il faut encore rappeler que cette expression servait à désigner la représentation de ces mêmes couronnes, soit en peinture, soit en sculpture, soit en faïence. Dans une *Lettre d'attestation de Gui Guillebault* (1438) il est question de plusieurs « pos d'argent doréz et sur les couvescles esmailliéz de fleurs de bourraches et de chappeaulx de violettes ». L'expression qui nous occupe cessa d'être usitée au XVIIe siècle. Nous l'avons rencontrée pour la dernière fois sous la plume de Loret (1er novembre 1659).

CHAPEAU DE LAURIER, CHAPEAU DE TRIOMPHE. — Noms donnés, au XVe et au XVIe siècle, aux couronnes de laurier considérées comme insigne de victoire.

Après la guerre, il faut qu'on remette en usage
Les Muses et Phœbus, et que leur bande asserre
Des chapeaux de laurier, de myrte et de lierre
Pour ceux qui vous feront présent d'un bel ouvrage.

(Ronsard, *Sonnet à lui-mesme,* 1560.)

« Entre ces deux figures estoient les escuz du Roy et de la Royne, posées sur un sode... à costé desquelz estoiēt deux nymphes l'une dicte Gallia, et l'autre Germania, tenātz au-dessus un grād chappeau de laurier, en signe de grandes victoires, que ces deux Nations ont obtenues ensēble. » (*L'ordre tenu à l'entrée de Mme Élisabeth d'Austriche, royne de France,* 29 mars 1571.)

Chapelet, *s. m.;* **Chappelet**, *s. m.* — C'est un ornement d'architecture, décorant des baguettes ou des tores au moyen d'une succession de perles, d'amandes, d'olives, etc. Ces olives, ces amandes, ces perles, placées ainsi côte à côte, semblent enfilées et former une sorte de chapelet, d'où le nom de l'ornement. Au siècle dernier, on appelait également chapelet des pentures ou charnières visibles qui, placées alternativement les unes sur le battant, les autres sur le montant des armoires, offraient ainsi une analogie assez lointaine avec l'objet dont elles portaient le nom.

Dans les inventaires parisiens du XVIe siècle, parfois il est question de « chenets à chapelets ». Exemple : « Deux

Fig. 507. — Chapeau de triomphe
placé sur l'arc élevé pour l'Entrée d'Élisabeth d'Autriche
à Paris (1571),
d'après la gravure d'Olivier Codoré.

chenetz à chappeletz et contrerostier, et un aultre chenet à pome de fer. » (*Invent. après décès de Nicolle Lefèvre, femme de Gilles Roger, tissutier rubanier;* Paris, 1592.) Chapelet, dans ce cas, doit être entendu, sans doute, dans le sens de petit chapeau. Les chenets à chapelet étaient coiffés de petites corbeilles, où l'on pouvait placer de la braise et tenir au chaud certains ragoûts.

CHAPPELET a encore été usité au XVe et au XVIe siècle comme diminutif de chapeau, c'est-à-dire de couronne et par analogie de guirlande de fleurs. Quelques exemples vont montrer la fréquence de cette acception aujourd'hui oubliée. « Et après vinrent deux chevaliers chambellans de mondit seig^r d'Estampes, vestus de longues robes de velours, et n'avoient rien sur leur chef, et portoyent chascun, d'une main, un gentil chapelet de fleurs. » (*Mém. d'Olivier de la Marche,* dans *Mém. relat. à l'hist. de France,* t. IX, p. 4.) « A Quiers, les plus belles s'estant assemblées environnèrent son poesle et, chantant à l'entour luy divers rondeaux et ballades, le couronnèrent d'un chapelet de violettes et le baisèrent. » (*Mém. hist. sur Charles VIII,* dans *Arch. curieuses de l'hist. de France,* 1re série, t. Ier, p. 186.) « *Item,* par plus de cent lieux y avoit au travers des rues pendanz en l'air, escussons faits à la mode d'Ytalie, avironnéz de gros chapelletz de fleurs et aultres verdures joyeuses. » (*Le Vergier d'honneur, ibid.,* t. Ier, p. 434.)

Nulle ne l'a gaignée à savoir façonner
Un chapelet de fleurs pour son chef couronner.

(*Œuvres de Ronsard,* églogue III.)

On pourrait multiplier ces exemples.

A la même époque, chapelet est aussi employé comme diminutif de CHAPELLE. (Voir ce mot.)

Chapelle, *s. f.;* **Chappèle,** *s. f.;* **Chappelet,** *s. m.* — C'est l'endroit du château ou du palais où est dressé l'autel

Fig. 508 et 509. — Chapiteau toscan et chapiteau dorique.

et où le châtelain entend la messe. C'est aussi la parure d'argenterie nécessaire pour célébrer le service divin. C'est également l'ensemble des tentures qui servent à garnir le lieu saint pendant les cérémonies solennelles. Les chapelles entendues soit comme parures d'argenterie, soit comme tentures de pièces, tiennent une place considérable dans les anciens inventaires et sont généralement d'une très grande richesse. Mais, n'ayant à nous occuper ici que du mobilier civil, elles sortent du cadre que nous nous sommes tracé.

Par analogie, sans doute, avec l'adaptation du mot chapelle à un ensemble de tentures, ou peut-être simplement par suite de l'habitude qu'on avait, en campagne, d'abriter la chapelle du roi sous une tente, nous trouvons, dans le langage du XVe siècle, ce mot employé avec la signification de pavillon, de tente ou même de housse. Froissart, dans ses poésies, parle de Téléphus, dont les moutons avaient été changés en oiseaux, et, voulant dire qu'il abrite ces derniers sous ses vêtements, il écrit :

> Il les escliffe (siffle), il les appelle ;
> Il lor est courtine et chapelle,
> A la pluie, au vent, à l'orage.

D'autre part, nous lisons dans l'*Inventaire des biens trouvés en l'hôtel de Quatremares après l'arrestation de Jeanne de Valois* (1334) : « Plus une autre viez chappèle de toile blanche à mettre suz baing. » Dans l'*État des objets achetés à Paris par Marguerite de Flandre, duchesse de Bourgogne, pour les couches de la comtesse de Rethel, sa belle-fille* (janvier 1403), nous notons également : « A maistre Jehan de Liège, charpentier, demourant à Paris, pour l'achat de deux bers....., deux cuves de bois d'Illande à baigner et deux chapelles à ce appartenant... » ; et plus loin : « A

Fig. 510 et 511. — Chapiteaux ioniques.

Jacques Dourdin, marchant tappicier, pour soixante-quatre aulnes de toille bourgeoise, pour faire deux chapelles et deux fons de cuves à baigner, pour ma dicte demoiselle de Réthel. » Enfin, dans un sens analogue, parmi les « acoustremens de drap d'or et de soye » ayant servi à l'entrée de Charles VIII à Lyon, nous voyons figurer « la chappelle ou couverture de la lictière de drap d'or frizé », qui abrita Anne de Bretagne. On peut conclure de ces exemples que, pendant deux siècles, le mot chapelle eut la signification de tente, de housse ou de pavillon. On trouve également le diminutif CHAPELET pris dans la même acception. « *Item,* ung pavillon de taffetas gris tasné, plyé ensemble et 1 petit chappelet de satin cramoisi, etc. »

Durant le même temps, et toujours par analogie, on rencontre chapelle avec la signification de vase à renfermer les parfums. Dans la *Remise au bailli de Gisors des objets saisis au château de Quatremares* (1335), on remarque « II chappèles viez de plon pour yaue rose » ; et dans la *Vente des biens de Guillaume Romé* (Rouen, 1563) figure une « chapelle de terre à faire eau rose », prisée six deniers.

Enfin, en ébénisterie, on désigne, de nos jours, sous le nom de chapelle l'entaille faite dans le pan d'un lit, pour y loger la vis qui relie ce pan au dossier.

Chapi, *s. m.* — Locution forézienne. Auvent, hangar.

Chapiteau, *s. m.* — Dans l'architecture et la décoration, c'est l'ensemble de moulures et d'ornements qui coiffent le sommet d'une colonne, d'une ante, d'un pilastre. Le chapiteau apparaît dans l'architecture presque en même

Fig. 512 et 513. — Chapiteau corinthien et chapiteau composite.

temps que la colonne. Il est donc des plus anciens. Il est aussi des plus variés, et, malgré cela, ses formes demeurent si bien fixées, son ornementation si régulière, qu'on a pu écrire : « L'histoire et la description du chapiteau, chez tous les peuples et à diverses époques, pourrait presque fournir un abrégé de l'histoire générale de l'architecture. » (Bosc, *Dict. d'architecture,* au mot *Chapiteau.*)

Au moment où commencent nos études, le chapiteau traverse une sorte de crise. Le style ogival, dans ses manifestations premières, a produit une quantité prodigieuse de modèles nouveaux, variés, et d'une étonnante saveur. S'inspirant de la flore nationale et l'interprétant d'une façon absolument originale, il a créé ces beaux types qui sont l'honneur de la cathédrale de Laon, de Notre-Dame de Paris, de la cathédrale de Reims, de Notre-Dame de Semur, du réfectoire de l'abbaye de Saint-Martin-des-Champs, des cathédrales de Bayeux, de Nevers, etc. Puis comme si la solide assise formée par ses lignes élégantes avait paru alourdir ces constructions dont la légèreté est demeurée proverbiale, peu à peu, il se fait rare, les nervures s'élancent vers la voûte sans rien qui les arrête, et, au XVe siècle, le chapiteau disparaît presque complètement.

Le siècle suivant vit le chapiteau ressaisir toute son importance. Il réapparut plus élégant, plus gracieux, plus orné que jamais. Ce qui permit à l'auteur du *Discours sur les causes de l'extresme cherté qui est aujourd'huy en France* (1574) de comprendre ce membre d'architecture avec les

« bazes, piedestales, architraves », etc., parmi les ornements ruineux que la noblesse prodiguait dans ses constructions nouvelles.

Prenant l'Antiquité pour modèle (cette période la plus brillante de l'histoire du chapiteau), la Renaissance chercha dans les formes classiques une base de construction logique, que ses décorateurs habillèrent des plus délicieuses fantaisies. Ces formes antiques, dès lors parfaitement définies, sont au nombre de cinq. Trois sont empruntées à la Grèce : le chapiteau dorique, le plus ancien et le plus simple, formé par un fort tailloir que supporte une puissante moulure ayant l'apparence d'une coupe ; le chapiteau ionique, le plus gracieux et le plus élégant, qui s'orne de chaque côté de coquettes volutes ; et enfin le plus riche et le plus magnifique, le chapiteau corinthien, dont, au mot ACANTHE, nous avons raconté l'origine.

Les deux autres chapiteaux antiques que la Renaissance a copiés sont tirés de l'architecture romaine. Ce sont le chapiteau toscan, dont la noble simplicité rappelle le dorique, mais avec moins de vaillance et de fierté, et le chapiteau composite, qui, alliant le corinthien à l'ionique, ou adjoignant à l'un de ces deux types primordiaux des ornements étrangers, fournit des chapiteaux peu sévères, mais

Fig. 514. — Chapiteau du triforium de Notre-Dame de Paris.

Fig. 515. — Chapiteau du réfectoire de l'abbaye de Notre-Dame-des-Champs.

d'une grande richesse, d'une variété et d'une élégance exceptionnelles.

C'est surtout au chapiteau composite que les architectes de la Renaissance eurent recours pour marier, dans une aimable mesure, la fantaisie charmante dont ils avaient hérité de leurs prédécesseurs, et la règle plus austère que leur imposaient les préférences de leur époque. Sous ce rapport, les églises de la Ferté-Bernard et de Brou, celles de Saint-Pierre de Caen et de Saint-Eustache de Paris, le château de Chambord, offrent une suite de chapiteaux d'une ingéniosité rare. Enfin quand, au siècle de Louis XIV, la fantaisie dut céder la place à la pompe, on essaya de créer tout d'une pièce un « ordre » nouveau qui fût l'expression des goûts réguliers et classiques du temps, et en harmonie avec le besoin de somptuosité qui caractérisait l'époque du Grand Roi. Cet *Ordre français,* comme on l'appela alors, eut aussi son chapiteau, dont on fait encore aujourd'hui usage, quoique les architectes l'aient fort injustement dédaigné. Singularité à retenir, le modèle de ce chapiteau national fut sculpté par un Italien. Le 19 avril 1673, Temporiti — car c'est lui qui fut chargé de cette besogne — reçut 110 livres pour son travail. (*Comptes des bastimens du Roi,* col. 597.) Il est difficile de créer des styles à meilleur compte.

Indépendamment des différents chapiteaux que nous venons d'énumérer, et qui, par leurs formes et leurs noms, revêtent un caractère historique, on connaît un certain nombre de chapiteaux, dont le nom et la forme sont dictés par les nécessités de la construction. C'est ainsi qu'on emploie en architecture le *chapiteau-pilastre,* qui est carré par son plan et sans moulures très saillantes ; le *chapiteau angulaire,* qui, situé à l'angle d'un avant-corps ou d'une façade, porte un retour d'entablement ; le *chapiteau plié,*

Fig. 516 et 517. — Chapiteaux de pilastres, du château de Chambord.

qui couronne un pilastre formant un angle rentrant ; le *chapiteau mutilé,* auquel les nécessités de la construction obligent de donner moins de saillie d'un côté que de l'autre. Enfin, on a encore appelé *chapiteau de balustre* la moulure qui couronne le balustre, et *chapiteau de niche* l'espèce de petit dais qui termine une niche peu profonde, couvrant une statue portée sur une console ou un encorbellement. Telles sont les applications les plus usitées qu'on ait faites du chapiteau dans l'architecture et la décoration.

Dans l'ameublement, il joue un rôle presque aussi considérable. La plupart des gros meubles construits du commencement du XVIe à la fin du XVIIIe siècle affectent des dispositions architecturales. Les buffets, les dressoirs, les cabinets (ces derniers surtout) présentent sur leurs façades des colonnes ou des pilastres. Ces colonnes ou ces pilastres sont naturellement couronnés de chapiteaux. Comme formes et comme motifs, ces chapiteaux s'inspirent logiquement des époques où ils ont vu le jour.

Dans le langage du tapissier, du miroitier et de l'ébéniste, on a encore donné pendant deux siècles le nom de chapiteau à toutes les parties d'étoffe, de bois, de métal, qui servent de couronnement. Ainsi le sommet d'un pavillon de lit, ce que nous appellerions aujourd'hui le dais ou le ciel, a pris parfois le nom de chapiteau. Exemple : « Un grand pavillon de taffetas blanc et broderie d'or et d'argent semée d'oyseaulx, bestions, fleurs et autres grotesques de soye et de toutes couleurs, garny de son chapiteau de satin

Fig. 518 et 519. — Chapiteaux de l'église Saint-Eustache, à Paris.

bleu, de mesme façon que ledit pavillon. » (*Invent. de Gabrielle d'Estrées,* 1599.) De même pour le sommet d'un miroir : « Un miroir à bordure et chapiteau de bois doré sculpté à jour, le chapiteau représentant la devise de Louis XIII... — Un miroir à bordure de bois doré, sculpté à jour ; le chapiteau représente Vénus dans son char, soutenant de la main droite un écusson aux armes du Dauphin.» (*Invent. général des meubles de la Couronne.*) « Plus deux grands miroirs avec leurs chapiteaux ornés de plaques de cuivre doré et argenté. » (*Invent. de Martial de Mosnier,*

Fig. 520. — Chapiteau de glace en bois sculpté.

conseiller au Parlement; Bordeaux, 1723.) « Un grand miroir de glace, à cadre de bois doré et à chapiteau. » (*Invent. des objets mobiliers de Jeanne Piel, veuve de Louis Limousin,* 1725.) De même encore pour les trumeaux. « Un trumeau de deux pièces, portant 7 pieds de hauteur sur 3 pieds 1/2 de largeur, dans sa bordure à ornemens et chapiteau de cuivre... » (*Invent. du cardinal de Polignac,* 1738.) De même pour les boîtes de pendule. « Une petite pendule de cheminée faite par Maire, à Paris, dans sa boëte à chapiteau. » (*Apposition des scellés chez Charles Parrocel, peintre du Roi,* 1752.) De même aussi pour les lanternes. « 9 juillet 1755. — Mme de Pompadour... Une lanterne à deux bougies, pour la salle de MM. les gardes, avec chapiteau verni, 30 livres. » (*Livre journal* de Lazare Duvaux, t. II, p. 251.) Enfin on désignait toujours sous ce même nom les corniches et les frontons des buffets, cabinets, etc. « Un cabinet à chapiteau fait en menuiserie et bien travaillé. » (*Invent. du sieur de la Teissonnières, avocat au présidial de l'Angoumois,* 1720.)

Nous en aurions fini avec cet article, s'il ne nous fallait dire quelques mots d'une dernière adaptation du substantif chapiteau, aujourd'hui complètement oubliée. On trouve, en effet, au XVIe siècle, ce mot pris en architecture dans le sens d'auvent. Félibien cite un *Arrêt de la chambre des Comptes* de 1502, qui permet aux Blancs Manteaux d'ériger un chapiteau au-dessus de la porte de leur église : « Permettons par ces présentes, dit cet *Arrêt,* de faire mettre, ériger et asseoir sur ladicte première porte de leur dict couvent, ledict chapiteau de charpenterie, de troys à quatre piedz de saillye sur rue, sans porter aucun préjudice au Roy nostre sire, ne à la chose publicque. » En 1516, on construisit sur « la porte de l'Hostel-Dieu, estant du costé du Parvis Nostre-Dame », un chapiteau de même genre et de plus vaste étendue. Le *V[e] compte de Claude Savignac pour l'ostel Dieu,* qui mentionne toutes les dépenses qu'occasionna cette construction, nous apprend que la serrurerie seule de ce chapiteau monumental pesait 2,942 livres, qu'il fallut 2,178 livres de plomb pour le revêtir, et qu'il était surmonté d'une croix de sept pieds de haut entourée de statues.

Chapitre, *s. m.* — Variante de CARPITRE. (Voir ce mot.) Tapisserie servant d'emballage. « IIII fardiaux cloz chascun en un chapitre envelopés d'un drap linge dedens li diz chapitres, encloz en sarpillières de toille. » (*Invent. des biens trouvez en l'hostel de Quatremares,* 1334.)

Chappin, *s. m.* — Sorte de petit couteau dont la forme n'est pas déterminée. Le continuateur de Du Cange cite une *Lettre de rémission,* datée de 1336, où on lit : « Morisse sacha un petit coustel appelé chappin, qu'il pendit à sa courroie. »

Charbonnier, *s. m.* — Locution lyonnaise. Lieu où l'on renferme le charbon. « Dans un charbonnier attenant à ladite cuisine, six voyes de charbon de bois. » (*Apposition des scellés après le décès du chanoine Moria ;* Lyon, 1780.) « Une chambre servant de charbonnier..... » (*Invent. et description du palais archiépiscopal ;* Lyon, 1731.)

Charcanas, *s. m.* — Étoffe de soie et de coton fabriquée aux Indes, dans laquelle on prétend voir la première apparition du jaconas. Parmi les tissus récemment importés d'extrême Orient, le *Mercure* de septembre 1701 mentionne 20 pièces de charcanas.

Chardon, *s. m.* — La feuille et la fleur du chardon ont été assez couramment employées comme ornement pendant toute la durée du Moyen Age. Actuellement, en serrurerie, on appelle de ce nom des ornements de fer terminés en pointes, qu'on pose sur le haut de certains murs et sur certains balcons, pour empêcher toute communication.

Chez les passementiers, le chardon est une petite corde veloutée, obtenue par la tension d'étoffes spéciales de laine ou de soie, et qui ressemble à la chenille.

Chariolle, *s. f.* — Petit lit monté sur des roulettes dans le genre du ROULLEREZ. (Voir ce mot et aussi CHALIT.) Le jour, on poussait la chariolle sous le grand

Fig. 521. — Glace avec son chapiteau (XVIIe siècle).

lit, et le soir, elle en était tirée pour servir aux filles de chambre et aux valets de service. « A Bertran Aigoux, pour ung lit de plumes garny, pour la chariolle dessoubz le lit du Roy — florins quinze. » (*Comptes du roi René,* mars 1449.) « Deux grans charlitz et deux charioles dessoubz..... les deux chariolles garnies de liz et deux sarges, l'une roge, l'autre perse. » — « En la chambre haulte appelée la chambre de Mme Yoland, ung charlit garny de lit, ciel et très dox, et rideaux avecques une sarge rouge telle quelle. — *Item,* soubz ledit lit, une chariolle garnye de lit, avec une sarge rouge telle quelle. » (*Invent. du château de Chanzé,* 1471.)

Suivant Oudin, chariolle a également signifié « chariot à faire marcher les enfants ». Aujourd'hui, ce mot a disparu du langage courant.

Chariot, *s. m.* — A désigné, au XVIe siècle, un petit lit analogue à la CHARIOLLE. « En l'autre chambre, devers le jardin, s'est trouvé ung charriot de chesne, et dedans icelluy une couette et traversier de plumes. » (*Invent. de Jean Dorni, tanneur ;* Bordeaux, 1570.) « Ung petit charriot pour coucher, en frêne, aveq une basague pleine de paille, ung travercier de plume et une courtepointe de tapradin. » (*Invent. du médecin Antoine Vacquier;* Marseille, 1574.) « Plus un chariot foncé de corde non garny. » (*Invent. de Jean Verryer, seigneur du Boscq;* Bordeaux, 1590.) « Ung grand chaallit de boys de chesne, faict à menuyserie, avecq ung charriot..... ledict charriot fonssé de cordes. » (*Invent. de Pierre de Capdeville;* Bordeaux, 1591.)

On trouve aussi, du XIVe au milieu du XVIIe siècle, le mot chariot avec la signification de chaise roulante. On lit dans les *Mémoires de Marguerite de Valois* (p. 46) : « Nous allasmes à cette religion, et mon chariot, qui estoit assez recognoissable pour estre doré, et de velours jaune garny d'argent, nous attendit à la place, entour de laquelle y avoit plusieurs gentils-hommes logéz. » L'*Inventaire du château de Versailles* (1708) décrit, dans les termes suivants, le chariot dont Louis XIV faisait usage :

Le petit chariot du Roy à 3 roues, composé d'un brancard de bois peint de rouge, dont le devant est couvert de cuir rouge garny autour de cloud doré, le gouvernail de fer poly, dont la main est couverte de velours rouge cramoisy et garnie de frangé et molet d'or; sur le brancard est un fauteuil à dossier chantourné, couvert de damas cramoisy, avec quatre soubassemens de même damas doublés de toille; le tout garny de frange, molet et galon d'or; un carreau de plume et coutil, couvert des deux costés de même damas uny; une housse de toille cirée, doublée de toille rouge pour le tout.

Enfin, Béroalde de Verville emploie le mot chariot dans le sens de brasier, ou de gril mobile et monté sur des roulettes. « Un jour de grande fête, il y avoit près du revestiaire, de bon feu dans le chariot à grille ; et un quartaire y faisoit griller du boudin durant matines. » (*Moyen de parvenir,* p. 234.)

Charme, *s. m.* — Bois indigène, blanc et très dur, peu employé dans l'ébénisterie à cause de l'irrégularité de ses fibres, qui le rend difficile à travailler.

Carneau, *s. m.* — Voir CRÉNEAU.

Charneure, *s. f.* — Locution ancienne qui, au XVIe siècle, était l'équivalent de CARNATION. (Voir ce mot.) « ... Les dictes hystoires faictes sur de la thoille, reshaussées de diverses coulleurs de soye, d'or et d'argent fillé, ès charneures des personnaiges, vestez et oyseaulx estant esdictes hystoires... » (*Comptes de Louise de Savoie, Arch. nat.,* KK, 90.)

Charnier, *s. m.* ; **Carney,** *s. m.* — Espèce de coffre où l'on conserve la viande salée. Le continuateur de Du Cange cite, sous *charnerium,* une *Lettre de rémission* de 1405, où il est dit : « Le suppliant rompit ou leva la claveure ou frémure de certain coffre ou charnier, où estoient les diz lars. » A Bordeaux, en 1436, nous trouvons parmi les meubles d'Aymeric de Caumont, chanoine de l'église Saint-André : « Ung carney de fust per salar carn. » En 1525, « ung charnier, dans lequel y a ung peu de lar », figure dans l'*Inventaire de Minjon de Guillaumet, portier de Saint-André.* Il est fait mention dans les *Mémoires du maréchal de Vieilleville* (1552) de « deux charniers, l'un plain de venaison de cerf, l'autre de sanglier ». Nous lisons dans les *Propos facétieux et rustiques de Noël du Fail* (1585) : « Tel a un porc en son charnier, duquel je mangerai quelque lopin, qui toutefois ne le pense pas. » Enfin, en 1588, on note dans l'*Inventaire de Jehan Fau* « un vieil charnier sans couverture ».

Les archives d'Ille-et-Vilaine nous ont également fourni un certain nombre de mentions relatives à ce meuble de ménage. « Ung charnier, où y a membre de beuff sallé — et ung aultre charnier, où il y a aultre quantité de beuff. » (*Invent. des meubles existant au château de Plessis-Guériff,* 1565.) « Un charnier avec un petit reste de lard, estimé vingt sols, cy 1 livre. » (*Invent. de Jean Larcher;* Fougères, 1719.) « Deux charniers à viande. » (*Meubles et effets du château du Gage,* 1766.) Comme on le voit par cette dernière mention, le charnier s'est conservé en Bretagne jusqu'à une époque relativement récente.

Ce mot avait, en outre, donné naissance à deux dictons : *Faire trembler le lard au charnier,* qui se disait ironiquement des gens jaloux d'inspirer la terreur par leurs rodomontades, et : *Plus rouillé que la claveure d'un vieux charnier.* Ces deux locutions proverbiales montrent que le mot et le meuble étaient jadis usités dans la plupart de nos provinces.

Charnière, *s. f.;* **Carnière,** *s. f.* — Assemblage mobile de deux ou de plusieurs pièces de métal, enclavées l'une dans l'autre, et jointes ensemble par un axe appelé broche. La charnière est très employée dans l'ameublement. C'est elle qui permet à tous les coffres à couvercle; à toutes les portes d'armoires, de cabinets, de chambres, de se mouvoir et de s'ouvrir; aux abattants de fonctionner; aux paravents de s'étendre, etc. Sa forme est, comme ses adaptations, des plus variées.

On fait des charnières longues, apparentes ou à feuillure, carrées, à pans, à nœuds carrés, à section droite, à hélice (pour forcer les portes à se refermer d'elles-mêmes), à boules, à briquets, à trappe, à tête de compas pour les échelles, à nœud de compas pour les vantaux des grilles. Il y a enfin les charnières à double révolution, qui permettent aux paravents de se développer dans tous les sens. On fabrique les charnières surtout en cuivre et en fer; on en a confectionné aussi en métaux précieux, en or, en argent, en vermeil. Exemples : « Pour refaire d'argent, les charnières neufves de troys justes... » (*Comptes d'Étienne de la Fontaine,* 1352.) « Ung soufflet garny de veluiau... à une charnière et virole d'argent. » (*Invent. de Charles V,* 1380.) « Ung serpent d'argent doré, sur le doz de laquelle (*sic*) a deux pièces clouans à charnières. » (*Invent. du Louvre,* 1420.) « Pour avoir ressouldé et doré les charnières d'un pot doré. » (*Comptes de l'argenterie d'Anne de Bretagne,* 1494.) « A Pierre Rosset, libraire, demourant à Paris, cinquante-une livres cinq sols tournoys, pour ung cabinet..., fermé ledit cabinet de quatre charnières, quatre serrures et de deux verrous. » (*Comptes des bastimens du Roi,* 1528.) « Une chaire de boys de noyer ployant à charnières. » (*Vente des meubles de Claude Gouffier, grand écuyer de France,* 1572.) « Un pot à l'eau à charnière d'argent. » (*Invent. de Jean Bourdeau, procureur au présidial d'Angoumois,* 1751.) « 25 novembre 1754, — à Mgr le duc d'Orléans : avoir fait trois charnières dorées d'or moulu, pour un secrétaire en armoire, et posé en place, 24 livres. » « 15 février 1755, — M. de Boulogne : quarante-quatre charnières de cuivre doré d'or moulu, pour la monture d'un paravent de Chine nettoyé et raccommodé, 300 livres. » (*Livre journal* de Lazare Duvaux, t. II, p. 222 et 235.) « Quatre boëtes à quadrille, à charnières d'or avec fiches et jettons d'ambre. » (*Vente du duc Charles de Lorraine;* Bruxelles, 1781.)

Au XIVe et au XVe siècle, dans certaines provinces, on écrivait et on prononçait CARNIÈRE. « A lui [à Guillaume Allevié] pour avoir repointé les carnières de ung autre robinet. » (*Comptes de la ville d'Amiens pour l'année 1401.*) Cette prononciation est demeurée en vigueur dans le dialecte picard.

Charpente, *s. f.;* **Charpentier,** *s. m.;* **Carpentier,** *s. m.* — On donne le nom de charpentier aux artisans qui taillent, dressent, assemblent et mettent en place les ouvrages de charpente. Les principaux ouvrages de charpente consistent dans les planchers, pans de bois, combles, lucarnes, escaliers, etc. ; et l'ensemble de ces travaux se nomme la charpente d'une maison.

« Premièrement, pour refaire les armoires de la Royne et les remetre en la tour au Louvre, là où ils avoient esté autrefois, XLII sols. » Dans le *Journal de la dépense du roi Jean en Angleterre* (1359-60), on lit : « Maistre Girart, pour une chaière neuve, nécessaire pour le Roy, c'est assavoir, pour le fust et la façon du charpentier, XX sols pour cuir et la garnison par le sellier, XIII sols IV den., etc. » Une quittance produite en 1397-1398 à la *Chambre des comptes de Lille* et conservée aux *Archives du Nord* (S. B., n° 1861) porte que des charpentiers ont fait au château d'Arras plusieurs dressoirs et « une gehenne de bois ès prison dudit ostel ».

En 1404, 1454, 1467, 1514, les statuts corporatifs furent successivement remaniés ; une grande scission se produisit dans la Communauté, qui se partagea en deux branches : les *Charpentiers de la grande Cognée,* qui exécutaient les œuvres de charpente, et les *Charpentiers de la petite Cognée,* qui, dès le XVe siècle, prirent le nom de MENUISIERS, à cause des ouvrages plus délicats qui sortaient de leurs

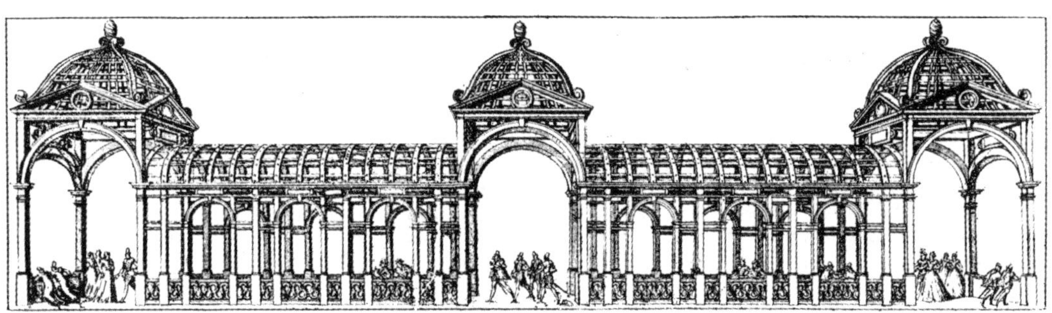
Fig. 522. — Galerie de charpente au château de Montargis, d'après Du Cerceau.

Autrefois, le titre de charpentier était revendiqué par un nombre beaucoup plus considérable d'artisans. Il était pris par tous ceux qui œuvraient « du tranchant en merrien », c'est-à-dire qui travaillaient le bois avec des instruments tranchants. Aussi, parmi les divers spécialistes réunis sous la bannière des charpentiers, Étienne Boileau énumère-t-il les charpentiers proprement dits, les huchiers ou fabricants de coffres, les huissiers ou faiseurs de portes, les tonneliers, les charrons, les couvreurs, les « cochetiers » ou fabricants de voitures, les « feseurs de nez (nefs) » ou constructeurs de bateaux, les tourneurs, les lambrisseurs, etc. Jusqu'au XVe siècle, toutes ces branches si variées demeurèrent unies sous une même juridiction et soumises aux mêmes règlements.

Ces règlements obligeaient tous les charpentiers à interrompre leur travail le samedi à trois heures, et à ne le reprendre que le lundi matin, à moins qu'il ne s'agît de charpentes qu'on ne pouvait laisser sans être consolidées, ou de « huis et fenestres pour bonnes gens clore ». La durée de l'apprentissage était de quatre ans, et chaque maître ne pouvait avoir qu'un apprenti à la fois. Il était défendu de travailler de nuit, si ce n'est pour le service du roi et de la reine; de livrer des trappes, portes et fenêtres, « sans goujons de fust ou de fer », d'introduire des pièces de bois blanc dans la fabrication des huches, etc.

Pendant tout le XIVe siècle, on continua de désigner sous le nom de charpentiers les artisans chargés de faire les meubles. Dans les *Comptes de Geoffroi de Fleuri, argentier de Philippe le Long* (1316), on trouve « les Parties Jehan de Fleury, charpentier », qui commencent ainsi :

mains et n'exigeaient que l'emploi de menus bois. Bien que ce nouveau nom établît entre les deux professions une distinction suffisante, cependant, par orgueil ou par un sentiment légitime de la supériorité de leurs travaux, les charpentiers continuèrent, jusqu'à la fin du XVIe siècle, de joindre à leur qualification professionnelle ces mots : « de la grande cognée ». Le quatrième *Compte de Robert de la Bouverie, receveur des finances du duc de Bourgogne* (1462), nous apprend que Pierre Grantgirard, Jehan du Perroy et Guillaume Marchez, « charpentiers de la grande coignée », furent chargés de refaire le manteau de la cheminée de la cuisine à l'hôtel d'Artois à Paris. Dans un acte notarié, daté de Paris, 17 février 1573, nous avons relevé le nom de « Jehan Patin, cherpentier de la grande congnée, demourant à Paris sur le quay de la rivière de Seine, près les Célestins ». Dans un autre acte, daté du 22 août 1577, interviennent « Vincent Dufossé, charpentier de la grande coignée, demourant à Villepreux, et Pierre Druet, menuysier, demourant à Meudon ». Noël du Fail, dans ses *Propos rustiques et facétieux* (1585), mentionne le nom de « Robin Le Clerc, compagnon de la grand doloüere ». A l'entrée de Charles IX à Paris, les « maistres ès œuvres de charpenterie » figuraient dans le cortège royal « à cheval, vestuz de casaques de veloux noir, passementées d'argent, et pourpoins de satin rouge ».

Au XVIIe siècle, la grande cognée disparut, et les charpentiers se virent octroyer, en 1649, par la régente Anne d'Autriche, de nouveaux statuts qui furent enregistrés au Parlement, le 22 janvier 1652, sous le titre de : *Statuts, Articles et Ordonnances des Jurés du Roi, ès œuvres de*

Charpenterie de la Ville, Prévoté et Vicomté de Paris, et des Maîtres Charpentiers des fauxbourgs et banlieue d'icelle.

Ce qui donnait un caractère spécial à ces statuts, c'est qu'à l'encontre de ce qui se passait dans les autres corporations, nul aspirant à la maîtrise, qu'il fût fils ou gendre de maître, ou maître privilégié, ou maître par lettres, n'était dispensé du chef-d'œuvre. Pour être admis au chef-d'œuvre, il fallait avoir fait six années d'apprentissage. La première épreuve à laquelle on était soumis était une

Fig. 523. — Jeton des charpentiers (xve siècle).

épure. L'épure jugée suffisante, on devait, en présence des jurés, exécuter une pièce de charpente. Une fois maître, on pouvait aspirer à devenir juré. Pour cela, il fallait avoir exercé la maîtrise pendant au moins cinq années, et, par un nouvel examen, avoir fait connaître « sa capacité aux ouvrages de charpenterie ». « Il n'appartient qu'aux jurés du Roi, écrit Savary, de faire toutes visitations, toisés, estimations, raports, etc., et défenses [sont faites] aux simples maîtres charpentiers, non reçus aux dites charges, de s'y immiscer à peine de faux et d'amende. » Les jurés avaient, en outre, la charge et le privilège de visiter les bois à bâtir, ouvrés et non ouvrés, qui arrivaient sur les quais de la ville. Par contre, il leur était interdit d'entreprendre, de faire construire aucuns bâtiments ou maisons pour les vendre ensuite, « la clé à la main ». C'était parmi les jurés qu'étaient naturellement choisis le Doyen de la Compagnie et le Syndic, à qui incombaient la garde des privilèges et l'administration des finances. Maîtres et jurés ne pouvaient avoir à la fois qu'un apprenti. C'est à peu près dans ces termes, et sans grands changements, que la Communauté des charpentiers vécut jusqu'à la fin de l'Ancien Régime. Ajoutons que la corporation avait son bureau rue Galande et que son patron, saint Joseph, possédait un autel privilégié aux Carmes de la place Maubert. (*État ou tableau de la ville de Paris,* 1760.)

Nous avons cru devoir consigner ici ces quelques détails, bien qu'ils sortent un peu du domaine de nos études, parce que les charpentiers sont assurément, de tous les ouvriers du bâtiment, les plus intelligents et les plus ingénieux. « L'habitude qu'ils ont de se figurer les objets dans l'espace, avant de leur donner une forme tangible, écrit M. Bosc, la connaissance de la géométrie et de ses applications, l'habitude de se servir d'outils variés et dangereux à manier ; l'espèce de gymnastique qu'ils sont obligés de pratiquer, en un mot une foule de manœuvres exercent et assouplissent à la fois le corps et l'esprit des charpentiers. »

Au XIVe siècle, on écrivait et on prononçait CARPENTIER. « Pour plusieurs menues euvres faire, les carpentiers qui ensuivent ont esté, c'est assavoir Guillot Rose, XLV jours..., etc. » (*Travaux exécutés au chastel de Cherbourg,* 1348.)

Charpenter, *v. a.* — Tailler en bois des pièces de charpente, et aussi construire en bois de charpente. Racontant les fêtes qui eurent lieu à Paris, à l'hôtel Saint-Pol, à l'occasion de l'Entrée solenelle d'Isabeau de Bavière (1389), Froissart écrit : « Auquel hôtel de Saint-Pol, pourquoi qu'il soit grand assez, et bien amanandé, on avoit fait faire en la cour qui contient grand'place, ainsi que on entre ens par la porte de Seine, et charpenté une très haute salle, laquelle étoit toute couverte de draps écrus de Normandie, lesquels draps on avoit fait venir de plusieurs lieux. »

Charpenterie, *s. f.* — Art de tailler et d'assembler le bois destiné aux charpentes. La charpenterie joue un rôle considérable dans la construction des édifices. Par les combinaisons auxquelles elle se prête, elle a aussi une importance dans la décoration. Nombre de planchers à poutres voyantes, d'escaliers, de combles peuvent, par l'élégance de leur charpenterie, acquérir un grand caractère de beauté.

Autrefois, lorsque les *charpentiers de la petite cognée* étaient de véritables menuisiers, qui fabriquaient toutes sortes de meubles, on disait : la charpenterie d'un siège, d'une armoire. « Maistre Girart d'Orliens, pour refaire de charpenterie et repaindre de nouvel la chayère du Roy, XVI sols VIII den. » (*Journal de la dépense du roi Jean en Angleterre,* 1359-60.)

Charret, *s. m.;* **Cherret,** *s. m.* — Rouet. On lit dans une *Lettre de rémission,* datée de 1482 : « Laquelle femme filoit au tour ou charret. » Cherret est encore usité dans quelques localités.

Charrié, *s. m.;* **Charrier,** *s. m.* — Linge commun et fort, généralement fait de grosse toile de chanvre, avec lequel on garnit les cuves à lessive pour retenir la cendre. « A Marguerite Bourdelote, pour IIII aulnes de grosse toile à faire charriers pour la lavandière, à III sols IV deniers l'aulne, valent XIII sols IV den. tournois à elle payés. » (*Vingt et unième Compte de l'hôtel du roi Charles VII,* 1450.) « Deux charriers borraz, estiméz vingt solz. » (*Invent. de la dame Benoîte Gillet;* Villefranche, 1654.) « Deux charriers-lessive, toille de cordat. » (*Apposition des scellés chez Pierre Laures, docteur en chirurgie;* Lyon, 1768.) Ce terme est demeuré en usage à Lyon et dans le Beaujolais.

Chartier, *s. m.;* **Chartrier,** *s. m.* — Local où l'on serrait, dans les habitations seigneuriales, les chartes et les titres de propriété. « J'avois deux clefs du chartrier. J'en avois donné une à la municipalité, qui l'avoit demandée ; et j'avois laissé l'autre au régisseur, en lui donnant l'ordre de détruire, sous sa responsabilité, tout ce qui étoit suspect et de conserver cependant tous les titres de propriété, ce qui étoit constitutionnel alors. » (*Mém. de Dufort de Cheverny,* t. II, p. 164.)

Chartre, *s. f.;* **Cartre,** *s. f.* — Prison étroite, lieu généralement souterrain et muré où l'on détenait les captifs

Fig. 524. — Jeton des charpentiers (XVIIIe siècle).

de marque et les criminels condamnés à une prison perpétuelle. L'auteur du *Roman de Godefroid de Bouillon* nous montre (t. III, p. 261) son héros interrogeant les Sarrasins sur le sort de trois chevaliers que le Soudan passait pour avoir fait mourir, et ceux-ci lui répondent :

> . . . . Sire, pour vray, il ramena
> Trois chevaliers chéens; mais on nous recorda
> Que ly rices Soudans en cartre les bouta.
> Dedens la tour mauditte, où Soudans se bouta,
> Est la cartre soudant, où on les avala.

Et plus loin le romancier ajoute :

> A dont furent ly huis de la cartre rompu
> A force dépéciet et à tierre abatu.

La *Grande Chronique de Saint-Denis* (t. V, p. 204), racontant le châtiment infligé par Philippe le Bel aux héroïnes de la fameuse tour de Nesle (1314), dit : « Marguerite, royne de Navarre, et Blanche, femme [de] Charles devant dit..... furent prises, et du commandement du Roy qui lors estoit à Maubuisson, en diverses prisons mises les deux (c'est assavoir : Marguerite et Blanche du tout en tout par essil et en chartres perpétuels, mises et encloses, au chastel de Gaillart, en Normendie, furent détenues et emprisonnées et ilec à morir condampnées). » Nous lisons dans le *Roman de Floire et Blancheflor* (p. 226) :

> Quant l'amiraut vit les prisons,
> Et les princes et les barons
> Que Floire li fist amener,
> En sa chartre les fit gister.

Brantôme, dans le chapitre de ses *Dames galantes* qu'il consacre aux « cocus », écrit : « Aujourd'huy, aucuns de nos grands n'en font de mesme ; mais la moindre punition qu'ils font à leurs femmes, c'est de les mettre en chartre perpétuelle, au pain et à l'eau, et les faire mourir, ou les empoisonnent, ou les tuent, soit de leurs mains ou de la justice. » Enfin nous relevons dans les *Vaux de Vire* d'Olivier Basselin le couplet suivant relatif aux Anglais :

> Cuidoient toujours vuider nos verres,
> Mectre en chartre nos compaignons,
> Tendre sur nos huys des suaires,
> Et contaminer ces vallons.

Du substantif chartre on avait fait le verbe ENCHARTRER comme de prison emprisonner. « Puis en souffri Guy grant pénitence, car il en fu enchartré en un fort chastel et y demoura tant que l'apostole luy fist grace et miséricorde. » (*Grande Chronique de Saint-Denis,* t. V, p. 24.) Aujourd'hui, le mot chartre est hors d'usage, sauf dans l'expression métaphorique : « garder quelqu'un en chartre privée ». Ces réduits étroits et inaccessibles ont été confondus par quelques archéologues avec les OUBLIETTES. (Voir ce mot.)

Chasier, *s. m.* — Voir CASIER.

Châsse, *s. f.* — C'est généralement une sorte de petit édicule, en forme de chapelle ou de tombeau, dans lequel on place des reliques. Comme telle, la châsse appartient au mobilier religieux et nous échappe. Mais, au siècle dernier, on donna ce nom à des cages ou boîtes vitrées, qui servaient à préserver du contact de l'air, et surtout de la poussière, certains objets précieux, sans cependant les dérober à la vue. La châsse du XVIIIe siècle rentre donc dans le cadre de nos études.

Voici quelques détails sur la forme de ces cages et sur les matériaux qui entraient dans leur confection. « 17 décembre 1752, — M. de Gagny : une châsse de bois doré garnie de verre de Bohême, 9 livres. » « 21 juin 1753, — au duc d'Aumont : une châsse en forme de cage, à moulures dorées d'or moulu, garnie de glaces, 2,104 livres 10 sols. » « 10 mars 1756 (au même), une châsse à moulures unies, en bronze doré d'or moulu, garnie de glaces, pour une pagode des Indes, 192 livres. » (*Livre journal* de Lazare Duvaux, t. II, p. 145, 163, 275.) Quelques années plus tard, la châsse devait être remplacée par le globe.

Chasse, *s. f.;* **Chasse-pointe**, *s. f.* — La chasse est un outil aciéré, emmanché longuement et qui sert à transmettre la percussion à un objet que le marteau ne pourrait atteindre. Il y a des chasses de diverses formes. On en fait de rondes, de concaves, de carrées.

La chasse-pointe a pour mission plus spéciale de chasser les petits clous dans le bois, c'est-à-dire de les enfoncer assez pour qu'on puisse les faire disparaître.

Chasse-avant, *s. m.* — On donnait autrefois ce nom aux surveillants des travaux du bâtiment, chargés d'avoir l'œil à ce que les maçons, tailleurs de pierre, manœuvres, etc., ne perdissent pas leur temps. On les nommait aussi HASTEURS. (Voir ce mot.)

Châssetier, *s. m.;* **Châssisier**, *s. m.* — Nom sous lequel on désignait, dans la corporation des menuisiers, les ouvriers plus spécialement chargés de la confection des châssis. Leur profession consistait surtout à faire des fenêtres, mais non pas des fenêtres propres à recevoir des verrières (celles-ci étaient exclusivement fabriquées par les vitriers, et leur armature était en fer et en plomb), mais des fenêtres garnies de toile térébenthinée ou de papier huilé, dont la flexibilité avait pour soutien de fines cordelettes, se croisant au milieu, ou des fils d'archal. Nous avons relevé dans les *Comptes de la ville de Lyon,* relatifs à l'entrée de Henri IV (1595), la mention d'une fourniture faite par un châssetier du nom de Nicolas. Elle est ainsi conçue :

> Pour les châssis qu'il a faicts au logis du Roy, où il avoit mis quatre cens cinquante feuilles de papier, à raison de quatre deniers la feuille, et pour avoir collé les autres châssis au logis de madame la Marquise, le tout y comprins, la somme de III escuz XX sols.

La Communauté des châssetiers dura aussi longtemps que le verre resta rare, et que les vitres demeurèrent coûteuses, c'est-à-dire jusqu'à une époque assez rapprochée de nous. La dernière fourniture de ce genre que nous ayons relevée fut faite à l'hôpital de la Providence à Lyon, en 1740. (Voir CHASSIS.) Au XVIIe siècle, à Paris, ces spécialistes formaient encore une confrérie particulière, qui se réunissait rue Saint-Honoré, dans la chapelle du Collège des Bons-Enfants. L'*Encyclopédie méthodique* (*Arts et métiers,* t. VIII, p. 698) mentionne encore les châssisiers, comme s'occupant de garnir les fenêtres de papier huilé. Ils devaient toutefois, à ce moment, commencer à se faire singulièrement rares.

Chasseur, *s. m.* — Outil de tonnelier. Ces artisans se servent de maillets de deux grandeurs, les plus petits faits de buis, en forme de coin et qui servent à chasser les cercles, se nomment des chasseurs.

> Comme moy, tout bon beuveur,
> Au maillet et au chasseur
> Met les deux mains sans vergogne...
>
> (*L'Année d'abondance,* dans les *Vaux de vire* d'Olivier Basselin.)

Châssis, *s. m.* — Réunion de pièces de bois ou de fer, formant une sorte de cadre employé aux usages les plus variés. Dans le mobilier, les châssis jouent un rôle important. Dans l'architecture, ils occupent également une place assez intéressante. Leur construction variant suivant leur emploi, nous allons passer successivement en revue les diverses sortes de châssis le plus usités.

Le substantif châssis paraît dériver du verbe enchâsser, parce que le châssis enveloppe, entoure, enferme, enchâsse généralement un panneau, une surface ; mais d'autres fois il se borne à supporter.

C'est le cas, par exemple, des *châssis de table*. On donne ce nom au cadre qui réunit, à leur sommet, les quatre pieds, et sur lequel repose directement la table proprement dite. Dans les anciens inventaires, par extension, le nom de châssis s'applique aussi aux pieds, c'est-à-dire au support tout entier, et l'on mentionne presque toujours séparément la table et le châssis, comme deux parties très distinctes. « Une table de noier, posée sur ung châssis de noier. » (*Invent. de Claude Millet, sommelier de la duchesse d'Uzès,* 1585.) « Une table de noyer, posée sur son châssis à sept colonnes. » (*Invent. de Marie Criquet, épouse de Pierre Croiset, avocat au Parlement;* Paris, 1625.) « Une table de bois de noyer, assize sur son châssis à quatre pilliers. » (*Invent. de Marguerite Desloges, épouse de Pierre de Beaufort, notaire;* Paris, 1628.) « Quatre tables de marbre avec leurs châssis et pieds de sculpture doréz. » (*Présent du dauphin au roi de Siam,* 1687.)

CHÂSSIS DE CHAISE, DE FAUTEUIL, DE CABINET, etc. — Pour les mêmes motifs, on a donné le nom de châssis au cadre et aux pieds, qui portent un siège, fauteuil, chaise ou tabouret. Exemple : « Le châssis d'une chaise percée, avec la housse de damas cramoisy. » (*Invent. du cardinal de Mazarin,* 1653.) Il en est de même pour le pied ou support en forme de petite table qui soutient un cabinet. « Ung cabinet d'esbeyne noire... sur son châssis de bois peint. » (*Invent. de Gratien Ménardeau, conseiller à la grand' Chambre;* Paris, 1657.)

Aujourd'hui, le châssis d'un cabinet se nomme un PIED ; celui d'une chaise, d'un fauteuil, est appelé BÂTI. (Voir ces deux mots.) Toutefois, on a continué d'appeler châssis de chaise le siège détaché d'une chaise cannée.

CHÂSSIS DE TABLEAU. — On entendait, au XVIe et au XVIIe siècle, par ce mot, le cadre même du tableau, ce qu'aujourd'hui on appelle, en terme d'encadreur, sa bordure. Dans l'*Inventaire de Marguerite d'Autriche* (Malines, 1524), on lit : « Un pan de toille enchâssé en bois, ouquel est painct une femme nue tenant une teste de mort. » L'adjectif enchâssé, qui figure dans cette première citation, indique que nous rentrons ici dans la signification primitive et logique du mot châssis. D'autres exemples vont accentuer davantage ce sens. « Ung grand tableau peint en bois, où est dépeint ung carrouzel, au milieu duquel est un éléphant, garny de son châssis de bois doré, prisé XVIII livres. » (*Invent. de la dame Croizet;* Paris, 1625.) « Quatre tableaux garniz de leurs châssis ayant les fillets doréz. » (*Invent. de Jacques Ninet;* Paris, 1631.) « Votre tableau vient de m'être rendu par MM. Girard Nourri, marchands de la rue Saint-Denis, écrit Guy Patin à Charles Spon (13 mars 1657). Je vous en remercie de tout mon cœur. Je m'en vais le faire monter dans un beau châssis et puis après je le mettrai en belle et savante compagnie, où il tiendra bien sa place. »

Aujourd'hui on donne, en matière de peinture, le nom de châssis à l'assemblage de barres de bois, sur lequel la toile est tendue et clouée.

CHÂSSIS DE MIROIR, au XVIIe siècle, signifiait également cadre de miroir. On note dans l'*Inventaire de Marguerite Gudin, femme de Rémy Levesque, docteur en médecine* (Paris, 1629) : « Un mirouer garny de son châssis de bois et glace, prisé soixante livres, etc. » Depuis un siècle, ce terme a cessé d'être en usage. On peut même dire qu'à l'heure actuelle il est dénué de sens.

CHÂSSIS DE LIT. — On a aussi donné ce nom au cadre qui maintient les grands ciels de lit. Le *Mémoire des meubles faits de neuf, au garde-meuble de Versailles, pendant les six premiers mois de* 1751, mentionne « un lit à châssis en l'air, de 4 pieds de large sur 9 pieds 8 pouces de haut, composé d'un fond, quatre petites pentes, trois grandes, un grand dossier, une courtepointe et deux soubassemens, le tout d'étoffe de la porte à rayes vertes et blanches ». Ce terme est, du reste, assez rarement usité.

De nos jours, les tapissiers nomment châssis de lit l'assemblage des pièces de bois destinées à être garnies de sangle pour recevoir la literie.

Nous passons rapidement sur les châssis employés par certains artisans, CHÂSSIS D'IMPRIMEUR, CHÂSSIS DE FONDEUR et même sur les CHÂSSIS DE TAPISSIER, ces derniers consistant en de longues tringles de bois, munies de crochets, percés vers leur extrémité de plusieurs trous capables de recevoir des fiches de fer, et qui servent à dresser les matelas, les lits de plume, etc. Il nous tarde d'arriver aux châssis de porte et de fenêtre, qui tiennent à la fois à l'architecture, à l'ameublement et à la décoration.

Fig. 525. — Cabinet sur son châssis.

Les CHÂSSIS DE PORTE ET DE FENÊTRE ont reçu différents noms, suivant la façon dont ils sont construits, et suivant l'usage auquel on les destine. Tout d'abord, on les divise en deux grandes catégories : les *châssis mobiles* ou *châssis ouvrants* et les *châssis fixes* ou *châssis dormants.*

Le nom de châssis dormant est donné tantôt au bâti dans lequel est ferrée à demeure la fermeture mobile d'une baie, tantôt à un châssis ordinaire, fixé dans une ouverture et condamné, c'est-à-dire ne pouvant s'ouvrir. Dans les *Comptes des bastimens de Fontainebleau* (1536), nous trouvons un engagement par lequel Étienne Boudin promet de « faire et parfaire... toutes les croisées de menuiserie qu'il conviendra..., toutes garnies de châssis dormans à double croisillon, garnies de guichets enchassillèz, brisèz..., ouvrans », etc. C'est la première sorte de châssis dormants.

Nous voici maintenant en présence de la seconde sorte. Dans ces mêmes comptes (1639-1642), on note la mention suivante : « Plus avoir faict un châssis dormant au-dessus de la petite porte joignant ledict vestibule, servant pour monter à la chambre des peintures, ledict châssis, six pieds huict poulces de hault, etc.; pour ce ensemble, VIII livres. » Nous sommes ici en face de châssis fixés à demeure.

Les châssis ouvrants se divisent en trois classes : les *châssis à fiches,* qui s'ouvrent tout d'une pièce, comme les volets ; les *châssis brisés,* qui, formés de deux parties verticales reliées par des charnières, se replient sur eux-mêmes ; les *châssis à coulisse,* appelés aujourd'hui « fenêtres à guillotine », dont la moitié inférieure se hausse en glissant sur la moitié supérieure qu'elle double.

Fig. 526. — Châssis à guillotine.

Ces diverses sortes de châssis sont parfaitement indiquées au Tarif publié dans le *Livre commode* de 1691 et de 1692 (p. 42 et 127) : « Le prix ordinaire des croisées, panneaux de verre, avec châssis dormans, châssis à panneaux, volets brizés, etc., de quatre pieds de large : deux livres dix sols le pied courant, mesuré sur la hauteur seulement. — Les châssis à carreaux de verre à coulisse, sur quatre pieds de large, le pied de hauteur, 36 à 38 sols, etc. »

Toutes ces espèces de châssis étaient exécutées soit en fer, soit en bois. Les CHÂSSIS DE FER furent, dans le principe, exclusivement réservés aux croisées, qui devaient être garnies de vitres ou de verrières. Ils étaient naturellement fabriqués par les serruriers. On trouve trace de ces châssis à partir du XIVe siècle. Dans les *Œuvres de serrurerie faites au château de Conches* (1335) on lit : « Pour un chaceis ferré entour, X sols. » Dans le *Compte des œuvres du bailliage de Rouen* (1338) : « Pour VI piés de verre assis en deux châssis de fer, en bout de la grant salle, par le commandement de Johan de Chaponval, viconte, pour le temps [et] pour chacun pié de verre, IIII sols, valent XXIIII sols. »

Les CHÂSSIS DE BOIS, à cette époque lointaine, étaient confectionnés par les menuisiers, et, dans certaines villes, par des artisans spéciaux appelés CHÂSSETIERS. (Voir ce mot.) Ils étaient réservés pour les clôtures en papier huilé ou en toile térébenthinée, ou encore en peau très mince rendue transparente par des adjonctions d'essences ou de corps gras. Ajoutons que ce n'était pas seulement chez les particuliers modestes que ces clôtures un peu primitives étaient en usage, mais encore chez les plus grands princes. Dans le *Journal de la dépense du roi Jean en Angleterre* (1359-1360) nous trouvons le devis d'une fourniture de ce genre suffisamment détaillée, et trop curieuse pour ne pas être intégralement reproduite :

Denis le Lombart, de Londres, charpentier, pour la façon de IV fenestres pour la chambre du Roi en latour de Londres; c'est assavoir pour le bois des IV châssis, III sols II deniers. — *Item,* pour clous, II sols II deniers. — *Item,* pour une peau de cuir, V deniers. — *Item,* pour VI livres et demie terbentine, IV sols IV deniers. — *Item,* pour oile, III deniers. — *Item,* pour VII aulnes et demie de toille, IX sols IV deniers. — *Item,* pour toute la façon desdictes fenestres, X sols. — Pour tout paié à la relacion de Jehan de Dainville, XXIX sols VIII deniers.

On trouvera au mot FENÊTRE quelques autres documents de ce genre concernant l'hôtel de la rue du Petit-Musc, résidence d'Isabeau de Bavière (1403), le château de Rouen (1435), le château de Tarascon (1447), le palais d'Aix (1448), le château d'Angers (1459), etc. Un document, emprunté aux *Comptes de la chambre du roi Louis XI* (1478-1481) et mentionnant l'achat de « XIIII mains de pappier à faire chassiz et gallefeustrer », nous apprend à quel moment le papier huilé se substitua à la toile. Par un *Compte du roi René,* daté de 1479, nous savons que, pour consolider le papier ou la toile, et empêcher que le vent n'en eût raison, on *cordait* les châssis de « cordes de harpe » et de « fil d'archaz », de façon à soutenir cette matière flexible. Grâce à d'autres documents, nous voyons ces pratiques se continuer pendant tout le XVIe siècle, le XVIIe et une partie du XVIIIe.

Nous notons, dans la première moitié du XVIIe, des fournitures de « grandz châssis à verre et à pappier » faites à Fontainebleau pour « la chambre et cabinet du roy » (1639-1642). En 1643, nous sommes informés, par les *Actes consulaires* de la ville de Lyon, de la générosité des magistrats qui, pour montrer leur reconnaissance au sieur de Champigny, prennent à leur charge de le meubler « au meilleur mesnage que sera possible, comme encores que les châssis tant de bois, pappier, que vittres, qu'il conviendra pour led. logement, soient faicts aux despens de lad^e^ Ville et Commune ». Nous relevons dans le *Livre commode* (1691) le tarif des « carreaux en plomb avec pointes, et en papier collé », et, dans l'édition de 1692, le prix des « châssis à papier à coulisse ». Enfin la présence de châssis couverts de toile cirée chez la dame Martiny, veuve de la Caussade (Bordeaux, 1735), ainsi que la fourniture faite, en 1740, à l'hôpital de la Providence, à Lyon, par Joseph Druaille, menuisier, de « trois chassy à papié avec un vollet par dessus, pour la chambre de Mademoisel Poissonnau », montrent que l'usage des châssis en papier a persisté beaucoup plus longtemps que généralement on ne le suppose.

Hâtons-nous de constater, toutefois, qu'à partir de 1650 les châssis de papier étaient, en France, et surtout à Paris, remplacés, dans toutes les maisons riches et bien posées, par des vitres blanches. Les panneaux sertis dans le plomb et garnis de vitraux colorés font place, en effet, à partir de cette époque, aux CÂHSSIS A CARREAUX, garnis de croisillons de petits bois, qui prennent le nom de CHÂSSIS A POINTES DE DIAMANT, quand les petits bois s'assemblent en onglet, diagonalement, et font des sortes de losanges.

Aujourd'hui, grâce à l'abondance du verre, à son bas prix, surtout à la facilité qu'on a de fabriquer des vitres aussi vastes qu'on le désire, le nombre des croisillons s'est extrêmement réduit, et le châssis de fenêtre se résume en un simple bâti assemblé à tenon et mortaise. Quant aux châssis de fer, ils ne sont presque plus utilisés que pour les CHÂSSIS DE COMBLE ou CHÂSSIS A TABATIÈRE, qui éclairent les pièces de peu d'importance, et pour les CHÂSSIS D'AÉRAGE, construits dans des ouvertures vitrées, et garnis de lames de verre mobiles permettant de livrer passage à l'air extérieur.

Enfin, les tapissiers donnaient, à la fin du siècle dernier, le nom de châssis aux cadres sur lesquels était tendu le papier peint, alors dans toute sa nouveauté, soit qu'ils servissent pour paravents : « Huit feuilles de paravent en deux pièces de serge à deux envers, montés sur leur châssis de bois de hêtre » (*Invent. du cardinal de Mazarin*, 1653) ; ou qu'ils fussent employés pour dessus de portes, devants de cheminée, etc. Dans ce dernier cas, ils prenaient plus spécialement le nom de châssis de cheminée. « 4 novembre 1748. — Mme la duchesse de la Vallière : un châssis de cheminée, garni en papier des Indes, 24 livres. » « 24 mai 1750. — Mme Camuset : trois châssis de cheminée en papier des Indes, 36 livres. » Etc.

Fig. 527. — Chambre éclairée par un châssis vitré.

Chat, *s. m.* — La peau de chat a été au Moyen Age l'objet d'un commerce assez considérable, elle était employée comme fourrure. On en distinguait deux sortes, celle de chat sauvage et celle de « chat privé » ou chat domestique qu'on appelait aussi « chat de feu » ou « chat de fouier (foyer) ». Dans les *Comptes de sœur Jehanne la Richeuse, prieuse de l'Hôtel-Dieu* (Paris, 1480), nous relevons la mention suivante : « Pour l'achat d'ung cent de peaulx de chatz sauvaiges, pour recouvrir les couvertures de litz achetéz au Lendit, huit livres parisis. — *Item*, par trois grans manteaulx [de lit] de chatz sauvaiges et deux manteaux de pennes, XIII livres. »

Chat (Trou du), *s. m.* — Voir CHATIÈRE.

Chatelet, *s. m.* — Dans le département de l'Orne, c'est le nom qu'on donne au dévidoir.

Chatière, *s. f.*; **Chatonnière**, *s. f.*; **Trou du chat**, *s. m.* — Petite porte carrée, pratiquée au bas des grandes portes et qui permettait aux chats d'entrer et de sortir des pièces et des maisons. « Et d'autant qu'il se trouva une chatonnière à la porte, sans y penser et sans y avoir préveu que sur le coup advisèrent de la boucher avec une aisse, affin que si on la venoit pousser, qu'elle fist bruit et qu'on l'entendist et qu'ilz fissent silence et y pourveussent. » (Brantôme, *Dames galantes*, discours VIII, t. III, p. 82.) A la fin du XVIe et au XVIIe siècle, on disait plus généralement chatière ou trou du chat. Guy de Tours, dans la plaisante poésie qu'il intitule *Description de Bistoquet, mon chien* (1598), écrit :

L'un tire à guarand un grenier,
L'autre enfilant une chattière
Se sauve dans une goutière.

Quand *Finette Cendron*, cette gracieuse émule du Petit Poucet, ramène ses sœurs au logis paternel, elle dit à son père, qui doute que ce soit elle et refuse d'ouvrir la porte : « Mon papa, je vais me baisser, regardez-moi par le trou du chat, et si je ne suis pas Finette, je consens d'avoir le fouet. » (Mme d'Aulnoy, les *Contes de fées*, t. II, p. 7.)

Chaton, *s. m.*; **Chaaston**, *s. m.*; **Chaston**, *s. m.* — Pierre ou morceau de verre enchâssé ; se dit aussi de la monture. « Un estuy à corporaulx tout ouvré de perles et semé de petits chaatons de voire. » (*Invent. de la Sainte-Chapelle*, 1363.) « *Item*, ung autre signet de jaspre, assis en une verge d'or menue, à chaastons, où est ung homme nu qui tient ung enffant nu devant luy. » (*Invent. de Charles V*, 1380.) « Balais yssus de douze chastons ou culéz d'or. » (*Invent. du duc de Berry*, 1417.) « Trois diamans qui sont en trois chattons de plomb, prisés la pièce quarante escuz. » (*Invent. de Gabrielle d'Estrées*, 1599.) « Un vaze de jaspe oriental, manière de gondole, sur le derrière de laquelle il y a une teste de dragon liée d'un feuillage et chatton d'or esmaillé. » (*Invent. du mobilier de la Couronne*, 1687.)

Le besoin que l'on éprouvait au Moyen Age de faire servir les pierreries tour à tour à la parure d'objets fort disparates obligeait les orfèvres à monter la plupart de leurs pierres en chaton, pour pouvoir les faire passer d'une pièce à une autre,es vases de la table à ceux de l'autel, et même, selon les besoins, les appliquer au costume. On trouve la trace de ces manipulations dans les anciens comptes. « Pour faire et forger VIII chaatons d'or pour IV gros balais et pour IV saphirs, mis en un fermail, et pour rasseoir IV dyamens, lesquels sont entour une grosse perle, qui est ou milieu d'icelui fermail ; pour l'or, X esterlins de touche ; pour déché et façon, VII liv. IV sols parisis. » (*Comptes d'Ét. de la Fontaine*, 1351.)

Chatonnière, *s. f.* — Voir CHATIÈRE.

Chaude, *s. f.* — Feu violent auquel, dans les forges, les verreries et chez les orfèvres, les ouvriers soumettent les pièces qu'ils travaillent, pour leur rendre la malléabilité ou la ductilité que le refroidissement leur a fait perdre. On dit « donner une chaude ».

Chaudière, *s. f.* — Grand récipient de cuivre ou de fonte, dont on se sert pour divers usages et notamment pour la cuisine.

Dans l'*Inventaire des objets mobiliers* réclamés en 1313 par Mahaut d'Artois, on voit figurer, parmi les « vessiaus de cuisine », trois « grans chaudières et III petites ». Froissart, racontant l'abandon fait par les Écossais de leur camp, que les Anglais occupèrent ensuite (1327) : « Et si trouvèrent, dit-il, plus de quatre cents chaudières faites de cuir atout (avec) le poil, pendues sur le feu, pleines de cher (chair) et d'yaue, pour faire bouillir. » C'étaient là assurément des chaudières d'une sorte tout exceptionnelle, car, avant et après, toutes celles que nous rencontrons sont en métal. Comme preuve, citons : « VI chaudières, II à aniaux, une à anse et III sans aniaux », qui font partie des objets remis au bailli de Gisors, après l'arrestation de Jeanne de Valois (1335) ; « Une chaudière grant, ferrée et croisiée de fer, avec un grand trépiez », qui figure dans l'*Exécution du testament de Jehanne d'Évreux* (1372), et la chaudière dans laquelle on faisait la cuisine d'Isabeau de Bavière : « A Jehan de Richebourc, chauderonnier, pour avoir ferré de neuf et rappareillé d'arain la grant chaudière, où l'on cuist la char de l'ostel de la Royne, etc. » (*Comptes de l'hostel des rois de France,* 1401.) Notons encore les « deux grosses chaudières de cuyvre » qui se trouvaient dans la cuisine du duc de Bourbon, à Aigueperse (1507). Et rappelons le passage des *Mémoires du chancelier de Cheverny* (*Mém. relat. à l'hist. de France,* t. LI, p. 35), rapportant qu'en l'année 1590 les Parisiens « donnèrent très librement tous ou la pluspart des chaudrons et chaudières, et autres métaux propres qu'ils avoient pour fondre et faire soixante canons ».

Fig. 528. — Chaudron en cuivre (XVe siècle).

Au XVe et au XVIe siècle, la chaudière, au surplus, était regardée comme un meuble fondamental dans tout ménage bien pourvu, car Eustache Deschamps la comprend parmi les ustensiles indispensables aux « nouveaulx mariéz ».

Chaudron, *s. m.;* **Chaudronnet,** *s. m.* — Petite chaudière dont on se sert pour les usages ménagers. Le chaudron jouait au XIVe et au XVe siècle un rôle important dans les cuisines princières. Celle de Mahaut d'Artois (1313) renfermait trois « chauderons de cuivre ». Celle mieux approvisionnée du duc d'Anjou (1368) n'en comptait pas moins de dix, de différentes formes, tous en argent et classés sous la rubrique : « Chauderons d'argent pour cuizine à cuire viande. » Voici la description des principaux :

« Premièrement, un grand chauderon d'argent, à un lonc ventre, et a l'ance groz ou milieu et grelle aux deux boux, et poise en tout XX marcs II onces. » — « Un chauderon d'argent tout blanc, et est roont par le cul et ploié par le bord comme une escuelle, et a, aux II bous, II aneaux roons, et au dessus de chascun a une feuille de treffle en l'ence, et aux diz aneaux a une anse attachiée qui est quarrée. » — « Un chauderon d'argent blanc, longuet, sanz pié, plus gros dessouz un peu que dessuz, a un bort large et renversé, et a une anse, comme quarrée, tenant aux II costés dudit chauderon près du bort, à II aneaux roons, esquelz a II fuilles dessouz soudées audit chauderon. »

Le luxueux Louis d'Anjou n'était pas seul de son temps à avoir de ces ustensiles en métal précieux. Dans l'*Exécution du testament de Jehanne d'Évreux* (1372), nous relevons : « ij chauderons d'argent blanc à mettre potaige, pesant XIX marcs V onces et demyes. »

On conçoit aisément que ces utiles objets n'étaient pas toujours relégués à la cuisine, et que la matière précieuse dans laquelle ils étaient fabriqués leur valait parfois un traitement meilleur. Aux jours de grandes réceptions, ils étaient admis aux honneurs du buffet. C'est ainsi que nous voyons dans le curieux récit de l'*Entrée et couronnement du Roy à Naples* (1495), figurer côte à côte avec les « aiguières, bassins d'or, escuelles, platz, etc., » les « tranchoirs, salières, cousteaulx, chaudrons et chendeliers, tous d'or et d'argent », qui composaient l'argenterie du prince.

La description des chaudrons du duc d'Anjou nous a appris aussi combien les dimensions et la forme de ces récipients étaient variables. Nous ne serons donc pas surpris de voir dans la cuisine de Charles VI (1380) les chaudrons désignés sous les noms de « chauderons à potager », de « chauderons bastars », de « chauderons moiens, etc. » Dans l'*Inventaire de Marguerite d'Autriche* (1524) figure également « ung petit chauderon, bien ouvré les bors dessus de feulaige, avec une ancette pour pourter eaue, et au fond il y a une roze ». Celui de Catherine de Médicis (1589) mentionne « ung chaudron de verre plan ». Enfin, à une époque beaucoup plus moderne, nous voyons apparaître le CHAUDRONNET ou petit chaudron. (*Invent. de Marguerite Oudet, veuve de Pierre Garnier, pelletier du roy* ; Paris, 1657.) Et le malicieux Tallemant nous apprend (*Historiettes,* t. II, p. 125) que Mlle de Gournay aimait tant les diminutifs qu'elle avait inventé le CHAUDERONNELLET.

Jusqu'au milieu du siècle dernier, ce fut la commune de Villedieu, en Normandie, qui eut le privilège d'approvisionner de chaudrons une partie de la France. On y fabriquait « des chaudrons de cuivre jaune, non bordés et à demi façonnés en fourrure, depuis une demi-livre les plus petites sortes, jusqu'à 12, 15, 20 et 30 livres, les grandes sortes ». (Savary, t. II, col. 998.)

Quoique les chaudrons aient aujourd'hui singulièrement perdu de leur prestige et se soient vus remplacer, dans la plupart de leurs adaptations culinaires, par des vases d'autres formes et d'autres noms, la corporation des chaudronniers a conservé cependant une partie de son importance passée. On trouvera quelques détails sur cette puissante Communauté au mot DINANDIER. (Voir également CAUDERON et CAUDRON.)

Chaudronnaille, *s. f.* — Terme général, sous lequel on désignait autrefois l'ensemble des vases de cuisine en cuivre et et en fer. On lit dans l'*Inventaire des biens trouvés en l'hôtel de Quatremares, après l'arrestation de Jeanne de Valois, femme de Robert d'Artois* (1334) : « Et a bien en icelle chambre, qui ne sont pas en cest inventoire, pluseurs houstillemens d'hostel, comme paelles, chauderonnaille, etc. »

Chaudronnier, *s. m.* — Voir DINANDIER.

Chaufaud, *s. m.;* **Chauffaud,** *s. m.* — Orthographe arbitraire d'échafaud. « Et duroient les chauffaux depuis ung pou par de la rue Saint-Sauveur jusques au bout de la rue d'Ernetal. » (*Journal de Paris sous le règne de Charles VII,* p. 145.)

Fig. 529. — Chaufferette fermée (XVe siècle).

Chauffe-assiettes, *s. m.* — Cavité pratiquée dans le haut d'un poêle, ou au-dessus d'une cheminée, qui sert à tenir les assiettes chaudes. On donne également ce nom à de petites grilles disposées de façon à remplir le même objet.

Chauffe-chemise, *s. m.* — Richelet écrit : « Les boisseliers, qui font de ces tambours, appellent chauffe-chemise ce que les dames nomment *tambour.* C'est une machine de bois, en forme de caisse de véritable tambour, haut de 4 à 5 piez et large d'un et demi, avec un couvercle, au milieu de laquelle on a tendu un réseau à claire-voie, sur lequel on met une chemise ou autre linge, et sous lequel il y a une poile pleine de charbons ardens, pour chaufer ce linge ou cette chemise. Ce tambour est commode l'hiver et est bien imaginé. » On a fait aussi de ces tambours en vannerie.

Fig. 530. Chaufferette ouverte (XVe siècle).

Chauffeçon, *s. m.* Sorte de cheminée à foyer étroit. Du Cange cite un document de 1313 ainsi conçu : *Pro duobus caminis, gallice* chaufeçons, *in camera reginæ factis...*, etc. Dans le *Devis de la construction du château de Beaufort* (1346), on lit : « *Item,* que ès fenestres anciennes, qui y estoient devers le mur du degré, sera fais un chauffeçon qui sera doubles au-dessus. »

Chauffe-doux, *s. m.* Terme d'archéologie. Nom donné à des brasiers montés sur des chariots, et qu'on promenait dans les pièces pour les chauffer (Voir BRASIER.

Chauffe-linge, *s. m.* C'est une sorte de mannequin d'osier, analogue au *Chauffe-chemise* (voir cet article), sur lequel on étend la chemise ou le linge à chauffer, et dans lequel on place un réchaud qui échauffe uniformément le linge.

Chauffe-lit, *s. m.;* **Chaufalyct,** *s. m.* Locution méridionale. C'est ce qu'on appelle, dans le Nord, une bassinoire. « Ung chauffelict d'arain. » (*Invent. du château d'Angers,* 1471.) « Ung chauffelyct de cuyvre. » (*Invent. de Pierre Comte, marchand;* Lyon, 1545.) « Plus ung chauffelit d'arain, avecq sa queue de fer tel quel. » (*Invent. de Marguerite des Bordes ;* Bordeaux, 1589. « Un chauffelict de fer, bon. » (*Invent. des biens meubles trouvés en la maison de George Drumenoir ;* Marseille, 1583.) « Un chaufelict avec son manche fer. » (*Invent. de dame Benoîte Gillet ;* Villefranche, 1654.) « Deux Bassinoires ou chauffelit. » (*Invent. du sieur Chamboux, drapier ;* Villefranche, 1667

Au XVe et au XVIe siècle, on écrit parfois ESCAUFFE-LIT et dans le dialecte toulousain, chaufalyct. Exemples : « Ung chaufalyct. » (*Invent. de Me Turpin, docteur en médecine ;* Pamiers, 1562.) « Ung chauffalyct de cuyvre. » (*Invent. de Massicot-Gautier, maître maçon ;* Toulouse, 1578.)

Chauffette, *s f ;* **Chaufferette,** *s. f ;* **Chauffe-mains,** *s. m.;* **Chauffe-pieds,** *s. m.* Le mot chauffette ou chaufferette, que nous rencontrons assez fréquemment au XIVe siècle, servait à désigner, dans le principe, des ustensiles destinés à un même usage, celui de chauffer les mains ou les pieds, mais qui, malgré cela, étaient parfois de construction fort différente.

Il est clair, par exemple, que les chauffettes d'argent à biberon, c'est-à-dire à goulot, que nous rencontrons dans l'*Inventaire de Louis d'Anjou,* n'étaient pas et ne pouvaient être construites comme celles que le roi René devait prendre, un siècle plus tard, pour emblèmes image parlante de sa tendresse pour sa première femme et qu'il devait prodiguer dans ses résidences favorites. On trouvait, en effet, ce curieux objet, peint ou sculpté, notamment au château de Beaugé ; à Launay, sur la sépulture du roi René ; au château de Reculée, où existait une chambre dite « la chambre painte aux chauffertes » ; à Angers, sur la boiserie du chœur de Saint-Maurice, et aussi dans une petite maison de plaisance, sur le bord de la rivière de la Maine, où en 1633 l'abbé de Marolles vit encore « les chaufferettes et les charbons ardents avec ces mots pour devise : *Ardent désir* ». (Voir les *Mémoires* de l'abbé de Marolles.

Ces dernières étaient de petits réchauds ouverts, où l'on voyait non seulement brûler des charbons, mais la flamme jaillir. On peut du reste se rendre compte de leur aspect par le beau médaillon aux armes et devise du roi René, que nous reproduisons au mot FAIENCE. Celles du duc d'Anjou, au contraire, étaient certainement des vases fermés qu'on remplissait d'eau chaude. Remarquons que cette dernière condition ne les empêchait pas d'être de formes très variées. Cela ressort des quelques citations suivantes choisies, du reste, dans un grand nombre d'autres :

Une chaufète d'argent, dorée et cizelée, et est à VI costés, dont il y en a III où il a en chascun VII testes de lyon enlevées, et est le biberon de la teste d'une serpent ; et a sur le fretel du couvercle un esmail, a III quarrés, et en chascun a un petit ymage fait sur le plat. Et poise VI marcs VI onces.

Une grant chauffette quarrée, dont le biberon est de la teste d'une serpent, et sur le couvècle a un esmail où sont les armes de Arragon et de Castelle, esquarteléz, et envirron la dite une losenge a VI bestelettés et est l'ance sizelée à menu ouvrage. Et poise V marcs III onces XII deniers.

Une chauffete toute blanche, séant sur trois longues jambes et à piéz de chien doréz, et est la gueule dorée et sur la teste de ladite chauffète a une roze de noz armes. Et poise en tout VI marcs XII deniers.

L'*Inventaire de Charles V* (1380) n'est pas moins riche que l'*Inventaire du duc d'Anjou* (1360) en chauffettes à eau. On en rencontre même un certain nombre en or. On y remarque, en outre, une chauffette en forme de pomme, avec de petites ouvertures sur le dessus, et à l'intérieur de laquelle on plaçait des charbons. Cette dernière espèce de chauffe-mains fut jadis extrêmement répandue. Villars de Honnecourt entre dans de grands détails relativement à la construction de ces petits appareils, qu'il appelle des ESCAUFAILLES. A ce mot il est parlé de cette construction fort ingénieuse. Pour celles de Charles V, voici la description que l'inventaire nous en donne : « Une pomme d'argent véré a osteaux pour chauffer mains. Une pomme d'argent doré à chauffer mains. Une grosse pomme de cuivre percée à eschauffer mains. Une

Fig. 531. Chaufferette à anse (XVIIe siècle).

pomme d'argent à chauffer mains en yver, blanche, à esmaulx d'Arragon », etc. Les inventaires dressés sous le règne du fils de Charles V mentionnent aussi des chaufferettes de ce genre. « Une pomme d'argent à chauffer mains en hyver, blanche, à esmaux, pesant deux marcs deux onces deux esterlins. » (*Invent. de Charles VI,* 1399.) « Une pomme d'argent veré à osteaux, pour chauffer mains. — Une grosse pomme d'argent doré à chauffer mains, laquelle est à rondeaux d'argent doré à jour. » (*Invent. du château de Vincennes,* 1418.)

Fig. 532. — Femme ayant les pieds sur sa chaufferette, d'après une estampe du XVIe siècle.

Ces pommes ou chaufferettes rondes étaient en usage chez les princes comme chez les particuliers, mais les ecclésiastiques surtout y avaient recours pendant la messe, pour combattre l'onglée qui, dans les grands froids, les faisait singulièrement souffrir. C'est pourquoi dans les inventaires anciens on trouve fort souvent la chaufferette associée aux chandeliers dans la parure de l'autel. Si, comme exemple, nous prenons l'*Inventaire de Catherine de Rohan, comtesse d'Angoulême* (1497), nous trouverons dans sa chapelle : « Trois chandeliers et une chauffrette, le tout d'argent, poisans ensemble quatorze marcs cinq onces » ; et nous emprunterons à un *Inventaire* dressé à Laon (1502), et cité par M. Franklin, cette description encore plus précise : *Pomum argenteum, deauratum, foratum, in plerisque locis, habens receptaculum etiam argenteum, in quo solet poni ferrum candens, ad calefaciendas manus sacerdotis celebrantis tempore hyemali.* Particularité intéressante, ce ne sont plus ici des charbons ardents qu'on loge à l'intérieur de la chaufferette, c'est un morceau de fer préalablement rougi. De cette façon on évitait les inconvénients et même les dangers présentés par les matières enflammées, qui laissaient échapper des cendres et quelquefois même des étincelles ou des flammèches, par les ouvertures de la boule. Ajoutons que lorsqu'on se servait de braise ou de charbon, pour rendre le danger moins grand (ainsi que l'explique fort bien Villars de Honnecourt), on plaçait à l'intérieur de la boule un petit fourneau monté sur un pivot mobile à double mouvement, disposé de manière à ne point se renverser. Enfin, pour terminer, constatons qu'en 1724, dans l'*Inventaire du trésor de l'église de Lyon,* figurait encore « une boule d'argent pour servir à l'autel en hiver, marquée aux armes du chapitre ». On voit que l'usage de ces chaufferettes persista pendant près de cinq cents ans.

Si dans la vie ecclésiastique la chaufferette était considérée comme un meuble indispensable, elle n'était pas jugée moins nécessaire dans la vie domestique. Il suffit de feuilleter les inventaires du XIVe et du XVe siècle pour se rendre compte des multiples emplois auxquels elle se prêtait. Dans celui de Charles V nous remarquons « un grand bassin d'argent blanc et une chauffette à trois piéz ». Dans l'*Inventaire du château de Vincennes* (1420) figure également « un petit lavoir ; c'est assavoir chauffecte et bassin d'argent véré, et est le pié esmaillé à bestes ». Voilà donc la chaufferette appliquée aux besoins de la toilette. Eustache Deschamps, du reste, ne manque pas de la compter au nombre des ustensiles que réclame impérieusement l'éducation de l'enfance.

> Pour enfans, fault bers et drapiaux,
> Nourice, chaufete et bacin.

On la rencontre aussi dans les cuisines, dans celle de l'hôtel occupé à Paris par Richard, archevêque de Reims (1390), où elle sert de réchaud. L'*Inventaire du château de Chanzé* (1471) signale pareillement dans la cuisine du roi René « deux bassins, deux chauffectes..., le tout de cuyvre ». Dans l'*Inventaire de Pierre Comte, marchand* (Lyon, 1545), on note, entre le mortier et les broches, « deux chauffettes de lothon » ; et dans l'*Inventaire de Marguerite des Bordes* (Bordeaux, 1589) on remarque « une chaufferette de fer emmanchée de boys ». Constatons encore qu'à cette même époque, on en confectionnait en terre vernissée ou émaillée.

Au XVIe siècle, la vente de ces dernières devint un objet de grand commerce. On les étalait sur le marché, et Béroalde de Verville, avec sa verve habituelle, nous montre un maître mulet, ayant pris le mors aux dents, qui court « partout à travers hommes, femmes et enfans, et s'adressant à la poterie, passe par-dessus pots, buies, casses, chaufferettes, qu'il brise, casse, rompt et gaste comme un étourdi ». (*Moyen de parvenir,* p. 238.)

Ces nouveaux ustensiles revêtirent, cela se comprend, des formes en rapport avec la matière dont elles étaient fabriquées. Les unes furent façonnées en manière de boule, et ce nom est demeuré à certaines chaufferettes, alors même qu'elles n'affectent plus la forme sphérique. D'autres prirent l'aspect d'un livre relié. C'étaient celles qu'on emportait à l'église. D'autres enfin consistèrent en petites terrines dans lesquelles on mettait de la braise. Ces dernières, les plus modestes, se sont conservées jusqu'à nous. On les appelle encore des GUEUX. Mais, comme ces gueux, qui étaient surtout employés pour réchauffer les pieds, présentaient un danger constant et souvent incendiaient les jupons des femmes qui s'en servaient, on eut l'idée de les enfermer dans une petite cage à claire-voie, doublée de tôle, et c'est ainsi que prit naissance le CHAUFFE-PIEDS encore en usage de nos jours.

Fig. 533. — Femme assise sur une chauffeuse, d'après Abraham Bosse.

Cette transformation s'opéra dans le courant du XVIe siècle, ainsi que le prouve une gravure du Cabinet des

Estampes. (Voir fig. 532.) La première mention écrite que nous trouvons de ce petit meuble si utile figure dans l'*Inventaire du château de Turenne* (1615). Coïncidence remarquable, au moment où le chauffe-pieds apparaît, la

Fig. 534. — Dame de la cour de Louis XIV sur une chauffeuse, (d'après Trouvain).

chaufferette primitive et métallique commence à disparaître. La dernière dont nous ayons découvert la trace est comprise dans la *Vente de Gillette Bachelot* (greffe de Saint-Malo, 1609) : « Une chaufferette d'arrain, viij sols. » A partir de cette même époque, le chauffe-mains se fait également rare, et la chaufferette qui, sous son double aspect de boule et de chauffe-pieds, a trouvé sa forme définitive, se transmet presque intacte jusqu'à nous.

Le XVIIIe siècle, toutefois, devait essayer de quelques innovations. La plus originale assurément est celle qui, en 1770, fut présentée au public par un cordonnier pour femmes, nommé d'Ambrun, domicilié « rue Hyacinthe près l'Estrapade », qui, « pour se rendre de plus en plus digne de la confiance dont les Dames l'honoroient », imagina « des pantoufles de spectacle, dont les talons en bouilloir, aussi légers et dans les mêmes proportions que les talons ordinaires, donnent aux pieds une chaleur douce qui se communique agréablement plus haut ». (Voir *Recueil de pièces diverses,* prospectus distribué dans les rues de Paris — Bibliothèque de la ville de Paris.) Ajoutons que l'invention du sieur d'Ambrun, qui, du reste, se rattache plus à l'habillement qu'au mobilier, ne paraît pas avoir eu de suites sérieuses.

Quelques années plus tard, le sieur Noiraux, « fontainier breveté du roi », demeurant rue Thibautodé, informait le public qu'il venait « d'imaginer des coffres d'étain rendurci qu'on remplit d'eau bouillante pour tenir les pieds chauds dans les voitures ». (*Journal général de France,* 17 janvier 1780.) Ces chaufferettes, que nous avons perfectionnées en les enveloppant d'une chaude moquette empêchant toute déperdition de chaleur, sont encore en usage sous le nom de BOUILLOTTE. (Voir ce mot.) Nous relevons également dans les *Annonces, affiches et avis divers* du 24 novembre 1780 la réclame suivante :

Le sieur *Chantereau,* menuisier, rue de Seine S. G., a inventé pour les dames des chauffrettes (*sic*) de santé qui ne tiennent pas plus de place qu'un fort volume in-4°, et qui n'ont point la mauvaise odeur des caisses de cuivre. Plus commodes que les boules remplies d'eau bouillante, elles sont faites d'excellent bois de noyer doublé de fer; et on y place un fer rouge qui conserve longtemps sa chaleur. On peut les porter dans les voitures, au spectacle et dans tous les endroits vastes où il n'y a pas de cheminée.

Enfin, pour terminer, mentionnons une dernière réclame, en date du 27 décembre 1781, nous signalant les perfectionnements que le sieur Moliton, ébéniste, demeurant à l'Arsenal, a introduits dans la fabrication des chaufferettes en forme de livres, dites COMTESSES. (Voir ce mot.)

On voit que, jusqu'à la fin du siècle dernier, cet ustensile, aujourd'hui presque oublié, tint une place considérable dans l'ameublement de nos ancêtres.

CHAUFFE-PIEDS. — Dans les campagnes normandes, on donne ce nom à la pièce dans laquelle, suivant un usage persistant, il y a une cheminée généralement allumée, et dans laquelle les personnes venant du dehors entrent pour se sécher. Ce mot est ancien dans notre langue. On lit dans le *IVe Compte de l'hôtel du roi Louis XI :* « A plusieurs maçons, qui ont habillé et mis à point les huisseries, chauffepiéz et cuysines des logeiz des Forges..., etc. »

Chauffeuse, *s. f.* — Petite chaise extrêmement basse, sur laquelle les femmes s'asseyaient, au XVIe siècle pour démailloter et changer les enfants. L'avantage de la chauffeuse était de permettre de disposer autour de soi, sur le sol, tous les objets dont on avait besoin et de tenir les enfants à la hauteur du foyer. La chauffeuse moderne est une petite chaise basse, à dossier, dont le siège est situé à environ 30 centimètres du sol. Elle a sa place marquée dans les salons les plus élégants et dans les chambres les plus coquettes. « Deux chaises chauffeuses couvertes en satin noir capitonné. » (*Vente de Mlle Gabrielle Elluini,* mars 1883.) « Deux chaises chauffeuses couvertes de satin noir, avec larges bandes en ancienne broderie de soie, semis de fleurs sur fond en cachemire. » (*Vente de Mlle Jeanne Olivier,* novembre 1888.)

Chauffoir, *s. m.;* **Chauffouère,** *s. f.* — Ce mot, à peu près inusité aujourd'hui, a servi à désigner trois objets fort différents. D'abord, ç'a été une sorte de réchaud en métal, appelé plus souvent CHAUFFECTE. Dans l'*Inventaire du duc Louis d'Anjou* (1368), nous trouvons : « Un bacin plat pour chaufouère, tout blanc hors le bort, qui est doré et sizelé à sarpentelles et à fueillages. » L'*Inventaire de Charles V* (1380) mentionne : « Une chauffouère d'argent dorée à troys piéz, à ung esmail ront des armes de France sur le couvescle. — Une chauffouère d'argent blanc, à troys piéz, et ou couvescle les armes de Mons^gr le Daulphin. » Dans l'argenterie réclamée par la Couronne aux héritiers de Louis d'Anjou déjà nommé (1385), figure : « Une chauffoère d'argent blanc, à troys piéz, aux armes de Monseigneur le Dauphin sur le couvescle. » Enfin, dans l'*Inventaire du*

Fig. 535. — Petite chauffeuse (XIXe siècle).

château de la Ménitré (1471), on remarque « troys petiz bacins et troys chaufouers, à laver les mains », et dans l'*Inventaire du château de Chanzé* dressé la même année, « un chauffouer à laver mains de cuyvre ». Voilà pour la première sorte de chauffoirs.

Au XVIIe et au XVIIIe siècle, on a donné ce nom à des pièces de linge qu'on chauffait dans une étuve, et qu'on appliquait sur le corps. « Sa Majesté venant de jouer à la Paume..., écrit N. Besongne, deux Valets de Chambre lui mettent un drap sur les épaules, qu'ils tiennent tout roulé après l'avoir bien chauffé. Ensuite, le Roy se fait essuïer dans la chaise ou fauteuil par ses Barbiers, et les Valets de Chambre chauffent les chauffoirs. » (L'*État de la France*, t. Ier, p. 306.) Si nous consultons les *Mémoires du duc de Luynes* (t. XII, p. 379), nous verrons que parmi « le linge en renouvellement de la chambre de la Reine, au mois de janvier 1750 », figurent : « Six douzaines de chauffoirs simples — et douze douzaines de chauffoirs piqués. » Voilà la seconde sorte de chauffoirs.

Quant à la troisième, dont il est question dans le *Journal de Barbier* (4e série, p. 497, novembre 1750 ; et 7e série, p. 162, mai 1759), ainsi que dans les *Mémoires secrets* dits de Bachaumont (t. XXVI, p. 263, octobre 1784), c'était une pièce dans laquelle, au théâtre, les acteurs se réunissaient pour se chauffer pendant les entr'actes, ou alors que leur présence n'était pas nécessaire sur la scène. C'est, en un mot, le précurseur du FOYER actuel. A ce dernier mot, on trouvera quelques détails sur cette troisième espèce de chauffoirs.

Chaupine, *s. f.* — Voir CHOPINE.

Chausson, *s. m.* — Les ébénistes donnaient, au siècle dernier, ce nom aux ornements de métal, qui habillent parfois les pieds de certains meubles, et dans lesquels ces pieds semblent être engagés. « 23 janvier 1749. — M. de la Reynière : Une petite commode de bois violet, avec le marbre de brèche d'Alep, chaussons et entrées dorés d'or moulu... 66 livres. » « 5 novembre 1751. — La duchesse de Bejar : Une table... garnie d'entrées et chaussons en bronze doré d'or moulu, etc. » (*Livre journal de Lazare Duvaux,* t. II, p. 12 et 101.) Aujourd'hui on emploie de préférence le mot SABOT .

Chef, *s. m.* — Nom donné dans certaines cérémonies à la partie la plus élevée et par suite la plus honorable de la pièce, celle où se tenait le prince ou le roi. « Au milieu de la chapelle y avoit un chef composé en rondeur, qui estoit ordenné pour un grand drap de toile d'argent porté par Messeigneurs les duc d'Estampes et comte d'Aumalle. » (L'*Ordre observé au baptême de François, fils aisné du Dauphin et petit-fils de François Ier*, 1543.) « Le roy estoit assis au chef de la Grand'Salle, en lieu fort éminent pour estre veu de tous. » (L'*Ordre observé à la séance des Estats généraux*, 1560.)

On désigne aussi d'une façon générale, sous le nom de CHEF, les coffres d'orfèvrerie ou de bois en forme de têtes.

Chef d'œuvrier, *s. m.* — *Maître chef d'œuvrier,* nom qu'on donnait, dans les anciennes Communautés, au maître qui avait fait régulièrement son apprentissage et obtenu la maîtrise après la confection du chef-d'œuvre, par opposition aux *maîtres sans qualité,* qui acquéraient leur maîtrise par voie d'achat, et sans subir d'examen. (Voir le mot MAITRE.)

Cheito, *s. f.* — Locution limousine. Assiette.

Chelut, *s. f.* — Locution forézienne. Lampe. (Voir CHALEIL.)

Chemin, *s. m.* — Terme de tapissier. Bande de tapis qu'on dispose dans un endroit de grand passage. « Chemin en tapis d'Orient fond gros bleu à petits losanges. » (*Vente de Mlle Lucie Dekern,* avril 1885.)

Chemin de fer, *s. m.* — Terme de maçonnerie et d'ébénisterie. Coulisse sur laquelle court le GALET. C'est aussi une lame de fer découpé suivant un certain profil et qui permet de pousser une moulure.

Chemineau, *s. m.;* **Cheminel,** *s. m.;* **Cheminon,** *s. m.* — Chemineau et cheminel sont assez souvent employés, au XIVe et au XVe siècle, dans le sens de chenet, notamment dans le passage suivant de Froissart, où il est question d'un haut fait d'Ernauton, bâtard d'Espagne (1388). « Il vint dans la cour, écrit le chroniqueur, et prit le plus grand de ces ânes tout chargié de bûches, et le chargea sur son col moult légèrement, et l'apporta ä mont les degréz, et ouvrit la presse des chevaliers et écuyers qui devant la cheminée étoient, et renversa les bûches et l'âne les pieds dessus en la cheminée sur les chemineaux, dont le comte de Foix ot (eut) grand joie et tous ceux qui là estoient. » De son côté, D. Carpentier cite une *Lettre de rémission* de 1418 où on lit : « Pierre Labbé print en la cheminée ilec un chiennet ou cheminel tout ardent. »

Cheminon conserve le même sens dans les vers d'Eustache Deschamps :

Lardouère fault et cheminons,
Petail, mortier, aulx et oignons,
Estamine, paele trouée,
Pour plustot faire la purée.

De même dans les *Comptes et mémoriaux du roi René* (*Despence pour le mesnaige du jardin* [le jardin d'Aix], mars 1449), on lit : « A luy (à Ozias), pour VI paires de petits cheminons pour les chambres dessus dites, pesant cent cinquante neuf livres à XIII deniers la livre... A luy pour une paire de grands cheminons ovréz pour la salle, pesant LX livres, etc. »

En Gascogne, au XIVe et au XVe siècle, on prononçait et on écrivait CAMINAU. (Voir ce mot.)

Cheminée, *s. f.* — C'est, dans chaque pièce, l'endroit où l'on fait le feu, ou pour mieux dire l'appareil qui encadre le foyer, et par lequel la fumée s'échappe de la pièce. Par le rôle considérable que joue dans l'habitation le foyer, distributeur de la chaleur, et qui permet aux personnes du logis non seulement de braver le froid et les intempéries, mais encore de préparer les aliments indispensables, on peut juger de l'importance de la cheminée. Ne soyons donc pas surpris de constater, au cours de cette étude, que l'aménagement de la cheminée a préoccupé, d'une façon constante, les constructeurs de toutes sortes, architectes, ingénieurs, charpentiers et maçons, et qu'une foule de bons esprits ont pris le soin d'améliorer son fonctionnement et de rendre son service à la fois agréable et peu coûteux. Nous verrons également que les décorateurs lui ont réservé une place d'honneur dans chaque pièce et se sont efforcés de l'embellir. Enfin, nous aurons occasion de remarquer que prosateurs et poètes se sont plu à célébrer ses bienfaits, en même temps que le peuple, dans son langage imagé, résumait dans le mot foyer l'idée de la maison tout entière.

On a longtemps discuté pour savoir si les anciens avaient connu les cheminées. On a cité, à l'appui de l'affirmative, Aristophane, Virgile, Horace, Appien d'Alexandrie, d'autres encore. Un savant italien, Octavio Ferrari, qui fut à la fois honoré des bienfaits de Louis XIV, de la reine Christine et de la république de Venise, avait, dès le XVIIe siècle, démontré d'une façon à peu près péremptoire leur existence dans l'Antiquité. Plus tard, Boissy d'Anglas, dans un article du *Journal de Paris* (juillet 1787), reprit ce même thème et le traita dans un sens identique. La découverte de Pompéi est venue confirmer les dires de ces deux écrivains. Mais la cheminée antique différait essentiellement, dans sa construction, de celle de nos jours. Elle consistait en une cavité ayant la forme d'un demi-cône elliptique tronqué, bâti en briques et surmonté d'une suite de tuyaux en terre cuite. Ajoutons que ces appareils étaient rares et que, le plus souvent, la cheminée, établie d'une façon plus rudimentaire encore, était placée au centre de la pièce, laissant échapper la fumée par le toit... quand celle-ci, toutefois, consentait à sortir. C'est ce qui explique comment Horace, d'une part, se réjouit de voir des valets former le cercle autour d'une cheminée bien tenue — signe d'opulence pour une maison — et, d'autre part, se plaint avec amertume des tourbillons de fumée qui obscurcissent sa cuisine.

Dans notre pays, ce n'est pas avant le XIIe siècle qu'on voit apparaître la cheminée adossée à la muraille, avec son foyer interne, encadré dans deux jambages, ou pieds-droits, couronné d'un manteau et surmonté d'une hotte. Antérieurement à cette date, le chauffage des pièces d'habitation s'opérait soit à l'aide de brasiers qu'on transportait à bras, comme cela se pratique encore en Italie et en Espagne, ou qu'on promenait, montés sur un chariot, et qu'on appelait dans ce cas chauffe-doux ; soit au moyen d'hypocaustes, c'est-à-dire de foyers inférieurs qui répandaient la chaleur par des conduits souterrains, ou ménagés dans l'épaisseur des murs. Quant aux pièces de service, si l'on y voyait des cheminées, les seules qui fussent alors connues étaient rondes, c'est-à-dire qu'elles consistaient, comme celle d'Horace, en un foyer établi au milieu de la pièce, et qui laissait échapper sa fumée par un trou pratiqué dans la toiture. C'est cette disposition si typique qui fournissait à l'auteur de *Floire et Blancheflor* la comparaison suivante :

En mi liu de ceste cité
A une tor d'antiquité
Deus cens toises haute et cent lée,
Roonde come cheminée.

Cette forme était adoptée surtout pour les cuisines, qui prenaient ainsi la forme d'un énorme entonnoir renversé, percé à son sommet d'un ou de plusieurs trous. M. Albert Lenoir, dans son *Architecture monastique* (voir notamment les planches 495, 497, 499 et suivantes), a publié des vues de ces cuisines primitives. On peut, en outre, voir à Dijon la magnifique cuisine des ducs de Bourgogne, qui, bien que garnies de six énormes cheminées appuyées contre ses murailles, affecte cette disposition conique et possède au centre de sa voûte un vaste conduit qui remplit le rôle d'appel. Ajoutons que ces sortes de cheminées persistèrent encore fort longtemps dans nos campagnes. On a conservé, dans les montagnes du Forez, le souvenir de ces foyers circulaires, autour desquels se réunissaient en cercle les gens de la maison et les voisins, abrités sous une couronne de jambons et de pièces de bœuf, au travers desquels s'élevait lentement la fumée. A l'étranger, en Hollande, dans l'île de Marken, nous avons encore vu un grand nombre de ces appareils primitifs qui, probablement avant quelques années, auront complétement disparu.

Fig. 536. — Cheminée des neuf Preuses, restituée par M. Viollet-le-Duc au château de Pierrefonds.

Le curieux, c'est que cette idée de cheminée centrale, si heureusement abandonnée par nos ancêtres, a été, depuis lors, maintes fois reprise. On peut voir des projets de ce genre restitués dans l'œuvre de Du Cerceau. En 1786, le chevalier de la Motte se fit le prôneur d'une cheminée dont il se disait l'inventeur, et qui devait occuper le centre des salons. Le foyer était établi au milieu du parquet, dans un espace creux. Au-dessus se trouvait une sorte d'entonnoir de tôle, par lequel la fumée s'élevait jusqu'aux tuyaux chargés de la conduire dehors. Cet entonnoir reposait sur quatre colonnes de fonte, et à l'aide d'un paravent, on pouvait, si le vent soufflait, empêcher les courants d'air et activer le tirage. L'*Almanach sous verre* consacre une longue notice à la description de cet appareil (col. 391, nº 193) : « En été, dit-il, on peut ôter l'entonnoir de tôle et les tuyaux, remettre le carré de parquet où était le creux du foyer, et l'on a un sallon d'été. » Il ne paraît pas, d'ailleurs, que cette invention ait eu le moindre succès. L'adoption des cheminées adossées au mur constitua, en effet, un progrès trop considérable pour qu'on y renonçât.

Les plus anciennes de ces cheminées, dont l'archéologie moderne ait retrouvé la trace sur notre sol, dépendent du

Fig. 537. — Cheminée au chiffre d'Anne de Bretagne. Château de Blois.

palais que Guillaume le Conquérant s'était fait construire dans l'enceinte de l'abbaye de Saint-Étienne, à Caen, et d'un palais, dit de la reine Mathilde, dont un dessin a été publié. (Voir les *Antiquités anglo-normandes.*) Il est inutile d'ajouter que ces appareils de chauffage étaient fort primitifs et d'une imperfection singulière.

Du XIIe au XVe siècle, cependant, les cheminées varièrent peu comme formes. A partir du XIIIe, leurs dimensions même augmentèrent et devinrent telles que, si nous en croyons Froissart, un chevalier put un jour jeter un âne tout entier chargé de fagots dans la cheminée du comte de Foix. (Voir le récit de cette anecdote à l'article CHEMINEAU.) Le fait n'est pas, au reste, pour étonner, surtout quand on a considéré les foyers immenses des cheminées du château de Clisson, près de Nantes, de la grande salle du Palais de Justice de Poitiers, ou celles encore de la salle des chevaliers au Mont-Saint-Michel. A proprement parler, la cheminée devient alors une sorte de pièce réservée ; elle forme, dans la salle, une espèce de cabinet ouvert. L'âtre, en effet, a pris de telles proportions qu'on y installe parfois des bancs de pierre. Cette expression de « causer sous le manteau de la cheminée », qui n'a plus chez nous qu'un sens figuré, était alors d'une vérité absolue.

Ajoutons qu'avec le XIVe siècle, la cheminée commence à s'orner, à se parer d'une façon singulière. A partir de cette époque, elle devient ce qu'elle restera désormais, un membre important de la décoration intérieure du logis. On en peut juger par quelques exemples. « La cheminée de la chambre du roi, à l'hôtel Saint-Pol, dit Sauval (*Histoire et antiquités de la ville de Paris,* t. II, p. 279), avoit pour ornemens de grands chevaux de pierre. Celle de sa chambre au Louvre (1365) étoit chargée de douze grosses bêtes et de treize grands prophètes, qui tenoient chacun un rouleau, de plus, terminée des armes de France, soutenues par deux anges et couvertes d'une couronne. » La cheminée de la salle des Preuses, au château de Coucy, dont le dessin nous a été conservé par Du Cerceau ; celle de l'hôtel de Jacques Cœur, à Bourges, qui représente un couronnement de château avec créneaux, mâchicoulis et de soldats tirant de l'arc ou de l'arbalète, ne sont guère moins surprenantes. Mais, pour ornées qu'elles devinrent, ces cheminées n'en furent pas plus confortables. La grande quantité d'air contenue dans le tuyau, incessamment renouvelée, constituait, quand la cheminée marchait bien, un tirage si actif qu'il épuisait rapidement l'air renfermé dans la pièce, lequel, à son tour, se trouvait remplacé par l'air glacé du dehors, pénétrant avec bruit par les portes et les fenêtres mal closes. Pour combattre ce refroidissement, on n'avait trouvé rien de mieux que de multiplier le nombre des cheminées. De là ces foyers doubles, comme on en voit au Mont-Saint-Michel et au château de Coucy, ou triples, comme la belle cheminée de la grande salle du Palais de Poitiers, ou encore séparées et dispersées dans l'étendue de la pièce comme au château de Montargis, où la grande salle en contenait quatre, deux sur l'une des parois longitudinales, et les deux autres à chacune des extrémités.

Remarque curieuse, cette multiplicité de cheminées dans une même pièce dura jusqu'à la fin du XVIIe siècle. « On ne joue plus que dans le salon, où l'on a fait quatre cheminées magnifiques », écrit Dangeau le 2 novembre 1699, en parlant de Marly. (*Journal,* t. III, p. 180.) Dix ans plus tôt (1688), Louis XIV, visitant le château d'Étoge, y admirait une grande chambre où l'on avait établi deux cheminées. (*Cabinet historique,* t. VIII, p. 180.)

Les vieux comptes nous ont conservé quelques détails sur la construction de ces cheminées anciennes. Ces détails, quoique un peu vagues, sont toutefois à retenir, parce qu'ils nous indiquent les membres principaux dont se composaient, à cette époque, les grands appareils de chauffage et les termes sous lesquels on les désignait. Ces termes sont, au surplus, presque les mêmes que de nos jours. Le plus ancien de ces comptes est celui de la construction d'une cheminée à l'hôtel de Quatremares. En 1334, Philippe de Valois avait fait arrêter la femme de Robert d'Artois, accusée d'attentat contre la vie de son mari. Ses biens avaient été confisqués. Le manoir de Quatremares était au nombre des biens saisis. En 1336, on jugea à propos d'y faire quelques réparations, et dans le devis de ces réparations figure une cheminée qui devait être faite « en la méson d'emprèz la porte lo ledit Gauchier demeure ». Il est décidé qu'on construira « le contrecuer et l'astre de tuillez, si haut comme il appartient, et le mantel tel comme il appartient, et faire quatre archez afin qu'elle ne s'estende, et le tuel si haut comme il appartient, afin qu'elle ait sez venz ». Le compte des *Œuvres de charpenterie et de fer et de plastrerie faites en la geole du chasteau de Rouen* (1344), qui nous livre la mention suivante, remonte presque à la même époque : « Premièrement pour redrécier la cheminée de la chambre as soupechonneux [aux prévenus], qui estoit cheue, et rassembler l'astre et les corbeaux et mettre un sommier tout neuf pour souspendre ladite cheminée... pour paine et merrien, XXII sols. — Pour refaire le tuiau de la queminée de la salle aux soupechonneux qui est cheue, depuis l'astre jusques au feste de ladite salle, et est faite de plastre gachié par truelées et le contrecueur, etc., IIII livres XII deniers. » Citons encore un extrait des comptes du roi René, datant de 1448 et ainsi conçu : « A Laurent Loys, maçon, demourant à Aix, pour gip et façon d'une cheminée en la chambre du roy à Pertuys... neuf gros » ; et un dernier extrait concernant « la maison de Clichon ou d'Albret assise à Paris, rue du Chaulme », lequel date de 1504. « *Item*, est nécessité de faire ung pignon tout de neuf, contre lequel se feront les cheminées de la Salette basse et des Chambres au-dessus, et, en ce faisant, faire les enchevestreures, qu'il appartiendra aus dites cheminées, et restablir le plancher et tout ce qui, en ce faisant, sera desmoly, lesquelles cheminées seront faictes de brique. » On voit que la phraséologie du XIVe et du XVe siècle ressemble singulièrement, en ce qui touche la construction des cheminées, à celle de nos jours.

Mais, avec ce dernier document, nous pénétrons dans le XVIe siècle, qui est, à bien prendre, pour la cheminée le commencement de l'ère moderne, car c'est alors qu'apparaît la cheminée à âtre réduit, limité par deux jambages proéminents, non plus seulement adossée à la muraille, mais, suivant les circonstances, construite *à la romaine* (c'est-à-dire affleurée à la paroi externe du mur, avec son âtre et son tuyau pris dans l'épaisseur de la muraille), ou bien en saillie franche, c'est-à-dire avec un contre-cœur affleurant le nu du mur, et les pieds-droits ainsi que le manteau complètement en dehors. Double mode de construction, qui eut pour résultat immédiat de réduire considérablement l'étendue du foyer, de diminuer, par la suite, les dimensions de la cheminée, et de rendre son installation plus facile dans les pièces peu vastes.

Il n'en faudrait pas conclure toutefois que, dans les maisons bourgeoises et même dans les châteaux de province, les cheminées aient abdiqué de suite ces dimensions colossales et ces formes évasées, qui les rendaient si peu pratiques. Plus d'un siècle et demi sera nécessaire pour que cette révolution s'accomplisse sur toute la surface de la France. Dans certaines provinces, et même à Paris, la famille continuera, pendant de longues années encore, de se réfugier sous le légendaire manteau, abri patriarcal assurément, mais qui n'était pas sans danger ; car Pierre de l'Estoile nous raconte qu'en 1592, au sortir de son dîner et comme il se chauffait auprès du feu, il faillit être tué « de deux gros plastras qui tumbèrent de la cheminée, de dessous laquelle ses enfants, comme Dieu voulust, venoient de sortir ». (*Journal*, t. V, p. 195.) Par lui, nous savons également qu'en 1603 « y eust ung honneste homme de Marchant de la paroisse de Saint-Sevrin, à Paris, qui fust assommé sous sa cheminée, des plastras qui y tumbèrent ». (*Ibid.*, t. VIII, p. 64.) Pis encore que cela, nous apprenons, par une lettre de Mme de Montmorency à Bussy-Rabutin, lettre datée du 1er mai 1670, « que Mme de La Fayette, favorite de Madame, a eu la tête cassée par une corniche de sa cheminée, qui n'a pas respecté une tête si brillante ».

Fig. 538. — Cheminée avec emblèmes de François Ier et de Claude de France. Château de Blois.

On voit que, même dans la seconde moitié du XVIIe siècle, les vieilles et vastes cheminées persistaient encore ; ne soyons donc pas surpris d'entendre Mme de Sévigné se plaindre qu'à la campagne, comme « on ne peut tout avoir, il faut se passer des parquets et des petites cheminées à la mode ». Mais il n'en est pas moins vrai que c'est avec le XVIe siècle que la cheminée commence à se transformer, à réduire ses proportions, à modifier sa structure, en un mot, à devenir pratique, et c'est également à cette même époque qu'on commence à en doter non seulement les grandes salles, déjà favorisées de ce luxe aux siècles précédents, mais encore les chambres et les cabinets. Aussi, il faut voir avec quel entrain on s'empresse d'en installer un peu partout. Pour donner une idée de cette activité nouvelle, il nous suffit de constater que, rien qu'en l'année 1548, nous voyons, au château de Saint-Germain en Laye, exécuter « le manteau, jambaiges et contrecueur de la chemynée du cabinet de la Royne » ; fixer « ung contrecueur de fer, de fonte, où est figuré ung hercullès », dans la chambre de Catherine de Médicis ; ajuster « le manteau, jambaige et astre de la petite cheminée, faicte et érigée au petit cabinet triangle de Mme la duchesse de Valentinois », refaire « le contrecueur de la chemynée de la salle et garde-robbe de ladicte dame », etc. (*Comptes des bastimens,* t. II, p. 299, 304, 314.)

On comprend qu'avec une pareille activité, les foyers ne tardèrent pas à abonder dans les résidences royales et princières ; aussi les cheminées, qui pendant tout le Moyen Age s'étaient comptées par unités, vont-elles devenir partout si nombreuses qu'au XVIIe siècle, on les comptera par centaines dans les châteaux royaux. Détail curieux, c'est par les factures de ramonage que nous savons la quantité de cheminées qui fonctionnaient régulièrement dans les lieux où résidait la Cour, à Saint-Germain en Laye, à Fontainebleau, etc. En 1667, le fumiste Varisse ramona 191 cheminées dans le premier de ces deux châteaux, et le fumiste Padelain 327 en 1672. En 1677, ce même Varisse ramona 423 cheminées à Fontainebleau, et en 1678, Padelain n'en nettoya pas moins de 450. (*Comptes des bastimens,* col. 199, 606, 950, 1033.) Trente-six ans plus tôt, les pères de ces mêmes Padelain et Varisse ne trouvaient à ramonner à Fontainebleau que « la quantité de deux cens cinquante six thuiaux de cheminées, servant aux salles, chambres, offices et cuisines dudict chasteau, et maisons qui en dépendent ». (*Comptes du château de Fontainebleau,* 1639-1647.) Pendant cet espace de trente-six ans, le nombre des cheminées avait presque doublé. Cette constatation se passe de commentaires.

Fig. 539. — Cheminée du XVIe siècle. — Hôtel du Vieux Raisin à Toulouse.

Ajoutons que ce n'est pas seulement dans les habitations royales que l'on assiste à cette étonnante multiplication. La Ville se modèle sur l'exemple de la Cour. En 1571, les cheminées étaient encore si rares dans certaines maisons de Paris, que Charles IX, qui aimait beaucoup jouer à la paume et qui affectionnait surtout l'établissement situé rue de la Poterie-des-Halles, dut y faire construire une cheminée afin d'éviter des refroidissements dangereux. (Introduction au *Journal du siège de Paris en 1590,* p. 96.) Un historien rapporte qu'aux derniers temps de sa vie, c'est-à-dire en 1695, Nicole n'osait sortir « dans la crainte d'être écrasé par la chute d'une cheminée. Il ne songeoit qu'en tremblant, disoit-il, à cette foule de longs tuyaux qui couronnent nos toits. » Qu'un siècle se passe encore, et nous verrons Mercier, qui cependant n'était pas ennemi du confortable ni de la démocratie, constater, avec une pointe de mauvaise humeur, qu'on rencontre de son temps des cheminées jusque dans les chambres des principaux domestiques, et que les maîtres d'hôtel, les femmes de charge, etc., ne sont plus obligés, comme jadis, de s'aller chauffer à la cuisine, au foyer commun. (*Tableau de Paris,* t. Ier, p. 40.) Ce passage de Mercier est à rapprocher de celui où Tallemant (*Historiettes,* t. II, p. 219) raconte que, vu l'absence de cheminée dans la chambre de Mme de Rambouillet, « la compagnie » en était réduite à aller se chauffer dans l'antichambre, alors que la maîtresse de maison restait sur son lit « les jambes dans un sac de peau d'ours ».

Ajoutons que ce qui s'était produit relativement à la structure des cheminées se passa aussi pour leur multiplication soudaine. Cette multiplication, qui s'opéra avec une relative rapidité à Paris, fut plus lente à s'effectuer en province. Pendant tout le XVIe et même pendant la première moitié du XVIIe siècle, la cheminée de la cuisine demeura, dans beaucoup de cas, le foyer par excellence de la maison. Elle continua d'être, dans nombre d'habitations, le point central autour duquel se groupaient non seulement les domestiques, mais encore les maîtres. En 1652, quand la grande Mademoiselle dut se réfugier à Saint-Fargeau, elle put constater qu'il en était ainsi dans ce château construit à la vieille mode. Elle se vit obligée de faire établir des cheminées partout. En manquant dans sa propre chambre, elle dut déloger Préfontaine, son secrétaire, et occuper la chambre de ce fidèle serviteur pendant qu'on perçait une cheminée dans la pièce qu'elle allait définitivement habiter. (*Mém. de Mlle de Montpensier,* t. II, p. 230 et 242.) En 1660, se trouvant à Perpignan, elle put également s'apercevoir, non sans chagrin, que « les maisons y étoient construites à l'espagnole, et qu'il n'y avoit même point de cheminées qu'à la cuisine ». (*Ibid.,* t. III, p. 441.) « Il fit froid pendant que nous y étions, continue-t-elle, et, comme j'aime fort le feu, j'allois prendre ma chemise humide à la cuisine ; on chassoit les officiers ; ce n'étoit point une trop bonne cassolette. » Ainsi, à cette époque, la province ne possédait encore, dans un grand nombre de ses maisons, que cette hospitalière cheminée de cuisine dont Gilles Corrozet célèbre les vertus dans un de ses *Blasons :*

En la cuysine à point bien ordonnée,
Est de besoing avoir la cheminée,
Pleine de feu et garnie de chenetz,
D'acoste-potz et de grilz assez netz,

D'une grant pelle et tenailles serrantes,
Pour attiser les buches très ardentes.

Mais la province devait, comme c'est l'usage, finir par prendre modèle sur la capitale, et le temps arriva où une chambre un peu vaste, sans cheminée, fut considérée presque comme une rareté dans toute la France.

Nous avons dit que la structure nouvelle des cheminées influa sur leur nombre ; il nous faut constater qu'elle influa au moins autant sur les matériaux dont elles furent désormais construites. On continua bien d'en édifier en pierre, surtout dans les grandes salles, dans les pièces vastes et comportant une ornementation monumentale. Blois, Chambord, le château d'Écouen, celui de Montal, dont on a vendu récemment les dépouilles, la maison des frères Lallemand, à Bourges, fournissent des exemples superbes de ces belles et vastes cheminées à l'aspect grandiose. L'admirable cheminée du château de Villeroy, ornée de statues par Germain Pilon, qu'on peut voir actuellement au Louvre ; au musée de Cluny, les deux belles cheminées provenant de Châlons-sur-Marne, exécutées par Hugues Lallemand (1562) ; une autre provenant de Troyes ; une du Mans, cette dernière ornée de cariatides et de bas-reliefs en bronze ; la cheminée monumentale que Bontemps acheva en 1556, pour le château de Fontainebleau, sous la direction de Philibert Delorme, et dont la quittance nous a été conservée (*Collection Cimber et Danjou,* 1re série, t. III, p. 423) ; toutes ces cheminées constituent de magnifiques échantillons de ce qu'était au XVIe siècle ce membre important d'architecture. Au siècle suivant, la cheminée du château de Richelieu, sur le manteau de laquelle le cardinal fit placer les armes de son père entourées du collier du Saint-Esprit (1637) (*Mémoires de Mlle de Montpensier,* t. Ier, p. 25), et celle où M. de Clermont-Tonnerre, évêque de Noyon, avait fait, lui aussi, sculpter « ses armes, avec tous les honneurs temporels et ecclésiastiques qui se peuvent rassembler » (Dangeau, *Journal,* t. VII, p. 34, addition de Saint-Simon), étaient également de pierre. J'imagine aussi que la haute cheminée sur laquelle Mme de Nantouillet fit poser l'abbé Chauvelin, devenu trop entreprenant, par un domestique obéissant et robuste, devait être de même sorte. (*Souvenirs de Félicie,* t. Ier, p. 176.) Cependant, dès 1540, les cheminées en bois étaient à la mode. Dans les petites pièces, elles avaient substitué leurs moulures délicates et leurs sculptures relevées par une peinture brillante ou de fines dorures, aux profils plus amples et, par conséquent, plus encombrants de la pierre.

Le premier témoignage de cette substitution qu'on rencontre dans les archives nous est fourni par le payement effectué, en 1540, à Pierre Patin et Guyon le Doulx, « paintres », de la somme de 781 liv. 12 sols, « pour ouvrages de doreures et estoffemens d'or fin battu en feuilles du grand volume, par eux faicts à Fontainebleau, aux lambris de menuiserie, tant du pourtour de la chambre du Roy et buffet estant en icelle, que de la chambre de la Royne, jambages et manteau de la cheminée d'icelle, et aussy aux lambris de dessus la chambre de Mme d'Estampes ». Nous savons, en outre, que dans son cabinet appelé « le cabinet des miroirs », Catherine de Médicis avait « ung portraict du feu roy Henry, représenté en perspective dans ung miroir » au haut de sa cheminée, faite de menuiserie et dorée. La grande Mademoiselle nous apprend encore que le cabinet de la reine Louise de Vaudemont, à Chenonceaux, possédait, au temps de cette princesse, une cheminée de bois, surmontée d'un portrait de Henri III. Dans ses *Mémoires,* Sully nous informe qu'au château de Villebon il fit restaurer « les appartemens, qui étoient en fort grand nombre et qui avoient tous des cheminées de menuiserie dorées ». Un état des dépenses du duc d'Épernon nous montre ce personnage faisant, de 1618 à 1624, payer au peintre Lorin 1,670 livres « pour ses façons et fournitures d'or et de couleurs de la chapelle et cheminée de la grande gallerye, qu'il a faicte à l'hostel d'Espernon », et au peintre Lartigue 300 livres pour quatre grands tableaux « pour mettre dans les cheminées de la chambre, antichambre, cabinet et gallerye » du même hôtel. Enfin, les *Comptes de la ville de Lyon,* à l'année 1660, mentionnent le versement à Germain Panthot et Thomas Blanchet de 4,800 livres, « tant pour dorer avec du fin or à l'huile, toute la sculpture et menuiserie que le Consulat a faict faire, soit au devant de la cheminée et sur la porte de la chambre du Consulat....., que pour faire trois tableaux de la longueur et largeur nécessaire pour remplir les places vides dans ladicte sculpture ».

Fig. 540. — Modèle de cheminée en marbre (XVIIe siècle), d'après Abraham Bosse.

Mais le bois, substance combustible et par conséquent assez impropre à enclore un foyer, ne devait pas tarder à céder la place à une autre matière réunissant à sa finesse l'incombustibilité de la pierre. Le marbre se trouvait tout naturellement désigné pour cet emploi. C'est dans la seconde moitié du XVIe siècle qu'il faut placer son application à la construction de nos cheminées. L'auteur du *Discours sur les causes de l'extrême cherté qui est aujourd'huy en France* (1574) le constate en termes précis. « On ne sçavoit, écrit-il en parlant de la génération précédente, on ne sçavoit que c'estoit de mettre du marbre ny du porphyre aux cheminées. » Tout d'abord, les chambranles de marbre furent tirés tout taillés d'Italie. Les deux premiers de ce genre dont nous ayons rencontré la trace sont expédiés le 15 octobre 1589 par le cardinal de Joyeuse, qui les confie à un capitaine de barque du nom de Nicolas Bossu, pour être transportés à Narbonne. Une autre barque est signalée, à la date du 8 février 1600, comme portant,

Fig. 541. — Modèle de moyenne cheminée pour chambre (XVIIe siècle).

à l'adresse de Biagio Cappizucchio, général d'un ordre religieux, à Avignon, deux cheminées également en marbre. Seulement les premières étaient de marbre blanc, et celles-ci sont de couleur. L'une est dite de *Petra santa,* l'autre de *Terra nera.* La même année, on achevait à Fontainebleau la cheminée si justement célèbre qui donna, pendant longtemps, son nom à la salle où elle fut installée, et qu'on a appelée depuis salle de la Comédie. « Elle est décorée, dit Piganiol (t. II, p. 620), de quatre grandes colonnes corinthiennes de marbre brocatelle, avec les bases et les chapiteaux de marbre blanc. Au milieu de cette cheminée on voit, sur une table de marbre noir, la figure équestre de Henri le Grand, à demi-relief et grande comme le naturel. Au-dessous sont deux bas-reliefs dont l'un représente la bataille d'Ivry, et l'autre la reddition de la ville de Mantes. »

Avec le règne de Louis XIII et surtout avec celui de Louis XIV, l'usage du marbre dans la construction des cheminées se généralisa. On a des notes de fournitures du marbrier Le Gru pour des chambranles de cheminées, livrés par lui au Roi-Soleil. (*Comptes des bastimens,* col. 362.) Un curieux procès intenté en 1694 par le fameux sculpteur Antoine Coysevox à Louis-Hyacinthe d'Autecour, aumônier de la feue reine, « en raison de la cheminée de la salle de sa maison, rue de Grenelle », prouve qu'à cette époque, il était d'usage, même chez des personnages de second ordre, d'employer des artistes de premier mérite pour tailler et fouiller les marbres d'une cheminée. Mais c'est surtout à partir du XVIIIe siècle que les cheminées en marbre se distinguent par la finesse du travail et se couvrent d'une ornementation magnifique. Les plus belles qu'on cite alors dans Paris, et que les étrangers s'empressent d'aller contempler avec admiration, sont celles de la « galerie d'Énée » et celle du grand salon du Palais-Royal. La première, dessinée par Oppenord, porte sur sa tablette deux groupes d'enfants qui tiennent des girandoles de bronze doré, et sur les côtés s'élèvent deux obélisques garnis de trophées, qui se terminent par un aigle aux ailes déployées. (*Voyage d'un amateur en France,* p. 114.) Dans celle du salon, exécutée par Contant, le chambranle est enrichi de bronze doré d'or moulu, et orné dans ses angles de girandoles avec des génies. (Dargenville, *Voyage pittoresque de Paris,* p. 79.) A l'hôtel de Toulouse, on cite également la cheminée du grand cabinet, dont le marbre est relevé par des ornements en bronze ciselé, d'une finesse incomparable. (Piganiol de la Force, *Descr. de Paris,* t. III, p. 263.) Enfin à l'hôtel de Jean Thévenin, rue Vivienne, les curieux vont également contempler une cheminée encadrée dans de grands pilastres de marbre, du plus bel effet. (*Descr. de Paris,* par Germain Brice, t. Ier, p. 413.)

Ainsi que nous venons de le constater, dans ces cheminées superbes, le bronze doré s'unissait au marbre, dont il augmentait d'une façon singulière la somptuosité déjà si grande. Une autre modification non moins intéressante et non moins fertile en brillants avantages devait, vers le même temps, s'introduire dans la construction et la décoration des cheminées. La Renaissance ne s'était pas bornée à substituer à la hotte immense, qui est en quelque sorte la caractéristique des cheminées du Moyen Age, le manteau plus gracieux, et à rétrécir les dimensions de l'âtre ; nous avons vu que, soit qu'elle fît, suivant les préceptes de Scamozzi, affleurer la cheminée à la muraille, soit qu'elle fît, au contraire, avancer les pieds-droits ou jambages, elle avait ainsi relégué en arrière le foyer proprement dit, de façon que la chaleur dégagée fût plus douce et que, le tirage de la fumée étant plus intense, celle-ci eût moins occasion de se répandre dans la pièce. Malgré cette sensible amélioration, la dimension des ouvertures était encore demeurée telle que, grâce aux courants d'air qui s'établissaient forcément, on était souvent grillé d'un côté pendant qu'on gelait de l'autre. C'est ce qu'explique, dans une de ses fameuses lettres, la duchesse d'Orléans (princesse palatine) qui, à la table du roi, trouvait le moyen d'avoir à la fois une congestion et un rhume. (Voir *Corresp.,* t. II, p. 10.) Le *Journal de la santé du Roi* n'est pas moins explicite et à plusieurs reprises, notamment en 1704 et en 1706 (voir p. 258 et 285), Fagon nous apprend que « la chaleur des grands feux que l'on faisoit » dans les appartements de Versailles et de Marly a valu à son illustre client des indispositions sérieuses.

Le XVIIIe siècle, en s'appliquant à substituer, aux tableaux ou aux bas-reliefs qui décoraient le manteau de la cheminée, les glaces qui étaient alors dans leur grande nouveauté, et par conséquent très à la mode, se vit forcé, pour permettre aux personnes présentes de se contempler dans ces glaces, d'abaisser brusquement la chambranle de la cheminée et de réduire de nouveau considérablement en hauteur et par suite en largeur les proportions de l'âtre. Rappelons toutefois qu'avant cette époque, on avait imaginé, pour les pièces de petite étendue, des cheminées à foyer réduit. C'étaient ces petites cheminées que Mme de Sévigné se plaignait de ne pas retrouver en province. Telles étaient, par exemple, les CHEMINÉES A L'ANGLAISE, dont l'ouverture étranglée était accompagnée de chaque côté de petites niches qui servaient à serrer les pelles et les pincettes ; les CHEMINÉES ANGULAIRES, qu'on construisait déjà dans un coin de la pièce. Mais dans les grandes salles, dans les salons, la cheminée, membre important de la décoration, avait conservé, par suite même de son architecture, qui se raccordait aux lignes principales de la décoration, des proportions relativement très vastes, et qui se trouvèrent seulement réduites par l'adoption des trumeaux de glaces garnissant les manteaux. — Constatons encore que cette transformation rencontra d'autant plus d'obstacles dans les palais souverains, que la cheminée jouait un rôle presque officiel dans la mise en scène des cérémonies publiques. On peut voir dans de Luynes (*Mém.*, t. XI, p. 148 et 172) que c'est « dans un fauteuil, le dos tourné à la cheminée, le chapeau sur la tête », que Louis XV donnait ses grandes audiences. En cela, il ne faisait, du reste, que suivre l'étiquette admise par ses prédécesseurs. L'*Ordre observé au sacre et couronnement du roi Henri II* (1547) porte : « Contre la cheminée de la dicte chambre y avoit un riche ders tout couvert, pentes, fons et dossier de broderie à personnaiges. » Et à défaut de ce texte si précis, les dais à queue « servant à mectre sur cheminée », qu'on voit figurer dans le mobilier de la veuve de Henri III, et certaines gravures d'Abraham Bosse, notamment celle qui représente le dîner de l'Ordre du Saint-Esprit, prouvent que la coutume était fort ancienne.

Pour les habitations privées, c'est, nous l'avons dit, dans les premières années du XVIIIe siècle que cette transformation s'opéra. On peut voir, par les nombreux modèles de cheminées de toutes sortes, dont Daviler nous fournit les plans, les élévations et les coupes, dans son *Cours d'architecture*, qu'en 1691 on n'avait encore aucune notion de l'adaptation des parquets de glace aux manteaux. Ni ses « grandes cheminées pour salles et galeries », ni ses « moyennes cheminées pour les chambres », ni ses « petites cheminées pour les cabinets », ne laissent prévoir la disposition nouvelle qui bientôt sera généralement adoptée. Nous savons que c'est à Robert de Cotte, premier architecte du roi, qu'on fut redevable de cette révolution ; et ce mot n'est point trop fort, car « d'abord on se révolta contre cette nouveauté ; on eut peine à s'accoutumer à voir un vuide que les glaces représentent, sur une partie qui ne pourroit se soutenir sans être un corps opaque et d'une solidité réelle ». (Voir l'article de Blondel dans l'*Encyclopédie*, t. III, p. 281.) Les architectes, en outre, ne renoncèrent pas sans un serrement de cœur à ces bas-reliefs de pierre ou de stuc, à ces peintures, à ces encadrements qui donnaient à l'ancienne cheminée une importance décorative de premier ordre. Mais enfin la mode finit par prévaloir, et les poètes du temps, faisant allusion à cette transformation, purent, parlant au nom de la cheminée, lui faire dire :

> Les grands, dans leurs palais, pour servir d'ornement,
> Me font d'or et de glace un riche vêtement.

En outre, on commença à voir figurer dans les inventaires et dans les ventes après décès ce qu'on prit alors l'habitude d'appeler des « cheminées de glace » et ce que nous appellerions aujourd'hui des glaces de cheminée : « *Item,* une cheminée de glace de cinquante-quatre poulces ou environ de hauteur sur trente-quatre poulces ou environ de largeur, dans sa bordure de bois doré, avec deux pillastres de bois, avec ornemens et filets dorés et sculptés, prisés cinq cens livres. » (*Invent. de Louis Hanique, conseiller de l'Hôtel de Ville ;* Paris, 1720.)

Cette mode devait se perpétuer fidèlement jusqu'à nous, et même s'aggraver, s'il est permis de se servir de ce terme. Les glaces un peu vastes étaient, personne ne l'ignore, un objet de grand luxe au siècle dernier. Pour se conformer à la passion du jour, on en était réduit, soit à partager la hauteur du manteau en deux parties et à occuper la case supérieure par une peinture ou un petit bas-relief, soit à superposer différents fragments de glace qui se raccordaient plus ou moins exactement. Les progrès réalisés par la fabrication des glaces ont fait de celles-ci un ornement presque banal et le complément indispensable de toutes les cheminées. Faites d'un seul morceau,

Fig. 542. — Modèle de cheminée avec garniture (XVIIe siècle).

elles donnent une illusion plus complète. Bien mieux, on a imaginé de rendre réel ce qui d'abord n'était qu'illusion. L'introduction, au-dessus de certaines cheminées, de glaces sans tain, qui établissent pour le regard une communication entre deux pièces voisines, ou bien ouvrent sur la campagne et constituent une baie véritable, où l'on était habitué à n'en considérer que d'apparentes, vint renouveler le trouble qu'avaient provoqué les premières « cheminées de glace ». L'étonnement que causait cette ouverture n'était pas encore calmé à la fin du siècle dernier, car on en trouve la trace dans les *Mémoires* de Dufort de Cheverny (t. Ier, p. 166), qui, visitant le château d'Orsay, s'extasie devant une de ces baies « ouvrant précisément au-dessus du manteau de la cheminée ».

Une transformation dans la décoration d'un membre d'architecture entraîne souvent, nous venons de le voir, un changement considérable dans sa structure et dans sa construction. La réciproque est également vraie et les modifications subies par les dimensions et la structure de la cheminée devaient amener, dans sa parure mobile, des transformations nombreuses. C'est ainsi que l'âtre, réduit de taille, vit les modestes chenets se substituer aux landiers de forte stature et aux majestueux « cheminaux » qui garnissaient les cheminées du vieux temps. Bientôt, la grille et le devant de foyer devinrent le complément naturel des chenets, pendant que les pelles, pincettes et tenailles se proportionnaient au poids réduit du combustible, qui désormais allait prendre place dans des cheminées de dimensions aussi restreintes. De même, au-dessus du foyer, le chambranle, dont les contours supérieurs avaient été jusque-là mouvementés, se termina tout à coup par une tablette horizontale, disposée pour servir de base à la glace. Et cette tablette, dont la nudité eût pu paraître choquante, appela la présence d'une indispensable ornementation. C'est à la garniture de cheminée qu'échut ce rôle ; elle fut chargée de combler le vide désagréable qui s'était produit à cette place, la plus en vue peut-être de l'appartement.

Fig. 543. — Cheminée à portes de fer, modèle dessiné par Le Pautre.

Il convient toutefois de remarquer que l'habitude de placer des vases sur le chambranle de la cheminée est antérieure à l'invention des « cheminées de glace ». Daviler qui, nous l'avons dit, ne prévit jamais cette innovation, déclare, en parlant des cheminées de salle et de salon, que « la hauteur de la corniche doit être élevée de six pieds, afin qu'on ne puisse pas renverser les vases dont elle est souvent ornée ». Boursault écrivait, vers le même temps, à Mlle Poisson, à propos d'une jeune chatte : « Si l'on n'eût ôté de la fayance (un Gascon diroit de la porcelaine) qui étoit sur une cheminée, il n'y seroit rien demeuré d'entier. » L'habitude de surmonter le chambranle d'une garniture était donc en vigueur dès 1691. Mais la révolution opérée par de Cotte la rendit infiniment plus générale, et, à partir de 1715, on rencontra des garnitures de cheminée dans tous les intérieurs parisiens, même dans les plus modestes. En voici quelques exemples : « Onze pots de fayance servant de garniture sur la cheminée, six livres. » (*Invent. de Pierre Jarosson, procureur au Parlement;* Paris, 1718.) « *Item,* cinq pièces de porcelaine sur leurs pieds de bois doré, le tout faisant la garniture de cheminée, prisé vingt livres. » (*Invent. de Me François Courtois, conseiller du Roy;* Paris, 1719.) « Une garniture de cheminée composée de dix tasses de fayances et porcelaines, sur leurs pieds de bois doré... » (*Invent. de Jean Morin, marchand de vin;* Paris, 1720.) Etc., etc. Ceux d'entre nos lecteurs à qui ces exemples ne suffiraient pas en trouveront d'autres au mot GARNITURE.

Trente ans plus tard, les garnitures de cheminée, qui n'avaient consisté tout d'abord qu'en pièces de faïence ou de porcelaine, devinrent à la fois plus précieuses et plus brillantes. La première petite « pendule de cheminée » que nous ayons rencontrée dans les inventaires date de 1752 ; elle est exécutée par l'horloger Mairé et appartient à Charles Parrocel, le peintre ordinaire du roi. En même temps, les candélabres, les girandoles, qui jusque-là avaient fait corps avec le chambranle même de la cheminée, comme nous l'avons vu pour celles du salon du Palais-Royal et de la « galerie d'Énée », se détachent et prennent sur la tablette une place qu'ils n'abdiqueront plus désormais.

Nous n'avons pas à décrire ici ces garnitures délicieuses en bronze doré et ciselé avec une rare finesse, qui marquent la fin du règne de Louis XV et celui de son successeur. Il est difficile de rien rêver de plus exquis. Lazare Duvaux, le fournisseur attitré de Mme de Pompadour, ainsi que le fameux marchand de la rue du Roule, dont il est parlé dans *Angola* (voir les *Œuvres du chevalier de la Morlière,* p. 10), épuisaient leur goût pour arriver à contenter la société si artistement exigeante de ce temps, pendant que le sieur Ravoisé, marchand, rue des Lombards, imaginait de « nouvelles pièces méchaniques, qui peuvent être placées sur les cheminées d'appartement » (*Mercure*, janvier 1772), et que la manufacture de Vincennes produisait ces admirables fleurs de porcelaine montées en bronze doré, folie du temps, caprice coûteux que la fabrique de Clignancourt s'empressait d'imiter avec ses garnitures en tôle vernie. (*Mercure* de janvier 1778.)

Une autre transformation opérée dans la condition même de la cheminée, par la réduction qu'on fit subir à ses dimensions, ce fut la possibilité de clore aisément son ouverture. Au Moyen Age, cet énorme trou béant, qui communiquait directement avec le ciel par un conduit dans lequel deux hommes pouvaient facilement tenir, ne laissait pas que de présenter de nombreux inconvénients. Aussi, dans les pays du Nord, avait-on, dès le milieu du XVe siècle, pris l'habitude de confectionner des armatures en bois qui s'adaptaient exactement à l'intérieur de la cheminée, en garnissaient les parois et en bouchaient complètement l'orifice, quand, dans la belle saison, on devait rester quelque temps sans allumer de feu. Ces armatures, dont on peut remarquer un exemple dans un délicieux petit tableau du Louvre représentant une *Annonciation* (voir notre planche 41), avaient, en outre, cet avantage d'empêcher la suie de tomber dans la pièce, et quand il pleuvait ou ventait fort au dehors, la pluie et le vent de pénétrer par tourbillons à l'intérieur du logis. Dans les pays plus méridionaux, on se contentait, dans la belle saison, de remplir les cheminées de branchages et de feuillages. Cette habitude, que Brantôme nous dit avoir été « la coustume de France », sauva même, s'il faut en croire le biographe des *Dames galantes*, la vie de l'amiral Bonnivet. Celui-ci, surpris nuitamment par le roi dans la chambre d'une personne de la Cour, que le prince honorait de ses bontés, n'eut que le temps de se réfugier au milieu des « feuillards » en question, et de s'y tenir coi, pendant que le galant François Ier prenait dans le lit la place qu'occupait un instant auparavant son imprudent favori. Malheureusement, le roi, quelques instants plus tard, ressentit un besoin qui n'avait rien de poétique. Il « voulut faire de l'eau, dit Brantôme, et, se levant, la vint faire dans la cheminée, et arrousa le pauvre amoureux plus que si l'on luy eust jetté un scilleau d'eau ». François Ier, au surplus, ne faisait, en se conduisant de la sorte, que se conformer aux habitudes de son temps. S'il en faut croire Béroalde de Verville, c'était, en effet, encore au commencement du XVIIe siècle, la coutume générale, lorsqu'on voyageait, de « s'évacuer en la cheminée » des hôtelleries (*Moyen de parvenir*, p. 127), et Tallemant (*Historiettes*, t. VI, p. 48) nous apprend que les gens du plus grand air ne se gênaient pas pour en user de même, en présence des personnages les plus distingués de l'État.

Dans nombre d'habitations royales aussi bien que bourgeoises, il arrivait aussi qu'on remplaçait à l'automne les feuillages et les plantes par des draperies. Un *Compte de l'argenterie d'Anne de Bretagne* (1492) contient le détail d'une fourniture de ce genre : « A Thibaut Tardif, pour IIII aulnes bougran noir, achetées de lui le IXe jour dudict mois de novembre, et livrées à Jehan Dol, tappissier, pour servir à tendre devant la cheminée de la chambre de ladicte dame, elle estant au Plessiez du Parc les Tours, au feur de VII solz VI deniers tournoys l'aune, valent la somme de XXX solz tournoys. » Cette habitude persista pendant près de deux siècles, car nous relevons dans l'*Inventaire de Jehan Verrier, seigneur du Boscq et scytoien* (sic) *de Bordeaux* (1590), « une tapysserie tandue devant la cheminée, fort vieilhe et anticque » ; dans l'*Inventaire de Gabriel Caquetier, marchand de flacons et bouteilles* (Paris, 1628), « ung tour de cheminée » en tapisserie de Rouen, et dans l'*Inventaire de Molière* (1673), « un devant de porte et un de cheminée, avec leurs pentes de taffetas vert et blanc », etc.

Cette fermeture, toutefois, ne parut pas suffisante au successeur de François Ier. Henri II eut-il connaissance de la mésaventure advenue à l'amiral Bonnivet ? nous ne saurions le dire ; mais il est certain que, dès 1548, c'est-à-dire à peine monté depuis un an sur le trône, il fit fermer par des portes de fer les cheminées de la reine et de la belle duchesse du Valentinois, de façon qu'on ne pût désormais dissimuler personne dans les feuillages, ni même dans la cavité que présentait le foyer. Si nous en croyons les comptes qui nous ont été conservés, l'armature de ces « huis de fer » devait être formidable. « *Item*, a esté faict ung huis de fer à deux vanteaulx chacun de trois piedz et demy de hault sur deux pieds et demy de large, et sont garniz d'enchassilleure avec quatre gonds et un fléau pour la fermeture, ung linteau de cinq pieds de long, le tout servant à fermer la chemynée du cabinet de la Royne. » (*Ouvraiges de serrurerie à Saint-Germain-en-Laye*, 1548.) Et plus loin : « *Item*, a esté faict deux huis de fer, garniz de penture et enchassilleure, qui servent à fermer l'embouchure de la chemynée, qui est au cabinet de Mme la duchesse de Valentinois. » Ces précautions, au reste, étaient d'autant plus explicables, que les corps de cheminée, à cette époque, se trouvaient assez vastes pour qu'on s'en servît pour s'introduire dans les appartements. On sait qu'un siècle plus tard, à ce même Saint-Germain, Louis XIV ne se fit pas faute de pénétrer par cette voie singulière chez les demoiselles d'honneur de la reine, et que Mme de Navailles, leur gouvernante, ayant fait griller

Fig. 544. — Cheminée de glace, d'après Blondel (XVIIIe siècle).

ces singuliers passages, encourut pour ce fait l'inimitié violente du jeune roi. (*Histoire amoureuse des Gaules*, t. Ier, p. 292.)

L'usage de ces fermetures en fer persista au XVIIe siècle, et Tallemant nous montre le sieur de Montchal, le soir de ses noces, « sur une chaise de paille, derrière un des battants de la cheminée, car c'en étoit une qui se fermoit l'été ». Malheureusement, s'il faut en croire les pamphlets du temps, ces portes redoutables n'eurent pas toujours pour résultat de protéger l'honneur des maris. Il en est, au contraire, qui servirent à dissimuler des amants surpris. Telle fut cette cheminée du palais royal où la trop sensible Henriette d'Angleterre cacha le comte de Guiche aux yeux de Philippe d'Orléans. « Passez dans cette cheminée qui ferme à deux volets, lui dit-elle, et essayez de vous empêcher de tousser et de cracher. » On peut juger quelles furent les angoisses des deux amants pendant toute la durée de la visite de Monsieur, et quelle terreur tous deux ressentirent, quand Philippe, ayant achevé de manger une orange, voulut ouvrir ces volets pour jeter ses épluchures dans le foyer. Heureusement, Mlle de Collognon veillait, qui s'écria : « Mon prince, ne jetez pas, je vous en supplie, cette écorce. C'est ce que j'aime de l'orange. » (*Les amours de Madame.*)

Ces sortes de fermetures restèrent à la mode jusqu'en 1673. Cette année-là, le *Mercure* (t. IV, p. 334) prit soin d'annoncer à ses lecteurs que « chez les gens de qualité on ne fermoit plus les cheminées pendant l'esté avec des volets de bois ou de fer, mais on les laissoit ouvertes et on faisoit attacher dans le fonds des perspectives peintes sur des toiles et l'on y mettoit aussi ou des petits rochers ou des pots de fleurs et de verdure ». Mais, malgré la note enregistrée par le *Mercure,* l'usage de ces volets continua encore pendant plus d'un demi-siècle.

Il est vraisemblable en effet que la fameuse cheminée à ressort dont se servait Mme de la Popelinière pour introduire chez elle le maréchal de Richelieu était encore fermée par des volets. On sait que le contre-cœur, qui était très vaste, tournait doucement sur des gonds habilement dissimulés, laissant un passage libre qui aboutissait dans la maison voisine. Le récit que Barbier (*Journal,* IV, 326) nous donne de la constatation faite, sur l'injonction de M. de la Popelinière, par deux notaires assistés d'un commissaire, ne mentionne pas la présence de ces volets, mais la rend très probable. La malignité publique s'exerça grandement aux dépens de Mme de la Popelinière. Au jour de l'an suivant, on vendit aux galeries du Palais des petites cheminées en carton « avec une plaque de carton qui s'ouvroit, derrière laquelle on voyoit un homme et une femme qui se guettoit (*sic*) ». Il serait singulièrement curieux de retrouver aujourd'hui un de ces jouets compromettants. Il est peu probable, toutefois, qu'il en ait été conservé ; mais nous sommes plus heureux en ce qui touche certaine pièce de vers répandue alors sous le manteau, qu'on débita plus tard avec ces mêmes petites cheminées, et dont le titre était :

AVIS AU PUBLIC

Messieurs, vous êtes avertis
Qu'on fait fabriquer dans Paris,
En perçant la maison voisine,
Fonds de cheminée à ressorts
Où l'amant peut passer le corps
Sans que personne le devine.
On pourra voir cette machine
Chez certain fermier général,
Aux frais d'un nouveau maréchal,
Chez madame de la Popelinière,
Qui s'en est servie la première.

En tout cas, si les volets de métal ne servirent pas à clore la cheminée de la séduisante petite-fille du joyeux Dancourt, ils étaient usités encore de son temps, puisque nous trouvons dans l'*Encyclopédie* des modèles de ce genre de fermeture. Toutefois, leur emploi avait cessé d'être général, et dans nombre d'intérieurs (à l'instar de ce qui avait lieu jadis chez la reine Anne de Bretagne) nous avons vu qu'on les remplaça soit par des *perspectives,* comme l'indique le *Mercure,* soit par un rideau d'étoffe qu'on tendait devant l'ouverture du foyer. Cette dernière habitude se conserva jusqu'au milieu du XVIIIe siècle, puisqu'en 1743, chez le peintre Hyacinthe Rigaud, nous rencontrons : « Un petit rideau de taffetas vert au devant de la cheminée. » Cependant, à cette époque, depuis longtemps déjà, au moins pour les cheminées à embouchure étroite, on avait recours aux *Devants de cheminée,* composés d'une feuille de cuir, de toile ou de papier historié, tendue sur un châssis. Nous trouvons de ces devants de cheminée, ou *Papiers de cheminée,* dès le milieu du XVIIe siècle. « Un devant de cheminée de cuir doré. » (*Invent. de Gillette Prévost,* août 1642.) « Un vieux papier de cheminée, en papier, prisé X sols. » (*Invent. de Gilles Lecourtier,* avril 1642.) « Un papier de cheminée de thoille painturée (*sic*). » (*Invent. de Pierre Chahier,* mai 1642.) Aujourd'hui, grâce aux dernières innovations introduites, c'est à l'aide de trappes en tôle, peu décoratives assurément, mais fort commodes, que nous fermons hermétiquement les ouvertures de nos foyers.

L'invention des trappes, toutefois, est beaucoup moins récente qu'on ne serait tenté de le croire. Si elles ont été appliquées seulement en notre siècle, elles étaient connues dès le siècle dernier. Le *Mercure* de février 1745 mentionne la présentation à l'Académie, par un certain M. de Lagny, d'un modèle de cheminée munie de plaques de métal qu'on pouvait hausser ou baisser à volonté. Mais ces plaques étaient installées surtout en vue d'interrompre toute communication avec l'extérieur et, en cas d'incendie, d'empêcher, faute d'air, le feu de se propager. On sait qu'au mois de février 1740, un incendie de cette sorte avait éclaté dans la chambre du cardinal Fleury. Cet événement avait eu un grand retentissement à la Cour. Le roi s'était transporté sur le lieu du sinistre, et les inventeurs s'étaient mis à la besogne. La cheminée de M. de Lagny ne fut pas, en effet, le seul modèle pratique de ce genre qui ait alors vu le jour. Car l'*Avant-Coureur* du 24 janvier 1763 décrit une autre sorte de trappe, manœuvrant sur un châssis de fer, qui offrait « cette commodité de fermer exactement la cheminée, de conserver la chaleur de la braise et d'être une sûreté à la fois contre le feu et les descentes qui pourroient se faire par le tuyau de la cheminée ». Faut-il ajouter que les feux de cheminées ne cessèrent pas pour cela ? L'un d'eux même nous a valu une des lettres les plus émues de Mme du Deffand. « Je courus hier un fort grand danger entre sept et huit heures du matin : le feu prit à la cheminée de mon antichambre avec une telle furie que les flammes sortirent jusqu'au milieu de la chambre, montèrent jusqu'aux bras de la cheminée et brûlèrent les cordons de sonnettes. » (*Lettres de Mme du Deffand à Horace Walpole,* lettre CCXVII, 4 avril 1775.)

Mais la crainte du feu n'était pas le seul inconvénient que présentaient les cheminées anciennes. La fumée qu'elles laissaient échapper ne semblait pas moins redoutable. On trouve, dès le XIVe siècle, la preuve des préoccupations que cet inconvénient majeur inspirait. « Gardez en yver qu'il y ait bon feu sans fumée », écrit l'auteur anonyme du *Ménagier de Paris.* Pierre de l'Estoile fait mieux, il donne la recette suivante : « Mettez, dit-il, la table près du feu ou de la cheminée, mettez sur icelle un verre tenant une chopine ou plus, emplissez le tout rès d'eau et le laissez, la fumée s'en ira. » (*Mém.,* t. X, p. 123.) Les plus illustres esprits du XVIe siècle, au surplus, n'avaient point trouvé au-dessous d'eux d'étudier cette question difficile, et M. E. Müntz nous a appris que Raphaël apporta tous ses soins à empêcher les cheminées du duc d'Este de fumer.

En France, le même problème préoccupait les plus grands architectes, et nous voyons Guillaume Guillain, « maistre des œuvres de maçonnerye de la ville de Paris », et son collègue Jean Langeois, exécuter, sous la direction de Philibert Delorme, « la maçonnerye faicte à la chambre estant sur la garde robbe du Roy, pour les trous et scellemens d'un tuyau mis à la chemynée de ladicte chambre, pour la garder de fumer ». Au XVIIe et au XVIIIe siècle, nos ancêtres eurent encore beaucoup à souffrir de cet envahisseur incommode. « Le voyage de Bellevue n'a point été agréable, écrit, le 30 novembre 1750, le marquis d'Argenson. (*Mém.*, III, 371.) Il a fait une fumée continuelle dans les appartemens. » L'année suivante, la marquise écrivait à son frère, le marquis de Vandières : « Vous savez sans doute que Bellevue a baissé d'un pied, que toutes les glaces et cheminées sont en miettes, du feu que l'on y fait, depuis le temps que je l'ai vendu au roy 800 mille livres. » *Correspondance de Mme de Pompadour,* p. 75. Trente ans plus tard, Mme de Genlis loue un logement aux bains de Tivoli. « Ma chambre donnoit sur le jardin, écrit-elle ; j'en aurois été fort contente si ma cheminée n'eût pas fumé. » (*Mém.*, t. VI, p. 280.) S'il fumait chez Mme de Pompadour et chez Mme de Genlis, que devait-ce être chez de simples bourgeoises ?

Les sieurs Patriti et Trabuchi, fumistes italiens, avaient donc la certitude de répondre à un véritable besoin de leur temps en avisant le public « qu'ils entreprenoient toutes sortes de cheminées et de poeles, et les garantissoient de la fumée ». (*Annonces, affiches et avis divers* du 5 novembre 1778.) Cette préoccupation d'empêcher la fumée se retrouve, au surplus, jusqu'au milieu de notre siècle et continua d'être poursuivie par une foule d'inventeurs, d'hommes de talent et parfois même de génie, en même temps que les moyens d'empêcher la chaleur de se perdre. Nous n'avons aucunement l'intention de passer ici en revue tous les perfectionnements apportés depuis cent cinquante ans dans la construction des appareils de chauffage. Une semblable étude sortirait de notre cadre. Toutefois, nous avons trop bien constaté les rapports directs qui s'établissent entre la forme de la cheminée et sa décoration, pour ne pas donner un aperçu très général et fort résumé des transformations et des améliorations introduites dans le fonctionnement de la cheminée depuis le XVIIe siècle.

Fig. 545. Cheminée du château de Chantilly (XIXe siècle).

En 1624, un architecte français, Savot, construisit au Louvre, dans le Cabinet des Livres, une cheminée où, pour la première fois, on utilisa le contact des parois chaudes d'un foyer pour échauffer l'air de la pièce. Savot, qui venait de faire franchir à la fumisterie un pas gigantesque, prenait son air frais dans la pièce, et, quand il était échauffé, lui donnait pour canal d'issue ce que nous avons appelé depuis des « bouches de chaleur ».

En 1686, à la foire Saint Germain, un constructeur, nommé Dalesme, fit voir une cheminée dont la flamme, au lieu de s'élever verticalement, plongeait dans le foyer. Cette cheminée, qui constitue le premier appareil fumivore connu, fut l'objet d'un rapport du célèbre La Hire.

A partir du XVIIIe siècle, les études et les expériences se font particulièrement nombreuses. En 1714, Gaucher, qui le premier avait observé que les cheminées chauffent non seulement par la réflexion, mais aussi par une sorte de transpiration, introduisit dans ses appareils de chauffage l'air pur pris au dehors et restitué tout chaud dans l'appartement. Il convient de remarquer en passant que ces inventions successives avaient beaucoup contribué à réduire la dimension des foyers, et par conséquent la taille des cheminées. En janvier 1739, le *Journal de Verdun* décrit un système d'entonnoir renversé qui, appliqué aux appareils de chauffage, doit les empêcher de fumer.

En 1745, apparaissent les premières cheminées entièrement en tôle, qui s'adossent à la muraille, et qu'on nomme tout d'abord *Cheminées économiques,* puis *Cheminées portatives,* puis

Cheminées à la lorraine ou *Cheminées à la Nancy* (elles étaient fabriquées dans cette ville), et finalement *Cheminées à la prussienne,* nom sous lequel elles sont parvenues jusqu'à nous.

En 1756, le libraire Desventes publie, à Dijon, un traité de fumisterie appelé la *Caminologie,* livre devenu d'une

Fig. 546. — Petite cheminée de chambre à coucher (XIXe siècle).

excessive rareté. (*La Caminologie,* ou *Traité des cheminées, contenant des observations sur les différentes causes qui font fumer les cheminées, avec des moyens pour corriger ce défaut,* ouvrage orné de figures ; à Dijon, chez Fr. Desventes, libraire, à l'Image de la Vierge ; 1756, in-8° de 250 pages.)

En 1759, l'architecte Mansart invente la cheminée à double foyer qui, placée entre un cabinet et une chambre, et pivotant sur elle-même, offre le feu allumé et attisé du côté que l'on souhaite. (*Annonces, affiches et avis divers,* n° du 4 avril 1759.) Ce genre de cheminées est qualifié dans un avis de location (*Journal général de France,* 15 juin 1780) du nom de *Cheminée tournante.*

En 1759, le sieur Germeté, s'intitulant premier physicien de Sa Majesté Impériale, présente à l'Académie des sciences un mémoire sur la construction d'une nouvelle cheminée, « qui garantit de la fumée, à l'épreuve de tous les vents, tant directs que réfléchis, de l'ardeur du soleil et de la pluie ». Le rapport de MM. Camus et Parcieux, de l'Académie, déclare nouveau cet appareil, « bien imaginé » et « marquant dans l'auteur beaucoup d'intelligence, de connaissances », etc. Le plan et la description de cette cheminée parurent quelques semaines plus tard chez Michel Lambert, libraire, à l'enseigne du *Parnasse,* rue et à côté de la Comédie-Française. (*Ann., aff. et avis divers,* n° du 3 mai 1759, et *Journal de Verdun,* janvier 1760.) Sur la vue de ces dessins, un sieur Rabiqueau devina le mécanisme de cette cheminée et la contrefit.

Toujours en 1759, le sieur Charles, sculpteur, demeurant rue du Faubourg-Saint-Martin, inventa de nouvelles cheminées qui, disait-il, « préservent de la fumée et réunissent plusieurs autres avantages ». Ces cheminées étaient modelées en terre réfractaire, résistant aux plus hautes températures ; on les décorait d'ornements bronzés ou peints de diverses couleurs. (*Annonces, aff. et avis divers,* n° du 15 novembre 1759.)

En 1761, on trouve mentionné pour la première fois, dans une vente, le nom de *Cheminées à la prussienne* (*Ann., aff. et avis divers,* n° du 6 avril 1761, vente faite le même jour, rue Guénégaud), et en 1769 le *Géographe parisien* constate l'existence d'une manufacture de ces cheminées établie à Paris, rue de la « Raquette » (*sic*). Leur grande vogue, toutefois, ne fut pas de longue durée, car, dès 1787, nous lisons dans les *Affiches de la basse Normandie* l'annonce d'un sieur Morize, « fumiste de Paris », possesseur d'un secret par lequel « on peut détruire l'invention des cheminées prussiennes, dont on connaît l'incommodité ». (N° du 7 octobre 1787.)

En 1763, le marquis de Montalembert, « maréchal de camp des armées du roy », publie un *Mémoire sur les cheminées et les poêles,* qui obtient le plus grand succès. Trois ans plus tard, l'*Année littéraire* (t. VI, p. 265 et suiv.) rendait compte d'expériences faites sur les *cheminées-poêles* de M. de Montalembert, qui, entre autres avantages, présentaient celui de ne s'allumer qu'une fois par vingt-quatre heures.

En 1764, le *Mercure* donne la description d'une cheminée « de nouvelle construction pour garantir du feu et de la fumée, à l'épreuve des vents, du soleil, de la pluie et des autres causes qui font fumer les cheminées ordinaires ». (*Mercure,* n° de janvier 1764.)

En 1778, Métra signale l'apparition des *Cheminées à la Franklin,* qu'on nomma pendant quelque temps *Foyers de Pensylvanie,* et qui, « indépendamment qu'elles procurent beaucoup de chaleur avec peu de bois, ont encore l'avantage d'obvier à l'inconvénient de la fumée ». (*Corresp. secrète,* t. VII, p. 187.) La *Gazette de France* du 26 octobre 1778 nous apprend que ces cheminées étaient fabriquées à Passy par le serrurier de Bauve.

En 1779, le sieur Lavocat, mécanicien de la Cour de Bruxelles, établi à Champigneules, près Nancy, invente un fumivore (*Almanach sous verre,* notice de 1779, col. 70, p. 286), qu'il perfectionne en 1783. (*Ibid.,* notice de 1783, col. 226, n° 208.)

En 1784, l'*Almanach sous verre* (col. 267, n° 197) donne la description d'une cheminée économique d'invention nouvelle. Cette cheminée est divisée en deux parties par une plaque de tôle. On fait le feu dans le compartiment supérieur ; la plaque s'échauffe et « le dessous forme une espèce de four... fort commode, soit pour chauffer les pieds, soit pour tenir chauds les mets ». La même année, le docteur Halyburton, de Londres, publie le plan d'une « cheminée parfaite ». Les *Annonces, affiches et avis divers* du 8 décembre 1784 parlent de *Cheminées à l'italienne,* dont la forme particulière ne nous est pas connue.

En 1786, le chevalier de la Motte imagine cette cheminée centrale dont nous avons parlé plus haut. (Voir col. 794.)

En 1787, le sieur Mabeu, coquetier, place Saint-Sauveur, à Caen, introduit en France une cheminée anglaise, disposée pour brûler à volonté du charbon de terre ou du bois. (*Affiches de la basse Normandie,* n° du 18 février 1787.) Cette tentative mérite d'être retenue, car la houille, bien que ses mérites se trouvent célébrés dans une lettre de Liège insérée au *Mercure* d'avril 1673, semble avoir été systématiquement dédaignée par le public français. Le *Journal général de France* des 4 janvier et 23 mars 1783 vante les qualités de ce combustible et les avantages des *Cheminées anglaises* qui se placent où l'on veut. Mais le succès ne paraît pas avoir alors couronné cette tentative.

L'année suivante, le sieur Norry cherche à introduire en France une cheminée nouvelle, inventée par le sieur Pietro Gontini, de Florence (*Journal de Paris,* n° du 10 janvier 1788) ; et en 1789, les prévôt des marchands et échevins de Paris font expérimenter, dans les salles de l'Hôtel de Ville, « une espèce de cheminée de l'invention du sieur Desarnod, architecte de Lyon, exécutée en fer fondu ». (*Ibid.,* n° du 2 janvier 1789.) Les mardis 13, 20 et 27 janvier, cette cheminée, dont le système avait été approuvé par l'Académie des sciences et l'Académie de médecine, fut chauffée au charbon. Elle le fut à la tourbe les vendredis 9, 16 et 23, et au bois les lundis 5, 12, 19 et 26, depuis neuf heures du matin jusqu'à cinq heures du soir.

Ici finit notre revue. Cette dernière expérience démontre quel intérêt les magistrats eux-mêmes attachaient à cette question de la cheminée. On a vu, au surplus, par les noms de Montalembert, de Franklin, de Lavocat, du chevalier de la Motte, que des personnages même considérables n'avaient pas dédaigné de s'occuper de ces intéressants problèmes d'une si grande importance, quoique nos architectes modernes les négligent d'une façon en quelque sorte systématique et en abandonnent la solution à de simples fumistes. A ces noms, nous pourrions encore ajouter ceux de Rumford, de Peclet, de Belmas, de Fondet, de Berne, de Joly, de Wazon, etc., qui tous se trouvent unis à quelque innovation curieuse ou à quelque perfectionnement ingénieux.

Nous avons dit, au cours de cette rapide monographie, que la cheminée inspira parfois les poètes. Nous ne croyons donc pouvoir mieux faire, pour terminer, que de copier une énigme en vers, qui fut publiée dans le *Mercure* de juin 1750, et dont le mot était justement fourni par l'objet qui nous occupe :

Ma figure, lecteur, est assez régulière ;
J'habite les palais, j'habite la chaumière.
Quelquefois un rival usurpe mon emploi,
Et fait que sans regret on se passe de moi.
J'ai le dehors ouvert, c'est partout ma coutume ;
Mais, au fond, j'ai le cœur noir et plein d'amertume.
A mon maître souvent je donne du souci.
Pour lors un étranger, par ses œuvres noirci,
Des pieds, des mains, chez moi se faisant un passage,
En sort, le front couvert des effets de sa rage.
Mon supplice est toujours l'ouvrage de sa main
Et l'ingrat sans pitié me déchire le sein ;
Mais bientôt ce vainqueur touche au haut de sa gloire,
Et, fier de ma défaite, il chante sa victoire.

CHEMINÉE D'APPEL. — On appelle de la sorte certains conduits qui servent à renouveler l'air dans une pièce ou dans une habitation.

CHEMINÉE DE LAMPE. — C'est le nom qu'on donnait, au siècle dernier, à ce que nous appelons verre de lampe. Exemple : « Manufacture de lampes à courant d'air et à cheminée de verre, rue Sainte-Avoye, n° 59. » (*Journal de Paris,* 3 juillet 1792.) (Voir LAMPE et VERRE.)

Chemise, *s. f.* — Nom donné à des pièces de tissu servant de housses ou d'enveloppes. Ce mot est ancien dans cette acception. « Pour une chemise ou (au) bréviaire du Roy, VI deniers. » (*Journal de la dépense du roi Jean en Angleterre,* 1359-1360.) « Ung journal à l'ordinaire de Romme, couvert d'une chemise de Satanin. » (*Invent. de Charles V,* 1380.)

Chêne, *s. m.;* **Chesne,** *s. m.;* **Quesne,** *s. m.* — De tous les bois indigènes, c'est incontestablement le plus employé. Le menuisier et l'ébéniste lui donnent la préférence pour tous les ouvrages qui exigent de la solidité, et cette préférence, il la justifie par la variété de son grain, la finesse et la solidité de sa fibre, sa dureté, son homogénéité et sa durée, qui est relativement considérable. Au Moyen Age, le chêne d'Irlande, souvent désigné sous le nom de « bos d'Illande », était le plus recherché pour les ouvrages de fine menuiserie. Aujourd'hui, les sortes les plus employées sont le chêne du Bourbonnais, celui de Champagne, celui de Lorraine, le chêne de Fontainebleau, celui de Hollande et le chêne du nord. Ces deux derniers sont les plus estimés. Le chêne du nord est dur, sans nœuds ni gerçure, d'un jaune tirant un peu sur le gris. Celui de Hollande n'est pas originaire du pays dont il prend indûment le nom. C'est un bois de provenance vosgienne, mais dont l'industrie hollandaise a su fort habilement monopoliser le mode de préparation. Le chêne de Fontainebleau présente de grandes analogies avec ceux de Lorraine et de Champagne. Son grain est serré, et on l'emploie avec avantage pour les assemblages et les moulures. Le chêne de Lorraine se recommande spécialement par sa couleur, qui le rend éminemment propre à la décoration des appartements. Le chêne de Champagne est très dur ; on l'utilise pour les bâtis. Quant au chêne du Bourbonnais, c'est le moins beau de tous. Il est d'un gris pâle, noueux, rebours, difficile à travailler et sujet à *se tourmenter.* On ne s'en sert guère que pour les ouvrages grossiers et qui demandent seulement de la solidité.

Sous le nom de vieux chêne, on fait en ce moment un nombre considérable de meubles en chêne teint, qui jouissent d'une grande vogue. Au mot VIEUX CHÊNE, on trouvera quelques réflexions et des renseignements sur ce mobilier pseudo-archaïque.

En Picardie et en Normandie, on écrivait autrefois QUESNE. « XII sols pour une pieche de quesne achetée à Guiot de la Chooigne... — *Item,* X sols pour quesne et pour ès (ais) achetés à Jehan Guarin pour faire les esclusez dudit moulin. » (*Travaux exécutés au moulin d'Anfreville,* 1337.)

Chéneau, *s. m.;* **Chesneau,** *s. m.;* **Escheneau,** *s. m.* — Canal ou rigole, qui sert à recueillir les eaux pluviales et à les conduire dans une gargouille ou dans un tuyau de descente. Le chéneau, qui se fait en pierre, en terre cuite, en zinc, en plomb, devient parfois un ornement de la construction. Certains édifices du Moyen Age et de la Renaissance possèdent de remarquables chéneaux très décoratifs. Autrefois on écrivait escheneau. « Les goutières... finoyent en grandz eschenaulx qui tous conduisoyent en la rivière. » (Rabelais, *Gargantua,* liv. Ier, ch. LIII.)

Chenet, *s. m.;* **Chiennet,** *s. m.;* **Chiénet,** *s. m.;* **Chaynet,** *s. m.;* **Chien de feu,** *s. m.* — Ustensile qui sert à tenir le bois assez élevé, dans les foyers d'appartement,

Fig. 547. — Petite cheminée de cabinet (XIXe siècle).

pour que la combustion s'opère intégralement. Les chenets sont fort anciens dans notre mobilier. Dès le XIVe siècle, ils figurent dans la plupart des inventaires et des comptes royaux. Depuis l'*Inventaire de Charles V* (1380), où nous trouvons « deux très beaulx chenetz de fer ouvréz à fenestraiges et à bestes », jusqu'à la fin du XVIe siècle, ils sont généralement en fer, et leur poids, souvent fort élevé, laisse deviner qu'ils affectent une taille relativement considérable. Pour ne pas multiplier les exemples, nous nous bornerons aux trois suivants : « Quatre paires de chenets de fer pour les chambres de la Royne, pesant quatre cent cinquante-cinq livres de fer... » (*Compte des dépenses faites au château du Louvre,* 1364-1368.) « *Item,* a esté faict deux paires de chenetz, dont l'une sert à la petite chemynée, qui est à la chambre du Roy, près son lit, l'autre en sa garde-robbe, poisans ensemble cent vingt-sept livres. » (*Comptes des ouvraiges de serrurerie à Saint-Germain-en-Laye,* 1548.) « A Gilbert Dionis, maistre ferronnier, à Paris, la somme de XLII livres XII sols à luy ordonnée par le sieur de Claigny [Pierre Lescot], pour quatres pairre de chenets mis à la salle du chasteau du Louvre, pour servir aux nopces du duc Lorraine, etc. » (*Comptes des bastimens,* 1559.)

Au XVIe siècle, toutefois, le bronze commence à se substituer au fer, et la dorure se met parfois de la partie.

Fig. 548 et 549. — Chenets en fer (XVe siècle).

« Deux paires de chenetz de cuivre doré : deux moyens tournéz à vases par hault, et les deux autres petis aussi à vases. » (*Invent. de Gabrielle d'Estrées,* 1599.) A cette époque, même dans les intérieurs bourgeois, le cuivre apparaît sous forme de boule ou de pomme, terminant la tige de fer qui précède le chenet. C'est ainsi que dans l'*Inventaire de Mathieu Dabancourt* (Paris, 1562), on relève « deux chenetz de fer garniz de deux pommes de cuivre »; dans l'*Inventaire d'Anthoinette Crocoison* (Paris, 1580), « deux grands chenets à rouelles et contrerottier, à pommes de cuyvre »; dans l'*Inventaire de Claude Millet, sommelier de la duchesse d'Uzès* (Paris, 1585), « deux petits chenets de fer, une pomme de cuivre à chacquuns », etc. Au XVIIe siècle, cette mode s'affirme et se continue, et le cuivre finit par former toute la partie antérieure du chenet. « Dans la première chambre, sur le devant, s'est trouvé une paire de chenets de fer, garni chacun d'une pome de cuivre, une chaînette, une pincette, prisés ensemble XL livres. » (*Invent. d'Hillaire de la Chaussée;* Paris, 1632.) « *Item,* dans une autre petite salle joignante, avons trouvé deux chenetz de cuivre à godrons, avec les tenailles, pelles, pincettes aussi garnies de cuivre..., etc., le tout prisé ensemble XL livres. » (*Invent. de Paul de Chantelou, intendant du duc d'Anjou;* Paris, 1657.) « Deux petits chenets de fer, avec chascun une boulle de loton, estimés cinquante sols les deux. » (*Invent. des meubles de Hugues Janson, procureur en l'élection de Beaujolais;* Villefranche, 1674.)

Une remarque à faire, c'est que dans tous les inventaires parisiens de ce temps, les chenets sont, dans chaque pièce, le premier objet mobilier qu'on inventorie. Cette distinction toute particulière, ces ustensiles la mériteront encore bien davantage quelques années plus tard. Le moment n'est pas loin, en effet, où, dans les intérieurs luxueux, les chenets d'argent vont se substituer aux chenets de cuivre. Les premiers de ce genre apparaissent chez le cardinal de Mazarin (1653). En 1664, nous trouvons dans l'*Inventaire du maréchal de la Meilleraye :* « Une paire de chenets d'argent, armoiée des armes en relief du deffunct Seigneur Duc et de ladicte Dame sa veuve, pesans, avec les quatre pommes de feu, cent quatre marcs deux onces, prisés à leur juste valleur vingt-huict livres le marc et revenant, audit prix, à la somme de 2,925 livres. » Si nous en croyons Mme de Sévigné, les chenets que reçut M. de Lavardin, lors de son mariage, étaient au moins aussi magnifiques. Quant à ceux qui ornaient à Versailles la chambre de Louis XIV, nous savons, par le *Mercure* (décembre 1682), qu'ils ne mesuraient pas moins de quatre pieds de haut, et par les divers *Inventaires des meubles de la Couronne,* dressés sous le règne du Grand Roi, on possède la description de 40 autres paires de ces chenets d'argent, pesant ensemble plus de 4,300 marcs.

Fig. 550. — Chenet en bronze (XVIe siècle).

Nous n'avons plus aucune idée aujourd'hui d'une somptuosité pareille. Une paire, fondue et ciselée par l'illustre Ballin, représentait des gros vases surmontés d'une flamme et accostés de têtes de griffons formant anses et portés par des satyres. Deux autres paires, exécutées par Viaucourt, se composaient d'urnes ciselées, posées sur un scabellon orné de quatre têtes de bélier et décoré des armes de France. Une paire, dessinée par Bonnaire, était formée de pavois antiques, portant deux dauphins embrassant un globe, sur lequel était assis un enfant tenant une couronne. D'autres

Fig. 551. — Chenet en bronze (XVIe siècle).

soutenaient des dauphins couronnés, des harpies, des bustes de femmes avec une couronne. Qu'on se figure la magnificence de pareils objets, dont la taille variait de trois pieds à quatre pieds et demi ! Malheureusement, ces superbes pièces d'orfèvrerie ne devaient pas jouir d'une longue existence. Le 10 février 1687, Louis XIV défendait, pour les seigneurs de sa cour et pour les particuliers, la fabrication des chenets en argent. En 1689 et 1709, non seulement il faisait fondre les siens, mais il obligeait ceux qui en possédaient à les envoyer à la Monnaie, dernier et suprême voyage.

Fig. 552. — Chenet en argent (XVIIe siècle).

Il ne paraît pas, au XVIIIe siècle, qu'on ait fabriqué, si ce n'est d'une façon tout exceptionnelle, des chenets en argent ; mais ce qu'on ne dépensa pas comme prix du métal, le travail de modelage et de ciselure l'absorba amplement. C'est, en effet, l'époque de ces délicieux chenets, genre rocaille ou style Louis XVI, qui sont demeurés des modèles si parfaits d'élégance et de finesse, que nous n'imaginons rien de mieux aujourd'hui, que de les surmouler ou de les copier servilement. Ces beaux ouvrages sont, au surplus, assez nombreux et assez connus pour que nous n'ayons pas ici à les décrire. Ce déploiement de grâce, de finesse et de richesse ne fut pas, toutefois, sans être blâmé par les contemporains. « Le luxe des chenets si usité à Paris, écrit l'un des philosophes de ce temps, est un luxe bête, irréfléchi, indigne d'un être pensant ; car mettre de la dorure et des figures sculptées auprès des tisons, c'est une distraction enfantine, une dépense criminelle, un attentat envers ceux qui n'ont pas de quoi se chauffer. » (Mercier, *Tableau de Paris,* t. XII, p. 206.) Ajoutons, pour terminer, que ces chenets de bronze ciselé et doré n'eurent pas meilleure fortune que les chenets d'argent de Louis XIV. Ils furent, eux aussi, fondus et transformés en espèces. Dans l'*État sommaire des matières propres à être converties en monnoye, qui se trouvent dans la maison ci-devant royale et dépendances de Fontainebleau* (17 septembre 1792), les feux, bras et chenets sont comptés comme représentant 4,805 livres de bronze doré. Les imprécations de Mercier avaient porté leurs fruits.

Fig. 553. — Chenet en cuivre (XVIIe siècle).

C'est une opinion généralement admise que les chenets succédèrent aux landiers. Les citations que nous avons produites en tête de cet article prouvent que les deux ustensiles ont existé conjointement. Ajoutons que les landiers demeurèrent d'un usage courant jusqu'à une époque très récente, et qu'on continue de les rencontrer dans les actes du XVIIe et du XVIIIe siècle en compagnie des chenets ; témoin l'*Inventaire du château de Chatelars,* dressé en 1672, où nous trouvons, à la suite de deux landiers, prisés 11 livres, deux chenets à pommes de cuivre, estimés 3 livres, deux autres chenets, estimés, avec une paire de pincettes, quatre livres, et enfin, dans la cuisine, deux gros landiers que l'on cote douze francs. Remarquons, en outre, que la différence existant entre ces ustensiles, d'un usage similaire, n'a jamais été bien définie. Un inventaire de la Sainte-Chapelle, dressé en 1376, où on lit : *Duo cheneti, sive anderii ferri,* et une *Lettre de rémission,* citée par D. Carpentier, prouvent que, même à une époque très lointaine, ces objets ont été souvent confondus. Toutefois, le second de ces documents, daté de 1384 et qui porte : « Un landier ou CHIÉNET et un greil de fer », va peut-être nous mettre sur la voie que nous cherchons.

Fig. 554. — Chenet en bronze doré (XVIIIe siècle).

Ce nom de chiénet ou chiennet, nouveau pour nos oreilles, se rencontre, en effet, assez fréquemment dans les anciens textes. Il figure dans deux *Lettres de rémission,* l'une de 1389 et l'autre de 1395 : « Audoin a receu dampnablement un chiennéz, pour mettre en cheminée d'un des commissaires du Chastelet », et « Icelui Jehan fery ledit Simon d'un quéminel, appelé chiénet, sur la teste à sanc et à plaie ». On le trouve également dans les *Comptes des ducs de Bourgogne* (1420) : « Une paire de chiennetz de fer qui estoient à Jargneau, pesant chacun L livres de fer. » Enfin, citons encore la *Complaincte des nouveaulx mariéz :*

En mesnage fault des balaiz,
Et chambre bien garnye,
Poisles de fer et des chienets,
Et une cremylye.

Or chiénet ou chiennet ne signifie pas autre chose que petit chien, et chenet, à son tour, a la même signification ;

car dans l'*Inventaire de Charles V,* déjà cité, nous relevons : « Ung petit camahieu longuet d'un homme blanc, nu, a ung petit chenet à ses pieds », et dans une autre place : « Ung chenet blanc d'or, couchié sur un oriller à

Fig. 555. — Chenet en bronze ciselé et doré (XVIIIe siècle).

quatre perles, pesant un once douze estellins. » Ces deux descriptions n'auraient pas de sens, si camée et bijou n'avaient représenté des chiens microscopiques. Une autre preuve de cette origine, c'est le mot CHIEN DE FEU, qui est resté dans le dialecte lyonnais et qui y a conservé la signification de chenet. On est donc tout naturellement amené à conclure de ces constatations, que les premiers chenets eurent la figure de petits chiens ou d'animaux accroupis, et que, dans le principe, ils se distinguèrent surtout par leur forme écrasée et trapue de leurs confrères les landiers, à la tournure svelte, maigre, élancée.

Leur posture ramassée, toutefois, ne les empêcha pas, nous l'avons vu tout à l'heure, de peser un poids relativement énorme et d'affecter, par conséquent, des dimensions considérables. Ces dimensions, proportionnées à la taille des cheminées, se continuèrent jusqu'au milieu du XVIIe siècle, en même temps que l'oubli de l'origine du

Fig. 556. — Chenet en bronze ciselé et doré (XVIIIe siècle).

mot faisait donner ce même nom de chenet à des pièces de foyer dont l'élévation contrastait singulièrement avec l'idée première du petit chien accroupi. Il paraît même que dès le XVIe siècle, à Paris au moins, le mot chenet avait pris dans le langage la place de landier ; c'est ainsi que dans l'*Inventaire de Mathieu Dabancourt, marchand* (Paris, 1652), nous remarquons « deux chenets à crosse » ; dans l'*Inventaire de Maurice Ménier, imprimeur* (Paris, 1566), « premièrement, une paire de chenetz à bielle et contrerotier, garnys de leurs escuelles »; dans l'*Inventaire de Claude Millet* (Paris, 1585), « deux grands chenets de fer à réchault, servant à la cuisine, avec deux aultres petits pour soustenir le feu » ; dans l'*Inventaire de Nicolle Lefèvre* (Paris, 1592), « deux chenetz à chappeletz et contrerostier ». Tous ces chenets étaient, à proprement parler, ce que nous appelons aujourd'hui des landiers. En remontant dans le passé, on trouve dans l'*Inventaire du château d'Aigueperse,* dressé en 1507, la mention de « trois gros chenets pour la cuisine et dix-huit aultres pour les chambres ». De son côté, Gilles Corrozet, toujours si exact, écrit dans son *Blason de la cuisine* (1539) :

En la cuysine à point bien ordonnée
Est de besoing avoir la cheminée
Pleine de feu et garnie de chenetz,
D'acoste-potz et de grilz assez netz.

La confusion date au moins, par conséquent, des premières années du XVIe siècle. Si la distinction se maintint dans certaines provinces, elle disparut complètement dans d'autres, et il est clair, par exemple, que les chenets représentant des satyres barbus, que Malherbe tira un jour du feu, en s'écriant : « Mon Dieu, ces gros b..... se chauffent tout à leur aise, tandis que je meurs de froid » (Tallemant, *Historiettes,* t. Ier, p. 170), étaient, pour la hauteur au moins, de véritables landiers. De même, ce chenet auquel on avait attaché un singe, et que le prince de Condé salua, en disant : « Serviteur au généralissime des Parisiens. » (*Mémoires de Mme de Motteville,* ch. XXX.) De même encore, le chenet que Ragotin saisit à deux mains, « en faisant semblant de le jeter au travers de toute la troupe », ce qui « causa une telle frayeur aux plus hardis, que chacun tascha de gagner la porte ». (*Roman comique,* ch. X.)

Aujourd'hui, que nos cheminées ne comportent plus de pareils monuments de fer, le chenet a repris sa figure écrasée, et s'il s'éloigne singulièrement, par sa forme et sa décoration, de l'animal auquel il doit son nom, encore s'en rapproche-t-il par ses dimensions et par ses proportions modestes. Hôte assidu de notre foyer, il le rappelle également par la fidèle compagnie qu'il nous tient dans les longues soirées d'hiver, et dans ces froides journées, dont Métra disait : « Voici le bon temps pour les raconteurs. Les pieds sur les chenets, le dos étendu sur une bergère moelleuse, les faiseuses de visite cherchent à payer par quelque histoire vraie ou controuvée, fraîche ou rajeunie, la complaisance qu'on a de partager le poids de leur oisiveté. » (*Correspondance secrète,* t. IV, p. 64.)

Chenevas, *s. m.;* **Chenève**, *s. m.;* **Chenevo**, *s. m.* — Serviette ou torchon en toile de chanvre. (Voir CHANEVAS.) Du Cange et Lacurne croient que chenevas a signifié aussi corbeille, mais ils n'apportent aucune preuve décisive à l'appui de leur opinion. On lit, il est vrai, dans l'*Histoire de Jehan de Saintré* (édit. Gosselin, Paris, 1843, p. 64) : « Quant le Roy et la Royne furent assis, et ma Dame au bas bout de la table, le maistre d'hostel print le chenevas du pain, la serviette, et sur l'espaulle Jehan de Saintré la mist; lors il commença à faire son office de varlet tranchant, et si gracieusement que au Roy, à la Royne et à tous pleut grandement. » Mais le chenevas dont il est question ici est simplement la toile épaisse dont le pain était enveloppé, de peur qu'il ne durcît. Chenevas est, du reste, un dérivé naturel de chenève ou chenevo, qui signifie chanvre. Dans le *Tarif des droits perçus sur les marchandises entrant à Lyon en 1295,* nous lisons : « *Item,* I quintal de chenevo maclo et fila paiera à l'entra lo VIe d'un gros, et de meinz de XXV livres ren. » Dans l'*Inventaire du château des Baux* (1426), nous notons « une grant arche... où a XV tabliers de chenève ». Ici, chenève signifie toile de chanvre. (Voir CHERVE.)

Chenil, *s. m.* — Logement pour les chiens. Dans l'Ancien Régime, à une époque où la chasse constituait le passe-temps préféré du roi, les chenils avaient une importance qu'ils n'ont pas conservée, à beaucoup près. Ceux de Chambord, de Villers-Cotterets, de Versailles, de Rambouillet étaient célèbres. Nous emprunterons aux *Mémoires du maréchal de Vieilleville* (*Mém. relat. à l'hist. de France,* t. XXIX, p. 276) la description du chenil de Fontainebleau sous le règne des Valois :

Le chenil dont nous avons parlé cy-dessus estoit ung superbe bastiment composé de deux longs et grands corps de logis, où estoyent deux belles salles, et neuf ou dix chambres assez spacieuses, avec galleries haultes et basses, et escuyries pour cinquante ou soixante chevaux, et deux cours qui contenoient dix ou douze loges séparées les unes des aultres, pour toutes sortes de chiens, chacune accompaignée de sa chambrette pour les valets des limiers, qui respondoient sur l'estang, pour la commodité de tant de meuttes de chiens courants, pour le fauve et pour le noir, que ce grand et magnifique Roy François avoit faict ainsi bastir dedans le pourpris de sa maison de Fontainebleau.

Chenille, *s. f.* — Terme de passementier. Ouvrage de soie en forme de cordon tors présentant des poils assez semblables à ceux de la chenille. On a fait grand usage de cette passementerie, au XVIIe siècle et au siècle dernier, pour broder des meubles. Nous relevons dans l'*Inventaire des meubles de la Couronne* dressé en 1697 : « Deux fauteuils de broderie, ayant dans le milieu du fond un pannier de fleurs de broderie de chenille. » Parlant de la chambre de la reine, à Choisy, le duc de Luynes écrit : « C'est un satin blanc, brodé de chenille et entouré de broderie d'or. » (*Mém.,* t. VII, p. 129; 1745.) Le marquis d'Argenson écrit en janvier 1745 : « La reine peint de mauvais tableaux; Mme de Modène en fait de grands en chenille. » (*Mém.,* t. IV, p. 258). (Voir l'article BRODERIE.)

Chenillé, *adj.* — Brodé avec de la CHENILLE. (Voir ce mot.) « Deux grands fauteuils couverts de brocart, fond or à fleurs d'argent, rebordé et chenillé de vert » (*Invent. des meubles de la Couronne,* 1697.)

Cheret, *s. m.* — Sorte de rouet. Terme usité seulement dans certaines villes de province, à Pierrefitte notamment.

Cherve, *s. m.* — Chanvre, et, par extension, toile de chanvre. Cette expression est spéciale à l'ancien Angoumois et au Poitou. « Trante ung linceulx de cherve de deux toilles; — trois autres linceulx de lin neuf de trois toilles; — sept autres linceulx de cherve presque neufz de deux toilles, etc. » (*Invent. des meubles de Catherine de Rohan, comtesse d'Angoulême,* 1497.) Dans un registre des fiefs du comté de Poitiers, cité par Lacurne, il est également question (sous la date de 1411) de « la dixme ou desmerie des bléz..., lins, cherves, etc. »

Cheston, *s. m.;* **Chestron,** *s. m.;* **Chetton,** *s. m.* — Voir CHAITRON.

Chevalet, *s. m.* — Ce mot sert à désigner un certain nombre d'appareils, servant généralement de supports, auxquels les ouvriers et les artisans ont recours pour s'aider dans leurs travaux. Parmi les chevalets servant à un travail d'ameublement ou de décoration, on peut citer les chevalets des couvreurs, des serruriers, des treillageurs, etc. Les seuls dont nous nous occuperons ici sont ceux des peintres.

Le chevalet sert au peintre pour placer sa toile ou son panneau à hauteur convenable pour peindre. Il n'est employé, toutefois, que pour les ouvrages de petites dimensions, d'où l'expression : « tableau de chevalet ». Mais, pour l'exécution de ces derniers, le chevalet devient tellement

Fig. 557. — Chenet en bronze ciselé et doré (XVIIIe siècle).

indispensable qu'avec la palette il constitue un des emblèmes de la peinture. Sedaine, demandant à Gabriel de Saint-Aubin de faire son portrait, lui écrit :

Quand voulez-vous que ma figure
Aille, droit comme un piquet,
Se planter en belle posture
Auprès de votre chevalet?

Lemierre, imaginant qu'une école de peinture vient d'être instituée « aux bosquets d'Idalie »,

Dans la troupe enfantine et des ris et des jeux,

s'efforce de nous montrer les travaux de ces rapins joufflus, et tout d'abord :

Celui-ci, d'un genou qu'avec peine il avance,
Veut placer à lui seul un chevalet immense;
Il sue, il se dépite, il soulève à moitié;
Par son adresse enfin la machine est sur pié.

Chez les peintres, c'est aussi le premier objet qui frappe la vue. Si nous pénétrons chez P. Mignard au lendemain

Fig. 558. — Chenet en bronze ciselé et doré (XVIIIe siècle).

de sa mort, nous trouvons « deux chevallets, trois chaises de paille, vallant trente-six sols tournois » ; il est difficile d'être plus modeste. C'est également le meuble qu'on rencontre au premier plan, chez les faux artistes et les mauvais amateurs. « Un tableau détestable, placé sur le chevalet, tout m'annonce la manie de mon original et le caractère de ses protégés, qui l'entretiennent sans doute dans autant de ridicules... » Ainsi s'exprime Rochon de Chabannes, dans sa curieuse pièce intitulée : *la Manie des arts*.

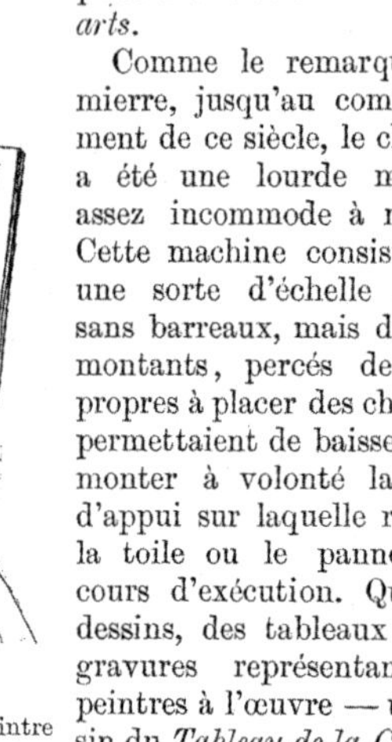

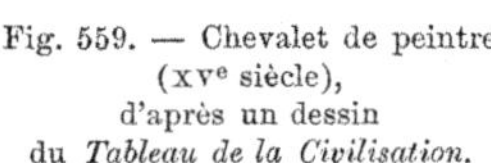

Fig. 559. — Chevalet de peintre (XVe siècle), d'après un dessin du *Tableau de la Civilisation*.

Comme le remarque Lemierre, jusqu'au commencement de ce siècle, le chevalet a été une lourde machine assez incommode à manier. Cette machine consistait en une sorte d'échelle double sans barreaux, mais dont les montants, percés de trous propres à placer des chevilles, permettaient de baisser ou de monter à volonté la barre d'appui sur laquelle reposait la toile ou le panneau en cours d'exécution. Quelques dessins, des tableaux et des gravures représentant des peintres à l'œuvre — un dessin du *Tableau de la Civilisation*, que nous reproduisons ici, un panneau sculpté de la collection Sauvageot, une gravure d'Abraham Bosse, un tableau de Craesbech au Louvre, un autre fort curieux de Baellieu, à Fontainebleau — nous édifient sur la forme des anciens chevalets et sur le peu de changement qui s'est produit, en trois siècles, dans leur structure. Depuis cinquante ans, toutefois, celle-ci s'est transformée. A l'antique échelle double s'est substitué un bâti droit, bien d'aplomb sur un large pied, et la tablette, qui porte le tableau en cours d'exécution, se meut désormais sans secousse à l'aide d'une crémaillère. On fait aussi des chevalets portatifs qui peuvent servir pour les études au dehors. L'*Avant-Coureur* nous apprend qu'en 1773 on construisait déjà de ces appareils légers et faciles à mouvoir, mais qui, par leur destination même, cessent d'appartenir au mobilier proprement dit.

Nous avons expliqué en commençant que le nom de chevalet avait été donné à différents supports. Dans le *Procès-verbal d'apposition des scellés après le décès de Claude Desbatisse, maître sculpteur à Paris* (1761), nous lisons : « Dans un laboratoire étant ensuite de lad. salle à manger s'est trouvé un chevalet, sur lequel est une statue de grandeur naturelle représentant une *Vénus,* lad. statue de pierre de Tonnerre. » Cette première citation nous montre le mot chevalet employé dans le sens de selle. Dans l'exemple suivant, il prend celui de pied. « *Item,* une cuvette de fayance ovalle sur son chevalet de bois de noyer garny de son tiroir, x livres. » (*Invent. de Louis Hanique, conseiller;* Paris, 1720.) Mais ce sont là des acceptions assez exceptionnelles.

Chevecel, *s. m.;* **Cheverseul,** *s. m.;* **Chevessel,** *s. m.* — Voir CHEVET.

Chevestre, *s. m.* — Corde de chanvre. Racontant la capture des Anglais qui occupaient le château d'Orsay (1423), le *Journal d'un Bourgeois de Paris sous le règne de Charles VII* écrit (p. 93) : « Ils furent si honteusement prins qu'ils furent admenéz à Paris chascun ung chevestre dedens le col bien estroit, ferme, accoupléz l'ung à l'autre comme chiens, venans à pié depuis ledit chastel jusques à Paris, et estoient environ cinquante sans les femmes et petits paiges. » D'autre part, la farce de *la Grant malice des femmes* nous montre les maris

La teste [de] dans ung chevestre
Comme une beste, à la verdure.

Chevet, *s. m.;* **Cheveciel,** *s. m.;* **Chevecier,** *s. m.;* **Chevetel,** *s. m.* — Chevet, qui vient de *chef,* sert à désigner la place où l'on repose la tête. C'est ainsi qu'Amadis Jamyn a pu écrire :

Sur la dure, au serain, il appuye sa teste
D'un caillou pour chevet, où le somme l'arreste.

Dans le lit, on donne ce nom à la partie haute, à celle qui naturellement est opposée aux pieds. De même, dans une église catholique le fond de l'abside porte ce même nom, parce que cette partie de l'église représente la fraction de la croix, sur laquelle le Christ appuya la tête.

Comme au chevet du lit on a soin de disposer un traversin doucement rembourré de plumes, ce traversin a pris également le nom de chevet. C'est lui que Gilles Corrozet, dans le *Blason du lit* (1539), désigne par les vers suivants :

Lict, dont le chevet est si doulx,
Qu'il semble que ce soit veloux,
Quand on y prent ung bon repos.

Quand P. de l'Estoile nous raconte que l'échevin Langlois porta au duc de Mayenne le livre appelé *le Manant,* et que celui-ci, « l'aiant receu avec grande joie, le mist lui-mesmes sous le chevet de son lit, disant qu'il ne vouloit qu'on le vid » ; quand Tallemant (*Historiettes,* t. II, p. 71) nous raconte que chaque fois que Louis XIII couchait avec Anne d'Autriche « on appeloit cela mettre le chevet, car la reine n'en mettoit point pour l'ordinaire » ; de même encore, lorsque dans les deux inventaires suivants nous relevons : « Un lit à quenouille bois de noyer garni de damas de Naples, avec deux matelas laine, une paillasse, un chevet plumes..., etc. » (*Invent. d'Amable Deschamps;* Marseille, 1655) ; « Deux matelas laine sous toille bleue. — Un traversier ou chevet de plumes, etc. » (*Invent. de Balthasar Rouvier ;* Marseille, 1791), il est clair qu'il s'agit uniquement d'un traversin.

Fig. 560.
Chevalet de peintre (XVIIIe siècle), d'après l'*Encyclopédie*.

En outre, dans le langage du tapissier, le mot chevet, et avant lui cheveciel ou chevecier, ou encore chevetel, ont signifié pendant plusieurs siècles le morceau d'étoffe qui couvre la muraille à la tête du lit. C'est ainsi que nous notons : 1° dans l'*Inventaire de Clémence de Hongrie* (1328), « une chambre de bougueran blanc, où il a coutepoincte, ciel, cheveciel, courtines », etc. — « *Item,* une chambre tanée, où il a coutepoincte, chiel, chevecier et courtines entour le ciel » ;

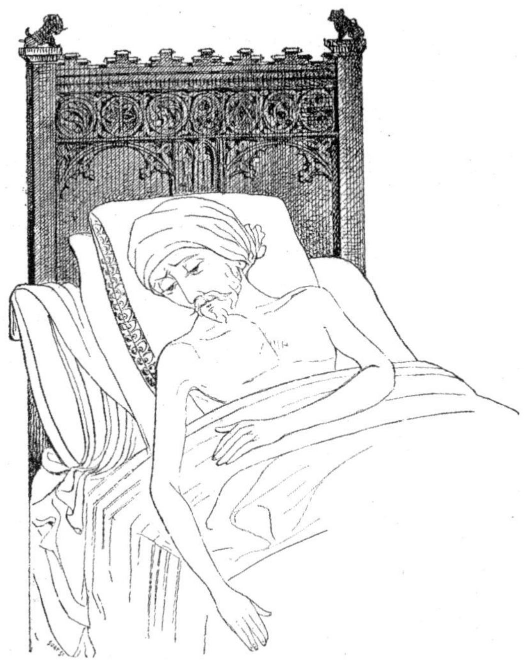

Fig. 561. — Chevet de lit, d'après une peinture du XVe siècle.

2° dans l'*Inventaire de l'hôtel de Quatremares* (1334), « un ciel et chevetel touz semblables, et a ou ciel, ou chevez et ou couvertouer, en chascun un drap linge blanc, pour garder qu'ils ne frient l'un à l'autre » ; 3° dans les *Comptes d'Étienne de la Fontaine* (1352), « à Jehan de Tremblay, pour un tapi vert, contenant XI aunes quarrées, délivré en ladicte chambre, pour faire chevéz au lit dudit seigneur, XIV sols parisis l'aune, VII liv. XIV sols parisis » ; 4° dans l'*Inventaire de Marguerite d'Autriche* (1524), « une pièce de damas blanc, servant à chevet dudit lict » ; 5° dans l'*Inventaire du sieur Deolières* (Marseille, 1583), « plus quatre rideaux et le chevet de mesmes taffetas, avec ses petites franges », et aussi dans l'*Inventaire du cardinal de Mazarin* (1653), « ung grand chevet de lict, faict à balustre et arcades, garny et orné de grands fleurons de cuivre doré percéz à jour ».

Enfin, on entend encore par chevet la place de la chambre qui approche le sommet du lit. C'est dans ce sens qu'on dit : « Être au chevet de quelqu'un », et qu'il faut comprendre le passage suivant d'une chanson satirique faite à propos de François Ier, à la suite de la désastreuse bataille de Pavie (1525) :

Ils le mirent dans une chambre
Qu'on ne voyoit jour ne nuit,
Que par une petite fenêtre
Qu'estoit au chevet du lict.

C'est aussi de cette façon qu'il faut comprendre la parole que La Beaumelle prête à Mme de Maintenon : « Instruite des murmures de Paris, elle disoit à une de ses amies : — Ma fille, méfiez-vous de toutes les fortunes qui se font au chevet des rois. » (*Mém. de Mme de Maintenon,* t. IV, p. 230.) Certains meubles, qui occupent ordinairement cette place, sont également dits « de chevet ». Un livre placé sur la table de nuit est appelé « livre de chevet », et on a nommé « pendules de chevet » les petits cartels qui, au siècle dernier, étaient suspendus dans les alcôves. « Une pendule de chevet à répétition dans sa boîte de marqueterie, sur son pied pareil ; un porte-montre, etc. » (*Apposition des scellés chez le peintre Charles Parrocel,* 1752.)

Chevetière, *s. f.* — C'est le nom qu'on a donné dans certaines provinces, et notamment dans le Velay, à la pièce d'étoffe qui habille le chevet du lit. (Voir article précédent et fig. 562.) « De là sommes montés au 1er étage et passés dans le 1er appartement du corridor, qui est à droite, appelé chambre rouge, où nous avons trouvé un lit avec des rideaux laine rouge, garni d'un ciel, une chevetière et bonnes grâces, en damas cramoisi. » (*Invent. des meubles du château de Chavaniac,* 1792.)

Chevêtre, *s. f.* — Terme de charpenterie. Pièce de bois qui, assemblée avec deux solives, reçoit à distance des cheminées ou des vides pratiqués par les portes et les fenêtres, les extrémités des solives intermédiaires. C'est aussi, au XVe siècle, une corde de chanvre. (Voir CHEVESTRE.)

Fig. 562. — Chevetière en drap brodé (XVIIe siècle).

Cheveux de la Reine. — Nom donné au siècle dernier à une couleur gris cendré qui fut un instant à la mode. Voici en quels termes l'auteur des *Mémoires secrets* dits de Bachaumont (t. VIII, p. 286) rend compte de l'apparition de cette couleur : « Les marchands intéressés à multiplier les modes, ayant présenté des satins à la Reine, S. M. en a choisi principalement un d'un gris cendré. Monsieur s'est écrié qu'il était couleur des cheveux de la Reine ; à l'instant, on a dépêché des valets de Fontainebleau à Paris pour demander des velours, des ratines, des draps de cette couleur, et dans ceux-ci certains coûtaient la veille de la Saint-Martin 86 livres l'aune, dont le prix courant est de 40 à 42 livres. »

Cheville, *s. f.* ; **Chevillette**, *s. f.* ; **Queville**, *s. f.* — Petit morceau de bois de forme cylindrique et légèrement conique, employé dans la charpenterie et la menuiserie. La cheville sert surtout à fixer les assemblages à tenons et mortaises. Les bronziers en font également usage pour leurs travaux de monture, et les serruriers se servent de chevilles et de chevillettes en fer pour assembler des pièces de même métal. Au XVe et au XVIe siècle, les chevilles servaient à fixer une foule d'objets à la muraille. La preuve de cet usage ressort d'un article de la capitulation de Gand (1385) : « *Item,* que les possesseurs ou détenteurs des maisons dessus dites..., tant ceux d'une partie comme de l'autre, ne pourront d'icelles maisons rien ôter tenant à plomb, à cloux ou à chevilles. » (Froissart, *Chroniques,* t. IX, p. 186.) On les utilisait également pour supporter des tablettes et suspendre des vêtements. La note des *Ouvraiges de maçonnerie faicts au chasteau de Sainct-Germain le mois de décembre 1548* porte : « Pour avoir scellé et maçonné douze chevilles de bois, en la chambre de mademoyselle la bastarde, pour mectre tablettes, XXX sols. » Et Berthod, dans son *Paris burlesque,* nous montre dans une friperie

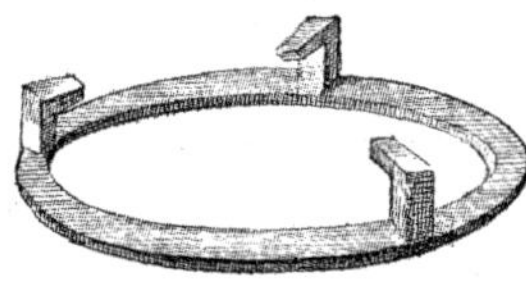

Fig. 563. — Chevrette de cuisine.

Trois meschans morceaux de velours,
Un long habit, deux manteaux courts,
Quatre chapeaux et trois mandilles
Arrangéz dessus des chevilles.

En Picardie, au XVe siècle, et en Normandie, au XIVe, on écrivait et on prononçait queville. « Pour III^m^ quevilles mis et emploiéz illec, XII deniers. » (*Travaux faits à la geôle de Caen,* 1345.) « A Hanotin de Hénault, pour XVI quevilles de fer, pareilles come dessus, etc. » (*Comptes de la ville d'Amiens,* 1401.)

Chèvre, *s. f.* — Machine dont se servent les architectes et les maçons pour élever, à niveau de chantier, les matériaux de la construction.

On donne aussi ce nom à une sorte de tréteau sur lequel on place le linge mouillé pour le faire sécher.

Chevrette, *s. f.* — Ce mot a eu quatre significations distinctes. Il a désigné : 1° un pot de faïence à goulot employé par les apothicaires pour leurs sirops ; 2° un petit chenet à pomme : « Plus, dans ladicte chambre est encore un mirouer, et dans la cheminée, deux chevrettes, des pincettes et pelles » (*Invent. du surintendant Fouquet,* 1661) ; 3° un cercle de fer sur lequel on posait les plats pour les tenir au chaud. « En la cuisine : premièrement, deux chevrettes, deux paires de contrehattiers, deux pelles à feu, etc. » (*Invent. du maréchal de la Meilleraye,* 1664.) « Une paire de chenets, trois paires de chevrettes, crémaillère, etc. » (*Invent. de Molière,* 1673.) « Trois chevrettes, un trépied. » (*Invent. de Mlle Desmares,* 1746.) « Quatre chevrettes, prisées trente sols. » (*Meubles et effets au château du Gage,* 1766.) « Une grille et six chevrettes, prisées ensemble 3 livres. » (*Invent. du château de Bienassis,* même année.) 4° Et enfin une sorte de cornemuse champêtre, dont le ventre était fait de peau de chèvre

Toy Perrot, prends aussi ceste belle chevrette :
Son ventre est fait de cerf, son anche de coudrette,
Son bourdon de prunier, jamais ne perd le vent :
Car elle est bien cirée et derrière et devant.

(Ronsard, églogue IVe.)

Chevron, *s. m.* — Pièces de bois équarries sur lesquelles — dans les constructions en bois — se fixent les lattes ou les voliges qui reçoivent la couverture. Les chevrons d'un comble vitré ont la même disposition que les autres. Ils reposent sur le chéneau et sont fixés au haut sur le faîtage, mais ils sont préparés pour recevoir des verres au lieu de lattes.

Le mot chevron est des plus anciens dans notre langue, et c'est un des rares termes qui n'aient jamais changé de signification ni de forme. Au XIIIe siècle, il figure dans le *Livre des mestiers* d'Étienne Boileau. Froissart, racontant comment les Anglais se retirèrent de Conflans « à leur département, dit-il, ils l'ardirent et pillèrent tellement, que oncques ne demeura chevron sur autre, que tout ne fut ars et broui. » (*Chroniques,* t. III, p. 410.) Dans les *Comptes de la grande écurie d'Isabeau de Bavière* (1401) on lit : « Raoulet Dugué, huchier, pour neuf chevrons à faire aumoyres et fenestres, pour mettre en la chambre des varletz, etc. » Jean Chartier, dans sa *Chronique de Charles VII* (t. Ier, p. 95), écrit : « Et à celle heure monta ladite Jehanne la Pucelle sur ung coursier, ung baston en sa main, et mist en besongne chevalliers, escuiers et autres gens de tous estaz à porter fagos, huys, tables, fenestres et chevrons, pour faire taudiz et aprouchemens contre ladite ville. » On pourrait multiplier ces citations.

Chibouque, *s. f.* — Longue pipe, à tuyau de bois, terminée à l'un de ses bouts par un foyer en terre rouge, et à l'autre par un bout d'ambre. Fait partie du matériel et de la décoration de tout fumoir un peu pittoresque.

Chicorée, *s. f.* — Plante indigène, dont la feuille figure parmi les ornements employés au XIVe et au XVe siècle dans les décorations architecturales.

Chiel, *s. m.* — Voir CIEL.

Chien de feu, *s. m.* — Nom sous lequel dans certaines provinces, notamment dans le Lyonnais et le Bourbonnais, on a pendant très longtemps désigné les CHENETS. (Voir ce mot.) « Deux chenetz de fer, deux chiens de feu aussy fer. » (*Invent. de dame Benoîte Gillet* ; Villefranche, 1654.) « Deux gros chenets de fer, aussy deux petits chiens de feu, aussy de fer, pesant le tout un quintal. » (*Invent. de Guillaume Deschamps, bourgeois* ; Lyon, 1663.) « Deux petits chiens de fer à feu. » (*Invent. de Françoise Bonnemy,* 1664.) Deux chenets fer, crimaillère, forchette, poisle et deux chiens de feu. » (*Invent. du sieur Chamboux, drapier* ; Villefranche, 1667.) « Deux chiens de feu, fer, une table, etc. » (*Apposition des scellés chez Pierre Laures, docteur en chirurgie* ; Lyon, 1768.)

Chien de mer, *s. m.* — Nom donné, au siècle dernier, à la peau préparée de certains *squales* dont on couvrait des étuis, des écrins, etc. « Un étui de chien de mer, contenant un étui d'or rond, etc. » (*Annonces, affiches et avis divers,* 14 août 1775.)

Chienet, *s. m.* ; **Chiennet**, *s. m.* — Voir CHENET.

Chiflet, prononciation normande et picarde de SIFFLET. (Voir ce mot.)

Chiffonnier, *s. m.* ; **Chiffonnière**, *s. f.* — La chiffonnière, comme le chiffonnier, sont l'un et l'autre des meubles à tiroir superposés, nombreux et peu vastes, dans lesquels on peut ranger des papiers, des bijoux, des « chiffons » ; d'où leur nom. La différence principale à établir entre eux, c'est que le chiffonnier, haut généralement de 1m,40 à 1m,60, offre, comme taille et comme aspect, certaines analogies avec un secrétaire. La chiffonnière, beaucoup plus mignonne, ressemble plutôt à une petite commode, parfois même à un petit bureau. L'apparition de ces deux jolis meubles a eu lieu à peu près à la même époque, aux environs de 1750. Ils font, par conséquent, partie de ce mobilier à la fois charmant et confortable, dont nous sommes redevables aux ébénistes de génie, qui sont une des gloires artistiques du XVIIIe siècle.

Fig. 564. — Chiffonnier en bois de rose (style Louis XV).

En 1755, Lazare Duvaux livrait au garde des sceaux « deux tables à chiffonnières ». En 1759, à la vente de Mme de Graffigny, on voit figurer des « commodes, encoignures, tables de nuit et chiffonnières en bois de violette à dessus de marbre. » (Voir *Annonces, affiches et avis divers,* n° du 29 janvier 1759.) En 1779, David Roëntgen exposait au Salon de la Correspondance une table chiffonnière, qui fut considérée comme un chef-d'œuvre de marqueterie. La même année, on vendait à l'Hôtel de la Garde de Paris (rue Meslay) « une chiffonnière à cylindre et dix tiroirs » marchant avec un grand bureau. En 1780, nous relevons à la *Vente de la comtesse d'Amblimont :* « Une chiffonnière de cinq pieds et demi de haut comportant six tiroirs. » En 1781, quand on appose les scellés chez la veuve du peintre Nicolas Lancret, on trouve dans la chambre à coucher : « Un chiffonnier à trois tiroirs de bois blanc, à dessus de marbre, ouvert et vide. » En 1787, on mettait en vente, rue Plâtrière, n° 11, « un joli poêle en forme de chiffonnière à trois portes, pouvant servir à faire une cuisine bourgeoise », et chez le sieur Hogou, rue Coquillière, « un très beau meuble servant de chiffonnière et représentant, avec divers emblèmes, les quatre saisons, des paysages, David et Goliath et la reine de Saba ». A Versailles, quand on vend les meubles royaux, sous la Terreur, nous voyons figurer, parmi les objets annoncés, « une chiffonnière en bois satiné, couverte d'une plaque de marbre blanc, d'un beau travail d'ébénisterie ». Enfin, comme un des plus beaux échantillons des meubles du XVIIIe siècle, on peut admirer au musée du Mobilier national un chiffonnier en marqueterie de bois de rose et de citronnier, portant la marque de J.-F. Œben.

Les chiffonniers qu'on fabrique de nos jours sont généralement fort simples. On les fait à pans coupés, en bois de rose ou en palissandre. On en confectionne aussi en imitation de marqueterie de Boulle, ce qui constitue un ridicule et regrettable anachronisme.

Chiffre, *s. m.* — Mélange symétrique de lettres entrelacées avec art, et figurant les initiales ou le nom d'une personne. (Voir MONOGRAMME.)

Chincelier, *s. m.;* **Cincelier**, *s. m.;* **Cincenellier**, *s. m.;* **Cincenaudier**, *s. m.* — Du Cange et Lacurne de Sainte-Palaye expliquent péniblement ce mot par « rideau, tour de lit, baldaquin ». Sa signification est MOUSTIQUAIRE. (Voir ce mot.) Il est régulièrement dérivé de cincenelle ou chincelle, qui, au Moyen Age, dans l'Ile-de-France, et encore à l'heure actuelle dans le dialecte picard, veut dire cousin ou moustique. Le *Ménagier de Paris* (t. Ier, p. 172) ne laisse aucun doute sur le sens de ce mot au XVe siècle. « *Item,* j'ay veu aucunes fois, en plusieurs chambres, que quand l'en estoit couchié, l'en se trouvoit tout plain de cincenelles, qui à la fumée de l'alaine se venoient asseoir sur le visage de ceulx qui dormoient, et les poingnoient si fort qu'il se convenoit lever et alumer du foing pour faire fumée, pour laquelle il les convenoit fuir ou faire mourir, et aussi bien le pourroit l'en faire le jour qui s'en doubteroit ; et aussi bien par un cincenellier, qui l'a, s'en peut l'en garantir. » Dans l'*Inventaire de Charles V* (1380) nous voyons figurer « deux sinceliers de soye », et dans celui de l'empereur Charles-Quint (1536), « ung chincillier lachié de fil de lin blancq, bordé de thoile blanche. — *Item,* ung autre chincillier lachié de fil de lin blancq et bordé de thoile blanche. — Ung autre chincillier de fil de lin blancq, bien fin, à tout des lettres de soye noire en bas. »

Chine (objets de la); Chinoiserie, *s. f.* — La vue des objets d'ameublement et des tissus importés de la Chine eut, à différentes époques, sur le mobilier français,

Fig. 565. — Barillet en porcelaine de Chine, monture française (XVIIIe siècle).

une indiscutable influence. Une curiosité facilement explicable les fit rechercher, un engouement irréfléchi les fit admirer, la passion de l'étrange et de l'inédit leur donna une importance que ne justifiaient assurément ni la logique de leur forme, ni la correction de leur décor. Aussi aurait-on grand tort de ne pas étudier avec soin l'influence qu'exerça sur notre ameublement cette invasion des produits extra-occidentaux, car, nous aurons à le constater bientôt, c'est peut-être à l'importation chinoise que nous sommes redevables d'un de nos styles les plus originaux.

A quelle époque exacte les objets d'ameublement chinois furent-ils introduits en France d'une façon régulière? Il n'est pas très facile de l'établir d'une manière précise. Il en pénétra vraisemblablement chez nous dès le Moyen Age. Il s'en rencontrait certainement au XVIe siècle, car nous voyons figurer dans l'*Inventaire de Gabrielle d'Estrées* (1599) « un pavillon de tafetas de la Chine où il y a de toutes sortes d'oyseaulx et d'animaux représentéz ». D'autre part, l'auteur de l'*Isle des hermaphrodites* parle d'une chambre, qui « avoit esté faicte à l'imitation de la salle du Roy de la Chine, qui est en son palais » ; mais ce sont là des indices précurseurs, et tout concorde à indiquer les premières années du XVIIe siècle comme le commencement d'une importation régulière.

Fig. 566. — Étagère chinoise en bois sculpté, avec panneaux en laque.

Au mois d'août 1609, nous voyons, en effet, Pierre de l'Estoile se rendre, en compagnie de l'ambassadeur d'Angleterre, chez l'illustre peintre du Monstier, qui possédait à cette époque un cabinet justement célèbre. « Il a beaucoup de raretés des Indes et du Canada et de la Chine aussi, — écrit L'Estoile en sortant de cette visite, — desquelles il nous en monstra quantité, principalement d'insectes, de poissons et d'oiseaux. » Ainsi, dès cette époque, la Chine avait pénétré chez les Curieux. Elle concourait, dans une certaine proportion, à l'intérêt de leurs collections, mais principalement par ses raretés d'histoire naturelle.

D'autre part, quatre ans avant la visite de Pierre de l'Estoile et de l'ambassadeur d'Angleterre au peintre du Monstier, nous voyons Louise de Coligny, alors princesse douairière d'Orange, qui ne manquait aucune occasion de se faire bien venir de la Cour de France, apporter de Hollande, au jeune Dauphin, « des ouvrages de la Chine, à savoir un parquet de bois peint et doré par dedans, peint des feuillages, arbres, fruits, et oiseaux du pays, sur de la toile qui lioit les ais de demi-pied ». (*Journal d'Héroard,* t. Ier, p. 167.) A la sœur du jeune prince, cette même princesse offre « de la vaisselle tissue de jonc et crépie par le dedans de laque comme cire d'Espagne ». Il fallait assurément que ces objets fussent alors d'une grande nouveauté et peu connus, même à la Cour, pour que « la fille à feu M. l'admiral de Châtillon », comme l'appelle Héroard, prît la peine de les rapporter de son pays d'adoption et de les offrir à l'héritier de la couronne de France. Ils n'allaient pas tarder, toutefois, à faire leur apparition sur le marché parisien, car, dès 1610, nous savons par Héroard que plusieurs marchands étaient établis aux galeries du Palais, qui exposaient et vendaient « des besognes de la Chine ».

Le 24 novembre de cette année, Louis XIII se fait conduire chez un de ces importateurs ; il y retourne le 1er décembre. La même année ou l'année suivante, les chinoiseries firent leur apparition à la foire Saint-Germain ; car, toujours nous parlant de Louis XIII, Héroard écrit à la date du 4 août 1611 : « Il fait apporter ses marmousets d'argent, les range sur son lit, dit que c'est la foire Saint-Germain, que ce sont marchandises qui viennent d'Allemagne, de la Chine. » Scarron nous apprend, en outre, que c'étaient les marchands portugais qui, à cette foire célèbre, vendaient les objets de l'extrême Orient.

Menez-moi chez les Portugais,
Nous y verrons à peu de frais
Les marchandises de la Chine.
Nous y verrons de l'ambre gris.
De beaux ouvrages de vernis,
Et de la porcelaine fine
De cette contrée divine
Ou plutôt de ce paradis.

Mais, au temps de Scarron, le goût des meubles et des étoffes de la Chine était déjà fort répandu. On voyait, en effet, des tissus chinois chez de riches particuliers, et jusqu'au château de Vaux, où le surintendant Fouquet possédait « sept fauteuils de pluche de la Chine ». La mode des produits du Céleste Empire avait eu pour parrain un grand ministre, qui était en même temps un collectionneur illustre, et il n'en avait pas fallu davantage pour que le beau monde lui fît un chaleureux accueil. Mazarin, en effet, avait accordé une large place, dans son admirable mobilier, aux productions du Céleste Empire. L'*Inventaire* de ses meubles, qu'on dressa en 1653, nous révèle chez le ministre bien-aimé d'Anne d'Autriche la présence d'un « bois de lit de la Chine », de « quatre pièces entières de satin à fleurs,... de quinze pièces de damas, par bandes, à trois couleurs,... de quatre pièces de brocard à fond d'or », tout cela de la Chine ; d'une « couverture de la Chine à petits carreaux en lozange » ; d'une tenture moitié taffetas français et moitié de la Chine, et de trois tapis magnifiques rehaussés « en broderie d'or, d'herbe et soie à fleurs de plusieurs couleurs », etc.

Ajoutons que Mazarin ne se contentait pas de professer pour les chinoiseries une tendresse personnelle. Il prétendait encore initier la Cour à cette nouvelle passion. En 1658, écrit la grande Mademoiselle : « Il mena les deux reines, la princesse et moi, dans une galerie qui étoit toute pleine de tout ce que l'on se peut imaginer de pierreries, de bijoux, de meubles, d'étoffes, de toutes les jolies choses qui viennent de la Chine, de chandeliers de cristal, de miroirs, tables, cabinets, de toutes les manières, de vaisselle d'argent, etc. Il ne nous dit point son intention, ajoute Mademoiselle. Tout le monde vit bien qu'il avoit quelque dessein, et on disoit : c'étoit pour faire une loterie qui ne coûtât rien. Je ne le pouvois croire. » (*Mém. de Mlle de Montpensier,* t. III, p. 234.) Les soins du cardinal, au reste, ne furent pas perdus. Ses incitations produisirent si bien leur effet, qu'en 1686, quand Lauzun, brouillé avec Mademoiselle, voulut tenter de se rétablir dans son esprit, il ne trouva pas de plus ingénieux moyen de l'attendrir que de lui expédier d'Angleterre une cargaison d'objets de la Chine. Mademoiselle refusa le présent, il est vrai ; mais elle ne put se dispenser de l'examiner avec soin et en détail, et on voit assez par ses *Mémoires* combien il lui coûtait de ne le point accepter.

Louis XIV ne fut pas plus réfractaire que sa cousine à l'impulsion du cardinal. Dès 1673, nous rencontrons, dans les *Inventaires généraux des meubles de la Couronne,* des sièges, des paravents, etc., tendus en étoffes de Chine, et jusqu'à des « emmeublemens de satin de la Chine imprimés de fleurs et oyseaux ». (*État* du 20 février 1673.) Le duc d'Orléans, de son côté, sacrifia volontiers au goût naissant. L'antichambre de l'appartement qu'il fit meubler en 1679, au Palais-Royal, pour sa fille aînée, devenue reine d'Espagne, fut tendue d'une tapisserie de satin blanc de très grand prix, remplie de quantités de figures de la Chine, travaillées toutes avec de l'or, de l'argent, de la soye ». (*Mercure,* septembre 1679.) Vingt ans plus tard, quand Mademoiselle d'Orléans, sœur du futur Régent, épousera le duc de Lorraine, son lit nuptial sera encore « d'un gros de Tours blanc en broderie d'or et d'argent façon de la Chine ». (*Ibid.,* novembre 1698.) Enfin, la même année, le duc de Bourgogne offrira à la duchesse sa femme « une cassette de la Chine, dans laquelle il y a tout ce qui peut servir aux personnes qui aiment à travailler ». (*Journal de Dangeau,* t. VI, p. 472.) Ce serait méconnaître la force de l'exemple que de s'étonner, après cela, de rencontrer des fauteuils et des cabinets de la Chine, non seulement chez de grands personnages, comme le maréchal d'Humières (1694), mais chez de simples hommes de robe, comme Philippe Charpentier, doyen du grand conseil (1677), ou même chez des artistes comme notre illustre Molière (1673), Louis Hinart, le fondateur de la fabrique de tapisserie de Beauvais (1697) ; le sculpteur Hubert Misson (1698), et l'architecte-jardinier André Le Nôtre (1700).

Fig. 567. — Paravent chinois en bois sculpté, avec panneaux en laque.

Le goût prononcé pour la céramique, qui se développa vers le même temps, aida aussi puissamment à l'expansion de cette mode des chinoiseries. Ce fut, pendant toute la seconde moitié du XVIIe siècle, une véritable fureur que de posséder des porcelaines fabriquées en Chine et au Japon. L'importation, qui s'en faisait par la Hollande, occasionna dans ce pays une recrudescence d'affaires avec notre nation. Dans une seule année, à Amsterdam, on ne débarqua pas moins de 45,000 pièces chinoises ou japonaises. C'est alors qu'on prit l'habitude de parer le manteau des cheminées et les murailles des chambres — comme le montrent certaines estampes de D. Marot — de vases de Chine posés sur des consoles, et que chez le roi, à la Cour, dans le grand monde, l'usage se répandit de servir le fruit et le dessert dans des plats du Japon, mode qui se développa d'une façon singulière, quand les édits de 1689 et des années suivantes eurent obligé tous ceux qui possédaient de l'argenterie à envoyer leur vaisselle à la Monnaie. Avant cela, il nous faut encore constater que Mazarin ne s'était pas borné à acquérir et à mettre en vogue les meubles et tissus de l'extrême Orient. Il favorisa aussi les industriels européens qui s'appliquaient à les copier. C'est ainsi que, dans son inventaire, nous relevons « deux pièces de serge de soie de plusieurs couleurs, façon de la Chine, faites à Paris, contenant cent aunes les deux ». Là encore son exemple ne fut pas stérile. En 1675, quand Louis XIV fit meubler le château du Val, il y fit installer « un petit meuble de satin de Bruges à la chinoise, composé d'une tapisserie, un tapis et six sièges pliants ». (*Invent. général des meubles de la Couronne.*) On alla même jusqu'à créer, en tapisserie, un point qui prit le nom de point de la Chine ; et l'on trouve la mention de ce point dans quelques documents. « ..... Ledit fauteuil couvert de tappisseries de point de la Chine, relevé de soye. » (*Invent. de Jacques Quiquebeuf, conseiller secrétaire du Roy ;* Paris, 1677.)

Après avoir imité les étoffes, on devait être amené forcément à imiter la céramique et les laques. Dès 1650, Delft fabriquait d'admirables faïences qui simulaient à s'y méprendre les porcelaines de Chine, et chez nous, Rouen, Sinceny, Nevers, se livraient à des imitations plus ou moins réussies de produits hollandais. Le « laquage », lui aussi, devait tenter les imitateurs. Le *Livre commode* de 1691, à côté de M. du Cauroy, demeurant « rue Briboucher (*sic*) », qu'il désigne comme tenant un magasin de chinoiseries, signale les sieurs Langlois père et fils, « demeurant au fauxbourg Saint-Antoine, qui imitent fort bien les meubles de la Chine. — Le sieur Paty, même

Fig. 568. — Secrétaire en bois peint et laqué, imitation de la Chine (XVIIIe siècle).

fauxbourg, près l'enseigne du *Tambourq*, qui fait de moindres ouvrages façon de la Chine, — et le sieur des Essarts, au haut des fossez de Condé, qui imite le *la Chinage* en creux et relief, etc. » Après cela, comment s'étonner de rencontrer, parmi les *Quittances du règne de Louis XIV*, un reçu de Jean Lemoyne, peintre ordinaire de Monsieur, à la date du 19 février 1690, pour « la somme de six cents livres à luy ordonnée à compte des ouvrages de peinture et dorure, qu'il fait dans le cabinet de la Chine, au palais de Saint-Cloud », et de lire dans les *Mémoires du duc de Luynes* (t. XII, p. 9) : « Le sieur de Neumaison mourut aux Gobelins, les premiers jours de ce mois. Il étoit directeur des ouvrages de la Chine en peinture et dorure pour le roi. » Hâtons-nous d'ajouter que, dès 1713, le sieur Dagly, Liégeois de naissance, avait obtenu, par lettres patentes, le privilège d'appliquer certains laques, dont il se disait l'inventeur, dans la fabrique même des Gobelins. Pierre de Neumaison, dont l'inventaire nous apprend qu'il peignait des voitures et exécutait « des ouvrages de peinture faits sur toile en façon de la Chine », ne fut donc que son successeur très médiat. On a, en outre, conservé les noms de Pierre Leroyer (1752), d'Antoine Igou (1753) et de Charles-Louis Gervaise (1790), qui excellèrent dans ces sortes d'ouvrages. Ce dernier, qui mourut à quatre-vingts ans (29 avril 1790), s'intitulait « peintre sur toile à la manière chinoise ».

Mais l'époque où la chinoiserie fit fureur, — le mot n'a rien d'exagéré, — c'est l'aurore du XVIIIe siècle. Le 7 janvier 1700, le Grand Roi donna à Marly un bal qui commençait par un divertissement intitulé *le Roi de la Chine*. « Ce roi y étoit porté dans un palanquin et précédé d'une trentaine de Chinois, tant musiciens chantants que joueurs d'instruments. » (*Mercure*, février 1700.) Le 12 février suivant, M. le Prince offrait un bal à la duchesse de Bourgogne, et la salle de la collation était « ornée à la chinoise ». Douze officiers de la maison du Prince déguisés en *pagodes*, et des musiciens, également costumés en Chinois monstrueux, chantaient ou accompagnaient les chanteurs. (*Ibid.*) Pendant soixante ans ces travestissements demeureront à la mode. En 1755, nos pensionnaires de Rome ne trouvaient pas de déguisement plus ingénieux, même en la ville éternelle, que de se costumer en Chinois pour leur mascarade traditionnelle. Au bal donné, en janvier 1767, à l'hôtel de Brancas, par Mme de Mirepoix, on vit encore vingt-quatre danseurs et vingt-quatre danseuses habillés de ces mêmes costumes. (*Lettres de Mme du Deffand à Horace Walpole*, lettre XXI.)

Quoi d'extraordinaire ensuite que les Chinois, après avoir usé les parquets, finissent par occuper les murailles ? Watteau fut le premier qui comprit le parti qu'on pouvait tirer de ces figures excentriques, et qui rompaient si vivement avec les traditions du siècle précédent. Il en décora le cabinet du roi au château de la Muette, et, grâce à la gravure, nous possédons encore une trentaine des motifs qui ornaient cette résidence unique. Jeaurat et Aubert s'exercèrent à reproduire ces compositions amusantes ; et Boucher, à qui l'on doit douze de ces estampes, y trouva le germe d'un genre qu'il devait plus tard exploiter pour son compte. La décoration chinoise de la Muette n'est pas à cette époque un fait unique. Au château de Bagnolet, que fait accommoder le Régent, le grand salon est décoré de « petits tableaux où l'on voit, dit Piganiol, des jeux chinois avec des fonds de paysage ». Au château de Chantilly, les scènes peu voilées qu'on appela *la petite* et *la grande singerie* rentrent dans cette catégorie de peintures chinoises. A Bellevue, chez Mme de Pompadour, Boucher « peint en dessus de porte des vues chinoises, avec les grâces qui caractérisent tout ce qui sort de son pinceau ». A Paris, chez le maréchal de Richelieu, on admire un salon « revêtu de panneaux devieux laque avec des peintures chinoises, dont les formes toutes variées et ornées de glaces offrent un coup d'œil tout à fait séduisant ». Enfin, nous revoyons encore aujourd'hui tout un boudoir de l'hôtel de Rohan (actuellement occupé par l'Imprimerie Nationale), décoré de ces chinoiseries spirituelles et gracieuses. A côté de ces décorations murales, il convient de ne pas oublier les jolis motifs dessinés par Pillement et par ses émules, qui allaient servir de modèles à tous les décorateurs de second et de troisième ordre. A ce moment, en effet, sur tous les meubles, sur les écrans, sur les tables et jusque sur les tapisseries des Gobelins et de Beauvais, jusque sur les porcelaines de Sèvres, les Chinois et les Chinoises font leur apparition.

La contemplation de ces agréables peintures et de ces amusants dessins n'est pas, au reste, sans enseignement. On reconnaît aisément l'influence qu'ils ont certainement exercée sur les artistes du XVIIIe siècle. Le mépris de la symétrie qui distingue les œuvres de l'extrême Orient, les formes contournées des cadres qui les enveloppent, leurs lignes irrégulières, si différentes de nos contours pondérés, toute cette fantasmagorie joyeuse et charmante, qui tranche si vivement avec la correction classique, ont dû étonner d'abord, puis séduire l'œil de nos dessinateurs et disposer leur esprit à de brillantes audaces. Notre style rococo n'a sans doute pas d'autre origine. Il semble, au surplus, que le Grand Roi, au déclin de sa vie, ait entrevu le singulier désordre que la chinoiserie allait jeter dans la solennité de notre art national. Par un *arrêt* du conseil en date du 27 août 1709, il fit défense à toutes personnes, de quelque qualité et condition qu'elles fussent, de vendre, acheter, garder aucunes « étoffes des Indes, de la Chine ou du Levant, tant des étoffes de soie pure que de celles mêlées d'or et d'argent ». *Vieilles ou nouvelles,* dit l'arrêt, qui interdit également d'en faire faire des habits ni des meubles, « de quelle nature que ce soit ». (*Journal de Verdun,* décembre 1709, p. 43.) Hâtons-nous de constater que cet arrêt, renouvelé en 1714, enregistré par le Parlement en 1717, confirmé par nouveaux arrêts du 10 juin 1721, des 5 juillet et 14 décembre 1723 et du 28 novembre 1730, ne semble pas avoir produit grand effet.

En dépit de ces prohibitions rigoureuses, pendant toute la première moitié du XVIIIe siècle, non seulement les particuliers ne se gênèrent pas pour posséder de ces objets, mais les marchands eux-mêmes ne se cachèrent pas pour faire le commerce des articles prohibés. Fanaguy, rue du Roule, *A la descente de la Samaritaine;* Mallafère et Varenne, quay de l'Horloge; Quenel, rue des Bourdonnais; d'Hotel, à l'entrée du quai de la Mégisserie, jouirent d'une réputation méritée aux yeux des amateurs. Le plus célèbre d'entre ces marchands, Gersaint, prit pour enseigne *A la Pagode,* et l'annonce de sa vente nous informe qu'on trouvait, chez lui, de « belles pagodes, des lacques, des porcelaines de Chine et du Japon, etc. » (Voir les *Affiches de Paris,* n° du 22 juin 1750.) Non moins achalandé, Lazare Duvaux vendait ouvertement, à cette même époque, des bureaux, des encoignures, des tissus et des papiers de la Chine à Mme de Pompadour, à Mme de Montmort, au duc de Richelieu, au fermier général Camuset, etc., à tout ce que Paris et Versailles renfermaient de gens riches et bien en cour. Enfin, les journaux publiaient périodiquement l'arrivée à Lorient des navires chargés de ces précieux articles. (Voir notamment, dans les *Affiches de Paris,* l'annonce de l'arrivée des vaisseaux *le Duc de Béthune* et *le Montoron,* qui entrent à Lorient, les 12 et 17 juillet 1750, avec 166 caisses de porcelaines diverses.) Il est difficile, on le voit, de tenir moins de compte des Édits royaux.

Il serait injuste de terminer cette rapide étude sans nommer au moins quelques-uns des amateurs de chinoiseries, qui furent si nombreux au XVIIIe siècle, et dont le goût recherché et les connaissances tranchèrent sur l'engouement un peu banal de la foule. Au premier rang de ces délicats, il faut placer Mme de Parabère, dont la passion pour les porcelaines coûta si cher au Régent; Mme de Verrue, Mme de Pompadour, le duc de Tallard, M. de Julienne, M. de Fonpertuis; le duc de Saint-Aignan, dont la vente eut lieu le 17 juin 1776; l'illustre Randon de Boisset (1777), le comte de Watteville (1779), l'abbé Le Blanc, historiographe des bâtiments du roi, et la duchesse de Mazarin (1781). Citons encore le duc Charles de Lorraine (Bruxelles, 1781); le duc d'Aumont, qui passa pour « le plus grand connaisseur en porcelaine de son temps » (1782); la présidente de Bandeville (1787), le maréchal de Duras (1789), Grimod de la Reynière (1793), etc., etc.

Aujourd'hui la Chine, si fort à la mode jadis, a quelque peu cessé de plaire. C'est le Japon qui l'a remplacée dans l'engouement de nos amateurs.

CHINE. — On appelait également de ce nom une sorte de tapisserie appartenant au genre BERGAME. Cette désignation lui avait été donnée parce que ses façons ressemblaient aux ondes de ces ouvrages de soie et de laine, faits à l'aiguille sur canevas, et qui portaient à cette époque le nom de POINT DE LA CHINE. (Voir BRODERIE.)

CHINE. — C'est encore le nom d'un bois de placage exotique, employé dans l'ébénisterie et la marqueterie; il provient de la Chine et de la Guyane. Il est d'un rouge brun tacheté de noir et de qualité dure.

Chiner, *v. a.* — Terme de tisserand. Disposer les fils de la chaîne de façon à former un dessin d'un trait indécis. Les tissus chinés commencèrent d'être à la mode au XVIIIe siècle. « Meuble de salon de taffetas chiné. » (*Vente de Mme Rondé, veuve du trésorier général des fortifications;* Paris, 26 avril 1786.) « Meuble de taffetas chiné. » (*Vente du duc d'Orléans,* 12 mai 1786.)

Chinoise (lit à la). — Voir LIT.

Chint, *s. f.;* **Chinte,** *s. f.* — Sorte de toile blanche de coton fabriquée aux Indes, et qu'on importait en France, où elle était imprimée. On distinguait les *Chint-Séronges,* les *Chint-Mamodès,* les *Chint-Broard,* les *Chint-Surat,* les *Chint-Jaffercon,* les *Chint-Ramault,* etc.

Chipolin, *s. m.* — Chipolin, qu'il faut bien se garder de confondre avec CIPOLIN, bien que ces deux mots soient

Fig. 569. — Motif de décoration chinoise, par Pillement.

souvent employés l'un pour l'autre, est le nom d'une impression blanche en détrempe dont on couvrait les boiseries. « Belle chambre à coucher, peinte en cipollin, boisée et garnie d'armoires. » (*Ann., aff. et avis divers,* 24 juillet 1780.) Cette impression consistait en dix ou douze couches de *blanc d'apprêt,* sur lesquelles on appliquait ensuite plusieurs couches de vernis. Cette peinture blanche fut un moment en vogue, à l'époque où les blancs de plomb commencèrent à être redoutés à cause de leurs effets toxiques. Mais les douze couches qu'elle nécessitait empâtaient les sculptures, et bientôt on dut renoncer à son emploi. (Voir à son sujet *l'Année littéraire,* de 1757, t. III, p. 136.)

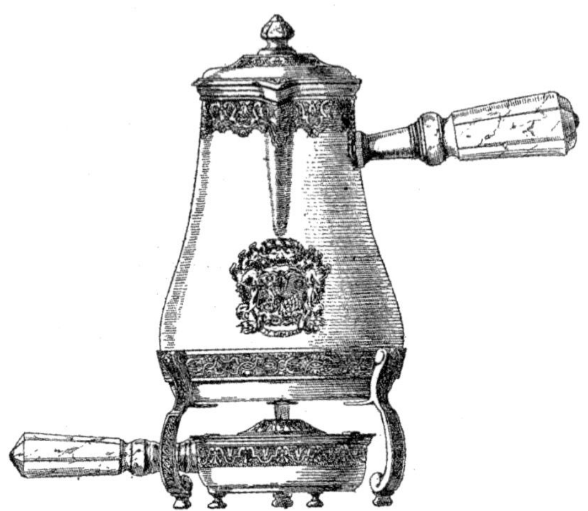

Fig. 570. — Chocolatière en argent avec son réchaud (fin du XVIIe siècle).

Chipotet, *s. m.* — Soufflet de cheminée. Ce mot, qui appartient au dialecte normand, n'est plus guère en usage.

Chippre. — Or et argent de Chippre, oiseaux, oiselets de Chippre, poudre de Chippre. (Voir CHYPRE.)

Chique, *s. f.* — Tasse à café de la plus petite espèce. « Je vais te faire apporter du chocolat, j'en ai déjà pris deux chiques, et j'en prendrai une troisième pour l'amour de toi. » (*Dict. de Trévoux.*) L'*Inventaire des meubles de la Couronne* du 10 mai 1701 donne la description de deux petits « fruitiers » ou services à dessert, de vermeil doré, qui l'un et l'autre comportent neuf chiques godronnées et ciselées ; chacune de ces séries de neuf chiques pèse un peu plus de 2 marcs et 6 onces. Ces vases étaient, on le voit, de toute petite taille.

Chire, *s. f.* — Voir CIRE.

Chirographe, *s. m.*; **Cyrographe,** *s. m.* — Charte, pièce sur laquelle le même acte est écrit deux fois ; diplôme scellé. On trouve ce mot, au XVIe siècle, avec la signification de devis revêtu d'une signature ou d'un cachet comportant engagement. « C'est assavoir XXXV sols pour le cyrographe ou devis dudit chapiteau... » (*Ve Compte de Claude de Savignac pour l'Ostel-Dieu de Paris,* 1516.)

Chite, *s. f.*; **Chitte,** *s. f.* — Toile de coton des Indes, la plus belle et la plus fine, couverte de dessins d'un coloris très brillant et d'une solidité extrême.

En Suisse, on appelait ces toiles PERSES ou PERSIENNES, quoiqu'elles ne fussent point fabriquées en Perse, mais dans le royaume de Golconde et sur la côte de Coromandel. Les perses que nous employons aujourd'hui sont une vulgaire imitation des anciennes chites. Dans l'*Inventaire des meubles de la Couronne* du 30 janvier 1681, on note : « Quarente cinq pièces de toille de coton, peintes, appelées Chittes, sçavoir dix fines, de 4 aunes chacune pièce, douze pièces d'une toille plus grosse, de 9 aunes chaque pièce et vingt-trois tapis. — Quinze tapis de toille de cotton, peinte, appelez Chitte », etc. On voit que ce tissu était à la mode à la cour du Grand Roi.

Chobei, *s. m.* — Locution limousine. Traversin. (Voir CHEVET.)

Chocolatière, *s. f.* — Sorte de vase, généralement en forme de cône tronqué, qui a une anse et le couvercle percé par le milieu, pour donner passage à un bâton nommé MOUSSOIR, avec lequel on fait mousser le liquide en ébullition. On fait les chocolatières en métal, argent ou cuivre argenté. On en fabrique quelquefois en faïence ou en porcelaine, mais elles sont moins commodes et d'un usage moins agréable. Leur forme varie suivant la matière dont elles sont fabriquées. L'apparition des chocolatières coïncide, en France, avec l'importation du chocolat, et son introduction dans notre alimentation. On croit généralement que c'est la reine Marie-Thérèse qui en importa l'usage à la Cour. Le certain, c'est que l'épouse de Louis XIV raffolait de cette boisson. Elle s'en faisait préparer à l'espagnole, par la Moléna, sa femme de chambre intime, et après le départ de cette femme, une petite Espagnole, nommée Philippa, en faisait chez elle, où la reine venait le prendre en cachette. (*Mém. de Mlle de Montpensier,* t. IV, p. 414, an. 1680.)

En 1686, on vit apparaître à la Cour les premières chocolatières en métal précieux. Elles furent offertes à Louis XIV par les ambassadeurs siamois. Elles figurent dans la nomenclature de leurs présents sous la désignation : « Une petite chocolatière d'or, du Japon. — Quatre chocolatières d'argent, ouvrage du Japon », etc. De son côté, le sieur Constance, guide et interprète des ambassadeurs, offrait au marquis de Seignelay « trois chocolatières d'argent, l'une plus grande que les deux autres ». (*Mercure,* juillet 1686.) A partir de ce moment, il est facile de constater la présence de cet utile objet, tant à la Cour qu'à la Ville.

En juillet 1689, dans une loterie que le duc d'Orléans organise à Saint-Cloud, nous voyons Mme de Maré gagner « une chocolatière d'argent, une de porcelaine, sept bastons de chocolat et une boëte à thé ». (*Mercure,* juillet 1689.) En 1691, le *Livre commode* annonce qu'on fabrique des chocolatières « portatives qui n'occupent à peine qu'une seule poche » et qui contiennent fourneau, esprit-de-vin, fusil, gobelets, soucoupes, cuillers, et même le chocolat et le sucre nécessaires « pour faire trois prises » de la précieuse boisson. L'*Inventaire des meubles de la Couronne,* dressé le 22 avril 1697, mentionne « une chocolatière en or, avec sa lampe, pesant 4 marcs 2 onces et 3 gr. » En 1698, nous trouvons dans l'*Inventaire de l'abbé d'Effiat :* « Une chaucolattière, une théière, un rechau..., etc. » Mieux que cela, dès 1693 la dépense du chocolat était si considérable, à Versailles, que le 25 novembre de cette année, au retour de Fontainebleau, le roi supprima, par économie, la distribution qui s'en faisait chaque soir en public. (Dangeau, *Journal,* t. IV, p. 401.) En 1705, la situation financière devenant encore plus difficile, Louis XIV cessa de fournir de chocolat les invités qu'il emmenait avec lui à Marly. (*Lettre de la marquise d'Huxelles,* 13 décembre 1705.) Ajoutons que l'année précédente, le roi avait essayé d'en prendre d'une façon régulière et s'en était mal trouvé. « On pressoit le roi de prendre du chocolat pour remettre son estomac dans un meilleur état, écrit Fagon. Je proposai à S. M. le vendredi matin, 8 août, d'en essayer, à la place de la teinture de véronique et de sauge ; mais le roi s'en trouva échauffé. » (*Journal de la santé de Louis XIV,* p. 267.)

Un objet d'usage aussi courant que la chocolatière dut, cela se comprend, varier beaucoup de forme. Les modèles qui nous ont été conservés sont donc assez différents d'aspect ; nous en reproduisons deux ici qui marquent ces différences. Ajoutons que les chocolatières anciennes en métal précieux sont extrêmement recherchées. — Récemment à la vente de M. Eudel, une chocolatière en or avec sa lampe a été payée 16,000 francs.

Choin, *adj.* — Locution picarde. Brun, de couleur foncée.

Chope, *s. f.* — Grand gobelet rond, sans pied, généralement en verre, dans lequel on boit la bière. La contenance de la chope est d'environ un demi-litre. On en fait à anse ou sans anse, avec ou sans couvercle. On commence à ne plus guère se servir de la chope.

Chopine, *s. f.;* **Chaupine,** *s. f.;* **Choppine,** *s. f.* — Vase servant de mesure pour le vin, l'eau-de-vie, les liqueurs. On vendait également les olives à la chopine et aussi la viande, s'il faut en croire le *Journal de Paris sous Charles VI et VII* (année 1435). « La chair et sain doux valoit quatre blancs la chopine. »

Au siècle dernier, la chopine de Paris mesurait la moitié d'une pinte. Elle se divisait en deux demi-septiers, et chaque demi-septier en deux poissons. A Saint-Denis, près Paris, la chopine était à peu près le double de celle de la capitale. De sorte qu'on avait toujours soin de spécifier laquelle des deux mesures on employait. Eustache Deschamps, dans son *Mirouer du mariage,* mentionne « pintes, poz, aiguières, chopines », parmi les objets indispensables à tout ménage bien pourvu. Au surplus, il n'est pas rare de rencontrer de ces mesures dans les anciens inventaires. On note dans l'*Inventaire de Richard, archevêque de Reims,* 1390) : « Deux pos et trois chopines à façon d'argent... Une chopine de potin, etc., etc. » Citons aussi : « Une quarte, une symaise, une pinte, une chopine... le tout d'estaing ». (*Invent. de Jean Chamarlat, vicaire du Mayet,* 1521.) « Une pinte, une chopine, un demi-septier, ung petit moustardier, une chopine et demi-septier de mesure. « (*Invent. de Claude Millet;* Paris, 1585.)

Hâtons-nous d'ajouter qu'au XIVe siècle, la chopine servait à d'autres usages qu'à mesurer les solides ou les liquides. Dans l'*Inventaire de Clémence de Hongrie* (1328), nous voyons figurer « deux chopines à eaue, dorées, etc. » Les *Comptes d'Étienne de la Fontaine, argentier du roi Jean* (1352), mentionnent l'achat à Pierre Chappelu d'un « hanap à couvercle semé d'esmaux, avec une choppine de celle mesme façon ». L'*Inventaire du garde-meuble de l'argenterie* (1353) relate la présence d'une « chopine d'argent, esquartellée d'esmaux et de grains » et d'une « chopine d'or semée d'esmaulx de plicte et de perles ». Dans l'*Inventaire de Charles V* (1380), on remarque : « Une choppine de mesmes (c'est-à-dire d'or), et a ung colet des armes de France, pesant cinq marcs deux onces d'or » ; et plus loin : « Une choppine d'or plaine, à un esmail de France et de Bourgongne dedens le couvescle, et dessoubz le fruitelet a troys perles d'Escosse, pesant deux marcs quatre onces, deux estellins. » L'*Inventaire des joyaux de la Couronne* (1418) décrit « une chopine de madre à souaiges, et a un fretelet d'argent ». Enfin notons encore : « Ung coffre d'or esmaillé de noir à la moresque, où a dedens deux petites chaupines d'or esmaillé. » (*Invent. des meubles et joyaux de la reine de Navarre,* 1534.) Il est clair que de si précieux joyaux ne pouvaient être de simples mesures de capacité, et qu'ils doivent être rangés parmi les vases de buffet ou de table. Mais la chopine reste par excellence pendant près de cinq siècles la mesure du vin. C'est à ce titre et avec cette qualité qu'elle figure dans une foule de pièces de vers, dans les *Vaux de Vire* d'Olivier Basselin, dans la *Légende joyeuse de Pierre Faifeu,* dans le *Monologue d'un clerc de Taverne,* dans le *Paris burlesque* de Berthod, dans la *Muze historique* de Loret, etc., et son caractère de mesure est admis même par les savants et les médecins, car Fagon écrit en parlant de Louis XIV : « Il pissa une grande chopine d'urine louche et mêlée de plusieurs tout petits graviers. » (*Journal de la santé de Louis XIV,* p. 346.)

Chouloil, *s. m.* — Lampe ou flambeau, pour veiller la nuit.

Christ, *s. m.* — Nom donné au siècle dernier aux crucifix qu'on plaçait au-dessus des prie-Dieu et dans les alcôves. Les christs en ivoire sculpté, considérés comme des œuvres d'art de grand prix, furent à cette époque extrêmement recherchés et plusieurs méritaient de l'être. « Beau christ d'ivoire par Jaillot. » (*Vente de M. Lortat, rue de la Verrerie,* 23 avril 1770.) « Un christ d'un seul morceau d'ivoire. » (*Vente du cardinal de Rohan,* 6 mai 1779.) « En vente chez Prud'hon, lapidaire-joaillier, rue de la Vannerie : Beau christ de Girardon, sur une croix de bois de rose, dans une superbe bordure ciselée et dorée, avec groupe à chaque coin, et au haut du ceintre. » (*Annonces, affiches et avis divers* du 24 décembre 1780.) « A vendre : Beau christ de bronze de Bouchardon, de 17 pouces de haut, en un seul morceau, la croix d'ébène sur un beau velours noir, avec cadre de 4 pieds de haut, richement sculpté et doré. — S'adresser au nommé Parigot, cloître de N.-D., la première maison par le parvis. » (*Ibid.,* 2 juin 1780.) Etc.

Chronomètre, *s. m.* — Voir Métronomètre, et Régulateur.

Chrysolite, *s. f.* — Pierre précieuse transparente, de couleur d'or mêlée de vert, employée quelquefois dans la décoration des coffrets, des cabinets, etc.

Chuquer, *s. m.* — Sorte de jeu de boules, mais dans lequel on poussait les boules avec un billart ou maillet. Ce jeu était surtout usité dans le Languedoc. Les boules, ou billes, dont on se servait se nommaient *chuca.* Il est question de ce jeu dans plusieurs documents du XVe siècle.

Fig. 571. — Chocolatière en faïence (XVIIIe siècle).

Churkette, *s. f.* — Locution picarde. Souricière.

Chute, *s. f.* — Les décorateurs appellent ainsi une suite de fruits, de fleurs, de rinceaux reliés ensemble, disposés perpendiculairement et qui, suspendus à leur sommet, ont l'air de tomber. Les chutes s'emploient fréquemment en architecture. Elles servent à décorer les montants, les pilastres, les panneaux des lambris. Dans le mobilier, elles trouvent place sur le pied des tables, des fauteuils, sur les montants d'un buffet, d'un secrétaire, etc. Les chutes constituent un ornement en quelque sorte fondamental de l'ameublement au XVIIe et au XVIIIe siècle. On les rencontre sur les meubles les plus variés. « 17 janvier 1751. — Mme de Pompadour : une table à écrire plaquée en bois de rose, garnie de pieds, chutes, entrées et boutons dorés d'or moulu... » (*Livre journal* de Lazare Duvaux, t. II, p. 74.) « Une table de vernis de Martin sans tiroir, chantournée, enrichie de chutes et festons, rainceaux et pieds de biche de bronze doré d'or moulu... » (*Inventaire général des meubles de la Couronne,* 1760.) « Un secrétaire... garni de chapiteaux ioniques, de chutes à feuilles de lierre, et de cadres en bronze doré. » (*Catalogue de la vente Randon de Boisset;* Paris, 1777.) Toutes ces chutes sont en métal ; mais on en fait également en bois, soit prises dans la masse, soit rapportées. « 9 juin 1752. — M. de Julienne : Deux commodes à pieds de biche plaquées en différens bois, les pieds et les chutes en bois rapporté. » (*Livre journal* de Lazare Duvaux.)

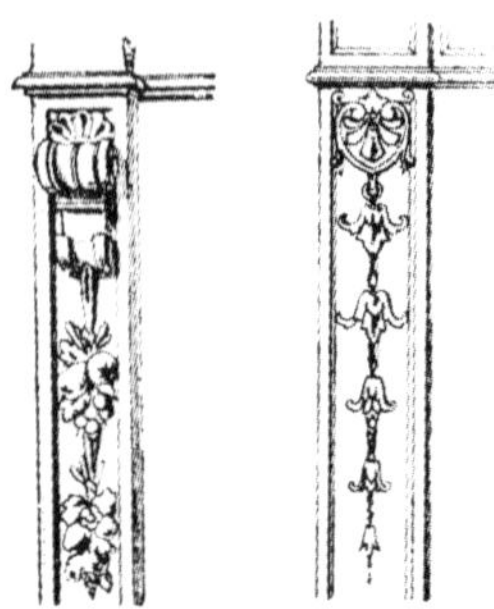
Fig. 572 et 573.
Chutes décorant des meubles en bois sculpté.

CHUTE. — Dans le langage du tapissier, on donne encore, et toujours par analogie, ce nom à des fragments de draperie, qui retombent de chaque côté aux extrémités d'une garniture de fenêtre ou d'une baie quelconque. Les chutes peuvent être tombantes ou retroussées. Elles sont retroussées quand leur descente est interrompue par une passementerie ou un fragment d'étoffe qui les relève. Pris dans cette acception, le terme est vieux, dans notre langue, de plus d'un siècle. Racontant la réception du prince héréditaire de Parme comme chevalier des ordres de Saint-Michel et du Saint-Esprit, le *Mercure* d'octobre 1762 dit : « On entra dans l'église par la grande porte, décorée d'un arc orné par des chutes de damas cramoisy. »

Chutrin, *s. m.* — Terme peu usité, appartenant au dialecte normand, et qu'on emploie encore dans la Sarthe et dans l'Orne pour signifier un mauvais lit.

Chypre, Chyppre, Chippre. — Du XVe au XVIIIe siècle, il est souvent question dans les anciens textes d'OR et d'ARGENT DE CHYPRE, de POUDRE DE CHYPRE, d'OISEAUX ou d'OISELETS DE CHYPRE. L'or et l'argent de Chypre, qu'on fabriquait à Gênes et même en France, étaient de l'or ou de l'argent étirés à travers une filière et réduits à une ténuité extrême, puis aplatis au marteau et tournés autour d'un fil de soie qu'ils enveloppaient complètement. — Un article des *Statuts du mestier des merciers de Paris* (1407) porte que : « Tous marchans quelzconques, repairans et habitans en la ville de Paris, et autres marchans demourans hors la ville de Paris, qui s'entremecteront de vendre et de faire vendre à Paris or et argent filé, fait à Gennes et que l'on appelle or et argent de Chippre, seront tenus de vendre icelui or et argent entre, suivant et outel dessoulz comme dessus », c'est-à-dire que le métal employé à la garniture des fils de soie devait être d'un bout à l'autre et dans toute son épaisseur d'égale qualité. Les *Comptes d'Étienne de la Fontaine, argentier du roi Jean* (1352), mentionnent l'achat de 6 onces « d'or de Chippre » pour le prix de 7 écus, somme considérable pour l'époque, et Eustache Deschamps écrit :

> Il vous fault en vostre mesnage,
> Entre vous, mesnagers nouveaulx,
> . . . .
> Aiguilles, fil, soie et huisiaux
> Pour ouvrer, et de chyppre or fin.

L'or de Chypre était donc, au XVe siècle, d'un usage général. La poudre de Chypre était un parfum fort recherché. Elle se composait, suivant Richelet, de racine d'iris, de civette et de musc. La recette exacte de cette poudre nous est, au surplus, donnée par le *Parfumeur françois, qui enseigne toutes les manières de tirer des odeurs des fleurs et à faire toutes sortes de parfums.* Dans ce curieux traité, publié en 1693 par Simon Barbe (1 vol. in-12), on trouve à la page 11 « la manière de parfumer la poudre de Cypre comme à Montpellier ». Celle qu'on fabriquait à Montpellier passait, en effet, pour la meilleure. Au XVe et au XVIe siècle, ce parfum était extrêmement à la mode. Nous notons dans l'*Inventaire du prince de Condé* (1588) : « Une petite boiste de verre, pleine de pouldres de Chippre. — *Item,* quatre petis vases de verre, en trois desquels y a de la pouldre de Chippre, etc. » Dans l'*Inventaire de Catherine de Médicis* (1589) figurent : « Deux petitz vazes de verre peintz de Montpellier, esquelz il y a de la pouldre. » Il faut croire qu'au XVIIe siècle cette poudre, jadis si vantée, avait cessé de plaire ; car dans une comédie de Dancourt, *l'Été des Coquettes* (1690), nous voyons un abbé galant chassé parce qu'il a sur lui de ce parfum.

Au XIVe et au XVe siècle, on enfermait la poudre de Chypre dans le corps d'oiseaux simulés en étoffes de soie, et on suspendait ces oiseaux au milieu de la chambre, dans des cages d'argent. C'est ce qu'on appelait des oiseaux ou oiselets de Chypre. Voici quelques-uns des plus anciens documents, où il est question de ces singuliers volatiles : « Une très petite lanterne d'argent dorée, à une chesne, pour mectre oisellez de Cypre, pesant une once et demye. — *Item,* ung chandelier à troys testes de lyon ensemble et ung liz dessus, pour mectre oisellez de Cypre, etc. » (*In-*

Fig. 574. — Chute de rideaux.

vent. de Charles V, 1380.) « A Raoulet le Gay... pour un estuy de cuir bouilly pour mettre et porter une cagette d'argent à mettre oyselés de Chippre, XII sols parisis. — *Item,* pour un laz de soie à pendre ledit estui, IV sols parisis. » (*Comptes de l'argenterie,* 1387.) On trouvera d'autres documents sur cette ménagerie parfumée, aux mots OISEAU et OISELET.

Ciboire, *s. m.* — Vase en forme de coupe, le plus souvent en métal précieux, employé surtout pour les cérémonies sacrées. Les ciboires abondent dans les anciens inventaires royaux, notamment dans celui de Charles V. Mais, relevant exclusivement du mobilier religieux, ils échappent à nos études.

Ciel, *s. m.;* **Chiel,** *s. m.* — Aujourd'hui, le mot ciel ne s'applique plus guère, dans le langage de l'ameublement, qu'au grand châssis qui plane au-dessus du lit, et auquel sont suspendus les rideaux. Jadis, il servait à désigner d'une façon générale toutes les tentures placées horizontalement à une certaine hauteur et qui empêchaient de voir soit le plafond, soit même le ciel (d'où leur nom), car on tendait de ces bandes d'étoffes jusqu'en plein air. Racontant l'Entrée de Charles VII à Rouen (1449), la *Chronique de Tournay* (t. III, p. 445) porte : « Et par toutes les rues où ledit sire passa estoient cielz de draps ou linges et plusieurs allumeries. » Dans son récit des fêtes données par le marquis de Castres à Montpellier, à propos de la prise de Maëstricht, le *Mercure galant* de juin 1673 écrit : « Le dessus de la rue estoit fermé d'un ciel et plusieurs fontaines de vin couloient de chaque costé des portiques. » On disait de même un *ciel de chambre* pour désigner la tenture qui garnissait le plancher de cette chambre et dissimulait les poutres. Dans un *Compte de Simon Longin, trésorier de Maximilien, roi des Romains* (1494), nous voyons que « les goutières du chiel de la chambre rouge », où couchait ce prince, mesuraient « dix-sept aulnes de long et demy aulne et demy quartier de large ». Il désignait pareillement les dais et les poêles, qui figuraient dans les solennités publiques, repas, audiences, ainsi que dans les cérémonies religieuses et dans les processions. Christine de Pisan, racontant le dîner offert par Charles V à l'empereur Charles IV le jour de l'Épiphanie (1377), à la table de marbre du Palais, écrit : « Premièrement, sist l'arcevesque de Reims, et après sist l'empereur, puis le roy de Béhaigne, et sur chascun des troys avoit un ciel distincte l'un de l'autre, de drap d'or à fleurs de lis, et par dessus ces trois en avoit un grant, qui couvroit tout au long de la table. » Plus loin, nous faisant assister aux funérailles de la reine, femme de Charles V, elle nous apprend qu'à l'église Notre-Dame « le ciel à quatre lances » fut porté par le prévôt des marchands et les échevins. (*Le livre des fais et bonnes mœurs du sage roi Charles.*) Lors de l'entrée du jeune roi Henri d'Angleterre à Paris (jour des Avents de décembre 1431), le prévôt des marchands et les échevins, vêtus de rouge, allèrent l'attendre aux portes. « Aussitost que le roy entra dans la Ville, ils lui mirent ung grant ciel d'azur sur la teste, semé de fleurs de lys d'or », et si nous en croyons le *Journal d'un bourgeois de Paris sous le règne de Charles VII,* « le portèrent sur luy, en la forme et manière comme on faict à Nostre Seigneur à la feste du Sainct-Sacrement ».

En 1438, lors de l'Entrée de Charles VII, à Paris, à la bastide Saint-Denis, par où il pénétra dans la ville « tout armé au cler et le dalphin jeune d'environ dix ans tout armé comme son père le roy, les bourgeois luy mirent ung ciel sur sa teste... et le porterent jusques à la porte aux peintres ». (*Ibid.,* p. 177.) Enfin nous lisons dans le *Bref et sommaire recueil de ce qui a esté faict à l'Entrée de Charles IX à Paris* (1572) : « Le Roy ayant devant luy l'ordre dessus dict arriva à la porte Sainct Denis, où il feut salüé d'un fort grand nombre d'artillerie tant de son arsenaq, que de la dicte ville : auquel lieu luy feut présenté un ciel de veloux pers semé de fleurs de liz d'or traict, frangé de mesme et fort enrichy de broderie d'or, par lesdictz quatre eschevins. »

Parfois ces ciels étaient garnis de courtines et alors ressemblaient à de véritables tentes ou pavillons. Lors de la passe d'armes de Jehan de Saintré avec le seigneur de Loiselench, laquelle eut lieu en présence du roi et de la cour

Fig. 575. — Ciel de lit, d'après Daniel Marot (XVIIe siècle).

dans la rue Saint-Antoine (1459), Saintré, « tout à cheval, entra en son grant ciel ainsi courtiné, paré et garny come l'autre estoit ». Le plus souvent, ils étaient simplement garnis sur un de leurs côtés d'un long dossier, c'est-à-dire d'une draperie nommée dociel, dochiel, doulcier, dorsier, etc., qui descendait jusqu'à terre ou même recouvrait le siège sur lequel les personnes qu'on voulait honorer étaient assises. C'est ce qu'explique fort bien le passage suivant relatif aux cérémonies du mariage de Charles le Téméraire et de Marguerite d'York (1468). Olivier de la Marche écrit qu'au-dessus de la table, et « tout du long d'icelle, avoit un riche ciel et dossier, si grand qu'il faisoit tapis au banc, tout de très riche drap d'or ». (*Mémoires,* liv. Ier, p. 528.) Dans l'*Inventaire de la chapelle, chambre et tapisserie du Louvre,* dressé en 1423 par Andry Courtevache, clerc de la chambre des comptes, on voit figurer « un ciel de veluyau vermeil brodé de la passion Notre Seigneur, et est brodé de veluyau azuré, semé de fleur de lis, et est le ciel brodé de veluyau vermeil, à angels qui jouent d'instrumens brodés en dessus ». On suspendait cette magnifique pièce sur la tête du roi quand il entendait la messe. Les *Archives du Nord* (S B, n° 1470)

Fig. 576. — Ciel de lit, d'après Daniel Marot.

possèdent un bordereau d'achat, signé par Jean Prévost, valet de chambre et garde de la tapisserie du duc de Bourgogne, de « six pièces de toille neuve pour doubler ung dossier et ciel à tendre sur table par dessus Monseigneur, lequel ciel et dossier est de velluyau vermeil cramoisy, brochié d'or et semé de fleurettes ». Si nous fouillons les *Comptes du roi René,* nous verrons encore que ce prince fit payer, en 1447, à Michiel de Passy cent dix-neuf florins neuf gros et demi « pour ung ciel pour la table du roy » fait à ses trois couleurs, et qu'il acheta à Auzias de Mons, marchand à Avignon, seize palmes de drap pour les employer à faire « un ciel dessus l'autel » de la cathédrale. Dans les *Comptes de la reine Anne de Bretagne,* nous relevons « ung ciel de satin vert frangé de soye jaulne et rouge, faict par compas, qui servoit à l'oratoire » de la reine. A la mort de cette princesse (janvier 1513), son cercueil fut exposé au château de Blois, dans une chambre ardente, sur une estrade de velours noir, sous « un ciel de drap d'or frizé, frangé de soye rouge ».

C'est au courant du XVIe siècle, que le mot ciel, pris dans cette acception spéciale, disparait peu à peu du langage. Il en est de même pour la plupart de ses autres adaptations mobilières. Dans l'*Inventaire du château d'Angers* (1471), il est parlé de « cherres à coffre et à ciel », d'un « dressouer à parement, à ciel et à armoiries. » Cinquante ans plus tard, on emploiera dans le même sens le mot DAIS, réservant le substantif ciel exclusivement pour les lits, où il a continué d'être régulièrement en usage.

Quant à ces derniers, dont nous allons nous occuper maintenant, il nous faut constater que, dès les temps les plus anciens, ils furent d'une singulière magnificence. Dans l'*Inventaire de Charles V* (1380), par exemple, nous voyons figurer un lit dont le ciel de camocas blanc est « brodé à angelz qui jouent d'instrumens, et à roses vermeilles », le tout entouré d'une broderie « à enlasseures de lys et des armes de France ». Un autre ciel, « de veluiau vermeil », est décoré « de la passion de Notre Seigneur, et est brodé de veluiau azuré, semé de fleurs de lys ». Dans l'*Inventaire d'Anne de Bretagne* (1498), on remarque des ciels en velours rouge, brodés de monogrammes et bordés de franges d'or. L'*Inventaire du château d'Aigueperse* (1507) mentionne un ciel de damas bleu « semé de fleurs de lis d'or, avec les pendans de mesmes franges ». Dans l'*Inventaire de Marguerite d'Autriche* (1524) nous trouvons : « Ung docelet servant de ciel de velours noir, à goutières frangées de fil d'or et de soie noire, semé de croix de Sainct-André de toille d'or pailleté, bandé de deux bandes de drap d'or. » Enfin, parmi les ciels de lit dont l'*Inventaire de 1533* constate la présence au château de Blois, figure celui de Charles VIII, appelé « le ciel des Karolus ». Il était de velours cramoisi, « semé des lettres K et A couronnéz, faictes de broderie d'or. »

Si maintenant on veut avoir une idée de ce que coûtaient ces beaux ouvrages, il nous faut jeter un coup d'œil sur les *Acquits au comptant du règne de François Ier.* Nous y verrons qu'en 1534 on paya à « Philippe Oudin, brodeur », 3,150 livres tournois, « pour un ciel de broderie d'or de Chippre », et en 1538, à « Bastien de la Porte, marchant de Bruxelles, 1,961 livres 13 sols 10 den. » pour « troys pièces de fine tapisserye et IV pentes pour fournir une garnyture de ciel de lict de camp de l'*Histoire de Phébus,* le tout rehaulsé de fil d'or, d'argent et de soye ». Enfin, le compte des *Dépenses faictes pour le baptême du marquis de Pont-à-Mousson,* fils de Charles III de Lorraine et de Claude de France (1564), nous révèlera le payement, au brodeur Aulbert Robellot, de mille vingt-neuf francs huit gros cinq deniers « pour reste et parpaye d'aulcunes parties qu'il a faictes à Paris, à faire deux fondz de grand ciel ». Ce ciel, de velours cramoisi, semé d'alérions, était destiné au lit de la princesse.

Le ciel, jusqu'au commencement du XVIe siècle, avait été indépendant du CHÂLIT. (Voir ce mot.) A ce moment, il se trouva réuni à celui-ci par les quatre piliers ou quenouilles, qui constituèrent alors le lit à colonnes, et, malgré cette réunion, il ne perdit rien de sa splendeur. Les descriptions si curieuses qu'on peut lire de certains de ces ciels, dans l'*Isle des hermaphrodites,* prouvent que les artistes continuaient de les enrichir de leurs compositions brodées. Il est même question, dans cet amusant pamphlet, de lits à double ciel : « Nous entendons que chacun ait double ciel à son lit, dit le législateur de ce singulier pays, et que celuy (le ciel) qui sera au dedans ne sera pas moins riche que celuy du dehors. Voulons que l'histoire en soit prise des *Métamorphoses* d'Ovide, *Desguisements des Dieux,* et autres choses pareilles pour encourager les plus refroidis. » Et autre part : « Ce lit estoit bien un des plus richement paréz que on eust sceu voir. Le ciel estoit fait par carréz, dont le fond estoit de toille d'argent, rehausséz d'or et de soye, où estoit représentée l'histoire de l'ancien Cénée, qu'on voyoit fort naïfvement se transformer tantost en femme et incontinent après retourner en homme. Les montans estoient d'or nuéz de relief et le ciel double;

car ils ne pouvoient dormir, en ce pays-là, sous une simple couverture de carréz de point couppé. »

Vers le milieu du XVIIe siècle, les piliers ou quenouilles commencèrent à disparaître ; le ciel reprit son indépendance première, et, grâce à la fantaisie qui dominait en ce moment, ses formes se varièrent à l'infini. On remarquera même dans nos vignettes (n° 575 et 576) que le ciel, à cette époque, ne pouvait remplir son service et s'accorder avec les rideaux qu'à l'aide de tringles extérieures. Mais, comme ces formes, pour tourmentées qu'elles puissent paraître, demeurèrent corollaires de celles du lit proprement dit, nous les passons en revue dans la partie de cet ouvrage consacrée à ce meuble d'une si grande importance. Nous nous bornerons, à cette place, à signaler une innovation fort galante assurément, mais absolument condamnable, que les tapissiers du XVIIe siècle introduisirent dans les ciels de leur temps. Nous voulons parler des glaces qu'on prit l'habitude de suspendre sur la tête du dormeur, et dont le poids excessif occasionna plusieurs accidents. Le plus connu est celui qui arriva à M. de Calonne. Les poètes du temps ne perdirent pas une si belle occasion de faire des couplets et de mettre la chose en vers. Nous citerons, entre autres, l'*Épigramme* de Rulhière (*Poètes français,* t. V, p. 251) :

Calonne eut, dit-on, grand'peur
Quand il se vit dessous la glace :
Je le crois bien, car un voleur
Étoit devant lui face à face.

Comme le prophétisait alors Mercier, cet accident et le retentissement qu'il eut firent passer brusquement la mode de ces ciels pesants et indiscrets. (*Tableau de Paris,* t. IX, p. 145.) Bientôt le pavillon léger se substitua à cette lourde machine, et, depuis lors, la glace n'a repris possession du ciel de lit que dans certaines alcôves impures ou dans les maisons mal famées.

CIEL. — Dans la décoration, on donne encore ce nom à la partie du tableau qui figure le ciel. On le dit aussi des ciels représentés dans les tapisseries. C'est une règle à observer qu'il ne faut pas trop de ciel dans ces derniers ouvrages.

Cimaise, *s. f.* — Moulure placée dans les appartements à hauteur d'appui et couronnant le soubassement de la décoration murale. Rabelais emploie également ce mot pour signifier un vase d'étain destiné à recevoir du vin. (Voir CYMAISE.)

Ciment, *s. m.* — Composition formée de différents calcaires, dont la réunion produit une sorte de mortier d'une nature particulièrement tenace. Les orfèvres appellent également de ce nom un mélange de briques en poudre, de résine et de cire, dont ils se servent pour soutenir les parties du métal qu'ils travaillent au ciselet.

Cincelier, *s. m.;* **Cincenaudier,** *s. m.* — Moustiquaire. (Voir CHINCELIER.)

Cinglette, *s. f.* — Sorte d'anneau qui entourait les manches en bois des couteaux à découper. « Thomas de Fieuvillier, coutelier, pour deux paires de couteaux à trancher devant le Roy, atout (avec) les parepains, garnis de viroles et de cinglètes d'argent, dorées et esmaillées aux armes de France. » (*Comptes de l'argenterie du roy,* 1352.)

Cinquaille, *s. f.* — Parlant de « Monsieur Salzard », Bonaventure Desperriers dit : « Et alloit toujours levant le museau, comme un vendeur de cinquailles. » (*Nouvelles récréations,* nouvelle LXXXIII.) C'est sans doute QUINQUAILLES que l'auteur a voulu écrire. (Voir ce mot.)

Cintre, *s. m.* — En architecture, on appelle cintre la courbure intérieure d'une voûte ou d'une arcade. « Toutes les pièces principales, écrit Krafft dans sa description de la maison de M. Moitte, sont en outre enrichies de différents sujets de sculpture et de peinture, qui remplissent de grandes frises, les cintres des arcades, les dessus de portes et les panneaux de lambris. » (*Recueil d'architecture civile,* etc., p. 7.) On nomme plein cintre celui dont la courbure présente juste la moitié d'une circonférence. Le plein cintre est la courbe distinctive de l'architecture française depuis la Renaissance, par opposition à l'ogive qui est sa caractéristique pour les époques antérieures.

Dans les théâtres, on appelle cintre la partie de plafond située au-dessus de la scène où se loge la toile quand elle est levée.

En ébénisterie, on donne ce nom à la partie supérieure d'un dossier de fauteuil, de chaise ou de canapé, celle qui relie entre eux les pieds de derrière. — Dans le bois d'un siège, c'est le cintre qui reçoit généralement la principale ornementation. Ce terme est aussi usité pour désigner la partie supérieure de certaines armoires dont le chapeau est arrondi.

Cintrer, *v. a.* — Courber en forme de CINTRE. « Deux fauteuils de bois de noyer vernis, les dossiers cintrés. » (*Invent. du château de Versailles,* 1722.)

Cipolin, *s. m.* — Variété de marbre d'Italie, dont la couleur est verte, coupée par des veines blanches plus ou moins larges. On en fait surtout des colonnettes et des vases.

Cippe, *s. m.* — Colonne ou pilier peu élevé, sans base ni chapiteau ; plus souvent carré que rond. Le cippe sert dans l'ameublement de piédestal pour les bustes et les groupes de bronze ou de marbre.

Fig. 577. — Modèle de ciel de lit avec pentes (XVIIe siècle).

Ciprès, *s. m.* — Voir CYPRÈS.

Cire, *s. f.* — La cire joue un grand rôle dans la vie du Moyen Age. Tout d'abord c'est elle qu'on emploie pour le sceau qui sert à signer tous les actes, et ces signatures sont si nombreuses que, dans les maisons royales, elles nécessitent la présence d'un officier spécial, le *chauffe-cire*. Ensuite elle fournit l'éclairage recherché, distingué par ex-

Fig. 578. — Petite figure en cire coloriée (XVIe siècle).

cellence, l'éclairage noble, si l'on peut dire ainsi, et cela non pas seulement à cause de son prix très élevé, mais parce que le roi, dans son bon plaisir, en a décidé de la sorte : « Nul bourgeois ou bourgeoise, nul écuyer, ou clerc s'il n'est prélat, en personnat ou en plus grand état, n'aura torche de cire. » Ainsi s'exprime Philippe le Bel dans une *Ordonnance* contre le luxe, édictée en 1294, et ses successeurs se gardent bien de modifier cette draconienne fantaisie. La cire compta, du reste, pendant tout le Moyen Age, au nombre des présents les mieux accueillis, même par les monarques. En 1423, quand Charles VII fit son Entrée solennelle à Tours, parmi les dons de joyeux avènement, la ville lui offrit 100 livres de cire en 50 torches, et à la reine, 25 torches de moindre dimension. Un seul fait fera comprendre la valeur qu'avait encore la cire à la fin du XVIIe siècle. Dans le présent offert par le doge de Gênes à Louis XIV (1685), nous voyons figurer douze caisses de cire fine.

Chez les rois et les princes, c'étaient les officiers de la Fruiterie qui avaient pour mission de préparer et de fournir les flambeaux de cire. Ce droit, ils le devaient à des considérations assez curieuses dont Olivier de la Marche (*État de la maison du duc,* p. 689) donne comme explication que, la cire étant le produit des abeilles et celles-ci la récoltant sur les fruits et dans les fleurs, il était naturel de la rattacher à la Fruiterie. Puissance de la tradition, ce droit, les officiers de la Fruiterie le conservèrent longtemps après même qu'ils eurent perdu celui de fournir les fruits de la table du roi. (*État de France,* t. Ier, p. 137.) Ajoutons que les livraisons effectuées par ces officiers s'élevaient à des sommes considérables ; un seul exemple en fera juger. En 1298, quand on opéra la translation du corps de saint Louis, les fruitiers du roi donnèrent pour 2,000 livres tournois de cire. Un autre emploi de la cire au Moyen Age, emploi qui a complètement cessé, c'est celui de la cire étendue sur les TABLETTES à écrire. (Voir ce mot). On lit dans le *Livre des mestiers :*

Encor voel jou employer
Une somme d'argent en seil,
En verde chire et en rouge chire,
Et en gaune chire,
De coi on emplist
Les tables et tabliaus
En quoi li enfant escrivent.

Pour parler plus spécialement des applications artistiques de la cire, nous remarquerons d'abord que les flambeaux fournis par la Fruiterie étaient souvent décorés. Pas de grandes cérémonies sans qu'on *armoyât* les cierges et les torches. Les *Comptes de l'hostel* sont pleins de détails à ce sujet. En 1380, c'est Gillet qui fait armoyer sept cierges aux armes du Roy et de « Nosseigneurs de France ». En 1401, Guillaume Testart, fournisseur d'Isabeau de Bavière, fait peindre et armoyer des cierges aux armes de la Reine. En 1421 et 1422, on paye à « Hance le paintre » trente-deux sols parisis, « pour avoir paint et armoyé le cierge du roy à ses armes et devises », etc. Mais ces travaux de simple décoration disparaissent à côté des représentations de cire, œuvres bien autrement importantes, qui consistaient surtout dans les *ex-voto* et dans les effigies.

Il n'est pas besoin de dire ce qu'étaient les *ex-voto,* tout le monde le sait. Nous nous bornerons à rappeler qu'en 1389, Charles VI, ayant été fort malade, fit vœu d'offrir à son *cousin* Pierre de Luxembourg, mort en 1387 (Pierre de Luxembourg, dans les deux années qui suivirent son décès, ne fit pas moins de 2,400 miracles), une statue de cire de sa grandeur, et que Dyne Raponde, bourgeois de Paris, reçut la somme de cent soixante francs d'or, somme énorme à cette époque, pour la confection et la mise en place de cette « ymage de cire ». En 1398, Philippe le Hardi, duc de Bourgogne, voyant son fils mordu au genou par un chien enragé, et constatant l'inefficacité des soins du physicien Lecomte, fit faire du pauvre patient une image en cire du poids de 80 livres, — c'était ce que pesait le jeune malade, — et l'envoya solennellement à Vienne en Dauphiné, où se trouvaient les reliques de saint Antoine. Froissart rapporte (*Chroniques,* t. XIII, p. 105) que, lorsque Charles VI fut atteint de son mal terrible, « envoyé fut et apporté un homme de cire en forme de roi de France » à l'abbaye de Saint-Wast, à Arras, où l'on conservait les reliques de saint Aquaire, et que cet *ex-voto* fut « offert moult dévotement et humblement au corps saint, afin qu'il voulsist supplier à Dieu que la maladie du roi, laquelle estoit grande et cruelle, fut allégée ». Et Froissart ajoute que pareille offrande fut présentée « à saint Hermer, à Rouais, lequel saint a le mérite de guérir toute frénésie ». Par les registres de la *Chambre des comptes de Nantes,* on sait qu'en 1458 le duc de Bretagne fit présenter par son « varlet de pied », Jehan de Varsaignes, à l'abbaye de Bosquien, une jambe de cire, et l'histoire rapporte que Louis XI, animé de sentiments aussi pieux, fit « offrir et présenter à sa dévocion, devant Monseigneur saint Martin de Tours, ung chien de cire pesant XII livres de sire », et envoya en 1470 « à saint

Hubert d'Ardaine » 120 livres tournois « pour le pesant de cire de deux sangliers qu'il a ordonnéz y estre offert ». (*Extrait des comptes et dépenses de Louis XI,* dans les *Archives curieuses de l'histoire de France,* par L. Cimber, 1re série, t. Ier, p. 98.)

Quant aux effigies, elles tenaient à un usage moins connu. Cet usage consistait, après la mort d'un monarque ou d'un prince, ou même simplement d'un grand seigneur, à représenter sa figure en cire coloriée, à placer cette figure, vêtue des propres habits du mort, sur un magnifique lit de parade et à la faire servir par ses grands officiers, absolument comme si rien ne s'était passé, et que le défunt continuât d'être en vie. La période pendant laquelle on rendait ces honneurs posthumes à la figure de cire variait suivant la qualité de celui qu'on prétendait honorer. Au XVIIe siècle, ce service (c'était le mot consacré) était encore en vigueur. Il durait quarante jours pour les rois, c'est du moins le temps qui fut donné à Henri IV (Bassompierre, *Mém.,* t. Ier, p. 251), et, en 1646, celui du prince de Condé — dernier service princier dont nous ayons pu retrouver la trace — fut de trois jours. (*Mém. de Mme de Motteville,* t. Ier, p. 301.) La reine Marie-Thérèse d'Autriche fut la première personne royale qui, en France, n'eut pas son effigie. (*Mercure* d'août 1683.) On possède, en outre, des détails curieux sur celles de la reine femme de Charles V (1377), de Charles VI (1422), de Georges d'Amboise (1510), d'Anne de Bretagne (1514), de Louis XII (1515), de Louis de Brézé (1531), de François Ier (1547), de Henri II (1559), du cardinal de Biragne (1583), du duc d'Anjou (1584), du duc de Joyeuse (1588), de Catherine de Médicis (1589), etc. Les effigies ne rentrant pas dans le mobilier civil, il n'en sera pas davantage question à cette place. Il nous tarde, au surplus, de passer à de moins lugubres sujets, non sans avoir rappelé, toutefois, le rôle que jouèrent les figures de cire pendant le Moyen Age et aussi pendant tout le XVIe siècle, dans ce que l'on appelait alors les envoûtements. Une *Lettre de rémission,* datée de Paris (1382), entre dans de précieux détails sur ces mystérieuses pratiques. Nous y renvoyons le lecteur. (Voir *Choix de pièces inédites sur le règne de Charles VI,* t. II, p. 183.)

Au XVIe siècle, en Italie, naquit une mode charmante : celle des médaillons de cire, dont il nous a été fort heureusement conservé de ravissants spécimens. Ces médaillons de petite dimension représentent, généralement vus de profil, les personnages les plus célèbres de l'époque, dans les somptueux costumes qu'ils portaient. D'Italie, cette mode fut importée en France peu de temps après sa naissance et jouit, pendant un siècle et demi, d'une vogue peu commune. Il faut, en effet, que ces petits médaillons, dont nous aurons occasion de reparler plus loin, aient été en singulière quantité pour que, étant donnée l'excessive fragilité de la cire, il en soit parvenu jusqu'à nous des séries aussi nombreuses et aussi remarquables. On peut voir, au musée de Cluny, au Louvre (collection Sauvageot) et au musée des antiquités de Breslau, des suites de ces médaillons, qui forment une réunion extrêmement précieuse de documents iconographiques. Il s'en faisait au surplus un très grand commerce, car Thomas Rehdiger, fils d'un négociant de Nidersheim, passant en France en 1561 et 1566, put acquérir toute une collection de ces fragiles portraits représentant les principaux personnages de la cour de France, collection qui est aujourd'hui un des attraits du musée de Breslau.

Au XVIIe siècle, le goût des médaillons de cire paraît s'être continué. Par le *Journal* d'Héroard, nous savons que le jeune Louis XIII possédait celui de son auguste père et de la reine sa mère. Héroard nous apprend également que le sculpteur Francisco et, plus tard, Jehan Paolo, exécutèrent à plusieurs reprises le portrait en cire du jeune prince, et que celui-ci s'essaya également à modeler la cire. Pendant tout le règne de Louis XIV, cette vogue persista non seulement à Paris, mais encore en province. Un *Acte consulaire* de la ville de Lyon (série B B, reg. 213) nous apprend qu'en 1658 Nicolas Bidault, sculpteur, fut choisi pour « faire dores en avant, privativement à tous autres, les portraicts en cire de Messieurs les prévost des marchans et eschevins ». L'année suivante, Bidault recevait 300 livres de ce chef, et pour avoir exécuté le portrait du maréchal de Villeroy. Tallemant, dans son *Historiette* des *Amants trop tôt consolés,* parle d'un amoureux qui « fit tirer en cire » le portrait de sa maîtresse. La marquise de Courcelles en ses *Mémoires* (p. 171) rapporte qu'en 1665 M. de Ménars, « mourant d'envie d'avoir une conversation avec elle », lui écrivit une lettre « et, dit-elle, il me la fit porter par Benoist qui me tiroit en cire ». A Paris, en effet, on continuait de modeler des médaillons en cire comme on faisait des émaux et des miniatures. « Il se fait, écrit le *Mercure,* des portraits achevéz en différentes manières, en peinture, gravure, cire, sculpture, en pastel et en miniature. » (*Extraordinaire* du mois d'octobre 1682.) En 1720, quand l'atelier de Boulle prit feu, un certain nombre de ces médaillons, œuvre du célèbre Varin, disparurent dans la conflagration générale. Ajoutons qu'on ne se bornait pas à des portraits isolés. On faisait mieux. En 1685, Mme de Thianges donna en étrennes au duc du Maine une chambre « grande comme une table », qu'on appelait la *Chambre du Sublime,* où se trouvaient « une quantité de petites figures de cire, représentant des personnages connus, beaux esprits et femmes de lettres ». Les médaillons eux-mêmes grandirent leurs dimensions. On en peut juger par le médaillon de Louis XIV, qui orne encore actuellement, au château de Versailles, la chambre du Grand Roi. Celui-ci tenait, au surplus, cet art spécial en si grande estime, qu'il conféra la noblesse à Antoine Benoist, celui-là même qui remettait à Mme de Courcelles les lettres de M. de Ménars ; parce qu'il a fait « onze fois, dit la *Lettre de relief de dérogeance,* d'après nous, en cire, en peinture et en différens âges notre portrait, cinq fois celui de notre cher fils, plusieurs fois ceux de nos petits-fils le duc de Bourgogne, le Roy d'Espagne et le duc de Berry ; ceux des reines nos très chères, honorées mère et épouse, encore ceux des personnes de notre maison royale et d'autres princes et princesses de notre cour, etc. » Un médaillon fort curieux de Cartouche, qu'on peut voir au musée de la ville de Saint-Germain, prouve qu'Antoine Benoist forma des élèves et eut des imitateurs.

Fig. 579.
Médaillon de François Ier, en cire coloriée.

Mais si ce célèbre artiste avait donné un champ plus vaste à son talent, en élargissant le cadre des travaux habituels à ses confrères, ses successeurs ne retinrent de ses exemples que ceux qui outraient les dimensions de ces fragiles ouvrages, et l'on peut dire que le XVIIIe siècle ignora ces délicats et frêles médaillons, qui font tant d'honneur à la Renaissance. Benoist, en effet, avait eu l'idée de mouler sur nature un certain nombre de bustes et de mains. Dans

Fig. 580. — Effigie en cire d'Anne de Bretagne sur son lit de parade, d'après un manuscrit de la Bibliothèque de Rennes.

ces moules, il exécutait ensuite des figures de grandeur naturelle qu'il retouchait et coloriait, et qui, habillées, constituaient ces fameux *cercles* (origine de nos musées céroplastiques) que La Bruyère (*Caractères,* t. XII) traitait dédaigneusement de marionnettes, et qui jouirent cependant, au XVIIe siècle, d'une vogue assez extraordinaire, pour que Benoist fît fortune à les montrer. Eh bien, il semble que ce soit à rappeler uniquement ces vastes figures que les céroplastes du XVIIIe siècle aient songé.

En 1764, le comte de Tressan présenta à l'Académie des sciences « la moulure en cire de la personne », en grandeur naturelle, du fameux Bébé, le nain favori du roi Stanislas. (*Mémoires secrets,* t. II, p. 133.) En 1769, la comtesse d'Harcourt, veuve sensible, fit « jeter en cire la figure en grand du comte », la fit revêtir de sa robe de chambre et placer dans un fauteuil à côté de son lit. (*Correspondance secrète,* t. IX, p. 108.) En 1782, le sieur Morand, domicilié à Paris, « rue Saint-Denis, vis-à-vis la rue des Filles-Dieu, à côté d'un chapelier », annonçait au public qu'il faisait des portraits en cire, et ces portraits étaient des bustes grands comme nature. (*Journal de Paris,* n° du 19 avril 1782.) En 1788, le sieur Foulon, « sculpteur figuriste en cire », se promenait dans la basse Normandie avec des « têtes de Voltaire très ressemblantes et modelées d'après l'original » (*Affiches de la basse Normandie,* n° du 2 mars 1788), qui, elles aussi, étaient de grandeur naturelle. Cette dernière annonce nous amène à parler du fameux Curtius qui, dès 1780, exposait sur les boulevards de Paris son Musée de cire augmenté, en 1783, de la *Caverne des grands voleurs.* (*Mémoires secrets,* t. XXII, p. 314.) Remarquons toutefois que Curtius n'était pas le premier qui eût eu l'idée d'un musée de ce genre. En 1723, on allait, au bas de la rue de Tournon, « voir les nouvelles anatomies en cire colorée dont le sieur Desnoües, de l'Académie des sciences de Boulogne (*sic*), étoit l'auteur ». (*Curiosités de Paris,* t. II, p. 458.)

Ces représentations anatomiques, qui virent le jour en Italie, à la fin du XVIe siècle, et que Benoist acclimata chez nous, sont demeurées l'adaptation la plus utile d'un art délicat qui, débutant par de frêles miniatures, est arrivé de nos jours à meubler les musées spéciaux et les vitrines de nos coiffeurs.

CIRE (peinture à la). — Voir PEINTURE.

Ciré, *part. passé du verbe* CIRER. — On qualifie de la sorte le cuir, le taffetas, la toile, etc., en un mot, toutes les étoffes et toutes les substances qu'on a enduites de cire pour les rendre imperméables à l'air ou à l'eau. La toile cirée est le plus employé de ces tissus. Elle est depuis longtemps en usage. Pour n'en citer qu'un exemple, nous nous bornerons à rappeler qu'en décembre 1616 Louis XIII, visitant Courcelles, où il faisait bâtir un fort, fit couvrir les constructions inachevées « d'une toile cirée en attendant l'ardoise ». (*Journal de Jean Héroard,* t. II, p. 205.)

Cirsakas, *s. m.* — Étoffe des Indes presque entièrement de coton, dans laquelle il entre un peu de soie. Elle était utilisée pour rideaux. On trouve mentionné le cirsakas dans le *Mercure* de juin 1755. « EN VENTE chez M. Pelletier, banquier, rue Saint-Magloire : lit de repos, de canne, doré et couvert de cirsakas broché vert et or. »

Cisailles, *s. f. pl.* — On donne généralement ce nom à de gros ciseaux, qui servent, dans certaines professions, à couper des corps épais ou durs. Les ouvriers qui travaillent le cuir, le carton, les métaux, emploient des cisailles. Il semble, toutefois, qu'au XIVe siècle ce mot, considéré comme un diminutif, ait servi, au contraire, à désigner des ciseaux de petites dimensions, car nous voyons figurer dans l'*Inventaire de Charles V* (1380) : « Unes petites cizailles d'or, toutes plaines, pesans atous (avec) les annelez une once d'or. » Le poids, à lui seul, suffirait à démontrer la taille réduite de ces royales cisailles, si nous n'en retrouvions autre part, qui font partie de la garniture d'un encrier. « Ung escriptoire d'or, à façon d'une gayne à barbier... et a dedens une penne à escripre, ung greffe, ung compas, une cizaille, etc. » Ces petits ciseaux, quoique munis de branches en métal précieux, avaient des lames en fer ou en acier, comme aussi les cisailles suivantes : « Deux cizailles d'argent, dorées, de la forge de Clermont, dont les boutz des manches sont de CC, et, endroit le clou d'une couronne. »

Ciseau, *s. m.;* **Cisel,** *s. m.;* **Ciseaux,** *s. m. pl.* — Au singulier (autrefois, on écrivait et on prononçait CISEL), ciseau signifie un instrument de fer tranchant, acéré par le bout, qui sert pour travailler la pierre, le bois, les métaux. Presque tous les corps d'état ont recours au ciseau. Les tapissiers en emploient un tout en fer et de forme spéciale, qu'ils nomment *ciseau à dégarnir,* et dont ils se servent pour faire sauter les clous et enlever ainsi les garnitures.

Au pluriel, ciseaux a une signification différente. Il désigne un instrument composé de deux branches tranchantes, jointes ensemble par un rivet et se terminant à la base par deux larges anneaux. Les variétés de ciseaux qu'on fabrique sont beaucoup trop nombreuses pour que nous puissions ici non pas les décrire, mais seulement les énumérer. On en fait de pointus, d'arrondis par un bout, d'arrondis par les deux bouts, de grands et forts pour couper les étoffes épaisses, de minces et délicats pour découper les fins tissus ; il en est de spéciaux pour la toilette des ongles, pour celle des cheveux ; on en fabrique de très longs pour couper le papier, d'énormes pour trancher le carton, le cuir, les métaux. Ces derniers se nomment plus particulièrement des CISAILLES. (Voir l'article précédent.)

Si l'on en croit certains documents, l'invention des ciseaux doit être fort ancienne. Nous voyons figurer, en effet, dans l'*Inventaire de Clémence de Hongrie* (1328) deux « paere de ciseaux ». On rencontre pareillement dans l'*Inventaire de Charles V* (1380) « unes petites cizailles toutes plaines pesans à tous (avec) les annelèz une once d'or », qui semblent n'être autre chose qu'une petite paire de ciseaux. Enfin, dans l'*Inventaire du château de Vincennes* (1418), on relève également « un cizeaux d'or pesant une once neuf esterlins ». Toutefois, les archéologues ont prétendu qu'à l'époque de la Renaissance, on distinguait deux sortes de ciseaux, les ciseaux à ressorts, qui n'étaient à bien prendre que des FORCES, et quand ils étaient très petits, des FORCETTES (voir ces deux mots), et les ciseaux à branches, qui sont ceux dont nous nous servons encore aujourd'hui. Selon ces érudits, les ciseaux mentionnés dans les inventaires que nous venons de citer auraient été de la nature de ces petites forces ou forcettes, et l'invention des ciseaux à pivot serait infiniment plus récente. Cette assertion est réduite à néant par un document peu étudié, quoique justement célèbre ; nous voulons parler de la réunion des sceaux des corporations de la ville de Bruges, apposés au bas d'une charte qui remonte à 1356. (Voir fig. 581.) Ces cachets corporatifs nous montrent les tondeurs de drap portant, dans leur blason, une paire de forces, et les armoiries des tailleurs et des barbiers ornées de paires de ciseaux. Ajoutons qu'un *Compte de la chambre de Louis XI* (1470), où on lit : « A Olivier le Mauvais, varlet de chambre et barbier du corps, pour un estuy garny de razouers d'argent doré de fin or, ciseaux, peignes et mirouers », nous apprend que ce n'est pas seulement à Bruges que les barbiers se servaient alors de ciseaux. On sait, en outre, que les ciseaux figurèrent de tout temps dans les blasons des couturières, des lingères et des tailleurs. Cependant, il convient de remarquer que, jusqu'à la fin du XIVe siècle, les deux mots forces et ciseaux demeurèrent à peu près synonymes. C'est ce que prouve un jeu de mots, ou plutôt une *équivoque,* comme on disait alors, qu'on peut lire dans la XXXIIe nouvelle des *Récréations* de Bonaventure Desperriers. « Toutes fois la dame print patience, moitié par force et moitié par cizeaulx. » Il en est de même pour l'énigme suivante, dont P. de Larivey a enrichi la traduction des *Nuits* de Straparole :

> Nous sommes deux en un, qui ne pouvons pas estre
> Desjoints ny séparéz de nostre commun corps,
> Auquel nous sommes unis par accordans accords,
> Sans forcer nostre nom, nostre forme et nostre estre.
>
> Si tost que fusmes faicts, nous nous fismes cognoistre
> Aux dames, qui tousjours nous ont ayméz deslors,
> Et tenus aultant chers que leurs plus chers trésors ;
> Car par nous leurs trésors et leurs biens l'on void croistre.
>
> Nous sommes frais, poliz, mignons et délicats ;
> Notre bouche toujours bée après le repas,
> Et sans dents dévorons tout ce qu'on nous présente.
>
> Aussi ne veult on pas que nous ayons des dents.
> Quand d'aucune nous vient, tout soudain on l'absente,
> Pour autant que les dents nous rendent moins mordants.

« Cette énigme, ajoute P. de Larivey, ne signifie autre chose que les forces ou cizeaulx, que les dames, principalement les lyngères, ayment beaucoup pour ce que par eux elles accroissent leurs biens. » (*Les facétieuses Nuits du seigneur J.-F. de Straparole,* XIe nuit.) Gilles Corrozet, dans son *Blason du cabinet,* établit également un rapprochement entre les forcettes et les ciseaux, et prouve ainsi qu'à cette époque on les employait à peu près aux mêmes usages. Parlant des menus joyaux dont on garnissait, de son temps, les meubles à multiples tiroirs nommés cabinets, il cite :

> ... Les mignons et bons cousteaulx,
> Les forcettes et les ciseaulx,
> Le miroir, la gente escriptoire...

Cette place d'honneur donnée aux ciseaux est d'ailleurs légitime. Dès cette époque, ils figuraient dans les petites trousses que les dames portaient constamment avec elles, et dont on trouve la description dans un grand nombre de comptes et d'inventaires. Nous citerons, entre autres, l'achat fait en 1538 par François Ier à Jehan Cousin l'aîné, orfèvre à Paris, d'un étui de bois d'ébène, garni de peigne, miroir, « cizeaulx » et brosse à nettoyer les peignes, le tout « taillé à la moresque, remply d'or fin, semé de rubiz et turquoyses enchâssées en or », précieux nécessaire de poche, qui vraisemblablement était destiné à une dame. Mentionnons également : « Ung estuy de cousteaulx, la gène (gaine) couverte de velours noir avec paseman d'argant ; il y a ung perre de couteaulx le manche doré, les sizeaulx de même et les pinsetes. » (*Invent. de Jeanne de Bourdeille,* 1595.) « Deux estuiz d'or à mettre ciseaux, garnis l'un tout de diamans, et l'autre de rubis et diamans, prisés trois cens escus. » (*Invent. de Gabrielle d'Estrées,* 1599.)

Ce soin d'avoir constamment des ciseaux sur soi s'explique, au surplus, non seulement par l'habitude que les dames, même les plus puissantes, avaient d'occuper leurs loisirs à des travaux de broderie et de tapisserie, mais encore par la nécessité d'ouvrir des lettres avec un instrument tranchant, car celles-ci étaient alors fermées par des lacets de soie, sur lesquels on apposait son cachet. Aussi voyons-nous fort souvent, même au XVIIe siècle, des ciseaux entre les mains des hommes, notamment entre celles du jeune Louis XIII, qui, un jour, très en colère, se tourne vers M. de Crécy et lui dit : « Je vous tuerai, voyez-vous bien, avec mes ciseaux ! » (*Journal d'Héroard,* t. Ier, p. 123.) Ajoutons que, quand ils n'en ont pas sur eux, ils en empruntent ou on leur en offre. Cela semble résulter du moins du passage suivant des *Mémoires* de la Grande Mademoiselle où, parlant de Gaston d'Orléans, son père,

Fig. 581. — Ciseaux. — Sceau des barbiers de la ville de Bruges (XIVe siècle).

elle écrit : « Il se mit à me faire force questions et ne lisoit point ma lettre. Je tirai des ciseaux de ma poche et les lui présentai en disant : — Je pense que vous oubliez à lire la lettre que je vous ai donnée. Il l'ouvrit et la lut. » (*Mém. de Mlle de Montpensier,* t. II, p. 306.)

L'habitude de porter continuellement avec soi des ciseaux fit donner de bonne heure, à ces utiles objets, des façons soi-

Fig. 582. — Ciseaux en fer damasquiné (XVIe siècle).

gnées et coûteuses. Au XVIe siècle, on en fit dont les branches étaient découpées et ciselées avec les emblèmes, chiffres et devises de leurs propriétaires. C'est ainsi que dans l'*Inventaire de Jeanne de Bourdeille* (1595) nous trouvons : « Ung petit étuy noyr avec sizeaulx, couteau, pinsette, forméz de lettres, tout blanc. » On peut voir, en outre, au Louvre (collection Sauvageot, no 701 du Catalogue), des ciseaux de fer damasquiné, remontant à la même époque, et portant cette inscription : A VOUS IE ME FIE. La coutume d'avoir des ciseaux dans ses poches persista, au surplus, presque jusqu'à la fin du XVIIIe siècle. C'est ce que prouve la lettre suivante de Mme du Deffand à Horace Walpole (13 mars 1779) : « J'ai un grand chagrin, écrivait cette femme célèbre, j'ai perdu vos petits ciseaux ; je ne les ai prêtés à personne ; il faut qu'en les mettant dans ma poche ils soient tombés par terre sans que je m'en sois aperçue. Ce n'est pas chez moi, parce qu'on les auroit retrouvés. Je les aimois d'autant plus, qu'ils donnoient le démenti à la superstition qu'il falloit se garder de recevoir des ciseaux de ses amis, parce qu'ils coupoient l'amitié. » (*Lettres de Mme du Deffand,* lettre CCCXX.) Ne soyons donc pas surpris, après cela, de voir figurer dans l'*Inventaire de Marie-Josèphe de Saxe, dauphine de France :* « Un étui de bois de violette dans lequel sont des ciseaux d'or », et, parmi les fournitures que Lazare Duvaux fait à Mme de Pompadour : « Une paire de ciseaux de Berge, damasquinés en or. » (*Livre journal,* t. II, p. 163.) (On sait que Berge était le plus fameux coutelier de ce temps, celui dont les lames avaient la réputation la plus méritée.) Constatons encore que, indépendamment de ces ciseaux de poche, Lazare Duvaux fournit aussi à la belle marquise « cinq paires de ciseaux faits exprès pour découper de la tapisserie » ; et plus tard, « deux paires de grands ciseaux pour la toilette ». Enfin nous relevons à la *Vente de S. A. R. le duc Charles de Lorraine* (21 mai 1781) : « Un breloquier en porcelaine,

Fig. 583. — Ciseaux en fer damasquiné (XVIe siècle).

avec une chaîne de dame contenant un couteau, des ciseaux et une petite cuiller d'or. »

Au siècle dernier, les taillandiers avaient le privilège de fabriquer les gros ciseaux et les cisailles ; les couteliers fabriquaient les petits ciseaux, et les quincailliers vendaient les uns et les autres. Si l'on en croit les *Cris de Paris,* les ciseaux de Moulins jouissaient alors d'une certaine renommée.

Les couteaux de Flandre,
Ciseaux de Moulins,
Voilà des nouveaux
Si vous en voulez prendre.

Aujourd'hui, ce sont les couteliers qui vendent les ciseaux fins et de bonne qualité ; les autres se trouvent un peu partout.

On compte au moins vingt sortes de ciseaux différents de dimensions et de formes — formes et dimensions généralement réglées par l'usage auquel ces instruments sont destinés. — Le côté utilitaire dominant actuellement dans la fabrication, les formes ont été réduites à la plus grande simplicité. On trouve, pour la même raison, très peu de ciseaux modernes, dont les branches soient en argent, et surtout en or.

Ciselé, *part. passé ;* **Ciseler,** *v. a. ;* **Ciseleur,** *s. m. ;* **Ciselure,** *s. f.* — La ciselure est un travail qu'on pratique sur les objets en métal, sortis de la fonte et après qu'ils ont été débarrassés des parties accessoires et des scories,

Fig. 584. — Ciseleur à l'œuvre.

qui y étaient demeurées attachées. Le ciseleur a pour mission de faire disparaître les coutures que le moule a laissées sur les diverses faces de l'objet, et de reprendre un à un tous les détails, qui ne sont pas suffisamment venus à la fonte. C'est lui qui avive les arêtes, raffermit les contours, répare les incorrections et bouche les SOUFFLURES. (Voir ce mot.) Tout ce travail s'exécute avec de petits instruments non tranchants, qu'on nomme CISELETS et qu'on frappe avec un marteau d'acier. La ciselure ajoute beaucoup à la valeur des objets de métal ; parfois elle en double, elle en triple, elle en décuple même le prix.

Dans les objets mobiliers, flambeaux, coupes, vases, pièces de meubles, on tolère volontiers que le ciseleur ajoute au travail du modeleur, et le *perfectionne* ou l'*améliore.* Dans les œuvres d'art pur, au contraire, le devoir du ciseleur est de conserver à la pièce l'esprit dans lequel le statuaire l'a conçue, sans prétendre y ajouter rien de son chef, ni substituer son talent d'interprète à celui de l'auteur principal. Il doit atténuer, dans la mesure du possible, les déformations produites par un retrait inégal, faire disparaître les résidus nitreux qui s'attachent aux surfaces du métal, enlever le brillant que les corps métalliques conservent au sortir de la fusion, et s'en tenir là.

Dès le XIVe siècle, la ciselure a été considérée comme une

des parures les plus précieuses qu'on pût donner aux objets en métal, et dans les descriptions et inventaires, on manque rarement d'indiquer si la pièce décrite a été ciselée. « Une aiguière cizellée vermeille. » (*Exécution du testament de*

Fig. 585. — Velours ciselé, d'après un patron du XVIIe siècle.

Jehanne de Bourgogne, 1353.) « Deux pots d'argent blanc cisellés sur le couvescle. » (*Invent. de l'hôtel Saint-Pol,* 1420.) Etc., etc.

Quelques ciseleurs ont excellé dans leur art ; l'histoire a consigné et retenu leurs noms. Au XVIIe siècle, parlant des artistes logés au Louvre, l'abbé de Marolles écrit :

Là, dans la cizelure excella Debonnaire ;
On y vit exceller le savant Montarsi,
Jean Grenet approuvé depuis par Marc Bimbi.
En quoy Thomas Merlin ne fut jamais contraire.

Au XVIIIe siècle, les Caffieri, Martincourt, le célèbre Gouthière, son élève Delarche, Prieur, Thomire, Ravrio, etc., d'autres encore acquirent une juste renommée par l'irréprochable perfection de leur travail. Les ciseleurs réunis aux Doreurs-Argenteurs formaient, sous l'Ancien Régime, « un des Corps et Communautés de Paris. Ils avaient pour patron saint Éloi. Leur chapelle était située dans l'église des Grands-Augustins. L'apprentissage durait cinq années et le brevet en coûtait 40 livres. Le compagnonnage était également de cinq ans, la maîtrise coûtait 500 livres. » (*État ou tableau de la Ville de Paris* en 1670.)

On emploie aussi, dans le langage de l'ameublement, le terme CISELÉ pour désigner une façon spéciale que l'on fait subir à certaines étoffes, et notamment au velours. « Un grand sopha de bois doré, monté en velours cramoisi ciselé ». (*Invent. de Mlle Charlotte Desmares;* Saint-Germain, 1746.) A proprement parler, cette expression n'est pas juste. C'est gaufré que l'on devrait dire, car la ciselure s'obtient sur le velours à l'aide de fers chauds qui aplatissent le poil de l'étoffe aux endroits destinés à servir de fond, en l'épargnant aux places qui doivent former le dessin. Les premiers velours ciselés furent fabriqués vers la fin du XVIe siècle. En 1648, lorsqu'ils firent reviser leurs *Statuts,* les brodeurs-chasubliers obtinrent pour leur corporation le privilège de pouvoir « coupper, découpper, égratigner, cizeler et raser toutes sortes de veloux de satin ». (*Statuts et ordonnances de la Communauté des Maistres Brodeurs et Marchands Chasubliers de la ville de Paris,* 1665.) Depuis cette époque, les velours ciselés n'ont pas cessé d'être employés dans la confection des tentures et des sièges.

Au XVIIe siècle, on rencontre encore le qualificatif ciselé appliqué à certains produits céramiques. « Huit tant pots que tasses de terre cizellée... » (*Invent. de Magdeleine Tubeuf;* Paris, 1676.) Ce terme semble être une expression impropre, ou tout au moins une orthographe défectueuse. Cizellé est là sans doute pour SIGILLÉ. (Voir ce mot.)

Ciselet, *s. m.* — Petit ciseau d'acier dont on se sert pour ciseler. Il y en a de plusieurs tailles et de plusieurs sortes, de ronds, de carrés, de pointus. Les orfèvres et les bronziers terminent la plupart de leurs ouvrages au ciselet. On emploie, pour certains travaux, des ciselets portant en creux divers dessins, et dont les noms varient suivant la figure qu'ils représentent.

Tels sont : le PERLOIR, qui sert à faire les perles ; la ROSETTE, qui porte une petite rose ; la FEUILLE, une feuille de laurier ; le MASQUE, une tête d'homme ou de femme, etc.

CISELET a aussi servi au XIVe siècle à désigner des petits ciseaux de toilette. « Ung petiz cizellez et ung myroer. » (*Invent. de Charles V,* 1380.)

Cistre, *s. m.;* **Cystre,** *s. m.* — Instrument de musique à cordes dans le genre du luth, mais avec un manche plus long et divisé en dix-huit touches. Il comporte quatre rangs de cordes, ordinairement de laiton, qui, comme celles de la mandore, se touchent avec un bout de plume. Le cistre, au siècle dernier, était souvent désigné sous le nom de *Guitare allemande.* « A VENDRE, Maison du sieur Frary, rue Montmartre : un cistre ou guittare allemande de Cousineau. » (*Annonces, affiches et avis divers* du 16 novembre 1778.) « Petit Cystre ou guittare allemande de Melling, chez M. Thomas, rue de la Verrerie ». (*Ibid.,* 19 mars 1779.) « Bon cistre ou guitarre allemande en bois

Fig. 586. — Ciselets.

d'acajou, garni de nacre, de perles et de bois d'ébène, 240 liv. — Chez le sieur Béraud, rue Saint-Honoré, près des écuries du Roi. » (*Ibid.,* 30 juin 1779.)

Citron (Bois de). — Sous le nom de bois de citron, bois de jasmin, ou bois de coco, on désigne plusieurs bois exotiques, qui n'ont de caractère commun que d'être jaunes, et dont les arbres ne sont nullement des citronniers, encore moins des jasmins ou des cocotiers. Les bois de citron viennent surtout des Antilles. Ils ont été fort à la

Fig. 587 et 588. — Claions, d'après une estampe du XVIIe siècle.

mode au siècle dernier. On en faisait principalement des bibliothèques et des tables. « 29 juillet 1750. — M. de Boulogne : deux bibliothèques de bois de citron, à portes grillées, garnies en taffetas vert, 120 livres. » « Le 21 avril 1751. — M. le comte du Luc : une table de bois de citron avec un marbre dessus. » « 25 mai 1751. — Mme de Préninville : une bibliothèque de bois citron, faite en cul-de-lampe, garnie en satin vert, etc. » (*Livre journal de Lazare Duvaux,* t. II, p. 56, 81 et 85.)

CITRON. — Est aussi une couleur. On l'a employée parfois dans le mobilier, quoiqu'elle soit fade et facile à tacher. Dans l'*Inventaire du surintendant Fouquet* (1661), on remarque trois couvertures, dont l'une est « doublée de taffetas couleur de citron ». Dans l'*Apposition des scellés chez Jean Lefebvre, aux Gobelins* (1739), on note une « tapisserie veloutée de couleur citron ». Dans une vente qui eut lieu en 1750, rue Gaillon, en face la rue Saint-Roch, figure « une tapisserie de camelot citron ». (Voir les *Affiches de Paris,* 21 mai 1750.)

Citronnier, *s. m.* — Bois de placage exotique. On le tire des parties les plus chaudes de l'Europe et de l'Algérie. Il est dur, compact, très liant. Il a le grain fin et serré, sa couleur est d'un jaune très pâle. L'ébénisterie en fait beaucoup de cas; mais, à cause de son prix élevé, on le réserve pour les meubles de luxe. Au siècle dernier, on l'employait en marqueterie avec du bois de rose. On peut voir au Mobilier national un secrétaire et un chiffonnier de cette marqueterie, qui passent avec raison pour être deux des meilleures œuvres de J.-F. Œben.

Cives, *s. f. pl.* — Petites pièces de verre, coupées en rond, dont on faisait autrefois les vitres.

Civière, *s. f.* — Brancard dont on se sert surtout pour porter les personnes blessées ou malades. « J'ai leu, écrit Brantôme (*Dames illustres, Jeanne II*) dans l'histoire de ce grand Olivier de la Marche, qui lors estoit à Besançon, quand ce roy vint s'y rendre cordelier. Il dit qu'il se faisoit porter par quatre hommes sur une civière; telle sans autre différence que les civières que l'on porte les fiens, fumiers et ordures. »

Cizellé, *s. m.* — Voir CISELET.

Claie, *s. f.;* **Claye,** *s. f.* — Ouvrage de vannerie, jadis assez employé dans l'ameublement. On faisait des claies spécialement pour battre et brosser les habits, d'autres pour sécher et conserver les fruits. On en plaçait aussi à la tête du lit ou entre celui-ci et la muraille pour éviter l'humidité du mur. Enfin on en mettait parfois sur les lits pour empêcher que les chiens ne montassent dessus. « Quatre paires claies pour [mettre] sur les lits. » (*Comptes de la chambre du roi Louis XI,* 1478.) « *Item,* les clayes de fil d'archal servans autour du lict. » (*Invent. de Marguerite d'Autriche,* 1524.) On trouvera au mot CHALIT d'autres exemples de précautions pareilles. Au XVe siècle, on disait en matière de proverbe : « Faire couste d'une claie » pour signifier coucher sur la dure.

Claincaillerie, *s. f.;* **Clainquaillerie,** *s. f.;* **Clincaillerie,** *s. f.* — Forme ancienne du substantif quincaillerie. Ces façons d'écrire étaient encore usitées au siècle dernier. L'adresse du fameux marchand Gersaint portait : « *A la Pagode,* Gersaint, marchand joaillier sur le pont Notre-Dame, vend toute sortes de clainquaillerie nouvelle et de goût, bijoux, glaces. »

Claion, *s. m.;* **Clayon,** *s. m.* — « Ouvrage de vanier, écrit Richelet : c'est un petit cerceau, au travers duquel il y a plusieurs brins d'osier entrelassez. » Le claion servait à poser les fromages pour les faire égoutter, et à recevoir les pièces de pâtisserie fraîchement faites. Le marquis d'Argenson, en ses *Mémoires* (t. VI, p. 47), nous apprend qu'aux desserts montés, Louis XV préférait les desserts servis « sur clayons ».

Clair-obscur, *s. m.* — Terme de peinture, qui désigne la distribution exacte de la lumière et des ombres, sans tenir compte des colorations. Dans les peintures monochromes, qu'on appelle des camaïeux, c'est le clair-obscur qui donne le relief aux saillies et la forme aux objets.

On appelle aussi de ce nom l'art de distribuer avantageusement la lumière et les ombres, et de faire se modeler convenablement les objets qui sont plongés dans une obscurité relative.

Claire-voie, *s. f.* — Nom donné aux clôtures évidées, et qui laissent passer le jour. « Pour avoir aussi doré les crestes à fleurons et daulphins... ensemble les clères-voyes estant aux costéz d'icelui : VII liv. » (*Troisième compte de Claude de Savignac pour l'hostel Dieu;* Paris, 1516.)

Clanche, *s. f.;* **Clenche,** *s. f.;* **Clinche,** *s. f.;* **Clenque,** *s. f.* — Partie intérieure du loquet. Ce mot n'est plus guère en usage que dans les campagnes normande et picarde. En Normandie, au XIVe siècle, on écrivait clenque. « II gonz, II penturez, une clenque pour l'uis du buschier de la garnison. » (*Travaux exécutés au château de Cherbourg,* 1348.)

Clarin, *s. m.;* **Clarine,** *s. f.;* **Claseau,** *s. m.;* **Clérin,** *s. m.* — Sonnette, grelot. Se rencontre dans quelques documents du XIVe et du XVe siècle.

Clariné, *adj.* — Qui porte une clarine, c'est-à-dire un grelot, une cloche. « Quand ladicte princesse Jeanne nasquit, les Espagnols firent un brocard sur sa naissance et disoient : *Milagro, la vaca hijo una oueya :* miracle, la vache a fait une brebis; c'était une allusion aux armes de Béarn, où il y a deux vaches encornées et clarinées d'or en champ de gueules. » (Palma Cayet, *Chronologie novennaire* dans *Mém. relat. à l'hist. de France,* t. LVI, p. 105.)

Fig. 589. — Petit classeur de bureau.

Classeur, *s. m.* — Nom qu'on donne à de petits meubles divisés en menus compartiments, dans lesquels on peut classer les papiers, documents, etc. On fait deux sortes de classeurs : ceux de bureau, qui sont de taille réduite, et les classeurs à estampes, beaucoup plus grands, qui sont montés sur quatre pieds. Nos figures 589, 590, 591 nous dispensent de descriptions plus amples.

Clate, *s. f.;* **Clatre,** *s. f.* — Maçonnerie de cheminée à hauteur d'homme. Se dit aussi de la plaque ou contre-cœur de la cheminée. Locution usitée seulement en Picardie.

Clau, *s. m.* et *f.;* **Cleu,** *s. m.;* **Clos,** *s. m.* — Ce mot a deux significations bien distinctes ; dans le Nord, il signifie clou. Philippe Mouskes, dans sa *Chronique rimée,* écrit :

L'un des claus dont Diex fut clofis (cloué)
Aporta-t-il. . . . .
En I vasciel d'ivore mis
Envolepé d'un vert samis.

Le titre XXV du *Livre des mestiers,* d'Étienne Boileau, est relatif aux « feeseurs de claus, pour attachier boucles, mordans et membres sur courroies ». Ce même mot est, dans le même document, orthographié clos. C'est, du reste, l'orthographe qu'on rencontre dans certains comptes du roi René : « A Jehan de Séraucourt, cappitaine du chastel de Tharascon, la somme de seize florins VIII deniers pour toille cirée, cloz, vectes, etc. » (10 avril 1447.)

En Picardie, on trouve cleu avec la même signification : « A Charlot, pour l'accat de deux bougettes de cuir à mettre cleux et quévilles, etc. » (*Comptes de la ville d'Amiens,* 1416.)

Dans le Midi, au contraire, en Gascogne, dans le Béarn, le Bordelais, la Provence, etc., clau veut dire clef. « Una ucheta longa, per tenir torchas, sarrade ab clau, laquau clau no se troba. — Una petita cadaneta de fer, una sarradura sens clau, un autra ab clau, un luquet sens clau. » (*Invent. de Ramond de Cussac, chanoine de Saint-André;* Bordeaux, 1442.) Cette forme est encore usitée en Provence. Le recueil de chansons provençales intitulé : *lou Flasquet de Meste Miqueu,* contient une chanson intitulée : *la Clau di cor* (la clef du cœur), qui finit par ce couplet :

Paure felibre ! per li cor,
La pouësio es causo morto ;
Mai saches ben que la clau d'or
Te durbira touti li porto.

Clauwer, *v. a.* — Forme flamande de clouer. « Ung livre en parchemin lyé entre deux asselles, couvert de cuir vermeil et clauwé sur chaque asselle de cincq boullons... » (*Arch. du Nord,* S. B. N. 2132 — 1er janvier au 31 décembre 1485.)

Claveau, *s. m.;* **Clavel,** *s. m.;* **Claveou,** *s. m.* — En architecture, c'est une pierre taillée en forme de coin et qui entre dans la composition d'un arc ou d'une voûte. Les claveaux d'un arc sont toujours en nombre impair. Celui qui occupe le sommet de l'arc s'appelle CLEF DE VOUTE, ou simplement CLEF. Le claveau a six faces. La face intérieure se nomme *douelle* ou *intrados,* et la face extérieure *extrados.* Les faces verticales qui font ce qu'on appelle parement sont dites les *têtes* du claveau, et celles qui adhèrent aux claveaux voisins sont appelées les *lits.* Il y a des claveaux simples et des claveaux à crossettes. Quand on construit un arc avec ces derniers, on dit qu'il est appareillé en *tas de charge.*

L'origine du mot claveau (*clavus,* clou) se rapporte à une idée de fermeture. On retrouve cette même signification dans CLAVEURE, serrure. On peut donc en conclure presque certainement que les *hanaps à claveau* ou *clavel,* dont il est fait mention dans certains documents du XIVe siècle, notamment dans *Brun de Montaigne,* et dans l'*Inventaire de Charles V,* sont des hanaps à couvercle qui se ferment, et non des hanaps à anse, comme on l'a écrit. Ce qui confirme dans cette opinion, c'est qu'on rencontre, à la même époque, des « hauberts à clavel » et qu'un haubert à anse n'aurait pas de signification. La mention suivante, empruntée aux *Œuvres de fer faites au château de Rouen* (1344), semble même assigner à claveau la signification de serrure : « Pour II claveaux et III cles, mis en la despense de la grant salle, VIII sols. »

Voici, du reste, un document où figure un de ces fameux hanaps : « Ung hanap d'or à claveau sans pié, ouvré à feuillages enlevés, et ou fons est un grant esmail de pléte et cinq petiz environ. » (*Invent. de Charles V,* 1380.) Dans le même inventaire, on relève également : « Le bassin d'un petit drageoir à clavel, sans pié et a ou fons les armes de monseigneur le Daulphin », etc.; le drageoir ne comportant pas d'anse, il s'agit, là encore, d'une de ces pièces à couvercle et à charnière, comme il en existe de nos jours.

Enfin, pour terminer, nous ferons remarquer que claveou signifie clou en provençal.

Fig. 590 et 591. — Classeur d'étampes.

Clavecin, *s. m.;* **Clavessin,** *s. m.* — Le clavecin a droit à une place spéciale dans l'histoire du mobilier, à cause de sa taille relativement considérable et de ses formes souvent très décoratives.

C'est dans le clavicorde, sorte de cithare à clavier, dont les cordes, confectionnées en boyau, étaient frappées par de petites lamelles de cuivre attachées au bout des touches, qu'il faut chercher l'origine du clavecin. Le clavicorde donna naissance à l'ÉPINETTE (voir ce mot), qui, plus étendue, présentait la forme d'une harpe placée dans une position horizontale et couchée sur une table d'harmonie. L'épinette, qu'on trouve mentionnée dans Rabelais et dans Clément Marot, était fort en honneur en France au XVIe siècle, quand elle vit surgir le concurrent redoutable, qui devait promptement l'éclipser. C'est en Italie, aux environs de 1520, que furent fabriqués les premiers clavecins. Toutefois, c'est en Flandre qu'on les perfectionna. Un homme de génie, Hans Ruckers d'Anvers, substitua aux cordes à boyau des cordes de cuivre, et ce simple changement produisit dans la sonorité de l'instrument une transformation capitale.

Hans Ruckers eut quatre fils, François, Jean, André et Antoine, qui soutinrent sa réputation. Celle-ci ne tarda pas à se répandre dans toute l'Europe. Dès les dernières années du XVIe siècle, l'habile facteur anversois expédia nombre de ses instruments en France ; et l'on peut en voir un au château de Pau, qui porte la date de 1590. Ajoutons que sa renommée se maintint si bien, qu'au XVIIIe siècle les clavecins signés de lui ou de ses fils étaient encore extrêmement recherchés. Posséder un de ces instruments avec des peintures sur le coffre était chose enviée. En juillet 1759, le sieur Vater, facteur de clavecins, faisait annoncer dans le *Mercure* qu'il en avait à céder provenant des Ruckers. Le 17 décembre de la même année, les *Annonces, affiches et avis divers* signalaient un de ces instruments à vendre, rue de la Jussienne. Mlle Conel, de la Comédie Française, en possédait un et en tirait vanité. En 1765, nous constatons la présence de clavecins de Ruckers : 1° chez Mme de Longny, au château de la Ferté-sous-Jouarre ; 2° au café du sieur Billard, rue Montorgueil. En 1766, on en vend encore un ayant appartenu, celui-là, à Mme de Pompadour ; en 1767, ce sont ceux de Mme Ledoux, de Chéron, de l'Opéra, et de la duchesse de Lorges, qui affrontent les enchères. Les *Annonces, affiches et avis divers* du 18 mai 1769 nous apprennent qu'à cette date, on trouvait « A VENDRE chez M. de Maissas, rue du Temple : un clavecin de Ruckers à grand ravalement, clavier de Blanchet, dont feu M. Royer, directeur du *Concert spirituel,* avait offert 1,800 liv. » Le même journal, à la date du 23 janvier 1777, indique comme étant « A VENDRE chez le sieur Delachevardière, marchand de musique rue du Roule : un excellent clavecin à grand ravallement fait en 1612 par *Hans Ruckers,* supérieurement peint par *Vandermeulen* et orné de bronzes. Il a été mis en état par le sieur *Pascal Taskin,* artiste célèbre ; et il contient 4 registres, dont un est le jeu de buffle inventé par le facteur. Il est composé de 6 mouvements méchaniques, que l'on change avec le genou, sans retirer les mains de dessus le clavier, ce qui donne le *piano-forte* et le *crescendo* de la manière la plus nette et la plus sensible. Les jeux de harpe, de luth et autres s'y trouvent par le moyen desdits changemens. Prix, 260 *louis* comptant ou à constitution. » Et ce prix élevé (6,240 liv.) n'était pas exceptionnel, car, vers le même temps, on trouvait chez le portier de la Monnaie « un beau clavecin d'André Ruckers, à grand ravalement et jeu de luth, fait en 1634. Prix : 4,000 liv. » (*Ibid.*, 1er janvier 1778.) Enfin le *Mercure* d'avril 1778 appelle l'attention de ses lecteurs sur un « clavecin, véritable Ruchers (*sic*), méchanique et à grand avalement (*sic*), d'un genre unique », qui faisait

Fig. 592. — Frontispice des œuvres de Chambonnières.

Fig. 593. — Petit clavecin (XVIIe siècle).

« à merveille le *Crescendo,* enfloit et diminuoit les sons à volonté, le tout par un seul bouton que le genou fait agir ». Ces dernières mentions nous montrent les progrès qui avaient été réalisés, dans la fabrication de leurs instruments, par les célèbres facteurs d'Anvers ou par leurs collègues français, car, à cette époque, nombre de clavecins de Ruckers avaient été, ainsi qu'on a pu le voir, retouchés et complétés par Blanchet, Denis, Couchet, Stellay, Taskin et autres facteurs du XVIIIe siècle.

Depuis un siècle, en effet, on avait commencé d'en fabriquer en France d'une façon courante, et qui ne tardèrent pas à se répandre un peu partout. On sait que Louis XIII était passionné de musique. Héroard écrit que, dès l'âge de six ans, il allait jouer du clavecin chez M. de Frontenac. Une anecdote, plus que légère, de Tallemant nous apprend que le cardinal de Richelieu possédait un de ces instruments et qu'il aimait à en faire jouer devant lui. Le clavecin de Ninon de Lenclos est demeuré justement fameux. L'*Inventaire des meubles de la Couronne* du 20 février 1673 mentionne trois clavecins, dont un « à ressorts avec le corps en bois de noyer à compartiments d'ébeine profilez d'estain ». Ce qu'on sait moins, c'est que Molière en possédait deux, un de sept pieds de long, à deux claviers, recouvert par une housse de cuir, et un autre plus petit mesurant cinq pieds seulement. Les hommes de guerre cultivaient aussi cet instrument, puisque, dans l'*Inventaire du maréchal d'Humières* (1694), nous relevons « un grand clavessin de bois noircy et doré, peint par dedans de chasse, pesche, à deux claviers garnis de ses cordages », estimé 200 livres. Les hommes d'Église en jouaient pareillement, car l'*Inventaire de l'abbé d'Effiat* (1698) mentionne « un clavecin à deux claviers posé sur son pied », prisé 150 livres. Enfin il avait accès à la Cour, puisque l'*État de France* (t. Ier, p. 239) prend soin de nous informer que Jean-Baptiste d'Anglebert était joueur ordinaire de clavecin du roi, à 600 livres de gages, 900 de nourriture, 213 livres de monture, et 270 livres pour la nourriture de son porte-épinette. Ajoutons que d'Anglebert avait succédé, dans la charge de claveciniste de la chambre du roi, à Champion de Chambonnières, artiste justement célèbre, auteur d'un grand nombre de *pièces de clavecin* et qui possédait un carrosse, ce qui était alors la marque d'un grand luxe. (Voir Tallemant, *Historiettes,* t. VI, p. 137.)

D'Anglebert, dans les loisirs que lui laissait sa place, habitait à Paris, rue Sainte-Anne, et donnait des leçons. Il n'était pas seul à le faire, car le *Livre commode* nous apprend qu'il comptait une trentaine de concurrents. C'étaient les sieurs Le Bègue, Taumelin, Couprin, d'Andrieux, Nivert, Martin, Leroux, Montalan, qui épousa la fille de Molière, les deux frères Ossu, Garnier, Lalande, Lemoyne, Pitet, Ludet, Mérault, Bernier, Hardy, Cointereau, Boucher, Raison, Brune, Foucquet, etc. Ce chiffre de maîtres renommés montre assez que, dès l'année 1692, les clavecins étaient fort répandus par la ville. D'autant qu'aux maîtres il faut ajouter les maîtresses, Mmes Oves et Louis, Mlles Rebours, Le Tellier, etc., etc., et les virtuoses comme la fille du célèbre Lambert, dont Tallemant constate le remarquable talent ; comme l'illustre Élisabeth Jacquet, veuve de Marin de la Guerre, dont Germain Brice vante le jeu particulièrement remarquable ; comme Marie-Françoise Certain, dont La Fontaine écrivait :

Fig. 594. — Clavecin (fin du XVIIe siècle). — Musée de Cluny.

De cette aimable enfant le clavecin unique
Me touche plus qu'*Isis* et toute sa musique :
Je ne veux rien de plus, je ne veux rien de mieux,
Pour contenter l'esprit, et l'oreille et les yeux.

Citons encore parmi les virtuoses de ce temps Mlle de Varoquier, fille du premier président du bureau des finances, dont le *Mercure* de novembre 1682 célèbre les succès, et Mlle de Ménétou, qui, en 1689, âgée de neuf ans, était admise à jouer devant le Dauphin et devant Louis XIV, lequel, nous dit Dangeau, daigna trouver sa musique délicieuse, etc.

Nous savons, par quelques exemplaires qui nous ont été conservés, ce qu'étaient ces beaux clavecins du XVIIe siècle, dont le prix variait de 400 à 6,000 livres. Le musée de Cluny possède (n° 7002) un clavecin à double clavier, avec gaine richement ornée de peintures sur fond d'or. Il repose sur un pied à balustre avec entrejambes en bois sculpté à jour et doré. On en peut voir un autre dans la collection d'instruments de musique que possède le Conservatoire ; celui-là est orné de peintures de Téniers et de Paul Brill. Parmi les collectionneurs assez heureux pour en posséder, on cite M. Lavignée, M. Pigeory et M. de Sartiges qui en exposait un en 1878 au Trocadéro, représentant en peinture la *Piazza Navone.* Ajoutons que dans les ventes du siècle dernier nous avons relevé des clavecins de Boulle, et d'autres dorés par Vincent et ornés de bronzes ciselés. (Voir *Annonces, affiches et avis divers* du 27 février 1749 et du 23 janvier 1775.)

Avec le XVIIIe siècle, en outre, le clavecin se modifie et se transforme, il se complète. Jusque-là, ainsi que le prouve le frontispice des œuvres du sieur Chambonnières (voir fig. 592), le clavecin avait consisté surtout dans une table d'harmonie qu'on posait sur le premier meuble venu. A partir de ce moment, le clavecin s'annexe un châssis et des pieds. C'est ce qui explique comment les plus beaux clavecins du XVIIe siècle ont souvent des pieds datant du siècle savant. Le clavecin que nous reproduisons hors texte, et qui appartient à M. Eudel, en est un magnifique exemple.

Dès 1650, un Italien, Rigoli, de Florence, avait eu l'idée de construire un clavecin vertical. Mais cette invention n'avait obtenu qu'un demi-succès. En 1707, un de nos compatriotes, Marius, inventa les clavecins brisés et portatifs. « Ces nouveaux clavecins, dit le *Mercure* d'avril 1707, se plient en trois et se transportent avec la même facilité qu'une guitare. Lorsqu'ils sont repliéz, ils n'ont que 7 à 8 pouces de largeur et 6 d'épaisseur, et ils ont à peu près la forme d'une boëte à perruque. » On en faisait de quatre sortes ou longueurs, les plus petits mesurant trois pieds seulement. Ajoutons que ces instruments trouvèrent asile dans les plus aristocratiques demeures, car à la *Vente de la princesse de Carignan* (Paris, 1765) figurait un « clavecin brisé fait par Marius ».

En 1712, Philippe Davis, établi au collège des Quatre-Nations, inventa le clavecin à quatre claviers, « deux à chaque bout », et, en 1750, Obert, organiste de la cathédrale de Boulogne-sur-Mer, commença de construire, d'une façon courante, des clavecins verticaux. Ces instruments étaient de véritables monuments, hauts de six pieds trois pouces et surmontés d'une corniche. Ils étaient munis de portes se fermant comme celles d'une armoire, et quand ces portes étaient closes, le clavecin avait l'air d'un véritable buffet. En 1763, le sieur Despinois, organiste à Rethel-Mazarin, construisit, lui aussi, un meuble semblable ; il l'envoya à Paris, et les *Annonces, affiches et avis divers* ayant fait mention de son arrivée, le sieur Obert crut devoir protester dans le *Mercure* et réclamer la priorité de l'invention. Il ne s'en tint pas là ; en 1768, il fabriqua un clavecin monstre, de huit pieds quatre pouces de haut, qui faisait « le *forte-piano* sans déranger les mains pendant l'exécution », et combinait l'orgue avec le reste.

Fig. 595. — Automate jouant du clavecin.
Conservatoire des arts et métiers.

Cinq ans plus tôt, le sieur Le Gay avait eu l'honneur de jouer devant le roi et le Dauphin d'une « espèce de clavecin » de son invention, « dont les touches faisoient mouvoir des archets sur les cordes à boyau ». (*Gazette de*

France, 25 avril 1763.) En 1769, le sieur de Lainé, demeurant rue Fromenteau, eut l'idée « d'emplumer les clavecins », ce qui rendait « le son plus flatteur et plus agréable », et, ajoute le *Mercure,* « il a trouvé, en plus, le secret plus rare d'enfler et de diminuer les sons de cet instrument, qui jusqu'alors n'en avait eu que d'uniformes ». Enfin, en 1773, le sieur de Virbès inventa un clavecin singulièrement perfectionné, puisqu'il imitait (si nous en croyons le *Mercure*) 18 sortes d'instruments différents, « entre autres plusieurs instruments à bouche, et notamment le son d'une belle voix ». On peut juger, par ces quelques exemples, de l'activité, de l'ingéniosité, de l'habileté des fabricants de clavecins du siècle dernier. Aux noms de ces inventeurs, il nous faut joindre encore ceux de Goujon, de Dumont, de Philippe Denis, de Stellay ou Stellé, de Couchet et de Blanchet dont les instruments furent pendant un demi-siècle extrêmement recherchés ; de Richard, que les *Tablettes royales du vrai mérite* (almanach *Dauphin*) n'hésitent pas à proclamer l'émule de Vaucanson ; et aussi les noms d'Antoine Water, de Louis Denis, de Keizzer dit Lempereur et de Pierre Bellot qui acquirent une notoriété considérable dans la fabrication des clavecins.

Parmi les virtuoses qui s'illustrèrent au XVIIIe siècle sur cet instrument, il convient de mentionner le sieur Ferrand, parent éloigné de Mme de Pompadour, qui jouait « du clavecin parfaitement bien », si nous en croyons le duc de Luynes, et auquel son talent valut un intérêt dans la ferme des postes qui, à cette époque, était d'un grand rapport. Il faut citer encore le prince d'Ardore, qui se fit entendre, en 1742, à Versailles ; Simon, le fameux maître de clavecin de la famille royale, qui mit à la mode la musique de Cimarosa ; Berthin, dont Nemeitz recommandait les leçons à ses compatriotes ; Mme de la Rure, que Bachaumont proclame « la première virtuose de son temps pour le clavecin » ; le duc et la duchesse de Choiseul ; Mme de la Valette, qui, si nous en croyons Dufort de Cheverny, « jouoit du clavecin divinement »; Dobel, auquel ce même Dufort confia l'éducation musicale de sa fille ; Honaire, que Mme de Genlis signale comme un des plus illustres clavecinistes de sa jeunesse. Enfin, il ne faut oublier ni Jean-Jacques Rousseau, ni le fameux Garat, qui obtint, à la fin du siècle dernier, des succès sans précédent, et dont les triomphes de nos pianistes modernes n'ont pu effacer le souvenir.

Nous arrivons, du reste, au temps où le clavecin, après avoir brillé d'un magistral éclat, va disparaître pour toujours de la scène du monde. Dès 1716, Marius, le célèbre facteur parisien, dont nous avons eu l'occasion de signaler l'esprit inventif, avait présenté à l'Académie des sciences deux instruments nouveaux dans lesquels il avait substitué, aux languettes de bois, des petits marteaux qui frappaient les cordes. C'était là, en germe, la découverte du *piano.* Cette invention fut perfectionnée en Italie par le Florentin Cristoforo, en Allemagne par Silbermann, et par Zumpe en Angleterre. Elle nous revint en France en 1776, époque à laquelle les frères Érard, dont le nom tient une place si importante dans l'histoire des instruments à cordes, nous donnèrent les premiers pianos. Vingt ans plus tard, il n'était plus question de clavecin ni d'épinettes.

Constatons, pour terminer, que le clavecin en se perfectionnant avait perdu ses formes héroïques. Par la jolie gravure de Chaponnier, exécutée d'après Boilly et intitulée le *Prélude de Nina,* on peut constater ce qu'était devenu cet instrument au dernier temps de son existence. On peut voir, en outre, au Conservatoire des arts et métiers, un automate datant de 1772, et qui représente une petite femme jouant du clavecin. Le personnage et son instrument sont au quart de la grandeur naturelle, et il suffit de pousser un bouton pour que l'appareil fonctionne et que la claveciniste se mette à jouer. On dit que cette petite merveille de mécanisme, qui, du reste, a toute une histoire, fut commandée par Louis XVI, désireux de consacrer par un souvenir le talent de Marie-Antoinette et son goût pour la musique. Ce fut, en tout cas, un des derniers hommages rendus au clavecin arrivé au déclin de sa gloire.

Clavel, *s. m.* — Voyez CLAVEAU.

Claveou, *s. m.;* **Claveuche,** *s. f.* — En dialecte provençal, claveou signifie clou ; en français du XVe siècle, claveuche a la même signification. Toutefois, l'expression est peu usitée.

Claveteur, *s. m.* — Locution flamande. Serrurier. On lit dans la *Chronique de Tournai* à l'année 1428 : « Ladite communaulté estante en ladite place du Becqueriel, ung nommé Jehan de la Croix, claveteur, prist parolles à aulcuns : pour laquele chose, les foullons, se esmouvans contre lui, il fut constraint sallir en la rivière. »

Clavette, *s. f.* — Petite lame de fer à large tête, qui se place dans la mortaise d'un boulon et assure ainsi la fermeture.

Claveure, *s. f.;* **Claveurier,** *s. m.* — Claveure est le terme usité pendant tout le XVe siècle, dans le midi, le centre et l'ouest de la France, pour signifier serrure. Au XVIe siècle, il devient rare. Nous verrons, toutefois, par les exemples suivants, qu'il persiste, en Bretagne, jusqu'à la fin du XVIIe siècle. « Geuffroy de Rosse, serrurier, a faict une claveure en l'huis du pénultième estaige. » (*Travaux exécutés en 1411 au château de Blois.*) « Deux coffres servans de bancs, fermans à clef et claveures. » (*Invent. du château de Chanzé,* 1471.) « Un petit dressouer à armoires, dont l'une à claveure et l'autre n'en a point. » (*Invent. du château de Reculée,* 1479.) « Ung coffre de cuir à fest, bandé de fer blanc, fermant à deux claveures. » (*Invent. de la reine Charlotte de Savoie,* 1483.) « Ung petit coffre couvert de satin bleu, la garniture et la claveure d'argent, ouquel a de la barbe de M. Saint André. » (*Invent. d'Anne de Bretagne,* 1497.) « Ung coffre de boys faict à draperyes, garny de cleff et claveure, prisé cinquante sols. » (*Invent. d'Ollivier Frenel ;* Bois de Miniac, 1550.) « Une petite table à casse, sans cleff ni claveure, CXIJ sols. » (*Invent. de Gillette Bachelot ;* greffe de Saint-Malo, 1609.) « Un viel buffet de boys sans claveure. » (*Vente Lemérotel ;* Saint-Malo, 1638.) « Une grande couchette à quenouilles... avecq un marchepied fermant à cleff et claveure, etc. » (*Invent. de la dame de la Chesnais ;* paroisse de la Chapelle-d'Esbrée, 1698.)

Le claveurier était le serrurier. D. Carpentier cite une *Lettre de rémission,* datée de 1391, où on lit : « Ledit Perrotin et un autre, par l'aide d'un claveurier ou serrurier, ont desrobé ledit Jacques, de la somme de neuf cents escuz » ; et dans les *Comptes du roi René,* on constate, à la date du 26 septembre 1457, le payement à Jean Duperray, menuisier, et à Jean Chollet, « claveurier », de vingt-trois livres dix sols, « pour la façon d'unes grandes armoires, fermante à huit claveures ». En Flandre, on dirait CLAVETEUR. (Voir ce mot.)

Clavicorde, *s. m.* — Clavecin primitif très apprécié au XVIe siècle et qui demeura en usage jusqu'au milieu du siècle dernier. « A VENDRE clavecorde à grand ravalement de trois pieds de long, sur un pied et demi de large et cinq pouces de haut. S'adresser, etc. » (*Ann., aff. et avis divers,* 8 avril 1779.) « A VENDRE petit clavicorde neuf qui se met dans une malle. S'adresser, etc. » (*Ibid.,* 13 mai 1779.)

Claye, *s. f.* — Voir CLAIE.

Clayon, *s. m.* — Voir CLAION.

Clé, *s. f.*; **Clef**, *s. f.* — On donne ce nom à divers objets, qui n'ont entre eux que des rapports assez lointains. En architecture, c'est la dernière pierre qu'on place au sommet

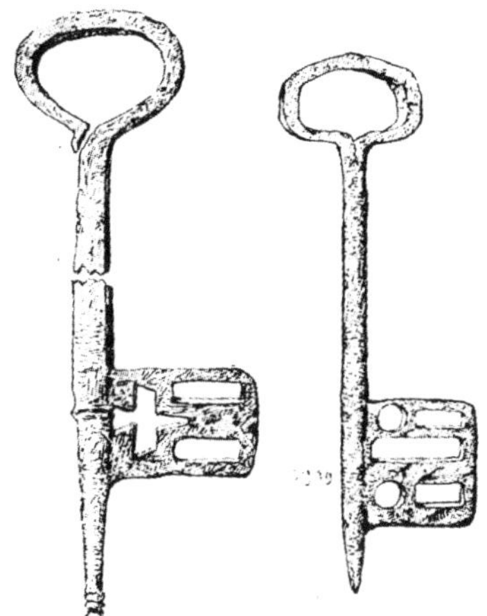

Fig. 596 et 597. — Clefs en fer du XIIIe siècle. — Musée de Cluny.

d'un arc, et qui, étant sensiblement plus étroite par le bas que par le haut, presse et affermit les autres et ferme ainsi la voûte. Les tapissiers et les ébénistes appellent clefs de petits taquets disposés à l'intérieur des bois de lit, sur les pans et les courts pans, afin de fournir un point d'appui au châssis sanglé ou au sommier élastique. Enfin, en serrurerie, ce nom appartient à l'ustensile de forme bien connue, qui sert à ouvrir et à fermer les serrures.

La clef est le plus souvent en fer, parfois en acier, quelquefois en fonte. On en fabrique également en métal précieux. Les *Comptes de l'hostel du roy Charles VI*, à l'article *Panneterie* (année 1381), mentionnent la fourniture de deux clefs d'argent, « mises ou coffin d'argent des oublées du roy ». Les *Archives du Nord* (série B, n° 2516) conservent une quittance de 88 liv. 13 sols signée de Jean Hannart, fourrier de Charles-Quint et datée de 1556, relative à la dorure de huit clefs servant pour la chambre du roi de Bohême. La clef qui fut offerte au roi Charles IX lors de son Entrée solennelle dans la capitale était d'argent et sur « chacune face estoient les armoiries de France, couronnées et entourées de chapeaux de triumphe, le tout de sculpture, qui donnoient grand ornement à cet ouvrage ». L'*État de France* nous apprend que le grand chambellan recevait « deux clefs d'or dont le manche se terminoit en couronne roïale », et qui devenaient les emblèmes de sa charge. Le chevalier Temple rapporte dans ses *Mémoires* que la mère du stathouder Guillaume III poussait le luxe jusqu'à vouloir que toutes les clefs de son appartement fussent en or. Les archives de la ville de Lyon (*Actes consulaires*, série BB, registre 369) mentionnent le payement de 750 livres à Gallien, orfèvre parisien, pour les deux grosses clefs d'argent qui furent, en 1761, présentées au roi Louis XV comme clefs de la ville. Mais ce sont là des clefs exceptionnelles. Tant que le travail du fer a été en sérieux honneur chez nous, les clefs ont été faites en fer ou en acier pris dans la masse, repercé et ciselé; et ce n'est qu'à une époque relativement moderne, quand le travail de ce rude métal a paru trop difficile ou bien est devenu trop coûteux, que l'on a commencé à faire les anneaux des clefs de meubles en bronze, tout en conservant les membres actifs de la clef en fer ou en acier.

Toute clef, en effet, se compose de parties distinctes, et qui portent chacune un nom particulier. Ces parties sont au nombre de quatre : 1° l'anneau : 2° la boucle ou embase ; 3° la tige ; 4° le panneton. C'est le panneton qui met en mouvement le mécanisme de la serrure. Le panneton peut être droit ou à museau. Il peut être uni ou découpé en chiffres, et tourmenté. Les découpures du panneton correspondent généralement à la saillie des garnitures intérieures; les plus usitées se nomment la planche, le rouet, le rouet croisé, la bouterolle, la pleine croix. On rencontre également d'anciens pannetons découpés en lettres ou en chiffres arabes. Il y a ainsi des pannetons en **5**, en **2**, en C, en S, etc. Parmi les clefs du XVe et du XVIe siècle, on trouve parfois des pannetons à museau taillés en peigne, qui montrent que, dès cette époque, l'art de la serrurerie n'ignorait aucune complication.

La tige, sur laquelle s'adapte le panneton, est toujours unie, sans quoi elle ne glisserait pas dans la serrure. Elle peut être, en outre, pleine, et dans ce cas, on donne à la clef le nom de bénarde, ou bien elle est forée, c'est-à-dire faite en canon, et évidée dans toute sa longueur. Le canon de la clef forée est ordinairement percé d'une façon sphérique ; mais il arrive parfois, surtout dans les serrures anciennes, que la forure est carrée, en trèfle, en pique, ou lobée. Les clefs de cette nature sont généralement très soignées, parce que ces complications augmentent singulièrement le prix de la main-d'œuvre, et qu'on ne pratique les forages de ce genre que sur les pièces de choix. Toutefois, le panneton et la tige étant appelés forcément à disparaître dans le corps de la serrure, c'est sur les parties destinées à demeurer visibles, c'est-à-dire sur la boucle ou embase et sur l'anneau, que se concentre l'ingéniosité de l'artiste.

Beaucoup de clefs, dans ces parties extérieures, constituent de véritables merveilles de délicatesse, d'élégance et de finesse d'exécution. Celles du XIVe et du XVe siècle sont assez peu communes. Elles sont moins élégantes également que celles du siècle suivant. Leur anneau représente le plus souvent des rosaces ou de petites combinaisons ornementales, lobées, ayant l'ogive pour principe. Quelques-uns de ces anneaux sont remplacés par des petits personnages, par des animaux, par des petits édifices, église, château fort, etc. Ces derniers sont rares. Le XVIe siècle est plus riche encore en combinaisons. Oiseaux fantastiques, sirènes, dauphins, sphinx, chimères, s'associent pour varier

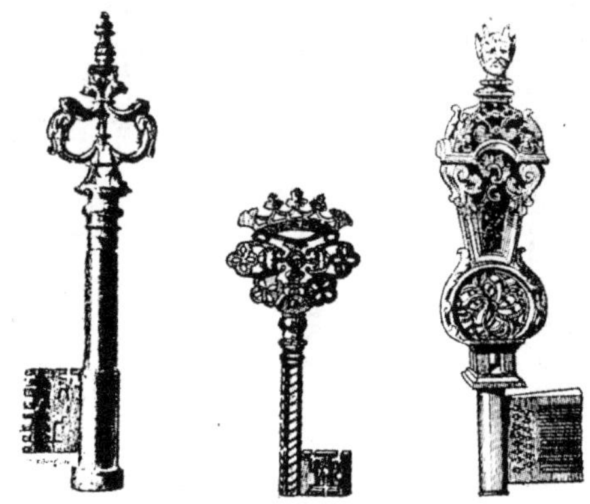

Fig. 598 à 600. — Clefs du XVIe et du XVIIe siècle.

à l'infini les motifs de décoration qui, enlevés dans la masse, évidés, sculptés, burinés, ciselés avec un soin extrême, deviennent des œuvres d'art d'un très grand prix.

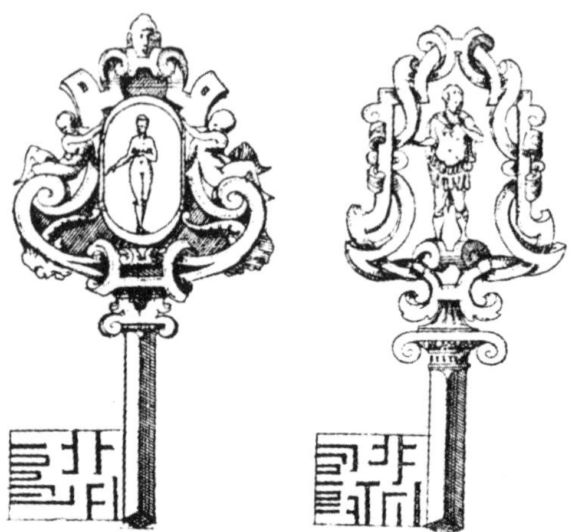

Fig. 601 et 602. — Modèles de clefs, d'après Du Cerceau.

Les albums et les recueils du temps, ceux de Du Cerceau, plus tard ceux de Mathurin Jousse, montrent, au surplus, que les artistes les plus renommés ne craignaient pas de consacrer leur talent à la composition de ces délicieux spécimens de serrurerie artistique. On sait, d'ailleurs, qu'une clef de cette nature, représentant des chimères adossées, a été payée récemment 35,000 francs par un amateur richissime. Il n'est pas rare que les clefs du même genre soient adjugées aux prix de 3 et 4,000 francs.

Au musée du Louvre et au musée de Cluny, on peut en voir qui sont de vrais chefs-d'œuvre. Nous citerons particulièrement le n° 211 (collection Sauvageot) dont l'embase, formée par un chapiteau corinthien, porte d'un côté

Fig. 603 à 605. — Clefs du XVIe et du XVIIIe siècle.

saint Pierre et de l'autre saint Paul au milieu d'arabesques de feuillages. Une autre (n° 212), dessinée, ou tout au moins inspirée par Du Cerceau, a son anneau formé par deux lions à pieds de bouc. Une troisième (n° 217) est surmontée de deux hippogriffes adossés, séparés par une tête diadémée. Au musée de Cluny, il s'en trouve une (n° 6007), dont l'anneau est formé par la couronne de France, supportée par des dauphins enlacés et par deux têtes chimériques.

Ces dispositions si pittoresques, si élégantes et si riches se continuèrent pendant toute la première moitié du XVIIe siècle. A partir de 1650, les formes se firent plus simples. Les belles clefs dessinées par Marot, par Delobel, par Domenico Cucci, qui fut chargé d'exécuter les fermetures des fenêtres et des portes du Louvre, des Tuileries, de Versailles, ne manquent certes pas d'ampleur, mais n'offrent plus cette recherche ingénieuse et ces combinaisons amusantes qu'on trouve encore dans la *Fidèle ouverture du serrurier,* publiée par Mathurin Jousse, en 1627. Les sphinx, les chimères, les dragons ailés cèdent le pas aux gracieux rinceaux et bientôt l'ornement le plus à la mode consistera dans un chiffre entrelacé. Du reste, il semble que, pour les meubles au moins, nos serruriers, qui à cette époque n'avaient encore rien perdu, cependant, de leur goût si remarquable et de leur prodigieuse habileté, aient

Fig. 606. — Armoiries du grand chambellan avec les clefs, insigne de sa charge.

commencé à se détacher de la confection des clefs, pour s'adonner à des ouvrages plus vastes, car l'inventaire dressé après l'incendie qui détruisit l'atelier de l'illustre Boulle nous signale un meuble dont le huitième tiroir « étoit remply de clefs neuves d'Angleterre, de toutes sortes de grandeurs, pour les bureaux, commodes et armoires. » Ainsi, dès 1720, les meilleurs ébénistes s'adressaient pour les clefs de meubles à des serruriers étrangers. Cependant nous voyons, en 1754 et 1756, Lazare Duvaux fournir au comte du Luc « une clef ciselée pour une commode de Boulle », et à M. de Montferrière une clef en S, pour une autre commode, lesquelles certainement avaient été fabriquées en France. Le goût des belles clefs n'avait donc pas complètement disparu. Ajoutons que la grande renommée dont jouirent Deumier, Brochois, Lamour, Védy, Gérard, Gamain, Doré, Buirette, nous est un sûr garant que si la passion des amateurs se fût portée de ce côté, les clefs du XVIIIe siècle eussent égalé en beauté celles des époques antérieures.

Quoique les clefs aient joué assurément un rôle considérable dans l'histoire mobilière des siècles précédents, et que, dans l'inventaire, la prisée et la vente de tous les meubles, il soit fait fort exactement mention des clefs qui les accompagnent, cependant les documents qui pourraient nous renseigner sur leur fabrication sont d'une grande rareté et d'une concision excessive. Nous savons bien, par exemple, par les *Comptes d'Étienne de la Fontaine, argentier du Roy,* que le serrurier Vincent Alexandre exécuta, en 1351, une clef très compliquée pour « la serrure de la tour Bische-Mouche au Louvre », où l'on gardait les

Fig. 607 et 608. Modèles d'anneaux de clefs, d'après D. Marot.

joyaux du roi, et qu'il toucha pour son dû seize sols parisis. Mais quelles étaient la forme et l'ornementation de cette clef ? Nous l'ignorons. Nous savons également qu'en 1416 et 1417, Berthelot de Louvain et Jehan de Châlons, l'un et l'autre artisans renommés, furent chargés de clore, à l'aide de « serrures à ressort, fermans à deux clefs » et de « serrures à ressort garnies de cinq clefs », les chambres d'Isabeau de Bavière et de ses demoiselles. (Archives nationales, *Menus plaisirs de la reine* (K K, 49), années 1416-1417 Mais comment étaient décorées ces clefs, qui devaient rendre moins facilement accessible la retraite beaucoup trop hospitalière de ces dames ? Le document ne nous le dit pas. Nous lisons encore que le bon roi René avait deux trousseaux de clefs, ou mieux deux *liasses :* « Trente-huict clefs en une liasse » et « en une autre lyasse XV clefs » (*Invent. des meubles du château de Reculée,* 1471) ; mais on ne nous apprend rien de plus. Aussi, plutôt que de continuer ces citations, qui ne nous avanceraient point beaucoup, nous terminerons cette rapide monographie, en transcrivant ici une petite poésie de La Monnoye, qui a pour objet la clef d'une jolie femme :

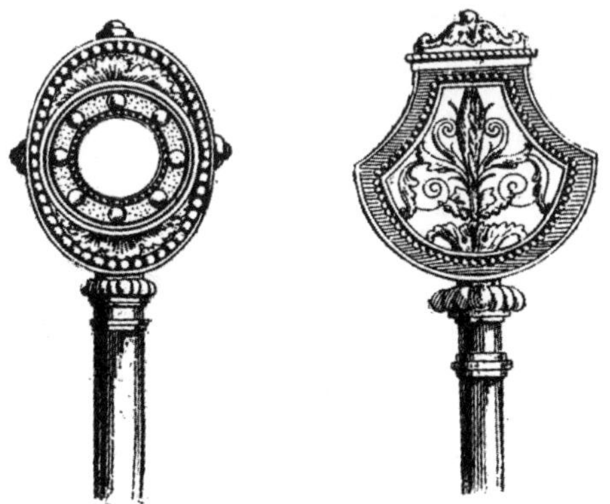

Fig. 609 et 610. Modèles d'anneaux de clefs, d'après La Londe.

A PHYLIS
SUR LA CLEF DE SA CHAMBRE

Si j'avois, aimable Phylis,
La clef tant désirée,
Je croirois que du paradis
J'aurois trouvé l'entrée.
Mais, au reste, j'en userois
Autrement que saint Pierre ;
J'entrerois seul, et j'exclurois
Le reste de la terre.

Cléda, *s. f* Locution provençale. Grille, barreaux de fer disposés de façon à former une clôture, à fermer une baie.

Clenque, *s. f* Voyez CLANCHE.

Clepsydre, *s. f* Horloge à eau, appareil indiquant l'heure par l'écoulement de l'eau. Cette sorte de chronomètre est connue depuis la plus haute antiquité. Les clepsydres étaient en usage à Athènes et à Rome, où elles servaient à modérer la trop compendieuse éloquence des

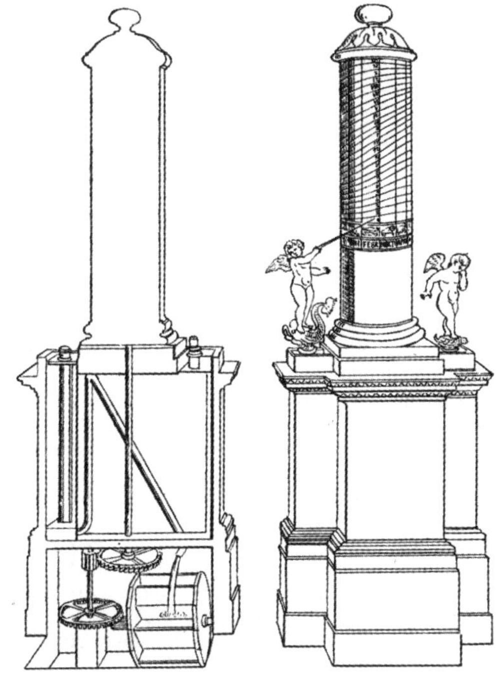

Fig. 611 et 612. — Clepsydre de Ctésibius, d'après la restitution de Perrault.

orateurs. Les premières clepsydres employées dans la vie civile paraissent avoir été en forme de cône gradué, et par la hauteur de l'eau comparée avec les indications tracées sur la paroi intérieure du vase, on arrivait à déterminer d'une façon approximative la marche du temps. Vitruve, qui attribue à Ctésibius d'Alexandrie l'invention de ces sortes d'horloges, bien qu'elles soient très antérieures, nous apprend que ce savant mécanicien parvint à construire plusieurs sortes de clepsydres, qui, restituées d'après le texte même de Vitruve (lequel n'hésita pas à leur consacrer un chapitre entier de son *Architecture*), ont fait l'admiration des Modernes comme elles avaient fait celle des Anciens.

Le premier de ces appareils, dont nous donnons une restitution d'après Claude Perrault, consiste en une colonne où se trouvent gravées des lignes verticales marquant les douze mois de l'année, et des lignes horizontales indiquant les diverses heures du jour. Cette colonne, qui tourne sur un piédestal, met 365 jours pour effectuer son évolution

Au côté droit de la colonne, on peut voir un enfant qui, paraissant pleurer, laisse tomber goutte à goutte dans la clepsydre l'eau nécessaire pour la faire mouvoir. Cette eau, pénétrant dans l'intérieur de l'appareil par un conduit long et étroit, monte peu à peu et finit par emplir ce conduit, dans lequel se trouve un flotteur en liège qui supporte une autre petite figure, en sorte que celle-ci, s'élevant à son tour, désigne successivement, à l'aide de la baguette qu'elle tient en sa main droite, les différentes heures préalablement tracées sur le fût de la colonne.

Nous croyons inutile de décrire le mécanisme intérieur de cette horloge d'eau, mécanisme d'autant plus ingénieux qu'il est assez peu compliqué, et nous passons de suite à la seconde forme de clepsydre, imaginée par Ctésibius, à celle qu'on a nommée *Clepsydre à tambour* (*tympanum*) et qui, munie d'un cadran et d'un eaiguille mobile, ressemble infiniment plus que la précédente à nos horloges modernes.

La figure que nous donnons ci-contre montre l'intérieur de cet appareil. On y voit un premier réservoir (A) dans lequel l'eau tombe et dont un déversoir dégage le trop-plein. L'eau passe de ce réservoir en suivant le conduit (B) dans le grand tambour (C) qui forme la façade de l'horloge ; puis, s'écoulant par un trou situé dans le haut de ce tambour, elle pénètre dans le petit tambour (D), qu'on a représenté ici en dehors de la place qu'il occupe habituellement, mais qui, en temps ordinaire, se trouve emboîté dans le grand tambour. Ce petit tambour, étant d'inégale largeur, reçoit, suivant la face qu'il présente, une quantité d'eau plus ou moins considérable, qui, s'en retournant par le conduit E au réservoir A, se dégorge par la bouche F dans le réceptacle G. A la surface de ce réceptacle se trouve un flotteur suspendu à une chaîne s'enroulant sur l'axe I et se terminant par un contrepoids K. A mesure que l'eau s'élève, le flotteur monte et le contrepoids, tendant à descendre, fait tourner l'axe dont la marche se traduit sur le cadran par l'avancement des aiguilles.

Ces exemples suffisent à montrer à quelle perfection mécanique ces appareils étaient parvenus dès l'Antiquité. Il est problable que ces horloges ingénieuses étaient alors assez nombreuses. Malheureusement, les crises terribles qui marquèrent la chute de l'Empire romain entraînèrent leur ruine et leur disparition. Néanmoins, la tradition de ces belles inventions se conserva dans le monde savant, et au VIe siècle de notre ère, deux philosophes illustres, Boèce et Cassiodore, construisirent des horloges à eau qui indiquaient l'heure, les mois et les jours. Puis, quand le centre politique et intellectuel du monde se fut déplacé, l'Orient se passionna à son tour pour ces gracieux problèmes, et le calife Haroun-al-Raschid fit présent à Charlemagne de la plus magnifique clepsydre connue. Voici en quels termes Philippe Mouskes, dans sa *Chronique rimée*, parle de ce chef-d'œuvre :

Et li tramist, se jou n'i fal,
I moult rice horloge d'arkal :
As XII eures, sans détrüer,
Venoient XII cevalier
Armé, sour cevales trop biaus ;
Escus orent et pignonciaus ;
Par XII feniestres issoient
Et apriès toutes reclooient
Quant il en estoient issu.
Et cil orloges tous plains fu
De cloketes trop bien sonans,
Petitaites et bien parans.
S'en iert tele la mélodie
C'onques tele ne fut oïe.

Les clepsydres d'un usage courant dont on se servait dans les châteaux et les couvents étaient, cela se comprend, d'un modèle beaucoup plus simple. Ces appareils toutefois rendirent assez de services pour qu'au XVIIe et au XVIIIe siècle, un certain nombre de savants se soient flattés de restituer à ce genre d'horloges une partie de la faveur dont elle avaient joui. Tycho-Brahé, Dudley, Amontons, les utilisèrent pour leurs observations. En 1725, l'Académie des sciences proposa comme sujet de concours de déterminer les lois du mouvement des clepsydres. Ce fut Daniel Bernoulli qui remporta le prix. Enfin, Newton lui-même ne regarda pas comme au-dessous de lui d'en faire le sujet de curieuses recherches. Mais la difficulté de déterminer avec exactitude la vitesse de l'eau qui s'échappe et d'autres

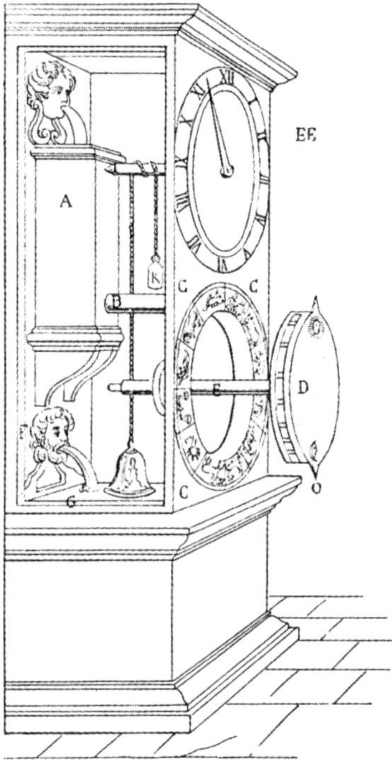

Fig. 613. — Clepsydre à tambour.

raisons d'opportunité obligèrent ces savants à renoncer à l'usage des clepsydres.

Clérin, *s. m.* — Sonnette. (Voir Clarin.)

Cleu, *s. m.* — Locution picarde. Clou. « A Hanotin de Hénault..... pour VI livres de grans cleux, de quoy les deux bendes furent attaquées (attachées) au prix de VIII deniers pour livre. » — « Accat (achat) de cleus et de queuilles de fer et autres menus ouvrages de fer, etc. » (*Comptes de la ville d'Amiens*, 1401.) (Voir Clau.)

Clichet, *s. m.* — Orthographe et prononciation picardes. (Voir Clique, Cliquet.)

Clinche, *s. f.* — Voir Clanche.

Clinquant, *s. m.* — Le clinquant se compose de petites lames de cuivre doré, de forme régulière, ayant à chaque extrémité un trou, à l'aide duquel on fixe la lame sur l'étoffe. Etienne Binet, dans ses *Merveilles de la Nature* publiées en 1600, écrit : « Il y a cuivre et letton et tous deux sont propres à battre. On fait du letton l'or clinquant. » Le clinquant n'est plus guère employé que dans les broderies pour uniformes. Jadis, il tenait une large place dans la broderie d'ameublement. « Quatre pièces de tapisserye de velours vert, avec des figures baptues de clinquant d'or. » (*Invent. des meubles du prince de Condé,* 1588.) « Un lit en housse de damars jaulne, doublé de peluche incarnat, et tout passementé de clinquant d'argent, etc. » (*Invent. de Gabrielle d'Estrées,* 1599.) « Plus un autre lict avec ses trois pentes, les soubassemens, les quatre bonnes grâces, le tout de toille d'or bleue frisée d'or et d'argent, velloutée de cramoisy par carrés, avec des montans de velours noir en bordure, canetillé d'or et d'argent et de clinquan. » (*Invent. du château de Turenne,* 1615.) « Un meuble de cabinet de damas blanc incarnadin, chamarré de passement et clinquant or et argent. » (*Invent. général des meubles de la Couronne et de la maison royalles.*) Dans le pamphlet intitulé l'*Isle des hermaphrodites,* on lit : « Aussi permettons-nous à nos dicts subjects..... d'avoir plusieurs chambres tapissées de riches tentures....., les sièges couverts de soye et chamarrés de clinquant. » Enfin l'article XXIII des statuts donnés, en 1704, à la Corporation des brodeurs porte que « lesdits maîtres sont tenus de guiper le clinquant à la moitié l'un sur l'autre », etc.

L'usage du clinquant était si général au XVIIe siècle que Henri IV ne signa pas moins de trois édits pour le proscrire, le premier en 1594, le second en 1601, le troisième en 1606. C'est relativement à ce dernier édit que Regnier écrivait dans une de ses satires :

> . . . . A propos on m'a dict
> Que contre les clinquants le roy faict un edict.

Louis XIII suivit en cela l'exemple de son père. On peut juger par là et par les citations précédentes que le clinquant n'était pas uniquement réservé, comme l'ont prétendu certains archéologues, « aux laquais et aux batteleurs ».

Cliot, *s. m.* — Locution forézienne. Demi-porte à hauteur d'appui, pour fermer les étables et les maisons.

Clique, *s. f.;* **Cliquet,** *s. m.* — Loquet, targette. Ce mot, qui appartient aux vocabulaires picard et franc-comtois, n'est plus guère usité que dans les campagnes. « A Villame Allevré... pour ce qu'il fist II cliques à la despense de la d[e] maison. — A luy pour j cliquet aluys (à l'huis) du morlon de ladite maison. » (*Comptes de la ville d'Amiens,* 1405.) « A Jehan Latour... pour avoir faict le fons d'un toppillon de l'un des flacons de bouche et reffait le cliquet de neuf... » (*Comptes de l'argenterie d'Anne de Bretagne,* 1491.)

Cliquette, *s. f.* — Sorte de castagnettes dont les lépreux étaient porteurs, et qu'ils agitaient pour tenir les passants à distance. Dans la pièce intitulée la *Vie du mauvais riche,* le lépreux demandant l'aumône :

> Si sonnoit-il moult haultement
> Ses cliquettes abondamment,
> Dont au mauvais riche despleut,
> Et envoya plus tost qu'il peut
> Son varlet.....

Porter des cliquettes était alors synonyme d'être lépreux.

> S'il ne porte encore les cliquettes,
> Je suis content d'estre tondu.
>
> (*Sermon joyeux de bien boyre.*)

Clisse, *s. f.* — Abréviation d'ÉCLISSE. (Voir ce mot.) Osier fendu dont on fait la vannerie. « Un vieux panier de clisse p[r] la so[e] de V sols. » (*Vente Lemérotel;* Saint-Malo, 1638.) « Plus deux écrans de clisse. » (*Invent. de Henri de Béthune, archevêque;* Bordeaux, 1680.) « Un vesselier en clisse, 7 sols. » (*Invent. de Jean Briond ;* juridiction de la vicomté d'Artois, 1706.)

Cliver, *v. a.;* **Clivage,** *s. m.* — Terme de lapidaire. Cliver, c'est tailler une pierre dans le sens de ses couches de critallisation, le clivage est le résultat de cette opération. Ces mots ne paraissent pas anciens dans notre langue. Tallemant des Réaux, parlant du Juif Lopez (*Historiettes,* t. II, p. 38), écrit : « Il avoit chez lui un homme à qui il donnoit huit mille livres par an et le nourrissoit lui sixième. Cet homme tailloit des diamants avec une diligence admirable et avoit l'adresse de les fendre d'un coup de marteau quand il étoit nécessaire. » On peut conclure de ce passage qu'au XVIIe siècle, cliver et clivage, omis du reste par Richelet et Furetière, n'étaient pas encore usités.

Cloaison, *s. f.* — Fermeture. « Durant ces chouses le Roy se partist d'Acre et s'en alla à Cesare avecques tout ce qu'il y avoit de gens ; et reffist faire les murs et cloaisons de Cesare, que les Sarrazins avoient rompuë et abatuë. » (*Mémoires du sire de Joinville,* t. II, p. 67.) (Voir CLOISON.)

Cloant, *part.* et *s. m.;* **Clouant,** *part.* et *s. m.* — Participe présent du verbe CLOUER, signifiant clore, fermer. « Ung très petit tablier cloant, en ung estuy de bois. » (*Invent. de Charles V,* 1380.) En d'autres termes, un petit damier se fermant, c'est-à-dire à charnières et se ployant en deux. « Ung coutel à manche d'yvoire, et est ledit manche couvert d'un estuy cloant d'argent doré. » (*Ibid.*) « Une serpent d'argent doré, sur le dos de laquelle a deux pièces clouans à charnières. » (*Invent. du Louvre,* 1420.)

Pris substantivement, cloant est le plus souvent employé dans le sens de fermoir. « Unes heures à deux petiz cloans d'argent. » (*Lettre de rémission,* 1398.) « Une assez grosses heures couvertes de velours, avec deux cloans d'argent doréz. » « Ung myssel couvert de drap d'or, aussi, à deux cloans d'argent doré, avec les armes à demy de Bourgogne. » (*Invent. de Marguerite d'Autriche,* 1524.) Il est également usité, à la même époque, dans le sens de volet. « Uns tableau d'ivoire, à cloans, de haute taille, en l'un des costéz desquelz sont saint Jehan, Notre-Dame, saint Jacques, et en l'autre un crucifiement à deux couple[t]s d'or et un clouant d'or. » (*Invent. d'Anne de Bretagne,* 1420.) « Un autre tableau wyde, qui se ouvre à deux demi-clouans, etc. » « Ung grand miroir d'achier faict à l'anctique et garni de perles, fermant à deux clouans. » (*Invent. de Charles-Quint,* 1536.) Dans ce dernier sens, on se sert également du mot FERMANT.

Cloche, *s. f.;* **Clochette,** *s. f.;* **Clokette,** *s. f.;* **Cloquette,** *s. f.* — La cloche est une sorte de vase de métal renversé et muni d'un battant, dont on se sert pour les sonneries religieuses et pour donner un signal ou un avertissement. La cloche proprement dite n'a guère d'emploi dans nos intérieurs.

La clochette, diminutif de la cloche, s'adapte mieux aux dimensions de nos logis. Depuis plus de cinq siècles, elle sert à prévenir ou à appeler les serviteurs. L'*Inventaire de Charles V* (1380) mentionne : « Une petite clochette [d'argent], qui fut de l'inventoire de la Royne Jehanne de Bourbon pesant à tout (avec) le batant, qui est de fer, troys onces »; et : « Une clochette d'or hachiée à ymages, et est le tenon de deux angeloz qui tiennent une fleur de lys couronnée ; pesant atout le battant d'or, ung marc dix-sept estellins. » Dans l'*Inventaire de l'hôtel Saint-Pol* (1420), figurent : « Une petite clochecte d'or et au dessus un ront, et dedens une fleur de lis à jour. — *Item,* une petite clochecte d'argent où est escript par en hault : ceste clochecte est allayée de V[e]. » L'*Inventaire de Marguerite d'Autriche* (1524) compte « deux clochettes d'argent ». Dans l'*Inventaire du château de Condé* (1569), nous lisons :

« Et au dessus de ladicte porterye (conciergerie), une clochette avec ung cordeau servant d'entrer (*sic*) à la maison. » L'*Inventaire de Marie Stuart* (1586) nous signale la présence d'une « clochette d'argent en sus la table de Sa Majesté ». Enfin, Tallemant (*Historiettes,* t. V, p. 145)

Fig. 614. — Petite cloche du XIVe siècle.

écrit en parlant du marquis de Rouillac : « Son pot et son verre sont sur sa table, comme sa viande : il a une clochette et il sonne quand il a besoin de quelque chose ». Ce qui semblait une singularité chez le marquis de Rouillac est devenu un commun usage. Aujourd'hui, en effet, dans notre mobilier, la clochette joue encore un rôle important. Mais on l'a débaptisée et on l'appelle sonnette.

Les mots cloche et clochette ont aussi d'autres significations. En architecture, on a longtemps nommé cloche ce qu'aujourd'hui on désigne sous le nom de CORBEILLE, et clochette ce qu'on appelle plus généralement GOUTTE. (Voir ces deux mots.) Les fumistes, quand ils construisent un calorifère à air chaud, appellent cloche le récipient en fonte destiné au combustible. On donne également ce nom aux ustensiles de métal, de forme concave, dont on se sert à la cuisine pour faire cuire les fruits ; aux couvercles en ferblanc ou en bronze argenté, dont on couvre les plats pour tenir les mets chauds ; à la coupe renversée de verre ou de cristal qu'on place sur le fromage ; enfin généralement à toute espèce d'objet de verre, d'ivoire, de métal, rappelant plus ou moins exactement la forme de la cloche. Au siècle dernier, on appelait encore de cette façon les globes, ou mieux les demi-globes de verre dont on recouvre les objets précieux. Le 10 octobre 1757, Lazare Duvaux vendait au duc d'Orléans « une cloche de cristal pour un morceau d'ivoire tourné ». (*Livre journal,* t. II, p. 331.) Et pour terminer avec les multiples acceptions dans lesquelles ce mot a été employé, rappelons que les ébénistes appellent cloche les boursouflures qui se produisent dans le placage, par suite du manque de colle ou pour toute autre raison. On remédie à ce soulèvement partiel, au moyen de piqûres d'aiguilles, par lesquelles on introduit de la colle claire sous la partie boursouflée et ensuite par l'application d'un fer chaud, qu'on presse jusqu'à ce que l'adhérence se soit de nouveau produite.

CLOKETTE, en patois picard et brabançon, a la même signification que clochette en français. Dans l'*Inventaire de Marguerite d'Autriche,* dressé à Malines en 1524, on rencontre également CLOKETTE prise dans ce sens.

Clocher, *s. m.* — Tour dans laquelle on loge les cloches d'une église. Au XVIe siècle, on donna, dans le langage de la décoration, le nom de clocher à ce que nous nommons des aiguilles ou des pinacles. « Y avoit au chœur de ladite Église Notre-Dame, une grande et singulière chapelle ardente... garnie de treize clochers, tous croiséz et recroiséz avec un nombre infiny de luminaire ». (*L'Ordre observé à l'enterrement du roi Henri II,* 1559.)

Clocheteur, *s. m.* — JACQUEMART. (Voir ce mot.) Automate frappant les heures. Celui de la *Samaritaine,* au Pont-Neuf, était regardé comme le roi des clocheteurs. En 1612 parut un petit pamphlet intitulé : *Lettre consolatrice du général de la Compagnie des Clocheteurs de France à ses confrères.*

Clocheton, *s. m.;* **Clochetton,** *s. m.* — Petit clocher, et, par extension, aiguille, pinacle. On trouve aussi, au XVIe siècle, « clochetton » employé comme diminutif de clochette.

Or en ce point, il la print et vestit,
Et puis après ses jambes revestit
De clochettons ou petites sonnettes.

(*La Légende joyeuse de Pierre Faifeu.*)

Cloison, *s. f.;* **Cloaison,** *s. f.;* **Cloeson,** *s. f.* — Séparation légère, qu'on pratique entre deux gros murs pour diviser une pièce en un certain nombre d'autres pièces de moindre étendue. On fait des cloisons en maçonnerie, c'est-à-dire en briques, en briques creuses, en carreaux de plâtre ou en remplissage. On fait aussi des cloisons de menuiserie. Celles-ci sont généralement en planches assemblées à rainures et languettes, ou bien elles sont vitrées. Autrefois on écrivait cloaison ou cloeson, et il semble que ce terme avait alors une signification plus générale que de nos jours et que, dérivé du verbe clore, il s'appliquait à toutes sortes de fermetures. « Pour rappareillier la cloeson de l'alée de la prison. » (*Réparations faites au château de Breteuil,* 1340.) « Paiement à Jean Touchart, charpentier d'Angers, de vingt-une livres quinze sols pour avoir fait et acomply la charpenterie de la galerie de la Chambre des Comptes, et la cloaison qui sert de coudouers (*sic*) à l'entour du préau... et aussi pour avoir fait, de charpenterie à lymandes renforsées, deux cloaisons et deux eschalles qui sont comme l'on monte en la chambre joignant la salle de ceste dite chambre. » (*Comptes du roi René. Édifices d'Angers ;* août 1463.)

Les cloisons, telles que nous les entendons aujourd'hui, n'eurent jamais une très bonne réputation. Chapelle, enfermé à Saint-Lazare, se plaint de ce qu'elles le protégeaient mal des rigueurs de l'hiver :

Dans une froide plaine assise,
Est une chétive maison,
Où jamais ne fut un tison,
Et qui ne peut parer la bise
Que par quelque faible cloison.

C'est à peu près le seul morceau poétique que nous ayons rencontré où il soit question de cloisons. Quant à la prose, la cloison trouve sa place dans maintes aventures égrillardes, témoin le plaisant récit de la *Troisième journée des Caquets de l'accouchée* (p. 110).

En serrurerie, ce qu'on appelle cloison forme trois des côtés de la boîte qui renferme le mécanisme de la serrure. Cette cloison est fixée sur le palastre au moyen d'étoquiaux à tenons.

Cloisonné, *adj.* — Voir ÉMAIL.

Cloisure, *s. f.* — Forme ancienne de clôture. On lit dans la *Chronique du bon duc Loys de Bourbon* (p. 233) : Alors le duc de Bourbon dit : — Messeigneurs, vous dites bien : il me semble qu'il est bon que nostre lougeis soit clos d'aucune ligière cloisure, car Sarrazins ne combatent fors à cheval. Dont dirent les seigneurs : — Monseigneur, vous dites bien et aussi le voulions nous dire, et souffira de peu de cloisure. »

Cloque, *s. f.;* **Cloquette,** *s. f.* — Formes picardes de CLOCHE et de CLOCHETTE. (Voir ces deux mots.)

Closage, *s. m.* — Locution ancienne. Clôture. « Mais les Anglois descendirent à pié selon le costé d'un vilaige et mistrent derrière eulx un closage fort. » (*Chronique normande du* XIVe *siècle*, p. 163.)

Clostret, *s. m.* — Petit réduit généralement en menuiserie, ouvert sur une de ses faces, où l'on se tenait pour se garantir du froid. « Ung oratoire de fuste, enquoy Madame oyoit la messe, lequel elle appeloit clostret, ouquel a ung quarrel verd de drap de soie...., deux petits tapis vieulx et trois quarriaux de cuir. » (*Invent. du château des Baux*, 1426.) Ce mot est très vraisemblablement une variante du suivant.

Clotet, *s. m.* — Sorte de pavillon, qu'on tendait dans les salles et surtout dans les églises, pour préserver les personnes du vent et du froid. « Pour faire un grant courtine de salle et I clotet, IX pièces de cendaus vermeux. » (*Dépenses du couronnement de Philippe le Long.*) « Pour III pièces de cendaus noirs, dont l'en fist un clotet, pesant LV onces, [à] II sols VI deniers, l'once valent VI livres XVII sols VI deniers. — *Item,* pour la façon de ce clotet, et pour corde et ruban, et pour aniaus XXX sols. » (*Comptes de Geoffroi de Fleuri, argentier du roi,* 1316.) (Voir fig. 615.) Au XVIe siècle, le clotet fut remplacé par la COURTINE. (Voir ce mot.)

Clou, *s. m.* — Tige de fer plus ou moins longue, terminée en pointe à l'une de ses extrémités, à l'autre par une tête, et qui sert soit à suspendre des objets, soit à rattacher ou à relier plusieurs corps ensemble. Les diverses sortes de clous employées dans le bâtiment sont très nombreuses. On peut dire qu'elles varient de taille, de nature et de forme suivant les usages fort multiples auxquels elles sont destinées.

A une époque où la principale décoration des pièces consistait en tapisseries suspendues à la muraille, on comprend que les clous devaient jouer un rôle considérable dans les fournitures des tapissiers. Au mot CROCHET, où nous nous occupons de cette spécialité, on en trouvera la preuve. Les clous employés par les menuisiers donnaient aussi matière à des fournitures importantes. Le *Compte de Guy Guillebaud, trésorier du duc de Bourgogne, relatif au service funèbre de Jean sans Peur* (23 octobre 1419), porte une fourniture de « trois milliers de cloux ». Un compte de Guillaume Chalourit, « varlet de fourrière » du roi Louis XI (1460-1481), ne mentionne pas moins de « sept milliers de grant clou et six milliers sept cens de moien à clouer », nécessités pour des travaux de menuiserie.

Dans l'ameublement, on a également employé de tout temps un nombre considérable de clous. « Les garçons tapissiers clouent du matin au soir, écrivait au siècle dernier l'auteur du *Tableau de Paris,* et l'on ne voit cependant jamais un clou entre leurs mains. Ils les cachent entre leurs doigts ou dans leur bouche. » Aujourd'hui, il en est encore de même. Les clous dont se sert le tapissier sont apparents ou cachés. Ces derniers prennent le nom de *semence.* On emploie de la « semence de 16 onces » pour le sanglage, pour le guindage et pour fixer la toile taroube, et de la « semence de 6 onces » pour rabattre la toile d'embourrure, et la toile de coton ou le linet. (Voir au mot GARNITURE, à quelles opérations successives correspondent ces diverses désignations.) Les clous apparents sont généralement disposés de façon à concourir à l'ornementation du meuble qui les reçoit. On les divise en clous en bronze, unis ou avec motifs, en clous polis, en clous nickelés, argentés, dorés, etc. Autrefois, pour les cérémonies funèbres on fabriquait des clous noirs. « Le dict cercueil de bois couvert de veloux noir et icelle couverture colée et clouée de menus clous noirs. » (*L'Ordre observé à l'enterrement du roy Henri II,* 1559.)

Les clous à tête dorée s'appellent *perles,* et l'on désigne sous le nom de *perles dorées* celles qui sont dorées à la feuille, et de *perles surdorées,* celles dont la tête a été simplement vernie. Autrefois, on employait, dans la décoration des malles et bahuts, de petits clous en étoiles nommés *rosettes.* Du XIVe au XVIIe siècle, on s'est beaucoup servi de clous en métal précieux. Mercier affirme même qu'on a vu « un de nos fameux courtisans oser mettre des clous de diamant à son fauteuil ». L'affirmation de Mercier nous paraît sujette à caution. Il n'en est pas de même pour les clous en argent. Toutefois, il convient de remarquer qu'ils n'étaient guère employés que pour des objets

Fig. 615. — Le seigneur écoutant la messe dans son clotet, d'après un manuscrit de la Bibliothèque de Bourgogne.

de petite taille. Dans le *Compte de l'exécution du testament de Jehanne d'Évreux, femme de Charles le Bel* (1372), nous voyons figurer « ij petis flacons d'argent blanc à tout (avec) le tissus de soye vermeille ferréz de clos d'argent ». Parmi les présents offerts, en 1687, par M. de Croisy à

M. Constance, qui avait amené en France les ambassadeurs siamois, se trouve « une cave couverte de satin vert ornée de galons et de clous d'argent ». Quant aux clous simplement argentés ou dorés, ils sont employés depuis le XIVe siècle à décorer les gros meubles, les sièges surtout. On peut s'en convaincre par la lecture des quelques articles qui suivent : « Le grant ymage de saint George, de brodeure, en ung estuy de veluiau vermeil, cloué de cloux doréz par dehors. » (*Invent. de Charles V*, 1380.) « A Jehan de Troies, sellier, demourant à Paris...., pour avoir garnie une chaière appelée faulx d'estueil, pour pignier le chief du Roy nostre sire, c'est assavoir le siège de veloux azur, et clouée de cloux doréz. » (*Comptes de l'argenterie de Charles VI*, 1387.) « Une chaise de bois de noyer... enrichie de clouds doréz. » (*Vente des meubles du duc de Roannès, grand écuyer de France*, 1572.) « Neuf chaises de bois de noyer doré..., couvertes par le siège et dossier de cuir ouvragé, garnies de cloux argentés. » (*Invent. de Gabrielle d'Estrées*, 1599.) « Un coffre de vache de Roussy, à clous doréz. » (*Invent. de la dame de Beaufort*; Paris, 1628.) « *Item*, un grand fauteuil..... garni d'un petit galon d'or faux, avec de petits clous doréz. » (*Invent. du maréchal d'Humières*; Paris, 1694.) « Un confessionnal à pieds de biche, couvert en coton raié, et garny de gallon à clous dorés. » (*Invent. du château de Bien-Assis*, 1766.)

Il nous semble inutile de multiplier les citations. Le rôle des clous apparents, dans l'ameublement moderne, nous est trop connu pour avoir à insister sur ce point. Nous préférons terminer par une citation, établissant qu'au temps passé les mains les plus augustes ne dédaignèrent pas parfois de manier les clous et de les mettre en place. Héroard, parlant du jeune Dauphin, qui devait cinq ans plus tard prendre le nom de Louis XIII, écrit le 21 avril 1605 : « Il se joue à coignier des clous à un vieux placet ; Mlle Piolant lui dit qu'il se donnât de garde de se blesser. Il s'en fâche et lui jette son marteau. »

CLOU. — Dans les inventaires du XIVe et du XVe siècle, on rencontre parfois ce mot employé pour désigner la pointe du chandelier qui servait à fixer la bougie. « Une palette d'ivoire, dont le clou à mettre la chandelle est d'argent. » (*Invent. de Charles V*, 1380.) Et surtout pour désigner les clous saillants qui protégeaient les reliures. « A luy (Jehan de la Rue, relieur) pour LX grans cloux de letthon et XII XII^aines^ de petiz cloux pour attachier les diz grans cloux sur les livres dessusdiz, IIII liv. VI sols. » (*Troisième compte de Jehan Abonnel, receveur des finances du duc de Bourgogne*, 1431.) « Pour plusieurs grans cloux et broches de letton pour la garniture d'un autre livre, etc. » (*Deuxième compte de Barthélemi Trotin, receveur des finances du duc de Bourgogne*, 1467.)

Clouant, *s. m.* — Voir CLOANT.

Clouté, *s. m.* — Terme de tabletier. On appelle clouté d'or, les rinceaux, fleurons, coquilles, exécutés au moyen de petits clous d'or enfoncés dans l'écaille.

Cloutier, *s. m.*; **Clouctier**, *s. m.* — Artisan qui fabrique des clous. « Rue des Marivaus demeurent les clouctiers et vendeurs de fil. » (*Description de la ville de Paris*, par Guillebert de Metz, 1422.)

Cluny, *s. m.* — Nom donné à une disposition particulière de vitraux, formée de petits losanges alternant avec de plus grandes surfaces octogones.

Clystère, *s. m.* — On rencontre, au XVIe siècle, ce mot employé dans le sens de seringue. « Ung clystère avec son estuy. » (*Invent. du château de Nérac, rédigé par ordre de Montluc*, 1569.)

Coave, *s. m.* — Locution lyonnaise. Balai.

Cocarde, *s. f.* — Ornement de passementerie de forme ronde et fait de rubans. « A VENDRE un lit à la polonoise de damas vert à grands ramages avec crêtes, cocardes et glands. » (*Ann., aff. et avis divers*, 30 novembre 1772.) La cocarde, assez usitée au siècle dernier, n'est plus guère employée dans le mobilier contemporain.

Cocatière, *s. m.* — Voir COQUETIER.

Cochenille, *s. f.* — Nom donné à une couleur d'un rouge intense, fournie par un genre d'insectes de l'ordre des hémiptères-homoptères. Dès le XVIe siècle, on employa la cochenille pour teindre la laine. Le chimiste Macquer découvrit au siècle dernier le procédé pour teindre la soie en rouge avec de la cochenille. (Voir l'*Avant-Coureur* du 16 octobre 1769.)

Cochère (porte). — Voir ce mot.

Cochino, *s. m.*; **Cochinot**, *s. m.* — Locution bordelaise. Coussin. « Un cochinot de pluma petit. — *Item*, un petit cochinot de seudat bert (de soie verte). » (*Invent. de R. de Cussac, chanoine de Saint-André*; Bordeaux, 1442.)

Coco, *s. m.* — Expression provençale. Petit corbillon fait d'osier, dans lequel les gens du peuple tenaient, en Provence, les verres à boire. Le coco a disparu des usages provençaux depuis plus d'un siècle.

On donne aussi ce nom à l'écorce de la noix de coco, ou noix d'Inde, qui, taillée et sculptée, sert à fabriquer de menus objets d'ameublement.

Cocote, *s. f.*; **Cocoto**, *s. m.* — Ustensiles de cuisine. La cocote est une sorte de casserole de fonte, dans laquelle on fait cuire doucement et mijoter certains ragoûts. Dans le Limouzin, on nomme cocoto une espèce de four de campagne avec feu dessus et dessous.

Codina, *s. f.*; **Coudina**, *s. f.* — Locution bordelaise. Cuisine. « En la codina, prumeyrament troberan des grans caminaux (chenets) de fer. » (*Invent. d'Aymeric de Caumont, chanoine de Saint-André*; Bordeaux, 1436.) « Et plus dissoren los medis exécutors, que edz aben trobat prés de ladeita codina..., etc. » (*Invent. de Ramond de Cussac*; Bordeaux, 1442.) Aujourd'hui encore, à Bordeaux, on dit coudina.

Coeffe, *s. f.* — Ce mot est pris quelquefois dans le sens de housse. « Quatre coeffes de mesme taffetas pour les pommes du lit. » (*Invent. général des meubles de la Couronne*, 1675.)

Cofeteiro, *s. f.* — Locution limousine. Cafetière.

Coffin, *s. m.* — Dans le principe, c'était un petit coffre léger, d'argent ou de cuir bouilli, haut et rond, et disposé à l'intérieur en forme de cornet, dont on se servait beaucoup, au XVe et au XVIe siècle, pour loger les oublies, pâtisserie alors en grand honneur et fort recherchée. On rencontre des coffins dans l'*Inventaire de Charles V* (1380) : « Ung coffin à oublées, d'argent blanc, fermant à clef, et ou couvescle a ung ront esmail des armes de France, et y a autour troys escussons tailléz des armes de France, pesant XVI marcs IIII onces. » Ils jouent également un certain rôle dans la dépense de la paneterie de Charles VI. En 1380, cet important service royal achète « un coffin à mettre les oublées », et le paye la somme de 32 sols parisis. En 1381, il fait faire deux « clefs d'argent » pour mettre « au coffin d'argent des oublées du Roy ». En 1383, Jaquet aux Connins fournit « un coffin neuf en cuir bouilli ferré... pour oublées, pour monseigneur de Valois ». Enfin, dans l'*Inventaire de l'hôtel Saint-Pol* (1420), figure « un coffin d'argent blanc à mettre oublies pour servir le Roy, sur le couvescle duquel a un ront esmaillé aux armes de France ».

D'autre part, parmi les *Joyaux réclamés à la Couronne d'Angleterre comme ayant appartenu à Isabelle de France*

(1400), on relève « un coffin pour chandelles ». C'est là une nouvelle sorte de coffins dont la forme devait être quelque peu différente. Ce coffin est mentionné entre une « esconce d'or » et « un mouschoir à chandelier moult riche ». Il était donc très vraisemblablement en métal précieux. Si l'on juge de sa structure par ceux dont les épiciers se servirent jusqu'à la fin du XVIIIe siècle, il devait consister en un étui assez long, de forme ronde, traversé à sa partie supérieure par une tige, à laquelle on suspendait les chandelles par la mèche et de façon qu'elles ne s'abîmassent point pendant le transport.

Au XVIe siècle, les oublies ayant cessé d'être un régal pour les têtes couronnées, les coffins d'argent et de cuir

Fig. 616. — Le marchand d'oublies avec son coffin, d'après Abr. Bosse.

bouilli disparurent du bagage de la Cour ; et l'on continua de désigner sous le nom de coffin des paniers de petites dimensions, hauts et ronds, faits en osier, et disposés de façon que les épiciers pussent y loger leurs paquets de chandelles et les pâtissiers leurs oublies ou plaisirs. La vignette ci-dessus montre quelle était la forme de ces derniers objets.

Au XVIIIe siècle, le mot coffin cessa d'être employé dans l'Ile-de-France ; mais il est demeuré en usage dans les villages du Berry, de la Normandie et dans les campagnes picardes où il signifie, suivant les localités, panier ou cornet.

Coffineau, *s. m.;* **Coffinet**, *s. m.* — Diminutifs du précédent. Le coffineau était un petit coffin, c'est-à-dire un petit panier long, muni d'une anse, dont on se servait pour loger les bouteilles et les gobelets, et aussi pour mettre les paquets de chandelle en hauteur, de façon qu'ils ne fussent point endommagés. On lit dans les *Comptes de l'Eschançonnerie de Charles VI* (1380-1383) : « A Colin Renon, pour une serreure neufve mise en un des coffineaux d'eschançonnerie..... à Perrin du Fou, coffrier, pour II coffres et III coffinaux garnis de II bahuz, achetés de lui pour mettre les vaisseaux et tasses d'argent de l'Eschançonnerie, etc. » On peut, en outre, citer une *Lettre de rémission* de l'année 1406 qui porte : « Icelle femme mist la ditte monnoye en un coffineau à mettre chandelle. »

Le coffinet paraît avoir été une des variétés du coffineau. Il résulte d'une poésie de Froissart qu'on en faisait en cuir bouilli :

J'avoie adont de cuir bouli
Un coffinet bel et poli,
Qui estoit longes et estrois...

Coffiner (se), *v. pron.* — Terme de métier, employé dans la menuiserie pour dire que des planches jouent, se courbent, se déjettent.

Coffre, *s. m.;* **Cofre**, *s. m.;* **Coffret**, *s. m.;* **Coffre-fort**, *s. m.* — « Espèce de caisse de bois, ordinairement couverte de cuir, et ornée de plusieurs ouvrages de fleurs ou compartimens, de petits clous à tête argentée. Ces coffres ferment à clef et servent à serrer des hardes, meubles, papiers ou autres choses de prix. Il y a aussi des coffres-forts et des coffres de campagne ; ceux-ci couverts de diverses peaux avec leurs poils, et ceux-là faits seulement de bois, mais fortifiés de plusieurs bandes et liens de fer. » Ainsi s'exprime Savary des Bruslons, à l'article *coffre,* et sa définition, sans doute fort exacte, s'appliquant aux coffres du XVIIe et du XVIIIe siècle, est cependant insuffisante pour nous donner une idée des formes très variées que cet utile meuble a revêtues, et des services sans nombre qu'il rendit à nos ancêtres. Le *Blason du Coffre,* que Gilles Corrozet traçait en 1539, est déjà plus complet :

Coffre très beau, coffre mignon,
Coffre du dressouer compagnon,
Coffre de boys qui point n'empire,
Madré et jaune comme cire ;
Coffre garny d'une ferreure
Tant bonne, tant subtile et seure,
Que celluy sera bien subtil
Qui l'ouvrira de quelque oustil ;
Coffre sentant plus sœuf que basme ;
Coffre, le thrésor de la dame ;
Coffre plein de doulces odeurs
Et de gracieuses senteurs ;
Coffre, dont le chaîtron très net
Faict l'office d'ung cabinet ;
Coffre luysant et bien froté,
Coffre qui n'es jamais croté,
Coffre dans lequel se repose
Le perfun mieulx sentant que rose ;
Coffre où sont mis les parementz,
Les atours et les vestementz,
Qui cachent la poitrine blanche,
Le tetin, la cuisse et la hanche,
Et aornent le corps et la teste,
Tant jour ouvrier que jour de feste ;
Coffre où n'a point de pourriture,
Coffre exempt de vers et d'ordure ;
O très poly et joly coffre,
Qui reçois tout cela qu'on t'offre ;
Ne seuffre que mecte la main
Dans toy, le larron inhumain.

Mais Gilles Corrozet, tout en se préoccupant beaucoup des qualités décoratives du coffre et de ses services variés, ne célèbre guère, en ses vers, qu'une sorte de coffres, ceux qui restaient à demeure dans la salle ou la chambre. Or, aux siècles précédents, ces coffres-là étaient l'exception. Nous l'avons constaté déjà et nous aurons occasion de le redire : pendant tout le Moyen Age, le mobilier fut essentiellement nomade. L'esprit de défiance, justifié par l'incertitude de la vie, dominait dans toutes les classes de la société. Le seigneur, le marchand, le bourgeois ne croyaient leurs effets précieux en sûreté que lorsqu'ils les avaient près d'eux. Bijoux, orfèvreries, meubles et tentures, habillements, papiers, titres, livres, vaisselle, ils emportaient tout avec eux dans leurs déplacements, et leurs changements de résidence prenaient l'apparence et les proportions d'un déménagement. Dans ces conditions, on se rend facilement compte du nombre de coffres qui étaient nécessaires pour procéder à des transbordements pareils, et de la variété de formes, de taille, d'aspect que nécessitait la variété des emplois. C'est ce qui explique la place relativement importante que les coffres tenaient dans les *Comptes de l'Argenterie royale*. Ainsi, dans ceux de Geoffroi de Fleuri, argentier de Philippe de Valois et ensuite du roi Jean, nous voyons tout un chapitre intitulé : « Coffres, malles, bahus et autres choses achetées de ce mestier. » Un autre chapitre porte pour rubrique : « Coffres, malles et bahus pour les dons du Roy. » Le *Cinquième compte de Gauthier de Vanves, argentier du roi Jean II* (1355), contient pareillement un chapitre de « coffrerie ou sommage ». Enfin dans *le* XVIIe *Compte de Guillaume Brunel, argentier de Charles VI* (1387), nous trouvons la mention suivante : « Coffreries, malles et bahus pour le Roy nostre dit Seigneur, pour Madame la Royne, pour Monseigneur le duc de Thouraine, bailléz et delivréz aux gens et officiers desdits Seigneurs et Dame, par le temps de ce présent compte en la présence dudit contrerolleur » ; et sous cette rubrique on ne relève pas moins de vingt articles livrés par Pierre du Fou, Perrin Bernart, Jacquet aux Connins, Jehan de Drèzes et autres, tous fournisseurs de la maison royale.

Fig. 617. — Coffre à fausse penture de fer ouvragé (XIIIe siècle).

Une preuve, du reste, de l'importance de ces fournitures, c'est la situation relativement considérable qu'occupaient, dans l'industrie de ce temps, les coffretiers ou *coffriers,* comme on disait alors. Les princes et les rois, en effet, ne se bornaient pas à renouveler périodiquement leurs provisions de coffres, mais encore (nous l'avons vu par les comptes d'Étienne de la Fontaine) ils en approvisionnaient, sous forme de cadeaux ou de dons, les principaux personnages qui les entouraient. Une curieuse observation, c'est que ce renouvellement périodique se continua jusqu'à la fin de la monarchie. Un mémoire sur l'administration de l'Argenterie (*Menus plaisirs et affaires*), daté de 1784, nous apprend que le renouvellement, qui se faisait primitivement tous les ans, ne se fit plus dès lors que tous les trois ans, et qu'il consistait en huit grands coffres pour le service de la chambre, deux pour les valets de chambre barbiers, deux pour les livres et cartes, plus vingt et un coffres pour la garde-robe et le linge du roi, quatre pour les garçons de garde-robe, quatre pour les valets de chambre tapissiers, un pour les bains. On fournissait en outre trois petits coffres pour les rubans et les nœuds. La dépense était d'environ 16,000 livres. Le renouvellement pour les princesses, qui s'effectuait tous les cinq ans, consistait (en 1773) en soixante-neuf coffres de différentes grandeurs, vingt-six malles de lit, trois portemanteaux, un sac pour les paniers, un étui pour les chapeaux, cinq cassettes, un coffre-fort, un coffre pour les diamants, etc. Cette fourniture montait à plus de 12,000 livres pour chaque princesse.

Une autre preuve de la grande importance de cette industrie, c'est encore le soin que mettent les descripteurs de villes à nous indiquer où logent les artisans qui fabriquent ces meubles utiles. « Le cimetière Saint-Jehan, écrit Guillebert de Metz (*Description de Paris*, 1422), est où demeurent les ouvriers de coffres et de huches. » C'est surtout le nom de *rue des Coffres,* donné à certaines rues de nos vieilles villes, notamment à une des rues d'Avignon ; c'est enfin le nombre relativement considérable de ces meubles qu'on rencontre chez les rois et les princes du XIVe et du XVe siècle. Ainsi, dans l'*Inventaire de Charles V* (1380), nous ne relevons pas moins d'une trentaine de coffres. L'*Inventaire de Charlotte de Savoie* (1483) en mentionne plus de quarante. Sur ce nombre, 9 renferment des vêtements, des étoffes, des objets de literie ; 7 contiennent des livres et des objets de piété ; dans les 13 suivants sont emballés les objets de toilette et de ménage ; 5 autres coffres sont garnis d'étoffes de prix et de vaisselle ; un coffre de fer est plein de bourses, elles-mêmes plus ou moins remplies d'or, et dans les derniers se trouvent toute une série d'écrins et de coffrets renfermant des bijoux, des joyaux, des pierreries.

Chez une simple princesse, Catherine de Rohan, comtesse d'Angoulême (1497), les coffres sont naturellement moins nombreux. Nous n'en rencontrons que onze. Mais leurs destinations respectives ne sont pas moins variées. Il y en a pour tous usages, de toutes formes et de toute matière, depuis le « coffre de boys », où est serré le linge ordinaire, jusqu'au « grant coffre ferré de fer blanc », où la dame conserve ses « robbes de veloux fourrées de gennetes, de recezeax, de drouguetz, de martres et de chaz d'Espaigne » ; jusqu'au « petit coffre de cuyr ferré », placé à demeure dans la chambre à parer, et qui contient « seize cuvrechiefs de fine toille de Rains ; et vingt autres cuvrechiefs de toille d'Hollande » ; et enfin jusqu'au « coffre barré de fer » déposé « en la chaspelle du chasteau à Congnac », dans lequel sont serrés les papiers précieux et les titres de la châtelaine.

Dans cette prodigieuse variété de coffres, il s'en trouvait naturellement de fort grands, assez grands même pour qu'on pût y cacher quelqu'un. On se souvient du curieux pari que fait la dame, dont il est question dans la XXVIIe des *Cent Nouvelles,* d'enfermer son mari dans un coffre de sa garde-robe. « Et lors s'avance et fist tirer du coffre les robes qui estoient dedans ; et quand il fut vuide, ma damoiselle et ses femmes, à quelque meschief que ce feust, firent tant que monseigneur fut dedans tout à son aise. » C'est en un coffre du même genre que, dans le joyeux conte de Straparole, Polissène cache son amant : « La chambrière, voyant que c'estoit le maistre, courut incontinent vers sa maistresse, qui estoit encore dedans le lict avec le prestre, et luy dit : — Madame, voicy mon maistre qui est retourné. Ce que entendant la maistresse fust toute effrayée, et s'estant levée le plus tost qu'elle peut, cacha le prestre (qui estoit en chemise) en un coffre, où elle tenoit les plus beaux vestements qu'elle eust. » (Ire *Nuit,* fable v.) Plus loin, lorsque Nérin, fils de Galois, roi de Portugal, cherche à enlever la femme de Raymond Brunel, il se dissimule également dans un de ces meubles. « Je me suis, dit Nérin lui-même, caché dedans un coffre, et de peur que le mary ne me trouvast, elle mit au devant du coffre beaucoup de vestemens qu'elle avoit tirés hors des coffres, de peur qu'ils ne fussent mangés par la vermine. » L'amusante comédie de Pierre de Larivey, intitulée *les Esprits* (acte II, scène v), nous montre l'adroit Frontin disant à son maître : « J'ay advisé qu'il faut que vous vous mettiez en un coffre ; puis faignant que luy envoyez des vestemens, vous faire porter en sa chambre. » Et dans sa farce des *Escolliers de Paris* (acte V, scène II), Pierre de Larivey fait enfermer également Lactance en un coffre par l'imprudente Gillette. Enfin, pour sortir des farces et des romans : « En ce mois (janvier 1602), écrit Pierre de l'Estoile, en la rue de Beaubourg, à Paris, au logis d'un baudraieur, trois petis enfants, dont le plus aagé n'avoit pas sept ans, s'estant enfermés, en se jouant, dans un grand coffre, y furent estouffés, hormis le plus petit aagé de quatre ans, qui en échappa : ce que j'ay esté curieux jusques là de l'apprendre du maistre mesme de la maison. » Ainsi, jusqu'au XVIIe siècle, certains coffres d'un usage courant affectèrent une taille considérable ; d'autres, au contraire, étaient extrêmement petits. Ceux-là, nous en parlerons plus loin, à l'article COFFRET.

Fig. 618. — Panneaux de coffre en bois sculpté (XVe siècle).

Cette variété de destinations, de grandeurs et de formes devait, on le comprend, entraîner une variété considérable de noms ou de surnoms, et nous risquerions de nous égarer dans cette nomenclature un peu longue, si nous ne procédions avec une méthode raisonnée et un ordre sévère. Parmi ces coffres, les uns étaient distingués par leur pays d'origine. C'est ainsi que dans l'*Inventaire du baron d'Ornezan de Saint-Blancard, capitaine des galères du roi* (Marseille, 1556), nous trouvons « ung coffre de noyer à la néapolitaine », et dans l'*Inventaire de Grégoire Beaunom* (Bordeaux, 1607), « ung coffre de Flandres garny de quinze barres de fer blanc ». D'autres inventaires mentionnent des coffres de Chypre. Les coffres de Flandre, qui étaient l'objet d'un commerce assez considérable pour que la *Subvention du vingtième sur les marchandises entrant en France* (1641) en fasse une mention spéciale, étaient bardés de lames de fer et jouaient le rôle de petits coffres-forts. Les coffres de Chypre étaient enrichis d'une marqueterie de nacre, souvent fort riche. On note dans l'*Inventaire de Charlotte de Savoie* (1483) « un coffre plat de Chippre ouvré à personnaiges ». Ceux de Naples, ou *à la néapolitaine,* étaient ornés d'une marqueterie d'ivoire sur fond de noyer.

D'autres coffres empruntaient leur nom à leur forme. Les uns étaient nommés coffres plats, comme celui de Charlotte de Savoie que nous venons de citer, ou encore comme ceux-ci : « Nicolas Gilbert, coffrettier à Bruxelles, pour... Trois coffres plats pour le linge » (*Cour des comptes de Flandres,* 1530) ; et cette appellation n'a pas besoin, croyons-nous, d'explication plus ample. D'autres sont désignés sous le nom de *coffre à fest,* ou à faîte. « Ung grand coffre à fest, couvert de cuir noir, ferré de fer blanc, estant en la gallerye de dehors à Amboyse, ouquel coffre estoyent les livres du feu Roy Loys (Louis XI). » (*Invent. de la reine Charlotte de Savoie,* 1483.) Ces coffres à faîte étaient surmontés d'un couvercle à double pente, formant une sorte de toit *en bâtière.* Enfin, le plus usité de tous était le coffre à bahut. Ce coffre, dont nous avons longuement parlé (voir le mot BAHUT), était arrondi à sa partie supérieure.

Indépendamment de ces trois formes, qu'on pourrait qualifier de classiques, on faisait encore des coffres d'aspect plus ou moins étrange ; tel était le « coffre fait en manière d'une tour » que messire Mathieu de Boissy, « prestre », présenta à Charles VI en 1380 ; ou « le coffre en triangle, de boys », qui figure dans l'*Inventaire des meubles du château de Nérac* (1598) ; ou encore le coffre « rond à huit pans à la turque, tout couvert de feuilles d'argent », que décrivent les *Inventaires des meubles de la Couronne* sous le règne de Louis XIV. Mais ces fantaisies ne sauraient nous retenir.

Les coffres à faîte et les coffres à bahut étaient surtout des coffres de voyage. C'est ce qui fait qu'on les appelait aussi des *coffres à sommier,* c'est-à-dire disposés pour être chargés sur les bêtes de somme. Dans le XVIIe *Compte de Guillaume Brunel, argentier de Charles VI* (1387), figure l'achat d'une « paire de coffres à sommier, pour mettre et porter certaine artillerie ». L'*Inventaire du Louvre* (1420) mentionne également « un petit coffre à sommier couvert de cuir noir ». Mais la taille de ces coffres à charger sur les bêtes de somme variait, ainsi que leur forme, suivant les objets qu'ils devaient contenir. De là une foule d'indications sur la destination et l'appropriation de ces coffres.

C'est ainsi que nous voyons, en 1352, le *coffrier* Guillaume Le Bon livrer à Andrieux de Mathefelon, « escuier corps de Mons. le Dauphin », deux grands coffres ferrés « pour mectre et garder les armeures dud. Seingneur », et une paire de plus petits coffres pour « mectre haubergerie, bannières, tunicles et autres paremens ». Le 24 mai de cette même année, le même Guillaume Le Bon livre au roi Jean II un grand coffre fermant à clef, « pour mectre et porter les robes dudit Seingneur », et quatre paires de coffres pour loger « le parement » de sa chapelle. En 1360, au moment où finit sa captivité en Angleterre, le roi Jean fait acheter à l'épicier Thomassin deux serrures pour le « coffre des espices du Roy », ainsi que de la corde pour lier ses autres coffres et « les charrier en venant de Londres à Calais ». Dans l'*Exécution du testament de Jehanne d'Évreux* (1372), figure « ung coffre long ferré à mettre torches ». En 1380, Pierre du Fou, « coffrier, demourant à Paris », livre « II grans coffres couvers de cuir, ferréz à bandes de fer, garniz de serreures et de clefs, pour mettre nappes, touailles et autres linges, pour l'office de la chambre des nappes du roy »; et « ung plus petit coffre à mettre les fers aux oublies ». La même année, Colin de la Baste, « demourant au cymetière Saint-Jehan, à Paris », fournit « I coffre ferré fermant à clef pour loger les espices de cuisine », etc., etc. Les registres de la *Cour des Comptes de Flandres* mentionnent, à l'année 1530, la livraison de 19 coffres pour le service de Charles-Quint, et de ces coffres 3 sont destinés au linge de l'empereur, 2 pour ses rapières et coulevrines, 1 pour la vaisselle, 1 pour le barbier, 1 pour les arbalètes, 6 pour les « aydes », 2 pour le « harnois », etc. En 1543, François Lampsens et Jehan Van Nevele fournissent pour le même service 29 coffres pour loger les croix d'or, la chapelle, la vaisselle, le buffet de cuisine, le lit de camp, les draps d'or, les *cuvelles*, torchiers, etc., de l'empereur. Mais l'ensemble de coffres le plus important qu'on trouve dans les inventaires et dans les comptes anciens, c'est le groupe qui porte le nom de « coffres de la chambre », et dont la mission était de contenir et de protéger non seulement la literie, mais les ciels, dossiers, courtepointes et tentures, qui décoraient la chambre à coucher du Seigneur.

Ainsi, pour ne citer que quelques exemples, quand Jeanne de Bourgogne s'en alla à Reims, pour le sacre du roi son mari (1316), on délivra à Regnauldin le Bourguignon, son valet de chambre, 12 coffres, à savoir : 3 pour le lit de la reine, 2 pour ses matelas, 6 pour la garde-robe et 2 pour les demoiselles. Ces douze coffres constituaient les coffres de la chambre. Dans l'*Inventaire de Clémence de Hongrie* (1328) figurent « sept viés coffres de chambre cloués », etc. Il est à remarquer que cette destination toute spéciale persista jusqu'à une époque relativement très moderne, et qu'elle alla même en s'aggravant, si l'on peut dire ainsi. Au temps de la reine Jeanne et de la reine Clémence, on emportait avec soi, dans ses pérégrinations, la garniture de son lit, mais non pas le bois de lit. Au XVIe et au XVIIe siècle, ce dernier voyagea comme le reste. Dans l'*Inventaire du cardinal de Mazarin* (1653), nous relevons « le bois brizé » d'un lit fait « de bois de noier garny de toutes ses ferrures, estant dans un coffe carré, couvert de cuir noir et barré ». Si nous fouillons la garde-robe de M. Mancini, neveu du cardinal, nous y remarquerons « un coffre quarré avec deux ferrures, couvert de cuir noir pour metre le bois de lict ». Bien mieux, au siècle suivant, on construisit des coffres, où non seulement on renfermait la literie, mais encore où l'on pouvait coucher. Dans l'*Inventaire du cardinal de Polignac* (Paris, 1738), figure « un coffre à coucher de bois de chesne, son lit, deux matelas, deux couvertures ». Le duc de Luynes raconte dans ses *Mémoires* (XI, 407) qu'en 1752, le feu ayant pris dans l'appartement de Madame Adélaïde, celle-ci se mit à crier dans les corridors, lorsqu'un nommé Belloy, « qui devoit coucher dans un coffre et n'étoit pas déshabillé », prit sur lui de la faire taire. L'usage de ces coffres servant de lit était donc général à cette époque à la Cour. Du reste, dans l'*Inventaire du château de Versailles* dressé en 1785, nous trouvons dans l'antichambre de la princesse de Lamballe : « 2 matelas de 3 pieds, — 1 traversin de plume et coutil, — 1 couverture de laine, — le tout dans un coffre. »

Enfin l'*Almanach sous verre* de 1794 (col. 714, n° 153) célébrait les mérites d'un banc de jardin, inventé par le citoyen Lardé, mécanicien, rue de Sèvres, et qui, se transformant à volonté en « un lit de repos, un canapé, et un coffre », pouvait être exposé à toutes les injures du temps.

Fig. 619. — Coffre en bois sculpté (XVIe siècle).

Pour en revenir aux premiers coffres de chambre, à ceux du XIVe et du XVe siècle, il importe de remarquer qu'une fois vidés de la literie et des tentures qu'ils contenaient, ils n'étaient pas expulsés honteusement de la pièce dont ils avaient contenu les décorations. Leur rôle n'était pas achevé. Ils étaient soigneusement rangés contre la muraille et servaient à la fois de sièges et d'armoires. Dans l'intérieur on logeait les robes et le linge que la route avait fripés ou défraîchis, on les étendait de façon qu'ils perdissent leurs plis et on les parfumait. Nous relevons dans les *Comptes de l'argenterie d'Anne de Bretagne* (1492) le payement de 7 liv. 10 sols tournois « à Thibault Tardif, pour une aulne et demye satin violet, acheté de luy, et par luy employé à faire XXIIII sachets, pour servir à mectre de la pouldre de violette dedens les coffres du linge de la chambre et gardérobbe ». Le curieux, c'est que cet usage se continua presque jusqu'au XVIIIe siècle. Abraham Bosse nous montre encore le valet de chambre serrant les vêtements de son maître dans un coffre (voir col. 903, fig. 621) et maugréant, suivant l'habitude de ses pareils :

Je vais donc mettre dans le coffre
Tous ces vêtements superflus ;

Et quoyqu'il ne les porte plus,
Je ne crains point qu'il me les offre.

Les seigneurs du XVIIe siècle, comme certains domestiques de nos jours, n'avaient pas d'autre armoire que leur malle. Quant à ces derniers, tous, paraît-il, n'étaient point aussi honnêtes que le serviteur qu'Abraham Bosse met en scène, et Cardan, dans son curieux livre intitulé *la Science du monde* (Paris, 1661, p. 138), conseille à ses contemporains de ne point « commettre tant de choses en leurs mains (des valets) qu'ils puissent couvrir leurs larcins de nostre oubliance. — Leurs coffres en ville, ajoute-t-il, peuvent donner sur ce poinct de légitimes soupçons. »

Quant aux coffres des maîtres, ils se retrouvaient en nombre, même à la Cour, où, comme à la Ville, ils servaient à de multiples usages. Ils y étaient en telle profusion au XVIe siècle que François de Nus, dans son pamphlet intitulé *Du bonheur de la Cour et vraye félicité de l'homme* (Anvers, 1592, p. 24), cite un « commun proverbe » alors très répandu et prétendant que les courtisans ne se retirent jamais volontairement et « meurent entre deux coffres ». Au siècle suivant, ils abondaient encore, car parmi le personnel de la maison de Monsieur, duc d'Orléans, on voit figurer, en 1694, « quatre porteurs de lit et coffres de la chambre, servant par semestres ». L'*État de France* de la même année nous apprend que, chez le roi, les clefs des coffres de la Chambre étaient entre les mains du premier valet de chambre de quartier. Et veut-on savoir ce que contenaient ces coffres de la Chambre ? « Par une grande précaution pour le service de Sa Majesté, écrit P. Besongne, il y a toujours des chemises dont le Roy peut changer, en cas que, la nuit ou à une autre heure du jour, on n'eût pas le temps d'aller jusqu'à la garde-robe ; mais ces chemises, que l'on change tous les ans, restent jusqu'à la fin de l'année sans avoir été dépliées, et Sa Majesté ne se sert que de celles de la garde-robe. » Tradition, voilà bien de tes coups ! Et cela dura jusqu'à ce que des pieds ayant poussé au coffre, et un homme ingénieux l'ayant gratifié de tiroirs, il se transforma brusquement en COMMODE, nom que sa forme nouvelle justifiait pleinement. Au XVIIIe siècle, cette filiation était encore si connue, que Sobry n'hésitait pas à écrire dans son *Architecture* (p. 183) : « Les coffres ou arches sont vulgairement nommés commodes, les uns sont à couvercle, les autres à tiroirs. »

Si le coffre de chambre joua le rôle d'armoire jusqu'à une époque relativement récente, on peut dire qu'il remplit fidèlement celui de siège pendant un temps presque aussi long. Non seulement, aux XIVe et XVe siècles, c'était une habitude que de s'asseoir constamment dessus, mais même au XVIe et pendant les deux premiers tiers du XVIIe, notre meuble jouit des mêmes prérogatives. L'*Inventaire du château de Chanzé* (1471) mentionne « deux coffres servans de bancs, fermant à clefz et claveures ». Dans son VIe discours des *Dames galantes,* Brantôme raconte certaines aventures qui se passent sur un coffre et prouvent que c'était là le siège courant des appartements encore un peu primitifs. Dans ses *Mémoires* (1694), Sully écrit avoir vu chez le roi le maréchal de Biron, « qui estoit assis sur un coffre et faisoit semblant de dormir », pendant que le fameux Crillon lui criait aux oreilles « qu'il n'étoit qu'un chien galeux et hargneux ». Bassompierre, dans ses *Mémoires* (t. II, p. 266), nous apprend que pendant que le roi dînait, il demeurait sur un coffre, rêvant. Le cardinal de Retz écrit que, dans la nuit du 9 au 10 février 1651, ayant été mandé en diligence au palais du Luxembourg, il trouva « Mlle de Chevreuse assise sur un coffre », dans la chambre du duc d'Orléans. Parlant du séjour que la Cour fit à la Fère, la grande Mademoiselle dit, en ses *Mémoires,* qu'étant allée le matin de son départ chez la reine, elle trouva « la duchesse et la marquise de la Vallière et Mme de Roure assises sur un coffre, rien qu'elles trois dans la chambre » ; et dans un autre endroit, elle ajoute qu'étant à Fontainebleau, M. de Turenne vint à sa chambre le matin, comme elle allait prendre sa chemise, « de sorte qu'il attendit une demi-heure dans l'antichambre sur les coffres ». Enfin voici encore Bois-Robert, qui s'écrie :

Adieu, jardin de musc et d'ambre ;
Je m'en vais encore à la cour,
Faire le badin tout le jour,
Sur le coffre d'une antichambre.

Du reste, ce double caractère d'armoire et de siège se confondait si bien que, pendant plus de trois siècles, la plupart des sièges furent munis de coffres et servirent d'armoires. Nous renvoyons le lecteur au mot CHAISE et au mot BANC, où il trouvera de nombreux exemples de cette association. Aujourd'hui nous ne possédons plus guère que le *coffre à bois,* qui cumule ce double service.

La présence, en quelque sorte constante, du coffre dans

Fig. 620. — Coffre en bois sculpté (XVIe siècle).

la chambre de réception avait obligé de faire à celui-ci une toilette un peu soignée. Les peintres et les sculpteurs s'épuisèrent en travaux délicats pour rendre le coffre, ainsi admis dans l'intimité de son maître et seigneur, digne des

Fig. 621. — Le valet serrant les effets de son maître dans un coffre, d'après Abr. Bosse.

autres meubles au milieu desquels il tenait sa place. Dans l'*Inventaire de Charles V*, si rempli d'indications précieuses, il est permis de passer, en quelque sorte, l'inspection de ces coffres, les uns *entaillés*, c'est-à-dire sculptés, les autres *ouvrés à osteaux*, c'est-à-dire ajourés, d'autres encore *tout plains* et couverts de peintures, — la plupart remplis de tissus précieux, de tapisseries, de vaisselle d'or et d'argent. Une suite plus curieuse encore de ces coffres richement ouvragés est celle dont on constate l'existence dans cet *Inventaire des joyaux et pierreries du cabinet du roi de Navarre*, qui fut dressé par Jehanne de Foix, en 1583. Les coffres y sont au nombre de dix, possédant chacun un nom emprunté à l'Ancien Testament. Le premier se nommait *Abraham;* le second, *Jacob;* le troisième, *Ésaü;* le quatrième, *Job;* le cinquième, *Moïse;* le sixième, *Aaron;* le septième, *David;* le huitième, *Salomon* ; le neuvième, *Lazare*, et le dixième, *saint Jean*. Il est assez vraisemblable que quelque peinture ou quelque sculpture rappelait le personnage dont le coffre portait le nom. Mais ce n'est point tout. Une des curiosités de ces coffres, c'est que les écrins ou étuis qu'ils renfermaient étaient étiquetés (cotés, dit l'*Inventaire*) par des fragments de phrase, empruntés au *Credo*. Ainsi, il y avait l'étui *je crois*, puis venait l'étui *en Dieu*, ensuite l'étui *le père*, après cela l'étui *tout-puissant*, etc. On voit qu'à cette époque le calvinisme n'était pas aussi sombre qu'il nous apparaît dans les livres.

Constatons, toutefois, que ces grands coffres qui servaient à la fois d'armoires et de sièges, quoique décorés avec une certaine somptuosité, n'approchaient pas de ceux qui, de taille plus réduite, étaient montés sur des pieds ou supports, et servaient exclusivement à la garde des objets de grand prix. Parmi ces derniers coffres, il s'en rencontre qui sont eux-mêmes de véritables joyaux. Ainsi, dans l'*Inventaire de Charles V*, que nous citions à l'instant, on en trouve un en or « esmaillé de la vie de sainte Marguerite »; un autre est en jaspe blanc garni d'or, un troisième en jaspe rouge, un quatrième est en cèdre entouré de dix piliers d'argent. On en remarque en argent émaillé de la vie de Notre-Dame, en argent émaillé de couronnes et molettes, en argent *véré*, niellé, en *ybenus* (ébène) garni d'argent, etc. L'*Inventaire du château de Vincennes*, dressé en 1418, mentionne des coffres de jaspe garnis d'or, avec « ès quatre coins, images garnis de saphirs, balais, esmerauldes et perles ». En 1453, quand Madeleine de France fit son entrée à Angers, la ville acheta, de l'orfèvre Pierre Marquis, « un coffre d'argent doré, esmaillé et poinssonné par dehors, à personnaiges ». Dans l'*Inventaire du château d'Angers* (1471), on relève « ung coffre fait à personnaiges d'ivoire ». Des coffres en ivoire figurent également dans l'*Inventaire de Charlotte de Savoie* (1483), où on note « un coffre d'argent à fest crénellé tout à l'entour, esmaillé de bestes et oyseaulx sauvaiges ». L'*Inventaire de Marguerite d'Autriche* (1524) ne mentionne pas moins de seize coffres. Il en est dans le nombre de « bien ouvréz à jour à la manière d'Espaigne », d'autres sont « couverts de velours cramoisy », d'autres faits de « menues ouvraiges d'or, d'ivoire et aultres choses ». Enfin, on en trouve sept, tant grands que petits, « faictz de pâte cuite, à la mode d'Italie, bien ouvréz et doréz ». C'est la première ou pour mieux dire, c'est la seule fois que nous rencontrons des coffres décorés avec une matière si délicate. Dans l'*Inventaire des joyaux de la reine de Navarre* (1534), nous remarquons

Fig. 622. — Dame assise sur un coffre, d'après Abr. Bosse.

aussi, pour la première fois, « ung coffre d'or esmaillé de noir à la moresque »; mais ce qui doit nous frapper surtout dans cet inventaire, c'est « ung coffre de cristal enchâssé en or, à couvercle relevé, et aux quatre coings deux leuvriers blancs dessus, qui tiennent ung balle, et dix autres balles autour ». Les coffres de cristal, en effet, devinrent, à cette époque, grandement à la mode. En cette même année (1534), François Ier en achetait un à son joaillier Allart Plommier, « garny d'or et enrichi de diamenz rubiz et perles ». Ajoutons que leur vogue se continua pen-

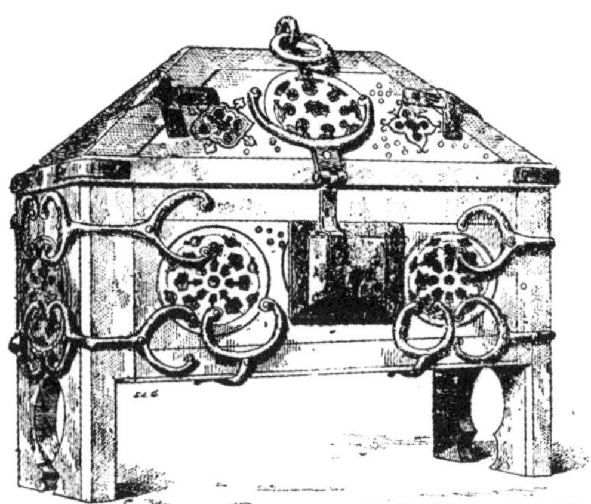

Fig. 623. — Coffret *à fest* en ivoire (XIVe siècle).

dant près d'un siècle. Pierre de l'Estoile raconte, en effet, qu'un valet de chambre du roi, nommé Papillon, en acquit deux à Venise pour 8 à 10,000 écus, avec la pensée de les revendre à Henri IV, et fut déçu de ses espérances par la ladrerie du Béarnais (1608). Enfin Loret, dans sa *Muze historique,* parle d'un

. . . . . Beau cofre fait exprès,
Non de cèdre, ni de cyprès.
. . . .
D'or, d'argent, ny d'autre métal,
Mais d'un resplendissant crystal
De façon rare et très esquize,
Et fait pour le moins à Venize.

Au milieu du XVIIe siècle, les coffres de cristal n'avaient donc encore rien perdu de leur vogue. Mais le coffre précieux par excellence en ces temps était le coffre d'argent, moins peut-être parce qu'il coûtait un prix élevé, que parce qu'il était toujours d'une réalisation facile. Pierre de l'Estoile, en ses *Mémoires,* nous fournit un exemple de ces réalisations. En 1610, il fut obligé de revendre un coffre d'argent doré, qu'il avait acquis vingt ans plus tôt, « sur lequel, écrit-il, j'ay perdu douze francs, n'en aiant retiré que quarante-huit livres de soixante qu'il m'avoit cousté du sire Aveline, qui me l'avoit vendu il y a plus de vingt ans, et auquel Loyse, ma fille, l'a rendu ce jourd'hui ». Par Héroard, nous savons que Marie de Médicis fit don à son fils Louis XIII, alors Dauphin, d'un coffre d'argent où elle mettait ses boucles d'oreilles. Les divers inventaires, dressés sous son règne nous apprennent que Louis XIV posséda, lui aussi, un certain nombre de ces coffres d'argent dont quelques-uns étaient de dimensions assez vastes, puisqu'ils pesaient de 16 à 21 marcs, mais parmi lesquels aussi il s'en trouvait de fort petits. Disons même que la plupart des coffres non seulement en argent, mais en matière précieuse, quelle qu'elle soit, ivoire, cristal, bois exotiques, étaient généralement de proportions très réduites et pouvaient, à la rigueur, être rangés dans la classe des coffrets.

Le COFFRET, diminutif du coffre ou, si l'on aime mieux, coffre de petite taille, est aussi ancien que son grand frère. Nous avons dit, au commencement de cette notice, qu'on modifia la forme des coffres suivant l'usage auquel ils étaient destinés et les objets qu'ils devaient contenir. Il était naturel que, pour les bijoux et les joyaux de petit volume, on construisît des coffres de très petites dimensions. Les coffrets sont donc contemporains des coffres. L'*Exécution du testament de Jehanne d'Évreux* (1372) mentionne un coffret d'ébène garni d'or. Dans le *Trousseau de Marie de Bourgogne, comtesse de Clèves* (1415), figure « un petit coffret d'or et de cristal », enrichi de perles. L'*Inventaire de la reine Charlotte de Savoie* (1483) ne comprend pas moins de dix coffrets en matière précieuse, dont quatre en ivoire, deux en argent, deux en ambre, deux couverts de velours. Dans les *Comptes de l'argenterie d'Anne de Bretagne* (1492) figure un achat de velours « pour garnir par dedens ung petit coffret, servant à mectre les bagues et joyaux de la dicte Dame ». Un inventaire de cette même reine (1498) mentionne un « coffret d'amulettes », fait en ivoire, « personnaiges à demye bosse, iceulx imaiges pains ». L'*Inventaire de Marguerite d'Autriche* (1524) décrit huit coffrets d'argent, d'ivoire, « de bois painct de plusieurs lyons », couverts de velours rouge ou noir, à la mode d'Italie, etc. Nous savons qu'en 1528, François Ier paya 328 livres à Regnault Danet, orfèvre parisien, pour « ung petit coffret d'argent doré, taillé en esmail de basse taille ». L'*Inventaire du château de Nérac* (1555) signale également « ung petit couffret faict à bahut, couvert de velours noir....., lequel est plain de relicques envelopées dans des papiers », etc. Dans l'*Inventaire des joyaux et pierreries du roi de Navarre* (1583), on remarque « ung petit coffret en forme de livre », contenant un livre d'or enrichi

Fig. 624. — Coffret au chiffre de Henri II (XVIe siècle).

de camées, etc., et Pierre de l'Estoile nous apprend qu'il serrait ses monnaies d'or et ses médailles « dans ung petit coffret damasquiné ». On pourrait multiplier ces exemples.

Ajoutons encore que le coffret eut sur son grand frère l'avantage, au point de vue plastique, de présenter des formes encore plus variées. Nous avons relevé, au cours de cette étude, un certain nombre de coffres d'aspect fantaisiste; mais la plupart étaient quadrangulaires à leur base. Les coffrets, au contraire, étaient souvent à six et à huit pans. M. Viollet-le-Duc nous a conservé l'image d'un de ces coffrets octogones en ivoire remontant au XIVe siècle. Dans l'*Inventaire des meubles de la Couronne*, dressé en 1673, on en rencontre plusieurs qui affectent cette même disposition. Nous citerons, entre autres, « un coffret d'argent d'Allemagne, à huit angles, cizelé sur les costéz de bas-reliefs de figures et paysages; — un petit coffret octangle, dont le corps est d'argent d'Allemagne vermeil doré, tout couvert d'un ornement d'argent blanc percé à jour, etc. » Dans ce même inventaire, figure également « un coffre à six angles dont le corps est d'argent vermeil doré ». On en trouve pareillement un « carré long, avec son couvercle en forme de sépulture ». Ce coffret, peu folâtre, qui rappelle le grand coffre que l'empereur Maximilien « avoit toute sa vie faict mener avec lui », qu'on croyait « plein d'argent ou de lettres ou de quelque autre chose de grande importance et qui n'estoit que sa sépulture où il vouloit estre ensépulturé. » (Voir *Mémoires du maréchal de Fleuranges*); ce triste coffret était enrichi de jaspes, d'agates, de pierres de Florence. Les coffrets en pierres dures étaient, du reste, à la mode à cette époque. « Un coffret de six pièces de jaspe vert et d'Orient, garny d'argent vermeil doré, ayant quatre figures de relief aux quatre coins », et un coffret « à huict pans, avec son couvercle [fait] de plusieurs pièces de [cristal de roche] enchâssées dans des moulures et ornemens d'or, orné de huict colonnes torses avec leurs bases et chapiteaux d'or », décrits dans ce même document, en fournissent la preuve. Au surplus, il n'est guère de matière dont on n'ait fait des coffrets. A Fontainebleau, dans la chambre dite de Louis XIII, on en montre un, en application d'ivoire, qu'on prétend avoir appartenu à Marie de Médicis. Au musée du Louvre, il en existe un en cuivre, très remarquable, qui date de la même époque, et au musée de Cluny, on en voit un en cuir frappé au petit fer, et portant le nom de Marie de la Mortelière (1631). Nous savons, par Mlle de Montpensier, que Louis XIV envoya à Henriette d'Angleterre « un présent, le plus joli du monde: un coffret de calembour garni d'or, où il y avoit toutes sortes de bijoux »; et par Dangeau, que le roi offrit à la Dauphine un coffre de la Chine, rempli de coffrets de même provenance, renfermant force bijoux et rubans. Du reste, même lorsque le coffre se fut transformé en COMMODE (voir ce mot), le coffret demeura en usage et en honneur. C'est dans un coffret, délicatement travaillé, que *Turcaret* envoie à sa baronne un billet au porteur (acte Ier, scène IV), et les nombreux coffrets mentionnés dans l'*Inventaire de la belle Mlle Desmares* (1746) donnent à entendre que c'était là un mode d'envoi fort usité. Les coffrets en vernis que le sieur de Bligny, « peintre-doreur et lancier (?) du roi, établi cour du Manège aux Tuileries », exécutait pour sa riche clientèle (voir l'*Avant-Coureur* du 1er septembre 1760); le coffret à huit pans, en ébène, enrichi de pierres précieuses, à fleurs et à fruits en relief, dont les *Annonces, affiches et avis divers* du 7 août 1760 publient la vente; ceux de laque et de bois des Indes qui figurent à la vente du maréchal de Belle-Isle (17 avril 1762); ainsi que le coffret, composé de six plaques d'agate orientale, « rubannée, œillée et chamarrée » de la *Collection de Marie-Antoinette* (1789) montrent que les coffrets précieux furent à la mode jusqu'à la fin du siècle dernier. Enfin, le coffret de porcelaine qu'on peut voir à Fontainebleau et où sont racontées, en de fines peintures, toutes les cérémonies du mariage du duc d'Orléans, aussi bien que le présent d'un coffret en nacre de perles et en bronze, fait, en 1841, par le baron James de Rothschild à la princesse Mélanie, prouvent que ces petits meubles ont été également appréciés par la société de notre temps. « James m'a rapporté de Paris un joli coffret en nacre de perle et en bronze; il était rempli de bonbons, ce qui ne gâte rien. » (*Journal de la princesse Mélanie*, dans les *Mémoires de Metternich*, t. VI, p. 531.)

Fig. 625. — Coffre de mariage (travail italien, XVIe siècle).

Pour que cette monographie soit complète, il nous reste encore à parler de trois sortes de coffres, dont jusqu'ici il n'a pas été question dans cet article : les coffres de nuit, les coffres de mariage, les coffres-forts.

Les COFFRES DE NUIT étaient de petits coffrets, généralement recouverts en velours et garnis à l'intérieur d'un peu de linge propre, de peignes, de brosses, d'éponges, de miroirs. Ils servaient encore le soir aux femmes à « serrer leurs colliers, leurs brasselets, leurs joyaux ». (Sobry, *Architecture*, p. 184.) Le jour, ils restaient à demeure dans la chambre, posés sur un pied assez simple. Le soir et le matin, on les portait à la maîtresse de la maison, sur son lit. De la sorte, elle pouvait procéder facilement à sa première et à sa dernière toilette de la journée. C'est contre ces coffrets, souvent très luxueux, que peste l'auteur des *Remonstrances aux femmes et filles de France*.

> Ces cofrets diapréz et ces fatras de chambre,
> Toilettes et peignoirs, soufflant le musq et l'ambre,
> Couvre-chefs de fin lin, dentelés alentour,
> Et ces coiffes de nuict faictes en diadesme,
> Orgueil démesuré ! s'en yront tout de mesme :
> Auriez-vous plus la nuict de faveur que le jour?

Comme ces coffres portaient aussi le nom de « cassettes de nuit », nous en avons parlé assez longuement au mot CASSETTE, auquel nous renvoyons le lecteur.

Les COFFRES DE MARIAGE étaient ceux dans lesquels on logeait le trousseau des jeunes mariées. Ces coffres, dont

Fig. 626. — Coffre en acier poli. — Musée de Cluny.

l'usage est fort ancien, ne se distinguaient des autres que par une magnificence un peu plus grande. Parmi les coffres les plus beaux en ce genre, dont on ait conservé le souvenir, il faut citer celui que Boulle exécuta pour le prince de Condé. On a vu figurer à la vente de San-Donato, où il fut payé 75,000 francs, un coffre de mariage à deux corps et trois faces, commandé à Boulle par Louis XIV, pour le mariage du grand Dauphin, son fils, avec Marie-Christine de Bavière. (Voir l'article CORBEILLE.) Mais, au XVIIe siècle, déjà le coffre de mariage ne renfermait plus les vêtements de la mariée, mais seulement les bijoux et les pierreries offerts par la famille du fiancé. Si l'on tient, du reste, à savoir de quoi se composait le contenu de ces superbes meubles, on trouvera au mot CASSETTE des indications assez détaillées sur ce que renfermait celui préparé, par la grande Mademoiselle et par M. de Créqui, pour la future de Louis XIV, et sur celui que M. de Béchameil offrit à sa fiancée, Mlle Le Ragois. Le *Journal de Verdun* (avril 1745) nous apprend, en outre, qu'à l'occasion du mariage du Dauphin avec l'infante d'Espagne, celle-ci reçut du roi « un coffre de velours cramoisy, enrichi de broderies d'or et rempli d'un grand nombre de bijoux ». Toutefois, il importe de remarquer qu'à cette époque le mot CORBEILLE avait pris, depuis plusieurs années, la signification spéciale conservée depuis par lui, et sur laquelle nous donnons plus loin quelques détails. (Voir ce mot.)

Le COFFRE-FORT, dit Richelet, « est un cofre de fer, ou de bois, épais, garni de tôle ou de bandes de fer, où l'on serre de l'argent, etc.; on y met ordinairement une forte serrure à plusieurs pènes et difficile à ouvrir ».

Ce genre de coffre est d'un usage fort ancien. Nous avons dit que les coffres avaient de tout temps servi à serrer les joyaux, l'argent, les effets et les papiers précieux. L'*Inventaire de Charles V* (1380) parle de « coffres que le roy fait porter continuellement avecques soy, dont il porte la clef ». Ces précautions montrent assez quelle importance on attachait à ce que ces *secrets-coffres,* comme les appelle Christine de Pisan, ne fussent pas fouillés par des indiscrets. De son côté, Froissart, racontant le pillage des environs de Toulouse par les Anglais (1356), nous dit que les envahisseurs trouvaient « les coffres pleins de bons joyaux »; autre part, parlant du comte Gaston de Foix (1388) : « Il avoit, écrit-il, certains coffres en sa chambre où, aucunes fois, il faisoit prendre de l'argent pour donner à ung seigneur chevalier ou écuyer, quand ils venoient par devers lui. » Enfin Olivier de la Marche parle à maintes reprises des « coffres de son espargne », où le duc de Bourgogne conservait « grans deniers et grand avoir ». (*Mém. relat. à l'hist. de France,* t. VIII, p. 293.)

Cette habitude de serrer l'argent et les objets de valeur dans un coffre spécial était donc générale. Dès lors, il semble tout naturel qu'on ait cherché à éloigner de soi toute inquiétude, en renforçant les fermetures de ce meuble utile et en le construisant de façon qu'il pût résister aux tentatives des voleurs. C'est ainsi que dans l'*Inventaire du château des Baux* (1426), nous notons la présence d'« ung grand coffre qui s'appelle *des joyaux,* ferré, ouquel a une petite cayssette ». L'*Inventaire de Charlotte de Savoie,* déjà cité, mentionne pareillement « un coffre bandé de fer-blanc, fermant à deux claveures (serrures) ».

Les coffres à bandes de fer, connus sous le nom de coffres de Flandre, n'étaient pas inviolables, toutefois. En 1457, les administrateurs du collège de Navarre avaient enfermé dans un coffre ferré, fermant à trois serrures, une somme de 500 écus. Les trois serrures furent forcées, le coffre ouvert, les 500 écus volés ; et François Villon, convaincu d'être l'instigateur du crime, fut mis à la question et condamné à la potence. D'autres événements de ce genre, au moins aussi nombreux à cette époque que de nos jours, firent rechercher par quel moyen on pourrait mettre les coffres à l'abri de ces déprédations. C'est alors qu'on inventa les coffres tout en fer. En 1481, Louis XI acheta à Laurens Volvic « ung petit coffre d'acier bruny, et les bords doréz, pour mectre le sceau de secret dudit Seigneur ». Il nous a été conservé quelques-uns de ces coffrets de fer du XVe siècle. Ils sont treillissés et très résistants. Au siècle suivant, ils augmentèrent de taille, et, au lieu d'être en treillis, furent fabriqués en tôle pleine. C'est dans un de ces grands *coffres de fer,* comme les appelle Pierre de l'Estoile, que le sieur Molan, trésorier de l'É-

Fig. 627. — Coffre-fort, d'après l'*Encyclopédie.*

pargne, avait serré ses joyaux et son argent, lorsque, le 4 mars 1589, on vint faire chez lui une perquisition. On trouva, entre autres richesses, « vingt-sept bourses de jetons d'argent de chacune un cent, plus quarante-quatre mil escus en or, et quelques besongnes singulières, le tout estant dans un coffre-fort, dedans le coin du cabinet dudit Molan ». Cette anecdote est à retenir, car c'est la première fois que nous rencontrons le mot coffre-fort. A partir du XVIIe siècle, il reçut ses lettres de grande naturalisation dans notre langue. Les coffres-forts, toutefois, n'eurent pas le privilège de préserver les richesses publiques ou privées de toute atteinte. Tallemant, dans une de ses *Historiettes* (t. IV, p. 35), fait raconter à Laffemas l'histoire d'un de ces meubles garni de 15,000 livres et appartenant à un marchand de la rue Aubry-le-Boucher, que les voleurs avaient emporté, n'ayant pu l'ouvrir ou le rompre sur place. Il faut croire, malgré cela, qu'ils inspiraient une assez grande confiance, car le même Tallemant (t. Ier, p. 179) nous apprend que le poète Malherbe, ayant un jour touché 400 livres, en dépensa la moitié dans l'achat d'un de ces coffres, afin de pouvoir serrer les 200 autres.

Malgré l'invention des coffres de fer, cependant, on continua d'en fabriquer en bois pour loger les effets de prix. On se contentait, dans ce cas, de renforcer les serrures. Le « coffre de boys couvert de cuyr », fermant à deux clefs, où était renfermée la vaisselle d'argent de Charlotte de Valentinois (1514) ; celui recouvert de velours vert, qui contenait les joyaux de Jeanne de Bourdeille (1595), sont là pour l'attester. De même, pour le « coffre de boys de noyer faict en menuzerie, fermant à quatre tombans, ayant deux clefs et ferré de crampons par dedans », que décrit minutieusement Pierre de Capdeville dans son inventaire (1591), en ayant soin de nous informer que c'est dans ce coffre qu'il « tient » son argent. Il en est encore ainsi pour « ung coffre de noyer bandé par le dedans de fer et fermant à clef » où Jehan Verrier, seigneur du Bosc, enfermait « quand vivoyt » (1590) ses économies ; pour « ung coffre-fort de bois de chaisne bandé de bandes de fer et une serrure à ressorts », compris dans l'*Inventaire de Gratien Ménardeau, conseiller de la grand'Chambre* (Paris, 1657) ; pour le « coffre-fort de bois de chesne, garni de fer par dedans, de trois serrures et deux cadenas », qui figure dans l'*Inventaire de Molière* (1673) ; de même encore pour le « coffre-fort de bois de chesne ferré et tolé par dedans, à serrures fermantes à clefs », que nous remarquons dans l'*Inventaire de Pierre Le Comte, chanoine de l'église collégiale Saint-Honoré* (1718).

Mais cette dernière mention nous conduit au XVIIIe siècle, époque à laquelle une grande révolution s'opéra dans la construction des coffres-forts. On les associa à d'autres meubles, et, quand la chose était possible, on les dissimula. Ouvrez le *Livre journal* de Lazare Duvaux, vous verrez cet habile marchand fournir, en 1751, à M. de Luxembourg « un secrétaire en forme d'armoire, plaqué en bois satiné, garni de bronze doré d'or moulu, avec un coffre-fort, cornets argentés et marbre ». En 1754, il livre à M. d'Azincourt « une table plaquée en bois de rose avec une armoire et un coffre-fort » ; en 1755, à M. de Saint-Priest, « un secrétaire bâti de chêne, à coffre-fort, plaqué en bois de rose, garni en bronze doré d'or moulu, avec son marbre de Sérancolin ». En 1762, à la *Vente Gaillard de Gaigny* figurait également « un cabinet et coffre-fort de Boulle », etc.

Fig. 628. — Le costume emblématique du coffretier, d'après Larmessin.

En 1765 (numéro du 18 mars) les *Annonces, affiches et avis divers* indiquaient comme étant à vendre chez M. de La Chesnaye, rue du Temple, « une bibliothèque à crémaillère bien sculptée avec des ornemens relatifs aux sciences... avec coffre-fort ménagé dans l'angle et belle ferrure, etc. » Enfin, en 1787, on trouvait à vendre chez le vicomte de Sabran « un très beau bureau à cylindre en bois de noyer, avec bibliothèque au-dessus contenant 12 tiroirs y compris un coffre-fort ». (*Ibid.*, numéro du 17 août 1787.)

Les coffres tout en fer et indépendants n'avaient pas cessé d'être en usage, toutefois ; car nous relevons dans une lettre de la fameuse chevalière d'Éon de Beaumont, adressée à M. de Vergennes et relative à Beaumarchais (20 janvier 1778), la phrase suivante, qui mérite assurément d'être retenue : « ... J'avois un grand et magnifique coffre-fort de fer, avec des serrures merveilleuses à secret, pour mettre ma correspondance. M. Caron me dit qu'il aimoit beaucoup les coffres-forts, je le donnoi à M. Caron. »

On sait que c'est sur ce genre de coffres-forts que s'est concentrée l'ingéniosité de nos fabricants modernes. En 1825, M. Fichet inventa les coffres-forts garnis de matières incombustibles, composés de deux caisses, formées chacune d'un seul morceau de tôle, placées l'une dans l'autre et parfois blindées de bandes d'acier. Quant à la fermeture, on a eu recours, depuis cette époque, aux combinaisons les plus curieuses pour protéger l'inviolabilité des serrures. La plupart des caisses se ferment à l'aide d'un secret résultant d'une combinaison de lettres connue du seul propriétaire ; et les matières réfractaires qui garnissent l'entre-deux des enveloppes de tôle empêchent la chaleur d'y pénétrer, alors même que la première des enveloppes serait portée au rouge.

Coffretier, *s. m.;* **Coffrier**, *s. m.* — Les coffretiers sont fort anciennement établis à Paris, puisqu'ils sont nommés, avec les merciers, par Étienne Boileau, dans son livre, au titre XIX, concernant les faiseurs de serrures à boîtes. Cependant il ne paraît pas qu'ils aient été constitués en Communauté avant l'année 1596, où ils reçurent des lettres patentes d'Henri IV.

Les ouvrages que les maîtres de la Communauté pouvaient faire et vendre étaient les coffres de toutes formes et de toutes tailles ; les malles de cuir ; les garde-robes et demi-garde-robes ; les gros et petits sommiers ; les paniers d'osier ; les malles à mettre lits de camp ; les fourreaux pour mettre bois de lit, chaises et tables de campagne ; les bouges ou coffres à porter la vaisselle d'argent ; les bougettes pour serrer l'argent monnayé ; les fourreaux et les étuis de pistolets, etc. La Communauté des coffretiers se composait, dans le principe, de deux branches distinctes : les coffretiers-malletiers et les coffretiers-bahutiers. Ceux-ci se séparèrent pour faire une Communauté à part. (Voir BAHUTIER.) Les autres continuèrent d'être régis par quatre maîtres. Leurs apprentis, avant d'obtenir la maîtrise, devaient servir dix ans, dont cinq ans comme compagnons. Ils étaient astreints au chef-d'œuvre. Chaque maître ne pouvait avoir qu'un apprenti à la fois.

Nous avons dit quel rôle considérable les coffretiers avaient joué pendant tout le Moyen Age. Voici les noms de quelques artisans marquants dans cette profession : Richard d'Arragon, coffretier de Philippe le Long (1316) ; Renier le Picart et Guillaume Le Bon, coffretiers du roi Jean (1352) ; Pierre du Fou et Jehan de Brébant, coffretiers de Charles VI (1380) ; Guillaume Syrasse, fabricant de coffres à Paris (1417) ; Jehan du Clou, coffrier à Paris, fournisseur du duc de Bourgogne (1424) ; Victor Cochon, coffretier de Louise de Savoie (1479) ; Anthoine Boutet, coffretier d'Anne de Bretagne (1498) ; Nicolas Gilbert, coffretier à Bruxelles, fournisseur de Charles-Quint (1530) ; Hermand Thérolde, coffretier de François Ier (1537) ; François Lampsens et Jehan van Nevele, coffretiers à Bruxelles, fournisseurs de Charles-Quint (1543). Enfin, parmi les coffretiers et les malletiers en titre du roi et de sa chambre, il convient de citer : Loys Sausson (1586), Pierre Préjen (1611-1648), Guillaume Verniat (1631-1648), Lelong aîné (1647), Nicolas Ollin (1664), Nicolas Massé (1664-1688), Pierre Marchais (1664-1692), Pierre Boiteau (1677-1679), Jean Bellonne (1689-1692), Antoine Rivet (1689-1700), Jacques Binet (1692-1695), J.-B. Marchais (1692-1706), Pierre du Saussoy (1695-1706), Ph. du Saussoy et Étienne Simonneau (1740), Adrien Maillard (1757-1770).

A Lyon, les coffretiers furent érigés en Communauté avant leurs confrères de Paris. Leur règlement fut établi en 1591. Ils étaient alors réunis aux selliers. En 1630, ils se séparèrent de ceux-ci, pour former une Communauté indépendante.

Cognée, *s. f.;* **Coignée**, *s. f.* — Ce mot, dit Rabelais, « signifie, ung certain instrument, par le service duquel est fendu et coupé boys ». (*Pantagruel,* liv. IV, nouveau prologue.) C'est une sorte de hache dont les charpentiers font grand usage, et qui était en quelque sorte leur outil distinctif. L'auteur des *Mémoires de Bertrand Du Guesclin* (*Mém. relat. à l'hist. de France,* t. IV, p. 20) rapporte que les hommes que le connétable avait sous ses ordres, « quand ils pouvoient trouver dans les maisons des coignées propres à couper le bois, ils s'en saisissoient aussitost, prétendans qu'avec ces instrumens, ils seroient plus d'exécution dans une mêlée qu'avec des épées ». Il ajoute que cela « leur fit gagner la bataille de Cocherel contre les Anglois qu'ils hachèrent et charpentèrent avec rage et furie ». Jehan Chartier, dans la *Chronique de Charles VII* (t. II, p. 70), nous montre les gens du sire de Mauny déguisés et « habillés en genre de charpentiers, portans chacun sa coignée sur le col ». Enfin J.-A. de Baïf, en ses *Mimes,* écrit :

> Le manche selon la coignée.

Jadis, on distinguait les *charpentiers de la grande cognée* des *charpentiers de la petite cognée.* Au mot CHARPENTIER nous avons donné l'explication de cette double désignation. Nous y renvoyons le lecteur.

Cohue, *s. f.;* **Cohuette**, *s. f.* — Auditoire, salle d'audience, lieu où s'assemblaient les officiers de police pour prendre connaissance des délits. « Pour faire deux astres de quarrel en la geole d'Andelys, en [un] solier sur la cohue, estouper IIII fenestres, etc. » (*Travaux exécutés aux Andelys,* 1331.) « Pour faire une porte de fust, devant la cohue de Chasteauneuf, pour méeren et pour poinne XX sols. » (*Travaux exécutés à Châteauneuf,* 1332.) « Pour torchées fait par Jehan Guérin... en la cohue près du pont du chastel en la méson de la geole. » (*Réparations faites au chasteau de Breteuil,* 1340.) Etc. « A Jean Lemesle, couvreur, pour avoir faict au mois de septembre IIIIc XXXI, au long de la couverture des cohues, certaines ratillières de callantte et d'essende, pour destourber que l'on ne joue à la paulme sur la dite couverture. » (*Comptes de la vicomté de Rouen,* 1432.)

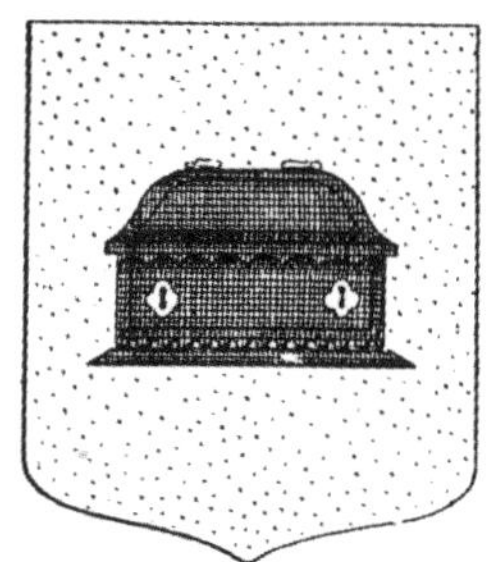

Fig. 629.
Armoiries corporatives des coffretiers.

> Je n'yray plus à la cohue
> Où chacsun jour on brait et hue
> Se j'alloye de vie à trespas.
>
> (*Le Testament de Me Pathelin.*)

« Si tost que le medecin Roussel, et Gautier, chirurgien, furent arrivez, ledit Prévost fit amener Françoise à la salle de la cohuë, où elle demeura à l'entrée, et interrogée de rechef par luy sur ce qu'elle avoit dit, qu'elle eust voulu que l'on luy eust coupé les cheveux... Le chirurgien ayant mis une nape à l'entour du col de Françoise, de laquelle il avoit lavé les cheveux qui n'estoient grands que d'un pied, et faict faire un grand feu à l'un des coings de la salle de la cohuë, commença à razer les cheveux de ladite Françoise par le devant de la teste estant tenuë de dix archers par les jambes, corps, cuisses et bras, lesquels pour ce faire avoient quitté leurs armes. » (Palma Cayet, *Histoire de la guerre sous Henri IV,* 1591.) « De quoi sert aux habitants de Saint-Mahé ouïr dire qu'un faussaire de leur quartier a été pendu au bout de cohue de Rennes... » (Les *Contes et discours d'Eutrapel,* p. 187.) La *grande cohue* de Rennes dont il est question dans ce dernier texte était une tour de la ville. (Voir Piganiol, *Description de la France,* t. V, p. 216.) Dans les *Actes normands de la Cour des comptes,* p. 253, nous avons relevé le diminutif cohuette.

Coignée, *s. f.* — Voir COGNÉE.

Coignart, *s. m.* — Sorte de pavillon ou de kiosque construit en menuiserie. C'est du moins l'interprétation la plus plausible qu'on semble pouvoir donner au texte suivant : « A Jehan Mynière, varlet de fourrière : pour le faict de son logeiz (celui du roi) en l'ostel de maistre François Bourdin, à Poictiers..., ung coignart de boys en façon d'une gallerie, couvert dessus et dessoubz, des sièges dedans alentour pour mectre au jardin dudict lieu. — Ung caignart (*sic*) à mectre au jardin en menière d'une galerie ronde couverte dessus et dessoubz des sièges dedans alentour. » (*Comptes de la chambre de Louis XI*, 1481.)

Coin, *s. m.* — Ce mot, qui signifie proprement angle, est pris en diverses acceptions dans les arts relatifs au mobilier.

En architecture, c'est une espèce de dé coupé diagonalement suivant le rampant d'un escalier. Chez les ébénistes et les tabletiers, ce sont les angles des meubles et des coffrets qui portent ce nom, ou ce qui les garnit. On met des coins d'argent à une cassette. Enfin on donne encore ce nom à de petits meubles d'ébénisterie ou de marqueterie, sortes de buffets ou d'étagères qui se placent dans les angles d'une pièce.

Cette dernière sorte de coins fut très à la mode au siècle dernier : « Des consoles et des coins de jaspe, des cabinets de la Chine, chargés de porcelaines, etc. »; telle était alors, au dire de l'auteur de *Thémidore* (1748), la parure d'un boudoir à la mode. Le 20 septembre 1752, Duvaux fournissait au roi, pour le pavillon de Verrières, « deux coins à jour à pieds de biche en bois d'acajou, garnis chacun de trois tablettes de marbre blanc... », du prix de 200 livres. Dans l'*Apposition des scellés chez le comte de Caylus* (Paris, 1765), on remarque « deux bras de cheminée de porcelaine, sur deux coins de bois peint, sur lesquelles (*sic*) quatre petites figures, une petite tayère, deux tasses, deux petits pots de fleurs ». Enfin, à la *Vente de Mme de Pompadour* (20 avril 1766) figuraient « deux coins de marqueterie en contre-partie ouvrant à un battant ». On pourrait citer d'autres exemples.

On donne aussi le nom de coin à la matrice dont on se sert pour frapper des monnaies ou des médailles.

Coin de feu, *s. m.* — Terme de tapissier. Petit fauteuil à siège large et à dossier très bas, sorte de chauffeuse, qui a sa place indiquée à l'angle de la cheminée. Les coins de feu sont faits presque toujours à bois apparent et dans les styles Louis XV ou Louis XVI.

Coissin, *s. m.* — C'est l'orthographe primitive de coussin. On trouve coissin dans l'*Inventaire de Mahaut d'Artois* (1313), dans l'*Inventaire de l'hôtel de Quatremares* (1334), dans le *Compte d'Édouard Tadelin* (1343), dans l'*Exécution du testament de Jehanne d'Évreux* (1372), dans l'*Inventaire de Charles V* (1380), dans la ballade écrite par Eustache Deschamps sur son *Bailliage de Senlis*, dans l'*Inventaire de la duchesse de Valentinois* (1514), dans Rabelais (*Pantagruel*, liv. V, ch. XV), etc. A partir du XVIIe siècle, on écrit régulièrement COUSSIN. (Voir ce mot.)

Coit, *s. m.* — Locution picarde. Vase en poterie dans lequel on cuit les pâtes.

Coite, *s. f.*; **Coete**, *s. f.*; **Couette**, *s. f.*; **Coute**, *s. f.*; **Coyte**, *s. f.* — Lit de plumes. On lit dans Rabelais (*Pantagruel*, liv. V, ch. XV) : « Frère Jean fendit la coitte et les coissins en deux, et par les fenestres mettoyt la plume ou vent. » Coite semble avoir été la véritable orthographe. Cependant du XIIIe au XVIIe siècle on rencontre les formes coete, couete, coyte, couette, couste, coute. On lit dans *li Roumans de Berte aux grans piés* :

> Povre ostel ot la dame, quant vint à l'annuitier
> Ni ot maison, ne sale, ne chambre, ne solier,
> Ne coute, ne coussin...;

et dans la *Grande chronique de Saint-Denis* ; à l'année 1306 : « Après ce, les biens meubles de ladite maison, c'est assavoir coutes, coissins, coffres, huches et autres biens froissièrent et debrisèrent. » Christine de Pisan, parlant des religieuses du prieuré de Poissy, écrit également :

> Si ne vestent chemise, et sans langes
> Gisent de nuis, n'ont pas coutes à franges,
> Mais materas...

En parcourant les *Comptes du roi René*, nous trouvons dans la *Despence pour le mesnaige de Jardrin* (le jardin d'Aix, résidence favorite du roi René), qu'il fit payer, en mars 1449, 52 florins « audit Ozias, pour une coete avec la plume pour le lit de la chambre du roy ». De même, on lit dans l'*Inventaire du château de Chanzé*

Fig. 630. — Coin en laque de Chine, orné de bronzes dorés.

(1471) : « En la petite chambre sur la panneterie a ung lit garny de coete, travers-lit et une sarge blanche » ; de même encore, dans l'*Inventaire du château d'Angers* (1471), figure « une couchette de boys qui n'est point foncée, garnie de trois materas, de couete, traversier et lodier », etc. Jean de Troyes, racontant, en sa *Chronique scandaleuse* (1476), comment le sénéchal de Normandie, Pierre de Brézé, surprit sa femme en criminelle conversation et la tua, écrit : « Et ce fait, s'en alla en une chambre, ou retrait, au joignant de ladite chambre, où il trouva sadite femme mucée dessous la couste d'un liet où estoient couchéz ses enfants, laquelle il prit et la tira par le bras à terre. Et en la tirant à bas luy frappa de ladite espée parmy les espaules. » Si maintenant nous passons au XVIe siècle, nous lirons dans l'*Inventaire de la duchesse de Valentinois* (1514) : « En ladicte chambre y a une coete, coessin et deux chasliz »; dans l'*Inventaire de Maurice Ménier, imprimeur* (Paris, 1566) : « Une couche de bois de chesne à pilliers tournéz..., garnye de couete de Bretagne » ; dans le *Relevé des droits de péage sur les marchandises passant par les châtellenies de Merpins et Cognac* : « *Item*, une couete de plumes, XVI deniers » ; dans l'*Inventaire de Jullien André* (juridiction du bois de Miniac, 1596) : « Ungne couette de pleume garnye d'un couettel baré de fil pesante tranctedeulx livres » ; dans l'*Inventaire de Grégoire Beaunom* (Bordeaux, 1607) : « Ung petit lit de boys de noyer, fassonné garny de sa couete et la garniture de sarge rayée jaulne. » Enfin un passage de la *Muze historique* (numéro du 20 août 1651) de Loret prouve qu'au XVIIe siècle cette prononciation et cette orthographe étaient aussi en usage à Paris. Parlant de Mme de Vervins, dont la maison fut pillée par la populace, Loret cite, parmi les objets que cette dame put recouvrer plus tard :

> Un couple de tambours de basques,
> Deux coüetes, deux gands et deux masques...

On remarquera que le mot coüete, en dépit de son tréma, ne forme que deux syllabes dans le vers de Loret. Aujourd'hui, coite ou couette n'est plus guère usitée qu'en Normandie.

Coitier, *s. m.;* **Coutier**, *s. m.;* **Coustier**, *s. m.* Nom donné, au XIVe siècle, aux plumassiers, à cause des COITES ou COUTES c'est-à-dire des lits de plume) qui formaient une des branches principales de leur industrie. Exemples : « Ce sont les parties de Pernelle la coutière : pour XVIII livres de duvet pour les quarriaus de la chambre à fleurs de liz, III sols parisis la livre, valant IV liv IV sols. » (*Dépenses du couronnement de Philippe le Long,* 1316. « Pierre de Villiers, coutier, pour le duvet de VI petiz quarreaux pour la chambre, de II grans pour l'oratoire et celui des napes, LXXV livres de duvet, à V sols parisis pour livre, valent XVIII liv XV sol parisis. » (*Comptes d'Étienne de la Fontaine, argentier du roi Jean,* 1352.

Coivre, *s. m.* Voir CUIVRE.

Col, *s. m.* Partie du corps situé, entre la tête et les épaules. Par analogie, se dit du goulot de certains vases. « Ung pot de cristal garny d'argent doré ayant... autour du col VIII trousses de perles. » (*Invent. de Charles-Quint,* 1536.) (Voir COLLET.)

Coladuy, *s. m.* Locution béarnaise et gasconne. Passoire. « Un coladuy de laton. » (*Invent. de Ramond de Cussac;* Bordeaux, 1442. « Ung coladuy à faire purée. » (*Invent. d'Andron de Lausac, abbé de Bourg, sous-chantre;* Bordeaux, 1523. Ce terme est inusité aujourd'hui. (Voir le mot COULOIRE.

Colet, *s. m.* Voir COLLET.

Colifichet, *s. m.* Petits meubles, bagatelles de peu de valeur. « Je pris la liberté de lui envoyer (à Frédéric II) une très belle écritoire de Martin. Il eut la bonté de me faire présent de quelques colifichets d'ambre. » (Voltaire, *Œuvres complètes;* Paris, 1833, t. Ier, p. 189.) Terme de peintre. On donnait autrefois ce nom à de petits ouvrages. La décoration des boîtes, des éventails était ainsi qualifiée : « Sa profession consistoit à déssigner des emblèmes ou des devises, faire des ornemens de cartouches ou d'inscriptions, des dessins d'almanachs et d'éventails et autres semblables minuties de peinture qu'on appelle vulgairement colifichéz. » (*Actes consulaires de la ville de Lyon,* reg. 246.) Terme de cartier. Ce sont de petites décorations faites avec des découpures de cartes ou de papier.

Collatéral, *adj.* Qui accompagne, qui marche à côté, qui fait pendant. « Deux vases collatéraux, en porcelaine bleue de la manufacture de Sèvres. » (*Vente du mobilier de Versailles pendant la Terreur,* 1793.)

Collection, *s. f* Voir GALERIE.

Collet, *s. m.;* **Colet**, *s. m.* Ce mot, au XIVe et au XVe siècle, est souvent employé pour signifier goulot. « Ung hanap à couvescle, d'argent, cizellé, et est la pate et les bors dudit hanap, doré, et le pié dudit hanap, et dessus le colet a ung lys d'argent blanc qui fait le fruitelet ; pesant troys marcs. » « Une choppine de mesmes, et a ung colet des armes de France. » (*Invent. de Charles V,* 1380.)

De nos jours, le mot collet désigne encore le bourrelet qui termine le goulot d'une bouteille. On appelle également de ce nom la partie du chandelier qui s'élève sur le pied, celle de l'aiguière ou du vase qui rattache la panse au pied et enfin, dans un escalier tournant, la partie la plus étroite d'une marche dansante.

Collier, *s. m.* Cercle de métal monté sur quatre pieds, sur lequel on posait autrefois les assiettes chauffées, pour qu'elles n'abîmassent pas le linge qui couvrait la table. « Puis ce gentilhomme servant replie sur tout le couvert la serviete de dessous qui déborde. Il pose aussi les colliers ou porte-assiettes, et le tranchant ou couteau, la cuiller et la fourchette dont il a besoin pour le service, etc. » (*État de France,* t. Ier, p. 77.) Dans l'*Inventaire des meubles de la Couronne* (1673), on remarque : « Quatre colliers d'argent, pesant ensemble 11 marcs 6 onces. » Dans l'*Inventaire de Henri de Béthune, archevêque de Bordeaux* (1680), on note : « Deux portes-assiettes (*sic*) ou colliers, le tout d'estain. »

COLLIER. Les architectes donnent ce nom à un chapelet de perles ou d'olives, faisant partie de la décoration d'un chapiteau ; les serruriers, à tout lien de bronze ou de fer, qui sert à relier ou à maintenir plusieurs objets ensemble. Ainsi on appelle *collier de colonnes* le double cercle qui relie deux colonnes en fonte accouplées ; *collier de grille,* la ferrure qui constitue, avec le pivot du bas, le mécanisme ouvrant de la grille, etc.

Coloigne, *s. f ;* **Connoille**, *s. f.* Formes anciennes du mot QUENOUILLE.

Colombage, *s. m.;* **Colombel**, *s. m.;* **Columbe**, *s. f.;* **Coulombe**, *s. f* Jambage de porte, poteau de remplissage dans une cloison. Le continuateur de Du Cange cite des exemples variés des diverses orthographes que revêtit ce mot. « Ledit Jehan frapa tant à ladite porte, que il rompi la columbe d'icelle et par force se ouvri. » (*Lettre de rémission,* 1369.) « Icellui Huguenin, d'une coingnée qu'il tenoit, se print à férir à un columbel, à quoi l'huis de l'entrée d'icelle maison se fermoit. » (*Lettre de rémission,* 1393.) « Hubert s'efforça d'entrer oudit hostel par entre deux coulombes. « (*Lettre de rémission,* 1408.)

On trouve également de nombreuses mentions de ce mot dans les anciens comptes, depuis le XIVe jusqu'au XVIIe siècle. « Pour deux coulombes mises en l'uiserie [de la] maison à l'artilleeur, pour bosc et pour paine V sols. (*Travaux exécutés à Rouen,* 1334.) « *Item,* refaire le coulombage du viel compteur par tout là ou mestier estoit. « (*Fournitures et réparations au château de Falaise,* 1340.) « Là est l'église cathédrale de Nostre-Dame, qui par dedens a de long deux cent piés, et de large quatre-vingt piés. Si sont ès trois premières entrées quarante colombes que on puet environner, aussi y a vingt colombes dont il a à chascune une chappelle que on ne puet environner. » (*Description de Paris,* par Guillebert de Metz, p. 49.) « A Richard le Maryé, menuizier, la somme de neuf livres dix sols tournois, restans de LVIII livres, pour ses peines d'avoir fait la taille d'anctique de six coulombes, servans au revestement de la cheminée et des croisiés de la chambre de la tour, par quitance et certificacion du premier janvier V C et sept. » (*Comptes du château de Gaillon,* 1507.) « A Le Maire, marchand de bois, pour son payement de chevrons, manteaux de cheminée et colombages qu'il a fournis en divers endroits..... 307 livres 16 sols. » (*Comptes des bastimens du Roy,* année 1668, col. 268.)

Colombe, *s. f.* — Outil de layetier et d'emballeur. Sorte de varlope montée sur quatre pieds et qui sert aux

Fig. 631. — Colombe de layetier.

ouvriers pour raboter et blanchir leurs planches. (Voir fig. 631.) C'est aussi une forme ancienne de COLONNE. (Voir ce mot et l'article précédent.)

Colombel, *s. m.* — Voir COLOMBAGE.

Colombier, *s. m.* — Bâtiment où l'on élève des pigeons. Les colombiers sous l'Ancien Régime étaient le privilège et comme la marque distinctive des habitations seigneuriales. Les pigeons, en effet, s'échappant de leur demeure et allant chercher leur nourriture sur les terres attenantes, la possession d'un colombier impliquait chez celui qui l'avait fait élever, sinon la possession directe d'une certaine étendue de domaines environnant son habitation, du moins un droit de juridiction et de *censive* sur une étendue de cent arpents au minimum. Tel était le chiffre fixé par la *coutume d'Orléans.* Celle de Normandie remontant à l'année 1338 considérait le colombier comme une prérogative seigneuriale appartenant au seigneur haut justicier, ou encore aux gentilshommes non justiciers, mais à condition qu'ils possédassent en propre au moins cinquante arpents de terre.

Ces prérogatives expliquent le soin que l'on apportait à la construction des colombiers, et la décoration souvent fort élégante dont on les gratifiait. Celui de Boos, appartenant aux religieuses de Saint-Amand de Rouen, était célèbre dans la contrée. Ceux du château d'Usson et du manoir d'Ango à Varangeville sont pareillement à citer. M. Viollet-le-Duc, dans son *Dictionnaire d'architecture,* a reproduit celui de Saint-Théodard, près de la route d'Alby. Elles expliquent également le passage suivant des *Mémoires du maréchal de Vieilleville* relatif au « Theastre » que les habitants de Dieppe avaient élevé en leur ville pour la prédication de l'Évangile. « Le Roy s'estomacquoit bien fort de ce qu'ils avoient eu la hardiesse de le faire construyre en plain cueur de la ville, sans sa permission, et qu'ils sçavent bien, estants juges qui ne ignorent poinct les loix ny les coustumes des provinces de France, qu'un gentilhomme ne ozeroit élever en sa terre un colombier seulement, sans le congé du seigneur duquel il l'a tenu ; et s'il le luy permect, il l'oblige à quelque devoir qui n'est pas oublié en son adveu. »

Tous les colombiers n'avaient ni la même importance ni la même forme. On les divisait en trois catégories : 1° les *colombiers à pied,* formés de tours rondes ou carrées descendant jusqu'au sol et isolées des autres bâtiments ; 2° les *colombiers à fuie,* n'ayant qu'une seule ouverture pour laisser passer les pigeons ; 3° les *colombiers à quatre piliers,* généralement construits sur la porte du domaine. Ces derniers portaient aussi le nom de VOLETS ou VOLIÈRES. (Voir ces mots.) Le colombier à pied était la marque de la haute justice ou de fief. Les autres pouvaient être établis avec l'autorisation du seigneur haut justicier.

La présence d'un colombier dans une propriété donnait à celle-ci une plus-value marquée ; aussi n'omettait-on jamais d'en faire mention dans les avis de location et de vente. C'est ainsi que nous relevons dans la *XIe feuille du Bureau d'adresse* (1er septembre 1633) l'annonce d'une « maison au village de Créteil, à trois lieues de Paris, consistant en porte cochère, cour fermée de murs, colombier, grand corps de logis, etc. », ou encore d'une « autre maison au village de Saché, à quatre lieues de Paris, sur le chemin de Chevreuse consistant en une maison, où il y a cour, puits dedans..... bergeries, estables, droit de colombier à pied, etc. »

Le colombier, compris dans les droits et privilèges féodaux, ne survécut pas à la Révolution. L'article 2 des décrets rendus dans la nuit du 4 août 1789 abolit « le droit exclusif de fuie ou de colombier ».

Colombin, *adj.* et *s. m.* — Le mot colombin a désigné une couleur changeante, grise, avec des reflets rosés, vio-

Fig. 632. — Colombier du château d'Usson (XVIe siècle).

lacés et dorés. Au XVe siècle, ce terme n'était pas encore usité. Nous lisons, en effet, dans l'*Inventaire d'Anne de Bretagne* (1498) : « Une bource de taffetas changeant, où a plusieurs petiz eschéz. » Il apparaît à la fin du XVIe siècle.

« Deux chaizes de thoille d'argent frisée d'or et d'argent, à poil colombin, garnies de franges de soye verte..... — *Item,* un autre lit, de thoille d'argent frisé d'or et colombin, etc. » (*Invent. de Gabrielle d'Estrées,* 1599). Il continue d'être en usage pendant près de cent trente années. « Un parement de toile d'argent figuré de soye couleur colombin, damassé avec des franges. » (*Invent. du trésor de l'église de Lyon,* 1724.) Au XVIIIe siècle, ce terme pittoresque fut remplacé par la périphrase encore usitée de nos jours : GORGE DE PIGEON.

Aujourd'hui, le mot colombin, dans le langage des faïenciers, désigne les renflements qui entourent les carreaux dont on fait les poêles, et dans lesquels on place les agrafes qui retiennent ces carreaux.

Colonnade, *s. f.* — Ensemble de colonnes semblables, soit rangées en file, soit décrivant une ligne circulaire. Les colonnades portent des arcades ou des plates-bandes. Elles sont employées à la décoration intérieure ou extérieure des édifices. Parmi les colonnades modernes les plus célèbres, il convient de citer la colonnade droite du Louvre, construite par Claude Perrault, et la colonnade circulaire des bosquets de Versailles, édifiée par Mansart.

Colonne, *s. f.;* **Colomne,** *s. f.;* **Colombe,** *s. f.* — Terme d'architecture. Support de forme cylindrique, composé d'une base, d'un fût et d'un chapiteau. L'emploi des colonnes, en architecture, remonte à la plus haute antiquité. Les Grecs et les Romains en firent un usage considérable et les multiplièrent presque à profusion, dans l'intérieur aussi bien qu'à l'extérieur de leurs principaux édifices. Les architectes de l'époque romane et de l'époque ogivale les utilisèrent aussi pour porter la retombée de leurs arcs ; mais tandis que les premiers leur laissaient une massiveté en rapport avec le poids qu'elles avaient à porter, les seconds, par une innovation des plus heureuses, les amaigrissaient, les réduisaient à une sveltesse charmante et, pour leur conserver la résistance nécessaire, les groupaient en faisceaux. Avec la Renaissance, les colonnes grecque et romaine firent leur réapparition dans la décoration intérieure et extérieure de nos édifices, et en tel nombre que l'auteur du *Discours sur les causes de l'estrême cherté qui est aujourd'huy en France* (1574) n'hésite pas à les comprendre parmi les causes de ruine de ses contemporains. Depuis lors, nos architectes les ont pieusement employées comme un des ornements les plus beaux, les plus nobles dont ils pussent faire usage, et comme le support le plus gracieux, le plus élégant qui soit à leur disposition.

Les colonnes antiques, ou d'origine antique, se divisent en cinq ordres : le dorique, l'ionique, le corinthien, le toscan et le composite, dont nous expliquons autre part (voir le mot ORDRE et aussi l'article CHAPITEAU) les différences fondamentales. Les dimensions des divers membres de ces colonnes et leurs proportions étant réglées d'une façon irrévocable, nous n'avons pas pour le moment autrement à y insister. Indépendamment de ces distinctions de style, les colonnes prennent, suivant la matière dont elles sont faites, et aussi suivant la façon dont cette matière a été mise en œuvre, des noms différents que nous allons passer en revue.

Fig. 633 à 637. — Colonnes des divers ordres.

La *Colonne monolithe* est celle dont le fût est fait d'un seul morceau.

La *Colonne par tambours* est celle dont le fût se compose de plusieurs assises superposées, de pierre ou de marbre, surpassant chacun, en hauteur, la largeur du diamètre de la colonne.

La *Colonne par tronçons* est celle dont le fût est fait de deux, trois ou quatre morceaux de pierre ou de marbre surpassant chacun, en hauteur, la largeur du diamètre de la colonne.

La *Colonne variée* est composée de tambours de matières diverses, comme marbre, pierre, etc., et généralement de différentes hauteurs, alternant les uns avec les autres. Dans les colonnes variées, les tambours les plus étroits figurent le fût, qui est cannelé ; les plus larges servent de bandes ou de ceintures, et excèdent le nu du fût. Ce genre de colonnes est assez rare. Nous pouvons, toutefois, citer celles qui ornaient autrefois le pavillon de l'Horloge, aux Tuileries, du côté de la cour, et dont les bandes étaient de marbre et les tambours de pierre.

La *Colonne bandée* présente, d'espace en espace, des ceintures ou bandes unies ou sculptées, qui excèdent le nu de son fût cannelé, comme, par exemple, les colonnes du portail de Saint-Étienne-du-Mont, à Paris.

La *Colonne jumellée* ou *gemellée* est composée de trois morceaux de pierre dure posés en délit, c'est-à-dire réunis dans le sens de la hauteur, et retenus en bas par des goujons et en haut par des crampons de bronze ou de fer. Ce genre de colonnes doit toujours être cannelé, pour rendre les joints de la pierre moins sensibles.

La *Colonne cannelée* ou *striée* est celle dont le fût est orné de cannelures, soit dans toute sa hauteur, ou pendant les deux tiers de cette hauteur, en commençant par la partie supérieure, comme les colonnes doriques du portail de l'église Saint-Gervais, à Paris.

La *Colonne cannelée* est dite *rudentée* quand ses cannelures sont remplies par des câbles, des tiges de roseau ou des bâtons commençant en bas du fût ; *ornée,* quand la partie basse des cannelures est remplie par des feuillages ou de petites branches de laurier, de chêne, d'olivier, s'élevant jusqu'au tiers ou environ de la hauteur ; *à cannelures torses,* quand le fût droit est entouré de cannelures en spirales.

La *Colonne lisse* a son fût uni et sans cannelures.

La *Colonne cylindrique* est celle dont le fût ne présente ni renflement ni diminution.

La *Colonne diminuée* est sans renflement ; mais son fût va en diminuant légèrement depuis sa base jusqu'au chapiteau.

La *Colonne renflée* présente un renflement proportionné à la hauteur de son fût.

Dans la *Colonne fuselée,* au contraire, le renflement est trop sensible et fait ressembler la colonne à un fuseau.

On nomme encore *Colonne corolitique* celle qui est ornée de fleurs ou de feuillages tournés en spirales à l'entour de

Colonne bandée. Colonne torse. Colonne corolitique.

Fig. 638 à 640. — Colonnes de divers types.

son fût ; *Colonne torse,* celle dont le fût est contourné en vis avec six circonvolutions, et *Colonne hermétique,* celle qui, au lieu d'un chapiteau, se termine par une tête d'homme.

Enfin, la *Colonne rustique* est celle qui est ornée de bossages unis ou rustiqués.

Quelques espèces de colonnes empruntent encore leur nom à la position qu'elles occupent.

On distingue, de la sorte : la *colonne isolée,* qui est libre de toute attache horizontale, et qu'au XVIe siècle, par analogie, on appelait *Colonne de Trajan* (voir *Comptes de la ville de Lyon* à l'année 1595) ; la *colonne adossée* ou *engagée,* qui tient au mur par le tiers ou le quart de son diamètre ; la *colonne angulaire,* qui est engagée au coin d'un bâtiment en retour d'équerre ; la *colonne flanquée,* qui est engagée entre deux demi-pilastres ; la *colonne doublée,* qui est jointe avec une autre, de façon que les deux fûts se pénètrent ; les *colonnes accouplées,* qui sont deux à deux, ayant leurs chapiteaux et leurs bases qui se touchent presque, et enfin les *colonnes groupées,* qui, sur un même piédestal, se trouvent réunies par trois ou par quatre.

Toutes ces colonnes trouvent place dans la construction et la décoration, aussi bien intérieures qu'extérieures, de nos édifices. Quand elles sont placées extérieurement, elles sont généralement en pierre ou en marbre. A l'intérieur, où comme masse portante elles ont des charges moins lourdes à soutenir, et où leur rôle est plutôt décoratif, on édifie souvent des colonnes de maçonnerie, faites de moellons ou de briques qu'on recouvre d'un enduit de ciment, de mortier, de plâtre ou de stuc imitant le granit ou le marbre. On a aussi recours aux colonnes en bois. Ces colonnes, faites en menuiserie, sont généralement creuses à l'intérieur et composées de pièces de bois assemblées, collées et chevillées.

Pour consolider la construction, ou quand on veut obtenir des baies plus vastes par la diminution des masses portantes, on a encore recours, dans l'aménagement intérieur des maisons, à l'intervention des colonnes en métal. Les colonnes de métal sont de fabrication fort ancienne. On peut voir à Rome, à Saint-Jean-de-Latran, quatre colonnes en bronze, provenant de Corinthe et qui remontent à l'Antiquité. A l'époque de la Renaissance, on en fit de ce même métal, et l'on sait que les feuilles de bronze qui couvraient le panthéon d'Agrippa furent employées à la fonte des colonnes du ciborium de Saint-Pierre de Rome. A Paris, à la fin du XVIe siècle (4 septembre 1586), un acte notarié nous montre « Jehan Charetier, maistre fondeur, demeurant à Paris, rue Garnier-Sainct-Ladre », faisant marché avec messire Joseph Foullon, « abbé de l'église et abbaye de Madame Saincte-Geneviève », pour la fonte de « quatre coulonnes de pottain jaulne, avec une arcade qui sera posée sur les deux premières coulonnes de devant..... les dites coulonnes depuis la base jusques au chapiteau ayant six pieds de haut ». Mais toutes ces colonnes, quel que fût le métal employé, étaient exclusivement destinées à la décoration. L'emploi des colonnes de métal comme consolidation ou support est absolument moderne.

Au commencement de ce siècle, plusieurs propositions furent faites pour consolider, à l'aide de colonnes de bronze, le Panthéon de Paris, qui menaçait ruine. Le 30 floréal an VI, le citoyen Regnier, inspecteur du dépôt des armes blanches, démontra, dans une lecture qu'il fit au Lycée, l'impossibilité où l'on était de se servir du métal pour l'usage projeté. Ses objections, puisées dans la dilatation connue des métaux, parurent si topiques, que l'emploi des colonnes en métal fut alors universellement condamné. Aujourd'hui, qu'on est revenu de ces savants préjugés, on fait un usage considérable des colonnes de fonte, non seulement dans les gares de chemin de fer, dans les marchés ou les entrepôts, en un mot, dans toutes les constructions à toitures vitrées, mais encore dans les magasins, cafés, restaurants, etc. ; dans tous les endroits, en un mot, où l'espace est précieux et où l'on a besoin de beaucoup de lumière.

La colonne n'a pas sa place seulement marquée dans la construction et la décoration des édifices, elle sert aussi à la décoration de certains meubles. Aux diverses époques de notre histoire mobilière, les dessinateurs et les constructeurs s'étant inspirés des modèles d'architecture placés sous leurs yeux, il était naturel qu'ils s'appropriassent un des éléments de décoration les plus appréciés et les plus employés par les architectes. De là, cette profusion d'armoires, de cabinets, de dressoirs, de buffets qui nous montrent des colonnes en miniature employées soit comme support, soit en façade et comme simple ornement.

Par extension, le nom de colonne passa des meubles à bâtis et panneaux, aux piliers ou quenouilles de lit. « On appelle aussi *collonne,* écrit Furetière, les piliers ou quenouilles d'un lit, qui en soutiennent le ciel. » Cette expression paraît avoir commencé d'être usitée aux environs de 1550. La première mention que nous en ayons rencontrée figure dans l'*Inventaire des meubles transportés de Pau à Nérac par ordre du roi de Navarre* (1578) : « Deux bois de lictz, les coulonnes couvertes de velloux cramoisy. » Nous la retrouvons ensuite dans l'*Inventaire des biens de Jean de Boniface* (Marseille, 1585) : « Ung châlit de noyer faict acollonnes (*sic*) » ; dans l'*Inventaire de Catherine de Médicis* (1589) ; dans celui de Gabrielle d'Estrées (1599), etc. Elle demeure en usage pendant tout le XVIIe et le XVIIIe siècle : « Une couche à colonnes torces de bois de noyer. » (*Invent. de la dame Marie Pasquet,* 1720.) « Un châlit de bois de noyer à colonnes torsses. » (*Invent. de Martial de Mosnier, conseiller au parlement;* Bordeaux, 1723.) On s'en sert encore de nos jours.

Fig. 641. — Table à colonnes, d'après Du Cerceau.

La Renaissance employa également la colonne comme support de table. Ses dessinateurs, Du Cerceau, notamment, en firent un large usage. Dans l'*Inventaire de Pierre Croiset, avocat au parlement* (Paris, 1625), figure une « table de bois de noyer posé sur son châssis à sept colonnes ». Dans l'*Inventaire de Mazarin* (1653), nous trouvons « une table couverte d'escaille de tortue à compartimens d'ébeine, portée sur quatre colonnes d'ordre toscan ». A partir de cette époque, toujours par extension, on désigna, nous dit Richelet, sous le nom de COLONNE DE TABLE toute « pièce de bois tournée ou torse qui aide à porter le dessus de la table ». « Une table à colonnes torses, bois de cerisier ». (*Invent. de François Pichot;* juridiction et marquisat du Châtelet, 1726.)

Fig. 642. — Lit à colonnes, d'après Du Cerceau.

Toujours par extension ou par analogie, nous relevons dans l'*Inventaire de Jean Lesaige, conseiller au parlement* (Paris, 1670) : « Une cassette de bois des Indes sur son pied à six colonnes » ; dans l'*Inventaire de la dame Magdeleine Tubeuf* (Paris, 1676) : « Dix fauteuils à colonnes torses..., dix chèses à colonnes torses, etc. » ; dans l'*Inventaire de l'abbé d'Effiat* (Paris, 1698) : « Un cabaret de bois d'ébeine sur quatre colonnes dorées », etc. On voit la variété d'applications auxquelles les tapissiers plièrent le mot colonne. Enfin, ils ont encore donné ce nom à des broderies sur étoffe, simulant une colonne et servant d'encadrement à une tapisserie. Dans l'*Inventaire du cardinal de Mazarin* (1653), figure « une tenture de tapisserie de velours viollet cramoisy, entremêlé de colonnes à feuillages, de velours viollet à fonds d'or ». L'*Inventaire des meubles de la Couronne* (état du 22 avril 1697) mentionne trente colonnes de « riche brocat de la fabrique de Lyon », dont treize de demi-aune de large, entourées « de pampres de vigne et grappes de raisins, avec leurs baze, piédestal et chapiteau, le tout broché d'or et d'argent, retord et uny, nué de musc, sur fonds de satin cramoisy, contenant trois aunes trois quarts de long ». Piganiol de la Force, décrivant l'hôtel de Toulouse, dit : « On y voit une tapisserie de velours cramoisi, ornée de colonnes torses en grosse broderie d'argent, lesquelles sont en symétrie avec l'architecture de la corniche ». Enfin, l'*Avant-Coureur* du 5 janvier 1761, parlant des tentures de siamoises exécutées dans la manufacture du sieur Saugrain à la Courtille, nous dit que les prix les plus élevés s'appliquaient aux « desseins chargés comme les colonnes autour desquelles tourne une riche guirlande », etc.

Colonnette, *s. f.;* **Colombelle,** *s. f.* — Colonnette est un diminutif de colonne. C'est une petite colonne servant de support ou de décoration soit dans l'architecture, soit dans la construction des meubles.

Au XIVe et au XVe siècle, on trouve le mot colombelle ou coulombelle, employé pour désigner des colonnettes. Décrivant le prieuré de Poissy, Christine de Pisan dit, en parlant des religieuses :

> Si nous firent devaler en leur cloistre.
> . . . .
> ... Tout entour à hautes coulombelles
> Bien ouvrées à fueillages et tourelles.

Colorer, *v. a.* — Terme de marqueterie et de menuiserie de placage. C'est donner de la couleur aux pierres et aux bois qu'on emploie dans ces sortes d'ouvrages, suivant les teintes dont l'ouvrier a besoin ou pour ses clairs, ou pour ses ombres.

Coltera, *s. m.;* **Coltet**, *s. m. ;* **Cotel**, *s. m.;* **Cotet**, *s. m.* — Locution gasconne et bordelaise. Couteau. « Ung cotet de codina (couteau de cuisine). » (*Invent. d'Aymeric de Caumont, chanoine de Saint-André ;* Bordeaux, 1436.) « *Item,* un cotet belh. » (*Invent. de Ramond de Cussac ;* Bordeaux, 1442.)

Columbe, *s. f.;* **Columbel**, *s. m.* — Voir COLOMBAGE.

Comble, *s. m.* — Terme d'architecture. Charpente de fer ou de bois destinée à supporter la couverture d'un bâtiment ; par extension, l'emplacement compris entre les pièces de bois ou de fer composant cette charpente. C'est dans ce dernier sens qu'il faut comprendre la description suivante : « Le comble de la salle estoit tendu par dedens, depuis les pennes jusques à la festissure, de drap neuf de trois couleurs ; c'est assavoir, vermeil, bleu et blancq ; et tous semés de la devise du duc estoit de fusilz à pierres enflambées. » (Le Fèvre de Saint-Rémy, *Chroniques,* ch. CLXIII, noces de Philippe le Bon et d'Isabelle de Portugal.) Il en est de même pour ce passage emprunté à Piganiol de la Force (*Description de Paris,* IX, 329) : « Ce sallon (celui du château de Pierrefitte), qui est d'une noble élévation, est terminé par une jolie salle de billard qui est dans le comble. »

COMBLE est aussi une mesure de capacité, représentant à peu près le tiers d'un boisseau. Une *Ordonnance royale* de 1415 porte : « *Item,* auront les Mesureurs pour mesurer noisettes et chasteignes, qui se mesurent à une petite mesure appellée le comble, dont les trois font le boisseau, pour chacun comble, un denier. » Au XVIIe siècle, cette mesure prit le nom de LITRON.

Commode, *s. f.* — Plusieurs objets de parure et d'ameublement semblent avoir reçu ce nom. Saint-Simon parle de coiffures qu'on portait de son temps, « qu'on appeloit commodes, et qui ne s'attachoient pas ». Deux notes inscrites en marge de l'*Inventaire du château de Versailles,* dressé en 1708, nous apprennent en outre : 1° que des rideaux faisant partie de l'ameublement de Mme de Maintenon furent employés, en 1726, « à faire un fauteuil à la Verru, une commode, un lit de repos, trois portières, etc., pour la reine à Saint-Cyr » ; 2° que les étoffes qui habillaient la niche et le lit de repos de Mme de Maintenon « ont été détruites pour faire un fauteuil à la Verru, une commode, un lit de repos, des carreaux, etc. » Par commode, on entendait donc, à cette époque, un siège, sans doute une « chaise commode », synonyme de chaise longue ou chaise de COMMODITÉ (voir ce dernier mot) ; et vraisemblablement c'est aussi dans ce sens qu'il faut comprendre ce passage de Bussy-Rabutin où, faisant allusion à la façon dont Henriette d'Angleterre se plaignait des assiduités de Louis XIV auprès de Mlle de la Vallière, il écrit : « Elle en parla à Versailles aux deux Reines ; mais en femme vertueuse, qui ne vouloit pas servir de commode aux amours du Roi. » (*Le Palais Royal,* ou *les Amours de la Vallière,* p. 41.)

Fig. 643. — Commode en marqueterie de Boulle (XVIIe siècle).

Quoi qu'il en soit, un seul meuble a conservé ce nom de commode, c'est la basse armoire à tiroirs et à dessus de marbre, que nous voyons encore aujourd'hui en usage dans un grand nombre de maisons. Il serait, croyons-nous, assez difficile de déterminer l'année exacte où la commode apparut ; mais fixer à quelques années près la date de cette apparition n'est pas impossible. Tout d'abord, il convient de remarquer que Richelet, Furetière et l'Académie (2e édition, 1696) ne connaissent pas ce terme ; il n'est donc pas antérieur à la fin du XVIIe siècle. D'autre part, le *Dictionnaire de Trévoux* dit : « Ce mot est nouveau », et les premières mentions que nous en rencontrons remontent à 1708. Dans un rapport que le duc d'Antin adresse à Louis XIV, le 3 juillet de cette année, il écrit : « En venant ici, j'ai passé par Paris, pour voir chez Guillemar les deux commodes qu'il fait pour la chambre de Votre Majesté à Marly ; il n'y a plus que les tiroirs à faire ; elles coûteront 310 livres la pièce. » Et le roi écrit en marge : « Bon. » (*Le duc d'Antin et Louis XIV*, par J. Guiffrey, p. 18.) Dans un *Inventaire du château de Versailles* dressé la même année, nous voyons, en outre, figurer dans la chambre du duc d'Orléans : « Un bureau commode, en bois de noyer à deux grands tiroirs fermans à clef » ; et dans l'appartement de la duchesse d'Orléans : « Une commode de bois de noyer à trois grands tiroirs et anneaux de fer. » Ce genre de meubles existait donc déjà depuis quelques années. Enfin, nous savons, par les gravures et les dessins de Bérain, que cet illustre artiste, mort en 1711, composa un certain nombre de modèles de commodes. Nous voilà donc à peu près fixés. C'est vraisemblablement entre 1700 et 1705 que la première commode vit le jour. Dans le *Mercure galant* de décembre 1717, nous relevons comme étant à vendre au *Bureau général d'adresses*, sept commodes dont une d'écaille marquetée pour 145 livres, une de palissandre pour 46 livres, une de bois de fil d'olivier pour 30 livres, et quatre de bois d'olivier aux prix de 48, 30, 18 et 14 livres. Néanmoins, notre meuble était encore peu répandu, car la phrase suivante, tracée le 24 mars 1718 par la fameuse Madame, mère du Régent, prouve qu'à cette date, le meuble était encore, chez nous, dans sa nouveauté et même inconnu hors de France. « Le cadeau qu'a fait la duchesse de Berry à ma fille est fort galant, écrit cette princesse. Elle lui a donné une commode. Une commode est une grande table avec de grands tiroirs..... avec de beaux ornemens. Dans ces tiroirs, il y avoit toute sorte de choses à la mode, des écharpes, des coiffures, des andriennes. » (*Correspondance de la duchesse d'Orléans*, t. II, p. 204.) — Ce présent fit, paraît-il, une grande sensation, car nombre d'écrivains de ce temps nous parlent de cette commode. Voir notamment Dangeau (*Journal*, t. XVII, p. 249) et Saint-Simon (*Mém.*, t. XV, p. 402).

Fig. 644. — Commode en marqueterie de bois de rapport (XVIIIe siècle)

Quant à l'origine même du meuble et de son nom, c'est chose plus facile encore à déterminer. Jusqu'à la fin du XVIIe siècle, on garda l'habitude de conserver les effets de corps, lingeries, vêtements, dans des coffres qui s'ouvraient par le couvercle et qui ne laissaient pas, par conséquent, que d'être fort incommodes. On avait bien eu, il est vrai, la sage précaution de les exhausser sur un pied, pour ne pas avoir la peine de se baisser chaque fois qu'on y voulait prendre quelque objet ; mais il n'en fallait pas moins bouleverser tout ce que le coffre contenait pour arriver à saisir ce qui se trouvait au fond. Un homme extrêmement ingénieux, dont nous regrettons de ne pas savoir le nom, eut l'heureuse idée de diviser le coffre en un certain nombre de compartiments superposés et de faire fonctionner ces compartiments isolément, en leur donnant la forme de tiroirs. Cette disposition nouvelle supprima de nombreuses incommodités ; de là le nom de « commode » que prit le meuble nouveau. S'il existait, du reste, le moindre doute à cet égard, le passage suivant, emprunté à l'*Architecture* de Sobry, et par conséquent presque contemporain de l'apparition des commodes, suffirait pour le lever : « Les coffres ou arches, dit cet auteur, sont vulgairement nommés *commodes*. Les uns sont à couvercle, les autres à tiroirs. »

Cette commodité caractéristique aida beaucoup à propager la mode de ces coffres qui rendaient de réels services. Par l'inventaire qui suivit l'incendie des ateliers de Boulle (30 août 1720), nous apprenons que cet éminent ébéniste comptait, parmi les « ouvrages de commande bruslés et péris », « huit commodes différentes de marquetterie de bois violet et autres couleurs ornées de bronze », et parmi les « ouvrages qui ne sont point de commande, bruslés ou péris », « dix commodes de différentes formes ou grandeurs ». Voilà qui prouve, semble-t-il, qu'en 1720 la fabrication de ce meuble utile était en pleine floraison. Ajoutons qu'à partir de cette date, on rencontre les commodes un peu partout et même dans les intérieurs relativement modestes. Témoin la « commode de bois plaqué, fermant à trois grands et petits tiroirs, avec leurs mains et entrées de cuivre », que mentionne l'*Inventaire de Louis Hanique, conseiller de l'Hôtel de Ville* (Paris, 1720). Enfin, à partir de 1740, il n'est pas de vente où l'on n'en trouve, et souvent plusieurs à la fois. L'*Inventaire des meubles laissés par Mlle Desmares à Mlle Damours* (1746) en compte trois, une en marqueterie, une en palissandre, la troisième en noyer, toutes trois à dessus de marbre, et montées avec des cuivres dorés d'or moulu. Nous savons qu'à l'Hermitage J.-J. Rousseau (1758) possédait une commode de noyer à quatre tiroirs. Piganiol de la Force, dans la description qu'il nous a laissée de la chambre royale du pavillon de Croix-Fontaine, construit pour Louis XV par le fermier général Bouret, dit : « Les angles de cette pièce sont enrichis de deux grandes glaces, au bas desquelles dans l'un est une cheminée d'un marbre très beau ; et dans l'autre une très belle commode de la Chine sur laquelle est posé un vase de porphyre. » La *Vente après décès de Mme de Pompadour* (1766), l'*Inventaire de Charles Cressent* (1768), celui de Jacques Verbeckt, sculpteur du roi (1771), la *Déclaration* que Gabriel de Saint-Aubin fait d'un vol commis chez lui (1776), l'*Inventaire de la veuve de Nicolas Lancret* (1781), nous signalent la présence de commodes jusque chez les artistes. La *Vente du sieur d'Héricourt, ébéniste, faubourg Saint-Antoine* (18 novembre 1782), où nous retrouvons « deux commodes de bois de rose, ornées de bronzes dorés d'or moulu, qu'on a achetées 100 louis à la vente de Mme la marquise de Pompadour », montre assez que la commode fut le meuble par excellence du XVIIIe siècle, comme le cabinet avait été celui du XVIIe. Les ébénistes, en effet, ne se contentèrent pas d'en produire des quantités, ils dépensèrent leur goût, leur habileté, leur savoir à en fabriquer de magnifiques.

Fig. 645.
Petite commode en laque de Chine (style Louis XV).

Ce sont d'abord ces belles commodes de Boulle, hautes sur pied, ayant quelque peu la forme d'un cercueil, comme la superbe « COMMODE EN TOMBEAU, première partie de Boulle, à quatre pieds de biche », qui figurait dans la célèbre collection de Randon de Boisset. Faits d'ébène ou d'écaille marquetée de cuivre, ces meubles admirables, que Dargenville nous présente comme l'ornement de la célèbre collection de Blondel de Gagny, et qui figurent avec honneur dans les cabinets les plus fameux de ce temps, ces beaux meubles, disons-nous, ont leur place marquée parmi les chefs-d'œuvre du mobilier de la Couronne, où nous rencontrons « deux belles commodes de marqueterie de cuivre et d'écaille, dont le dessus est de marbre griotte, ayant chacune trois grands tiroirs, dont les entrées de serrure et les anneaux sont de bronze doré, les commodes portées sur quatre griffes de lion de bronze doré ».

Mais bientôt cette magnificence semble un peu trop solennelle. Les grands ébénistes de l'époque, Boulle lui-même, comme le prouve son inventaire de 1720, substituent des mosaïques de bois aux somptueuses marqueteries d'écaille et de cuivre, qui avaient eu tant de vogue sous le Grand Roi. C'est le moment où la commode va gondoler ses formes, chantourner ses profils et, se couvrant d'aimables combinaisons de bois artistement nuancés, atteindra, sous le nom de *commode à la Régence,* son maximum d'ampleur, de beauté et d'élégance.

Fig. 646.
Commode à trois tiroirs ornée de bronzes dorés (style Louis XV).

Quelques-uns de ces meubles superbes, par leur caractère en quelque sorte historique, méritent qu'on en retienne la description détaillée. Ce sont d'abord les deux commodes qui ornent, à Versailles, la chambre de Louis XV, toutes deux « de marqueterie de bois de diverses couleurs, représentant sur le dessus un vaze de fleurs posé sur un bout de campane, avec festons de fleurs, oiseaux et papillons, et aux quatre coins les chiffres du Roy couronnés, le tout enfermé d'une frize de même marqueterie, entre deux bandes de bois violet et filets blancs, au coin de laquelle frize est une fleur de lis et au milieu une coquille ». C'est ensuite la commode de la duchesse de Bourgogne, elle aussi « de marqueterie de bois à fleurs de plusieurs couleurs sur fond d'ébène, avec frises et compartimens de bois violet, le dessus orné au millieu d'un grand vaze de fleurs, et aux coins de huit dauphins grotesques couronnés, fleurs de lis et autres ornemens de marqueterie ». Ce sont aussi les deux commodes qui ornent, au château de Saint-Hubert, la chambre de Mme de Pompadour : « commodes en bois de rose et satiné, avec mosaïque à placages et dessus de marbre en brèche violette, mains, chutes, fleurons et chaussons de

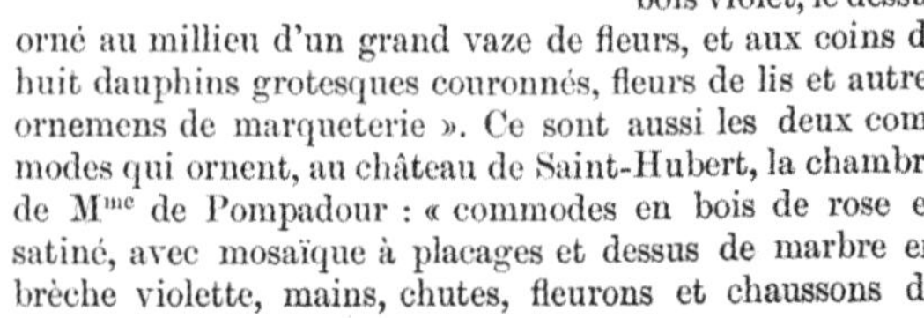

bronze doré d'or moulu », — celles-là mêmes qu'on retrouvera plus tard chez d'Héricourt. — Puis c'est la commode « en bois de rose avec fleurs en bois violet, ornée de bronze

Fig. 647. — Commode en laque de Chine (style Louis XVI).

doré d'or moulu, les tiroirs doublés d'étoffe, la clef ciselée et le marbre de brèche violette à moulures dessus et dessous », que Lazare Duvaux livre à Louis XV pour ce même château de Saint-Hubert, et enfin les « six commodes en bois d'acajou massif », que ce célèbre fournisseur expédie au château de Crécy pour Mme de Pompadour.

Ce qu'étaient ces meubles magnifiques, on peut s'en

Fig. 648. — Commode en acajou (style Louis XVI).

faire une idée par quelques spécimens admirables qui sont parvenus jusqu'à nous, et que conserve pieusement notre Mobilier national. Telles sont la superbe commode en marqueterie quadrillée d'amarante, de bois de rose, avec montants, entourages et entrées de bronze ciselé et doré, que signa J.-P. Lathuile ; et cette autre commode en marqueterie de bois d'amarante et de rose, qui porte l'estampille de Jacques Dautriche. Telle est encore cette commode en bois d'acajou et d'amarante, que les curieux admirent à Fontainebleau, et qu'ont signée Beneman et Stockel. Tous ces beaux meubles sont de marqueterie, et l'étonnante perfection à laquelle atteignirent les artistes de ce temps aurait été certes capable de satisfaire complètement l'exigeante fantaisie des petits-maîtres et des jolies dames de ce siècle raffiné, si ce beau monde n'eût été si frivole et surtout avide de changement. Au moment même où les marqueteurs épuisaient leur ingéniosité à composer ces fines et délicates mosaïques, la marquise de Pompadour se faisait livrer par Duvaux (29 septembre 1750) « une commode de lacq à pagodes, garnie de bronze doré, les tiroirs doublés de satin brodé », coûtant 2,400 livres. Faut-il ajouter que son exemple fut suivi ? Nous trouvons, en effet, sur les livres de ce même Duvaux, au compte du maréchal de Richelieu, « une commode de lacq ancien à pagodes, ornée de bronze doré d'or moulu, avec son marbre de griotte d'Italie », cotée le même prix, somme énorme pour le temps. Nous savons, en outre, que M. de Choiseul, lorsqu'il quitta Paris, à la suite de sa disgrâce, emporta avec lui « une commode d'un beau laque de la Chine, ornée de figures et d'un dessus de marbre brun veiné », qu'on retrouva à son château de Chanteloup, en 1794, quand on en saisit le mobilier. Enfin, parmi les plus précieux objets de la collection Randon de Boisset, nous voyons figurer « deux commodes à huit tiroirs de laque, de différentes grandeurs et à panneaux sur les côtés d'un fond aventurine... à six pilastres à panneaux de marqueterie, première partie en cuivre et étain sur fond d'écaille, etc. » Aujourd'hui, le prix de pareils meubles représenterait une fortune, car une commode de ce genre, ornée de guirlandes et de nœuds, ciselés par Gouthière et portant le chiffre de Marie-Antoinette, a été vendue récemment, à la vente Hamilton, 245,700 francs.

Fig. 649. — Commode ornée d'un médaillon de porcelaine et de bronzes dorés (fin du XVIIIe siècle).

Par la reproduction que nous donnons d'un de ces beaux meubles (planche XLVIII), on pourra se faire une idée de leur étonnante somptuosité. Ajoutons qu'aux laques on adjoignit bientôt, comme pendants, ces admirables imitations qu'on fabriquait aux Gobelins sous le nom d'*Ouvrages de la Chine* (une commode de ce genre, signée *Joseph*, figure au musée de Kensington, à Londres), et ces vernis délicats auxquels les Martin attachèrent leur nom, et que Clément, « maître peintre vernisseur », appliqua surtout avec succès aux commodes rebondies de la belle époque. (Voir le *Mercure* de mai 1770.) C'est à ce dernier artiste, sans doute, que Duvaux demandait ces commodes « en vernis

Fig. 650. — Commode ornée d'attributs en bronze (fin du XVIIIe siècle).

rouge poli, garnies de chutes, pieds, boutons et entrées de bronze doré d'or moulu, avec le marbre de Flandre », semblables à celles qu'il fournit à la marquise de Courcillon. Quant aux Martin, le mobilier de la Couronne donnait asile à leurs ravissantes productions, et nous voyons figurer dans les inventaires de ce mobilier unique : « Une commode de vernis de petit vert de Martin, à dessus de marbre de brèche d'Alep, ayant des camayeux dans les cartouches fond jaune, ornée de chutes, festons, rainceaux, boutons et pieds de biche, de bronze doré d'or moulu. »

Le XVIIIe siècle, nous l'avons dit, fut la grande époque de la commode; mais surtout dans sa première moitié. C'est alors le temps de ces beaux meubles gondolés, chantournés, tarabiscotés, brillants de l'éclat de leurs laques ou de leurs mosaïques, chargés de bronzes tordus en festons, contournés en rinceaux, se terminant en palmes frisées, dentelées, ciselés, ou en chicorées mousseuses ; de ces admirables *commodes à la Régence,* « de bois violet et rose à placages, à dessus de marbre, à frises, chutes et soupentes », comme les trois qu'on voyait encore en 1771, à Saint-Germain, dans l'appartement de la princesse de Talmont ; de ces belles commodes, hautes sur jambes, avec les pieds en forme de console, comme celles que Lazare Duvaux fournit à M. de Julienne, à M. de la Reynière et au Dauphin ; enfin, de ces commodes disposées en *bas d'armoire,* avec portes au centre, soit plaquées en bois des îles, à fleurs, comme celle que possédait le maréchal de la Fare, soit avec des portes de « vernis à relief », comme celle vendue par Duvaux à M. Duchap.

Mais à partir de 1760, la commode, en se faisant plus austère, perd de son charme. Fait à peine croyable, les premières *commodes à la grecque* figurent dans l'*Inventaire de Mme de Pompadour*. La fantaisie, qui avait donné à ce beau meuble de si redondants attraits, disparaît alors. Les profils chantournés font place aux lignes droites, et la raideur remplace cette souplesse étonnante, qui communiquait à cette belle *commode à la Régence* ou à la *commode en console* une si magnifique ampleur. Pendant quelque temps encore, on cherche à rappeler les formes arrondies en adjoignant aux deux côtés du meuble des étagères qui en diminuent la sévérité et adoucissent la raideur des angles. On peut voir un bel exemple de ces adjonctions dans les commodes de la reine Marie-Antoinette que le Garde-Meuble possède. Mais cette concession est de courte durée et bientôt la forme carrée se manifeste dans toute sa sécheresse. En même temps, l'ornementation s'alourdit, les bronzes deviennent pesants ; les frises néo-grecques et les mascarons essayent de donner à ce meuble, fantaisiste entre tous, des allures classiques. Le besoin d'expliquer toutes les formes, même celles qui résultent de la construction, provoque une surcharge d'attributs inutiles, dont l'effet est à la fois pesant et fâcheux. Au milieu de cet alourdissement général, le seul élément de gaieté qu'on trouve à introduire dans la décoration consiste en médaillons de biscuit ou de porcelaine, qui jurent, par leurs couleurs crues, avec les tons chauds des bois et des bronzes, et par leur fragilité, avec le caractère éminemment usuel du meuble qui les reçoit. C'est, en 1765, à la vente de Mlle de Sens que pour la première fois nous voyons apparaître ces commodes « avec des plaques de porcelaine de Sève (*sic*) » ; et leur vogue se continue jusque sous le Directoire.

L'Empire ajoute encore à l'aspect alourdi de ces meubles, dépourvus de grâce. Avec lui, la marqueterie achève de faire place à l'acajou surchargé d'ornements. L'étonnante finesse de ciselure que les Gouthière et les Riesener prodiguaient aux bronzes de leurs meubles s'atténue. Les attributs guerriers se multiplient, les casques surmontent les chutes ; les faisceaux de piques ourlent les angles ; des trophées dissimulent, sur la face principale, le jeu des tiroirs, et l'on a pu voir dans la collection de San-Donato une commode de ce temps, fabriquée par Jacob Desmalter, qui portait des chars antiques, des palmes et des couronnes copiés sur les monuments d'Herculanum ou de Pompéi. Puis cette guerrière décoration disparaît à son tour. Lemarchand, Meynar, Fierobe, qui, sous la Restauration, partagent avec Jacob Desmalter les faveurs de la mode, créent les commodes d'acajou ou de palissandre, à incrustations de filets et de cannelures de cuivre qui, sous le règne de Louis-Philippe, se transforment en ces lourdes, bourgeoises et massives commodes d'acajou, que, de nos jours, l'armoire à glace a presque complètement détrônées.

N'oublions pas toutefois, en terminant, de constater que la commode, en nous quittant, nous a laissé deux dérivés

Fig. 651. — Chaise à écrire. — Origine de la chaise de commodité (d'après une miniature du XVe siècle).

qui, sans la rappeler en rien sous le rapport de ses formes amples et de sa décoration des grands jours, ont conservé, avec son nom, la disposition caractéristique de ses tiroirs. Nous voulons parler de la *commode-toilette* et de la *commode-bureau* qu'on rencontre dans un grand nombre d'intérieurs bourgeois, et qui sont encore à l'heure actuelle l'objet d'une fabrication assez considérable.

Commodité (Fauteuil, Chaise, Cabinet de). — Il s'en faut de beaucoup que ce mot qui sonne d'une façon si particulière et, disons-le, si désagréable à nos oreilles, ait toujours eu la signification spéciale que nous lui donnons aujourd'hui. Il est clair que lorsque F. de la Noue, en ses *Mémoires* (1568), célébrait les mérites d'une armée qui, n'étant point payée et « despourveue de moyens », se dépouille « des petites commoditéz qu'elle avoit pour subvenir à ses nécessitéz » (*Mém. relat. à l'hist. de France*, t. XLVII, p. 202) ; ou quand le chancelier de Cheverny rapporte que le légat, pendant le siège de Paris (1590), à « force de charitéz particulières qu'il envoyoit en quelques maisons », consomma « jusques à sa vaisselle d'argent après avoir mangé toutes les autres commoditéz qu'il avoit », il est clair, disons-nous, que ce mot avait un sens très différent de celui qu'on lui attribue à présent. De même au XVIIe siècle et au XVIIIe siècle, les mots CHAISE ou FAUTEUIL DE COMMODITÉ, ainsi que nous l'avons déjà expliqué autre part (col. 663), exprimaient une idée tout à fait décente et convenable, celle d'un siège commode et rien de plus. L'association de ces deux mots semble d'ailleurs nous venir en droite ligne des *Précieuses.* On se souvient de l'injonction de Madelon : « Vite, voiturez-nous ici les

Fig. 652. — Fauteuil de commodité dans lequel Voltaire est mort.

commodités de la conversation. » (*Précieuses ridicules,* scène x.)

Des *Précieuses* même ridicules n'auraient point osé arrêter leur esprit et, à plus forte raison, parler en public de ces sièges également commodes, mais d'un ordre plus intime, auxquels nous pensons tout d'abord. Ajoutons que les chaises et les fauteuils de commodité avaient alors accès dans les salons. Un curieux pamphlet, intitulé *Des mots à la mode,* et qui fut imprimé en 1692, le prouve : « Vous voyez quantité de jeunes gens de qualité, écrit l'auteur de ce pamphlet, qui viennent chez nous avec une tabatière à la main, le visage et les doigts tout sales de tabac, dont ils prennent sans cesse à notre nez et en font prendre aux autres ; s'il y a de grandes chaises de commodité, ils s'en saisissent d'abord et ils auront l'incivilité de ne pas les offrir à une dame ; ils s'y étendent, ils s'y renversent à demy couchéz, ils s'y bercent, ils mettent leurs jambes sur d'autres sièges ou sur l'un des bras du fauteuil où ils sont assis, ils les croisent et se mettent quelquefois en des postures encore plus indécentes, croyant que cela a l'air de qualité d'en user ainsi. » Enfin, pour achever de lever tous les doutes, s'il en restait encore, nous emprunterons la description suivante à l'*Inventaire général des meubles de la Couronne* de 1755 : « Un fauteuil de commodité couvert de maroquin du Levant bleu, avec son carreau et une table en pupitre de bois d'acajou attachée sur une branche d'acier doré, au côté droit du fauteuil, couverte d'un quarré dudit maroquin, garnie dans trois compartimens d'encrier, poudrier et boëte à éponge, et sur les côtés, de deux branches mobiles aussy d'acier pour porter deux bobèches d'argent. » Ainsi, pas d'erreur, pas de confusion possible ; en 1755, comme en 1692, comme en 1688 — car Furetière, au mot *commodité,* définit notre meuble : « chaise bien rembourrée qui a un pulpitre pour pouvoir lire et escrire, une crémaillère pour pouvoir hausser ou baisser le dossier, selon que l'on veut ou l'on peut dormir et s'appuyer » — le fauteuil ou la chaise de commodité, ne craignons pas de le redire, était une chaise ou un fauteuil disposés de façon qu'on y pût lire, écrire, s'étendre, dormir, etc., et nos lecteurs ne s'étonneront pas de ne trouver rien de plus dans les indications et les descriptions qui vont suivre.

Ce premier point établi, une question se pose. A quelle époque la chaise ou le fauteuil de commodité eurent-ils accès dans notre mobilier ? Si l'on voulait remonter jusqu'à leur origine, il faudrait aller au moins jusqu'au XIVe siècle. Le point de départ en devrait être cherché dans la « chaire à écrire » du Moyen Age, et nous trouvons un siège de ce genre dans l'*Inventaire de l'archevêque Richard* (Reims, 1389). Nous avons démontré au mot CHAISE que ces meubles étaient, en outre, d'un usage courant au XVIe siècle ; néanmoins l'expression « chaise ou fauteuil de commodité » n'est pas vraisemblablement antérieure à 1665 ou 1670, car l'*Inventaire du mobilier de la Couronne,* dressé le 20 février 1673, qui mentionne six chaises de commodité, est le premier document où nous rencontrions ce terme. De ces six chaises, une est couverte de velours rouge cramoisi, c'était celle du roi ; la seconde était de velours vert, couleur du duc d'Orléans ; une troisième est décrite : « une petitte chaize de commodité en fauteuil, de velours jaune, garnie de frange et mollet d'argent pour le service de Monseigneur le Dauphin » (né en 1661, il avait alors onze ans et demi). Enfin les deux dernières sont couvertes en damas rouge. Cette même année (20 mars 1673), nous relevons dans l'*Inventaire de Molière* « une grande chaire de repos à crémaillère ». Cette désignation est à retenir. Le terme chaise de commodité, en usage à la Cour, n'était donc pas encore usité à la Ville. Cela semble probable, car Richelet ne dit rien de ces sortes de sièges. Par contre, quatre ans plus tard, nous relevons dans l'*Inventaire de Jacques Quiquebœuf, conseiller du roy* (Paris, 1677) : « Une petite chaise de commodité couverte de moquette rouge, avecq deux escrans, un garny de damas et l'autre de toille, et un petit berceau d'enfant prisé et estimé ensemble six livres. » Nous trouvons dans l'*Inventaire de Henri de Béthune, archevêque de Bordeaux* (1680) : « Un grand fauteuil de commoditéz à l'impérialle, avec trois rideaux, deux joues, et sa table, le tout couvert de sarge violet avec frange. » Ajoutons que ce genre de meuble se répandit promptement, car les sièges de commodité abondaient chez le maréchal d'Humières (1694). Le brave maréchal paraît même avoir été le personnage du XVIIe siècle qui en posséda le plus. Au château d'Humières, en effet, on n'en compte pas moins de dix, dont un que nous devons croire particulièrement soigné, car il tenait sa place dans « la chambre du roi ». C'était « un grand fauteuil de commodité de bois de noyer à la capucine, couvert de panne verte de Flandre, garni d'un petit galon d'or faux, avec de petits clous dorés ». Quant aux cinq suivants, ils semblent avoir été d'une coquetterie plus raffinée. — Ce sont d'abord les « trois grands fauteuils de commodité de bois noirci et doré, dont deux couverts de brocatelle, avec leurs coussins de mesme, et un de damas caffart également avec son coussin », qui meublaient la chambre de la duchesse d'Humières, et ensuite les « deux grands fauteuils de commodité de bois de noyer tourné, couverts de bandes de velours violet et velours noir à fleurs, garnis de leurs carreaux de même manière », compris dans la chambre de la maréchale, belle-mère de la duchesse.

A Paris, à son appartement de l'Arsenal, le maréchal d'Humières possédait encore cinq autres fauteuils de commodité, dont quatre à bois doré, couverts de tapisserie à l'aiguille, et un en noyer couvert de panne verte rayée rouge et blanc. Enfin, dans sa garde-robe, on trouvait « deux dessus de fauteuils de commodité de tapisserie, fonds de soye, coulleur de pail et à artichaux en fleurs, avec les acostoirs ». L'abbé d'Effiat, qui logeait également à l'Arsenal, était, lui aussi, abondamment pourvu de ces sièges commodes, et comme l'abbé était fort coquet, nous trouvons dans son *Inventaire* (1698) « quatre fauteuils de commodité de bois doré à pommettes, garnis de brocart à fleurs d'or sur fond blanc avec leurs carreaux... », puis « un grand fauteuil de bois de noyer de commodité, garni de velours rouge cramoisi, chamarré d'un passement d'or cloué, etc. » Nous signalions tout à l'heure le fauteuil de Monsieur, frère de Louis XIV. Celui de son fils le duc d'Orléans était des plus simples. Le futur Régent se contentait d'un « fauteuil de commodité de damas rouge cramoisy à petit patron, garny de frange et molet or et argent, le bois peint de rouge et filets d'or ». (*Invent. du château de Versailles,* 1708.) Celui du jeune Louis XV se ressentait des goûts un peu frivoles du futur *bien-aimé*. C'était : « Un petit fauteuil de commodité couvert de brocart rayé par bandes, fond de satin bleu à fleurs d'or et d'argent et soye noire et blanche, et d'une raye de brocart maniéré de galon d'or, garny d'un petit galon d'or cloué, le bois doré avec housse de taffetas bleu. » (*Invent. des meubles de la Couronne,* 1730.) Celui du comte de Cossé était « en canne garni de maroquin rouge ». (*Livre journal de Lazare Duvaux,* 1748.) Enfin le fauteuil dans lequel Voltaire travailla presque jusqu'au dernier jour de sa vie (voir fig. 652), appartenait à ce même genre de sièges.

Au siècle dernier, le fauteuil de commodité reçut divers perfectionnements et un certain nombre d'utiles complications. C'est ainsi que les *Annonces, affiches et avis divers* du 13 juin 1768 invitent le public à aller voir, chez la veuve Couart, rue Gilles-Cœur (*sic*) « un fauteuil propre pour un malade paralytique ou infirme, monté sur des soupentes avec train, cric et guindages. Il peut s'ôter de dessus les soupentes, ajoutent les *Affiches,* et servir de chaise à porteurs. Il a diverses autres commodités. » Aujourd'hui, ce genre de siège a encore été perfectionné. D'ingénieux inventeurs sont parvenus à le compliquer de telle sorte qu'il devient à volonté lit, table, chaise longue et même chaise percée. On nomme ces nouveaux sièges de commodité des *fauteuils mécaniques,* et leur perfection même les a fait bannir de nos appartements, où ils ne trouvent accès que dans les cas de longue maladie.

Si nous savons exactement ce qu'était un siège de commodité, par contre, nous savons d'une manière infiniment moins exacte, en quoi pouvait consister un siège de DEMI-COMMODITÉ. Cependant ce mot se rencontre dans différents inventaires du Midi. « Une chaise de demi-commodité bois blanc, garnie de soigne usée. » (*Apposition des scellés chez J.-B. Audier, courtier royal;* Marseille, 1755.) « Une d° (chaise) à demi-commodité garnie de maroquin noir. » (*Invent. de Marie Sibon;* Marseille, 1755.) Peut-être s'agissait-il là de sièges à dossier mobile, se relevant ou s'inclinant à l'aide d'une crémaillère, mais sans pupitre; peut-être de sièges avec pupitre, mais sans crémaillère. C'est ce que nous ne saurions décider.

Il nous faut constater, par contre, que ce même mot COMMODITÉS, écrit au pluriel, a une signification mieux connue. Jusqu'au milieu du XVIIe siècle, cette signification fut assez spéciale et au commencement de cet article, nous en avons donné deux exemples. « Ce mot au pluriel, écrit Richelet, signifie toutes les petites choses qu'il faut pour être à son aise dans un ménage, comme vaisselle, baterie, etc. » Et Richelet cite comme exemple : « Il n'a que faire de rien emprunter, il a chez lui toutes ses petites commoditéz. » A partir de 1680, l'expression change de valeur, et les commodités deviennent, pour nous servir de l'expression de Furetière, « les *Aisements,* les lieux où l'on va se décharger le ventre ». C'est dans ce sens, au surplus, que Saint-Simon emploie le mot dans le passage suivant : « La princesse d'Harcourt ne se faisoit faute de ses commodités au sortir de table, qu'assez souvent elle n'avoit loisir de gagner et salissoit le chemin. » Comme ces sortes de lieux étaient généralement assez mal tenus chez nos ancêtres et empoisonnaient parfois la maison tout entière, en 1789, le sieur Giraud, entrepreneur des bâtiments du musée de Paris, imagina de remédier aux inconvénients des commodités ordinaires, en inventant des *commodités portatives :* « La raison, l'expérience, disposent également en faveur de cette invention, écrit le rédacteur de l'*Almanach sous verre* (*Notice* de 1789, col. 504, n° 131) en rendant compte de l'innovation du Sr Giraud. Son utilité est incontestable et son usage doit contribuer à la salubrité des maisons. » Aujourd'hui, nous possédons dans la plupart des appartements des *commodités à l'anglaise* qui rendent inutile l'invention vantée il y a cent ans par l'*Almanach sous verre.*

Commodo, *s. f.* — Locution limousine. Étagère où l'on met les provisions.

Commun, *s. m.* — Dans les siècles précédents, c'était l'ensemble de pièces où les « officiers » et domestiques prenaient leurs repas. A Versailles, on distinguait le *Grand Commun,* qui comprenait les offices et les cuisines destinés à la nourriture de la plupart des officiers du roi, et le *Petit Commun,* réservé pour la nourriture de quelques officiers privilégiés. Aujourd'hui, sous le pluriel COMMUNS, on désigne toutes les pièces accessoires, telles que remises, écuries, greniers à foin, logements de domestiques, etc.

Compartiment, *s. m.;* **Comparcquement,** *s. m.* — En langage de décorateur, c'est une disposition régulière de lignes droites ou courbes, formant un ensemble ou composant un motif, et dont la répétition constante ou alternée constitue l'ornementation d'une surface quelconque. Les compartiments trouvent leur emploi dans la décoration des plafonds, dans les dallages. Les panneaux de menuiserie qui lambrissent les murailles peuvent être à compartiments; les vitraux le sont toujours. Dans la *Sciomachie*

Fig. 653. — Fauteuil confortable à pupitre.

(1549), Rabelais vante « deux fontaines artificielles, toutes instrophiées de fleurs odorantes, avecques compartimens à l'anticque. » Le *XVIe compte de Christophe Godin, receveur général des finances du roi Philippe II* (1594), mentionne le payement de 7,500 livres à Carlo Ruelli, marchand d'Anvers, pour « certain riche lict de champ », dont la couverte

« est composée de divers comparcquemens à panaches de paon en broderies », qui ornaient à Rome la table du cardinal du Bellay. Au XVIIe et au XVIIIe siècle, on fit grand usage

Fig. 654. — Plafond à compartiments.

de compartiments dans la décoration des tissus et des meubles. Dans l'*Inventaire de Mazarin* (1653) on note « un lict complet... de satin, fond gris perle à fleurs et compartimens incarnadin, vert et izabeau ». Dans l'*Inventaire de Henry de Béthune, archevêque de Bordeaux* (1680), figurent « deux tables d'ébène avec des compartimens de filet d'ivoire ». L'*Inventaire des meubles de la Couronne* (1684) mentionne « une corbeille de filigrane d'or, par compartimens carréz de plusieurs dessins »; et l'*Inventaire du château de Versailles* (1708) nous apprend que dans la chambre de Mme de Maintenon se trouvait « une petite table de merisier à compartimens, rainceaux et losanges d'ébène ».

Au XVIIe siècle, on appelait *Ouvrages de compartiment* « les embellissements, les entrelas et les traits figurés des vitres ». Dans ses *Mémoires* (t. III, p. 498), Sully raconte que Mme de Brandis, femme du gouverneur de Montmélian, « se plaisoit à faire de ses mains de petits ouvrages de compartiment et de verroterie ».

COMPARTIMENT désigne aussi les divisions intérieures d'un meuble. « Une cassette plaquée en bois violet, avec un tiroir en bas, pour des éventails et deux compartimens garnis en velours et tabis pour des bijoux, 86 livres. » (*Vente faite par Lazare Duvaux à la marquise de Beuvron,* 7 juin 1749.)

Compas, *s. m.* — Instrument en fer ou en bois, à deux branches se mouvant autour d'un axe central, qui sert à décrire des courbes, à mesurer des longueurs et des épaisseurs. La forme, la matière et la dimension des compas varient suivant les besoins des divers corps d'état qui s'en servent. On distingue les compas à pointes sèches, les compas à crayon, les compas à verge et les compas d'épaisseur. Les serruriers et les tourneurs emploient un compas à branches courbes qu'on appelle MAITRE DE DANSE.

Les ébénistes donnent le nom de compas à la ferrure de cuivre, nécessaire pour tenir ouvert le couvercle d'un meuble, principalement celui d'une toilette.

COMPAS. — Au XIVe et au XVe siècle, était employé dans la décoration, pour signifier cercle ou circonférence. « Un angèle tout doré, estant sur un entablement à souages et à VI quarrés esmailliés, et en chascun quarré a IIII compas esmailliéz d'azur et de maure... — Une coupe toute esmailliée, dont le pié est de VI demis compas à souages grenetéz, etc. » (*Invent. du duc d'Anjou,* 1360.) « X tapis vers appartenans à une chambre de veleuil vert à compas et au milieu des compas à escus de France et d'Évreux. » (*Compte de l'Exécution de Jehanne d'Évreux,* 1372.) « Une grant pièce de drap de soye jaune, ouvré d'un grant compas ront ou mylieu, et est environné de plusieurs lettres de sarrazins, et a lambeaulx en façon de banières. » (*Invent. de Charles V,* 1380.) « Un reliquaire, en quatre compas armoiés aux armes de France et autres d'argent doré. » (*Invent. de la Bastille,* 1418.) « Ung ciel de satin vert, frangé de soye jaulne et rouge faict par compas. » (*Invent. d'Anne de Bretagne,* 1498.)

Compasser, *v. a.;* — Compasser a signifié d'abord faire A COMPAS. (Voir ce mot.) L'auteur du *Roman de Godefroid de Bouillon* (t. III, p. 104), décrivant la tente du Soudan, dit :

> Toute fu de drap d'or tissue, et bien ouvrée
> D'uevre sarrasinoise noblement compassée :
> Mainte ymage y avoit d'or fin bien figurée.
> Toute la loy Mahon y fu incorporée;
> L'ystoire d'Alixandre y estoit compassée.....

Ce verbe veut dire également mesurer au compas et, par extension, disposer régulièrement, ajuster avec soin ; il s'emploie surtout au participe passé. « L'architecture, la

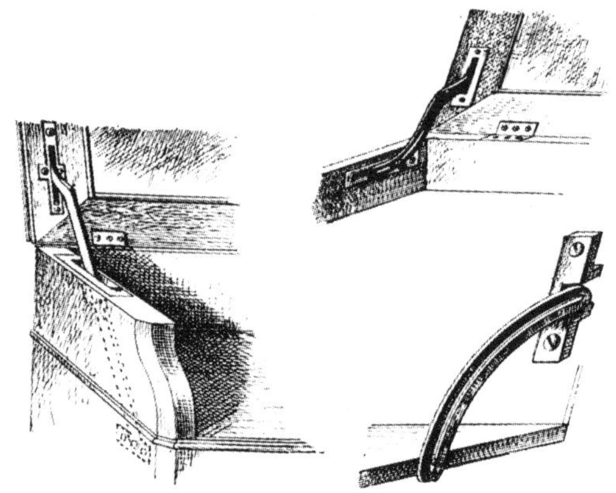

Fig. 655 à 657. — Ferrures dites compas de toilette.

sculpture et l'ordre que l'on y voyoit compassé en toutes ses parties, attiroit tellement l'esprit en admiration que l'œil, qui peut voir tant de choses en un instant, n'estoit pas assez suffisant pour comprendre tout le contenu de ce beau palais. » (*Isle des hermaphrodites,* p. 5.)

Au XIVe et au XVe siècle, on disait d'un ouvrage soigné qu'il était fait à compas :

Babiloine, si com jou pens,
Dure vint liues de tous sens;
Li murs qui la clot n'est pas bas;
Tout entor est fais à compas,
Et trestous est fais d'un mortier
Qui ne doute piquois d'acier.

(*Floire et Blancheflor*, p. 64.)

Comporte, *s. f.* — Locution toulousaine. Petite lanterne portative en bois. « Une comporte ronde de bois de chaine sans corne. — Septante-cinq comportes petites, bois de sapin. » (*Invent. de Marie Mengaut, marchande;* Toulouse, 1668.) Ce mot un peu bizarre est sans doute une corruption de « qu'on porte », employé pour indiquer la nature des lanternes vendues.

Composé, *adj.* — En architecture, on nomme colonne composée celle dont les ornements sont inusités généralement et s'éloignent, par leur disposition, des modèles classiques.

Composite, *s. m.* et *adj.* — Le chapiteau composite est, ainsi que nous l'avons expliqué plus haut (voir le mot CHAPITEAU), une ingénieuse variante du chapiteau corinthien allié au chapiteau ionique. On en peut dire autant de l'*ordre composite.* Toutefois, comme les éléments du mélange peuvent être gradués avec plus ou moins de fantaisie ou de bonheur, presque tous les grands architectes de la Renaissance ont combiné un composite spécial, à leur usage particulier. C'est ainsi qu'on distingue les chapiteaux composites de Vignole, de Palladio, de Scamozzi, de Michel-Ange, etc.

Composition, *s. f.* — Dans les arts du dessin, on entend par ce mot l'invention d'un sujet, sa mise en scène, son expression pittoresque.

Dans les arts de l'ameublement on désigne sous le nom de composition des substances résultant de l'amalgame de divers corps simples. C'est ainsi qu'on donne ce nom à un composé de cuivre, de plomb, de zinc et d'étain, dont on fait des pendules, des candélabres, etc., et à un mélange de cuivre, de zinc, d'étain et d'argent, dont on fait des couverts. Au siècle dernier, on désignait encore sous cette appellation les pâtes ou pâtisseries, dont on décore les cadres et les bordures de tableaux et de glaces. Parlant des bordures que vendaient les doreurs de son temps, Savary des Bruslons écrit : « Il s'en fait quelquefois dont les ornemens sont d'une espèce de pâte qu'on modèle dans des moules ; on les nomme bordures de *composition.* Il n'y a que deux boutiques à Paris où il se vende de ces sortes de bordures ; encore n'y a-t-il guère d'apparence que cette fabrique dure longtems, non seulement pour le mauvais usage de cette fausse sculpture, dont les ornements sont sujets à tomber, mais encore à cause de l'opposition des maîtres sculpteurs qui, actuellement, ont intenté procès à ceux qui font de ces bordures, pour leur en faire interdire la fabrique et la vente. » On sait que la prédiction de Savary ne s'est point réalisée, et que ce commerce a pris, au contraire, une extension considérable.

Compotier, *s. m.* — Grande coupe de porcelaine ou de cristal, généralement montée sur un haut pied. Le compotier fait partie du service de table et sert pour présenter les compotes, confitures, etc. Les auteurs du XVIIe siècle semblent n'avoir pas connu le mot compotier. Au XVIIIe, l'objet et le nom devinrent fort à la mode. Nous voyons, en effet, dans l'*Inventaire de Mlle Desmares* (1746), figurer « six compotiers de porcelaine du Japon, et deux compotiers de porcelaine de Chine ». De son côté, Lazare Duvaux fournit à Mme Rouillé « quatre compotiers de Saxe à oiseaux »; au duc d'Aumont, « quatre compotiers de Saxe en coquilles »; à Mme de Pompadour, « quatre compotiers de Vincennes » de même forme, quatre en feuilles de chou, deux carrés, deux ronds gravés, deux lisonnés, etc.; à la princesse de Robecque, « quatre compotiers de porcelaine de France », etc., etc. (*Livre journal,* t. II, p. 40, 102, 134, 341 et suiv.) Le 28 janvier 1775, Mme du Deffand écrit à Horace Walpole : « Je viens de recevoir la caisse. Ce qu'elle contenoit étoit mal emballé ; il y a deux compotiers de cassés et le plateau de dessous la jatte. » (*Lettre à M. Walpole,* lettre CCX.) Enfin l'*Apposition des scellés après le décès de Pierre de Neufmaison, peintre du roi* (Gobelins, 1752),

Fig. 658. — Comptoir du Juif de la rue des Billettes, d'après un vitrail du XVIe siècle.

nous apprend qu'à cette époque on faisait également des compotiers en argent. Depuis lors, le compotier est resté d'un usage général.

Compteur, *s. m.* — Appareil qui sert à mesurer ou à compter. Il y a dans les maisons des compteurs à eau et à gaz. En terme d'horlogerie, c'est la détente d'une sonnerie qui entre dans les entailles de la roue de compte.

Comptoir, *s. m.;* **Comptouer,** *s. m.;* **Contoir,** *s. m.;* **Contouer,** *s. m.* — Depuis le XVIIe siècle le comptoir est devenu un meuble exclusivement de boutique ou de magasin. C'est une sorte de grand bureau de la hauteur des tables ordinaires, sur lequel les marchands présentent les articles qu'ils soumettent à l'acheteur. Le comptoir se proportionne naturellement à la dimension des objets offerts en vente. Le comptoir d'un bijoutier est généralement court et étroit ; celui d'un marchand de lainages ou de lingerie est beaucoup plus vaste. On fait des comptoirs avec ou sans tiroirs, la plupart sont en chêne. On en fait aussi en acajou, en palissandre et même en métal, ces derniers pour les marchands de vin et liquoristes, etc. On a fabriqué, au siècle dernier, des comptoirs tout à fait luxueux.

Nous relevons dans les *Annonces, affiches et avis divers* du 6 octobre 1787 l'information suivante : « A VENDRE beau comptoir de chêne de 21 pieds de long, propre pour un bijoutier, avec retour d'équerre de 7 pieds. La façade

Fig. 659. — Comptoir de marchand (XVIIIe siècle), d'après l'*Encyclopédie*.

extérieure en panneaux de glace, les dormans peints en bois de rose, les moulures et rosettes en or, la devanture intérieure à panneaux en bois à coulisse, peinte de même, le dessus vitré dans toute sa longueur et séparé par cases garnies de verres. S'adresser au sieur Noël Lasserre, confiseur distillateur, rue Saint-Honoré. »

Au XIVe, au XVe et au XVIe siècle, le comptoir avait sa place marquée dans les habitations seigneuriales et hospitalières. Il servait au receveur des finances ou trésorier pour compter l'argent avec ses jetons et ses bourses (c'est, du reste, de là que lui vient son nom), et pour peser les pièces douteuses, etc. Voilà pourquoi nous voyons figurer parmi les *Fournitures faites au château de Falaise* (1340) « IIII verges de drap pers, dont l'en a couvert le comptouer au Viconte ». Les *Comptes de l'argenterie* de 1395 portent la mention suivante : « *Item,* pour avoir faict tout de neuf, en l'ostel dudit argentier, un petit comptouer et deux formes pour besogner aux marchands. » S'il fallait d'autres exemples, on pourrait citer le payement de 7 fl. 6 gr. ordonné par le roi René, le 14 mai 1447, « à Jehannin le chaussetier, pour quatre canes une paulme de drap vert, tant pour le retrait du Roy, comme pour ung conteoir pour la trésorerie » ; et le versement de 54 sols parisis effectué par le receveur général de l'Hôtel-Dieu de Paris (1505-1506) « à Jehan de Launay, marchant drappier, demourant à Paris, pour trois aulnes quartier et demy de drap vert, pour couvrir les bancs d'autour du grant comptouer et l'un des comptouers de la Huchecte ». (*Compte 1er de Jehan de la Saunerie, procureur et receveur général de l'Ostel-Dieu de Paris.*) Toujours pour cette même raison, nous trouvons : « Un comptoir à la genevoise fermant à clef » dans l'*Inventaire du baron d'Ornezan de Saint-Blancard* (Marseille, 1551) ; « une table de boys façon de contoir » dans l'*Inventaire des meubles du château de Nérac* (1555) ; et dans l'*Inventaire du château de Lanmary* (1595), la mention : « Et après par ledict sieur de Fontanilhas nous a esté faict ouverture d'un comptoir long, faict en forme de banc, près la cheminée du cabinet dudict sieur de Coustures, dans lequel avons trouvé une bourse de sattin violette », etc. Enfin, chez les marchands, les tabellions, les avocats, les comptoirs ne font pas non plus défaut au XVIe siècle. Exemples : « Une table quarrée faicte en fasson de contouer, avec une bancque longue. » (*Invent. de Pierre de Capdeville, bourgeois et marchand;* Bordeaux, 1591.) « Un comptouer de boys de chesne, à deux guichetz fermans à clef. » (*Invent. de Nicolle Lefèvre, femme de Gilles Roger, tissutier-rubanier ;* Paris, 1592.) Etc.

. . . . Il est notoire
Et certain, par mon sacrement!
Je vous pry, faictes prestement.
Tout est dans mon escriptoire,
Sur le comptouer?

(*Testament de Me Pathelin.*)

Par extension, le nom de comptoir passa du meuble à la chambre qui le renfermait, et l'on prit l'habitude de nommer ainsi la pièce où se tenait l'argentier, et où il recevait ceux qui avaient affaire à lui. L'*Inventaire du château de Reculée,* dressé en 1479, nous donne le détail du mobilier que comportaient ces sortes de pièces ; on y lit : « Ou comptouer près de ladite chambre. — Ung buffet garny de deux guischéz à claveure et ferréz. — *Item,* ung banc forme. — *Item,* ung viel eschiquier. — *Item,* une petite corbeille d'éclisse. — Le dit comptouer garny à l'entour de petiz dressouers cousus en l'appareil (c'est-à-dire attachés à la muraille). » Dans certaines demeures seigneuriales, le comptoir formait un petit édifice à part. C'est ainsi que dans les *Comptes du château de Gaillon* (1497-1509), nous relevons les articles suivants : « MAÇONNERIE POUR LA CONTOUER DE LA COURT. — A trois maçons, pour avoir taillé des pierres pour la contouer de la court, par quictance du XXIIe juillet V^c et huit pour ce, cy, LXXV sols. » « A Géraulme Pachot, maçon, pour la parpaye de XXXVII livres pour le contouer qu'il a fait en la court, par quictance du XIXe septembre V^c et huit, XII livres », etc.

On trouve encore, au XIVe siècle, COMPTOIR avec le sens de jeton servant à compter. « Messire Gautier pour comptoers et une bourse à les mettre, XII d. » (*Journal de la dépense du roi Jean en Angleterre,* 1359-1360.) Voir également *Comptes et mémoriaux* du roi René (art. 543). Mais cette dernière signification est rare.

Enfin, il semble que, dans la Touraine, CONTOIR, CONTOUER (voir ces mots), aient été, au XVIe siècle, considérés comme synonymes de parloir.

Comtesse, *s.f.* — Nom donné, au XVIIIe siècle, à des chaufferettes en forme de livre « dont on peut se servir partout, sans inconvénient et sans qu'elles puissent être aperçues ». Ces appareils, faits en bois de noyer, coûtaient de 16 à 18 livres. Leur prix était de 24 livres quand elles étaient en bois d'acajou. Leur inventeur était le Sr Molitor, ébéniste, cour de l'Orme à l'Arsenal. (Voir *Journal général de France,* 27 décembre 1781.)

Concave, *adj.* — Se dit de toute surface déprimée à l'intérieur. Les miroirs concaves étaient qualifiés autrefois de miroirs ARDENTS. (Voir ce mot.)

Conche, *s. f.* Ce mot était employé, au siècle dernier, pour signifier le bassin d'une fontaine, le récipient où l'eau tombe au sortir du robinet : « Les fontaines, grands vases propres à contenir plusieurs voies d'eau, avec leurs conches, sont rarement de parure. » (Sobry, *De l'architecture,* p. 192.) (Voir CONQUE.)

Condamner, *v, a.* — Condamner une porte, une fenêtre, c'est l'empêcher de s'ouvrir. Condamner un passage, c'est fermer une de ses deux extrémités. « A côté de ladite cheminée, on nous a dit y avoir une porte... laquelle porte on a condamné par une armoire. » (*Invent. de monseigneur de Villeroy, archevêque de Lyon,* 1731.)

Condori (Bois de), *s. m.* — Nom qu'on donne dans les Antilles au bois de CORAIL. (Voir ce mot.)

Conductibilité, *s. f.* — Propriété dont jouissent les corps d'absorber la chaleur et de la transmettre aux corps voisins. La conductibilité des différents matériaux employés dans l'ameublement est très variable, et l'industriel intelligent compte toujours avec elle, dans le choix des matières qu'il met en œuvre, et pour leur adaptation aux divers services auxquels il les destine. Voici le degré de conductibilité des principaux d'entre ces matériaux :

La conductibilité	du cuivre est de	64,00
—	du fer	29,00
—	du zinc	28,00
—	du marbre	3,48
—	de la pierre calcaire	2,08
—	de la terre cuite	0,65
—	du bois de chêne	0,21
—	du bois de sapin	0,17
—	du bois de noyer	0,10

Conduit, *s. m.* — En architecture, c'est un passage généralement étroit, qui donne, suivant le cas, entrée ou sortie à l'air, à la fumée, à l'eau, etc. Au siècle dernier, on appelait *conduits à vent* de petits souterrains où l'air, après s'être rafraîchi, était pris ensuite et amené par une suite de tuyaux dans les appartements qu'il rafraîchissait à son tour.

Les fumistes nomment également conduits des espèces de VENTOUSES (voir ce mot), avec lesquelles ils activent le tirage des cheminées. Pour les serruriers, le conduit d'un verrou est le crampon qui fait l'office de conducteur de sa tige, et le conduit d'une sonnette est le crampon à double pointe qui retient le fil en place. Enfin, les ébénistes appellent conduits des tringles carrées en bois de chêne placées à l'intérieur des gros meubles, de chaque côté des tiroirs, de façon à régler la marche de ceux-ci quand on les repousse.

Confessionnal, *s. m.* et *adj.;* **Confessionnaire**, *s. m.* — « Manière de chaise, qui est de bois, qui est haute et couverte avec des accotoirs et une jalousie de chaque côté, contre laquelle le confesseur pose l'oreille pour ouïr les péchez de la personne qui se confesse. » C'est en ces termes que Richelet définit le confessionnal, et il paraît que cette chaise, particulièrement confortable, fut transportée de l'ameublement religieux dans l'ameublement profane, car les confessionnaux se rencontrent assez fréquemment dans les mobiliers du XVIIIe siècle. Le premier où nous en trouvions est celui d'André Le Nôtre. « Trois chaises munies de confessionnaux », telle est cette première désignation. (Voir *Procès-verbal de l'apposition des scellés* chez André Le Nôtre, 15 septembre 1700.) Ensuite viennent : « Un fauteuil en confessionnal, garny de crin, couvert de tapisserie. » (*Invent. de Claude de Beauregard;* Paris, 1720.) « Un confessionnal de bois de noyer, garny de crin, couvert de tapisserie de point à la turque, prisé 60 livres. » (*Invent. d'Anne de Bellancourt;* Paris, 1720.) « Un fauteuil en façon de confessionnal, embourré de crin, couvert de mocade. » (*Invent. du marquis de Piré;* Rennes, 1733.) « Fauteuils de points de Gobelins et velours d'Utrecht, confessionnal et duchesse pareils. » (*Vente faite le 30 avril 1750 à l'hôtel de la Roche-sur-Yon.*) « Trois fauteuils, dont deux couverts de tapisserie, et le troisième en confessionnal, couvert de moquette. » (*Apposition des scellés après le décès de Charles Parrocel, peintre du roi,* 1752.) « Un fauteuil en confessionnal avec son carreau... le tout couvert de damas, le bois sculpté et réchampi avec housse semblable. » (*Château de Saint-Hubert, chambre de Mme de Pompadour,* 1762.) « Un confessionnal de drap bleu et cartouches de broderie... ; un confessionnal, couvert en dôme, garni de damas d'Ableville (*sic*); un confessionnal à pieds de biche, couvert de coton raïé, etc. » (*Invent. du château de Bien-Assis,* 1766.) Et enfin, « un fauteuil en confessionnal de velours jaune d'Utrecht, le bois sculpté avec soin et fort orné ». (*Vente chez le marquis de Saint-Amand,* 1768.)

Au XVIIe siècle, on trouve également la forme CONFESSIONNAIRE. (Voir Tallemant des Réaux, *Historiettes,* t. VI, p. 167.)

Confident, *s. m.* — Petit siège de salon capitonné, à dossier bas, formant généralement l'S, et disposé de façon que les personnes placées en sens opposé puissent se parler

Fig. 660. — Fauteuil en confessionnal, d'après une estampe de Jeaurat.

facilement à l'oreille. On fait des confidents à deux et à trois places. (Voir fig. 662.) Au siècle dernier, on a donné le nom de CANAPÉ CONFIDENT à un canapé muni à ses deux extrémités de deux petits sièges arrondis. Il est parlé de ce genre de sièges au mot CANAPÉ.

Confissoir, *s. m.* — Locution toulousaine. Grande bassine à faire des confitures. « Un confissoir de cuivre avec anse, un grand bassinoir, etc. » (*Invent. de la demoiselle Marguerite de Pessoles;* Toulouse, 1642.)

Confiturier, *s. m.* — Petit meuble destiné à renfermer les confitures. « Une petite armoire, en forme de confitu-

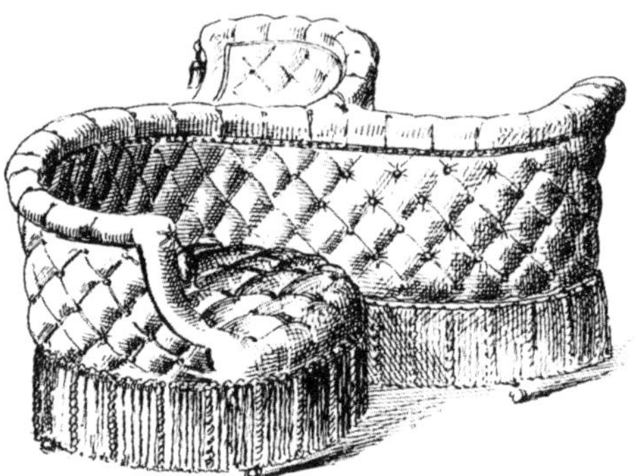

Fig. 661. — Confident à trois places.

rier, prisée six livres. » (*Invent. des meubles et effets du château de Villetehart,* 1760.) « Une petite armoire, en forme de confiturier. » (*Invent. du château de Saint-Gilles,* 1766.) Ce meuble, peu important, paraît avoir été particulier à l'ouest de la France.

Quoique le nom ne se rencontre qu'au XVIIIe siècle, il semble que l'objet soit beaucoup plus ancien. La citation suivante le laisse au moins supposer : « 16 juin 1449. — Audit Chanco, ledit jour, II florins IX gros, qu'il a paiéz audit lieu d'Avignon, pour deux estuiz de cuir pour les pots d'argent à mettre confitures, donnéz audit seigneur par la royne et pour les courroies d'iceulx, par certifficacion de mondit seigneur le séneschal, II florins IX gros. » (*Comptes et mémoriaux du roi René.*)

Confort, *s. m.;* **Confortable**, *adj.* et *s. m.* — Comme adjectif, confortable signifie qui procure le confort, c'est-à-dire le bien-être ; comme substantif, il sert à qualifier les choses qui produisent le confort. — Ce mot est de création essentiellement récente. Le confortable lui-même ne remonte pas au delà du siècle dernier. Il coïncide avec l'invasion des influences féminines dans la politique et dans les mœurs. Durant la Régence, les pièces se font plus petites et par conséquent à la fois plus douillettes et plus intimes. Vingt espèces de sièges nouveaux sortent des mains du tapissier. Les chaises longues, les sophas, les divans, font pendant au canapé célébré par Regnard ; et la bergère à ressort, cette bergère dont Madame Victoire, fille de Louis XV, disait à Mme Campan : « Voici un fauteuil qui me perd » (*Mém. de Mme Campan,* p. 55), remplace les sièges d'apparat et les incommodes pliants, dont s'était contentée la société française des siècles antérieurs.

En notre temps, la qualification de CONFORTABLE s'est étendue dans le langage du tapissier à tous les sièges dont le bâti est rembourré, capitonné et recouvert d'étoffe. Les tapissiers du règne de Louis XIII eurent l'ingénieuse idée de sangler les sièges de leur temps et de leur appliquer une garniture faisant corps avec eux. Sous Louis XIV, les bras, garnis d'accotoirs, furent pourvus de manchettes. Il appartenait à un tapissier de notre siècle de compléter cette victoire de la garniture sur le bois. Devillers, en 1838, inaugura les meubles à bois garni, capitonnés, recouverts. Jeanselme et Sellier les perfectionnèrent. Une foule de meubles naquirent de cette innovation ; les crapauds, les poufs, les seymours, les bébés, les fauteuils-coussins (voir fig. 662), datent de cette époque, sinon comme appellation, du moins comme forme et comme « confortable ».

Conga, *s. f.* — Voir CONQUE.

Congé, *s. m.* — Terme d'architecture. Moulure dont le profil est concave. C'est le congé qui forme l'adoucissement d'un fût de colonne, avec sa base et son chapiteau.

Conhet, *s. m.* — « Petit coustel, dont l'en cerne les noiz, d'environ deux doys d'alumele. » Telle est la définition qu'une *Lettre de rémission,* datée de 1410, donne du conhet.

Conil, *s. m.;* **Conin**, *s. m.;* **Connin**, *s. m.* — Nom que portait au XIVe et au XVe siècle la fourrure faite avec des peaux de lapin. On en confectionnait des couvertures et des couvre-pieds très chauds. Nous notons dans l'*Inventaire de Mahaut d'Artois* (1313) : « IIII couvertoirs de pers, fourréz de connins, au prix de X lib. » Dans les *Comptes des prieuses de l'Hôtel-Dieu* (1371), on relève la recette suivante : « De Mme la duchesse d'Orliens, par la main messire Jehan de Montargis, pour la vente d'un couvertoir de connins blancs et une coustepointe blanche... » Enfin, parmi les *Objets de literie et d'ameublement achetés à Paris, par ordre de la duchesse de Bourgogne, pour les couches de la comtesse de Rethel, sa belle-fille* (1403), nous voyons figurer « douze cens doz de conins employéz entièrement à fourrer ung petit couvertoir, pour ledit enffant et ung autre grant couvertoir pour la femme de chambre d'icelluy », etc.

Connoille, *s. f.* — Voir QUENOUILLE.

Conopée, *s. m.* — D. Carpentier assigne à ce mot le sens de rideau. C'est aussi celui que lui donne Rabelais. « La chosette faicte à l'emblée, écrit-il, entre deux huys, à travers les degréz, derrière la tapisserye, plus plait à la déesse de Cypre, que faicte en veue du soleil, à la cynicque, ou entre les prétieux conopées, entre les courtines dorées », etc. (*Pantagruel,* liv. III, ch. XVIII.)

Conque, *s. f.;* **Conga**, *s. f.;* **Conquo**, *s. m.;* **Councho**, *s. m.* — Grande coquille marine, dont le nom a été

Fig. 662. — Fauteuil-coussin confortable.

donné, à différentes époques, à des ustensiles de ménage rappelant de près ou de loin la forme d'une conque. Suivant D. Carpentier, la conque aurait été, au XVIe siècle, une grande terrine servant aux usages religieux et notamment aux cérémonies du Lavement des pieds. Dans le *Catalogue de Randon de Boisset,* on trouve « deux vases couverts, en forme de conque, surmontés d'une gorge méplatte et ornés de chaque côté de deux serpents entrelacés, etc. »

En dialecte provençal, conquo a continué de désigner le bassin d'une fontaine. Dans le Limousin, le councho est un grand pot en fonte, dans lequel on fait cuire les pommes de terre. Au XVe siècle, on trouve dans le Bordelais conga avec la signification de terrine. « Una conga cuberta... *Item,* un broc pour tener oli, etc. » (*Invent. de Ramona de Cussac;* Bordeaux, 1442.)

Conseil, *s. m.* Ensemble des tentures qui servaient à décorer et à meubler la salle du Conseil. On disait « un conseil », comme on disait une CHAMBRE, une SALLE. (Voir ces divers mots.) « Une chambre de sortail à fleurs de lys, de ciel, de dossier, de coultepointe pour le grand lit et une autre petite coultepointe pareille pour le conseil, et courtines de tartaire azurées et rayées. » (*Invent. de Charles V,* 1380.) « Et quant la messe fut chantée, le duc se retrait en une tente où estoit sa chambre préparée, et là fut sa chayère et son conseil dréchié, et paré bien et convenablement; là furent son chancellier et gens de conseil, et plusieurs des barrons dessus nommés. » (*Réception par Jean sans Peur des ambassadeurs du duc de Guyenne,* 1414; Le Fèvre de Saint-Remy, *Chron.*, t. Ier, p. 203.)

Conseiller des Grâces. C'est le nom que les *Précieuses* donnaient au miroir. « Vite, venez nous tendre ici les Conseillers des Grâces. » (Molière, *les Précieuses ridicules,* sc. VIII.)

Consolateur, *s. m.* — On trouve ce mot employé au XVIe siècle avec la signification de console. « Et ne fault oublier qu'en dessus de chacune des niches desdictes deux figures, estoit une saillie portée sur deux consolateurs. » (*Bref et sommaire recueil de ce qui a esté faict à l'Entrée de Charles IX à Paris,* 1572.)

Console, *s. f* En architecture, c'est une partie saillante, qui sert à soutenir une corniche, une galerie, une colonne, ou tout autre membre d'architecture, des vases, des statues, des pendules, ou tout autre objet décoratif. On fait des consoles en pierre, en marbre, en métal, en bois. Souvent les clefs d'archivolte sont ornées de consoles. Généralement la saillie faite par la console est beaucoup plus prononcée au sommet qu'à la base. Cependant, il se présente parfois que la saillie est presque carrée; dans ce cas, la console prend le nom de CORBEAU Enfin, quand la saillie est plus considérable à la base qu'au sommet, la console est dite renversée. L'ornementation dont elles sont susceptibles a fait distinguer, en outre, les *consoles à enroulement* et les *consoles arasées.* Quand elles marchent par paires, on les nomme *couplées* ou *accouplées.* « La nouvelle galerie, à l'extrémité de cet appartement (au Palais-Royal), est revêtue d'un lambris décoré d'une magnifique architecture en pilastres composites rudentéz, qui portent une corniche dont la frise est ornée de consoles couplées, entre lesquelles sont des trophées de très belle invention. » (Germain Brice, *Description de Paris,* t. I, p. 241.)

Fort en honneur dans l'Antiquité, la console se transforme au Moyen Age en corbeau ou en cul-de-lampe; elle reparaît dans sa forme propre à l'époque de la Renaissance et devient extrêmement à la mode au XVIIIe siècle. Dans le mobilier, où alors elle prend place, elle figure à l'état isolé, sous forme de petit support mobile, appliqué contre la muraille, et qui sert à porter des pendules, des statuettes, etc. « Trois pendules sur leurs consolles, dans leurs boetes de marqueterie. » (*Invent. du cardinal de Polignac,* 1738.) « Une grande corbeille de Saxe, sur une grande terrasse et console de bronze ciselé et doré d'or moulu. » (*Livraison de Lazare Duvaux à M. de Genssin,* 1749.) Etc. Ces sortes de consoles se font généralement en bois ou en métal. Cependant on en a fabriqué également en faïence, mais destinées uniquement à porter des vases de céramique. (Voir notamment celles exposées au musée de Cluny, nos du catalogue 3328 à 3331.)

Fig. 663. Console en marqueterie de Boulle (XVIIe siècle).

La console a aussi sa place marquée dans la construction de certains meubles. C'est elle qui porte le bras du fauteuil, du canapé, et, suivant qu'elle forme la continuation du pied de devant ou qu'elle vient buter sur la traverse, elle prend le nom de *console montante* ou de *console en retraite.* C'est elle également qui, dans les buffets, dressoirs et autres meubles à gradins ou à double corps, porte, le plus souvent, les tablettes ou les parties saillantes de plus grande importance. Au bal offert à la duchesse de Bourgogne par M. le Prince (12 février 1700) : « Le buffet avoit cinq gradins, qui étoient tous formés par des consoles de cinq pouces de haut, dorées d'or bruni et enrichies de têtes et de plusieurs ornemens; chaque console portoit une girandole de cristal, et toute la collation étoit portée entre ces consoles. » (*Mercure* de février 1700.)

Enfin, au XVIIe siècle, quand on commença d'appliquer les tables contre la muraille, ces tables, visibles seulement sur trois de leurs faces et dont les pieds en retraite imitaient le mouvement de la console, prirent le nom de *tables consoles.* C'est sous ce nom qu'elles figurent dans les divers mobiliers de ce temps. « Une petite table en consonne (*sic*) de bois sculpté et doré. » (*Invent. de Louise Duclos, épouse de Jacques Boyleau;* Paris, 1718.) « Cinq grandes tables consoles de bois doré, — sept consoles dorées tant grandes que petites. » (*Inventaire de Mlle Desmares;* Saint-Germain, 1746.) C'est sous ce même nom que nous les retrouvons dans les ventes de Mme Lenoir, veuve du célèbre conseiller du roi (1759), de la marquise de la Poupelinière (*sic*), du fermier général La Bouexière, etc. C'est également la désignation qu'emploient les tapissiers et les marchands. « 30 juillet 1749. — Mme Rouillé : posé dans son cabinet, à Versailles, un pied de table en console sculpté et doré, avec le marbre de brèche d'Alep. » « 23 février 1756. — M. Douet, le fils : un pied de table en console sculpté et doré, etc. » (Lazare Duvaux, *Livre journal,* t. II, p. 27 et 273.) Plus tard, les pieds se refirent droits, notre meuble par suite cessa de ressembler à une console ; et c'est alors, anomalie singulière, que le mot table disparut. Désormais, on appela tout simplement console cette sorte de table appliquée contre le mur.

Fig. 664. — Table console en bois sculpté et doré (XVIIe siècle).

La plus belle époque des consoles est la première moitié du XVIIIe siècle. A ce moment, ce joli meuble revêt des formes d'une souplesse singulière et d'une exquise élégance. Toute une végétation frisée, crispée, contournée vient se greffer sur les volutes que décrivent ses pieds. Vers la même époque, on essaya de faire des « commodes en forme de console » (voir notamment celles plaquées en bois de rose, garnies de bronze, dorées, fabriquées, en 1753, par Duvaux pour M. de la Reynière et, en 1757, pour le Dauphin) ; mais cette innovation n'a pas laissé de traces sérieuses.

Fig. 665. — Table console en bois sculpté et doré (XVIIe siècle).

Sous Louis XVI, les consoles, qui jusque-là avaient été toujours dorées, furent souvent peintes en gris. Dans la *Vente du mobilier de Versailles pendant la Terreur,* figurent « deux consoles mi-rondes, en bois sculpté, peint en gris perle, chargées de sculptures élégantes et couvertes d'un très beau marbre de Carrare ». En 1783, nous trouvons à vendre chez le comte de Brion « deux consoles de fer poli, enrichi de bronze doré d'or moulu, à dessus de marbre bleu turquin ». Ces belles pièces étaient offertes pour 30 louis. Il était réservé à notre siècle de fabriquer des consoles en acajou.

Contorniate, *adj.* — Terme d'antiquaire, par lequel on désigne des médailles ou médaillons de cuivre, terminés à leur circonférence par un cercle d'une ou deux lignes d'épaisseur.

Contouer, *s. m.;* **Contoir,** *s. m.* — Forme ancienne de COMPTOIR. (Voir ce mot.) « Va allumer de la chandelle et la porte en mon contoir; je m'amuseray, attendant le jour, à reveoir mes pappiers. » (Pierre de Larivey, *le Morfondu,* acte IV, scène III.) Au XVIe siècle, on trouve ce même mot employé, dans le centre de la France, avec le sens de parloir.

> Petit contouer, où ma gentille Dame,
> A la faveur des ténèbres du soir,
> Auprès de moy se souloit venir seoir
> Pour discourir de nostre saincte flame.
>
> (*Souspirs amoureux* de Guy de Tours, p. 6.)

Contour, *s. m.;* **Contourner,** *v. a.* — Dans le langage des arts plastiques, on donne le nom de contour aux lignes réelles ou imaginaires qui entourent un corps et en déterminent la superficie. Dans le langage de l'ameublement, on donne également le nom de contour à toute ligne ou à toute surface qui accompagne cette ligne extérieure, la borde et la renforce. Ainsi doit s'entendre le terme *rideau à double contour,* peu usité de nos jours, mais employé au XVIIe et au XVIIIe siècle, qui signifie un rideau dont les gros plis, parallèles à la bordure extérieure, accentuent l'opacité.

> Quatre rideaux pompeux, par un double contour,
> En défendent l'entrée à la clarté du jour.

Ainsi s'exprime Boileau. (Voir *Lutrin,* ch. Ier.) Voltaire écrit également : « Ces matelas, ces amas de plumes, ces rideaux à double contour, etc. »

S'il s'agit d'une pièce de céramique, d'un meuble, ce qu'on appelle contour, c'est une petite saillie qui suit le rebord et en accentue la forme, ou encore les ondulations subies par cette forme. En outre, on a appelé au siècle dernier les meubles contournés, ou pour mieux dire chantournés, « meubles à contours ». C'est de cette façon qu'il faut comprendre les articles suivants, empruntés au *Journal de Lazare Duvaux :* « Un bureau de quatre pieds à contours...., une jatte à contours, sur son plateau aussi à contours, de porcelaine céladon...., un grand cabaret à contours....., quarante-huit assiettes à contours en bleu céleste, etc. » (*Livre journal,* t. II, p. 13, 97, 295.) De nos jours, on distingue encore la « vaisselle à contours » de la vaisselle ronde.

Fig. 666. — Console rocaille.

En peinture, contourner une figure, c'est en fixer le contour par un trait foncé. Toutefois, au participe passé, ce verbe présente une signification différente. On dit, entre artistes, d'une figure, qu'elle est contournée quand sa position est forcée ou maladroite. C'est, d'ailleurs, la même signification que celle adoptée dans le langage du blason, où l'on dit d'un animal qu'il est contourné, quand, vu de profil, il tourne la tête comme pour regarder derrière lui. De même, un casque contourné est celui qu'on ne voit pas de front, mais qui, tourné vers la gauche, est la marque distinctive de la moindre noblesse. Au siècle dernier, le mot contourné était pris en meilleure part. On disait volontiers d'un enroulement qu'il était « bien contourné », et des céramistes chinois, qu'ils étaient supérieurs aux nôtres dans l'art de « bien contourner » les vases, c'est-à-dire de leur donner une belle forme, riche et distinguée. Enfin, on trouve encore l'adjectif contourné employé pour qualifier des pièces de vaisselle à contours. C'est ainsi que dans l'*Apposition des scellés après le décès de J.-C. Garnier de l'Isle, contrôleur des Bâtimens du roy* (1755), il est fait mention de « plats longs contournés », de « dix plats d'entrée, dont quatre contournés », de « deux saladiers contournés » etc. ; et que dans l'annonce de sa manufacture de vaisselle doublée, insérée au *Mercure* de décembre 1770, le sieur Degournay informe le public qu'il fabrique tous les ustensiles de table, « comme assiettes contournées, » etc.

Fig. 667. — Console Louis XVI.

Contracture, *s. f.* — Terme d'architecture, qui exprime le rétrécissement ou la diminution du fût de la colonne à sa partie supérieure.

Contraste, *s. m.;* **Contraster,** *v. a.* — Terme d'art. En peinture, contraster, c'est donner à deux objets, voisins ou appelés à se faire pendants, une disposition, une forme ou des couleurs opposées. Le contraste dans la décoration est un élément de variété. C'est ainsi que l'entendent les architectes, qui, pour rompre la monotonie d'une façade, font alterner de deux en deux, ou de trois en trois, certaines formes ou certains ornements. Dans la grande cour du

Fig. 668. — Consoles à sirènes (fin du XVIIIe siècle).

Louvre, les frontons, qui sont alternativement cintrés ou angulaires, sont des frontons contrastés.

Contre-arcature, *s. f.* — Sorte de sous-arcs qui sont comme le renforcement ou l'expansion de l'*intrados* des arcs qu'ils décorent. Dans l'architecture ogivale, la contre-arcature se manifeste par une suite de festons ou de découpures d'un très élégant effet.

Contre-avant, *s. m.* — Voir Contrevent.

Contrebandier, *s. m.* — « Plus deux chenets, deux contrebandiers et une barre de fer, le tout estimé la somme de trante livres. » (*Invent. de messire Nicolas-Alexandre de Ségur ;* Bordeaux, 1755.) Cet ustensile de ménage, dont il ne nous a pas été permis de déterminer très exactement l'emploi, se trouve mentionné, dans la cuisine, entre le tournebroche et le billot.

Contre-bas, *adv.* — En contre-bas veut dire de bas en haut. Il est l'opposé de contre-haut, qui signifie le contraire. De là, viennent les termes construire en contre-bas ou en contre-haut, c'est-à-dire au-dessous ou au-dessus du sol.

Contre-Boulle, *s. m.* — On nomme contre-Boulle ou contre-partie, les marqueteries qui, dans les meubles de Boulle, sont faites avec le cuivre comme fond et le dessin en écaille.

Contre-boutant, *s. m.;* **Contre-bouter**, *v. a.* — Contre-bouter, c'est contenir la poussée d'un arc ou d'une plate-bande avec un pilier ou un étai. Le contre-boutant est la pièce de fer, de bois, ou la masse de maçonnerie dont on se sert pour contre-bouter. (Voir Arc-Boutant. Ce mot a la même signification ; il est, en outre, plus usité.)

Fig. 669. — Cheminée du XVIe siècle, avec son contre-cœur.

Contre-chambranle, *s. m.* — Moulure qu'on applique contre un chambranle, soit pour le renforcer, soit pour l'orner. La menuiserie fait un grand usage de contre-chambranles.

Contre-châssis, *s. m.* — Châssis de verre ou de papier, que l'on met devant un châssis ordinaire.

Contre-clef, *s. m.* — On donne ce nom aux claveaux ou voussoirs, sur lesquels la clef de voûte s'appuie à droite et à gauche.

Contre-cœur, *s. m.;* **Contre-feu**, *s. m.;* **Contre-foyer**, *s. m.;* **Contrefouier**, *s. m.* — On appelle contre-cœur la partie verticale du foyer située entre les deux jambages de la cheminée, et, par assimilation, on donne ce même nom à la plaque de métal qui décore généralement le fond de la cheminée. Ces plaques décoratives, le plus souvent en fonte de fer, ne remontent pas au delà de 1460 et ne paraissent même pas avoir été d'un usage courant avant le XVIe siècle. Dans les *Comptes du château de Gaillon* (1503), on trouve encore un payement de 35 sols à Richard Behier, pour avoir livré deux milliers de briques, pour le contre-cœur des cheminées de la maison du parc. C'est aux environs de 1540 qu'on voit apparaître pour la première fois dans les *Comptes royaux* les contre-cœurs en métal. « *Item,* a esté faict ung contre cueur de fer de fonte, où est figuré ung Herculles, scellé avec huict grosses pattes ou (au) contre-cueur de la cheminée qui est en la chambre la Royne. » (*Ouvraiges de maçonnerye faicts au chasteau de Saint-Germain depuis le mois de décembre 1548.*) « A Nicolas Clerget, marchant, demeurant à Saint-Dizier et maistre de forges, la somme de II[c] livres tournois à luy ordonnée par ledit sieur de Claigny (Pierre Lescot), sur estant moins du paiement de certain nombre de contre-cœurs qu'il a promis faire et livrer pour servir ès cheminées dudit bastiment. » (*Fournitures faites pour le Louvre,* 1559.) Les contre-cœurs, à cette époque, étaient généralement décorés d'armoiries, de chiffres ou d'emblèmes exécutés en forte saillie et d'une remarquable allure. Cette habitude se continua jusqu'à la fin de l'Ancien Régime. En 1793, l'ordre fut donné de détruire tous ces contre-cœurs armoriés ; puis on se contenta de les faire retourner. (Voir *Mém. de Dufort de Cheverny,* t. II, p. 172.) C'est à cette dernière décision que nous devons de posséder encore un grand nombre de ces plaques de fonte.

Au musée de Cluny, on remarque des contre-cœurs aux armes d'Effiat, d'Aumont, de France, ces dernières entourées des colliers de Saint-Michel et du Saint-Esprit. On en voit aussi à personnages et à chiffres royaux. Ces belles décorations furent de mode jusqu'au commencement de ce siècle. La cheminée ayant alors abdiqué définitivement ses proportions majestueuses, le fond cessa d'en être visible, et dès lors le contre-cœur historié fit place à une plaque de fonte sans ornement. Ajoutons que Louis XIV, dont la somptuosité apparaissait jusque dans les moindres choses, fit fondre pour Saint-Germain, pour Versailles et pour le Louvre, des contre-cœurs en bronze. Les modèles de ces contre-cœurs, véritables œuvres d'art, avaient été sculptés en bois, ceux du Louvre par Houzeau (mai 1669), ceux de Saint-Germain par Regnauldin (septembre même année), ceux de Versailles par Caffieri (avril 1672). Nous avons le mémoire de ce que coûta la fonte en bronze des contre-cœurs de Saint-Germain. Il est ainsi libellé : « A Prévost et Picard, fondeurs, pour parfait payement du contre-cœur en bronze, qu'ils ont fait pour le petit appartement du Roy, 1,220 livres. — A Duval, fondeur, pour reste et parfait paiement de la somme de 1,300 livres, à quoy monte le contre-cœur de bronze qu'il a fait pour la cheminée de la chambre du petit appartement du Roy. » (*Compte des bastimens;* année 1669, col. 344 et 345.)

Au XVIIe et au XVIIIe siècle, dans tout l'ouest de la France, on a employé, dans le même sens, le mot CONTRE-FEU et aussi CONTRE-FOYER, et par corruption CONTRE-FOUIER. Tallemant des Réaux, qui était originaire de la Rochelle, continue de s'en servir même à Paris. Parlant du garde des sceaux Marillac : « Pour mortifier des religieuses, écrit-il, il leur fit faire des contre-feux de cheminée, où il y avoit de gros K entrelacés, afin que, le feu les ayant rougis, cela leur donnât des pensées lubriques et qu'elles eussent plus de mérite à y résister. Le marchand qui les fit faire l'a dit à un de mes amis. » (*Historiettes,* t. II, p. 7.) Ce terme persista en Angoumois, en Saintonge et en Bretagne jusqu'à la fin du siècle dernier. C'est ainsi que nous relevons dans l'*Inventaire de Marc Guillaume, chanoine de Saint-Pierre* (Angoulême, 1660) : « Un contre-fouier qui est dans la cheminée de ladite chambre » ; dans l'*Inventaire du Sr de la Moradie, lieutenant des gardes du duc d'Uzès* (Angoulême, 1725) : « Un contre-feu neuf à chapiteau de moyenne grandeur, ayant une couronne et trois fleurs de lys en son armoirie » ; et plus loin : « Un contre-feu de fonte ayant une étoile et un croissant dans son armoirie. » Dans l'*Inventaire de la dame de la Caussade* (Bordeaux, 1735) figurent : « Une cramaillère et un contrefeu rompu » ; et dans l'*Inventaire des meubles appartenant aux États de Bretagne* (Rennes, 1770), on note : « Une plaque ou contrefeu de fer de fonte aux armes de Mgr l'évêque de Quimper. »

Fig. 670. — Cheminée du XVIIIe siècle, avec son contre-cœur.

Dans le Lyonnais, le contre-cœur porte encore aujourd'hui le nom de BRETAGNE. (Voir ce mot.)

Le contre-cœur aurait manqué à tous ses devoirs s'il n'eût pas mis en verve quelqu'un de nos petits poètes. Le *Mercure galant* de janvier 1705 renferme une énigme dont le contre-cœur fournit le mot, et qui est assez ingénieuse pour que nous lui donnions place ici :

Mon corps est dur et plat, ma taille est inégale ;
On me charge souvent d'un auguste blason ;
Quel sort plus glorieux ! Cependant on m'étale
Au pied d'un sombre mur : sage précaution.
Pendant l'esté, je suis en certains lieux cachée ;
Alors humide et froide, on me tourne le dos ;
Mais, en hyver, partout découverte, échauffée,
On vient, auprès de moy, conférer en repos.
Le feu, qui fait changer ma couleur naturelle,
M'altère lentement. Je tiens bon contre luy
Pendant un siècle entier ; et ma substance est telle,
Que je conserve encor ce qui me sert d'appuy.

Contre-endroit, *s. m.* — C'est l'envers d'une étoffe, d'une couverture, etc. On lit dans les *Comptes d'Étienne de la Fontaine, argentier du roi Jean* (1352), relatifs au trousseau de Blanche de Bourbon, reine de Castille : « I pièce de toille vermeille à faire contrendroit aus diz quarreaux, entre le samit et le coutil, II escuz »; et dans les *Comptes de l'argenterie de la Reine* (Isabeau de Bavière), à la date de 1404 : « A Michel Mercati, marchant de drap d'or et de soye, pour III aunes de cendal acheté de lui, le pénultième jour d'octobre, pour faire le contrendroit aux orilliers de Mgr de Ponthieu, au pris de XX sols l'aune : valent LX sols. »

Contre-fenêtre, *s. f.* — On donne ce nom à une fenêtre intérieure ou à une double fenêtre, qui empêche l'air froid de pénétrer dans l'appartement. Au XVIe siècle, on appelait également de la sorte les volets intérieurs, qui garnissaient les fenêtres, par opposition aux volets extérieurs qu'on appelait contrevents. On lit dans l'*Isle des hermaphrodites :* « Celuy qui estoit dans le lict commença à se plaindre qu'on l'auoit reueillé en sursaut et qu'il estoit trop matin ; les siens s'excusèrent du mieux qu'ils peurent et, entrebaillant un peu les contre-fenestres, luy firent voir que le soleil estoit leué. » Une *Description du château d'Anet* (1640) porte : « Les contre-fenestres sont toutes parsemées de subtils emblèmes grecs et latins. »

Contre-feu, *s. m.* — Voir CONTRE-CŒUR.

Contrefort, *s. m.* — Pilier de maçonnerie, mur contre-boutant, appui de mur qui résiste et soutient la poussée d'une voûte. Un des mérites de l'architecture ogivale est d'avoir fait du contrefort un élément de décoration.

Contre-foyer, *s. m.;* **Contre-fouier,** *s. m.* — Voir CONTRE-CŒUR.

Contre-hacher, *v. a.;* **Contre-hachure,** *s. f.;* **Contre-taille,** *s. f.* — Contre-hacher est un terme de dessinateur ou de décorateur. C'est, dans un dessin ou une décoration qui comporte des hachures, en faire de nouvelles qui coupent les premières en losange ou à angle droit. Ces nouveaux traits s'appellent contre-hachures. Quand il s'agit de la gravure sur bois, on dit contre-taille.

Contre-hâtier, *s. m.;* **Contre-hastier,** *s. m.* — Grand chenet de cuisine à plusieurs crampons, qui sert à porter à la fois plusieurs broches. Il est à maintes reprises question de contre-hâtiers dans Rabelais. Au livre IV (ch. X) de *Pantagruel,* il vante « le branslement des broches, l'harmonie des contre-hastiers, la pousition des lardons »; et dans la bataille de Pantagruel contre les andouilles, il nous montre frère Jan à la tête de « ses bons souldars, les ungs portant broches de fer, les aultres tenens landiers, contre-hastiers, paelles, etc. » Nous notons, d'autre part, dans l'*Inventaire de Mathieu Dabancourt* (Paris, 1562) : « Deux chenets à rouelles garnis de leurs contre-hattiers »; dans l'*Inventaire du château de Condé* (1569) : « En la cuysine du commun... Troys contre-hastiers de fer »; dans l'*Inventaire du maréchal de la Meilleraye* (Paris, 1664) : « En la cuisine, — premièrement deux chevrettes, deux paires de contre-hattiers, deux pelles à feu, etc. »; dans l'*Inventaire de Henry de Béthune, archevêque* (Bordeaux, 1680) : « Plus une paire de contre-hastiers de fer »; dans l'*Inventaire de Jean-Baptiste Pigalle, sculpteur du roi* (1785) : « Dans la cuisine : chenets, pelle, pincette, contrehattier, un tourne-broche. »

On appelait aussi ces vastes chenets des HASTIERS. (Voir

ce mot.) Leur nom venait de la Haste ou broche, qu'ils étaient chargés de porter sur les crochets dont ils étaient pourvus.

Contre-haut, *adv.* — De haut en bas. C'est l'opposé de Contre-bas. (Voir ce dernier mot.)

Contre-heurtoir, *s. m.* — Fer sur lequel retombe le heurtoir d'une porte.

Contre-huis, *s. m.* — Petite porte basse, à claire-voie, en lattes ou en treillage, fermant au loquet, qu'on accroche, dans les campagnes, au chambranle de la porte d'entrée, pour empêcher, quand celle-ci est ouverte, les chiens et les poules de pénétrer dans la maison et les enfants d'en sortir.

C'est aussi la partie extérieure de la porte, celle contre laquelle on frappe pour être entendu de l'intérieur.

En dormant, nous songeons les nuitz
Que t'oyons frapper au contre-huys.

(*Le Vénité des prisonniers du Chastelet,* 1531.)

Contre-jour, *s. m.* — Jour mauvais, défectueux, qui fait paraître désavantageusement l'objet qu'il frappe. On dit d'un tableau, lorsqu'il est éclairé en sens inverse de la façon dont la lumière a été distribuée par le peintre, qu'il est à contre-jour.

Contremarche, *s. f.* — On nomme ainsi la partie antérieure et verticale de la marche. Les dimensions de la contremarche ne sont pas arbitraires. On en trouvera la preuve au mot Escalier.

Contremarque, *s. f.* — Terme d'orfèvrerie. C'était autrefois le poinçon apposé par la Communauté des orfèvres sur les pièces de vaisselle d'argent, d'or ou de vermeil, et qui venait affirmer et appuyer la marque du fabricant.

Fig. 671. — Contre-rostiers (xve siècle).

Contre-mur, *s. m.* — Second mur, que l'on adosse au premier pour le consolider et le fortifier.

Contre-partie, *s. m.* — En terme de marqueterie, c'est la partie qui reste lorsque l'on a découpé dans les feuilles de cuivre ou d'étain le dessin principal. On se sert de cette partie restante pour faire de nouveaux ouvrages de marqueterie, qui présentent alors en écaille ce que les meubles de première partie montrent en métal, et réciproquement en métal ce que les autres montrent en écaille. Cette décoration constitue donc la contre-partie du dessin original. Sa valeur est, au reste, beaucoup moindre. « Deux coins de marqueterie en contre-partie ouvrant à un battant... — Un bas d'armoire en contre-partie à trois panneaux dont deux à glace... » (*Vente de Mme de Pompadour,* 28 avril 1766.) On trouvera, au mot Marqueterie, des détails sur la fabrication des meubles en première partie et en contre-partie. (Voir aussi Contre-boulle.)

Contre-plaque, *s. f.* — C'est la même chose que Contre-cœur. (Voir ce mot.)

Contrepoids, *s. m.* — Masse de fer, de fonte ou de plomb, qui sert à faciliter l'élévation des lanternes, rideaux de cheminée, châssis à guillotine, guichets, etc. « 10 juillet 1754. — M. de Montferrière. Une lanterne posée dans le vestibule avec ses poulies, contre-poids bronzés et cordon en soie. » « 9 août 1754. — Mme de Pompadour : Posé à l'hostel de Paris une grosse lanterne sous le vestibule avec sa poulie, contre-poids et cordon. » (*Livre journal de Lazare Duvaux,* t. II, p. 208-212.)

Contre-pointe, *s. f.;* **Contre-pointer,** *v. a.* — Contrepointe est synonyme de courtepointe. « Il vint à l'huys, il entra dedans, et trouva une damoyselle qui se gisoit dedans un lict couvert d'une contre-poincte vermelle. » (*Lancelot du Lac,* t. II, f° 56.) On trouvera d'autres exemples au mot Courtepointe.

On a employé également le verbe contre-pointer dans le sens de piquer, coudre point contre point. C'est ainsi que Rabelais a écrit que les cloches de l'Isle des Esclotes étaient faites « de fin duvet contre-pointé ». Employant le même mot dans un sens figuré, il dit autre part : « Par avarice et convoitise d'avoir les escus dont elle estoit toute contre-poinctée.... » Nous dirions aujourd'hui, en langage vulgaire, dont elle était cousue.

Contre-pointier, *s. m.* — Titre que donnent aux tapissiers leurs anciens statuts. (Voir Courtepointiers.) La Communauté des Maîtres Marchands Contre-pointiers Neustrés et Coustiers de la ville de Paris fut réunie à celle des Tapissiers en l'année 1636.

Contre-porte, *s. f.* — Double porte, ordinairement en étoffe ou en cuir rembourré, dont le but est de garantir du vent et d'assourdir les bruits intérieurs. (Voir Contre-huis.)

Contre-rostier, *s. m.;* **Contre-rôtissoire,** *s. f.* — C'est le même objet que le Contre-hastier, c'est-à-dire un haut chenet avec plusieurs crampons, qui sert à porter devant le feu plusieurs broches superposées. On le trouve dans nombre de cuisines du xive et du xve siècle. On en voit figurer quatre parmi les ustensiles de cuisine compris dans l'*Inventaire de Mahaut d'Artois* (1313). Le 18 décembre 1380, Guillaume Perdrier, clerc de la chambre aux deniers, fait payer « à Guillaume de Laigny, demourant à Paris, pour un contre-rostier double, acheté de lui... et rapareiller vi autres contre-rostiers doubles, ressouder deux broches en fer..... argent, iv livres parisis. » (*Comptes de l'hostel de Charles VI;* cuisine.) Au xvie siècle, on fabriqua des contre-rôtiers indépendants, qui s'adaptaient aux chenets de fer. On trouve de fréquentes mentions de ces sortes d'ustensiles dans les inventaires parisiens. « Premièrement, une paire de chenets à bielle et contre-rostier garnys de leurs escuelles. » (*Invent. de Maurice Menier;* Paris, 1566.) « Deux grands chenets à rouelles et contrerottier à pommes de cuyvre. » (*Invent. d'Anthoinette Crocoison;* Paris, 1580.) « Deux chenetz à chappeletz et contre-rostier, et ung aultre chenet à pomme de fer, garny de contre rostier. » (*Invent. de Nicolle Lefèvre;* Paris, 1592. Parfois on écrivait contre-rôtissoire, ou, suivant l'orthographe du temps, contre-routissouer. « Deux petis contre-routissouers de fer. » (*Invent. du château d'Angers,* 1471.)

Contre sceau, *s. m.;* **Contre scel**, *s. m.* Voir SCEAU.

Contre taille, *s. f* Voir CONTRE-HACHER. On trouve aussi contretaille employée dans le sens d'ENTRETAILLE, d'ENTRETAILLURE et de RETAILLE. (Voir ces divers mots.) « Un emmeublement de contretaille de velours vert et lame d'or, en broderie de soye et d'argent. » (*Invent. des meubles de la Couronne,* 20 février 1673.

Contrevent, *s. m.* Grand volet extérieur s'ouvrant et se fermant en dehors, qui tient toute la hauteur de la fenêtre, et qui sert à garantir les vitres de la grêle en même temps qu'à clore la maison. On lit dans l'*Inventaire de Molière* 1673) : « Deux tables longues et six contrevents d'ais de sapin. » La différence entre le contrevent et la persienne, c'est que le premier est plein et la seconde à claire-voie. « Elle, de son côté, tenoit le contrevent de façon que sa mère ne la pouvoit voir d'un cabinet qui donnoit sur cette fenestre. » (Tallemant des Réaux, *Historiettes,* t. V, p. 237)

Dès le siècle dernier, on a fait des contrevents matelassés pour assourdir le bruit de la rue. « Contrevents brisés et matelassés pour 5 croisées. » (*Annonces, affiches et avis divers,* 18 mars 1765.

Dans l'Angoumois, le mot contrevent semble avoir été aussi employé dans le sens d'auvent. Cela paraît résulter du moins du document suivant : « Enjoint aux propriétaires de maisons qui ont des contrevants à hauteur d'homme, de les tenir renversés, et l'ouverture de leurs caves du costé des rues bien fermées par de bonnes trapes doubles, appuyées par le dessoubz de quelques barres de fer ou bois, à paine de 6 livres d'amande et de demeurer responsable des dommages-intérêts des particuliers qui en auront souffert préjudice. » (*Règlements de police faits pour la ville, faubourgs, banlieue et duché-pairie de la Rochefoucauld,* 11 mars 1702.)

Contrevitre, *s. f* Ce mot, mentionné par Oudin et Lacurne de Sainte-Palaye, semble synonyme de CONTRE-CHASSIS.

Contrôle, *s. m.* Le contrôle des ouvrages d'or ou d'argent consiste dans la marque ou le poinçon que les orfèvres et autres commerçants sont obligés de faire apposer sur tous les ouvrages qu'ils mettent en vente. Le contrôle est appliqué par l'État. Il atteste que les objets sont au titre voulu et qu'ils ont acquitté les droits du fisc.

Convexe, *adj.* Se dit de tout objet qui présente une courbure en saillie. Les miroirs convexes font voir ce qu'ils reflètent beaucoup plus petit. Le contraire se produit par les miroirs concaves.

Cop, *s. f.;* **Copa**, *s. f* Voir COUPE. « Una copa ab son cubercle daurada aux bors. » (*Invent. de Ramond de Cussac, chanoine de Saint-André;* Bordeaux, 1442.)

Cope, *s. f* Coupe. Prononciation encore en usage dans les villages de Picardie.

Copeau, *s. m.* Parcelle de bois ou de métal enlevée par le rabot, l'outil du tourneur ou la machine à raboter et qui tombe pendant le travail.

Copon, *s. m.* — Locution picarde. Petite chandelle que les épiciers vendent aux enfants la veille de Noël.

Coppe, *s. f.* Coupe. « Pour une belle, grande et haulte coppe d'argent avec sa couverte faite à l'antique... » (*Archives du Nord,* série B, nº 2339, année 1537.)

Coquasse, *s. f.;* **Coquasson**, *s. m.;* **Coquassier**, *s. m.* Sorte de récipient en cuivre, argent, étain, dont on se servait pour la cuisine et pour loger les liquides.

Mais j'y trouvoi la chiche face
Mangeant la croste d'un pasté,
Qui beuvoit à une coquasse
D'un vin pers qui estoit monté.

Les *Comptes de Lienart Ducret* (1446) relatent l'achat d'une coquasse neuve de deux pintes. Il est également question dans les *Comptes des ducs de Bourgogne,* pour l'année 1467, d'une « coquasse d'argent verré, au pié et au couvescle, et au-dessus, armoyée des armes de M. S., de Roubaix, à anse et à manche et poise XIX marcs III onces ». Il est fait deux fois mention de cet ustensile dans l'œuvre de Rabelais. Dans *Pantagruel* (liv VI, ch. XVII), notre auteur énumère, parmi les objets avalés par Bringuenarille, « les poellons, chauldrons, coquasses, lèchefrites », etc.; et plus loin (*Ibid ,* ch. XLI), il cite les « pales, coquasses, grisles, fourguons, tenailles », etc., au nombre des armes dont se servirent frère Jan et ses compagnons. L'*Inventaire de la collégiale de Salins* (1577) décrit « une coquasse d'estain à ance de fer, le couvercle attaché ». Dans le Nivernais, on donne le nom de coquassons à de petits pots de terre, et au temps de Cotgrave, coquassier avait la signification de chaudronnier.

Fig. 673. Coquemard ordinaire, d'après l'*Encyclopédie.*

Coque, *s. f* Terme de serrurerie. Pièce de fer qui sert à conduire le pêne d'une serrure.

Coquelle, *s. f* — Locution lyonnaise et forézienne. Casserole en fonte.

Coquemard, *s. m.;* **Coucoumard**, *s. m.* Ce mot, aujourd'hui disparu du langage de l'Ile-de-France, et qui, dans beaucoup de nos provinces, a perdu toute signification précise, est cependant demeuré d'un usage courant jusqu'au milieu du siècle dernier. Comme preuve, il suffira d'emprunter aux *Mémoires* si intéressants du duc de Luynes (t. XII, p. 17) le passage suivant, qui fut tracé en mai 1752 : « Le mercredi 17, écrit ce continuateur de Dangeau, Germain, fameux orfèvre de Paris, fit voir au Roi et à la Reine un coquemar et une cuvette d'argent qu'il a faits pour l'apothicairerie du roi de Portugal. Il y a à ces deux pièces 250 marcs d'argent, et elles sont de la plus grande beauté ; la façon seule, sans compter les frais de l'étui et du transport, coûtera plus de 20,000 livres ; elles doivent être embarquées incessamment sur un vaisseau portugais qui les attend à Marseille. » Et plus loin, le duc de Luynes ajoute : « Les ornements du coquemar sont la figure d'Esculape, dont le couvercle fait le bonnet; ceux de la cuvette, qui a un faux fond percé à jour, sont à un bout une cigogne et à l'autre bout un coq, et les armes du roi de Portugal en relief devant et derrière. »

Ainsi, en 1752, un des plus fameux orfèvres de Paris, fidèle aux traditions, fabriquait encore des coquemards, et les exécutait en métal précieux. C'était, en effet, la coutume des orfèvres, dès le Moyen Age, de fabriquer en argent tous ces objets de ménage, et même de les décorer de gravures, d'ornements repoussés et d'émaux. Les coquemards, malgré leur caractère d'utilité et le service presque journalier auquel ils étaient soumis, car ils servaient à faire chauffer l'eau pour les usages les plus divers, n'échappaient pas à cette règle alors générale. Ainsi, parmi les pièces d'orfèvrerie qui tiennent une si large place dans l'*Inventaire de Charles V* (1380), nous voyons figurer « ung petit coquemart d'argent blanc, véré », qui porte « sur son couvescle ung esmail ront esmaillé de France ». Dans ce même inventaire, on remarque encore deux autres grands coquemards d'argent, qui ne pèsent pas moins de quarante marcs et demi. Ce poids considérable dit assez quelle était leur dimension relativement importante. Parmi l'argenterie que la Couronne réclama en 1385 aux héritiers de Louis Ier d'Anjou, on trouve « trois petiz coquemars à biberons », c'est-à-dire à goulot, tous trois pareils, sur le couvercle desquels sont « les armes de Monseigneur le Daulphin ». Dans l'*Inventaire de l'hôtel Saint-Pol* (1420), nous remarquons « deux coquemars d'argent blanc » armoyés de même et pesant 19 marcs 2 onces. Par conséquent, dès cette très lointaine époque, et sauf quelques excentricités tout exceptionnelles, on peut voir que le coquemard, vase de capacité fort variable et quelquefois de taille considérable, jouait déjà le rôle important que remplit aujourd'hui la bouilloire qui lui a succédé.

Fig. 673. — Coquemard de la Saintonge et de l'Angoumois (époque actuelle).

C'était, à cette époque, un vase à ventre arrondi, allant en se rétrécissant par en haut, muni d'une anse, d'un couvercle et parfois d'un goulot. Le fait est d'autant plus important à constater, que les amateurs de curiosités et les faiseurs de catalogues donnent volontiers le nom de coquemards à une foule de vases bizarres, aux formes invraisemblables, animaux, cavaliers, etc., où il eût été absolument impossible de faire bouillir aucun liquide ; et cette constatation était d'autant plus nécessaire que l'intervention inattendue, dans l'œuvre de Germain, de la figure d'Esculape, surmontée de son bonnet, n'est pas faite pour corriger un préjugé enraciné depuis près d'un demi-siècle.

Les coquemards que nous venons de passer en revue étaient tous en argent. Il est vraisemblable que, dès cette époque, on en fabriquait en cuivre, en laiton, en bronze et en terre. On n'en trouve pas trace, toutefois, dans les comptes et les inventaires du XIVe siècle qui nous ont été conservés. Le premier coquemard en bronze dont il nous est permis de constater l'existence appartient au siècle suivant. En 1403, parmi les *Objets achetés à Paris par Marguerite de Flandre pour les couches de la comtesse de Rethel,* figurent deux coquemards de cuivre fournis par le chaudronnier Thierry Lallemant, pour faire chauffer l'eau des bains destinés au petit prince à naître. Ceux que nous trouvons dans l'*Inventaire du château d'Angers* (1471) sont de même métal. « Deux grans coquemars, l'ūn de léton à tuau, l'autre à la faczon de Turquie, dont le tuau est dessoudé. — *Item,* un grant coquemart d'airain couvert, à mectre eau pour laver les mains. » De même pour ceux qu'on rencontre à des époques plus récentes chez de simples particuliers. Tels sont : « Ung coquemart de franc cuyvre, façon de Lyon, tenant une pinte. » (*Invent. de Nicolle Lefèvre;* Paris, 1592.) « Ung coquemart de cuivre rouge, tenant trois pintes ou environ, prisé soixante sols. » (*Invent. de Marie Cricquet, épouse de Pierre Croizet, avocat au Parlement;* Paris, 1625.) « Un coquemard vallant la somme de six livres tournois. » (*Invent. des biens de P. Mignard ;* Paris, 1660.)

Remarquons que, dès le XVe siècle, le coquemard était devenu un des ustensiles indispensables du barbier. Villon, dans son *Grand Testament,* lègue :

> . . . . A Perrot Girard,
> Barbier juré à Bourg la royne,
> Deux bassins et un coquemard,
> Puis qu'à gaigner mect telle peine.

Cette adaptation du coquemard à la toilette explique, au surplus, comment on continua si longtemps à en trouver d'argent chez les personnages considérables. Ajoutons que leur destination est souvent indiquée. Les exemples suivants le prouvent : « Ung coquemart d'argent blanc à mettre eaue pour barbier. » (*Comptes des ducs de Bourgogne,* 1467.) « Ung coquemard [d'argent] garny de royes tout entour, unes armes dessus, XIV marcs II onces et demye. » (*Invent. de la duchesse de Valentinois,* 1514.) « Ung bassin et ung coquemart avec deux petites escuelles à laver la bouche. » (*Invent. de Catherine de Médicis,* 1589.) « Plus ung coquemar (d'argent) sans couverture. » (*Invent. d'Henri de Béthune, archevêque;* Bordeaux, 1680.) « Un coquemard avec son anse et son couvercle, le tout d'argent. » (*Invent. de la dame Martiny de la Caussade;* Bordeaux, 1735.)

Constatons encore que, jusqu'à la fin du XVIIe siècle, ce fut l'habitude des barbiers de porter avec eux dans leurs courses leur bassin et leur coquemard. A partir de cette époque, on commença dans les cuisines à avoir de petits coquemards en terre, et les barbiers qui s'en servirent pour faire chauffer leur eau renoncèrent aux coquemards en métal. Ceux-ci, au reste, ne tardèrent pas à disparaître. La forme des coquemards, en effet, ne convenait qu'à ces grandes cheminées avec des feux de bois, toujours un peu élevés au-dessus du sol. Quand on substitua, dans nos cuisines, les fourneaux aux larges foyers, la forme des récipients se modifia naturellement. Ils se firent plus trapus, pour présenter à la chaleur, qui venait de dessous, une plus large surface de chauffe. La bouilloire prit alors la place du coquemard, et celui-ci ne demeura plus en usage qu'à la campagne, et dans les provinces occidentales de la France. La preuve, au reste, que, dans le principe, la forme du coquemard était à peu près fixe, et même en quelque sorte typique, c'est qu'au XVIe et au XVIIe siècle, on donna son nom à des vases qui rappelaient son aspect. C'est ainsi que dans l'*Inventaire des joyaux du roi de Navarre* (1583) figure « un coquemart de cristal, garny d'argent doré, dans son estuy », qui ne servait certainement pas à faire bouillir de l'eau. Dans les *Inventaires des meubles de la Couronne* de 1684

Fig. 674. Coquemard de barbier, d'après l'*Encyclopédie*.

et 1701, on remarque pareillement « un vaze à anse, de cristal de roche, en forme de coquemart, taillé à 12 pans ; — un vaze d'agathe onix, en forme de coquemart ; — un vaze, forme de coquemart, à douze godrons », etc., dont la destination était purement décorative.

En terminant cet article, notons que le coquemard, dans le Comtat-Venaissin et en Provence, s'est appelé COUCOUMARD. « Un grand coucoumar cuivre presque usé. — Plus un autre petit coucoumard pour le feu. » (*Invent. de Nicolas Lallemagne, docteur en médecine;* Bollène, 1668.) Encore aujourd'hui, on désigne, à Marseille, sous le nom de coucoumards, de petits pots de terre vernissée, munis d'une anse.

Coquet, *s. m.* — Petit tonneau. (Voir CAQUE.)

Coquetier, *s. m.* — C'est, disent les auteurs du XVIIe siècle, un « petit vaisseau en forme de salière qui sert à table pour porter un œuf à la coque ». Le mot coquetier semble relativement récent en notre langue. Les vases dans lesquels on a servi, sur les tables princières, les œufs à la coque, et dans lesquels on a mangé ces œufs, sont très anciens. Ils ont revêtu tour à tour des formes diverses et des noms variés. Mais il est curieux de voir la difficulté que cet objet a éprouvée pour acquérir sa forme et sa désignation définitives.

C'est d'abord : « Un vaisselet d'argent à mangier œufs » (*Invent. du duc de Normandie,* 1363); ensuite, « un engin à mettre et asseoir les œufs ». (*Comptes des ducs de Bourgogne,* 1389.) Après cela, nous notons « un pié rond, pardessus d'argent doré, à mettre un euf dedens assis sur III petis piez (pour madame la duchesse d'Orliens) ». (*Comptes de l'argenterie,* 1391.) Etc., etc. La première indication se rapprochant du mot coquetier se rencontre dans l'*Inventaire de la duchesse de Valentinois* (1514) : « Une cocatière à mettre trois eufz, sizellée de feuilles à l'entour, et à trois pactes (pattes) à l'entour et garnye de trois armoyries. » Ce n'est que soixante ans plus tard que le mot apparaît dans la forme qu'il gardera jusqu'à nos jours. « Deux petiz cocquetiers d'estain. » (*Invent. de Claude Millet, sommelier de la paneterie de la duchesse d'Uzès,* 1585.) « Une petitte sallière garnye de son couvercle et de deulx cocquetiers, le tout d'argent vermeil dorré, poisant deulx marcs quatre gros. » (*Vente des meubles de Cl. Gouffier, duc de Roannès,* 15 septembre 1572.)

On sait la passion de Louis XV pour les œufs à la coque, son habileté à les ouvrir d'un seul coup de couteau, la vanité qu'il tirait de ce petit talent de société, et la curiosité, suivie d'admiration, que cet exercice royal ne manquait jamais de susciter dans la foule qui assistait au dîner du roi. Il ne faut donc pas être surpris que son règne ait été l'âge d'or des coquetiers. On en fit, en effet, à cette époque, de toutes les formes et de toutes les matières. Le roi, naturellement, se servait d'un coquetier d'or. Ce coquetier lui était présenté dans une corbeille de même métal, qui renfermait une salière et une poivrière également en or et dont le pied était figuré par un amour joufflu. Mme de Pompadour, elle, mangeait ses œufs dans des « coquetiers d'argent en forme de corbeille avec une doublure aussi d'argent »; le marquis de Brancas, dans un coquetier d'argent également en corbeille; le marquis de Gontaut, dans des coquetiers d'argent en forme de panier. Plus modeste que son entourage, la Dauphine se contentait de coquetiers en porcelaine bleu céleste, décorés de guirlandes, et la comtesse de La Marck, de coquetiers également en bleu céleste, mais sans guirlandes. (Lazare Duvaux, *Livre journal,* t. II, p. 227, 284, 285, 304, 309.) Ce petit ustensile était, au surplus, à cette époque, un présent fort à la mode. Mme du Deffand, recevant à souper Mme de Choiseul, trouve, sous sa serviette, six coquetiers d'argent et un d'or, « les plus jolis du monde », écrit-elle à Horace Walpole. (Lettre CCXVI.)

En 1775, Granchez, le célèbre bijoutier de Marie-Antoinette, met en vogue ces délicieux coquetiers d'argent à jour, doublés de verre bleu, qui sont actuellement si recherchés et si rares. (*Mercure* d'août 1775.) Dans la collection Randon de Boisset (1777), on en voit figurer qui sont taillés dans le jaspe sanguin. A la *Vente du duc Charles de Lorraine* (1781), on adjugea un service de coquetiers d'or. Aujourd'hui, le coquetier a singulièrement perdu de son importance. Lui qui, en 1785, inspirait encore au chevalier de Boufflers des poésies érotiques (voir Bachaumont, t. XXIX, p. 149), compte pour bien peu dans notre ameublement contemporain. On en fabrique encore en argent, mais seulement par unités et à titre exceptionnel. Fait en

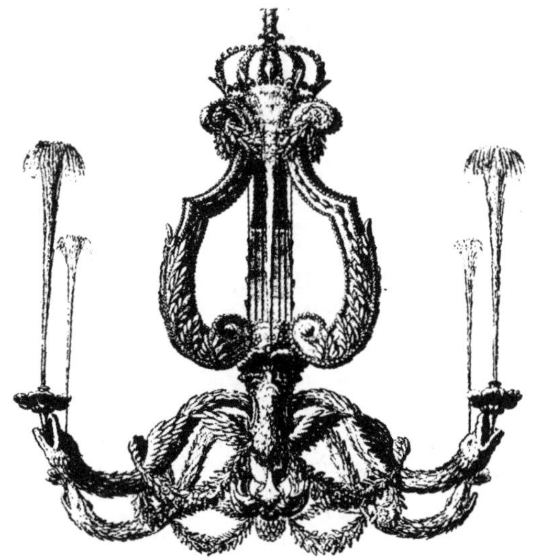

Fig. 675. — Modèle de lustre en coquillage, d'après Chauveau.

métal précieux, le coquetier est demeuré un présent aimable, un cadeau gracieux. Mais la plupart des coquetiers de service ne se font plus qu'en porcelaine, sans décor artistique, et d'une forme si banale, que l'art, on peut le dire, en est complètement banni.

Coquillage, *s. m.* — Les coquillages ont joué un rôle assez important dans les ameublements anciens et dans la décoration des habitations rustiques. Ils y ont figuré en premier lieu à l'état de curiosités, et les collections de coquilles étaient encore fort nombreuses au siècle dernier. De cette première intervention du coquillage dans le mobilier, il est question plus loin, à propos du COQUILLIER, meuble dans lequel on serrait autrefois les coquilles, comme le médaillier était consacré à la conservation des médailles. Quant aux coquillages employés en tant qu'élément de décoration dans les grottes artificielles, — comme celles de Versailles, de Meudon, de Conflans, où l'on voyait « des tritons et des dauphins, faits de coquilles blanches avec beaucoup d'art » (Piganiol de la Force, *Description de Paris,* t. IX, p. 175), — nous en parlons au mot ROCAILLE.

Enfin on s'est servi des coquillages, au XVIIe siècle, pour la décoration et même pour la confection de certains vases, de lustres, de chandeliers, de consoles, etc. Nous citerons, comme exemple, « un grand bassin ovalle de plusieurs pièces de rapport de cocquillages et masticts représentant, dans le milieu, Neptune et Thétis avec plusieurs neyades et tritons », qui figure dans l'*Inventaire du mobilier de la Couronne* (1684). Les modèles de ces curieuses adaptations

Fig. 676. — Coupe en forme de coquille en cristal de roche, attribuée à Benvenuto Cellini.

furent souvent dessinés par des artistes de grand mérite. On trouve notamment des modèles de chandeliers, de lustres, de masques en coquillage, etc., dans l'œuvre du graveur Chauveau. Dans la seconde moitié du siècle dernier, le sieur Rousseau, sculpteur du roi, demeurant à Versailles, essaya de remettre en honneur ce genre de décoration qu'il « sçait mettre à la portée des particuliers et qu'il traite avec élégance », dit une réclame insérée dans l'*Avant-Coureur* du 18 mai 1761. Le procédé du sieur Rousseau pour rendre ces ouvrages moins dispendieux consistait à substituer des coquilles de moules, des fragments de meulières et du mâchefer à des coquillages plus coûteux. Il ne paraît pas qu'il ait obtenu un grand succès.

Coquille, *s. f.* — Il est peu de mots, dans l'histoire du mobilier, qui s'appliquent à des objets plus variés et possèdent des significations plus diverses.

Tout d'abord, associé au mot perle, il signifie la nacre, soit employée en coquille entière, soit débitée en fragments. Dans l'*Exécution du testament de Jehanne de Bourgogne* (1353), on relève l'article suivant : « Pour une coquille d'une perle à pié et à couvercle, dorée et garnie de pierrerie. » Nous notons également « six cuillers de coquilles de perles, et ont les manches de courail. » (*Invent. de Charles V,* 1380.) « Une neuf (nef) à coquilles de perles ou fons de laquelle a un ruby. » (*Invent. de la feue reine Charlotte de Savoye,* 1483.) « Ung grant coquille de parle à troiz fulletz, et est taillée estrangement. » (*Invent. de Marguerite d'Autriche,* 1523.) « Une cocquille de perle en facon de nef... — Une autre cocquille de perle qui souloit estre garnie d'or. » (*Invent. de Charles-Quint,* 1536.) Etc., etc.

En second lieu, et d'une façon beaucoup plus fréquente, le mot coquille sert à désigner la forme de certains objets. C'est ainsi que nous trouvons dans l'*Inventaire de Charles V :* « Deux grans flacons d'or en façon de coquilles couronnéz de couronnes, etc. » ; et plus loin, « une coquille d'argent blanc à mettre le sel à l'eaue benoiste, etc. » Christine de Pisan, en nous détaillant les présents que ce même roi envoya à l'empereur son oncle, mentionne « deux grans flacons d'or..... en façons de coquilles » ; et elle ajoute : « Si lui dit le duc de Berry bien gracieusement, que pour ce qu'il estoit pellerin, luy envoyoit le Roy des coquilles. » (*Le livre des fais et bonnes meurs du sage Roy Charles,* t. II, p. 116.) Dans l'*Inventaire de l'hôtel Saint-Pol* (1418), nous notons également « une salière d'or double, faite en façon chascune d'une coquille, et pardessus les dictes salières a le corps d'un serpent tout au long ». Dans les *Comptes de l'argenterie d'Anne de Bretagne* (1496), on lit : « A Jehan Marctel, orfavre, demourant à Tours, la somme de sept livres ung sol troys deniers tournoys, pour ung sonnet faict à coquille et demy doré. » Cette expression, au reste, est demeurée d'un usage courant. Il suffit, en effet, de fouiller les *Inventaires des meubles de la Couronne,* dressés sous le règne de Louis XIV, pour se persuader que jamais les vases en forme de coquille n'ont été plus nombreux qu'à cette époque. On en trouve en améthyste, en jaspe d'Orient, en jade, en agate onyx, en cristal de roche, en agate d'Orient, en agate d'Allemagne, en argent, etc. Par Lazare Duvaux, nous savons que sur la table de Mme de Pompadour on servait « quatre compotiers de Vincennes en forme de coquille », et que le duc d'Aumont possédait également, en porcelaine de Saxe, un quatuor de « compotiers en coquille ». Enfin dans l'*Apposition des scellés chez J.-B. Oudry, peintre du Roy* (1755), nous relevons, parmi les pièces d'argenterie, « quatre coquilles pour accommoder les huîtres ».

Nous avons, au surplus, conservé ce mode de désignation, et nous nommons indifféremment coquilles ou bateaux les petits récipients employés à servir le beurre, les radis, etc., suivant qu'ils rappellent, d'une façon plus ou moins précise, la forme de l'un ou l'autre de ces objets. Les glaciers nomment aussi coquilles des petites soucoupes où l'on sert les glaces dans les soirées. Parlant de Mme Bovary, Flaubert écrit : « Elle mangeait alors une glace au marasquin, qu'elle tenait de la main gauche, dans une coquille de vermeil, et fermait à demi les yeux, la cuiller entre les dents. » Enfin, tout le monde connaît l'appareil culinaire que nos cordons bleus désignent sous le nom de coquille.

En architecture, ce nom est donné non seulement aux ornements en forme de conques marines, mis à la mode par les artistes de la Renaissance, mais encore au parement inférieur des escaliers à vis et à certaines voûtes en quart de sphère ouverte, qui servent à couvrir les niches. Dans la serrurerie, la coquille est ce qui sert à lever le loquet. Chez les orfèvres, c'est la petite saillie qui, en appuyant le pouce, permet de faire évoluer un couvercle. Chez les tapissiers du siècle dernier, il est question de sièges de tapisserie « faits en coquille », et la forme de certains ciels de lit a fait donner à ces derniers le nom de *Lit à coquille.* « Dans une chambre du même corridor, avons trouvé un lit à coquille à rideaux de calamandre rayés bleu et blanc ; — dans la chambre de Mlles de Lafayette, 2 lits à coquilles garnis de rideaux de bourette verte. » (*Invent. des meubles du château de Chavaniac,* 1792.) Enfin par une élision assez particulière, coquille, sous la plume de certains rédacteurs d'inventaires, signifie *camée de coquille.* C'est ainsi qu'il faut comprendre l'article suivant, emprunté au *Catalogue de la vente de S. A. R. le duc Charles de Lorraine* (27 mai

1781) : « Une bague avec le portrait de feu S. M. l'Impératrice-Reine en coquille. »

Coquillé, *s. m.* C'est un procédé de travail, un mode d'estampage, auquel le besoin d'employer le moins de métal possible a forcé les orfèvres à recourir, en certaines circonstances. Lorsque ces artistes veulent exécuter des pièces d'une assez grande étendue et d'une extrême minceur, au lieu de former, comme pour la fonte, le moule au bon creux en sable et de couler le métal dans ce moule, on fabrique un bon creux en métal très résistant. Ceci fait, on applique des plaques ou feuilles d'argent sur le moule et on les frappe à petits coups, jusqu'à ce qu'on leur en ait fait épouser exactement toutes les formes. Ce procédé paraît avoir été pratiqué par les orfèvres, d'une façon régulière, à partir du XIIIe siècle ; mais il remonte à une époque très antérieure. La statue de l'*Abondance* trouvée à Saint-Puits (Yonne), le masque de Minerve provenant du trésor de Notre-Dame d'Alençon semblent obtenus au coquillé, qui, ainsi, aurait été connu des Gallo-Romains. Pour un grand nombre de châsses, de bustes-reliquaires, de bras et même de statues décorant nos églises, il n'y a pas d'hésitation possible. A l'Exposition rétrospective de 1878, le comte Bazilewski avait prêté un *diacre* en vermeil exécuté par ce procédé et l'on a pu voir à l'exposition de l'*Union centrale,* en 1880, un christ et un saint Sébastien confectionnés de la même manière.

Les avantages du coquillé sont assez nombreux, surtout lorsqu'on est en présence d'exécutants de qualité médiocre ; mais il offre un inconvénient : la fabrication des moules et des matrices est fort coûteuse. C'est ce qui fait qu'il est absolument délaissé. (Voir, pour plus de détails, *les Arts de l'ameublement : Orfèvrerie,* p. 48 et suivantes.)

Coquillier, *s. m.* La passion des coquilles rares commença à se manifester au XVIIe siècle. Gaston d'Orléans, qui était un grand collectionneur de toutes choses, en réunit un choix qu'il légua à Louis XIV, avec « ses médailles, ses livres et ses oiseaux », c'est-à-dire avec « des livres de miniatures, pleins de toutes sortes d'oiseaux, fort précieux de toutes les manières ». (*Mémoires de Mlle de Montpensier,* t. III, p. 429 ; 1660.) Au XVIIIe siècle, les découvertes des navigateurs et les trésors conchyliologiques qu'ils rapportèrent de leurs lointains voyages aidèrent beaucoup au développement de ce goût pour les coquilles. Un grand nombre de collections se formèrent. Dès 1691, ces curiosités naturelles étaient même devenues l'objet d'un commerce important. Tous « les marchands, vendeurs et troqueurs » d'objets d'art en exposaient dans leurs vitrines. Le sieur Quesnel, qui s'en était fait une spécialité, avait conquis en ces matières une réputation fort étendue. (*Livre commode,* éd. de 1691, p. 24.) Au siècle suivant, c'était Gersaint, l'illustre Gersaint, qui tenait la corde. En 1749, il achetait, de compte à demi avec le joaillier Babault, la collection de coquilles de M. Sevin, et cette collection, payée par eux 4,500 livres, était revendue près de 15,000 livres, sans compter une somme de 2,400 livres, que M. Paignon-Dijonval avait donnée, avant la vente, pour quatre boîtes dont il avait grande envie. (Voir *Catalogue d'une collection de coquilles, considérable dans le nombre et des plus précieux dans le choix...,* par E.-F Gersaint ; Paris, 1749.) Il était naturel que les amateurs de ce temps, comme Sevin et Paignon-Dijonval, dont nous venons de tracer les noms, et aussi comme Vivant, qui possédait, au dire de Germain Brice, « un assortiment des coquilles les plus rares » *Descript. de Paris,* t. II, p. 29) ; comme M. de Julienne, dont l'ambassadeur de Turquie allait, en 1742, visiter les raretés (*Mercure* de juin 1742) ; comme le duc de Sully ; comme le duc de Tallard ; comme le Sr Hameau, greffier du conseil supérieur du Cap à Saint-Domingue, dont la collection emplissait jusqu'à 760 caisses (*Gazette de France,* n° du 26 septembre 1761) ; enfin comme M. Brochant et cinquante autres, prissent soin de se faire fabriquer par les ébénistes de leur temps, si ingénieux, si pleins de goût, des meubles spéciaux, pour serrer leurs précieux coquillages. Ces meubles reçurent le nom de coquilliers.

Ces coquilliers étaient en forme d'armoires, avec une quantité de tiroirs superposés comme dans les médailliers. Le nombre des tiroirs variait naturellement suivant la quantité et la grosseur des coquilles dont se composait la collection. Le coquillier du couvent des Augustins, par exemple, renfermait quatorze grands tiroirs. (Piganiol de la Force, *Description de Paris,* t. III, p. 120.) Celui de M. Georges de Ghewiet, avocat à Lille, n'en comptait pas moins de cinquante-huit. (*Journal de Verdun,* n° de septembre 1745, p. 240. Celui de l'abbé de Fleury formait deux armoires, l'une avec neuf tiroirs, l'autre avec huit seulement. (*Annonces, affiches et avis divers,* n° du 10 mai 1756.) Quelques-uns de ces meubles étaient de toute beauté comme exécution.

Le *Catalogue de Mme Dubois-Jourdain* (1766) donne la description d'un coquillier en bois d'amarante, « composé de vingt-six tiroirs, avec deux portes brisées, faites avec art, et qui se trouvent placées, sans être vues, dans l'épaisseur et servent, quand on le veut, à renfermer les tiroirs dudit cabinet ». Ce petit meuble, au dire du catalogue, était un ouvrage du célèbre « Ébeine (lire Oeben), ébéniste du roi ». L'habile artiste avait en outre exécuté, pour François Boucher, un coquillier, plaqué en bois de violette, que Caffieri avait garni de bronzes dorés, et qui fut vendu après la mort de ce peintre illustre (1771).

Aujourd'hui, le goût des coquilles a singulièrement diminué. Les amateurs de nos jours ne songent guère à les faire figurer dans leurs collections, et les coquilliers ont cessé de faire partie du mobilier moderne.

Cor, *s. m.* On rencontre assez fréquemment, au XIVe et au XVe siècle, ce mot avec la signification de corne, à

Fig. 677 Petit coffre en cuivre du XVe siècle. Travail au coquillé.

boire. « 1 cor à III petiz piéz d'argent, à III esmaux et à couvescle d'argent, pesant IX mars VII onces, prisié XXX escuz. » (*Exécution du testament de Jehanne de Bourgogne, femme de Philippe le Long,* 1353.) « Ung grant cor à mectre vin, garny d'argent et à esmaulx autour des garnisons. » (*Invent. de la Bastille Saint-Antoine,* 1418.)

Cor est aussi un instrument de musique fait d'abord d'une corne ou d'une défense d'ivoire et ensuite de métal. Au XVIIe siècle, le cor perfectionné prit place dans l'orchestre. Aujourd'hui, le *cor de chasse* et le *cor d'harmonie* ont continué d'être en usage et sont cultivés, le premier par les piqueurs, le second par des musiciens spéciaux.

Corail, *s. m.;* **Courail,** *s. m.* — Substance calcaire blanche, rosée ou rouge, en forme de rameau, qu'on crut d'abord être un minéral, puis qui fut, au siècle dernier, rangée parmi les végétaux, et qu'enfin on a reconnue de nos jours pour un polypier, appartenant au groupe des Gorgonidées. Le corail a été employé, de tout temps, à la décoration des meubles et surtout des objets d'orfèvrerie. « V petites broches de courail. » (*Invent. de Clémence de Hongrie,* 1328.) « I arbre de corail sans pié. » (*Invent. du garde-meuble de l'argenterie,* 1353.) « Ung petit pot de cristal, garny d'argent doré, qui fut [à] Mme Marie,

Fig. 678. — Corbeille à pain, d'après une peinture de L. Lombard (XVIe siècle). (Musée de Bruxelles.)

et les fruiteléz du couvercle et de l'anse sont garniz de corail. — *Item,* six cuilliers de coquilles de perles, et ont les manches de courail. » (*Invent. de Charles V,* 1380.) « Un arbreciau de courail contenant cinq branches, et y a au bout de dessoubz une vis et au-dessus une langue de serpent. » (*Invent. du Louvre,* 1418.) « Plus ung chandellier de corail garny d'argent. » (*Invent. du château de Pau,* 1517.) « Deux branches de fleurs de corail. — Ung petit rocher de corail avec sa fleur », etc. (*Invent. de Catherine de Médicis,* 1589.)

Au XVe siècle, on lui donnait un sexe, et on distinguait le corail mâle du corail femelle. « Pour avoir fait polir et nectoyer, par le commandement D. D. S. (dudit Seigneur, c'est-à-dire du roi), trois grandes branches de coural masle. » (*Comptes royaux,* 1487.) Le corail mâle était le corail rouge. L'imagination de nos ancêtres prêtait à cette substance des qualités merveilleuses que Jean de la Taille célébra dans son *Blason de la marguerite et des autres pierres précieuses* (1574) dans les termes suivants :

. . . . . . Le corail nous deffend
Du mal qu'Epylepsie ou nomme,
Le coral qui, fort rouge et beau,
Nous conforte et cœur et cerveau;
Qui d'une maladie extrême
Ou d'un venin, par un taint blesme,
Nous advertist au col l'ayant.

Au XVIIe siècle, on croyait, en effet, que le corail était plus rouge quand il était porté par un homme que par une femme, et qu'il perdait sa couleur quand celui dont il était la parure perdait la santé. « Estant porté par un malade, il devient pasle, livide et tout taché, écrit Furetière, de sorte que, par le changement de sa couleur, il advertit de quelque maladie prochaine. »

La difficulté qu'on éprouve à tailler le corail et à le polir a toujours fait rechercher les ouvrages exécutés avec cette matière. La XVe *feuille du bureau d'adresse,* publiée le 1er septembre 1633, portait l'avis suivant : « On demande un homme qui sçache mettre du corail en œuvre. » Dans l'*Inventaire du mobilier de la Couronne,* dressé en 1673, figuraient deux arbres de corail, dont l'un, noir, était sans ornement, et dont l'autre servait d'appui à un saint Sébastien d'argent. On en rencontrait, à la même époque, dans nombre d'autres collections ; mais un des plus curieux objets et des plus compliqués assurément qui aient été exécutés dans cette matière fut exposé, au siècle dernier, chez le sieur Viaucourt, orfèvre, place Dauphine. Voici la description qu'en donnaient les journaux du temps : « Très beau bénitier d'or émaillé et de vermeil, de 20 pouces de haut, représentant un temple, au fond duquel est une crèche dont toutes les figures sont de corail, avec des bas-reliefs et autres ornemens aussi de corail, et boëte d'ébène garnie de 3 glaces. » (*Annonces, affiches et avis divers,* février 1759.)

Corail (Bois de), *s. m.;* **Coral,** *s. m.;* **Courail,** *s. m.* — Bois de placage exotique employé dans l'ébénisterie et la marqueterie. Il croît dans l'Inde, les Antilles, à la Martinique, où on l'appelle aussi CONDORI et ŒIL DE PAON. Ce bois doit son nom à sa couleur, qui est d'un rouge vif. Il est dur, d'un grain serré, et prend un beau poli.

Le nom de bois de corail a été également donné, en Gascogne, au chêne. On rencontre, au XVIe siècle, un grand nombre de meubles de bois de corail. « Une table carrée de courailh avec son archibanc. » (*Invent. de Pierre David, chanoine de Saint-Sernin ;* Toulouse, 1548.) « Ung petit dressoer de coral entre deux fenestres, peint de diverses coleurs. » (*Invent. de Pierre Turpin, docteur en médecine;* Pamiers, 1562.) « Une table carrée, avec son pied courail. » (*Invent. de Pierre Bonafous;* Toulouse, 1568.) « Une cadière rompue de courailh. » (*Invent. de Jehan de la Cassagne;* Toulouse, 1572.) « Un petit couffret, bois de courail, avec sa serrure. » (*Invent. de Marie Bonbalièbre;* Toulouse, 1645.)

Corbeau, *s. m.* — Forte saillie de pierre, de bois ou de fer, destinée généralement à diminuer la portée des poutres ou à soutenir des corniches, des arcatures, des balcons. Il arrive parfois que le corbeau affecte la forme et joue le rôle de la CONSOLE. (Voir ce mot.) Depuis l'époque romane jusqu'au XVIe siècle, les linteaux des portes de pierre sont habituellement soulagés par des corbeaux, de façon à éviter les chances de rupture. Quant aux corbeaux de bois faisant saillie sur le nu d'un mur, pour soutenir une poutre, ils persistent jusqu'après le XVIe siècle. L'architecture ogivale, qui a fait un grand usage des corbeaux, a dépensé beaucoup d'ingéniosité dans leur décoration. Feuillages, compartiments, riches moulures, saints personnages, portraits, scènes d'histoire, tout a été employé pour les rendre plus intéressants. De nombreux exemples de ces curieuses décorations nous ont été conservés. Malheureusement, les rares documents écrits qui nous parlent d'eux ne nous donnent que bien peu de détails sur leur exécution. « A Ollivier Deshays, charpentier, pour avoir faict, de son boys, ung corbeau fourny de solliveau pour soustenir le grand degré de l'hostel. » (*Comptes de la* *vicomté de Rouen,* 1432.) « Et fera ledit Gendrot des pertuis en la muraille de ladite salle pour asseoir des corbeaux, sur quoy portera une sainture de boys, sur laquelle seront entravéz les soliveaux desdites galeries. » (*Comptes et mémoriaux du roi René,* 1465, etc.)

Corbec, *s. m.* — Voir COURBEC.

Corbeille, *s. f.* — Panier d'osier de forme évasée qui sert à de nombreux usages et joue dans le ménage et l'habitation un rôle important. « En mesnaige, écrit l'auteur de la *Complaincte du nouveau marié,*

Fig. 679. — Corbeille en terre émaillée, attribuée à Bernard Palissy.

. . . . fault un flaiel,
Des turcaises et un martel,
Cribles, vans et corbeilles...

Encore aujourd'hui sous forme de corbeille à pain, de corbeille au linge, de corbeille aux clefs, de corbeille à ouvrage, etc., notre petit meuble rend les plus grands services. Mais ses deux adaptations les plus brillantes se manifestent sous la forme de corbeilles de fleurs et de corbeilles à fruit et à dessert.

Les corbeilles de fleurs sont extrêmement anciennes puisqu'on les rencontre dès le XIIIe siècle, avec des dimensions telles qu'on pouvait loger un homme dedans, Racontant comment Floire pénétra dans la tour où était enfermée sa fiancée, l'auteur de *Floire et Blancheflor* écrit :

L'huissiers envoie ses présens;
Del envoier ne fu pas lens :
Une corbeille en a chascune
Et Floire fait entrer en une.
Floire clot les ieus ; pas n'es œvre,
Et li portiers des flors le coevre...
Dont a deus serjans apelés :
« Ceste corbeille me portez
Lassus amont, en cele tor,
A demoisele Blanceflor,
A la chambre lèz le degré
Qui va au lit à l'amiré.

Depuis cette époque ces gracieuses corbeilles n'ont jamais cessé d'être en usage. Elles ont eu dans tous les logis une place d'élection et ont revêtu les formes les plus variées, et nous ajouterons depuis quelques années les plus somptueuses, car les corbeilles de fleurs ont remplacé sur nos tables et dans les dîners d'apparat le surtout, et comme lui ont été fabriquées en métal précieux. Ajoutons qu'elles ont fourni à certains de nos orfèvres un thème charmant dont ils ont tiré un parti remarquable.

Quant aux corbeilles à fruit et à dessert, dont nous aurons à reparler plus loin, elles ont également parcouru une brillante carrière, et pendant trois siècles elles ont occupé une place d'honneur sur les tables les plus riches et les plus distinguées. Le 4 août 1664, la reine mère, recevant à Fontainebleau le cardinal Chiggi, le régala « d'une collation de 24 grands bassins de vermeil doré, chacun chargé de plus de trente corbeilles, garnies d'une infinité de nonpareilles de toutes sortes de couleurs, et remplies des plus beaux fruits et des plus exquises confitures ». (*Gazette de France,* 1664, p. 786.) Le 12 septembre 1677, au premier bal donné à Fontainebleau, la collation royale fut servie sur une table garnie de gradins « qui portoient huit grandes corbeilles de fruits crus ». (*Mercure,* octobre 1677.) Quelques années plus tard, Mme d'Aulnoy (*la Cour et la Ville de Madrid,* p. 323) nous montre l'amirant de Castille recevant le roi d'Espagne et faisant « entourer plusieurs bassins de fontaines, de grandes corbeilles d'argent remplies de toutes les viandes, fleurs et fruits que la saison pouvoit fournir ».

Au siècle dernier, ces corbeilles à fruits et à gâteaux, qu'on désignait dans le commerce sous le nom de DESSERTS, se fabriquaient à Paris, au faubourg Saint-Antoine. On en faisait de dorées, d'argentées, de peintes de différentes couleurs, et aussi en simple osier ; « mais toutes, de tant de formes si agréables et si propres à diversifier le service des desserts et des collations, dit Savary des Bruslons, que les yeux et le goût ont également de quoi se satisfaire, quand elles sont chargées de fruits, de glaces, de caramels, de confitures ou sèches ou liquides, et qu'elles sont ingénieusement agencées et arrangées sur la table ».

Bien longtemps avant cette époque, les corbeilles avaient eu déjà leur place marquée dans les repas, soit comme corbeilles au pain, soit comme « corbeilles à aumosne ». La corbeille à pain (voir fig. 678) se rencontre dès le XVIe siècle. « De l'autre costé de cette table, écrit l'auteur de l'*Isle des hermaphrodites,* il y avoit une grande corbeille, et dans icelle plusieurs sortes de pain, l'un faict comme ils disoyent de paste levée, l'autre de paste broyée, un autre avec de la leveure ; l'un estoit mollet, boursouflé et salé, l'autre tout plat et sans sel ; l'un estoit rond, l'autre long, un autre fait à cornes ; l'un plus petit, l'autre un peu plus grosset. Enfin, il y en avoit de tous aages et de toutes espèces. Ils étoient seulement semblables en une chose,

Fig. 680. — Corbeille à fruit en argent, d'après La Londe (XVIIIe siècle).

c'est que pas un n'avoit sa robe naturelle. Car on les avoit tellement chappelléz, qu'il n'y restoit plus qu'une petite crouste fort déliée. » Dans la description faite par C. del Pozzo de la réception du Légat, en 1625, il est dit qu'en face de chaque couvert il y avait une corbeille à pain (*panattiera*), de forme carrée, avec un pied bas et une salière. Quant à la corbeille à aumône, elle était encore plus ancienne. Dès le XIVe siècle, elle servait, chez les princes, à ramasser les restes de pain, les tranchoirs salis par la graisse des viandes, et les reliefs de toutes sortes que l'aumônier ou, à son défaut, un serviteur de confiance distribuait ensuite aux malheureux. Dans les intérieurs plus modestes, ces reliefs étaient également recueillis dans une corbeille, mais portés à la cuisine et servaient à nourrir les domestiques de la maison. Dans les recommandations que le *Ménagier de Paris* (t. II, p. 117) fait à ses lecteurs, il leur dit : « Getteront le relief ès corbeilles, les sausses et brouets ès seilles ou cuviers, et retairont et apporteront la desserte des mets aux escuiers de cuisine ou autres qui sont ordonnés à la sauver, et ne porteront rien ailleurs. »

Chez les princes, et à plus forte raison chez le roi, la corbeille à aumône était généralement d'argent, parfois ciselé ou émaillé. Si nous en croyons son *Inventaire,* celle de Charles V était particulièrement riche et de taille considérable : « La grant corbeille de l'aumosne d'argent blanc avec le baston, et est ladicte corbeille cisellée des armes de France, pesans six vings troys marcs et demy. » Citons également : « Une corbeille ou mande d'argent pour aumosnes, liée de chercles doréz, et armoyée des armes de feu nostre chièr père », comprise parmi les pièces d'orfèvrerie que Philippe le Bon abandonna en 1452 à certains de ses créanciers. Dans l'*Inventaire d'Anne de Bretagne* (1490), figure une corbeille « faicte à fasson de pennier, à deux grans ances tenues par hommes et femmes sauvaiges et par lyons ». Cette belle pièce, qui pesait 121 marcs 6 onces d'argent et qui avait été confectionnée par l'orfèvre Gallant, donne une haute idée de la beauté des corbeilles d'orfèvrerie à cette époque.

Au XVIe siècle, les corbeilles à aumône disparurent, et tout ce luxe fut réservé pour les corbeilles à fruit dont nous avons déjà signalé l'importance et la somptuosité. Faites souvent en métal précieux, elles figuraient, au XVIIe siècle, non seulement sur la table royale (car nous rencontrons dans les *Inventaires des meubles de la Couronne,* dressés sous le Grand Roi, une vingtaine de ces magnifiques corbeilles), mais aussi sur la table de tous les riches particuliers. Elles s'y trouvaient même en nombre et revêtant des formes variées. Témoin l'*Inventaire de l'abbé d'Effiat* (1698), dans l'argenterie duquel nous voyons figurer : « Deux corbeilles à fruit, une autre grande à huit pants, deux corbeilles ovalles à fruit, etc. » La même année, au camp de Compiègne, le service d'argenterie du maréchal de Boufflers comptait : « Quatre-vingts douzaines d'assiettes d'argent, et six douzaines de vermeil, des plats et des corbeilles d'argent pour le fruit, le tout à proportion. »

C'est, au surplus, pour la corbeille, l'époque la plus brillante de son histoire. Elle apparaît dans toutes les collations ; elle a sa place marquée sur tous les buffets ; on ne se contente pas de l'emplir de fruits exquis, on la décore, on l'habille, on la pare. Nous avons vu au commencement de cet article que celles d'Anne d'Autriche étaient ornées de nonpareilles de toutes les couleurs. « Sur le premier gradin, qui estoit de trois pieds 1/2 de large et qui servoit de table, raconte le *Mercure* de février 1700, dans son compte rendu du bal offert par M. le Prince à la duchesse de Bourgogne, il y avoit des corbeilles, dont les unes estoient couvertes et d'autres ne l'estoient pas. Sur celles qui estoient couvertes, on voyoit des brocards d'or et d'argent, avec des fonds de différentes couleurs. Ces corbeilles estoient ornées de tissus or et argent de la même couleur des brocards, et remplies de paquets de toutes sortes de confitures sèches des plus exquises. — Le second gradin estoit rempli de corbeilles dorées, chargées en pyramides de fruits tant confits que crus des plus rares... — Il y avoit sur le troisième de grandes et belles jattes de porcelaine, meslées de corbeilles remplies de caramels et de confitures candies et autres, etc. » Cette abondance de corbeilles et cette magnificence se retrouvent dans le bal offert, le 21 février 1700, par la duchesse du Maine, à la duchesse de Bourgogne, dans la fête donnée, le 25 janvier 1705, par le duc d'Albe, à l'occasion du mariage du comte de Rupelmonde avec Mlle d'Aligre. (*Mercure* de janvier 1705.) A cette époque, au surplus, même chez les simples particuliers, ces corbeilles à fruit étaient abondantes. C'est ainsi que nous trouvons dans l'*Inventaire de Me Pierre Jarosson, procureur au Parlement* (Paris, 1718) : « Neuf corbeilles de bois doré à mettre le fruit. »

Fig. 681. — Corbeille de mariage en marqueterie de Boulle.

Le goût de Louis XV pour les œufs à la coque et la vanité qu'il avait de les ouvrir d'un seul coup amenèrent, au milieu du XVIIIe siècle, la mode de servir les coquetiers, avec la salière, la poivrière, les cuillers, en un mot avec tout l'attirail indispensable, dans des corbeilles de métal précieux. Celle du roi était en or. En 1757, Lazare Duvaux eut à la remettre à neuf, et c'est grâce à cette réparation que la description nous en a été conservée : « S. M. le Roy, pour avoir fait remettre à neuf une corbeille d'or, dans laquelle est un coquetier, une salière et poivrière aussi en or sur un enfant, 18 livres. » Celles des seigneurs de la Cour étaient simplement en argent ; témoin celle fournie par le même Lazare Duvaux au marquis de Brancas.

C'est également vers cette époque que nous voyons apparaître les corbeilles de toilette, parfois en métal précieux, plus souvent en vannerie argentée ou dorée, et doublées à l'intérieur de satin ou de velours. Dans la description que le *Mercure* de septembre 1726 nous a transmise de la toilette exécutée par Thomas Germain pour la reine Marie Leczinska figurent deux « corbeilles presque ovales, ornées de bas-reliefs servant à présenter les gants à la reine ». On voyait, au surplus, de ces corbeilles chez la plupart des femmes à la mode, même en province. « Une corbeille de toilette doublée et une boeste à poudre, estimées 12 livres. » (*Invent. du château d'Amilly,* 1765.) Ravoisé, de la rue des Lombards, en était le fournisseur attitré, et le *Mercure* de janvier 1772 constate qu'on trouvait chez lui « de très jolies corbeilles de bonbons pour les toilettes, et des caves garnies de pommades et d'odeurs d'Italie ». Enfin, par les *Mémoires du duc de Luynes* (t. XII, p. 379), nous savons que le menu linge de la reine lui était présenté dans des corbeilles doublées de taffetas.

Fig. 682. Corbeille de mariage en marqueterie de Boulle.

Près de deux siècles avant cette époque, les corbeilles de céramique avaient fait leur apparition dans notre mobilier. C'est, du moins, le seul nom qui semble convenir à ces jolis plats à bords ajourés qu'on attribue à Bernard Palissy (Voir au musée de Cluny les pièces cataloguées 3112 à 3115, et col. 977, fig. 679.) Ces corbeilles servaient sans doute à présenter les fruits, mais aussi à recevoir les bijoux. La mention suivante, du moins, semble l'indiquer : « Une corbeille de faïence avec un petit coffre émaillé, à mettre bagues et bijoux, le tout fort ancien. » (*Invent. des châteaux de La Rochefoucauld, Verteuil et la Terne,* 1728.) Quand la porcelaine commença à se répandre en France, la faïence, tout naturellement, « cessa de plaire », et les corbeilles en porcelaine firent leur apparition chez tous les personnages soucieux d'être à la mode. C'est ainsi que Lazare Duvaux fournissait à M. de Gensin « une grande corbeille de Saxe, sur une grande terrasse et console de bronze ciselé et doré d'or moulu, garnie de plusieurs plantes en cuivre verni, et fleurs de Vincennes », ne coûtant pas moins de 1,500 livres ; à la princesse de Condé : « Deux grandes corbeilles de Saxe à fleurs de couleurs » ; à M. Machard : « Une corbeille à jour en bleu céleste », etc. (*Livre journal,* t. II, p. 20, 181, 306 et suiv) Ces corbeilles étaient recherchées, même par les plus célèbres amateurs, car nous voyons figurer à la *Vente Randon de Boisset* (27 février 1777) : « Deux corbeilles rondes découpées à jour », en porcelaine coloriée de Saxe.

Aujourd'hui, ces petites corbeilles de porcelaine servent encore de vide-poche ; mais plus souvent, elles trouvent asile dans les vitrines des amateurs. Le service de table, par contre, se passe d'elles. Sauf la corbeille d'argent ou argentée, dans laquelle on met parfois le pain coupé, nous ne voyons plus guère ce joli récipient figurer parmi les meubles utiles. Dans le dessert, où elle brilla jadis d'un si vif éclat, la corbeille à fruits a été remplacée par les compotiers ou par les coupes, et la corbeille à ouvrage elle-même est, de nos jours, singulièrement démodée.

Corbeille. En langage mobilier, on donne aussi ce nom à un siège, sorte de fauteuil élargi, où deux personnes peuvent tenir à l'aise. Son nom lui vient de ce que les consoles placées sur la devanture à une certaine distance des extrémités, en ramenant la rampe sur la face du meuble, font ressembler jusqu'à un certain point celui-ci à une corbeille dont on aurait enlevé un des côtés.

Corbeille. En architecture, c'est la partie du chapiteau comprise entre l'astragale et le tailloir. C'est, comme le fait fort justement remarquer M. Bosc, « pour ainsi dire l'âme, le noyau du chapiteau, abstraction faite des ornements qui le décorent ». On donne également ce nom à l'ornement en forme de corbeille chargée de fleurs ou de fruits, qu'on place d'ordinaire sur la tête des cariatides.

Enfin Corbeille a encore une dernière signification et des plus importantes. « On appelle absolument *la corbeille* écrivent les auteurs du *Dictionnaire de Trévoux*) les bijoux que le futur époux envoie dans une corbeille à la personne qu'il doit épouser. » Selon toute probabilité, ce terme date du milieu du XVIIe siècle. Du moins on peut l'inférer du passage suivant emprunté aux *Mémoires du duc de Saint-Simon* (t. Ier, p. 277) où, parlant de son propre mariage, lequel eut lieu en 1695, il écrit : « Le contrat fut signé. On servit un grand repas à la famille la plus étroite de part et d'autre, et à minuit le curé de Saint-Roch dit la messe et nous maria dans la chapelle de la maison. La veille, ma mère avait envoyé pour 40,000 livres de pierreries à Mlle de Lorge, et moi 600 louis dans une corbeille remplie de toutes les galanteries qu'on donne en ces occasions. » Le nom de corbeille attribué à ces cadeaux venait, comme l'indique Saint-Simon, de ce que toutes ces coûteuses superfluités étaient présentées dans des corbeilles. Le *Mercure* d'août 1678, détaillant l'ensemble des présents faits par le neveu du cardinal Pallavicini à la princesse de Venafro dont il était le fiancé, mentionne : « Une corbeille de filigrane avec douze bourses de trois mille écus d'or; — une autre corbeille dans laquelle il y avoit un très beau collier de perles, des bracelets de perles, des pendans d'oreilles de diamants... », etc. Plus tard, à ces corbeilles on substitua des coffres qui conservèrent ce nom ; et Boulle, on peut en juger par nos figures 681 et 682, exécuta dans ce genre des meubles d'une magnificence rare. On peut donc s'étonner de lire dans les *Mémoires du duc de Luynes* (t. V, p. 192) : « On représenta, il y a quelques jours, à M. le duc d'Orléans, à l'occasion de ce mariage (le mariage du duc de Chartres avec Mlle de Conty), qu'il étoit convenable d'envoyer une corbeille à Mlle de Conty. Il dit qu'il ne savoit ce que c'étoit une corbeille, qu'il donneroit des diamants à son fils », etc. Mlle de Conti ne perdit rien, du reste, à l'ignorance feinte ou réelle du duc d'Orléans, puisqu'elle eut de son fiancé pour plus de trois millions de diamants ; mais il semble que son futur beau-père avait assez mauvaise grâce à dire qu'il ignorait « ce que c'étoit une corbeille ».

Fig. 683. — L'hermine entourée d'une cordelière, emblème d'Anne de Bretagne.

Corbeillette, *s. f.* — Diminutif du précédent. Petite corbeille. « Une petite corbeillette à deux ansces (d'argent) pesant ung marc. » (*Invent. de Charles V*, 1380.) Ce diminutif n'est guère usité.

Corbeillon, *s. m.*; **Corbillon**, *s. m.* — Petite corbeille, dans laquelle on mettait surtout le pain coupé. Dans le *Livre des mestiers* d'Estienne Boileau, on lit : « Se pains est asportés à col de la ville de Paris en marchié... il porra avoir tant de corbillons comme il li plaira. » Le *Ménagier de Paris* recommande, quand on ramasse le pain, de « mettre en garde le surplus en corbillons et corbeilles ». François Villon se plaint, dans son *Grand Testament*, de ce qu'il

> Oncques de terre n'eut sillon,
> Table, tretteaulx, pain, corbillon ;

et l'auteur des *Ténèbres de Mariage* écrit :

> Il faut robbes et chapperons,
> Houseaux, pantoufles, esperons,
> Lictz, draps, mouchouers et cœuvre-chiefz,
> Paniers, corbeilles, corbeillons.

Au XVe siècle, la consommation de ces petits paniers était assez importante pour occuper des industriels spéciaux. Un *Compte de Jehan Courtillé* (1422) mentionne Guillemin Luiraux, « faiseur de corbeillons ». Enfin pour arriver à des époques plus récentes, Scarron, dans son *Roman comique* (ch. II), nous montre « le comédien Destin, couché sur un matelas, un corbillon sur la tête, qui lui servoit de couronne ».

A partir du XVIIIe siècle, le mot corbillon n'est plus guère usité que pour désigner « une sorte de corbeille longue et plate par les deux bouts, que l'oublieur porte l'hiver tous les soirs sur son dos, et qu'il remplit d'oublies pour jouer contre ceux qui l'appellent », — corbeille de forme peu gracieuse, au reste, et qui faisait dire au *Sot* dans la *Farce du gaudisseur et d'ung sot* :

> Il est léger comme une enclume
> Et faict comme un corbillon.

Plus tard, la corbeille en question ayant été remplacée par un cylindre de métal, le mot corbillon n'a plus servi que pour dénommer un petit jeu de société, classé parmi les jeux innocents.

Corbin (Bec-de-), *s. m.* — Moulure dont la courbure, très accentuée, offre une certaine analogie avec le bec du corbeau. (Voir Bec.) Par extension, on appela, au XVIe et au XVIIe siècle, dans le Bordelais, *chaires à corbin*, les sièges dont les bras se terminaient, à leur extrémité antérieure, par une volute ayant la forme d'un bec-de-corbin. « Plus une cayère de noyer à corbin, couverte de tripe de velours. » (*Invent. de Jehan Verrier, seigneur du Boscq*; Bordeaux, 1590.) « Plus une chayère à corbin, la couverture verte toute rompue. » (*Invent. de maître Anthoine Fraytet, receveur des dîmes*; Bordeaux, 1615.)

Corda, *s. f.* — Grosse serge croisée, drapée. On s'en servait, paraît-il, pour faire des serviettes et des nappes, car nous lisons dans l'*Inventaire de François Falque* (Marseille, 1791) : « Cinq douzaines et neuf serviettes, dont quatre douzaines venezi et vingt et une serviettes cordat — cinq napes cordat. »

Corde à guinder, *s. f.* — Ou mieux Ficelle a guinder. On nomme ainsi, en langage de tapissier, la corde avec laquelle on relie ensemble et on maintient les ressorts en laiton composant les élastiques.

Cordé, *adj.* — On appelait châlit, ou lit cordé, les lits qui, au XIVe, au XVe et même au XVIe siècle, au lieu de reposer sur un châssis de sangle, étaient supportés par des cordes tendues, allant d'un battant à l'autre. Christine de Pisan nous apprend que, de son temps, les lits des religieuses étaient cordés. Parlant des Dames du prieuré de Poissy, elle dit :

> Mais encore volrent
> Plus nous monstrer les dames, qui moult sorent,
> Car leur dourtouer ordonné comme ilz l'orent,
> Et leurs beaulz liz que sur cordes fait orent,
> Ilz monstrèrent.

Un document relatif à l'Hôtel-Dieu de Paris, que nous donnons au mot Chalit, prouve qu'il en était de même en 1376, dans le grand hôpital parisien. Dans l'*Inventaire de Richard, archevêque de Reims* (1389), on note « deux chaalis cordés, un grant et un petit, prisiés XXI sols ». « Deux grans charliz cordéz » et « ung sourlit roulleréz sans coete, cordéz », qui figurent, les deux premiers, dans l'*Inventaire du château de la Ménitré* (1471), et l'autre dans l'*Inventaire du château de Reculée* (1479), ainsi que d'autres exemples cités également plus haut, prouvent que, même dans les résidences princières, on rencontrait, au XVe siècle, des lits disposés sur ce fond un peu primitif ; alors qu'un « chariot foncé de cordes », mentionné par l'*Inventaire de Jehan Verryer, seigneur du Boscq* (Bordeaux, 1590), et « un charlict », pareillement « fonssé de cordes », qui figure dans l'*Inventaire de Pierre de Capdeville* (Bordeaux, 1591), montrent qu'au XVIe siècle, les lits de domestiques étaient encore cordés.

Cordelière, *s. f.* — Terme de passementier. Morceau de câblé ou de ganse terminé à ses deux extrémités par un gland. Dans les ameublements riches, on fait des cordelières avec des torsades de soie et de fil d'or et d'argent, et on s'en sert comme d'embrasse pour les rideaux. « Au dessus d'icelle chaize y avoit un poille et ciel royal de pareil drap d'or, garny de cordelières d'argent. » (*L'ordre observé au sacre et couronnement de la royne Claude, fille du roy Louis XII,* 1517.) « Un paquet de cordelières enlevées d'or et d'argent. » (*État des meubles au château de Pau,* 1602-1603.)

En architecture, la cordelière est une baguette sculptée en forme de grosse corde. Dans la décoration, les cordelières sont employées dans la combinaison des chiffres et dans l'entourage des armoiries, pour indiquer la qualité de veuve ou de fille, ou une dévotion particulière à saint François. C'est pour la première de ces deux raisons que l'initiale et l'emblème d'Anne de Bretagne figurent en maints endroits avec une cordelière : « A Jehan Georget pour ung tiers damas rouge, ung tiers damas jaune, un tiers veloux noir, acheté de lui et livré à Guillaume Martin pour faire le patron d'un ciel de lict, de damas jaune et rouge my parti desdictes couleurs, semé par dessus de cordelières de veloux noir à la devise de ladicte Dame. » (*Comptes de l'argenterie d'Anne de Bretagne,* 1492.) « Une couverture à chariot branslant de veloux cramoisy, semée de cordelières et de lettres K et A de drap d'or raz et plat. » (*Acoustremens de drap d'or et de soye servans* [à la reine] *pour l'Entrée de Lyon,* 1498.) Parlant de cette reine, Brantôme, dans ses *Dames illustres,* écrit : « Je diray encore ce petit discours, que c'est d'elle que nos reynes et princesses ont tiré l'usage de mettre à l'entour de leurs armoiries et escussons *la cordelière.* » Pour la même raison, la chambre de la veuve de Henri III renfermait : « Un lict de velours noir, garny de trois pantes de velours noir, brodées des devises de la Royne... avec trois rideaulx et une bonne grâce de damaz noir, chamarréz de broderies en cordelières. » (*Invent. de Louise de Vaudemont,* 1603.) — C'est, au contraire, pour le second motif, qu'on trouve en divers lieux, notamment à Blois, l'F de François Ier et le C de Claude de France enchevêtrés d'une cordelière à nœuds.

CORDELIÈRE. — Au siècle dernier, on donnait aussi ce nom à une sorte de serge rase, qui se fabriquait dans quelques localités de la Champagne avec des laines d'Espagne, mélangées à des laines de France.

Cordoan, *s. m.* — Cuir présumé de Cordoue. En Béarn et dans le Bordelais, on a donné longtemps ce nom à toute espèce de cuir. (Voir CORDOUAN.)

Cordon, *s. m.* — En architecture, c'est une assise de pierres saillantes, généralement taillée en gros tore. Jadis on appelait *cordon royal* un tore de même nature, faisant le tour de tous les bâtiments appartenant à la Couronne. On peut encore voir des traces de ce cordon royal sur nos principaux palais et sur nos anciennes fortifications, etc.

Dans l'ameublement, le cordon consiste en une torsade ou en un câblé de laine, de soie, de fils d'or ou d'argent, qui sert à soutenir des miroirs, des tableaux, des lustres, des lanternes d'antichambre. Parfois il met une sonnette en mouvement, et, dans ce cas, il se nomme plus particulièrement *cordon de sonnette.* Ceux qui font mouvoir des rideaux sont dits *cordons de tirage.* Mais dans tout hôtel, palais ou maison bourgeoise, le cordon par excellence est celui que tire le portier.

Voici, en les mentionnant par ordre de date, la description de quelques cordons appliqués aux différents services de l'ameublement : « Un grand miroir de cristal de Venize avec sa bordure d'ébeine, suspendu par un cordon de soie rouge, à tous les bouts duquel il y a des houppes et des boutons de soie cramoisy. » (*Appartement de M. Mancini. Invent. du cardinal de Mazarin,* 1653.) « Deux rideaux de fenestre de toille ouvrée, garnis de leurs cordons et tringues (*sic*) de fer. » (*Invent. de Magdeleine Tubeuf; Paris,* 1676.) « Quatre nœuds de cordon d'or, avec chacun deux houpes aussy d'or, servans aux deux miroirs. — Six autres nœuds de cordon d'or, avec chacun deux houpes ou demy-houpes aussy d'or, servans aux deux grands tableaux. » (*Invent. du château de Versailles,* 1708.) « Mme de Pompadour : Trois cordons de lanterne à deux houppes et trois cordons de sonnette à un gland, en soie de Grenade, assortis aux étoffes et ornés d'agrémens sur les houppes et les glands. » « Mme la comtesse de Coigny : Un cordon de lustre. » « Mme de Beaumont : Sept aunes de cordon de sonnette de même soie avec leurs glands, etc. » (*Journal de Lazare Duvaux,* 1753-1754.) Enfin, terminons par le « cordon de lustre à deux glands, en or faux surdoré, avec frange analogue au meuble », qui ornait la grande chambre de Louis XVI, et fut estimé 2,117 francs; ainsi que par les « six glands et cordons de sonnette » (estimés 120 francs pièce, ensemble 720 francs), et par les « deux glands et cordons de lustres et deux rosaces en or faux, seulement surdoré », estimés 3,000 francs, qui ornaient la chambre de Marie-Antoinette. (*Invent. des meubles de la famille royale,* 1792.)

Cordonnet, *s. m.* — Petit cordon de fil, de soie, d'or ou d'argent que l'on couche sur les broderies, pour en relever l'éclat ou en marquer plus fortement le dessin. « A VENDRE six fauteuils quarrés de satin bleu et blanc, brodé au cordonnet. » (*Journal général de France,* 9 février 1784.)

Cordouan, *s. m.;* **Cordoan,** *s. m.;* **Cordouen,** *s. m.* — Espèce de cuir de chèvre, qui prend son nom de la ville de Cordoue où on l'apprêtait dans le principe. Ce qui distingue le cordouan du maroquin, c'est qu'il est passé en tan, alors que ce dernier est passé en galle. Les cordouans sont mentionnés dans la *Subvention générale du vingtième sur les marchandises entrant en France,* dressée en 1641, avec les « maroquins d'Espagne, Flandres et autres maroquins », et assimilés comme valeur à ces articles. Le *Tarif des douanes de 1706* distinguait sept sortes de cordouans, différant d'espèces et de prix. C'étaient les cordouans rouges d'Alep, les cordouans blancs, les cordouans de Smyrne, les cordouans de Chypre, les cordouans de Satalie, les cordouans en basane et les cordouans jaunes d'Alep.

Au XIVe et au XVe siècle, le cordouan était très recherché dans l'ameublement. On en faisait des garnitures de sièges et des tapis de pied. « A Perrin Baloches, paintre, demourant à Paris, pour deux chaières de salles paintes de finnes couleurs, garnies de cordouen vermeil escorchié à la devise de la Royne et de Mons. Messire Loys de France..., XIV liv. VIII sols parisis. » (*Comptes royaux,* 1399.) « Une pièce de cordouen appelée cuirace vermeil à mettre par terre entour un lit. » (*Invent. de la Bastille,* 1420.)

Fig. 684.
Initiale de Claude de France ornée d'une cordelière.

Corellerie, *s. f.;* **Coretterie,** *s. f.;* **Corellier,** *s. m.* — Voir GORELLERIE, GORETTERIE, GORELIER.

Corillière, *s. f.* — Petite lanière de cuir de truie, qui sert, de l'extérieur d'une porte, à soulever le loquet placé à l'intérieur. (Voir GORILLIÈRE.)

Corla, *s. f.* — Locution forézienne. Gourde.

Cormier (Bois de) ou **Sorbier**, *s. m.* — Bois indigène fourni par le sorbier domestique, qu'on rencontre dans toute l'Europe, mais qui n'atteint de grandes dimensions que dans les contrées méridionales. Il est dur, compact, d'un grain fin, d'une couleur rouge brun, parfois entremêlée de veines noires. Il n'a jamais été employé qu'exceptionnellement dans la fabrication des meubles importants. « Un cabinet de bois de cormier, fermant à cleff, à quatre battans, prizé avec sa clef, quinze livres. » (*Invent. de Joseph Descartes ;* juridiction de la Barillière, 1693.)

Fig. 685. — Corne à boire (XVIe siècle).

Cornaline, *s. f.* — Variété d'agate calcédoine, dont la couleur varie du rouge de sang foncé au rouge de chair tendre nuancé de jaunâtre. Elle est ordinairement demi-diaphane et peut recevoir un poli très vif. C'est la pierre la plus employée pour graver les cachets et pour faire les intailles ou gravures en creux. Dans l'*Inventaire des joyaux de la Couronne* (château de Vincennes, 1418) nous relevons la mention suivante : « Cornoillynes estans oudit coffre. — Premièrement : une cornoillyne taillée à huit carréz où sont gravéz un croissant et quatre molectes, etc. » Les cornalines sont rarement assez grandes pour qu'on puisse les convertir en meubles. Cependant on en a fait quelques coupes, et une *Décharge donnée à Pierre de Corteville, garde des joyaux de l'Empereur,* datée de 1532, décrit : « Un beau crucifix d'or dont la croix est de cornaline, laditte croix et le pied d'or garnys de pierreries. » On remarque dans l'*Inventaire des meubles de la Couronne* (état de 1701) deux vases de grand prix en cornaline ; le plus important est décrit comme suit : « Un vaze rond, de cornaline d'Orient, couvert, sur son pied à balustre garny de deux cercles d'or, émaillé de blanc, vert et noir. Autour du corps, il y a douze cornalines enchâssées dans deux cercles d'or émaillé comme dessus, sur le couvercle une petite *flame* de cornaline qui termine ledit vaze, haut de 4 pouces 1/2, compris la flame, et de diamètre 2 pouces 3 lignes. » A l'état de cabochon, cette pierre précieuse a trouvé place au XVIIe siècle dans la décoration des gros meubles, tels que tables, cabinets, etc. : « Une table de pierre de Parangon, sur laquelle dans les quatre coins sont des écussons de Lapis... sur lesquels il y a des oiseaux à papillons, le tout de lapis, calcédoine, cornaline et jaspe. »

Enfin la cornaline, comme la plupart des pierres dures, a joui d'une réputation curative et a passé pour guérir certaines maladies. Elle a même conservé cette réputation beaucoup plus longtemps que la plupart de ses congénères, car nous lisons dans le *Journal général de France* du 17 septembre 1779 : « Le sieur Pinpurniaux, rue de la Licorne, chez un perruquier, débite la pierre cornaline turque, qui guérit des maux de dents et préserve du scorbut et des fluxions. Cette pierre, réduite en poudre, blanchit les dents, en ôte le tartre, raffermit les gencives et corrige la mauvaise odeur de la bouche. »

Corne, *s. f.* — C'est une des substances les plus aisées à travailler. Elle se coupe, elle se moule, elle se tourne, elle se scie avec la plus grande facilité. Elle est, en outre, élastique et tenace, c'est-à-dire qu'elle se rompt difficilement. Les animaux qui fournissent les cornes répandues dans le commerce sont le bœuf, la vache, le buffle, le bison, la chèvre et le chamois. Celles du bœuf d'Irlande et du bison sont particulièrement recherchées.

La première opération à laquelle on soumet les cornes pour les mettre en état de recevoir les différentes façons qu'on se propose de leur donner, c'est de les débarrasser de leur noyau osseux. Ensuite on passe à l'aplatissage, qui peut se faire *à blanc* ou *à vert ;* ce dernier, plus compliqué, augmente la transparence de la matière. On débite ensuite la corne, à l'aide d'une scie, en feuilles aussi minces qu'on le désire. Ces feuilles, qui se soudent et se teignent comme on veut, servent aux fabricants de peignes, aux tabletiers et même aux marqueteurs à faire une foule de menus ouvrages. Avec la corne, on imite aussi l'écaille. En la teignant en noir, on en fait des couverts pour la salade. Enfin les rognures elles-mêmes ne sont pas perdues, car la corne peut être fondue et moulée.

Jadis on employait encore cette précieuse et complaisante matière à d'autres usages. Débitée en feuilles très minces, elle remplaçait les vitres des lanternes. On trouve dans les archives de nombreuses mentions relatives à ce curieux emploi : « A Toussain Cauvain, merchier (mercier), pour corne à faire une lanterne, qui esclaire par bas à la maison des cloquiers. » (*Comptes de la ville d'Amiens,* 1401.) Au XVIIe siècle, ces lanternes cornées étaient encore en usage, car nous rencontrons dans l'*Inventaire des meubles, titres, etc., demeurés après le trespas de messire Léonor de Pisseleu, seigneur d'Heilly* (1613), « quatre lanternes de bois garnies de corne ». En outre, dans la *Subvention du vingtième,* édictée en 1641, et dans le *Tarif général des droits de sortie et entrée du royaume* établi en 1664, il est fait mention de « cornes de lanternes ». Le cent pesant de ces cornes payait comme les articles de mercerie.

Ajoutons que ce n'est pas là l'unique emploi dans lequel la corne remplaça le verre. Les cornes à boire, usitées dès la plus haute antiquité, sont demeurées justement célèbres, et l'habitude qu'on prit alors de copier leur forme incommode, en métal précieux, montre assez de quel prestige elles jouirent jusqu'à une époque relativement récente. « Antiennement, écrit Fabrice Campani (*Vie civile,* p. 200 ; Paris, 1613), on se servoit des cornes de Toreaux en places des coupes à boire le vin. Les Grecs qui retournèrent de la guerre d'Asie furent reçus en leurs pays fort somptueusement par leurs parens, ils les firent boire par plusieurs iours dedans la corne des Toreaux parce qu'ils estimoient que les cornes et le vin estoient le symbole de la force et du courage, lequel ils vouloient représenter y faisant boire leurs enfans. » Les cornes à boire en métal précieux furent surtout à la mode dans nos provinces de l'Est et plus encore au delà du Rhin. On peut voir, au musée de Cluny, plusieurs spécimens de cornes allemandes.

Les cornes de cerf (voir CERF) furent utilisées au XVe et au XVIe siècle pour accrocher des luminaires et remplacer les lustres. Noël du Fail, dans ses *Contes et discours d'Eutrapel,* parle aussi (p. 284) d'une « corne de cerf ferrée et attachée au plancher où pendoient bonnets, chapeaux, gressiers, couples et lesses pour les chiens, et le gros chapelet de patenôtres pour le commun ». Enfin l'*Avant-Coureur* du 10 mars 1760 nous apprend qu'au siècle dernier la veuve Ricœur, établie à Dieppe, exécutait toutes sortes d'ouvrages de tabletterie en corne qui jouissaient d'une grande réputation.

En architecture, on appelle CORNE D'ABAQUE l'encoignure supérieure du chapiteau corinthien ou du chapiteau ionique qui se recourbe, en effet, en forme de corne. La CORNE D'ABONDANCE, qui constitue un ornement fort employé par les architectes, les peintres et les sculpteurs, est trop connue pour que nous prenions la peine de la décrire ici.

CORNE fut encore usitée, au XIVe et au XVe siècle, pour désigner les coins, les angles d'un meuble ou d'une pièce d'étoffe. « IIII pièces de capiciers vermeilles de laine, et y a as cornez, escussons de France et de Potiers. » (*Invent. des biens trouvéz en l'hostel de Quatremares,* 1334.) « A Jehan du Tremblay, tapissier, pour IV tapis vers, armoiéz aus cornes aux armes monseigneur le duc d'Orliens. » (*Comptes d'Étienne de la Fontaine, argentier du roi Jean,* 1352.) « Philippot Dogier, tapissier, pour un tapis vermeil de laine, armoié aus cornez et ou millieu des armes de madicte Dame... » (*Dépense du mariage de Blanche de Bourbon avec le roi de Castille,* 1352.)

Cornemuse, *s. f.* — Espèce de hautbois rustique analogue à la MUSETTE (voir ce mot) et qui, chanté par les poètes, n'a tenu, malgré cela, qu'une faible place dans l'ameublement de nos ancêtres.

Mes vers au nom de Pan il faut commencer, Muses.
Pan est Dieu des Pasteurs, et d'eux il a souci,
Il daigne bien danser dessous mes cornemuses,
Il a soin de la France et de mes vers aussi.

(Ronsard, IVe *Églogue.*)

Cornet, *s. m.* — Ce mot désigne plusieurs objets, qui tous offrent la forme d'une corne ou bien ont, dans le principe, été fabriqués en corne. C'est pour cette dernière raison qu'on appelle cornet la partie intérieure de l'encrier, celle destinée à recevoir l'encre, bien que, depuis plusieurs siècles, les encriers de corne, très communs au Moyen Age, aient été généralement remplacés par des encriers de plomb, de verre, de faïence, de cuivre, d'argent et même d'or. Ajoutons qu'en vertu de cette habitude qui amène à prendre la partie pour le tout, le mot cornet est souvent employé pour signifier l'encrier lui-même. Guillaume de Villeneuve, en ses *Mémoires* (*Mém. relat. à l'hist. de France,* t. XIV, p. 7), écrit : « Et en lairai parler et mettre par escrit plus long à ceux qui ont plus de sens en leurs testes, que d'encre en leur cornet. » On lit dans les *Cent Nouvelles,* nouvelle XXIIIe) : « Elle respandit sur buffet, sur papier, sur robe, son cornet à l'encre. »

Jusqu'à la fin du siècle dernier, les cornets de plomb firent partie du commerce des papetiers. Ceux de corne, de verre et de faïence se vendaient chez les merciers. Les orfèvres avaient le privilège de fabriquer et de vendre ceux d'argent et d'or.

Les cornets en métal précieux sont d'un usage fort ancien. Nous voyons figurer en argent dans l'*Inventaire de la reine Clémence de Hongrie* (1328) « une escriptoire et un cornet d'argent esmallié ». L'*Inventaire de Charles V* (1380) décrit, lui aussi : « Ung petit cornet d'argent blanc à mectre anque, etc. » Les cornets d'or existaient également dès cette époque, ainsi que ceux de vermeil. Nous relevons dans ce même *Inventaire de Charles V :* « Une escriptoire d'or, à tout le cornet et le canivet esmaillez de perles, par dehors aux armes de France. » Si nous en croyons la grande Mademoiselle, les écritoires qui servirent, lors de l'entrevue de l'île du Faisan, pour signer la paix et arrêter les conditions du mariage de Louis XIV (1660) avaient des cornets d'or. (*Mém. de Mlle de Montpensier,* t. III, p. 449.) Quant à l'argent doré, on le rencontrait chez les simples particuliers, et le *Mercure* de janvier 1679 décrit une écritoire « dont la serrure, la clef et les plaques de dessus estoient de vermeil aussi bien que le cornet, le poudrier, les manches du canif et du poinçon ».

Avec le XVIIIe siècle, cet excès de luxe disparaît. Les plus hauts personnages se contentent de cornets simplement argentés. Le 6 novembre 1749, Lazare Duvaux livre au duc de Rohan « un secrétaire plaqué en bois de rose garni d'ornemens dorés d'or moulu, les tiroirs en étoffe, l'abattant en velours et cornets argentés ». Le 16 avril 1754, il vend à Mme de Pompadour « un bureau... à pupitre avec l'écritoire et cornets argentés ». Ces derniers, au surplus, n'allaient pas tarder à être remplacés par des cornets en cristal ou en porcelaine blanche, d'un entretien beaucoup plus facile. Dès 1749, on voit figurer des cornets de porcelaine dans les comptes de Lazare Duvaux, et en 1754 apparaissent, dans ces mêmes comptes, les cornets de cristal.

CORNET. — Ce mot servait aussi, à cette époque, et sert encore à désigner le gobelet de cuir ou de corne, employé pour remuer et jeter les dés, et, par analogie, on donna le même nom à des vases de faïence ou de porcelaine présentant une forme analogue à celle du cornet à jouer. Ces vases semblent, dans le principe, avoir été appelés ROULEAUX. (Voir ce mot.) C'est du moins de cette façon qu'ils sont mentionnés dans l'*Inventaire de l'abbé d'Effiat,* dressé en 1698 par Guillaume Dautel, maître joaillier, quai de la Mégisserie. Toutefois, dès 1681, l'*Inventaire des meubles de la Couronne* constate l'existence, au Garde-Meuble, de 26 cornets de porcelaine; et en 1749, cette appellation était si bien en vigueur, que l'on n'en connaissait plus d'autre. Lazare Duvaux vendait à M. Marsollier « deux cornets de porcelaine verte, avec des reliefs de couleur, 96 livres ». A la *Vente après décès de Mme de Pompadour* (28 avril 1766) on adjugea « deux cornets de porcelaine de la Chine, colorée à huit pans ; — six cornets de porcelaine du Japon à sujet de châteaux ; — deux cornets du Japon à modèle de cartouches », etc., etc. Quelques années plus tard, le *Catalogue de la collection Randon de Boisset* (1777) signale aux amateurs : « Deux beaux cornets à oiseaux, branchages, fleurs et terrasses garnies de bords à baguettes nouées de rubans, etc. », en porcelaine du Japon. On peut admirer, d'ailleurs, au Louvre, dans la galerie d'Apollon, des cornets de cette même porcelaine, aux armes du duc d'Orléans, qui sont d'une grande magnificence. (Voir fig. 686.)

Fig. 686.
Cornet en porcelaine de Chine.
Galerie d'Apollon.

Enfin, au XVe siècle, on trouve encore le mot CORNET employé avec la signification d'angle ou de coin, s'appliquant à une chambre aussi bien qu'à un objet mobilier. La *Relation du meurtre de Jean sans Peur* (1419) porte :

Fig. 687. — Modèle de corniche, d'après D. Marot.

« Adonc luy qui parle, qui estoit moult griefvement malade, se trahit à un cornet près de là, où lesdits seigneurs estoient pour luy aisier, et luy estant là contre le mur d'un créneaul dudit pont, oyt crier à haulte voix et en grant tumulte, *tuez! tuez!* » (*Journal d'un bourgeois de Paris sous le règne de Charles VI*, p. 282.) Jean Chartier, dans sa *Chronique de Charles VII*, écrit : « Et y ot quatre seigneurs de la court de Parlement qui tenoient les quatre cornières ou cornets du pouelle » (1461). Nous lisons dans la LXXIIIe des *Cent Nouvelles :* « Le bon marchant... dist qu'il vouloit guérir son ymaginacion et incontinent vint chercher et visiter les cornetz de sa chambre au mieulx qu'il lui fut possible. » Ces exemples suffisent. (Voir le mot CORNE, qui avait une signification analogue.)

Corniche, *s. f.;* **Cornisse**, *s. f.* — En architecture, c'est le nom qu'on donne à la saillie qui sert à soutenir le plafond ou le cintre d'un appartement et à couronner le lambris de revêtement. Les corniches varient de richesse et de forme suivant le style dont elles relèvent. On distingue la corniche toscane, la corniche dorique, la corniche ionique, la corniche corinthienne. Ajoutons que l'emploi de corniches de style pur est, dans la décoration intérieure des appartements, un fait assez rare. Aussi donne-t-on, le plus souvent, à ces corniches d'autres noms, motivés par leur disposition ou leur construction spéciale. Ainsi, on appelle *corniche architravée* celle qui est confondue avec l'architrave, la frise se trouvant supprimée ; *corniche en chanfrein,* celle qui ne présente pas de moulures ; *corniche continue,* celle qui, dans toute son étendue, ne subit aucune interruption ; *corniche coupée,* celle, au contraire, qui est interrompue par quelque corps, etc. La plupart des corniches d'appartement sont exécutées en plâtre. On en fait également en bois et en stuc. Celles du palais de Versailles sont en cette dernière matière ; elles ont été faites en partie par les sculpteurs Gaspard et Balthazar Marsy. (*Comptes des bastimens du roy,* année 1664, p. 22.) Il faut l'imagination de Rabelais pour parler de « cornices à ouvraige phrygien, massifves d'or pur et fin, etc. » (*Pantagruel,* liv. V, ch. XLII.)

En langage mobilier, on désigne sous le nom de corniche la partie supérieure, le couronnement d'un meuble quelconque. « Une couchete de noyer faicte à l'impériale avecq ses cornisses, garny de quatre pommes dorées. » (*Invent. du médecin Antoine Vacquier;* Marseille, 1574.)

Fig. 688. — Modèle de corniche, d'après D. Marot.

« Plus ung buffet sans cornisses avec ses deux armoires. » (*Invent. de Jean Lauze, négociant;* Avignon, 1583.) « Une armoire de bois de chesne à corniche. » (*État des meubles de Mlle Desmares,* 1746.) Par analogie, on disait, au XVIIe siècle, la corniche d'une cheminée. Le 1er mai 1670, Mme de Montmorency écrit à Bussy-Rabutin : « Mme de la Fayette, favorite de Madame, a eu la tête cassée par une corniche de sa cheminée, qui n'a pas respecté une tête si brillante. »

Enfin, au XVIe et au XVIIe siècle, on rencontre très souvent le mot corniche ou cornisse, pris dans le sens de cadre ou bordure de tableau. « Plus ung tableau, où est depainct listoire (*sic*) de sainte Suzanne, en toille de six pans ou environ, avec ses cornisses. » (*Invent. des biens treuvés dans la maison de Georges Drumenoir;* Marseille, 1583.)

Fig. 689. — Modèle de corniche, d'après D. Marot.

« Un autre grand miroir de glace, de vingt-six pouces de haut et vingt pouces de large, dans une corniche d'ébeine partie unie, partie à ondes. » (*Invent. du cardinal de Mazarin,* 1653.) « Plus un tableau représentant l'Assomption de la Vierge, à corniche ovalle dans le haut. — Plus un autre petit tableau représentant un oizeau, à corniche de poirier et d'ébène. » (*Invent. de Henry de Béthune, archevêque de Bordeaux,* 1680.) « Il y a, entre autres choses remarquables (chez le duc de Villeroi), une galerie voûtée enrichie de quantité de portraits au naturel... tous ornéz de corniches dorées et d'un artifice miraculeux. » (*Les délices de la France,* t. II, p. 95 ; Leyde, 1728.)

Cornier, *adj.* — S'applique, en architecture, à tout objet placé sur une encoignure. C'est ainsi qu'on appelle *pilastres corniers* ceux qui, dans une construction, forment le sommet de l'angle, et *poteaux corniers,* les grandes pièces de bois qui sont placées, dans une charpente quelconque, sur les angles saillants ou rentrants. Au XIVe et au XVe siècle, la plupart des maisons étant alors en bois, les poteaux corniers, qui tiraient de ce fait une importance qu'ils ont perdue depuis, étaient parfois décorés avec beaucoup de goût et de richesse.

Fig. 690. — Modèle de corniche, d'après D. Marot.

Cornière, *s. f.* — S'employait au XVe siècle pour signifier angle, coin. « Il y avoit lors quatre seigneurs de la cour de parlement, qui tenoient les quatre cornières ou cornets du poisle. » (Jehan Chartier, *Chronique de Charles VII,* 1461.) « Du drap de dueil qui estoit sur elle feurent les quatre cornières portées par Messieurs les Comte de Sainct-Paul, de Lautrec, de Laval, et Louys

Monsieur dict de Nevers. » (*L'ordre observé à l'enterrement de la Royne Anne, duchesse de Bretaigne,* 1513.) (Voir Cornet.) Cornière, depuis lors, a servi plus spécialement à désigner le canal de tuile, de plomb ou de zinc placé à la jointure de deux toits.

Cornoilline, *s. f.* — Voir Cornaline.

Cornude, *s. f.* — Expression provençale. Espèce de seau à anse (en italien *cornuta*). « Une benne ou cornude de fuste plaine de pièces de pelleterie, tant de gris comme de vairs, tant noves comme vielles. » (*Invent. du château des Baux,* 1426.)

Corolitique, *adj.* — On appelle, en architecture, *colonne corolitique* celle qui est entourée par des feuillages ou par des tiges de fleurs, s'élevant en spirales autour de son fût.

Fig. 691. — Angle de corniche (XVIIIe siècle).

Corps, *s. m.* — En architecture, c'est un bâtiment quelconque, qu'il soit isolé et complet, ou seulement la partie d'un tout. « Jadis noz pères se contentoient de faire bastir un bon corps d'hostel, un pavillon et une tour ronde. » (*Discours sur les causes de l'extrême cherté,* etc., 1574.) Lorsque le corps fait saillie, on l'appelle *avant-corps ;* lorsqu'il est en retraite, on le nomme *corps de fond.* Un *corps de logis* est une partie de bâtiment détachée ou attenant à une autre, qui sert de logement.

Fig. 692. — Angle de corniche (XVIIIe siècle).

Dans la menuiserie et l'ébénisterie, le mot corps a une signification analogue. On dit un corps de bibliothèque, un corps d'armoire, pour indiquer l'ensemble de la menuiserie dont se compose ce meuble. « 14 octobre 1758. — S. M. le Roy, pour les Menus, livré chez Mgr le duc de Bourgogne, un corps de bibliothèque à quatre portes, bâti de chêne, plaqué en bois de rose, etc. » (Lazare Duvaux, *Livre journal,* t. II, p. 376.) « Vente d'un corps de bibliothèque de bois de chêne haut de neuf pieds, etc. » (*Vente chez M. Nau, conseiller au Parlement,* rue Chapon.— *Annonces, affiches et avis divers,* 21 mai 1759.) « Sept corps de bibliothèque à hauteur d'appui à dessus de marbre. » (*Vente de feu M. de Vaucanson, de l'Académie des sciences* 11 mai 1783.)

On dit d'une armoire qu'elle est à plusieurs corps, quand elle se compose de plusieurs armoires superposées et de construction indépendante. « Une armoire de bois de chesne en deux corps, à quatre battans et deux tiroirs. » (*Invent. du cardinal de Polignac,* 1738.)

Corradisse, *adj.* — Locution toulousaine. « Une couchette corradisse, dix huict sols six deniers. » (*Invent. de Me Bernard, avocat au Parlement ;* Toulouse, 1572.) On appelait couchette corradisse la Chariolle (voir ce mot), ou petite couchette basse à roulettes, qui se poussait sous le grand lit.

Correntille, *s. f.* — Locution essentiellement marseillaise. Nom donné à de petites tables légères, facilement mobiles. « Une petite table correntille bois noyer. » (*Invent. du cardinal de Belzunce ;* Marseille, 1755.) « Une table dite correntille, bois de noyer. » (*Invent. de Pierre Damée ;* Marseille, 1755.) « Une petite table de bois noyer dite correntille, avec son tiroir et pieds de biche. » (*Invent. de Balthazar Rouvière ;* Marseille, 1791.) Cette expression gracieuse a disparu à peu près des usages méridionaux. Ajoutons qu'elle n'a jamais eu droit de cité dans le Nord, où, à la même époque, on se servait du mot ambulante pour exprimer la même idée. « Une petite table ambulante de bois violet à placages, etc. » (*Invent. général des meubles de la Couronne.*)

Corridor, *s. m.* — Galerie longue, étroite, en forme d'allée, qui sert de dégagement à une suite de pièces ou à un appartement. « Le 5 juin, le czar fut coucher à Trianon où il a occupé, avec toute sa suite, les appartemens du corridor qui donne sur les goulottes. » (*Mercure galant,* n° de juin 1717.) « Ma chambre avoit trois portes. L'une donnoit à droite, dans celle de Mademoiselle, l'autre à gauche, dans celle de Pamela, et la troisième dans le corridor » (*Mém. de Mme de Genlis*, t. III, p. 297) « Un carré parfait forme le plan de ce château (celui de Mareuil)..... au premier étage (se trouvent).... sept chambres à coucher avec beaucoup de dépendances bien dégagées par des corridors et de petits escaliers. » (Krafft, *Recueil d'architecture civile,* p. 18.)

Corroyage, *s. m.* C'est l'action de corroyer le bois, les métaux. En terme de menuiserie, corroyer, c'est dégrossir, dresser, équarrir, raboter le bois, en un mot le préparer pour le mettre en œuvre. En serrurerie, c'est battre

Fig. 693. Armoire à deux corps (XVIe siècle).

le fer à chaud quand il sort de la forge, l'étendre et le plier sous le marteau, et de la sorte augmenter sa pureté et sa ductilité. En terme de maçonnerie, c'est mêler la chaux et le sable pour faire le mortier. Enfin le corroyage de cuir, qui a pour but de donner à celui-ci, lorsqu'il est déjà tanné, sa souplesse et son brillant, comporte quatre opérations principales : 1° le défonçage des cuirs ; 2° le tirage à la paumelle ; 3° l'étirage ; 4° la parure à la lunette.

Corroye, *s. f* Orthographe ancienne de courroie. «..... pour les corroyes et freumaulx, et pour la garniture d'un autre livre. » *Deuxième compte de Berthelemi Trotin, receveur général des finances du comte de Charolais,* 1467.)

Corroyer, *v. a.;* **Corroyeur**, *s. m.* Corroyer, c'est exécuter un corroyage. On donne plus spécialement le nom de corroyeur à l'artisan qui corroie le cuir.

Là où les laboureurs fourvoyent,
Où les corroyeurs mal corroyent,
Les cuirs et les blés pires sont.

(*Les Mimes* de J.-A. Baïf, p. 120.)

Cortine, *s. f ;* **Cortina**, *s. f ;* **Cortinage**, *s. m.* Courtine. « Mars 1449. Despence pour le mesnaige du Jardrin. (Il s'agit ici du Jardin d'Aix, une des résidences favorites du roi René.) Audit Ozias devant nommé, pour LIII cannes de toille d'Espinault, pour les cortines de la chambre du roy... A luy, pour XII cordes deux cannes de bordat, pour deux cortines aux deux liez (lits de la maison du grant jardrin. » (*Comptes et mémoriaux du roi René. Édifices de Provence.*) « Ung lict de noyer apilliers, garny d'une bassague, matelas... Une cortine ouvrée davet avec ses quatre pendens. » (*Invent. du Sr Aguar;* Marseille, 1585.) A la même époque et dans la même région, le mot cortinage signifiait l'ensemble des quatre courtines qui garnissent le lit. « Ung cortinage de taffetas verd, avecq ses franges de filoselles vertes. » *Invent. Deolières;* Marseille, 1583. Quant à cortina, c'est l'orthographe et la prononciation bordelaises. « Tres pessas de cortinas de tela de canabas. Certana quantitat d'anetz de cortinas...» (*Invent. de Ramond de Cussac, chanoine de Saint-André;* Bordeaux, 1442.

C'est, au surplus, l'orthographe ancienne de ce mot, celle qu'on rencontre aux XIIIe et XIVe siècles dans nombre de *Romans* et de *Chroniques.*

Quant li rois jut o la roïne
En sa chambre, soz sa cortine,
Tel pramesse fist à sa drue
Qui chérement li fu vendue,

(*Floire et Blancheflor*, p. 126.)

Cette façon d'écrire persista en Provence jusqu'au XVIIe siècle.

Cossène, *s. f* Locution toulousaine. Coussin, oreiller « Un archelict de faye une cossène une flessade blanche. » (*Invent. de la succession Massiot-Gauthier;* Toulouse, 1578.

Coste, *s. f* Sorte de corbeille. Dans la basse latinité, on rencontre souvent le mot *costa* employé dans ce sens. Au XIVe siècle, on disait une coste de raisin pour un panier de raisin. Le continuateur de Du Cange cite une *Lettre de rémission* datée de 1379, où on lit : « Icelle exposant alla en une vigne, où elle cuilli une coste de raisins ou boissellée, que elle emporta en sa maison. » Dans l'*Inventaire de Charles V* (1380), on note : « Ung panier à façon d'une coste, d'or, où il y a troyz ballaiz, ung saphir », etc. On lit dans le *Journal d'un bourgeois de Paris sous le règne de Charles VI* (11 août 1416) : « *Item,* le landemain de la S. Laurens ensuivant firent crier lesdiz Bandéz parmy Paris, que nul ne fust si hardy d'avoir à la fenestre coffre ne pot, ne hocte, ne coste en jardin, ne bouteille à vinaigre à sa fenestre qui fust sur ruë, sur peine de perdre corps et biens, etc. » Coste en jardin voulait dire panier ou caisse rempli de fleurs.

Costé, *adj.* Qui est à côtes. Terme usité jadis en parlant des ouvrages d'orfèvrerie ; nous dirions aujourd'hui godronné. « Une couppe qui a le hanap parfondet, à façon de voirre, costée par dehors et grenetée par dedens. Une autre couppe d'argent dorée à couvescle, costée dedens et dehors, et sur la pate à chevaliers arméz à cheval », etc. (*Invent. de Charles V,* 1380.)

Côte, *s. f ;* **Coste**, *s. f* En architecture, de même que dans le langage ordinaire, ce mot signifie une ligne saillante. On dit les *côtes d'un dôme,* pour exprimer les saillies qui excèdent le nu de la partie convexe de ce dôme.

On donne encore ce nom aux listeaux qui, dans les colonnes cannelées, séparent les cannelures.

En orfèvrerie, on appelle côtes les godrons ; de même en céramique. « Cinq petites escuelles plactes de verre cristallin faictes à costes. » « Six tasses blanches à côtes

Fig. 694. — Toile de coton brodée, pour garniture de lit (XVIIIe siècle).

d'ancienne porcelaine, avec leur soucoupe. » (*Vente du duc Charles de Lorraine;* Bruxelles, 1781.) Enfin on appelle *côte de soie,* de la soie de médiocre qualité, celle que les tapissiers nomment CAPITON ou FLEURET. (Voir ces mots.)

Coteline, *s. f.* — Étoffe de laine ou de soie à côtes. (Voir POPELINE.)

Coterie, *s. f.* — Nom que les ouvriers des diverses professions qui se rapportent à la décoration et à l'ameublement se donnent entre eux, quand ils s'interpellent. On dit « la coterie peintre », la « coterie serrurier », la « coterie menuisier », etc.

Cotet, *s. m.* — Couteau. (Voir COLTERA.)

Cotgeta, *s. f.* — Locution ariégeoise. Couchette, petit lit. « Una cotgeta garnye de pavilhon frangé de mesme rouge et couverte de clair rouge. — Petita cotgeta per portar aux champs, sans garniment. » (*Invent de Me Pierre Turpin, médecin du roi de Navarre;* Pamiers, 1562.)

Coton, *s. m.* — Le coton, importé en France, fut pendant longtemps tiré de Syrie, d'Arménie, de Chypre, de Malte ou de Sicile. En sa qualité de produit exotique, il rentrait dans le commerce des épiciers et était vendu par ces derniers aux tapissiers, qui l'employaient, à l'état de bourre ou de laine, pour garnir les matelas ou doubler les portières et les tapisseries. Un *Compte de Geoffroi de Fleuri* (1320) mentionne la livraison à Guillaume Toutain, de 3 livres de coton « pour le matelas le Roy amender ». Le *Compte particulier d'Édouard Tadelin, mercier de Philippe de Valois* (1342), détaille la fourniture de « VIII livres de coton et IIII onces de soye pour lesdiz matheras ». — Il s'agit de matelas couverts de cendal, qui étaient destinés à la reine. En 1403, lorsque Marguerite de Flandre fit venir de Paris les objets d'ameublement nécessaires aux couches de la comtesse de Rethel, sa belle-fille, « Jacques Dourdin, marchant tappicier », lui fournit « trente-deux livres de couton » (*sic*), qui furent employées à doubler les tentures de la chambre et à faire deux courtepointes. Nous sommes, d'ailleurs, près de l'époque où Eustache Deschamps recommandera pour l'été :

L'eaue rose à vous refreschir,
Lit de coton pour vous gésir.

Le coton, du reste, continua au XVIe et même au XVIIe siècle de passer pour le coucher le plus moelleux, car Brantôme, partant pour courir le monde, faisait répondre à son père essayant de le retenir, qu'il ne voulait pas se faire garder « dans une boëte pleine de coton, comme une relique ». (*Mémoires relat. à l'histoire de France,* t. LXIII, p. 98.) Et Scarron, dans son *Virgile travesti,* parle encore de

Matelas de coton piqués.

C'est au XIVe siècle qu'on voit figurer dans l'ameublement les premiers tissus de coton. Nous trouvons dans l'*Inventaire de Charles V* (1380) : « Une coultepointe blanche de coton, dont les royes sont de soye blanche. » Dans l'*Inventaire de Charlotte de Savoye* (1483), on remarque également : « Une pièce de toille de coton, contenant dix aulnes, estimées à XXV sols tournois l'aulne. » Ces étoffes, comme le coton lui-même, étaient importées d'Orient. La première étoffe de coton qui fut fabriquée en France, d'une façon courante, est la FUTAINE. (Voir ce mot.) Une manufacture de ce tissu, établie à Lyon, aux environs de 1585, compta bientôt parmi les plus importantes du royaume, et le nombre de ses ouvriers s'éleva à près de deux mille, chiffre énorme pour le temps. Au XVIIe siècle, on commença à fabriquer de la toile de coton, et cette toile fut, conjointement avec celles imprimées qu'on importait des Indes, employée à faire des rideaux de fenêtre. Jusqu'à la fin du XVIIIe siècle, la toile de coton fut en possession de ce privilège. On la rencontre dans toutes les demeures. « Deux rideaux de fenestre de toille de cotton, XV florins. » (*Invent. du maréchal d'Humières;* palais de Lille, 1694.) « *Item,* deux rideaux de fenestre de toille de cotton avec leurs tringles de fer. » (*Invent. de Marie-Thérèse Guérin, épouse d'Antoine-Florent Olivier, épicier;* Paris, 1718.) « Un rideau de fenestre de toille de coton, prisé XV livres. » (*Invent. d'Anne de Bellancourt, veuve de Charles Regnier, officier de la feue reyne mère;* Paris, 1720.) Ajoutons qu'en consultant les *Annonces, affiches et avis divers,* nous relevons encore à la *Vente de M. Chuberi, conseiller honoraire au Parlement* (17 janvier 1760), des « lits de toile de coton à fleurs » ; à la *Vente de Mme de Vanolles* (10 mars 1762), des « lits de maîtres et de domestiques, rideaux de damas, de taffetas, de gros de Tours et de toile de coton » ; à la *Vente de Mme veuve Chambon* (18 du même mois), un « lit en pièces de toile de coton, brodée en soie des Indes » ; à la *Vente du comte de la Luzerne* (12 août 1762), « quantité de pièces de Toile de coton, Perses et Anglaises, de toutes sortes de couleurs », etc.

Pour en terminer avec le coton, il nous reste à faire allusion à certain usage ménager, très délicat à définir, qui, à la cour des rois de France, avait occasionné la création d'un emploi recherché. L'épigramme suivante, tracée en 1604 par quelque huguenot irrité de la confiance qu'Henri IV accordait à son confesseur le père Cotton, et recueillie par Pierre de l'Estoile (*Journal,* t. X, p. 348),

Fig. 695. — Toile de coton brodée, pour garniture de lit (XVIIIe siècle).

en dit assez sur ce sujet pour qu'il ne soit pas besoin d'insister :

J'avois tousjours bien ouï dire.
Depuis le temps que j'ay vescu,
Que quiconque estoit nostre sire
De cotton se torchoit le ...;
Mais nostre roy, par grand merveille,
De cotton se bouche l'oreille.

L'usage du coton, employé de la sorte, remonte au

XIVe siècle, car nous relevons dans les *Comptes de l'hôtel du duc Jean de Berri,* à l'année 1398, la dépense suivante : « A Jehanne la potiere, pour poz de terre, coton et orineaulx V s. t. » L'emploi de cette douce et rare substance constituait à cette époque un raffinement de luxe. Beaucoup de très grands princes se servaient d'étoupes, comme le prouve le document suivant : « A Jehan de Puysieulx, dit Monseigneur, varlet de fourrière, — pour avoir fourny pour chascun jour d'orignaulx et deux livres et demye d'estouppes de lin, par tous les lieux où le dit Seigneur a esté durant le mois de février, pour servir en ses chambres et retraict. » (*Comptes de la chambre de Louis XI,* 1478-1481.)

Cotonnis, *s. m.* et *f.;* **Cotonnine,** *s. f.* — Ce sont deux étoffes fort différentes et cependant constamment confondues par les rédacteurs d'inventaires. Le cotonnis ou ATLAS COTONNIS (voir ATLAS) était un satin fabriqué aux Indes, dont le fond était en coton, sur lequel se détachaient des fleurs de soie d'un grand éclat et parfois rehaussées de fils d'or et d'argent. Telle était la « couverture de cottonis blanche, brodée de fleurs et feuillages entrelasséz de soie, façon de la Chine, de plusieurs couleurs, doublée de la mesme cottonis sans broderie », qui figure dans l'*Inventaire du cardinal de Mazarin* (1653). On note aussi dans l'*Inventaire des meubles de la Couronne* du 30 janvier 1681 : « Trois pièces cottoni de soye, parsemées de fleurs d'or et argent, dont une nacarat et blanc, une autre colombin et blanc, la troisième gris et blanc. » Toutefois, un autre passage de ce même *Inventaire* donnerait à entendre que pour certains cotonnis, les fleurs étaient obtenues par impression. « Une couverture de cotonnie, imprimée de fleurs de diverses couleurs, façon de Turquie, picquée à deux faces, etc. » Parmi les étoffes récemment importées des Indes, le *Mercure* de septembre 1701 mentionne 1,030 pièces de cottonis (*sic*) unis, 3,118 de cottonis rayés, 208 de petit cottonis, 240 de cottonis brochés et 24 couvertures de cottonis. On voit que la consommation de ces tissus était considérable.

Malgré l'altération du nom, c'est évidemment de cette même étoffe qu'il est question dans l'*Inventaire des biens treuvés en la maison de Georges Drumenoir* (Marseille, 1583) : « Ung chelit de noyer... avec trois mathellas de layne, deux linceulx de cottonine verde, avec couverte de serge, etc. » ; et dans l'*Inventaire* dressé par les tapissiers Henry et Pocquelin, à la suite du décès du maréchal de la Meilleraye (21 février 1664) : « Une couverture blanche picquée appelée cotonine, de deux aulnes trois quarts en carré ou environ, prisée XXX livres. » On remarquera ce prix, qui est élevé pour l'époque. Peut-être existe-t-il un doute relativement à l'étoffe mentionnée dans l'*Apposition des scellés chez J.-B. Audier, courtier royal* (Marseille, 1755) : « Une aultre tapisserie cottonnine peinte en verdure. » Quoi qu'il en soit, il est bon de ne pas oublier que la cotonnine, étoffe tout à fait différente du cotonnis, était une grosse toile dont on faisait des voiles, les emballages, et dont on expliquerait difficilement la présence dans des mobiliers riches et confortables.

Couche, *s. f.;* **Couchette,** *s. f.* — « On appeloit les lits couches, quand ils avoient de dix à douze pieds de long sur autant de large, et couchette quand ils n'avoient que six pieds de long et six de large. » Ainsi s'exprime Saint-Foix (*Essais historiques sur Paris,* t. III, p. 73), sans nous dire, d'ailleurs, où il a pris cette définition et ces mesures. Il importe de protester contre une affirmation qui a fait autorité auprès de certains archéologues et que rien ne justifie.

Jusqu'à une époque relativement assez récente, le lit proprement dit, ou *lit de parement,* était un meuble d'apparat, monumental dans ses proportions et d'une richesse peu hospitalière. Aussi ne se plaçait-on sur ce lit que dans les occasions solennelles, et le plus souvent le personnage passait doucement sa nuit sur un meuble plus petit, moins prétentieusement décoré et mieux accommodé à sa taille. Ce second lit, c'était la couche. C'est ainsi qu'il faut comprendre le passage de Christine de Pisan où, racontant les derniers instants de Charles V, elle écrit : « Porté fu le Roy de sa couche dans son lit. » (*Le livre des fais et bonnes mœurs du sage Roy Charles.*) Le roi malade se tenait modestement dans sa couche. Sa fin approchant, on le porte sur son lit de parement, pour qu'il puisse recevoir le suprême hommage de ses sujets, et qu'il expire avec toute la solennité convenable. C'est aussi ce que font comprendre une quantité d'inventaires où se trouve mentionnée, à côté de la chambre de parement qui contient le grand lit, une autre chambre plus petite où le seigneur ou la dame « soulent gésir », c'est-à-dire ont l'habitude de coucher. Et, en effet, quand le roi couchait avec la reine, tous deux prenaient place au grand lit et, les autres soirs, ils retournaient à leurs couches respectives. Un curieux passage de l'*Hystoire du petit Jehan de Saintré* nous montre le prince couchant « avec Saintré en la couchette, c'est assavoir quant il ne couchoit avec la royne ». C'est cette distinction qu'établit encore fort bien le passage suivant emprunté à la XXXIVe des *Cent Nouvelles :* « Elle n'eust pas achevé son dire, que son mary entra dedans... si trouva le lit tout défroissé et despouillié... et sembloit mieux le lit d'une espousée que la couche d'une femme malade. » Cependant la *Chronique de Tournai,* parlant de la mort de Jean II (1364), écrit : « Fu le cors du roy Jehan administréz comme il devoit être et fu couchiés en unne couche, comme il dormesist, une couronne d'or sur son chief et puis coviers d'un drap d'or. » Comme il est vraisemblable que le roi fut exposé sur son lit de parade, on en peut conclure que le mot couche, à cette époque, servait aussi parfois à désigner le grand lit.

Quand la couche était de petite taille, elle devenait naturellement couchette ; cependant, comme rien dans le langage mobilier n'a jamais été d'une inébranlable fixité, disons vite que dans les récits du XVe et du XVIe siècle, les mots lit, couche et couchette sont souvent pris l'un pour l'autre, et sans que le narrateur y apporte une grande attention. Comme preuves, on peut citer les exemples suivants : « Quand il congneut et apperceut à la lettre que sa dame n'avoit loisir ne voulenté de l'entretenir, il se bouta sur une couche et se coucha. » (*Cent Nouvelles,* nouv. XXXVI.) « Sitôt qu'il fut en la chambre entré, il se seist sur une escabelle auprès de la couchette ; puis le fist seoir sur une aultre joignant d'elle. » (*Ibid.,* nouv. C.) « Et avecq ceste fureur dont il commençoit d'entretenir sa fille, gectant la pauvre vieille sur une couchette, etc. » (*Heptaméron,* 1re journée, VIIe nouv.) Il est clair que dans ces trois récits les mots couche et couchette ont une signification identique.

Il n'en est pas de même dans les inventaires, où l'on procède toujours avec plus de compétence et plus de soin. Ici, couche et couchette ne sont pas tout à fait équivalentes ; et, quoiqu'il soit facile de constater que les dimensions respectives de ces deux meubles n'ont rien de rigoureusement fixé, une différence cependant reste établie entre eux. La couche est toujours un lit isolé, souvent à colonnes ; exemple : « Une couche de bois de chesne à pilliers tournéz, garnye de son enfonçure. » (*Invent. de Maurice Ménier, imprimeur ;* Paris, 1566.) « Une petite couche de bois, dans laquelle est décédé le défunt ayant ciel de bois avec pomme de bois... » (*Invent. de Laurent Gaultier, chapelain; Darnétal*, 1585.) Pour la couchette, au contraire, elle accompagne généralement un autre lit. Montée sur des roulettes, elle était, pendant le jour, glissée sous le châlit de la couche, ou bien traînée dans une pièce voisine, ce qui, par conséquent, l'obligeait d'être à la fois légère et de petites dimensions. Cette condition ressort clairement des textes suivants : « Un charlit de boys cordé et une petite couchette rouleresse. » (*Invent. du château d'Angers*, 1471 — chambre de M. de Nogent.) « Un charlit de boys cordé, garny de couete et traversier, sur lequel a une vieulle sarge perse. — *Item*, soubz ledit charlit a une petite couchete roulante, garnie de couete et traversier. » (Même inventaire, garde-robe du roi René.) « Ung grand lict et une couchette fournys de lictz et traversains. — Ung grand chalict et une couchette, etc. » (*Invent. du cardinal d'Amboise*, 1508.) « Ung grant chaslit abatti. — Ung autre de couchecte non abatti, à sangles. — Ung grant lict et deux couchettes, l'une sous ledict grant lict, garniz de toutes choses nécessaires à lictz et à couches. » (*Invent. de la duchesse de Valentinois*, 1513.) « Ung challit de noyer, garny de coussin, mathelas..., au-dessous duquel y a une couchette garnye de couete, coussin, couverte blanche, etc. (*Invent. de Guyraud de la Cassaigne; Toulouse*, 1572.) « *Item*, une couchette à bas pilliers de bois de noyer, façon de camp, fermant à quatre vis, qui se ploye et ferme. » (*Invent. de Gabrielle d'Estrées*, 1599.) « Un chalict et une couchette de boys pour vingt-quatre livres. » (*Invent. de Grégoire Beaunom, marchand;* Bordeaux, 1607.) « Un lict de bois de noyer... — *Item*, une petite couchette..., garnye de couverture de castelongne rouge, etc. » (*Invent. du peintre Jérôme Franck;* Paris, 1610.)

Toutefois, il ne faut pas craindre de le répéter, ces désignations n'ont rien d'immuable. Surtout à partir du XVIIe siècle, auquel nous conduit ce dernier inventaire, la signification des mots couche et couchette semble se modifier ; non pas qu'ils cessent d'exprimer l'idée de lit et de meuble où l'on repose ; mais le mot châlit, ainsi que nous l'avons dit plus haut, ayant vieilli, le mot couche devient insensiblement synonyme de bois de lit. « Quand on crie à l'encan une couche, écrit Furetière, on n'entend vendre que le bois du lit. » C'est ce même sens que donne à notre mot le pamphlet intitulé *la Chasse au viel grognart de l'antiquité*. « Leurs meubles des champs estoient pareils : une grosse couche figurée d'histoires en bosse, un gros ban, un buffet remply de marmousets... » Le *Mercure galant* de mars 1673 ne s'exprime pas différemment : « On ne se sert presque plus que de lits d'anges, écrit-il, dont les couches sont remplies de sculptures et toutes dorées. » Quant aux documents notariés, ils confirment, eux aussi, le dire de Furetière : « Une couche de bois de noier, à petits pilliers tournés et une paillasse. » (*Invent. des meubles de messire Léonor de Pisseleu, seigneur d'Heilly*, 1613.) « Une petite couche bastarde, fermant à visse, garnye de sa paillasse, lict, traversin, deux horilliers, le tout remply de plumes. » (*Invent. de Marguerite Gudin, femme de Remy Levesque, docteur en médecine;* Paris, 1629.) « Une couche à haults pilliers de boys de noyer, garnye de son enfonçure, paillasse, etc. » (*Invent. de Ruhion du Laurier, conseiller du Roy;* Paris, 1670.) « Une couche basse de noyer, avec son enfonçure, sommier de crin, etc. — Une couche à pieds d'aiglon, feints de bronze vert, avec un dossier peint et doré, sculpture et dorure, un sommier de crin, etc. » (*Invent. de Molière*, 1673.) « *Item*, une autre couche à bas pilliers, garnie de son enfonçure, etc. » (*Invent. de Louis Hanique, conseiller de l'Hôtel de Ville;* Paris, 1720.)

Quant à la couchette, elle était devenue, au XVIIe et au XVIIIe siècle, un diminutif de la couche, c'est-à-dire « un petit lit qui n'a point de ciel, ni de rideaux, ni de pilliers ». Telle est du moins la signification que Furetière et les rédacteurs du *Dictionnaire de Trévoux* donnent à ce mot. C'est aussi le sens qu'on lui trouve dans les *Inventaires du mobilier de la Couronne* dressés sous le règne de Louis XIV, où l'on ne compte pas moins de cent quarante-cinq couchettes, toutes de quatre pieds à quatre pieds et demi de large, et destinées aux officiers de la bouche et des écuries du roi. On rencontre ces mêmes couchettes dans les *ventes* du XVIIIe siècle. « A VENDRE, vis-à-vis les murs du prieuré Saint-Martin : Couchettes à 3 dossiers en damas cramoisi à bois doré. » (*Ann., aff. et avis divers*, 23 janvier 1782.) « A VENDRE chez le sieur Ravaut, tapissier, rue du Colombier : Couchette de fer faite en Russie et bien travaillée. » (*Ibid.*, 2 juin 1784.) Citons encore l'annonce suivante : « Le sieur *Cauchois*, ébéniste, rue Coquillière, fait voir une couchette de son invention, sans joints, qui a 3 pieds 1/2 de large, sur 6 de long, et qui est décorée en bois de rose et garnie de fontes dorées d'or moulu. » (*Journal général de France*, 1er janvier 1780.)

De nos jours, le mot couche est tombé en désuétude, et c'est couchette qui, dans le langage des tapissiers, est devenue synonyme de bois de lit.

COUCHE, COUCHETTE. — On rencontre encore ces deux mots dans les textes anciens avec des significations différentes de celles que nous venons de passer en revue. C'est ainsi que dans les *Comptes de la reine Anne de Bretagne* (1495-1496) nous voyons payer « à Guillon Fauquerelle, lingère, demourant à Tours..., pour quatre grands couchectes de fustaines... qui à soixante solz tournoys la pièce, vallent XII livres tournoys. — Plus pour deux cent cinquante livres de plume nette, par elle mise esdittes quatre couchectes, à deux solz tournoys la livre, vallent XXV livres. » A Tours, à la fin du XVe siècle, couchette avait donc le sens de souille à lit de plumes.

D'autre part, nous lisons dans le *Journal de la santé du roi Louis XIV* (p. 278) : « Enfin, tout tournant à la guérison, le roi s'est fait mettre dans sa couche de chasse, le 9 mai (1705) et est allé courre le cerf, ce qu'il a fait encore le 12 et le 15. » Cette couche de chasse, dont parle Fagon, était sans doute une sorte de voiture dans laquelle le roi pouvait se tenir étendu.

Couche, *s. f.;* **Coucher**, *v. a.* — Ces deux mots expriment, dans les travaux de décoration, l'idée d'étendre sur une surface quelconque une matière plus ou moins liquide, et qui doit faire corps avec cette surface quand elle aura séché. On dit : donner une couche de mortier, de plâtre, de peinture. En peinture, chaque impression à l'huile ou en détrempe appliqué sur un mur, une toile, un panneau, prend le nom de couche. Quand le mortier ou le plâtre est étendu horizontalement, la couche s'appelle de préférence un LIT. En terme de doreur, le mot couche désigne la quantité de feuilles de métal que l'on applique sur l'objet qu'on a l'intention de dorer ou d'argenter.

Coucher, *s. m.* — Se dit, d'une façon collective, des parties de la literie sur lesquelles on couche. Le prince de Conti s'étant présenté chez Mme de Pompadour, « elle le reçut avec une sotte hauteur, ne lui fit même pas avancer un siège. Le prince, sans se déconcerter, s'assit tranquillement sur le lit en lui disant : — Voilà, madame, un excellent coucher. » (*Vie privée de Louis XV*, t. III, p. 8.) « A VENDRE un lit complet, dont le coucher est excellent et dont l'impériale, la courtepointe et la garniture sont de damas cramoisi. Prix : 500 livres. » (*Annonces, affiches et avis divers,* 6 juin 1762.) « A vendre chez le sieur Le Febvre : un lit de moire cramoisie, avec un très bon coucher. Prix : 30 louis. » (*Ibid.,* 11 août 1768.)

Coucheton, *s. m.* — Synonyme ou diminutif de couchette. Peu usité. « Deux vieux couchettons..... non aparionnés (*sic*), III livres. » (*Vente Lemérotel,* à Saint-Malo, 1638.)

Coucoumard, *s. m.* — Terme provençal. (Voir COQUEMARD.)

Coucouniéro. — Terme provençal. Coquetier.

Coucourellet. — Terme provençal. Très petit COQUEMARD. (Voir ce mot.) Le coucourellet est généralement en terre vernissée.

Coude, *s. m.* — Brisure à angle droit ou obtus, rarement à angle aigu, fait par un mur, un fragment de décoration, un tuyau, une conduite. On dit d'une corniche rentrant à angle droit, qu'elle fait un coude. La plupart des tuyaux de poêle en font plusieurs.

Coudina, *s. f.* — Locution gasconne et bordelaise. Cuisine. (Voir CODINA.)

Coudoir, *s. m.;* **Coudière,** *s. f.;* **Coudouer,** *s. m.* — Le mot coudoir est parfois employé, au XVe siècle, pour signifier ACCOUDOIR. « Paiement à Jean Touchart, charpentier d'Angers, de vingt-une livres quinze sols, pour avoir fait et acomply la charpenterie de la galerie de la Chambre des Comptes, et la cloaison qui sert de coudouers à l'entour du préau, qui est entre ladite galerie et la chappelle. » (*Comptes et mémoriaux du roi René,* 1463.) « Une chaire à coudoir garnie de bazane rouge. » (*Invent. de Guillaume Deschamps, bourgeois de Lyon ;* Villefranche, 1663.)

Monet et Oudin citent le mot COUDIÈRE, en lui donnant le même sens. Ce dernier terme est resté en usage dans le Lyonnais jusqu'au milieu du siècle dernier. « Plus pour deux platteaux de noyer, pour faire les coudières des bancs des boutiques à LX sols pièces I escu XX sols. » (*Comptes de la ville de Lyon,* 1590.) « Une autre croisée aussi de pierre de taille » dont les « croisillons et coudières sont en partie cassés et hors de leur niveau ». (*Description du palais archiépiscopal ;* Lyon, 1731.)

Couette, *s. f.;* **Coueitio,** *s. f.* — Lit de plumes. (Voir COITE.) Coueitio est la forme limousine du mot.

Couettil, *s. m.* — C'est l'étoffe blanche faite de fil ou de chanvre que nous nommons COUTIL. (Voir ce mot.) Comme on en faisait surtout des enveloppes de lit de plumes, de traversin, de matelas, le couettil devint, en Bretagne, synonyme de cette enveloppe, et on le rencontre avec cette signification dans un nombre considérable d'inventaires. « Ungne couette de pleume, garnye d'ung couettil baré de fil, etc. » (*Invent. de Jullien André ;* juridiction du bois de Miniac, 1596.) « Un charlit de bois de chesne, garny d'une couette de plume d'oye avec son couetil barré, deux linceulx de toille, etc. » (*Invent. de Pierre Gougeon ;* juridiction de la vicomté d'Artois, 1714.)

Couijho, *s. f.* — Locution provençale. Couche, dans le sens d'application, sur une surface verticale, d'une couleur ou d'un enduit.

Couissiniero, *s. f.* — Locution provençale. Taie d'oreiller.

Coulant, *s. m.* — Terme de tapissier. Anneau glissant sur une tringle. « Troys rideaulx de damas cramoisy garnys de rubans, boucles et coulans, ayant chascun six léz de long, etc. » (*Invent. d'Anne de Bretagne ;* chambre de la reine, 1498.)

Couler, *v. a.* — Terme de fondeur. C'est faire fondre le métal et l'introduire dans la chape ou moule. Couler une glace, c'est en faire couler la matière sur une table préparée. Couler un joint, c'est remplir, à l'aide de mortier liquide, l'espace demeuré vide entre deux pierres.

Couleur, *s. f.* — On donne le nom de couleur à la sensation que produit, sur les organes de la vue, la lumière réfléchie par les corps.

. . . . . Nous ne voyons rien sans couleur icy-bas,
Et le solide corps sans elle on ne voit pas,

écrit Amadis Jamyn. (*Œuvres poétiques,* t. II, p. 284.) La science a divisé la lumière visible, c'est-à-dire la fraction lumineuse perceptible par nos yeux, en trois couleurs primitives, le rouge, le jaune et le bleu, et en trois couleurs secondaires, l'orangé, le vert, le violet, ces dernières résultant d'un mélange *binaire,* c'est-à-dire de l'accouplement, de l'union de deux couleurs primitives. Elle a établi ensuite que tous les objets dont nous percevons l'image ne nous paraissent diversement colorés que parce que chacun d'eux absorbe une certaine partie du faisceau lumineux et ne rayonne qu'un nombre restreint des vibrations qui l'éclairent. Ainsi, une étoffe rouge ne nous paraît telle, que parce qu'elle absorbe tous les rayons bleus, violets, jaunes, orangés et verts, et ne nous rend que les rayons rouges. De même pour une étoffe bleue, une feuille verte, une pierre violette, une orange, etc. Si, après avoir séparé, à l'aide du prisme, les diverses couleurs qui composent la lumière, on réunit, à l'aide d'un autre prisme, ces mêmes couleurs, de façon à reconstituer le faisceau, on retrouve la lumière blanche. Le blanc, comme l'a reconnu Newton et comme, deux siècles avant lui, Léonard de Vinci l'avait proclamé, n'est donc pas une couleur par lui-même, mais un composé de toutes les couleurs. On peut, du reste, se rendre compte de cette décomposition et de cette recomposition du blanc, par une petite expérience, aussi simple que facile. Il suffit de disposer sur le disque d'une roulette ou, à défaut de roulette, d'un tourniquet quelconque, les six couleurs de l'arc-en-ciel, en égale étendue, et de façon qu'elles se suivent dans l'ordre indiqué par le prisme. Cela fait, on anime le disque d'un mouvement très rapide de rotation, et, les couleurs se fondant, la plaque apparaît non plus teintée en six couleurs, mais seulement d'un blanc légèrement sale, très caractéristique. Par le même procédé, on peut se convaincre que les couleurs intermédiaires, orangé, vert et violet, sont uniquement le résultat d'un mélange et n'ont aucune origine propre ; car, si on les supprime et si l'on se contente de couvrir le disque des trois couleurs primitives, rouge, jaune et bleu, également réparties, on obtient pareillement une coloration blanche. Enfin, ce même résultat peut encore être atteint d'une troisième façon et en réduisant à deux le nombre des couleurs placées sur le disque, à condition que l'une des couleurs soit primitive, et que la seconde soit le mélange binaire formé par les deux autres couleurs. A cause de cela, cette seconde couleur est qualifiée complémentaire de la première. C'est ainsi que l'orangé est complémentaire du bleu, le vert du rouge et le violet du jaune. Voilà ce qu'explique la science.

Dans la pratique, on donne le nom de couleurs à des substances minérales ou végétales qui, réduites en poudre et mélangées soit avec de l'eau, soit avec de l'huile, jouissent de la propriété, lorsqu'elles sont appliquées sur un corps quelconque ou incorporées avec lui, de ne laisser réfléchir par ce corps qu'une partie des rayons lumineux et, par conséquent, de le faire paraître *coloré* d'une certaine façon. C'est ce que Watelet a exprimé par les vers suivants :

En moyens différens, l'art des couleurs abonde ;
Il puise ses trésors dans l'un et l'autre monde.

Les plantes, les cailloux, les terres, les métaux
Se disputent le droit d'émailler vos tableaux.

On comprend que des substances jouissant d'une semblable propriété soient appelées à jouer un rôle considérable dans le mobilier et la décoration, et que l'emploi de ces couleurs, pour être judicieux, c'est-à-dire pour produire un effet agréable, ait été l'objet d'études spéciales et d'observations répétées. Ainsi, l'expérience a démontré que les trois couleurs primitives à l'état cru, par conséquent sans mélange aucun et à intensité égale, sont sans harmonie entre elles, soit qu'on les considère par paire, soit qu'on les envisage toutes les trois ensemble. Le jaune, par exemple, vu à côté du bleu, ou le rouge étendu à côté du jaune, forment un assemblage sans liaison. Si, au contraire, on place une couleur auprès de sa complémentaire, elle s'exalte. Un tissu violet, soutaché d'or, devient plus éclatant ; une surface rouge, bordée de vert, prend une intensité de coloration plus grande, et réciproquement. Enfin, quand deux tons participent d'une même couleur, généralement ils s'harmonisent. Il n'est pas de femmes qui ne sachent admirablement cela, et voilà pourquoi les brunes aux carnations chaudes choisissent, pour leur parure habituelle, le jaune, l'orangé, le rouge et le brun, alors que les blondes, aux yeux bleus et aux fraîches carnations, accordent leurs préférences au bleu et au rose.

Par la même raison, le blanc et le gris, qui participent de toutes les couleurs, s'harmonisent également avec toutes ; il en est de même pour le noir, qui est leur négation. C'est ce qui explique comment le liséré blanc, produit, dans la toilette féminine, par une délicate dentelle, dans celle de l'homme par la manchette ou le faux col, arrive le plus souvent à accorder deux couleurs, qui, sans cela, sympathiseraient médiocrement entre elles ; et aussi comment, dans certaines peintures, et notamment dans les vitraux, le trait noir qui cerne les figures atténue, dans une très vive mesure, le caractère discordant de deux couleurs primitives juxtaposées.

Telles sont les vérités scientifiques qui jaillissent, en quelque sorte, des observations de Léonard de Vinci, de Charles Bourgeois, de Gœthe, d'Eugène Delacroix, de J.-B. Laurens, et des belles découvertes de Newton, de Helmholtz, de Vogel, surtout de celles de M. Chevreul.

Il semble, après cela, qu'en possession de ces vérités scientifiques, il soit assez facile de déterminer, avec une rectitude presque mathématique, quelles couleurs peuvent et doivent être associées ensemble pour obtenir un effet cherché, et comment cette association doit se produire pour que le résultat voulu puisse être exactement atteint. Malheureusement, dans la pratique, les choses se passent beaucoup moins rigoureusement que dans la théorie. Tout d'abord, il arrive qu'on a bien rarement affaire à des couleurs crues, c'est-à-dire sans mélange. Les couleurs, avec lesquelles nous nous trouvons aux prises sont toujours plus ou moins *rompues* par l'adjonction d'autres couleurs ; en outre, elles contiennent une somme de lumière ou d'obscurité plus ou moins grande. Or cette somme de lumière ou d'obscurité qu'on nomme la *valeur,* et qui détermine le ton de la couleur, a parfois une telle influence sur celle-ci, que le ton arrive à dominer la couleur et à produire des accords ou des désaccords inattendus.

Ainsi le jaune et le bleu, couleurs primitives, sympathisent assez mal, quand ils sont rapprochés à égales « valeurs » ; cependant un jaune très clair, mis à côté d'un bleu très foncé, produit une harmonie des plus agréables ; pareillement, un jaune paille, mis en présence d'un bleu presque déteint, produit un accord charmant. Il en est de même pour le rose et le bleu très clair, quoique les couleurs qui leur donnent naissance, le rouge et le bleu, soient antipathiques l'une à l'autre.

Ainsi, par une étude consciencieuse et un maniement habile des couleurs primitives qui, mélangées, donnent les nuances, et des *valeurs* qui fournissent les tons, on peut arriver à combiner des ensembles curieux qui produisent sur les organes de la vue et, par contre-coup, sur notre esprit des impressions différentes, agréables ou pénibles. Comme l'a fort bien dit M. J.-B. Laurens : « Il y a, en effet, des couleurs gaies et des couleurs tristes, et ce n'est pas par une pure convention qu'elles servent d'emblème à divers sentiments. » On est également d'accord avec Xavier de Maistre lorsqu'il écrit : « Il est certain que les couleurs influent sur nous, au point de nous égayer ou de nous attrister, suivant les nuances. » On peut donc affirmer, après cela, que chaque couleur et même chaque nuance, comme chaque mot en littérature et chaque note en musique, a sa signification personnelle, et que cette signification varie, non seulement suivant la couleur originelle qui a fourni la nuance, mais encore suivant la quantité de noir ou de blanc qui constitue le ton. Ainsi, tout le monde considère les couleurs claires comme particulièrement aimables et joyeuses, alors que les couleurs sombres paraissent tristes et fâcheuses. D'autre part, on qualifie de couleurs chaudes toutes celles qui dérivent du rouge, tandis que celles dont le bleu forme la base sont déclarées couleurs froides, etc.

Ces quelques explications ne sont pas superflues, car c'est par elles qu'on peut expliquer le goût spécial que certaines époques ont manifesté pour certaines couleurs, pour certaines nuances, pour certains tons, qui répondaient à leurs sentiments intimes, et qui concordaient avec leurs préoccupations dominantes. Ces tons, ces nuances, ces couleurs, dont on trouve la mention dans une foule de documents, et pour lesquels l'engouement s'est manifesté aussi bien dans le costume que dans l'ameublement, pourraient donc fournir au psychologue des indications précieuses pour déterminer les idées d'une société, d'un milieu, d'une période, si les termes dont on se sert à différentes époques, dans ce qu'on pourrait appeler le *Lexique des couleurs,* conservaient une signification identique. Malheureusement, il n'en est rien. Certaines expressions, certains termes varient d'une génération à l'autre. Pour s'en convaincre le lecteur n'a qu'à consulter les mots Cramoisi, Incarnat, etc. En outre, on doit ajouter que chaque époque, en combinant les nuances qui lui sont le plus agréables, leur donne généralement un nom coïncidant avec un fait plus ou moins connu, mais sans rapport direct avec cette nuance, et qui, par conséquent, ne saurait, plus tard, servir de guide précis pour reconstituer même théoriquement la couleur disparue.

Ainsi, parmi les couleurs à la mode au XVIe et au XVIIe siècle, il nous est possible de nous faire une idée approximative de ce qu'étaient les couleurs vin, turquoise, isabelle, fleur de seigle, gris de lin, vert naissant, vert-de-gris, jaune serin, sang de bœuf, argentin, ardoise, gris de ramier, bleu mourant, bleu de la fève, de flammette, de soufre, et aussi des couleurs de pain bis, de bœuf enfumé, de jambon commun, de souci, de racleur de cheminée ; quoiqu'on risque bien un peu de se tromper dans la reconstitution de ces diverses nuances. Mais quelle idée avoir des couleurs triste amie, ventre de nonnain, gris d'été, pastel, astrée, face grattée, fleur mourante, couleur de judas, de singe mourant, de sel à dos, de veuve réjouie, de temps perdu, de constipé, de singe envenimé, de trépassé revenu, d'Espagnol mourant, d'Espagnol malade, de péché mortel, de baise-moi ma mignonne, de désirs amoureux, etc., etc. ? Nous savons que dans les documents du XIVe et du XVe siècle, *vermeil* signifie rouge ; *pers*, bleu foncé ; *ynde* ou *inde*, bleu clair ; *coulombin*, couleur changeante ou gorge de pigeon. Nous savons également qu'au XVIe siècle on appela *minime* un brun roux, qui ressemblait à la robe des moines appartenant à l'ordre de ce nom. Mais quand nous lisons dans l'*Inventaire de Gabrielle d'Estrées* la description d'un lit « de damars *fanné* », et dans l'*Inventaire du cardinal de Mazarin*, celle d'un lit « de satin fond gris de perles à fleurs et compartimens *incarnadin*, vert et *isabeau* », nous ne sommes pas sans quelque hésitation sur le sens exact qu'il faut attribuer à ces divers mots et sur la nuance qu'ils désignent.

Fig. 696. — Écran à coulisse (XVIIIe siècle).

Ces nuances seraient toutefois utiles à connaître, parce qu'elles furent les couleurs favorites de certains princes et devinrent ainsi quelque peu historiques. Pour beaucoup de ceux-ci, il n'y a pas d'erreur possible. Ainsi, nous savons que les couleurs de Philippe le Bon étaient blanc, bleu et rouge ; que celles du roi René étaient gris, blanc et noir ; que la couleur préférée de la belle Gabrielle fut le vert :

> Je lève de son lit la couverture verte
> Et les draps déliés qui couvroient son beau corps...

On a pu lire également qu'après avoir arboré les trois couleurs, blanc, bleu et rouge, et les avoir données aux Provinces Unies comme couleurs nationales, Henri IV reprit le vert à son compte, et que cette couleur demeura à la mode jusqu'en 1610. Louis XIII, si nous en croyons Héroard, préféra le bleu ; la grande Mademoiselle portait toujours du blanc, du bleu et du rouge. Quant à la cour du Grand Roi, chacun des princes de la famille royale y avait sa couleur.

« On trouva les quatre appartements principaux de Marly meublés de neuf, écrit Dangeau à la date du 18 février 1688. Ils n'étoient que de damas ; ils le sont présentement de velours et de brocart. On a seulement conservé les couleurs ; le rouge pour le roi, le vert pour Monseigneur, le bleu et l'aurore pour Monsieur et pour Madame. » Pour ces couleurs non plus, point de confusion à craindre ; mais, pour combien d'autres manquons-nous d'éléments d'information ! D'un siècle à l'autre, en effet, on perd la notion de celles qui ont été le plus goûtées. « Nous avons vu naistre deux couleurs nouvelles depuis quelques années (ce qui n'arrive que très rarement), lit-on dans le *Mercure* d'octobre 1678. Ces deux couleurs sont celles de paille et de Prince. M. Gaultier en promet une troisième, mais il n'en veut pas dire le nom. » Quelle était la couleur de *prince ?* Nous l'ignorons ; et le fait n'est pas pour surprendre, puisqu'en 1688 on ne se souvenait plus que la couleur paille avait été extrêmement à la mode au siècle précédent.

COULEUR. — On donne aussi ce nom à des vernis appliqués sur les métaux, et qui leur communiquent l'aspect du bronze ou de l'or. « 5 juin, à De l'Arc et Herman, à compte des oiseaux et des animaux, qu'ils mettent en couleur pour le labyrinthe de Versailles..., 500 livres. » (*Comptes des Bastimens du roi*, 1673.) « Deux bras de cheminée à une branche de cuivre en couleur... » (*Apposition des scellés chez Pierre Lepautre, sculpteur des Bâtimens du roi ;* 1744.) « 13 février 1758. — M. le comte du Luc : avoir repoli à neuf une table de Boulle, remis les bronzes en couleur, etc. »

Coulis, *s. m.* — Terme d'architecture. Plâtre ou mortier gâché très clair, et qui sert à remplir les joints des pierres.

Coulisse, *s. f. ;* **Coulissé**, *adj.* — Rainure dans laquelle on fait couler verticalement ou horizontalement un corps mobile, tel que châssis, écran, tiroir, etc. On fabrique des tables, des chandeliers à coulisses. « Ung buffect de boys de noyer à marqueterie, garny d'une layette à coullisse, prisé X livres. » (*Vente des meubles de Claude Gouffier, duc de Roannès, grand-écuyer de France*, 15 septembre 1572.) « Un chandelier à neuf bobesches, dont huit se haussent et se baissent par une coulisse. » (*Invent. des meubles de la Couronne*, 1673.) « Cinq escrans à coulisse pour les grands appartemens de Marly. » (*Ibid.*, 1697.) « 27 février 1758, — à M. le comte d'Usson : une table à écrire, dont le dessus est à coulisse, plaquée en bois de rose. » (*Livre journal* de Lazare Duvaux, t. II, p. 352.) Autrefois, on appelait également coulisses, ou *fenêtres coulisses*, les fenêtres que l'on nomme aujourd'hui *fenêtres à guillotine*, et qui se lèvent et se baissent à l'aide de contrepoids. (Voir FENÊTRE.) Cette façon de parler est fort ancienne dans notre langue. Christine de Pisan, à propos du prieuré de Poissy, écrit :

> Et en la cour y a le parlouer,
> Ou a treillices
> De fer doubles à fenestres coulices.

Au XVIIe siècle, on appelait également les tiroirs, des *layettes coulissées* ou simplement des coulisses. « Ung buffet de salle gauderonné, de boys de noyer, garny de layettes coulissées. » (*Invent. de Mathieu Dabancourt ;* Paris, 1562.) « Un bufet de bois de noyer, ayant deux guichets fermans à clef, deux layettes coulissées, un tapis de drap vert, etc. » (*Invent. de Marguerite Regnault, épouse Desloges ;* Paris, 1627.) « Une crédence avec son armoire par-dessous, fermant à deux portes et deux coulisses par-dessus. » (*Invent. de messire Anthoine Davène ;* Marseille, 1764.)

Coulisseau, *s. m.* — En menuiserie, on donne ce nom à de petites traverses allant, à l'intérieur, du pied de devant d'une table, d'un buffet, d'une armoire, au pied de derrière, et sur lesquelles glissent les tiroirs. En serrurerie, c'est un petit mouvement de tirage, qui sert à mettre en branle les sonnettes. On connaît le *coulisseau à poucier*, le *coulisseau à pompe* rond ou carré, le *coulisseau hollandais* qui fonctionne à quart de cercle, etc. Les crémones et les verrous ont aussi des coulisseaux. On donne ce nom aux pièces de fonte, de cuivre ou de fer qui tiennent ces objets en place.

Coulogne, *s. f.;* **Counelio,** *s. f.* — Quenouille. « I coulogne verde (c'est-à-dire en ivoire peint en vert), I haple vert avec beaucop de fuses, etc. » (*Invent. des Baux, — chambre où Madame soloit gésir,* 1426.) La forme counelio est encore usitée, avec ce sens, dans le patois limousin.

Fig. 697. — Couloire en laiton (XVIIIe siècle).

Couloir, *s. m.* — Terme d'architecture, synonyme de corridor. Passage ou dégagement qui établit une communication entre deux pièces d'un même appartement.

Couloire, *s. f.;* **Coullouer,** *s. m.;* **Couladour,** *s. f.;* **Coladuy,** *s. f.* — « Couloire, qu'on nomme aussi passoire, écrit Savary des Bruslons, est un vaisseau rond, ordinairement de cuivre, percé de divers trous, quelquefois avec une queüe, et quelquefois avec deux mains de fer, qui sert à passer ou, comme on dit, à couler diverses matières..... Les cuisiniers ont des couloires. » Ce terme a été usité, dans diverses provinces, depuis le XVIe siècle jusqu'à la fin du siècle dernier. « Ung coulouer d'arain et ung petit chandelier. » (*Invent. de Michel Guillon;* juridiction du Plessis-Botherel, 1588.) « Un couloir persé de fer-blanc avec une rape aussi de fer-blanc. » (*Invent. du sieur Chamboux, drapier;* Villefranche, 1667.) « Une poële à frire, un couloir de fer-blanc. » (*Apposition des scellés chez l'abbé de Moria, chanoine;* Lyon, 1780.) Dans le Limousin, on dit et on écrit couladour. Coladuy appartient au dialecte bordelais.

Coulombe, *s. f.;* **Coulombage,** *s. m.;* **Coulombey,** *s. f.* — Voir COLOMBE et COLOMBAGE.

Coulombin, *adj.* — De couleur changeante. (Voir COLOMBIN.)

Coulte, *s. f.* — Lit de plumes. (Voir COITE.)

Coulte-pointe, *s. f.* — Voir COURTEPOINTE.

Countadou, *s. m.* — Locution provençale. Comptoir, bureau.

Coupe, *s. f.;* **Couppe,** *s. f.;* **Cope,** *s. f.;* **Coppe,** *s. f.* — On écrivait autrefois indifféremment coupe ou couppe. (Furetière ne donne que cette dernière orthographe.) C'est, en langage mobilier, un vase de forme circulaire, hémisphérique, monté sur un pied, qui, dans le principe, servait à boire et qu'on a appliqué depuis à une foule d'autres usages. Au Moyen Age, dans chaque coupe on distinguait trois parties distinctes : le *hanap,* ou vase à boire proprement dit ; la *patte,* ou pied renflé au milieu par le *pommel* et qui portait le hanap, et le couvercle surmonté du *fruitelet,* ou bouton permettant de le saisir. On trouvera dans quelques-unes des descriptions qui vont suivre, l'énumération de ces trois parties distinctes. Les coupes étaient, au XIVe et au XVe siècle, d'un usage courant. On les voit figurer en nombre respectable dans les anciens inventaires. L'*Inventaire de Charles V* (1380) ne décrit pas moins de 15 coupes en or et de 100 coupes en argent. Dans le nombre de ces pièces d'orfèvrerie, il s'en trouvait d'historiques : la coupe de Dagobert, « grosse coupe d'or toute plaine..., atout (avec) son couvercle pesant quatre marcs d'or »; celle de Charlemagne, « laquelle, dit l'inventaire, a les saphirs à jour et poise cinq marcs cinq onces d'or »; celle de saint Louis, également en or, « avec son aiguière plaine sans esmaulx, pesant sept marcs six onces ».

Il est, en outre, à maintes reprises question, dans les anciens documents, d'une autre coupe de saint Louis. Du Cange cite un *Inventaire de l'Échansonnerie* de Louis le Hutin où elle est ainsi mentionnée : « La coupe d'or saint Loys, où l'on ne boit point. » Les *Comptes d'Étienne de la Fontaine* (1352) nous apprennent que, sous le règne du roi Jean, cette coupe fut restaurée. On refit la tige du pied qui était faussée et on la rebrunit. Un *Compte de Renaudin Doriac* nous informe qu'en 1422, une coupe d'or couverte, nommée la coupe saint Louis, fut vendue à Jacques Trollet, changeur, pour 211 livres 3 sols 8 deniers. Ainsi cette coupe aurait servi, avec d'autres joyaux, à la libération du territoire. Plus tard, en 1461, dans l'*Inventaire de don Carlos, prince de Viane,* il est parlé d'une coupe de saint Louis, émaillée, enrichie de 33 rubis, 33 saphirs, 2 émeraudes, 62 petites perles et une grosse. Est-ce du même joyau qu'il est question ici ? La chose paraît peu vraisemblable.

D'autres coupes, pour offrir moins d'intérêt au point de vue de l'histoire, n'en étaient pas moins remarquables comme pièces d'orfèvrerie, et l'on pourra juger, par les descriptions suivantes, empruntées également à l'*Inventaire de Charles V,* quelle richesse d'ornementation on prodiguait alors à ces sortes d'objets. Telles sont : « Une couppe d'or semée d'esmaulx de plite et de pierrerie, et a ung saphir ou (au) fruitelet, et sont les armes de la Royne (Jeanne) de Bourgongne dedens, pesant dix marcs demye once d'or. » — « Une couppe d'or à façon de roze, à un esmail de France ou (au) fons, et est la pate semée de grenas et de saphirez et est le couvescle esmaillé ou fons et ou pommel, de France, et a ung saphir ou fruitelet, pesant cinq marcs dix estellins. » — « Une couppe de madre garnye d'or, dont en la pate du pié, qui est en façon de roze, sont six ymages enlevéz, et ou pommel, six roys ; et est, tout ledit pié, à jour, c'est assavoir K et L et fleurs de lys, et troys balaiz et six grosses perles ; et sur le fruitelet de ladicte couppe a troys gros saphirs et troys grosses perles, dix moindres et ung balay au dessus. »

Mais ces joyaux, quelque somptueux qu'ils puissent nous paraître, n'égalent point, comme travail, la coupe dont ce même Charles V fit hommage à son oncle l'empereur Charles IV. Voici comment Christine de Pisan parle de ce cadeau vraiment royal : « Là où l'Empereur fu et toutes ses gens assembléz, vint le duc de Berry et dit que le Roi le saluoit et lui envoyoit de ses joyaulx, telz comme à Paris

Fig. 698. — Coupe en verre de Venise aux armes de Louis XII et d'Anne de Bretagne.

on les faisoit; lors lui présenta une moult noble couppe d'or garnie de pierrerie, en laquelle avoit figure d'esmail moult richement ouvré, l'espère (la sphère céleste) du ciel où estoit le zodiaque, les signes, les planètes et estoilles fixes et leurs ymages. » (*Le livre des fais et bonnes mœurs du sage roy Charles,* t. II, p. 116.) Comme travail d'orfèvrerie, on ne peut guère comparer à cette œuvre exceptionnelle que la coupe suivante, décrite parmi les joyaux compris dans l'*Inventaire de Louis d'Anjou* (1368) : « Une coupe de jaspe, enchâcée en argent doré, et y a sur le couvercle quatre esmaux enlevéz et azuréz et sont fais en manière de fueilles, et y a dedens hommes et femmes qui font plusieurs contenances, et est ledit couvercle cizelé, entour les diz esmaux..., et est tout le bort crénellé, et siet ladicte coupe sur un piller quarré et azuré, et ou milieu d'ycellui a trois petis portaux fais de maçonnerie. Et sont les fenestres esmaillées d'azur, et est le pied endenté et cizellé, et y a quatre esmaux pareux de ceux de dessus le couvercle. Et y a sur ycellui couvercle 1 fretel rondet, qui siet entre fueilles dorées et poise pié, jaspe et couvercle en tout III marcs VI onces. »

A côté de ces coupes réelles, décrites dans des documents officiels, il convient de placer la description de la coupe

Fig. 699. — Coupe en verre émaillé et doré (XVIe siècle).

merveilleuse que les marchands du *Roman de Floire et Blancheflor* donnèrent en échange de la jeune princesse. Cette coupe était couverte d'émaux translucides représentant la prise de Troye :

Et une chière coupe d'or
Qui fut emblée du trésor
Au riche emperéour de Rome :
Ains a plus chière ne but home.
A grant mervelle fu bien faite
Et moult soutiüment portraite
Par menue néeléure.
Vulcans la fist, s'i mist sa cure :
El hanap ot paint environ
Troies et le riche doignon,
Et com li Griu dehors l'assaillent,
Com au mur par grant aïr maillent;
Et delèz cou ert painte Helaine,
Comment Paris ses drus l'en-maine :
D'un blanc esmail fu fais l'image
Assise en l'or par artimage.
Apres i est com ses maris
La siut par mer, d'ire maris;
Et l'ost des Grius, com il nageoient,
Et Agamemnon qu'il menoient
Ens el covercle, par desus,
Ert entaillié si com Venus,
Pallas et Juno ensement
Vinrent oïr le jugement
De Paris : car eles trovèrent
Une pume dont estrivèrent,
De fin or, ou escrit estoit,
La plus bele d'eles l'aroit.
Cele pume à Paris livrèrent
Et en après le conjurèrent
Qu'a la plus bele la donast,
Et celi que il mius prisast.
Chascune li promet granment,
Que vers li soit au jugement.
Juno, plente de grant avoir;
Pallas, et prouece et savoir;
Et Venus, la plus bele feme
Qui de toutes autres iert geme.
Paris la pume li dona,
Et de sa feme la hasta :
Assez la voloit mius avoir
Que sens, prouece ne avoir;
Et très bien mostroit la painture
L'amor Paris et la grant cure,
Com il ses ne[f]s aparilloit
Et com por li par mer nagoit.
Et poumel desus ert assis
Un escarboucle de grant pris.

Cette longue description montre de quelle prodigalité d'ornementation les orfèvres de ce temps étaient capables.

Nous avons dit, en commençant, que la coupe était un vase hémisphérique; c'est, en effet, la forme qu'elle affecte le plus généralement. Toutefois, au XIVe et au XVe siècle, on fabriqua, même comme vases à boire, des coupes ovales, et aussi des coupes triangulaires. C'est ainsi que nous voyons figurer parmi l'*Argenterie réclamée par la Couronne aux héritiers de Louis d'Anjou* (1385), « une couppe longuette, à costes cizellée par dedans, pesans III mars »; une autre « couppe longuette, cizellée par dehors et plenne par dedans, et a un couvescle sizellés de gueules et de Bretaigne, pesant III mars V onces XII estelins »; et enfin, « une autre petite couppe trianglée, à girons et à gouderons, semée d'esmaulx par la pate, à trois lions sur le ront ». Enfin on en faisait également de profondes, témoin la « couppe qui a le hanap parfond et à façon de voirre », qu'on voit figurer dans l'*Inventaire de Charles V* déjà cité.

S'il en existait de différentes formes, on en confectionnait aussi de presque toutes les matières. Dans celles que nous venons de décrire, il s'en est trouvé non seulement d'argent et même d'or, mais encore de jaspe et de madré, c'est-à-dire de racine de bois précieux. On en rencontre pareillement de cristal, témoin la « couppe de cristail sur un pié d'argent doré et esmaillé » qui figure dans l'*Exécution du testament de Jehanne de Bourgogne* (1353). On en combinait avec des moitiés d'œufs d'autruche. Dans l'*Inventaire du duc de Normandie* (1363), il est parlé de « deux coupes d'œufs d'otrice, couvesclées, essises sur piéz d'argent esmailléz ». Les noix de coco ou noix d'Inde servaient aussi à cet usage. « Une couppe faite de noës d'Inde, garnie d'argent doré, avecques le couvercle esmaillé, faicte à plusieurs bestes, le pié pareillement esmaillé, etc. » (*Invent. d'Anne de Bretagne,* 1498.) On voit que, jusqu'à la fin du XVe siècle, l'imagination des joailliers mit à contribution à peu près toutes les matières. Un dernier document nous fera connaître le prix auquel revenaient ces joyaux. C'est le payement par le roi Louis XI en 1467, à Noël Le Barge, de 2,900 liv. 13 s. 9 d. (somme alors considérable) « pour la façon et dechet d'une couppe d'or, que le roy nostre dict Seigneur a fait faire à sa plaisance ».

Au XVIe siècle, l'usage si commode et si rationnel des verres commença de se généraliser; mais la coupe ne cessa pas, pour cela, d'être en honneur. On n'en rencontre pas moins de vingt dans l'*Inventaire de Marguerite d'Autriche* (1523) : coupes d'or, ouvrées à feuillages — coupes d'or à roses émaillées — coupes de vermeil bouillonnées — coupes de *cristalin* — coupes en forme de salières, de *cambordes*, etc. Dans l'*Inventaire de la vaisselle d'or du chancelier Duprat* (1536) figurent encore « cinq couppes avec leurs couvercles ». Toutefois, notre vase cessa, vers ce temps, d'être

Fig. 700. — Intérieur de coupe représentant le *Triomphe de Diane*, par Du Cerceau.

d'un usage journalier. Il fut remplacé, dans le service de la table, soit par le gobelet de métal, d'un emploi plus commode et d'une capacité plus grande, soit encore par les verres de cristal de roche, soit enfin par les délicates verreries de Venise qui, à cette époque, commencèrent à jouir d'une grande vogue parmi les personnages marquants. Cependant l'acquisition de coupes en métal précieux tient encore une place assez large dans les dépenses du galant et fastueux François Ier. Les rôles de *Payement des ouvriers orfèvres logeans et besongnant dans l'hostel de Nesle* (1549-1556) nous montrent ce roi faisant payer : « A Ascaigne Desmarriz, la somme de cent dix-huit livres neuf sols sept deniers tournois, à luy ordonnée par le roi pour son payement de l'argent et doreure de trois couppes d'argent qu'il a fournies audict Seigneur, dont y en a deux petites poisans trois marcs ung gros moins, et l'autre ung marc et demy un gros moins. » En janvier 1534, on l'avait déjà vu acheter à Regnault Danet, « marchand joyaullier de Paris, une couppe de lapis azuré, garnie d'or et de pierreries de diamens, rubis et perles », et, en 1530, payer à « Thibault Hotman, orfèvre de Paris, la somme de sept cens quarante-six escus d'or soleil, pour une couppe d'or fin, par lui baillée pour le Roi à Monseigneur l'Evesque d'Auxerre à son partement pour aller à Romme ».

Ce dernier article nous apprend à quel usage étaient destinées la plupart de ces admirables pièces d'orfèvrerie. La coupe, en effet, fut de tout temps le cadeau riche par excellence qu'on faisait à un prince, à un ambassadeur, à un ministre, à un négociateur. Nous l'avons vu, au surplus, par celle que le roi Charles V fit offrir à son oncle l'empereur d'Allemagne. Antoine de la Sale, dans sa gracieuse *Histoire du petit Jehan de Saintré*, nous montre son héros recevant du roi d'Espagne « deux beaulx genetz de l'Andalousie, une très belle coupe et son aiguière d'or ». Le *Dixième compte de Guy Guilbaut, gouverneur de la dépense du duc de Bourgogne* (1428), mentionne l'achat à Loys de Blasère, orfèvre de Bruges, d'une « couppe d'or, laquelle mondit Seigneur a fait prendre et acheter de luy, pour la donner et présenter au payeur du pont Saint-Esprit, lequel de par nostre Saint Père le Pappe estoit venu devers mondit Seigneur en ambaxade ». En 1528, Charles-Quint faisait payer à divers joailliers d'Anvers 647 liv. 10 s. 9 d. « pour cinq belles hautes couppes d'argent dorées dedans et dehors », qui avaient été « prises et achetées » « pour icelles présenter pour souvenance de la part de l'Empereur » aux envoyés du duc de Gueldre. Ajoutons que si Charles-Quint donnait des coupes en cadeau, il en recevait également, car une *décharge donnée à Pierre de Corteville, garde des joyaux* (1532), mentionne les articles suivants :

Une double couppe d'argent dorée, bouillonnée, qui est la moindre des trois dont ceulx de nostre cité d'Augsbourg nous firent don, ladite couppe pesant quatorze marcs six onces douze estrelins et demy, de laquelle nous avons faict don à nostre Berceresse en nostre Ville de Bruxelles;

Item, une couppe double d'argent doré donnée par le chapitre de la cité d'Augsbourg, ayant à la couppe de dessus ung escuisson de blancq et rouge, et au milieu une Nostre Dame, ladite couppe boulonnée (*sic*) ayant un bort d'escripture au millieu et en quatre parties feuillaiges d'argent blancq, pesant neuf marcs deux onces cincq estrelins, laquelle couppe avons donnée avec deux autres couppes à demy dorées, au baptesme du filz de Messire Guillaume Solernes, Allemand, maistre d'hostel de la Royenne Marye, nostre bien amée seur.

Une grande couppe avec sa couvercle, allentour de ladite couppe a les sept signes des sept planètes; pèse ladite couppe dix-neuf marcs cinq onces cinq esterlins, laquelle couppe nous a esté donnée de par ceulx de nostre Ville impériale de Nuremberg;

Une double couppe où a sur chascune desdites couppes trois médailles de l'histoire de Hercules; pese ladite double couppe treize marcs cincq onces dix-neuf esterlins, la susditte double couppe nous a esté donnée par ceulx de nostre cité de Reghensbourg. (Ces deux pièces ont été données à don Louis de Conga, gentilhomme de la Chambre.) Etc.

Les choses se passaient du reste à la cour de France comme à celle de l'Empereur. En 1532, le vicomte de

Fig. 701. — Intérieur de coupe représentant le *Triomphe de Neptune*, par Du Cerceau.

Rochefort, envoyé en mission extraordinaire par le roi d'Angleterre, reçoit à Saint-Germain-en-Laye, où il est admis à l'audience de François Ier, « une couppe garnie de son couvercle, le tout d'or », du prix de 1,931 livres 7 sols 6 deniers tournois; et si nous consultons les *Acquits au comptant* de 1538, nous y verrons que, dans le cours de cette unique année, le roi acheta à Jean Hotman, orfèvre à Paris, une coupe d'or à couvercle de 1,824 livres 10 sols 10 deniers, dont il fit présent à l'abbé Breton, ambassadeur du roi d'Écosse ; une autre coupe, également d'or, qu'il offrit au cardinal de Trivulce et qu'il paya 2,388 livres ; une troisième, pour le cardinal de Sainte-Croix, cotée 1,966 livres 6 sols 4 deniers ; une quatrième, pour le cardinal de Seigne (*sic*), facturée 1,794 livres 6 sols 3 deniers ; une cinquième, dont il fit cadeau au cardinal de Saincte-Quatre (*sic*), valant 1,845 livres 7 sols 6 deniers ; une sixième, de 1,870 livres 6 sols 3 deniers, pour le sieur Laurane de Cibo ; une septième, valant 1,866 livres 17 sols 6 deniers, pour François Guichardin, et enfin une huitième, destinée au dataire de Sa Sainteté, payée 1,837 livres 6 sols 3 deniers.

Faut-il ajouter que les orfèvres français n'étaient pas les uniques fournisseurs appelés à tirer profit des largesses

Fig. 702. — Coupe en émail (XVIe siècle).

du généreux monarque ? Georges Vezeler, « marchant orfèvre, demourant à Envers », était un de ses fournisseurs attitrés. En juin 1533, il lui expédia quatre coupes « cizellées à l'antique », dont une enrichie « de grenatz, amatistes, saphirs et perles barocques pendantes », et, en 1538, « Jehan Ambrois Cassal, Millannoys, marchant dudit lieu », recevait de la cassette royale mille écus d'or, « pour son paiement d'une couppe d'esmeraulde faicte à feuillaiges, le pied et les bords dorez ». (*Acquits au comptant du roi François I*[er].) Peut-être est-ce encore au compte du galant François qu'il faut porter l'acquisition de cette coupe mystérieusement obscène, dont parle Brantôme, « très belle coupe d'argent doré... la mieux eslabourée, gravée et sizellée qu'il estoit possible de voir, où estoient taillées bien gentiment et subtillement au burin plusieurs figures de l'Arétin ». (*Dames galantes,* 1er discours.)

L'usage de ces cadeaux était si répandu dans toutes les cours, qu'une lettre de l'ambassadeur d'Espagne, adressée à l'empereur et relative au baptême de François II (1545), nous apprend que le roi d'Angleterre envoya à cette occasion « une couppe de jaspe » à la Dauphine (Catherine de Médicis), et Pierre de l'Estoile affirme que « le roy de Danemark » aurait, en 1606, fait « présent au roy d'Angleterre d'une coupe estimée à cent mil escus ». (*Journal,* t. VIII, p. 241.) Enfin, nous savons par l'*Histoire du voyage du Roi* (1622) que Louis XIII se rendant à Avignon : « A l'entrée de la ville, on présenta au roy une couppe d'or, dans laquelle il y avoit deux cens médailles d'or faites exprès ».

Que sont devenus tous ces admirables joyaux ? Ils ont eu, hélas ! le sort réservé à toutes les pièces d'orfèvrerie. Leur valeur intrinsèque a amené leur destruction, et ceux qui nous ont été conservés, comme l'admirable coupe acquise par le baron Pichon, sont bien faits pour augmenter nos regrets. Mais, si les coupes d'or du XVe et du XVIe siècle ont presque complètement disparu, et si celles d'argent et de vermeil se sont faites extrêmement rares, d'autres nous sont demeurées qui, d'une matière moins recherchée, mais précieuses surtout par le travail, nous apprennent quelles devaient être la grâce, l'élégance, la distinction de ces vases d'or et d'argent si fatalement sacrifiés.

Nous voulons parler de ces jolies coupes en faïence d'Oiron ou de Saint-Porchaire, qu'on a cru longtemps dépendre d'un service du roi Henri II, et de ces coupes d'émail dont notre musée du Louvre possède des spécimens si magnifiques, et dont on rencontre de nombreux échantillons dans toutes les grandes collections publiques et privées, et notamment au musée de Cluny. Nous recommanderons ces dernières à l'attention de nos lecteurs. Dans le nombre, quatre sont décorées en grisaille et portent la signature de Pierre Reymond. Une représente *Loth et ses filles,* la seconde *Moïse rendant la justice au désert,* la troisième *Jacob bénissant ses fils,* et la dernière *Diane.* Quatre autres, ayant pour auteur Jehan Courteis ou Courtoys, nous montrent la *Création,* la *Tentation de la femme,* le *Paradis perdu,* l'*Histoire de Joseph.* Par ces spécimens exquis d'objets jugés alors sans grande valeur, nous pouvons nous faire une idée vague de ce que pouvaient représenter les merveilles détruites.

A partir des dernières années du XVIe siècle, les coupes commencent à se faire rares et à ne plus jouer qu'un rôle secondaire dans les *Mémoires, Comptes* et *Inventaires.* Si l'on en voit apparaître, c'est seulement de loin en loin et à l'état d'exception. Nous savons, par la *Vente des meubles de Claude Gouffier, duc de Roannès et grand écuyer de France* (1572), que ce haut personnage buvait dans « une couppe d'argent doré façon de gobelet ». On trouve également « une coupe à boire » avec son couvercle de terre bleue, et nombre de coupes de terre blanche, dans l'*Inventaire de Catherine de Médicis* (1589). On relève pareillement « quatre coupes de terre blanche de Flandres » dans l'*Inventaire de Jehan Verrier, seigneur de Boscq et scytoien* (sic) *de Bordeaux* (1592). Héroard nous apprend que Louis XIII, à l'âge de sept ans, aimait déjà à boire « un bon coup dans la coupe d'argent doré, que Mme de Loménie lui avoit donnée ». (*Journal de Jean Héroard,* t. Ier, p. 252.) On rencontre encore « une couppe de nacque de perle garnie d'argent » dans l'*Inventaire du peintre Jérôme Franck* (Paris, 15 juin 1610) ; mais déjà cette dernière n'est plus une coupe à boire. C'est une coupe de pur ornement.

La dernière fois que nous voyons figurer les coupes dans le service de la table et dans la décoration des buffets, c'est à la réception que fit, en 1679, l'évêque de Strasbourg au Dauphin, fils de Louis XIV. (*Mercure,* n° de février 1679.) La petite coupe d'or enrichie de diamants que Mme de Montespan offrit, en 1680, à la grande Mademoiselle, était « pour mettre sur la toilette ». (*Mém. de M*[lle] *de Montpensier,* t. IV, p. 424.) On en peut dire autant des trente et une coupes en pierres précieuses, qui figurent dans les *Inventaires des meubles de la Couronne* dressés sous le règne du Grand Roi. Ces trente et une coupes se divisaient comme suit : 15 étaient en agate, 2 en jade, 7 en jaspe, 2 en lapis,

Fig. 703. — Coupe en faïence de Saint-Porchaire.

2 en malachite, 1 en marbre jaspé, 1 était couverte de grenats, 1 autre de primes d'émeraude.

Ces beaux vases étaient, pour la plupart, magnifiquement montés. Nous en remarquons de garnis d'or émaillé et d'or travaillé à jour; d'autres sont enrichis de petits rubis, de perles, d'émeraudes, de camées, etc. Parmi ces dernières, nous mentionnerons spécialement : « Une grande couppe ou vaze couvert, d'agathe orientale, *sculpé* de godrons et autres ornemens, sur son pied à balustre, et au bas du dit pied, il y a sa patte d'or esmaillé à jour avec trois dauphins, le reste du corps dudit vaze enrichy de cercles d'or esmaillé, et autour du couvercle il y a unze petittes testes d'empereur de camayeux, et au hault du dit couvercle, deux manières de médailles d'agathe aunis, qui représentent des testes d'empereurs et enchâssées dans de l'or esmaillé, et une couronne fermée au-dessus la dite pièce, haulte de 10 pouces 1/2 ou environ, et de diamètre, 6 pouces 1/2. » En outre de ces beaux vases, on rencontre dans ces mêmes *Inventaires* des coupes d'or, de cristal de roche, de porcelaine, etc. Mais, en raison même de leur richesse, on peut dire que toutes ces coupes n'étaient certes pas des vases à boire, pas plus, du reste, que la « très belle coupe d'émail avec sa couverture (couvercle), sur laquelle sont représentées diverses Batailles », dont M. de Croisy fit présent au sieur Constance, et qui était enfermée dans « un étuy de satin rouge galonné d'or ». Il en est de même de celle que le marchand Lambert Pirmet faisait annoncer comme « une pièce curieuse de cabinet » et qui avait, au dire du *Mercure* d'avril 1743, « le beau poli et la vive couleur d'une hyacinthe orientale ». De même encore, pour la coupe magistrale de jaspe sanguin, qui était un des ornements du fameux cabinet de M. Randon de Boisset; et pour la « coupe très précieuse d'agate arborisée d'un seul morceau », qui figurait à la *Vente de M. Bidault de Montegny* (13 octobre 1783).

Aujourd'hui, les coupes ont reparu dans le service de la table, non plus magnifiques comme autrefois, éblouissantes d'émaux, de dorures, de pierreries, mais simples et modestes, le plus souvent en cristal taillé et avec le pied creux. Elles servent exclusivement à boire le champagne. Dans nos intérieurs, on les utilise aussi comme ornements de cheminée et comme vide-poches. Toutefois, elles semblent, même dans ce dernier emploi, avoir singulièrement perdu de leur vogue et tendent à disparaître. On les retrouve encore chez les propriétaires d'écuries de courses, chez les vainqueurs des luttes du sport; mais si elles y figurent avec un certain éclat, si la matière employée à leur confection est rare et précieuse, par contre, au point de vue de la forme, elles n'ont plus de la coupe que le nom. Ce qu'on appelle coupe, dans le langage du *turf*, est le plus souvent un groupe. Dans la vente qui eut lieu en avril 1884, à l'hôtel Drouot, des coupes ou prix de courses, gagnés par l'écurie de Dangu, appartenant au comte de Lagrange, sur onze coupes on trouvait seulement quatre vases à couvercle et une coupe en argent et lapis-lazuli. Les autres étaient des statuettes d'argent ou des groupes. On y voyait même désignés sous ce nom « un vidrecome et six chopes ».

COUPE. — En sculpture, on donne ce nom à des vases moins hauts que larges, faits en pierre ou en marbre, reposant sur un pied, et qui, le plus souvent, servent de couronnement à quelque décoration. On donne aussi ce nom aux vasques de fontaines.

COUPE. — Dans le langage de l'architecte et du décorateur, on appelle ainsi un dessin représentant un édifice coupé verticalement, de façon qu'on aperçoive la disposition intérieure des murs, des planchers, l'agencement des étages. La coupe, jointe au plan et à l'élévation, fournit tous les éléments d'appréciation pour la connaissance intérieure et extérieure d'un édifice quelconque. Les coupes sont faites généralement dans le sens géométral; parfois on les fait en perspective. Quand les coupes sont coloriées, il est d'usage d'indiquer les sections par des teintes roses; et, si la coupe est simplement tracée à la plume ou au crayon, par des hachures obliques.

COUPE, enfin, est un terme de marchand d'étoffes. Il signifie une petite quantité de tissu levée sur la pièce. Dans ce même sens, on dit aussi COUPON.

Coupelle, *s. f.* — Terme d'affineur. Vase pour affiner l'or et l'argent. On dit par suite or et argent de coupelle, pour or et argent affinés.

Coupe-pâte, *s. m.* — Ustensile de fer « avec un rouleau au haut, et qui est plus délié et plus large que la

Fig. 704. — Coupe en verre soufflé de Venise (XVIe siècle).

paume de la main, duquel on se sert pour couper la pâte ». (RICHELET.) Cet objet se rencontre assez fréquemment dans les cuisines du XVIIe siècle et du siècle dernier.

Couperet, *s. m.* — Couteau à large lame, propre à dépecer les grosses pièces de viande. « Une pelle à four, un fourgon, un coupret (*sic*), deux hachoirs, etc. » (*In-*

vent. de J.-B. Pigalle, sculpteur du roi, 1785.) (Voir fig. 705.)

Coupette, *s. f.;* **Couppète,** *s. f.;* **Coupeto,** *s. f.* — Petite coupe. Ce mot est rarement employé. On le trouve cependant dans quelques inventaires. « Une très petite couppete d'or plaine en façon d'un voirre, qui fut [à] Mons. Sainct Loys, où il mesuroit la portion de l'eaue qu'il buvoit en son vin. » — « *Item,* une très petite couppete d'argent dorée dedens et dehors, esmaillée à marguerites, etc. » (*Invent. de Charles V,* 1380). « Une autre petite couppete, senz couvescle, à six costes, à un esmail de plite ou (au) fons, et six autres par le pommel. » (*Argenterie réclamée par la Couronne de France aux héritiers de Louis Ier d'Anjou,* 1385.) « Une coupette de bois doré, le dedans painct de rouge. » (*Invent. de Marguerite d'Autriche;* Malines, 1524.) « Une coupette d'or avec sa couverte et deux bassinets. » (*Décharge donnée par l'Empereur Charles-Quint à Pierre de Corteville,* 1532.) Dans le Limousin, on se sert encore du substantif coupeto, pour désigner la petite tasse en argent, dans laquelle les marchands de vin font goûter leurs produits.

Coupier, *s. m.;* **Couppier,** *s. m.* — On nommait ainsi

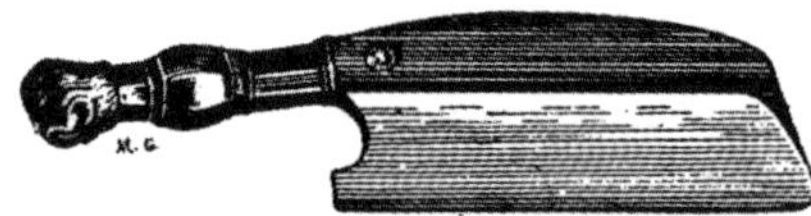

Fig. 705. — Couperet avec manche en cuivre (xve siècle).

parfois l'échanson, parce qu'il présentait la coupe. C'est dans cette acception que Joachim du Bellay écrit :

Le beau couppier troyen, qui verse à boire aux dieux.

Cette fonction de présenter la coupe au roi exigeait des titres de noblesse bien établis. Passant la revue de sa Cour, Charlemagne s'exprime en ses termes :

Cil autre jovene danzellon,
Ki n'ont ne barbe ne grenon,
Ki tiennent ces hanas d'argent
Dont ils servent moi et ma gent,
Et ces coupes ki sont d'or fin,
Et ces justes plainnes de vin
Et de claré u de piument,
Sont gentil home voirement.

(Philippe Mouskes, *Chronique rimée,* t. Ier, p. 220.)

La qualification de coupier était donc tout élogieuse.

Brantôme emploie ce même mot au féminin. Parlant de « Madame de Nevers, de la maison de Bourbon, fille de Mr de Montpensier, qui a esté en son temps une très sage, très vertueuse et très belle princesse », il nous dit qu'elle « avoit esté nourrie quelque temps avec la reine Élisabeth de France, estant sa coupière... d'autant que la reine estoit servie de ses dames et filles, et chacune avoit son estat, comme nous autres gentilshommes à l'entour de nos rois ». (*Dames galantes,* VIe discours.)

Couplet, *s. m.;* **Couplière,** *s. f.* — Espèces de fortes charnières dont on se sert pour les gros ouvrages de serrurerie. « Pour deux couplez mis en une des fenestres de la maison, XVI deniers. » (*Fournitures et réparations faites au château de Falaise,* 1340.) Au XIVe siècle, on disait également couplière. « A Colin Remon... pour garnir une serreure, II coupplières, I moreillon et I ressort, etc. » (*Premier compte de l'hostel du Roy Charles VIe,* 1380.) Le continuateur de Du Cange cite un document de 1453 (*Lettre de rémission*) où on lit : « Le suppliant print icelle boete et arracha avec les mains le clou qui tient la charnière ou couplet du couvercle de ladite boete. »

Fig. 706. — Couronne royale.

Coupole, *s. f.* — Voûte hémisphérique ou de forme approchante, qui ressemble plus ou moins à une coupe renversée. L'extérieur de la coupole, quand elle est dégagée des constructions voisines, porte le nom de DÔME. Nous parlons de la coupole à ce dernier mot.

Coupon, *s. m.* — Terme de marchand d'étoffes. Morceau qui reste d'une pièce entamée.

Couppe, *s. f.* — Voir COUPE.

Courailh, *s. m.* — Locution gasconne, bois de chêne. (Voir CORAIL.)

Courant, *s. m.;* **Current,** *s. m.* — Courtine ou rideau monté sur des anneaux et *courant* sur une tringle de fer, d'où son nom, qui, du reste, est fort peu usité. « *Item,* iii courtines ou currens d'estamine rouge, i contrepointe blanche..., etc. » (*Invent. du château des Baux,* 1426.) (Voir COULANT, qui a la même signification.)

Courbe, *s. f.* — On donne le nom de courbe à toute ligne en forme d'arc, ou, pour nous servir de la définition géométrique, à toute ligne qui n'est ni droite ni composée de lignes droites ; et plus spécialement, les architectes et les charpentiers appellent ainsi les pièces de bois coupées en arc, dont on se sert pour faire les cintres, les toits des dossiers, les limons des escaliers suspendus. On appelle ces dernières pièces de bois, des « courbes rampantes ».

Courbec, *s. m.;* **Corbec,** *s. m.* — Sorte de serpe à lame très courte et recourbée. D. Carpentier cite deux *Lettres de rémission,* datées de 1391 et 1397, où on lit : « Une serpe appellée selon la coustume du pays (à Péronne) courbec. » « Un hostel esmoulu, nommé fermant ou corbec, dont il entendoit à couper bos. »

Courbin, *s. m.* — Bec de courbin. « Plus six grandes chaires à courbin, couvertes de cuir noir doré. » (*Invent. de Grégoire Beaunom,* 1607.) (Voir CORBIN.)

Courdouan, *s. m.;* **Courdouen,** *s. m.* — Voir CORDOUAN.

Coureil, *s. m.;* **Courrel,** *s. m.;* **Courroil,** *s. m.;* **Croil,** *s. m.* — Verrou. « *Item,* [les charpentiers] ont fait

Fig. 707 et 708. — Couronnes ducale et princière.

fère trois claveures garnies de grappons, de courrels et de six clefs. » (*Réparations faites au château de Blois,* 1411.) Dans la nouvelle XIVe de l'*Heptaméron,* le sieur de Bonnivet est informé, au moment de partir pour une excursion amoureuse, que s'il trouvait la porte ouverte de la dame qu'il convoite : « Il entrast doucement et qu'il la refermast hardiment au coureil, sachant qu'il n'y avoit qu'elle seule en la chambre. » Ce qu'il fit, du reste ; car, « entré qu'il fut en la chambre de la dame, la referma au coureil et veid toute ceste chambre tendue de linge blanc ». Au XVIIe siècle, le mot coureil est devenu par contraction

Fig. 709 et 710. — Couronnes de marquis et de comte.

croil, d'où le verbe *crouiller,* encore employé il y a un demi-siècle dans les environs de Paris pour signifier verrouiller.

Courier, *s. m.* — Voir COURRIER.

Courmidon, *s. m.* — Locution usitée dans le Comtat-Venaissin. Seau qu'on porte sur la tête. « Un courmidon bas, bois meurier. » (*Invent. de dame Louize de Sourras;* Bédarrides, 1704.)

Courroir, *s. m.* — Prononciation défectueuse du mot COULOIR. « Après avoir tué quelques rondes sur le couroir de la muraille, [ils] donnèrent de furie jusques au milieu de la place de la ville. » (*Chronologie novennaire,* de Palma Cayet. — *Mém. relat. à l'hist. de France,* t. LVI, p. 332.) « Dans le cabinet du couroir, duquel Catherine, chervante nourrice dudit seigneur, a la clé, etc. » (*Invent. fait au Châtelard,* 1762.)

Couronne, *s. f.* — Ce mot sert à désigner un certain nombre d'objets fort différents, mais qui doivent leur nom commun à leur forme circulaire.

En architecture, la couronne est un ornement composé de deux branches de chêne, d'olivier ou de laurier, disposées de façon à former le cercle, et qui se joignent par leurs extrémités respectives.

Dans le langage du décorateur, on donne ce même nom aux ornements qui servent de timbres aux armoiries et qui marquent la dignité des personnes ou des familles. On distingue les couronnes impériales, royales, celles des princes, ducs, marquis, comtes et vicomtes. La couronne des barons se nomme un tortil. Ces diverses couronnes sont dites fleuronnées ou perlées, suivant qu'elles se terminent par des perles ou fleurons d'ache ou de persil. Les couronnes, dans la décoration, sont parfois employées seules ; plus souvent elles surmontent des écussons ou des initiales combinées de façon à former un chiffre. A différentes reprises, l'abus que l'on faisait de ces couronnes a donné lieu à des plaintes d'abord et ensuite à des mesures répressives. Une *Ordonnance* du 5 août 1760, entre autres,

Fig. 711 et 712. — Couronne de vicomte et tortil de baron.

chercha à remédier à cet abus, mais sans y parvenir. « Cette ordonnance, écrivait un contemporain, a nombre de dispositions qui donnent lieu à bien des discussions, tant pour le jugement des armoiries que pour le règlement du timbre d'icelles, qui ne doit être que d'un casque, soit pour nobles, soit par privilège pour les bons bourgeois de Paris, et cela dans un temps où la couronne de comte, sur les carrosses et sur la vaisselle et les cachets, est d'un usage général, tel que celui de porter l'épée, sans que cela donne aucun titre ni aucune considération, excepté les gens d'une bourgeoisie décidée et incompatible avec une pareille couronne. » (Barbier, *Journal,* août 1760, 7e série, p. 285.) Barbier n'exagère pas. En 1785, Mirabeau écrivait à la femme qu'il avait séduite, à Sophie de Monnier : « Dites à mon orfèvre de graver un cachet à mes armes, vous lui recommanderez de le surmonter d'une couronne de marquis. Je ne suis pourtant pas marquis ; mais il n'est pas aujourd'hui de procureur, qui ne prenne la couronne de comte, je ne puis m'en contenter. » Ces usurpations, au surplus, n'étaient pas de date récente, et Tallemant raconte la plaisante aventure d'un simple gentilhomme gascon, qui avait fait peindre sur son carrosse une couronne fermée. (Voir *Historiettes,* t. V, p. 337.)

Il est à remarquer, en effet, que ce sont ceux qui de tout temps y ont eu le moins de droits, ou les droits les plus récents, qui ont le plus prodigué ces ornements dans la décoration de leurs appartements, aussi bien que sur leur linge et leur argenterie. Dès le XVIIe siècle, la prodigalité de ces armoiries de contrebande avait rendu l'usage des véritables presque ridicule. Les couronnes même les mieux justifiées et les plus autorisées n'étaient employées, dans la décoration, qu'avec une certaine retenue. « Les titres de comte et de marquis sont tombés dans la poussière, écrivait Saint-Simon, par la quantité de gens de rien et même sans terre qui les usurpent et par là tombés dans le néant, si bien même que les gens de qualité qui sont marquis ou comtes (qu'ils me permettent de le dire) ont le ridicule d'être blessés qu'on leur donne ces titres en parlant d'eux. » (Saint-Simon, *Mémoires,* t. II, p. 191.)

Fig. 713. — Couronne d'office en fer forgé, musée de Cluny (XVIIe siècle).

COURONNES. — Dans le langage mobilier, on a encore appelé ainsi certains lustres ou candélabres dont la membrure principale est formée par une lame de métal circulaire. « Ung lampier d'argent, pendant à ladicte chappelle, lequel est d'argent doré en façon de couronne. » (*Invent. de Charles V,* 1380.) On nomme également *couronnes d'office* des cercles en cuivre ou en fer qui, suspendus au plafond, sont garnis de crochets pour supporter la viande. (Voir les figures 713 et 714.) Ce mot est encore employé pour exprimer certains supports de forme ronde, comme dans l'extrait suivant : « Deux petittes couronnes de bois doré, sur chacune desquelles est un petit pot à l'eau et une jatte de porcelaine de couleur. » (*Apposition des scellés après le décès du peintre Hyacinthe Rigaud,* 1743.)

Couronnement, *s. m.* — Terme d'architecture. C'est la partie supérieure d'un édifice, d'un bâtiment, celle qui termine l'ouvrage. Ainsi une lanterne est le couronnement naturel d'une coupole, un fronton est le couronnement d'un péristyle, etc. On appelle aussi de ce nom les détails de pure décoration qui servent d'amortissements à certaines parties d'une construction, d'un meuble, d'un cadre, d'un miroir. Jadis ces couronnements portaient le nom de CHAPITEAU. (Voir ce mot.) Il en est de même pour les couronnements de serrurerie, qui sont représentés, dans les grilles de jardin, de cour, de parc, etc., par les enroulements de feuillages, les cartouches, les chiffres qui surmontent la porte centrale de ces grilles. « Une porte de fer cintrée à 2 vantaux, garnie d'ornemens tant en cuivre qu'en fer, avec couronnement au-dessus, à vendre chez le sieur Henry, serrurier, rue du Vieux-Colombier. » (*Annonces, affiches et avis divers,* 11 juillet 1768.) Enfin, les serruriers appellent encore *couronnement de serrure* certains ornements qu'ils placent sur l'écusson.

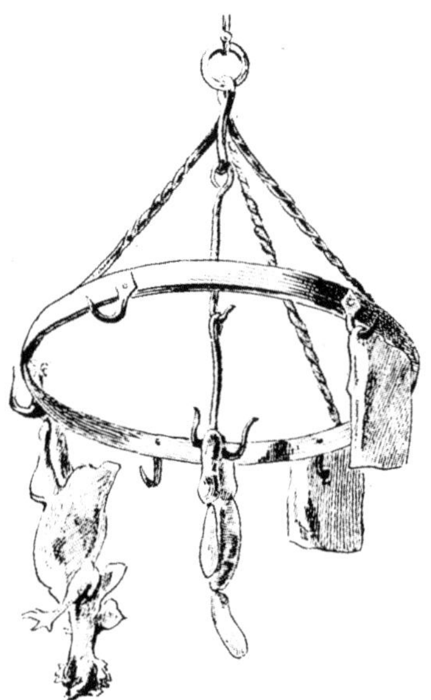

Fig. 714. — Couronne d'office chargée d'aliments, d'après un tableau de Rickaert (XVIIe siècle).

Courrel, *s. m.;* **Courroil,** *s. m.* — Verrou. (Voir COUREIL.)

Courrier, *s. m.* — Nom donné au siècle dernier à une sorte de bougeoir. « Deux couriers ou chandeliers bas. » (*Livraison faite par F.-T. Germain, pour la table de campagne de Madame Infante,* 25 mars 1750.)

Courroie, *s. f.* — Lanière de cuir munie d'une boucle et percée de trous. Autrefois, on se servait des courroies pour fermer les coffres, les bahuts et autres meubles qu'on chargeait sur les bêtes de somme, et qu'on faisait voyager avec soi. « A Pierre du Fou, coffrier, demourant à Paris... pour une bouge de cuir fauve, garnie de grosse toille par dedans et de courroies..., LXIV sols parisis. » (*Comptes de l'argenterie du roi Charles VI,* 1387.) « XXII mars [1449], audit Bretault [sellier d'Aix], ledit jour, II florins pour six courroies de bahus, et pour radouber trois bahuz de la garderobe, etc. » (*Comptes et mémoriaux du roi René,* p. 298.)

Au XIVe siècle, on donnait également ce nom à certaines sacoches de cuir qu'on portait attachées soit à la ceinture, soit à la selle de son cheval, à l'aide de courroies. « Le suppliant portoit sur son cheval une bourse de cuir appellée courroie, en laquelle avoit la somme de vint et quatre livres. » (*Lettre de rémission,* 1398.)

Course, *s. f.* — En serrurerie, c'est l'espace parcouru par le pêne d'une serrure, d'un verrou, d'une targette, ou par un mouvement de sonnette dans son oscillation.

Courtepointe, *s. f.;* **Contrepointe,** *s. f.;* **Coultepointe,** *s. f.;* **Couste pointe,** *s. f.;* **Coutepointe,** *s. f.;* **Couetepointe,** *s. f.;* **Coctepointe,** *s. f.;* **Cothepointe,** *s. f.;* **Courtaipointe,** *s. f.;* **Courto-pointo,** *s. f.* — Ce mot est assurément un de ceux qui ont été écrits et prononcés des façons la plus diverses. A l'origine, il paraît s'être manifesté sous la forme de contrepointe, c'est-à-dire d'étoffe piquée ou cousue point contre point. Les courtepointes, en effet, constituaient (dans leur principe, mais avec des dimensions infiniment plus vastes) ce que nous appelons aujourd'hui des couvre-pieds, c'est-à-dire des couvertures d'étoffe doublées, à l'intérieur, d'une garniture de coton, d'ouate ou de plumes, retenue par des piqûres exécutées « point contre point ». Chez les gens peu aisés, l'entre-deux des tissus était rempli de *ploc,* ou poil de divers animaux, et comme ce *ploc* rendait les courtepointes plus pesantes, on prit l'habitude de les appeler LOURDIER ou LOUDIER.

Malgré la netteté de cette étymologie, dès le commencement du XIVe siècle, la forme du mot s'était déjà corrompue. Nous remarquons, en effet, dans l'*Inventaire de Mahaut d'Artois* (1313) : « Une couste-pointe de vert cendal »; dans l'*Inventaire de Clémence de Hongrie* (1328) : « Une courtepoincte de cendal ynde à fleur de liz »; dans les *Recettes et dépenses des prieuses de l'Hôtel-Dieu* (1731) : « Pour la vente d'un couvertoir de connins blancs et une coustepointe blanche », etc. Un autre passage des mêmes *Comptes* (1379) porte le mot « coute-pointe ». Dans l'*Inventaire de Charles V* (1380), on lit « coulte-pointe ». Les *Comptes de l'argenterie du Roi* (1387) qualifient Martin Didèle, « couste-pointier ». Au XVe et pendant la première moitié du XVIe siècle, même indécision. Dans l'*État des objets d'ameublement achetés, à Paris, par Marguerite de Flandre* (1403), nous trouvons écrit : « coute-pointe »; dans l'*Inventaire du château des Baux* (1426), « coutre-pointe »; dans l'*Inventaire du château de Chanzé,* appartenant au roi René (1471), on lit : « couete-pointe » ; dans l'*Inventaire de la duchesse de Valentinois* (1514), « cocte-pointe » et « cothe-pointe » ; dans l'*Inventaire de Marguerite d'Autriche* (1524), « contre-pointe », et dans l'*Inventaire des meubles du prince de Condé* (1588), « courtai-pointe ». Constatons enfin que c'est dans l'*Heptaméron* (nouvelle XXXIIe) que le mot courtepointe nous apparaît, pour la première fois, sous la forme qui désormais peut être considérée comme définitive : « Incontinant [elle] envoia quérir ung bon lict garny de linceux, mante et courtepointe, selon que son mary l'aimoyt. »

Pendant tout le XIVe et le XVe siècle, la courtepointe joua un rôle considérable dans la parure du lit. Nous avons, au mot CHALIT, expliqué que la partie solide de ce meuble, le grand cadre de bois monté sur quatre pieds, qui constitue sa charpente, demeurait invisible, étant entièrement recouverte par les draperies. Ces draperies étaient celles de la courtepointe, qui enveloppaient complètement la couche et traînaient jusqu'à terre. Il était donc naturel qu'elles fussent confectionnées en tissus précieux. Les *Comptes de Geoffroi de Fleuri,* argentier de Philippe le Long (1316), donnent le détail de la fabrication d'une de ces courtepointes. On y relève la fourniture de 4 pièces de cendal noir, de 2 pièces de toile pour l'envers, d'une livre de soie pour coudre et piquer. La façon et la bourre sont cotées 15 livres. Nous savons, en outre, par l'*Inventaire du château de Quatremares,* que Jeanne de Valois (1436) possédait des courtepointes de cendal « ouvrées d'or, armoiées de plusieurs armes; et de velour jaune doublé de cendal vert ». Dans les *Comptes d'Étienne de la Fontaine* (1352), on note des fournitures importantes de cendaux magnifiques, pour faire les courtepointes du roi et de ses principaux officiers. L'*Inventaire de Charles V* (1380) mentionne des courtepointes de cendal vermeil « ouvrées à bestes, à ymages, à fueillages », etc. Lorsque l'adaptation des colonnes, piliers ou quenouilles vint transformer, au XVIe siècle, la structure du châlit, en liant la partie supérieure au bâti inférieur, les courtepointes perdirent de leur ampleur et s'arrêtèrent désormais à la hauteur des pans ou soubassements du châlit. Néanmoins, cela ne les empêcha pas de continuer à être fabriquées en étoffes de prix. C'est ainsi que dans l'*Inventaire de Charlotte d'Albret, duchesse de Valentinois* (1514), nous voyons figurer des courtepointes « de damas blanc doublé de taffetas rouge » et « de damas d'or broché faict à rozes », et doublées de satin cramoisi. Dans l'*Inventaire de Marguerite d'Autriche* (1524), on relève également des courtepointes « à la mode d'Espagne » de la plus grande richesse. De même, dans l'*Inventaire de Catherine de Médicis* (1589). Dans celui du cardinal de Mazarin (1653), on en trouve « de satin viollet, picqué et brodé à fleurons, de petit cordon d'or, garni d'un petit mollet d'or sur un autre de soie et doublé de taffetas », etc. Certaines de ces courtepointes étaient munies de « tringles couvertes de lames d'argent avec broquettes dorées » servant à les rendre « quarrées et unies ».

A cette époque, chez les particuliers, on rencontrait également une quantité considérable de courtepointes de satin et de taffetas importées de Chine. C'était un article important de commerce pour la compagnie des Indes. La *Subvention générale du vingtième sur les marchandises entrant en France* (1641) mentionne les contrepointes et les lodiers, comme faisant l'objet de transactions régulières.

La courtepointe était encore, au XVIIIe siècle, la parure par excellence du lit, parure qui jouait son rôle dans les cérémonies officielles. « Lorsque le nonce ou un ambassadeur, écrit le père Besongne, doit avoir audiance, le tapissier doit auparavant découvrir le lit....., c'est-à-dire qu'il doit ôter la housse de taftas qui est autour du lit....., et quoique le lit ne soit pas encore fait, il doit le couvrir de la courtepointe et ouvrir les rideaux, du moins par les piés et le devant du lit. » (*État de France*, t. Ier, p. 286.) Cependant les jours brillants de la courtepointe approchaient de leur déclin. Avec le XVIIIe siècle, cet ornement des lits riches et princiers se dissimule sous la housse et ne reparait plus que dans l'intimité.

Courtepointer, *v. a.;* **Contrepointer**, *v. a.* — Piquer point contre point. Ce verbe, qui a cessé d'être français, était en usage au XVIe siècle. On lit dans l'*Inventaire de la duchesse de Valentinois* (1514) : « Une petite chaise à femme, couverte de cuir courtepoincté. » En outre, l'*Inventaire des meubles laissés à la charge du maître d'hôtel de Pau* (1519) mentionne : « Une banne de taffata noir contrepointée. »

Courtepointier, *s. m.;* **Contrepointier**, *s. m.;* **Coultepointier**, *s. m.;* **Courtepointerie**, *s. f.* — Les courtepointiers ou contrepointiers avaient le privilège de doubler, rembourrer, ouater et piquer les tissus, point contre point. (Voir l'article précédent.) Leur profession se nommait la courtepointerie. Les courtepointiers, contrepointiers ou coultepointiers ne sont pas mentionnés dans le livre d'Étienne Boileau. Cependant, en 1351, ils étaient assez nombreux et assez influents pour être admis à l'insigne honneur de tendre, « au commandemant du roy, les encourtinemens, mis et tendus à Saint-Ouin en la noble maison pour cause de la feste de l'Estoille ». Ils usurpaient ainsi la place et les privilèges des tapissiers royaux, obligés de s'incliner devant ces rivaux d'un jour. Ajoutons qu'à cette époque, les fonctions des « Maîtres Marchands Contrepointiers neustrés et coustiers » étaient relativement très importantes, parce que presque tous les tissus de soie employés dans l'ameublement étaient ouatés.

Un *Compte d'Étienne de la Fontaine, argentier de la Couronne* (1352), et relatif à la confection de la chambre du roi Jean « pour le terme de Pasques », montre le rôle décisif que jouait le courtepointier dans l'exécution de travaux de ce genre. Nous croyons devoir reproduire ce compte, qui comprend et la fourniture des tissus et leur mise en œuvre.

« Édouard Thadelin, marchant de Lucques et bourgois de Paris, pour XXXVIII pièces de cendaulx vers, des larges, baillés à Thomas de Chaalons, coutepointier du Roy, pour faire la coutepointerie de ladicte chambre; c'est assavoir, la grant coutepointe pour le lit, cheveciel et ciel, [le] tout garni de III courtines; une petite coutepointe pour les piez; un demi-ciel pour laver le Roy, garni comme un ciel sans courtines, et VII autres coutepointes pour les chambellans, IX escus la pièce, valent tout IIIC.XLII escus. — Ledit Édouard, pour XX pièces de toilles yndes, bailliées au dit Thomas pour faire l'envers de la dicte coutepointerie, un escu et trois quars la pièce, XXXV escus. — Ledit Édouard, pour II livres d'or de Chippre et II livres d'argent, XVI escus pour livre; pour II livres de soie de plusieurs couleurs, VIII escus pour livre; pour une pièce de fin velluyau en graine, XL escus, et pour aune et demie de fin veluyau asuré, XII escus. Tout baillié au dit Thomas de Chaalons pour faire et broder III estoilles assises, l'une en la coutepointe, l'autre ou ciel, et la tierce ou cheveciel de ladicte chambre. Valent tout CXIV escus. »

La substitution des tapisseries de haute lice aux tentures ouatées porta un premier coup à l'industrie des Maîtres marchands courtepointiers. Puis vint, à l'époque de la Renaissance, le goût des peintures à fresque. Toutefois, au milieu du XVIe siècle, leur Communauté était encore assez puissante pour figurer, le 16 juin 1549, à une place d'honneur, dans le cortège qui se rendit au-devant de Henri II, faisant dans Paris son Entrée solennelle. Ils étaient représentés dans cette cérémonie par vingt-cinq hommes, chiffre proportionné au nombre des membres de la Communauté, ce qui les rangeait au vingt-quatrième rang, sur soixante-quatre corporations qui prirent part au cortège officiel.

En 1636, par suite de l'importation directe des courtepointes faites en Chine et aux Indes, leur commerce était si diminué, leur industrie si réduite, qu'ils jugèrent prudent de se réunir à la corporation des tapissiers. Celle-ci les absorba, et depuis lors, les tapissiers sont restés en possession de la fabrication des COUVRE-PIEDS, ces successeurs rétrécis des gigantesques courtepointes.

Courtil, *s. m.* — Locution picarde. Petite maison ou chambre faite de torchis. On lit dans la *Vray-disante advocate des dames :*

Que feist Serès?
Que feist Ysis?
L'une les blez,
L'autre courtilz.

Courtinage, *s. m.;* **Cortinaige**, *s. m.* — C'est l'ensemble des courtines ou rideaux qui garnissent un lit. « Ung archelict garny de coitte, coussin, flessade, mathalas de layne et son courtinaige toille blanche. » (*Invent. de Pierre Bonafoux, conseiller au parlement;* Toulouse, 1568.) (Voir l'article suivant.)

Courtine, *s. f.;* **Cortine**, *s. f.* — Rideau. Du XIVe au XVIIe siècle, le mot courtine, dans le langage mobilier, sert à désigner à la fois le rideau de lit, de fenêtre, celui qui divise la chambre en plusieurs parties, et l'ensemble des rideaux qui entourent un lit. Quelques exemples feront connaître les acceptions multiples dans lesquelles ce mot

Fig. 715. — Jean d'Anjou priant, abrité par une courtine (d'après une miniature du XVe siècle).

est usité. « Une chambre de bougueran blanc, où il y a coutepointe, ciel, cheveciel, courtines et une grande courtine, III tapis et XII tayes à quarreaux, prisée XLV livres parisis. » (*Invent. de Clémence de Hongrie,* 1328.) « Une chambre, brodée de France et de Navarre, garnye de ciel, de dossier, de coultepointe, de troys courtines de tartare vermeil changeant et rayé d'or. » (*Invent. de Charles V,* 1380.) « A Anthoine Boutel, pour avoir fait faire une chambre de sarge noire, ciel, couvertures, courtines et rubens de layne », etc. (*Dépense de la reine Charlotte, seconde femme de Louis XI,* 1483.) Citons encore ce passage du *Miroir du mariage,* par Eustache Deschamps : « Chambre..., belle et bien ordonnée de blanc camelot et brodée, et les courtines ensément... » ; et cet amusant propos de Gillette dans les *Tromperies* de Pierre de Larivey (acte Ier, sc. I) : « ... Souvienne-toy que, lors que la jeunesse de ceste ville, au froid, à la pluye et au vent, nous donnoit de nuict des aubades, maudissant nostre cruelle rigueur, tu te donnois du bon temps sous les belles courtines, et estois traité à gogo comme un aigneau sous la mamelle. »

Toutes ces courtines jouaient le rôle de rideaux de lit. Sous cette première forme, elles prenaient divers noms. Quand elles entouraient hermétiquement le lit et le fermaient de façon à empêcher le jour et l'air de pénétrer, on les nommait des « courtines closes ». On rencontre aussi, dès le XIVe siècle, des lits à « courtines doubles », ce qui assigne une origine lointaine aux doubles rideaux. En voici maintenant qui remplissent la condition de rideaux de fenêtre : « Une petite chambre de sarge vermeille, à demy ciel... avec une courtine bleue de toille, qui se tire devant la fenestre. — *Item,* huit courtines de toille azurée double, pour mectre devant fenestre. » (*Invent. de Charles V,* 1380.)

Après cela, vient la courtine considérée comme rideau de séparation, et cela à une époque bien lointaine, puisque la première de nos citations est empruntée au *Roman de Berte aus grans piés* (p. 104) :

Sire, ce dist Symons, savez que je feroie?
S'il vous venoit en gré, à li parler iroie,
Et Constance ma fenme avoeques moi menroie,
Derrier cele courtine très bien vous reponroie,
Bertain ici endroit tout errant amenroie,
De ceste chose ici oiant vous enquerroie;
C'est le miex que g'i sache, ainsi le loeroie.

« A Jacques Dourdain, marchant tappicier, demourant à Paris, pour avoir fait de pièces de cendaulx, prinses et achettées du dit Guillaume Sename, dont cy devant est faite mencion, ung grant ciel pour deux liz, les courtines d'entour, et la courtine du millieu d'entre les deux liz et la courtine qui va au travers de la chambre... » (*État des objets d'ameublement achetés à Paris par Marguerite de Flandre, duchesse de Bourgogne;* Paris, 1403.) « A Mercati, pour VI pièces de cendaux vers, larges, pour faire courtine traversaire, pour monseigneur de Ponthieu, XXVII livres parisis. » (*Comptes de l'argenterie d'Isabeau de Bavière,* 1405.)

Enfin, pour que l'assimilation soit complète, il nous faut voir la courtine jouant tantôt le rôle de rideau sacré, enveloppant l'autel et protégeant les saintes reliques, et tantôt celui de rideau de théâtre. « Deux courtines d'autel de samit blanc... pour mectre devant les reliques quant ils sont sur l'autel. — *Item,* deux autres courtines d'autel blanches, de fil royé de plusieurs royes, esquelles a ung pou d'or parmy. » (*Invent. de Charles V,* 1380.) Voilà pour le rideau sacré. Passons maintenant au rideau profane. Dépeignant les fêtes qui eurent lieu, en 1553, à Lille, et qui accompagnèrent le banquet où Philippe le Bon prononça son fameux « vœu du faisan », Olivier de la Marche écrit : « Les clairons estoyent derrière une courtine verde, tendue sur un grand hourd faict au bout de la salle »; et plus loin, parlant des noces de Charles le Téméraire et de Marguerite d'York (1468) : « Celuy jour fut le banquet conduit de vingt quatre plats et moult somptueux... et après fut veu au bout de la table, en la salle, un hourd encourtiné, et sur ce hourd commencèrent trompettes à sonner; et sur ce fut la courtine tirée, et là se commencèrent à montrer les figures des douze travaux d'Herculès. » (*Mém.,* liv. Ier, p. 421, et liv. II, p. 544.) Citons encore le passage suivant du *Vergier d'honneur :* « Au bout du pont de Pierre qui est en ladicte ville (de Pise), avoit ung grant eschaffault orné, garny et acoustré de courtines de soye et aultres richesses. »

Ce qui semble distinguer surtout la courtine de toutes les tentures pendantes qui servent à entourer le lit ou à décorer une pièce, c'est qu'elle est généralement montée sur de petits anneaux qui courent sur une tringle de fer, de là le nom de COURANT ou CURRENT, qu'on lui donne quelquefois ; de là aussi le soin que mettent les scribes officiels à mentionner la présence des cordons de tirage, des anneaux et des *annelets* dans son armature. « Pour la façon de la grant courtine, pour corde, pour ruban et pour aniaus, XL sols. » (*Comptes de Geoffroi de Fleuri,* 1316.) « Une courtine de toille inde, grant et longue, senglée et toute encordée de corde. » (*Invent. de l'hôtel de Quatremares,* 1334.) « iiii courtines ou currens d'estamine rouge, 1 coutrepointe blanche », etc. (*Invent. du château des Baux,* 1426.) « Et estoient les dictes courtines à annelets pour courre, touttes deux joindans ensemble quand on vouloit. » (*Aliénor de Poictiers,* 1485.)

Enfin nous avons dit que courtine signifiait non seulement le rideau pris isolément, mais encore l'ensemble des rideaux garnissant un lit. Voici un exemple de l'emploi de ce mot dans cette acception générale : « Ce matin, au Roy estant encores dans son lit, à Saint-Denis, fust menée une bourgeoise toute masquée, partie exprès de Paris... Elle parla au Roy près de trois quarts d'heure sous la courtine de son lit. » (*Journal de l'Estoile,* t. VI, p. 129 ; décembre 1593.)

A partir du XVIIe siècle, toutefois, le mot courtine est remplacé par le mot rideau. C'est, en 1471, dans l'*Inventaire du château de Chanzé,* que le rideau apparaît pour la première fois. On le retrouve dans les *Inventaires d'Anne de Bretagne* (1498) et *du duc de Bourbon* (1507); et, dans l'*Inventaire de Catherine de Médicis,* dressé en 1589 par le sieur Trubart, maître tapissier à Paris, ce dernier terme est le seul qu'on rencontre. Quelques retardataires, toutefois, continuent d'employer le mot courtine ; mais les régulateurs du beau langage protestent. « En parlant de lit, on le disoit autrefois, écrit Richelet ; mais aujourd'hui on ne le dit plus à Paris. On dit Rideau. » Furetière, de son côté, ajoute : « COURTINE signifie aussi des rideaux de lit, mais dans ce sens il est vieux ; on le dit seulement à l'église des rideaux qui sont aux deux costéz de l'autel. » Enfin, l'*Académie* (2e édit., 1696) ajoute en parlant des courtines considérées comme parures du lit : « En ce sens, il est vieux ! » Le mot, en effet, disparaît complètement à cette époque des usages courants et n'est plus désormais employé qu'accidentellement et par les poètes ; témoin ce passage du *Petit Ménage* du baron de Tschoudi :

> Là, sous les courtines de gaze,
> Les plaisirs semblent voltiger ;

ou bien dans le langage arriéré de quelques provinces, en Picardie, par exemple, et dans le pays rémois, où il est encore en usage aujourd'hui.

Nous avons dit que c'était dans sa signification d'ensemble de rideaux, ou d'armature de lit, que nous le rencontrons usité en dernier lieu ; et, en effet, si nous parcourons les *Mémoires* de Mme de Motteville ou ceux de Mlle de Montpensier, nous verrons que ces deux écrivains, qui se servent constamment du mot rideau, emploient l'une et l'autre courtine, pour désigner l'espèce de tente sous laquelle le roi d'Espagne avait pris place dans l'église de Fontarabie, lors de la cérémonie du mariage de Louis XIV avec Marie-Thérèse (1660). « L'hôtel étoit élevé de beaucoup de degrés, écrit la grande Mademoiselle. Il y avoit une courtine pour le roi, c'est-à-dire proprement un lit où il n'y a point de bois, qui est attaché au plancher (nous dirions aujourd'hui suspendu au plafond); il étoit de brocard d'or... le rideau qui regardoit l'autel seulement étoit ouvert... Le roi dit que l'on tirât le rideau du côté où j'étois, afin que l'on le vît mieux », etc. (*Mém.* de Mlle de Montpensier, t. III, p. 458.) Mme de Motteville ajoute : « Nous nous mîmes dans le chœur... d'où nous voyions la courtine du roi, c'est-à-dire le lieu où il se met pour entendre la messe, qui est comme un lit où il y a des rideaux tout autour ; celui de devant ses yeux est tiré, afin qu'il puisse entendre la messe, et d'ordinaire on ne le voit point. » (*Mém.* de Mme de Motteville, ch. LIII.)

Le soin que Mme de Motteville et Mlle de Montpensier mettent à nous décrire la « courtine » de Fontarabie prouve que depuis longtemps, en France, l'usage en était passé. Toutefois, il convient de se souvenir qu'au XIVe et au XVe siècle, ces réduits de tapisserie étaient fort à la mode. On les nommait alors des ORATOIRES ou des CLOTETS. (Voir ces mots.) On les dressait au milieu du sanctuaire quand le roi ou le prince venait entendre une messe solennelle, de façon à l'isoler de ses sujets. On trouve des traces de ces oratoires dans les vieux comptes et dans les inventaires, ainsi que la mention des rideaux ou courtines qui les encadraient. « Les courtines vers (vertes) de l'oratoire. » (*Invent. de Charles V,* 1380.) « A luy (à Ozias), pour cent trente-huit palmes dudit drap, employé en troys courtines pour l'oratoire du dit Seigneur. » (*Comptes et mémoriaux du roi René.*)

En Provence, au XVe et au XVIe siècle, on écrivait CORTINE. (Voir ce mot.) Enfin dans l'*Inventaire des joyaux et argenterie de la cathédrale de Dol* (1660) (Archives d'Ille-et-Vilaine), nous trouvons le mot courtine employé dans la description de la garniture d'une chaire ou chaise. Il s'agit, sans doute, ici d'un siège épiscopal avec dais. Cette disposition, croyons-nous, mérite qu'on la consigne.

Courtinen, *s. f.* ; **Courtinour,** *s. m.* — Locutions bretonnes. On rencontre ces deux mots usités jusqu'à la fin du siècle dernier, le premier avec la signification de natte, le second avec celle de nattier.

Courtinette, *s. f.* ; **Courtinon,** *s. m.* — Dans l'ensemble des étoffes qui protègent un lit garni de courtines, on

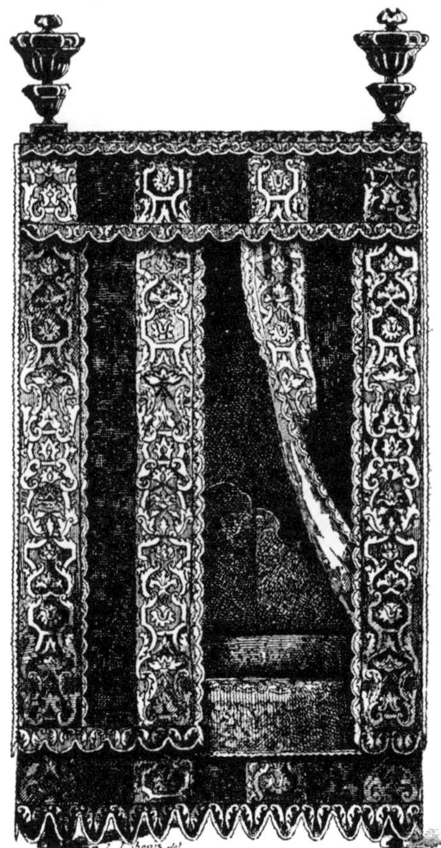

Fig. 716. — Lit orné de courtines brodées (XVIIe siècle).

compte deux grands rideaux placés des deux côtés du lit, à droite et à gauche du dormeur, puis un autre grand rideau qui ferme les pieds du lit, et enfin un quatrième qui tapisse la muraille et s'arrête souvent à la hauteur du chevet, alors que les autres descendent jusqu'au sol. Ces derniers portaient autrefois le nom de COURTINE. (Voir ce mot.) Le rideau, plus court, était appelé en Gascogne et dans le Bordelais, courtinon ou courtinette. « Ung grand châlit de noyer en menuyserie, garny de coiste et traversier... troys courtines, ung courtinon et ung doucier de cadis viel. » (*Invent. de Jehan Verrier, seigneur du Boscq;* Bordeaux, 1590.) « Plus trois garnitures de ciel de lit, sçavoir : neuf courtines, neuf pantes, trois courtinetes, dont l'une garnyture est de lin de biais, en trois courtines, trois pentes avec leurs franges de fillet retorz brin, et le courtinon de mesme. » (*Invent. des meubles de Pierre de Capdeville, bourgeois et marchand;* Bordeaux, 1591.)

Court-pan, *s. m.* — Partie inférieure du dossier du lit, qui va d'un montant à l'autre et unit les pans latéraux.

Cousinière, *s. f.* — Sorte de moustiquaire. La cousinière était faite avec de la gaze ou de l'étamine très fine et très légère. « On avait mis à cette fenêtre en dehors, écrit le duc de Luynes (*Mém.,* décembre 1751, t. XI, p. 339), une espèce de grillage avec une étoffe semblable à une cousinière fort claire. » Dans la chambre du Dauphin, à Versailles (1792), se trouvait une cousinière de gaze d'Italie. Nous en donnons plus loin la description, telle qu'elle résulte de l'inventaire dressé en cette année. (Voir MOUSTIQUAIRE.)

Coussère, *s. f.* — Locution provençale. Paillasse, toile, enveloppe, sac de la paillasse. « Plus une garde-paille, *sive* coussère délivrée pour trente-cinq sols. » (*Vente des biens d'Antoine Brunel;* Bollène, 1668.)

Coussin, *s. m.;* **Coissin,** *s. m.;* **Coessin,** *s. m.;* **Cuissin,** *s. m.* — C'est le même objet mobilier que le CARREAU, c'est-à-dire une espèce d'oreiller de plume, de bourre, de crin, ou autre matière, qui sert aux emplois les plus divers. Remarque curieuse, le coussin, coissin, coessin, cuissin, car on commença par écrire son nom de façons fort différentes, est tout aussi ancien que le fameux carreau dont nous avons plus haut raconté l'histoire détaillée, et, depuis son origine, on le rencontre dans tous nos mobiliers français, vivant côte à côte avec ce même carreau, sans qu'il soit possible de définir bien exactement quelle différence existait entre eux, et même s'il existait une différence. Nous ne reprendrons pas ici l'histoire de cet utile objet. Nous nous bornerons à la simple citation de quelques documents, espacés de façon à permettre au lecteur de suivre le coussin dans ses diverses étapes :

Povre ostel ot la dame quand vint à l'annuiter
N'i ot maison, ne sale, ne chambre, ne solier,
Ne coute, ne coussin, linceul ne oreiller...

(*Li Roumans de Berte aus grans piés.*)

« Après ce, les biens meubles de ladite maison, c'est asavoir : Coutes, coissins, coffres, huches et aultres biens, (ils) froissièrent et débrisèrent par la rue, en la boue les espandirent. » (*Grandes Chroniques de Saint-Denis,* 1306.) « XXX coustes et XIIII coissins. » (*Invent. de Mahaut d'Artois,* 1313.) « Le nombre des coutes qui sont au dit inventoire monte à IIII ^{XX} coutes, IIII ^{XX} et trois coissins, etc. » (*Invent. des biens trouvés à l'hôtel de Quatremares,* 1334.) On voit que, dès cette époque, ils étaient en nombre dans les demeures seigneuriales. Du reste, Eustache Deschamps, dans sa *Ballade des nouveaulx mariez,* écrit :

Il vous fault pour vostre mesnaige,
Entre vous, mesnagers nouveaulx,
Coustes, coussins, liz et fourraiges,
Fourmes, bancs, tables et trétiaulx.

Ajoutons qu'indépendamment de leur nombre, ils se recommandaient encore parfois par leur taille. La citation suivante en fait foi : « Une pièce de cendal vermeil en greine, pesant XXV onces, et est de XVII aunes pour couvrir le coissin du lit du Roy. » (*Compte d'Édouard Tadelin, mercier de Philippe de Valois,* 1342.) Voilà certes un coussin de dimensions considérables, et qui revêt les proportions d'un véritable lit de plumes. Dans l'*Inventaire de Charles V* (1380), on rencontre, au surplus, des « coissins tenant deux aulnes troys quartiers ». Mais continuons nos citations. « En ladicte chambre, y a une coete, coessin et deux chasliz. » (*Invent. de la duchesse de Valentinois,* 1514.) Dans Rabelais, nous voyons Frère Jan, après avoir payé à la vieille hôtesse les cinq sols qu'elle demandait pour le loyer de son lit, « avec son bragmard fendant la coitte et coissin en deux ». (*Pantagruel,* liv. V, ch. XV.) A la cérémonie du baptême de Louis XIII : « Le bassin étoit porté par M. le mareschal de la Chastre, le coussin par M. de Suilly, le cierge par M. de Montbazon. » (*Briefve narration de ce qui s'est passé au Baptesme de Monseigneur le Dauphin et de Mesdames ses sœurs,* 1660.) Dans l'*Inventaire des joyaux et argenterie de la cathédrale de Dol* (1660), figurent : « Deux coussins de drap d'or, relevés d'un costé de velours rouge... et de l'austre costé de velours rose, entourez d'un grand galon d'or. » Boileau, dans son *Lutrin,* nous fait assister à la sieste de ce gourmand prélat,

Dont le corps, ramassé dans sa courte grosseur,
Fait gémir les coussins sous sa molle épaisseur.

Besongne nous montre Louis XIV, soir et matin « s'agenouillant sur deux coussins qui sont préparés à terre devant un fauteuil ». (*État de la France,* t. Ier, p. 313.) Lazare Duvaux fournit à Mme de Pompadour un « coussin à pupitre, satin et réseau d'or » ; et Mme du Deffand écrit à Horace Walpole (lettre CCXLV) que Mme Wiart a retrouvé « sous le coussin d'une de ses bergères » une tabatière que lui, Walpole, avait jadis perdue. Voilà pour l'histoire.

Aujourd'hui, que le carreau a cessé complètement de faire parler de lui depuis au moins un siècle, nous n'avons plus à compter qu'avec le coussin. C'est lui qui occupe sur nos sièges, sous nos pieds, sous nos genoux toutes les places qu'il partageait jadis avec son rival. Il ne connaît plus désormais d'autre concurrent que l'oreiller, sur lequel nous reposons notre tête. Mais alors que ce dernier est presque exclusivement garni de plumes, le coussin est le plus souvent rembourré de laine et de crin. Il revêt, en outre, toutes les livrées qu'il nous plaît de lui donner. Les plus riches, les plus luxueuses ne sont point trop belles, et la fantaisie le pare des plus brillantes couleurs. Tapisserie, velours, étoffes de soie, sont sa parure ordinaire, que relèvent souvent des broderies d'une rare finesse et d'un goût plus ou moins parfait.

Coussinet, *s. m.;* **Cossinet,** *s. m.* — C'est, dans le langage du mobilier, un coussin de petite taille. Tel est du moins le sens que donnent à ce mot les auteurs et les rédacteurs d'inventaires. L'auteur de l'*Isle des hermaphrodites* fait agenouiller ses héros sur « quelque coussinet picqué et cotonné, de peur qu'ils ne se blessent contre terre ». Parlant de la reine Élisabeth, Pierre de l'Estoile écrit : « Elle ne s'est mise au lit que trois jours avant sa mort, aiant demeuré plus de quinze jours assise sur des coussinets. » Dans l'*Inventaire d'Antoine Bastides, avocat au Parlement* (Toulouse, 1572), nous relevons : « Ung petit coussinet de plumes. » Dans l'*Inventaire de François Constans* (Marseille, 1624) : « Huict chières (chaises) à façon de Gennes, garnies de tapisseries, et à chescune d'icelles son cossinet. — Six aultres chières noyer, garnies de cuir rouge avec ses cossinetz aussi à chescune. » Mais c'est surtout comme réceptacle de parfums que le coussinet fut jadis en vogue.

Le COUSSINET DE SENTEUR se rencontre dès le XIVe siècle dans tous les intérieurs coquets, délicats, distingués, augustes même. C'est ainsi que dans les *Comptes de l'argenterie d'Isabeau de Bavière* nous relevons, à l'année 1387, l'achat, à Pierre Bousdrac dit Pagant, d'une aune de satin azuré « pour faire coussinés pour emplir de lavende » ; et à l'année 1390, la livraison à Andries Le Maire, « varlet de la garde-robe de la Royne, » d'une aune de satin « pour faire coussinéz à mectre pouldre de violette pour ladicte Dame ». L'usage et le nom de ces coussinets de senteur persistèrent jusqu'au XVIIe siècle. La nef dans laquelle on mettait sur la table royale les serviettes destinées au service personnel du roi était munie d'un coussinet de senteur. (Voir P. Besongne, *État de la France*, t. Ier, p. 83.) Le *Mercure galant* de janvier 1679, dans une de ces petites histoires frivoles, auxquelles il dut sa rapide célébrité, dépeignant un petit coffret, offert en présent à une belle dame de la Cour : « Il estoit garny de filigrane, dit-il, et enrichy de Rubis. On trouva dedans deux petits Coussinets de senteur, avec des Chifres relevéz de Perles et deux Bources, qui n'estoient pas moins riches. » Le même *Mercure* nous apprend que dans la corbeille de mariage envoyée par M. de Bechameil à sa fiancée, Mlle de Bretonvilliers, on remarquait : « des gands, des rubans, des bas de soie, des coussinets de senteur et plusieurs autres galanteries de cette nature. » (N° de mars 1679.) Enfin, l'auteur d'un violent pamphlet de ce même temps fait dire à Mme de Maintenon, accablant M. de Montespan de ses sarcasmes : « Je vous feroi présent de quelque coussinet de senteur, que j'apporteroi de Montpellier, pour cacher vos imperfections. » (Voir le *Divorce royal ou guerre civile dans la famille du grand Alcandre*.) Aujourd'hui, le coussinet de senteur porte le nom de SACHET. (Voir ce mot).

Fig. 717 à 719. — Manches de couteau en buis sculpté (XVIIe siècle).

COUSSINET. — Dans le langage de la décoration, on donne encore ce nom à la face latérale des volutes qui ornent le chapiteau ionique.

Coussole, *s. f.* — Locution toulousaine. Casserole de fer ou de cuivre. « Une coussolle de fer ; — un eschauffelict de cuyvre. » (*Invent. d'Arnaud de Maynieu ;* Toulouse, 1617.)

Couste, *s. f.;* **Coute**, *s. f.* — Voir COITE.

Coustel, *s. m.* — Voir COUTEAU.

Coustèle, *s. f.* — Diminutif de COUSTE, c'est-à-dire petit lit de plumes. « Les autres vallets de chambre servent à faire le lict et à mettre à poinct la chambre, écrit Olivier de la Marche (*État de la maison du Duc*, p. 667), et doibt le fourier battre et escourre le lict, et mettre à poinct la chambre, c'est à sçavoir la coustèle et le coussin où le prince doibt gésir. » — Nous n'avons pas trouvé d'autre mention du mot coustèle pris dans ce sens.

Coustelet, *s. m.* — Diminutif de COUTEAU. (Voir ce mot.)

Coustille, *s. f.* — Long couteau que l'on portait au côté. Racontant l'assassinat de Pierre le Cruel, Froissart dit que Pierre, ayant tout d'abord été le plus fort, abattit son frère Henri sous lui et « mit la main à sa coustille, et l'eut là occis sans remède, si n'eust été le vicomte de Roquebertin, qui prit le pied du roi Dam Piètre et le renversa par dessous lui ». Le continuateur de Du Cange cite un texte de 1375, d'où il résulte que coustille désignait, à cette époque, l'arme qu'on appela depuis *miséricorde*.

Coustiou, *s. m.* — Diminutif de couste, coute, COITE. (Voir ce dernier mot.) Petit lit de plumes. « Cinq coustioux et cinq traversiers garniz de penne, pour garnir cinq lietz, avec cinq covertes merchées les bandes de fillet de laine, etc. » (*Invent. des meubles de Pierre de Capdeville, bourgeois et marchand ;* Bordeaux, 1591.)

Couteau, *s. m.;* **Coutel**, *s. m.;* **Coustel**, *s. m.;* **Coutiau**, *s. m.;* **Culteau**, *s. m.;* **Coustelet**, *s. m.;* **Coutelier**, *s. m.;* **Coutellerie**, *s. f.* — Le couteau a joué de tout temps un rôle considérable dans l'existence de l'homme. Il a servi et sert encore à tant d'usages que, s'il fallait les énumérer tous et décrire toutes les formes que cet utile instrument a revêtues, on devrait lui consacrer un livre spécial. Nous nous bornerons donc dans cet article à mentionner les adaptations qui concernent strictement le mobilier et qui présentent un rapport direct avec le service de la table et celui de la toilette.

Tout couteau se compose de deux parties, en quelque sorte inséparables : le manche, qu'on tient à la main, et la lame effilée d'un côté, ronde ou pointue à son sommet, destinée à trancher ou à piquer, et dont, jusqu'à la fin du XVIe siècle, on se servit pour porter les aliments à sa bouche. Certes, si deux membres d'un même corps semblent unis d'une façon indissoluble, c'est bien le manche et la lame du couteau ; et cependant l'esprit particulariste du Moyen Age était parvenu à disjoindre ce qui ne peut exister séparé, et à demander à deux corps de métiers différents ce qui constitue le couteau complet. Au XIIIe siècle, les couteliers étaient divisés en deux grandes Communautés. Les *Fèvres couteliers*, qui fabriquaient les allemelles, c'est-à-dire les lames, et les *Couteliers*, « *faiseurs de manches à coutiaus d'os, et de fust, et d'yvoire, et faiseurs de pignes d'yvoire et emmancheurs de coutiaux* ». Ces derniers possédaient, sur leurs confrères les fabricants d'allemelles, l'avantage d'exercer un métier libre, où chacun pouvait s'établir sans rien payer, alors que les *Fèvres couteliers*, placés sous la dépendance du premier Maréchal de l'Écurie royale, étaient forcés d'acheter l'autorisation de s'établir.

Toutefois, cette séparation singulière ne fut pas de longue durée, et, bien qu'on manque de documents certains sur l'époque où les deux professions furent réunies, il est à présumer que la fusion s'opéra dans la première moitié du XIVe siècle ; car aussi bien dans les achats et les commandes faits en 1352 par le roi à Jean Thomas de Fieuvillier, son coutelier, que dans ceux faits en 1380 par Charles VI à Thévenin-Martineau, « coustelier, demourant à Meleun » ;

Fig. 720 à 722. — Couteaux de table (XVIe siècle).

à Symonnet Petit, de Paris, à Verzi, « coustellier, demourant à Paris en la rue de la Cossonnerie » ; et en 1387, à Pierre Willequin, également coutelier parisien, rien n'indique que la division subsistât encore.

Si l'on en juge, au reste, par la richesse de certains de ces couteaux, dont la description nous a été conservée, la profession de coutelier devait avoir, à cette époque, une importance qu'elle a perdue depuis. Pour faire apprécier la beauté et la valeur de ses produits, il nous suffira de faire quelques emprunts à l'*Inventaire du roi Charles V* (1380) : « Ung coustel, à manche d'yvire blanc, à deux virolles d'or à fenestraiges, à esteaulx, sur gest. — *Item,* ung coutel à allemelle camuse (c'est-à-dire ronde), qui a le manche d'esmaulx de plite, à roses vermeilles et blanches, et est la gayne toute d'or esmaillée de France. — *Item,* troys cousteaulx, dont l'un a le manche et la gayne de brésil garny d'argent doré, l'autre le manche blanc, plat, et la gayne toute d'argent esmaillée de pépegaux, et le tiers a le manche et la gayne d'yvire. — *Item,* une paire de cousteaulx à trancher à manche d'argent doré, et est escript en la lumelle de l'un *Carolus Dei gracia,* et en l'autre Charles R », etc.

Cette somptuosité n'est point, au reste, pour nous surprendre. Les couteaux jouaient, dans le service de la table, un rôle important. Achetés par l'argentier, ils demeuraient sous la surveillance personnelle du premier écuyer tranchant, qui était exclusivement chargé de leur garde et de leur entretien. Ajoutons que la façon dont le valet servant et tranchant devait les porter sous son bras gauche, les développer, les essuyer avec la serviette, les poser sur la table ; la manière dont il devait « asseoir les deux grands cousteaux en baisant les manches, devant le lieu où le prince doibt estre assis »; l'attention qu'il prenait de « mettre les poinctes devers le Prince en couvrant icelles poinctes de la nappe, puis de mettre le petit couteau au milieu des deux grans », en tournant le manche du côté du prince ; la manière dont l'écuyer tranchant devait se servir des grands couteaux, le baiser qu'il donnait au manche du petit couteau en le présentant au prince, puis, le service terminé, le soin qu'il lui fallait prendre de les rassembler, de les envelopper d'une serviette, après les avoir essuyés, et de les tenir la pointe en haut en les rendant au « varlet servant, qui les devoit recevoir moult humblement en sa main dextre, et en la sénestre devoit avoir la gayne des dits couteaux, et les rapporter en la paneterie » (voir Olivier de la Marche, l'*Estat du duc,* p. 672, 683 et suivantes) : tout ce cérémonial était réglé avec une précision extrême.

Le couteau demeura, au surplus, jusqu'au siècle dernier, l'attribut et l'emblème de la charge du grand ou premier écuyer tranchant ; et, jusqu'à la fin de la monarchie, cet officier porta « un couteau et une fourchette, les manches terminés en couronne royale, passés en sautoir derrière l'écu de ses armes ». (*État de la France,* 1692, t. Ier, p. 2.)

Le luxe des couteaux de table se continua jusqu'à une époque assez rapprochée de nous. La preuve nous en est fournie par les nombreuses quittances que possèdent les *Archives du Nord* (série B, n°s 2021 et suivants), attestant le soin que les princes de la maison de Bourgogne prenaient de faire enrichir leurs couteaux de devises et d'emblèmes en or ; et aussi par nos collections publiques : le Louvre, où l'on peut voir un couteau magnifique, à la devise de Philippe le Bon, AULTRE NARAI, et aux armes émaillées de Bourgogne, ainsi que des couteaux du XVIe siècle à manche de nacre enrichi de turquoises ; les musées de Dijon et du Mans, où l'on rencontre des couteaux aux armes de Charles le Téméraire ; le musée de Cluny, où se trouve une suite de couteaux d'argent, portant les chiffres et les attributs de Henri IV, Marie de Médicis, Louis XIII et Gaston d'Orléans, etc. Mais ce luxe ne contribuait pas seul à rendre prospère l'industrie des couteliers. Celle-ci avait surtout pour s'alimenter la consommation considérable qu'on faisait de ces utiles objets de ménage.

Tout d'abord, sur les tables royales et princières, pendant tout le XIVe et le XVe siècle, la forme et la couleur des couteaux — cette dernière dépendant de la matière dont les manches étaient faits — changeaient périodiquement et régulièrement, suivant les époques de l'année et les fêtes religieuses. Ainsi, la couleur des manches de couteau n'était pas la même pendant le Carême qu'à Pâques, et à Pâques qu'à la Pentecôte. Pour le premier, les manches étaient noirs ; à Pâques, ils étaient blancs, pour devenir mi-partis blanc et noir à la fête de la Pentecôte. Ce très curieux usage est attesté par de nombreux documents. En voici un qui émane d'Étienne de la Fontaine, argentier du roi Jean (1352), et ne laisse subsister aucun doute sur cette habitude singulière. « [A] Thomas de Fieuvillier, coutelier, pour deux paires de couteaux à trancher devant le Roy, a tous les parepains garnis de viroles et de cinglètes d'argent, dorées et esmaillées aux armes de France ; l'une paire à manches d'ybénus pour la saison du karesme, et l'autre paire à manches d'yvoire pour la feste de Pasques, C sous par paire..... — Ledit Thomas pour une autre paire de couteaux à trancher, à manches escarteléz d'yvoire et d'ibénus, garniz de viroles et cinglètes d'argent dorées et esmaillées aux dictes armes, pour la feste de Penthecouste, C sous. » Antérieurement à cette époque, les *Comptes de Geoffroi de Fleuri* nous prouvent que, dès 1320, on observait déjà cette singulière coutume. « Pour une paire de cousteaux et un pare-pain, y lit-on, que le Roy eut en karesme à manche d'ébeinne, les allemelles de Jehan de Longuerue. » Longtemps après, cette coutume était encore observée, et nous possédons une suite de documents, tout aussi explicites, émanant de Guillaume Brunel, argentier de Charles VI (1387), et qui sont de trop d'importance pour ne pas trouver place ici : « A Pierre Willequin, coustellier, demourant à Paris, pour deniers à lui paiéz qui deubs lui estoient pour les parties qui ensuivent ; c'est assavoir : pour une paire de cousteaulx à trancher, garnis de petit coustel et de pare-pain, engaignéz ainsi qu'il appartient, pour trancher devant le Roy nostre Sire, le premier jour de karesme, et baillés à Regnault d'Angennes, premier escuier tranchant dudit Seigneur ; pour ce, XII liv. XVI sols parisis. — A lui, pour une autre paire de cousteaulx à manches d'ivoire, et garnis d'argent esmaillé aux armes de France, et pour le parepain et pour le petit coustel, achattée de lui pour trancher devant le Roy nostre dit Seigneur le jour des grans Pasques, et bailliée audit escuier, pour ce XII liv. XVI sols parisis. — A lui, pour une autre paire de cousteaulx à trancher, garnis de parepain et de petit coustel engaingnéz ainsi qu'il appartient, achattés de lui ledit jour, pour trancher devant le Roy nostre dit Seigneur, le jour de la feste de Penthecouste ; pour ce, XII liv. XVI sols parisis. » Ce même compte renferme encore deux articles indiquant l'achat de pareils couteaux, pour trancher devant la reine et le duc de Touraine, à cette même fête de la Pentecôte.

Un autre enseignement est encore à tirer de ces précieux documents. On y voit ce que l'on entendait par « une paire de cousteaulx à trancher ». C'étaient tout d'abord deux grands couteaux à très large lame, — car celle-ci devait être assez vaste pour que l'écuyer pût rabattre sur elle la tranche de viande qu'il venait de couper et la présenter ainsi à son seigneur, opération savante, qui est très clairement indiquée par ce passage d'Olivier de la Marche : « Et doit l'escuyer prendre la chair sur son couteau et la mettre devant le prince. » (*L'Estat du duc,* p. 684.) — C'étaient ensuite le PAREPAIN et le petit coutel, le tout *engaingné,* c'est-à-dire renfermé dans une gaine. Chacun de ces instruments avait également son emploi : le petit coutel servait à découper les menues pièces de volaille et de gibier, et aussi à trancher les nerfs et à désosser certains morceaux. Quant au parepain, il était employé à trancher d'abord et à rendre réguliers ensuite les tranchoirs ou tranches de pain, sur lesquelles il était d'usage de placer la viande qu'on mangeait. « Si c'est viande qu'il faille trencher, dit, à ce propos, Olivier de la Marche, il (l'écuyer tranchant) doit prendre un trenchoir d'argent et mectre dessus quatre trenchoirs de pain, et les mectre devant le Prince, et devant soi doit mettre quatre trenchoirs de pain, et sur iceux un autre, qui font le cinquiesme trenchoir de la crouste, pour soustenir le fais du trenchoir et du cousteau. » (*Loc. cit.*) En voyage, ou quand il s'agissait de personnages de condition plus modeste, le tranchoir inférieur, au lieu d'être en argent, consistait simplement en une planchette que l'officier façonnait, à sa guise, avec un grand couteau qu'on appelait, à cause de cela, TAILLEBOIS, et qui se trouve mentionné sous ce nom dans différents comptes. « A Jehan du Vivier, orfèvre et varlet de chambre du Roy..... pour la garnison d'argent doré, fin vermeil, de deux grans cousteaulx appelés taillebois, à lui pour avoir forgé les garnisons d'argent doré fin vermeil, de cinq cousteaux appelés taillebois, etc. » (*XVIIe Compte de Guillaume Brunel, argentier de Charles VI,* 1387.)

Parfois il arrivait que les couteaux à trancher étaient placés dans une gaine spéciale et le parepain dans une autre à part, ce qu'on avait soin d'indiquer dans les comptes et les inventaires. « Trois autres cousteaux à tailler sur table, à virole d'argent, armoiéz aux armes de feu Monseigneur (le duc de Bourgogne), mis en une gaingne armoyée aux armes de ma ditte Dame de Clèves. — *Item,* un cousteau nommé parepain en une gaine armoyée. » (*Trousseau de Marie de Bourgogne, comtesse de Clèves,* 1415.) A partir de 1470, l'usage des écuelles s'étant généralisé, et, à partir de 1500, les assiettes commençant à faire leur apparition, le tailloir disparut peu à peu, et le parepain, devenu dès lors sans utilité, cessa d'occuper une place dans la coutellière ou trousse de l'écuyer tranchant. C'est du moins ce que semblent établir les deux documents qu'on va lire : « Et, premièrement, une coutellière où il y a quatre couteaulx à trencher devant le Roy, dont les deux sont grans, l'autre moyen, et l'autre plus petit, et sont enmanchéz de jaspe garniz d'argent doré neeslé. » (*Invent. du château d'Angers,* 1471.) « A Simon Gaudin, marchant joyaullier, pour son paiement d'une guesne de boys de hébène, garnie de VI cousteaulx, une fourchette de mesme bois faicte à la damasquine d'or et de pierrerie. » (*Acquits au comptant du règne de François Ier,* 1538.)

Si la richesse des couteaux employés au service de la table permettait aux couteliers de faire d'importantes fournitures, le nombre de ces objets, fournis tant pour les repas des princes et des seigneurs que pour les différents services de la cuisine, montre aussi que leur industrie devait être singulièrement prospère. Nous voyons, en effet, les couteaux toujours commandés par cinq, dix, et même cinquante paires à la fois. « Thomas de Ficuvillier, coustelier, pour neuf paires de cousteaux à manches d'ébenne, à viroles d'argent doréz et esmailléz aux armes de France. » (*Compte d'Étienne de la Fontaine, argentier du Roy,* 1350-51.) « Symonnet Petit, pour V paires de cousteaux à viroles de fer, achetés de lui ce jour, que le Roy fis la feste au Palais. — [A] Verzi, coustellier, demourant à Paris, en la rue de la Cossonnerie, pour LI paires de cousteaux, dont y en a

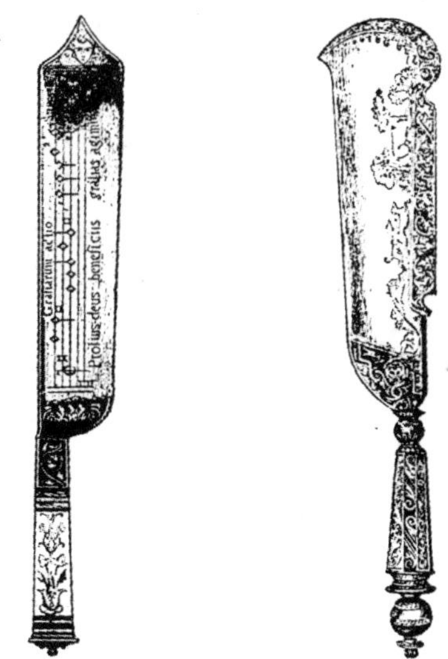

Fig. 723 et 724. — Couteaux à trancher (XVIe siècle).

XXIIII paires à viroles d'argent armoiéz aux armes du Roy, et IIII paires à viroles d'argent blanc, et XXIII paires à viroles de fer, etc. » (*Comptes de l'hostel des Rois de France,* cuisine, 1380.) Ces chiffres expliquent l'importance de la corporation des couteliers ; importance qui se traduisait non seulement par un chiffre d'affaires considérable, mais encore par un personnel très nombreux et qui joua un rôle assez brillant.

Comme la plupart des autres Communautés, elle avait ses armoiries ; celles-ci étaient d'azur à un rasoir ouvert d'argent, emmanché de sable, un couteau emmanché d'or,

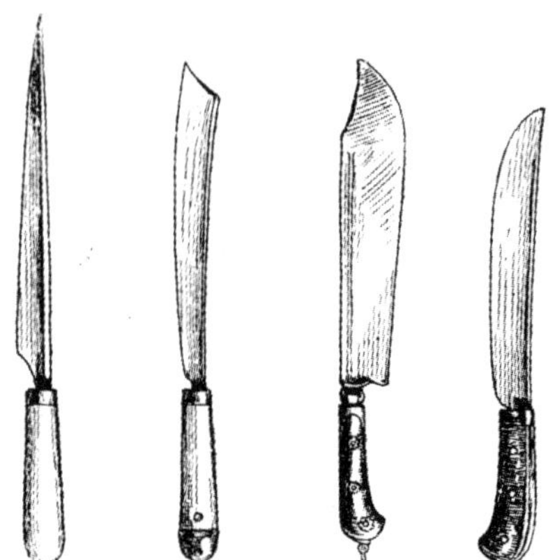

Fig. 725 à 728. — Couteaux de table et de cuisine (XVIIe siècle).

passés en sautoir, une pierre à aiguiser d'or couchée en chef, et une paire de lancettes ouverte d'argent clouée d'or, posée en pointe. (Voir fig. 735.) Ses statuts, renouvelés par Charles IX en 1565, confirmés par Henri III en 1586 et par Henri IV en 1608, ne contenaient pas moins de 51 articles énumérant les droits, privilèges et règlements corporatifs. Dans ces statuts, trois fois renouvelés ou confirmés, les membres de la corporation prennent le titre de « Maîtres Fèvres-couteliers, Graveurs et Doreurs sur fer et acier trempé et non trempé ». Grâce à leurs privilèges, ils avaient seuls le droit de faire et fabriquer tous les outils, ferrements et instruments de chirurgie et barberie (*sic*), comme aussi toutes sortes de couteaux de poche ou de table, des serpettes, des canifs, des pinces à tirer le poil, de grands et petits ciseaux, les poinçons, les étuis de fauconnerie et même les instruments d'anatomie, s'ils se sentaient capables de les entreprendre ; le tout gravé, ciselé et damasquiné d'or et d'argent, avec les manches de toutes sortes de matières, comme bois, corne, ivoire, baleine, émail, écaille de tortue, etc., à la réserve, toutefois, des manches d'or et d'argent qu'ils pouvaient monter, mais dont ils devaient se fournir chez les orfèvres.

Chaque maître, en outre, était tenu d'avoir un poinçon ou marque, pour distinguer l'ouvrage qui sortait de son atelier. Ce poinçon, dont la propriété exclusive lui était assurée par les quatre jurés de sa corporation, constituait un véritable privilège. Grâce à lui, les couteliers parisiens pouvaient tenir à distance leurs confrères de province et leur fermer le marché de la capitale. Toutefois, s'il faut en croire Diderot, qui, né à Langres et ayant appartenu à une famille de couteliers, était particulièrement compétent dans la matière, il arrivait souvent que le poinçon ne constituait qu'une garantie inefficace et illusoire. « On dit, écrit-il, que les ouvriers couteliers de Paris s'acharnent à décrier la coutellerie des provinces qu'on apporte ici, et que, pour cet effet, ils ruinent et gâtent l'ouvrage au raccommodage. Les provinciaux n'ont qu'une ressource contre cette méchanceté, c'est de prendre la marque des ouvriers de Paris, afin de confondre la marchandise qu'ils vendent dans leur boutique avec celle qu'ils envoient ici. »

Par une déduction toute naturelle et en quelque sorte forcée, la marque ou le poinçon du maître devenait généralement l'enseigne de la maison, et toutes deux, marque et enseigne, se transmettaient, par vente ou par héritage, à ceux qui prenaient la suite de l'exploitation. Un curieux état qui figure parmi les manuscrits de Delamare relatifs aux *Arts et métiers* (t. IV, p. 59), et qui est conservé à la Bibliothèque Nationale, relate les enseignes et les marques des maîtres couteliers de Paris en 1680. Comme la plupart de ces marques et de ces enseignes étaient déjà fort anciennes à cette époque, et qu'un grand nombre se sont conservées jusqu'à nous, nous croyons devoir les rapporter ici. Elles étaient alors au nombre de 87 et figurent au manuscrit de Delamare dans l'ordre suivant : *à l'Étoile — au Pistolet — à la Levrette — à l'Aigle — à la Rose — à la Coupe — à la Larme — à la Couronne — à la Cornemuse — au Chiffre 8 — au Fleuret — à la Raquette — à l'Y couronné — à l'E couronné — à l'Ermine — à l'Écharpe — au Compas — au Tiers-poinct couronné — à l'Entonnoir couronné — à la Grenade couronnée — au Trèfle — à la Croix de Malte — à l'Arc turquois — à la Feuille de Persil — à la Perle — à la Hure — à la Tulippe — au Cœur couronné — à l'Ancre de Mer — à l'Église — au 3 couronné — à la Fleur de lys — à l'As de pique — à la Lance — au Batoir — au Carreau couronné — au Pied de biche — au Chiffre 4 — à l'N couronné — à la Gerbe — au Dauphin — à la Burette — à la Serpette — au V — à l'L couronné — à la Sie — à la Masse d'armes — au C couronné — au Chandelier — à la Palme — à la Croix de Lorraine — au Chenet — à l'Épy de bled — au Petit couteau — à la Besche — à la Grape de raisin — au Flacon — à l'A couronné — à l'I couronné — au Lion — au Foiret — à l'S couronné — au Chiffre 6 — à l'Étendard — au Marteau couronné — à l'O couronné — au Verre couronné — à l'Arbaleste — à l'Eüillet couronné — au Coutelas — au 9 couronné — au Cygne — au K couronné — au t couronné — à la Mitre — à l'Éguille — à la Faucille — à la Clef — à la Faulx — à la Flâmette — au Billard boulé — au Guidon — au Coq — au Soleil — à l'Œil — à la Fourchette — à la Trompette.*

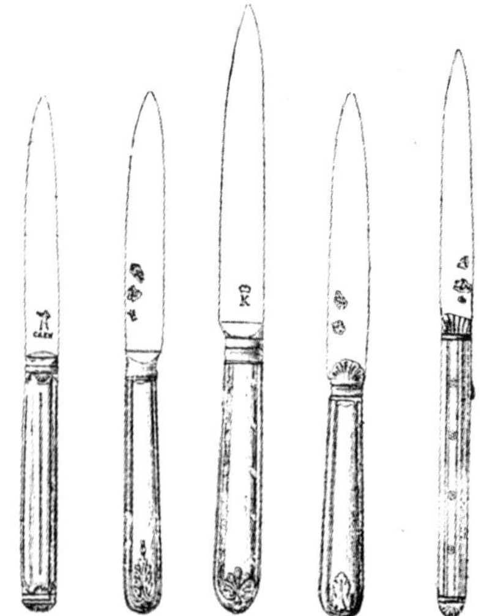

Fig. 729 à 733. — Couteaux à manche d'argent (XVIIIe siècle).

Chacune de ces maisons avait, cela va de soi, sa spécialité. Si nous nous en rapportons aux indications du

Livre commode, en 1692, les meilleurs ciseaux se trouvaient à l'enseigne de *l'Église;* les meilleurs couteaux, à manche d'argent, à l'enseigne du *Coutelas;* les meilleures lancettes, au *Verre couronné;* les meilleurs canifs, à *la Masse* et au *Pistolet;* les instruments de chirurgie se vendaient à l'enseigne de *la Coupe.*

Parmi les couteliers qui, en outre de ceux dont nous avons déjà eu l'occasion de tracer les noms, ont laissé une réputation qui leur a survécu, il nous faut citer encore les frères Marbreaux, les Verrier, Guillaume et Vincent Petit, qui furent admis à l'honneur et au bénéfice du logement du Louvre. (Voir *Paris ou la description succincte et néanmoins assez ample de cette grande ville,* par l'abbé de Marolles, 1677, p. 53.) Mentionnons aussi Berge, dont les lames jouirent d'une réputation sans seconde pendant tout le XVIIIe siècle. — Ces lames de Berge se vendaient un prix fort élevé. On a des fournitures de lui où chaque lame, sans la monture, était payée plus de 15 livres. (Voir notamment *Livre journal de Lazare Duvaux,* t. II, p. 347.) — Langlois, Gavet et Personne sont mentionnés, de 1757 à 1777, comme couteliers du roi. Bacquet, Durand, Gallois, Ricard, Petit-Jean, dit Namur, Michot, Perret, Cogné, furent réputés, vers le même temps, pour leur belle coutellerie de table. Citons encore le sieur Lethien, qui inventa les couteaux à coulisses en or et en argent, dont les lames, faites d'acier de damas, coupaient avec facilité le fer (*Mercure* de décembre 1786); et Eustache Dubois, qui donna son prénom à ces petits couteaux communs, encore désignés sous le nom d'EUSTACHES, et dont un échantillon figure dans les galeries de notre grand musée national. Enfin, il ne faut pas oublier que Diderot et Lekain ont débuté par la coutellerie.

Fig. 734. — Le costume emblématique du coutelier, d'après Larmessin.

Paris, nous l'avons vu tout à l'heure, n'était pas la seule ville où l'on fabriquât des couteaux. Nous avons remarqué plus haut que le roi Charles VI se fournissait parfois à Melun. Moulins, Cosne, Langres et surtout Châtellerault furent, en outre, de tout temps réputés pour la qualité de leurs produits; et Héroard rapporte que Louis XIII, passant par cette dernière ville en 1614, y acheta « beaucoup de besognes de coutellerie et de diamans du pays, disant que c'étoit pour envoyer à ses enfants, qui étoient à Saint-Germain-en-Laye » (*Journal,* t. II, p. 147), c'est-à-dire pour « Monsieur son frère et pour Mesdames ses sœurs ».

Il faut croire, toutefois, que les couteliers de Châtellerault n'avaient pas su se faire aimer de leurs confrères des autres villes, car ceux-ci avaient mis en circulation ce dicton diffamatoire, qui resta populaire pendant au moins deux cents ans :

> Cocus de Chastellerault,
> Amancheurs de cousteaux,
> Il vous vient des cornes à pleins bateaux.

Parmi les proverbes et dictons, il faut encore retenir celui-ci : « Couteax de Pierregort », que l'on rencontre dès le XIIIe siècle; et ce cri de Paris relevé dans les *Menus propos :*

> Qui veult avoir de bons cousteaulx,
> Il faut droit aller à Saint-Lo.

Mais les meilleurs articles et les plus chers ne cessèrent jamais d'être fabriqués à Paris, et, pendant bien des siècles, vendus dans la rue de la Coutellerie, qui, suivant l'ancien usage, prit son nom de l'industrie qu'elle abritait. C'est là qu'étaient montés ces jolis « cousteaux à ymagerie », c'est-à-dire à manches sculptés, dont parle Eustache Deschamps dans son *Miroir du mariage.* C'est là que furent inventés, ou tout au moins perfectionnés, les *couteaux à loquets,* qui ne pouvaient se fermer qu'en soulevant un ressort, les *jambettes,* qui avaient la forme d'une jambe, les *couteaux à clou,* les *couteaux à la charolaise, à la dauphine, à la capucine,* à *cabriolet,* en *bec-de-corbin,* à *tête d'aigle.* C'est là, enfin, que Mme de Pompadour faisait monter ces beaux « manches de couteaux de porcelaine en vert, peints à guirlande », qu'elle payait jusqu'à vingt-quatre livres pièce, à Lazare Duvaux.

Cette adaptation de la céramique, qui remonte au premier quart du XVIIIe siècle, est une des rares innovations introduites dans la coutellerie de table, que l'on puisse porter à l'actif des temps modernes. Les premiers manches de porcelaine dont nous ayons trouvé trace se rencontrent dans l'*Inventaire du sieur de la Moradie* (Angoulême, 1725) et dans l'*Inventaire du seigneur des Riffaux* (Angoulême, 1729). Ils sont qualifiés « couteaux de table neufs, à manches façon porcelaine ». Au surplus, sinon comme forme, du moins comme matière et comme luxe de façons, le XVe et le XVIe siècle semblent avoir là-dessus dit le dernier mot. Métaux coûteux ou vulgaires, or, argent, cuivre, fer, corne, écaille, ivoire, ébène, bois communs ou bois exotiques, corail, jaspe. saphirs, turquoises, diamants, rubis, tout avait été mis en œuvre, sauf la céramique. Les prix considérables que les curieux donnent de la coutellerie de cette époque prouvent, d'ailleurs, l'estime dans laquelle les amateurs la tiennent. Tout récemment, à la vente Fau, cinq petits couteaux en fer du XVe siècle furent payés 1,860 francs.

Fig. 735. — Armoiries corporatives de la Communauté des couteliers.

Quant à la forme, la plus grande modification qu'elle subit consista dans la courbure arrondie qu'on donna à l'extrémité de la lame. Ajoutons que cette révolution semble dater du milieu du XVIIe siècle, peut-être de sa première moitié. Nous savons que lors de la folie de Charles VI et de peur que le roi ne se blessât avec son couteau, Guillaume Arode, l'orfèvre de la Cour, reçut l'ordre d'arrondir les pointes d'un certain nombre de couteaux de service. Mais cette opération nous est signalée comme un fait absolument particulier et tout exceptionnel; et jusqu'à la fin du XVIe siècle, la fourchette n'étant pas en usage, on continua de se servir de ses doigts ou de la pointe de son couteau pour porter les aliments à sa bouche. Le couteau acquérait, par ce double emploi, une importance que plus tard il devait perdre. Il était alors la pièce principale, fondamentale du couvert, et, pour répondre à toutes ces exigences, devait rester pointu. Cet usage constant du couteau dans les moindres repas obligeait d'en porter toujours un sur soi, pour n'être pas pris au dépourvu. Un grand nombre de textes anciens attestent cette habitude. L'auteur du *Sermon fort joyeulx pour l'entrée de table* dit plaisamment :

> Qui aux nopces va sans couteau,
> Il perd des lopins bon morceau.

On lit dans les *Mémoires du maréchal de Boucicault* (*Mém. relatifs à l'histoire de France*, t. VI, p. 186) que, nommé gouverneur de Gênes, ce grand homme de guerre : « Tantost qu'il fut arrivé, feit faire commandement par toute la ville que tout homme de quelque estat qu'il feust rendist les armes, et les portast au Palais, sans nulle retenir, soubs peine de la teste ; et que nul ne feust si hardy de point en avoir, ne tenir en sa maison, ne porter couteau, fors à couper pain. » Nous relevons, en outre, dans le récit de *la Prinse et délivrance du roy,* par Sébastien Moreau de Villefranche, cette phrase bien typique : « Et y en eut plusieurs qui mirent cousteaulx sur table et qui firent bonne chère, vivans d'autant » ; et dans la *Condamnacion de Bancquet,* Nicole de la Chesnaye fait dire à *Bonne compagnie :*

> Or çà, reboutons noz cousteaux.
> La disnée est bien acomplye.
> Faictes oster tables et treteaux,
> Mon hoste, je vous en supplie?

Dans les diners d'apparat, il en allait autrement; le maître de maison prenait le soin de faire placer des couteaux à la place de chaque convive, et l'auteur du *Livre des propriétés des choses* (liv. Ier, ch. XII) dit expressément que c'est un des objets dont il faut, dans le service de la table, s'occuper tout d'abord : « On met les salières, les cousteaux et les cuillers premiers à table, après le pain et le vin. »

Mais, pour se prêter à ces services multiples, il fallait, ne craignons pas de le redire, que le couteau fût pointu ; condition essentielle pour qu'il pût piquer la viande. Le premier personnage qui eut l'idée de faire arrondir ses couteaux fut, paraît-il, le cardinal de Richelieu, et voici ce qui le décida à cette importante réforme. Le chancelier Séguier, qu'il était obligé de subir à sa table, ne se contentait pas de manger d'une façon malpropre, de faire une capilotade de ses plats, et de se laver « les mains tout à son aise dans la sauce ». Dans la plus illustre compagnie, il se curait les dents avec un couteau. La Bruyère, qui nous a laissé, au chapitre IX des *Caractères,* un portrait assez peu flatté de ce personnage, dit : « La table est pour lui un râtelier, il y écure ses dents et il continue à manger. » Le cardinal, qui fut toujours très correct et qui était d'une rare propreté pour son temps, « s'en aperçut et fit signe à Bois-Robert, après il commanda au maître d'hôtel de faire épointer tous les couteaux ». (Tallemant, *Historiettes,* t. III, p. 39.)

L'influence que les moindres actions du cardinal exerçaient sur son entourage direct, sur la Cour ensuite et, par ricochet, sur le reste du pays, contribua à amener une transformation, qui, dès le milieu du XVIIe siècle, était presque passée dans les habitudes. Si bien qu'un *Édit,* rendu à Lille en 1669, défendait « à touttes personnes, de quelque qualité qu'elles soient, de porter cousteaux pointuz..... aux coutelliers et autres marchands d'en fabriquer, vendre et débiter..... et aux hosteliers et cabarettiers de servir sur leurs tables, dans leurs logiz et ailleurs desdits cousteaux pointuz, avec injonction de faire émousser les poinctes de ceux qu'ils ont en leur puissance ». Quelques années plus tard (1673), l'auteur du *Nouveau traité de la civilité qui se pratique en France parmi les honnestes gens* écrivait : « Il ne faut pas mordre son pain, mais en couper ce que nous avons à porter à la bouche, sans retenir le couteau à la main, non plus que quand on mange une pomme ou une poire... Il est incivil de se curer les dents durant ou après le repas avec un couteau, etc. » L'habitude de manger avec la pointe du couteau avait été détrônée par l'usage de la fourchette. Il en était de même de la coutume de porter un couteau sur soi. Seuls les gens de peu, petits bourgeois, ouvriers et paysans continuèrent de se conformer aux traditions anciennes. La preuve nous en est fournie par la *Partie de chasse de Henri IV,* de Collé (1774, acte III, scène IV).

> CATEAU, *à Henri IV.* — Monsieur a-t-y eun couteau sus lui ?
> HENRI. — Non, ma belle Cateau, je n'en ai point.
> CATEAU. — Je vous apporterons donc celui de la cuisine.

Depuis lors, à l'exception de nos couteaux à découper, modestes successeurs des anciens couteaux à trancher, tous les couteaux de table sont devenus ronds. Couteaux de couvert, couteaux à dessert, couteaux à fruit — à lame d'argent ou à lame dorée — affectent à peu près la même forme : seule la taille varie.

C'est à partir du XVIIe siècle qu'on commença à fabriquer des lames spéciales pour couper les fruits. Dans l'*Inventaire de la baronne de Castelmauron* (Toulouse, 1668), nous trouvons, en effet, « six coulteaux de table dorés..... les manches en ébène ». Quant au manche, si la lame reste uniformément d'acier ou d'argent, ce dernier est tantôt d'os, de corne, d'écaille, d'argent, de vermeil, de cuivre argenté ou doré, de nacre, mais plus souvent d'ivoire ou d'ébène. Toutefois, si la plupart des matières alors employées sont encore usitées de nos jours, il nous faut constater qu'on a renoncé au grand luxe du Moyen Age et de la Renaissance, et que ni l'or ni les pierres précieuses ne trouvent plus guère place sur le manche de nos couteaux. Un chiffre élégant et un léger décor, pris dans la masse du manche, sont la seule ornementation qu'on se permette; et, dans la plupart des services, la virole seule est en métal précieux et rappelle l'ancien luxe de nos pères.

Jusqu'à présent, tous les couteaux dont nous avons parlé et que nous avons décrits s'appliquaient plus ou moins exclusivement au service de la table; nous allons maintenant, pour terminer, dire quelques mots des divers couteaux s'adaptant à d'autres usages. Tout d'abord, il nous faut parler des couteaux de toilette, qui, dès le XIVe siècle, étaient d'un emploi presque constant. L'*Inventaire de Charles V* (1380) nous révèle, en effet, que le roi en portait toujours un dans une petite trousse, lequel ne pouvait avoir une autre destination : « Ungs cousteaulx à clou, c'est assavoir ung grant, ung petit et ung poinçon, avec les forcettes, qui sont d'argent, et est la gayne estoffée d'or, et la chesne à quoy ils pendent d'argent. » Dans l'*Inventaire du château de Vincennes* (1418), on relève : « Un petit coustel garny d'or, dont le manche est de jayet, sans forcetes, pendant à un laz à deux petis boutons de perles. » De son côté, Froissart (1388) nous apprend que lorsque le comte de Foix se rendit à la prison où son fils était enfermé, celui-ci « tenoit à la male heure ung petit long coutel dont il appareilloit ses ongles et nettoyoit ». Au XVIe siècle, nous rencontrons encore dans l'*Inventaire de Jeanne de Bourdeille* (1695) : « Ung estuy de cousteaulx, la gêne (gaine) couverte de veloux noir avec passeman d'argent; [où] il y a ung perre de couteaulx, le manche doré, les sizeaulx de mesme et les pinsetes. » Le siècle suivant substitua le canif au couteau pour cette besogne de propreté; puis la lime prit la place du canif.

Le XVIIIe siècle vit l'apparition, sur les toilettes des raffinées, du couteau pour enlever la poudre. Ces petits instruments étaient d'une richesse peu commune. Celui de Mme de Pompadour avait « le manche de lacq, la garniture et lame en or ». Suivant la coutume du temps, les poètes consacrèrent quelques rimes à ces frêles objets. On trouve celles qui suivent dans le *Journal de Verdun* (mars 1767, p. 215 et 216) :

> Lorsque cet heureux voltigeur
> Caressera votre visage,
> Qu'il n'y laisse point de nuage;
> Qu'il sache ôter de la blancheur,
> Pour en découvrir davantage.

De nos jours, le couteau à poudre a disparu. Il est remplacé, chez nos élégantes, par son frère plus sérieux, le couteau à papier qui revêt parfois une livrée magnifique. On en trouve, en effet, en métal plus ou moins précieux, en ivoire, en ébène, en corne, en bois sculpté, en écaille, en nacre. Dans beaucoup de ces jolis bibelots, la main-d'œuvre surpasse comme prix la matière. Toutefois, ceux qu'on fabrique depuis quelques années, avec des défenses de morse ou d'éléphant, sont d'une simplicité rudimentaire. Parmi les couteaux précieux, qu'il nous soit permis de rappeler celui de marbre rouge antique qui servait à Mme Récamier de couteau à papier, et que J.-J. Ampère brisa d'une façon si maladroite. (Voir A.-M. et J.-J. Ampère, *Correspondance et souvenirs,* t. Ier, p. 190.)

Il est peu d'objets qui n'aient tenté les collectionneurs. Les couteaux à papier ne pouvaient échapper à cette règle. Aux environs de 1860, un homme de lettres, M. Charles Asselineau, en forma une collection. Si l'on en croit un contemporain, qui visita son cabinet et le signala à l'attention du public quelques années plus tard, les couteaux à papier de M. Asselineau ne brillaient ni par la variété des formes, ni par le prix de la matière. « Ils n'offrent d'intérêt, écrit l'auteur par nous cité (*Petite revue,* 1866, 2e trimestre, p. 30), que par les inscriptions qu'on y a gravées, et qui forment le recueil le plus singulier de vers solitaires et ridicules, devenus proverbiaux à force de poncif. Chacun de ces couteaux d'ivoire porte le nom d'un poète célèbre ou *fameux*. Sur le couteau de Ponsard, il y a cet alexandrin, que la postérité ne saurait oublier :

> Quand la borne est franchie, il n'est plus de limites.

Sur le couteau de Casimir Delavigne :

> Je reste confondu des poumons du commerce.

Sur le couteau d'Émile Augier :

> Ce qui tombe au fossé, madame, est au soldat.

Les couteaux qui portaient les noms de Béranger, Legouvé, Victor Hugo, étaient couverts d'inscriptions aussi peu intéressantes; c'est, croyons-nous, la seule fois qu'il ait été question d'une collection de cette sorte.

Coutelet, *s. m.*; **Coustelet,** *s. m.* — Petit couteau. Une *Lettre de rémission* datée de 1413 porte ces mots : « Le suppliant frappa icellui Jaquet d'un petit coustelet, par le coul auprès de la gaviète. » Parfois le coutelet était en métal précieux, en argent ou en or; dans ce cas, il servait plus spécialement de cure-dents. Nous lisons dans l'*Inventaire de Charles V* (1380) : « Ung coutelet d'or, en une gayne d'or armoyée de France et de Navarre, pendant à ung petit tissu vermeil; pesant une once quinze estellins. » — « *Item,* ung petit coutelet, à façon de furgette à furger dens et à curer oreilles, et a le manche esmaillé de vert. » L'*Inventaire du château de Vincennes* (1418) mentionne « un autre petit coustellet d'or en façon de furgettes » presque semblable au précédent. Le plus souvent le coutelet était en fer et muni d'une gaine comme ceux dont il est question dans la *Romance d'Aucassin et de Nicolette.*

Coutelière, *s. f.*; **Coutillière,** *s. f.* — Étui ou boîte à serrer les couteaux. Ce mot est fort ancien dans notre langue. Le continuateur de Du Cange cite une *Lettre de rémission,* datée de 1364, où on lit : « Le supplian sachat de la coutelière dudit Hennequin un coutel, etc. » Nous lisons, en outre, dans l'*Inventaire du château d'Angers* (1471) : « Et premièrement une coutellière, où il y a quatre couteaulx à trencher devant le roy, dont les deux sont grans, l'autre moyen et l'autre plus petit »; dans l'*Inventaire de Timoléon de la Baulme, seigneur de Plezian* (1626) : « Dans une coutelière six couteaulx »; dans l'*Inventaire de la baronne de Castelmauron* (Toulouse, 1668) : « Six coulteaux de table dorés, les manches en ébène, dans une coutellière noire »; dans l'*Inventaire de Louis de Pontis, colonel du régiment de la feue reine* (Paris, 1670) : « Une coutillière en laq^ie^ il

Fig. 736. — Coutelier ambulant, d'après Bouchardon.

y a douze couteaux à manche d'argent »; dans l'*Inventaire général des meubles de la Couronne* (1673) : « Une coutellière à la Turc d'argent blanc et vermeil doré, remplie de deux grands couteaux et d'un petit »; enfin, dans celui du *Sieur de la Moradié, lieutenant des gardes du duc d'Uzès* (Angoulême, 1725) : « Une coutelière en boîte, couverte de chagrin, contenant six couteaux à manches de porcelaine. »

Le mot coutelière, dans le sens d'étui, de boîte à couteaux, quoique moins usité qu'autrefois, est demeuré dans la langue usuelle. Quant à la boîte qui porte ce nom, divisée à l'intérieur en compartiments et généralement, à l'extérieur, couverte en maroquin ou en basane, elle fut, jusqu'à la fin du XVIIIe siècle, fabriquée exclusivement par les gainiers, qui avaient le privilège de la fournir aux couteliers et aux marchands de quincaillerie.

Couteline, *s. f.;* **Coutouline,** *s. f.* — Ancienne étoffe usitée, au siècle dernier, dans l'ameublement. C'était une

Fig. 737. — Gobelet en étain, avec son couvercle (XVIe siècle).

forte toile blanche, bleue ou jaune, faite toute de fil de coton; elle venait des Indes orientales, particulièrement de Surate. On s'en servait surtout dans le midi de la France, pour les tentures et les rideaux de lit. « Pour la chambre de M. Dubourg, fourny un lit de maître complet, la garniture en coutouline jaune. » (*État des effets fournis par Lasserre, tapissier, pour loger le duc de Fitz-James, par ordre de MM. les Capitouls;* Toulouse, 1763.) « Un grand lit à lange (*sic*), composé de son bois, paillasse, couete, traversier, matelas en crin, garniture de soye et fillozelle jaune, rideaux en coutouline même couleur. » (*Saisie des biens du S*[r] *Daldeguin, prêtre émigré;* Toulouse, 1793.) Parmi les tissus nouvellement importés des Indes, le *Mercure* de septembre 1701 mentionne 6,800 pièces de couteline. Ce chiffre dit assez quel usage on faisait de ce tissu.

Coutier, *s. m.;* **Coutière,** *s. f.* — Fabricant de lits de plumes ou COITES. (Voir ce mot.)

Coutil, *s. m.;* **Coustil,** *s. m.* — Espèce de toile très forte et très serrée qu'on faisait autrefois exclusivement de chanvre. On fabrique aujourd'hui le coutil soit tout fil, soit fil et coton, soit tout coton, et son principal emploi, dans l'ameublement, consiste à fournir les sacs et les fourreaux des lits de plume, des traversins, des oreillers, etc.

On a prétendu que les coutils devaient leur nom à la ville de Coutances; le fait n'est pas sans vraisemblance, car on a toujours fabriqué en Normandie des quantités considérables de ces tissus. Ceux de Bretagne étaient également estimés; mais les plus fins étaient encore les coutils de Flandre. Froissart mentionne ces derniers parmi les objets de valeur dont les troupes françaises, victorieuses à Comines (1382), s'emparèrent et qu'elles firent ensuite passer en France. « Ils chargeoient, dit-il, sur chars et sur chevaux leurs draps bien emballés, nappes, toiles, coutis, or, argent en plate et en vaisselle. » Ce sont également des « cutilz de Flandres » qui furent achetés en 1549, par la ville de Nancy, pour l'entrée solennelle de Claude de France. Ajoutons qu'on en fabriquait un peu partout, car la *Chambrière à louer,* parmi les talents qu'elle s'attribue, cite celui de savoir

. . . . . Dresser la trame
Pour ourdir toilles et coustils.

Mais, qu'il vînt des bords de la Lys ou de ceux de la Seine, le coutil était déjà employé presque exclusivement à la garniture du lit.

Lit d'ung coustil blanc comme ung cigne...
Lit dont le blanc coutil incite
Le dormir quand il est licite.

(Gilles Corrozet, *Blasons domestiques,* 1539.)

C'est encore à cet usage particulier que nous le voyons se prêter le plus généralement pendant les siècles suivants. Cependant, au XVIe et au XVIIe siècle, on en fabriqua, pour certains emplois spéciaux, de teints en couleurs voyantes. C'est ainsi que les *Comptes de Lyon,* à l'année 1595 (Entrée de Henri IV), mentionnent le payement de 9 écus et 35 sols à Jehan Morin, « pour vingt-cinq aulnes de coustil verd, pour faire la couverture de dessus du batteau faict pour le roy ». De même, en 1673, le garde du Trésor paya une somme de 3,064 livres 10 sols au sieur Philipon, « pour l'achat de 861 aulnes de coutil rouge et blanc, pour les voiles des moulins à vent de Versailles ». (*Comptes des bastimens,* col. 679.) Nous savons en outre, par le *Géographe parisien,* qu'en 1769 il existait, rue Saint-Antoine, près la rue de l'Égout, « une manufacture de coutil peint façon de verdure et d'histoire », et une annonce insérée au *Journal général de France* du 30 avril 1785 nous apprend qu'on faisait à cette époque des tentes en « coutil de Bruxelles » doublé de toile d'Orange. Enfin, au XVIIIe siècle, on fabriqua encore du *coutil de brin* ou coutil grossier, pour foncer et garnir le chaises et les fauteuils.

L'habitude de confectionner ordinairement en coutil les enveloppes de lits de plume, de traversins, d'oreillers, etc., a fait retenir le nom de l'étoffe pour désigner l'enveloppe elle-même. Dans l'*Inventaire du château d'Aigueperse* (1507), on note : « Six lodiers. *Item,* cinq couvertes blanches. *Item,* quatre coutilz de Flandres, etc. »; dans l'*Inventaire de Molière* (1673) : « Deux petits lits de plume de coutil commun. » Citons encore : « Une couchette avec colonne, garny d'une couette de plume d'oye, avec son couetil barré (c'est-à-dire à raies), un grand oreiller, etc. » (*Invent. d'André Barbedor;* juridiction de la vicomté d'Artois, 1706.)

Coutouline, *s. f.* — Voir COUTELINE.

Couvé, *s. m.;* **Couvet,** *s. m.* — Locution picarde. Gueux, petite chaufferette en terre ou en cuivre dont se servent les femmes âgées. En Normandie, on écrit et on prononce couvet.

Couvercle, *s. m.;* **Couvescle,** *s. m.;* **Couvercelle,** *s. f.;* **Couverchel,** *s. m.;* **Cubercel,** *s. m.* — Ce qui sert à couvrir, à fermer une boîte, un coffre, un pot, une tasse, un verre, un vase, un meuble, etc. L'usage des couvercles est fort ancien. On les nomma d'abord couvescle. « Ung petit gobelet d'or tout plain, et a sur le couvescle ung esmail rond des armes de Mons. de Valoys... — *Item,* six tasses d'argent et le couvescle de mesmes, qui sert à toutes les six tasses... et poisent avec ledit couvescle, qui est en façon de roze, dix marcs. » (*Invent. de Charles V,* 1380.) « Trois petiz coquemars à biberon paraux, et ou couvescle sont les armes de Monseigneur le Dauphin. » (*Argenterie réclamée par la Couronne aux héritiers de Louis Ier d'Anjou,* 1385.) « Plusieurs pos d'argent doréz sur les couvescles esmailléz de fleurs de bourraches et de chappeaulx de violettes. » (*Lettre d'attestation de Guy Guillebault, gouverneur des finances du duc de Bourgogne,* 1438.) Le plus souvent, ces couvercles étaient surmontés d'une petite pomme ou d'un petit fleuron, qu'on nommait le « fruitelet ».

Fig. 738.
Couvercle formant coupe destiné à faire l'essai (orfèvrerie du XVIe siècle).

Vers le milieu du XVe siècle, le mot prend sa forme actuelle. Un *Mandat de payement* accordé en 1449 à l'orfèvre brugeois Marcelles de Milloin mentionne : « Ung gobellet d'argent hault à couvercle tout ouvré à branches de vignes dorées et de roisins. » L'*Inventaire de Charles-Quint* (1536) décrit : « Ung pot d'ung œf d'austruce garny d'argent doré, aiant sur le couvercle ung esmail d'une estrange beste. — Ung petit pot d'or à couvercle et deux hances... » En 1538, François Ier achète à Georges Vezeler, marchand orfèvre d'Anvers, « un dragouer en forme de couppe avec son couvercle... — Un voirre de cristal avec son couvercle d'argent. » (*Acquits au comptant.*) Le 20 mars 1604, le jeune Dauphin, assistant au dîner du roi et de la reine, « sert le roi et fait l'essai du breuvage dans le couvercle de verre ». (*Journal d'Héroard,* t. Ier, p. 64.) Le 3 juin 1752, Mme de Pompadour achète à Lazare Duvaux « un petit broc de Vincennes, sur lequel on a taillé un couvercle », et qu'on a garni en argent doré.

On voit que la forme du mot est bien définitive. Celle de l'objet, néanmoins, varie à l'infini ; il change d'aspect, s'étend ou se rétrécit, s'élève ou s'abaisse, s'aplanit ou se gondole ; en un mot, il se transforme suivant les récipients auxquels il s'adapte, et comme taille, proportions, dimensions, il se règle et se modèle sur les vases, les boîtes, les meubles, coffres, dont il est le complément.

Nous ne le suivrons pas dans ses multiples transformations ; le tenter, ce serait prétendre refaire l'histoire de presque tous nos meubles. Nous ne retiendrons des textes précédents qu'une seule particularité : celle de ces couvercles de verre dont parle Héroard et qui servaient à faire l'ESSAI. Au XVIIe siècle, ils étaient chez le roi et les grands seigneurs d'un constant usage, et c'est là l'explication de ces couvercles en forme de soucoupe, et qui parfois même constituent une seconde coupe, qu'on rencontre fréquemment à cette époque, et aussi de l'anecdote suivante, que Tallemant (*Historiettes,* t. Ier, p. 13) met sur le compte d'Henri IV : « Une fois, écrit-il, un gentilhomme servant, au lieu de boire l'essai qu'on met dans le couvercle du verre, but en rêvant ce qui étoit dans le verre même ; le roi ne lui dit autre chose sinon : — Un tel, au moins deviez-vous boire à ma santé, je vous eusse fait raison. »

Les deux formes couvescle et couvercle, les seules dont il ait été question jusqu'à présent, sont particulières à l'Ile-de-France et aux provinces avoisinantes. Dans le Midi, on écrivit d'abord cubersel. « I escauffaire de cuivre à cubersel. » (*Invent. des Baux,* 1426.) Puis, plus tard, on dit couvercelle. « Plus deux couvercelles de fer, une grande et l'autre petite, médiocrement bonnes. » (*Invent. du docteur Nicolas Lallemagne ;* Bollène, 1668.) « Une oule de fer avec sa couvercelle. » (*Vente des biens d'Antoine Brunel ;* Bollène, même année.) Ajoutons que, par un rapprochement assez singulier, la forme couvercelle, couverchel ou couversel se rencontre à Reims au XIVe siècle : « Un hanap couvert, doré dedans et dehors, esmaillé ou fons et ou couversel » ; et en Picardie, au XVIe siècle : « Un vaissel d'or de VIII carres à quatre pietz avec le couverchel tout dor, donné et offert à l'honneur de Dieu et Monr S. Joh. Baptiste, par deffunct de bonne mémoire, le Roi Louis Xje de ce nom. » (*Invent. de la cathédrale d'Amiens,* 1535.)

Couverseau, *s. m.* — « Quelques-uns, écrit Furetière, appellent *couvertures* l'estoffe, la tapisserie qui sert à couvrir des chaises et autres meubles. D'autres les appellent des *couverseaux.* » Nous avouons n'avoir jamais rencontré ce dernier mot autre part que dans Furetière.

Couvert, *s. m.;* **Couvrir,** *v. a.* — Au XIVe et au XVe siècle, on appelait « couvrir la table » l'action de tendre la nappe et de placer sur elle tout ce qui était nécessaire au service du repas. « Les tables furent noblement couvertes et aprestées pour le disner », écrit Olivier de la Marche, rendant compte des noces de Charles le Téméraire avec Marguerite d'York (1468). (*Mém.,* liv. Ier, p. 529.) Nous retrouvons cette même expression dans la XXIXe des *Cent nouvelles :* « Et lors ung d'entre eulx couvrit la table

Fig. 739 à 741. — Couvert en vermeil ciselé (XVIe siècle).

et mit le banquet dessus, car ilz estoient en lieu pour ce faire. » Moreau de Villefranche, dans son récit de la *Prinse et délivrance du Roy* (François Ier), racontant que les femmes de la reine avaient grand appétit, écrit : « Je vous advise et certifie que dès qu'il fut couvert pour la dicte dame, elles demandèrent du pain aux officiers et se mussoyent pour manger derrière la tapisserie. » Dans les *Aventures du baron de Fœneste,* Enay dit pareillement au baron : « Monsieur, cependant qu'on couvrira, voulez-vous point faire un tour d'allée ? » Et Dieghos dans les *Neapolitaines* de François d'Amboise, s'écrie (acte III, sc. III) : « Est-il couvert ? que l'on serve. » De cet usage du verbe couvrir dériva l'emploi du substantif couvert pour désigner la nappe, les verres, les salières, le surtout, les assiettes, l'argenterie, en un mot tout ce qui servait à couvrir une table. C'est dans ce sens qu'il faut comprendre le passage suivant des *Mémoires du maréchal de Fleuranges* (1551) : « Puis ils furent amenéz en la grande salle, qu'ils trouvèrent si richement parée, et le couvert de quatre longues tables, si bien ordonné, qu'ils en tombèrent en une inexprimable admiration. » De même pour cette autre citation tirée du *Journal de Bourgoing,* où, parlant de Marie Stuart captive à Fotheringay, il écrit : « Le jeudy, le sieur Amyas, Mr Barket, et Mr Standlin vinrent parler à Sa Majesté estant à table, le couvert dessus, comme si elle eust esté preste à disner » ; de même encore pour ce passage du *Voyage de Chapelle et Bachaumont,* où il est question d'un dîner fait à Blois chez M. Colomb : « Son couvert étoit le plus propre du monde : il ne souffroit pas sur sa nappe une seule miette de pain. » On connaît les vers fameux de La Fontaine :

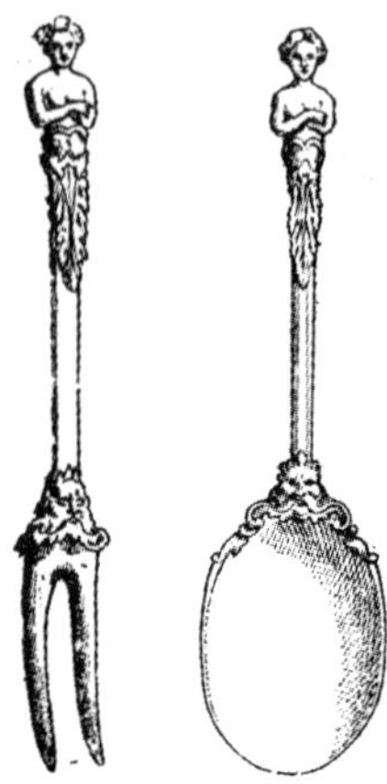
Fig. 742 et 743.
Couvert en argent
(XVIe siècle).

Sur un tapis de Turquie,
Le couvert se trouva mis,

et l'on se souvient qu'à la scène III du IIIe acte du *Turcaret* de Le Sage, la baronne dit à Lisette : « Vous savez qu'on soupe ici ? Donnez ordre que nous ayons un couvert propre, et que l'appartement soit bien éclairé. » Enfin l'expression : « mettre le couvert », « le couvert est mis », nous est restée et demeure d'un courant usage.

On trouve, dans le même ordre d'idées, dans le vocabulaire de l'Ancien Régime, les mots *Grand Couvert* et *Petit Couvert,* qui servaient, à la Cour, pour désigner le dîner du roi en public et le dîner du roi en particulier. Il faut également retenir ce terme : « Il y a eu couvert chez tel prince ou telle princesse », employé pour dire que, ce jour-là, tout le monde était admis à voir le prince ou la princesse dîner. C'est ainsi que Dangeau écrit : « Il y eut couvert chez Madame la Dauphine, où Madame dîna avec Monsieur le Dauphin et Madame la Dauphine. Elle étoit dans un fauteuil comme eux, mais à côté de la table ; ils eurent une grosse cour à leur dîner. » (*Journal,* t. XIII, p. 458 ; 10 août 1711.)

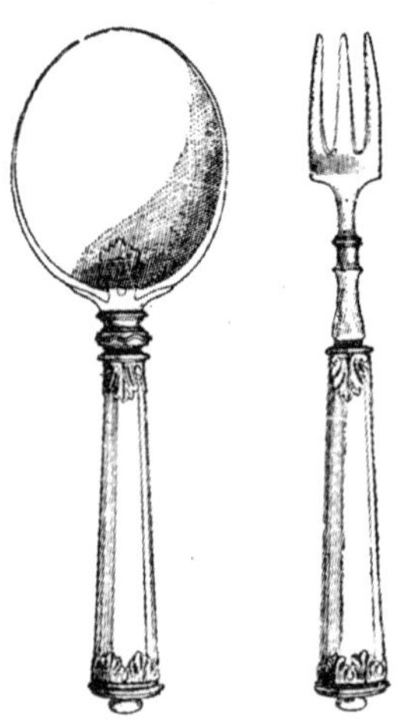
Fig. 744 et 745.
Couvert avec manche en agate
(XVIe siècle).

Au XVIIe siècle, et par une habitude assez générale dans le langage du mobilier de prendre la partie pour le tout, on usa également du mot couvert pour désigner l'assiette, la cuiller, la fourchette, le verre, le couteau, la serviette, en un mot, tout ce qui sert à marquer la place d'un convive. De là naquit l'expression : « un dîner de tant de couverts », ou encore celle-ci : « apportez un couvert, pour telle personne ».

Parlant des noces du marquis du Rosny, Loret écrit (5 octobre 1658) :

Outre la table principale,
Posée en la plus belle sale,
Contenant trente et deux couvers.

Et Diderot dit à son tour : « Comment, Rameau, il y a dix mille bonnes tables à Paris, à quinze ou vingt couverts chacune, et de ces couverts-là, il n'y en a pas un pour toi ! » Là encore, l'expression est demeurée en usage. Enfin, le sens du mot continuant à se rétrécir, bientôt il signifia simplement le couteau, la cuiller et la fourchette, et parfois même seulement ces deux derniers ustensiles. La première mention du mot couvert pris dans ce sens étroit figure dans le *Journal d'Héroard,* à la date du 19 septembre 1610. On y voit le Dauphin « en mangeant, tenant son couvert d'une main et de l'autre » battant « toujours le tambour sur la table en rêvant ». Toutefois, il ne semble pas que, pendant le XVIIe siècle, on se soit couramment servi du mot ainsi réduit à sa plus simple expression. Il faut attendre le XVIIIe ; alors, couvert prend peu à peu la signification qu'il possède de nos jours. C'est ainsi que le *Dictionnaire de Trévoux* dit expressément : « On appelle encore couvert un étui garni d'une cuiller, d'une fourchette et d'un couteau. » Dans cette adorable histoire qui porte le nom de la *Belle au bois dormant,* nous lisons également : « On mit devant chacune d'elles un couvert magnifique, avec un estui d'or massif où il y avoit une cuillier, une fourchette et un couteau de fin or, garnis de diamans et de rubis. » Saint-Simon, dans une note dont il additionna le *Journal de Dangeau,* parle, à la date du 2 février 1711, de la double serviette placée sous le couvert du Dauphin, et là encore il s'agit bien de la cuiller, de la fourchette et du couteau. L'*Inventaire de Marie-Josèphe de Saxe* mentionne « un couvert d'or complet dans son étui de galucha ». Dans l'*Inventaire de Pierre Le Comte, chanoine de l'église collégiale de Saint-Honoré* (1719), nous trouvons : « Un petit couvert composé d'une cuillère, fourchette et couteau d'argent, pesant ensemble un marc et prisé quarante-huit livres. » L'étui semble déjà ne plus exister ; mais le couteau est toujours intimement lié à la

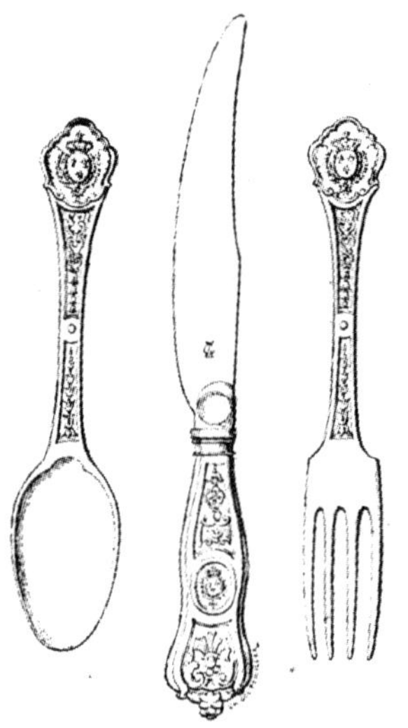
Fig. 746 à 748.
Couvert du roi Louis XIV,
d'après un dessin
de l'album de Robert de Cotte.

cuiller et à la fourchette. En quoi consistaient au juste les « deux couverts d'argent à coquilles avec façon et contrôle », livrés pour 99 livres à M. de Belhombre par Lazare Duvaux? (*Livre journal,* t. II, p. 128.) Nous l'ignorons; mais il n'en est pas de même avec l'*Apposition des scellés chez J.-B. Oudry, peintre du roi* (1755), où nous relevons, parmi l'argenterie : « Une cuillière à soupe, deux cuillières à ragout, unze couverts à filets. »

Cet article serait incomplet si nous ne mentionnions encore quelques adaptations du mot couvert appliqué à divers objets ou usages mobiliers, qui diffèrent essentiellement de ceux que nous venons de passer en revue. C'est ainsi que dans l'*Inventaire du cardinal de Mazarin* (1653) nous voyons ce mot employé pour couverture : « Un couvert de prie-Dieu, orné d'une broderie, etc. » Parmi les présents offerts par le roi de Siam à Louis XIV, nous voyons figurer : « Deux couverts d'argent ouvrage du Japon, qui marchent par ressort et portent chacun une petite coupe », dont il est plus malaisé de déterminer l'emploi. Mais dans l'*Inventaire de la Dᵉ de la Caussade* (Bordeaux, 1735) nous notons « le couvert d'un caquetoire d'un ouvrage fait à l'aiguille; — plus deux autres couverts de caquetoire de pane rouge », qui montrent que le terme relevé dans l'*Inventaire du cardinal de Mazarin* était usité dans le midi de la France.

Enfin, il nous faut encore donner l'explication d'une locution qu'on rencontre parfois. *Servir à couvert,* c'était présenter les plats avec des cloches d'argent, et les gobelets avec leurs couvercles. Le service à couvert était considéré comme une marque de déférence. Parlant de la grande fête de la Toison d'or qui eut lieu en 1446, Olivier de la Marche nous apprend (*Mém. relatifs à l'histoire de France,* t. VIII, p. 188) que : « Le disner prest, les chevaliers prindrent et lavèrent les deux ducs ensemble, et s'assiet le duc de Bourgongne au milieu de la table. Les deux ducs furent servis à couvert, chacun à par soy, et pareillement furent servis tous les chevaliers, chacun son plat et son service à part, et furent moult grandement servis de vins et de viandes. » — « Madame ma mère vit que l'on servoit Madame la Dauphine à couvert et Mᵐᵉ la duchesse de Bourgogne point », écrit *Aliénor de Poictiers* (1485). Les tristes héros de l'*Isle des hermaphrodites* se faisaient servir à plats « tout couverts ». Enfin, Tallemant, parlant de Mᵐᵉ de Maintenon, dit : « Étant veuve et espérant épouser M. d'Épernon, elle se faisoit servir à plats couverts et avoit un dais. »

Fig. 749. — Le couvert du roi à la réception de l'ordre du Saint-Esprit, d'après Abraham Bosse. (Au premier plan, deux officiers faisant le service *à couvert.*)

Cet usage était aussi considéré comme une utile précaution, dans un temps où la crainte du poison était universelle. Ajoutons qu'il ne dispensait pas de l'Essai qu'on faisait toujours faire par ses officiers.

Couverte, *s. f.;* **Couvertoir**, *s. m.;* **Couverture**, *s. f.* — On appelle généralement couverture tout ce qui sert à recouvrir. Dans le langage mobilier, on donne plus spécialement ce nom à une pièce d'étoffe qu'on étend sur les lits pour garantir les dormeurs du froid.

> Ore faut-il des lits;
> . . . .
> Sargis et tapis et couvertoirs
> Et kieute pointes aussi
> Pour les lits couvrir.

Dans cet emploi, on peut dire que la couverture est aussi ancienne que le lit qu'elle recouvre, et comme elle affecte encore aujourd'hui une simplicité rudimentaire de forme, il est à croire que cette forme n'a pas varié et qu'elle est restée telle qu'elle était dans le principe. Toutefois, il convient de remarquer qu'au XIVe et au XVe siècle, l'usage n'était pas de recouvrir les lits d'une housse les enveloppant complètement ; en outre, on était dans l'habitude de recevoir au lit les visites les plus solennelles, il en résultait que les couvertures des grands personnages étaient singulièrement plus riches que celles de nos jours. C'est ainsi que nous voyons figurer dans l'*Inventaire de Charles V* (1380) : « Une grande couverture à lit, d'un grand veluiau tout d'une pièce, de plusieurs devises, en façon d'un tappiz velu. — Une autre couverture brodée sur cendal, à or, de plusieurs devises, de bestes et d'oyseaulx, à roses blanches. » Nous savons aussi, par Monstrelet, que la couverture du lit mortuaire sur lequel on exposa le corps du roi Henri d'Angleterre (1420) était de drap de soie vermeil battu d'or, et le facétieux Poge raconte que, « au temps que Rodolphus estoit au royaulme de Naples régnant, ung noble duc d'Angers, qui estoit de sa parenté, l'alla veoir et avec luy porta une moult belle couverture de lict, toute couverte de diverses pierres précieuses, ausquelles il mettoit fort sa cure et prenoit grande félicité de le veoir ».

Ce luxe des couvertures de prix (ou pour mieux dire de parade, car c'est le nom qu'on leur donna dans la suite) se continua, d'ailleurs, jusqu'au milieu du XVIIe siècle. Un *Compte de Jean Micault, receveur des finances de Maximilien d'Autriche* (1510), nous apprend qu'au XVIe siècle on faisait des couvertures de tapisserie assorties à la tenture du lit. L'*Inventaire de Charles-Quint* (1536) décrit, entre autres, « une couverture de veloux verd sainglé, de cincq veloux de large et cincq aulnes de long ». Nous relevons dans le *XVIe compte de Christophe Godin, receveur général des finances de Philippe II* (1594), la mention d'une « couverte de lict, composée de divers comparcquements à pasnaches de paon et broderies » ; et, en 1615, nous trouvons dans l'*Inventaire du château de Turenne* certaines de ces couvertures de parade qui sont « de velours cramoizy, doublé de taffetas cramoisy, chamarré par demy lais avec une grande frange de soye cramoizie, couverte d'une crespine d'or et d'argent ». D'autres sont « de damas violet, chamarré par demy lais d'un passement de soye, avec une grande frange de soye violète, couverte d'une crespine d'or ».

Quoique poussé, on peut le dire, à ses dernières limites, ce luxe cependant n'empêchait pas qu'on ne se préoccupât du but essentiel de la couverture, qui était de garantir du froid; et comme celui-ci se faisait d'autant plus sentir dans les habitations féodales que les chambres étaient fort mal closes et les moyens de chauffage tout à fait insuffisants, il en résultait qu'on employait beaucoup les fourrures pour la confection des couvertures, et c'était là un genre de luxe qui souvent était des plus coûteux. Cette préoccupation, bien naturelle, s'est en outre traduite, jusqu'à une époque relativement récente, par des recommandations au moins singulières. Pour n'en citer qu'un exemple, nous nous bornerons à rappeler que, dans son curieux opuscule intitulé : *Nouvelles découvertes pour vivre plus de quatre-vingts ans sans infirmités, et pour conserver longtemps les forces et l'agilité du jeune âge,* le docteur J.-P. Lostalot-Bachoué de Vialer (Basses-Pyrénées) recommandait, au XVIIe siècle, d'avoir les couvertures boutonnées ou bouclées au matelas sur lequel on dort.

Pour en revenir aux fourrures, nous ferons remarquer que la dimension considérable des lits de cette époque venait encore augmenter, dans des proportions singulières, la dépense qu'on était obligé de faire pour se procurer ces confortables garnitures. On fourrait généralement les couvertures avec du menu vair; c'est, du moins, cette fourrure, alors fort estimée, que nous voyons figurer le plus souvent, comme pelleterie employée à doubler les couvertures. On la rencontre notamment dans l'*Inventaire de Mahaut d'Artois* (1313); dans les *Comptes de Geoffroi de Fleuri,* argentier de Philippe le Long (1316); dans l'*Inventaire de Clémence de Hongrie* (1328); dans l'*Inventaire de l'hôtel de Quatremares* (1334); dans les *Comptes d'Étienne de la Fontaine, argentier du roi Jean* (1350); dans l'*Exécution du testament de Jehanne d'Évreux* (1382); dans l'*Inventaire de Charles V* (1380); dans le *Trousseau de Marie de Bourgogne,* mariée au comte de Clèves (1415), etc.

D'autres pelleteries cependant étaient en usage, mais d'une façon moins répandue. C'est ainsi que dans les *Comptes des recettes et dépenses des prieuses de l'Hôtel-Dieu* (1371), nous voyons qu'on a reçu la somme de 48 francs « de Mme la duchesse d'Orliens... pour la vente d'un couvertoir fourré de connins (lapins) blancs ». L'*Inventaire de Charles V,* que nous citions à l'instant, renferme un chapitre intitulé : « Couvertoers fourréz d'ermines, de menu vair et autres couvertoeres », lequel commence par ces mots : « Troys pannes d'ermynes à couvertoer, dont l'une tient XVIII tirés de long et LXXVI bestes de lé », etc.; et dans l'*État des objets de literie et d'ameublement achetés à Paris pour les couches de la comtesse de Rethel* (1403) figure « la vente de douze cens d'ermines, employéz entièrement à la fourniture du grand bers à parer pour le dit enffant... le cent au prix de trante frans, valent III C LX francs ». On voit par ce dernier chiffre que c'était là — étant donné le pouvoir de l'argent à cette époque — une fourrure très chère. « Le couvertouer de lit de martres, en deux pièces », qui ornait la couche de Charlotte de Savoie, n'était pas d'un prix moins élevé. (Voir *Invent. de la feue reine Charlotte de Savoye par les notaires jurés des contrats royaux de Tours,* 1483.) Quant aux gens de petite condition et aux « povres malades », les *Comptes des prieuses de l'Hôtel-Dieu* (1485) nous apprennent qu'on fourrait leurs couvertures avec des « peaulx de chatz sauvaiges » et de « regnars ».

Si, maintenant, nous passons aux étoffes qui servaient, soit pour maintenir la fourrure, soit pour former des couvertures non doublées, on peut dire qu'il en est peu qui n'aient été employées. Nous avons vu le velours et le cendal figurer dans l'*Inventaire de Charles V;* on y trouve également des « couvertouers de marbré brun », d'autres de « camelot violet »; dans l'*Inventaire de Mahaut d'Artois,* il est question de drap *pers* et de drap vert; dans les *Comptes de Geoffroi de Fleuri,* « d'escarlathe vermeille »; dans les *Comptes d'Étienne de la Fontaine,* de drap fourré. Dans l'*Inventaire d'Alix de Frolois, abbesse de Jouarre* (1369), on rencontre « un couvertoir à lit de drap mabré... un couvertoir de mabré, un couvertoir vermail », etc. Dans les *Dépenses et préparatifs pour les couches d'Isabeau de Barière* (1403), il est fait mention de « vingt-huit aulnes de vermeil, pour faire quatre couvertoirs, pour servir sur les liz des femmes qui serviront ledit enfant ». Parmi les *Objets achetés à Paris pour les couches de la comtesse de Rethel,* aussi bien que dans le *Trousseau de Marie de Bourgogne,* déjà cités, il est question d' « escarlatte vermeille de Bruxelles »; dans les *Comptes des prieuses de l'Hostel-Dieu,* de « gros draps pour faire couvertures aux mallades, achectéz à la foyre de Saint-Denis, en France »; dans l'*Inventaire de Pierre Comte,* « de tapisserye d'Aulvergne », et dans celui de Catherine de Médicis, de damas blanc et de taffetas piqué de même nuance.

Au XVIIe siècle, quand les housses eurent été adoptées

pour recouvrir entièrement les lits, la couverture perdit naturellement beaucoup de son luxueux apparat. Cependant les couvertures de COTONNIS (voir ce mot), sorte de satin qu'on tirait des Indes orientales, continuèrent à faire l'objet d'un trafic assez considérable. Le maréchal de la Meilleraye possédait sur son lit « une couverture blanche picquée appelée cotonine », qui fut estimée par les tapissiers Henry et Pocquelin, 30 livres, prix relativement élevé. On fabriqua aussi quelques couvertures de velours ou de panne, et nous trouvons dans l'*Inventaire du cardinal de Mazarin* (1653) « une couverture de panne de deux faces, d'un costé de soie couleur de rose, et de l'autre de laine couleur de feu », qui devait être fort belle. Dans les *Inventaires des meubles de la Couronne* dressés sous le règne du Grand Roi, nous n'avons pas relevé moins de 191 couvertures faites de satin blanc, de toile de coton peinte, de ratine blanche, de taffetas incarnadin, de satin rayé. La plupart sont ouatées; car, au XVIIe siècle, l'ouate et le duvet remplacent la fourrure sur les lits. Ajoutons qu'à partir de cette époque, on ne fabriqua plus guère, pour les besoins des dormeurs, que des couvertures de laine et ensuite des couvertures de coton.

Les premières couvertures de laine semblent avoir été importées d'Espagne, et sous le nom de CASTELOGNES (voir ce mot), corruption du nom de leur pays d'origine, la Catalogne, elles continuèrent, jusqu'à une époque assez proche de nous, à faire partie des mobiliers riches et confortables. Le *Tarif général* de 1664 porte un article ainsi conçu : « Castalognes, couvertures et mantes de laine, le cent pesant payera comme mercerie, troys livres. » Au XVIIe siècle, on en tira aussi de la Grande-Bretagne. L'*Inventaire du cardinal de Mazarin,* que nous citions à l'instant, mentionne « des couvertures de laine très fine d'Angleterre, ayant quatre couronnes bleues aux quatre coins ». Plus tard, on en fabriqua en France, et plus spécialement à Paris, en Normandie, en Languedoc et en Auvergne. Celles de Paris étaient faites au faubourg Saint-Marceau. Savary nous apprend que l'on comptait aussi quelques métiers établis au faubourg Saint-Martin. Toutefois, les couvertures de laine les plus réputées étaient celles de Darnétal, près Rouen. Les fabricants les faisaient de laine française, mêlée dans une certaine proportion avec la laine d'Angleterre et d'Espagne. Celles de Montpellier et d'Avignon eurent, pendant un demi-siècle, une certaine réputation ; quant aux couvertures de Marseille, dont il est question dans l'*Inventaire du surintendant Fouquet* (1661) et dans les inventaires royaux dressés sous Louis XIV, il est probable que c'étaient simplement des couvertures d'Avignon, car aucun document, à notre connaissance, n'indique Marseille comme un lieu de fabrication. Enfin, en Lorraine, on fabriquait encore des couvertures communes de poil de chèvre et des couvertures de poil de chien. Les couvertures d'Auvergne étaient les moins estimées.

Nous n'avons parlé jusqu'ici, dans cet article, que de la couverture du lit. Il nous faut maintenant dire quelques mots des COUVERTURES DES SIÈGES. Jusqu'au milieu du XVIIe siècle, en effet, on s'est servi de ce mot pour désigner ce que nous appelons aujourd'hui des housses. Seulement ces housses, au lieu d'être une simple chemise, préservant le bois et la dorure du meuble — à cette époque, on ne connaissait pas encore les sièges rembourrés — constituaient de superbes habits chargés de broderies, décorés d'orfrois éblouissants, parfois semés de perles et de pierres précieuses. L'*Inventaire de Charles V* renferme deux chapitres spécialement consacrés à ce genre de couvertures.

L'un, intitulé « couvertures de chayères pour prélat », n'est point très détaillé ; mais il n'en est pas de même du second, qui comprend les « couvertures de sièges pour le Roy ». Ce dernier chapitre compte six articles, dont quelques-uns d'une richesse singulière, notamment « une couverture de drap de soye jaune, bordée de veluyau vermeil, à quatre escussons de France, dont les fleurs de lys sont pourfilées de perles menues », et « une couverture pour le siège du Roy, qui est de camocas d'oultre-mer, royé au long, bordé de veluiau azuré, à dix escussons de France en la bordeure, dont en chascun escusson a troys fleurs de lys d'or ». Nous venons de dire que les couvertures de chaises étaient restées en usage jusqu'au milieu du XVIIe siècle, deux documents appartenant à ce temps en font foi. C'est d'abord un article de l'*Inventaire de Louise de Vaudemont* (1603), ainsi conçu : « Plus deux couverctures de petites chaises cacquetoires, de soye de diverses couleurs rehaulsées d'or et d'argent. » C'est ensuite « un pacquet de couvertures de chaises », qui figure dans l'*Inventaire du surintendant Fouquet* (1661). On remarquera, en outre, qu'au XVIIIe siècle, ce terme s'était conservé dans l'ouest de la France et s'étendait même aux housses des fauteuils, canapés, sophas, etc. Nous voyons, en effet, « huit couvertures de fauteuils de moere verte, et une garniture de sopha de la mesme broderie » figurer dans l'*Inventaire du chevalier de Piré* (Rennes, 1719); et dans l'*Inventaire du marquis de Piré* (Rennes, 1733), nous relevons « un sopha de serizier, enbouré de crin, couvert de broderye à gros point de différentes coulleurs et à pavost, avec ses deux couvertures de toille peinte, prisé cent cinquante livres ». Aujourd'hui le mot couverture n'est plus appliqué aux sièges que pour désigner l'étoffe qui les recouvre et qui demeure fixée au bâti.

On trouve encore le mot couverture employé à diverses époques, pour signifier des objets mobiliers assez différents. C'est ainsi que dans l'*Inventaire de Charles V,* auquel il nous faut constamment revenir, on trouve « deux couvertures à baigner, l'une d'escarlate et l'autre de toille », qui, sans doute, constituaient des sortes de peignoirs pour sécher la personne du roi, quand le prince sortait de l'eau. Dans l'*Inventaire de la duchesse de Valentinois* (1514) figure « une couverture de coffre à bahut, bandée de drap rouge et jaulne ». Les mots couverte ou couverture sont également usités pour signifier la reliure d'un livre. Un *Mandement du duc de Bourgogne,* daté de 1463, mentionne « une couverture de satin figuré noir, bien grande, pour le livre de Lancelot du Lac ». Dans l'*Inventaire de Marguerite d'Autriche* (1524), on remarque « la couverte d'ung livre de velours non brodée — la couverte d'un pourpitre — une couverte de buffet ouvrée en manière de nappe », etc.; dans l'*Inventaire du peintre Jérôme Franck* (1610), « la couverture d'un placet faict à gros points ».

Dans le Bordelais et la Gascogne, au XVIe et au XVIIe siècle, couverture est également synonyme de couvercle. « Plus une grande oulle de letton avecq ses pieds et avecq sa couverture de léton. » (*Invent. de Pierre de Capdeville ;* Bordeaux, 1591.) « Plus trois couvertoirs de pot. » (*Invent. de Grégoire Beaunom ;* Bordeaux, 1607.) « Plus vingt couvertures d'oulles petites et grandes. » (*Facture de Me Pelegrin, potier de vaysseaux ;* Toulouse, 1611.) Cette acception était au reste fort ancienne, car parmi les *Droits accordés par Philippe le Hardi à son grand chambellan, Guy de la Trémoille* (1381), on lit : « *Item,* que toutes foys que le duc fait feste criée, ledit chambelan doit avoir le jour d'icelle feste toutes les couvertures de vaisselles, dont l'on sert le Duc au disné ou au soupé, soient d'or ou d'argent, ou autres », c'est-à-dire toutes les pièces d'orfèvrerie usitées pour servir le prince à COUVERT. (Voir ce mot.)

Enfin, il est très souvent question, dans les anciens textes, de couvertures de chevaux et de mulets, et il ne faut

Fig. 750. — Couvre-feu en terre vernissée (XVIIIe siècle).

pas entendre ce mot, comme le comprendrait un palefrenier de nos jours. Ainsi que le remarque Furetière, ces couvertures étaient bien moins faites pour garantir les animaux du froid ou de la pluie, « que par ornement, pour montrer à qui ils appartiennent, par les escussons et les broderies qu'on y met dessus ». « On en fait aussi de parade, ajoute Furetière, pour servir dans les entrées et les grandes cérémonies. Plusieurs grands seigneurs tapissent leurs chambres des couvertures de leurs mulets. » Ne soyons donc pas surpris de voir figurer dans l'*Inventaire de Mahaut d'Artois,* parmi les tissus de prix, « deux paires de couvertures à cheval, des armes Renault de Boillemon, le chambellenc » ; de rencontrer aux *Archives du Nord* (série B, nº 2584) une quittance de Pierre Blaise, « tapissier de haulte lisse », de 360 livres pour 12 couvertures de tapisseries destinées aux mulets de la reine de Navarre (1556); et de lire dans une lettre de Mme de Maintenon, racontant l'entrée de Louis XIV à Paris (1660) : « La maison de M. le cardinal ne fut pas ce qu'il y eut de plus laid ; elle commença par 72 mulets de bagage : les 24 premiers avoient des couvertures assez simples ; les autres en avoient de plus belles, plus fines, plus éclatantes que les plus belles tapisseries que vous ayez jamais vues, et les derniers en avoient de velours rouge, en broderie d'or et d'argent. » (*Lettres de Mme de Maintenon,* t. Ier, p. 27.)

COUVERTE est aussi un terme de céramiste. On donne ce nom à un enduit ou vernis formé de sables vitrifiables dont on se sert pour couvrir les poteries afin de les rendre imperméables et d'empêcher les corps gras de les pénétrer. « Par un premier examen tant à la vue simple qu'à la loupe, nous avons observé que la couverte ou vernis de M. de Lauraguais ressemble beaucoup au vernis d'un gobelet blanc et bleu du Japon, qu'il nous a présenté comme pièce de comparaison. » (*Rapport de Hellel, Montigny, Macquère, Le Roy et Tillet sur la porcelaine du comte de Lauraguais. — Reg. de l'Acad. royale des sciences,* 18 août 1764.)

Couvertelle, *s. f.* — Diminutif du précédent. « Ung petit goubelet d'agathe garny d'or esmaillé avec une couvertelle d'or à annelet. » (*Décharge donnée à Pierre de Corteville, garde des joyaux de l'Empereur,* 1532.)

Couvet, *s. m.* — Voir COUVÉ.

Couvre-feu, *s. m.* — Ustensile de ménage en fer battu, en cuivre, ou en terre vernissée, ayant une forme voûtée, et muni d'une anse ou d'un manche, dont on se servait autrefois pour couvrir, la nuit, le feu dans les vastes cheminées et empêcher que le vent, en s'engouffrant dans le corps de la cheminée, ne projetât des étincelles dans la pièce. « Deux chenets, une cremilière..., un couvre-feu, une broche. » (*Inventaire de François Poinsot;* Lyon, 1780.)

Couvre-joint, *s. m.* — Bande de tôle placée sur un joint afin de le cacher. Terme de menuisier. Moulure clouée sur le bord d'une porte de façon à couvrir le point de contact des deux vantaux.

Couvre-lit, *s. m.* — Pièce d'étoffe qui sert à couvrir le lit. Ce terme est peu usité ; on emploie plus généralement ceux de HOUSSE, de COUVRE-PIED ou de COURTEPOINTE.

Couvre-pied, *s. m.* — C'est le fils dégénéré de la COURTEPOINTE. (Voir ce mot.) Comme elle, il est généralement en étoffe de prix ; comme elle, il se compose de deux tissus doublés de laine, de ouate, ou de plume, et piqués avec soin. Mais il n'enveloppe plus le lit tout entier. Il se réduit à la taille d'une demi-couverture et n'apparaît plus que lorsque la housse ou couvre-lit, qui a pris la place de l'ancienne courtepointe, a été retirée. Parfois, il est vrai, par un abus de langage on donne son nom à cette housse, à ce couvre-lit. Mais c'est là une faute contre laquelle son nom même proteste. Il doit, pour rester couvre-pied, ne pas dépasser la ceinture de la personne qu'il réchauffe. S'il renonce à ces proportions modestes, il devient housse ou courtepointe ; il cesse d'être couvre-pied.

Nous relevons dans les *Comptes de Geoffroi de Fleuri* (1317) des fournitures de « coustepointes des pieds », qui montrent que l'usage du couvre-pied est fort ancien ; mais c'est seulement au XVIIe siècle qu'on voit cet utile objet figurer en nombre dans notre mobilier, et son nom prendre place dans les documents. Dans les *Inventaires des meubles de la Couronne* de 1697 et de 1700, nous remarquons six couvre-pieds ouatés, faits de satin blanc de la Chine.

Fig. 751. — Couvre-feu en terre cuite (XVIIIe siècle).

Dans la note du *Linge en renouvellement* de la chambre de la reine (janvier 1750), nous trouvons : « Trois grands couvre-pieds de Marseille, dont deux sont garnis de point (c'est-à-dire de point de France, par conséquent de point d'Alençon), et l'autre d'Angleterre à brides, et trois petits couvre-pieds de Marseille, dont deux sont garnis de point et l'autre d'Angleterre à brides raiseaux. » (*Mém. du duc de Luynes,* t. XII, p. 379.) Une communication faite, en 1779, à l'Académie des sciences nous apprend qu'on a fabriqué, avec une soie nouvelle, « un tapis de parade ou couvre-pied couleur de rose, destiné au berceau de Madame, fille du roi ». (*Mém. secrets,* t. XIII, p. 281.) Dans une *Vente de meubles* qui eut lieu le 5 mai 1779, rue Sainte-Croix-de-la-Bretonnerie, figurait « un couvrepied d'édredon »; à la *Vente de la présidente Molé* (13 avril 1784) nous relevons : « Des couvre-pieds de Bazin brodé et de satin. » Enfin Mme de Genlis nous révèle une adaptation du couvre-pied, fort à la mode de son temps, et tombée aujourd'hui en désuétude : « Alors qu'on fut habillée sur une chaise longue, dit-elle, on avoit toujours un couvre-pied. La décence l'exigeoit; car ainsi couchée, le moindre mouvement peut découvrir les pieds et même les jambes. D'ailleurs, un beau couvre-pied étoit une sorte de parure très élégante ; on s'en passe communément aujourd'hui et rien n'a plus mauvaise grâce. » (*Dict. des étiquettes de la Cour,* t. Ier, p. 101.) En ajoutant que le farouche Mercier (*Tableau de Paris,* t. VI, p. 28) critique amèrement ce que Mme de Genlis trouve naturel et charmant, nous aurons rapporté à peu près tout ce que les auteurs ont dit du couvre-pied.

Couvre-plat, *s. m.* — Couvercle de métal qu'on met sur un plat, pour empêcher son contenu de refroidir. « Trois couvre-plats et un pommier fer-blanc. » (*Invent. de François Poinsot, prêtre;* Lyon, 1780.) « Deux caffetières, quatre couvre-plats. » (*Apposition des scellés chez l'abbé de Moria, chanoine;* Lyon, 1780.)

Couvreur, *s. m.* — Artisan qui couvre les maisons. « Entre tous les mestiers que j'ay remarquéz, j'ay admiré celuy des couvreurs, pour l'adresse qu'ils ont à se guinder, sur le feste et le sommet des plus hauts et plus aigus édifices de l'univers. » (*Œuvres de Tabarin,* 1622.) Les couvreurs formaient autrefois une Communauté dont le patron était saint Julien. Leur autel était dans l'église de Saint-Julien-le-Pauvre. C'est là qu'ils avaient leur bureau. L'apprentissage durait six années et présentait cette particularité que les apprentis étaient payés. La première année, ils gagnaient vingt sols par jour, et cette allocation s'augmentait chaque année de 2 sols jusqu'à la sixième où ils recevaient un salaire de 30 sols. Quand les couvreurs travaillaient sur une maison bordant une voie publique, ils devaient en avertir les passants ; faute de quoi ils étaient mis à l'amende. (*État ou tableau de la ville de Paris,* 1760.)

Coyre, *s. m.* — Cuivre. C'est la forme que revêt ce mot dans les dialectes gascon, béarnais et bordelais.

Crachet, *s. m.* — Locution picarde. Petite lampe. (Voir Craisset.)

J'ai pour meubl's ein lit, ene kielle,
En' table, ein crachet, ein cadot.

(*Aveux du Franc-Picard.*)

Crachoir, *s. m.* — Les crachoirs ne paraissent pas remonter au delà du XVIe siècle. A cette époque, ils étaient de petite taille, presque toujours en métal, souvent en argent. Ils avaient généralement la forme de petits vases à large fond et à goulot légèrement étranglé à sa base, puis évasé à son sommet et garni d'un fin treillage, à travers lequel filtrait la salive. On en faisait également en manière de plateau ou de bassin.

Ces récipients, quelle que fût d'ailleurs leur forme, n'inspiraient pas le même dégoût que le crachoir de nos jours. Au lieu de les reléguer dans un coin obscur de l'appartement, on les plaçait au milieu de la chambre, en évidence sur une table. Le premier crachoir dont nous avons pu retrouver la trace figure dans la *Vente des meubles de Claude Gouffier, duc de Roannès, grand écuyer de France* (1572). Il est décrit comme suit : « Ung crachoir d'argent, garny de son couvercle à treillis, poisant trois marcs quatre onces deulx gros. » Par les *Comptes royaux* de l'année 1591, nous savons que Henri IV fit faire à David de Vimont, son orfèvre, « un petit bacin d'argent à cracher ». Quant au crachoir dans lequel Louis XIV projetait son auguste salive, il avait été exécuté par Ballin et affectait des proportions superbes. Il était « ciselé de godrons par le bas et par-dessus d'un bord de fleurs de lis avec des portans par les bouts, sortant de deux mufles de lion, portés par quatre consoles en pattes de bouc ». Cette belle pièce, qui était haute de 11 pouces et mesurait 23 pouces de long sur 17 de large, pesait, avec son bassin, plus de 225 marcs. C'était là le crachoir des grands jours; car l'*Inventaire des meubles de la Couronne,* dressé en 1673, en mentionne cinq autres, dont deux en bois de brésil, deux en sapin noirci et un en marqueterie d'écaille, qui étaient loin d'avoir la même importance. Remarque curieuse, tous ces crachoirs étaient octogones. Ajoutons que les crachoirs en métal précieux se retrouvaient alors chez de simples particuliers. Marie Cressé, femme du tapissier Poquelin et mère de Molière (morte en 1633), possédait « un bassin à cracher » d'argent, et l'*Inventaire du cardinal de Polignac* (1738) nous révèle la présence, chez ce prélat, d'un « crachoir uny (en argent), pesant un marc quatre onces ». Ces exemples pourraient faire croire que l'usage du crachoir a été en honneur et s'est continué sans interruption jusqu'à une époque relativement très récente, si les *Mémoires du chevalier Temple* et les portraits de *Giton,* de *Phédon* et de *Ménalque,* tracés par La Bruyère (*Caractères,* ch. VI et XI), ne venaient nous apprendre que la grande généralité des hommes, au XVIIe siècle, crachait tout simplement par terre, sans se soucier de gâter les parquets ou les tapis. Tallemant nous révèle même (*Historiettes,* t. IV, p. 81) que de son temps on connaissait cinquante-deux manières de cracher; et le prudent auteur du *Nouveau traité de la civilité qui se pratique en France* (Paris, 1673) explique que « si l'on est assis auprès du feu, il faut bien se donner garde de cracher dans le feu, sur les tisons, ny contre la cheminée ».

Fig. 752.
Crachoir en faïence de Delft
(XVIIIe siècle).

Au XVIIIe siècle, on ajouta aux crachoirs en métal ceux en faïence, en porcelaine et en vernis ou laque du Japon. Était-ce dans un crachoir en porcelaine ou dans un crachoir d'argent, que Horace Walpole se prit les pieds et trébucha, lorsqu'en 1765 il fit sa première visite à la princesse de Talmont ? La lettre qui nous révèle ce petit accident est muette à cet égard. Mais nous savons que celui du duc de Bouillon consistait en « un plateau à rebord en vernis vert et rouge poli, avec une tulipe dorée d'or moulu » ; et nous remarquons à la vente du duc Charles de Lorraine (Bruxelles, mai 1781) « deux petits crachoirs en porcelaine du Japon, fond blanc, peints en fleurages et en oiseaux ».

Aujourd'hui nous ne connaissons plus ce déploiement de luxe. Le crachoir, qui avait disparu des appartements à la fin du siècle dernier, a reparu, il est vrai, il y a cinquante ans, dans nos fumoirs, mais sous une forme si répugnante, que plutôt que de continuer à donner un asile chez eux à cette affreuse petite boîte remplie de sciure de bois ou de sable, les hommes de notre temps ont préféré ne plus cracher; et personne ne s'en est plaint.

Enfin, pour les malades, on a construit depuis quelques années des crachoirs dits hygiéniques et qui, munis d'un couvercle, s'ouvrent et se ferment au moyen d'un levier placé à proximité de la main.

Craion, *s. m.* — Voir CRAYON.

Craisset, *s. m;* **Crasset**, *s. m.;* **Crechet**, *s. m.;* **Graisset**, *s. m.;* **Greissieux**, *s. m.* — Petite lampe de fer, qui se suspend par l'anse à une tige de fer et dans laquelle on brûle du suif ou de la graisse. On dit craisset et graisset en Normandie, crasset, crachet ou crechet en Picardie.

En allumant ech' crechet
J'ai demandé que chou que ch'est.

(Voir le *Retour du soldat,* chanson populaire, et le *Glossaire du patois picard* de l'abbé Corblet.) Dans le patois de l'Isère on dit creissieux. Ce mot revêt encore plusieurs autres formes. (Voir le mot CHALEIL.)

Cramailler, *s. m.;* **Cramaillère**, *s.f.;* **Cramailli**, *s.f.;* **Cramail**, *s. m.* — Voir CRÉMAILLÈRE.

Cramba, *s. f.;* **Crambi**, *s. f.* — Locution gasconne. Chambre. « En l'estudi petit q. es près de la cramba dud. deffunt. » (*Invent. d'Aymeric de Caumont, chanoine de Saint-André;* Bordeaux, 1436.)

Cramoisi, *adj.;* **Cramoisin**, *adj.;* **Cramesis**, *adj.* — On appelait ainsi, dans le principe, « une excellente bonté de teinture, qui conserve la couleur malgré les injures du temps, et qui rehausse l'éclat de l'estoffe qui en est teinte ». (FURETIÈRE.) La première mention qu'on rencontre de cette teinture remonte au XIVᵉ siècle. On remarque dans l'*Inventaire de Charles V* (1380) : « Une chambre de drap de soye vermeil, appellé cramesiz. » Dans cette première acception, le terme cramoisi ou cramoisin est employé presque jusqu'à la fin du XVIᵉ siècle. Il est question, en effet, dans les *Comptes d'Anne de Bretagne* (1498) de « troys aulnes de drap d'or raz cramoisi ». Dans *Gargantua,* Rabelais parle de « veloux bleu cramoisy » ; dans *Pantagruel,* de « veloux violet cramoisy » et d'un « beau floc de soye cramoisyne ». Dans l'*Inventaire* de la veuve de Henri III (1603), il est fait mention d' « ung bois de lict fermant à viz, avecques ses quatre quenoilles garnyes de velourz cramoisy brun », et de « chaises toutes garnies de velours cramoisy, haulte couleur ».

On voit, par ces divers exemples, que cramoisi ne s'appliquait pas, à cette époque, à une seule et unique nuance. Plus tard, il n'en fut plus ainsi. On l'employa plus spécialement avec le rouge, et le cramoisi — synonyme de beau rouge, de rouge ardent — devint une des sept nuances du rouge, admises par la Corporation des Teinturiers. Le demi-cramoisi formait aussi une de ces nuances.

Dès 1630 on trouve le mot cramoisy usité seul, et dans ce dernier sens, même en province. « Dix-huict chères noyer, façon de Gênes, garnyes de vellours cramoisy sçavoir : neuf velours à plan et les autres neuf velours figuré avec leurs franges soye cramoizine toute neufves. » (*Invent. de Henri de Bernier, trésorier général de France;* Marseille, 1635.) « Rideaux de lict de taffetas cramoisin d'Avignon. » (*Invent. de Timoléon de la Baulme, seigneur de Plezian;* Villeneuve-de-Berc, 1676.) Mais c'est surtout pour les housses de lit que le cramoisi fut recherché. C'était, pour cet emploi, la couleur distinguée par excellence. Aussi partout dans les romans, contes, lettres, nouvelles, n'est-il question que de lits et de chambres cramoisis. Saint-Simon nous apprend qu'à Versailles, les appartements royaux étaient tendus de cette couleur. A Saint-Germain, le berceau du prince de Galles, qui n'était autre que l'ancien berceau du Dauphin, était « garny de satin cramoisy ». Quand, le dimanche 15 novembre 1741, Louis XV se rend à l'Hôtel de Ville et devient pendant une journée l'hôte fêté des Parisiens, pour l'honorer, on tend la grande salle de damas cramoisi, et la chambre du roi en velours de même nuance. (Voir Barbier, *Journal,* t. III, p. 360.) A la réception du prince de Parme dans les ordres de Saint-Michel et du Saint-Esprit, le cramoisi est encore la couleur dominante. La grande porte de l'église est ornée de « chutes de damas cramoisy » ; au-dessus des arcades règne un « rideau de damas cramoisy », et c'est dans « un fauteuil de velours cramoisy brodé d'or », que s'assied le prince. (*Mercure galant,* nᵒ d'octobre 1762.) Et ce n'était pas seulement en France que le cramoisi jouissait de ce privilège. Mᵐᵉ d'Aulnoy (*la Cour et la Ville de Madrid,* p. 120) nous apprend qu'il en était de même en Espagne. « La reine, écrit-elle, s'étoit avancée jusqu'à Saint-Jean-de-Luz... Elle arriva à une maison de bois que l'on avoit préparée exprès et qui étoit peinte et dorée dedans et dehors. Il y avoit une salle, une chambre et un cabinet meublés de damas cramoisi avec des galons et une crépine d'argent. »

Ainsi le cramoisi fut regardé, au XVIIᵉ et au XVIIIᵉ siècle, comme la couleur la plus noble et la plus distinguée. Il semble même que, dans le principe, l'usage en était seulement permis, pour les meubles au moins, aux personnes d'une certaine naissance, car Tallemant raconte que Mᵐᵉ de Thoré ayant fait tendre sa chambre de velours cramoisi, « quelques-uns y furent pour se moquer de sa tapisserie ». Le rouge cramoisi est demeuré, au reste, une couleur en quelque sorte officielle.

Aux environs de 1680, le cramoisi, depuis longtemps fort à la mode dans l'ameublement, commença à faire fureur dans le costume. Nous ne mentionnerions pas ce fait qui s'éloigne un peu de l'objet de nos études, sans une anecdote qui touche indirectement au mobilier et qui eut alors un retentissement exceptionnel. Le *Mercure* (nᵒ de juillet 1682) raconte, en effet, l'aventure drolatique d'une femme très connue, à laquelle son mari trop économe refusait obstinément une parure de cette nuance, et qui, simulant d'avoir trouvé une bourse à l'église, fit porter chez le tailleur une housse de lit, en taffetas de cette couleur, et s'en fit faire un habillement. L'aventure, toutefois, n'était pas alors absolument neuve, car elle avait déjà fourni, trois ans plus tôt, à Boursault, la scène fameuse du *Mercure galant* (acte Iᵉʳ, scène III), où Mᵐᵉ Guillemot dit à Oronte :

. . . . Mais ce qui me courrouce,
On sait que mon habit est d'une vieille housse :
J'entends, à chaque pas, la basse bourgeoisie
Qui me nomme, en raillant, la housse cramoisie.
Et par tout mon quartier la canaille se plaint
Que je prends des couleurs qui font sortir le teint.
Il est vrai, le gros rouge est une couleur sombre,
Qui détache le clair par le secours de l'ombre.
Qu'on en ait un manteau, sans ornement dessus,
Pour peu que l'on soit blanche, on le paroît bien plus;
C'est un fard innocent, sans pommade, ni drogue;
En voilà la raison qui l'a tant mis en vogue.

ORONTE.

Redites-moi, de grâce, un certain mot choisi,
Qui vous est échappé, pour dire *cramoisi*.

MADAME GUILLEMOT.

Du gros rouge...

Crampon, *s. m.* — Pièce de fer, dont l'une des extrémités est recourbée — souvent en queue d'aronde — et qui sert à retenir des morceaux de bois, de pierre, de métal, les glaces, les tableaux, etc. Les gonds que l'on scelle dans le plâtre sont à crampons. Les pierres sont maintenues par des crampons de fer, scellés dans du plomb ; les crampons des verrous et serrures consolident les pênes, et c'est dans ces crampons que le pêne se meut. On n'est pas d'accord sur l'origine du mot crampon ; mais il ne peut y avoir aucun doute sur son ancienneté. Nous relevons, en effet, dans l'*Inventaire de Charles V* (1380) : « Une palette d'yvire à ung crampon d'argent doré, pour tenir les chandelles. » L'*Inventaire du château de Reculée* (1741) mentionne « trois rasteaulx attachéz à crampons, pour pendre les viandes ». Dans l'*Inventaire de Pierre de Capdeville* (1591), nous notons « ung coffre de boys de noyer... ferré de crampons » ; et on lit dans les *Comptes du palais de Fontainebleau* (1639-42) : « Faict ung gros crampon pour attacher le fléau et ung crampon au vrouil (*sic*) d'embas. »

Fig. 753. — Crapaud (XIXe siècle).

Ces divers exemples nous montrent le crampon dans ses emplois principaux.

Crapaud, *s. m.*; **Crapau**, *s. m.* — Le crapaud rentre dans la catégorie des SIÈGES CONFORTABLES, c'est-à-dire dont la carcasse, en bois de hêtre, est tout enveloppée par une garniture capitonnée. Le crapaud est un confortable de petites dimensions, à dossier bas et à siège peu profond. Sa place est marquée dans la chambre à coucher, au coin de la cheminée, où il remplace avec avantage les caquetoires et les chauffeuses.

On sait que Devilers passe pour avoir inventé les sièges confortables. Deux ébénistes de notre temps, Jeanselme et Sellier, le perfectionnèrent et excellèrent surtout dans la fabrication des crapauds, qui eurent un instant de grande vogue, mais dont la mode est un peu passée aujourd'hui.

Il est généralement admis que la fabrication de ces sièges bas et commodes ne remonte pas au delà de cinquante ans. Cependant dès l'année 1790, le nom se rencontre dans certains inventaires de Marseille. En voici deux exemples : « Un crapau bois sculpté à pieds de biche, peint en gris et bleu, garniture de coussins en plume et satinade jaune rayée bleu. » (*Invent. de Jean Salva, négociant;* Marseille, 1790.) « Passés dans une chambre sur la rue, nous y avons trouvé huit fauteuils garnis en étofe de soye jaune, leurs ouces (*sic*) d'indienne — deux crapaux *idem* — une chaise longue ouvrage de tapisserie. » (*Invent. de Melchior Danjou ;* Marseille, 1791.) Ces citations reporteraient à cinquante ans plus haut l'invention des crapauds. Reste à savoir si ce meuble ressemblait, comme forme et comme garniture, à celui que nous connaissons.

CRAPAUD ou CRAPAULT. — On a également donné ce nom à un guichet pratiqué dans une porte extérieure. Du moins le passage suivant d'une *Lettre de rémission* de 1459, cité par Du Cange (*Supplément,* t. Ier, col. 1186, au mot *crapaldus*), semble l'établir : « Le suppliant envoya quérir la clef du crapault d'icelle porte (de la ville de Bordeaux), que les coustumiers de ladite ville gardoient. »

Enfin on a désigné, au XVIe siècle, sous ce même nom de crapault, le jeu que nous appelons présentement *jeu du tonneau,* et dans lequel un crapaud de métal a continué de tenir une place d'honneur. Rabelais, énumérant les jeux en usage de son temps, cite parmi les plus en vogue : « A Colin Maillard, à mire limofle, à mouschard, au crapault, à la crosse. »

Crapaudaille, *s. f.* — Léger tissu de soie. Les *Actes consulaires de la ville de Lyon* (série BB, reg. 203) enregistrent, à l'année 1649, le privilège du roi obtenu par Claude Blanchet, pour l'établissement à Lyon et autres localités de France de la fabrique de « crespes et crespes crespéz façon de Bouloigne, crapaudaille, estamine de soye et toile de soye façon de Naples », branche d'industrie, « jusques à présent inconnue et inusitée en ce Royaume ». Tallemant des Réaux parle de cette étoffe. (*Historiettes,* t. III, p. 269.)

Crapaudine, *s. f.* — Pièce de métal, de fer ou de cuivre, dans laquelle entre le pivot d'une porte cochère. On appelle aussi de ce nom une plaque de fer ou de plomb, percée de plusieurs trous, ou simplement un petit grillage qu'on place à l'entrée d'un tuyau de bassin ou de réservoir, pour empêcher les crapauds et surtout les ordures de pénétrer dans le conduit.

Au XVIIe siècle, il a existé des serrures de ce nom. « Ung banc à coffre sans clef ni claveure, fors une claveure appelée crapaudine. » (*Invent. de la femme Gaignet ;* juridiction et paroisse de Miniac, 1605.)

Craquelé, *adj.* et *s. m.* — On dit d'une faïence ou d'une porcelaine qu'elle est craquelée, quand l'émail est couvert d'une sorte de réseau de petites fentes. Dans la faïence, le craquelé est généralement accidentel. Dans la porcelaine orientale, il est volontairement obtenu par la superposition de couvertes, d'engobes ou d'émaux possédant des facultés de dilatation différentes, et qui, pendant la cuisson, se brisent et se craquellent sous l'action de la chaleur.

Le mot est pris aussi substantivement. On dit un vase, une lampe, un cornet en craquelé.

Crasse, *s. f.* — Terme de fondeur. Sorte d'écume chargée de scories, qui sort des métaux quand on les fond.

Crasset, *s. m.* — Voir CRAISSET.

Crastier, *s. m.*; **Crastière**, *s. f.* — Sorte de bougeoir, qui s'accroche à la muraille. « Une crastière de fer-blanc à mectre chandelle, pandu à la cheminée. » (*Invent. du château de Reculée ;* chambre du roi René, 1479.)

Cravatte, *s. f.* — Terme de tapissier. Ornement en forme de lien ou embrasse fait de tissu plissé. On se sert de cravattes pour les draperies des rideaux, des lits, des housses, etc.

Cravet, *s. m.* — Terme usité au XVe siècle, dans les provinces du Nord, pour signifier crochet de fer. Dans sa description de la maison modèle, telle qu'on la comprenait à son époque, l'auteur anonyme du *Livre des mestiers* place dans la cheminée :

> Une estenaille, un gril,
> Un cravet à char, un soufflet.

Le cravet à chair (en flamand de cette époque, *crauwel*) était le crochet primitif où l'on pendait la viande pour la faire cuire ou fumer. Il a été remplacé depuis par la broche et s'est lui-même, en changeant de destination, transformé en crémaillière.

Crayer, *v. a.* — Récurer avec du blanc d'Espagne ou de la craie (d'où cette expression). La *Chambrière à louer*, vantant ses nombreux mérites, s'écrie :

> Cela passé, s'il faut crayer
> La vaisselle et fourbir le reste,
> Lors je remets ma bonne teste
> Et besongne comme devant.

Cette expression est du reste peu usitée.

Crayon, *s. m.*; **Craion**, *s. m.* — « Signifie les portraits et desseins qu'on fait avec le crayon. Les crayons de du Montier et de Nanteuil sont fort estiméz. » Ainsi s'exprime Furetière. Loret, parlant de la collection du comte de Béthune, nous apprend qu'elle contenait

> . . . . . Plusieurs antiquailles,
> Sçavoir quantité de médailles,
> Reliefs, portraits, crayons, tableaux,
> Des plus rares et des plus beaux.

Aujourd'hui le mot crayon, pris dans cette acception, n'est plus guère usité que chez les amateurs. Au XVIe et au XVIIe siècle, son emploi, au contraire, était général, et Pierre de l'Estoile, se plaignant de ce que deux tableaux de son cabinet ont été gâtés par la pluie, écrit : « Un de ces tableaux estoit le craion de Poltrot, qui tua le duc de Guise devant Orléans : si rare, qu'outre celui qui estoit au cabinet de feue Madame la princesse, seroit, possible, mal aisé d'en recouvrir le troisième. » (*Journal,* t. X, p. 199.) On remarquera qu'ici le mot crayon a la signification spéciale de portrait. Héroard, racontant la visite que le comte de Gatinara fit au jeune Dauphin, — plus tard Louis XIII, — dit également en parlant de ce dernier : « Il va dans sa chambre et, de son mouvement, fait ôter de la tapisserie tous ces crayons en papier qu'il y avoit fait attacher. » (*Journal,* t. Ier, p. 290.) On pourrait multiplier les exemples.

Créchet, *s. m.* — Petite lampe de fer. (Voir CRAISSET.)

Crédence, *s. f.* — Dans la distribution générale de la maison, la crédence était, au XVIIe et au XVIIIe siècle, une pièce convenablement aérée, où l'on serrait les vivres, quelque chose comme ce que l'on appela depuis l'office ou mieux le garde-manger.

Dans le mobilier ecclésiastique, on donna ce nom à de petites tables, tablettes ou consoles disposées près de l'autel et sur lesquelles le prêtre officiant plaçait le bassin, les burettes, etc., et aussi à de petites niches pratiquées dans la muraille, toujours auprès de l'autel et fermant avec une porte pleine.

Dans le mobilier civil, le mot crédence s'applique à des buffets ou dressoirs servant à étaler la vaisselle et à en faire parade. Il est à remarquer que cette dernière adaptation ne remonte pas au delà du dernier quart du XVIe siècle. La preuve nous en est fournie par le passage suivant, emprunté au pamphlet intitulé l'*Isle des hermaphrodites :* « Au bout d'en bas, il y auoit vne fort longue table et assez large, dessus laquelle il y avoit vn grand linge estendu traisnant iusques en terre : dessus ceste table on auoit mis vn petit escalier de bois de quatre ou cinq degréz seulement, qui contenoit toute la longueur de la table, et sur lequel escalier on auoit estendu vn autre linge qui couvroit chacune de ses marches. J'estois estonné à quoy pouvoit seruir cette cérémonie : mais aussi tost on vint arranger dessus plusieurs sortes de vaisselles d'argent : comme plats, escuelles, assiettes, bassins, vases, esguières, et tout cela disposé en fort bel ordre, de sorte que cela auoit quelque ressemblance auec ces reposoirs qu'on faict en ce pays, le iour de la feste Dieu ; on souloit, disoit mon conducteur, nommer cela autresfois le buffet ; mais comme les termes ne sont jamais semblables en ce pays là deux années consécutives, on le nommoit alors crédance. »

Fig. 754. — Crédence, d'après un dessin de Du Cerceau.

Pris dans cette acception, le mot qui nous occupe ne tarda pas à devenir d'un usage courant. Car, en octobre 1600, et à propos du mariage de Marie de Médicis, nous le rencontrons sous la plume de Pierre de l'Estoile

(*Journal*, t. VII, p. 240) : « Tout vis-à-vis à l'autre bout de la salle, écrit ce fidèle historien, il y avoit une crédence ou buffect en fleurs de lis, qui montoit jusqu'au plancher, garni tout de vases d'or et d'argent, de porcelaines, d'agathes, d'esmeraudes, rubis, saphirs et diamans par dedans, de la valeur de dix-huit cent mil escus. » Nous lisons également dans la *Gazette de France* du 14 mai 1643 (description de la chambre mortuaire de Louis XIII) : « Au pied de son lit (on voyoit) une crédence sur la quelle estoyent une croix et quatre chandeliers d'argent. » Ce nom de crédence donné au buffet se conserva pendant tout le XVIIe siècle; nous en trouvons la preuve dans une curieuse fable, *la Salière et le Sucrier*, que nous empruntons au *Mercure* d'août 1681 :

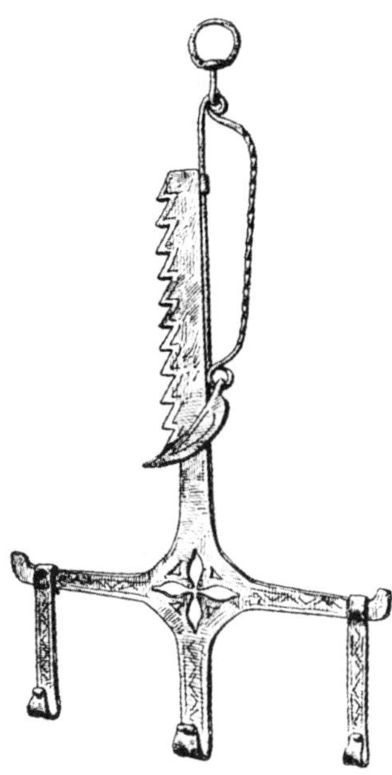

Fig. 755. — Crémaillère à triple crochet (XVe siècle).

> Dans une (*sic*) office d'importance,
> Sur une superbe crédence,
> Parmy cent vases prétieux,
> Régnoit une grosse salière,
> A qui, malgré sa mine fière,
> Un sucrier voisin faisoit fort les doux yeux...

Elle nous est confirmée, en outre, par Furetière (1688), qui définit la crédence : « Un buffet qu'on dresse chez les grands, où on met toute leur vaisselle d'argent en parade, quand ils sont à table », et pour le XVIIIe siècle, par les rédacteurs de l'*Encyclopédie* (1751), par ceux du *Dictionnaire de Trévoux* (1771), etc.

Après cela on s'explique assez difficilement qu'on donne de nos jours le nom de crédence à une sorte particulière de petites armoires, n'ayant le plus souvent rien à démêler avec un dressoir ni avec un buffet, et dont l'étage inférieur est remplacé par des colonnes ou des pilastres. C'est même, semble-t-il, cette dernière disposition qui entraîne l'application du nom. Du moins, cela paraît résulter de certains textes. « En fait de meubles en bois, écrit M. Bosc (*Dict. de l'art, de la curiosité et du bibelot*), crédence ne sert qu'à désigner un coffre mouluré ou sculpté, monté sur quatre ou six pieds complètement isolés. Les crédences de la Renaissance, qui sont des meubles superposés, dont l'un, celui du bas, est remplacé par des colonnettes ou des pilastres, etc. » De son côté, M. du Sommerard dit : « Le nom de crédence désigne les meubles à deux étages superposés, dont l'un, celui du bas, est le plus souvent à jour et remplacé par des pilastres ou des colonnettes... » (*Catalogue du musée de Cluny*, p. 102.) Or il est à remarquer que dans les très rares inventaires où l'on rencontre le mot qui nous occupe, — car ce mot est presque inusité dans la terminologie mobilière courante, — il n'est nullement question d'une disposition pareille. C'est ainsi que nous trouvons dans l'*Inventaire de la dame Quantin* (Fougères, 1717) « une crédance à deux battans avec son tiroir au-dessus », et dans l'*Inventaire de messire Antoine Darene, chevalier*, etc. (Marseille, 1764), « une crédence avec son armoire par dessous, fermant à deux portes et deux coulisses par dessus très usée ». Il semble donc que le nom de crédence est appliqué par les amateurs et les ébénistes contemporains avec autant de discernement que le mot BAHUT.

Creissieux, *s. m.* — Petite lampe de fer. (Voir CRAISSET.)

Crémaillère, *s. f.*; **Cremillère**, *s. f.*; **Cramaillère**, *s. f.*; **Cramailli**, *s. f.*; **Crimoy**, *s. m.*; **Cremailh**, *s. m.*; **Cremascle**, *s. m.*; **Cumascle**, *s. m.* — Ce mot a plusieurs significations, dont la plus connue s'applique à un morceau de fer long et plat, généralement large de deux à trois doigts, armé dans toute sa longueur de crans placés à égale distance, terminé à son extrémité supérieure par un anneau permettant de l'accrocher dans la cheminée, et en bas par des crampons auxquels on suspend des chaudrons, marmites ou autres ustensiles de cuisine.

A l'époque où l'amplitude des cheminées rendait la crémaillère indispensable, ce précieux ustensile jouait un rôle d'une extrême importance dans tous les ménages soucieux du bien-être. Dans sa description de la cheminée, Gilles Corrozet écrit :

> Droit au milieu se tient la crémilière,
> Où pend souvent chaulderon et chauldière.

C'était, au reste, le premier objet dont se préoccupait la femme soucieuse de son intérieur. Colletet, dans le pittoresque tableau qu'il trace de la foire Saint-Laurent, s'écrie :

Fig. 756. — Crémaillère en fer ouvragé (XVIe siècle).

> Je voy déjà la Ménagère
> Qui choisit une crémaillère,
> Puis une paire de chenetz,
> *Item* deux petits martinets,
> Une broche, une lèchefrite...

Dans certaines de nos provinces, on la considérait comme un ustensile en quelque sorte sacré. En Bretagne, où nous avons feuilleté plus de cinq cents inventaires, presque tous commencent par ces mots : « Une crémaillère, une pierre à galette, un trois-pieds de fer », etc. La crémaillère était toujours le premier objet inventorié. Cet honneur, au

Fig. 757 à 761. — Modèles de crémaillères en fer forgé du XVe et du XVIe siècle.

reste, elle le justifiait par le soin qu'on mettait à l'orner, par les façons coûteuses dont on l'enjolivait. On peut voir au musée de Cluny (n°s 6180, 6181, 6182, etc.) des crémaillères du XVe et du XVIe siècle décorées de la plus riche façon, avec des fleurs de lis, des nœuds et des cœurs. Faut-il ajouter que chez nous, Français du XIXe siècle, et bien que, depuis longtemps, les fourneaux aient rendu son intervention inutile, son nom a encore conservé une partie de son prestige ? L'expression « pendre la crémaillère », demeurée en usage, n'a presque rien abdiqué de sa primitive saveur.

Il ne paraît pas que, dans son voyage à travers les âges, cet utile instrument ait beaucoup changé de forme. On peut constater que, dès le XVIe siècle, il avait reçu tous les perfectionnements dont il est susceptible. Par contre, il n'en est pas de même de son nom.

Furetière pense avec raison que l'on doit écrire et prononcer crémaillère, et l'on trouve cette orthographe dans quelques inventaires parisiens de son temps, notamment dans celui du peintre P. Mignard : « Une crémaillère, une pêle, une pincette », etc. Mais Richelet donne la préférence à cremillère, et c'est de cette façon que le mot est inscrit dans l'*Inventaire de Gabrielle d'Estrées* (1599) : « Deux chenetz de fer à boules par hault, avec une cremillère... » Parlant de la ville de Liège, le *Mercure galant* de février 1673 dit : « Les cremillières y sont plus claires que verre, parce qu'on n'y brusle point de bois... »; et le rédacteur de l'*Inventaire de Claudine Bouzonnet-Stella* (Paris, 1693-1697) écrit : « Deux paires de chenetz de fer, deux pelles, quatre pincettes, tour de feu et crémillier, le tout de fer. »

D'autre part, en Picardie, on écrivait cramaillère et encore aujourd'hui, dans le patois local, on dit cramailli. Or cette prononciation et d'autres approchantes paraissent avoir été, à différentes époques, d'un usage général. C'est ainsi que dans le *Roman de Godefroid de Bouillon* (t. III, p. 282) nous lisons :

> Or ly prist sy grant soif dedens celle navie;
> Mais ung faus maronniers, par sa losengerie,
> De l'iaue de la mer, flairans la punaisie,
> Amère, orde et mauvaise, noire comme cramelie,
> Abuvra mon Seigneur.....

Les rédacteurs de l'*Inventaire de Charles V* (1380) décrivent « deux grilz, un trépié et une crameillée ausdites armes, pesans vingt-quatre marcs six onces ». On remarquera, en passant, que cette crémaillère était en argent. C'est, hâtons-nous de le dire, un des très rares échantillons de crémaillères en métal précieux qu'on rencontre dans les inventaires. Eustache Deschamps écrit, de son côté :

> Cramaulx, rostiers et sausserons...,

nous donnant le pluriel de cramail généralement usité de son temps. Dans l'*Inventaire de Charles de Ruhion du Laurier,* dressé à Paris en 1670, nous lisons également : « Une cramaillère, pele, pincette », etc. En outre — constatation du plus haut intérêt — en 1683, tous les correspondants du *Mercure,* l'abbé de Voigny, M. La Tronche de Rouen, et le poète qui se cache sous le pseudonyme de l'*Amy fidelle du pont d'Avignon,* d'autres encore écrivent cramaillère. (Voir *Mercure* du mois d'octobre 1683.)

Empressons-nous d'ajouter, pour expliquer ce débordement de correspondance, que le *Mercure* avait alors inauguré depuis peu, et très glorieusement, l'ère des charades, et que toutes les lettres dont il est ici fait mention lui apportaient la réponse à la question posée. La réponse de La Tronche (de Rouen) fera juger du ton général de ce genre de divertissements littéraires.

> Ta *cramaillère* avec ses dents,
> Qui toûjours se hausse et se baisse,
> Sans qu'aucun poids jamais l'afaisse,
> Est le portrait de bien des gens,
> Qui suivent la fortune et vont selon le temps.

En passant dans le midi, le mot se transforme sensiblement. Dans le Bordelais, on écrit carmailhère. « Plus une carmailhère de fer, deux broches de fer moyennes. » (*Invent. de Pierre de Capdeville ;* Bordeaux, 1591.) Dans le Forez, c'est crimoy, et cremailh en Gascogne. « Deux chaynetz petitz, ung cremailh, une rispe », etc. (*Invent. de Pierre Bonafous, conseiller au Parlement de Toulouse,* 1568). Dans le Comtat-Venaissin, on prononce cremascle, et enfin en Provence cumascle. « *Item,* une grande cramillée ou cumascle. » (*Invent. du château des Baux,* 1426.)

> Trey richoz rey son venu per obstacloz,
> Don lun esteyt assiz neyr qun cumacloz.
>
> (*Les Noels* de Nicolas Martin, 1555.)

« Un grant cumascle. » (*Invent. de J.-P. de la Setta ;* Marseille, 1587.) « Ung gril, ung cumascle. » (*Invent. de maître Ph. Rigaud, prévost de Saint-Martin ;* Marseille, 1572.) Ajoutons que cette dernière forme s'est conservée en langue provençale, où elle est encore usitée.

CRÉMAILLÈRE. — Ce nom, en serrurerie, a été appliqué à divers autres instruments en fer, également fondés sur ce principe d'une suite de crans permettant de donner plus ou moins de longueur à une barre de fer. Ainsi on a appelé *crémaillère de porte* les garnitures de fer qui se trouvaient, au siècle dernier, fixées derrière les battants des portes cochères des riches hôtels, et qui permettaient, au moyen d'une série de crans successifs, de donner à la porte juste l'ouverture qu'on désirait. On appelait également *crémaillère de chaise* la barre de fer dentée, grâce à laquelle on pouvait incliner plus ou moins le dossier des sièges dits de COMMODITÉ. Dans l'*Inventaire du château de Versailles* (1708), il est fait mention d'un « Canapé à cremillières, à deux dossiers chantournés ». De nos jours, on donne encore ce nom aux tringles de fer évidées de distance en distance, dont on se sert pour soulever les châssis de ces sortes de vasistas, que l'on appelle tabatières.

En ébénisterie, la crémaillère consiste en quatre barres de bois dentées, que l'on place aux quatre angles intérieurs d'un corps d'armoire, et qui soutiennent, à l'aide de tasseaux, des tablettes auxquelles on peut donner ainsi la place qu'on désire, à hauteur convenable. On dit communément une *armoire à crémaillère*, une *bibliothèque à crémaillère*, pour spécifier un meuble disposé à l'intérieur de cette façon. Selon toute probabilité, cette adaptation des crémaillères aux meubles, à bâtis et à panneaux, ne remonte pas au delà des premières années du XVIIIe siècle. La première mention que nous en ayons rencontrée figure, à la date du 9 mai 1750, sur le *Livre journal* de Lazare Duvaux ; elle est ainsi conçue : « A S. A. Mademoiselle : une armoire plaquée en bois violet et bois satiné avec des tablettes à crémaillères. » En 1754, Duvaux vendait au marquis de Gontaut : « Une espèce de bibliothèque à hauteur d'appui... les tablettes à crémaillères » ; en 1757, à la Dauphine, « deux corps d'encoignures..., à tablettes et crémaillères » ; en 1758, il livrait au duc de Bourgogne « un corps de bibliothèque... le dedans à tablettes et crémaillères ». (Voir *Livre journal*, t. II, p. 49, 199, 331, 377.) Le 17 août 1787, le *Journal général de France* annonçait comme étant à vendre chez le vicomte de Sabran : « Un très beau bureau à cylindre en bois de noyer avec bibliothèque au-dessus à crémaillère. »

Enfin les charpentiers donnent le nom de crémaillère à la pièce de charpente sur laquelle reposent les bouts de marche d'un escalier, et qui est entaillée, de manière à former des ressauts pour les recevoir.

Crémaillon, *s. m.;* **Crémillon**, *s. m.;* **Cromillon**, *s. m.* — C'est, dit Richelet, le « petit morceau de crémaillère qu'on atache à la grande, soit pour l'alonger, soit pour pendre quelque chose à côté ». La forme cromillon est plus particulièrement picarde.

Crémascle, *s. f.* — Voir CRÉMAILLÈRE.

Crémassin, *adj.* — Ce mot, qu'on rencontre en compagnie d'étoffes d'ameublement, semble dérivé de *crémail*, qui a signifié chèvre et chevreau. (Voir Du Cange, *Supplément*, t. Ier, col. 1188, au mot *craварius*.) Un velours crémassin, comme celui dont il est question dans le document suivant, serait donc un velours fait avec du poil de chèvre. « Pour IIIj aunes et demie de fin veluyau rayé crémassin, pour couvrir les bastons du dit paveillon, VII livres l'aune... XXXI livres X sols. » (*Compte d'Édouard Tadelin, mercier de Philippe de Valois*, 1352.)

Crème, *s. f.* — Nom donné à une couleur blanche tirant légèrement sur le jaune et rappelant celle de la crème. « Chaises légères en satin crème, garnies de broderies anciennes. » (*Vente du mobilier de Mlle Humberta ;* Paris, mai 1887.)

Crémone, *s. f.* — Sorte de fermeture, qui sert à clore les fenêtres et les portes. Toute crémone se compose d'une tige, d'un boîtier, d'un bouton, de deux gâches, de deux ou plusieurs coulisseaux. Il y a des crémones de différents modèles, plus ou moins riches, plus ou moins soignés. On peut les dorer, les argenter ; le plus souvent, on se contente de les peindre. Les crémones destinées aux portes cochères se ferment généralement à clef, comme les espagnolettes.

Créneau, *s. m.;* **Carneau**, *s. m.;* **Crénelé**, *adj.* — Le créneau est une entaillure faite au haut d'un mur de rempart pour faciliter aux personnes de l'intérieur les moyens de regarder, de tirer, ou de lancer des objets pesants sur les assaillants. On lit dans la *Chronique rimée* de Philippe Mouskes :

> Les créniaux firent tout à plon seeler,
> Jusqu'as batailles ot I arc à geter ;

et dans le récit du meurtre de Jean sans Peur (1419) placé à la suite des *Mémoires d'un bourgeois de Paris sous le règne de Charles VI :* « Et quant il fut devant laditte barrière qui estoit faitte à crénaulx, et bien barbequenée, et avoit aux costés des canons tous chargiéz, ceulx qui gardoient laditte barrière dirent à mondit Seigneur qu'il y entrast. »

Au XIVe et au XVe siècle, les créneaux furent employés comme ornement, pour la décoration de certains objets mobiliers, armoires, coffres, pièces d'orfèvrerie, etc. Ces objets étaient dits crénelés. « Une petite aiguière d'argent doré... dont le couvécle est à créneaux, et dessus a un fretel à fueillages. » (*Invent. de Louis d'Anjou*, 1368.) « Ung petit coffre d'argent à fest, crenellé tout à l'entour, esmaillé de bestes et oyseaulx sauvaiges à deux pointes aux deux boutz du hault. » (*Invent. de la reine Charlotte de Savoye*, 1483.) « Une chaufferecte à créneaulx. » (*Invent. de la duchesse de Valentinois*, 1513.) On écrivait parfois CARNEAU. (Voir ce mot.)

Crêpe, *s. m.* — Sorte d'étoffe non croisée, très fine, très légère, se rapprochant de la gaze, et dont on se sert dans l'ameublement pour recouvrir certains objets et empêcher que l'air ou la poussière ne les détériore. Le crêpe était connu au Moyen Age. Racontant l'entrée d'Isabeau de Bavière à Paris (1389), Froissart rapporte que les présents

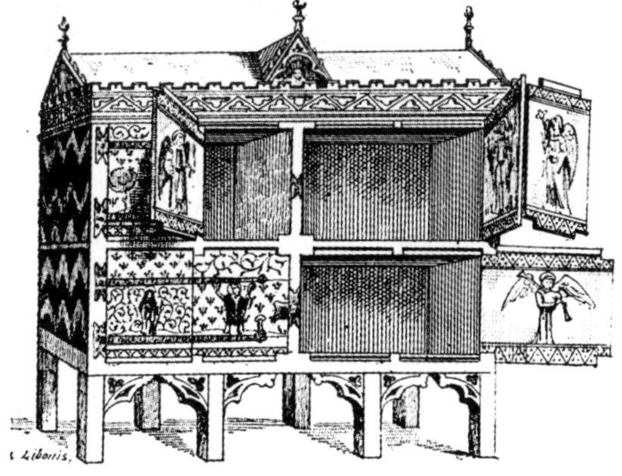

Fig. 762. — Petite armoire crénelée (XIVe siècle). Cathédrale de Noyon.

offerts à la reine par les bourgeois lui furent présentés sur une litière. « Et, ajoute-t-il, étoit la litière couverte d'un ciel fait d'un délié crêpe de soie, parquoi tout parmi on pouvoit bien voir les joyaux qui sur la litière étoient. » Dans l'*Inventaire de Catherine de Médicis* (1589), nous remarquons également un ciel de lit de « crespe jaulne ». Les crêpes employés à cette époque étaient tirés de Bologne.

Au commencement du XVIIe siècle, on fabriqua des crêpes à Reims, et ceux-ci sont mentionnés dans la *Subvention du vingtième sur les marchandises entrant ou sortant de France,* édictée en 1641. En 1649, un sieur Claude Blanchet sollicita du roi le privilège d'établir à Lyon une fabrique de « crespes et crespes crespéz, étamines et toile de soye façon de Naples », branche d'industrie restée « jusques à présent incogneue et inusitée en ce Royaume » ; mais il ne paraît pas que cette demande ait été suivie d'effet, car nous voyons en 1666 un privilège de quinze ans, pour cette fabrication, accordé à Antoine Bourget. Ce privilège comprenait l'établissement à Lyon, Saint-Chamond et Saint-Étienne, de manufactures de ce genre. L'année suivante, c'est-à-dire en 1667, la production des crêpes fut définitivement introduite en France par un certain Jacques Dupuis, sans doute associé de Bourget, qui en établit une manufacture à Lyon, ville où il était né.

Crépeline, *s. f* Ouvrage de passementerie analogue à la CRÉPINE. (Voir l'article suivant.) « Ung lict de satin violet... brodé de petits morceaux de toylle d'or, et recordonné de filet d'or avec sa grande frange de soye violette et la crépeline or et argent fin faconné. » (*Invent. de Timoléon de la Baulme,* 1676.) « Un poele donné par Mons^gr le cardinal de Richelieu... Les pentes sont doublées d'un damas rouge, les franges de soye rouge couvertes d'une crépeline d'or. » (*Invent. du trésor de l'église de Lyon,* 1724.)

Crépine, *s. f.;* **Crépiné,** *s. m.;* **Crépinier,** *s. m.* La crépine est une sorte de frange ajourée par en haut et qui se termine en bas par de longs fils. On fabrique des crépines de différentes façons, de simples et de doubles, de grandes et de petites. Les matières le plus communément employées à leur fabrication sont l'or, l'argent, le faux or, le faux argent, la soie, la laine, le fleuret, le fil, etc. Les crépines se clouent ou se cousent sur les étoffes, autour des meubles, mais de façon que les franges tombent toujours perpendiculairement.

S'il faut en croire les apparences, la crépine a dû être la forme la plus ancienne que la passementerie ait revêtue chez nous, car lorsque les passementiers apparaissent pour la première fois dans notre histoire, ils se manifestent sous le nom de crépiniers. (Étienne Boileau, *Livre des mestiers,* tit. XXXVII.) Cependant, la mention de ce mot est rare dans l'ameublement avant le XVIe siècle, et quand, à cette époque, il est question de cet ornement, il est parfois désigné sous le nom de crépiné. C'est ainsi que nous voyons figurer dans la *Vente du mobilier de Claude Gouffier, duc de Roannès, grand écuyer de France* (1572) : « Ung dossier de vellours noir, doublé de taffetas noir, garny de franges de soye noires, couvertes d'un crespiné d'or. » Dans l'*Inventaire de Catherine de Neufville* (Paris, 1657), nous trouvons le mot crépiné employé comme adjectif : « Dix sièges ployants de velours rouge cramoisy, crépinéz d'or et d'argent. » Quant au mot crépine, il ne devient d'un usage fréquent qu'à partir de la fin du XVIe siècle. « Quatre oreillers de velours jaune figuré, à fonds de satin, garnys de franges et crespines d'argent. » (*Invent. de Catherine de Médicis,* 1589.) « Un tapiz de table de velours vert... garny de franges vert et crespine d'or et d'argent... » (*Invent. de Gabrielle d'Estrées,* 1599.) « Douze couvertures de sièges plians..... garnis de crespine or et argent. — Deux fauteuils de velours garnis de dentelles et de crespine moyenne des quatre costéz. » (*Invent. du cardinal de Mazarin,* 1653.). Etc. Tallemant des Réaux nous apprend que Mme de Thoré fut l'objet de nombreuses plaisanteries, parce qu'elle s'était permis — elle simple bourgeoise — de faire tendre sa chambre de « velours cramoisi à crespines d'or ». (*Historiettes,* t. III, p. 123.) Enfin, nous savons par Saint-Simon que le grand appartement de Versailles « étoit meublé de velours cramoisi, avec des crespines et des franges d'or ». (*Mémoires,* t. II, p. 311.) Cette association de la crépine et frange d'or au velours rouge cramoisi constitue, encore de nos jours, une bonne partie du luxe officiel. (Voir FRANGE.

Crépon, *s. m.* — Étoffe légère de laine, crépée, non croisée et qui, au siècle dernier, a été quelquefois employée dans l'ameublement. Les premiers crépons furent importés d'Italie, où ils étaient appelés *ritorte.* On en fabriqua ensuite en Angleterre, en Hollande et en Suisse, puis à Lyon, où la fabrication de cet article fut importée en 1683 par un négociant hollandais nommé Jean Cuyper, et finalement à Amiens. On peut voir actuellement, aux Archives de la Somme, des échantillons de crépon rayé remontant, comme fabrication, à 1720, et de crépon façon d'Angleterre tissé en 1762.

Crescendo, *s. m.* Instrument de musique dans le genre du *forte-piano.* Il fut inventé par le sieur Bauer à la fin du siècle dernier. L'*Almanach sous verre* (*Notice* de 1780, col. 106, n° 199) en offre la description suivante : « On lui a donné ce nom, parce qu'au moyen de quelques tirans qu'on dirige avec le pied, on le fait aller du ton le plus bas, tel que celui de la harpe la plus douce, au ton le plus haut, comme ceux des trompettes et des cors de chasse, — de manière qu'il s'accorde parfaitement avec toutes sortes d'instrumens. Il est de forme pyramidale, a 18 pieds 1/2 de hauteur sur 3 de largeur et 18 pouces de profondeur, et ne tient pas plus de place qu'une chaise ordinaire. Il est plus facile à toucher que les autres clavecins, s'accorde aisément et se dérange difficilement. »

Creseau, *s. m.;* **Crezeau,** *s. m.* Voir CARISET.

Crête, *s. f.;* **Creste,** *s. f* Partie supérieure, arête culminante d'un mur ou d'un toit ; par extension, ornement découpé et à jour qui court sur le faîtage d'un comble ou sur le sommet d'un meuble, et sert d'amortissement ou de couronnement à l'ouvrage. « *Item,* fault faire deux lucannes garnies de chascune une croyesée et de rondeleys, bestes, crestes et feilles et ung espy par dessus. » (*Comptes et mémoriaux du roi René;* édifices d'Angers, 16 novembre 1451. « Pour avoir doré les crestes à fleurons et daulphins avec le couronnement estant au feste dudit chapiteau... VII^l » *Ve Compte de Claude de Savignac pour l'ostel Dieu de Paris,* 1516.) Les crêtes ont joué un grand rôle dans l'architecture du Moyen Age.

Le mot crête désigne également toutes sortes de passementeries faites au métier et servant à border les rideaux. On emploie aussi les crêtes posées à plat, sur les courtepointes et les garnitures de lit. « Un meuble de damas des Indes rayé vert et blanc garny de crête de soye assortissante. » (*Invent. des meubles de la Couronne,* 1762. Château de Saint-Hubert, chambre de Mme de Pompadour.)

Cretel, *s. m.* — Locution ancienne. Crête, sommet d'une tour, d'un clocher.

De l'une part est clos de mur
Tout paint à or et à asur,
Et desus, sor chascun cretel,
Divers de l'autre a un oisel
D'arain euvrés, tout tresjetés.

(*Floire et Blancheflor,* p. 71.)

Crétin, *s. m.* — Sorte de panier à porter les fruits. Olivier de la Marche (*Mém.,* liv. II, p. 583), décrivant le souper qui fut servi le dernier jour des noces de Charles le Téméraire, signale un entremets où l'on voyait des « personnages d'hommes et de femmes richement étofféz, dont il y avoit les aucuns, deux à deux portans une civière : autres portans crétins et paniers sur leurs testes, autres portans paniers en leurs mains ». Ce mot est peu employé, même au XVe siècle.

Cretonne, *s. f.* — Sorte de toile blanche de coton, un peu forte, qui s'est longtemps fabriquée exclusivement aux environs de Lisieux, et qui doit son nom à son inventeur. La cretonne ne s'emploie généralement qu'imprimée et couverte de dessins éclatants, assez analogues à ceux qui décorent la PERSE. Il y a toutefois cette différence entre les deux tissus que le second est plus mince et très apprêté, alors que le premier est plus épais, drape mieux et qu'il est utilisé sans apprêt. Depuis 1850, la cretonne a été fabriquée en France d'une façon supérieure et couverte de dessins remarquablement artistiques. Ajoutons qu'elle a complètement pris la place de la PERSE, qui aujourd'hui est tout à fait délaissée.

Creuset, *s. m.;* **Crouzet,** *s. m.;* **Creuet,** *s. m.;* **Crué,** *s. m.* — Petit vase de terre réfractaire, dont les fondeurs et les orfèvres se servent pour fondre les métaux. On employait, dès le XIVe siècle, le creuset aux préparations chimiques. On lit dans l'*Inventaire des biens trouvés en l'hôtel de Quatremares, après l'arrestation de Jeanne de Valois, femme de Robert d'Artois* (1334) : « Et avecque ce, feusmez en la chambre où souloit faire ses oignemens un qui avoit nom mestre Andrieu, en laquelle avoit un fournel et tout plain de cruéz de terre pour mettre ses choses fondre, lesquiex nous feismes touz despécier, se quiez lieuz dessus diz tous cerchiés en la matière que dit est, ne trouvasmes rien. » L'*Inventaire de Marguerite d'Autriche* (1524) mentionne également : « IX petitz crouzetz de porcelayne comprins un moien. »

Creuseul, *s. m.;* **Creusio,** *s. m.;* **Crisio,** *s. m.;* **Cruzio,** *s. m.* — Lampe de veillée, qu'on suspendait par un crochet au manteau de la cheminée, et qui est demeurée en usage dans les campagnes arriérées. C'est, du reste, la même chose que le CRASSET et le CHALEIL. (Voir ces mots.) Les formes que nous donnons ici sont particulières au centre de la France, à l'Auvergne, au Lyonnais, au Forez, etc. On dit encore, dans cette dernière province, en manière de dicton : « Comm' un cruzio partuzat, — comme une lampe percée », pour désigner un homme incapable de conserver son argent.

Creux, *s. m.* — Terme de sculpteur. Moule dans lequel on coule les substances qui doivent prendre une forme et un relief. En terme de graveur, se dit des poinçons et coins gravés, dont l'empreinte produit des figures en relief.

Creuzequin, *s. m.;* **Crusequin,** *s. m.* — Gobelet, petit vase qui servait généralement à boire. « Un creuzequin de cristal aux armes de Bourbon et de Clermont. » (*Invent. de Charles V,* 1380.) « Deux petiz creusequins d'or, fermans en manière d'une boiste, pour tenir œufs à mangier, ouvré de feuilles de meurier et de meures esmaillées de rouge cler. » (*Trousseau de Marie de Bourgogne, comtesse de Clèves,* 1415.) « Un petit cruzequin de madré, sans nulle garnison. » (*Invent. du château de Vincennes,* 1418.) « Un petit creusequin ront, de voirre blanc, à couvecle d'or et le pié aussi. » (*Invent. des joyaux du Louvre,* 1420.)

Crible, *s. m.* — Ustensile de ménage, en forme de disque, percé d'un nombre considérable de petits trous, et qui sert à passer les graines. En Gascogne, on appelle *crible greladou* celui qui sert à purger le blé en première opération. Dans l'*Inventaire d'Arnaud de Magnieu,* écuyer (Toulouse, 1617), on note « une pignère ferrée avec son restoul bois — un crible greladou, etc. »

Crimoy, *s. m.* — Locution forézienne. Crémaillère.

Crin, *s. m.* — Dans l'ameublement, le crin est employé sous deux formes; d'abord comme *crin plat,* et l'on s'en sert pour faire les brosses, les vergettes et certains tissus dont nous parlerons tout à l'heure; ensuite sous forme de crin crépi, c'est-à-dire cordé et bouilli, et alors il sert aux tapissiers à faire des sommiers, des matelas, des coussins, à rembourrer les chaises, les fauteuils, les tabourets, les banquettes, etc.

C'est seulement au XVIIe siècle que les tapissiers commencèrent à rembourrer les sièges. La première mention que nous ayons rencontrée du crin, employé dans les garnitures, date de 1677. Elle figure dans l'*Inventaire de Jacques Quiquebeuf, conseiller au Parlement de Paris :* « Six fauteuils de boys de noyer tourné, garny de crain, couvert de toille rouge. » Les sommiers garnis de crin apparaissent dans les inventaires seulement vers 1720 : « Une couche à bas pilliers garnie de son enfonceure, un sommier de crain couvert de toille à carreaux, deux mattelas de laine, etc. » (*Invent. de Louis Hanique, conseiller de l'Hôtel de Ville.*) Il est certain, toutefois, que l'habitude de ces garnitures remonte à une époque plus éloignée. Il paraît même, si l'on en croit le marquis de Sourches (*Mém.,* t. Ier, p. 82), que les bourreliers avaient depuis longtemps précédé les tapissiers dans l'emploi de cette matière, car il n'hésite pas à attribuer, à la substitution de la plume dans la confection des chaises à porteurs, carrosses, etc., au crin qu'on employait précédemment, les affections spéciales qui forcèrent le duc de Lude et le prince d'Enrichemont, fils aîné du duc de Sully, de se faire faire, en 1685, la *grande opération.* Le crin, du reste, a toujours eu la réputation méritée d'être, de toutes les matières usitées pour les garnitures, la meilleure et la plus saine. En 1781, le bureau des médecins de l'Hôtel-Dieu de Paris, ayant été appelé à se prononcer sur les diverses matières à employer pour la confection de la literie, rejeta l'emploi des lits de plume et des matelas de laine comme « propres à l'imbibition des miasmes », déclara que « le crin est le seul qui, par sa texture serrée et polie, puisse résister davantage à l'infection », ajoutant qu'il « forme aussi un plan très égal et infiniment plus frais que la laine », et, comme conclusion, « qu'il est en tout préférable au coucher des malades et blessés ». (*Documents pour servir à l'histoire des hôpitaux de Paris;* Imprimerie Nationale, 1882-84, t. II, p. 100 et 101.)

Nous avons dit, en commençant, que l'on avait fabriqué des étoffes de crin. Pendant longtemps on ne connut, en fait de tissus de cette nature, que la RAPATELLE, sorte de toile très claire, dont on se servait pour faire les tamis. Le sieur Bardel, manufacturier à Paris, eut, à la fin du siècle dernier, l'idée de faire avec du crin teint en noir des tissus d'ameublement. Le 9 vendémiaire an VII, il obtint un brevet d'invention (*Almanach sous verre,* Notice de l'an VII, col. 916, p. 117), et à partir de cette époque on commença à fabriquer ces étoffes lisses, noires, luisantes, que nous avons tous connues, et qui furent employées à recouvrir les sièges. Au mérite d'être à peu près inusables, ces tissus de crin joignaient celui d'être d'une grande fraîcheur. Ils ont néanmoins disparu peu à peu de la consommation. Aujourd'hui, on ne les fabrique plus guère, et ils sont devenus presque introuvables. Ajoutons que le sieur

Bardel, s'il généralisa sur le continent l'usage des sièges couverts en crin, n'en fut pas à proprement parler l'inventeur. On vit, en effet, figurer à la *Vente du duc d'Orléans* (12 mai 1876), des « chaises à l'anglaise, couvertes en

Fig. 763. — Aiguière en cristal de roche, montée en vermeil et enrichie de cabochons. (Galerie d'Apollon.)

crins natté ». On en peut donc conclure que depuis longtemps ces sièges étaient d'un usage courant en Angleterre.

Crinchet, *s. m.* — Locution picarde. Petite lampe en fer qu'on suspend au manteau de la cheminée. (Voir Craisset.)

Crinkelé, *adj.* — Expression picarde. Signifie dentelé.

Cristal, *s. m.;* **Crystal,** *s. m.;* **Critail,** *s. m.;* **Cristallin,** *s. m.* — Cristal, dans le langage du mobilier, sert à désigner deux matières très différentes : le cristal naturel ou cristal de roche, qui est la plus dure de toutes les variétés de quartz, et qui est transparent et incolore, et le cristal fabriqué, qui n'est, à proprement parler, qu'un verre d'une finesse, d'une beauté, d'une transparence et d'une sonorité exceptionnelles. La fabrication du cristal est relativement très récente. Le cristal de roche, au contraire, est connu depuis la plus haute antiquité, et toujours il a été considéré à l'égal d'une pierre précieuse, recherché comme tel et employé à la confection d'objets d'art ou de menus ustensiles de parure et d'ameublement très prisés et payés souvent des sommes considérables. Dans la plupart des anciens récits, il est question de cette rare substance : le *Roman de Gérard de Rossillon* l'assimile comme valeur à l'améthyste. C'est en cristal que dans le *Roman de Floire et Blancheflor* on exécute la tombe de la gracieuse héroïne, en la rehaussant d'or, d'argent et d'émaux. Le sire de Joinville s'étend avec une complaisance marquée sur « l'éléphan de cristail et les figures de ommes de diverses facons de cristail, le tout fait à belles fleurettes d'ambre liées sur le cristail à vignettes de fin or », qui furent envoyés en présent à Louis IX; et l'auteur de la *Louenge et beauté* n'imagine rien de plus resplendissant qu'une maison faite

D'un cler besicle ou de cristal
A tiles de fin or parées.

Nous n'avons pas à nous occuper ici du parti que l'Antiquité sut tirer du cristal de roche. Pour ce qu'en firent le Moyen Age et la Renaissance, on peut voir au Louvre des vases, des coupes, des gondoles, l'une entre autres qui vient de Catherine de Médicis, des flambeaux offerts par Henri III à la chapelle de l'ordre du Saint-Esprit (et qui figurent, à ce titre, dans l'*Inventaire du Trésor de Fontainebleau,* dressé en 1650); puis, au musée de Cluny, des coupes, des croix, des médaillons, des plateaux, des salières, des burettes, des plaques, et jusqu'à cet échiquier fameux que la tradition prétendait être celui-là même que au dire de Joinville, le Vieux de la Montagne offrit à saint Louis, et auquel l'érudition moderne a assigné une date plus récente ; en un mot, tout un assortiment d'objets taillés, creusés, gravés, qui montrent, par la finesse du travail et la richesse des montures, quelle importance nos ancêtres attachaient à cette coûteuse matière.

Indépendamment de toutes ces applications, dont il nous a été heureusement conservé quelques précieux spécimens, le cristal de roche, débité en plaques très minces, était encore employé au Moyen Age, comme les glaces de nos jours, soit pour garantir des miniatures et des peintures délicates, soit pour protéger des reliques, que sa transparence permettait d'apercevoir. Un curieux article des *Comptes d'Étienne de la Fontaine, argentier du Roi* (1351-52), relatif à un trône ou « faudesteuil d'argent et de cristal », que fit faire à son avènement le roi Jean Ier, nous apprend comment, dans ces cas, le cristal était mis en œuvre. — Ce trône, exécuté par Jehan Le Brailler, était orné de 212 pièces « d'enluminures mis dessous les cristaux du dist faudesteuil » ; quant à ces cristaux, ils étaient au nombre de douze, « dont y avait v creux pour les bastons, vi plats et un ronc plat par le meyeu », et ils avaient été taillés « par la main de Pierre Cloet » pour la somme de 96 écus. Un autre article, emprunté au *Compte de l'exécution du testament de la Royne Jehanne d'Érreux* (1372), nous fournit un exemple de feuilles de cristal employées pour encadrer des reliques : « Un tableau d'or garny de pierreries, que le Roy Nostre Sire donna à ladicte Madame la Royne Jehanne et en icelui tableau a amont (au-dessus) un image de la Trinité, et d'autre part a un cristal où sont plusieurs sainctuaires. » Dans un *Inventaire d'Anne de Bretagne* (1507), on trouve « une boueste de cristal », qui servait également à mettre des reliques ; et dans celui de Charles-Quint (1536), « ung petit tableau d'or, les deux fermans de cristal de roche ».

Pour les autres objets, d'un usage plus fréquent, nous allons en passer une rapide revue. Ce sont d'abord : « Un hanap d'argent à couvescle esmaillé et de cristal », plus « quatre petites cuilliers de cristal », que nous rencontrons dans l'*Inventaire de Clémence de Hongrie* (1328). C'est ensuite « une nef de cristal dorée et esmaillée, pesant vi marcs v onces », qui appartient à l'*Exécution du testament de Jehanne de Bourgogne* (1353) ; puis voici : « Un voirre, dont la coupe est de cristal, et les bords sont d'argent... et le couvercle est de cristal, et la bordeure est à orbes voies et souages, et au-dessus à un haut fretel à fueillages et des fueillages par le haut ist un bouton azuré de cristal. — Un petit gobelet de cristal enchacé en argent... » — Un voire de cristal, et le couvercle de mesme », qui figurent dans l'*Inventaire de Louis duc d'Anjou* (1368). Mais c'est surtout l'*Inventaire de Charles V* (1380) qui est fourni en joyaux de cette sorte. Nous y trouvons : « Ung gobelet de cristal, garny d'or, où il a ung fritelet ou couvescle, ung saphir garny de perles... — Un petit gobellet de cristal, garny d'argent à couvescle. — Ung autre goubellet de cristal, assis sur ung hault pié d'argent doré et esmaillé aux armes de la royne Jehanne de Bourgongne. — Ung gobelet et une aiguière de cristal, garnys d'argent doréz. — Ung ancien pot de cristal à deux ances, garny d'argent blanc et l'aiguière de mesmes. — Une petite salière de cristal, garnye d'or. — Ung creuzequin de cristal aux armes de Bourbon et de Clermont. — Une escuelle de cristal, où est entaillée ung aigle ou fons. — Une couppe de cristal couverte, garnye d'argent et de vieille pierrerie. — Une couppe de cristal à couvescle, garnye d'argent esmaillé. — Une autre couppe de cristal, sans couvescle, à façon de navecte (de petit navire) », etc., etc. Les pièces de cristal abondent également dans les *Inventaires des joyaux de la Couronne* dressés sous le règne de Charles VI. Dans celui de 1418, rien qu'au château de Vincennes, nous trouvons douze joyaux de cette précieuse matière, montés de la façon la plus riche et consistant en gobelets, barillets, pots, fioles, aiguières, etc. Dans l'*Inventaire de la Bastille,* dressé la même année, figurent « une petite nef de critail garnie d'argent », dont les bords sont « esmailléz à arbres esmailléz d'azur » ; un gobelet de « cristail garny d'or », avec saphirs et perles au fruitelet ; deux gobelets de « critail, à couvècle, garnis d'argent doré, sur un pillier d'argent à trois carrés, où sont trois tournelles et en chascun costé un sergent d'armes », etc., etc.

« Ung estuy a mectre les cuillers de cristail », dont la fourniture est consignée dans les *Comptes et mémoriaux du roi René* (1449) ; « Une cuiller d'argent doré avecques ung manche de cristal. » qui figure dans l'*Inventaire de la reine Charlotte de Savoye* (1483) ; « Ung drageouer d'argent doré, la couppe de cristal. — Une grande croix de cristal, avecques le pié assiz sur cinq lyons, armoyéz aux armes de Bretaigne. — Une pierre de cristal persée pour mètre reliques, etc. », mentionnés dans l'*Inventaire de la reine Anne de Bretagne* (1498), montrent assez combien cette précieuse substance fut recherchée durant tout le Moyen Age. On n'en finirait pas, au reste, si l'on voulait tout citer.

Toutefois, il convient de remarquer que c'est vers l'époque où nous conduit cette dernière mention que nous voyons pénétrer en France les premières imitations de cristal. Ces imitations sont qualifiées Verre cristallin. On les rencontre dès 1471 en assez grande abondance dans les divers *Inventaires du roi René*. Nous trouvons, en effet, au château d'Angers, habité par ce prince : « Cinq petites escuelles plactes de verre cristallin, faictes à costes... — Ung chandelier de verre cristallin qui a la bobesche pers doré... — Deux longues esguières de verre cristallin à pié et couvescles... — Troys petits bacins de voirre cristallin, qui sont jaunes par les botz... — Ung petit drajouer de voirre cristallin... — Deux grans potetz de voirre cristallin, en faczon d'éguières... — Ung plat de voirre cristallin, bordé de verd et de jaune », etc.

Ces premiers cristaux paraissent avoir été importés de Venise, mais en passant par Florence et par les comptoirs des Médicis. Nombre de mentions, relevées sur les registres de la *Cour des comptes de Provence,* semblent du moins établir cette filière : c'est d'abord le payement à Michel Diny (*sic*), facteur du banc des Médicis, de cinquante florins, pour trois grandes coupes et un plat « de cristal de Venize..., ouvréz à personnaiges à la mode d'Ytalie ». C'est encore le payement, dans la même année, au même « Michel Digny (*sic*) de Médicis », de la somme de cent quatre-vingts florins, chiffre énorme, eu égard au temps, pour un autre vase de cristal, garni d'argent doré au pied et au couvercle. Cette importation vénitienne dont le *Vergier d'honneur* nous signale en 1495 les effets jusqu'à Naples : « Y avoit en icelle maison et chasteau (le château neuf)... du cristallin de Venise tant en couppes, en bassins, esguières que autres choses sumptueuses de toutes couleurs, ouvrées que c'estoit moult grant chose », — cette importation, disons-nous, continuera, du reste, au xvie siècle, et nous en trouverons trace jusque dans les *Acquits au comptant du roi François Ier* (1538) : « A Dominique Ballarin, marchant vénitien, la somme de ix c livres tournois pour la valeur de iv c escuz sol., pour son paiement de certaine quantité de vaisselle de verre cristallin vénitien... que le Roy a achapté de lui, le pris susd., pour en faire et disposer à son plaisir. »

Cependant il convient de remarquer que, dès l'année 1508, on fabriquait du verre cristallin en France. Les *Actes consulaires de la ville de Lyon* (série BB, reg. 28, années 1508-1511) mentionnent, en effet, une subvention de cent livres accordée à Mathieu de Carpel pour soutenir la manufacture « de verres de cristallin » qu'il avait établie à Lyon. Ajoutons que c'est également au xvie siècle

Fig. 764. — Vase en cristal de roche taillé, monté en or émaillé.

qu'on prend l'habitude de se servir du mot cristallin seul, et sans l'accompagnement du mot verre. Dans cette joyeuse facétie qui porte le nom de *Discours du trépas de Vert Janet* (1537), on lit :

Cette bouteille me desgoute,
Je veux un verre de fougère,
De cristallin ou une esguière.

Dans la description de l'abbaye de Thélème, Rabelais écrit : « En chascune arrière chambre, estoyt ung mirouer de crystallin enchâssé en or fin. » Dans l'*Inventaire de Marguerite d'Autriche* (1524), on ne compte pas moins

Fig. 765. — Petit coffret en cristal de roche (XVIIe siècle).

de 103 pièces comprises sous la rubrique : « Vaicelle de cristallin ». Ce sont 2 bassins, 1 coupe, 1 cuvelette, 10 écuelles, 9 flacons, 22 fioles, 10 pots, 16 tasses, 32 verres, sans compter 4 aiguières de cristallin, relevant d'un autre chapitre. Citons encore : « Une esguière de cristallin couverte. » (*Invent. de la duchesse de Valentinois,* 1513.) « Une grande tasse de cristallin. » (*Invent. du château de Navarrens,* 1583.)

Quant au cristal de roche, il continua de jouir de la plus grande faveur. On le rencontre dans tous les documents de ce temps, classé avec les joyaux et monté de la façon la plus riche. Le 2 octobre 1532, François Ier achète à l'orfèvre Guillaume Hottemer, demeurant à Paris, « deux burettes de cristal, garnies d'or et de pierreryes ». (*Dépenses secrètes de François Ier*.) Le 19 mai 1583, Jehanne de Foix dresse l'*Inventaire des joyaulx et pierreries du cabinet du roi de Navarre,* et consigne dans cet inventaire la présence « d'une liète noire, dans laquelle y a une salière de cristal, deux petiz poz de cristal, une aiguière de cristal, un petit vase de cristal bandé d'argent doré....., une escritoire de cristal, garnie d'or, là où est enchâssé deux rubis cabochons, etc. » En 1589, on procède à l'*Inventaire des meubles de Catherine de Médicis,* et, dans la vacation du 30 juillet, on inventorie : « Une gondolle grande et une gondolle petite, une tasse, deux verres couvertz, ung vase et une fourchette, le tout de cristal de roche taillé, les piedz d'or émailléz ». On remarquera que c'est pour la première fois que nous transcrivons l'indication *cristal de roche.* Cette expression avait cours cependant depuis près de quarante ans, car dans l'*Inventaire du Roy faict à Fontainebleau,* en 1560, il est fait mention « d'un grand mirouer de cristal de roche, garny d'ébène, ayant un onyx et ung saphir au-dessus ». Mais c'est seulement à partir de 1580 que le terme devient d'un usage courant. Nous allons, du reste, bientôt le retrouver dans l'*Inventaire de Gabrielle d'Estrées* (1599), où on remarque : « Une salière de cristal de roche, garnie d'un couvercle de même cristal, enchâssé d'or esmaillé, en hault duquel il y a une flambe d'or enrichie de quatorze diamans et quatre rubis..... » Ces descriptions d'objets mobiliers ne doivent pas, toutefois, nous faire oublier que la grande innovation de ce siècle, c'est l'adaptation du cristal aux miroirs.

Elle passait alors pour merveilleuse et, quoique les « grands miroirs » de ce temps fussent étrangement petits, on les considérait comme le dernier mot de la magnificence. Certes, quand Rabelais, dans cette description de l'abbaye de Thélème que nous citions à l'instant, expliquait, avec une complaisance marquée, qu'en « chascune arrière chambre estoyt un mirouer de crystallin enchâssé en or fin, autour guarny de perles, et estoyt de telle grandeur, que il pouoyt véritablement représenter toute la personne » (*Gargantua,* liv. Ier, chap. LV), il se livrait au facile plaisir d'une hyperbole qu'il croyait sans doute irréalisable. Et, en effet, au moment où écrivait Rabelais, ces petits miroirs de cristal, qui constituaient sur les miroirs métalliques un si remarquable progrès, étaient encore dans toute la fraîcheur de leur nouveauté.

C'est seulement en 1538 qu'on voit apparaître, dans les *Dépenses secrètes de François Ier,* la mention des premiers de ces miroirs. Le 3 octobre 1532, le roi achète encore à Guillaume Hottemer « cinq mirouers d'acier ». Ce n'est que six ans plus tard (2 janvier 1538) qu'il acquiert de Jehan Crespin, « marchant joyaullier, un grend mirouer de cristal », et fait payer à « Anthoine de Pierremue, contrerolleur de l'argenterie du Roy, XXXVI escus soleil, pour son remboursement de semblable somme qu'il a paiée, pour l'achact d'un myroer de cristail, enchâssé en bois d'esbeyne ». Ces miroirs, il est inutile de le dire, étaient en cristal de roche, et il faudra attendre encore vingt ans pour voir apparaître ceux en cristal fondu. Le premier miroir de cristallin, en effet, nous est seulement signalé par l'*Inventaire du Roy fait à Fontainebleau en 1560.* « Ung grand mirouer de cristalin, garny d'argent doré, où il y a un camayeux anticque et plusieurs autres pierres. » Toutefois, il est à remarquer que, malgré cette mention, malgré la tentative qu'Henri II fit pour installer à Saint-Germain une verrerie, sous la direction de l'Italien Theseo Mutio ; que, malgré la faveur témoignée par Charles IX au Vénitien Fabiano Salviati, qui renouvela les tentatives de Mutio ; malgré les privilèges accordés par Henri IV à des industriels de Paris, de Nevers, et notamment à Vincent Busson et Thomas Bartholus, qui établirent une usine à Rouen pour y fabriquer « verres de cristail, verres doréz, esmaulx et autres ouvraiges qui se font à Venise et aultres lieux », il est à remarquer, disons-nous, qu'en dépit de tous ces efforts et de toutes ces tentatives pour développer chez nous la production du cristal fondu, on continua de confectionner des miroirs en cristal de roche jusqu'à la fin du XVIIe siècle.

Le miroir que la grande Mademoiselle laissa si malheureusement tomber (1680), et de la chute duquel elle tira un funeste présage, « étoit une grosse glace de cristal de roche fort épais ». (*Mém. de Mlle de Montpensier,* t. IV, p. 427.) Sept ans plus tard, parmi les présents offerts par Louis XIV aux ambassadeurs de Siam figurent « cinq miroirs de cristal de roche, dont les bordures, dit le *Mercure,* sont très artistement travaillées et garnies de pierreries ».

Cette belle matière, sur la composition chimique de laquelle on n'avait pas cessé, depuis l'Antiquité, de se faire les idées les plus fausses, continuera, du reste, pendant longtemps, d'être considérée à l'égal des pierres les plus précieuses. Pline avait écrit que le cristal de roche était de l'eau rendue solide par l'extrême force de la congélation. Le Moyen Age n'était pas mieux renseigné. « Cristal, dit l'auteur du *Propriétaire des choses,* est une pierre reluysante et clère, qui a la couleur de eaue, car elle est engendrée de nège ou de glace endurcie par moulte de temps. » Au XVIIe siècle, la chimie n'en dira guère plus, et le cristal de roche y gagnera d'être considéré encore comme une matière d'origine merveilleuse. Les écrits du temps le prouvent assez. Pour ne citer qu'un exemple, tous les palais des fées sont de cristal. Cette rare substance fascine, en effet, les contemporains de Mme d'Aulnoy. Lorsque le beau Percinet veut faire découvrir à la princesse Gracieuse ce qui se passe à la cour de son père, et ce que dit d'elle le farouche Grognon, il la conduit « au haut d'une tour prodigieusement haute, qui est toute de cristal de roche comme le reste du château ». Lorsqu'en 1685 le doge de Gênes vient se prosterner, à Versailles, aux pieds du Roi-Soleil, le plus beau présent qu'il croit pouvoir faire à Louis XIV, c'est « une chaire de cristal de roche garnie d'or ». (Pièce manuscrite insérée à la suite des *Gazettes de 1685;* bibliothèque du palais de Versailles.) De son côté, le Grand Roi, au plus beau temps de ses amours, offre à Mlle de la Vallière « un meuble entier de cristal tout façonné », dont « le seul candélabre est de mille louis ».

Un détail suffira, au surplus, pour faire entrevoir le prix de pareilles fantaisies. Le cristal de roche, dont la vente à l'état brut était, à cause de son origine exotique, concentrée entre les mains des épiciers-droguistes, payait, à son entrée en France, un droit de 400 livres le cent pesant. Comment s'étonner, après cela, de ne rencontrer des objets de cette matière que dans les belles collections du XVIIe et du XVIIIe siècle ? Sans compter que la difficulté de se procurer des morceaux un peu vastes, de les tailler, de les graver et de les polir venait encore s'ajouter au prix de cristal brut, pour en augmenter la valeur.

Les *Inventaires des meubles de la Couronne* dressés sous le règne de Louis XIV ne mentionnent pas moins de 394 pièces de cristal de roche, décrites sous 384 numéros. Ce sont :

7 bassins.
4 benistiers.
5 boestes.
6 bouteilles.
9 burettes.
3 cabinets.
1 cadenat.
2 calices.
4 caraffes.
1 cave.
12 chandeliers.
2 coquemarts.
1 coquille.
1 coffre.
44 coupes.
5 croix, grandes et petites.
1 cuvette.
3 dragons (figures).
1 ecuèle.
3 aiguières.
7 flacons.
2 flambeaux.
2 fleurs de lis.
7 gantières.
3 gobelets.
26 gondoles.
4 olives (grosses) taillées.
1 patène.
3 pots.
10 pots à fleurs ou à bouquets.
1 réveil-matin.
3 salières.
1 salve.
2 soucoupe.
2 soleils (un grand, un petit).
36 tasses.
2 urnes.
2 vaisseaux (ou nefs).
130 vases de formes diverses.
34 verres.
1 vinaigrier.

Toutes ces pièces sont non seulement couvertes d'ornements en creux ou en relief, mais montées en métal précieux. Parmi les vases, les uns sont en forme de dragon, les autres de poisson, « la queue tortillée, liée d'un cercle d'or esmaillé ». On en voit en manière d'oiseau, de fuseau, de *vidrecum* (*sic*), de coquemar, de coquille, de grappe de raisin, de poire, d'aigle, etc. L'or émaillé joue un rôle considérable dans leur monture, que relèvent des pierres précieuses. Ceux qui sont gravés sont couverts d'arabesques, de rinceaux, de fleurs, de grotesques. Il en est qui représentent des paysages ; d'autres portent des histoires saintes mêlées à des scènes de la mythologie. Un de ces vases est « gravé sur le corps d'un costé de l'histoire de Suzanne avec les deux vieillards, et de l'autre du jugement de Pâris ». Un autre, « avec deux anses tout d'une pièce en forme de dragons », porte cette même histoire de Suzanne opposée à une « Judith tenant la teste d'Holofernes en sa main pour la mettre dans un sacq ». Un troisième montre Adam et Ève, le sacrifice d'Abraham, Moïse parlant à Dieu le père, et Moïse recevant les Tables de la Loi, etc.

Ajoutons que, pas plus au XVIIIe qu'au XVIIe siècle, le roi ne fut seul à posséder de ces pièces rares et précieuses. Tallemant des Réaux parlant de son cousin le maître des requêtes dont la prodigalité était célèbre ; et qui faisait venir des raretés de très loin « pour pouvoir se vanter de dépenser en toutes choses imaginables », Tallemant cite les cristaux parmi les curiosités qu'il possédait. De même Germain Brice signale, parmi les richesses que M. Vivant avait réunies dans son hôtel de la rue Quincampoix, « des vases de cristal de roche, d'agathe et d'autres sortes, tailléz et vuidéz avec un soin et une industrie toute particulière ». Dans la collection de M. Blondel de Gaigny, on trouvait pareillement « un gobelet et son pied de cristal de roche, garni de deux anses, d'un culot à gaudrons, bord et socle de vermeil », gobelet qui, plus tard, figura dans le cabinet de Le Brun. Nous savons également, par le *Livre journal* de Lazare Duvaux, que M. de Boulogne possédait des flacons en cristal de roche, et que Mme de Pompadour avait un bénitier garni d'or et un pot à l'eau également monté en or, taillés dans cette même matière. A la *Vente de Randon de Boisset* (1777) figurait un gobelet couvert, de cinq pouces de hauteur, « taillé à plates-bandes, orné de cercle, bouton et pied en or, avec sa soucoupe à bord festonné, garnie au milieu d'un cercle aussi en or, servant de support au gobelet ». A la *Vente du marquis de Brunoy* (6 décembre 1786), on adjugea « une tête de mort

Fig. 766. — Aiguière en cristal de Bohême gravé (XVIIe siècle).

d'un seul morceau de crystal ». Enfin, on peut voir au Louvre, dans la galerie d'Apollon, entre autres pièces de premier mérite, le pot à l'eau et la cuvette de Marie-Antoinette, pièces capitales en cristal de roche.

Mais la grande folie des deux derniers siècles, ce furent les lustres ou chandeliers. Dans l'*Inventaire des reliquaires d'Anne d'Autriche* figurent « deux chandeliers de cristal garniz de plusieurs ornemens esmailléz de vert et seméz de rubis », estimés 1,000 livres, et deux autres « chandeliers de cristal, garniz d'or esmaillé vert et blanc », prisés 700 livres. Plus tard, en 1687, on cite « douze grands lustres de cristal de roche » et « douze girandoles de mesme christal et fort hautes », parmi les présents de Louis XIV au roi de Siam. (*Mercure,* n° d'avril 1687.)

Au siècle suivant, cette passion n'aura garde de se calmer. Germain Brice, décrivant les somptuosités de la grande galerie du Palais-Royal, ne manquera pas de mentionner « des lustres de cristal de roche d'un rare travail, entre lesquels on en remarquera un par la beauté des morceaux dont il est formé ». — Ce magnifique objet était un présent du roi de Sardaigne. — Dargenville nous signalera, chez M. Blondel de Gaigny, parmi les raretés les plus précieuses de ce cabinet fameux, « un lustre à huit branches de crystal de roche dont l'égalité de couleur est aussi parfaite que la netteté ». Nous verrons, en outre, M. de Villaumont payer 4,690 livres « un lustre de cristal de roche

Fig. 767. — Cuvette et pot à l'eau de Marie-Antoinette, en cristal de roche.

monté en lyre », que lui fournit Lazare Duvaux. Le même marchand livrera à Mme de Pompadour, pour le château de Crécy, « un petit lustre de cristal de roche à quatre branches, garni de vases, bobèches et bassins de cristal », du prix de 1,230 livres; et au marquis de Gontaut un autre lustre de même cristal pour 720 livres. Duvaux, au reste, n'est pas le seul à tenir ces coûteux articles. A la liquidation du « magasin de Julliot, marchand, rue Saint-Honoré, attenant à celle du Four », liquidation qui eut lieu après le décès de la dame Julliot (20 novembre 1777), on adjugea des « meubles de Boulle et d'autres genres, lustres de crystal de roche et de bronze doré..., feux, bras, girandoles ». (Voir le *Catalogue des marbres, bronzes, agathes, etc., composant le magasin du Sr Julliot;* Paris, chez C.-F. Julliot fils.)

Peut-être était-ce de ce magasin que provenaient les « lustres et girandoles de cristal de roche » du comte de Charolais (1760) et ceux qui figurèrent à la vente du duc de Sully (1761). A presque toutes les grandes ventes du XVIIIe siècle, au surplus, à celles de la marquise d'Houdetot, de Mme de Pompadour, de Mme d'Ancezune, de la duchesse d'Humières, de la marquise de Saussaye, du duc de Choiseul, de M. Barrois, on rencontre de ces meubles coûteux. Mme de Genlis (*Dictionnaire des étiquettes de la Cour,* t. Ier, p. 359) rapporte que, pendant l'émigration, elle vit à Londres un lustre de cristal de roche commandé par le prince Caramani et qui fut payé 38,000 livres. Enfin, n'oublions pas qu'en 1792 « le très grand et beau lustre en cristal de roche » qui ornait la chambre de Louis XVI à Versailles fut estimé 40,000 francs, et qu'on peut voir au palais de Fontainebleau, dans la salle du Trône, le plus vaste et le plus magnifique lustre en cristal de roche que possède notre Mobilier national, pièce superbe qui est estimée sur les inventaires 50,000 francs, et qui vaut probablement beaucoup davantage; car c'est sans doute en parlant de ce beau lustre que le duc de Luynes écrivait : « On a mis dans la chambre du Roi un chandelier de cristal de roche d'une grande beauté et que l'on estime au moins 100,000 livres. »

Mais quelle que pût être l'abondance du cristal de roche, on comprend que cette matière, toujours rare et coûteuse, ne pouvait suffire à la fabrication des lustres qui furent, nous l'avons dit, la folie de ce temps. Du reste, son prix était trop élevé pour pouvoir permettre la confection de luminaires considérables. On contrefit donc le cristal de roche, et, de même qu'au siècle précédent on l'avait déjà, à l'aide du cristallin, remplacé peu à peu dans la fabrication des vases, des miroirs et des glaces, on lui substitua, pour les pendeloques des lustres et des girandoles, le cristal fondu et taillé. Nous avons vu que les premières importations de cristallin avaient été faites de Venise. Il semble que le cristal produit par cette ville ait joui, jusqu'au milieu du XVIIe siècle d'une notoriété et d'une réputation spéciales. Le passage suivant de Loret, du moins, le donne à entendre. Après avoir énuméré les éventails, parfums, bijoux, argent, qui composaient un « cadeau » fait par un des grands seigneurs de son temps, Loret ajoute (juin 1653) :

Et toutes les susdites choses
Étoient fort joliment inclozes
Dans un beau cofre fait exprès,
Non de cèdre, ny de cyprès,
Ny de calembour, ny d'ivoire,
Ny d'ébène luizante et noire,
D'or, d'argent, ny d'autre métal,
Mais d'un resplendissant cristal
De façon rare et très exquize,
Et fait pour le moins à Venize.

L'*État du mobilier de la Couronne,* que nous avons vu si riche en joyaux de cristal de roche, à la date du 20 février 1673, ne mentionne pas moins de 230 objets en cristal de Venise, tels que tasses, chandeliers, pyramides, urnes, soucoupes, gobelets, bassins, etc. Toutefois, la reine de l'Adriatique allait rencontrer bientôt de sérieuses concurrences. Les archiducs Albert et Isabelle attirèrent à Anvers Philippe Gridolphi et essayèrent de transporter dans les Pays-Bas cette brillante industrie. (*Archives du Nord,* série B, 1835-1836.) Quelques années plus tard, Milan hérita pendant une courte période de la réputation de sa riche voisine; et le *Mercure* de mai 1687 nous signale, parmi les cadeaux royaux, « un lustre de cristaux de roche à dix branches de fonte dorée, ayant une couronne enrichie de plusieurs cristaux de roche et de Milan, le dessous garni de campanes, de boules et pièces de cristaux de Milan avec une grosse poire taillée à coste au milieu ». Dans un *Inventaire des meubles de la Couronne,* du même temps (1684), nous relevons également : « Un très grand chandelier de cristal de Milan à quarante bobesches, tout d'enfilage, orné par le milieu du corps de manières de petits aiglons aussy d'enfilages, terminé par le hault d'un grand aigle ayant les ailes ouvertes, le dessous dudit chandelier garny de quantité de petites pièces dudit cristal. » Mais le règne des cristaux milanais ne devait pas être de bien longue durée. Dès cette même année (1687), nous voyons M. de Seignelay donner à M. Constance « trois grandes caisses remplies de différens ouvrages de cristaux d'Allemagne » : et ce sont les lustres en cristaux de

Bohême que, durant tout le XVIIIe siècle, nous rencontrerons un peu partout. En 1739, le duc de Luynes écrira : « A l'occasion de cette fête (les fiançailles de Madame), on a acheté pour le roi un grand nombre de chandeliers de Bohême ; on étoit obligé d'en louer dans de pareilles occasions. » En 1748 et 1749, MM. Douet et Hébert imiteront l'exemple du roi, et chez Mme de Vougny, à Neuilly, nous en trouverons de « montés en lyre », suivant la grande mode du moment. En 1753, 1755, 1756, MM. de Caze, de Busseval, le chevalier de Genssin, etc., en 1760, 1761 et 1762, l'évêque de Metz, le comte de Vence, le comte de Caraman, la marquise de Ximénès, la princesse d'Anhalt, en achèteront à la *Vente Larcher,* à celle du duc de Belle-Isle et chez Lazare Duvaux, le marchand préféré du beau monde, etc. Ajoutons que l'importation des cristaux de Bohême ne se bornait pas alors aux pendeloques de lustres et de girandoles. Elle comprenait toutes sortes d'objets et d'ustensiles usuels, des assiettes, par exemple, comme celles dont le duc d'Albe fit étalage dans la fête qu'il donna le 19 juin 1704 (voir *Mercure* de juin 1704) ; des carafes comme celles qu'on trouvait chez le comte du Luc, à la même époque, et des burettes montées en argent doré, comme celles dont faisait usage Mme de Pompadour.

Fig. 768. — Lustre en cristal de roche (XVIIIe siècle).

Cependant, industriellement, la France n'était pas demeurée inactive. Ce fut Colbert, à qui notre pays était déjà redevable de tant de bienfaits, qui établit chez nous l'industrie des glaces et des cristaux, et s'efforça de lui donner une importance et une perfection égales à celles qu'on pouvait constater au dehors. Plus loin, aux mots GLACE et VERRE, on trouvera de nombreux détails sur cette intéressante fabrication. A cette place, nous nous bornerons à rappeler sommairement les privilèges qui furent accordés en 1665 à Nicolas du Noyer, en 1683 à Pierre de Bagneux, en 1688 à Thevart, en 1695 à François Plastriers, et en 1702 à Antoine d'Agincourt, qu'on peut regarder comme les fondateurs en France de cette belle industrie des glaces, qui devait illustrer les noms de Cherbourg et de Saint-Gobin. Nous n'aurons garde d'oublier non plus l'approbation et la confirmation accordées en 1662, 1668 et 1672, au sieur Bernard Perrot, pour l'établissement d'une verrerie à Orléans, verrerie dont, dès 1673, nous voyons figurer un lustre de cristal dans les *Inventaires des meubles de la Couronne.*

Ajoutons encore que c'est dans le privilège de la verrerie d'Orléans que, pour la première fois, nous rencontrons le mot cristal opposé à celui de verre. « Ledit Perrot, y est-il dit, continuera de fabriquer, avec tels associés et par tels ouvriers que bon lui semblera, toutes sortes d'ouvrages de cristal, de verre commun, de verre teint et d'émail, et autres sortes de verrerie, en telles figures, fassons, manières et grandeur qu'il conviendra. » Cependant, il faut croire que, pour les lustres au moins, le sieur Perrot n'atteignit pas la perfection, car en 1699 M. Bertin, dessinateur ordinaire du cabinet du Roi, obtint à son tour le privilège « de faire seul des lustres de cristal fondu qui imitent le cristal de roche ». Le *Mercure* de ce temps nous apprend, en outre, que M. d'Argenson, après avoir examiné les lustres que lui avait présentés M. Bertin, ne put s'empêcher de reconnaître « que cette manière nouvelle de fondre le cristal et d'en composer des lustres et des girandoles est une des plus heureuses découvertes de l'industrie françoise, et qu'il estoit surprenant qu'un premier essay approchast si fort de la perfection ». (*Mercure,* n° d'octobre 1699.)

Peu de temps auparavant, probablement en 1688, il avait été établi à Bayel, près Bar-sur-Aube, une manufacture royale de cristaux dont les produits furent protégés par des droits de douane importants établis, à l'entrée du royaume, sur les articles similaires. Un document postérieur, et qui nous initie aux vicissitudes traversées par cette importante cristallerie, nous livre la nomenclature des articles fabriqués d'une façon courante par « la Manufacture royale en cristaux de Bayel ». C'étaient des « verres, tasses, flacons, fioles à sels, rouleaux, tabagies, lustres, pendeloques, enfilades, falots, lanternes à douille, flambeaux, bougeoirs, bénitiers, huiliers, cuvettes, rafraîchissoirs, seaux de table et autres, salières, girandoles, desjeuners, coupes, bassins, gobelets de toutes sortes, plateaux, soucoupes, guéridons, dômes..., écritoires, aiguières, pots à l'eau, jattes, drageoirs, bouquetiers, compotiers, pintons, etc., etc. » (*Journal de Verdun,* mars 1728.)

Cette cristallerie n'était pas, au surplus, la seule dont, au siècle dernier, le catalogue fût aussi varié. Piganiol de la Force signale, « à l'entrée de Chailleau (lisez Chaillot, alors près Paris, aujourd'hui dans Paris), une verrerie où l'on travaille continuellement à toutes sortes d'ouvrages fort curieux dans le goût des cristaux. On y fait même, ajoute-t-il, des vases d'une nouvelle espèce de cristal qui résiste au feu. » Les journaux du temps nous apprennent encore que le sieur Beaufort, propriétaire des verreries royales près Bitche, en Lorraine, parvint à imiter « si parfaitement le crystal d'Angleterre » que les plus habiles y furent trompés. (*Almanach sous verre,* notice de 1786, col. 372.) Il s'agit, dans ce dernier cas, de ce beau cristal bleu, si recherché au XVIIIe siècle, et dans la fabrication duquel l'Angleterre excella. Enfin, nous savons encore qu'en l'an V, le citoyen Caire-Morand parvint à établir à Briançon une taillerie de cristaux, dont « le fini des ouvrages ne le cédait en rien à celui des ouvrages anglais ». (*Ibid.*, notice de l'an V, col. 481.)

Le moment, au reste, était venu où les cristalleries de Baccarat et de Saint-Louis allaient mettre notre pays à même de lutter glorieusement contre tous les produits de l'étranger. Ce fut en 1819 que, pour la première fois, la supériorité de nos cristaux fut constatée et reconnue. Deux grands lustres, qui figurèrent à l'exposition de cette année et qui furent vendus 54,000 francs, montrèrent jusqu'à quelle perfection la main-d'œuvre française pouvait atteindre. Les poires d'un volume et d'une eau exceptionnels, les pendeloques ornées d'étoiles, jointes aux élégantes proportions de cette masse transparente, ravirent d'aise les amateurs. A la même exposition, on vit une pendule qui fut vendue 12,000 francs, un déjeuner de 3,000 francs, et quatre grands candélabres qui furent acquis par la Russie au prix de 12,000 francs. Depuis lors, en 1855 et 1867, on a vu reparaître des ouvrages au moins aussi beaux, et en 1878, une colonnade entière, construite en cristal, a montré que l'industrie contemporaine était capable d'édifier ces palais transparents dont la réalisation n'était jugée possible, au XVIIe siècle, que dans les contes de fées.

Ajoutons que, sans tomber dans ces excès, le cristal joue désormais dans notre mobilier un rôle considérable. Non seulement il a conservé une place brillante dans le matériel d'éclairage de nos appartements, mais il est devenu l'ornement de nos tables, et son extrême propreté, sa transparence, son bon marché le font rechercher pour une foule d'usages. C'est lui qui fournit les pommes d'escalier, les boutons de porte, les plaques de propreté, etc. On l'emploie enfin, dans le service intérieur, à la confection de mille objets utiles ou agréables.

CRISTAL. — On a encore désigné, au XVIIe et au XVIIIe siècle, sous ce nom un certain nombre d'objets faits en verre ou cristal coulé. Sous la plume de Loret, ce mot devient synonyme de lustre. Racontant le souper que l'archevêque de Sens offrit à Mme de Longueville, Loret écrit (mai 1651) :

> Le lieu de ce banquet charmant
> Brilloit plus que le firmamant :
> Car, sans compter les yeux des dames,
> Qui jetoient des feux et des flâmes,
> On y voyoit trente cristaux,
> Ayant chascun trente flambeaux,
> Outre vingt bras et seize plaques...

Dans les *Mémoires* et les *Lettres* du XVIIe siècle, le pluriel cristaux signifie aussi girandoles. C'est ainsi que Mme de Sévigné nous montre, chez Mme de la Fayette, « beaucoup de miroirs, de chandeliers, de plaques, de glaces, de crystaux, suivant la mode présente » (*Lettres*, t. VIII, p. 143) ; et que Dangeau, racontant la visite du roi d'Angleterre au Dauphin, le 8 janvier 1689, nous apprend que Jacques II « trouva les cabinets admirables et parla en connoisseur des tableaux, des porcelaines, des cristaux et de tout ce qu'il y vit ». (*Journal*, t. II, p. 293.)

Vers la même époque, on désignait de la même façon les petits récipients en cristal ou porcelaine fine, dans lesquels on servait les crèmes et les glaces. « Douze soucoupes estoient aussi autour (du surtout), chacune remplie de neuf cristaux de diverses crèmes. » (Relation du banquet offert par l'évêque de Strasbourg au Dauphin. (*Mercure*, février, 1679.) Par extension, on a fait signifier aussi à cristal la glace qui recouvre un tableau. « Un portrait en miniature de forme ronde... ledit portrait sous son cristal. » (*Invent. d'Ignace Campana, peintre du cabinet de la reine*, 1786.) Enfin constatons encore que de tout temps, pour les poètes, le mot cristal a été synonyme de verre à boire et que, par une licence moins commune, Étienne Pasquier l'a employé dans le sens de sablier.

> La poudre qui, dans ce cristal,
> Le cours des heures nous compasse,
> Lorsque, dans un petit canal,
> Souvent elle passe et repasse...

Cristalier, *s. m.*; **Cristallier**, *s. m.* — C'était un des titres que prenaient les lapidaires, parce qu'ils avaient seuls le privilège de tailler, façonner et graver le cristal de roche. Les édits de 1581, 1584 et 1613, qui confirment les *Statuts* de la corporation des lapidaires et les « érigent en corps de nouvelle jurande », les qualifient de « maîtres de l'art et métier de lapidaires, tailleurs de diamans, rubis, etc., tailleurs de camayeux, graveurs et cristalliers ouvrans ès pierres précieuses et naturelles, de la ville et fauxbourg de Paris ». La corporation des Pierriers-cristaliers était fort ancienne, puisque Étienne Boileau s'occupe d'elle (titre XXX). (Voir GRAVEUR.)

Croc, *s. m.*; **Crochet**, *s. m.*; **Croque**, *s. m.* — Croc et crochet ont une même signification mobilière et désignent un morceau de fer recourbé, qui sert à suspendre ou à retenir quelque chose. Quoique le premier de ces deux mots soit aujourd'hui fort peu employé, nous le trouvons, avec son équivalent croque, usité dès le XIVe siècle. « VI croques en la chambre ès escuiers, pour pendre leurs hernois — pour VI croques à pendre les torches au chastellain. » (*Travaux exécutéz au château de Cherbourg*, 1348.) Au XVIe et au XVIIe siècle, il est encore en usage dans le même sens. « A Antoine Morisseau... pour avoir faict soixante-six crocz de sanglier, qui servent à retenir les poteaux des cloisons des deux garde-robbes des chambres de monseigneur de la Roche et de monseigneur de Marchaulmont, qui sont en la dicte basse-court, du costé de l'église, XLIII sols. » (*Ouvraiges de serrurerye à Saint-Germain-en-Laye*, 1547.)

Crochet se rencontre dans des documents aussi anciens. Nous trouvons, en effet, dans les *Comptes de l'hostel du roy Charles VIe* (1380) le payement fait à « Jehan le Lou, gantier, demourant à Meleun, pour une bourse de cuir de serf neufve, achetée de lui pour mettre crochéz de fourrière ; jeudi XIe jour d'octobre, à Meleun : argent XIV sols parisis ». Les crochets dont il s'agit ici, et que nous appellerions aujourd'hui des clous à crochet, étaient alors employés par quantités énormes. Ils servaient à accrocher les tapisseries qui garnissaient les murailles, et, quand le roi était en voyage, il les fallait planter par centaines dans toutes les habitations où il passait. On ne doit donc pas s'étonner de voir ces crochets achetés par milliers, et leur fabrication localisée entre les mains d'industriels spéciaux, portant un nom particulier. Un *Compte de l'hostel du roi Charles VI* relate, en effet, l'achat fait, en 1380, à « Guérin Briquet, crochetier, demourant à Paris », de « 1 millier de crochéz bastars (c'est-à-dire de taille moyenne), à tendre les chambres du roy à Saint-Pol », et de « quatre milles de crochéz pour tendre les chambres du Roy et de nos autres Seigneurs, en allant de Meleun à Rains au sacre ». En 1401, les *Comptes de l'hôtel d'Isabeau de Bavière* dénoncent des achats aussi considérables et mentionnent les « crochiets à tallon », comme étant employés « pour tandre les chambres et rectrais de la Royne ». Enfin, nous relevons dans les *Comptes de la ville de Lyon*, relatifs à l'Entrée de Henri IV (1595), la dépense suivante : « A Antoine Dubois, M^e charpentier..., pour huict cens de gros cloudz à crochetz pour tendre la tapisserie au susdit logiz (celui de la belle Gabrielle) à VIII sols le cent, I écu IIIj sols. »

Une sorte de crochet, aussi fort employée alors, était le crochet à pendre la viande dans la cuisine. Dans celle de Charles VI (1383) on remarquait « IIII grans croichéz » réservés à cet usage, qui s'est continué, au surplus, jusqu'à la fin du siècle dernier, car dans l'*Inventaire de Charles Benoît, notaire de la Chambre des comptes* (Paris, 1634), nous trouvons « deux crocs à pendre viande » ; dans l'*Inventaire de Molière,* « un croc à pendre viande », et dans celui du prêtre François Poinsot (Lyon, 1780) figure pareillement « un crochet à pendre viande ».

Enfin signalons encore, dans le mobilier bourgeois, les crochets d'étude ou de comptoir se terminant par une pointe aiguë et dans lesquels on enfile les papiers, factures, quittances, etc. Cet ustensile est très ancien. Parlant de lettres d'absolution qu'on avait vendues au nom du pape et que l'évêque de Paris avait ensuite fait réclamer à ceux qui les avaient achetées, l'auteur du *Journal de Paris sous le règne de Charles VII* écrit, à l'année 1444 : « Et quant il les portoient, on les pendoit à ung crochet en son estude. »

CROCHET. — Ce mot sert également à désigner un petit outil de fer, à pointe recourbée, dont les passementiers se servent pour faire certains ouvrages de leur profession, et, par extension, ces mêmes ouvrages ont pris le nom de crochet. On fait en crochet des appuie-tête, des manchettes pour les bras de fauteuils, des garnitures d'oreiller.

CROCHET. — Au XVIIe siècle, on appelait ainsi la balance qu'on nomma ensuite peson, puis romaine. « Une grille, une poisle à queue, deux broches, une casse de fer, un crochet à peser, estimés 4 liv. 10 sols. » (*Invent. du Châtelars,* 1672 ; archives de la Charente.)

CROCHET est encore un appareil de porte-faix composé de deux bâtons montants terminés à leur base par deux tiges coudées et formant crochet. Cette sorte de crochets remonte au moins au XVIe siècle. On la remarque dans une des gravures du *Praxis criminis,* etc., publié en 1547, par Simon de Colline. Palma Cayet, dans son *Histoire de la guerre sous Henri IV,* rapporte ce qui suit : « Le samedy matin sur les quatre heures, deux cents de ceste faction des Seize se rendirent au Petit Chastelet. Crucé ayant faict venir trois crocheteurs avec leurs crochets, l'exécuteur mit sur chacun d'eux un desdits sieurs morts, tout debout, nuds en chemise, ayant chacun leur escriteau pendu au col : ceux qui virent ceste action la trouvèrent merveilleusement piteuse et espouvantable. » Ce sont ces crochets qui valurent leur nom aux crocheteurs. « Les hommes, écrit l'auteur de la *Réjouissance des femmes sur la deffence des tavernes et cabarets* (Paris, 1613), les hommes de maintenant ne se contentent pas de servir de risée au public, mais encore de mauvais exemple à la postérité, et bien que tous n'ayent les crochets, si ont ils les bastons des crocheteurs pour endurcir le dos de leur femme. »

CROCHET a enfin une signification architectonique. C'est le nom qu'on donne à ces ornements terminés par des bourgeons enroulés ou par des têtes de feuillages, qui, dans l'architecture ogivale, décorent les rampants des pignons, les gorges des archivoltes, etc. On les appelle aussi des CROSSES.

Crocheter, *v. a.* — Terme de serrurier. Ouvrir une serrure avec un crochet. Charles de Bourdigné écrit dans sa *Légende joyeuse de Pierre Faifeu :*

Bon crocheteur toutes portes crochette.

Crochetier, *s. m.* — Fabricant de CROCHETS. (Voir ce mot.)

Croil, *s. m.;* **Crouiller,** *v. a.* — Croil est synonyme de verrou ; crouiller, de verrouiller. (Voir COUREIL.)

Croille, *s. f.* — Grande fourchette de cuisine. (Voir Du Cange ; *Suppl.* au mot *créaga,* t. Ier, col. 1189.)

Croisé, *s. m.* et *adj.;* **Cresé,** *s. m.* et *adj.* — Terme de manufacture. Nom qu'on donnait à certaines étoffes, notamment au *croisé de Conty* fabriqué à Amiens, en laine du pays (1762), et dont on peut voir des échantillons aux archives de la Somme. La qualification de croisé s'applique, en outre, à certaines natures de tissus. « Parmi les étoffes de soye, écrit Savary, les serges de soye, les ras de Saint-Maur, parmi celles de laine, les ras, les ratines et les serges, parmi celles de coton et de fil, les basins et les futaines sont croisés. » On trouve quelquefois le mot orthographié crésé ; nous citerons comme exemple l'*Inventaire de Molière* (1673) : « Deux rideaux de crésé vert de deux lés et un quart... prisés XII livres. »

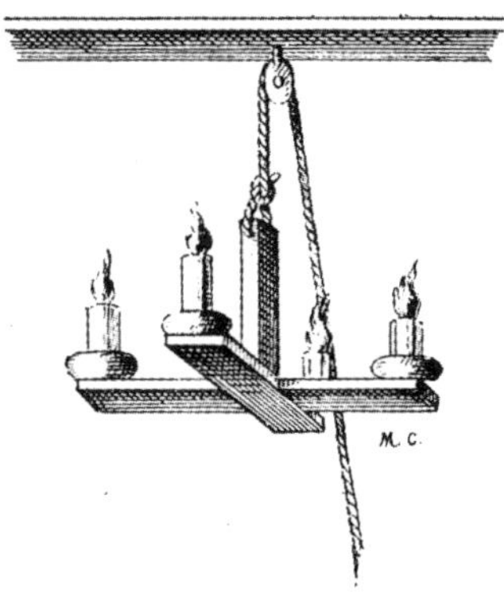

Fig. 769. — Croisée de bois d'après une miniature du XVe siècle.

CROISÉ pris adjectivement est aussi un terme de décoration et veut dire orné d'une croix. « Tous les autels d'icelle (étoient) paréz de veloux noir croisé de satin blanc, enrichis d'escussons de riche broderie. » (*L'ordre observé aux obsèques et enterrement du roy François Ier,* l'an 1547, dans le *Cérémonial de France,* par Godefroy, p. 289.) « Les dictes deux effigies feurent mises et assises sur deux lictières portatives couvertes de draps mortuaires de veloux noir, croiséz de satin blanc. » (*Ibid.,* 292.) « Et pour l'assiette de la dicte effigie et corps dudict feu sieur Roy, y avoit au chœur de ladicte église Nostre-Dame, une grande et singulière chapelle ardente... garnie de treize clochers, tous croiséz et recroiséz avec un nombre infiny de luminaire. » (*L'ordre observé à l'enterrement du Roy Henry II,* l'an 1559.) « La Représentation [étoit] sur une estrade de trois dégréz couverte d'un poële de veloux noir, croisé de taille d'argent et garni de quatre escussons de broderie. » (*Funérailles du maréchal de l'Hospital,* dans la *Gazette de France* du 16 mai 1660.)

Croisée, *s. f.;* **Croisiée,** *s. f.;* **Croyesée,** *s. f.;* **Croésée,** *s. f.* — Proprement, fenêtre ancienne, à meneaux disposés de telle sorte qu'ils forment une croix. C'est cette croix que d'abord on appela croisée et qui ensuite donna son nom à la fenêtre. Dans le principe même, on disait la croisée d'une fenêtre. « Mais comme ce prince (le comte de Marle, fils du duc de Vendôme) estoit très beau, désiré d'estre tenu d'un chacun, un Gentilhomme se jouant à luy dans la croisée de la fenestre de sa chambre, luy estant entre les bras de sa nourrisse, le gentilhomme et la nourrisse se le baillèrent plusieurs fois de l'un à l'autre d'une fenestre en l'autre par le dehors de la croisée, quelquefois feignant de le prendre, ce qui fust cause du malheur qui en arriva, car le gentilhomme feignant de le prendre et ne ne le prenant pas de fait, la nourrisse, s'attendant qu'il le prist, lasche prise, et le petit prince comte de Marle tomba de la fenestre en bas, sur un perron, où il se froissa une coste. » (Palma Cayet, *Chronologie novennaire,* à l'année 1589.) Un curieux document compris dans les *Actes consulaires* de la ville de Lyon (série BB, reg. 196) nous apprend que, le 4 septembre 1642, le sieur de la Flesche, maréchal des logis du cardinal de Richelieu, demanda aux prévôt des marchands et échevins de Lyon de faire construire un échafaud, afin de servir de montée à l'une des croisées de l'hôtel d'Avay, qui était préparé pour recevoir le cardinal, et d'ouvrir « la dite croisée et enlever les pierres de taille d'icelle, en sorte que ledit Seigneur, dans le lit où on le porte, y puisse passer sans incommodité, ce qu'il ne pourroit faire par les portes et passages, attendu son indisposition ». Dans son récit intitulé le *Passage du cardinal de Richelieu à Viviers* (1642), J. de Banne écrit : « Mais ce dont tout le monde estoit estonné, c'est qu'il entroit dans les maisons par les fenestres, car auparavant qu'il arrivât, les maçons qu'il menoit abattoient les croisées des maisons, etc. » Le nom de croisée a persisté dans le langage ordinaire, quoique les meneaux et la croix aient disparu depuis longtemps. Aujourd'hui, on dit plus volontiers FENÊTRE : c'est à ce mot que nous renvoyons ce qui regarde la croisée considérée en tant qu'ouverture.

Fig. 770. — Petit bureau de Boulle à croisillons.

Par analogie, on a également appelé CROISÉES les châssis de menuiserie qui servent à clore les fenêtres, avec les vitres qui sont insérées dans ces châssis. Cette acception remonte au moins au XVe siècle. On lit, en effet, dans les *Comptes du roi René* (Édifices d'Angers, 16 novembre 1451) : « *Item,* fault croyeser les fenestres qui servent oudit portal... *Item,* fault faire deux lucannes garnies de chascune une croyesée... » Dans ces mêmes *Comptes,* nous relevons, à l'année 1455, un marché comprenant « XV croésées, XV huys, etc. » ; et à l'année 1459, un mandat de payement « pour toille cirée achactée et employée en seze penneaux de croésées », etc. Cette signification s'est conservée pendant les XVIe, XVIIe et XVIIIe siècles. Le *Livre commode* (édition de 1691, p. 42) nous apprend que « le prix ordinaire des croisées, panneaux de verre avec châssis dormans, etc., de quatre pieds de large », était, en cette année, de « deux livres dix sols le pied courant, mesuré sur la hauteur seulement ». Les *Annonces, affiches et avis divers* du 20 octobre 1766 mentionnent la mise en vente de « 6 croisées avec leurs montants, l'un à double châssis à coulisse ». Le *Journal général de France* du 24 août 1780 signale comme étant « A VENDRE, rue Saint-Denis, *A la Gerbe d'or :* 4 croisées à espagnolettes et guichets ». La même feuille, dans son numéro du 1er mars 1785, porte : « A VENDRE chez le sieur Mallet, menuisier, rue et porte St-Jacques : 8 croisées à imposte vitrées et ferrées dont 4 de 9 pieds 3 pouces sur 4 pieds 2 pouces ; et 2 de 8 pieds 6 pouces sur 4 pieds. » Le *Journal de Caen* (13 juillet 1788) annonce : « Différentes croisées anciennes, la plupart garnies de leurs volets, vitres, plombs, targettes à vendre. S'adresser à l'hôtel de Calmesnil, rue Guilbert. » Aujourd'hui encore, ce mot a conservé sa signification dans le langage usuel, quoiqu'on ne s'en serve plus guère dans le langage technique.

CROISÉE ou CROISIÉE a encore servi à désigner des lustres de bois à quatre branches unies en forme de croix. « Et au milieu de la salle y avoit chandeliers croisiéz de fust pendans, emplis de torchins de chire, que faisoit moult bel veoir ardoir la nuyt », dit Le Fèvre de Saint-Remy (*Chroniques,* ch. CLXIII), décrivant les splendeurs du mariage de Philippe le Bon et d'Isabelle de Portugal (1429). « A Jacques Cadot, menuysier, neuf croisées de boys à mectre chandelles aux chambres, XVIII sols IX deniers tournois. » (*Comptes de la chambre du roi Louis XI,* 1478.) La dernière mention que nous rencontrions de ces croisées figure dans le récit du ballet offert par la ville de Paris à Louis XIII, le 24 février 1626 : « Aussi ont (les prévôt et échevins) envoyé quérir l'espicier de la ville, auquel ils ont commandé de tenir prest grande quantité de flambeaux blancs, pour mettre dans les chandeliers et croisées, qui seront au plancher des grandes salles, chambres, galeries et bureau dudit hostel de ville... et aussi envoyé quérir le menuisier de la ville, pour travailler de son mestier à ce qui sera nécessaire, faire tous les dits chandeliers et croisées de bois », etc. La grande salle contenait à elle seule « trente-deux croisées de chandeliers, dedans lesquels il y avoit cent vingt-huit flambeaux qui furent changés et renouvellés deux fois en toute la nuit. » (*Mém. de Brienne,* t. Ier, p. 338 et 341.)

Enfin on trouve encore CROISÉE dans quelques anciens textes avec la signification de support en forme de croix. « A lui pour une tablette carrée assise sur une croisiée de fort boys, etc. » (*Comptes royaux,* 1454.)

Croisieux, *s. m.;* **Croisuel,** *s. m.* — Petite lampe de nuit. (Voir CHALEIL.)

Croisillon, *s. m.* — En architecture, c'est la barre de bois ou le linteau de pierre qui partage une croisée en deux dans sa hauteur, comme le meneau la divise dans sa largeur. « La dite chambre prend aussi jour du côté du soir, par une croisée de pierre de taille divisée en quatre parties par un croisillon aussi de pierre de taille. » (*Description du palais archiépiscopal de Lyon,* 1731.) On appelait également, au XVIIe et au XVIIIe siècle, croisillon, une demi-croisée.

En menuiserie, on appelle *croisillon de châssis* les petites tringles de bois qui séparent les vitres d'une fenêtre, et *croisillon d'entre-jambes,* les barres qui réunissent les quatre pieds d'une chaise, d'un fauteuil ou d'une table. On fait également des étagères, des casiers à musique, des tables à croisillons.

Enfin, en serrurerie, on donne ce nom aux croix d'imposte et à des tiges de fer disposées en croix, qui servent de remplissage dans des ouvrages compliqués, tels que grilles, balustrades, etc.

Croissant, *s. m.* — Pièce de métal arrondie, terminée généralement par un ornement, que l'on scelle dans les faces des cheminées, et qui sert à maintenir verticalement les pelles, les pincettes, etc. Dans l'*Inventaire des meubles de la Couronne,* dressé le 20 février 1673, nous relevons : « Deux croissants d'argent, pour mettre au coin d'une cheminée et servir à soustenir la garniture du feu, pesant ensemble 3 marcs 2 gros. — Douze croissants de fer poly pour mettre dans les cheminées, garnis de petites boules d'argent, etc. » L'*Inventaire de Philippe Caffieri, maître doreur, fondeur et ciseleur* (1774), mentionne : « Deux croissants de cheminée avec une seule plaque, quatre boutons de pincettes... etc. » Au XVIIIe siècle, on en fit de très décoratifs. (Voir notre figure 771.)

Croix, *s. f.* — Indice fait de deux planchettes ou de deux morceaux de latte cloués en forme de croix, que les couvreurs suspendaient à une corde pour indiquer qu'ils travaillaient sur le toit.

Là, je trouve une croix de funeste présage,
Et des couvreurs, grimpés au toit d'une maison,
En font pleuvoir l'ardoise et la tuile à foison.

(Boileau, *les Embarras de Paris.*)

Les couvreurs qui oubliaient de suspendre cet avertissement étaient punis d'une amende. (Voir Couvreurs.)

Croix de Saint-André, *s. f.* — On donne le nom de croix de Saint-André à toute croix tracée diagonalement. La croix de Saint-André, en menuiserie comme en serrurerie, sert à la fois d'ornement et de clôture. On l'intercale dans les rampes historiées, les balcons, etc. Elle remplit les châssis dormants. On appelle aussi de ce nom une disposition spéciale de vitraux, exécutés à deux ou trois tons différents, pour rendre la combinaison des lignes plus sensible.

Cromillon, *s. m.* — Voir Crémaillon.

Cronilio, *s. f.* — Locution limousine. Crémaillère.

Croque, *s. m.*; **Crouket**, *s. m.* — Croc, crochet. Croque se rencontre surtout dans les anciens documents normands. « Pour VI croques à pendre les torches au chastellain. » (*Travaux exécutés au château de Cherbourg,* 1348.) Crouket est plus spécialement usité en Picardie.

Crosse, *s. f.* — En architecture, c'est un ornement appartenant exclusivement au style ogival, qui affecte la forme d'une crosse et qu'on rencontre le plus souvent sur l'extrados des arcs et le rampant des frontons. La crosse ogivale est généralement formée par une feuille de vigne, de chardon, de chou, etc.

Dans le langage mobilier, on applique ce nom à tous les meubles dont l'extrémité supérieure se recourbe en forme de crosse ou de volute. On dit : un lit à crosse, des chenets à crosse, etc. « En la chambre d'emprès, appelée la chambre d'Orliens, deux chenetz à crosse. » (*Invent. du château de Vincennes,* 1420.) « Deux chenetz à crosse, une pare de tenailles. » (*Invent. de Mathieu Dabancourt, marchand;* Paris, 1562.) Au siècle dernier, on désignait encore sous le nom de *crosse d'aiguière,* toute anse d'aiguière qui ressemblait à une crosse épiscopale. Ces anses furent un moment très à la mode.

Crossette, *s. f.* — Terme d'architecture. Espèces d'oreilles que forme la partie supérieure du chambranle d'une porte ou d'une fenêtre. Les crossettes peuvent être plus ou moins considérables ; elles sont susceptibles d'une ornementation plus ou moins compliquée.

On donne aussi ce nom, en broderie, à des ornements en forme de crosse épiscopale ou de Crochet. (Voir Croc.) Exemple : « Un garniment de lit de sarge verte à housse, avec la banne garny de frange de soye verte, et dix-huict crochets ou crossettes d'argent, avec le surciel de cadis vert, et quatre pomes couvertes de sarge verte à frange de soye. » (*Invent. de Bernard de Péleprac ;* Toulouse, 1654.)

Crotesque. — « Une tenture de tapisserye à crotesque..... » (*Invent. du surintendant Fouquet,* 1661.) (Voir Grotesque.)

Croto, *s. f.*; **Crotte**, *s. f.*; **Crouste**, *s. f.*; **Croutoum**, *s. m.* — Locutions provençales. Croto et crotte signifient cave. « Dans une chambre sur la crotte. » (*Invent. du baron de Saint-Blancard;* Marseille, 1556.) « Dans la crote *sive* selier de ladite maison. » (*Invent. du sieur Pierre Petit;* Marseille, 1563.) Croutoum veut dire caveau, petite cave. Au XVe siècle, crouste, dans l'Ile-de-France, avait aussi la signification de caveau. Parlant de l'abbaye de Sainte-Geneviève, Guillebert de Metz écrit : « *Item,* il y a une crouste sous la moyenne partie du cuer, où sont les sépultures de sainte Geneviève et d'autres sains. » (*Description de la ville de Paris,* 1422, p. 57.)

Fig. 771.
Croissant en bronze ciselé et doré (XVIIIe siècle).

Croutelle, *s. f.*; **Crouste**, *s. f.*; **Croustalle**, *s. f.*; **Croustelle**, *s. f.* — Substance qui a fourni matière à de nombreuses discussions archéologiques et aux suppositions les plus diverses, dont on fabriqua au XVIe siècle et au XVIIe des lustres et des chandeliers, et qui n'était autre chose que du bois ayant reçu une certaine façon. Le *Compte de Guy Guillebaud, relatif au service qui eut lieu pour le salut de l'âme de Jean sans Peur* (23 octobre 1419), mentionne l'achat de « vingt croustes de chaisne mis et employés à faire eschameaux (escabeaux) pour soir sus ». L'*Inventaire après décès de Jean Boisson, écuyer, sieur de Bussac* (Angoulême, 1652), parle de : « ... Huict chandeliers de bois de croutelle, et ung autre grand chandelier à neuf branches, pinturés, lesquelz huict chandeliers ledit sieur Boisson a dict estre attachés aux solliveaux de ladicte maison avecq chescun un clou, lesquels ne se peuvent destacher. » Ces deux documents nous paraissent faire une lumière complète sur ce point si controversé. Les exemples qui suivent ne contredisent en rien, du reste, l'explication fournie par nos deux premières citations. « Plus ung chandellier de salle, à quatre branches, suspendu en ladicte salle, fasson de croustalle, faict au tour et figuré de plusieurs coulleurs. » (*Invent. des meubles du prince de Condé,* 1588.) « Unze boestes, dans lesquelles y a, en chascune, ung chandelier de croutelle. » (*Invent. de Catherine de Médicis,* 1589.) « Plus ung vallet de miroir de croutelle. » (*Objets remis au vicomte de Castillon par le comte de Riberac,* 1603.)

Crouzet, *s. m.* — Voir Creuset.

Crucet, *s. m.*; **Crusset**, *s. m.* — Petite lampe de fer. (Voir Chaleil.)

Cruche, *s. f.*; **Cruye**, *s. f.*; **Cruga**, *s. f.* — Vase à la panse évasée, au col étroit, généralement avec une anse, qui sert aux besoins du ménage, à puiser et à transporter de l'eau, parfois aussi du vin.

D'un vin pur et vermeil, il fait remplir sa coupe :
Il l'avale d'un trait, et chacun l'imitant,
La cruche au large ventre est vuide en un instant.

(Boileau, *le Lutrin*, chant Ier.)

La cruche a joué un rôle assez considérable dans notre ancien mobilier. Elle apparaît dans les intérieurs français au XVe siècle. Une *Lettre de rémission,* datée de 1458, porte la mention suivante : « Icelle Jehanne print sa cruye ou bouteille, pour aler à l'eaue en une fontaine. » La cruche, à cette époque, était généralement en terre vernissée ou en grès. Au XVIe et au XVIIe siècle, on en rencontre de métal. « Une cruche d'argent, servant à mectre eaue, comprins le couvercle, pesant XIX marcs. » (*Invent. de Marguerite d'Autriche*, 1524.) « Une buire, aultrement appelée cruche, et une pinthe mesure de Corbie, le tout aussy d'estain... — *Item,* une cruche destain et ung lot, mesure de Corbye aussy destain. » (*Invent. des meubles, tiltres, etc., demeurés après le trépas de messire Léonor de Pisseleu, seigneur d'Heilly,* 1618.) « Six cruches d'argent, avec leurs anses et biberons. » (*Invent. des meubles de la Couronne,* 1673.)

Fig. 772.
Cruche à cidre en faïence de Rouen (XVIIIe siècle).

En Picardie, à la même époque, on trouve souvent le mot cruche, pris dans le sens de mesure de capacité. En Normandie, on disait, dans le même sens : « une cruche de cidre » et « une cruche de vin » ; mais les dimensions de la cruche, malgré cela, étaient loin d'être fixes, et ce nom servait à désigner une foule de vases de capacité fort différente. Comme l'art, en ces temps heureux, n'abdiquait jamais ses droits, on trouva le moyen de fabriquer à Rouen une quantité de ces cruches, d'une élégance rare comme décor. Il nous reste encore de nombreux spécimens de ces précieuses céramiques.

Constatons également qu'à côté de ces cruches indigènes, il en existait, dans les demeures françaises du XVIIe et du XVIIIe siècle, qui, sans être d'une matière plus précieuse, étaient aussi fort remarquables comme ornementation. Chargées d'armoiries ou décorées de petites frises délicates et fines, ces belles cruches en grès provenaient, ainsi que l'indiquent les devises dont elles sont décorées, des Pays-Bas et surtout des provinces rhénanes, où, à cette époque, on ne parlait que le bas-allemand.

Dans la Gascogne et le Bordelais, on écrivait et on prononçait cruga. « Una cruga de terra. » (*Invent. de Ramond de Cussac, chanoine de Saint-André;* Bordeaux, 1442.)

Cruchon, *s. m.;* **Crugeon**, *s. m.* — Petite cruche, généralement en grès et affectant la forme d'une haute bouteille à goulot très court et à anse. On semble avoir d'abord écrit indifféremment cruchon et crugeon. Le continuateur de Du Cange, sous *cruga,* cite un document de 1464, où le mot est orthographié de cette seconde façon. Les cruchons, aujourd'hui, sont plus spécialement employés pour loger la bière ou certaines eaux minérales gazeuses, qui doivent accomplir de longs parcours. On donne aussi ce nom à des bouteilles de grès, dans lesquelles on met de l'eau chaude et qu'on place, en hiver, au pied du lit pour le réchauffer.

Crucifix, *s. m.;* **Crucefilz**, *s. m.;* **Cruxefilz**, *s. m.;* **Christ**, *s. m.* C'est une croix portant un Christ avec les pieds et les mains cloués, et un cartouche muni d'une inscription. Les crucifix sont ou simples, ou montés sur un fond et enfermés dans un cadre. On en a fait de toutes matières, en ivoire et en buis sculptés, en bronze et en argent. Nous en verrons même de faits en ambre. Quand ils sont montés sur un fond, ce fond est généralement en velours, et la bordure qui l'enveloppe est en ébène, ou bien en bois sculpté et doré.

Les crucifix ne sont pas très nombreux dans les inventaires antérieurs au XVIe siècle ; cependant on rencontre : « Un crucefilz d'ambre. » (*Invent. des joyaux du Louvre,* 1418.) « Une grant croix d'argent à ouvrage d'oultremer, sans cruxefilz. » (*Invent. de l'hôtel Saint-Pol,* 1418.) « Ung petit crucifix garny d'une Notre Dame et d'un sainct Jehan. » (*Invent. de Mathieu Dabancourt;* Paris, 1562.) « Un ymage de crucifix doré, dedans, un coffre fermant à deux huissets. » (*Vente des meubles de Jean Nageret,* architecte ; Rouen, 1570.) « IIIc XLVI liv. 4 sols 6 d. à Godefroy van Ghelre, maistre général des monnoies de S. M., pour un crucifix d'argent, deux chandeliers d'argent..., etc. » (*XVIe Compte de Christophe Godin, receveur général des finances de Philippe II,* 1594.) « Ung crussificq de bois. » (*Invent. de Grégoire Beaunom;* Bordeaux, 1607.) Les crucifix, par contre, deviennent particulièrement abondants au XVIIe siècle. On en trouve alors un peu partout, dans les habitations les plus riches, comme dans les logis les plus pauvres. « A Louisse (*sic*) Formey, deux petits crucifix pour la somme de XIJ sols. » (*Vente de Nicolas Lemérotel;* Saint-Malo, 1638.) « Un crucifix d'ivoire dans un cadre d'ébaine noir, sur un fond de velours noir à bordure d'argent, prisé LX livres. » (*Invent. du maréchal de la Meilleraye;* Arsenal, 1664.) « Un crucifix de bronze, du cavalier Bernin, hault, depuis les pieds jusqu'à la teste, de 4 pieds et 1/2. » (*Invent. des meubles de la Couronne,* 1684.) « Un grand crucifix d'ambre très curieux. » (*Présents de M. le marquis de Croisy à M. Constance;* ambassade siamoise, *Mercure* de mai 1687.) « Un crucifix de bronze doré, avec sa bordure d'esbeine, garny d'argent doré. » (*Invent. de l'abbé d'Effiat;* Paris, 1698.)

Fig. 773.
Cruche à cidre en faïence de Rouen (XVIIIe siècle).

Au XVIIIe siècle, le nombre des crucifix n'est pas moins considérable dans les intérieurs princiers ou bourgeois ; on en rencontre jusque chez les actrices, où du reste on leur fait une coquette et brillante toilette. « Un tableau dont le fond est couvert de satin bleu, et dont la bordure est de bois sculpté, et sur lequel est attaché un crucifix en bois. » (*Donation de son mobilier faite par Mlle Desmares à Mlle Damours,* 1746.) Toutefois, à partir de 1725, on désigne plus spécialement ces saintes images sous le nom de christ. « Un christe (*sic*) de bronze, sur sa croix de bois de palessandre. » (*Apposition des scellés chez Simon Besançon, peintre de l'académie de Saint-Luc ;* Paris, 1735.) « Un christ d'ivoire sur sa croix, posé sur un fond de velours. » (*Invent. d'Hyacinthe Rigaud, peintre du roi;* Paris, 1743.) « Un christ sur sa croix de bois noircy. » (*Apposition des scellés après le décès de Pierre Lepaultre,* 1744.) « Un christ de bronze en couleur, sur sa croix de bois noircy. » (*Apposition des scellés après le décès de Mathieu Monmerqué, entrepreneur des tapisseries du roi aux Gobelins,* 1749.) « Un christ de bois de noyer. » (*Invent. d'Edme Bouchardon, sculpteur du roi,* 1762.) Enfin, une visite dans les magasins d'André Tramblin, « ancien professeur à l'académie de Saint-Luc », et, au moment de sa mort, marchand de cadres et de tableaux, nous montrera qu'au milieu du siècle dernier, les christs ou crucifix étaient, à Paris, l'objet d'un important commerce. Nous trouvons chez lui, en effet : « Un christ monté sur velours dans sa bordure à chapiteau, deux bordures de crist.... quinze crists d'ivoire montés sur velours, dans leurs bordures dorées..... dans le comptoir, trois crists montéz sur leurs bois noircy », etc. (*Invent. d'André Tramblin ;* Paris, 1742.)

Crué, *s. m.* — Forme primitive du mot CREUSET. (Voir cet article.)

Cruvel, *s. m.* — Locution gasconne. Crible. « Ung cruvel. » (*Invent. de la succession Galossa à Rabastens d'Albigeois,* 1565.)

Crypto-Portique, *s. m.* — Terme d'architecture. Portique souterrain. (Voir PORTIQUE.)

Crysolite, *s. f.* — Orthographe arbitraire de CHRYSOLITE. (Voir ce mot.)

Le jaune et luysant crysolite.

(J. de la Taille, *le Blason de la Marguerite.*)

Çuau, *s. m.* — Seau. Orthographe vicieuse qui se rencontre dans quelques documents anciens. « Ung grant çuau à rafreschir vin, devant le buffet de ladicte table. » (*Invent. de la duchesse de Valentinois,* 1513.)

Cuba, *s. f.;* **Cubat**, *s. f.;* **Cubarie**, *s. f.;* **Cubo**, *s. m.* — Les deux premières formes de ce mot appartiennent aux dialectes béarnais et gascon; ils signifient cuvier. « Cubatz darain troys. » (*Invent. des meubles du château de Nérac,* 1555.) « Ung brosseau de menaige, une grande cuba. » (*Invent. des biens de la succession Galossa ;* Rabastens d'Albigeois, 1565.) Cuba est encore usitée dans les hautes et basses Pyrénées.

Quant à cubarie, ce mot signifiait, au XIVe siècle, cellier, c'est-à-dire endroit où l'on serre les cuves. Le continuateur de Du Cange cite une *Lettre de rémission* datée de 1383 où on lit : « Lequel Chaucial s'enfouy en la cubarie dudit hostel et par la court, en cuidant s'en aler dehors. »

CUBO est l'orthographe et la prononciation limousines du substantif cuve.

Cubel, *s. m.* — Petit cuvier, tonnelet. Diminutif de CUBA. « Icellui Bordeau disant avoir en son hostel un cubel ou pot, qui contenoit environ cinq choppines. » (*Lettre de rémission,* 1396, citée par le continuateur de Du Cange, t. Ier, col. 1219, sous *cubellus.*)

Cubercle, *s. m.;* **Cubersel**, *s. m.* — Voir COUVERCLE.

Cuberta, *s. f.;* **Cuberte**, *s. f.;* **Cubertor**, *s. m.* — Locutions gasconnes. Couverture. « Una cuberta de leyt. » (*Invent. d'Aymeric de Caumont, chanoine de Saint-André;* Bordeaux, 1436.) « Una cuberta de tapissaria ab lo camp asur, ab un casse au mech et un leon ab son tredos. » (*Invent. de Ramond de Cussac;* Bordeaux, 1442.) « Ung cubertor... y es figurada Nostra-Dama et los confrayres deld. hospital, antique. » (*Invent. de l'hôpital Notre-Dame du Puy;* Toulouse, 1472.)

CUBERTE représente plus spécialement la prononciation limousine.

Cubropé, *s. m.* — Locution limousine. COUVRE-PIEDS.

Cueilloir, *s. m.* — C'est, dit Savary, un « petit panier de forme ovale, dans lequel on vend de menus fruits, particulièrement des cerises, des groseilles et des prunes. — Les fruitières, ajoute-t-il, ont coutume de parer leurs cueilloirs de ce qu'elles ont de plus beau fruit pour servir de montre; à quoi, assez souvent, les acheteurs peu instruits sont trompés quand ils achètent les paniers entiers. » Les marchandes continuent, comme au siècle dernier, à parer leur marchandise; mais le cueilloir est aujourd'hui inusité.

Fig. 774. — Crucifix monté sur velours dans un cadre doré (XVIIIe siècle).

Cueve, *s. f.* — Forme ancienne de cuve. « Or vos diray des Flamens qui sont dedens Cortray. Guys de Namure demandat I cueve et le fist emplir d'aighe, et fist devestir Pire le roy de Brughe et le fist chevalier, et li donnat III^c libres de gros, sa vie, desus le pois de Brughe. » (*Le Myreur des histors, chronique de Jehan d'Outremeuse, à l'année* 1302.)

Cuhié, *s. m.;* **Cuhiero**, *s. f.* — Locutions provençales. — CUILLER. (Voir ce mot.)

Cuignet, *s. m.* — Angle, coin. « Et en chascun cuignet desdites arçonnières un angelot. » (*Comptes de Robert de Seris,* années 1332 à 1344.) « Quatre grans cuirs de Hongrie bleuz, brodéz aux quatre cuignéz et ou milieu de fueilages enlevéz, et ou mylieu dudit fueillage les armes de France. » (*Invent. de Charles V,* 1380.) On rencontre aussi, dans le même sens, l'orthographe QUIGNET et même QUIGNON.

Cuiller, *s. f.* — Ustensile de ménage se composant de deux parties : un manche plus ou moins long et un cuilleron de forme concave, qui sert à puiser des aliments liquides dans les écuelles, les soupières, les bols, les assiettes, etc. On distingue plusieurs sortes de cuillers, différentes de formes, de dimensions et de matières. La forme et la dimension ont été, de tout temps, réglées par l'usage

Fig. 775 à 777. — Cuillers d'argent (XVe siècle).

spécial auquel l'ustensile était destiné, la matière par le rang, la qualité ou la fortune de la personne qui l'employait.

Les cuillers d'office et de cuisine sont souvent en fer battu, parfois en étain ou encore en bois, d'autres fois en cuivre argenté. On en trouve quelquefois d'argent, comme dans les *Comptes d'Étienne de la Fontaine* (1352), où on lit : « Pour rappareiller et ressouder une cuiller d'argent, de cuisine... », ou encore dans l'*Inventaire de Jehanne d'Évreux* (1372), dans celui de Charles V (1380), etc.; mais le fait ne se produit guère que chez le roi ou chez un prince luxueux et puissant.

Celles destinées au service de la table sont généralement en argent ou en vermeil chez les personnes riches, en étain ou métal argenté, ruolz, alfénide, etc., chez les personnes d'une condition moindre. Enfin, certaines cuillers d'un usage spécial sont en céramique ou en verrerie ; nous verrons bientôt qu'il en a existé également en ivoire, en corail, en or, en pierres dures, etc. Nous aurons, au cours de cette rapide monographie, à passer en revue ces différentes sortes de cuillers. Toutefois, avant d'aborder les plus anciennes dont nous ayons à nous occuper, c'est-à-dire celles du XIVe et du XVe siècle, qu'il nous soit permis de constater deux choses : la première, c'est que, ainsi que le remarque M. de Laborde (*Glossaire,* p. 238), les cuillers sont vieilles, « sinon comme le monde, du moins comme la soupe », et par conséquent très antérieures à l'époque où commencent nos études ; la seconde, c'est que leur nom et même, ce qui est infiniment plus rare, l'orthographe de leur nom, n'ont pour ainsi dire presque pas varié.

Les deux seules discussions auxquelles ce nom ait donné lieu sont d'abord celle que Tallemant consigne dans ses *Historiettes,* à l'article *Malherbe* (t. Ier, p. 165), à savoir si l'on doit écrire *cueiller* ou *cueillère,* et ensuite celle que Ménage rapporte dans ses *Observations sur la langue française* (p. 395), où il discute en premier lieu la prononciation et l'orthographe : doit-on écrire *cueillier* ou *cuiller?* ensuite le genre : cuiller est-il masculin ou féminin ? — Pour le genre, aux yeux de Ménage, point de doute. En dépit des Gascons, qui le font masculin, le mot est féminin et doit rester tel. Pour l'orthographe, notre linguiste se range à la prononciation et à la manière d'écrire de l'Anjou, qui sont aussi celles de la Cour à son époque. Selon lui, on doit écrire *cueiller* ou mieux *cuiller,* parce qu'on prononce *cuillerée.*

La contestation dont Tallemant s'est fait l'historien, sans être plus grave au fond, était plus délicate, parce que Henri IV, en cela d'accord avec les Méridionaux ses compatriotes, prétendait qu'on devait écrire cuillère avec un E à la fin. « Le Roi et M. de Bellegarde, écrit Tallemant, étoient pour *cueillère,* et disoient que ce mot étant féminin devoit avoir une terminaison féminine. Le « pays de Dieu vous conduise » — c'est-à-dire les personnes habitant en deçà de la Loire, par opposition aux Méridionaux qu'on appelait les gens « du pays d'adiousas » — alléguoit, outre l'usage, que cela n'étoit pas sans exemple, et que *perdrix, met, mer* et autres étoient féminins, et avoient pourtant une terminaison masculine. Le Roi demanda à Malherbe de quel avis il étoit. Malherbe le renvoya aux crocheteurs du Port-au-Foin, comme il avoit accoutumé ; et comme le Roi ne se tenoit pas bien convaincu, il lui dit à peu près ce qu'on dit autrefois à un empereur romain : « Quelque absolu que vous soyez, vous ne sauriez, sire, ni abolir, ni établir un mot, si l'usage ne l'autorise. » La postérité devait donner raison à Malherbe et à Ménage. Le mot cuiller est demeuré féminin, sans perdre pour cela sa terminaison masculine.

Nous avons dit tout à l'heure que les cuillers étaient très antérieures aux époques que nous passons en revue. Il n'est donc pas extraordinaire de les trouver relativement abondantes dans les premiers documents qu'il nous est permis d'interroger ; c'est ainsi que nous voyons figurer dans l'*Inventaire de Clémence de Hongrie* (1328) : « Une douzaine de cuilliers d'argent » et « deux culliers et une fourchette d'or ». Dans l'*Inventaire de Louis d'Anjou* (1368), nous relevons également : « Six cuillers d'or, de plaine

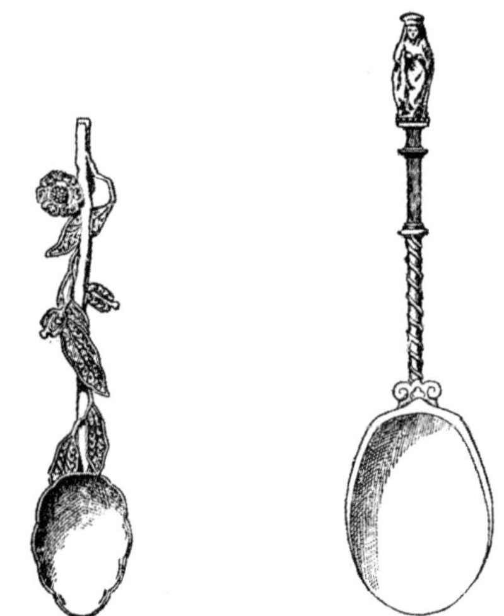

Fig. 778 et 779. — Cuillers en vermeil (commencement du XVIe siècle).

euvre, toutes pareilles, — une autre plus petite cuillier, à la façon de plaine euvre, etc. » Dans l'*Inventaire de Henry de Poitiers, évêque de Troyes* (1370-71), on note « troiz dozaines de cuillères d'argent » ; dans le *Compte d'exécution du testament de la reine Jehanne d'Évreux* (1372) figurent « LXIII cullières d'argent blanc d'une façon ». L'*Inven-*

taire de Charles V (1380) en compte environ deux douzaines en argent et deux douzaines et demie en or. Enfin, pour achever notre revue du Moyen Age, mentionnons encore : « six petites cuillières » relatées dans le *Testament de Jean Creté, maître des comptes* (Paris, 1407); « six cuil-

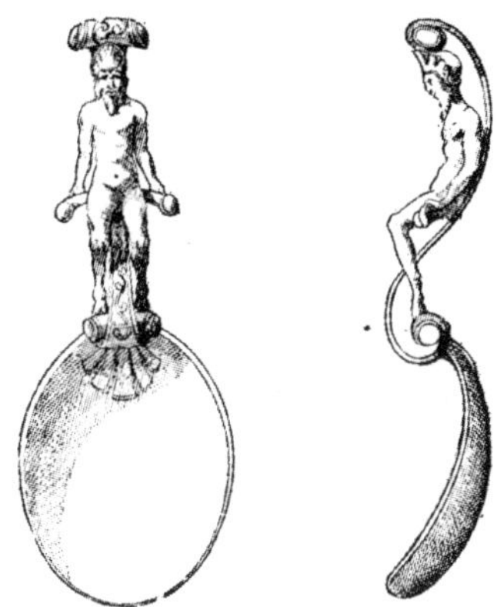

Fig. 780 et 781. — Cuiller de drageoir, en argent ciselé et doré (XVIe siècle).

liers d'argent, troys grans et troys plus petites », que le roi René possédait à son *château de Chanzé* (1471); « douze cuilliers d'argent doré » et « six cuilliers d'argent blanc », que décrit l'*Inventaire de Charlotte de Savoye* (1483); « six cuillières vermeilles dorées » et « troiz dozaines de cuillères » d'argent blanc, mentionnées dans l'*Inventaire d'Anne de Bretagne* (1490), ainsi que « dix-neuf cuillers d'argent » consignées dans l'*Inventaire des meubles de Catherine de Rohan, comtesse d'Angoulême* (1497).

Indépendamment des cuillers que nous venons d'énumérer, et qui rentraient dans ce qu'on a appelé depuis le service de table, on possédait encore certaines autres cuillers de forme spéciale, réservées pour des emplois particuliers. C'est ainsi que nous voyons figurer dans l'*Inventaire de Jehanne d'Évreux* (1372) : « Une cullière d'argent percée, sans son manche, qui est de bois... — IJ cullière dargent blanc, l'une grante, l'autre moyenne, pour la cuisine »; et dans l'*Inventaire de Charles V* (1380) : « Une grant cueillier d'argent blanc, pour faire papin (c'est-à-dire de la bouillie), — une cuillier percée, etc. » Dans l'*Inventaire du château de Vincennes* (1418), on note également une de ces cuillers « percées au fonz de menus trouz, et escripte autour de lettres en latin ». Ajoutons encore les cuillers à drageoir, fort usitées en ce temps, ce qui s'explique par ce fait que les drageoirs contenaient alors des épices et des confitures. On rencontre, en effet, de ces sortes de cuillers dans un grand nombre d'inventaires : dans l'*Argenterie réclamée par la Couronne aux héritiers de Louis Ier d'Anjou* (1385), par exemple, où nous remarquons « un drageoir d'argent blanc, aux armes de la Royne, et une cuiller à espicier »; dans l'*Inventaire des joyaux de la Couronne* de 1418, où se trouvent également « deux cuillers d'argent dorées, à prendre espices »; dans les *Comptes du roi René* (1447), où l'on voit ce prince commander à « Me Ligier, orfèvre, demourant à Avignon, ... un dragouer et deux cuilliers d'or »; dans l'*Inventaire de Charlotte de Savoye* (1483), où nous relevons « deux cuilliers à menger dragée » et « ung drageouer d'argent, my doré et goderonné avec la cuillier », etc.

C'étaient aussi, sans doute, des cuillers à drageoir que ces petits chefs-d'œuvre d'orfèvrerie, exécutés dans le métal le plus précieux, et rehaussés de perles fines, de rubis, de saphirs, ou taillés dans le cristal de roche, le corail, la cornaline ou la nacre de perles, qu'on rencontre assez fréquemment à cette époque. A quoi, sans cette supposition, auraient pu servir les « quatre petites cuilliers de cristal » que nous relevons dans l'*Inventaire de Clémence de Hongrie* (1328); ainsi que la « cuiller d'or, qui a un saphir emmy le bout », que nous remarquons dans l'*Inventaire de Louis d'Anjou* (1368), et aussi la « cuiller et la fourchette d'or où il y a deux balaiz et dix perles », « la grant cuillier d'or à ung saphir au bout », et la « cuillier d'or » qui a « au bout du manche ung balai percé », dont on trouve la description dans l'*Inventaire de Charles V?*

On en peut dire autant de l'assortiment que nous notons dans l'*Inventaire du duc de Berry* (1416) : « Cuiller de cristal à un manche ployant en deux pièces..., cuiller de corneline à un manche d'argent doré..., cuiller d'or à courte queue, esmaillée aux armes de feu Mgr le comte d'Estampes, etc. » Il en est également de même, pour tous ces admirables échantillons décrits dans l'*Inventaire du château de Vincennes* : « Cuillier, à un manche tors, à deux pommeaux esmailléz aux armes de la royne Jehanne de Bourbon..., cuiller d'or à un court manche grosset, à un cigne au bout, esmaillé de l'empereur et de France..., cuiller d'or, où a au manche six perles de compte et une plus grosse perle, et au bout de la cuiller a un gros rubis glayeux, etc. » De même aussi pour celles qui figurent dans l'*Inventaire de Charlotte de Savoye* (1483) : « Cueiller d'argent doré avecques ung manche de cristal..., cuillier de porcelayne, garnye d'argent doré », etc.

Cette supposition semble moins probable, toutefois, pour la « cuiller de bois en façon de beslonc, à la manière des Sarrasins », qu'on relève parmi les *Joyaux du Louvre* (1418), ainsi que pour « la cuiller en boys à la faczon de

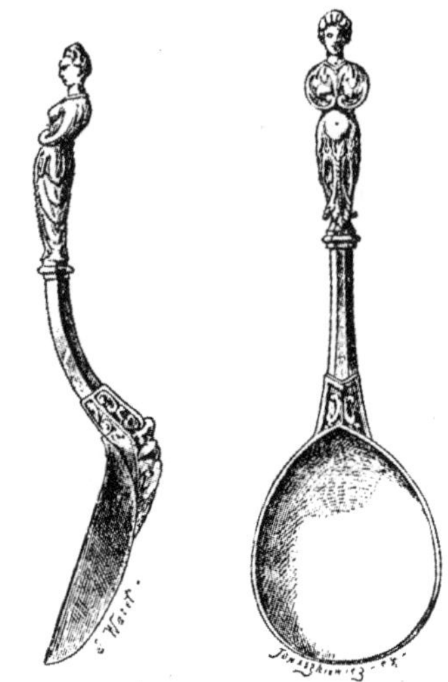

Fig. 782 et 783. — Cuiller de drageoir, à manche de vermeil et cuilleron de nacre (XVIe siècle).

Turquie, en ung estuy de cuir noir », pour les « quatre grans cueillers à la faczon de Turquie », et les « IIII petiz cueillers de corne », qui se trouvaient dans l'Étude du roi René et furent consignées dans l'*Inventaire du château d'Angers* (1471). Toutefois, il ne faudrait pas conclure de la matière employée, que ces ustensiles, dont nous ne possédons qu'une description très sommaire, étaient de petite valeur ou travaillés sans art. On peut voir au musée du Louvre (D, n° 797) une de ces cuillers à cuilleron d'érable, taillé en forme d'amande et s'ajustant dans un manche de vermeil, terminé par un corps de femme, les bras

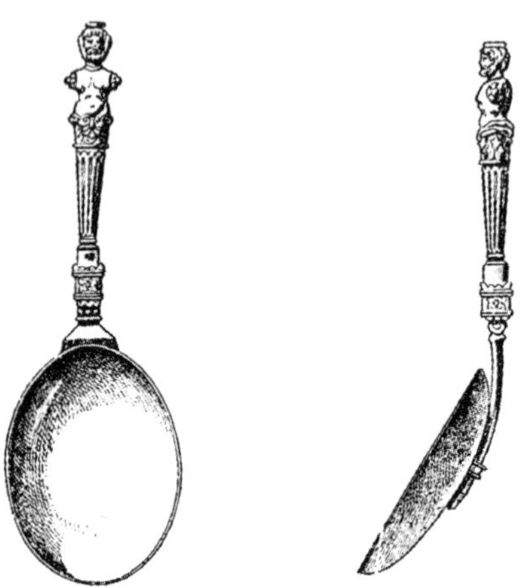

Fig. 784 et 785. — Cuiller à manche de vermeil et cuilleron de cornaline (XVIe siècle).

croisés, qui est charmant d'élégance et de grâce. Ce n'est pas, d'ailleurs, la seule cuiller de ce temps et de cette richesse qu'on rencontre dans notre grand musée national. On y peut admirer, entre autres, une cuiller d'argent avec le cuilleron en coquille mouchetée (D, n° 798), et une cuiller de vermeil à cuilleron de nacre assemblé dans un écusson découpé, auquel s'ajuste un terme grotesque, dont la gaine se termine en volute (D, n° 799); tandis qu'au musée de Cluny, on remarque une cuiller en agate orientale, avec manche doré et enrichi de rubis représentant un satyre assis sur un enroulement gravé (n° 7160).

Tous ces petits chefs-d'œuvre et leurs similaires, qui atteignent aujourd'hui, dans les ventes, des prix déraisonnables — une belle cuiller pliante, à la vente Fau (5 mars 1884), fut adjugée pour 21,400 francs, — tous ces petits chefs-d'œuvre, disons-nous, sont du XVIe siècle. Il n'est pas inutile de le constater, car leur richesse démontre que l'usage des cuillers de luxe, fabriquées en pierres fines et en matières précieuses, se continua pendant longtemps. Durant le XVIe siècle, en effet, ces ustensiles de prix figurent dans nombre de grands inventaires. Celui de Marguerite d'Autriche (1524) en renferme d'or, d'argent ciselé, de calcédoine avec le manche de cristal de roche, d'ivoire, de nacre de perle et de bois taillé à personnages. Dans l'*Inventaire de Catherine de Médicis* (1589), on note des cuillers à manches de corail enfermées dans une boîte de malachite. On pourrait multiplier ces exemples; et, quoique Montaigne (*Essais,* liv. III, chap. XIII) ait prétendu qu'il s'aidait « peu de cuillier et de fourchette », la quittance donnée par les héritiers de Françoise de la Chassagne, sa veuve, à l'exécuteur testamentaire de celle-ci (1627), démontre que l'illustre auteur des *Essais* possédait au moins « quatre cuilhers, avec le manche de couraill et l'escuelle de nacle de perle et coquille, plus un drageoir avec son cuilhier d'or, plus deux cuilhers d'argent dans un estuy ».

On retrouve, au surplus, encore de ces objets, à la fois précieux par la matière et originaux par la forme, au siècle suivant. Nous n'en voulons pour preuve que les « quatre cuilliers d'argent, emmanchés de corail », qui figurent dans l'*Inventaire du peintre Jérôme Franck* (Paris, 1610), et les « deux cuillères d'agathe » dont M. Constance fit présent à Louis XIV en 1687.

Mais, avant cette époque, une grande révolution s'était accomplie dans la forme et dans l'usage de la cuiller. Il serait assurément imprudent de prétendre que cette forme était jusque-là demeurée immuable. Nous avons eu la preuve de trop de variétés et de complications diverses, pour le penser. Nous savons, en outre, par expérience, que la mode n'était pas sans influence sur l'argenterie de ces temps lointains. Les *Comptes de l'hostel des Roys de France* nous apprennent, en effet, que, peu après la mort de son père (en 1383), Charles VI s'adressa à Johannin Tarenne, « changeur, demourant à Paris, pour l'eschange de XII cuilliers d'argent vieilles à XII neufves ». Mais, en dépit de ces transformations, le cuilleron était demeuré généralement rond, presque hémisphérique, et le manche long seulement de sept à huit centimètres. C'est du moins la taille que nous rencontrons dans la plupart des cuillers à bouche du XVIe siècle et des deux siècles antérieurs.

Vers 1590, une transformation capitale se produisit. Les fraises qu'on portait autour du col prirent tout à coup un tel développement, qu'on dut faire, dit M. Quicherat, « des cuillers à long manche, pour que les dames pussent porter le potage à leur bouche sans se fripper ». Ce que nous apprend l'auteur de l'*Histoire du costume* nous est, au surplus, confirmé par un récit du temps, trop savoureux pour que nous lui refusions ici la place qu'il mérite. Voici l'anecdote telle qu'elle est rapportée : « M. de Fresne Forget, étant chez la Reine Marguerite, dit un jour qu'il s'étonnoit comment les hommes et les femmes, avec de si grandes fraises, pouvoient manger du potage, sans les gâter, et surtout comment les dames pouvoient être galantes

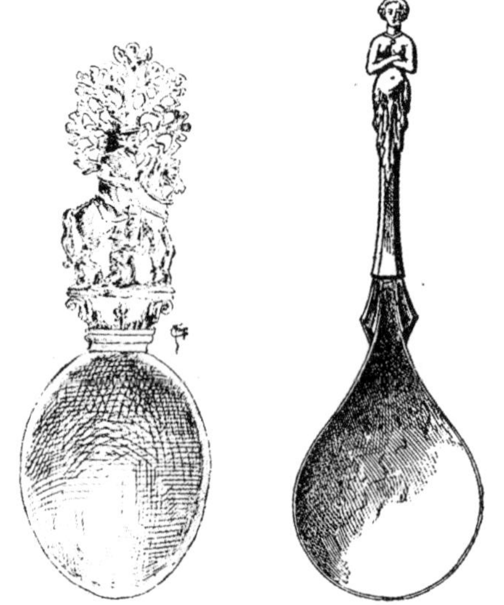

Fig. 786 et 787. — Cuiller à cuilleron de bois monté en vermeil et petite cuiller en argent (XVIe siècle).

avec leurs grands vertugadins. — La Reine, alors, ne lui répondit rien ; mais quelques jours après, ayant une très grande fraise, et de la bouillie à manger, elle se fit apporter une cuiller, qui avoit un fort long manche, de façon qu'elle mangea sa bouillie sans gâter sa fraise. Sur quoi, s'adressant à M. de Fresne : Eh bien ! lui dit-elle en riant, vous voyez bien qu'avec un peu d'intelligence, il y a remède à tout. — Oui-da ! madame, lui répondit le bonhomme ; quant à ce qui touche le haut, me voilà tranquille. » (*Pièces intéressantes*, par M. D. L. P. T.; Paris, 1785, t. II, p. 350.)

Ainsi, c'est à un caprice de la mode que les cuillers durent de voir s'allonger leur manche. Elles lui durent aussi leur usage plus fréquent. Jusque-là, elles avaient bien été considérées comme un instrument fort utile, et c'est assurément à cette considération qu'elles avaient dû d'être épargnées par l'*Ordonnance* du 22 novembre 1506, dans laquelle Louis XII limita la fabrication de la vaisselle d'argent, et aussi par les refontes d'argenterie qui eurent lieu à l'époque de la Ligue. C'est ainsi que, le 29 juin 1590, le Légat ayant offert à dîner à quelques-uns des Seize, ceux-ci déclarèrent qu'ils avaient été traités par leur hôte de la façon la plus frugale, « et qu'ils n'y avoient veu aucune vaisselle d'argent, que des culiers, ayant vendu tout le reste pour subvenir à la nécessité de Paris ». (*Journal de l'Estoile*, t. V, p. 28.) Mais il restait encore beaucoup de gens qui, à l'instar de Montaigne, aimaient peu à s'aider « de cuiller et fourchette », et les longues oreilles dont sont pourvues les écuelles du XVIe et du XVIIe siècle nous enseignent comment on s'y prenait alors, pour avaler sa soupe, sans recourir à la cuiller et au cuilleron. Avec les larges fraises, cette manœuvre devint sinon impossible, du moins singulièrement plus difficile et presque dangereuse. Il en fut de même pour les aliments solides, et, la fourchette venant se substituer aux doigts, l'usage du COUVERT (voir ce mot) entra dans les mœurs.

Fig. 788. Cuiller à potage du roi Louis XIV (XVIIe siècle).

A partir de cette époque, la cuiller et la fourchette deviennent inséparables. Mais il ne faut pas croire que la transformation, pour se généraliser, ne réclamera que quelques mois ou même quelques années. Ce serait mal connaître la tyrannie des vieilles habitudes. Nous voyons bien, il est vrai, dès 1605, le Dauphin, à Saint-Germain, imiter le *Jacquemard* de Fontainebleau, en battant de sa cuiller le rebord du plat posé devant lui. En 1610 et 1612, nous le voyons encore battre « le tambour contre la table avec sa cuillère et sa fourchette ». Mais au mot FOURCHETTE, nous verrons aussi que jusqu'en 1650, les plus hauts personnages, le président Séguier, la reine Anne d'Autriche, la grande Mademoiselle ne faisaient qu'un usage fort limité de leur COUVERT, mangeaient beaucoup avec leurs doigts, et il nous faudra prendre en très sérieuse considération le passage suivant de Saint-Simon : « La propreté de M. de Montausier, qui vivoit avec une grande splendeur, étoit redoutable à sa table, où il a été l'inventeur des grandes cuillères et des grandes fourchettes, qu'il mit en usage et à la mode. » (*Addition au journal de Dangeau*, t. III, p. 127.) Pour raccorder cette révélation à une date, il faut nous souvenir que M. de Montausier mourut, en 1690, à l'âge de quatre-vingts ans.

C'est donc dans la seconde moitié, peut-être même dans le dernier quart du XVIIe siècle, que se place l'usage constant et définitif des cuillers et des fourchettes à longs manches, telles, en un mot, que nous les employons aujourd'hui. C'est aussi à la même époque qu'il faut attribuer l'introduction sur nos tables des cuillers à ragoût. La date de leur apparition nous est fournie par La Bruyère. Dans son portrait de *Ménalque* (*Caractères*, XI) : « On a inventé aux tables une grande cuiller pour la commodité du service, écrit-il. Ménalque la prend, la plonge dans le plat, l'emplit, la porte à sa bouche, et il ne sort pas d'étonnement de voir étendu sur son linge et sur ses habits le potage qu'il vient d'avaler. » Ce sont ces mêmes cuillers, alors encore dans leur nouveauté, qui figurent dans l'*Inventaire du mobilier de la Couronne* dressé le 20 février 1673 : « Trois cuilliers à longues queues pour dresser les ragouts et entremets (vermeil doré) » ; et plus loin, « une cuillière à dresser les potages ». On sait qu'à cette époque, soupe et potage n'étaient pas synonymes, et que ce dernier mot désignait toutes sortes de ragoûts. Quant aux cuillers à bouche et aux fourchettes, c'est au XVIIIe siècle surtout que nous voyons leur emploi se généraliser, on pourrait presque dire s'universaliser. Nous les rencontrons alors en nombre jusque dans les ménages les plus bourgeois. Quelques extraits d'inventaires, empruntés au monde des arts et à la classe moyenne, en même temps qu'ils viendront confirmer ce que nous avançons, nous donneront la nomenclature des diverses sortes de cuillers employées, et des multiples usages auxquels se prêtèrent dès lors ces ustensiles devenus désormais indispensables. Dans cet ordre d'idées, nous signalerons : « Un bassin, douze cuillers, douze fourchettes, une petite cuiller à olive, le tout d'argent blanc... » (*Invent. d'Anne de Bellancourt*; Paris, 1720.) « Une grande culière à soupe, deux culières à ragout, une culière à olives, six culières à caffé, dix culières à bouche..... » (*Apposition des scellés après le décès du peintre François Lemoyne*; Paris, 1737.) « Deux grandes cuillères à potage à coquilles — quatre cuillères à ragout à coquilles — une cuillère à olives — douze cuillères à coquilles — douze cuillères à café. » (*Donation du mobilier de Mlle Desmares*; Saint-Germain, 1746.) « Seize cuillères à bouche, une cuillière à soupe,

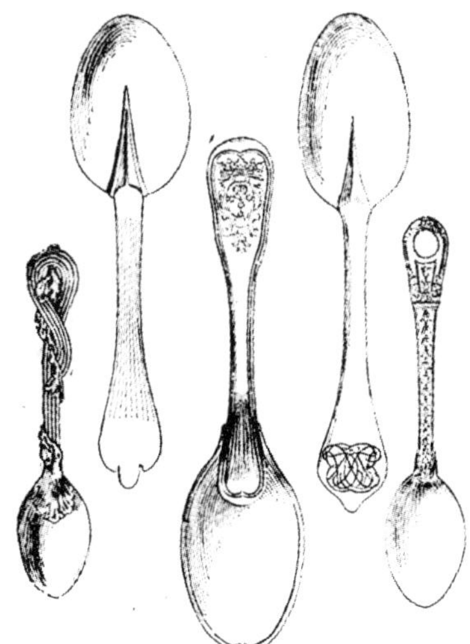

Fig. 789 à 793. — Modèles de grandes et petites cuillers en argent (XVIIIe siècle).

trois cuillères à ragout, six cullières à caffé, une cuillère à moutarde. » (*Invent. du peintre Ch. Parrocel*; Paris, 1752.) « Six cuillers à ragout et deux cuillers à olives, seize cuillers et fourchettes..... » (*Invent. du seigneur de Torsac*; Angoulême, 1754.) Etc., etc.

On le voit, la nomenclature est presque complète. Les

cuillers à olives remontaient au XVIIe siècle, car le *Nouveau traité de la civilité qui se pratique en France parmi les honnestes gens,* imprimé en 1673, porte : « Il faut se souvenir de ne pas prendre les olives avec la four-

Fig. 794. — Coffret en cuir gaufré (XVe siècle).

chette, mais avec la cuillère ; car il s'ensuit quelquefois un sujet de risée quand cela arrive. » Le XVIIIe siècle nous gratifia de la cuiller à sucre ; et nous trouvons : « une cuiller à sucre, à moulures très bien poussées, en argent doré », fournie pour 84 livres, à Mme de Pompadour (10 février 1753), et « deux cuillères d'argent, percées pour le sucre, à coquilles et filets », fournies, la même année, à Louis XV par Lazare Duvaux. En consultant le *Livre journal* de ce marchand célèbre, on relèvera également des cuillers d'or livrées au roi (1752), au duc de Villeroy (1756), à Mme de Pompadour (1758), au secrétaire Dupont, à d'autres encore ; mais ces fournitures ne révèlent rien de nouveau ni comme forme ni comme emploi. Ainsi que celles en étain, qu'on trouvait alors dans les intérieurs modestes, les cuillers en or étaient copiées sur les cuillers d'argent.

C'est aussi vers ce même temps qu'on vit apparaître les cuillers en faïence et en porcelaine. Mais on ne fit guère en céramique que les LOUCHES ou cuillers à soupe, dont nous aurons à reparler plus loin, et les cuillers à moutarde, qui n'offrent qu'un intérêt secondaire.

Enfin les cuillers en bois, si en vogue au Moyen Age, étaient restées d'un grand usage au XVIIIe siècle, car nous lisons dans un petit livre intitulé *Abdeker ou l'art de conserver la beauté,* publié en 1754, la recette suivante : « Il y a des personnes qui assurent que rien n'est plus spécifique contre ces gersures (des lèvres) que la graisse qui sort de ces cuillères de bois dont on se sert dans les cuisines, lorsqu'on les approche du feu. »

Cuillériste, *s. m.* — Fabricant de cuillers. Au XVIIe et au XVIIIe siècle, un certain nombre d'orfèvres parisiens prirent cette qualification, notamment Anthiaume, rue Bertin-Poirée ; Allen, rue Comtesse-d'Artois. Un autre Antheaume, potier d'étain, habitant porte Saint-Michel, prenait également le titre de cuilleriste.

Cuilleron, *s. m.* — C'est le nom de la partie creuse de la cuiller, de celle qu'on introduit dans la bouche. On trouve aussi ce mot orthographié CULERON et CULLERON. « Pour faire et forger une cuiller de cuisine, d'une autre viex dont le culleron estoit fendu à moitié. » (*Comptes d'Étienne de la Fontaine, argentier du roi Jean,* 1352.)

Cuir, *s. m.* — Le cuir est assurément une des matières les plus employées, non seulement dans l'habillement et le harnachement, mais encore dans l'ameublement et la décoration de l'habitation humaine. L'auteur du *Vergier d'honneur,* énumérant les choses précieuses que contenait en 1495 le château neuf de Naples, écrit : « Aussi de cuyrs il y en avoit de toutes façons du monde. C'est assavoir cuyr de bœufz, cuyr de vaches, cuyr de buffles, cuyr de cerfz, de bisches, de chevreaulx, marroquins, corduans, basannes, cuyr de cheval blanc et corroyé, cuyrs tannés de toutes sortes. » Dès le Moyen Age, le cuir était adapté aux usages les plus divers : coffres, écrins, couvertures de sièges, gaines de toutes espèces, tentures, tapis, vases, étaient couramment fabriqués en cuir ; on en fit même des effigies de roi. Aussi, pour pouvoir envisager cette utile matière sous ses multiples aspects et l'étudier sous toutes ses formes, va-t-il nous falloir diviser notre sujet et passer en revue, l'un après l'autre, les différents emplois auxquels on le faisait servir.

La plus grande, la plus noble, la plus riche adaptation du cuir à l'ameublement se manifeste assurément sous la forme de vastes surfaces gaufrées et dorées, utilisées pour couvrir le sol ou pour décorer les murailles. En effet, soit que l'on restitue par la pensée ces admirables tapisseries de cuir à fond d'or, ornées de personnages, de bosquets, d'architectures, telles, en un mot, qu'elles étaient au XVe et au XVIe siècle, soit, au contraire, qu'on en réduise le dessin à une suite de motifs se raccordant et se répétant d'une façon symétrique, comme cela se pratiqua pendant les deux siècles suivants, il est difficile d'imaginer, pour les murs, un vêtement plus magnifique.

L'usage des peaux d'animaux et surtout de bêtes sauvages employées comme tapis de pied remonte vraisemblablement à la plus haute antiquité. Celui des cuirs, préparés et décorés, comme nous venons de l'indiquer, est assurément beaucoup plus moderne. Toutefois, ce n'est pas seulement au XVe siècle, comme le prétend M. Albert Jacquemard, qu'apparaissent les premiers tapis de cette sorte et les tentures de même genre recouvrant les murailles. Il faut reculer cette apparition au moins jusqu'au XIVe siècle, car il est question à l'année 1376, dans la *Chronique du bon duc Loys de Bourbon* (p. 111), de « cuirs figurés et tapis vellutés » que ce prince reçut en cadeau du roi Henri ; et nous trouvons dans l'*Inventaire de Charles V* (1380) : 1° « Quatre grans cuirs d'Hongrie bleuz, brodéz aux quatre cuignéz et ou milieu de feuillages enlevéz, et ou mylieu dudit feuillage les armes de France » ; 2° « un très viéz chambre de cuir, bordé de veluiau Ynde à fleurs de lys d'or » ; 3° « quinze cuirs d'Arragon pour mectre par terre en été ». On voit que, dès le règne de Charles le Sage, le cuir ouvré était employé comme tapis et comme tenture. La dernière mention par nous citée nous apprend en même temps le lieu d'origine de la plupart de ces cuirs ornés. On les tirait d'Espagne ; de là le nom de CORDOUANS sous lequel on les désigne quelquefois, et celui de PEAUX D'ESPAGNE, qu'ils conservèrent jusqu'à la fin du XVIIe siècle.

A partir du XVe siècle, on rencontre des tapis et des tentures de ce genre dans un grand nombre d'inventaires et de comptes. Il en figure dans l'*Inventaire du duc de Berry* (1416), dans les *Comptes des ducs de Bourgogne* (1427), où l'on en voit de destinés à être étendus « ès chambres en temps d'esté », et d'autres à être employés « à tainture (tenture) faiz à bestes sauvaiges ». Dans l'*Inventaire de la*

Bastille (1420), on remarque aussi « une pièce de cordouen appelée cuirace vermeil, à mettre par terre entour un lit ». Cette cuirasse d'un nouveau genre était « armoyée de sautoirs d'argent, et à une bande de gueulles ».

Par les comptes royaux, nous savons, en outre, qu'en 1496 Charles VIII paya à « Jehan Garnier, demourant à Tours », une somme de quatre livres quinze sols « pour ung grant cuir de bueuf blanc, passé par alung de glaz, par luy baillé et livré à ung painctre que le Roy avoit fait venir d'Ytallie, auquel ladicte Dame (la reine Anne de Bretagne) a faict faire et paindre le parement de son lict ». M. de Laborde, qui emprunte cette curieuse mention à M. Leroux de Lincy, en tire cette conclusion que l'industrie des cuirs gaufrés, dorés et peints a été « introduite ou réintroduite en France, à la fin du XVe siècle, par des peintres italiens ». (*Glossaire et répertoire,* p. 241.) C'est peut-être se hâter beaucoup et faire dire à un document plus qu'il ne signifie. Tout d'abord, il faudrait établir que l'art de gaufrer les cuirs était, au XVe siècle, pratiqué avec supériorité en Italie, ce qu'on se garde de faire. Certes, l'opinion de M. de Laborde est de grand poids ; mais il nous faut constater, toutefois, que le premier document certain qu'on ait sur l'établissement d'une fabrication de cette nature n'est pas antérieur à 1558, et que c'est non pas un Italien, mais un Français qu'il concerne. Ce document, au surplus, est ainsi conçu : « A Jehan Fourcault, doreur sur cuir, demourant à Paris en l'hostel de Nesle, la somme de III C liv. t. à luy ordonnée sur et en déduction d'une tente de chambre, faicte sur cuir de mouton argenté, garnie de figures, de rouge, pour servir en la chambre et cabinet du Roy, à Monceaux. » (*Comptes des dépenses de Catherine de Médicis,* juin 1558.) Jehan Fourcault était-il, à cette époque, le seul doreur sur cuir exerçant son industrie à Paris ? Certainement non, car nous avons retrouvé un acte notarié daté du 2 mars 1571, où intervient un certain « Adam Musnier, doreur sur cuyr, demeurant à Paris, rue des Sept-Voyes »; mais c'était assurément un très habile homme, puisqu'on le logea à l'hôtel de Nesle, et l'on peut dès lors, sans trop d'imprudence, lui attribuer nombre de beaux travaux connus. Peut-être la fameuse *chambre* appelée « la chambre de cuir doré, près la chapelle », dont il est parlé dans l'*Inventaire du château de Gaillon* (1550) et dont la tapisserie contenait dix pièces « ès quelles sont les armaries de feu Mgr le Legat (cardinal d'Amboise) », était-elle son ouvrage. Avec plus de raison encore, on peut le supposer l'auteur des riches tentures dorées et argentées sur champ orange, au chiffre de la reine, ainsi que les tentures de veuvage à fond noir relevé d'argent, dont M. Bonnaffé a constaté la présence dans l'*Inventaire de Catherine de Médicis.*

Il est également présumable que les dix-huit pièces de tapisserie de cuir doré, contenant ensemble soixante-six peaux de tour, sans les bordures d'entre-deux, sur sept peaux de haut, sans les bordures de haut et bas, « toutes lesdites peaux... à champ vert dor et dargent et toutes les bordures d'entre-deux et de hault et bas, à champ orangé et d'argent, avec deux chiffres H et double C », qui ornaient le château de Pau, et que mentionne l'*Estimation faite par M. de Rohan des meubles de feu Madame, sœur unique du Roi* (1604), proviennent aussi de ses ateliers ; car elles datent de la même époque et sont assurément un présent de Catherine de Médicis, soit à sa fille Marguerite, soit à son gendre Henri de Bourbon. Quant à la tapisserie fameuse dont parle l'auteur de l'*Isle des hermaphrodites,* tapisserie « qui estoit d'un cuir doré, entremeslé de vert, et les bordures d'alentour représentoient au long l'histoire et la sobriété de Vitellius, les retraictes délicieuses du bon Tybère en l'isle de Caprée, celles de la maison dorée du débonnaire Néron, et plusieurs autres antiquitéz, convenables à ceux qui fréquentoient ce palais »; si, comme conception, elle appartient au domaine de la fantaisie, encore prouve-t-elle combien ce genre de tentures était à la mode vers la fin du XVIe siècle. Le certain, en tout cas, c'est que Jehan Fourcault employait pour son travail, non pas des « cuirs de bueuf », comme le peintre italien mentionné plus haut, mais des peaux de mouton. Or nous verrons bientôt que c'étaient justement de ces peaux-là qu'on se servait presque exclusivement pour faire les tentures de cuir. Nous remarquerons encore que le titre de « doreur sur cuir », pris par Fourcault, est précisément celui que vont porter, à partir de 1594, les artisans qui auront seuls, et à l'exclusion de tous autres, le droit de fabriquer et de vendre les produits dont nous nous occupons. Ajoutons que le *seizième* et le *dix-huitième Compte de Christophe Godin, receveur général des finances de Philippe II* (1594 et 1596), nous révèlent les noms de deux industriels qui paraissent avoir fabriqué de beaux cuirs gaufrés et dorés. Le premier est Pierre Arnoults d'Anvers, qui exécuta la tenture en cuir doré or sur or qui garnissait, à Bruxelles, la chambre des finances. Le second est Hermann Veermeren, « tapissier-major du cardinal-archiduc d'Autriche », qui fournit à ce prince quinze tentures et garnitures de chambres en cuir or sur or ou argent sur or, pour meubler son palais.

A Paris, c'est en 1594 que la Communauté des « Doreurs sur cuir, Garnisseurs et Enjoliveurs » reçut ses statuts, qui furent enregistrés au Parlement le 16 décembre de la même année. Les Maîtres Doreurs sur cuir étaient qualifiés Garnisseurs-Enjoliveurs, « parce qu'indépendamment des

Fig. 795. — Tenture en cuir repoussé, peint et doré (XVIe siècle).

tapisseries et tentures de cuir, dont ils possédoient le monopole, ils avoient la faculté non seulement de faire divers ouvrages de cuir, comme cabinets, coffres de chambres, tablettes, miroirs plians, étuis à balances et trébuchets, boëtes à poudre, bordures de miroirs, quarrés de toilettes, etc., etc., et de les dorer, mais aussi de les enjoliver de doublures et bordures, passemens et profilures, faites d'étoffe d'or et d'argent, de léton et d'acier ».

On comprend que le champ très vaste ouvert à l'activité

Fig. 796. — Tenture en cuir gaufré et doré (XVIIe siècle).

des Maîtres doreurs sur cuir devait mettre cette corporation en concurrence fréquente avec les Maîtres gainiers d'une part et d'autre part avec les Maîtres miroitiers. Cette lutte affecta dans la suite un caractère si aigu que, pour éviter des récriminations perpétuelles, ont prit le parti de fondre ensemble ces diverses corporations. Mais un fait à retenir, c'est que, pendant la durée de leur autonomie, les doreurs sur cuir furent tenus d'avoir chacun un poinçon, dont ils devaient marquer tous leurs ouvrages, et dont l'empreinte était déposée au siège de la corporation.

A Paris, au XVIIe siècle, les principales fabriques de cuir doré furent établies, d'abord au faubourg Saint-Honoré, ensuite aux environs de la Bastille, dans la rue Saint-Antoine, où Nemeitz en visitait une en 1727, et où il en existait encore une en 1769. (*Livre commode*, édition de 1691, p. 112; *Séjour de Paris*, t. Ier, p. 379, et *Géographe parisien*, t. II, p. 274.) Ajoutons que Paris n'était pas la seule ville de France où l'on fabriquât des tapisseries de cuir doré. Les ateliers de Lyon et d'Avignon jouirent aussi, pendant longtemps, d'une réputation méritée. Ce qui n'empêcha pas qu'on continua d'importer des cuirs gaufrés et dorés, non pas d'Italie, mais d'Espagne et de Flandre.

La preuve de l'importation espagnole au XVIe et au XVIIe siècle nous est fournie par un document curieux et par une anecdote topique. Le document, dont nous devons la communication à M. Guigue fils, archiviste du département du Rhône, nous apprend que, le 9 juillet 1587, les consuls et échevins de Lyon, ayant été avertis que Me Pierre d'Auxerre, « maître des requestes de l'hostel du Roy », partait pour Paris, et sachant que ce personnage était bien vu du roi et du chancelier, décidèrent de l'aller trouver en corps, et « à ce qu'il ayt meilleure souvenance et n'estime poinct avoir affaire à gens ingratz, ont résolu de luy faire un présent d'une pièce de tapisserie de Bergame, jusques à la valleur de deux escuz et demy l'aulne ». Or cette première pièce est suivie d'une autre, constatant la dépense de 60 escus d'or soleil et 44 sols « pour une chambre de tapisserie de cuir d'Espaigne doré », que Me Pierre d'Auxerre avait préférée à la tapisserie de Bergame. Quant à l'anecdote, nous l'empruntons aux *Mémoires de Bassompierre* (t. II, p. 39). Le maréchal fut accusé d'avoir reçu de l'argent d'un banquier d'outre-Pyrénées, parce qu'on avait lu sur les livres d'un certain Lopez la mention : *Al senor maréchal de Bassompierre, por guadameciles 40,000 maravédis.* Ce fut M. de Rambouillet qui expliqua au maître des requêtes Ledoux qu'il s'agissait, non pas d'un banquier, mais de tentures de cuir appelées *guadameciles* en espagnol. (Voir cette même anecdote dans les *Historiettes* de Tallemant, t. II, p. 39.)

En ce qui concerne l'importation flamande et même hollandaise, elle est certifiée non seulement par le *Tarif général des droicts d'entrées et sorties du royaume*, édicté en 1664, lequel taxe à l'entrée les « cuirs doréz de toutes sortes » le cent pesant, à 15 livres ; mais encore par la mention du *Livre commode* (édition de 1691, p. 112), qui nous apprend qu'à cette époque ces tapisseries se vendaient chez un nommé Marseilles, demeurant « rüe Saint-Denis, près la sellette ». Enfin on en trouvera la preuve dans certaines mentions spéciales, et notamment dans deux des extraits suivants, provenant d'inventaires où figuraient de ces sortes de tapisseries. « Deux pièces de cuir, vertes et rouges, tendues à la muraille, tournant presque toute ladite chambre. » (*Invent. du baron d'Ornezan de Saint-Blancard;* Marseille, 1556.) « Huict pièces de tapisserye de cuyr doré, faict à moresque. — *Item,* sept aultres pièces de tapisserye de cuir dorré, à moresque. — *Item,* ung parement d'autel de cuir doré, de dix piedz de haut, au melleu duquel est figuré ung crucifimant de painture, aussy de cuir doré. » (*Vente des meubles de Claude Gouffier, duc de Roannès;* Paris, 1572.) « Une tenture de tapisserie de cuir doré contenant treize pièces, laquelle n'a esté représentée. » (*Invent. de Gabrielle d'Estrées,* 1599.) « Une tapisserie cuir doré, à fond bleu. — Une tapisserie cuir doré, à fond argent. » (*Invent. de Henri de Bernier, conseiller du Roy et trésorier général de France;* Marseille, 1635.) « Deux tantures de tapisserie de cuir doré, en seize morceaux tant petits que grands. » (*Invent. de Catherine de Neufville;* Paris, 1657.) « Une riche tenture de tapisserye de cuir doré de Flandre, contenant huict pièces. » (*Invent. du surintendant Fouquet;* château de Vaux, 1661.) « Une tanture de tapisserie de cuire doré, à fond d'or à fleur, de huict pièces, contenant trois aulnes et un quart de hault sur vingt-cinq aulnes de cours. » (*Invent. du maréchal de la Meilleraye;* Paris, à l'Arsenal, 1664.) « Une tenture de tapisserie de cuir doré, fonds vert à rinceaux de fleurs, fruits et oyseaux d'or, contenant 184 peaux faisant 19 aunes 1/6 de cours. » (*Invent. général des meubles de la Couronne,* 1697.) « Une tenture de tapisserie de cuir doré de Hollande, fond rouge de vingt-deux aulnes de cours sur deux aulnes deux tiers de hault. » (*Invent. de l'abbé d'Effiat;* Paris, 1698.) « Une tanture de tapisserye de cuir doré, à fond vert, de deux aulnes ou environ de cours sur deux aulnes ou environ de hault. » (*Invent. d'André Le Nôtre;* Paris, 1700.) « Une tenture de tapisserie de cuir doré, fond blanc à festons de fruits et guirlandes de fleurs or et verd et rouge, avec des Bacchus, femmes, harpies, enfans tirant des flèches et oiseaux d'or, contenant dix-huit aulnes un tiers de cours, compris le dessus de cheminée sur trois aulnes et demie de haut. » (*Invent. du château de Versailles,* 1708. Antichambre de la duchesse d'Orléans.) « Une tapisserie de cuir doré, fond rouge, avec masques et rainceaux d'or, et petis enfans et oiseaux au naturel, contenant vingt-quatre aunes et demie de cours sur trois aulnes et demie de haut, compris le dessus de cheminée et dessus de porte. » (*Invent. du château de Versailles,* 1708. Antichambre du duc d'Orléans.) « Une tapisserie en cuir doré, composée de 106 peaux cousues ensemble. » (*Invent. des châteaux de la Rochefoucauld, Verteuil et la Terne,* 1728.) « La tenture de ladite chambre de cuir doré. » (*Apposition des scellés chez le comte de Caylus,* 1765.) « Une tenture de cuir doré représentant la *Soirée des Boulevards.* » (*Vente de Mme Lassonne, rue Saint-Honoré,* 1765.) Etc. Complétons cette nomenclature déjà longue en rappelant que l'*État du mobilier de la Couronne* dressé en 1673 ne décrit pas moins de douze tapisseries complètes en cuir doré et gaufré. Sur ce chiffre, six étaient à fond blanc, deux à fond vert, une à fond bleu, une à fond d'or, toutes étaient décorées de compartiments, de rinceaux, de festons, de « Cupidons d'or » ; enfin, une de ces tapisseries représentait l'*Histoire de Scipion,* une autre des *Panneaux d'architecture.* La plupart de ces tentures avaient leur place marquée à Saint-Germain et à Fontainebleau, où elles ornaient la chambre, l'antichambre, la salle des gardes de la Reine et le cabinet du Dauphin, etc.

Plusieurs des documents que nous venons de citer mentionnent, ainsi qu'on a pu le voir, le nombre de peaux dont se composait la tapisserie décrite. Ces peaux, qui consistaient, nous l'avons dit, en peaux de mouton, étaient d'abord passées en basane, puis coupées en feuilles carrées, qu'on cousait les unes aux autres après les avoir, par une nouvelle préparation, disposées à recevoir l'or et l'argent, puis le relief, les couleurs et le vernis, qui devaient leur donner leur aspect final. La première opération qu'on faisait subir ensuite à la tapisserie ainsi préparée était la dorure en plein. L'impression du relief venait après cela. Cette impression s'exécutait par une forte pression entre une planche de bois gravée en creux, et la contre-partie de la gravure établie en ciment. Une fois le relief obtenu, on appliquait au pinceau les rehauts de couleur.

Quoique les tentures de cuir doré ne figurent pas pour des sommes bien considérables dans la plupart des inventaires que nous venons de parcourir, — celle du maréchal de la Meilleraye est prisée 400 livres; celle de l'abbé d'Effiat, 300 livres ; celle de Le Nôtre, 100 livres ; celle du château de la Rochefoucauld, 60 livres, — le prix d'achat, on a pu le voir par l'anecdote de Bassompierre, ne laissait pas que d'en être souvent fort coûteux. Ce prix s'élevait surtout quand la tenture représentait des sujets compliqués, des scènes à personnages, des bosquets, des verdures. Aussi, dès le XVIIe siècle, pour restreindre les frais de fabrication, commença-t-on à ne plus faire que des tentures à motifs répétés, se raccordant, et, par conséquent, ne nécessitant, pour l'impression et le gaufrage, qu'un petit nombre de planches, ce qui diminuait singulièrement les dépenses de premier établissement. Mais cela ne suffit pas ; et au siècle dernier, on eut l'idée de réduire encore le prix de revient de ces tapisseries, d'abord en supprimant l'or, et, en second lieu, en remplaçant le cuir par de la toile.

C'est le sieur Fougeroux de Bondaroy qui eut l'idée de la suppression de l'or. En 1762, il soumit à l'Académie des sciences un mémoire par lequel il prétendait, de la sorte, réaliser dans la fabrication de sérieuses économies. Voici comment l'*Année littéraire* (1762, t. IV, p. 279) résume cette communication intéressante, où nous trouvons indiqués les procédés alors en usage pour la fabrication des cuirs dorés : « Les tentures de cuirs dorés sont faites de plusieurs peaux relevées en bosse et cousues ensemble, écrit le rédacteur de ce recueil ; toutes, soit dorées, soit argentées, ont été d'abord couvertes de feuilles d'argent. L'ouvrier, pour cela, étend une colle sur toute la superficie du cuir, et sur cette colle, encore molle, il pose ses feuilles d'argent ; il laisse sécher sa colle et brunit les feuilles d'argent. Le cuir argenté et bruni, on l'étend sur une planche de bois, sur laquelle a été gravé le dessein que l'on veut représenter sur le cuir. Le cuir ainsi arrangé, on le fait passer sous une presse, et il ne reste plus, pour les cuirs argentés, qu'à les colorer en certains endroits, les peindre et les coudre; mais, si l'on veut former des cuirs dorés, il faut ajouter à ces opérations une dernière opération, qui consiste à enduire les feuilles d'argent bien brunies, d'un vernis bien fait qui fait ressortir une couleur, laquelle imite celle de l'or à s'y méprendre. En se servant de feuilles d'or, le cuir deviendroit trop coûteux ; si l'on employoit le cuivre, le vert-de-gris s'en empareroit promptement, c'est pourquoi on a recours à ce vernis. »

Par une singulière coïncidence, la même année, les *Annonces, affiches et avis divers* (7 juillet 1762) inséraient la réclame suivante : « Les sieurs Stoucrad et compagnie ont établi à Paris, rue de Charenton, à l'hôtel de Gournay, une *Manufacture de Toiles, dans le goût des cuirs dorés, à fleurs dorées et argentées et à desseins de toutes couleurs, enluminées et peintes avec soin.* Ces toiles peuvent servir à faire des tentures et diverses espèces de meubles, comme canapés, sièges, paravens, écrans, orne-

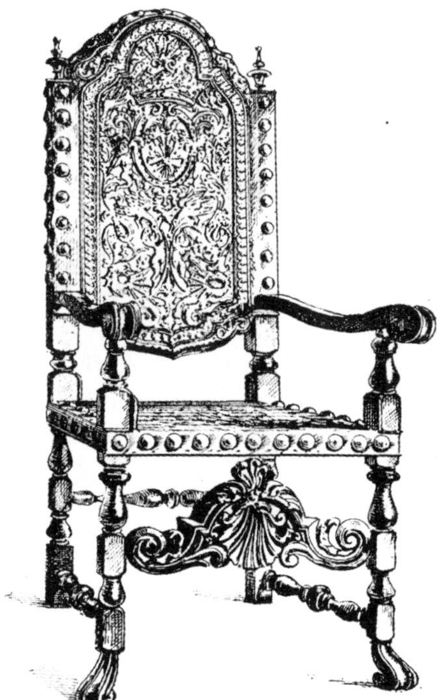

Fig. 797. — Chaise à bras couverte en « cuir escorchié » (XVIIe siècle).

mens de lit, etc. Elles imitent les plus riches étoffes des Indes et de la Chine, résistent aux injures de l'air et garantissent des insectes. Les fabricans ont porté ces toiles au plus haut degré de perfection; ils sont en état d'en fournir à toutes les villes du Royaume et même aux îles de l'Amérique. Les prix sont de 2 liv. 10 sols, de 3 liv. 10 sols, de 5 livres, de 5 liv. 10 sols, de 6 livres et de 7 livres l'aune. » Renchérissant encore sur les procédés économiques de nos pères, nous sommes arrivés à simuler les tentures de cuir doré, non pas seulement avec de la toile, mais avec du papier. Il est vrai que nous n'avons pas, avec ce produit nouveau, la prétention de couvrir des canapés ni des chaises.

Ce n'est pas seulement avec des cuirs imprimés, gaufrés et dorés que nos ancêtres habillaient leurs sièges de luxe. Ils employaient encore pour cet usage des peaux préparées de diverses sortes, et qui, le plus souvent, devaient à cette préparation un décor sinon aussi brillant, du moins très remarquable au point de vue artistique. Tels étaient les *cuirs martelés,* les *cuirs empreints,* les *cuirs marquetés* ou *damasquinés,* les *cuirs écorchés,* et d'autres encore dont les noms ne sont pas parvenus jusqu'à nous. Les cuirs martelés étaient corroyés au marteau, de là leur nom. Mais ce corroyage s'effectuait sur une planche gravée, dont la peau, battue et rebattue par le marteau, finissait par reproduire le décor. Le cuir empreint était corroyé d'abord ; puis, à l'aide de petits fers en forme de matrice, représentant des fleurons, des croisettes, etc., on le frappait jusqu'à ce qu'il eût pris et conservé l'empreinte de ces petits dessins qui, disposés symétriquement, formaient une ornementation plus ou moins compliquée. Le cuir damasquiné ou marqueté était un cuir dans l'épaisseur duquel on avait incrusté un métal qui venait rehausser de ses reflets l'éclat du décor. Enfin le cuir écorché était une peau épaisse dans laquelle, à l'aide d'outils spéciaux et tranchants, on avait gravé des arabesques, des écussons, des armoiries, des grotesques, etc. Parfois la façon dont le cuir est travaillé se trouve consignée dans les documents qui nous révèlent son emploi. Ainsi nous voyons figurer dans l'*Inventaire de Charles V* (1380): « Ung livre couvert de cuir rouge à empraintes. » D'autre part, les *Comptes de l'argenterie* d'Isabeau de Bavière (1399) nous apprennent que cette reine possédait une chaire de salle, « couverte de cuir vermeil escorchié, frangée de franges de soye ». Par les *Comptes des Bastimens,* nous savons qu'en 1534 François Ier acheta « à Mathé d'Alnassar, de Vérone », deux « quesses de cuyr, ouvrées à la damasquine ». Enfin, l'*Inventaire de Mazarin* (1653) parle d'un « tapis de cuir de mouton rouge imprimé, de trois aunes moins un huitième de long sur trois aunes de large ». Mais le plus souvent, comme on en pourra juger par les extraits suivants, les rédacteurs de comptes ou d'inventaires, même lorsqu'ils entrent dans certains détails, omettent de nous dire comment était travaillée la matière dont ils nous signalent la présence.

En voici la preuve : « Une chaère de cuir garnie de fer. » (*Invent. de Clémence de Hongrie,* 1328.) « Quatre carreaulx longs, couverts de cuyr, aux armes de la feue royne Ysabelle. » (*Invent. du château de Chanzé,* 1471.) « Un petit oreiller de cuir cramoisi. » (*Invent. du château d'Aigueperse,* 1507.) « Une petite chaise à femme couverte de cuir courtepointé. » (*Invent. de Charlotte d'Albret,* 1514.) « Une chaire de noyer rouge garnie de cuir. » (*Invent. du baron de Saint-Blancard;* Marseille, 1556.) « Une chaise armée de cuir. » (*Invent. de Jean Le Brun, chanoine;* Rouen, 1586.) « Jehanne Dynet, pour six chaises de cuir rouge, pour mettre à la chambre de Mme la marquise [de Monteeau], à deux escuz pièces, cy XII escus. » (*Comptes de la ville de Lyon,* 1595.) « Neuf chaizes de bois de noyer, couvertes pour le siège et dossier de cuir ouvragé. » (*Invent. de Gabrielle d'Estrées,* 1599.) « Une petite chayère basse, couverte de cuyr. » (*Invent. de Me Anthoine Fraytel, receveur des décimes du diocèse de Bordeaux,* 1615.) « Plus deux chaises quy se plient, de cuir rouge, et vert. » (*Invent. du château de Turenne,* 1615.) « Deux vieux carreaux de cuir doré. » (*Vente Lemérotel;* Saint-Malo, 1638.) « Un tapis de mouton rouge de quatre peaux, à quatre pantes, doublé de serge d'Aumalle rouge et bordé d'un gallon de soye. » (*Invent. du cardinal de Mazarin,* 1653.) « Un tapis de cuir verd, doublé de taffetas verd, garny de frange et molet or et argent. » (*Invent. du château de Versailles,* 1708. Chambre du roi.) Etc.

L'absence de désignation nous force même à confondre dans ces différentes énumérations, avec les cuirs préparés dans l'ouest de l'Europe, ceux qu'on tirait dès le XVe siècle de l'Orient, et qui, sous le nom de chagrin et surtout de maroquin, devaient jouir d'une si grande vogue au XVIIe siècle et aux siècles suivants. C'est probablement en maroquin qu'étaient les « quatorze carreaux longs de cuir de Turquie », et les « troys carreaux rons doréz et ouvréz à la morisque », que nous rencontrons dans la garde-robe du roi René. De même pour ces autres carreaux, appartenant à l'*Inventaire du château d'Angers* (1471) : « En la chapelle, il y a deux carreaux longuetz de cuir de Turquie. — Un autre carreau ront à la façzon de Turquie aux armes de la feue Royne. » De même encore, pour cet article de la dépense de François Ier (1540-1550) : « A maître Sébastian Serlio, architecteur du Roy, la somme de XCXVI liv. XII s. VI d., à luy ordonnée par le Roy, pour semblable somme par luy payée pour achapt de peaux de cuirs de Levant et autres, pour servir audit Fontainebleau.»

A partir du XVIIIe siècle, le mot maroquin devient, dans le langage mobilier, d'un usage courant, en même temps qu'on emploie le cuir qu'il désigne pour des ouvrages relativement considérables. C'est, en effet, avec le maroquin qu'on recouvre les tables de travail, les bureaux, les coffres précieux. Bientôt on s'en servira pour la fabrication de mobiliers complets, et les divers *Inventaires généraux des meubles de la Couronne,* qui vont de 1700 à 1789, mentionnent un certain nombre d'ameublements garnis en maroquin rouge, bleu, citron, dont on trouvera au mot MAROQUIN une description détaillée. Aujourd'hui, on est arrivé à contrefaire avec assez de succès les cuirs du Levant, et les tapissiers se servent de peaux maroquinées pour couvrir certains sièges d'un usage journalier, appelés à supporter de grandes fatigues, surtout des sièges confortables, c'est-à-dire sans bois voyant.

Indépendamment des pièces d'ameublement proprement dit, le cuir était encore appliqué à la confection d'une foule d'autres objets mobiliers tels que bahuts, coffres, bouges, valises, cantines, etc. Les cuirs employés pour ces divers objets étaient surtout le veau, la vache, le *roussi* (ou cuir de Russie), le porc, etc.

Ce dernier cuir particulièrement fut si usité au XIVe et au XVe siècle, que, dans certaines provinces, il donna naissance à une industrie spéciale qu'on appela la GORELLERIE. (Voir ce mot.) Quant aux peaux de bœuf et de vache, on les employait encore au Moyen Age à faire des chaudières et des hottes. Racontant la façon dont les Écossais abandonnèrent leur camp en 1327, Froissart nous dit que les Anglais, en pénétrant dans ce camp, y « trouvèrent plus de quatre cents chaudières faites de cuir atout (avec) le poil, pendues sur le feu, pleines de cher et d'yeaue pour faire bouillir ». Et dans les *Comptes de la ville d'Amiens,* nous voyons figurer, à l'année 1430 : « Acat et délivrance de x cuirs mesquichéz (mégissés), dont furent cuirées x hottes, desquelles on a ouvré aux fosséz de la vièze (vieille forteresse. » Enfin nous relevons dans les *Extraits des registres de l'Hôtel de Ville de Paris* la délibération suivante, datée de 1619, et qui prouve qu'on eut à cette époque l'idée de faire en cuir des seaux destinés à combattre les incendies. « Après avoir par eulx veu et examiné iceulx mémoires et propositions, démonstrent très humblement à Sadicte Majesté qu'il ne peut advenir que du bien et de la commodité au publicq en l'exécution de ladicte proposition, qui est bien nécessaire à cause des malheurs et accidents de feu qui arrivent journellement en ceste ville. Mais d'assujectir les bourgeois de Paris d'achepter dudict Lebrun, pendant dix ans, des seaulx de cuir, il semble que difficillement cela se pourroit faire. » Nous verrons, du reste, à la fin de cet article, que dès les premières années du XVIe siècle

Fig. 798. Petit coffret en cuir gaufré et doré (XVIIe siècle).

la municipalité lyonnaise avait fait dans ce même but l'acquisition de seaux en cuir bouilli.

Pour ce qui est des bahuts, des coffres, des valises, nous parlons du cuir qui était employé à la confection de ces divers ouvrages, dans la notice où il est question de chacun d'eux. Quant au soin qu'on apportait alors à traiter la matière dont ces meubles étaient recouverts, on pourra s'en faire une idée en considérant avec attention le cabinet en cuir gaufré et travaillé au petit fer, qui porte, au musée de Cluny, le n° 1449, et les coffrets catalogués sous les n°s 1383 et 1388, qui font partie de la même collection. Enfin, pour en terminer avec le cuir, il nous reste à dire quelques mots d'une préparation spéciale de cette matière première, connue sous le nom de cuir bouilli, et qui a joui, au Moyen Age, d'une réputation assez grande.

Le CUIR BOUILLI reçoit son nom de l'opération principale qu'on lui fait subir. « On le met bouillir, dit Savary, dans de la cire mêlée de quelques gommes, résines ou colles, qui ne sont bien connues que de ceux qui les employent et dont ils font même un secret. » Une fois bouilli, le cuir conserve, pendant qu'il est détrempé, une élasticité assez grande pour pouvoir se mouler, et quand il est sec, il devient d'une dureté et d'une rigidité égales au moins à celles des bois les plus compacts. De tout temps les gainiers ont été en possession du privilège de fabriquer les objets en cuir bouilli. Il faut croire qu'au XVe siècle ils poussèrent cette industrie à une perfection qu'elle a cessé d'avoir depuis, car nous savons qu'alors on fabriquait, de la sorte, toute espèce d'objets, même de fort compliqués, qu'il nous serait, sinon impossible, du moins singulièrement difficile aujourd'hui de reproduire. C'est ainsi que l'effigie ou portrait du roi Henri VI d'Angleterre fut exécutée, après la mort de ce roi, en cuir bouilli, et cette image, moulée sur la figure du roi, traversa une partie de la France, offrant assez de ressemblance avec le prince défunt, pour causer aux populations une émotion grande.

Quant aux objets mobiliers, d'une importance moins palpitante et d'un usage plus pratique, ils figurent en nombre assez respectable dans les comptes du temps. Ce sont surtout les bouteilles et les étuis qui abondent.

. . Mais bouteilles
D'estain, de bos et de quir
Trueve-on de toutes mesures,
Et aussi les nomme-on flaskes,

dit le *Livre des mestiers*. Quant aux comptes, voici ce qu'ils nous donnent : « Pour II boteilles de cuir, achetées à Londres pour monseigneur Philippe, IX sols VIII deniers. » (*Journal de la dépense du roi Jean en Angleterre,* 1359-60.) « A Martin le Charretier, pour unes bouteilles d'acier, couvertes de cuir, achetés de lui pour porter vin avecques le Roy quand il va en déduit... » (*Comptes de l'eschançonnerie,* 1383.) « A Perrin Bernard, gaingnier, demourant à Paris... pour un estuy de cuir boully, poinçonné et ouvré, à devises d'ennelés entretenans (c'est-à-dire de petits anneaux passés les uns dans les autres), achatté de lui le XXj[e] jour de janvier CCC iiij XX et vj, pour mettre et porter une aiguière d'or, que monseigneur le duc de Bourgogne donna au Roy nostre sire... A luy pour un grant estuy de cuir bouilly, achatté de luy ce jour, pour mettre et porter ungs tableaux que a faiz Jehan d'Orléans, peintre et varlet de chambre du Roy notre sire. » « A Jacquet aux connins, boteillier, demourant à Paris... pour deux grans estuys de cuir bouilly, poinçonnéz et armoiéz des armes de France, garnis chascun de deux courroies de cuir et de crocs de fer achattés de lui... pour mettre et porter les deux grans barils d'argent à porter l'eau en l'eschançonnerie du Roy nostre sire... A lui, pour un austre estuy de cuir boully, poinçonné et armoié comme dessus... pour mettre et porter un gobelet d'or pour ledit Seigneur... A lui, pour un austre estuy de cuir boully double, à mettre et porter les orinaulx de la Royne, y cellui poinçonné et armoié des armes de ladicte Dame et fermant à clef, etc. » *Comptes de l'argenterie du roi,* 1387) Pendant tout le XVe siècle, les bouteilles de cuir bouilli fabriquées en Angleterre jouirent d'une réputation considérable. C'est ce que constate, au surplus, Jehan de Troyes dans sa *Chronique scandaleuse* (à l'année 1467), quand, parlant des présents qu'échangèrent les rois de France et d'Angleterre, il écrit : « En ce tems retournèrent du royaume d'Angleterre Monsieur l'Admiral et autres dessus nomméz, qui ainsi s'en estoient aléz avec ledit de Warvich audit pays d'Angleterre, lesquels y demeurèrent longuement et n'y firent rien. Et par eux ledit roy d'Angleterre envoya au roy des trompes de chasse et des bouteilles de cuyr, à l'encontre des belles pièces d'or, couppe d'or, vaisselle, pierreries, et autres belles besognes que le Roy et autres Seigneurs avoient donnéz audit de Warvich à son partement de Rouen. » Nous terminerons en mentionnant le payement de 26 livres tournois, effectué en 1516 par la ville de Lyon à Henri de Lepinet, cordonnier à Paris, « pour avoir fourni autant de seaux à incendie en cuir bouilli ». Nous pensons que ces exemples suffisent pour donner une idée des adaptations nombreuses auxquelles se prêtait alors le cuir bouilli.

CUIR A RASOIR. — On donne ce nom à une bande de cuir montée sur un manche en bois, et qui sert à donner le fil au rasoir. Quoique cet ustensile doive être relativement assez ancien, nous n'en avons pas trouvé trace avant l'année 1766, où trois industriels se disputent le mérite de l'avoir amené à son point de perfection. C'est d'abord le sieur La Rivière qui met en vente une composition qui, étendue sur certains cuirs de sa fabrication, « a la propriété de mieux faire couper les rasoirs en dix ou douze tours, que sur la pierre à rasoir en cinquante ». Bien que la composition et les cuirs du sieur La Rivière eussent été « éprouvés par les valets de chambre barbiers du Roy et par les syndics de la Communauté des Perruquiers », un mois ne s'était pas écoulé que le coutelier Songy faisait publier dans les journaux l'attestation suivante :

Nous, lieutenant, prévôt et syndics de la Communauté des perruquiers, certifions avoir fait l'épreuve des cuirs à repasser les rasoirs de la composition du sieur Songy, maître coutelier, rue et cul-de-sac du Coq-Saint-Honoré, près le Louvre, à l'enseigne du *Chef de Cerf.* Lesquels cuirs avons trouvé être très bons pour adoucir les tranchans des rasoirs, en foi de quoi nous lui avons délivré le présent, à Paris, le 28 février 1766.

Signé : *Soffréon,* lieutenant; *Frion, Dallisaux, Picquot, Lafon, Visinet, Roland.*

Les cuirs du sieur Songy offraient cette particularité d'être en forme de cylindre, ce qui leur permettait de renfermer à l'intérieur une paire de rasoirs. Enfin, au mois d'août suivant, l'*Avant-Coureur* publiait cette troisième réclame :

C'est au sieur Coué qu'est due l'invention et la perfection des cuirs appelés *cuirs de la Chine,* propres à repasser les rasoirs. Ils sont à deux faces; avec eux, on peut se passer de la pierre huilée. L'huile étant la nourriture de ces cuirs, cette qualité leur est particulière.

Le sieur Coué avait su faire approuver son *cuir de la Chine* par l'Académie des sciences. (Voir *Avant-Coureur* des 13 janvier, 3 février, 11 août 1766.) Le lecteur pourra choisir entre ces trois inventeurs.

Cuiraterie, *s. f.* — Marché aux cuirs. Lieu où l'on vendait cet article. Les archives communales de Lyon (*Actes consulaires,* série BB, reg. 146) contiennent (à l'année 1610) une requête des recteurs-administrateurs de l'Hôtel-Dieu, pour obtenir le transfèrement, dans la boucherie de Bourgneuf, de la cuiraterie, qui se tenait en la rue de la Grenette, laquelle était devenue inutile, puisque l'hôpital n'en tirait plus aucun revenu.

Cuirie, *s. f.* — Grande feuille de cuir, qui servait de nappe ou de couverture. On rencontre ce mot dans les *Comptes d'Étienne de la Fontaine, argentier du roi Jean* (1352). « Ledit Guillaume, pour une grant cuirie à couvrir le chariot de la fruicterie du roy, délivré en ladite fruicterie ou mois d'avril par deux mandemens du roy, rendus à court, XXX livres parisis. — Ledit Guillaume, pour une autre cuirie, délivrée par les diz mandemens, en ladicte fruicterie, pour despécier la cire, avec une bouge à mectre et porter les marteaux et cloux, XXXIV livres parisis. »

Cuisine, *s. f.* — C'est, dans la maison, le lieu où on apprête les aliments. La cuisine a toujours joué un rôle fort important dans l'existence de notre nation. Elle constitue une de nos gloires domestiques.

Dès le Moyen Age, la cuisine tient une place considérable dans les habitations princières et seigneuriales. Au XIIIe siècle, elle consistait, dans la plupart de ces demeures privilégiées, en un bâtiment isolé, le plus souvent de forme ronde, muni à son centre d'une cheminée d'appel chargée de débarrasser la pièce de la fumée, de la chaleur et de l'odeur asphyxiante des mets. Au siècle suivant, la cuisine se fit carrée; mais elle ne cessa pas de former, dans bien des cas, un édifice à part qui conservait ses moyens spéciaux d'aération. Les cheminées garnissaient la paroi principale et étaient presque toujours au nombre de deux. Parfois elles se faisaient vis-à-vis et étaient alors au nombre de quatre. Leur multiplicité s'explique par le grand nombre de personnes que le maître queux devait nourrir. Les cuisines magistrales du château de Montreuil-en-Belloy — près de Saumur — du château des Papes à Avignon, du palais des ducs de Bourgogne à Dijon, avec ses six énormes cheminées occupant trois des parois et avec sa toiture conique en entonnoir renversé formant appel; celle du Palais de Justice de Paris, qui porte le nom de cuisine de saint Louis, disent assez quelles étaient les majestueuses proportions de ces pièces au Moyen Age. Dès cette époque, en outre, la cuisine comporte tout un attirail compliqué ; elle compte des annexes nombreuses. Ces annexes, nous

Fig. 799. — Angle de la cuisine du Palais de Justice, dite cuisine de saint Louis.

pouvons en savoir le nombre et en connaître le nom, rien qu'en parcourant un des inventaires, si curieusement détaillés, que nous a laissés le XVe siècle. Prenons celui du château de Reculée (1471), résidence favorite du roi René. Avant la cuisine, nous trouvons le cellier. Après vient le « gardemenger joignant à la cuisine » ; puis nous avons « la saulcerie » ; ensuite, « la chambre où est le four » ; puis encore « la fruiterie, la paneterie et l'eschançonnerie » : tout cela entremêlé de petites chambres destinées à loger les officiers et les chefs du personnel. Au château d'Angers, autre résidence du roi René, à côté de la cuisine, nous avons également le garde-manger, la saucerie, la paneterie, l'échansonnerie et la fruiterie.

Nous visiterions une demeure du roi de France ou du duc de Bourgogne, que nous trouverions la même disposition ou à peu près. Dans quelques châteaux, on rencontre deux pièces de plus, la « rôtisserie » et « la despense », que nous nommons aujourd'hui l'office. Chacun de ces services était logé aussi largement et aussi commodément que possible. Toutefois, dans les grandes occasions, ces vastes pièces devenaient insuffisantes ; alors on en construisait de provisoires, qui souvent étaient considérables. A l'occasion des noces de Philippe le Bon et d'Isabelle de Portugal : « Dedens l'ostel, écrit Le Fèvre de Saint-Remy, furent faiz plusieurs beaulx édiffices, lesquelz ont esté abattus : c'est assavoir iij grandes cuisines, iij rôtisseries, grendes et plentureuses, syx dreschoirs pour les viandes recevoir », etc. (*Chroniques,* ch. CLXIII.)

Si chaque département de l'alimentation avait, en quelque sorte, son domaine séparé, il existait également, dans le personnel, des divisions nettes et précises et une hiérarchie fortement établie. Une *Ordonnance* rendue à Vincennes en janvier 1285 établit de la façon suivante le service de la cuisine du roi Philippe le Bel et de la reine sa femme :

Isembart et quatre autres keuz, desquiex les II seront pardevers le Roy, et les II pardevers le commun, avec Isembart, et devront estre à la viande querre, et achater, et despecier, et servir, et voir où les pièces cherront ; et aura Isembart tous gages, comme il souloit, et les autres keux tous IV autressi, et si aura Isembart I sextier de vin au soir pour la veüe de la cuisine.

Item, ardeurs IV, II pour le roy et II pour le commun, etc.

Asteurs IV, qui prendront leur droit en la cuisine et mangeront à court, etc.

Souffleurs II, desquiex l'un sera Moigneus, et mangeront à court, et prendront le flambet en tele manière, que le potage n'en vaille pis, sans autre chose prendre.

Enfens IV, pour tout l'ostel, qui vivront de la court, sauf ce que il ne seront point servi.

Les Saussiers du commun, etc., et n'aura que II vallez, qui prandront le pain du sel, et auront ensemble VI d. de gages pour toutes choses, et se praigne garde le mestre d'ostel que l'en ne fasse trop de pain de sel.

Le Garde-manger fera la paie.

Le Poulailler servira pour le marché que l'on fera à lui.

Huissiers II, l'un devers la cuisine le Roy, et l'autre devers le commun, et mangeront à court, et aura chascun d'eux IV d. par jour.

Les II grans charestes de la cuisine auront chascune à IV chevax pour toutes choses VIII l. par jour, et il doivent au Roy pour chascun cheval XVI l. par cheval.

La chareste du petit disner à III chevax aura le jour V sols pour toutes choses, et le restor des chevax pour le prix qui mis y est.

La maison de chacun des princes de la famille royale et des grands dignitaires de la Couronne était presque aussi bien fournie en officiers de cuisine que celle du roi. Un compte de Jean Druet (1467) nous détaille la composition de celle du duc de Bourgogne. Elle comprenait :

UN MAITRE QUEUX.

Guillaume le Grand, queux de bouche de M. le Duc.

ÉCUIERS DE CUISINE.

Joachim de Montléon, écuier de cuisine.
Perrin d'Auxanges.
Bocquet de Lattre.
Nicolas de Neuville.

BAS OFFICIERS.

Hasteurs de cuisine. Aydes des hasteurs. Douze gardes de rôts. Picqueurs de viandes. Quatre potagers de cuisine. Douze porteurs de potages. Pourvoyeurs. Quatre gardes de bouche de cuisine. Douze gardes des vaisseaux de cuisine. Tourneurs de broche. Souffleurs de cuisine. Vingt-quatre enfans de cuisine. Bûchers de cuisine. Bussiers. Douze garde-mangers. Poulalliers. Valets de poulalliers. Saulciers. Aydes de saulciers. Six valets de saulciers.

Olivier de la Marche, dans son *Estat du duc Charles le Hardi,* nous donne, en outre, tous les renseignements désirables sur l'organisation de cet important service tel qu'il fonctionnait au temps de Charles le Téméraire. En étudiant ce document, nous remarquons tout d'abord que la cuisine était placée sous la haute autorité d'un maître d'hôtel. Pour le suppléer, ce maître d'hôtel avait sous ses ordres directs deux écuyers de cuisine, « comptés par termes l'un après l'autre », c'est-à-dire qui servaient par quartier de trois mois en trois mois. Ces écuyers avaient surtout pour mission de contrôler la dépense. Ils délivraient la viande, surveillaient la réception des provisions de bouche, prévenaient le gaspillage ; mais le vrai maître, le roi de la cuisine, c'était le queux. Écoutons ce qu'en dit Olivier de la Marche : « Le Duc a trois queux pour sa bouche, chascun compté par quatre mois, et doibt le queux en sa cuisine commander, ordonner et estre obey et doibt avoir une chaière entre le buffet et la cheminée, pour seoir et soy reposer si besoing est et doit estre assise icelle chaière en tel lieu, qu'il puist veoir et congnoistre tout ce que l'on faict en ladicte cuisine, et doibt avoir en sa main une grande louche de bois, qui luy sert à deux fins, l'une pour essayer potaige et brouet, et l'autre pour chasser les enfans hors de la cuisine et férir si besoing est. »

Sous le gouvernement de ce maître surveillant, se meuvent vingt-cinq personnes, « chascun servant en son mestier et son office, et aussi plusieurs enfans de cuisine, qui sont sans gages, qui y sont mis pour apprendre le mestier ». Les principaux d'entre ces aides sont (ainsi que l'établissent les documents que nous venons de citer) les *hasteurs,* qui ont soin du rôt ; les *potagiers,* qui accommodent les potages et les légumes ; les *souffeleurs,* qui entretiennent le feu et font bouillir les chaudières ; les *portiers,* qui gardent les portes et surveillent la batterie de cuisine et ce qu'elle contient ; le *bussier,* qui joue le rôle de maréchal des logis et prépare l'installation des fourneaux quand le duc est en voyage ; les *enfants de cuisine,* qui plument les volailles et nettoient les poissons, et les *happellopins,* qui doivent tourner les broches et rendre tous les menus services dont on a besoin. Indépendamment de ce personnel relevant de la cuisine proprement dite, il y avait celui de la Saucerie, de la Fruiterie, de la Paneterie, de l'Échansonnerie ou Bouteillerie, qui formaient autant de départements à part. On comprend mieux, après cette énumération, la virulente admonestation de l'auteur du pamphlet intitulé la *Reformation de ce royaume* (publié en 1623) : « Que vous servent tant d'officiers de cuisine, de panneterie, d'eschansonnerie, de gobellets, tant d'autres sortes de domestiques ? A quoi bon tout cela ? »

Un pareil ensemble de serviteurs devait naturellement, pour exercer ses multiples talents, avoir besoin d'une certaine quantité de meubles. Dans la plupart des cuisines du Moyen Age, cependant, ceux-ci sont moins nombreux qu'on pourrait le croire. Indépendamment de la chaire où trône le maître queux, « vestu et paré d'un honneste habit, avec la serviette pendante à son espaule dextre », et armé, en guise de sceptre, de sa terrible louche, on ne rencontre guère de sièges. Les gros meubles eux-mêmes sont rares. En la cuisine du château d'Angers, nous ne trouvons « qu'une grant table à dresser viande, sur deux granx tréteaux — trois grosses tables à hacher viande, chascune sur deux brichéz — ung grant mortier de pierre doublé enchassillé de boys ». Au château de Chanzé (même année 1471), les meubles sont plus nombreux. Nous rencontrons « deux dressouers — deux brichéz — une huche — une armoires à quatre fenestres — un chauffouer à laver mains, de cuyvre ». Au château de Reculée, l'inventaire nous met en présence d'un « mortier doublé enchâssé — une grande table de cuisine sur ses brechetz — une autre table, avec ses brechetz, de VIII piez de long — troys rasteaulx atachéz à crampons pour pendre les viandes — une autre table de cuisine avec ses brechéz de

VIII piez de long — une table de cuisine telle quelle, garnie de brechéz — ung petit dressouer de quatre piéz et demy de long et ung et demy de large cousu contre le garde-menger ». (*Comptes et mémoriaux du roi René*, p. 251, 272, 279.)

Si maintenant nous passons de la revue des meubles à celle des ustensiles, dès les époques les plus éloignées, nous trouverons notre pièce singulièrement bien fournie en objets de toutes sortes. Ainsi, dans la cuisine de Mahaut d'Artois (1313), figurent six grands trépieds, six chaudières, dont trois grandes et trois petites, trois chaudrons de cuivre, deux bassins à puiser l'eau, deux cuillers percées (écumoires), deux pelles, quatre contrerotiers, deux grands grils, une poêle, deux pots de cuivre, une lèchefrite, une poêle à queue et un grand trépied.

La cuisine de Clémence de Hongrie dont l'*Inventaire* fut dressé, en 1328, par Pierre de Saintré, n'était guère moins bien pourvue. On y trouvait : dix poêles, deux grandes chaudières, munies de quatre anneaux, six baquets de diverses tailles, quatre poêles à queue, trois puisettes, cinq petits pots d'airain, deux petites chaudières, trois broches, deux contrerotiers, deux grils simples, un double, trois mortiers avec leurs pilons, etc. Celle de Jehanne d'Évreux (1372) comprenait 27 chaudrons, grands moyens et petits ; 6 chaudières de tailles diverses, 8 contrerotiers, 3 cuillers percées en cuivre, 2 en fer, 1 écumoire, 4 grils, 2 lèchefrites, 1 mortier et son pilon, 16 poêles à anses, 2 grandes poêles à queue, 9 autres poêles, 3 puisettes d'airain, 1 pot de cuivre et 1 trépied de fer. — Dans la cuisine d'Isabeau de Bavière, on ne comptait (en 1401) pas moins de dix-sept poêles tant à anse qu'à queue, et de fer comme de cuivre, une belle-bouche neuve, un chaudron moyen, deux puisettes, quatre couples de contrerotiers, six broches, deux cuillers de fer percées, deux « raables », une « pele » de fer et une chaudière pour la saucerie. Si maintenant nous passons au château de Chanzé et à la batterie de cuisine du roi René, nous verrons que celle-ci se composait de deux grandes broches de fer et d'une petite, de deux grandes rôtissoires de fer, de deux grils, l'un grand et l'autre petit, de trois poêles de fer, de neuf poêles de cuivre, de deux trépieds de fer, de huit chandeliers, deux bassins, deux chaufferettes, etc. Enfin, pour terminer cette revue, résumons la batterie de cuisine du château de Lamothe-Feuilly, telle qu'elle résulte de l'*Inventaire de Charlotte d'Albret* (1514) ; cette batterie comportait quatre rôtissoires, dont deux « en façon de chapelle », sept broches de fer, deux landiers, sept poêles, dont quatre à queue et trois sans queue, deux chaudières de cuivre, deux pots de fer, un mortier et un pilon de fer « à battre espices », une pelle et deux grils, deux mortiers de pierre, « l'un doublé et l'autre sanglé », deux cuillers de fer, un « grant cuiller persé », c'est-à-dire une écumoire, un friquet, etc.

Certes, voilà de quoi mettre en train un certain nombre de ragoûts, ceci, bien entendu, sans compter les ustensiles d'argent fort nombreux, comme nous l'avons établi plus haut. (Voir le mot ARGENTERIE.) Les *Comptes de l'argenterie d'Anne de Bretagne* (1492-93) mentionnant la livraison par l'orfèvre Porchier de 12 grands plats et 2 écuelles d'argent « pour servir esdictes cuisines », et ceux de 1494, l'acquisition d'un petit poinçon d'argent représentant une « armine » (hermine) « pour cognoistre la différence de la vaisselle de la cuisine [de celle] de la bouche d'icelle Dame » ; ainsi que l'*Ordonnance* du 22 novembre 1506 par laquelle Louis XII décide « que tous les orfèvres ne pourront dorénavant faire aucune vaisselle de cuisine d'argent », montrent, au surplus, combien l'usage des ustensiles de ce métal était répandu à cette époque.

L'*Ordonnance* de Louis XII et l'*Inventaire de la duchesse de Valentinois*, qui nous conduisent au XVIe siècle, attestent en outre que, sauf quelques adjonctions de peu d'importance, le matériel culinaire demeura, aux premiers temps de la Renaissance, le même qu'au siècle précédent. Si nous avions, au reste, besoin de quelques éclaircissements, le *Blason de la cuisine*, que Gilles Corrozet traçait en 1534, suffirait à lever nos doutes. Ce tableau de la cuisine idéale, typique en quelque sorte, est trop intéressant, trop lestement tracé et surtout trop plein de renseignements variés, pour que nous n'en retenions point ici les principaux passages :

Fig. 800. — Intérieur de cuisine, d'après le *Calendarium Romanum* (1518).

On a beau voir une maison dorée,
On a beau voir une chambre parée,
On a beau voir le grenier et la cave,
On a beau voir le cabinet tant brave,
On a beau dire, on a beau faire mine ;
Si on ne void une bonne cuysine,
Il n'y a riens en la maison qui plaise,
Car la cuysine esjouyt et faict aise
Le corps humain, et la munition
Engendre au cœur grand récréation.
. . . .
En la cuysine à point bien ordonnée
Est de besoing avoir la cheminée
Pleine de feu et garnie de chenetz,
D'acoste-potz et de grilz assez netz,
D'une grand pelle et tenailles serrantes
Pour atiser les buches très ardentes.
Droict au milieu, se tient la crémilière
Où pend souvent chaulderon et chauldière ;
En la cuysine est assez convenable,
D'avoir ung banc et une vieille table,
Et ung buffet à mettre la vaisselle,
Qui est d'estain et de cuyvre ; car celle
Qui est d'argent et d'or, en garderobe
La fault serrer, de peur qu'on la desrobe.
En la cuysine on voit pintes voller,
Quartes et brocs et vaisselle rouller
Comme grandz platz, escuelles et assiettes.
Là vont traînant nappes et serviettes,
Touailles, torchons. Là sont poilles, bassins,
Pour accoustrer cochons, chappons, poussins ;
Là sont couteaulx pour détrencher et fendre,
Là ne se peult le gras mouton deffendre,
Ne bœuf, ne veau, qu'il ne soit mis en broche
Ou en bouillon. . . . .
Devant le feu sont les potz et marmites,
Où sont bouillis tant de divers potages
Selon les temps et différentz usages.
Là aussi sont les pouldres et espices,
Boudins, jambons, andouilles et saulcisses ;
Les saupicquetz pour les gens dégoustéz,
Le four aussi et les frians pastéz.
. . . . . . O cuisine friande !
On trouve en toy de chascune viande.
Diane y mect, selon temps et saison,
De ses forestz la tendre venaison ;

Cérès fournit de pain et blanc et bis;
Le dieu Bacchus, au nez plein de rubis,
Verse le vin quand il en a gousté...

Au XVIIe siècle, le matériel se complique; mais ce qui le distingue surtout, c'est qu'il devient particulièrement somptueux. L'argent, proscrit par les *Ordonnances* de Louis XII, et mieux encore par la misère qui désola les dernières années du XVIe siècle, fait sa réapparition dans le domaine du maître queux. Dans l'*Inventaire de Charlotte Fachon, épouse de Charles de l'Hôpital* (1625), la « batterye de cuisine et autres ustencilles de bois, tables et autres choses utiles et nécessaires à la cuisine », sont estimés 150 livres. Dans l'*Inventaire du maréchal de la Meilleraye,* pour ne citer que celui-là, l'argenterie de cuisine figure, à elle seule, pour 5,801 liv. 12 sols 6 den.; et Louis XIV aura beau renouveler les proscriptions de Louis XII, il aura beau ordonner la refonte de tous ces ustensiles précieux et en interdire, sous des peines cruelles, la fabrication et la vente, Saint-Simon nous montrera le Régent non seulement savourant une « chère exquise, qui s'apprêtoit dans des endroits faits exprès, de plain-pied, dont tous les ustensiles étoient d'argent », mais encore mettant « souvent la main à l'œuvre ». Cette passion culinaire, dont il avait sans doute hérité de son grand-père Louis XIII — lequel fut, à ce qu'affirme Tallemant, un pâtissier émérite — le Régent la transmit à Louis XV, qui « aimoit beaucoup, dit l'auteur des *Mémoires secrets* (t. VIII, p. 11), pour se délasser de ses augustes occupations du trône, à se livrer aux détails particuliers de la cuisine ». On peut supposer, pour employer le terme de Bachaumont, que « l'attirail de ce genre chimique », dont se servait le trop aimé monarque, ne pouvait pas manquer d'être plus somptueux encore que celui du Régent.

Fig. 801. — Intérieur de cuisine, d'après une gravure sur bois du XVIe siècle conservée au Cabinet des Estampes.

Si, de ces distractions intimes, nous remontons au service officiel, nous découvrons qu'il n'a rien abdiqué de sa solennité, et l'*État de France* nous apprend que la CUISINE-

Bouche du roi égale au moins, comme multiplicité et comme variété de personnel et d'emplois, la Maison de Philippe le Bel et celle presque aussi fastueuse des ducs de Bourgogne. Si, après cela, nous passons du contenu au contenant, c'est-à-dire du mobilier à l'enveloppe, à la cuisine considérée en tant que pièce, nous pourrons voir aussi que les vastes proportions et les aménagements ne sont point inférieurs à ce qu'ils étaient au temps de Charles le Téméraire. « La cuisine, écrit Diderot (*Encyclopédie*, t. IV, p. 539 ; voir aussi Daviler, *Explication des termes d'architecture*, t. II, p. 524), est une pièce du département de la bouche, ordinairement au rez-de-chaussée du bâtiment, et quelquefois dans l'étage souterrain..... En général, elles doivent être spacieuses, bien éclairées, avoir une grande cheminée pour le rôt, lorsqu'il n'y a pas de rôtisserie particulière ; une autre pour les potages, des fourneaux ou potagers pour les ragoûts ; un four, quand on n'a pas un lieu destiné pour la pâtisserie en particulier ; une paillasse pour entretenir les viandes chaudes ; des tables pour le service des cuisiniers ; un billot pour couper et hacher la viande, etc. » Les cuisines, ajoute Diderot, « doivent être voûtées, pour éviter le feu, ou au moins plafonnées de plâtre, et leur plancher doit être tenu fort élevé. Elles doivent avoir de l'eau en abondance, soit par des conduits amenés du dehors ou par le secours d'une pompe pratiquée dans la cuisine. »

Telles étaient les conditions que, suivant un homme assurément compétent, une belle cuisine devait remplir au siècle dernier ; il va sans dire que, même en passant sous silence les cuisines royales de Versailles, qui constituaient tout un monde, il était, à Paris et dans les châteaux environnants, nombre de cuisines qui, soit par le luxe de leur construction, soit par la commodité de leurs aménagements, laissaient bien loin derrière elles le type indiqué par Diderot. Pour n'en citer que quelques-unes, nous indiquerons celle du château de Veret, appartenant au duc de Mazarin, et que Piganiol de la Force déclare « parfaitement bien construite, voûtée, d'un grand goût » ; celle du petit hôtel de Bourbon, dont Germain Brice (t. III, p. 359) écrit : « Elle est remarquable par la manière dont elle est disposée, peu commune en ce pays-ci. La cheminée est placée au milieu, composée de quatre arcs portéz sur autant de colonnes, d'une manière hardie, où il paraît de bons effets de la coupe des pierres. Comme cette cuisine est fort éloignée du logis, afin que le service se fasse plus aisément, on a pratiqué un corridor souterrain solidement voûté qui passe sous la rue, et qui vient se terminer au pié du grand escalier. » Mentionnons encore les cuisines du château de Livry, qui avaient eu pour architecte Pierre-Noël Rousset, et passaient pour « les plus belles qu'il y ait probablement en Europe, tant par leur grandeur que par la richesse de leur construction » ; celle du château d'Ivry, qui reçut en 1739 la visite du roi Louis XV ; et celle, enfin, du château d'Orsay, « très artistement faite, écrit Dufort de Cheverny, avec une croisée ouvrant précisément au-dessus du manteau de la cheminée ». (*Mém.*, t. Ier, p. 166.)

Les cuisines que nous venons de passer en revue, princières ou seigneuriales, étaient des cuisines de tout premier ordre. Il ne faut donc pas être surpris de leurs vastes proportions et du luxe singulier qu'on y rencontre. Celles des couvents, faut-il le dire ? étaient plus vastes encore et n'étaient pas moins luxueusement installées. Elles jouaient un rôle considérable dans la vie monacale. On connaît, au surplus, la remarque judicieuse du Père André à propos de la foudre, qui en 1553 était tombée sur la bibliothèque d'un couvent.

Si ce tonnerre, au lieu de brûler un Sénèque,
Laissant là les déserts de la bibliotèque,
Fust cheu dans la cuisine, en la foule des corps !
Pauvres moines, hélas ! vous estiés donc tous morts ?

Pour la bourgeoisie, les choses se passaient autrement. Dans la plupart des hôtels et maisons habités par nos ancêtres du tiers état, non seulement la cuisine n'affectait pas ces allures magistrales, mais elle ne constituait même pas une pièce spéciale. Elle se confondait le plus souvent avec la salle à manger, parfois avec la chambre à coucher, et, comme cela se pratique encore dans nos habitations campagnardes et dans certaines auberges de village, on mangeait, on buvait, on dormait dans la pièce même où se préparait le repas. Les seigneurs les plus difficiles à vivre s'accommodaient parfaitement de cette promiscuité, au moins quand ils étaient en campagne. « Tantôt après messe, écrit Froissart, les tables furent mises et dressées et la cuisine apparcillée. Si demanda-t-on audit Monseigneur Jean Chandos s'il vouloit dîner et il dit : — Oil, puisqu'il est prêt. »

Si, du puissant Chandos, nous passons aux simples particuliers, et de l'historien Froissart au joyeux conteur qui s'appelle le sieur d'Ouville, ce dernier nous montrera un soldat logé en un galetas, entendant du bruit au-dessous de lui. «..... Il se lève nud en chemise, se couche tout plat à terre et voit que ce trou répondoit en une belle chambre qui étoit au-dessous de luy, bien meublée, bien tapissée, où il y avoit un beau et grand feu, avec deux broches qui tournoient pleines de gibier. » Entre temps, Tallemant des Réaux nous apprendra que Mme de Verneuil, délaissée par Henri IV, « ne songeoit qu'à la mangeaille, qu'à des ragoûts, et vouloit même avoir son pot dans sa chambre » ; et nous saurons par d'autres qu'au XVIIe siècle, dans nos provinces, la cuisine servait à la fois de cabinet d'étude, de salon et de chambre à coucher. Cette habitude donna même lieu à une confusion étrange.

« Le grand Condé, écrit un historien, dans le tems de la tenue des États de Bourgogne, avoit rendu visite à plusieurs magistrats de Dijon, qui l'avoient reçu dans cette chambre ménagère. Étant de retour à la cour, le prince dit à Louis XIV : — Votre province de Bourgogne est bien riche, les cuisines y sont tapissées. » S'il eût vécu un siècle plus tôt, le grand Condé n'eût pas songé à s'étonner de cette confusion de pièces, qu'il prenait à tort pour un déploiement intempestif de luxe. Ce qu'on pouvait constater encore à la fin du XVIIe siècle, en Bourgogne, était, au XVIe siècle, d'usage courant à Paris. François de Montholon, garde des sceaux de François Ier, logeait avec toute sa famille, si nous en croyons Saint-Foix, au coin de la rue Saint-André-des-Arcs et de la rue Gît-le-Cœur, dans une maison ne contenant au rez-de-chaussée qu'une petite salle et une énorme cuisine où passèrent les plus grands personnages de ce temps. Cette confusion d'attributions présentait bien quelques inconvénients ; mais elle avait, entre autres avantages, celui de porter les ménagères à soigner d'une façon spéciale leur batterie de cuisine, qui constituait ainsi, par la force des choses, l'ornement principal de l'habitation. Si bien que dans certains pays, le *Mercure galant* le constate, les casseroles, les poêles et les coquemars de cuivre, bien brillants, bien fourbis, bien luisants, devenaient des objets de pure décoration et ne servaient que dans des occasions exceptionnelles. (Voir *Mercure*, 1673, t. II, p. 155.)

Avec le XVIIe siècle, cette promiscuité cessa peu à peu. Les pièces prirent un caractère plus personnel. La cuisine et la batterie, sa parure naturelle, s'en ressentirent. L'une cessa d'être un des membres importants du logis ; elle devint une pièce exclusivement de service, et si, dans les riches habitations, elle conserva son ampleur, ses belles proportions et continua d'être éclairée convenablement et bien aérée, dans les maisons bourgeoises, par contre, elle se vit tenue à l'écart. Reléguée dans les recoins disgraciés et obscurs, elle prit jour sur des cours étroites, perdit, avec sa clarté, le plus beau de ses privilèges, sa propreté immaculée, et mérita parfois les amères critiques que Fabrice Campani prodigue à ces fâcheuses cuisines « d'où il vient quelquefois une si grande puanteur qu'elle infecte les hommes ! où l'on ne voit paroistre que des innumérables escadrons de mouches, des sales eaux et un grand assemblage d'os sans sépulture ». La transformation du matériel ne fut pas moins complète. Les fourneaux de briques d'abord, de fonte ensuite, remplacèrent la grande cheminée au manteau hospitalier, à la flamme joyeuse; les vastes armoires luisantes cédèrent la place à de mesquins buffets. Les larges tables disparurent. Quant à la batterie de cuisine, nous en avons déjà parlé autre part (voir BATTERIE) et nous avons montré comment, par économie, le fer-blanc remplaça, de ses reflets froids et gris, les chaudes rutilances du cuivre.

CUISINE PORTATIVE. — Appareil en fer, contenant un fourneau et tous les ustensiles nécessaires pour faire un dîner sommaire. C'est le sieur Lavocat, mécanicien à Champigneul, près Nancy, qui paraît avoir fabriqué le premier de ces ustensiles. Voici en quels termes l'*Almanach sous verre* de 1781 (col. 145, nº 177) annonce cette invention alors nouvelle : « Avec 4 sols de charbon, on peut préparer fort commodément, dans cette cuisine, qui n'est haute et large que d'environ 20 pouces, un repas de 12 personnes, de la soupe, des fricassées, des ragoûts, du rôti, des pâtisseries, des compotes, etc., sans avoir d'autre feu que celui qui est sous la marmite. » Deux ans après, un sieur Nivert imagina un autre appareil du même genre, dont le *Mercure* donna la description suivante : « M. Nivert vient d'inventer une cuisine portative. Cette cuisine est une boîte de tôle ou de cuivre, de 2 pieds 2 pouces de long, 2 de large, et 15 pouces de haut. Cette boite contient 3 fourneaux, une assez grande marmite, huit casseroles avec leurs couvercles, deux casseroles plates, une rôtissoire propre à faire 3 rôts à la fois, un coquemar de cafetière, une passoire, une râpe, des moules à pâtisserie, des tourtières, des cuillers à ragoûts, une écumoire, un mortier et pilon, un gril, une salière, une pelle, une pincette, du linge, etc. » (*Mercure* du mois d'août 1783.) Depuis cette époque, ces cuisines portatives, qui étaient surtout usitées en campagne, ont été délaissées, et on n'en fabrique plus guère que pour les voyages d'exploration.

Fig. 802. — Intérieur de cuisine, d'après une estampe de Jeaurat (XVIIIᵉ siècle).

Cuisinière, *s. f.* — On a donné ce nom à des appareils de construction différente, qui servent à faire cuire les aliments. La première cuisinière dont il soit fait mention remonte à l'année 1755. Voici en quels termes les journaux du temps parlent de cette innovation : « Boudin, ferblantier à Beauvais, a inventé une machine qu'on nomme *Cuisinière* ou *Pot à poulet,* dans laquelle on fait cuire sans feu un poulet ou une autre pièce de volaille. Ces cuisinières sont faites d'une terre de grès très saine et enfermées dans un étui de fer-blanc. Il y en a de différentes grandeurs ; les plus grandes, qui servent à faire cuire une poularde et un pâté en même tems, sont de 24 livres ; leur étui est de tôle planée très propre. Les moyennes, où l'on ne peut mettre qu'une seule pièce de volaille, sont de 16 livres ; enfin, les plus petites, enfermées dans un étui de fer brute et non poli, coûtent 12 livres. En les délivrant, on donne un imprimé qui enseigne la façon d'y faire cuire les viandes. » (*Annonces, affiches et avis divers,* à la date du 16 juillet 1755, nº 29, t. Iᵉʳ, p. 116.)

L'invention du sieur Beauvais ne tarda pas à voir surgir des imitateurs. Le *Mercure* de janvier 1760 annonce que « le sieur Houël, marchand chaudronnier, fait des cuisinières portatives d'une grande propreté, très utile pour les voyageurs, dans lesquelles on fait du bouillon en trois heures, et cuire de la volaille ». Le même recueil, dans son numéro d'avril 1775, nous apprend encore qu'on « trouve chez le sieur Granchez, bijoutier de la Reine, des cuisinières angloises pour faire cuire au bain-marie les viandes ou le fromage ». Aujourd'hui, l'appareil que nous désignons sous le nom de cuisinière est une simple rôtissoire.

Enfin le *Livre journal* de Lazare Duvaux (t. II, p. 223) mentionne, à la date du 26 novembre 1754, la vente à M. Ducrolay d'une « cuisinière d'ancien lacq » pour 96 livres. Il est présumable qu'il s'agit là d'une petite statuette, et non d'un ustensile culinaire.

Cuisne, *s. f.* — Masse dont on se servait au jeu de billard. « Troys billars antéz de boys, deux cuisnes et deux billes. » (*Invent. du château d'Angers,* 1471 ; armoires de la garde-robe du roi René.)

Cuissin, *s. m.;* **Cuyssin**, *s. m.;* **Cuissinière**, *s. f.* — Locution gasconne, usitée également en Auvergne. Oreiller. « Huit grans lits, ayant coustiz de Flandre avec les cuyssins. » (*Invent. du château d'Aigueperse,* 1507.) « Ung grand banc à coucher, en forme d'archibanc, bois noguier, vieux, garny de couette, cuissins remplis de plumes, couverte blanche. » (*Invent. de Jacques Moyer ;* Toulouse, 1635.) « Plus une couete et cuissin Flandres remplis de plumes... Plus une cuissinière ramplie de plumes fort vieilhe et rompue. » (*Invent. de Guillaume Cathala,* *marchand;* Toulouse, 1635.) « Un archellit bois noguier, denviron sept pans de largeur, avecq pailhasse, coitte, cuissin garny de plumes, etc. » (*Invent. de Geoffroy de Naves;* Toulouse, 1668.)

Cuivre, *s. m.;* **Cuyvre,** *s. m.;* **Coivre,** *s. m.;* **Couvro,** *s. m.;* **Coyre,** *s. m.* — Corps simple, de couleur rouge,

Fig. 803. — Cul-de-lampe en pierre sculptée (xve siècle).

employé dans l'ameublement, soit à l'état pur, soit à l'état d'alliage, pour la confection d'une quantité d'ustensiles. Allié avec de l'étain, il forme le bronze dont il est parlé dans ce volume. Mélangé avec une proportion de 30 pour 100 de zinc, il forme le laiton ou cuivre jaune. Un grand nombre d'objets de quincaillerie sont en cuivre, la batterie de cuisine notamment, les flambeaux, les seaux à rafraîchir, etc. Autrefois, dans la plupart des ménages, on avait également de la vaisselle de cuivre. L'auteur du *Livre des mestiers* recommande d'avoir

> Pots de cuevre et caudrons,
> Chaudires et poyelles,
> Bassins, lavoirs et escumoirs.

De son côté, Gilles Corrozet, dans les *Blasons domestiques* (1539), veut qu'on ait

> ... Ung buffet à mettre vaisselle
> Qui est d'estain et de cuyvre...

Au mot Dinanderie, on trouvera les indications que nous avons pu réunir sur la fabrication de la vaisselle et des divers ustensiles de cuivre. Fait à noter, les batteries de cuisine en cuivre paraissent avoir été beaucoup plus estimées que celles d'airain. La *Subvention générale du vingtième sur les marchandises entrant en France* (1641) cote celles-ci à 50 pour 100 au-dessous de celles de cuivre.

On trouve au xve et au xvie siècle le mot qui nous occupe orthographié cuyvre, coivre, coyre, quoisvre, couvro. Cette dernière orthographe se rencontre dans le *Tarif des droits perçus sur les marchandises entrant à Lyon* (1295). On y lit : « Un quintal d'éteing, couvro oulles et métal paieront à l'entra ii gros. » Coyre est limousin et figure dans le *Règlement des orfèvres de Limoges* (1394).

Culbas, *s. m.* — Sorte de jeu assez répandu au xviie siècle dans la plus haute société. « A neuf heures, Monseigneur joua le grand jeu du culbas. Après souper, Sa Majesté joua au billard et Monseigneur à de petits jeux avec les princesses. » (Dangeau, *Journal,* t. II, p. 86.)

Cul-de-four, *s. m.* — Terme d'architecture. Voûte formée d'un quart de sphère. Le cul-de-four n'est pas, à proprement parler, autre chose qu'une demi-coupole.

Cul-de-lampe, *s. m.;* **Bas-de-lampe,** *s. m.;* **Queue-de-lampe,** *s. f.* — Terme d'architecture. On donne ce nom à certains encorbellements ouvragés, parce qu'ils offrent quelque analogie, comme disposition, avec le dessous d'une lampe d'église. Le Moyen Age et la Renaissance ont fait un usage considérable des culs-de-lampe. Il semble qu'au xvie siècle on ait employé dans le même sens l'expression « bas de lampe ». On lit, en effet, dans l'*Ordre tenu au sacre et couronnement d'Éléonor d'Austriche, faict à Sainct-Denys l'an 1530 :* « Et tout le long d'icelui pont estoyent rainceaulx de verdure, en façon de treille, se conjoignans par bel artifice en bas de lampe, où estoyent les armes et escussons du Roy, de la Royne, de Madame, mère du Roy, de Messeigneurs les Daulphin, duc d'Orléans et duc d'Engoulesme. » Peut-être n'est-ce là qu'un euphémisme. Rabelais, moins délicat dans le choix de ses périphrases, écrit « queue de lampe ». (Voir *Pantagruel,* liv. II, chap. xiv.)

Dans le mobilier, on emploie des culs-de-lampe de bois sculpté, d'ébénisterie, de fer, de cuivre ; ce sont des socles ayant la forme et l'aspect de pendentifs. On dit, de certains petits meubles affectant cette même disposition, qu'ils sont en culs-de-lampe. « Un cabinet antique à 4 volets, en forme de cul-de-lampe, estimé 60 livres. » (*Invent. de François Dumas, lieutenant assesseur au présidial d'Angoumois;* Angoulême, 1725.) Dans le *Livre journal* de Lazare Duvaux, nous relevons : « 25 mai 1751, — Mme de Préninville : une bibliothèque de bois citron faite en cul-de-lampe, garnie en satin vert, 64 livres. » « 3 novembre 1758, — M. Shonen, pour MM. les intéressés de Sèvres (c'est-à-dire de la manufacture) : quatre grandes lanternes en cul-de-lampe de cristal, garnies en cuivre, avec leurs lampes aussi de cuivre, poulies, contre-poids bronzés et cordons, 36 livres. » Enfin, dans le *Catalogue de la vente Randon de Boisset* (1777), on lit : « *Porcelaine du Japon,* une bouteille forme de calebasse à mosaïque et cartouches à fleurs, garnie de son couvercle, gorge avec trois anses contournées et pied à cul-de-lampe en bronze doré. »

Cul-de-villain, *s. m.* — Nous lisons dans l'*Inventaire de Charles V* (1380) : « Une bourse de satanin à cul-de-villain, à quatre escussons de France de brodeure pourfillez

Fig. 804. — Cul-de-lampe en marqueterie (xviie siècle.)

de perles. » — « Une bourse de cuir blanc et rouge, faicte à cul-de-villain, et y a troys boutons de perles. » Il s'agit sans doute ici de ces bourses à fond plat, comme celles dont on se sert encore pour quêter dans les églises.

Culeron, *s. m.;* **Culleron,** *s. m.* — Partie creuse de la cuiller. (Voir Cuilleron.)

Culhey, *s. f.;* **Culiei,** *s. f.;* **Culiero,** *s. f.* — Cuiller. Culhey est la forme bordelaise et gasconne du mot. « Una dotzena et meya de culheys d'argent, ab las glans dauradas, que fo deit que pesanan dos marcs et una onsa. » (*Invent. de Ramond de Cussac, chanoine de Saint-André;* Bordeaux, 1442.) Culiei et culiero appartiennent au dialecte limousin.

Culot, *s. m.* — Ce mot, dans les arts de l'ameublement et de la décoration, a plusieurs significations. Il désigne : 1° l'extrémité inférieure de la lampe suspendue et, par extension, le bout du CUL-DE-LAMPE (voir ce mot) ; 2° l'entonnoir du chandelier ; 3° une petite escabelle dont se servent les miroitiers ; 4° en outre, c'est un ornement qui figure dans le chapiteau corinthien et qui, dans les ouvrages d'orfèvrerie et de serrurerie, revêt la forme d'une sorte de noyau d'où s'échappent les branches d'un rinceau ou d'une volute.

Cumascle, *s. m.* — Voyez CRÉMAILLÈRE.

Curafué, *s. m.* — Locution forézienne. Sorte de tisonnier pour gratter et attiser le feu.

Cure-dent, *s. m.;* **Cure-oreille,** *s. m.* — Ces petits objets de propreté sont fort anciens. Leur nom, toutefois, est relativement moderne. Presque jusqu'au XVIe siècle, en effet, on les désigne sous le nom de COUTELET, de FURGETTE, d'ESCURETTE. (Voir ces trois articles.)

Au XIVe et au XVe siècle, les plus nobles dames se curaient les dents avec des épingles empruntées à leurs corsages. Antoine de la Sale, dans son joli roman du *Petit Jehan de Saintré,* fait dire à la dame des Belles Cousines : « Si vueil que vous ne veniez plus aux galleries à l'heure que je y doy passer, ne que trop souvent devant moi vous ne vous arrestiez ; mais quant vous me verrez, que d'une espingle je purgerai mes dens, ce sera signe que je vouldray parler à vous, et lors frotterez vostre droit œil et par ce congnoistray que vous m'entendez et à celle foys y viendrez. » Et plus loin notre auteur ajoute : « Madame, endementiers que ainsy devisoient, comme se rien n'y pensast, regardoit à dextre et à sénestre, puis ça, puis là, et puis tout à coup son très doulx regard fléchissoit sur luy; et en ce faisant elle print de son atour une espingle, puis commença à purger ses dens, ainsi que son signal estoit. » Disons vite qu'à toutes les époques on employa pour ces soins de propreté les ustensiles les plus variés. C'est ce qui faisait dire à l'auteur du *Nouveau traité de la civilité qui se pratique en France parmi les honnestes gens* (1673) : « Il est incivil de se curer les dents devant le monde et de se les curer durant et après le repas avec un couteau, ou avec une fourchette. » Au mot COUTEAU, on verra, au reste, que cette recommandation n'était pas inutile et que, pour éviter qu'ils ne servissent à cet usage, le cardinal de Richelieu fit arrondir ses couteaux de table.

La première mention que nous rencontrons du mot cure-dent figure dans un *Inventaire de la maison de Bourgogne* daté de 1487 : « Un curedent, ou quel est mis en œuvre ung diamant nommé la lozenge et une grosse pointe de diamant et une grosse perle. » On remarque dans l'*Inventaire des meubles et effets précieux du château de Pau* (1517) : « Ung cuer-dent d'argent. » En janvier 1534, François Ier acheta à Regnault Danet, « marchant joyaullier de Paris, un pillier de cristal, garny d'or, une houppe d'or et d'argent. Ledit pillier taillé et esmaillé, enrichi de petiz outilz dedans le pillier, pour servir à curer les dens, et d'une chesne d'or pour le pendre. » Dans l'*Inventaire des joyaulx et pierreries du roy de Navarre,* dressé par Jeanne de Foix au château de Navarrens en 1583, on relève : « Un estuy d'or, garny de un petit outilz de curedent et curoreille d'argent. » Dans l'*Inventaire du mobilier de la Couronne* (état du 20 février 1673) figure « une boeste à cure-dent, le corps en argent vermeil doré, couverte de chagrin, avec son couvercle percé à jour des chiffres du roi aux quatre coins, et gravé au milieu du chiffre du roi ». Aujourd'hui, on fabrique encore des cure-dents et cure-oreilles en métal précieux, en ivoire, en écaille, etc.; mais, le plus souvent, on se sert pour cet usage de cure-dents en bois ou en plume. Ajoutons que ces derniers étaient en usage dès le XVIe siècle. Un article des *Comptes royaux* à l'année 1576, relevé par M. Ch. Demaze, dans ses *Curiosités des anciennes justices,* porte en effet : « Cure-dents pour chaque mois : vingt sols. » Le *Courtisan à la mode,* imprimé en 1625, nous apprend, en outre, que de son temps les gens du bel air mettaient toute leur application à « faire la révérence, branslant la teste en cadence, à mâcher fort bien l'anix, et à ronger le cure-dent ». On sait, enfin, que le connétable de Montmorency avait toujours un cure-dent aux lèvres, et qu'il fallait se tenir en défiance quand il se mettait à le mordiller. De là ce quatrain qui courut vers 1565 :

De quatre choses Dieu vous guard :
Des patenostres du vieillard,
De la grand main du cardinal,
Du cure-dents du connestable,
De la messe de l'hospital.

Fig. 805.
Cure-dent et cure-oreille
(XVIe siècle).

Casanova, dans ses *Mémoires* (t. II, ch. XIV, p. 302), constate que, de son temps, on vendait les cure-dents de plume et de bois de senteur dans les boutiques du Palais-Royal.

Cet article serait incomplet si nous omettions de dire que cet utile instrument a inspiré jadis les poètes. En 1706, il se trouva un rimeur pour mettre le cure-dent en énigme. Voici cette pièce de poésie, à laquelle le *Mercure galant* voulut bien offrir l'hospitalité :

On trouve peu d'honnestes gens,
S'ils ne sont accabléz sous le poids de leurs ans,
A qui je ne rende service.
Ils ont cependant l'injustice
De me faire souffrir une étroite prison ;
Quoique mon corps soit foible et mince,
Je suis utile au plus grand prince.
Soir et matin, de son palais,
Je nettoye les avenues,
Que mille choses superflües
Pourroient faire sentir mauvais ;
Lorsque fait pour un double usage,
Mes deux bouts ont chacun leur différent employ,
J'ai souvent l'oreille du Roy,
Sans que ses favoris en prennent de l'ombrage.

Cure-langue, *s. m.* — « Lame d'ivoire, d'écaille, de corne, dont on se sert pour racler la langue. » (LITTRÉ.) (Voir GRATTE-LANGUE.)

Cure-oreille, *s. m.* — Petit ustensile dont le nom dit assez l'objet. Généralement le cure-oreille est joint à un autre instrument de même genre, cure-dent, lime, canif, etc. A la *Vente du fonds du sieur Vincent,* orfèvre, demeurant près de la porte Saint-Martin, figuraient des « cure-oreilles, grate-langues, etc. » (*Ann., aff. et avis divers,* 31 août 1769.) (Voir l'article suivant.)

Curette, *s. f.* — Cure-dent — sans doute abréviation d'ESCURETTE. Le continuateur de Du Cange cite le passage suivant d'une *Lettre de rémission,* datée de 1460 : « Une bourse de cuir, en laquelle avoient plusieurs papilotes d'argent et une curette d'argent, à curer oreilles et dens. » Lacurne fait de ce mot le synonyme de *curetel,* instrument employé à curer le pied des chevaux.

Current, *s. m.* — Voir Courant.

Curule, *adj.* — Chaise curule ; chaise sur laquelle les premiers magistrats de Rome prenaient place. Par extension, chaise d'honneur. « Je vy a un des costéz de la chambre douze statues d'albastre représentées au naturel, toutes assizes en des sièges faicts en forme de chaire currule. » (*Isle des hermaphrodites,* p. 28.)

Custode, *s. f.* — Ce mot a plusieurs significations. Celle d'abord de rideau, de pièce d'étoffe, montée sur une tringle, servant à défendre de l'air et de la lumière un meuble quelconque ou une partie de l'appartement. M. Jules Labarte a cru que la custode était plus spécialement une portière. C'est une erreur d'autant plus facile à rectifier que les deux leçons qui motivent son opinion s'appliquent, l'une et l'autre, à des rideaux de lit. Voici, du reste, ces citations ; elles sont tirées de l'*Inventaire de Charles V* (1380) : « Une chambre de veluiau azurée de fleurs de lys, garnye de ciel, de dossier, de coulte-pointe, de banquier brodé et de troys custodes de zabatis azuré..... » ; et plus loin : « *Item,* une chambre de drap d'or, où il a une croix de veluiau vermeil, brodée à plusieurs armes, garnye de ciel, de dossier, de coulte-pointe et de troys custodes de tartaire vert royé d'or. » Le nombre des custodes, dans chacune de ces descriptions, correspond exactement au nombre de courtines ou rideaux qui, avec le dossier, sont nécessaires pour envelopper le lit de toutes parts. Il n'y a, par conséquent, place pour aucune hésitation. Il en est de même pour le passage suivant, tiré de l'*Histoire de Charles VI* (à l'année 1401) : « Et cheut le tonnerre en la chambre de la Reyne..... et brûla tous les custodes et courtines de son lict. » Nous relevons encore, dans un petit poème du XVe siècle intitulé les *Droits nouveaulx sur les femmes,* les quatre vers suivants :

> Ils promettoient dons et joyaulx,
> Pour parvenir à leurs attentes,
> Saincturcs, chapperons, et anneaulx,
> Litz, custodes, ciel et tentes.

Là encore, la custode est bien un rideau-lit ; mais dans la citation suivante empruntée au *Messaigier d'amours* (1489), elle pourrait bien désigner plutôt une portière ou un rideau de fenêtre.

> Un jour je veis cest homme avecq ma dame,
> En une chambre entre eulx deux à requoy,
> Parlans d'amours, cuidant n'estre veuz de ame,
> Au banc assiz, tournez le dos vers moy ;
> J'entray dedens tout doulx sans faire effroy
> Et me cachay derrière une custode :
> Ce que j'ouys, je l'escrips, par ma foy.
> Touz leurs devis furent en ceste mode.

Enfin, dans nombre d'inventaires du XVIe et du XVIIe siècle, on rencontre custode avec l'une de ces deux significations. « Une couche de bois de chesne, garnye de son enfonçure..... ung ciel de tapisserie, quattre pantes, trois custodes, etc. » (*Invent. de Maurice Ménier, imprimeur ;* Paris, 1566.) « Une couche de bois de chesne..... ung ciel de serge de roulleaux verd et rouge, trois custodes, deux de serge et l'autre de thoille, etc. » (*Cession des meubles d'Adam Musnier, doreur sur cuyr ;* Paris, 1571.) « Une couchette de bois de chesne à pilliers — un loudier, une couverture de laine rouge — ung siel de serge vart et rouge, troys custodes, deux de sarge et une de toille, le tout vart et rouge. » (*Mémoire des meubles apportés par Gilles Roger à son fils ;* Paris, 1572.) « Une custode en façon de pavillon servant à la dicte couche. » (*Invent. de Laurent Gaultier, chapelain ;* Darnétal, 1585.) « Deux custodes et ung dossier de serge verde, prisés ensemble XV sols tournois. » (*Invent. de Catherine Brunet, épouse de maistre Simon Lafilé, procureur au Chastelet de Paris,* 1591.) Dans l'*Inventaire de Gabrielle d'Estrées* (1599), nous remarquons également : « Une couche à haults pilliers tournéz de bois de noyer, garnie de trois custodes et une bonne grâce, trois pantes de ciel, fondz et dossier, le tout de serge vert, etc. » Enfin, citons encore : « Une couche de bois de noyer fremant à vis, garnie d'une paillasse de laveton... deux couvertures de Castelogne ; six pantes de ciel, trois custodes, deux bonnes grâces, etc. » (*Invent. de Charles Benoist, Me de la Chambre des comptes,* 1634.)

De ces divers textes, il convient de rapprocher une *Lettre de rémission* de 1445, citée par Du Cange et qui porte : « Icellui Audry tira et sacha les courtines ou custodes de la bouticle d'icellui barbier. » On voit par là que la custode, devenue rideau de fenêtre ou de porte, avait encore la mission de clore les boutiques de nos ancêtres. Ajoutons qu'elle conserva jusqu'à une époque relativement récente ces multiples fonctions, puisque le *Règlement général en temps de contagion,* édicté le 13 septembre 1533, et qui resta en vigueur presque jusqu'à la fin de l'Ancien Régime, défend « de transporter ou faire transporter d'une maison ou chambre, où quelqu'un seroit mort..... en autre maison, chambres ou greniers, aucuns lits, couvertures, loudiers, courtepointes, draps de laine, serges, custodes, ni autres choses susceptibles de mauvais air ».

En second lieu, custode désigne une tenture sacrée. L'*Inventaire du Garde-meuble de l'argenterie* (1353) cite : « V pièces de custode de cendal de grainne pour l'oratoire du Roy, pour la feste de l'Estoile » ; et l'*Inventaire de la Sainte-Chapelle* (1376) mentionne : « Quatuor custodæ antiquæ ex variis coloribus. — *Item,* una pecia custodæ de serico albo radiata. » Ces deux articles montrent que, dès le XIVe siècle, la custode avait sa place marquée dans le matériel ecclésiastique. Cette place, la custode l'occupait encore à la fin du XVIIe siècle, puisque Furetière écrit, dans son *Dictionnaire universel :* « Custode se dit des rideaux qui sont dans quelques Églises à costé du grand autel, et qui y servent d'ornemens ; et même, ajoute-t-il, on appelle quelquefois ainsi les rideaux des lits des particuliers. »

Enfin, notre mot a encore eu une signification plus générale : celle de housse d'écrin, de boîte, de coffre, renfermant, couvrant et protégeant, par conséquent, toutes sortes d'objets mobiliers. On rencontre custode, prise dans ce sens très général, en un grand nombre de textes du XIVe et du XVe siècle. On lit notamment dans *Perceforest :* « Le menestrier demoura seul, si print sa harpe et la mit en sa custode, puis se mist en chemin. » Nous relevons dans un *Inventaire de Philippe le Bon* (1460) : « Trois custodes de cuir, paintes d'or, ou a en chascune custode deux fluctes d'yvoire. » Les *Comptes du roi Louis XI* mentionnent, à l'année 1480, le versement de 201 liv. 2 s. 5 d. à Jehan Gallant, orfèvre, « pour le parfait du paiement, de l'argent, façon et doreures de deux custodes pesant ensemble vingt marcs sept onces et demye, lesquelles ledit seigneur a fait offrir et présenter à sa dévotion, l'une à Notre-Dame-de-Ranguy, près Chinon, et l'autre à la chapelle de son hostel de Bonne Adventure ». Un *Compte de Simon Longin, receveur général des finances de Philippe le Beau,* daté de 1502, porte : « A Jehan Herny (?), paintre, demourant à Bruges, la somme de soixante livres tant à cause des ouvraiges de son mestier qu'il a faiz à la custode de la tombe et sépulture de feue madame la duchesse d'Austrice et de Bourgoigne et livré le kanevas dont la dite custode a esté couverte, laquelle il a paincte de noir par trois fois et y fait huit grans blasons armoyéz des armes de ma dicte Dame, etc. » Un *Mandement de Marguerite d'Autriche* (1519) constate le payement à Bernard van Orley de 20 Philippus d'or pour, entre autres fournitures, avoir livré « une petitte painture à notre semblance et y avoir faict une custode, pour mettre icelle painture et doublé de satin par dedans ». Dans l'*Inventaire de Marguerite d'Autriche* (1524), nous voyons figurer : « Une petite custode de cuyr bouilli servant d'escriptoire, où il a ung canyvet, ung petit poinsson, ung petit cornet, etc. »; et dans l'*Inventaire de Charles-Quint* (Bruxelles, 1536) : « Ung mappelmundi rond en fachon de pomme avec sa custode bendée d'argent blancq toute rompue. » Citons encore, et pour terminer, le *Remboursement* effectué, en 1543, à Pierre Damant, garde des joyaux de l'Empereur, de la somme par lui payée à un maître coffrier (de Bruxelles) « pour une longue ronde custode couverte de cuyr où sont dedens diverses painctures, que Sa Majesté a faict faire par deçà, et lesquelles il a mandé que lui fussent envoyées » ; et enfin la *Quittance* délivrée en 1599 par Nicolas Consens, faiseur de custodes à Bruxelles, de la somme de 45 livres, pour avoir fourni diverses custodes destinées à la garde de l'argenterie de la chapelle de la court de son altesse le prince gouverneur ».

On voit par ces quelques exemples que le mot custode a été employé dans des sens très variés, et nous sommes bien loin de la signification unique que M. Jules Labarte prétendait assigner à ce mot.

Cutel, *s. m.;* **Culteau**, *s. m.* — Couteau. (Voir ce mot.)

Cuve, *s. f.* — Grand récipient, généralement de bois, de forme ronde ou ovale, cerclé comme un tonneau et capable de contenir une certaine quantité de liquide. La cuve joue un rôle assez important, dans l'histoire du mobilier, à cause des adaptations diverses auxquelles elle donna lieu.

Tout d'abord, c'est dans une cuve que l'on baptisait les néophytes. Parlant du baptême de Clovis, Philippe Mouskes écrit (*Chronique rimée*, t. Ier, p. 19) :

Endementiers que Sainct Remis
L'avoit en une cuve mis,
Et il de Dieu le benissoit,
Et en lisant le batissoit...

En second lieu, pendant des siècles, la cuve servit de baignoire. La *Complaincte du nouveau marié,* qui énumère avec complaisance tous les objets et ustensiles indispensables au ménage, mentionne parmi eux « la cuve baigneresse ». En janvier 1403, quand Marguerite de Flandre, duchesse de Bourgogne, fit acheter à Paris les objets nécessaires pour les couches de la comtesse de Rethel, sa belle-fille : « Maistre Jehan, de Liège, charpentier, demourant à Paris », lui fournit « deux cuves de bois d'Illande à baignier ». Jacques Dourdin, « marchant tappicier », fournit de son côté « deux fons de cuves à baigner », et Jehan de Neauvillé, drapier, « six aulnes de drap de Malines à faire la couverture de la cuve à baignier, pour ladicte Demoiselle ». En 1444, Philippe le Bon faisait venir de Dijon Guillaume Anceau, « estuvier », pour construire « une grant cuve quarrée à baignier en son hostel à Bruges, assise en pavement, contenant XVI piéz de lonc et VIII piéz de large ». L'*Inventaire du château d'Angers* (1471) signale, « en la chambre des estuves », « deux grandes cuves baignouaires, l'une entière, l'autre par pièces ». Les *Comptes de la chambre de Louis XI* nous apprennent qu'en 1478 ce roi fit faire à Jaquet Cadot, menuisier, « une cuve à baigner ». Les *Comptes de l'argenterie d'Anne de Bretagne* (1492) mentionnent le payement de 60 sols tournois à Jehan Chassenay « pour II grans cuves baignoires à couvercle dessus, par luy livrées pour servir à baigner la dicte Dame »; et nous savons par les *Comptes des bastimens* qu'en 1537 François Ier commanda à Claude Regnault, tonnelier, « douzes cuves baignoires ».

Fig. 806. — Modèle de cuve en argent, dessiné par Lepautre.

Inutile d'ajouter que les récits des conteurs et des auteurs de *Mémoires* viennent non seulement confirmer, mais encore compléter les indications fournies par les documents d'archives. La *Chambrière à louer,* qui vante ses mérites, dit :

Je sçay faire brides à veaulx,
Préparer baings dedans les cuves.

Dans la troisième des *Cent Nouvelles,* la belle châtelaine, sur laquelle le meunier grille d'envie de prendre certaine revanche, se baigne dans une cuve : « Et entretant que madame au musnier devisoit, nous dit le joyeux conteur, il apperceut, sur le bord de la cuve, ung très beau dyamant qu'elle avoit osté de son doy, doubtant de l'eau le gaster. » C'est aussi dans une cuve que se baigne Valentin, le mari trompé par Francion, et c'est contre le rebord de cette cuve, que Francion se blesse à la tête. (Voir *Histoire comique de Francion,* liv. Ier.) Le *Journal d'Héroard* nous apprend encore qu'on baignait Louis XIII enfant dans une cuve, alors que les *Mémoires* de Mme de Motteville (t. Ier, p. 270) nous informent que, même en 1646, Anne d'Autriche ne connaissait pas d'autre baignoire, etc.

Toutefois, à partir de Louis XIII, les cuves de marbre commencèrent à se substituer aux cuves de bois, au moins dans certaines résidences royales. Louis XIII en fit faire une à Versailles, qui fut ensuite recouverte par un parquet, puis plus tard cédée à Mme de Pompadour, qui l'utilisa comme bassin dans les jardins de l'Ermitage; et l'on a encore le compte des sommes payées par Louis XIV à Jean Legrue, Hubert Misson et Jérôme Derblay — ses marbriers ordinaires — pour les cuves de marbre qui garnissaient l'appartement des bains, au temps du Grand Roi. Mais bientôt le métal allait remplacer le marbre et le bois, et la cuve à baigner, reléguée parmi les meubles démodés, devait disparaître pour faire place à notre baignoire moderne.

Dans le langage mobilier, le nom de cuve a été, en outre, appliqué, suivant les époques, à des objets fort

Fig. 807. — Cuvette à rafraîchir, d'après D. Marot.

divers, qui n'avaient de commun que leur forme concave. C'est ainsi que dans l'*Inventaire de Charlotte de Savoie* (1483) nous voyons figurer : « Ung petit coffre d'yvyère carré, ouquel a dedans une petite cuve d'yvyère..... » Il s'agit là, sans doute, d'une très petite coupe ou d'un godet. Aujourd'hui, presque dans le même sens, nous disons encore la cuvette d'une montre. Il est aussi question, dans différents inventaires, de cuves à rafraîchir; nous trouvons, par exemple, dans la chambre de Louise Borgia : « Une cuve de cuivre à reffreschir vin, ayant deux grands esneaulx. » (*Invent. de la duchesse de Valentinois,* 1514.) Dans l'*Inventaire des meubles demeurés après le trépas de messire Léonor de Pisseleu, seigneur d'Heilly* (1613), figurent « deux cuves à mettre rafreschir vin, l'une d'airin, et l'aultre plus petitte de cuivre ». Enfin, au dîner qui eut lieu après le couronnement d'Anne de Foix, comme épouse de Ladislas VI, roi de Bohême (29 septembre 1502), nous voyons apparaître sur les buffets des « cuves de desserte » d'or et d'argent. C'étaient probablement des sortes de baquets, dans lesquels on recueillait soit les couteaux et les cuillers des convives, soit les reliefs du festin, pour les distribuer ensuite aux pauvres. Dans ce dernier cas, et c'est le plus probable, ces cuves auraient remplacé les fameux pots ou corbeilles aux aumônes, qui furent d'usage si courant pendant tout le Moyen Age.

Cuveau, *s. m.;* **Cuvelle,** *s. f.;* **Cuvelette,** *s. f.* — Petite cuve ou vase en forme de cuve, synonyme de cuvette. Cuvelette est employée par quelques auteurs du XIVe et du XVe siècle, notamment par Froissart. Racontant comment les Gantois saccagèrent le château de Male (1382) : « Et trouvèrent, dit-il, le repos (berceau) où le comte avoit été mis d'enfance, et le dépecèrent pièce à pièce, et la cuvelette où on l'avoit baigné et la dépecèrent aussi toute. » De son côté, D. Carpentier cite le passage suivant, emprunté à une *Lettre de rémission,* datée de 1398 : « Icelle suppliante prist huit cuvelettes d'argent estans en une custode... » Enfin l'*Inventaire de Marguerite d'Autriche* (1524) mentionne « une cuvelette de cristallin » et « une cuvelette de cuyvre à refreschir ». Nous avons relevé cuvelle dans ce même *Inventaire :* « Une petite boete à façon de petite cuvelle, pour y mettre la pouldre cordiale, que Madame prend à l'yssue de ses digné et souppez. » Elle figure également dans un *Remboursement* effectué par l'Empereur, en 1543, entre les mains de Pierre Damant, garde de ses joyaux. Quant à cuveau, on le trouve dans Rabelais, compris dans la série des vases à boire : « En aultre cent formes de voyrres à pied et à cheval, cuveaulx, retumbes, hanapz..... et semblable artillerye bacchique. » (*Pantagruel,* liv. V, chap. XXXIV.) C'est là un sens que Littré semble avoir ignoré.

Cuvelier, *s. m.* — Fabricant de cuves. La *Chronique de Tournai* à l'année 1364 énumère les cuveliers parmi les métiers qui possédaient bannière entre les « escringniers » et les « scieurs d'ais ».

Cuvellerie, *s. f.* — Nom donné à Tournai, au XIVe et au XVe siècle, à la Communauté des CUVELIERS. « Et le dimenche au matin, ung compaignon de Tournai, demorant en la ville de Bruges, pour apprendre le langage avec le mestier de cuvellerie, oyd aulcuns dire et affermer que, ceste meisme matinée, la ville de Tournai estoit prise. » (*Chronique de Tournai* à l'année 1426.)

Cuvette, *s. f.* — Petite cuve, aujourd'hui spécialement employée aux ablutions. Ce mot est fort ancien dans notre langue. On le rencontre, au XIVe siècle, dans l'*Inventaire de Charles V* (1380) : « Une cuvecte d'argent dorée [montée] sur quatre roes, et à quatre escussons de France, pesant dix-huict marcs quatre onces. » Au XVe siècle, nous relevons dans l'*Inventaire des objets transmis par le frère Jehan Charron, dernier maître de l'Hôtel-Dieu de Paris, à son successeur* (1428) : « Une cuvette d'argent blanc. » Dans l'*Inventaire du château d'Angers* (1471) figure : « Une petite cuvette de boys couverte. » L'*Inventaire d'Anne de Bretagne* (1490) décrit : « Une cuvecte à mectre le vin rafraischir, à deux grans ances tenues par hommes et femmes sauvaiges et à lyons par le dessoubz. » Cette maîtresse pièce d'orfèvrerie pesait 116 marcs d'argent. Au XVIe siècle, nous voyons également des cuvettes figurer dans un *Marché fait par Jehan Soulas, ymagier, pour la tour du chœur de la cathédrale de Chartres* (1519); dans les *Comptes des bastimens du Roy* (1535), etc.; dans un curieux marché, passé à Paris devant Me Delafons, notaire (29 juin 1582), entre Pierre Bibo, marchand de marbre, demeurant à Givet, et Arnould de Ville, marchand, bourgeois de Paris, pour la fourniture de « deux cuvettes de marbre jaspé, de deux pieds de long et d'un pied de large et d'un pied de hault, chascune des dites cuvettes enrichie de deux testes de lyon par les bouts, qui font quatre testes pour les deux cuvettes, etc. » Mais aucune des pièces que nous venons de décrire, pas plus que la cuvette de porphyre et la cuvette de marbre de diverses couleurs que mentionne l'*Inventaire de Catherine de Médicis* (1589), ou encore la « cuvette d'argent doré faicte en ovalle », qui figure dans l'*Inventaire de Gabrielle d'Estrées* (1599), ne ressemblent, comme forme, au vase hémisphérique dont nous garnissons nos toilettes, et, comme usage, aucune d'elles ne servait assurément aux soins de propreté du visage et des mains.

Leur poids, du reste, indique suffisamment leurs vastes dimensions. Celle de Charles V, par laquelle nous commençons, pesait 18 marcs 4 onces, c'est-à-dire 9 livres et quart. Celle de Gabrielle d'Estrées, par laquelle nous terminons, pesait 76 marcs, soit 19 kilos. Des vaisseaux de cette importance, pas plus que la cuvette du roi René, qui était de bois, ne pouvaient servir à se débarbouiller. A quoi donc servaient-ils ? C'est Richelet qui va nous répondre. La cuvette était encore de son temps un « vaisseau d'argent, de cuivre ou de faïance, large au fond d'un grand pié, haut d'un pie de bord, et long de deux piéz ou environ, qui sert dans les salles à manger pour recevoir l'eau des bassins à laver et le reste des verres ».

L'*Inventaire d'Anne de Bretagne,* cité plus haut, nous a appris, en outre, que ces mêmes cuvettes servaient aussi à rafraîchir le vin. Cet usage se continua pendant tout le XVIIe siècle. C'est dans une de ces cuvettes, « où il y avoit du vin à la glace », raconte Tallemant des Réaux, que Mme de Choisy dépose l'excédent de sa digestion, au grand scandale du curé de Saint-Germain-l'Auxerrois et de ses convives ; « elle avoit pris un remède, écrit notre malin conteur ; ce remède fut si long-temps à opérer qu'elle se résolut à aller à la messe avant que de rendre. Mais, à peine la messe fut-elle vers la fin, qu'elle se sentit pressée. Elle entre chez le curé et trouve deux hommes dans sa salle, qu'il avoit conviés à dîner ; elle leur dit : — Messieurs, M. le curé vous demande. — Elle plante son paquet dans la cuvette où il y avoit du vin à la glace, puis se sauve. Elle loge là, près de l'hôtel de Blainville. Le curé la vouloit excommunier ; elle répondit « qu'il valoit mieux « qu'elle eût fait tout dans la cuvette que dans l'église ; et « qu'après tout, si elle n'eût été bien craignant Dieu, elle « n'eût pas été à la messe en cet état-là. » C'est aussi d'une cuvette à rafraîchir le vin que la Régente, en 1645, autorise la confection, par lettres missives : « Notre cher et bien amé François Lescot, notre orphèvre, nous a humblement remontré qu'il luy a esté commandé de faire une cuvette d'argent du poids de 70 marcs, pour le service de nostre très cher et bien amé cousin le cardinal Mazarin, et d'autant que par nostre dernière déclaration, nous avons faict deffenses de faire fabriquer des pièces d'argent de ce poids et de cette qualité, sans nostre permission expresse, l'exposant nous a requis nos lettres sur ce nécessaires, — à ces causes, nous avons permis et permettons, etc. » Celles qu'on rencontre dans la plupart des inventaires de ce temps servent, au reste, à ce même usage. « Une petite cuvette de cuivre rouge garnie de son pied de noyer. » (*Invent. de Marie Criquet, femme de Pierre Croiset, avocat au parlement;* Paris, 1625.) « Une cuvette de cuivre..... garnie de son pied de boys de noyer, prisée dix livres. » (*Invent. de Jacqueline de Regnauldie;* Paris, 1635.) « Une cuvette de marbre. » (*Invent. de Catherine de Neufville;* Paris, 1657.) « Une cuvette de cuivre rouge sur son pied de bois de noyer, prisée ung louis. » (*Invent. d'Anne de Bellancourt;* Paris, 1720.) « Une cuvette de fayance ovalle sur son chevalet de bois de noyer. » (*Invent. de Louis Hanique, conseiller de l'Hôtel de Ville;* Paris, 1720.) « Une cuvette de cuivre rouge aux armes de la maison. » (*Invent. des châteaux de la Rochefoucauld, Verteuil et Laterne,* 1728.) « A VENDRE. Cuvette de marbre, de 6 pieds de long sur 2 de large et 9 pouces d'épaisseur, demi-ovale et neuve, ayant 2 oreillons sur les côtés, pris dans le même morceau, — propre pour salle à manger, antichambre, etc., chez le sieur Buttels, sculpteur-marbrier, rue du fauxbourg S. Martin, près de l'égout. » (*Journal général de France,* 14 février 1780.) A moins cependant qu'elles ne fussent réservées à des usages moins nobles, comme la « cuvette de garde-robe de faïence sur son pied de bois » et « la cuvette d'étain de garde-robe » qui figurent dans l'*Inventaire de Mlle Desmares* (1746). Ajoutons que, dans ce dernier sens, le mot cuvette a, d'ailleurs, conservé sa signification.

Quant aux cuvettes monumentales, « chacune de cinq à six pieds de diamètre », qu'on présenta au roi en 1667, à la visite des Gobelins, c'étaient des pièces de pure décoration, aussi bien que celles fabriquées par de Villers et dont le corps, aux armes du roi, était porté par des sirènes, ou encore que celles en vermeil, ornées de médailles, que décrit l'*Inventaire des meubles de la Couronne* (1673). On en peut dire autant des « cinq grandes cuvettes de vermeil doré, de huit seaux d'eau chacune », que nous voyons figurer sur le buffet de l'évêque de Strasbourg, recevant, en 1679, le grand Dauphin, fils de Louis XIV.

C'est ce qu'explique, du reste, très bien le *Mercure,* quand, décrivant l'appartement préparé au Palais-Royal pour recevoir la reine d'Espagne, il nous dit : « On voyoit, le long de ces galeries, plusieurs lustres de cristal, des porcelaines, et des cuvètes d'argent remplies de fleurs » ; et quand, rendant compte du bal offert, le 15 février 1700, par le duc d'Antin à la duchesse de Bourgogne, il parle « de cuvettes d'argent et autres ouvrages qui contenoient tout ce qui peut servir à une collation ». (Voir *Mercure galant,* numéro de septembre 1679 et de février 1700.) Enfin, en 1715, à Versailles, nous voyons « préparer le bain ordonné, dans une grande cuvette d'argent, qui servoit au roi à laver ses pieds, et Sa Majesté mettre sa jambe dans le bain tout chaud ». (*Journal de la maladie et mort de Louis XIV,* p. 29.) Ce vase avait donc bien exactement la forme décrite par Richelet, et qui est celle du bain de pieds de nos jours. C'est ce qu'atteste, au reste, la mention suivante, provenant de l'*Inventaire de Timoléon de la Baulme, seigneur de Plézian* (1676) : « Une cuvette, *sive* baquet de cuivre avec ses garnitures. »

C'est seulement à la fin du XVIIIe siècle que le mot cuvette s'appliquera définitivement au récipient complémentaire du pot à l'eau. Jusqu'à 1720, on ne connut, en effet, que le bassin et l'aiguière. Après cela et jusqu'à 1760, ce fut le mot jatte qu'on employa. C'est le terme dont se sert Lazare Duvaux : « 28 octobre 1753, — Duc de Villeroi : un pot à l'eau et sa jatte ovale, de porcelaine de Vincennes, garni en vermeil. » — « 5 juin 1755, — Mme de Pompadour : une grande jatte à laver les mains. » De même, le *Mercure* de décembre 1760 nous informe que le sieur Roussel, fabricant de faïence, a des « pots à l'eau du dernier goût, et leur jatte sans peinture, depuis 3 livres jusqu'à 6 livres ». De même encore, M. Randon de Boisset, dans son *Catalogue* (1777), mentionne, parmi ses porcelaines coloriées de Saxe : « Un pot à l'eau et sa jatte à ramages, d'ancienne fabrique, imitée sur le genre de l'ancienne du Japon. »

Ce n'est que très exceptionnellement qu'on rencontre, même aux environs de 1760, le mot cuvette, dans le sens que nous lui donnons de préférence aujourd'hui. Des deux seuls exemples que nous ayons trouvés, l'un a été relevé dans les *Affiches de Paris,* à la date du 27 juin 1759 (vente après décès de la comtesse de Grammont), et l'autre sur le

Fig. 808. — Cuvette à rafraîchir en faïence.

Procès-verbal d'apposition des scellés chez le sculpteur Bouchardon (1762). Passé 1780, le terme devient fréquent. « Pot à l'eau de crystal de roche, avec anse d'or, par Germain, et cuvette de crystal pareil. » (*Vente de Mme la maréchale de Luxembourg,* 1787.) Par contre, dès le XVIIe siècle, on appelle « cuvette de bains » un bain de siège. « Une cuvette de bain de cuivre rouge, avec un petit fourneau dans le milieu aussy de cuivre rouge, garni de son pied de fer. » (*Invent. de Catherine de Neufville; Paris*, 1657.) « Un fauteuil avec cuvette en demi-bain. » (Lazare Duvaux, *Livre journal,* t. II, p. 239.) On dit également « la cuvette d'un bidet », et les doublures en métal d'un vase en porcelaine prennent aussi ce nom. « Une cuvette de plomb ajustée dans une jatte à fleurs, — la cuvette en argent d'une grande terrine de porcelaine de France », etc. Parfois, mais rarement, la cuvette sert à laver les mains. « A Mgr le Dauphin : une fontaine et sa cuvette de porcelaine de Vincennes peinte en blanc et bleu, la garniture en vermeil. » Encore faut-il que le récipient qui prend ce nom ait, comme Richelet l'indique, la forme d'un petit cuvier. Depuis quatre-vingts ans, il n'en est plus ainsi, et aucun de nos contemporains n'ignore assurément ce que, dans le langage mobilier actuel, nous nommons par excellence la cuvette.

Cuvier, *s. m.* — Vase de bois cerclé de fer, de forme ronde ou ovale, dont on se sert pour différents usages. Au XIVe siècle, le cuvier avait sa place marquée à l'échansonnerie royale; on l'employait pour « rincer les tasses et hanaps ». C'est Froissart qui nous apprend ce détail. Nous racontant l'horrible accident qui provoqua la folie de Charles VI (1393): « L'un des cinq, nous dit-il, ce fut Nantouillet, s'avisa que la bouteillerie étoit près de là ; si fut cette part et se jeta en un cuvier tout plein d'eau où on rainçoit tasses et hanaps. Cela le sauva, autrement il eût été mort et ars ainsi que les autres, et nonobstant tout si fut-il en mal point. » Plus tard, le cuvier semble avoir eu des destinées autres. Suivant Richelet, au XVIIe siècle, les principales fonctions du cuvier consistaient à servir aux blanchisseuses pour couler la lessive, et aux harengères pour dessaler la morue et le saumon. C'est au premier de ces deux usages qu'est employé le meuble fameux qui prête son nom à la *Farce du cuvier :*

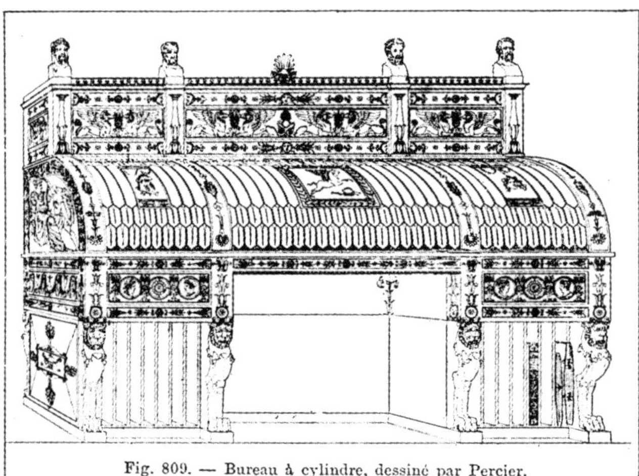

Fig. 809. — Bureau à cylindre, dessiné par Percier.

> Il ne reste, pour le surplus,
> Que le mesnaige mettre en ordre,
> Que present me ayderez à tordre
> La lessive auprès du cuvier.

On a donné, au XVIIIe siècle, ce même nom à des vases dont la forme rappelait celle du cuvier. C'est ainsi que, le 20 mai 1754, Duvaux livrait à Mme Geoffrin « deux tasses en cuvier [en porcelaine] à fleurs, les filets bleus avec les soucoupes ». (*Livre journal,* t. II, p. 200.)

Cylindrage, *s. m.* — Opération qu'on fait subir aux tissus pour les gaufrer ou les gratifier d'un apprêt spécial. C'est à l'aide d'un cylindrage qu'on donne leur façon aux velours frappés. C'est également par ce procédé qu'on communique au papier peint les ondulations de la moire, les cannelures du reps, le *gobeliné* de la tapisserie.

Cylindre, *s. m.* — On désigne sous ce nom, en langage mobilier, les globes de verre sous lesquels on abrite les pendules, les vases de fleurs artificielles, les couronnes de mariées, etc. Nous relevons, en outre, à la *Vente du maréchal prince de Soubise* (25 septembre 1787) : « Une échelle double et un cylindre servant à battre les tapis. » C'est là un meuble devenu très rare. Enfin on désigne encore, sous le nom de cylindre, les calandres et les rouleaux qui servent à opérer le CYLINDRAGE des tissus. « Il y a, rue de la Chanvrerie, un cylindre avec apprêt hollandais, pour gauffrer dans les plus nouveaux dessins, les velours d'Utrecht, velours de coton et velours de soie pour meubles et voitures. Par le moyen de cet apprêt, le poil ne se relève pas et le dessin reste toujours marqué. On dégauffre aussi les anciens dessins, et on leur en substitue de nouveaux, en remettant le velours à neuf. » (*Ann., aff. et avis divers* du 21 avril 1779.) On donne à une certaine sorte de bureau le nom de BUREAU A CYLINDRE. (Voir BUREAU.)

Cymaise, *s. f.* — Grand vase très allongé, dans lequel on servait le vin. Le continuateur de Du Cange cite un document de 1474, où il est dit : « Glaude Clerc portant deux connils cuitz, et une cymaise de vin et aussi du pain. » Au XVIe siècle, ce mot figure dans certains inventaires du Lyonnais et du Comtat-Venaissin. « *Item,* y a une quarte, une symaise, une pinte, une chopine..., le tout d'estaing. » (*Invent. de Jean Chamarlat, vicaire;* le Mayet, 1521.) « Premièrement troys escudelliers, trois riettes, cinq platz, ung souppier, trois escuelles d'estaing, une cymaise, un pot d'estaing, etc. » (*Invent. d'Amédée Chalamont;* Cour de Bollène, 1571.) Une citation consignée par Lacurne de Sainte-Palaye nous apprend qu'au XVIIe siècle on appelait encore de ce nom, à Dijon, « certains grands pots d'étain à l'antique, dans lesquels la Ville envoie le vin par honneur en des occasions de cérémonie ». Rabelais ayant habité Lyon, il n'est pas surprenant qu'il parle à plusieurs reprises de cymaises. Enfin n'oublions pas l'amusante *Farce de Colin qui loue et despite Dieu,* car elle prouve que notre mot avait cours aussi dans l'Ile-de-France.

COLIN.

> Et ce beau lict, ciel et cortines,
> Simaises, potz, casses, bassines,
> Dont vous est venu cest aveu?

LA FEMME.

> Colin, de la grâce de Dieu !

Cymaise est aussi prise dans le sens de tablette couronnant le manteau de la cheminée. « Nous y trouvasmes sus la cymaise de la cheminée plusieurs boëtez. » (*Invent. de l'hôtel de Quatremares,* 1334.) On relève, dans les *Actes et protocoles de Guy Cossenet, coadjuteur de Hugues Poissenet, tabellion* (Dijon, 1347-1350), un marché pour la fourniture de « membres de pierre dit boichots (de cheminée), chambres, trompes et cymaises ». En ce cas, c'est CIMAISE qu'il faut lire. (Voir ce mot.)

Cypre. — Voir CHYPRE.

Cyprès, *s. m.;* **Ciprès,** *s. m.* — Bois indigène, employé dans l'ébénisterie. Sa couleur est d'un rouge pâle avec quelques veines brunes. Il est dur, compact, presque incorruptible, susceptible d'un très beau poli, et répand une odeur agréable et pénétrante. Au Moyen Age, on l'employait dans la menuiserie. Ses qualités et sa rareté en faisaient un bois recherché. Il était en outre considéré comme possédant des qualités curatives. « Ciprès, écrit Olivier de la Haye, est abre assez cogneu, de qui le boiz sec est odorant, et le feu qui en est fait amende la malice de l'air. » (*La Grande peste de 1348,* p. 185.) Il est mentionné, au surplus, comme bois précieux par Étienne Boileau, dans le passage de son livre consacré aux tabletiers. Charles V possédait « une chayère de cyprès »; et l'*Inventaire* de ce prince (1380) nous apprend que ses bijoux et ses reliques les plus chères étaient enfermés « en ung coffre de cyprès, que le roi faisoit porter avecques luy, et duquel il portoit la clef ». Dans l'*Inventaire du Louvre* (1418), figure également « un coffre de cyprès, environ de deux piéz et demi de long ». L'*Inventaire du château de Vincennes* dressé en la même année décrit « un coffre de cyprès marquetté » ; et dans l'*Inventaire de Charlotte de Savoye* (1483), on trouve « ung grand coffre de cyprès fermant à clef, garny de plusieurs lyètes ». Enfin, on sait qu'après sa mort, le corps de Charles VII fut placé « dans un coffre de cyprès enchassé en ung de plomb de son long, lesquelz estoient enferméz dedens une bière de boys ».

Au XVIe siècle, le cyprès fut recherché dans le nord pour faire des panneaux pour les peintres. « Ung tableau double [diptyque] de cyprès, déans lequel sont pourtraitz les premiers fils et fille du Roy des Romains », figure dans l'*Inventaire de Marguerite d'Autriche* (1524). Dans le midi de la France, il continua d'être employé à faire des coffres et des cabinets. « Ung petit coffre de cipprès, faict en dedans à personnaiges, dans lequel estoient les menues besoignes de la D[lle] Pity. » (*Invent. de feu Ludovic de Marsillier;* Marseille, 1561.) « Ung petit cabinet de ciprès, fait à ouvrage, avec sa serrure et clef. » (*Invent. des biens treuvés dans la maison de Georges Drumenoir;* Marseille, 1583.) « Une quaisse ciprès enrichie de personnaiges, dorée..... » (*Invent. de J. Reynier, consul de Tripoli;* Marseille, 1597.) Le *Tarif général des droicts de sorties et entrées du Royaume* (1664) mentionne, d'ailleurs, les « coffres de cyprès ou autres coffres et bahuts vuides »; ce qui prouve qu'ils n'avaient pas cessé d'être l'objet d'un important commerce.

Cyrographe, *s. m.* — Voir CHYROGRAPHE.

Cystre, *s. m.* — Voir CISTRE.

Cytise, *s. m.* — Nom donné à l'ébénier des Alpes ; bois français, exceptionnellement employé dans l'ébénisterie. Il est verdâtre et plein.

Fig. 810. — Cymaise en étain, d'après un tableau de Coninxloo (Musée de Bruxelles).

Autres ouvrages des Éditions Vial

Dictionnaire pratique de menuiserie, ébénisterie, charpente - Justin Storck
Nouveau dictionnaire pratique du bois, menuiserie, charpente - G. Cartannaz
Motifs ornementaux. Éléments d'architecture - A. Raguenet
Identification des bois - Paul Corbineau, Jean-Michel Flandin
Identification des marbres - Jacques Dubarry de Lassale
Le mobilier français. Les sièges - H.M. Magne
Le siège et sa garniture - Claude Ossut
Anatomie du meuble - René Maubert
Le mobilier populaire français - Guillaume Jeanneau
Les cheminées françaises à travers les styles -Samuel Roger
La marqueterie - Pierre Ramond

Pour découvrir nos publications

www.editionsvial.com

Éditions VIAL © 2012 - ISBN 978-285101-159-6
Achevé d'imprimer en U.E. Octobre 2012